DICCIONARIO AVANZADO

DICCIONARIO AVANZADO

RUSO-ESPAÑOL
ESPAÑOL-RUSO

Marc Ruiz-Zorrilla Cruzate

con la colaboración de Sílvia Vilaró Comas y Andrei Tereschuk

Herder

ISBN: 978-84-254-2592-9

Imprenta: Liberdúplex
Depósito legal: B-15.722-2022
Impreso en España - Printed in Spain

Herder
www.herdereditorial.com

Al meu pare Lluís,
que em va ensenyar qui sóc.

A la meva mare Tona,
que m'ensenya a estimar.

PREFACIO

Presentamos el *Diccionario avanzado ruso-español español-ruso*, para cuya elaboración se han tenido en cuenta las tradiciones lexicográficas rusa y española, así como las exigencias metodológicas de la lexicografía moderna. El objetivo primordial de la presente obra es que esta sea un instrumento útil en el aprendizaje y en la traducción para hablantes nativos de lengua española que conocen la lengua rusa en distinto grado, aunque sin duda sus usuarios pueden tener el perfil contrario, es decir, pueden ser nativos de lengua rusa que conocen el español. En otras palabras, este diccionario está pensado para el círculo más amplio de usuarios que tengan la intención de trabajar con ambas lenguas, tanto en el ámbito escrito como en el hablado, en los distintos campos del conocimiento.

En la selección de los lemarios ruso y español de esta obra se ha intentado representar de la forma más plena posible el léxico y la fraseología de dichas lenguas, y para ello nos hemos basado en la tipología tripartita de diccionarios de uso desarrollada por S.I. Ózhegov, que divide los diccionarios de uso en grandes, medios y breves a partir de su función y su volumen. Según esta concepción, el diccionario de tipo breve (*краткий словарь* o, según la denominación de D.N. Ushakov, *малый словарь*) tiene como meta reflejar la intersección de los vocabularios activos de los hablantes de una lengua, y coincide en gran medida con las primeras ediciones del diccionario del mismo autor de la tipología, S.I. Ózhegov *(Толковый словарь русского языка)*, considerado el diccionario de uso por excelencia de la lengua rusa, y cuyo volumen es de aproximadamente 50.000 palabras. Esta visión se explica con detalle en el artículo *Трёхчастная типология толковых словарей С.И. Ожегова в системной перспективе*, publicado por A.A. Polikarpov y M. Ruiz-Zorrilla Cruzate en 2014. La finalidad de conseguir que el lemario ruso de este diccionario reflejara el vocabulario activo de los hablantes de esta lengua nos llevó a confrontar dicho lemario con el Corpus nacional de la lengua rusa, creado por el Instituto de la Lengua Rusa de la Academia Rusa de Ciencias y consistente en 900 millones de palabras, con el objetivo de descartar aquellas palabras que no utilizaran los hablantes de ruso actuales. De esta manera, aquellos lemas que figuraban con menos de 20 apariciones en el corpus eran descartados, lo cual dio como resultado las 44.000 voces que conforman el lemario ruso de este diccionario.

En cuanto al lemario del español, tomando como base esta misma concepción, se partió del vocabulario utilizado en los demás diccionarios avanzados de la Editorial Herder, de unas 38000 palabras, el cual fue confrontado y complementado con un listado de frecuencia obtenido a partir de córpora de lengua española por el Centre de llenguatge i computació (CLiC), de la Universidad de Barcelona. La diferencia numérica entre ambos lemarios se explica por el superior potencial derivativo de la lengua rusa, que se expresa en una mayor profusión y uso de adjetivos, adverbios y, especialmente, verbos.

Una de las mayores dificultades que ha comportado la confección de la presente obra ha sido el tratamiento de las parejas aspectuales de los verbos rusos. Según la visión tradicional, los aspectos imperfectivos y perfectivos de los verbos rusos se entienden como «formas de un mismo verbo, y no como verbos distintos» (A.I. Smirnitskii), y por esta razón los equivalentes españoles de un verbo ruso se ofrecen una sola vez en el artículo dedicado al verbo primario de la pareja aspectual (por ejemplo, *делать*), mientras que el verbo secundario (por ejemplo, *сделать*) tiene una entrada propia que remite al verbo primario. En la agrupación de los verbos por parejas aspectuales hemos seguido el criterio empleado en el ya mencionado diccionario de uso de S.I. Ozhegov. En cuanto a los equivalentes españoles de los verbos rusos, por razones de espacio y coherencia metodológica, en la inmensa mayoría de casos se ha optado por utilizar verbos no marcados aspectualmente, es decir, se ha obviado que en determinados contextos los equivalentes de ciertas formas del verbo написать puedan ser no «escribir», sino «haber escrito», «tener escrito», «dejar escrito», etc.

Una de las limitaciones habituales de los diccionarios bilingües, independientemente de su volumen, es el hecho de que los distintos equivalentes de las palabras de la lengua de origen se aportan en la lengua de destino sin ningún tipo de indicación, lo cual no permite conocer los matices de significado que cada uno posee, y además impide delimitar las distintas acepciones de una palabra polisémica. En la presente obra al principio de cada acepción se ofrecen acotaciones que permiten distinguir entre los distintos significados de una palabra que posee más de un significado, y también se aportan indicaciones de los matices del uso de unas u otras palabras, ya sea por medio de marcas de estilo (*coloq, irón, euf,* etc.), como por explicaciones entre paréntesis.

En el diccionario se intenta en todo momento aportar el equivalente de cada lema en la lengua de destino utilizando los recursos habituales de la traductología: traducción equivalente, sustitución, concretización y ampliación del significado, descripción, calco y transliteración. No obstante, también se han tenido en cuenta la frecuencia de uso y las particularidades estilísticas del léxico, factores que nos han llevado a descartar o a mostrar como secundarias voces que a primera vista puedan parecer equivalentes absolutos.

En lo referente a las particularidades geográficas del léxico, en la parte español-ruso del diccionario, aunque aproximadamente el 95% del lemario representa el español peninsular, se ha dado acogida a una selección de palabras y expresiones hispanoamericanas, la cuales figuran con sus correspondientes marcas de uso (*Am., Mer., Col., Arg.*, etc.). En la parte ruso-español se han recogido algunas voces dialectales rusas (indicadas con la marca *reg.*), aunque su importancia en el lemario no es comparable a la que revisten los regionalismos en la parte español-ruso.

El autor quiere expresar su agradecimiento a Glòria de Valdivia Pujol y Liudmila Navtanóvich por su participación en las etapas iniciales de la redacción del diccionario, al difunto profesor de la Universidad de Moscú Anatoli A. Polikárpov por su valiosa aportación en el trabajo de selección del lemario ruso y a la profesora de la Universidad de Barcelona Maria Antònia Martí por su ayuda en la selección del lemario español. Además, es de justicia mencionar el apoyo técnico y la constante disponibilidad de Ricardo Farreres. Sin su inestimable contribución esta obra no habría visto la luz. Finalmente, el autor agradece a sus compañeros Ricardo San Vicente y Joan Castellví los consejos y el incondicional apoyo que le han dispensado durante el prolongado período de elaboración del diccionario.

Se recomienda al usuario de la obra que estudie a fondo las instrucciones de las páginas que siguen, ya que de esta manera podrá aprovechar mejor las posibilidades que le ofrece el diccionario.

Cualquier propuesta para mejorar y completar el diccionario será acogida gratamente.

Marc Ruiz-Zorrilla Cruzate,
Universitat de Barcelona

I. INTRODUCCIÓN

1. INSTRUCCIONES PARA EL USO DEL DICCIONARIO

1.1. Orden alfabético

Las palabras de ambas partes del diccionario han sido ordenadas alfabéticamente.

En la parte *español-ruso* se ha tenido en cuenta la supresión en español, como letras autónomas, de la **ch** y de la **ll**, por lo que las palabras que empiecen así se habrán de buscar dentro de **c** y **l**, respectivamente.

1.2. Estructura de las entradas del diccionario

Cada *entrada* o *artículo* del diccionario comprende todos o parte de los siguientes elementos:

—el *lema* (voz guía o palabra clave), que aparece en negrita.
—en las palabras del ruso, información sobre la vocal en la que recae el *acento* (no gráfico) que aparece subrayada, excepto en el caso de las palabras en las que figura la letra ë, que es siempre tónica. En aquellos casos en que una palabra tiene dos variantes prosódicas, aparecen subrayadas las dos opciones posibles.
—indicación, en cursiva, de la categoría gramatical de la palabra (sustantivo, verbo transitivo, adjetivo, etc.).
—en el caso de los verbos, indicación, en cursiva, de la pertenencia de estos al aspecto imperfectivo (*impf*) o perfectivo (*perf*) y de la pareja aspectual.
—indicaciones, en cursiva, sobre la extensión geográfica de las palabras.
—indicaciones, en cursiva, sobre la pertenencia de una palabra a una determinada especialidad o campo, por ejemplo, medicina o astronomía.
—indicaciones, en cursiva, sobre el registro de uso de las palabras, cuando no corresponden al registro neutro.
—en muchos casos, en cursiva y entre paréntesis, acotaciones sobre el sentido de los equivalentes en un contexto determinado.
—el equivalente o equivalentes de la palabra en la lengua de destino, siempre en letra redonda.
—en muchos casos, régimen de la palabra y ejemplos de uso.
—en muchos casos, locuciones, expresiones idiomáticas y refranes.

1.3. Disposición de las entradas. Signos y símbolos

Cuando un lema tiene más de un significado o acepción, cada uno de ellos aparece encabezado por un número:

bosquejar *vt* 1. (*una obra*) делать набросок (эскиз); 2. (*una idea*) излагать в общих чертах

Cuando un lema pertenece a más de una categoría gramatical (o un uso transitivo, intransitivo o reflexivo del verbo) estas aparecerán separadas con números en letra negrita.

bienhechor 1. *adj* благодетельный, благотворительный, совершающий благодеяние; **2., -a** *m/f* благодетель, -ница

La barra «|» en el lema se utiliza en los casos en que dicho lema aparece modificado en el interior del artículo. La parte del que figura dentro del artículo y coincide con este queda sustituida por el símbolo «~». Ejemplos:

зубн|ой *adj* 1. dental, dentífrico; *~ая паста* pasta dentífrica; *~ая щётка* cepillo de dientes; *~ой врач* dentista; 2. *ling* dental
ванн|ый *adj* de baño; *~ая комната* cuarto de baño

Cuando la parte modificada del lema aparece inmediatamente después de este, el símbolo «-» reemplaza la voz guía o la parte de esta que precede a la línea de separación. Ejemplos:

morm|ón 1. *adj relig* мормонский; **2. , -ona** *m/f relig* мормон, -ка
баб|ки *gen* -ок *fpl vulg* pasta, dinero

El uso de una coma o de una coma y un guion en el lema indica la forma masculina y femenina del mismo sustantivo (en este caso la distinción, si la hay, se repite también en los equivalentes):

madrileñ|o 1. *adj* мадридский; **2. , -a** *m/f* мадрид|ец, -ка
пациент, -ка *m/f med* paciente

Si un lema tiene variantes formales y estas son correlativas alfabéticamente, estas aparecerán como parte del mismo lema, en negrita y tras una coma:

перечеркать, перечёркать *perf* перечёркивать *impf vt coloq* borrar, tachar, llenar de borrones
período, periodo *m* 1. период, время período de tiempo промежуток времени; 2. (fase) этап, момент, эпоха; 3. (menstruación) менструация, месячные; 4. mar период

Si una parte del equivalente está entre paréntesis, esto querrá decir que se ofrece una variante de uso, o bien algún tipo de acotación del significado:

вафельный *adj* de barquillo(s), de oblea(s)
bosquejar *vt* 1. (*una obra*) делать набросок (эскиз); 2. (*una idea*) излагать в общих чертах
botadura *f* спуск (судна на воду)

1.4. Tratamiento de algunas categorías gramaticales

1.4.1. *Sustantivos*

El género gramatical de todos los sustantivos se indica mediante las abreviaturas *m, f* y *n* (para el singular), *mpl, fpl* y *npl* (para el plural). El género de los equivalentes no se indica.

багрянец *m* púrpura
persistencia *f* настойчивость, упорство

La presencia de dos marcas de género indica que la palabra que las lleva puede ser de género masculino y femenino (marca *m/f*), o masculino y neutro (marca *m/n*). Por ejemplo:

jurista *m/f* **юрист**

Los sustantivos invariables o indeclinables se dan con la marca *inv*:

сопрано *n inv* soprano

Algunos sustantivos tienen únicamente forma de plural. Si se trata de lemas del ruso, en estos casos se ofrece entre paréntesis su forma de genitivo.

баб|ки (*gen* -ок) *fpl vulg* pasta, dinero

En ambas partes del diccionario se indican los plurales irregulares o con cambio de acento de los sustantivos después de la forma del singular. Para la formación de los plurales regulares remitimos a la introducción gramatical.

мастер (*pl* -а) *m* maestro

Algunos sustantivos plurales tienen un significado diferente al del singular; estos aparecerán dentro del artículo de la forma singular, precedidos del correspondiente número en negrita y con la indicación *mpl* o *fpl* según se trate de un sustantivo masculino o femenino:

беспоряд|ок **1.** *m* desorden, confusión, jaleo; **2.** -ки *mpl* (народные выступления) perturbación, desórdenes

1.4.2. *Adjetivos*

Los lemas de los adjetivos rusos aparecen en la forma de masculino singular del caso nominativo.

специфический *adj* específico

Si la forma de masculino de un adjetivo se utiliza raramente o no se utiliza en absoluto, el adjetivo aparece únicamente con las formas en que se utilice. Ejemplo:

беременная *adj* embarazada

Los adjetivos invariables figuran con la marca *inv*:

стерео *adj inv* estéreo

1.4.3. *Adverbios*

A menudo los adverbios rusos tienen, además de su función habitual, una función predicativa: son los llamados adverbios predicativos. En estos casos, la entrada del correspondiente lema presenta, además de la categoría gramatical *adv*, la categoría *adv pred*:

тяжело 1. *adv* pesadamente, con dificultad; 2. (серьёзно) gravemente; 2. *adv pred* es difícil, es duro

1.4.4. *Verbos*

En todos los verbos rusos y españoles se indica si son transitivos, intransitivos o impersonales, mediante las abreviaturas *vt*, *vi*, *v/impers*. No se utiliza ninguna abreviatura para los verbos pronominales (en el caso del ruso, los llamados verbos reflexivos), fácilmente deducibles: estos aparecerán como lemas independientes.

Por otro lado, los lemas verbales rusos contienen información sobre el aspecto verbal (marcas *impf/perf*), así como su pareja aspectual, en el caso de que la tenga.

толкать *impf* толкнуть *perf vt* 1. empujar, impulsar; 2. *sport* lanzar

La entrada de los verbos rusos se estructura a partir del verbo primario de la pareja aspectual. No obstante, el verbo derivado de la pareja también tiene una entrada propia, la cual remite al verbo primario, considerado principal:

толкнуть V. толкать

Asimismo, se ha intentado recoger el máximo de casos de régimen preposicional de los verbos. Estos se indican tras el lema o el equivalente entre paréntesis, con la forma de la lengua de partida en negrita y la de la lengua meta en redonda. Ejemplo:

терпеться *impf v/impers* (кому-л) *coloq* tener paciencia, aguantar

acercarse *vpron* (a alg o u/c) подходить (к кому/чему-л), приближаться (к кому/чему-л)

1.5. Modismos, locuciones, refranes, etc.

Este tipo de unidades son el último elemento de la entrada, y van precedidos por el símbolo ◆.

стул *m* silla ◆ **сидеть между двух стульев** nadar entre dos aguas

berenjenal *m* баклажанное поле ◆ **meterse en un** ~ ввязаться в мутное дело, влипнуть в историю

Algunas expresiones están formadas por palabras que solo se usan, precisamente, en dichas expresiones. Estas construcciones se han introducido alfabéticamente teniendo en cuenta dicha palabra, que aparece seguida por dos puntos y por la expresión en letra redonda:

piro *m*: darse el ~ смыться, сбежать

покладая *inv* : не ~ рук sin descanso, sin tregua, con ahínco

El resto de las expresiones aparecerá bajo una de las palabras que la forman, generalmente el primer sustantivo, y si no lo hubiere, el primer verbo, adjetivo, etc. En ciertos casos, sin embargo, se ha seguido el criterio de introducir la expresión bajo la palabra más significativa de la expresión, aunque no fuera el primer sustantivo, verbo, etc., y en otros casos una misma expresión se podrá encontrar en más de una entrada.

1.6. Caracterización léxico-semántica de las palabras

Después de las indicaciones gramaticales sobre cada voz guía aparecen, en forma de abreviaturas (cuya lista se puede consultar al final de la introducción), indicaciones de tipo léxico-semántico (marcas) que sirven para delimitar el uso de las palabras. Estas marcas no pretenden tener un valor absoluto, pero sí que señalan determinadas restricciones de uso (geográficas, estilísticas, etc.).

En este diccionario se usan las siguientes marcas:

1.6.1. *Marcas geográficas*

Estas marcas señalan dónde se usa una palabra o expresión, por ejemplo, solo en el español peninsular o en un país hispanoamericano. A este respecto hay que señalar que, en la parte español-ruso, en cuanto lo ha permitido el espacio disponible, se ha dado acogida, junto a las palabras usuales en todos los países de habla hispana, a una selección de palabras y expresiones hispanoamericanas. La marca *Am* significa que una palabra es de uso general en todos, la mayoría o más de cuatro países hispanoamericanos.

En la parte ruso-español se han recogido algunos regionalismos rusos (indicados con las marcas *reg*) suficientemente difundidos o conocidos, aunque su importancia en el lemario no es comparable a la que tienen los regionalismos en la parte español-ruso.

1.6.2. *Marcas de especialidad*

Estas marcas señalan que la palabra tratada o una acepción de ella pertenecen a una determinada especialidad o campo como, por ejemplo, agricultura (*agric*), deporte (*sport*), informática (*inform*) o mitología (*mitol*).

1.6.3. *Marcas de estilo o registro*

La mayor parte de las palabras recogidas por el diccionario pertenecen al nivel estándar de la lengua y por tanto no tienen una marca de estilo especial. No obstante, el lemario contiene numerosos vocablos que pertenecen a otros registros de uso, como el coloquial o el formal. Estos aparecen marcados con abreviaturas de carácter estilístico.

Las marcas de este tipo usadas en el diccionario son las siguientes: *elev* (indica que una palabra es propia de un estilo elevado, el lenguaje culto o formal), *obsol* (palabra arcaica o uso arcaico de una palabra), *hist* (voz histórica), *coloq* (palabra o expresión de carácter coloquial), *vulg* (palabra o expresión considerada vulgar, grosera o tabú). Otras marcas reflejan la actitud del hablante: *desp* (usado en sentido despectivo), *iron* (usado en sentido irónico), *euf* (palabra usada con intención eufemística), *insult* (insulto), etc. Otras marcas indican la pertenencia de la palabra a la lengua de grupos determinados: *jerga* (palabra o expresión propia de una jerga o argot), *infant* (voz o expresión propia del lenguaje infantil).

1.6.4. *Otras delimitaciones léxico-semánticas*

Muchas de las palabras de la lengua de partida tienen varias acepciones, y por tanto varias traducciones (equivalentes) en la lengua de destino. Para precisar la relación entre los diferentes equivalentes y los contextos correspondientes, se dan, entre paréntesis y antes de los equivalentes, acotaciones en letra cursiva que permiten distinguir los significados:

зять *m* 1. (муж сестры) cuñado; 2. (муж дочери) yerno

cutre *adj* 1. (*tacaño*) скупой, жадный; 2. (*sucio o de mala calidad*) убогий, плохого качества

bote[1] *m* (*salto*) скачок, прыжок, отскакивание

bote[2] *m* (*barco pequeño*) шлюпка, лодка, бот

Recomendaciones para el uso eficaz del diccionario

Este diccionario comprende dos partes, español-ruso y ruso-español. Se aconseja a los usuarios que trabajen con ambas partes. La parte español-ruso, por ejemplo, nos da los equivalentes rusos de las palabras españolas; si queremos obtener más información sobre los equivalentes rusos (morfología, uso, etc.) habremos de acudir al artículo correspondiente de la parte ruso-español. Lo mismo cabe recomendar cuando la lengua de partida es el ruso.

Del mismo modo se ruega al lector que no consulte únicamente la parte inicial del artículo (el lema y el primer equivalente), sino todo el artículo correspondiente a dicho lema, y que acuda, en caso de duda, a las nociones fonéticas y gramaticales que se incluyen en esta introducción. Una atenta lectura de la totalidad de la entrada permitirá un uso provechoso de esta obra.

II. EL ALFABETO RUSO Y LA PRONUNCIACIÓN DE LAS LETRAS

Letra redonda	Letra cursiva	Nombre	Transcripción al español	Pronunciación
А, а	*А, а*	а	a	a
Б, б	*Б, б*	бэ	b	b
В, в	*В, в*	вэ	v	v (en castellano antiguo)
Г, г	*Г, г*	гэ	g, gu	g
Д, д	*Д, д*	дэ	d	d
Е, е	*Е, е*	е	ye, e	ye, e
Ё, ё	*Ё, ё*	ё	yo, io, o	yo, io, o
Ж, ж	*Ж, ж*	жэ	zh	similar a la j francesa
З, з	*З, з*	зэ	z	z francesa
И, и	*И, и*	и	i	i
Й, й	*Й, й*	и краткое	y, i	y, i
К, к	*К, к*	ка	k	k
Л, л	*Л, л*	эл, эль	l	l
М, м	*М, м*	эм	m	m
Н, н	*Н, н*	эн	n	n
О, о	*О, о*	о	o	o
П, п	*П, п*	пэ	p	p
Р, р	*Р, р*	эр	r	r
С, с	*С, с*	эс	s	s
Т, т	*Т, т*	тэ	t	t
У, у	*У, у*	у	u	u
Ф, ф	*Ф, ф*	эф	f	f
Х, х	*Х, х*	ха	j, kh	j española
Ц, ц	*Ц, ц*	цэ	ts	ts
Ч, ч	*Ч, ч*	че	ch	ch
Ш, ш	*Ш, ш*	ша	sh	sh
Щ, щ	*Щ, щ*	ща	sch	sch
Ъ, ъ	*Ъ, ъ*	твёрдый знак	(signo duro)	-
Ы, ы	*Ы, ы*	ы	i, y	i
Ь, ь	*Ь, ь*	мягкий знак	(signo blando)	-
Э, э	*Э, э*	э	e	e
Ю, ю	*Ю, ю*	ю	yu, iu	yu, iu
Я, я	*Я, я*	я	ya, ia	ya, ia

La mayoría de las consonantes rusas presentan dos variantes: la dura y la blanda o palatalizada (excepto *ж, ш* y *ц*, que son siempre duras, y *ч* y *щ*, que son siempre blandas). Las variantes palatalizadas o blandas se distinguen porque en la pronunciación de la consonante se produce un segundo foco articulatorio en el paladar, es decir, el dorso de la lengua avanza hacia el prepaladar. El sonido que resulta es, al oído, más suave que el de la consonante no palatalizada o dura. El rasgo duro/blando tiene valor fonológico, por lo cual puede distinguir palabras con distintos significados: *дал* [dal], «di, diste, dio» vs. *даль* [dal'], «lejanía». La palatalización de las consonantes no se indica en el mismo grafema consonántico, sino mediante el símbolo *ь*, llamado «signo blando» (*мягкий знак*), o mediante las letras referidas a las propias vocales. Esto explica la existencia de 10 grafemas vocálicos, los cuales se dividen en dos series: las vocales de la primera serie *(ы, э, а, о, у)* se utilizan para representar que la consonante anterior es dura, y las vocales de la segunda serie *(и, е, я, ё, ю)* se utilizan para representar que la consonante anterior es blanda o palatalizada. Así, la vocal у en la palabra *лук*, [luk], «cebolla», indica que la consonante *л* es dura, mientras la vocal ю en la palabra *люк*, [l'uk], «alcantarilla», indica que la misma consonante es blanda. Además, las vocales de la segunda serie (excepto и) en posición aislada, de inicio de palabra o detrás de vocal y de los signos ь y ъ indican la combinación de [j + vocal]: *я̲блоко* ([já]блоко), «manzana», *мая̲к* (ма[já]к), «faro», *семья̲* (семь[já]), «familia». La consonante [j] también se puede indicar mediante la letra й cuando figura detrás de una vocal (*трамвай, перестройка*). La letra ъ, llamada «signo duro» (*твёрдый знак*), es poco habitual y se utiliza en los casos en que una consonante dura va seguida de [j], es decir que es necesario representar que una consonante es dura a pesar de lo que indica la vocal siguiente: *объявление* (о[b]явление), «anuncio».

Las letras *ж, ш, ц* no pueden representar en ningún caso consonantes palatalizadas, mientras que *ч* y *щ* en ningún caso representan consonantes no palatalizadas, por lo cual las dos series de grafemas vocálicos son irrelevantes después de estos grafemas consonánticos. Por este motivo detrás de estas consonantes se utilizan solo las vocales *и, е, а, ё, у* (excepto en el caso de *ц*, que permite tanto *ы* como *и*).

En ruso se produce el fenómeno de la reducción de las vocales que se encuentran en posición átona, hecho que no se refleja en la ortografía. La reducción vocálica es un cambio de las características articulatorias y acústicas de las vocales que resulta en la disminución de su duración y en la reducción del número de vocales. Detrás de consonante palatalizada las vocales /e/, /a/ tienden a pronunciarse [i]: *пятьдеся̲т* [p'id':is'át], «cincuenta», *язы̲к* [jizík], «lengua». Detrás de consonante dura, la vocal е tiende a pronunciarse [ɨ], es decir como la vocal *ы: цена̲* [tsɨná], «precio», *жена̲* [ʒɨná], «esposa». También detrás de consonante dura, las vocales /o/ y /a/ en la primera sílaba pretónica y a inicio y final absoluto de palabra se pronuncian como una vocal [a], solo que más breve y un poco más cerrada: *окно̲* [aknó], «ventana», *ра̲но* [rána], «temprano». Estas mismas vocales en cualquier otra sílaba pretónica y en todas las sílabas postónicas se reducen aún más, y se pronuncian como [ə], es decir, como una /a/ central, media y muy corta: *го̲род* [górət], «ciudad», *каранда̲ш* [kərandáʃ], «lápiz».

Las palabras en ruso se escriben sin acento gráfico, no obstante, en esta obra marcamos la vocal tónica de cada palabra con un subrayado.

III. INTRODUCCIÓN A LA GRAMÁTICA RUSA

La presente sección es una breve descripción de las particularidades de la gramática del ruso en comparación con la del español. Está estructurada según los principios de la lingüística comparativa y tiene como objetivo facilitar al usuario su trabajo con el diccionario.

EL SUSTANTIVO

Consideraciones generales

El sustantivo o nombre es la parte del discurso que designa un objeto y expresa este significado mediante las categorías flexivas de número y de caso, y también mediante las categorías no flexivas de género y animado/inanimado. Designa cosas (*стол, книга*), personas (*девушка, инженер*), animales (*жираф, кошка*) o su conjunto (*студенчество*), materias (*золото, нефть*), períodos de tiempo (*неделя, ночь*), cantidades (*тройка*), cualidades (*доброта*), acciones (*бег, изучение*) y estados (*усталость*). Indica características (cualidades, propiedades, acciones, estados) al margen del portador de las mismas y de las condiciones concretas de su aparición.

El género

En ruso un sustantivo puede ser de género masculino, femenino o neutro. Son de género masculino los nombres acabados en consonante (*стул, студент, музей*), y también algunos nombres acabados en *-ь* (*день, календарь*). El género de estos sustantivos debe ser memorizado, ya que los nombres acabados en *-ь* también pueden ser de género femenino. También son masculinos los nombres acabados en *-а*/*-я* que hacen referencia a personas de sexo masculino, como *мужчина*, «hombre», o *дядя*, «tío».

Pertenecen al género femenino los nombres que acaban en *-а* o *-я*: *бумага, деревня*, y también los nombres acabados en *-ь* que no son de género masculino (*тень, глушь, ночь*).

Los sustantivos neutros son los acabados en *-о*, *-ё* o *-е* (*окно, ружьё, море*). También son neutros un conjunto de diez nombres terminados en *-мя*: *бремя, время, вымя, знамя, имя, пламя, племя, семя, стремя, темя*. Además, pertenecen al género neutro existen algunos sustantivos de procedencia extranjera como *бюро, жюри, кино, метро, пальто, пари* y *такси*. Estos sustantivos son invariables.

Hay un número reducido de sustantivos animados en ruso terminados en *-а* o *-я* cuyo género depende del sexo del referente. Son los llamados sustantivos de género común, como *сирота* (huérfano/a) o *неряха* (persona desordenada). En este diccionario estas palabras se dan con la marca *m/f*.

El número

En ruso el nombre puede estar en singular o en plural. Al formarse el plural pueden producirse cambios en el acento. Al pasar al plural, los sustantivos masculinos y femeninos pueden tomar la desinencia *-ы*/*-и*, la cual se añade al radical de la palabra.

1. Forman el plural con -ы los nombres masculinos terminados en consonante dura, excepto los que acaban en *к, г, х, ш, щ, ч, ж*: (*университет – университеты, телефон – телефоны*) y los nombres femeninos acabados en -a, excepto aquellos cuyo radical termina en *к, г, х, ш, щ, ч, ж* (*школа – школы, газета – газеты*).
2. Forman el plural con -*и* los nombres masculinos y femeninos cuyo radical termina en *г, к, х, ч, ш, щ* o *ж* (*нож – ножи, карандаш – карандаши, подруга – подруги*), o bien consonante blanda (*дождь – дожди, площадь – площади*), así como los nombres masculinos acabados en -й (*трамвай – трамваи*) y los femeninos acabados en -я: *станция – станции*.
3. Algunos nombres masculinos forman su plural con los morfemas -а o -я tónicas (*дом – дома, учитель – учителя*), y otros con -*ья* (*стул - стулья, друг – друзья*).
4. Los nombres neutros acabados en -*о* toman -*а* en plural, mientras que los que terminan en -*е* adoptan -*я*: *письмо – письма*; *море– моря*.
5. Los sustantivos como *пальто, кино, жюри, метро, шоссе* son invariables en número y caso.
6. Ciertos sustantivos rusos tienen únicamente forma de plural: *сутки, часы, ножницы*, etc.

La categoría animado/inanimado

Los sustantivos pertenecen o bien a la categoría animado, o bien a la categoría inanimado. A la primera pertenecen los nombres que designan personas o animales, y a la segunda pertenece el resto. Así, *девочка, врач, слон, комар*, son nombres animados, mientras que *салфетка, дом, терпение* son nombres inanimados. La diferencia más relevante entre unos y otros es la no coincidencia de las formas de acusativo. En los nombres inanimados la forma de acusativo coincide con la de nominativo, mientras que en los animados (excepto en los femeninos singulares), esta coincide con la de genitivo.

El caso

El caso es una categoría flexiva del sustantivo (también del adjetivo, del numeral y del pronombre) que se expresa en un sistema de formas opuestas entre sí que designan la función sintáctica del nombre con otra palabra en el conjunto de un sintagma o de una oración. Los casos son nominativo, genitivo, dativo, acusativo, instrumental y prepositivo. Antiguamente existía el caso vocativo, cuya función en la lengua actual es realizada por el nominativo.

Nominativo

El caso nominativo es la forma no marcada o considerada inicial en los nombres, y tiene los significados gramaticales de sujeto (*мальчик читает*) y predicado nominal en las construcciones copulativas (*эта девушка – моя сестра*). Sus características morfológicas son la desinencia cero en masculino singular (*стол, обед, трамвай, конь*), -*а*/-*я* (y en algunos casos desinencia cero cuando la palabra termina en -ь) para el femenino (*сестра, песня, площадь*), y -*о*/-*е* para el neutro (*молоко, море*). En plural el masculino y el femenino presentan, con algunas excepciones, las desinencias -*ы*/-*и*, mientras que el neutro presenta la desinencia, -*а*/-*я* (*столы, дни; мамы, ночи; окна, здания*).

Genitivo

El caso genitivo es uno de los casos centrales del sistema gramatical del ruso. Los significados gramaticales de este caso son la expresión de pertenencia (*книга отца*), de cantidad (*пять лет, много лет*), la negación (*нет брата*) y el partitivo (*хочу хлеба*) entre otros. Además, el caso genitivo rige la mayoría de las preposiciones (*у, из, с, от, без, для*, etc.).

Las características morfológicas del genitivo son la desinencia *-а/-я* en singular, el masculino y el neutro en singular (*стола, учителя*), e *-ы/-и* para el femenino (*мамы, ночи*); en plural los masculinos acabados en consonante dura o *й* tienen la desinencia en *-ов/-ев – (столов, братьев, дней)*, mientras que los acabados en consonante palatal, *ж* y *ш* toman *-ей* (*дней, учителей, мячей, этажей, карандашей*); los neutros y los femeninos en genitivo plural presentan desinencia cero (*мам, ночей, окон, зданий)*.

Dativo

El caso dativo tiene también mucha presencia en la gramática del ruso, y sus significados principales son el de complemento indirecto (*письмо другу*), la expresión de la edad (*мне 20 лет*), el sujeto lógico de los verbos impersonales (*мне не работается*), y el sujeto lógico en las construcciones con adverbios predicativos (*мне холодно*). También rigen dativo las preposiciones como *к* y *по*.

Las características morfológicas de dativo son la desinencia *-у/-ю* para el masculino y el neutro en singular (*брату, дню, солнцу, зданию*) y *-е (-и)* para el femenino (*маме, Лене, лилии, ночи*); en plural el masculino, el neutro y el femenino tienen la desinencia *-ам/-ям* (*столам, мамам, лилиям, солнцам, зданиям*).

Acusativo

El caso acusativo se usa para el complemento directo (*видеть брата, читать газету*), para la expresión de la dirección en las construcciones de movimiento (*идти на лекцию, ходить в кино*), en construcciones de significado temporal (*работать в субботу, приехать на неделю*), y como complemento de numerosos verbos (*стоит рубль, весит килограмм*). Las preposiciones de acusativo son *в, на, за, через, про*, etc.

Las características morfológicas de las desinencias de acusativo de los sustantivos masculinos animados en singular coinciden con las de genitivo y las de los masculinos inanimados y neutros con las de nominativo (*брата, день, солнце*). Los femeninos acabados en *-а/-я* toman la terminación *-у/-ю* (*маму, лилию*), mientras que los acabados en signo blando coinciden con la forma de nominativo (*ночь, тетрадь).* En plural, los sustantivos animados coinciden con las desinencias del genitivo plural y los inanimados con las de nominativo (*столы, братьев, мам, лилии, ночи, здания*).

Instrumental

El caso instrumental tiene los significados gramaticales de complemento circunstancial de instrumento (*писать ручкой*), complemento circunstancial de compañía (*играть с братом*), complemento agente en las construcciones pasivas (*дом построен братом*) y predicado nominal en las construcciones copulativas (*быть хорошим человеком*). Las preposiciones de instrumental son *с, под, над, между, перед*, etc.

Las características morfológicas del instrumental en los sustantivos son las desinencias *-ом/-ём* para masculinos y neutros en singular (*братом, днём*), mientras que los femeninos presentan *-ой/ей* y *-ью (мамой, лилией, ночью);* la desinencia de plural para todos los géneros es -ами/-ями (*столами, днями, мамами, лилиями, зданиями*).

Prepositivo

El caso prepositivo se distingue del resto porque siempre aparece con preposiciones, y se utiliza principalmente para los complementos circunstanciales de lugar (*жить в городе*) con las preposiciones *в, на*. También se utiliza para la construcción del complemento preposicional de verbos como *говорить, думать, спросить* para referirse a aquello de lo que se habla, en lo que se piensa, sobre lo que se pregunta, etc. (*говорить о математике, думать о каникулах, спросить о детях*). Las preposiciones que se usan con el caso prepositivo son *в, на, о, при*.

Las características morfológicas de prepositivo son la desinencia -е para el singular (*на концерте, в школе, о солнце*), excepto para los sustantivos acabados en *-ия, -ие, -ий* y los femeninos que terminan en -ь, los cuales toman la desinencia *-и* (*о юлии, в здании, на площади*). Algunos sustantivos masculinos monosílabos cuando expresan lugar presentan la desinencia *-у* tónica (*в лесу, в порту*). En plural todos los sustantivos toman la desinencia -ах/-ях (*в городах, в школах, на лекциях, в зданиях*).

Según su terminación, los nombres rusos siguen uno de los siguientes modelos de declinación:

1. Primera declinación: nombres masculinos acabados en consonante dura o blanda, o en -й, y los nombres neutros acabados en *-о*, *-ё* o *-е*:

nombres masculinos acabados en consonante dura y neutros en -о			
singular			
	animado	inanimado	
Nom.	студент	диван	зеркало
Gen.	студента	дивана	зеркала
Dat.	студенту	дивану	зеркалу
Ac.	студента	диван	зеркало
Instr.	студентом	диваном	зеркалом
Prep.	о студенте	о диване	о зеркале
plural			
Nom.	студенты	диваны	зеркала
Gen.	студентов	диванов	зеркал
Dat.	студентам	диванам	зеркалам
Ac.	студентов	диван	зеркала
Instr.	студентами	диванами	зеркалами
Prep.	о студентах	о диванах	о зеркалах

nombres masculinos acabados en consonante blanda o -й y neutros en -е			
singular			
	animado	inanimado	
Nom.	герой	портфель	трамвай
Gen.	героя	портфеля	трамвая
Dat.	герой	портфелю	трамваю
Ac.	героя	портфель	трамвай
Instr.	героем	портфелем	трамваем
Prep.	о герое	о портфеле	о трамвае
plural			
Nom.	герои	портфели	трамваи
Gen.	героев	портфелей	трамваев
Dat.	героям	портфелям	трамваям
Ac.	героев	портфели	трамваи
Instr.	героям	портфелями	трамваем
Prep.	о героях	о портфелях	о трамваях

singular (continuación)			
Nom.	санаторий	поле	упражнение
Gen.	санатория	поля	упражнения
Dat.	санаторию	полю	упражнению
Ac.	санаторий	поле	упражнение
Instr.	санаторием	полем	упражнением
Prep.	о санатории	о поле	об упражнении
plural			
Nom.	санатории	поля	упражнения
Gen.	санаториев	полей	упражнений
Dat.	санаториям	полям	упражнениям
Ac.	санатории	поля	упражнения
Instr.	санаториями	полями	упражнениями
Prep.	о санатории	о полях	об упражнениях

Algunos sustantivos de la primera declinación, en su mayoría monosílabos, en el caso prepositivo con significado locativo presentan la desinencia -у: *лес* - *в лесу*, *порт* - *в порту*, *пол* – *на полу*.

2.Segunda declinación: nombres femeninos y masculinos acabados en *-а* o *-я*:

nombres con radical acabada en consonante dura		
singular		
	animado	inanimado
Nom.	женщина	ручка
Gen.	женщины	ручки
Dat.	женщине	ручке
Ac.	женщину	ручку
Instr.	женщиной (женщиною)	ручкой (ручкою)
Prep.	о женщине	о ручке
plural		
Nom.	женщины	ручки
Gen.	женщин	ручек
Dat.	женщинам	ручкам
Ac.	женщин	ручки
Instr.	женщинами	ручками
Prep.	о жёнщинах	о ручке

Como se observa, si el radical termina en consonante dura, esta toma la desinencia -и en el genitivo, excepto si esta acaba en к, г, х; entonces toma -s: *женщины* vs. *ручки*.

nombres femeninos con radical acabada en consonante blanda			
singular			
Nom.	кухня	семья	линия
Gen.	кухни	семьи	линии
Dat.	кухне	семье	линии
Ac.	кухню	семью	линию
Instr.	кухней	семьёй	линией
Prep.	о кухне	о семье	о линии
plural			
Nom.	кухни	семьи	линии
Gen.	кухней	семей	линий
Dat.	кухням	семьям	линиям
Ac.	кухни	семьи	линии
Instr.	кухнями	семьями	линиями
Prep.	о кухнях	о семьях	о линиях

Después de *ж*, *ч*, *ш*, *щ* y *ц* la desinencia del caso instrumental singular para los nombres femeninos es *-ой (-ою)* cuando es tónica, y *-ей* si es átona: *свеча - свечой* vs. *птица - птицей*.

3. Tercera declinación: nombres femeninos cuya radical acaba en consonante blanda o en sibilante (*ж*, *ш*, *щ*, *ч*):

singular		
	consonante blanda	sibilante
Nom.	тетрадь	вещь
Gen.	тетради	вещи
Dat.	тетради	вещи
Ac.	тетрадь	вещь
Instr.	тетрадью	вещью
Prep.	о тетради	о вещи
plural		
Nom.	тетради	вещи
Gen.	тетрадей	вещей
Dat.	тетрадям	вещам
Ac.	тетради	вещи
Instr.	тетрадями	вещами
Prep.	о тетрадях	о вещах

4. Declinación irregular de algunos nombres:

singular				
Nom.	путь	мать	дочь	племя
Gen.	пути	матери	дочери	племени
Dat.	пути	матери	дочери	племени
Ac.	путь	мать	дочь	племя
Instr.	путём	матерью	дочерью	племенем
Prep.	о пути	о матери	о дочери	о плёмени
plural				
Nom.	пути	матери	дочери	племена
Gen.	путей	матерей	дочерей	племён
Dat.	путям	матерям	дочерям	племенам
Ac.	пути	матерей	дочерей	племена
Instr.	путями	матерями	дочерьми	племенами
Prep.	о путях	о матерях	о дочерях	о племенах

EL ADJETIVO

El adjetivo es la parte del discurso que designa un rasgo del sustantivo, y concuerda con este en caso, género y número. Puede tener función atributiva o predicativa. En función atributiva puede anteponerse al sustantivo (*На траве лежит красивая собака*) o posponerse, separado con una coma (*На траве лежит собака, красивая но очень злая*).

Si cumple función predicativa, se pospone al sustantivo y se une a él a través del verbo (*Собака стала очень красивой; Сегодня она очень красива*).

Según su significado léxico, los adjetivos se dividen en tres tipos:

1. Los adjetivos cualitativos expresan cualidades de un objeto (*красивый, маленький*) relativos, como dimensiones (*широкий*), color (*белый*), peso (*тяжёлый*), características personales (*умный, весёлый*), etc.
2. Los adjetivos relativos expresan la relación que establece un objeto con otro objeto (*золотой, школьный, утренний*), y se perciben inequívocamente como palabras derivadas.
3. Los adjetivos posesivos, como su nombre indica, expresan posesión, y suelen formarse de nombres comunes referidos a personas (*мамин, старухин*), de nombres propios de persona (*ивановы книги*), y de nombres de animales (*волчья нора*).

Los adjetivos pueden tener dos formas: forma plena (*красивый, красивая, красивое, красивые*) o forma corta (*красив, красива, красиво, красивы*). A ellas nos referiremos más adelante.

En un sentido amplio, también se pueden considerar adjetivos los numerales ordinales, los numerales cardinales *один, два, оба*, los pronombres posesivos y los participios.

Declinación de los adjetivos

Paradigma duro

Las primeras vocales de la desinencia de los adjetivos cuya base acaba en consonante dura son **а / о / ы:** *красивый, красивая, красивое, красивые*. Este tipo de declinación es propio de los adjetivos con desinencia átona.

	singular			plural
	masculino	femenino	neutro	
Nom.	красивый	красивая	красивое	красивые
Gen.	красивого*	красивой	красивого*	красивых
Dat.	красивому	красивой	красивому	красивым
Ac.	красивый/ красивого**	красивую	красивое	красивые/ красивых**
Instr.	красивым	красивой (красивою)***	красивым	красивыми
Prep.	красивом	красивой	красивом	красивых

* La г de las desinencias en *-ого* se pronuncia como [v]. Lo mismo ocurre con la variante *–его* de los paradigmas siguientes.

** En acusativo masculino singular y plural se distinguen dos desinencias: una para los adjetivos que determinan sustantivos inanimados (*-ый, -ые*) y animados (*-ого, -ых*).

*** La desinencia femenina de instrumental en *–ою*, se usa en lenguaje poético. Lo mismo ocurre con la variante *-ею* de los paradigmas siguientes.

En los adjetivos con desinencia tónica solo cambia la desinencia de nominativo masculino singular (*-ой* en lugar de *-ый*):

	singular			plural
	masculino	femenino	neutro	
Nom.	молодой	молодая	молодое	молодые
Gen.	молодого	молодой	молодого	молодых
Dat.	молодому	молодой	молодому	молодым
Ac.	молодой/ молодого	молодую	молодое	молодые/молодых
Instr.	молодым	молодой (молодою)	молодым	молодыми
Prep.	молодом	молодой	молодом	молодых

Paradigma blando

Las primeras vocales de la desinencia de los adjetivos cuya radical acaba en *н* blanda son *я* / *е* / *и*: *вечерний, вечерняя, вечернее, вечерние*. Este grupo de adjetivos suele expresar tiempo (*летний, вчерашний, поздний*), espacio (*ближний, дальний, верхний, внешний, внутренний*), y en algunos casos otros significados (*искренний, лишний, синий*).

	singular			plural
	masculino	femenino	neutro	
Nom.	синий	синяя	синее	синие
Gen.	синего	синей	синего	синих
Dat.	синему	синей	синему	синим
Ac.	синий/синего	синюю	синее	синие/синих
Instr.	синим	синей (синею)	синим	синими
Prep.	синем	синей	синем	синих

Paradigma mixto

Pertenecen al paradigma mixto los adjetivos cuya base acaba en *к, г, х, ж, ч, ш, щ* o *ц*. Por un lado y como es habitual, después de las consonantes *к, г, х, ж, ч, ш, щ* figura *и* en lugar de *ы*:

	singular			plural
	masculino	femenino	neutro	
Nom.	далёкий	далёкая	далёкое	далёкие
Gen.	далёкого	далёкой	далёкого	далёких
Dat.	далёкому	далёкой	далёкому	далёким
Ac.	далёкий - далёкого	далёкую	далёкое	далёкие - далёких
Instr.	далёким	далёкой (далёкою)	далёким	далёкими
Prep.	далёком	далёкой	далёком	далёких

Además, observamos que después de *ж*, *ч*, *ш*, *щ*, *ц*, si la desinencia empezaba por *o* átona, esta es sustituida por *e*:

	singular			plural
	masculino	femenino	neutro	
Nom.	хороший	хорошая	хорошее	хорошие
Gen.	хорошего	хорошей	хорошего	хороших
Dat.	хорошему	хорошей	хорошему	хорошим
Ac.	хороший/ хорошего	хорошей	хорошее	хорошие/хороших
Instr.	хорошим	хорошей (хо- рошею)	хорошим	хорошими
Prep.	хорошем	хорошей	хорошем	хороших

Declinación de los adjetivos posesivos con el sufijo -j-

	singular			plural
	masculino	femenino	neutro	
Nom.	волчий	волчья	волчье	волчьи
Gen.	волчьего	волчьей	волчьего	волчьих
Dat.	волчьему	волчьей	волчьему	волчьим
Ac.	волчий/волчьего	волчью	волчье	волчьи/волчьих
Instr.	волчьим	волчьей (волчьею)	волчьим	волчьими
Prep.	волчьем	волчьей	волчьем	волчьих

Declinación de los adjetivos posesivos con los sufijos -ин- y -ов-

	singular			plural
	masculino	femenino	neutro	
Nom.	папин	папина	папино	папины
Gen.	папиного	папиной	папиного	папиных
Dat.	папиному	папиной	папиному	папиным
Ac.	папин/папиного	папину	папино	папины/папиных
Instr.	папиным	папиной (папиною)	папиным	папиными
Prep.	папином	папиной	папином	папиных

	singular			plural
	masculino	femenino	neutro	
Nom.	дедов	дедова	дедово	дедовы
Gen.	дедова	дедовой	дедова	дедовых
Dat.	дедову	дедовой	дедову	дедовым

Ac.	дедов/ дедова	дедову	дедово	дедовы/ дедовых
Instr.	дедовым	дедовой (дедовою)	дедовым	дедовыми
Prep.	дедовом	дедовой	дедовом	дедовых

Las formas plenas y cortas del adjetivo

Los adjetivos calificativos rusos pueden presentar forma plena o forma corta. Los adjetivos pueden tener las dos formas:

Los adjetivos en forma plena responden a las preguntas *какой?*, *какая?*, *какое?*, *какие?* «¿cómo, de qué tipo?», y pueden funcionar como atributos o como predicados, y concuerdan con el nombre al cual califican en género, número y caso:

Я смотрел скучную программу (Vi un programa aburrido)
Эта программа скучная (Este programa es aburrido)

forma plena	forma corta
Свободный человек (persona libre)	Заключённый свободен (El preso está libre)
Свободная страна (país libre)	Страна свободна (El país es libre)
Свободное место (sitio libre)	Место свободно (El sitio está libre)
Свободные люди (gente libre)	Люди свободны (La gente es libre)

Los adjetivos en forma corta responden a las preguntas *каков? какова? каково?, каковы?* (¿cómo, de qué tipo?) y solamente pueden tener la función de predicado. En presente se omite el verbo *быть* (ser), que sí aparece en pasado y en futuro:

Фильм *скучен* (La película es aburrida).
Программа была скучна (El programa era aburrido).

Las formas breves no cambian según el caso, puesto que siempre estarán en nominativo por su función de predicado nominal, pero sí concuerdan en género y número con el sujeto. Como se puede ver, los adjetivos en forma corta en masculino singular no tienen desinencia, sino que son equivalentes al radical del adjetivo en forma plena, es decir, al adjetivo sin su desinencia: *красивый* (bello) – *красив*. A partir de esta forma, se crean el femenino añadiendo *-а* y el neutro añadiendo *-о*: *красива, красиво*. Para el plural también se parte del masculino singular y se añade el sufijo *-ы* si la consonante final es dura (*красивы*) o bien *-и* si la consonante es *к, г, х* o *ш, щ, ч, ж*: *тихий – тих – тихи*.

Los adjetivos relativos (*музейный, французский*) no tienen forma breve. Tampoco tienen forma breve los adjetivos cualitativos con sufijos expresivos (*беленький, злющий*) y de origen verbal (*сумасшедший, горелый*).

En la forma breve masculina de los adjetivos con el sufijo *-н-* aparece una *е* epentética (*бедный – беден, трудный - труден),* y en los adjetivos con el sufijo *-к-* la vocal epentética es *о* (*близкий – близок, низкий – низок).*

Algunos adjetivos solo tienen forma corta (*горазд, должен, люб, рад*), y otros adjetivos la construyen de forma irregular: *большой - велик, маленький - мал, солёный - солон*, etc.

Las formas plenas y breves de los adjetivos pueden presentar diferencias de significado. En unos casos, las formas plenas pueden referirse a rasgos permanentes, mientras que las breves tienen un matiz temporal (*она больная – она больна, Саша весёлый – Саша весел*). En otros casos las formas plenas y breves tienen significados claramente diferenciados (*правый*, «correcto» – *прав*, «que tiene razón», *способный*, «capacitado» - *способен*, «capaz»).

Los grados comparativos del adjetivo

El grado comparativo. El comparativo simple

Se forma con los sufijos *-ее* o *-е*.

El sufijo *-ее* se utiliza para formar el comparativo de la mayoría de adjetivos: *бедный – беднее, трудный – труднее*. Aquí el acento recae en la primera -e del sufijo. Por contra, en el comparativo de los adjetivos de tres o más sílabas el acento cae en la raíz del adjetivo: *интересный – интереснее*.

El sufijo *-е* forma el comparativo de los adjetivos cuya raíz termina en *к, г, х, д, т* o *ст*: *сильный – сильнее, дорогой – дороже, тихий– тише, твёрдый – твёрже, богатый – богаче, толстый – толще*. Como se ve, el sufijo *-е* nunca es tónico. Además, al formar el comparativo se producen alternancias consonánticas. Al formar el comparativo, en muchos de los adjetivos que contienen los sufijos *-к-*, *-ок-* estos se suprimen, produciéndose una alternancia consonántica al final de la raíz: *низкий – ниже, высокий – выше*.

Algunos comparativos se construyen de forma irregular: *далёкий – дальше; долгий – дольше; тонкий – тоньше; плохой – хуже; хороший – лучше; маленький – меньше; большой – больше; сладкий – слаще*, etc.

La forma del comparativo simple admite el prefijo *по-*, cuyo significado es «un poco»: *получше*, «un poco mejor», *подороже*, «un poco más caro». Esta forma del comparativo no cambia en género, número o caso, y generalmente funciona como parte del predicado, aunque también puede tener la función de atributo:

Виктор выше Павла / выше, чем Павел (Víctor es más alto que Pavel).
Я видел картину красивее этой (Vi un cuadro más bonito que este).

Como vemos, el nombre que denota un objeto con el que otro se compara toma el genitivo o bien el nominativo después de la conjunción *чем* (que).

El comparativo compuesto

El comparativo compuesto puede formarse de cualquier adjetivo calificativo. Se forma mediante la palabra *более* o *менее* y la forma positiva del adjetivo: *сильный - более/менее сильный*. Así, para un adjetivo como *сильный* podemos tener dos formas posibles de comparativo: *сильнее* y *более/менее сильный*.

El grado superlativo. El superlativo simple

Se construye con los sufijos -*айш*- y -*ейш*-: con -*айш*- se forman los superlativos de los adjetivos que terminan en *к*, *г* o *х*, produciéndose al mismo tiempo las alternancias *к-ч*, *г-ж*, *х-ш*: *строгий - строжайший, высокий - высочайший, тихий - тишайший.* El resto de adjetivos forman el superlativo con el sufijo -*ейш*-: *новый - новейший, старый - старейший.*

Algunos superlativos se construyen de forma irregular: *высокий - высший; низкий - низший; хороший - лучший; плохой - худший; маленький - меньший.*

Por otra parte, en la formación del superlativo existen adjetivos que pueden tomar el prefijo, *наи*-, lo cual conlleva un especial énfasis y expresa el máximo grado de una cualidad: *наилучший, наихудший, наивысший, наименьший, наикрасивейший, наисильнейший.*

El superlativo simple es más propio de lengua escrita y se usa menos que el compuesto.

El superlativo compuesto

Se forma mediante el pronombre *самый* (*самая*, *самое*, *самые*) o bien de la palabra *наиболее*, aunque esta es característica del estilo literario: *самый молодой*, «el más joven», *самая хорошая*, «la más buena», *самое старинное*, «el más antiguo», *самые дешёвые*, «los/las más baratos/as». Una estructura sinónima a esta es la que se construye con el comparativo simple de un adjetivo más el genitivo del pronombre *все*, «todos»: *она старше всех* = *она самая старшая*, «ella es la mayor de todos».

El pronombre

Los pronombres personales

Los pronombres personales son los que tienen significado de persona gramatical, y funcionan de una forma parecida a la del sistema de pronombres personales del español:

persona	singular	plural
1ª	я	мы
2ª	ты	вы
3ª	он, она, оно	они

En los pronombres personales del ruso se observa una clara diferenciación por un lado, entre los pronombres de primera y segunda persona, que poseen la marca de persona gramatical y de número, y por el otro entre los pronombres de tercera persona, que además de las marcas de persona gramatical y número poseen la marca de género.

Declinación de los pronombres de la 1ª y 2ª persona

	singular		plural	
	1ª persona	2ª persona	1ª persona	2ª persona
Nom.	я	ты	мы	вы
Gen.	меня	тебя	нас	вас
Dat.	мне	тебе	нам	вам
Ac.	меня	тебя	нас	вас
Instr.	мной (-ою)	тобой (-ою)	нами	вами
Prep.	(обо) мне	о) тебе	(о) нас	(о) вас

Declinación de los pronombres de la 3ª persona

	singular			plural
	masculino	femenino	masculino	
Nom.	он	она	оно	они
Gen.	его	её	его	их
Dat.	ему	ей	ему	им
Ac.	его	её	его	их
Instr.	им	ей (ею)	им	ими
Prep.	(о) нём	(о) ней	(о) нём	(о) них

Cuando las preposiciones *к*, *с*, *перед*, *над* preceden a una forma del pronombre que empieza por dos consonantes, estas toman una *о* epentética: *ко мне*, *со мной*, *передо мной*. Asimismo, la preposición *о* adopta la forma *обо* al preceder el caso prepositivo del pronombre *я* (*обо мне*). Por otro lado, los pronombres personales de tercera persona, singular y plural, toman una *н* cuando van precedidos por una preposición: *у него*, *на неё*, *к ним*, etc.

El pronombre reflexivo себя

Nom.	—
Gen.	себя
Dat.	себе
Ac.	себя
Instr.	собой, собою
Prep.	(о) себе

El pronombre reflexivo *себя* no tiene forma de nominativo, pues siempre cumple la función de objeto. En todas sus otras formas, es invariable en género y número:

Я купил себе машину (Me he comprado un coche).
Она купила себе машину (Ella se ha comprado un coche).
Они купили себе машину (Ellos/ellas se han comprado un coche).

Los pronombres posesivos

Los pronombres posesivos se corresponden con los pronombres personales: *я – мой, моя, моё, мои, ты – твой, твоя, твоё, твои*, etc. Los pronombres de primera y segunda personas de singular y plural (*мой, твой, наш, ваш*) concuerdan en género, número y caso con el nombre al que califican:

> *Я вижу твоего брата* (Veo a tu hermano).
> *Ты идёшь к нашей сестре* (Vas a casa de nuestra hermana).

Los posesivos de tercera persona, *он – его, она – её, оно – его, они – их*, son invariables en cuanto a número y caso, y su género se refiere al género del poseedor:

> *Пришли Антон и его жена* (Han llegado Antón y su mujer).
> *Я не была в его городе* (No he estado en su —de él— ciudad).
> *Ольга написала письмо его брату* (Olga escribió a su —de él— hermano).
> *Я встретилась с его учителем* (Me encontré con su maestro —de él—).

Singular. Primera persona

	singular			plural
	masculino	femenino	neutro	
Nom.	мой	моя	моё	мои
Gen.	моего	моей	моего	моих
Dat.	моему	моей	моему	моим
Ac.	мой/моего	мою	моё	мои/моих
Instr.	моим	моей	моим	моими
Prep.	(о) моём	(о) моей	(о) моём	(о) моих

Singular. Segunda persona

	singular			plural
	masculino	femenino	neutro	
Nom.	твой	твоя	твоё	твои
Gen.	твоего	твоей	твоего	твоих
Dat.	твоему	твоей	твоему	твоим
Ac.	твой/твоего	твою	твоё	твои/твоих
Instr.	твоим	твоей	твоим	твоими
Prep.	(о) твоём	(о) твоей	(о) твоём	(о) твоих

Plural. Primera persona

	singular			plural
	masculino	femenino	neutro	
Nom.	наш	наша	наше	наши
Gen.	нашего	нашей	нашего	наших
Dat.	нашему	нашей	нашему	нашим
Ac.	наш/нашего	нашу	нашё	наши/наших
Instr.	нашим	нашей	нашим	нашими
Prep.	(о) нашем	(о) нашей	(о) нашем	(о) наших

Plural. Segunda persona

	singular			plural
	masculino	femenino	neutro	
Nom.	ваш	ваша	ваше	ваши
Gen.	вашего	вашей	вашего	ваших
Dat.	вашему	вашей	вашему	вашим
Ac.	ваш/вашего	вашу	вашё	ваши/ваших
Instr.	вашим	вашей	вашим	вашими
Prep.	(о) вашем	(о) вашей	(о) вашем	(о) ваших

Los posesivos precedidos de una preposición no toman la *н* epentética a diferencia de los pronombres personales. Así, hay que diferenciar frases del tipo *я был у него*, «estuve en su casa —en casa de él—» de *я был у его сестры*, «estuve en casa de su hermana —de la hermana de él—».

Además de estos pronombres, existe el pronombre posesivo *свой*, que se declina como *мой*, *твой* y que solo puede utilizarse cuando el objeto que califica tiene como referente de posesión el sujeto de la oración:

Я написал свою работу (He escrito mi trabajo).
Она написала свою работу (Ha escrito tu trabajo).
Они написали свою работу (Han escrito su trabajo).

Si el sujeto de la oración es un pronombre personal, de primera o segunda persona *свой* puede remplazarse por los correspondientes posesivos que hemos visto: *мой*, *твой*, *наш*, *ваш*. No obstante, cuando el sujeto es un pronombre personal de tercera persona, singular o plural, o bien un nombre propio, tal sustitución no es posible, ya que entonces se obtiene un significado distinto:

Я написал свою работу (He escrito mi trabajo) = *Я написал мою работу* (He escrito mi trabajo).

Он написал свою работу (Ha escrito su —el suyo, de él— trabajo) ≠ Он написал его работу (Ha escrito su —el de una tercera persona— trabajo).

Los pronombres demostrativos

Этот и тот

Los pronombres demostrativos más utilizados en ruso son *этот* (*эта*, *это*, *эти*), «este», y *тот* (*та*, *то*, *те*), «aquel», *такой* (*такая*, *такое*, *такие*), «tal, así», *столько*, «tanto, tantos». El pronombre *сей* (*сия*, *сие*, *сии*) es arcaizante y se utiliza solo en el registro poético, y tiene el mismo significado que el pronombre *этот*.

	singular			plural
	masculino	femenino	neutro	
Nom.	этот	эта	это	эти
Gen.	этого	этой	этого	этих
Dat.	этому	этой, этою	этому	этим
Ac.	этот/этого	эту	это	эти/этих
Instr.	этим	этой	этим	этими
Prep.	(об) этом	(об) этой	(об) этом	(об) этих
Nom.	тот, то	та	то	те
Gen.	того	той	того	тех
Dat.	тому	той, тою	тому	тем
Ac.	тот/того, то	ту	то	те/тех
Instr.	тем	той	тем	теми
Prep.	(о) том	(о) той	(о) том	(о) тех

El pronombre *такой* (tal, así) se declina como un adjetivo del tipo *большой* y expresa una propiedad de un objeto. Concuerda en género, número y caso con este, y puede formar parte del predicado:

Моя сумка не такая. Она большая, из белой ткани (Mi bolsa no es así. Es grande, de tela blanca).

O bien tener función de atributo:

Он очень внимательный и ответственный человек. Такой человек редко встречается (Es una persona muy atenta y responsable. Una persona así raramente se encuentra).

	singular			plural
	masculino	femenino	neutro	
Nom.	такой	такая	такое	такие
Gen.	такого	такой	такого	таких
Dat.	такому	такой, такою	такому	таким
Ac.	такой/такого	такую	такое	такие/таких
Instr.	таким	такой	таким	такими
Prep.	(о) таком	(о) такой	(о) таком	(о) таких

Столько

Este pronombre cuyo significado es «tanto, tantos», denota una cantidad indeterminada de objetos y puede sustituir a numerales cardinales. Se declina como un adjetivo cuya radical termina en *к*- en la forma de plural. En nominativo y acusativo rige genitivo plural (*я не знал, что у тебя столько друзей*, «no sabía que tenías tantos amigos»). En el resto de casos, concuerda con el nombre (*Наташа была в стольких странах!*, «¡Natasha estuvo en tantos países!»). En acusativo varía en función de si se refiere a un ser animado o inanimado.

	plural
Nom.	столько
Gen.	стольких
Dat.	стольким
Ac.	столько/стольких
Instr.	стольких
Prep.	(о) стольких

Los pronombres definidos

Сам, самый

Los pronombres *сам* y *самый* son similares, pero tienen un uso distinto: *сам (сама, само, сами)* denota un sujeto que realiza una acción independientemente y sin asistencia: *я сама это сделаю*, «lo haré yo misma». También puede utilizarse para enfatizar que se trata de una persona u objeto en particular y no otro (*она сама его узнала*, «ella misma lo reconoció»), y aparecer con el pronombre reflexivo (*он это повторял сам себе*, «se lo repetía a sí mismo»). *Самый*, por su parte, se declina como un adjetivo del tipo *новый* y puede aparecer en distintas construcciones. Seguido del pronombre *этот* o *тот*, tiene el significado de «el mismo, el propio», es decir, enfatiza el significado de la palabra a la que se refiere: *я себе купил тот же самый свитер, который мы с тобой видели на рынке*, «me he comprado el jersey que vimos en el mercado». Con los nombres que denotan tiempo o espacio, sirve para indicar el límite extremo de tiempo o espacio: *стоит очередь с самого утра*, «hay cola desde primeras horas de la mañana». Además, este pronombre participa en la formación del grado superlativo compuesto: *он самый лучший актёр в России*, «es el mejor actor de Rusia».

Nom.	сам	сама	само	сами
Gen.	самого	самой	самого	самих
Dat.	самому	самой	самому	самим
Ac.	сам/самого	саму	само	сами/самих
Instr.	самим	самой	самим	самими
Prep.	о самом	о самой	о самом	о самих

Otros pronombres definidos son *весь*, «todo», *всякий*, «todo, cualquiera», *каждый*, «cada», *иной*, «otro», *другой*, «otro».

Los pronombres interrogativos

Кто, что

Los pronombres кто y что significan «quién» y «qué». Los adjuntos a estos pronombres toman la forma de singular, y la del masculino y del neutro para *кто* y *что*, respectivamente: *Кто это сказал?* (¿Quién dijo eso?), *Что случилось?* (¿Qué ha pasado?).

Nom.	кто	что
Gen.	кого	чего
Dat.	кому	чему
Ac.	кого	что
Instr.	кем	чем
Prep.	(о) ком	(о) чём

Какой, который

Estos pronombres concuerdan en género, número y caso con el nombre, y siguen el modelo de declinación de los adjetivos. *Какой* pregunta por las características del nombre (¿qué?, ¿cómo?, ¿de qué tipo?): *На какой автобус ты сел?*, «¿Qué autobús cogiste?» –*На седьмой*, «El siete». *Который* pregunta por la identidad del nombre o pronombre a que se refiere (¿qué?, ¿cuál?): *Который из них пришёл?* «¿Cuál de ellos vino?», –*Сергей пришёл*, «Serguei vino». *Который* es, además, el pronombre relativo habitual en ruso.

	Singular			Plural
	masculino	femenino	neutro	
Nom.	какой	какая	какое	какие
Gen.	какого	какой	какого	каких
Dat.	какому	какой	какому	каким
Ac.	какой/какого	какую	какое	какие/каких
Instr.	каким	какой (-ою)	каким	какими
Prep.	(о) каком	(о) какой	(о) каком	(о) каких

	Singular			Plural
	masculino	femenino	neutro	
Nom.	который	которая	которое	которые
Gen.	которого	которой	которого	которых
Dat.	которому	которой	которому	которым
Ac.	которой/которого	которую	которое	которые/ которых
Instr.	которыми	которой (-ою)	которыми	которыми
Prep.	(о) котором	(о) которой	(о) котором	(о) которых

Чей

El pronombre *чей*, «de quién», concuerda en género, número y caso con el nombre que le sigue: *Чей это словарь?*, «¿de quién es este diccionario?», *чью книгу ты взяла?*, «¿de quién es el libro que cogiste?».

	Singular			Plural
	masculino	femenino	neutro	
Nom.	чей	чья	чьё	чьи
Gen.	чьего	чьей	чьего	чьих
Dat.	чьему	чьей	чьему	чьим
Ac.	чей/чьего	чью	чье	чьи/чьих
Instr.	чьим	чьей (-ею)	чьим	чьими
Prep.	(о) чьём	(о) чьей	(о) чьём	(о) чьих

Сколько

El pronombre сколько, «cuánto, cuántos», se declina como un adjetivo en plural. En nominativo y acusativo rige genitivo plural, y en el resto de casos concuerda con el caso del nombre (en plural): *сколько там домов?*, «¿cuántas casas hay ahí?», *со сколькими странами граничит Казахстан?*, «¿con cuántos países delimita Kazajistán?». Debe clasificarse más bien como un pronombre-numeral.

Nom.	сколько
Gen.	скольких
Dat.	скольким
Ac.	сколько/скольких
Instr.	сколькими
Prep.	(о) скольких

Los pronombres relativos

Los pronombres *кто, что, какой, который, чей, сколько*, cuando se utilizan en función de conjunción en una oración compuesta actúan como llaman pronombres relativos: *он тот, кому можно верить*, «es alguien en quien se puede confiar». *Мы подошли к дому, в котором мы раньше жили*, «nos acercamos a la casa donde habíamos vivido antes».

Los pronombres negativos *никто, ничто, никакой, ничей*

Estos pronombres se forman juntando la partícula negativa *ни* con los pronombres interrogativos *кто, что, какой, чей*; así, se declinan tal como lo hacen estos pronombres interrogativos.

Никто, «nadie», *ничто*, «nada», suelen funcionar como sujetos u objetos de una frase y solo cambian en caso: *никто об этом не спрашивал*, «nadie preguntó sobre esto». *Её ничто не беспокоит*, «a ella no le preocupa nada», *он никого не замечает*, «él no se fija en nadie», *на вечеринку я ничего не принёс*, «no traje nada a la fiesta».

Никакой, «ninguno», *ничей*, «de nadie», varían en género, número y caso en función del nombre al cual califican, y siempre son atributos: *никакие студенты не приходили*, «no vinieron ningunos estudiantes», *я не брал ничьих ключей*, «no he cogido las llaves de nadie». Como puede observarse en los ejemplos, un predicado que contenga alguno de estos pronombres lleva necesariamente la partícula negativa *не*.

Si el predicado en que se encuentran rige un complemento con preposición, esta figura entre la partícula *ни* y el pronombre interrogativo: *мы ни с кем не виделись*, «no nos vimos con nadie», *я ни о чём не думал* «No estaba pensando en nada».

Los pronombres indefinidos

Pronombres con las partículas -то, -нибудь, -либо, кое-

Para formar estos pronombres, se añaden las partículas *-то*, *-нибудь*, *-либо*, *кое-* a los pronombres interrogativos *кто?*, *что?*, *какой?*, *чей?*, *сколько?*: *кто-то*, «alguien», *что-то*, «algo», *какой-то*, «alguno», *чей-то*, «de alguien», *кто-нибудь/-либо*, «alguien», *что-нибудь/-либо*, «algo», *какой-нибудь/-либо*, «alguno», *чей-нибудь/-либо*, «de alguien», *сколько-нибудь*, «algo de»: *к тебе приходила какая-то девушка*, «vino a verte una chica», *купи что-нибудь на обед*, «compra algo para la comida». Se declinan como los pronombres interrogativos que los forman, y si el verbo con el que aparecen rige un complemento con preposición, esta se antepone al pronombre indefinido: *она с кем-то говорит по телефону*, «está hablando con alguien por teléfono».

En cuanto al significado, los pronombres con *-то* indican que el objeto es desconocido para el hablante, aunque puede ser conocido por su interlocutor, y normalmente se usan en frases enunciativas. Los que llevan *-нибудь*, en cambio, se refieren a un objeto que es desconocido para ambos. Estos se utilizan en estructuras interrogativas y también en ciertas frases enunciativas: *кто-нибудь звонил?*, «¿ha llamado alguien?», *бери какую-нибудь книгу*, «coge algún libro». Los pronombres con *-либо* son sinónimos a los formados con la partícula *-нибудь*, y son propios del registro formal. Los pronombres con *кое-* indican que el objeto es conocido para el hablante y desconocido para el interlocutor: *Я хочу тебе кое-что показать*, «quiero enseñarte algo».

Некто, нечто, некий, некоторый, несколько

Некто, «un tal», solo se utiliza delante de nombres propios: *подходил некто Петров*, «ha venido un tal Petrov». Solo se encuentra en nominativo. *Нечто*, «algo» va siempre acompañado de un atributo en género neutro. Tiene solo forma de nominativo y acusativo, que coincide, y su significado es parecido al de *что-то*: *случилось нечто неслыханное*, «ocurrió algo sorprendente». *Некий*, «un tal», cambia en género, número y caso, y funciona como atributo: *звонила некая Антонова*, «ha llamado una tal Antónova». *Некоторый*, «algún», sigue la declinación de los adjetivos y es atributo: *я возьму с собой некоторые книги*, «me llevaré algunos libros». El pronombre *несколько*, «unos cuantos» se declina como un adjetivo plural, y en nominativo y acusativo exige un nombre en genitivo plural. Para el resto de casos, concuerda con el caso del nombre: *несколько студентов пойдут на концерт*, «algunos estudiantes irán al concierto», *нескольким детям пришлось вернуться в школу*, «algunos niños tuvieron que regresar a la escuela».

EL ADVERBIO

Los adverbios en ruso pueden ser de modo (*быстро*, «rápido», *неправильно*, «incorrectamente»), de tiempo (*завтра*, «mañana», *рано*, «temprano»), de lugar (*там*, «allí», *отсюда*, «desde aquí»), de cantidad (*много*, «mucho», *дважды* «dos veces»), etc.

Las terminaciones más habituales de los adverbios de manera son *-о* y *-ски*. En este sentido, no hay que confundir un adjetivo neutro en forma corta con un adverbio terminado en *-о*, aunque formalmente coincidan: *сегодня небо чисто*, «hoy el cielo está destapado» - *все пришли хорошо одеты*, «todos vinieron bien vestidos».

El grado comparativo del adverbio

El adverbio forma el grado comparativo de la misma manera que el adjetivo: *я читаю медленнее, чем ты*, «yo leo más despacio que tú». Al comparativo puede añadírsele el prefijo *по-*, «un poco»: *пиши почаще*, «escribe un poco más a menudo».

El grado superlativo del adverbio se forma añadiendo el pronombre *всех*, «de todos» al comparativo: *он рисует лучше всех*, «él dibuja mejor que nadie».

Los adverbios predicativos

Hay un grupo de adverbios rusos que se utilizan como predicados en oraciones impersonales. Si en estas oraciones aparece el sujeto lógico, este figura en caso dativo: *тебе жарко?*, «¿tienes calor?», *Саше дома скучно*, «Sasha en casa se aburre». Los adverbios predicativos pueden expresar:

- —estado físico o anímico de una persona: *грустно*, «triste», *весело*, «contento», *скучно*, «aburrido», *стыдно*, «vergonzoso», etc.
- —estado de la naturaleza: *жарко*, «hace calor», *темно*, «está oscuro», etc.
- —significados modales: *нужно*, «hay que», *необходимо*, «es indispensable», *нельзя*, «no se puede», *можно*, «se puede», etc.
- —tiempo de una acción: *поздно*, «tarde», *рано*, «temprano», etc.

En presente no aparece verbo en las estructuras con adverbios predicativos (*Мне холодно*, «tengo frío», pero sí en pasado o en futuro: *Вчера на уроке было интересно*, «ayer la clase fue interesante», *завтра будет прохладно*, «mañana va a refrescar»).

Estos adverbios también presentan grado comparativo, de la misma forma que los adverbios normales terminados en *-о*: *на юге жарче, чем на севере*, «en el sur hace más calor que en el norte».

EL VERBO

Características generales

El verbo es una categoría funcional que designa proceso y expresa este significado mediante las categorías de aspecto, voz, modo, tiempo, persona, número y género. El significado de proceso se concreta a través del significado del verbo: el proceso puede presentarse como acción de personas o cosas y fenómenos (*я читаю, машина едет*), estados (*ребёнок спит, я жду автобус*), o relaciones (*А равняется Б*). Las categorías verbales permiten designar: a) los rasgos limitado/no limitado e íntegro/no íntegro de una acción: *достигать/достигнуть* (aspecto); b) la relación existente entre el proceso y su sujeto y objeto: *рассказ пишет очевидец - рассказ пишется очевидцем*; c) la relación entre el proceso y la realidad, de forma que este se muestra como real, deseado o hipotético: *сижу – сиди – сидел бы*; d) la relación entre el proceso y el tiempo: *рисую – рисовал – буду рисовать*.

El verbo posee un amplio sistema de formas, lo cual no significa que a partir de todos los verbos puedan construirse todas las formas personales posibles ni tampoco las de participio o gerundio. En este sentido hay que destacar que los verbos poseen limitaciones semánticas, es decir, que en función de su significado no pueden construir unas u otras formas. Las limitaciones de este tipo, muy frecuentes en la lengua rusa, reflejan la estrecha relación existente entre las categorías morfológicas y la semántica léxica, y pueden caracterizar tanto a verbos concretos como a grupos de verbos. Por ejemplo, los verbos impersonales no pueden construir las formas de primera y segunda persona; los verbos intransitivos no tienen la forma de participio pasivo. La imposibilidad de utilizar las formas de primera y segunda persona de verbos como *означать*, *осуществляться* y *удаться* tiene su causa en el propio significado del verbo, ya que estos designan acciones, el sujeto de las cuales no puede ser una persona. Además, en el ruso hay ciertos verbos que no poseen ciertas formas potencialmente existentes, como es el caso de la primera persona de singular de los verbos *дудеть*, *очутиться* y *победить*.

Las funciones sintácticas del verbo son complejas y diversas. Las formas conjugadas del verbo en la oración desempeñan la función de predicado. Las formas predicativas se oponen a las atributivas, el participio y el gerundio, las cuales poseen significado de determinante. El participio, además, puede formar parte del predicado. Por otro lado, el infinitivo puede desempeñar varias funciones en la oración, tanto la de sujeto y predicado, como la de elemento adjunto.

Categorías morfológicas del verbo

El aspecto verbal

La categoría del aspecto verbal es una categoría flexiva formada a partir de la oposición de los verbos con el significado «acción íntegra limitada» y «acción no íntegra no limitada». Los verbos con el significado de «acción íntegra limitada» se denominan verbos de aspecto perfectivo, mientras que los verbos con el significado de «acción no íntegra no limitada» se denominan verbos de aspecto imperfectivo. El límite de la acción puede ser la finalización de la acción o de una parte de esta, incluyendo la parte inicial. Así, en la oración:

Я прочитал книгу (He leído/leí el libro).

El verbo indica que la acción «leer» ha finalizado totalmente. Por otro lado, observemos la siguiente oración:

Ребёнок заплакал (El niño se puso a llorar).

En ella se expresa que se ha finalizado el estadio inicial de la acción, y no se señala si la acción «llorar» ha finalizado.

El significado de límite de una acción es un significado que se entiende como acción única indivisible llevada hasta un límite. El rasgo íntegro/no íntegro de las acciones expresadas mediante verbos de aspecto perfectivo se revela mediante la imposibilidad de combinarlas con palabras que se combinan con verbos de aspecto imperfectivo. Entre estas palabras figuran aquellas que designan:

a) el principio, el final o la continuación de una acción (*начал петь, «empezó a cantar»*);
b) palabras que designan una costumbre o una norma (*он привык делать гимнастику, «está acostumbrado a hacer gimnasia»*);
c) repetición (*часто, «a menudo», постоянно, «constantemente»*).

Los verbos perfectivos e imperfectivos son distintos en lo que se refiere a la estructura de sus paradigmas de formas, y se complementan en sus significados gramaticales. Por esta razón es habitual que se agrupen en las llamadas parejas aspectuales, agrupaciones de verbos con idéntico significado léxico y distinto significado aspectual (*спрашивать – спросить*, *строить – построить*).

Formas de los verbos imperfectivos y perfectivos

ЧИТАТЬ (imperfectivo)

Pasado	Presente	Futuro
Вчера я читала рассказ.	Сейчас я читаю рассказ.	Завтра я буду читать рассказ.

ПРОЧИТАТЬ (perfectivo)

Pasado	Presente	Futuro
Вчера я прочитала рассказ.	---------------	Завтра я прочитаю рассказ.

Los verbos imperfectivos pueden designar acciones en tiempo presente, pasado o futuro. La forma de pasado se construye mediante el sufijo *–л*. La forma de futuro es compuesta y en ella el verbo *быть* cumple la función de verbo auxiliar.

Los verbos perfectivos únicamente expresan acciones en tiempo pasado o futuro. La forma de pasado se construye de la misma manera que el imperfectivo. La forma de futuro de los verbos perfectivos se construye conjugando el verbo, que toma las mismas desinencias que el imperfectivo en presente.

Usos del aspecto verbal en tiempo pasado

Imperfectivo	Perfectivo
1. *Маша делала упражнения.* Denota acción en general (lo que es relevante es saber si hubo o no acción).	1. *Маша купила журнал «Огонёк».* Denota una acción con un resultado.
2. *Этот дом строили долго.* Denota una acción como proceso.	2. *Этот дом построили давно.* Denota una acción situándose en el momento en que la acción ya está acabada.
3. *Раньше я вставал в семь часов.* Denota una acción repetida.	3. *Сегодня я встал в восемь часов.* Denota una acción única.

Usos del aspecto verbal en tiempo futuro

El uso del aspecto verbal en el futuro sigue unas pautas similares a las del pasado. Cuando nos referimos a una acción futura sin especificar si tendrá un resultado o si acabará en un momento concreto, o bien nos referimos a una acción que se va a repetir, utilizamos el aspecto imperfectivo:

завтра я буду смотреть телевизор (mañana miraré la televisión)
я буду писать тебе часто (te escribiré a menudo)

Si, por el contrario, nos referimos a una acción que tendrá lugar hasta conseguir un resultado, utilizamos el perfectivo:

я куплю эту книгу в универмаге (compraré este libro en los grandes almacenes)

Usos del aspecto verbal en las oraciones coordinadas

El uso de las formas aspectuales de los verbos en las oraciones coordinadas es el siguiente:

1.	Я читала книгу и слушала музыку. IMPERFECTIVO + IMPERFECTIVO Dos acciones tienen lugar de forma simultánea.
2.	Я написала письмо и пошла на работу. PERFECTIVO + PERFECTIVO Tiene lugar una acción, se acaba, y después tiene lugar otra de forma consecutiva.
3.	Когда я смотрела телевизор, позвонил Олег. IMPERFECTIVO + PERFECTIVO Una acción puntual tiene lugar en el fondo de otra que se está desarrollando.

Parejas aspectuales

Los verbos que tienen un mismo significado léxico comparten la misma raíz y que se distinguen por su significado aspectual son palabras distintas. Las parejas de estos verbos se dividen en dos grupos:

1) Parejas de verbos que se distinguen únicamente por su significado aspectual (es decir, que tienen el mismo significado léxico) los cuales conforman parejas aspectuales: *делать – сделать*, *давать – дать*. Si conocemos cuál es la forma de perfectivo que corresponde a un verbo perfectivo o viceversa, es decir, si tenemos una pareja aspectual, no es difícil saber cuál de las dos formas es la de imperfectivo y cuál es la de perfectivo.
2) Parejas de verbos que se distinguen no solo por su significado aspectual, sino también por su significado léxico; por ejemplo, el verbo *запеть* se distingue de *петь* no solo porque tiene significado de perfectivo, sino también porque tiene significado de inicio de acción; el verbo *толкнуть* se distingue de *толкать* no solo porque tiene significado de perfectivo, sino también porque tiene significado de acción que se realiza una vez. Estos verbos no conforman parejas aspectuales.

La prefijación se utiliza para la formación de verbos perfectivos a partir de verbos imperfectivos: *красить – покрасить, варить – сварить*. Los prefijos pueden formar verbos perfectivos que se distinguen de sus parejas imperfectivas únicamente por su significado aspectual (esto ocurre especialmente con el prefijo *по-*), y también pueden formar verbos perfectivos con distinto significado léxico. En este sentido, el significado que el prefijo añade a la raíz verbal no responde a unas normas concretas. Por ejemplo, el prefijo *у-* aporta al verbo *ехать* significado de alejamiento (*ехать*, «ir» – *уехать*, «marcharse»), mientras que al unirse a la raíz *видеть* aporta significado puramente aspectual (*видеть*, «ver» – *увидеть*, «ver»). Los prefijos utilizados en la derivación son: *вз-, воз-, вы-, за-, из, на-, о-, об-, от-, по-, под-, при-, про-, раз-, с-, у-*.

La sufijación se utiliza para la formación de verbos imperfectivos a partir de verbos perfectivos: *переделать – предeлывать, запеть – запевать*. Los sufijos utilizados son *-ива-, -ва-, -а-*.

En casos aislados los miembros de una pareja aspectual se distinguen unos de otros mediante un formante prefijal-sufijal compuesto por los prefijos *по-* y *у-*, y el sufijo *-и-*: *сажать-посадить, ронять-уронить*. En algunos casos los verbos pueden ser sustituidos por su pareja aspectual sin que cambie el sentido del enunciado: *я ему сказал об этом три раза – я ему говорил об этом три раза*.

Verbos biaspectuales

Muchos verbos tienen al mismo tiempo significado de aspecto perfectivo e imperfectivo. Estos verbos son llamados biaspectuales.

En el contexto pueden expresar uno de los dos significados aspectuales, o bien no expresar ninguno; por ejemplo, de aspecto perfectivo:

Он обещал, что сегодня придёт в шесть (prometió que hoy vendría a las seis): significado de perfectivo.

Сколько раз он обещал, что придёт в одно время, а приходил в другое (cuántas veces prometió que vendría a una hora, y venía a otra): significado de imperfectivo.

Los verbos biaspectuales pueden ser utilizados en la derivación mediante prefijos: *женить – поженить, обещать – пообещать*, o bien en relación a verbos imperfectivos derivados mediante sufijos: *организовать – организовывать, атаковать – атаковывать*.

Verbos de movimiento

En el sistema verbal ruso ocupan un lugar especial los llamados verbos de movimiento, 14 parejas de verbos imperfectivos que designan desplazamiento en el espacio: *идти-ходить, бежать-бегать, ехать-ездить, лететь-летать, плыть-плавать, тащить-таскать, катить-катать, нести-носить, вести-водить, везти-возить, ползти-ползать, лезть-лазать/лазить, брести-бродить и гнать-гонять*. La pareja *идти-ходить* significa «desplazarse en el espacio con ayuda de las piernas», es decir, «ir», *ехать-ездить* significa «desplazarse en el espacio con ayuda de un medio de transporte», es decir, «ir», «viajar» o «montar», *лететь-летать* significa «desplazarse en el aire», es decir, «volar», etc. Los verbos que figuran en primer lugar de cada pareja designan acción de movimiento en una dirección, mientras que los verbos que figuran en segundo lugar designan acción de movimiento en más de una dirección.

Así, en la pareja *идти-ходить* el verbo *идти*, «ir», llamado verbo de significado unidireccional, designa movimiento (único o repetido) en una determinada dirección:

Влад идёт в библиотеку (Vlad va a la biblioteca)

El verbo *ходить*, a su vez, llamado verbo de significado multidireccional, designa movimiento (único o repetido) en más de una dirección. En el uso concreto, movimiento en más de una dirección significa:

1. Movimiento en varias direcciones:
Люда любит ходить по ресторанам (A Liuda le gusta ir a los restaurantes)

2. Movimiento de ida y vuelta, a menudo designando hábitos:
Вера и Максим часто ходят в театр (Vera y Maksim van al teatro a menudo)

3. Movimiento sin una dirección concreta:
Олег ходит по комнате (Oleg camina por la habitación)

4. Movimiento como capacidad, facultad:
Ребёнок уже ходит (El niño ya anda)

Los verbos de este tipo no forman parejas aspectuales. Por otro lado, de los verbos del tipo *идти*, es decir, de los verbos unidireccionales, se forman verbos perfectivos con el prefijo по-, los cuales tienen significado de inicio de acción y duración restringida. A menudo se traducen como «irse», «marcharse».

De los verbos unidireccionales se forman regularmente verbos perfectivos mediante el prefijo *по-* con significado de inicio de acción, y otros verbos derivados con significados de movimiento más concretos, como «salir», «llegar» o «pasar». Lo que da a estos verbos estos significados es un prefijo o preverbio (*вы-*, *при-*, *за-*, etc. con significado abstracto «movimiento hacia fuera», «acercamiento», etc.) que precede a la forma del verbo de movimiento, por ejemplo, *идти-ходить*.

Алёна вышла из комнаты (Aliona salió de la habitación)
Мои друзья приедут завтра (Mis amigos llegarán mañana)
Мне нужно зайти в отдел кадров (Tengo que pasar por la sección de personal)

Estos verbos derivados, por el hecho de designar acciones más concretas, no tienen la distinción «movimiento unidireccional - movimiento multidireccional» presente en los verbos de movimiento sin prefijo, y por otro lado sí tienen la distinción perfectivo-imperfectivo. Así, forman parejas aspectuales cuyo verbo perfectivo está formado por el prefijo más el verbo *ходить* (o bien *бегать*, *ездить*, *летать*, etc.), y cuyo verbo imperfectivo está formado por el prefijo más el verbo *идти* (o bien *бежать*, *ехать*, *лететь*, etc.). Las raíces de los verbos pueden sufrir ciertas modificaciones, como ocurre en la pareja aspectual *приходить-прийти*. Este modelo de derivación permite formar decenas de verbos a partir de los 14 verbos de movimiento sin prefijo reseñados anteriormente, las cuales tienen las mismas características semánticas y gramaticales que cualquier otra pareja aspectual.

Voz

La voz verbal es una categoría que expresa la relación de una acción con su sujeto y con su objeto (aquel sobre el cual se realiza la acción). La categoría se construye a partir de la oposición de dos grupos de formas: los de la voz activa y los de la voz pasiva. En una construcción activa la función de sujeto la desempeña la forma de nominativo del objeto, persona, etc. que realiza la acción, mientras que el objeto de la acción está en la forma de acusativo: *студенты сдают экзамен, комиссия утвердила проект.*

En una construcción pasiva desempeña la función de sujeto el objeto sobre el cual se realiza la acción, mientras que el objeto, persona, etc. que realiza la acción se encuentra en la forma del caso instrumental: *экзамены сдаются студентами, проект утверждён комиссией.*

Las dos construcciones describen una misma acción de formas distintas: la construcción activa tiene el significado «el sujeto realiza una acción dirigida hacia un objeto», mientras que la pasiva tiene el significado «el objeto se somete a una acción por parte del sujeto».

El significado de la voz pasiva no tiene medios de expresión propios. Por su parte, el significado de la voz pasiva se expresa mediante:

1. Las formas de los participios pasivos.
   - —En los verbos imperfectivos, mediante las formas de los participios pasivos de presente *любим, любимый* y en algunos casos mediante las formas de los participios pasivos de pasado *читан, читанный, зван, званный.*
   - —En los verbos perfectivos, mediante las formas de los participios pasivos de pasado *прочитан, прочитанный, построен, построенный.*

2. Mediante verbos con el postfijo *-ся* en construcciones pasivas y con verbos motivados de voz activa sin *-ся*; la formación de verbos pasivos con el postfijo *-ся* es característica de los verbos imperfectivos, como es el caso de *читаться, анализироваться, демонстрироваться*, aunque es posible encontrarla también en verbos perfectivos: *допишется, восполнится.*

De esta forma, la categoría de la voz tiene un carácter mixto, dado que se expresa tanto por medios flexivos (participios) como por medios no flexivos (verbos pasivos con el postfijo *-ся*).

Los verbos pasivos con el sufijo *-ся* se utilizan preferentemente en las formas de tercera persona de singular y plural y también en las formas de participio (*читается, читаются, читающийся, читавшийся*), aunque también son posibles las formas de primera y segunda persona, infinitivo y gerundio: *вы обвиняетесь, вагоны начали заполняться, заслоняясь мраком.*

Los verbos reflexivos

Los verbos con el postfijo *-ся* son reflexivos, aunque no todos son propiamente verbos reflexivos en el sentido de expresar una acción realizada por un sujeto que al mismo tiempo es el objeto de la acción (*умываться, одеваться, купаться*). Entre los verbos acabados en *-ся* figuran los verbos con significado recíproco (*целоваться, обниматься)*, reflexivos del tipo *reflexivum tantum*, en los cuales la acción tiene lugar en el propio sujeto que designan estados físicos o psíquicos del tipo *сердиться, радоваться, торопиться*, reflexivos indirectos, en los que la acción es realizada por el sujeto para sí mismo, en su propio interés (*прибраться, учиться*), y verbos impersonales (*хотеться, работаться*).

Un mismo verbo con el postfijo *–ся* puede pertenecer a la voz activa en uno de sus significados y a la pasiva en otro de ellos. Estos significados son fácilmente reconocibles en el contexto: *Дом строится рабочими - Я люблю строиться.*

Modo

El modo es una categoría flexiva del verbo que designa la relación existente entre la acción y la realidad, y que expresa este significado mediante las formas de indicativo, imperativo y condicional.

El modo indicativo presenta la acción como real en tiempo pasado, presente o futuro: *писал – пишу – буду писать/напишу*. A diferencia del imperativo y el condicional, el infinitivo no tiene una marca morfológica concreta de modo: para esta función se emplean los morfemas de tiempo y persona.

El modo imperativo expresa petición, orden o exhortación a la acción: *принеси книгу; возьмите билеты*. Su paradigma lo constituyen las formas de segunda persona de singular y plural, y la forma de primera persona del plural (esta última, forma de acción conjunta). Las formas de imperativo se construyen a partir del tema de presente de los verbos imperfectivos y perfectivos.

La forma de segunda persona de singular se construye mediante la desinencia *–и*, o bien la desinencia cero. En este último caso, la última consonante del radical se alterna con su correlativa palatalizada. Para la construcción correcta del imperativo es imprescindible conocer la posición del acento en la forma de la primera persona de singular de presente o futuro del modo indicativo.

1. Si el acento recae en la desinencia, la forma de segunda persona de singular se construye con la ayuda de la desinencia –и: *пишу - пиши*.
2. Si el acento en la forma de primera persona de singular o de futuro simple recae en el radical, la forma de imperativo se construye mediante la desinencia cero y equivale al radical (ortográficamente en la forma de imperativo й tras vocal, ь tras consonante palatalizada y silbante): *читать – читаю – читай, сесть – сяду – сядь.*

La forma de segunda persona del plural se construye mediante el postfijo *–те*, el cual se añade a la forma de segunda persona del singular: *пиши – пишите, вставай – вставайте*. Esta forma se utiliza como exhortación a la acción de más de una persona (*ребята, принесите книги*) o, en el caso del trato respetuoso en «вы», de una sola persona (*Иван Петрович, садитесь к столу*).

Las formas que se utilizan para la primera persona del plural con función de imperativo son dos: la primera, sintética, coincide con la forma de primera persona de plural de indicativo en los verbos perfectivos y los verbos imperfectivos que designan movimiento en una dirección, aunque se distingue de esta por su entonación exhortativa: *идём, бежим*. A esta forma en el tratamiento respetuoso en «вы» se le puede añadir el postfijo *–те*: *поспоримте, пожалуйста, о чём-нибудь*. La segunda forma, analítica, se construye con la partícula *давай(те)*, la cual se añade a la forma de infinitivo de un verbo imperfectivo (*давайте работать*) o la forma de primera persona del plural de un verbo perfectivo: *давайте поговорим*. Las formas de tercera persona de singular y plural se construyen de forma analítica mediante la partícula *пусть* y la forma en tercera persona del verbo: *пусть он придёт завтра в семь вечера.*

La exhortación a la acción puede tener distintos matices de significado. En las órdenes o requerimientos categóricos habitualmente se usan formas de verbos perfectivos: *сядь, купи*. Las formas de verbos imperfectivos designan invitaciones a la acción en el sentido más amplio, por ejemplo, peticiones, consejos, etc.: *садись, покупай*. En las construcciones con negación, las formas de imperativo de los verbos imperfectivos suelen expresar prohibición: *не клади локти на стол*. Para expresar advertencia con negación se utilizan verbos perfectivos, expresando acciones indeseadas que tienen lugar independientemente de la voluntad del agente del rasgo procesal: *заблудиться*, *заболеть*, *заразиться*, etc.: *на улице сыро, не простудись*.

El modo condicional designa una acción presumible, posible o deseada: *пришёл бы ты вовремя, ничего бы не случилось*. La particularidad principal del condicional es la ausencia de formas de tiempo y persona. Las formas de condicional son analíticas y se construyen mediante la forma verbal en *–л*, que coincide con la forma de tiempo pasado, y la partícula *бы*, y concuerdan en número y género. La partícula *бы* puede también formar parte de las conjunciones *чтобы*, *если бы*, *как если бы* y otras.

Tiempo

La categoría del tiempo muestra la relación existente entre la acción y el momento en el que se da el discurso o bien el tiempo de otra acción. La relación entre la acción y el momento en el que se da el discurso puede estar representada por tres situaciones, presente, pasado y futuro.

Presente

La forma de tiempo presente se construye a partir del radical de infinitivo de los verbos imperfectivos. Las desinencias verbales expresan significado de persona gramatical, número y tiempo. Las desinencias en la formación del presente varían en función de si el verbo pertenece a la primera o a la segunda conjugación.

1ª conjugación		
persona	singular	plural
1ª	-у/ю работаю	-ем работаем
2ª	-ешь работаешь	-ете работаете
3ª	-ет работает	- ут/ют работают
2ª conjugación		
persona	singular	plural
1ª	-у/ю говорю	-им говорим
2ª	-ишь говоришь	-ите говорите
3ª	-ит говорит	-ат/-ят говорят

En la construcción de las formas de presente es posible que se den alternancias consonánticas debidas a fenómenos de orden histórico.

Los significados de las formas temporales de presente son:

1. acción concreta que se desarrolla en determinado espacio de tiempo (puede ser amplio) y que incluye el momento del discurso: presente actual.
2. acción no relacionada con el momento del discurso: presente no actual.

Pasado

La forma de tiempo pasado se construye en verbos imperfectivos y perfectivos a partir del radical de infinitivo más el sufijo *-л-* y las desinencias cero, *-а*, *-о*, *-и* (*шумел*, *шумела*, *шумело*, *шумели*), excepto en verbos como *мочь*, *замёрзнуть*, *тереть*, *сохнуть*, en los que el final en consonante del radical da una forma con sufijo cero para el masculino singular y estructuras con el sufijo *-л-* para el resto de formas: *мог*, *могла*, *могло*, *могли*.

singular	
masculino	-ø делал
femenino	-а делала
neutro	-о делало
plural	-и делали

Las formas de pasado de los verbos imperfectivos designan:

—acción concreta que tiene lugar en un momento determinado en el pasado:

Он ел и бросал собаке кусочки.

—acción repetida o habitual:

Он всегда брал с собой внука, когда ходил в лес.

—hecho (independientemente de si refiere a una acción única o repetida):

Вы читали эту книгу? Вы кому-то *об этом рассказывали?*

Las formas de pasado de los verbos perfectivos designan:

—hecho, acontecimiento en el pasado:

Девочка улыбнулась, прижала к груди куклу и успокоилась.

—resultado de una acción en el pasado, significativo para el momento del discurso o situado en el momento del discurso:

Понял. Ушёл. Забыл.

Futuro

La forma de futuro en ruso puede construirse de dos maneras. La simple, sintética, construida a partir de verbos perfectivos, parte del radical de presente: *напишу*, *-ешь*, *-ет*, etc. La compuesta, analítica, construida a partir de verbos imperfectivos, se construye con la forma de futuro del verbo *быть* con función de verbo auxiliar y el infinitivo del verbo principal: *буду играть*, *будешь играть*, etc.

Imperfectivo		
persona	singular	plural
1ª	буду делать	будем делать
2ª	будешь делать	будете делать
3ª	будет делать	будут делать
Perfectivo		
persona	singular	plural
1ª	сделаю	сделаем
2ª	сделаешь	сделаете
3ª	сделает	сделают

Las formas de verbos perfectivos en futuro designan:

—acción única, concreta (*я поеду завтра за город*).
—acción no actual que se repite (*Саша такой человек, который всегда поможет*).
— acción posible (*Коня на скаку остановит, в горящую избу войдёт. - Н.Некрасов*).

Las formas de verbos imperfectivos en futuro designan:

—acción en general, sin delimitaciones (*Мы будем сегодня готовить плов*).
—acción repetida (*Почта будет доставляться ежедневно в 3 часа*).

Conjugación del verbo

El paradigma de un verbo se estructura a partir de formas de dos tipos: las formas conjugadas y las formas no conjugadas. Las formas conjugadas expresan los significados de modo, tiempo, persona, número, y en el pasado y el condicional, de género. Las formas no conjugadas son el participio, el gerundio y el infinitivo. El sistema de flexión de los participios en forma plena es el del paradigma adjetival, mientras que el gerundio y el infinitivo no tienen flexión.

En el verbo se destacan dos radicales derivativos, el de tiempo pasado y el de tiempo presente. El radical de pasado se obtiene separando al sufijo *–л* y la desinencia de género *–а* de la forma de pasado de femenino: *игра-ла*, *вез-ла*. El radical de pasado en los verbos de las clases verbales productivas 1-4 y en la mayoría de verbos de los grupos no productivos coincide con el radical de infinitivo, la cual se obtiene separando el sufijo *–ть (–ти)*. Solo algunos verbos poseen radicales no motivadas de infinitivo.

Clases verbales productivas

Todos los verbos, con contadas excepciones, se agrupan en clases y grupos flexivos a partir de los radicales de pasado y presente. La base de esta agrupación es el concepto de productividad de un tipo derivativo. En esta introducción mostraremos las llamadas cinco clases verbales productivas:

Clase I (1ª conjugación)					
La clase I comprende los verbos con el exponente morfológico |a-aj|: зна-ла - зн|aj-у|т. A esta clase pertenecen los verbos con el infinitivo en –ать (-ять).					
читать:	читаю читаешь читает	читаем читаете читают	гулять:	гуляю гуляешь гуляет	гуляем гуляете гуляют
Clase II (1ª conjugación)					
La clase II comprende los verbos con el exponente morfológico |e-ej|: беле-ла - бел|ej-у|т. A esta clase pertenecen los verbos derivados de sustantivos y adjetivos: сиротеть, глупеть, белеть, así como otros verbos no derivados, como болеть, греть, жалеть, etc.					
иметь:	имею имеешь имеет	имеем имеете имеют	болеть:	болею болеешь болеет	болеем болеете болеют
Clase III (1ª conjugación)					
La clase III comprende los verbos con el exponente morfológico |ова-уj|: заведова-ла - завед|уj-у|т. A esta clase pertenecen los verbos con los sufijos -овать, -евать (excepto los verbos издеваться, намереваться, etc.)					
рисовать:	рисую рисуешь рисует	рисуем рисуете рисуют	танцевать:	танцую танцуешь танцует	танцуем танцуете танцуют

Clase IV (1ª conjugación)					
La clase IV comprende los verbos con el exponente morfológico |ну-н|: двину-ла - двин-ут. A esta clase pertenecen los verbos con el infinitivo acabado en –нуть.					
обмануть:	обману обманешь обманет	обманем обманете обманут	отдохнуть:	отдохну отдохнёшь отдохнёт	отдохнём отдохнёте отдохнут
Clase V (2ª conjugación)					
La clase V comprende los verbos con el exponente morfológico |и-cero|: вари-ла - ва|р'-а|т, шути-ла - шу|т'-а|т A esta clase pertenecen todos los verbos con el sufijo –ить, excepto бить, вить, пить, шить, гнить, почить, брить, и чтить.					
говорить:	говорю говоришь говорит	говорим говорите говорят	учить:	учу учишь учит	учим учите учат
Estos verbos se caracterizan además por la alternancia consonántica en la creación de la forma de primera persona de singular:					

т > ч: т > щ: д > ж:	шутить посетить гладить	с > ш: з > ж: ст > щ:	просить возить мстить	п > пл: б > бл: м > мл:	купить любить знакомить

Formas impersonales del verbo

Participio

El participio es una de las formas principales del verbo, que presenta características propias del verbo y del adjetivo. En ruso son posibles dos formas de participio activo (presente y pasado) y dos formas de participio pasivo (presente y pasado). A partir de los verbos transitivos se forman participios activos y pasivos (*читать - читающий, читавший, читаемый, читанный*). A partir de los verbos intransitivos son posibles únicamente los participios activos (*спать - спящий, спавший*). A partir de los verbos imperfectivos se construyen tanto participios de presente como de pasado (*сидеть - сидящий, сидевший, читать - читаемый, читанный*). De los verbos perfectivos se construyen únicamente participios de pasado (*просидеть - просидевший, прочитать - прочитанный*).

Los participios se forman a partir del radical de presente o de infinitivo, a los cuales se añaden sufijos y desinencias (estas desinencias coinciden con las de los adjetivos, es decir, son *-ый, -ий,* para el nominativo singular masculino, *-ая, -яя* para el nominativo singular femenino, *-ое, -ее,* para el nominativo singular neutro y *-ые, -ие* para el nominativo plural).

Participios activos de presente

Se construyen a partir del radical de presente con la ayuda de los sufijos *-ущ/-ющ* para los verbos de la primera conjugación *(несущий, поющий),* y *–ащ/-ящ* para los verbos de la segunda conjugación *(лежащий, строящий).*

Participios activos de pasado

Se construyen a partir del radical de pasado con la ayuda de los sufijos *-вш* (para radicales acabadas en vocal, por ejemplo *писавший, даривший*), *-ш* (para radicales acabadas en consonante, por ejemplo *росший, нёсший*).

Se forman a partir de todos los verbos, con la excepción de los acabados en *-честь: вычесть, зачесть, прочесть, счесть...*).

Participios pasivos de presente

Se construyen a partir del radical de presente con la ayuda de los siguientes sufijos: *-ом, -ем (ведомый, изучаемый)* para los verbos de la primera conjugación, *-им (слышимый, гонимый)* para los verbos de la segunda conjugación. Puede decirse que este tipo de participios se forma solo a partir de los verbos acabados en *-ать, -ять, -ивать, -ывать,* de los verbos acabados en *–овать* y sin prefijos, de los verbos de la segunda conjugación con significado de movimiento, así como de los verbos del tipo *влечь, везти, вести, давать, доставать, нести, узнавать*: *изучаемый, спрашиваемый, рисуемый, увозимый, влекомый, везомый.*

Participios pasivos de pasado

Se construyen a partir del radical de infinitivo (en algunos casos, con alternancias consonánticas históricas) mediante los sufijos *-нн, -енн, -т:*

-нн взволнованный, загнанный, званный, избранный, изданный, увиденный;
-енн ношенный, купленный, возбуждённый, возмущённый, подметённый, испечённый, украденный;
-т кинутый, завёрнутый, мятый, сжатый, прожитый, колотый, молотый, забытый.

Algunos verbos presentan dos formas posibles de participio, llamadas variantes: *махать - махающий, машущий, отвергнуть - отвергнутый, отверженный.*

Gerundio

El gerundio designa una acción que complementa a la principal, es decir, aquella que se expresa mediante un verbo en función de predicado: *заметив это, он улыбнулся, «al darse cuenta de ello sonrió», рисуя, он напевал, «cantaba mientras dibujaba».* A partir de verbos imperfectivos el gerundio se construye mediante el sufijo *–я*, el cual se añade al radical de infinitivo del verbo sin el sufijo *–ть*: *признавать - признавая*, aunque en algunos casos es posible también construirlos mediante el sufijo *–чи*, el cual se añade al radical de la forma de tercera persona de plural de presente: *крадучись, будучи играючи, идучи, едучи.*

A partir de verbos perfectivos se construye el gerundio mediante el sufijo *–в*, también partiendo del radical de infinitivo menos *–ть*: *признать - признав*. En algunos casos, los gerundios de los verbos perfectivos se forman con la ayuda de los sufijos *–ш* или *–вши*: *прикоснувшись, поднявшись, вынесши, потрясши.* A los verbos reflexivos, al formarse el gerundio se les añade el sufijo *-вши-* y se conserva el postfijo *-сь* (*признаться - признавшись*). En ruso el uso del gerundio con una forma personal de un verbo solo es posible si los sujetos de la acción del gerundio y el predicado coinciden: *набирая скорость, поезд отошёл от станций.*

No hay limitaciones gramaticales para la formación de gerundios de verbos imperfectivos. Sin embargo, hay verbos a partir de los cuales no se construyen gerundios (o se construyen raramente). A este grupo de verbos pertenecen: *гнуть, тонуть, вязать, пахать, сыпать, блеснуть, глохнуть, влечь, мочь, тереть, врать, ждать, вить, лить, мять*, etc. En algunos verbos son posibles dos formas de gerundio, llamadas variantes: *махая – маша, возвратившись – возвратясь, привезя.*

Infinitivo

El infinitivo es la forma inicial del paradigma verbal, que designa una acción, aunque no la relaciona con las categorías de persona, número, tiempo y modo. El sufijo característico de las formas de infinitivo es *–ть* (*гулять, смотреть, тушить, колоть*), aunque también existen *-ти* (*плести, идти*) y *-чь* (*течь, беречь*).

Paradigma de conjugación de los verbos irregulares del ruso

En el presente apartado se muestra el paradigma de conjugación de los verbos que no responden a las clases productivas reseñadas más arriba. Las formas que figuran en la tabla son, además de la de infinitivo, la de presente (futuro en el caso de los verbos perfectivos), pasado, imperativo, participio activo de presente, participio activo de pasado, participio pasivo de presente, participio pasivo de pasado, y gerundio, y afectan no solo al verbo en cuestión (por ejemplo, *бежать*), sino también a sus derivados mediante prefijación (*убежать*, *прибежать*, *забежать*, etc.). En aquellos casos en que la columna de infinitivo aparece una forma verbal seguida de un guion (por ejemplo, *-йти*), esta se refiere a todos los verbos derivados con esta raíz modificada.

En los casos en los que algún verbo no posea alguna de la formas, como ocurre, por ejemplo, con la forma de participio pasivo de los verbos intransitivos, en la casilla correspondiente figura el símbolo «-«. Cuando un verbo presenta dos formas conjugadas posibles, estas se muestran separadas por «/». Las formas verbales que aparecen precedidas por el símbolo «*» se construyen raramente.

Infinitivo	Presente, futuro simple	Pasado	Imperativo	Participio activo presente	Participio activo pasado	Participio pasivo presente	Participio pasivo pasado	Gerundio imperfectivo	Gerundio perfectivo
бежать	бегу, бежишь	бежал, -а	беги	бегущий	бежавший	-	-	бежав, бежавши	бежав, бежавши
беречь	берегу, бережёшь	берёг, -берегла	береги	берегущий	берёгший	берегомый	бережённый	--	берёгши
бить	бью, бьёшь	бил, -а	бей	бьющий	бивший	-	битый	бия	-бив
блестеть	блещу, -тишь, -тят/ блещешь, -щут	блестел, -а	блести	блестящий	блестевший	-	-	блестя	блестев
бормотать	бормочу, -очешь	бормотал, -а	бормочи	бормочущий	бормотавший	-	бормотанный	бормоча	бормотав
бороться	борюсь, борешься	боролся, -ась	борись	борющийся	боровшийся	-	-	борясь	боровшись
брать	беру, берёшь	брал, брала	бери	берущий	бравший	-	бранный	беря	-брав
брести	бреду, бредёшь	брёл, брела	бреди	бредущий	бредший	-	-	бредя	-бредши
брить	брею, бреешь	брил, -а	брей	бреющий	бривший	-	бритый	брея	-брив
брызгать (también clase 1)	брызжу, брызжешь	брызгал, -а	брыз	брызжущий	брызгавший	брызгаемый	брызганный	брызжа	-брызгав
быть	есть, fut. буду, -ешь	был, была	будь	-	бывший	-	-	будучи	-
-быть	-буду, -ешь	был, была	-будь	-	-бывший	-	-бытый	-	-быв(ши)
везти	везу, -ёшь	вёз, везла	вези	везущий	вёзший	везомый	везённый	везя	-вёзши
вести	веду, -ёшь	вёл, вела	веди	ведущий	ведший	ведомый	ведённый	ведя	-ведши
взять	возьму, -ёшь	взял, -а	возьми	-	взявший	-	взятый	-	взяв
вить	вью, вьёшь	вил, вила	вей	вющий	вивший	-	витый	вия	-вив
влечь	влеку, -чёшь	влёк, влекла	влеки	влекущий	влёкший	влекомый	влечённый	влеча	-влёкши
волочь	волоку, волочёшь	волок, -ла	волоки	волокущий	волокший	-	-	волоча	-волокши
врать	вру, врёшь	врал, -а	ври	врущий	вравший	-	вранный	-	-врав

выть	вою, воешь	выл, выла	вой	воющий	вывший	-	-	воя	-выв
вязать	вяжу, вяжешь	вязал, -а	вяжи	вяжущий	вязавший	-	вязанный	-	-вязав
вянуть	вяну, вянешь	вянул, -а	вянь	вянущий	вянувший	-	-	-	-вядши
глодать	гложу, гложешь	глодал, -а	глодай	гложущий	глодавший	-	глоданный	глодая, гложа	-глодав
гнать	гоню, гонишь	гнал, гнала	гони	гонящий	гонявший	гонимый	гнанный	гоня	гнав
гнить	гнию, -ёшь	гнил, -а	-	гниющий	гнивший	-	-	гния	-гнив
грести	гребу, -ёшь	грёб, -ла	греби	гребущий	грёбший	-	гребённый	гребя	-грёбши
грохотать	грохочу, очешь	грохотал	грохочи	грохочущий	грохотавший	-	-	грохоча	-грохотав
грызть	грызу, -ёшь	грыз, -ла	грызи	грызущий	грызши	грызомый	грызенный	грызя	-грызши
давать	даю, даёшь	давал, -а	давай	дающий	дававший	даваемый	-	давая	-дававши
дать	дам, дашь, даст, дадим, дадите, дадут	дал, дала	дай	-	давший	-	данный	-	-дав
двигать	двигаю, -ешь, / движу, движешь	двигал, -а	двигай	двигающий, движущий	двигавший	движимый	-	двигая	-двигав
деть	дену, -нешь	дел, -а	день	-	девший	-	детый	-	-дев(ши)
драть	деру, -ёшь	драл, -а	дери	дерущий	дравший	-	дранный	деря	-добыв
дремать	дремлю, -емешь	дремал, -а	дремли	дремлющий	дремавший	-	-	дремля	-дремав
дуть	дую, дуешь	дул, -а	дуй	дующий	дувший	-	дутый	дуя	-дув
есть	ем, ешь, ест, едим, едите, едят	ел, -а	ешь	едящий	евший	едомый	еденный	едя	-ев(ши)
ехать	еду, едешь	ехал, -а	-	едущий	ехавший	-	-	*едя	-ехав
жаждать	жажду, -ешь	жаждал, -а	жажди	жаждущий	жаждавший	-	-	жаждя	-жаждав
жать 1	жму, жмёшь	жал, -а	жми	жмущий	жавший	-	жатый	-	-жав
жать 2	жну, жнёшь	жал, -а	жни	жнущий	жавший	-	жатый	-	-жав
ждать	жду, ждёшь	ждал, -а	жди	ждущий	ждавший	-	жданный	-	-ждав
жевать	жую, жуёшь	жевал, -а	жуй	жующий	жевавший	-	жёванный	-	-жевав
жечь	жгу, жжёшь	жёг, жгла	жги	жгущий	жёгший	-	жжёный	-	-жёгши
жить	живу, -ёшь	жил, -а	живи	живущий	живший	-	житый	живя	-жив
жрать	жру, жрёшь	жрал, -а	жри	жрущий	жравший	-	жранный	-	-жрав
занять	займу, -ёшь	занял, -заняла	займи	-	занявший	-	занятый	-	-заняв
запереть	запру, -ёшь	запер, заперла	запри	запрущий	заперший	-	запертый	-	-запарев

застрять	застряну, -ешь	застрял, -а	застрянь	-	застрявший	-	-	-	застряв
зачать	зачну, зачнёшь	зачал, -зачала	зачни	-	зачавший	-	зачатый	-	зачав
звать	зову, зовёшь	звал, звала	зови	зовущий	звавший	-	званный	зовя	-звав
-знавать	-знаю, -знаёшь	-знавал, -а	-знавай	-знающий	-знававший	-знаваемый	-	-знавая	-
идти	иду, идёшь	шёл, шла	иди	идущий	шедший	-	-	идя	-шедши
изъять	изыму, изымешь	изъял, -а	изыми	-	изъявший	-	изъятый	-	изъяв
искать	ищу, ищешь	искал, -а	ищи	ищущий	искавший	искомый	исканный	ища	-искав
-йти	-йду, -йдёшь	-шёл, -шла	-йди	-	-шедший	-	-йденный	-	-шедши/-идя
-казать	-кажу, -кажешь	-казал, -а	-кажи	-	-казавший	-	-казанный	-	-казав
капать	капаю, -ешь, / каплю, каплешь	капал, -а	капай	капающий	капавший	-	-	капая	-капав
класть	кладу, -ёшь	клал, -а	клади	кладущий	клавший	-	кладенный	кладя	-клав
клевать	клюю, -юёшь	клевал, -а	клюй	клюющий	клевавший	-	клёванный	клюя	-клевав
клеветать	клевещу, -ещешь	клеветал, -а	клевещи	клевечущий	клеветавший	-	-	клевеща	-клеветав
клясть	кляну, -ёшь	клял, -а	кляни	клянущий	клявший	-	клятый	кляня	-кляв
ковать	кую, куёшь	ковал, -а	куй	кующий	ковавший	-	кованный	куя	-ковав
колебать	колеблю, -ешь	колебал, -а	колебли	колеблющий	колебавший	колеблемый	-		-колебав
колоть	колю, колешь	колол, -а	коли	колющий			колотый	коля	-колов
колыхать *(también clase 1)*	колышу, -ешь	колыхал, -а	колыши	колышущий	колыхавший	-	-	колыша	-колыхав
красть	краду, -ёшь	крал, -а	кради	крадущий	кравший	-	краденный	крадя	-крав
крыть	крою, кроешь	крыл, -а	крой	кроющий	крывший	-	крытый	кроя	-крыв
лгать	лгу, лжёшь	лгал, -а	лги	лгущий	лгавший	-	-	-	-лгав
лезть	лезу, лезешь	лез, лезла	лезь	лезущий	лезший	-	-	лезя	-лезши
лепетать	лепечу, -ечешь	лепетал, -а	лепечи	лепечущий	лепетавший	-	-	лепеча	-лепетав
лечь	лягу, ляжешь	лёг, легла	ляг	-	лёгший	-	-	-	-лёгши
лить	лью, льёшь	лил, лила	лей	льющий	ливший	-	литый	лия	-лив
мазать	мажу, мажешь	мазал, -а	мажь	мажущий	мазавший	-	мазанный	-	-мазав
махать (también clase 1)	машу, машешь	махал, -а	маши	машущий	махавший	-	-	маша	-махав
-мереть	-мру, -мрёшь	-мер, -мерла	-мри	-мрущий	-мерший	-	-		-мерши
мести	мету, -ёшь	мёл, мела	мети	метущий	мётший	-	метённый	метя	-мётши

метать	мечу, -ечешь	метал, -а	мечи	мечущий	метавший	-	мётанный	меча	-метав
молоть	мелю, мелешь	молол, -а	мели	мелющий	моловший	-	молотый	меля	-молов
мыть	мою, моешь	мыл, -а	мой	моющий	мывший	-	мытый	моя	-мыв
мять	мну, мнёшь	мял, -а	мни	мнущий	мявший	-	мятый	-	-мяв
нанять	найму, -ёшь	нанял, -а	найми	-	нанявший	-	нанятый	-	наняв
начать	начну, -ёшь	начал, -а	начни	-	начавший	-	начатый	-	начав
нести	несу, -ёшь	нёс, несла	неси	несущий	нёсший	несомый	несённый	неся	-нёсши
низать	низаю, низаешь	низал, -а	низай	низающий	низавший	-	низанный	-	-низав
ныть	ною, ноешь	ныл, -а	ной	ноющий	нывший	-	-	ноя	-ныв
облечь	облеку, -чёшь	облёк, -облекла	облеки	-	облёкший	-	облечённый	-	облёкши
облить	оболью, -льёшь	облил, -ла	облей	-	обливший	-	облитый	-	облив
обнять	обниму, обнимешь/ обойму, обоймёшь	обнял, ла	обними	-	обнявший	-	обнятый	-	обняв
обрести	обрету, -ёшь	обрёл, -обрела	обрети	-	обретший	-	обретённый	-	обретши/ обретя
обуть	обую, -ешь	обул, -а	обуй	-	обувший	-	обутый	-	-обув
опереть	обопру, -ёшь	опёр, оперла/ опёрла	обопри	-	опёрший	-	опёртый	-	опёрши/ оперев
орать	ору, орёшь	орал, -а	ори	орущий	оравший	-	-	оря	-орав
отнять	отниму, -имешь	отнял, -отняла	отними	-	отнявший	-	отнятый	-	отняв
отпереть	отопру, -ёшь	отпер, отперла	отопри	-	отпёрший	-	отпертый	-	отперев/ отпёрши
пасти	пасу, -ёшь	пас, пасла	паси	пасущий	пасший	пасомый	пасённый	пася	-пасши
пасть	паду, -ёшь	пал, -а	пади	-	падший	-	-	-	-пав
пахать	пашу, пашешь	пахал, -а	паши	пашущий	пахавший	-	паханный	-	-пахав (ши)
перенять	перейму, -ёшь	перенял, -а	перейми	-	перенявший	-	перенятый	-	переняв
переть	пру, прёшь	пёр, -ла	при	-	пёрший	-	пёртый	-	-пёрши
петь	пою, поёшь	пел, -а	пой	поющий	певший	-	петый	-	-пев
печь	пеку, печёшь	пёк, пекла	пеки	пекущий	пёкший	-	печённый	-	-пёкши
писать	пишу, пишешь	писал, -а	пиши	пишущий	писавший	-	писанный	*пиша	-писав
пить	пью, пьёшь	пил, -а	пей	пьющий	пивший	-	питый	-	-пив
плакать	плачу, -чешь	плакал, -а	плачь	плачущий	плакавший	-	-плаканный	плача	-плакав

плевать	плюю, -юёшь	плевал, -а	плюй	плюющий	плевавший	-	-плёванный	плюя	-плевав
плескать (también clase 1)	плещу, плещешь	плескал, -а	плещи	плечущий	плескавший	-	-	плеща	-плескав
плести	плету, -ёшь	плёл, плела	плети	плетущий	плётший	-	плетённый	плетя	-плётши
плыть	плыву, -ёшь	плыл, -а	плыви	плывущий	плывший	-	-	плывя	-плыв
плясать	пляшу, пляшешь	плясал, -а	пляши	пляшущий	плясавший	-	-плясанный	-	-плясав
побыть	побуду, -ешь	побыл, -а	побудь	-	побывший	-	-	-	побыв
поднять	подниму, поднимешь	поднял, -а	подними	-	поднявший	-	поданный	-	подняв
подпереть	подопру, -ёшь	подпёр, -ла	подопри	-	подпёрший	-	подпёртый	-	подперев/ подпёрши
ползти	ползу, -ёшь	полз, -ла	ползи	ползущий	ползший	-	-	ползя	-ползши
полоскать	полощу, -ощешь	полоскал, -а	полощи	полощущий	полоскавший	-	полосканный	полоща	-полоскав
полоть	полю, полешь	полол, -а	поли	полющий	половший	-	полотый	-	-полов
понять	пойму, -ёшь	понял, -а	пойми	-	понявший		поднятый	-	поняв
пороть	порю, порешь	порол, -а	пори	порющий	поровший	-	поротый	поря	-поров
пренебречь	пренебрегу, -жёшь	пренебрёг, -брегла	пренебреги	-	пренебрегший	-	прненебрежённый	-	пренебрёгши
принять	приму, примешь	принял, -а	прими	-	принявший	-	принятый	-	приняв
прясть	пряду, -ёшь	прял, -ла	пряди	прядущий	прядший	-	-пряденный	прядя	-прядши
-прячь	-прягу, -пряжёшь	-пряг, прягла	-пряги	-	-прягший	-	-пряженный	-	-прягши
разнять	разниму, разнимешь	разнял, -а	разними	-	разнявший	-	разнятый	-	разняв
разуть	разую, разуешь	разул, -а	разуй	-	разувший	-	разутый	-	разув
распять	распну, распнёшь	распял, -а	распни	-	распявший	-	распятый	-	распяв
рассвести	рассветёт	рассвело	-	-	-	-	-	-	-
расти	расту, -ёшь	рос, росла	расти	растущий	росший	-	-	растя	-росши
расчесть	разочту, -ёшь	расчёл, разочла	разочти	-	-	-	разочтённый	-	-разочтя
рвать	рву, рвёшь	рвал, -рвала	рви	рвущий	рвавший	-	рванный	рвя	-рвав
реветь	реву, -ёшь	ревел, -а	реви	ревущий	ревевший	-	-	ревя	-ревев
резать	режу, -ешь	резал	режь	режущий	резавший	-	резаный	-	-резав

-речь	-реку, -речёшь	-рёк, -рекла	-реки	-	-рекший	-	-речённый	-	-рекши
ржать	ржу, ржёшь	ржал, -а	ржи	ржущий	ржавший	-	-	*ржа	-ржав
роптать	ропщу, ропщешь	роптал, -а	ропщи	ропщущий	роптавший	-	-	ропща	-роптав
рыть	рою, -ешь	рыл, -а	рой	роющий	роющий	-	рытый	роя	-рыв
свистать	свищу, свищешь	свистал, -ла	свисти	свищущий	свиставший	-	-свистанный	свистя	-свистав
сесть	сяду, -ешь	сел, -а	сядь	-	севший	-		-	сев
сечь	секу, сечёшь	сек, секла	секи	секущий	секший	секомый	сеченный, -сечённый	-	-сёкши
скакать	скачу, скачешь	скакал, -а	скачи	скачущий	скачущий	-	-	скача	-скакав
скрежетать	скрежещу, скрежещешь	скрежетал, -а	скрежещи	скрежещущий	скрежетавший	-	-	скрежеща	-скрежетав
скрести	скребу, -ёшь	скрёб, -ла	скреби	скребущий	скрёбший	-	-скребённый	скребя	-скрёбши
слать	шлю, шлёшь	слал, -а	шли	шлющий	славший	-	-сланный	-	-слав
слыть	слыву, -ёшь	слыл, -а	слыви	слывущий	слывший	-	-	слывя	-слыв
смеяться	смеюсь, смеёшься	смеялся, -ась	смейся	смеющийся	смеявшийся	-	-	смеясь	-смеявшись
сновать	сную, снуёшь	сновал, -а	снуй	снующий	сновавший	-	-снованный	снуя	-сновав
снять	сниму, снимешь	снял, -а	сними	-	снявший	-	снятый	-	сняв
соблюсти	соблюду, -ёшь	соблюл, -а	соблюди	-	соблюдший	-	соблюдённый	-	соблюдя
совать	сую, суёшь	совал, -а	суй	сующий	совавший	-	сованный	суя	-совав
сосать	сосу, сосёшь	сосал, -а	соси	сосущий	сосавший	-	сосанный	сося	-сосав
спать	сплю, спишь	спал, -а	спи	спящий	спавший	-	-спанный	-	-спав
-ставать	-стаю, -стаёшь	-ставал, -а	-ставай	-стающий	-стававший	-	-	-ставая	-ставав
стать	стану, станешь	стал, -а	стань	-	ставший	-	-	-	став
стеречь	стерегу, стережёшь	стерёг, -ла	стереги	стерегущий	стерёгший	-	стережённый	стережа	-стерёгши
-стичь (-стугнуть)	-стигну, -ешь	-стиг, -ла	-стигни	-	-стигший	-	-стигнутый	-	-стигши
стлать	стелю, стелешь	стлал, -а	стели	стелющий	стлавший	-	стланный	стеля	-стлав
стонать (*también clase 1*)	стону, стонешь	стонал, -а	стони	стонущий	стонавший	-	-	стоная	-стонав
стричь	стригу, стрижёшь	стриг, -ла	стриги	стригущий	стригший	-	-	-	-стригши
стынуть, стыть	стыну, стынешь	стыл, -а	стынь	стынущий	стывший, стынувший	-	стриженный	-	-стыв

счесть	сочту, -ёшь	счёл, -сочла	сочти	-	счётший	-	сочтённый	-	сочтя
сыпать	сыплю, -ешь	сыпал, -а	сыпь	сыплющий	сыпавший	-	сыпанный	сыпля	-сыпав
тереть	тру, трёшь	тёр, -ла	три	трущий	тёрший	-	тёртый	-	-тёрши
тесать	тешу, тешешь	тесал, -а	теши	тешущий	тесавший	-	тёсанный	теша	-тесав
течь	теку, течёшь	тёк, текла	теки	текущий	тёкший	-	-	-	-тёкши
ткать	тку, ткёшь	ткал, -а	тки	ткущий	ткавший	-	тканный	-	-ткав
толочь	толку, -чёшь	толок, толкла	толки	толкущий	толокший	-	толчённый	толча	-толокши
топтать	топчу, топчешь	топтал, -а	топчи	топчущий	топтавший	*топчемый	*топтанный	топча	-топтав
трепать	треплю, треплешь	трепал, -а	трепли	треплющий	трепавший	-	трёпанный	трепля	-трепав
трепетать	трепещу, трепещешь	трепетал, -а	трепещи	трепещущий	трепетавший	-	-	трепеща	-трепетав
трясти	трясу, -ёшь	тряс, трясла	тряси	трясущий	трясший	-	трясённый	тряся	-трясши
тыкать	тычу, тычешь	тыкал, -а	тычь	тычущий	тыкавший	-	тыканный	тыча	-тыкав
унять	уйму, уймёшь	унял, -а		-	унявший	-	унятый	-	уняв
упереть	упру, упрёшь	упёр, -ла	уйми	-	упёрший	-	упёртый	-	уперев/ упёрши
хлестать	хлещу, хлещешь	хлестал, -а	хлещи	хлещущий	хлеставший	-	хлёстанный	хлеща	-хлестав
хлопотать	хлопочу, хлопочешь	хлопотал, -а	хлопочи	хлопочущий	хлопотавший	-	-	хлопоча	-хлопотав
хотеть	хочу, хочешь, хочет, хотим, хотите, хотят	хотел, -а	хоти	хотящий	хотевший	-	-	хотя	-хотев
хохотать	хохочу, хохочешь	хохотал, -а	хохочи	хохочущий	хохотавший	-	-	хохоча	-хохотав
цвести	цвету, -ёшь	цвёл, цвела	цвети	цветущий	цветший	-	-	цветя	-цветши
чесать	чешу, чешешь	чесал, -а	чеши	чешущий	чесавший	.	чёсанный	чеша	-чесав
-честь	чту, -чтёшь	-чёл, -чла	-чти	-	-чётший	-	-чтённый	-	-чтя
чтить	чту, чтишь, чтят/чтут	чтил, -а	чти	чтущий	чтивший	чтимый	-	чтя	-чтив
чуять	чую, чуешь	чуял, -а	чуй	чующий	чуявший	-	чуянный	чуя	-чуяв
шептать	шепчу, шепчешь	шептал, -а	шепчи	шепчущий	шептавший	-	шёптанный	шепча	-шептав
-шибить	-шибу, -шибёшь	-шиб, -ла	-шиби	-	-шибший	-	-шибленный	-	-шибши
шить	шью, шьёшь	шил, -а	шей	шьющий	шивший	-	шитый	-	-шив
щебетать	щебечу, -ечешь	щебетал, -а	щебечи	щебечущий	щебетавший	-	-	щебеча	-щебетав

щекотать	щекочу, -очешь	щекотал, -а	щекочи	щекочущий	щекотавший	-	-	щекоча	-щекотав
щипать	щиплю, щиплешь	щипал, -а	щипли	щиплющий	щипавший	-	щипанный	щипля	-щипав
-ыскать	-ыщу, -ыщешь	-ыскал, -а	-ыщи	-	-ыскавший	-	-ысканный	-	-ыскав

El acento en el verbo

Según la correlación entre el acento no final y final, en las formas conjugadas del verbo se establecen cuatro patrones acentuales:

Patrón A: en todas las formas conjugadas del verbo el acento recae en una misma sílaba del radical: *гуляю, гуляешь, гуляют; гуляй, гулял, гуляла, гуляло, гуляли.*

Patrón B: en el tiempo pasado, el acento recae en la última sílaba del radical, mientras que en las formas de presente, futuro e imperativo recae en la desinencia: *верну, вернёшь, вернут, верни, вернул, вернула, вернули.*

Patrón C: en el pasado, el acento recae en la última sílaba del radical, mientras que en presente y en futuro recae en la desinencia en la primera persona de singular y en el radical en las demás formas en el imperativo, como en la primera persona de singular, en la desinencia: *тяну, тянешь, тянут, тяни, тянул, тянула, тянули.*

Patrón D: en todas las formas conjugadas, el acento recae en la desinencia (en las formas con desinencia cero se considera convencionalmente que el acento recae en la desinencia): *несу, несёшь, несут, неси, нёс, несла, несло, несли.*

Dichos patrones están representados esquemáticamente en la siguiente tabla:

FORMA				PATRÓN ACENTUAL			
				A	B	C	D
PRESNTE	/FUTURO	SING	1ª 2ª 3ª	гуляю гуляешь гуляет	верну вернёшь вернёт	тяну тянешь тянет	несу несёшь несёт
		PL	1ª 2ª 3ª	гуляем гуляете гуляют	вернём вернёте вернут	тянем тянете тянут	несём несёте несут
PASADO		SING	Masc. Fem. Neutro	гулял гуляла гуляло	вернул вернула вернуло	тянул тянула тянуло	нёс несла несло
		PLURAL		гуляли	вернули	тянули	несли

LOS NUMERALES

Los numerales cardinales

0 ноль
1 один/одна/одно
2 два/две
3 три
4 четыре
5 пять
6 шесть
7 семь
8 восемь
9 девять
10 десять
11 одиннадцать
12 двенадцать
13 тринадцать
14 четырнадцать
15 пятнадцать
18 шестнадцать
17 семнадцать
18 восемнадцать
19 девятнадцать
20 двадцать
21 двадцать один/одна/одно
22 двадцать два/две
23 двадцать три
25 двадцать пять
30 тридцать
40 сорок
50 пятьдесят
60 шестьдесят
70 семьдесят
80 восемьдесят
90 девяносто
100 сто
101 сто один/одна/одно
110 сто десять
200 двести
300 триста
400 четыреста
500 пятьсот
600 шестьсот
700 семьсот
800 восемьсот
900 девятьсот
1000 тысяча
1001 тысяча одна
1100 тысяча сто
2000 две тысячи
3000 три тысячи

5000 пять тысяч
10 000 десять тысяч
100 000 сто тысяч
200 000 двести тысяч
1 000 000 (один) миллион
2 000 000 два миллиона
5 000 000 пять миллионов
1 000 000 000 (один) миллиард

Los numerales cardinales no cambian en género, excepto *один*, «uno» y *два*, «dos». *Один* presenta tres formas: *один стул, одна картина, одно кресло*. *Два* tiene dos formas: *два карандаша/письма*, es decir, para sustantivos masculinos y neutros, *две карты*, es decir, para sustantivos femeninos. Estas formas de *один* y *два* se emplean también si el numeral es compuesto: *тридцать один студент, тридцать одна комната, тридцать одно зеркало*. *Один* tiene también plural, y se utiliza como determinante: *одни*, «unos/unas».

En los sintagmas en los que figura el numeral *один, одна, одно* (1, 21, 31, 41, etc.), este concuerda con el nombre contable: одно здание, «un edificio», *я купил одну газету, двадцать один год*. Los nombres contables que se utilizan con los numerales cuyo último componente es *два/две, три, четыре* (2, 3, 4, 22, 23, 24, 32, 33, 34, etc.) figuran en una forma que coindice con el genitivo singular: *три стола, сорок четыре машины*. Los nombres que siguen a los numerales 5, 6, 7, 8, 9 y múltiples de 0 figuran en genitivo plural: *семь копеек, двадцать шесть пассажиров*. Todos los numerales concuerdan con el nombre excepto en nominativo y en acusativo.

Los numerales ordinales

Los numerales ordinales (*первый, второй, третий, четвёртый, пятый*, etc.) concuerdan en género, número y caso con el nombre que acompañan. Siguen el modelo del adjetivo: *первый раз, третья неделя января*.

En los numerales compuestos, es solo la última parte la que adopta forma de numeral ordinal y es también la única que se declina: *его офис находится на двадцать втором этаже*.

1º первый
2º второй
3º третий
4º четвёртый
5º пятый
6º шестой
7º седьмой
8º восьмой
9º девятый
10º десятый
11º одиннадцатый
12º двенадцатый
13º тринадцатый
14º четырнадцатый
15º пятнадцатый
16º шестнадцатый
17º семнадцатый
18º восемнадцатый

19º девятнадцатый
20º двадцатый
21º двадцать первый
30º тридцатый
40º сороковой
50º пятидесятый
60º шестидесятый
70º семидесятый
80º восьмидесятый
90º девяностый
100º сотый
1 000º тысячный
1 000 000º миллионный

Los numerales colectivos

Los numerales colectivos son: *двое*, *трое*, *четверо*, *пятеро*, *шестеро*, *семеро*, etc. Se declinan como los adjetivos en plural y en nominativo y acusativo el nombre que les sigue siempre está en genitivo plural. Este tipo de numeral no existe en español. Su significado es parecido al de los cardinales, aunque su uso es más restringido: se emplean con los nombres y pronombres para denotar a sujetos animados (de sexo masculino, o bien masculinos y femeninos mezclados, pero no de sexo femenino, para cuyo caso se utilizan los numerales cardinales), por ejemplo: *их четверо: Саша, Вера, Миша и Глеб*, «son cuatro: Sasha, Vera, Misha y Gleb». También se usan con los nombres que no tienen singular: *двое брюк*, «dos pares de pantalones», *трое суток*, «tres días».

MARCAS DE ESPECIALIDAD

acad	ámbito académico
adm	administración
aero	aeronáutica
agric	agricultura
ajed	ajedrez
anat	anatomía
arqueol	arqueología
arquit	arquitectura
arte	arte
astrol	astrología
astron	astronomía
auto	automoción
banc	banca
bibl	voz bíblica
biol	biología
bot	botánica
cart	cartas
caza	caza
cine	cine
com	comercio
constr	construcción
danz	danza
dipl	diplomacia
ecol	ecología
econ	economía
electr	electricidad
electrón	electrónica
enseñ	enseñanza
estad	estadística
etn	etnografía
farma	farmacia
ferroc	ferrocarril
filos	filosofía
fin	finanzas
fís	física
fisiol	fisiología
foto	fotografía
gastr	gastronomía
geogr	geografía
geol	geología
geom	geometría
herald	heráldica

híp	hípica
hist	historia
impr	artes gráficas
indus	industria
informát	informática
jueg	juegos
jur	derecho
ling	lingüística y gramática
lit	literatura
lóg	lógica
mat	matemáticas
mecán	mecánica
med	medicina
meteo	meteorología
mil	voz militar
min	mineralogía
mitol	mitología
mús	música
nav	navegación
ópt	óptica
ornit	ornitología
ortogr	ortografía
paleont	peleontología
period	periodismo
pesca	pesca
pint	pintura
pol	política
psicol	psicología
quím	química
radio	radio
relig	religión
sociol	sociología
sport	deporte
taur	tauromaquia
teat	teatro
tecn	tecnología
telec	telecomunicaciones
textl	textil
tipogr	tipografía
transp	transporte
TV	televisión
vet	veterinaria
zool	zoología

MARCAS DE REGISTRO

abrev	abreviatura
afect	afectivo
argot	argot
aum. de	aumentativo de
coloq	coloquial
desp	despectivo
dimin	diminutivo
dimin-afect	diminutivo-afectivo
dimin. de	diminutivo de
elev	registro elevado
enfát	enfático
euf	eufemismo
fam	familiar
fig	figurado
gros	grosero
hist	voz histórica
hum	humorístico
infant	infantil
insult	insulto
irón	irónico
jergal	jergas varias
obsol	obsoleto
ofic	oficial
peyor	peyorativo
poét	poético
pop-poét	popular-poético
trunc	voz truncada
vulg	vulgar

MARCAS GEOGRÁFICAS

Am.	América
Am. Cent.	América Central
Am. Mer.	América Meridional
Am. Sept.	América Septentrional
Arg.	Argentina
Bol.	Bolivia
Can.	Canarias
Ch.	Chile
Col.	Colombia
C. Rica	Costa Rica
Cub.	Cuba
Ec.	Ecuador
El Salv.	El Salvador
Guat.	Guatemala
Hond.	Honduras
Méx.	México
Nic.	Nicaragua
Pan.	Panamá
Par.	Paraguay
Per.	Perú
P. Rico	Puerto Rico
R. Dom.	República Dominicana
reg	uso regional
Sal.	Salamanca
Ur.	Uruguay
Val.	Valencia
Ven.	Venezuela

MARCAS GRAMATICALES

adj	adjetivo
adj comp	adjetivo comparativo
adj dem	adjetivo demostrativo
adj inv	adjetivo invariable
adj num	adjetivo numeral
adj sup	adjetivo superlativo
adj y adv comp	adjetivo y adverbio comparativo
adv	adverbio
adv comp	adverbio comparativo
adv excl	adverbio exclamativo
adv interrog	adverbio interrogativo
adv interr y excl	adverbio interrogativo y exclamativo
adv neg	adverbio negativo
adv pred	adverbio predicativo
adv rel	adverbio relativo
adv y conj	adverbio conjunción
art det	artículo determinado
art indet	artículo indeterminado
biasp	verbo biaspectual
comp	comparativo
con	conector
conj	conjunción
conj y partíc	conjunción y partícula
f	sustantivo femenino
f espec pl	sustantivo femenino que se utiliza preferentemente en plural
f inv	sustantivo femenino invariable
fpl	sustantivo femenino plural
gen	caso genitivo
impf	verbo imperfectivo
interj	interjección
interj y partic	interjección y partícula
inv	forma invariable
m	sustantivo masculino
m espec pl	sustantivo masculino que se utiliza preferentemente en plural
m/f	sustantivo masculino y femenino
m/f inv	sustantivo masculino y femenino invariable
m inv	sustantivo masculino invariable
m/n	sustantivo masculino y neutro
m/n inv	sustantivo masculino y neutro invariable
mpl	sustantivo masculino plural
n	sustantivo neutro
neg	partícula negativa

n espec pl	sustantivo neutro que se utiliza preferentemente en plural
n inv	sustantivo neutro invariable
npl	sustantivo neutro plural
num	numeral
num col	numeral colectivo
num indet	numeral indeterminado
onomat	onomatopeya
partíc	partícula
partíc afirm	partícula afirmativa
partíc enfát	partícula enfática
partíc interrog	partícula interrogativa
perf	verbo imperfectivo
pl	sustantivo plural
pl inv	sustantivo plural invariable
pred	forma predicativa
pref	prefijo
prep	preposición
pron	pronombre
pron dem	pronombre demostrativo
pron excl	pronombre exclamativo
pron indef	pronombre indefinido
pron interr	pronombre interrogativo
pron interr y rel	pronombre interrogativo y relativo
pron neg	pronombre negativo
pron pers	pronombre personal
pron pos	pronombre posesivo
pron reflex	pronombre reflexivo
pron rel	pronombre relativo
pron y adv interr	pronombre y adverbio interrogativo
pron y adv rel	pronombre y adverbio relativo
sing	singular
vi	verbo intransitivo
v/impers	verbo impersonal
vpron	verbo pronominal
vref	verbo reflexivo
vt	verbo transitivo
vt-i	verbo transitivo e intransitivo

RUSO-ESPAÑOL

А

а *conj* y, pero, sino, sino que *Лена пишет ручкой, ~ Максим карандашом* Lena escribe con un bolígrafo, y Maksim con un lápiz; *я видел её не в четверг, ~ в пятницу* la vi no el jueves, sino el viernes
абажур *m* pantalla
абазин *m* abasio
аббат *m* abad
аббатисса *f* abadesa
аббатство *n* abadía
аббревиатура *f* abreviatura
аберрация *f* aberración
абзац *m* párrafo
абиссин|ец, -ка *m/f* abisini|o, -a
абиссинский *adj* abisinio
абитуриент *m* en Rusia, persona que se dispone a ingresar en la universidad
абонемент *m* abono
абонементный *adj* de (l) abono, del sistema de abono
абонент *m* abonado
абонентный *adj* de (l) abonado
абонентский *adj* **1.** de (l) abonado **2.** de (l) abono, del sistema de abono
абонированный *adj* abonado
абордаж *m nav* abordaje *брать на ~* abordar
абориген, -ка *m/f* aborigen, indígena
аборигенный *adj* aborigen, indígena
аборт *m* aborto
абортивный *adj* **1.** abortivo **2.** *biol (недоразвитый)* subdesarrollado
абразив *m* abrasivo
абразивный *adj* abrasivo
абракадабра *f* disparate, conjunto de palabras sin sentido
абрикос *m* **1.** *(плод)* albaricoque **2.** *(дерево)* albaricoquero
абрис *m* contorno, silueta
абсент *m* absenta
абсентеизм *m* ausentismo electoral
абсентизм *m* absentismo
абсолют *m filos* lo absoluto
абсолютизация *f* absolutización
абсолютизировать *impf vt* absolutizar
абсолютизм *m* absolutismo
абсолютистский *adj* absolutista
абсолютно *adv* absolutamente, completamente, totalmente
абсолютн|ый *adj* **1.** absoluto **2.** *(полный)* pleno, completo, total, absoluto
абстрагировать *biasp vt* **(от чего-л)** abstraer (de u/c)
абстрагироваться *biasp* **(от чего-л)** abstraerse (de u/c)
абстрактно *adv* con abstracción, de manera abstracta
абстрактность *f* carácter abstracto
абстрактный *adj* abstracto
абстракционизм *m arte* abstraccionismo
абстракция *f* abstracción
абсурд *m* absurdo, absurdidad
абсурдно 1. *adv* absurdamente, de forma absurda **2.** *adv pred* es absurdo
абсурдность *f* absurdidad
абсурдный *adj* absurdo
абсцесс *m med* absceso
абсцисса *f mat* abscisa
абхаз|ец, -ка *m/f* abjasi|o, -a
абхазский *adj* abjasio, de Abjasia
авангард *m* vanguardia *в ~е* en la vanguardia
авангардизм *m* vanguardismo
авангардист, -а *m* vanguardista
авангардный *adj* vanguardista, de vanguardia
аванзал, -а *m* antesala
аванложа *f teat* antepalco
аванпорт *m nav* antepuerto
аванпост *m* avanzadilla
аванс *m* adelanto, anticipo
авансировать *biasp vt* anticipar, adelantar (dinero)
авансцена *f teat* proscenio
авантюра *f* aventura
авантюризм *m* espíritu aventurero
авантюрист *m* **1.** *obsol (искатель приключений)* aventurero **2.** *(беспринципный делец)* estraperlista
авантюристический *adj* aventurado, inseguro
авантюристский *adj* V. авантюристический
авантюрный *adj* **1.** aventurado, arriesgado **2.** *(о литературе)* de aventuras
аварец *m* ávaro
аварийность *f* siniestralidad, existencia de averías
аварийный *adj* **1.** relativo a averías o accidentes, de urgencia **2.** *(запасной)* de repuesto
аварийщик *m coloq* trabajador del servicio de emergencias
авария *f* avería, accidente
аварка *f* ávara
аварский *adj* ávaro
август *m* agosto
августовский *adj* de agosto
авиакомпания *f* compañía aérea
авиаконструктор *m* constructor de aviones
авиалиния *f* línea aérea, compañía aérea
авиамоделизм *m* aeromodelismo
авиамоделист *m* aeromodelista
авианосец *m* portaaviones
авиапочта *f* correo aéreo
авиастроение *n* construcción de aviones
авиатор *m* aviador, piloto
авиация *f* aviación
авизо *n inv fin* aviso
авитаминоз *m med* avitaminosis
авокадо *n inv* aguacate
авось *partic coloq* expresa una actitud de abandonar la suerte al azar ante algo poco probable, pero deseable ~ *повезёт* a ver si hay suerte, a

lo mejor hay suerte, quizá haya suerte ◆ **на** ~ al azar
авоська *f coloq* bolsa de malla (para las compras)
аврал *m nav* zafarrancho
австралиец *m* australiano
австралийка *f* australiana
австралийский *adj* australiano
австралоидный *adj* australoide
австриец *m* austríaco
австрийка *f* austríaca
австрийский *adj* austríaco
австроазиатский *adj ling* austro-asiático
австронезийский *adj ling* austronesio
автаркический *adj* autárquico
автаркия *f* autarquía
автобиографический *adj* autobiográfico
автобиография *f* autobiografía
автобус *m* autobús, autocar
автобусный *adj* de autobús, de autobuses
автовокзал *m* estación de autobuses
автогон|ки (*gen* –ок) *fpl* carreras de coches
автограф *m* autógrafo
автографический *adj* autográfico
автодорожный *adj* de carreteras
автозаправка *f* gasolinera, estación de servicio
автозаправочн|ый *adj* de gasolinera, de servicio *~ая станция* estación de servicio
автокефалия *f relig* autocefalia
автокефальный *adj relig* autocéfalo
автоклав *m* autoclave
автомат *m* **1.** autómata, máquina **2.** *(телефон)* teléfono público **3.** *(оружие)* metralleta, subfusil
автоматизация *f* automatización
автоматизировать *biasp vt* automatizar
автоматизм *m* automatismo
автоматически *adv* automáticamente
автоматический *adj* automático
автомобилизм *m* automovilismo
автомобилист, -ка *m/f* automovilista
автомобиль *m* automóvil, coche *гоночный* ~ coche de carreras
автомобильный *adj* de(l) automóvil, de automóviles
автономия *f* autonomía
автономный *adj* autónomo
автоответчик *m* contestador automático
автопарк *m* parque de vehículos
автопортрет *m* autorretrato
автор *m* autor
автореферат *m* epítome
авторизация *f* autorización
авторизовать *biasp vt* autorizar
авторитаризм *m* autoritarismo
авторитарный *adj* autoritario
авторитет *m* autoridad
авторитетность *f* autoridad, competencia
авторитетный *adj* que tiene autoridad, respetado
авторский *adj* de autor
авторство *n* autoría
авторучка *f* pluma estilográfica, estilográfica
автостоп *m* autostop *ездить ~ом* viajar en autostop
автострада *f* autovía, autopista
автохтон *m* autóctono
автохтонный *adj* autóctono
автошкола *f* autoescuela
ага *interj* **1.** *(утвердительная частица)* sí, ajá, claro **2.** *(звук, сопровождающий резкое движение)* ah, eh ~, *попался!* ¡ah, caíste!
агава *f* agave
агат *m min* ágata
агент[1] *m* (*представитель учреждения*) agente
агент[2] *m (причина)* agente
агентство *n* agencia *туристическое* ~ agencia de viajes
агентура *f* agentes, red de agentes
агиография *f* hagiografía
агитатор *m* agitador, propagandista
агитаторский *adj* de agitador, de propagandista
агитационный *adj* de agitación, de propaganda
агитация *f* agitación, propaganda
агитировать *impf* сагитировать *perf vt* agitar, hacer propaganda
агнец *m obsol* cordero
агностик *m* agnóstico
агностицизм *m filos* agnosticismo
агностический *adj filos* agnóstico
агонизировать *impf vi* agonizar
агонический *adj* agónico
агония *f* agonía
аграрный *adj* agrario
агрегат *m* máquina, grupo de máquinas
агрессивно *adv* agresivamente
агрессивность *f* agresividad
агрессивный *adj* agresivo
агрессия *f* agresión
агрессор *m* agresor
агрикультура *f* agricultura
агроном *m* agrónomo, ingeniero agrónomo
агрономия *f* agronomía
агротехник *m* perito agrónomo
агротехнический *adj* agrotécnico
ад *m* infierno
адажио *n inv mús* adagio
адаптация *f* adaptación
адаптировать *biasp vt* **(к кому/чему-л)** adaptar (a alg o u/c), adecuar (a alg o u/c)
адаптироваться *biasp* **(к кому/чему-л)** adaptarse (a alg o u/c), amoldarse (a alg o u/c)
адвентист *m relig* adventista
адвентистский *adj relig* adventista
адвербиальный *adj ling* adverbial
адвокат *m* abogado
адвокатский *adj* de abogado(s)
адвокатура *f* abogacía
адвокатша *f coloq* abogada
адекватно *adv* adecuadamente
адекватность *f* adecuación
адекватный *adj* adecuado
аденоид *m med* adenoide
аденома *f med* adenoma
адепт *m* adepto
аджар|ец, -ка *m/f* adjari|o, -a
аджарский *adj* adjario
административный *adj* administrativo
администратор *m* administrador
администрация *f* administración
администрирование *n* administración
администрировать *impf vt* administrar
адмирал *m* almirante
адмиралтейство *n* almirantazgo
адмиральский *adj* de almirante
адреналин *m* adrenalina

адрес *m* dirección, domicilio ◆ **в ~ кого-л** en referencia a alg **обратиться не по ~у** confundirse de señas
адресант *m* emisor
адресат *m* destinatario
адресный *adj* de (la) dirección
адресовать *biasp vt* dirigir, enviar
адски *adv* de un modo infernal
адский *adj* infernal
адъюнкт *m* aspirante (en una academia militar)
адыге|ец, -йка *m/f* adige|o, -a
адыгейский *adj* adigeo
аж *partíc coloq* V. даже
ажиотаж *m* agitación
ажно *conj obsol vulg* sino, sino que
ажур *m fin* contabilidad al día ◆ **в ~е** *coloq* bien, en orden
аз 1. *m coloq* az (denominación de la letra «a» del alfabeto cirílico) **2. -ы** *mpl* abecé, rudimentos básicos ◆ **начинать с ~ов** empezar desde el principio **ни ~а не знает** no sabe ni la «u»
азалия *f* azalea
азарт *m* frenesí, pasión, ardor ◆ **войти в ~** apasionarse, acalorarse
азартно *adv* frenéticamente, apasionadamente
азартн|ый *adj* frenético, apasionado ◆ **~ые игры** juegos de azar
азбука *f* **1.** abecedario, alfabeto **2.** *(основы чего-л.)* abecé
азбучн|ый *adj* **1.** relativo al alfabeto **2.** evidente, elemental ◆ **~ая истина** verdad de perogrullo
азербайджан|ец, -ка *m/f* azerbayan|o, -a
азербайджанский *adj* azerbayano
азиат *m* asiático
азиатка *f* asiática
азиатский *adj* asiático
азимут *m astr* azimut
азот *m* nitrógeno
азотный *adj quím* nítrico
аист *m* cigüeña
ай *interj* ay, vaya (expresando dolor, sorpresa, reproche) ◆ **~ да** vaya (ay) qué *~ да умница!* ¡ay qué listo!
айва *f* membrillo
айвовый *adj* de membrillo
айда *interj vulg* ea, hala, vamos *~ в лес!* ¡hala, al bosque!
айсберг *m* iceberg
академик *m* académico, miembro de una academia
академический *adj* académico
академия *f* academia
аканье *n* ákanie (utilización del sonido «a» en la pronunciación de las sílabas átonas con «o»)
акать *impf vi* utilizar el sonido «a» en la pronunciación de las sílabas átonas con «o»
акафист *m relig* acatista
акация *f* acacia
акваланг *m* equipo de submarinismo
аквалангист *m* submarinista
аквамарин *m min* aguamarina
аквапарк *m* parque acuático
акварелист *m arte* acuarelista
акварель *f arte* acuarela
аквариум *m* acuario
акватория *f* espacio acuoso
акведук *m* acueducto
акклиматизация *f* aclimatación
акклиматизировать *biasp vt* aclimatar
акклиматизироваться *biasp* aclimatarse
аккомпанемент *m mús* acompañamiento
аккомпанировать *impf vi* **(кому-л)** *mús* acompañar
аккорд *m mús* acorde
аккордеон *m* acordeón
аккордеонист *m* acordeonista
аккредитация *f* acreditación
аккредитив *m fin* carta de crédito
аккредитование *n* acreditación
аккредитовать *biasp vt* acreditar
аккумулятор *m* batería (de automóvil)
аккурат *adv vulg* justo, exactamente
аккуратность *f* exactitud, escrupulosidad, pulcritud
аккуратный *adj* **1.** *(о действии)* cuidadoso, esmerado **2.** *(о человеке)* ordenado, cuidadoso
акмеизм *m lit* acmeísmo
акробат *m* acróbata, trapecista
акробатика *f* acrobacia
акробатический *adj* acrobático
акробатка *f* acróbata, trapecista
акростих *m* acróstico
акселерат *m* superdotado
акселерация *f* aceleración
аксельбант|ы *(gen -ов) mpl* cordones (en un uniforme militar)
аксессуар *m* accesorio
аксиологический *adj* axiológico
аксиология *f* axiología
аксиома *f* axioma
аксиоматический *adj* axiomático
акт *m* **1.** acto, hecho, acción **2.** *(документ)* acta **3.** *teat* acto
актёр *m* **1.** actor **2.** *coloq (притворщик)* comediante, farsante
актёрский *adj* de actor
актив *m fin* activo
активация *f* activación
активизировать *biasp vt* activar
активизироваться *biasp* activarse
активист, -ка *m/f* activista
активничать *impf vi coloq* mostrarse activo, actuar activamente
активно *adv* activamente
активность *f* actividad
активный *adj* **1.** activo **2.** *ling* activo
актиния *f* actinia
актовый *adj* de actos *~ зал* sala de actos
актриса *f* actriz
актуально *adv pred* es relevante, es actual
актуальность *f* actualidad, relevancia
актуальный *adj* actual, relevante
акула *f* tiburón, escualo
акулий *adj* de tiburón
акустика *f* acústica
акустический *adj* acústico
акушер, -ка *m* comadr|ón, -ona, obstetra
акушерский *adj* de obstetricia, obstétrico
акушерство *n* obstetricia
акцент *m* **1.** *(ударение)* acento **2.** *(подчёркивание)* acento *сделать ~* poner acento, hacer hincapié **3.** *(особенности выговора)* acento *говорить с ~ом* hablar con acento
акцентировать *biasp vt* acentuar, recalcar

акцентный *adj* acentual, de acento

акциз *m* accisa

акцизный *adj* de accisa (s)

акционер, -ка *m/f* accionista

акционерн|ый *adj* de accionistas *~ое общество* sociedad anónima

акция *f* **1.** *fin* acción **2.** *(действие)* acción

албан|ец, -ка *m/f* alban|és, -esa

албанский *adj* albanés, albano

алгебра *f* álgebra

алгебраический *adj* algebraico

алгоритм *m* algoritmo

алгоритмический *adj* algorítmico

алебарда *f* alabarda

алебастр *m* alabastro

алебастровый *adj* de alabastro

александрит *m min* alexandrita

алеть *impf vi* **1.** *(становиться алым)* enrojecer, volverse rojo **2.** *(виднеться)* rojear, bermejear

алеут *m* aleuto

алжир|ец, -ка *m/f* argelin|o, -a

алжирский *adj* argelino

алиби *n inv* coartada

алимент|ы (*gen* –ов) *mpl* manutención, alimentos

алкалоид *m* alcaloide

алкать *impf vt (чего-л)* ansiar

алкаш, -ка *m/f vulg desp* alcohólic|o, -a, borrach|o, -a

алкоголизм *m* alcoholismo

алкоголик *m* alcohólico

алкоголический *adj* alcohólico

алкоголичка *f* alcohólica

алкоголь *m* alcohol

алкогольный *adj* alcohólico

Аллах *m inv* Alá

аллегорический *adj* alegórico

аллегория *f* alegoría

аллегро *n mús* alegro

аллерген *m med* alérgeno

аллергенный *adj med* alergénico

аллергик *m* alérgic|o, -a

аллергический *adj* alérgico

аллергия *f* alergia

аллея *f* camino de árboles, paseo

аллигатор *m* aligátor

аллилуйя *f* aleluya

алло *interj* diga, dígame (al inicio de una conversación telefónica)

аллопат *m med* alópata

аллопатия *f med* alopatía

аллюр *m* paso (del caballo)

алмаз *m* diamante

алмазный *adj* de diamante(s)

алоэ *n inv* aloe

алтайский *adj* altaico

алтарь *m* altar

алтын *m hist* altín (moneda antigua rusa equivalente a tres kópeks)

алфавит *m* alfabeto, abecedario

алфавитный *adj* alfabético

алхимик *m* alquimista

алхимия *f* alquimia

алчно *adv* ávidamente, con avidez

алчность *f* avidez, codicia

алчный *adj* ávido, codicioso

алый *adj* escarlata, encarnado, bermellón

алыча *m* endrino, prunela

аль *conj obsol vulg* V. или

альбатрос *m* albatros

альбинизм *m biol* albinismo

альбинос, -ка *m/f* albin|o, -a

альбом *m* álbum

альбумин *m quím* albúmina

альвеола *f anat* alvéolo

альков *m* alcoba

альманах *m* almanaque

альпийский *adj* alpino

альпинизм *m* alpinismo

альпинист, -ка *m/f* alpinista

альт *m* **1.** *mús (голос)* alto, contralto **2.** *mús (инструмент)* viola

альтернатива *f* alternativa

альтернативный *adj* alternativo

альтист *m mús* viola (músico)

альтруизм *m* altruísmo

альтруист *m* altruísta

альтруистистический *adj* altruista

альтруистичный *adj* V. альтруистический

альтруистка *f* altruista

альтруистский *adj* V. альтруистический

альфа *f* alfa

альфонс *m* mantenido (de una mujer)

альянс *m elev* alianza

алюминиевый *adj* de aluminio

алюминий *m* aluminio

а-ля *prep* a la, al estilo de

аляповатый *adj coloq* infame, *coloq* chapucero

амазонка *f* amazona

амальгама *f* amalgama

амбал *m coloq* hombre robusto, corpulento

амбар *m* granero, almacén

амбициозный *adj* ambicioso

амбиция *f* ambición

амбразура *f mil* tronera, aspillera

амброзия *f* ambrosía

амбулатория *f* ambulatorio, dispensario

амбулаторный *adj* ambulatorio, de dispensario

амвон *m relig* ambón

американ|ец, -ка *m/f* american|o, -a

американский *adj* americano

аметист *m min* amatista

амёба *f* ameba

амиант *m min* amianto

аминь *partíc relig* amén

аммиак *m quím* amoníaco

аммонал *m quím* amonal

аммоний *m quím* amonio

амнезия *f med* amnesia

амнистировать *biasp vt* amnistiar

амнистия *f* amnistía

аморалка *f vulg* inmoralidad

аморальность *f* inmoralidad

аморальный *adj* inmoral

амортизатор *m tecn* amortiguador

амортизация *f econ* amortización

амортизировать *biasp vt* 1) *econ* amortizar 2) *tecn* amortiguar

аморфность *f* amorfía, amorfismo

аморфный *adj* amorfo

ампер *m fís* amperio

амперметр *m fís* amperímetro

ампир *m arte* estilo imperio

ампирный *adj arte* imperio, de estilo imperio
амплитуда *f fís mat* amplitud
амплификация *f* amplificación
амплуа *n inv* rol, papel
ампула *f* ampolla
ампутация *f* amputación
ампутировать *biasp vt* amputar
амулет *m* amuleto
амуниция *f mil* equipo, equipamiento
амурный *adj hum* amoroso, sentimental
амфибия *f* anfibio
амфибрахий *m lit* anfíbraco
амфитеатр *m* anfiteatro
амфора *f* ánfora
анабиоз *m biol* anabiosis
анабиотический *adj biol* anabiótico
анаконда *f* anaconda
анализ *m* análisis ~ *крови* análisis de sangre
анализировать *biasp vt* analizar
аналитик *m* analista
аналитический *adj* analítico
аналог *m* análogo
аналогично *adv* análogamente, con analogía
аналогичный *adj* análogo
аналогия *f* analogía
аналой *m relig* atril, faristol
анамнез *m med* anamnesis
анамнестический *adj med* anamnésico
ананас *m* piña
ананасовый *adj* de piña
анапест *m lit* anapesto
анарко-синдикализм *m* anarcosindicalismo
анархизм *m* anarquismo
анархист, -ка *m/f* anarquista
анархический *adj* anárquico
анархичный *adj* anárquico
анархия *f* anarquía
анатом *m med* anatomista
анатомический *adj* anatómico
анатомия *f* anatomía
анафема *f relig* anatema
анафора *f lit* anáfora
анахорет *m* anacoreta
анахронизм *m* anacronismo
анахронический *adj* anacrónico
анаша *f* marihuana
ангажировать *biasp vt obsol* contratar
ангар *m* hangar
ангел *m* ángel ◆ **~-хранитель** ángel de la guarda
ангельский *adj* angelical
ангина *f med* angina
английский *adj* inglés
англиканский *adj* anglicano
англицизм *m ling* anglicismo
англичан|ин (*pl* –не) *m* inglés
англичанка *f* inglesa
анданте *n inv mús* andante
анекдот *m* chiste
анекдотически *adv* anecdóticamente
анекдотический *adj* anecdótico
анектодичный *adj* anecdótico
анемический *adj* anémico
анемия *f med* anemia
анестезиолог *m med* anestesiólogo
анестезировать *biasp vt* anestesiar
анестезия *f* anestesia *местная* ~ anestesia local
анестезтология *f med* anestesiología
анилин *m quím* anilina
анималист *m arte* animalista
анималистский *adj arte* animalista
аниматор *m* animador
анимизм *m relig* animismo
анимистический *adj relig* animista
анис *m* anís
анисовка *f* aguardiente de anís
анисовый *adj* de anís
анкет|а *f* cuestionario, formulario, impreso *заполнить* ~*у* rellenar un impreso
анкетирование *n* consulta, encuesta
анкетировать *biasp vt* encuestar, consultar
анкетный *adj* de cuestionario, de formulario
анклав *m* enclave
анналы (*gen* –ов) *mpl* anales
аннексирование *n* anexión
аннексировать *biasp vt* anexionar
аннексия *f* anexión
аннотация *f* anotación
аннотировать *biasp vt* anotar
аннулирование *n* anulación
аннулировать *biasp vt* anular
аннуляция *f* anulación
анод *m fís* ánodo
аномалия *f* anomalía
аномальный *adj* anómalo
аноним *m* anónimo
анонимка *f* anónimo (carta sin firma)
анонимность *f* anonimato
анонимный *adj* anónimo
анонс *m* anuncio, notificación
анормальный *adj* anormal
ансамбль *m* conjunto
антагонизм *m* antagonismo
антагонист *m* antagonista
антагонистический *adj* antagónico
антарктический *adj* antártico
антенна *f* antena
антенный *adj* de (por) antena
антерприза *f teat* proyecto, empresa
антибиотик *m* antibiótico
антибиотический *adj* antibiótico
антиген *m biol* antígeno
антигенный *adj biol* antígeno
антидемократический *adj* antidemocrático
антиквар *m* anticuario
антиквариат *m* antigüedad
антикварный *adj* de anticuario
антилопа *f* antílope
антимони|я *f*: *разводить* ~*ю* hablar por hablar, vender humo
антиномический *adj filos* antinómico
антиномия *f filos* antinomia
антипатичный *adj* antipático
антипатия *f* antipatía
антипод *m* antípoda
антисанитарный *adj* antihigiénico
антисемит *m* antisemita
антисемитизм *m* antisemitismo
антисемитский *adj* antisemita
антисептик *m med* antiséptico
антисептический *adj med* antiséptico
антистатик *m* antiestático
антистатический *adj* antiestático
антитеза *f* antítesis
антитело *n biol* anticuerpo

антихрист *m relig* anticristo
антициклон *m meteo* anticiclón
античность *f* antigüedad, época clásica
античный *adj* antiguo, clásico
антологический *adj* antológico
антология *f* antología
антоним *m ling* antónimo
антонимический *adj ling* antónimo, antonímico
антонимия *f ling* antonimia
антоновка *f* antónovka (variedad de manzana típica en Rusia)
антракт *m teat* entreacto, intermedio
антрацит *m quím* antracita
антраша *n inv danz* entrechat
антрекот *m* entrecot
антрепренёр *m* empresario
антресоль *f* **1.** entresuelo **2.** *(полка)* armario trastero (en un falso techo)
антропогенный *adj* antropogénico
антрополог *m* antropólogo
антропологический *adj* antropológico
антропология *f* antropología
антропометризм *m* antropometrismo
антропометрический *adj* antropométrico
антропоморфизм *m* antropomorfismo
антропоморфический *adj* antropomórfico
антураж *m* ambiente, medio
анфас *adv* de frente, de cara
анфилада *f arquit* crujía
анчар *m* antiaris
анчоус *m* anchoa
аншлаг *m* **1.** *teat* lleno **2.** *(большой наплыв посетителей)* lleno, éxito total
аорта *f anat* aorta
аортный *adj anat* aorta
апартамент|ы (*gen* –ов) *mpl* apartamento
апартеид *m* apartheid
апатит *m min* apatita
апатично *adv* con apatía, apáticamente
апатично *adv* con apatía
апатичность *f* apatía
апатичный *adj* apático
апатия *f* apatía
апатрид *m* apátrida
апаш *m* apache
апеллировать *biasp vi* **1.** *jur* apelar, presentar una apelación **2.** **(к кому/чему-л)** *(обращаться)* apelar (a algo u/c)
апелляционный *adj* de apelación ~ *суд* tribunal de apelación
апелляция *f jur* apelación, recurso
апельсин *m* **1.** *(дерево)* naranjo **2.** *(плод)* naranja
апельсиновый *adj* de naranja ~ *сок* zumo de naranja
аплодировать *impf vi* **(кому-л)** aplaudir (a algo)
аплодисмент|ы (*gen* –ов) *mpl* aplauso, aplausos
апломб *m* aplomo
апогей *m* **1.** *astron* apogeo **2.** *(высшая точка)* apogeo
апокалипсис *m* apocalipsis
апокалипсический *adj* apocalíptico
апокалиптический *adj* apocalíptico
апокриф *m lit* apócrifo
аполитизм *m* apolitismo
аполитический *adj* apolítico
апологет *m elev* apologeta
апологетика *f* apología
апологетический *adj* apologético
апологический *adj* apológico
апология *f* apología
апоплексический *adj med* apopléjico
апоплексия *f med* apoplejía
апостериори *adv elev* a posteriori
апостериорный *adj elev* a posteriori
апостиль *m jur* apostilla
апостол *m relig* apóstol
апостроф *m* apóstrofo
апофеоз *m* apoteosis
апофеозный *adj* apoteósico
аппарат *m* aparato, dispositivo
аппаратура *f* equipo, aparatos
аппендикс *m anat* apéndice
аппендицит *m med* apendicitis
апперцепция *f elev* apercepción
аппетит *m* apetito ◆ **приятного ~а!** ¡que aproveche!, ¡buen provecho!
аппетитый *adj* apetitoso, apetecible
аппликация *f* aplicación (ornamentación)
апрел|ь *m* abril *в ~е* en abril
апрельский *adj* de abril
априори *adv elev* a priori
априорный *adj elev* a priori
апробация *f* aprobación
апробирование *n* aprobación
апробировать *biasp vt elev* aprobar
аптека *f* farmacia *дежурная* ~ farmacia de guardia
аптекарша *f coloq* farmacéutica
аптекарь *m* farmacéutico
аптечка *f* botiquín
аптечный *adj* de farmacia, farmacéutico
апчхи *interj* achís
ар *m* área (unidad de medida)
араб *m* árabe
арабеска *f* arabesco
арабист *m* arabista
арабка *f* árabe
арабский *adj* árabe
аранжировать *biasp vt mús* hacer arreglos, instrumentar
аранжировка *f mús* arreglos
арап *m obsol* moro, negro
арахис *m* cacahuete
арахисовый *adj* de cacahuete
арбалет *m* ballesta
арбитр *m* árbitro
арбитраж *m jur* arbitraje
арбитражный *adj jur* de arbitraje ~ *суд* juzgado de lo mercantil
арбуз *m* sandía
арбузный *adj* de sandía
аргентин|ец, -ка *m/f* argentin|o, -a
аргентинский *adj* argentino
арго *n ling* argot
аргон *m quím* argon
арготизм *m ling* argotismo
арготический *adj ling* del argot
аргумент *m* argumento
аргументационный *adj* argumentativo
аргументация *f* argumentación
аргументировать *biasp vt* argumentar, argüir
ареал *m bot zool* área
арена *f* **1.** *(цирковая)* arena **2.** *(сфера, область)* arena, campo, ámbito

аренд|а *f* **1.** *(наём)* alquiler, arrendamiento *взять в ~у* alquilar, tomar en arriendo; *сдавать в ~у* arrendar, dar en arriendo **2.** *(плата)* alquiler, renta, arrendamiento
арендатор *m* arrendatario
арендовать *impf vt* arrendar, alquilar
арендодатель *m* arrendador
ареометр *m fís* areómetro
ареопаг *m hist* areópago
арест *m* **1.** arresto, detención **2.** *(имущества)* embargo
арестант *m* detenido, arrestado
арестный *adj* de arresto
арестованный *m* detenido
арестовать *perf* арестовывать *impf vt* **1.** arrestar, detener **2.** *(имущество)* embargar
арестовывать V. арестовать
ариец *m* ario
арийский *adj* ario
ариозо *n inv mús* arioso
аристократ *m* aristócrata
аристократизм *m* aristocratismo
аристократический *adj* aristocrático
аристократичный *adj* aristocrático
аристократия *f* aristocracia
аристократка *f* aristócrata
аритмический *adj med* arítmico
аритмия *f med* aritmia
арифметика *f* aritmética
арифметический *adj* aritmético
ария *f mús* aria
арка *f arquit* arco
аркада *f arquit* arcada
аркан *m* lazo (para la caza)
арканить *impf* заарканить *perf vt* cazar con lazo
арктический *adj* ártico
арлекин *m* arlequín
арматура *f* armazón, armadura
армеец *m* militar, soldado
армейский *adj* del ejército
армия *f* ejército
армяк *m hist* armiak (abrigo campesino de sayal)
арм|янин (*pl* –яне) *m* armenio
армянка *f* armenia
армянский *adj* armenio
аромат *m* aroma, perfume, fragancia
ароматизировать *impf vt* aromatizar
ароматный *adj* aromático, perfumado
арсенал *m* arsenal
артачиться *impf* obstinarse, empecinarse, emperrarse
артезианский *adj* artesiano
артель *m hist* artel (cooperativa de trabajo socialista rusa)
артельщик *m hist* miembro de un artel
артериальный *adj* arterial
артериосклероз *m med* arteriosclerosis
артерия *f* arteria
артикль *m ling* artículo
артикул *m* artículo (mercancía)
артикуляционный *adj ling* articulatorio
артикуляция *f ling* articulación
артиллерийский *adj* de artillería, artillero
артиллерист *m* artillero
артиллерия *f* artillería
артист *m* artista, actor
артистически *adv* artísticamente
артистический *adj* artístico
артистично *adv* artísticamente, plásticamente, con arte
артистичность *f* artistismo, arte
артистичный *adj* artístico, plástico
артистка *f* artista, actriz
артишок *m* alcachofa
артрит *m med* artritis
арфа *f* arpa
арфист *m* arpista
арфистка *f* arpista
архаизм *m* arcaísmo
архаический *adj* arcaico
архаичность *f* arcaísmo
архаичный *adj* arcaico
архангел *m* arcángel
архар *m* carnero salvaje
археолог *m* arqueólogo
археологический *adj* arqueológico
археология *f* arqueología
архив *m* archivo *сдавать в ~* archivar
архивариус *m* archivero
архивный *adj* de archivo
архиепископ *m relig* arzobispo
архиерей *m relig* prelado (de la iglesia ortodoxa)
архимандрит *m relig* archimandrita
архипелаг *m* archipiélago
архитектор *m* arquitecto
архитектура *f* aquitectura
архитектурный *adj* aquitectónico
аршин *m* arshín (antigua medida rusa de longitud equivalente a 0,71 m)
арык *m* arik (acequia en Asia Central)
арьергард *m* retaguardia
ас *m* **1.** as (de la aviación) **2.** *(мастер)* as, maestro
асбест *m min* amianto, asbesto
асептика *adj med* asepsia
асептический *adj* aséptico
асессор *m obsol* funcionario (de la Rusia zarista)
асимметрический *adj* asimétrico
асимметричный *adj* asimétrico
асимметрия *f* asimetría
аскет *m* asceta
аскетизм *m* ascetismo
аскетический *adj* ascético
аскорбинка *f coloq* ácido ascórbico
аскорбиновый *adj* ascórbico
аспект *m* **1.** *elev* aspecto **2.** *ling* aspecto
аспид[1] *m (змея)* áspid
аспид[2] *m min* pizarra
аспирант, -ка *m/f* estudiante de doctorado, doctorand|o, -a
аспирантский *adj* de doctorado
аспирантура *f* doctorado, estudios de doctorado
аспирин *m* aspirina
ассамблея *f* asamblea
ассенизатор *m* trabajador de saneamiento
ассенизационный *adj* de saneamiento
ассенизация *f* saneamiento
ассигнация *f hist* asignado, papel moneda
ассигнование *n* asignación
ассигновать *biasp vt* asignar
ассиметричность *f* asimetría
ассиметричный *adj* asimétrico
ассимилирование *n* asimilación
ассимилировать *biasp vt* asimilar

ассимилироваться *biasp* asimilarse
ассимилятивный *adj* asimilativo
ассимиляционный *adj* asimilativo
ассимиляция *f* asimilación
ассириец *m* asirio
ассирийский *adj* asirio
ассистент, -ка *m/f* asistente, ayudante
ассистировать *impf vi* **(кому-л)** asistir, ayudar
ассонанс *m lit mús* asonancia
ассорти *n inv* surtido (de dulces, etc.)
ассортимент *m* surtido (de mercancías, etc.)
ассоциативный *adj* asociativo
ассоциация *f* asociación
ассоциировать *biasp vt* **(с кем/чем-л)** asociar (con alg o u/c)
ассоциироваться *biasp* asociarse
астенический *adj med* asténico
астения *f med* astenia
астероид *m astr* asteroide
астигматизм *m med* astigmatismo
астма *f med* asma
астматик *m med* asmático
астматический *adj med* asmático
астролог *m* astrólogo
астрологический *adj* astrológico
астрология *f* astrología
астролябия *f* astrolabio
астронавт *m* astronauta
астроном *m* astrónomo
астрономия *f* astronomía
астрофизика *f* astrofísica
асфальт *m* asfalto
асфальтирование *n* asfaltado
асфальтировать *impf* заасфальтировать *perf vt* asfaltar
асфальтовый *adj* de (l) asfalto
асфиксия *f med* asfixia
ась *interj vulg* ¿eh?, ¿dime?
атавизм *m* atavismo
атавистический *adj* atávico
атака *f* asalto, ataque
атаковать *biasp vt* atacar, asaltar
атаман *m* atamán (jefe cosaco)
атеизм *m* ateísmo
атеист *m* ateo
атеистический *adj* ateo
атеистка *f* atea
ателье *n* taller
атеросклероз *m med* aterosclerosis
атлант *m arquit* atlante
атлантический *adj* atlántico
атлас *m* atlas
атлас *m* raso, satén
атласный *adj* de raso, de satén
атлет *m* atleta
атлетика *f* atletismo *лёгкая ~* atletismo; *тяжёлая ~* halterofilia
атлетический *adj* atlético
атлетка *f* atleta
атмосфера *f* **1.** atmósfera **2.** *(обстановка)* ambiente, atmósfera
атмосферный *adj* atmosférico
атолл *m* atolón
атом *m fís* átomo
атомный *adj fís* atómico
атомоход *m* barco atómico
атональный *adj mús* atonal
атонический *adj med* atónico
атония *f* atonía
атрибут *m* atributo
атрибутивный *adj* atributivo
атрофированный *adj* atrofiado
атрофироваться *biasp* atrofiarse
атрофия *f* atrofia
атташе *m inv dipl* agregado
аттестат *m* certificado
аттестационн|ый *adj* de atestación *~ая комиссия* comisión de expedición de títulos
аттестация *f* atestación
аттестовать *biasp vt* atestar, certificar
аттракцион *m* atracción
ату *interj caza* tus, a él
ау *interj* eh, dime, hola
аудиенция *f* audiencia (acción)
аудиометр *m* audiómetro
аудит *m fin* auditoría
аудитор *m fin* auditor
аудитория *f* 1) *(помещение)* aula 2) *(слушатели)* auditorio
аудиторный *adj* en el aula, presencial
аукать *impf* аукнуть *perf vt* gritar «au»
аук|аться *impf* аукнуться *perf vi* gritarse «au» ◆ **где ~нется, так и откликнется** como canta el abad, así responde el sacristán; según es la voz es el eco
аукнуть V. аукать
аукнуться V. аукаться
аукцион *m* subasta *продавать с ~а* subastar
аукционер *m* subastero
аукционист *m* subastero
аул *m* aúl (aldea en el Cáucaso y en Asia Central)
аура *f* aura
аускультация *f med* auscultación
аут *m sport* fuera, out
аутентично *adv* auténticamente
аутентичность *f* autenticidad
аутентичный *adj* auténtico
аутопсия *f med* autopsia
аутсайдер *m sport* outsider
афазия *f med* afasia
афганец *m* afgano
афганка *f* afgana
афганский *adj* afgano
аферист, -ка *m/f* estafador, -a, timador, -a
афёра *f* estafa, timo
афиша *f* cartel
афишировать *biasp vt* anunciar, ostentar
афоризм *m* aforismo
афористический *adj ling* aforístico
афористичный *adj ling* aforístico
африкан|ец, -нка *m/f* african|o, -a
африканский *adj* africano
афроамериканский *adj* afroamericano
аффект *m* arrebato
аффектация *f psicol* afectación
аффикс *m ling* afijo
аффиксальный *adj ling* afijal
аффриката *f ling* sonido africado
ах *interj* ah, oh, ay (expresando sorpresa, admiración, susto o desaprobación)
аханье *n coloq* gemidos
ахать *impf* ахнуть *perf vi* gemir, decir «ah»
ахине|я *f coloq* barbaridades, tonterías *нести ~ю* decir barbaridades

ахнуть V. ахать ◆ **он и ~ не успел** no tuvo tiempo de decir ni una palabra
ахроматический *adj* acromático
ахти *interj obsol* ah, oh, ay (expresando preocupación) ◆ **ни ~ какой** *coloq* es malillo, es flojillo
ацетат *m quím* acetato
ацетилен *m quím* acetileno
ацетон *m quím* acetona
ацтек *m* azteca
ацтекский *adj* azteca
ашуг *m* ashug (bardo caucasiano)
аэрация *f* aeración
аэробика *f* aerobic
аэробный *adj* aerobio
аэродинамика *f* aerodinámica
аэродинамический *adj* aerodinámico
аэродром *m* aeródromo
аэрозоль *m* aerosol
аэромеханика *f* aeromecánica
аэромеханический *adj* aeromecánico
аэронавтика *f* aeronáutica
аэроплан *m* aeroplano
аэропорт *m* aeropuerto
аэростат *m* aeróstato, globo aerostático
аэростатика *f* aerostática
аятолла *m relig* ayatolá

Б

б *partíc* V. бы

ба *interj* oh, vaya (expresando sorpresa)

баба[1] *f* 1) *coloq (женщина)* mujer, tía 2) *obsol (крестьянка)* campesina 3) *vulg (жена)* esposa, mujer 4) *infant (бабушка)* abuela 5) *(каменный истукан)* muñeco, figura antropomorfa ◆ **базарная** ~ mujer vulgar, verdulera **снежная** ~ muñeco de nieve

баба[2] *f (кушанье)* bizcocho *ромовая* ~ bizcocho borracho

бабах *onomat* pum, pam (para expresar ruido, explosión o un golpe)

бабахать *impf* бабахнуть *perf vi* 1) *coloq* estallar, explotar 2) *coloq (ударять)* golpear

бабахаться *impf* бабахнуться *perf coloq* golpearse, caerse

бабахнуть V. бабахать

бабахнуться V. бабахаться

баба-яга *f* bruja

бабёнка *f vulg* mujer viva, activa

бабий *adj coloq* de mujeres

бабка *f* 1)*coloq* abuela, abuelita 2) *coloq desp (старуха)* abuela, vieja

баб|ки (*gen* –ок) *fpl vulg* pasta, dinero

бабло *n vulg* pasta, dinero

бабник *m coloq* mujeriego, don Juan

бабочка *f* mariposa

бабуля *f coloq afect* abuela, abuelita

бабуся *f coloq afect* abuela, abuelita

бабуша *f* babucha

бабушка *f* 1) abuela 2) *coloq (старуха)* abuela, vieja

багаж *m* 1) equipaje *ручной* ~ equipaje de mano 2) *(опыт)* bagaje *умственный* ~ bagaje intelectual

багажник *m* maletero

багажный *adj* de equipaje

багет *m* baguette

багор *m* bichero, garfio enastado

багроветь *impf* побагроветь *perf vi* enrojecer, ponerse rojo, purpúreo

багровый *adj* púrpureo, púrpura

багрянец *m* púrpura

багряный *adj* púrpureo, púrpura

багульник *m* romero silvestre

бадминтон *m* bádminton

бадминтонист, -ка *m/f* jugador, -a de bádminton

бадминтонный *adj* de bádminton

бадья *f* balde

база *f* 1) base, fundamento 2) *(опорный пункт)* base, estación, campamento 3) *(склад)* depósito, almacén, base ~ *данных* base de datos

базальт *m min* basalto

базальтовый *adj min* de basalto

базар *m* 1) bazar, mercado 2) *coloq (шум, крики)* barahúnda, alboroto 3) *jerg (слова, высказывания)* palabras, cosas dichas

базарный *adj* del bazar, del mercado

базилик *m* albahaca

базилика *f* basílica

базиликовый *adj* de albahaca

базировать *impf vt* basar, fundar

базироваться *impf* 1) basarse, fundarse 2)*(располагаться)* tener su base, ubicarse, concentrarse

базис *m* base

базисный *adj* básico, de base

бай-бай *interj infant* ro, ro (para hacer dormir a un niño) *идти* ~ ir a dormir

байдарка *f* canoa

байдарочный *adv* de canoa

байка[1] *f coloq (рассказ)* cuento, patraña

байка[2] *f (ткань)* bayeta

байковый *adj* de bayeta

байт *m informát* byte

байховый *adj* a peso (dicho del té)

бак[1] *m nav* castillo de proa

бак[2] *m (большой сосуд)* depósito, tanque

бакалавр *m* graduado

бакалавриат *m* estudios de grado

бакалаврский *adj* de grado

бакалейный *adj* de comestibles, de ultramarinos

бакалея *f* tienda de comestibles

бакен *m nav* boya, baliza

бакенбарды (*gen* бакенбард) *fpl* patillas

бак|и (*gen* бак) *fpl* V. бакенбарды

баккара *n inv* bacará

баклага *f* lata, depósito

баклажан *m* berenjena

баклажанный *adj* de berenjena

баклан *m* cormorán

бакланий *adj* de(l) cormorán

баклуши *fpl* : бить ~ holgazanear, estar mano sobre mano

баклушничать *impf vi coloq* holgazanear

бакс *m coloq* V. доллар

бактериальный *adj* bacterial

бактерийный *adj* bacteriano, de bacteria, bactérico

бактериолог *m* bacteriólogo

бактериологический *adj* bacteriológico

бактериология *f* bacteriología

бактерицидный *adj* bactericida

бактерия *f* bacteria

бал *m* baile

балабол, -ка *m/f coloq* charlat|án, -ana, sacamuelas

балаган *m* 1) *hist (постройка)* barraca 2) *hist (зрелище)* teatro de feria 3) *coloq (фарс)* farsa, bufonada

балаганить *impf vi coloq* hacer payasadas

балаганный *adj* 1) *hist* de teatro de feria 2) *coloq (шутовской)* burdo, grosero

балагур *m coloq* bromista, cachondo, chocarrero

балагурить *impf vi coloq* bromear, estar de cachondeo

балагурка *f* bromista, cachonda, chocarrera
балагурство *n coloq* broma, bufonada
балалаечник *m* tocador de balalaica
балалаечный *adj* de (la) balalaica
балалайка *f* balalaica
баламут *m coloq* perturbador, follonero
баламутить *impf* взбаламутить *perf vt* alterar, inquietar
баламутка *f coloq* perturbadora
баланда *f* rancho (comida), bodrio
баланс *m* 1) equilibrio 2) *com* balance
балансёр *m* funambulista
балансир *m* balancín, contrapeso
балансирование *n* balanceo
балансировать *impf* сбалансировать *perf vi* mantener el equilibrio
балансировка *f tecn* equilibrado
балансовый *adj econ* de(l) balance
балахон *m* traje talar
балбес, -ка *m/f coloq* tont|o, a, bob|o, -a, neci|o, -a
балбесничать *impf vi coloq* hacer el tonto, hacer el memo
балда *m/f coloq* bob|o, -a, mem|o, -a, tont|o, -a
балдахин *m arquit* baldaquín
балдеть *impf vi* 1) *coloq (тупеть)* atontarse, perder el sentido 2) *coloq (испытывать эйфорию)* experimentar euforia, tener un subidón
балдёж *m* 1) *coloq (отупление)* atontamiento, aturdimiento 2) *coloq (эйфория)* euforia, subidón
балдёжный *adj coloq* fantástico, alucinante
балерина *f* bailarina
балет *m* ballet
балетмейстер *m* coreógrafo, maestro de ballet
балетный *adj* de balet
балетоман, -ка *m/f* amante del ballet
балка[1] *f (конструктивный элемент)* viga
балка[2] *f (овраг)* barranco, quebrada
балкар|ец, -ка *m/f* balkari|o, a
балкарский *adj* balkario
балкон *m* balcón
балконный *adj* del balcón
балл *m* 1) *(единица измерения)* grado (de intensidad, de fuerza, etc.) 2) *(отметка)* punto
баллада *m* balada
балладный *adj* de (la) balada
балласт *m* lastre
баллистика *f* balística
баллистический *adj* balístico
балловый *adj* por grados, por puntos
баллон *m* balón (de gas), bombona
баллонный *adj* de balones, de bombonas
баллончик *m* balón, aerosol
баллотирование *n* votación
баллотировать *impf vt* votar
баллотироваться *impf* ser candidato, presentar una candidatura
баллотировка *f* votación
балльный *adj* de puntos, de puntuación
баловать *impf* избаловать *perf vt* mimar, malcriar, viciar
баловаться *impf* 1) hacer travesuras, enredar 2) (**чем-л**) *(развлекаться)* entretenerse (con u/c), distraerse (con u/c), recrearse (con u/c)
баловень *m* mimado, niño mimado ♦ ~ судьбы suertudo
баловни|к, -ца *m/f coloq* pill|o, -a, travies|o, -a
баловство *n* 1) mimo, complacencia 2) *(шалости)* travesura, pillería
балтийский *adj* báltico
балт *m* balto
балык *m* balik (lomo curado de pescado o de cerdo)
бальзам *m* bálsamo
бальзамин *m* balsamina
бальзамирование *n* embalsamamiento
бальзамировать *impf* забальзамировать *perf vt* embalsamar
бальзамировочный *adj* de (para) embalsamar
бальзамический *adj* balsámico
бальзамный *adj* balsámico
бальнеологический *adj* balneológico
бальнеология *f* balneología
бальн|ый *adj* de baile *~ые танцы* bailes de salón
балюстрада *f* balaustrada
балясина *f* balaustre
балясничать *impf vi vulg* darle a la lengua, parlotear
балясы *fpl coloq* : ~ точить darle a la lengua, parlotear
бамбук *m* bambú
бамбуковый *adj* de bambú
бампер *m auto* parachoques
банально *adv* trivialmente, de manera trivial, banalmente
банальность *f* trivialidad, banalidad
банальный *adj* trivial, banal
банан *m* 1) *(растение)* banano, bananero, plátano 2) *(плод)* plátano, banana
банановый *adj* de plátano, de banana
банда *f* banda (de delincuentes)
бандаж *m* vendaje
бандероль *f* impreso (de correos)
банджо *n inv* banjo
бандит *m* bandido
бандитизм *m* bandidaje
бандитка *f* bandida
бандитский *adj* de bandido(s)
бандура *f* 1)*(музыкальный инструмент)* bandurria 2) *coloq (громоздкий предмет)* trasto, armatoste
бандюга *m coloq desp* bandido
банк[1] *m (учреждение)* banco, banca
банк[2] *m (в картах)* banca
банка[1] *f* 1)*(стеклянная)* bote, tarro 2) *(жестяная)* lata
банка[2] *f nav (отмель)* banco de arena
банкет *m* banquete
банкетный *adj* de (para) banquetes
банкир *m* banquero
банкирский *adj* de banquero(s)
банкнот *m* billete de banco
банковский *adj* bancario, de banco
банковый *adj* V. банковский
банкомат *m* cajero automático
банкрот *m* insolvente
банкротиться *impf* обанкротиться *perf* quebrar, hacer bancarrota
банкротство *n* quiebra, bancarrota
банный *adj* de baño
баночка *f* bote, tarro
баночный *adj* de (en) lata, de (en) bote

бант *m* lazo *завязать ~ом* hacer un lazo
бантик *m* lazo
банщик *m* bañero, encargado de los baños públicos
банька *f coloq* V. баня
баня *f* baño ruso, sauna
баобаб *m* baobab
баптист *m relig* baptista
баптистский *adj relig* baptista, de la iglesia baptista
бар[1] *m (заведение)* bar
бар[2] *m fís meteo* bar
барабан *m* 1) tambor 2) *tecn* tambor
барабанить *impf vi* tocar, batir, repiquetear
барабанный *adj* de(l) tambor
барабанчик *m* tambor, tamborcillo
барабанщик *m* tambor, tamborilero
баран *m* carnero ◆ **смотреть как ~ на новые ворота** quedarse con la boca abierta
бараний *adj* de carnero, de cordero
баранина *f* carne de cordero
баранка *f* 1) baranka (rosca de pan) 2) *coloq* volante (de automóvil)
барахлить *impf vi coloq* funcionar mal
барахло *n* trastos, cachivaches
барахолка *f coloq* mercadillo, rastro
барахольщик *m coloq* trapero, quincallero
барахтаться *impf* revolcarse, forcejear
барачный *adj* de barraca(s)
барашек *m* cordero, borrego
барашковый *adj (о мехе)* de piel de cordero
барбарис *m* agracejo
барбекью *m inv* barbacoa
барбос *m* perro (grande)
барвинок *m* pervinca, hierba doncella
бард *m* bardo, cantautor
барда *f* orujo, bagazo
бардак *m vulg* desorden, galimatías
бардачок *m coloq* guantera
бардесса *f* cantautora
бардовский *adj* de cantautor, de autor
барельеф *m* bajorrelieve
баржа *f* barcaza
бариевый *adj quím* bárico
барий *m quím* bario
барин (*pl* баре) *m* 1) *hist* señor (en la Rusia zarista) 2) *(богач)* señor, señorito *жить ~ом* vivir como un señor
баритон *m mús* barítono
баритонный *adj mús* barítono
барич *m hist* hijo del barin, señorito
барка *f* barcaza, gabarra
баркарола *f mús* barcarola
баркас *m nav* barcaza
бармен *m* barman, camarero
барменский *adj* de camarero(s)
барменша *f coloq* camarera
барограф *m meteo* barógrafo
барокко *n inv arte* barroco
барометр *m* barómetro
барон *m* barón
баронесса *f* baronesa
баронский *adj* de(l) barón
барочный *adj arte* barroco
барражировать *impf vi aero* patrullar
баррель *m* barril
баррикада *f* barricada
баррикадировать *impf* забаррикадировать *perf vt* cerrar con barricadas, poner barricadas
баррикадироваться *impf* ponerse detrás de una barricada
барс *m* onza, irbis
барский *adj* de señor, señorial
барсовый *adj* de irbis, de onza
барственно *adv* señorialmente
барственный *adj* señorial
барство *n* 1) *(собирательное)* nobleza 2) *(манеры)* señoritismo, altivez
барсук *m* tejón
барсуковый *adj* de tejón
барсучий *adj* de tejón
бартер *m com* intercambio, bárter
бартерный *adj com* de intercambio, de bárter
бархан *m* duna
бархат *m* terciopelo
бархатистый *adj* aterciopelado
бархатка *f* cinta de terciopelo
бархатный *adj* de terciopelo
бархатцевый *adj* de tagetes
бархатец *m (растение)* tagete
бархотка *f* V. бархатка
барчонок *m coloq obsol* señorito
барчук *m obsol* señorito
барщина *f hist* azofra, angaria
барыга *m/f jerg* especulador, estraperlista
барыня[1] *f* 1) *hist* señora (en la Rusia zarista) 2) *(высокомерная женщина)* señora, señorona
барыня[2] *f (пляска)* bárinia (baile popular ruso)
барыш *m obsol* ganancia, beneficio
барышник *m obsol* revendedor
барышня *f obsol* señorita
барьер *m* barrera
бас *m mús* bajo
басенный *adj* de fábula, de las fábulas
басистый *adj* bajo, de bajo (dicho de la voz)
басить *impf vi* hablar (cantar) con voz de bajo
баск *m* vasco
баскетбол *m* baloncesto
баскетболист, -ка *m/f* baloncestista, jugador, -a de baloncesto
баскетбольный *adj* de baloncesto
басконка *f* vasca
басконский *adj* vasco, vascuence
баскский *adj* vasco, vascuence
басмач *m hist* basmach (bandido contrarrevolucionario de Asia Central)
баснописец *m* fabulista
баснословно *adv* fabulosamente, de forma fabulosa
баснословный *adj* fabuloso, increíble
басня *f* fábula
басовитый *adj coloq* de bajo (dicho de la voz)
басовый *adj mús* de bajo (dicho de la voz)
бассейн *m* 1) piscina, embalse 2) *geogr* cuenca
баста *interj* basta, es suficiente
бастион *m* bastión, baluarte
бастовать *impf vi* estar en huelga
басурман *m obsol* musulmán
басурманка *f obsol* musulmana
басурманский *adj obsol* musulmán
баталия *f obsol* batalla
батальный *adj arte* de batalla
батальон *m mil* batallón
батальонный *adj mil* de(l) batallón

батарейка *f* batería, pila seca
батарейный *adj mil* de batería
батарея[1] *f mil* batería
батарея[2] *f* 1) *(совокупность однотипных предметов)* batería 2) *tecn* batería, pila seca 3) *(отопления)* radiador
батат *m* batata, boniato
батенька *m* 1) *fam* querido mío 2) *obsol* padre
батискаф *m* batiscafo
батист *m* batista
батистовый *adj* de batista
батник *m* bátnik (camisa tradicional rusa)
батог *m* bastón, cachava
батон *m* barra (de pan)
батончик *m* barra, barrita
батрак *m* bracero, peón
батрачество *n* braceros, jornaleros
батрачить *impf vi* trabajar de (como) bracero, trabajar de (como) jornalero
батрачка *f* bracera, jornalera
баттерфляй *m sport* mariposa (estilo)
батут *m* red elástica (para saltos), cama elástica
батька *m* V. батюшка
батюшк|а *m* 1) *obsol* padre 2) *obsol (о обращении)* querido mío 3) *coloq (священник)* padre, cura ♦ **~и (мои)!** ¡Dios santo!, ¡Dios mío!
батя *m* V. батюшка
баул *m* baúl
бах *interj* ¡pataplaf!, ¡plaf!, ¡catapum!
бахать V. бахнуть
бахаться V. бахнуться
бахвал *m coloq* fanfarrón, presuntuoso
бахвалиться *impf* **(чем-л)** *coloq* fanfarronear (de u/c), jactarse (de u/c)
бахвалка *f coloq* fanfarrona, presuntuosa
бахвальство *n coloq* fanfarronería, jactancia
бахнуть *perf* бахать *impf vi coloq* retumbar, retronar
бахнуться *perf* бахаться *impf coloq* caerse, golpearse (con ruido)
бахрома *f* fleco, franja
бахромчатый *adj* con flecos
бахча *m* melonar, sandiar
бац *interj* ¡zas!, ¡plaf!
бацать V. бацнуть
бацилла *f biol* bacilo
бацилловый *adj biol* bacilar, de bacilos
бацнуть *perf* бацать *impf vi coloq* restallar, resonar
бачок *m dimin* recipiente, depósito
башенный *adj* de torre
башибузук *m obsol* bandolero, bandido
башка *f coloq* sesera, mollera ♦ **дурья ~** cabeza de chorlito
башкир, -ка *m/f* bashkir|o, -a
башкирский *adj* bashkiro, de Bashkiria
башковитый *adj coloq* inteligente, listo
башлык *m* bashlyk (especie de capuchón)
башмак *m* zapato
башмачник *m* zapatero
башмачный *adj* de zapato(s)
башня *f* torre
баштан *m reg* V. бахча
баю-бай *interj* V. бай-бай
баюкать *impf vt* mecer, acunar
баядера *f* bayadera
баядерка *f* bayadera
баян *m* acordeón cromático (de botones), bayán
баянист *m* acordeonista
баянный *adj* de acordeón, de bayán
бдение *n elev* vela, vigilia
бдеть *impf vi elev* velar
бдительно *adv* alerta, vigilando
бдительность *f* vigilancia, atención
бдительный *adj* vigilante, atento
бе *n inv* be (nombre de la letra «б») ♦ **ни ~ ни ме не знать (не понимать)** no saber ni la u, no entender in jota
бег *m* carrera *на ~у* en carrera, corriendo
бега|ть *impf vi* 1) correr *дети ~ют во дворе* los niños corren por el patio 2) *(от кого-л)* huir (de alg o u/c)
бегемот *m* hipopótamo
беглец *m* fugitivo
бегло *adv* 1) *(вскользь)* por encima, superficialmente 2) *(свободно)* con soltura, con fluidez
беглость *f* 1) *(мимолётность)* fugacidad, carácter pasajero 2) *(лёгкость)* ligereza, velocidad
беглый 1. *adj* 1) *(совершивший побег)* fugitivo, prófugo 2) *(быстрый, не задерживающийся)* rápido, fugaz 3) *(поверхностный)* rápido, superficial 4) *ling (о гласном)* caduco **2.** *m* fugitivo, prófugo
беглянка *f* fugitiva, prófuga
бегов|ой *adj* de carreras *~ые лыжи* esquí de fondo
бегом *adv* corriendo
бегония *f* begonia
беготня *f coloq* ajetreo, correteo
бегство *n* huida *обратиться в ~* huir
бегун *m* corredor
бегунья *f* corredora
беда *f* desgracia, adversidad, desastre *не ~* no pasa nada; *~ в том, что* lo malo es que
бедлам *m* lío, caos, jaleo
беднеть *impf* обеднеть *perf vi* empobrecer, empobrecerse
бедно *adv* 1) pobremente, con pobreza 2) *(скудно)* pobremente, escasamente, exiguamente
бедность *f* 1) pobreza, indigencia 2) *(скудность)* pobreza, escasez
беднота *f* pobretería, los pobres
бедный *adj* 1) pobre, indigente 1) *(скудный)* pobre, escaso, exiguo 1) *(несчастный)* pobre, desgraciado, infeliz
бедняга *m/f coloq* pobre, pobrecill|o, -a
бедняжка *m/f coloq* V. бедняга
бедняк *m* pobre, indigente
бедняцкий *adj* de pobre(s)
беднячка *f* pobre, indigente
бедовый *adj* valiente, temerario
бедокурить *impf* набедокурить *perf vi coloq* hacer travesuras, travesear
бедолага *m/f coloq afect* pobre, pobrecit|o, -a
бедренн|ый *adj* femoral *~ая кость* fémur
бедро *n* 1) muslo 2) *(бок)* cadera
бедственный *adj* desastroso, calamitoso
бедствие *n* calamidad, desgracia, desastre
бедствовать *impf vi* vivir en la pobreza, estar en la miseria
бедуин *m* beduino
бедуинка *f* beduina
бедуинский *adj* beduino
беж *adj inv* beige, de color beige

бежать *impf vi* 1) correr 2) *(от кого-л)* huir (de alg o u/c)
бежевый *adj* (de color) beige
беженец, -ка *m/f* refugiad|o, -a
беженский *adj* de refugiados
без *prep* **(кого/чего-л)** sin (alg o u/c); *работать ~ отдыха* trabajar sin descanso; *~ десяти пять* las cinco menos diez
безалаберно *adv* desordenadamente, de forma incoherente
безалаберность *f* desorden, incoherencia
безалаберный *adj* desordenado, incoherente
безалкогольный *adj* sin alcohol
безапелляционно *adv* tajantemente, categóricamente
безапелляционный *adj* tajante, categórico, inapelable
безбедно *adv* : жить ~ vivir desahogadamente
безбедность *f* vida (situación) desahogada
безбедный *adj* desahogado, sin preocupaciones materiales
безбилетный *adj* sin billete
безбожие *n* ateísmo, irreligiosidad
безбожни|к, -ца *m/f* ate|o, -a, infiel
безбожно *adv coloq* desvergonzadamente, deshonestamente
безбожный *adj* 1) *relig* ateo, infiel 2) *coloq* deshonesto, desvergonzado
безболезненно *adv* 1) sin dolor 2) *(легко)* sin dificultades, sin obstáculos
безболезненность *f* 1) falta de dolor 2) *(легкость)* falta de dificultades
безболезненный *adj* 1) indoloro 2) *(легкий)* sin dificultades, sin obstáculos
безбородый *adj* imberbe, barbilampiño
безбоязненно *adv* osadamente, sin temor
безбоязненный *adj* osado, valiente
безбрачие *n* 1) celibato 2) *biol* agamia
безбрачный *adj* célibe
безбрежно *adv* sin límites, infinitamente
безбрежность *f* inmensidad, infinidad
безбрежный *adj* inmenso, infinito
безбровый *adj* sin cejas
безвестност|ь *f* : жить в ~и vivir ignorado
безвестный *adj* ignorado, ignoto
безветренность *f* calma, falta de viento
безветренный *adj* sin viento, tranquilo
безветрие *n* calma, bonanza
безвинно *adv* sin culpa
безвинность *f* inocencia
безвинный *adj* inocente
безвкусие *n* falta de gusto, mal gusto
безвкусица *f* mal gusto, horterada
безвкусно *adv* sin gusto, con mal gusto
безвкусный *adj* 1) soso, insípido 2) *(о человеке)* de mal gusto, hortera, chabacano
безвластие *n* desgobierno, anarquía
безводный *adj* sin agua, árido, seco
безводье *n* aridez, sequedad
безвозвратно *adv* irremisiblemente, irremediablemente
безвозвратный *adj* irremisible, irremediable
безвозмездно *adv* de manera no remunerada, gratuitamente
безвозмездность *f* gratuidad
безвозмездный *adj* no remunerado, gratuito
безволие *n* abulia, falta de voluntad
безволность *f* abulia, falta de voluntad
безвольный *adj* abúlico, falto de voluntad
безвредно *adv* inofensivamente, de forma inofensiva
безвредность *f* inocuidad
безвредный *adj* inofensivo, inocuo
безвременно *adv* prematuramente, antes de tiempo
безвременный *adj* prematuro, antes de tiempo
безвылазно *adv coloq* sin salir
безвылазный *adj coloq* que no sale
безвыходность *f* falta de salida(s)
безвыходный *adj* 1) sin salida, que no sale 2) *(безысходный)* sin salida, desesperado
безглавый *adj elev* sin cabeza
безгласный *adj elev* silencioso, mudo
безголовый *adj* 1) sin cabeza, acéfalo 2) *coloq (глупый)* estúpido, memo, zoquete
безголосый *adj* sin voz
безграмотно *adv* incorrectamente, con errores, mal
безграмотность *f* 1) analfabetismo 2) *(невежественность)* ignorancia, incultura
безграмотный *adj* 1) analfabeto, poco instruido 2) *(содержащий ошибки)* mal hecho, lleno de errores 3) *(невежественный)* ignorante, incompetente
безгранично *adv* sin límites
безграничность *f* infinidad, inmensidad
безграничный *adj* infinito, ilimitado, sin límites
безгрешность *f* pureza, inocencia
безгрешный *adj* sin pecado, puro, inocente
бездарно *adv* sin talento, con mediocridad
бездарность *f* 1) *(отсутствие таланта)* falta de talento, ineptitud 2) *(о человеке)* nulidad, mediocridad
бездарный *adj* sin talento, incapaz, mediocre
бездарь *f coloq desp* nulidad, mediocridad
бездейственный *adj* inactivo, pasivo, desocupado
бездействие *n* inactividad, inacción
бездействовать *impf vi* estar inactivo, no funcionar
безделица *f coloq* bagatela, baratija, chuchería
безделушка *f coloq* bagatela, chuchería
безделье *n* ociosidad, vagancia, holgazanería
бездельни|к, -ца *m/f* vag|o, -a, holgaz|án, -ana
бездельничать *impf vi* holgazanear, haraganear
безденежный *adj* sin dinero
безденежье *n* falta de dinero
бездетность *f* falta de hijos
бездетный *adj* sin hijos
бездеятельность *f* inactividad, inacción
бездна *f* 1) abismo, precipicio 2) *coloq (огромное количество)* montón, gran cantidad
бездождный *adj* sin lluvias, seco
бездождье *n* falta de lluvias, sequía
бездоказательность *f* falta de pruebas
бездоказательный *adj* sin pruebas, sin fundamento
бездольный *adj coloq* desgraciado, infeliz
бездомный *adj* sin hogar, desamparado
бездонный *adj* sin fondo
бездорожный *adj* sin caminos, sin carreteras
бездорожье *n* 1) falta de caminos, falta de carreteras 2) *(распутица)* mal estado de los caminos (en primavera y otoño)

бездумность *f* irreflexión, falta de reflexión
бездумный *adj* irreflexivo, despreocupado
бездумье *n* irreflexión, falta de reflexión
бездуховность *f* falta de espiritualidad
бездуховный *adj* falto de espiritualidad
бездушие *n* insensibilidad, falta de corazón
бездушно *adv* 1) *(без сочувствия)* insensiblemente, inhumanamente 2) *(без живых чувств)* sin sentimientos
бездушность *f* V. бездушие
бездушный *adj* 1) *(бессердечный)* insensible, inhumano 2) *(лишённый живого чувства)* sin sentimientos
бездыханный *adj* exánime, sin vida
безе *n inv* merengue
безжалостно *adv* despiadadamente, impíamente
безжалостность *f* falta de piedad, dureza
безжалостный *adj* despiadado, impío
безжизненный *adj* 1) sin vida, exánime 2) *(невыразительный)* inexpresivo, apagado
беззаботность *f* despreocupación
беззаботный *adj* despreocupado
беззаветно *adv* abnegadamente, sin reservas
беззаветный *adj* abnegado, sin reservas
беззаконие *n* arbitrariedad, ausencia de leyes
беззаконно *adv* ilegalmente, ilícitamente, arbitrariamente
беззаконность *f* ilegalidad, arbitrariedad
беззаконный *adj* ilegal, ilícito, arbitrario
беззастенчивость *f* descaro, insolencia
беззастенчивый *adj* descarado, insolente
беззащитность *f* indefensión, desamparo
беззащитный *adj* indefenso, desamparado
беззвучно *adv* sin sonido, sin ruido
беззвучный *adj* 1) insonoro 2) *(тихий)* silencioso
безземелье *n* falta (carencia) de tierra
безземельный *adj* sin tierra
беззлобие *n obsol* V. беззлобность
беззлобно *adv* sin malicia, sin rencor
беззлобность *f* bondad, falta de malicia
беззлобный *adj* sin malicia, sin rencor
беззубый *adj* desdentado
безлесный *adj* sin bosques, falto de bosques
безлесье *n* falta de bosques
безликий *adj* sin fisonomía, sin personalidad, impersonal
безличность *f* impersonalidad
безличный *adj* impersonal
безлюдно *adv pred* está despoblado, está desierto
безлюдный *adj* despoblado, desierto
безлюдье *n* 1) despoblación 2) *(недостаток в нужных людях)* falta de gente
безмен *m* romana
безмерно *adv* desmesuradamente, infinitamente, inconmensurablemente
безмерность *f* falta de mesura, inmensidad
безмерный *adj* desmesurado, inmenso, inconmensurable
безмозглый *adj coloq* estúpido, memo
безмолвие *n* silencio
безмолвно *adv* calladamente, silenciosamente
безмолвный *adj* callado, silencioso
безмолвствовать *impf vi* guardar silencio, callar
безмятежно *adv* tranquilamente, serenamente
безмятежность *f* calma, sosiego, serenidad
безмятежный *adj* sosegado, sereno, tranquilo
безнадёжно *adv* desesperadamente, irremediablemente
безнадёжность *f* desesperación
безнадёжный *adj* desesperanzado
безнадзорность *f* falta de vigilancia, abandono
безнадзорный *adj* sin vigilancia, descuidado
безнаказанно *adv* impunemente, sin castigo
безнаказанность *f* impunidad
безнаказанный *adj* impune
безналичный *adj com* sin efectivo ~ *расчёт* pago bancario
безногий *adj* 1) sin piernas, sin pies 2) *biol* ápodo
безносый *adj* sin nariz
безнравственно *adv* inmoralmente, con inmoralidad
безнравственность *f* inmoralidad
безнравственный *adj* inmoral
безо *prep* V. без
безобидно *adv* inofensivamente
безобидный *adj* inofensivo
безоблачный *adj* sereno (dicho del cielo)
безобразие *n* 1) deformidad, fealdad 2) *(о ситуации, поступке)* escándalo, desorden
безобразить *impf* обезобразить *perf vt* desfigurar, afear
безобразничать *impf vi coloq* comportarse indecentemente (indecorosamente)
безобразно *adv* 1) feamente 2) *(возмутительно)* escandalosamente, indecentemente
безобразный *adj* 1) feo, deforme 2) *(возмутительный)* escandaloso, indignante
безоглядно *adv* sin mirar atrás, sin girarse
безоглядный *adj* sin mirar atrás, sin girarse
безоговорочно *adv* incondicionalmente, sin reservas
безоговорочный *adj* incondicional, sin condiciones, sin reservas
безопасно 1) *adv* sin peligro, sin riesgo 2) *adv pred* no hay peligro, es seguro
безопасность *f* seguridad
безопасный *adj* seguro
безоружный *adj* desarmado
безосновательно *adv* sin fundamento, arbitrariamente
безосновательный *adj* sin fundamento, arbitrario
безостановочно *adv* ininterrumpidamente, continuamente
безостановочный *adj* ininterrumpido, continuo
безостый *adj* sin aristas
безответность *f* *(покорность)* humildad, resignación
безответный *adj* 1) *(не получающий ответа)* no correspondido 2) *(покорный)* humilde, resignado 3) *(не дающий ответа)* sin respuesta
безответственно *adv* irresponsablemente, de forma irresponsable
безответственный *adj* irresponsable
безотказно *adv* impecablemente
безотказный *adj* impecable, sin fallos
безотлагательно *adv* sin demora, urgentemente
безотлагательность *f* urgencia, inmediatez
безотлагательный *adj* urgente, sin demora

безотлучно *adv* sin ausentarse, sin apartarse
безотлучный *adj* continuo, sin ausentarse, sin apartarse
безотносительно *adv* (**кому/чему-л**) independientemente (de alg o u/c), prescindiendo (de alg o u/c)
безотрадно *adv* tristemente, con tristeza
безотрадный *adj* triste, desolador
безотцовщина *f coloq* orfandad, desamparo
безотчётный *adj* 1) *(бессознательный)* inconsciente, indefinido 2) *(бесконтрольный)* incontrolado
безошибочно *adv* sin errores, correctamente, infaliblemente
безошибочность *f* corrección, infalibilidad
безошибочный *adj* sin errores, correcto, infalible
безработица *f* desempleo, desocupación, paro
безработный *adj* parado, desempleado
безрадостно *adv* sin alegría, con tristeza
безрадостный *adj* sin alegría, triste, sombrío
безраздельно *adv* indivisiblemente, en absoluto
безраздельный *adj* indivisible, absoluto
безразличие *n* indiferencia, indolencia, apatía
безразлично 1) *adv* indistintamente, indiferentemente 2) *adv pred* es indiferente, no importa, da lo mismo *мне* ~ me es indiferente, me da lo mismo
безразличный *adj* indiferente, apático, indolente
безразмерный *adj* sin dimensiones
безрассудно 1) *adv* irreflexivamente, imprudentemente 2) *adv pred* es imprudente, es una imprudencia
безрассудность *f* V. безрассудство
безрассудный *adj* irreflexivo, imprudente
безрассудство *n* irreflexión, imprudencia
безрасчётно *adv* desatinadamente, sin calcular
безрасчётный *adj* desatinado, sin calcular
безрезультатно 1) *adv* infructuosamente, sin resultados 2) *adj pred* es infructuoso, no da resultado
безрезультатность *f* infructuosidad, ineficacia
безрезультатный *adj* infructuoso, ineficaz, sin resultado
безродный *adj* sin familia, sin procedencia
безропотно *adv* con resignación, con sumisión
безропотность *f* resignación, sumisión
безропотный *adj* resignado, sumiso
безрукавка *f* chaleco, chaqueta sin mangas
безрукий *adj* manco, sin mano(s), sin brazo(s)
безубыточный *adj* ventajoso, sin pérdida
безударный *adj ling* átono
безудержно *adv* irresistiblemente, impetuosamente
безудержность *f* impetuosidad, irrefrenabilidad
безудержный *adj* irresistible, irrefrenable, impetuoso
безукоризненно *adv* impecablemente, irreprochablemente
безукоризненность *f* impecabilidad, irreprochabilidad
безукоризненный *adj* impecable, irreprochable
безумец *m* 1) *(безрассудный человек)* imprudente, insensato 2) *(сумасшедший)* loco, demente
безумие *n* 1) locura, demencia 2) *(безрассудство)* imprudencia, insensatez
безумица *m* 1) *(безрассудная женщина)* insensata, imprudente 2) *(сумасшедшая женщина)* loca, demente
безумный *adj* 1) *obsol (сумасшедший)* loco, demente 2) *(безрассудный)* imprudente, insensato, irreflexivo 3) *coloq (чрезвычайный)* desmesurado, excesivo, fabuloso
безумолчно *adv* sin cesar, incesantemente
безумолчный *adj* incesante, continuo
безумство *n* V. безумие
безумствовать *impf vi* hacer locuras, actuar locamente
безупречно *adv* impecablemente, intachablemente, irreprochablemente
безупречность *f* irreprochabilidad, impecabilidad
безупречный *adj* irreprochable, impecable, intachable
безусловно **1.** *adv* sin reservas, absolutamente **2.** *con* sin duda, ciertamente, indudablemente
безусловный *adj* 1) absoluto, sin reservas 2) *(несомненный)* indudable, cierto, seguro
безуспешно *adv* infructuosamente, sin resultado
безуспешность *f* infructuosidad, fracaso
безуспешный *adj* infructuoso, fracasado
безустанно *adv* incansablemente, infatigablemente
безустанность *f* infatigabilidad, perseverancia
безустанный *adj* incansable, infatigable
безусый *adj* sin bigote(s)
безутешно *adv* desconsoladamente, inconsolablemente, sin consuelo
безутешность *f* desconsuelo
безутешный *adj* desconsolado, inconsolable
безучастие *n* indiferencia, desinterés
безучастно *adv* con indiferencia, indiferentemente
безучастность *f* V. безучастие
безучастный *adj* indiferente
безымянный *adj* sin nombre ~ *палец* dedo anular
безынициативность *f* falta de iniciativa
безынициативный *adj* sin iniciativa, pusilánime
безыскусно *adv* sencillamente, sin sofisticación
безыскусный *adj* sencillo, poco sofisticado
безыскусственный *adj* natural, simple
безысходность *f* irremediabilidad, falta de salidas
безысходный *adj* sin solución, sin salida, irremediable
бей *m* bey (título nobiliario árabe)
бейсбол *m* béisbol
бейсболист *m* jugador de béisbol
бейсболка *f* gorra
бейсбольный *adj* de béisbol
бекас *m (птица)* becada, chocha
бекон *m* beicon, tocino
беконный *adj* de beicon, de tocino
белен|а *f (растение)* beleño ◆ **ты ~ы объелся?** *vulg* ¿te has vuelto loco?
беление *n* blanqueado
белеть *impf* побелеть *perf vi* 1) *(виднеться белым)* blanquecer 2) *(становиться белым)* emblanquecer, volverse blanco

белеться *impf coloq* V. белеть 1
белёк *m* cría de la foca
белёный *adj* blanqueado, emblanquecido
белёсый *adj* blanquecino, claro
белёхонький *adj coloq* blanco, blanquito
белёшенький *adj coloq* blanco, blanquito
бел|и (*gen* –ей) *fpl med* leucorrea, flujo blanco
белиберда *f coloq* galimatías, tontería
белизна *f* blancura
белила *npl* blanco, yeso
белить *impf* побелить *perf vt* blanquear, enjalbegar
белиться *impf* набелиться *perf* blanquearse, enjalbegarse
беличий *adj* de ardilla
белка *f* ardilla ◆ **крутиться как ~ в колесе** no parar, no dar abasto
белковый *adj* albuminoso, albuminado
белладонна *f* belladona
беллетрист *m* literato, novelista
беллетристика *f* literatura, bellas letras
белобокий *adj* de (con) un lado (costado) blanco
белобрысый *adj coloq* blanco, albino, rubio
беловатый *adj* blanquecino
беловик *m* versión en limpio
беловой *adj* en limpio
белогвардеец *m hist* guardia blanco
белогвардейский *adj hist* de la guardia blanca
белодеревщик *m* carpintero (de muebles sin pulir)
белок *m* 1) clara (de huevo) 2) *quím* proteína, albumen 3) *(глаза)* esclerótica, blanco (del ojo)
белокаменный *adj* de piedra blanca
белокожий *adj* blanco, de piel blanca
белокровие *n med* leucemia
белокурый *adj* rubio
белолицый *adj* de tez (muy) blanca
белорус, -ка *m/f* bielorrus|o, -a
белорусский *adj* bielorruso
белоручка *m/f coloq desp* señorit|o,-a, holgaz|án, -ana
белоснежный *adj* níveo, blanco como la nieve
белочка *f dimin-afect* ardilla
белуга *f* beluga blanco
белужий *adj* de beluga
бел|ый *adj* blanco ◆ **~ая ворона** mirlo blanco, persona que se distingue de los demás **~ая горячка** delirium tremens **~ые стихи** versos libres **~ая кость** sangre azul **среди (средь) ~а дня** en pleno día, a plena luz del día **чёрным по ~ому написано** *coloq* está escrito de forma muy clara **сказка про ~ого бычка** el cuento de nunca acabar
бельведер *m arquit* belvedere
бельги|ец, -йка *m/f* belga
бельгийский *adj* belga
бельевой *adj* para (la) lencería
бельё *n colect* lencería *нижнее ~* ropa interior; *постельное ~* ropa de cama
бельмес *m coloq* : ни ~а не знать (не понимать) no tener ni idea, no
entender ni jota
бельмо *n* catarata, albugo ◆ **как ~ на глазу** como una raspa en el ojo
бельэтаж *m* 1) principal, entresuelo 2) *teat* palco
беляш *m* beliash (pastelillo de carne redondo)
бемоль *m mús* bemol
бенгалец *m* bengalí
бенгалька *f* bengalí
бенгальский *adj* bengalí ◆ **~ огонь** bengala
бенефис *m* concierto benéfico
бензин *m* gasolina, bencina
бензиновый *adj* de gasolina
бензовоз *m* camión cisterna
бензозаправка *f* gasolinera, estación de servicio
бензозаправочн|ый *adj* : ~ая станция estación de servicio
бензоколонка *f* gasolinera, estación de servicio
бензол *m* benzol, benceno
бензомер *m* indicador de gasolina
бензопила *f* motosierra
бенуар *m teat* palco de platea
бербер *m* bereber
берберский *adj* bereber
бергамот *m* bergamota
бергамотовый *adj* de bergamota
берданка *f* carabina del sistema Berdan
бердыш *m* berdiche
берег *m* orilla, ribera, costa *на ~у моря* en (a) la orilla del mar
береговой *adj* costero, ribereño
бередить *impf* разбередить *perf vt* causar dolor tocando una parte del cuerpo enferma ◆ **~ рану** avivar una herida
бережён|ый *adj* cuidado, prevenido ◆ **~ого бог бережёт** hombre prevenido vale por dos
бережливо *adv* 1) ahorrativamente, ahorradoramente 2) V. бережно
бережливость *f* ahorro, parquedad
бережливый *adj* 1) ahorrador, ahorrativo 2) V. бережный
бережно *adv* cuidadosamente, prudentemente
бережность *f* cuidado, precaución
бережный *adj* cuidadoso, prudente, precavido
березняк *m* bosque de abedules, abedular
берейтор *m* maestrante
беременеть *impf* забеременеть *perf vt* quedarse embarazada
беременная 1. *adj* embarazada, encinta, preñada **2.** *f* embarazada
беременность *f* embarazo
береста *f* corteza de abedul
берет *m* boina
беретка *f* V. берет
беречь *impf vt* 1) conservar, guardar, cuidar *~ себя* guardarse, cuidarse; *~ здоровье* cuidar la salud 2) *(расчётливо тратить)* ahorrar, guardar
беречься *impf* (**кого/чего-л**) guardarse, cuidarse (de alg o u/c)
берёза *f* abedul
берёста *f* V. береста
беркут *m* águila real
берлога *f* guarida (de un oso)
берцов|ый *adj anat* tibial *большая ~ая кость* tibia; *малая ~ая кость* peroné
бес *m* demonio, diablo ◆ **мелким ~ом рассыпаться перед кем-л.** deshacerse en atenciones ante alguien
беседа *f* conversación, charla
беседка *f arquit* glorieta
беседовать *impf* побеседовать *perf vi* conversar, charlar
бесить *impf* взбесить *perf vt* hacer rabiar, enfurecer

беситься *impf* взбеситься *perf* 1) *(о животных)* enrabiarse, ponerse rabioso 2) *(неистовствовать)* rabiar, enfurecerse, ponerse hecho una furia 3) *coloq (резвиться)* enredar, armarla
бесклассовый *adj* sin clases
бескомпромиссный *adj* sin concesiones, categórico
бесконечно *adv* infinitamente
бесконечность *f* infinidad, infinito
бесконечный *adj* infinito, sin fin
бесконтрольно *adj* sin control, incontroladamente, descontroladamente
бесконтрольный *adj* sin control, incontrolado, descontrolado
бесконфликтный *adj* no conflictivo, sin conflicto
бескорыстие *n* desinterés
бескорыстно *adv* desinteresadamente
бескорыстный *adj* desinteresado
бескрайний *adj* ilimitado, infinito
бескрайно *adv* ilimitadamente, infinitamente
бескрайность *f* falta de límites
бескровный *adj* 1) *(лишённый крови)* exangüe, desangrado 2) *(без пролития крови)* sin pérdida de sangre
бескрылый *adj* sin alas
бескультурье *n* incultura, barbarie
бесноватый *adj* poseído, endemoniado
бесноваться *impf* enfurecerse, endemoniarse
бесовский *adj* diabólico, demoníaco
беспалый *adj* sin dedo(s)
беспамятно *adv* sin memoria
беспамятность *f* desmemoria, falta de memoria
беспамятный *adj* desmemoriado, olvidadizo
беспамятство *n* 1) *(потеря сознания)* desvanecimiento, desmayo 2) *(беспамятность)* desmemoria
беспардонно *adv coloq* descaradamente, con descaro
беспардонность *f coloq* descaro, desfachatez
беспардонный *adj coloq* descarado, sinvergüenza
беспартийный *adj* no miembro del partido
беспаспортный *adj* sin pasaporte
бесперебойно *adv* ininterrumpidamente, continuamente
бесперебойность *f* continuidad
бесперебойный *adj* ininterrumpido, continuo, constante
бесперечь *adv vulg* continuamente, sin parar
бесперспективно *adv* sin perspectivas
бесперспективность *f* falta de perspectivas
бесперспективный *adj* sin perspectivas
беспечальный *adj* libre de penas, de preocupaciones
беспечно *adv* despreocupadamente, descuidadamente
беспечность *f* despreocupación, descuido
беспечный *adj* despreocupado, descuidado
бесплатно *adv* gratis, gratuitamente
бесплатный *adj* gratis, gratuito
бесплодие *n* 1) *(о живых существах)* esterilidad 2) *(о почве)* aridez, infecundidad
бесплодно *adv* infructuosamente, inútilmente
бесплодный *adj* 1) *(о живых существах)* estéril 2) *(о почве)* árido, infecundo 3) *(бесполезный)* estéril, infructuoso, inútil
бесплотность *f* inmaterialidad
бесплотный *adj* inmaterial, incorpóreo
бесповоротно *adv* irremisiblemente, irrevocablemente
бесповоротный *adj* irremisible, irrevocable
бесподобно *adv* incomparablemente, admirablemente
бесподобный *adj* 1) inigualable, sin igual, incomparable 2) *(великолепный)* admirable, soberbio
беспозвоночн|ый 1. *adj zool* invertebrado **2.** **-ые** *pl zool* invertebrados
беспокоить *impf vt* 1) *(тревожить)* preocupar, inquietar, desasosegar 2) *(мешать)* importunar, molestar
беспокоиться *impf* 1) **(о чём-л./за кого-л)** preocuparse (por alg o u/c), inquietarse (por alg o u/c) 2) *(утруждать себя)* molestarse, tomarse la molestia
беспокойно 1. *adv* inquietamente, intranquilamente **2.** *adv pred* está inquieto, está intranquilo
беспокойный *adj* 1) inquieto, intranquilo, agitado 2) *(живой, подвижный)* inquieto, revoltoso
беспокойство *n* 1) inquietud, desasosiego, preocupación 2) *(неудобство)* molestia, incomodidad *простите за ~* perdone la molestia
бесполезно *adv* inútilmente, infructuosamente
бесполезность *f* inutilidad, infructuosidad
бесполезный *adj* inútil, infructuoso
бесполый *adj* asexuado
беспомощно *adv* impotentemente, con impotencia
беспомощность *f* impotencia, incapacidad
беспомощный *adj* impotente, incapaz
беспородный *adj* sin raza
беспорочно *adv* inmaculadamente
беспорочность *f* pureza
беспорочный *adj* inmaculado
беспоряд|ок 1. *m* desorden, confusión, jaleo **2.** **-ки** *mpl (народные выступления)* perturbación, desórdenes
беспорядочно *adv* desordenadamente, confusamente
беспорядочность *f* desorden, confusión
беспорядочный *adj* 1) desordenado, confuso, caótico 2) *(о человеке)* desordenado
беспочвенный *adj* infundado, sin fundamento
беспошлинный *adj* sin aranceles, exento de aranceles, franco
беспощадно *adv* despiadadamente, implacablemente, sin piedad
беспощадность *f* implacabilidad, crueldad
беспощадный *adj* despiadado, implacable
бесправие *n* falta de derecho
бесправный *adj* sin derechos
беспредел *m* falta (ausencia) de límites
беспредельный *adj* ilimitado, sin límites, infinito
беспредметный *adj* sin sentido, vano, inútil
беспрекословно *adv* sin objeción, sin discusión
беспрекословный *adj* sin objeción, sin discusión
беспременно *adv* V. непременно
беспрепятственный *adj* sin obstáculos
беспрерывно *adv* ininterrumpidamente, incesantemente, continuamente

беспрерывность *f* continuidad
беспрерывный *adj* incesante, ininterrumpido, continuo
беспрестанно *adv* incesantemente, continuamente, ininterrumpidamente
беспрестанный *adj* incesante, continuo, ininterrumpido
беспрецедентный *adj* sin precedentes
бесприбыльный *adj* sin beneficio, no rentable
беспризорни|к, -ца *m/f* niñ|o, -a de la calle, niñ|o, -a desamparado
беспризорность *f* infancia abandonada, desamparo
беспримерный *adj* sin precedentes, sin igual, sin par
беспринципно *adv* sin principios, sin escrúpulos
беспринципность *f* falta de principios
беспринципный *adj* sin principios, sin escrúpulos
беспристрастие *n* imparcialidad
беспристрастно *adv* imparcialmente
беспристрастный *adj* imparcial, ecuánime
беспричинный *adj* sin causa, sin razón, inmotivado
бесприютный *adj* desamparado, sin cobijo
беспробудно *adv* profundamente, pesadamente (dormir)
беспробудный *adj* profundo, pesado (dicho del sueño)
беспроволочный *adj* inalámbrico, sin cables
беспроигрышный *adj* sin pérdida, con premio asegurado
беспросветный *adj* 1) oscuro, sin luz 2) *(безнадёжный)* sin esperanza
беспросыпно *adv* V. беспробудно
беспросыпный *adj* V. беспробудный
беспроцентный *adj* sin intereses
беспутник *m* libertino
беспутница *f* libertina
беспутный *adj* libertino, perdido
бессвязно *adv* incoherentemente, inconexamente
бессвязность *f* incoherencia, inconexión
бессвязный *adj* incoherente, inconexo
бессердечность *f* insensibilidad, dureza
бессердечный *adj* insensible, sin corazón
бессилие *n* impotencia, debilidad
бессильно *adv* sin fuerzas
бессильный *adj* impotente, débil
бессистемно *adv* desordenadamente, de forma asistémica
бессистемный *adj* desordenado, asistémico
бесславный *adj* sin gloria, vergonzoso
бесследно *adv* sin dejar huella (rastro)
бесследный *adj* sin huella, sin rastro
бессловесный *adj* sin palabras, mudo
бессменный *adj* insustituible, eterno
бессмертие *n* inmortalidad
бессмертный *adj* inmortal
бессмысленный *adj* sin sentido, absurdo
бессмыслица *f coloq* absurdo, despropósito, disparate
бессовестность *f* deshonestidad, desvergüenza
бессовестный *adj* deshonesto, desvergonzado
бессодержательность *f* falta de contenido, de sentido
бессодержательный *adj* sin sentido, sin contenido
бессознательно *adv* inconscientemente, sin darse cuenta, sin intención
бессознательность *f* inconsciencia
бессознательный *adj* 1) inconsciente, sin sentido 2) *(непроизвольный)* inconsciente, involuntario
бессонница *f* insomnio
бессонный *adj* de insomnio, en vela
бесспорно 1. *adv* indiscutiblemente, indudablemente 2. *con* sin (ninguna) duda
бесспорный *adj* indiscutible, incuestionable, indudable
бессребреник *m relig* anargiro, enemigo del dinero
бессрочный *adj* ilimitado, sin plazo, indefinido
бессточный *adj geogr* endorreico
бесстрастие *n* impasibilidad
бесстрастно *adv* impasiblemente
бесстрастный *adj* impasible
бесстрашие *n* coraje, intrepidez, osadía
бесстрашный *adj* intrépido, osado, audaz
бесструнный *adj* sin cuerdas
бесстыдник *m* desvergonzado, descarado
бесстыдница *f* desvergonzada, descarada
бесстыдничать *impf vi* comportarse con descaro
бесстыдный *adj* desvergonzado, sinvergüenza, descarado
бесстыдство *n* desfachatez, desvergüenza, descaro
бесстыжий *adj coloq* V. бесстыдный
бестактно *adv* sin tacto, sin delicadeza
бестактность *f* falta de tacto, falta de delicadeza
бестактный *adj* falto de tacto (delicadeza), torpe
бесталанный *adj* sin talento, incapaz
бестия *f coloq* bestia ♦ **продувная** ~ pícaro redomado
бестолковость *f* estupidez, falta de entendimiento
бестолковщина *f coloq* confusión, desbarajuste
бестолковый *adj* 1) *(непонятливый)* estúpido, sin entendimiento 2) *(бессвязный)* incoherente, embrollado
бестолочь *f coloq* memo, torpe
бесформенно *adv* sin forma
бесформенность *f* amorfía, amorfismo
бесформенный *adj* amorfo, disforme
бесхарактерный *adj* sin carácter, pusilánime
бесхитростный *adj* 1) sencillo, simple 2) *(наивный)* ingenuo
бесхлебица *f* V. бесхлебье
бесхлебье *n* hambre, falta de pan
бесхозный *adj coloq* V. безхозяйный
бесхозяйственный *adj* sin dueño, sin propietario
бесцветный *adj* incoloro, acromático
бесцельно *adv* sin ningún objetivo, inútilmente
бесцельность *f* falta de objetivos, inutilidad
бесцельный *adj* sin ningún objetivo, inútil
бесценный *adj* inestimable
бесценок *m* : за ~ a bajo precio, regalado
бесцеремонно *adv* con desparpajo, sin ceremonias
бесцеремонность *adj* desparpajo, frescura, desconsideración

бесцеремонный *adj* con desparpajo, sin ceremonias, desconsiderado
бесчеловечность *f* inhumanidad, barbarie
бесчеловечный *adj* inhumano
бесчестить *impf* обесчестить *perf vt* deshonrar, denigrar, mancillar
бесчестно *adv* deshonrosamente
бесчестный *adj* deshonesto, deshonroso
бесчестье *n* deshonra, deshonor
бесчинство *n* exceso, escándalo
бесчинствовать *impf vi* cometer excesos, armar escándalo
бесчисленно *adv* sin número, innumerablemente
бесчисленность *f* infinidad, cantidad innumerable
бесчисленный *adj* innumerable, sin número
бесчувственно *adv* con insensibilidad, con indiferencia
бесчувственность *f* insensibilidad
бесчувственный *adj* 1) insensible, inconsciente 2) *(безучастный)* insensible, apático
бесчувствие *n* 1) insensibilidad 2) *(безразличие)* indiferencia
бесшабашно *adv coloq* con negligencia, con despreocupación
бесшабашный *adj coloq* despreocupado, negligente, temerario
бесшумно *adv* silenciosamente, sin hacer ruido
бесшумный *adj* silencioso
бета *f* beta
бетон *m* hormigón
бетонирование *n* hormigonado
бетонировать *impf* забетонировать *perf vt* hormigonar, llenar de hormigón
бетонный *adj* de hormigón
бетономешалка *f* hormigonera
бефстроганов *m* beef Stróganoff, carne a la Stróganoff
бечева *f* cuerda, maroma, cable
бечёвка *f* cordel, cuerda
бешамель *f* bechamel
бешенство *n* rabia
бешеный *adj* rabioso
бзик *m coloq* extrañeza, locura, manía
биатлон *m sport* biatlón
биатлонист *m sport* biatlonista
биатлонистка *f sport* biatlonista
библейский *adj* bíblico
библиограф *m* bibliógrafo
библиография *f* bibliografía
библиотека *f* biblioteca
библиотекарь *m* bibliotecario
библиотечный *adj* bibliotecario, de biblioteca(s)
Библия *f* Biblia
бивак *m sport* bivac
бивень *m* colmillo (de elefante)
бигуди *n inv* bigudí, rulo
биде *n inv* bidé
бидон *m* bidón
биение *n* latido, palpitación, pulsación
бижутерия *f* bisutería
бизнес *m coloq* negocio, negocios
бизнесмен *m* hombre de negocios, ejecutivo
бизнесменка *f* mujer de negocios, ejecutiva
бизон *m* bisonte
бикарбонат *m quím* bicarbonato
бикини *n inv* bikini
билет *m* 1) billete, entrada ~ *туда и обратно* billete de ida y vuelta; *лотерейный* ~ número de lotería; *входной* ~ entrada; *пригласительный* ~ invitación 2) *(документ)* carnet, cartilla *партийный* ~ carnet del partido 3) *(экзаменационный)* papeleta (de examen)
билетёр, -ша *m/f* acomodador, -a
билингв *m* bilingüe
билингвизм *m* bilingüismo
биллион *m* millardo, mil millones
бильярд *m* billar
бинарный *adj mat* binario
бинокль *m* prismáticos, gemelos
бином *m mat* binomio
бинт *m* venda
бинтовать *impf* забинтовать *perf vt* vendar
биогенный *adj* biogénico
биограф *m* biógrafo
биографический *adj* biográfico
биография *f* biografía
биолог *m* biólogo
биологический *adj* biológico
биология *f* biología
биомеханика *f* biomecánica
бионика *f tecn* biónica
бионический *adj tecn* biónico
биопсия *f med* biopsia
биоритм *m med* bioritmo
биосфера *f* biosfera
биоток *m med* potencial bioeléctrico
биофизика *f* biofísica
биофизический *adj* biofísico
биохимический *adj* bioquímico
биохимия *f* bioquímica
биплан *m* biplano
биполярность *f* bipolaridad
биполярный *adj* 1) bipolar 2) *psicol* bipolar
биржа *f* bolsa *торговая* ~ lonja; ~ *труда* bolsa de trabajo
биржевой *adj* bursátil, de (la) bolsa
бирка *f* placa, etiqueta, chapa
бирочка *f* V. бирка
бирюза *f* turquesa
бирюк *m* persona huraña, persona solitaria
бирюлька *f* buriulka (juego de mesa tradicional ruso)
бис *interj* bis ◆ **сыграть на** ~ hacer un bis
бисексуальный *adj* bisexual
бисер *m* abalorios ◆ **метать** ~ **перед свиньями** echar margaritas a los cerdos
бисерина *f coloq* abalorio
бисировать *biasp vi mús* hacer un bis
бисквит *m* bizcocho
бисквитный *adj* de bizcocho
биссектрисса *f mat* bisectriz
бистро *n inv* bistró
бит *m informát* bit
бита *f sport* bate
битва *f* batalla
битком *adv* : ~ набито repleto, abarrotado, a reventar
биток *m* V. биточек
биточек *m* albóndiga
битум *m* betún
битумный *adj* de betún
битый *adj* roto

бить *perf* побить *impf vt* 1) golpear, pegar 2) *(побеждать)* batir, vencer
биться *impf* latir, palpitar, luchar, combatir
бифштекс *m* bistec, bisté
бихевиоризм *m psicol* behaviorismo
бицепс *m* bíceps
бич[1] *m (кнут)* látigo, fusta, azote
бич[2] *m vulg (о человеке)* persona que se ha degradado irreversiblemente
бичевать *impf vt obsol* azotar, fustigar, flagelar
бишь *partic* : то бишь es decir
благо[1] *n* bien *общее ~* bien común; *на ~ семьи* por el bien de la familia ◆ **всех благ!** ¡buena suerte!
благо[2] *conj coloq* ya que, teniendo en cuenta que; *я иду гулять, ~ хорошая погода* como hace buen tiempo, voy a pasear
благоверная *f* esposa, cónyuge
благоверный *m* esposo, cónyuge
благовест *m* campana que llama al servicio religioso
благовидный *adj* plausible, aceptable
благоволение *n* benevolencia, favor
благовоние *n elev* fragancia, aroma, perfume
благовонный *adj elev* aromático, perfumado
благовоспитанно *adv obsol* con buena educación, educadamente
благовоспитанность *f obsol* buena educación, cortesía
благовоспитанный *adj obsol* cortés, bien educado
благоговейно *adv* respetuosamente
благоговейный *adj* respetuoso
благоговение *n* veneración, respeto
благодарение *n* agradecimiento
благодар|ить *impf* поблагодарить *perf vt* **(за что-л)** agradecer (u/c a alg), dar las gracias *~ю тебя!* ¡gracias!, ¡te lo agradezco!
благодарно *adv* con gratitud, con agradadecimiento
благодарност|ь *f* agradecimiento, gratitud *не стоит ~и* no hay de qué
благодарн|ый *adj* agradecido, reconocido *я вам очень ~а* le estoy muy agradecida
благодарственный *adj* de agradecimiento
благодарствовать *impf vt elev* agradecer
благодаря *prep* **(кому/чему-л)** gracias (a alg o u/c) ◆ **~ тому, что** debido a que, a causa de
благодатный *adj* bueno, bendito
благодать *f* 1) *relig* bienaventuranza, gracia divina 2) *coloq* felicidad, paraíso
благоденствие *n* prosperidad
благоденствовать *impf vi* prosperar
благодетель, -ница *m/f* benefactor, -a, bienhechor, -a
благодетельный *adj* bienhechor, benéfico
благодетельствовать *impf vi* hacer bien desinteresadamente
благодеяние *n elev* beneficio, bien
благодушие *n* calma, bondad
благодушно *adv* bondadosamente, apaciblemente
благодушный *adj* bondadoso, apacible
благожелатель *m* benefactor
благозвучие *n* armonía, eufonía
благозвучно *adv* armoniosamente, con armonía, con eufonía
благозвучный *adj* armonioso, eufónico, melodioso
благ|ой *adj* bueno *~ие намерения* buenas intenciones
благонадёжный *adj elev* seguro, fiel
благонамеренность *f* lealtad
благонамеренный *adj* leal
благонравие *n obsol* buenas costumbres, buena conducta
благонравный *adj obsol* de buena conducta, de buenas costumbres
благообразный *adj* venerable
благополучие *n* bienestar, prosperidad
благополучно *adv* bien, felizmente
благополучный *adj* feliz, bueno, próspero
благоприятно *adv* favorablemente, propiciamente
благоприятный *adj* favorable, propicio
благоприятствовать *impf vi* **(кому/чему-л)** favorecer *vt*
благоразумие *n* sensatez, prudencia
благоразумно *adv* sensatamente, juiciosamente, prudentemente
благоразумный *adj* juicioso, sensato, prudente
благорасположение *n* buena predisposición
благопристойный *adj* decente, respetuoso
благородие *n hist* (con los pronombres «ваше», «его», «их») excelencia *ваше ~* su excelencia
благородно *adv* noblemente, con nobleza
благородность *f* V. благородство 1
благородный *adj* 1) noble, generoso 2) *(дворянский)* noble
благородство *n* 1) nobleza, generosidad 1) *(дворянство)* nobleza
благосклонно *adv* con benevolencia
благосклонность *f* benevolencia
благосклонный *adj* benévolo, benevolente, favorable
благословение *n* bendición
благословенный *adj* feliz, afortunado
благословить *perf* благословлять *impf vt* bendecir
благословлять V. благословить
благосостояние *n* bienestar
благотворитель, -ница *m/f* benefactor, -a, bienhechor, -a
благотворительность *f* beneficencia, filantropía
благотворительный *adj* benéfico, de beneficencia
благотворный *adj* favorable, beneficioso, saludable
благоусмотрение *n* juicio, parecer, criterio
благоустраивать V. благоустроить
благоустроенный *adj* cómodo, confortable, bien acondicionado
благоустроить *perf* благоустраивать *impf vt* acomodar, acondicionar
благоухание *n* fragancia, aroma, perfume
благоуханный *adj* aromático, oloroso
благоухать *impf vi* oler bien, despedir aroma
благочестивый *adj* devoto, pío, piadoso
благочестие *n* devoción, piedad
благочинный *adj obsol* decente, respetuoso
блаженно *adv* 1) *(счастливо)* felizmente, dichosamente 2) *(глуповато)* con simpleza
блаженный *adj* 1) *(счастливый)* feliz, dichoso, satisfecho 2) *(глуповатый)* simple, tonto

блаженство *n* felicidad suprema, bienestar
блаженствовать *impf vi* sentirse completamente feliz, gozar de felicidad completa
блажить *impf vi vulg* hacer extravagancias, actuar caprichosamente
блажной *adj vulg* extravagante, desequilibrado, estrafalario
блажь *f* capricho, antojo, extravagancia
бланк *m* formulario, impreso
блат *m vulg* enchufe, recomendación, influencias *по ~у* por enchufe, mediante influencias
блатн|ой *adj* del argot de delincuentes ~ *язык* argot de delincuentes; *~ая песня* canciones de delincuentes
бледнеть *impf* **побледнеть** *perf vi* palidecer, ponerse lívido
бледно *adv* 1) pálidamente, lívidamente 2) *(о стиле)* con poca expresividad, con mediocridad
бледнолицый *adj* pálido (de cara)
бледность *f* palidez
бледный *adj* 1) pálido, lívido 2) *(о стиле)* poco expresivo, mediocre
блеклый *adj* V. блёклый
блекнуть V. блёкнуть
блеск *m* brillo, brillantez, esplendor
блесна *f* señuelo de pesca
блесну|ть *perf vi* 1) V. блестеть 2) brillar, aparecer por un instante *у меня ~ла мысль* se me ocurrió una idea
блестеть *impf* **блеснуть** *perf vi* 1) brillar, relucir, resplandecer 1) *(отличаться)* brillar, destacar
блестяще *adv* brillantemente, de forma brillante
блестящий *adj* brillante
блеф *m* bluff, farol
блеяние *n* balido
блеять *impf vi* balar
блёклость *f* 1) *(чахлость)* marchitez 2) *(тусклость)* palidez
блёклый *adj* 1) *(чахлый)* marchito, ajado 2) *(тусклый)* apagado, descolorido, pálido
блёклый *adj* apagado
блёкнуть *impf* **поблёкнуть** *perf vi* 1) *(чахнуть)* marchitarse, ajarse 2) *(о краске, цвете)* perder el color, decolorarse
блёст|ки (*gen* -ок) *fpl* 1) lentejuelas 2) *(яркое проявление ума, таланта, и т.п.)* destellos
ближайший *adj* inmediato, próximo
ближе *adj y adv comp* más cerca, más cercano
ближний *adj* cercano, próximo
близ *prep* **(кого/чего-л)** cerca (de alg o u/c) ~ *дома* cerca de la casa
близиться *impf* acercarse, aproximarse
близк|ий 1. *adj* 1) cercano, próximo 2) *(по времени)* próximo, inmdiato, pronto 3) *(о родственниках, друзьях)* allegado, próximo, cercano **2. -ие** *pl* allegados
близко *adv* cerca, a corta distancia
близлежащий *adj* próximo, vecino
близнец *m* gemelo, mellizo
Близнецы *mpl astrol* Géminis
близорукий *adj* miope
близорукость *f* miopía
близость *f* 1) proximidad, cercanía 2) *(об отношениях)* intimidad 3) *(сходство)* afinidad, semejanza
блик *m* brillo, reflejo
блин *m* blin (especie de crep), hojuela
блиндаж *m* blindaje
блинчик *m coloq* V. блин
блистательный *adj* brillante, espléndido
блистать *impf vi* brillar, resplandecer
блок[1] *m tecn (для подъёма тяжестей)* polea
блок[2] *m* 1) *(отдельная часть чего-л)* bloque 2) *pol* bloque, coalición 3) *tecn* bloque 4) *(в общежитии)* apartamento
блок[3] *m sport* bloqueo, pantalla
блокада *f* 1) bloqueo *экономическая ~* bloqueo económico 2) *(военная)* bloqueo, cerco
блокирование *n* bloqueo, congelación
блокировать *impf* **заблокировать** *perf vt* bloquear, trabar
блокировка *f* bloqueo
блокнот *m* bloc de notas
блондин *m* rubio
блондинка *f* rubia
блоха *f* pulga
блочный *adj* de bloques
блошиный *adj* de pulga(s) ◆ ~ **рынок** mercadillo, rastro
блошка *f* pulga
блуд *m obsol* fornicación, lujuria
блудить[1] *impf vi (плутать)* vagar, errar
блудить[2] *impf vt (распутничать)* fornicar
блудливый *adj* lascivo, libidinoso
блудник *m obsol* fornicador
блудница *f obsol* ramera
блудный *adj* : ~ сын hijo pródigo
блуждать *impf vi* vagar, errar, vagabundear
блуждающий *adj* errante, vagabundo
блуза *f* V. блузка
блузка *f* blusa
блюдечко *n* platito, platillo
блюдо *n* 1) *(предмет)* fuente 2) *(кушанье)* plato *первое ~* primer plato; *горячее ~* plato principal
блюдце *n* platito, platillo
блюз *m mús* blues
блюзовый *adj mús* de blues
блюсти *impf* **соблюсти** *perf vt* acatar, observar, cumplir ~ *законы* cumplir las leyes
блюститель *m irón* guardián, vigilante
блядь *f vulg* puta, ramera
бляха *f* chapa, placa
боа *f inv* boa
боб *m* haba
бобёр *m* castor
бобик *m* perro sin raza
бобина *f tecn* bobina
бобов|ый 1. *adj* de(l) haba **2. -ые** *pl* legumbres, leguminosas
бобр *m* castor
бобровый *adj* de castor
бобслей *m sport* bobsleigh
бобыль *m coloq* solterón
бог *m* dios ◆ **слава ~у!** ¡menos mal!, ¡gracias a Dios! **боже мой!** ¡Dios mío!, ¡madre mía! **не дай ~!** ¡no lo quiera Dios! **с ~ом** con Dios, vaya con Dios ~ **с ним** Dios le ampare ~ **с ним** Dios le ampare **ради ~а** 1) por el amor de Dios 2) como quieras, de acuerdo
богадельня *f* hospicio, asilo
богара *f* tierra de secano

богарный *adj* de secano
богатей *m vulg* rico, ricachón
богатеть *impf* разбогатеть *perf vi* enriquecerse, hacerse rico
богато *adv* ricamente, con opulencia, con abundancia
богатство *n* riqueza
богатый *adj* rico, adinerado
богатырский *adj* hercúleo, atlético
богатырь *m* 1) bogatir (héroe épico ruso) 2) *(человек крепкого сложения)* hércules, maciste
богач *m coloq* rico, ricachón
богачиха *f coloq* rica, ricachona
богема *f* bohemia
богемный *adj* bohemio
богиня *f* diosa
богобоязненный *adj* creyente, devoto
богоматерь *f* V. богородица
богомол *m* 1) *(насекомое)* mantis religiosa 2) *obsol* V. богомолец
богомолец *m obsol* peregrino
богомолье *n obsol* peregrinación
богородица *f relig* la Virgen María, Nuestra Señora
богослов *m* teólogo
богословие *n* teología
богословский *adj* teológico
богослужение *n* misa, oficio (divino)
боготворить *impf vt* adorar, deificar, divinizar
богоугодный *adj* misericordioso
богохульник *m* blasfemo, blasfemador
богохульный *adj* blasfemo
богохульство *n* blasfemia
богохульствовать *impf vi* blasfemar
бодать *impf* забодать *perf vt* cornear, dar cornadas
бодаться *impf* cornear, dar cornadas
бодибилдинг *m sport* culturismo
бодливый *adj* que cornea, topetudo
боднуть *perf vt* cornear, dar una cornada
бодрить *impf* взбодрить *perf vt* animar, alentar
бодриться *impf* взбодриться *perf* animarse
бодро *adv* animadamente, animosamente, vigorosamente
бодрость *f* ánimo, vigor
бодрствовать *impf vi* estar despierto, velar, estar en vela
бодрый *adj* despierto, animado, vigoroso
бодряк *m coloq* hombre dinámico (activo)
бодрящий *adj* estimulante, vivificante
бодяга[1] *f (губка)* esponjilla, esponja
бодяга[2] *f* 1) *jerg (суррогат)* producto de mala calidad 2) *coloq (затяжное дело)* asunto pesado y poco agradable
боевик[1] *m (участник незаконного военного формирования)* combatiente (miembro de una organización armada ilegal)
боевик[2] *m (фильм)* película de acción
боев|ой *adj* 1) de combate, de guerra, militar *~ые действия* operaciones militares; *в ~ой готовности* en pie de guerra 2) *(отважный)* combativo, belicoso, valiente *~ой дух* espíritu combativo ♦ **~ое крещение** bautismo de fuego
боеприпас|ы (*gen* –ов) *mpl* munición, municiones
боеспособность *f* combatividad, capacidad de combate
боеспособный *adj* apto para el combate
боец *m* 1) guerrero, combatiente 2) *(кулачный)* púgil, luchador
божба *m* juramento en nombre de Dios
боже *interj* : ~ (мой)! ¡Dios mío!
божеский *adj* soportable, razonable
божественно *adv coloq* divinamente
божественность *f* divinidad
божественный *adj* divino
божество *n* divinidad, ídolo
бож|ий *adj* de Dios, divino ♦ **каждый ~ий день** día tras día, un día tras otro **~ья коровка** mariquita
божиться *impf vi* jurar (en nombre de Dios)
божок *m* ídolo
бой *m* 1) combate, batalla, lucha 2) *(состязание)* lucha, pelea 3) *(сигналы ударами)* toque, redoble
бойкий *adj* vivo, despierto, ágil
бойко *adv* vivamente, con viveza, animadamente
бойкот *m* boicot
бойкотировать *impf vt* boicotear
бойлер *m* caldera (de calefacción)
бойница *f mil* tronera
бойня *f* 1) matadero 2) *(побоище)* matanza, carnicería
бок *m* 1) *(часть тела)* costado; *лечь на бок* acostarse de lado 2) *(сторона)* lado, costado, flanco; *по ~ам* a los lados ♦ ~ **о** ~ codo con codo, hombro con hombro **под ~ом** junto a, cerca de
бокал *m* copa ♦ **поднять ~ за кого/что-л** brindar por alg o u.c.
боковой *adj* lateral, del costado
боком *adv* de lado, lateralmente, de costado ♦ **выйти** ~ salir mal
бокс[1] *m* boxeo
бокс[2] *m* 1) *(в больнице)* box 2) *auto* box
боксёр[1] *m* boxeador
боксёр[2] *m (порода собак)* bóxer
боксировать *impf vi* boxear
боксит *m min* bauxita
болван *m insult* estúpido, imbécil
болванка *f* 1) *tecn (слиток)* lingote 2) *coloq (заготовка)* modelo
болгарин *m* búlgaro
болгарка *f* 1) búlgara 2) *(инструмент)* amoladora angular
болгарский *adj* búlgaro
болевой *adj* de dolor, doloroso
более *adv* más ~ крепкий más fuerte ♦ ~ **или менее** más o menos ~ **того** és más **тем** ~ además, más aún
болезненно *adv* 1) con aspecto enfermizo 2) *(чрезмерно)* de forma malsana (enfermiza)
болезненный *adj* 1) enfermo, delicado, enfermizo 2) *(чрезмерный)* malsano, enfermizo 3) *(вызывающий боль)* doloroso
болезнетворный *adj* mórbido, nocivo
болезнь *f* enfermedad, mal, afección ♦ **морская** ~ mareo
болельщи|к, -ца *m/f* aficionado, -a, hincha
болеро *n inv mús* bolero
бол|еть[1] *impf v/impers* doler, causar dolor *у меня ~ит голова* me duele la cabeza ♦ **у кого что ~ит, тот о том и говорит** cada uno pone la lengua donde le duele la muela

болеть[2] *impf vi* 1) *(быть больным)* estar enfermo ~ *гриппом* tener la gripe 2) **(за кого/что-л)** *(переживать)* preocuparse (por alg o u/c), sufrir (por alg u/c) 3) **(за кого/что-л)** *(в соревновании)* ser hincha (de alg o u/c)
болеутоляющ|ий *adj* analgésico, calmante ~*ее средство* calmante
боливи|ец, -йка *m/f* bolivian|o, -a
боливийский *adj* boliviano, de Bolivia
болид *m astron* bólido
болонка *f* perro faldero
болотистый *adj* pantanoso, cenagoso
болото *n* pantano, ciénaga
болт *m* perno, macho
болтать *impf* 1) *vt (перемешивать)* agitar, mover 2) *vi* **(чем-л)** 3) *(раскачивать чем-л.)* mover, balancear 4) *coloq (говорить)* hablar, charlar
болтаться *impf* 1) moverse, pender, colgar 2) *(слоняться)* vagar, callejear
болтливость *f* charlatanería, palabrería
болтливый *adj* charlatán, hablador, parlanchín
болтовня *f coloq* habladuría, palabrería, charlatanería
болтология *f coloq* charlatanería
болтун, -ья *m/f* hablador, -a, parlanch|ín, -ana, charlat|án, -ana
болтушка *m/f coloq* V. болтун, болтунья
боль *f* dolor, daño *головная* ~ dolor de cabeza; *испытывать* ~ sentir dolor; *причинять* ~ causar dolor, hacer daño
больная *f* enferma
больниц|а *f* hospital *положить в ~у* hospitalizar, ingresar
больничный *adj* de(l) hospital, hospitalario ~ *лист* certificado de baja
больно[1] **1.** *adv* dolorosamente, con dolor ~ *упасть* caer mal, caer haciéndose daño **2.** *adv pred* es doloroso, duele *мне* ~ me duele; *ей* ~ *видеть это* le resulta doloroso verlo, le hace daño verlo
больно[2] *adv coloq* 1)*(очень)* mucho, muy *ему* ~ *нравится* le gusta mucho 2) *(слишком)* demasiado
больн|ой **1.** *adj* enfermo **2.** *m* enfermo ◆ **~ой вопрос** cuestión delicada **~ое место** punto flaco
больше **1.** *adj comp* más grande, mayor **2.** *adv comp* más *ещё* ~ más aún, todavía más; *~, чем* más que; *как можно* ~ tanto como sea posible; ~ *ничего* nada más; *~, чем когда-либо* más que nunca; *всё* ~ *и* ~ cada vez más; *вдвое* ~ el doble, dos veces más ◆ **не ~ (и) не меньше, как** ni más ni menos que
большевик *m* bolchevique
большевистский *adj* bolchevique
большевичка *f* bolchevique
больш|ий *adj comp* mayor, más grande *~ая часть* la mayor parte ◆ **самое ~ее** a lo sumo, como máximo
большинство *n* mayoría ~ людей la mayoría de gente
больш|ой *adj* 1) gran, grande, importante *~ой камень* piedra grande 2) *(выдающийся)* gran, grande 3)*coloq (взрослый)* mayor, grande, adulto ◆ **~ой палец** dedo pulgar **~ая буква** letra mayúscula
большущий *adj coloq* muy grande, enorme
болячка *f* costra, postilla, llaga
болящий *adj obsol* enfermo
бомба *f* bomba
бомбардир *m* bombardero **2.** *sport* goleador
бомбардировать *impf vt* 1) bombardear 2) *(не давать покоя)* bombardear, asediar, acribillar
бомбардировка *f* bombardeo
бомбардировщик *m* bombardero
бомбёжка *f coloq* bombardeo
бомбить *impf vt* bombardear
бомбоубежище *n* refugio antibombardeos
бомж *m coloq* vagabundo, persona sin techo
бомжиха *f coloq* vagabunda, mujer sin techo
бона *f fin* bono
бондарь *m* tonelero
бонза *m* bonzo
бонификация *f fin* bonificación
бор[1] *m* bosque
бор[2] *m quím* boro
бордель *m* burdel
бордо *adj inv* de color rojo burdeos, granate
бордовый *adj* de color rojo burdeos, granate
бордюр *m* ribete, cenefa
борец *m* 1) luchador, combatiente 2) *sport* luchador
борзая *f* galgo
борзый *adj* 1) *poét* fogoso, brioso 2) *coloq* descarado, insolente
бормашина *f* fresa (de dentista)
бормотанье *n* murmuro, susurro
бормотать *impf* пробормотать *perf vt* murmurar, susurrar, farfullar, musitar
борный *adj* bórico
боров *m* verraco castrado
боровик *m* boletus
борода *f* barba *носить бороду* llevar barba
бородавка *f* verruga
бородавчатый *adj* verrugoso
бородатый *adj* barbudo
бородач *m* barbudo
бородка *f* barba, perilla
борозда *f* surco
бороздить *impf vt* surcar
бороздчатый *adj* surcado, con surcos
борона *f* rastra, grada
боронить *impf vt* rastrear, gradear
бороновать *vt* V. боронить
бороться *impf* **(с кем/чем-л)** luchar (con alg o u/c), combatir (con alg o u/c), pelear (con alg o u/c)
борт *m nav* bordo, borda *на ~у* a bordo ◆ **левый** ~ *nav* babor **правый** ~ *nav* estribor
бортник *m* apicultor
бортничество *n* apicultura
бортовой *adj* de a bordo
бортпроводни|к, -ца *m/f* asistente de vuelo, azafat|o, -a
борть *f obsol* colmena (de apicultura)
борцовский *adj* de luchador
борщ *m* borsch (sopa de remolacha)
борьба *f* lucha
босиком *adv* descalzo
босни|ец, -йка *m/f* bosni|o, -a
боснийский *adj* bosnio
босой *adj* descalzo
босоногий *adj* V. босой
босоножка *f* 1) *(вид обуви)* sandalia 2) *(босоногая женщина)* mujer (muchacha) descalza

босс *m coloq* jefe
бостон[1] *m (ткань)* tela boston
бостон[2] *m (карточная игра)* boston
босяк *m* desharrapado, pordiosero
бот[1] *m (судно)* bote, lancha
бот[2] *m* V. боты
ботаник *m* botánico
ботаника *f* botánica
ботанический *adj* botánico
ботва *f* tallo y hojas de las hortalizas
ботвинья *f* botvinia (sopa fría de verduras y pescado)
ботик *m* bote, lancha
ботинок *m* zapato
ботфорт *m (espec pl)* botas de montar
боулинг *m* 1) *(игра)* bolos 2) *(место)* bolera
боцман *m nav* contramaestre
бочар *m* tonelero, barrilero
бочка *f* barril, tonel
бочком *adv coloq* V. боком
бочонок *m* tonelete
боязливо *adv* con miedo, con timidez
боязливый *adj* miedoso, tímido, aprensivo
боязно *adv pred* da miedo *мне* ~ me da miedo, tengo miedo
боязнь *f* miedo, aprensión, temor ◆ ~ **высоты** vértigo
боярин (*pl* –е) *m hist* boyardo
боярский *adj hist* de los boyardos, boyardo
боярство *n hist* boyardos
боярыня *f hist* boyarda
боярышня *f hist* hija soltera del boyardo
бояться *impf* побояться *perf* (**кого/чего-л**) temer *vt*, tener miedo (de alg o u/c); *я боюсь* tengo miedo; *он боится темноты* le da miedo la oscuridad ◆ **волков ~ - в лес не ходить** quien tema a los lobos, no vaya al monte
бра *n inv* lámpara de pared
бравада *f* bravata
бравировать *impf vi* echar bravatas, bravear
браво *interj* ¡bravo!
бравый *adj* bravo, valiente, valeroso
брага *f* braga (tipo de cerveza)
брада *f poét* barba
бразда *f poét* surco
бразилец *m* brasileño
бразильский *adj* brasileño
бразильянка *f* brasileña
брак[1] *m (семейный союз)* matrimonio; *заключить* ~ contraer matrimonio
брак[2] *m* 1) *(изделие)* producto defectuoso, saldo 2) *(изъян)* defecto, tara
бракованный *adj* defectuoso, tarado
браковать *impf* забраковать *perf vt* desechar, descartar, retirar (por defectuoso)
браковщик *m* saldista
браконьер *m* cazador furtivo
браконьерство *n* caza furtiva
бракоразводный *adj* de divorcio
бракосочетание *n* enlace matrimonial, casamiento
брамин *m* brahmán
бранить *impf vt* reñir, regañar, reprender
браниться *impf* 1) discutir, insultarse 2) *(выражаться в резких словах)* jurar, blasfemar, maldecir
бранный *adj* 1) ofensivo, soez 2)*obsol poét (боевой)* guerrero, bélico
брань[1] *f* blasfemia, insulto, palabras soeces
брань[2] *f obsol poét (бой)* batalla, combate *поле ~и* campo de batalla
браслет *m* brazalete, pulsera
браслетка *f coloq* V. браслет
брасс *m sport* braza
брат (*pl* –ья) *m* 1) hermano *двоюродный* ~ primo hermano; *~-близнец* hermano gemelo 2) *(как обращение)* hermano, amigo ◆ **ваш, наш** ~ *coloq* vosotros, nosotros **на ~а** por persona, por cabeza
братан *m vulg* hermano, colega
брататься *impf* побрататься *perf* (**с кем-л**) fraternizar (con alg), hermanarse (con alg)
братва *f coloq* grupo, peña
братишка *m dimin-afect* hermanito
братоубийство *n* fratricidio
братоубийца *m/f* fratricida
братский *adj* fraternal, hermano ◆ **~ая могила** fosa común
братство *n* fraternidad, hermandad
брать *impf* взять *perf vt* 1) tomar, coger, asir 2) *(уносить)* llevar, tomar 3) *(принимать в коллектив)* admitir, afiliar 4) *(получать)* tomar, recibir 5) *(брать)* sacar, tomar 6) *(захватывать)* tomar, expugnar 7) *coloq (арестовывать)* detener, arrestar
браться *perf* взяться *impf* 1) (**за что-л**) cogerse (de u/c), agarrarse (a u/c) 2) (**за что-л**) *(приступать)* ponerse a (hacer u/c), comenzar a (hacer u/c) 3) (**за что-л**) *(обязываться)* encargarse (de u/c)
браузер *m informát* navegador
брахман *m relig* brahmán
брачный *adj* 1) matrimonial, nupcial, conyugal 2) *zool* de celo
бревенчатый *adj* de troncos
бревно *n* tronco, madero
брег *m poét* orilla
бред *m* delirio, desvarío
бредень *m pesca* red de a pie
бредить *impf vi* delirar, desvariar
бредиться *impf v/impers* (**что-л кому-л**) parecer (u/c a alg)
бредни (*gen* –ей) *mpl* delirios, disparates, tonterías
бредовой *adj* V. бредовый
бредовый *adj* 1) delirante, de delirio 2) *(сумасшедший)* demente, loco
брезгать *vi* 1) (**кем/чем-л**) sentir aprensión (repugnancia) (por alg o u/c) 2) (**кем/чем-л**) *(пренебрегать)* despreciar, desdeñar
брезгливо *adv* con aprensión, con asco, con repugnancia
брезгливость *f* aprensión, asco, repugnancia
брезгливый *adj* aprensivo
брезговать *impf vi coloq* V. брезгать
брезент *m* lona impermeabilizada
брезжить *impf vi* relucir, brillar
брезжиться *impf coloq* V. брезжить
брелок *m* llavero
бремя *n* carga, peso
бренди *m/n inv* brandy
бренный *adj obsol* perecedero, mortal, frágil
бренчать *impf vi* sonar, tintinear

брести *impf vi* 1) caminar lentamente, poco a poco 2) *(плестись)* arrastrarse
бретель *f* tirante, hombrillo
бретелька *f* tirante, hombrillo
бретёр *m obsol* espadachín, broguelero
брехать *impf* пробрехать *perf vi* 1) ladrar 2) *vulg (лгать)* mentir, soltar patrañas
брехнуть *perf vi* 1) ladrar 2) *vulg (лгать)* mentir, soltar patrañas
брехня *f vulg* bola, trola, patraña
брешь *f* brecha
брёх *m* ladrido
бриг *m nav* bergantín
бригада *f* 1) *mil* brigada 2) *(команда)* equipo, brigada
бригадир[1] *m mil* brigadier
бригадир[2] *m (в команде)* jefe de equipo (de brigada)
бридж *m cart* bridge
бридж|и (*gen* –ей) *mpl* bombachos
бриз *m* brisa
брикет *m* 1) briqueta 2) *(форма расфасовки продуктов)* pastilla
бриллиант *m* brillante
бриллиантовый *adj* de brillantes
британ|ец, -ка *m/f* británic|o, -a
британский *adj* británico
бритва *f* navaja de afeitar *электрическая* ~ máquina de afeitar
бритвенный *adj* de afeitar
брить *impf* побрить *perf vt* afeitar, rasurar
бритьё *n* afeitado, rasurado
бриться *impf* побриться *perf* afeitarse
брифинг *m* sesión informativa
бровный *adj* de la(s) cejas(s)
бровь *f* ceja
брод *m* vado ◆ **не зная ~у, не суйся в воду** no te metas en camisas de once varas
бродить[1] *impf vi (блуждать)* vagar, errar, deambular
бродить[2] *impf vi (о вине и и.д.)* fermentar
бродяга *m* vagabundo
бродяжий *adj* de vagabundo
бродяжка *f* vagabunda
бродяжничать *impf vi* vagabundear, vagar, errar
бродяжничество *n* vagabundeo
бродячий *adj* errante
брожение *n* fermentación
бройлер *m* pollo broiler
брокер *m* agente de bolsa, bróker
бром *m quím* bromo
бромистый *adj quím* bromoso
броневой *adj* blindado, acorazado
бронежилет *m* chaleco antibalas
броненосец *m mil* acorazado
бронетранспортёр *m mil* transporte blindado
бронза *f* bronce
бронзовый *adj* de bronce
бронирование *n* reserva (acción)
бронированный *adj* blindado, acorazado
бронировать *impf* забронировать *perf vt (место и т.п.)* reservar
бронировать *biasp vt (защищать бронёй)* acorazar, blindar
бронх *m (espec pl) anat* bronquio
бронхиальный *adj anat* bronquial
бронхит *m med* bronquitis
бронь *f* reserva
броня *f* blindaje, coraza
броня *f* reserva
бросать V. бросить
бросаться V. броситься
бросить *perf* бросать *impf vt* 1) lanzar, tirar, arrojar, echar 2) *(покидать)* abandonar, dejar 3) *(перестать заниматься чем-то)* **(делать что-л)** dejar de (hacer u/c), abandonar
броситься *perf* бросаться *impf* 1) *(прыгнуть)* lanzarse, saltar 2) **(к кому/чему-л)** *(устремиться)* lanzarse (sobre alg o u/c), abalanzarse (sobre alg o u/c)
броский *adj* llamativo, chillón
броском *adv* de un salto
бросовый *adj* malo, de desecho, de calidad inferior
бросок *m* 1) lanzamiento, tiro 2) *(быстрое передвижение)* salto
брошка *f* broche, alfiler
брошь *f* broche
брошюра *f* folleto
брудершафт *m* : пить на ~ brindar con los brazos entrecruzados para después empezar a tutearse
брус (*pl* –ья) *m* barra
брусника *f* arándano rojo
брусок *m* 1) *dimin. de* брус 2) *(кусок)* trozo, pastilla
брусчатка *f* adoquines, adoquinado
брутто *adj inv com* bruto
бруцеллёз *m med* brucelosis
брызгать *impf* брызнуть *perf vt* 1) salpicar 2) *(опрыскивать)* rociar
брызгаться *impf* salpicar
брызги (*gen* брызг) *fpl* gotas, salpicaduras
брызнуть V. брызгать
брыкать *impf* брыкнуть *perf vt* cocear, dar coces
брыкаться *impf* cocear, dar coces
брыкнуть V. брыкать
брынза *f* brinza (queso de oveja)
брюзга *m/f* gruñ|ón, -ona, cascarrabias
брюзгливый *adj* gruñón, cascarrabias
брюзжать *impf vi* gruñir, refunfuñar
брюква *f* nabo
брюки (*gen* брюк) *fpl* pantalones, pantalón
брюнет, -ка *m/f* moren|o, -a
брюхастый *adj coloq* barrigón, barrigudo
брюхатый *adj coloq* V. брюхастый
брюхо *n* 1) *(животного)* vientre 2) *coloq* barriga, panza, tripa
брюшной *adj* abdominal
бряк *interj* tin (sonido del metal al golpear)
брякать *impf* брякнуть *perf* **1.** *vi* sonar, tintinear **2.** *vt (неосторожно сказать)* soltar, decir (lo que no se debe)
брякаться *impf* брякнуться *perf* caer con estrépito
брякнуть V. брякать
брякнуться V. брякаться
бряцание *n* sonido, tintineo
бряцать *impf* пробряцать *perf vi* tintinear
бубен *m* pandero, pandereta *бить в* ~ tocar el pandero
бубенец *m* cascabel, sonaja
бублик *m* búblik, rosca (de pan)
буб|ны (*gen* –ён) *fpl cart* diamantes

бубон *m med* bubón
бубнить *impf* пробубнить *perf vt* refunfuñar, gruñir, murmurar
бугай *m reg* toro (semental)
бугор *m* 1) montículo 2) *(выпуклость)* bulto
бугристый *adj* desigual, accidentado
буддизм *m* budismo
буддийский *adj* budista
буддист *m* budista
буде *conj obsol vulg* V. если
будень *m* día laborables, día de entre semana
будильник *m* despertador
будить *impf* разбудить *perf vt* despertar
будка *f* caseta, garita
будни V. будень
будний *adj* : ~ день día laborable, día de entre semana
будоражить *impf* взбудоражить *perf vt* 1) *coloq (волновать)* inquietar, intranquilizar 2) *obsol (возбуждать)* agitar
будоражиться *impf* взбудоражиться *perf coloq* inquietarse, intranquilizarse
будто *conj* como si, como
будуар *m* boudoir
будущее *n* futuro, porvenir
будущий *adj* futuro, venidero
будущность *f* futuro
буер (*pl* –а) *m* trineo a vela
буерак *m reg* barranco, precipicio
буёк *m* boya, baliza
буженина *f* jamón cocido
буза *f vulg* alboroto, escándalo
бузина *f* saúco
бузить *impf vi vulg* armar escádalo, armar alboroto
буй *m nav* boya, baliza
буйвол *m* búfalo
буйволица *f* búfala
буйно *adv* 1) *(необузданно)* violentamente, furiosamente 2) *(порывисто - о ветре и т.п.)* impetuosamente, turbulentamente 3) *(пышно - о растительности)* con exuberancia, con fastuosidad
буйн|ый *adj* 1) *(необузданный)* violento, furioso, desbordado 2) *(порывистый - о ветре и т.п.)* impetuoso, turbulento 3) *(пышный - о растительности)* exuberante, fastuoso ◆ **~ая головушка** *coloq* cabeza caliente
буйство *n* escándalo, alboroto
буйствовать *impf vi* armar escándalo, alborotar
бук *m* haya
бука *f* 1) *coloq obsol (фантастическое существо, которым пугают детей)* el coco 2) *coloq* huraño, persona poco sociable
букашка *f* bicho, insecto pequeño
буква *f* letra *прописная (заглавная)* ~ mayúscula; *строчная* ~ minúscula
буквально *adv* 1) literalmente, al pie de la letra 2) *coloq (действительно)* en realidad, exactamente
буквальный *adj* 1) literal 2) *(точный)* estricto
букварь *m* abecedario
буквенный *adj* de letras, con letras
буквица *f* 1) *(растение)* betónica 2) *obsol* alfabeto
букет *m* 1) ramo (de flores) 2) *(аромат)* buquet, aroma
букинист *m* librero de viejo
букинистический *adj* : ~ магазин librería de viejo
букле *n inv* buclé (tela)
буклет *m* prospecto
буколика *f* bucolismo
буколический *adj* bucólico
буксир *m* 1) *(канат)* remolque 2) *(судно)* remolcador
буксирование *n* V. буксировка
буксировать *impf vt* remolcar, llevar a remolque
буксировка *f* remolque
буксовать *impf vi* patinar, derrapar
булава *f* 1) *(палица)* maza 2) *(символ власти)* bastón de mando
булавка *f* alfiler, imperdible
буланый *adj* bayo (dicho de un caballo)
булка *f* 1) panecillo, bollo 2) *reg (белый хлеб)* pan blanco
булочка *f* bollo, panecillo
булочная *f* panadería
булочный *adj* de panadería
бултых *interj coloq* paf, chas
бултыхаться *impf* бултыхнуться *perf* 1) *coloq (падать в воду)* caer al agua 2) *coloq (плескаться)* chapotear, zambullirse
бултыхнуться V. бултыхаться
булыжник *m* adoquín
бульвар *m* bulevar, avenida
бульварный *adj* 1) de bulevar 2) *(о литературе)* vulgar, trivial
бульдог *m* bulldog
бульдозер *m* bulldozer, niveladora
бульканье *n* borboteo
булькать *impf* булькнуть *perf vi* borbotar
булькнуть V. булькать
бульон *m* caldo, consomé
бультерьер *m* bull terrier
бум[1] *interj* bum, pam
бум[2] *m coloq (шумиха)* boom
бумага *f* 1) papel *писчая* ~ papel de escribir 2) *(документ)* papel, documento
бумажник *m* cartera, billetero
бумажный *adj* de papel
бумазея *f* bombasí, fustán
бунгало *n inv* bungalow
бункер *m* búnquer
бунт[1] *m (мятеж)* rebelión, revuelta, motín, sedición
бунт[2] *m (связка, кипа)* rollo, conjunto
бунтарь *m* insurrecto, amotinado, sedicioso
бунтовать *impf vi* rebelarse, amotinarse
бунтовщи|к, -ца *m/f* rebelde
бур *m* barrena
бурав *m tecn* barrena, perforadora
буравить *impf vt* barrenar, taladrar
бурак *m reg* remolacha
буран *m* tempestad de nieve (en las estepas)
бургомистр *m hist* burgomaestre
бурда *f coloq* brebaje
бурдюк *m* odre, bota, pellejo
буревестник *m* albatros, pájaro carnero
бурелом *m* árboles derribados
буреть *impf* побуреть *perf vt* ponerse (volverse) pardo
буржуа *m* burgués
буржуазия *f* burguesía

буржуазка *f* burguesa
буржуазный *adj* burgués
буржуй *m coloq desp* burgués
буржуйка[1] *m coloq desp* burguesa
буржуйка[2] *m (металлическая печь)* estufa
бурить *impf* пробурить *perf vt* perforar, horadar
бурка *f* burka
буркать *impf* буркнуть *perf vt* refunfuñar, gruñir
бурки (*sing* бурка) *fpl* burki (botas altas hechas de fieltro con suela de cuero)
буркнуть V. буркать
бурлак *m* sirgador
бурление *n* efervescencia
бурливый *adj* agitado, tumultuoso
бурлить *impf vi* 1) bullir, hervir, borbotar 2) *(проявляться бурно)* hervir, agitarse
бурлящий *adj* efervescente
бурно *adv* tempestuosamente, agitadamente, violentamente
бурнус *m* albornoz
бурнусик *m coloq* V. бурнус
бурный *adj* 1) tempestuoso, agitado, violento 2) *(стремительный)* impetuoso, rápido 3) *(страстный)* tempestuoso, impetuoso, fogoso
буровик *m* perforador, horadador
буровой *adj* perforador
бурт *m agric* hortalizas cubiertas con paja para protegerlas del hielo
бурун *m* oleaje
бурундук *m* ardilla listada, tamias
бурчать *impf* пробурчать *perf vt* 1) *(урчать)* gruñir 2) *(ворчать)* refunfuñar, gruñir
бурый *adj* pardo ~ *медведь* oso pardo
бурьян *m* malas hierbas
буря *f* tormenta, tempestad, temporal ◆ ~ **в стакане воды** tempestad en un vaso de agua
бурят, -ка *m/f* buriat|o, -a
бурятский *adj* buriato
бусина *f* abalorio, cuenta de vidrio
бусы (*gen* бус) *fpl* collar, gargantilla
бут *m constr* cabezote, piedra quebrada
бутан *m quím* butano, gas butano
бутафория *f* 1) muestras artificiales 2) *(нечто фальшивое)* falsa apariencia
бутерброд *m* bocadillo, canapé, emparedado
бутилен *m quím* butileno
бутон *m* 1) *(цветок)* capullo 2) *(почка)* yema
бутсы *fpl (sing бутса)* botas (de fútbol)
бутылка *f* botella *одноразовая* ~ botella no retornable
бутыль *f* bombona, garrafón
буфер[1] *m* 1) tope, parachoques 2) *(объект, ослабляющий силу столкновения)* freno
буфер[2] *m informát* buffer, búfer
буфет *m* 1) bar, cantina 2) *(мебель)* bufete, aparador
буфетчи|к, -ца *m/f* camarer|o, -a, vendedor, -a de la cantina
буфф *adj inv teat* bufo
буффонада *f* bufonada
бух *interj* paf, pum
буханка *f* hogaza ~ *хлеба* hogaza de pan
бухать *impf* бухнуть *perf* 1) *vi coloq (об орудии, выстреле)* tronar, retumbar 2) *vt coloq (ударять, бросать)* golpear, lanzar con fuerza
бухать *impf vi vulg (выпивать)* beber, privar
бухаться *impf* бухнуться *perf coloq* caer, desplomarse
бухгалтер *m* contable
бухгалтерия *f* 1) contabilidad 2) *(отдел)* departamento de contabilidad
бухгалтерский *adj* contable
бухнуть V. бухать
бухнуться V. бухаться
бухта *f* bahía, cala
бухты-барахты *inv* с ~: sin venir a cuento, de buenas a primeras
буча *f vulg* alboroto, algarabía
бушевать *impf vi* 1) *(о море)* encresparse, alborotarse 2) *(о ветре)* enfurecerse 3) *(о страстях)* hervir 4)*(о чувствах)* desencadenarse, desenfrenarse 5) *coloq (буйствовать)* alborotar, enfurecerse
бушлат *m* capote, chubasquero
буян *m* alborotador, bullanguero
буянить *impf vi* alborotar, armar escándalo
бы *partic* se usa en las construcciones de condicional *если ~ у меня было ~ время, я ~ тебе помог* si tuviera tiempo te ayudaría; *я мог ~ сделать то же самое* yo podría hacer lo mismo; *ты ~ сходил за хлебом* podrías ir a comprar el pan
бывало *con coloq* sucedía que, pasaba que; *придёт, ~, и начнёт рассказывать истории* (sucedía que) venía y se ponía a contar historias
бывалый *adj* 1) *(привычный)* acostumbrado, habitual 2) *(опытный)* experimentado, versado
бывать *impf* побывать *perf vt* estar, haber estado (en un lugar)
бывший *adj* ex, antiguo, anterior
быдло *n* 1) *(скот)* ganado 2) *coloq desp (неотёсанный народ)* chusma, gentuza
бык[1] *m* toro *здоров как ~* fuerte como un toro ◆ **брать ~а за рога** coger al toro por los cuernos
бык[2] *m (опора моста)* pilar, péndola (de un puente)
былина *f* bilina (canción épica rusa)
было *partic* se utiliza para enfatizar que una acción tuvo lugar *хотел ~ поехать, да его не отпустили* quería ir, pero no le dejaron
былое *n* pasado
былой *adj* pasado, antiguo, de antaño
быль *f* 1) *(действительное происшествие)* hecho verídico, hecho real 2) *obsol* hecho, suceso
быстро *adv* rápidamente, rápido, con rapidez, velozmente, deprisa, aprisa
быстрорастущий *adj* que crece rápidamente, de crecimiento rápido
быстрота *f* rapidez, velocidad
быстротечно *adv* fugazmente
быстротечность *f* fugacidad
быстротечный *adj* fugaz
быстрый *adj* rápido, veloz, pronto ~ *рост* crecimiento rápido
быт *m* vida cotidiana, hábitos *предметы ~а* objetos de uso cotidiano, enseres
бытие *n elev* existencia, ser
бытийный *adj elev* de la existencia
бытовать *impf vi* existir, ocurrir

бытов|ой *adj* 1) cotidiano, habitual; *~ой уклад* usos y costumbres; *~ые условия* condiciones de vida 2) *(о приборах и т.д.)* doméstico *~ые приборы* electrodomésticos
быть *impf vi* 1) ser, existir; *может ~* puede ser 2) *(иметься)* haber; *в гараже был велосипед* en el garaje había una bicicleta 3) *(находиться)* estar ~ *дома* estar en casa ◆ **так и ~!** ¡qué se le va a hacer!, ¡que así sea!
бычий *adj* de toro, bovino
бычиться *impf coloq* enfadarse, cabrearse
бычок[1] *m (молодой бык)* novillo, ternero
бычок[2] *m (рыба)* japuta, coto
бычок[3] *m vulg (окурок)* colilla
бьеф *m* canal, acequia, caz
бювар *m* carpeta
бюджет *m* presupuesto
бюджетный *adj* presupuestario, del presupuesto
бюллетень *m* boletín
бюро[1] *n inv (учреждение)* oficina, servicio
бюро[2] *n inv (стол)* buró, escritorio
бюрократ *m* burócrata
бюрократизм *m* burocratismo
бюрократический *adj* burocrático
бюрократия *f* burocracia
бюст *m* busto
бюстгальтер *m* sostén, sujetador
бязь *f* percal (tela)
бяка *f infant* cosa mala, caca

В

в *prep* **1. (что-л)** *(выражающее направление движения)* a (u/c) мы идём ~ кино vamos al cine **2. (что-л)** *(выражающее время совершения действия)* a (a u/c), en (a u/c) ~ *пять часов* a las cinco; ~ *понедельник* el lunes **3. (что-л)** *(выражающее характеристику)* de (de u/c) *дом ~ пять этажей* edificio de cinco pisos; *платье ~ горошек* vestido de topos **4. (что-л)** *(выражающее переход во внутреннее состояние)* en (de u/c) *прийти ~ ярость* entrar en cólera **5. (что-л)** *(выражающее занятие игрой)* a (a u/c) *играть ~ шахматы* jugar al ajedrez **6. (что-л)** *(выражающее способ совершения действия)* a (a u/c) *купить ~ кредит* comprar a crédito **7. (ком/чём-л)** *(выражающее местонахождение)* en (alg o u/c), dentro de (alg o u/c) *дети ~ школе* los niños están en la escuela; *книга ~ портфеле* el libro está en la cartera **8. (ком/ чём-л)** *(выражающее расстояние)* a (u/c) ~ *пяти километрах* a cinco kilómetros **9. (чём-л)** *(в одежде или обуви)* con (u/c) *женщина ~ чёрном платье* una mujer con un vestido negro **10. (чём-л)** *(выражающее время совершения действия)* con (en u/c) ~ *апреле* en abril; ~ *прошлом году* el año pasado

ва-банк *adv* : играть ~, пойти ~ jugárselo todo a una carta, jugárselo el todo por el todo

вавилонский *adj* babilonio

вагон *m* vagón *спальный* ~ coche-cama

вагонетка *f* vagoneta

важничать *impf vi coloq* darse importancia, pavonearse

важно 1. *adv* con aire de importancia **2.** *adv pred* importa, es importante

важность *f* 1) *(значительность)* importancia, gravedad 2) *(важный вид)* fatuidad ◆ **(не) велика ~, эка ~** *coloq* ¡vaya una cosa!, ¡no es gran cosa!

важный *adj* 1) *(имеющий особое значение, значительный)* importante, relevante, sustancial ~ вопрос cuestión importante 2) *(горделивый)* altivo, majestuoso

ваза *f* jarrón, florero

вазелин *m* vaselina

вакансия *f* vacante, vacancia

вакантный *adj* vacante

вакса *f* betún

вакуум *m fís* vacío

вакуумный *adj* de vacío, al vacío

вакханалия *f* bacanal

вакцина *f* vacuna

вакцинация *f* vacunación

вакцинировать *biasp vt med* vacunar

вакцинный *adj* de vacuna(s)

вал *m* 1) *(насыпь)* terraplén 2) *(волна)* oleada

валенки (*gen* валенок) *mpl* botas de fieltro

валентность *f quím* valencia

валентный *adj quím* de valencia(s)

валериана *f* valeriana

валерьянка *f coloq* gotas de valeriana

валет *m cart* sota

валик *m* rollo, rodillo

валить[1] *impf* повалить *perf vt* 1) tumbar, hacer caer, derribar 2) *coloq (бросать)* tirar ~ *в кучу* amontonar; ~ *всё на других* echar las culpas a los demás

валить[2] *impf* повалить *perf vi* 1) *coloq (идти)* ir, venir (en tropel, en masa) 2) *coloq (падать густой массой)* caer (copiosamente) *снег валит хлопьями* está nevando copiosamente ◆ **вали!** *coloq* ¡vamos!, ¡venga!

валиться *impf* повалиться *perf* caerse, tumbarse ◆ ~ с ног estar muy cansado

валовой *adj* 1) *econ* bruto, global, total *внутренний ~ продукт* producto interior bruto 2) *(сплошной)* total, global

валун *m* canto rodado

вальс *m* vals

вальсировать *impf vi* valsear

вальяжный *adj* imponente, de buena apariencia

валюта *f* divisa

валютный *adj* de divisa

валять *impf* свалять *perf vt* 1) hacer rodar, revolcar ~ *по полу* hacer rodar por el suelo 2) *(сбивать из шерсти или пуха)* abatanar, enfurtir ◆ ~ **дурака** *coloq* hacer el tonto, hacer tonterías

валяться *impf* 1) revolcarse, dar vueltas ~ в снегу revolcarse en la nieve 2) *coloq (лежать)* estar tumbado 3) *coloq (о вещах)* estar tirado

вампир *m* vampiro

вампирский *adj* vampírico, de vampiros

вандал *m* vándalo

вандализм *m* vandalismo

ванилин *m* vainilla

ваниль *f* vainilla

ванильный *adj* de vainilla

ванн|а *f* 1) *(сосуд)* bañera 2) *(действие)* baño *принять ~у* tomar un baño ◆ **водяная ванна** baño maría

ванная *f* cuarto de baño

ванн|ый *adj* de baño *~ая комната* cuarto de baño

вапоризатор *m tecn* vaporizador

вар[1] *m* pez, resina

вар[2] *m (единица измерения)* vario

варвар *m* bárbaro

варваризм *m ling* barbarismo

варварский *adj* bárbaro

варварство *n* barbarie

варево *n vulg* comida (líquida)

варежка *f* manopla (de invierno)

варенец *m* varenets (leche agriada al horno)

варение *n* cocción

вареник *m (espec pl)* varénik (empanadilla hervida con requesón u otros ingredientes)

варенье *n* confitura

варёный *adj* cocido
вариант *m* variante, opción
вариантный *adj* de variante, de opción
вариационный *adj* de variaciones
вариация *f* 1) variación 2) *mús* variación
варикоз *m* variz, varices
варить *impf* сварить *perf vt* 1) hervir, cocer ~ *варенье, пиво* hacer confitura, cerveza 2) *(изготовлять варкой)* fundir, cocer *варить сталь* fundir acero 3) *(сваривать)* soldar 4) *(о желудке)* digerir ◆ **голова у него варит** *coloq* la cabeza le carbura, tiene la cabeza bien amueblada
вариться *impf* свариться *perf* hervirse, cocerse ~ *в собственном соку* cocerse en su propio jugo
варка *f* cocción
варьете *n indecl* varietés, variedades
варьирование *n* variación
варьировать *impf vt* variar
варьироваться *impf* variar
варяг *m hist* varego
варяжский *adj hist* varego
василёк *m* aciano, azulejo, aldiza
васильковый *adj* azulado, azulino
вассал *m* vasallo
вассальный *adj* de vasallo
вата *f* algodón
ватага *f coloq* cuadrilla, tropel
ватка *f* trozo de algodón
ватман *m* papel Whatman
ватник *m* chaquetón acolchado (guateado)
ватный *adj* de algodón
ватрушка *f* vatrushka (especie de pastel con requesón)
ватт *m electr* vatio
вафельный *adj* de barquillo(s), de oblea(s)
вафля *f* barquillo, oblea
вахт|а *f* 1) *(действие)* guardia *нести ~у* estar de guardia, montar guardia 2) *(место)* puesto de control, portería
вахтенный **1.** *adj* de guardia **2.** *m* oficial (marinero) de guardia
вахтёр *m* portero
вахтёрша *f coloq* portera
вахтовый *adj* de guardia
ваш, ваша, ваше, ваши *pron pos* 1) vuestro, vuestra, vuestros, vuestras, de vosotros, de vosotras *ваша книга* vuestro libro; *ваш дом* vuestra casa 2) *(при вежливом обращении)* de usted, de ustedes, suyo, suya, suyos, suyas *это ваше пальто?* ¿es éste su abrigo?; *я к вашим услугам* estoy a su disposición ◆ **и нашим и вашим** *coloq* servir a Dios y al diablo
ваяние *n* escultura
ваятель *m* escultor
ваять *impf* изваять *perf vt* esculpir, tallar
вбегать V. вбежать
вбежать *perf* вбегать *impf vi* entrar corriendo
вбивать V. вбить
вбирать V. вобрать
вбить *perf* вбивать *impf vt* clavar, meter ◆ ~ **себе в голову** *coloq* meterse una cosa en la cabeza, obsesionarse con algo
вблизи **1.** *adv* cerca, de cerca **2.** *prep* (**кого/чего-л**) cerca de, junto a
вбок *adv coloq* de lado, de costado
вбрасывать V. вбросить
вброд *adv* por el vado *переходить реку* ~ vadear un río
вбросить *perf* вбрасывать *impf vt* lanzar, arrojar (hacia adentro)
вваливаться V. ввалиться
ввалиться *perf* вваливаться *impf* 1) *(упасть)* caerse, hundirse 2) *coloq (грузно войти)* irrumpir, entrar en tropel
введение *n* 1) introducción, implantación 2) *(предисловие)* introducción, preámbulo
ввезти *perf* ввозить *impf vt* 1) introducir, meter (en un vehículo) 2) *(в страну)* importar
ввергать V. ввергнуть
ввергнуть *perf* ввергать *impf vt* 1) arrojar, lanzar (con fuerza hacia adentro de u.c.) 2) *(в какое-л. состояние)* sumir, hundir ~ *в отчаяние* sumir en la desesperación
вверить *perf* вверять *impf perf* confiar, entregar
вверх *adv* hacia arriba, arriba
вверху *adv* arriba
вверять V. вверить
ввести *perf* вводить *impf vt* 1) introducir, meter ~ *лошадь в конюшню* meter (hacer entrar) al caballo en el establo 2) *(установить)* establecer, introducir ~ *новую систему* introducir un sistema nuevo 3) *(вовлечь)* llevar, poner *ввести в заблуждение* inducir a error; ~ *в курс дела* poner al corriente 4) *(набрать)* introducir ~ *код* introducir un código 5) *(в действие, в эксплуатацию)* poner ~ в действие poner en marcha, poner en funcionamiento
ввиду *prep* (**чего-л**) debido a u.c., por causa de u.c. ~ *того, что* en vista de que, teniendo en cuenta que
ввинтить *perf* ввинчивать *impf vt* atornillar, enroscar
ввинчивать V. ввинтить
ввод *m* 1) introducción 2) *(в действие)* puesta ~ *в действие* puesta en marcha, puesta en funcionamiento 3) *informát* entrada
вводить V. ввести
вводн|ый *adj* introductorio, de introducción ◆ **~ое слово** *ling* conector
ввоз *m* 1) introducción (en un vehículo) 2) *(в страну)* importación
ввозить V. ввезти
ввозной *adj* V. ввозный
ввозный *adj* de importación
вволю *adv coloq* en abundancia, hasta hartarse
ввысь *adv* arriba, en lo alto
ввязаться *perf* ввязываться *impf coloq* meterse, mezclarse, entrometerse, inmiscuirse ~ в неприятную историю meterse en una historia desagradable
ввязываться V. ввязаться
вглубь *adv* hacia adentro, en la profundidad
вглядеться *perf* вглядываться *impf* (**в кого/что-л**) mirar (bien, con atención), examinar, fijar la mirada (en u/c)
вгонять V. вогнать
вгрызаться V. вгрызться
вгрызться *perf* вгрызаться *impf* (**в кого/что-л**) hincar los dientes (en u/c), adentellar
вглядываться V. вглядеться
вдаваться V. вдаться

вдавить *perf* вдавливать *impf vt* 1) **(во что-л.)** *(вжать)* meter a presión 2) *(вмять)* abollar
вдавливать V. вдавить
вдалбливать V. вдолбить
вдалеке *adv* a lo lejos, en la lejanía
вдали *adv* a los lejos, en la lejanía
вдаль *adv* a lo lejos
вдаться *perf* вдаваться *impf* **(во что-л.)** entrar, penetrar (en u/c) *вдаваться в подробности* entrar en detalles
вдвое *adv* dos veces, el doble ~ *больше* el doble, dos veces más
вдвоём *adv* los dos (juntos), entre (los) dos *мы ходили* ~ fuimos los dos (juntos)
вдвойне *adv* el doble, doblemente *заплатить* ~ pagar el doble; *он* ~ *рад* está el doble de contento, está doblemente contento
вдевать V. вдеть
вдеть *perf* вдевать *impf vt* **(во что-л.)** meter, hacer pasar, pasar
вдобавок *adv coloq* además, encima *грубит, да ~ ещё и лжёт* es grosero, y además miente
вдова *f* viuda ◆ **соломенная** ~ *hum* mujer temporalmente separada de su marido
вдовец *m* viudo
вдовий *adj* de viudo, de viuda
вдоволь *adv* hasta satisfacerse, hasta hartarse, en abundancia *наесться* ~ comer hasta hartarse
вдовствовать *impf obsol* estar (ser) viudo
вдогонку *adv coloq* detrás de, en persecución de *побежать за кем-л.* ~ echar a correr detrás de alg
вдолбить *perf* вдалбливать *impf vt* 1) *(вбить)* meter, clavar 2) *vulg (втолковать)* machacar, inculcar
вдоль **1.** *prep* **(чего-л)** a lo largo de u.c. ~ *берега* a lo largo de la orilla **2.** *adv* a lo largo ◆ ~ и поперёк *coloq* de cabo a rabo, de la Ceca a la Meca
вдох *m* inspiración, aspiración *сделать* ~ hacer una inspiración
вдохновение *n* inspiración
вдохновенный *adj* inspirado
вдохновитель *m* inspirador
вдохновить *perf* вдохновлять *impf vt* 1) inspirar 2) *(побудить)* animar
вдохновиться *perf* вдохновляться *impf* inspirarse
вдохновлять V. вдохновить
вдохновляться V. вдохновиться
вдохнуть *perf* вдыхать *impf vt* inspirar, aspirar, inhalar
вдребезги *adv* 1) en mil pedazos, en mil trozos *разбиться* ~ hacerse añicos 2) *coloq (полностью)* completamente, del todo *пьяный* ~ borracho perdido
вдруг **1.** *adv* 1) *(неожиданно)* de golpe, de repente, de pronto, de súbito ~ *раздался выстрел* de repente se oyó un disparo 2) *(разом)* a la vez, de golpe **2.** *partic (в вопросах)* y si *а ~ он не придёт?* ¿y si no viene?
вдрызг *adv vulg* V. вдребезги
вдуматься *perf* вдумываться *impf* **(во что-л.)** reflexionar (sobre u/c), penetrar (mentalmente) (en u/c)
вдумчивый *adj* meditabundo, reflexivo
вдумываться V. вдуматься
вдыхание *n* aspiración
вдыхать V. вдохнуть
веб-страница *f* página web
вегетариан|ец, -ка *m/f* vegetarian|o, -a
вегетарианский *adj* vegetariano
вегетарианство *n* vegetarianismo
вегетативный *adj* vegetativo
вегетационный *adj bot* vegetal, vegetativo, de vegetación
вегетация *f bot* vegetación
ведать *impf* **1.** *vt elev* saber, conocer **2.** *vi* **(чем-л)** *obsol (управлять)* administrar, regir
ведение *n* administración, gobernación
ведение *n* dirección, gestión ~ *хозяйства* gestión de la economía
ведёрко *n dimin. de* ведро
ведомость *f* registro, lista, relación
ведомственный *adj* departamental, de departamento, de adminstración
ведомство *n* departamento, administración
ведр|о *n* cubo *мусорное ~о* cubo de la basura ◆ **лить как из ~а** llover a cántaros
ведущая *f radio TV* locutora, presentadora
ведущий **1.** *adj* 1) *(головной)* que va a la cabeza 2) *tecn* motriz, propulsor 3) *(главный)* principal, dirigente **2.** *m radio TV* locutor, presentador
ведь *partic* es que, en efecto, en verdad *ты ~ знал об этом, правда?* ¿lo sabías, verdad?
ведьма *f* bruja
веер *m* abanico
веерный *adj* V. веерообразный
веерообразный *adj* en abanico, con forma de abanico
вежливость *f* cortesía, amabilidad
вежливый *adj* cortés, amable
везде *adv* en todas partes, dondequiera
вездесущий *adj* ubicuo, omnipresente
вездеход *m* todoterreno
везение *n coloq* suerte, fortuna
везти[1] *impf vt* llevar (en un medio de transporte), transportar
везти[2] *impf* повезти *perf vi* **(кому-л)** *coloq* tener suerte *ему не везёт* no tiene suerte; *как тебе везёт!* ¡qué suerte tienes!
везунчик *m coloq* suertudo, afortunado
везучий *adj coloq* suertudo, afortunado
век *m* 1) siglo *в прошлом веке* en el siglo pasado 2) *(эпоха)* edad *каменный* ~ la edad de piedra 3) *(жизнь)* vida, siglo ◆ ~ **живи** - ~ **учись** nunca te acostarás sin saber una cosa más испокон ~ов *coloq* desde que el mundo es mundo **на ~и вечные** *elev* in sécula seculórum
веко (*pl* веки) *n* párpado
вековечный *adj* eterno, perpetuo
вековой *adj* de un siglo, secular
вексель *m* letra de cambio
вексельный *adj* de letra de cambio
вектор *m mat* vector
векторный *adj mat* vectorial
веление *n obsol* orden
велеречивый *adj elev obsol* enfático, ampuloso
велеть *biasp vi* mandar, ordenar
велик *m coloq* bici, bicicleta
великан *m* gigante
велик|ий *adj* 1) *(выдающийся)* gran, grande ~*ий учёный* un gran científico 2) *(огромный)* grande, numeroso *~ое множество* una gran

cantidad 3) *(слишком большой - только краткая форма)* (muy) grande, (muy) largo *свитер тебе* ~ el jersey te va grande ◆ **~ий пост** *relig* cuaresma
великовозрастный *adj obsol* pasado de edad
великодержавный *adj* de gran potencia
великодушие *n* generosidad, magnanimidad
великодушно *adv* con generosidad, con magnanimidad
великодушный *adj* generoso, magnánimo
великолепие *n* esplendor, hermosura, magnificencia
великолепно *adv* 1) magníficamente, esplendorosamente 2) *coloq (очень хорошо)* divinamente, excelentemente
великолепный *adj* 1) *(роскошный, пышный)* magnífico, suntuoso, espléndido 2) *coloq (очень хороший)* excelente, sensacional, magnífico, espléndido
великорусский *adj hist* ruso
великосветский *adj obsol* aristocrático, noble
величавый *adj* majestuoso, imponente
величать *impf vt obsol* nombrar, llamar
величественный *adj* majestuoso, grandioso, imponente
величество *n* majestad *ваше* ~ su majestad
величина *f* 1) magnitud, tamaño 2) *mat* magnitud, cantidad
велодром *m* velódromo
велосипед *m* bicicleta
велосипедист, -ка *m/f* ciclista
велосипедный *adj* ciclista
вельбот *m nav* ballenera
вельвет *m* terciopelo, pana
вельветовый *adj* de terciopelo, de pana
вельможа *m obsol* cortesano, alto dignatario
вена *f* vena
венгерка *f* húngara
венгерский *adj* húngaro
венгр *m* húngaro
Венера *f astr mitol* Venus
венерический *adj* venérico
венерология *f med* venerología
венец *m* 1) *obsol* corona 2) *(завершение)* cúspide, cumbre
венечный *adj anat* coronario
вензель *m* monograma, cifra
веник *m* escoba
венозный *adj anat* venoso
венок *m* corona
вентилировать *impf vt* ventilar
вентиль *m mús tecn* válvula
вентилятор *m* ventilador
вентиляционный *adj* de ventilación
вентиляция *f* ventilación
венценосец *m elev obsol* monarca, rey
венчание *n* 1) boda, matrimonio (por la Iglesia) 2) *(коронование)* coronación
венчать *vt biasp* casar (por la Iglesia)
венчаться *impf* обвенчаться/повенчаться *perf* casarse (por la Iglesia)
венчик *m bot* corola
вепрь *m* jabalí
вер|а *f* 1) fe, confianza ~ *в самого себя* fe en uno mismo 2) *(вероисповедание)* fe, creencia ◆ **служить ~ой и правдой** servir en cuerpo y alma
веранда *f* galería (balcón cerrado)
верба *f* sauce, sauz
вербальный *adj ling* verbal
верблюд *m* camello
верблюжий *adj* de camello
вербн|ый *adj* de sauce, de sauz ◆ **~ое воскресенье** *relig* domingo de ramos
вербовать *impf* завербовать *perf vt* enrolar, reclutar, contratar
вербовка *f* reclutamiento, contratación
вербовочный *adj* de reclutamiento, de contratación
вербовщи|к, -ца *m/f* reclutador, -a, contratista
вердикт *m jur* veredicto
вереница *f* fila, hilera
вереск *m* brezo
веретено *n* huso
верещать *impf* проверещать *perf vi* 1) *coloq* chillar 2) *coloq (о чём-л.)* chirriar, rechinar
верёвка *f* cuerda, soga
верёвочка *f dimin. de* верёвка
верёвочный *adj* de cuerda, de soga
верзила *m/f coloq* espingarda (persona muy alta), jirafa
верить *impf* поверить *perf vi* **(кому/чему-л)** creer ~ *в кого-л./что-л.* creer en alg o u.c.
вериться *impf v/impers* creer *мне не верится* no me creo
вермишель *f* fideos
вермут *m* vermut
вернисаж *m arte* apertura de una exposición
верно 1. *adv* 1) *(преданно)* fielmente, lealmente 2) *(правильно)* bien, justo, exactamente, correctamente ~ *ответить* responder correctamente **2.** *con* probablemente, con probabilidad *он, ~, не придёт* probablemente no vendrá
верноподданный *m obsol* súbdito fiel
верность *f* fidelidad, lealtad
вернуть *perf vt* 1) *(отдать)* devolver, restituir 2) *(получить обратно)* recuperar, recobrar 3) *(заставить вернуться)* hacer volver
вернуться *perf* 1) volver, regresar 2) *(обратиться к чему-то вновь)* volver, retornar *вернуться к вопросу* retomar una cuestión
верный *adj* 1) *(преданный)* fiel, leal 2) *(достоверный)* ajustado, fiable, seguro 3) *(правильный)* justo, exacto, correcto
верование *n* creencia
веровать *impf vi* **(в кого/что-л)** creer (en alg o u/c)
вероисповедание *n* confesión, religión
вероломно *adv* pérfidamente, deslealmente
вероломный *adj* pérfido, desleal
вероломство *n* perfidia, deslealtad
вероотступни|к, -ца *m/f relig* apóstata, renegad|o, -a
веротерпимость *f* tolerancia religiosa
вероучение *n* doctrina, dogmas
вероятно *adv* con probabilidad, probablemente
вероятностный *adj* de probabilidades
вероятност|ь *f* probabilidad, verosimilitud *теория ~ей* cálculo de probabilidades ◆ **по всей ~и** con toda probabilidad
вероятный *adj* probable, verosímil, creíble
версия *f* versión
верста *f* verstá (antigua medida rusa de distancia equivalente a 1,06 kilómetros) ◆ **коломенская** ~ *coloq* jirafa, más alto que un pino

верстак *m* banco de carpintero
верстать *impf* сверстать *perf vt tipogr* componer, compaginar
вертел *m* asador
вертеп *m* 1) guarida, madriguera 2) *relig* pesebre, belén
вертеть *impf* **1.** *vt* hacer girar, dar vueltas, voltear **2.** *vi* (**чем-л**) hacer girar, mover ◆ **как ни верти** *coloq* hagas lo que hagas, lo mires como lo mires
вертеться *impf* 1) girar, dar vueltas 2) *(беспокойно поворачиваться)* dar vueltas, moverse ◆ ~ **под ногами** *coloq* molestar con la presencia, ser un pegote ~ **на языке** *coloq* tener en la punta de la lengua
вертикаль *f* vertical
вертикальнный *adj* vertical
вертикально *adv* verticalmente
вертихвостка *f desp vulg* pelandusca, mujer de cascos ligeros
вертлявый *adj coloq* inquieto, movido, revoltoso
вертолёт *m* helicóptero
вертолётный *adj* de helicóptero
вертолётчик *m* piloto de helicóptero
вертушка *f* 1) *(устройство)* molinete 2) *(дверь)* puerta giratoria
верующий **1.** *adj* creyente, religioso **2.** *m* creyente
верфь *f* astillero
верх **1.** *m* 1) parte superior, parte de arriba, cima, cúspide *до самого ~а* hasta arriba del todo 2) *(предел)* tope, máximo, colmo **2.** **-и** *mpl (правящие круги)* altas esferas ◆ **одержать (взять)** ~ ganar, vencer
верхн|ий *adj* superior, alto ◆ **~яя одежда** abrigo, ropa de calle
верховенство *n* supremacía
верховный *adj* supremo, superior, soberano ~ *орган* órgano supremo; ~ *суд* tribunal superior
верхов|ой *adj* de equitación *~ая езда* equitación
верхом *adv* a caballo
верхотура *f coloq* parte superior, cima, cúspide
верхушка *f* 1) cima, cúspide 2) *(элита)* elite
вершина *f* cima, pico, cumbre
вершинный *adj* de la cima, de la cumbre
вершитель *m elev* rector ~ *судеб* rector de los destinos
вершить *impf vt* (**что-л/чем-л**) *elev* regir, administrar
верш|ок *m* vershok (antigua medida rusa de 4,4 cm.) ◆ **от горшка два ~ка** *coloq* no levanta un palmo del suelo
вес *m* 1) peso *удельный вес* peso específico; *чистый* ~ peso neto; *на* ~ a peso 2) *sport* peso *тяжёлый* ~ peso pesado 3) *(значение)* peso, autoridad ◆ на ~у colgando, suspenso **на ~ золота** a peso de oro
веселеть *impf* повеселеть *perf vi* ponerse alegre, alegrarse
веселить *impf* развеселить *perf vt* alegrar, divertir, regocijar
веселиться *impf* divertirse, alegrarse, regocijarse
весело **1.** *adv* alegremente, con alegría, divertidamente **2.** *adj pred* : мне ~ estoy alegre
веселье *n* alegría, regocijo
весельчак *m coloq* bromista, cachondo
весенний *adj* de primavera, primaveral
весёленький *adj dimin. de* весёлый
весёлость *f* alegría, jovialidad
весёлый *adj* alegre, divertido, contento ~ *характер* carácter alegre
весить *impf vi* pesar
веский *adj* de peso ~ *аргумент* argumento de peso
весло *n* remo
весна *f* primavera *поздняя* ~ primavera tardía
весной, весною *adv* en (la) primavera, durante la primavera
веснушка *f (espec pl)* peca
веснушчатый *adj* pecoso
весовой *adj* de peso, a peso
весомость *f* ponderabilidad
весомый *adj* ponderable
вестерн *m cine* western, película del oeste
вести *impf vt* 1) guiar, llevar (de la mano) ~ *за руку* llevar de la mano 2) *(транспортное средство)* conducir, pilotar ~ *машину* conducir un coche 3) *(руководить)* dirigir, llevar, conducir ~ *дело* llevar un asunto 4) *(иметь направление)* llevar, conducir *дорога ведёт в лес* el camino lleva al bosque 5) *sport* ir ganando, llevar ventaja 6) *(производить какое-л. действие)* hacer, mantener, llevar a cabo ~ *переговоры* mantener negociaciones; ~ *записи* tomar notas; ~ *бой* combatir ◆ ~ **себя** comportarse
вестибулярный *adj anat* vestibular
вестибюль *m* vestíbulo, hall
вестись *impf (происходить)* tener lugar, realizarse *ведутся переговоры* tienen lugar negociaciones
вестник *m* mensajero
весточк|а *f dimin. de* весть *дать о себе ~у* dar señales de vida
вест|ь *f* nueva, noticia, novedad *пропасть без ~и* desaparecer (sin dejar rastro)
весы[1] *mpl* balanza, báscula
Весы[2] *mpl astrol* Libra
весь, вся, всё, все *adj* todo, entero *весь день* todo el día; *всю ночь* toda la noche ◆ **весь в кого-л.** *coloq* es el vivo retrato de alg., es igual que alg. **всё равно** da igual, da lo mismo
весьма *adv* muy, mucho ~ *рад* muy contento
ветвистый *adj* frondoso, ramificado
ветвиться *impf* ramificarse, brotar
ветвь *f* rama
ветер *m* viento *северный* ~ viento del norte ◆ **бросать слова на** ~ hablar por hablar **бросать деньги на** ~ despilfarrar, malgastar el dinero **у него ~ в голове** tiene la cabeza a pájaros **у меня ~ свистит в карманах** estoy sin blanca, no tengo un céntimo
ветеран *m* veterano
ветеранский *adj* de veterano, veterano
ветеринар *m* veterinario
ветеринария *f* veterinaria
ветеринарный *adj* veterinario, de veterinaria
ветерок *m dimin. de* ветер
ветка *f* 1) rama 2) *(железнодорожная)* ramal, bifurcación
вето *n indecl* veto *наложить ~ на что-л.* vetar
веточка *f dimin. de* ветка
ветошь *f* ropa vieja, trapos
ветреница *f coloq* anémona

ветрено *adv pred* hace viento
ветреность *f* ligereza, volubilidad
ветрен|ый *adj* 1) ventoso *~ая погода* tiempo ventoso 2) *(легкомысленный)* ligero, voluble, veleidoso
ветрило *n obsol poét* vela (de una embarcación)
ветров|ой *adj* de viento *~ое стекло* parabrisas
ветряк *m* 1) *coloq* aeromotor 2) *coloq (мельница)* molino de viento
ветрянка *f coloq* varicela
ветрян|ой *adv* de viento *~ая мельница* molino de viento
ветрян|ый *adj* : ~ая оспа varicela
ветхий *adj* viejo, vetusto, decrépito ◆ **Ветхий Завет** Antiguo Testamento
ветхозаветный *adj coloq* antiquísimo, antediluviano
ветхость *f* vejez, vetustez, decrepitud
ветчина *f* jamón cocido
ветшать *impf* обветшать *perf vi* envejecer, hacerse viejo, caducar
веха *f* 1) jalón 2) *(этап)* jalón, etapa
вече *n hist* veche (asamblea de ciudadanos en la Rusia medieval)
вечевой *adj hist* de la veche
вечер *m* 1) tarde, atardecer, anochecer *по ~ам* por las tardes; *добрый ~!* ¡buenas tardes!, ¡buenas noches! 2) *(встреча)* velada ◆ **ещё не** ~ aún no está todo dicho **утро ~а мудренее** la almohada es una buena consejera
вечереть *impf* завечереть *perf vi* anochecer, atardecer
вечеринка *f coloq* fiesta, velada
вечерком *adv coloq* por la tarde, por la noche
вечерн|ий *adj* de la tarde, del anochecer, vespertino *~яя заря* crepúsculo vespertino; *~ее платье* vestido de noche
вечерок *m dimin. de* вечер
вечером *adv* por la tarde, al atardecer *завтра ~* mañana por la tarde
вечно *adv* 1) eternamente 2) *coloq (постоянно)* constantemente, todo el tiempo
вечнозелёный *adj* perenne
вечность *f* eternidad, perpetuidad
вечн|ый *adj* eterno, perpetuo *~ая слава* gloria eterna
вешалка *f* percha, colgador
вешать *impf* повесить *perf vt* 1) colgar, suspender 2) *(кого-либо)* ahorcar, colgar ◆ ~ **голову,** ~ **нос** perder el ánimo, descorazonarse
вешаться *impf* повеситься *perf* ahorcarse, colgarse
вешка *f dimin. de* веха
вешний *adj obsol* vernal, primaveral
вещание *n* radiodifusión
вещательный *adj* de radiodifusión
вещать *impf* провещать *perf vt* 1) predecir, vaticinar 2) *(говорить торжественно)* proclamar 3) *(о радио, телевидении)* difundir
вещевой *adj* de efectos personales, de ropa
вещественность *f* materialidad, realidad
вещественный *adj* material, real
вещество *n* sustancia, materia *взрывчатое ~* material explosivo
вещий *adj* 1) *poét* profético ~ *сон* sueño profético 2) *elev (мудрый)* sabio, previsor
вещица *f dimin. de* вещь
вещичка *f dimin. de* вещь
вещмешок *m* mochila
вещный *adj* de cosa, real
вещ|ь 1. *f* 1) cosa, objeto 2) *(произведение науки, искусства)* obra, pieza **2. -и** *fpl* cosas, efectos, ropa ◆ **в порядке ~ей** al uso, según la costumbre **называть ~и своими именами** llamar a las cosas por su nombre
веяние *n* 1) soplo, hálito 2) *(направление)* tendencia, corriente
веять *impf* провеять *perf vi* 1) *(о ветре)* soplar (un viento suave) 2) *(развеваться)* ondear
вёрстка *f impr* composición, paginado
вёрткий *adj coloq* ágil, habil
вживание *n* adaptación, aclimatación
вживаться V. вжиться
вжиться *perf* вживаться *impf perf* **(во что-л.)** acostumbrarse (a u/c), aclimatarse (a u/c)
взаимно *adv* mutuamente
взаимность *f* reciprocidad, mutualidad
взаимный *adj* mutuo, recíproco
взаимодействие *n* interacción, acción recíproca
взаимоотношение *n* relación mutua
взаимопомощь *f* ayuda mutua
взаимопонимание *n* comprensión mutua
взаимосвязь *f* relación mutua, correlación
взаймы *adv* de prestado, como préstamo *взять* ~ tomar prestado, tomar como préstamo
взамен 1. *adv* a cambio, en trueque **2.** *prep* **(кого/чего-л)** a cambio de, en trueque de
взаперти *adv* bajo llave, incomunicadamente
взаправду *adv vulg* en realidad, en verdad, realmente
взасос *adv* sin separar los labios *целоваться ~* darse un beso de tornillo
взахлёб *adv vulg* con agitación, efusivamente
взашей *adv vulg* : гнать (прогнать) ~ echar, poner de patitas en la calle
взбадривать V. взбодрить
взбадриваться V. взбодриться
взбаламутить V. баламутить
взбалмошный *adj coloq* disparatado, extravagante, desequilibrado
взбалтывать V. взболтать
взбегать V. взбежать
взбежать *perf* взбегать *impf vi* subir corriendo
взбесить V. бесить
взбеситься V. беситься
взбивать V. взбить
взбираться V. взобраться
взбит|ый *adj* batido *~ые сливки* nata montada
взбить *perf* взбивать *impf vt* 1) batir 2) *(подушку)* ahuecar (una almohada)
взбодрить *perf* взбадривать *impf vt coloq* animar, reanimar, espabilar
взбодриться *perf* взбадриваться *impf coloq* animarse, reanimarse, espabilarse
взболтать *perf* взбалтывать *impf vt* agitar, remover
взбредать V. взбрести
взбрести *perf* взбредать *impf perf coloq* subir, encaramarse (con dificultad) ◆ ~ **в голову (на ум)** meterse en la cabeza, ocurrirse
взбудоражить V. будоражить
взбудоражиться V. будоражиться
взбунтоваться *perf vi* amotinarse, sublevarse, rebelarse

взваливать V. взвалить
взвалить *perf* взваливать *impf perf* cargar
взвесить *perf* взвешивать *impf vt* 1) pesar 2) *fig (обдумать)* sopesar, ponderar, considerar
взвеситься *perf* взвешиваться *impf* pesarse
взвести *perf* взводить *impf vt* 1) alzar, levantar 2) *(несправедливо обвинить)* atribuir, imputar
взвесь *f fís* suspensión
взвешенный *adj* 1) *fís* en estado de suspensión 2) *(обдуманный)* sopesado, ponderado
взвешивать V. взвесить
взвешиваться V. взвеситься
взвиваться V. взвиться
взвизгивать V. взвизгнуть
взвизгнуть *perf* взвизгивать *impf vi* chillar, aullar
взвинтить *perf* взвинчивать *impf vt* excitar, irritar ◆ ~ **цены** *coloq* hacer subir los precios
взвинчивать V. взвинтить
взвиться *perf* взвиваться *impf* elevarse, levantarse (rápidamente)
взвод[1] *m (подразделение)* sección, pelotón
взвод[2] *m (в оружии)* seguro
взводить V. взвести
взводный *adj* de sección, de pelotón
взволнованно *adj* emocionadamente, agitadamente
взволнованный *adj* agitado, emocionado
взволновать V. волновать
взволноваться V. волноваться
взвывать V. взвыть
взвыть *perf* взвывать *impf perf* aullar, gañir, dar un alarido
взгляд *m* 1) mirada, ojeada 2) *(мнение)* punto de vista, opinión, parecer ◆ **на первый** ~ a primera vista **с первого ~а** a primera vista, al instante
взглядывать V. взглянуть
взглянуть *perf* взглядывать *impf vi* **(на кого/что-л)** mirar, echar una mirada, echar una ojeada
взгромождаться V. взгромоздиться
взгромоздиться *perf* взгромождаться *impf* **(на что-л)** *coloq* encaramarse (a u/c), trepar (a u/c)
взгрустнуть *perf vi* ponerse un poco triste
взгрустнуться *perf v/impers* **(кому-л)** ponerse un poco triste
вздёргивать V. вздёрнуть
вздёрнуть *perf* вздёргивать *impf vt coloq* levantar, subir, alzar
вздор *m* bobada, disparate, sandez *молоть ~, нести ~* decir tonterías
вздорный *adj* 1) *(нелепый)* absurdo, insensato 2) *coloq (сварливый)* pendenciero, camorrista
вздорожать V. дорожать
вздох *m* suspiro
вздохнуть *perf vi* 1) V. вздыхать 2) *coloq (отдохнуть)* respirar, resollar
вздрагивать V. вздрогнуть
вздремнуть *perf vi coloq* echar una cabezada, echar un sueño
вздрогнуть *perf* вздрагивать *impf vi* estremecerse, temblar
вздувать V. вздуть
вздуваться V. вздуться
вздумать *perf vt coloq* tener una idea, pensar *и не вздумай...* y que no se te ocurra...
вздуматься *perf v/impers coloq* tener una idea, ocurrirse *ему вздумалось...* se le ocurrió...
вздутие *n* hinchazón, inflamación
вздуть *perf* вздувать *impf* **1.** *vt (поднять дуновением)* levantar, elevar (soplando) *ветер вздул пыль* el viento levantó el polvo **2.** *v/impers* hincharse, inflamarse *у него вздуло живот* se le ha hinchado el vientre
вздуться *perf* вздуваться *impf* 1) *coloq (вспухнуть)* hincharse, inflamarse 2) *coloq (вырасти)* subir, aumentar
вздыбить *perf* вздыбливать *impf vt* encabritar
вздыбливать V. вздыбить
вздымать *impf vt elev* levantar, alzar
вздыматься *impf elev* levantarse, alzarse, elevarse
вздыхать *impf* вздохнуть *perf vi* 1) suspirar 2) **(по/о ком/чём-л)** *(тосковать)* suspirar (por alg o u/c)
взимание *n ofic* cobro, recaudación
взимать *impf vt ofic* cobrar, recaudar ~ *налог* cobrar un impuesto
взирать *impf vt obsol* mirar
взламывать V. взломать
взлелеять V. лелеять
взлетать V. взлететь
взлететь *perf* взлетать *impf vi* volar, levantar el vuelo, despegar
взлёт *m* vuelo, despegue
взлётный *adj* de despegue
взлом *m* fractura, rotura *кража со ~ом* robo con fractura
взломать *perf* взламывать *impf vt* fracturar, forzar ~ *замок* forzar una cerradura
взломщик *m* efractor, revientapisos
взмах *m* brazada, aletada
взмахивать V. взмахнуть
взмахнуть *perf* взмахивать *impf vi* **(чем-л)** agitar (los brazos, las alas), bracear, aletear
взметнуться *perf* взмётываться *impf* levantarse, elevarse (con rapidez)
взмётываться V. взметнуться
взмокать V. взмокнуть
взмокнуть *perf* взмокать *impf vi coloq* empaparse, quedar empapado, humedecerse
взмолиться *perf* **(о чём-л)** implorar, suplicar
взморье *n* litoral, costa
взмутить V. мутить
взмывать V. взмыть
взмыливать V. взмылить
взмылить *perf* взмыливать *impf vt (о лошади)* hacer cubrirse de espuma (de sudor)
взмыть *perf* взмывать *impf perf* elevarse, remontarse, volar muy alto
взнос *m* cuota, aportación *вступительный ~* cuota de ingreso
взобраться *perf* взбираться *impf* **(на кого/что-л)** encaramarse (a u/c), encaramarse (a u/c), trepar (a u/c)
взойти *perf* всходить/восходить *impf vi* 1) *(подняться)* subir, ascender ~ *на гору* subir a la montaña 2) *(о солнце, луне)* levantarse, salir *солнце взошло* ha salido el sol 3) *(о семенах)* brotar 4) *(о тесте)* subir ◆ ~ **на престол** subir al trono

взопреть V. преть
взор *m* mirada, vista *потупить ~* bajar la mirada
взорвать *perf* взрывать *impf vt* 1) hacer explotar, hacer volar, hacer saltar 2) *coloq (рассердить)* hacer explotar, hacer saltar
взорваться *perf* взрываться *impf* 1) explotar, estallar, hacer explosión 2) *coloq (рассердиться)* explotar, estallar, reventar
взрастить *perf* взращивать *impf vt* cultivar, hacer crecer, criar
взращивать V. взрастить
взреветь *perf vi* ponerse a rugir, lanzar un rugido
взрослеть *impf* повзрослеть *perf vi* crecer, hacerse mayor
взрослость *f* madurez
взрослый 1. *adj* adulto, mayor **2.** *m* adulto
взрыв *m* 1) explosión, estallido 2) *(чувств)* explosión
взрыватель *m* detonador, espoleta
взрывать V. взорвать
взрываться V. взорваться
взрывник *m mil* artificiero
взрывной *adj* 1) explosivo, detonante 2) *ling (о звуках)* explosivo
взрывчатка *f coloq* explosivo
взрывчат|ый *adj* explosivo *~ое вещество* explosivo
взрыхлить *perf* взрыхлять *impf vt* mullir
взъерошенный *adj* erizado
взъерошить *perf* взъерошивать *impf vt coloq* erizar
взывать *impf* воззвать *perf vt elev* invocar, llamar, apelar
взыграть *perf* взыгрывать *impf vi* 1) *(о море)* agitarse 2) *(прийти в весёлое состояние)* alegrarse, excitarse
взыскание *n* 1) exacción, impuesto 2) *(наказание)* sanción, castigo
взыскательный *adj* exigente, riguroso
взыскать *perf* взыскивать *impf vt/i* 1) recaudar, cobrar *~ долг* cobrar una deuda 2) *(наказать)* sancionar, castigar
взыскивать V. взыскать
взятие *n* toma, conquista, expugnación *~ крепости* expugnación de una fortaleza
взятк|а *f* 1) soborno *дать ~у* sobornar 2) *jueg (в картах)* baza
взяточник *m* concusionario
взяточничество *n* sobornación
взять *perf* брать *impf vt* 1) tomar, coger, asir *~ в руки* tomar en la mano 2) *(унести)* llevar, tomar *~ с собой* llevar consigo 3) *(принять в коллектив)* admitir, afiliar *~ на работу* admitir en el trabajo 4) *(получить)* tomar, recibir *~ такси* tomar un taxi 5) *coloq (взыскать)* recaudar, cobrar 6) *(добыть)* sacar, tomar *~ материал из учебника* sacar el material del manual 7) *(захватить)* tomar, coger, expugnar *~ город* tomar una ciudad 8) (чем-л) *(достичь)* lograr, vencer *~ числом* vencer por cantidad 9) *(принять направление)* tomar, dirigirse (a u/c) *~ вправо* tomar la derecha 10) *coloq (арестовать)* detener, arrestar ◆ **чёрт возьми!** ¡diablo! *~ себя в руки* dominarse
взяться *perf* браться *impf* 1) cogerse, agarrarse *~ за руки* cogerse de la mano 2) **(за что-л)** *(приступить)* ponerse a (hacer u/c), comenzar a (hacer u/c) ~ за работу comenzar a trabajar 3) **(за что-л)** *(обязаться)* encargarse (de u/c) 4) *coloq (появиться)* aparecer ◆ **откуда ни возьмись** súbitamente
виадук *m* viaducto
вибратор *m* vibrador
вибрационный *adj* vibrante
вибрация *f* vibración
вибрировать *impf vi* vibrar
вивисекция *f* vivisección
вид *m* 1) aspecto, aire *внешний вид* aspecto exterior; *с ~у* al parecer 2) *(пейзаж)* vista, paisaje *~ на озеро* vista al lago 3) *(поле зрения)* vista *на ~у* a la vista 4) *(состояние)* estado *в хорошем ~е* en buen estado 5) *(тип)* tipo, especie *~ транспорта* medio de transporte 6) *biol* especie, variedad 7) *ling* aspecto *совершенный ~* aspecto perfectivo
видать[1] *impf vt* ver *он никогда этого не видал* nunca lo vio
видать[2] *con* por lo visto, al parecer *он, ~, устал* por lo visto está cansado
видение *n* vista, visión
видеозапись *f* vídeo
видеокамера *f* videocámara
видеокассета *f* cinta de vídeo
видеомагнитофон *m* vídeo, video magnetófono
видеть *impf* увидеть *perf vt* 1) ver *рад тебя ~* me alegro de verte; *~ сон* soñar 2) *(сознавать)* ver *вижу свою ошибку* veo mi falta ◆ **не ~ дальше своего носа** no ver más allá de sus narices
видеться *impf* увидеться *perf* 1) verse *вдали видятся горы* a lo lejos se ven las montañas 2) *(встречаться)* verse *~ с друзьями* verse con sus amigos 3) *(представляться воображению)* soñar, ver
видик *m coloq* video
видимо *adv* por lo visto, al parecer
видимость *f* 1) visibilidad 2) *coloq (обманчивая внешность)* apariencia, forma
видимый *adj* 1) visible 2) *(заметный)* manifiesto, claro 3) *coloq (кажущийся)* aparente
видеться *impf* verse
видно 1. *adv pred* se ve, está claro *отсюда ~ весь город* desde aquí se ve toda la ciudad **2.** *adv (по-видимому)* por lo visto, al parecer *он, ~, устал* por lo visto está cansado
видн|ый *adj* 1) *(заметный)* visible *на ~ом месте* en un lugar visible 2) *(статный)* de buena presencia 3) *(выдающийся)* destacado, célebre
видов|ой *adj* 1) *biol* genérico 2) *ling* aspectual 3) *(панорамный)* panorámico
видоизменение *n* modificación
видоизменить *perf* видоизменять *impf vt* modificar
видоизменять V. видоизменить
видоизменяться *impf* modificarse
видоискатель *m foto* visor
видывать V. видеть
виза *f* visado
визави 1. *adv* vis a vis, cara a cara **2.** *m/f* vis a vis
византийский *adj* bizantino

визг *m* chillido, alarido, grito
визгливый *adj* chillón, agudo, estridente
визжать *impf vi* chillar, aullar, gritar
визирование **1.** *n (оформление визы)* visado **2.** *n (наводка)* visualización
визировать *impf* завизировать *perf vt* visar, poner el visado
визит *m* visita *нанести визит* ~ hacer una visita
визитёр *m* visitante, visitador
визитка *f* 1) *textl (одежда)* chaqué 2) *coloq (карточка)* tarjeta de visita
визитн|ый *adj* de visita *~ая карточка* tarjeta de visita
визовый *adj* de visado
визуальность *f* visualidad
визуальный *adj* visual
вика *f* vicia
викинг *m* vikingo
виконт *m* vizconde
викторина *f* concurso
виктория *f* 1) *(растение)* victoria 2) *(победа)* victoria
вилка *f* 1) tenedor 2) *(электрическая)* enchufe
вилла *f* villa, casa de campo
вилы (*gen* вил) *fpl* horca
вильнуть V. вилять
вилять *impf* вильнуть *perf vi* 1) **(чем-л)** *(двигать)* mover, menear ~ *хвостом* colear 2) *(извиваться)* serpentear 3) *(хитрить)* obrar con astucia, tergiversar
вина *f* 1) culpa *это моя* ~ es mi culpa 2) *(причина)* causa
винегрет *m* vinegret (tipo de ensaladilla con remolacha)
винительный *adj ling* acusativo ~ *падеж* caso acusativo
винить *impf vt* culpar, acusar
винный *adj* de vino ~ *погреб* bodega
вино *n* vino *белое* ~ vino blanco; *розовое* ~ vino rosado; *красное* ~ vino tinto
виноват|ый *adj* culpable *быть ~ым* ser culpable
виновни|к, -ца *m/f* culpable
виновность *f* culpabilidad
виновн|ый *adj* culpable *признать ~ым* declarar culpable
виноград *m* 1) *(растение)* vid 2) *(ягоды)* uva
виноградарский *adj* vitícola
виноградарство *n* viticultura
виноградарь *m* viticultor, vitícola
виноградина *f* uva
виноградник *m* viña, viñedo
виноградный *adj* 1) *(относящийся к растению)* de (la) vid 2) *(относящийся к ягодам)* de (la) uva ~ *сок* zumo de uva
винодел *m* vinicultor
виноделие *n* vinicultura
винодельческий *adj* vinícola
винокур *m* destilador
виночерпий *m* escanciador
винт[1] *m* 1) tornillo 2) *(лопасть)* hélice
винт[2] *m (карточная игра)* vint (juego de cartas)
винтовка *f* fusil, rifle
винтов|ой *adj* 1) de(l) tornillo 2) *(винтообразный)* helicoidal 3) *(снабжённый винтом)* a hélice
винтовочный *adj* de fusil
виньетка *f* viñeta
виола *f* viola
виолончелист, -ка *m/f* violonchelista
виолончель *f* violonchelo
вираж *m* viraje
виртуальный *adj* virtual
виртуоз *m* virtuoso
виртуозность *f* virtuosismo
виртуозный *adj* virtuoso
вирус *m med* virus
вирусный *adj* vírico, virulento
вирусолог *m med* virólogo
вирусологический *adj med* virológico
вирусология *f med* virología
вирши *mpl* coplas
виселица *f* horca
висельник *m* 1) *(повешенный)* ahorcado 2) *insult (негодяй)* canalla
висеть *impf vi* 1) colgar, pender, estar colgado ~ *на стене* estar colgado en la pared 2) *(нависать)* pender 3) *(об одежде)* colgar ◆ ~ **на волоске** pender de un hilo ~ **в воздухе** estar en el aire
виски *m/n* whisky
висмут *m quím* bismuto
виснуть *impf* повиснуть *perf vi* colgar, pender
висок *m* sien
високосный *adj* bisiesto
височный *adj anat* de la sien, temporal
вист *m jueg* whist
висячий *adj* colgante, pendiente
витамин *m* vitamina
витаминный *adj* vitamínico
витать *impf vi elev* acechar, percibirse ◆ ~ **в облаках** estar en Babia
витиеватый *adj* amanerado
витой *adj* espiral
виток *m* espira
витраж *m* vitral, cristalera
витрина *f* escaparate, vitrina
вить *impf* свить *perf vt* trenzar, tejer ~ *верёвки* hacer cuerdas ◆ ~ **верёвки из кого-либо** manejar a alguien a su gusto
виться *impf* 1) trepar, ondularse, enredarse 2) *(кружиться)* dar vueltas, girar
витязь *m hist* campeador, paladín
вихревой *adj* de torbellino
вихрь *m* remolino, torbellino
вице-адмирал *m mil* vicealmirante
вице-президент *m* vicepresidente
вишнёвый *adj* 1) de guinda(s) 2) *(о цвете)* color guinda
вишня *f* 1) *(дерево)* guindo 2) *(ягода)* guinda
вишь *partic vulg* mira, ves ~ *ты какой!* ¡mira, como eres!
вкалывать V. вколоть
вкатить *perf* вкатывать *impf* **1.** *vt* 1) entrar rodando, introducir ~ *бочку во двор* entrar el barril en el patio 2) *vulg (сделать что-то неприятное)* dar, asestar ~ *пощёчину* dar una bofetada **2.** *vi vulg (въехать)* rodar, entrar
вклад *m* 1) inversión, ingreso 2) *banc (деньги, ценности)* depósito 3) *(достижение)* contribución, aportación
вкладка *f* 1) *(действие)* introducción 2) *(лист)* suplemento, hoja adicional

вкладной *adj* 1) *fin* depositado, de depósito 2) *(вкладываемый)* suplementario
вкладчик *m banc* depositante
вкладывать V. вложить
вкладыш *m* suplemento, hoja adicional
вклеить *perf* вклеивать *impf vt* encolar, pegar
вклейка *f* 1) *(действие)* encolamiento 2) *(лист)* hoja encolada
вклиниваться V. вклиниться
вклиниться *perf* вклиниваться *impf* penetrar, introducirse
включать V. включить
включаться V. включиться
включая *adv* incluso, incluyendo
включение *n* 1) inclusión, incorporación 2) *(подключение)* conexión 3) *(приведение в действие)* puesta en marcha
включительно *adv* inclusivamente, inclusive
включить *perf* включать *impf vt* 1) incluir, insertar, incorporar ~ *в программу* incluir en el programa 2) *(подключить)* conectar 3) *(привести в действие)* poner en marcha, encender ~ *свет* encender la luz
включиться *perf* включаться *impf* 1) incorporarse, unirse ~ *в работу* incorporarse al trabajo 2) *(подключиться)* conectarse
вколачивать V. вколотить
вколотить *perf* вколачивать *impf vt* clavar, meter
вколоть *perf* вкалывать *impf vt* clavar, poner ~ *булавку* clavar un alfiler
вконец *adv coloq* completamente, del todo
вкопать *perf* вкапывать *impf vt* plantar, hundir en la tierra
вкось *adv* al sesgo, oblicuamente
вкрадчивый *adj* embaucador, adulador
вкрапить *perf* вкраплять *impf vt* 1) esparcir, diseminar 2) *(внести)* incluir, introducir
вкрапление *n* intercalación, incrustación
вкрасться *perf* вкрадываться *impf* colarse, aparecer
вкратце *adv* brevemente, en pocas palabras
вкривь *adv* de través
вкручивать V. вкрутить
вкупе *adv* juntos
вкус *m* 1) gusto, sabor *приятный* ~ sabor agradable 2) *(чувство изящного)* gusto 3) *(склонность)* gusto, afición
вкусить *perf* вкушать *impf vt elev* probar, gustar
вкусность *f* manjar, exquisitez
вкусн|ый *adj* sabroso, rico *~ое блюдо* plato rico
вкусовой *adj* gustativo
вкусовщина *f coloq* apreciación a su gusto
вкушать V. вкусить
влага *f* humedad
влагалище *n* 1) *anat* vagina 2) *bot* espata
влагалищный *adj anat* vaginal
владелец *m* propietario, amo, dueño
владелица *f* propietaria, ama, dueña
владение *n* 1) dominio, posesión 2) *(недвижимое имущество)* predio, finca
владетель *m hist* gobernador, regidor
владеть *impf vi* 1) **(чем-л)** poseer, tener ~ *усадьбой* poseer la hacienda 2) **(чем-л)** *(держать в своей власти)* dominar, adueñarse (de u/c) 3) **(чем-л)** *(уметь)* dominar, manejar ~ *иностранным языком* dominar una lengua extranjera
владыка *m* 1) *elev* señor, soberano 2) *relig* monseñor
владычество *n elev* imperio, dominación, poder
владычествовать *impf vi elev* imperar, dominar
владычица *f elev* señora, soberana
влажность *f* humedad *относительная* ~ humedad relativa
влажный *adj* húmedo
вламываться V. вломиться
властвовать *impf vi* dominar, imperar
властелин *m elev* señor, dueño, soberano
властность *f* carácter autoritario
властный *adj* autoritario, dominante
властолюбивый *adj elev* ambicioso
властолюбие *n elev* sed de poder
власт|ь **1.** *f* 1) *(возможность распоряжаться)* poder, mando, potestad *родительская ~ь* patria potestad; *терять ~ь над собой* perder el dominio sobre sí mismo 2) *(государственное управление)* poder, autoridad *верховная ~ь* poder supremo; *прийти к ~и* subir al poder **2.** **-и** *fpl* autoridades
влачить *impf vt poét* llevar, arrastrar
влачиться *impf poét* llevarse, arrastrarse
влево *adv* a la izquierda *свернуть* ~ doblar a la izquierda
влезать V. влезть
влезть *perf* влезать *impf vi* 1) encaramarse, trepar ~ *на дерево* encaramarse a un árbol 2) *coloq (войти)* entrar, penetrar ~ *в окно* entrar por la ventana 3) *coloq (уместиться)* entrar *все вещи влезли в чемодан* todas las cosas entraron en la maleta 4) *coloq (вмешаться)* meterse, intervenir
влепить *perf* влеплять *impf vt* 1) pegar, fijar en algo pegajoso 2) *coloq (сделать что-то неожиданное)* dar ~ *пощёчину* dar una bofetada
влететь *perf* влетать *impf vi* 1) entrar volando 2) *coloq (вбежать)* entrar corriendo
влечение *n* atracción, afición, pasión
влечь *impf* повлечь *perf vt* 1) *obsol (волочь)* arrastrar 2) *(привлекать)* atraer, fascinar 3) **(за собой)** *(иметь последствием)* conllevar
вливание *n* inyección
вливать V. влить
вливаться V. влиться
влипнуть *perf* влипать *impf vi* 1) **(к кому/чему-л)** pegarse (a alg o u/c) 2) *coloq (попасть в неприятное положение)* meterse en una situación desagradable
влить *perf* вливать *impf vt* 1) verter, echar 2) *(о чувствах)* infundir 3) *(ввести в состав)* incorporar
влиться *perf* вливаться *impf* 1) verterse, derramarse 2) *(войти в состав)* incorporarse
влияние *n* 1) influencia *оказать* ~ ejercer influencia 2) *(авторитет)* influencia, poder
влиятельность *f* influencia
влиятельный *adj* influyente
влиять *impf* повлиять *perf vi* influir, influenciar
вложение *n* 1) *(действие)* introducción 2) *(вложенная сумма)* inversión 3) *(вложенный предмет)* anexo
вложить *perf* вкладывать *impf vt* 1) meter, poner, depositar ~ *письмо в конверт* meter la carta en el sobre 2) *(деньги)* invertir, depositar

вломиться *perf* вламываться *impf coloq* irrumpir
влюбить *perf* влюблять *impf vt coloq* enamorar, seducir
влюбиться *perf* влюбляться *impf* (**в кого-л**) enamorarse (de alg)
влюблённость *f* enamoramiento
влюблённый *adj* enamorado, amoroso
влюблять V. влюбить
влюбляться V. влюбиться
влюбчивый *adj* enamoradizo, mujeriego
вляпаться *perf* вляпываться *impf* 1) emplastarse 2) *vulg (попасть в неприятное положение)* meterse en una situación desagradable
вмазать *perf* вмазывать *impf vt* enmasillar, fijar
вменение *n* incriminación
вменить *perf* вменять *impf vt* atribuir, incriminar, imputar
вменяемость *f* responsabilidad
вменяемый *adj* 1) *(способный действовать сознательно)* responsable 2) *(разумный)* razonable
вменять V. вменить
вместе *adv* juntos *работать* ~ trabajar juntos ◆ **вместе с тем** al mismo tiempo
вместилище *n* recipiente, continente
вместимость *f* capacidad, cabida, volumen
вместительный *adj* espacioso, amplio
вместить *perf* вмещать *impf vt* 1) *(заключить в себе)* contener, encerrar 2) *(поместить внутри)* colocar, meter
вместиться *perf* вмещаться *impf* meterse, colocarse
вместо *prep* (**кого/чего-л**) en lugar de (alg o u/c), en vez de (alg o u/c)
вмешательство *n* intervención
вмешаться *perf* вмешиваться *impf* (**во что-л.**) intervenir (en u/c) ~ *в разговор* intervenir en la conversación
вмешиваться V. вмешаться
вмещать V. вместить
вмещаться V. вместиться
вмиг *adv* en un abrir y cerrar de ojos
вмонтировать *perf vt* montar, armar
вмятина *f* abolladura, deformación
внакладе *adv vulg* con pérdidas, perjudicado
вначале *adv* al principio, al comienzo
вне *prep* (кого/чего-л) fuera de (alg o u/c) ~ *опасности* a salvo; ~ *города* fuera de la ciudad ◆ **быть ~ себя** perder los estribos
внебрачный *adj* extramatrimonial
вневременный *adj* extemporáneo, intemporal
внедрение *n* introducción, implantación
внедрить *perf* внедрять *impf vt* introducir, implantar
внедриться *perf* внедряться *impf* introducirse, implantarse, penetrar
внедрять V. внедрить
внедряться V. внедриться
внезапно *adv* de repente, de súbito, de golpe
внезапность *f* carácter súbito
внезапный *adj* repentino, súbito, improviso
внеклассный *adj* extraescolar
внематочный *adj med* ectópico
внеочередной *adj* extraordinario, excepcional
внеплановый *adj* fuera del plan, no previsto por el plan
внесение *n* 1) *(добавление)* aportación 2) *(в список)* inscripción, inclusión 3) *(денег)* entrega, pago
внести *perf* вносить *impf vt* 1) llevar adentro, entrar ~ *вещи в дом* llevar las cosas a casa 2) *(заплатить)* pagar, entregar 3) *(включить)* incluir, inscribir
внешкольный *adj* extraescolar
внешнеполитический *adj* de política exterior
внешнеторговый *adj* de comercio exterior
внешний *adj* 1) exterior, externo ~ *вид* aspecto exterior 2) *(наружный)* aparente, fingido 3) *(поверхностный)* superficial, exterior 4) *(по отношению к государствам)* exterior
внешность *f* apariencia, aspecto exterior
внештатный *adj* eventual, supernumerario
вниз *adv* hacia abajo *сверху* ~ de arriba abajo; *спуститься* ~ bajar
внизу **1.** *adv* debajo, abajo **2.** *prep* (**чего-л**) abajo (de u/c), al pie (de u/c)
вникать V. вникнуть
вникнуть *perf* вникать *impf vi* ahondar, examinar detenidamente
внимание *n* 1) atención *обратить* ~ prestar atención; *привлечь* ~ llamar la atención 2) *(забота)* cuidado, atención
внимательно *adv* 1) atentamente, con atención 2) *(заботливо)* con cuidado, cuidadosamente
внимательность *f* 1) atención 2) *(заботливость)* cuidado
внимательный *adj* 1) atento, cuidadoso 2) *(заботливый)* cuidadoso, obsequioso, atento
внимать V. внять
вничью *adv* : сыграть ~ empatar
внове *adv pred obsol* es nuevo, es poco habitual
вновь *adv* 1) de nuevo, nuevamente *встретиться* ~ encontrarse de nuevo 2) *(недавно)* recientemente
вносить V. внести
внук *m* nieto
внутренний *adj* 1) interior 2) *(составляющий содержание)* profundo, interno 3) *(внутригосударственный)* interior
внутренност|ь 1. *f* interior **2.** **-и** *fpl* entrañas, vísceras
внутри **1.** *adv* dentro, adentro все находились ~ todos estaban adentro **2.** *prep* (**чего-л**) dentro (de u/c) ~ *ящика* dentro de la caja
внутрь **1.** *adv* adentro, hacia adentro **2.** *prep* (**чего-л**) adentro (de u/c), dentro de (de u/c) *войти* ~ *дома* entrar en casa
внучка *f* nieta
внушать V. внушить
внушение *n* 1) sugestión 2) *(наставление)* consejo, amonestación
внушительный *adj* imponente, impresionante
внушить *perf* внушать *impf vt* inculcar, inspirar, imbuir ~ *страх* inspirar temor
внятность *f* claridad
внятный *adj* claro, inteligible
внять *perf* внимать *impf vt elev (услышать)* oír, percibir
вобла *f* carpa (especie)
вобрать *perf* вбирать *impf vt* absorber, aspirar
вовек *adv* 1) *(всегда)* siempre 2) *coloq (никогда)* nunca, jamás
вовлекать V. вовлечь

вовлечение *n* incorporación, atracción
вовлечь *perf* вовлекать *impf vt* incorporar, atraer
вовне *adv elev* fuera
вовремя *adv* a tiempo *прийти ~* llegar a tiempo
вовсе *adv coloq* enteramente *~ нет* en absoluto
вовсю *adv coloq* con todas las fuerzas, al máximo
во-вторых *num* en segundo lugar
вогнать *perf* вгонять *impf vt* 1) *(загнать)* hacer entrar *~ скот в загон* hacer entrar el ganado en el corral 2) *(вбить)* clavar, meter *~ гвоздь в стену* meter el clavo en la pared 3) *coloq (в какое-либо состояние)* poner, sumir *~ в краску* sonrojar
вогнутый *adj* cóncavo, torcido
вогнуть *perf* вгибать *impf vt* abollar, hundir, deformar
вогул *m* mansi (pueblo finoúgrico)
вод|а **1.** *f* agua *~а из-под крана* agua del grifo; *питьевая ~а* agua potable; *минеральная ~а* agua mineral **2. воды** *fpl* 1) *(водные пространства)* aguas *территориальные воды* aguas territoriales 2) *(курорт)* aguas, balneario ◆ **тяжёлая ~а** agua pesada **вилами на ~е писано** está escrito en la arena **~ой не разольёшь** ser uña y carne **~ы не замутит** no es capaz de matar una mosca **ловить рыбу в мутной ~е** pescar en río revuelto **носить воду решетом** arar en el mar **похожи как две капли ~ы** se parecen como dos gotas de agua **пройти сквозь огонь и воду** haberlas visto de todos los colores
водворить *perf* водворять *impf vt* 1) *(поселить)* instalar, colocar 2) *(усановить порядок)* establecer
водвориться *perf* водворяться *impf* 1) *(поселиться)* instalarse, colocarse 2) *(устанавливаться)* establecerse
водворять V. водворить
водевиль *m teat* vodevil
водитель *m* conductor, chófer
водительск|ий *adj* de conductor *~ие права* permiso de conducción
водительство *n* conducción
водить *impf vt* 1) llevar, guiar *~ за руку* llevar de la mano 2) *(дружбу, знакомство)* tener *~ дружбу* tener amistad 3) *(в игре)* llevar el juego 4) *(управлять)* conducir, pilotar
водиться *impf* 1) *coloq (иметься)* haber, existir *в реке водится форель* en el río hay truchas 2) **(с кем-л)** *coloq (водить дружбу)* tener amistad (con alg) ◆ **как водится** como de ordinario
водица *f dimin-afect* agüita
водичка *f dimin-afect* agüita
водка *f* vodka
водный *adj* 1) acuático, de agua 2) *(связанный с плаванием)* náutico, marítimo *~ транспорт* transporte marítimo 3) *quím (содержащий воду)* acuoso
водоворот *m* remolino, vorágine
водоём *m* aljibe, embalse
водозабор *m* instalación de distribución de agua
водоизмещение *n nav* desplazamiento
водокачка *f* noria, torre de agua
водолаз *m* 1) buzo, buceador 2) *(собака)* Terranova (raza de perro)
водолазка *f coloq* jersey
водолазный *adj* de buzo
Водолей *m astrol* Acuario
водолечебница *f* balneario
водонагреватель *m* calentador de agua
водонапорный *adj* de agua
водонепроницаемость *f* impermeabilidad
водонепроницаемый *adj* impermeable
водоносность *f* caudal
водоносный *adj* acuoso
водоотталкивающий *adj* hidrófugo
водопад *m* cascada, catarata
водоплавающий *adj* acuático
водопой *m* abrevadedro, aguadero
водопровод *m* cañería, conducción de agua
водопроводный *adj* de cañería, de conducción de agua
водопроводчик *m* fontanero
водораздел *m* divisoria
водород *m quím* hidrógeno
водородный *adj quím* de hidrógeno
водоросль *f* alga
водослив *m* desagüe, canal
водоснабжение *n* abastecimiento de agua
водоспуск *m* esclusa
водосток *m* vertiente, canal
водосточный *adj* de(l) vertiente, de(l) canal
водохранилище *n* embalse
водочка *f dimin-afect* vodka
водочный *f* de vodka
водружать V. водрузить
водрузить *perf* водружать *impf vt elev* alzar, izar
водянистый *adj* 1) acuoso, caldoso 2) *(бесцветный)* descolorido
водянка *f med* hidropesía
водяной[1] *adj* 1) de agua, acuático 2) *(приводимый в действие водой)* de agua, hidráulico ◆ ~ знак filigrana
водяной[2] *m mitol* vodianói (criatura acuática de la motología eslava)
воевать *impf vi* 1) combatir, guerrear, luchar 2) **(с кем/чем-л)** *(бороться)* luchar (contra alg o u/c) 3) *(ссориться)* reñir
воевода *m hist* voevoda, caudillo eslavo
воеводство *n hist* voivodato
воедино *adv elev* juntamente, en unión
военачальник *m* jefe militar
военизировать *biasp vt* militarizar
военком *m abrev* comisario militar
военнообязанный *adj* sujeto al servicio militar
военнопленный *m* prisionero de guerra
военнослужащий *m* militar
военн|ый **1.** *adj* militar, bélico, de guerra *~ая служба* servicio militar; *военное положение* estado de guerra **2.** *m (военнослужащий)* militar
военщина *f desp* soldadesca
вожак *m* 1) caudillo, cabecilla, jefe 2) *(поводырь)* lazarillo, guía 3) *(у животных)* cabestro
вожатая *f* 1) *(проводник)* guía 2) *(в детском лагере)* instructora, monitora 3) *(вагоновожатая)* conductora del tranvía
вожатый *m* 1) *(проводник)* guía 2) *(в детском лагере)* instructor, monitor 3) *(вагоновожатый)* conductor del tranvía

вожделение *n elev* anhelo, sensualidad
вожделенный *adj elev* anheloso, anhelado
вожделеть *impf vt elev* anhelar, desear, ansiar
вождение *n* conducción
вождь *m* 1) *(глава племени)* jefe de la tribu 2) *(военачальник)* adalid 3) *(идейный руководитель)* caudillo
вожжа *f* rienda ◆ **ему ~ под хвост попала** perdió los estribos
воз *m* 1) carro, carreta 2) *(то, что помещается на воз)* carretada
возбраняться *impf elev* estar prohibido, prohibirse
возбудимость *f* excitabilidad
возбудитель *m* 1) excitador 2) *biol* bacilo, agente patógeno 3) *electr* excitador
возбудить *perf* возбуждать *impf vt* 1) excitar, despertar 2) *(привести в возбуждённое состояние)* excitar 3) *(предложить на обсуждение)* proponer, presentar ~ *дело* instruir una causa
возбудиться *perf* возбуждаться *impf* 1) excitarse 2) *(о деле, состоянии)* plantearse, instruirse
возбуждать V. возбудить
возбуждаться V. возбудиться
возбуждающий *adj* estimulante, excitante
возбуждение *n* excitación, agitación, exaltación
возбуждённость *f* excitación, agitación, exaltación
возбуждённый *adj* excitado, agitado, exaltado
возведение *n* 1) construcción, edificación 2) *(в должность)* nombramiento 3) *mat* potenciación
возвеличение *n* enaltecimiento, elogio, glorificación
возвеличивание *n* V. возвеличение
возвеличивать V. возвеличить
возвеличить *perf* возвеличивать *impf vt* ensalzar, enaltecer
возвести *perf* возводить *impf vt* 1) *obsol (о взгляде)* alzar, levantar 2) *(воздвигнуть)* elevar, erigir, construir 3) *mat* elevar ◆ ~ **на трон** entronizar
возвестить *perf* возвещать *impf vt elev* anunciar, proclamar
возвещать V. возвестить
возводить V. возвести
возврат *m* 1) devolución, restitución 2) *(возвращение)* regreso, retorno
возвратить *perf* возвращать *impf vt* 1) *(отдать полученное)* devolver, restituir 2) *(получить обратно)* recuperar, recobrar
возвратиться *perf* возвращаться *impf* 1) volver, regresar, retornar 2) *(вновь появиться)* recuperar, recobrar
возвратность *f ling* reflexividad
возвратный *adj* 1) *obsol (обратный)* de vuelta, de regreso 2) *med (возобновляющийся)* reincidente, recurrente 3) *ling* reflexivo
возвращать V. возвратить
возвращаться V. возвратиться
возвращени|е *n* retorno, regreso по ~и a la vuelta
возвысить *perf* возвышать *impf vt* 1) *obsol (увеличить)* aumentar ~ *цену* aumentar el precio 2) *(повысить)* ascender
возвыситься *perf* возвышаться *impf* 1) *(подняться, повыситься)* alzarse, subir 2) *(занять более высокое положение)* ascender
возвышать V. возвысить
возвышаться V. возвыситься
возвышение *n* 1) *(действие)* elevación 2) *(место)* elevación, altura
возвышенность *f* 1) colina, altura 2) *(чувств)* elevación
возвышенный *adj* 1) elevado, alto 2) *(о чувствах)* elevado, noble
возглавить *perf* возглавлять *impf vt* encabezar, acaudillar
возглавлять V. возглавить
возглас *m* exclamación
возгласить *perf* возглашать *impf vt hist* proclamar
возглашать V. возгласить
возгонка *f fís* sublimación
возгорание *n* encendido, encendimiento
возгораться V. возгореться
воздавать V. воздать
воздаваться V. воздаться
воздать *perf* воздавать *impf vt* 1) *elev (оказать)* rendir, retribuir 2) *elev (отплатить)* pagar
воздаться *perf* воздаваться *impf elev* ser pagado
воздаяние *n elev* recompensa
воздвигать V. воздвигнуть
воздвигнуть *perf* воздвигать *impf vt elev* erigir, alzar ~ *памятник* erigir un monumento
воздействие *n* influencia *оказать* ~ influir
воздействовать *biasp vi* influir, influenciar
возделать *perf* возделывать *impf vt* cultivar, arar, labrar
возделывание *n* cultivo, labranza
возделывать V. возделать
воздержание *n* abstinencia, abstención
воздержанность *f* moderación, templanza
воздержанный *adj* moderado, comedido, templado
воздержаться *perf* воздерживаться *impf* 1) **(от чего-л)** privarse (de u/c), abstenerse (de u/c) 2) *(не подать свой голос)* abstenerse (de votar)
воздерживаться V. воздержаться
воздеть *perf* воздевать *impf vt elev* alzar, levantar
воздух *m* 1) aire *на открытом ~е* al aire libre 2) *(атмосфера, обстановка)* aire, ambiente ◆ висеть в ~е estar en aire
воздухообмен *m* ventilación, aireación
воздухоплавание *n* 1) aeronáutica 2) *(авиация)* aviación
воздухоплаватель *m* aeronauta
воздухоплавательный *adj* aeronáutico
воздушн|ый *adj* 1) aéreo *~ое пространство* espacio aéreo 2) *(приводимый в действие воздухом)* de aire, aéreo *~ый насос* bomba de aire 3) *(лёгкий)* ligero ◆ **~ый змей** cometa
возжигать *impf vt obsol* encender
воззвание *n* llamamiento
воззвать V. взывать
воззрение *n elev* opinión
возить *impf vt* 1) llevar en un medio de transporte, transportar 2) *(двигать по поверхности)* arrastrar, llevar
возлагать V. возложить

возле *prep* **(кого/чего-л)** junto (a alg o u/c), cerca (de alg o u/c) ~ *дома* cerca de la casa
возлежать *impf vi obsol* estar tumbado
возликовать *perf vi elev* comenzar a regocijarse
возлияние *n* 1) *(жертвоприношение)* libación 2) *coloq (распитие спиртных напитков)* borrachera
возложение *n* colocación, puesta
возложить *perf* возлагать *impf vt* 1) colocar, depositar, poner 2) *(поручить)* encargar, encomendar
возлюбить *perf vt obsol* querer, amar
возлюбленный *adj* querido, amado
возмездие *n elev* castigo, represalia
возмездный *adj* compensatorio, de indemnización
возместить *perf* возмещать *impf vt* compensar, indemnizar
возмечтать *perf vi* **(о чём-л)** *obsol* soñar (en u/c)
возмещать V. возместить
возмещение *n* compensación, indemnización ~ *ущерба* indemnización de daños
возможно 1. *adv* posible **2.** *adv pred* 1) es posible 2) *(может быть)* a lo mejor, puede ser ~, я уеду a lo mejor me iré
возможность *f* 1) posibilidad 2) *(удобный случай)* ocasión, oportunidad
возможный *adj* posible, eventual
возмужать *perf vi* hacerse un hombre, madurar
возмутитель *m* turbador
возмутительный *adj* indignante, escandaloso
возмутить *perf* возмущать *impf vt* 1) *(привести в негодование)* indignar, escandalizar 2) *obsol (побудить к мятежу)* amotinar, rebelar
возмутиться *perf* возмущаться *impf* 1) *(испытать негодование)* indignarse, escandalizarse 2) *obsol (поднять восстание)* amotinarse, rebelarse
возмущать V. возмутить
возмущаться V. возмутиться
возмущение *n* 1) indignación прийти в ~ indignarse 2) *obsol (мятеж)* motín, revuelta
вознаградить *perf* вознаграждать *impf vt* recompensar, remunerar, gratificar
вознаграждать V. вознаградить
вознаграждение *n* recompensa, remuneración, gratificación
вознамериться *perf* вознамериваться *impf* **(делать что-л)** *obsol* tener la intención de (hacer u/c)
возненавидеть *perf vt* comenzar a odiar, sentir odio (hacia alg o u/c)
вознесение *n relig* ascensión
вознести *perf* возносить *impf vt* 1) *elev (поднять)* alzar, levantar 2) *(возвеличить)* exaltar, enaltecer
вознестись *perf* возноситься *impf* 1) *elev* subir, ascender 2) *(возгордиться)* enorgullecerse, volverse orgulloso
возникать V. возникнуть
возникновение *n* surgimiento, aparición, nacimiento
возникнуть *perf* возникать *impf vi* surgir, aparecer
возница *m/f hist* cochero
возносить V. вознести
возноситься V. вознестись
возня *f* 1) alboroto, tumulto 2) *(хлопоты)* gestiones 3) *coloq (интриги)* intrigas, enredos
возобладать *perf vi* **(над чем-л)** *elev* vencer, superar
возобновить *perf* возобновлять *impf vt* 1) reanudar, reiniciar 2) *obsol (отремонтировать)* restaurar
возобновиться *perf* возобновляться *impf* reanudarse, reiniciar
возобновление *n* 1) reanudación, reinicio 2) *obsol (ремонт)* reparación
возобновлять V. возобновить
возобновляться V. возобновиться
возомнить *perf vt* creer ser alguien que no se es ~ *себя* darse mucha importancia
возопить *perf vt hist* comenzar a gritar
возрадоваться *perf* **(чему-л)** *hist* alegrarse (de u/c)
возражать V. возразить
возражение *m* objeción, reparo, réplica
возразить *perf* возражать *impf vi* **(против чего-л)** objetar, replicar
возраст *m* edad зрелый ~ edad madura
возрастание *n* acrecentamiento, aumento
возрастать V. возрасти
возрасти *perf* возрастать *impf vi* 1) *obsol (стать взрослым)* hacerse mayor de edad 2) *(увеличиться)* crecer, aumentar
возрастной *adj* de (la) edad
возродить *perf* возрождать *impf vt* restablecer, restaurar
возродиться *perf* возрождаться *impf* restablecerse, restaurarse
возрождать V. возродить
возрождаться V. возродиться
возрождение *n* renacimiento, restablecimiento
возыметь *perf vt elev* tener, sentir
воин *m* guerrero, soldado
воинский *adj* militar, guerrero
воинственность *f* belicosidad, marcialidad
воинственный *adj* guerrero, belicoso, marcial
воинство *n elev* hueste, ejército
воистину *adv elev* realmente, verdaderamente
воитель *m elev* guerrero, campeador
вой *m* aullido, chillido
войлок *m* fieltro
войлочный *adj* de fieltro
войн|а *f* 1) guerra *гражданская ~а* guerra civil; *мировая ~а* guerra mundial; *объявить ~у* declarar la guerra 2) *(борьба)* lucha
войско *n* ejército, tropa
войсковой *adj* de(l) ejército, de (la) tropa
войти *perf* входить *impf vi* 1) entrar ~ *в дом* entrar en casa 2) *(быть включённым)* ser incluido, entrar ~ *в список* entrar en la lista 3) *(уместиться)* entrar, caber *все вещи вошли в шкаф* todas las cosas han cabido en el armario ◆ ~ **в моду** ponerse de moda ~ **в контакт** ponerse en contacto
вокал *m* canto, arte de cantar
вокалист, -ка *m/f* cantante, vocalista
вокальный *adj* vocal, de canto
вокзал *m transp* estación, terminal *автобусный* ~ estación de autobuses; *железнодорожный* ~ estación de ferrocarriles
вокзальный *adj* de (la) estación

вокруг 1. *adv* alrededor, en torno *оглядеться ~* mirar alrededor **2.** *prep* **(кого/чего-л)** alrededor (de alg o u/c) *~ здания* alrededor del edificio ◆ **ходить ~ да около** andar con rodeos
вол *m* buey
волан *m* 1) *(на одежде)* volante 2) *sport* volante
волгнуть *impf* наволгнуть *perf vi reg* humedecerse
волдырь *m* ampolla
волевой *adj* volitivo, de voluntad
волеизъявление *n elev* declaración de voluntad
волейбол *m* voleibol, balonvolea
волейболист *m* voleibolista
волейбольный *adj* de voleibol
волей-неволей *adv* a la fuerza
волжан|ин (*pl* –е) *m* habitante de la región del Volga
волжанка *f* habitante de la región del Volga
волк *m* lobo ◆ **морской ~** lobo de mar **~ в овечьей шкуре** cara de beato y uñas de gato травленый ~ gato viejo, torro corrido
волкодав *m* perro lobo
волна *f* 1) ola, onda 2) *(колебательное движение)* onda 3) *(массовое проявление)* onda, oleada
волнени|е 1. *n* 1) *(на воде)* agitación, ondeo 2) *(сильная тревога)* agitación, emoción **2.** -я *npl (массовые проявления недовольства)* disturbios, motín
волнистый *adj* ondulado, ondeado
волновать *impf* взволновать *perf vt* 1) *(поднимать волны)* agitar 2) *(возбуждать)* emocionar, excitar, conmover 3) *obsol (подстрекать к волнениям)* amotinar, sublevar
волноваться *impf* взволноваться *perf* 1) *(о воде)* agitarse, ondear 2) *(беспокоиться)* inquietarse, preocuparse 3) *(находиться в возбуждённом состоянии)* emocionarse, excitarse 4) *obsol (о народных волнениях)* amotinarse, sublevarse
волновой *adj fís* de onda
волнообразный *adj* ondulatorio, ondulado
волнующий *adj* emocionante, inquietante
воловий *adj* bovino, de buey
волок *m* vólok (confluencia de dos ríos)
волокита[1] *f coloq (бюрократия)* trámites burocráticos
волокита[2] *m coloq (любитель ухаживать за женщинами)* mujeriego
волокнистый *adj* fibroso
волокно *n* fibra, filamento, hilo *оптическое ~* fibra óptica
волоком *adv* : тащить ~ arrastrar
волоконный *adj* de fibra
волоконце *n dimin-afect* fibra
волонтёр *m* voluntario
волос 1. *m* cabello, pelo **2.** -ы *mpl* cabello, pelo ◆ **у меня ~ы становятся дыбом** se me ponen los pelos de punta
волосатый *adj* peludo, velludo, velloso
волосик *m dimin-afect* cabellito
волос|ок *m* 1) *dimin* cabellito 2) *(тонкая проволока)* filamento ◆ **висеть на ~ке** pender de un hilo
волость *f hist* vólost (región en la Rusia zarista)
волочить *impf vt (тащить)* arrastrar *~ по земле* arrastrar por el suelo
волочиться *impf (тащиться)* arrastrarse
волочь *impf vt vulg* arrastrar
волхв *m* mago
волчанка *f med* lupus
волчий *adj* de lobo, lobero ◆ **~ аппетит** hambre canina
волчица *f* loba
волчок *m* trompo, peonza
волчонок *m* lobato
волшебни|к, -ца *m/f* mag|o, -a, hechicer|o, -a, encantador, -a
волшебн|ый *adj* 1) mágico, encantado *~ая палочка* varita mágica 2) *(очаровательный)* encantador, fascinante
волшебств|о *n* 1) magia, hechicería, encantamiento *как по ~у* como por encantamiento 2) *(очарование)* encanto, hechizo
волынка *f* gaita
волынщик *m* gaitero
вольница *f hist* vólnitsa (grupos de insumisos)
вольно *adv* 1) *(свободно)* con libertad 2) *mil (команда)* ¡descansen!
вольнодумец *m hist* librepensador
вольнодумство *n hist* librepensamiento
вольнолюбивый *adj* amante de la libertad
вольнонаёмный *adj* contratado
вольноотпущенник *m hist* liberto
вольность *f* 1) *hist (свобода)* libertad 2) *(непринуждённость)* desembarazo, desenvoltura 3) *(отступление от нормы)* libertad
вольн|ый *adj* 1) *(свободный)* libre *~ый народ* pueblo libre 2) *(развязный)* desenvuelto, libertino 3) *(не стеснённый законами)* libre 4) *sport* libre *~ая борьба* lucha libre ◆ **~ый перевод** traducción libre
вольт[1] *m electr* voltio, volt
вольт[2] *m híp (объезд манежа)* vuelta
вольтеровский *adj* volteriano, de Voltaire
вольфрам *m quím* wolframio
вольфрамовый *adj quím* de wolframio, wolfrámico
волюнтаризм *m filos* voluntarismo
волюнтаристский *adj filos* voluntarista
вол|я *f* 1) voluntad *сила ~и* fuerza de voluntad 2) *(требование)* voluntad, exigencia 3) *(свобода)* libertad *отпустить на ~ю* liberar ◆ **~я ваша** como usted quiera
вон 1. *partic coloq* ahí, allí ~ он идёт allí viene **2.** *adv coloq (прочь)* fuera *пошёл ~!* ¡fuera! ◆ **из ряда ~ выходящий** extraordinario
вонзать V. вонзить
вонзаться V. вонзиться
вонзить *perf* вонзать *impf vt* clavar, hincar
вонзиться *perf* вонзаться *impf* clavarse, hincarse
вонь *f coloq* hedor, peste
вонючий *adj* maloliente, pestilente
вонять *impf vi coloq* apestar, oler mal, heder
воображаемый *adj* imaginario
воображать V. вообразить
воображение *n* imaginación, fantasía
вообразимый *adj* imaginable
вообразить *perf* воображать *impf vt* 1) *(представить мысленно)* imaginar, fantasear, idear 2) *(ошибочно предположить)* suponer equivocadamente
вообще *adv* 1) en general, generalmente 2) *coloq (совсем)* de ningún modo, nunca

воодушевить *perf* воодушевлять *impf vt* animar, alentar

воодушевиться *perf* воодушевляться *impf* animarse, alentarse

воодушевление *n* animación, entusiasmo

воодушевлённый *adj* animado, inspirado

воодушевлять V. воодушевить

воодушевляться V. воодушевиться

вооружать V. вооружить

вооружаться V. вооружиться

вооружени|е *n* 1) *(действие)* equipamiento 2) *(оружие)* armamento, armas *гонка ~й* carrera armamentista 3) *(снаряжение)* equipo

вооружённ|ый *adj* armado *~ые силы* fuerzas armadas

вооружить *perf* вооружать *impf vt* 1) armar 2) *(снарядить)* equipar, dotar (de u/c)

вооружиться *perf* вооружаться *impf* 1) armarse 2) *(обеспечить себя)* armarse (de u/c) ~ терпением armarse de paciencia

воочию *adv* con sus propios ojos *убедиться* ~ convencerse con sus propios ojos

во-первых *num* en primer lugar

вопить *impf vi coloq* gritar, vociferar

вопиющий *adj* indignante, escandaloso

вопиять *impf vt hist* invocar

воплотить *perf* воплощать *impf vt elev* encarnar, realizar

воплотиться *perf* воплощаться *impf* encarnarse, realizarse

воплощать V. воплотить

воплощаться V. воплотиться

воплощение *n* 1) *(осуществление)* encarnación, realización 2) *relig* encarnación

вопль *m* grito, clamor

вопреки *prep* (чему-л) a pesar (de u/c), en contra (de u/c) ~ *всем правилам* en contra de todas las reglas

вопрос *m* 1) pregunta *задать* ~ hacer una pregunta 2) *(проблема)* problema, cuestión *национальный* ~ cuestión nacional 3) *(дело)* cuestión, asunto ~ *чести* cuestión de honor ◆ **быть под ~ом** no estar claro **риторический** ~ pregunta retórica

вопросительный *adj* de interrogación, interrogativo ~ знак signo de interrogación

вопросник *m* cuestionario, interrogatorio

вопросный *adj* con preguntas

вопрошать *impf vt obsol* preguntar

вор *m* ladrón ~-карманник carterista ◆ **на ~е и шапка горит** antes se pilla a un mentiroso que a un cojo

ворваться *perf* врываться *impf* irrumpir, entrar violentamente

воришка *m* ratero, ladronzuelo

ворковать *perf vi* arrullar

воробей *m* gorrión ◆ стреляный ~ toro corrido

воробьиный *adj* de gorrión

вороватый *adj* 1) *(нечестный)* bribón, bellaco 2) *(опасливый)* temeroso, furtivo

воровать *impf vt* robar, hurtar

воровка *f* ladrona

воровской *adj* de ladrón, ladronesco

воровство *n* robo, hurto

ворог *m poét* enemigo

ворожба *f obsol* adivinación, sortilegio

ворожить *impf vi obsol* adivinar, agorar

ворон *m* cuervo

ворона *f* corneja ◆ **белая** ~ mirlo blanco

вороний *adj* de cuervo, corvino

воронить *impf* проворонить *perf vi coloq* dejar escapar, pensar en las musarañas

воронка *f* embudo

воронов *adj* de cuervo

ворот[1] *m (у одежды)* cuello

ворот[2] *m tecn (устройство)* cabrestante

ворот|а *npl* 1) puerta, puertas 2) *sport* portería, puerta ◆ **дать от ~ поворот** dar calabazas

воротила *m/f coloq peyor* cabecilla

воротить *perf vt vulg* devolver

воротиться *perf vulg* volver

воротник *m* cuello

воротничок *m dimin* cuello

ворох *m* montón, pila

ворочать *impf vt* 1) *(двигать)* mover, remover ~ *камни* remover las piedras 2) **(чем-л)** *coloq (управлять)* dirigir

ворочаться *impf* dar vueltas, moverse

ворошить *impf vt* 1) remover ~ *сено* remover el heno 2) *(вспоминать)* recordar ~ *прошлое* recordar el pasado

ворс *m* pelo

ворчание *n* 1) *(человека)* refunfuño 2) *(собаки)* gruñido

ворчать *impf vi* 1) *(о человеке)* refunfuñar 2) *(о животных)* gruñir

ворчун, -ья *m/f* gruñ|ón, -ona

ворьё *n desp* ladrones

ворюга *m desp vulg* ladrón

восвояси *adv coloq* atrás, a casa *убраться* ~ irse

восемнадцатый *num* decimoctavo

восемнадцать *num* dieciocho

восемь *num* ocho

восемьдесят *num* ochenta ~ *один* ochenta y uno

восемьсот *num* ochocientos ~ *один* ochocientos uno

воск *m* cera

воскликнуть *perf* восклицать *impf vt* exclamar

восклицание *n* exclamación

восклицать V. воскликнуть

восковой *adj* de cera

воскресать V. воскреснуть

воскресение *n* resurrección

воскресень|е *n* domingo *по ~ям* los domingos

воскресить *perf* воскрешать *impf vt* 1) resucitar 2) *(придать силы)* dar fuerzas, alentar

воскреснуть *perf vi* resucitar

воскресный *adj* de domingo, dominical

воскрешать V. воскресить

воскрешение *n* resurrección

воспаление *n med* inflamación ~ *лёгких* pulmonía

воспалительный *adj med* inflamatorio

воспалить *perf* воспалять *impf vt hist* excitar

воспалиться *perf* воспаляться *impf* 1) *med* inflamarse, hincharse 2) *obsol (возбудиться)* excitarse

воспарить *perf* воспарять *impf vi hist* levantarse, ascender

воспевать V. воспеть

воспеть *perf* воспевать *impf vt elev* glorificar, alabar, enaltecer

воспитание *n* educación *физическое* ~ educación física

воспитанни|к, -ца *m/f* pupil|o, -a, discípul|o, -a
воспитанность *f* buena educación, urbanidad
воспитанный *adj* educado
воспитатель, -ница *m/f* educador, -a, institutriz
воспитательный *adj* educativo, de educación
воспитать *perf* воспитывать *impf vt* 1) *(вырастить)* educar, criar 2) *(дать образование)* educar, formar 3) *(внушить)* inculcar
воспитывать V. воспитать
воспламенить *perf* воспламенять *impf vt* 1) encender, inflamar 2) *elev (воодушевить)* animar, alentar, inflamar
воспламениться *perf* воспламеняться *impf* 1) encenderse, inflamarse 2) *elev (воодушевиться)* animarse, alentarse, inflamarse
воспламенять V. воспламенить
воспламеняться V. воспламениться
воспламеняющийся *adj* inflamable, combustible
восполнить *perf* восполнять *impf vt elev* completar
восполнять V. восполнить
воспользоваться *perf* **(кем/чем-л)** aprovecharse (de alg o u/c), aprovechar, utilizar ~ *случаем* aprovechar la ocasión
воспоминание *n* recuerdo, memoria
воспоследовать *perf vi obsol* seguir
воспрепятствовать *perf vi* **(чему-л)** *elev* impedir
воспретить *perf* воспрещать *impf vt elev* prohibir
восприимчивость *f* sensibilidad, susceptibilidad
восприимчивый *adj* sensible, susceptible
воспринимать *impf* воспринять *perf vt* percibir, interpretar, comprender
воспринять V. воспринимать
восприятие *n* percepción
воспроизведение *n* reproducción
воспроизвести *perf* воспроизводить *impf vt* 1) *(произвести вновь)* reproducir 2) *(копировать)* copiar, reproducir 3) *(звук)* reproducir
воспроизводить V. воспроизвести
воспроизводственный *adj* de reproducción
воспроизводство *n* reproducción
воспротивиться *perf* **(чему-л)** *elev* oponerse (a u/c)
воспрянуть *perf vi* 1) *obsol (подняться)* levantarse 2) *coloq (стать бодрым)* animarse, alentarse ~ *духом* recobrar el ánimo
воспылать *perf vi elev* inflamarse
восседать *impf vi elev* estar sentado
воссиять *perf vt elev* comenzar a brillar
восславить *perf* восславлять *impf vt elev* glorificar, afamar, enaltecer
воссоединение *n* reunificación
воссоединить *perf* воссоединять *impf vt elev* reunir, reunificar
воссоздавать V. воссоздать
воссоздать *perf* воссоздавать *impf vt* reconstruir, recrear
восставать V. восстать
восстанавливать V. восстановить
восстанавливаться V. восстановиться
восстание *n* rebelión, alzamiento, sublevación
восстановитель *m* 1) restaurador 2) *quím* desoxidante
восстановительный *adj* de restablecimiento
восстановить *perf* восстанавливать *impf vt* 1) restablecer, restaurar 2) *(воссоздать)* reconstruir 3) *(вернуть в прежнее положение)* rehabilitar, restablecer
восстановиться *perf* восстанавливаться *impf* 1) restablecerse 2) *(вернуть прежнее положение)* rehabilitarse 3) *(отдохнуть)* descansar, recuperar las fuerzas
восстановление *n* 1) restablecimiento, recuperación 2) *(в правах)* rehabilitación
восстать *perf* восставать *impf vi* 1) sublevarse, rebelarse, alzarse 2) *poét (встать)* levantarse
восток *m* 1) este, oriente, levante *на* ~ al este 2) *(страны Азии)* Este *Ближний Восток* Oriente Próximo; *Дальний Восток* Extremo Oriente
востоковед *m* orientalista
востоковедение *n* orientalismo, estudios orientales
восторг *m* entusiasmo, arrebatamiento
восторгаться *impf* entusiasmarse
восторженность *f* exaltación, entusiasmo
восторженный *adj* exaltado, entusiasmado
восторжествовать *perf vi elev* triunfar
восточный *adj* oriental, del este
востребование *n* reclamación
востребовать *perf vt* reclamar, exigir
востро *adv* : держать ухо ~ aguzar el oído
восхваление *n* elogio, alabanza
восхвалять *impf vt* elogiar, alabar
восхитительный *adj* admirable, maravilloso
восхититься *perf* восхищаться *impf* admirarse, asombrarse
восхищать *impf vt* admirar, asombrar
восхищаться V. восхититься
восхищение *n* admiración
восхищённый *adj* admirado, maravillado, asombrado
восход *m* salida del sol
восходитель *m* alpinista, montañero
восходить *impf* взойти *perf vi* **(к чему-л)** remontarse (a u/c) *это восходит к прошлому веку* esto se remonta al el siglo pasado
восходящ|ий *adj* ascendente ♦ **~ая звезда** estrella naciente
восхождение *n* ascensión, escalada
восьмеро *num col* ocho
восьмёрка *f* 1) ocho 2) grupo de ocho personas 3) *(транспортное средство)* número ocho
восьмидесятилетний *adj* de ochenta años, octogenario
восьмидесятый *num* octogésimo, ochenta
восьмилетний *adj* de ocho años
восьмистишие *n* octava
восьмичасовой *adj* de ocho horas
восьмой *adj* octavo
вот *partic* 1) he aquí ~ *и я* aquí estoy 2) *(при восклицании)* ¡qué!, ¡vaya! ~ *так история* ¡qué historia! 3) *(при логическом ударении)* esto ~ *этого я не обещаю* a esto no me comprometo
воткнуть *perf* втыкать *impf vt* clavar, meter, hincar ~ *иголку* clavar una aguja
вотум *m elev* voto
вотчина *f hist* patrimonio, heredad
вотяк *mpl hist* udmurto

воцарение *n* subida al trono
воцариться *perf* воцаряться *impf* 1) *(начать царствовать)* subir al trono 2) *(наступить)* establecerse, instalarse
воцаряться V. воцариться
вошь *f* piojo
вояж *m obsol* viaje
вояка *m/f* 1) *obsol* militar veterano 2) *irón* pendenciero
впадать *impf vi* (во что-л.) desembocar (en u/c)
впадение *n* desembocadura
впадина *f* cavidad, hoyo
впалый *adj* hundido
впасть *perf* впадать *impf vi* 1) *(стать впалым)* hundirse 2) **(во что-л.)** *(в состояние)* caer (en u/c) ~ *в отчаяние* caer en la desesperación
впаять *perf* впаивать *impf vt* soldar
впервой *adv vulg* por primera vez
впервые *adv* por primera vez
впереди **1.** *adv* delante, a la cabeza **2.** *prep* **(кого/чего-л)** delante de (alg o u/c) ~ *всех* ir delante de todos
вперемежку *adv coloq* turnándose
вперемешку *adv* en desorden
вперёд *adv* 1) adelante, hacia delante, por adelantado ~! ¡adelante! 2) *coloq (авансом)* por anticipado, de antemano *заплатить* ~ pagar por anticipado
впечатление *n* impresión, efecto *произвести* ~ causar impresión
впечатлительность *f* impresionabilidad
впечатлительный *adj* impresionable
впечатлить *impf* впечатлять *impf vt* impresionar, causar impresión
впечатлять V. впечатлить
впиваться V. впиться
вписать *perf* вписывать *impf vt* inscribir, incluir
вписаться *perf* вписываться *impf* 1) inscribirse ~ *в список* inscribirse en la lista 2) *(гармонировать)* armonizar, concordar
вписывать V. вписать
вписываться V. вписаться
впитать *perf* впитывать *impf vt* 1) embeber, empapar, absorber ~ *влагу* absorber la humedad 2) *(воспринять)* asimilar
впитаться *perf* впитываться *impf* infiltrarse, impregnar
впитывать V. впитать
впитываться V. впитаться
впиться *perf* впиваться *impf* clavarse, meterse, hincarse
впихивать *impf vt coloq* introducir, hacer entrar
вплавь *adv* a nado
вплести *perf* вплетать *impf vt* 1) enlazar 2) *coloq (впутать)* enredar
вплетать V. вплести
вплотную *adv* muy cerca, muy juntos
вплоть *adv* : ~ до hasta
вповалку *adv coloq* a montones, amontonadamente
вполголоса *adv* a media voz
вползать V. вползти
вползти *perf* вползать *impf vi* introducirse arrastrando
вполне *adv* enteramente, completamente, por completo
вполовину *adv obsol* por mitad
вполсилы *adv coloq* a media fuerza
впопыхах *adv coloq* apresuradamente, a toda prisa
впору *adv coloq* bien, a la medida
впоследствии *adv* más tarde, posteriormente
впотьмах *adv* a oscuras
вправду *adv coloq* de veras, en efecto
вправе *adv pred* con derecho *я* ~ tengo (el) derecho
вправить *perf* вправлять *impf vt* encajar, meter
вправление *n* encaje
вправлять V. вправить
вправо *adv* a la derecha
впредь *adv* en lo sucesivo, en adelante
вприкуску *adv* : пить чай ~ tomar té mordiendo el azúcar
вприпрыжку *adv* saltando, a saltos
впритык *adv coloq* al tope, sin margen
впроголодь *adv* con hambre, pasando hambre
впрок **1.** *adv* como reserva *заготовить* ~ aprovisionarse **2.** *adv pred* ser provechoso *мне* ~ me es provechoso
впросак *adv* : попасть ~ meter la pata
впрочем *conj* por lo demás, además
впрыскивать *impf vt* inyectar
впрямую *adv coloq* francamente
впрямь *partic coloq* realmente
впрячь *perf* впрягать *impf vt* uncir, enganchar
впускать V. впустить
впускной *adj* de admisión
впустить *perf* впускать *impf vt* 1) dejar entrar, hacer entrar, admitir 2) *(воткнуть)* clavar, hincar
впустую *adv coloq* en vano, en balde
впутать *perf* впутывать *impf vt* enredar
впутаться *perf* впутываться *impf* entremeterse
впутывать V. впутаться
впутываться V. впутаться
впятеро *adv* cinco veces ~ *больше* cinco veces más
впятером *adv* los cinco juntos
в-пятых *num* en quinto lugar
враг *m* enemigo, adversario
вражда *f* enemistad
враждебность *f* hostilidad
враждебный *adj* hostil, enemigo
враждовать *impf vi* **(с кем-л)** tener enemistad (con alg), enemistarse (con alg)
вражеский *adj* enemigo, rival
вражий *adj poét obsol* enemigo, rival
враз *adv* 1) *vulg (одновременно)* simultáneamente 2) *vulg (сразу)* inmediatamente
вразнобой *adv coloq* sin coordinación
вразнос *adv coloq* en la calle, de repartimiento (dicho del comercio)
вразумительный *adj* claro, comprensible
вразумить *perf* вразумлять *impf vt* persuadir, convencer
вразумлять V. вразумить
враки *fpl vulg* mentiras
враньё *n coloq* mentira
врасплох *adv* de improviso, por sorpresa *застать* ~ sorprender
врассыпную *adv* a la desbandada *бежать* ~ desbandarse
врастать V. врасти

врасти *perf* врастать *impf vi* arraigarse, enraizarse
врата *npl obsol* puerta, puertas
вратарский *adj sport* de portero, de guardameta
вратарь *m sport* portero, guardameta
врать *impf* соврать *perf vt/i* 1) mentir, engañar 2) *coloq (фальшивить)* falsear, desentonar 3) *hist (болтать)* charlar, parlotear
врач *m* médico, doctor *участковый* ~ médico de cabecera; *вызвать ~а* avisar al médico
врачебный *adj* médico
врачевать *impf vt/i hist* curar
врачиха *f coloq* médica, doctora
вращательный *adj* giratorio
вращать *impf vt* hacer girar, voltear
вращаться *impf* girar
вращающийся *adj* giratorio
вращение *n* rotación, giro
вред *m* daño, mal *причинить* ~ hacer daño
вредитель *m* 1) *(насекомое)* parásito, insecto dañino 2) *obsol (человек)* saboteador
вредительский *adj obsol* de sabotaje
вредительство *n obsol* sabotaje
вредить *impf* навредить *perf vi* 1) **(кому/чему-л)** hacer daño (a alg o u/c), dañar ~ *здоровью* hacer daño a la salud 2) *(заниматься вредительством)* sabotear
вредность *f* nocividad, insalubridad
вредный *adj* 1) perjudicial, dañino, nocivo 2) *coloq (недоброжелательный)* malévolo, malicioso
вредоносность *f* carácter perjudicial
вредоносный *adj* perjudicial
врезать *perf* врезать *impf* **1.** *vt* encajar **2.** *vi* **(кому-л)** *vulg (ударить)* golpear, pegar, dar un golpe
врезать V. врезать
врезаться *perf* врезаться *impf* 1) chocar, tropezar ~ *в стену* chocar contra una pared 2) *(запечатлеться)* grabarse
врезаться V. врезаться
врезка *f* mapa adicional
временами *adv* a ratos, de vez en cuando, a veces
временник *m obsol* crónica
временно *adv* temporalmente
временной *adj* temporal, provisional
временность *f* temporalidad
временный *adj* temporal, transitorio
временщик *m obsol* favorito
времечко *n coloq dimin-afect* V. время
врем|я *n* 1) tiempo *проводить* ~ pasar el tiempo 2) *(продолжительность)* tiempo, hora *сколько сейчас времени* ¿qué hora es? 3) *(эпоха)* tiempo, época *в наше* ~ en nuestros días 4) *(пора)* estación, tiempo *времена года* estaciones del año 5) *ling* tiempo ◆ **в то ~, как** mientras que ~ - **деньги** el tiempo es oro
времяпрепровождение *n* pasatiempo
вровень *adv* al nivel de
вроде *prep* **(кого/чего-л)** una especie de (alg o u/c), parecido a (alg o u/c)
врождённый *adj* innato
врозь *adv* separadamente, aparte
врубать V. врубить
врубаться V. врубиться
врубить *perf* врубать *impf vt* 1) encajar 2) *coloq (включить)* enchufar, poner en marcha
врубиться *perf* врубаться *impf* 1) penetrar, hundirse 2) *coloq (понять)* comprender, entender
врун, -ья *m/f coloq* mentiros|o, -a, embuster|o, -a
вручать V. вручить
вручение *n* entrega
вручить *perf* вручать *impf vt* 1) entregar 2) *elev (вверить)* confiar, encomendar
вручную *adv* a mano
врываться V. ворваться
врыть *perf* врывать *impf vt* plantar, hundir ~ *в землю* hundir en la tierra
вряд *partic* : ~ ли es poco probable, es dudoso
всадить *perf* всаживать *impf vt* 1) clavar, hincar, meter 2) *vulg (потратить)* gastar, derrochar
всадник *m* jinete
всасывать V. всосать
всасываться V. всосаться
все V. весь
всевластие *n* omnipotencia
всевозможный *adj* de toda clase
всевышний *m relig* el Altísimo
всегда *adv* siempre, constantemente как ~ como siempre
всегдашний *adj coloq* de siempre, ordinario, habitual
всего **1.** *adv (в итоге)* en total, en general ~ *я потратил двадцать евро* en total he gastado veinte euros **2.** *partic (лишь)* solo, solamente ~ *неделю назад* hace solamente una semana ◆ ~ **ничего** casi nada ~-**навсего** nada más
вседозволенность *f* libertad absoluta
всезнайка *m/f coloq* enterad|o, -a, sabiond|o, -a
вселение *n* alojamiento, instalación
вселенная *f* universo
вселенский *adj* universal
вселить *perf* вселять *impf vt* 1) alojar, instalar 2) *(чувство)* infundir, inspirar
вселиться *perf* вселяться *impf* 1) instalarse, alojarse, establecerse 2) *elev (зародиться)* surgir
вселять V. вселить
вселяться V. вселиться
всемерный *adj elev* por todos los medios
всемирный *adj* mundial, universal
всемогущество *n* omnipotencia
всемогущий *adj* todopoderoso, omnipotente, superior
всенародный *adj* nacional, público
всеобщий *adj* universal, general, total
всеобщность *f* totalidad, universalidad
всеобъемлющий *adj elev* universal
всепобеждающий *adj* victorioso
всепрощение *n elev* perdón absoluto
всероссийский *adj* de toda Rusia
всерьёз *adv* de veras, en serio *принимать* ~ tomar en serio
всесилие *n* omnipotencia
всесильный *adj* todopoderoso, omnipotente
всесоюзный *adj* de toda la Unión Soviética
всесторонний *adj* multilateral, completo
всеуслышание *n* : во ~ en voz alta, a los cuatro vientos
всецело *adv* completamente, totalmente, enteramente
всеядность *adj* carácter omnívoro
всеядный *adj* omnívoro

всё 1. *pron* todo он ~ съел se lo ha comido todo **2.** *adv* 1) *(всегда)* siempre *он ~ сидит дома* siempre está en casa 2) *(всё еще)* todavía *он ~ здесь* todavía está aquí 3) *(только)* solo *это ~ ты виноват* solo es tu culpa
всё-таки *conj* a pesar de todo, sin embargo ~ *он пришёл* a pesar de todo ha venido
вскакивать V. вскочить
вскапывать V. вскопать
вскарабкаться *perf* вскарабкиваться *impf* **(на что-л)** encaramarse (a u/c)
вскарабкиваться V. вскарабкаться
вскармливать V. вскормить
вскидывать V. вскинуть
вскинуть *perf* вскидывать *impf vt* levantar, alzar, elevar ~ *голову* levantar la cabeza
вскипать V. вскипеть
вскипеть *perf* вскипать *impf vi* 1) hervir 2) *(вспылить)* enfadarse, encolerizarse
вскипятить V. кипятить
вскипятиться V. кипятиться
всклокочивать V. всклокочить
всколыхивать V. всколыхнуть
всколыхиваться V. всколыхнуться
всклокочить *perf* всклокочивать *impf vt coloq* despeinar, enmarañar
всколыхнуть *perf* всколыхивать *impf vt* 1) agitar, sacudir 2) *(побудить к действиям)* conmover, excitar
всколыхнуться *perf* всколыхиваться *impf* 1) agitarse, sacudir 2) *(прийти в движение)* conmoverse, excitarse
вскользь *adv* de paso
вскоре *adv* poco tiempo después, al cabo de poco
вскормить *perf* вскармливать *impf vt* criar, educar
вскорости *adv vulg* poco tiempo después
вскочить *perf* вскакивать *impf vi* 1) saltar, subir de un salto 2) *(резко подняться)* levantarse bruscamente 3) *coloq (о болячке)* aparecer
вскрик *m* grito, exclamación
вскрикивать V. вскрикнуть
вскрикнуть *perf* вскрикивать *impf vi* gritar, lanzar gritos
вскричать *perf vi elev* exclamar, lanzar un grito
вскружить *perf vt* **(кому-л) :** ~ голову hacer perder la cabeza
вскрывать V. вскрыть
вскрываться V. вскрыться
вскрытие *f* 1) *med* autopsia 2) *(реки)* deshielo
вскрыть *perf* вскрывать *impf vt* 1) abrir *вскрыть ящик* abrir un cajón 2) *(обнаружить)* descubrir, encontrar, revelar 3) *med (тело)* hacer la autopsia
вскрыться *perf* вскрываться *impf* 1) *(открыться)* abrirse 2) *(обнаружиться)* manifestarse, revelarse, descubrirse
вскрыша *f geol* overburden
вскрышной *adj geol* de overburden
всласть *adv* con mucho gusto, a placer
вслед *prep* **(за кем/чем-л)** tras (de alg o u/c) *идти ~ за кем-либо* seguir a alguien
вслепую *adv* a ciegas
вслух *adv* en alta voz
вслушаться *perf* вслушиваться *impf* **(во что-л.)** escuchar, prestar oídos (a u/c)
вслушиваться V. вслушаться
всматриваться V. всмотреться
всмотреться *perf* всматриваться *impf* mirar fijamente
всмятку *adv* : яйцо ~ huevo pasado por agua
всовывать V. всунуть
всосать *perf* всасывать *impf vt* chupar, absorber
всосаться *perf* всасываться *impf* absorberse
вспарывать V. вспороть
вспахать *perf* вспахивать *impf vt* arar, labrar
вспашка *f* arada, aradura
всплакнуть *perf vi coloq* llorar un poco
всплеск *m* 1) chapoteo 2) *(быстрое проявление изменения настроения)* estallido
всплёскивать V. всплеснуть
всплеснуть *perf* всплёскивать *impf vi* chapotear ◆ ~ **руками** levantar las manos
всплывать V. всплыть
всплытие *n* subida a la superficie
всплыть *perf* всплывать *impf vi* 1) emerger, salir a flote 2) *(обнаружиться)* aparecer, surgir
всполошить *perf vt coloq* alborotar, alarmar
всполошиться *perf* alborotarse, alarmarse
вспоминать V. вспомнить
вспоминаться V. вспомниться
вспомнить *perf* вспоминать *impf vt* recordar, acordarse (de alg o u/c)
вспомниться *perf* вспоминаться *impf* recordarse, venir a la memoria
вспомогательный *adj* auxiliar
вспороть *perf* вспарывать *impf vt coloq* rajar, abrir
вспотеть V. потеть
вспугивать V. вспугнуть
вспугнуть *perf* вспугивать *impf vt* asustar, espantar
вспучивать V. вспучить
вспучиваться V. вспучиться
вспучить *perf* вспучивать *impf vt coloq* hinchar
вспучиться *perf* вспучиваться *impf coloq* hincharse
вспылить *perf vi* enfadarse, encolerizarse
вспыльчивость *f* iracundia
вспыльчивый *adj* irascible, iracundo
вспыхивать V. вспыхнуть
вспыхнуть *perf* вспыхивать *impf vi* 1) encenderse, incendiarse, estallar 2) *(о чувствах)* inflamarse, arder 3) *(возбудиться)* arrebatarse, excitarse
вспышка *f* 1) *(внезапное воспламенение)* destello, deflagración, fogonazo 2) *(аппарат)* flash 3) *(порыв)* arrebato, ímpetu
вспять *adv elev* hacia atrás *повернуть ~* retroceder
вставание *n* levantamiento
вставать V. встать
вставить *perf* вставлять *impf vt* poner, meter, colocar ~ *стекло* poner un cristal
вставка *f* 1) *(действие)* colocación intercalación, añadidura, intercalación 2) *(то, что вставлено)* añadidura, añadido, adición
вставлять V. вставить ◆ ~ **палки в колёса** poner la zancadilla
вставн|ой *adj* postizo *~ая челюсть* dentadura postiza
встарь *adv elev* antaño, antiguamente
встать *perf* вставать *impf vi* 1) *(на ноги)* levantarse, ponerse de pie ~ *с кровати* levantarse

de la cama 2) *(занять место)* colocarse, entrar, caber 3) *(возникнуть)* aparecer, surgir *встал вопрос* se planteó una cuestión 4) *(остановиться)* pararse, detenerse ◆ ~ **на учёт** registrarse ~ **с левой ноги** levantarse con el pie izquierdo

встопорщить V. топорщить

встопорщиться V. топорщиться

встраивать V. встроить

встревать V. встрять

встревоженный *adj* angustiado, alarmado

встревожить V. тревожить

встревожиться V. тревожиться

встрепенуться *perf* 1) despertarse, sacudirse 2) *(о сердце)* latir

встретить *perf* встречать *impf vt* 1) encontrar, tropezar (con alg o u/c) ~ *знакомого на улице* encontrar a un conocido en la calle 2) *(принять на месте прибытия)* recibir ~ гостей recibir a los huéspedes 3) *(принять)* recibir, acoger *холодно* ~ acoger fríamente 4) *(воспринять какое-либо событие)* recibir, celebrar ~ *Рождество* celebrar la Navidad

встретиться *perf* встречаться *impf* 1) encontrarse ~ *на дороге* encontrarse en el camino 2) *(попасться)* encontrarse, hallarse

встреча *f* 1) encuentro, entrevista ~ *друзей* encuentro de amigos 2) *(приём)* recibimiento, acogida 3) *sport (состязание)* encuentro, partido

встречать V. встретить

встречаться V. встретиться

встречный 1. *adj* opuesto, contrario 2. *m (человек, встречающийся на дороге)* el que viene al encuentro

встроенный *adj* empotrado

встроить *perf* встраивать *impf vt* empotrar, introducir

встряска *f* conmoción, turbación

встрять *perf* встревать *impf vi coloq* meterse, entrometerse

встряхивание *n* sacudida

встряхивать V. встряхнуть

встряхнуть *perf* встряхивать *impf vt* 1) sacudir 2) *(побудить)* inducir, incitar *встряхнуться perf встряхиваться impf* 1) sacudirse 2) *coloq (оживиться)* animarse 3) *coloq (развлечься)* distraerse

вступать V. вступить

вступаться V. вступиться

вступительный *adj* 1) de entrada, de ingreso 2) *(вводный)* introductorio

вступить *perf* вступать *impf vi* 1) *(войти)* entrar 2) (**на что-л**) *(занять место ступая)* subir (a u/c) 3) (**во что-л.**) *(стать участником)* ingresar (en u/c), afiliarse (a u/c) ~ *в партию* afiliarse a un partido ◆ ~ **в брак** contraer matrimonio ~ **в силу** entrar en vigor

вступиться *perf* вступаться *impf* (**за кого-л**) intervenir en favor (de alg)

вступление *n* 1) *(действие)* ingreso, entrada 2) *(начальная часть)* introducción

всуе *adv elev* en vano ~ *поминать* mencionar en vano

всунуть *perf* всовывать *impf vt* meter, introducir, poner ~ *руки в карманы* meter las manos en los bolsillos

всухомятку *adv coloq* a palo seco, sin bebida

всухую *adv sport* a cero *выиграть* ~ dejar a cero

всучить *perf* всучивать *impf vt coloq* endiñar, endosar

всхлип *m* sollozo

всхлипывать *impf* всхлипнуть *perf vi* sollozar

всход *m* germen, brote

всходить V. взойти

всхожесть *f agric* capacidad de germinación

всыпать *perf* всыпать *impf* 1. *vt (насыпать)* echar, verter 2. *vi* (**кому-л**) *coloq (отчитать или побить)* regañar, zurrar

всыпать V. всыпать

всюду *adv* en todas partes

всяк|ий *pron* 1) *(каждый)* cualquier, cada *~ий раз* cada vez 2) *(всевозможный)* cualquier, de toda clase *~ие товары* toda clase de mercancías 3) *(для усиления отрицания)* ninguno, alguno *без ~ого сомнения* sin duda alguna

всяко *adv coloq* de distinta manera, diversamente

всяческий *pron coloq* de toda clase

всячина *f coloq* : всякая ~ toda clase de cosas

втайне *adv* en secreto

вталкивать V. втолкнуть

втаскивать V. втащить

втащить *perf* втаскивать *impf vt* 1) *(внутрь)* llevar adentro 2) *(наверх)* subir arrastrando

втекать V. втечь

втереть *perf* втирать *impf vt* 1) frotar, friccionar 2) *coloq (обмануть, смошенничать)* estafar, engañar

втереться *perf* втираться *impf* 1) *(впитаться)* impregnarse, introducirse 2) *coloq (проникнуть)* introducirse, entremeterse

втёмную *adv coloq* a ciegas

втирать V. втереть

втискивать V. втиснуть

втискиваться V. втиснуться

втиснуть *perf* втискивать *impf vt* embutir, meter

втиснуться *perf* втискиваться *impf coloq* entrar con trabajo, meterse

втихаря *adv coloq* a hurtadillas, callandito

втихомолку *adv coloq* a hurtadillas, callandito

втолкнуть *perf* вталкивать *impf vt* empujar, impeler

втолковать *perf* втолковывать *impf vt coloq* hacer comprender, explicar

втолковывать V. втолковать

вторгаться V. вторгнуться

вторжение *n* 1) *(в страну и т.п.)* invasión, irrupción 2) *(вмешательство)* ingerencia

вторить *impf vt* 1) *(повторять)* hacer eco 2) *coloq (поддакивать)* asentir, hacer coro

вторично *adv* por segunda vez, otra vez

вторичность *f* carácter secundario

вторичный *adj* 1) segundo, repetido 2) *(второстепенный)* secundario

вторник *m* martes во ~ el martes

второгодни|к, -ца *m* alumn|o, -a que repite curso

второй *num* 1) segundo 2) *(второстепенный)* secundario, segundo

второклассник *m* alumno del segundo grado

второпях *adv coloq* con prisa, apresurándose

второсортный *adj* de segunda clase, mediocre
второстепенный *adj* 1) secundario, accesorio 2) *(заурядный)* mediocre, regular
втравить *perf* втравливать *impf vt* 1) *caza (собаку)* amaestrar para la caza (a un perro) 2) *vulg* (вовлечь) atraer, incorporar
в-третьих *num* en tercer lugar
втридорога *adv coloq* muy caro
втрое *adv* tres veces
втроём *adv* los tres juntos *жить* ~ vivir los tres (juntos)
втройне *adv* el triple, triplemente
втулка *f tecn* casquillo
втуне *adv obsol* en vano, sin resultado
втыкать V. воткнуть
втягивать V. втянуть
втягиваться V. втянуться
втянуть *perf* втягивать *impf vt* 1) arrastrar, meter arrastrando 2) *(втянуть в себя)* aspirar, absorber 3) *coloq (вовлечь)* atraer, implicar
втянуться *perf* втягиваться *impf* 1) *(впасть)* hundirse 2) *(постепенно войти)* entrar, introducirse 3) (**во что-л.**) *(вовлечься)* acostumbrarse (a u/c), apasionarse (por u/c)
вуаль *f* velo, gasa
вуз *m* centro de enseñanza superior, universidad
вузовский *adj* universitario, de enseñanza superior
вулкан *m* volcán
вулканизация *f geol* vulcanización
вулканический *adj* volcánico
вулканолог *m geol* vulcanólogo
вулканология *f geol* vulcanología
вульгаризация *f* vulgarización
вульгаризм *m ling* vulgarismo
вульгарно *adv* vulgarmente, de forma vulgar
вульгарность *f* vulgaridad
вульгарный *adj* 1) vulgar, grosero 2) *(упрощённый)* simplificado
вундеркинд *m* niñ|o, -a prodigio
вурдалак *m mitol* vampiro
вход *m* entrada *главный* ~ entrada principal
входить V. войти
входной *adj* de entrada, de acceso ~ *билет* entrada
вхождение *n* entrada
вхожий *adj coloq* admitido, recibido
вхолостую *adv* sin resultado
вцепиться *perf* вцепляться *impf* (**во что-л.**) *coloq* agarrarse (a u/c), asirse (a u/c)
вцепляться V. вцепиться
вчера *adv* ayer ~ *вечером* ayer por la noche
вчерашний *adj* de ayer
вчерне *adv* en esbozo
вчетверо *adv* cuatro veces ~ *больше* cuatro veces más
вчетвером *adv* los cuatro (juntos)
в-четвёртых *num* en cuarto lugar
вчинить *perf* вчинять *impf vt obsol* presentar, plantear
вчистую *adv coloq* completamente, en definitiva
вчитаться *perf* вчитываться *impf* leer con atención, leer atentamente
вчитываться V. вчитаться
в-шестых *num* en sexto lugar
вшивость *f* piojería
вшивый *adj* piojoso
вширь *adv* a lo ancho
вшить *perf* вшивать *impf vt* coser, unir cosiendo
въедливый *adj coloq* meticuloso, escrupuloso
въезд *m* entrada (de vehículos)
въездной *adj* de entrada
въезжать V. въехать
въесться *perf* въедаться *impf* arraigarse, penetrar
въехать *perf* въезжать *impf vi* 1) entrar (en un vehículo) ~ *в город* entrar en la ciudad 2) *(вселиться)* instalarse, establecerse 3) *(подняться)* subir, ascender
вы *pron pers* 1) *(второго лица множественного числа)* vosotros *когда* ~ *придёте?* ¿cuándo llegaréis? 2) *(второго лица единственного числа)* usted ~ *давно работаете в этой компании?* ¿hace tiempo que usted trabaja en esta empresa? ◆ **быть на «~» с кем-л.** tratar de usted a alg
выбегать V. выбежать
выбежать *perf* выбегать *impf vi* salir corriendo
выбелить V. белить
выбивать V. выбить
выбиваться V. выбиться
выбирать V. выбрать
выбираться V. выбраться
выбить *perf* выбивать *impf vt/i* 1) romper, forzar ~ *дверь* forzar la puerta 2) *(вычеканить)* acuñar, sellar 3) *sport (мяч)* sacar, despejar
выбиться *perf* выбиваться *impf* 1) salir ~ *из толпы* salir de la muchedumbre 2) *(показаться)* salir, aparecer ◆ ~ **из сил** agotarse
выбоина *f* hoyo, cavidad
выбор 1. *m* 1) elección, opción, alternativa 2) *(товаров)* surtido **2.** -ы *mpl* elecciones
выборка *f* extracción, fragmento
выборность *f* elegibilidad
выборный *adj* electo, elegido
выборочный *adj* por elección, electivo
выборщик *m* compromisario, representante
выбраниться *perf coloq* maldecir, blasfemar
выбрасывание *n* lanzamiento
выбрасывать V. выбросить
выбрасываться V. выброситься
выбрать *perf* выбирать *impf vt* 1) elegir, escoger, seleccionar 2) *(голосованием)* elegir 3) *(извлечь)* sacar, extraer
выбраться *perf* выбираться *impf* salir con dificultad
выбрить *perf* выбривать *impf vt* afeitar, rapar
выброс *m* lanzamiento, extensión
выбросить *perf* выбрасывать *impf vt* 1) echar, lanzar ~ *мусор* echar la basura 2) *coloq (уволить)* despedir, expulsar, echar
выброситься *perf* выбрасываться *impf* lanzarse, arrojarse ~ *из окна* lanzarse por la ventana
выбывать V. выбыть
выбытие *n* ausencia
выбыть *perf* выбывать *impf vi* 1) salir, irse 2) *(отойти от какой-либо деятельности)* darse de baja
вываливать V. вывалить
вываливаться V. вывалиться
вывалить *perf* вываливать *impf vt* echar, volcar
вывалиться *perf* вываливаться *impf* caerse, salirse

выведать *perf* выведывать *impf vt* averiguar, sonsacar
выведение *n* 1) deducción, suposición 2) *(уничтожение)* exterminio, eliminación 3) *(животных)* cría 4) *(растений)* cultivo
выведывать V. выведать
вывезти *perf* вывозить *impf vt* 1) llevar, transportar, acarrear 2) *(привезти)* traer, llevar consigo
выверить *perf* выверять *impf vt* verificar, examinar, comprobar
выверка *f* verificación, comprobación
вывернуть *perf* выворачивать *impf vt* 1) desenroscar, destornillar 2) *coloq (вывихнуть)* desencajar, dislocar 3) *(наизнанку)* volver del revés
вывернуться *perf* выворачиваться *impf* 1) *coloq* desenroscarse 2) *coloq (вывихнуться)* desencajarse, dislocarse 3) *coloq (наизнанку)* volverse del revés 4) *coloq (из сложной ситуации)* salir airoso
выверт *m* 1) *(телодвижение)* quiebro 2) *(причуда)* capricho, antojo
выверять V. выверить
вывесить[1] *perf* вывешивать *impf vt* 1) *(на открытом месте)* colgar, enarbolar ~ *флаг* enarbolar una bandera 2) *(для обозрения)* pegar, fijar
вывесить[2] *perf* вывешивать *impf vt (взвесить)* pesar
вывеска *f* placa, rótulo
вывести *perf* выводить *impf vt* 1) llevar, hacer salir, sacar ~ *из дома* hacer salir de casa 2) *(уничтожить)* eliminar, quitar ~ *пятно* quitar la mancha 3) *(сделать вывод)* deducir, concluir ~ формулу deducir una fórmula 4) *(о животных - родить)* parir 5) *(выращивая, создать)* cultivar ◆ ~ **из себя** sacar de sus casillas ~ **из терпения** hacer perder la paciencia
вывестись *perf* выводиться *impf* 1) *(исчезнуть)* desaparecer 2) *(о пятне)* quitarse 3) *(о* птенцах*)* nacer
выветривание *n* 1) aireación, ventilación 2) *geol (горных пород)* meteorización
выветриваться V. выветриться
выветриться *perf* выветриваться *impf* 1) *(о запахе)* airearse, ventilarse 2) *geol (о горных породах)* erosionarse
вывешивать V. вывесить
вывинчивать V. вывинтить
вывих *m* luxación, dislocación, esguince
вывихнуть *perf* вывихивать *impf vt* desencajar, dislocar
вывод *m* 1) *(действие)* retirada, evacuación 2) *(умозаключение)* conclusión *прийти к ~у* llegar a una conclusión
выводить V. вывести
выводиться V. вывестись
выводковый *adj* de camada
выводок *m* 1) *(у животных)* camada 2) *(у птиц)* nidada
вывоз *m* exportación, saca *товары на ~* mercancías para exportar
вывозить V. вывезти
вывозиться *perf coloq* enfangarse, mancharse con barro
вывозка *f* transporte, traslado
вывозной *adj* 1) *(для вывоза)* de exportación 2) *(взимаемый за вывоз)* de salida, de exportación
выворачивание *n* extracción, arrancamiento
выворачивать V. выворотить, вывернуть
выворачиваться V. вывороттиться, вывернуться
выворотить *perf* выворачивать *impf vt* 1) *vulg (выдернуть)* arrancar 2) *coloq (наизнанку)* volver del revés
выгадать *perf* выгадывать *impf vt* ganar, ahorrar ~ *время* ganar tiempo
выгибаться V. выгнуться
выглядеть *impf vi* tener aspecto, parecer, aparentar ~ *плохо* tener mal aspecto; ~ *на сорок лет* aparentar cuarenta años
выглядывать V. выглянуть
выглянуть *perf* выглядывать *impf vi* mirar, ojear
выгнать[1] *perf* выгонять *impf vt* expulsar, echar ~ *из школы* expulsar del colegio
выгнать[2] *perf* выгонять *impf vt (добыть перегонкой)* destilar
выгнуть *perf* выгибать *impf vt* encorvar
выговаривать V. выговорить
выговор *m* 1) *(произношение)* pronunciación, acento 2) *(порицание)* reprimenda, amonestación сделать ~ amonestar
выговорить *perf* выговаривать *impf* **1.** *vt* 1) *(произнести)* pronunciar, articular 2) *coloq (условие)* poner una condición **2.** *vi* **(кому-л/за что-л)** *coloq* reprender, amonestar
выговориться *perf coloq* decir todo (lo que se quería decir)
выгод|а *f* provecho, ventaja, utilidad *извлечь ~у* sacar provecho
выгодность *f* utilidad
выгодный *adj* 1) provechoso, ventajoso, útil 2) *(положительный)* ventajoso, bueno
выгон *m* pasto, pastizal
выгонка *f* destilación
выгонять V. выгнать I, II
выгораживать V. выгородить
выгорать V. выгореть
выгореть *perf* выгорать *impf vi* 1) quemarse, arder por completo 2) *(потерять цвет)* descolorarse
выгородить *perf* выгораживать *impf vt* 1) *(оградой)* cercar, vallar 2) *(избавить от ответственности)* defender, proteger
выгравировать V. гравировать
выгребать V. выгрести
выгрести *perf* выгребать *impf* **1.** *vt (золу)* sacar **2.** *vi (на вёслах)* salir remando
выгружать V. выгрузить
выгрузить *perf* выгружать *impf vt* descargar
выгрузка *f* descarga
выгул *m* 1) paseo 2) *(огороженное место)* corral
выгуливать V. выгулять
выгулять *perf* выгуливать *impf vt* llevar a pasear, sacar a pasear, pasear
выдавать V. выдать
выдаваться V. выдаться
выдавить *perf* выдавливать *impf vt* 1) exprimir ~ *сок* exprimir el zumo 2) *(сломать)* romper ~ *стекло* romper un cristal
выдавливать V. выдавить

выданье *n* : девушка на ~ chica casadera

выдать *perf* выдавать *impf vt* 1) *(дать)* dar, entregar ~ *зарплату* dar la paga 2) *(обнаружить)* descubrir, revelar ~ *секрет* revelar el secreto 3) *(замуж)* casar ~ *замуж свою дочь* casar a su hija 4) **(за кого/что-л)** *(неправильно представить)* dar (por alg o u/c), hacer pasar (por alg o u/c) ~ *себя за кого-либо* hacerse pasar por alguien

выдаться *perf* выдаваться *impf* 1) *(наружу)* sobresalir, salir 2) *coloq (случиться)* suceder, presentarse *выдался случай* se presentó la ocasión 3) **(в кого-л)** *coloq (быть похожим)* parecerse (a alg), asemejarse (a alg) ~ *в отца* parecerse a su padre

выдача *f* entrega

выдающийся *adj* ilustre, distinguido, notable

выдвигать V. выдвинуть

выдвигаться V. выдвинуться

выдвиженец *m hist* vydvizhenets (obrero promovido a cargo directivo en los años 20 y 30 del siglo xx en la URSS)

выдвижение *n* promoción, presentación

выдвинуть *perf* выдвигать *impf vt* 1) adelantar, hacer avanzar 2) *(предложить)* presentar 3) *(на должность)* promover, presentar

выдвинуться *perf* выдвигаться *impf* 1) *(вперёд)* adelantarse, moverse hacia adelante 2) *(отличиться)* destacarse

выдворение *n* expulsión, deportación

выдворить *perf* выдворять *impf vt* expulsar, echar ~ *из дома* echar de casa

выдворять V. выдворить

выдел *m jur* parcela

выделать *perf* выделывать *impf vt* curtir, adobar ~ *шкуру* curtir la piel

выделение *n* 1) *(действие)* división, separación 2) *(конечные продукты обмена)* flujo, excreción

выделительный *adj* excretor, secretorio

выделить *perf* выделять *impf vt* 1) *(предоставить)* entregar, repartir 2) *(отметить)* distinguir, subrayar 3) *quím (из состава)* desprender

выделиться *perf* выделяться *impf* 1) *(обособиться)* aislarse, separarse 2) *(отличиться)* destacarse 3) *quím (из состава)* desprenderse

выделк|а *f* elaboración ◆ **овчинка не стоит ~и** la cosa no vale un comino

выделывать *impf vt* fabricar, elaborar

выделять V. выделить

выделяться V. выделиться

выдержанный *adj* 1) *(о вине)* añejo, viejo 2) *(о человеке)* moderado, templado

выдержать *perf* выдерживать *impf vt* 1) *(устоять)* sostener, soportar ~ *тяжесть* sostener el peso 2) *(вытерпеть)* aguantar, soportar ~ *боль* soportar el dolor 3) *(проверку)* pasar, aprobar ~ *экзамен* aprobar un examen 4) *coloq (продержать)* tener, mantener 5) *(продукт)* añejar ◆ ~ **паузу** hacer una pausa

выдерживать V. выдержать

выдержка[1] *f (цитата)* extracto

выдержка[2] *f* 1) *(самообладание)* dominio de sí mismo, firmeza 2) *foto* exposición

выдернуть *perf* выдёргивать *impf vt* arrancar, sacar ~ *зуб* arrancar una muela

выдёргивать V. выдернуть

выдирать V. выдрать

выдох *m* exhalación

выдохнуть *perf* выдыхать *impf vt* exhalar ~ *воздух* exhalar el aire

выдохнуться *perf* выдыхаться *impf* 1) *(о жидкости)* perder el olor, perder el gas, disiparse 2) *(утратить способности)* agotarse

выдра *f* nutria

выдрать[1] *perf* выдирать *impf vt coloq (вырвать)* arrancar, sacar

выдрать[2] *perf* выдирать *impf vt coloq (высечь)* azotar, zurrar

выдрессировать V. дрессировать

выдувать V. выдуть

выдумать *perf* выдумывать *impf vt* 1) *(изобрести)* inventar ~ *новую игру* inventar un juego nuevo 2) *(придумать)* encontrar, idear, inventar

выдумка *f* 1) fantasía, imaginaciones 2) *(затея)* invención, embuste

выдумщи|к, -ца *m/f coloq* inventor, -a, embuster|o, -a

выдумывать V. выдумать

выдуть *perf* выдувать *impf vt* 1) quitar soplando 2) *vulg (выпить)* soplar, beber

выдыхание *n* expiración

выдыхать V. выдохнуть

выдыхаться V. выдохнуться

выедать V. выесть

выезд *m* 1) *(действие)* salida 2) *(место)* salida

выездка *f híp* doma clásica, adiestramiento

выездной *adj* de salida

выезжать V. выехать

выемка *f* cavidad, hoyo

выесть *perf* выедать *impf vt* 1) roer, comer ~ *начинку* comer el relleno 2) *(вытравить)* corroer

выехать *perf* выезжать *impf vi* 1) salir, irse ~ *из ворот* salir de la puerta 2) *(появиться)* aparecer, salir ~ *на площадь* salir a la plaza

выжать *perf* выжимать *impf vt* 1) exprimir, escurrir 2) *(с трудом)* sacar 3) *sport (штангу)* levantar

выждать *perf* выжидать *impf vt* esperar, aguardar

выжечь *perf* выжигать *impf vt* 1) *(сжечь)* quemar, incendiar ~ *дотла* reducir a cenizas 2) *(знак)* marcar a fuego

выживаемость *f* capacidad de supervivencia

выживание *n* supervivencia

выживать V. выжить

выжигать V. выжечь

выжидание *n* espera

выжидательный *adj* expectante, vigilante, de espera

выжидать V. выждать

выжимать V. выжать

выжимка *f* prensado

выжить *perf* выживать *impf* **1.** *vi* sobrevivir, subsistir **2.** *vt coloq (выгнать)* echar, expulsar, desalojar

вызванивать V. вызвонить

вызвать *perf* вызывать *impf vt* 1) llamar, invitar ~ *врача* llamar a un médico 2) **(на что-л)** *(побудить к действиям)* desafiar (a u/c), retar (a u/c) ~ *на поединок* desafiar a un combate 3) *(породить)* provocar, despertar ~ *раздражение* provocar irritación

вызваться *perf* вызываться *impf* **(делать что-л)** ofrecerse a (hacer u/c)

вызволить *perf* вызволять *impf vt coloq* rescatar, liberar, salvar

вызволять V. вызволить

выздоравливать V. выздороветь

выздороветь *perf* выздоравливать *impf vi* sanar, restablecerse, curarse

выздоровление *n* curación, restablecimiento

вызов *m* 1) *(на состязание)* desafío, reto *бросить* ~ desafiar 2) *(приглашение)* invitación, llamada

вызревать V. вызреть

вызреть *perf* вызревать *impf vi* madurar, sazonarse

вызубрить *perf* вызубривать *impf vt coloq* aprender de memoria, empollar

вызывать V. вызвать

вызываться V. вызваться

вызывающий *adj* provocador, provocativo, instigador

выигрывать V. выиграть

выигрыш *m* premio, ganancia

выигрышный *adj* 1) premiado 2) *(удачный)* ventajoso, provechoso

выискать *perf* выискивать *impf coloq* encontrar, hallar

выискаться *perf* выискиваться *impf coloq* encontrarse, hallarse

выискивать V. выискать

выискиваться V. выискаться

выйти *perf* выходить *impf vi* 1) salir ~ *из комнаты* salir de la habitación 2) *(уйдя, появиться в другом месте)* salir ~ *в море* salir al mar 3) *(из какого-либо состояния)* perder ~ *из терпения* perder la paciencia 4) *(быть опубликованным)* aparecer, ser publicado, salir *книга выйдет на следующей неделе* el libro aparecerá la próxima semana 5) *(стать)* salir, acabar *всё вышло неудачно* todo salió mal ♦ ~ **замуж** casarse ~ **из себя** perder los estribos

выказать *perf* выказывать *impf vt coloq* mostrar, manifestar ~ *недовольство* manifestar disgusto

выказывать V. выказать

выкалывать V. выколоть

выкапывание *n* excavación, extracción

выкапывать V. выкопать

выкарабкаться *perf* выкарабкиваться *impf* 1) *coloq* salir con dificultad, encaramarse 2) *coloq (справиться)* dominar, vencer

выкарабкиваться V. выкарабкаться

выкармливание *n* lactancia, amamantamiento

выкармливать V. выкормить

выкатить *perf* выкатывать *impf vt* 1) sacar rodando, hacer rodar, mover 2) *coloq (быстро выехать)* salir con velocidad

выкатиться *perf* выкатываться *impf* 1) *(удалиться, катясь)* salir rodando 2) *coloq (уйти)* irse, salir

выкатывать V. выкатить

выкатываться V. выкатиться

выкачать *perf* выкачивать *impf vt* 1) achicar, extraer ~ *воду* achicar el agua 2) *(постепенно отобрать)* sacar, extraer

выкачивание *n* achique, extracción

выкачивать V. выкачать

выкашивать V. выкосить

выкидывать V. выкинуть

выкидываться V. выкинуться

выкидыш *m med* aborto espontáneo

выкинуть *perf* выкидывать *impf vt* 1) tirar, echar, lanzar ~ *мусор* tirar la basura 2) *coloq (исключить)* expulsar, expulsar

выкипеть *perf* выкипать *impf vi* evaporarse hirviendo

выкладка *f* 1) cálculo, cómputo 2) *mil* munición, equipo del soldado

выкладывать V. выложить

выкладываться V. выложиться

выключатель *m* interruptor

выключать V. выключить

выключаться V. выключиться

выключение *n* desconexión

выключить *perf* выключать *impf vt* 1) desconectar, apagar ~ *свет* apagar la luz 2) *(исключить)* excluir ~ *из списка* excluir de la lista

выключиться *perf* выключаться *impf* 1) desconectarse, apagarse 2) *(устраниться)* desaparecer

выклянчивать V. выклянчить

выклянчить *perf* выклянчивать *impf vt coloq* mendigar

выковать *perf* выковывать *impf vt* 1) forjar ~ *подкову* forjar una herradura 2) *(выработать)* formar, educar

выковыривать V. выковырять

выковырять *perf* выковыривать *impf vt* sacar, quitar

выколачивать V. выколотить

выколоть *perf* выкалывать *impf vt* punzar, pinchar

выкопать *perf* выкапывать *impf vt* 1) excavar, desenterrar ~ *яму* excavar un hoyo 2) *coloq (найти)* encontrar, descubrir, hallar

выкормить *perf* выкармливать *impf vt* alimentar, nutrir

выкорчевать *perf* выкорчёвывать *impf vt* desarraigar, arrancar de raíz

выкорчёвывать V. выкорчевать

выкосить *perf* выкашивать *impf vt* segar, dallar

выкрадывать V. выкрасть

выкраивать V. выкроить

выкрасить *perf* выкрашивать *impf vt* pintar ~ *дом в красный* pintar la casa de rojo

выкрасть *perf* выкрадывать *impf vt* robar, hurtar

выкрик *m* grito

выкрикивать V. выкрикнуть

выкрикнуть *perf* выкрикивать *impf vt* gritar

выкристаллизоваться *perf* выкристаллизовываться *impf* cristalizarse

выкроить *perf* выкраивать *impf vt* 1) *(вырезать)* cortar 2) *coloq (уделить)* dedicar, encontrar ~ время encontrar tiempo

выкройка *f textl* patrón

выкрутиться *perf* выкручиваться *impf* 1) *coloq (вывинтиться)* desatornillarse 2) *coloq (из неприятного положения)* arreglárselas, salvarse

выкручивание *n* desatornillamiento

выкручивать V. выкрутить

выкручиваться V. выкрутиться
выкуп *m* rescate
выкупать V. купать
выкупать V. выкупить
выкупаться V. купаться
выкупить *perf* выкупать *impf vt* 1) *(из залога)* desempeñar 2) *(из плена)* rescatar 3) *(приобрести то, чем владеет другой)* comprar
выкупной *adj* de rescate
выкуривать V. выкурить
выкурить *perf* выкуривать *impf vt* 1) *(докурить)* terminar de fumar, fumarse 2) *(выгнать окуриванием)* ahumar 3) *vulg (выгнать)* echar, expulsar
вылавливание *n* apresamiento
вылавливать V. выловить
вылазка *f* 1) *mil* salida, ataque 2) *coloq (прогулка)* paseo, excursión
выламывать V. выломать
вылезать V. вылезти
вылезти *perf* вылезать *impf vi* 1) salir arrastrándose, reptar 2) *(выйти)* salir ~ *из машины* salir del coche 3) *(обнаружиться)* aparecer, surgir
вылепить V. лепить
вылет *m* salida (volando), vuelo
вылетать V. вылететь
вылете|ть *perf* вылетать *impf vi* 1) salir volando, emprender el vuelo 2) *coloq (быть выгнанным)* ser expulsado, ser despedido ◆ **у меня ~ло из головы** se me olvidó
вылечивать V. вылечить
вылечиваться V. вылечиться
вылечить *perf* вылечивать *impf vt* curar, sanar
вылечиться *perf* вылечиваться *impf* curarse, sanarse
выливать V. вылить
выливаться V. вылиться
вылизать *perf* вылизывать *impf vt* 1) limpiar lamiendo 2) *coloq (очистить)* dejar muy limpio
вылизывать V. вылизать
вылить *perf* выливать *impf vt* 1) *(удалить жидкость)* verter, vaciar 2) *(изготовить литьём)* fundir
вылиться *perf* выливаться *impf* 1) *(о жидкости)* derramarse, verterse 2) *(принять вид)* tomar forma
вылов *m* pesca
выловить *perf* вылавливать *impf vt* 1) *(извлечь)* sacar, extraer 2) *(истребить ловлей)* pescar 3) *coloq (выследив, поймать)* atrapar, pescar
выложить *perf* выкладывать *impf vt* 1) *(вынув, положить)* poner, colocar, sacar ~ *вещи из чемодана* sacar las cosas de la maleta 2) *(отделать)* adornar, guarnecer 3) *informát (в интернет)* cargar, subir
выложиться *perf* выкладываться *impf coloq* gastar todas las fuerzas
выломать *perf* выламывать *impf vt* arrancar, romper
вылупиться *perf* вылупливаться *impf* 1) *(о птенцах)* salir del cascarón 2) **(на кого-л)** *coloq (уставиться)* clavar los ojos (en alg)
вылупливаться V. вылупиться
вымазать *perf* вымазывать *impf vt* 1) *(покрыть чем-либо жидким)* untar, engrasar 2) *coloq (испачкать)* ensuciar, manchar
вымазаться *perf* вымазываться *impf* ensuciarse, mancharse
выманивать V. выманить
выманить *perf* выманивать *impf vt* 1) *(побудить выйти)* hacer salir, atraer ~ *из дома* hacer salir de casa 2) *(добыть)* lograr, conseguir ~ *обещание* conseguir una promesa
вымахать *perf vi coloq* crecer mucho, dar un estirón
вымачивать V. вымочить
выменять *perf* выменивать *impf vt* **(на кого/что-л)** cambiar (por alg o u/c), intercambiar
вымереть *perf* вымирать *impf vt* 1) *(полностью исчезнуть)* extinguirse, desaparecer 2) *(о городе)* despoblarse
вымерзнуть *perf* вымерзать *impf vi* helarse, congelarse
вымести *perf* выметать *impf vt* barrer, escobar ~ *комнату* barrer la habitación
выметать *perf* вымётывать *impf vt (швом)* rematar
выметать V. вымести
вымирание *n* extinción, desaparición
вымирать V. вымереть
вымогатель *m* extorsionista, concusionario
вымогательство *n* extorsión, concusión
вымогать *impf vt* extorsionar, expoliar
вымолвить *perf vt* decir, pronunciar *не ~ ни слова* no decir palabra
вымолить *perf* вымаливать *impf vt* 1) *(молясь, получить)* obtener rezando 2) *(выпросить)* obtener, pedir
выморочный *adj jur* mostrenco
вымостить *perf* вымащивать *impf vt* pavimentar, solar
вымочить *perf* вымачивать *impf vt* 1) *(промочить)* mojar, empapar, calar 2) *(продержать в воде)* macerar, remojar
вымпел *m* 1) *nav* gallardete 2) *(узкий треугольный флажок)* banderín, flámula 3) *aero* (футляр) mensaje aéreo
вымучить *perf* вымучивать *impf vt* conseguir con esfuerzo, arrancar ~ *улыбку* arrancar una sonrisa
вымуштровать V. муштровать
вымысел *m* 1) invención, creación, ficción 2) *(ложь)* mentira, embuste, engaño
вымыть *perf* вымывать *impf vt* 1) lavar *вымыть лицо* lavar la cara 2) *(сделать вымоину)* ahuecar, derrubiar
вымыться *perf* вымываться *impf* lavarse
вымышленный *adj* inventado, imaginado, ficticio
вымя *n* ubre, teta
вынашивать V. выносить
вынесение *n* pronunciamiento, publicación
вынести *perf* выносить *impf vt* 1) *(доставить наружу)* llevar, sacar 2) *(на обсуждение)* proponer, poner 3) *(получить, знакомясь)* recibir, sacar 4) *(вытерпеть)* soportar, aguantar ◆ **~ сор из избы** sacar los trapos al sol
вынимать V. вынуть
вынос *m* extracción
выносить *perf* вынашивать *impf vt* concebir, abrigar
выносить V. вынести
выноситься V. вынестись

выносливость *f* resistencia, aguante
выносливый *adj* resistente, vigoroso, incansable
вынудить *perf* **вынуждать** *impf vt* **(сделать что-л)** *(заставить)* forzar a (hacer u/c), obligar a (hacer u/c)
вынуждать V. вынудить
вынужденный *adj* forzado, forzoso
вынуть *perf* вынимать *impf vt* sacar, extraer
выныривать V. вынырнуть
вынырнуть *perf* выныривать *impf vi* 1) *(на поверхность)* emerger, salir a la superficie 2) *coloq (вновь появиться)* reaparecer
выпад *m* 1) caída 2) *sport (в фехтовании)* ataque 3) *(враждебное действие)* ataque
выпадать V. выпасть
выпадение *n* caída
выпалить *perf* выпаливать *impf vt* 1) *(выстрелить)* disparar, tirar 2) *coloq (быстро сказать)* decir con rapidez, espetar
выпаривание *n* evaporación
выпариваться V. выпариться
выпариться *perf* выпариваться *impf* evaporarse
выпас *m* pastizal, pasto
выпасть *perf* выпадать *impf vi* 1) caer ~ *из рук* caer de las manos 2) *(о волосах, зубах)* caerse *выпали зубы* se le han caído los dientes 3) *(об осадках)* caer *выпал дождь* ha llovido 4) *(случайно достаться)* tocar, caer *выпало мне счастье* he tenido suerte
выпекать V. выпечь
выпендриваться *impf coloq* alardear, pavonearse, chulearse
выпереть *perf* выпирать *impf* **1.** *vt* 1) *coloq (напором)* empujar, echar 2) *coloq (выгнать)* echar, expulsar **2.** *vi coloq (выдаться вперёд)* adelantarse
выпестовать V. пестовать
выпечка *f* 1) *(действие)* cocción, cocedura 2) *(изделия)* bollería, pastas
выпечь *perf* выпекать *impf vt* 1) *(приготовить)* cocer 2) *(до готовности)* cocer bien
выпивать V. выпить
выпивка *f* 1) *coloq (попойка)* borrachera 2) *coloq (спиртные напитки)* bebidas alcohólicas
выпиливать V. выпилить
выпилить *perf* выпиливать *impf vt* serrar, hacer serrando
выпирать V. выпереть
выписать *perf* выписывать *impf vt* 1) *(из текста)* apuntar, copiar 2) *(документ)* escribir, dar, hacer 3) *(тщательно нарисовать)* dibujar, representar cuidadosamente 4) *(печатное издание)* suscribirse (a u/c) 5) *(исключить из списка)* borrar de la lista, dar de alta
выписаться *perf* выписываться *impf* darse de alta ~ *из больницы* salir del hospital, ser dado de alta
выписка *f* 1) *(из книг, документов)* nota, extracto, cita 2) *(больного)* alta 3) *(подписка)* suscripción
выписывать V. выписать
выписываться V. выписаться
выпить *perf* выпивать *impf vt* beber, tomar ~ *чашку чая* tomar una taza de té; ~ *залпом* beber de un trago
выпихивать V. выпихнуть
выпихнуть *perf* выпихивать *impf vt coloq* empujar, echar
выплавить *perf* выплавлять *impf vt* fundir, fusionar
выплавка *f tecn* fusión, fundición ~ *стали* fundición del acero
выплавлять V. выплавить
выплата *f* pago
выплатить *perf* выплачивать *impf vt* pagar ~ *долг* pagar una deuda
выплачивать V. выплатить
выплескать *perf* выплёскивать *impf vt* derramar, echar
выплеснуть *perf* выплёскивать *impf vt* derramar, echar
выплеснуться *perf* выплёскиваться *impf* derramarse
выплёвывать V. выплюнуть
выплёскивать V. выплескать
выплёскиваться V. выплескаться
выплывать V. выплыть
выплыть *perf* выплывать *impf vi* 1) *(плывя, выйти)* salir (navegando, nadando) 2) *(появиться)* aparecer, surgir 3) *(всплыть)* emerger, subir a la superficie 4) *(обнаружиться)* manifestarse, revelarse
выплюнуть *perf* выплёвывать *impf vt* escupir, esputar
выползать V. выползти
выползти *perf* выползать *impf vi* 1) *(выйти ползком)* salir arrastrándose 2) *(появиться, ползя)* aparecer arrastrándose
выполнение *n* cumplimiento, ejecución ~ *обязанности* cumplimiento de una obligación
выполнимый *adj* factible, realizable
выполнить *perf* выполнять *impf vt* 1) *(осуществить)* cumplir, realizar ~ *задание* realizar una tarea 2) *(сделать)* hacer, crear
выполнять V. выполнить
выполоть *perf* выпалывать *impf vt* escardar, desherbar
выпороть[1] *perf* выпарывать *impf vt (распоров, вынуть)* descoser
выпороть[2] *perf vt coloq (высечь)* azotar, zurrar
выпорхнуть *perf* выпархивать *impf vi* salir volando, salir aleteando
выпотрошить V. потрошить
выправить *perf* выправлять *impf vt* 1) *(выпрямить)* enderezar, alinear 2) *(исправить)* corregir, enmendar 3) *(улучшить)* mejorar, corregir 4) *coloq (документ)* conseguir, obtener
выправиться *perf* выправляться *impf* 1) *(выпрямиться)* enderezarse, alinearse 2) *(исправиться)* corregirse
выправка *f* porte *военная* ~ porte militar
выправлять V. выправить
выправляться V. выправиться
выпрашивать V. выпросить
выпросить *perf* выпрашивать *impf vt* obtener rogando, conseguir
выпрыгивать V. выпрыгнуть
выпрыгнуть *perf* выпрыгивать *impf vi* saltar, salir saltando ~ *из окна* saltar por la ventana
выпрямить *perf* выпрямлять *impf vt* enderezar, desdoblar
выпрямиться *perf* выпрямляться *impf* enderezarse, desdoblarse

выпрямление *n* 1) enderezamiento 2) *electr* rectificación
выпрямленный *adj* enderezado, desdoblado
выпрямлять V. выпрямить
выпрямляться V. выпрямиться
выпуклость *f* prominencia, abultamiento
выпуклый *adj* prominente, abultado
выпуск *m* 1) *(в учебном заведении)* promoción, graduados 2) *(издание)* publicación, edición
выпускать V. выпустить
выпускни|к, -ца *m/f* graduad|o, -a, diplomad|o, -a
выпускной *adj* de graduación, de reválida
выпустить *perf* выпускать *impf vt* 1) *(дать выйти)* dejar salir ~ *на свободу* poner en libertad 2) *(из учебного заведения)* licenciar, graduar 3) *(изготовить)* producir, fabricar 4) *(выставить)* mostrar, sacar
выпутаться *perf* выпутываться *impf* 1) *(освободиться)* desenredarse, desatarse, desenlazarse 2) (из чего-л) *coloq (из неприятного положения)* desembarazarse (de u/c), deshacerse (de u/c)
выпутываться V. выпутаться
выпучивать V. выпучить
выпучиваться V. выпучиться
выпучить *perf* выпучивать *impf vt* abultar, encorvar
выпучиться *perf* выпучиваться *impf* abultarse, encorvarse
выпятить *perf* выпячивать *impf vt* sacar, adelantar ~ *грудь* sacar el pecho
выпячивать V. выпятить
вырабатывать V. выработать
вырабатываться V. выработаться
выработать *perf* вырабатывать *impf vt* 1) *(произвести)* producir, fabricar 2) *(создать, отработать)* formar, crear, educar
выработаться *perf* вырабатываться *impf* formarse, desarrollarse, crearse
выработка *f* 1) *(действие)* fabricación, producción 2) *(продукция)* producción, producto 3) *min* excavaciones
выравнивание *n* allanamiento, alineamiento
выравнивать V. выровнять
выравниваться V. выровняться
выражать V. выразить
выражаться V. выразиться
выражение *n* 1) expresión 2) *(лица)* expresión 3) *(оборот речи)* expresión, locución 4) *mat* expresión, fórmula ◆ **читать с ~м** leer con sentimiento
выразитель *m* portavoz, representante
выразительность *f* expresividad, efusividad
выразительный *adj* 1) *(с особым выражением)* expresivo, efusivo 2) *(многозначительный)* significativo
выразить *perf* выражать *impf vt* expresar, manifestar, formular ~ *благодарность* expresar agradecimiento
выразиться *perf* выражаться *impf* 1) *(проявиться)* expresarse, manifestarse 2) *(передать мысль)* decir, manifestar, expresar
вырастать V. вырасти
вырасти *perf* вырастать *impf vi* 1) *(стать больше)* crecer, estirarse 2) *(из одежды)* crecer 3) (в кого-л) *(развиваясь, стать)* llegar a ser, convertirse (en alg)
вырастить *perf* выращивать *impf vt* criar, cultivar ~ *цветы* cultivar flores
выращивание *n* cría, cultivo, crianza
выращивать V. вырастить
вырвать *perf* вырывать *impf* **1.** *vt (выхватить, извлечь)* arrancar, sacar ~ *зуб* sacar una muela **2.** *vt (стошнить)* vomitar, arrojar
вырваться *perf* вырываться *impf* 1) escaparse, fugarse, evadirse ~ *из рук* escaparse de las manos 2) *(вперёд)* adelantarse
вырез *m* escote
вырезание *n* recorte
вырезать V. вырезать
вырезка *f* 1) *(газетная)* recorte 2) *(мясная)* filete
вырисовывать V. вырисовать
вырисовываться V. вырисоваться
вырисовать *perf* вырисовывать *impf vt* dibujar, esbozar
вырисоваться *perf* вырисовываться *impf* dibujarse, aparecer
выровнять *perf* выравнивать *impf vt* 1) allanar, aplanar ~ *дорогу* allanar el camino 2) *(по линии)* alinear
выровняться *perf* выравниваться *impf* 1) allanarse, aplanarse 2) *(стать лучше)* corregirse, perfeccionarse
выродиться *perf* вырождаться *impf* degenerar
выродок *m desp* engendro
вырождаться V. выродиться
вырождение *n* degradación, degeneración
выронить *perf vt* dejar caer ~ *из рук* dejar caer de las manos
вырост *m* ramificación, excrecencia ◆ **одежда на ~** ropa crecedera
вырубать V. вырубить
вырубить *perf* вырубать *impf vt* 1) *(деревья)* talar, deforestar 2) *(срубить)* talar, cortar 3) *(высечь)* tallar 4) *min* extraer 5) *coloq (выключить)* apagar
вырубка *f* 1) *(действие)* tala, corte 2) *(место)* lugar talado, entresaca
выругаться *perf coloq* decir una palabrota, maldecir, blasfemar
вырулить V. рулить
выручать V. выручить
выручить *perf* выручать *impf vt* 1) *(помочь)* ayudar, socorrer ~ *друга* ayudar a un amigo 2) *coloq (заработать)* ganar, cobrar, embolsar
выручка *f* 1) *(помощь)* ayuda, socorro 2) *(доход)* beneficio, ganancia
вырывание *n (выхватывание)* extracción, arrancamiento
вырывать V. вырвать, вырыть
вырываться V. вырваться
вырыть *perf* вырывать *impf vt* 1) cavar, excavar ~ *яму* cavar un hoyo 2) *(роя, извлечь)* desenterrar, excavar, extraer
вырядиться *perf* выряжаться *impf* acicalarse, engalanarse
выряжаться V. вырядиться
высадить *perf* высаживать *impf vt* 1) desembarcar, hacer bajar 2) *(о растениях)* trasplantar
высадиться *perf* высаживаться *impf* desembarcar, descender

высадка *f* desembarco
высаживать V. высадить
высаживаться V. высадиться
высасывать V. высосать
высеивать V. высеять
высекать V. высечь
выселение *n* expulsión, deportación
выселить *perf* выселять *impf vt* desalojar, echar, expulsar
выселиться *perf* выселяться *impf* desalojarse, marcharse
выселять V. выселить
выселяться V. выселиться
высечь[1] *perf* высекать *impf vt (из камня)* tallar
высечь[2] *perf* высекать *impf vt (розгой)* azotar, zurrar
высеять *perf* высеивать *impf vt* sembrar, plantar
высидеть *perf* высиживать *impf vt* 1) *(птенцов)* incubar, empollar, criar 2) *(с трудом просидеть)* esperar hasta el final
высиживать V. высидеть
выситься *impf* alzarse, elevarse
высказать *perf* высказывать *impf vt* decir, declarar, expresar ~ *своё мнение* expresar su opinión
высказаться *perf* высказываться *impf* expresar su opinión, manifestarse ~ *против* manifestarse en contra
высказывание *n* 1) *(действие)* manifestación, expresión 2) *(суждение)* opinión, declaración 3) *ling* enunciado
высказывать V. высказать
высказываться V. высказаться
выскакивать V. выскочить
выскальзывать V. выскользнуть
выскользнуть *perf* выскальзывать *impf vi* 1) deslizarse, resbalar 2) *coloq (незаметно уйти)* escabullirse, esfumarse, escapar
выскочить *perf* выскакивать *impf vi* 1) *(выпрыгнуть)* saltar, salir de un salto *выскочить из окна* saltar por la ventana 2) *(появиться)* salir, surgir, aparecer
выскочка *m/f coloq desp* advenediz|o, -a, arribista
выслать *perf* высылать *impf vt* 1) enviar, mandar 2) *(выгнать)* exiliar, deportar, desterrar
выследить *perf* выслеживать *impf vt* encontrar, descubrir
выслеживать V. выследить
выслуг|а *f* antigüedad, servicio за ~у лет por los años de servicio
выслужить *perf* выслуживать *impf vt* 1) *(приобрести службой)* tener derecho ~ *пенсию* tener derecho al retiro 2) *(прослужить)* servir, haber servido
выслужиться *perf* выслуживаться *impf* **(у кого-л)** *coloq* ganarse los favores (de alg)
выслушать *perf* выслушивать *impf vt* 1) escuchar, atender 2) *med* auscultar
выслушивание *n* 1) *(действие)* escucha 2) *med* auscultación
выслушивать V. выслушать
высматривать *impf vt coloq* mirar, observar
высмеивать V. высмеять
высмеять *perf* высмеивать *impf vt* mofarse (de alg), burlarse (de alg)
высморкаться *perf* высмаркиваться *impf* sonarse
высмотреть *perf* высматривать *impf vt* 1) *(рассмотреть)* examinar, mirar, observar 2) *(всматриваясь, найти)* encontrar, otear, divisar
высовывать V. высунуть
высовываться V. высунуться
высокий *adj* 1) alto, elevado 2) *(значительный)* alto, considerable 3) *(важный)* importante, alto, grande 4) *(возвышенный)* alto, elevado 5) *(о звуке)* alto
высоко *adv* en alto, en lo alto
высокогорный *adj* 1) *(о местности)* montañoso 2) *(расположенный высоко в горах)* alpino
высококачественный *adj* de alta calidad, de calidad superior
высокомерие *n* soberbia, arrogancia, orgullo
высокомерный *adj* soberbio, arrogante, orgulloso
высокопарный *adj* enfático, ampuloso, pomposo
высокопоставленный *adj* alto, de alta graduación
высосать *perf* высасывать *impf vt* succionar ◆ ~ **из пальца** inventar
высота *f* 1) altura, altitud, elevación 2) *(расстояние от земли вверх)* altura, altitud 3) *(холм, возвышенность)* altura, colina 4) *(высокий уровень развития)* nivel, altura 5) *mat* altura 6) *(звука)* altura
высотка *f* 1) *coloq (холм, возвышенность)* altura, colina 2) *coloq (высокое здание)* rascacielos
высотный *adj* 1) *(производящийся на высоте)* de altura 2) *(о здании)* alto, elevado
высотомер *m* altímetro
высохнуть *perf* высыхать *impf vi* secarse
высочайший *adj* real, imperial
высочество *n* alteza (título)
выспаться *perf* высыпаться *impf* dormir lo suficiente, descansar
выспрашивать V. выспросить
выспросить *perf* выспрашивать *impf vt* sonsacar, hacer cantar
выставить *perf* выставлять *impf vt* 1) *(выдвинуть)* adelantar, sacar 2) *(наружу)* sacar, colocar fuera, poner fuera 3) *coloq (выгнать)* expulsar, echar 4) *(для обозрения)* exponer 5) *(предложить)* presentar, proponer ~ *кандидатуру* presentar una candidatura 6) **(кем/чем-л)** *(в каком-либо виде)* hacer pasar (por alg o u/c), presentar (como alg o u/c) 7) *(поставить)* poner ~ *оценки* poner notas
выставка *f* exposición, exhibición
выставление *n* presentación, manifestación
выставлять V. выставить
выставляться V. выставиться
выставочный *adj* de exposición, de exhibición
выстаивать V. выстоять
выстилать V. выстлать
выстирать *perf* выстирывать *impf vt* lavar, fregar
выстлать *perf* выстилать *impf vt* cubrir, tapar
выстоять *perf* выстаивать *impf vt* 1) *(простоять)* permanecer de pie 2) *(выдержать)* resistir, aguantar

выстрадать *perf vt* 1) *(пережить много страданий)* sufrir (mucho), soportar (mucho) 2) *(достичь страданием)* alcanzar sufriendo, conllevar las penas
выстраивать V. выстроить
выстраиваться V. выстроиться
выстрел *m* disparo, tiro
выстреливать V. выстрелить
выстрелить *perf* выстреливать *impf vt/i* disparar, tirar
выстроить *perf* выстраивать *impf vt* 1) *(построить)* construir, edificar 2) *(в строй)* alinear, enfilar
выстроиться *perf* выстраиваться *impf* alinearse, enfilarse
выступ *m* saliente, saledizo
выступать V. выступить
выступить *perf* выступать *impf vi* 1) *(выйти вперёд)* avanzar, adelantarse, salir 2) *(отправиться)* salir, partir 3) *(появиться)* aparecer, surgir 4) *(публично)* intervenir, actuar
выступление *n* 1) *(действие)* partida, salida 2) *(игра)* actuación, presentación 3) *(речь)* discurso
высунуть *perf* высовывать *impf vt* sacar, asomar, mostrar ~ *язык* mostrar la lengua
высунуться *perf* высовываться *impf* mostrarse, asomarse ~ *из окна* asomarse por la ventana
высушивать V. высушить
высушить *perf* высушивать *impf vt* 1) secar, desecar 2) *coloq (сделать исхудалым)* enflaquecer, debilitar 3) *coloq (сделать бессердечным)* deshumanizar, hacer insensible
высчитать *perf* высчитывать *impf vt* calcular, contar, computar
высчитывать V. высчитать
высший *adj* 1) *(самый главный)* principal, alto 2) *(об уровне развития)* superior, supremo
высылать V. выслать
высылка *f* 1) *(отправка)* envío, expedición 2) *(депортация)* deportación
высыпание *n* 1) *(действие)* esparcimiento, diseminación 2) *(сыпь)* erupción
высыпать *perf* высыпать *impf vt* 1) verter, echar, volcar 2) *(о сыпи)* brotar, aparecer 3) *coloq (появиться толпой)* aparecer en masa, invadir
высыпать V. высыпать
высыпаться *perf* высыпаться *impf* 1) verterse, derramarse 2) *coloq (о людях)* salir, aparecer
высыпаться V. высыпаться, выспаться
высыхать V. высохнуть
высь *f elev* altura
выталкивать V. вытолкнуть
вытаптывать V. вытоптать
вытаращить V. таращить
вытаскивать V. вытащить
вытачать V. тачать
вытащить *perf* вытаскивать *impf vt* 1) sacar, retirar, extraer 2) *coloq (помочь)* ayudar, salvar
вытвердить *perf vt coloq* aprender repitiendo
вытворять V. вытворить
вытекать V. вытечь
вытереть *perf* вытирать *impf vt* 1) secar, limpiar *вытереть лицо* secarse la cara 2) *coloq (трением)* rozar, desgastar
вытерпеть *perf* вытерпливать *impf vt* soportar, aguantar, sufrir ~ *боль* aguantar el dolor
вытеснить *perf* вытеснять *impf vt* 1) desplazar, expulsar 2) *(заменить собой)* sustituir, reemplazar, renovar
вытеснять V. вытеснить
вытечь *perf* вытекать *impf vi* derramarse, verterse
вытирать V. вытереть
вытираться V. вытереться
вытолкать *perf* выталкивать *impf vt coloq* echar a empujones, expulsar
вытолкнуть *perf* выталкивать *impf vt* echar a empujones, empujar, arrojar
вытоптать *perf* вытаптывать *impf vt* pisar, pisotear, hollar
выторговать *perf* выторговывать *impf vt coloq* regatear, obtener una rebaja, ganar
выторговывать V. выторговать
выточить *perf* вытачивать *impf vt* 1) *(на токарном станке)* tornear, labrar 2) *coloq (наточить)* afilar, aguzar 3) *coloq (изгрызть)* roer, corroer
вытрезвитель *m coloq* vitrezvítel (centro de tratamiento de los alcohólicos en Rusia)
вытрясти *perf* вытрясать *impf vt* 1) *(тряся, вывалить)* sacudir, quitar sacudiendo 2) *(очистить)* limpiar sacudiendo
вытряхивать V. вытряхнуть
вытряхнуть *perf* вытряхивать *impf vt* extraer sacudiendo, sacar a golpes
выть *impf vi* aullar, ulular, bramar
вытягивание *n* extensión, estiramiento
вытягивать V. вытянуть
вытягиваться V. вытянуться
вытяжка *f* 1) *(действие)* extracción 2) *(вещество)* extracto 3) *(кухонная)* campana extractora
вытяжной *adj* de tiro
вытянутый *adj* estirado, alargado
вытянуть *perf* вытягивать *impf vt* 1) *(удалить тягой)* quitar tirando, tirar 2) *coloq (вытащить)* sacar, tirar, extraer 3) *(протянуть)* alargar, tender, estirar ~ шею estirar el cuello 4) *(выдержать)* soportar, aguantar 5) *coloq* (помочь) ayudar, apoyar
вытянуться *perf* вытягиваться *impf* 1) *(стать длиннее)* alargarse, estirarse 2) *(по одной линии)* alinearse, enfilarse, colocarse 3) *coloq (вырасти)* crecer, estirarse 4) *coloq (выпрямиться)* ponerse firme, enderezarse 5) *coloq (лечь, растянувшись)* tenderse
выудить *perf* выуживать *impf vt* 1) *(рыбу)* pescar 2) *coloq (добыть с трудом)* sonsacar, sacar
выуживать V. выудить
выучивать V. выучить
выучиваться V. выучиться
выучить *perf* выучивать *impf vt* 1) *(запомнить)* aprender, estudiar ~ *наизусть* aprender de memoria 2) *(научить)* enseñar
выучиться *perf* выучиваться *impf* (**чему-л**) aprender
выучка *f* preparación
выхаживать V. выходить
выхватить *perf* выхватывать *impf vt* arrancar, quitar, sacar ~ *из рук* arrancar de las manos
выхватывать V. выхватить
выхлоп *m* escape (de gases)

выхлопной *adj* 1) *(о газе)* de combustión 2) *(служащий для вывода)* de escape
выхлопотать *perf* выхлопатывать *impf vt* obtener, lograr
выход *m* 1) salida *аварийный выход* salida de emergencia 2) *teat (на сцену)* entrada 3) *(из затруднения)* salida 4) *econ (продукция)* rendimiento, producción
выходец *m* natural, procedente, originario
выходить V. выйти
выходка *f* disparate, extravagancia
выходной **1.** *adj* 1) *(нерабочий)* festivo 2) *(нарядный, праздничный)* festivo, adornado **2.** *m (нерабочий день)* día festivo
выхолащивать V. выхолостить
выхолостить *perf* выхолащивать *impf vt* 1) *(кастрировать)* castrar, capar 2) *(идею)* dejar sin contenido, empobrecer
выхухоль *f* desmán almizclado, desmán ruso
выцарапать *perf* выцарапывать *impf vt* 1) arañar, arrancar con uñas 2) *coloq (достать с трудом)* conseguir, arrancar
выцарапывать V. выцарапать
выцвести *perf* выцветать *impf vi* desteñirse, descolorarse
выцветать V. выцвести
вычеканить V. чеканить
вычеркнуть *perf* вычёркивать *impf vt* tachar, rayar ~ *из списка* tachar de la lista
вычерпывать V. вычерпать
вычертить *perf* вычерчивать *impf vt* trazar, diseñar
вычерчивать V. вычертить
вычесть *perf* вычитать *impf vt* 1) *(удержать при расплате)* retener 2) *mat* restar
вычет *m* 1) *(действие)* deducción 2) *(сумма)* retención
вычёркивать V. вычеркнуть
вычисление *n* cálculo
вычислительный *adj* de cálculo
вычислить *perf* вычислять *impf vt* calcular, contar, computar
вычислять V. вычислить
вычистить *perf* вычищать *impf vt* 1) *(сделать чистым)* limpiar, asear 2) *(уволить)* excluir, expulsar
вычиститься *perf* вычищаться *impf* limpiarse
вычитание *n* resta, sustracción
вычитать *perf* вычитывать *impf vt* 1) *(узнать, читая)* enterarse leyendo, informarse leyendo 2) *(рукопись)* corregir
вычитать V. вычесть
вычитывать V. вычитать
вычищать V. вычистить
вычищаться V. вычиститься
вычленение *n* desmembración, división en partes
вычленить *perf* вычленять *impf vt* separar, escoger
вычленять V. вычленить
вычурность *f* extravagancia, afectación
вычурный *adj* extravagante, estrambótico
вышагивать *impf vt* caminar a zancadas, andar a zancadas
вышвыривать V. вышвырнуть
вышвырнуть *perf* вышвыривать *impf vt* 1) echar, arrojar 2) *coloq (выгнать)* expulsar, echar

выше **1.** *adv* 1) más arriba 2) *(в тексте)* más arriba, anteriormente **2.** *prep* **(чего-л)** *(сверх)* sobre (sobre u/c) *температура ~ ноля* temperatura sobre cero
вышеназванный *adj* arriba mencionado
вышестоящий *adj* superior
вышибала *m/f* gorila, sacaborrachos
вышибать V. вышибить
вышибить *perf* вышибать *impf vt* 1) *coloq (выбить)* romper, forzar, arrancar 2) *coloq (выгнать)* expulsar, despedir
вышивание *n* bordado, bordadura
вышивать V. вышить
вышивка *f* 1) *(действие)* bordado 2) *(узор)* bordado, encaje
вышина *f* 1) *(высота)* altura, altitud, elevación 2) *(пространство на высоте)* altura
вышитый *adj* bordado
вышить *perf* вышивать *impf vt* 1) *(изобразить шитьём)* bordar 2) *(украсить шитьём)* adornar con bordaduras
вышка *f* 1) torre 2) *vulg (смертная казнь)* pena de muerte
вышколить *perf vt coloq* adiestrar, amaestrar
выщипать *perf* выщипывать *impf vt* depilar, desplumar
выщипывать V. выщипать
выявить *perf* выявлять *impf vt* descubrir, revelar, sacar a la luz
выявиться *perf* выявляться *impf* mostrarse, manifestarse, revelarse
выявлять V. выявить
выявляться V. выявиться
выяснить *perf* выяснять *impf vt* aclarar, explicar, definir ~ *положение* aclarar la situación
выясниться *perf* выясняться *impf* aclararse, explicarse, definirse
выяснять V. выяснить
выясняться V. выясниться
вьетнамский *adj* vietnamita
вьетнам|ец, -ка *m/f* vietnamita
вьюга *f* ventisca, nevasca
вьюн *m* locha
вьюнок *m* enredadera, convólvulo
вяз *m* olmo
вязальный *adj* de tejer
вязание *n* tejido (acción) ~ *крючком* ganchillo
вязанка *f* haz, manojo
вязаный *adj* tejido
вязать *impf* связать *perf vt* 1) tejer, hacer punto 2) *(связывать)* liar, atar 3) *(язык)* ser astringente
вязаться *impf* **(с чем-л)** corresponderse (con u/c), concordar (con u/c)
вязка *f* tejido
вязкий *adj* pastoso, viscoso
вязкость *f* viscosidad, pastosidad
вязнуть *impf vi* hundirse ~ *в грязи* hundirse en el fango
вязь *f* cenefa
вякать *impf* вякнуть *perf vt/i* 1) ladrar 2) *coloq (нести вздор)* decir tonterías
вяленый *adj* curado
вялить *impf* провялить *perf vt* curar, secar ~ *рыбу* curar el pescado
вяло *adv* con indolencia, débilmente
вялость *f* 1) flacidez, atonía 2) *(отсутствие бодрости)* indolencia

вялый *adj* 1) *(о цветах)* marchito, mustio 2) *(лишённый бодрости)* indolente, apagado

вянуть *impf* завянуть *perf vi* marchitarse ◆ **у меня уши вянут** me chirrían los oídos

вящий *adj obsol* mayor

Г

габарит *m* 1) dimensión, medida 2) *auto ferroc* gálibo
габаритный *adj* de (las) dimensiones
гаванский *adj* de La Habana, habanero
гавань *m* puerto
гавкать *impf* гавкнуть *perf vi coloq* ladrar
гавкнуть V. гавкать
гавот *m mús* gavota
гаврик *m coloq* pillo, golfillo, granuja
гага *f* eider
гагара *f* somormujo, somorgujo
гад *m* 1) reptil 2) *insult* canalla, miserable
гадалка *f* pitonisa, adivina
гадание *n* 1) adivinación, predicción 2) *(догадка)* conjetura, suposición
гадать *impf vi* 1) adivinar ~ *на картах* echar las cartas 2) *(предполагать)* suponer, esperar
гадёныш *m* 1) cría de reptil 2) *coloq insult* canalla, sinvergüenza (referido a un niño o adolescente)
гадина *f coloq* V. гад
гадить *impf* нагадить *perf vi* 1) *coloq* defecar (dicho de los animales) 2) *coloq (пачкать)* ensuciar 3) (**кому-л**) *vulg (делать пакости)* dañar, perjudicar
гадкий *adj* malo, ruin, mezquino
гадко **1.** *adv* mal, mezquinamente, vilmente **2.** *adv pred* repugna, es repugnante *мне* ~ me repugna, me resulta repugnante
гадливо *adv* con repugnancia, con asco
гадливость *f* repugnancia, asco
гадливый *adj* repugnante, asqueroso
гадостно *adv pred coloq* V. гадко
гадостный *adj coloq* гадкий
гадость *f* porquería, asquerosidad
гадский *adj coloq* malo, vil, mezquino
гадюка *f* víbora
гаечный *adj* de tuerca ~ *ключ* llave de tuerca, llave inglesa
газ[1] *m (ткань)* gasa
газ[2] *m* 1) gas *природный* ~ gas natural 2) *auto (педаль газа)* acelerador
газават *m relig* yihad, guerra santa (para los musulmanes)
газель *f* gacela
газета *f* periódico, diario
газетный *adj* de periódico(s), de prensa, periodístico
газетчик *m* 1) *(продавец газет)* vendedor de periódicos 2) *coloq (сотрудник газеты)* periodista, gacetero
газик *m coloq* automóvil todoterreno de la marca GAZ
газированн|ый *adj* gaseoso, con gas *~ая вода* agua con gas
газировать *biasp vt* gasificar
газировка *f coloq* agua con gas, refresco
газификация *f* gasificación
газовать *impf vi coloq* dar gas, acelerar
газовик *m coloq* trabajador de la industria del gas
газовщик *m* gasista
газовый[1] *adj* de(l) gas
газовый[2] *adj (о ткани)* de gasa
газон *m* césped
газообразный *adj* gasiforme, gaseoso
газопровод *m* gasoducto, gaseoducto
гаишник *m coloq* policía de tráfico
гайка *f tecn* tuerca
гайморит *m* sinusitis
галактика *f* galaxia
галактический *adj* galáctico
галантерейный *adj* de mercería
галантерея *f* mercería
галантно *adv* galantemente, con galantería
галантность *f* galantería
галантный *adj* galante
галдеть *impf vi coloq* vocear, gritar
галдёж *m coloq* griterío, vocerío
галера *f* galera
галерея *f* galería *картинная* ~ galería de pinturas
галета *f* bizcocho
галечный *adj* de guijarro(s)
галёрка *f coloq* gallinero (en un teatro o cine)
галиматья *f coloq* galimatías
галифе *n inv* pantalones de montar, bombachos
галка *f* grajilla
галл *m* galo
галлицизм *m ling* galicismo
галлон *m* galón (unidad de medida)
галльский *adj* galo
галлюцинация *f* alucinación
галоп *m* galope
галопировать *impf vi* galopar
галопом *adv* al galope
галочк|а *f* señal, signo (al margen, en forma de V) ◆ **для ~и** para cubrir el expediente
галош|и (*sing* –а) *fpl* chanclos
галстук *m* corbata *завязать* ~ anudar la corbata
галушк|и (*sing* –а) *fpl* galushki (especie de ñoquis ucranianos)
гальванизация *f quím* galvanización, galvanizado
гальванический *adj quím* galvánico
галька *f* guijarro, canto rodado
гам *m* alboroto, bulla
гамак *m* hamaca
гамбит *m ajed* gámbito
гамбургер *m* hamburguesa
гамма *f* gama
гангрена *f med* gangrena
гангренозный *adj med* gangrenoso
гангстер *m* gángster
гангстерский *adj* gángster, de gángsteres
гандбол *m* balonmano
гандболист, -ка *m/f* jugador, -a de balonmano
гантель *f* mancuerna
гараж *m* garaje, cochera

гаражный *adj* de garaje, de taller
гарант *m* garante
гарантийный *adj* de garantía ~ *срок* garantía
гарантировать *biasp vt* garantizar
гарантия *f* garantía
гардероб *m* 1) *(шкаф)* guardarropa, ropero 2) *(помещение)* guardarropa
гардеробный *adj* de guardarropa, de ropero
гардеробщи|к, -ца *m/f* guardarropa
гарем *m* harén
гаремный *adj* del harén
гармонизация *f* harmonización
гармонизировать *biasp vt* armonizar
гармоника *f* acordeón ◆ **губная** ~ armónica
гармонировать *impf vi* armonizar
гармонист, -ка[1] *m/f (тот, кто играет на гармонике)* acordeonista
гармонист, -ка[2] *m/f (специалист в области гармонии)* armonista
гармонический *adj* armónico
гармоничность *f* armonía
гармоничный *adj* armonioso
гармония *f* armonía, concordancia
гармонь *f* acordeón
гармошка *f coloq* acordeón
гарнизон *m mil* guarnición
гарнизонный *adj mil* de (la) guarnición
гарнир *m* guarnición (en un plato)
гарнитур *m* conjunto, juego
гарпун *m* arpón
гарцевать *impf vi* jinetear
гарь *f* quemazón, quemado, chamusquina
гасить *impf* погасить *perf vt* 1) apagar, extinguir ~ *свет* apagar la luz 2) *(ликвидировать)* anular, liquidar ~ *долг* liquidar una deuda 3) *jergal (убивать)* matar, eliminar
гаснуть *impf* погаснуть *perf vi* apagarse, extinguirse
гастрит *m med* gastritis
гастролёр *m* artista de gira
гастроли *fpl* V. гастроль
гастролировать *impf vi* hacer una gira, estar de gira
гастрол|ь *f* gira (de un artista) *быть на ~ях* estar de gira
гастрольный *adj* de gira(s)
гастроном *m* 1) *obsol (человек)* gastrónomo 2) *obsol (магазин)* tienda de comestibles
гастрономический *adj* gastronómico
гастрономия *f* gastronomía
гаубица *f* cañón obús, obús
гауптвахта *f* 1) *mil (помещение для ареста)* celda de arresto 2) *mil hist (караульное помещение)* cuerpo de guardia
гашение *n* apagado, extinción
гашёный *adj* 1) *(об извести)* apagado (dicho de la cal) 2) *(о марке)* marcado (dicho de un sello)
гашиш *m* hachís
гвалт *m coloq* griterío, vocerío
гвардеец *m* guardia
гвардейский *adj* de la guardia
гвардия *f* guardia
гвоздик *m dimin. de* гвозд
гвоздика *f* 1) *(цветок)* clavel 2) *(приправа)* clavo
гвоздить *impf vt vulg* machacar, golpear
гвоздичный[1] *adj (клумба, и т.д.)* de clavel(es)
гвоздичный[2] *adj (добываемый из гвоздики)* de clavo
гвоздь *m* clavo
где **1.** *adv interrog* dónde ~ *находится остановка автобуса?* ¿dónde está la parada de autobús? **2.** *adv rel* donde *дом, ~ мы живём* la casa donde vivimos
где-либо *adv* en algún lugar, en algún sitio
где-нибудь *adv* en algún lugar, en algún sitio
где-то *adv* en algún lugar, en algún sitio
гегемон *m elev* fuerza hegemónica (predominante)
гегемонизм *m elev* hegemonismo
гегемония *f elev* hegemonía
гедонизм *m filos* hedonismo
гедонист *m filos* hedonista
геенна *f relig* gehena
гейзер *m* géiser
гейша *f* geisha
гекзаметр *m lit* hexámetro
гектар *m* hectárea
гектолитр *m* hectolitro
гелиевый *adj* de helio
гелий *m* helio
гель *m* gel
гематома *f med* hematoma
гемоглобин *m biol* hemoglobina
геморроидальный *adj* hemorroidal
геморрой *m* hemorroide
гемофилия *f med* hemofilia
ген *m biol* gen
генеалогический *adj* genealógico
генеалогия *f* genealogía
генезис *m* génesis
генерал *m* general
генералиссимус *m* generalísimo
генеральный *adj* general
генеральский *adj mil* de(l) general
генеральша *f coloq mil* generala
генератор *m tecn* generador
генетик *m* genetista
генетика *f* genética
генетический *adj* genético
гениальность *f* genialidad
гениальный *adj* genial
гений *m* genio
генный *adj biol* génico, de (los) genes
геноцид *m* genocidio
генсек *m* secretario general
генштаб *m* cuartel general
географ *m* geógrafo
географический *adj* geográfico
география *f* geografía
геодезист *m* geodesista
геодезический *adj* geodésico
геодезия *f* geodesia
геолог *m* geólogo
геологический *adj* geológico
геология *f* geología
геометрический *adj* geométrico
геометрия *f* geometría
геофизика *f* geofísica
геохимия *f* geoquímica
гепард *m* guepardo, onza
гепатит *m med* hepatitis
геральдика *f* heráldica

геральдический *adj* heráldico
герань *f* geranio
герб *m* escudo, blasón
гербарий *m* herbario
гербицид *m* herbicida
гербицидный *adj* herbicida
гербов|ый *adj* de armas, heráldico, de escudo *~ая бумага* papel timbrado
геркулес *m* 1) *(силач)* hércules 2) *(крупа)* avena aplastada
геркулесовый *adj* de avena aplastada
герман|ец, -ка *m/f* german|o, -a
германский *adj* germánico
гермафродит *m* hermafrodita
герметически *adv* herméticamente
герметический *adj* hermético
герметичность *f* hermeticidad
герметичный *adj* V. герметический
героизм *m* heroísmo
героика *f* espíritu heroico
героин *m* heroína
героиновый *adj* de heroína
героиня *f* heroína
героический *adj* heroico
герой *m* 1) héroe 2) *(персонаж)* protagonista, héroe
геройски *adv* heroicamente, con heroísmo
геройский *adj* heroico
геройство *n* heroicidad, heroísmo
геронтолог *m* gerontólogo, geriatrista
геронтологический *adj* gerontológico, geriátrico
геронтология *f* gerontología, geriatría
герпес *m* herpes
герц *m* hercio
герцог *m* duque
герцогиня *f* duquesa
герцогский *adj* ducal
герцогство *n* ducado
гетерогенный *adj* heterogéneo
гетман *m hist* hetman (título militar en Polonia, Ucrania y el Gran Ducado de Lituania)
гетр|ы (*sing* –а) *fpl* 1) polainas 2) *(спортивные)* medias
гетто *n inv* gueto
гжель *f* gzhel (tipo de cerámica)
гжельский *adj* de gzhel
гиацинт *m* jacinto
гиббон *m* gibón
гибель *f* muerte
гибельность *f* mortalidad
гибельный *adj* desastroso, funesto, mortal
гибкий *adj* flexible, elástico
гибкость *f* flexibilidad, elasticidad
гибл|ый *adj coloq* desastroso, mortal ◆ **~ое дело** vano empeño, empresa inútil
гибнуть *impf* погибнуть *perf vi* 1) perderse, arruinarse, destruirse 2) *(о корабле)* hundirse, irse a pique 3) *(умирать)* perecer, morir
гибрид *m* híbrido
гибридизация *f* hibridación
гибридный *adj* híbrido
гигант *m* gigante
гигантомания *f* gigantomanía
гигантский *adj* gigante, gigantesco
гигиена *f* higiene
гигиенический *adj* higiénico
гигиенично **1.** *adv* higiénicamente **2.** *adv pred* es higiénico
гигиеничный *adj* higiénico
гид *m* guía
гидра *f mitol zool* hidra
гидравлический *adj* hidráulico
гидрат *m quím* hidrato
гидрографический *adj* hidrográfico
гидрокостюм *m* traje acuático
гидролиз *m quím* hidrólisis
гидролизный *adj quím* hidrolítico
гидрологический *adj* hidrológico
гидрология *f* hidrología
гидросамолёт *m* hidroavión
гидростанция *f* central hidroeléctrica
гидротехнический *adj* hidrotécnico, hidráulico
гидроузел *m* centro hidráulico, complejo hidroenergético
гидроэлектростанция *f* central hidroeléctrica
гиена *f* hiena
гильдия *f* corporación, gremio
гильза *f* 1) *(патронная)* casquillo, cartucho 2) *(папиросная)* vaina, funda (de cigarrillo)
гильотина *f* guillotina
гимн *m* himno
гимназист, -ка *m/f* alumn|o, -a de un gimnasio (colegio, liceo)
гимназический *adj* de(l) gimnasio, de(l) colegio, de(l) liceo
гимназия *f* gimnasio, colegio
гимнаст *m* gimnasta
гимнастёрка *f* guerrera
гимнастик|а *f* gimnasia *заниматься ~ой* practicar gimnasia; *художественная ~а* gimnasia rítmica
гимнастический *adj* gimnástico, de gimnasia
гимнастка *f* gimnasta
гинеколог *m* ginecólogo
гинекологический *adj* ginecológico
гинекология *f* ginecología
гипербола[1] *f lit* hipérbole
гипербола[2] *f mat* hipérbola
гиперболический *adj* hiperbólico
гиперемия *f med* hiperemia
гипермаркет *m* hipermercado
гипертоник *m med* hipertónico
гипертонический *adj med* hipertónico
гипертония *f med* hipertonía
гипертрофированный *adj anat* hipertrofiado, hipertrófico
гипертрофировать *biasp vt elev* hipertrofiar
гипертрофироваться *biasp vi elev* hipertrofiarse
гипертрофия *f anat* hipertrofia
гипноз *m* hipnosis
гипнотизёр *m* hipnotizador
гипнотизировать *impf* загипнотизировать *perf vt* hipnotizar
гипнотический *adj* hipnótico
гипотеза *f* hipótesis
гипотенуза *f mat* hipotenusa
гипотермия *f* hipotermia
гипотетический *adj* hipotético
гипотоник *m med* hipotónico
гипотония *f med* hipotonía
гиппопотам *m* hipopótamo
гипс *m* yeso, escayola *наложить ~* enyesar
гипсовый *adj* 1) *geol* yesoso 2) *(из гипса)* de yeso

гирлянда *f* guirnalda
гироскоп *m* giróscopo
гироскопический *adj* giroscópico
гирька *f dimin. de* гиря
гиря *f* pesa
гистолог *m med* histólogo
гистологический *adj med* histológico
гистология *f med* histología
гитар|а *f* guitarra *играть на ~е* tocar la guitarra
гитарист *m* guitarrista
гитарный *adj* de (para) guitarra, guitarresco
глава[1] *f* 1) *obsol poét* cabeza 2) *(в книге)* capítulo
глава[2] *m/f (руководитель)* jefe ~ *правительства* jefe del gobierno ◆ ~ **семьи** cabeza de familia
главарь *m* cabecilla, jefe
главенство *n* supremacía
главенствовать *impf vi* estar a la cabeza, predominar, dominar
главнокомандующий *m mil* comandante en jefe
главный *adj* principal, esencial, capital
глагол *m ling* verbo *вспомогательный* ~ verbo auxiliar; *неправильный* ~ verbo irregular
глаголать *impf vi obsol* hablar
глаголица *f ling* alfabeto glagolítico
глагольный *adj ling* verbal
гладиатор *m hist* gladiador
гладиаторский *adj hist* de gladiador
гладильн|ый *adj* de (para) planchar *~ая доска* tabla de planchar
гладиолус *m* gladiolo
гладить *impf* погладить *perf vt* 1) *(утюгом одежду)* planchar 2) *(ласкать)* acariciar
гладкий *adj* liso, plano, terso
гладкоствольный *adj* de cañón liso, de alma lisa
гладкость *f* lisura, tersura
гладь[1] *f (водная поверхность)* superficie lisa (plana)
гладь[2] *f (вышивка)* bordado
глаз *m* 1) ojo *зелёные ~а* ojos verdes; *броситься в ~а* saltar a la vista 2) *(зрение)* vista, ojo ◆ **невооружённым ~ом** a simple vista **на** ~ a ojo **с ~у на** ~ a solas **дурной** ~ mal de ojo
глазастый *adj coloq* de ojos grandes
глазеть *impf vi* **(на кого/что-л)** *vulg* mirar, curiosear
глазница *f anat* órbita, cuenca del ojo
глазной *adj* ocular, óptico
глазок *m* mirilla
глазуровать *biasp vt* esmaltar
глазурь *f* 1) *(на посуде)* esmalte 2) *(в кондитерских изделиях)* glaseado, acaramelado
гланда *f (espec pl) anat* amígdala, glándula
глас *m obsol poét* voz ◆ ~ **вопиющего в пустыне** la voz que clama en el desierto
гласить *impf vt elev* decir, rezar *закон гласит* la ley estipula
гласность *f pol* transparencia
гласный[1] **1.** *m ling* vocal **2.** *adj ling* vocálico ~ *звук* sonido vocal
гласный[2] *adj (публичный)* público, abierto
глаукома *f med* glaucoma
глашатай *m* pregonero, heraldo
глетчер *m* glaciar, helero
глина *f* arcilla, barro
глинистый *adj* fangoso
глинобитный *adj* de arcilla
глинозём *m quím* alúmina, óxido de aluminio
глинтвейн *m* vino caliente con especias, glühwein
глиняный *adj* de arcilla, de barro
глист *m* lombriz (intestinal), helminto
глицерин *m* glicerina
глобализация *f* globalización
глобализировать *biasp vt* globalizar
глобально *adv* globalmente
глобальность *f* globalidad
глобальный *adj* global
глобус *m* globo, esfera
глодать *impf vt* 1) roer 2) *(мучить)* corroer
глосса *f lit* glosa
глоссарий *m lit* glosario
глотание *n* deglución, ingestión, engullimiento
глотать *impf* глотнуть *perf vt* tragar
глотка *f* faringe, garganta
глотнуть V. глотать
глоток *m* sorbo, trago
глохнуть *impf* оглохнуть *perf vi* ensordecer, quedarse sordo
глубина *f* profundidad, fondo
глубинка *f coloq* zona (región) profunda *русская* ~ Rusia profunda
глубинный *adj* 1) profundo, de gran profundidad 2) *(отдалённый)* alejado
глубокий *adj* profundo, hondo
глубоко **1.** *adv* profundamente, hondamente **2.** *adv pred* es profundo *здесь очень* ~ aquí es muy hondo
глубоководный *adj* de aguas profundas
глубокомысленный *adj* de profundidad (de concentración) del pensamiento
глубокоуважаемый *adj elev* muy estimado, muy respetado
глубь *f* profundidad
глумиться *impf* **(над кем/чем-л)** burlarse (de alg o u/c), mofarse (de alg o u/c), reírse (de alg o u/c)
глумление *f* burla, mofa
глупеть *impf* поглупеть *perf vi* atontarse, volverse tonto
глупец *m* tonto, bobo
глупость *f* estupidez, tontería, bobada
глупый *adj* estúpido, tonto, bobo
глупышка *m/f coloq* tonto, -a, tontaina
глухарь[1] *m (птица)* urogallo, gallo silvestre
глухарь[2] *m vulg (глухой человек)* sordo
глухой *adj* 1) sordo 2) *(приглушённый)* sordo, opaco 3) *(провинциальный)* perdido, apartado 4) *ling* sordo
глухомань *f coloq* lugar solitario y silencioso
глухонемой *adj* sordomudo
глухость *f* sordez
глухота *f* sordera
глушитель *m* silenciador, amortiguador del sonido
глушить *impf* оглушить (1)/заглушить (2,3) *perf vt* 1) *(оглушать)* ensordecer, aturdir 2) *(приглушать)* ahogar, apagar, amortiguar 3) *(мешать развитию)* ahogar, aplastar, reprimir
глушь *f* 1) *(леса)* espesura 2) *(захолустье)* rincón, lugar perdido
глыба *f* 1) *(камня, металла)* bloque 2) *(земли)* terrón, gleba 3) *(льда)* témpano

глюкоза *f quím* glucosa

гляд|еть *impf* поглядеть *perf vt* mirar *~еть искоса* mirar de soslayo ◆ **не ~я** sin mirar, con los ojos cerrados **на ночь ~я** al caer la noche, a las tantas **~еть в оба** estar alerta, estar ojo avizor **куда глаза ~ят** a donde (me, te, etc.) lleve el viento

глядеться *impf* mirarse

глядь *interj coloq* ¡mira!, ¡atención!

глянец *m* lustre, brillo *наводить* ~ pulir, lustrar

глянуть *perf vt* mirar

глянцевый *adj* brillante, satinado, lustroso

гляциолог *m* glaciólogo

гляциологический *adj* glaciológico

гляциология *f* glaciología

гм *interj coloq* hum, oh

гнать *impf* гонять *impf vt* 1) llevar, hacer correr 2) *(зверя)* perseguir 3) *(прогнать)* echar, expulsar 4) *coloq (автомобиль)* conducir a gran velocidad 5) *coloq (ехать куда-либо)* ir

гнаться *impf* погнаться *impf* **(за кем/чем-л)** perseguir ~ *за славой* perseguir la gloria

гнев *m* ira, cólera, rabia

гневаться *impf* enfadarse, encolerizarse

гневный *adj* iracundo, furioso, enfadado

гнедой *adj* bayo (dicho de un caballo)

гнездиться *impf* anidar, nidificar

гнездо *n* 1) nido *осиное* ~ avispero 2) *(логово)* guarida

гнездование *n* nidificación

гнездовой *adj* 1) de nido 2) *agric geol* de (en) nido

гнести *impf vt* oprimir, abrumar, agobiar *меня гнетёт тоска* me oprime la angustia

гнёздышко *n dimin. de* гнездо

гнёт *m* 1) *(тяжесть)* peso, prensa 2) *(нечто угнетающее)* opresión, yugo

гнида *f* 1) liendre 2) *insult* canalla, sinvergüenza

гниение *n* putrefacción, descomposición

гнилой *adj* podrido, putrefacto

гнилостный *adj* pútrido, putrefactivo

гниль *f* podredumbre, putridez, carroña

гнить *impf* сгнить *perf vi* pudrirse

гноиться *impf vi* supurar, infestarse

гной *m* pus, podre

гнойник *m* absceso, postema

гнойный *adj* purulento, supurativo

гном *m* gnomo

гносеологический *adj filos* gnoseológico

гносеология *f filos* gnoseología

гнус *m* mosquitos

гнусность *f* vileza, infamia

гнусный *adj* infame, abominable

гнуть *impf* согнуть(1,2)/погнуть(2) *perf vt* 1) *(сгибать)* doblar, combar, encorvar 2) *(наклонять)* inclinar, bajar ◆ ~ **спину** trabajar de sol a sombra ~ **шею** bajar la cerviz ~ **свою линию** no dar el brazo a torcer, mantenerse en sus trece

гнуться *impf* согнуться(1,2)/погнуться(2) *perf* doblarse, combarse, encorvarse

гнушаться *impf* погнушаться *perf vi* **(кого/чего-л)** desdeñar, despreciar, sentir repugnancia (por alg o u/c) ~ *людей* desdeñar a las personas

го *n inv (игра)* go

гобелен *m* gobelino

гобой *m mús* oboe

говаривать *impf vt* decir

говор *m* dialecto, habla

говорение *n* habla (acción de hablar)

говорильня *f coloq* jaula de cotorras

говор|ить *impf vi* 1) hablar *~ить по-русски* hablar en ruso 2) *(сообщать)* decir, hablar *~ить правду* decir la verdad 3) *(свидетельствовать)* hablar, mostrar *факты ~ят за себя* los hechos hablan por si mismos ◆ **иначе ~я** con otras palabras

говориться *impf (произноситься)* decirse, pronunciarse

говорливый *adj* locuaz, hablador, parlanchín

говорок *m coloq* deje, acento

говорун, -ья *m/f coloq* hablador, -a

говядина *f* carne de vaca

говяжий *adj* de vaca, de bovino

гоголь *m* somormujo, somorgujo

гогот *m* 1) *(гусей)* graznido 2) *coloq (смех)* risotada, carcajada

гоготать *impf vi* 1) *(о гусях)* graznar 2) *vulg (смеяться)* reír a carcajadas

год *m* año *в прошлом ~у* el año pasado; *в следующем ~у* el año que viene ◆ **С Новым годом!** ¡Feliz Año Nuevo!

годик *m dimin. de* год

година *f* 1) *elev* época, tiempo, temporada 2) *obsol* hora

годить *impf* погодить *perf vi vulg* esperar, tomárselo con calma

годит|ься *impf vi* servir, valer, convenir *он не ~ся для этой работы* no sirve para este trabajo; *это никуда не ~ся* esto no sirve para nada ◆ **в подмётки не ~ся кому-л** no le llega a la suela de los zapatos

годичный *adj* anual, de (para) un año

годность *f* utilidad, conveniencia

годный *adj* útil, conveniente, apto

годовалый *adj* de un año

годовой *adj* anual

годовщина *f* aniversario

годок *m dimin. de* год

гол *m sport* gol *забить* ~ marcar un gol

голгофа *f* calvario

голевой *adj sport* de gol

голенище *n* caña (de la bota)

голеностопный *adj anat* tibiotarsiano

голень *f* pierna (desde la rodilla al pie)

голет *m nav* goleta

голец *m* salvelino, trucha alpina (ártica)

голкипер *m sport* portero, cancerbero

голланд|ец, -ка *m/f* holand|és, -esa

голландский *adj* holandés

голов|а *f* 1) cabeza *у меня болит* ~ me duele la cabeza 2) *(руководитель)* jefe ◆ **очертя голову** perdiendo la cabeza **держать в ~е** conservar en la memoria **ударить в голову** subirse a la cabeza **сложить голову** dar la vida **разгромить на голову** derrotar por completo

головастик *m* renacuajo

головастый *adj* 1) *coloq* de cabeza grande, cabezón 2) *vulg (умный)* inteligente, listo

головешка *f* tizón

головка *f* 1) *dimin. de* голова 2) *(о некоторых продуктах)* cabeza ~ *чеснока* cabeza de ajo

головн|ой *adj* de cabeza *~ая боль* dolor de cabeza

головокружение *n* vértigo
головокружительный *adj* vertiginoso
головоломка *f* rompecabezas
головоломный *adj* difícil, complicado, intrincado
головоногие *pl zool* cefalópodos
головорез *m* 1) *(сорвиголова)* perdonavidas, bravucón 2) *(бандит)* bandido, rufián
головотяпство *n coloq* chapucería, ineptitud
головушка *f dimin-afect* cabeza, cabecita *бедная моя ~!* ¡pobre de mí!
голограмма *f* holograma
голографический *adj* holográfico
голография *f* holografía
голод *m* hambre *умирать с ~а* morir de hambre
голодание *n* hambre, ayuno
голодать *impf vi* 1) padecer hambre, hambrear 2) *(воздерживаться от пищи)* ayunar
голодный *adj* 1) hambriento 2) *(вызванный голодом)* por hambre, de hambre ~ *обморок* desmayo por hambre
голодовка *f* huelga de hambre
голодранец *m desp* muerto de hambre, pordiosero
голодуха *f coloq* hambre
гололедица *f* hielo, helada
гололёд *m* hielo, helada
гололёдный *adj* de hielo, de helada
голос *m* 1) voz *тихий* ~ voz baja 2) *(при голосовании)* voto
голосистый *adj* de voz fuerte (sonora)
голосить *impf vi coloq* vociferar, vocear
голословный *adj* gratuito, sin fundamento, sin pruebas
голосование *n* votación
голосовать *impf vi* 1) votar 2) *coloq (останавливать машины)* hacer autoestop
голосовой *adj* vocal, de voz
голосок *m dimin. de* голос
голубеть *impf* поголубеть *perf vi* 1) *(становиться голубым)* volverse azul, azulear 2) *(виднеться)* azulear
голубизна *f* (el) azul celeste
голубика *f* vaccinio
голубиный *adj* de paloma(s), columbino
голубка *f* 1) paloma 2) *coloq (ласковое обращение)* palomita, pichoncito
голубоглазый *adj* de ojos azules
голубой 1. *adj* azul celeste 2. *m peyor* homosexual
голубок *m* 1) *dimin. de* голубь 2) *coloq* V. голубчик
голубушка *f coloq* palomita, pichoncito
голуб|цы (*sing* –ец) *mpl* golubtsí (rollos de col rellenos de arroz y carne)
голубчик *m coloq* querido, querido mío
голубь *m* paloma *почтовый* ~ paloma mensajera
голубятня *f* palomar
голый *adj* 1) desnudo 2) *(лишённый растительности)* pelado 3) *(непокрытый)* sin cubrir ◆ **гол как сокол** pobre como una rata
голышом *adv coloq* desnudo
голь *f obsol* mendigos, pobretería
гольф *m* golf
гольфы (*sing* гольф) *mpl coloq* pantalones de golf

гомеопат *m* homeópata
гомеопатический *adj* homeopático
гомеопатия *f* homeopatía
гомеопатка *f* homeópata
гомерический *adj* homérico
гомогенность *f* homogeneidad
гомогенный *adj* homogéneo
гомон *m* algarabía, algazara
гомосексуализм *m* homosexualidad
гомосексуалист *m* homosexual, gay
гомосексуальный *adj* homosexual, gay
гон *m* 1) *(бег)* carrera 2) *(травля на охоте)* persecución, acoso
гонг *m* gong
гондола *f* góndola
гондольер *m* gondolero
гонени|е *n* persecución *подвергаться ~ю* ser perseguido, ser objeto de persecución
гонец *m* correo, mensajero
гонитель *m* 1) *(преследователь)* perseguidor 2) *(притеснитель)* opresor
гонка *f* carrera
гонор *m* arrogancia, soberbia, altanería
гонорар *m* honorario
гонорея *f med* gonorrea
гоночный *adj* de carreras ~ *автомобиль* automóvil de carreras
гончар *f* alfarero, ollero
гончарный *adj* de alfarero, de ollero
гонщик *m* piloto de carreras, corredor
гонять V. гнать
гоняться V. гнаться
гоп *interj* hop, paf ◆ **ни говори ~, пока не перепрыгнешь** no vendas la piel del oso antes de cazarlo
гопак *m* gopak (baile popular ucraniano)
гор|а *f* 1) montaña, monte *подниматься в гору* subir a la montaña; *в ~ах* en las montañas 2) *(куча)* montón, pila ◆ **быть не за ~ами** no estar lejos
горазд *adj pred coloq* : он на всё ~ es capaz de todo
гораздо *adv* bastante, mucho ~ *хуже* mucho peor
горб *m* joroba
горбатый *adj* jorobado
горбиться *impf* сгорбиться *perf vi* encorvar la espalda, corcovarse
горбун, -ья *m/f* jorobad|o, -a
горбуша *f* salmón rosado
горбушка *f* punta (del pan), cuscurro
горделивый *adj* orgulloso, arrogante
гордиев *adj anat* : ~ *узел* nudo gordiano
гордиться *impf* (**кем/чем-л**) estar orgulloso (de alg o u/c), sentir orgullo (de alg o u/c)
гордость *f* orgullo
гордый *adj* orgulloso, arrogante
гордыня *f* soberbia, altanería
гор|е *n* pena, aflicción *с ~я* de pena ◆ **с ~ем пополам** a duras penas
горевать *impf vi* afligirse, apenarse, acongojarse *не горюй!* ¡no te aflijas!
горелка *f* quemador, boquilla
горелый *adj* quemado, chamuscado
горемыка *m/f coloq* desgraciad|o, -a, desdichad|o, -a
горемычный *adj* desdichado, desgraciado, infeliz

горение *n* combustión, quema
горестный *adj* triste, penoso, doloroso
горесть *f* pena, desdicha
гореть *impf* сгореть *perf vi* 1) quemarse, arder *дом горит* la casa está ardiendo 2) *(давать свет)* arder, lucir, brillar *звёзды горят* las estrellas brillan
горец *m* montañés, serrano
горечь *f* 1) *(горький вкус)* amargor 2) *(о чувстве)* amargura
горизонт *m* horizonte
горизонталь *f* horizontal
горизонтальный *adj* horizontal
горилла *f* gorila
гористый *adj* montañoso, montuoso
горка *f* montículo
горком *m hist* ayuntamiento
горланить *impf vi vulg* vociferar, gritar
горластый *adj vulg* gritón, escandaloso, vocinglero
горло *n* 1) garganta 2) *(сосуда)* cuello
горловина *f* orificio, boca, abertura
горлопан *m vulg* gritón, escandaloso, vocinglero
горлопанить *impf vi vulg* vociferar, gritar
горлышко *n* cuello (de un recipiente)
гормон *m* hormona
гормональный *adj* hormonal
горн[1] *m mús* clarín
горн[2] *m (кузнечный)* fragua
горнил|о *n obsol* V. горн 2
горница *f obsol* aposento
горничная *f* doncella, camarera
горнолыжни|к, -ца *m/f coloq* esquiador, -a de montaña
горнолыжный *adj* de esquí de montaña
горностай *m* armiño
горный *adj* 1) de montaña 2) *(рудниковый)* minero
горняк *m* 1) *(рабочий)* minero 2) *(инженер)* ingeniero de minas
горняцкий *adj* minero, de minas
город *m* ciudad, villa *в ~е* en la ciudad; *за городом* en las afueras de la ciudad
городить *impf vt* 1) cercar, vallar 2) *coloq (класть в большом количестве)* amontonar, apilar 3) *coloq (вздор, ерунду)* decir, soltar
городишко *m* lugarejo, villorrio
городище *n* ruinas (vestigios) de una ciudad
городки *mpl* gorodkí (juego de bolos popular ruso)
городничий *m hist* alcalde
городовой *m hist* alguacil, guardia municipal
городок *m* villa, ciudad pequeña
городской *adj* 1) de ciudad, urbano 2) *(муниципальный)* municipal
горожан|ин (*pl* –е) *m* ciudadano
горожанка *f* ciudadana
гороскоп *m* horóscopo
горох *m* garbanzo, guisante
гороховый *adj* de garbanzos, de guisantes ◆ **шут** ~ *coloq* espantajo, botarate
горошек *m* guisante
горошина *f* guisante
горский *adj* montañés, montaraz
горсовет *m hist* sóviet (consejo) municipal)
горстка *f* puñado
горсточка *f dimin. de* горстка
горсть *f* puñado
гортанный *adj* 1) *anat* laríngeo 2) *(о звучании)* gutural
гортан|ь *f* laringe ◆ **у него язык прилип к ~и** se quedó mudo, se quedo sin habla
горчица *f* mostaza
горчичник *m* sinapismo, cataplasma
горшок *m* 1) olla, puchero 2) *(цветочный)* maceta 3) *(ночной)* orinal
горшочек *m dimin. de* горшок
горький *adj* amargo ~ *вкус* sabor amargo; ~ *опыт* experiencia amarga
горючее *n* combustible, fuel
горючий *adj* combustible, inflamable
горячечный *adj* : ~ бред delirio
горяч|ий *adj* 1) caliente, cálido 2) *(пылкий)* cálido, ardiente
горячительн|ый *adj* : ~ые напитки bebidas alcohólicas
горячиться *impf* разгорячиться *perf vi* aclararse, excitarse, enardecerse
горячка *f* 1) fiebre, calentura *белая* ~ delirium tremens 2) *(азарт)* fiebre, acaloramiento
горячность *f* pasión, vehemencia, ímpetu
госпитализация *f* hospitalización
госпитализировать *biasp vt* hospitalizar
госпиталь *m* hospital
госпитальный *adj* hospitalario, de hospital
господень *adj* V. господний
господи **1.** *m* V. господь **2.** *interj* ¡Dios mío!, ¡Dios!
господин *m* 1) señor, dueño, amo 2) *(обращение)* señor
господний *adj* del Señor, de Dios
господский *adj* señorial, del señor, del amo
господство *n* dominio, supremacía
господствовать *impf vi* **(над кем/чем-л)** dominar
господствующий *adj* dominante
господь *m* Señor, Dios ◆ **ах ты господи!** ¡Dios mío!, ¡válgame Dios! **не дай господи!, упаси господи!** ¡Dios me guarde! **слава тебе господи!** ¡gracias a Dios!
госпожа *f* 1) señora, dueña, ama 2) *(обращение)* señora
гост *m* estándar estatal, patente
гостевой *adj* de (para) invitados
гостеприимный *adj* hospitalario
гостеприимство *n* hospitalidad
гостиная *f* salón, sala de estar
гостинец *m* presente, regalo, golosina
гостиница *f* hotel
гостиничный *adj* hotelero
гостиный *adj obsol* de invitados
гостить *impf vi* estar de visita, estar de huésped (de invitado)
гост|ь *m* huésped, invitado *пойти в ~и* ir de visita
гостья *f* huéspeda, invitada
государственность *f* sistema estatal, estado
государственный *adj* estatal
государство *n* estado
государыня *f* soberana, reina
государь *m* soberano, rey
гот *m hist* godo
готика *f* gótico
готический *adj* gótico
готовальня *f* caja de dibujo lineal

готовить *impf* приготовить *perf vt* 1) preparar *~ сюрприз* preparar una sorpresa 2) *(еду)* cocinar, preparar *~ ужин* cocinar la cena
готовиться 1) **(к чему-л)** prepararse (para u/c), hacer preparativos (para u/c) *~ к экзамену* prepararse para un examen 2) *(навдигаться)* aproximarse, prepararse
готовка *f* cocina (acción)
готовый *adj* 1) listo, preparado, dispuesto 2) *(законченный)* acabado, terminado
готский *adj hist* godo, de los godos
грабёж *m* robo, desvalijamiento, expolio, saqueo
грабитель, -ница *m/f* expoliador, -a, saqueador, -a
грабительский *adj* expoliador, saqueador, de rapiña
грабить *impf* ограбить *perf vt* robar, saquear
грабл|и (*gen* –ей) *fpl* rastrillo
гравёр *m* grabador
гравий *m* grava, gravilla
гравировать *impf* выгравировать *perf vt* grabar, tallar
гравировка *f* 1) grabadura 2) *(надпись)* grabado
гравитационный *adj fís* de gravitación
гравитация *f fís* gravitación
гравюра *f* grabado, estampa
град[1] *m* 1) granizo *идёт ~* graniza, cae granizo 2) *(множество)* granizada, lluvia
град[2] *m obsol poét* ciudad
градация *f* gradación
градина *f coloq* pedrisco (de granizo)
градоначальник *m hist* gobernador de la ciudad
градостроитель *m* urbanista (arquitecto)
градостроительный *adj* urbanístico, de urbanismo
градостроительство *n* urbanismo
градский *adj elev* urbano, municipal
градуирование *n* graduación
градуировать *biasp vt* graduar
градуировка *f* graduación
градус *m* grado
градусник *m coloq* termómetro
градусный *adj* en (por) grados
гражданин (*pl* граждане) *m* ciudadano
гражданка *f* ciudadana
гражданский *adj* civil, ciudadano
гражданственность *f* ciudadanía
гражданство *n* ciudadanía
грамзапись *f* grabación en discos (en placas)
грамм *m* gramo
грамматика *f* gramática
грамматический *adj* gramatical
граммофон *m* gramófono
граммофонный *adj* de gramófono
грамот|а *f* 1) *(умение)* arte de leer y escribir *учиться ~е* aprender a leer y escribir 2) *(документ)* título, diploma ◆ **филькина ~а** *coloq* papel mojado
грамотей *m obsol* persona alfabetizada
грамотность *f* 1) *(учение читать и писать)* alfabetización, instrucción primaria 2) *(в какой-то области)* competencia 3) *(отсутствие ошибок)* corrección
грамотный *adj* 1) *(о человеке)* que sabe leer y escribir, alfabetizado 2) *(в какой-то области)* competente 3) *(грамотно сделанный)* correcto, sin faltas, bien hecho
грампластинка *f* disco de gramófono
гран *m* grano (unidad de peso)
гранат *m* 1) *(плод)* granada 2) *(дерево)* granado
граната *f mil* granada
гранатовый *adj* 1) *(о плодах)* de granada 2) *(цвет)* granate, de color granate
гранатомёт *m mil* mortero, lanzagranadas
гранатомётчик *m mil* granadero, lanzador de granadas
грандиозность *f* grandiosidad
грандиозный *adj* grandioso
гранёный *adj* tallado, facetado
гранильный *adj* de tallado
гранит *m* granito
гранитный *adj* de granito, granítico
границ|а *f* 1) frontera 2) *(предел)* límite
граничить *impf vi* 1) **(с чем-л)** limitar (con u/c), lindar (con u/c), ser limítrofe (con u/c) 2) **(с чем-л)** *(быть близким к чему-то)* rayar (en u/c), rozar
граничный *adj* de la frontera, fronterizo
гран-при *m inv sport* gran premio
гранула *f* gránulo
гранулировать *biasp vt* granular
грань *f* 1) faceta, lado 2) *(предел)* límite
граф *m* conde
графа *f* columna, apartado
график *m* 1) gráfico 2) *(расписание)* horario
графика *f* artes gráficas
графин *m* garrafa
графиня *f* condesa
графит *m* 1) *min* grafito 2) *(карандаш)* mina
графитовый *adj* de grafito, grafitoso
графический *adj* gráfico
графолог *m* grafólogo
графология *f* grafología
графоман *m* grafómano
графомания *f* grafomanía
графоманский *adj* grafómano, de grafómano
графский *adj* condal, de conde
графство *n* condado
грациозность *f* graciosidad, gracia
грациозный *adj* gracioso
грация *f* gracia
грач *m* grajo
гребень *m* 1) peine 2) *(птичий)* cresta 3) *(у горы)* cresta
гребец *m* remero
гребешок *m* V. гребень
гребёнк|а *f* peine, escarpidor ◆ **стричь всех под одну ~у** medir a todos con el mismo rasero
гребля *f* remo (deporte)
гребной *adj* 1) de remo(s), a remo(s) *~ спорт* remo, deporte de remo 2) *tecn* de hélice
гребок *m* 1) *(взмах и удар весел)* remada, golpe de remo 2) *(рулевое весло)* remo timón
грезить *impf vi* soñar, tener sueños, tener ilusiones, ver visiones
грезиться *impf vi* **(кому-л. что-л)** soñar
грейпфрут *m* 1) *(плод)* pomelo 2) *(дерево)* pomelo
грейпфрутовый *adj* de pomelo
грек *m* griego
грелка *f* calentador
греметь *impf* прогреметь *perf vi* tronar, resonar
гремуч|ий *adj* detonante ◆ **~ая змея** serpiente de cascabel

гренадер *m hist mil* granadero
гренадерский *adj hist mil* de granadero(s)
гренки (*sing* гренок) *mpl* picatostes
гренок *m* V. гренки
грести[1] *impf vi (работать веслом)* bogar, remar
грести[2] *impf vt (собирать в кучу)* recoger, rastrillar
греть *impf* согреть *perf vt* 1) calentar ~ *воду* calentar el agua 2) *(об одежде)* abrigar
греться *impf* согреться *perf* calentarse
грех *m* pecado ◆ **с ~ом пополам** a duras penas
греховность *f* pecaminosidad
греховный *adj* pecaminoso
грехопадение *n relig* caída, pecado original
грецкий *adj* ~ орех: nuez, nogal
греча *f coloq* V. гречиха
гречанка *f* griega
греческий *adj* griego
гречиха *f* trigo sarraceno, alforfón
гречка *f coloq* V. гречиха
гречнев|ый *adj* de trigo sarraceno, de alforfón *~ая каша* papilla de alforfón
грешить *impf* согрешить *perf vi* pecar
грешни|к, -ца *m/f* pecador, -a
грешно *adv pred* está mal, no está bien ~ *так говорить* no está bien hablar así
грешный *adj* pecador, pecaminoso
грешок *m coloq* pecadito, culpa
грёза *f* sueño, ensueño, ilusión
гриб *m* hongo, seta
грибковый *adj biol* de hongos
грибни|к, -ца *m/f coloq* conocedor, -a de las setas
грибной *adj* de setas, de hongos ~ *суп* sopa de setas ◆ **~ дождь** lluvia y sol
грибок *m* 1) *dimin. de* гриб 2) *biol* hongo (microorganismo)
грива *f* crin, melena
гривенник *m hist* grivénnik (moneda de diez kópeks)
гривна *f* grivna (moneda antigua rusa y actual en Ucrania)
гриль *m* grill
грильяж *m* guirlache
грим *m* maquillaje
гримаса *f* mueca
гримасничать *impf vi* hacer muecas
гримёр *m* maquillador
гримёрный *adj* de maquillaje
гримировать *impf* загримировать/нагримировать *perf vt* maquillar
гримироваться *impf* загримироваться/нагримироваться *perf* maquillarse
грипп *m* gripe
гриппозный *adj* gripal, griposo
гриф *m* buitre
грифель *m* pizarrín, lápiz de pizarra
грифельный *adj* de pizarra, pizarroso
грифон *m mitol* grifo
гроб *m* ataúd, féretro
гробик *m* V. гроб
гробить *impf* угробить/загробить *perf vt coloq* matar, cargarse
гробница *f* sepulcro, tumba
гробовой *adj* sepulcral *в ~ тишине* en un silencio sepulcral
гробовщик *m* fabricante de ataúdes
грог *m* grog
гроза *f* tormenta, tempestad
гроздь *f* racimo ~ *винограда* racimo de uvas
грозить *impf* погрозить/пригрозить *perf vi* **(кому-л)** amenazar, conminar
грозиться *impf* погрозиться/пригрозиться *perf vi* amenazar, conminar
грозно *adv* con amenaza, de forma amenazante
грозный *adj* 1) amenazador, amenazante 2) *(внушающий страх)* temible, terrible
грозовой *adj* tormentoso, de tormenta
гром *m* 1) trueno 2) *(сильный шум)* estruendo
громада *f* mole
громадина *f coloq* coloso, gigante
громадный *adj* enorme, colosal
громила *m* 1) *(грабитель)* ladrón, bandido 2) *(погромщик)* asesino
громить *impf* разгромить *perf vt* derrotar
громкий *adj* 1) alto, fuerte ~ *голос* voz alta 2) *(известный)* famoso, sensacional
громко *adv* en voz alta, alto *говорить* ~ hablar en voz alta
громкоговоритель *m* altavoz, altoparlante
громкость *f* volumen (de un sonido)
громовой *adj* 1) atronador, de trueno 2) *(сокрушительный)* atronador, demoledor
громогласно *adv* 1) en voz alta 2) *(открыто)* públicamente, en público
громогласный *adj* 1) fuerte, alto 2) *(открытый)* público
громоздить *impf* нагромоздить *perf vt* amontonar, apilar
громоздиться *impf* нагромоздиться *perf* amonotonarse, apilarse
громоздкий *adj* voluminoso
громоотвод *m* pararrayos
громоподобный *adj* atronador, detonante
громыхать *impf* прогромыхать *perf vi coloq* retumbar, tronar, hacer estruendo
громыхнуть *perf vi coloq* retumbar, tronar, hacer estruendo
гроссмейстер *m ajed* gran maestro
грот[1] *m* gruta
грот[2] *m nav* vela mayor
гротеск *m* grotesco
гротескный *adj* grotesco
гротесковый *adj* grotesco, del grotesco
грохать V. грохнуть
грохаться V. грохнуться
грохнуть *perf* грохать *impf vi* 1) *coloq (произвести грохот)* retumbar, tronar 2) *coloq (бросить с шумом)* arrojar con estrépito, dejar caer con estrépito
грохнуться *perf* грохаться *impf vi coloq* caer con estrépito
грохот *m* estrépito
грохотать *impf* прогрохотать *perf vi* 1) producir estruendo (estrépito), retumbar 2) *(о громе)* tronar
грош *m hist (монета)* grosh (antigua moneda rusa equivalente a dos céntimos de rublo) ◆ **сидеть без ~а** estar sin blanca
грошовый *adj* de poco valor, de valor insignificante
грубеть *impf* загрубеть/огрубеть/погрубеть *perf vi* 1) endurecer, ponerse áspero 2) *(о человеке)* enrudecerse, volverse tosco

грубить *impf* нагрубить *perf vi* decir groserías, decir insolencias, comportarse groseramente
грубиян, -ка *m coloq* groser|o, -a, maleducad|o, -a
грубость *f* 1) grosería, rudeza 2) *(на ощупь)* aspereza
груб|ый *adj* 1) grosero, rudo *~ое обращение* trato rudo 2) *(на ощупь)* áspero, burdo 3) *(приблизительный)* aproximado *~ый подсчёт* cálculo aproximado 4) *(недопустимый)* grave, serio *~ая ошибка* falta grave
груда *f* montón, pila
грудина *f anat* esternón
грудинка *f* costillar (pieza de carne)
грудка *f* pechuga
грудн|ой *adj* pectoral, del pecho *~ая клетка* tórax
грудь *f* 1) pecho 2) *(женская)* seno, mama
гружёный *adj* cargado
груз *m* carga, cargamento
грузд|ь *m* lactario (seta) ◆ **назвался ~ем, полезай в кузов** a lo hecho, pecho
грузило *n* plomo (para pescar)
грузин, -ка *m/f* georgian|o, -a
грузинский *adj* georgiano
грузить *impf* погрузить *perf vt* cargar, embarcar
грузиться *impf* погрузиться *perf vi* 1) cargar 2) *(на судно)* embarcar
грузно *adv* pesadamente, torpemente
грузный *adj* 1) pesado 2) *(о человеке)* pesado, torpe, corpulento
грузовик *m* camión
грузовой *adj* de carga
грузоотправитель *m com* expeditor (de mercancías)
грузоподъёмность *f* capacidad de carga
грузополучатель *m com* consignatario (de marcancías)
грузопоток *m com* transporte de una mercancía
грузчик *m* cargador
грунт *m* terreno, suelo
грунтовать *impf* загрунтовать *perf vt* empastar
грунтовой *adj* de(l) terreno, de(l) suelo
группа *f* grupo *~ крови* grupo sanguíneo
группировать *impf* сгруппировать *perf vt* agrupar
группироваться *impf* agruparse
группировка *f* 1) *(объединение)* agrupación, banda 2) *(действие)* agrupación
групповой *adj* en grupo
групповщина *f* espíritu de grupo
грустить *impf vi* (**за что-л**) estar triste (por u/c)
грустный *adj* triste *~ вид* aspecto triste
грусть *f* tristeza
груша *f* 1) *(плод)* pera 2) *(дерево)* peral
грушевидный *adj* periforme, en forma de pera
грушев|ый *adj* de pera(s)
грыжа *f* hernia
грызня *f* 1) *coloq (драка)* pelea, riña 2) *coloq (ссора)* disputa, riña
грызть *impf vt* roer, morder
грызться *impf vi* 1) *(о собаках)* pelearse 2) *coloq (ссориться)* reñir, disputar
грызун *m* roedor
гряда *f* 1) *(горный кряж)* cadena 2) *(на огороде)* bancal, tabla 3) *(ряд)* fila, hilera
грядка *f* bancal, tabla
грядущий *adj* futuro, próximo, venidero ◆ **на сон** ~ antes de dormir
грязевой *adj* de barro, de lodo
грязнуля *m/f coloq* cochin|o, -a, marran|o, -a
грязнуть *impf* погрязнуть *perf vi* atascarse
грязнуха *m/f coloq* V. грязнуля
грязный *adj* 1) sucio, mugriento, grasiento 2) *(непристойный)* sucio
грязь *f* 1) *(то, что пачкает)* suciedad, porquería 2) *(размокшая вязкая почва)* lodo, fango
гряну|ть *perf vi* 1) retumbar, estallar, resonar *~л гром* estalló un trueno 2) *(разразиться)* estallar
грясти *impf vi* acercarse, aproximarse, avecinarse
гуашь *f arte* aguada, gouache
губа *f* labio *кусать губы* morderse los labios
губастый *adj coloq* befo, de labios grandes
губернатор *m* gobernador
губернаторский *adj* de(l) gobernador
губерния *f hist* provincia
губернский *adj hist* provincial, de la provincia
губитель *m* destructor
губительно *adv* nocivamente, perniciosamente
губительный *adj* 1) pernicioso, dañino, nocivo 2) *(пагубный)* nefasto, funesto
губить *impf* погубить *perf vt* 1) *(убивать)* matar 2) *(уничтожать)* hacer perder, destruir
губка[1] *f dimin. de* губа
губка[2] *f* 1) *(животное)* esponja 2) *(предмет гигиены)* esponja
губн|ой *adj* 1) de labios 2) *ling* labial
губчатый *adj* esponjoso
гувернантка *f* institutriz
гувернёр *m* instructor, ayo
гуд *m vulg* V. гудение
гудение *n* zumbido
гудеть *impf vi* 1) zumbar 2) *coloq (болеть)* doler
гудок *m* bocina, pito, sirena
гул *m* rumor, ruido
гулкий *adj* sonoro, resonante
гульден *m* florín
гуляка *m/f coloq* juerguista, parrandero, calavera
гулянка *f* fiesta, parranda
гулянье *n* 1) paseo 2) *(празднество)* fiesta
гулять *impf* погулять *perf vi* 1) pasear *~ по саду* pasear por el jardín 2) *(веселиться)* divertirse, parrandear
гуляш *m* gulash
гуманизм *m* humanismo
гуманист *m* humanista
гуманистический *adj* 1) *(человечный)* humano 2) *(свойственный идеям Возрождения)* humanístico
гуманитарий *m* especialista en humanidades
гуманитарный *adj* 1) humanitario 2) *(относящийся к гуманитарным наукам)* de humanidades
гуманность *f* humanidad
гуманный *adj* humano, humanitario
гунны (*sing* гунн) *mpl hist* hunos
гурман *m* gourmet
гусак *m* ganso, ánsar
гусар *m hist* húsar
гусарский *adj hist* de húsares
гусениц|а *f* 1) oruga 2) *tecn* oruga

гусеничный *adj* 1) de (la) oruga 2) *tecn* oruga, de oruga
гусин|ый *adj* de ganso, de oca ◆ **~ая кожа** carne de gallina **~ые лапки** *(морщинки у глаз)* patas de gallo
гусли *mpl* gusli (instrumento de cuerda ruso)
гусляр *m* tocador de gusli
густеть *impf* загустеть/погустеть *perf vi* espesarse, ponerse espeso, volverse denso
густо *adv* espeso ◆ **у меня денег не** ~ ando mal de dinero, estoy a dos velas **то ~, то пусто** una de cal y otra de arena
густой *adj* denso, espeso
густота *f* densidad, espesor
гусыня *f* oca, gansa
гусь *m* ganso
гуськом *adv* en fila india *идти* ~ ir en fila india
гуталин *m* betún
гуща *f* 1) *(осадок)* poso, sedimento 2) *(лесная чаща)* espesura
гущина *f* 1) V. густота 2) V. гуща
гюрза *f* víbora lebetina

Д

да 1. *partic afirm* sí ~, *это моя тетрадь* sí, es mi cuaderno **2.** *partic enfat* 1) pero ~ *что ты наделал?* ¿pero qué has hecho? 2) *(пусть)* que ~ *здравствует президент!* ¡viva el presidente! **3.** *conj* 1) *(и)* y *хлеб ~ соль* pan y sal 2) *(но)* pero *я бы это сделал, ~ нет времени* lo haría, pero no tengo tiempo

дабы *conj obsol (чтобы)* para, para que

давать V. дать

даваться V. даться

давеча *adv vulg obsol* hace poco

давешний *adj vulg* reciente

давить *impf* раздавить *perf vt* 1) presionar, pesar 2) *(выжимать сок)* exprimir 3) *(притеснять)* agobiar, oprimir

давиться *impf* подавиться *perf* atragantarse, ahogarse ~ *от смеха* morirse de risa

давка *f* apretura

давление *n* presión *атмосферное* ~ presión atmosférica; *кровяное* ~ presión sanguínea

давненько *adv coloq* hace mucho

давний *adj* antiguo, viejo, remoto

давнишний *adj coloq* viejo, antiguo

давно *adv* hace tiempo *давным* ~ hace mucho tiempo

дагестанский *adj* daguestaní, daguestano

дагестан|ец, -ка *m/f* daguestaní, daguestan|o, -a

даже *partic* incluso, hasta, aún ~ *если* aunque; ~ *не* ni siquiera

дактилический *adj lit* dactílico

дактилоскопия *f* dactiloscopia

дактиль *m lit* dáctilo

далее *adv* después, luego, más adelante ◆ **и так** ~ etcétera

далеко 1. *adv* lejos ~ *позади* muy atrás **2.** *adv pred* está lejos, falta mucho *до утра ещё* ~ falta mucho para amanecer

далёкий *adj* 1) *(в пространстве)* alejado, lejano 2) *(во времени)* lejano, remoto 3) *(чуждый)* ajeno, diferente

даль *f* lejanía

дальнейш|ий *adj* siguiente, ulterior *в ~ем* en el futuro

дальний *adj* lejano, remoto, apartado

дальнобойный *adj* de largo alcance

дальновидность *f* previsión, predicción

дальновидный *adj* previsor, sagaz

дальнозоркость *f med* hipermetropía

дальномер *m* telémetro

дальность *f* distancia, lejanía

дальтонизм *m med* daltonismo

дальтоник *m* daltónic|o, -a

дальше *adv* 1) más lejos, más allá 2) *(затем)* después, luego

дама *f* dama, señora

дамба *f* dique

дамка *f* dama (en el juego de damas)

дамоклов *adj* : ~ меч espada de Damocles

дамочка *f vulg* señora, dama

дамский *adj* de señoras

данность *f elev* realidad, objetividad

данные *pl* 1) *(сведения)* datos, noticias *официальные* ~ datos oficiales 2) *(способности)* dotes, capacidades

данный *adj* dado *в ~ момент* en el momento actual

дантист *m* dentista

дань *f* tributo

дар *m* 1) don, regalo 2) *(способность)* don, talento

дарвинизм *m* darwinismo

дарвинист *m* darwinista

дарение *n* donación

дарён|ый *adj coloq* regalado, donado ◆ **~ому коню в зубы не смотрят** a caballo regalado no se le mira el diente

даритель, -ница *m/f* donador, -a

дарить *impf* подарить *perf vt* regalar, donar

дармоед *m coloq* gorrón, vividor, parásito

дарование *n* talento, don

даровать *biasp vt elev* otorgar, conceder, agraciar ~ *свободу* otorgar la libertad

даровитый *adj* talentoso, ingenioso

даровой *adj coloq* gratis, gratuito, de balde

даром *adv* 1) gratis, gratuitamente 2) *(без пользы)* en vano, en balde

дарственный *adj* de donación

дата *f* fecha

дательный *adj ling* : ~ падеж caso dativo

датировать *biasp vt* datar, fechar

датировка *f* datación

датский *adj* danés

датчан|ин (*pl* -е) *m* danés

датчанка *f* danesa

датчик *m tecn* sensor, captador

дать *perf* давать *impf vt* 1) dar, entregar ~ *взаймы* prestar 2) *(устроить)* dar, ofrecer 3) *(уступить)* ceder ◆ ~ **повод** dar un motivo ~ **начало** comenzar

даться *perf* даваться *impf* 1) *coloq (поддаться)* dejarse *не ~ в обиду* no dejarse ofender 2) *coloq (легко усвоиться)* aprenderse, darse *ему всё легко далось* todo se le ha dado fácilmente

дача[1] *f* entrega, suministro

дача[2] *f* casa de campo, chalet

дачни|к, ца *m/f* veraneante (de casas de campo)

дачный *adj* de (la) casa de campo

дв|а *num* dos ~ *автобуса* dos autobuses ◆ **в ~ух шагах** a dos pasos

двадцатилетие *n* 1) *(срок)* veinte años 2) *(годовщина)* vigésimo aniversario

двадцатилетний *adj* de veinte años

двадцатый *adj* vigésimo

двадцать *num* veinte

дважды *adv* dos veces ~ *два - четыре* dos por dos son cuatro

двенадцатиперстн|ый *adj anat* : ~ая кишка duodeno

двенадцатый *adj* duodécimo

двенадцать *num* doce
дверка *f dimin* puertecilla
дверной *adj* de la puerta
дверца *f* portezuela
дверь *f* puerta *входная* ~ puerta de entrada; *стучать в* ~ llamar a la puerta
двести *num* doscientos
двигатель *m* motor
двигательный *adj* 1) *(связанный с движением)* de movimiento, gesticular 2) *(управляющий движением)* motriz
двигать *impf* двинуть *perf vt* 1) mover, empujar ~ *мебель* mover los muebles 2) (**чем-л**) *(шевелить)* mover ~ *руками* mover las manos
двигаться *impf* двинуться *perf* 1) moverse *много* ~ moverse mucho 2) *(направляться)* dirigirse 3) *(шевелиться)* moverse
движение *n* 1) movimiento 2) *(транспорта)* tráfico 3) *(направление)* movimiento
движимый *adj* 1) (**чем-л**) *(побуждаемый)* movido (por u/c) 2) *jur (об имуществе)* mueble
движитель *m tecn* propulsor
движок *m* 1) *(в механизме)* corredera 2) *coloq (двигатель)* motor
двинуть *perf* **1.** *vt* V. двигать **2.** *vi* (**кому-л**) *vulg (ударить)* golpear, pegar
двинуться V. двигаться
двое *num* dos *нас* ~ somos dos
двоевластие *n* poder dual, dualidad de poderes
двоедушный *adj* falso, hipócrita
двоеженец *m* bígamo
двоежёнство *n* bigamia
двоеточие *n ling* dos puntos
двоечник *m coloq* alumno atrasado, mal estudiante
двоиться *impf* 1) *(раздваиваться)* dividirse en dos, bifurcarse 2) *(казаться двойным)* doblarse ~ *в глазах* ver doble
двоичный *adj* binario
двойка *f* 1) dos 2) *(оценка)* suspenso
двойник *m* doble, sosias
двойной *adj* doble
двойня *f* gemelos, mellizos
двойняшк|и (*sing* –а) *fpl* gemelos, mellizos
двойственность *f* dualidad
двойственный *adj* dual, duplicado
двор[1] *m* 1) patio *проходной* ~ patio de paso 2) *(крестьянское хозяйство)* casa, hacienda ◆ **постоялый** ~ albergue, posada
двор[2] *m (окружение монарха)* corte
дворец *m* palacio
дворецкий *m hist* mayordomo, maestresala
дворник *m* barrendero
дворники *mpl coloq* limpiaparabrisas
дворняга *f coloq* perro callejero
дворовый[1] *adj* callejero ~ *пёс* perro callejero
дворовый[2] *m hist (крепостной крестьянин)* siervo
дворцовый *adj* de palacio, palaciego, cortesano
двор|янин (*pl* –яне) *m* noble
дворянка *f* noble
дворянский *adj* noble, de la nobleza
дворянство *n* nobleza
двоюродн|ый *adj* : ~ый брат primo hermano : ~ая сестра prima hermana
двоякий *adj* ambiguo, doble
двояко *adv* de dos formas
двуглавый *adj* bicéfalo
двуединый *adj* dual
двузначный *adj* binario, de dos dígitos
двукратный *adj* doble
двуликий *adj* de dos caras, bifronte
двуличие *adj* falsedad, duplicidad
двуличный *adj* falso, doble
двуногий *adj* bípedo, de dos pies
двуполый *adj* bisexual, hermafrodita
двурушник *m desp* hombre falso
двусложный *adj ling* bisílabo, de dos sílabas
двусмысленность *f* ambigüedad
двусмысленный *adj* ambiguo
двуспальн|ый *adj* : ~ая кровать cama de matrimonio
двустволка *f* escopeta de dos cañones
двустворчатый *adj* de dos hojas
двустишие *n lit* dístico
двусторонний *adj* 1) bilateral, de dos caras 2) *(обоюдный)* bilateral
двухгодичный *adj* de dos años
двухдневный *adj* de dos días
двухлетие *n* bienio
двухлетний *adj* de dos años
двухлитровый *adj* de dos litros
двухместный *adj* de dos plazas
двухразовый *adj* de dos veces
двухсотлетие *n* bicentenario
двухсотый *num* ducentésimo
двухтомник *m* obra en dos volúmenes
двухтомный *adj* en dos volúmenes
двухтысячный *num* (de) dos mil
двухцветный *adj* bicolor, de dos colores
двухчасовой *adj* de dos horas
двухэтажный *adj* de dos pisos
двучленный *adj* bimembre
двушка *f* 1) *coloq (монета)* moneda de dos kópeks 2) *coloq (двухкомнатная квартира)* piso de dos habitaciones
двуязычие *n ling* bilingüismo
двуязычный *adj ling* bilingüe
де *partic vulg* según dice, al parecer
дебатировать *impf vt* debatir, discutir
дебат|ы (*gen* –ов) *mpl* debates
дебет *m econ* débito
дебетовый *adj econ* de débito
дебил *m* imbécil
дебильный *adj* idiota, imbécil, tonto
дебит *m* caudal
дебитор *m com* deudor
дебиторский *adj com* de deudor
дебош *m coloq* escándalo, alboroto, tumulto
дебошир *m coloq* alborotador, gritón
дебоширить *impf* надебоширить *perf vi coloq* alborotar, armar escándalo
дебр|и (*gen* –ей) *mpl* 1) espesura, bosque espeso 2) *(большие сложности)* laberinto, honduras
дебют *m* debut
дебютант, -ка *m/f* debutante
дебютировать *biasp vi* debutar
дебютный *adj* de debut
дева *f* 1) *obsol* virgen, doncella 2) *poét* joven, muchacha ◆ **старая** ~ solterona **Дева Мария** *relig* Virgen María
Дева *f astrol* Virgo
девальвация *f econ* devaluación
девать V. деть

деваться V. деться
девелопер *m constr* promotor, constructor
деверь *m* cuñado (hermano del marido)
девиз *m* lema, divisa
девица *f* moza, doncella, señorita
девический *adj* V. девичий
девичество *f* doncellez
девич|ий *adj* de doncella, de señorita *~ья фамилия* apellido de soltera
девичник *m* 1) despedida de soltera 2) *(вечеринка)* fiesta de mujeres
девка *f* 1) *(девушка)* chica, muchacha *остаться в ~х* quedarse soltera 2) *vulg (проститутка)* fulana, ramera
девочка *f* niña, chica
девственник *m* hombre virgen
девственница *f* virgen
девственность *f* virginidad
девственный *adj* virgen
девушка *f* 1) chica, muchacha, señorita 2) *coloq (подружка)* novia
девчата (*gen* девчат) *fpl coloq* chicas, muchachas
девчачий *adj coloq* de doncella, de chica
девчонка *f coloq* niña, chica
девчушка *f dimin-afect* niña
девяносто *num* noventa
девятеро *num col* nueve
девятиклассни|к, -ца *m/f* alumn|o, -a de noveno grado
девятикратный *adj* nónuplo, nueve veces
девятилетний *adj* de nueve años
девятка *f* nueve
девятнадцать *num* diecinueve
девятый *adj* noveno, nono
девять *num* nueve
девятьсот *num* novecientos
дегенерат *m* degenerado
дегенеративный *adj* degenerativo
дегенерация *f* degeneración
дегенерировать *biasp vi* degenerar
деградация *f* degradación
деградировать *biasp vi* degradar
дегтярный *adj* de alquitrán
дегустатор *m* degustador
дегустация *f* degustación, cata
дегустировать *impf* продегустировать *perf* degustar, catar
дед *m* abuelo ◆ **Дед Мороз** Papá Noel
дедовский *adj* 1) de(l) abuelo 2) *(старый)* de los abuelos, viejo, antiguo
дедовщина *f coloq* novatadas (en el ejército ruso)
дедок *m dimin* abuelito
дедуктивный *adj* deductivo
дедукция *f* deducción
дедушка *m* abuelo
деепричастие *n ling* gerundio
дееспособность *f* 1) capacidad de obrar 2) *jur* capacidad de obrar
дееспособный *adj* 1) *(способный действовать)* capaz de obrar 2) *jur* capaz
дежа *f coloq* amasadera
дежурить *impf vi* 1) estar de guardia 2) *(неотлучно находиться)* velar
дежурный **1.** *adj* de guardia **2.** *m* empleado de guardia
дежурство *n* guardia, vigilancia, servicio
дезавуировать *biasp vi ofic* desaprobar
дезактивация *f* desactivación
дезертир *m* desertor
дезертировать *biasp vi* desertar
дезертирство *n* deserción
дезинсекция *f* desinsectación
дезинфекционный *adj* de desinfección
дезинфекция *f* desinfección
дезинфицировать *biasp vt* desinfectar
дезинфицирующий *adj* desinfectante
дезинформационный *adj* de desinformación
дезинформация *f* desinformación
дезинформировать *biasp vt* desinformar
дезодорант *m* desodorante
дезорганизация *f* desorganización
дезорганизовать *perf vt* desorganizar
дезориентация *f* desorientación
дезориентировать *biasp vt* desorientar
действенность *f* eficacia
действенный *adj* eficaz
действи|е *n* 1) acción *план ~й* plan de acción 2) *jur (документа)* validez 3) *(воздействие)* efecto, acción, influencia 4) *teat* acto
действительно *adv* verdaderamente, efectivamente, en efecto
действительность *f* realidad
действительный *adj* 1) real, verdadero 2) *(имеющий силу)* válido 3) *(подлинный)* verdadero
действо *n obsol* función
действовать *impf vi* 1) actuar 2) *(функционировать)* funcionar 3) **(на кого/что-л)** *(влиять)* influir (en alg o u/c) 4) *jur (о законе)* ser válido, tener efecto
действующий *adj* vigente, activo
дейтериевый *adj quím* de deuterio
дейтерий *m quím* deuterio
дека *f mús* caja de resonancia
декабрист, -ка *m/f hist* decembrista
декабристский *adj hist* decembrista
декабрь *m* diciembre
декабрьский *adj* de diciembre
декада *f* 1) *(десять лет)* década 2) *(десять дней)* diez días
декадент *m* decadente
декадентский *adj* decadente
декан *m* decano
деканат *m* decanato
декламация *f* recitación, declamación
декламировать *impf vt* recitar, declamar
декларативный *adj* declarativo
декларация *f* 1) *(официальное заявление)* declaración 2) *(документ)* declaración *таможенная ~* declaración de aduana
декларировать *biasp vt* declarar
деклассированный *adj* desclasado
декольте *n inv* escote
декоративность *f* carácter decorativo
декоративный *adj* decorativo
декоратор *m* decorador, interiorista
декорация *f* decorado
декорирование *n* decoración
декорировать *biasp vt* decorar, adornar
декрет *m* 1) decreto 2) *(отпуск по беременности)* baja por maternidad
декретировать *biasp vt elev* decretar
декретный *adj* 1) de decreto 2) *(по беременности и родам)* de maternidad *~ отпуск* baja por maternidad

деланный *adj* afectado, amanerado
делать *impf* сделать *perf vt* 1) hacer 2) *(изготавливать)* fabricar, producir, hacer 3) *(совершать)* hacer, cometer ~ *зарядку* hacer gimnasia; ~ *ошибки* cometer errores ◆ **от нечего** ~ para pasar el tiempo ~ **вид** hacer ver
делаться *impf* сделаться *perf* 1) hacerse 2) *(происходить)* suceder, ocurrir
делегат *m* delegado
делегация *f* delegación
делегировать *biasp vt* delegar, mandar
деление *n* 1) división 2) *biol* segmentación
делец *m* hombre de negocios
делёж *m coloq* reparto, distribución
деликатес *m* manjar, exquisitez
деликатесный *adj* exquisito, sabroso, gustoso
деликатничать *impf* поделикатничать *perf vi coloq* ser muy delicado
деликатность *f* delicadeza, finura
деликатный *adj* delicado, fino
делимое *n mat* dividendo
делимость *f* 1) *mat* divisibilidad 2) *biol* segmentabilidad
делитель *m mat* divisor
делить *impf* разделить *perf vt* 1) dividir, partir, fraccionar ~ *пополам* dividir en dos 2) *(с кем-либо)* compartir 3) *mat* dividir
делиться *impf* 1) dividirse ~ *на два* dividirse en dos 2) **(чем-л)** *(совместно пользоваться)* compartir, repartir 3) **(чем-л)** *(рассказывать)* intercambiar, compartir 4) *mat* dividirse, ser divisible
дел|о *n* 1) asunto, ocupación *у меня много* ~ tengo mucho trabajo 2) *(область знаний)* arte, oficio, ocupación *знать своё ~о* conocer su oficio 3) *(поступок)* hecho, acción 4) *(вопрос, проблема)* cuestión 5) *jur* expediente, proceso ◆ **как ~а?** ¿qué tal? **гиблое ~о** asunto perdido **в самом ~е** en efecto **первым ~ом** ante todo
деловитость *f* practicismo, eficiencia
деловитый *adj* práctico, eficiente, activo
делов|ой *adj* 1) oficial, de trabajo *~ое письмо* carta oficial 2) *(толковый, знающий)* práctico, experto, perito 3) *(пригодный для обработки)* industrial
делопроизводитель *m* oficinista, empleado
делопроизводство *n* trabajos de oficina
дельн|ый *adj* 1) *(способный к работе)* práctico, experto, diligente 2) *(заслуживающий внимания)* útil, práctico
дельта *f* 1) *geogr* delta 2) *(буква)* delta
дельтаплан *m* ala delta
дельтовый *adj* de delta
дельфин *m* delfín
деляга *m coloq* aprovechado, ventajista
делянка *f* parcela
демагог *m* demagogo
демагогический *adj* demagógico
демагогия *f* demagogia
демаркационный *adj* de demarcación
демаркация *f* demarcación
демарш *m dipl* nota
демилитаризация *f* desmilitarización
демилитаризовать *biasp vt* desmilitarizar
демисезонный *adj* de entretiempo
демобилизация *f* desmovilización
демобилизовать *biasp vt* desmovilizar
демобилизоваться *perf* desmovilizarse
демограф *m* demógrafo
демографический *adj* demográfico
демография *f* demografía
демократ, -ка *m/f* demócrata
демократизация *f* democratización
демократизировать *biasp vt* democratizar
демократизироваться *biasp* democratizarse
демократизм *m* democratismo
демократический *adj* democrático
демократичность *f* democracia, carácter democrático
демократичный *adj* democrático
демократия *f* democracia
демон *m* demonio
демонический *adj* de demonio, demoníaco
демонстрант *m* manifestante, participante
демонстративно *adv* demostrativamente
демонстративный *adj* demostrativo
демонстрационный *adj* de exposición, de proyección
демонстрация *f* 1) manifestación 2) *(показ)* exposición, demostración
демонстрировать *biasp* **1.** *vt* 1) *(показывать)* mostrar 2) *(делать явным)* demostrar **2.** *vi* *(принять участие в демонстрации)* manifestarse
демонтаж *m* desmontaje
демонтировать *biasp vt* desmontar
деморализация *f* desmoralización
деморализовать *biasp vt* desmoralizar
демпинг *m econ* dumping
демпинговый *adj econ* de dumping
денди *m* dandi
денежка *f coloq* dinero
денеж|ки (*gen* –ек) *fpl coloq* dinero
денежный *adj* de dinero, monetario
денёк *m coloq dimin* día
денщик *m hist* ordenanza
день *m* día, jornada *на следующий* ~ al día siguiente; *каждый* ~ cada día; *через* ~ un día sí y otro no; *рабочий* ~ día laboral; *выходной* ~ día festivo ◆ **добрый ~!** ¡buenos días! ~ **рождения** cumpleaños
деньга *f* V. деньги
ден|ьги (*gen* –ег) *fpl* dinero *наличные* ~ dinero efectivo; *мелкие* ~ suelto
деньжата (*gen* деньжат) *mpl vulg* dinero
департамент *m* departamento
депеша *f* despacho
депиляция *f* depilación
депо *n inv* depósito
депозит *m fin* depósito
депозитный *adj fin* de depósito, depositario
депонент *m fin* deponente
депонировать *biasp vt* depositar
депортация *f* deportación
депортировать *biasp vt* deportar, desterrar
депрессивный *adj* depresivo
депрессия *f* depresión
депутат *m* diputado
депутатский *adj* de diputado
депутация *f* diputación
дерби *n* 1) *híp* derbi 2) *sport* derbi
дервиш *m relig* derviche
деревенеть *impf* задеревенеть *perf vi coloq* entorpecerse, anquilosarse, entumirse

деревенский *adj* rural, rústico
деревенщик *m coloq* escritor rural
деревенщина *f desp* palurd|o, -a, catet|o, -a
деревенька *f dimin* pueblecito
деревня *f* pueblo, aldea
дерево *n* 1) árbol *хвойное* ~ árbol conífero; *лиственное* ~ árbol foliáceo 2) *(древесина)* madera
деревушка *f dimin* pueblecito
деревце *n dimin* arbolito
деревянный *adj* de madera ~ *дом* casa de madera
деревяшка *f* 1) *coloq (кусочек дерева)* trozo de madera 2) *coloq (деревянная нога)* pata de palo
держава *f* 1) *(сильная страна)* potencia 2) *(символ власти монарха)* orbe
державный *adj* 1) soberano 2) *poét (величественный)* majestuoso, grandioso
держатель *m* 1) propietario, tenedor, titular 2) *(приспособление)* soporte
держать *impf vt* sostener, mantener, tener ~ *в руках* tener en las manos ◆ ~ **пари** apostar
держаться *impf* 1) **(за кого/что-л)** agarrarse (a alg o u/c), asirse (a alg o u/c) 2) *(находиться в определённом положении)* mantenerse ~ *в воздухе* mantenerse en el aire 3) *(сохраняться)* durar 4) *(быть укреплённым)* sostenerse 5) *(не сдаваться)* resistir *держись!* ¡resiste! 6) **(чего-л)** *(придерживаться)* seguir ~ *берега* seguir la orilla
держиморда *m coloq desp* polizonte, esbirro
дерзани|е *n elev* audacia, osadía, atrevimiento
дерзать *impf* дерзнуть *perf vi elev* atreverse, osar
дерзить *impf vi coloq* decir impertinencias, insolentarse
дерзкий *adj* 1) insolente, impertinente 2) *(смелый)* audaz, bravo
дерзко *adv* 1) insolentemente, con insolencia 2) *(смело)* audazmente
дерзновенный *adj elev* audaz, atrevido, osado
дерзнуть V. дерзать
дерзость *f* 1) insolencia, impertinencia 2) *(смелость)* audacia
деривация *f* 1) *mil* desviación de proyectiles 2) *mat* derivación 3) *ling* derivación
дерматин *m* cuero artificial
дерматолог *m med* dermatólogo
дерматология *f med* dermatología
дерновый *adj* de césped
дерьмо *n vulg* mierda
дерьмовый *adj vulg* de mierda
десант *m* 1) *mil (высадка)* desembarco, desembarco aéreo 2) *mil (войска)* fuerzas aerotransportadas, tropas de desembarco
десантник *m mil* paracaidista
десантный *adj mil* aerotransportado, de desembarco
десерт *m* postre *на* ~ de postre
десертный *adj* de postre
дескать *partic coloq* según parece, al parecer
десна *f* encía
десница *f elev obsol* diestra
деспот *m* déspota
деспотизм *m* despotismo
деспотический *adj* despótico
деспотичный *adj* despótico
деспотия *f* estado despótico
десятая *f* décima, décima parte
десятеро *num* diez *нас было* ~ éramos diez
десятилетие *n* década
десятилетка *f coloq* escuela secundaria de diez grados
десятилетний *adj* de diez años
десятина *f* 1) *hist (единица меры)* desiatina (medida rusa antigua de área) 2) *hist (церковная)* diezmo
десятичный *adj* decimal
десятка *f* 1) *(цифра, номер)* diez 2) *(игральная карта)* diez 3) *coloq (десять рублей)* billete de diez rublos
десят|ок *m* decena ◆ **он не из робкого ~ка** es un hombre valiente
десят|ый *adj* décimo ◆ **дело ~ое** asunto de poca importancia
десять *num* diez
детализация *f* detalles
детализировать *biasp vt* detallar
деталь *f* 1) *(составная часть)* pieza 2) *(подробность)* detalle
детальность *f* carácter detallado
детальный *adj* detallado, minucioso
детвора *f coloq* niños, chiquillería
детдом *m abrev* orfanato
детдомовец *m* inclusero, huérfano, hospiciano
детектив *m* 1) *(сыщик)* detective 2) *(книга)* obra policíaca
детективный *adj* detectivesco, policíaco
детектор *m* detector
детерминизм *m filos* determinismo
детёныш *m* cría, cachorro
дет|и (*gen* –ей) *npl* niños, hijos
детина *f coloq* hombre robusto
детиш|ки (*gen* –ек) *npl dimin-afect* niños
детище *n* 1) *obsol (ребёнок)* hijo, niño 2) *elev (создание)* obra, creación
детка *f coloq* niñ|o, -a, nen|e, -a
детонатор *m* detonador
детонация *f* detonación
деторождение *n* procreación
детоубийство *n* infanticidio
деточка *f* V. детка
детсад *m abrev* jardín de infancia
детсадовский *adj* de jardín de infancia
детский *adj* infantil ~ *дом* orfanato; ~ *сад* jardín de infancia
детскость *f coloq* carácter infantil, infantilismo
детств|о *n* infancia, niñez *в ~е* en la infancia
деть *perf* девать *impf vt* 1) colocar, poner 2) *(израсходовать)* gastar
деться *perf* деваться *impf* meterse, desaparecer, esconderse
де-факто *adv elev* de facto
дефект *m* defecto
дефективный *adj* defectuoso, deficiente
дефектность *f* carácter defectuoso, defectuosidad
дефектный *adj* defectuoso
дефиле *n* desfiladero
дефилировать *impf vi elev* desfilar
дефиниция *f elev* definición
дефис *m* guión
дефицит *m* 1) *econ* déficit 2) *(нехватка)* escasez, carencia

дефицитность *f* escasez, carencia
дефицитный *adj* deficiente, escaso
деформация *f* deformación
деформированный *adj* deformado
деформировать *biasp vt* deformar
деформироваться *biasp* deformarse
децентрализация *f* descentralización
децентрализовать *biasp vt* descentralizar
децибел *m fís* decibelio
дециметр *m* decímetro
дециметровый *adj* de decímetro
дешеветь *impf* подешеветь *perf vi* abaratarse
дешевизна *f* baratura
дешёвенький *adj coloq* barato
дешёвк|а *f* 1) *coloq (низкая цена)* precio bajo, baratura *купить по ~е* comprar a precio bajo 2) *coloq (безвкусица)* mal gusto
дешёв|ый *adj* 1) barato, de precio bajo, económico 2) *coloq (ничтожный)* insignificante, fútil, fácil
дешифровать *biasp vt* descifrar
дешифровка *f* descifre
де-юре *adv elev* de iure, de jure
деяние *n elev* acto, acción
деятель *m* persona, hombre, mujer
деятельность *f* actividad, profesión
деятельный *adj* activo, enérgico
дёг|оть *m* alquitrán ◆ **ложка ~тя в бочке мёда** un poco de hiel echa a perder mucha miel
дёрганье *n* tirón
дёргать *impf* дёрнуть *perf vt* 1) *(тянуть)* tirar, arrastrar *~ за рукав* tirar de la manga 2) *coloq (выдёргивать)* arrancar, sacar 3) *(о боли)* latir 4) **(чем-л)** *(частью тела)* mover, agitar 5) *(беспокоить)* molestar, incomodar
дёргаться *impf* дёрнуться *perf* 1) agitarse 2) *(нервничать)* estar nervioso
дёрн *m* césped
дёрнуть V. дёргать
дёрнуться V. дёргаться
дёшево *adv* barato *~ стоить* valer poco
джаз *m* jazz
джазист *m* jazzista
джазовый *adj* de jazz
джакузи *n inv* jacuzzi
джем *m* confitura
джемпер *m* jersey
джентльмен *m* caballero, señor
джентльменский *adj* caballeroso, de señor
джерси *n* jersey (tejido)
джигит *m* dzhiguit (hábil jinete del Cáucaso), caballista
джигитовка *f* dzhiguitovka (ejercicios de los dzhiguits en el caballo), jineteada
джин *m* ginebra
джинн *m* genio
джинсовый *adj* de vaqueros, de tejanos
джинс|ы (*gen* –ов) *mpl* vaqueros, tejanos, jeans
джип *m* jeep
джиу-джитсу *m sport* jiu-jitsu
джокер *m cart* comodín
джонка *f nav* junco (embarcación)
джоуль *m electr* julio
джунгл|и (*gen* –ей) *mpl* jungla
дзот *m mil abrev* fortín, obra pequeña de fortificación
дзюдо *n sport* judo, yudo
дзюдоист *m sport* judoka, yudoca
диабет *m* diabetes
диабетик *m* diabético
диабетический *adj* diabético
диагноз *m* diagnóstico, diagnosis *поставить ~* hacer un diagnóstico
диагност *m med* especialista en diagnósticos
диагностика *f med* diagnóstico
диагностирование *n med* diagnosis
диагностировать *biasp vt* hacer un diagnóstico
диагностический *adj med* diagnóstico
диагонал|ь *f* diagonal *по ~и* en diagonal
диагональный *adj* diagonal
диаграмма *f* diagrama
диадема *f* diadema, corona
диалект *m* dialecto
диалектизм *m ling* dialectalismo
диалектик *m* dialéctico
диалектика *f* 1) dialéctica 2) *filos* dialéctica
диалектический *adj filos* dialéctico
диалектный *adj ling* dialectal
диалектолог *m ling* dialectólogo
диалектологический *adj ling* dialectológico
диалектология *f ling* dialectología
диалог *m* diálogo *вести ~* dialogar
диалогический *adj* dialogal
диалоговый *adj* de diálogo
диаметр *m* diámetro
диаметральный *adj* diametral
диапазон *m* diapasón, banda
диапозитив *m* diapositiva
диатез *m med* diátesis
диафильм *m foto* diapositiva
диафрагма *f* 1) *anat* diafragma 2) *foto* diafragma
диахронический *adj ling* diacrónico
диахрония *f ling* diacronía
диахронный *adj ling* diacrónico
диван *m* sofá, diván
диван-кровать *m* sofá-cama
диванный *adj* de sofá, de diván
диверсант *m* saboteador
диверсионный *adj* de sabotaje
диверсия *f* 1) *mil* diversión 2) *(саботаж)* sabotaje
дивертисмент *m* divertimento
дивиденд *m econ* dividendo
дивидендный *adj econ* de dividendo
дивизион *m* 1) *mil (в артиллерии)* grupo 2) *mil nav (на флоте)* escuadrilla
дивизионный *adj mil* de división
дивизия *f mil* división
дивиться *impf* подивиться *perf* **(кому/чему-л)** *coloq* sorprenderse (de alg o u/c), asombrarse (de alg o u/c)
дивный *adj* 1) *(удивительный)* sorprendente, asombroso 2) *obsol (восхитительный)* magnífico, excelente
див|о *n coloq* maravilla, milagro ◆ **~у даваться** asombrarse
дидактика *f* didáctica
дидактический *adj* didáctico
диета *f* dieta, régimen
диетический *adj* dietético
диетолог *m med* dietista
дизайн *m* diseño
дизайнер *m* diseñador
дизайнерский *adj* de diseño

дизель *m* motor diésel
дизельный *adj* diésel
дизентерия *f med* disentería
дикарь *m* salvaje, bárbaro
дикий *adj* 1) salvaje, silvestre 2) *(грубый)* salvaje 3) *(странный)* extraño, absurdo 4) *(очень сильный)* fuerte
дикобраз *m* puercoespín, espín
диковина *f coloq* curiosidad, cosa rara
диковинный *adj coloq* raro, original, singular
дикорастущий *adj* salvaje, silvestre
дикость *f* salvajez
диктант *m* dictado
диктат *m* dictado, imposición
диктатор *m* dictador
диктаторский *adj* dictatorial, de dictador
диктатура *f* dictadura
диктовать *impf* продиктовать *perf vt* 1) *(медленно произносить)* dictar 2) *(категорически требовать)* dictar, imponer 3) *(внушать)* inculcar, infundir
диктовка *f coloq* dictado
дикторский *adj* de locutor
диктор, -ша *m/f* locutor, -a
диктофон *m* dictáfono
диктофонный *adj* de dictáfono
дикция *f* dicción
дилемма *f* dilema
дилетант *m* diletante, aficionado
дилетантизм *m* diletantismo
дилетантский *adj* de diletante, aficionado
дилижанс *m hist* diligencia
дилогия *f lit* obra de dos partes
динамизм *m* dinamismo
динамик *m* altavoz
динамика *f* 1) *fís* dinámica 2) *(ход развития)* desarrollo, marcha 3) *(обилие действия)* dinamismo
динамит *m* dinamita
динамить *impf* продинамить *perf vt coloq* dar plantón (a alg), pasar (de alg)
динамический *adj* dinámico
динамичность *f* carácter dinámico
динамичный *adj* dinámico
динамо *n inv* dinamo
динамометр *m* dinamómetro
динар *m* dinar
династический *adj* dinástico
династия *f* dinastía
динго *m* dingo
динозавр *m* dinosaurio
динозавровый *adj* de dinosaurios
диод *m electr* diodo
диоптрия *f* dioptría, dioptrio
диорама *f* diorama
диплом *m* diploma, título
дипломант *m* 1) *(обладатель диплома)* diplomado 2) V. дипломник
дипломат[1] *m (должностное лицо)* diplomático
дипломат[2] *m (портфель)* maletín
дипломатически *adv* diplomáticamente
дипломатический *adj* 1) *(связанный с дипломатией)* diplomático 2) *(свойственный дипломатии)* diplomático
дипломатичный *adj* diplomático
дипломатия *f* diplomacia
дипломник *m acad* estudiante que prepara una tesina
дипломн|ый *adj* de diploma *~ая работа* tesina
директива *f* directriz, directiva
директивный *adj* directivo
директор *m* director
директорат *m* dirección, administración
директория *f hist* directorio
директорский *adj* de(l) director, directoral
директриса *f* directora
дирекция *f* dirección, administración
дирижабль *m* dirigible
дирижёр *m* director de orquesta
дирижёрский *m* de director de orquesta
дирижировать *impf vt* dirigir (una orquesta)
дисгармоничный *adj* discorde, discordante
дисгармония *f* discordancia
диск *m* disco
дисквалификация *f* descalificación
дисквалифицировать *biasp vt* descalificar
дискета *f informát* disquete
диск-жокей *m mús* disc-jockey, DJ
дискобол *m* discóbolo
дисковый *adj* de disco, circular
дискомфорт *m* incomodidad, molestia
дискомфортный *adj* incómodo, molesto
дискотека *f* discoteca
дискотечный *adj* de discoteca
дискредитация *f* descrédito
дискредитировать *biasp vt* desacreditar
дискретность *f* discontinuidad
дискретный *adj* discontinuo
дискриминационный *adj* discriminatorio
дискриминация *f* discriminación
дискриминировать *biasp vt* discriminar
дискуссионный *adj* discutible, debatible
дискусси|я *f* discusión, debate *вести ~ю* discutir
дискутировать *impf vt* discutir
дислокация *f* 1) *mil (войск)* acantonamiento, emplazamiento 2) *med (смещение)* dislocación
дислоцировать *biasp vt mil* acantonar
диспансер *m med* dispensario
диспансеризация *f med* asistencia médica profiláctica
диспансерный *adj med* de dispensario
диспетчер *m* operador
диспетчерский *adj* de operador
дисплей *m informát* display, pantalla
диспозиция *f* disposición
диспропорция *f* desproporción, deformidad
диспут *m* disputa, debate
диссертант *m acad* doctorando
диссертационный *adj acad* de tesis
диссертация *f acad* tesis
диссидент *m* disidente
диссидентский *adj* disidente
диссимиляция *f ling* disimilación
диссонанс *f* disonancia
дистанционный *adj* a distancia
дистанция *f* distancia
дистиллировать *biasp vt* destilar
дистилляция *f* destilación
дистрибьютер *m com* distribuidor
дистрофик *m* enfermo de distrofia
дистрофический *adj* distrófico

дистрофия *f* distrofia
дисциплина *f* 1) disciplina 2) *(наука)* disciplina, asignatura
дисциплинарный *adj* disciplinario
дисциплинированный *adj* disciplinado, obediente
дисциплинировать *biasp vt* disciplinar
дитя *n* niño
дифирамб *m lit* ditirambo ◆ **петь ~ы кому-л.** deshacerse en elogios sobre alguien
дифракционный *adj fís* de difracción
дифракция *f fís* difracción
дифтерит *m med* difteria
дифтонг *m ling* diptongo
дифференциал *m mat* diferencial
дифференциальный *adj* diferencial
дифференциация *f* diferenciación
дифференцирование *n* diferenciación
дифференцировать *biasp vt* diferenciar
диффузионный *adj fís* difuso, de difusión
диффузия *f fís* difusión
диффузный *adj* 1) *fís* difuso, de difusión 2) *elev (нечёткий)* difuso
дичать *impf* одичать *perf vi* volverse salvaje
дичиться *impf coloq* apartarse, huir
дичок *m* 1) *bot (молодое деревце)* plántula, germen 2) *coloq (застенчивый человек)* hombre tímido
дичь *f* 1) caza menor 2) *coloq (чепуха)* tontería
диэлектрик *m fís* dieléctrico
диэлектрический *adj fís* dieléctrico
длань *f obsol poét* palma
длин|а *f* longitud, largo *в ~у* a lo largo, de largo
длинноволновый *adj radio* de onda larga
длиннополый *adj* de falda larga
длиннота *f* duración
длинн|ый *adj* largo *~ая дорога* camino largo; *~ые волосы* cabello largo
длительность *f* duración
длительный *adj* duradero, prolongado
длить *impf vt obsol* demorar, dilatar
длиться *impf* продлиться *perf* durar, prolongarse
для *prep* **(кого/чего-л)** para (alg o u/c) ~ *тебя* para ti; ~ *этого* para eso; ~ *того, чтобы* para que
дневалить *perf vi mil coloq* estar de guardia
дневальный *m mil* guardia
дневать *impf vi* pasar el día
дневник *m* 1) diario 2) *(школьный)* cuaderno de notas
дневниковый *adj* de diario
дневной *adj* 1) diario, diurno ~ *свет* luz del día 2) *(однодневный)* diario
днём *adv* durante el día, de día *завтра* ~ mañana durante el día
днище *n* fondo
дн|о *n* fondo *идти ко ~у* hundirse
до *prep* 1) **(кого/чего-л)** hasta (alg o u/c), a ~ *конца* hasta el fin 2) **(до чего-л)** antes (de u/c) ~ *войны* antes de la guerra ◆ ~ **свидания** hasta luego
добавить *perf* добавлять *impf vt* añadir, adicionar ~ *соли* añadir sal
добавиться *perf* добавляться *impf* añadirse, adicionarse
добавка *f* suplemento, añadidura
добавление *n* 1) *(действие)* adición 2) *(то, что добавлено)* complemento
добавлять V. добавить
добавляться V. добавиться
добавочный *adj* adicional, suplementario
добежать *perf* добегать *impf vi* llegar corriendo
добела *adv* 1) *(до белизны)* hasta la blancura 2) *(до белого каления)* hasta el estado incandescente
доберман *m* dóberman
добивать V. добить
добиваться V. добиться
добирать V. добрать
добираться V. добраться
добить *perf* добивать *impf vt* 1) *(убить раненого)* rematar, despenar 2) *(разбить до конца)* romper, acabar
добиться *perf* добиваться *impf* **(кого/чего-л)** lograr, conseguir ~ *успеха* lograr el éxito
доблестно *adv* con valentía
доблестный *adj* valiente, heroico
доблесть *f* valentía, heroísmo
добрасывать V. добросить
добрать *perf* добирать *impf vt* recoger, completar
добраться *perf* добираться *impf vi* llegar, alcanzar ~ *до дома* llegar a casa
добрести *perf* добредать *impf vi* llegar (despacio, con trabajo, trabajosamente)
добреть *impf* подобреть/раздобреть *impf vi* 1) *(стать добрее)* volverse más bueno 2) *(толстеть)* engordar
добро *n* bien *творить* ~ hacer el bien ◆ ~ **пожаловать!** ¡bienvenido(s)!
доброволец *m* voluntario
добровольность *f* voluntariedad
добровольный *adj* voluntario
добровольческий *adj* de voluntario(s)
добродетель *f elev* virtud
добродетельный *adj* virtuoso
добродушие *n* bondad
добродушно *adv* bondadosamente, con bondad
добродушный *adj* bondadoso
доброжелатель *m* persona benevolente
доброжелательность *f* benevolencia
доброжелательный *adj* benévolo
доброкачественный *adj* 1) de buena calidad 2) *med* benigno
добропорядочность *f* honestidad, virtud, honradez
добропорядочный *adj* honesto, honrado
добросердечный *adj* cordial, afectuoso, cariñoso
добросить *perf* добрасывать *impf vt* lanzar, tirar ~ *мяч до черты* lanzar la pelota hasta la raya
добросовестность *f* conciencia
добросовестный *adj* honrado, concienzudo
добрососедский *adj* de buena vecindad
добрососедство *n* buena vecindad
доброта *f* bondad
добротность *f* buena calidad
добротный *adj* de buena calidad
доброхот *m* 1) *obsol (доброжелатель)* persona benevolente 2) *(доброволец)* voluntario
добр|ый *adj* 1) bueno, bondadoso *~ый человек* buena persona 2) *(честный)* honrado 3) *(целый)* entero ◆ **~ое утро!** ¡buenos días!

~ый день ¡buenas tardes! **~ый вечер** ¡buenas noches! **по ~ой воле** de buena voluntad
добря|к, -чка *m/f* bonach|ón, -ona
добывание *n* extracción
добывать V. добыть
добытчик *m* 1) *(полезных ископаемых)* extractor, minero 2) *(тот, кто зарабатывает)* ganador
добыть *perf* добывать *impf vt* 1) obtener, conseguir 2) *(ископаемые)* extraer
добыча *f* 1) *(трофей)* presa, botín 2) *(ископаемых)* extracción
довезти *perf* довозить *impf vt* llevar ~ *до дома* llevar a casa
доверенность *f* autorización
доверенный 1. *adj* de confianza **2.** *m jur (уполномоченный)* apoderado, poderhabiente
доверие *n* confianza, fe
доверитель *m jur* poderdante
доверительность *adj* confidencialidad
доверительный *adj* confidencial
доверить *perf* доверять *impf vt* 1) **(кому-л)** tener confianza (en alg), creer (en alg), fiarse (de alg) 2) **(кому-л)** *(передавать в распоряжение)* confiar
довериться *perf* доверяться *impf* (кому-л) fiarse (de alg), confiar (en alg)
доверху *adv* hasta los bordes
доверчиво *adv* confiadamente, crédulamente
доверчивость *f* confianza, credulidad
доверчивый *adj* confiado, crédulo
довершать V. довершить
довершение *n* remate, fin, término
довершить *perf* довершать *impf vt* rematar, finalizar, concluir
доверять V. доверить
доверяться V. довериться
довесок *m* trozo para completar el peso
довести *perf* доводить *impf vt* 1) conducir, llevar, acompañar ~ *до дома* acompañar a casa 2) *(до достижения)* rematar, terminar 3) *(до какого-либо состояния)* llevar, hacer ~ *до слёз* hacer llorar
довестись *perf* доводиться *impf v/impers* tener la ocasión *нам довелось встретиться* tuvimos la ocasión de encontrarnos
довлеть *impf vi* 1) *obsol (быть достаточным)* ser suficiente 2) *(тяготеть)* pesar, agobiar
довод *m* razón, argumento
доводить V. довести
доводиться *impf* 1) V. довестись 2) *coloq (состоять в родстве)* ser *он мне доводится дядей* es mi hermano
доводка *f tecn* terminación
довоенный *adj* de preguerra
довозить V. довезти
довольно 1. *adv* bastante, suficiente ~ *хороший* bastante bueno **2.** *adv pred (хватит)* basta ~ *разговаривать* basta de hablar
довольный *adj* satisfecho, contento
довольствие *n* suministro, abastecimiento
довольство *n* 1) *(зажиточность)* bienestar, fortuna, abundancia 2) *(удовлетворение)* satisfacción, complacencia
довольствоваться *impf* **(чем-л)** conformarse (con u/c), contentarse (con u/c)
дог *m* dogo
догадаться *perf* догадываться *impf* adivinar, intuir
догадка *f* conjetura, suposición
догадливый *adj* perspicaz, agudo
догадываться V. догадаться
доглядеть *perf vt* 1) *coloq (досмотреть)* ver, terminar de ver 2) **(за кем/чем-л)** *coloq (присмотреть)* cuidar (de alg o u/c), vigilar
догма *f* dogma
догмат *m* dogma
догматизм *m* dogmatismo
догматик *m* dogmático
догматический *adj* dogmático
догматичный V. догматический
догнать *perf* догонять *impf vt* alcanzar, igualar
договаривать V. договорить
договариваться V. договориться
договор *m* contrato, convenio, acuerdo, pacto *заключить* ~ firmar un contrato
договорённость *f* acuerdo, convenio, pacto
договорить *perf* договаривать *impf vt* terminar de hablar, acabar de decir
договориться *perf* договариваться *impf* acordar, ponerse de acuerdo, convenir
договорный *adj* contractual, de contrato
догола *adv* en cueros, corito *раздеться* ~ desnudarse
догонять V. догнать
догорать V. догореть
догореть *perf* догорать *impf vi* apagarse, extinguirse
додать *perf* додавать *impf vt* dar lo demás, acabar de dar
доделать *perf* доделывать *impf vt* rematar, terminar, finalizar
доделывать V. доделать
додуматься *perf* додумываться *impf* **(до чего-л)** llegar a una conclusión, inventar
доедать V. доесть
доезжать V. доехать
доесть *perf* доедать *impf vt* terminar de comer
доехать *perf* доезжать *impf vi* llegar ~ *до места назначения* llegar al lugar del destino
дож *m hist* dux
дождаться *perf* дожидаться *impf* esperar, aguardar ~ *конца* esperar el fin
дождевик *m* 1) impermeable 2) *(гриб)* bejín
дождевой *adj* de lluvia, pluvial
дождик *m dimin. de* дождь
дождинка *f coloq* gota de lluvia, chispa (de lluvia)
дождить *impf v/impers coloq* llover
дождич|ек *m dimin-afect* lluvia ◆ **после ~ка в четверг** cuando las ranas críen pelos
дождливый *adj* lluvioso
дождь *m* lluvia *идёт* ~ llueve; *проливной* ~ aguacero
доживать V. дожить
дожидаться V. дождаться
дожить *perf* доживать *impf vi* **(до чего-л)** vivir (hasta u/c), llegar (a u/c) ~ *до старости* llegar a la vejez
доза *f* dosis
дозатор *m* dosificador
дозваниваться V. дозвониться
дозволить *perf* дозволять *impf vt* permitir, tolerar

дозволять V. дозволить
дозвониться *perf* дозваниваться *impf* llamar hasta contactar *не ~* no contactar
дозирование *n* dosificación
дозировать *biasp vt* dosificar
дозировка *f* dosificación
дознание *n jur* sumario
дозор *m mil* patrulla
дозорный 1. *adj* de vigilancia **2.** *m mil* vigilante, vigía
дозревать V. дозреть
дозрелый *adj* maduro
дозреть *perf* дозревать *impf vi* madurar
доиграть *perf* доигрывать *impf vt* terminar el juego, acabar de jugar
доигра|ться *perf* доигрываться *impf* 1) *coloq* jugar (hasta un resultado no deseado) 2) *coloq (довести себя до неприятностей)* merecerse una desgracia *вот ты и ~лся!* te está bien empleado
доигрывать V. доиграть
доискиваться *impf coloq* tratar de descubrir
доисторический *adj* prehistórico
доить *impf* подоить *perf vt* ordeñar
дойка *f agric* ordeño
дойный *adj* lechero, de ordeño
дойти *perf* доходить *impf vi* 1) llegar, alcanzar *~ до угла* llegar hasta la esquina 2) **(до чего-л)** *(достичь какого-либо предела)* subir (hasta u/c), alcanzar
док *m* dique, dársena
дока *m/f coloq* entendid|o, -a, conocedor, -a
доказательность *f* carácter demostrativo
доказательный *adj* demostrativo, probatorio
доказательство *n* 1) prueba, evidencia 2) *filos* demostración
доказать *perf* доказывать *impf vt* probar, demostrar *~ правоту* justificar
доказуемый *adj* demostrable
доказывать V. доказать
доканчивать V. докончить
доканывать V. доконать
докапываться V. докопаться
докатить *perf* докатывать *impf vt/i* rodar (hasta un lugar)
докатиться *perf* докатываться *impf* 1) *(катясь, переместиться)* rodar (hasta un lugar), llegar rodando 2) *coloq (о звуках)* llegar 3) **(до чего-л)** *coloq (до унизительного состояния)* ir a parar (a u/c)
докер *m* obrero de puerto
доклад *m* informe
докладной *adj* de informe
докладч|ик, -ца *m/f* ponente, conferenciante
докладывать V. доложить
доколе *adv obsol* ¿hasta cuándo?
доконать *perf* доканывать *impf vt coloq* acabar (con alg), arruinar
докончить *perf* доканчивать *impf vt* terminar, acabar *~ работу* terminar el trabajo
докопаться *perf* докапываться *impf* 1) *(копая, достигнуть)* cavar, llegar cavando 2) *coloq (дознаться)* descubrir, encontrar
докрасна *adv* al rojo, hasta el rojo
докричаться *perf* докрикиваться *impf* **(до кого-л)** *(дозваться)* gritar hasta hacerse oír (por alg) *~ до соседей* gritar hasta hacerse oír por los vecinos
доктор *m* 1) *(учёная степень)* doctor 2) *(врач)* doctor, médico
докторант *m acad* doctorando
докторантура *f acad* doctorado
докторский *adj* doctoral, de doctor
доктрина *f* doctrina
доктринёр *m elev* doctrinario
документ *m* documento
документальность *f* carácter documental
документальный *adj* documental *~ фильм* documental
документация *f* documentación
документировать *biasp vt elev* documentar
докучать *impf vi* molestar, fastidiar, importunar
долбануть *perf vt/i vulg* pegar, golpear
долбить *impf* продолбить *perf vt* 1) *(делать углубление)* horadar, perforar, agujerear 2) *coloq (колотить)* golpear 3) *vulg (напоминать)* insistir (en u/c), machacar
долг *m* 1) deber *выполнить свой ~* cumplir con su deber 2) *(взятое взаймы)* deuda *дать в ~* dar prestado
долг|ий *adj* largo, duradero *~ое время* mucho tiempo
долго *adv* mucho tiempo, largamente, mucho rato
долговечность *f* perdurabilidad
долговечный *adj* perdurable
долговой *adj* de deuda
долговременный *adj* perdurable, de larga duración
долговязый *adj coloq* alto, estirado
долгожданный *adj* muy esperado
долгожитель *m* matusalén, anciano
долгоиграющий *adj* de larga duración
долголетие *n* longevidad
долголетний *adj* longevo, de larga duración
долгоносик *m* gorgojo
долгосрочный *adj* a largo plazo, de larga duración
долгострой *m coloq* construcción que se alarga
долгота *f* 1) *elev (длительность)* duración 2) *geogr* longitud
долготерпение *n elev* paciencia infinita
долевой *adj* 1) *(продольный)* longitudinal 2) *(распределяемый по частям)* proporcional
долетать V. долететь
долететь *perf* долетать *impf vi* llegar volando
должен *adj pred* que debe, que tiene que *сколько я тебе ~?* ¿cuánto te debo?; *Иван ~ прийти в пять часов* Iván tiene que llegar a las cinco
долженствовать *impf vi elev* deber, obligarse
должни|к, -ца *m/f* deudor, -a
должница *f* deudora
должностной *adj* de cargo
должность *f* cargo, puesto
должный *adj* debido, conveniente
должок *m coloq dimin* deuda
доливать V. долить
долина *f* valle
долинный *adj* de valle
долить *perf* доливать *impf vt* añadir vertiendo, acabar de verter, echar
доллар *m* dólar
долларовый *adj* de dólar, de dólares
доложить[1] *perf* докладывать *impf vi* 1) **(о чём-л)** *(сделать доклад)* comunicar,

informar (de u/c) 2) *obsol (о посетителе)* anunciar
доложить² *perf* докладывать *impf vt (добавить)* añadir, agregar
доложиться *perf* докладываться *impf coloq* informar de su llegada
долой *interj coloq* ¡fuera! *уйди с глаз ~!* ¡vete al diablo!
долото *n* formón, escoplo
долька *f* 1) parte 2) *(фрукта)* gajo
дольщик *m* socio, miembro, accionista
дол|я *f* 1) parte, porción *равные ~и* partes iguales 2) *(судьба)* destino, suerte 3) *(частица)* grano, pizca
дом *m* 1) casa *загородный ~* casa de campo; *на ~* a domicilio 2) *(учреждение)* casa ◆ ~ **дом** orfanato ~ **дом** prostíbulo ~ **дом** maternidad ~ **дом** manicomio
дома *adv* en (su) casa *его нет ~* no está en casa
домашний *adj* 1) casero, de casa 2) *(о животных)* doméstico
домен *m informát* dominio
доменный *adj indus* de alto horno
домик *m dimin* casita
доминанта *f elev* dominante
доминантный *adj* dominante
доминировать *impf vi* dominar
домино *n inv* dominó
домишко *m dimin* casucha
домкрат *m* gato hidráulico
домна *f indus* alto horno
домовитый *adj* hacendoso, económico
домовладелец *m* propietario de una casa
домовладение *n* 1) *jur (владение недвижимостью)* posesión de inmuebles 2) *jur (дом с участком)* casa unifamiliar, finca
домовой *m* duende, trasgo
домогательство *n* solicitud, pretensión, exigencia
домогаться *impf* **(чего-л)** solicitar, instar (a u/c)
домой *adv* a casa *идти ~* ir a casa
доморощенн|ый *adj* 1) *(выращенный дома)* doméstico 2) *(заурядный)* ordinario, primitivo
домосед, -ка *m/f* persona casera
домостроение *n* construcción de casas
домостроительный *adj* de construcción de casas
домотканый *adj* hecho a mano
домоуправление *n* administración de la casa
домохозяйка *f* ama de casa
домочадц|ы (*gen* –ев) *mpl elev* familia, allegados
домра *f* domra
домработница *f* criada, sirvienta
домчать *perf* **1.** *vt (быстро довезти)* llevar rápidamente **2.** *vi coloq (быстро доехать)* llegar rápidamente
домчаться *perf* llegar rápidamente
домысел *m* suposición, conjetura
донага *adv* en cueros, corito
донашивать V. доносить
донельзя *adv coloq* al extremo, hasta lo imposible
донесение *n mil* parte
донести *perf* доносить *impf* **1.** *vt* 1) llevar ~ *вещи до дома* llevar las cosas a casa 2) *(сделать слышным)* hacer llegar **2.** *vi* 1) **(о чём-л)** *(сделать донесение)* informar (de u/c) 2) **(на кого-л)** *(сделать донос)* denunciar
донестись *perf* доноситься *impf* 1) *(о звуках)* llegar 2) *coloq (быстро доехать)* llegar rápidamente 3) *(дойти до сведения)* llegar
донжуан *m* donjuán
донжуанский *adj* de donjuán, donjuanesco
донизу *adv* hasta abajo
донимать *impf vt* molestar, fastidiar
донный *adj* del fondo
донор *m* donante
донорский *adj* de donante, de donación
донос *m* denuncia
доносительство *n* denuncia, denunciación
доносить V. донести
доноситься V. донестись
доносчи|к, -ца *m/f* denunciante, denunciador, -a
доныне *adv elev* hasta hoy
донышко *n* fondo
дооктябрьский *adj* anterior a la Revolución de Octubre
допетровский *adj* de antes de Pedro el Grande
допечатать *perf* допечатывать *impf vt* 1) *(закончить печатать)* terminar de mecanografiar 2) *(напечатать дополнительно)* imprimir más
допечь *perf* допекать *impf vt* 1) *(закончить печь)* cocer bien, cocer al punto 2) *coloq (донять)* molestar, fastidiar
допивать V. допить
допинг *m* dopaje, doping
допинговый *adj* de dopaje
дописать *perf* дописывать *impf vt* terminar de escribir
дописывать V. дописать
допить *perf* допивать *impf vt* acabar de beber, beber hasta el fin, apurar, vaciar
доплата *f* suplemento (de un pago)
доплатить *perf* доплачивать *impf vt* pagar el resto
доплачивать V. доплатить
доплыть *perf* доплывать *impf vi* 1) *(вплавь)* nadar (hasta un lugar), llegar nadando 2) *(на корабле)* navegar (hasta un lugar), llegar navegando
доподлинный *adj coloq* auténtico, fidedigno
допоздна *f coloq* hasta tarde
дополна *adv coloq* hasta los bordes, hasta arriba
дополнение *n* 1) complemento 2) *(действие)* añadidura 3) *ling* complemento
дополнительный *adj* complementario, adicional
дополнить *perf* дополнять *impf vt* complementar, aumentar, completar
дополнять V. дополнить
допотопный *adj* antediluviano
допрашивать V. допросить
допрашиваться V. допроситься
допризывник *m mil* recluta que hace la instrucción premilitar
допрос *m* interrogatorio
допросить *perf* допрашивать *impf vt* interrogar ~ *обвиняемого* interrogar al acusado
допуск *m* permiso, acceso ~ *к экзаменам* permiso para examinarse
допускать V. допустить
допустимость *f* admisibilidad

допустимый *adj* admisible, permisible

допустить *perf* допускать *impf vt* 1) admitir, permitir el acceso ~ *к экзаменам* dar permiso para examinarse 2) *(позволять)* pasar, permitir ~ *ошибку* cometer un error

допущение *n* 1) **(к чему-л)** admisión (a u/c) 2) *(предположение)* suposición, conjetura

допытываться V. допытаться

допьяна *adv coloq* hasta emborracharse *напиться* ~ emborracharse

дорабатывать V. доработать

дорабатываться V. доработаться

доработать *perf* дорабатывать *impf* **1.** *vi (проработать до какого-либо времени)* trabajar (hasta cierto momento) **2.** *vt (придать окончательный вид)* rematar, acabar

доработка *f* remate, elaboración

дорастать V. дорасти

дорасти *perf* дорастать *impf vi* 1) **(до чего-л)** crecer (hasta u/c) *дерево доросло до крыши* el árbol creció hasta el tejado 2) *coloq (достичь какого-либо возраста)* alcanzar una edad, crecer *он ещё не дорос* todavía no ha crecido

дорваться *perf* дорываться *impf* **(до чего-л)** *coloq* conseguir, alcanzar

дореволюционный *adj* de antes de la revolución

дореформенный *adj* de antes de la reforma

дорисовать *perf* дорисовывать *impf vt* terminar de dibujar

дорог|а *f* 1) camino, ruta, carretera *показать ~у* indicar el camino 2) *(путешествие)* camino, viaje ◆ **железная ~а** ferrocarril

дорого *adv* caro *стоить* ~ costar caro

дороговизна *f* carestía, precios altos

дорогой *adj* 1) caro, costoso 2) *(милый)* querido, caro

дородный *adj* corpulento, grueso

дорожать *impf* подорожать *perf vi* encarecer, subir de precio

дорожить *impf vi* apreciar, estimar

дорожка *f* 1) *dimin* camino 2) *(тропинка)* senda, sendero 3) *sport (спортивная)* pista *беговая* ~ pista de ceniza 4) *(узкий ковёр)* alfombra de pasillo

дорожник *m* constructor de caminos

дорожный *adj* 1) *(относящися к дороге)* de caminos, de carreteras 2) *(для путешествия)* de viaje

досада *f* enfado, fastidio, enojo

досадить *perf* досаждать *impf vi* enfadar, enfurecer

досадный *adj* enojoso, enfadoso, fastidioso

досадовать *impf vi* estar enfadado, sentir enfado

досаждать V. досадить

доселе *adv obsol* hasta ahora

доска *f* 1) tabla, tablero 2) *(классная)* pizarra 3) *(с надписью)* placa, lápida

досказать *perf* досказывать *impf vt* contar hasta el fin, terminar de contar

доскакать *perf* доскакивать *impf vi* llegar saltando, llegar al galope

доскональный *adj* detallado, minucioso

дослать *perf* досылать *impf vt (послать дополнительно)* enviar complementariamente

доследование *n jur* encuesta

дословный *adj* literal, textual

дослужиться *perf* дослуживаться *impf* **(до чего-л)** trabajar (hasta cierto límite), servir (hasta cierto límite) ~ *до звания* trabajar hasta obtener el título

дослушать *perf* дослушивать *impf vt* escuchar (hasta el final), acabar de escuchar

досматривать V. досмотреть

досмотр *m* inspección, control

досмотреть *perf* досматривать *impf vt* 1) ver (hasta cierto límite), mirar (hasta cierto límite) ~ *фильм до конца* mirar la película hasta el final 2) *(произвести досмотр)* examinar, inspeccionar

досоветский *adj* presoviético

доспать *perf* досыпать *impf vi* 1) dormir (hasta cierto límite) ~ *до утра* dormir hasta la mañana 2) *coloq (проспать до конца)* dormir hasta el fin

доспех|и (*gen* –ов) *mpl* armadura

досрочный *adj* anticipado

доставать V. достать

доставаться V. достаться

доставить *perf* доставлять *impf vt* 1) llevar, entregar 2) *(причинить)* causar, provocar

доставка *f* entrega, envío

доставление *n jur* entrega, traslado

доставлять V. доставить

достаток *m* abundancia

достаточно **1.** *adv* suficiente, bastante **2.** *adv pred* es suficiente, es bastante

достаточность *f* suficiencia

достаточный *adj* suficiente

достать *perf* доставать *impf vt* 1) *(взять что-либо, находящееся на расстоянии)* alcanzar, coger 2) *(извлечь)* sacar, coger 3) *(раздобыть)* conseguir 4) *coloq (надоесть)* fastidiar

достаться *perf* доставаться *impf* 1) tocar, recibir 2) *coloq (о неприятностях)* tocar, tener la desgracia 3) *coloq (о наказании)* ser amonestado, ser reñido

достигать *impf* достигнуть/достичь *perf vt* **(чего-л)** conseguir, alcanzar ~ *успеха* conseguir el éxito

достигнуть V. достигать

достижение *n* logro, éxito

достижимый *adj* posible, alcanzable, realizable

достичь V. достигать

достоверность *f* autenticidad, certeza

достоверный *adj* auténtico, cierto, fidedigno

достоинство *n* 1) *(самоуважение)* dignidad 2) *(положительное качество)* mérito, cualidad

достойно *adv* dignamente, con dignidad

достойный *adj* 1) **(кого/чего-л)** digno (de alg o u/c) ~ *уважения* digno de respeto 2) *(заслуженный)* merecido

достопамятный *adj elev* memorable, notable, inolvidable

достопочтенный *adj obsol* honorable, respetable

достопримечательность *f* curiosidad, lugar de interés

достопримечательный *adj* notable, destacado

достояние *n* patrimonio

доступ *m* acceso

доступность *f* accesibilidad

доступный *adj* accesible, asequible

достучаться *perf* hacerse oír golpeando (a la puerta)

досуг *m* ocio
досужий *adj coloq* ocioso
досуха *adv* bien seco, hasta que esté seco
досылать V. дослать
досыпать *perf* досыпать *impf vt* añadir, llenar ~ *муки в мешок* añadir la harina al saco
досыта *adv* hasta hartarse, hasta el hartazgo
досье *n* dossier, expediente
досюда *adv coloq* hasta aquí
досягаемость *f* alcance
досягаемый *adj* alcanzable
дот *m mil* fortín
дотационный *adj* de dotación
дотация *f* dotación, subvención
дотащить *perf* дотаскивать *impf vt* arrastrar (hasta cierto lugar), llevar (hasta cierto lugar) ~ *чемодан до дому* llevar la maleta a la casa
дотащиться *perf* дотаскиваться *impf coloq* arrastrarse (hasta cierto lugar) ~ *до дому* arrastrarse hasta la casa
дотемна *adv* antes de oscurecer
дотла *adv* completamente, hasta las cenizas
дотоле *adv obsol* hasta entonces
дотошность *f* minuciosidad, escrupulosidad, esmero
дотошный *adj* minucioso, escrupuloso, meticuloso
дотрагиваться V. дотронуться
дотронуться *perf* дотрагиваться *impf* (**до чего-л**) tocar, palpar
дотуда *adv coloq* hasta allí
дотягивать V. дотянуть
дотягиваться V. дотянуться
дотянуть *perf* дотягивать *impf vt* 1) *(протянуть)* alargar (hasta cierto lugar), tender (hasta cierto lugar) ~ *руку до полки* alargar la mano hasta el estante 2) *(дотащить)* arrastrar (hasta cierto lugar) 3) *coloq (с трудом довести)* llevar a duras penas 4) *coloq (промедлить)* demorar, alargar
дотянуться *perf* дотягиваться *impf* (**до чего-л**) *(достать)* alcanzar, llegar ~ *до верхней полки* alcanzar el estante de arriba
доучиться *perf* доучиваться *impf* 1) *(завершить обучение)* terminar los estudios 2) *(до какого-то срока)* estudiar (hasta cierto límite)
доха *f* abrigo de pieles
дохаживать V. доходить
дохлый *adj* 1) *(о животных)* muerto 2) *desp (о человеке)* muerto 3) *desp (хилый)* canijo, enclenque
дохляк *m vulg desp* hombre débil, canijo
дохлятина *f* 1) *(падаль)* carroña 2) *vulg desp (дохляк)* hombre débil, canijo
дохнуть *impf* издохнуть *perf vi desp* morir
доход *m* ingreso, ganancia
доходить V. дойти
доходность *f* rentabilidad
доходный *adj* rentable, lucrativo
доходчивый *adj* comprensible
доходяга *m/f vulg* persona medio muerta
доцент *m acad* profesor
доченька *f dimin-afect* hijita
дочерн|ий *adj* 1) *(относящийся к дочери)* filial 2) *(отделившийся от главного)* filial *~ее предприятие* empresa filial
дочитать *perf* дочитывать *impf vt* terminar de leer
дочитывать V. дочитать
дочка V. дочь
дочурка V. доченька
дочь *f* hija *старшая ~* hija mayor
дошкольни|к, -ца *m/f* alumn|o, -a preescolar
дошкольный *adj* preescolar
дощатый *adj* de tablas
дощечка *f dimin* tabla
дояр, -ка *m/f* ordeñador, -a
драга *f tecn* draga
драгоценность *f* joya, objeto de valor
драгоценный *adj* precioso ~ *камень* piedra preciosa
драгун *m mil hist* dragón
драгунский *adj mil hist* de dragón, de dragones
дражайш|ий *adj obsol* respetable, honorable ◆ **~ая половина** adorada mitad
драже *n inv* 1) *(конфета)* peladilla 2) *(таблетка)* comprimido, gragea
дразнить *impf vt* 1) irritar, enfadar 2) *(прозвищем)* apodar, motejar 3) *(возбуждать)* excitar, estimular 4) *(передразнивать)* parodiar, remedar
драить *impf* надраить *perf vt* limpiar, fregar
драка *f* pelea, riña
дракон *m* dragón
драконовский *adj elev* draconiano
драма *f* drama
драматизация *f* dramatización
драматизировать *biasp vt* dramatizar
драматизм *m* dramatismo
драматический *adj* dramático
драматичный *adj* dramático, trágico
драматург *m* dramaturgo
драматургический *adj* dramatúrgico, dramático
драматургия *f* dramaturgia
драный *adj coloq* raído, roto, andrajoso
драп *m* paño
драпировка *f* 1) *(действие)* adornamiento con cortinas 2) *(портьера)* cortina
драть *impf* выдрать *perf vt* 1) desgarrar 2) *(сдирать)* quitar, arrancar 3) *coloq (выдирать)* arrancar 4) *coloq (пороть)* azotar
драться *impf* подраться *perf* pelearse
драхма *f* dracma
драчливый *adj* peleón, pendenciero, camorrista
драчун *m coloq* peleón
дребедень *f* 1) *coloq (ненужные вещи)* trastos, cacharros 2) *coloq (вздор)* tontería, sandez
дребезжать *impf vi* tintinear, sonar
древесина *f* madera
древесный *adj* de árbol, de madera
древко *n* asta, palo
древний *adj* antiguo
древность *f* antigüedad
древо *n obsol poét* árbol
древовидный *adj* arborescente, arboriforme, arbóreo
дрейф *m nav* deriva
дрейфить *impf* сдрейфить *perf vi vulg* tener miedo, cagarse
дрейфовать *impf vi* ir a la deriva
дреколье *n* palos, estacas
дрель *f* taladro
дремать *impf vi* dormitar

дремота *f* somnolencia
дремучий *adj* 1) frondoso ~ *лес* bosque frondoso 2) *(о человеке)* ignorante, profano
дренаж *m* drenaje
дренажный *adj* de drenaje
дренировать *biasp vt* drenar
дрессировать *impf* выдрессировать *perf vt* domar, amaestrar
дрессировка *f* doma, amaestramiento
дрессировщи|к, -ца *m/f* domador, -a, amaestrador, -a
дрессура *f* doma de animales, amaestramiento de animales
дрёма *f* 1) *(дремота)* somnolencia 2) *(растение)* melandrio
дробилка *f tecn* trituradora
дробина *f* perdigón, mostacilla
дробинка *f dimin* V. дробина
дробить *impf* раздробить *perf vt* 1) fraccionar, dividir 2) *(разбивать)* quebrar
дробиться *impf* раздробиться *perf* 1) *(разламываться)* romperse, quebrarse 2) *(разделяться)* dividirse, fraccionarse
дробность *f* carácter fragmentario
дробный *adj* 1) fraccionado, dividido, fragmentado 2) *(о звуках)* intermitente, entrecortado 3) *mat* quebrado
дробовик *m* escopeta de perdigones
дробь *f* 1) *mat* fracción, quebrado 2) *mil* perdigón 3) *(частые прерывистые звуки)* redoble
дрова *fpl* leña
дровишки *pl coloq dimin* leña
дровосек *m* leñador
дрогнуть[1] *impf* продрогнуть *perf vi* sentir frío, helarse
дрогнуть[2] V. дрожать
дрожание *n* vibración, temblor
дрожать *impf* дрогнуть *perf vi* temblar, vacilar
дрожжевой *adj* de levadura
дрожж|и (*gen* –ей) *mpl* levadura ◆ **расти как на дрожжах** crecer como la espuma
дрожь *f* temblor, estremecimiento
дрозд *m* zorzal, tordo, mirlo
дротик *m* dardo
дрофа *f* avutarda
друг *m* amigo ~ *детства* amigo de la infancia
другой *adj* 1) otro *ни тот ни* ~ ni uno ni otro 2) *(следующий)* siguiente *на ~ день* al día siguiente
дружба *f* amistad
дружелюбие *f* benevolencia, amigabilidad
дружелюбный *adj* benevolente, amistoso
дружеский *adj* amistoso
дружественный *adj* 1) *(дружелюбный)* benevolente, amigable 2) *(взаимно благожелательный)* amistoso, amigo
дружина *f* 1) *hist* druzhina, mesnada 2) *(отряд)* grupo, milicia
дружинник *m* 1) *hist (в Древней Руси)* druzhinnik (tropas selectas de un príncipe eslavo) 2) *(в отряде)* miliciano
дружить *impf vi* ser amigo, tener amistad
дружиться *impf* подружиться *perf* hacerse amigos
дружище *m coloq* amigo, compañero
дружка *m hist* padrino (en una boda)
дружно *adv* 1) en armonía, amistosamente 2) *(одновременно)* unánimemente, todos juntos
дружный *adj* 1) *(сплочённый)* unido 2) *(единодушный)* unánime, común
дружок *m coloq* amigo
дрыгать *impf* дрыгнуть *perf vi coloq* patear, patalear
дрыхнуть *impf vi coloq* dormir, sobar
дряблый *adj* flácido
дрязга *f obsol vulg* riña, disputa
дрянной *adj coloq* malo, malvado
дрянь *f* 1) *colect (хлам)* basura 2) *(нечто скверное)* cosa mala
дряхлеть *impf* одряхлеть *perf vi* caducar, envejecer
дряхлость *f* caducidad, decrepitud
дряхлый *adj* caduco, decrépito
дуализм *m filos* dualismo
дуалистический *adj filos* dualista
дуб *m* roble
дубасить *impf* отдубасить *perf vt* 1) *vulg (избивать)* pegar, zurrar 2) *vulg (стучать)* golpear
дубильный *adj* de curtido
дубина *f* 1) porra, palo 2) *insult (о человеке)* imbécil, leño
дубинка *f* garrote
дублет *m* 1) *(книги)* segundo ejemplar 2) *hist (в одежде)* jubón
дублёнка *f* abrigo de piel vuelta
дублёный *adj* curtido
дублёр *m* 1) *(актёра)* doble 2) *(при переводе фильма)* doblador 3) *(в работе)* suplente
дубликат *m* duplicado
дублирование *n* 1) duplicación 2) *(фильма)* doblaje
дублировать *impf* продублировать *perf vt* 1) duplicar 2) *cine* doblar
дубль *m* 1) *cine* toma 2) *sport* doblete
дубляж *m cine* doblaje
дубовый *adj* de roble
дубрава *f* 1) *(дубовая роща)* robledo 2) *elev (роща)* boscaje, soto
дубьё *n* palos, estacas
дуга *f* arco
дуговой *adj* de arco, en arco
дугообразный *adj* en forma de arco
дуда *f* 1) *vulg (волынка)* gaita 2) *vulg (дудка)* caramillo
дудеть *impf vi* soplar en el caramillo, tocar el caramillo
дудка *f* 1) caramillo 2) *nav* silbato del contramaestre
дудки *partic coloq* ¡naranjas de la China!, ¡nanay!, eso sí que no
дудочка *f dimin* caramillo
дужка *f* 1) asa 2) *(в очках)* patilla
дукат *m hist* ducado
дуло *n mil* boca de arma, ánima
дульный *adj mil* de (la) boca de arma
дульце *n mil* boquilla
дума *f* 1) pensamiento, meditación 2) *(парламент в России)* Duma, Parlamento ruso
дума|ть *impf* подумать *perf vi* 1) pensar, creer ~ *о ком-либо* pensar en alguien 2) (**сделать что-л**) *(намереваться)* pensar (hacer u/c), tener intención de (hacer u/c) ◆ **не долго ~я** sin pensarlo mucho

думаться *impf* подуматься *perf v/impers* 1) *(казаться)* parecer *мне ~ется, что...* me parece que... 2) *(о состоянии размышления)* pensarse, reflexionarse
думка *f coloq* cojín, almohadilla
думский *adj* de la Duma
дуновение *n* soplo, hálito
дунуть V. дуть
дуплет *m* 1) *sport (в бильярде)* doblete 2) *(выстрел из двустволки)* tiro de escopeta de dos cañones
дуплистый *adj* agujereado
дупло *n* 1) *(в дереве)* agujero de un árbol 2) *(в зубе)* hueco en una muela
дура *f* tonta, boba, imbécil
дурак *m* tonto, bobo, imbécil
дуралей *m coloq* tonto, bobo
дурацкий *adj* estúpido, tonto, imbécil
дурачить *impf* одурачить *perf vt coloq* engañar, chasquear
дурачиться *impf* hacer tonterías
дурачок *m coloq* tonto, bobo
дурачьё *n vulg* tontos
дурашка *m/f dimin-afect* tontuel|o, -a, bob|o, -a
дурашливый *adj* 1) *coloq (глуповатый)* atontado 2) *coloq (смешливый)* reidor
дурень *m vulg* tonto, bobo, imbécil
дуреть *impf* одуреть *perf vi coloq* atontarse, volverse tonto
дурить *impf* задурить *perf vi* 1) *coloq (дурачиться)* hacer tonterías 2) *coloq (упрямиться)* obstinarse
дурман *m* 1) *(растение)* datura 2) *(то, что опьяняет)* opio, narcótico
дурманить *impf* одурманить *perf vt* embriagar, aturdir, marear
дурнеть *impf* подурнеть *perf vi* volverse feo, afearse
дурно 1. *adv* mal ~ *одетый* mal vestido **2.** *adv pred* está mal *мне* ~ me siento mal
дурной *adj* malo ~ *пример* mal ejemplo
дурнота *f* náusea, mareo, vértigo
дурнушка *f coloq* mujer fea, chica fea
дурость *f coloq* tontería
дурочка *f coloq dimin-afect* tonta, tontuela
дуршлаг *m* escurridor
дурь *f* 1) *coloq* tontería, locura, capricho 2) *jergal (марихуана)* marihuana
дутый *adj* 1) *(полый)* hueco, vacío 2) *(фальшивый)* falso, hinchado
дуть *impf* дунуть *perf vi* 1) soplar *ветер дует* hace viento 2) *coloq (пить)* beber 3) *jergal (курить легкие наркотики)* fumar hierba
дутьё *n* sopladura
дуться *impf* 1) *(распухать)* hincharse, inflamarse 2) *coloq (обижаться)* enfadarse, estar de morros
дух *m* 1) *(моральное состояние)* espíritu, ánimo 2) *(призрак)* fantasma 3) *(сущность)* espíritu ◆ **быть не в ~е** estar de mal humor **нищий ~ом** pobre de espíritu **падать ~ом** desanimarse, perder el ánimo **Святой Дух** *relig* Espíritu Santo
духан *m* taberna (en Crimea o en el Cáucaso)
дух|и (*gen* –ов) *mpl* perfume
духовенство *n* clero
духовка *f* horno
духовник *m relig* confesor
духовность *f* espiritualidad
духовный *adj* 1) espiritual 2) *(церковный)* clerical
духовой *adj* 1) *(о музыкальных инструментах)* de viento 2) *(действующий от нагретого воздуха)* de aire caliente 3) *(действующий от сжатого воздуха)* de aire comprimido
духота *f* bochorno, aire bochornoso
душ *m* ducha *принимать* ~ ducharse
душ|а *f* 1) alma *в глубине ~и* en el fondo del alma 2) *(человек, единица населения)* habitante, alma ◆ **жить ~а в ~у** vivir en armonía **от всей ~и** de todo corazón **вложить всю ~у** poner todo el alma
душевая *f* cuarto de ducha
душевнобольной *m* loco, alienado
душевность *f* cordialidad, amabilidad
душевный *adj* 1) espiritual, moral 2) *(сердечный)* cordial
душевой *adj* de ducha
душегрейка *f hist* corpiño
душегуб, -ка *m/f coloq* asesin|o, -a, homicida
душенька *f coloq dimin-afect* alma
душеприказчик *m hist* albacea, testamentario
душераздирающий *adj* desgarrador
душечка V. душенька
душещипательный *adj* conmovedor, enternecedor
душистый *adj* aromático, oloroso
душитель *m elev* opresor
душить *impf* задушить *perf vt* 1) estrangular, ahogar 2) *(угнетать)* oprimir, ahogar
душица *f* orégano
душка *m/f coloq* persona simpática
душно *adv pred* es sofocante, hace bochorno *мне* ~ me sofoco
душный *adj* sofocante, bochornoso
душок *m* husmo
дуэль *m* duelo
дуэльный *adj* de duelo
дуэлянт *m* duelista
дуэт *m* dúo *петь ~ом* cantar a dúo
дыба *f hist* potro, estrapada
дыбом *adv* de punta *у меня волосы стали* ~ se me pusieron los pelos de punta
дыбы *inv* : встать на дыбы encabritarse
дылда *m/f vulg* persona muy alta y delgada, jirafa
дым *m* humo
дымить *impf* надымить *perf vi* humear, echar humo
дымиться *impf* humear
дымка *f* velo, vapor
дымно 1. *adv* despidiendo humo **2.** *adv pred* hay humo *здесь* ~ aquí hay humo
дымный *adj* humeante, humoso, de humo
дымовой *adj* de humo, fumífero, fumígeno
дымок *m dimin. de* дым
дымоход *m* tiro, salida de humo
дымчатый *adj* ahumado (de color)
дыня *f* melón
дыра *f* 1) agujero 2) *(захолустье)* lugar abandonado
дырка *f* agujero, orificio
дырокол *m* taladradora (de papel)

дырявый *adj* agujereado, roto
дыхание *n* respiración, aliento
дыхательный *adj* respitatorio
дышать *impf vi* respirar, alentar *тяжело ~* respirar con dificultad
дышло *n* timón (del tiro)
дьявол *m* diablo
дьяволёнок *m coloq* diablillo
дьявольский *adj* diabólico
дьявольщина *f coloq* enredo, lío, zurriburri
дьяк *m* 1) *hist* pasante, escribiente 2) *relig* V. дьячок
дьякон *m relig* diácono
дьячок *m relig* sacristán
дюжий *adj vulg* fuerte, robusto, vigoroso
дюжина *f* docena
дюйм *m* pulgada
дюна *f* duna
дюралевый *adj* de duraluminio
дюраль *m* V. дюралюминий
дюралюминий *m* duraluminio
дюшес *m* pera de agua
дяденька *m* 1) *coloq afect* tito 2) *infant (мужчина)* señor, hombre
дядька *m* 1) *coloq* V. дядя 1 2) *coloq (мужчина)* hombre, tío
дядюшка *m afect* tito
дядя *m* 1) *(степень родства)* tío 2) *(обращение)* señor
дятел *m* pájaro carpintero

E

евангелие *n* evangelio
евангелист *m* evangelista
евангелический *adj* evangélico
евангельский *adj* evangélico, del evangelio
евнух *m* eunuco
еврей, -ка *m/f* judí|o, -a, hebre|o, -a
еврейский *adj* judío, hebreo
евро *m inv* euro *сто двадцать* ~ ciento veinte euros
европеец *m* europeo
европеизация *f* europeización
европеизировать *biasp vt* europeizar
европейка *f* europea
европейский *adj* europeo
егерский *adj* cazador, de cazador(es)
егерь *m* cazador
египетский *adj* egipcio
египтолог *m* egiptólogo
египтология *f* egiptología
египтян|ин, -ка *m/f* egipci|o, -a
его 1. *pron pers* acusativo y genitivo de он y оно **2.** *pron pos* de él, su, sus, suyo, suya, suyas (de él) ~ *велосипед* su bicicleta; ~ *друзья* sus amigos
ед|а *f* comida *во время ~ы* durante la comida; *перед ~ой* antes de comer
едва *adv* 1) *(чуть, слегка)* apenas, casi ~ *заметный* apenas perceptible 2) *(с трудом)* a duras penas *он ~ ходит* camina a duras penas ◆ ~ **ли** es poco probable, es dudoso
единица *f* 1) *(число, цифра)* uno 2) *(величина)* unidad ~ *измерения* unidad de medida 3) *(отметка)* suspenso
единичный *adj* único, singular
единобожие *n* monoteísmo
единоборство *n* lucha cuerpo a cuerpo
единоборствовать *impf vi obsol* luchar cuerpo a cuerpo
единобрачие *n* monogamia
единобрачный *adj* monógamo
единовластие *n* poder unipersonal
единовластный *adj* de poder unipersonal
единовременно *adv* simultáneamente
единовременный *adj* simultáneo
единогласие *n* unanimidad
единогласно *adv* unánimemente
единогласный *adj* unánime
единодушие *n* unanimidad
единодушно *adv* unánimemente, a una
единодушный *adj* unánime
единожды *adv* 1) *obsol (один раз)* una (sola) vez 2) *obsol (как-то раз)* una vez
единокровный *adj* consanguíneo, carnal
единоличник *m hist* campesino individual
единолично *adv* individualmente, unipersonalmente
единоличный *adj* individual, unipersonal
единомыслие *n* unidad (comunidad) de ideas
единомыслящий *adj* de las mismas ideas, correligionario
единомышленник *m* correligionario, partidario
единонаследие *n jur* mayorazgo
единоначалие *n* mando único, dirección única
единообразие *n* uniformidad
единообразный *adj* uniforme
единородный *adj obsol* único
единосущный *adj relig* hipostático
единственно 1. *adv* únicamente, solamente **2.** *partíc* sólo que, lo único es que
единственн|ый *adj* único, solo, singular *~ый в своём роде* único en su especie (género) ◆ **~ое число** *ling* singular
единство *n* unidad ~ *взглядов* unidad de puntos de vista
един|ый *adj* 1) *(один)* único, solo, unido *~ое мнение* criterio único; *все до ~ого* del primero al último 2) *(цельный)* único *~ое целое* un todo único ◆ **всё ~о** todo es uno, es lo mismo
едкий *adj* 1) cáustico, corrosivo 2) *(язвительный)* mordaz, cáustico
едко *adv* 1) corrosivamente, cáusticamente 2) *(язвительно)* mordazmente, con acritud
едкость *f* 1) causticidad, acritud 2) *(язвительность)* mordacidad, acritud
едок *m* boca, comensal *в семье пять ~ов* en la familia hay cinco bocas
её 1. *pron pers* acusativo y genitivo de она **2.** *pron pos* su, sus, suyo, suya, suyas (de ella) ~ *словарь* su diccionario; ~ *друзья* sus amigos
ежевечерне *adv* cada tarde, todas las tardes
ежевечерний *adj* de cada tarde, de todas las tardes
ежевика *f* mora, zarzamora
ежевичник *m* zarzal
ежевичный *adj* de mora(s), de zarzamora(s)
ежегодник *m* anuario
ежегодно *adv* anualmente
ежегодный *adj* anual, de cada año
ежедневно *adv* cada día, todos los días, a diario
ежедневный *adj* diario, cotidiano
ежели *conj obsol vulg* V. если
ежемесячник *m* revista mensual
ежемесячно *adv* mensualmente
ежемесячный *adv* mensual
ежеминутно *adv* 1) a cada minuto, a cada momento, a cada instante 2) *(постоянно)* continuamente, incesantemente
ежеминутный *adj* de cada minuto
еженедельник *m* semanario
еженедельно *adv* semanalmente
еженедельный *adj* semanal
еженощно *adv* cada noche
еженощный *adj* de cada noche
ежесекундно *adv* 1) cada segundo 2) *(постоянно)* continuamente,
permanentemente
ежесекундный *adj* 1) de cada segundo 2) *(постоянный)* continuo, permanente
ежесуточно *adv* cada día, cada veinticuatro horas

ежесуточный *adj* de cada día, de cada veinticuatro horas
ежечасно *adv* cada hora
ежечасный *adj* de cada hora
ежиха *f* eriza
ежов|ый *adj* de erizo ◆ **держать в ~ых рукавицах** meter en un puño
езд|а *f* viaje *верховая ~а* equitación; *три часа ~ы* tres horas de viaje
ездить *impf vi* 1) ir (en un medio de transporte), viajar ~ *на машине* ir en coche; ~ *верхом* montar a caballo 2) *(о самих средствах передвижения)* circular, marchar
ездок *m* jinete
ей-богу *interj coloq* por Dios, en verdad, se lo juro
ель *f* abeto
енот *m* castor
епископ *m* obispo
ересь *f* 1) herejía *впасть в ~* cometer una herejía 2) *vulg (вздор)* disparate, absurdidad
еретик *m* hereje
ерунда *f* 1) *coloq (вздор)* disparate, tontería 2) *coloq (пустяки)* nimiedad, tontería
если *conj* si ~ *я смогу, приду* si puedo, vendré; ~ *бы я знал* si lo supiera; *в случае,* ~ en caso de que; ~ *нет* si no; *а что, ~...?* ¿y si...?
естественно 1. *adv* naturalmente **2.** *adv pred* es natural
естественность *f* naturalidad
естественн|ый *adj* natural *~ые науки* ciencias naturales; *~ый отбор* selección natural
есть[1] *impf* поесть *perf vt* 1) comer *не ~ мяса* no comer carne; *хотеть ~* tener hambre 2) *coloq (разъедать)* corroer, picar
есть[2] *vi* V. быть
есть[3] *interj mil* a sus órdenes
ехать *impf* поехать *perf vi* 1) ir (en un medio de transporte), viajar ~ *на поезде* viajar en tren; ~ *верхом* montar a caballo 2) *(о средстве передвижения)* marchar, circular 3) *(скользить)* resbalar, deslizarse
ещё *adv* 1) *(опять)* aún, más ~ *раз* una vez más 2) *(до сих пор)* todavía, hasta ahora *всё ~* hasta ahora 3) *(уже)* ya ~ *тогда* ya entonces ◆ ~ **бы** por supuesto

Ё

ёж *m* erizo
ёжик *m* erizo
ёлка *f* abeto
ёмкость *f* capacidad, cabida

Ж

жаба[1] *f* sapo
жаба[2] *f (грудная)* angina de pecho
жаберный *adj anat* branquial, de branquias
жабо *n* chorrera
жабра *f (espec pl)* branquias, agallas
жаворонок *m* alondra
жадина *m/f coloq* avar|o, -a, tacañ|o, -a
жадничать *impf* пожадничать *perf vi* mostrarse avaro, ser avaro
жадность *f* avidez, codicia, avaricia
жадный *adj* ávido, codicioso, avaro
жадюга *m/f coloq desp* avar|o, -a, tacañ|o, -a
жажд|а *f* sed *утолять ~у* calmar la sed
жаждать *impf vi* 1) *elev* tener sed 2) *elev (сильно желать)* ansiar ~ *покоя* ansiar la tranquilidad
жакет *m* chaqueta
жалеть *impf* пожалеть *perf vt* 1) compadecer ~ *больного* compadecer al enfermo 2) *(сожалеть)* sentir, lamentar ~ *о чём-либо* sentir algo 3) *(беречь)* ahorrar, escatimar *не ~ сил* no escatimar fuerzas
жалить *impf* ужалить *perf vt* picar, morder
жалиться[1] *impf* **(о чём-л)** *coloq (жаловаться)* quejarse (de alg)
жалиться[2] *coloq (жалить)* picar, morder
жалкий *adj* 1) lamentable, deplorable 2) *(презренный)* miserable
жалко **1.** *adv* lamentablemente, deplorablemente **2.** *adv pred* da pena, da lástima *мне ~* me da lástima
жало *n* aguijón
жалоба *f* 1) queja 2) *(официальное заявление)* queja, reclamación
жалобный *adj* 1) lastimoso, plañidero 2) *(для жалоб)* de quejas, de reclamaciones
жалобщик *m jur* actor, demandante
жалованный *adj hist* otorgado
жалованье *n* sueldo, salario
жаловать *impf* пожаловать *perf vt* 1) *(хорошо относиться)* apreciar, estimar, respetar 2) *(дарить)* otorgar, gratificar 3) *(делать визит)* visitar, hacer una visita
жаловаться *impf* пожаловаться *perf* **(на кого/что-л)** quejarse (de alg o u/c)
жалостливый *adj* 1) *(сострадательный)* compasivo, caritativo, misericordioso 2) *(печальный)* lastimoso
жалостный *adj* 1) *(печальный)* lastimoso, plañidero 2) *(соболезнующий)* compasivo, caritativo, misericordioso
жалость *f* compasión, lástima, piedad *какая ~!* ¡qué pena!
жаль *adv pred* ¡lástima! *как ~!* ¡qué lástima!; *мне ~* lo siento; *~, что* lástima que
жалюзи *n inv* persiana, celosía
жандарм *m* gendarme
жандармерия *f* gendarmería
жандармский *adj* de gendarme(s)
жанр *m* género
жанровый *adj* de género
жар *m* 1) calor, bochorno 2) *(температура)* fiebre 3) *(пыл)* fervor, ardor
жара *f* calor, bochorno
жаргон *m* jerga
жаргонизм *m* expresión jergal
жаргонный *adj* jergal, de jerga, de germanía
жареный *adj* frito, asado
жарить *impf* зажарить *perf vt* freir, asar ~ *в масле* freír; ~ *на углях* asar; ~ *в сухарях* rebozar
жариться *impf* зажариться *perf* 1) asarse, freírse 2) *coloq (находиться на жаре)* calentarse, tostarse
жаркий *adj* 1) caluroso 2) *(пылкий)* ardiente, apasionado 3) *(напряжённый)* intenso, violento
жарко **1.** *adv* 1) calurosamente 2) *(пылко)* ardientemente, apasionadamente 3) *(напряжённо)* intensamente **2.** *adv pred* hace calor *на улице ~* hace calor
жаркое *n* asado, guiso de carne
жаровня *f* asador, brasero
жаропонижающий *adj med* febrífugo
жаропрочный *adj* termorresistente
жар-птица *f mitol* zhar-ptitsa, pájaro de fuego
жарынь *f coloq* bochorno, calor sofocante
жасмин *m* jazmín
жатва *f* cosecha, recolección
жатка *f agric* segadora
жать *impf vt* 1) *(сжимать)* apretar, estrechar ~ *руку* estrechar la mano 2) *(быть тесным)* apretar 3) *sport (поднимать)* levantar
жаться *impf* 1) *(ёжиться)* encogerse 2) *(тесниться)* apretarse 3) *coloq (жадничать)* tacañear
жахать *impf* жахнуть *perf vt coloq* golpear
жахнуть V. жахать
жбан *m* bidón
жвачка *f* 1) *coloq* chicle 2) *(пища жвачных животных)* rumia
жвачный *adj* rumiante
жгут *m* torniquete
жгутик *m biol* flagelo
жгутиковый *adj biol* flagelado
жгучий *adj* 1) *(мучительный)* doloroso, ardiente 2) *(вызывающий жжение)* abrasador, urente
ждать *impf* подождать *perf vt* esperar, aguardar ~ *помощи* esperar ayuda; *не заставлять себя ~* no hacerse esperar
же **1.** *partic enfat* pues, entonces, ya *дай ~ мне* dámelo, pues; *вот же он!* ¡aquí está!; *тот ~ самый человек* la misma persona; *сегодня ~* hoy mismo **2.** *conj (но)* y, pero *на улице холодно, дома ~ тепло* en la calle hace frío, y en casa hace calor
жевательный *adj* masticatorio, de mascar, para mascar
жевать *impf vt* masticar

жевачка *f coloq* chicle
жезл *m* bastón, cetro
желани|е *n* deseo, gana *выразить ~е* manifestar un deseo; *по собственному ~ю* por voluntad propia
желанный *adj* deseado, querido
желательно *adv* preferiblemente, preferentemente
желательность *f* deseabilidad
желательный *adj* deseable, preferible
желатин *m* gelatina
желатиновый *adj* gelatinoso
желать *impf* пожелать *perf vt* 1) **(что/чего-л)** desear, querer ~ *победы* desear la victoria 2) **(чего-л)** *(высказывать пожелание)* desear ~ *успеха* desear éxito
желвак *m* excrecencia
желе *n inv* jalea
железа *f* glándula
железистый *adj quím* ferruginoso
железка *f coloq* trozo de hierro
железно *n* seguro
железнодорожник *m* ferroviario
железнодорожный *adj* ferroviario
железн|ый *adj* de hierro, férreo ◆ **~ая дорога** ferrocarril ~ **занавес** telón de acero
железняк *m min* hematites, calamita
железо *n* hierro
железобетон *m* hormigón armado
железобетонный *adj* de hormigón armado
железяка *f coloq* pedazo de hierro, hierro
желобок *m* ranura
желонка *f min* cuchara limpiapozos
желтеть *impf* пожелтеть *perf vi* amarillecer, ponerse amarillo
желтизна *f* color amarillo
желтоватый *adj* amarillento
желток *m* yema (del huevo)
желторотый *adj* de pico amarillo
желтуха *f* ictericia
желтушный *adj* ictérico
желудок *m* estómago
желудочек *m anat* ventrículo
желудочковый *adj anat* de ventrículo
желудочный *adj* de estómago, estomacal, gástrico
жеманиться *impf* melindrear, hacer melindres
жеманный *adj* melindroso, afectado, amanerado
жеманство *n* melindrería, afectación
жемчуг *m* perla
жемчужина *f* perla
жемчужница *f zool* madreperla
жемчужный *adj* de perla, perlero
жена *f* esposa, mujer
женатый *adj* casado
женить *impf vt* casar
женитьба *f* matrimonio, casamiento, boda
жени|ться *biasp* 1) **(на ком-л)** *(об одном человеке)* casarse (con alg) *он ~лся на Ирине* se casó con Irina 2) *(о двух людях)* casarse *они ~лись в мае* se casaron en mayo
жених *m* novio, prometido
женолюб *m* mujeriego, faldero
женоненавистник *m* misógino
женоненавистничество *n* misoginia
женоподобный *adj* afeminado
женский *adj* femenino, de mujer ◆ ~ **род** *ling* femenino
женственность *f* feminidad
женственный *adj* femenino, femenil, afeminado
женщина *f* mujer *молодая ~* mujer joven; *замужняя ~* mujer casada
женьшень *m* ginseng
жердина *f* pértiga
жердь *f* vara, pértiga
жеребая *adj* preñada (dicho de una yegua)
жеребец *m* garañón, potro
жеребёнок *m* potro
жеребиться *impf* parir (dicho de una yegua)
жеребьёвка *f* sorteo
жерло *n* 1) *(орудия)* boca (de un arma) 2) *(вулкана)* cráter
жертв|а *f* víctima *приносить в ~у* sacrificar
жертвенник *m* altar
жертвенность *f* espíritu de sacrificio
жертвенный *adj* de sacrificio, sacrificado
жертвователь *m* donador
жертвовать *impf* пожертвовать *perf vt* 1) **(кем/чем-л)** sacrificar ~ *собой* sacrificarse 2) *(даровать)* donar ~ *в пользу бедных* donar en bien de los pobres
жертвоприношение *n* sacrificio
жест *m* gesto, seña
жестикулировать *impf vi* gesticular
жестикуляция *f* gesticulación, mímica
жестовый *adj* de gesto, gestual
жестокий *adj* 1) cruel, brutal 2) *(сильный, резкий)* atroz, violento
жестоко *adv* 1) cruelmente, con crueldad ~ *наказать* castigar gravemente 2) *(сильно)* gravemente ~ *ошибиться* equivocarse gravemente
жестокость *f* crueldad, atrocidad, brutalidad
жесть *f* hojalata
жестянка *f* caja de hojalata
жестяной *adj* de hojalata
жестянщик *m* hojalatero
жетон *m* chapa, ficha
жечь *impf* сжечь *perf vt* 1) *(сжигать)* quemar 2) *(заставлять гореть)* consumir, gastar 3) *(вызывать ожог)* quemar, picar
жечься *impf* обжечься *perf* 1) *(обжигаться)* quemarse 2) *(вызывать ожог)* picar
жёваный *adj* 1) masticado 2) *(измятый)* arrugado
жёлоб *m* ranura *водосточный ~* canalón
жёлт|ый *adj* amarillo ◆ **~ая пресса** prensa amarilla
жёлудь *m* bellota
жёлчный *adj* 1) de bilis, biliar ~ *пузырь* vesícula biliar 2) *(раздражительный)* colérico
жёлчь *f* bilis, hiel
жёрнов *m* muela de molino
жёсткий *adj* 1) duro, áspero 2) *(не допускающий отклонений)* severo, rígido 3) *(грубый)* duro
жёстко *adv* 1) duramente, con dureza 2) *(строго)* duramente 3) *(грубо)* rudamente
жёсткость *f* dureza, rigidez
жжение *n* quemazón, ardor, picor
жжёнка *f* ponche
жжёный *adj* quemado, tostado
живец *m* cebo vivo

живинка *f coloq* vivacidad
живительный *adj* vivificante, vivificador
живить *impf vt* vivificar
живность *f* bichos, animales
живо *adv* 1) vivamente, con viveza ~ *изображать* representar con viveza 2) *(сильно)* fuertemente
живодёр *m* 1) desollador 2) *(жестокий человек)* carnicero
жив|ой *adj* 1) vivo *остаться в ~ых* quedar vivo 2) *(выразительный)* expresivo 3) *(подвижный)* vivo, animado ◆ **ни ~, ни мёртв** más muerto que vivo
живописать *biasp vt elev* pintar
живописец *m* pintor
живописность *f* carácter pintoresco
живописный *adj* pintoresco
живопись *f* pintura
живородящий *adj biol* vivíparo
живость *f* vivacidad, animación
живот[1] *m* vientre, abdomen
живот[2] *m obsol (жизнь)* vida
животворить *impf vt hist* vivificar
животворный *adj* vivificante
животина *f coloq* animal
животновод *m* ganadero
животноводство *n* ganadería
животноводческий *adj* ganadero
животное *n* animal, bestia *домашнее* ~ animal doméstico
животный *adj* 1) animal ~ *мир* mundo animal 2) *(низменный)* animal, bestial
животрепещущий *adj* actual, de actualidad
живучесть *f* vitalidad, viabilidad
живучий *adj* vivaz, viable
живчик[1] *m coloq* hombre vivo
живчик[2] *m biol* espermatozoide
живьём *adv* a lo vivo
жидкий *adj* 1) líquido 2) *(водянистый)* aguado
жидкостный *adj* líquido
жидкость *f* líquido, fluido
жижа *f* 1) líquido 2) *(в супе)* caldo 3) *(жидкая грязь)* barro
жизнедеятельность *f* 1) *biol* vitalidad 2) *(совокупность действий)* actividad vital
жизнедеятельный *adj* 1) *biol* vivo, vital 2) *(энергичный)* activo
жизненность *f* 1) *(жизненная сила)* vitalidad 2) *(реальность)* realidad
жизненный *adj* 1) vital, de vida 2) *(близкий к жизни)* real, vivo 3) *(очень важный)* vital ~ *вопрос* cuestión vital
жизнеобеспечение *n* apoyo vital
жизнеописание *n* biografía
жизнерадостность *f* alegría
жизнерадостный *adj* alegre
жизнеспособность *f* capacidad de vivir, viabilidad
жизнеспособный *adj* capaz de vivir, viable
жизнеутверждающий *adj* vivificante, optimista
жизн|ь *f* vida *совместная ~ь* convivencia ; *образ ~и* modo de vida; *зарабатывать на ~ь* ganarse la vida ◆ **вопрос ~и и смерти** cuestión de vida o muerte
жила *f* 1) *(сухожилие)* tendón 2) *geol* filón
жилет *m* chaleco *спасательный* ~ chaleco salvavidas
жилетка V. жилет
жилец *m* vecino, inquilino
жилистый *adj* fibroso
жилище *n* vivienda, alojamiento
жилищный *adj* de vivienda(s)
жилка *f* 1) V. жила 2) *geol* filón
жилой *adj* habitable, para vivir ~ *дом* casa
жильё *n* vivienda
жим *m sport* levantamiento
жимолость *f* madreselva, lonicera
жир *m* 1) grasa 2) *(пищевой продукт)* grasa, manteca
жираф *m* jirafa
жиреть *impf* ожиреть *perf vi* engordar
жирность *f* grasa
жирный *adj* 1) graso, grasiento 2) *(толстый)* gordo, obeso
жировать *impf vi* engrasar
жировик *m* lipoma
жировой *adj* de grasa
жирок V. жир
житейск|ий *adj* cotidiano ◆ **дело ~ое** cosa habitual
житель, -ница *m/f* habitante
жительство *n* residencia, estancia *вид на* ~ permiso de residencia
житие *n relig* biografía
житийный *adj* de biografía
житница *f* granero
жито *n* cereal
житуха *f coloq* vida
жить *impf vi* vivir, habitar ~ *в городе* vivir en la ciudad
житьё *n* vida
житься *impf* vivir *ему хорошо живётся* vive bien
жмот *m coloq* avaro, agarrado, tacaño
жмурить *impf* зажмурить *perf vt* entornar ~ *глаза* entornar los ojos
жмуриться *impf* зажмуриться *perf* fruncir el ceño, fruncir las cejas
жмур|ки (*gen* –ок) *fpl* gallinita ciega
жмых *m* orujo
жнец *m* segador
жнея *f obsol* segadora
жнивьё *n* rastrojo
жница *f* segadora
жокей *m híp* jockey
жонглёр *m* malabarista
жонглирование *n* malabarismo
жонглировать *impf vt* hacer malabarismos
жопа *m vulg* culo
жор *m coloq* hambre
жратва *f vulg* comida, papeo
жрать *impf* пожрать *perf vt* 1) *coloq (о животных)* devorar 2) *vulg (о человеке)* papear, jamar
жребий *m* 1) *(предмет, применяемый при жеребьёвке)* suerte, boleto *тянуть* ~ sortear 2) *(судьба)* suerte
жрец *m* sacerdote
жреческий *adj* sacerdotal
жрица *f* sacerdotisa
жужелица *f biol* carábido
жужжание *n* zumbido
жужжать *impf vi* zumbar
жуир *m coloq* vividor, calavera

жуировать *impf vi* vivir buscando sólo placeres, parrandear
жук *m* escarabajo
жулик *m* ratero, pícaro, rufián
жуликоватый *adj* ladronesco
жулить *impf* сжулить *perf vi* trampear, ratear
жульё *n* rateros, gavilla
жульничать *impf* сжульничать *perf vi* trampear, ratear
жульнический *adj* fraudulento, engañoso
жульничество *n* ratería, fraudulencia
жупан *m hist* zhupán (vestidura masculina parecida al caftán)
жупел *m* espantajo
журавлёнок *m* cría de grulla
журавлиный *adj* de grulla
журавль *m* grulla
журить *impf vt coloq* regañar, reprobar
журнал *m* 1) *period* revista 2) *(тетрадь для записей)* diario
журналист, -ка *m/f* periodista
журналистский *adj* periodístico
журнальный *adj* de revista
журчание *n* murmullo
журчать *impf vi* murmurar
жуткий *adj* terrible, horrible
жуть *f* horror, pavor, temor
жухлый *adj* apagado, marchitado
жухнуть *impf* пожухнуть *perf vi* apagarse, marchitarse
жучить *impf vt vulg* regañar, reprender
жучка *f coloq* perro sin raza
жучок[1] *m dimin (жук)* escarabajo
жучок[2] *m electr (предохранитель)* tapón
жучок[3] *m (для подслушивания)* micrófono
жэк *m (= жилищно-эксплуатационная контора)* oficina de administración de viviendas
жюри *n inv* jurado

З

за *prep* 1) **(кем/чем-л)** *(при обозначении места)* detrás (de alg o u/c), a ~ *домом* detrás de la casa 2) **(кем/чем-л)** *(при обозначении времени)* durante (u/c) ~ *ужином* durante la cena 3) **(за кем/чем-л)** *(с глаголом для обозначения цели)* por (u/c), por *пойти ~ газетой* ir por el periódico 4) **(за кого/что-л)** *(при обозначении причины)* por (alg o u/c) *заплатить ~ работу* pagar por el trabajo 5) **(за кого/что-л)** *(обозначает расстояние)* a (u/c) ~ *сто километров* a cien kilómetros 6) **(за кого/что-л)** *(обозначает действие в пользу чего-либо)* por (alg o u/c) *бороться ~ мир* luchar por la paz
заасфальтировать V. асфальтировать
забава *f* entretenimiento, distracción, recreo
забавлять *impf vt* entretener, divertir
забавляться *impf* entretenerse, distraerse
забавный *adj* entretenido, divertido
забаллотировать *perf* забаллотировывать *impf vt pol* rechazar
забалтывать V. заболтать
забалтываться V. заболтаться
забальзамировать V. бальзамировать
забаррикадировать V. баррикадировать
забаррикадироваться V. баррикадироваться
забастовать V. бастовать
забастовка *f* huelga
забастовочный *adj* de huelga
забастовщик *m* huelguista
забвение *n elev* olvido
забег *m* carrera
забегаловка *f* taberna, cantina
забегать V. забежать
забегаться *perf coloq* estar molido, estar despernado
забежа|ть *perf* забегать *impf vi* 1) entrar corriendo *дети ~ли в гостиную* niños entraron corriendo al salón 2) *coloq (зайти на короткое время)* venir a ver *~ть к приятелю* venir a ver a su amigo 3) *(уйти далеко)* marchar lejos (corriendo)
забеременеть V. беременеть
забеспокоиться V. беспокоиться
забивать V. забить
забиваться V. забиться
забинтовать *perf* забинтовывать *impf vt* vendar
забирать V. забрать
забираться V. забраться
забитый *adj* 1) *(вколоченный)* clavado 2) *(запуганный)* atemorizado
забить *perf* забивать *perf vt* 1) clavar, meter ~ *гвоздь* meter un clavo 2) *(засорить)* atascar, obstruir 3) *sport* marcar (un gol) 4) *(на бойне)* matar, sacrificar 5) **(на что-л)** *coloq (забросить)* abandonar
забиться *perf* забиваться *impf* 1) *(начать биться)* comenzar a latir 2) *(спрятаться)* esconderse, ocultarse 3) *(засориться)* atascarse, obstruirse
забияка *m/f* camorrista, pele|ón, -ona
заблаговременно *adv* con anterioridad
заблаговременный *adj* previo, anterior
заблагорассудиться *perf v/impers* **(что-л кому-л)** considerar oportuno, parecer
заблестеть V. блестеть
заблокировать V. блокировать
заблудиться *perf* perderse ~ *в лесу* perderse en el bosque
заблудший *adj elev* desviado, descarriado
заблуждаться *impf* equivocarse
заблуждение *n* extravío, error *впасть в ~* caer en un error
забодать V. бодать
забой[1] *m min* galería
забой[2] *m (животных)* matanza
забойный[1] *adj min* de galería
забойный[2] *adj (связанный с забоем скота)* de matanza, jifero
заболачивание *n* formación de pantanos
заболеваемость *f med* morbosidad
заболевание *n med* enfermedad
заболевать V. заболеть
заболеть *perf* заболевать *impf vi* enfermar, caer enfermo
заболотить *perf* заболачивать *impf vt* empantanar
заболтать *perf* забалтывать *impf vt coloq* mezclar, revolver
заболтаться *perf* забалтываться *impf coloq* picotear, hablar por los codos
забор *m* valla, cerca, cercado
забортный *adj nav* de fuera del barco
забота *f* cuidado, preocupación
заботить *impf* озаботить *perf vt* preocupar, ansiar, inquietar
заботиться *impf* позаботиться *perf* 1) **(о ком/чём-л)** *(проявлять заботу)* cuidar ~ *о больном* cuidar a un enfermo 2) **(о чём-л)** *hist (беспокоиться)* preocuparse (por u/c), inquietarse (por u/c)
заботливость *f* atención, cuidado
заботливый *adj* cuidadoso, solícito
забраковать V. браковать
забрало *n hist* visera (del casco)
забрасывать V. забросить
забрать *perf* забирать *impf vt* 1) *(взять)* tomar, coger 2) *coloq (арестовать)* detener, arrestar **забраться** *perf* забираться *impf* 1) penetrar ~ *в дом* penetrar en la casa 2) *(взобраться)* subir, encaramarse ~ *на крышу* subir al techo
забредать V. забрести
забрезжить *perf vi* 1) *(замерцать)* comenzar a brillar 2) *(о рассвете)* comenzar a amanecer
забрести *perf* забредать *impf vi* ir a parar
забронировать V. бронировать

забросать *perf* забрасывать *impf vt* (**кем-л**) llenar (de u/c), cubrir (de u/c) ~ *цветами* cubrir de flores

забросить *perf* забрасывать *impf vt* 1) lanzar, echar, tirar 2) *(перестать заниматься)* abandonar, dejar

заброшенность *f* abandono

заброшенный *adj* abandonado, deshabitado

забрызгать *perf* забрызгивать *impf vt* salpicar

забубённый *adj* libertino, desenfrenado

забулдыга *m coloq* perdido, juerguista

забывать V. забыть

забываться V. забыться

забывчивость *f* falta de memoria

забывчивый *adj* olvidadizo, distraído

забыть *perf* забывать *impf vt* olvidar

забытьё *n* 1) *(беспамятство)* desvanecimiento 2) *(дремота)* sopor, somnolencia

забыться *perf* забываться *impf* 1) *(задремать)* adormecerse 2) *(перейти границы дозволенного)* propasar

завал *m* obstrucción, atascamiento, montón

заваливать V. завалить

заваливаться V. завалиться

завалинка *f* zaválinka (especie de fundamento de algunas casas rusas de madera)

завалить *perf* заваливать *impf vt* 1) *(засыпать)* llenar 2) *(обрушить)* derruir, derrumbar 3) *coloq (провалить)* estropear, fracasar

завалиться *perf* заваливаться *impf* 1) *(упасть)* caer 2) *coloq (улечься)* tumbarse, echarse a dormir 3) *(провалиться)* fracasar

заваль *f* maula

заваляться *perf* estancarse

завалящий *adj* de mala calidad

заваривать V. заварить

заварить *perf* заваривать *impf vt* 1) hervir, hacer (una infusión) ~ *чай* hacer té 2) *tecn* fundir

завариться *perf* завариваться *impf* hacerse (dicho de una infusión)

заварка *f* 1) *(действие)* preparación del té 2) *(раствор)* infusión de té

заварной *adj* cocido

заваруха *f coloq* alboroto, tumulto, escandalera

заведение *n* establecimiento *учебное* ~ centro de enseñanza

заведование *n* administración, gerencia

заведовать *impf vi* (**чем-л**) administrar, gestionar

заведомый *adj* notorio

заведующая *f* administradora, jefa

заведующий *m* administrador, jefe

завезти *perf* завозить *impf vt* 1) llevar de paso 2) *(отвезти далеко, не туда)* conducir, llevar

завербовать V. вербовать

заверение *n* 1) aseguración 2) *(документа)* legitimación

заверить *perf* заверять *impf vt* 1) *(убедить)* asegurar, garantizar 2) *(документ)* certificar, legitimar, legalizar

завернуть *perf* заворачивать *impf vt* 1) *(обернуть)* envolver 2) *(загнуть)* doblar 3) *(закрутить)* atornillar 4) *(свернуть в сторону)* doblar

завернуться *perf* заворачиваться *impf* 1) *(закутаться)* envolverse 2) *(загнуться)* doblarse

завертеть *perf vt* 1) *(вскружить голову)* hacer perder la cabeza 2) *(начать вертеть)* comenzar a voltear

завертеться *perf* comenzar a dar vueltas

завершать V. завершить

завершаться V. завершиться

завершение *n* conclusión, fin

завершить *perf* завершать *impf vt* terminar, acabar, completar

завершиться *perf* завершаться *impf* terminarse, acabarse

заверять V. заверить

завеса *f* cortina

завесить *perf* завешивать *impf vt* cubrir, tapar ~ *окно* cubrir la ventana

завести *perf* заводить *impf vt* 1) poner en marcha ~ *мотор* poner en marcha un motor 2) *(отвести)* llevar ~ *в тупик* llevar a un callejón sin salida 3) *(начать)* comenzar 4) *(приобрести)* comprar, adquirir

завестись *perf* заводиться *impf* 1) ponerse en marcha 2) *(появиться)* aparecer

завет *m* legado ◆ **Новый Завет** *relig* Nuevo Testamento **Ветхий Завет** *relig* Viejo Testamento

заветный *adj* anhelado, preferido

завечереть V. вечереть

завешать *perf* завешивать *impf vt* cubrir

завещание *n* testamento

завещатель *m jur* testador

завещательный *adj jur* testamentario

завещать *biasp vt* testar, dejar en testamento

завзятый *adj* apasionado

завивать V. завить

завиваться V. завиться

завивка *f* ondulación

завидеть *perf vt* ver desde lejos, divisar

завид|ки (*gen* –ок) *fpl coloq* envidia *меня ~ки берут* me da envidia

завидный *adj* envidiable

завидовать *impf* позавидовать *perf vi* (**кому-л**) envidiar

завизировать V. визировать

завинтить *perf* завинчивать *impf vt* atornillar

завиральный *adj coloq* falso

завираться V. завраться

зависать *impf* зависнуть *perf vi* 1) quedarse colgado, quedarse quieto (en el aire) 2) *(о компьютере)* colgarse

зависеть *impf vi* (**от кого/чего-л**) depender (de alg o u/c) ~ *от обстоятельств* depender de las circunstancias

зависимость *f* dependencia

зависимый *adj* dependiente

зависнуть V. зависать

завистливый *adj* envidioso

завистни|к, -ца *m* envidios|o, -a

зависть *f* envidia

завитой *adj* ondulado, rizado

завиток *m* rizo

завитушка *f* rizo, bucle

завить *perf* завивать *impf vt* ondular, rizar

завиться *perf* завиваться *impf* ondularse, rizarse

завихрение *n* vórtice
завладевать V. завладеть
завладеть *perf* завладевать *impf vi* **(кем/чем-л)** apoderarse (de alg o u/c), adueñarse (de u/c)
завлекательный *adj* atractivo, atrayente
завлекать V. завлечь
завлечь *perf* завлекать *impf vt* atraer, seducir, cautivar
завод *m* fábrica
заводила *m/f coloq* cabecilla
заводить V. завести
заводиться V. завестись
заводной *adj* 1) mecánico 2) *(непоседливый)* inquieto, nervioso
заводоуправление *n* administración de la fábrica
заводской *adj* de fábrica, de usina
заводчик *m* fabricante, fabricador
заводь *f* ancón, ensenada, rada
завоевание *n* conquista
завоеватель *m* conquistador
завоевательный *adj* de conquista, conquistador
завоевать *perf* завоёвывать *impf vt* 1) conquistar 2) *(добиться)* conquistar
завоёвывать V. завоевать
завоз *m* entrega, suministro
завозить V. завезти
заволноваться V. волноваться
заволочь *perf* заволакивать *impf vt* cubrir, cerrar
завопить V. вопить
завораживать V. заворожить
заворачивать V. заворотить
заворачиваться V. заворотиться
заворожить *perf* завораживать *impf vt* 1) hechizar, embrujar 2) *(очаровать, понравиться)* encantar, fascinar
заворот *m* revuelta, recodo
заворотить *perf* заворачивать *impf vt* 1) dar la vuelta, torcer 2) *(свёртывать)* doblar, envolver
заворотиться *perf* заворачиваться *impf vt* 1) darse la vuelta, volverse 2) *(загнуться)* doblarse, arremangarse
завраться *perf* завираться *impf vi* mentir mucho
завсегдатай *m* frecuentador, visitante habitual
завтра *adv* mañana *до* ~ hasta mañana; ~ *утром* mañana por la mañana
завтрак *m* desayuno *на* ~ para desayunar
завтракать *impf* позавтракать *perf vi* desayunar
завтрашний *adj* de mañana
завуалировать *perf vt* velar, ocultar
завуч *m acad abrev* jefe de estudios
завхоз *m abrev* administrador
завывать *impf vi* aullar
завысить *perf* завышать *impf vt* exagerar, aumentar
завыть V. выть
завышать V. завысить
завышение *n* exageración, aumento
завязать *perf* завязывать *impf vt* 1) atar, liar, anudar ~ *галстук* hacer la corbata 2) *(начать)* comenzar, trabar ~ *знакомство* conocerse 3) **(с чем-л)** *coloq (с вредной привычкой)* dejar (u/c)
завязаться *perf* завязываться *impf* 1) atarse, anudarse 2) *(начаться)* comenzar, trabarse, entablarse
завязка *f* 1) *(то, чем завязывают)* cordón, cinta 2) *lit* nudo, enredo
завязнуть V. вязнуть
завязывать V. завязать
завязываться V. завязаться
завязь *f bot* ovario
завянуть V. вянуть
загадать *perf* загадывать *impf vt* 1) *(предложить для разгадки)* proponer ~ *загадку* proponer un enigma 2) *(задумать)* pensar, adivinar
загадить *perf* загаживать *impf vt* ensuciar, manchar
загадка *f* adivinanza, enigma, misterio
загадочность *f* carácter misterioso
загадочный *adj* enigmático, misterioso
загадывать V. загадать
загазованность *f* esmog
загар *m* bronceado
загасить V. гасить
загашник *m coloq* bolsillo, faltriquera
загвоздка *f coloq* obstáculo, dificultad
загиб *m* doblez
загибать V. загнуть
загибаться V. загнуться
загипнотизировать V. гипнотизировать
заглавие *n* título
заглавн|ый *adj* titular, inicial ◆ **~ая буква** mayúscula
загладить *perf* заглаживать *impf vt* 1) *(пригладить)* alisar, planchar 2) *(исправить)* corregir, reparar
заглазный *adj coloq* a espaldas, en ausencia
заглатывать V. заглотать
заглохнуть *perf vi* 1) ensordecer, apagarse 2) *(о двигателе)* pararse, calarse
заглубить *perf* заглублять *impf vt* ahondar
заглушать V. заглушить
заглушить *perf* заглушать *impf vt* ahogar, apagar ~ *голос* ahogar la voz
загляденье *n* primor, gracia
заглядывать V. заглянуть
заглядываться V. заглядеться
заглянуть *perf* заглядывать *impf vi* 1) mirar, echar una ojeada ~ *в словарь* consultar el diccionario 2) **(к кому-л)** *coloq (зайти ненадолго)* ir a ver (a alg), pasar a ver (a alg)
загнаиваться V. загноиться
загнать *perf* загонять *impf vt* 1) hacer entrar, empujar 2) *(вбить)* clavar 3) *(довести до истощения)* cansar, agotar 4) *(зверя)* acosar
загнивание *n* putrefacción
загнивать V. загнить
загнить *perf* загнивать *impf vi* pudrirse
загноиться *perf* загнаиваться *impf* comenzar a supurar
загнуть *perf* загибать *impf vt* 1) doblar, encorvar 2) *coloq (сказать что-то резкое)* soltar
загнуться *perf* загибаться *impf* 1) doblarse, encorvarse 2) *gros (умереть)* morir **заговаривать** V. заговорить
заговариваться V. заговориться
заговенье *n relig* víspera del ayuno

заговор *m* conspiración, complot
заговорить[1] *perf* заговаривать *impf vt (начать говорить)* comenzar a hablar
заговорить[2] *perf* заговаривать *impf vt (заколдовать)* hechizar
заговориться *perf* заговариваться *impf* hablar desmesuradamente
заговорщик *m* conspirador
загогулина *f vulg* garabato
загодя *adv vulg* de antemano
заголовок *m* título, encabezamiento
загон *m* 1) *(действие)* acoso, acorralamiento 2) *(огороженное место)* corral
загонщик *m* acosador
загонять V. загнать
загораживать V. загородить
загорать V. загореть
загораться V. загореться
загорелый *adj* tostado, bronceado
загореть *perf* загорать *impf vi* tomar el sol, broncearse
загореться *perf* загораться *impf* 1) encenderse, incendiarse 2) *(заблестеть)* encenderse, brillar
загород *m* afueras de ciudad
загородить *perf* загораживать *impf vt* 1) obstruir 2) *(заслонить)* cubrir
загородка *f* tabique
загородный *adj* de las afueras ~ *дом* casa de campo
заготавливать V. заготовить
заготовитель *m* acopiador
заготовительный *adj* de acopio, de abastecimiento
заготовить *impf* заготовлять *perf vt* 1) preparar de antemano 2) *(создать запас)* acopiar, preparar
заготовка *f* 1) *(действие)* abastecimiento, acopio 2) *(неготовое изделие)* pieza
заготовление *n* abastecimiento, acopio
заготовщик V. заготовитель
заграбастать *perf* заграбастывать *impf vt coloq* apropiarse (de u/c), acaparar
заграбастывать V. заграбастать
заградительный *adj* de barrera
заградить *perf* заграждать *impf vt* barrear, bloquear
заграждение *n* barrera
заграница *f* extranjero
заграничный *adj coloq* extranjero
загранка *f coloq* comisión de servicio al extranjero
загребать V. загрести
загребной **1.** *adj nav* de proa **2.** *m nav* remero de proa
загребущий *adj vulg* codicioso
загреметь *perf vi* 1) *(начать греметь)* comenzar a tronar 2) *(шумно упасть)* caer estrepitosamente
загрести *perf* загребать *impf vt* 1) amontonar 2) *(веслом)* remar, bogar
загривок *m* cogote, cruz
загримировать *perf* загримировывать *impf vt* maquillar
загримироваться *perf* загримировываться *impf* maquillarse
загримировывать V. загримировать
загримировываться V. загримироваться
загробить V. гробить
загробный *adj* de ultratumba
загромождать V. загромоздить
загромоздить *perf* загромождать *impf vt* molestar, ocupar todo el espacio, estorbar
загрубеть V. грубеть
загружать V. загрузить
загруженность *f* carga
загрузить *perf* загружать *impf vt* cargar ~ *работой* cargar de trabajo
загрузка *f* carga
загрузочный *adj* de carga, cargador
загрунтовать *perf* загрунтовывать *impf vt* imprimar
загрустить V. грустить
загрызть *perf* загрызать *impf vt* 1) destrozar (a dentelladas), devorar 2) *(замучить)* atormentar
загрязнение *n* ensuciamiento, contaminación
загрязнённость *f* contaminación
загрязнённый *adj* contaminado
загрязнитель *m* contaminador
загрязнить *perf* загрязнять *impf vt* ensuciar, contaminar
загрязниться *perf* загрязняться *impf* ensuciarse, contaminarse
загрязнять V. загрязнить
загрязняться V. загрязниться
загс *m* registro civil
загубить *perf vt* 1) *coloq* llevar a la muerte 2) *(зря потратить)* malgastar, derrochar
загул *m* parranda, juerga
загулять *perf* загуливать *impf vi* parrandear, ir de juerga
загустеть V. густеть
загустить *perf vt* espesar, densar
зад *m* 1) *(задняя сторона)* parte posterior 2) *(часть туловища)* culo, trasero
задабривать V. задобрить
задавать V. задать
задаваться V. задаться
задавить *perf* задавливать *impf vt* aplastar, prensar
задание *n* misión, tarea
задарма V. задаром
задаром *adv* por nada, de balde
задатки *mpl* dotes, inclinación
задаток *m* anticipo
задать *perf* задавать *impf vt* 1) dar ~ *уроки* dar deberes 2) *obsol (устроить)* organizar
задаться *perf* задаваться *impf* (**чем-л**) proponerse (u/c) ~ *целью* ponerse como objetivo
задач|а *f* 1) tarea, misión *выполнить ~у* cumplir la misión 2) *(цель)* objetivo, fin 3) *mat* problema *решить ~у* resolver el problema
задачник *m* manual de ejercicios
задвигать V. задвинуть
задвигаться V. задвинуться
задвижка *f* cerrojo, pestillo
задвинуть *perf* задвигать *impf vt* meter, cerrar
задворк|и *fpl* patio trasero ◆ **на ~ах** en el último plano
задевать V. задеть
задеваться *perf* perderse
задействовать *perf vt* poner en funcionamiento
задекорировать V. декорировать
задел *m* reserva

заделать *perf* заделывать *impf vt* tapar, cerrar
заделаться *perf* заделываться *impf* **(кем-л)** *vulg* hacerse (alguien)
заделывать V. заделать
заделываться V. заделаться
задеревенеть *perf vi* entumecer
задержание *n* 1) *(действие)* detención 2) *(арест)* arresto, detención
задержать *perf* задерживать *impf vt* 1) retener, detener 2) *(приостановить)* atrasar, demorar 3)*(арестовать)* arrestar
задержаться *perf* задерживаться *impf* detenerse, demorarse
задерживать V. задержать
задерживаться V. задержаться
задержка *f* demora, retraso, tardanza
задеть *perf* задевать *impf vt* 1) rozar, tocar ~ *рукой* rozar con la mano 2) *(затронуть чувство)* excitar, rozar, herir ~ *самолюбие* herir el amor propio 3) *(обидеть)* ofender
задёргать V. дёргать
задёргаться V. дёргаться
задёрнуть *perf* задёргивать *impf vt* correr, cerrar ~ *шторы* correr las cortinas
задира *m/f* camorrista, pele|ón, -ona
задирать V. задрать
задираться V. задраться
задиристый *adj* camorrista, pendenciero
задний *adj* trasero, posterior ~ *ход* marcha atrás
задник *m* parte posterior
задница *f vulg* nalgas, trasero, culo
задобрить *perf* задабривать *impf vt* adular, halagar
задок *m obsol* parte posterior
задолго *adv* mucho tiempo antes
задолжать *perf vt* endeudarse
задолженность *f* deuda
задом *adv* hacia atrás, a reculones
задор *m* ardor, fervor, pasión
задорный *adj* fogoso, ferviente
задохнуться *perf* задыхаться *impf* asfixiarse, ahogarse
задраить *perf* задраивать *impf vt nav* cerrar herméticamente
задраивать V. задраить
задрать *perf* задирать *impf vt* 1) levantar, alzar ~ *голову* alzar la cabeza 2) *(о хищнике)* degollar
задраться *perf* задираться *impf* levantarse, subirse
задремать V. дремать
задрипанный *adj* andrajoso, harapiento
задрожать V. дрожать
задувать V. задуть
задумать *perf* задумывать *impf vt* 1) tener una idea, decidir 2) *(загадать)* pensar
задуматься *perf* задумываться *impf* 1) reflexionar, meditar 2) *(заколебаться)* titubear, vacilar
задумка *f coloq* idea
задумчивость *f* meditación, reflexión
задумчивый *adj* pensativo, meditabundo
задумывать V. задумать
задумываться V. задуматься
задурить *perf* задуривать *impf vt* 1) hacer perder la cabeza 2) *(начать делать глупости)* comenzar a tontear
задуть *perf* задувать *impf vt* 1) *(погасить)* apagar ~ *свечу* apagar una vela 2) *tecn (разжечь)* encender 3) *(начать дуть)* comenzar a soplar
задушевность *f* cordialidad, amabilidad, intimidad
задушевный *adj* cordial, amable, íntimo
задушить V. душить
задымить *perf vt* 1) *(закоптить)* ahumar 2) *(начать дымить)* comenzar a humear
задымиться *perf* 1) *(закоптиться)* ahumarse 2) *(начать дымиться)* comenzar a humear
задыхаться V. задохнуться
задышать *perf vi* comenzar a respirar
заедать V. заесть
заезд *m* visita, parada
заездить *perf* заезживать *impf vt* 1) *(измучить ездой)* agotar, deslomar 2) *(измучить чем-либо тяжелым)* cansar, agotar
заезжать V. заехать
заезжий *adj* de paso, pasajero
зае|сть *perf* заедать *impf* **1.** *vt* 1) *(загрызть)* devorar 2) **(чем-л)** *(закусить)* tomar (con alg) *~сть лекарство сахаром* tomar la medicina con azúcar **2.** *v/impers (зажать)* trabarse, bloquearse *колесо ~ло* la rueda se ha trabado
заесться *perf* заедаться *impf* volverse un glotón
заехать *perf* заезжать *impf vi* 1) **(куда-л)** *(по пути куда-л.)* pasar (por u/c) ~ *в магазин по пути домой* pasar por la tienda de camino a casa 2) **(к кому-л)** *(к кому-л. ненадолго)* hacer una visita (a alg), ir a ver (a alg) ~ *к приятелю* ir a ver a un amigo 3) **(за кем/чем-л)** *(приехать, чтобы забрать)* ir, venir (por alg o u/c), recoger *мне нужно ~ за братом* tengo que recoger a mi hermano 4) *(уехать далеко)* ir (lejos) 5) **(кому-л)** *coloq (ударить)* golpear
заём *m* préstamo, crédito
заёмный *adj econ* de empréstito, de crédito
заёмщик *m* deudor
зажарить V. жарить
зажариться V. жариться
зажать *perf* зажимать *impf vt* 1) *(стиснуть)* apretar 2) *(плотно закрыть)* tapar, cerrar
заждаться *perf* cansarse de esperar
зажечь *perf* зажигать *impf vt* 1) encender 2) *(воспламенить)* enardecer
зажечься *perf* зажигаться *impf* encenderse, inflamarse, incendiarse
заживать V. зажить
заживо *adv* en vivo, a lo vivo
зажигалка *f* encendedor, mechero
зажигание *n* encendido
зажигательный *adj* 1) incendiario 2) *(пламенный)* ardiente, ferviente
зажигать V. зажечь
зажигаться V. зажечься
зажилить *perf* зажиливать *impf vt coloq* acaparar, apropiarse (de u/c)
зажим *m* 1) apretamiento, presión 2) *(приспособление)* borne
зажимать V. зажать
зажиточность *f* bienestar, comodidad
зажиточный *adj* acomodado, bienestante
зажить[1] *perf* заживать *impf vi (начать жить)* empezar a vivir

зажить[2] *perf* заживать *impf vi (о ране)* cicatrizar, cicatrizarse
зажиться *perf* vivir demasiado, vivir muchos años
зажмурить V. жмурить
зажмуриться V. жмуриться
зажурчать *perf vi* comenzar a susurrar
зазвать *perf* зазывать *impf vt* invitar
зазвенеть *perf vi* comenzar a sonar
зазвонить *perf vi* comenzar a sonar
зазвучать *perf vi* comenzar a resonar
зазеваться *perf* estar con la boca abierta, demorarse
зазеленеть *perf vi* comenzar a verdecer
заземлить *perf* заземлять *impf vt* tomar tierra
заземлять V. заземлить
зазнайка *m/f* engreíd|o, -a, presuntuos|o, -a
зазнайство *n* presunción
зазнаться *perf* зазнаваться *impf* hacerse presuntuoso
зазноба *f elev* novia, pareja
зазор *m tecn* margen, holgura
зазорный *adj* vergonzoso
зазрени|е *n* remordimiento *без ~я совести* sin vergüenza
зазубренный *adj coloq* aprendido, empollado
зазубрить *perf* зазубривать *impf vt coloq* aprender, empollar
зазывала *m/f* pregonero, voceador
зазывать V. зазвать
заиграть *perf vt* 1) *(начать играть)* comenzar a jugar, comenzar a tocar 2) *(истрепать)* estropear
заиграться *perf* заигрываться *impf* abandonarse al juego
заигрывать *impf vi* flirtear
заигрываться V. заиграться
заика *m/f* tartamud|o, -a
заикание *n* tartamudez
заикаться *impf* tartamudear
заикну|ться *perf* (**о чём-л**) mencionar, hacer mención (de u/c) *он ~лся об отдыхе* hizo mención del descanso
заиметь *perf vt* tener, pasar a tener
заимодавец *m hist* acreedor, prestamista
заимствование *n* 1) *(действие)* copiamiento, adopción 2) *(то, что заимствовано)* préstamo
заимствовать *biasp vt* adoptar, apropiarse (de u/c)
заиндеветь *perf vi* escarchar, helarse
заинтересованность *f* interés
заинтересованный *adj* interesado
заинтересовать *perf* заинтересовывать *impf vt* interesar
заинтересоваться *perf* заинтересовываться *impf* (**кем/чем-л**) interesarse (por alg o u/c)
заинтересовывать V. заинтересовать
заинтересовываться V. заинтересоваться
заинтриговать *perf vt* intrigar
заинька *f dimin-afect* cielito, cariño
заискивать *impf vi* obsequiar, adular
зайка V. заяц
займовый *adj econ* de empréstito, de préstamo
займодавец *m jur* acreedor, prestamista
займодержатель *m jur* portador de empréstito
зайти *perf* заходить *impf vi* 1) pasar, entrar 2) *(уйти далеко)* ir (lejos) 3) *(о солнце)* ponerse
зайтись *perf* заходиться *impf* 1) *(онеметь)* insensibilizarse 2) *(от смеха, плача)* ahogarse
зайчатина *f* carne de liebre
зайчик *m* 1) *dimin. de* заяц 2) *coloq (солнечный)* reflejo del sol
зайчиха *f* liebre
зайчонок *m* liebrecilla
закабаление *n* esclavización
закабалить *perf* закабалять *impf vt* esclavizar
закабалять V. закабалить
закавыка *f* 1) *coloq (препятствие)* obstáculo 2) *coloq (хитрость)* astucia
закадычный *adj* : ~ друг amigo íntimo
заказ *m* encargo
заказать *perf* заказывать *impf vt* encargar
заказник *m* área protegida
заказн|ой *adj* por encargo ♦ **~ое письмо** carta certificada
заказчик *m* cliente
заказывать V. заказать
закал *m* temple ♦ **старого ~а** chapado a la antigua
закаливание *m* temple
закалить *perf* закалять *impf vt* 1) *(придать большую твёрдость)* templar 2) *(укрепить)* templar, fortalecer
закалиться *perf* закаливаться *impf* 1) *(о стали)* estar templado 2) *(стать стойким)* templarse, endurecerse
закалка *f* temple
закалывать V. заколоть
закалять V. закалить
закаляться V. закалиться
закамуфлировать V. камуфлировать
заканчивать V. закончить
заканчиваться V. закончиться
закапать *perf* закапывать *impf vt/i* 1) *(начать капать)* comenzar a gotear 2) *(запачкать каплями)* manchar con gotas 3) *(ввести по капле)* introducir a gotas
закапывать V. закапать
закармливать V. закормить
закат *m* ocaso, puesta de sol
закатать *perf* закатывать *impf vt* 1) envolver, enrollar 2) *(сровнять с землёй)* apisonar, aplanar 3) *(рукава)* remangar
закатить *perf* закатывать *impf vt* 1) *(вкатить)* hacer rodar 2) *coloq (устроить)* armar, organizar
закатиться *perf* закатываться *impf* 1) rodar 2) *(о небесном светиле)* ponerse
закатный *adj* poniente
закатывать V. закатать
закатываться V. закатиться
закачать *perf* закачивать *impf vt informát* descargar
закачаться *perf* закачиваться *impf* 1) *(начать качаться)* comenzar a balancearse 2) *informát* descargarse
закачивать V. закачать
заквасить *perf* заквашивать *impf vt* hacer fermentar
закваска *f* 1) levadura, fermento 2) *(закалка, принципы)* principios
закидать *perf* закидывать *impf vt* llenar, cubrir ~ *цветами* cubrir de flores
закидывать V. закидать

закинуть *perf* закидывать *impf vt* 1) echar, lanzar 2) *(подняв, придать другое положение)* echar arriba, echar hacia atrás ~ *голову* echar la cabeza hacia atrás ◆ ~ **удочку** sondear el terreno
закипать V. закипеть
закипеть *perf* закипать *impf vi* 1) comenzar a hervir 2) *(бурно проявиться)* bullir
закиснуть *perf* закисать *impf vi* agriarse, fermentar
закись *f quím* protóxido
заклад *m obsol* fianza
закладка *f* señal, marca
закладная *f obsol* letra de préstamo
закладной *adj obsol* de fianza
закладывать V. заложить
заклание *n* sacrificio
заклевать *perf* заклёвывать *impf vt* matar a picotazos
заклеивать V. заклеить
заклеить *perf* заклеивать *impf vt* encolar, pegar
заклеймить V. клеймить
заклёпка *f* 1) *(действие)* remachado 2) *(предмет)* remache
заклинание *n* conjuro, encantamiento
заклинатель *m* encantador
заклинать *impf* заклясть *perf vt* 1) encantar, hechizar 2) *(умолять)* suplicar
заклинить *perf* **1.** *vt (вбить клин)* clavar una cuña **2.** *v/impers (застрять)* paralizarse
заклубиться V. клубиться
заключать V. заключить
заключаться *impf* 1) **(в чём-л)** *(состоять)* consistir (en u/c) 2) **(в чём-л)** *(находиться)* encontrarse (en u/c), estar (en u/c)
заключение *n* 1) conclusión 2) *(лишение свободы)* reclusión, encarcelamiento 3) *(договора)* conclusión 4) *(завершение)* conclusión
заключённая *f* presa, prisionera
заключённый *m* preso, recluso
заключительный *adj* final
заключить *perf* заключать *impf vt* 1) recluir ~ *в тюрьму* encarcelar 2) *(договор)* firmar, celebrar 3) *(сделать вывод)* deducir 4) *(завершить)* finalizar, terminar
заклясться *perf* jurar (no hacer más)
заклятие *n* 1) *(заклинание)* conjuro, encantamiento 2) *(клятва)* juramento
заклятый *adj* jurado ~ *враг* enemigo acérrimo
заковать *perf* заковывать *impf vt* 1) encadenar 2) *(реку льдом)* cubrir de hielo
заковыристый *adj vulg* dificil, complicado
закодировать V. кодировать
заколачивать V. заколотить
заколдовать *perf* заколдовывать *impf vt* encantar, hechizar
заколка *f* horquilla
заколотить *perf* заколачивать *impf vt* 1) *(вбить)* clavar, meter 2) *(забить гвоздями)* cerrar, tapiar
заколоть *perf* закалывать *impf vt* 1) apuñalar, acuchillar 2) *(закрепить чем-либо острым)* prender, clavar
закольцевать V. кольцевать
закомпостировать V. компостировать
закон *m* ley *нарушить* ~ infringir la ley
законник *m coloq* legista
законность *f* legalidad, legitimidad
законный *adj* legal, legítimo
законовед *m* jurista, jurisconsulto
законодатель *m* legislador
законодательн|ый *adj* legislativo ~*ая власть* poder legislativo
законодательство *n* legislación
закономерность *f* conformidad con la ley
закономерный *adj* conforme a la ley, regular, natural
законоположение *n jur* ley
законопроект *m jur* proyecto de ley
законсервировать V. консервировать
законспектировать V. конспектировать
законспирировать V. конспирировать
законченность *f* perfección, culminación
законченный *adj* acabado, completo
закончить *perf* заканчивать *impf vt* acabar, finalizar, concluir, terminar
закончиться *perf* заканчиваться *impf* terminarse, acabarse, concluir, finalizar
закопать *perf* закапывать *impf vt* 1) enterrar 2) *(засыпать)* llenar de tierra
закопаться *perf* закапываться *impf* enterrarse
закоптелый *adj* cubierto de hollín
закоптеть *impf vi* cubrirse de hollín
закоптить V. коптить
закоренелый *adj* empedernido, tenaz, crónico
закорк|и (*gen* –ок) *fpl coloq* hombros *на ~ах* a hombros
закормить *perf* закармливать *impf vt* hartar
закорючка *f* garabato
закоснеть *perf vi* estancarse, inveterarse
закостенелый *adj* tieso, rígido, duro
закостенеть *perf vt* helarse, ponerse tieso
закоулок *m* 1) *(переулок)* callejón 2) *coloq (потаённый уголок)* rincón escondido
закоченеть V. коченеть
закрадываться V. закрасться
закрасить *perf* закрашивать *impf vt* pintar
закрасться *perf* закрадываться *impf* deslizarse, colarse
закрепить *perf* закреплять *perf vt* 1) fijar, sujetar 2) *(сделать устойчивым)* consolidar, reforzar
закрепиться *perf* закрепляться *impf* 1) fijarse, sujetarse 2) *mil (укрепиться)* fortificarse
закрепление *n* fijación
закреплять V. закрепить
закрепляться V. закрепиться
закрепостить *perf* закрепощать *impf vt obsol* esclavizar
закричать V. кричать
закроить *perf* закраивать *impf vt* cortar
закройщик *m* cortador
закром *m agric* granero, troj
закругление *n* 1) *(действие)* redondeo 2) *(линия)* curva
закруглённый *adj* redondeado
закруглить *perf* закруглять *impf vt* redondear
закруглиться *perf* закругляться *impf* 1) redondearse 2) *coloq (закончить)* terminar, acabar
закругляться V. закруглиться
закружить *perf vt (начать кружить)* comenzar a girar, comenzar a dar vueltas
закружиться *perf* 1) *(начать кружиться)* comenzar a girar, comenzar a dar vueltas 2) *(о голове)* marearse

закрутить *perf* закручивать *impf vt* 1) torcer, retorcer 2) *(завинтить)* atornillar 3) *(намотать)* enrollar
закрутиться V. крутиться
закрутка *f* retorcido
закручивать V. закрутить
закрывать V. закрыть
закрываться V. закрыться
закрытие *n* cierre, clausura
закрытый *adj* 1) cerrado 2) *(для узкого круга лиц)* restringido, cerrado
закрыть *perf* закрывать *impf vt* 1) cerrar ~ *на ключ* cerrar con llave 2) *(в помещении)* encerrar 3) *(покрыть)* cubrir, tapar
закрыться *perf* закрываться *impf* 1) cerrarse 2) *(изнутри)* encerrarse
закулисный *adj* 1) *teat* entre bastidores 2) *(тайный)* secreto, oculto
закупать V. закупить
закупить *perf* закупать *impf vt* comprar
закупка *f* compra
закупоривать V. закупорить
закупорить *perf* закупоривать *impf vt* cerrar, tapar, taponar
закупориться *perf* закупориваться *impf* cerrarse, taparse
закупорка *f* taponamiento
закупочный *adj* de compra
закуривать V. закурить
закурить *perf* закуривать *impf vt (начать курить)* comenzar a fumar
закусить[1] *perf* закусывать *impf vt (крепко зажать зубами)* morder
закусить[2] *perf* закусывать *impf vt/i* 1) *(поесть немного)* comer un poco, tomar un bocado 2) (**чем-л**) *(заесть)* tomar (con u/c) ~ *водку грибами* tomar vodka con setas
закуска *f* entrante, entremés
закусочная *f* mesón, taberna
закусочный *adj* de entrante, de entremés
закусывать V. закусить
закусь *f coloq* entrante, entremés
закутать *perf* закутывать *impf vt* arropar, abrigar
закутаться *perf* закутываться *impf* abrigarse, cubrirse
закуток *m coloq* rincón escondido
закутывать V. закутать
закутываться V. закутаться
зал *m* sala, salón ~ *ожидания* sala de espera
заладить *perf vt* 1) *(твердить)* repetir 2) *(начать упорно делать)* ponerse a hacer u.c.
заладиться *perf* cuajar, funcionar
заламывать V. заломать
залатать V. латать
залаять *perf vi* comenzar a ladrar
залегание *n geol* yacimiento
залегать V. залечь
заледенелый *adj* helado, cubierto de hielo
заледенеть V. леденеть
залежалый *adj* estancado
залежаться *perf* залёживаться *impf* 1) *(о ком-либо)* estar demasiado tiempo tumbado 2) *(о товарах)* deteriorarse, echarse a perder
залежь *f* yacimiento
залезать V. залезть
залезть *perf* залезать *impf vi* 1) trepar, encaramarse, escalar 2) *(пробраться)* meterse
залепить *perf* залеплять *impf vt* 1) *(заделать)* tapar, cerrar 2) *coloq (ударить)* pegar
залетать V. залететь
залететь *perf* залетать *impf vi* 1) *(влететь)* entrar volando 2) *(взлететь высоко)* subir 3) *coloq (забеременеть)* quedar embarazada
залечивать V. залечить
залечить *perf* залечивать *impf vt* cicatrizar curando
залечиться *perf* залечиваться *impf* cicatrizar, cicatrizarse
залечь *perf* залегать *impf vi* 1) acostarse 2) *(скрытно расположиться)* esconderse 3) *geol (находиться)* yacer
залёживаться V. залежаться
залётный *adj* 1) *(случайно прилетевший)* de paso, ocasional 2) *poét (удалой)* gallardo, bizarro
залив *m geogr* golfo
заливать V. залить
заливаться V. залиться
заливистый *adj* aflautado, sonoro
заливка *f* vertimiento
заливн|ой *adj* 1) *(затопляемый в половодье)* inundable *~ой луг* prado inundable 2) *(о кушанье)* de áspic *~ая рыба* pescado en áspic
зализать *perf* зализывать *impf vt* 1) lamer ~ *рану* lamer la herida 2) *coloq (волосы)* alisar
зализывать V. зализать
залить *perf* заливать *impf vt* 1) *(затопить)* inundar 2) *(испачкать жидким)* manchar, derramar 3) *(покрыть затвердевающим)* cubrir 4) *(налить)* echar, verter
залиться *perf* заливаться *impf* **1.** 1) *(покрыться водой)* inundarse 2) *(испачкаться жидкостью)* mancharse 3) *(налиться)* verterse 4) *coloq (напиться)* emborracharse 5) *(начать издавать звуки)* comenzar a gritar ~ *смехом* comenzar a reírse
залихватский *adj* gallardo, bravo, atrevido
залог *m* 1) empeño, fianza, hipoteca 2) *ling* voz
залоговый *adj* de empeño
заложить *perf* закладывать *impf vt* 1) poner, colocar, meter 2) *(загромоздить)* amontonar 3) *(отдать в залог)* empeñar ◆ ~ **за воротник** emborracharse
заложни|к, -ца *m/f* rehén
залом *m* alosa kessleri
заломить *perf* заламывать *impf vt* 1) romper ~ *ветку* romper una rama 2) *(согнув, откинуть вверх)* echar hacia atrás ◆ ~ **цену** pedir una suma de dinero demasiado elevada
залп *m* salva
залповый *adj* de salvas
залпом *adv* 1) *(о стрельбе)* de un golpe 2) *(одним махом)* de un tirón *выпить* ~ beber de un trago
залупиться *perf* залупаться *impf coloq* ser insolente, ponerse borde
залысина *f* entrada (en el pelo)
заляпать *perf* заляпывать *impf vt coloq* manchar
зам *m* V. заместитель
замазать *perf* замазывать *impf vt* cubrir, enmasillar

замазка *f* masilla
замазывать V. замазать
замаливать V. замолить
замалчивание *n* omisión
замалчивать V. замолчать
заманивать V. заманить
заманить *perf* заманивать *impf vt* atraer, engatusar, entruchar
заманчивый *adj* atrayente, seductor
замарать V. марать
замараться V. мараться
замарашка *m/f coloq* puerc|o, -a
замариновать V. мариновать
замаскировать V. маскировать
замаскироваться V. маскироваться
замаслить *perf* замасливать *impf vt* engrasar, untar
замаслиться *perf* замасливаться *impf* mancharse de grasa
заматерелый *adj* empedernido, sin remedio
заматывать V. замотать
заматываться V. замотаться
замахать *perf vt* comenzar a agitar
замахиваться V. замахнуться
замахнуться *perf* замахиваться *impf* levantar ~ *рукой* levantar la mano
замашка *f coloq peyor* maneras, hábito
замаяться *perf* estar cansado
замедление *n* 1) ralentización, desaceleración 2) *(задержка)* demora, tardanza
замедлить *perf* замедлять *impf vt* disminuir, demorar, frenar
замедлиться *perf* замедляться *impf* demorarse
замедлять V. замедлить
замедляться V. замедлиться
замена *f* sustitución, cambio
заменитель *m* sustituto, sucedáneo
заменить *perf* заменять *impf vt* sustituir, reemplazar
заменять V. заменить
замер *m* medición
замереть *perf* замирать *impf vi* 1) quedarse inmóvil, quedarse petrificado 2) *(затихнуть)* cesar, parar, extinguirse
замерзание *n* congelación, solidificación
замерзать *impf* замёрзнуть *perf vi* congelarse, helarse
замерить *perf* замерять *impf vt* medir
замертво *adv* medio muerto
замерять V. замерить
замес *m* 1) mezcla 2) *coloq (драка)* pelea
замесить *perf* замешивать *impf vt* preparar (una masa)
замести *perf* заметать *impf vt* 1) barrer 2) *(закрыть чем-то сыпучим)* cubrir
заместитель *m* sustituto, suplente ~ *директора* director adjunto, subdirector
заместить *perf* замещать *impf vt* reemplazar, suplir, sustituir
заметать V. замести
заметаться *perf* comenzar a agitarse
заметить *perf* замечать *impf vt* 1) advertir, darse cuenta 2) *(запомнить)* notar, señalar 3) *(сказать)* decir, hacer notar
заметка *f* 1) apunte, nota 2) *(метка)* marca
заметный *adj* 1) *(видимый)* visible, perceptible 2) *(ощутимый)* manifiesto, considerable 3) *(выдающийся)* notable, famoso
замечание *n* 1) advertencia, amonestación *сделать* ~ hacer una advertencia, llamar la atención 2) *(пояснение)* observación, nota
замечательно *adv* maravillosamente, notablemente
замечательный *adj* admirable, excelente, notable
замечать V. заметить
замешательство *n* confusión, desconcierto *привести в* ~ confundir
замешать *perf* замешивать *impf vt* mezclar, envolver
замешивать V. замешать
замешкать V. мешкать
замешкаться V. замешкаться
замешкать *perf vi* V. замешкаться
замешкаться *perf* tardar, atrasarse
замещать V. заместить
замещение *n* sustitución
замёрзнуть *perf* замерзать *impf vi* helarse, congelarse
замёрзший *adj* helado
замётано *partic coloq* de acuerdo
заминать V. замять
заминаться V. замяться
заминировать V. минировать
заминка *f* tropiezo, pausa
замирание *n* amortiguamiento, amortecimiento
замирать V. замереть
замирить *perf* замирять *impf vt obsol* apaciguar, pacificar
замириться *perf* замиряться *impf obsol* apaciguarse, pacificar
замкнутость *f* retiro, aislamiento
замкнутый *adj* 1) aislado, cerrado 2) *(необщительный)* reservado 3) *(сомкнутый)* cerrado
замкнуть *perf* замыкать *impf vt* 1) *(закрыть)* cerrar ~ *дверь* cerrar la puerta 2) *(соединить)* cerrar
замкнуться *perf* замыкаться *impf* 1) *(закрыться)* cerrarse 2) *(соединиться)* cerrarse 3) *(обособиться от всех)* ensimismarse, abstraerse
замковый *adj* de castillo
замогильный *adj* de ultratumba
замок *m* castillo
замок *m* cerradura, candado
замолвить *perf vt* decir (algo enfavor de alguien) ~ *словечко о ком-л* hablar en favor de alguien
замолкать V. замолкнуть
замолкнуть *perf* замолкать *impf vi* 1) *(замолчать)* callarse 2) *(о звуке)* cesar
замолчать V. молчать
замор *m biol* muerte masiva de peces
замораживание *n* congelación
замораживать V. заморозить
замордовать *perf vt* fatigar, agotar, cansar
заморить *perf* замаривать *impf vt* 1) matar, hacer morir 2) *(измучить)* extenuar, fatigar ♦ ~ **червячка** matar el gusanillo
замориться *perf* замариваться *impf* extenuarse, fatigarse
заморозить *perf* замораживать *impf vt* congelar, helar
заморозка *f* congelación
заморозка *f* helada

заморочить V. морочить
заморский *adj obsol* extranjero
заморыш *m coloq* alfeñique
замостить V. мостить
замотанный *adj coloq* cansado, fatigado
замотать *perf* заматывать *impf vt* 1) enrollar, envolver 2) *coloq (измучить)* fatigar, cansar, agotar
замотаться *perf* заматываться *impf* 1) enrollarse, envolverse 2) *coloq (измучиться)* fatigarse, cansarse, agotarse
замочить V. мочить
замочный *adj* de cerradura
замполит *m mil abrev* comisario político
замуж *adv* : выходить ~ casarse (referido a la mujer)
замужем *adv* : быть ~ estar casada (referido a la mujer)
замужество *n* matrimonio (referido a la esposa)
замужняя *adj* casada ~ *женщина* mujer casada
замуровать *perf* замуровывать *impf vt* 1) *(отверстие)* cegar (un orificio) 2) *(в стене)* emparedar
замуровывать V. замуровать
замуслить *perf* замусливать *impf vt vulg* ensuciar
замусолить *perf* замусоливать *impf vt* ensuciar, manchar
замусорить *perf* замусоривать *impf vt coloq* ensuciar, emporcar
замутить V. мутить
замутиться V. мутиться
замучить V. мучить
замучиться V. мучиться
замша *f* ante, gamuza
замшевый *adj* de ante, de gamuza
замшелый *adj* mohoso
замшеть *perf vi* enmohecerse
замызгать *perf* замызгивать *impf vt coloq* ensuciar
замыкание *n* cierre ◆ **короткое** ~ *electr* cortocircuito
замыкать V. замкнуть
замыкаться V. замкнуться
замысел *m* idea, proyecto
замыслить *perf* замышлять *impf vt* proyectar, planear, idear
замысловатый *adj* complicado, difícil
замыть *perf* замывать *impf vt coloq* lavar, limpiar
замышлять V. замыслить
замять *perf* заминать *impf vt* 1) *coloq (смять)* arrugar, estrujar 2) *coloq (пресечь)* cortar, tapar
замяться *perf* заминаться *impf* vacilar, turbarse
занавес *f* cortina, telón ◆ **железный** ~ *hist* telón de acero
занавесить *perf* занавешивать *impf vt* cubrir (con cortinas)
занавеска *f* cortina
заначка *f* 1) *coloq (тайник)* escondrijo 2) *coloq (запас)* ahorros (escondidos)
занашивать V. заносить
занашиваться V. заноситься
занемогать V. занемочь
занемочь *perf* занемогать *impf vi* caer enfermo
занесение *n* introducción, inclusión
занести *perf* заносить *impf vt* 1) traer, llevar ~ *болезнь* traer una infección 2) *(записать)* inscribir
занижать V. занизить
занижение *n* disminución, reducción
занизить *perf* занижать *impf vt* rebajar, reducir
занимательность *f* interés
занимательный *adj* interesante, entretenido
занимать V. занять
заниматься *impf* 1) V. заняться 2) **(кем/чем-л)** *(умственным трудом)* estudiar, trabajar (en u/c) ~ *перед экзаменом* estudiar antes de un examen
заново *adv* de nuevo
заноза *f* astilla, rancajo
занозистый *adj coloq (надоедливый)* pesado, fatigoso
занозить *perf vt* clavarse una astilla
занос *m* 1) *(масса чего-либо сыпучего)* montón, pila 2) *(скольжение в сторону)* derrape
заносить V. занести
заноситься V. занестись
заносчивость *f* arrogancia, altanería, altivez
заносчивый *adj* arrogante, altivo
заночевать V. ночевать
зануда *m/f coloq* plomo, pelmaz|o, -a
занудливый V. занудный
занудный *adj* fastidioso, pesado
занудство *n* fastidio, incordio
занумеровать *perf* занумеровывать *impf vt* numerar
занюханный *adj vulg* ajado, lacio
занят|ие *n* 1) ocupación 2) *(работа)* trabajo *род ~ий* clase de trabajo, ocupación 3) *(урок)* clase
занятный *adj coloq* interesante, entretenido
занятой *adj* ocupado
занятость *f* empleo, ocupación
занятый *adj* ocupado, atareado
занять *perf* занимать *impf vt* 1) ocupar, llenar 2) *(овладеть)* tomar, ocupar 3) *(взять в долг)* tomar prestado 4) *(развлечь)* entretener, distraer
заняться *perf* заниматься *impf* 1) **(кем/чем-л)** ocuparse (de alg o u/c), dedicarse (a alg o u/c), practicar ~ *спортом* practicar deporte 2) **(кем/чем-л)** *(интересоваться)* interesarse (por alg o u/c)
заоблачный *adj* 1) *(находящийся над облаками)* por encima de las nubes 2) *(фантастический)* fantástico
заодно *adv* 1) **(с чем-л)** *(единодушно)* de acuerdo (con u/c) 2) *(кстати, попутно)* al mismo tiempo, de paso ◆ **быть заодно** estar de acuerdo
заокеанский *adj* transoceánico
заострить *perf* заострять *impf vt* 1) afilar 2) *(обратить внимание)* acentuar, subrayar
заострять V. заострить
заочник *m acad* estudiante no presencial
заочный *adj acad* no presencial, a distancia
запад *m* oeste, occidente
западать V. запасть
западнее *adv* más al oeste
западник *m* occidentalista
западнический *adj* occidentalista
западничество *m* occidentalismo
западный *adj* del oeste, occidental
западня *f* trampa, cepo

запаздывать V. запоздать
запаивать V. запаять
запайка *f* soldadura
запаковать V. паковать
запакостить *perf vt vulg* ensuciar
запал *m mil* estopín
запалить *perf* запаливать *impf vt* encender, inflamar, prender fuego
запальный *adj mil* fulminante
запальчивость *f* vehemencia, fogosidad
запальчивый *adj* vehemente, fogoso
запамятовать *perf vt obsol vulg* olvidar
запаниковать V. паниковать
запарить *perf* запаривать *impf vt* 1) *(обработать паром)* elaborar con vapor 2) *coloq (измучить)* fatigar, cansar
запариться *perf* запариваться *impf* 1) *(быть обработанным паром)* elaborarse con vapor 2) *coloq (измучиться)* fatigarse, agotarse
запарка *f coloq* ajetreo
запаршиветь V. паршиветь
запарывать V. запороть
запас *m* reserva, fondo
запасать V. запасти
запасаться V. запастись
запасливый *adj* ahorrador, económico
запасник *m* 1) *(в музее)* fondo de reserva 2) *mil coloq* reservista
запасной *adj* de recambio, de repuesto
запасти *perf* запасать *impf vt* abastecer, proveer, abastar
запастись *perf* запасаться *impf* proveerse, aprovisionarse
запасть *perf* западать *impf vi* 1) entrar, penetrar, hundirse 2) *(запечатлеться)* grabarse
запатентовать *perf* запатентовывать *impf vt* patentar
запатентовывать V. запатентовать
запах *m* olor, fragancia
запахать *perf* запахивать *impf vt* arar, labrar
запахнуть *perf vi* empezar a oler
запачкать V. пачкать
запачкаться V. пачкаться
запаять *perf* запаивать *impf vt* soldar
запев *m* entonación
запевала *m/f* entonador
запевать V. запеть
запевка *f* V. запев
запеканка *f* zapekanka (especie de pudin)
запекать V. запечь
запекаться V. запечься
запеленать V. пеленать
запеленговать V. пеленговать
запереть *perf* запирать *impf vt* cerrar, encerrar
запереться *perf* запираться *impf* encerrarse ~ *в комнате* encerrarse en la habitación
запеть *perf* запевать *impf vt (начать петь)* comenzar a cantar
запечатать *perf* запечатывать *impf vt* sellar
запечатлевать V. запечатлеть
запечатлеваться V. запечатлеться
запечатлеть *perf* запечатлевать *impf vt* 1) *(воспроизвести)* reproducir 2) *(сохранить в памяти)* grabar
запечатлеться *perf* запечатлеваться *impf* grabarse, quedar grabado ~ *в памяти* grabarse en la memoria
запечатывать V. запечатать
запечный *adj* de detrás del horno
запечь *perf* запекать *impf vt* cocer
запечься *perf* запекаться *impf* cocerse
запивать V. запить
запинаться V. запнуться
запинка *f* tropiezo
запирательство *n* denegación, obstinación (en negar algo)
запирать V. запереть
запираться V. запереться
записать *perf* записывать *impf vt* 1) anotar, apuntar ~ *номер телефона* anotar un número de teléfono 2) *(внести)* inscribir 3) *(звук)* grabar
записаться *perf* записываться *impf* inscribirse
записка *f* nota
записной *adj* de notas, para notas
записывать V. записать
записываться V. записаться
запись *f* 1) inscripción, registro 2) *(звука)* grabación
запить *perf* запивать *impf vt* 1) **(чем-л)** tomar (con u/c) ~ *лекарство водой* tomar la medicina con agua 2) *(начать пьянствовать)* darse a la bebida, comenzar a beber
запихать *perf* запихивать *impf vt* meter, embutir
запихивать V. запихать
запихнуть *perf vt* meter, embutir
заплаканный *adj* lloroso, que ha llorado
заплакать V. плакать
запланировать V. планировать
заплата *f* pieza, remiendo
заплатить V. платить
заплатка *f* remiendo
заплевать *perf* заплёвывать *impf vt* cubrir de escupitajos
заплескать *perf* заплёскивать *impf vt* salpicar
заплесневелый *adj* mohoso
заплесневеть V. плесневеть
заплести *perf* заплетать *impf vt* trenzar, entrelazar ~ *косу* hacer una trenza
заплетаться V. заплестись
заплечный *adj* que está detrás de los hombros
запломбировать V. пломбировать
заплыв *m sport* prueba de natación
заплывать V. заплыть
заплыть *perf* заплывать *impf vi* nadar, ir nadando (lejos)
заповедать *perf* заповедовать *impf vt* 1) *elev* heredar 2) *(сделать заповедником)* convertir en reserva natural
заповедник *m* parque nacional
заповедный *adj* 1) reservado, vedado 2) *(тайный)* oculto, íntimo
заповедь *f relig* mandamiento
заподозрить *perf* заподазривать *impf vt* 1) *(начать подозревать)* comenzar a sospechar 2) *(предполагать существование чего-то плохого)* sospechar
запоздалый *adj* tardío, retrasado
запоздать *perf* запаздывать *impf vi* retrasarse, llegar tarde
запой *m* alcoholismo, dipsomanía
запойный *adj* que padece alcoholismo
заполнение *n* relleno, cumplimentación

заполнить *perf* заполнять *impf vt* 1) *(наполнить)* ocupar, llenar, colmar ~ *зал* ocupar la sala 2) *(вписать нужные сведения)* cumplimentar, rellenar ~ *анкету* rellenar el cuestionario
заполниться *perf* заполняться *impf* llenarse, colmarse
заполнять V. заполнить
заполняться V. заполниться
заполонить *perf* заполонять *impf vt coloq* invadir, llenar
заполучить *perf* заполучать *impf vt* obtener, conseguir, lograr
заполярный *adj* subártico
запоминание *n* memorización
запоминать V. запомнить
запоминаться V. запомниться
запомнить *perf* запоминать *impf vt* memorizar, retener, guardar en la memoria
запомниться *perf* запоминаться *impf* memorizarse, quedarse en la memoria
запонка *f* gemelo
запор *m* estreñimiento
запорожец *m hist* zaporogo (cosaco ucraniano)
запороть *perf* запарывать *impf vt* 1) *(убить с помощью порки)* matar a vergazos 2) *coloq (испортить)* estropear, echar a perder
запорошить *perf vt* 1) cubrir *запорошить снегом* cubrir de la nieve 2) *(начать порошить)* comenzar a nevar
запотелый *adj* empañado
запотеть *perf* запотевать *impf vi* empañarse
заправила *m/f coloq* cabecilla, líder
заправить *perf* заправлять *impf vt* 1) *(засунуть)* meter ~ *рубашку* meter la camisa por debajo del pantalón 2) *(наполнив чем-либо, подготовить к действию)* preparar ~ *машину* echar gasolina al coche 3) *(положить приправу)* condimentar, aderezar
заправиться *perf* заправляться *impf* repostarse, abastecerse
заправка *f* 1) *(действие)* abastecimiento 2) *(автозаправочная станция)* gasolinera
заправлять V. заправить
заправляться V. заправиться
заправочный *adj* de abastecimiento
заправский *adj* verdadero, auténtico
запрашивать V. запросить
запрет *m* prohibición, veto
запретительный *adj* prohibitivo
запретить *perf* запрещать *impf vt* prohibir, vedar
запретный *adj* prohibido, vedado ◆ ~ **плод** fruto prohibido
запрещать V. запретить
запреща|ться *impf* prohibirse *~ется курить* se prohíbe fumar
запрещение *n* prohibición, interdicción
запримeтить *perf vt* notar, ver
запрограммировать V. программировать
запроектировать V. проектировать
запрокинуть *perf* запрокидывать *impf vt* echar hacia atrás ~ *голову* echar la cabeza hacia atrás
запропаститься *perf vulg* perderse
запрос *m* solicitud, petición
запросить *perf* запрашивать *impf vt* solicitar, pedir
запросто *adv* 1) *(без церемоний)* simplemente, sin ceremonias 2) *(без труда)* fácilmente *победить* ~ ganar fácilmente
запротестовать V. протестовать
запротоколировать V. протоколировать
запруда *f* 1) *(сооружение)* dique 2) *(водоём)* estanque
запрудить *perf* запруживать *impf vt* 1) *(плотиной)* cortar, cerrar 2) *(наводнить)* invadir
запрягать V. запрячь
запрятать V. прятать
запрячь *perf* запрягать *impf vt* enganchar
запуганный *adj* asustado, atemorizado, espantado
запугать *perf* запугивать *impf vt* asustar, intimidar
запугивание *n* intimidación, susto
запугивать V. запугать
запудрить *perf* запудривать *impf vt* empolvar
запуск *m* lanzamiento
запускать V. запустить
запустение *n* abandono, desolación
запустеть *perf vi* quedar abandonado
запустить *perf* запускать *impf vt* 1) *(кинуть)* arrojar, lanzar 2) *(привести в действие)* poner en marcha, lanzar 3) *coloq (засунуть)* meter
запутанность *f* enredo, embrollo
запутанный *adj* enredado, embrollado
запутать *perf* запутывать *impf vt* enredar, complicar
запутаться *perf* запутываться *impf* enredarse, embrollarse
запутывать V. запутать
запутываться V. запутаться
запущенность *f* abandono
запущенный *adj* abandonado, dejado
запылать *perf vi* comenzar a flamear
запылить V. пылить
запылиться V. пылиться
запыхаться *impf* jadear, sofocarse
запястье *n* muñeca (de la mano)
запятая *f* coma
запят|ки (*gen* –ок) *fpl obsol* trasera (de un coche)
запятнать *perf vt* manchar
зарабатывать V. заработать
зарабатываться V. заработаться
заработать *perf* зарабатывать *impf* **1.** *vt* ganar (algún bien) ~ *сто рублей* ganar cien rublos **2.** *vi (начать работать)* comenzar a trabajar, ponerse en marcha
заработн|ый *adj* del sueldo *~ая плата* salario, sueldo
заработок *m* salario, sueldo, jornal
заражать V. заразить
заражаться V. заразиться
заражение *n* contagio, infección, contaminación
заражённый *adj* contagiado, contaminado
зараз *adv coloq* de una vez
зараза *f* infección, contagio
заразительный *adj* contagioso, infeccioso
заразить *perf* заражать *impf vt* contagiar, infectar, contaminar
заразиться *perf* заражаться *impf* contagiarse, infectarse
заразный *adj* contagioso, infeccioso

заранее *adv* con anticipación, de antemano
зарастать V. зарасти
зарасти *perf* зарастать *impf vi* 1) (**чем-л**) cubrirse (de u/c) ~ *травой* cubrirse de hierba 2) *(о ране -зажить)* cicatrizar, cicatrizarse
зарваться *perf* зарываться *impf* rebasar todos los límites
зареветь *perf vi* 1) *(начать реветь)* comenzar a rugir 2) *(начать плакать)* comenzar a llorar
зарево *n* resplandor
зарегистрировать V. регистрировать
зарегистрироваться V. регистрироваться
зарегулировать V. регулировать
зарез *m coloq* pena, desgracia ◆ **нужно до ~у** es necesario cueste lo que cueste
зарезать *perf* зарезать *impf vt* acuchillar (provocando la muerte), apuñalar, degollar
зарезервировать V. резервировать
зарекаться V. заречься
зарекомендовать *perf* зарекомендовывать *impf vt* acreditar ~ *себя с хорошей стороны* adquirir buena reputación
заречный *adj* del otro lado del río
заречье *n* territorio al otro lado del río
заречься *perf* зарекаться *impf coloq* jurar (no hacer más una cosa)
заржаветь V. ржаветь
заржавленный *adj* oxidado, herrumbroso
зарисовать *perf* зарисовывать *impf vt* bosquejar, esbozar
зарисовка *f* 1) *(действие)* diseño 2) *(рисунок)* bosquejo, esbozo
зарисовывать V. зарисовать
зарница *f* fulguración
зародиться *perf* зарождаться *impf* nacer
зародыш *m* embrión, feto
зародышевый *adj* fetal, embrional
зарождаться V. зародиться
зарождение *n* engendramiento, nacimiento
зарок *m* juramento
заронить *perf vt* 1) *coloq* dejar caer 2) *(вызвать чувство)* provocar
заросль *f* matorral, maleza
зарплата *f* salario
зарубежный *adj* extranjero
зарубежье *n* 1) *colect* países extranjeros 2) *(жизнь и культура эмигрантов)* emigración
зарубить *perf* зарубать *impf vt* 1) matar (con un arma cortante) 2) *(сделать зарубку)* entallar
зарубка *f* 1) *(действие)* entalladura 2) *(отметка рубящим орудием)* muesca
зарубцеваться *perf* зарубцовываться *impf* cicatrizar, cicatrizarse
зарубцовываться V. зарубцеваться
зарумянить V. румянить
зарумяниться V. румяниться
заручиться *perf* заручаться *impf* (**чем-л**) asegurarse (u/c) ~ *поддержкой* asegurarse el apoyo
зарывать V. зарыть
зарываться V. зарыться
зарыдать *perf vi* comenzar a llorar
зарыть *perf* зарывать *impf vt* enterrar, soterrar
зарыться *perf* зарываться *impf* enterrarse, ocultarse
заря *f* alba, aurora
заряд *m* carga
зарядить[1] *perf* заряжать *impf vt* 1) *(вложить заряд)* cargar ~ *ружьё* cargar el fusil 2) *(электричеством)* cargar
зарядить[2] *perf* заряжать *impf vi (повторяться)* repetirse, no hacer más que
зарядиться *perf* заряжаться *impf* cargarse
зарядка *f* 1) *(заряжение)* carga 2) *(гимнастика)* gimnasia
зарядный *adj* de carga
заряжание *n* carga (de un arma)
заряжать V. зарядить 1, 2
заряжаться V. зарядиться
засада *f* emboscada, celada
засадить *perf* засаживать *impf vt* 1) *(растениями)* plantar, cubrir de plantas 2) *(заключить)* encerrar, enjaular
засадный *adj* de emboscada
засаживать V. засадить
засаленный *adj* mugriento
засаливать V. засолить
засалить *perf* засаливать *impf vt* engrasar
засасывать V. засосать
засахарить *perf* засахаривать *impf vt* azucarar, confitar
засверкать *perf vi* comenzar a brillar
засветить *perf vt* 1) *coloq (зажечь)* encender ~ *фонарик* encender la linterna 2) *coloq (ударить)* golpear 3) *foto (плёнку)* velar
засветиться *perf* 1) *(начать светиться)* comenzar a brillar 2) *(о плёнке)* velarse
засветло *adv* antes del anochecer
засвидетельствовать V. свидетельствовать
засевать V. засеять
заседание *n* sesión, asamblea
заседатель *m hist* asesor
заседать *impf vi* sesionar, celebrar una sesión
засека *f* tala
засекать V. засечь
засекретить *perf* засекречивать *impf vt* hacer secreto
засекречивать V. засекретить
заселение *n* población
заселить *perf* заселять *impf vt* poblar, colonizar
заселять V. заселить
засесть *perf* засаживаться *impf vi* 1) sentarse 2) (**за что-л**) *(взяться за дело)* ponerse a (hacer u/c) ~ *за работу* ponerse a trabajar 3) *(в укреплённом месте)* emboscarse
засечь *perf* засекать *impf vt* 1) *(зафиксировать)* determinar, marcar 2) *(сделать засечку)* entallar
засеять *perf* засевать *impf vt* sembrar, sementar
засидеться *perf* засиживаться *impf* quedarse mucho tiempo en un sitio ◆ ~ **в девках** quedarse para vestir santos
засиживаться V. засидеться
засилье *n* dominio, primacía
засиять *perf vi* comenzar a brillar
засксок *m coloq* chifladura
заскорузлый *adj* 1) endurecido, áspero 2) *(закоснелый)* atrasado
заскочить *perf* заскакивать *impf vt* 1) *(резко вскочить)* subir saltando 2) *coloq (зайти в гости)* hacer una visita
заскучать *perf vi* comenzar a aburrirse
заслать *perf* засылать *impf vt* enviar

заслон *m* barrera
заслонить *perf* заслонять *impf vt* tapar, cubrir
заслонка *f* puertecilla de la estufa
заслонять V. заслонить
заслоняться V. заслониться
заслуга *f* mérito
заслуженный *adj* 1) *(полученный по заслугам)* merecido 2) *(имеющий заслуги)* meritorio, emérito
заслуживать V. заслужить
заслужить *perf* заслуживать *impf vt* merecer, meritar ~ *награду* merecer el premio
заслушать *perf* заслушивать *impf vt* escuchar ~ *доклад* escuchar un informe
заслушаться *perf* заслушиваться *impf* escuchar (absorto, prestando total atención)
заслушивать V. заслушать
заслушиваться V. заслушаться
заслышать *perf vt* oír, percibir
заслюнявить V. слюнявить
засматриваться V. засмотреться
засмеять *perf* засмеивать *impf vt coloq* reírse (de alg)
засмеяться *perf* echarse a reír
засмолить *perf* засмаливать *impf vt* alquitranar
засмотреться *perf* засматриваться *impf* mirar (absorto, prestando total atención)
заснеженный *adj* nevado
заснуть *perf* засыпать *impf vi* dormirse, quedarse dormido
заснять *perf* заснимать *impf vt* fotografiar, filmar
засов *m* cerrojo
засовывать V. засунуть
засол *m* salazón
засоление *n* salinización
засолить *perf* засаливать *impf vt* salar ~ *огурцы* salar los pepinos
засорение *n* atascamiento
засорить *perf* засорять *impf vt* ensuciar
засориться *perf* засоряться *impf* 1) ensuciarse 2) *(испортиться от чего л. попавшего внутрь)* atascarse
засорять V. засорить
засосать *perf* засасывать *impf vt* 1) *(начать сосать)* comenzar a mamar 2) *(втянуть в себя)* absorber
засохнуть *perf* засыхать *impf vi* secarse, ponerse duro
заспанный *adj* somnoliento, soñoliento
заспать *perf vt coloq* olvidar después del sueño
заспорить *perf vi* comenzar a discutir
застава *f* 1) *hist (въезд в город)* puerta de la ciudad 2) *mil (воинское подразделение)* puesto
заставать V. застать
заставить *perf* заставлять *impf vt* (**сделать что-л**) obligar a (hacer u/c), forzar a (hacer u/c)
заставка *f* 1) *tipogr* viñeta 2) *radio TV* secuencia de apertura
заставлять V. заставить
застаиваться V. застояться
застарелый *adj* arraigado, viejo
застать *perf* заставать *impf vt* encontrar (a alguien) ~ *дома* encontrar en casa ◆ ~ **врасплох** pillar por sorpresa
застегнуть *perf* застёгивать *impf vt* abrochar, abotonar ~ *куртку* abrochar la cazadora
застегнуться *perf* застёгиваться *impf* abrocharse, abotonarse
застеклить *perf* застеклять *impf vt* acristalar
застелить V. застлать
застенок *m* mazmorra, chirona
застенчивость *f* timidez
застенчивый *adj* tímido, recatado, apocado
застесняться *perf* turbarse, avergonzarse
застёгивать V. застегнуть
застёжка *f* broche
застигнуть V. застичь
застилать V. застлать
застирать *perf* застирывать *impf vt* 1) lavar ~ *пятно* lavar la mancha 2) *(испортить стиркой)* estropear (mediante el lavado)
застить *impf vt obsol* tapar, cubrir
застлать *perf* застилать *impf vt* cubrir, tapar
застой *m* estancamiento
застойный *adj* estancado
застолбить *perf vt* 1) *(поставить столб)* poner el poste 2) *(обозначить как намеченное к исполнению)* señalar, marcar
застолье *n* festín, banquete, fiesta
застольный *adj* de sobremesa
застопорить *perf* застопоривать *impf vt* parar, detener
застопориться *perf* застопориваться *impf* pararse, detenerse
застояться *perf* застаиваться *impf* estancarse
застраивать V. застроить
застраиваться V. застроиться
застраховать V. страховать
застраховаться V. страховаться
застревать V. застрять
застрелить *perf* застреливать *impf vt* matar (con un arma de fuego)
застрелиться *perf* застреливаться *impf* pegarse un tiro
застрельщик *m* iniciador, promotor
застроить *perf* застраивать *impf vt* urbanizar, construir ~ *участок* urbanizar el terreno
застройка *f* urbanización, edificación
застройщик *m* constructor, urbanizador
застрять *perf* застревать *impf vi* atascarse, quedarse atascado
застудить *perf* застуживать *impf vt* enfriar, resfriar
застукать *perf* застукивать *impf vt coloq* pillar, atrapar, sorprender
заступ *m agric* laya
заступать V. заступить
заступаться V. заступиться
заступить *perf* заступать *impf vi* 1) (**на что-л**) *coloq (приступить к работе)* incorporarse (a u/c), entrar 2) (**на что-л**) *vulg (на чьё-л. место)* sustituir, suplir
заступиться *perf* заступаться *impf* (**за кого-л**) proteger, defender
заступни|к, -ца *m/f* protector, -a, defensor, -a
заступничество *n* protección, amparo
застывать V. застыть
застыть *perf* застывать *impf vi* 1) *(загустеть)* helarse, congelarse 2) *(замёрзнуть)* helarse 3) *(замереть)* quedarse inmóvil
засудить *perf* засуживать *impf vt* sentenciar, culpar, condenar

засуетиться *perf* comenzar a trajinar
засуживать V. засудить
засунуть *perf* засовывать *impf vt* meter
засуха *f* sequía
засучить *perf* засучивать *impf* remangar
засушить *perf* засушивать *impf vt* secar, marchitar
засушливый *adj* seco, árido
засчитать *perf* засчитывать *impf vt* contar
засчитывать V. засчитать
засылать V. заслать
засыпание *n* sueño, somnolencia
засыпать V. заснуть
засыпаться[1] *perf* засыпаться *impf (о чём-либо сыпучем)* meterse, ir a parar
засыпаться[2] *perf* засыпаться *impf* 1) *coloq (на экзамене)* catear 2) *coloq (быть уличённым)* ser pillado
засыпка *f* relleno
засыхать V. засохнуть
затаврить V. таврить
затаить *perf* затаивать *impf vt* ocultar, esconder, guardar
заталкивать V. затолкнуть
затапливать V. затопить
затасканный *adj* trivial, banal
затаскать *perf* затаскивать *impf vt* 1) *coloq* gastar, usar 2) *(часто повторяя, сделать банальным)* hacer trivial 3) *(измучить)* atormentar
затаскивать V. затаскать, затащить
затачивать V. заточить
затащить *perf* затаскивать *impf vt* 1) llevar, arrastrar ~ *вещи в дом* llevar las cosas a casa 2) *(привести)* llevar ~ *в кино* llevar al cine
затвердевание *n* endurecimiento
затвердевать V. затвердеть
затверделый *adj* endurecido
затвердение *n* 1) *(процесс)* endurecimiento 2) *(место)* endurecimiento, callo
затвердеть *perf* затвердевать *impf vi* endurecerse, solidificarse
затвердить V. твердить
затвор *m* 1) *(у оружия)* cerrojo, cierre (de un arma) 2) *(заслонка)* compuerta
затворник *m* ermitaño, anacoreta
затворничество *n* vida solitaria
затевать V. затеять
затеваться V. затеяться
затейник *m* animador
затем *adv* 1) *(потом)* después, a continuación 2) *(для этого)* para eso
затемнение *n* 1) *(действие)* oscurecimiento 2) *(маскировка света)* enmascaramiento
затемнить *perf* затемнять *impf vt* oscurecer
затемно *adv* 1) *coloq (пока не рассвело)* antes del amanecer 2) *coloq (когда стемнело)* al caer el día
затемнять V. затемнить
затенить *perf* затенять *impf vt* sombrear
затенять V. затенить
затереть *perf* затирать *impf vt* 1) *(стереть)* borrar 2) *(сдавить)* aprisionar, apresar
затерянный *adj* perdido
затерять *perf vt* perder
затеряться *perf* perderse
затесаться *perf* затёсываться *impf vulg* introducirse
затечь *perf* затекать *impf vi* 1) *(влиться)* entrar, verterse 2) *(опухнуть)* hincharse 3) *(онеметь)* entumecerse
затея *f* 1) *(замысел)* empresa, iniciativa 2) *(развлечение)* diversión, entretenimiento
затеять *perf* затевать *impf vt* emprender, iniciar, comenzar
затирать V. затереть
затихать V. затихнуть
затихнуть *perf* затихать *impf vi* 1) *(перестать звучать)* silenciarse, calmarse 2) *(прекратиться)* cesar, calmarse
затишье *n* calma, tranquilidad, apacibilidad
заткнуть *perf* затыкать *impf vt* 1) taponar ~ *бутылку пробкой* taponar la botella 2) *(засунуть)* meter
заткнуться *perf* затыкаться *impf* 1) *(закупориться)* taponarse 2) *vulg (замолчать)* callarse
затапливать V. затопить 1
затихнуть V. тихнуть
затмевать V. затмить
затмение *n* 1) eclipse *солнечное* ~ eclipse de sol 2) *(помрачение рассудка)* ofuscación
затмить *perf* затмевать *impf vt* eclipsar
зато *conj* 1) *(однако)* pero, en cambio 2) *(поэтому)* por eso
затоваривание *n* acumulación de mercancías
затоварить *perf* затоваривать *impf vt* acumular mercancías
затовариться *perf* затовариваться *impf* acumular mercancías, hacer acopio de mercancías
затолкать *perf* заталкивать *impf vt* 1) *(замучить толчками)* atropellar, empujar 2) *coloq (запихнуть)* meter
затолкнуть *perf* заталкивать *impf vt* meter a empujones
затон *m* ensenada
затонуть *perf vi* hundirse (dicho de un objeto)
затопить[1] *perf* затапливать *impf vt (начать обогревать)* calentar
затопить[2] *perf* затоплять *impf vt (залить водой)* inundar
затопиться[1] *perf* затапливаться *impf (о печке)* encenderse
затопиться[2] *perf* затопляться *impf (наполниться водой)* inundarse
затоплять V. затопить 1
затоптать *perf* затаптывать *impf vt* 1) pisotear, aplastar 2) *coloq (испачкать пол)* ensuciar
затоптаться *perf (начать топтаться)* comenzar a patalear
затор *m* atasco, embotellamiento
заторможенность *f* lentitud (dicho de una persona)
заторможенный *adj* lento, parado (dicho de una persona)
затормозить V. тормозить
затормозиться V. тормозиться
затормошить *perf vt* 1) *coloq (измучить)* atormentar 2) *(начать тормошить)* comenzar a sacudir
затoропиться *perf* comenzar a apresurarse
затосковать *perf vi (начать тосковать)* comenzar a extrañar

заточение *n* encierro, encarcelamiento
заточить[1] *perf* заточать *impf vt (лишить свободы)* encerrar, encarcelar
заточить[2] *perf* затачивать *impf vt* 1) *(сделать острым)* afilar 2) *coloq (съесть)* comer, papear
заточка *f* afiladura
затравить V. травить
затравк|а *f mil hist* cebo, estopín ♦ **для ~и** para comenzar
затравочный *adj mil hist* de cebo, de estopín
затрагивать V. затронуть
затрата *f* gasto
затратить *perf* затрачивать *impf vt* gastar
затратный *adj* caro, costoso
затрачивать V. затратить
затребовать *perf vt* exigir, demandar
затрепать *perf* затрёпывать *impf vt* estropear, gastar
затрепетать *perf vi* comenzar a temblar
затрещать *perf vi* comenzar a crujir
затрещина *f coloq* cachete, coscorrón
затронуть *perf* затрагивать *impf vt* 1) *(задеть)* afectar, tocar 2) *(коснуться)* tocar
затруднение *n* dificultad, embarazo
затруднительный *adj* embarazoso, difícil
затруднить *perf* затруднять *impf vt* dificultar, complicar
затрудниться *perf* затрудняться *impf* 1) *(испытать затруднение)* encontrar dificultades 2) *(стать трудным)* dificultarse, complicarse
затруднять V. затруднить
затрудняться V. затрудниться
затрястись *perf* comenzar a temblar
затуманить *perf* затуманивать *impf vt* nublar
затуманиться *perf* затуманиваться *impf* 1) *(покрыться туманом, влагой)* nublarse 2) *poét (погрустнеть)* entristecerse
затупить V. тупить
затупиться V. тупиться
затуркать V. туркать
затухать V. затухнуть
затухнуть *perf* затухать *impf vi* apagarse
затушевать *perf* затушёвывать *impf vt* 1) difuminar, esfumar 2) *(сгладить)* limar, suavizar
затушёвывать V. затушевать
затушить V. тушить
затхлость *f* olor a moho
затхлый *adj* rancio, viciado
затыкать V. заткнуть
затылок *m* 1) nuca, cogote 2) *(загривок)* pescuezo
затылочный *adj* occipital, de la nuca
затычка *f coloq* tapón
затюкать *perf vt vulg* atormentar, intimidar
затягивание *n* apretamiento
затягивать V. затянуть
затягиваться V. затянуться
затяжка *f* 1) *(узла, петли)* apretadura 2) *coloq (при курении)* calada, chupada 3) *(запоздание)* demora, retraso
затяжной *adj* duradero, prolongado
затянуть *perf* затягивать *impf vt* 1) apretar ~ *узел* apretar un nudo 2) **(во что-л.)** *(вовлечь)* meter (en u/c) 3) *(замедлить)* dilatar, demorar 4) *(о топи)* tragar (dicho de un cenagal)
затянуться *perf* затягиваться *impf* 1) *(туго стянуться)* apretarse 2) *(о ране)* cicatrizar, cicatrizarse 3) *(замедлиться)* demorarse, dilatarse
заумный *adj* incomprensible, abstruso
заумь *f coloq* absurdo
заунывный *adj* triste, lloroso, apesadumbrado
заупокойный *adj relig* de difuntos
заупрямиться *perf* comenzar a obstinarse
заурядный *adj* ordinario, común
заусенец *m* padrastro (en las uñas)
заутреня *f relig* maitines
заучивать V. заучить
заучиваться V. заучиться
заучить *perf* заучивать *impf vt* aprender, memorizar
заучиться *perf* заучиваться *impf coloq* cansarse de los estudios
зафиксировать V. фиксировать
зафрахтовать V. фрахтовать
захвалить *perf* захваливать *impf* elogiar, alabar
захват *m* toma, apropiación, usurpación
захватить *perf* захватывать *impf vt* 1) *(взять)* coger, tomar 2) *(завладеть силой)* apoderarse (de alg o u/c)
захватнический *adj* de conquista
захватчик *m* agresor, invasor
захватывать V. захватить
захватывающий *adj* cautivador, apasionante
захворать *perf* захварывать *impf vi coloq* caer enfermo
захилеть V. хилеть
захиреть V. хиреть
захламить *perf* захламлять *impf vt* llenar de basura
захламлённый *adj* lleno de basura
захлебнуться *perf* захлёбываться *impf* ahogarse, atragantarse
захлестнуть *perf* захлёстывать *impf vt* 1) *(обвить верёвкой)* echar el lazo 2) *(залить водой)* inundar
захлёбываться V. захлебнуться
захлёстывать V. захлестнуть
захлопать *perf vi* comenzar a aplaudir
захлопнуть *perf* захлопывать *impf vt* cerrar bruscamente ~ *дверь* dar un portazo
захлопнуться *perf* захлопываться *impf* cerrarse bruscamente
захлопывать V. захлопнуть
захлопываться V. захлопнуться
захмелеть V. хмелеть
заход *m* 1) entrada, parada, paso 2) *(солнца)* puesta
заходить V. зайти
заходиться V. зайтись
захолустный *adj* retirado, perdido
захолустье *n* lugar retirado, lugar perdido
захоронение *n* enterramiento
захоронить *perf vt* enterrar, sepultar
захотеть V. хотеть
захотеться V. хотеться
захребетник *m coloq* holgazán, parásito
захудалый *adj* 1) *(пришедший в упадок)* decaído 2) *(незначительный)* insignificante, de poca importancia
зацвести *perf* зацветать *impf vi* comenzar a florecer

зацветать V. зацвести
зацеловать *perf* зацеловывать *impf vt* cubrir de besos
зацементировать V. цементировать
зацепить *perf* зацеплять *impf vt* 1) enganchar 2) *coloq (обидеть)* ofender 3) *coloq (девушку)* ligar
зацепиться *perf* зацепляться *impf* 1) **(за что-л)** engancharse (con u/c) ~ *за гвоздь* engancharse con un clavo 2) **(за что-л)** *coloq (ухватиться)* agarrarse (a u/c)
зацепка *f* 1) *(то, за что зацепляют)* enganche 2) *coloq (повод)* pretexto
зачаровать *perf* зачаровывать *impf vt* embrujar, encantar
зачастить *perf vi coloq* comenzar a frecuentar
зачастую *adv coloq* a menudo
зачатие *n* concepción
зачаток *m* embrión, germen
зачаточный *adj* embrionario
зачать *perf* зачинать *impf vt* engendrar, concebir
зачахнуть V. чахнуть
зачем *adv* para qué, con qué objeto
зачем-либо *adv* para algo
зачем-нибудь *adv* para algo
зачем-то *adv* para algo
зачервиветь V. червиветь
зачеркнуть *perf* зачёркивать *impf vt* tachar, rayar
зачернить *perf* зачернять *impf vt* ennegrecer
зачернять V. зачернить
зачерпнуть *perf* зачёрпывать *impf vt* sacar, extraer, coger ~ *воды из колодца* sacar el agua del pozo
зачерстветь V. черстветь
зачертить *perf* зачерчивать *impf vt* llenar de trazos
зачесать *perf* зачёсывать *impf vt* peinar ~ *волосы* peinar el cabello
зачесть *perf* зачитывать *impf vt* 1) *(отнести на счёт)* contar, poner a cuenta 2) *(одобрить, поставить зачёт)* aprobar
зачехлить V. чехлить
зачёркивать V. зачеркнуть
зачёс *m* flequillo
зачёт *m* 1) *(отнесение на счёт)* puesta en cuenta 2) *acad* prueba
зачётка *f acad coloq* libreta de notas
зачётный *adj* 1) puntuable 2) *coloq (хороший)* bueno, magnífico
зачин *m coloq* iniciativa
зачинатель *m* iniciador, promotor
зачинать V. зачать
зачинщик *m* cabecilla, instigador
зачисление *n* inscripción
зачислить *perf* зачислять *impf vt* 1) inscribir, incluir, admitir 2) *(занести на счёт)* poner en cuenta
зачислиться *perf* зачисляться *impf* inscribirse, incluirse, admitirse
зачислять V. зачислить
зачисляться V. зачислиться
зачистить *perf* зачищать *impf vt* 1) alisar, aplanar, limpiar 2) *(избавиться от противников)* limpiar, eliminar
зачистка *f* 1) aplanamiento 2) *(избавление от противников)* limpieza, batida
зачитать *perf* зачитывать *impf vt* leer ~ *протокол* leer el acta
зачитаться *perf* зачитываться *impf coloq* enfrascarse en la lectura, leer perdiendo la noción del tiempo
зачитывать V. зачитать
зачитываться V. зачитаться
зачищать V. зачистить
зачумлённый *adj* apestado, contaminado
зашагать *perf vi* comenzar a andar
зашвырнуть *perf* зашвыривать *impf vt coloq* arrojar, tirar, lanzar
зашевелить *perf vt* comenzar a mover
зашевелиться *perf* comenzar a moverse
зашелудиветь V. шелудиветь
зашибать V. зашибить
зашибить *perf* зашибать *impf vt* 1) *coloq (ударить)* golpear, lastimar 2) *coloq (заработать)* ganar (dinero)
зашивать V. зашить
зашить *perf* зашивать *impf vt* 1) coser ~ *мешок* coser el saco 2) *(упаковать)* envolver
зашифровать *perf* зашифровывать *impf vt* cifrar
зашнуровать *perf* зашнуровывать *impf vt* acordonar, atar
зашнуровывать V. зашнуровать
зашпаклевать *perf* зашпаклёвывать *impf vt* enmasillar, calafatear
зашпилить *perf* зашпиливать *impf vt* prender con alfileres
заштатный *adj* supernumerario
заштемпелевать V. штемпелевать
заштопать V. штопать
зашторить *perf* зашторивать *impf vt* poner cortinas
заштриховать V. штриховать
заштукатурить *perf* заштукатуривать *impf vt* estucar
защемить *perf* защемлять *impf vt* apretar
защёлка *f* picaporte, cerrojo
защита *f* defensa, protección, amparo
защитить *perf* защищать *impf vt* defender, proteger
защититься *perf* защищаться *impf* defenderse, protegerse
защитник *m* 1) defensor 2) *sport* defensa, zaguero
защитница *f* defensora
защитный *adj* defensivo, de defensa ◆ ~ **цвет** color caqui
защищать V. защитить
защищаться V. защититься
заявитель, -ница *m/f* solicitante
заявить *perf* заявлять *impf vt* manifestar, declarar
заявиться *perf* заявляться *impf coloq* aparecer
заявк|а *f* solicitud, petición *подать ~у* presentar una solicitud
заявление *n* 1) *(официальное сообщение)* declaración, denuncia 2) *(официальная просьба)* solicitud, instancia
заявлять V. заявить
заявляться V. заявиться
заядлый *adj* empedernido
заяц *m* 1) liebre 2) *coloq (безбилетник)* polizón ◆ **убить двух зайцев одним ударом** matar

dos pájaros de un tiro **за двумя зайцами погонишься, ни одного не поймаешь** quien mucho abarca poco aprieta

заячий *adj* de liebre

звание *n* 1) grado, título 2) *mil* grado, rango

званый *adj* 1) *(получивший приглашение)* invitado 2) *(со специально приглашенными гостями)* de gala

звательный *adj ling* vocativo ~ *падеж* caso vocativo

звать *impf* позвать *perf vt* 1) llamar *как вас зовут?* ¿cómo se llama usted?; *меня зовут Мигель* me llamo Miguel 2) *(приглашать)* invitar 3) *(подзывать)* llamar ~ *на помощь* pedir socorro

зваться *impf* llamarse

звезда *f* estrella *падающая* ~ estrella fugaz

звездануть *perf vt vulg* pegar, golpear

звездопад *m* lluvia de estrellas

звездочёт *m obsol* astrólogo, estrellero

звенеть *impf* прозвенеть *perf vi* sonar, resonar

звено *n* 1) eslabón 2) *(группа)* grupo, escuadra

звеньевой *adj* de grupo, de cuadrilla

звереть *impf* озвереть *perf vi* 1) *coloq (терять человеческий облик)* bestializarse, embrutecerse 2) *coloq (приходить в ярость)* enfurecerse

зверёк *m dimin-afect* fierecilla, animalillo

зверёныш *m* cachorro

зверинец *m obsol* parque zoológico

звериный *adj* 1) de fiera, de bestia 2) *(свирепый)* feroz, atroz

зверобой[1] *m (охотник)* cazador

зверобой[2] *m (растение)* hipérico

звероподобный *adj elev* feroz

зверский *adj* brutal, atroz, bestial

зверство *n* brutalidad, atrocidad, bestialidad, ferocidad

зверствовать *impf vi* cometer atrocidades

зверушка *f dimin-afect* fierecilla

зверь *m* fiera, bestia, animal

зверьё *n* fieras

зверюга *m/f vulg* fiera, bestia

зверюшка V. зверушка

звёздный *adj* estelar, celeste

звёздочка *f* 1) *dimin* estrellita 2) *(типографский значок)* asterisco

звон *m* 1) sonido 2) *(колокола)* tañido

звонарь *m* campanero

звонить *impf* позвонить *perf vi* 1) sonar, tocar 2) **(кому-л)** *(по телефону)* llamar

звонкий *adj* 1) sonoro, sonante 2) *ling* sonoro

звонкость *f* sonoridad

звонница *f* campanario

звонок *m* 1) timbre, campanilla 2) *(телефонный)* llamada

звук *m* sonido

звуковой *adj* 1) sonoro, acústico 2) *ling* fónico

звукозапись *f* grabación de sonido

звукоизоляция *f* insonorización

звукооператор *m* operador de sonido

звукопись *f lit* reforzamiento fonético

звукоподражание *n* onomatopeya

звукоподражательный *adj* onomatopéyico

звукоряд *m mús* serie de sonidos

звукосочетание *n* combinación de sonidos

звучание *n* sonido

звучать *impf* прозвучать *perf vi* sonar, resonar

звучно *adv* sonoramente, con sonoridad

звучность *f* sonoridad, resonancia

звучный *adj* sonoro, resonante

звякать V. звякнуть

звякнуть *perf* звякать *impf vi* 1) *(издать бренчащий звук)* tintinar 2) *coloq (позвонить по телефону)* llamar por teléfono

зги *inv* : ни ~ не видно no se ve nada

здание *n* edificio, casa

здесь *adv* aquí, acá

здешний *adj coloq* de aquí, local

здороваться *impf* поздороваться *perf* **(с кем-л)** saludar (a alg)

здоровенный *adj coloq* robusto, fuerte, vigoroso

здороветь *impf* поздороветь *perf vi* volverse robusto, robustecerse

здорово *adv coloq* bien, magnífico

здорово[1] *interj coloq* ¡hola!, buenas

здорово[2] *adv coloq* sanamente, de manera sana

здоровый *adj* 1) sano 2) *(полезный)* sano, saludable

здоровье *n* salud *крепкое* ~ salud fuerte; *пить за* ~ beber a la salud

здоровяк *m coloq* hombre robusto

здравие *n obsol* salud

здравица *f* brindis, felicitación

здравница *f* balneario

здраво *adv* sanamente, sensatamente

здравомыслие *n* prudencia, sensatez

здравомыслящий *adj* prudente, sensato

здравоохранение *n* sanidad

здравствовать *impf vi* gozar de buena salud

здравствуй(те)! *interj* ¡hola!

здравый *adj* sano, razonable ◆ **здравый** ~ sentido común

зебра *f* cebra

зев *m* 1) faringe 2) *(пасть)* fauces 3) *(отверстие, ведущее в глубь чего-либо)* boca

зевака *m/f coloq* pazguat|o, -a

зевать *impf* зевнуть *perf vi* bostezar

зевок *m* 1) bostezo 2) *coloq (ошибка)* falta, despiste

зевота *f* ganas de bostezar

зеленеть *impf* позеленеть *perf vi* verdear, volverse verde

зеленоватый *adj* verdoso

зеленщик *m* verdulero

зелень *f* 1) verdura 2) *(овощи)* verduras

зеленя *mpl agric* brotes de cereales

зелёнка *f coloq* verde de malaquita

зелёный *adj* 1) verde ~ *цвет* color verde 2) *(неопытный)* bisoño, verde

зело *adv obsol* muy

зелье *n* bebedizo, brebaje

земельный *adj* agrario, de tierra

землевладелец *m* terrateniente

землевладение *n* posesión de la tierra

земледелец *m* agricultor

земледелие *n* agricultura

земледельческий *adj* agrícola

землекоп *m* cavador

землемер *m* agrimensor

землепашец *m* agricultor, labrador, labriego

землепользование *n agric* explotación del suelo

землепроходец *m* pionero, explorador

землетрясение *n* terremoto

землеустройство *n* ordenación de tierra

земля *f* 1) tierra, terreno *родная* ~ tierra natal 2) *(планета Земля)* Tierra
земляк *m* paisano, compatriota
земля|нин (*pl* -не) *m* habitante de la tierra
земляника *f* fresa
земляничный *adj* de fresa
землянка *f* casa cueva
земляной *adj* de tierra
землячество *n* sociedad de paisanos
землячка *f* paisana, compatriota
земноводный *adj zool* anfibio
земной *adj* 1) terrestre, terrenal ~ *шар* globo terrestre 2) *(обыденный)* ordinario
земский *adj* 1) *hist (относящийся к государству)* del estado 2) *hist (относящийся к земству)* del zemstvo
земство *n hist* zemstvo (órgano de gobierno local ruso del s. XIX)
земщина *f hist* zémschina (parte de los territorios rusos en la época de Iván el Terrible)
зенит *m* cenit, cénit
зенитка *f mil* cañón antiaéreo
зенитный *adj mil* antiaéreo
зенитчик *m mil* servidor de un cañón antiaéreo
зениц|а *f obsol* pupila ♦ **беречь как ~у ока** ser la niña de sus ojos
зеркало *n* espejo
зеркальный *adj* 1) de espejo 2) *(гладкий и блестящий)* liso, espejado
зеркальце *n dimin* espejito
зернистый *adj* granuloso, granoso
зерно *n* 1) grano 2) *(зародыш)* embrión
зерновой *adj* de granos, de cereales
зерноуборочный *adj* de recolección de granos
зефир[1] *m (ветер)* céfiro
зефир[2] *m (вид десерта)* jalea
зёрнышко *m dimin* granito, grano
зигзаг *m* zigzag
зигзагообразный *adj* en zigzag
зиждиться *impf* **(на чём-л)** *elev* basarse (en u/c)
зима *f* invierno
зимний *adj* de invierno, invernal
зимник *m* camino de invierno
зимовать *impf* перезимовать *perf vi* invernar, pasar el invierno
зимовка *f* invernada
зимовщик *m* hombre que invierna
зимовье *n* 1) *(зимовка)* invernada 2) *(место, где зимуют)* invernadero
зимой *adv* en invierno
зимостойкий *adj* resistente al frío
зипун *m hist* anguarina
зияние *n ling* hiato
зиять *impf vi elev* estar abierto
злак *m* cereal
злаковый *adj* cereal, de cereales
злато *n obsol poét* oro
златой *adj obsol poét* de oro, dorado
златоуст *m elev* orador elocuente
злачн|ый *adj (обильный злаками)* lleno de cereales ♦ **~ое место** casa de trueno, lupanar
злить *impf* разозлить/обозлить *perf vt* enfadar, enfurecer
злиться *impf* разозлиться/обозлиться *perf* enfadarse, enfurecerse
зло *n* mal *причинить* ~ hacer daño
злоба *f* maldad, cólera, rabia
злобность *f* maldad, malicia
злобный *adj* malo, maligno, rabioso
злободневность *f* actualidad
злободневный *adj* actual, vigente
злобствовать *impf vi* enfurecerse, enojarse
зловещий *adj* funesto, siniestro
зловоние *n* hedor
зловонный *adj* hediondo
зловредный *adj* nocivo, perjudicial
злодей, -ка *m/f* malhechor, -a
злодейский *adj* malvado, maligno
злодейство *neg* maldad
злодействовать *impf vi elev* hacer el mal, hacer maldades
злодеяние *n* crimen
злой *adj* malo, perverso, malicioso ~ *умысел* mala intención
злокачественный *adj med* maligno
злоключение *n* desventura, malaventura
злокозненный *f elev* astuto, pícaro
злонамеренный *adj* malintencionado
злопамятность *f* rencor
злопамятный *adj* rencoroso
злополучный *adj* desgraciado, desdichado
злопыхатель *m* persona malévola
злорадный *adj* malévolo
злорадство *n* malevolencia, maldad
злорадствовать *impf vi* alegrarse del mal de otro, regodearse, sentir malevolencia
злословие *n* maledicencia
злословить *perf vi* maldecir
злостный *adj* 1) *(исполненный зла)* malévolo 2) *(сознательно недобросовестный)* premeditado, empedernido
злость *f* maldad, malicia, rencor
злосчастный *adj* desgraciado, desdichado
злотый *m* zloty (moneda de Polonia)
злоумышленни|к, -ца *m/f* malhechor, -a
злоумышленный *adj* malintencionado, maligno, perverso
злоупотребить *perf* злоупотреблять *impf vi* **(чем-л)** abusar (de u/c)
злоупотребление *n* abuso
злоупотреблять V. злоупотребить
злоязычный *adj* maldiciente
злюка *m/f coloq* persona mala, persona rabiosa
злющий *adj* furioso, rabioso, enfurecido
змеевидный *adj* serpenteante
змеевик *m* serpentín
змеиный *adj* 1) de serpiente, serpentino 2) *(коварный)* pérfido, astuto
змеиться *impf* serpentear
змей *m* 1) *mitol* dragón, serpiente 2) *(воздушный)* cometa
змейка *f dimin* culebrilla
змеюка *f vulg* serpiente, culebra
змея *f* serpiente, culebra
змий *m* 1) *mitol* dragón, serpiente 2) *(коварный человек)* víbora, bicho ♦ **зелёный** ~ *elev* alcohol
знавать *impf vt coloq* V. знать
знак *m* signo, señal *дорожный* ~ señal de tráfico; *~и препинания* signos de puntuación; *торговый* ~ marca registrada
знаковый *adj* de signo
знакомец *m obsol* conocido

знакомить *impf* познакомить *perf vt* (**с кем-л**) presentar (a alg)
знакомиться *impf* познакомиться *perf* 1) (**с кем-л**) hacer conocimiento (con alg) 2) (**с кем-л**) *(изучать)* conocer, estudiar
знакомка *f obsol* conocida
знакомство *n* conocimiento
знакомый *adj* conocido
знаменатель *m mat* denominador
знаменательный *adj* significativo, memorable
знамение *n* 1) *elev (знак)* signo, señal 2) *elev (предзнаменование)* presagio
знаменитость *f* celebridad
знаменитый *adj* célebre, ilustre, famoso
знаменовать *impf vt* significar
знаменосец *m* abanderado, portaestandarte
знамя *n* bandera
знание *n* conocimiento, ciencia
знатность *f* nobleza
знатный *adj* 1) noble, ilustre 2) *coloq (прекрасный)* admirable
знаток *m* especialista, experto
знать[1] *impf vt* saber, conocer ~ *русский язык* saber ruso
знать[2] *f (аристократия)* nobleza, aristocracia
знаться *impf* (**с кем-л**) *vulg* tener trato (con alg)
знахарь *m* curandero
значение *n* 1) significado, sentido *переносное* ~ sentido figurado; *прямое* ~ sentido directo 2) *(значительность)* importancia *придавать* ~ dar importancia
значимость *f* importancia, significado
значимый *adj* significativo, importante
значит *con* entonces
значительность *f* significación, importancia
значительный *adj* 1) notable, considerable 2) *(важный)* importante
значить *impf vt* significar *что это значит?* ¿qué significa esto?
значиться *impf* figurar, estar ~ *в списке* estar en la lista
значок *m* insignia, emblema
знающий *adj* conocedor, experto, competente
знобить *impf v/impers* sentir escalofríos *меня знобит* siento escalofríos
зной *m* canícula, bochorno
знойный *adj* 1) *(жаркий)* bochornoso, tórrido, caluroso 2) *(страстный)* ardiente
зоб *m* buche
зов *m* llamada
зодиак *m* zodíaco *знаки ~а* signos del zodíaco
зодиакальный *adj* zodiacal, del zodíaco
зодчество *n* arquitectura
зодчий *m* arquitecto
зола *f* ceniza
золовка *f* cuñada (hermana del marido)
золотистый *adj* dorado
золотить *impf* позолотить *perf vt* dorar
золотишко *n coloq peyor* oro
золотко *n coloq (обращение)* cariño, cielo
золотник *m hist* zolotnik (unidad de medida de peso rusa antigua) ◆ **мал ~, да дорог** la buena esencia en los frascos pequeños se guarda
золот|о *n* oro ◆ **на вес ~а** a peso de oro
золотоискатель *m* buscador de oro
золотой *adj* de oro, dorado
золотуха *f obsol* escrófula
золотушный *adj obsol* escrofuloso
золотце *n coloq (обращение)* cariño, cielo
золочёный *adj* dorado
зольник *m* 1) *(часть топки)* rejilla 2) *(чан)* cenicero
зольный *adj* de ceniza
зона *f* 1) zona, área 2) *coloq (тюрьма)* prisión
зональный *adj* zonal
зонд *m* sonda
зондаж *m* V. зондирование
зондирование *n* sondeo
зондировать *impf* прозондировать *perf vt* sondear ~ *почву* sondear el terreno
зондовый *adj* de sonda
зонный V. зональный
зонт *m* 1) *(от воды)* paraguas 2) *(от солнца)* parasol 3) *(навес)* marquesina
зонтик *m* 1) *(от воды)* paraguas 2) *(от солнца)* parasol
зонтичный[1] *adj bot* umbelífero
зонтичный[2] *adj (относящийся к зонтику)* de parasol, de paraguas
зоолог *m* zoólogo
зоологический *adj* zoológico
зоология *f* zoología
зоопарк *m* zoo, parque zoológico
зоосад V. зоопарк
зоотехник *m* zootécnico
зоотехника *f* zootecnia
зоркий *adj* 1) de buena vista, de vista aguda 2) *(проницательный)* perspicaz, agudo
зоркость *f* 1) buena vista, agudez visual 2) *(проницательность)* perspicacia, agudeza
зорька *f dimin-afect* aurora, alba
зраза *f (espec pl)* albóndiga
зрачок *m* pupila
зрелище *n* espectáculo, representación
зрелищность *f* carácter espectacular
зрелищный *adj* espectacular, de espectáculo
зрелость *f* madurez
зрелый *adj* maduro ~ *возраст* edad madura; ~ *плод* fruta madura
зрение *n* visión, vista
зреть *impf* созреть *perf vi* madurar
зримый *adj* visible
зритель, -ница *m/f* espectador, -a
зрительный *adj* óptico, visual
зрительский V. зрительный
зря *adv* en vano, en balde ◆ **почём** ~ por nada
зрячий *adj* vidente
зуб *m* diente *коренной* ~ muela; ~ *мудрости* muela del juicio ◆ **ему не по ~ам** no está a su alcance
зубастый *adj* 1) *(с большими зубами)* dentudo 2) *(язвительный)* mordaz, sarcástico
зубатка *f* anarricádido
зубатый *adj coloq* dentudo
зубец *m* 1) diente, punta 2) *(на крепостной стене)* almena
зубило *n* cincel
зубн|ой *adj* 1) dental, dentífrico *~ая паста* pasta dentífrica; *~ая щётка* cepillo de dientes; *~ой врач* dentista 2) *ling* dental
зубовный *adj obsol* dental
зубок *m dimin* diente
зубоскальство *n coloq* burla, chanza
зуботычина *f vulg* puñetazo en los dientes

зубочистка *f* palillo, mondadientes
зубр *m* bisonte europeo
зубрёжка *f coloq* empolladura, estudio
зубрила *m/f coloq desp* empoll|ón, -ona
зубрить *impf* вызубрить *perf vt coloq* empollar, aprender de memoria
зубровка *f* 1) *(растение)* hierochloe 2) *(напиток)* zubrovka (especie de aguardiente)
зубчатый *adj* dentado
зубчик *m* 1) *dimin-afect* diente 2) *(кусочек чеснока)* diente (de ajo)
зуд *m* picor
зуда *m/f vulg desp* persona fastidiosa
зудеть[1] *impf vi (чесаться)* picar
зудеть[2] *impf vi (жужжать)* zumbar
зуммер *m* zumbador
зыбка *f reg* cuna
зыбкий *adj* movedizo, vacilante
зыбкость *f* inestabilidad
зыбучий *adj* movedizo
зыбь *f* marejada
зык *m vulg* grito alto
зырянин *m* ziriano (representante de un pueblo de los Urales)
зырянский *adj* ziriano
зычный *adj* alto, fuerte, retumbante
зюзя *m/f* : пьяный как ~ borracho como una cuba
зябкий *adj* friolero
зяблик *m* pinzón vulgar
зябнуть *impf* озябнуть *perf vi* tener frío
зябь *f agric* labores de otoño
зять *m* 1) *(муж сестры)* cuñado 2) *(муж дочери)* yerno

И

и 1. *conj* 1) y *соль ~ перец* sal y pimienta; *он высокий ~ стройный* es alto y esbelto; *директор вошёл ~ поздоровался со всеми* el director entró y saludó a todos 2) *(как и)* y, tanto... como..., y también, tampoco, y a la vez *~ Россия ~ США* tanto Rusia como E.E.U.U.; *он ~ писал сценарии фильма, ~ снимался в нём* escribió el guión de la película y también actuó en élla; *нам ~ весело ~ интересно* nos resulta divertido y a la vez interesante; *~ он не пришёл* él tampoco vino 3) *(для выражения интенсивности проявления признака)* más y más, cada vez más *становится всё холоднее ~ холоднее* cada vez hace más frío **2.** *partic* 1) *(именно)* precisamente, en efecto *про тебя он ~ говорит* precisamente habla de ti; *так оно ~ есть* así es en efecto 2) *(даже)* ni, incluso *я ~ не знал об этом* ni lo sabía ◆ **~ так** y bien, pues bien **ставить точки над "~"** poner los puntos sobre las íes

ибис *m* ibis

ибо *partíc elev* porque, puesto que, ya que

ива *f* sauce ◆ **плакучая** ~ sauce llorón

иван-да-марья *f* pensamiento (planta)

ивановск|ий *adj* : кричать во всю ~ую gritar a viva voz

иван-чай *m* epilobio, chamerion

иваси *f inv* sardina del Pacífico

ивняк *m* 1) *(кустарник)* salceda, salcedo 2) *(прутья)* mimbrera, mimbres

ивовый *adj* 1) de sauce 2) *(из ивовых прутьев)* de mimbre

иволга *f* oropéndola

игла *f* 1) aguja *швейная ~* aguja de coser 2) *bot* pincho, espina 3) *mús* púa

иглистый *adj* espinoso, punzante

игловые *pl biol* signátidos

иглотерапия *f* acupuntura

иглоукалывание *n* acupuntura

игнорировать *biasp vt* ignorar

иго *n* yugo *под ~м* bajo el yugo

иголка *f* 1) aguja 2) *bot* aguja

иголочк|а *f dimin. de* игла ◆ **быть одетым с ~и** ir de punta en blanco

игольник *m* acerico, alfiletero

игольный *adj* de aguja(s)

игольчатый *adj* 1) con agujas 2) *bot (иглообразный)* acicular, aculeiforme

игорный *adj* de juego *игорный дом* casa de juego

игра *f* 1) juego *игра в карты* juego de cartas 2) *(матч)* partido 3) *(партия)* partida 4) *(на музыкальном инструменте)* interpretación ◆ **азартная** ~ juego de azar ~ **слов** juego de palabras **Олимпийские игры** Juegos Olímpicos ~ **не стоит свеч** la cosa no vale la pena

игральн|ый *adj* de juego, para jugar *~ые карты* cartas de juego

играть *impf* **1.** *vi* 1) jugar *~ в куклы* jugar a muñecas; *~ в футбол* jugar al futbol 2) **(на чём-л)** *(на музывальном инструменте)* tocar *~ на флейте* tocar la flauta 3) **(кем/чем-л)** *(относиться несерьёзно)* jugar (con alg o u/c) *~ людьми* jugar con la gente; *~ своей жизнью* jugar con su vida 4) *(о музыке)* sonar *играет гимн страны* suena el himno del país **2.** *vt* 1) tocar (una pieza musical) *~ балладу* tocar una balada 2) interpretar, representar *~ Онегина* interpretar a Oneguin; *~ трагедию* representar una tragedia ◆ ~ **глазами** coquetear ~ **на чьих-л нервах** sacar de quicio a alg **не ~ роли** no tener importancia

играючи *adv coloq* jugando, sin dificultades

игрек *m* i griega

игриво *adv* 1) jugando, jugueteando 2) *(весело)* jocosamente, alegremente, jovialmente 3) *(кокетливо)* con coquetería

игривость *f* 1) vitalidad, jovialidad 2) *(кокетливость)* coquetería

игривый *adj* 1) juguetón, retozón 2) *(весёлый)* jocoso, alegre, jovial 3) *(кокетливый)* coqueto

игрист|ый *adj* espumoso *~ое вино* vino espumoso

игровой *adj* 1) de (para) juegos 2) *mús teat* de interpretación

игрок *m* jugador, -a *~ в баскетбол* jugador de baloncesto

игротека *f* ludoteca

игрушечный *adj* de juguete(s) *~ пистолет* pistola de juguete; *~ магазин* juguetería

игрушка *f* juguete

игумен *m relig* abad, superior (en la iglesia ortodoxa)

игуменья *f relig* abadesa, superiora (en la iglesia ortodoxa)

идальго *m inv hist* hidalgo

идеал *m* ideal

идеализация *f* idealización

идеализировать *impf vt* idealizar

идеализм *m* idealismo

идеалист *m* idealista

идеалистический *adj* idealista

идеалистичный *adj* idealista

идеальность *f* idealidad

идеальный *adj* ideal

идейка *f dimin. de* идея

идейность *f* ideología, contenido ideológico

идейный *adj* 1) ideológico 2) *(проникнутый передовыми идеями)* rico en ideas, con contenido ideológico

идентификационный *adj* identificador

идентификация *f* identificación

идентифицировать *impf vt* identificar

идентичность *f* identidad

идентичный *adj* idéntico

идеограмма *f ling* ideograma

идеографический *adj ling* ideográfico

идеография *f ling* ideografía

идеолог *m* ideólogo

идеологический *adj* ideológico
идеология *f* ideología
иде|я *f* idea, sugerencia *навязчивая ~я* obsesión; *подать ~ю* sugerir una idea ◆ **по ~е** en principio
идиллический *adj* idílico
идиллия *f* idilio
идиома *f ling* expresión idiomática
идиоматика *f ling* expresiones idiomáticas
идиоматический *adj ling* idiomático
идиосинкразия *f med* idiosincrasia
идиот *m* idiota
идиотизм[1] *m* 1) V. идиотия 2) *coloq* idiotez, estupidez
идиотизм[2] *m ling obsol* idiotismo
идиотический *adj* 1) *med* idiota 2) *coloq (глупый)* idiota, estúpido
идиотия *f med* idiocia, idiotez
идиотка *f* idiota
идиотский *adj* idiota
идиотство *n coloq* idiotez, estupidez
идиш *m (язык)* hebreo (idioma) *на ~е* en hebreo
идол *m* ídolo
идолопоклонник *m* idólatra
идолопоклонничество *n* idolatría
ид|ти *impf vi* 1) ir, andar, caminar *куда ты ~ёшь?* ¿adónde vas?; *я ~у в школу* voy a la escuela; *~ти пешком* ir a pie, ir andando 2) *(двигаться поступательно)* moverse, desplazarse *поезд ~ёт* el tren se mueve 3) **(на что-л)** *(соглашаться)* aceptar, estar dispuesto a (u/c) *~ти на согласованные условия* aceptar las condiciones acordadas 4) *(о механизме)* funcionar *часы не ~ут* el reloj no funciona 5) *(о дожде)* llover *~ёт дождь* llueve, *(о снеге)* nevar *~ёт снег* nieva 6) *(происходить)* tener lugar, pasar *~ёт урок* tiene lugar una clase 7) *(протекать)* transcurrir, pasar *время ~ёт быстро* el tiempo pasa rápido 8) **(через что-л)** *(пролегать)* pasar (por u/c) *дорога ~ёт через двор* el camino pasa por el patio interior 9) *(исторгаться, выходить)* salir *из окна ~ёт дым* sale humo de la ventana 10) **(кому/чему-л)** *(об одежде)* sentar bien (a alg), quedar bien *платье тебе очень ~ёт* el vestido te queda muy bien 11) *(о пьесе, спектакле, фильме)* exhibirse, echar, poner *какой фильм ~ёт сегодня в кино?* ¿qué película ponen hoy en el cine? 12) *coloq (подходить, устраивать)* ir bien, convenir *тебе ~ёт завтра в 5 часов?* ¿te va bien mañana a las 5?
иезуит *m* jesuita
иезуитский *adj* jesuita
иезуитство *n* jesuitismo
иена *f (денежная единица)* yen
иерарх *m* jerarca
иерархический *adj* jerárquico
иерархия *f* jerarquía
иерей *m relig* hierofante, sacerdote ortodoxo
иероглиф *m* jeroglífico
иероглифический *adj* jeroglífico
иеромонах *m relig* monje (en la iglesia ortodoxa)
иждивенец *m* mantenido
иждивение *n* manutención
иждивенка *f* mantenida
иждивенство *n* manutención
иждивенческий *adj* de mantenido, de parásito
иждивенчество *n* gorronería, parasitismo
иже *pron obsol* el cual
ижица *f* ízhitsa (nombre de la última letra del alfabeto ruso antiguo)
из *prep* 1) **(чего-л)** *(при обозначении движения от какого-то объекта)* de (u/c), desde (u/c) *Иван вышел ~ комнаты* Iván salió de la habitación 2) **(чего-л)** *(при обозначении выбора элементов в каком-то множестве)* de (u/c) *лучший ~ всех* el mejor de todos 3) **(чего-л)** *(при обозначении материала)* de (u/c) *~ дерева* de madera 4) **(чего-л)** *(при обозначении происхождения откуда-либо)* de (u/c) *она из Санкт-Петербурга* es de San Petersburgo 5) **(чего-л)** *(при обозначении причины)* por (u/c) *она ~ осторожности* por precaución; *она ~ вежливости* por cortesía 6) **(чего-л)** *(при обозначении состава)* de (u/c) *группа ~ пяти человек* un grupo de cinco personas
изба *f* izbá (cabaña rusa de madera)
избавитель *m elev* libertador, salvador, redentor
избавить *perf* избавлять *impf vt* **(от кого/чего-л)** librar (de alg o u/c), liberar (de alg o u/c), eximir (de alg o u/c)
избавиться *perf* избавляться *impf* **(от кого/чего-л)** librarse (de alg o u/c), salvarse (de alg o u/c)
избавление *n* liberación, salvación
избавлять V. избавить
избавляться V. избавиться
избалованный *adj* malcriado, mimado, viciado
избаловать V. баловать
избаловаться V. баловаться
избегать *perf* избежать *impf vt* **(кого/чего-л)** evitar, rehuir, esquivar
избегаться *perf vi coloq* estar agotado (de correr, de corretear)
избежание *n* evitación, elusión *во ~ столкновений* para evitar conflictos
избежать V. избегать
избивать V. избить
избиение *n* paliza
избиратель, -ница *m/f pol* elector, -a, votante
избирательность *f* selectividad, carácter selectivo
избирательный *adj* 1) selectivo 2) *pol* electoral
избирательский *adj pol* del electorado
избирать V. избрать
избитый *adj* 1) *(проторённый)* trillado, asendereado 2) *(общеизвестный)* trillado, gastado, trivial
избить *perf* избивать *impf vt* pegar, apalizar
избороздать V. избороздить
избороздить *perf* изборождать *impf vt* surcar, llenar de surcos
избрание *n* elección
избранни|к, -ца *m/f* elegid|o, -a
избранность *f* elección
избранный *adj* 1) selecto, seleccionado, elegido 2) *pol* electo
избрать *perf* избирать *impf vt* 1) escoger, elegir 2) *pol* elegir
избушка *f dimin. de* изба
избыток *m* exceso

избыточность *f* exceso, redundancia
избыточный *adj* sobrero, extra
изваяние *n* escultura, estatua
изваять V. ваять
изведать *perf* изведывать *impf vt* conocer, experimentar
изведывать V. изведать
изверг *m* monstruo
извергать V. извергнуть
извергаться V. извергнуться
извергнуть *perf* извергать *impf vt* tirar, lanzar *извергать лаву* echar lava
извергнуться *perf* извергаться *impf* salir, emanar
извержение *n* erupción
изверженный *adj geol* eruptivo
извериться *perf* **(в ком/чём-л)** perder la fe (en alg o u/c), perder la confianza (en alg o u/c)
извернуться *perf* извёртываться/изворачиваться *impf* 1) escabullirse, escapar 2) *(выпутаться)* salir de un apuro
извёртываться V. извернуться
извести *perf* изводить *impf vt* 1) *coloq (израсходовать)* gastar, derrochar, despilfarrar 2) *vulg (погубить)* exterminar 3) *coloq (измучить)* extenuar, agotar
известие *n* noticia
известись *perf* изводиться *impf coloq* atormentarse, torturarse
известить *perf* извещать *impf vt* avisar, notificar
известковый *adj* calcáreo, calizo, de cal
известность *f* notoriedad, fama ◆ **поставить в ~** notificar, hacer saber
известный *adj* 1) sabido, conocido 2) *(знаменитый)* conocido, famoso
известняк *m* caliza
известняковый *adj* calcáreo
известь *f* cal
извечно *adv* desde antaño
извечный *adj* de antaño, secular, de siempre
извещать V. известить
извещение *n* aviso, notificación, comunicación
извёртываться V. извернуться
извёстка *f coloq* cal
извив *m* sinuosidad, curva
извиваться *impf* 1) *(о змее, червяке и т.д.)* retorcerse, enroscarse 2) *(о человеке)* retorcerse, contorsionarse 3) *(о дороге, реке и т.д.)* serpentear
извилина *f* 1) sinuosidad, rodeo, vuelta 2) *(реки)* meandro
извилистый *adj* sinuoso, tortuoso
извинение *n* disculpa
извинительный *adj* 1) *(заслуживающий извинения)* perdonable, excusable 2) *obsol (содержащий извинение)* culpable
извини|ть *perf* извинять *impf vt* **(за что-л)** perdonar (por u/c), excusar (por u/c), disculpar (por u/c) *извини!* perdona; *~те!* perdone
извиниться *perf* извиняться *impf* pedir perdón, excusarse
извинять V. извинить
извиняться V. извиниться
извлекать *perf* извлечь *impf vt* sacar, extraer
извлечение *n* extracción
извлечь V. извлекать
извне *adv elev* desde el exterior, desde fuera
извод *m coloq* gasto, despilfarro
изводить V. извести
изводиться V. известись
извоз *m* carreteo, acarreo
извозчик *m hist* cochero
извол|ить *perf vi* 1) *obsol* desear, querer 2) *(обычно в форме повелительного наклонения)* tener la bondad, hacer el favor *~ьте выйти!* ¡haga el favor de salir!
изворачиваться V. извернуться
изворотливость *f* 1) destreza, habilidad 2) *(хитрость)* astucia, pillería
изворотливый *adj* 1) hábil, diestro 2) *(хитрый)* pillo, astuto
извратить *perf* извращать *impf vt* pervertir, corromper, deformar, falsificar
извращать V. извратить
извращение *n* perversión, deformación, falsificación
извращённость *f* perversidad
извращённый *adj* 1) falseado, alterado, tergiversado 2) *(противоестественный)* pervertido
изгадить *perf* изгаживать *impf vt coloq* ensuciar, emporcar
изгаживать V. изгадить
изгаляться *impf* **(над кем-л.)** burlarse (de alg), reírse (de alg), mofarse (de alg)
изгиб *m* curvatura
изгибать V. изогнуть
изгибаться V. изогнуться
изгладить *perf* изглаживать *impf vt elev* borrar *~ из памяти* borrar de la memoria
изгладиться *perf* изглаживаться *impf vt elev* borrarse
изглаживать V. изгладить
изглаживаться V. изгладиться
изгнание *n* expulsión, exilio
изгнанни|к, -ца *m/f* desterrad|o, -a, exiliad|o, -a
изгнать *perf* изгонять *impf*
изгой *m* marginad|o, -a, paria
изголовье *n* cabecera
изголодаться *perf* tener hambre, quedarse hambriento
изгонять V. изгнать
изгородь *f* cerca, seto
изготавливать V. изготовить
изготавливаться V. изготовиться
изготовитель *m* fabricante
изготовить *perf* изготавливать/изготовлять *impf vt* 1) fabricar, confeccionar, manufacturar 2) *(пищу)* preparar, *(пищу)* cocinar
изготовиться *perf* изготавливаться/изготовляться *impf* prepararse
изготовление *n* confección, fabricación
изготовлять V. изготовить
изготовляться V. изготовиться
издавать V. издать
издавна *adv* desde hace tiempo
издалека *adv* desde lejos
издали *adv* desde lejos
издание *n* edición, publicación
издатель, -ница *m/f* editor, -a
издательский *adj* editorial
издательство *n* editorial
издать *perf* издавать *impf vt* 1) *(публиковать)* publicar 2) *(обнародовать)* sacar, *(обнародовать)* promulgar 3) *(производить)* producir

издевательский *adj* burlesco, de mofa
издевательство *n* burla, mofa
издеваться *impf* **(над кем/чем-л)** burlarse (de alg o u/c), mofarse (de alg o u/c)
изделие *n* artículo, producto
издержка *f* gasto
издёвка *f coloq* burla, mofa, befa
издохнуть V. дохнуть
издревле *adv elev* desde antaño, desde tiempo inmemorial
издыхать *impf* издохнуть *impf vi* 1) *(о животном)* morirse, morir 2) *vulg (о человеке)* diñarla, estirar la pata
изживание *n* eliminación, erradicación, superación
изживать V. изжить
изжить *perf* изживать *impf vt* 1) *(искоренить)* eliminar, erradicar 2) *(перетерпеть)* superar ◆ ~ **себя** caer en desuso, quedar anticuado
изжога *f* ardor de estómago
из-за *prep* 1) **(кого/чего-л)** desde detrás (de alg o u/c), de detrás (de alg o u/c) *кошка вышла ~ двери* el gato salió de detrás de la puerta 2) **(кого/чего-л)** *(по причине)* a causa de (alg o u/c), debido a (u/c) *самолёт не улетел ~ непогоды* el avión no salió a causa del mal tiempo ◆ ~ **того, что** debido a que
излавливать V. изловить
излагать V. изложить
изламывать V. изломать
излечение *n* curación
излечивать V. излечить
излечиваться V. излечиться
излечимый *adj* curable
излечить *perf* излечивать *impf vt* **(от чего-л)** curar (de u/c)
излечиться *perf* излечиваться *impf* curarse, quedar curado
излёт *m* último momento del vuelo antes de caer
изливать V. излить
изливаться V. излиться
излить *perf* изливать *impf vt* 1) verter, derramar 2) *(издать)* esparcir, irradiar, emitir 3) *(высказать)* verter, derramar
излиться *perf* изливаться *impf* 1) verterse, derramarse, salir 2) *(высказаться)* manifestarse, explayarse, desahogarse
излишек *m* excedente, exceso
излишество *n* exceso, demasía
излишествовать *impf elev* excederse, abusar
излишний *adj* excesivo
излияние *n* desahogo, efusión, expansión
изловить *perf* излавливать *impf vt coloq* cazar, atrapar, pescar
изловчаться V. изловчиться
изловчиться *perf* изловчаться *impf coloq* ingeniárselas, apañárselas, arreglárselas
изложение *n* exposición, redacción
изложить *perf* излагать *impf vt* exponer, referir, redactar
излом *m* 1) rotura, fractura 2) *(изгиб)* viraje
изломать *perf* изламывать *impf vt* 1) romper, quebrar 2) *coloq (испортить)* estropear, destrozar
излучать *vt* irradiar, despedir
излучаться *impf* irradiarse, emanar
излучение *n* radiación
излучина *f* curva, sinuosidad, meandro
излюбленный *adj* predilecto, favorito, preferido
измазать *perf* измазывать *impf coloq* manchar, ensuciar, emporcar
измазаться *perf* измазываться *impf coloq* mancharse, ensuciarse, emporcarse
измазывать V. измазать
измазываться V. измазаться
измарать V. марать
измараться V. мараться
изматывать V. измотать
изматываться V. измотаться
измельчать V. измельчить
измельчаться V. измельчиться
измельчение *n* desmenuzamiento, triturado
измельчить *perf* измельчать *impf vt* desmenuzar, triturar
измельчиться *perf* измельчаться *impf* pulverizarse, desmenuzarse, triturarse
измена *f* 1) traición 2) *(супружеская)* infidelidad
изменение *n* cambio, variación, alteración, enmienda
изменить[1] *perf* изменять *impf vt (сделать иным)* cambiar, variar, alterar, modificar
изменить[2] *perf* изменять *impf vi* 1) **(кому/чему-л)** *(предать)* traicionar (a alg o u/c) 2) **(кому-л)** *(нарушить верность в любви)* engañar (a alg) 3) **(кому-л)** *(о силах, способностях)* fallar (a alg)
измениться *perf* изменяться *impf* cambiar, variar, modificarse
изменни|к, -ница *m/f* traidor, -a, renegad|o, -a
изменчивость *f* variabilidad
изменчивый *adj* alterable, variable
изменяемость *f* variabilidad, inestabilidad
изменяемый *adj* variable, cambiable, inestable
изменять V. изменить
изменяться V. измениться
измерение *n* 1) *(действие)* medición 2) *(плоскость)* dimensión
измеритель *m* medidor
измерительный *adj* de medición, de medida
измерить *perf* измерять *impf vt* medir
измериться *perf* измеряться *impf vt* medirse
измерять V. измерить
измеряться V. измериться
измождение *n* desfallecimiento, agotamiento, lasitud
измождённый *adj* desfallecido, laso, falto de fuerzas
измокнуть *perf vi coloq* empaparse, quedar empapado, calarse hasta los huesos
измор *m* : брать ~ом (на измор) vencer por agotamiento
изморось *f* llovizna, calabobos
измотать *perf* изматывать *impf vt coloq* extenuar, agotar, reventar ~ *нервы* destrozar los nervios
измучить V. мучить
измучиться V. мучиться
измываться *impf* **(над кем-л.)** *coloq* burlarse (de alg), mofarse (de alg), reírse (de alg)
измыслить *perf* измышлять *impf vt* imaginar, inventar, fantasear
измышление *n* invención, fantasía, infundio
измышлять V. измыслить
измять V. мять

изнанка *f* 1) revés, envés 2) *(скрытая сторона)* parte oculta

изнасилование *n* violación, agresión sexual

изнасиловать V. насиловать

изначально *adv* originariamente, inicialmente

изначальный *adj* originario

изнашивание *n* desgaste

изнашивать V. износить

изнашиваться V. износиться

изнеженный *adj* delicado, mimado

изнеживать V. изнежить

изнеживаться V. изнежиться

изнежить *perf* изнеживать *impf vt* mimar, malacostumbrar, malcriar

изнежиться *perf* изнеживаться *impf* volverse mimado, malacostumbrarse, malcriarse

изнемогать V. изнемочь

изнеможение *n* agotamiento, desfallecimiento, extenuación

изнемочь *perf* изнемогать *impf vi* desfallecer, agotarse, fatigarse, flaquear

изнервничаться *perf coloq* estar enervado, *coloq* estar con los nervios a flor de piel

изничтожать V. изничтожить

изничтожить *perf* изничтожать *impf vt coloq* aniquilar, eliminar

износ *m* desgaste

износить *perf* изнашивать *impf vt* desgastar, gastar

износиться *perf* изнашиваться *impf* 1) gastarse, desgastarse 2) *(прийти в негодность)* consumirse, agotarse

изношенность *f* desgaste

изношенный *adj* 1) gastado, desgastado 2) *(уставший)* agotado

изнурение *n* agotamiento

изнурённый *adj* agotado, consumido, exhausto

изнурительный *adj* agotador

изнурить *perf* изнурять *impf vt* agotar, dejar exhausto

изнуриться *perf* изнуряться *impf* agotarse, extenuarse, debilitarse

изнурять V. изнурить

изнуряться V. изнуриться

изнутри **1.** *adv* de dentro, por dentro **2.** *prep* **(чего-л)** desde dentro (de u/c)

изнывать *impf* изныть *perf vi* agotarse, desfallecer, extenuarse

изныть V. изнывать

изо *prep* V. из

изобара *f meteo* isobara

изобидеть *perf vt vulg* ofender, vilipendiar

изобилие *n* abundancia, riqueza

изобиловать *perf vi* **(кем/чем-л)** *elev* abundar (en alg o u/c)

изобильный *adj elev* abundante

изобличать *impf vt* 1) V. изобличить 2) *(обнаруживать)* descubrir, denunciar

изобличение *n* desenmascaramiento, revelación

изобличить *perf* изобличать *impf vt* desenmascarar, destapar, revelar ~ *врага* desenmascarar al enemigo

изображать V. изобразить

изображаться V. изобразиться

изображение *n* imagen, representación

изобразительность *f* plasticidad

изобразительный *adj* 1) *(образный)* representativo 2) *(связанный с изображением)* figurativo, plástico

изобразить *perf* изображать *impf vt* representar, expresar

изобразиться *perf* изображаться *impf*

изобрести *perf* изобретать *impf vt* inventar, descubrir

изобретатель, -ница *m/f* inventor, -a

изобретательность *f* ingenio

изобретательный *adj* ingenioso

изобретательский *adj* inventivo, de inventor

изобретательство *n* inventiva, espíritu de invención

изобретать V. изобрести

изобрести *perf* изобретать *impf vt* inventar, descubrir

изобретение *n* invención, invento, descubrimiento

изогнутый *adj* curvo, encorvado, tortuoso

изогнуть *perf* изгибать *impf vt* encorvar, doblar, torcer

изогнуться *perf* изгибаться *impf* encorvarse, arquearse, doblarse

изодрать *perf vt coloq* desgarrar, despedazar

изолированность *f* aislamiento

изолированный *adj* aislado

изолировать *biasp vt* aislar

изолироваться *biasp* aislarse

изолятор *m* 1) *electr* aislante 2) *(в больнице)* pabellón, sala de infecciosos

изоляционизм *m pol* aislacionismo

изоляционистский *adj pol* aislacionista

изоляционный *adj* aislante

изоляция *f* aislamiento

изотерма *f fís geogr* línea isoterma

изотермия *f fís* isotermia

изотоп *m fís* isótopo

изотопный *adj fís* isotópico, de isótopo

изощрённость *f* refinamiento, sutileza

изощрённый *adj* 1) refinado, sutil 2) *(о зрении, слухе)* agudo

изощриться *perf* изощряться *impf* 1) volverse refinado, volverse sutil 2) *(пускать в ход всё умение)* arreglárselas, componérselas

изощряться V. изощриться

из-под *prep* 1) **(кого/чего-л)** de debajo (de alg o u/c) *мяч выкатился ~ дивана* la pelota salió rodando de debajo del sofá, **(чего-л)** *(для определения предмета)* de (u/c) *вода ~ крана* agua del grifo; *коробка ~ телевизора* la caja del televisor 2) **(чего-л)** *(из окрестностей)* de cerca de (u/c) *они приехали ~ Оренбурга* llegaron de cerca de Orenburgo

изразец *m* azulejo

израильский *adj* israelí

израильтян|ин, -ка *m/f* israelí, israelita

изранить *perf vt* llenar (cubrir) de heridas

израсходовать V. расходовать

изредка *adv* de vez en cuando, rara vez

изрежённый *adj* ralo, claro

изрезать *perf* изрезывать *impf vt* cortar, hacer pedazos

изрезывать V. изрезать

изрекать V. изречь

изречение *n* sentencia, aforismo

изречь *perf* изрекать *impf vt obsol* proferir

изрыть *perf vt* 1) cavar, excavar 2) *(избороздить)* surcar
изрядно *adv* considerablemente, mucho
изрядный *adj* considerable, grande
изувер *m* fanático
изуверский *adj* 1) fanático 2) *(жестокий)* monstruoso
изуверство *n* 1) fanatismo 2) *(жестокость)* crueldad
изуверствовать *impf vi* actuar con fanatismo y crueldad
изувечивать V. изувечить
изувечиваться V. изувечиться
изувечить *perf* изувечивать *impf vt* mutilar, lisiar, estropear
изувечиться *perf* изувечиваться *impf* mutilarse, lisiarse
изукрасить *perf* изукрашивать *impf vt* adornar, decorar, engalanar, ornar
изукрашиваться V. изукраситься
изумительный *adj* magnífico, excelente, extraordinario
изумить *perf* изумлять *impf vt* maravillar, admirar
изумиться *perf* изумляться *impf* admirarse, maravillarse, sorprenderse
изумление *n* estupefacción, admiración, sorpresa
изумлённый *adj* atónito, estupefacto
изумлять V. изумить
изумляться V. изумиться
изумруд *m* esmeralda
изумрудный *adj* de esmeralda
изуродовать V. уродовать
изуродоваться V. уродоваться
изучать *perf* изучить *impf vt* 1) estudiar, aprender 2) *(исследовать)* estudiar 3) *(наблюдать)* estudiar, examinar
изучение *n* estudio
изъедать V. изъесть
изъездить *perf vt* 1) recorrer ~ *страну* recorrer el país 2) *(испортить ездой)* estropear, desgastar
изъесть *perf* изъедать *impf vt* 1) estropear, desgastar (royendo) 2) *(о едких веществах)* corroer
изъявительн|ый *adj ling* indicativo *~ое наклонение* modo indicativo
изъявить *perf* изъявлять *impf vt* expresar, manifestar ~ *желание* manifestar un deseo
изъявлять V. изъявить
изъязвить *perf* изъязвлять *impf vt* ulcerar
изъязвлять V. изъязвить
изъян *m* defecto
изъяснение *n obsol* explicación
изъяснить *perf* изъяснять *impf vt obsol* explicar, exponer
изъясниться *perf* изъясняться *impf* explicarse
изъяснять V. изъяснить
изъясняться V. изъясняться
изъятие *n* 1) sustracción, confiscación 2) *(исключение)* excepción
изъять *perf* изымать *impf vt* 1) *(удалить)* retirar 2) *(отнять)* sustraer, confiscar
изымать V. изъять
изыскание *n* 1) búsqueda, investigación, averiguación 2) *geol* prospección
изысканно *adv* 1) refinadamente, exquisitamente 2) *(вычурно)* afectadamente, rebuscadamente
изысканность *f* exquisitez
изысканный *adj* exquisito, refinado
изыскатель *m* investigador, explorador
изыскать *perf* изыскивать *impf vt elev* encontrar
изыскивать V. изыскать
изюбр *m* ciervo común siberiano
изюм *m* (uva) pasa
изюмина *f* (uva) pasa
изюминка *f* 1) V. изюмина 2) *(прелесть)* gracia
изящество *n* finura, elegancia, gracia
изящный *adj* fino, elegante, gracioso
икать *impf* икнуть *perf vi* tener hipo, hipar
икаться *impf v/impers* (**кому-л**) tener hipo
икнуть V. икать
икона *f* icono
иконный *adj* de icono(s)
иконографический *adj* iconográfico
иконография *f* iconografía
иконописец *m* pintor de iconos
иконописный *adj* de iconos, de pintura de iconos
иконопись *f* pintura de iconos
иконостас *m relig* iconostasio
икорка *f dimin. de* икра
икота *f* hipo
икра[1] *f* 1) *(яйца рыб)* huevas 2) *(в пищу)* caviar
икра[2] *f (часть ноги)* pantorrilla
икринка *f* hueva
икрометание *n* desove
икс *m* equis
ил *m* cieno
или 1. *conj* o *белый ~ чёрный* blanco o negro; *~ ты скажешь, ~ я скажу* o lo dices tú, o lo diré yo 2. *partic interrog* o es que, acaso *~ ты это не видел?* ¿o es que no lo has visto?, ¿acaso no lo has visto?
илистый *adj* limoso, cenagoso
иллюзионист, -ка *m/f* ilusionista
иллюзия *f* 1) *(обман чувств)* ilusión 2) *(мечта)* ilusión
иллюзорность *f* ilusoriedad, lo ilusorio
иллюзорный *adj* ilusorio, iluso
иллюминатор *m nav* ojo de buey
иллюминация *f* iluminación
иллюминировать *biasp vt* iluminar
иллюстративный *adj* ilustrativo
иллюстратор *m* ilustrador
иллюстрация *f* ilustración
иллюстрировать *biasp vt* ilustrar
иловый *adj* V. илистый
иль *conj coloq* V. или
имажинизм *m lit* imaginismo (corriente en la poesía rusa del s. xx)
имажинист *m lit* imaginista (en la poesía rusa del s. xx)
имам *m relig* imán
имбирь *m* jengibre
имение *n* hacienda
именинни|к, -ца *m/f* persona en el día de su santo
именин|ы (*gen* именин) *fpl* día del santo, santo
именительный *adj ling* nominativo ~ *падеж* caso nominativo

именитый *adj* 1) *coloq* distinguido, notable, eminente 2) *obsol (знатный)* noble
именно *partic* 1) precisamente, justamente ~ *белый мне нужен* necesito precisamente el blanco 2) *(перед перечислением)* concretamente
именной *adj* nominal
именовать *impf* наименовать *perf vt* denominar, llamar
именоваться *impf* denominarse, llamarse
иметь *impf vt* tener, poseer ◆ ~ **значение** importar ~ **место** tener lugar, acontecer ~ **в виду** tener en cuenta, querer decir ~ **привычку** acostumbrar, tener la costumbre
име|ться *impf* haber *~ются новые доказательства* hay nuevas pruebas
имидж *m* imagen
имитатор *m* imitador
имитационный *adj* imitativo, de imitación
имитация *f* imitación
имитировать *impf vt* imitar
имманентность *f elev* carácter inmanente
имманентный *adj elev* inmanente
иммигрант, -ка *m/f* inmigrante
иммиграционный *adj* de inmigración
иммиграция *f* inmigración
иммигрировать *biasp vi* inmigrar
иммунизация *f* inmunización
иммунизировать *biasp vi* inmunizar
иммунитет *m* 1) *biol* inmunidad 2) *jur* inmunidad
иммунный *adj biol* inmune
иммунолог *m med* inmunólogo
иммунологический *adj med* inmunológico
иммунология *f med* inmunología
императив *m* 1) *(требование)* imperativo 2) *ling* imperativo
императивный *adj elev* imperativo
император *m* emperador
императорский *adj* imperial
императрица *f* emperatriz
империал *m hist* imperial, baca
империализм *m* imperialismo
империалист *m* imperialista
империалистический *adj* imperialista
империя *f* imperio
имперский *adj* de(l) imperio, imperial
имплантация *f med* implantación
импозантно *adv* de (una) manera imponente
импозантный *adj* imponente, impresionante
импонировать *impf vi* (**кому/чему-л**) imponer (a alg)
импорт *m* importación
импортёр *m* importador
импортировать *biasp vt* importar
импортный *adj* de importación
импотент *m* impotente
импотентный *adj* impotente (sexualmente)
импотенция *f* impotencia (sexual)
импресарио *m inv* empresario (del mundo del espectáculo)
импрессионизм *m arte* impresionismo
импрессионист *m arte* impresionista
импрессионистический *adj arte* impresionista
импровизатор *m* improvisador
импровизационный *adj* de improvisación
импровизация *f* improvisación
импровизировать *impf* сымпровизировать *perf vt* improvisar
импульс *m* impulso
импульсивность *f* impulsividad
импульсивный *adj* imupulsivo
импульсный *adj* de impulso(s)
имущественный *adj* de patrimonio, de bienes
имущество *n* bienes, patrimonio
имущий *adj* pudiente, acomodado
имя *n* nombre ◆ ~ **существительное** *ling* sustantivo ~ **прилагательное** *ling* adjetivo
имярек *m* fulano, mengano
инакомыслие *n* heterodoxia, disidencia
инакомыслящий *adj* heterodoxo, disidente
иначе 1. *adv* de otra manera, de otro modo *сказать* ~ decirlo de otra manera **2.** *conj* de lo contrario, si no ◆ ~ **говоря** en otras palabras **так или** ~ de una manera o de otra, sea como sea
инвазивный *adj med* invasivo
инвалид *m* discapacitad|o, -a, inválid|o, -a, paralític|o, -a
инвалидность *f* discapacidad
инвалидный *adj* de (para) discapacitados, de (para) inválidos
инвалюта *f* divisa
инвариант *m mat* invariante
инвариантный *adj mat* invariante
инвектива *f elev* invectiva
инвентаризационный *adj* de inventarización
инвентаризация *f* inventario (*acción*)
инвентаризовать *biasp vt* inventariar, hacer inventario
инвентарный *adj* de inventario
инвентарь *m* inventario
инверсионный *adj ling* de inversión, invertido
инверсия *f ling* inversión
инвестировать *biasp vt* invertir
инвестиционный *adj* de inversión
инвестиция *f* inversión
инвестор *m* inversor
ингалятор *m* inhalador
ингаляционный *adj* de inhalación, inhalador
ингаляция *f* inhalación
ингредиент *m* ingrediente
ингуш, -ка *m/f* inguseti|o, -a
ингушский *adj* ingusetio
индеветь *impf* заиндеветь *perf vi* escarcharse, cubrirse de escarcha
индеец *m* indio (de América)
индейка *f* pavo
индейский *adj* indio (de América)
индекс *m* índice ◆ **почтовый** ~ código postal
индианка[1] *f (женское к индеец)* india (de América)
индианка[2] *f (женское к индиец)* india, hindú
индивид *m elev* individuo
индивидуализация *f* individualización
индивидуализировать *biasp vt* individualizar
индивидуализм *m* individualismo
индивидуалист *m* individualista
индивидуалистический *adj* individualista
индивидуалистка *f* individualista
индивидуально *adv* individualmente
индивидуальность *f* individualidad
индивидуальный *adj* individual
индивидуум *m elev* individuo
индиго *n inv (краска)* índigo, añil
индиец *m* indio, hindú

индийский *adj* indio, de la India
индикатор *m* indicador
индикаторный *adj* de indicador(es)
индифферентизм *m elev* indiferencia, indiferentismo
индифферентно *adv* indiferentemente, con indiferencia
индифферентность *f* indiferencia
индифферентный *adj* indiferente
индоевропейский *adj* indoeuropeo
индонези|ец, -йка *m/f* indonesi|o, -a
индонезийский *adj* indonesio
индуизм *m* hinduismo
индуистский *adj* hindú
индуктивный *adj* inductivo
индуктор *m electr* inductor
индукционный *adj electr* por (de) inducción
индукция *f electr* inducción
индульгенция *f hist* indulgencia
индус, -ка *m/f (последователь индуизма)* hindú
индустриализация *f* industrialización
индустриализировать *biasp vt* industrializar
индустриальный *adj* industrial
индустрия *f* industria
индюк *m* pavo
индюшка *f* pava
индюшонок *m coloq* pavo joven, pavipollo
иней *m* escarcha
инертно *adv* por inercia, pasivamente, inactivamente
инертность *f* inercia
инертный *adj* inerte
инерциальный *adj fís* inercial
инерционный *adj fís* de (por) inercia
инерция *f* inercia
инженер *m* ingeniero
инженерия *f* ingeniería
инженерный *adj* de ingeniería
инжир *m* higo
инициал *m* inicial
инициатива *f* iniciativa
инициативность *f* iniciativa
инициативный *adj* con iniciativa, emprendedor
инициатор *m* iniciador
инка 1. *m/f* inca 2. *adj inv* inca
инкассатор *m* cobrador, cajero
инкассаторский *adj* de cobrador, de cajero
инквизитор *m hist* inquisidor
инквизиторский *adj hist* inquisitorial
инквизиция *f hist* inquisición
инкогнито 1. *n inv* incógnito 2. *adv* de incógnito
инкриминировать *biasp vt jur* incriminar, acusar
инкрустатор *m arte* incrustador
инкрустация *f arte* incrustación
инкрустировать *biasp vt arte* hacer incrustaciones, incrustar
инкский *adj* inca
инкубатор *m* incubadora
инкубаторский *adj* de incubadora, de incubación
инкубация *f* incubación
иноверец *m obsol* heterodoxo
иногда *adv* a veces, de vez en cuando
иногородний 1. *adj* 1) *(приезжий)* forastero, advenedizo 2) *(письмо и т.д.)* de otra ciudad 2. *m* forastero
иноземец *m obsol* extranjero, alienígena
иноземный *adj elev* extranjero, alienígena
ин|ой *adj* 1) *(другой)* otro 2) *(не такой)* diferente ◆ **~ой раз** a veces **~ыми словами** en otras palabras
инок *m obsol* monje, religioso
иномарка *f coloq* coche de marca extranjera
инопланетный *adj* extraterrestre
инопланетян|ин, -ка *m/f* extraterrestre
инородец *m hist* inoródets (en la época zarista, habitante no ruso del imperio)
инородный *adj* extraño, ajeno
иносказание *n* alegoría, parábola
иносказательный *adj* alegórico, parabólico
иностран|ец, -ка *m/f* extranjer|o, -a
иностранный *adj* extranjero
иноходец *m* caballo amblador
иноходь *f* paso de ambladura (de andadura)
иноческий *adj relig* de monje, monacal
иноязычный *adj* de (en) lengua extranjera
инсектицид *m* insecticida
инсинуация *f elev* calumnia
инсоляция *f fís* insolación
инспектирование *n* inspección
инспектировать *impf vt* inspeccionar
инспектор *m* inspector
инспекторский *adj* de inspector, de inspección
инспекционный *adj* de inspección
инспекция *f* inspección
инспиратор *m elev* inspirador
инспирировать *biasp vt* 1) inspirar 2) *(подстрекать)* incitar, instigar
инстанция *f* instancia *высшая ~* instancia suprema
инстинкт *m* instinto
инстинктивный *adj* instintivo
институт *m* 1) *(высшее учебное заведение)* instituto, facultad 2) *(научно-исследовательский центр)* instituto
институтка *f coloq* estudiante de instituto
институтский *adj* de instituto(s)
инструктаж *m* instrucción, instrucciones
инструктивный *adj* instructivo, de instrucción
инструктировать *biasp vt* instruir, dar instrucciones
инструктор *m* instructor
инструкция *f* instrucciones
инструмент *m* 1) instrumento 2) *(для профессиональной деятельности)* instrumento, herramienta, utensilio 3) *(музыкальный)* instrumento
инструменталист *m mús* instrumentista
инструменталистский *adj mús* de instrumentista
инструментальный *adj* instrumental
инструментальщик *m* persona que fabrica herramientas
инструментарий *m tecn* instrumentario
инструментовать *biasp vt mús* instrumentar
инструментовка *f mús* instrumentación
инсулин *m biol* insulina
инсульт *m med* embolia
инсургент *m obsol* insurgente
инсценировать *biasp vt* 1) *teat* poner en escena, escenificar 2) *(притворно изображать)* escenificar
инсценировка *f* escenificación

инсценировщик *m teat* escenificador
интеграл *m mat* integral
интегральный *adj* 1) integral 2) *mat* integral
интеграция *f* integración
интегрирование *n* integración
интегрировать *biasp vt* integrar
интеллект *m* intelecto
интеллектуал, -ка *m/f coloq* intelectual
интеллектуальность *f* intelectualidad
интеллектуальный *adj* intelectual
интеллигент *m* intelectual
интеллигентка *f* intelectual
интеллигентность *f* cultura, nivel cultural, instrucción
интеллигентный *adj* culto, instruido
интеллигентский *adj* de intelectual(es)
интеллигенция *f* inteliguentsia, intelectualidad
интендант *m mil* intendente
интендантство *n mil* intendencia
интенсивность *f* intensidad
интенсивный *adj* intenso, intensivo
интенсификация *f* intensificación
интенсифицировать *biasp vt* intensificar
интервал *m* intervalo
интервальный *adj* de (con) intervalo(s)
интервент *m* intervencionista, invasor
интервенционный *adj* de intervención
интервенция *f mil* intervención
интервью *n inv* entrevista
интервьюер *m* entrevistador
интервьюировать *biasp vt* entrevistar
интерес *m* interés
интересно 1. *adv* con interés, de una forma interesante **2.** *adv pred* es interesante
интересность *f* interés, lo interesante
интересный *adj* interesante
интересовать *biasp vt* interesar
интересоваться *biasp* **(кем/чем-л)** interesarse (por alg o u/c)
интермедия *f mús teat* intermedio
интермеццо *n inv mús* intermedio, intermezzo
интерн *m med* interno (médico)
интернат *m* internado
интернатура *f med* interinaje, interinado
интернационализация *f* internacionalización
интернационализировать *biasp vt* internacionalizar
интернационализм *m* internacionalismo
интернационалист *m* internacionalista
интернациональный *adj* internacional
интернет *m* internet
интернировать *biasp vt jur* internar
интерпретатор *m elev* interpretador
интерпретация *f* interpretación
интерпретировать *biasp vt* interpretar
интерьер *m* interior (de un espacio)
интимничать *impf vi coloq* contar intimidades
интимность *f* intimidad
интимный *adj* íntimo
интоксикация *f med* intoxicación
интонационный *adj* de entonación, prosódico
интонация *f* entonación
интонировать *impf vt elev* entonar
интрига *f* intriga
интриган *m* intrigante
интриговать *impf* заинтриговать *perf vt* intrigar
интрижка *f* 1) intriga 2) *(любовная связь)* lío amoroso
интродукция *f mús* introducción
интуитивный *adj* intuitivo
интуиция *f* intuición
интурист *m abrev* turista extranjero
инфантилизм *m med* infantilismo
инфантильность *f* infantilidad
инфантильный *adj* infantil
инфаркт *m med* infarto, fallo cardíaco
инфекционный *adj* infeccioso, contagioso
инфекция *f* infección, contagio
инфинитив *m ling* infinitivo
инфляционный *adj econ* inflacional
инфляция *f econ* inflación
информативность *f* informatividad
информативный *adj* informativo
информатик *m* informático
информатика *f* informática
информатор *m* informador, informante
информационный *adj* informativo, de información
информация *f* información
информбюро *n inv abrev* oficina de información
информирование *n* información
информированность *f* información (hecho de estar informado)
информированный *adj* informado
информировать *impf* проинформировать *perf vt* **(о ком/чём-л)** informar (sobre alg o u/c)
инфракрасный *adj* infrarrojo
инфраструктура *f* infraestructura
инфузория *f zool* infusorio
инцидент *m* incidente
инъекция *f* inyección
ион *m fís* ión
ионизационный *adj fís* ionizador, ionizante, de ionización
ионизация *f fís* ionización
ионизировать *biasp vt fís* ionizar
ионный *adj fís* iónico, de iones
ионосфера *f fís* ionoesfera
ипостась *f elev* calidad, papel
ипотека *f* hipoteca
ипотечный *adj* hipotecario, de hipotecas
ипохондрик *m* hipocondríaco
ипохондрический *adj* hipocondríaco
ипохондрия *f* hipocondría
ипподром *m* hipódromo
иприт *m quím* iperita
иракец *m* iraquiano
иракианка *f* iraquiana
иракский *adj* iraquiano
иран|ец, -ка *m/f* iranian|o, -a, iraní
иранский *adj* iraniano
ирбис *m* onza, irbis, leopardo de las nieves
ирис *m* iris (flor)
ирис *m* pastilla de café con leche
ириска *f coloq* V. ирис
ирланд|ец, -ка *m/f* irland|és, -esa
ирландский *adj* irlandés
ирод *m vulg insult* monstruo, desalmado
иронизировать *biasp vi* **(над кем/чем-л)** ironizar (sobre alg o u/c)
иронически *adv* irónicamente
иронический *adj* irónico

иронично *adj* irónicamente
ироничный *adj* irónico
ирония *f* ironía
иррадиация *f fís* irradiación
иррациональность *f* irracionalidad
иррациональный *adj* irracional
иррегулярный *adj elev* irregular
ирригатор *m* especialista en irrigación
ирригационный *adj* de irrigación
ирригация *f* irrigación
иск *m jur* demanda, querella
искажать V. исказить
искажаться V. исказиться
искажение *n* distorsión, desfiguración, deformación
исказить *perf* искажать *impf vt* distorsionar, desfigurar, deformar
исказиться *perf* искажаться *impf* distorsionarse, desfigurarse, deformarse
искалеченный *adj* mutilado
искалечить V. калечить
искалывать V. исколоть
искалываться V. исколоться
искание *n* busca, búsqueda
искапывать V. ископать
искапывать V. ископать
искатель *m* buscador
искательный *adj* adulador, zalamero
искать *perf vt* buscar
исклевать *perf* исклёвывать *impf vt* picotear, picar
исклёвывать V. исклевать
исключать V. исключить
исключая *prep* **(кого/что-л.)** excepto, a excepción (de alg o u/c), salvo, menos *все дни, ~ воскресенье* todos los días excepto el domingo
исключение *n* 1) *(откуда-либо)* expulsión 2) *(из нормы)* excepción ◆ **за ~м кого/чего-л** con la excepción de alg o u/c
исключительно **1.** *adv* excepcionalmente **2.** *partíc* solamente, exclusivamente
исключительность *f* excepcionalidad
исключительный *adj* excepcional, extraordinario
исключить *perf* исключать *impf vt* excluir, descartar
исковеркать V. коверкать
исковой *adj jur* de (la) demanda
исколачивать V. исколотить
исколесить *perf vt coloq* recorrer (a pie o en vehículo)
исколотить *perf* исколачивать *impf vt* 1) pegar, apalizar 2) *(испортить)* estropear golpeando
исколоть *perf* искалывать *impf vt* 1) pinchar 2) *(вколоть повсюду)* agujerear
исколоться *perf* искалываться *impf* pincharse
искомкать V. комкать
искомый *adj* buscado, que se busca
искомое *n mat* incógnita
искони *adv* 1) *obsol* desde tiempo remoto, desde antaño 2) *(всегда)* desde siempre
исконный *adj* originario
ископаемое *n* fósil
ископаемый *adj* 1) mineral 2) *(животное)* fósil
ископать *perf* искапывать *impf vt* cavar, excavar (todo, mucho)
искоренение *n* extirpación, desarraigo
искоренить *perf* искоренять *impf vt* extirpar, desarraigar, erradicar, exterminar
искорениться *perf* искореняться *impf* erradicarse, eliminarse
искоренять V. искоренить
искореняться V. искорениться
искорёжить V. корёжить
искорёжиться V. корёжиться
искорка *f dimin. de* искра
искоса *adv* de reojo, de soslayo *смотреть ~* mirar de reojo
искра *f* chispa
искренний *adj* franco, sincero
искренность *f* franqueza, sinceridad
искривить *perf* искривлять *impf vt* 1) encorvar, torcer 2) *(лицо, губы)* contraer
искривиться *perf* искривляться *impf* 1) encorvarse, torcerse 2) *(о лице, губах)* contraerse
искривление *n* curvatura, torcedura, desviación
искривлённый *adj* encorvado, torcido
искривлять V. искривить
искривляться V. искривиться
искрить *impf vi* chispear, chisporrotear, centellear
искриться *impf* chispear, chisporrotear, centellear
искромётный *adj poét* chispeante, fulgurante
искромсать V. кромсать
искрошить V. крошить
искрошиться V. крошиться
искупать V. искупить, купать
искупаться V. купаться
искупительный *adj* expiatorio, redentor
искупить *perf* искупать *impf vt* expiar, redimir
искупление *n* expiación, redención
искусать *perf* искусывать *impf vt* 1) morder (en muchos sitios) 2) *(о насекомых)* picar (mucho, en muchos sitios)
искус *m obsol* prueba, sufrimiento
искуситель *m elev* tentador, incitador
искусить *perf* искусывать *impf vt* tentar
искусно *adv* hábilmente, con destreza, con maestría
искусность *f* habilidad, destreza
искусный *adj* 1) *(обладающий мастерством)* hábil, experto, diestro 2) *(умело выполненный)* fino, cuidadoso
искусственность *f* 1) artificio 2) *(неестественность)* afectación, falsedad
искусственный *adj* 1) artificial 2) *(неестественный)* falso, afectado
искусств|о *n* arte ◆ **из любви к ~у** por amor al arte
искусствовед *m* especialista en arte
искусствоведение *n* estudio del arte
искусствоведческий *adj* de estudio (de crítica) del arte
искусывать V. искусать
искушать V. искусить
искушение *n* tentación
искушённый *adj* experto, experimentado
ислам *m* islam, islamismo
исламский *adj* islámico
исланд|ец, -ка *m/f* island|és, -esa
исландский *adj* islandés
испакостить V. пакостить
испанец *m* español
испанистика *f* hispanismo

испанка *f* española
испанский *adj* 1) español, hispano 2) *(о языке)* español, castellano
испарение *n* 1) evaporación 2) *(пар)* vapor
испарина *f* transpiración, sudor
испаритель *m* vaporizador
испарить *perf* испарять *impf vt* evaporar
испариться *perf* испаряться *impf* evaporarse, vaporizarse
испарять V. испарить
испаряться V. испариться
испачкать V. пачкать
испачкаться V. пачкаться
испепелить *perf* испепелять *impf vt* reducir a cenizas, incinerar
испепелиться *perf* испепеляться *impf* convertirse en cenizas, reducirse a cenizas
испепелять V. испепелить
испепеляться V. испепелиться
испечь V. печь
испещрить *perf* испещрять *impf vt* llenar, cubrir, abigarrar
испещрять V. испещрить
исписать *perf* исписывать *impf vt* llenar escribiendo, gastar escribiendo
исписаться *perf* исписываться *impf* 1) gastarse (de escribir) 2) *(о писателе)* agotarse (dicho de un escritor)
исписывать V. испытать
исписываться V. исписаться
испить *perf vt* 1) beber (un poco) 2) *elev obsol* apurar (una bebida)
исповедание *n* 1) *relig (действие)* confesión 2) *elev (вероучение)* confesión, religión
исповедать *perf vt* V. исповедовать
исповедаться *perf* V. исповедоваться
исповедник *m* 1) *relig (кающийся)* penitente 2) *relig (священник)* confesor
исповедовать *biasp vt* 1) *elev (следовать религии)* profesar ~ *ислам* profesar el Islam 2) *(подвергать исповеди)* confesar
исповедоваться *biasp* **(кому-л)** *relig* confesarse (a alg)
исповедь *f* 1) *relig* confesión 2) *(откровенное признание)* confesión, revelación
испоганить V. поганить
исподволь *adv coloq* poco a poco, gradualmente
исподлобья *adv* con el ceño funcido
исподнизу *adv coloq* por debajo
исподний *adj* de debajo
исподтишка *adv coloq* furtivamente, a escondidas
испокон *adv* : ~ веков desde tiempos inmemoriales, desde que el mundo es mundo
исполин *m* gigante, titán
исполинский *adj* gigantesco, titánico
исполком *m abrev hist* comité ejecutivo
исполнение *n* ejecución, desempeño, ejercicio
исполнимый *adj* factible, realizable, ejecutable
исполнитель, -ница *m/f* 1) ejecutor, -a, factor, -a 2) *(артист)* intérprete
исполнительность *f* cualidad de cumplidor, formalidad
исполнительный *adj* 1) ejecutivo 2) *(старательный)* cumplidor, formal
исполнительский *adj* artístico
исполнительство *n* ejecución, interpretación
исполнить[1] *perf* исполнять *impf vt* 1) ejecutar, ejercer, desempeñar 2) *(произведение искусства)* interpretar
исполнить[2] *perf* исполнять *impf vt* **(чем-л)** *elev (наполнить)* llenar (de u/c), henchir (de u/c)
исполни|ться[1] *perf* исполняться *impf* 1) *(осуществиться)* cumplirse, realizarse *~лось желание* se cumplió el deseo 2) *(окончиться, истечь)* cumplirse, cumplir *ему ~лось десять лет* ha cumplido diez años
исполниться[2] *perf* исполняться *impf* **(чего-л)** *elev* llenarse (de u/c), henchirse (de u/c)
исполнять V. исполнить
исполняться V. исполниться 1, 2
исполосовать *perf vt* 1) *(разрезать на полосы)* rayar 2) *(избить)* azotar, fustigar
использование *n* uso, utilización, aprovechamiento
использовать *biasp vt* usar, utilizar, emplear, aprovechar
испортить V. портить
испортиться V. портиться
испохабить *perf vt vulg* estropear, arruinar
испошлить *perf vt coloq* vulgarizar, trivializar, estropear
исправимость *f* cualidad de corregible
исправимый *adj* reparable, corregible
исправительный *adj* correccional, reformatorio
исправить *perf* исправлять *impf vt* 1) *(механизм)* reparar, arreglar 2) *(ошибку)* corregir, arreglar, enmendar
исправиться *perf* исправляться *impf* corregirse, enmendarse
исправление *n* 1) *(механизма)* reparación 2) *(ошибки)* corrección, rectificación, enmienda
исправлять V. исправить
исправляться V. исправиться
исправник *m hist* ispravnik (jefe de policía de distrito en la Rusia zarista)
исправно *adv* 1) bien, correctamente *работать* ~ funcionar correctamente 2) *(усердно)* puntualmente, con ahínco
исправность *f* 1) *(хорошее состояние)* buen estado 2) *(упорядоченность)* exactitud, puntualidad
исправный *adj* 1) *(в хорошем состоянии)* en buen estado 2) *(исполнительный)* exacto, puntual
испражнение *n* defecación
испражниться *perf* испражняться *impf* defecar
испражняться V. испражниться
испрашивать V. испросить
испробовать V. пробовать
испросить *perf* испрашивать *impf vt obsol* obtener, conseguir (por ruego, súplica)
испуг *m* espanto, susto
испуганно *adv* con espanto
испуганный *adj* espantado, asustado
испугать V. пугать
испугаться V. пугаться
испускать V. испустить
испустить *perf* испускать *impf vt* exhalar, emanar ~ *стон* exhalar un gemido, *(звук)* lanzar ~ *крик* lanzar un grito ♦ ~ **последний вздох** exhalar el último suspiro
испытание *n* 1) *(проверка)* ensayo, experimento 2) *(экзамен)* prueba, examen 3) *(переживание)* prueba

испытанный *adj* probado
испытатель, -ница *m* probador, -a, experimentador, -a
испытательный *adj* de prueba
испытать *perf* испытывать *impf vt* 1) probar, experimentar, poner a prueba 2) *(пережить)* atravesar, afrontar 3) *(ощутить)* sentir, experimentar
испытующий *adj* escrutador, escudriñador, examinador
испытывать V. испытать
исследование *n* 1) investigación, estudio 2) *med* exploración
исследователь, -ница *m/f* investigador, -a
исследовательский *adj* de investigación
исследовать *biasp vt* 1) investigar, estudiar 2) *med* explorar
иссохнуть *perf* иссыхать *impf vi* secarse, resecarse
исстари *adv* de (desde) hace mucho tiempo, de (desde) la antigüedad
исстрадаться *perf* sufrir, consumirse, atormentarse
исступление *n* frenesí, exaltación
исступлённо *adv* frenéticamente, exaltadamente
исступлённый *adj* frenético, exaltado
иссушать V. иссушить
иссушить *perf* иссушать *impf vt* desecar, secar
иссякать V. иссякнуть
иссякнуть *perf* иссякать *impf vi* 1) secarse 2) *(исчерпаться)* agotarse
истаптывать V. истоптать
истаять *perf* истаивать *impf vi* 1) *(расстаять)* derretirse, deshacerse 2) *(незаметно исчезнуть)* disiparse, desaparecer
истекать V. истечь
истекший *adj* transcurrido, pasado, finalizado
истереть *perf* истирать *impf vt* 1) desgastar, gastar, *(измельчить)* desmenuzar 2) *(одежду, обувь)* desgastar, raer 3) *(кожу)* lastimar, lesionar ♦ ~ **в порошок** convertir en polvo, hacer polvo
истерзанный *adj* destrozado, mutilado, herido
истерзать *perf* истерзывать *impf vt* 1) *(изуродовать)* destrozar, mutilar, martirizar 2) *(измучить)* deshacer, consumir, atormentar
истерзывать V. истерзать
истерик *m* histérico
истерика *f* histeria
истериный *adj* histérico
истерический *adj* histérico
истеричка *f* histérica
истерично *adv* histéricamente
истеричность *f* histerismo
истеричный *adj* histérico
истерия *f med* histeria
истец *m jur* demandante
истечение *n* 1) *(выливание)* derramamiento 2) *(срока)* expiración, vencimiento
истечь *perf* истекать *impf vi* 1) *(окончиться)* cumplirse, expirar, acabar, caducar 2) (**чем-л**) *(выделить жидкость)* derramar ~ *кровью* desangrarse
истина *f* verdad
истинность *f* veracidad, autenticidad
истинный *adj* veraz, verdadero, auténtico
истирание *n* 1) trituración, desmenuzamiento 2) *(износ)* desgaste
истица *f jur* demandante
истлевать V. истлеть
истлеть *perf* истлевать *impf vi* 1) *(сгнить)* reducirse a polvo, pudrirse 2) *(сгореть)* reducirse a cenizas, consumirse
истово *adv* con fervor, fervorosamente
истовый *adj* 1) *(надлежащий)* verdadero, como es debido 2) *(ревностный)* fervoroso, ferviente
исток *m* 1) *(реки)* fuente, manantial, nacimiento 2) *(начало, обычно мн.)* origen, principio
истолкование *n* comentario, explicación
истолкователь *m* comentador, interpretador
истолковать *perf* истолковывать *impf vt* comentar, explicar, interpretar
истолковывать V. истолковать
истолочь V. толочь
истома *f* languidez
истомиться V. томиться
истомный *adj* lánguido
истопник *m* fogonero
истоптать *perf* истаптывать *impf vt* 1) *(ногами)* pisotear 2) *(испачкать)* manchar, ensuciar (con los pies) 3) *coloq (обувь)* gastar, desgastar
исторгать V. исторгнуть
исторгнуть *perf* исторгать *impf vt* 1) *(выбросить)* expeler, expulsar 2) *(изгнать)* expulsar, excluir 3) *(вырвать)* arrancar
историзм *m* 1) historicismo, método histórico 2) *ling* voz histórica
историк *m* historiador, -a
историограф *m* historiógraf|o, -a
историографический *adj* historiográfico
историография *f* historiografía
исторически *adv* históricamente
исторический *adj* histórico
историчность *f* historicidad
историчный *adj* histórico
история *f* historia
истосковаться *perf* sentir añoranza (nostalgia), consumirse de añoranza (nostalgia)
источать *impf* источить *perf vt* 1) *(влагу и т.д.)* destilar, emanar ~ *слёзы* derramar lágrimas 2) *(аромат, свет)* exhalar, difundir
источить V. источать
источник *m* fuente
истошн|ый *adj coloq* : кричать ~ым голосом gritar como un desesperado, gritar a voz en cuello
истощать V. истощить
истощаться V. истощиться
истощение *n* agotamiento, extenuación, desnutrición
истощённый *adj* extenuado, agotado, desnutrido
истощить *impf* истощать *perf vt* agotar, consumir, extenuar
истощиться *perf* истощаться *impf* 1) agotarse, consumirse 2) *(о почве)* agotarse, quedar estéril (yermo)
истратить V. тратить
истребитель *m* 1) exterminador, destructor 2) *(самолёт)* caza
истребительный *adj* exterminador

истребить *perf* истреблять *impf vt* exterminar
истребление *n* exterminio
истреблять V. истребить
истрепать V. трепать
истукан *m* ídolo, estatua ◆ **стоять как ~** estar como una estatua
иступить V. тупить
иступиться V. тупиться
истый *adj* verdadero, puro
истязание *n* tortura, tomento, martirio
истязать *impf vt* torturar, atormentar, martirizar
исусик *m coloq peyor* mosquita muerta
исход *m* 1) salida 2) *(конец)* desenlace
исходить *perf* изойти *impf vi* partir, salir
исходный *adj* inicial, original
исходящий *adj* de salida, saliente
исхудалый *adj* flaco, demacrado, enclenque
исхудание *n* enflaquecimiento, demacración
исхудать *perf vi* enflaquecer, demacrarse
исцарапать *perf* исцарапывать *impf vt* arañar, llenar de arañazos
исцарапывать V. исцарапать
исцеление *n elev* curación, cura
исцелитель *m elev* curador, salvador
исцелить *perf* исцелять *impf vt elev* guarecer, curar
исцелиться *perf* исцеляться *impf elev* sanar, curarse, guarecerse
исцелять V. исцелить
исцеляться V. исцелиться
исчадие *n elev* : ~ ада aborto del infierno, engendro de Satanás
исчезать *perf* исчезнуть *impf vi* desaparecer
исчезновение *n* desaparición
исчезнуть V. исчезать
исчерпать *perf* исчерпывать *impf vt* agotar, acabar
исчерпаться *perf* исчерпываться *impf* agotarse, consumirse, acabarse
исчерпывать V. исчерпать
исчерпываться V. исчерпаться
исчерпывающий *adj* total, completo, definitivo
исчертить *perf* исчерчивать *impf vt* 1) rayar, llenar de rayas 2) *coloq (чертя, израсходовать)* gastar (rayando)
исчерчивать V. исчертить
исчиркать *perf* исчиркивать *impf vt coloq* gastar encendiendo (cerillas)
исчиркивать V. исчиркать
исчисление *n* cálculo, cómputo
исчислимый *adj* calculable
исчислить *perf* исчислять *impf vt* calcular, contar, estimar
исчислять V. исчислить
исчисляться *impf* calcularse, estimarse
итак *conj* pues, así, de esta forma
итальян|ец, -ка *m/f* italian|o, -a
итальянский *adj* italiano
итог *m* 1) resultado, conclusión *в ~е* como resultado, al final 2) *(сумма)* total, suma
итого *adv* por todo, en suma
итоговый *adj* total
итожить *impf* подытожить *perf vi* hacer balance, hacer la cuenta
Иуда *m relig* Judas
иудаизм *m relig* judaísmo
иудей *m obsol* judío, hebreo
иудейский *adj obsol* judío, hebreo
иудушка *m/f coloq* hipócrita, mojigat|o, -a
их *pron pos* su, suyo, suya (de ellos)
ихний *pron pos vulg* de ellos
ихтиозавр *m paleont* ictiosaurio
ихтиолог *m* ictiólogo
ихтиология *f* ictiología
ишак *m* asno, burro
ишачить *impf vi vulg* trabajar como un burro
ишемический *adj med* isquémico
ишь *partic coloq* ¡vaya!, ¡mira! (expresando reproche o sorpresa)
июль *m* julio
июльский *adj* de julio
июнь *m* junio
июньский *adj* de junio

Й

йемен|ец, -ка *m/f* yemení
йеменский *adj* yemení
йог *m* yoga (persona)
йога *f* yoga
йогурт *m* yogur
йод *m* yodo
йодистый *adj* yodado
йодный *adj* de yodo
йот *m ling* yod
йот|а *f* iota (letra griega) ◆ **ни на ~у** ni una jota

К

к *prep* 1) **(кому/чему-л)** *(по направлению к)* hacia (alg o u/c), a (alg o u/c) *подойти ~ окну* acercarse a la ventana; *обратиться ~ другу* dirigirse a un amigo 2) **(кому/чему-л)** *(соприкасаясь с)* a (alg o u/c) *прилипнуть ~ рукам* pegarse a las manos 3) **(кому/чему-л)** *(обозначение цели)* para (u/c) *готовиться ~ экзаменам* prepararse para los exámenes; *печенье ~ чаю* galletas para el té 4) **(кому/чему-л)** *(до момента)* para (u/c), hacia (u/c) *~ пяти часам* para las cinco 5) **(кому/чему-л)** *(по отношению к)* por (alg o u/c), a (alg o u/c), para con (alg o u/c) *любовь ~ жизни* amor a la vida ◆ **~ сожалению** por desgracia, desgraciadamente
-ка *partic* vamos, a ver (en oraciones exhortativas) *подойди-~ сюда* (vamos,) acércate aquí
кабак *m coloq* taberna, tasca
кабала *f* 1) esclavitud, servitud 2) *hist* gabela
кабалистика, каббалистика *f* cábala
кабальный *adj* de servidumbre, de esclavitud
кабан *m* jabalí
кабанчик *m dimin. de* кабан
кабарга *f* ciervo almizclero siberiano
кабардин|ец, -ка *m/f* cabardin|o, -a
кабардинский *adj* cabardino
кабаре *n inv* cabaret
кабатчик *m obsol* tabernero, bodeguero
кабацкий *adj* 1) *coloq* de taberna 2) *(непристойный)* soez, vulgar
кабачок *m* calabacín
каббалистический *adj* cabalístico
кабель *m* cable
кабельный *adj* por cable
кабина *f* cabina
кабинет *m* despacho, gabinete
кабинетный *adj* de despacho, de gabinete
кабинка *f* cabina
каблук *m* tacón
каботаж *m nav* cabotaje
каботажный *adj nav* de cabotaje
кабриолет *m auto* descapotable, cabriolé
кабы *conj* si *~ я умел* si yo supiera
кавалер *m* caballero
кавалергард *m hist* caballero de la guardia real
кавалерийский *adj* de caballería
кавалерист *m* soldado de caballería
кавалерия *f* caballería
кавалькада *f* cabalgata
кавардак *m coloq* desorden, barullo
каверза *f* 1) *coloq* trama, embrollo 2) *(злая проделка)* malicia
каверзный *adj* 1) *(запутанный)* insidioso 2) *(о человеке)* intrigante, malicioso
каверна *f* caverna
кавказ|ец, -ка *m/f* caucasian|o, -a
кавказский *adj* caucásico
кавычк|а *f* comilla *в ~ах* entre comillas
кадет[1] *m hist* cadete (alumno de una escuela militar en la Rusia zarista)

кадет[2] *m hist* kadet (miembro del partido constitucional-demócrata en la Rusia zarista)
кадетский[1] *adj hist* de cadete(s)
кадетский[2] *adj hist* de los kadetes (miembros del partido constitucional-demócrata)
кадило *n* incensario
кадить *impf vi* inciensar
кадка *f* tonel, cubo de madera
кадмий *m quím* cadmio
кадр[1] *m cine foto* cuadro, escena
кадр[2] *m (работник)* emplead|o, -a, cuadro
кадриль *f* cuadrilla (danza)
кадровик *m coloq* trabajador de plantilla
кадровый *adj* de plantilla, de personal
кадык *m* nuez (de la garganta), nuez (manzana) de Adán
кадь *f obsol* tonel
каёмка *f dimin. de* кайма
каёмочка *f dimin. de* каёмка
каждодневный *adj* cotidiano, de cada día
каждый *adj* cada, cada uno, cada cual ~ *раз* cada vez
кажется V. казаться
кажись *con vulg* al parecer, parece que
казак *m* cosaco
казан *m* caldero, olla
казарма *f* cuartel
казарменный *adj* de cuartel, cuartelero
казать *impf vt vulg* mostrar ◆ **не ~ глаз (носу)** no vérsele el pelo a alguien, no aparecer
казаться *impf* показаться *perf vi* **(кому-л. что-л)** parecer (a alg u/c) *как вам кажется?* ¿qué le parece?; *мне кажется, что* me parece que
казах *m* kazajo
казахский *adj* kazajo
казацкий *adj* cosaco
казачество *n colect* cosacos
казачий *adj* de cosaco(s)
казачка *f* cosaca
казачок *m* kazachok (danza)
казашка *f* kazaja
казеин *m quím* caseína
каземат *m* 1) *mil nav* casamata 2) *(одиночная камера)* calabozo
казённый *adj* 1) del estado, público 2) *peyor (бюрократический)* formal, burocrático
казёнщина *f coloq peyor* burocratismo
казино *n inv* casino
казна *f* tesoro público, erario
казначей *m* tesorero
казначейский *adj* del tesorero, del tesoro
казначейство *n* tesorería
казнить *biasp vt* ejecutar, ajusticiar
казнокрад *m* dilapidador de fondos públicos
казнокрадство *n* dilapidación de fondos públicos
казнь *f* ejecución
казуистика *f* casuística
казус *m* caso, incidente curioso
каин *m obsol* caín, monstruo
кайло *n* pico (de minero)
кайма *f* orla, cenefa
кайман *m* caimán
кайнозойский *adj geol* cainozoico
кайф *m coloq* goce, gozada, flipe
кайфовать *impf vi coloq* gozar, disfrutar, flipar
как 1. *adv* como ~*?* ¿cómo?; ~ *дела?* ¿qué tal?; ~ *жаль!* ¡qué lástima!; ~ *тебя зовут?* ¿cómo te llamas? **2.** *conj* como *высокий ~ ты* alto como tú; ~ *будто* como si, cual si; ~ *бы* como si; ~ ..., *так и*... tanto... como... ◆ **~ бы то ни было** sea como sea **а ~ же!** ¡cómo no! ~ **раз** justamente, justo ~ **только** tan pronto como
какаду *n inv* cacatúa
какао *n inv* cacao
какать *impf* покакать *perf vi coloq* hacer caca, cagar
как-либо *adv* de alguna manera, como sea
как-нибудь *adv* de alguna manera, como sea
как-никак *adv* a fin de cuentas, a pesar de todo
каков, какова, каково, каковы 1. *pron interr* cómo, de qué clase *каков он собой?* ¿cómo es?; *каковы твои идеи?* ¿cuáles son tus ideas? **2.** *pron rel* como, cual *надо принимать его таким, каков он есть* hay que tomarlo tal como (cual) es
каково *coloq adv interrog* cómo, qué tal ~ *ему живётся?* ¿qué tal está?, ¿cómo le va?
каковой *pron elev* el cual, el que
какой, какая, какое, какие 1. *pron interr* qué, cuál *какое сегодня число?* ¿qué fecha es hoy? **2.** *pron excl* qué *какая музыка!* ¡qué música! **3.** *pron rel* qué, que, el cual *я знаю, какой журнал тебе нужен* sé qué revista te hace falta; *читайте книгу, какую хотите* lea el libro que quiera **4.** *pron indef coloq* algún, alguno *нет ли какого магазина поблизости?* ¿no hay ninguna tienda por aquí cerca? ◆ **какой бы то ни было** cualquiera, no importa cuál **какой ни (на) есть** como quiera (cualquiera) que sea **ни в какую** *coloq* en ningún caso, bajo ningún pretexto **ни в какую** *coloq* en ningún caso, bajo ningún pretexto **какое (там)!** *coloq* ¡ni mucho menos!, ¡ni hablar!
какой-либо *pron* alguno, cualquier, cualquiera
какой-нибудь *pron* alguno, cualquier, cualquiera
какой-никакой *pron coloq* sea como sea, por muy malo que sea
какой-то *pron* alguno
какофония *f* cacofonía
как-то *adv* en cierta medida, en cierto modo
кактус *m* cactus
кал *m* excremento
каламбур *m* calambur
каламбурить *impf* скаламбурить *perf vi* hacer juegos de palabras
каламбурный *adj* de juego de palabras
каланча *f* 1) *(пожарная)* torre (de bomberos) 2) *coloq hum (о высоком человеке)* espingarda, estantigua
калач *m* kalach (especie de bollo) ◆ **тёртый ~** perro viejo, toro corrido
калачик *m dimin. de* калач ◆ **лечь ~ом** acurrucarse
калейдоскоп *m* caleidoscopio
калейдоскопичный *adj* caleidoscópico
калека *m/f* mutilad|o, -a
календарный *adj* 1) de calendario 2) *(устанавливаемый по календарю)* según el calendario ~ *год* año natural
календарь *m* calendario
календула *f* caléndula, margarita

калени|е *n tecn* calentamiento, incandescencia ◆ **довести до белого ~я** sacar de sus casillas
калечить *impf* искалечить *perf vt* mutilar
калечиться *impf* искалечиться *perf* mutilarse, lisiarse
калёный *adj* 1) candente, incandescente 2) *(об орехах)* tostado
калибр *m* calibre
калибровать *impf vt tecn* calibrar
калибровка *f tecn* calibrado
калиевый *adj quím* de potasio
калий *m quím* potasio
калийный *adj quím* potásico, de potasio
калика *m hist* : ~ перехожий peregrino, pordiosero cantor y ciego
калина *f* mundillo (arbusto)
калинка *f dimin. de* калина
калинник *m* mata de mundillo
калитка *f* puertecilla
калить *impf vt* 1) calentar 2) *(орехи)* tostar
калиф *m* califa ◆ ~ **на час** rey por un día
каллиграф *m* calígrafo
каллиграфический *adj* caligráfico
каллиграфия *f* caligrafía
калмык *m* calmuco
калмыцкий *adj* calmuco
калмычка *f* calmuca
каловый *adj* de excrementos
калорийность *f* valor calórico, calorías
калорийный *adj* calórico
калорифер *m* calorífero
калория *f* caloría
калош|а *f* chanclo ◆ **сесть в ~у** *coloq* meter la pata, cagarla
калоши V. калоша
калуга *f* kaluga (tipo de esturión)
калым *m* 1) rescate (pago por la novia en algunos pueblos asiáticos) 2) *coloq (побочный заработок)* ingreso complementario
калымить *impf vi coloq* trabajar para conseguir ingresos complementarios
калька *f* 1) papel de calcar, papel de carbón 2) *ling* calco
калькировать *perf* скалькировать *impf vt* calcar
калькулировать *perf* скалькулировать *impf vt* calcular
калькулятор *m* calculadora
калькуляция *f* cálculo
кальмар *m* calamar
кальмаровый *adj* de calamar
кальсон|ы (*gen* –ов) *mpl* calzoncillos largos
кальциевый *adj quím* cálcico
кальций *m quím* calcio
кальян *m* narguile, cachimba, pipa oriental
калякать *impf vi vulg* charlar, rajar
камарилья *f elev* camarilla
камаринская *f mús* kamárinskaya (canción y danza popular rusa)
камбала *f* lenguado
камбоджи|ец, -йка *m/f* camboyan|o, -a
камбоджийский *adj* camboyano
камбуз *m nav* cocina (en un barco)
камелия *f* camelia
каменеть *perf* окаменеть *impf vi* 1) petrificarse 2) *(становиться неподвижным)* quedarse de piedra
каменистый *adj* pedregoso
каменноугольный *adj* hullero, de carbón de piedra
каменный *adj* de piedra, pétreo
каменоломня *f* cantera
каменщик *m* albañil
камень *m* piedra *драгоценный* ~ piedra preciosa
камера *f* 1) cámara *воздушная* ~ cámara de aire; ~ *хранения* consigna, 2) *(кинематографический аппарат)* cámara
камергер *m hist* chambelán, camarlengo
камердинер *m hist* ayuda de cámara
камерный *adj mús* de cámara
камертон *m mús* diapasón (instrumento)
камешек *m dimin. de* камень
камея *f* camafeo
камзол *m hist* casaca, chupa
камин *m* chimenea
каминный *adj* de la chimenea, con chimenea
камнепад *m* desprendimiento de rocas (en las montañas)
каморка *m* cuchitril, tabuco, desván
кампания *f* campaña
камуфлировать *impf* закамуфлировать *perf vt* camuflar
камуфляж *m* camuflaje
камуфляжный *adj* de camuflaje
камушек *m dimin. de* камень
камыш *m* junco
камышевка *f* carricero
камышовый *adj* de junco, juncal
канава *f* zanja
канавка *f dimin. de* канава
канадец *m* canadiense
канадка *f* canadiense
канадский *adj* canadiense
канал *m* canal
каналец *m* ranura, canal
канализационный *adj* de (la) canalización
канализация *f* canalización, alcantarillado, cloaca
канальный *adj* de(l) canal
канальство *n obsol* canallería
каналья *f insult* canalla
канарейка *f* canario
канат *m* cuerda, soga, cable
канатный *adj* de cuerda, de maroma
канатоходец *m* funambulista
канва *f* cañamazo, tramado
кандал|ы (*gen* –ов) *fpl* grilletes, hierros, cadenas
канделябр *m* candelabro
кандидат *m* candidato ~ *наук acad* candidato a doctor en ciencias
кандидатка *f* candidata
кандидатский *adj acad* de candidato a doctor
кандидатура *f* candidatura
каникул|ы (*gen* каникул) *fpl* vacaciones
каникулярный *adj* de las vacaciones
канистра *f* bote, lata
канитель *f* 1) canutillo 2) *coloq* lentitud, pachorra ◆ **тянуть** ~ dar largas, tomárselo con pachorra
канифоль *f* colofonia, resina seca
канкан *m* cancán
каннибал *m* caníbal
каннибальский *adj* caníbal

канон *m* canon
канонада *f* cañoneo
канонерка *f mil* cañonera
канонизация *f relig* canonización
канонизовать *biasp vt relig* V. канонизировать
канонизировать *biasp vt relig* canonizar
каноник *m relig* canónigo
канонический *adj* canónico
каноничный *adj* canónico
каноэ *n inv* canoa
кант *m* canto, borde, ribete
кантата *f mús* cantata
кантовать *impf vt* inclinar, girar
кантон *m* cantón (unidad administrativa)
кантональный *adj* cantonal
канун *m* víspera
кануть *perf vi* 1) *obsol* gotear 2) *(исчезнуть)* desaparecer ◆ ~ **в Лету** caer en el olvido
канцелярия *f* cancillería, secretaría
канцелярский *adj* de oficina
канцер *m med* cáncer
канцероген *m med* cancerígeno
канцерогенный *adj med* cancerígeno
канцлер *m* canciller
канцлерский *adj* de canciller
каньон *m geogr* cañón
канюк *m* busardo ratonero, águila ratonera
канючить *impf vi* gimotear, quejarse
каолин *m* caolín, arcilla blanca
кап *m bot* excrecencia
капать *impf* накапать *perf vi* gotear
капелла *f* coro, capilla
капель *f* goteo del deshielo
капельдинер *m obsol* acomodador
капелька *f* 1) *dimin. de* капля 2) *(немного)* un poco, una pizca, una migaja
капельмейстер *m mús* director (maestro) de orquesta
капельница *f med* gota a gota
капельный *adj med* a (en) gotas
каперс *m* alcaparra
капилляр *m biol* capilar
капиллярный *adj biol* capilar
капитал *m* capital
капитализация *f econ* capitalización
капитализировать *biasp vt econ* capitalizar
капитализм *m* capitalismo
капиталист *m* capitalista
капиталистический *adj* capitalista
капиталистка *f* capitalista
капиталовложение *n econ* inversión de capital
капитально *adv* generalmente, totalmente, absolutamente
капитальный *adj* general, total, capital
капитан *m* capitán
капитанский *adj* de(l) capitán
капитель *m arquit* capitel
капитулировать *biasp vi* capitular
капитуляция *f* capitulación, rendición
капище *n* templo (pagano)
капкан *m* cepo, trampa
каплун *m* capón
капля *f* gota
капнуть V. капать
капот *m auto* capó
капрал *m mil* cabo
каприз *m* capricho, antojo
капризничать *impf vi* portarse caprichosamente, ser caprichoso
капризность *f* capricho, carácter caprichoso
капризный *adj* caprichoso
капризуля *m/f coloq* caprichos|o, -a
капрон *m* nailon
капроновый *adj* de nailon
капсула *f* cápsula
капсюль *m tecn* cápsula, pistón
капуста *f* col *цветная* ~ coliflor
капустник *m (вечер)* velada cómico-satírica
капустница *f* mariposa de la col
капустный *adj* de col, de berza
капут *m vulg (в значении сказуемого)* caput, se acabó
капуцин *m* capuchino (monje)
капюшон *m* capucha, capuchón
кара *f elev* castigo, pena
карабин *m* carabina
карабинер *m* carabinero
карабкаться *impf* вскарабкаться *perf vi coloq* trepar, encaramarse, escalar
каравай *m* pan redondo
караван *m* caravana
караванный *adj* de caravana, de convoy
карагач *m* karagach (especie de olmo del Asia Central)
караим *m* karaim (etnia del grupo túrquico)
каракалпак *m* kara-kalpako (etnia del grupo túrquico)
каракатица *f* 1) sepia 2) *desp (о человеке)* paticort|o, -a
каракул|и (*gen* –ей) *fpl* garabatos
каракульский *adj* de caracul, de astracán (especie de oveja)
каракульча *f* caraculchá (piel de cordero no nato)
карамболь *m* carambola
карамель *f* caramelo (sustancia)
карамелька *f coloq* caramelo
карандаш *m* lápiz
карандашный *adj* de lápiz, a lápiz
карантин *m* cuarentena
карантинный *adj* de cuarentena
карапуз *m coloq hum* pituso, pequeño, renacuajo
карась *m* carasio, carpa
карат *m* quilate
каратель *m* castigador
карательный *adj* punitivo, de castigo
карать *impf* покарать *perf vt elev* castigar
каратэ *n inv* kárate
каратэист, -ка *m/f* karateka
караул 1. *m* guardia **2.** *interj* ¡socorro!
караулить *impf vt* estar de guardia, vigilar
караульный 1. *adj* de guardia **2.** *m* centinela, guardia
караульщик *m* guardián, guarda
карачаевец *m* karachai (pueblo túrquico del Cáucaso Norte)
карачк|и *fpl* : на ~и, на ~ах a cuatro patas, a gatas
карбас *m reg* gabarra
карбид *m quím* carburo
карболка *m quím jerg* fenol
карболовый *adj quím* de fenol
карбонад *m* carbonada, chuleta ahumada

карбункул *m med* carbunc(l)o, ántrax
карбюратор *m* carburador
карбюраторный *adj* de(l) carburador
карга *f insult* bruja, víbora
кардамон *m* cardamomo
кардан *m tecn* cardán
карданный *adj tecn* cardánico, articulado
кардинал *m* 1) cardenal 2) *(птица)* cardenal 3) *(растение)* lobelia
кардинальный *adj* cardinal, esencial, principal
кардиограмма *f med* cardiograma
кардиолог *m med* cardiólogo
кардиологический *adj med* cardiológico
кардиология *f med* cardiología
каре *n inv mil* cuadro
кареглазый *adj* de ojos marrones (castaños)
карел, -ка *m/f* careli|o, -a
карельский *adj* carelio, de Carelia
карета *f* coche de caballos, carroza
каретка *f* 1) *dimin. de* карета 2) *tecn* carro, carrito
каретник *m* 1) *(мастер)* carrocero 2) *(сарай)* cochera
каретный *adj* carrocero, carretero, de carreta
кариатида *f arquit* cariátide
кариес *m* caries
карий *adj* marrón (dicho de los ojos)
карикатура *f* caricatura
карикатурист *m* caricaturista
карикатурный *adj* caricaturesco
карканье *n* graznido
каркас *m* carcasa, armazón
каркасный *adj* de la carcasa, de la estructura
каркать *perf* каркнуть *impf vi* 1) *(о вороне)* graznar 2) *coloq (пророчить)* ser un pájaro de mal agüero
карлик *m* enan|o, -a
карликовость *f* enanismo
карликовый *adj* enano
карман *m* bolsillo
карманник *m coloq* carterista
карманщик *m obsol* V. карманник
карманный *adj* de bolsillo
кармашек *m dimin. de* карман
кармин *m* carmín
карнавал *m* carnaval
карнавальный *adj* de carnaval
карниз *m* 1) cornisa 2) *(для занавесок)* galería (para las cortinas)
каротин *m quím* carotina
карп *m* carpa (pez)
карст *m geol* karst, carso
карстовый *adj geol* cársico, kárstico
карта *f* 1) mapa, plano ~ *дорог* mapa de carreteras; ~ *мира* mapamundi 2) *(игральная)* carta, naipe
картавить *impf vi* hablar con la "egue", guturalizar
картавый *adj* que habla con la "egue"
карт-бланш *m* carta blanca
картель *m econ* cártel
картечь *f* 1) metralla 2) *(дробь)* perdigón zorrero, posta
картёжник *m* jugador de cartas empedernido
картина *f* 1) cuadro (pintura) 2) *(кинофильм)* película 3) *(зрелище)* imagen, escena
картинг *m sport* karting
картинка *f* imagen, ilustración, estampa ◆ **переводная** ~ calcomanía
картинный *adj* 1) de cuadros, de pinturas 2) *(живописный)* pintoresco
картограф *m* cartógrafo
картографировать *biasp vt* cartografiar, levantar y trazar mapas
картографический *adj* cartográfico
картография *f* cartografía
картон *m* cartón
картонка *f* 1) *(коробка)* caja de cartón 2) *coloq (кусок картона)* cartón
картонный *adj* de cartón
картотека *f* fichero
картофелина *f coloq* patata
картофель *m* patata ~ *фри* patatas fritas
картофельный *adj* de patata(s)
карточка *f* 1) tarjeta *кредитная* ~ tarjeta de crédito; *почтовая* ~ tarjeta postal; *визитная* ~ tarjeta de visita 2) *(библиотечная)* ficha
карточный *adj* de cartas
картошка *f coloq* patatas
картуз *m* 1) *(головной убор)* casquete, gorro 2) *mil (зарядный)* saquete de carga
карусель *f* tiovivo
карцер *m* celda de castigo
карьер[1] *m (горные выработки)* cantera
карьер[2] *m (бег лошади)* galope rápido
карьера *f* carrera
карьеризм *m* arribismo
карьерист, -ка *m/f* arribista, trepa
карьерный *adj* de la carrera
касание *n* toque, roce
касательная *f mat* tangente
касательно *prep* **(кого/чего-л)** en relación a (alg o u/c), en lo que se refiere a (alg o u/c)
касательный *adj* relacionado, relativo
касательство *n obsol* relación
касатик[1] *m reg vulg* querido
касатик[2] *m (ирис)* lirio
касатка[1] *f (птица)* golondrina
касатка[2] *f reg vulg* querida
каса|ться *perf* коснуться *impf* 1) **(кого/чего-л)** tocar, rozar 2) *(иметь отношение)* afectar, concernir (a alg o u/c) *что ~ется этого, то...* en cuanto a esto... 3) *(упоминать, затрагивать)* mencionar, aludir
касающийся *adj* **(кого/чего-л)** concerniente (a alg o u/c), referente (a alg o u/c), relativo (a alg o u/c)
каска *f* casco
каскад *m* cascada
каскадёр *m* especialista
каскадный *adj* de (en) cascada
каскетка *f* boina
касса *f* 1) caja 2) *(в театре)* taquilla
кассационный *adj jur* de casación
кассация *f jur* casación
кассета *f* casete
кассетный *adj* 1) de casete 2) *foto* de(l) chasis
кассир *m* cajero
кассирша *f coloq* cajera
кассовый *adj* 1) de (en) caja 2) *(о билетной кассе)* de taquilla(s)
каста *f* casta
кастаньета *f (espec pl) mús* castañuelas
кастет *m* puño americano, puño de acero

кастовость *f* sistema de castas
кастовый *adj* de casta(s)
кастор *m* castor (tela)
касторка *f coloq* aceite de ricino
касторовый[1] *adj (о ткани)* de castor
касторов|ый[2] *adj* : ~ое масло aceite de ricino
кастрат *m* castrado
кастрация *f* castración
кастрировать *biasp vt* castrar
кастрюля *f* cacerola, cazuela, olla
катавасия *f vulg* desbarajuste, alboroto, barahúnda
катаклизм *m* cataclismo
катакомбный *adj* de catacumbas
катакомбы (*gen* катакомб) *fpl* catacumbas
каталажка *f vulg* calabozo
катализатор *m* catalizador
каталанский *adj* catalán (dicho de la lengua)
каталог *m* catálogo
каталогизация *f* catalogización
каталогизировать *biasp vt* catalogar
каталон|ец, -ка *m/f* catal|án, -ana
каталонский *adj* catalán
катамаран *m* catamarán
катание *n* 1) acción de rodar 2) *(прогулка, развлечение)* paseo ~ *на лодке* paseo en barca; ~ *на коньках* patinaje 3) *(белья)* calandrado
катанье *n* : не мытьём, так ~м será por las buenas o por las malas
катапульта *f* catapulta
катапультирование *n* eyección, catapultamiento
катапультировать *biasp vt* catapultar, eyectar
катапультироваться *biasp* catapultarse, salir catapultado
катар *m* catarro
катаракта *f* catarata (en los ojos)
катаральный *adj* catarral
катастрофа *f* catástrofe
катастрофический *adj* catastrófico
катастрофичность *f* lo catastrófico
катастрофичный *adj* V. катастрофический
катать *impf vt* 1) hacer rodar 2) *(возить)* llevar ~ *на машине* llevar en coche
кататься *impf* 1) *(перекатываться)* rodar 2) *(на чём-л.)* montar ~ *на лодке* dar un paseo en barca; ~ *на коньках* patinar; ~ *на лыжах* esquiar ◆ **как сыр в масле** ~ nadar en la abundancia, vivir una vida regalada **любишь ~, люби и саночки возить** quien peces quiere, mojarse tiene
катафалк *m* 1) *(колесница)* coche fúnebre 2) *(возвышение)* catafalco
категориальный *adj* categorial
категорически *adv* categóricamente
категорический *adj* categórico
категорично *adv* categóricamente
категоричность *f* carácter categórico
категоричный *adj* categórico
категория *f* categoría
катер *m* lancha
катет *m mat* cateto
катехизис *m relig* catecismo, catequesis
катить *impf vt* hacer rodar
кати|ться *impf vi* 1) *(перекатываться)* rodar 2) *(соскальзывать вниз)* resbalar, descender 3) *(течь, струиться)* correr, chorrear *слёзы катятся* corren las lágrimas 4) *(в форме повелительного наклонения)* : ~сь отсюда! ¡largo de aquí!, ¡lárgate!
катод *m fís* cátodo
катодный *adj fís* catódico
каток[1] *m (чтобы кататься на коньках)* pista de patinaje
каток[2] *m (дорожный)* apisonadora
католик *m* católico
католицизм *m* catolicismo
католический *adj* católico
католичество *n* catolicismo
католичка *f* católica
каторга *f* 1) presidio, trabajos forzados 2) *coloq (очень тяжёлая жизнь)* suplicio, calvario
каторжан|ин, -ка *m/f* presidiari|o, -a (de trabajos forzados)
каторжник *m* presidiario (de trabajos forzados)
каторжный *adj* de presidio
катушк|а *f* bobina ◆ **на полную ~у** *coloq* al máximo
катыш *m* bolita, pelotilla
катюша *f* katiusha, órgano de Stalin (camión lanzacohetes de la Segunda Guerra Mundial)
каузальность *f filos* causalidad
каузальный *adj filos* causal
каурый *adj* alazán (dicho de una caballería)
каустик *m tecn* cáustico
каучук *m* caucho
каучуковый *adj* de caucho
кафе *n inv* café, cafetería
кафедра *f* cátedra
кафедральный *adj* 1) catedral, catedralicio ~ *собор* catedral 2) *(принадлежащий кафедре)* de la cátedra
кафель *m* azulejo
кафельный *adj* de azulejo(s)
кафетерий *m* cafetería
кафтан *m* caftán
кахетин|ец, -ка *m/f* kajeti|o, -a (representante de un pueblo caucasiano)
качалка *f* 1) *(кресло)* mecedora 2) *(колыбель)* cuna
качание *n* vaivén
качать *perf* качнуть *impf vt* 1) balancear, mecer ~ *головой* cabecear 2) *(воду)* bombear
качаться *impf* качнуться *perf vi* 1) balancearse, oscilar ~ *на качелях* columpiarse 2) *(от усталости, болезни)* tambalearse, vacilar 3) *coloq (заниматься культуризмом)* hacer pesas, hacer culturismo
качел|и (*gen* –ей) *mpl* columpio
качественность *f* calidad
качественный *adj* cualitativo, de calidad
качество *n* cualidad, calidad
качка *f* balanceo
качнуть V. качать
качнуться V. качаться
каша *f* 1) papilla 2) *coloq (путаница)* lío, embrollo
кашалот *m* cachalote
кашель *m* tos
кашемир *m* cachemira
кашица *f coloq* papilla líquida
кашка *f dimin. de* каша
кашлянуть V. кашлять
кашлять *perf* кашлянуть *impf vi* toser

каштан *m* 1) castaña 2) *(дерево)* castaño
каштановый *adj* castaño
каюк *m coloq* final, muerte
каюр *m* kayur (arriero de trineo de perros o renos)
каюта *f* camarote, cabina
каютный *adj* de(l) camarote
каяться *perf* покаяться *impf vi* 1) arrepentirse 2) *relig* confesarse, hacer penitencia
квадрат *m* cuadrado
квадратный *adj* cuadrado
квадратура *f* cuadratura ◆ ~ **круга** cuadratura del círculo
квадрига *f hist* cuádriga
квадриллион *m* cuatrillón
кваканье *n* croar, canto de la rana
квакать *impf* квакнуть *perf vi* croar
квакер *m relig* cuáquero
квакнуть V. квакать
квакуша *f coloq* rana
квакша *f* rana de San Antonio
квалитативный *adj elev* cualitativo
квалификационный *adj* de cualificación
квалификация *f* cualificación
квалифицированный *adj* cualificado
квалифицировать *biasp vt* cualificar
квант *m fís* cuanto, quantum
квантитативный *adj elev* cuantitativo
квантовый *adj fís* cuántico
кварта *f* 1) *mús* cuarta 2) *(мера объёма)* cuarta
квартал *m* 1) barrio, distrito 2) *(отрезок времени)* trimestre
квартальный *adj* trimestral
квартет *m mús* cuarteto
квартира *f* piso, apartamento
квартирант *m coloq* inquilino
квартирный *adj* de(l) piso, de(l) apartamento
квартировать *impf vi* domiciliarse, habitar
квартиросъёмщи|к, -ца *m/f* inquilin|o, -a
квартплата *f* alquiler (pago)
кварц *m min* cuarzo
кварцевый *adj min* de cuarzo, cuarzoso
квас *m* kvas (bebida a base de pan fermentado)
квасить *impf* заквасить *perf vt* 1) hacer fermentar, hacer agriar 2) *coloq (пьянствовать)* empinar el codo, pimplar
квасной *adj* de kvas
квасок *m coloq dimin de* квас
квасцы *mpl* alumbre
квашеный *adj* fermentado
квашня *f* amasadera
кверху *adv* hacia arriba
квёлый *adj coloq* débil, endeble, canijo
квинта *f mús* quinta
квинтет *m mús* quinteto
квинтэссенция *f elev* quintaesencia
квит V. квиты
квитанция *f* justificante, recibo, resguardo
квиток *m coloq* V. квитанция
квиты *pred coloq* en paz *мы с тобой ~* estamos en paz
кворум *m* quórum
квота *f* cuota
квотный *adj* de (por) cuota
кегельбан *m* bolera
кегл|я *f* bolo *играть в ~и* jugar a los bolos
кедр *m* cedro
кедровка *f* cascanueces (pájaro)
кедровый *adj* de cedro
кед|ы (*gen* –ов) *mpl* zapatillas deportivas, botas deportivas
кейф *m obsol* ociosidad agradable
кейфовать *impf vi obsol* entregarse a la ociosidad placentera
кекс *m* bizcocho, magdalena
келейный *adj* secreto
кельт *m* celta
кельтский *adj* celta
келья *f* celda (en un convento)
кем *pron interr-y-rel* forma de instrumental de кто
кемпинг *m* camping
кенгуру *m inv* canguro
кентавр *m mitol* centauro
кепи *n inv* quepis
кепка *f* gorra
керамика *f* cerámica, loza
керамический *adj* de cerámica, cerámico
керосин *m* queroseno
керосинка *m* hornillo de queroseno (petróleo) con mecha
керосиновый *adj* de queroseno, de petróleo
кесарев *adj* : ~о сечение cesárea
кесарь *m hist* césar
кессон *m tecn* campana de buzo
кессонн|ый *adj tecn* de la campana de buzo *~ая болезнь* enfermedad del buzo
кета *f* salmón chum, keta
кефаль *f* lisa común, mujol
кефир *m* kéfir
кзади *adv coloq* por detrás, por la parte trasera
кибернетик *m* cibernético
кибернетика *f* cibernética
кибернетический *adj* cibernético
кибитка *f* 1) *(повозка)* kibitka (carruaje o trineo ruso cubierto) 2) *(жилище кочевников)* kibitka (tienda de los nómadas en Asia Central)
кивать *impf* кивнуть *perf vi (головой)* asentir
кивер *m mil hist* chacó
киви *n inv* kiwi
кивнуть V. кивать
кивок *m* cabezada, asentimiento
кидать *impf* кинуть *perf vt* 1) tirar, arrojar, lanzar 2) *coloq (обманывать)s* timar, engañar
кидаться *impf* кинуться *perf vi* 1) (**на что-л**) lanzarse (a u/c), arrojarse (a u/c), echarse (a u/c) ~ *на еду* abalanzarse sobre la comida 2) (**делать что-л**) *(поспешно делать что-л.)* lanzarse a (hacer u/c), ponerse a (hacer u/c) ~ *бежать* echarse a correr 3) (**чем-л**) *(бросаться)* lanzar, tirar ~ *камнями* lanzar piedras
кизил *m* cornejo, cornizo
кизяк *m* kiziak (estiércol seco usado como combustible o abono)
кий *m* taco (de billar)
кикимора *f* 1) kikímora (especie de bruja del folklore ruso) 2) *insult* espantajo
кила *f reg* hernia, tumor
килевой *adj nav* de quilla, de carena
киллер *m* asesino
кило *n inv coloq* kilo
киловатт *m* kilovatio
килограмм *m* kilogramo, kilo
килограммовый *adj* de un kilogramo

километр *m* kilómetro
километраж *m* quilometraje
километровый *adj* de un kilómetro
киль *m nav* quilla
кильватер *m nav* estela, línea de fila
кильватерный *adj nav* de (en) línea de fila, de (en) columna
килька *f* boquerón
кимберлит *m min* kimberlita
кимберлитовый *adj min* de kimberlita
кимвал *m mús* címbalo
кимоно *n inv* kimono
кингстон *m nav* kingston, toma de agua
кинематический *adj fís* cinemático
кинематограф *m* cinematógrafo
кинематографист, -ка *m/f* cineasta
кинематографический *adj* cinematográfico
кинематография *f* cinematografía
кинескоп *m radio* tubo de rayos catódicos
кинетика *f fís* cinética
кинетический *adj fís* cinético
кинжал *m* puñal, daga
кинжальный *adj* de puñal, de daga
кино *n inv* 1) cine 2) *coloq* película, peli 3) *(кинотеатр)* cine
киноактёр *m* artista de cine
киноактриса *f* artista de cine
киноаппарат *m* aparato cinematográfico, tomavistas
киноварь *f* 1) *min* cinabrio 2) *(краска)* bermellón
киновед *m* especialista en cine
кинокамера *f* cámara cinematográfica
кинокартина *f* película, cinta
кинолента *f* película, cinta
кинолог *m* cinólogo
кинологический *adj* cinológico
кинология *f* cinología
кинолюбитель *m* cinéfilo, aficionado al cine
киномеханик *m* operador de cine
кинопрокат *m* distribución (de películas)
киносценарий *m cine* guión
киносценарист *m* guionista
киносъёмка *f* filmación
кинотеатр *m* cine
кинофильм *m* película, cinta
киношник *m coloq* cineasta
киношный *adj coloq* de(l) cine
кинуть V. кидать
кинуться V. кидаться
киоск *m* quiosco, caseta
киоскёр *m* quiosquero
киот *m relig* urna (para iconos)
кипа *f* pila, montón
кипарис *m* ciprés
кипение *n* hervor
кипеть *impf* вскипеть *perf vi* hervir
киприот, -ка *m* chipriota
кипрский *adj* chipriota
кипучий *adj* 1) bullente, espumante 2) *(деятельный)* activo, bullicioso
кипятильник *m* hervidor
кипятить *impf* вскипятить *perf vt* hervir, hacer hervir, llevar a ebullición
кипятиться *impf* вскипятиться *perf vi* 1) hervir 2) *coloq (горячиться)* calentarse, acalorarse, excitarse
кипяток *m* agua hirviendo
кипячёный *adj* hervido
киргиз, -ка *m/f* kirguís
киргизский *adj* kirguís
кирза *f* kirza (especie de piel artificial)
кирзачи (*sing* кирзач) *mpl* botas de kirza
кирзовый *adj* de kirza
кириллица *f* cirílico, alfabeto cirílico
кириллический *adj* cirílico
кирка *f* pico, zapa
кирпич *m* ladrillo
кирпичик *m dimin. de* кирпич
кирпичный *adj* 1) de ladrillo(s) 2) *(о цвете)* de color ladrillo
кирха *f* iglesia luterana
киса *f coloq* minino
кисель *m* kisel (especie de jalea de frutas y fécula)
кисельн|ый *adj* de kisel ◆ **молочные реки и ~ые берега** el país de las mil maravillas
кисет *m* petaca, bolsa para tabaco
кисея *f* muselina (tela)
киска V. киса
кис-кис *interj* mis-mis (para llamar a un gato)
кислить *impf v/impers coloq* saber agrio
кисломолочный *adj* de leche fermentada
кислород *m* oxígeno
кислородный *adj quím* oxigenado, de oxígeno
кисло-сладкий *adj* agridulce
кислота *f* 1) *quím* ácido 2) *(кислый вкус)* acidez
кислотность *f quím* acidez
кислотный *adj quím* ácido
кислый *adj* 1) *(о вкусе)* ácido, agrio 2) *quím* ácido
киснуть *impf* закиснуть *perf vi* 1) agriarse, fermentar 2) *coloq (пребывать в подавленном настроении)* estar murrio
кисонька *f dimin-afect* gatito, minino
кисочка *f* 1) *dimin. de* киса 2) *coloq afect (о женщине)* mi niña, cielo
киста *f* quiste
кистень *m* maza
кисточка *f* pincel, brocha
кисть[1] *f* 1) *(для рисования)* pincel, brocha 2) *(гроздь)* racimo *виноградная* ~ racimo de uvas
кисть[2] *f (руки)* mano
кит *m* ballena
китаец *m* chino
китаистика *f* sinología
китайский *adj* chino
китаянка *f* china
китель *m* guerrera
китобойный *adj* ballenero
китовый *adj* de ballena, ballenero
кичиться *impf vi* jactarse, pavonearse, enorgullecerse
кичка *f* moño
кич, китч *m* kitsch
кичливый *adj* arrogante, presuntuoso
кишеть *impf vi* 1) *(о множестве животных)* pulular, hormiguear 2) **(чем-л)** *(изобиловать)* abundar (en u/c), estar lleno (de u/c)
кишечник *m* intestino
кишечный *adj* intestinal
кишка *f* intestino
кишлак *m* kishlak (aldea del Asia Central)

кишмиш *m* kishmish (especie de uva pasa)

кишмя *adv* : ~ кишеть pulular, hormiguear

клён *m* arce

клавесин *m mús* clavecín

клавиатура *f informát mús* teclado

клавикорд *m mús* clavicordio

клавиша *f* tecla

клавишный *adj mús* de tecla(s)

клад *m* tesoro

кладбище *n* cementerio

кладбищенский *adj* de(l) cementerio

кладезь *m obsol poét* pozo ◆ ~ **премудрости** pozo de ciencia

кладка *f* 1) obra, construcción 2) *(яйц)* puesta

кладовая *f* despensa, almacén

кладовка *f coloq* despensa, almacén

кладовщик *m* almacenero

кладь *f* equipaje *ручная* ~ equipaje de mano

клака *f teat* claca

клаксон *m auto* claxon

клан *m* clan

клановый *adj* de clan

кланяться *impf* поклониться *perf vi* 1) **(кому-л./с кем-л.)** saludar ~ *в пояс* hacer una reverencia 2) **(кому-л)** *(передавать поклон)* saludar en nombre de alguien, transmitir un saludo 3) **(перед кем-л.)** *(униженно просить)* suplicar humildemente, implorar

клапан *m* 1) *anat* válvula 2) *tecn* válvula, llave

клапанный *adj* de válvula(s)

кларнет *m mús* clarinete

кларнетист *m mús* clarinetista

класс *m* 1) *(социальная группа)* clase 2) *(разряд)* clase 3) *(в школе)* grado, curso 4) *(категория)* clase, categoría

классик *m* clásico

классика *f* literatura clásica

классификационный *adj* de clasificación

классификация *f* clasificación

классифицировать *biasp vt* clasificar

классицизм *m* clasicismo

классический *adj* clásico

классно *adv coloq* guay, estupendo

классный *adj* 1) *(о школе)* de clase 2) *coloq* estupendo, guay

классовый *adj* de clase (social)

классы *mpl* castro (juego)

класть *perf* положить *impf vt* poner, meter, colocar, depositar

клевать *impf* клюнуть *perf vt* 1) *(о птицах)* picar, picotear 2) *(о рыбах)* picar, morder el anzuelo ◆ ~ **носом** dar cabezadas

клевер *m* trébol

клевета *f* calumnia, difamación

клеветать *perf* наклеветать *impf vi* **(на кого-л)** calumniar, difamar (sobre alg)

клеветник *m* calumniador, difamador

клеветнический *adj* calumnioso, difamatorio

клеврет *m elev* secuaz, cómplice

клеёнка *f* hule

клеёнчатый *adj* de hule

клеёный *adj coloq* engomado, encolado

клеить *impf* наклеить *perf vt* pegar, encolar

клеит|ься *impf vi* 1) pegarse, encolarse 2) *(получаться)* ir bien, andar bien *дело не ~ся* el asunto no anda bien

клей *m* pegamento

клейкий *adj* adhesivo, autoadhesivo

клейковина *f bot* gluten

клеймение *n* estampillado, marcación, selladura

клеймить *impf* заклеймить *perf vt* 1) marcar, estampillar, sellar 2) *(раскалённым железом)* herrar 3) *(раба)* estigmatizar 4) *(осуждать)* estigmatizar

клеймо *n* 1) sello, estampilla 2) *(раба)* estigma 3) *(свидетельство чего-либо)* estigma

клейстер *m* engrudo

клекотать *impf vi* gritar (dicho del águila u otras aves rapaces)

кленовый *adj* de arce(s)

клепать *impf* заклепать *impf vt* remachar, unir con remaches

клептоман *m* cleptómano

клептомания *f* cleptomanía

клерикал *m* clérigo

клерикализм *m* clericalismo

клерикальный *adj* clerical

клерк *m* oficinista

клетка[1] *f biol* célula

клетка[2] *f* 1) *(помещение)* jaula 2) *(на бумаге, ткани)* casilla, cuadro ◆ **грудная** ~ tórax

клеточка *f* cuadro

клеточный *adj biol* celular

клетушка *f coloq* cuchitril, cuartucho

клетчатка *f* 1) *biol quím* celulosa 2) *anat* tejido celular

клетчатый *adj* a cuadros

клеть *f* 1) *reg (кладовая)* despensa 2) *min* caja

клешня *f* pinza (del cangrejo)

клещ *m* garrapata

клещ|и (*gen* –ей) *mpl* tenazas

клён *m* arce

клёст *m (птица)* cascanueces

клёцки (*sing* клёцка) *fpl* kliotski (bolas de pasta cocidas)

клёш *m* corte acampanado (de una falda)

клиент, -ка *m/f* cliente

клиентский *adj* de cliente(s)

клиентура *f* clientela

клизма *f* lavativa

клик *m* 1) *poét* grito, clamor 2) *(птиц)* grito

клика *f* pandilla, camarilla

кликать *impf* кликнуть *perf* **1.** *vi (кричать)* gritar **2.** *vt* 1) *(звать)* llamar 2) *(называть)* llamar, denominar

кликнуть V. кликать

кликуша *m/f* históric|o, -a

климакс *m* 1) menopausia 2) *ret* clímax

климактерический *adj med* climactérico

климат *m* clima

климатический *adj* climático

клин *m* 1) cuña 2) *agric* campo, parcela ◆ ~ **~ом вышибают** un clavo saca a otro clavo **куда не кинь - всё** ~ mires donde mires todo pinta mal **свет не ~ом сошёлся** con esto no se acaba el mundo

клиника *f* clínica

клиницист *m* clínico

клинический *adj* clínico

клинкер *m tecn* ladrillo, ceramita

клиновидный *adj* cuneiforme

клинок *m* lámina, hoja

клинописный *adj* cuneiforme (dicho de la escritura)

клинопись *f* escritura cuneiforme
клип *m* clip (musical)
клипер *m nav* clíper
клипс *m* pendiente de clip
клир *m relig* clero
клирос *m relig* coro
клич *m* grito, llamada
кличка *f* 1) *(животных)* nombre 2) *(человека)* sobrenombre, apodo, mote
клише *n inv* cliché, tópico
клишировать *biasp vt tecn* hacer clichés
клоака *f* 1) cloaca 2) *anat* cloaca
клобук *m relig* tiara
клок *m* mecha (de pelo)
клокотать *impf vi* borbotar, borbollar
клон *m* clon
клонить *impf* **1.** *vt* inclinar, ladear **2.** *v/impers* inclinarse, ladearse *лодку клонит на бок* la barca se ladea
клониться *impf vi* 1) inclinarse, ladearse 2) (**к чему-л**) *(приближаться)* aproximarse (a u/c), tender (a u/c)
клоп *m* chinche
клоун *m* payaso
клоунада *f* payasada
клоунский *adj* de payaso, de clown
клочок *m dimin. de* клок
клуб[1] *m (объединение)* club
клуб[2] *m (летучая масса)* bocanada, fumarada
клубень *m* tubérculo
клубиться *impf vi* elevarse en nubes
клубника *f* fresón
клубничка *f* 1) *dimin. de* клубника 2) *coloq* erotismo
клубничный *adj* de fresa
клубный *adj* de club
клубок *m* ovillo
клумба *f* parterre
клуша *f reg* clueca
клык *m* colmillo
клыкастый *adj* de (con) grandes colmillos
клюв *m* pico (de un pájaro)
клюка *f* bastón
клюква *f* arándano rojo
клюквенный *adj* de arándano rojo
клюнуть V. клевать
ключ[1] *m* 1) *(для замков)* llave, clave 2) *(подсказка)* clave 3) *mús* clave
ключ[2] *m (источник)* manantial, fuente
ключевой *adj* clave
ключик *m dimin. de* ключ
ключица *f* clavícula
ключник *m obsol* despensero
клюшка *f* 1) *sport* stick 2) *coloq* bastón
клякса *f* borrón, mancha de tinta
клянчить *impf* выклянчить *perf vt coloq* mendigar
кляп *m* mordaza
клясть *impf* проклясть *perf vt coloq* maldecir
клясться *impf* поклясться *perf vi* (**в чём-л**) jurar
клятва *f* juramento
клятвенный *adj* de juramento
кляуза *f coloq* pleito, maraña
кляча *f* rocín, jamelgo
кнаружи *adv* hacia afuera
кнехт *m nav* amarradero, bolardo
книга *f* libro
книговедение *n* bibliología
книголюб *m* bibliófilo
книгопечатание *n* impresión (de libros)
книгохранилище *n* 1) depósito de libros 2) *(библиотека)* biblioteca
книгочей *m* amante de la lectura
книжечка *f dimin. de* книга
книжица *f dimin. de* книга
книжка *f* 1) libro 2) *(официальный документ)* libro, libreta *сберегательная* ~ libreta de ahorros
книжник *m* 1) *(лююитель книг)* bibliófilo 2) *coloq (работник книготорговли)* librero
книжно *adv* de una forma libresca
книжный *adj* libresco, de libro ~ *магазин* librería
книжонка *f peyor* librejo, pasquín
книзу *adv* hacia abajo
кнопк|а *f* 1) *(канцелярская)* chincheta 2) *(в механизме)* botón *нажать ~у* pulsar un botón
кнопочка *f dimin. de* кнопка
кнут *m* látigo *бить ~ом* fustigar
княгиня *f* princesa
княжение *n* principado, principazgo
княжеский *adj* de príncipe, principesco
княжество *n* principado
княжить *impf vi* reinar
княжна *f* princesa joven (hija soltera del príncipe)
князёк *m (вождь)* cacique
князь *m* príncipe
ко *prep* V. к
коагулирование *n biol* coagulación
коагулироваться *impf biol* coagularse
коалиционный *adj* de coalición
коалиция *f* coalición
кобальт *m quím* cobalto
кобель *m* perro (macho)
кобза *f* kobza (instrumento musical popular ucraniano)
кобзарь *m* músico que toca la kobza
кобра *f* cobra
кобура *f* pistolera, funda de la pistola
кобыла *f* yegua
кобылица *f* V. кобыла
кованый *adj* 1) forjado, bardado 2) *(подкованный)* herrado
коварный *adj* pérfido
коварство *n* perfidia
ковать *perf* сковать *impf vt* forjar, fraguar
ковбой *m* cowboy, vaquero
ковбойка *f* camisa de cowboy
ковбойский *adj* de cowboy, de vaquero
коверкать *impf* исковеркать *impf vi* estropear, deformar
ковёр *m* alfombra, tapiz
ковка *f* forja
ковкий *adj* maleable, dúctil
ковкость *f* maleabilidad, ductibilidad
коврига *f* hogaza
коврижка *f* 1) *dimin. de* коврига 2) *(пряник)* galleta de miel
коврик *m* alfombrilla, felpudo
ковровый *adj* de tapiz, de alfombra
ковчег *m* arca
ковш *m* cazo

ковшик *m* cazo pequeño
ковыль *m* stipa
ковылять *impf vi* renquear, cojear
ковырять *impf vt* escarbar, hurgar
ковыряться *impf* hurgar, escarbar
когда 1. *adv interrog* cuándo ~ *ты придёшь?* ¿cuándo vendrás? **2.** *adv rel* cuando *я не знаю, ~ я приду* no sé cuando vendré
когда-либо *adv* alguna vez, una vez
когда-нибудь *adv* alguna vez, una vez
когда-то *adv* una vez, en cierto tiempo
кого *pron interr-y-rel* forma de acusativo y genitivo de кто
когорта *f* cohorte
коготок *m dimin. de* коготь
коготь *f* garra, zarpa
когтистый *adj* de garras (zarpas) largas o afiladas
код *m* 1) código, clave 2) *(телефонный)* prefijo, código
кодекс *m* 1) *jur* código 2) *(старинная рукопись)* códice
кодирование *n* codificación
кодировать *biasp vt* codificar
кодировка *f* codificación
кодификация *f* codificación
кодифицировать *biasp vt* codificar
кодовый *adj* de código
кое-где *adv* en alguna parte, en algún sitio
кое-как *adv* 1) *coloq (с большим трудом)* con dificultad 2) *coloq (небрежно)* mal, descuidadamente
кое-какой *pron* alguno
кое-когда *adv* a veces, de vez en cuando
кое-кто *pron* alguien, cierta persona
кое-куда *adv* a alguna parte, a cierto sitio
кое-что *pron* algo, cierta cosa
кожа *f* 1) piel 2) *(выделанная)* piel, cuero
кожан *m coloq obsol* especie de abrigo de piel o de lona
кожаный *adj* de piel
кожевенный *adj* de cuero(s), de curtido(s)
кожевник *m* curtidor
кожистый *adj* coriáceo
кожица *f* piel
кожный *adj* cutáneo
кожура *f* cáscara (de la fruta)
кожух *m* 1) *(тулуп)* pelliza 2) *tecn* cárter, caja
коза *f* cabra
Козерог *m astrol* Capricornio
коз|ёл *m* 1) cabrón, chivo 2) *insult* cabrón 3) *sport* potro ◆ **~ёл отпущения** chivo expiatorio **пустить ~ла в огород** meter al lobo en el redil
козий *adj* de cabra
козлёнок *m* cabrito
козлик *m dimin. de* козёл
козлиный *adj* de chivo, de cabrón
козлищ|е *m elev* : отделить овец от ~ separar el grano de la paja
козлы (*gen* козел) *fpl* 1) *(экипажа)* pescante 2) *(подставка)* caballete, burro
козлятина *f* carne de cabra
козн|и (*gen* –ей) *fpl* intrigas, maquinaciones, engaños
козочка *f dimin. de* коза
козуля *f* V. косуля
козырёк *m* 1) visera 2) *(навес)* marquesina
козырной *adj cart* de triunfo
козырь *m cart* triunfo
козырять *impf vi* 1) *cart* jugar con (el) triunfo, arrastrar 2) **(чем-л)** *(хвастаться)* hacer gala (de u/c), pavonearse (de u/c)
козявка *f coloq* bicho
кой *pron obsol* cual *ни в коем случае* de ninguna forma, en ningún caso
койка *f* litera, cama
койот *m* coyote
кок *m nav* cocinero de abordo
кокаин *m* cocaína
кокаиновый *adj* de cocaína
кокарда *f* escarapela, cucarda, cocarda
кокать *impf* кокнуть *perf vt* 1) *coloq (ударять, разбивать)* golpear, romper 2) *vulg (убивать)* matar, cargarse (a alg)
кокетка *f* coqueta
кокетливо *adv* con coquetería
кокетливый *adj* coqueto
кокетничать *impf vi* coquetear
кокетство *n* coquetería
коклюш *m* tos ferina
кокнуть V. кокать
кокон *m* capullo
кокос *m* coco
кокосовый *adj* de coco
кокотка *f* mantenida, querida
кокошник *m* kokóshnik (antiguo tocado ruso para mujeres)
кокс *m* hulla, coque
коксование *n tecn* coquefacción, carbonización (de la hulla)
коксовать *impf vt tecn* carbonizar (la hulla), coqueficar
коксовый *adj* de hulla, de coque
коктейль *m* cóctel *молочный ~* batido
кол *m* estaca
колба *f* matraz, vasija
колбаса *f* embutido, salchichón, longaniza
колбаск|а *f dimin. de* колбаса ◆ **катись ~ой!** ¡fuera de aquí!, ¡largo de aquí!, ¡vete a freír espárragos!
колбасник *m* salchichero
колбасн|ый *adj* de embutido *~ые изделия* embutidos
колбочка *f* V. колба
колгот|ки (*gen* –ок) *fpl* pantis
колдобина *f coloq* concavidad, hondonada, pozo
колдовать *impf vi* hacer brujería
колдовской *adj* hechicero
колдовство *n* hechicería, brujería
колдун, -ья *m/f* bruj|o, -a, hechicer|o, -a
колебание *n* 1) vibración, oscilación 2) *(сомнение)* vacilación, titubeo 3) *(неустойчивость)* fluctuación, variación
колебательный *adj* vibratorio, oscilante
колебать *impf* поколебать *perf vt* 1) agitar, conmover 2) *(подрывать)* conmover, socavar, alterar
колебаться *impf* поколебаться *perf vi* 1) vibrar, oscilar 2) *(сомневаться)* vacilar, titubear 3) *(быть неустойчивым)* fluctuar, variar
коленка *f coloq* V. колено
коленкор *m* calicó
коленный *adj* de la rodilla
колен|о[1] (*pl* –и) *n (часть ноги)* rodilla

колено[2] *n (поколение)* generación
колен|о[3] (*pl* –ья) *n (изгиб)* codo
коленопреклонённый *adj* arrodillado, postrado
коленце *n coloq dimin. de* колено
коленчатый *adj* acodado
колер *m* 1) *arte* colorido 2) *coloq (цвет)* color
колесить *perf vi coloq* rodar, recorrer
колесниц|а *f* carroza ◆ **последняя спица в ~е** el último mono, un cero a la izquierda
колесо *n* rueda *запасное* ~ rueda de recambio
колечко *n dimin. de* кольцо
колея *f* carril, rodada
колёсико *n* 1) *dimin. de* колесо 2) *(шестерёнка)* rueda dentada
колёсный *adj* de (para) rueda(s)
колибри *m/f* colibrí
колика *f* cólico
коли *conj coloq obsol* si ~ *на то пошло* si a eso vamos
колит *m med* colitis
количественный *adj* cuantitativo
количество *n* cantidad, cuantía
колка *f* corte, partición
колкий *adj* 1) punzante, hiriente 2) *(язвительный)* punzante, mordaz
колкость *f* mordacidad, causticidad
коллаборационист, -ка *m/f* colaboracionista
коллаж *m* collage
коллапс *m med* colapso
коллега *m/f* colega
коллегиальность *f* colegialidad
коллегиальный *adj* colegial
коллегия *f* colegio
колледж *m* escuela de enseñanza secundaria
колледжский *adj* de(l) colegio
коллектив *m* colectivo, grupo
коллективизация *f* colectivización
коллективизировать *biasp vt* colectivizar
коллективизм *m* colectivismo
коллективист *m* colectivista
коллективистский *adj* colectivista
коллективность *f* colectividad
коллективный *adj* colectivo
коллектор *m* cobrador
коллекционер *m* coleccionista
коллекционирование *n* colección (acción)
коллекционировать *impf vt* coleccionar
коллекционный *adj* de colección
коллекция *f* colección
колли *f inv* collie
коллизионный *adj elev* de colisión
коллизия *f elev* colisión
коллодий *m quím* colodión
коллоид *m quím* coloide
коллоидный *adj quím* de coloide, coloidal
коллоквиум *m* coloquio
колобок *m* kolobok (especie de pan pequeño y redondo)
колода *f* baraja
колодезный *adj* de pozo
колодец *m* pozo
колодка *f* 1) *(часть инструмента)* mango 2) *tecn (тормозная)* zapata 3) *(орденская планка)* cinta de condecoraciones
колок *m mús* clavija
колокол (*pl* –а) *m* campana
колокольный *adj* de campana
колокольня *f* campanario
колокольчик *m* 1) campanilla 2) *(для скота)* cencerro 3) *(цветок)* campanilla, campanula
колониализм *m* colonialismo
колониальный *adj* colonial
колонизатор *m* colonizador, -a
колонизация *f* colonización
колонизировать *biasp vt* colonizar
колонизовать V. колонизировать
колонист *m* colono
колония *f* colonia
колонка *f* 1) *(столбец)* columna 2) *(водонагреватель)* calentador 3) *(бензозаправочная)* gasolinera, surtidor de gasolina 4) *(в газете)* columna
колонна *f* 1) *arq* columna 2) *(людей, предметов)* columna, fila
колоннада *f arq* columnata
колонный *adj* de (con) columnas
колорит *m* colorido
колоритный *adj* con colorido, pintoresco, curioso
колос (*pl* –колосья) *m* espiga
колосковый V. колосовой
колосок *m dimin. de* колос
колосс *m* coloso ◆ ~ **на глиняных ногах** el coloso con pies de barro
колоссальный *adj* colosal
колотить *impf* поколотить *perf vt* golpear
колотиться *impf* поколотиться *perf* 1) *coloq* golpearse 2) *(о сердце)* palpitar
колотушка *f* 1) mazo 2) *vulg (удар)* sopapo, tortazo
колоть[1] *impf* кольнуть *impf* **1.** *vt* pinchar, punzar **2.** *v/impers* dar pinchazos
колоть[2] *perf* расколоть *impf vt* partir
колоться[1] *impf* уколоться *perf* 1) pincharse 2) *(быть способным колоть)* pinchar *ёж колется* el erizo pincha
колоться[2] *impf* расколоться *perf* 1) *(поддаваться колке)* cortarse, partirse, cascarse 2) *jerg (признаваться в чем-либо)* cantar
колошматить *impf* отколошматить *perf vt vulg* golpear, zurrar, zumbar
колпак *m* gorro
колпачок *m* 1) *dimin. de* колпак 2) *tecn* manguito
колтун *m* 1) *med* plica polaca 2) *(спутанные волосы)* enredo (en el pelo)
колумбарий *m* columbario
колумбие|ц, -йка *m/f* colombian|o, -a
колумбийский *adj* colombiano
колун *m* segur
колупать *impf* колупнуть *perf vt coloq* arrancar, quitar
колупнуть V. колупать
колхоз *m hist* koljós (granja colectiva)
колхозни|к, -ца *m/f hist* trabajador, -a de un koljós
колхозный *adj hist* de(l) koljós
колыбель *f* cuna
колыбельная *f* canción de cuna
колыбельный *adj* de cuna
колымага *f* carreta
колыхание *n* agitación, balanceo
колыхать *impf* колыхнуть *perf vt* agitar, balancear

колыхаться *impf* колыхнуться *perf vi* agitarse, balancearse, ondear
колыхнуться V. колыхаться
колышек *m dimin. de* кол
коль *conj* V. коли ◆ ~ **скоро** si, en tanto que
колье *n inv* collar
кольнуть V. колоть 1
кольраби *f inv* colinabo
кольт *m* colt
кольцевой *adj* circular, anular
кольцо *n* anillo
кольчатый *adj* anillado
кольчуга *f hist* cota de malla
колючий *adj* 1) espinoso 2) *(язвительный)* punzante
колючка *f* espina
коляда *f* 1) *(обряд)* canto de villancicos 2) *(песня)* villancico
колядка *f* villancico
коляска *f* 1) *(экипаж)* carretela 2) *(для детей)* cochecito 3) *(инвалидная)* silla de ruedas
ком[1] *pron interr-y-rel* forma de prepositivo de кто
ком[2] *m* bola *снежный ком* bola de nieve ◆ **первый блин ~ом** al primer tapón, zurrapas
кома *f med* coma
команда *f* 1) *(приказ, сигнал)* orden 2) *informát* orden 3) *(группа, коллектив)* equipo 4) *sport* equipo 5) *nav* tripulación
командарм *m mil* comandante general del ejército
командир *m mil* comandante
командирование *n* envío en comisión de servicio
командировать *biasp vt* enviar en comisión de servicio
командировка *f* viaje de trabajo, comisión de servicio
командировочный *adj* de (en) comisión de servicio
командирский *adj* de comandante
командный *adj* 1) de comando, de mando 2) *(свойственный группе людей)* de equipo
командование *n mil* mando
командовать *impf* скомандовать *perf* **1.** *vt* mandar **2.** *vi* 1) **(чем-л)** *(быть командиром)* mandar, ejercer el mando, dirigir 2) **(кем-л)** *(распоряжаться)* mandar
командор *m hist* comendador
командующий *m* jefe, comandante
комар *m* mosquito
комариный *adj* de mosquito(s)
коматозный *adj med* comatoso
комбайн *m* máquina combinada
комбайнер *m* conductor de la máquina combinada
комбат *m* 1) *mil (командир батальона)* jefe (comandante) de batallón 2) *mil (командир батареи)* jefe (comandante) de batería
комбикорм *m agric* pienso combinado
комбинат *m* factoría, combinado
комбинатор *m coloq* urdidor, maquinador
комбинаторный *adj* combinatorio
комбинационный *adj* de combinación
комбинация *f* combinación
комбинезон *m* mono (traje)
комбинированный *adj* combinado
комбинировать *impf* скомбинировать *perf vt* combinar
комедиант *m obsol* comediante
комедиантство *n* hipocresía, fariseísmo
комедийный *adj* de comedia
комедия *f* comedia
комель *m* parte inferior del tronco
комендант *m* 1) *mil* comandante 2) *(учреждения)* administrador
комендантский *adj* de(l) comandante ◆ ~ **час** toque de queda
комендатура *f* 1) *mil* comandancia 2) *(учреждения)* administración
комета *f* cometa
кометный *adj* de cometa
коми **1.** *m/f inv* komi **2.** *adj inv* komi
комизм *m* vis cómica
комик *m* cómico
комикс *m* cómico
комиссар *m* comisario
комиссариат *m* comisariado
комиссарский *adj* de comisario
комиссионер *m* comisionista, intermediario
комиссионка *f coloq* casa de empeño
комиссионн|ый **1.** *adj* de comisión *~ый магазин* casa de empeño **2.** **-ые** *pl* comisión, corretaje
комиссия *f* comisión
комиссовать *biasp vt coloq* declarar útil para el servicio militar
комитет *m* comité
комический *adj* cómico
комично *adv* cómicamente, de una forma cómica
комичный *adj* cómico
комкать *impf* скомкать *perf vt* arrugar, chafar
комковатый *adj* arrugado, irregular
комлевый *adj* de la parte inferior del tronco
комментарий *m* comentario
комментатор *m* comentarista
комментаторский *adj* de comentarista
комментировать *impf* прокомментировать *perf vt* comentar
коммерсант *m* comerciante, negociante
коммерция *f* comercio
коммерческий *adj* comercial, mercantil
коммивояжёр *m* viajante (comercial)
коммуна *f* comuna
коммуналка *f coloq* piso comunal
коммунальн|ый *adj* comunal, municipal ◆ **~ая квартира** piso comunal
коммунар *m hist* comunero
коммунизм *m* comunismo
коммуникабельность *f* comunicabilidad
коммуникабельный *adj* comunicativo
коммуникативный *adj ling* comunicativo
коммуникационный *adj* de (las) comunicaciones
коммуникация *f* comunicación
коммунист *m* comunista
коммунистический *adj* comunista
коммунистка *f* comunista
коммутатор *m* conmutador
коммюнике *n inv period* comunicado
комната *f* habitación, estancia
комнатка *f dimin. de* комната
комнатн|ый *adj* de (la) habitación *~ая температура* temperatura de interior; *~ое растение* planta de interior

комнатушка *f peyor* cuartucho, cuchitril
комод *m* cómoda
комок *m* bola, pelota *свернуться в* ~ hacerse un ovillo
комочек *m dimin. de* комок
компакт-диск *m* disco compacto, compact disc
компактно *adv* de forma compacta
компактность *f* compacidad
компактный *adj* compacto
компанейский *adj coloq* sociable
компания *f* 1) compañía, grupo (de gente) 2) *(предприятие)* compañía
компаньон *m* 1) compañero 2) *(совладелец)* socio
компаньонка *f* 1) compañera 2) *hist* dama de compañía
компартия *f* partido comunista
компас *m* brújula
компенсаторный *adj tecn* compensador
компенсационный *adj* compensatorio
компенсация *f* compensación, indemnización
компенсировать *biasp vt* indemnizar, compensar
компетентность *f* competencia
компетентный *adj* competente
компетенция *f* competencia
компилировать *impf vt elev* compilar
компилятивный *adj elev* compilatorio
компилятор *m elev* compilador
компиляция *f elev* compilación
комплекс *m* complejo
комплексный *adj* complejo, global, combinado
комплект *m* juego, colección
комплектование *n* 1) completamiento 2) *mil* reclutamiento
комплектовать *impf vt* completar, constituir
комплекция *f* complexión
комплимент *m* cumplido
комплиментарный *adj elev* de cumplido, de halago
композитор *m* compositor, -a
композиторский *adj* de compositor
композиционный *adj* composicional
композиция *f* composición
компонент *m* componente
компонентный *adj* de componentes
компоновать *impf* скомпоновать *perf vt elev* componer
компоновка *f* composición
компост *m* compost
компостер *m* taladro (para marcar billetes y otros documentos)
компостировать *impf* прокомпостировать/закомпостировать *perf vt* taladrar, marcar (un billete)
компот *m* compota
компресс *m med* compresa
компрессия *f tecn* compresión
компрессор *m tecn* compresor
компрессорный *adj tecn* compresor, de compresor
компрометация *f* compromiso
компрометировать *impf* скомпрометировать *perf vt* comprometer
компромисс *m* compromiso, acuerdo
компромиссный *adj* de compromiso
компьютер *m* ordenador
компьютерный *adj* informático
комсомол *m hist* komsomol (organización de juventudes comunistas)
комсомол|ец, -ка *m/f hist* miembro del komsomol (juventudes comunistas de la URSS)
комсомольский *adj hist* del komsomol (juventudes comunistas de la URSS)
комсорг *m hist* responsable de una organización de base del Komsomol
кому *pron interr-y-rel* forma de dativo de кто
комфорт *m* confort
комфортабельность *f* comodidad
комфортабельный *adj* confortable, cómodo
комфортно *adv* confortablemente, cómodamente
комфортный *adj* confortable, cómodo
кон *m* 1) *jueg (ряд фигур в игре)* cuadro, línea 2) *jueg (партия в игре)* partida
конвейер *m* cadena (de producción)
конвейерный *adj* en cadena
конвент *m hist* convención
конвенция *f* convención
конверт *m* sobre
конвоир *m* escolta, convoy
конвоировать *impf vt* escoltar
конвой *m* convoy
конвойный **1.** *adj* de escolta, de convoy **2.** *m* escolta
конвульсия *f med* convulsión
конгениальный *adj elev* congenial
конгломерат *m* 1) *elev* conglomerado, conglomeración 2) *geol* conglomerado
конгресс *m* congreso
конгрессмен *m* congresista
кондач|ок *m vulg* : с ~ка a la ligera, a lo que salga
конденсат *m tecn* condensado
конденсатор *m* condensador
конденсация *f* condensación
конденсировать *biasp vt* 1) condensar 2) *(накоплять)* acumular
кондитер *m* pastelero, confitero
кондитерская *f* pastelería, confitería
кондитерск|ий *adj* de confitería, de pastelería *~ие изделия* pastelería, repostería
кондиционер *m* aire acondicionado
кондиционирование *n* acondicionamiento
кондиционированный *adj* acondicionado ~ *воздух* aire acondicionado
кондиционировать *biasp vt* acondicionar
кондиционный *adj com* condicionado
кондици|я *f com* condición *в ~и* en condiciones
кондовый *adj* 1) tupido (referido a la madera) 2) *obsol* de buena calidad, como los de antes
кондоминиум *m* condominio
кондор *m* cóndor
кондратий *m* V. кондрашка
кондрашка *m vulg* : ~ хватил ha sufrido un ataque de apoplejía
кондуктор *m* revisor, cobrador (en el transporte)
коневод *m* criador de caballos
коневодство *n* cría de caballos
кон|ец *m* final, fin *в ~це апреля* a finales de abril, *(край)* punta, cabo ◆ **в ~це концов** al fin y al cabo
конечно **1.** *adv* desde luego, por supuesto **2.** *partíc* ¡cómo no!, ¡claro!, ¡ya lo creo!
конечность *f anat* extremidad

конечный *adj* final
конёк[1] *m* 1) caballito 2) *arquit* caballete, remate 3) *(морской)* caballito de mar 4) *(любимая тема)* manía, tema preferido 5) *(сильная сторона)* lado fuerte, caballo de batalla
кон|ёк[2] *m (espec pl)* patín *кататься на ~ьках* patinar
конина *f* carne de caballo
конка *f hist* tranvía de caballos
конклав *m relig* cónclave
конкретизация *f* concretización
конкретизировать *biasp vt* concretizar
конкретика *f coloq* concreción
конкретно *adv* en concreto, concretamente
конкретность *f* concreción
конкретный *adj* concreto
конкур *m sport* circuito de obstáculos (en la hípica)
конкурент, -ка *m/f* competidor, -a
конкурентный *adj* de competencia
конкурентоспособность *f* competitividad
конкурентоспособный *adj* competitivo
конкуренция *f* competencia, concurrencia
конкурировать *biasp vi* **(с кем/чем-л)** competir (con alg o u/c)
конкурс *m* concurso, certamen
конкурсант, -ка *m/f* concursante
конкурсный *adj* de concurso
конник *m* caballero, jinete
конница *f mil* caballería
конный *adj* 1) de caballo, caballar 2) *(кавалерийский)* de caballería 3) *(связанный с ездой верхом)* ecuestre, hípico *~ спорт* hípica
коновал *m obsol* curandero de caballos
конокрад *m* cuatrero, abigeo
конопатый *adj* 1) *coloq* pecoso 2) *(рябой от следов оспы)* picado de viruelas
конопля *f* cáñamo
конопляный *adj* de cáñamo
консервант *m* conservante
консервативность *f* conservadurismo
консервативный *adj* conservador
консерватизм *m* conservadurismo
консерватор *m* conservador
консерватория *f* conservatorio
консерваторский *adj* conservador
консервация *f tecn* conservación
консервирование *n* conserva (acción)
консервировать *impf* законсервировать *perf vt* 1) *(продукты питания)* conservar, poner en conserva 2) *(предохранять от порчи)* conservar, preservar
консервный *adj* de conserva
консерв|ы *(gen –ов) mpl* conservas
консилиум *m med* concilio médico
консистенция *f* consistencia
конский *adj* de caballo, caballar
консолидация *f* consolidación
консолидировать *biasp vt* consolidar
консоль *m arquit* consola
консонанс *m lit mús* consonancia
конспект *m* guión, apuntes
конспективно *adv* sumariamente, de forma resumida
конспективный *adj* resumido, sumario
конспектировать *impf* законспектировать *perf vt* resumir, tomar apuntes
конспиративный *adj* conspirativo
конспиратор *m* conspirador
конспирация *f* conspiración
конспирировать *impf vi* conspirar
константа *f mat fís* constante
константный *adj elev* constante, permanente
констатация *f* constatación
констатировать *biasp vt* constatar
конституционный *adj* constitucional
конституция *f* constitución
конструировать *impf* сконструировать *perf vt* construir
конструктивизм *m arte* constructivismo
конструктивист *m arte* constructivista
конструктивистский *adj arte* constructivista
конструктивность *f* constructividad, carácter constructivo
конструктивн|ый *adj* 1) *(относящийся к конструкции)* de construcción, constructivo 2) *elev (плодотворный)* constructivo
конструктор *m* 1) constructor 2) *(игрушка)* juego de construcción, mecano
конструкторский *adj* de construcción
конструкционный *adj* de construcción, constructivo
конструкция *f* 1) construcción 2) *ling* construcción
консул *m* cónsul
консульский *adj* consular, de(l) cónsul
консульство *n* consulado
консультант *m* consultor
консультативный *adj* consultativo
консультационный *adj* consultivo, de consulta
консультация *f* 1) asesoramiento, consulta 2) *(место)* consultorio
консультировать *impf* проконсультировать *perf vt* dar consulta(s)
консультироваться *impf* проконсультироваться *perf vi* **(с кем-л о чём-л)** consultar (u/c a alg), hacer una consulta (a alg)
консьерж, -ка *m/f* conserje, porter|o, -a
контакт *m* contacto
контактный *adj* de contacto
контаминация *f ling* contaminación
контейнер *m* contenedor
контейнерный *adj* de (en) container
контекст *m* contexto
контекстный *adj* de(l) contexto
контингент *m* contingente
континент *m* continente
континентальный *adj* continental
контора *f* bufete, oficina *нотариальная ~* notaría
конторка *f coloq* despacho
конторск|ий *adj* de oficina, de buró
конторщи|к, -ца *m/f obsol* oficinista, emplead|o, -a de oficina
контрабанда *f* contrabando
контрабандист, -ка *m/f* contrabandista
контрабандный *adj* de contrabando
контрабас *m mús* contrabajo
контрагент *m com* contratante
контр-адмирал *m nav* contralmirante
контракт *m* contrato
контрактация *f* contratación, concertación
контрактный *adj* contractual, de contrato
контрактовать *impf* законтрактовать *perf vt* contratar

контральто *n inv mús* contralto
контрамарка *f* pase
контрапункт *m mús* contrapunto
контраст *m* contraste
контрастировать *biasp vt* contrastar
контрастность *f* contraste
контрастный *adj* de contraste, contrastante
контратака *f* contrataque
контратаковать *biasp vt* contraatacar
контрибуционный *adj* contributivo
контрибуция *f* contribución (pago)
контрнаступление *n* contraataque
контролёр *m* 1) revisor, interventor 2) *(в театре)* acomodador
контролировать *impf* проконтролировать *perf vt* controlar
контроль *m* control
контрольный *adj* de control
контрразведка *f* contraespionaje
контрразведчик *m* agente de contraespionaje
контрреволюционер *m* contrarevolucionario
контрреволюционный *adj* contrarrevolucinario
контрреволюция *f* contrarrevolución
контрудар *m mil* contragolpe, contraataque
контр|а *f coloq* discrepancias, discordia *быть в ~ах* disentir, estar en discordia ♦ **про и контра** pro y contra
контузи|ть *perf v/impers med* provocar una conmoción cerebral *его ~ло* sufrió una conmoción cerebral
контузия *f med* conmoción cerebral
контур *m* contorno
контурный *adj* de contorno
конура *f* 1) perrera 2) *coloq* cuartucho, cuchitril
конус *m* cono
конусный *adj* cónico
конусообразный *adj* cónico, conoidal
конфедеративный *adj* confederado
конфедерация *f* confederación
конферанс *m* presentación (en un concierto)
конферансье *m inv* presentador, anunciador
конференц-зал *m* sala de conferencias
конференция *f* conferencia
конфета *f* 1) caramelo 2) *(шоколадная)* bombón
конфетка *f dimin. de* конфета
конфетница *f* bombonera
конфетный *adj* de caramelo(s), de bombones
конфетти *n inv* confeti
конфигурация *n* configuración
конфигурировать *biasp vt* configurar
конфиденциальность *f* confidencialidad
конфиденциальный *adj* confidencial
конфискация *f* confiscación
конфисковать *biasp vt* confiscar
конфликт *m* conflicto
конфликтный *adj* conflictivo
конфликтовать *impf vi* (**с кем-л**) tener conflictos (con alg)
конфорка *f* fogón, hornillo
конформизм *m* conformismo
конформистский *adj* conformista
конфронтационный *adj* de confrontación
конфронтация *f* confrontación
конфуз *m coloq* confusión, desconcierto
конфузить *impf* сконфузить *perf vt* confundir, turbar, desconcertar
конфузиться *impf* сконфузиться *perf vi* confundirse, turbarse, desconcertarse
конфузный *adj coloq* incómodo, embarazoso
концевой *adj* final, del extremo
концентрат *m* concentrado
концентрационный *adj* de concentración
концентрация *f* concentración
концентрированный *adj* concentrado
концентрировать *impf* сконцентрировать *perf vt* concentrar
концентрироваться *impf* сконцентрироваться *perf vi* concentrarse
концентрический *adj* concéntrico
концентричный *adj* concéntrico
концептуальность *f* conceptualidad
концептуальный *adj* conceptual
концепция *f* concepción
концерн *m* consorcio, corporación
концерт *m* concierto
концертант *m mús* concertista
концертировать *impf vi mús* dar conciertos
концертмейстер *m* 1) *mús (руководитель в оркестре)* concertino 2) *mús (аккомпаниатор)* acompañante
концертный *adj* de concierto(s) ~ *зал* sala de conciertos
концессионер *m* concesionario
концессионный *adj* de concesión
концессия *f* concesión
концлагерь *m* campo de concentración
концовка *f* 1) *(виньетка)* viñeta 2) *(заключительная часть)* parte final, conclusión
кончать V. кончить
кончаться V. кончиться
конченый *adj coloq* terminado, acabado
кончик *m* punta
кончина *f elev* defunción, fallecimiento
кончить *perf* кончать *impf vt* acabar, terminar, finalizar, concluir
кончи|ться *perf* кончаться *impf* 1) acabar, acabarse, terminar, terminarse, finalizar *~ться ничем* acabar en nada, no quedar en nada; *на этом всё и ~лось* con esto terminó todo 2) *(умереть)* morir, fallecer
конъюнктива *f anat* conjuntiva
конъюнктивит *m med* conjuntivitis
конъюнктура *f* coyuntura
конъюнктурный *adj* coyuntural
конъюнктурщик *m coloq* oportunista
конь *m* 1) caballo 2) *(в шахматах)* caballo 3) *sport* potro
коньки *mpl* V. конёк
конькобежец *m sport* patinador
конькобежный *adj sport* de patinaje
коньковый *adj* de patines
коньяк *m* coñac
коньячный *adj* de coñac
конюх *m* mozo de cuadra, caballerizo
конюший *adj* del mozo de cuadra, del caballerizo
конюшня *f* cuadra
коняга *m vulg* rocín, jamelgo
кооператив *m* cooperativa
кооперативный *adj* cooperativo
кооператор *m* cooperativista
кооперация *f* cooperación
кооперирование *n* cooperación

кооперировать *biasp vi* cooperar
кооперироваться *biasp vi* 1) cooperar 2) *(объединяться на началах кооперации)* agruparse en cooperativas
координат|а **1.** *f geogr* coordenada **2. -ы** *fpl coloq* datos personales
координатный *adj* de (las) coordenadas
координатор *m* coordinador
координационный *adj* de coordinación, coordinativo
координация *f* coordinación
координировать *biasp vt* coordinar
координироваться *biasp* coordinarse
копание *n* cavadura, cava
копать *impf vt* 1) excavar, cavar 2) *(добывать из земли)* desenterrar, sacar (cavando)
копаться *impf* 1) *(рыться)* cavar, escudriñar, huronear 2) *coloq (искать, перебирать)* hurgar, rebuscar ~ *в бумагах* rebuscar entre los papeles 3) *coloq (возиться)* remolonear, roncear
копеечк|а *f dimin. de* копейка ◆ **стать (влететь) в ~у** costar un riñón
копеечный *adj* 1) de un kópek 2) *coloq (недорогой)* barato, tirado 3) *coloq (мелочный)* ruin, miserable
копейка *f* kópek (céntimo de rublo)
копилка *f* hucha
копирка *f coloq* papel carbón, papel de calcar
копировальный *adj* copiador
копирование *n (процесс)* copia
копировать *impf* скопировать *perf vt* copiar
копировщик *m* copista
копить *impf* накопить *perf vt* 1) acumular 2) *(деньги)* ahorrar
копиться *impf* накопиться *perf* acumularse
копия *f* copia, calco
копна *f* hacina, tresnal
копотун *m vulg* cachazudo, remolón
копоть *f* hollín
копошиться *impf vt* pulular, hormiguear
коптеть *impf* закоптеть *perf vi* cubrirse de hollín
коптилка *f coloq* candileja
коптильня *f* ahumador
коптить *impf* закоптить *perf vt* ahumar
копун *m coloq* V. копуша
копуша *m/f coloq* persona roncera, persona pigre
копчение *n* ahumado (acción), curación al humo
копчёность *f* ahumados
копчёный *adj* ahumado
копчик *m* coxis
копчушка *m coloq* pescado pequeño ahumado
копытный *adj zool* ungulado
копыт|о *n* casco, pezuña ◆ **отбросить ~а** *vulg* estirar la pata, diñarla
копытце *n dimin. de* копыто
копь *f obsol* mina
копьё *n* lanza
кора *f* corteza, costra
корабел *m coloq* V. кораблестроитель
корабельный *adj* de barco(s), de buque(s)
кораблекрушение *n* naufragio
кораблестроение *n* construcción naval
кораблестроитель *m* constructor de barcos, naviero
кораблик *m* 1) *dimin. de* корабль 2) *(моллюск)* nautilo, argonauta
корабль *f* barco, buque, nave
коралл *m* coral
коралловый *adj* de coral
Коран *m* Corán
корвет *adj nav* corbeta
кордебалет *m teat* cuerpo de ballet
кордон *m* cordón (para cortar la comunicación)
кореец *m* coreano
корейка *f (грудинка)* costillar
корейский *adj* coreano
коренастый *adj* 1) chaparro, achaparrado 2) *(крепкий)* fornido
корениться *impf vi* **(в чём-л)** radicar (en u/c), arraigar (en u/c)
коренной *adj* 1) originario, autóctono 2) *(основной)* básico, fundamental ◆ **~ зуб** muela
корень *m* 1) raíz 2) *ling* raíz
корень|я (*gen* –ев) *mpl* raíces (comestibles)
кореш *m vulg* amigo, colega
корешок *m* 1) *dimin. de* корень 2) *(книги)* lomo 3) *(часть квитанционной книжки)* matriz (de un libro talonario)
кореянка *f* coreana
корёжить *impf* искорёжить/покорёжить/скорёжить *perf vt* encorvar, combar
корёжиться *impf* искорёжиться/покорёжиться/скорёжиться *perf* 1) envorvarse, combarse 2) *(корчиться)* encogerse, retorcerse
корж *m* especie de torta
корзина *f* cesta, cesto, canasta
корзинка *f* 1) *dimin* cesta, canasta 2) *bot* capítulo
корзиночка *f dimin. de* корзина
коридор *m* pasillo, corredor
коридорный *adj* de corredor(es), de pasillo(s)
корить *impf* укорить *perf vt* 1) *(упрекать)* censurar, sermonear 2) *(попрекать)* reprochar, echar en cara
корифей *m elev* corifeo
корица *f* canela
коричневый *adj* marrón
коричный *adj* de canela
корка *f* 1) corteza 2) *(плодов)* cáscara 3) *(раны)* costra
корковый *adj anat* cortical
корм *m* forraje, pienso
корма *f nav* popa
кормёжка *f* 1) *(животных)* alimentación, apacentamiento 2) *vulg (еда)* comida, alimentación
кормилец *m (в семье)* sostén de la familia
кормилица *f* nodriza
кормило *n obsol poét* timón
кормить *impf* накормить *perf vt* alimentar, dar de comer
кормиться *impf* накормиться *perf* 1) *(питаться)* alimentarse, nutrirse 2) *(добывать средства)* mantenerse, alimentarse, sustentarse
кормление *n* 1) alimentación, nutrición 2) *(грудью)* lactancia, amamantamiento
кормовой[1] *adj (служащий кормом)* alimenticio, forrajero
кормовой[2] *adj nav* de popa

кормушка *f* comedero

кормчий *m* 1) *obsol* timonel, piloto 2) *poét* timonel

корнать *impf* окорнать/обкорнать *perf vt vulg* cortar el pelo (demasiado corto), pelar

корневище *n* rizoma

корневой *adj* radical

корнеплод *m* tubérculo

корнет[1] *m mil* corneta

корнет[2] *m mús* corneta

короб *m* caja ◆ **наговорить с три ~а** *coloq* hablar por los codos

коробейник *m hist* buhonero

коробить *impf* покоробить/скоробить *perf vt* 1) encorvar, combar, abarquillar 2) *(вызывать неприятное чувство)* desagradar, repugnar

коробка *f* caja

коробок *m* caja, cajita

коробочка *f* 1) *dimin. de* коробка 2) *bot* cápsula

коробочный *adj* de (en) caja(s)

корова *f* vaca

коровий *adj* de vaca(s)

коровка *f* : божья ~ mariquita

коровник *m* vaqueriza, establo

короед *m* carcoma

королева *f* reina

королевич *m obsol* príncipe

королевна *f obsol* princesa

королевский *adj* real (del rey)

королевство *n* reino

королёк *m* 1) *coloq* reyezuelo 2) *(сорт апельсина)* naranja de sangre 3) *(птица)* reyezuelo

король *m* rey

коромысло *n* balancín (barra apoyada en equilibrio) ◆ **дым ~м** *coloq* alboroto, follón

корона *f* corona

коронарный *adj anat* coronario

коронационный *adj* de coronación

коронация *f* coronación

коронка *f* 1) *dimin. de* корона 2) *(зубная)* corona

коронный *adj* 1) de corona 2) *(самый лучший)* cumbre, estelar

коронование *n* coronación

короновать *biasp vt* coronar

короста *f* costra, pústula, postilla

коростель *m* guión de codornices, rey de codornices

коротать *impf* скоротать *perf vt elev* pasar (un espacio de tiempo) ~ *вечер за беседой* pasar la tarde conversando

короткий *adj* corto

коротко *adv* brevemente

коротковолновый *adj radio* de onda corta

короткометражка *f coloq* cortometraje

короткометражный *adj* : ~ фильм cortometraje

коротыш *m coloq* enano, renacuajo

коротышка V. коротыш

корочка *f dimin. de* корка

корпеть *impf vi coloq* bregar, esforzarse, afanarse

корпия *f obsol* hila

корпоративность *f* corporativismo, carácter corporativo

корпоративный *adj* corporativo

корпорация *f* corporación

корпус *m* 1) *(туловище)* cuerpo, tronco 2) *(остов, оболочка)* cuerpo, casco, caja 3) *(здание)* edificio, pabellón 4) *mil* cuerpo

корпусный *adj* 1) del cuerpo, del tronco 2) *(относящийся к остову)* del cuerpo, del casco 3) *(относящийся к зданию)* del edificio, del pabellón

корректив *m elev* corrección *внести* ~ introducir una corrección

корректировать *impf* откорректировать/скорректировать *perf vt* corregir, rectificar

корректировка *f* corrección

корректность *f* corrección (cualidad de correcto)

корректный *adj* correcto

корректор *m* corrector

корректура *f* 1) *(действие)* corrección 2) *(оттиск)* prueba, galerada

коррекция *f tecn* corrección

корреляционный *adj elev* correlativo

корреляция *f elev* correlación

корреспондент, -ка *m/f* corresponsal

корреспондентский *adj* corresponsal

корреспонденция *f* correspondencia

корреспондировать *impf vi* **(с кем/чем-л)** *elev* corresponderse (con alg o u/c)

коррида *f* corrida de toros

коррозионный *adj* corrosivo, de corrosión

коррозия *f* corrosión

коррумпированность *f* corrupción

коррумпированный *adj* corrupto

коррупция *f* corrupción

корсаж *m* corpiño

корсар *m* corsario

корсет *m* corsé

корт *m sport* pista, cancha

кортеж *m* cortejo

кортик *m* daga, espadín

корточк|и *fpl* : на ~ах en cuclillas

корунд *m min* corindón, esmeril

корча *f (espec pl* корчи*) coloq* convulsiones

корчит|ь *impf* **1.** *v/impers* retorcerse *его ~ от боли* se retuerce de dolor **2.** *vt* **(кого-л)** *(прикидываться кем-л.)* dárselas (de alg) *он ~ из себя учёного* se las da de sabio ◆ **~ь рожи (гримасы)** hacer muecas, torcer la cara

корчиться *impf* contraerse, retorcerse, contorsionarse

корчма *f hist* taberna, venta

коршун *m* halcón

корыстно *adv* de forma interesada, codiciosamente

корыстн|ый *adj* interesado *с ~ой целью* con un fin interesado

корыстолюбивый *adj* codicioso, ávido, interesado

корыстолюбие *n* codicia, avidez

корысть *f* 1) codicia, avidez 2) *(выгода)* interés, provecho

корыто *n* artesa, tina

корь *f med* sarampión

корюшка *f* eperlano

корявo *adv* toscamente, chapuceramente

корявый *adj* 1) encorvado, torcido 2) *(заскорузлый - о руках)* áspero 3) *coloq (неуклюжий)* tosco, ramplón, chapucero

коряга *f* 1) *(затонувший ствол)* tronco hundido 2) *(пень)* tronco nudoso

коря|к, -чка *m/f* koriac|o, -a (pueblo de la región de Kamchatka) **корякский** *adj* koriaco
коса[1] *f (из волос)* trenza
коса[2] *f (орудие)* guadaña
коса[3] *f (отмель)* punta, lenga de tierra
косарь[1] *m (человек)* segador, guadañero
косарь[2] *m (нож)* cuchilla
косарь[3] *m jergal* mil, millar
косатка *f* orca
косвенно *adv* indirectamente
косвенный *adj* indirecto
косец *m* segador, guadañero
косилка *f* segadora
косинус *m mat* coseno
косить[1] *perf* закосить *impf* **1.** *vt* 1) torcer 2) *(быть косоглазым)* ser bizco **2.** *vi* **(под кого-л)** *coloq (притворяться кем-либо)* parecerse (a alg), pasar (por alg)
косить[2] *perf* скосить *impf vt* 1) segar 2) *(уничтожать)* segar, matar
коситься *impf* покоситься *perf vi* 1) *(смотреть искоса)* bizquear, ser bizco 2) *(смотреть недружелюбно)* mirar de reojo, mirar de lado
косица *f* trenza (delgada)
косичка *f dimin. de* коса 1
косматить *impf* раскосматить *perf vt coloq* despeinar, desgreñar
косматый *adj* 1) *(с густой шерстью)* peludo, lanudo 2) *(растрёпанный)* desgreñado, despeinado
косметика *f* cosmética
косметический *adj* cosmético
косметичка *f* 1) *coloq (человек)* esteticista, esteticienne 2) *coloq (сумочка)* neceser, tocador
косметолог *m* cosmetólogo
косметологический *adj* cosmetológico
косметология *f* cosmetología
космический *adj* cósmico, espacial
космовидение *n* cosmovisión
космогонический *adj* cosmogónico
космогония *f* cosmogonía
космодром *m* cosmódromo
космологический *adj* cosmológico
космология *f* cosmología
космонавт *m* astronauta, cosmonauta
космонавтика *f* cosmonáutica
космополит *m* cosmopolita
космополитизм *m* cosmopolitismo
космополитический *adj* cosmopolita
космос *m* cosmos
космы (*sing* космa) *fpl coloq* greñas, mechones
косность *f* rutina, estancamiento
косноязычие *n* dislalia
косноязычный *adj* dislálico
коснуться V. касаться
косный *adj* 1) rutinario 2) *(застойный)* estancado, retrógrado
кособокий *adj* 1) *(о человеке)* torcido, contrahecho 2) *(покосившийся)* torcido, inclinado
кособочиться *impf* скособочиться *perf vi coloq* torcerse, inclinarse
косовица *f agric* siega
косоворотка *f* kosovorotka (camisa rusa con cuello que se abotona a un lado)
косоглазие *n* estrabismo
косоглазый *adj* bizco
косогор *m* pendiente, declive
косой *adj* 1) oblicuo, torcido 2) *(косоглазый)* bizco 3) *coloq (пьяный)* borracho
косолапый *adj* 1) patizambo, zambo 2) *coloq (неуклюжий)* patoso, torpe
косорукий *adj* 1) de mano torcida, con una mano torcida 2) *coloq (неловкий)* desmañado, desmanotado
костенеть *impf* закостенеть/окостенеть *perf vi* 1) quedar rígido 2) *(от холода)* helarse, entumecerse
костёл *m* iglesia católica (en Polonia)
костёр *m* hoguera
костистый *adj* 1) *(ширококостный)* de huesos anchos 2) *(костлявый)* huesudo 3) *(о рыбе)* muy espinoso, con muchas espinas
костлявый *adj* 1) *(исхудалый)* huesudo, descarnado 2) *(о рыбе)* muy espinoso, con muchas espinas
костный *adj* de hueso, óseo ~ *мозг* médula, tuétano
костоправ *m* osteópata
косточк|а *f* hueso (de un fruto) ◆ **перемывать ~и кому-л.** criticar, poner verde a alg.
кострище *n* rastro de una hoguera
костыль *m* muleta
кость *f* 1) hueso 2) *(рыбья)* espina 3) *(игральная)* dado
костюм *m* traje *купальный* ~ traje de baño, bañador
костюмер *m teat* encargado de la guardarropía
костюмерный *adj teat* de guardarropía
костюмировать *biasp vt* disfrazar
костюмироваться *biasp* disfrazarse
костюмный *adj* de traje(s)
костюмчик *m dimin* traje de niño
костяк *m* 1) esqueleto, osamenta 2) *(основа)* base, esqueleto
костяной *adj* de hueso
костяшка *f* 1) *(сустав)* nudillo 2) *(изделие)* objeto de hueso
косуля *f* corzo
косынка *f* pañoleta
косьба *f* siega
косяк *m* 1) banco (de peces) 2) *jerg* porro, canuto
кот *m* gato
котелок *m* 1) caldera, olla 2) *(головной убор)* hongo, bombín
котельный *adj* de calderas, de ollas
котёл *m* caldera, olla
котёнок *m* gatito, minino
котик *m* 1) *dimin. de* кот 2) *(морской)* lobo marino
котировать *biasp vt* cotizar
котироваться *biasp* cotizar, cotizarse
котировка *f* cotización
котлета *f* 1) *(рубленая)* hamburguesa 2) *(отбивная)* chuleta
котлетка *f dimin. de* котлета
котлован *m* foso
котловина *f* depresión, cuenca, hondonada
котомка *f obsol* alforja, talega, costal
который **1.** *pron interr* qué, quién, cuál ~ *из них?* ¿cuál de ellos?; ~ *час?* ¿qué hora es? **2.** *pron rel* que, el que *журнал, ~ ты читаешь* la revista que lees

коттедж *m* chalet, chalé
котяра *m coloq* gato (grande o gordo)
кофе *m* café ~ *с молоком* café con leche; *чёрный* ~ café solo
кофеварка *f* cafetera
кофеёк *m coloq dimin. de* кофе
кофеин *m* cafeína
кофейник *m* cafetera
кофейный *adj* de café
кофейня *f* cafetería
кофемолка *f* molinillo de café
кофр *m* baúl
кофта *f* chaqueta
кофточка *f dimin. de* кофта
кочан *m* repollo
кочевать *impf vi* 1) ser nómada 2) *(о животных)* trashumar, migrar
кочевни|к, -ца *m/f* nómada
кочевой *adj* nómada
кочевье *n* 1) *(действие)* migración, transhumación 2) *(место)* campamento para nómadas
кочегар *m* fogonero
коченеть *impf* закоченеть/окоченеть *perf vi* entumecerse, arrecirse, congelarse
кочерга *f* atizador, hurgón
кочерыжка *f* troncho de col
кочка *f* montículo, mogote
кош *m hist* campamento de cosacos zaporogos
кошач|ий 1. *adj* de gato, gatuno, felino **2. -ие** *pl zool* felinos
кошевой *m hist* atamán (jefe) de los cosacos zaporogos
кошелёк *m* monedero
кошель *m* 1) *obsol* monedero, portamonedas 2) *(сумка)* alforja, bolsón
кошеный *adj* segado
кошечка *f dimin. de* кошка
кошёлка *f coloq* cesto, cesta
кошка *f* gato, gata
кошмар *m* pesadilla
кошмарный *adj coloq* terrible, horrible
кошт *m obsol* coste, costa
кощей *m* 1) *(Кощей бессмертный)* Koschei el inmortal (personaje de los cuentos populares rusos) 2) *coloq (худой человек)* esqueleto
кощунственный *adj* 1) profano, sacrílego 2) *(оскорбительный)* ofensivo
кощунство *n* 1) profanación, sacrilegio 2) *(оскорбительное отношение)* ofensa
коэффициент *m* 1) coeficiente 2) *mat* factor
краб *m* cangrejo, centollo
крабовый *adj* de cangrejo
краденый *adj* robado
крадучись *adv* a hurtadillas, furtivamente
краевед *m* etnógrafo territorial
краеведение *n* etnografía territorial
краеведческий *adj* de etnografía territorial
краевой *adj* territorial, de(l) territorio
краеугольный *adj elev* angular ◆ ~ **камень** piedra angular
краешек *m coloq* borde, canto
кража *f* robo, hurto
край *m* 1) extremo, punta, borde 2) *geogr* región
крайком *m hist* comité territorial del partido
крайне *adv* extremadamente
крайн|ий *adj* extremo, extremado ◆ **по ~ей мере** por lo menos
крайность *f* extremo
краля *f vulg (красавица)* divinidad, belleza
крамола *f obsol* facción, sedición
крамольный *adj obsol* faccioso, sedicioso
кран[1] *m (для воды)* grifo, llave
кран[2] *m (подъёмный)* grúa
кранты *pred vulg* final, muerte *ему* ~ es su final, le llegó la hora
крапива *f* ortiga
крапивница *f coloq* urticaria
крапчатый *adj* con lunares, con pintas
крас|а *f* belleza, hermosura ◆ **во всей (своей) ~е** en toda su belleza
красавец *m* hombre guapo (bello)
красавка *f* belladona
красивость *f* belleza ficticia, belleza banal
красивый *adj* bello, bonito, hermoso, guapo
краситель *m* colorante, tinte
красить *impf* покрасить *perf vt* pintar, teñir, colorear
краситься *impf* накраситься (3)/покраситься (1,2) *perf* 1) *(пачкать собой)* manchar *стены ещё красятся* las paredes aún manchan 2) *(пропитываться краской)* teñirse 3) *(лицо, губы и т.д.)* pintarse, arreglarse
краска *f* pintura, tinte
краснеть *impf* покраснеть *perf vi* enrojecer, sonrojarse
красноармеец *m hist* soldado del Ejército Rojo
красноармейский *adj hist* del Ejército Rojo
краснобай *m coloq* parlanchín, hablador
красногвардеец *m hist* guardia rojo
красногвардейский *adj hist* de la guardia roja
краснодеревец *m* V. краснодеревщик
краснодеревщик *m* ebanista
краснознамённый *adj hist* condecorado con la Orden de la Bandera Roja
краснокож|ий 1. *adj* 1) de piel roja 2) *(об индейцах)* de (los) pieles rojas **2. -ие** *pl (индейцы)* pieles rojas
краснолицый *adj* de cara roja, de piel colorada
красноречивый *adj* elocuente
красноречие *n* elocuencia, oratoria
краснота *f* 1) rojez 2) *(пятна на коже)* rubor, rubicundez
краснощёкий *adj* de mejillas rojas (coloradas)
краснуха *f med* rubéola
красный *adj* 1) rojo, colorado 2) *obsol* V. красивый 3) *(большевицкий)* rojo 4) *(коммунистический)* rojo
красоваться *impf* покрасоваться *impf* 1) resplandecer, brillar 2) *(выставлять себя напоказ)* pavonearse
красота *f* belleza, hermosura
красотка *f coloq* guapa, maja
красочность *f* carácter pintoresco
красочный *adj* 1) de pintura(s) 2) *(яркий)* vivo, pintoresco
красть *impf* украсть *impf vt* robar, hurtar
красться *impf* acercarse furtivamente, infiltrarse
крат *inv* : во сто ~ cien veces
кратер *m* cráter
кратерный *adj* de(l) cráter
краткий *adj* breve, corto
кратковременность *f* corta duración
кратковременный *adj* de corta duración, breve, efímero

краткосрочный *adj* de corto plazo
краткость *f* brevedad
кратность *f* multiplicidad
кратный *adj mat* múltiple
крах *m* 1) crac, quiebra, bancarrota 2) *(провал)* fracaso
крахмал *m* almidón
крахмалистый *adj* amiláceo, feculento
крахмалить *impf* накрахмалить *perf vt* almidonar
крахмальный *adj* de almidón, amiláceo
крашение *n* tintura, tinte
крашеный *adj* pintado, teñido
краюшка *f dimin. de* краюха
краюха *f coloq* zoquete, mendrugo
креатура *f elev* criatura (cosa o ser creado), producto
креветка *f* gamba, langostino
кредит *m econ* haber, crédito
кредит *m* crédito *в* ~ a crédito
кредитный *adj* de crédito, crediticio
кредитовать *biasp vt* conceder un crédito
кредитовый *adj econ* del haber, de crédito
кредитор *m* acreedor
кредиторский *adj* de acreedor(es)
кредитоспособность *f econ* capacidad de endeudamiento, solvencia
кредитоспособный *adj econ* capaz de endeudarse, solvente
кредо *n inv elev* credo
крейсер *m* crucero
крейсерский *adj* de crucero
крекер *m* galleta cracker, cracker
крекинг *m tecn* craqueo, desintegración
крем *m* crema *заварной* ~ crema cocida; ~ *для загара* crema bronceadora
крематорий *m* crematorio
кремация *f* incineración
кремень *m* sílex, sílice, pedernal
кремировать *biasp vt* incinerar, cremar
кремлёвский *adj* del Kremlin
кремль *m* kremlin, fortaleza
кремнёвый *adj* de sílex, de sílice, de pedernal
кремниевый *adj quím* de sílice, silícico
кремний *m* silíce
кремнистый[1] *adj (каменистый)* pedregoso, pedrizo
кремнистый[2] *adj (состоящий из кремнезёма)* silíceo, de sílex
кремовый *adj* 1) de crema 2) *(о цвете)* crema, (de) color crema
крен *m* 1) *aero nav* bandazo, inclinación *дать* ~ dar un bandazo 2) *(изменение в убеждениях, мнениях)* viraje, bandazo
крендель *m* bollo (con forma de ocho)
кренить *impf* накренить *perf vt* inclinar (hacia un lado)
крениться *impf* накрениться *perf* inclinarse, escorarse
креозот *m quím* creosota
креол, -ка *m/f* crioll|o, -a
креольский *adj* criollo
крепёж *m tecn* entibado, entibación
крепёжный *adj* de entibado, de entibación
крепить *impf vt* 1) *(скреплять)* consolidar, reafirmar 2) *(делать прочным,сильным)* consolidar, fortalecer 3) *(вызывать запор)* estreñir
крепи|ться *impf* mantenerse fuerte, no decaer *~сь!* ¡ánimo!, ¡valor!, ¡sé fuerte!
крепкий *adj* 1) fuerte 2) *(о напитках)* de alta graduación, fuerte
крепко *adv* fuerte, fuertemente
крепление *n* 1) fijación 2) *tecn* encofrado 3) *nav* amarre, aferravelas 4) *min* entibado
креплёный *adj* fuerte (dicho de una bebida), de alta graduación
крепнуть *impf* окрепнуть *perf vi* fortalecerse, reforzarse, recobrar fuerzas
крепостник *m hist* esclavista, enemigo de la liberación de los siervos
крепостнический *adj hist* de la servidumbre
крепостничество *n hist* servidumbre
крепостн|ой[1] **1.** *adj hist* de la servidumbre *~ое право* régimen de servidumbre **2.** *m hist* siervo (de la gleba)
крепостной[2] *adj (относящийся к крепости)* de fortaleza
крепость[1] *f (укреплённое место)* fortaleza
крепость[2] *f* 1) *(прочность)* solidez, resistencia 2) *(сила)* fuerza, vigor 3) *(насыщенность)* fuerza, graduación
крепча|ть *impf* покрепчать *perf vi* intensificarse, hacerse más fuerte, arreciar *ветер ~ет* el viento arrecia
крепыш *m coloq* fortachón, forzudo
крепь *f min* entibado, entibación
кресло *n* sillón, butaca *~-качалка* mecedora
кресс *m bot* berro
крест *m* cruz ◆ **ставить ~ на ком/чём-л** hacer la cruz a alg. o a u.c.
крестец[1] *m anat* sacro, hueso sacro
крестец[2] *m reg (копна)* gavilla, haz en cruz
крестик *m dimin. de* крест
крестины (*gen* крестин) *fpl relig* bautizo
крестить *biasp vt* bautizar
креститься[1] *biasp (подвергаться обряду)* bautizarse
креститься[2] *impf* перекреститься *perf (осенять себя крестом)* santiguarse, persignarse
крестни|к, -ца *m/f* ahijad|o, -a
крестн|ый *adj relig* de la cruz *~ое знамение* signo de la cruz; *~ый ход* procesión
крестовина *f* 1) *(из досок)* aspa, cruz 2) *ferroc* cruce
крестовый *adj* 1) de la cruz 2) *(крестообразный)* en forma de cruz ◆ ~ **поход** *hist* cruzada
крестоносец *m hist* cruzado
крестообразный *adj* cruciforme, en forma de cruz
крестьян|ин (*pl* –е) *m* campesino
крестьянка *f* campesina
крестьянский *adj* campesino, de campesinos
крестьянство *n* campesinado
кретин *m* 1) *med* cretino 2) *insult* cretino
кретинизм *m* 1) *med* cretinismo 2) *(идиотизм)* cretinismo
крещёный *adj* bautizado
крещендо *adv mús* crescendo
крещение *n relig* bautismo
крещенский *adj relig* de epifanía
крещёный *adj* bautizado
крёстная *f* madrina
крёстн|ый **1.** *adj* de baptismo *~ый отец* padrino; *~ая мать* madrina **2.** *m* padrino

кривая *f* curva, línea
кривда *f obsol* falacia, iniquidad
кривизна *f* curvatura
кривить *impf* покривить/скривить *perf vt* torcer, encorvar ~ *рот* torcer la boca ◆ ~ **душой** tener dos caras, ser hipócrita
кривиться *impf* покривиться/скривиться *perf* 1) curvarse, inclinarse, torcerse 2) *(делать гримасу)* hacer muecas
кривлянье *n coloq* muecas, gestos, melindres
кривляться *impf coloq* melindrear, hacer gestos, hacer remilgos
кривой *adj* 1) torcido, curvo 2) *(одноглазый)* tuerto
кривотолк|и (*gen* –ов) *mpl coloq* chismes, cuentos, cotilleos
криз *m med* crisis
кризис *m* crisis
кризисный *adj* de (la) crisis
крик *m* grito, griterío
крикливый *adj* 1) *(о человеке)* chillón, gritón, voceador 2) *(голос)* chillón 3) *(чрезмерно яркий)* chillón, llamativo
крикнуть V. кричать
крикун, -ья *m/f* chill|ón, -ona
криль *m* krill
криминал *m coloq* delito, crimen
криминалист *m* criminalista
криминалистика *f jur* criminalística
криминалистический *adj jur* de criminalística
криминальный *adj* criminal
криминолог *m* criminólogo
криминология *f* criminología
кринолин *m obsol* crinolina, miriñaque
криптография *f* criptografía
криптон *m quím* kriptón, criptón
кристалл *m* cristal
кристаллизация *f* cristalización
кристаллизовать *biasp vi* cristalizar
кристаллизоваться *biasp* cristalizar, cristalizarse
кристаллик *m dimin. de* кристалл
кристаллический *adj* cristalino, de cristal
кристаллографический *adj* cristalográfico
кристаллография *f* cristalografía
кристальный *adj* cristalino
критерий *m* criterio
критик *m* crítico
критика *f* crítica
критикан *m* criticón, criticastro
критиковать *biasp vt* criticar
критицизм *m filos* criticismo
критический *adj* crítico, crucial
критично *adv* críticamente
критичность *f* carácter crítico, lo crítico
критичный *adj* crítico
кричать *perf* крикнуть *impf vi* gritar, chillar ~ *на кого-л.* gritar a alg
кричащий *adj* chillón, llamativo
кров *m* techo, tejado, abrigo
кровавый *adj* sangriento
кроватка *f dimin. de* кровать
кровать *f* cama *двуспальная* ~ cama de matrimonio
кровельный *adj* de techo, de techumbre
кровельщик *m* techador
кровеносный *adj anat* sanguíneo
кровля *f* techumbre, techo, cubierta
кровн|ый *adj* 1) *(о родстве)* carnal, de sangre, consanguíneo 2) *(насущный)* vital 3) *(чистокровный - о животных)* de pura sangre ◆ **~ая месть** venganza de sangre
кровожадность *f* fiereza
кровожадный *adj* sanguinario, feroz
кровоизлияние *n med* hemorragia interna
кровообращение *n* circulación sanguínea
кровопийца *m/f* chupasangre, sanguijuela
кровоподтёк *m* hematoma, cardenal
кровопролитие *n* derramamiento de sangre
кровопролитный *adj* sangriento, cruento
кровопускание *n med* sangría
кровосмесительный *adj* incestuoso
кровосмешение *n* incesto
кровосос *m* chupasangre, sanguijuela
кровотечение *n* hemorragia
кровоточивость *f med* hemofilia
кровоточить *impf vi* sangrar
кровохарканье *n med* esputo hemoptoico (hemorrágico)
кровь *f* sangre
кровянистый *adj* sangriento, sanguinolento
кровяной *adj* sanguíneo
кроить *impf* выкроить/скроить *perf vt* cortar (tela, piel)
кройка *f* corte (de tela, de piel)
крокет *m sport* cróquet
крокодил *m* cocodrilo
крокодиловый *adj* de cocodrilo
крокус *m* croco, azafrán
кролик *m* conejo
кроличий *adj* de conejo
кроль *m sport* crol, crawl
кроманьонец *m* hombre de cromañón
кроманьонский *adj* de cromañón
кроме *prep* (**кого/чего-л**) excepto (alg o u/c), salvo (alg o u/c) ~ *того* aparte de eso, además
кромешный *adj* : ад ~ infierno, tortura
кромка *f* borde, margen, orilla
кромсать *impf* искромсать *perf vt coloq* tijeretear, despedazar, tronchar
крона[1] *f (дерева)* copa (de árbol)
крона[2] *f (денежная единица)* corona (moneda)
кронштейн *m* 1) *arquit* cartela 2) *tecn* soporte
кропотливый *adj* meticuloso
кропотливость *f* meticulosidad
кросс *m sport* cross
кроссворд *m* crucigrama
кроссов|ки (*sing* –ок) *fpl* zapatillas deportivas
крот *m* topo
кроткий *adj* manso, dócil
кротость *f* mansedumbre, docilidad
кроха[1] *f (частица)* migaja, pizca
кроха[2] *m/f coloq* criatura, niño
крохотный *adj coloq* minúsculo, diminuto
крошево *n vulg* picadillo, batiburrillo
крошечный *adj coloq* diminuto
крошить *perf* раскрошить *impf vt* desmenuzar, desmigajar
крошиться *impf* искрошиться/раскрошиться *perf* desmenuzarse, desmigajarse
крошка *f* miga, migaja
круг *m* 1) círculo, vuelta *спасательный* ~ salvavidas *делать* ~ dar una vuelta 2) *sport* vuelta
кругленький *adj* 1) *coloq* redondito, redondete 2) *coloq (толстенький)* regordete, regordillo

круглеть *impf* округлеть/покруглеть *perf vi coloq* redondearse, engordar
круглолицый *adj* de cara redonda, carirredondo
круглосуточный *adj* de todo el día, de veinticuatro horas
круглый *adj* 1) redondo, circular 2) *(полный)* completo 3) *(весь)* todo, entero
круговерть *f coloq* V. круговорот
круговой *adj* circular
круговорот *f* 1) rotación 2) *(событий и т.д.)* torbellino, vorágine
кругозор *m* horizonte, visión
кругом *adv* 1) en redondo *повернуться ~* girar en redondo 2) *(вокруг)* alrededor *~ всё тихо* alrededor todo está tranquilo 3) *coloq (полностью)* completamente, enteramente *он ~ виноват* es enteramente culpable
кругооборот *m* circulación
кругообразный *adj* circular
кругосветка *f coloq (кругосветное путешествие)* vuelta al mundo
кругосветн|ый *adj* alrededor del mundo *~ое путешествие* vuelta al mundo
кружева V. кружево
кружевница *f* encajera
кружевной *adj* de encaje, de puntilla(s)
кружево *n* encaje
кружение *n* vueltas, giros
кружить *impf* **1.** *vt* hacer girar **2.** *vi* girar, dar vueltas
кружиться *impf* girar, dar vueltas
кружка *f* jarra
кружковый *adj* de círculo, de grupo
кружок *m* 1) círculo, redondel 2) *(группа людей)* grupo, círculo
круиз *m* crucero (en barco)
круп[1] *m (лошади)* grupa
круп[2] *m med* crup, difteria
крупа *f (зерно)* grano
крупинка *f* grano
крупица *f* pizca, gota, migaja
крупнеть *impf* покрупнеть *perf vi* hacerse (volverse) más grande
крупнокалиберный *adj* de grueso calibre
крупномасштабный *adj* a gran escala, de grandes dimensiones
крупный *adj* 1) grande, grueso, voluminoso 2) *(важный)* grande, importante
крупозный *adj med* de crup, diftérico
крупье *m inv jueg* croupier
крутануть *perf vt vulg* girar, torcer
крутизна *f* pendiente, escarpa, desnivel
крутильный *adj* de girar, giratorio
крутить *impf* закрутить *perf* **1.** *vt* 1) *(перемещать по кругу)* girar 2) *(переворачивать)* retorcer, enrollar **2.** *vi* 1) *coloq (быть неискренним)* andarse con rodeos 2) (**кем-л**) *coloq (манипулировать кем-то)* hacer lo que uno quiere (con alg), manejar como uno quiere (a alg) ◆ ~ **любовь, роман (с кем-л)** *coloq* tener un lío (con alg)
крути|ться *impf* 1) girar, dar vueltas, torcerse 2) *(хлопотать)* andar ajetreado, preocuparse ◆ **как ни ~сь** *coloq* hagas lo que hagas **~ться как белка в колесе** dar más vueltas que una noria, andar ajetreado
крутой *adj* 1) *(обрывистый)* abrupto, escarpado 2) *(лишённый плавности)* brusco, inesperado, súbito 3) *(строгий)* duro, severo 4) *coloq (очень хороший)* guay
круча *f* pendiente, declive, escarpa
кручение *n* 1) *(вращение)* giro 2) *(скручивание)* torsión, retorcimiento
кручёный *adj* torcido
кручина *f pop.-poét* aflicción, pena
крушение *n* catástrofe, accidente
крушина *f* aladierna, cambrón, cambronera
крушить *impf vt elev* destruir, romper, aniquiliar
крыжовник *m* grosella espinosa
крылат|ый *adj* alado ◆ **~ое выражение** aforismo
крылечко *n dimin. de* крыльцо
крыло (*pl* крылья) *n* 1) ala 2) *auto* guardabarros, parachoques
крылышко *n dimin. de* крыло
крыльцо *n* porche, soportal
крынка *f* vasija (de barro), orza, olla
крыса *f* rata
крысёнок *m* cría de rata, ratoncillo
крысиный *adj* de rata(s)
крысоловка *f* ratonera
крытый *adj* cubierto, cerrado
кры|ть *impf* покрыть *perf vt* 1) *(крышей и т.д.)* cubrir, techar 2) *(материей, кожей)* cubrir, forrar 3) *cart* matar 4) *vulg (ругать)* reprender, criticar, maldecir ◆ **шито-~то** ni visto ni oído
крыться *impf* ocultarse, esconderse
крыша *f* tejado, cubierta ◆ ~ **поехала у кого-л.** *coloq* no está bien de la cabeza
крышка *f* tapa, tapadera
крюк *m* gancho
крючкотвор *m* trapacero (referido a un burócrata)
крючок *m* 1) gancho 2) *(рыболовный)* anzuelo 3) *(чтобы застегнуть)* corchete
кряду *adv* seguido, ininterrumpidamente
кряж *m* 1) *(горный)* cadena de montañas bajas 2) *(обрубок бревна)* tajo, tajuelo
кряжистый *adj* 1) *(о дереве)* achaparrado, chaparro 2) *(коренастый)* recio, fornido
крякать *impf* крякнуть *perf vi* graznar (dicho de un pato)
крякнуть V. крякать
кряхтеть *impf vi coloq* gemir (de dolor o por un esfuerzo)
ксенон *m quím* xenón
ксенофоб *m* xenófobo
ксенофобский *adj* xenófobo
ксенофобия *f* xenofobia
ксерокопировать *perf* отксерокопиовать *impf vt* fotocopiar
ксерокопия *f* fotocopia, xerocopia
ксерокс *m* 1) *(аппарат)* fotocopiadora 2) *(копия)* fotocopia
ксёндз *m relig* sacerdote católico (en Polonia)
ксилофон *m mús* xilófono
кстати **1.** *partíc* a propósito, por cierto **2.** *adv* a tiempo, en el momento oportuno
кто **1.** *pron interr-y-rel* quién *~ это?* ¿quién es éste?; *~ идёт?* ¿quién va? **2.** *pron rel* quien, el que *не было никого, ~ бы ему сказал* no había nadie que se lo pudiera decir ◆ ~ **знает** quién sabe ~ **в лес, ~ по дрова** cada uno a lo suyo

кто-либо *pron indef* alguien
кто-нибудь *pron indef* alguien
кто-то *pron indef* alguien
куб *m mat* cubo
кубанец *m* cosaco de Kubán
кубанка *f* 1) cosaca de Kubán 2) kubanka (gorro de piel de borrego o cuero)
кубанский *adj* de Kubán
кубарем *adv* rodando
кубизм *m arte* cubismo
кубик *m* 1) *dimin. de* куб 2) *(игрушка)* cubo 3) *coloq (мера объёма)* metro cúbico
кубин|ец, -ка *m/f* cuban|o, -a
кубинский *adj* cubano
кубист *m arte* cubista
кубистский *adj arte* cubista
кубический *adj* cúbico
кубковый *adj sport* de copa, copero
кубок *m* 1) copa 2) *sport* copa
кубометр *m* metro cúbico
кубрик *m* 1) *nav (помещение для команды)* compartimento (camarote) de la tripulación 2) *nav (нижняя палуба)* cubierta inferior
кубышка *f* 1) *(копилка)* hucha, alcancía 2) *coloq (толстушка)* gordinflona
кувалда *f* almádena, marra
кувшин *m* jarra, jarro
кувшинка *f* nenúfar
кувыркаться *impf* dar vueltas, dar volteretas
кувырком *adv coloq* dando vueltas, dando volteretas
куда **1.** *adv interrog* 1) adónde, hacia dónde ~ *ты идёшь?* ¿adónde vas? 2) *coloq* para qué ~ *тебе столько вещей?* ¿para qué necesitas tantas cosas? **2.** *adv rel* adonde, hacia donde **3.** *partíc* mucho más *здесь готовят* ~ *лучше* aquí cocinan mucho mejor
куда-либо *adv* a alguna parte, a algún sitio
куда-нибудь *adv* a alguna parte, a algún sitio
куда-то *adv* a alguna parte, a algún sitio
кудахтать *impf vi* cloquear, cacarear
кудесник *m obsol poét* mago, hechicero, brujo
кудр|и *gen* -ей *fpl* rizos
кудрявый *adj* rizado
кудряшк|и (*sing* кудряшка) *fpl coloq* rizos
кузен *m obsol* primo
кузина *f obsol* prima
кузнец *m* herrero
кузнецкий *adj* de herrero, de forjador
кузнечик *m* saltamontes
кузнечный *adj* de herrería, de forja, de fragua
кузница *f* herrería, forja, fragua
кузов *m* carrocería
кузовной *adj tecn* de la caja, de la carrocería
кузькин *adj vulg* : показать ~у мать enseñar lo que es bueno, enseñar lo que vale un peine
кукарекать *impf vi coloq* cantar (dicho del gallo)
кукареку *onomat* quiqiriquí
кукиш *m coloq* higa *показать* ~ hacer la higa, hacer un corte de mangas
кукла *f* muñeca, muñeco
кукловод *m* titiritero, marionetista
куковать *impf* прокуковать *perf vi* cantar (el cuco), hacer cucú
куколка *f* 1) *dimin. de* кукла 2) *zool* crisálida, ninfa
кукольник *m* titiritero
кукольный *adj* de muñecas, de juguete
кукситься *impf coloq* estar de mal humor, no tener el día
ку-ку *onomat* cucú (sonido que emite el cuclillo)
кукуруза *m* maíz
кукурузный *adj* de maíz
кукушка *f* cuco (ave)
кулак[1] *m* 1) *(кисть руки)* puño 2) *mil* agrupación de choque
кулак[2] *m hist (богатый крестьянин)* kulak (campesino propietario en la URSS)
кулацкий *adj hist* de(l) kulak
кулачный *adj* de(l) puño ~ *бой* pugilato
кулачок *m* 1) *dimin. de* кулак 2) *tecn* leva, excéntrica
кулебяка *f* kulebiaka (especie de empanada rusa)
кулеш *m* kulesh (papilla líquida con tocino)
кулёк *m* bolsa, cucurucho
кули *m inv* culi, cooli
кулик *m* chorlito, becada ◆ **всяк ~ своё болото хвалит** a pajarillo le gusta su nidillo, cada buhonero alaba sus agujas
кулинар *m* gastrónomo, maestro de cocina
кулинария *f* gastronomía, cocina
кулинарный *adj* culinario, gastronómico
кулис|а *f teat* bastidor *за ~ами* entre bastidores
кулич *m* roscón de Pascua
куличк|и *fpl coloq* : у чёрта на ~ах en el quinto pino, donde Cristo dio las tres voces
кулон *m* colgante
кулуарный *adj* de pasillo(s)
кулуар|ы (*gen* –ов) *mpl* pasillos *беседы в ~ах* conversaciones en los pasillos
куль *m* saco, costal
кульман *m* mesa de dibujo
кульминационный *adj* culminante
кульминация *f* culminación
культ *m* culto
культивация *f* cultivación, cultivo
культивирование *n* cultivo
культивировать *impf vt* cultivar
культовый *adj* de culto
культура *f* cultura
культуризм *m* culturismo
культурист *m* culturista
культурный *adj* 1) cultural 2) *(образованный)* culto, educado
культя *f* muñón
кум *m* compadre
кума *f* comadre
кумач *m* tela rojo vivo (de algodón)
кумекать *impf vi vulg* pensar, cavilar, darle a la cabeza
кумир *m* ídolo
кумовство *n* 1) compadrería 2) *coloq* nepotismo, favoritismo
кумушка *f afect* comadre
кумык *m* cumuco (pueblo túrquico)
кумыкский *adj* cumuco
кумыс *m* kumís (leche fermentada de yegua o de camella)
кунак *m* amigo (en los pueblos del Cáucaso)
кунжут *m* sésamo
куний *adj* de marta, de garduña
куница *f* marta, garduña
кунсткамера *f obsol* museo de curiosidades
купальник *m* bañador (para mujer)

купальный *adj* de baño ~ *халат* albornoz
купальня *f* baños
купальщи|к, -ца *m/f* bañista
купание *n (действие)* baño
купать *impf* выкупать/искупать *perf vt* bañar
купаться *impf* выкупаться/искупаться *perf* bañarse
купе *n inv* 1) compartimiento de tren 2) *hist* cupé (berlina)
купейный *adj* de (con) compartimento
купель *f relig* pila bautismal
купец *m hist* mercader, comerciante
купеческий *adj hist* de mercader, de negociante
купечество *n hist* mercaderes, gremio de mercaderes
купить *perf* покупать *impf vt* comprar
куплет *m* cuplé
купля *f* compra ~*-продажа* compraventa
купол *m* cúpula
купон *m* cupón, talón
купонный *adj* de cupones
купорос *m* vitriolo, caparrosa *медный* ~ sulfato de cobre
купчая *f* acta de compra, compra
купчиха *f* comerciante, mercader
купюра *f* billete (de banco)
курага *f* orejón (de albaricoque)
кураж *m* coraje, aplomo
куражиться *impf* покуражиться *perf* (**над кем-л.**) *vulg* fanfarronear (con alg), guapear (con alg)
курант|ы (*gen* –ов) *mpl* carrillón, reloj de pared
куратор *m* curador
курган *m* túmulo
курганный *adj* de túmulo(s)
курд, -ка *m/f* kurd|o, -a
курдский *adj* kurdo
курев|о *n coloq* tabaco
курение *n* fumar, tabaco
курёнок *m vulg* pollo
курилка *f* sala de fumadores, habitación para fumar
курильня *f* fumadero, sala de fumar
курильщи|к, -ца *m/f* fumador, -a
куриный *adj* de gallina, de pollo
курировать *impf vt* llevar, supervisar, cuidarse (de alg o u/c)
курительный *adj* de (para) fumar
курить *impf vt* fumar
куриться *impf* humear, echar humo
курица *f* gallina, pollo
курия *f hist* curia
курносый *adj* chato
курок *m* gatillo
куролесить *impf vi vulg* juerguear, parrandear
куропатка *f* perdiz
курорт *m* complejo turístico, resort
курортник *m* turista
курортный *adj* de complejo turístico, de resort
курортология *f* balneología
курочка *f dimin. de* курица
курс[1] *m* 1) *(направление движения)* curso 2) *(цена)* cambio, curso ◆ **быть в ~е** estar al corriente
курс[2] *m (цикл процедур или учебных занятий)* curso *она учится на втором ~е* estudia en el segundo curso; ~ *лечения* tratamiento
курсант *m mil* cadete
курсив *m* cursiva ~*ом* en cursiva
курсировать *impf vi* cursar, circular, transitar
курсовой *adj* de curso
куртизанка *f hist* cortesana
куртина *f obsol* parterre (de flores)
куртка *f* chaqueta, cazadora, anorak
курточка *f dimin. de* куртка
курчавиться *impf* rizarse, ensortijarse
курчавый *adj* rizado
курчонок *m reg vulg* pollo
курьер *m* correo, mensajero
курьёз *m* caso curioso, curiosidad
курьёзный *adj* curioso, extraño, gracioso
курятина *m coloq* carne de gallina, pollo
курятник *m* gallinero
кус *m vulg* pedazo, trozo, bocado
кусать *impf* покусать *perf vt* 1) morder 2) *(о насекомых)* picar
кусаться *impf* покусаться *perf* 1) morder 2) *(о насекомых)* picar
кусачий *adj coloq* que muerde, mordedor
кусач|ки (*gen* –ек) *fpl* tenazas cortaalambres
кусок *m* trozo, pedazo, fragmento ~ *сахара* terrón (de azúcar)
кусочек *m dimin. de* кусок
куст *m* arbusto, mata, matorral
кустарник *m* arbusto
кустарниковый *adj bot* de arbusto, en forma de arbusto
кустарничать *impf vi* 1) trabajar como artesano 2) *coloq (делать неискусно)* trabajar de forma primitiva
кустарничество *n* 1) artesanía 2) *(халтура)* chapucería
кустарщина *f coloq* chapucería, chapuza
кустарь *m* artesano
кустик *m dimin* arbusto, mata
кустистый *adj* con forma de arbusto
куститься *impf (расти кустом)* apelotonarse, amontonarse
кутать *impf* закутать *perf vt* arropar, abrigar
кутаться *impf* закутаться *perf* arroparse, abrigarse, arrebujarse
кутерьма *f* barahúnda, algarabía, bullicio
кутёж *m* orgía, jolgorio
кутила *m/f coloq* juerguista, tarambana, parrander|o, -a
кутить *impf* кутнуть *perf vi* ir de juerga, parrandear
кутнуть V. кутить
кутья *f* kutiá (plato de arroz con pasas o miel que se come después de los entierros)
кухарка *f* cocinera
кухарничать *impf vi vulg* cocinar
кухня *f* cocina
кухонный *adj* de cocina
куцый *adj* 1) rabón, rabicorto 2) *(об одежде)* corto, raquítico 3) *(ограниченный)* limitado, reducido
куча *f coloq* montón
кучев|ой *adj* : ~*ые* облака cúmulos
кучер *m* cochero
кучерявый *adj* rizado, de pelo rizado
кучка *f dimin. de* куча
кучность *f* precisión (del tiro)
кучный *adj* de precisión (referido al tiro)

куш *m coloq* tajada, buen pellizco
кушак *m* faja
кушанье *n* comida, guiso
кушать *impf* покушать *perf vt coloq* comer
кушетка *f* sofá, camilla
куща *f obsol* follaje, hojarasca
кущение *n* crecimiento en forma de arbusto
кхмер *m* jemer, khmer
кхмерский *adj* jemer, khmer
кыш *onomat* sonido con el que se aleja a las aves
кювет *f* zanja, cuneta

Л

лабаз *m hist* almacén
лабильность *f* labilidad
лабильный *adj* lábil
лабиринт *m* laberinto
лаборант *m* ayudante de laboratorio
лаборантка *f* ayudante de laboratorio
лаборатория *f* laboratorio
лабораторный *adj* de laboratorio
лава *f* lava
лаванда *f* lavanda, espliego
лаваш *m* lavash (especie de pan de los pueblos del Cáucaso)
лавина *f* alud, avalancha
лавинный *adj* de avalancha
лавирование *n nav* bordada
лавировать *impf vi nav* bordear
лавка[1] *f (магазинчик)* quiosco, tienda
лавка[2] *f (скамья)* banco
лавовый *adj* de lava
лавочка *adj* banco
лавочник *m hist* tendero
лавр *m* laurel
лавра *f* monasterio
лавровишня *f* laurel cerezo, lauroceraso
лавровый *adj* de laurel
лаврский *adj relig* de laura, de monasterio
лавсан *m quím* lavsán
лавчонка *f desp* tienda
лаг[1] *m nav (морской прибор)* corredero
лаг[2] *m informát (задержка действия компьютера)* lag
лагерник *m coloq* preso de un campo de concentración
лагерный *adj* de campamento, de campo de concentración
лагерь *m* 1) campamento 2) *(концлагерь)* campo de concentración
лагуна *f* laguna
лад *m* 1) *(согласие, мир)* paz, armonía *быть в ~у* llevarse bien 2) *(способ)* modo *на свой ~* a su modo 3) *mús (строй музыкального инструмента)* modo
лада *f poét* querida
ладан *m* incienso ◆ **дышать на ~** estar en las últimas
ладанка *f* escapulario
ладить[1] *impf vi* (**с кем-л**) *(жить дружно)* llevarse bien (con alg)
ладить[2] *impf vt* 1) *coloq (мастерить)* hacer, preparar 2) *coloq (налаживать)* ajustar, arreglar 3) *coloq (настраивать)* afinar 4) *vulg (говорить одно и то же)* repetir
ладиться *impf coloq* cuajar, salir bien
ладно **1.** *adv* bien hecho **2.** *partic coloq* bien, está bien, bueno
ладный *adj* gallardo, bueno
ладонный *adj* de palma
ладонь *f* palma (de la mano)
ладош|и (*sing* –а) *fpl coloq* palmas *хлопать в ~и* dar palmadas
ладошка *f dimin-afect* palmita
ладуш|ки[1] (*gen* –ек) *fpl infant* palmas, palmitas
ладуш|ки[2] *partic coloq* V. лады
лады *partic coloq* vale, está bien
ладья *f* 1) *hist (судно)* barca (de remo y de vela) 2) *ajed (фигура)* torre
лаз *m* abertura
лазарет *m med* enfermería
лазать *impf vi* escalar, trepar
лазейка *f* 1) *(отверстие, куда можно пролезть)* abertura, agujero 2) *(уловка)* refugio, salida
лазер *m* láser
лазерный *adj* de láser, con láser
лазить *impf vi* escalar, trepar
лазоревый *adj poét* celeste
лазурит *m min* lazurita, lapislázuli
лазурный *adj* celeste
лазурь *f* azul
лазутчик *m hist* espía
лай *m* ladrido
лайка *f* 1) *(порода собак)* laika 2) *(сорт кожи)* cabritilla
лайковый *adj* de cabritilla
лайм *m* lima
лайнер *m nav aero* transatlántico, avión
лак *m* laca, barniz *~ для волос* laca para el pelo; *~ для ногтей* esmalte para uñas
лакать *impf* **вылакать** *perf vt* beber a lenguaradas
лакей *m* sirviente, lacayo
лакейский *adj* lacayo
лакействовать *impf vi desp* arrastrarse, humillarse
лакировать *biasp vt* barnizar
лакировка *f* lacado
лакмус *m quím* tornasol
лакмусовый *adj quím* de tornasol
лаковый *adj* de laca, de barniz
лакомиться *impf* **полакомиться** *perf* golosinear
лакомка *f coloq* persona golosa
лакомство *n* golosina
лакомый *adj* gustoso, sabroso *~ кусочек* el mejor bocado
лаконизм *m* laconismo
лаконичность *f* laconismo
лаконичный *adj* lacónico
лактация *f fisiol* lactancia
лакуна *f* laguna
лама *f* llama
лампа *f* lámpara
лампада *f* mariposa, lamparilla
лампас *m mil* banda del pantalón
ламповый *adj* de lámpara
лампочк|а *f* bombilla ◆ **мне до ~и** me importa un comino
лангет *m* filete
лангуста *f* langosta
ландшафт *m* paisaje

ландшафтный *adj* de paisaje
ландыш *m* muguete, convallaria
ланита *f obsol* mejilla
ланолин *m quím* lanolina
ланцет *m med* lanceta
лань *f* gamo
лапа *f* pata, garra
лапать *perf vt coloq* manosear
лапидарный *adj elev* conciso, lapidario
лапка *f dimin-afect* pata
лап|ти (*sing* –оть) *mpl* lapti (especie de alpargatas rusas)
лапочка *f (обращение)* cariño
лапта *f* laptá (antiguo juego ruso)
лапушка V. лапочка
лапчатый *adj biol* palmeado
лапш|а *f* fideos ◆ **вешать ~у на уши кому-л.** tomar el pelo a alguien
ларёк *m* quiosco, puesto
ларец *m* cofre, caja
ларёчник *m* vendedor del quiosco
ларингит *m med* laringitis
ларинголог *m med* laringólogo
ларингология *f med* laringología
ларчик *m dimin* cofre
ларь *m* arca, cofre
ласка[1] *f (проявление любви)* caricia
ласка[2] *f (животное)* comadreja
ласкательный *adj* 1) *(нежный)* cariñoso 2) *hist (льстивый)* adulador, lisonjero
ласкать *impf* приласкать *perf vt* acariciar
ласкаться *impf* приласкаться *perf* acariciarse
ласковый *adj* cariñoso, afectuoso
ласт **1.** *m anat* aleta **2.** **-ы** *mpl sport* aletas de rana
ластик *m* goma de borrar
ластиться *impf vulg* hacer caricias
ластоногие *pl zool* pinnípedos
ласточка *f* golondrina
ласточкин *adj* de golondrina
латаный *adj* remendado
латать *impf* залатать *perf vt vulg* remendar, recoser
латинизировать *biasp vt* latinizar
латинизм *m* latinismo
латинист *m* latinista
латиница *f* alfabeto latino
латиноамерикан|ец, -ка *m/f* latinoamerican|o
латиноамериканский *adj* latinoamericano
латинский *adj* latino ~ *язык* latín
латифундист *m* latifundista
латифундия *f* latifundio
латка *f vulg* remiendo
латник *m hist* coracero
латунный *adj* de latón
латунь *f* latón
латы (*gen* лат) *fpl hist* coraza, armadura
латынь *f* latín
латыш, -ка *m/f* let|ón, -ona
латышский *adj* letón
лауреат *m* ganador
лафа *f coloq* chollo, suerte
лацкан *m* solapa
лачуга *f* chabola
лаять *perf vi* ladrar
лгать *impf* солгать *perf vi* mentir
лгун, -ья *m/f* mentiros|o, -a
лебеда *f bot* atriplex
лебедин|ый *adj* de cisne ◆ **~ая песня** canto del cisne
лебедь *m* cisne
лебезить *impf vi coloq desp* adular, halagar
лебёдка[1] *f tecn (машина)* cabestrante
лебёдка[2] *f zool (самка лебедя)* cisne hembra
лев[1] *m* león
лев[2] *m astrol* Leo
левада *f* 1) *(затопляемый лес)* bosque inundado 2) *(участок с садом)* huerto
левак[1] *m pol* izquierdista
левак[2] *m coloq (незаконный заработок)* salario ilegal
левачить *impf* слевачить *perf vi coloq* ganar dinero ilegalmente
леветь *impf* полеветь *perf vi pol* volverse de izquierdas
левизна *f pol* izquierdismo
левкой *m bot* alhelí
лево *adv* a la izquierda
левобережный *adj* de la ribera izquierda
левобережье *n* ribera izquierda
левретка *f* perro lebrel
левша *m/f* zurd|o, -a
левый *adj* 1) izquierdo 2) *pol* de izquierdas, izquierdista
легав|ый *adj* sabueso ~*ая собака* perro sabueso
легализация *f* legalización
легализовать *biasp vt* legalizar
легализоваться *biasp* legalizarse
легальность *f* legalidad
легальный *adj* legal
легат *m relig* legado
легенда *f* leyenda
легендарный *adj* legendario
легион *m mil* legión
легионер *m mil* legionario
легирование *n electr* dopaje
легировать *biasp vt electr* dopar
легко *adv* 1) *(по весу)* ligeramente 2) *(без труда)* fácilmente, con facilidad
легкоатлет, -ка *m/f sport* atleta
легкоатлетический *adj sport* atlético
легковерие *n* credulidad
легковерный *adj* crédulo
легковес *m sport* deportista de peso ligero
легковесность *f* ligereza, veleidad
легковесный *adj* ligero
легковой *adj* : ~ автомобиль turismo
легковоспламеняющийся *adj* inflamable
легковушка *f coloq* automóvil, turismo
легкомысленный *adj* frívolo, superficial
легкомыслие *n* frivolidad, superficialidad
легкоплавкий *adj tecn* fusible
легчать *impf* полегчать *perf* **1.** *vi (уменьшаться в силе)* disminuir, aminorarse **2.** *v/impers* (**кому-л**) *(чувствовать себя лучше)* encontrarse mejor
легче *adj y adv comp* V. лёгкий, легко
леденеть *impf* заледенеть *perf vi* 1) *(превращаться в лёд)* helarse, congelarse 2) *(стынуть от холода)* helarse
леденец *m* caramelo, piruleta
леденить *impf* заледенить *perf vt* helar, congelar
леди *f inv* lady
ледник *m* glaciar
ледниковый *adj* glacial
ледовый *adj* de hielo, glacial

ледокол *m* rompehielos
ледокольный *adj* de rompehielos
ледоход *m* movimiento de hielos
ледяной *adj* helado, glacial
лежак *m* tumbona
лежалый *adj* estancado, viejo
лежание *n* permanencia en el estado horizontal, acción de yacer
лежанка *f* poyo
лежать *impf vi* yacer, estar echado
лежачий *adj* acostado, yacente
лежбище *n* cama
лежебока *m/f coloq* gandul, -a, holgaz|án, -ana
лежмя *adv vulg* acostado, tumbado
лезвие *n* filo, hoja, cuchilla
лезгин *f* lezguino (pueblo caucásico)
лезгинка *f* 1) *(женское к лезгин)* lezguina 2) *(танец)* lezguinka (danza de algunos pueblos caucásicos)
лезгинский *adj* lesguino
лезть *impf vi* 1) escalar, trepar 2) *(проникать)* meterse, entrar
лейборист *m pol* laborista
лейбористский *adj pol* laborista
лейка *f* regadera
лейкемия *f med* leucemia
лейкоз *m med* leucemia
лейкопластырь *m* tirita, esparadrapo
лейкоцит *m med* leucocito
лейтенант *m mil* teniente
лейтмотив *m arte* leitmotiv
лекало *m* plantilla
лекарственный *adj* medicinal
лекарство *n* medicamento
лекарь *m obsol* médico, doctor
лексика *f* léxico
лексикограф *m* lexicógrafo
лексикографический *adj* lexicográfico
лексикография *f* lexicografía
лексиколог *m* lexicólogo
лексикологический *adj* lexicológico
лексикология *f* lexicología
лексикон *m* 1) *(словарь)* diccionario 2) *(запас слов)* vocabulario
лексический *adj* léxico
лектор *m* lector
лекторий *f* sala de conferencias
лекторский *adj* de conferenciante
лекционный *adj* de conferencia(s)
лекция *f* conferencia, clase magistral
лелеять *impf vt* cuidar, mimar
лемех *m agric* reja de arado
лемма *f* lema
лемур *m* lémur
лен *m hist* feudo
ленивец *m* perezoso (animal)
лениво *adv* perezosamente, con indolencia
ленивый *adj* perezoso, vago
ленинец *m* leninista
ленинизм *m* leninismo
ленинский *adj* leninista
лениться *impf* **полениться** *perf* **(делать что-л)** tener pereza (de u/c)
леность *f elev* pereza, desgana
лента *f* 1) cinta, banda *клейкая* ~ cinta adhesiva; *изоляционная* ~ cinta aislante 2) *(фильм)* cinta, película
ленточка *f dimin* cinta, banda
ленточный *adj* de cinta
лентяй, -ка *m/f* perezos|o, -a, holgaz|án, -ana, vag|o, -a
лентяйничать *impf vi coloq* holgazanear, gandulear
ленц|а *f coloq* gandulería, indolencia *работать с ~ой* trabajar con indolencia
лень *f* pereza
леопард *m* leopardo
лепесток *m bot* pétalo
лепет *m* balbuceo
лепетать *impf* **пролепетать** *perf vt* balbucear
лепетун *m coloq* farfullador
лепёшка *f* 1) torta 2) *(круглый и плоский предмет)* pella, bola
лепить *impf* **вылепить** *perf vt* moldear, esculpir, hacer
лепиться *impf* **(к чему-л)** pegarse (a u/c), estar junto (a u/c)
лепка *f* modelado
лепнина *f constr* estuco
лепной *adj* modelado
лепт|а *f hist (монета)* lepta ◆ **вносить свою ~у** aportar su grano de arena
лес *m* bosque
леса *mpl* andamio
лесбийский *adj* lésbico, lesbiano
лесбиянка *f* lesbiana
лесбиянский *adj* V. лесбийский
лесенка *f dimin* escalerilla
лесина *f coloq* árbol cortado
лесистый *adj* boscoso
леска *f* sedal
лесник *m* guardabosques
лесничество *n* 1) *(участок леса)* distrito forestal 2) *(учреждение)* administración forestal
лесничий *m* inspector forestal
лесной *adj* de bosque, forestal ◆ ~ **орех** avellana
лесовод *m* silvicultor
лесоводство *n* silvicultura
лесок *m dimin* bosque
лесопарк *m* parque forestal
лесопарковый *adj* de parque forestal
лесоповал *m* explotación maderera
лесополоса *f* zona forestal
лесопромышленный *adj* de industria de la madera
лесоруб *m* leñador
лесосека *f* astillero
лесосплав *m* transporte de madera (por vía fluvial)
лесостепной *adj* de bosque y estepa
лесостепь *f* bosque y estepa
лесотундра *f* bosque y tundra
леспромхоз *m* empresa de economía forestal
лестница *f* escalera
лестничный *adj* de escalera
лестно *adv* halagüeñamente, con halago
лестный *adj* halagüeño
лесть *f* adulación, halago
лесхоз *m abrev* factoría maderera
лета *npl* 1) *(годы)* años 2) *(возраст)* edad
летально *adv* letalmente
летальность *f* letalidad
летальный *adj* letal
летаргический *adj* letárgico

летаргия *f* letargo
летательный *adj* volante, volador ~ *аппарат* aparato volador
летать *impf vi* volar
летающий *adj* volador
лететь *impf vi* volar
летний *adj* estival, de verano
лето *n* verano
летом *adv* en verano
летописание *n* redacción de crónicas
летописец *m* cronista
летописный *adj* de crónica
летопись *f* crónica
летосчисление *n* calendario, cronología, sistema cronológico
летун *m* volador
летуч|ий *adj* volador ◆ **~ий змей** cometa **~ая мышь** murciélago
летучка *f* 1) *coloq (краткое собрание)* reunión breve 2) *coloq (передвижной отряд)* equipo ambulante
летяга *f* ardilla voladora
лечебница *f* clínica, hospital
лечебный *adj* curativo, medicinal
лечение *n* cura, curación, tratamiento
лечить *impf* вылечить *perf vt* curar
лечиться *impf* seguir un tratamiento, curarse
лечь V. ложиться
леший *m mitol* leshi (criatura de la mitología eslava)
лещ *m* brema, plática ◆ **дать ~а** *vulg* pegar, dar un guantazo
лещина *f* avellano
лёгки|е (*sing* лёгкое) *pl* pulmones
лёгк|ий *adj* 1) *(по весу)* ligero *~ая ткань* tejido ligero; *~ий завтрак* desayuno ligero 2) *(достигаемый без труда)* fácil *~ая победа* victoria fácil; *~ая работа* trabajo fácil 3) *(малозаметный)* leve, suave *~ий ветер* viento suave 4) *(легкомысленный)* ligero, frívolo *~ие нравы* costumbres frívolas 5) *mil* ligero ◆ **~ая атлетика** *sport* atletismo **~ая промышленность** industria ligera **лёгок на помине** hablando del rey de Roma, por la puerta asoma **с ~им сердцем** tranquilamente
лёгкость *f* 1) *(по весу)* ligereza 2) *(простота)* facilidad, sencillez 3) *(подвижность)* agilidad
лёгочный *adj* pulmonar
лёд *m* hielo
лёжка *f* 1) *vulg (хранение)* conservación 2) *(лежбище)* cama
лён *m* lino
лёсс *m min* loess
лёт *m* vuelo
лётн|ый *adj* 1) *(удобный для полётов)* de vuelo *~ая погода* tiempo bueno para volar 2) *(относящийся к авиации)* de aviación *~ая школа* escuela de aviación
лётчи|к, -ца *m/f* piloto, aviador, -a
лжесвидетельство *n* falso testimonio
лжец *m* mentiroso, embustero
лживость *f* falsedad
лживый *adj* falso, mentiroso
лэптоп *m* ordenador portátil
ли 1. *partic* refuerza el carácter interrogativo de la oración *не нуждаетесь ~ вы в чём-нибудь?* ¿no necesita usted nada?; *правда ~ это?* ¿es verdad esto? **2.** *conj* si *я его спросила, придёт ~ он сегодня* le pregunté si vendría hoy
лиана *f* liana, bejuco
либерал *m* liberal
либерализм *m* liberalismo
либеральный *adj* liberal
либо *conj* o, o bien, sea ..., sea ... *~ сегодня, ~ завтра* sea hoy, sea mañana; *один ~ другой* uno u otro
либреттист *m teat* libretista
либретто *m teat* libreto
ливан|ец, -ка *m/f* liban|és, -esa
ливанский *adj* libanés
ливень *m* chaparrón, chubasco
ливер *m* vísceras (utilizadas en la preparación de comida)
ливневый *adj* de chubasco, de chaparrón
ливрея *f* librea
лига *f* 1) liga 2) *sport* liga
лигатура *f* ligadura
лидер *m* líder
лидерский *adj* de líder
лидировать *impf vt* liderar
лизать *impf* лизнуть *perf vt* lamer
лизнуть V. лизать
лизоблюд *m desp* adulador, halagador, zalamero
лик *m* 1) *elev* faz, cara 2) *elev (внешний вид)* aspecto 3) *obsol (множество)* multitud *причислить к ~у святых relig* canonizar
ликбез *m abrev hist* liquidación del analfabetismo
ликвидатор *m* liquidador
ликвидационный *adj* de liquidación, liquidador
ликвидация *f* liquidación
ликвидировать *biasp vt* liquidar
ликёр *m* licor
ликование *n* regocijo, júbilo
ликовать *biasp vi* regocijarse, exultar
ликующий *adj* jubiloso, exultante
лилейн|ый *adj* 1) *bot* liliáceo 2) *elev (нежный, белый)* níveo, alabastrino
лилипут *m* liliputiense
лилипутский *adj* liliputiense
лилия *f* lirio, azucena
лиловый *adj* lila
лиман *m* limán
лимит *m* límite
лимитировать *biasp vt* limitar
лимитный *adj* limitado
лимитчи|к, -ка *m/f hist desp* persona con permiso de trabajo en otra ciudad
лимон *m* limón
лимонад *m* 1) *(напиток из лимонного сока)* limonada 2) *(газированный напиток)* gaseosa
лимонн|ый *adj* de limón *~ое дерево* limonero
лимузин *m* limusina
лимфа *f anat* linfa
лимфатический *adj anat* linfático
лимфоидный *adj anat* de linfa
лингвист *m* lingüista
лингвистика *f* lingüística
лингвистический *adj* lingüístico
линейка *f* regla
линейный *adj* lineal
линз|а *f* lente *контактные ~ы* lentes de contacto
линия *f* línea

линкор *m mil* acorazado
линовать *impf* налиновать *perf vt* linear
линолеум *m* linóleo
линотип *m tipogr* linotipia
линчевать *biasp vt* linchar
линь[1] *m (рыба)* tenca
линь[2] *m nav (трос)* jarcia, cuerda
линька *f* muda (cambio de piel)
линючий *adj* que destiñe
линялый *adj* desteñido
линять[1] *impf* полинять *perf vi* 1) *(о ткани)* desteñir 2) *(о животных)* mudar (de piel)
линять[2] *impf* слинять *perf vi coloq (убегать)* huir, escapar
липа *f* tila
липк|а *f dimin-afect* tilo ◆ **ободрать как ~у** *coloq* robarle todo a alg.
липкий *adj* pegajoso, autoadhesivo
липн|уть *impf vi* 1) **(к кому/чему-л)** pegarse (a alg o u/c) *тесто ~ет к рукам* la masa se pega a las manos 2) **(к кому-л)** *coloq (навязчиво приставать)* pegarse (a alg)
липовый[1] *adj (из липы)* de tilo
липовый[2] *adj coloq (поддельный)* falso
липучка *f coloq* tela adhesiva
лира[1] *f (музыкальный инструмент)* lira
лира[2] *f (валюта)* lira
лиризм *m* lirismo
лирик *m* lírico
лирика *f* lírica
лирический *adj* lírico
лиричный *adj* V. лирический
лис *m* zorro
лиса *f* zorro, zorra
лисёнок *m dimin* cachorro de zorro
лисий *adj* de zorro
лисица *f* zorra
лисичка[1] *f dimin-afect* zorra
лисичка[2] *f (гриб)* rebozuelo
лист[1] *pl* -ья *m (дерева)* hoja (de una planta)
лист[2] *m* 1) *(бумаги)* hoja (de papel) 2) *(из металла)* plancha
листаж *m tipogr* número de pliegos de la imprenta
листать *impf vt* hojear
листва *f* follaje
лиственница *f* alerce
лиственничный *adj* de alerce
лиственный *adj bot* foliáceo
листик *m dimin-afect* hojita
листовка *f* octavilla
листовой *adj* en hojas, en láminas
листок *m* 1) *dimin (небольшой лист)* hojita 2) *(бланк)* impreso, hoja
листопад *m* deshoje
литавры (*gen* литавр) *fpl mús* timbales
литейный *adj* de fundición
литейщик *m* fundidor
литер *m coloq* billete gratuito (de ferrocarril)
литера *f* 1) *obsol (буква)* letra 2) *tipogr (изображение печатного знака)* carácter
литератор *m* literato
литература *f* literatura
литературность *f* carácter literario
литературный *adj* literario
литературовед *m/f* especialista en literatura, crítico literario
литературоведение *n* estudios literarios, crítica literaria
литературоведческий *adj* de estudios literarios
литерный *adj* de carácter, de letra
литов|ец, -ка *m/f* lituan|o, -a
литовский *adj* lituano
литограф *m* litógrafo
литография *f* litografía
литой *adj* fundido
литр *m* litro
литраж *m* cilindrada
литровка *f coloq* botella de un litro
литровый *adj* de un litro
литургический *adj relig* litúrgico
литургия *f relig* liturgia
лить *impf* **1.** *vt* 1) verter, derramar, echar 2) *(железо)* fundir, colar **2.** *vi (о дожде)* llover
литьё *n* 1) *(процесс отливки)* fundición 2) *(литые металлические вещи)* piezas de fundición
литься *impf* 1) *(течь струёй)* fluir, correr *вода льётся* el agua fluye 2) *(о звуках)* difundirse
лиф *m* corpiño
лифт *m* ascensor
лифтёр *m* ascensorista
лифтовый *adj* de ascensor
лифчик *m* sujetador, sostén
лихач *m* 1) *hist (извозчик)* cochero 2) *coloq (удалой водитель)* conductor temerario
лихв|а *f obsol* beneficio ◆ **с ~ой** *coloq* con creces, en cuanto
лихо[1] *n (зло)* mal
лихо[2] *adv (споро)* valientemente, osadamente
лиходей *m obsol* malhechor, maleante
лихой *adj* 1) intrépido, osado 2) *obsol (дурной)* malo, ruin
лихолетье *n elev* época de disturbios
лихорадит|ь *impf* **1.** *vi* tener fiebre *больной ~* el enfermo tiene fiebre **2.** *v/impers* 1) tener fiebre *больного ~* el enfermo tiene fiebre 2) *(приводить в беспорядочное состояние)* ajetrear, excitar
лихорадка *f* fiebre
лихорадочный *adj* febril
лихость *f* gallardía, bizarría
лицевать *perf* перелицевать *impf vt* dar la vuelta (a la tela para reparar una prenda de vestir)
лицевой *adj* facial
лицедей *m* 1) *hist* actor, comediante 2) *(притворщик)* hipócrita, farsante
лицедейство *n* 1) *hist (представление)* representación 2) *(притворство)* hipocresía, fingimiento
лицезрение *n elev* contemplación
лицезреть *impf* улицезреть *perf vt elev* contemplar
лицеист *m acad* alumno de un liceo
лицей *m acad* liceo (centro de enseñanza secundaria)
лицейский *adj acad* del liceo
лицемер *m* hipócrita
лицемерие *n* hipocresía
лицемерить *impf vi* fingir
лицемерка *f* hipócrita
лицемерный *adj* hipócrita
лицензионный *adj* de licencia, con licencia
лицензия *f* licencia

лицо *n* 1) cara, rostro 2) *(личность)* persona *юридическое* ~ persona jurídica 3) *ling* persona
личико *n dimin-afect* carita
личина *f* 1) *hist (маска)* máscara 2) *fig (лицемерное поведение)* conducta hipócrita, imagen
личинка *f* larva
личиночный *adj biol* larvario, de larva
лично *adv* personalmente, en persona
личность *f* persona, individuo, personalidad
личный *adj* personal
лишай *m* 1) *(лихен)* liquen 2) *(лищайник)* tiña
лишайниковый *adj bot* de liquen
лишать V. лишить
лишаться V. лишиться
лиш|ек *m coloq* pico *пять с ~ком* cinco y pico
лишение *n* 1) *(действие)* privación ~ *свободы* privación de libertad 2) *(нищета)* pobreza, privaciones
лишённый *adj* **(кого/чего-л)** falto (de alg o u/c)
лишить *perf* лишаться *impf vt* **(кого/чего-л)** privar (de alg o u/c), desproveer (de alg o u/c) ~ *свободы* privar de libertad
лишиться *perf* лишаться *impf* **(кого/чего-л)** privarse (de alg o u/c), perder ~ *денег* perder el dinero
лишний *adj* superfluo, sobrante
лишь *adv* sólo, tan sólo, solamente ~ *в том случае, если* siempre que ◆ ~ **только** apenas, en cuanto ~ **бы** con tal de, sólo para
лоб *m* frente
лобастый *adj* frentudo
лобби *n inv* lobby
лоббист *m* lobbista
лоббистский *adj* de lobby
лобзание *n elev* ósculo, beso
лобзать *impf vt elev obsol* besar
лобзик *m* segueta, sierra de marquetería
лобный *adj* frontal
лобовой *adj* frontal
лобок *m anat* pubis
лоботряс *m vulg* holgazán, gandul
лобызать *impf vt obsol* besar
лов *m* 1) *(охота)* caza 2) *obsol (улов)* pesca
ловелас *m* mujeriego, seductor
лов|ец *m (охотник)* cazador, *(рыбак)* pescador ◆ **на ~ца и зверь бежит** el que la sigue la consigue
ловить *impf* поймать *perf vt* atrapar, coger, cazar, pillar ~ *рыбу* pescar
ловкач *m* pillo
ловкий *adj* 1) ágil, hábil, diestro 2) *(хитроумный)* vivo
ловкость *f* agilidad, habilidad, destreza
ловля *f* caza, pesca
ловушк|а *f* trampa, encerrona *попадать в ~у* caer en la trampa
ловчий *adj* de caza
лог *m* barranco
логарифм *m mat* logaritmo
логарифмический *adj mat* logarítmico
логика *f* lógica
логистика *f* logística
логический *adj* lógico (relativo a la lógica)
логичность *f* lógica
логичный *adj* lógico (de sentido común)
логовище *n* guarida, madriguera
логопед *m* logopeda
логопедия *f* logopedia
лоджия *f arquit* logia
лодка *f* barca, bote, lancha *спасательная* ~ bote de salvamento; *подводная* ~ submarino
лодочка *f dimin* barquita
лодочник *m* barquero
лодочный *adj* de barca, de lancha
лодыжка *f* tobillo
лодырничать *impf vi coloq* holgazanear, zanganear
лодырь *m coloq* vago
ложа *f* palco
ложбина *f* quebrada, barranco
ложбинка *adj* 1) *dimin (узкий овраг)* quebrada 2) *(небольшое углубление)* hoyo, concavidad
ложе *n* 1) *obsol (постель)* lecho *смертное* ~ lecho de muerte 2) *(русло)* cauce, lecho 3) *mil (часть ружья)* caja
ложечка *f dimin* cucharilla
ложиться *impf* лечь *perf* tumbarse, echarse ~ *спать* acostarse, ir a dormir
ложка *f* cuchara *столовая* ~ cuchara sopera; *чайная* ~ cucharilla
ложность *f* falsedad
ложный *adj* falso
ложь *f* mentira, falsedad
лоза *f (виноградная)* vid
лозняк *m* salceda, mimbrera
лозовый *adj* de vid, de parra
лозунг *m* consigna, lema, eslogan
локализация *f* localización
локализовать *biasp vt* localizar
локализоваться *biasp* localizarse
локальность *f* localidad
локальный *adj* local
локатор *m* radar
локаут *m* cierre patronal, lock-out
локация *f* localización
локомотив *m* locomotora
локомотивный *adj* de locomotora
локон *m* bucle, rizo
локоток *m dimin-afect* codo
локоть *m* codo
локтевой *adj* cubital, de codo
лом[1] *m* 1) barra, palanca 2) *jerg (лень)* pereza, palo
лом[2] *m (поломанный товар)* chatarra
ломака *m/f coloq* melindrer|o, -a
ломан|ый *adj* 1) *(разбитый)* roto, quebrado 2) *(исковерканный - о языке)* chapurreado ◆ **не стоит и ~ого гроша** no vale un pimiento
ломать *impf* сломать *perf vt* 1) romper, quebrar, fracturar 2) *(механизм)* estropear ◆ ~ **голову над чем-л** *coloq* romperse la cabeza con u.c.
ломаться *impf* сломать *perf* 1) *(разрушаться)* romperse, quebrarse, fracturarse 2) *(о механизме)* estropearse 3) *coloq (кривляться)* melindrear, hacer melindres
ломбард *m* casa de empeños
ломбардный *adj* de casa de empeños
ломик *m dimin* barra pequeña
ломить *impf* сломить *perf* **1.** *vt* 1) *(ломать)* romper, quebrar 2) *(входить с силой)* irrumpir, asaltar **2.** *v/impers (болеть)* doler *у меня ломит поясницу* tengo dolor de cintura

ломиться *impf* 1) *(ломаться под тяжестью)* romperse, quebrarse 2) *(идти напролом)* irrumpir, forzar
ломка *f* rotura
ломкий *adj* quebradizo
ломкость *f* fragilidad
ломов|ой *adj* carretero ~*ая лошадь* percherón
ломота *f* dolor en los huesos
ломоть *m* tajada, rebanada
ломтик *m* rebanada, loncha
лон|о *n poét* seno *на ~е природы* en el seno de la naturaleza
лопарь *m obsol* lapón
лопасть *f* paleta
лопата *f* pala
лопатить *impf vt coloq* traspalar
лопатка[1] *f* 1) *(лопата)* espátula 2) *(каменщика)* espátula, llana 3) *(лопасть)* aspa
лопатка[2] *f (кость)* omóplato
лопаточка *f dimin-afect* palita
лопать *impf* слопать *perf vt coloq* comer, zampar, embuchar
лопаться *impf* лопнуть *perf vi* reventar, estallar
лопнуть V. лопать
лопотать *impf* пролопотать *perf vt vulg* barbotear, barbullar
лопотун, -ья *m/f coloq* persona que barbotea
лопоухий *adj* orejudo
лопух *m* 1) *(растение)* lampazo, bardana 2) *coloq (дурак)* tonto, zote
лорд *m* lord
лорнет *m* impertinentes (gafas)
лосёвый *adj* V. лосиный
лосёнок *m* cachorro de alce
лосина *f* 1) *(лосиная кожа)* piel de alce 2) *(женские штаны)* leggins
лосиный *adj* de alce
лосиха *f* alce hembra
лоск *m* lustre
лоскут *m* trozo, andrajo, jirón
лоскутный *adj* de trozos
лоскуток *m dimin* trocito
лосниться *impf* brillar, relucir
лососёвый *adj* de salmón
лососина *f* salmón
лосось *m* salmón
лось *m* alce
лосьон *m* loción
лосятина *f* carne de alce
лот[1] *m nav* sonda
лот[2] *m econ (товар на аукционе)* lote
лотерейный *adj* de lotería ~ *билет* número de lotería
лотерея *f* lotería
лото *n* lotería
лоток *m* 1) *(прилавок)* tenderete 2) *(плоский сосуд)* azafate
лотос *m* loto
лох[1] *m insult (наивный, глупый человек)* papanatas, pringado
лох[2] *m (вид кустарника)* acebuche
лоханка *f* V. лохань
лохань *f* cubeta, tina
лохматить *impf* взлохматить *perf vt coloq* despeinar, despeluzar
лохматиться *impf* взлохматиться *perf coloq* despeinarse, despeluzarse
лохматый *adj* 1) *(косматый)* peludo, espeso, poblado 2) *(со спутанными волосами)* despeinado
лохмот|ья (*gen* –ев) *mpl* harapos
лохмы (*gen* лохм) *fpl* greñas
лоция *f nav* derrotero
лоцман *m* 1) *nav* piloto, práctico 2) *(рыба)* pez piloto
лоцманский *adj nav* de piloto, de práctico
лошадин|ый *adj* de caballo ◆ **~ая сила** caballo de fuerza
лошадка *f dimin-afect* caballito
лошадь *f* caballo
лошак *m* burdégano
лощёный *adj* 1) *(с блеском)* satinado 2) *coloq (франтоватый)* presumido
лощина *f* cañada, valle
лощить *impf* налощить *perf vt coloq* sacar brillo
лояльность *f* lealtad
лояльный *adj* leal
луб *m bot* floema
лубенеть *impf* залубенеть *perf vi* ponerse rígido
лубок *m* 1) *med* entablillado 2) *arte* lubok
лубочный *adj arte* de lubok
лубяной *adj* de fibra, fibroso
луг *m* prado, pradera
луговой *adj* de prado
лудить *impf* вылудить *perf vt (покрывать полудой)* estañar
лужа *f* charco
лужайка *f* pradejón, prado pequeño
лужёный *adj* estañado
лужица *f dimin* charquito
лужичан|ин (*gen* –е) *m* sorbio, sórabo
лужичанка *f* sorbia, sóraba
лужицкий *adj* sorbio, sórabo
лужок *m dimin* pradejón
луза *f* tronera
лузга *f colect* orujo
лузгать *impf vt* cascar ~ *семечки* comer pipas
лук[1] *m (оружие)* arco (arma)
лук[2] *m (растение)* cebolla
лукавить *impf* слукавить *perf vi* hacer picardías
лукавство *n* astucia
лукавый *adj* 1) *(подлый)* astuto, malicioso 2) *(добродушно-хитроватый)* pícaro, risueño
луковица *f* 1) *bot* bulbo 2) *(головка лука)* cebolla 3) *(церковный купол)* cúpula
луковичный *adj* bulboso
луковка *f dimin-afect* bulbo
луковый *adj* de cebolla
лукоморье *n obsol poét* ensenada
лукошко *n* cesto
лук-порей *m* puerro
луна *f* luna
луна-парк *m* parque de atracciones
лунатик *m* sonámbul|o, -a
лунка *f* hoyo, hueco
лунный *adj* lunar
луноход *m* módulo lunar
лунь *m* busardo
лупа *f* lupa
лупить *impf* отлупить *perf vt coloq (бить)* golpear, zumbar
лупить *impf* облупить *perf vt vulg (обдирать)* despellejar

лупиться *impf* облупиться *perf* pelarse, despellejarse
лупцевать *impf* отлупцевать *perf vt vulg* golpear, zumbar
луч *m* rayo (de luz)
лучевой *adj* 1) de rayo(s), radiológico 2) *(расходящийся радиусами)* radial
лучезарный *adj* radiante, brillante
лучина *f* astilla
лучинка V. лучина
лучистый *adj* 1) radiante, luminoso 2) *(возникающий вследствие излучения)* radiante
лучиться *impf* irradiar
лучник *m* arquero
лучше *adj y adv comp* mejor
лучший *adj comp* el mejor
лущёный *adj* 1) *(очищенный)* pelado, despellejado 2) *agric* escarificado
лущить *impf* вылущить *perf vt* 1) *(очищать от скорлупы)* pelar, despellejar 2) *agric* escarificar
лыж|и (*sing* лыжа) *fpl* esquís *беговые ~и* esquí de fondo; *кататься на ~ах* esquiar
лыжни|к, -ца *m/f* esquiador, -a
лыжный *adj* de esquí
лыжня *f* camino para esquí de fondo
лыко *n* líber ◆ **не ~м шит** sabe lo que hace
лысеть *impf* облысеть *perf vi* quedarse calvo
лысина *f* calva
лысый *adj* 1) calvo 2) *(бритый)* rapado, pelado
львёнок *m* cachorro de león
львин|ый *adj* de león ◆ **~ая доля** parte del león
львица *f* leona
льгота *f* privilegio, ventaja, exención
льготни|к, -ца *m/f* beneficiari|o, -a (de algún privilegio, exención)
льготный *adj* ventajoso, de privilegio
льдина *f* bloque de hielo
льдинка *f dimin* trocito de hielo
лье *n inv* legua
льнуть *impf* прильнуть *perf vi* 1) **(к кому/чему-л)** *(прижиматься)* apretarse (contra alg o u/c) 2) **(к кому-л)** *(стремиться быть ближе)* sentir afecto (por alg)
льняной *adj* de lino
льстец *m* adulador
льстивый *adj* adulador, halagüeño
льстить *vi* **(кому-л)** adular, halagar
любый *adj poét* querido, amado
любвеобильный *adj* lleno de amor, capaz de amar mucho
любезничать *impf vi* tratar con amabilidad
любезность *f* amabilidad, gentileza
любезный *adj* amable, gentil
любимец *m* favorito
любимица *f* favorita
любимчик *m peyor* favorito
любимый *adj* querido, favorito, preferido
любитель, -ница *m/f* aficionad|o, -a, amante
любительский *adj* aficionado **любительство** *n* diletantismo
люб|ить *impf vt* 1) amar, querer 2) *(иметь склонность, отдавать предпочтение)* gustar *я ~лю искусство* me gusta el arte
любо *adv pred* es agradable ◆ **~-дорого** es agradable
любование *n* admiración
любоваться *impf* полюбоваться *perf* **(кем/чем-л)** admirarse (de alg o u/c)
любовни|к, -ца *m/f* amante
любовный *adj* amoroso
любовь *f* amor
любознательность *f* curiosidad
любознательный *adj* curioso
люб|ой *adj* cualquier, cualquiera *~ым способом* de cualquier modo
любопытно *adv* curiosamente, con curiosidad
любопытный *adj* curioso
любопытство *n* curiosidad
любопытствовать *impf* полюбопытствовать *perf vi* interesarse, curiosear
люд *m* muchedumbre, multitud
люди (*gen* людей) *mpl* gente
людиш|ки (*gen* –ек) *pl desp* gentuza, populacho, chusma
людный *adj* poblado, concurrido
людоед, -ка *m/f* caníbal
людоедский *adj* de caníbal, de antropófago
людоедство *n* canibalismo, antropofagia
людская *f hist* cuarto de la servidumbre
людской *adj* humano, del hombre
люк *m* 1) escotilla 2) *(на улице)* alcantarilla
люкс *m* lujo
люлька *f* cuna
люмбаго *n inv med* lumbago
люмпен *m* lumpen
люстра *f* lámpara de techo, araña
лютеран|ин, -ка *m/f relig* luteran|o, -a
лютеранский *adj relig* luterano
лютеранство *n relig* luteranismo
лютик *m* ranúnculo
лютня *f mús* laúd
лютовать *impf vi vulg* cometer ferocidades
лютый *adj* 1) *(свирепый)* feroz, cruel *~ враг* enemigo feroz 2) *(причиняющий мучения)* terrible, horrible
ля *n inv mús* la
лягать *impf* лягнуть *perf vt* cocear
лягаться *impf* cocear
лягнуть V. лягать
лягушатник *m coloq (бассейн)* piscina para niños
лягушачий *adj* de rana
лягушка *f* rana
лягушонок *m* ranita
ляд *m vulg* : на кой ~? ¿para qué diablos?
ляжка *f coloq* muslo
лязг *m* rechino, chirrido
лязгать *impf* лязгнуть *perf vi* rechinar, chirriar
ля-ля *inv coloq* bla-bla-bla, habladuría
лямка *f* tirante
ляп *m coloq* falta, error
ляпать *impf* ляпнуть *perf vt* 1) *vulg* soltar, decir sin pensar 2) *vulg (делать небрежно, наспех)* hacer con negligencia
ляпис *m quím* nitrato de plata
ляпис-лазурь *m quím* lazurita, lapislázuli
ляпнуть V. ляпать
ляпсус *m elev* lapsus linguae
лясы *fpl vulg* : точить ~ rajar, charlotear

М

мавзолей *m* mausoleo
мавр *m hist* moro
мавритан|ец, -ка *m/f* mauritan|o, -a
мавританский *adj* 1) *(относящийся к Мавритании)* mauritano 2) *(относящийся к маврам)* moro, mudéjar
маг *m* mago
магазин *m* tienda ~ *обуви* zapatería; *книжный* ~ librería
магазинный *adj* de tienda, de comercio
магараджа *m* majarajá
магарыч *m vulg* gratificación, adehala
магистерский *adj acad* de maestro, de máster
магистр *m acad* maestro, máster
магистраль *f* arteria (de comunicación) *автомобильная* ~ autopista, autovía
магистральный *adj* principal, troncal, magistral
магистрат *m (городское управление)* consejo municipal
магистратура *f acad* máster
магический *adj* mágico
магия *f* magia
магма *f geol* magma
магматический *adj geol* magmático
магнат *m* magnate
магнезия *f quím* magnesia
магнетизм *m* magnetismo
магнетический *adj* magnético
магнето *n inv tecn* magneto
магниевый *adj quím* de magnesio
магний *m quím* magnesio
магнит *m* imán, magneto
магнитный *adj* magnético
магнитола *f* radiocassete
магнитоскоп *m* magnetoscopio
магнитофон *m* magnetófono
магнитофонный *adj* de magnetófono, magnetofónico
магнолия *f* magnolia
магометан|ин (*pl* –не) *m* mahometano
магометанка *f* mahometana
магометанский *adj* mahometano
магометанство *n* mahometismo, islamismo
мадам *f inv* señora, madama
мадера *f* (vino de) madeira
мадонна *f* Nuestra Señora
мадригал *m lit* madrigal
мадьяр *m* magiar, húngaro
маета *f vulg* trabajo extenuante, vía crucis
мажор[1] *m mús* mayor
мажор[2] *m (ребёнок из богатой семьи)* niño de papá
мажоритарный *adj elev* mayoritario
мажорный *adj mús* mayor
мазанка *f* choza de barro
мазать *impf* намазать(1, 3)/измазать(2) *perf vt* 1) untar 2) *coloq (испачкать)* manchar 3) *coloq (плохо рисовать)* pintarrajear
мазать[2] *impf* промазать *perf vi (промахиваться)* errar, fallar
мазаться *impf* намазаться(1)/измазаться(2,3) *perf* 1) *(намазываться)* untarse 2) *coloq (красить лицо)* pintarse, maquillarse 3) *coloq (пачкаться)* ensuciarse, emporcarse
мазила[1] *m/f vulg (грязнуля)* cochin|o, -a, puerc|o, -a
мазила[2] *m/f coloq (тот, кто совершает промахи)* fall|ón, -ona, torpe
мазкий *adj coloq* que mancha
мазня *f coloq* pintarrajo, garabato
мазок *m* 1) *arte* pincelada, toque 2) *med* ensayo
мазурик *m vulg* ratero, estafador, ladrón
мазурка *f danz* mazurca
мазут *m* mazut
мазь *f* pomada, ungüento *сапожная* ~ betún
маис *m* maíz
май *m* mayo
майдан *m reg* plaza, mercado
майка *f* camiseta (sin mangas)
майна *f* miná común
майолика *f* mayólica
майонез *m* mahonesa
майор *m mil* comandante, mayor
майорат *m jur* mayorazgo
майский *adj* de mayo
майя 1. *m/f inv* maya **2.** *adj inv* maya
мак *m* 1) amapola 2) *(семена мака)* semillas de amapola
макака *f* macaco
макар *m coloq* : каким ~ом? ¿de qué forma?
макаронина *f* macarrón
макаронический *adj* macarrónico
макаронный *adj* de macarrones, de pasta
макарон|ы (*gen* –ов) *fpl* macarrones
макать *impf* макнуть *perf vt* mojar, untar
македон|ец, -ка *m/f* macedoni|o, -a
македонский *adj* macedonio
макет *m* maqueta
макетчик *m* maquetador
макинтош *m* impermeable
макияж *m* maquillaje
маклер *m* intermediario
макнуть V. макать
маковка *f* 1) *(плод мака)* cápsula 2) *(купол церкви)* cúpula
маковый *adj* de amapola
макраме *n inv* macramé
макрель *f* caballa
макрокосм *m* macrocosmos
макроскопический *adj* macroscópico
макси *adj* maxi-
максимализм *m* maximalismo
максималист, -ка *m/f* maximalista
максималистский *adj* maximalista
максимально *adv* lo máximo
максимальный *adj* máximo
максимум *m* máximo

макулатура *f* 1) *impr* maculatura 2) *(бумага для вторичного использования)* papel para reciclar

макушка *f* 1) *(вершина)* cima, punta 2) *(дерева)* copa 3) *(головы)* coronilla

малага *f* vino de Málaga

мала|ец, -йка *m/f* malay|o, -a

малайский *adj* malayo

малахит *m* malaquita

малахитовый *adj* de malaquita

малевать *impf* **намалевать** *perf vt* pintar, embadurnar ◆ **не так страшен чёрт, как его малюют** no es tan fiero el león como lo pintan

малейш|ий *superl* el menor, el mínimo, el más mínimo *не иметь ни ~его понятия* no tener la menor idea

маленький *adj* 1) pequeño, menudo, chico 2) *(незначительный)* insignificante, exiguo 3) *(малолетний)* pequeño, menor

маленько *adv coloq* un poco

малец *m vulg* chaval, mocoso, mozalbete

малёк *m* alevín, jaramugo

малина *f* frambuesa

малинник *m* frambuesero

малиновка[1] *f (птица)* petirrojo

малиновка[2] *f (наливка)* licor de frambuesa

малиновый *adj* 1) de frambuesa 2) *(цвет)* de color frambuesa, carmesí

малица *f reg* málitsa (abrigo de piel de reno del Norte)

мало 1. *adv* 1) **(чего-л)** poco *знать ~* saber poco; *очень ~* muy poco 2) *(недостаточно)* insuficientemente **2.** *num* pocos *~ книг* pocos libros **3.** *adv pred* es poco, es insuficiente *этого ~* esto es poco ◆ *~* **того** además, todavía *~* **того, что** no basta que, como si fuera poco *~* **ли что!** ¡poco importa! **ни много ни** *~* ni más ni menos que

маловажный *adj* de poca importancia, poco importante

маловато *adv coloq* muy poco, demasiado poco

маловероятный *adj* poco probable

маловодье *n* aguas bajas

маловыгодный *adj* poco provechoso, poco ventajoso

маловыразительный *adj* poco expresivo

малогабаритный *adj* de escaso volumen

малоговорящий *adj* poco expresivo, poco convincente

малограмотный *adj* 1) poco instruido, semianalfabeto 2) *(выполненный без соблюдения нужных правил)* incorrecto, chapucero

малодушие *n* pusilanimidad, cobardía

малодушно *adv* con pusilanimidad, con cobardía

малодушный *adj* pusilánime, cobarde

мал|ое *n* poco *без ~ого* casi; *самое ~ое* por lo menos, como mínimo

малозаметный *adj* 1) poco visible, imperceptible 2) *(обыденный)* insignificante

малозаселённый *adj* poco poblado

малозначительный *adj* de poca importancia, insignificante

малоизведанный *adj* poco investigado, poco conocido

малоизвестный *adj* poco conocido

малоизученный *adj* poco estudiado

малоимущий *adj* 1) de pocos recursos económicos 2) *(бедный)* indigente, pobre

малокалиберный *adj* de pequeño calibre

малокалорийный *adj* de bajas (pocas) calorías

малокомпетентный *adj* poco competente

малокровие *n* anemia

малокровный *adj* anémico

малолетка *f coloq* menor

малолетний 1. *adj* de pocos años, menor de edad, joven **2.** *m* menor

малолетство *n* minoría de edad

малолитражка *f coloq* de poco consumo, de poca cilindrada

малолюдный *adj* 1) *(малонаселённый)* poco poblado, poco habitado 2) *(об улице, заведении и т.д.)* poco concurrido, poco frecuentado

мало-мальски *adv coloq* aunque sea un poco, por poco que sea *~ понимать* entender aunque sea un poco

маломерный *adj* de medida pequeña, de tamaño pequeño

маломощный *adj* de poca fuerza, de poca potencia

малонаселённый *adj* poco poblado, poco habitado

малоопытный *adj* poco experimentado

мало-помалу *adv coloq* poco a poco, gradualmente

малораспространённый *adj* poco difundido, poco extendido

малорослый *adj* de poca estatura, de baja estatura, bajo

малосильный *adj* de poca fuerza, débil

малосольный *adj* poco salado

малость *f* 1) pequeñez, poca cosa, insginificancia 2) *coloq (пустяк)* pequeñez, bagatela

малосущественный *adj* poco significativo, de poca importancia

малоупотребительный *adj* poco usado, poco empleado

малочисленность *f* pequeño número (de), pequeña cantidad (de)

малочисленный *adj* poco numeroso, exiguo

мал|ый[1] *adj* 1) pequeño, chico *~ый рост* pequeña estatura 2) *(недостаточный по размеру - только кр. форма)* pequeño *сапоги мне ~ы* las botas me van (están) pequeñas 3) *(малолетний)* pequeño, de poca edad, menor *дети ~ые* niños pequeños ◆ **от ~а до велика** desde el más joven al más viejo **мал ~а меньше** a cuál más pequeño, uno más pequeño que el otro *~* **золотник, да дорог** la buena esencia en los frascos pequeños se guarda

малый[2] *m coloq* muchacho, chico, mozo

малыш *m coloq* bebé, niño, chiquitín

малышка *f coloq* chiquitín, pequeñuelo

малышня *f coloq* niños, chiquillos

мальва *f* malva

мальчик *m* niño, chico, muchacho

мальчишеский *adj* de niño, de chiquillo

мальчишечий *adj coloq* de niño, de muchacho

мальчишка *m coloq* niño, chiquillo

мальчишник *m* 1) *(прощальная вечеринка перед свадьбой)* despedida de soltero 2) *(мужская вечеринка)* fiesta de chicos

мальчонка *m coloq dimin. de* мальчик

мальчуган *m coloq afect* mozalbete, niño

малюсенький *adj coloq* minúsculo, chiquitín
малютка *m/f coloq* criatura, chiquitín
малявка *f* 1) alevín (pez) 2) *coloq peyor (o человеке маленького роста)* renacuajo, chiquilicuatre 3) *coloq (ребёнок)* renacuajo
маляр *m* pintor (de brocha gorda)
малярийный *adj* palúdico, de la malaria
малярия *f med* malaria, paludismo
малярный *adj* de pintor, de blanqueador
мама *f* mamá
мамалыга *f* polenta
мамаша *f coloq* mamá, madre
мамбо *n inv mús* mambo
маменька *f obsol* mamaíta, madrecita
маменькин *adj coloq* : ~ сынок, ~а дочка niño mimado, niña mimada
мамин *adj* de la madre, de mamá
мамка *f* 1) *obsol* nodriza, aya 2) *reg (мать)* madre
мамонт *m* mamut
мамонтёнок *m* cría de mamut
мамонтовый *adj* de mamut
мамочка *f afect* mami, mamaíta, madrecita
мамуля *f afect* mami, mamaíta, madrecita
манат|ки (*gen* –ок) *fpl vulg* bártulos, enseres, trastos
мангал *m* brasero (para asar carne)
манго *n inv* mango
манговый *adj* de mango
мангуст *m* mangosta
мандарин *m* mandarina
мандариновый *adj* de mandarina
мандат *m* mandato
мандолина *f* mandolina
маневрирование *n* maniobras
маневрировать *impf vi* maniobrar
манеж *m* picadero
манежить *impf vt vulg* hacer esperar, dar plantón
манекен *m* maniquí
манекенщи|к, -ца *m/f* modelo, maniquí
манер *m* manera, modo *на свой ~* a su manera
манер|а 1. *f* manera, forma, modo *~а говорить* forma de hablar **2. -ы** *fpl* modales, maneras *у него хорошие ~ы* tiene buenas maneras
манерка *m obsol* cantimplora, petaca
манерничать *impf vi* actuar amaneradamente, ser milidroso, melindrear
манерность *f* afectación, amaneramiento
манерный *adj* afectado, amanerado
манёвр *m* 1) maniobra, estratagema, ardid 2) *mil* maniobra
манёвренность *f* maniobrabilidad, capacidad de maniobra
манёвренный *adj* de maniobra, maniobrable
манжета *f* 1) *(parte de la manga)* puño 2) *tecn* manguito
манжетка *f* estelaria, alchemilla
маниакальный *adj* maníaco, maniático
маникюр *m* manicura
маникюрный *adj* de manicura
маникюрша *f* especialista en manicura
маниловщина *f* manilovismo (beatitud de Manílov, personaje de «Las almas muertas» de Gógol)
манипулировать *impf vi* (кем/чем-л) manipular
манипулятор *m* manipulador
манипуляция *f* manipulación
манить *impf* поманить *perf vt* 1) *(звать)* llamar (con un gesto) 2) *(привлекать)* atraer, seducir
манифест *m* manifiesto
манифестант *m* manifestante
манифестация *f* manifestación
манифестировать *impf vi* manifestarse
манишка *f* pechera, cubrecuellos
мания *f* manía *~ преследования* manía persecutoria
манка *f coloq* sémola
манкировать *biasp vi* (чем-л) faltar (a u/c) *~ своими обязанностями* faltar a sus obligaciones
манн|а *f relig* maná ◆ **ждать, как ~ы небесной** esperar en candeletas, esperar con impaciencia
манн|ый *adj* de sémola *~ая крупа* sémola
мановение *n obsol* seña, señal *~м руки* con un movimiento de la mano
манок *m caza* reclamo
манометр *m tecn* manómetro
мансарда *f* buhardilla
манси 1. *m/f inv* mansi **2.** *adj inv* mansi
мантилья *f* mantilla
мантия *f* manto, capa
манто *n inv* abrigo (de mujer), tapado
манускрипт *m* manuscrito
мануфактура *f* manufactura
мануфактурный *adj* manufacturero, de manufactura
маньчжур, -ка *m* manchú, manchurian|o, -a
маньчжурский *adj* manchú, de Manchuria
манья|к, -чка *m/f* maníac|o, -a
маразм *m* marasmo
маразматик *m* carcamal
марал *m* ciervo común (de Siberia)
марать *impf* замарать *perf vt* manchar, ensuciar *~ руки* ensuciarse las manos; *~ имя* ensuciar un nombre
мараться *impf* замараться/измараться *perf* mancharse, ensuciarse
марафет *m vulg* : навести ~ maquillar, dar lustre
марафон *m* maratón
марафонец *m* corredor de maratón
марафонский *adj* maratoniano
марганец *m quím* manganeso
марганцевый *adj quím* mangánico
марганцовка *f coloq* permanganato
марганцовый V. марганцевый
маргарин *m* margarina
маргаритка *f* margarita
маргинальный *adj* marginal
марево *n* 1) *(мираж)* espejismo 2) *(дымка)* calina, niebla
маренго *adj inv* marengo
мари|ец, -йка *m/f* mari
марийский *adj* mari
марина *f arte* marina
маринад *m* marinada, escabeche
маринист *m arte* marinista
маринованный *adj* marinado, en escabeche
мариновать *impf* замариновать *perf vt* marinar, escabechar
марионетка *f* marioneta
марионеточный *adj* de marionetas, de títeres
марихуана *f* marihuana

марка[1] *f* 1) sello, timbre *почтовая марка* sello de correos 2) *(торговый знак)* marca *торговая* ~ marca registrada
марка[2] *f (денежная единица)* marco
маркер *m* marcador
маркиз *m* marqués
маркиза *m* marquesa
маркий *adj* que se mancha con facilidad, manchadizo
маркирование *n* marcado, marcación
маркировать *biasp vt* marcar
маркировка *f* marcado, marcaje
марксизм *m* marxismo
марксизм-ленинизм *m* marxismo-leninismo
марксист, -ка *m/f* marxista
марксистский *adj* marxista
марксистско-ленинский *adj* marxista-leninista
марлевый *adj* de gasa
марля *f* gasa
мармелад *m* mermelada
мармеладка *f coloq* caramelo de mermelada
мародёр *m* merodeador
мародёрство *m* merodeo, saqueo
мародёрствовать *impf vi* merodear, saquear
марочный *adj* 1) *(относящийся к знакам оплаты)* de sellos, de timbres 2) *(сортовой)* de marca
Марс *m astr* Marte
марсельеза *f* marsellesa
марсианин *m* marciano
марсианский *adj* marciano
март *m* marzo
мартен *m tecn* horno Martín
мартеновск|ий *adj tecn* (de) Martín *~ая печь* horno Martín
мартовский *adj* de marzo
мартышка *f* macaco
марципан *m* mazapán
марш *m mil mús* marcha
маршал *m mil* mariscal
маршальский *adj mil* de mariscal
маршевый *adj* 1) de marcha 2) *mil* de refuerzo
маршировать *impf vi* marchar, desfilar
маршрут *m* itinerario, recorrido, ruta
маршрутка *f coloq* minibús de itinerario
маршрутный *adj* de itinerario ~ *автобус* autobús de línea
маска *f* máscara, careta, antifaz
маскарад *m* mascarada, baile de máscaras
маскарадный *adj* de mascarada, de disfraces
маскировать *impf* замаскировать *perf vt* enmascarar, camuflar, disfrazar
маскироваться *impf* замаскироваться *perf* enmascararse, disfrazarse, camuflarse
маскировка *f* 1) camuflaje 2) disfraz
маскировочный *adj* de camuflaje
масленица *f* carnaval, carnestolendas ◆ **не всё коту** ~ **(, придёт и великий пост)** a cada cerdo le llega su San Martín
масленичный *adj* de carnaval, de carnestolendas
масленый *adj* 1) aceitoso, oleaginoso 2) *(со сливочныи маслом)* con mantequilla
маслёнка *f* mantequera, mantequillera
маслёнок *m* boleto amarillo, hongo carmesí
маслина *f* aceituna, oliva
маслить *impf* намаслить/помаслить *perf vt coloq* aceitar, engrasar

масличный *adj bot* oleaginoso, oleáceo
масл|о *n* 1) *(растительное)* aceite *растительное ~о* aceite vegetal; *оливковое ~о* aceite de oliva 2) *(сливочное)* mantequilla *топлёное ~о* manteca масло; *хлеб с ~ом* pan con mantequilla 3) *(о краске)* óleo *писать ~ом* pintar al óleo ◆ **подлить ~о в огонь** echar leña al fuego **как сыр в ~е кататься** nadar en la abundancia **всё идёт как по ~у** todo va sobre ruedas **кашу ~ом не испортишь** lo que abunda no daña
маслом *adv* al óleo
маслянистый *adj* oleoso, aceitoso
маслян|ый *adj* 1) oleoso, aceitoso 2) *(о краске)* al óleo
масон *m* masón
масонский *adj* masón
масонство *n* masonería
масса *f* 1) masa 2) *(громада, груда)* masa 3) *(тестообразное вещество)* masa, pasta 4) *coloq (множество)* gran cantidad, montón ~ *времени* un montón de tiempo 5) *(народ)* masa
массаж *m* masaje
массажист, -ка *m/f* masajista
массажный *adj* de masaje
массив *m* macizo
массивность *f* solidez
массивный *adj* macizo, sólido
массировать *impf vt* masajear
массовик *m* agitador (de masas)
массовка *f obsol* mitin
массовость *adj* carácter masivo
массовый *adj* 1) *(относящийся к массам)* de masas 2) *(в большом количестве)* en masa
мастак *m vulg* experto, maestro
мастер (*pl* –а) *m* maestro
мастерить *impf* смастерить *perf vt coloq* fabricar, hacer, confeccionar
мастерица *f* maestra (en su oficio), artista
мастеровой *m obsol* artesano
мастерок *m* paleta (de albañil)
мастерская *f* taller, obrador
мастерски *adv* magistralmente, con maestría
мастерский *adj* de maestro
мастерской *adj* magistral
мастерство *n* 1) *(ремесло)* artesanía 2) *(умение)* maestría, arte
мастика *f* masilla
мастит *m med* mastitis
маститый *adj* venerable
мастодонт *m* mastodonte
мастурбация *f* masturbación
мастурбировать *impf vi* masturbarse
масть *f* 1) *(животных)* pelaje 2) *(в картах)* palo
масштаб *m* escala, tamaño, proporciones *в большом ~е* a gran escala
масштабность *f* gran escala
масштабный *adj* 1) de escala 2) *(большого размаха)* de (a) gran escala
мат[1] *m ajed* (jaque) mate *объявить* ~ dar mate
мат[2] *m vulg* : кричать благим ~ом chillar a grito pelado
мат[3] *m (брань)* palabras soeces, tacos
математик *m* matemático
математика *f* matemáticas

математический *adj* matemático
материаист *m* materialista
материал *m* 1) material *строительные ~ы* materiales de construcción 2) *(ткань)* tela, tejido
материализация *f* materialización
материализм *m* materialismo
материализовать *biasp vt* materializar
материализоваться *biasp* materializarse
материалист *m* materialista
материалистический *adj* materialista
материалистичный *adj* V. материалистический
материаловедение *n* ciencia de materiales
материальность *f* materialidad
материальный *adj* 1) material 2) *(денежный)* económico, pecuniario
материк *m* continente
материковый *adj* de continente, continental
материнский *adj* maternal, materno
материнство *n* maternidad
материться *biasp vulg* blasfemar, soltar tacos
материя *f* 1) materia 2) *(ткань)* tela, género, tejido
матерный *adj* soez
матерчатый *adj* de tela, de tejido, de género
матерь *f obsol* V. мать
матёрый *adj* 1) *(достигший зрелости)* robusto, grande 2) *coloq (опытный)* experimentado, viejo 3) *(неисправимый)* empedernido, incorregible
матка *f* 1) *anat* matriz, útero 2) *(самка)* hembra, madre
матовый *adj* mate
маточный *adj anat* uterino, de matriz
матрас *m* colchón
матрац *m* V. матрас
матрёшка *f* matrioshka (muñeca rusa de madera que contiene otras de menor tamaño)
матриархат *m* matriarcado
матримониальный *adj* matrimonial
матрица *f* matriz
матричный *adj* de la matriz
матрона *f* matrona
матрос *m* marinero
матроска *f (блузка)* blusa de marinero
матросский *adj* de marinero, marinero
матч *m sport* partido
мать (*pl* матери) *f* madre ◆ **показать кузькину ~** *vulg* enseñar los colmillos, cantar las cuarenta **в чём ~ родила** como vino al mundo
мать-и-мачеха *f* fárfara, uña de caballo
матюгаться *impf* матюгнуться *perf vulg* maldecir, blasfemar, decir palabrotas
матюгнуться V. матюгаться
маузер *m* máuser
мафиози *m inv* mafioso
мафиозный *adj* mafioso
мафия *f* mafia
мах *m coloq* golpe *одним ~ом* de un golpe; *со всего ~у* con todas sus fuerzas
махануть *perf vi vulg* V. махнуть
махать *impf* махнуть *perf vi* (**чем-л**) agitar, mover *~ крыльями* batir las alas, aletear
махина *f coloq* coloso, cosa enorme
махинация *f* maquinación
махнуть *perf vi* 1) V. махать 2) lanzarse, saltar
махн|уться *perf* (**чем-л**) *coloq* cambiar(se), intercambiar(se) *давай ~ёмся шапками* cambiémonos los gorros
маховик *m tecn* volante de inercia
махонький *adj coloq* pequeñito, minúsculo
махорка *f* majorka (planta y tabaco de calidad inferior)
махра *f* V. махорка
махровый *adj* 1) *(о цветке)* de flores dobles 2) *coloq (ярко выраженный)* rematado, inveterado 3) *(мохнатый)* afelpado
маца *f* matzá, pan ázimo
мачеха *f* madrastra
мачта *f nav* mástil
машина *f* 1) máquina *копировальная ~* copiadora; *швейная ~* máquina de coser; *стиральная ~* lavadora 2) *(система)* máquina 3) *(автомобиль)* coche, auto
машинально *adv* maquinalmente, automáticamente
машинальный *adj* maquinal, automático
машинерия *f* maquinaria
машинист *m* maquinista
машинистка *f* mecanógrafa, dactilógrafa
машинка *f* máquina *пишущая ~* máquina de escribir
машинный *adj* 1) *(относящийся к машинам)* de máquinas 2) *(сделанный посредством машины)* a máquina
машинописный *adj* de mecanografía, mecanográfico
машинопись *f* mecanografía
машиностроение *n* construcción de maquinaria
машиностроитель *m* constructor de maquinaria
машиностроительный *adj* de construcción de maquinaria
маэстро *m inv elev* maestro
маяк *m* faro
маятник *m* péndulo
маятниковый *adj* pendular, de péndulo
маять *impf* умаять *perf vt coloq* extenuar, agotar
маяться *impf* умаяться *perf* 1) *coloq* extenuarse, agotarse 2) (**чем-л**) *coloq (страдать от болезни)* sufrir, padecer (de u/c)
маячить *impf vi coloq* vislumbrarse, divisarse, perfilarse
маячник *m* farero
маячок *m dimin. de* маяк
мгла *f* calina, niebla, bruma
мгновение *n* instante, momento
мгновенно *adv* al instante, instantáneamente, inmediatamente
мгновенный *adj* instantáneo, momentáneo
мебель *f* muebles, mobiliario
мебельный *adj* de muebles
меблировать *biasp vt* amueblar
мегагерц *m fís* megahertzio
мегафон *m* megáfono
мегера *f coloq* mujer de mal genio, furia
медалист, -ка *m sport* medallista
медал|ь *f* medalla *золотая ~ь* medalla de oro ◆ **обратная сторона ~и** la otra cara de la moneda
медальон *m* medallón
медбрат *m* enfermero

медведица *f* osa ◆ **Большая** ~ *astron* Osa Mayor **Малая** ~ *astron* Osa Menor
медвед|ь *m* oso *белый* ~*ь* oso polar ◆ **делить шкуру неубитого** ~**я** vender la piel del oso antes de cazarlo
медвежатина *f* carne de oso
медвеж|ий *adj* de oso ~*ья шкура* piel de oso ◆ ~**ья услуга** flaco favor
медвежонок *m* osezno
медиана *f mat* mediana
медиатор *m mús* púa (para instrumentos de cuerda)
медик *m* médico
медикамент *m* medicamento
медикаментозный *adj med* medicamentoso
медицина *f* medicina
медицинск|ий *adj* médico ~*ая помощь* asistencia médica
медленно *adv* despacio, poco a poco, lentamente
медленный *adj* lento
медлительнный *adj* lento
медлительно *adv* lentamente, con lentitud
медлительность *f* lentitud
медлить *impf vi* tardar, dilatar
медный *adj* 1) de cobre 2) *(цвета меди)* cobrizo ◆ ~ **лоб** *coloq* cabeza de alcornoque
медовуха *f* hidromiel
медовый *adj* de miel ◆ ~ **месяц** luna de miel
медпункт *m* puesto de socorro
медсестра *f* enfermera
медуза *f* medusa
медуница *f* pulmonaria
медь *f* cobre
медяк *m* moneda de cobre
меж *prep* V. между
межа *f* linde, límite
межбровье *n* entrecejo
междометие *n ling* interjección
междоусобный *adj hist* interno, intestino (dicho de los conflictos de la época feudal)
между *prep* (кем/чем-л) entre (alg o u/c) ~ *театром и институтом* entre el teatro y el instituto; ~ *нами* entre nosotros ◆ ~ **тем** entretanto, en tanto ~ **тем, как** mientras
междугородный *adj* interurbano
международник *m coloq* especialista en política o derecho internacionales
международный *adj* internacional
междуречье *n* entrerríos
междусобойчик *m coloq* fiesta, guateque
межевание *n* deslinde, amojonamiento
межевать *impf vt* deslindar, amojonar
межевой *adj* de deslinde, de amojonamiento
межпланетный *adj* interplanetario
межрайонный *adj* interdistrital, interregional
межрёберный *adj anat* intercostal
межсезонье *n* período de tiempo entre dos estaciones o temporadas
мездра *f anat* panículo
мезозойский *adj geol* mesozoico
мезонин *m* buhardilla, sotabanco
мекать *impf* мекнуть *perf vi coloq* balar
мекнуть V. мекать
мексикан|ец, -ка *m* mejicano
мексиканский *adj* mejicano
мел *m* tiza
меланхолик *m* melancólico
меланхолический *adj* melancólico
меланхоличный *adj* melancólico
меланхолия *f* melancolía
мелеть *impf* обмелеть *perf vi (о реках и т.д.)* bajar, enarenarse
мелиоративный *adj* 1) *agric* de bonificación 2) *ling* meliorativo
мелиорация *f agric* bonificación, mejoramiento del terreno
мелить *impf* намелить *perf vt* poner tiza, entizar
мелк|ий *adj* 1) menudo, pequeño ~*ие деньги* (dinero) suelto, calderilla; ~*ие расходы* gastos pequeños; ~*ий песок* arena fina 2) *(экономически маломощный)* pequeño, menor ~*ий производитель* productor pequeño 3) *(ничтожный)* mezquino, ínfimo ~*ие интересы* intereses mezquinos 4) *(неглубокий)* poco profundo ~*ая река* río poco profundo ◆ ~**ая сошка** *coloq desp* poca cosa, don nadie
мелко **1.** *adv* 1) menudamente, en pequeños pedazos 2) *(неглубоко)* a poca profundidad **2.** *adv pred* es poco profundo
мелкобуржуазный *adj* pequeño burgués
мелководный *adj* poco profundo, de poco caudal
мелководье *n* bajío, aguas poco profundas
мелкокалиберный *adj* de pequeño calibre
мелкопоместн|ый *adj hist* : ~ое дворянство pequeña nobleza
мелодика *f mús* melopeya, melodía
мелодический *adj* 1) melódico 2) *(мелодичный)* melodioso
мелодично *adv* melódicamente
мелодичность *f* melodía
мелодичный *adj* melódico, melodioso
мелодия *f* melodía
мелодрама *f* melodrama
мелодраматизм *m* melodramatismo
мелодраматический *adj* melodramático
мелодраматичный *adj* melodramático
мелок *m* barra de tiza
меломан *m* melómano
мелочёвка *f vulg* menudencia, minucia
мелочность *f* mezquindad, ruindad
мелочный *adj* mezquino, ruin
мелочь *f* 1) *(мелкие вещи)* menudencia, minucia 2) *(о деньгах)* suelto, calderilla 3) *(пустяк)* insignificancia, fruslería
мель *f* bajío, banco de arena *сесть на* ~ embarrancar, encallarse
мелькание *n* intermitencia, aparición y desaparición
мелькать *impf* мелькнуть *perf vi* 1) aparecer, desaparecer 2) *(быстро пройти)* pasar 3) *(сверкать)* centellear, refulgir
мелькнуть V. мелькать
мельком *adv* 1) fugazmente 2) *(мимоходом)* de paso
мельник *m* molinero
мельница *f* molino *ручная* ~ molinillo
мельничный *adj* de molino, molinero
мельтешить *impf vi* aparecer y desaparecer (de forma irritante)
мельхиор *m* cuproníquel
мельчайший *adj* minúsculo, el más pequeño
мельчать *impf* измельчать *perf vi* 1) disminuir, reducirse 2) *(в глубину)* bajar el nivel, perder profundidad

мельче *adj y adv comp* de мелкий y мелко
мельчить *impf* измельчить/размельчить *perf vt* 1) desmenuzar, triturar 2) *(лишать значительности)* menoscabar
мелюзга *f coloq* morralla, chiquillería
мембрана *f* membrana
мембранный *adj* de membrana
меморандум *m elev* memorándum
мемориал *m* memorial
мемориальный *adj* conmemorativo
мемуарист *m* autor de memorias
мемуарный *adj* de memorias
мемуар|ы (*gen* –ов) *mpl* memorias
мена *f* cambio
менеджер *m* 1) ejecutivo, comercial, agente de ventas 2) *(артистов, спортсменов)* representante, mánager
менеджмент *m* gestión de empresas, ciencias empresariales
менее *adv* menos ~, *чем в два года* en menos de dos años ◆ **тем не** ~ sin embargo, no obstante, con todo **более или** ~ más o menos **не более не** ~ **как** ni más ni menos que
менингит *m* meningitis
мениск *m* menisco
менструальный *adj* menstrual
менструация *f* menstruación, regla
менталитет *m* mentalidad
ментальный *adj* mental
ментол *m* mentol
ментоловый *adj* de mentol
ментор *m* mentor
менуэт *m danz* minué, minuete
меньше 1. *adj comp* menor, más pequeño ~ *всех* el más pequeño de todos **2.** *adv comp* menos *гораздо* ~ bastante menos ◆ ~ **всего** lo menos (de todo) **как можно** ~ lo menos posible
меньшевик *m hist* menchevique
меньш|ий 1. *adj comp* menor, inferior *~его размера* de menor tamaño, de una talla menor **2.** *adj sup* el más pequeño, el menor *~ая часть* la menor parte
меньшинство *n* minoría
меньшой *adj obsol vulg* el menor, el más pequeño
меню *n inv* menú, carta
меняльный *adj* de cambio
менять *impf* поменять *perf vt* 1) cambiar, mudar ~ *работу* cambiar de trabajo; ~ *мнение* cambiar de opinión 2) *(разменивать)* intercambiar, cambiar, canjear
меня|ться *impf* поменяться *perf* 1) **(кем/чем-л)** *(обмениваться)* cambiar, intercambiar *~ться книгами* intercambiar libros 2) *(сменяться)* cambiar *в фирме директор ~ется часто* en la empresa el director cambia a menudo 3) *(изменяться)* cambiar *погода ~ется* el tiempo está cambiando
мер|а *f* medida *без ~ы* sin medida; *принимать ~ы* tomar medidas ◆ **по ~е того, как** a medida que **по крайней ~е** por lo menos
меренга *f* merengue
мереть *impf vi* morir (en masa)
мерещ|иться *impf* померещиться *perf coloq* parecer *мне ~ится, что...* me parece que...
мерзав|ец, -ка *m/f coloq desp* canalla, infame, miserable
мерзкий *adj* abominable, infame, execrable, abyecto
мерзко 1. *adv* abominablemente, execrablemente **2.** *adv pred* es abominable, es execrable
мерзлота *f* congelación
мерзля|к, -чка *m/f coloq* frioler|o, -a
мерзопакостный *adj coloq* abominable, espantoso
мерзость *f* infamia, bajeza, ignominia
меридиан *m geogr* meridiano
меридианный *adj geogr* de meridiano
меридиональный *adj geogr* meridional, austral
мерило *n* medida, criterio
мерин *m* caballo castrado ◆ **врёт, как сивый** ~ *coloq* miente más que habla **глуп, как сивый** ~ *coloq* es más tonto que Abundio
меринос *m* 1) *(овца)* oveja merina 2) *(шерсть)* lana merina
мерить *impf* смерить (1)/померить (2) *perf vt* 1) medir 2) *(примерять)* probar, probarse
мериться *impf* помериться *perf* **(чем-л)** medirse ~ *силами (с кем-л.)* medirse las fuerzas (con alg)
мерка *f* medida
меркантилизм *m* mercantilismo
меркантильность *f* mercantilismo
меркантильный *adj* mercantil
меркнуть *impf* померкнуть *perf vi* 1) oscurecerse, palidecer 2) *(утрачивать силу)* languidecer
Меркурий *m astr* Mercurio
мерно *adv* regularmente, rítmicamente
мерный *adj* regular, rítmico
мероприятие *n* actividad, evento
мертвенный *adj* 1) cadavérico, lívido 2) *(лишённый признаков жизни)* muerto
мертве|ть *impf* омертветь(1)/помертветь(2) *perf vi* 1) entorpecerse, entumercerse *пальцы ~ют от холода* los dedos se entumecen del frío 2) *(от страха)* morirse, quedar petrificado *~ть от страха* morirse de miedo
мертвец *m* muerto
мертвецки *adv* 1) mortalmente 2) *coloq* totalmente
мертвецкий *adj* de muerto(s)
мертвечина *f* carroña, podredumbre
мертвить *impf vt elev* apagar, desanimar
мерцание *n* centelleo, titilación
мерцательный *adj biol* vibrátil
мерцать *impf vi* centellear, titilar, refulgir
месиво *n* amasijo, revoltijo
месить *impf* замесить *perf vt* amasar, sobar (la masa)
месса *f relig* misa
мессианский *adj* mesiánico
мессия *m relig* Mesías
местами *adv* en algunas partes, en algunos lugares
местечко[1] *n* sitio, lugar
местечко[2] *n (небольшое селение)* pueblo, aldea (en Bielorrusia y Ucrania)
мести *impf* подмести *perf vt* barrer ◆ **новая метла чисто метёт** escoba nueva barre mejor
местком *m hist* comité local del sindicato (en la URSS)
местничество *n hist* localismo

местность *f* 1) lugar, localidad 2) *(край)* región, comarca
местный *adj* 1) local, del país 2) *(не общий)* local, parcial
мест|о *n* 1) lugar, sitio *рабочее ~о* lugar de trabajo; *~о рождения* lugar de nacimiento 2) *(местность)* lugar, sitio, paraje 3) *(отрывок)* trozo, pasaje 4) *(должность)* puesto, plaza 5) *(багажное)* bulto, pieza ◆ **больное ~о** punto débil (flaco) **общее ~о** lugar común, tópico **иметь ~о** tener lugar, ocurrir **ставить кого-л. на ~о** poner a alguien en su sitio **не к ~у** desacertado, desatinado **ни с ~а!** ¡ni se mueva! **стоять на ~е** estar quieto, estar estancado **не находить себе ~а** estar como alma en pena
местожительство *n* domicilio, residencia
местоимение *n ling* pronombre
местоимённый *adj ling* pronominal
местонахождение *n* ubicación, lugar, sitio, sede
местоположение *n* situación, posición, emplazamiento
местопребывание *n* sede, residencia
месторождение *n* 1) lugar de nacimiento 2) *geol* yacimiento
месть *f* venganza
месяц *m* 1) mes ~ *тому назад* hace un mes; *февраль* ~ el mes de febrero 2) *(луна)* luna *молодой* ~ luna nueva ◆ **медовый** ~ luna de miel
месячник *m* mes (actividad)
месячный *adj* mensual, de un mes
метаболизм *m fisiol* metabolismo
металл *m* metal *благородный* ~ metal precioso ◆ **презренный** ~ el vil metal
металлист *m* metalista, metalúrgico
металлический *adj* metálico, de metal
металлолом *m* chatarra
металлоносный *adj min* metalífero
металлург *m* metalúrgico
металлургический *adj* metalúrgico
металлургия *f* metalurgia
метаморфоза *f* metamorfosis
метан *m quím* metano
метание *n* 1) lanzamiento 2) *(икры)* desove 3) *(растерянность)* vacilación
метановый *adj quím* de metano
метастаз *m med* metástasis
метатель *m* lanzador
метательн|ый *adj* de proyección, de lanzamiento *~ое оружие* arma arrojadiza
метать[1] *impf* метнуть (1)/ выметать (2) *perf vt* 1) *(бросать)* lanzar, tirar, arrojar 2) *(икру)* desovar ◆ ~ **жребий** sortear ~ **громы и молнии** echar rayos y centellas **рвать и** ~ echar sapos y culebras, estar hecho un basilisco ~ **бисер перед свиньями** echar margaritas a los cerdos
метать[2] *impf* выметать/наметать *perf vt (шов)* hilvanar
метаться *impf* agitarse, moverse
метафизик *m* metafísico
метафизика *f* metafísica
метафизический *adj* metafísico
метафора *f* metáfora
метафорический *adj* metafórico
метафоричность *f* carácter metafórico
метафоричный *adj* metafórico
метафраза *f lit* metáfrasis
метелица V. метель
метель *f* tempestad de nieve
метельщик *m* barrendero
метеор *m* meteoro
метеорит *m* meteorito
метеоритный *adj* de meteoro, meteórico
метеорный *adj* de meteoro, meteórico
метеоролог *m* meteorólogo
метеорологический *adj* meteorológico
метеорология *m* meteorología
метёлка *f dimin. de* метла
метиз *m tecn* artículo metálico
метил *m quím* metilo
метиловый *adj quím* metílico
метис *m* mestizo
метить[1] *impf vi* 1) **(в кого/что-л)** *(целясь, стремиться попасть)* apuntar ~ *в цель* apuntar al blanco 2) **(на что-л)** *(намекать)* insinuar
метить[2] *impf* пометить *perf vt (ставить метку)* marcar, señalar
метиться *impf* apuntar
метка *f* 1) *(действие)* marcado, marca 2) *(знак)* señal, marca
метк|ий *adj* 1) preciso, certero, exacto, justo *~ий выстрел* disparo certero 2) *(о речи, высказывании)* acertado, justo *~ое замечание* observación acertada
метко *adv* justo, con precisión, con exactitud
меткость *f* precisión, exactitud
метла *f* escoba
метнуть V. метать 1
метнуться V. метаться
метод *m* método
методика *f* metodología
методист *m* metodólogo
методический *adj* 1) *(следующий плану)* metódico 2) *(относящийся к методике)* metodológico
методично *adv* metódicamente
методичность *f* espíritu metódico
методичный *adj* metódico
методологический *adj* metodológico
методология *f* metodología
метонимический *adj* metonímico
метонимия *f* metonimia
метр[1] *m (единица измерения)* metro *квадратный* ~ metro cuadrado; *кубический* ~ metro cúbico
метр[2] *m lit mús* metro
метраж *m* metraje
метранпаж *m impr* compaginador, maquetador
метрдотель *m* metre (de hotel)
метрика[1] *f lit mús* métrica
метрика[2] *f (документ)* partida de nacimiento
метрический[1] *adv (относящийся к десятичной системе мер)* métrico
метрический[2] *adj lit mús* métrico
метро *n inv transp* metro, metropolitano
метровый *adj* de un metro (de longitud)
метрологический *adj* metrológico
метрология *f* metrología
метроном *m fís mús* metrónomo
метрополитен *m* metro, metropolitano
метрополия *f* metrópoli
мех (*pl* –а) *m* piel

механизатор *m* especialista en mecanización
механизация *f* mecanización
механизировать *biasp vt* mecanizar
механизм *m* mecanismo, artilugio
механик *m* mecánico
механика *f* mecánica
механистический *adj filos* mecanicista
механицизм *m filos* mecanicismo
механически *adv* mecánicamente, de un modo mecánico
механический *adj* mecánico
механичный *adj* mecánico
меховой *adj* de piel
меценат *m* mecenas
меццо-сопрано *f/n inv mús* mezzo-soprano
меч *m* espada
меченый *adj* marcado
мечеть *f* mezquita
меч-рыба *f* pez espada
мечта *f* sueño, ensueño
мечтание *n* 1) *(действие и состояние)* ensueño 2) *(мечта)* sueño
мечтатель *m* soñador, iluso
мечтательно *adv* soñadoramente, en sueños
мечтательность *f* carácter soñador
мечтательный *adj* soñador
мечтать *impf vi* **(о ком/чём-л)** soñar (en alg o u/c)
мешалка *f* amasadora, mezcladora
мешанина *f coloq desp* mezcla, lío, embrollo
меша|ть[1] *impf* помешать *perf vi* 1) *(создавать помехи)* molestar, estorbar 2) *(препятствовать)* impedir, obstaculizar ◆ **не ~ло бы** no estaría de más **одно другому не ~ет** una cosa no quita la otra
мешать[2] *impf* помешать (1)/смешать (2) *perf vt* 1) *(размешивать)* remover, revolver, menear 2) *(смешивать)* mezclar
мешаться[1] *impf* 1) *(быть помехой)* estorbar, molestar 2) *(вмешиваться во что-л.)* entrometerse, meterse
мешаться[2] *impf* смешаться *perf (смешиваться)* mezclarse, confundirse, enmarañarse
мешкать *impf* замешкать *perf vi coloq* dilatar, demorar, diferir
мешковатый *adj* 1) *(о платье)* muy ancho, como un saco 2) *(о человеке)* desmañado, torpe
мешок *m* bolsa, saco *спальный ~* saco de dormir
мешочек *m dimin* bolsa, saco
мещан|ин (*pl* –е) *m* 1) pequeño burgués 2) *(обыватель)* pancista
мещанка *f* 1) pequeña burguesa 2) *(обывательница)* pancista
мещанский *adj* 1) pequeñoburgués 2) *(обывательский)* pancista, mezquino
мещанство *n* 1) pequeña burguesía 2) *(обывательщина)* pancismo, mezquindad
мёд *m* miel
мёрзлый *adj* helado, congelado
мёрзнуть *impf* замёрзнуть *perf vi* helarse, congelarse
мёртв|ый *adj* 1) muerto 2) *(безжизненный)* apagado 3) *(бесплодный, пустынный)* muerto, desierto ◆ **~ая точка** punto muerto **ни жив ни ~** más muerto que vivo
мзда *f* gratificación, recompensa
мздоимец *m obsol* concusionario, malversador
ми *n inv mús* mi
миазма *f* miasma
миг *m* momento, instante ◆ **в один ~** en un abrir y cerrar de ojos **ни на ~** ni por un momento
мигалка *f coloq* luz de señales
мигание *n* 1) *(глаз)* parpadeo, pestañeo, guiño 2) *(мерцание)* centelleo, titilación
мигать *impf* мигнуть *perf vi* 1) parpadear, pestañear 2) *(подавать знак)* guiñar el ojo 3) *(мерцать)* centellear, titilar
мигнуть V. мигать
мигом *adv* en un abrir y cerrar de ojos, en un santiamén
миграционный *adj* migratorio, de migración
миграция *f* migración
мигрень *f* migraña, jaqueca
мигрировать *biasp vi* migrar
мидия *f* mejillón
миелит *m med* mielitis
мизансцена *f teat* puesta en escena
мизантроп *m elev* misántropo
мизантропический *adj elev* misantrópico
мизантропия *f elev* misantropía
мизерный *adj* mísero, miserable
мизинец *m* meñique
микроавтобус *m* microbús
микроб *m* microbio, germen
микробиолог *m* microbiólogo
микробиологический *adj* microbiológico
микробиология *f* microbiología
микробный *adj* microbiano, micróbico
микроволновка *f coloq* (horno) microondas
микроволнов|ый *adj* (por) microondas *~ая печь* horno microondas
микроклимат *m* microclima
микрокосмос *m* microcosmos
микрометр *m* micrómetro
микрон *m* micrón, micromilímetro
микропроцессор *m informát* microprocesador
микропроцессорный *adj informát* de microprocesador
микроскоп *m* microscopio
микроскопический *adj* microscópico
микроскопичный *adj* V. микроскопический
микрофон *m* micrófono
микрочип *m informát* microprocesador, microchip
миксер *m* batidora
микстура *f* medicina, mixtura, jarabe
милашка *m/f coloq* monada
милая *f (обращение)* querida
миледи *f inv* milady
миленький *adj* 1) *coloq (дорогой)* querido 2) *coloq (хорошенький)* agradable, atractivo, bonito ◆ **как ~** *coloq* quieras o no, sin rechistar
милитаризация *f* militarización
милитаризировать *biasp vt* militarizar
милитаризм *m* militarismo
милитарист, -ка *m* militarista
милитаристский *adj* militarista
милицейский *adj* de la milicia, policial
милиционер *m* policía
милиция *f* policía
миллиард *m* millardo, mil millones

миллиардер *m* multimillonario
миллиардный **1.** *num* milmillonésimo **2.** *adj* de mil millones
миллиграмм *m* miligramo
миллиметр *m* milímetro
миллиметровка *f coloq* papel milimetrado
миллиметровый *adj* 1) de un milímetro 2) *(о бумаге и т.д.)* milimetrado
миллион *m* millón
миллионер *m* millonario
миллионный *num* 1) millonésimo 2) *(оцениваемый в миллион)* de un millón
мило *adv* 1) gentilmente 2) *(красиво)* primorosamente, con gracia
миловать *perf* помиловать *impf vt* absolver, indultar
миловидность *f* gentileza, donaire
миловидный *adj* gentil, agradable, atractivo, gracioso
милорд *m* milord
милосердие *n* misericordia, caridad, clemencia
милосердный *adj* piadoso, misericordioso, caritativo, clemente
милостиво *adv* con benevolencia
милостивый *adj* benevolente
милостыня *f* limosna
милост|ь *f* 1) *(расположение)* benevolencia 2) *(пощада)* favor, clemencia, gracia ◆ **~и просим!** ¡tenga la bondad! **сделай ~ь** hazme el (un) favor
милочка *f coloq* querido mío, querida mía
мил|ый **1.** *adj* 1) *(любезный)* gentil, amable, atento 2) *(дорогой)* querido, amado **2.** *m* amado ◆ **за ~ую душу** tan ricamente
миля *f* milla
миляга *m/f coloq* monada
мим *m teat* mimo
миметизм *m* mimetismo
мимика *f* mímica
мимикрия *f biol* mimetismo
мимический *adj* mímico
мимо **1.** *adv* de largo, sin detenerse *пройти ~* pasar de largo, pasar sin detenerse **2.** *prep* **(кого/чего-л)** por delante de (alg o u/c), por al lado de (alg o u/c) *пройти ~ дома* pasar por al lado de la casa
мимоездом *adv* de paso, de camino (en un vehículo)
мимоза *f* mimosa
мимолётность *f* fugacidad, brevedad, transitoriedad
мимолётный *adj* fugaz, efímero, transitorio, pasajero
мимоходом *adv* 1) de paso 2) *(между прочим)* entre tanto, entre otras cosas
мина[1] *f (взрывное устройство)* mina (explosivo)
мина[2] *f (гримаса)* gesto, mohín
минарет *m* minarete
миндалина *f* 1) almendra 2) *med* amígdala
миндаль *m* 1) almendra 2) *(дерево)* almendro
миндальный *adj* de almendra(s)
минерал *m* mineral
минералка *f coloq* agua con gas
минералог *m* mineralógo
минералогический *adj* mineralógico
минералогия *f* mineralogía
минеральн|ый *adj* mineral *~ая вода* agua mineral
минёр *m mil* zapador, minador
мини *adj inv* mini *юбка ~* minifalda
миниатюра *f* miniatura
миниатюрист, -ка *m/f* miniaturista
миниатюрность *f* minusculidad
миниатюрный *adj* 1) de (en) miniatura 2) *(маленький)* minúsculo, diminuto, pequeñito
минибар *m* minibar
минимально *adv* lo mínimo, mínimamente
минимальный *adj* mínimo
минимум **1.** *m* mínimo *как ~* como mínimo **2.** *adv* mínimo, como mínimo *это стоит ~ сто рублей* esto cuesta (como) mínimo cien rublos
минировать *biasp vt* minar
министерский *adj* ministerial
министерство *n* ministerio *~ иностранных дел* Ministerio de Asuntos Exteriores; *~ внутренних дел* Ministerio del Interior; *~ финансов* Ministerio de Hacienda
министр *m* ministro
мини-юбка *f* minifalda
миннезингер *m mús* minnesinger
минный *adj mil* de mina(s)
минова|ть *biasp* **1.** *vt* 1) pasar, sobrepasar, dejar atrás 2) *(избежать)* evitar, esquivar **2.** *vi* pasar, cesar *опасность ~ла* el peligro ha pasado ◆ **чему быть, того не ~ть** lo que tiene que ser no se puede evitar
минога *f* lamprea
миноискатель *m* detector de minas
миномёт *m* mortero
миномётный *adj* de mortero
миноносец *m mil* torpedero
минор *m mús* menor ◆ **быть в ~е** estar de mal humor, haberse levantado con el pie izquierdo
минорный *adj mús* menor
минувшее *n* pasado
минувш|ий *adj* pasado *~ие дни* los días pasados
минус *m* 1) *mat* menos *пять ~ два* cinco menos dos 2) *(при указании на температуру)* bajo cero *~ 10 градусов* diez bajo cero 3) *(недостаток)* inconveniente, desventaja
минусов|ый *adj* bajo cero, por debajo de cero *~ая температура* temperatura por debajo de cero
минут|а *f* 1) minuto *пять ~ шестого* las cinco y cinco 2) *coloq* momento *в данную ~у* en este preciso instante; *с ~ы на ~у* de un momento a otro; *~у!* ¡un momento!
минутка *f dimin. de* минута
минуточка *f dimin. de* минута
мину|ть *perf vi* 1) *obsol* V. миновать 2) **(кому-л)** *(исполниться - о возрасте)* cumplir *ему ~ло 40 лет* ha cumplido 40 años
миокард *m med* miocardio
миома *m med* mioma
мир[1] *m* 1) *(вселенная)* mundo *во всём ~е* en todo el mundo 2) *(общество, среда)* mundo *литературный ~* el mundo literario 3) *(область)* mundo, reino *~ животных* el reino animal ◆ **всем ~ом** todo el mundo, todos juntos **быть не от ~а сего** no ser de este mundo, estar en el limbo **пустить по ~у** arruinar

мир[2] *m (отсутствие войны)* paz *жить в ~е* vivir en paz

мираж *m* espejismo

мириады (*gen* мириад) *fpl elev* miríadas

мирить *impf* помирить (1)/примирить (1,2) *perf vt* 1) **(с кем-л)** *(восстанавливать мир)* reconciliar (con alg) 2) **(с чем-л)** *(заставлять терпимо относиться)* conciliar (con u/c)

мириться *impf* помириться (1)/примириться (1,2) *perf* 1) **(с кем-л)** *(прекращать вражду)* reconciliarse, hacer las paces (con alg) 2) **(с чем-л)** *(терпимо относиться)* conciliarse (con u/c)

мирно *adv* 1) en paz, pacíficamente 2) *(спокойно)* tranquilamente, apaciblemente

мирный *adj* 1) pacífico, de paz 2) *(спокойный)* tranquilo, apacible

мировоззрение *n* concepción del mundo, cosmovisión

мировоззренческий *adj* de la concepción del mundo, cosmovisivo

мировой[1] *adj (всемирный)* mundial, universal *~ рынок* mercado mundial

мировой[2] *adj (примирительный)* de paz *~ судья* juez de paz

мировосприятие *n* percepción del mundo

мирок *m dimin* mundo, mundillo

миролюбиво *adv* pacíficamente

миролюбивый *adj* pacífico, amante de la paz

миролюбие *n* espíritu de paz, espíritu pacífico

мироощущение *n* modo de sentir en mundo, percepción del mundo **миропонимание** *n* concepción del mundo, forma de entender el mundo **миросозерцание** *n* modo de ver el mundo

миротворец *m* pacificador, conciliador

миротворческий *adj* pacificador, de pacificación

мирра *f* mirra

мирской *adj* 1) *(людской)* mundano 2) *(светский)* seglar, laico

мирт *m* mirto, arrayán

мирян|ин (*pl* –не) *m obsol* seglar, laico

миска *f* bol, escudilla

мисс *f inv* miss, señorita

миссионер *m* misionero

миссионерский *adj* de misionero

миссис *m* señora

миссия *f* misión

мистер *m* míster

мистерия *f* misterio

мистик *m* místico

мистика *f* mística

мистификатор *m* mistificador

мистификация *f* mistificación

мистифицировать *biasp vt* mistificar

мистицизм *m* misticismo

мистический *adj* místico

мистраль *m* mistral, maestral

митинг *m pol* mitin

митинговать *impf vt pol* participar en mítines, mitinear

митинговый *adj pol* de mitin

митра *f relig* mitra

митрополит *m relig* metropolitano

миф *m* mito

мифический *adj* mítico

мифологический *adj* mitológico

мифология *f* mitología

мичман *m nav* alférez de navío

мишень *f* diana, blanco

мишка *m coloq* oso, osito, osezno

мишура *f* oropel

младенец *m* criatura, niño, bebé

младенческий *adj* infantil

младенчество *n* (temprana) niñez

младой *adj obsol poét* joven

младость *f obsol poét* juventud

младшенький *adj afect* el menor, el más pequeño

младший *adj* 1) *(по возрасту)* menor *~ брат* hermano menor 2) *(по служебному положению)* subordinado, subalterno *~ лейтенант* subteniente

млекопитающее *n* mamífero

млеть *biasp vi* 1) pasmarse, admirarse 2) *(быть в состоянии расслабленности)* adormecerse 3) *coloq (о частях тела)* dormirse, entumecerse

млечный *adj obsol poét* lácteo ◆ **Млечный Путь** Vía Láctea

мнемоника *f* mnemotecnia

мнемонический *adj* mnemotécnico

мнемотехника *f* mnemotecnia

мнение *n* opinión, parecer *общественное ~* opinión pública; *высказать ~* expresar una opinión

мнимость *f* carácter imaginario, ficticio

мнимый *adj* 1) *(воображаемый)* imaginario, aparente 2) *(притворный)* ficticio, ilusorio

мнительность *f* aprensión, desconfianza, recelo

мнительный *adj* aprensivo, desconfiado, receloso

мнить *impf vi obsol* considerar, creer *много ~ о себе* tener un alto concepto de sí mismo

мнит|ься *impf* **(что-л кому-л)** *obsol* parecer (u/c a alg) *мне ~ся, что...* me parece que

многие **1.** *adj* muchos *~ годы* muchos años **2.** *pl* muchos *~ говорят* muchos dicen

много *adv* **(чего-л)** mucho *~ народу* mucha gente; *~ времени* mucho tiempo; *~ раз* muchas veces

многобожие *n* politeísmo

многоборье *n sport* pruebas combinadas

многовато *adv coloq* un poco demasiado, un poco más de lo debido

многоводный *adj* caudaloso

многоводье *n* caudal

многоговорящий *adj* significativo, elocuente

многогранник *m mat* poliedro

многогранность *f* carácter polifacético

многогранный *adj* 1) poliédrico 2) *(охватывающий различные стороны)* polifacético

многодетность *f* familia numerosa

многодетн|ый *adj* de muchos hijos, prolífico *~ая семья* familia numerosa

многодневный *adj* de muchos días

многоженец *m* polígamo

многожёнство *n* poligamia

многозначительно *adv* con aire significativo

многозначительность *f* carácter significativo

многозначительный *adj* 1) importante 2) *(выразительный)* significativo

многозначность *f ling* polisemia

многозначный *adj* 1) *ling* de más de un significado, polisémico 2) *mat* multinumérico
многократно *adv* muchas veces, repetidamente, reiteradamente
многократный *adj* repetido, múltiple
многолетний *adj* 1) de muchos años, viejo 2) *(о человеке)* longevo 3) *(о растениях)* vivaz, perenne
многоликий *adj* 1) de muchas caras 2) *(многообразный)* polifacético
многолюдный *adj* populoso, frecuentado, concurrido
многонациональность *f* plurinacionalidad, multinacionalidad
многонациональный *adj* multinacional, plurinacional
многоножка *f* miriápodo
многообещающий *adj* muy prometedor, que promete mucho
многообразие *n* diversidad, variedad
многообразный *adj* 1) vario, diverso 2) *(разнообразный)* multiforme
многоплановость *f* carácter complejo, diverso
многоплановый *adj* de muchos aspectos, complejo, diverso
многоразовый *adj* multiuso, reciclable
многословие *n* locuacidad, verborrea
многословный *adj* locuaz, verborreico
многосложный[1] *adj ling lit* polisílabo
многосложный[2] *adj obsol (очень сложный)* muy complicado, muy difícil
многосторонний *adj* 1) *mat* poliédrico 2) *(об отношениях)* multilateral 3) *(разносторонний)* polifacético
многосторонность *f* 1) *(об отнощениях)* multilateralidad 2) *(разносторонность)* polifacetismo, carácter polifacético
многострадальный *adj* mártir
многоступенчатый *adj* multigradual, escalonado
многотиражка *f coloq* periódico de gran tirada
многотиражный *adj* de gran tirada
многоточие *n* puntos suspensivos
многотрудный *adj elev* muy difícil, muy trabajoso
многоуважаемый *adj (в письмах)* muy estimado, muy respetado
многоугольник *m mat* polígono
многоугольный *adj mat* poligonal
многоцветный *adj* multicolor
многочисленность *f* gran número, multiplicidad
многочисленный *adj* numeroso, múltiple
многочлен *m mat* polinomio, multinomio
множественность *f* pluralidad
множественн|ый *adj* plural *~ое число ling* plural, número plural
множество *n* gran cantidad, multitud
множитель *m mat* multiplicador, factor
множительный *adj mat* multiplicador
множить *impf* помножить/умножить *perf vt* 1) multiplicar ~ *три на три* multiplicar tres por tres 2) *(увеличивать)* aumentar, multiplicar
множиться *impf* умножиться *perf* multiplicarse
мобилизационный *adj* de mobilización
мобилизация *f* movilización
мобилизовать *biasp vt* movilizar
мобилизоваться *biasp* movilizarse
мобильник *m coloq* teléfono móvil
мобильность *f* movilidad, capacidad de maniobra
мобильный *adj* móvil
могила *f* tumba, sepultura, sepulcro ◆ **горбатого ~ исправит** genio y figura hasta la sepultura
могилка *f dimin. de* могила
могильник *m arqueol* sepulcro
могильный *adj* de la tumba, sepulcral
могильщик *m* enterrador, sepulturero
могучий *adj* poderoso, potente
могущественный *adj* poderoso, potente
могущество *n* poder, potencia
мод|а *f* moda, boga *выходить из ~ы* pasar de moda; *быть в ~е* estar de moda
моделизм *m* modelismo
моделирование *n* modelación
моделировать *impf* смоделировать *perf vt* modelar, hacer modelos
моделист *m* modelista
модель[1] *f (образец)* modelo
модель[2] *m/f (моды)* modelo
модельер *m* modisto, modelista
модельный *adj* de modelación, de modelado
модем *m informát* módem
модерн *m arte* modernismo
модернизация *f* modernización
модернизировать *biasp vt* modernizar
модернизм *m arte* modernismo
модернист *m arte* modernista
модернистский *adj arte* modernista
модерновый *adj vulg* moderno
модерный *adj coloq* moderno
модист, -ка *m/f obsol* modista
модификация *f* modificación
модифицировать *biasp vt* modificar
модифицироваться *biasp* modificarse
модни|к, -ца *m/f coloq* lechuguin|o, -a, pij|o, -a
модный *adj* de moda, a la moda
модулировать *impf vt fís mús* modular
модуль *m* módulo
модульный *adj* modular, de módulo(s)
модуляция *f fís mús* modulación
моечный *adj* de (para) lavar
может *con coloq* puede ser
можжевельник *m* enebro
можно *adj pred* se puede, es posible ~ *мне войти?* ¿puedo entrar?; *здесь ~ курить?* ¿se puede fumar aquí?; *если ~* si es posible, si se puede ◆ **как ~ больше** tanto como sea posible, cuanto más **как ~ скорее** lo más pronto posible **как ~ лучше** lo mejor posible **разве ~!** ¡cómo es posible!
мозаика *f* mosaico
мозаичность *f* carácter mosaico
мозаичный *adj* mosaico
мозг *m* cerebro, seso *спинной ~* médula espinal ◆ **до ~а костей** hasta la médula **вправить ~и кому-л.** hacer sentar la cabeza a alg **шевелить ~ами** pensar, darle vueltas a algo
мозговать *impf vi vulg* pensar, devanarse los sesos
мозговой *adj* cerebral, del cerebro
мозжечок *m anat* cerebelo
мозолистый *adj* calloso, encallecido
мозолить *impf* намозолить *perf vt* hacer callos, encallecer ◆ ~ **глаза** *coloq* tener aburrido, tener hasta la coronilla

мозоль *f* callo, callosidad
мой, моя, моё, мои **1.** *pron pos* mío, mi *моя сестра* mi hermana; *этот карандаш мой* este lápiz es mío **2.** *pl coloq (домашние)* los míos ◆ **по-моему** me parece, creo que, pienso que **боже мой!** ¡Dios mío!
мойва *f* capelán
мойка *f* 1) *(действие)* lavado 2) *(устройство)* fregadero, lavadero
мойщик *m* lavador
мокнуть *impf* промокнуть *perf vi* mojarse, humedecerse
мокрица *f* cochinilla (insecto)
мокрота *f coloq* humedad, tiempo húmedo
мокрота *f* expectoración, flema, esputo
мокрый *adj* mojado
мокрядь *f coloq* humedad, tiempo húmedo
мол[1] *m* muelle, dique
мол[2] *partíc coloq* dice, y dice *он, ~, этого не знал* dice que no lo sabía
молва *f* rumor (de personas)
молвить *biasp vt* decir, proferir, pronunciar *слова не ~* no decir (una) palabra, no abrir la boca
молдаван|ин, -ка *m/f* moldav|o, -a
молдавский *adj* moldavo
молебен *m relig* tedéum, rogativa
молевый *adj* de polilla(s)
молекула *f fís* molécula
молекулярный *adj fís* molecular
молельный *adj relig* de rezo, para el rezo
моление *n* rezo, oración
молибден *m quím* molibdeno
молибденовый *adj quím* de molibdeno
молитва *f* oración, rezo
молитвенник *m relig* libro de oraciones, devocionario
молитвенный *adj* de rezo, de oración
молить *impf vt* suplicar, rogar, implorar
молиться *impf* rezar, orar
молкнуть *impf vi elev* callar, estar callado
моллюск *m* molusco
молниеносно *adv* con mucha rapidez, con la rapidez de un rayo
молниеносный *adj* rápido como un rayo, instantáneo
молниеотвод *m* pararrayos
молния *f* 1) relámpago, rayo 2) *(в одежде)* cremallera
молоденький *adj coloq dimin-afect* muy joven, jovencito
молодеть *impf* помолодеть *perf vi* rejuvenecer
молодец *m* hombre joven y gallardo
молодец *m/f* persona lista, brava *~!* ¡bien hecho!, ¡bravo!
молодецки *adv* valientemente, bravamente
молодецкий *adj* valiente, bravo, osado
молодёжный *adj* juvenil, de jóvenes
молодёжь *f* juventud, jóvenes
молодить *impf vt* rejuvenecer, remozar
молодиться *impf* querer parecer más joven, hacerse el joven
молодица *f* mujer joven
молодняк *m* 1) *(молодые животные)* camada, lechigada 2) *(поросль молодого леса)* bosque joven 3) *vulg (молодёжь)* jóvenes, juventud
молодо *adv* joven, con aspecto joven *выглядеть ~* tener aspecto joven
молодожён|ы (*gen* –ов) *mpl* recién casados
молодой *adj* 1) joven *~ человек* joven, chico 2) *(свойственный молодёжи)* juvenil 3) *(недавно появившийся)* nuevo
молодость *f* juventud
молодуха *f* 1) *vulg* mujer joven soltera 2) *(невестка, сноха)* cuñada
молодцеватый *adj* gallardo
молодчик *m coloq* gamberro, chulo
молодчина *m/f* V. молодец
молодь *f* 1) *colect (растения)* brotes, vástagos 2) *(рыб)* alevines 3) *(животных)* camada
моложаво *adv* joven, con aspecto joven *выглядеть ~* tener aspecto joven
моложавость *f* aspecto (aire, apariencia) joven
моложавый *adj* de aspecto joven
моложе *adj y adv comp* V. молодой, молодо
молозиво *n* calostro
молок|и (*sing* –а) *fpl* lechas (de los peces)
молоко *n* 1) leche *сгущённое ~* leche condensada; *обезжиренное ~* leche desnatada 2) *(сок некоторых растений)* leche *миндальное ~* leche de almendras ◆ **кровь с ~м** sano como una manzana **~ на губах не обсохло у кого-л.** (aún) tiene la leche en los labios
молокосос *m peyor* mocoso, pipiolo
молот *m* martillo ◆ **между ~ом и наковальней** entre la espada y la pared
молотилка *f* trilladora
молотить *vt* 1) trillar, desgranar 2) *coloq (колотить)* martillear, aporrear
молоток *m* martillo
молоточек *m* 1) *dimin. de* молоток 2) *anat* martillo
молотый *adj* molido
молоть *impf* смолоть/помолоть *perf vt* 1) *(размельчать)* moler 2) *vulg (говорить)* decir cosas sin sentido, charlatanear *~ вздор* decir disparates
молотьба *f* trilla, trilladura
молочай *m* euforbio
молочко *n dimin. de* молоко
молочная *f* lechería
молочник *m* 1) *(сосуд)* lechera (vasija) 2) *(продавец)* lechero
молочница *f* 1) *(продавщица)* lechera 2) *(заболевание)* lactumen
молочный *adj* 1) lácteo, de leche 2) *quím* láctico ◆ **~ зуб** diente de leche
молча *adv* en silencio, silenciosamente
молчаливый *adj* silencioso, callado, taciturno, tácito
молчальник *m coloq* chiticalla
молчание *n* silencio *хранить ~* guardar silencio ◆ **гробовое ~** silencio sepulcral **~ - знак согласия** quien calla, otorga
молчанк|а *f coloq* callada *в ~у* en silencio, a la callada
молчать *impf vi* callar, guardar silencio
молчком *adv coloq* en silencio, silenciosamente, sin decir palabra
молчок *m coloq (в значении сказуемого)* ni palabra, sin abrir boca
молчун, -ья *m/f* persona callada, persona poco habladora
моль *f* polilla

мольба *f* ruego, súplica
мольберт *m arte* caballete
молярный *adj quím* molar
момент *m* 1) momento, instante *с этого ~а* a partir de este momento, de ahora en adelante; *в один ~* en el mismo momento, al instante 2) *(особенность)* elemento, aspecto
моментально *adv* al instante, en un momento, instantáneamente
моментальный *adj* instantáneo, momentáneo
монарх *m* monarca
монархизм *m* monarquismo
монархист, -ка *m/f* monárquic|o, -a
монархический *adj* monárquico
монархия *f* monarquía
монарший *adj* de monarca, monárquico
монастырский *adj* monástico, conventual, cenobítico
монастырь *m* monasterio, convento ◆ **в чужой ~ со своим уставом не ходят** donde fueres, haz lo que vieres
монах *m* monje, fraile *постричься в ~и* tonsurarse, tomar los hábitos
монахиня *f* monja, religiosa
монашество *n* monacato
монашка *f coloq* monja
монгол, -ка *m/f* mongol, -a
монголоидный *adj* mongoloide
монгольский *adj* mongol, mongólico
монет|а *f* moneda ◆ **платить той же ~ой** pagar con la misma moneda
монетный *adj* de moneda, monetario
монистический *adj filos* monista
монисто *n inv* collar (de mujer)
монитор *m* 1) *informát tecn* monitor 2) *mil* monitor
моногамия *f* monogamia
моногамный *adj* monógamo
монографический *adj* monográfico
монография *f* monografía
монокль *m* monóculo
монолит *m* monolito
монолитный *adj* monolítico
монолог *m* monólogo
монологический *adj* monológico
моноплан *m aero* monoplano
монополизация *f* monopolización
монополизировать *biasp vt* monopolizar
монополист, -ка *m/f* monopolista
монополистический *adj* monopolista
монополия *f* monopolio
монопольный *adj* de monopolio, monopolizado
монорельсовый *adj* monorraíl, monocarril
монотеизм *m* monoteísmo
монотеист, -ка *m* monoteísta
монотеистический *adj* monoteísta
монотип *m impr* monotipo
монотонность *f* monotonía
монотонный *adj* monótono
монстр *m* monstruo
монтаж *m* montaje
монтажёр *m cine foto* montador
монтажник *m* montador
монтажный *adj* de montaje
монтёр *m* montador, armador
монтировать *impf* смонтировать *perf vt* montar, armar
монтировка *f* montaje, montado
монумент *m* monumento
монументальность *f* monumentalidad
монументальный *adj* monumental
мопед *m* ciclomotor
мопс *m* bulldog francés
мор *m obsol vulg* peste, plaga
морализировать *impf vt* moralizar
моралист, -ка *m/f* moralista
мораль *f* 1) moral, moralidad 2) *(вывод)* moraleja
морально *adv* moralmente
моральный *adj* moral
мораторий *m* moratoria
морг *m* depósito de cadáveres, morgue
моргать *impf* моргнуть *perf vi* parpadear, pestañear
моргнуть V. моргать
морда *f* 1) hocico, morro 2) *vulg (лицо)* jeta
мордастый *adj* 1) *(о животном)* morrudo, hocicudo 2) *vulg (о человеке)* de cara grande, jetudo
мордашка *f coloq hum* carita
мордва *f* mordvinos (pueblo finoúgrico de la Federación Rusa)
мордобой *m vulg* pelea
мордовать *impf vt vulg* abofetear, zumbar
мордовский *adj* mordvino, de (los) mordvinos, de Mordovia
мордочка *f* 1) *dimin. de* морда 2) *coloq (личико)* carita
мор|е *n* mar *открытое ~е* alta mar ◆ **ждать у ~я погоды** estar al pairo **ему ~е по колено** se pone el mundo por montera
морена *f geol* morena
мореплавание *neg* navegación, náutica
мореплаватель *m* navegante
моретрясение *n* maremoto
мореход *m* navegante
мореходка *f coloq* academia de navegación
мореходный *adj* náutico
морж *m* morsa
моржовый *adj* de morsa
морилка *f* 1) *(для дерева)* nogalina 2) *coloq (для насекомых)* insecticida
морить *impf* поморить(1)/заморить/уморить(2) *perf vt* 1) *(уничтожать)* matar, exterminar, envenenar 2) *coloq (изнурять)* atormentar, torturar
морковка *f coloq* zanahoria
морковный *adj* de zanahoria
морковь *f* zanahoria
мороженица *f* 1) *(устройство)* heladera 2) *coloq (заведение)* heladería
мороженое *n* helado
мороженый *adj* helado, congelado
мороз *m* 1) helada 2) *(холод)* frío *десять градусов ~а* diez grados bajo cero ◆ **Дед Мороз** Papá Noel
морозец *m dimin. de* мороз
морозилка *f coloq* congelador
морозильник *m* congelador
морозильный *adj* de congelación, congelador
морозить *impf* **1.** *vt* congelar, helar **2.** *v/impers* helar
морозно **1.** *adv* fríamente, con frío **2.** *adv pred* hiela, hace frío

морозный *adj* frío
морозостойкий *adj* resistente al frío
морозостойкость *f* resistencia al frío
морока *f vulg* ajetreo, follón
моросить *impf v/impers* lloviznar
морось *f* llovizna, calabobos
морочить *impf vt coloq* desconcertar, confundir, marear ~ *голову* marear, tomar el pelo
морошка *f* mora de los pantanos
морс *m* mors (refresco de bayas)
морск|ой *adj* 1) de mar, naval 2) *(свойственный морю)* marino 3) *(мореплавательный)* marítimo ◆ **~ая свинка** conejillo de Indias **~ой конёк** caballito de mar **~ая капуста** algas **~ой волк** lobo de mar
мортира *f mil* mortero
морфема *f ling* morfema
морфемный *adj ling* morfémico, de morfemas
морфий *m* morfina
морфологический *adj* morfológico
морфология *f* morfología
морфонология *f ling* morfonología
морщина *f* arruga, pliegue
морщинистый *adj* arrugado, cubierto de arrugas
морщиниться *impf coloq* fruncirse, arrugarse
морщинка *f dimin. de* морщина
морщить *impf* наморщить *perf vt* arrugar, fruncir ~ *лоб* fruncir el ceño
морщиться *impf* наморщиться (1)/сморщиться (2) *perf* 1) *(морщить лицо)* fruncir el ceño, contraerse, hacer mohines 2) *(собираться в морщины)* arrugarse
моряк *m* marinero, marino
моряцкий *adj* marinero, de marino
морячка *f* marinera
москатель *f colect* artículos de droguería
москвич, -ка *m/f* moscovita
москит *m* mosquito
московский *adj* moscovita, de Moscú
мослак *m vulg* V. мосол
мосол *m vulg* hueso
мост *m* puente
мостик *m* 1) *dimin. de* мост 2) *nav* puente *капитанский* ~ puente de mando
мостить *impf* замостить *perf vt* empedrar, adoquinar, pavimentar
мост|ки (*gen* –ов) *mpl* 1) pasarela 2) *(леса)* andamio
мостовая *f* calzada, pavimento
мостовой *adj* de puente
моська *f coloq* dogo enano
мот *m coloq* despilfarrador, derrochador, manirroto
мотать[1] *impf* намотать (1)/помотать (2) *perf vt* 1) *(наматывать)* enrollar, devanar 2) (**чем-л**) *(махать, трясти)* mover, menear, sacudir ~ *головой* sacudir la cabeza (en señal de desacuerdo) 3) *coloq (нервы и т.д.)* consumir, desgastar ◆ ~ **себе на ус** tomar nota de algo
мотать[2] *impf* промотать *perf vt coloq (нерасчетливо тратить)* despilfarrar, derrochar
мотаться *impf* мотнуться *perf* 1) *coloq (качаться)* pender, balancearse 2) *coloq (проводить время в хлопотах)* ir de un lado para otro, bregar

мотель *m* motel
мотив[1] *m (причина)* motivo, causa, razón
мотив[2] *m lit mús* motivo
мотивировать *biasp vt* motivar, justificar
мотивировка *f* argumentación, razonamiento
мотивировочный *adj* motivacional, de motivación
мотивный *adj* de(l) motivo
мотня *f coloq* ajetreo, trajín
мотовской *adj* derrochador, despilfarrador
мотовство *n* derroche, despilfarro
мотогонк|и (*gen* –ок) *fpl* carreras de motos (motocicletas)
мотогонщи|к, -ца *m/f* motorista, motociclista
моток *m* madeja
мотопед *m* ciclomotor
мотопила *f* sierra mecánica
мотор *m* motor
моторизация *f* motorización
моторизировать *biasp vt* motorizar
моторизованный *adj* motorizado
моторизовать *biasp vt* motorizar
моторист *m* mecánico
моторка *f coloq* motora, lancha motora
моторный *adj* de motor
мотороллер *m* scooter, ciclomotor
мотоцикл *m* motocicleta, moto
мотоциклетный *adj* de motocicleta
мотоциклист, -ка *m/f* motociclista
мотыга *f* azada, azadón
мотылёк *m* mariposa *ночной* ~ falena
мотыль *m* larva de mosquito
мох *m* musgo, liquen
мохнатый *adj* peludo, velloso, velludo
моцион *m med* paseo, ejercicio
моча *f* orina
мочалистый *adj* estropajoso, fibroso
мочалка *f* esponja
мочевой *adj* urinario ~ *пузырь* vejiga urinaria
мочегонный *adj* diurético
мочеиспускание *n* micción, evacuación urinaria
мочеиспускательный *adj anat* urinario ~ *канал* uretra
мочеотделение *n fisiol* secreción de la orina
мочеполовой *adj anat* génito-urinario
мочёный *adj* macerado
мочить *impf* замочить (1, 2, 3) /намочить (1) *perf vt* 1) *(смачивать)* mojar, humedecer 2) *(вымачивать)* remojar 3) *jerg (убивать)* matar, cargarse
мочиться *impf* помочиться *perf* orinar, orinarse
мочка *f* lóbulo (de la oreja)
мочь *impf* смочь *perf vt* poder *я делаю всё, что могу* hago todo lo que puedo ◆ **может быть** puede ser, es posible, tal vez, quizás **не может быть!** ¡no puede ser! ¡(es) imposible!
мошенни|к, -ца *m/f* estafador, -a, timador, -a
мошенничать *impf* смошенничать *perf vi* estafar, timar
мошеннический *adj* fraudulento, de estafa
мошенничество *n* estafa, timo
мошка *f* mosquita
мошкара *f* mosquitas
мошна *f obsol* monedero, bolsa
мошонка *f* escroto
мощёный *adj* pavimentado, adoquinado, empedrado

мощ|и (*gen –ей) fpl* reliquias ◆ **живые ~и** saco de huesos, esqueleto viviente
мощно *adv* poderosamente, potentemente
мощность *f* potencia
мощный *adj* potente, poderoso
мощь *f* potencia, poder, poderío
мразь *f coloq desp* basura, inmundicia
мрак *m* oscuridad, tinieblas
мракобес *m* oscurantista
мракобесие *n* oscurantismo
мрамор *m* mármol
мраморный *adj* de mármol, marmóreo
мраморщик *m* marmolista
мрачнеть *impf* помрачнеть *perf vi* ensombrecer, ensombrecerse, ponerse sombrío
мрачно 1. *adv* sombríamente, oscuramente, lúgubremente **2.** *adv pred* es sombrío, es lúgubre
мрачность *f* 1) oscuridad, tenebrosidad 2) *(грусть)* tristeza, melancolía
мрачный *adj* 1) sombrío, oscuro, tenebroso, lóbrego 2) *(грустный)* lúgubre, triste
мститель *m* vengador
мстительность *f* carácter vengativo, espíritu de venganza
мстительный *f* vengador, vengativo
мстить *impf* отомстить *perf vi* (**кому-л/за что-л**) vengarse (de alg por u/c) ~ *за обиду* vengar una ofensa
муар *m* moaré, muaré
муаровый *adj* de moaré
мудак *m vulg insult* imbécil, gilipollas
мудрено *coloq* **1.** *adv* de una forma complicada (difícil, poco clara) **2.** *adv pred* es difícil, es complicado *не ~* no tiene nada de extraordinario, no es difícil de entender
мудрец *m* sabio
мудр|ёный *adj* 1) *coloq (трудный для понимания)* complicado, intrincado, enmarañado 2) *coloq (трудный для выполнения)* difícil, complicado ◆ **утро вечера ~енее** la almohada es buena consejera
мудрить *impf* намудрить *perf vi coloq* dificultar, enmarañar, sofisticar
мудро *adv* sabiamente, con sabiduría
мудрость *f* sabiduría
мудрств|овать *impf vi* razonar, reflexionar ◆ **не ~уя лукаво** sin hacer grandes razonamientos, sin alambicar demasiado
мудрый *adj* sabio
муж (*pl –ья) m* 1) marido, esposo 2) *elev (мужчина)* hombre
мужать *impf* возмужать *perf vi* hacerse hombre, madurar
мужа|ться *impf* ser fuerte, ser valiente *~йся!* ¡ánimo!, ¡sé fuerte!
муженёк *m dimin. de* муж
мужеподобный *adj* hombruno, ahombrado
мужественно *adv* con valentía, valientemente, con coraje
мужественность *f* valentía, valor, hombría, firmeza
мужественный *adj* 1) valiente, valeroso 2) *(стойкий)* firme
мужество *n* valentía, coraje, valor, hombría
мужик *m* 1) mujik, campesino ruso 2) *coloq (мужчина)* hombre, tío
мужиковатый *adj coloq* vulgar, ordinario
мужицкий *adj* 1) *(относящийся к мужику)* de mujik 2) *(грубый)* vulgar, ordinario
мужичок *m dimin. de* мужик
мужний *adj* del marido, del esposo, del cónyuge
мужской *adj* 1) masculino, viril, de hombres 2) *(о туалете)* de caballeros ◆ ~ **пол** sexo masculino ~ **род** *ling* género masculino, masculino
мужчина *m* hombre, varón
мужчинка *m hum dimin. de* мужчина
муза *f* musa
музеевед *m* museólogo
музееведение *n* museología
музей *m* museo
музейный *adj* de museo
музейщик *m coloq* museólogo
музыка *f* música
музыкальность *f* musicalidad
музыкальный *adj* musical
музыкант *m* músico
музыкантский *adj* de músico
музыковед *m* musicólogo
музыковедение *n* musicología
мука *f* harina
мука *f* suplicio, tormento
муксун *m* coregonus muksun (pez de la familia de los salmónidos)
мул *m* mulo
мулат, -ка *m/f* mulat|o, -a
мулине *n inv* mouliné (hilo)
мулла *m relig* mulá
мультик *m coloq* película de dibujos animados
мультимиллионер *m* multimillonario
мультипликатор *m cine foto* multiplicador
мультипликационный *adj* : ~ фильм película de dibujos animados
мультипликация *f cine* dibujos animados
мультфильм *m* dibujos animados
муляж *m* modelo, imitación
мумиё *n* mumiyó, shilajit (especie de brea)
мумификация *f* momificación
мумифицировать *biasp vt* momificar
мумия *f* momia
мундир *m* uniforme, guerrera ◆ **картошка в ~е** *coloq* patatas cocidas con piel
мундштук *m* 1) *(курительный)* boquilla 2) *(духовного инструмента)* embocadura
муниципалитет *m* municipio
муниципальный *adj* municipal
мура *f vulg* tontería, fruslería
мурава[1] *f (трава)* hierba (joven)
мурава[2] *f (полива)* esmalte
муравей *m* hormiga
муравейник *m* hormiguero
муравьед *m* oso hormiguero
муравьиный *adj* de hormiga(s)
мурашк|а *f* hormiguita *~и по коже* hormigueo (en la piel)
мурка *f coloq* minino, gato
мурло *n vulg* jeta, hocico
мурлыканье *n* ronroneo, runrún
мурлыкать *impf* промурлыкать *perf vi* ronronear
мурыжить *impf vt vulg* importunar, hartar
мускат *m* 1) nuez moscada 2) *(сорт винограда)* moscatel

мускатн|ый *adj* moscado *~ый орех* nuez moscada; *~ое вино* moscatel
мускул *m* músculo
мускулатура *f* musculatura
мускулистый *adj* musculoso
мускульный *adj* de(l) músculo, muscular
мускус *m* almizcle
мускусный *adj* almizclado, de almizcle
муслить V. мусолить
мусолить *impf* замусолить/намусолить *perf vt* 1) *coloq (смачивать слюной)* ensalivar, mojar con saliva 2) *(пачкать)* manchar
мусор *m* 1) basura 2) *(строительный)* escombros
мусорить *impf* намусорить *perf vi coloq* ensuciar
мусорный *adj* de (la) basura *~ ящик* cubo de la basura
мусоропровод *m* conducto de basura
мусорщик *m* basurero
мусс *m* mousse
муссировать *impf vt elev* inflar, sobredimensionar, exagerar
муссон *m* monzón
муссонный *adj* monzónico, del monzón
мустанг *m* mústang, caballo cimarrón
мусульман|ин, -ка *m/f* musulm|án, -ana
мусульманский *adj* musulmán
мусульманство *n* islamismo, mahometismo
мутаген *m biol* mutágeno
мутагенный *adj biol* mutagénico
мутационный *adj* de mutación
мутация *f* mutación
мут|ить *impf* замутить/намутить *perf* **1.** *vt* 1) *(жидкость)* enturbiar, turbar 2) *(чувства)* enturbiar, alterar, turbar **2.** *v/impers coloq (тошнить)* marearse, tener náuseas *меня ~ит* me dan náuseas
мутнеть *impf* помутнеть *perf vi* enturbiarse, ponerse turbio
мутно *adv* turbiamente, borrosamente
мутность *f* 1) turbiedad, turbieza 2) *(тусклость)* opacidad, enturbiamiento
мутный *adj* turbio, borroso
мутовка *f* 1) *bot* verticilio 2) *(утварь)* batidora
мутон *m* mutón, piel de cordero
муторный *adj coloq* aburrido, pesado, desagradable
муть *f* 1) *(осадок)* sedimento 2) *(в сознании)* embrollo, turbación, lío
муфта *f* manguito
муфтий *m relig* muftí
мух|а *f* mosca ◆ **какая ~а тебя укусила?** ¿qué mosca te ha picado? **он и ~и не обидит** no es capaz de matar una mosca **делать из ~и слона** hacer de una pulga un elefante **быть под ~ой** *coloq* haber empinado el codo, ir borracho
мухлевать *impf* смухлевать *perf vi coloq* hacer trampas
мухлёвка *f coloq* trampa
мухоловка *f* 1) *(ловушка)* cazamoscas, mosquero 2) *(птица)* papamoscas 3) *(растение)* dionea
мухомор *m* amanita muscaria
мучение *n* tormento, suplicio, tortura
мучени|к, -ца *m/f* mártir
мученический *adj* mártir, de mártir
мученичество *n* martirio
мучитель *m* torturador
мучительно *adv* dolorosamente, horriblemente, atrozmente
мучительный *adj* doloroso, penoso
мучить *impf* замучить/измучить *perf vt* torturar, atormentar, hacer sufrir
мучиться *impf* замучиться/измучиться *perf* atormentarse, sufrir
мучник *m obsol* harinero, comerciante de harina
мучнистый *adj* harinoso, feculoso
мучное *n* harinas, féculas
мучной *adj* de harina, harinero
мушиный *adj* de mosca(s)
мушка[1] *f* 1) *dimin. de* муха 2) *(на лице)* lunar
мушк|а[2] *f (на огнестрельном оружии)* punto de mira *взять на ~у* apuntar
мушкет *m hist* mosquete
мушкетёр *m hist* mosquetero
мушкетёрский *adj* de mosquetero(s)
мушмула *f* níspero
муштра *f* adiestramiento
муштровать *impf* вымуштровать *perf vt* adiestrar, amaestrar
муштровка *f* adiestramiento
муэдзин *m relig* almuédano, almuecín, muecín
мчать *impf* **1.** *vt* llevar (conducir) velozmente **2.** *vi (мчаться)* correr, moverse rápidamente
мчаться *impf* correr, moverse rápidamente, volar
мшистый *adj* cubierto de musgo, musgoso
мщение *n* venganza
мы *pron pers* nosotros *~ живём в этом доме* vivimos en este edificio; *~ с тобой* nosotros, tú y yo
мыкаться *impf coloq* vagar, errar, deambular
мыло *n* jabón
мыльница *f* jabonera
мыльн|ый *adj* de jabón, jabonoso ◆ **~ая опера** culebrón
мымра *m/f vulg peyor* muermo, plasta, pesad|o, -a
мыс *m* cabo, promontorio
мысленно *adv* mentalmente
мысленный *adj* mental
мыслимый *adj* imaginable, posible
мыслитель *m* pensador
мыслительный *adj* pensador, mental
мыслить *impf vt* 1) pensar, razonar 2) *(представлять)* imaginar
мысл|иться *impf* representarse, parecer *мне будущее ~ится прекрасным* el futuro me parece excelente
мысль *f* pensamiento, idea *хорошая ~* buena idea
мытарство *n* tormento, tortura, sufrimiento
мыть *impf* вымыть/помыть *perf vt* lavar, fregar ◆ **рука руку моет** una mano lava la otra
мытьё *n* lavado ◆ **не ~м, так катаньем** si no es por las buenas, será por las malas
мыться *impf* вымыться/помыться *perf* lavarse
мычание *n* 1) mugido, bramido 2) *coloq (нечленораздельные звуки)* murmullo
мычать *impf* промычать *perf vi* 1) mugir, bramar 2) *coloq (о человеке)* murmurar
мышеловка *f* ratonera

мышечный *adj* muscular
мышиный *adj* de ratón, ratonil
мышк|а *f* 1) ratón 2) *informát* ratón ◆ **играть в кошки-~и** jugar al gato y al ratón
мышление *n* pensamiento, razonamiento, mentalidad
мышонок *m* ratoncito, ratoncillo
мышца *f* músculo
мышь *f* ratón ◆ **летучая** ~ murciélago
мышьяк *m quím* arsénico
мэр *m* alcalde
мэрия *f* alcaldía, ayuntamiento
мюзикл *m mús* musical
мягкий *adj* 1) suave, blando 2) *(приятный, нежный)* suave, dulce 3) *(плавный)* suave 4) *(кроткий)* blando, dulce 5) *ling* palatalizado, blando
мягко *adv* 1) suavemente, blandamente 2) *(нежно)* suavemente, dulcemente 3) *(плавно)* suavemente 4) *(кротко)* blandamente, dulcemente ◆ ~ **выражаясь** hablando suavemente (con moderación)
мягкость *f* 1) suavidad, blandura 2) *(нежность)* suavidad, dulzura 3) *(плавность)* suavidad 4) *(кротость)* blandura, dulzura
мякина *f* salvado
мякиш *m* miga, molla
мякнуть *impf* намякнуть/размякнуть *perf vi coloq* ablandarse, reblandecerse
мякоть *f* 1) miga, molla 2) *(фруктов)* pulpa
мямлить *impf* промямлить *perf vt coloq* balbucear
мямля *m/f coloq* remol|ón, -ona, indolente
мясистый *adj* 1) carnoso, carnudo 2) *(о плодах)* carnoso, pulposo
мясник *m* carnicero
мясницкий *adj* de(l) carnicero
мясной *adj* de carne, cárnico
мясо *n* carne *тушёное* ~ carne estofada ◆ **пушечное** ~ carne de cañón **ни рыба ни** ~ ni carne ni pescado
мясорубка *f* picadora de carne
мята *f* menta
мятеж *m* rebelión, revuelta, motín
мятежник *m* rebelde, insurgente, amotinado
мятежный *adj* 1) rebelde, insurrecto, insurgente, sedicioso 2) *elev (беспокойный)* agitado
мятный *adj* de menta
мятый *adj* arrugado
мять *impf* размять (1)/помять (2) *perf vt* 1) *(размягчать)* ablandar, reblandecer 2) *(комкать)* arrugar
мяться[1] *impf* размяться (1)/помяться (2) *perf* 1) *(размягчаться)* ablandarse, reblandecerse 2) *(комкаться)* arrugarse
мяться[2] *impf coloq (колебаться)* vacilar, dudar
мяуканье *n* maullido
мяукать *impf* промяукать *perf vi* maullar
мяукнуть *perf vi* maullar
мяч *m* balón, pelota *играть в* ~ jugar a la pelota
мячик *m* pelota

Н

на[1] *prep* 1) **(чём-л)** *(с указанием на местонахождение на поверхности)* en, sobre, encima de *книга лежит ~ столе* el libro está sobre la mesa 2) **(чём-л)** *(с указанием на местонахождение на мероприятии)* en *она ~ собрании* está en una reunión 3) **(что-л)** *(с указанием на направление на поверхность)* en, sobre, encima de *положить книгу ~ стол* poner un libro sobre la mesa 4) **(что-л)** *(с указанием на направление на мероприятие)* a *он идёт ~ концерт* va a un concierto 5) **(что-л)** *(с указанием на запланированное время действия)* para *она приехала ~ неделю* ha venido para una semana 6) **(чём-л)** *(с указанием на время)* en *~ следующей неделе* la semana que viene 7) **(что-л)** *(с указанием на количественную меру)* en *пиджак ~ семь тысяч рублей* una americana de siete mil rublos 8) **(кого/что-л.)** *(с указанием объекта действия)* para *яблоки на продажу* manzanas para vender; *он работает ~ меня* trabaja para mí

на[2] *partic coloq (в значении сказуемого, «возьми»)* toma, ten *~ тебе* toma, ten; *~ книгу* toma el libro ◆ **вот тебе и ~!** ¡toma!, ¡chúpate esa!

на[3] *partic* : какой ни ~ есть cualquiera que sea, что ни ~ есть lo que sea

набаламутить V. баламутить

набалдашник *m* pomo

набат *m* toque de rebato *бить в ~* tocar a rebato

набег *m* incursión, irrupción

набегать V. набежать

набегаться *perf* 1) *(вдоволь побегать)* correr (mucho, bastante) 2) *(бегая, утомиться)* cansarse corriendo

набедокурить V. бедокурить

набедренный *adj* en (sobre) las caderas

набежать *perf* набегать *impf vi* 1) **(на кого/что-л)** *(натолкнуться)* chocar (con alg o u/c), tropezar (con alg o u/c) 2) *(внезапно появиться)* aparecer, comenzar 3) *coloq (сбежаться)* acudir, amontonarse 4) *(накопиться)* acumularse, amontonarse

набезобразничать V. безобразничать

набекрень *adv coloq* de lado, inclinado *носить шляпу ~* llevar el sombrero de lado ◆ **мозги ~ у кого-л.** *vulg* ser cerrado de mollera, ser corto de entendederas

набелиться V. белиться

набело *adv* en limpio

набережная *f* malecón, muelle

набивать V. набить

набиваться V. набиться

набивка *f* 1) *(действие и материал)* relleno 2) estampado

набивной *adj* 1) relleno 2) *(о ткани)* estampado

набирать V. набрать

набираться V. набраться

набитый *adj* lleno, repleto, colmado *битком ~* lleno hasta los topes ◆ *~* **дурак** *coloq* tonto de capirote

набить *perf* набивать *impf vt* 1) llenar, embutir, abarrotar 2) *(напечатать на ткани)* estampar 3) *(забить в большом количестве)* clavar 4) *(разбить в большом количестве)* romper ◆ *~* **руку в чём-л.** adquirir experiencia en u.c., cogerle el truco a u.c.

набиться *perf* набиваться *impf* amontonarse, aglomerarse, agolparse

наблюдатель *m* observador

наблюдательность *f* capacidad de observación

наблюдательный *adj* observador

наблюдать *impf vi* **(за чем/кем-л)** observar *vt*

наблюдаться *impf* observarse, notarse

наблюдение *n* observación

набожность *f* religiosidad, devoción

набожный *adj* beato, muy devoto

набок *adv* de lado, sobre el costado

наболеть *perf vi* doler mucho, producir dolor

набор *m* 1) *(приём)* admisión, contratación 2) *(текста)* composición 3) *(комплект)* juego

наборный *adj impr* de composición

наборщик *m impr* cajista

набрасывать V. набросать, набросить

набрасываться V. наброситься

набрать *perf* набирать *impf vt* 1) coger (mucho), recoger, acumular 2) *(ввести с помощью клавиатуры)* marcar *~ номер телефона* marcar un número de teléfono 3) *coloq (нанять)* reclutar 4) *coloq (позвонить кому-л.)* llamar

набр|аться *perf* набираться *impf* 1) acumularse, juntarse *~алось много народу* se juntó mucha gente 2) **(чего-л)** *coloq (найти в себе)* armarse (de u/c) *~аться храбрости* armarse de valor 3) *(приобрести)* adquirir, ganar *~аться ума* volverse juicioso 4) *vulg* emborracharse ◆ **с кем поведёшься, от того и наберёшься** dime con quién andas y te diré quién eres

набредать V. набрести

набрести *perf* набредать *impf vi* **(на кого/что-л)** encontrar, ir a parar (a u/c), ir a dar (con alg o u/c)

набросать *perf* набрасывать *impf vt* 1) tirar, echar (en gran cantidad) 2) *(изобразить)* esbozar, bosquejar

набросить *perf* набрасывать *impf vt* **(на кого/что-л)** lanzar encima (de alg o u/c), echar encima (de alg o u/c)

наброситься *perf* набрасываться *impf* **(на кого/что-л)** lanzarse (sobre alg o u/c), abalanzarse (sobre alg o u/c), tirarse (encima de alg o u/c)

набросок *m* esbozo, bosquejo, croquis

набухать V. набухнуть

набухнуть *perf* набухать *impf vi* 1) *(напитаться влагой)* empaparse, hincharse por la humedad 2) *(отечь)* hincharse

набычиваться V. набычиться
набычиться *perf* набычиваться *impf coloq* enfurruñarse, funcir el ceño
навага *f* bacalao del Ártico
наваждение *n* alucinación, visión
наваливать V. навалить
наваливаться V. навалиться
навали|ть *perf* наваливать *impf* **1.** *vt* 1) *(с усилием положить)* colocar, cargar 2) *coloq (положить в беспорядке)* amontonar, apilar 3) *(поручить многое)* cargar, sobrecargar **2.** *vi (собраться в большом количестве)* amontonarse, apiñarse, acudir en tropel *~ла толпа* acudió una multitud **3.** *v/impers (собраться в большом количестве)* amontonarse, apiñarse *~ло снегу* ha caído mucha nieve
навалиться *perf* наваливаться *impf* 1) **(на кого/что-л)** lanzarse (sobre alg o u/c), abalanzarse (sobre alg o u/c) 2) *(упасть в большом количестве)* caer (en gran cantidad), acumularse
навалом *adv* 1) *(без тары)* a montones 2) *coloq (много)* montones, gran cantidad, mogollón
навар *m* 1) *(настой)* caldo 2) *(жир)* espuma de grasa, grasa del caldo 3) (*прибыль*) *coloq* beneficio, margen
наваривать V. наварить
наваристый *adj* espeso, con mucha grasa
наварить *perf* наваривать *impf vt* 1) **(чего-л)** *(сварить много)* hervir, cocer (en gran cantidad) 2) *tecn (приварить)* soldar
навевать V. навеять
наведаться *perf* наведываться *impf* ir, venir (a informarse)
наведение *n* 1) *(нацеливание)* apuntamiento 2) *(строение)* puesta, realización
наведываться V. наведаться
навезти *perf* навозить *impf vt* 1) *(натолкнуть)* llevar 2) **(чего-л)** *(много)* llevar, traer (en gran cantidad)
навек, навеки *adv* para siempre
наверно *adv* probablemente, seguramente
наверное *con* probablemente, seguramente
навернуть *perf* навёртывать/наворачивать *impf vt* 1) *(намотать)* enrollar 2) *(навинтить)* atornillar
навернуться *perf* навёртываться/наворачиваться *impf* 1) *coloq (о слезах)* salir, brotar (lágrimas) 2) *vulg (упасть)* caerse, rodar
наверняка *adv coloq* seguramente
наверстать *perf* навёсртывать *impf vt* recuperar, atrapar
наверх *adv* hacia arriba, arriba
наверху *adv* arriba
навес *m* toldo, alero
навеселе *adv coloq* a medios pelos, achispado
навесить *perf* навешивать *impf vt* colgar, suspender
навеска *f* colgamiento
навесной *adj* para colgar, colgante
навесный *adj* curvo, parabólico
навести *perf* наводить *impf vt* llevar, conducir
навестить *perf* навещать *impf vt* **(кого-л)** visitar (a alg)
навет *m obsol* calumnia
наветренный *adj* del viento
навечно *adv* a perpetuidad, para siempre
навешать *perf* навешивать *impf vt* **(чего-л)** *(повесить)* colgar (en gran cantidad)
навешивать V. навешать
навещать V. навестить
навея|ть *perf* навевать *impf vt* 1) traer, arrastrar, llevar *ветер ~л прохладу* el viento trajo frío 2) *(вызвать)* inspirar, sugerir
навёрстывать V. наверстать
навёртывать V. навернуть
навёртываться V. навернуться
навзничь *adv* boca arriba, de espaldas
навзрыд *adv* : плакать ~ llorar a lágrima viva
навигатор *m* navegador
навигационный *adj* de navegación
навигация *f* navegación
нависать V. нависнуть
нависнуть *perf* нависать *impf vi* 1) *(опуститься)* descender, bajar 2) **(над кем/чем-л)** *(об опасности)* amenazar, ceñirse (sobre alg o u/c)
навлекать V. навлечь
навлечь *perf* навлекать *impf vt* atraer, provocar *~ беду* traer una desgracia
наводить V. навести
наводка *f* 1) *(сооружение)* construcción, tendido 2) *mil* puntería
наводнение *n* inundación
наводнить *perf* наводнять *impf vt* 1) inundar 2) *(заполнить)* inundar, afestar
наводнять V. наводнить
наводчик *m* 1) *mil* apuntador 2) *jerg (вор)* gancho
навоз *m* estiércol
навозить V. навезти
навозный *adj* de (para) estiércol
навой *m textl* enjulio, enjullo
наволгнуть V. волгнуть
наволочка *f* funda de almohada
навонять *perf vi vulg* producir mal olor, apestar
наворачивать *impf vt* 1) V. наворотить, навернуть 2) *coloq (есть с аппетитом)* engullir, comer a dos carrillos
наворовать *perf* наворовывать *impf vt* **(что/чего-л)** *coloq* robar (en gran cantidad)
наворотить *perf* наворачивать *impf vt coloq* amontonar, acumular
навострить *perf vt coloq* aguzar, agudizar *~ уши* aguzar el oído, ser todo oídos
наврать V. врать
навредить *perf vi* **(кому-л)** causar daño (perjuicio) (a alg)
навряд, навряд ли *adv coloq* es poco probable, es dudoso *~ ли он придёт* dudo que venga
навсегда *adv* para siempre
навстречу **1.** *adv* al encuentro **2.** *prep* **(кому/чему-л)** en dirección (a alg o u/c), al encuentro (de alg o u/c)
навыворот *adv vulg* al revés, al contrario
навык *m* práctica, destreza, hábito, habilidad
навыкат, навыкате *adv* : у него глаза ~ tiene los ojos saltones
навылет *adv* de parte a parte
навынос *adv coloq* para llevar
навыпуск *adv* : носить ~ llevar por fuera, por encima (la ropa)
навытяжку *adv* : стоять ~ estar en posición firme

навьючиваться V. навьючиться
навьючиться *perf* навьючиваться *impf* **(чём-л)** *coloq* cargarse (con u/c)
навязать[1] *perf* навязывать *impf vt* 1) *(намотать)* atar, liar 2) *(наготовить вязанием)* tejer (una cantidad) 3) *(принудить)* imponer ~ *мнение* imponer una opinión
навязать[2] V. навязнуть
навязаться *perf* навязываться *impf* 1) *coloq* conseguir con ruegos ~ *в гости* hacerse invitar 2) *coloq* importunar, hacerse pesado ~ *со своими советами* hacerse pesado con sus consejos
навязнуть *perf* навязать *impf vi* acumularse (pegándose, adheriéndose)
навязчивость *f* impetinencia, importunidad
навязчив|ый *adj* pesado, insistente, pegajoso ◆ **~ая идея** idea obsesiva
навязывать V. навязать 1
навязываться V. навязаться
нагадать *perf* нагадывать *impf vt coloq* adivinar, presagiar
нагадить V. гадить
нагадывать V. нагадать
нагайка *f* nagaika (látigo de cuero)
наган *m* revólver (sistema Nagant)
нагар *m* pábilo, parte carbonizada
нагибать V. нагнуть
нагибаться V. нагнуться
нагишом *adv coloq* desnudo, en cueros
наглатываться V. наглотаться
наглеть *impf* обнаглеть *perf vi* volverse insolente, descararse
наглец *m* caradura, sinvergüenza
наглеца *f coloq* descaro, insolencia
нагло *adv* con insolencia, con descaro
наглость *f* insolencia, descaro, desfachatez
наглотаться *perf* наглатываться *impf* **(чего-л)** tragar (en gran cantidad) ~ *пыли* tragar mucho polvo
наглухо *adv* herméticamente
наглый *adj* insolente, descarado
наглядеться *perf* mirar (contemplar) a saciedad *не* ~ no cansarse de mirar
наглядность *f* evidencia, claridad
наглядный *adj* 1) ilustrativo, evidente 2) *(об учебном материале)* didáctico, intuitivo
нагнаиваться V. нагноиться
нагнать *perf* нагонять *impf vt* 1) *(догнать)* alcanzar 2) *(наверстать упущенное)* recuperar, alcanzar 3) *(сосредоточить)* juntar, agolpar 4) **(что/чего-л)** *(внушить)* provocar, infundir ~ *страха* provocar miedo
нагнести *perf* нагнетать *impf vt* 1) comprimir, presionar 2) *(усилить чувство)* exacerbar, excitar
нагнетатель *m tecn* compresor
нагнетать V. нагнести
нагноение *n* supuración
нагноиться *perf* нагнаиваться *impf* supurar
нагнуть *perf* нагибать *impf vt* inclinar
нагнуться *perf* нагибаться *impf* inclinarse, agacharse
наговаривать V. наговорить
наговорить *perf* наговаривать *impf vt* **(на кого-л)** difamar (sobre alg)
наговориться *perf* hablar hasta la saciedad
нагой *adj* desnudo
наголо *adv (о стрижке)* al cero
наголову *adv* : разбить ~ derotar por completo
нагоняй *m coloq* reprimenda, rapapolvo *дать* ~ echar un rapapolvo
нагонять V. нагнать
нагораживать V. нагородить
нагорный *adj* montañoso, alto, elevado
нагородить *perf* нагораживать *impf vt* 1) *(настроить)* construir, cercar (en gran cantidad) 2) *coloq (нагромоздить)* amontonar, apilar 3) *coloq (наговорить чего-л. нелепого)* decir disparates
нагорье *n* meseta
нагота *f* desnudez
наготавливать V. наготовить
наготове *adv* a punto
наготовить *perf* наготавливать *impf vt* 1) preparar (mucho), hacer provisión (de u/c) 2) *(настряпать)* cocinar, preparar (un gran cantidad)
награбить *perf vt* **(что/чего-л)** robar, adquirir saqueando
награда *f* 1) condecoración, galardón 2) *sport* trofeo
наградить *perf* награждать *impf vt* recompensar, premiar, condecorar
наградной *adj* de recompensa
награждать V. наградить
награждение *n* 1) *(орденом)* condecoración 2) *(деньгами)* premio
нагрев *m tecn* calentamiento
нагревание *n* calentamiento
нагреватель *m* calentador
нагревательный *adj* calorífero, calorífico
нагревать V. нагреть
нагреваться V. нагреться
нагреть *perf* нагревать *impf vt* calentar
нагреться *perf* нагреваться *impf* calentarse
нагрешить *perf vi coloq* cometer muchos pecados, pecar mucho
нагримировать V. гриммировать
нагримироваться V. гриммироваться
нагромождать *impf vt* amontonar, apilar
нагромождение *n* 1) *(действие)* amontonamiento 2) *(груда)* montón
нагромоздить V. громоздить
нагромоздиться V. громоздиться
нагрубить V. грубить
нагрудник *m* peto, pechera *детский* ~ babero
нагрудный *adj* de(l) pecho, pectoral ~ *знак* insignia
нагружать V. нагрузить
нагрузить *perf* нагружать *impf vt* cargar
нагрузка *f* carga
нагрянуть *perf vi* llegar de improviso, sobrevenir
нагуливать V. нагулять
нагулять *perf* нагуливать *impf vt* adquirir ~ *аппетит* coger hambre, abrir el apetito
нагуляться *perf* pasear hasta quedar satisfecho
над *prep* **(кем/чем-л)** sobre (alg o u/c), (por) encima (de alg o u/c) *летать* ~ *городом* volar sobre la ciudad; *висеть* ~ *столом* pender sobre la mesa
надавать *perf vt* **(что/чего-л)** dar (en gran cantidad) ~ *советов* dar muchos consejos

надавить *perf* надавливать *impf vt* 1) **(что/на что-л.)** presionar, apretar 2) **(что/чего-л)** *(выжать)* exprimir (en cierta cantidad)
надавливать V. надавить
надбавить *perf* надбавлять *impf vt* 1) **(что/чего-л)** añadir, agregar 2) *(прибавить)* aumentar
надбавка *f* complemento, añadidura
надбавлять V. надбавить
надбровный *adj anat* superciliar
надбровье *n* sobreceja, parte superciliar
надвигать V. надвинуть
надвигаться V. надвинуться
надвинуть *perf* надвигать *impf vt* encasquetar, calar
надвинуться *perf* надвигаться *impf* acercarse, aproximarse
надводный *adj* de la superficie (del agua)
надвое *adv* en dos (partes)
надворный *adj hist* de la hacienda, de la casa
надгробие *n* lápida
надгробный *adj* sepulcral, fúnebre
наддавать V. наддать
наддать *perf* наддавать *impf vt* **(что/чего-л)** *coloq* añadir, aumentar
надевать V. надеть
надежда *f* esperanza, ilusión
надел *m* parcela, lote
наделать *perf* наделывать *impf vt* 1) **(что/чего-л)** hacer, preparar (en cierta cantidad) 2) *coloq (совершить, причинить)* hacer, cometer, causar ~ *ошибок* cometer (muchos) errores
наделить *perf* наделять *impf vt* 1) **(кого-л чем-л)** repartir, asignar, distribuir ~ *всех гостинцами* repartir regalos a todos 2) **(кого-л чем-л)** *(способностями и т.д.)* dotar (de u/c), dar ~ *талантом* dotar de talento
наделывать V. наделать
наделять V. наделить
надеть *perf* надевать *impf vt* ponerse, **(на кого-л)** poner (a alg) ~ *куртку на ребёнка* poner la cazadora al niño; ~ *обувь* calzarse
надеяться *impf* понадеяться *perf* **(на кого/что-л)** confiar (en alg o u/c), esperar
надёжность *f* fiabilidad, seguridad, firmeza
надёжный *adj* seguro, fiable, firme
надземный *adj* 1) aéreo 2) *(над поверхностью земли)* elevado
надзиратель *m* vigilante, celador
надзирать *vi* **(за кем/чем-л)** velar (por alg o u/c), vigilar
надзор *m* vigilancia
надзорный *adj* de vigilancia, fiscal
надирать V. надрать
надкостница *f anat* periostio
надкус *m* mordisco
надкусить *perf* надкусывать *impf vt* morder, dar un mordisco
надкусывать V. надкусить
надламывать V. надломить
надлеж|ать *impf v/impers* **(кому-л)** *elev* ser necesario, deber, tener que *вам ~ит явиться в указанный срок* debe presentarse en el plazo indicado
надлежащий *adj elev* necesario, pertinente, conveniente
надлом *m* fractura, quebrantamiento
надломить *perf* надламывать *impf vt* 1) romper, quebrar, quebrantar (sin acabar de separar) ~ *ветку* romper una rama 2) *(подорвать)* quebrantar, debilitar
надменно *adv* con altivez, altivamente, con arrogancia
надменность *f* arrogancia, altivez, soberbia **надменный** *adj* arrogante, altivo, soberbio
надо[1] *adv impers pred* **(кому-л)** es necesario, hace falta *завтра мне ~ встать в семь часов* mañana me tengo que levantar a las siete ◆ **так тебе и** ~! te está bien empleado ~ **же!** ¡vaya!, ¿será posible?
надо[2] V. над
надобно *adv pred obsol vulg* V. нужно
надобность *f* falta, necesidad
надобный *adj obsol vulg* necesario, imprescindible
надоедать V. надоесть
надоедливость *f* pesadez, hartazgo
надоедливый *adj* fastidioso, molesto
надоесть *perf* надоедать *impf vi* **(кому-л)** aborrecer, fastidiar, agobiar
надой *m* ordeño
надолго *adv* por mucho tiempo
надомник *m* artesano, trabajador a domicilio
надорвать *perf* надрывать *impf vt* 1) desgarrar, rasgar (un poco) 2) *(повредить себе что-н.)* estropear, forzar
надорваться *perf* надрываться *impf* 1) desgarrarse, rasgarse (un poco) 2) *(повредить себе что-н.)* derrengarse, deslomarse
надоумить *perf* надоумливать *impf vt coloq* sugerir una idea (a alg), aconsejar (a alg)
надоумливать V. надоумить
надпиливать V. надпилить
надпилить *perf* надпиливать *impf vt* serrar, aserrar (un poco)
надписать *perf* надписывать *impf vt* escribir (sobre, en), hacer una inscripción (en, sobre) ~ *книгу* escribir una dedicatoria en un libro
надписывать V. надписать
надпись *f* inscripción, letrero
надрать *perf* надирать *impf vt* arrancar, descortezar (cierta cantidad)
надрез *m* incisión, corte, entalladura
надрезать *perf* надрезать *impf vt* cortar (ligeramente), entallar, hacer una incisión
надрезать V. надрезать
надрезывать V. надрезать
надругательство *n* 1) *(кощунство)* sacrilegio, profanación 2) *(оскорбление)* ultraje, injuria, insulto
надругаться *perf* **(над кем/чем-л)** ultrajar, injuriar, insultar
надрыв *m* 1) desgarro, rasgadura 2) *(чрезмерное усилие)* esfuerzo 3) *(болезненная возбуждённость)* desgarro
надрываться V. надорваться
надрывный *adj* desgarrado, histérico
надсмотрщик *m* vigilante, capataz
надстраивать V. надстроить
надстроечный *adj filos* superestructural
надстроить *perf* надстраивать *impf vt* construir por encima, sobreedificar
надстройка *f* 1) sobreedificación 2) *filos* superestructura

надстрочный *adj* diacrítico ~ *знак* signo diacrítico
надтреснуть *perf vi* agrietarse, rajarse (un poco)
надувательство *n* engaño
надувать V. надуть
надуваться V. надуться
надувной *adj* neumático, hinchable
надуманный *adj* inventado, imaginario, ficticio
надумать *perf* надумывать *impf vt* **(сделать что-л)** *coloq* decidir (hacer u/c), resolver (hacer u/c) ~ *уехать* decidir marcharse
надумывать V. надумать
надутый *adj* 1) hinchado 2) *(высокомерный)* vanidoso
надуть *perf* надувать *impf vt* 1) hinchar, inflar 2) *(о ветре)* soplar, levantar 3) *coloq* engañar, pegársela (a alg)
надуться *perf* надуваться *impf* 1) hincharse, inflarse 2) *(раздуть щёки)* inflar los carrillos 3) *(принять важный вид)* mostrarse altivo, mirar por encima del hombro 4) *coloq (обидеться)* enfadarse, fruncir el ceño
надушить V. душить
надушиться V. душиться
надымить V. дымить
надышаться *perf* aspirar, respirar (mucho, a saciedad)
наедать V. наесть
наедаться V. наесться
наедине *adv* a solas
наезд *m* 1) visita 2) *(наплыв)* llegada, afluencia
наездни|к, -ца *m/f* jinete, amazona
наездом *adv* de paso
наезжать V. наездить, наехать
наесть *perf* наедать *impf vt* **(что/чего-л)** *coloq* comer (cierta cantidad) ~ *на триста рублей* gastar trescientos rublos en comida
наесться *perf* наедаться *impf* saciar el hambre, hartarse
наехать *perf* наезжать *impf vi* 1) **(на кого/что-л)** dar (con, contra), chocar (con, contra) 2) *coloq (съехаться)* venir, llegar (en gran número) 3) **(на кого-л)** *coloq (начать упрекать)* meterse (con alg), cantar las cuarenta (a alg)
наём *m* 1) contrata, contratación 2) *(квартиры)* alquiler, renta
наёмник *m* 1) *(солдат)* mercenario 2) *obsol (работник)* asalariado
наёмный *adj* 1) *(арендуемый)* de alquiler, de arrendamiento 2) *(оплачиваемый)* asalariado, a salario
нажатие *n* presión
нажать *perf* нажимать *impf vt* 1) apretar, pulsar, presionar 2) **(на кого-л)** *(на кого-л.)* presionar
наждачн|ый *adj* de esmeril *~ая бумага* papel de lija, papel esmeril
нажива *f coloq* provecho, lucro
наживать V. нажить
наживаться V. нажиться
наживить *perf* наживлять *impf vt* cebar, poner cebo
наживка *f pesca* cebo
наживлять V. наживить
наживной[1] *adj pesca* de (para) cebo
наживн|ой[2] *adj coloq* : дело ~ое es algo reparable
нажим *m* presión
нажимать V. нажать
нажить *perf* наживать *impf vt* 1) adquirir, conseguir, reunir ~ *состояние* reunir una fortuna 2) *coloq (что-то нежелательное)* crearse, ganarse ~ *себе врагов* crearse enemigos
нажиться *perf* наживаться *impf* enriquecerse, hacerse rico
назавтра *adv coloq* al día siguiente, al otro día
назад *adv* atrás, hacia atrás *год* ~ hace un año
назади *adv coloq* detrás, atrás
названивать *impf vi coloq* llamar (sonar) con insistencia
название *n* denominación, nombre
названый *adj* designado, denominado
назвать *perf* называть *impf vt* **(кем/чем-л)** denominar, nombrar, llamar ◆ **так называемый** así llamado
назваться *perf* называться *impf* 1) *(присвоить себе название)* llamarse 2) *(назвать себя)* nombrarse, identificarse 3) *(получить наименование)* ser llamado, obtener un nombre
наземный *adj* terrestre
наземь *adv obsol vulg* a tierra, al suelo
назидание *n elev* enseñanza, precepto
назидательность *f* carácter edificante, ejemplaridad
назидательный *adj* educativo, edificante
назло *adv* con mala intención, por despecho
назначать V. назначить
назначение *n* 1) *(определение)* fijación, asignación 2) *(на должность)* designación, nombramiento
назначить *perf* назначать *impf vt* 1) *(определить)* asignar, fijar 2) *(на должность)* designar, nombrar
назойливость *f* importunidad
назойливый *adj* importuno, pesado
назревать V. назреть
назреть *perf* назревать *impf vi* madurar, desarrollarse
назубок *adv coloq* de memoria *выучить* ~ aprender de memoria
называемый V. назвать
называть V. назвать
называ|ться *impf* 1) V. назваться 2) *(иметь название)* llamarse, denominarse *как ~ется это дерево?* ¿cómo se llama este árbol?
наиболее *adv* el (la, lo) más
наибольший *adj* el (la, lo) mayor
наивность *f* ingenuidad
наивный *adj* ingenuo
наивысший *adj* sumo
наигранный *adj* falso, afectado
наиграть *perf* наигрывать *impf vt* 1) *coloq (на музыкальном инструменте)* tocar 2) *coloq (приобрести играя)* ganar jugando
наиграться *perf* hartarse de jugar
наигрывать V. наиграть
наизнанку *adv* del revés
наизусть *adv* de memoria
наилучший *adj* óptimo, el mejor
наименее *adv* el (la, lo) menos
наименование *n* denominación
наименовать V. именовать
наименьший *adj* el menor

наипаче *adv obsol* tanto más, más aún
наискосок *adv* a(l) través, al sesgo *идти ~* tomar un atajo
наискось *adv* a(l) través, al sesgo
наити|е *n* intuición *по ~ю* por intuición
наихудший *adj* el peor, el más malo, pésimo
наймит *m* V. наёмник
найти *perf* находить *impf vt* encontrar, hallar
найтись *perf* находиться *impf* 1) *(отыскаться)* encontrarse, hallarse 2) *(обнаружиться)* encontrarse, haber 3) *(не растеряться)* saber salir, no perder la cabeza
наказ *m* 1) *obsol* orden, precepto 2) *(документ)* mandato
наказание *n* castigo
наказать *perf* наказывать *impf vt* castigar
наказуемость *f jur* punibilidad
наказуемый *adj jur* punible, condenable
наказывать V. наказать
накал *m* 1) *(действие)* calentamiento 2) *(состояние)* incandescencia, calda 3) *(напряжение)* tensión, caldeamiento
накаливание *n* incandescencia
накаливать V. накалить
накаливаться V. накалиться
накалить *perf* накаливать *impf vt* 1) calentar, poner candente 2) *(сделать напряжённым)* calentar, caldear
накалиться *perf* накаливаться/накаляться *impf* 1) calentarse, ponerse candente (incandescente) 2) *(сделаться напряжённым)* calentarse, caldearse
накалывать V. наколоть
накалываться V. наколоться
накалять V. накалить
накаляться V. накалиться
наканифолить V. канифолить
накануне **1.** *adv* en vísperas, la víspera, el día antes **2.** *prep* **(чего-л)** en vísperas (de u/c)
накапать V. капать
накапливание *n* acumulación, acopio
накапливать *impf vt* acumular, amontonar, almacenar
накапливаться *impf* acumularse, amontonarse, almacenarse
накопить *perf* накапливать *impf vt* acumular, amontonar, almacenar
накапывать V. накопать
накаркать *perf* накаркивать *impf vt coloq* ser de mal agüero
накаркивать V. накаркать
накат *m* 1) *(настил)* tarima 2) *(прибой)* oleaje
накатать *perf* накатывать *impf vt* 1) **(что/чего-л)** llevar, desplazar rodando (cierta cantidad) *~ брёвен* llevar troncos 2) **(чего-л)** *(катая, наготовить)* hacer, construir (rodando), hacer, construir (rodando) 3) *(дорогу)* aplanar
накатить *perf* накатывать *impf* **1.** *vt* llevar, desplazar rodando *~ бочку на платформу* levar rodando el barril a la plataforma **2.** *vi* 1) *coloq (приехать)* llegar, venir (en gran cantidad) 2) *coloq (о чувстве)* embargar, apoderarse (de alg)
накатывать V. накатать, накатить
накачать *perf* накачивать *impf vt* 1) **(что/чего-л)** sacar, obtener (bombeando) 2) *(наполнить)* hinchar 3) *vulg (напоить пьяным)* emborrarchar
накачаться *perf* накачиваться *impf vulg* emborracharse, pillar una cogorza
накачивать V. накачать
накачиваться V. накачаться
наквасить *perf* наквашивать *impf vt* fermentar (cierta cantidad)
наквашивать V. наквасить
накидать *perf* накидывать *impf vt* 1) **(что/чего-л)** tirar, arrojar, lanzar (cierta cantidad) 2) *(изобразить)* esbozar, bosquejar
накидка *f* pelerina, manteleta
накидывать V. накидать, накинуть
накидываться V. накинуться
накинуть *perf* накидывать *impf vt* cubrir, tapar
накинуться *perf* накидываться *impf* **(на кого-л)** lanzarse (contra alg), acometer
накипать V. накипеть
накипе|ть *perf* накипать *impf vi* 1) formarse espuma (como resultado de la ebullición) 2) *(накопиться)* acumularse, concentrarse
накипь *f* 1) *(на поверхности жидкости)* espuma 2) *(на стенах посуды)* incrustación, sedimiento
накладка *f* 1) *(из волос)* postizo, peluca 2) *tecn* placa 3) *coloq (ошибка)* fallo, error
накладная *f* factura
накладно *adv pred coloq* sin beneficio, sin ventaja
накладной *adj* 1) sujeto, pegado 2) *(фальшивый)* postizo
накладывать V. наложить
наклеивать V. наклеить
наклеить *perf* наклеивать *impf vt* pegar, enganchar
наклейка *f* adhesivo, pegatina
наклепать[1] *perf* наклёпывать *impf vt (клепкой приделать)* remachar
наклепать[2] V. клепать
наклёвываться V. наклюнуться
накликать *perf* накликать *impf vt* atraer, llevar (un mal, una desgracia) *~ беду* atraer una desgracia
накликать V. накликать
наклон *m* inclinación
наклонение *n* 1) *(действие)* inclinación 2) *ling* modo *изъявительное ~* modo indicativo
наклонить *perf* наклонять *impf vt* inclinar, ladear, agachar, bajar
наклониться *perf* наклоняться *impf* inclinarse, ladearse, agacharse
наклонно *adv* oblicuamente
наклонность *f* inclinación, tendencia
наклонный *adj* inclinado, oblicuo
наклонять V. наклонить
наклоняться V. наклониться
наклюкаться *perf vulg* emborracharse, pillar una cogorza
наклюнуться *perf* наклёвываться *impf* romper el cascarón, picotear el huevo
наковальн|я *f* 1) yunque, bigornia 2) *anat* yunque ◆ **между молотом и ~ей** entre la espada y la pared
накожный *adj* de la piel, cutáneo
наколенник *m* rodillera

наколка[1] *f (головной убор)* escarcela (especie de cofia)

наколка[2] *f (на коже)* tatuaje

наколобродить V. колобродить

наколоть[1] *perf* накалывать *impf vt* 1) *(повредить)* pinchar 2) *(прикрепить)* clavar, prender

наколоть[2] *perf* накалывать *impf vt (расколоть)* partir (cierta cantidad)

наколоться *perf* накалываться *impf* **(на что-л)** pincharse (con u/c), clavarse (u/c)

накомарник *m* mosquitero, mosquitera

наконец *adv* al fin, finalmente, por fin

наконечник *m* cánula, guardapuntas

накопать *perf* накапывать *impf vt* cavar, excavar (cierta cantidad)

накопитель *m* 1) *(человек)* avaro 2) *tecn* acumulador 3) *informát* unidad de almacenamiento

накопительный *adj* acumulador, de acumulación

накопительство *n* avaricia, espíritu de acumulación

накопить V. копить

накопиться V. копиться

накоплени|е 1. *n* acumulación, aglomeración **2. -я** *npl* ahorros

накормить V. кормить

накоротке *adv* a corta distancia ◆ **быть с кем-л. ~** intimar con alg

накостный *adj med* supraóseo

накрадывать V. накрасть

накрапывать *impf vi* lloviznar, chispear

накрасить *perf* накрашивать *impf vt* maquillar

накраситься V. краситься

накрасть *perf* накрадывать *impf vt coloq* robar (cierta cantidad)

накрахмалить V. крахмалить

накрашивать V. накрасить

накренить V. кренить

накрениться V. крениться

накрепко *adv* 1) *coloq* fijamente, sólidamente, fuertemente 2) *(решительно)* rotundamente, terminantemente

накрест *adv* en cruz

накрикивать V. накричать

накричать *perf* накрикивать *impf vi* **(на кого-л)** gritar (a alg), levantar la voz (a alg)

накрутить *perf* накручивать *impf vt* 1) *(намотать)* enrollar, devanar 2) **(что/чего-л)** *(наготовить кручением)* torcer, retorcer (cierta cantidad) 3) **(что/чего-л)** *coloq (сделать что-то сложное)* enredar, enmarañar

накручивать V. накрутить

накрывать V. накрыть

накрываться V. накрыться

накрыть *perf* накрывать *impf vt* cubrir, tapar *~ на стол* poner la mesa

накрыться *perf* накрываться *impf* 1) cubrirse, taparse 2) *coloq (не состояться)* estropearse, irse al garete

накукситься V. кукситься

накупать V. накупить

накупить *perf* накупать *impf vt* **(что/чего-л)** comprar (en gran cantidad)

накуренный *adj* lleno de humo (de tabaco)

накуривать V. накурить

накурить *perf* накуривать *impf* **1.** *vi* hacer humo, humear **2.** *vt (наготовить курением)* ahumar (cierta cantidad), destilar (cierta cantidad)

накуриться *perf* 1) fumar (mucho) 2) *vulg* colocarse (fumando drogas)

накуролесить V. куролесить

налагать V. наложить 4

наладить *perf* налаживать *impf vt* 1) *(привести в рабочее состояние)* ajustar, arreglar 2) *(организовать)* organizar, poner en marcha

налади|ться *perf* налаживаться *impf* arreglarse *всё ~тся* todo se arreglará

наладка *f tecn* arreglo, ajuste

наладчик *m tecn* ajustador

налаживание *n* arreglo

налаживать V. наладить

налаживаться V. наладиться

налакаться *perf* 1) beber (lamiendo) 2) *vulg* emborracharse, mamarse

наламывать V. наломать

налгать V. лгать

налево *adv* a (hacia) la izquierda

налегать V. налечь

налегке *adv* sin pesos o con un peso ligero

наледь *f* 1) *(ледяная корка)* capa de hielo 2) *(вода поверх льда)* agua que cubre el hielo

налезать V. налезть

налезть *perf* налезать *impf vi* 1) **(куда-л)** *(залезть)* entrar (en u/c), invadir 2) **(на кого/что-л)** *(надвинуться)* montarse (sobre alg o u/c) 3) **(на кого/что-л)** *(об одежде, обуви)* entrar (en alg o u/c), calzarse

налепить *perf* налепливать *impf vt* 1) V. лепить 2) *(лепя, наготовить)* modelar (una cantidad)

налепливать V. налепить

налеплять *impf vt* V. лепить

налетать[1] V. налететь

налетать[2] *perf* налётывать *impf vt (летая, покрыть расстояние)* volar, cubrir volando (una distancia)

налететь *perf* налетать *impf vi* 1) venir, llegar (volando) 2) **(на кого/что-л)** *coloq (натолкнуться)* chocar (con alg o u/c), embestir 3) **(на кого/что-л)** *(о чувстве)* apoderarse (de alg o u/c) 4) *(наброситься)* lanzarse (sobre alg o u/c), abalanzarse (sobre alg o u/c)

налечь *perf* налегать *impf vi* 1) **(на кого/что-л)** *(навалиться)* apoyarse (en alg o u/c), apretarse (contra alg o u/c) 2) **(на что-л)** *coloq (начать усиленно заниматься чем-л.)* dedicarse con intensidad (a u/c)

налёт *m* 1) ataque, incursión 2) *(с целью грабежа)* correría 3) *(тонкий слой)* capa, sedimento, poso 4) *(слабое проявление)* deje, matiz

налётчик *m* atracador, salteador

налётывать *impf vi* налетать 1

налив *m* 1) *(наливание)* llenado 2) *(созревание)* maduración

наливать V. налить

наливаться V. налиться

наливка *f* licor

нализаться *perf* нализываться *impf* 1) *coloq* lamer (hasta la saciedad) 2) *vulg (напиться)* emborracharse, mamarse

нализываться V. нализаться
налим *m* lota común
налипать V. налипнуть
налипнуть *perf* налипать *impf vi* adherirse pegándose, engancharse
налитой *adj* 1) *(о плодах)* maduro, carnoso 2) *(полный)* grueso, fuerte
налить *perf* наливать *impf vt* verter, llenar
налиться *perf* наливаться *impf* 1) *(натечь)* entrar, penetrar 2) *(наполниться)* llenarse 3) *(о плодах)* madurar
налицо *adv pred* es evidente, es patente
наличествовать *impf vi elev* haber, existir
наличие *n* presencia, existencia
наличник *m* marco (de una puerta o una ventana)
наличность *f* 1) V. наличие 2) *(количество)* stock, existencias 3) *(деньги, имеющиеся налицо)* efectivo, dinero en efectivo
наличный *adj* 1) disponible 2) *(о деньгах)* efectivo, metálico
наловить *perf vt* **(что/чего-л)** atrapar, cazar, coger, pescar (cierta cantidad)
наловчиться *perf coloq* aprender, darse maña
налог *m* impuesto, tributo
налоговый *adj* tributario, fiscal
налогоплательщи|к, -ца *m/f* contribuyente
наложение *n* 1) colocación, aplicación 2) *mat* superposición 3) *(наказания, штрафа)* imposición
наложенн|ый *adj* : ~ым платежом contra reembolso
наложить *perf* накладывать/налагать (4) *impf vt* 1) *(сверху, поверх)* sobreponer, poner, colocar 2) *(положить в каком-либо количестве)* poner 3) *(гипс, шов, и т.д.)* aplicar, colocar 4) *(подвергнуть чему-либо)* imponer
наложница *f obsol* amante
наломать *perf* наламывать *impf vt* romper, quebrar (cierta cantidad) ◆ ~ **дров** *coloq* haberla hecho buena
налюбоваться *perf* **(кем/чем-л)** admirar (durante mucho tiempo, hasta la saciedad)
намагнитить *perf* намагничивать *impf vt* imanar, imantar, magnetizar
намагничивание *n* imanación, imantación, magnetización
намагничивать V. намагнитить
намаз *m relig* salat, salah
намазать V. мазать
намазаться V. мазаться
намалевать V. малевать
намарать V. марать
намаслить V. маслить
наматывать V. намотать
намачивать V. намочить
намедни *adv coloq* hace poco, hace unos días
намекать *perf* намекнуть *impf vi* **(на кого/что-л)** aludir (a alg o u/c), insinuar
намекнуть V. намекать
намелить V. мелить
намереваться *impf* **(сделать что-л)** proponerse (hacer u/c), tener la intención de (hacer u/c)
намерение *n* intención, propósito
намеренно *adv* intencionadamente, premeditadamente, adrede
намеренный *adj* intencionado, premeditado
намертво *adv coloq* con firmeza, a machamartillo
намести *perf* наметать *impf vt* acumular (barriendo)
наместник *m hist* gobernador, virrey
наместничество *n hist* dominio, territorio periférico
наметать V. метать, намести
наметить[1] *perf* намечать *impf vt* 1) *(поставить метку)* marcar 2) *(набросать)* esbozar, perfilar
наметить[2] *perf* намечать *impf vt* 1) fijar, trazar 2) *(кандидата и т.п.)* designar, nombrar
наметиться *perf* намечаться *impf* perfilarse, dibujarse
намечать V. наметить 1,2
намечаться V. наметиться
намешать *perf* намешивать *impf vt* 1) **(что/чего-л)** mezclar 2) *(прибавить)* añadir
намешивать V. намесить, намешать
намёк *m* insinuación, alusión
намёт *m pesca* red
намётка[1] *f (линии шва)* hilvanado, marca
намётка[2] *f coloq (предварительный план)* esbozo, guión
намного *adv* mucho más, en mucho, con mucho ~ *интереснее* mucho más interesante
намогильный *adj* sepulcral
намозолить V. мозолить
намокать V. намокнуть
намокнуть *perf* намокать *impf vi* mojarse, humedecerse, empaparse
намордник *m* bozal
наморщить V. морщить
наморщиться V. морщиться
намотать V. мотать
намочить *perf* намачивать *impf vt* 1) V. мочить 2) **(что/чего-л)** *(наготовить мочением)* preparar en salmuera (cierta cantidad)
намудрить V. мудрить
намусорить V. мусорить
намучиться *perf* sufrir mucho (mucho tiempo), pasar muchas dificultades
намыв *m* 1) aterramiento 2) *geol* costa de aluvión
намывать V. намыть
намыливать V. намылить
намылить *perf* намыливать *impf vt* enjabonar
намыть *perf* намывать *impf vt* 1) *coloq (вымыть)* lavar, fregar (cierta cantidad) 2) *(добыть, промывая водой)* lavar 3) *(нанести течением воды)* depositar, sedimentar, aterrar
нана|ец, йка *m/f* nanái, hezhen
нанайский *adj* nanái, hezhen
нанесение *n* 1) aplicación 2) : нанесение удара golpe
нанести *perf* наносить *impf vt* 1) **(чего-л)** *(принести)* traer, aportar (cierta cantidad) 2) *(слой и т.д.)* aplicar, dar 3) *(обозначить)* señalar, marcar 4) *(причинить)* causar, hacer ~ *удар* asestar un golpe, golpear; ~ *поражение* infligir una derrota; ~ *ущерб* causar un perjuicio
нанизать *perf* нанизывать *impf vt* ensartar, enhebrar
наниматель *m* 1) *(квартиры)* arrendatario, inquilino 2) *(рабочей силы)* contratista

нанимать V. нанять

наниматься V. наняться

наново *adv coloq* de nuevo

нанос *m* 1) *(действие)* sedimentación, depósito 2) *(материал)* aluvión

наносить *perf* нанести *impf vt* 1) traer, aportar 2) *(на поверхность чего-л)* poner, aplicar 3) causar ~ *поражение кому/чему-л* derrotar, vencer

наносный *adj* 1) *(о почве)* aluvial, de aluvión 2) *(заимствованный)* prestado, ocasional

нанять *perf* нанимать *impf vt* 1) *(рабочей силы)* contratar 2) *(квартиру и т.п.)* alquilar

наняться *perf* наниматься *impf* contratarse, emplearse

наобещать *perf vt* **(что/чего-л)** *coloq* prometer mucho, prodigarse en promesas

наоборот *adv* al revés, viceversa, al contrario, por el contrario

наобум *adv* sin reflexionar, al azar, a lo que salga

наодеколонить V. одеколонить

наодеколониться V. одеколониться

наорать *perf vi* **(на кого-л)** *coloq* gritar (a alg), chillar (a alg)

наотмашь *adv* levantando la mano, de revés (dicho de un golpe)

наотрез *adv* rotundamente, categóricamente

нападать V. напасть

нападающий *m sport* delantero, atacante

нападение *n* acometida, ataque, asalto

нападк|и (*gen* –ок) *fpl* acusaciones, ataques

напаивать V. напаять, напоить

напакостить V. пакостить

напалм *m* napalm

напарить *perf vt* **(что/чего-л)** preparar al vapor (cierta cantidad)

напарни|к, -ца *m/f coloq* compañer|o, -a (de trabajo)

напарывать V. напороть

напарываться V. напороться

напастись *perf coloq* aprovisionarse suficientemente

напасть *perf* нападать *impf vi* **(на кого/что-л)** acometer, atacar, asaltar

напаять *perf* напаивать *impf vt* 1) *(припаять)* soldar por encima, en la superficie 2) **(что/чего-л)** *(наготовить паянием)* soldar (cierta cantidad)

напев *m mús* entonación

напевать *impf vt* 1) V. напеть 2) *(тихо и про себя)* canturrear

наперебой *adv* interrumpiéndose

наперевес *adv* : держать винтовку ~ terciar el fusil

наперегонки *adv* a ver quien llega el primero

наперекор **1.** *adv* en contra **2.** *prep* **(кому/чему-л)** en contra de (alg o u/c)

наперекос *adv* torcidamente, oblicuamente

наперекосяк *adv vulg* torcidamente, oblicuamente *и всё пошло* ~ y todo se torció

наперерез *adv* **(кому/чему-л)** para cruzarse (con alg o u/c), en dirección (a alg o u/c)

наперехват *adv* 1) *vulg (наперерез)* para cortar el camino 2) *vulg (наперебой)* a cual mejor, a porfía

наперечёт **1.** *adv* sin excepción, sin exclusión **2.** *adv pred* están (van) contados, hay muy pocos

наперёд *adv vulg* de antemano, por adelantado

наперсник *m obsol* confidente

наперстянка *f (растение)* dedalera, digital

наперчить V. перчить

напеть *perf* напевать *impf vt* entonar

напечатать V. печатать

напечататься V. печататься

напёрсток *m* dedal

напиваться V. напиться

напильник *m* lima

напирать *impf vi* 1) V. напереть 2) **(на кого/что-л)** *coloq (теснить)* apretar, estrechar 3) *coloq (подчёркивать)* acentuar, recalcar

написание *n* escritura

написать V. писать

написаться V. писаться

напитать *perf* напитывать *impf vt* 1) V. питать 2) **(что/о чем-л.)** impregnar, empapar

напитаться *perf* напитываться *impf* 1) *(намокнуть)* impregnarse, empaparse 2) *coloq hum (наесться)* hartarse, atiborrarse

напиток *m* bebida

напитывать V. напитать

напитываться V. напитаться

напиться *perf* напиваться *impf* emborracharse

напихать *perf* напихивать *impf vt* **(что/чего-л)** *coloq* meter, introducir

напичкать V. пичкать

наплака|ть *perf vt coloq* enrojecer, hinchar (los ojos) por el llanto *~ть себе глаза* tener los ojos enrojecidos (hinchados) de tanto llorar ◆ **(как) кот** ~л *coloq* muy poco, una cantidad ínfima

напластование *n* estratificación

наплевательский *adj coloq* despectivo, despreciativo, desdeñoso

наплевать V. плевать

наплести *perf* наплетать *impf vt* 1) **(что/чего-л)** trenzar, tejer (cierta cantidad) 2) *coloq (наговорить вздору)* decir tonterías (sandeces)

наплетать V. наплести

наплечник *m* hombrera

наплечный *adj* de hombro, de hombrera

наплодить *perf vt* **(кого-л)** *coloq* crear, producir (cierta cantidad)

наплодиться *perf coloq* reproducirse (en gran cantidad)

наплыв *m* afluencia, oleada

наплывать V. наплыть

наплыть *perf* наплывать *impf vi* 1) *(на что-л.)* acercarse, chocar (nadando, navegando) 2) *(скопиться)* acumularse, amontonarse

наповал *adv* mortalmente *убить* ~ matar en el acto

наподобие *prep* **(кого/чего-л)** a modo de (alg o u/c), a semejanza de (alg o u/c), a manera de (alg o u/c)

напоить V. поить

напоказ *adv* de muestra, como muestra *выставлять* ~ ostentar

наползать V. наползти

наползти *perf* наползать *impf vi* 1) *(на что-л.)* acercarse, chocar (arrastrándose, reptando) 2) *(приползти)* llegar, acercarse (en cierta cantidad)

наполнение *n* relleno

наполненный *adj* lleno, relleno
наполнитель *m* aditivo
наполнить *perf* наполнять *impf vt* (**чем-л**) llenar (con u/c), rellenar (con u/c)
наполниться *perf* наполняться *impf* llenarse, colmarse
наполнять V. наполнить
наполняться V. наполниться
наполовину *adv* medio, a medias
напольный *adj* de suelo, de pie
напомадить V. помадить
напоминание *n* recordatorio, advertencia
напоминать V. напомнить
напомнить *perf* напоминать *impf vt* 1) (**кому-л**) *(по сходству)* recordar (a alg) 2) (**о ком/чём-л**) *(сказать о необходимости сделать что-либо)* hacer presente (u/c a alg), recordar (u/c a alg)
напополам *adv coloq* a medias, por la mitad, a partes iguales
напор *m* presión
напористость *f* tenacidad, obstinación
напористый *adj* tenaz, obstinado
напорный *adj* de (a) presión
напороть[1] *perf* напарывать *impf vt coloq (поранить)* dañar, herir (con un objeto punzante), pinchar
напороть[2] *perf vt* (**что/чего-л**) descoser, deshilvanar (cierta cantidad)
напороть[3] *perf vt* 1) V. пороть 1 2) *vulg (наделать ошибок)* estropear algo, liarla
напороться *perf* напарываться *impf* 1) *coloq (пораниться)* dañarse, herirse (con algo punzante) 2) (**на что-л**) *coloq (наткуться - о неприятном)* ir a parar (a u/c), encontrarse (con u/c)
напорошить V. порошить
напортачить V. портачить
напоследок *adv coloq* al fin, finalmente
направить *perf* направлять *impf vt* 1) *(устремить)* encaminar, dirigir 2) *(послать)* mandar, enviar
направиться *perf* направляться *impf* 1) dirigirse, salir, partir 2) *vulg (наладиться)* arreglarse, ponerse en orden
направление *n* 1) *(отправка)* envío 2) *(линия движения)* dirección, rumbo 3) *(документ)* volante 4) *(тенденция)* corriente, tendencia
направленность *f* tendencia, inclinación
направлять V. направить
направляться V. направиться
направляющий *adj* de dirección
направо *adv* a la derecha, a mano derecha *повернуть* ~ girar a la derecha
напрасно *adv* en balde, en vano
напрасный *adj* vano, baldío, inútil
напрашиваться V. напроситься
например *partic* por ejemplo
напроказничать V. проказничать
напрокат *adv* de alquiler
напролёт *adv coloq* de un tirón, sin descanso
напролом *adv coloq* recto, derecho *идти* ~ ir derecho
напропалую *adv coloq* a tontas y locas, sin pensar en las consecuencias
напророчить V. пропрочить
напроситься *perf* напрашиваться *impf* insistir, autoinvitarse
напротив **1.** *adv* enfrente, delante **2.** *prep* (**кого/чего-л**) enfrente (de alg o u/c), frente (a alg o u/c), delante (de alg o u/c) **3.** *adv* al contrario, por el contrario
напрочь *adv* por completo, del todo
напрягать V. напрячь
напрягаться V. напрячься
напряжение *n* 1) tensión, intensidad 2) *fís* tensión
напряжённо *adv* con intensidad, intensamente, con atención, atentamente
напряжённость *f* 1) tensión, tirantez 2) *fís* tensión
напряжённый *adj* tenso, tirante, intenso
напрямик *adv* 1) *coloq* recto, todo derecho 2) *(не стесняясь)* sin rodeos, sin ambages
напрямую *adv* 1) *coloq* todo recto, en línea recta 2) sin rodeos, abiertamente
напрячь *perf* напрягать *impf vt* tensar, forzar
напрячься *perf* напрягаться *impf* tensarse, forzarse
напугать V. пугать
напугаться V. пугаться
напудрить V. пудрить
напульсник *m* muñequera
напуск *m* pliegue, doblez
напускать V. напустить
напускной *adj* afectado, fingido
напустить *perf* напускать *impf vt* 1) dejar entrar, hacer entrar, llenar 2) *(придать характер)* dar, conferir ~ *на себя важность* darse aire de importancia 3) *(натравить)* lanzar, soltar ◆ ~ **страху** meter miedo, amedrentar
напутать *perf* напутывать *impf vt* 1) (**что/чего-л**) enmarañar, embrollar 2) *(ошибиться)* confundir, confundirse, equivocarse
напутственный *adj* de despedida, de adiós
напутствие *n* palabras de despedida
напутствовать *biasp vt obsol* desear feliz viaje
напутывать V. напутать
напыщенный *adj* 1) *(о виде)* afectado, altivo 2) *(о речи)* enfático, grandilocuente, bombástico
напяливать V. напялить
напялить *perf* напяливать *impf vt* 1) tensar (en un bastidor) 2) *coloq (надеть)* enfundarse, calarse
нарабатывать V. наработать
нарабатываться V. наработаться
наработать *perf* нарабатывать *impf vt* 1) (**что/чего-л**) *coloq* producir, fabricar, confeccionar (cierta cantidad) 2) *coloq (заработать)* ganar, cobrar (trabajando)
наработаться *perf* нарабатываться *impf* trabajar mucho, trabajar hasta cansarse
наравне *adv* 1) (**с кем/чем-л**) al mismo nivel que (u/c a alg) 2) (**с кем/чем-л**) igual que (u/c a alg)
нараспашку *adv coloq* desabrochado, desabotonado *в пальто* ~ con el abrigo desabrochado ◆ **у него душа** ~ tiene el corazón en la mano
нараспев *adv* como cantando *говорить* ~ hablar como cantando
нарастание *n* aumento, acrecentamiento
нарастать V. нарасти

нарасти *perf* нарастать *impf vi* 1) crecer 2) *(вырасти в каком-л. количестве)* crecer (cierta cantidad) 3) *(накопиться)* aumentar, acrecentarse 4) *(усилиться)* crecer, aumentar
нарастить *perf* наращивать *impf vt* 1) hacer crecer, desarrollar 2) *(удлинить)* alargar 3) *(увеличить)* aumentar, acrecentar
нарасхват *adv coloq* a cual más, a porfía
наращивание *n* aumento, crecimiento
наращивать V. нарасти
нарвать[1] *perf vt* 1) recoger (arrancando) 2) romper, destrozar (cierta cantidad)
нарвать[2] *perf* нарывать *impf vi (опухнуть, нагноиться)* inflamarse, supurar
нарваться *perf* нарываться *impf* **(на кого/что-л)** *coloq* encontrarse (con alg o u/c), caer (en u/c) ~ *на неприятность* buscarse una situación desagradable
нарез *m* 1) *(винта)* rosca 2) *(оружия)* estría
нарезать V. резать
нарезка *f* 1) *(действие)* corte 2) *(винта)* filete, rosca 3) *(мяса)* filete, loncha
нарезной *adj* cortado
нарекание *n* reproche, reprobación, censura
нарекать V. наречь
наречие *n* adverbio
наречь *perf* нарекать *impf vt obsol* nombrar, dar nombre
нарзан *m* narzán (agua mineral del Cáucaso)
нарисовать V. рисовать
нарицательн|ый *adj ling* común *~ое имя* nombre común
наркоз *m med* anestesia *общий* ~ anestesia general; *местный* ~ anestesia local
наркозный *adj* narcótico
нарколог *m med* narcólogo
наркологический *adj med* narcológico
наркология *f med* narcología
нарком *m hist* comisario del pueblo
наркоман *m* drogadicto, toxicómano
наркомания *f* drogadicción
наркоманка *f* drogadicta, toxicómana
наркомат *m hist* comisariado del pueblo
наркотик *m* droga, narcótico
наркотический *adj* narcótico
народ *m* gente, pueblo
народец *m dimin. de* народ
народить *perf* нарожать *impf vt* parir (en cierta cantidad)
народиться *perf* нарождаться *impf* nacer, crecer (en cierta cantidad)
народник *m hist* naródnik, populista
народнический *adj hist* de los naródniks, de los populistas
народничество *n hist* movimiento de los naródniks, populismo
народно-демократический *adj* de democracia popular
народно-освободительный *adj hist* de liberación nacional
народность *f* etnia, pueblo
народнохозяйственный *adj* de economía nacional
народный *adj* del pueblo, popular
народовластие *n* democracia, soberanía de pueblo
народоволец *m hist* narodovólets (miembro del partido «Naródnaya volia»)
народонаселение *n* población
нарожать V. народить
нарождаться V. народиться
нарождение *n* nacimiento, aparición
нарост *m* 1) *(слой)* capa, corteza 2) *(вырост)* excrecencia, fungosidad
нарочито *adv* intencionadamente, premeditadamente, aposta
нарочитый *adj* intencionado, premeditado
нарочно *adv* a propósito, adrede, aposta
нарочный *m obsol* mensajero, correo urgente
нарочный *adj* hecho a propósito, especial
нарта *f* trineo (de perros)
нарубать V. нарубить
нарубить *perf* нарубать *impf vt* **(что/чего-л)** cortar, **(что/чего-л)** talar (cierta cantidad)
наружность *f* exterior, apariencia, aspecto
наружный *adj* exterior, externo
наружу *adv* afuera, fuera, hacia fuera
нарукавник *m* manguito, mangote
нарукавный *adj* de(l) brazo, de (la) manga
нарумянить V. румянить
нарумяниться V. румяниться
наручник|и (*gen* –ов) *mpl* esposas
наручный *adj* de mano
нарушать V. нарушить
нарушаться V. нарушиться
нарушение *n* infracción, violación
нарушитель *m* infractor, violador
нарушить *perf* нарушать *impf vt* 1) perturbar, romper 2) *(не соблюсти)* infringir, violar, transgredir
нарушиться *perf* нарушаться *impf* perturbarse, alterarse, transtornarse
нарцисс *m* narciso
нары (*gen* нар) *fpl* litera
нарыв *m* absceso, grano, postema
нарывать V. нарыть, нарвать 2
нарываться V. нарваться
нарыть *perf* нарывать *impf vt* **(что/чего-л)** cavar (cierta cantidad)
наряд[1] *m (одежда)* atuendo, indumentaria, atavío
наряд[2] *m* 1) *(распоряжение)* tarea, trabajo 2) *(документ)* orden, factura 3) *mil (задание)* servicio 4) *mil (отряд)* grupo, destacamento
нарядить *perf* наряжать *impf vt* 1) *(одевать)* vestir, ataviar 2) *(украшать)* adornar, engalanar, decorar
нарядиться *perf* наряжаться *impf* engalanarse, disfrazarse, ataviarse
нарядный *adj* elegante
наряду *adv* **(с кем/чем-л)** con (alg o u/c), junto (con alg o u/c)
наряжать V. нарядить
наряжаться V. нарядиться
насадить *perf* насаждать *impf vt* implantar, introducir
насадка *f* 1) *(действие)* colocación 2) *(часть прибора)* aplique, junta
насаждать V. насадить
насаждение *n* implantación, introducción
насаживаться V. насесть 1
насвинячить V. свинячить
насвистывать *impf vt* silbar, entonar silbando

наседать *impf vi* 1) V. насесть 2) *coloq (теснить)* presionar, apretar
наседка *f* clueca
насеивать V. насеять
насекать V. насечь
насекомое *n* insecto
насекомоядный **1.** *adj zool* insectívoro **2.** *m zool* insectívoro
население *n* población
населённость *f* densidad de población
населённый *adv* poblado ~ *пункт* localidad, población
населить *perf* населять *impf vt* habitar, poblar
населять V. населить
насест *m* percha de gallinero
насесть[1] *perf* насаживаться *impf* sentarse (en cierta cantidad)
насесть[2] *perf* наседать *impf vi* 1) *(о пыли и т.д.)* depositarse 2) **(на кого/что-л)** *coloq (навалиться)* dejarse caer (en, sobre)
насечка *f* entallado, incisión, grabado
насечь *perf* насекать *impf vt* 1) *(вырезать на поверхности)* grabar, entallar 2) **(что/чего-л)** *(нарубить)* picar, cortar (cierta cantidad)
насеять *perf* насеивать *impf vt* 1) **(что/чего-л)** *(посеять)* sembrar (cierta cantidad) 2) **(что/чего-л)** *(просеять)* cribar, tamizar (cierta cantidad)
насидеть *perf* насиживать *impf vt* empollar, incubar
насиживать V. насидеть
насилие *n* violencia
насиловать *perf* изнасиловать *impf vt* violar, forzar
насилу *adv coloq* a duras penas, a trancas y barrancas
насильник *m* 1) violador 2) *(притеснитель)* opresor
насильно *adv* a la fuerza, por la fuerza
насильственный *adj* violento
наскакивать V. наскочить
наскальный *adj* rupestre
наскандалить V. скандалить
насквозь *adv* 1) a través, de lado a lado 2) *coloq (полностью)* completamente, del todo
наскок *m* ataque, acometida
насколько *adv* en cuánto, hasta qué punto
наскоро *adv coloq* a toda prisa, precipitadamente
наскочить *perf* наскакивать *impf vi* 1) **(на кого/что-л)** *(натолкнуться)* tropezar (con alg o u/c), **(на кого/что-л)** chocar (con alg o u/c) 2) **(на кого-л)** *(напасть)* echarse (sobre alg), arrojarse (sobre alg)
наскрести *perf* наскребать *impf vt* 1) *(набрать, скребя)* recoger rebañando 2) *coloq (набрать)* reunir, juntar
наскучить *perf vi coloq* aburrir, fastidiar
насладиться *perf* наслаждаться *impf* **(чем-л)** gozar (de u/c), disfrutar
наслаждаться V. насладиться
наслаждение *n* deleite, gozo
наслаиваться V. наслоиться
наслать *perf* насылать *impf vt* 1) *coloq (послать)* enviar, mandar ~ *подарков* enviar los regalos 2) *(о высшей силе - направить)* infligir, mandar ~ *бедствия* infligir calamidades
наследие *n* herencia, legado
наследить V. следить
наследни|к, -ца *m/f* heredер|o, -a, sucesor, -a
наследный *adj* heredero
наследование *n jur* herencia
наследовать *perf* унаследовать *impf* **1.** *vt* heredar **2.** *vi* **(кому-л)** suceder
наследственность *f* herencia
наследственный *adj* hereditario
наследство *n* herencia
наслоение *n* estratificación
наслоиться *perf* наслаиваться *impf* estratificarse
наслушаться *perf* наслушиваться *impf* 1) *(услышать много чего)* haber escuchado mucho 2) *(прослушать с удовольствием)* oír con placer
наслюнявить V. слюнявить
насмарку *adv coloq* sin resultado, en vano *пойти* ~ fracasar
насмерть *adv* de muerte, mortalmente
насмехаться *perf* насмехнуться *impf* **(над кем/чем-л)** burlarse (de alg o u/c), reírse (de alg o u/c)
насмешить V. смешить
насмешка *f* burla
насмешливость *f* burla, jocosidad
насмешливый *adj* burlón, burlesco, jocoso
насмешник *m coloq* burlón, guasón, zumbón
насмеяться *perf* 1) *coloq (вдоволь)* reírse mucho 2) **(над кем/чем-л)** *(над кем-л.)* burlarse (de alg o u/c), mofarse (de alg o u/c)
насморк *m* resfriado, constipado, catarro
насмотреться *perf* насматриваться *impf* admirar, mirar (mucho, largamente)
насовсем *adv coloq* para siempre
насолить *perf vt/i* 1) *(изготовить солением)* poner en salazón (cierta cantidad) 2) *coloq (посолить)* salar, echar la sal 3) **(кому-л)** *coloq (сделать неприятность)* hacer una faena (a alg)
насорить V. сорить
насос *m* bomba
насосный *adj* de bomba
наспех *adv* de prisa, apresuradamente
наст *m* capa de nieve helada
наставить[1] *perf* наставлять *impf vt* 1) *coloq (поставить)* poner, meter ~ *стулья* poner las sillas 2) *(удлинить)* alargar, prolongar 3) *coloq (нацелить)* apuntar, asestar ◆ ~ **рога** *coloq* poner los cuernos
наставить[2] *perf* наставлять *impf vt (научить)* enseñar, hacer comprender
наставление *n* 1) *(действие)* enseñanza 2) *(поучение)* lección, sermón
наставлять V. наставить 1, 2
наставни|к, -ца *m/f* 1) instructor, -a, preceptor, -a 2) *sport* entrenador, -a
наставничество *n* oficio del instructor
настаивать V. настоять
наста|ть *perf* наставать *impf vi* llegar (dicho de un momento o un estado), venir *~ло время* llegó la hora
настежь *adv* de par en par, enteramente *открыть окно* ~ abrir la ventana de par en par
настелить V. настлать
настенный *adj* de pared, mural

настигать *perf* настигнуть/настичь *impf vt* alcanzar ~ *беглецов* alcanzar a los fugitivos
настигнуть V. настигать
настил *m* tarima
настилать V. настлать
настилка *f* pavimentación
настлать *perf* настилать *impf vt* 1) extender, colocar 2) *(сделать покрытие)* cubrir
настой *m* infusión, tisana
настойка *f* 1) *(на травах, ягодах)* licor 2) extracto
настойчивость *f* insistencia, obstinación, ahínco
настойчивый *adj* insistente, obstinado, tenaz
настолько *adv* tanto, tan, hasta tal punto
настольный *adj* de mesa
настораживать V. насторожить
настороже *adv* en guardia
настороженность *f* atención, vigilancia
настороженный *adj* en alerta, vigilante, atento
насторожить *perf* настораживать *impf vt* alertar, poner en guardia
насторожиться *perf* настораживаться *impf* ponerse en guardia, prestar oídos
настояние *n* insistencia, demanda
настоятель *m relig* abad
настоятельница *f relig* abadesa, superiora
настоятельный *adj* 1) *(настойчивый)* insistente 2) *(очень нужный)* urgente, imperioso
настоять *perf* настаивать *impf vi* **(на чём-л)** insistir (en u/c), empeñarse (en u/c), obstinarse (en u/c)
настояться[1] *perf* настаиваться *impf coloq (долго простоять)* estar de pie mucho tiempo
настояться[2] *perf* настаиваться *impf (образовать настой)* estar hecho (dicho de una infusión), reposar
настоящ|ий *adj* 1) auténtico, real, verdadero 2) *(время)* presente *~ее время* tiempo presente
настрадаться *perf* haber sufrido mucho
настраивать V. настроить
настраиваться V. настроиться
настрелять *perf vt* 1) *(на охоте)* matar (disparando, cierta cantidad) 2) *vulg (выпросить)* obtener pidiendo
настрого *adv coloq* muy severamente, estrictamente
настроен|ие *n* humor, estado de ánimo *быть в хорошем ~и* estar de buen humor
настроенность *f* orientación
настроенный *adj* **(на что-л)** predispuesto (a u/c)
настроить[1] *perf* настраивать *impf vt* 1) *(наладить)* poner a punto, afinar 2) *(радио)* sintonizar 3) *(музыкальный инструмент)* afinar, templar 4) **(на что-л)** *(придать настроенность)* predisponer (a u/c)
настроить[2] *perf* настраивать *impf vt (выстроить)* construir (cierta cantidad), edificar
настроиться *perf* настраиваться *impf* 1) afinarse, templarse 2) **(на что-л)** *(привести себя в определённое настроение)* prepararse (para u/c), conformarse (con u/c) ~ *на поездку* prepararse para el viaje
настрой *m coloq* humor, estado de ánimo
настройка *f* 1) *(музыкального инструмента)* afinación 2) *(прибора)* ajuste 3) *informát* configuración
настройщи|к, -ца *m/f mús* afinador, -a
настрочить V. строчить
наступательн|ый *adj mil* ofensivo
наступать V. наступить
наступить[1] *perf* наступать *impf vi* 1) **(на что-л)** *(придавить ногой)* pisar ~ *кому-л. на ногу* pisar a alg 2) *mil* avanzar
наступить[2] *perf* наступать *impf vi (настать)* empezar, comenzar
наступление[1] *n mil* ofensiva
наступление[2] *n (начало)* advenimiento, inicio
настурция *f* capuchina (flor)
настучать V. стучать
настырность *f* testarudez, cabezonería
настырный *adj* testarudo, terco, cabezón
насупить *perf* насупливать *impf vt coloq* fruncir ~ *брови* fruncir las cejas
насупиться *perf* насупливаться *impf coloq* fruncir el ceño, enfurruñarse
насупливаться V. насупиться
насухо *adv* en seco, bien seco
насущный *adj* esencial, básico ~ *хлеб* el pan de cada día
насчёт *prep* **(кого/чего-л)** sobre (alg o u/c), en cuanto (a alg o u/c), en referencia (a alg o u/c)
насчитать *perf* насчитывать *impf vt* contar, acumular contando
насчитывать *impf vt* 1) V. насчитать 2) *(содержать в себе)* contener, contar (con u/c)
насчитыва|ться *impf* haber, existir *в городе ~ются сотни школ* en la ciudad hay centenares de escuelas
насылать V. наслать
насыпать *perf* насыпать *impf vt* 1) **(что/чего-л)** echar, verter, derramar 2) *(холм и т.д.)* elevar (amontonando)
насыпать V. насыпать
насыпной *adj* amontonado, terraplenado
насыпь *f* terraplén
насытить *perf* насыщать *impf vt* saciar, hartar
насытиться *perf* насыщаться *impf* 1) saciarse, hartarse, satisfacerse 2) *(пропитаться)* impregnarse, saturarse
насыщать V. насытить
насыщаться V. насытиться
насыщение *n* 1) saciedad, hartazgo 2) *(материала)* saturación
насыщенность *f* 1) saturación 2) *quím* grado de saturación 3) saturación
насыщенный *adj* espeso
наталкивать V. натолкнуть
наталкиваться V. натолкнуться
натапливать V. натопить 1, 2
натаскать *perf* натаскивать *impf vt* 1) **(что/чего-л)** traer, llevar (cierta cantidad) 2) *(обучить собаку)* adiestrar, enseñar 3) *coloq (человека)* enseñar, preparar
натаскивание *n* 1) *(собак)* adiestramiento 2) *coloq (учеников)* preparación
натаскивать V. натаскать
натвори|ть *perf vt* **(что/чего-л)** *coloq* hacer, cometer (algo malo) *что ты ~л?* ¿qué has hecho?
нате V. на

натекать V. натечь
нательный *adj* que se lleva sobre el cuerpo
натереть *perf* натирать *impf vt* 1) *(намазать)* frotar, friccionar 2) *(навести лоск)* sacar brillo 3) *(повредить)* rozar, irritar (la piel) 4) **(чего-л)** *(измельчить)* rallar
натерпеться *perf* **(чего-л)** *coloq* sufrir mucho, aguantar mucho
натесать *perf* натёсывать *impf vt* **(что/чего-л)** labrar, preparar labrando (cierta cantidad)
натечь *perf* натекать *impf vi* acumularse (referido a un líquido)
натешиться *perf coloq* divertirse de lo lindo, gozar hasta la saciedad
натёк *m* concreción, toba
натёсывать V. натесать
натирать V. натереть
натиск *m* empuje, presión
натискать *perf* натискивать *impf vt* 1) **(что/чего-л)** *coloq (поместить)* meter, apretujar 2) *coloq (наполнить)* llenar (presionando, apretando)
наткать *perf vt* **(что/чего-л)** tejer (cierta cantidad)
наткнуться *perf* натыкаться *impf* 1) **(на что-л)** *(на что-то острое)* tropezar (con u/c), chocar (con u/c), clavarse ~ *на гвоздь* tropezar con un clavo 2) **(на кого/что-л)** *(неожиданно встретить)* chocar (con u/c), tropezar (con u/c), dar (con u/c)
натолкнуть *perf* наталкивать *impf vt* 1) **(на кого/что-л)** empujar (contra) 2) **(на что-л)** *coloq (навести на мысль)* sugerir, llevar a una idea
натолкнуться *perf* наталкиваться *impf* **(на кого/что-л)** *coloq* chocar (con u/c), tropezar (con u/c)
натолочь *perf vt* **(что/чего-л)** triturar, moler, machacar (cierta cantidad)
натопить[1] *perf* натапливать *impf vt (нагреть топкой)* calentar
натопить[2] *perf* натапливать *impf vt (топя, приготовить)* derretir, fundir
наторговать *perf* наторговывать *impf vt* 1) **(что/чего-л)** ganar, obtener (comerciando) 2) **(на что-л)** *(продать на сумму)* vender (por)
наторговывать V. наторговать
натощак *adv* en ayunas
натр *m* hidróxido de sodio *едкий* ~ sosa cáustica
натравить *perf* натравливать *impf vt* 1) **(на кого-л)** *(собак)* azuzar, lanzar 2) **(на кого-л)** *(побудить к враждебным действиям)* enfrentar (con alg), desavenir 3) *(травя, уничтожить)* envenenar (cierta cantidad)
натравливать V. натравить
натренированный *adj* entrenado
натренировать V. тренировать
натренироваться V. тренироваться
натриевый *adj quím* de sodio, sódico
натрий *m quím* sodio
натрое *adv* en tres partes
натрудить *perf* натруживать *impf vt* cansar, agotar, cargar ~ *ноги* cansar las piernas
натруживать V. натрудить
натрусить V. трусить
натуга *f vulg* esfuerzo
натуго *adv coloq* fuertemente, sólidamente
натужный *adj coloq* forzado
натура *f* 1) *obsol* naturaleza 2) carácter, temperamento
натурализация *f* naturalización
натурализм *m* naturalismo
натурализовать *biasp vt* naturalizar
натурализоваться *biasp* naturalizarse
натуралист *m* naturalista
натуралистический *adj* naturalista
натурально *adv* naturalmente, como es natural
натуральный *adj* natural
натурный *adj* 1) *arte* al natural 2) *cine* al aire libre
натурфилософия *f filos* filosofía naturalista
натурфилософский *adj filos* de la filosofía naturalista
натурщи|к, -ца *m/f* modelo (para un pintor o escultor)
натыкаться V. наткнуться
натюрморт *m arte* bodegón
натягиваться V. натянуться
натяжение *n* tensión
натяжк|а *f* 1) *(действие)* tensión 2) *coloq (допущение)* tolerancia, admisión *с ~ой* con dificultades, a duras penas
натянутый *adj* tirante, tenso
натянуть *perf* натягивать *impf vt* 1) tensar ~ *верёвку* tensar una cuerda 2) *coloq (надеть)* ponerse, enfundarse 3) *coloq (сделать с натяжкой)* hacer con esfuerzo, hacer a duras penas
наугад *adv* al azar
наудачу *adv* al azar
наук|а *f* ciencia *естественные ~и* ciencias naturales
наукообразный *adj* pseudocientífico
наутёк *adv coloq* corriendo, a toda velocidad *пуститься* ~ poner los pies en polvorosa
наутро *adv coloq* a la mañana siguiente, por la mañana (del día siguiente)
научать *impf vt obsol* V. учить
научение *n* enseñanza
научить V. учить
научиться V. учиться
научность *f* cientificidad, carácter científico
научно-технический *adj* científico-técnico
научный *adj* científico
наушник *m* 1) auricular 2) *(в шапке)* orejera
наущение *n* incitación, instigación
нафабрить V. фабрить
нафталин *m* naftalina
нахал, -ка *m/f coloq* fresc|o, -a, caradura
нахальничать *impf vi coloq* ser fresco, ser caradura
нахальный *adj coloq* desvergonzado, fresco, insolente
нахальство *n* insolencia, descaro
нахамить V. хамить
нахапать *perf* нахапывать *impf vt* **(что/чего-л)** *vulg* arramplar, arramblar
нахапывать V. нахапать
нахваливать V. нахвалить
нахвалить *perf* нахваливать *impf vt coloq* colmar de elogios, ensalzar
нахватать *perf* нахватывать *impf vt* 1) acaparar, saquear 2) *(поверхностно усвоить)* asimilar superficialmente

нахвататься *perf* нахватываться *impf* (**чего-л**) *coloq* asimilar, adquirir superficialmente
нахватывать V. нахватать
нахватываться V. нахвататься
нахимовец *m mil* najímovets (alumno de la escuela de guardias marinas Najímov)
нахлебаться *perf* нахлёбываться *impf* tragar, sorber (mucho, hasta la saciedad)
нахлебни|к, -ца *m/f coloq* aprovechad|o, -a, gorr|ón, -ona
нахлёбываться V. нахлебаться
нахлыну|ть *perf vi* afluir, irrumpir
нахмуренный *adj* fruncido, arrugado
нахмуривать *impf vt* V. хмурить
нахмуриваться *impf* V. хмуриться
нахмурить V. хмурить
нахмуриться V. хмуриться
находить V. найти 1
находиться[1] *impf* 1) V. найтись 2) *(быть)* encontrarse, estar situado
находиться[2] *perf (провести много времени, ходя)* hartarse de caminar, andar mucho
находка *f* hallazgo
находчивость *f* ingeniosidad, agudeza
находчивый *adj* ingenioso, agudo
нахождени|е *n* 1) *(открытие)* descubrimiento 2) *(состояние)* posición, situación *место ~я* situación
нахолодить V. холодить
нахрапистый *adj vulg* descarado, insolente
нахулиганить V. хулиганить
нацарапать V. царапать
нацедить *perf* нацеживать *impf vt* verter colando (cierta cantidad)
нацеживать V. нацедить
нацеливать V. нацелить
нацелить *perf* нацеливать *impf vt* 1) V. целить 2) (**на кого/что-л**) *(направить)* dirigir (a alg o u/c), encaminar (a alg o u/c)
нацелиться V. целиться
нацело *adv coloq* por completo, enteramente
наценка *f* precio añadido, suplemento
нацепить *perf* нацеплять *impf vt* enganchar, colgar
нацеплять V. нацепить
нацизм *m* nazismo
национализация *f* nacionalización
национализировать *biasp vt* nacionalizar
национализм *m* nacionalismo
националист *m* nacionalista
националистический *adj* nacionalista **националистичный** *adj* nacionalista
националистка *f* nacionalista
национально-освободительный *adj* de liberación nacional
национальность *f* nacionalidad, etnia
национальный *adj* 1) nacional, étnico 2) *(государственный)* nacional
нацист, -ка *m/f* nazi
нацистский *adj* nazi
нация *f* nación
начал|о *n* 1) comienzo, inicio, principio *в ~е* al prinicipio; *с ~а до конца* de principio a fin 2) *(основа)* principio
начальни|к, -ца *m/f* jef|e, -a, superior
начальный *adj* inicial
начальственный *adj* autoritario, imperioso
начальство *n* 1) jefes, superiores 2) *(власть)* dirección, mando
начальствовать *impf vi* mandar, ser el jefe
начать *perf* начинать *impf vt* empezar, comenzar, iniciar ~ *с чего-л* empezar por u.c.
начаться *perf* начинаться *impf* comenzar, empezar, iniciarse
начеканивать V. начеканить
начеканить *perf* начеканивать *impf vt* (**что/чего-л**) acuñar (cierta cantidad)
начеку *adv* alerta, ojo avizor *быть ~* estar alerta
начертание *n* trazado
начертать *perf vt* 1) *obsol* escribir, dibujar 2) *elev (наметить)* perfilar, demarcar, determinar
начертить *perf* начерчивать *impf vt* 1) V. чертить 2) (**что/чего-л**) trazar, dibujar (cierta cantidad)
начерчивать V. начертить
начинание *n* empresa, iniciativa
начинатель *m* iniciador
начинать V. начать
начинаться V. начаться
начинающий *adj* primerizo, principiante
начинить *perf* начинять *impf vt* rellenar
начинка *f* relleno
начинять V. начинить
начисление *n* ingreso, aumento
начислить *perf* начислять *impf vt* establecer un aumento, ingresar
начислять V. начислить
начистить *perf* начищать *impf vt* 1) (**что/чего-л**) *(овощи, фрукты)* pelar, limpiar (cierta cantidad) 2) *coloq (хорошо вычистить)* limpiar, pulir (bien)
начиститься *perf* начищаться *impf coloq* limpiarse bien (la ropa, el calzado)
начисто *adv* limpio, limpiamente
начистоту *adv coloq* francamente, con total sinceridad
начитанность *f* erudición
начитанный *adj* leído (dicho de una persona)
начитать *perf* начитывать *impf vt* (**что/чего-л**) *coloq* leer mucho, haber leído mucho
начитаться *perf* начитываться *impf* (**что/чего-л**) *coloq* leer mucho, haber leído mucho
начитывать V. начитать
начитываться V. начитаться
начихать *perf* **1.** *vi* 1) (**на кого/что-л**) *coloq (обрызгать чихая)* salpicar estornudando 2) (**на кого/что- л**) *vulg (отнестись с пренебрежением)* desdeñar, despreciar **2.** *pred vulg* мне на это ~! ¡esto me importa un bledo!
начищать V. начистить
начищаться V. начиститься
начудить V. чудить
начхать *perf vi vulg* V. начихать 2
наш, наша, наше, наши *pron pos* nuestro, nuestra, nuestros, nuestras, de nosotros, de nosotras *наша книга* nuestro libro; *наш дом* nuestra casa ◆ **и нашим и вашим** *coloq* servir a Dios y al diablo
нашалить *perf vi* hacer travesuras
нашатырный *adj* amoniacal, amónico ~ *спирт* amoníaco, hidrato de amonio
нашатырь *m* 1) cloruro amónico 2) *coloq (нашатырный спирт)* amoníaco, hidrato de amonio

нашенский *pron vulg* V. наш
нашептать *perf* нашёптывать *impf vt* 1) **(что/чего-л)** susurrar, cuchichear 2) **(на что-л)** *(наколдовать)* encantar, pronunciar palabras mágicas
нашествие *n* invasión, incursión
нашёптывать V. нашептать
нашивать V. нашить
нашивка *f* 1) *(действие)* cosido 2) *(полоска)* tira 3) *mil* galón
нашинковать *perf* нашинковывать *impf vt* **(что/чего-л)** cortar, desmenuzar (un alimento)
нашинковывать V. нашинковать
нашить *perf* нашивать *impf vt* 1) *(пришить)* coser, pegar (cosiendo) 2) **(что/чего-л)** *(сшить много)* coser (cierta cantidad)
нашкодить V. шкодить
нашпиговать *perf* нашпиговывать *impf vt* mechar, rellenar (un alimento)
нашпиговывать V. нашпиговать
нашуметь *perf vi* 1) hacer (meter) mucho ruido 2) *(вызвать много разговоров)* crear polémica, dar que hablar
нащупать *perf* нащупывать *impf vt* 1) encontrar palpando 2) *(найти)* encontrar ◆ ~ **почву** tantear el terreno
нащупывать V. нащупать
наэлектризовать V. электризовать
наябедничать V. ябедничать
наяву *adv* en la realidad, verdaderamente *не во сне, а ~* no en sueños, sino en la realidad
наяда *f mitol* náyade
наяривать *impf vi vulg* tocar (cantar) con pasión (con sentimiento)
не *partic* 1) no *я ~ была в этом городе* no he estado en esta ciudad; *это ~ газета, а журнал* esto no es un periódico, es una revista 2) *(в вопросительных предложениях с частицей «ли»)* no *~ нужны ли тебе деньги?* ¿no necesitas dinero? 3) *(с частицами «чуть», «едва» и др.)* casi, por poco *я чуть не упал* casi me caigo ◆ **тем ~ менее** sin embargo ~ **раз** más de una vez ~ **за что!** ¡no hay de qué!
неадекватно *adv* inadecuadamente
неадекватность *f* carácter inadecuado
неадекватный *adj* inadecuado
неаккуратно *adv* con negligencia, descuidadamente
неаккуратность *f* dejadez, falta de cuidado
неаккуратный *adj* negligente, descuidado
неандерталец *m arqueol* neanderthal
неандертальский *adj arqueol* de neanderthal
небезопасный *adj* inseguro, peligroso
небезызвестный *adj* bastante conocido
небезынтересный *adj* bastante interesante, con cierto interés
небесный *adj* 1) celeste 2) *relig* celestial
неблаговидный *adj* censurable, reprensible
неблагодарность *f* desagradecimiento, ingratitud
неблагодарный *adj* ingrato, desagradecido
неблагонадёжность *f hist* carácter sospechoso
неблагонадёжный *adj* 1) *hist (ненадёжный)* poco seguro, dudoso 2) *hist (подозреваемый во враждебности правительству)* sospechoso
неблагопристойный *adj* indecente, inmoral, deshonesto
неблагоприятный *adj* adverso, desfavorable
небо *n* cielo
небогато *adv* modestamente, con limitaciones
небольшой *adj* pequeño
небосвод *m* firmamento
небосклон *m* firmamento, horizonte
небоскрёб *m* rascacielos
небось *partic* seguramente
небрежение *n hist* descuido, negligencia, desidia
небрежность *f* negligencia, dejadez, abandono
небрежный *adj* 1) *(нерадивый)* descuidado, negligente 2) *(неряшливый)* desaliñado, desaseado 3) *(пренебрежительный)* arrogante, desdeñoso
небывалый *adj* inédito
небылица *f* fábula, relato ficticio
небытие *n elev* nada
неважнецкий *adj vulg* mediocre, regular
неважно **1.** *adv* mal **2.** *adv pred* no tiene importancia
неважный *adj* insignificante, sin importancia
неваляшка *f coloq* tentetieso
невдалеке *adj* **(от кого/чего-л)** cerca (de alg o u/c), no lejos (de alg o u/c)
невдомёк *adv pred* **(кому-л)** *coloq* no se entiende *мне ~* no consigo entenderlo
неведение *n elev* ignorancia
неведомый *adj* 1) *elev (неизвестный)* desconocido 2) *elev (таинственный)* misterioso, enigmático
невежа *m/f* groser|o, -a, maleducad|o, -a
невежда *m/f* ignorante
невежественный *adj* ignorante
невежество *n* ignorancia
невежливость *f* descortesía, desconsideración
невежливый *adj* descortés, desconsiderado
невезение *n* mala suerte, infortunio
невезуха *f vulg* mala suerte, infortunio
невезучий *adj coloq* desafortunado, desgraciado
неверность *f* 1) inexactitud 2) *(вероломство)* deslealtad, infidelidad
неверный *adj* 1) erróneo, equivocado 2) *(вероломный)* desleal, infiel
невероятно **1.** *adv* increíblemente **2.** *adv pred* es increíble
невероятный *adj* increíble, improbable
неверующий **1.** *adj relig* no creyente, irreligioso **2.** *m* no creyente, infiel
невесомость *f* 1) ligereza 2) *fís* ingravidez
невесомый *adj* 1) ligero 2) *(маловажный)* de poco peso, de poca importancia 3) *fís* ingrávido
невеста *f* prometida, novia
невестка *f* 1) *(жена брата)* cuñada (esposa del hermano) 2) *(жена сына)* nuera
невесть *pred* : ~ что no se sabe qué
невзгода *f* adversidad, infortunio
невзирая *prep* **(на кого/что-л)** a pesar (de alg o u/c)
невзлюбить *perf vt* tomar antipatía
невзначай *adv vulg* de improviso, por casualidad *встретиться ~* encontrarse por casualidad
невзрачный *adj* feo, poco agraciado
невидаль *f coloq* cosa rara *эка ~!* ¡qué cosa nunca vista!

невиданный *adj* nunca visto, sin precedentes
невидимка *m/f* 1) persona (animal, objeto) invisible 2) *(для волос)* horquilla, clip
невидимый *adj* invisible
невидящий *adj* ausente, abstraído
невинность *f* inocencia
невинный *adj* 1) inocente 2) *(наивный)* inocente, ingenuo 3) *(девственный)* virgen, casto
невиновность *f jur* inocencia
невиновный *adj jur* inocente
невменяемость *f* 1) demencia 2) *jur* perturbación mental
невменяемый *adj* 1) fuera de sí, que ha perdido el juicio 2) *jur* que tiene las facultades mentales perturbadas
невмешательство *n* no intervención
невмоготу *adv pred coloq* es imposible, no se puede *мне ~* es imposible para mí
невмочь *adv pred coloq* V. невмоготу
невнимание *n* 1) desatención 2) *(пренебрежение)* desconsideración, menosprecio
невнимательность *f* 1) falta de atención, distracción 2) *(неучтивость)* desatención, descortesía
невнимательный *adj* 1) desatento, distraído 2) *(неучтивый)* desatento, descortés
невнятность *f* incomprensibilidad
невнятный *adj* mal articulado, incomprensible
невод *m pesca* red de cerco
невозвратимый *adj* irreparable, irremediable
невозвратный *adj* irreversible, irrecuperable
невозвращенец *m* persona no retornada del extranjero
невозделанный *adj* no cultivado, virgen
невозможно **1.** *adv* imposible, de un modo imposible **2.** *adv pred* es imposible, no es posible, no se puede
невозможность *f* imposibilidad
невозможный *adj* imposible
невозмутимо *adv* con impasibilidad, imperturbablemente
невозмутимость *f* impasibilidad, indiferencia
невозмутимый *adj* imperturbable, indiferente
неволить *impf vt* forzar, obligar
невольник *m* esclavo
невольничий *adj* de esclavo(s)
невольно *adv* involuntariamente
невольный *adj* involuntario
неволя *f* esclavitud, cautiverio
невообразимый *adj* inimaginable, inconcebible
невооружённый *adj* desarmado, inerme
невоспитанность *f* falta de educación
невоспитанный *adj* maleducado
невосполнимый *adj* insustituible, irreparable, irreemplazable
невостребованный *adj* no reclamado, no requerido
невпопад *adv coloq* fuera de propósito
невпроворот *adv pred vulg* mucho, en abundancia *у меня дел ~* tengo muchos asuntos
невразумительный *adj* incomprensible
невралгический *adj med* neurálgico
невралгия *f med* neuralgia
неврастеник *m med* neurasténico
неврастеничный *adj med* neurasténico
неврастения *f med* neurastenia
невредимый *adj* salvo ◆ **целый и ~** sano y salvo
невроз *m med* neurosis
невролог *m med* neurólogo
неврологический *adj med* neurológico
неврология *m med* neurología
невропатолог *m med* neuropatólogo
невропатология *f med* neuropatología
невротический *adj med* neurótico
невтерпёж *adv pred coloq* es insoportable
невыгодный *adj* desventajoso
невыезд *m* no salida (del país), permanencia
невыносимость *f* carácter insoportable
невыносимый *adj* insoportable
невыполнение *n* incumplimiento
невыразимый *adj* inexpresable
невыход *m elev* falta, ausencia
нега *f* 1) *(довольство)* bienestar, beatitud 2) *(блаженство)* felicidad suprema, placer
негабарит *m* producto no estándar (por sus dimensiones)
негатив *m foto* negativo
негативизм *m* negativismo
негативный *adj* 1) negativo 2) *foto* negativo
негашеный *adj* 1) *(об извести)* vivo 2) *(о марке)* sin marcar
негде *pron* no hay donde *ему ~ жить* no tiene donde vivir
негибкий *adj* inflexible, rígido
негласный *adj* tácito, secreto
неглиже *n* negligé
неглупый *adj* bastante inteligente
негодность *f* mal estado *прийти в ~* estropearse
негодный *adj* inútil, inservible
негодование *n* indignación, sublevación
негодовать *impf vi* indignarse, sublevarse
негодяй, -ка *m/f desp* miserable, canalla
негожий *adj vulg* inútil, inservible
негоциант *m* negociante
негр *m* negro, hombre de color
неграмотность *f* analfabetismo
неграмотный *adj* 1) analfabeto, iletrado 2) *(невежественный)* ignorante 3) *(неграмотно сделанный)* incorrecto, con errores
негритянка *f* negra, mujer de color
негритянский *adj* de negros, de color
негроидный *adj* negroide
негромко *adv* en voz baja
негусто *adv pred coloq* poco *денег у нас ~* tenemos poco dinero
недавний *adj* reciente
недавно *adv* hace poco, no hace mucho, recientemente
недалеко **1.** *adv* cerca **2.** *prep* **(от кого/чего-л)** cerca (de alg o u/c)
недалёкий *adj* 1) próximo, cercano 2) *(о человеке)* corto, de pocas luces
недаром *adv* no en vano, no en balde
недвижимость *f* inmueble, inmobiliaria
недвижимый *adj* 1) inmóvil 2) *(об имуществе)* inmobiliario
недействительный *adj* nulo, no válido
неделимость *f* indivisibilidad
неделимый *adj* indivisible
неделька *f dimin-afect* semanita
недельный *adj* semanal, de una semana
недел|я *f* semana *на прошлой ~е* la semana pasada
недобор *m* falta, insuficiencia

недоброжелатель *m* persona malévola
недоброжелательный *adj* malévolo
недоброкачественный *adj* de mala calidad
недобросовестность *f* 1) *(нечестность)* deshonestidad 2) *(небрежность)* negligencia
недобросовестный *adj* 1) *(нечестный)* de mala fe 2) *(небрежный)* descuidado, sin esmero
недобрый *adj* malo
недоверие *n* desconfianza
недоверчивый *adj* desconfiado, receloso
недовес *m* sisa (en la compra)
недовесок *m* cosa de peso disminuido
недовольный *adj* descontento, molesto
недовольство *n* descontento, malestar
недоглядеть *perf vt coloq* dejar pasar, no vigilar, no advertir
недоговорённость *f* 1) *(замалчивание)* reticencia 2) *(несогласованность)* discordancia, falta de coordinación
недоделка *f* imperfección, inconclusión
недоедание *n* desnutrición
недоедать *impf vi* no comer lo suficiente, pasar hambre
недозволенный *adj* ilícito, prohibido
недоимка *f* atrasos, morosidad
недоказуемый *adj* indemostrable
недолго *adv* poco tiempo, poco rato
недолговечный *adj* perecedero
недолюбливать *impf vt* tener manía (a alg)
недомогание *n* indisposición, achaque
недомогать *impf vi* estar indispuesto
недомолвка *f* reticencia
недомыслие *f* falta de reflexión, necedad
недоносок *m* bebé prematuro
недоношенный *adj (о ребёнке)* prematuro, nacido antes de tiempo
недооценивать V. недооценить
недооценить *perf* недооценивать *impf vt* subestimar, infravalorar, menospreciar
недооценка *f* infravaloración, subestimación
недопустимость *f* inadmisibilidad
недопустимый *adj* inadmisible
недоработка *f* falta, defecto
недоразвитый *adj* poco desarrollado, atrasado
недоразумение *n* malentendido
недорого *adv* a buen precio
недорогой *adj* no caro, barato
недород *n agric* mala cosecha
недоросль *m* 1) *hist (дворянин, не достигший совершеннолетия)* noble menor de edad 2) *irón (недоучка)* profano, ignorante
недосаливать V. недосолить
недосматривать V. недосмотреть
недосмотр *m* descuido, negligencia *по ~у* por descuido
недосмотреть *perf* недосматривать *impf vt* no vigilar, dejar pasar
недосол *m* falta de sal (*en la comida*)
недосолить *perf* недосаливать *impf vt* no salar lo suficiente, salar poco
недоспать *perf* недосыпать *impf vi* dormir poco, no dormir lo suficiente
недоставать V. недостать
недостаток *m* 1) defecto, deficiencia 2) *(нехватка)* escasez, carencia, falta
недостаточность *f* insuficiencia
недостаточный *adj* insuficiente
недостать *perf* недоставать *impf v/impers* (**кого/чего-л**) faltar, hacer falta, ser insuficiente
недостача *f coloq* falta, carencia
недостающий *adj* que falta, insuficiente
недостижимый *adj* inalcanzable
недостойность *f* indignidad
недостойный *adj* (**кого/чего-л**) indigno (de alg o u/c)
недоступный *adj* inaccesible
недосуг 1. *m* falta de tiempo libre **2.** *adv pred* no hay tiempo *ему ~* no tiene tiempo
недосчитаться *perf* недосчитываться *impf* no encontrar, echar en falta
недосягаемость *f* inaccesibilidad
недосягаемый *adj* inalcanzable, inaccesible
недотёпа *m/f coloq* zote, zoquete
недотрога *m/f coloq* persona susceptible, finolis
недоумевать *impf vi* estar perplejo, quedarse perplejo
недоумение *n* perplejidad
недоуменный *adj* perplejo
недоумок *m coloq insult* tonto, bobo
недоучка *m coloq* profano, ignorante
недочеловек *m* persona de segunda categoría, persona deficiente
недочёт *m* 1) *(недостача)* falta 2) *(изъян)* defecto, imperfección
недра *npl* 1) subsuelo, profundidades de la tierra 2) *(внутренняя часть)* corazón, entrañas
недремлющий *adj* vigilante
недруг *m elev* enemigo
недуг *m* enfermedad
недурной *adj* 1) *(достаточно хороший)* bastante bueno 2) *(хорошенький)* guapo
недурственный *adj coloq* bastante bueno
недюжинный *adj* extraordinario, excepcional
неестественный *adj* artificial, innatural
нежданный *adj* inesperado
нежелание *n* desgana, apatía
нежелательность *f* indeseabilidad
нежелательный *adj* indeseable, no deseable
нежели *conj obsol* que *более, ~ когда-либо* más que nunca
неженатый *adj* soltero
неженка *m/f coloq* persona melindrosa, alfeñique
неживой *adj* 1) *(мёртвый)* muerto 2) *(неодушевлённый)* inanimado 3) *(вялый)* indolente, lánguido, desalentado
нежилой *adj* 1) deshabitado 2) *(не предназначенный для жилья)* no destinado a vivienda
нежирно *adv pred vulg* hay poco *запасов ~* hay pocas reservas
нежить[1] *impf vt* mimar, acariciar
нежить[2] *f mitol* duendes, seres fantásticos
нежиться *impf* desmadejarse, mimarse
нежничать *impf vi coloq* ser cariñoso
нежно *adv* tiernamente, con ternura
нежность *f* ternura
нежн|ый *adj* 1) *(ласковый)* cariñoso, tierno, afectuoso *~ый взгляд* mirada cariñosa 2) *(приятный)* suave, delicado, fino *~ая кожа* piel suave
незабвенный *adj elev* inolvidable
незабудка *f* nomeolvides
незабываемый *adj* inolvidable
незавершёнка *f coloq* construcción inacabada

незавидн|ый *adj* no envidiable, no atrayente *~ая участь* suerte no envidiable

независимость *f* independencia

независимый *adj* (**от кого/чего-л**) independiente (de alg o u/c)

независящий *adj* (**от кого/чего-л**) independiente (de la voluntad) (de alg o u/c), ajeno (a alg o u/c)

незадача *f coloq* adversidad, infortunio

незадачливый *adj* 1) *coloq (неудачный)* desafortunado, desgraciado, aciago 2) *coloq (неудачливый)* desafortunado, desgraciado, infeliz

незадолго **1.** *adv* poco antes **2.** *prep* (**до чего-л**) poco antes (de u/c)

незаинтересованный *adj* desinteresado

незаконнорождённый *adj* ilegítimo, adulterino

незаконный *adj* ilegal, ilegítimo

незаконченный *adj* inacabado

незамедлительный *adj* inmediato

незаменимость *f* insustituibilidad, imposibilidad de ser sustituido

незаменимый *adj* insustituible, irreemplazable

незаметный *adj* 1) *(почти не видный)* imperceptible, invisible 2) *(незначительный)* insignificante, de poca importancia

незамеченный *adj* desapercibido

незамужняя *adj* soltera (sólo referido a la mujer), de soltera

незамысловатый *adj* simple, sencillo

незанятый *adj* desocupado

незапамятн|ый *adj* inmemorial, remoto, de antaño *с ~ых времён* de tiempos de antaño

незапятнанный *adj* inmaculado, intachable

незатейливый *adj coloq* simple, sencillo

незаурядность *f* relevancia

незаурядный *adj* destacado, relevante, extraordinario

незачем *adv pred coloq* és inútil

незваный *adj* no invitado, sin invitación

нездешний *adj* forastero, extranjero

нездорови|ться *impf v/impers* sentirse mal *ему ~тся* se siente mal

нездоровый *adj* 1) enfermo 2) *(о внешнем виде)* enfermizo 3) *(чувство)* morboso

нездоровье *n* indisposición

неземной *adj elev* sobrenatural, extraordinario

незлобивый *adj* dulce, blando, manso

незнаком|ец, -ка *m/f* desconocid|o, -a

незнакомый *adj* desconocido

незнамо *adv pred vulg* no se sabe

незнание *n* desconocimiento, ignorancia

незначащий *adj* insignificante

незначительность *f* insignificancia

незначительный *adj* insignificante

незримый *adj* invisible, misterioso, oculto

незрячий *adj* ciego

незыблемость *f* inmutabilidad, estabilidad

незыблемый *adj* invariable, inmutable

неизбежность *f* inevitabilidad

неизбежный *adj* inevitable

неизбывный *adj elev* inevitable, ineludible

неизведанный *adj* desconocido, inexplorado

неизвестность *f* 1) *hist (отсутствие сведений)* incertidumbre 2) *(безвестность)* humildad, desconocimiento

неизвестный *adj* desconocido

неизгладимый *adj* imborrable, inolvidable

неизданный *adj* inédito

неизлечимый *adj* incurable

неизменность *f* 1) *(постоянство)* constancia, perseverancia 2) *(преданность)* fidelidad, lealtad

неизменный *adj* 1) invariable, inalterable 2) *(преданный)* fiel

неизменяемый *adj* invariable

неизмеримый *adj* inmensurable, inmenso

неизъяснимый *adj* inexplicable, indescriptible

неимение *n elev* falta, carencia

неимоверный *adj* increíble, inmenso

неимущий *adj* pobre, indigente, menesteroso

неинтересный *adj* falto de interés, aburrido

неискоренимый *adj* inextirpable, arraigado

неисповедимый *adj elev* inescrutable, enigmático

неисполнимый *adj* irrealizable

неиспользование *n* desaprovechamiento, desuso

неиспользованный *adj* desaprovechado, no utilizado

неисправимый *adj* incorregible, irremediable

неисправность *f* 1) *(наличие повреждений)* mal estado 2) *(неаккуратность)* negligencia

неисправный *adj* 1) dañado, defectuoso 2) descuidado, negligente

неиссякаемый *adj* inagotable, interminable, inacabable

неистовство *n* 1) *(буйство)* desbordamiento, desenfreno 2) *(жестокий поступок)* crueldad

неистовствовать *impf vi* 1) *(проявлять буйство)* desbordarse, desenfrenarse 2) *(свирепствовать)* encarnizarse, ensañarse

неистовый *adj* desbordante, desenfrenado, desaforado

неистощимый *adj* inagotable, interminable, inacabable

неистребимый *adj* indestructible

неисчерпаемость *f* carácter inagotable

неисчерпаемый *adj* inagotable, ilimitado

неисчислимый *adj* incalculable

нейлон *m* nailon

нейлоновый *adj* de nailon

неймётся *pred* ему ~: tiene ansias

нейрон *m anat* neurona

нейрохирург *m med* neurocirujano

нейрохирургический *adj med* neuroquirúrgico

нейрохирургия *f med* neurocirugía

нейтрализация *f* neutralización

нейтрализовать *biasp vt* neutralizar

нейтралитет *m pol* neutralidad

нейтральность *f* neutralidad

нейтральный *adj* neutral, neutro

нейтринный *adj fís* de neutrinos

нейтрино *n fís* neutrino

нейтрон *m fís* neutrón

нейтронный *adj fís* de neutrones

неказистый *adj coloq* feo, desagradable

некий *pron* 1) alguno, algún 2) *(в сочетании с фамилией, именем)* un tal, una tal ~ *Иван* un tal Iván

некогда[1] *adv pred (нет времени)* no hay tiempo *ему* ~ no tiene tiempo

некогда[2] *adv (в неуказанный момент прошлого)* en otro tiempo, en un tiempo

некого *pron* no hay nadie a quien ~ *спросить* no hay nadie a quien preguntar
непоколебимый *adj elev* inquebrantable, firme
некомпетентный *adj* incompetente
некомпетентность *f* incompetencia
некоторый *pron* alguno, cierto
некрасивость *f* fealdad
некрасивый *adj* feo
некролог *m* necrológica
некрополь *m* necrópolis
некстати *adv* a deshora, a destiempo
нектар *m* néctar
нектарин *m* nectarina
некто *pron* alguien, un tal, una tal ~ *Иванов* un tal Ivanov
некуда *adj pred* no hay donde *ему* ~ *пойти* no tiene adonde ir ◆ **лучше (хуже)** ~ mejor (peor) imposible
некультурный *adj* maleducado, incívico
неладный *adj* 1) *coloq (неблагополучный)* malo, desfavorable 2) *coloq (нескладный)* torpe, desgarbado
нелад|ы (*gen* –ов) *mpl* 1) *coloq (ссоры)* riñas 2) *coloq (неприятности)* contratiempos, contrariedades
нелегально *adv* ilegalmente
нелегальность *f* ilegalidad
нелегальный *adj* ilegal
нелепица V. нелепость
нелепость *f* absurdidad, disparate
нелепый *adj* 1) *(бессмысленный)* absurdo 2) *(несуразный)* ridículo
нелёгкая *f vulg* demonio *куда тебя* ~ *несёт* ¿a dónde se te ocurre ir?
неликвид *m com* bienes no liquidables
неликвидный *adj com* no liquidable
нелишне *adv pred* no está de más, no es inútil
неловкий *adj* incómodo, torpe
неловко 1. *adv* incómodamente, torpemente **2.** *adv pred* es incómodo, resulta incómodo
неловкость *f* 1) *(стеснительность)* timidez 2) *(неудачный поступок)* torpeza
нельзя *adv pred* 1) *(невозможно)* es imposible, no se puede ~ *открыть дверь* no se puede abrir la puerta 2) *(запрещено)* está prohibido, no se puede *здесь* ~ *курить* aquí está prohibido fumar ◆ **как** ~ **лучше** mejor imposible
нельма *f* salmón blanco nelma
нелюбовь *f* desafección, enemistad
нелюд|и (*gen* –ей) *fpl vulg* gente malvada
нелюдим *m* persona arisca, persona insociable
нелюдимый *adj* arisco, huraño
немаловажный *adj* importante, significativo
немалый *adj* bastante grande
немедленно *adv* enseguida, inmediatamente, sin demora
немедленный *adj* inmediato
немедля *adv* V. немедленно
немеркнущий *adj lit* inextinguible
неметь *impf* онеметь *perf vi* 1) enmudecer 2) *(утрачивать чувствительность)* entumecerse, dormirse
немец *m* alemán
немецкий *adj* alemán
немилосердный *adj* 1) *elev (жестокий)* cruel, atroz 2) *(очень сильный)* muy fuerte, inclemente
немилость *f* desgracia *впасть в* ~ caer en desgracia
немилый *adj* no amado
неминуемый *adj* inevitable, ineludible
немка *f* alemana
немног|ий 1. *adj* poco, escaso *в ~их словах* en pocas palabras; *~ие люди* poca gente **2. -ие** *pl* unos cuantos, pocos *~ие вернулись* unos cuantos volvieron
немного *adv* **(кого/чего-л)** un poco (de alg o u/c)
немногочисленный *adj* poco, poco numeroso
немножко *adv* **(чего-л)** *coloq* un poco (de u/c), un poquito
немой *adj* mudo
немота *f* mudez
немочь V. немощь
немощность *f* decrepitud, debilidad
немощный *adj* decrépito
немощь *f* enfermedad, mal
немудрёный *adj coloq* simple, sencillo
немудрящий *adj vulg* simple, sencillo
немыслимый *adj* impensable
ненавидеть *impf* возненавидеть *perf vt* odiar, aborrecer, detestar
ненавистник *m* odiador, enemigo
ненавистный *adj* odioso, execrable
ненависть *f* odio
ненаглядный *adj coloq* querido, amado
ненадобность *f* inutilidad
ненадолго *adv* por poco tiempo
ненападение *n jur* no agresión
ненароком *adv vulg* por casualidad, casualmente
ненастн|ый *adj* malo, lluvioso *~ая погода* mal tiempo
ненастье *n* mal tiempo, intemperie
ненасытный *adj* insaciable
ненецкий *adj* nenets
нен|ец, -ка *m/f* nenets (pueblo de Siberia)
ненормальность *f* anormalidad
ненормальный *adj* anormal
ненужный *adj* innecesario, superfluo
необдуманный *adj* irreflexivo
необитаемый *adj* deshabitado, desierto, inhabitado
необозримый *adj* inmenso, colosal
необработанный *adj* 1) en bruto, sin elaborar 2) *(о земле)* no cultivado
необстрелянный *adj* novato (dicho de un soldado)
необузданность *f* desenfreno
необузданный *adj* desenfrenado
необходимо *adv pred* es necesario
необходимость *f* necesidad
необходимый *adj* necesario, indispensable, imprescindible
необщительный *adj* hosco, huraño
необъяснимый *adj* inexplicable
необъятный *adj* inmenso, vasto
необыкновенный *adj* descomunal, extraordinario
необычайный *adj* excepcional, particular, extraordinario
необычность *adj* excepcionalidad, singularidad
необычный *adj* raro, inusual
неограниченный *adj* ilimitado
неоднократность *f* multiplicidad

неоднократный *adj* múltiple, reiterado
неоднородный *adj* heterogéneo
неодобрение *n* desaprobación
неодобрительный *adj* desaprobador, reprobador
неодолимость *f* insuperabilidad
неодолимый *adj* insuperable, invencible
неодушевлённость *f* carácter de inanimado
неодушевлённый *adj* 1) inanimado 2) *ling* inanimado
неожиданно *adv* inesperadamente
неожиданность *f* sorpresa, asombro
неожиданный *adj* inesperado, imprevisto
неолит *m* neolítico
неолитический *adj* neolítico
неологизм *m ling* neologismo
неон *m* neón
неоновый *adj* de neón
неопалимый *adj obsol* incombustible
неописуемость *f* indescriptibilidad
неописуемый *adj* indescriptible
неопознанный *adj* sin identificar, no identificado
неопределённость *f* indeterminación, indefinición, vaguedad
неопределённый *adj* indefinido, indeterminado
неопределимый *adj* indefinible, intederminable
неопровержимый *adj* irrefutable, irrebatible
неопытный *adj* inexperto
неорганический *adj* inorgánico
неосмотрительность *f* precipitación, imprudencia
неосмотрительный *adj* imprudente, precipitado
неоспоримый *adj* indiscutible
неостановимый *adj* imparable
неосторожно *adv* imprudentemente, sin cuidado
неосторожность *f* imprudencia, descuido, negligencia
неосторожный *adj* imprudente, descuidado, negligente
неосуществимый *adj* irrealizable
неосязаемый *adj* imperceptible, impalpable
неотвратимость *f* inminencia
неотвратимый *adj* inminente, inaplazable
неотвязный *adj* obsesivo, importuno, insistente
неотделимый *adj* inseparable
неотёсанный *adj* 1) *(не подвергшийся обработке)* no labrado, no pulido 2) *coloq (некультурный)* inculto, ignorante
неоткуда *adv pred* no hay de donde ~ *ждать помощи* no hay de donde esperar la ayuda
неотложка *f coloq* ambulancia
неотложность *f* urgencia
неотложн|ый *adj* urgente *~ая медицинская помощь* primeros auxilios
неотменяемый *adj* inderogable, irrevocable
неотразимый *adj* 1) irrebatible, irresistible 2) *(очень сильный)* extraordinario, inmenso
неотступный *adj* insistente, obsesivo, constante
неотъемлемый *adj* inalienable, integral, inherente
неофит, -ка *m/f elev* neófit|o, -a
неофициальный *adj* informal
неохватный *adj* inabarcable
неохота 1. *f* desgana **2.** *pred* no tengo ganas ~ *идти* no tengo ganas de ir
неохотно *adv* de mala gana
неохотный *adj* de mala gana
неоценимый *adj* inestimable
неощутимый *adj* imperceptible
непал|ец, -ка *m/f* nepal|és, -esa
непальский *adj* nepalés
непереводимость *f* intraducibilidad
непереводимый *adj* intraducible
непередаваемый *adj* inexplicable, indescriptible
непереходность *f ling* intransitividad
непереходный *adj ling* intransitivo
непечатн|ый *adj coloq* obsceno, indecente, procaz *~ое слово* palabra obscena
неписан|ый *adj* no escrito *~ое правило* regla no escrita
неплательщик *m* persona que no paga, deudor
неплатёж *m* impago
неплатёжеспособность *f* insolvencia
неплатёжеспособный *adj* insolvente
неплодородный *adj* estéril
неплохой *adj* bastante bueno, satisfactorio
непобедимость *f* invencibilidad
непобедимый *adj* invencible
неповадно *adv pred* : чтоб ~ было para que no se repita
неповинный *adj obsol* inocente
неповиновение *n* indisciplina, desobediencia, insubordinación
неповоротливость *f* torpeza
неповоротливый *adj* torpe, pesado
неповторимость *adj* irrepetibilidad, incomparabilidad
неповторимый *adj* irrepetible
непогода *f* mal tiempo
непогрешимость *f* impecabilidad
непогрешимый *adj* impecable
неподалёку *adv coloq* cerca, al lado *он живёт* ~ vive cerca
неподвижность *f* inmovilidad
неподвижный *adj* estático, inmóvil, quieto
неподготовленный *adj* desprevenido
неподдающийся *adj* indómito, indoblegable
неподдельность *m* 1) *(подлинность)* autenticidad 2) *(искренность)* sinceridad
неподдельный *adj* 1) *(подлинный)* auténtico, verdadero 2) *(искренний)* franco, sincero
неподкупность *f* incorruptibilidad
неподкупный *adj* incorruptible, insobornable
неподражаемый *adj* magnífico, espléndido, admirable
неподходящий *adj* inadecuado
неподъёмный *adj coloq* pesado
непозволительный *adj elev* inaceptable, inadmisible
непоколебимый *adj elev* firme, sólido
непокорность *f* rebeldía
непокорный *adj* rebelde
неполад|ки (*gen* –ок) *fpl* 1) defectos, imperfecciones 2) *coloq (нелады)* riñas, discordias
неполноценност|ь *f* deficiencia, insuficiencia *комплекс ~и* complejo de inferioridad
неполноценный *adj* incompleto, deficiente
неполный *adj* incompleto
непомерный *adj* excesivo
непонятно 1. *adv* incomprensiblemente **2.** *adv pred* no entiendo, es incomprensible *мне ~, что он говорит* no entiendo lo que dice

непонятность *f* incomprensibilidad
непонятный *adj* 1) incomprensible 2) *(загадочный)* extraño, misterioso
непоправимый *adj* irreparable, incorregible
непопулярный *adj* impopular
непорочность *f* castidad, pureza
непорочный *adj* 1) *(девственный)* virginal, inmaculado 2) *(безгрешный)* sin pecado, puro, inocente
непорядок *m* desorden
непоседа *m/f coloq* persona inquieta, zarandillo
непоседливый *adj coloq* inquieto, movido
непоследовательность *f* incoherencia
непоследовательный *adj* incoherente
непослушание *n* desobediencia
непослушный *adj* desobediente
непосредственность *f* naturalidad
непосредственный *adj* 1) inmediatez, relación directa 2) *(о характере, поведении)* abierto, natural, espontáneo
непостижимость *f* incomprensibilidad
непостижимый *adj* incomprensible, inconcebible
непостоянный *adj* inconstante, variable
непостоянство *n* inconstancia
непотребный *adj vulg* obsceno, indecente
непочатый *adj* no comenzado, no empezado ♦ ~ **край** *vulg* mucho, gran cantidad
непочтение *n* irreverencia
непочтительный *adj* irrespetuoso, irreverente
неправда *f* mentira
неправдоподобный *adj* inverosímil
неправильно *adv* incorrectamente
неправильный *adj* incorrecto, erróneo
непревзойдённый *adj* insuperable, invencible
непредвзятый *adj* imparcial, objetivo
непредвиденный *adj* imprevisto, fortuito
непредсказуемость *f* impredecibilidad
непредсказуемый *adj* imprevisible
непреклонность *f* inflexibilidad
непреклонный *adj* inflexible, firme
непреложность *f elev* inmutabilidad
непреложный *adj elev* inmutable
непременно *adv* seguro, infaliblemente
непременный *adj* obligatorio, forzoso
непреодолимый *adj* insuperable
непререкаемый *adj elev* indiscutible, incuestionable
непрерывность *f* ininterrupción, continuidad
непрерывный *adj* ininterrumpido, seguido
непрестанно *adv elev* incesantemente, continuamente
непрестанный *adj elev* incesante, continuo
непреходящий *adj elev* eterno, perenne
непривычка *f coloq* falta de costumbre
неприглядный *adj* poco atractivo, desagradable
непригодность *f* inutilidad, ineptitud
непригодный *adj* inservible, inútil
неприемлемый *adj* inaceptable
неприкасаемый *adj* intocable
неприкаянность *f coloq* inquietud, desasosiego
неприкаянный *adj coloq* inquieto, desasosegado
неприкосновенность *f* inmunidad, inviolabilidad
неприкосновенный *adj* inmune, inviolable
неприкрытый *adj* claro, evidente, manifiesto
неприличие *n* indecencia, inconveniencia
неприлично 1. *adv* indecentemente 2. *adv pred* es indecente, es de mala educación
неприличный *adj* indecente, de mala educación, obsceno
неприметный *adj* imperceptible, poco destacado
непримиримость *f* implacabilidad
непримиримый *adj* implacable, encarnizado
непринуждённость *f* desenvoltura, desembarazo
непринуждённость *f* desenvoltura, naturalidad, desenfado
непринуждённый *adj* desenvuelto, espontáneo, desenfadado
непристойность *f* indecencia, obscenidad
непристойный *adj* obsceno, indecente
неприступный *adj* 1) inexpugnable, inconquistable 2) *(надменный)* arrogante, altivo, soberbio
неприсутственный *adj obsol* festivo, feriado, no laborable
непритворный *adj* sincero, franco
непритязательность *f* poca exigencia
непритязательный *adj* poco exigente, contentadizo
неприязненный *adj* hostil, adverso, enemigo
неприязнь *f* antipatía, aversión
неприятель *m* 1) *mil* enemigo 2) *(недруг)* enemigo, adversario
неприятельский *adj* enemigo, adversario
неприятно 1. *adv* de forma desagradable, desagradablemente 2. *adv pred* es desagradable
неприятность *f* hecho desagradable, disgusto
неприятный *adj* desagradable
непробиваемый *adj* 1) irrompible 2) *coloq (безнадёжный, непроходимый)* completo, rematado
непроглядный *adj* tenebroso, lóbrego
непрозрачность *f* opacidad
непрозрачный *adj* opaco
непроизводительный *adj* improductivo, ineficaz
непроизвольный *adj* involuntario
непролазный *adj* intransitable
непромокаемость *f* impermeabilidad
непромокаемый *adj* impermeable
непроницаемость *f* hermetismo, impenetrabilidad
непроницаемый *adj* hermético, impenetrable
непростительный *adj* imperdonable, inexcusable
непротивленец *m* pacifista, partidario de la no violencia
непротивление *adj* pacifismo, no violencia
непроходимость *f* intransitabilidad
непроходимый *adj* intransitable, impracticable
непрошеный *adj* no invitado
непрошибаемый *adj coloq* completo, total, rematado
непрямой *adj* indirecto
непутёвый *adj coloq* frívolo, ligero, desordenado
непьющий *adj* abstemio
неравенство *n* desigualdad
неравнодушие *adj* no indiferencia
неравнодушный *adj* 1) (**к кому/чему-л**) no indiferente (a alg o u/c) 2) (**к чему-л**) *(питающий склонность)* propenso (a u/c), simpatizante (de u/c)

неравноправие *n* desigualdad
неравный *adj* desigual
нерадивость *f coloq* negligencia, indolencia
нерадивый *adj coloq* indolente, negligente
неразбериха *f coloq* desorden, barullo
неразделимый *adj* indivisible
нераздельность *f* indivisibilidad
нераздельный *adj* indivisible
неразличимость *f* imperceptibilidad
неразличимый *adj* indistinguible
неразложимый *adj* indivisible, no disgregable
неразлучный *adj* inseparable
неразрешимость *f* insolubilidad
неразрешимый *adj* insoluble
неразрывность *f* indisolubilidad, inseparabilidad
неразрывный *adj* indisoluble, inseparable
неразумность *f* insensatez
неразумный *adj* irrazonable, insensato
нерасторжимый *adj elev* indisoluble
нерв *m* nervio
нервировать *impf vt* poner nervioso
нервический *adj obsol* nervioso
нервничать *impf vi* estar nervioso, ponerse nervioso
нервнобольной *adj* neurótico
нервность *f* nerviosidad, nervios
нервный *adj* nervioso
нервозность *f* nerviosismo
нервозный *adj* nervioso
нервотрёпка *f coloq* inquietud, turbación
нереальность *f* irrealidad
нереальный *adj* irreal
нерегулярный *adj* irregular
нерест *m* freza, desove
нерестилище *n* desovadero
нереститься *impf* desovar, frezar
нерестовый *adj* de freza, de desove
нерешённый *adj* pendiente, irresoluto
нерешимость *f* duda, vacilación, perplejidad
нерешительность *f* indecisión, vacilación
нерешительный *adj* indeciso, dudoso
нержавейка *f coloq* acero inoxidable
нержавеющий *adj* inoxidable
неровность *f* desigualdad
неровный *adj* desigual
нерпа *f* nerpa, foca
нерукотворный *adj elev* no hecho por la mano del hombre
нерушимость *f* inalterabilidad
нерушимый *adj* inalterable, inmutable
неряха *m/f coloq* persona desordenada, persona desaliñada, adán
неряшливость *f* desaliño, desorden
неряшливый *adj* desaliñado, desarreglado
несамостоятельный *adj* dependiente, falto de autonomía
несбыточный *adj* ilusorio, irrealizable, iluso
несварение *n med* indigestión, dispepsia
несгибаемость *f* inflexibilidad
несгибаемый *adj* inflexible, firme
несгораемый *adj* incombustible
несение *n* cumplimiento, ejecución
несессер *m* neceser
несказанный *adj* indescriptible, increíble, extraordinario
нескладный *adj* 1) *(несвязный)* confuso, incoherente 2) *coloq (непропорциональный)* desproporcionado, deforme 3) *(неудачный)* desgraciado, aciago
несколько **1.** *num* **(кого/чего-л)** algunos, varios, unos cuantos ~ *раз* varias veces **2.** *adv* algo, un poco ~ *больше* un poco más
нескончаемый *adj* inacabable
нескромность *f* 1) inmodestia 2) *(неделикатность)* indiscreción 3) *(неприличность)* impudencia
нескромный *adj* 1) inmodesto 2) *(неделикатный)* indiscreto 3) *(неприличность)* impúdico
несложность *f* simplicidad
несложный *adj* simple
неслыханный *adj* inaudito
неслышный *adj* silencioso, subrepticio
неслышимо *adv* inaudiblemente
неслышимый *adj* inaudible
несметный *adj* infinito, incontable, innumerable
несмолкаемый *adj* incesante, continuo
несмотря *prep* **(на кого/что-л)** a pesar (de alg o u/c), pese a (alg o u/c) ~ *на это* a pesar de esto (ello)
несмываемый *adj* indeleble, imborrable
несмышлёный *adj* ingenuo, bobo
несносный *adj* insoportable, inaguantable
несовершеннолетие *n* minoría de edad
несовершеннолетний **1.** *adj* menor (de edad) **2.** *m* menor (de edad)
несовершеннолетняя *f* menor (de edad)
несовершенный *adj* 1) imperfecto 2) *ling* imperfectivo ~ *вид* aspecto imperfectivo
несовершенство *n* imperfección
несовместимость *f* incompatibilidad
несовместимый *adj* incompatible
несовместный *adj obsol* incompatible
несогласие *n* desacuerdo
несогласный *adj* en desacuerdo
несокрушимый *adj* indestructible, inquebrantable, irrompible
несомненно *adv* sin duda alguna
несомненность *f* carácter indudable, certeza
несомненный *adj* indudable, inequívoco
несообразность *f* 1) inconsecuencia, incoherencia 2) *(нелепость)* disparate, absurdidad
несообразный *adj* 1) *(неуместный)* inconsecuente, fuera de lugar 2) *(лишённый здравого смысла)* absurdo, incoherente
несостоятельность *f* 1) *(неплатёжеспособность)* insolvencia 2) *(необоснованность)* falta de argumentos
несостоятельный *adj* 1) *(бедный)* insolvente, pobre 2) *(необоснованный)* infundado, injustificado
неспешность *f* lentitud, tardanza
неспешный *adj* lento, tardo, calmoso
неподручный *adj coloq* impropio, embarazoso
неспособность *f* incapacidad
неспособный *adj* **(на что-л./к чему-л)** incapaz (de u/c)
несправедливость *f* injusticia
несправедливый *adj* injusto
неспроста *adv coloq* no sin motivo
несравненный *adj* inigualable, incomparable, sin par
несравнимо *adj* incomparablemente

несравнимый *adj* incomparable
нестабильность *f* inestabilidad
нестабильный *adj* inestable
нестерпимый *adj* intolerable, inaguantable
нести *impf* **1.** *vt* 1) llevar, portar ~ *на руках* llevar en brazos 2) *(выполнять)* cumplir, realizar ~ *службу* realizar un servicio 3) *(подвергаться чему-либо)* sufrir, asumir ~ *наказание* sufrir un castigo; ~ *ответственность* asumir la responsabilidad **2.** *v/impers* oler *от него несёт чесноком* huele a ajo
нестись *impf* correr, ir deprisa
нестроевой *adj mil* del servicio auxiliar
несть *adv pred obsol* no hay ~ *числа* es incontable
несун *m coloq* hurtador (*dicho de un trabajador*)
несуразность *f* 1) torpeza 2) *(несуразный поступок)* absurdidad, hecho absurdo
несуразный *adj* 1) desgarbado, torpe 2) *(нелепый)* absurdo
несусветный *adj coloq* absurdo, disparatado
несушка *f* gallina ponedera
несуществующий *adj* inexistente
несчастный *adj* desgraciado, desafortunado, infeliz ~ *случай* desgracia
несчастье *n* desgracia, calamidad
несчётный *adj* innumerable, infinito, incalculable
нет 1. *partic* no *-Саша дома? -Нет, он на работе.* -¿Está Sasha en casa? -No, está en el trabajo. **2.** *pred* **(кого/чего-л)** no hay *дома* ~ *хлеба* en casa no hay pan
нетель *f* vaca joven
нетерпеливый *adj* impaciente
нетерпение *n* impaciencia
нетерпёж *m vulg* impaciencia
нетерпимость *f* intolerancia
нетерпимый *adj* intolerante
нетканый *adj* no tejido
нетленный *adj elev* eterno, inmortal, perenne
нетопырь *m* murciélago
неточность *f* inexactitud
неточный *adj* inexacto
нетронутый *adj* intacto
нетрудный *adj* fácil, sencillo
нетрудовой *adj* 1) no trabajador 2) *(получаемый не от своего труда)* extralaboral
нетрудоспособность *f* incapacidad laboral
нетрудоспособный *adj* incapaz (laboralmente)
нетто *adj inv* neto
нету *pred coloq* V. нет
неубранный *adj* desordenado
неуважение *n* falta de respeto, irrespeto
неуважительно *adv* irrespetuosamente
неуважительный *adj* irrespetuoso
неуверенность *f* inseguridad
неуверенный *adj* inseguro
неувядаемый *adj elev* inmarchitable
неувязка *f* incoherencia
неугасимый *adj* 1) inextinguible 2) *elev (неослабевающий)* inextinguible, interminable, eterno
неугомонный *adj coloq* inquieto, bullicioso
неудач|а *f* mala suerte, fracaso, fiasco *терпеть ~у* tener mala suerte, sufrir un fracaso
неудачливый *adj* desafortunado, desgraciado
неудачни|к, -ца *m/f* desgraciad|o, -a
неудачный *adj* desacertado, infructuoso, desafortunado
неудержимый *adj* irresistible
неудобный *adj* incómodo
неудобоваримый *adj* 1) indigesto, empalagoso 2) *coloq (невразумительный)* incomprensible, infumable
неудобство *n* inconveniente, incomodidad
неудовлетворительно 1. *adv* insatisfactoriamente, insuficientemente **2.** *n* suspenso (nota)
неудовлетворительный *adj* insatisfactorio, malo
неудовольствие *n* insatisfacción
неуёмный *adj* incesante, incontenible
неужели *partic interrog* ¿es posible?, ¿acaso?
неуживчивый *adj* huraño, insociable
неужто *partic vulg* ¿es posible?, ¿acaso?
неузнаваемость *f* irreconocibilidad
неузнаваемый *adj* irreconocible
неуклонный *adj* constante, incesante
неуклюжесть *f* torpeza
неуклюжий *adj* torpe, patoso
неукоснительный *adj* estricto, riguroso
неукротимый *adj elev* irresistible, incontenible
неуловимый *adj* 1) que no se puede atrapar, inalcanzable 2) *(едва заметный)* imperceptible
неумеренный *adj* inmoderado, excesivo, desenfrenado
неуместность *f* inoportunidad, desatino, inconveniencia
неуместный *adj* inoportuno, desatinado
неумеха *m coloq* persona inhábil
неумолимость *f* implacabilidad
неумолимый *adj* implacable
неупотребительность *f* desuso
неупотребительный *adj* en desuso
неуправляемость *f* incontrolabilidad
неуправляемый *adj* incontrolable
неуравновешенный *adj* desequilibrado
неурожай *m* mala cosecha
неурожайный *adj* de mala cosecha
неурочный *adj* inoportuno
неурядица *f* 1) *coloq (беспорядок)* desorden, desbarajuste 2) *coloq (ссора)* riña, trifulca
неуспеваемость *f* desaprovechamiento
неуспевающий *adj* atrasado, desaprovechado
неустанно *adv elev* continuamente, ininterrumpidamente, incesantemente
неустанный *adj elev* continuo, constante, incesante
неустойка *f* 1) multa por incumplimiento del contrato 2) *coloq (неудача)* fracaso, frustración
неустойчивость *f* inestabilidad
неустойчивый *adj* inestable
неустранимый *adj elev* insuperable, invencible
неустрашимый *adj elev* bravo, valiente, osado
неустроенность *f* mala organización, desorden
неустроенный *adj* mal organizado, en desorden
неустройство *n* desorden, desorganización
неуступчивый *adj* intransigente, obstinado, terco
неусыпный *adj elev* continuo, incesante
неутешительный *adj* desconsolador
неутешный *adj* desconsolado, inconsolable
неутолимый *adj* insaciable
неутомимость *f* insistencia, tenacidad

неутомимый *adj* incansable, infatigable
неуч *m coloq* ignorante, profano
неучтивый *adj* desconsiderado
неуязвимость *f* invulnerabilidad
неуязвимый *adj* invulnerable
неформал *m* miembro de un grupo extraoficial
неформальный *adj* informal
нефрит *m min* jade
нефритовый *adj min* de jade
нефтеналивной *adj* petrolero
нефтеносный *adj* petrolífero
нефтепровод *m* oleoducto
нефтехранилище *n* depósito de petroleo
нефть *f* petróleo
нефтяник *m* petrolero
нефтяной *adj* petrolero
нехватка *f* escasez, insuficiencia
нехитрый *adj* 1) *(простодушный)* simple, ingenuo 2) *coloq (несложный)* simple, fácil
нехороший *adj* malo
нехотя *adv* de mala gana, a regañadientes
нехристь *m coloqrelig* infiel, pagano
нецензурный *adj* grosero, obsceno, indecente
нечаянный *adj* casual, inesperado
нечего 1. *pron neg* no hay nada ~ *добавить* no hay nada más que añadir **2.** *adv pred (не нужно)* no vale la pena, no hace falta ~ *беспокоиться* no vale la pena preocuparse ◆ **от ~ делать** por ocio
нечеловеческий *adj* inhumano
нечестивый *adj* pecaminoso
нечестность *f* deshonestidad, deshonra
нечестный *adj* deshonesto
нечет *m* número impar
нечётн|ый *adj* impar ~*ое число* número impar
нечистоплотность *f* 1) *(неопрятность)* suciedad, descuido, desaseo 2) *(нечестность)* deshonestidad
нечистоплотный *adj* 1) *(неопрятный)* sucio, descuidado, desaseado 2) *(нечестный)* deshonesto, inmoral
нечистота *f* suciedad, porquería
нечистоты (*gen* нечистот) *fpl* inmundicias, excrementos
нечистый *adj* sucio
нечисть *f* 1) *(нечистая сила)* demonios 2) *(презренные люди)* gentuza, chusma
нечленораздельный *adj* inarticulado
нечто *pron* algo
нешуточный *adj* serio, grave
неявка *f* ausencia, falta
неясно 1. *adv* sin claridad, confusamente **2.** *adv pred* no está claro, es confuso
неясность *f* 1) falta de claridad 2) *(смутность)* vaguedad
неясный *adj* 1) no claro, confuso 2) *(смутный)* vago
нёбный *adj* 1) palatino, de paladar 2) *ling* palatal
нёбо *n* paladar
ни *conj* **(кого/чего-л)** ni ~ *он* ~ *она* ni él ni ella ◆ **~ в коем случае** de ninguna manera **ни за что** por nada del mundo, en mi vida
нива *f* 1) *(поле)* campo, trigal 2) *coloq (поприще)* campo, ámbito
нивелирование *n* nivelación
нивелировать *biasp vt* 1) *(определять разность высот)* nivelar 2) *(уничтожить различия)* nivelar, igualar
нивелироваться *biasp* nivelarse, igualarse
нивелировка *f* nivelación
нивх *m/f* nivji (representante de un grupo étnico que habita en la isla de Sajalín y la región de Jabárovsk)
нигде *adv* en ninguna parte, por ningún lado *его ~ нет* no está en ningún sitio
нигилизм *m filos* nihilismo
нигилист *m filos* nihilista
нигилистический *adj filos* nihilista
нидерланд|ец, -ка *m/f* neerland|és, -esa
нидерландский *adj* neerlandés
ниже *adj y adv comp* más bajo, más abajo
нижестоящий *adj* inferior
нижн|ий *adj* inferior ~*ее бельё* ropa interior
низ *m* parte inferior
низвергнуть *perf* низвергать *impf vt* 1) *(сбросить)* precipitar, arrojar 2) *(свергнуть)* derrocar, derribar
низвержение *n* derrocamiento, destitución
низвести *perf* низводить *impf vt elev* bajar, descender
низводить V. низвести
низенький *adj dimin-afect* bajito
низина *f* depresión, profundidad
низкий *adj* 1) bajo 2) *(недостойный)* miserable, vil 3) *(о звуке)* grave
низкопоклонство *n* servilismo, adulación
низкопоклонный *adj obsol* servil, adulador
низкопробный *adj* 1) de baja ley (dicho de un metal) 2) *(плохого качества)* de baja calidad 3) *(невысоких моральных качеств)* inmoral, deshonesto
низкорослый *adj* bajo (de estatura)
низкосортный *adj* de baja calidad
низложение *n elev* destronamiento, derrocamiento
низложить *perf* низлагать *impf vt elev* destronar, derrocar
низменность *f geogr* tierras bajas, cuenca
низменный *adj* mezquino, despreciable
низовой *adj* 1) bajo *низовой ветер* viento bajo 2) *(об организациях)* de base 3) *mús (о нотах)* bajo
низовье *n* cuenca baja del río
низом *adv* por debajo
низость *f* bajeza, vileza
низший *adj* inferior
никак *adv* de ninguna manera ~ *не открыть* no hay manera de abrirlo
никакой *adj pron* 1) ningún, ninguno 2) *coloq (очень плохой)* muy malo 3) *coloq (в плохом состоянии)* hecho polvo
никарагуан|ец, -ка *m/f* nicaragüense
никарагуанский *adj* nicaragüense
никелевый *adj* de níquel
никелировать *impf vt* niquelar
никелировка *f* 1) *(действие)* niquelado 2) *(слой никеля)* capa de níquel
никель *m* níquel
никнуть *impf* поникнуть *perf vi* 1) *(пригибаться)* inclinarse, encorvarse 2) *(ослабевать)* debilitarse
никогда *adv* nunca, jamás *больше* ~ nunca más
ник|ой *pron neg obsol* ninguno *нет ~ой надежды* no hay ninguna esperanza ◆ **~им образом** de ninguna manera

никотин *m* nicotina
никотиновый *adj* de nicotina
никто *pron* nadie, ninguno ~ *не знает об этом* nadie lo sabe
никуда *adv* a ninguna parte
никудышный *adj coloq* que no vale para nada, malo
никчёмность *f coloq* inutilidad
никчёмный *adj coloq* inútil
нимало *adv elev* en absoluto, de ningún modo
нимб *m relig* nimbo
нимфа *f* ninfa
ниоткуда *adv* de ninguna parte ~ *нет известий* no hay noticias de ninguna parte
нипочём *adv* 1) *vulg (ни в коем случае)* en ningún caso, de ninguna manera ~ *не согласится* de ninguna manera consentirá 2) *coloq (легко)* fácilmente *ему всё* ~ le da todo lo mismo 3) *coloq (очень дёшево)* por nada, muy barato *продать* ~ vender por nada
ниппель *m tecn* niple
нирвана *f relig* nirvana
нисколько 1. *adv* para nada, en absoluto, en nada 2. *pron* nada, ninguno *-Сколько я тебе должен? -Нисколько.* -¿Cuánto te debo? -Nada.; *-Сколько вариантов ответа? -Нисколько.* -¿Cuántas opciones de respuesta hay? –Ninguna.
ниспадать *impf* ниспасть *perf vi elev* caer, colgar (dicho de la ropa o el pelo)
ниспослать *perf* ниспосылать *impf vt obsol* otorgar, conceder
ниспровергать V. ниспровергнуть
ниспровергнуть *perf* ниспровергать *impf vt elev* derribar, derrocar
ниспровержение *n elev* derribo, derrocamiento, destrucción
нисходить *impf vi elev* descender, bajar
нисходящий *adj* descendente
нисхождение *n elev* descendimiento, bajada
нитевидный *adj* filiforme, en forma de hilo
нитка *f* hilo, hebra
ниточк|а *f dimin-afect* hilito ◆ **ходить по ~е** andar más derechos que varas
нитрат *m quím* nitrato
нитроглицерин *m quím* nitroglicerina
нить *f* 1) hilo, hebra 2) *(предмет в форме нити)* filamento 3) *(связующая линия)* hilo
нитяный *adj* de hilo
ниц *adv elev* hacia abajo *пасть ниц* caer boca abajo
ничего 1. *pron* V. ничто *он ~ не знает* no sabe nada; *здесь ~ нет* aquí no hay nada; *~ подобного* nada de eso; *больше ~* nada más 2. *adv* medianamente, no mal 3. *adv pred (несущественно)* no es nada, no tiene importancia ◆ ~ **себе!** *coloq* ¡vaya!, ¡ostras!, ¡caray! ~ **страшного** *coloq* no importa, no pasa nada
ничегонеделание *n coloq* vagancia, ociosidad
ничей, ничья, ничьё, ничьи *pron* de nadie
ничейный *adj* 1) *(никому не принадлежащий)* de nadie 2) *sport* de empate
ничком *adv* boca abajo
нич|то 1. *pron neg* nada 2. *n* nada
ничтоже *adv obsol* en absoluto, de ninguna manera ~ *сумняшеся* sin dudas
ничтожество *n* nulidad, persona nula
ничтожность *f* insignificancia
ничтожный *adj* miserable, fútil
ничуть *adv* nada
ничья *f sport* empate, tablas
ниша *f* nicho
нищать *perf* обнищать *impf vi* empobrecer
нищенка *f* mendiga, pordiosera
нищенский *adj* 1) de mendigo, de pordiosero 2) *(ничтожный)* miserable
нищенствовать *impf vi* 1) *(собирать подаяние)* mendigar, limosnear 2) *(жить в нищете)* vivir en la miseria
нищета *f* miseria, pobreza
нищий 1. *adj* indigente 2. *m* mendigo, indigente
но[1] *conj* pero, sino *конь старый, ~ сильный* el caballo es viejo pero fuerte; *не только там, ~ и здесь* no sólo allí sino también aquí
но[2] *conj (при понукании)* ¡arre!
новатор *m* innovador
новаторский *adj* de innovación, innovador
новаторство *n* innovación, espíritu innovador
новация *f elev* innovación, novedad
новелла *f* novela
новеллист *m* novelista
новенький 1. *adj dimin-afect* nuevecito 2. *m coloq (новичок)* principiante, novato
новизна *f (качество)* novedad
новинка *f* novedad
новичок *m* principiante, nuev|o, -a
новобранец *m* recluta, bisoño
новобрачный *adj* desposado, recién casado
нововведение *n* innovación
новогодний *adj* de año nuevo
новозеланд|ец, -ка *m/f* neozeland|és, -esa
новозеландский *adj* neozelandés
новоиспечённый *adj coloq* de nueva hornada, nuevo
новокаин *m quím* procaína
новокаиновый *adj quím* de procaína
новолуние *n* luna nueva
новомодный *adj coloq* de última moda, chic
новообразование *n* 1) *(появление новых форм)* nueva formación 2) *med* tumor 3) *ling* neologismo
новорождённый *adj* neonato, recién nacido
новоселье *n* 1) *(новое жильё)* vivienda nueva 2) *(празднование)* fiesta de inauguración (de una vivienda)
новосёл *adj* 1) *(поселенец)* colono 2) *(тот, кто въезжает в новое жильё)* nuevo inquilino
новости *fpl* V. новость
новостройка *f* nueva construcción
новость *f* noticia
новоявленный *adj* nuevo, recién aparecido
новшество *n* innovación
новый *adj* nuevo
новь *f* 1) *elev (нечто новое)* lo nuevo 2) *(целина)* tierra virgen
нога *f* 1) pierna 2) *(стопа человека)* pie 3) *(животного)* pata 4) *(опора предмета)* pata, pie ◆ **вверх ~ми** patas arriba
нога|ец, -йка *m/f* nogay|o, -a
ногайский *adj* nogayo
ноготок *m dimin-afect* uñita
ноготь *m* uña
нож *m* cuchillo *складной* ~ navaja

ножевой *adj* de cuchillo
ножик *m dimin* cuchillo
ножка *f dimin. de* нога
ножницы (*gen* ножниц) *fpl* tijeras
ножной *adj* de pie, de piernas
ножны (*gen* ножен) *fpl* vaina (de una espada)
ножовка *f* serrucho
ноздря *f* fosa nasal
нокаут *m sport* noqueo, nocaut, K.O.
нокаутировать *biasp vt sport* noquear, dejar K.O.
нокдаун *m sport* knockdown
ноктюрн *m mús* nocturno
нолик *m coloq dimin* cero
ноль *m* cero
номенклатура *f* 1) *(перечень терминов)* nomenclatura 2) *hist* nomenklatura (altos cargos en la URSS)
номенклатурный *adj hist* de la nomenklatura
номер (*pl* –а) **1.** *m* 1) número 2) *(цирковой)* número 3) *(комната)* habitación (de un hotel) **2.** -а *mpl* matrícula (de un vehículo)
номерной *adj* de número, numerado
номерок *m* número
номинал *m fin* valor nominal
номинальный *adj* 1) *fin* nominal 2) *elev (фиктивный)* ficticio, falso
нора *f* madriguera
норвеж|ец, -ка *m/f* norueg|o, -a
норвежский *adj* noruego
норд *m* 1) *(направление)* norte 2) *(северный ветер)* tramontana, viento del norte
нордический *adj* nórdico
нория *f tecn* noria
норка *f* visón
норковый *adj* de visón
норма *f* 1) norma 2) *(максимум)* cupo, norma
нормализация *f* normalización
нормализовать *biasp vt* normalizar
нормализоваться *biasp* normalizarse
нормально 1. *adv* 1) normalmente 2) *coloq (вполне удовлетворительно)* bien **2.** *adv pred* es normal
нормальность *f* normalidad
нормальный *adj* 1) normal, usual 2) *(психический здоровый)* normal, cuerdo
норманнский *adj* normando, de normandos
норманн *m* normando
норматив *m* norma, normativa
нормативность *f* carácter normativo
нормативный *adj* normativo
нормирование *n* reglamentación, regulación
нормировать *biasp vt* regular, normalizar
нормировщик *m* funcionario que establece las normas
норов *m* 1) *obsol (характер)* carácter 2) *vulg (упрямство)* obstinación, terquedad
норовистый *adj vulg* terco, obstinado
норовить *impf vi* (**сделать что-л**) *coloq* tratar de (hacer u/c)
нос *m* 1) nariz *горбатый ~* nariz aguileña 2) *(судна, самолета)* proa, parte delantera ◆ **на ~у** *coloq* a tocar, aquí mismo **с ~а** *coloq* por cabeza
носастый *adj* narigudo, narigón
носатый *adj* narigudo, narigón
носик *m dimin. de* нос
носил|ки (*gen* –ок) *fpl* camilla
носильщик *m* mozo (de cuerda), porteador
носитель *m* 1) portador *~ языка* hablante nativo 2) *tecn informát* soporte
носительница *f* portadora
носить *impf vt* 1) llevar, portar *~ ребёнка на руках* llevar al niño en brazos 2) *(одежду)* llevar *~ пальто* llevar abrigo 3) *(иметь)* llevar *~ бороду* llevar barba
носиться *impf* correr, ir deprisa
носка *f* lleva
ноский[1] *adj (прочный)* sólido
ноский[2] *adj (о птицах)* ponedor
носовой *adj* nasal
носоглотка *f anat* faringe
носок[1] *m dimin. de* нос
носок[2] *m (вид одежды)* calcetín
носок[3] *m (передний конец обуви или носка)* puntera
носорог *m* rinoceronte
ностальгический *adj* nostálgico
ностальгия *f* nostalgia
нота *f mús* nota
нотариальный *adj* notarial
нотариус *m* notario
нотация[1] *f (выговор)* reprimenda, reprensión
нотация[2] *f (система условных обозначений)* notación
нотный *adj mús* de notas, de música
ночевать *impf* заночевать/переночевать *perf vi* hacer noche, pernoctar
ночёвка *f* pernoctación, descanso nocturno
ночка *f dimin-afect* nochecita
ночлег *m* 1) *(место)* albergue 2) *(остановка)* pernoctación
ночлежка *f coloq* albergue nocturno, refugio nocturno
ночник *m* lamparilla
ночной *adj* nocturno
ноч|ь *f* noche *спокойной ~и!* ¡buenas noches!
ночью *adv* de noche, por la noche
ноша *f* carga
ношение *n* porte
ношеный *adj* usado, gastado
ноябр|ь *m* noviembre *в ~е* en noviembre
ноябрьский *adj* de noviembre
нрав *m* genio, carácter
нравиться *impf* понравиться *perf* (**кому-л**) gustar (u/c a alg), agradar (u/c a alg)
нравный *adj vulg* enfadado, con mal genio
нравоучение *n* lección, sermón
нравоучительный *adj* moralizador
нравственность *f* moral, moralidad
нравственный *adj* moral
ну[1] *interj* 1) *coloq (выражая побуждение)* vamos, venga, bueno, pues *~, и что же дальше?* ¿y bien, qué más?; *~, скорей!* ¡venga, deprisa! 2) *coloq (выражая удивление, восхищение, негодование)* vaya, ya, también, venga, bueno, pues *~ и погода!* ¡vaya tiempo hace!, ¡pues bien!; *~ вот ещё!* ¡lo que faltaba!
ну[2] *partic* 1) *(усилительная)* y bien, venga, bueno, pues *~ хорошо!* ¡bueno!, ¡pues bien! 2) *coloq (как отклик на обращение)* ¿y bien?, ¿qué? 3) *coloq (итак, значит)* bueno *~, я пошёл!* ¡bueno, me voy! 4) *coloq (выражая уступку, согласие)* bueno, bien *~, приходите!* bueno, venid

нувориш *m elev* nuevo rico
нуга *f* nougat, turrón
нудизм *m* nudismo
нудист, -ка *m/f* nudista
нудисткий *adj* nudista
нудный *adj* aburrido, pesado, tedioso
нужд|а *f* 1) *(бедность)* pobreza, miseria *жить в ~е* vivir en la pobreza 2) *(потребность)* necesidad *~а в деньгах* necesidad de dinero
нуждаемость *f* grado de necesidad
нуждаться *impf* 1) *(находиться в бедности)* vivir en la pobreza 2) **(в чём-л)** *(испытывать необходимость)* tener necesidad (de u/c)
нужно *adv pred* **(кому/чему-л)** es necesario, hace falta, hay que *нам ~ купить стиральную машину* tenemos que comprar una lavadora; *тебе не ~ делать это* no tienes que hacer esto
нужный *adj* necesario
нуклеин *m quím* nucleína
нуклеиновый *adj quím* de nucleína
нулевой *adj* cero
нуль *m* V. ноль
нумерация *f* numeración
нумеровать *impf* пронумеровать *perf vt* numerar
нумизмат *m* numismático
нумизматика *f* numismática
нумизматический *adj* numismático
нунций *m dipl* nuncio
нуте *partic vulg* bien *~, отвечайте* bien, responda
нутрия *f* nutria
нутро *n* entrañas
нутряной *adj* de entrañas
ныне *adv elev* ahora, hoy, actualmente
нынешний *adj* presente, actual
нынче *adv* 1) *coloq (сегодня)* hoy 2) *coloq (теперь)* actualmente, ahora
нырнуть V. нырять
ныряльщи|к, -ца *m/f* buceador, -a
ныряние *n* chapuzón, zambullida
нырять *impf* нырнуть *perf vi* bucear, sumergirse
нытик *m coloq* llorón, quejica
ныть *impf vi* 1) *(издавать тягучие звуки)* ayear 2) *coloq (жаловаться)* quejarse, lamentarse 3) *(болеть)* doler
нытьё *n coloq* quejas, lamentos
ньютон *m fís* newton
ньюфаундленд *m* terranova (raza de perro)
нэп *m abrev hist* NEP
нэпман *m hist* nepman
нэповский *adj hist* de la NEP
ню *n inv arte* desnudo
нюанс *m* matiz
нюх *m* olfato
нюхать *impf* понюхать *perf vt* oler, olfatear, olisquear
нянечка *f dimin-afect* niñera, tata
нянчить *impf vt* cuidar (a niños)
нянчиться *impf* 1) **(с кем-л)** *(с детьми)* cuidar 2) **(с кем/чем-л)** *desp (хлопотать)* preocuparse (por alg o u/c)
нянька *f dimin-afect* niñera
няня *f* niñera

O

о, об, обо *prep* 1) **(что-л)** *(обозначая соприкосновение с предметом)* contra (u/c), en *удариться об стену* golpearse contra la pared 2) **(ком/чём-л)** *(обозначая объект разговора)* de (alg o u/c), sobre (alg o u/c) *говорить о жизни* hablar sobre la vida ◆ **палка о двух концах** espada de dos filos

оазис *m* oasis

об V. о

оба, обе *num* ambos, ambas, los dos, las dos *оба брата пришли на собрание* los dos hermanos vinieron a la reunión

обалдеть *perf vi* 1) *vulg (отупеть)* atontarse 2) *vulg (сильно удивиться)* alucinar, flipar

обалдуй *m vulg* botarate, tonto

обанкротиться V. банкротиться

обаяние *n* encanto

обаятельный *adj* encantador

обвал *m* 1) *(процесс обрушения)* hundimiento, derrumbe 2) *(груда того, что обвалилось)* pedrisco, avalancha

обваливаться V. обвалиться

обвалить *perf* обваливать *impf vt* 1) *(разрушить)* derribar, derrumbar ~ *стену* derribar la pared 2) *(обложить)* rodear, poner ~ *ограду землёй* poner tierra alrededor de la valla

обвали|ться *perf* обваливаться *impf* derrumbarse, desmoronarse *стена ~лась* la pared se derrumbó

обвальный *adj* brusco, súbito

обвалять *perf* обваливать *impf vt* rebozar ~ *в муке* rebozar en harina

обвенчать V. венчать

обвенчаться V. венчаться

обернуть *perf* обвёртывать *impf vt* envolver ~ *бумагой* envolver en papel

обвесить[1] *perf* обвешивать *impf vt coloq (обмануть покупателя)* sisar, engañar

обвесить[2] *perf* обвешивать *impf vt coloq (увешать)* enganchar, colgar

обвести *perf* обводить *impf vt* 1) *(провести вокруг)* conducir ~ *вокруг дома* conducir alrededor de la casa 2) *(оградить)* cercar, vallar ~ *сад забором* vallar el jardín 3) *(окаймить)* contornear ~ *чертёж* contornear el diseño ◆ ~ **вокруг пальца** engañar

обветрить *perf* обветривать *impf vt* curtir por el viento, deteriorar por el viento

обветриться *perf* обветриваться *impf* curtirse por el viento, deteriorarse por el viento

обветшалый *adj* viejo, vetusto

обветшать V. ветшать

обвешать *perf* обвешивать *impf vt* colgar, enganchar

обвивать V. обвить

обвинение *n* acusación, inculpación *предъявить* ~ acusar

обвинитель *m* acusador

обвинительный *adj jur* acusatorio

обвинить *perf* обвинять *impf vt* 1) **(в чём-л)** acusar (de u/c), inculpar (de u/c) 2) *(осудить)* condenar

обвиняемый *m* acusado

обвинять V. обвинить

обвить *perf* обвивать *impf vt* 1) *(обмотать)* enrollar 2) *(обнять)* rodear

обвод *m* 1) desviación, vuelta 2) *mil* cerco

обводить V. обвести

обводный *adj* de derivación

обволакивать V. обволочь

обволочь *perf* обволакивать *impf vt* envolver, cubrir

обворовать *perf* обворовывать *impf vt coloq* robar, hurtar

обворовывать V. обворовать

обворожительный *adj* encantador, fascinante

обвязать *perf* обвязывать *impf vt* 1) *(завязать, обмотав)* vendar, envolver, atar 2) *(сделать вязку)* franjar

обглодать *perf* обгладывать *impf vt* roer

обговаривать V. обговорить

обговорить *perf* обговаривать *impf vt coloq* discutir, tratar

обгон *m* adelantamiento

обгонять V. обогнать

обгорелый *adj* 1) *(сильно поврежденный огнем)* quemado, chamuscado 2) *(получивший ожоги от солнца)* quemado, tostado

обгореть *perf* обгорать *impf vi* 1) *(обуглиться)* quemarse 2) *(получить ожоги)* quemarse, tostarse

обгрызть *perf* обгрызать *impf vt* roer

обдавать V. обдать

обдать *perf* обдавать *impf vt* 1) rociar, salpicar 2) *(обвеивать)* dar

обделить *perf* обделять *impf vt* **(чем-л)** privar (de u/c), quitar

обделывать V. обделать

обделять V. обделить

обдирать V. ободрать

обдувать V. обдуть

обдуманный *adj* premeditado, pensado, planeado

обдумать *perf* обдумывать *impf vt* reflexionar (sobre u/c), estudiar

обдумывать V. обдумать

обдурить *perf* обдуривать *impf vt vulg* timar, estafar, engañar

обегать *perf* обегать *impf vt coloq* recorrer

обед *m* comida, almuerzo *пригласить на* ~ invitar a comer

обедать *impf* пообедать *perf vi* comer, almorzar

обеденный *adj* de comer, de almuerzo ~ *перерыв* descanso para comer

обеднение *n* empobrecimiento

обеднеть *perf vi* empobrecer, caer en la pobreza

обеднить *perf* обеднять *impf vt* empobrecer

обедн|я *f relig* misa ◆ **испортить всю ~ю** aguar la fiesta

обеднять V. обеднить
обежать *perf* обегать *impf vt coloq* recorrer
обезболивание *n* anestesia
обезболивать V. обезболить
обезболивающ|ий *adj* analgésico *~ее средство* analgésico
обезболить *perf* обезболивать *impf vt* anestesiar, insensibilizar
обезводить *perf* обезвоживать *impf vt* deshidratar, desecar
обезвоживание *n* deshidratación
обезвредить *perf* обезвреживать *impf vt* neutralizar, hacer inofensivo
обезвреживание *n* neutralización
обезвреживать V. обезвредить
обезглавить *perf* обезглавливать *impf vt* decapitar, descabezar
обездвижить *perf* обездвиживать *impf vt* inmovilizar
обездоленный *adj* desdichado, desafortunado
обездолить *perf* обездоливать *impf vt* volver desdichado
обезжирить *perf* обезжиривать *impf vt* desgrasar
обеззараживание *n* desinfección
обеззараживать V. обеззаразить
обезличивание *n* despersonalización
обезличивать V. обезличить
обезличить *perf* обезличивать *impf vt* despersonalizar
обезлюдеть *perf vi* despoblarse
обезлюдить *perf vt* despoblar
обезображивать V. обезобразить
обезобразить *perf* обезображивать *impf vt* afear, deformar
обезобразиться *perf* обезображиваться *impf* desfigurarse
обезопасить *perf vt* asegurar, poner en seguridad
обезоруживать V. обезоружить
обезоружить *perf* обезоруживать *impf vt* 1) desarmar, quitar las armas 2) *(лишить возможности возражать)* desarmar
обезуметь *perf vi* volverse loco
обезьяна *f* mono
обезьяний *adj* de mono
обезьянка *f dimin-afect* monito
обезьянник *m* 1) *(помещение для обезьян)* criadero de monos 2) *vulg (клетка в отделении полиции)* calabozo
обезьянничать *impf* собезьянничать *perf vi coloq* monear, hacer monadas
обелиск *m* obelisco
обелить *perf* обелять *impf vt* exculpar, disculpar, justificar
обелять V. обелить
оберегать V. оберечь
оберегаться V. оберечься
обернуть *perf* обёртывать *impf vt* 1) *(завернуть)* envolver *~ больного в простыню* envolver al enfermo con una sábana 2) *(повернуть)* volver *~ лицо* volver la cara 3) *vulg (выполнить все необходимые работы)* llevar a cabo, acabar
оберну|ться *perf* оборачиваться *impf* 1) *(повернуться)* volverse *~ться назад* volverse atrás 2) *(о делах - принять направление)* tomar un cariz, volverse *дело ~лось плохо* asunto ha tomado mal cariz 3) *coloq (справиться с делами)* arreglárselas 4) **(кем/чем-л)** *(превратиться посредством волшебства)* convertirse (en alg o u/c), volverse
обертон *m mús* sobretono
обескровить *perf* обескровливать *impf vt* desangrar
обескровливать V. обескровить
обескураженный *adj* desalentado, abatido, desanimado
обескураживать V. обескуражить
обескуражить *perf* обескураживать *impf vt* desalentar, desanimar
обеспечение *n* 1) **(чем-л)** abastecimiento (de u/c), suministro (de u/c) 2) *(гарантия)* seguro, garantía
обеспеченность *f* 1) *(степень обеспечения)* abastecimiento 2) *(материальное благосостояние)* bienestar, prosperidad
обеспеченный *adj* acomodado, garantizado
обеспечивать V. обеспечить
обеспечиваться V. обеспечиться
обеспечить *perf* обеспечивать *impf vt* 1) abastecer, suministrar 2) *(создать условия)* asegurar, garantizar
обесплодеть *perf vi* quedarse estéril
обесплодить *perf* обеспложивать *impf vt* esterilizar
обеспокоить *perf* обеспокоивать *impf vt* molestar, inquietar
обеспокоиться *perf* обеспокоиваться *impf* molestarse, inquietarse
обессилеть *perf* обессиливать *impf vi* debilitar
обессиливать V. обессилить
обессилить *perf* обессиливать *impf vt* debilitar, agotar, cansar
обесславить *perf* обесславливать *impf vt lit* deshonrar, difamar
обессмертить *perf vt lit* inmortalizar
обессудить *perf vt elev* juzgar, tratar rigurosamente
обесточить *perf* обесточивать *impf vt* cortar la corriente
обесцветить *perf* обесцвечивать *impf vt* descolorar
обесцветиться *perf* обесцвечиваться *impf* 1) *(стать менее ярким)* descolorarse 2) *(лишиться своеобразных черт)* volverse inexpresivo
обесцвечивание *n* descoloramiento
обесцвечивать V. обесцветить
обесцвечиваться V. обесцветиться
обесценение *n* depreciación, desvalorización
обесценивание *n* depreciación, desvalorización
обесценивать V. обесценить
обесцениваться V. обесцениться
обесценить *perf* обесценивать *impf vt* depreciar, devaluar
обесцениться *perf* обесцениваться *impf* devaluarse, desvalorizarse, depreciarse
обесчестить *perf* обесчещивать *impf vt* deshonrar, mancillar
обесчещивать V. обесчестить
обет *m* voto *дать ~* hacer un voto
обетованный *adj elev* prometido
обещание *n* promesa *дать ~* hacer una promesa; *сдержать ~* cumplir una promesa

обещать *biasp vt* prometer
обещаться *impf coloq* prometer
обёртка *f* envoltorio, envoltura
обёртывание *n* envolvimiento
обжалование *n* apelación
обжаловать *perf vt* apelar ~ *приговор* apelar la sentencia
обжаривать V. обжарить
обжарить *perf* обжаривать *impf vt* freír, sofreír
обжатие *n tecn* implosión
обжечь *perf* обжигать *impf vt* 1) quemar, abrasar 2) *(кирпичи)* cocer
обжечься *perf* обжигаться *impf* 1) quemarse, abrasarse 2) *coloq (потерпеть неудачу)* fracasar, pillarse los dedos
обживать V. обжить
обживаться V. обжиться
обжиг *m* cocción, cochura
обжигать V. обжечь
обжигаться V. обжечься
обжитой *adj* habitable, acondicionado, cómodo
обжить *perf* обживать *impf vt* hacer habitable
обжиться *perf* обживаться *impf* adaptarse, acomodarse
обжора *m/f coloq* glot|ón, -ona, tragaldabas
обжорливый *adj* glotón, comilón
обжорный *adj obsol* de glotonería
обжорство *n* glotonería, voracidad
обжулить *perf* обжуливать *impf vt vulg* timar, engañar
обзаведение *n coloq* utensilio
обзавестись *perf* обзаводиться *impf* **(чем-л)** *coloq* proveerse (de u/c)
обзаводиться V. обзавестись
обзванивать V. обзвонить
обзвонить *perf* обзванивать *impf vt coloq* llamar a todos, telefonear a todos ~ *друзей* llamar a todos los amigos
обзор *m* 1) *(действие)* examen 2) *(сжатое сообщение)* resumen 3) *(возможность охватить взглядом пространство)* vista, perspectiva
обзорный *adj* de resumen
обзывать V. обозвать
обзываться V. обозваться
обивать V. обить
обивка *f* 1) *(действие)* revestimiento 2) *(то, чем обивают)* revestimiento, tapicería
обид|а *f* ofensa, injuria *нанести ~у* ofender
обидеть *perf* обижать *impf vt* 1) ofender, agraviar 2) *(нанести ущерб)* hacer daño, causar daño 3) **(чем-л)** *coloq (обделить)* privar (de u/c)
обидеться *perf* обижаться *impf* ofenderse, molestarse
обидно **1.** *adv* ofensivamente, injuriosamente **2.** *adv pred* es una lástima, es una pena, da rabia *как ~!* ¡qué rabia!
обидный *adj* ofensivo, injurioso
обидчивость *f* susceptibilidad
обидчивый *adj* susceptible
обидчи|к, -ца *m/f* ofensor, -a
обижать V. обидеть
обижаться V. обидеться
обиженный *adj* ofendido, agraviado
обилие *n* abundancia, riqueza
обиловать *impf vi* **(кем/чем-л)** abundar (en alg o u/c)
обильный *adj* abundante, copioso
обирать V. обобрать
обитаемый *adj* habitado
обиталище *m obsol* morada, residencia
обитани|е *n lit* existencia, vida *среда ~я* hábitat
обитатель, -ница *m/f* habitante, morador, -a
обитать *impf vi* vivir, habitar
обитель *f* 1) *relig (монастырь)* convento, monasterio 2) *hum (жилище)* morada, residencia
обить *perf* обивать *impf vt* tapizar, revestir, tapar
обиход *m* modo de vida, vida habitual *выйти из ~а* caer en desuso
обиходный *adj* usual, habitual
обкатать *perf* обкатывать *impf vt* 1) *coloq (обвалять)* rebozar 2) *(сделать ровным)* aplanar, allanar 3) *coloq (испытать в действии)* probar
обкатка *f coloq (испытание)* prueba
обкатывать V. обкатать
обкладка *f tecn* revestimiento
обкладывать V. обложить
обклеить *perf* обклеивать *impf vt coloq* pegar, empapelar
обком *m hist* comité provincial
обкомовский *adj hist* del comité provincial
обкорнать V. корнать
обкрадывать V. обокрасть
облава *f* 1) *(во время охоты)* batida 2) *(оцепление)* redada
облагать V. обложить
облагодетельствовать *perf vt* beneficiar
облагораживать V. облагородить
облагородить *perf* облагораживать *impf vt* 1) *(сделать благородным)* ennoblecer 2) *(улучшить качество)* mejorar, enriquecer
обладание *n* posesión, tenencia
обладатель, -ница *m/f* poseedor, -a, propietari|o, -a
обладать *impf vi* 1) **(чем-л)** poseer, tener 2) **(чем-л)** *(каким-либо качеством)* estar dotado (de u/c)
облазить *perf vt coloq* haber estado en todas partes
облаивать V. облаять
облак|о *n* nube ◆ **витать в ~ах** vivir en las nubes
обламывать V. обломать
обламываться V. обломаться
облапошить *perf* облапошивать *impf vt vulg* engañar, timar, estafar
обласкать *perf* обласкивать *impf vt* acariciar
областной *adj* regional, provincial
область *f* 1) región, provincia 2) *(отрасль)* dominio, ámbito, campo
облатка *f* 1) *(для лекарства)* envoltura 2) *relig* hostia
облачаться V. облачиться
облачение *m* 1) *relig* vestidura (de un sacerdote) 2) *hum (одежда)* vestidura, vestido
облачить *perf* облачать *impf vt elev* vestir
облачиться *perf* облачаться *impf* **(во что-л.)** *elev* vestirse (con u/c)
облачность *f* nubosidad
облачный *adj* nuboso, nublado
облаять *perf* облаивать *impf vt* 1) *coloq* ladrar 2) *vulg (обругать)* ladrar, maldecir

облегать *impf vt* ceñir, apretar
облегающий *adj* ajustado
облегчать V. облегчить
облегчаться V. облегчиться
облегчение *n* 1) alivio, desahogo 2) *(боли)* mitigación, alivio
облегчённый *adj* aligerado
облегчить *perf* облегчать *impf vt* 1) aligerar, aliviar 2) *(успокоить)* mitigar, atenuar
облегчиться *perf* облегчаться *impf* 1) *(о весе)* aligerarse 2) *(освободиться от нравственной тяжести)* aliviarse, facilitarse
обледенелый *adj* helado, congelado
обледенение *m* helamiento, congelación
обледенеть *perf* обледеневать *impf vi* helarse, congelarse, cubrirse de hielo
облезлый *adj* 1) *coloq (с облезшими волосами)* pelado, calvo 2) *coloq (с облупившейся краской)* desconchado
облекать V. облечь
облекаться V. облечься
облепить *perf* облеплять *impf vt* 1) *(покрыть со всех сторон)* cubrir 2) *coloq (покрыть, наклеивая)* pegar 3) *coloq (окружить)* rodear
облепиха *f* espino amarillo
облетать V. облететь
облететь *perf* облетать *impf vt* 1) *(пролететь вокруг)* volar alrededor (de u/c), circunvolar 2) *(летая, побывать во многих местах)* volar por todas partes 3) *(о листьях - опасть)* caer 4) *(о новости - быстро распространиться)* extenderse
облечь[1] *perf* облекать *impf vt* 1) *elev (одеть)* vestir 2) *(окутать)* cubrir 3) *(дать полномочия)* autorizar, facultar
облечь[2] *perf* облегать *impf vt* 1) *(распространиться)* extenderse, circundar, cubrir 2) *(прилегая, обхватить)* ceñir
облёт *m* vuelo (alrededor)
обливание *n* baño, ducha
обливать V. облить
обливаться V. облиться
облигационный *adj fin* de bono
облигация *f banc com* obligación
облизать *perf* облизывать *impf vt* 1) relamer ~ *губы* relamerse los labios 2) *(очистить языком)* limpiar lamiendo ◆ **пальчики оближешь** para chuparse los dedos
облизаться *perf* облизываться *impf* relamerse
облизывать V. облизать
облизываться V. облизаться
облик *m* fisonomía, aspecto, apariencia
облить *perf* обливать *impf vt* 1) bañar, duchar 2) *tecn (покрыть застывающим составом)* esmaltar
облиться *perf* обливаться *impf* bañarse, ducharse
облицевать *perf* облицовывать *impf vt* revestir, cubrir
облицовка *f* 1) *(действие)* revestimiento 2) *(слой, которым покрывают)* revestimiento, cobertura
облицовочный *adj* de revestimiento
обличать *impf* обличать *perf vt* 1) *(разоблачать)* desenmascarar, descubrir 2) *(обнаруживать)* revelar, manifestar, mostrar
обличение *n* desenmascaramiento
обличитель *m* acusador
обличительный *adj* acusatorio
обличить V. обличать
обличье *n* 1) *vulg (наружность)* aspecto 2) *desp (характер)* carácter
обложение *n* 1) *(действие)* imposición 2) *(налог)* impuesto
обложить *perf* облагать *impf vt* 1) *(положить вокруг)* poner alrededor, rodear 2) *(принудить к выплате какой-либо суммы)* imponer 3) *coloq (выругать)* maldecir
обложиться *perf* обкладываться *impf* **(чем-л)** rodearse (de u/c)
обложка *f* 1) cubierta, tapa 2) *(для документов)* funda
облокотиться *perf* облокачиваться *impf* **(на что-л)** acodarse (sobre u/c), apoyarse (sobre u/c)
облом *m* 1) *(место, где что-то обломалось)* rompimiento 2) *coloq (неудача)* fracaso, frustración
обломать *perf* обламывать *impf vt* 1) *(сломать)* romper, quebrar 2) *coloq (разочаровать)* decepcionar, chasquear
обломаться *perf* обламываться *impf* 1) *(сломаться)* romperse, quebrarse 2) *coloq (потерпеть неудачу)* fracasar, frustrarse
обломить *perf* обламывать *impf vt* romper, quebrar
обломиться *perf* обламываться *impf* romperse, quebrarse
обломок *m* pedazo, trozo
облупиться *perf* облупливаться *impf* descascararse, nacer (dicho de los pollos de las aves)
облучать V. облучить
облучаться V. облучиться
облучение *n* irradiación
облучить *perf* облучать *impf vt* irradiar
облысение *n* calvicie, alopecia
облысеть V. лысеть
облюбовать *perf* облюбовывать *impf vt* elegir, preferir
обмазать *perf* обмазывать *impf vt* 1) untar, embadurnar 2) *(запачкать со всех сторон)* manchar, ensuciar
обман *m* engaño, embuste
обманка *f min* blenda
обманн|ый *adj* engañoso, fraudulento ◆ **~ое движение** finta, quite
обмануть *perf* обманывать *impf vt* engañar, timar ~ *друга* engañar a un amigo ◆ ~ **надежды** frustrar las esperanzas
обмануться *perf* обманываться *impf* engañarse, equivocarse
обманчивый *adj* engañoso, falso
обманщи|к, -ца *m/f* engañador, -a, trampos|o, -a
обманывать V. обмануть
обманываться V. обмануться
обматывать V. обмотать
обмелеть V. мелеть
обмен *m* cambio, intercambio ~ *валюты* cambio (de divisas)
обменивать V. обменять
обмениваться V. обменяться
обмениться *perf* обмениваться *impf vt* **(чем-л)** *coloq* cambiar (por equivocación)

обменный *adj* de cambio
обменять *perf* обменивать *impf vt* cambiar, intercambiar, canjear
обменяться *perf* обмениваться *impf* intercambiar ~ *мнениями* intercambiar de opiniones
обмер *m* medida
обмолвиться *perf* 1) *(оговориться)* cometer un lapsus 2) *(проговориться)* hablar más de la cuenta, irse de la lengua
обмолвка *f* lapsus linguae
обморожение *n* congelamiento
обморозить *perf* обмораживать *impf vt* congelar ~ *руки* congelar las manos
обморок *m* desfallecimiento, desmayo *упасть в ~* desmayarse
обморочный *adj* de síncope, sincopal
обмотать *perf* обматывать *impf vt* envolver
обмотка *f* 1) *(действие)* envolvimiento 2) *(то, чем обмотано)* rollo
обмундирование *n* uniforme
обмундировать *perf* обмундировывать *impf vt* uniformar, vestir de uniforme
обмундировка *f coloq* uniforme
обмывать V. обмыть
обмыть *perf* обмывать *impf vt* 1) bañar, lavar 2) *coloq (отметить выпивкой)* remojar
обнаглеть V. наглеть
обнадёживать V. обнадёжить
обнадёжить *perf* обнадёживать *impf vt* dar esperanza
обнажать V. обнажить
обнажаться V. обнажиться
обнажение *n* 1) *(действие)* desnudamiento 2) *geol* afloramiento
обнажённость *f* desnudez
обнажённый *adj* desnudo, nudo
обнажить *perf* обнажать *impf vt* 1) *(оставить нагим)* desnudar ~ *голову* descubrirse 2) *(разоблачить)* descubrir, desenmascarar
обнажиться *perf* обнажаться *impf* 1) *(остаться нагим)* desnudarse 2) *(стать явным)* descubrirse, desenmascararse
обнародование *n* publicación
обнародовать *biasp vt* publicar, promulgar
обнаружение *n* descubrimiento
обнаруживать V. обнаружить
обнаруживаться V. обнаружиться
обнаружить *perf* обнаруживать *impf vt* 1) *(отыскать)* descubrir, encontrar 2) *(проявить)* manifestar, mostrar
обнаружиться *perf* обнаруживаться *impf* 1) *(стать видным)* manifestarse 2) *(отыскаться)* hallarse
обнести *perf* обносить *impf vt* 1) *(огородить)* cercar, vallar 2) *(пронести вокруг)* llevar alrededor
обнимать V. обнять
обниматься V. обняться
обнимк|а *f coloq* abrazo *в ~у* abrazados
обнищание *n* empobrecimiento
обнищать V. нищать
обнова *f* V. обновка
обновить *perf* обновлять *impf vt* renovar, restaurar
обновиться *perf* обновляться *impf* renovarse, modernizarse
обновка *f coloq* vestido nuevo
обновление *n* renovación
обновлять V. обновить
обновляться V. обновиться
обнюхать *perf* обнюхивать *impf vt* olfatear (por completo)
обнюхивать V. обнюхать
обнять *perf* обнимать *impf vt* abrazar, ceñir
обняться *perf* обниматься *impf* abrazarse
обо V. о
обобрать *perf* обирать *impf vt* 1) *(собрать)* coger 2) *coloq (отнять всё, что есть)* desvalijar
обобщать V. обобщить
обобщение *n* generalización
обобществить *perf* обобществлять *impf vt* socializar
обобществление *n* socialización
обобщённость *f* generalización
обобщённый *adj* generalizado
обобщить *perf* обобщать *impf vt* generalizar
обогатительный *adj* 1) *(делающий богатым)* enriquecedor 2) *geol (служащий для обогащения ископаемых)* de concentración
обогатить *perf* обогащать *impf vt* enriquecer
обогатиться *perf* обогащаться *impf* 1) *(стать богаче)* enriquecerse 2) *geol (об ископаемых)* concentrarse
обогащать V. обогатить
обогащаться V. обогатиться
обогащение *n* enriquecimiento
обогнать *perf* обгонять *impf vt* adelantar
обогнуть *perf* огибать *impf vt* doblar, pasar
обогрев *m* calefacción
обогреватель *m* calefactor, calentador
обогревать V. обогреть
обогреваться V. обогреться
обогреть *perf* обогревать *impf vt* 1) calentar ~ *комнату* calentar la habitación 2) *(приютить)* amparar, proteger
обогреться *perf* обогреваться *impf* calentarse
обод *m* 1) aro 2) *(колеса)* llanta
ободок *m* borde
ободрать *perf* обдирать *impf vt* 1) *(содрать со всех сторон)* quitar, desollar ~ *кору* descortezar 2) *coloq (отнять всё, что есть)* desvalijar
ободрить *perf vt* alentar, confortar, animar
ободриться *perf* ободряться *impf* alentarse, animarse, excitarse
ободрять V. ободрить
обожание *n* adoración
обожатель *m* adorador
обожать *impf vt* adorar
обождать *perf vt* 1) *coloq (подождать)* esperar 2) *coloq (повременить)* aguardar, esperar
обожествить *perf* обожествлять *impf vt* deificar, divinizar
обожествление *n* deificación, divinización
обожествлять V. обожествить
обожраться *perf* обжираться *impf vulg* comer demasiado, empaparse
обоз *m mil* convoy
обозвать *perf* обзывать *impf vt* 1) *coloq (назвать)* llamar 2) *coloq (назвать чем-то обидным)* llamar, apodar, motejar
обозлить V. злить
обозлиться V. злиться

обознаться *perf* обознаваться *impf* equivocarse, tomar (por alg)

обозначать *impf vt* 1) V. обозначить 2) significar

обозначаться V. обозначиться

обозначение *n* 1) denominación, designación 2) *(знак)* signo

обозначить *perf* обозначать *impf vt* marcar, designar ~ *буквами* marcar con letras

обозначиться *perf* обозначаться *impf* manifestarse, presentarse

обозник *m mil* persona que está en el convoy

обозреватель *m* 1) *elev (человек, который что-то осматривает)* observador 2) *period* columnista, comentarista

обозревать V. обозреть

обозрение *n* 1) *(действие)* contemplación 2) *period* revista, análisis

обозреть *perf* обозревать *impf vt* 1) *elev (осмотреть)* observar, contemplar 2) *(изучить в статье, речи и т. п.)* estudiar

обозримый *adj* previsible

обо|и (*gen* –ев) *mpl* papel pintado *оклеить ~ями* empapelar

обойма *f* 1) *mil* cargador 2) *(набор)* serie

обойный *adj* de empapelado, de tapicería

обойти *perf* обходить *impf vt* 1) dar una vuelta alrededor ~ *вокруг дома* dar una vuelta alrededor de la casa 2) *(миновать)* evitar, eludir ~ *закон* eludir la ley 3) *(побывать во многих местах)* recorrer, visitar 4) *(обогнать)* adelantar

обойтись *perf* обходиться *impf* 1) (**с кем/чем-л**) *(поступить)* tratar *плохо ~ с клиентом* tratar mal a un cliente 2) (**во что-л.**) *coloq (стоить какую-то цену)* costar *во сколько это обойдётся?* ¿cuánto costará esto? 3) *coloq (закончиться без неприятных последствий)* pasar ~ *без скандала* pasar sin escándalos

обойщик *m* empapelador

обок **1.** *adv vulg (рядом)* cerca, al lado *идти ~* ir al lado **2.** *prep* (**кого/чего-л**) *vulg (около)* junto a (alg o u/c) *сидеть ~ стола* estar sentado junto a la mesa

обокрасть *perf* обкрадывать *impf vt* robar, hurtar

оболванить *perf* оболванивать *impf vt coloq* engañar, chasquear

оболгать *perf vt* deshonrar, difamar, calumniar

оболочка *f* 1) envoltura 2) *(кожура)* camisa, tegumento 3) *anat* tegumento, membrana

оболтус *m vulg* tonto, bobo

обольстительный *adj* seductor, fascinante

обольстить *perf* обольщать *impf vt* seducir

обольщать V. обольстить

обольщаться *impf* hacerse ilusiones

обольщение *n* seducción

обомлеть *perf* обомлевать *impf vi* quedarse pasmado, aturdirse

обоняние *n* olfato

обонятельный *adj* olfatorio, olfativo

обонять *impf vt* olfatear

оборачиваемость *f econ* giro, ciclo de circulación

оборачивать V. обернуть

оборачиваться V. обернуться

оборванец *m* 1) *coloq* guiñapo, gualdrapero 2) *coloq (бродяга)* vagabundo

оборванный *adj* harapiento

оборвать *perf* обрывать *impf vt* 1) *(цветы, плоды)* coger, arrancar 2) *(разорвать)* desgarrar, romper 3) *(прекратить)* cortar, interrumpir

оборваться *perf* обрываться *impf* 1) *(оторваться)* romperse, desagarrarse 2) *(не удержавшись, упасть)* caer 3) *(резко прекратиться)* interrumpirse, cortarse

оборвыш *m coloq* galopín, golfillo

оборка *f* volante (de un vestido)

обормот *m vulg insult* holgazán, gandul

оборона *f* 1) defensa 2) *mil* defensa, defensiva ◆ **Министерство Обороны** Ministerio de Defensa

оборонительный *adj* defensivo

оборонить V. оборонять

обороniться V. обороняться

оборонный *adj* de defensa, de guerra

обороноспособность *f* capacidad de defensa

оборонять *impf* оборонить *perf vt* defender

обороняться *impf* оборониться *perf* defenderse

оборот *m* 1) vuelta, revolución 2) *(обращение)* circulación *торговый ~* volumen de ventas 3) *(обратная сторона)* dorso, reverso 4) *(направление в развитии)* giro, cariz

оборотень *m mitol* hombre lobo, licántropo

оборотистый V. оборотливый

оборотиться *perf* оборачиваться *impf* 1) *vulg (повернуться)* volverse, darse la vuelta 2) (**в кого/что-л**) *vulg (превратиться)* convertirse (en alg o u/c)

оборотный[1] *adj (обратный)* inverso, contrario

оборотный[2] *adj econ* circulante

оборудование *n* 1) equipamiento, equipo 2) *(действие)* equipamiento, instalación

оборудовать *biasp vt* equipar, instalar

обоснование *n* 1) *(действие)* argumentación 2) *(довод)* argumento

обоснованность *f* argumentación, fundamento

обоснованный *adj* fundado, argumentado

обосновать *perf* обосновывать *impf vt* fundamentar, razonar, argumentar

обосноваться *perf* обосновываться *impf* instalarse, acomodarse

обосновывать V. обосновать

обосновываться V. обосноваться

обособить *perf* обособлять *impf vt* separar, aislar

обособиться *perf* обособляться *impf* separarse, aislarse

обособление *n* 1) *(действие)* separación, aislamiento 2) *(состояние)* aislamiento, apartamiento

обособленность *f* aislamiento, apartamiento

обособленный *adj* separado, aislado

обособлять V. обособить

обособляться V. обособиться

обострение *n* 1) agudización 2) *med* empeoramiento, recaída

обострённый *adj* 1) *(о лице - очень худой)* afilado, perfilado 2) *(чувствительный)* fino, agudo 3) *(об отношениях - напряженный)* tenso, tirante

обострить *perf* обострять *impf vt* 1) *(сделать более восприимчивым)* agudizar, mejorar 2) *(довести до крайности)* agudizar, agravar
обостриться *perf* обостряться *impf* 1) *(о лице)* afilarse 2) *(стать более восприимчивым)* agudizarse 3) *(дойти до крайности)* agudizarse, agravarse
обострять V. обострить
обостряться V. обостриться
обочина *f* borde, margen
обоюдн|ый *adj* mutuo, recíproco, común *по ~ому соглашению* de común acuerdo
обоюдоострый *adj* de dos filos
обрабатывать V. обработать
обработать *perf* обрабатывать *impf vt* 1) elaborar, trabajar, procesar 2) *(землю)* cultivar, labrar 3) *(рану)* tratar
обработка *f* 1) elaboración, procesamiento 2) *(земли)* cultivo 3) *(раны)* tratamiento
обрадовать V. радовать
обрадоваться V. радоваться
образ *m* 1) imagen 2) *(характер)* modo ~ *жизни* modo de vida
образец *m* 1) muestra, modelo 2) *(типическое воплощение)* ejemplo, modelo
образина *f vulg desp* jeta, careto
образно *adv* figuradamente, metafóricamente
образность *f* carácter figurado
образный *adj* figurado, metafórico
образование *n* educación, enseñanza, instrucción *высшее* ~ enseñanza superior; *начальное* ~ enseñanza primaria
образованность *f* cultura, instrucción
образованный *adj* instruido, educado
образовательный *adj* educativo, de instrucción
образовать *perf* образовывать *impf vt* 1) formar, organizar 2) *(вызвать появление)* dar, formar 3) *(обучить)* educar, instruir
образоваться *perf* образовываться *impf* formarse
образовывать V. образовать
образовываться V. образоваться
образок *m relig* icono
образумить *perf* образумливать *impf vt coloq* hacer entrar en razón
образумиться *perf* образумливаться *impf* entrar en razón, adquirir prudencia
образцовый *adj* ejemplar
образчик *m* 1) *(образец)* muestra 2) *coloq (пример для подражания)* ejemplo, modelo
обрамить *perf* обрамлять *impf vt* enmarcar, encuadrar
обрамление *n* marco
обрамлять V. обрамить
обрастание *n* cubrimiento
обрастать V. обрасти
обрасти *perf* обрастать *impf vi* 1) **(чем-л)** *(покрыться)* cubrirse (de u/c) ~ *мхом* cubrirse de musgo 2) **(чем-л)** *(образовать что-либо вокруг себя)* adquirir
обрат *m* leche desnatada
обратимость *f* reversibilidad
обратимый *adj* reversible
обратить *perf* обращать *impf vt* 1) volver, dirigir, encaminar ~ *внимание* prestar atención 2) **(во что-л.)** *(склонить к чему-либо)* convertir (a u/c) ~ *в христианство* convertir al cristianismo
обратиться *perf* обращаться *impf* **(к кому/чему-л)** dirigirse (a alg u/c), volverse (hacia alg o u/c) ~ *к врачу* llamar al médico
обратн|ый *adj* inverso, de vuelta *~ый путь* regreso; *~ная сторона* dorso
обращать V. обратить
обращаться *impf* 1) V. обратиться 2) *(находиться в употреблении)* circular, usarse 3) **(с кем-л)** *(вести себя по отношению)* tratar *плохо обращаться* maltratar 4) **(с кем-л)** *(пользоваться)* manejar, tratar
обращение *n* 1) circulación, giro 2) **(во что-л.)** *(в религию)* conversión (a u/c) 3) *(речь)* alocución, llamamiento 4) *(письменное)* súplica 5) *(отношение к кому-либо)* tratamiento 6) *ling* vocativo
обрез *m* 1) *(обрезанный край)* corte, canto 2) *(винтовка)* recortada ◆ **в** ~ poco, contado
обрезание *n* circuncisión
обрезать *perf* обрезать *impf vt* 1) *(отрезать с краю)* cortar, recortar 2) *(порезать)* herir, cortar 3) *coloq (резко прервать чью-то речь)* cortar 4) *(совершить обряд обрезания)* circuncidar
обрезаться *perf* обрезаться *impf* 1) cortarse 2) *(подвергнуться обряду обрезания)* ser circuncidado
обрезка *f* corte
обрезок *m* pedazo
обрекать V. обречь
обременение *n* carga
обременительный *adj* pesado, abrumador
обременить *perf* обременять *impf vt* cargar, agobiar
обременять V. обременить
обрести *perf* обретать *impf vt elev* encontrar, hallar ~ *покой* hallar la paz
обрестись *perf* обретаться *impf elev* encontrarse, hallarse
обретать V. обрести
обретаться V. обрестись
обретение *n elev* descubrimiento
обречённость *f* condenación, perdición
обречённый *adj* condenado, sentenciado
обречь *perf* обрекать *impf vt* **(на что-л)** *elev* condenar (a u/c), sentenciar (a u/c) *обречь на гибель* condenar a la muerte
обрисовать *perf* обрисовывать *impf vt* 1) *coloq (обвести чертой)* contornear 2) *(охарактеризовать)* caracterizar, describir
обрисовка *f* descripción
обрисовывать V. обрисовать
обрить *perf* обривать *impf vt* afeitar, rapar
обронить *perf vt* 1) dejar caer, perder ~ *ключ* perder la llave 2) *(произнести мимоходом)* soltar, dejar escapar ~ *слово* dejar escapar una palabra
обрубать V. обрубить
обрубить *perf* обрубать *impf vt* cortar
обрубок *m* trozo, muñón
обругать V. ругать
обруселый *adj* rusificado
обрусеть *perf vi* rusificarse
обруч *m* aro, cerco
обручальн|ый *adj* de boda, esponsalicio *~ое кольцо* anillo de boda
обручение *n* esponsales

обручить *perf* обручать *impf vt* desposar

обрушение *n* derribo, destrucción

обрушивать V. обрушить

обрушиваться V. обрушиться

обрушить *perf* обрушивать *impf vt* 1) derribar, demoler, destruir 2) *(с силой направить)* lanzar, arrojar

обрушиться *perf* обрушиваться *impf* 1) derrumbarse, caer, destruirse 2) **(на кого/что-л)** *(неожиданно напасть)* caer (sobre alg o u/c), atacar

обрыв *m* barranco

обрывать V. оборвать

обрываться V. оборваться

обрывистый *adj* abrupto, escarpado

обрывок *m* trozo, fragmento

обрывочный *adj* fragmentario, incompleto

обрыднуть *perf vi* **(кому-л)** *vulg* hartar

обрызгать *perf* обрызгивать *impf vt* salpicar

обряд *m* rito, ceremonia

обрядить *perf* обряжать *impf vt coloq* vestir

обрядность *f* 1) *(сложившаяся система обрядов)* rito, ritual 2) *(обрядовый обычай)* rito

обрядовый *adj* ritual

обсасывать V. обсосать

обсерватория *f* observatorio

обскакать *perf* обскакивать *impf vt* 1) *coloq (скача, обогнать)* adelantar cabalgando 2) *(проскакать вокруг)* cabalgar alrededor

обскурантизм *m* obscurantismo

обследование *n* inspección, exploración

обследовать *biasp vt* examinar, investigar

обслуга *f* 1) *vulg (обслуживание)* servicio 2) *(обслуживающий персонал)* criados

обслуживание *n* servicio, atención

обслуживать V. обслужить

обслужить *perf* обслуживать *impf vt* servir, atender

обсосать *perf* обсасывать *impf vt* 1) chupar por todas partes 2) *(подробно обсудить что-либо)* repasar, discutir

обсохнуть *perf* обсыхать *impf vi* secarse

обставить *perf* обставлять *impf vt* 1) *(меблировать)* amueblar 2) *coloq (обогнать)* adelantar 3) *(поставить вокруг)* rodear

обставлять V. обставить

обстановка *f* 1) mobiliario, muebles 2) *(обстоятельства)* clima, situación

обстоятельность *f* carácter detallado

обстоятельный *adj* 1) *(детальный)* detallado 2) *coloq (о человеке)* seguro, sentado

обстоятельство *n* 1) circunstancia 2) *ling* complemento circunstancial

обсто|ять *impf vi* ser, estar, ir *вот так ~ят дела* así son las cosas

обстрел *m mil* fuego, cañoneo, bombardeo

обстреливать V. обстрелять

обстрелять *perf* обстреливать *impf vt mil* tirar (contra alg), cañonear, bombardear

обстричь *perf* обстригать *impf vt* cortar el pelo

обструкция *f* obstrucción

обступать V. обступить

обступить *perf* обступать *impf vt* rodear

обсудить *perf* обсуждать *impf vt* discutir, debatir ~ *проект* discutir un proyecto

обсуждать V. обсудить

обсуждение *n* discusión, deliberación

обсчёт *m* engaño en la cuenta

обсчитать *perf* обсчитывать *impf vt* engañar en la cuenta, dar de menos ~ *покупателя* engañar al comprador en la cuenta

обсчитаться *perf* обсчитываться *impf coloq* equivocarse en la cuenta

обсчитывать V. обсчитать

обсчитываться V. обсчитаться

обсыпать *perf* обсыпать *impf vt* espolvorear, polvorear

обтекать V. обтечь

обтесать *perf* обтёсывать *impf vt* 1) desbastar, pulir 2) *(сделать культурнее)* educar, desborregar

обтирание *n* secamiento

обтирать V. обтереть

обтирка *f* 1) *vulg (обтирание)* secamiento 2) *vulg (тряпка для обтирания)* trapo para secar

обточить *perf* обтачивать *impf vt* tornear

обтягивать V. обтянуть

обтяжк|а *f* recubrimiento ◆ **в ~у** ceñido

обтянуть *perf* обтягивать *impf vt* 1) *(растянуть материал)* tender, cubrir 2) *(об одежде)* ceñir

обувать V. обуть

обуваться V. обуться

обувка *f vulg* calzado

обувной *adj* de calzado ~ *магазин* zapatería

обувь *f* calzado

обуглить *perf* обугливать *impf vt* carbonizar

обуза *f* agobio, carga

обуздание *n* refrenamiento

обуздать *perf* обуздывать *impf vt* 1) *(надеть узду)* embridar ~ *лошадь* embridar el caballo 2) *(сдержать)* refrenar, reprimir

обуздывать V. обуздать

обурева|ть *impf vi* dominar *меня ~ют сомнения* me dominan las dudas

обуславливать V. обусловить

обусловить *perf* обуславливать *impf vt* 1) condicionar 2) *(быть причиной)* determinar

обусловливать V. обусловить

обустраивать V. обустроить

обустроить *perf* обустраивать *impf vt* arreglar, equipar

обустройство *n* acondicionamiento, arreglo, adaptación

обуть *perf* обувать *impf vt* calzar

обуться *perf* обуваться *impf* calzarse

обух *m* cabeza de hacha

обучать V. обучить

обучаться *impf* estudiar

обучение *n* enseñanza, aprendizaje, educación

обучить *perf* обучать *impf vt* enseñar, instruir

обучиться *perf* обучаться *impf* aprender

обуя|ть *perf vt* apoderarse (de alg) *его ~л страх* el miedo se apoderó de él

обхаживать *impf vt coloq* rondar, requebrar

обхамить *perf vt coloq* insultar, ofender

обхват *m* circunferencia

обхватить *perf* обхватывать *impf vt* 1) *(заключить в объятия)* abrazar 2) *(умом, взглядом)* abarcar

обхватывать V. обхватить

обход *m* 1) *(действие)* ronda 2) *mil* movimiento de cercamiento 3) *(кружной путь)* circuito, rodeo

обходительный *adj* amable, afable, cortés
обходить V. обойти
обходиться V. обойтись
обходной *adj* 1) *mil* de cercamiento 2) *(о пути)* de rodeo
обходный V. обходной
обхождение *n* trato, modales
обхохотаться *perf* обхохатываться *impf coloq* partirse de risa
обчесться *perf vulg* equivocarse en la cuenta
обчистить *perf* обчищать *impf vt* 1) *(счистить с поверхности)* limpiar 2) *coloq (обокрасть)* hurtar, desvalijar
обшаривать V. обшарить
обшарить *perf* обшаривать *impf vt coloq* rebuscar
обшарпанный *adj* desgastado, andrajoso
обшивать V. обшить
обшивка *f* 1) *(действие)* revestimiento 2) *(то, чем обшито)* revestimiento
обширность *f* amplitud, extensión
обширный *adj* amplio, vasto
обшить *perf* обшивать *impf vt* 1) *(пришить по краю)* ribetear 2) *(покрыть поверхность твёрдым материалом)* revestir
обшлаг *m* bocamanga
общага *f coloq* residencia de estudiantes
общаться *impf* **(с кем-л)** comunicarse (con alg)
общевойсковой *adj mil* de armas, militar
общедоступность *f* 1) *(доступность)* carácter accesible 2) *(понятность)* comprensibilidad
общедоступный *adj* 1) *(доступный)* accesible 2) *(понятный)* comprensible, asequible
общежитие *n* residencia, albergue *студенческое* ~ residencia de estudiantes
общежитский *adj coloq* de residencia de estudiantes
общеизвестность *f* notoriedad
общеизвестный *adj* notorio, conocido
общенародный *adj* nacional
общение *n* comunicación, contacto
общеобразовательный *adj* de enseñanza general
общепит *m hist* comedores públicos
общесоюзный *adj hist* de toda la Unión Soviética
общественник *m* trabajador social
общественность *f* 1) ciudadanía 2) *(общественные организации)* organizaciones sociales
общественный *adj* social, público ~ *транспорт* transporte público
общество *n* 1) sociedad 2) *(круг людей)* sociedad, compañía 3) *(организация)* sociedad, asociación *акционерное* ~ sociedad anónima
обществовед *m* sociólogo
обществоведение *n* sociología
общеупотребительный *adj* de uso común
общечеловеческий *adj* humano, universal, común
общ|ий *adj* 1) común, general 2) *(совокупный)* global 3) *(основной)* general ◆ **в ~ем** en general
община *f* comunidad
общинный *adj* comunal
общипать *perf* общипывать *impf vt* quitar pellizcando, arrancar
общипывать V. общипать
общительность *f* sociabilidad
общительный *adj* sociable, comunicativo
общность *f* comunidad, generalidad
объедать V. объесть
объедаться V. объесться
объедение *n* 1) *(неумеренность в пище)* glotonería, gula 2) *(очень вкусная еда)* delicia, manjar
объединение *n* 1) reunión 2) *(союз)* unión, alianza
объединённый *adj* unido, unificado
объединительный *adj* unificador
объединить *perf* объединять *impf vt* unificar, unir
объединиться *perf* объединяться *impf* 1) *(соединиться в одно целое)* unirse, unificarse 2) *(сплотиться)* agruparse, unirse
объединять V. объединить
объединяться V. объединиться
объедк|и *(gen* –ов) *mpl* sobras, restos
объезд *m* 1) *(действие)* vuelta, rodeo 2) *(место, по которому можно объехать)* rodeo, circuito
объездить *perf* объезжать *impf vt* 1) *(приручить лошадь)* desbravar, domar 2) *(побывать всюду)* recorrer, visitar
объездчик *m* 1) persona que vigila el territorio 2) *(специалист по объездке лошадей)* desbravador
объезжать V. объездить
объект *m* 1) objeto 2) *(предприятие)* empresa 3) *ling* objeto
объектив *m foto* objetivo
объективация *f* objetivación
объективизм *m filos* objetivismo
объективировать *biasp vt* objetivar
объективность *f* 1) objetividad 2) *(беспристрастность)* imparcialidad
объективный *adj* objetivo
объектный *adj filos* de objeto
объесть *perf* объедать *impf vt* 1) *(съесть с края)* comer de un lado, roer 2) *vulg (причинить ущерб, съев много чужого)* comer la parte de alguien
объесться *perf* объедаться *impf* hartarse, empacharse
объехать *perf* объезжать *impf vt* 1) *(проехать мимо)* pasar, dar la vuelta ~ *яму* dar la vuelta alrededor del hoyo 2) *(побывать всюду)* recorrer, visitar ~ *всю страну* recorrer todo el país
объём *m* 1) volumen 2) *(количество)* cantidad, volumen
объёмистый *adj* grande, voluminoso
объёмность *f* volumen
объёмный *adj* 1) *(имеющий трёхмерное измерение)* estereoscópico, tridimensional 2) *(большой по объёму)* grande, voluminoso
объявить *perf* объявлять *impf vt* 1) *(огласить)* anunciar, declarar ~ *войну* declarar la guerra 2) *(официально признать)* declarar, reconocer ~ *собрание открытым* declarar abierta la reunión
объявиться *perf* объявляться *impf coloq* aparecerse, manifestarse
объявление *n* 1) *(действие)* declaración, publicación 2) *(извещение)* anuncio, cartel

объявлять V. объявить
объявляться V. объявиться
объяснение *n* explicación
объяснимый *adj* explicable
объяснительный *adj* explicativo, aclaratorio
объяснить *perf* объяснять *impf vt* explicar, aclarar
объясниться *perf* объясняться *impf* 1) *(выяснить свои взаимоотношения)* explicarse ~ *в любви* declararse 2) *(стать понятным)* explicarse, aclararse 3) *(вести беседу)* hablar, conversar
объяснять V. объяснить
объясняться V. объясниться
объятие *n* abrazo
объять *perf* обымать *impf vt* abarcar
обыватель *m* 1) *hist (городской житель)* ciudadano 2) *peyor (мещанин)* pancista
обывательский *adj* 1) *hist (относящийся к городской жизни)* de ciudadano 2) *peyor (мещанский)* pancista
обывательщина *f* pancismo, espíritu pequeñoburgués
обыграть *perf* обыгрывать *impf vt* 1) ganar (en el juego) 2) *coloq (использовать в своих целях)* aprovechar
обыгрывание *n* 1) *(победа)* victoria 2) *coloq (использование в своих целях)* aprovechamiento
обыгрывать V. обыграть
обыденность *f* habitualidad
обыденный *adj* diario, habitual, ordinario
обыдёнщина *f* rutina, prosa
обыкновени|е *n* costumbre, hábito *по ~ю* por costumbre
обыкновенный *adj* común, habitual, ordinario
обыск *m* registro, cacheo
обыскать *perf* обыскивать *impf vt* registrar, cachear
обыскивать V. обыскать
обычай *m* costumbre, hábito
обычно *adv* generalmente, normalmente, habitualmente, regularmente
обычный *adj* común, habitual, ordinario, corriente
обязанность *f* obligación, deber
обязанный *adj* (**к чему-л**) obligado (a u/c)
обязательно **1.** *adv* obligatoriamente, sin falta **2.** *adv pred* es obligatorio
обязательность *f* obligatoriedad
обязательный *adj* obligatorio
обязательственный *adj jur* de obligación
обязательство *n jur* obligación
обязать *perf* обязывать *impf vt* obligar
обязаться *perf* обязываться *impf* (**к чему-л**) comprometerse (a u/c), obligarse (a u/c)
обязывать V. обязать
обязываться V. обязаться
овал *m* óvalo
овальный *adj* ovalado
овация *f* ovación
овдоветь *perf vi* enviudar
Овен *m astrol* Aries
овечий *adj* de oveja, ovejuno
овечка *f dimin-afect* ovejita
овеществить *perf* овеществлять *impf vt* materializar
овеществление *n* materialización
овеществлять V. овеществить
овеять *perf* овевать *impf vt* 1) *(струёй воздуха)* aventar 2) *elev (создать ореол почёта)* glorificar, honrar
овёс *m* avena
овин *m agric* galpón
овладевать V. овладеть
овладение *n* 1) *(захват)* conquista 2) *(усвоение)* dominación, posesión
овладе|ть *perf* овладевать *impf vi* 1) (**кем/чем-л**) *(стать обладателем)* tomar *~ть городом* tomar una ciudad 2) (**кем/чем-л**) *(подчинить себе)* captar, dominar *~ть вниманием* captar la atención 3) (**кем-л**) *(о мыслях, чувствах - охватить)* apoderarse (de alg) *им ~л страх* el miedo se apoderó de él 4) (**чем-л**) *(изучить)* aprender, dominar *~ть иностранным языком* aprender una lengua extranjera
овод *m* moscardón
овощ *m* hortaliza, verdura
овощи *mpl* V. овощ
овощной *adj* de verduras
овраг *m* barranco
овражистый *adj* cubierto de barrancos
овсюг *m* ballueca
овсянка[1] *f coloq (крупа)* avena pelada
овсянка[2] *f (птица)* escribano cerillo
овсяной V. овсяный
овсяный *adj* de avena
овца *f* oveja ◆ **паршивая** ~ oveja negra
овцебык *m* buey almizclado
овчар *m* 1) *(овечий пастух)* pastor de ovejas 2) *(самец овчарки)* ovejero
овчарка *f* perro pastor, ovejero
овчарня *f* aprisco, redil
овчина *f* zamarra, pelliza
овчинка *f dimin* zamarra, pelliza ◆ ~ **не стоит выделки** la cosa no vale la pena
огарок *m* cabo de vela
огибать V. обогнуть
оглавление *n* índice
огласить *perf* оглашать *impf vt* 1) *(объявить)* proclamar, anunciar 2) *(наполнить громкими звуками)* inundar, llenar
огласк|а *f* publicidad, divulgación *предать ~е* divulgar
оглашать V. огласить
оглашаться V. огласиться
оглашение *n* proclamación, anunciación
оглобля *f* pértigo, lanza del carro
оглохнуть V. глохнуть
оглушать V. оглушить
оглушительный *adj* ensordecedor
оглушить *perf* оглушать *impf vt* 1) ensordecer 2) *(ударом)* aturdir
оглядеть *perf* оглядывать *impf vt* mirar, examinar, observar
оглядеться *perf* оглядываться *impf* mirar alrededor
оглядк|а *f coloq* atención, precaución ◆ **бежать без ~и** correr sin volver la cabeza
оглядывать V. оглядеть
оглядываться V. оглянуться, оглядеться
оглянуться *perf* оглядываться *impf* mirar atrás
огневой *adj* de fuego

огнедышащий *adj* que vomita fuego
огнемёт *m mil* lanzallamas
огненный *adj* 1) de fuego, fogoso 2) *(пылкий)* ardiente, fogoso
огнеопасный *adj* inflamable
огнестойкий *adj* resistente al fuego
огнестойкость *f* resistencia al fuego
огнестрельн|ый *adj* de fuego *~ое оружие* arma de fuego
огнетушитель *m* extintor
огнеупорный *adj* refractario
огниво *n* eslabón
ого *interj* ¡anda!, ¡vaya!
оговаривать V. оговорить
оговариваться V. оговориться
оговор *m* 1) *hist (клевета)* calumnia 2) *jur (ложное обвинение)* delación, denuncia
оговорить *perf* оговаривать *impf vt* 1) *(оклеветать)* calumniar 2) *(заранее условиться)* acordar, convenir, estipular
оговориться *perf* оговариваться *impf* 1) *(сделать оговорку)* hacer restricciones 2) *(сказать не то, что нужно)* equivocarse
оговорка *f* 1) *(разъяснительное замечание)* reserva, restricción 2) *(ошибка в речи)* lapsus linguae
оголец *m vulg* golfillo, pillo
оголить *perf* оголять *impf vt* 1) desnudar, desvestir 2) *(сделать беззащитным)* hacer indefenso, descubrir
оголиться *perf* оголяться *impf* 1) desnudarse, desvestirse 2) *(стать беззащитным)* quedar indefenso, descubrirse
оголодать *perf vi coloq* estar muerto de hambre, hambrear
оголтелый *adj* desenfrenado, descomedido
оголяться V. оголиться
огон|ёк *m* 1) *dimin-afect* fueguecillo 2) *(задор)* ardor, pasión 3) *(вечер с развлекательной программой)* velada, fiesta
огонь *m* 1) fuego, llama *разжечь ~* prender fuego 2) *(освещение)* luz 3) *mil* fuego ◆ **искать днём с огнём** buscar con linterna en pleno día **быть между двух огней** estar entre dos fuegos
ограживать V. огородить
огород *m* huerta
огородить *perf* огораживать *impf vt* cercar, vallar
огородник *m* hortelano
огородничество *n* horticultura
огородный *adj* hortelano
огорошить *perf* огорашивать *impf vt* aturdir
огорчать V. огорчить
огорчаться V. огорчиться
огорчение *n* disgusto, aflicción
огорчённый *adj* disgustado, apenado
огорчительный *adj* aflictivo, penoso
огорчить *perf* огорчать *impf vt* disgustar, afligir
огорчиться *perf* огорчаться *impf* disgustarse, afligirse
ограбить V. грабить
ограбление *n* robo, saqueo
ограда *f* cerca, valla
оградить *perf* ограждать *impf vt* 1) *obsol (огородить)* cercar, vallar 2) **(от чего-л)** *(предохранить* proteger (de u/c)
ограждать V. оградить
ограждение *n* 1) *(действие)* protección 2) *(оградительное сооружение)* valla, cerca
огранить *perf* огранивать *impf vt* tallar
ограничение *n* limitación, restricción
ограниченность *f* 1) *(незначительность)* escasez 2) *(узкий кругозор)* mediocridad, mezquindad
ограниченный *adj* limitado, restringido
ограничивать V. ограничить
ограничиваться V. ограничиться
ограничитель *m tecn* limitador
ограничительный *adj* restrictivo, limitativo
ограничить *perf* ограничивать *impf vt* limitar, restringir
ограничиться *perf* ограничиваться *impf* 1) **(чем-л)** *(довольствоваться)* contentarse (con u/c) 2) **(чем-л)** *(остаться в определённых пределах)* limitarse (a u/c)
огранка *f tecn* tallado
огреть *perf vt vulg* golpear, atizar, zurrar
огрех *m vulg* falta, descuido
огромность *f* enormidad, inmensidad
огромный *adj* enorme, gigante, inmenso
огрубеть V. грубеть
огрубить *perf* огрублять *impf vt* endurecer
огрублять V. огрубить
огрызаться V. огрызнуться
огрызнуться *perf* огрызаться *impf* 1) *(о животном)* mostrar los dientes, gruñir 2) *vulg (резко отвечать)* contestar en un tono brusco
огрызок *m* resto, residuo
огузок *m* rabada
огулом *adv vulg* a todos juntos infundadamente *обвинить ~* acusar a todos infundadamente
огульный *adj vulg* infundado
огурец *m* pepino
огуречный *adj* de pepino
огурчик *m dimin* pepinillo ◆ **свежий как ~** fresco como una lechuga
ода *f lit* oda
одалживать V. одолжить
одалиска *f* odalisca
одарённость *f* talento
одарённый *adj* talentoso, ingenioso, dotado
одаривать V. одарить
одари|ть *perf* одаривать *impf vt* 1) **(чем-л)** regalar *~ть детей игрушками* regalar juguetes a los niños 2) **(чем-л)** *(способностями)* dotar (de u/c) *природа ~ла его умом* naturaleza lo dotó de inteligencia
одевать V. одеть
одеваться V. одеться
одежда *f* ropa, vestido, indumentaria *верхняя ~* ropa de calle
одеколон *m* colonia
оделить *perf* оделять *impf vt* dar a muchos, agasajar
одеревенеть V. деревенеть
одержать *perf* одерживать *impf vt* conseguir, alcanzar *~ победу* alcanzar la victoria
одерживать V. одержать
одержимость *f* obsesión
одержимый *adj* poseído
одесную *adv obsol* a la derecha
одеть *perf* одевать *impf vt* vestir

одеться *perf* одеваться *impf* vestirse
одеяло *n* manta
одеяние *n* ropa, vestimenta
одёжа *f* V. одёжка
одёжка *f vulg* vestido, ropa
одёр *m coloq* rocín
одёргивать V. одёрнуть
одёрнуть *perf* одёргивать *impf vt* 1) *(оправить, потянув вниз)* ajustar ~ *рубашку* ajustar la camisa 2) *(призвать к порядку)* llamar al orden
од|ин 1. *num* uno ~*ин единственный* uno solo **2.** *adj* 1) *(одинокий)* solo *я ~ин дома* estoy solo en casa 2) *(тот же самый)* el mismo ~*ного возраста* de la misma edad 3) *(только)* sólo *он пьёт ~ну воду* bebe sólo agua ◆ **~ин на ~ин** cara a cara **~ним духом** de un tirón **~ин в поле не воин** un grano no hace granero
одинаково *adv* igualmente
одинаковость *f* igualdad, homogeneidad
одинаковый *adj* igual, el mismo
одинарный *adj* único
одиннадцат|ый *adj* undécimo, once *половина ~ого* diez y media
одиннадцать *num* once
одинокий *adj* solo, solitario
одиночество *n* soledad
одиночка *f* 1) persona sola 2) *coloq (одиночная камера)* calabozo
одиночный *adj* solitario, aislado
одиозный *adj elev* odioso
одиссея *f* odisea
одичать V. дичать
одический *adj lit* de la oda
однажды *adv* una vez
однако 1. *conj* sin embargo, no obstante **2.** *interj* ¡vaya!
однобокий *adj* unilateral
однобокость *f* unilateralidad
однобортный *adj* recto (dicho de la ropa)
одновременно *adv* simultáneamente, al mismo tiempo
одновременность *f* simultaneidad
одновременный *adj* simultáneo
одноглазый *adj* tuerto
одногодичный *adj* anual, de un año
одногодок *m* V. однолеток
однодневка *f* 1) *(насекомое, живущее один день)* efímera, cachipolla 2) *coloq (о чём-либо кратковременном)* cosa efímera
однодневный *adj* de un día
однозначность *f* univocidad
однозначный *adj* unívoco, de un solo significado
одноимённый *adj* del mismo nombre
однокашник *m coloq* condiscípulo, compañero
одноклассни|к, -ца *m/f* condiscípulo, compañer|o, -a de clase
одноклубник *m* compañero de club
однокомнатный *adj* de una habitación, de un cuarto
однократный *adj* de una vez
однокурсни|к, -ца *m/f* compañer|o, -a de curso
однолетний *adj* anual, de un año
однолюб *m* hombre que es fiel toda su vida a su pareja
одномерность *f* unidimensionalidad
одномерный *adj* unidimensional
одноместный *adj* de una plaza, individual
однообразие *m* uniformidad
однообразный *adj* uniforme, monótono
однопалатный *adj* unicameral
однополчанин *m* camarada de regimiento
однополый *adj* unisexual
одноразовый *adj* desechable, de una sola vez
однородность *f* homogeneidad, uniformidad
однородный *adj* 1) homogéneo, uniforme 2) *(похожий)* semejante
однорукий *adj* manco
односельчан|ин, -ка *m/f* conterráne|o, -a, paisan|o, -a
односложный *adj* 1) monosílabo 2) *(немногословный)* lacónico
односторонний *adj* 1) unilateral 2) *(о движении)* de una sola dirección
односторонность *f* unilateralidad, estrechez
однотипность *f* igualdad, conformidad
однотипный *adj* del mismo tipo, igual
однотомник *m* obra en un tomo
однотомный *adj* en un tomo
однофамилец *m* homónimo, persona con el mismo apellido
одноцветный *adj* unicolor, monocromo
одночастный *adj* de una pieza
одночасье *n* : в ~ al instante
одночлен *m mat* monomio
одобрение *n* aprobación, asentimiento
одобрительный *adj* aprobatorio
одобрить *perf* одобрять *impf vt* aprobar, asentir
одобрять V. одобрить
одолевать V. одолеть
одоление *n* vencimiento
одолеть *perf* одолевать *impf vt* 1) *(одержать победу)* vencer, superar, ganar 2) *(преодолев много сил, овладеть)* dominar 3) *(о неприятном состоянии - охватить)* apoderarse (de alg)
одолжаться V. одолжиться
одолжение *n* favor, servicio *сделать* ~ hacer un favor
одолжить *perf* одалживать *impf vt* prestar, dejar
одомашнивание *n* domesticación
одомашнить *perf* одомашнивать *impf vt* domesticar
одр *m obsol* lecho ◆ **на смертном ~е** en su lecho de muerte
одряхлеть V. дряхлеть
одуванчик *m* diente de león
одуматься *perf* одумываться *impf* 1) *(подумав, переменить намерение)* cambiar de opinión 2) *(вновь обрести способность рассуждать)* volver a reflexionar
одурачивать V. одурачить
одурачить *perf* одурачивать *impf vt* engañar, timar
одуревать V. одуреть
одуреть *perf* одуревать *impf vi coloq* quedarse pasmado, atontarse
одурманить *perf* одурманивать *impf vt* atontar, aturdir
одурманиться *perf* одурманиваться *impf* atontarse

одурь *f coloq* atontamiento
одурять V. одурить
одухотворённость *f* espiritualidad
одухотворённый *adj* espiritual
одухотворить *perf* одухотворять *impf vt* 1) *elev (воодушевить)* inspirar 2) *(приписать предметам духовные способности)* animar
одухотворять V. одухотворить
одушевить *perf* одушевлять *impf vt* animar
одушевиться *perf* одушевляться *impf* inspirarse, animarse
одушевление *n* animación
одушевлённость *f gram* animación
одушевлённый *adj* 1) *(исполненный одушевления)* animado 2) *ling* animado
одушевлять V. одушевить
одышка *f* jadeo
ожерелье *n* collar, gargantilla
ожесточать V. ожесточить
ожесточаться V. ожесточиться
ожесточение *n* 1) *(крайняя злоба)* encarnizamiento, ensañamiento 2) *(крайнее упорство)* encarnizamiento
ожесточённость V. ожесточение
ожесточённый *adj* encarnizado, endurecido
ожесточить *perf* ожесточать *impf vt* encarnizar, ensañar
ожесточиться *perf* ожесточаться *impf* encarnizarse, ensañarse
оживать V. ожить
оживить *perf* оживлять *impf vt* animar, vivificar
оживиться *perf* оживляться *impf* animarse, alentarse
оживление *n* 1) animación 2) *(активизация)* activización
оживлённость *f* animación, vivacidad
оживлённый *adj* vivo, animado, activo
оживлять V. оживить
оживляться V. оживиться
ожидаемый *adj* previsible
ожидани|е *n* espera *зал ~я* sala de espera
ожидать *impf vt* esperar, aguardar
ожирение *n* obesidad, gordura
ожиреть V. жиреть
ожить *perf* оживать *impf vi* 1) resucitar, revivir 2) *(проявиться в прежней силе)* reanimarse, reavivarse
ожог *m* quemadura
ожоговый *adj* de quemadura
озаботить *perf* озабочивать *impf vt* preocupar
озаботиться *perf* озабочиваться *impf* preocuparse
озабоченность *f* preocupación
озабоченный *adj* preocupado, inquieto
озабочивать V. озаботить
озаглавить *perf* озаглавливать *impf vt* titular, intitular
озадаченность *f* perplejidad
озадаченный *adj* perplejo, desconcertado
озадачивать V. озадачить
озадачить *perf* озадачивать *impf vt* dejar perplejo, desconcertar
озарение *n* vislumbre, destello
озарить *perf* озарять *impf vt* 1) dar luz, iluminar 2) *(неожиданно прийти на ум)* despertar, venir a la cabeza
озарять V. озарить
озаряться *impf* iluminarse
озверение *n* ferocidad, brutalidad, atrocidad
озвереть V. звереть
озвучивание *n* sonorización
озвучивать V. озвучить
озвучить *perf* озвучивать *impf vt* 1) sonorizar 2) *(сообщить)* decir, mencionar
оздоровительный *adj* saludable, beneficioso
оздоровить *perf* оздоровлять *impf vt* 1) *(улучшить санитарное состояние)* sanear 2) *(привести в благоприятное состояние)* mejorar
оздоровление *n* saneamiento
оздоровлять V. оздоровить
оземь *adv obsol* a tierra, en tierra, por tierra
озеро *n* lago
озёрный *adj* de lago, lacustre
озим|ый *adj agric* de invierno *~ые хлеба* cereales de invierno
озимь *f agric* sementera de otoño
озирать *impf vt elev* examinar, extender la vista
озираться *impf* mirar a todos lados
озлобить *perf* озлоблять *impf vt* enfurecer, enojar
озлобиться *perf* озлобляться *impf* enfurecerse, enojarse
озлобление *n* enfurecimiento, cólera
озлобленность V. озлобление
озлобленный *adj* enfurecido, enojado
ознакомительный *adj* informativo, para conocimiento
ознакомить *perf* ознакомлять *impf vt* **(с чем-л)** poner al corriente (de u/c), informar (de u/c)
ознакомиться *perf* ознакомляться *impf* **(с чем-л)** ponerse al corriente (de u/c), conocer
ознакомление *n* información, conocimiento
ознакомлять V. ознакомить
ознакомляться V. ознакомиться
ознаменование *n* conmemoración
ознаменовать *perf* ознаменовывать *impf vt* conmemorar, celebrar
ознаменоваться *perf* ознаменовываться *impf* ser conmemorado
означать *impf vt* significar
озноб *m* escalofrío
озон *m* ozono
озонный V. озоновый
озоновый *adj* de ozono
озорник *m* bribón, golfillo
озорничать *impf* созорничать *perf vi* hacer travesuras, bribonear
озорной *adj* travieso, pícaro
озорство *n* travesura, chiquillada
озябнуть V. зябнуть
ой *interj* 1) *(выражая испуг, боль)* ay, huy 2) *(выражая удивление)* oh, ah 3) *(выражая сожаление)* vaya
оказани|е *n* prestación *для ~я помощи* para prestar socorro
оказать *perf* оказывать *impf vt* prestar, hacer, dar *~ помощь* prestar ayuda; *~ сопротивление* oponer resistencia
оказа|ться *perf* оказываться *impf* 1) *(иметься)* encontrarse, estar 2) *(очутиться)* encontrarse, hallarse *~ться в неприятном положении* encontrarse en una situación desagradable 3)

(в составе именного сказуемого) resultar, resultar ser *это ~лось легко* esto resultó fácil
оказия *f* ocasión, oportunidad
оказывать V. оказать
оказываться V. оказаться
окаймить *perf* окаймлять *impf vt* bordar
окаймлять V. окаймить
окалина *f* costra
окаменелость *f* fósil
окаменелый *adj* fosilizado
окаменеть V. каменеть
окантовать V. кантовать
окантовка *f* orla
окантовочный *adj* de orla
оканчивать V. окончить
оканчиваться V. окончиться
окапываться V. окопаться
окатить *perf* окачивать *impf vt* mojar, bañar
окатыш *m* bola, pellet
окать *impf vi ling* hablar diferenciando la «o» y la «a» (en ruso)
окаянный *adj* maldito
океан *m* océano
океанариум *m* oceanario
океанический V. океанский
океанолог *m* oceanólogo
океанологический *adj* de oceanología
океанология *f* oceanología
океанский *adj* oceánico
окидывать V. окинуть
окинуть *perf* окидывать *impf vt* mirar ~ *взглядом* echar un vistazo
окисел *m quím* óxido
окисление *n quím* oxidación
окислитель *m quím* oxidante
окислительный *adj quím* de oxidación
окислить *perf* окислять *impf vt quím* oxidar
окислиться *perf* окисляться *impf quím* oxidarse
окислять V. окислить
окисляться V. окислиться
окисный *adj quím* de óxido
окись *f* óxido
окказиональный *adj* ocasional, único
оккупант *m* ocupante
оккупационный *adj* de ocupación, ocupante
оккупация *n* ocupación
оккупировать *biasp vt* ocupar (militarmente)
оклад[1] *m (размер заработной платы)* salario, sueldo base
оклад[2] *m (покрытие на иконе)* sobrepuesto de metal del ícono
оклеветать *perf vt* calumniar, difamar
оклеить *perf* оклеивать *impf vt* encolar, pegar
оклематься *perf vulg* recuperarse
оклик *m* llamada
окликать V. окликнуть
окликнуть *perf* окликать *impf vt* llamar
окно *n* 1) ventana 2) *coloq (в расписании занятий)* hora libre
ок|о *n poét* ojo ◆ **~о за ~о, зуб за зуб** ojo por ojo, diente por diente **в мгновение ~а** en un abrir y cerrar de ojos
оковать *perf* оковывать *impf vt* 1) *(обить слоем металла)* ferrar 2) *(сделать неподвижным)* paralizar 3) *(надеть оковы)* encadenar
оков|ы (*gen* оков) *fpl* cadenas *в ~ах* encadenado
околачиваться *impf vulg* callejear, vagar
околдовать *perf* околдовывать *impf vt* embrujar, hechizar
околесица *f coloq* absurdo, disparate
околеть *perf* околевать *impf vi* 1) *(о животном)* morir, morirse 2) *vulg (о человеке)* palmar, diñarla
околёсная *f* V. околесица
околица *f* 1) *(изгородь вокруг деревни)* valla, cerca 2) *(окраина деревни)* arrabal, alrededores de una aldea 3) *(окольная дорога)* rodeo
около 1. *adv* cerca **2.** *prep* **(кого/чего-л)** cerca (de alg o u/c) ~ *шести* sobre las seis; ~ *дома* cerca de la casa
околоземный *adj* que está cerca de la tierra
окололитературный *adj* paraliterario
околонаучный *adj* paracientífico
околоток *m* 1) *hist (окрестности)* alrededores 2) *hist (район города)* distrito 3) *hist (полицейский участок)* comisaría
околыш *m* cintillo
окольничий *m hist* okólnichi (título nobiliario en la Rusia medieval)
окольный *adj* de rodeo, indirecto
оконечность *f* extremidad, término
оконный *adj* de ventana
оконце *n dimin* ventanilla
окончание *n* 1) final, fin, término 2) *ling* terminación, desinencia
окончательный *adj* definitivo, terminante
окончить *perf* оканчивать *impf vt* terminar, acabar ~ *работу* terminar el trabajo
окончиться *perf* оканчиваться *impf* terminarse, acabarse
окоп *m mil* trinchera
окопаться *perf* окапываться *impf* atrincherarse, hacerse fuerte
окопный *adj* de trinchera
окорнать V. корнать
окорок *m* pata, muslo
окоротить *perf* окорачивать *impf vt* acortar
окостеневать V. окостенеть
окостенелый *adj* endurecido, rígido
окостенеть *perf* окостеневать *impf vi* endurecerse, ponerse duro
окот *m* paridera
окоченелый *adj* rígido, yerto
окоченеть V. коченеть
окочуриться *perf* окочуриваться *impf vulg* diñarla, hincar el pico
окошечко *n dimin-afect* ventanilla
окошко *n* ventanilla
окраина *f* 1) *(край чего-либо)* extremo, lindero 2) *(пригород)* suburbio, arrabal 3) *(приграничная часть государства)* región fronteriza
окраинный *adj* 1) *(находящийся в пригороде)* suburbano 2) *(находящийся в приграничном регионе)* fronterizo
окрасить *perf* окрашивать *impf vt* pintar, colorear
окраситься *perf* окрашиваться *impf* colorearse, pintarse
окраска *f* 1) *(действие)* coloración, tinte 2) *(цвет)* color
окрасочный *adj* de coloración
окрашивание *n* coloración, pintura

окрашивать V. окрасить
окрепнуть V. крепнуть
окрест 1. *adv obsol* alrededor **2.** *prep* **(кого/чего-л)** alrededor (de alg o u/c) *взглянуть окрест себя* mirar alrededor
окрестить *perf vt* 1) *relig* bautizar 2) *(дать прозвище)* apodar
окрестность *f* afueras, alrededores
окрестный *adj* cercano, vecino, de los alrededores
окрик *m* llamada, grito
окровавить *perf* окровавливать *impf vt* ensangrentar
окровавленный *adj* ensangrentado
окропить *perf* окроплять *impf vt* hisopear
окроплять V. окропить
окрошка *f* okroshka (sopa fría a base de kvas y hortalizas)
округ *m* distrito, circunscripción
округа *f coloq* alrededores
округление *n* redondeo
округлеть V. круглеть
округлить *perf* округлять *impf vt* redondear
округлиться *perf* округляться *impf* redondearse
округлость *f* redondez
округлый *adj* redondeado
округлять V. округлить
округляться V. округлиться
окружать V. окружить
окружающ|ий 1. *adj* circundante *~ая среда* medio ambiente **2. -ие** *pl (люди вокруг)* allegados, personas circunstantes
окружение *n* 1) entorno, ambiente 2) *(действие)* rodeo 3) *mil* asedio, cerco
окружить *perf* окружать *impf vt* rodear, cercar
окружной *adj* de distrito
окружность *f* círculo, circunferencia
окружный *adj obsol* vecino, próximo
окрылить *perf* окрылять *impf vt* alentar, animar
окрылять V. окрылить
оксид *m quím* óxido
оксидный *adj quím* de óxido
октава *f mús* octava
октет *m* 1) *mús* octeto 2) *informát* octeto
октябрёнок *m hist* pequeño de Octubre
октябрь *m* octubre
октябрьский *adj* de octubre
окулист *m* oculista
окультуривать V. окультурить
окультурить *perf* окультуривать *impf vt* cultivar
окуляр *m* ocular
окунание *n* inmersión, zambullida
окунать V. окунуть
окунаться V. окунуться
окунуть *perf* окунать *impf vt* sumergir, zambullir
окунуться *perf* окунаться *impf* sumergirse, zambullirse
окунь *m* perca
окупаемость *f econ* compensabilidad, recuperabilidad
окупать V. окупить
окупаться V. окупиться
окупить *perf* окупать *impf vt* compensar, recuperar, cubrir, amortizar
окупиться *perf* окупаться *impf* compensarse, recuperarse, cubrirse, amortizarse
окуривание *n* fumigación
окурить *perf* окуривать *impf vt* fumigar, ahumar
окурок *m* colilla
окутать *perf* окутывать *impf vt* 1) *(кутая, обернуть)* envolver, arropar, cubrir 2) *(обволочь)* cubrir
окутывать V. окутать
окучивать V. окучить
олад|и (*sing* –ья) *fpl* oladi (especie de crep)
олеандр *m* adelfa, baladre
оледенение *m* helamiento, congelelamiento
оленевод *m* criador de ciervos
оленеводство *n* cría de ciervos
оленёнок *m* cervato, cervatillo
олений *adj* de ciervo, cervuno
оленина *f* carne de ciervo
оленуха *f* cierva
олень *m* ciervo
олива *f* 1) *(дерево)* olivo 2) *(плод)* oliva, aceituna
оливка *f* oliva, aceituna
оливковый *adj* de oliva, de aceituna
олигарх *m pol* oligarca
олигархический *adj pol* oligárquico
олигархия *f pol* oligarquía
олимп *m* olimpo, élite
олимпиада *f* olimpiada, olimpíada
олимпиец *m* 1) *mitol (обитатель горы Олимп)* habitante del Olimpo 2) *(участник Олимпийских игр)* participante de los Juegos Olímpicos
олимпийск|ий *adj* 1) *sport* olímpico *Олимпийские игры* Juegos Olímpicos 2) *(невозмутимый)* olímpico, tranquilo
олифа *f* aceite secante
олицетворение *n* personificación, encarnación
олицетворить *perf* олицетворять *impf vt* personificar
олицетворять V. олицетворить
олово *n* estaño
оловянный *adj* de estaño
олух *m insult* imbécil, necio
ольха *f* aliso
ольховник V. ольшаник
ольховый *adj* de aliso
ольшаник *m* alisar
ом *m electr* ohmio, ohm
омар *m* bogavante
омега *f* omega ♦ **альфа и** ~ alfa y omega
омела *f* muérdago
омерзение *n* asco, repugnancia
омерзительный *adj* asqueroso, repugnante
омертвелый *adj* muerto, entumecido
омертвение *n* necrosis
омертветь V. мертветь
омертвить *perf* омертвлять *impf vt* 1) *(сделать нечувствительным)* insensibilizar 2) *(исключить из сферы использования)* inmovilizar
омещаниться *perf* омещаниваться *impf coloq* aburguesarse, volverse pancista
омлет *m* tortilla
омнибус *m hist* ómnibus
омовение *n relig* ablución

омолаживать V. омолодить
омолодить *perf* омолаживать *impf vt* 1) *(сделать более молодым)* rejuvenecer, vigorizar 2) *(ввести молодых в состав чего-либо)* rejuvenecer
омолодиться *perf* омолаживаться *impf* 1) *(стать моложе)* rejuvenecerse, vigorizarse 2) *(стать моложе по составу)* rejuvenecerse
омоложение *n* rejuvenecimiento
омоним *m ling* homónimo
омонимический *adj ling* homónimo
омонимия *f ling* homonimia
омрачать V. омрачить
омрачить *perf* омрачать *impf vt* 1) *(покрыть мраком)* sombrear, oscurecer 2) *(испортить)* apenar, afligir, estropear
омрачиться *perf* омрачаться *impf* apenarse, afligirse, angustiarse
омуль *m* cisco del Ártico
омут *m* remolino
омшаник *m* invernadero para las abejas
омывать *impf vt* 1) V. омыть 2) *(о водном пространстве)* bañar (dicho de un mar o un río)
омываться *impf* ser bañado (por un mar o un río)
омыть *perf* омывать *impf vt elev* lavar
он *pron pers* él *это ~* es él
она *pron pers* ella *это ~* es ella
онанизм *m* onanismo
ондатра *f* rata almizclada
онемение *n* enmudecimiento
онеметь V. неметь
они *pron pers* ellos, ellas
оникс *m* ónix, ónice
онколог *m med* oncólogo
онкологический *adj med* oncológico
онкология *f med* oncología
оно *pron pers* ello
ономастика *f ling* onomástica
ономастический *adj ling* onomástico
онтологический *adj filos* ontológico
онтология *f filos* ontología
онуча *f obsol* venda de paño
оный *pron obsol* aquese, arriba mencionado
опадать V. опасть
опаздывать V. опоздать
опал *m* ópalo
опал|а *f* desgracia *впасть в ~у* caer en desgracia
опалить *perf* опаливать *impf vt* quemar
опальный *adj* caído en desgracia, desgraciado
опаршиветь V. паршиветь
опасаться *impf* **(кого/чего-л)** recelar (de alg o u/c)
опасение *n* recelo, temor
опаска *f coloq* cuidado, precaución
опасливый *adj coloq* cuidadoso, temeroso
опасность *f* peligro
опасный *adj* peligroso, arriesgado
опасть *perf* опадать *impf vi* caer
опахало *n* abanico
опека *f* tutela, protección
опекать *impf vt* ser tutor (de alg), tutorizar
опекун *m* tutor
опекунство *n* tutela
опера *f* ópera
оперативность *f* operatividad
оперативный *adj* 1) operativo 2) *mil* de operaciones, estratégico
оператор *m* operador
операторский *adj* de operador
операционная *f med* sala de operaciones
операционный *adj* de operaciones, operatorio
операция *f* operación
опередить *perf* опережать *impf vt* adelantar
опережать V. опередить
опережение *n* adelantamiento
оперение *n* plumaje
опереточный *adj teat* de opereta
оперетта *f teat* opereta
опереть *perf* опирать *impf vt* apoyar
опереться *perf* опираться *impf* 1) **(на кого/что-л)** apoyarse (en alg o u/c) 2) **(на кого/что-л)** *(взять за основу)* apoyarse (en alg o u/c), basarse (en alg o u/c)
оперировать[1] *impf* прооперировать *perf vt (сделать операцию)* operar, intervenir
оперировать[2] *impf vi* **(чем-л)** *(действовать)* operar (con u/c)
оперить *perf* оперять *impf vt* emplumar
оперный *adj* de ópera
опечалить *perf* опечаливать *impf vt* afligir, apenar
опечалиться *perf* опечаливаться *impf* afligirse, apenarse
опечатать *perf* опечатывать *impf vt* sellar, precintar
опечатка *f* errata, falta
опечатывать V. опечатать
опешить *perf vi* quedarse pasmado
опёнок *m* pleuroto (seta)
опивка *f coloq* restos de una bebida (no acabada)
опий *m* opio
опийный *adj* opiáceo, de opio
опил|ки (*gen* –ок) *fpl* serrín
опирать V. опереть
опираться V. опереться
описание *n* descripción
описательность *f* descriptividad
описательный *adj* descriptivo
описать *perf* описывать *impf vt* 1) describir 2) *(сделать опись)* embargar
описаться *perf* описываться *impf* cometer un error (escribiendo)
описаться V. писаться
описка *f* errata, lapsus calami
описывать V. описать
опись *f* 1) *jur (действие)* secuestro 2) *jur (список учитываемых предметов)* inventario, secuestro
опиум *m* opio
опиумный *adj* de opio
оплакать *perf* оплакивать *impf vt* deplorar, llorar
оплакивать V. оплакать
оплата *f* pago, abono
оплатить *perf* оплачивать *impf vt* pagar *~ счёт* pagar la cuenta
оплачивать V. оплатить
оплевать *perf* оплёвывать *impf vt* 1) *coloq (покрыть плевками)* cubrir de escupitajos 2) *vulg (оскорбить)* ofender, deshonrar
оплести *perf* оплетать *impf vt* envolver con trencilla
оплетать V. оплести
оплеуха *f coloq* bofetón

оплёвывать V. оплевать
оплётка *f* 1) *(действие)* envolvimiento 2) *(плетёное покрытие)* envoltura, revestimiento
оплодотворение *n* fecundación
оплодотворить *perf* оплодотворять *impf vt* fecundar
оплодотворять V. оплодотворить
опломбировать V. пломбировать
оплот *m* baluarte
оплошать *perf vi coloq* meter la pata, equivocarse
оплошность *f* equivocación, falta
оплыть *perf* оплывать *impf vi* 1) *(ожиреть)* engordar, hincharse 2) *(о свече)* derretirse 3) *(обрушиться от оползня)* derrubiarse
оповестить *perf* оповещать *impf vt* informar, avisar
оповещать V. оповестить
оповещение *n* información, aviso
опоздание *n* retraso, tardanza
опоздать *perf* опаздывать *impf vi* llegar tarde, tardar ~ *на двадцать минут* llegar veinte minutos tarde
опознаваемый *adj* reconocible
опознавание V. опознание
опознавательный *adj* de identificación ~ *знак* distintivo
опознавать V. опознать
опознание *n* reconocimiento, identificación
опознать *perf* опознавать *impf vt* identificar, reconocer
опозорить V. позорить
опозориться V. позориться
оползень *m geol* corrimiento de tierra, derrubio
оползневый *adj* de derrubio
ополоскать V. ополоснуть
ополоснуть *perf* ополаскивать *impf vt* enjuagar, aclarar, lavar
ополчаться V. ополчиться
ополченец *m* miliciano, voluntario
ополчение *n* milicia
ополчиться *perf* ополчаться *impf* (**на кого/что-л**) ir (contra alg o u/c), levantarse (contra alg o u/c)
опомниться *perf* опоминаться *impf* 1) *(очнуться)* recobrarse, volver en sí 2) *(одуматься)* volver a reflexionar
опор|а *f* apoyo, soporte *точка ~ы* punto de apoyo
опорный *adj* de apoyo, de sostén
опорожнить *perf* опорожнять *impf vt* vaciar
опорожнять V. опорожнить
опорос *m* paridera (de la cerda)
опороситься *perf* parir (dicho de la certa)
опорочивать V. опорочить
опорочить *perf* опорочивать *impf vt* difamar, deshonrar
опосредованный *adj* mediato, indirecto
опоссум *m* zarigüeya
опостылеть *perf vi coloq* fastidiar, aburrir
опохмелиться *perf* опохмеляться *impf coloq* quitarse la resaca
опочивальня *f obsol* alcoba
опошлеть V. пошлеть
опошлить *perf* опошлять *impf vt* vulgarizar, banalizar
опоясать *perf* опоясывать *impf vt* 1) *(надеть пояс)* ceñir 2) *(окружить собой)* rodear, circundar
опоясывать V. опоясать
оппозиционер *m pol* oposicionista
оппозиционный *adj pol* oposicionista, de oposición
оппозиция *f* 1) oposición 2) *pol* oposición
оппонент *m* 1) *elev* oponente 2) *acad* miembro del tribunal de tesis doctoral
оппонировать *impf vi* 1) *elev* actuar como oponente 2) *acad* actuar como miembro de un tribunal de tesis doctoral
оппортунизм *m* oportunismo
оппортунист, -ка *m/f* oportunista
оппортунистический *adj* oportunista
оправа *f* montura (de unas gafas)
оправдание *n* 1) justificación, excusa 2) *(подсудимого)* absolución
оправданность *f* justificación
оправданный *adj* justificado
оправдательный *adj* absolutorio
оправдать *perf* оправдывать *impf vt* 1) excusar, justificar 2) *jur (подсудимого)* absolver
оправдаться *perf* оправдываться *impf* 1) *(доказать свою правоту)* justificarse, excusarse 2) *(оказаться обоснованным)* cumplirse 3) *(окупиться)* compensarse
оправдывать V. оправдать
оправдываться V. оправдаться
оправить *perf* оправлять *impf vt* 1) *(привести в надлежащий вид)* arreglar, ajustar 2) *(вставить в оправу)* montar
оправиться *perf* оправляться *impf* 1) *(выздороветь)* sanar, reponerse 2) *(привести себя в надлежащий вид)* arreglarse 3) *(прийти в себя)* volver en sí, dominarse
оправляться V. оправиться
опрастываться V. опростаться
опрашивать V. опросить
определение *n* 1) definición, determinación 2) *(устраивание)* asignación
определённость *f* certeza
определённый *adj* 1) *(твёрдо установленный)* determinado, fijado 2) *(ясный)* preciso, claro 3) *(некоторый, известный)* cierto 4) *coloq (несомненный)* indudable
определитель *m* 1) indicador 2) *mat* determinante
определить *perf* определять *impf vt* 1) *(выяснить)* determinar, establecer, calcular 2) *(словами описать сущность)* definir 3) *(назначить)* definir, determinar 4) *(устроить)* asignar
определиться *perf* определяться *impf* 1) *(стать ясным)* ser determinado, determinarse 2) *(определить свою позицию)* posicionarse, decidirse 3) *vulg (устроиться куда-либо)* colocarse 4) *(сформироваться)* formarse, conformarse
определять V. определить
определяться V. определиться
опреснение *n* desalinización, desalación
оприходовать *perf vt econ* inscribir como ingreso
опричник *m hist* opríchnik
опричнина *f hist* opríchnina

опричный *adj hist* de la opríchnina
опробование *n* prueba
опробовать *biasp vt* probar ~ *новый прибор* probar el aparato nuevo
опровергать V. опровергнуть
опровергнуть *perf* опровергать *impf vt* refutar, desmentir
опровержение *n* refutación
опровержимый *adj* rebatible
опрокидывать V. опрокинуть
опрокидываться V. опрокинуться
опрокинуть *perf* опрокидывать *impf vt* 1) *(повалить)* tumbar, derribar, volcar 2) *(заставить отступить)* poner en fuga, vencer 3) *(опровергнуть)* refutar
опрокинуться *perf* опрокидываться *impf* tumbarse, volcar
опрометчивость *f* precipitación, inconsideración
опрометчивый *adj* precipitado, inconsiderado
опрометью *adv* a toda prisa *побежать* ~ echarse a correr a toda prisa
опрос *m* encuesta, interrogatorio
опросить *perf* опрашивать *impf vt* interrogar, encuestar
опросный *adj* de cuestionario, de encuesta
опроститься *perf* опрощаться *impf* simplificarse, darse a costumbres simples
опростоволоситься *perf coloq* equivocarse, meter la pata
опротестовать *perf* опротестовывать *impf vt* protestar
опротиветь *perf vi* disgustar, fastidiar, dar asco
опрыскать *perf* опрыскивать *impf vt* rociar, salpicar
опрыскивание *n* rociada
опрыскивать V. опрыскать
опрятный *adj* aseado, limpio
опт *m com* compraventa al por mayor
оптик *m* óptico
оптика *f* óptica
оптимальность *f* carácter óptimo
оптимальный *adj* óptimo
оптимизация *f* optimización
оптимизировать *biasp vt* optimizar
оптимизм *m* optimismo
оптимист, -ка *m/f* optimista
оптимистический *adj* optimista
оптимистичный *adj* optimista
оптический *adj* óptico
оптовик *m econ* mayorista
оптовый *adj com* al por mayor
оптом *adv com* al por mayor
опубликование *n* publicación
опубликовать *perf* опубликовывать *impf vt* publicar
опубликовывать V. опубликовать
опупеть *perf vi vulg* atontarse, alelarse
опус *m* 1) *mús (музыкальное произведение)* opus 2) *irón (литературное произведение)* obra, opus
опускание *n* bajada
опускать V. опустить
опускаться V. опуститься
опустеть *perf vi* 1) *(стать пустым)* quedar vacío 2) *(стать безлюдным)* quedarse desierto
опустить *perf* опускать *impf vt* 1) *(направить вниз)* bajar, dejar caer 2) *(нагнуть)* inclinar 3) *(пропустить)* omitir 4) *(положить на что-либо)* poner, depositar 5) *(поместить внутрь)* echar, meter
опуститься *perf* опускаться *impf* 1) bajarse, bajar, inclinarse 2) *(морально)* degradarse
опустошать V. опустошить
опустошение *n* desolación, devastación
опустошённость *f* desolación
опустошённый *adj* desolado
опустошительный *adj* devastador, destructor
опустошить *perf* опустошать *impf vt* devastar, desolar
опутать *perf* опутывать *impf vt* 1) *(обмотать)* enredar, embrollar 2) *vulg (сбив с толку, обмануть)* engañar, confundir
опутывать V. опутать
опухать V. опухнуть
опухлый *adj* hinchado
опухнуть *perf* опухать *impf vi* hincharse, inflamarse
опухолевый *adj* tumefacto, de tumor
опухоль *f* hinchazón, tumor
опухший *adj* hinchado, inflamado
опушить *perf* опушать *impf vt* 1) *(обшить мехом)* guarnecer 2) *(запорошить снегом)* cubrir de nieve 3) *(покрыть пушком)* cubrir de pelo
опушка[1] *f (меховая обшивка)* guarnición de piel
опушка[2] *f (край леса)* lindero del bosque
опущение *n* 1) descenso 2) *(пропуск)* omisión
опыление *n bot* polinización
опылить *perf* опылять *impf vt* 1) *bot* polinizar 2) *agric* pulverizar
опылять V. опылить
опыт *m* 1) experiencia, práctica 2) *(испытание)* experimento, prueba
опытность *f* experiencia
опытный *adj* 1) experimentado, veterano 2) *(экспериментальный)* experimental
опьянение *n* borrachera, embriaguez
опьянеть V. пьянеть
опьянить V. пьянить
опьянять *impf vt* emborrachar, embriagar
опять *adv* otra vez, de nuevo
ор *m vulg* gritería
орава *f vulg* banda
оракул *m* oráculo
орало *n obsol* arado
орангутанг *m* orangután
оранжевый *adj* naranja, anaranjado
оранжерейный *adj* de invernadero
оранжерея *f* invernadero
оратай *m obsol* arador
оратор *m* orador
оратория *f mús* oratorio
ораторский *adj* oratorio, de orador
орать *impf vt coloq* gritar, vociferar
орбита *f* órbita
орбитальный *adj* de órbita
оргазм *m* orgasmo
орган *m* 1) *anat* órgano 2) *(организация)* órgano, entidad 3) *(печатное издание)* órgano
орган *m mús* órgano
организатор *m* organizador
организаторский *adj* organizador
организационный *adj* de organización, organizativo

организация *f* 1) organización, entidad, organismo 2) *(организованность)* organización

организм *m* organismo

организованность *f* carácter organizado

организованный *adj* 1) organizado 2) *(дисциплинированный)* disciplinado

организовать *biasp vt* organizar

организоваться *biasp* organizarse

органика *f quím* compuesto orgánico

органист, -ка *m/f* organista

органический *adj* orgánico

органичность *f* organicidad

органичный *adj* orgánico

органный *adj mús* de órgano

органолептический *adj* organoléptico

оргия *f* orgía

оргтехника *f* ofimática

орда *f hist* horda

орден *m* 1) orden, condecoración *наградить ~ом* condecorar 2) *(рыцарский)* orden

орденоносец *m* condecorado

орденский *adj* de orden, de condecoración

ордер *m* orden, mandato

ордерный *adj* de orden

ординар *m* nivel de referencia

ординарный *adj* ordinario

ординатура *f* 1) *(должность ординатора)* puesto del médico interno 2) *(обучение)* estudios de postgrado (para médicos internos)

ордынский *adj hist* de (la) horda

ореол *m* aureola

орех *m* 1) nuez, fruto seco *кедровый ~* piñón; *лесной ~* avellana 2) *(дерево)* noguera

ореховый *adj* 1) *(относящийся к плодам)* de nuez 2) *(относящийся к дереву)* de nogal

орешек V. орех

орешник *m* avellano

орёл *m* águila ◆ ~ **или решка** cara o cruz

оригинал *m* original

оригинальничать *impf* соригинальничать *perf vi coloq* ser original, hacer originalidades

оригинально *adv* originalmente, con originalidad

оригинальность *f* originalidad

оригинальный *adj* original

ориентальный *adj* oriental

ориентация *f* orientación

ориентир *m* punto de referencia

ориентирование *n* orientación

ориентированность *f* orientación

ориентированный *adj* orientado

ориентировать *impf* сориентировать *perf vt* orientar

ориентироваться *impf* сориентироваться *perf* orientarse

ориентировка *f* orientación

ориентировочно *adv* aproximadamente

ориентировочный *adj* aproximado

оркестр *m* orquesta

оркестрант *m mús* músico de una orquesta

оркестровать *biasp vt* orquestar

оркестровка *f mús* orquestación

оркестровый *adj mús* orquestal

орлан *m* pigargo, águila pescadora

орлёнок *m* aguilucho

орлиный *adj* aguileño, de águila

орлица *f* águila (hembra)

орнамент *m* ornamento

орнаментальный *adj* ornamental

орнаментировать *biasp vt* ornamentar

орнитолог *m* ornitólogo

орнитологический *adj* ornitológico

орнитология *f* ornitología

оробелый *adj* tímido

оробеть V. робеть

ороговеть V. роговеть

оросительный *adj* de irrigación

оросить *perf* орошать *impf perf* 1) rociar 2) *(почву)* irrigar

орошать V. оросить

орошение *n* riego, irrigación

ортодокс *m* ortodoxo

ортодоксальность *f* ortodoxia

ортодоксальный *adj* ortodoxo

ортодонт *m* ortodoncista

ортопед *m* ortopedista

ортопедический *adj* ortopédico

ортопедия *f* ortopedia

орудие *n* 1) instrumento, utensilio ~ *труда* instrumento de trabajo 2) *(средство)* instrumento, arma 3) *mil* cañón

орудийный *adj mil* de cañón, de artillería

орудовать *impf vi* 1) **(чем-л)** *coloq (действовать при помощи чего-нибудь)* manejar ~ *молотком* manejar el martillo 2) *coloq (действовать)* actuar, obrar

оружейник *m* armero

оружейный *adj* de armas

оруженосец *m hist* escudero

оружие *n* arma, armamento *огнестрельное ~* arma de fuego; *холодное ~* arma blanca

орфографический *adj* ortográfico

орфография *f* ortografía

орфоэпический *adj ling* ortoépico

орфоэпия *f ling* ortoepía

орхидея *f* orquídea

оса *f* avispa

осада *f* asedio, sitio, cerco

осадить[1] *perf* осаждать *impf vt* 1) *(подвергнуть осаде)* asediar 2) *(просьбами)* asediar, agobiar

осадить[2] *perf* осаждать/осаживать *impf vt (заставить опуститься)* bajar

осадить[3] *perf* осаживать *impf vt (остановить)* parar

осадка *f* 1) *(постепенное оседание)* descenso 2) *nav* calado

осадк|и (*gen* –ов) *mpl meteo* precipitaciones

осадный *adj* de sitio, de asedio

осадок *m* poso, residuo

осадочный *adj* 1) *geol quím* sedimentario 2) *meteo* de precipitaciones

осаждать V. осадить 1, 2

осаждаться *impf* 1) *quím* sedimentar 2) *meteo* caer

осаждение *n geol quím* sedimentación

осаживать V. осадить 2, 3

осанка *f* presencia, figura

осанна *f relig* hosanna

осваивать V. освоить

осваиваться V. освоиться

осведомитель *m* informante

осведомительный *adj* de información

осведомить *perf* осведомлять *impf vt* **(о чём-л)** informar (de o sobre u/c)

осведомиться *perf* осведомляться *impf* **(о чём-л)** informarse (de o sobre u/c), enterarse (de u/c)
осведомлённость *f* conocimiento, competencia
осведомлённый *adj* enterado, informado, competente
осведомляться V. осведомиться
освежать V. освежить
освежающий *adj* refrescante
освежевать *perf vt* despellejar
освежить *perf* освежать *impf vt* 1) refrescar 2) *(ободрить)* animar 3) *(восстановить в памяти)* refrescar, reavivar
освежиться *perf* освежаться *impf* refrescarse
осветитель *m teat* alumbrante
осветительный *adj* de iluminación
осветить *perf* освещать *impf vt* 1) iluminar, alumbrar 2) *(изложить)* interpretar, ilustrar
осветиться *perf* освещаться *impf* iluminarse
освещать V. осветить
освещаться V. осветиться
освещение *n* 1) iluminación, alumbramiento 2) *(изложение)* ilustración, interpretación
освещённость *f* iluminación
освидетельствование *n* examen, inspección
освидетельствовать *perf vt* examinar
освистать *perf* освистывать *impf vt coloq* silbar, abuchear
освободитель *m* liberador
освободительный *adj* liberador, de liberación
освободить *perf* освобождать *impf vt* 1) liberar, poner en libertad 2) *(свою землю)* reconquistar 3) **(от чего-л)** *(избавить)* eximir (de u/c), dispensar (de u/c) 4) *(помещение, место)* vaciar, evacuar 5) *(время)* dejar libre
освободиться *perf* освобождаться *impf* 1) **(от чего-л)** *(стать свободным)* liberarse (de u/c) 2) **(от кого/ чего-л)** *(снять с себя что-то тяжёлое)* liberarse (de alg o u/c) 3) *(стать незанятым)* estar libre, desocuparse
освобождать V. освободить
освобождаться V. освободиться
освобождение *n* 1) liberación, excarcelación 2) *(своей земли)* reconquista
освоение *n* 1) *(изучение)* dominio, aprendizaje 2) *(обживание)* colonización
освоить *perf* осваивать *impf vt* 1) asimilar, aprender, dominar 2) *(заселить)* colonizar
освоиться *perf* осваиваться *impf* **(с чем-л)** acostumbrarse (a u/c), adaptarse (a u/c)
освятить *perf* освящать *impf vt* santificar, consagrar
освящать V. освятить
освящение *n* santificación, consagración
осевой *adj* axial
оседание *n* asentamiento, hundimiento
оседать V. осесть
оседлать *perf* осёдлывать *impf vt* 1) ensillar 2) *coloq (сесть верхом)* montar 3) *coloq (подчинить)* dominar 4) *mil* ocupar, tomar
оседлость *f* vida sedentaria
оседлый *adj* sedentario
оселок *m* 1) *(точильный камень)* piedra de afilar 2) *(камень для испытания драгоценных металлов)* piedra de toque
осеменение *n* fecundación
осеменить *perf* осеменять *impf vt* fecundar
осенить *perf* осенять *impf vt* 1) *poét (покрыть тенью)* sombrear 2) *(о мысли - внезапно прийти)* venir a la cabeza, ocurrirse ◆ ~ **себя крестом** persignarse
осенний *adj* otoñal, de otoño ~ *дождь* lluvia de otoño
осень *f* otoño
осенью *adv* en otoño
осенять V. осенить
осердиться *perf vulg* enfadarse, enojarse
осерчать V. серчать
осесть *perf* оседать *impf vi* 1) *(углубиться в землю)* descender 2) *(поселиться)* establecerse, instalarse
осетинский *adj* osetio
осетин, -ка *m/f* oseti|o, -a
осетрина *f* carne de esturión
осетровый *adj* de esturión
осечка *f* fallo (de un arma de fuego)
осечься *perf* осекаться *impf* 1) *(прервать речь)* cortarse 2) *coloq (потерпеть неудачу)* fallar
осёл *m* burro, asno
осётр *m* esturión, marión
осилить *perf* осиливать *impf vt* 1) *coloq (побороть)* vencer, superar 2) *coloq (преодолеть трудности при изучении)* dominar, aprender
осина *f* álamo temblón, pobo
осинник *m* pobeda
осиновый *adj* de álamo temblón, de pobo
осиный *adj* de avispa(s)
осиротеть *perf vi* quedarse huérfano
оскал *m* rictus, expresión
оскалить *perf* оскаливать *impf vt* : ~ зубы enseñar los dientes
оскалиться *perf* оскаливаться *impf* enseñar los dientes
осквернение *n* profanación
осквернитель *m* profanador
осквернить *perf* осквернять *impf vt* profanar
осквернять V. осквернить
осколок *m* trozo, pedazo
осколочный *adj mil* de fragmentación
оскомин|а *f* dentera *набить ~у* dar dentera, fastidiar
оскопить *perf* оскоплять *impf vt* castrar
оскорбительный *adj* ofensivo, ultrajante
оскорбить *perf* оскорблять *impf vt* ofender, insultar, injuriar, ultrajar
оскорбиться *perf* оскорбляться *impf* ofenderse
оскорбление *n* ofensa, insulto, injuria, ultraje *нанести* ~ ofender
оскорблять V. оскорбить
оскорбляться V. оскорбиться
оскудевать V. оскудеть
оскудение *n* empobrecimiento
оскудеть *perf* оскудевать *impf vi* empobrecer
ослабевать V. ослабеть
ослабеть *perf* ослабевать *impf vi* debilitarse, flaquear
ослабить *perf* ослаблять *impf vt* 1) debilitar, aflojar 2) *(уменьшить силу)* disminuir, aminorar
ослабление *n* 1) debilitamiento 2) *(уменьшение)* disminución

ослаблять V. ослабить
ослабнуть *perf vt* debilitarse, aflojarse
ослепительный *adj* deslumbrante, cegador
ослепить *perf* ослеплять *impf vt* 1) *(сделать незрячим)* cegar 2) *(поразить)* deslumbrar
ослепление *n* ceguera, ofuscación
ослеплять V. ослепить
ослепнуть V. слепнуть
ослёнок *m dimin* burrito
ослик *m dimin-afect* burrito
ослиный *adj* de burro, de asno
ослица *f* asna, burra
осложнение *n* complicación
осложнить *perf* осложнять *impf vt* complicar ~ *положение* complicar la situación
осложниться *perf* осложняться *impf* complicarse
осложнять V. осложнить
осложняться V. осложниться
ослушаться *perf* ослушиваться *impf* desobedecer, insubordinarse
ослушник *m obsol* desobediente
ослышаться *perf* trasoír, oír mal
осматривать V. осмотреть
осматриваться V. осмотреться
осмеивать V. осмеять
осмелеть V. смелеть
осмеливаться V. осмелиться
осмелиться *perf* осмеливаться *impf* atreverse, osar
осмеяние *n* ridículo, mofa
осмеять *perf* осмеивать *impf vt* ridiculizar, poner en solfa
осмотр *m* revisión, examen, visita
осмотреть *perf* осматривать *impf vt* mirar atentamente, examinar
осмотреться *perf* осматриваться *impf* 1) mirar alrededor 2) *(привыкнуть)* habituarse
осмотрительность *f* precaución
осмотрительный *adj* precavido, cauteloso
осмысление *n* comprensión, interpretación
осмысленность *f* comprensión
осмысленный *adj* sensato, medido, razonable, comprensivo
осмысливать V. осмыслить
осмыслить *perf* осмысливать *impf vt* comprender, entender
осмыслять V. осмыслить
оснастить *perf* оснащать *impf vt* equipar
оснастка *f nav* jarcias, aparejo
оснащать V. оснастить
оснащение *n* equipo, equipamiento
оснащённость *f* pertrechamiento
основ|а **1.** *f* fundamento, base *принять за ~у* tomar como base **2. -ы** *fpl* fundamentos, nociones
основание *n* 1) fundación 2) *(фундамент)* fundamento, base
основатель *m* fundador, creador
основательно *adv* a fondo, bien
основательность *f* 1) *(обоснованность)* sensatez 2) *(прочность)* solidez 3) *(солидность)* respetabilidad, dignidad
основательный *adj* 1) *(разумный)* razonable, justo 2) *(крепкий)* sólido, robusto 3) *(о человеке - солидный)* respetable, decente
основать *perf* основывать *impf vt* 1) fundar 2) *(обосновать)* basar, fundamentar
основаться *perf* основываться *impf* fundarse, basarse
основной *adj* básico, esencial
основополагающий *adj elev* fundamental, básico
основоположник *m* fundador
основывать V. основать
основываться *impf* (**на чём-л**) basarse (en u/c)
особа *f* persona, individuo
особенно *adv* en particular, sobre todo
особенность *f* particularidad, singularidad
особенный *adj* singular, particular
особняк *m* mansión
особняком *adv* aparte, aisladamente
особнячок *m dimin* mansión pequeña
особый *adj* 1) particular, singular 2) *(специальный)* especial
особь *f* ser, criatura, individuo
осовременить *perf* осовременивать *impf vt* modernizar
осознавать V. осознать
осознание *n* toma de conciencia
осознанность *f* conciencia, comprensión
осознанный *adj* consciente, sensato
осознать *perf* осознавать *impf vt* tomar conciencia (de u/c), darse cuenta (de u/c)
осока *f bot* carex
оспа *f* viruela *ветряная ~* varicela
оспаривать V. оспорить
оспоримый *adj* rebatible, discutible
оспорить *perf* оспаривать *impf vt* disputar, impugnar, rebatir
осрамить V. срамить
осрамиться V. срамиться
оставаться V. остаться
оставить *perf* оставлять *impf vt* 1) dejar 2) *(бросить)* abandonar 3) *(сохранить)* conservar ◆ **камня на камне не** ~ no dejar piedra sobre piedra
оставлять V. оставить
остальной *adj* demás, restante
останавливать V. остановить
останавливаться V. остановиться
останк|и (*gen* –ов) *mpl* restos
остановить *perf* останавливать *impf vt* detener, parar ~ *автомобиль* parar el coche
остановиться *impf* останавливаться *impf* 1) detenerse, pararse 2) *(поселиться на время)* alojarse, hospedarse
остановка *f* 1) *(прекращение действия)* detención, parada 2) *(транспортного средства)* parada *автобусная ~* parada de autobús
остановочный *adj* de parada
остаток *m* 1) resto, residuo 2) *com* saldo
остаточный *adj* restante, residual
остаться *perf* оставаться *impf* quedarse ~ *дома* quedarse en casa
остекленеть V. стекленеть
остекление *n* acristalamiento, instalación de cristales
остеклить *perf* остеклять *impf vt* acristalar
остепенить *perf* остепенять *impf vt* 1) *(сделать степенным)* hacer serio, hacer prudente 2) *hum (присудить учёную степень)* otorgar un grado

остепениться *perf* остепеняться *impf* 1) *(стать степенным)* hacerse serio, madurar 2) *hum (получить учёную степень)* obtener un grado
остервенелый *adj* encarnizado, furioso
остервенение *n* encarnizamiento, ferocidad
остервенеть V. стервенеть
остерегать V. остеречь
остерегаться V. остеречься
остеречься *perf* остерегаться *impf* **(кого/чего-л)** cuidarse (de alg o u/c), tener cuidado (con alg o u/c)
остистый *adj* aristoso
остов *m* 1) *(каркас)* armazón, armadura 2) *obsol (скелет)* esqueleto
остойчивость *f nav* estabilidad transversal
остолбенеть *perf vi* quedarse pasmado, pasmarse
осторожничать *impf* поосторожничать *perf vi* actuar con prudencia
осторожно *adv* con precaución, cautelosamente *~!* ¡cuidado!
осторожность *f* precaución, cautela
осторожный *adj* precavido, cauteloso
осточертеть *perf* осточертевать *impf vi vulg* hartar, tener harto
остракизм *m elev* ostracismo
острастка *f coloq* amenaza, escarmiento
остриё *n* 1) punta, filo *~ шпаги* el filo de la espada 2) *(суть чего-либо)* filo, intríngulis
острить[1] *impf* заострить *impf vt (делать острым)* afilar, aguzar
острить[2] *impf* сострить *impf vi (говорить остроты)* gracejar, decir ingeniosidades
остричь *perf* остригать *impf vt* 1) *(обрезать)* cortar 2) *(волосы, шерсть)* pelar, esquilar
остро *adv* con agudeza
остров *m* isla
островерхий *adj* puntiagudo, picudo
островитян|ин, -ка *m* isleñ|o, -a
островной *adj* isleño, insular
островок *m* islote
острог *m obsol* cárcel, prisión, presidio
острога *f* arpón
остроконечный *adj* puntiagudo, picudo
остроносый *adj* de nariz afilada
острослов *m* dicharachero, burlón, bromista
острословие *n* gracejo, donaire
острословить *impf vi* gracejar, decir ingeniosidades
острота *f* 1) agudeza 2) *(пряность)* aspereza
остроугольный *adj* de ángulos rectos
остроумец *m obsol* dicharachero, bromista, burlón
остроумие *n* donaire, ingeniosidad
остроумный *adj* ingenioso, chistoso, gracioso
острый *adj* 1) agudo, punzante *~ нож* cuchillo afilado 2) *(изощрённый)* agudo 3) *(остроумный)* ingenioso, gracioso 4) *(о пище)* picante 5) *(о болезни)* grave 6) *(резкий, сильный)* fuerte, agudo
остря|к, -чка *m/f coloq* dicharacher|o, -a, bromista
остудить *perf* остужать *impf vt* enfriar
остужать V. остудить
оступиться *perf* оступаться *impf* tropezar, trastabillar
остывать V. остыть
остыть *perf* остывать *impf vi* enfriarse, resfriarse
ость *f* 1) *(у злаков)* arista 2) *(длинный волос у животных)* pelo
осудить *perf* осуждать *impf vt* 1) condenar *~ на три года* condenar a tres años 2) *(выразить неодобрение)* reprobar
осуждать V. осудить
осуждение *n* 1) condena 2) *(порицание)* reprobación
осуждённый *adj* condenado
осунуться *perf* acecinarse, sumirse
осушать V. осушить
осушение *n* desecación, secamiento
осушить *perf* осушать *impf vt* 1) secar, desecar 2) *coloq (выпить до дна)* vaciar
осуществимость *f* viabilidad, posibilidad de realizar
осуществимый *adj* realizable, viable
осуществить *perf* осуществлять *impf vt* realizar *~ мечту* realizar un sueño
осуществиться *perf* осуществляться *impf* realizarse, cumplirse
осуществление *n* realización
осуществлять V. осуществить
осуществляться V. осуществиться
осчастливить *perf* осчастливливать *impf vt* hacer feliz
осыпание *n* cubrimiento
осыпать *perf* осыпать *impf vt* cubrir, colmar *~ мукой* llenar de harina
осыпать V. осыпать
осыпаться *perf* осыпаться *impf* desmoronarse, caer
осыпаться V. осыпаться
осыпь *f geol* talud
ось *f* eje
осьминог *m* pulpo
осязаемый *adj* tangible, palpable
осязание *n* tacto
осязательный *adj* evidente, palpable
осязать *impf vt* 1) *(воспринимать органами осязания)* palpar 2) *(замечать)* sentir, percibir
от *prep* 1) **(кого/чего-л)** *(обозначает исходную точку передвижения)* de (alg o u/c), desde (alg o u/c) *отойти ~ стола* apartarse de la mesa; *получить подарок ~ друга* recibir un paquete de un amigo 2) **(кого/чего-л)** *(обозначает предмет, ~ которого что-либо удаляется)* de (alg o u/c) *уйти ~ семьи* marcharse de la familia 3) **(кого/чего-л)** *(обозначает момент времени)* desde (alg o u/c), de (alg o u/c) *слепой ~ рождения* ciego de nacmiento 4) **(кого/чего-л)** *(обозначает причину)* por (alg o u/c), de *умереть ~ горя* morir de pena 5) **(кого/чего-л)** *(обозначает характеристику предмета)* de (alg o u/c) *скорлупа ~ орехов* cáscara de nueces
отапливать V. отопить
отапливаться *impf* calentarse
отара *f* manada de ovejas
отбарабанить *perf* отбарабанивать *impf vt* 1) *(прекратить барабанить)* terminar de tamborilear 2) *vulg (быстро сказать что-либо)* soltar de una vez
отбеливание *n* blanqueo, decoloración

отбеливатель *m tecn* blanqueador
отбеливать V. отбелить
отбелить *perf* отбеливать *impf vt* blanquear
отбивать V. отбить
отбиваться V. отбиться
отбивка *f* batimiento
отбивной *adj* picado, ablandado (dicho de la carne)
отбирать V. отобрать
отбить *perf* отбивать *impf vt* 1) *(отразить встречным ударом)* rechazar, parar 2) *(вернуть силой)* devolver, invadir, arrebatar 3) *coloq (привлечь к себе, отняв)* quitar 4) *(отколоть)* romper 5) *(заглушить, уничтожить)* quitar, hacer desaparecer 6) *(размягчить ударами)* ablandar 7) *(выпрямить лезвие ударами)* batir
отбиться *perf* отбиваться *impf* 1) **(от кого-л)** *(защититься)* defenderse (de alg), rechazar 2) *(отколоться)* romperse 3) *(отстать)* atrasarse, separarse 4) *coloq (перестать делать то, что нужно)* indisciplinarse, insubordinarse
отблагодарить *perf vt* agradecer
отблеск *m* destello, resplandor, brillo
отбой *m mil* retreta
отбойный *adj* : ~ молоток martillo mecánico
отбор *m* selección
отборный *adj* selecto, escogido
отборочный *adj* eliminatorio
отбрасывание *n* rechazo, arrojamiento
отбрасывать V. отбросить
отбросить *perf* отбрасывать *impf vt* 1) *(бросить в сторону)* echar, arrojar, tirar 2) *(атакуя, заставить отступить)* atacar, rechazar 3) *(отвергнуть)* renunciar (a alg o u/c), abandonar
отброс|ы (*gen* –ов) *mpl* desechos, desperdicios, basura
отбрыкиваться *impf* 1) *(отбиваться ногами)* cocear, patear 2) *coloq (настойчиво отказываться)* rechazar, rehusar
отбывание *n* cumplimiento
отбывать V. отбыть
отбытие *n* salida, partida, marcha
отбыть *perf* отбывать *impf vt* 1) *(уехать)* partir, marchar 2) *(пробыть определенный срок где-либо)* cumplir ~ *срок* cumplir una pena
отвага *f* valentía, coraje, denuedo
отвадить *perf* отваживать *impf vt vulg* desacostumbrar
отваживаться V. отважиться
отважиться *perf* отваживаться *impf* **(делать что-л)** atreverse (a u/c), osar (a u/c)
отважный *adj* valiente, atrevido
отвал *m* 1) vertedera 2) *(куча земли)* montón, pila ◆ **наесться до ~а** atracarse
отваливать V. отвалить
отваливаться V. отвалиться
отвалить *perf* отваливать *impf vt/i* 1) *(опрокинуть в сторону)* desprender, retirar 2) *vulg (дать расщедрившись)* dar generosamente 3) *coloq (оставить в покое)* dejar en paz
отвалиться *perf* отваливаться *impf* caer, desprenderse
отвальная *f coloq* fiesta antes de partir, despedida
отвальный *adj* de desprendimiento
отвар *f* cocción
отварить *perf* отваривать *impf vt* cocer
отварной *adj* cocido
отведать *perf* отведывать *impf vt* 1) gustar, probar, saborear 2) *(испытать)* experimentar, probar
отведение *n* derivación
отвезти *perf* отвозить *impf vt* llevar, trasladar
отвергать V. отвергнуть
отвергнуть *perf* отвергать *impf vt* rechazar, renegar (de alg o u/c), repudiar
отвердение *n* endurecimiento
отвердеть *perf* отвердевать *impf* endurecerse
отвержение *n* rechazo, repudio
отверженность *f* estado de rechazo
отверженный *adj* rechazado
отвернуть *perf* отворачивать *impf vt* 1) *(отвинтить)* destornillar 2) *(лицо)* volver
отвернуться *perf* отворачиваться *impf* volverse, dar la espalda
отверстие *n* abertura, orificio
отвертеться *perf* отвёртываться *impf* 1) *coloq (отвинтиться)* destornillarse 2) **(от кого/чего-л)** *coloq (уклониться)* escaparse (de alg o u/c), abstenerse (de u/c)
отвес *m* 1) *(небольшой вес на шнурке)* plomada 2) *(вертикальный склон)* pendiente vertical
отвесить *perf* отвешивать *impf vt* 1) *(взвесить)* pesar 2) *vulg (удар)* dar (un golpe)
отвесный *adj* vertical, escarpado
отвести *perf* отводить *impf vt* 1) llevar, trasladar *отвести домой* llevar a casa 2) *(отклонить)* desviar 3) *(отвергнуть)* rechazar ◆ **~ роль** dar un papel
ответ *m* respuesta, contestación, réplica *дать ~* contestar
ответвление *n* 1) *(отросток)* rama 2) *(отходящая в сторону часть дороги, реки)* derivación, ramal 3) *(обособившаяся часть чего-либо)* derivación
ответить *perf* отвечать *impf vt/i* 1) contestar, responder ~ *на вопрос* contestar a la pregunta 2) **(за что-л)** *(поплатиться)* responder (por u/c), ser responsable (de u/c)
ответный *adj* de respuesta
ответственность *f* 1) responsabilidad *взять на себя ~* asumir la responsabilidad 2) *(важность)* importancia
ответственный *adj* 1) responsable 2) *(важный)* importante
ответствовать *biasp vi elev* contestar
ответчик *m jur* demandado
ответчица *f jur* demandada
отвечать V. ответить
отвешивать V. отвесить
отвёртка *f* destornillador
отвёрточный *adj* de destornillador
отвинтить *perf* отвинчивать *impf vt* destornillar
отвисать V. отвиснуть
отвиснуть *perf* отвисать *impf vi* colgar, pender
отвлекать V. отвлечь
отвлекаться V. отвлечься
отвлечение *n* distracción
отвлечённость *f* abstracción, carácter abstracto
отвлечённый *adj* abstracto

отвлечь *perf* отвлекать *impf vt* 1) distraer, desviar ~ *внимание* distraer la atención 2) *elev (представить в абстрагированном виде)* abstraer

отвлечься *perf* отвлекаться *impf* 1) distraerse, abstraerse 2) *elev (представиться в абстрагированном виде)* abstraerse

отвод *m* 1) *mil* retirada 2) *jur* recusación ◆ **для ~а глаз** para distraer la atención

отводить V. отвести

отводок *m agric* acodo

отвоевать *perf* отвоёвывать *impf vt* 1) reconquistar 2) *(закончить воевать)* terminar la guerra 3) *(добиться)* conquistar, alcanzar

отвоёвывать V. отвоевать

отвозить V. отвезти

отворачивать V. отвернуть

отворачиваться V. отвернуться

отворить *perf* отворять *impf vt* abrir ~ *дверь* abrir la puerta

отворять V. отворить

отвратительный *adj* asqueroso, repugnante, detestable

отвратить *perf* отвращать *impf vt* 1) *elev (помешать чему-либо плохому)* desviar, prevenir ~ *несчастье* prevenir la desgracia 2) *obsol (не дать сделать что-либо плохое)* impedir, reprimir

отвращать V. отвратить

отвращение *n* repugnancia, asco

отвыкать V. отвыкнуть

отвыкнуть *perf* отвыкать *impf vi* **(от кого/чего-л)** desacostumbrarse (de alg o u/c)

отвязать *perf* отвязывать *impf vt* desatar, soltar, desamarrar

отвязаться *perf* отвязываться *impf* 1) *(освободиться от привязи)* desatarse, soltarse, desamarrarse 2) *coloq (перестать надоедать)* dejar en paz 3) **(от кого/чего-л)** *(отделаться)* deshacerse (de alg o u/c)

отгадать *perf* отгадывать *impf vt* adivinar, acertar

отгадка *f* solución de un enigma

отгадывание *n* adivinación

отгадывать V. отгадать

отглагольный *adj ling* deverbal

отговаривать V. отговорить

отговариваться V. отговориться

отговорить *perf* отговаривать *impf vt* **(от чего-л)** disuadir (de u/c)

отговорка *f* pretexto, evasiva

отголосок *m* repercusión, resonancia

отгон *m* trashumancia

отгонять V. отогнать

отгораживать V. отгородить

отгораживаться V. отгородиться

отгородить *perf* отгораживать *impf vt* separar, atajar, aislar

отгородиться *perf* отгораживаться *impf* 1) *(отделить, установив преграду)* cercarse, vallarse 2) *(изолироваться)* separarse, aislarse

отграничение *n* demarcación, delimitación

отграничивать V. отграничить

отграничить *perf* отграничивать *impf vt* demarcar, delimitar

отгреметь *perf vi* dejar de tronar

отгрохать *perf vt* 1) *(перестать грохотать)* dejar de tronar 2) *coloq (построить)* construir (algo grande)

отгружать V. отгрузить

отгрузить *perf* отгружать *impf vt* expedir, cargar

отгрузка *f* expedición, carga

отгрузочный *adj* expedidor, de expedición

отгрызть *perf* отгрызать *impf vt* roer, arrancar royendo

отгул *m* día de fiesta, permiso

отдавать *impf vt/i* 1) V. отдать 2) **(чем-л)** *coloq (иметь вкус или запах)* saber (a u/c), oler (a u/c)

отдаваться V. отдаться

отдавить *perf* отдавливать *impf vt* aplastar, pisar

отдаление *n* 1) *(действие)* alejamiento 2) *(даль)* lejanía

отдалённость *f* alejamiento

отдалённый *adj* distante

отдалить *perf* отдалять *impf vt* alejar, apartar

отдалиться *perf* отдаляться *impf* alejarse, apartarse

отдалять V. отдалить

отдаляться V. отдалиться

отдать *perf* отдавать *impf vt* 1) *(возвратить)* devolver 2) *(сдать)* dar, entregar 3) *(предоставить)* dar, conceder 4) *(сдать врагу)* entregar, rendir 5) *(вручить)* entregar

отдаться *perf* отдаваться *impf* 1) entregarse, darse 2) *(предаться)* entregarse 3) *(о звуке)* resonar, repercutir 4) *(согласиться на половую связь)* entregarse

отдача *f* 1) devolución 2) *(эффективность)* eficacia

отдел *m* sección, departamento

отделать *perf* отделывать *impf vt* 1) *(окончательно обработать)* rematar, terminar, perfeccionar 2) *(украсить)* adornar, guarnecer

отделаться *perf* отделываться *impf* 1) **(от кого/чего-л)** *(отделаться)* deshacerse (de alg o u/c) 2) *(ограничиться чем-либо несущественным)* limitarse 3) *(испытать меньше, чем ожидалось)* salir bien parado

отделение *n* 1) *(действие)* división, separación 2) *(отдел)* sección ~ *полиции* comisaría 3) *(отгороженная часть)* sección, compartimiento

отделимый *adj* separable

отделить *perf* отделять *impf vt* separar, apartar

отделиться *perf* отделяться *impf* separarse, apartarse

отделка *f* 1) *(действие)* remate, acabado 2) *(то, чем отделывают)* adorno, decoración

отделочный *f* de acabado, de decoración

отделывать V. отделать

отделываться V. отделаться

отдельно *adv* aparte, separadamente

отдельност|ь *f* carácter separado ◆ **каждый по ~и** cada uno por separado

отдельный *adj* separado, suelto

отделять V. отделить

отделяться V. отделиться

отдирать V. отодрать

отдохновение *n obsol* descanso, reposo

отдохнуть *perf* отдыхать *impf vi* descansar, reposar

отдуваться *impf* 1) *coloq (шумно выдыхать)* resoplar, jadear 2) *vulg (нести ответственность)* ser responsable (de u/c)

отдушина *f* 1) *(отверстие для выхода воздуха)* respiradero 2) *(то, что даёт исход чему-либо)* salida

отдых *m* descanso, reposo *дом ~а* casa de reposo; *без ~а* sin descanso

отдыхать V. отдохнуть

отдышаться *perf* tomar aliento, recuperar el aliento

отекать V. отечь

отелиться *perf* отеляться *impf* parir (dicho de una vaca)

отель *m* hotel

отец *m* padre ◆ **крёстный** ~ padrino

отеческий *adj* paternal, paterno

отечественный *adj* nacional

отечество *n* patria

отечь *perf* отекать *impf vi* 1) *(опухнуть)* hincharse 2) *(о свече - оплыть)* gotear

отёк *m* hinchazón, edema

отёл *m* paridera (dicho de las vacas y otras hembras de mamíferos herbívoros)

отёчность *f med* turgencia

отёчный *adj med* turgente, edematoso

отжать *perf* отжимать *impf vt* 1) *(выжать)* exprimir, estrujar 2) *coloq (отнять)* quitar, privar (de u/c)

отживать V. отжить

отжиг *m* 1) *tecn* recocido 2) *coloq (выходка)* salida, número

отжимание *n sport* flexión

отжимать V. отжать

отжить *perf* отживать *impf vi* 1) *(закончить жить)* acabar la vida, morir 2) *(устареть)* pasar de moda, caer en desuso

отзвонить *perf* отзванивать *impf vi* dejar de sonar

отзвук *m* repercusión, resonancia

отзыв *m* 1) *elev (ответ на зов)* respuesta 2) *(отклик)* eco 3) *(суждение)* juicio, opinión 4) *(прекращение полномочий)* revocación, retirada

отзывать V. отозвать

отзываться V. отозваться

отзывчивость *f* bondad, simpatía

отзывчивый *adj* 1) *(добрый)* bueno, bondadoso 2) *(чуткий)* sensible

отит *m med* otitis

отказ *m* 1) renuncia 2) *(отрицательный ответ)* negativa, negación, denegación

отказать *perf* отказывать *impf vt* 1) negar, denegar 2) *(перестать действовать)* dejar de funcionar

отказаться *perf* отказываться *impf* (**делать что-л**) negarse (a u/c), renunciar (a u/c)

отказный *adj* de renuncia, renunciante

отказывать V. отказать

отказываться V. отказаться

откалывать V. отколоть

откалываться V. отколоться

откапывать V. откопать

откармливать V. откормить

откат *m* 1) retroceso, retirada 2) *coloq (взятка)* soborno, comisión

откатать *perf* откатывать *impf vt (закатать)* arremangar, subir

откатиться *perf* откатываться *impf* 1) *(катясь, отодвинуться назад)* retroceder rodando, rodar hacia atrás 2) *(отступить)* retirarse, retroceder

откатываться V. откатиться

откачать *perf* откачивать *impf vt* 1) *(удалить насосом)* achicar 2) *(привести в чувство)* hacer recobrar el conocimiento, hacer la respiración artificial

откачивать V. откачать

откачка *f* achicamiento

откидной *adj* plegable

откидывать V. откинуть

откидываться V. откинуться

откинуть *perf* откидывать *impf vt* 1) *(отбросить)* arrojar, echar 2) *(отклонить назад)* echar atrás, inclinar

откинуться *perf* откидываться *impf* echarse atrás, respaldarse

откладка *f biol* puesta de huevos

откладывание *n* aplazamiento

откладывать V. отложить

откланяться *perf* откланиваться *impf* (**кому-л**) *obsol* despedirse (de alg)

отклеить *perf* отклеивать *impf vt* despegar

отклеиться *perf* отклеиваться *impf* despegarse

отклик *m* resonancia, respuesta

откликаться V. откликнуться

откликнуться *perf* откликаться *impf* 1) *(ответить на обращение)* responder 2) *(высказать отношение)* comentar, expresar una opinión

отклонение *n* 1) desviación ~ *от нормы* anomalía 2) *(отказ)* rechazo

отклонить *perf* отклонять *impf vt* 1) desviar, apartar 2) *(отвергнуть)* rechazar 3) *(отсоветовать)* desaconsejar

отклониться *perf* отклоняться *impf* 1) *(сдвинуться)* moverse, desplazarse, apartarse 2) *(перейти к другому)* apartarse, desviarse

отклонять V. отклонить

отклоняться V. отклониться

отключать V. отключить

отключаться V. отключиться

отключение *n* desconexión

отключить *perf* отключать *impf vt* desconectar, desenchufar

отключиться *perf* отключаться *impf* desconectarse, desenchufarse

отколе *adv obsol* de dónde

отколоть *perf* откалывать *impf vt/i* 1) *(отломать)* romper 2) *(заставить порвать)* hacer romper, apartar 3) *coloq (сделать что-либо неуместное)* soltar, hacer

отколоться *perf* откалываться *impf* 1) *(отвалиться)* desprenderse, romperse 2) *(порвать)* apartarse

отколошматить V. колошматить

отколь *adv obsol* de dónde

откомандировать *perf* откомандировывать *impf vt* enviar, delegar

откопать *perf* откапывать *impf vt* 1) desenterrar 2) *coloq (найти)* encontrar

откорм *m* ceba

откормить *perf* откармливать *impf vt* engordar, cebar

откорректировать V. корректировать

откос *m* pendiente

открепительный *adj* de certificación

откреститься *perf* открещиваться *impf* **(от кого/чего-л)** *coloq* desdecirse (de alg o u/c), negar
открещиваться V. откреститься
откровение *n* revelación
откровенничать *perf vi* sincerarse
откровенно *adv* francamente, sinceramente
откровенность *f* franqueza, sinceridad
откровенный *adj* 1) franco, sincero 2) *(нескрываемый)* claro, evidente, manifiesto
открутить *perf* откручивать *impf vt* destornillar
откручивать V. откручивать
открывалка *f coloq* abridor
открывание *n* apertura
открывать V. открыть
открываться V. открыться
открывашка *f coloq* abrelatas, abridor
открытие *n* 1) apertura 2) *(начало какого-либо мероприятия)* apertura, inauguración 3) *(научное)* descubrimiento
открытка *f* tarjeta postal
открыто *adv* abiertamente
открытость *f* sinceridad, franqueza
открыт|ый *adj* 1) abierto 2) *(доступный для всех)* abierto, libre 3) *(явный)* declarado, manifiesto 4) *(о местности)* descubierto 5) *(о платье)* escotado ◆ **~ое море** alta mar **на ~ом воздухе** al aire libre
открыть *perf* открывать *impf vt* 1) abrir *~ банку* abrir una lata 2) *(обнаружить)* descubrir
открыться *perf* открываться *impf* 1) abrirse 2) *(показаться)* descubrirse
отксерить V. ксерить
откуда 1. *adv interrog* de dónde, desde dónde *~ ты идёшь?* ¿de dónde vienes? **2.** *adv rel* de donde, desde donde *место, ~ он родом* el lugar donde nació ◆ **~ ни возьмись** de repente, de golpe y porrazo
откуда-либо *adv* de algún sitio, desde algún sitio
откуда-нибудь *adv* de algún sitio, desde algún sitio
откуда-то *adv* de algún sitio, no se sabe de dónde
откуп *m* 1) *hist* hacimiento de rentas 2) *(выкуп)* rescate
откупать V. откупить
откупаться V. откупиться
откупить *perf* откупать *impf vt* 1) *hist (взять на откуп)* arrendar 2) *(заплатив, освободить кого-либо от чего-либо)* rescatar, redimir
откупиться *perf* откупаться *impf coloq* redimirse, comprar su libertad
откупоривать V. откупорить
откупорить *perf* откупоривать *impf vt* descorchar, abrir
откусить *perf* откусывать *impf vt* morder
откусывать V. откусить
откушать *perf vt* 1) *obsol (окончить еду)* terminar de comer 2) *obsol (поесть)* comer, yantar
отлавливать V. отловить
отлагательство *n elev* demora, aplazamiento
отладить *perf* отлаживать *impf vt* arreglar, reparar
отлаживать V. отладить
отламывать V. отломать
отламываться V. отломаться
отлежаться *perf* отлёживаться *impf* recuperar fuerzas (estando en cama)
отлетать *perf vi (закончить летать)* dejar de volar
отлететь *perf* отлетать *impf vi* 1) alejarse volando 2) *coloq (отскочить)* rebotar 3) *coloq (оторваться)* desprenderse
отлечь *perf* отлегать *impf vi* aliviar
отлёживаться V. отлежаться
отлёт *m* salida, partida (volando)
отлив *m* bajamar
отливать V. отлить
отливаться V. отлиться
отливка *f* 1) *(действие)* fundición 2) *(изделие)* fundición, pieza fundida
отлить *perf* отливать *impf vt* 1) verter, vaciar 2) *(изготовить литьём)* fundir, colar 3) *coloq (помочиться)* mear
отлиться *perf* отливаться *impf* fundirse ◆ **отольются кошке мышкины слёзки** a cada cerdo le llega su San Martín
отличать V. отличить
отличаться V. отличиться
отличие *n* 1) diferencia, distinción 2) *(награда)* condecoración
отличительный *adj* distintivo, característico
отличить *perf* отличать *impf vt* 1) diferenciar, distinguir 2) *(отметить)* distinguir
отличиться *perf* отличаться *impf* **(от кого/чего-л)** diferenciarse (de alg o u/c), distinguirse (de alg o u/c)
отлични|к, -ца *m/f* alumn|o, -a excelente
отлично 1. *adv* perfectamente, a la perfección **2.** *n (отметка)* sobresaliente
отличный *adj* 1) *(отличающийся)* distinto 2) *(превосходный)* excelente, perfecto
отлов *m* pesca
отловить *perf* отлавливать *impf vt* 1) *(закончить ловить)* terminar de pescar 2) *(поймать, выловить)* pescar, cazar
отложение *n* 1) *(действие)* separación 2) *geol* roca sedimentaria
отложить *perf* откладывать *impf vt* 1) poner a un lado, apartar 2) *(отсрочить)* aplazar
отложиться *perf* откладываться *impf (осесть в виде слоя)* depositarse
отломать *perf* отламывать *impf vt* romper, quebrar
отломаться *perf* отламываться *impf* romperse, quebrarse
отломить V. отломать
отломиться V. отломаться
отломок *m* pedazo quebrado
отлучать V. отлучить
отлучаться V. отлучиться
отлучение *n* exclusión, excomunión
отлучить *perf* отлучать *impf vt* excluir, apartar *~ от церкви* excomulgar
отлучиться *perf* отлучаться *impf* marcharse, apartarse, ausentarse
отлучка *f* ausencia, partida, marcha
отлынивать *impf vi* **(от чего-л)** *coloq* evitar, fumarse *~ от уроков* fumarse las clases
отмалчиваться V. отмолчаться
отмахиваться V. отмахнуться
отмахнуться *perf* отмахиваться *impf* 1) **(от кого/чего-л)** *(отгонять)* arrojar de sí, espan-

tar 2) *coloq (оставить без внимания)* eludir, esquivar

отмежеваться *perf* отмежёвываться *impf* separarse, apartarse

отмежёвываться V. отмежеваться

отмель *f* banco de arena

отмена *f* anulación, cancelación, abolición

отменить *perf* отменять *impf vt* anular, cancelar, abolir

отменный *adj* perfecto, excelente

отменять V. отменить

отмереть *perf* отмирать *impf vi* 1) *(о части тела - омертветь)* atrofiarse 2) *(исчезнуть)* desaparecer

отмерить *perf* отмерять *impf vt* medir

отмерять V. отмерить

отмести *perf* отметать *impf vt* 1) *(подметая, отбросить)* barrer 2) *(отвергнуть)* rechazar

отместка *f coloq* venganza

отметать V. отмести

отметина *f* 1) *(знак)* marca, señal 2) *(пятно на шерсти животного)* mancha

отметить *perf* отмечать *impf vt* 1) marcar, señalar 2) *(обратить внимание)* notar 3) *(отпраздновать)* celebrar

отметиться *perf* отмечаться *impf* registrarse, apuntarse

отметка *f* 1) nota, signo, marca 2) *(оценка знаний)* nota

отмечать V. отметить

отмечаться V. отметиться

отмирание *n* 1) *(омертвение)* necrosis 2) *(исчезновение)* desaparición

отмирать V. отмереть

отмобилизовать *perf* отмобилизовывать *impf vt* movilizar

отмолчаться *perf* отмалчиваться *impf* permanecer callado, no responder

отморозить *perf* отмораживать *impf vt* congelar ~ *руку* congelarse la mano

отмотать *perf* отматывать *impf vt (мотая, отделить)* desovillar

отмучиться *perf coloq* terminar de sufrir

отмщение *m obsol* venganza

отмывание *n* 1) lavado 2) *(денег)* blanqueo

отмывать V. отмыть

отмываться V. отмыться

отмывка V. отмывание

отмыть *perf* отмывать *impf vt* 1) lavar, limpiar 2) *coloq (деньги)* blanquear

отмыться *perf* отмываться *impf* 1) *(закончить мыться)* terminar de lavarse 2) *(стать чистым после мытья)* lavarse, limpiarse

отмычка *f* ganzúa, llave maestra

отнекиваться *impf* **(делать что-л)** *coloq* negarse (a u/c)

отнесение *n* adscripción, clasificación

отнести *perf* относить *impf vt* 1) llevar, trasladar 2) **(к чему-л)** *(причислить)* atribuir (a u/c), adscribir (a u/c) 3) *(отсрочить)* aplazar

отнестись *perf* относиться *impf* **(к кому/чему-л)** tratar, acoger ~ *хорошо* tratar bien

отнимать V. отнять

отниматься V. отняться

относительно **1.** *adv* relativamente **2.** *prep* **(кого/чего-л)** respecto a (alg o u/c), acerca de (alg o u/c), con relación a (alg o u/c)

относительность *f* relatividad

относительный *adj* relativo

относить V. отнести

относиться V. отнестись

отношение *n* 1) actitud, trato 2) *(связь)* relación *иметь* ~ tener relación 3) *(соотношение)* razón

отныне *adv elev* desde hoy

отнюдь *adv* de ningún modo, ni mucho menos

отнятие *n* toma, confiscación

отнять *perf* отнимать *impf vt* 1) quitar, tomar 2) *(заставить потратить)* hacer gastar, restar 3) *coloq (произвести вычитание)* sustraer, restar

отняться *perf* отниматься *impf* paralizarse (dicho de una parte del cuerpo)

ото V. от

отобедать *perf vi* 1) *(кончить обедать)* terminar de comer, terminar de almorzar 2) *obsol (пообедать)* comer, almorzar

отображать V. отобразить

отображение *n* reflejo, imagen

отобразить *perf* отображать *impf vt* reflejar, revelar

отобрать *perf* отбирать *impf vt* 1) *(отнять)* quitar, arrebatar 2) *(выбрать)* seleccionar

отоваривать V. отоварить

отовариваться V. отовариться

отоварить *perf* отоваривать *impf vt* abastecer con mercancías

отовариться *perf* отовариваться *impf* abastecerse, comprar mucho

отовсюду *adv* de todas partes

отогнать *perf* отгонять *impf vt* ahuyentar

отогнуть *perf* отгибать *impf vt* enderezar, doblar

отогреть *perf* отогревать *impf vt* calentar

отогреться *perf* отогреваться *impf* calentarse

отодвигать V. отодвинуть

отодвигаться V. отодвинуться

отодвинуть *perf* отодвигать *impf vt* 1) mover, apartar, trasladar 2) *(отсрочить)* aplazar, postergar

отодвинуться *perf* отодвигаться *impf* 1) apartarse, hacerse a un lado 2) *coloq (отсрочиться)* aplazarse

отодрать *perf* отдирать *impf vt* 1) *coloq (оторвать)* arrancar, romper 2) *vulg (высечь)* azotar

отодраться *perf* отдираться *impf coloq* arrancarse, romperse

отождествить *perf* отождествлять *impf vt* identificar

отождествление *n* identificación

отождествлять V. отождествить

отозвать *perf* отзывать *impf vt* 1) *(позвав, заставить отойти)* llamar aparte 2) *(вызвать обратно)* retirar, revocar

отозваться *perf* отзываться *impf* 1) *(откликнуться)* responder, contestar 2) *(высказать своё мнение)* expresar su opinión, decir

отойти *perf* отходить *impf vi* 1) **(от кого/чего-л)** alejarse (de alg o u/c), apartarse (de alg o u/c) 2) *(о поезде)* salir, partir 3) *(отступить)* retroceder 4) **(от чего-л)** *(отклониться)* apartarse (de u/c)

отоларинголог V. оториноларинголог

отоларингология V. оториноларингология

отомстить V. мстить
отопительный *adj* de calefacción
отопление *n* calefacción
оторванность *f* aislamiento, apartamiento, separación
оторванный *adj* 1) *(вырванный)* arrancado, roto 2) *(утративший связь с чем-либо)* aislado, separado
оторвать *perf* отрывать *impf vt* 1) *(отделить рывком)* arrancar, romper 2) **(от чего-л)** *(отвлечь)* distraer (de u/c) 3) **(от кого/чего-л)** *(разлучить)* apartar (de alg o u/c), separar (de alg o u/c)
оторваться *perf* отрываться *impf* 1) *(отделиться в следствие рывка)* romperse, desgajarse 2) **(от чего-л)** *(отделиться)* separarse (de u/c), apartarse (de u/c) 3) **(от кого/чего-л)** *(потерять связь)* perder el contacto (de alg o u/c) 4) *coloq (развлечься)* divertirse
оториноларинголог *m med* otorrinolaringólogo
оториноларингология *f med* otorrinolaringología
оторопевать V. оторопеть
оторопеть *perf* оторопевать *impf vi coloq* quedarse pasmado, quedarse desconcertado
оторопь *f coloq* estupor, desconcierto
оторочка *f* 1) *(действие)* guarnición 2) *(полоска меха)* ribete
отослать *perf* отсылать *impf vt* 1) *(отправить)* enviar, mandar 2) *(велеть уйти)* enviar, hacer salir 3) *(указать источник)* remitir
отоспаться *perf* отсыпаться *impf coloq* recuperar las fuerzas durmiendo
отощать V. тощать
отпадать V. отпасть
отпадение *n* desprendimiento
отпасть *perf* отпадать *impf vi* 1) *(отвалиться)* caer, desprenderse 2) *(исчезнуть)* desaparecer, pasar
отпевание *n relig* misa de cuerpo presente
отпевать V. отпеть
отпереть *perf* отпирать *impf vt* abrir
отпетый *adj* empedernido, perdido
отпеть *perf* отпевать *impf vt/i* 1) *(перестать петь)* dejar de cantar 2) *relig* celebrar la misa de cuerpo presente
отпечатать *perf* отпечатывать *impf vt* 1) *(напечатать)* imprimir 2) *(сделать отпечаток)* estampar 3) *(снять печать)* desellar
отпечататься *perf* отпечатываться *impf* estamparse
отпечаток *m* huella ~ *пальцев* huella digital
отпилить *perf* отпиливать *impf vt* serrar, cortar (serrando)
отпирать V. отпереть
отпираться V. отпереться
отписка *f* respuesta burocrática
отпить *perf* отпивать *impf vt* 1) *(выпить немного)* beber un poco 2) *coloq (закончить пить)* dejar de beber
отпихивать V. отпихнуть
отпихнуть *perf* отпихивать *impf vt* empujar
отплатить *perf* отплачивать *impf vi* pagar
отплывать V. отплыть
отплытие *n nav* zarpa
отплыть *perf* отплывать *impf vi* zarpar
отплясать *perf* отплясывать *impf vt/i* 1) *coloq (сплясать)* bailar 2) *(окончить плясать)* terminar de bailar
отплясывать V. отплясать
отповедь *f* respuesta severa
отползать V. отползти
отползти *perf* отползать *impf vi* arrastrarse
отполировать *perf* отполировывать *impf vt* pulir
отпор *m* resistencia, rechazo *дать* ~ resistir
отпочковаться *perf* отпочковываться *impf* 1) *biol* separarse por gemación 2) *(отделиться)* separarse
отправитель *m* remitente
отправить *perf* отправлять *impf vt* enviar, mandar, expedir ◆ ~ **на тот свет** mandar al otro barrio
отправиться *perf* отправляться *impf* salir, partir, irse
отправка *n* envío, expedición
отправление *n* 1) envío, expedición 2) *(поезда, автобуса и т. п.)* salida, partida
отправлять V. отправить
отправляться V. отправиться
отправной *adj* de partida
отпраздновать V. праздновать
отпроситься *perf* отпрашиваться *impf coloq* obtener permiso para irse, irse tras pedir permiso
отпрыск *m* 1) vástago, brote 2) *irón (потомок)* descendiente, retoño
отпрянуть *perf vi* hacerse atrás, cejar
отпугивать V. отпугнуть
отпугнуть *perf* отпугивать *impf vt (испугать)* asustar, espantar
отпуск *m* vacaciones
отпускать V. отпустить
отпускни|к, -ца *m/f* vacacionista, veraneante
отпускной *adj* de vacaciones
отпустить *perf* отпускать *impf vt* 1) soltar, poner en libertad 2) *(продать)* vender, despachar 3) *(сказать)* decir, soltar 4) *(отпустить)* perdonar, absolver 5) *(бороду)* dejar crecer
отпуститься *perf* отпускаться *impf* soltarse
отпущени|е *n* absolución, expiación ◆ **козёл ~я** chivo expiatorio
отрабатывать V. отработать
отработанный *adj* usado
отработать *perf* отрабатывать *impf vt/i* 1) *(возместить трудом)* pagar con el propio trabajo 2) *(провести над работой какое-то время)* trabajar 3) *(закончить работать)* terminar de trabajar 4) *(усвоить)* estudiar, aprender 5) *(придать окончательный вид)* acabar
отработка *f* 1) *(долга)* pago con su trabajo 2) *(тренировка)* entrenamiento, ejercicio 3) *(отделка)* acabado
отрава *f* veneno
отравитель *m* envenenador
отравить *perf* отравлять *impf vt* envenenar, intoxicar
отравиться *perf* отравляться *impf* 1) *(приняв яд, покончить с собой)* envenenarse, suicidarse con veneno 2) *(заболеть от яда)* envenenarse, intoxicarse

отравление *n* envenenamiento, intoxicación
отравлять V. отравить
отравляться V. отравиться
отрада *f* placer, deleite
отрадный *adj* placentero, agradable, deleitoso
отражатель *m* reflector
отражательный *adj* reflector
отражать V. отразить
отражаться V. отразиться
отражение *n* 1) reflejo 2) *(при защите)* quite, rechazo 3) *(изображение)* imagen, reflejo
отразить *perf* отражать *impf vt* 1) rechazar, parar ~ *удар* parar un golpe 2) *(звук, свет и т. п.)* reflejar 3) *(отобразить)* reflejar
отразиться *perf* отражаться *impf* 1) reflejarse ~ *в зеркале* reflejarse en el espejo 2) *(проявиться)* manifestarse, reflejarse
отрапортовать *perf* отрапортовывать *impf vt* dar parte, informar
отраслевой *adj* sectorial
отрасль *f* rama, sector
отрасти *perf* отрастать *impf vi* crecer
отрастить *perf* отращивать *impf vt* dejar crecer ~ *бороду* dejarse barba
отращивать V. отрастить
отреагировать V. реагировать
отребье *n* chusma, populacho
отрегулировать V. регулировать
отредактировать V. редактировать
отрез *m* 1) *(место среза)* corte 2) *(кусок материи)* corte
отрезание *n* corte, cortadura
отрезать *perf* отрезать *impf vt* 1) cortar, recortar, atajar 2) *(нарушить связь)* cortar, atajar 3) *(резко ответить)* cortar
отрезветь V. трезветь
отрезвить *perf* отрезвлять *impf vt* desembriagar
отрезвиться *perf* отрезвляться *impf* desembriagarse
отрезвление *n* disipación de la embriaguez
отрезвлять V. отрезвить
отрезок *m* parte, fragmento
отрекаться V. отречься
отрекомендовать *perf* отрекомендовывать *impf vt* recomendar
отрекомендоваться *perf* отрекомендовываться *impf* recomendarse, darse a conocer
отремонтировать V. ремонтировать
отрепетировать V. репетировать
отрепье *n* harapos, andrajos
отреставрировать V. реставрировать
отретушировать V. ретушировать
отрецензировать V. рецензировать
отречение *n* 1) **(от чего-л)** renuncia (a u/c) 2) *(от престола)* abdicación
отречься *perf* отрекаться *impf* **(от чего-л)** renegar (de u/c), abdicar (de u/c)
отрешение *n* destitución, defenestración
отрешённость *f* ensimismamiento, enajenación
отрешённый *adj* ensimismado, enajenado
отрешить *perf* отрешать *impf vt* **(от чего-л)** *elev* destituir (de u/c), despedir (de u/c)
отрешиться *perf* отрешаться *impf* **(от чего-л)** renunciar (a u/c)
отринуть *perf vt obsol* rechazar, reprobar
отрицание *n* negación
отрицательно *adv* negativamente
отрицательный *adj* negativo
отрицать *impf vt* negar, desmentir
отрог *m* contrafuerte (montañoso)
отроду *adv coloq* nunca jamás, nunca en la vida
отродье *n desp* criatura, engendro
отродясь V. отроду
отрок *m obsol* adolescente
отроковица *f obsol* adolescente (de sexo femenino)
отросток *m* 1) *(побег растения)* vástago 2) *(ответвление)* ramificación
отроческий *adj* adolescente, de adolescencia
отрочество *n* adolescencia
отруб *m* corte
отрубать V. отрубить
отруб|и *(gen –ей) mpl* salvado
отрубить *perf* отрубать *impf vt* 1) cortar, truncar 2) *(резко ответить)* cortar
отругать V. ругать
отрыв *m* 1) separación, apartamiento 2) *(отсутствие связи)* aislamiento
отрывать V. оторвать
отрываться V. оторваться
отрывистый *adj* entrecortado, intermitente
отрывной *adj* trepado, exfoliador
отрывок *m* fragmento, trozo
отрывочный *adj* fragmentario
отрыгнуть *perf* отрыгивать *impf vi* eructar
отрыжка *f* eructo
отрыть *perf* отрывать *impf vt* 1) excavar, extraer excavando 2) *coloq (найти)* encontrar
отряд *m* grupo, destacamento
отрядить *perf* отряжать *impf vt obsol* enviar
отряхивать V. отряхнуть
отряхиваться V. отряхнуться
отряхнуть *perf* отряхивать *impf vt* sacudir
отряхнуться *perf* отряхиваться *impf* sacudirse
отсасывание *n* 1) succión 2) *tecn* aspiración
отсасывать V. отсосать
отсвет *m* reflejo, destello, brillo
отсвечивать *impf vi* reflejar, destellar, brillar
отсебятина *f coloq* improvisación, aportación propia
отсев *m (то, что осталось после просеивания)* cribado
отсеивать V. отсеять
отсеиваться V. отсеяться
отсек *m* compartimiento, sección
отсекать V. отсечь
отселе *adv obsol* de aquí
отселение *n* establecimiento aparte
отселить *perf* отселять *impf vt* establecer aparte, alojar aparte
отселять V. отселить
отсечение *n* cortadura, corte ◆ **дать голову на ~** apostar la cabeza
отсечь *perf* отсекать *impf vt* cortar
отсеять *perf* отсеивать *impf vt/i* cribar
отсидеть *perf* отсиживать *impf vt/i* 1) *(вызвать онемение)* entumecer 2) *(просидеть)* estar sentado (cierto tiempo) 3) *(отбыть наказание)* cumplir una pena
отсидеться *perf* отсиживаться *impf coloq* esconderse, ocultarse
отсидка *f jerg* encierro, encarcelación
отсиживать V. отсидеть

отсиживаться V. отсидеться
отскакивать V. отскочить
отскок *m* rebote
отскочить *perf* отскакивать *impf vi* 1) saltar a un lado 2) *(о мяче)* rebotar
отслаиваться V. отслоиться
отслоиться *perf* отслаиваться *impf* exfoliarse
отслойка *f* exfoliación
отслужить *perf vt/i* 1) *(закончить служить)* dejar de servir 2) *(прослужить какое-то время)* servir, cumplir el servicio militar 3) *relig* oficiar, celebrar
отснять *perf vt* filmar, rodar
отсоветовать *perf vt* desaconsejar
отсоединить *perf* отсоединять *impf vt* desacoplar, desconectar
отсоединять V. отсоединить
отсос *m tecn* aspiración, succión
отсосать *perf* отсасывать *impf vt* 1) *(удалить сосанием)* succionar 2) *tecn* aspirar
отсохнуть *perf* отсыхать *impf vi* 1) *(о частях растений)* secarse 2) *vulg (о конечностях)* paralizarse, quedarse paralizado
отсрочить *perf* отсрочивать *impf vt* 1) *(перенести на более поздний срок)* aplazar 2) *(продлить действие документа)* prorrogar
отсрочка *f* 1) aplazamiento, demora 2) *(продление действия)* prórroga
отставание *n* atraso, retardo, rezago
отставать V. отстать
отставить *perf* отставлять *impf vt* 1) *(отодвинуть)* retirar, apartar 2) *(уволить в отставку)* despedir, apartar ◆ ~! *mil (команда)* ¡posición anterior!
отставк|а *f* 1) *(увольнение)* destitución 2) *(уход со службы)* dimisión *выйти в ~у* dimitir
отставник *m coloq* militar retirado
отставной *adj* retirado (dicho de un militar)
отстаивание[1] *n quím* sedimentación
отстаивание[2] *n (защита)* defensa
отстаивать V. отстоять
отстаиваться V. отстояться
отсталость *f* atraso
отсталый *adj* atrasado, retrasado
отстать *perf* отставать *impf vi* 1) atrasarse, quedarse atrás 2) *(о часах)* retrasarse, ir retrasado
отстающий *adj* atrasado
отстегнуть *perf* отстёгивать *impf vt* desabrochar, desabotonar
отстегнуться *perf* отстёгиваться *impf* desabrocharse, desabotonarse
отстёгивать V. отстегнуть
отстёгиваться V. отстегнуться
отстирывать V. отстирать
отстой *m* 1) *(осадок)* sedimento, poso 2) *coloq (вещь или мероприятие низкого качества)* mierda
отстойник *m* sedimentador
отстойный *adj* 1) de sedimento 2) *coloq (плохой, некачественный)* malo
отстоять[1] *perf* отстаивать *impf vt (защитить)* defender, proteger, conservar
отстоять[2] *perf* отстаивать *impf vt/i* 1) *(простоять до конца)* estar de pie (hasta el final) 2) **(от чего-л)** *(находиться на определённом расстоянии)* distar (de u/c), estar a distancia (de u/c)
отстоять[3] *perf* отстаивать *impf vt quím* sedimentar
отстояться *perf* отстаиваться *impf* sedimentarse
отстраивать V. отстроить
отстраиваться V. отстроиться
отстранение *n* destitución
отстранить *perf* отстранять *impf vt* 1) apartar, separar 2) *(от должности)* destituir
отстраниться *perf* отстраняться *impf* 1) apartarse, retirarse 2) *(держаться в стороне)* estar aparte
отстранять V. отстранить
отстраняться V. отстраниться
отстрел *m* caza
отстреливать V. отстрелять, отстрелить
отстреливаться V. отстреляться
отстрелить *perf* отстреливать *impf vt* 1) disparar 2) *(отделить выстрелом)* arrancar disparando, quitar disparando
отстрелять *perf* отстреливать *impf vt* disparar
отстрелиться *perf* отстреляться *impf vt* 1) disparar, responder al fuego enemigo 2) *(закончить стрельбу)* terminar de disparar
отстроить *perf* отстраивать *impf vt* 1) *(построить)* construir 2) *(закончить строить)* terminar de construir
отстроиться *perf* отстраиваться *impf coloq* terminar de construir, haber construido
отступ *m* espacio vacío
отступать V. отступить
отступить *perf* отступать *impf vi* 1) retroceder, retirarse 2) *(отказаться)* renunciar
отступиться *perf* отступаться *impf* **(от чего-л)** renunciar (a u/c)
отступление *n* 1) retirada, retroceso 2) *(отклонение от основной темы)* digresión
отступник *m* renegado, apóstata
отступничество *n* apostasía
отступной *adj obsol* de enmienda, de cesión de derechos
отсудить *perf* отсуживать *impf vt* recibir judicialmente
отсутствие *n* 1) ausencia 2) *(нехватка)* falta
отсутствовать *impf vi* 1) estar ausente 2) *(не иметься)* faltar
отсутствующий *adj* ausente
отсчёт *m* cuenta, cómputo
отсчитать *perf* отсчитывать *impf vt* contar
отсчитывать V. отсчитать
отсылать V. отослать
отсылка *f* 1) *(отправка)* envío, expedición 2) *(ссылка на источник)* cita
отсылочный *adj* de envío, de expedición
отсыпать *perf* отсыпать *impf vt* verter, echar (cierta cantidad)
отсыпать V. отсыпать
отсыпаться V. отоспаться
отсыхать V. отсохнуть
отсюда *adv* de aquí, desde aquí *далеко ~* lejos de aquí
оттаивать V. оттаять
отталкивать V. оттолкнуть
отталкиваться V. оттолкнуться
отталкивающий *adj* repugnante, asqueroso, desagradable

оттаскать *perf* оттаскивать *impf vt* 1) *(оттащить в несколько приёмов)* llevar arrastrando 2) *(наказать, дёргая за что-либо)* tirar (de u/c)
оттаскивать V. оттаскать
оттачивать V. отточить
оттачиваться V. отточиться
оттащить *perf* оттаскивать *impf vt* llevar arrastrando
оттаять *perf* оттаивать *impf vi* derretirse, deshelarse, deshacerse
оттенить *perf* оттенять *impf vt* matizar
оттенок *m* matiz
оттенять V. оттенить
оттепель *f* deshielo
оттепельный *adj* de deshielo
оттереть *perf* оттирать *impf vt* 1) *(удалить, стирая)* pulimentar, frotar 2) *(возвратить чувствительность)* recuperar la sensibilidad 3) *vulg (оттеснить)* apartar a presión
оттеснить *perf* оттеснять *impf vt* 1) apartar a presión 2) *(отстранить)* arrinconar
оттеснять V. оттеснить
оттиск *m* 1) *(изображение от надавливания)* señal, huella 2) *tipogr* impresión 3) *(отдельно взятая статья из сборника)* separata
оттого *adv* porque, por lo tanto
отток *m* 1) *(убывание)* decrecimiento, disminución 2) *(труба или канава для стока)* desagüe
оттоле V. оттуда
оттолкнуть *perf* отталкивать *impf vt* 1) empujar, impeler 2) *(вызвать неприязнь к себе)* apartar, alejar
оттолкнуться *perf* отталкиваться *impf* 1) **(от чего-л)** apartarse (de u/c), alejarse (de u/c) 2) **(от чего-л)** *(в расссуждениях)* tomar como punto de partida
оттопырить *perf* оттопыривать *impf vt coloq* alargar, sacar
оттопыриться *perf* оттопыриваться *impf* 1) sobresalir, alargarse 2) *jerg* colocarse
отторгать V. отторгнуть
отторгнуть *perf* отторгать *impf vt* 1) *(отвергнуть)* rechazar 2) *(отнять)* apoderarse (de u/c), quitar
отторжение *n* 1) rechazo, repulsión 2) *(захват)* arrebatamiento, anexión
отточенный *adj* 1) afilado, aguzado 2) *(о стиле)* pulido
отточие *n tipogr* puntos suspensivos
отточить *perf* оттачивать *impf vt* 1) *(сделать острым)* afilar, aguzar 2) *(довести до совершенства)* perfeccionar, pulir
оттрубить *perf vt* 1) *(перестать трубить)* dejar de trompetear 2) *coloq (провести время за неприятным занятием)* malgastar (tiempo), pasar
оттуда *adv* de allí, desde allí
оттузить V. тузить
оттягивать V. оттянуть
оттягиваться V. оттянуться
оттяжка *f* 1) *(замедление)* demora, dilación 2) *(трос)* retenida
оттянуть *perf* оттягивать *impf vt* 1) *(потянув, отвести)* llevar, tirar 2) *(отсрочить)* postergar, aplazar, retrasar 3) *(сделать отвислым)* estirar
оттянуться *perf* оттягиваться *impf* 1) *(отойти)* retroceder, retirarse 2) *(стать отвислым)* estirarse 3) *coloq (развлечься)* divertirse, explayarse
оттяпать *perf* оттяпывать *impf vt* 1) *vulg (отсечь)* cortar, tajar 2) *vulg (отнять)* quitar, quedarse
отужинать *perf vi* 1) *(закончить ужинать)* terminar de cenar 2) *obsol (поужинать)* cenar
отупение *n* entorpecimiento, atontamiento
отупеть V. тупеть
отутюжить *perf* отутюживать *impf vt* planchar
отучить *perf* отучать *impf vt* 1) *(закончить учить)* terminar de enseñar 2) **(делать что-л)** *(заставить отвыкнуть)* desacostumbrar (de u/c)
отучиться *perf* отучаться *impf* 1) *(закончить учиться)* terminar de estudiar, terminar los estudios 2) **(делать что-л)** *(отвыкнуть)* desacostumbrarse (de u/c)
отфильтровать V. фильтровать
отфильтроваться V. фильтроваться
отфутболивать V. отфутболить
отфутболить *perf* отфутболивать *impf vt coloq* enviar a otro lugar, quitarse de encima
отхаркивать *impf vt* esputar, escupir
отхватить *perf* отхватывать *impf vt* 1) *coloq (с силой оторвать)* arrancar, sacar 2) *coloq (приобрести)* comprar, adquirir 3) *coloq (сделать что-либо быстро)* hacer rápidamente
отхлебнуть *perf* отхлёбывать *impf vt coloq* hacer un trago
отхлестать *perf* отхлёстывать *impf vt coloq* azotar, fustigar
отход *m* 1) *(отправление)* salida, partida 2) *(отступление)* retirada
отходить V. отойти
отходный *adj* de salida, de partida
отходчивый *adj* apacible, sosegado, plácido
отход|ы (*gen* –ов) *mpl* desechos, residuos
отхож|ий *adj vulg* : отхожее место retrete
отцвести *perf* отцветать *impf vi* desflorecer
отцветать V. отцвести
отцепить *perf* отцеплять *impf vt* desenganchar, desprender, separar
отцепиться *perf* отцепляться *impf* 1) *(отделиться)* desengancharse, desprenderse 2) *vulg (оставить в покое)* dejar en paz
отцеубийца *m/f* parricida
отциклевать V. циклевать
отцов *adj* paterno, paternal, de padre
отцовский *adj* paternal, paterno, de padre
отцовство *n* paternidad
отчаиваться V. отчаяться
отчаливать V. отчалить
отчалить *perf* отчаливать *impf vt* 1) *nav (отвязать причальный канат)* desamarrar 2) *nav (отплыть от берега)* desatracar, zarpar
отчасти *adv* en parte
отчаяние *n* desesperación, desolación *прийти в ~* desesperarse
отчаянный *adj* 1) desesperado, desolado 2) *(очень смелый)* atrevido
отчаяться *perf* отчаиваться *impf* desesperarse, perder la esperanza
отчего **1.** *adv interrog* por qué ~ *это случилось?* ¿por qué eso sucedió? **2.** *adv rel* por eso, por lo que *вот ~* es por eso

отчего-либо V. отчего-нибудь
отчего-нибудь *adv* por alguna razón
отчеканить *perf* отчеканивать *impf vt* 1) *(изготовить чеканкой)* acuñar 2) *(перестать чеканить)* dejar de acuñar 3) *(произнести ясно и раздельно)* recalcar, articular
отчеренковать V. черенковать
отчество *n* nombre patronímico
отчёт *m* informe, relación
отчётливость *f* claridad, precisión
отчётливый *adj* claro, preciso
отчётность *f* 1) *(документы)* informes 2) *(проведение отчёта)* rendición de cuentas
отчётный *adj* de informe, de relación
отчизна *f elev* patria
отчий *adj* paternal, paterno
отчим *m* padrastro
отчисление *n* 1) *(увольнение)* despido, exclusión, baja 2) *(переведенная сумма)* asignación, pago
отчислить *perf* отчислять *impf vt* 1) *(исключить)* expulsar, despedir 2) *(вычесть)* descontar
отчислиться *perf* отчисляться *impf* darse de baja, retirarse
отчислять V. отчислить
отчисляться V. отчислиться
отчистить *perf* отчищать *impf vt* limpiar ~ *пятно* quitar una mancha
отчитать *perf* отчитывать *impf vt* 1) *(закончить читать)* terminar de leer 2) *coloq (сделать выговор)* amonestar
отчитаться *perf* отчитываться *impf* rendir cuentas
отчитывать V. отчитать
отчитываться V. отчитаться
отчленить *perf* отчленять *impf vt* desprender, separar
отчудить *perf vt vulg* hacer extravagancias, liarla
отчуждать *impf vt* 1) apartar, separar 2) *jur* enajenar
отчуждение *n* 1) alejamiento, aislamiento 2) *jur* enajenación, alienación
отчуждённо *adv* aisladamente, extrañamente
отчуждённость *f* alejamiento, aislamiento
отчуждённый *adj* 1) *(отдалённый от других)* aislado, apartado 2) *(погружённый в себя)* ensimismado
отшатнуться *perf* отшатываться *impf* 1) *(шатнуться в сторону)* apartarse, hacerse a un lado 2) *coloq (прекратить общение)* abandonar, dejar
отшвыривать V. отшвырнуть
отшвырнуть *perf* отшвыривать *impf vt coloq* arrojar, lanzar, echar
отшельник *m* anacoreta, ermitaño
отшельничество *n* vida de anacoreta
отшиб *m coloq* : на ~е aisladamente, lejos
отшибать V. отшибить
отшибить *perf* отшибать *impf vt* 1) *vulg (отломать)* romper, quebrar 2) *vulg (повредить ушибом)* magullar 3) *(лишить чего-либо)* quitar
отшивать V. отшить
отшить *perf* отшивать *impf vt* 1) *(оторвать)* arrancar, romper 2) *coloq (отвадить)* enviar a paseo, dar pasaporte
отшлёпать *perf* отшлёпывать *impf vt* golpear, pegar
отшлёпывать V. отшлёпать
отшлифовать V. шлифовать
отштукатурить V. штукатурить
отшуметь *perf vi* terminar de hacer ruido
отшутиться *perf* отшучиваться *impf* responder bromeando
отшучиваться V. отшутиться
отштукатурить V. штукатурить
отщепенец *m* renegado
отъедать V. отъесть
отъезд *m* salida, partida
отъезжать V. отъехать
отъесть *perf* отъедать *impf vt* comer (una parte)
отъехать *perf* отъезжать *impf vi* **(от чего-л)** alejarse (de u/c), partir
отъём *m (присвоение чужого)* toma, apropiación
отъявленный *adj* empedernido, obstinado
отыграть *perf* отыгрывать *impf vt* 1) terminar de jugar 2) V. отыграться
отыграться *perf* отыгрываться *impf* tomarse la revancha (en un juego), desquitarse
отыгрывать V. отыграть
отыгрываться V. отыграться
отыскание *n* búsqueda
отыскать *perf* отыскивать *impf vt* encontrar, hallar, descubrir
отыскаться *perf* отыскиваться *impf* encontrarse, hallarse
отыскивать V. отыскать
отыскиваться V. отыскаться
отяготить *perf* отягощать *impf vt* cargar, agobiar
отягощать V. отяготить
отягощение *n* carga, agobio
отягчать V. отягчить
отягчить *perf* отягчать *impf vt* agravar, acrecentar
офицер *m* oficial
офицерский *adj* de oficial
офицерство *n* oficialidad
официальность *f* oficialidad
официальный *adj* oficial
официант, -ка *m/f* camarer|o, -ra
официозный *adj* oficioso
оформитель *m* decorador, interiorista
оформительский *adj* decorativo, de decoración
оформить *perf* оформлять *impf vt* 1) *(придать форму)* dar forma 2) *(придать законную силу)* formalizar, tramitar
оформиться *perf* оформляться *impf* 1) *(принять законченную форму)* formarse 2) *(быть зачисленным)* matricularse, entrar en la plantilla
оформление *n* 1) forma, presentación 2) *(узаконивание)* formalización, tramitación 3) *(зачисление)* inscripción, matrícula
оформлять V. оформить
оформляться V. оформиться
офорт *m arte* aguafuerte
офсет *m tipogr* offset
офсетный *adj tipogr* offset
офтальмолог *m med* oftalmólogo
офтальмологический *adj med* oftalmológico
офтальмология *f med* oftalmología

ох *interj* oh, ay, ah
охаивать V. охаять
охаметь V. хаметь
охапк|а *f* brazado *взять в ~у* abarcar con los brazos
охарактеризовать V. характеризовать
охать *impf* охнуть *perf vi* ayear, quejarse
охаять *perf* охаивать *impf vt coloq* criticar, denigrar
охват *m (вовлечение в действие)* abarcadura
охватить *perf* охватывать *impf vt* 1) abarcar *~ руками* abrazar 2) *(объять)* envolver 3) *(о чувстве)* apoderarse (de alg)
охватывать V. охватить
охвостье *n* 1) *agric* trigo después del aventamiento 2) *coloq desp (приспешники)* secuaces
охладевать V. охладеть
охладеть *perf* охладевать *impf vi* **(к кому/чему-л)** dejar de querer, volverse indiferente (hacia alg o u/c)
охладить *perf* охлаждать *impf vt* 1) enfriar, refrigerar 2) *(умерить)* enfriar
охладиться *perf* охлаждаться *impf (стать холоднее)* enfriarse, refrigerarse
охлаждать V. охладить
охлаждаться V. охладиться
охлаждение *n* enfriamiento, refrigeración
охламон *m insult vulg* imbécil, necio
охмелеть *perf vi coloq* emborracharse
охнуть V. охать
охота[1] *f (на зверей)* caza
охота[2] **1.** *f (желание)* ganas, deseo **2.** *adv pred* hay ganas de *мне спать ~* tengo ganas de dormir
охотиться *impf* **(на кого-л)** cazar
охотк|а *f* : в ~у con mucho gusto
охотни|к, -ца *m/f* 1) cazador, -a 2) *(любитель)* aficionad|o, -a
охотничий *adj* de caza
охотно *adv* de buena gana, con mucho gusto
охотный *adj* 1) *(добровольный)* voluntario, espontáneo 2) *(охотничий)* de caza, cazador
охотовед *m* especialista en cinegética
охочий *adj* **(до чего-л)** *vulg* amante (de u/c), aficionado (a u/c)
охра *f* ocre
охрана *f* 1) guardia, custodia, protección 2) *(стража)* guardia
охранение *n elev* guardia, protección
охранительный *adj* 1) *(служащий для защиты)* protector, de seguridad 2) *obsol (консервативный)* conservador
охранка *f coloq hist* Ojranka (cuerpo de policía secreta zarista)
охранник *m* guardia, centinela
охранный *adj* de defensa, de protección
охранять *impf vt* guardar, custodiar, vigilar
охриплость *f* voz ronca
охрипнуть *perf vi* quedar ronco
охрометь V. хрометь
оценивать V. оценить
оценить *perf* оценивать *impf vt* 1) valorar, tasar 2) *(дать оценку)* apreciar, estimar
оценка *f* 1) *(действие)* calificación, valoración 2) *(мнение)* apreciación 3) *(степень знаний)* nota, calificación
оценочный *adj* de valoración, valorativo
оценщик *f* tasador
оцепенение *n* pasmo, aterimiento
оцепенеть V. цепенеть
оцепить *perf* оцеплять *impf vt* acordonar, rodear
оцепление *n* cordón (de tropas)
оцинковать *perf* оцинковывать *impf vt* cubrir de zinc
очаг *m* 1) hogar *домашний ~* hogar familiar 2) *(эпицентр)* foco
очаговый *adj* de hogar, de horno
очарование *n* encanto, fascinación
очаровательный *adj* encantador
очаровать *perf* очаровывать *impf vt* encantar, fascinar
очаровывать V. очаровать
очевидец *m* testigo, observador
очевидно **1.** *adv* evidentemente, obviamente **2.** *adv pred* es evidente
очевидность *f* evidencia, claridad
очевидный *adj* evidente, obvio
очеловечивание *n* humanización
очеловечивать V. очеловечить
очеловечить *perf* очеловечивать *impf vt* humanizar
очень *adv* mucho, muy *очень много* muchísimo; *~ хорошо* muy bien
очервиветь V. червиветь
очередник *m coloq* persona que está en una lista de espera
очередной *adj* 1) consecutivo, seguido 2) *(ближайший)* inmediato 3) *(повторяющийся)* habitual
очеред|ь *f* 1) turno *по ~и* por turno, por turno 2) *(из людей)* cola 3) *(из автоматического оружия)* ráfaga ◆ **в первую ~ь** en primer lugar
очерёдность *m* turno, sucesión
очерк *m* 1) ensayo, relato 2) *(общее изложение)* esbozo
очернить *perf* очернять *impf vt* denigrar
очертание *n* configuración, silueta
очерт|ить *perf* очерчивать *impf vt* 1) *(обвести)* perfilar, trazar 2) *(описать в общем виде)* esbozar ◆ **~я голову** perdiendo la cabeza
очерчивать V. очертить
очинить *perf* очинивать *impf vt* afilar, sacar punta
очистительный *adj* depurador
очистить *perf* очищать *impf vt* 1) limpiar 2) *(от примесей)* purificar, depurar 3) *(от кожуры)* pelar
очиститься *perf* очищаться *impf* 1) limpiarse, purificarse 2) **(от чего-л)** *(освободиться)* librarse (de u/c) 3) *(проясниться)* despejarse
очистка *f* 1) *(от примесей)* depuración, purificación 2) *(от грязи)* limpiadura
очистк|и (*gen* –ов) *mpl* peladuras
очищать V. очистить
очищаться V. очиститься
очищение *n* depuración
очкарик *m coloq hum* cuatro ojos
очкастый *adj coloq* gafotas
очк|и (*gen* –ов) *mpl* gafas *тёмные ~и* gafas de sol; *носить ~и* llevar gafas
очко *n* punto (en los juegos)
очковтирательство *n* falsificación, mistificación
очковый *adj* de punto(s)

очник *m acad coloq* estudiante presencial
очнуться *perf* 1) *(пробудиться)* despertarse 2) *(прийти в чувство)* volver en sí
очный *adj* presencial
очумелый *adj vulg* loco, chiflado, ido
очуметь *perf vi vulg* volverse loco, atontarse
очутиться *perf* 1) *(оказаться где-либо)* encontrarse, ir a parar 2) *(оказаться в каком-либо положении)* encontrarse, quedarse
очухаться *perf* очухиваться *impf coloq* volver en sí
очухиваться V. очухаться
ошалелый *adj coloq* chiflado, loco
ошалеть *perf vi coloq* atontarse, volverse loco
ошарашивать V. ошарашить
ошарашить *perf* ошарашивать *impf vt* 1) *coloq* pegar, golpear 2) *coloq (озадачить)* quedar perplejo
ошейник *m* collar
ошеломительный *adj* estupendo, aturdidor
ошеломить *perf* ошеломлять *impf vt* aturdir, atolondrar
ошеломлять V. ошеломить
ошеломляющий *adj* estupendo, aturdidor
ошибаться V. ошибиться
ошибиться *perf* ошибаться *impf* equivocarse
ошибк|а *f* falta, error, equivocación *допустить ~у* cometer un error
ошибочность *f* equivocación
ошибочный *adj* equivocado, falso
ошиваться *impf coloq peyor* vagar, callejear
ошмётк|и (*gen* –ов) *mpl coloq* retazos, trozos
ошпарить *perf* ошпаривать *impf vt* escaldar
ошпариваться V. ошпариться
ошпариться *perf* ошпариваться *impf* escaldarse
оштрафовать V. штрафовать
оштукатурить V. штукатурить
ощениться V. щениться
ощетиниться *perf* erizarse
ощипать *perf* ощипывать *impf vt* pelar, desplumar
ощипывать V. ощипать
ощупать *perf* ощупывать *impf vt* tocar, palpar
ощупывать V. ощупать
ощупь *adv* : на ~ a tientas
ощупью *adv* 1) *(с помощью осязания)* a tientas, a ciegas 2) *(без подготовки)* sin preparación
ощутимый *adj* perceptible, tangible
ощутительный *adj* 1) sensible, perceptible 2) *(значительный)* notable, destacado
ощутить *perf* ощущать *impf vt* sentir, percibir
ощущать V. ощутить
ощущаться *impf* sentirse, notarse
ощущение *n* sensación
ояловеть V. яловеть

П

па *n inv danz* paso
пава *f* pava ◆ **ни ~ ни ворона** ni carne ni pescado
павиан *m* babuino
павильон *m* pabellón
павлин *m* pavo real
павлиний *adj* de(l) pavo real
паводковый *adj* de crecida, de avenida
паводок *m* crecida, venida, riada
павший *m* caído
пагинация *f impr* paginación
пагода *f* pagoda
пагубно *adv* perjudicialmente, perniciosamente
пагубность *n* carácter perjudicial
пагубный *adj* perjudicial, pernicioso, nefasto
падаль *f* carroña
паданец *m* fruto caído
падать *impf* упасть *perf vi* caer, caerse ◆ ~ **в обморок** desmayarse ~ **духом** desanimarse
падеж *m ling* caso
падежный *adj ling* de caso, casual
падение *n* 1) caída 2) *(понижение)* descenso 3) *(моральное)* decadencia
падёж *m* mortandad, epizootia
падишах *m* padishá
падкий *adj* (**на что-л, до чего-л**) propenso (a u/c), débil (ante u/c) ~ *на деньги* débil ante el dinero
падучая *f obsol* epilepsia
падчерица *f* hijastra
падший *adj* perdido, libertino
паевой *adj* de participaciones, comunitario
паёк *m* ración *сухой* ~ rancho en frío, pícnic
паж *m* paje
паз *m* muesca, ranura
пазух|а *f* seno ◆ **держать камень за ~ой** guardar rencor
паиньк|а *m/f coloq* bueno *будь ~ой* sé bueno
пай *m* participación, acción
пайка[1] *f (паёк)* ración, rancho
пайка[2] *f (по глаголу «паять»)* soldadura
пайковый *adj* de ración
пайщик *m* accionista, miembro, participante
пак *m* bloque de hielo a la deriva
пакет *m* 1) *(сверток)* paquete 2) *(мешок)* bolsa 3) *(услуг и т.д.)* paquete
пакетик *m* bolsa, bolsita
пакетировать *biasp vt tecn* empaquetar, envasar
пакетный *adj* de bolsa
пакля *f* estopa
паковать *impf* упаковать/запаковать *perf vt* embalar, empacar, empaquetar
пакостить *impf* запакостить (1)/напакостить (2) *perf* **1.** *vt vulg* ensuciar, echar a perder **2.** *vi coloq* hacer una marranada, jugar una mala pasada
пакостни|к, -ца *m/f coloq* víbora, mala persona
пакостный *adj coloq* repugnante, vil
пакость *f coloq* marranada, mala pasada, cochinada
пакт *m* pacto, tratado
палас *m* alfombra, moqueta
палата *f* 1) cámara *торговая* ~ cámara de comercio 2) *(в больнице)* sala, habitación
палатальный *adj ling* palatal
палатка *f* 1) tienda de campaña 2) *(киоск)* kiosco
палаточный *adj* 1) de tiendas de campaña 2) *(относящийся к киоску)* de quioscos, de tenderetes
палаццо *n inv arquit* palazzo
палач *m* verdugo
палаческий *adj* de verdugo
палаш *m* sable
палевый *adj* pajizo, de color (de) paja
палеограф *m* paleógrafo
палеографический *adj* paleográfico
палеография *f* paleografía
палеозойский *adj geol* paleozoico
палеолит *m arqueol* paleolítico
палеолитический *adj arqueol* paleolítico
палеонтолог *m* paleontólogo
палеонтологический *adj* paleontológico
палеонтология *f* paleontología
палестин|ец, -ка *m* palestin|o, -a
палестинский *adj* palestino
палех *m* Pálej (lacado tradicional ruso)
палехский *adj* de Pálej
палец *m* dedo *большой* ~ pulgar, dedo gordo; *указательный* ~ dedo índice
палёный *adj* chamuscado, quemado
палисад *m* palenque, empalizada
палисадник *m* 1) *(забор)* seto, cercado 2) *(садик)* jardín (delante de la casa)
палисандр *m* palisandro
палитра *f* paleta (de pintor)
палить[1] *impf* спалить *perf* **1.** *vt (заставлять сгореть)* quemar, chamuscar **2.** *vi* (**из чего-л**) *coloq (стрелять)* disparar (con u/c), tirar (con u/c)
палица *f* maza, cachiporra
палка *f* palo, bastón, vara
паллиатив *m* paliativo
паллиативный *adj* paliativo
паломник *m* peregrino
паломничать *impf vi* peregrinar
паломнический *adj* de peregrinaje, de peregrino
паломничество *n* peregrinación, peregrinaje
палочк|а *f* 1) varilla *волшебная ~а* varita mágica; *дирижёрская ~а* batuta 2) *med* bacilo ◆ **ноль без ~и** cero a la izquierda
палочный *adj* de palo(s), de vara(s)
палтус *m* rodaballo
палуба *f nav* cubierta, puente
палубный *adj nav* de cubierta
пальба *f* fuego (de armas)
пальма *f* palmera
пальмовый *adj* de (la) palmera

пальнуть *perf vt* V. палить
пальпация *f med* palpación
пальпитация *f med* palpitación
пальто *n inv* abrigo
пальцевой *adj* digital, de los dedos
пальчатый *adj zool* digitado
пальчик *m dimin-afect* dedito, dedo ◆ **~и оближешь** *coloq* para chuparse los dedos **мальчик-с-~** pulgarcito
палящий *adj* ardiente, abrasador
пампас|ы (*gen* –ов) *mpl* pampa
пампушка *f* hojuela, panecillo
памфлет *m* panfleto, libelo
памфлетист, -ка *m/f* panfletista
памятка *f* instrucción, indicaciones
памятливый *adj* memorioso, que tiene buena memoria
памятник *m* monumento
памятный *adj* 1) memorable, conmemorativo 2) *(незабываемый)* inolvidable
памятовать *impf vt* recordar
память *f* memoria
пан *m hist* pan (señor en Polonia, Bielorrusia y Ucrania de la época zarista)
панама *f* sombrero panamá, jipijapa
панацея *f elev* panacea
панда *f* panda
пандемический *adj med* pandémico
пандемия *f med* pandemia
пандус *m* rampa
панегирик *m lit* panegírico
панегирический *adj lit* panegírico
панель *f* 1) *(тротуар)* acera 2) *(облицовка)* panel, revistimiento 3) *(щиток)* panel, tablero *~ управления* panel de control ◆ **выйти на ~** echarse a la calle
панельный *adj* de(l) panel, de paneles
пани *f inv hist* pani (señora en Polonia, Bielorrusia y Ucrania zaristas)
панибратски *adv* con excesiva familiaridad, con confianzas
панибратство *n* trato familiar, sin miramientos
паник|а *f* pánico *впадать в ~у* dejarse llevar por el pánico
паникадило *n relig* candelabro, lucerna
паникёр, -ша *m/f* alarmista, buler|o, -a
паникёрствовать *impf vi coloq* dejarse llevar por el pánico
паниковать *impf vi* dejarse llevar por el pánico
панировать *biasp vt* rebozar, empanar
панихида *f* 1) *relig* misa de difuntos 2) *(гражданская)* exequias
панический *adj* pánico
панно *n inv* panel, lienzo
паноптикум *m* panóptico
панорама *f* panorama
панорамный *adj* panorámico
пансион *m* pensión, casa de huéspedes *полный ~* pensión completa
пансионат *m* hotel-pensión
панславизм *m* paneslavismo
панславист *m* paneslavista
панталон|ы (*gen* –ов) *mpl* calzones
пантеизм *m filos* panteísmo
пантеист *m filos* panteísta
пантеистический *adj filos* panteísta
пантеон *m* panteón
пантера *f* pantera
пантомима *f* pantomima
пант|ы (*gen* –ов) *mpl* astas de ciervo (utilizadas en la medicina)
панцирн|ый **1.** *adj* armado, reforzado **2. -ые** *pl biol* testáceos
панцирь *m* 1) *hist (доспех)* coraza 2) *zool* coraza, caparazón, concha
панщя *f* arada, tierra labrada
папа[1] *m coloq* papá, padre
папа[2] *m (глава католической церкви)* Papa *~ Римский* el Papa de Roma
папайя *f* papaya
папаха *f* papaja (gorro alto de piel)
папаша *m* 1) *vulg* padre, papá 2) *fam (обращение)* abuelo
папенька *m coloq obsol* papá, padre
паперть *f* atrio (en un templo)
папильотка *f* papillote (para el pelo)
папин *adj coloq* del padre, de papá
папироса *f* cigarrillo
папироска *f coloq* V. папироса
папиросный *adj* de cigarrillos, de emboquillados
папирус *m* papiro
папирусный *adj* de papiro
папка *f* carpeta
папоротник *m* helecho
папочка *m coloq dimin-afect* papá, papaíto
папский *adj* papal, del Papa
папуас, -ка *m/f* papú(a)
папуасский *adj* papú(a)
папье-маше *n inv* papel maché
пар[1] *m* vapor, vaho ◆ **на всех ~ах** a toda velocidad
пар[2] *m (поле)* barbecho
пара *f* par, pareja *~ ботинок* un par de zapatos, *(в школе)* clase ◆ **два сапога ~** tal para cual
парабеллум *m mil* parabellum
парабола *f mat* parábola
параболический *adj* parabólico
парагва|ец, -йка *m/f* paraguay|o, -a
парагвайский *adj* paraguayo
параграф *m* párrafo
парад *m* desfile, parada
парадигма *f* paradigma
парадигматический *adj* paradigmático
парадная *f reg* portal
парадный *adj* de gala
парадокс *m* paradoja
парадоксальность *f* carácter paradójico
парадоксальный *adj* paradójico
паразит *m* 1) parásito 2) *(дармоед)* parásito, gorrón 3) *insult (нехороший человек)* cabrón, canalla
паразитарный *adj* parasitario
паразитизм *m* parasitismo
паразитировать *impf vi* parasitar
паразитический *adj* parasitario
паразитный *adj* parásito
парализовать *biasp vt* paralizar, colapsar
паралитик *m* paralítico
паралич *m* parálisis
паралитичный *adj* de parálisis, paralítico
параллелепипед *m mat* paralelepípedo
параллелизм *m* paralelismo
параллелограм *m mat* paralelogramo
параллелограмм *m* paralelogramo

параллель *f* 1) paralelo, paralelismo 2) *geogr* paralelo
параллельный *adj* paralelo
параметр *m* parámetro
параметрический *adj* paramétrico
паранджа *f* paranjá (bata con velo de las mujeres musulmanas en Asia Central)
параноик *m* paranoico
паранойа *m* paranoia
парапет *m* parapeto
парапсихология *f* parapsicología
паратиф *m med* paratifus
парафин *m* parafina
парафиновый *adj* de parafina
парашют *m* paracaídas
парашютист *m* paracaidista
парашютный *adj* de(l) paracaídas
парез *m med* paresia
паренёк *m coloq dimin-afect* chico, mozo
парение *n* planeo, vuelo (planeando)
парен|ый *adj* hervido al vapor ◆ **проще ~ой репы** *coloq* es muy sencillo, es coser y cantar
парень *m coloq* chico, tío ◆ **рубаха-~ muchacho** muchacho campechano y buena persona
пари *n inv* apuesta *держать* ~ apostar
парик *m* peluca
парикмахер *m* peluquer|o, -a, barbero
парикмахерская *f* peluquería
парикмахерский *adj* de peluquería
парильня *f* estufa (en la sauna rusa)
парировать *biasp vt sport* parar, detener
паритет *m* paridad
паритетный *adj* paritario
парить *impf vi* planear
париться *impf* 1) calentarse por medio de vapor (espec. en la sauna rusa) 2) *coloq* agobiarse, angustiarse
пария *m/f* paria
парк *m* parque ~ *аттракционов* parque de atracciones
паркет *m* parquet
паркетный *adj* de parquet, con parquet
паркетчик *m* entarimador, instalador de parquet
паркинг *m* parking
парковать *impf* припарковать *perf vt* aparcar, estacionar
парковаться *perf* припарковаться *impf* aparcar, estacionar
парковка *f* aparcamiento
парковый *adj* de(l) parque
парламент *m* parlamento
парламентаризм *m* parlamentarismo
парламентарий *m* parlamentario, miembro del parlamento
парламентёр *m* parlamentario
парламентский *adj* parlamentario, del parlamento
Парнас *m mitol* Parnaso
парная *f* sauna rusa, baño de vapor
парник *m* invernadero
парниковый *adj* de invernadero
парнишка *m coloq dimin-afect* mozalbete
парной *adj* fresco
парнокопытные *pl zool* artiodáctilos
парность *f* paridad
парный *adj* gemelo, doble
паровоз *m* locomotora
паровозный *adj* de locomotora(s)
паровой *adj* de vapor, a vapor
пародийность *f* carácter paródico
пародийный *adv* de parodia, paródico
пародировать *biasp vt* parodiar
пародист *m* parodista
пародия *f* parodia
пароксизм *m* paroxismo
пароксизмальный *adj* paroxismal
пароль *m* contraseña, consigna
паром *m* transbordador, ferry
паромный *adj* de transbordador, de ferry
паромщик *m* almadiero, balsero
паросиловой *adj tecn* de energía de vapor
пароход *m* barco, vapor
пароходный *adj* de barcos, de vapores
пароходство *n* compañía naviera
парочка *f coloq* par, pareja
парта *f* pupitre
партбилет *m hist* carnet del partido comunista de la URSS
партбюро *n inv hist* aparato del partido comunista de la URSS
партгруппа *f hist* grupo del Partido
партер *m teat* patio de butacas, platea
партиец *m* miembro del partido comunista de la URSS
партизан *m* partisano, guerrillero
партизанить *impf vi coloq* guerrillear
партизанка *f* partisana, guerrillera
партизанский *adj* partisano
партизанщина *f peyor* anarquía
партийность *f* pertenencia a un partido
партикулярный *adj* civil, de paisano
партитура *f mús* partitura
партия *f* 1) *(политическая)* partido 2) *(музыкальная)* parte 3) *(в игре)* partida
партком *m hist* Comité del partido comunista de la URSS
партнёр *m* 1) pareja, compañero 2) *(компаньон)* socio
партнёрский *adj* de compañero, de socio
партнёрша *f* pareja, compañera
парторг *m hist* organización del partido comunista de la URSS
парубок *m reg* mozo, muchacho (en Ucrania)
парус *m* vela ◆ **на всех ~ах** a toda vela
парусина *f* lona, cáñamo
парусиновый *adj* de lona, de cáñamo
парусник *m* velero
парусный *adj* de vela ~ *спорт* deporte de vela, vela
парфюмер *m* perfumero
парфюмерия *f* perfumería
парфюмерный *adj* de perfumería ~ *магазин* perfumería
парча *f* brocado, espolín
парчовый *adj* de brocado(s)
парша *f* sarna, acariasis
паршиветь *impf* запаршиветь/опаршиветь *perf vi coloq* ensarnecer, ponerse sarnoso
паршивец *m insult* desgraciado, miserable
паршиво *adv vulg* mal, horriblemente
паршив|ый *adj* 1) *(покрытый паршой)* sarnoso 2) *vulg (дрянной)* malo, sucio ◆ **~ая овца** la oveja negra

пас[1] **1.** *m cart* paso **2.** *pred* paso
пас[2] *m sport* pase
пасека *f* colmenar
пасечник *m* apicultor, colmenero
пасквиль *m* libelo, panfleto, pasquín
пасквилянт *m* libelista
паскудный *adj vulg* ruin, asqueroso
паслён *m* solano, hierba mora
паслёновые *pl bot* solanáceas
пасмурно **1.** *adv* sombríamente **2.** *adv pred (о погоде)* está nublado, está gris
пасмурный *adj* 1) nublado, gris, chubascoso 2) *(мрачный)* sombrío, tétrico
пасовать[1] *biasp vi* 1) *jueg* pasar 2) *(сдаваться)* pasar, ceder
пасовать[2] *biasp vi sport* pasar
паспарту *n inv* paspartú
паспорт *m* 1) pasaporte 2) *(какого-нибудь устройства)* certificado técnico
паспортист, -ка *m/f* encargad|o, -a de pasaportes
паспортный *adj* de pasaportes
пассаж *m* galería, pasaje
пассажир, -ка *m/f* pasajer|o, -a
пассажирский *adj* de pasajeros, de viajeros
пассат *m meteo* alisios, viento alisio
пассатный *adj meteo* : ~ ветер viento alisio
пассив *m econ* pasivo
пассивно *adv* pasivamente
пассивность *f* pasividad
пассивный[1] *adj* pasivo
пассивный[2] *adj econ* pasivo
пассия *f coloq obsol* pasión, amor (referido a la mujer amada)
паста *f* pasta
пастбище *n* pasto, pastura, dehesa
пастбищный *adv* de pastos, de pastura
паства *f relig* rebaño, grey
пастель *f arte* pastel
пастельный *adj arte* de pastel
пастеризованный *adj* pasteurizado
пастеризовать *biasp vt* pasterizar
пастернак *m* pastinaca
пасти *impf vt* apacentar, pastar, herbajar
пастила *f* pasta de fruta
пастись *impf* pacer, pastar
пастообразный *adj* pastoso
пастор *m relig* pastor (protestante)
пастораль *f relig* pastoral
пасторальный *adj relig* pastoral
пастух *m* pastor
пастушеский *adj* pastoril, de pastor
пастушка *f* pastora
пастушок *m dimin-afect* pastorcillo, zagal
пастырский *adj relig* pastoral
пастырь *m* 1) *obsol* pastor 2) *relig* pastor
пасть[1] *f* boca (de un animal), fauces
пасть[2] *perf vi* 1) caer 2) *elev (погибнуть)* caer, sucumbir, perecer 3) *(морально)* decaer, degradarse
пастьба *f* pasto
пасха *f* 1) *relig* Pascua 2) *(кушанье)* pastel de Pascua
пасхальный *adj relig* pascual, de Pascua
пасынок *m* hijastro
пасьянс *m cart* solitario
пат *m ajed* tablas (por rey ahogado)
патент *m* patente
патентный *adj* de patente(s)
патентовать *impf* запатентовать *perf vt* patentar
патер *m relig* padre
патетика *f elev* patetismo
патетически *adv* patéticamente
патетический *adj* patético
патетично *adv* V. патетически
патетичность *f* patetismo
патетичный *adj* V. патетический
патефон *m* gramófono
патиссон *m* calabaza bonetera (pastelera)
патогенный *adj med* patógeno
патока *f* melaza (de almidón)
патолоанатом *m med* patologoanatomista
патолог *m med* patólogo
патологический *adj med* patológico
патология *f med* patología
патологоанатом *m med* patologoanatomista
патриарх *m* patriarca
патриархальность *f* patriarcado, carácter patriarcal
патриархальный *adj* patriarcal
патриархат *m* patriarcado
патриархия *f relig* patriarcado
патриарший *adj relig* patriarcal, del patriarca
патриот *m* patriota
патриотизм *m* patriotismo
патриотический *adj* patriótico
патриотично *adv* patrióticamente
патриотичный *adj* patriótico
патриотка *f* patriota
патрицианский *adj hist* patricio
патриций *m hist* patricio
патрон *m* cartucho
патронаж *m* patrocinio
патронат *m* patronato
патронатный *adj* de(l) patronato
патронник *m* cargador (de cartuchos)
патронташ *m* cacerina
патрубок *m* tubuladura, tubería derivada
патрулирование *n* patrulla
патрулировать *impf vt* patrullar
патруль *m* patrulla
патрульный **1.** *adj* de patrulla **2.** *m* soldado de patrulla
пауза *f* pausa
паук *m* araña
паутина *f* telaraña
паутинка *f* 1) *dimin. de* паутина 2) *(тонкое вязание)* malla, calado
паутинный *adj* de telaraña, de tela de araña
паучий *adj* de (la) araña
паучок *m dimin-afect* arañita, araña
пафос *m* énfasis, entusiasmo
пафосный *adj* 1) enfático 2) *coloq* con pretensiones
пах *m* ingle
паханый *adj* arado, labrado
пахарь *m* labrador, labriego
пахать *impf vt* 1) arar 2) *coloq* trabajar, currar
пахн|уть *impf vi* oler *пахнет едой* huele a comida; *~ет приятно* huele bien
паховой, паховый *adj* inguinal
пахота *f* labranza
пахотный *adj* labrable, de labranza

пахта *f* suero de leche
пахучий *adj* aromático, oloroso
пацан *m coloq* niño, chaval
пациент, -ка *m/f med* paciente
пацифизм *m* pacifismo
пацифист, -ка *m/f* pacifista
пацифистский *adj* pacifista
паче *adv obsol* más ◆ **тем** ~ tanto más, con mayor razón
пачка *f* paquete
пачкать *impf* испачкать *perf vt* manchar, ensuciar
пачкаться *impf* испачкаться *perf* mancharse, ensuciarse
пачкотня *f coloq* pintarrajo, chapuza
пачкун, -ья *m/f coloq* cochin|o, -a, ensuciador, -a
паша *m* pachá
пашня *f* labrado, campo labrado
паштет *m* paté
паюсн|ый *adj* : ~ая икра caviar prensado
паяльник *m* soldador (instrumento)
паяльный *adj* de soldar, de soldadura
паяльщик *m* soldador (persona)
паясничать *impf vi* hacer payasadas, hacer el payaso
паять *impf vt* soldar
паяц *m* payaso
певец *m/f* cantante
певица *f* cantante
певучий *adj coloq* armonioso, melódico
певческий *adj* de canto, de cantor
певчий *adj* cantor
Пегас *m mitol* Pegaso
пегий *adj* pío (dicho de una caballería)
педагог *m* pedagogo
педагогика *m* pedagogía
педагогический *adj* pedagógico
педагогично *adv* pedagógicamente
педагогичный *adj* pedagógico
педал|ь *f* pedal *крутить ~и* pedalear
педальный *adj* a pedales, de pedales
педант *m* 1) pedante 2) *(аккуратный до мелочности человек)* maniátic|o, -a, formalista
педантизм *m* pedantería, escrupulosidad
педантически *adv* V. педантично
педантический *adj* V. педантичный
педантично *adv* 1) de forma pedante, con pedantería 2) *(аккуратно до мелочности)* escrupulosamente, minuciosamente
педантичность *f* pedantería
педантичный *adj* 1) pedante 2) *(аккуратный до мелочности)* maniático, escrupuloso
педантство *n* pedantería
педераст *m* pederasta
педерастия *f* pederastia
педиатр *m* pediatra
педиатрический *adj* pediátrico
педиатрия *f* pediatría
педикюр *m* pedicur|o, -a, callista
педикюрша *f coloq* pedicura, callista
пейзаж *m* paisaje
пейзажист *m arte* paisajista
пейзажный *adj* paisajístico
пекарня *f* panadería, horno
пекарский *adj* de panadero, de hornero
пекарь *m* panadero, hornero
пеклеванный *adj* de flor de harina
пекло *n* 1) *(ад)* infierno 2) *(жара)* infierno, solano
пелена *f* velo, cortina
пеленать *impf* запеленать/спеленать *perf vt* envolver, fajar, encorsetar
пеленг *m nav* marcación, demora
пеленгатор *m nav* indicador de rumbo, giroscopio direccional
пеленговать *impf* запеленговать *perf vt nav* hallar el rumbo, encontrar la dirección, localizar
пелерина *f* pelerina
пелёнка *f* pañal
пеликан *m* pelícano
пельмен|и (*sing* -ь) *mpl* pelmeni (plato tradicional hecho con carne y masa)
пельменная *f* pelménnaya (establecimiento donde sirven pelmeni)
пемза *f* piedra pómez
пемзовый *adj* de piedra pómez
пена *f* espuma *морская* ~ espuma de mar; ~ *для бритья* espuma de afeitar
пенал *m* plumier, estuche
пенальти *n inv sport* penalti
пенат|ы (*gen* –ов) *mpl poét hist* penates, hogar paterno
пенёк *m dimin. de* пень
пение *n* canto
пенис *m anat* pene
пенистый *adj* espumoso
пениться *impf* espumar, hacer espuma
пенициллин *m med* penicilina
пенка[1] *f* V. пена
пенка[2] *f (на молоке)* nata
пенкосниматель *m peyor* aprovechado, oportunista
пенни *n inv* penique
пенный *adj* espumoso, con espuma
пенопласт *m* porexpán
пенопластовый *adj* de porexpán
пеночка *f (птица)* curruca, mosquita
пенс *m (монета)* penique
пенсионер, -ка *m/f* pensionista, jubilad|o, -a
пенсионный *adj* de pensiones, de pensionista, de jubilado
пенси|я *f* pensión, subsidio *быть на ~и* estar jubilado
пенсне *n inv* quevedos, lentes
пентагон *m mat* pentágono
пень *m* 1) tocón, chueca 2) *coloq (о человеке)* zopenco
пенька *f* cáñamo
пеньюар *m* 1) *(капот)* chambra, chapona, bata 2) *(в парикмахерской)* peinador
пеня *f* penalización, multa
пенять *impf* попенять *perf vi* **(на кого/что-л)** *coloq* reprochar, echar en cara (u/c a alg)
пепел *m* ceniza
пепелище *n* lugar del incendio, rescoldos
пепельница *f* cenicero
пепельный *adj* de ceniza
пепловый *adj* de ceniza
пеплопад *m* desprendimiento de ceniza (de un volcán)
пепсин *m fisiol* pepsina
первач *m* 1) *(о муке, табаке, вине)* producto de primera producción (molienda, prensada, etc.) 2) *(о самогоне)* aguardiente de cabeza

первейший *adj* principal, primordial
первенец *m* primogénito
первенство *n* 1) primacía, supremacía 2) *sport* campeonato
первенствовать *impf vi* tener primacía, llevarse la palma
первичность *f* primacía, primado
первичный *adj* 1) primario, inicial, primero 2) *(основной)* primario, principal
первобытнообщинный *adj* de sociedad primaria
первобытность *f* estado primitivo
первобытный *adj* primitivo
первогодок *m coloq (солдат, матрос)* soldado (marinero) de primer año
первозданность *f elev* carácter primitivo, original
первозданный *adj elev* primitivo, original, prístino
первоисточник *m* origen, fuente originaria
первоклассни|к, -ца *m/f* alumn|o, -a de primer grado (curso)
первоклассный *adj* de primera calidad
первоклашка *m/f vulg* V. первоклассни|к, -ца
первокурсни|к, -ца *m/f* estudiante de primer curso (año)
первомайский *adj* del primero de mayo
перво-наперво *adv vulg* en primer lugar, antes que nada
первоначальный *adj* originario, inicial
первообраз *m* prototipo
первооснова *f elev* principio
первооткрыватель, -ница *m/f* descubridor, -a
первоочередной *adj* de primer orden, primero
первопечатный *adj* 1) incunable 2) *(напечатанный впервые)* de (la) primera impresión
первопрестольный *adj obsol* el más antiguo (referido a una capital)
первопричина *f elev* origen, causa primera
первопроходец *m* descubridor, colonizador
перворазрядник *m sport* deportista de primera categoría
перворазрядный *adj* de primera categoría
первородный *adj* 1) *obsol (родившийся первым)* primogénito 2) *elev (первозданный)* original, prístino
первородство *n* 1) *obsol* primogenitura 2) *elev (первенство)* primacía
первородящая *f* primeriza, madre primeriza
первосортный *adj* de primera clase (calidad)
первостатейный *adj coloq obsol* de primera calidad, de marca superior
первостепенный *adj* de primer orden, primordial
первоцвет *m (растение)* primavera
перв|ый *adj* 1) primero *~ый год* el primer año; *половина ~ого* las doce y media 2) *(первоначальный)* primero, inicial
пергамент *m* pergamino
пергаментный *adj* de pergamino, apergaminado
переадресовать *perf* переадресовывать *impf vt* redirigir, cambiar de dirección
переадресовывать V. переадресовать
переаттестация *f* recualificación
переаттестовать *perf* переаттестовывать *impf vt* volver a cualificar, recualificar
переаттестовывать V. переаттестовать
перебазировать *perf vt* trasladar, transferir
перебазироваться *perf* trasladarse
перебарщивать V. переборщить
перебарывать V. перебороть
перебегать V. перебежать
перебежать *perf* перебегать *impf vt* 1) atravesar corriendo, cruzar corriendo *~ (через) улицу* cruzar la calle corriendo 2) *(на другое место)* correr (de un sitio a otro) 3) **(к кому-л)** *(к неприятелю)* pasarse (a alg), desertar
перебежка *f* carrera
перебежчи|к, -ца *m/f* tránsfuga, desertor, -a
перебеситься *perf* 1) *(взбеситься)* rabiar (muchos, todos) 2) *vulg (успокоиться)* calmarse, tranquilizarse
перебивать V. перебить 1,2
перебиваться V. перебиться
перебирать V. перебрать
перебираться V. перебраться
перебить[1] *perf* перебивать *impf vt* 1) *(прервать)* interrumpir *~ говорящего* interrumpir al que habla 2) *(нарушить)* romper, estropear *~ аппетит* hacer pasar el apetito 3) *coloq (перехватить)* quitar, birlar
перебить[2] *perf* перебивать *impf vt* 1) *(убить)* matar, asesinar (a todos, a muchos) 2) *(разбить)* romper, hacer pedazos (todo, mucho) 3) *(сломать)* romper, fracturar 4) *(вбить заново)* volver a clavar
перебиться[1] *perf* перебиваться *impf* romperse, hacerse pedazos (todo, mucho)
перебиться[2] *perf* перебиваться *impf coloq (както прожить)* pasar, ir tirando, malvivir *перебиться до зарплаты* pasar hasta cobrar el sueldo
перебой *m* 1) *(периодическая задержка)* interrupción, suspensión 2) *(неравномерность ритма)* intermitencia, intercadencia
переболеть *perf vi* **(чем-л)** haber estado enfermo, haber pasado una enfermedad
перебор *m* exceso
переборка[1] *f (сортировка)* selección
переборка[2] *f (перегородка)* tabique
перебороть *perf* перебарывать *impf vt* vencer, superar *~ страх* vencer el miedo
переборщить *perf* перебарщивать *impf vi coloq* excederse, pasarse de la rosca
перебраниваться *impf coloq* discutir insultándose, andar a la greña
перебранка *f coloq* riña, bronca
перебрасывать V. перебросать, перебросить
перебрасываться V. переброситься
перебрать *perf* перебирать *impf vt* 1) *(пересмотреть)* revisar, examinar *~ все документы* revisar todos los documentos 2) *(разобрать и собрать вновь)* volver a montar 3) *(взять больше, чем нужно)* coger en demasía, excederse 4) *(взять по частям много чего-н.)* coger, juntar
перебраться *perf* перебираться *impf* 1) pasar, atravesar 2) *(переехать)* trasladarse
перебродить *perf vi* acabar de fermentar
перебросать *perf* перебрасывать *impf vt* lanzar, arrojar (todo, mucho)
перебросить *perf* перебрасывать *impf vt* 1) echar, lanzar (a través, más allá) 2) *(переместить)* trasladar, transferir, transportar

перебро**ситься** *perf* перебр**а**сываться *impf* 1) *(переместиться)* trasladarse (de un salto o precipitadamente) 2) *(распространиться)* extenderse 3) **(чем-л)** *(бросить друг другу)* lanzarse mutuamente

переброска *f* traslado, transferencia

перебыва|ть *perf vi* visitar, haber visitado (a todos o muchos) *я ~л у всех друзей* he estado en casa de todos mis amigos

перевал *m* 1) *(действие)* paso 2) *(путь)* puerto (de montaña)

переваливать V. перевалить

переваливаться V. перевалиться

перевалить *perf* переваливать *impf vt* 1) *(переложить)* pasar, transbordar 2) *(перейти)* traspasar, cruzar, atravesar

перевалиться *perf* переваливаться *impf* 1) saltar, pasar ~ *через забор* saltar una tapia 2) *coloq (повернуться)* darse la vuelta

перевалка *f* transbordo

перевалочный *adj* de transbordo

переваривание *n* 1) cocción excesiva 2) *(в желудке)* digestión

переваривать V. переварить

перевариваться V. перевариться

переварить *perf* переваривать *impf vt* 1) *(заново)* volver a hervir (cocer) 2) *(чересчур)* hervir (cocer) demasiado 3) *(о желудке)* digerir

перевариться *perf* перевариваться *impf* 1) hervirse (cocerse) demasiado 2) *(при пищеварении)* digerirse, ser digerido

перевезти *perf* перевозить *impf vt* llevar, transportar, trasladar, pasar ~ *пассажиров через реку* llevar a los pasajeros al otro lado del río

перевернуть *perf* переворачивать *impf vt* 1) volver, girar, dar la vuelta ~ *страницу* pasar la página 2) *(опрокинуть)* volcar 3) *(переворошить)* revolver, dar la vuelta 4) *(резко изменить)* transtornar, cambiar completamente

перевернуться *perf* перевёртываться/переворачиваться *impf* 1) *(с одной стороны на другую)* volverse, girarse 2) *(опрокинуться)* volcarse 3) *(резко измениться)* cambiar completamente

перевес *m* 1) *(численное преимущество)* superioridad 2) *(избыточный вес)* exceso de peso

перевесить[1] *perf* перевешивать *impf vt* 1) *(взвесить заново)* volver a pesar 2) *(превзойти весом)* pesar más, preponderar 3) *(оказаться более значительным)* prevalecer, preponderar

перевесить[2] *perf* перевешивать *impf vt (на другое место)* colgar en otro sitio

перевеситься *perf* перевешиваться *impf* inclinarse, echarse encima

перевести[1] *perf* переводить *impf vt* 1) llevar, trasladar, conducir 2) *(переместить)* pasar, trasladar 3) *(передвинуть)* mover, desplazar ~ *часы* cambiar la hora del reloj 4) *(направить на что-л. другое)* dirigir ~ *взгляд* dirigir la mirada 5) *(официально передать)* transferir 6) *(переслать)* girar, transferir 7) *(на другой язык)* traducir 8) *(в другую систему измерения)* transformar, convertir ~ *на евро* convertir a euros 9) *(рисунок)* calcar ◆ ~ дух tomar aliento, descansar

перевести[2] *perf* переводить *impf vt* 1) *(извести)* aniquilar, exterminar 2) *(истратить)* gastar, despilfarrar, derrochar

перевестись[1] *perf* переводиться *impf (в дургое место)* trasladarse

перевестись[2] *perf* переводиться *impf (исчезнуть)* acabarse, agotarse

перевешать *perf* перевешивать *impf vt coloq* colgar, ahorcar (a todos, a muchos)

перевешивать V. перевесить, перевешивать

перевешиваться V. перевеситься

перевёртывать V. перевернуть

перевёртываться V. перевернуться

перевёртыш *m coloq* persona ambigua, camaleón

перевивать V. перевить

перевидать *perf vt coloq* haber visto de todo, haber visto mucho ~ *много горя* haber sufrido muchas penas

перевинтить *perf* перевинчивать *impf vt* 1) volver a atornillar 2) *(испортить винтя)* pasar de rosca

перевинчивать V. перевинтить

перевирать V. переврать

перевить *perf* перевивать *impf vt* 1) entrelazar, liar 2) *(свить заново)* volver a atar (liar)

перевод *m* 1) *(в другое место)* traslado, traslación, transferencia 2) *(на другой язык)* traducción 3) *(денег)* transferencia, giro 4) *(передвижение)* movimiento, cambio 5) *(в другую систему измерения)* conversión 6) *(бесполезная трата)* despilfarro

переводить V. перевести 1,2

переводиться V. перевестись

переводной *adj* 1) *coloq* переводный 2) *(о бумаге, картине)* de calcar

переводный *adj* 1) *(с другого языка)* traducido 2) *fin* de transferencia, de cambio

переводческий *adj* de traductor(es), de intérprete(s)

переводчи|к, -ца *m/f* traductor, -a, intérprete

перевоз *m* 1) transporte 2) *(место)* pasaje

перевозить V. перевезти

перевозка *f* transporte

перевозной *adj* móvil, transportable

перевозочный *adj* de transporte

перевозчик *m* 1) *(через реку)* barquero 2) *(груза)* transportista

переволноваться *perf coloq* inquietarse, preocuparse, desasosegarse

перевооружать V. перевооружить

перевооружаться V. перевооружиться

перевооружение *n* rearme

перевооружить *perf* перевооружать *impf vt* rearmar

перевооружиться *perf* перевооружаться *impf* rearmarse

перевоплотиться *perf* перевоплощаться *impf* reencarnarse, transformarse

перевоплощаться V. перевоплотиться

перевоплощение *n* reencarnación, transformación

переворачивать V. перевернуть

переворачиваться V. перевернуться

переворашивать V. переворошить

переворот *m* 1) vuelco 2) *(политический)* revuelta, cambio *государственный* ~ golpe de estado

переворошить *perf* перевора́шивать *impf vt* revolver, remover
перевоспитание *n* reeducación
перевоспитать *perf* перевоспитывать *impf vt* reeducar, volver a educar
перевоспитывать V. перевоспитать
переврать *perf* перевирать *impf vt coloq* tergiversar, alterar, confundir
перевыбирать V. перевыбрать
перевыбор|ы (*gen* –ов) *mpl* reelección
перевыбрать *perf* перевыбирать *impf vt coloq* reelegir
перевыполнение *n* superación, rebasamiento
перевыполнить *perf* перевыполнять *impf vt* cumpir con creces, superar
перевыполнять V. перевыполнить
перевязать *perf* перевязывать *impf vt* 1) *(рану)* vendar 2) *(связать)* atar 3) *(заново)* volver a tejer
перевязка *f* vendaje
перевязочная *f* sala de vendaje
перевязочный *adj* de vendaje ~ *пункт* puesto de socorro
перевязывать V. перевязать
перегар *m* 1) olor, tufo 2) *(от спиртного)* aliento de borracho
перегиб *m* 1) *(действие)* doblamiento 2) *(место)* dobladura, pliegue 3) *(перебор)* exageración, exceso
перегибать V. перегнуть
перегибаться V. перегнуться
перегладить *perf* переглаживать *impf vt* volver a planchar, planchar de nuevo
переглаживать V. перегладить
переглядываться V. переглянуться
переглянуться *perf* переглядываться *impf* mirarse recíprocamente, intercambiar miradas
перегнаивать V. перегноить
перегнать *perf* перегонять *impf vt* 1) *(обойти)* sobrepasar, adelantar 2) *(переместить)* llevar, conducir 3) *(обработать)* destilar
перегнивать V. перегнить
перегнить *perf* перегнивать *impf vi* 1) podrirse, corromperse 2) *coloq (прогнить)* descomponerse
перегноить *perf* перегнаивать *impf vt* podrir, dejar podrir
перегной *m* humus, mantillo
перегнуть *perf* перегибать *impf vt* 1) doblar, encorvar 2) *coloq* exagerar, pasarse ◆ ~ **палку** pasarse de la rosca, pasarse tres pueblos
перегнуться *perf* перегибаться *impf* doblarse, inclinarse
переговаривать V. переговорить
переговариваться *impf* cruzarse frases (palabras)
переговорить *perf* переговаривать *impf vi* 1) *(обменяться мнениями)* hablar, conversar 2) *(обо всем)* conversar, departir 3) *(заствить замолчать)* hacer callar con la voz
переговорный *adj* de teléfonos ~ *пункт* locutorio
переговор|ы (*gen* -ов) *mpl* negociaciones, conversaciones *вести ~ы* mantener negociaciones, negociar
перегон *m* traslado, conducción
перегонка *f* 1) *(скота)* transhumación 2) *(жидкости)* destilación
перегонять V. перегнать
перегораживать V. перегородить
перегорать V. перегореть
перегореть *perf* перегорать *impf vi* quemarse
перегородить *perf* перегораживать *impf vt* 1) *(отделить перегородкой)* tabicar 2) *coloq (загородить)* obstruir, tapar
перегородка *f* tabique
перегрев *m* sobrecalentamiento, recalentamiento
перегревать V. перегреть
перегреваться V. перегреться
перегреть *perf* перегревать *impf vt* sobrecalentar, recalentar
перегреться *perf* перегреваться *impf* 1) sobrecalentarse, recalentarse 2) *(на солнце)* coger una insolación
перегружать V. перегрузить
перегруженность *f* sobrecarga
перегрузить *perf* перегружать *impf vt* 1) *(в другое место)* transbordar, descargar en otro lugar 2) *(чересчур)* sobrecargar, saturar
перегрузка *f* 1) *(действие)* transbordo 2) *(излишняя нагрузка)* sobrecarga
перегруппировать *perf* перегруппировывать *impf vt* reagrupar
перегруппировка *f* reagrupamiento
перегруппировывать V. перегруппировать
перегрызать V. перегрызть
перегрызаться V. перегрызться
перегрызть *perf* перегрызать *impf vt* roer, cortar con los dientes
перегрызться *perf* перегрызаться *impf* 1) *(о собаках)* morderse 2) *coloq (о людях)* pelearse
перед *prep* 1) **(кем/чем-л)** *(обозначая место)* ante (alg o u/c), delante (de alg o u/c), frente (a alg o u/c) ~ *театром* frente al teatro 2) **(кем/чем-л)** *(обозначая время)* antes (de alg o u/c), justo antes (de alg o u/c), ante (alg o u/c) ~ *спектаклем* antes del espectáculo ◆ ~ **тем, как** antes de que
передавать V. передать
передаваться V. передаться
передаточный *adj* de transmisión, transmisor
передатчик *m* repetidor, emisora
передать *perf* передавать *impf vt* 1) transmitir, transferir 2) *(права, обязанности)* transmitir, ceder, transferir 3) *(по радио, телевидению)* emitir, retransmitir 4) *sport* pasar 5) *(дать больше, чем следует)* dar de más
передаться *perf* передаваться *impf* 1) *(сообщиться)* transmitirse, pasar 2) *(о способностях и т.д.)* transmitirse, heredarse 3) *(о болезнях)* transmitirse, contagiarse, pegarse
передача *f* 1) *(действие)* transmisión, entrega 2) *(по СМИ)* retransmisión, programa 3) *(вещи, продукты)* paquete 4) *auto* transmisión, velocidad
передвигать V. передвинуть
передвигаться V. передвинуться
передвижение *n* desplazamiento, locomoción, movimiento
передвижка *f coloq* V. передвижение
передвижник *m* peredvízhnik (pintor realista de la Rusia del siglo XIX que participaba en exposiciones ambulantes)
передвижной *adj* móvil, movible

передвинуть *perf* передвигать *impf vt* trasladar, cambiar de lugar
передвинуться *perf* передвигаться *impf* desplazarse, moverse
передел *m* reparto, repartición
переделать *perf* переделывать *impf vt* 1) *(сделать по-иному)* rehacer, volver a hacer 2) *(сделать многое)* hacer (muchas cosas)
переделить *perf* переделять *impf vt* redistribuir, volver a repartir
переделка *m* modificación
переделывать V. переделать
переделять V. переделить
передержать *perf* передерживать *impf vt* tener (retener) demasiado tiempo
передерживать V. передержать
передержка *f* retención, exceso de exposición (cocción, etc.)
передёргивать V. передернуть
передёргиваться V. передёрнуться
передёрну|ть *perf* передёргивать *impf* **1.** *vt* 1) tirar (de u/c) 2) *cart* hacer trampas, amarrar **2.** *v/impers (о судорожном сокращении мышц)* encogerse, crisparse, estremecerse *меня ~ло от волнения* me estremecí de la emoción
передёрнуться *perf* передёргиваться *impf* crisparse, estremecerse
передний *adj* delantero, anterior
передник *m* delantal, mandil
передняя *f obsol* recibidor, antesala
передо *prep* V. перед
передовая[1] *f mil* posición avanzada
передовая[2] *f period* editorial
передоверить *perf* передоверять *impf vt* autorizar a terceros, transferir poderes a terceros
передоверять V. передоверить
передовик *m* vanguardista
передовица *f period* editorial
передовичка *f* vanguardista
передовой *adj* de vanguardia, progresista
передок *m* 1) delantera 2) *(обуви)* puntera
передом *adv vulg* delante
передохнуть *perf* передыхать *impf vi coloq* morir, diñarla, espicharla (todos, muchos)
передохнуть *perf* передыхать *impf vi coloq* tomar aliento, descansar un poco
передразнивать V. передразнить
передразнить *perf* передразнивать *impf vt* imitar, escarnecer
передраться *perf* **(с кем-л)** *coloq* pegarse (con alg), pelearse (con alg)
передряга *f* mal trance, lío
передумать *perf* передумывать *impf vi* 1) *(изменить мнение)* cambiar de opinión 2) *(подумать о многом)* reflexionar (sobre u/c), dar vueltas (a u/c)
передумывать V. передумать
передышка *f coloq* respiro, descanso, tregua
переедание *n* empacho, atracón
переедать V. переесть
переезд *m* 1) travesía 2) *(переселение)* traslado, mudanza 3) *(железнодорожный)* paso a nivel
переезжать V. переехать
переесть *perf* переедать *impf vt* 1) *(объесться)* comer demasiado, darse un atracón 2) **(кого-л)** *coloq (превзойти в еде)* comer más que alg
переехать *perf* переезжать *impf* **1.** *vi* 1) **(через что-л)** *(поменять местонахождение)* atravesar, pasar 2) *(на новое место жительства)* trasladarse **2.** *vt (раздавить)* atropellar
пережаривать V. пережарить
пережариваться V. пережариться
пережарить *perf* пережаривать *impf vt* freír demasiado, refreír, achicharrar
пережариться *perf* пережариваться *impf* quemarse, achicharrarse
переждать *perf* пережидать *impf vt* esperar ~ *дождь* esperar a que pare de llover
пережевать *perf* пережёвывать *impf vt* masticar bien, deshacer masticando
переженить *perf vt coloq* casar (a todos, a muchos)
пережениться *perf coloq* casarse (todos, muchos)
пережёвывать *impf vt* 1) V. пережевать 2) *coloq (нудно говорить)* repetir, trillar
переживание *n* 1) sufrimiento, padecimiento 2) *(чувство)* emoción, vivencia
переживать **1.** *vt* V. пережить **2.** *vi* **(за кого/что-л)** *(волноваться)* preocuparse (por u/c), sufrir (por u/c)
пережидать V. переждать
пережиток *m* reminiscencia, supervivencia
пережить *perf* переживать *impf vt* sobrevivir
перезарядить *perf* перезаряжать *impf vt* recargar, volver a cargar
перезарядка *f* recarga
перезаряжать V. перезарядить
перезванивать *impf vi* 1) V. перезвонить 2) *(о колоколах)* repicar, sonar
перезвон *m* 1) *(колоколов)* repiqueteo, repique 2) *(телефона)* rellamada
перезвонить *perf* перезванивать *impf vi* 1) **(кому-л)** volver a llamar (por teléfono) (a alg) 2) *coloq* llamar (a todos, a muchos)
перезимовать *perf* перезимовывать *impf vi* invernar, pasar el invierno
перезимовывать V. перезимовать
перезнакомиться *perf coloq* conocer, entablar conocimiento (con todos, con muchos)
перезревать V. перезреть
перезрелый *adj* pasado, demasiado maduro
перезреть *perf* перезревать *impf vi* pasarse, estropearse, madurar demasiado
переиграть *perf* переигрывать *impf vt* 1) volver a tocar, volver a jugar 2) *coloq (изменить задуманное)* cambiar de planes, cambiar la forma de proceder 3) *coloq (многократно сыграть)* tocar, jugar (todo, mucho) 4) *coloq (сыграть с чрезмерным выражением чувств)* sobreactuar
переигрывать V. переиграть
переизбирать V. переизбрать
переизбрание *n* reelección
переизбрать *perf* переизбирать *impf vt* reelegir
переиздавать V. переиздать
переиздание *n* reedición
переиздать *perf* переиздавать *impf vt* reeditar
переименование *n* cambio de nombre, cambio de denominación
переименовать *perf* переименовывать *impf vt* cambiar de nombre, dar otro nombre
переименовывать V. переименовать

переимчивый *adj* que asimila fácilmente, que imita
переиначивать V. переиначить
переиначить *perf* переиначивать *impf vt coloq* cambiar, modificar
перейти *perf* переходить *impf vt* 1) atravesar, cruzar, pasar 2) *(на другое место)* ir (de un sitio a otro) 3) **(к чему-л)** *(приступить к чему-л. другому)* pasar (a u/c)
перекаливать V. перекалить
перекалить *perf* перекаливать *impf vt* 1) *(закалить больше, чем надо)* templar en exceso 2) *coloq (перегреть)* sobrecalentar, calentar en exceso
перекалывать V. переколоть 1,2
перекапывать V. перекопать
перекармливать V. перекормить
перекат[1] *m (гул с раскатами)* estruendo, bramido
перекат[2] *m (перемещение)* transporte
перекатать *perf* перекатывать *impf vt* 1) hacer rodar, llevar haciendo rodar 2) pasear, llevar (a todos, a muchos)
перекати-поле *n* estepicursor, eringe
перекатить *perf* перекатывать *impf vt* hacer rodar, llevar haciendo rodar
перекатиться *perf* перекатываться *impf* rodar, ir rodando
перекатный *adj* 1) *(о волнах)* rodante 2) *(гулкий)* resonante, retumbante
перекатывать V. перекатать, перекатить
перекатываться V. перекатиться
перекачать *perf* перекачивать *impf vt* transvasar, trasegar
перекачивать V. перекачать
перекачка *f* trasvase, trasiego
перекашивать V. перекосить 1,2
перекашиваться V. перекоситься
переквалификация *f* recapacitación, reciclaje
переквалифицировать *biasp vt* recapacitar, reciclar
переквалифицироваться *biasp* recapacitarse, reciclarse
перекидывать V. перекинуть
перекидываться V. перекинуться
перекинуть *perf* перекидывать *impf vt* echar, arrojar
перекинуться *perf* перекидываться *impf* 1) lanzarse, saltar 2) *(обменяться - взглядами, и т.д.)* lanzarse, cruzarse 3) **(к кому-л)** *(на чью-л сторону)* pasarse a (a alg)
перекисный *adj quím* de peróxido
перекись *f quím* peróxido ~ *водорода* agua oxigenada
перекладина *f* 1) travesaño 2) *sport* barra fija
перекладка *f* recolocación, resituación
перекладной *adj* de posta
перекладывание *n* recolocación, resituación
перекладывать V. переложить
переклеивать V. переклеить
переклеить *perf* переклеивать *impf vt* 1) volver a pegar, pegar de nuevo 2) *(обоями)* volver a empapelar, empapelear de nuevo
перекликаться *impf* перекликнуться *perf* 1) llamarse, darse voces 2) *(быть сходным)* parecerse
перекликнуться V. перекликаться
перекличка *f* 1) llamada 2) *(проверка присутствующих)* pase de lista
переключатель *m* interruptor, conmutador
переключать V. переключить
переключаться V. переключиться
переключение *n* 1) conmutación 2) *(внимания и т.д.)* cambio
переключить *perf* переключать *impf vt* 1) *(изменить направление)* conmutar, cambiar 2) **(на что-л)** *(направить к чему-то новому)* trasladar (a u/c), redirigir (a u/c), pasar (a u/c)
переключиться *perf* переключаться *impf* **(на что-л)** pasar (a u/c), cambiar (a u/c), redirigirse (a u/c)
переколоть[1] *perf* перекалывать *impf vt (наколоть много)* partir (todo, mucho)
переколоть[2] *perf* перекалывать *impf vt* 1) *(приколоть иначе или в другом месте)* colgar (de otra forma, en otro sitio) 2) *(покрыть уколами)* pinchar (mucho, todo) 3) *(заколоть многих)* matar, degollar (a muchos, a todos)
перекопать *perf* перекапывать *impf vt* 1) *(всё, много)* cavar (todo, mucho) 2) *(вскопать заново)* cavar de nuevo
перекормить *perf* перекармливать *impf vt* hartar de comida, cebar
перекос *m* deformación, curvatura
перекосить[1] *perf* перекашивать *impf* **1.** *vt* encorvar, combar **2.** *v/impers* encorvarse, torcerse *от боли его ~ло* se encorvó por el dolor
перекосить[2] *perf* перекашивать *impf vt* segar (todo, mucho)
перекоситься *perf* перекашиваться *impf* 1) encorvarse, combarse 2) *(судорожно искривиться)* encorvarse, torcerse, contraerse
перекочевать *perf* перекочёвывать *impf vi* 1) *(кочуя, перейти)* trasladarse, transhumar 2) *coloq (переехать)* mudarse, cambiar de sitio
перекочёвывать V. перекочевать
перекраивать V. перекроить
перекрасить *perf* перекрашивать *impf vt* 1) *(заново)* repintar, pintar de nuevo 2) *(всё, многое)* pintar, teñir (todo, mucho)
перекраситься *perf* перекрашиваться *impf (изменить свет)* cambiar de color, teñirse
перекрашивать V. перекрасить
перекрашиваться V. перекраситься
перекрестить V. крестить
перекреститься[1] V. креститься
перекреститься[2] *perf* перекрещиваться *impf (скреститься)* cruzarse
перекрещиваться V. перекреститься
перекрёстный *adj* cruzado
перекрёсток *m* cruce (de calles)
перекричать *perf vt* acallar gritando, gritar más fuerte que otro
перекроить *perf* перекраивать *impf vt* 1) *(заново)* recortar, cortar de nuevo 2) *(всё, многое)* cortar (todo, mucho)
перекройка *f* 1) recorte 2) *(переделка)* cambio, transformación
перекрывание *n* 1) recubrimiento 2) *(движения)* corte, cierre
перекрывать V. перекрыть

перекрытие *n* 1) *(покрывание заново)* recubrimiento 2) *(превышение)* superación 3) *(движения, реки)* corte, cierre
перекрыть *perf* перекрывать *impf vt* 1) *(покрыть заново)* recubrir 2) *(превысить)* superar, batir 3) *(остановить)* cerrar, cortar
перекупать V. перекупить
перекупить *perf* перекупать *impf vt* 1) *coloq (купить всё, многое)* comprar (todo, mucho) 2) *coloq (купить из вторых рук)* recomprar, comprar de segunda mano
перекупщик *m* especulador, acaparador, logrero
перекур *m coloq* descanso para fumar
перекуривать V. перекурить
перекурить *perf* перекуривать *impf* **1.** *vt* fumar (todo, mucho) **2.** *vi coloq* tomarse un descanso para fumar
перекусать *perf vt* morder (a todos, a muchos)
перекусить *perf* перекусывать *impf vi* tomar un bocado, picar
перекусывать V. перекусить
перелагать V. переложить
переламывать V. переломить
переламываться V. переломиться
перелезать V. перелезть
перелезть *perf* перелезать *impf vi* 1) **(через что-л)** trepar, escalar 2) pasar (rebasar) arrastrándose
перелесок *m* arboleda, boscaje
перелетать V. перелететь
перелететь *perf* перелетать *impf vi* 1) pasar volando, atravesar volando 2) *coloq (перепрыгнуть)* pasar saltando, atravesar saltando
перелечь *perf vi* 1) *(лечь иначе)* cambiar de posición (horizontal) 2) *(лечь на дургое место)* acostarse en otro sitio
перелёт *m* 1) *(птиц)* paso, migración 2) *(самолёта)* vuelo, travesía en avión
перелётный *adj* de paso, migratorio, pasajero
перелив *m* 1) transfusión 2) *(переход из одного тона в другой)* tornasol, aguas 3) *(голоса)* modulaciones
переливание *n* transfusión
переливать V. перелить 1,2
переливаться *impf* 1) V. перелиться 2) *(о красках)* tornasolar, hacer aguas 3) *(о звуках)* vibrar, modular
перелистать *perf* перелистывать *impf vt* hojear
перелистывать V. перелистать
перелить[1] *perf* переливать *impf vt* 1) pasar (vertiendo), trasegar 2) *(через край)* hacer derramarse
перелить[2] *perf* переливать *impf vt (переплавить)* volver a fundir, refundir
перелиться *perf* переливаться *impf* 1) pasar, colarse (dicho de un líquido) 2) *(через край)* desbordarse, rebosar
перелицевать V. лицевать
перелицовка *f* vuelta (de la tela para reparar una prenda de vestir)
переловить *perf vt* cazar, atrapar (a todos, a muchos)
переложение *n* 1) relato, narración 2) *mús* transposición, transcripción
переложить *perf* перекладывать *impf vt* poner, meter, cambiar de sitio
перелом *m* 1) fractura 2) *(резкое изменение)* cambio brusco
переломать *perf vt* romper, quebrar (todo, mucho)
переломаться *perf* romperse (todo, mucho)
переломить *perf* переламывать *impf vt* 1) partir, romper, fracturar 2) *(изменить)* cambiar, hacer cambiar
переломиться *perf* переламываться *impf* partirse, romperse
переломный *adj* crítico, crucial
перемазать *perf* перемазывать *impf vt* 1) *(заново)* untar de nuevo 2) *coloq (перепачкать)* ensuciar, emporcar
перемазывать V. перемазать
перемалывать V. перемолоть
перемалываться V. перемолоться
переманивать V. переманить
переманить *perf* переманивать *impf vt coloq* atraer, captar
перематывать V. перемотать
перемахивать V. перемахнуть
перемахнуть *perf* перемахивать *impf vi* **(через что-л)** *coloq* saltar por encima (de u/c)
перемежать *impf vt* alternar
перемежаться *impf* alternarse
перемена *f* 1) cambio, transformación, mutación 2) *(одежды)* muda 3) *(в школе)* recreo
переменить *perf* переменять *impf vt* cambiar, mudar
перемениться *perf* переменяться *impf* cambiar ~ *к лучшему* cambiar para mejor
переменный *adj* variable
переменчивость *f* variabilidad, inconstancia
переменчивый *adj* variable, inconstante
переменять V. переменить
перемереть *perf vi coloq* morir, perecer (todos, muchos)
перемеривать V. перемерить
перемерить *perf* перемерять/перемеривать *impf vt* 1) *(измерить заново)* volver a medir 2) *(измерить все, многое)* medir (todo, mucho) 3) *(примерить заново)* volver a probarse 4) *(примерить все, многое)* probarse (todo, mucho)
перемерять V. перемерить
переместить *perf* перемещать *impf vt* trasladar, cambiar de sitio, desplazar
переместиться *perf* перемещаться *impf* trasladarse, desplazarse, cambiar de sitio
переметнуться *perf* 1) *(перепрыгнуть)* saltar (por encima de u/c) 2) **(к кому-л)** *(на чью-л. сторону)* pasarse (a alg)
перемешать *perf* перемешивать *impf vt* 1) *(смешать)* mezclar, entremezclar 2) *coloq (привести в беспорядок)* mezclar, embarullar
перемешаться *perf* перемешиваться *impf* 1) mezclarse, entremezclarse 2) *(беспорядочно спутаться)* mezclarse, embarullarse, confundirse
перемешивать V. перемешать
перемешиваться V. перемешаться
перемещать V. переместить
перемещаться V. переместиться
перемещение *n* traslado, desplazamiento
перемёрзнуть *perf* перемерзать *impf vi* 1) congelarse (todos, muchos) 2) *coloq* congelarse, quedarse helado

перемигиваться V. перемигнуться
перемигнуться *perf* перемигиваться *impf coloq* hacerse guiños
переминаться *impf* cambiar de pie de apoyo, apoyarse alternativamente en uno y otro pies
перемирие *n* tregua, armisticio
перемножать V. перемножить
перемножить *perf* перемножать *impf vt* multiplicar
перемолвиться *perf coloq* cruzarse (unas) palabras
перемолоть *perf* перемалывать *impf vt* 1) *(заново)* volver a moler 2) *(всё, много)* moler (todo, mucho)
перемолоться *perf* перемалываться *impf* molerse, ser molido
перемотать *perf* перематывать *impf vt* 1) *(на что-л.)* enrollar, rebobinar 2) *(заново)* volver a enrollar, volver a rebobinar 3) *(всё, многое)* enrollar, rebobinar (todo, mucho)
перемудрить *perf vi coloq* rizar el rizo, pasarse de listo
перемывать V. перемыть
перемыть *perf* перемывать *impf vt* 1) *(заново)* volver a lavar 2) *(всё, многое)* lavar (todo, mucho) ◆ **перемывать косточки кому-л.** criticar, poner verde a alg
перемычка *f* dintel, ataguía, dique
перенапрягать V. перенапрячь
перенапрягаться V. перенапрячься
перенапряжение *n* 1) tensión excesiva 2) *electr* sobretensión, sobrevoltaje
перенапрячь *perf* перенапрягать *impf vt* forzar demasiado, sobrecargar
перенапрячься *perf* перенапрягаться *impf* esforzarse excesivamente
перенаселение *n* superpoblación
перенаселённость *f* superpoblación
перенаселённый *adj* superpoblado
перенервничать *perf vi* inquietarse, preocuparse, desasosegarse
перенесение *n* 1) traslado, transporte 2) *(отсрочка)* aplazamiento
перенести *perf* переносить *impf vt* 1) trasladar, transportar, traspasar 2) *(во времени)* trasladar, adelantar, atrasar 3) *(испытать)* soportar, padecer, sufrir
перенестись *perf* переноситься *impf* 1) trasladarse, transportarse 2) *(во времени)* trasladarse, adelantarse, atrasarse
перенимать V. перенять
перенос *m* 1) traslado, transferencia 2) *(части слова)* separación
переносить V. перенести
переноситься V. перенестись
переносица *f* tabique nasal, ceño
переноска *f* traslado, transporte
переносный *adj* 1) transportable, portátil 2) *(о смысле, значении)* figurado
переносчик *m* 1) transportador, porteador 2) *(болезни)* portador
переночевать V. ночевать
перенумеровать *perf* перенумеровывать *impf vt* 1) *(заново)* volver a numerar 2) *(всё, многое)* numerar (todo, mucho)
перенумеровывать V. перенумеровать
перенять *perf* перенимать *impf vt* tomar, adoptar, adquirir
переоборудование *n* reequipamiento
переоборудовать *perf vt* reequipar
переобувать V. переобуть
переобуваться V. переобуться
переобуть *perf* переобувать *impf vt* 1) *(кого-л.)* poner otro calzado, cambiar de calzado 2) *(что-л.)* cambiar(se) el calzado
переобуться *perf* переобуваться *impf* cambiar(se) de calzado
переодевание *n* cambio de ropa
переодевать V. переодеть
переодеваться V. переодеться
переодеть *perf* переодевать *impf vt* cambiar de ropa
переодеться *perf* переодеваться *impf* 1) cambiarse de ropa 2) **(в кого/что-л)** disfrazarse (de alg o u/c)
переосмысление *n* reformulación, reevaluación
переосмысливать V. переосмыслить
переосмыслить *perf* переосмысливать *impf vt* reformular, reevaluar
переохладить *perf* переохлаждать *impf vt* enfriar demasiado, sobreenfriar
переохлаждать V. переохладить
переохлаждение *n* sobreenfriamiento, sobrerrefrigeración
переоценивать V. переоценить
переоценить *perf* переоценивать *impf vt* 1) *(оценить заново)* volver a tasar, volver a valorar 2) *(оценить слишком высоко)* sobreestimar, sobrevalorar
переоценка *f* 1) *(повторная оценка)* retasación, nueva tasación 2) *(завышенная оценка)* sobreestimación, sobrevaloración
перепад *m* 1) diferencia, salto, cambio 2) *(сооружение)* salto de agua
перепадать V. перепасть
перепаивать V. перепоить
перепалка *f* 1) *obsol (перестрелка)* tiroteo 2) *coloq (перебранка)* riña, bronca
перепасть *perf* перепадать *impf vi* 1) *(о снеге, дождях и т.д.)* caer 2) *coloq (кому-л.)* caer, *(кому-л.)* tocar
перепахать *perf* перепахивать *impf vt* 1) *(заново)* volver a arar 2) *(всё, многое)* arar (todo, mucho)
перепахивать V. перепахать
перепачкать *perf vt* manchar, ensuciar (mucho)
перепев *m* estribillo
перепевать *impf vt* 1) V. перепеть 2) *(повторять сказанное)* estar con la misma canción, repetir siempre lo mismo
перепекать V. перепечь
перепел *m* codorniz
перепеть *perf* перепевать *impf vt (спеть всё, многое)* cantar (todo, mucho)
перепечатать *perf* перепечатывать *impf vt* 1) *(заново)* reimprimir, volver a imprimir 2) *(на машинке)* pasar a máquina (ordenador), componer
перепечатка *f* 1) reimpresión, reproducción 2) *(на машинке)* composición
перепечатывать V. перепечатать
перепечь *perf* перепекать *impf vt* 1) cocer demasiado, recocer, quemar 2) *(всё, многое)* cocer (todo, mucho)
перепёлка *f* codorniz

перепивать V. перепить
перепиливать V. перепилить
перепилить *perf* перепиливать *impf vt* 1) *(распилить пополам)* serrar, aserrar 2) *(всё, многое)* serrar, aserrar (todo, mucho)
переписать *perf* переписывать *impf vt* 1) volver a escribir, copiar 2) *(сделать список)* hacer una lista
переписка *f* correspondencia
переписной *adj* de(l) censo, de(l) registro
переписчи|к, -ца *m/f* copista, copiante
переписывание *n* reescritura
переписывать V. переписать
перепись *f* 1) *(населения)* censo 2) *(товаров)* inventario
перепить *perf* перепивать *impf* **1.** *vi coloq* beber más de la cuenta, beber demasiado **2.** *vt coloq (кого-л.)* beber más que los demás
перепланировать *perf* перепланировывать *impf vt* volver a planear (planificar), replanificar
перепланировка *f* replanificación
перепланировывать V. перепланировать
переплатить *perf* переплачивать *impf vi* pagar más de la cuenta, repagar
переплачивать V. переплатить
переплести *perf* переплетать *impf vt* 1) *(книгу и т.д.)* encuadernar 2) *(сплести)* entrelazar 3) *(сплести заново)* (volver a) trenzar
переплестись *perf* переплетаться *impf* 1) entrelazarse 2) *coloq* enredarse, embrollarse
переплетать V. переплести
переплетаться V. переплестись
переплетение *n* entrelazamiento
переплёт *m* 1) *(действие)* encuadernación 2) *(в книге)* cubiertas, tapas
переплётчик *m* encuadernador
переплывать V. переплыть
переплыть *perf* переплывать *impf vt* pasar, atravesar (a nado, navegando)
переплюнуть *perf vt* 1) escupir más allá de u.c. 2) *vulg (превзойти)* superar, dejar atrás
перепляс *m* perepliás (danza popular rusa)
переплясать *perf vt* bailar (más y mejor que los demás)
переподготовка *f* reciclaje, recapacitación
переползать V. переползти
переползти *perf* переползать *impf* **1.** *vt* cruzar, atravesar (arrastrándose) **2.** *vi* arrastrarse (de un lugar a otro)
переполнение *n* relleno, llenura
переполнить *perf* переполнять *impf vt* 1) llenar demasiado, colmar 2) *(о чувстве)* llenar
переполниться *perf* переполняться *impf* llenarse, colmarse, sobrecargarse
переполнять V. переполнить
переполняться V. переполниться
переполох *m coloq* sobresalto, alboroto, bulla
переполошить *perf vt coloq* sobresaltar, alarmar, alborotar
переполошиться *perf coloq* sobresaltarse, alarmarse, alborotarse
перепонка *f* membrana *барабанная ~* tímpano
перепончатокрылые *pl zool* himenópteros
перепончатый *adj* membranoso
перепоручать V. перепоручить
перепоручить *perf* перепоручать *impf vt* transferir, traspasar, reasignar
переправа *f* paso, traspaso
переправить[1] *perf* переправлять *impf vt* 1) llevar, hacer pasar *~ на другой берег* llevar a la otra orilla 2) *(отправить)* mandar, transmitir
переправить[2] *perf* переправлять *impf vt (исправить)* corregir, rehacer
переправиться *perf* переправляться *impf* (**через что-л**) pasar, atravesar, cruzar
переправка *f coloq* paso, traspaso
переправлять V. переправить 1,2
переправляться V. переправиться
перепревать V. перепреть
перепрелый *adj* podrido, estropeado
перепреть *perf* перепревать *impf vi* pudrirse, estropearse
перепробовать *perf vt* probar (todo, mucho)
перепродавать V. перепродать
перепродажа *f* reventa
перепродать *perf* перепродавать *impf vt* revender
перепроизводство *n* superproducción
перепрыгивать V. перепрыгнуть
перепрыгн|уть *perf* перепрыгивать *impf vt* saltar, cruzar saltando, salvar ◆ **не говори гоп, пока не ~ешь** antes de que acabes no te alabes
перепуг *m coloq* susto, espanto *с ~у* del susto, por el susto ◆ **с какого ~а?** *coloq* ¿a santo de qué?
перепугать *perf vt coloq* asustar, espantar
перепугаться *perf coloq* asustarse, espantarse
перепутать *perf* перепутывать *impf vt* 1) confundir, equivocar 2) *(внести беспорядок)* desordenar
перепутаться *perf* перепутываться *impf vt* confundirse, complicarse
перепутывать V. перепутать
перепутываться V. перепутаться
перепутье *n* encrucijada, cruce de caminos
перерабатывать V. переработать
перерабатываться V. переработаться
переработать *impf* перерабатывать *perf vt* 1) *(сырьё и т.д.)* transformar, elaborar 2) *(переделать)* modificar, rehacer 3) *(больше положенного)* trabajar más de la cuenta
переработаться *perf* перерабатываться *impf* 1) transformarse 2) *coloq (переутомиться)* quedar agotado a fuerza de trabajar
переработка *f* 1) transformación, elaboración 2) *(переделка)* modificación 3) *(работа сверх нормы)* horas extraordinarias
перераспределение *n* redistribución
перераспределить *perf* перераспределять *impf vt* redistribuir
перераспределять V. перераспределить
перерастание *n* (**во что-л.**) transformación (en u/c)
перерастать V. перерасти
перерасти *perf* перерастать *impf* **1.** *vt* 1) superar (en altura), crecer (más que alg) 2) *(обогнать)* superar, dejar atrás, adelantar **2.** *vi* (**во что-л.**) *(стать значительнее)* transformarse (en u/c)
перерасход *m* gasto excesivo
перерасходовать *perf vt* gastar más de la cuenta, excederse en (los) gastos
перерасчёт *m* recuento
перервать *perf* перерывать *impf vt* 1) romper 2) *coloq (прервать)* cortar, interrumpir

перерегистрация *f* nuevo registro
перерегистрировать *biasp vt* registrar de nuevo, volver a registrar
перерегистрироваться *biasp* registrarse de nuevo, volver a registrarse
перерезать *perf* перерезать *impf vt* 1) cortar (en dos partes) 2) *(зарезать многих)* matar, degollar (a todos, a muchos) 3) *(перегродить)* cortar, atajar
перерезать V. перерезать
перерешать V. перерешить
перерешить *perf* перерешать *impf vt* solucionar, resolver (de otro modo)
перерисовать *perf* перерисовывать *impf vt* 1) *(заново)* volver a dibujar 2) *(всё, многое)* dibujar (todo, mucho)
перерисовывать V. перерисовать
переродиться *perf* перерождаться *impf* 1) renacer 2) *(выродиться)* degenerar
перерождаться V. переродиться
перерождение *n* 1) regeneración, renacimiento 2) *(вырождение)* degeneración
переросток *m* adolescente sobredesarrollado
перерубать V. перерубить
перерубить *perf* перерубать *impf vt* 1) partir, cortar (en dos) 2) *(всё, многое)* partir, cortar (todo, mucho)
переругаться *perf* **(с кем-л)** discutirse (con alg), reñir, pelearse
переругиваться *impf coloq* reñir, pelearse (intercambiando palabras injuriosas)
перерыв *m* pausa, interrupción
перерывать V. перервать, перерыть
перерыть *perf* перерывать *impf vt* 1) *(взрыть)* cavar, excavar 2) *(вскопать всюду)* cavar, excavar (todo, mucho) 3) *(вещи, бумаги)* rebuscar, escudriñar
пересадить *impf* пересаживать *perf vt* 1) sentar en otro sitio 2) *(растение)* trasplantar, replantar 3) *(орган)* trasplantar
пересадка *f* 1) trasplante 2) *(в транспорте)* transbordo
пересадочный *adj* 1) de transbordo 2) *agric* de trasplantación, de replantación
пересаживать V. пересадить
пересаживаться V. пересесть
пересаливать V. пересолить
пересдавать V. пересдать
пересдать *perf* пересдавать *impf vt* 1) *(в наём)* realquilar, subarrendar 2) *(карты)* volver a dar 3) *(экзамен)* volver a examinarse
пересдача *f* 1) *(в наём)* subarrendamiento 2) *(экзамена)* examen en segunda convocatoria
пересекать V. пересечь
пересекаться V. пересечься
переселенец *m* emigrante, emigrado
переселение *n* 1) migración, transmigración 2) *(с квартиры на квартиру)* traslado, mudanza
переселенка *f* emigrante, emigrada
переселенческий *adj* migratorio, de migración
переселить *perf* переселять *impf vt* trasladar
переселиться *perf* переселяться *impf* 1) trasladarse, migrar 2) *(в другую квартиру)* mudarse, trasladarse
переселять V. переселить
переселяться V. переселиться
пересесть *perf* пересаживаться *impf* 1) sentarse en otro sitio, cambiarse de sitio 2) *(в транспорте)* hacer transbordo
пересечение *n* intersección, cruce
пересечённый *adj* accidentado (dicho de un terreno)
пересечь *impf* пересекать *perf vt* 1) cruzar, atravesar 2) *(преградить)* cortar
пересечься *perf* пересекаться *impf* cruzarse, intersecarse
пересидеть *perf* пересиживать *impf vt* 1) quedarse (estar) más tiempo que alg 2) *(слишком долго просидеть)* quedarse demasiado tiempo
пересиживать V. пересидеть
пересиливать V. пересилить
пересилить *perf* пересиливать *impf vt* dominar, superar, vencer
пересказ *m* 1) exposición, narración 2) *(изложение)* redacción
пересказать *perf* пересказывать *impf vt* 1) *(своими словами)* contar, relatar, narrar (con sus propias palabras) 2) *(всё, многое)* contar, relatar (todo, mucho)
пересказывать V. пересказать
перескакивать V. перескочить
перескок *m* salto, brinco
перескочить *impf* перескакивать *perf vt* 1) saltar, salvar 2) saltarse
пересластить *perf* переслащивать *impf vt* endulzar (azucarar) demasiado
переслать *perf* пересылать *impf vt* enviar, remitir
переслащивать V. пересластить
пересматривать V. пересмотреть
пересмеивать *impf* пересмеять *perf vt coloq* mofarse (de alg), reírse (de alg)
пересмеиваться *impf coloq* sonreírse mutuamente, reírse (de alg)
пересмешник *m* 1) *coloq* burlón, guasón 2) *(птица)* sinsonte
пересмеять V. пересмеивать
пересмотр *m* revisión
пересмотреть *perf* пересматривать *impf vt* 1) revisar 2) *(повидать много)* ver (mucho)
переснимать V. переснять
переснять *perf* переснимать *impf vt* volver a fotografiar, volver a filmar
пересолить *perf* пересаливать *impf vt* salar demasiado
пересохнуть *perf* пересыхать *impf vi* 1) resecarse, secarse demasiado 2) *(об источнике)* secarse, agotarse
переспать *perf* пересыпать *impf vi* 1) *(проспать слишком долго)* dormir demasiado 2) *(переночевать)* dormir, hacer noche 3) (с **кем-л**) *coloq (с кем-л.)* acostarse (con alg)
переспевать V. переспеть
переспелый *adj* demasiado maduro
переспеть *perf* переспевать *impf vi* madurar demasiado, perderse
переспоривать V. переспорить
переспорить *perf* переспоривать *impf vt* disuadir, vencer discutiendo
переспрашивать V. переспросить
переспросить *perf* переспрашивать *impf vt* 1) volver a preguntar 2) *(всех, многих)* preguntar (a muchos, a todos)

перессорить *perf vt coloq* enemistar, hacer pelearse (a todos, a muchos)
перессориться *perf* (**с кем-л**) enemistarse (con alg), pelarse (con alg)
переставать V. перестать
переставить *perf* переставлять *impf vt* 1) cambiar de sitio, poner en otro sitio, trasladar 2) *(часы)* adelantar
переставлять V. переставить
перестаивать V. перестоять
перестановка *m* cambio, transposición, traslado
перестараться *perf coloq* poner demasiado ahínco, pasarse
переста|ть *impf* переставать *perf vi* (**делать что-л**) dejar de hacer (u/c) *~нь мешать!* ¡deja de molestar!; *дождь ~л* ha dejado de llover, ha parado la lluvia
перестелить *perf vt* V. перестлать
перестилать V. перестлать
перестирать *perf* перестирывать *impf vt* 1) volver a lavar, relavar 2) *(всё, многое)* lavar (todo, mucho)
перестлать *perf* перестилать *impf vt* 1) *(постлать)* volver a hacer (la cama) 2) *(настлать)* entarimar de nuevo, pavimentar de nuevo
перестрадать *perf vi* haber sufrido mucho
перестраивать V. перестроить
перестраиваться V. перестроиться
перестраховать *perf* перестраховывать *impf vt* reasegurar, asegurar de nuevo
перестраховаться *perf* перестраховываться *impf* 1) reasegurarse, asegurarse de nuevo 2) *(проявить излишнюю осторожность)* curarse en salud
перестраховка *f* 1) reaseguro, contraseguro 2) *(излишняя осторожность)* cautela excesiva
перестраховщик *m coloq* persona excesivamente cautelosa
перестраховывать V. перестраховать
перестраховываться V. перестраховаться
перестреливать V. перестрелять
перестрелка *f* tiroteo
перестрелять *perf* перестреливать *impf vt* matar a tiros, disparar (a todos, a muchos)
перестроение *n* nueva formación, nueva construcción
перестроечный *adj hist* de la Perestroika
перестроить *impf* перестраивать *perf vt* 1) reconstruir, reedificar 2) *(переделать по-новому)* rehacer, reestructurar
перестроиться *perf* перестраиваться *impf* reestructurarse, reorganizarse
перестройка *f* 1) reconstrucción 2) *(реорганизация)* reorganización, reestructuración 3) *hist* Perestroika
перестук *m* golpeteo
перестукиваться *impf* comunicarse por medio de golpes
переступать V. переступить
переступить *perf* переступать *impf vt* 1) *(сделать шаг)* pasar 2) *(через что-л.)* pasar, atravesar, traspasar 3) *(нормы)* traspasar, quebrantar
пересуд *m* chismorreo, cotilleo
пересушивать V. пересушить
пересушить *perf* пересушивать *impf vt* 1) secar demasiado, resercar 2) *(всё, многое)* secar (todo, mucho)
пересчёт *m* recuento
пересчитать *perf* пересчитывать *impf vt* 1) *(заново или в других единицах)* volver a contar, recontar, recalcular 2) *(всё, многое)* contar (todo, mucho) ◆ **по пальцам можно** ~ se pueden contar con los dedos de una mano
пересчитывать V. пересчитать
пересылать V. переслать
пересылка *f* envío, remisión, expedición
пересылочный *adj* de envío
пересыльный *adj* de deportación
пересыпать V. переспать
пересыхать V. пересохнуть
перетапливать V. перетопить
перетаскать *perf vt* 1) llevar, arrastrar (en varias veces, poco a poco) 2) *(украсть)* robar (poco a poco)
перетаскивать V. перетащить
перетасовать *perf* перетасовывать *impf vt* 1) *(карты)* mezclar, barajar 2) *(разместить по-новому)* recolocar, cambiar
перетасовка *f coloq* recolocación, cambio
перетасовывать V. перетасовать
перетащить *perf* перетаскивать *impf vt* arrastrar, llevar
перетереть *perf* перетирать *impf vt* 1) *(трением разделить надвое)* desgastar, romper 2) *(растереть)* triturar, rallar 3) *(вытереть всё, многое)* secar (todo, mucho)
перетереться *perf* перетираться *impf* desgastarse, romperse
перетерпеть *perf* перетерпливать *impf vt coloq* soportar, aguantar, sufrir
перетерпливать V. перетерпеть
перетирать V. перетереть
перетираться V. перетереться
перетопить *perf* перетапливать *impf vt* derretir (todo, mucho)
перетрясать V. перетрясти
перетряска *f coloq* zarandeo, sacudida
перетрясти *perf* перетрясать *impf vt* sacudir, zarandear, revolver
перетряхивать V. перетряхнуть
перетряхнуть *perf* перетряхивать *impf vt coloq* sacudir, zarandear, revolver
переть *impf* попереть (1, 2)/спереть (3) *perf* **1.** *vi* 1) *vulg* ir, andar 2) *coloq (выбиваться наружу)* salir, emanar **2.** *vt vulg (красть)* robar, trincar
переться *impf vulg* ir, andar
перетягивание *n* tracción
перетягивать V. перетянуть
перетяжка *f* ajuste
перетянуть *perf* перетягивать *impf vt* 1) llevar, arrastrar, conducir 2) *coloq (переманить)* atraer 3) *(натянуть заново)* volver a ceñir (tender) 4) *(крепко стянуть)* ceñir, ajustar 5) *(перевесить)* preponderar, pesar más
переубедить *perf* переубеждать *impf vt* hacer cambiar de opinión, persuadir
переубеждать V. переубедить
переулок *m* pasaje, callejón
переупрямить *perf vt coloq* persuadir, vencer (siendo más tozudo que el otro)

переусердствовать *perf vi coloq* poner demasiado ahínco, excederse en el celo
переустройство *n* reestructuración, reorganización
переутомить *perf* переутомлять *impf vt* extenuar, agotar (de fatiga)
переутомиться *perf* переутомляться *impf* quedar extenuado, quedar agotado
переутомление *n* agotamiento, extenuación
переутомлять V. переутомить
переутомляться V. переутомиться
переучивать V. переучить
переучиваться V. переучиться
переучить *perf* переучивать *impf vt* 1) *(кого-л.)* volver a enseñar 2) *(что-л.)* volver a aprender, reaprender 3) *(заучить с излишней старательностью)* estudiar demasiado
переучиться *perf* переучиваться *impf* 1) volver a aprender, reaprender 2) *(с излишней старательностью)* estudiar demasiado
перефразировать *biasp vt* parafrasear, hacer una paráfrasis
перехваливать V. перехвалить
перехвалить *perf* перехваливать *impf vt* elogiar con exceso, alabar con exageración
перехват *m* intercepción
перехватить *perf* перехватывать *impf vt* 1) interceptar, captar 2) *(схватить)* coger, asir 3) *(стянуть)* ceñir, ajustar 4) *(приостановить - о голосе, дыхании)* cortar
перехватчик *m* interceptor
перехватывать V. перехватить
перехитрить *perf vt* ser más astuto, superar en astucia
перехлестнуть *perf* перехлёстывать *impf vi* derramarse, sobresalir
перехлёстывать V. перехлестнуть
переход *m* 1) paso, tránsito 2) *(на улице)* paso 3) *(из одного состояния в другое)* paso, transición
переходить V. перейти
переходность *f* carácter transitorio
переходный *adj* 1) de transición, transitorio 2) *ling* transitivo
переходящий *adj* traslativo, giratorio
перец *m* 1) *(растение и приправа)* pimienta *чёрный ~* pimienta negra 2) *(стручковая овощь)* pimiento
перечень *m* enumeración, repertorio
перечеркать, перечёркать *perf* перечёркивать *impf vt coloq* borrar, tachar, llenar de borrones
перечеркнуть *perf* перечёркивать *impf vt* borrar, tachar
перечертить *perf* перечерчивать *impf vt* 1) *(заново)* volver a delinear 2) *(черчением скопировать)* copiar (delineando)
перечесть[1] *perf vt coloq* V. пересчитать ◆ **не ~** son incontables
перечесть[2] *perf vt coloq* V. перечитать
перечёркивать V. перечеркать, перечёркать, перечеркнуть
перечисление *n* 1) enumeración 2) *(средств)* transferencia
перечислительный *adj* enumerativo
перечислить *impf* перечислять *perf vt* 1) enumerar 2) *(зачислить в другое место)* transferir 3) *(перевести зачислив на другой счёт)* transferir
перечислять V. перечислить
перечитать *perf* перечитывать *impf vt* 1) volver a leer, releer 2) *(всё, многое)* leer (todo, mucho)
перечитывать V. перечитать
перечить *impf vi* **(кому-л)** *coloq* llevar la contraria (a alg), contradecir
перечница *f* pimentero (recipiente) ◆ **чёртова ~** *insult* mala pécora, mal bicho
перечный *adj* de pimienta
перечувствовать *perf vt* haber sentido, haber experimentado (todo, mucho)
перешагивать V. перешагнуть
перешагнуть *perf* перешагивать *impf vt* pasar por encima, atravesar
перешеек *m* istmo
перешепнуться V. перешёптываться
перешёптываться *impf* перешепнуться *perf* cuchichear
перешибать V. перешибить
перешибить *perf* перешибать *impf vt coloq* romper, quebrar
перешивать V. перешить
перешить *perf* перешивать *impf vt* 1) coser en otro lugar 2) *(переделать)* arreglar, rehacer (una prenda)
перещеголять *perf vt coloq* eclipsar, hacer sombra
переэкзаменовать *perf vt* reexaminar, volver a examinar
переэкзаменовка *f* examen de recuperación, reexaminación
перёд *m* delantera, parte anterior
перигей *m astron* perigeo
перила (*gen* перил) *npl* baranda, barandilla
периметр *m* perímetro
перина *f* colchón de plumas
период *m* período
периодизация *f* periodización
периодика *f* publicaciones periódicas
периодически *adv* periódicamente
периодический *adj* periódico
периодично *adv* periódicamente
периодичность *f* periodicidad
периодичный *adj* periódico
перипетия *f elev* peripecia
перископ *m* periscopio
перистальтика *f fisiol* peritalsis
перист|ый *adj* 1) plumado, plumoso 2) *(с формой пера)* con forma de pluma *~ые облака* cirros
перитонит *m med* peritonitis
периферийный *adj* 1) periférico 2) *(о местности)* de la periferia, de provincias
периферический *adj* periférico
периферия *f* 1) periferia 2) *(о местности)* periferia, provincias
перифразировать *biasp vt elev* parafrasear
перифраз, перифраза *m/f elev* perífrasis
перл *m* perla
перламутр *m* nácar
перламутровый *adj* de nacar, nacarino
перловка *f coloq* cebada perlada
перловый *adj* perlado
перлюстрация *f* inspección (censura) de la correspondencia

перлюстрировать *biasp vt* inspeccionar (censurar) la correspondencia
перманент *m* permanente
перманентно *adv* permanentemente
перманентный *adj* permanente
пермяк *m* permiano (antigua denominación de los komi-permianos)
пермяцкий *adj* komi-permiano
пернат|ый 1. *adj* alado **2. -ые** *pl zool* aves
пер|о[1] *pl* -ья *n (у птиц)* pluma ◆ **ни пуха, ни ~а** ¡mucha suerte!, ¡que sea leve!
пер|о[2] *pl* -ья *n (для писания)* pluma (de escribir)
перочинный *adj* : ~ нож cortaplumas, navaja
перпендикуляр *m* perpendicular
перпендикулярный *adj* perpendicular
перрон *m* andén
перс *m* persa
перс|и (*gen* –ей) *mpl poét* pecho
персидский *adj* persa, pérsico
персик *m* 1) *(дерево)* melocotonero 2) *(плод)* melocotón
персиковый *adj* de melocotón
персона *f* persona
персонаж *m* personaje
персонал *m* personal
персонально *adv* personalmente
персональный *adj* personal
персонификация *f* personificación
персонифицировать *impf vt* personificar
перспектива *f* perspectiva
перспективность *f* perspectividad, carácter perspectivo
перспективный *adj* de perspectiva, con perspectivas
перст *m obsol* dedo ◆ **один как** ~ más solo que la una
перстень *m* sortija, anillo
пертурбация *f* perturbación
перфокарта *m* tarjeta perforada
перфолента *f* cinta perforada
перфоратор *m* perforadora
перфорация *f* perforación
перфорировать *biasp vt* perforar
перхоть *f* caspa
перцовка *f* pertsovka (vodka con guindillas)
перцовый *adj* de pimienta
перчатка *f* guante
перчить *impf* наперчить/поперчить *perf vt* sazonar (condimentar) con pimienta
першит|ь *impf v/impers coloq* picar *у меня в горле* ~ me pica la garganta
песенка *f dimin. de* песня
песенник *m* 1) *(сборник песен)* cancionero 2) *(певец)* cantor 3) *(автор песен)* cancionista
песенный *adj* de canciones
песета *f hist* peseta
песец *m* zorro polar
пескарь *m* gobio
пескоструйный *adj tecn* de chorro de arena
песнопение *n obsol* canto (sacro)
песнь *f elev* canto
песня *f* canción *колыбельная* ~ canción de cuna; *народная* ~ canción popular ◆ **лебединая** ~ el canto del cisne **это старая** ~ es el cuento (la canción) de siempre
песо *n inv* peso
песок *m* 1) arena 2) *(сахарный)* azúcar (molido)
песочек *m dimin. de* песок
песочница *f* 1) *ferroc* arenero 2) *coloq* cajón con arena (para juegos infantiles)
песочн|ый *adj* 1) de arena *~ые часы* reloj de arena 2) *coloq (о тесте)* de galletas, de pastas
пессимизм *m* pesimismo
пессимист *m* pesimista
пессимистический *adj* pesimista
пессимистично *adv* de forma pesimista, con pesimismo
пессимистичный *adj* pesimista
пест *m* mano de mortero, maja
пестик *m* 1) *dimin. de* пест 2) *bot* pistilo
пестовать *impf vt obsol* cuidar, criar
пестреть *impf vi* 1) *(виднеться пестротой)* ser abigarrado 2) *(становиться пёстрым)* volverse abigarrado 3) *(мелькать)* resaltar, aparecer muy a menudo, abundar
пестрить *impf* **1.** *vt* abigarrar, mezclar **2.** *v/impers (в глазах)* hacer chiribitas los ojos
пестрота *f* abigarramiento, mezcolanza de colores
пестун *m obsol* ayo
песцовый *adj* de zorro polar
песчаник *m min* gres, asperón
песчаный *adj* arenoso
песчинка *f* grano de arena
петарда *f* petardo
петельный *adj* 1) de lazo, de nudo 2) *(о двери)* de bisagra
петиция *f elev* petición
петлица *f* 1) ojal 2) *(нашивка)* galón
петля *f* 1) lazo, nudo 2) *(виселица)* dogal 3) *(в одежде)* presilla, corchete 4) *(дверная)* bisagra
петлять *impf vi* dar vueltas
петрография *f* petrografía
петрушка[1] *f (растение)* perejil
петрушка[2] *m (кукла)* polichinela
петунья *f* petunia
петух *m* 1) gallo 2) *(задира)* gallito ◆ **до ~ов** muy temprano
петушиный *adj* de gallo(s)
петушиться *impf* распетушиться *perf coloq* hacer el gallito, levantar la cresta
петушок *m dimin. de* петух
петь *impf* спеть *perf vt* cantar ◆ ~ **дифирамбы кому-л.** deshacerse en elogios sobre alguien ~ **ту же песню** venir con canción (el cuento) de siempre
петься *impf v/impers coloq* cantar *сегодня не поётся* hoy no canto bien
пехота *m mil* infantería
пехотинец *m mil* soldado de infantería
пехотный *adj* de infantería
печалить *impf* опечалить *perf vt* entristecer, afligir, apenar
печалиться *impf* afligirse, apenarse, entristecerse
печаль *f* pena, tristeza, pesar
печально 1. *adv* con tristeza, tristemente **2.** *adj pred* es triste
печальный *adj* triste, lamentable
печатание *n* impresión
печатать *impf* напечатать *perf vt* 1) imprimir 2) *(помещать в издании)* publicar
печататься *impf* напечататься *perf* publicarse

печатка *f* sello

печатник *m* impresor, tipógrafo

печатный *adj* tipográfico, impreso

печать *f* 1) sello, timbre, precinto 2) *(станок)* prensa 3) *(техника)* impresión 4) *(цех)* imprenta

печенеги *mpl hist* pechenegos

печение *n (действие)* cocción

печень *f* hígado

печенье *n* galleta

печёнка *f* hígado

печёночный *adj* 1) de hígado 2) *anat* del hígado, hepático

печёный *adj* cocido

печка *f* estufa

печни|к, -ца *m/f* fumista, estufista

печной *adj* de estufa, de horno

печурка *f* estufa (pequeña)

печь[1] *impf* испечь *perf vt* cocer

печ|ь[2] *f* horno (de leña o carbón), estufa *микроволновая ~ь* horno microondas ◆ **лежать на ~и** no dar golpe

печься *impf* испечься *perf* 1) cocerse 2) *coloq (на солнце)* tostarse

пешеход *m* peatón

пешеходный *adj* peatonal, de peatones

пеший *adj* pedestre, a pie

пешка *f ajed* peón

пешком *adv* a pie, andando

пещера *f* cueva, caverna, gruta

пещеристый *adj* cavernoso

пещерный *adj* de (las) cuevas, cavernoso

пёрышко *n dimin. de* перо

пёс *m* perro, can

пёсий *adj* de(l) perro, canino

пёсик *m dimin. de* пёс

пёхом *adv vulg* V. пешком

пиала *f* cuenco, tazón

пианино *n inv* piano *играть на ~* tocar el piano

пианиссимо *adv mús* pianísimo, muy suave

пианист, -ка *m/f* pianista

пиано *adv mús* piano, despacio

пиастр *m* piastra

пивко *n coloq* cerveza, cervecita

пивная *f* cervecería, bar

пивной *adj* de cerveza

пивнушка *f coloq* cervecería

пиво *n* cerveza *тёмное ~* cerveza negra; *светлое ~* cerveza rubia

пивовар *m* cervecero

пивоварение *n* fabricación de cerveza

пивоваренный *adj* cervecero

пигалица *f* 1) *(птица)* avefría, frailecillo 2) *coloq (о человеке)* personilla, poca cosa

пигмей *m* pigmeo

пигмент *m* pigmento

пигментация *f* pigmentación

пигментный *adj* de pigmento, pigmentario

пиджак *m* americana, chaqueta

пиджачок *m dimin. de* пиджак

пиетет *m elev* estimación, respeto

пизда *f vulg* coño

пижама *f* pijama

пижон *m coloq* señorito, pijo

пижонистый *adj coloq peyor* pijo, pisaverde

пижонство *n coloq obsol* pijería, gomosidad

пиит *m elev obsol* poeta

пик *m* 1) *(вершина)* pico, cumbre 2) *(наивысший подъём)* máximo, punto álgido ◆ **час-пик** hora punta

пика *f* 1) pica 2) *cart* pica

пикадор *m taur* picador

пикантность *f* carácter picante

пикантный *adj* 1) *(на вкус)* picante 2) *(любопытный)* curioso, sensacional 3) *(соблазнительный)* encantador, atractivo 4) *(не вполне пристойный)* picante

пикап *m* camioneta, pick-up

пике *n inv (ткань)* piqué

пикейный *adj* de piqué

пикет *m (отряд)* piquete

пикетчик *m* piquetista

пикировать[1] *biasp vi* descender en picado

пикировать[2] *biasp vt* 1) *agric* transplantar, replantar 2) *obsol* picar, lanzar pullas

пикироваться *impf obsol* picarse, lanzarse pullas

пикировка *f agric* transplantación, replantación

пикник *m* picnic

пикнуть *impf* пикать *perf vi* 1) piar (una vez) 2) *coloq (возразить)* chistar, rechistar

пиковый[1] *adj* 1) *cart* de picas 2) *coloq (неприятный)* desagradable, embarazoso

пиковый[2] *adj (являющийся пиком)* álgido, cumbre

пиктографический *adj* pictográfico

пиктография *f* pictografía

пикул|и (*gen* –ей) *mpl* encurtidos

пикша *f (рыба)* eglefino, anón

пила *f* sierra

пила-рыба *f* pez sierra

пилёный *adj* aserrado, cortado

пилигрим *m* peregrino

пиликать *impf vi coloq* rascar, hacer chirriar *~ на скрипке* rascar el violín

пилинг *m* peeling

пилить *impf vt* 1) serrar, aserrar 2) *(напильником)* limar 3) *coloq (упрекать)* chinchar, dar la lata

пилка[1] *f (действие)* aserrado, aserradura

пилка[2] *f* 1) *(маленькая пила)* sierra de mano, serrucho 2) *(для ногтей)* lima (de uñas)

пиломатериал *m* madera aserrada, tablas

пилот *m* piloto

пилотаж *m* pilotaje ◆ **высший** ~ maestría

пилотажный *adj* de pilotaje

пилотирование *n* pilotaje

пилотировать *impf vt* pilotar

пилотка *f* gorra de piloto

пилотский *adj* de piloto

пильщик *m* aserrador, serrador

пилюл|я *f* píldora ◆ **проглотить ~ю** tragarse la píldora **позолотить ~ю** dorar la píldora

пилястра *f arquit* pilastra

пимы (*gen* пим) *fpl* 1) bota de piel de reno 2) *(валенок)* bota de fieltro

пинать *impf* пнуть *perf vt coloq* dar patadas, patear

пингвин *m* pingüino

пинг-понг *m* ping-pong, tenis de mesa

пинет|ки (*gen* –ок) *fpl* patucos, zapatitos para bebés

пин|ок *m coloq* patada, puntapié *дать ~ка* dar una patada, dar un puntapié

пинта *f* pinta (unidad de medida)

пинцет *m* pinzas
пинчер *m* perro pincher
пион *m* peonía
пионер *m* 1) pionero 2) *hist* pionero (miembro de la organización de pioneros de la URSS)
пионервожатый *m hist* instructor (monitor) de pioneros
пионерия *f coloq hist* pioneros
пионерка *f hist* pionera (miembro de la organización de pioneros de la URSS)
пионерский *adj* de pioneros
пиорея *f med* piorrea
пипетка *f* pipeta
пир *m* festín, banquete
пирамида *f* pirámide
пирамидальный *adj* piramidal
пирамидный *adj* de pirámide
пиранья *f* piraña
пират *m* pirata
пиратский *adj* pirata, de piratas
пиратство *n* piratería
пировать *impf vt* banquetear, festejar
пирог *m* pastel, empanada, torta
пирога *f* piragua
пирожковая *f* puesto (establecimiento) de pastelillos
пирожник *m obsol* pastelero
пирожное *n* pastel, pastelillo
пирожок *m* pastelillo, empanadilla, bollo
пиротехник *m* pirotécnico
пиротехника *f* pirotecnia
пиротехнический *adj* pirotécnico
пирров *adj elev* : ~а победа victoria pírrica
пирс *m* muelle, embarcadero
пирушка *f coloq* juerga, francachela
пируэт *m* pirueta
пиршественный *adj obsol* de festín, de banquete
пиршество *n* festín, banquete
писака *m/f coloq desp* escritorzuel|o, -a
писание *n* escritura
писанина *f coloq desp* papeluchos, papelotes
писан|ый *adj* escrito ◆ **~ая красавица** *coloq* beldad, belleza
писарь *m* escribano, escribiente, escriba
писатель, -ница *m/f* escritor, -a
писательский *adj* de escritor
писать *impf* пописать *perf vi coloq* mear, hacer pipí
писать *impf* написать *perf vt* escribir ~ *карандашом* escribir con lápiz; ~ *разборчиво* escribir claro, *(картину)* pintar ~ *маслом* pintar al óleo
писаться *impf* описаться *perf coloq* mearse, mearse encima
пи|саться *impf* escribirse *как ~шется это слово?* ¿cómo se escribe esta palabra?
писец *m hist* escribano, escribiente
писк *m* chillido, pío ◆ **последний** ~ el último grito
пискливый *adj* chillón
пискля *m/f vulg* chill|ón, -ona
писклявый *adj coloq* V. пискливый
пискнуть V. пищать
пискотня *f* 1) *coloq* chillidos 2) *(птенцов)* pío, piada
пискун *m* 1) *coloq* chillón 2) *(о птице)* pión
писменность *f* 1) *(письмо)* escritura 2) *(письменные памятники)* monumentos literarios, literatura
писсуар *m* orinal
пистолет *m* pistola
пистолетный *adj* de pistola
пистон *m tecn* pistón
писулька *f coloq* nota, carta breve
писцовый *adj* de escribano, de escribiente
писчебумажный *adj* papelero, de(l) papel
писчий *adj* de (para) escribir
письм|ена (*gen* письмён) *npl* caracteres, letras (antiguos)
письменно *adv* por escrito
письменность *f* escritura
письменн|ый *adj* 1) *(написанный)* escrito, por escrito *~ое заявление* solicitud por escrito; *в ~ой форме* por escrito 2) *(для письма)* para escribir *~ый стол* escritorio, mesa de escritorio
письмецо *n dimin. de* письмо
письмо *n* 1) carta, misiva, epístola *заказное* ~ carta certificada 2) *(письменность)* escritura
письмоносец *m obsol* cartero
питание *n* 1) alimentación, nutrición 2) *(снабжение энергией)* alimentación
питательный *adj* 1) nutritivo, alimenticio 2) *tecn* de alimentación, alimentador
питать *impf* напитать *perf vt* 1) alimentar, nutrir 2) *(снабжать)* alimentar, suministrar, abastecer (de u/c) 3) *(чувства и т.д.)* sentir, experimentar ~ *симпатию* sentir simpatía; ~ *надежду* albergar esperanzas
питаться *impf* (**чем-л**) alimentarse (de u/c), nutrirse (de u/c)
питейный *adj obsol* de bebidas alcohólicas
питекантроп *m* pitecántropo
питие *n obsol* bebida (acción y objeto)
питомец *m* pupilo, discípulo
питомник *m* criadero, vivero
питон *m* pitón
пить *impf* выпить *perf vt* beber, tomar ~ *кофе* tomar café ◆ **как ~ дать** como tres y dos son cinco
питьевой *f* potable
питьё *n* 1) *(действие)* beber 2) *(напиток)* bebida
пихать *impf* пихнуть *perf vt* 1) *coloq* empujar 2) *(засовывать)* meter, introducir
пихаться *impf* пихнуться *perf* empujarse, atropellarse
пихнуть V. пихать
пихнуться V. пихаться
пихта *f* abeto blanco, pinabeto
пихтовый *adj* de abeto blanco, de pinabeto
пицца *f* pizza
пиццерия *f* pizzería
пичкать *impf* напичкать *perf vt coloq* atiborrar, llenar
пичуга *f coloq* pajarillo, pajarito
пишущий *adj* para (de) escribir
пища *f* comida, alimento
пищаль *f* arcabuz
пищать *impf* пискнуть *perf vi* 1) *(о птицах)* piar, pipiar 2) *(о людях)* chillar 3) *(о предметах)* chirriar
пищеблок *m* empresa de alimentación
пищеварение *n* digestión
пищеварительный *adj* digestivo
пищевик *m* trabajador de la industria alimenticia

пищевод *m* esófago
пищеводный *adj anat* de(l) esófago
пищевой *adj* alimenticio ~ *продукт* producto alimenticio
пиявка *f* sanguijuela
плав *m* : на ~у a flote, en flotación
плавание *n* 1) natación *заниматься ~м* hacer natación; *подводное ~* submarinismo 2) *(на судах)* navegación *дальнее ~* navegación de altura
плавательный *adj* de natación, natatorio
плавать *impf vi* 1) nadar 2) *(не тонуть)* flotar 3) *(о судне)* navegar
плавильный *adj tecn* de fusión, de fundir
плавить *impf* расплавить *perf vt* fundir, derretir
плавиться *impf* расплавиться *perf* fundirse, derretirse
плавка *f* fusión, fundición
плав|ки (*gen* –ок) *fpl* traje de baño, bañador (de hombre)
плавкий *adj* fundible, fusible
плавление *n* fusión
плавленый *adj* fundido
плавн|и (*gen* –ей) *pl* estuario, estero
плавник *m* aleta
плавно *adv* 1) suavemente 2) *(ритмично)* rítmicamente
плавность *f* fluidez
плавный *adj* fluido, suave
плавучесть *f* flotabilidad
плавучий *adj* flotante
плагиат *m* plagio
плагиатор *m* plagiador, plagiario
плазма *f* plasma
плазматический *adj* plasmático
плазменный *adj* de plasma
плакальщи|к, -ца *m/f* plañider|o, -a
плакат *m* cartel, póster, pancarta
плакатист, -ка *m/f* cartelista
плакатный *adj* de cartel(es)
плакать *impf vi* llorar *горько ~* llorar amargamente; *~ от боли* llorar de dolor
плакаться *impf* **(на что-л)** *coloq* quejarse (de u/c), lamentarse (de u/c)
плакса *m/f* llor|ón, -ona
плаксиво *adv* con plañidos, llorosamente
плаксивый *adj* llorón, lloroso
плакуч|ий *adj* llorón *~ая ива* sauce llorón
пламенеть *impf vi* flamear, arder
пламенно *adv* ardientemente
пламенный *adj* 1) ardiente, ardoroso, fervoroso 2) *(ярко сверкающий)* flámeo
пламя *n* llama
план *m* 1) plan, proyecto 2) *(карта)* plano 3) *(расположение в перспективе)* plano
планеризм *m* planeado, vuelo planeado
планерист, -ка *m/f* pilot|o, -a de planeador
планета *f* planeta
планетарий *m* planetario
планетарный *adj* planetario
планетный *adj* de planetas, planetario
планёр *m* planeador
планёрный *adj* de planeadores
планида *f coloq* suerte, destino
планиметрия *f mat* planimetría
планирование[1] *n (составление планов)* planificación
планирование[2] *n aero* planeo, vuelo planeado
планировать[1] *impf* запланировать *perf vt (составлять план)* planear, planificar
планировать[2] *impf* спланировать *perf vi (плавно лететь)* planear
планировка *f* planificación, planeo
планировочный *adj* de planificación
планка *f* 1) tabla, listón 2) *(уровень)* listón, nivel
планктон *m biol* plancton
планктонный *adj biol* de plancton
плановик *m* planificador, planeador
плановый *adj* planificado, sistemático
планомерный *adj* planificado, sistemático
плантатор *m* plantador
плантация *f* plantación
планшет *m* 1) *geogr* plancheta 2) *(сумка)* portamapas, portaplanos 3) *(планшетный компьютер)* tableta
планшетка *f coloq* portamapas, portaplanos
пласт *m* 1) capa 2) *geogr* estrato, lecho
пластика *f* plástico
пластиковый *adj* de plástico
пластилин *m* plastilina
пластилиновый *adj* de plastilina
пластина *f* plancha, lámina
пластинка *f* 1) V. пластина 2) *mús* disco
пластинчатый *adj* laminoso
пластический *adj* plástico
пластичность *f* plasticidad
пластмасса *f* plástico, materia plástica
пластмассовый *adj* de plástico
пластовой *adj* de (en) capas
пластырь *m* esparadrapo, parche, tirita
плат *m obsol* V. платок
плата *f* pago *заработная ~* sueldo
платан *m* plátano (árbol)
платежеспособность *f* solvencia
платежеспособный *adj* solvente
плательный *adj* de (para) vestidos
плательщик *m* pagador
платёж *m* pago ◆ **долг платежом красен** amor con amor se paga
платёжеспособность *f* solvencia
платёжеспособный *adj* solvente
платёжный *adj* de pago
платина *f* platino
платиновый *adj* de platino
платить *impf* заплатить *perf vt* **(за что-л)** pagar (por u/c) ~ *вперёд* pagar por adelantado; ~ *наличными* pagar en efectivo, pagar al contado
платиться *impf* поплатиться *perf* pagar *ты мне за это поплатишься!* ¡me las pagarás!
платный *adj* pagado, de pago
плато *n inv geogr* meseta
платок *m* pañuelo
платонизм *m* platonismo
платонически *adv* platónicamente
платонический *adj* platónico
платочек *m dimin. de* платок
платформа *f* 1) plataforma 2) *(перрон)* andén 3) *(полустанок)* apeadero
платье *n* 1) vestido *вечернее ~* vestido de noche 2) *obsol (одежда)* ropa, indumentaria
платьице *n dimin. de* платье
платяной *adj* de ropa, ropero
плаун *m bot* lipocodio
плафон *m* plafón

плаха *f* 1) *(кусок бревна)* tajo 2) *(место)* cadalso
плац *m mil* plaza
плацдарм *m mil* campo de operaciones
плацента *f anat* placenta
плацентарный *adj biol* placentario
плацкарта *f ferroc* billete con asiento numerado
плацкартный *adj ferroc* de coche cama
плач *m* 1) llanto, lloro 2) *(песня)* plañidera
плачевный *adj* 1) *(жалобный)* plañidero 2) *(жалкий)* lamentable, deplorable
плашмя *adv* de plano, en sentido plano *упасть* ~ caer de plano (de bruces)
плащ *m* 1) *(лёгкое пальто)* gabardina 2) *(одежда без рукавов)* capa
плащаница *f relig* Santo Sudario
плащ-палатка *f mil* capa-tienda
плебей *m hist* plebeyo
плебейский *adj hist* plebeyo
плебисцит *m pol* plebiscito
плева *f anat* membrana
плевательница *f hist* escupidera
плевать *impf* плюнуть *perf vi* escupir
плеваться *impf coloq* escupir
плевел *m* cizaña
плевок *m* escupitajo
плевра *f anat* pleura
плевральный *adj anat* pleural
плеврит *m med* pleuritis, pleuresía
плед *m* manta
плексиглас *m* plexiglás
племенной *adj* 1) tribal, de tribu 2) *(о скоте)* de raza
плем|я *n* tribu ◆ **без роду, без ~ени** hijo de nadie
племянни|к, -ца *m/f* sobrin|o, -a
племяш, -ка *m/f vulg* V. племянни|к, -ца
плен *m* cautiverio, cautividad *попасть в* ~ caer prisionero; *брать в* ~ hacer prisionero
пленарка *f coloq* sesión plenaria
пленарный *adj* plenario
пленение *n* 1) *elev (действие)* captura, aprisionamiento 2) *(плен)* cautiverio
пленительный *adj* cautivador, fascinador, seductor
пленить *perf* пленять *impf vt* cautivar, maravillar
плениться *perf* пленяться *impf* **(кем/чем-л)** quedar encantado (de alg o u/c), quedar prendado (de alg o u/c)
пленни|к, -ца *m/f* prisioner|o, -a, cautiv|o, -a
пленный *adj* cautivo, prisionero
пленум *m* pleno
пленять V. пленить
пленяться V. плениться
плеоназм *m lit* pleonasmo
плесень *f* moho
плеск *m* chapoteo
плескать *impf* плеснуть *perf vt* 1) batir, chapotear 2) *(брызгать)* salpicar
плескаться *impf* salpicar, chapotear
плесневеть *impf* заплесневеть *perf vi* enmohecerse
плесневый *adj* mohoso, de (con) moho
плеснуть V. плескать
плести *impf* сплести *perf vt* 1) trenzar, tejer, entrelazar 2) *(выдумывать)* inventar, urdir, tramar
плестись *impf* ir (o andar) despacio, arrastrarse
плетение *n* trenzado, entrelazamiento, tejido
плетень *m* seto, surón
плетёнка *f* cesta de mimbre
плетёный *adj* trenzado
плеть *f* látigo, fusta
плечев|ой *adj anat* humeral, braquial *~ая кость* húmero
плечико *n dimin. de* плечо
плечистый *adj* ancho de hombros (de espaldas)
плеч|о *n* hombro ◆ **это ему не по ~у** esto le va grande (ancho) **иметь голову на ~ах** tener la cabeza sobre los hombros **пожать ~ами** encogerse de hombros
плешивый *adj* pelón, calvo, pelado
плешь *f* calva, calvicie
плеяда *f elev* pléyade
плёвый *adj vulg* malo, insignificante
плёнка *f* 1) *anat* película, membrana 2) *cine foto* película, cinta
плёночный *adj* pelicular, de película
плёс *m geogr* curso (entre islas o recodos)
плётка *f* fusta, rebenque
пли *interj mil obsol* ¡fuego!
плинтус *m* zócalo
плиссе **1.** *n inv* plisado **2.** *adj inv* plisado
плиссировать *biasp vt* plisar
плита *f* 1) *(каменная)* losa 2) *(металлическая)* plancha, chapa 3) *(на кухне)* cocina, encimera *электрическая* ~ cocina eléctrica
плитка *f* 1) *(шоколада)* pastilla, tableta 2) *(облицовочная)* baldosa, azulejo 3) *(прибор)* hornillo
плиточник *m* alicatador, embaldosador
плов *m* plov (plato de origen asiático a base de arroz, verduras y carne de cordero), pilau
пловец *m* nadador
пловчиха *f* nadadora
плод *m* 1) fruto 2) *biol* feto ◆ **запретный** ~ fruto prohibido
плодить *impf vt* producir, criar, engendrar
плодиться *impf* расплодиться *perf* reproducirse, multiplicarse
плодный *adj* fecundo, fructífero
плодовитость *f* fertilidad, fecundidad
плодовитый *adj* fértil, fecundo, prolífico
плодоводство *n* fruticultura
плодовый *adj* frutal
плодоножка *f bot* pedúnculo, pezón
плодоносить *impf vi* fructificar, dar frutos
плодоносный *adj* fértil, fecundo
плодоношение *n* fructificación
плодоовощной *adj* : ~ магазин tienda de frutas y verduras
плодородие *n* fertilidad, fecundidad
плодородность *f* fertilidad, fecundidad
плодородный *adj* fértil, fecundo
плодотворно *adv* fructíferamente, provechosamente
плодотворность *f* carácter fructífero
плодотворный *adj* fructífero, fructuoso
пломба *f* 1) precinto 2) *med* funda (dental)
пломбир *m* helado de crema
пломбирование *n* empaste
пломбировать *impf* запломбировать *perf vt* 1) *(дверь и т.д.)* precintar 2) *(зубы)* empastar
плоский *adj* 1) plano, llano, raso 2) *(банальный)* trivial, banal

плоскогорье *n* meseta
плоскогрудый *adj* de pecho plano
плоскогубц|ы (*gen* –ев) *mpl* alicates
плоскодонка *f coloq* batea, barco de fondo chato
плоскодонный *adj* de batea, de fondo chato
плоскостопие *n* pies planos
плоскость *f* plano
плот *m* balsa *спасательный ~* balsa de salvamento
плотва *f* rutilo
плотина *f* dique
плотник *m* carpintero
плотницкий *adj* de carpintero, de carpintería
плотничать *impf vi* trabajar de carpintero
плотничный *adj* de carpintería, de carpintero
плотно *adv* 1) densamente, estrechamente 2) *(совсем близко)* muy cerca 3) *(сытно)* abundantemente, bien
плотность *f* densidad, consistencia, espesura
плотный *adj* 1) denso, consistente, compacto 2) *(прочный)* sólido, macizo 3) *(толстый)* grueso 4) *(сытный)* abundante, fuerte
плотогон *m* balsero, almadiero
плотоядный *adj* carnívoro, depredador
плотский *adj elev* carnal, lascivo
плоть *f elev* carne
плохо 1. *adv* mal *~ себя чувствовать* sentirse mal; *~ писать* escribir mal **2.** *adv pred* está mal, se encuentra mal *ей ~* se encuentra mal, está mal
плохой *adj* malo
плохонький *adj coloq* malo, ruin
плошать *impf* оплошать *perf vi coloq* equivocarse, hacerlo mal, meter la pata
плошка *f* cuenco, escudilla
площадка *f* 1) pista *детская ~* zona de juegos para niños 2) *(лестничная)* rellano, descansillo
площадной *adj* grosero, chabacano
площадь *f* 1) plaza 2) *(пространство)* área, superficie, extensión
плуг *m* arado
плут *m* bribón, pillo
плутать *impf vi coloq* vagar, errar
плутн|и (*gen* –ей) *fpl coloq* picardías, bribonadas
плутоватый *adj* bribón, pillo
плутовать *impf* сплутовать *perf vi coloq* engañar, confundir, enredar
плутовка *f* bribona, pilla
плутовской *adj* 1) tramposo, embaucador, fullero 2) *lit* picaresco
плутовство *n* bellaquería, picardía
плутократ *m elev* plutócrata
плутократия *f elev* plutocracia
плутониевый *adj quím* de plutonio
плутоний *m quím* plutonio
плывун *m geol* terreno movedizo
плыть *impf vi* 1) nadar 2) *(не тонуть)* flotar 3) *(о судне)* navegar 4) *(плавно пеедвигаться)* pasar
плюгавый *adj coloq* debilucho, endeble, canijo
плюмаж *m* penacho, plumaje
плюнуть V. плевать
плюрализм *m filos* pluralismo
плюралистический *adj filos* pluralista
плюс *m* 1) más (signo) 2) *coloq (преимущество)* ventaja, aspecto positivo
плюсовать V. приплюсовать
плюсовой *adj (о температуре)* positivo, sobre cero
плюхать V. плюхнуть
плюхаться V. плюхнуться
плюхнуть *perf* плюхать *impf vi vulg* desplomarse, caer a plomo
плюхнуться *perf* плюхаться *impf coloq* caer a plomo, desplomarse
плюш *m* felpa, peluche
плюшевый *adj* de felpa, de peluche
плюшка *f* bollo
плющ *f* hiedra
плющить *impf* сплющить *perf vt* aplanar, achatar
пляж *m* playa
пляжный *adj* de playa, playero
пляс *m coloq* baile, danza *пуститься в ~* ponerse a bailar
плясать *impf vt* bailar, danzar ◆ **~ перед кем-л.** arrastrarse ante alguien
пляска *f* baile, danza
плясун, -ья *m/f coloq* bailador, -a, bailar|ín, -ina
пневматика *f* neumática
пневматический *adj* neumático
пневмония *f med* pulmonía, neumonía
пнуть V. пинать
по *prep* 1) **(кому/чему-л)** *(указывающее на движение на поверхности)* por (alg o u/c) *~ улице* por la calle 2) **(чему-л)** *(указывающее на предмет или на качество)* por (u/c), de (u/c) *добрый ~ характеру* bueno de carácter; *учебник ~ физике* manual de física 3) **(чему-л)** *(указывающее на причину)* por (u/c) *не выйти на работу ~ болезни* no ir a trabajar por enfermedad 4) **(чему-л)** *(указывает на предмет, при помощи которого совершается действие)* por (u/c) *говорить ~ телефону* hablar por teléfono 5) **(чём-л)** *(указывает на временную или пространственную границу)* por (a u/c), después (de u/c) *~ получении письма* al recibir la carta 6) **(что-л)** *(указывает на предел распространения действия)* hasta (u/c) *~ пояс* hasta la cintura
по-... *pref (prefijo en la formación de adverbios)* en, a la, a la manera de *~-испански* en español, a la española; *~-русски* en ruso, a la rusa
побагроветь V. багроветь
побаиваться *impf* **(кого/чего-л)** temer (un poco), tener un poco de miedo (de alg o u/c)
побаливать *impf vi* doler (un poco o de vez en cuando)
побасёнка *f coloq* cuento, historia
побег[1] *m (росток)* brote, retoño
побег[2] *m (оставление места заключения)* huída, fuga, evasión
побегуш|ки (*gen* –ек) *fpl* ajetreo ◆ **мальчик на ~ах** chico para los recados
побед|а *f* victoria, triunfo *одержать ~у* conseguir la victoria
победитель, -ница *m/f* vencedor, -a, ganador, -a, triunfador, -a
победить *perf* побеждать *impf vt* vencer, ganar
победный *adj* victorioso, vencedor, triunfante
победоносный *adj* victorioso, triunfante
побежать V. бежать
побеждать V. победить

побелеть V. белеть
побелить V. белить
побелка *f* blanqueado
побережье *n* costa, litoral
поберечь V. беречь
поберечься V. беречься
побеседовать V. беседовать
побеспокоить *perf vt* molestar, incomodar, importunar
побеспокоиться *perf* 1) *(поволноваться)* inquietarse, turbarse, alterarse (un poco, un tiempo) 2) **(о чём-л)** *(проявить беспокойство)* molestarse (por alg o u/c), preocuparse (por alg o u/c)
побивать V. побить
побираться *impf* mendigar, vivir de limosna
побить *perf* побивать *impf vt* 1) V. бить 2) *(убить)* matar 3) *(в игре, соревновании)* vencer, derrotar
побиться V. биться
поблагодарить V. благодарить
поблажка *f coloq* favor, indulgencia
побледнеть V. бледнеть
поблекнуть V. блекнуть
поблёклый *adj* marchito, ajado
поблёкнуть V. блёкнуть
поблизости *adv* al lado, cerca, en las inmediaciones
побожиться V. божиться
побо|и (*gen* –ев) *mpl* paliza, malos tratos
побоище *n* matanza, carnicería
побоку *adv coloq* fuera, de lado
поборник *m elev* defensor, adalid
побороть *perf vt* 1) vencer, derrotar 2) *(преодолеть)* vencer, superar
побороться *perf* luchar (un poco)
побор *mpl hist* exacción
побочный *adj* accesorio, colateral, secundario
побояться V. бояться
побранить *perf vt* regañar, reñir un poco
побраниться V. браниться
побрататься V. брататься
побратим *m* hermano *города-~ы* ciudades hermanadas
побратимство *n* hermandad
по-братски *adv* fraternalmente, de manera fraternal
побрать *perf vt coloq* coger, llevarse ◆ **чёрт побери!** ¡maldita sea!
побрезговать V. брезговать
побрести *perf vi* echar a andar lentamente, a duras penas
побрить V. брить
побриться V. бриться
побродить *perf vt* errar, deambular, vagar (un tiempo)
побросать *perf coloq vt* 1) echar, tirar 2) *(оставить без надзора)* abandonar
побрякивать *impf vi* tintinear, sonar (de vez en cuando)
побрякушка *f* 1) *(безделушка)* bagatela, fruslería 2) *(погремушка)* sonajero
побудительный *adj* exhortativo, incentivo
побудить *perf* побуждать *impf vt* **(к чему-л)** inducir (a u/c), incitar (a u/c)
побудка *f mil* diana, toque de diana
побуждать V. побудить
побуждение *n* 1) *(действие)* inducción (a u/c) 2) *(намерение действовать)* motivo, móvil, impulso
побуреть V. буреть
побывать V. бывать
побывк|а *f coloq* : приехать на ~у venir para (pasar) unos días
побыть *perf vt* estar un tiempo, quedarse un tiempo
повадиться *perf* **(делать что-л)** *coloq* acostumbrarse a (hacer u/c), habituarse a (hacer u/c)
повадка *f coloq* costumbre, hábito
повалить[1] V. валить
повалить[2] *perf vi* 1) *coloq (о толпе)* empezar a ir, venir en una gran cantidad 2) *(о снеге и т.д.)* empezar a caer en una gran cantidad
повалить V. валить
повалиться V. валиться
повальный *adj* general, en masa
повар *m* cocinero
поваренный *adj* culinario, de cocina
поварёнок *m* pinche (de cocina)
поварёшка *f coloq* cucharón
повариха *f coloq* cocinera
поварской *adj* culinario, de cocina
поведать *perf* поведывать *impf vi* **(кому-л о чем-л)** informar (a alg de u/c), contar
поведение *n* actitud, comportamiento, actuación
поведенческий *adj psicol* conductista
поведывать V. поведать
повезти[1] *perf vt (начать везти)* llevarse, llevar
повезти[2] V. везти 2
повелевать *impf* **1.** *vi* mandar, dirigir **2.** *vt* V. повелеть
повеление *n elev* orden, mandamiento
повелеть *perf* повелевать *impf vt obsol* ordenar, mandar
повелитель, -ница *m/f* señor, -a, soberan|o, -a
повелительн|ый *adj* imperativo ◆ **~ое наклонение** *ling* modo imperativo
повенчать V. венчать
повенчаться V. венчаться
повергать V. повергнуть
повергнуть *perf* повергать *impf vt* 1) hacer caer, tumbar 2) *(победить)* derrotar, vencer 3) **(во что-л.)** *(привести в состояние)* sumir (en u/c) ~ *в отчаяние* sumir en la desesperación
поверенный *adj* 1) apoderado, mandatario 2) *jur* procurador
поверить V. верить
поверка *f* comprobación, control
повернуть *perf* поворачивать *impf* **1.** *vt* volver, girar, girar ~ *голову* volver la cabeza **2.** *vi* *(изменить направление)* girar, torcer, virar ~ *налево* girar a la izquierda
повернуться *perf* поворачиваться *impf* girarse, volverse, darse la vuelta
поверх *prep* **(чего-л)** encima (de u/c), por encima (de u/c)
поверхностно *adv* superficialmente, por encima
поверхностность *f* superficialidad
поверхностный *adj* superficial
поверхность *f* superficie
поверху *adv coloq* por encima
поверье *n* creencia (popular)
поверять V. поверить 2

повеса *m/f obsol* calavera, juerguista
повеселеть V. веселеть
повесить V. вешать
повеситься V. вешаться
повествование *n* 1) *(действие)* narración 2) *(жанр)* narrativa
повествовательность *adj* carácter narrativo
повествовательный *adj* narrativo
повествовать *impf vt* narrar, relatar, referir
повести *perf vt* llevar, conducir, guiar
повестись V. вестись
повестка *f* aviso, notificación, citación ◆ ~ **дня** orden del día
повесть *f* relato, novela corta
поветрие *n* 1) *obsol* epidemia 2) *(увлечение)* moda, manía
повешение *n* ahorcamiento, ejecución en la horca
повеять *perf vi* soplar, empezar a sentirse
повзводный *adj mil* por secciones
повздорить V. вздорить
повзрослеть V. взрослеть
повивальн|ый *adj obsol* obstétrico ◆ **~ая бабка** *obsol* comadre
повидать *vt* 1) V. видать 2) *coloq (увидеть кого-л.)* ver (a alguien), encontrarse (con alguien)
повидаться *perf* encontrarse, verse
по-видимому *adv* por lo visto, según parece
повидло *n* mermelada
повиниться V. виниться
повинн|ая *f* reconocimiento de culpa *принести ~ую* reconocerse culpable
повинность *f* obligación, tributo, gravamen
повинный *adj* culpable
повиноваться *impf* **(чему-л)** obedecer, acatar ~ *законам* acatar las leyes
повиновение *n* obediencia, obedecimiento
повисать V. повиснуть
повисеть *perf vi* colgar, estar colgado (un tiempo)
повиснуть *perf* повисать *impf vi* quedar colgado, colgarse
повитуха *f coloq* comadrona
повлажнеть V. влажнеть
повлечь *perf vt* 1) *obsol* llevar, arrastrar 2) *(вызывать)* traer, comportar, entrañar
повлиять V. влиять
повод[1] *m (ремень)* brida, rienda ◆ **быть на ~у у кого-л.** dejarse llevar por alguien
повод[2] *m (обстоятельство)* causa, pretexto *дать* ~ dar pie, motivar ◆ **по ~у кого/чего-л** en relación a alg o u.c., a propósito de alg o u.c. **по этому ~у** en cuanto a esto, en lo que a esto atañe
поводить *perf vt* llevar, conducir (un tiempo)
поводок *m* collar (de perro)
поводырь *m* lazarillo, guía
повозить *perf vt* llevar, conducir (un tiempo)
повозка *f* carreta
поворачивать V. повернуть
поворачиваться V. повернуться
поворот *m* 1) curva, giro 2) *(событий и т.д.)* giro
поворотить *perf vt vulg* V. повернуть
поворотиться *perf vulg* V. повернуться
поворотливый *adj* ágil, ligero
поворотный *adj* 1) *(для поворота)* de viraje 2) *(переломный)* crucial
повредить *perf* повреждать *impf vt* 1) **(кому-л)** *(причинить вред)* causar daño (a alg), dañar, perjudicar 2) *(нарушить исправное состояние)* estropear, echar a perder
повредиться *perf* повреждаться *impf* 1) dañarse, hacerse daño 2) estropearse, echarse a perder
повреждать V. повредить
повреждаться V. повредиться
повреждение *n* 1) *(действие)* deterioro 2) *(порча)* daño, deterioro
повременить *perf vi* **(с чем-л)** aguardar, esperar (en u/c)
повременный *adj* periódico (dicho de una publicación)
повседневно *adv* diariamente, a diario
повседневность *f* cotidianidad
повседневный *adj* diario, cotidiano, de cada día
повсеместно *adv* en todas partes, universalmente
повсеместный *adj* general, universal, universal
повскакать *perf vi coloq* ponerse de pie de un salto (todos, muchos)
повстанец *m* insurrecto, rebelde, sublevado
повстанческий *adj* rebelde, insurrecto, de insurrección
повстречать *perf vt coloq* encontrar, toparse con alguien
повстречаться *perf coloq* encontrarse, toparse (una persona con otra)
повсюду *adv* en todas partes, por doquier
повтор *m* repetición
повторение *n* repetición, reiteración
повторить *perf* повторять *impf vt* repetir, reiterar
повториться *perf* повторяться *impf* repetirse
повторность *f* carácter repetitivo
повторный *adj* repetido, reiterado, reiterativo
повторять V. повторить
повторяться V. повториться
повысить *perf* повышать *impf vt* 1) subir, aumentar, elevar, alzar ~ *уровень* subir el nivel; ~ *голос* levantar la voz 2) *(по службе)* ascender
повыситься *perf* повышаться *impf* aumentar, subir, crecer, elevarse
повышать V. повысить
повышаться V. повыситься
повышение *n* 1) alza, aumento, subida, crecimiento ~ *температуры* aumento de (la) temperatura 2) *(по службе)* ascenso
повышенный *adj* 1) subido, elevado 2) *mús* sostenido
повязать *perf* повязывать *impf vt* anudar, atar
повязка *f* 1) cinta 2) *(нарукавная)* brazalete 3) *(бинт)* venda, vendaje
повязывать V. повязать
погадать *perf vi* 1) adivinar, predecir el destino (un poco, un tiempo) 2) *(строить предположения)* suponer, hacer conjeturas (un poco, un tiempo)
поганить *impf* испоганить *perf vt coloq* ensuciar, manchar
поганка *f* hongo no comestible
поганый *adj* 1) *coloq (очень плохой)* malo, asqueroso, vil 2) *(о грибах)* no comestible 3) *(языческий)* pagano

погань *f* porquería, inmundicia, escoria
погасить V. гасить
погаснуть V. гаснуть
погашать *impf* погасить *perf vt* 1) anular, extinguir 2) *(долг)* saldar, amortizar
погашение *n* liquidación, amortización
погибать *impf vi* V. гибнуть
погибель *f* muerte, perecimiento
погибнуть V. гибнуть
погладить V. гладить
поглазеть *perf vt vulg* mirar (un poco, un tiempo)
поглотить *perf* поглощать *impf vt* 1) absorber, tragar 2) *(всецело захватить)* tener ocupado del todo
поглощать V. поглотить
поглощение *n* absorción, tragado
поглупеть V. глупеть
поглядеть V. глядеть
поглядеться V. глядеться
поглядывать *impf vt* mirar, echar miradas (de vez en cuando) ~ *по сторонам* mirar hacia todos los lados
погнать *perf* **1.** *vi* comenzar a correr, correr **2.** *vt (вести)* llevar, hacer correr
погнаться *perf* **(за чем/кем-л)** echar a correr detrás de alg, perseguir
погнуть V. гнуть
погнуться V. гнуться
погнушаться V. гнушаться
поговаривать *impf vi coloq* hablar, decir
поговорить *perf vi* hablar, conversar
поговорка *f* dicho, proverbio
погод|а *f* tiempo (meteorológico) *хорошая ~а* buen tiempo; *прогноз ~ы* previsión del tiempo, previsión meteorológica ◆ **ждать у моря ~ы** pedir peras al olmo
погодить *perf vt coloq* esperar
погодный *adj* del tiempo, climático
погод|ок *m* que se lleva un año con alguien *они ~ки* se llevan un año
погожий *adj* bueno, excelente, sereno (referido al tiempo)
поголовный *adj* general, por cabeza
поголовье *n* número de cabezas de ganado
поголубеть V. голубеть
погон *m (espec pl) mil* pala, galón *офицерские ~ы* galones de oficial
погонный *adj (о мерах)* lineal ~ *метр* metro lineal
погончик *m* distintivo, galón
погонщик *m* conductor, arriero
погоня *f* persecución, acosamiento
погонять[1] *perf vt (заставлять ускорить ход)* acosar, aguijar
погонять[2] *perf vt (гонять какое-то время)* hacer correr (un tiempo)
погорелец *m* víctima de un incendio
погореть *perf vi* 1) *coloq* quemarse (por completo) 2) *coloq* perder la casa o el patrimonio en un incendio 3) *vulg* irse a pique, fracasar
погорячиться *perf* acalorarse, excitarse, excederse en las formas
погост *m* cementerio rural
пограничник *m* guardia fronterizo
пограничный *adj* fronterizo, limítrofe
пограничье *n* zona fronteriza
погреб *m* sótano *винный ~* bodega
погребальный *adj* funerario, mortuorio
погребать *impf* погрести *perf vt elev* enterrar, dar sepultura, sepultar
погребение *n* enterramiento, entierro, sepultura
погребок *m (кабачок)* taberna, bodega
погремушка *f* sonajero
погрести *perf vi* remar, bogar (un tiempo)
погреть *perf vt* calentar (un poco, un tiempo)
погреться *perf vt* calentarse (un poco, un tiempo)
погрешать V. погрешить
погрешить *perf* погрешать *impf vi* **(против чего-л или чем-л)** *elev* pecar (en u/c), faltar (a u/c)
погрешность *f* error, falta, culpa
погрозить V. грозить
погрозиться V. грозиться
погром *m* pogrom
погромный *adj* de pogromo(s)
погромщик *m* pogromista, saqueador
погрубеть V. грубеть
погружать V. погрузить
погружаться V. прогрузиться
погружение *n* inmersión
погруженность *f* inmersión, absorción
погружённый *adj* inmerso, hundido
погрузить *perf* погружать *impf vt* 1) sumergir 2) *(загрузить)* cargar, embarcar
погрузиться *perf* погружаться *impf* 1) **(во что-л.)** sumergirse (en u/c), sumirse (en u/c) 2) **(во что-л.)** *(отдаться какому-л. занятию)* entregarse de lleno (a u/c)
погрузка *f* carga, embarque
погрузнеть V. грузнеть
погрузочный *adj* de carga
погрузчик *m* cargador
погрызться V. грызться
погрязать V. погрязнуть
погрязнуть *perf* погрязать *impf vi* 1) atascarse, embarrancar 2) *(оказаться в сложном положении)* atascarse, meterse en un atolladero
погубить V. губить
погуливать *impf vi* 1) pasear, caminar 2) *(веселиться)* ir de juerga, parrandear (de vez en cuando)
погулять *perf vi* pasear (un rato, un poco)
погустеть V. густеть
под *prep* 1) **(кем/чем-л)** debajo (de alg o u/c), bajo (alg o u/c) *книга лежит ~ журналами* el libro está bajo las revistas 2) **(чем-л)** *(в окрестностях)* cerca (de u/c) *она живёт ~ Петербургом* vive cerca de San Petersburgo 3) **(что-л)** *(при указании на время, непосредственно предшествующее чему-либо)* a (u/c), hacia (u/c) ~ *утро* al amanecer 4) **(что-л)** *(при указании на приближение к какому-либо пределу)* cerca (de u/c) *ему ~ сорок лет* tiene cerca de cuarenta años 5) **(что-л)** *(при указании на характер использования предмета)* para (u/c) *помещение ~ школу* un local para una escuela
подавальщик *m* proveedor, abastecedor
подавать V. подать
подаваться V. податься
подавить[1] *perf vt* 1) *(раздавить многое)* aplastar, chafar (todo, mucho) 2) **(на что-л)** *(слегка надавить)* apretar, presionar

подавить[2] *perf* подавлять *impf vt* 1) *(положить конец)* aplastar, reprimir 2) *(преодолеть)* reprimir, contener, refrenar
подавиться V. давиться
подавление *n* aplastamiento
подавленность *f* abatimiento, depresión
подавленный *adj* abatido, desmoralizado, deprimido
подавлять V. подавить 2
подавляющий *adj* abrumador, aplastante
подавно *adv coloq* ni que decir tiene, aún más
подагра *f med* gota
подагрик *m coloq* gotoso, enfermo de gota
подагрический *adj* gotoso, de gota
подальше *adv coloq* (un poco) más lejos, (un poco) más allá
подарить V. дарить
подарок *m* regalo, obsequio
подарочек *m dimin. de* подарок
подарочный *adj* de regalo, para regalar
податель *m* dador, portador
податливость *f* 1) blandura, flexibilidad 2) *(уступчивость)* docilidad
податливый *adj* 1) blando, flexible 2) *(уступчивый)* dócil, apacible
подать *perf* подавать *impf vi* 1) *(дать, поднеся)* dar, entregar 2) *(на стол)* servir 3) *(милостыню)* dar limosna 4) *(представить - документ)* presentar 5) *sport* sacar
податься *perf* подаваться *impf* 1) *(сдвинуться с места)* apartarse, retroceder 2) *(уйти, уехать)* marcharse, irse 3) *(уступить)* ceder
подача *f* 1) entrega, abastecimiento 2) *sport* saque, servicio
подачка *f* 1) *(кусок еды)* pedazo (de pan, de carne, etc.), mendrugo 2) *(милостыня)* limosna
подаяние *n* limosna
подбавить *perf* подбавлять *impf vt* aumentar, añadir (un poco)
подбавлять V. подбавить
подбадривать V. подбодрить
подбегать V. подбежать
подбежать *perf* подбегать *impf vi* acercarse corriendo, venir corriendo
подберёзовик *m* boleto castaño
подбивать V. подбивать
подбирать V. подобрать
подбираться V. подобраться
подбить *perf* подбивать *impf vt* 1) *(приклеить)* pegar, poner 2) *(подшить с изнанки)* forrar 3) *(сбить)* derribar, abatir 4) **(на что-л)** *coloq (уговорить сделать что-л)* incitar (a u/c)
подблюдн|ый *adj* ~ые песни canciones de invocación de los espíritus
подбодрить *perf* подбадривать *impf vt* animar (un poco)
подбор *m* 1) *(выбор)* selección, elección 2) *(коллекция)* colección, selección
подборка *f* selección, elección
подбородок *m* barbilla, mentón
подбородочный *adj* de la barbilla, del mentón
подборщик *m* 1) *(сортровщик)* seleccionador, apartador 2) *agric* espigadora
подбочениваться V. подбочениться
подбочениться *perf* подбочениваться *impf coloq* ponerse en jarras
подбрасывать V. подбросить
подбривать V. подбрить
подбрить *perf* подбривать *impf vt* afeitar (un poco, por los lados)
подбросить *perf* подбрасывать *impf vt* 1) *(бросить вверх)* lanzar (hacia arriba) 2) *(добавить)* echar (más), añadir 3) *(тайком положить)* echar, poner (furtivamente) 4) *coloq (подвезти)* llevar, acercar
подвал *m* sótano, subsuelo
подваливать V. подвалить
подвалить *perf* подваливать *impf* **1.** *vt* añadir, agregar **2.** *vi* 1) *coloq (присоединиться)* incorporarse, añadirse 2) *(причалить)* atracar
подвальный *adj* de(l) sótano
подваривать V. подварить
подварить *perf* подваривать *impf vt* 1) *(сварить в дополнение)* hervir, cocer (más, un poco más) 2) *(приварить)* volver a soldar
подведение *n* ajustamiento ~ *итогов* recapitulación
подведомственность *f* jurisdicción, administración
подведомственный *adj* subordinado, dependiente
подвезти[1] *perf* подвозить *impf vt* llevar, traer, acercar
подвезти[2] V. везти 2
подвенечный *adj* nupcial
подвергать V. подвергнуть
подвергаться V. подвергнуться
подвергнуть *perf* подвергать *impf vt* **(чему-л)** someter (a u/c), exponer (a u/c) ~ *опасности* exponer a un peligro
подвергнуться *perf* подвергаться *impf* **(чему-л)** someterse (a u/c), exponerse (a u/c) ~ *опасности* exponerse a un peligro
подверженность *f* **(чему-л)** exposición (a u/c)
подверженный *adj* **(чему-л)** sujeto (a u/c), expuesto (a u/c)
подвернуть *perf* подвёртывать/подворачивать *impf vt* 1) *(подогнуть, согнуть)* doblar 2) *(повредить)* torcer, torcerse, dislocar 3) *(подвинтить)* dar una vuelta, atornillar 4) *coloq (случайно оказаться)* presentarse, dejarse caer
подвернуться *perf* подвёртываться/подворачиваться *impf* 1) *(загнуться)* doblarse 2) *(подогнуться от неловкого движения)* doblarse, torcerse 3) *coloq (случайно оказаться)* presentarse, dejarse caer
подвес *m tecn* suspensión, péndulo
подвесить *perf* подвешивать *impf vt* suspender, colgar
подвеска *f* suspensión
подвесной *adj* de suspensión, suspendido, colgante
подвести *perf* подводить *impf vt* 1) llevar, conducir, acercar 2) *(соорудить)* hacer, realizar 3) *(подыскать - доводы, доказательства)* asentar 4) *coloq (обмануть ожидания)* fallar, jugar una mala pasada 5) *(суммировать)* resumir, saldar ~ *итоги* hacer balance
подветренный *adj* de sotavento
подвешивать V. подвесить
подвздошный *adj anat* ilíaco
подвивать V. подвить

подвиг *m* hazaña, proeza, gesta
подвигать V. подвинуть
подвигаться V. подвинуться
подвигнуть *perf vt* (**на что-л**) *obsol* mover (a u/c), animar (a u/c)
подвид *m biol* subespecie
подвижка *f* movimiento
подвижник *m* devoto, entusiasta
подвижнический *adj* abnegado, devoto
подвижной *adj* 1) *(такой, который можно двигать)* móvil 2) *(подвижный)* ambulante, móvil
подвижность *f* movilidad
подвижный *adj* 1) móvil 2) *(живой)* vivo, movido, ágil
подвизаться *impf elev* actuar, trabajar
подвинтить *perf* подвинчивать *impf vt* atornillar, apretar
подвинуть *perf* подвигать *impf vt* 1) *(переместить)* mover, acercar, correr 2) *(продвинуть)* adelantar
подвинуться *perf* подвигаться *impf* 1) *(передвинуться)* moverse 2) *(отодвинуться)* apartarse
подвинчивать V. подвинтить
подвить *perf* подвивать *impf vt* ondular, rizar
подвластный *adj* (**кому/чему-л**) *elev* súbdito (de alg o u/c), dependiente (de alg o u/c), bajo el dominio (de alg o u/c)
подвод *m* conducción, suministro
подвода *f* carro, camión
подводить V. подвести
подводка *f* conducción, acercamiento
подводник *m* 1) *(моряк)* marinero de submarino 2) *(водолаз)* submarinista, buzo
подводной *adj tecn* de toma, de empalme
подводн|ый *adj* submarino *~ое плавание* submarinismo; *~ая лодка* submarino
подвоз *m* transporte, suministro
подвозить V. подвезти
подвой *m agric* patrón
подворачивать V. подвернуть
подворный *adj hist* por hogar, por casa
подворотня *n* 1) *(щель под воротами)* renvalso 2) *(проход во двор)* paso, puerta
подворье *n obsol* venta, hospedería
подвох *m coloq* mala pasada, marranada
подвыпить *perf vi coloq* beber, empinar el codo
подвязать *perf* подвязывать *impf vt* 1) *(привязать)* atar, anudar 2) *(повязать)* ponerse, ajustarse 3) *(удлинить)* alardar, aumentar (tejiendo)
подвязка *f* 1) *(действие)* atadura, ligadura 2) *(резинка)* liga
подвязывать V. подвязать
подгадать *perf* подгадывать *impf vi* (**с чем-л**) *coloq* acertar (con u/c), dar en el clavo
подгадить *perf* **1.** *vt* estropear, echar a perder **2.** *vi* (**кому-л**) hacer una marranada (a alg), jugar una mala pasada (a alg)
подгадывать V. подгадать
подгибать V. подогнуть
подгибаться V. подогнуться
подглядеть *perf vt coloq* ver, atisbar (sin quererlo)
подглядывать *impf vt coloq* espiar, mirar a hurtadillas
подгнить *perf* подгнивать *impf vi* pudrirse (por debajo o un poco)
подговаривать V. подговорить
подговорить *perf* подговаривать *impf vt* convencer, incitar, instigar
подголовье *n* cabecera
подголосок *m* 1) segunda voz 2) *coloq desp (о человеке)* comparsa
подгонка *f* ajuste, arreglo
подгонять V. подогнать
подгорать V. подгореть
подгорелый *adj* quemado, chamuscado
подгореть *perf* подгорать *impf vi* quemarse, chamuscarse
подгорье *n* falda, ladera
подготавливать V. подготовить
подготавливаться V. подготовиться
подготовительный *adj* preparatorio
подготовить *perf* подготавливать/подготовлять *impf vt* preparar, capacitar, entrenar
подготовить V. подготавливать
подготовиться *perf* подготавливаться/подготовляться *impf* prepararse
подготовка *f* 1) preparación, entrenamiento, carpcitación 2) *(запас знаний)* preparación
подготовленность *f* nivel de preparación
подготовлять V. подготовить
подготовляться V. подготовиться
подгребать V. подгрести
подгрести *perf* подгребать *impf* **1.** *vt (граблями)* rastrillar **2.** *vi* 1) *(гребя веслами)* acercarse (remando), llegar (remando), venir (remando) 2) *coloq* , llegar, venir
подгруппа *f* subgrupo
подгузник *m* pañal
подгулять *perf vi* 1) *coloq (захмелеть)* ponerse alegre, achisparse 2) *vulg (оказаться неудачным)* fallar, salir rana
поддавать V. поддать
поддаваться V. поддаться
поддавк|и (*gen* -ов) *mpl* ganapierde
поддакивать *impf vi* (**кому-л**) *coloq* dar coba (a alg), hacerle el coro (a alg)
подданная *f* súbdita
подданный *m* súbdito
подданство *n* ciudadanía
поддать *perf* поддавать *impf vi* 1) (**чем-л**) *(подбросить)* lanzar 2) (**кому-л**) *coloq (ударить)* golpear, (**кому-л**) pegar 3) (**чего-л**) *coloq (усилить)* añadir 4) *coloq (напиться)* beber, agarrar una cogorza
поддаться *perf* поддаваться *impf* (**кому/чему-л**) ceder (ante alg o u/c), sucumbir (ante alg o u/c), dejarse llevar (por alg o u/c) ~ *влиянию* dejarse influenciar; ~ *искушению* caer en la tentación
поддевать V. поддеть
подделать *perf* подделывать *impf vt* falsificar, adulterar
подделаться *perf* подделываться *impf* (**подо что-л.**) imitar, fingir
подделка *f* 1) *(действие)* falsificación 2) *(подделанная вещь)* falsificación, imitación
подделывать V. подделать
подделываться V. подделаться
поддельный *adj* falso, falsificado
поддержание *n* mantenimiento

поддержать *perf* поддерживать *impf vt* 1) sostener, apoyar 2) *(помочь)* sostener, apoyar, ayudar, respaldar
поддерживание *n* mantenimiento
поддерживать V. поддержать
поддержка *f* apoyo, ayuda, respaldo, sostén
поддеть *perf* поддевать *impf vt* levantar enganchando
поддёвка *f* poddiovka (abrigo plisado en el talle)
поддон *m* bandeja, base
поддразнивать V. поддразнить
поддразнить *perf* поддразнивать *impf vt* provocar, fastidiar
поддувало *n* cenicero, hoyo para cenizas
поддувать V. поддуть
поддуть *perf* поддувать *impf* **1.** *vi* soplar (para avivar el fuego) **2.** *v/impers (слегка дуть)* soplar (ligeramente)
подевать V. девать
подеваться *perf coloq* meterse, ir a parar
подействовать *perf vi* funcionar
поделать *perf vt coloq* hacer (un tiempo, un poco)
поделить V. делить
поделиться V. делиться
поделка *f* 1) *(изготовление)* fabricación, elaboración 2) *(мелкая работа)* trabajo, chapuza
поделом *pred coloq* es merecido, es justo
поделочный *adj* de fabricación, de elaboración
поделывать *impf vt coloq* hacer, estar haciendo
подержанный *adj* de segunda mano
подешеветь V. дешеветь
подёнка *f* V. подёнщина
подённый *adj* por días, por jornales
подёнщик *m* jornalero
подёнщина *f* jornal, trabajo a jornal
подёргать *perf vt* tirar (de u/c), sacudir
подёргивание *n* contracción, tic
подёргивать[1] *impf* **1.** *vt (дёргать время от времени)* tirar (de vez en cuando) (de u/c) **2.** *v/impers* contraerse, tener un tic
подёргивать[2] V. подёрнуть
подёргиваться[1] *impf* contraerse, tener un tic
подёргиваться[2] V. подёрнуться
подёрнуть *perf* подёргивать *impf vt* cubrir, tapar
подёрнуться *perf* подёргиваться *impf* cubrirse, taparse
поджаривать V. поджарить
поджаристый *adv coloq* bien asado (cocido)
поджарить *perf* поджаривать *impf vt* freír, sofreír, tostar
поджариться *perf* поджариваться *impf* asarse, freírse, tostarse
поджарый *adj* metido (dicho del vientre o los costados), descarnado
поджать *perf* поджимать *impf vt* 1) *(прижать)* oprimir, apretar 2) *(подобрать под себя)* encoger, doblar
поджелудочн|ый *adj* del páncreas *~ая железа* páncreas
поджечь *perf* поджигать *impf vt* incendiar, quemar
поджигатель *m* incendiario
поджигать V. поджечь
поджидать *impf vt* esperar, aguardar
поджил|ки (*gen* -ок) *fpl coloq* cartílagos de las rodillas
поджимать V. поджать
поджог *m* incendio premeditado
подзаборный *adj* 1) de(l) cerco, de (la) valla 2) *vulg (бездомный)* vagabundo
подзабывать V. подзабыть
подзабыть *perf* подзабывать *impf vt* olvidar, no recordar bien
подзаголовок *m* subtítulo
подзадоривать V. подзадорить
подзадорить *perf* подзадоривать *impf vt coloq* incitar, pinchar
подзакусить *perf vi coloq* tomar un tentempié, comer algo
подзаработать *perf vt coloq* ganar un poco de dinero, sacarse un sobresueldo
подзарядить *perf* подзаряжать *impf vt* recargar (un poco)
подзарядка *f* recarga
подзаряжать V. подзарядить
подзатыльник *m coloq* colleja, cogotazo
подзащитный *m jur* defendido, cliente
подземелье *n* subterráneo, sótano, cueva
подземный *adj* subterráneo
подзол *m* podzol (tierra infértil de la taigá)
подзолистый *adj* de podzol
подзорн|ый *adj obsol* de observación ◆ **~ая труба** catalejo, anteojo
подзудить *perf* подзуживать *impf vt vulg* incitar, instigar, azuzar, pinchar
подзуживать V. подзудить
подзывать V. подозвать
поди *interj vulg* mira, quizá, probablemente
подивить *perf vt coloq* soprender, asombrar
подивиться *perf vulg* sorprenderse, asombrarse
подиум *m* podio
подкаблучник *m coloq* calzonazos
подкалывать V. подколоть
подкапывать V. подкопать
подкарауливать V. подкараулить
подкараулить *perf* подкарауливать *impf vt* acechar, espiar
подкармливать V. подкормить
подкармливаться V. подкормиться
подкатить *perf* подкатывать *impf* **1.** *vi* acercar rodando **2.** *vi coloq* llegar, venir
подкатиться *perf* подкатываться *impf* 1) rodar, acercarse rodando 2) *coloq (подойти)* llegar, acercarse
подкатывать V. подкатить
подкатываться V. подкатиться
подкачать *perf* подкачивать *impf* **1.** *vt* hinchar, bombear, llenar (bombeando) **2.** *vi coloq (подвести)* fallar, salir mal
подкачивать V. подкачать
подкашивать V. подкосить
подкашиваться V. подкоситься
подкидной *adj cart* : ~ **дурак** burro (juego)
подкидывать V. подкинуть
подкидыш *m* niño expósito, niño abandonado
подкинуть *perf* подкидывать *impf vt* 1) lanzar hacia arriba 2) *(кидая, добавить)* echar, poner (más) 3) *(тайком)* echar, poner (furtivamente) 4) *(подвезти)* llevar, acercar
подкладка *f* 1) forro 2) *(основа)* fundamento
подкладывать V. подложить
подклеивать V. подклеить
подклеить *perf* подклеивать *impf vt* pegar, encolar, unir con cola

подключать V. подключить

подключаться V. подключиться

подключение *n* conexión, puesta en funcionamiento

подключить *perf* подключать *impf vt* 1) conectar, enchufar 2) *(привлечь к участию)* incorporar

подключиться *perf* подключаться *impf* 1) conectarse 2) *(примкнуть)* incorporarse

подкова *f* herradura

подковать *impf* подковывать *perf vt* herrar

подковаться *perf* подковываться *impf vulg* ponerse al día, capacitarse

подковывать V. подковать

подковыривать V. подковырнуть

подковырнуть *perf* подковыривать *impf vt* 1) *coloq* levantar (enganchando) 2) *vulg (уязвить)* picar, pinchar

подкожный *adj* subcutáneo

подколодн|ый *adj pop.-poét* : змея ~ая víbora

подколоть *perf* подкалывать *impf vt* 1) asegurar, fijar, sujetar (con clavos) 2) *coloq* pinchar, tirar una pulla

подконтрольный *adj* bajo control

подкоп *m* mina, zapa, galería subterránea

подкопать *perf* подкапывать *impf vt* cavar (por debajo), socavar

подкопаться *perf* подкапываться *impf* 1) **(подо что-л.)** acceder excavando (a u/c) 2) **(под кого/что-л.)** *coloq* llegar (a alg o u/c), minar

подкормить *perf* подкармливать *impf vt* 1) *coloq* dar de comer 2) *(животное)* cebar, sobrealimentar, sobrealimentar 3) *(растение)* fertilizar, estercolar

подкормка *f* fertilización, estercoladura

подкосить *perf* подкашивать *impf vt* 1) segar 2) *(свалить с ног)* tumbar, derribar

подкоситься *perf* подкашиваться *impf* abatirse, flaquear

подкрадываться V. подкрасться

подкрасить *perf* подкрашивать *impf vt* 1) pintar 2) *(подновить окраску)* repintar 3) *coloq (приукрасить)* retocar, arreglar

подкрасться *perf* подкрадываться *impf* acercarse furtivamente

подкрашивать V. подкрасить

подкрепить *perf* подкреплять *impf vt* 1) reforzar, apoyar, apuntalar 2) *(придать сил)* confortar, reanimar

подкрепиться *perf* подкрепляться *impf* confortarse, reconfortarse, reconstituirse

подкрепление *n* 1) refuerzo, socorro 2) *mil* refuerzos

подкреплять V. подкрепить

подкрепляться V. подкрепиться

подкузьмить *perf vt vulg* hacer una mala pasada, dar un chasco

подкулачник *m hist* secuaz de los kulaks

подкуп *m* soborno, cohecho

подкупать V. подкупить

подкупить *perf* подкупать *impf vt* 1) sobornar, comprar 2) *(вызвать симпатию)* cautivar, seducir 3) *coloq (купить дополнительно)* comprar (más, un poco más)

подлавливать V. подловить

подладиться *perf* подлаживаться *impf* 1) **(к кому-л)** congraciarse (con alg) 2) **(к кому/чему-л)** *(приспосабливаться)* adaptarse (a alg o u/c), habituarse (a alg o u/c)

подлаживаться V. подладиться

подламывать V. подломить

подламываться V. подломаться

подле 1. *adv obsol* cerca, al lado *он стоял ~* él estaba al lado **2.** *prep* **(кого/чего-л)** *obsol* al lado (de alg o u/c), cerca (de alg o u/c) *~ стола* al lado de la mesa

подлеж|ать *impf vi* **(чему-л)** estar sujeto (a u/c), estar (para u/c) ◆ **не ~ит сомнению** no ofrece (la menor) duda

подлежащее *n ling* sujeto

подлезать V. подлезть

подлезть *perf* подлезать *impf vi* **(подо что-л.)** meterse debajo (de u/c), introducirse arrastrándose (en u/c)

подлесок *m* matorral, maleza

подлетать V. подлететь

подлететь *perf* подлетать *impf vi* 1) acercarse volando, llegar volando 2) *coloq (подбежать)* llegar, venir, acudir (corriendo, volando)

подлец *m* canalla, infame

подлечивать V. подлечить

подлечиваться V. подлечиться

подлечить *perf* подлечивать *impf vt coloq* curar (un poco)

подлечиться *perf* подлечиваться *impf coloq* curarse (un poco)

подлещик *m* brema, plática

подлёдный *adj* bajo el hielo, de debajo del hielo

подлёт *m* llegada (volando)

подливать V. подлить

подливка *f* salsa, jugo

подлиза *m/f coloq desp* adulador, -a, lameculos, pelota

подлизаться *perf* подлизываться *impf* **(к кому-л)** *coloq desp* adular, hacer la pelota (a alg)

подлизываться V. подлизаться

подлинник *m* original, documento auténtico

подлинность *f* autenticidad

подлинный *adj* 1) auténtico, verdadero 2) *(истинный)* verdadero, genuino, real

подлипала *m/f coloq peyor* adulador, -a, lameculos

подлить *perf* подливать *impf vt* añadir, echar más (líquido) ◆ **~ масла в огонь** echar más leña al fuego

подличать *impf* сподличать *perf vi coloq* portarse vilmente, hacer infamias

подловить *perf* подлавливать *impf vt* coger, atrapar, cazar

подлог *m* 1) fraude, falsificación 2) *jur* falsedad, mentira

подлодка *f* submarino, sumergible

подложить *perf* подкладывать *impf vt* 1) **(подо что-л.)** poner (debajo de u/c) 2) *(добавить)* poner (más, un poco más), añadir ◆ **~ свинью** hacer una marranada, jugar una mala pasada

подложный *adj* falso, falsificado, adulterado

подлокотник *m* reclinatorio, brazo (de un sillón)

подломить *perf* подламывать *impf vt* romper, quebrar

подломиться *perf* подламываться *impf* romperse, quebrarse

подлость *f* bajeza, infamia, malicia, vileza

подлунный *adj obsol* sublunar

подлый *adj* infame, vil, miserable, bajo

подлюга *m/f insult* canalla, cabrón

подмазать *impf* подмазывать *perf vt* 1) untar, engrasar (más, un poco más) 2) *vulg (дать взятку)* untar, sobornar

подмазаться *perf* подмазываться *impf* 1) *coloq* pintarse, maquillarse 2) **(к кому-л)** *vulg* hacer la pelota (a alg), insinuarse (a alg)

подмазывать V. подмазать

подмазываться V. подмазаться

подмалевать *perf* подмалёвывать *impf vt* 1) *arte* esbozar, bosquejar 2) *coloq* repintar, pintar (un poco)

подмалёвок *m arte* bosquejo, esbozo

подмалёвывать V. подмалевать

подманивать V. подманить

подманить *perf* подманивать *impf vt coloq* llamar, atraer (con un gesto, con la mirada)

подмастерье *n* aprendiz, principiante

подмахивать V. подмахнуть

подмахнуть *perf* подмахивать *impf vt coloq* firmar (sin leer, sin mirar)

подмачивать V. подмочить

подмена *f* cambio, sustitución, reemplazo

подменить *perf* подменять *impf vt* cambiar, sustituir, reemplazar

подменять V. подменить

подмерзать V. подмёрзнуть

подмесить *perf* подмешивать *impf vt* añadir amasando

подмести *perf* подметать *impf vt* barrer

подметать V. подмести

подметить *perf* подмечать *impf vt* advertir, notar

подмечать V. подметить

подмешать *perf* подмешивать *impf vt* añadir

подмешивать V. подмешать, подмесить

подмёрзлый *adj coloq* congelado (un poco)

подмёрзнуть *perf* подмерзать *impf vi* congelarse (un poco)

подмётк|а *f* suela, media suela ◆ **ему в ~и не годится** no le llega a la suela de los zapatos

подмётный *adj obsol* entregado subrepticiamente (dicho de una carta)

подмигивать V. подмигнуть

подмигнуть *perf* подмигивать *impf vi* **(кому-л)** guiñar un ojo (a alg), hacer un guiño (a alg)

подминать V. подмять

подмога *f coloq* ayuda, socorro

подмокать V. подмокнуть

подмокнуть *perf* подмокать *impf vi* mojarse (un poco)

подмораживать V. подморозить

подморозить *perf* подмораживать *impf* **1.** *vt* congelar (un poco) **2.** *v/impers* helar, comenzar a hacer frío

подморозиться *perf* подмораживаться *impf* congelarse (un poco)

подмостк|и *g* -ов *mpl* tarima

подмочить *perf* подмачивать *impf vt* mojar (un poco)

подмывать V. подмыть

подмыть *perf* подмывать *impf vt* 1) lavar (las partes bajas del cuerpo) 2) *(наскоро помыть)* lavar, limpiar, fregar

подмышечный *adj* axilar

подмышка *f* axila, sobaco

подмять *perf* подминать *impf vt* aplastar, chafar

поднадзорный *adj* vigilado, bajo vigilancia

поднажать *perf* поднажимать *impf vi* **(на кого/что-л)** apretar, presionar

поднакапливать V. поднакопить

поднакопить *perf* поднакапливать *impf vt* acumular, ahorrar

поднатореть *perf vi coloq* haber aprendido, estar versado

поднатуживаться V. поднатужиться

поднатужиться *perf* поднатуживаться *impf coloq* esforzarse, apretar

подначальный *adj obsol* subordinado, subalterno

подначивать V. подначить

подначить *perf* подначивать *impf vt vulg* incitar, inducir, instigar

поднебесная *f pop.-poét* la Tierra, mundo, orbe

поднебесье *n* cielos

подневольный *adj* 1) *(зависимый)* dependiente 2) *(принудительный)* forzado, obligado

поднести *perf* подносить *impf vt* 1) llevar, acercar 2) *(доставить)* llevar, traer 3) *(преподнести)* regalar

поднимать V. поднять

подниматься V. подняться

подновить *perf* подновлять *impf vt* renovar, actualizar

подновлять V. подновить

подноготная *f coloq* verdad oculta

подножие *n* 1) *(место у самого низа)* pie 2) *(пьедестал)* pedestal, peana

подножк|а *f* zancadilla *поставить ~у* hacer la zancadilla

подножный *adj* de debajo de los pies

поднос *m* bandeja

подносить V. поднести

подносчик *m* portador, abastecedor

подношение *n* 1) *(действие)* donación 2) *(предмет)* regalo, obsequio

подныривать V. поднырнуть

поднырнуть *perf* подныривать *impf vi* zambullirse, meterse buceando

поднятие *n* alzamiento, elevación, levantamiento

поднять *perf* поднимать *impf vt* subir, alzar, elevar

подняться *perf* подниматься *impf* subir, elevarse, ascender, aumentar

подо V. под

подобие *n* semejanza, similitud

подоблачный *adj* cenital, en el nivel de las nubes

подобно **1.** *adv* semejantemente, de forma semejante **2.** *prep* **(кому/чему-л)** así como, de la misma forma que (alg o u/c), lo mismo que (alg o u/c) *летать ~ птице* volar como un pájaro ◆ **подобно тому как** de la misma forma que

подобн|ый *adj* 1) semejante, similar 2) *(такой, как этот)* semejante ◆ **ничего ~ого** ¡de eso nada!, ¡ni mucho menos! **и тому ~ое** y así sucesivamente, etcétera

подобострастие *n* obsequiosidad, servilismo

подобострастный *adj* obsequioso, servil

подобранный *adj* aseado, elegante

подобрать *perf* подбирать *impf vt* 1) *(поднять)* coger, recoger ~ *бумагу* recoger un

papel 2) *(оправить)* recoger, arreglar 3) *(выбрать)* escoger, elegir
подобраться *perf* подбираться *impf* 1) *(составляться)* formarse, constituirse 2) *(подкрасться)* acercarse cautelosamente
подобреть V. добреть
подобру-поздорову *adv coloq* por las buenas
подовый *adj* de(l) horno
подогнать *perf* подгонять *impf vt* 1) *(приблизить)* llevar, acercar, hacer llegar 2) *(торопить)* apremiar, acelerar 3) *(приспособить)* ajustar, adaptar
подогнуть *perf* подгибать *impf vt* 1) *(сгибая, подвернуть)* doblar, curvar 2) doblar, recoger, plegar
подогнуться *perf* подгибаться *impf* doblarse, encorvarse
подогрев *m* calefacción, calentamiento
подогревать V. подогреть
подогреть *perf* подогревать *impf vt* calentar, recalentar
пододвигать V. пододвинуть
пододвинуть *perf* пододвигать *impf vt* acercar, aproximar
пододеяльник *m* funda de la manta
подожд|ать *perf vt* esperar, aguardar *~ите, пожалуйста* espere, por favor
подозвать *perf* подзывать *impf vt* llamar, dar una voz
подозревать *impf vt* **(кого-л в чём-л)** sospechar (u/c de alg)
подозреваться *impf* **(в чём-л)** ser sospechoso (de u/c)
подозрение *n* sospecha
подозрительно *adv* 1) de manera sospechosa, sospechosamente 2) *(недоверчиво)* con desconfianza, con recelo
подозрительность *f* 1) carácter sospechoso 2) *(недоверчивое отношение)* desconfiaza, recelo
подозрительный *adj* 1) sospechoso 2) *(недоверчивый)* desconfiado, receloso
подоить *perf vt* ordeñar (un poco, un tiempo)
подойник *m* vasija para ordeñar
подойти *perf* подходить *impf vi* 1) **(к кому/чему-л)** acercarse (a alg o u/c), aproximarse (a alg o u/c) 2) *(настать)* llegar 3) **(к чему-л)** *(отнестись)* afrontar, tratar 4) **(кому-л)** *(годиться)* convenir (a alg), encajar (a alg)
подоконник *m* antepecho (de la ventana), peana
подол *m* dobladillo, falda
подолгу *adv* largo rato, mucho tiempo, largas horas
подольститься *perf* подольщаться *impf* **(к кому-л)** *coloq* ganarse (a alg), ganarse la simpatía (de alg)
подольщаться V. подольститься
подонок *m* 1) *(в жидкости)* asiento, poso 2) *(деклассированный элемент общества)* chusma, escoria 3) *coloq (подлец)* canalla, sinvergüenza
подопечный *adj* tutelado, bajo tutela
подоплёка *f* trasfondo, intríngulis
подопытный *adj* experimental, para experimentos
подорвать *perf* подрывать *impf vt* 1) volar, explotar, hacer saltar 2) *(ослабить)* socavar, minar
подорваться *perf* подрываться *impf* 1) *(на мине)* saltar, explotar 2) *(расстроиться)* arruinarse, estropearse
подорожание *n* encarecimiento
подорожать V. дорожать
подорожная *f hist* hoja de ruta (para el correo)
подорожник *m* llantén, lanceola
подорожный *adj* de la carretera
подосадовать V. досадовать
подосиновик *m* boleto castaño
подослать *perf* подсылать *impf vt* enviar, mandar (en secreto)
подоснова *f* trasfondo
подоспевать V. подоспеть
подоспеть *perf* подоспевать *impf vi* 1) *(наступить - о сроках и т.д.)* llegar, *(о растениях)* madurar 2) *(появиться в нужный момент)* llegar a tiempo
подостлать V. подстелить
подоткнуть *perf* подтыкать *impf vt* remeter (por debajo), arremangar
подотчётность *f* subordinación
подотчётный *adj* 1) *fin* a cuenta 2) *(о человеке, организации)* subordinado, sujeto a rendir cuentas
подохнуть *perf* подыхать/дохнуть *impf vi coloq* diñarla, espicharla, estirar la pata
подоходный *adj* de (los) ingresos, de la renta *~ налог* impuesto sobre la renta
подошва *f* suela
подпадать V. подпасть
подпаивать V. подпоять, подпоить
подпаливать V. подпалить
подпалина *f coloq* mancha rojiza (en un animal)
подпалить *perf* подпаливать *impf vt* 1) *coloq (поджечь)* encender, incendiar, pegar fuego 2) *coloq (слегка опалить)* chamuscar
подпарывать V. подпороть
подпасок *m* zagal
подпасть *vi* caer, ir a parar *~ под власть кого-л* caer en manos de alg.
подпахивать *impf vi coloq* oler mal (ligeramente)
подпевала *m/f coloq desp* adulador, -a, pelotiller|o, -a, lisonjer|o, -a
подпевать *impf vi* 1) **(кому-л)** acompañar (cantando) 2) **(кому-л)** *coloq (поддерживать кого-либо)* hacerle el coro (a alg), hablar por boca (de alg)
подпереть *perf* подпирать *impf vt* apuntalar, afianzar
подпереться *perf* подпираться *impf* **(на кого/что-л)** apoyarse (en alg o u/c)
подпиливать V. подпилить
подпилить *perf* подпиливать *impf vt* acortar (serrando), limar
подпирать V. подпереть
подпираться V. подпереться
подписание *n* firma (acción)
подписать *perf* подписывать *impf vt* 1) firmar 2) *(включить в число подписчиков)* suscribir 3) *(приписать)* añadir, escribir (más)
подписаться *perf* подписываться *impf* 1) *(поставить подпись)* firmar 2) *(на что-либо)* suscribirse, abonarse
подписка *f* 1) suscripción 2) *(обязательство)* compromiso, obligación

подписной *adj* de suscripción, de abono
подписчи|к, -ца *m/f* suscriptor, -a
подписывать V. подписать
подписываться V. подписаться
подпись *f* 1) firma 2) *(надпись)* pie, dedicatoria
подпити|е *n coloq* : в ~и en estado de embriaguez
подпихивать V. подпихнуть
подпихнуть *perf* подпихивать *impf vt coloq* meter empujando (por debajo)
подплывать V. подплыть
подплыть *perf* подлывать *impf vi* 1) acercarse a nado, acercarse navegando, arribar 2) *coloq (подойти)* aproximarse, acercarse
подпоить *perf* подпаивать *impf vt coloq* emborrachar, embriagar
подпол *m* subsuelo
подползать V. подползти
подползти *perf* подползать *impf vi* 1) *(приблизиться позком)* arrastrarse, acercarse a rastras 2) *(приблизиться медленно)* acercarse lentamente
подполковник *m* teniente coronel
подполье *n* 1) sótano 2) *(конспиративное)* clandestinidad, ilegalidad
подпольный *adj* clandestino, ilegal
подпольщик *m* miembro de una organización clandestina
подпора *f* soporte, puntal
подпорный *adj* de soporte, de apuntalamiento
подпороть *perf* подпарывать *impf vt* descoser
подпортить *perf vt coloq* estropear, echar a perder (un poco)
подпоручик *m mil hist* subteniente (en la Rusia zarista)
подпочва *f* subsuelo
подпоясать *perf* подпоясывать *impf vt* ceñir, poner un cinto (cinturón)
подпоясывать V. подпоясать
подпоять *perf* подпаивать *impf vt* soldar
подправить *perf* подправлять *impf vt* retocar, corregir
подправлять V. подправить
подпрапорщик *m mil hist* suboficial (en la Rusia zarista)
подпруга *f* cincha, sobrecincha
подпрыгивать V. подпрыгнуть
подпрыгнуть *perf* подпрыгивать *impf vi* brincar, dar un salto
подпуск *m* acceso
подпускать V. подпустить
подпустить *perf* подпускать *impf vt* (**к кому/чему-л**) dejar acercarse (a alg o u/c)
подрабатывать V. подработать
подработать *perf* подрабатывать *impf vt* 1) obtener un sobresueldo, ganarse la vida 2) *(подготовить)* elaborar, preparar
подработка *f coloq* sobresueldo, ingresos complementarios
подравнивать V. подровнять
подрагивать *impf vi coloq* temblar, vacilar
подражание *n* imitación *пример на ~* ejemplo a seguir
подражание *n* imitación
подражатель *m* imitador
подражательный *adj* de imitación, imitativo
подражательство *n* imitación
подражать *impf vi* (**кому/чему-л**) imitar, copiar
подраздел *m* subapartado
подразделение *n* 1) subdivisión, departamento 2) *mil* sección, unidad
подразделить *perf* подразделять *impf vt* subdividir
подразделиться *perf* подразделяться *impf* subdividirse
подразделять V. подразделить
подразделяться V. подразделиться
подразумевать *vt* (**под чем-л**) sobrentender (por u/c)
подразумеваться *impf* (**под чем-л**) sobrentenderse (por u/c), entenderse (por u/c)
подрамник *m arte* bastidor auxiliar
подранивать V. подранить
подранить *perf* подранивать *impf vt caza* herir, tocar
подранок *m* animal herido, ave herida
подрастать V. подрасти
подрасти *perf* подрастать *impf vi* crecer (un poco)
подрастить *perf* подращивать *impf vt* 1) *(ребенка)* criar, educar 2) *(растение)* cultivar 3) *(волосы, бороду)* dejar crecer, dejarse, dejarse
подрать *perf vt vulg* rasgar, romper
подраться V. драться
подращивать V. подрастить
подрез *m* corte
подрезать *perf* подрезать *impf vt* 1) recortar, acortar, cortar (un poco) 2) *(деревья)* podar 3) *(нарезать дополнительно)* cortar (más)
подрезать V. подрезать
подремать *perf vi* dormitar (un poco)
подремонтировать *perf vt* arreglar (un poco)
подрёберный *adj anat* subcostal
подрисовать *perf* подрисовывать *impf vt* retocar
подрисовывать V. подрисовать
подробно *adv* detalladamente, con detalle
подробност|ь *f* detalle, pormenor *вдаваться в ~и* entrar en detalles
подробный *adj* detallado, pormenorizado
подровнять *perf* подравнивать *impf vt* igualar, nivelar
подростковый *adj* adolescente, de la adolescencia ~ *возраст* adolescencia
подросток *m* adolescente
подрубать V. подрубить 1, 2
подрубить[1] *perf* подрубать *impf vt* cortar a hachazos, talar
подрубить[2] *perf* подрубать *impf vt* 1) *(ткань)* filetear, orillar 2) *(материю)* bastillar, repulgar
подруга *f* amiga, compañera
по-дружески *adv* amistosamente, como amigo(s)
подружиться *perf* (**с кем-л**) hacerse amigos (con alg), trabar amistad (con alg)
подружка *f coloq* amiga, amiguita
подруливать V. подрулить
подрулить *perf* подруливать *impf vi* 1) llegar, acercarse (en un vehículo) 2) *coloq (прийти)* llegar, venir
подрумянивать V. подрумянить
подрумяниваться V. подрумяниться
подрумянить *perf* подрумянивать *impf vt* 1) poner colorado, hacer coger color 2) *(лицо и т.п.)* darse colorete 3) *(кушанье)* dorar

подрумяниться *perf* подрумяниваться *impf* 1) ponerse colorado, coger color 2) *(подкраситься)* darse colorete 3) *(о кушанье)* dorarse
подручный **1.** *adj* a mano, disponible **2.** *m* peón, auxiliar, ayudante
подрыв *m* voladura, explosión
подрывать V. подорвать, подрыть
подрываться V. подорвать
подрывник *m mil* minador
подрывной *adj* 1) explosivo, de explosión 2) *(направленный к разрушению)* subversivo, perturbador
подрыть *perf* подрывать *impf vt* socavar, excavar
подряд[1] *m* contrata
подряд[2] *adv* seguidamente, consecutivamente *три дня* ~ tres días seguidos
подрядить *perf* подряжать *impf vt* contratar
подрядиться *perf* подряжаться *impf* **(делать что-л)** *coloq* obligarse (a u/c), comprometerse (a u/c)
подрядный *adj* por (de) contrato
подрядчик *m* contratista
подряжать V. подрядить
подряжаться V. подрядиться
подрясник *m relig* sotana
подсадить *perf* подсаживать *impf vt* 1) *(помочь взобраться)* ayudar a subir, a montar 2) *(поместить рядом)* poner, colocar
подсадной *adj* falso, ficticio
подсаживать V. подсадить
подсаживаться V. подсесть
подсаливать V. подсолить
подсветить *perf* подсвечивать *impf vt* iluminar (desde debajo)
подсветка *f* iluminación (desde debajo)
подсвечивать V. подсветить
подсвечник *m* candelabro, candelero
подсвинок *m* gorrino
подсвистеть V. подсвистывать
подсвистывать *impf* подсвистеть *perf vi* acompañar silbando, silbar al son de la música
подсевать V. подсеять
подсеивать V. подсеять
подсекать V. подсечь
подселить *perf* подселять *impf vt* alojar, instalar (junto con alg)
подселять V. подселить
подсесть *perf* подсаживаться *impf* sentarse (junto a, a la vera de)
подсечь *perf* подсекать *impf vt* cortar (por debajo)
подсеять *perf* подсевать/подсеивать *impf vt* sobresembrar
подсидеть *perf* подсиживать *impf vt vulg* hacer una mala jugada (pasada) (a alg), hacer una faena (a alg)
подсиживать V. подсидеть
подсинивать *impf vt* teñir de azul, azular
подсинить V. синить
подсказать *impf* подсказывать *perf vt* 1) apuntar, soplar, chivar 2) *(навести на мысль)* sugerir
подсказка *f* pista, ayuda
подсказчик *m coloq* soplón
подсказывать V. подсказать
подскакивать V. подскакать
подскок *m* salto, brinco
подскочить *perf* подскакивать *impf vi* 1) *(подпрыгнуть)* dar un brinco, dar un brinco, botar, saltar 2) *coloq (повыситься)* subir, elevarse 3) *(подбежать)* acercarse, venir (corriendo, saltando) **подсластить** *perf* подслащивать *impf vt* endulzar, azucarar
подслащивать V. подсластить
подследственный *adj jur* procesado
подслеповатый *adj* cegato
подслушать *perf* подслушивать *impf vt* escuchar a hurtadillas, chafardear
подслушивание *n* escucha furtiva
подслушивать V. подслушать
подсматривать *impf* подсмотреть *perf vi* **(за кем/чем-л)** mirar a hurtadillas, espiar
подсмеиваться *impf* подсмеяться *perf* **(над кем/чем-л)** reírse (de alg o u/c), burlarse (de alg o u/c)
подсмотреть V. подсматривать
подснежник *m (растение)* nevadilla
подснежный *adj* de debajo de la nieve
подсобить *perf* подсоблять *impf vi vulg* echar una mano, ayudar
подсобка *f coloq* habitación auxiliar
подсоблять V. подсобить
подсобный *adj* auxiliar, suplementario
подсовывать V. подсунуть
подсознание *n* subconsciente
подсознательный *adj* subconsciente
подсолить *perf* подсаливать *impf vt* salar (un poco más), añadir sal
подсолнечник *m* girasol
подсолнечный *adj* de girasol
подсолнух *m* girasol
подсохнуть *perf* подсыхать *impf vi* secarse (un poco, no del todo)
подспорье *n* ayuda, apoyo
подспудный *adj* 1) latente, escondido 2) *(без применения)* reservado
подстава *f* 1) *hist* posta 2) *coloq (обман)* engaño, timo, jugarreta
подставить *perf* подставлять *impf vt* 1) poner, colocar (debajo de) 2) *(пододвинуть)* acercar 3) *(подвести)* dejar en falso, hacer una mala jugada
подставка *f* 1) pie, soporte, alza 2) *(для книги)* atril
подставлять V. подставить
подставной *adj* falso, ficticio
подстаканник *m* posavasos
подстановка *m mat* substitución
подстанция *f* subestación, subcentral
подстегнуть[1] *perf* подстёгивать *impf vt (пристёгивать)* ajustar
подстегнуть[2] *perf* подстёгивать *impf vt* 1) *(стегнуть)* arrear, dar un latigazo 2) *(стимулировать)* estimular, apremiar
подстелить V. подостлать
подстерегать V. подстеречь
подстеречь *perf* подстерегать *impf vt* acechar, esperar
подстёгивать V. подстегнуть 1,2
подстилать V. подостлать
подстилка *f* lecho
подстраивать V. подстроить 1,2
подстраиваться V. подстроиться

подстраховать *perf* подстраховывать *impf vt* 1) *(помочь страхуя)* asegurar 2) *(оградить от нежелательного)* cubrir, guardar las espaldas

подстраховаться *perf* подстраховываться *impf* asegurarse

подстраховка *f* seguro, protección

подстраховывать V. подстраховать

подстраховываться V. подстраховаться

подстрекатель *m* instigador, incitador

подстрекательство *n* instigación, incitación

подстрекать V. подстрекнуть

подстрекнуть *perf* подстрекать *impf vt* 1) instigar, incitar 2) *(возбудить)* excitar

подстреливать V. подстрелить

подстрелить *perf* подстреливать *impf vt* matar a tiros

подстригать V. подстричь

подстригаться V. подстричься

подстричь *perf* подстригать *impf vt* 1) *(волосы)* cortar (el pelo) 2) *(растение)* podar

подстричься *perf* подстргаться *impf* cortarse el pelo

подстроить *perf* подстраивать *impf vt* 1) construir (junto a) 2) *(инструмент)* afinar 3) *(втайне устроить)* urdir, tramar

подстроиться *perf* подстраиваться *impf* adaptarse, ajustarse

подстрочник *m* traducción literal

подстрочный *adj* 1) *(буквальный)* literal 2) *(расположенный под строкой или внизу страницы)* al pie, a pie de página

подступ *m* acceso

подступать V. подступить

подступаться V. подступиться

подступить *perf* подступать *impf vi* 1) acercarse, aproximarse 2) *(наступить)* venir, sobrevenir

подступиться *perf* подступаться *impf* **(к кому-л)** acercarse (a alg), abordar

подсудимая *f jur* acusada

подсудимый *m jur* acusado

подсудить *impf* подсуживать *perf vi* **(кому-л)** *sport* arbitrar a favor (de alg)

подсудность *f jur* competencia, jurisdicción

подсудный *adj* **(чему-л)** *jur* sujeto a ley (de u/c), sujeto a competencia (de u/c)

подсуживать V. подсудить

подсумок *m* cartuchera

подсунуть *perf* подсовывать *impf vt* 1) **(подо что-л.)** meter (debajo de) (de u/c) 2) *coloq (незаметно)* meter, colar

подсушивать V. подсушить

подсушить *perf* подсушивать *impf vt* secar (un poco, un poco más)

подсчёт *m* cálculo, recuento

подсчитать *perf* подсчитывать *impf vt* calcular, contar, hacer las cuentas

подсчитывать V. подсчитать

подсылать V. подослать

подсыпать *perf* подсыпать *impf vt* echar más, añadir (echando, vertiendo)

подсыпать V. подсыпать

подсыхать V. подсохнуть

подтасовка *f* 1) *(карт)* barajeo 2) *(извращение)* alteración, tergiversación

подтаивать V. подтаять

подталкивать V. подтолкнуть

подтанцовывать *impf vi coloq* bailotear

подтапливать V. подтопить

подтаскивать V. подтащить

подтасовать *perf* подтасовывать *impf vt* barajar, mezclar

подтасовывать V. подтасовать

подтачивать V. подточить

подташнива|ть *impf v/impers* estar (un poco) mareado *меня ~ет* estoy un poco mareado

подтащить *perf* подтаскивать *impf vt* acercar (arrastrando)

подтаять *perf* подтаивать *impf vi* derretirse, deshacerse (un poco)

подтвердительный *adj* de confirmación, confirmativo

подтвердить *perf* подтверждать *impf vt* confirmar, corroborar, certificar

подтвердиться *perf* подтверждаться *impf* confirmarse, corroborarse

подтверждать V. подтвердить

подтверждаться V. подтвердиться

подтверждение *n* confirmación

подтекать V. подтечь

подтекст *m* sentido implícito (en un texto)

подтереть *perf* подтирать *impf vt* limpiar (frotando)

подтечь *perf* подтекать *impf vi* 1) perder (líquido) 2) *coloq (опухнуть)* hincharse, salir un hematoma

подтёк *m* 1) hematoma, cardenal, moratón 2) *(след)* chorreadura

подтирать V. подтереть

подтолкнуть *perf* подталкивать *impf vt* 1) empujar (ligeramente) 2) **(на что-л)** *coloq (побудить)* incitar (a u/c), inducir (a u/c), mover (a u/c)

подтопить *perf* подтапливать *impf vt coloq* calentar (un poco)

подточить *perf* подтачивать *impf vt* 1) afilar (un poco) 2) *(ослабить)* minar, socavar

подтрунивать V. подтрунить

подтрунить *perf* подтрунивать *impf vi* **(над кем/чем-л)** *coloq* reírse un poco (de alg), cachondearse (de alg)

подтыкать V. подоткнуть

подтягивать V. подтянуть

подтягиваться V. подтянуться

подтяж|ки (*gen* -ек) *fpl* tirantes, elásticos

подтянутый *adj* 1) *(о животе)* metido 2) *(сдержанный)* apuesto, cuidado

подтянуть *perf* подтягивать *impf vt* 1) apretar, ajustar 2) *(приблизить)* acercar 3) *(войска)* concentrar 4) *coloq (отстающего)* reforzar, ayudar a recuperar

подтянуться *perf* подтягиваться *impf* 1) subirse (a pulso) 2) *(о войсках)* concentrarse 3) *coloq (об отстающем)* recuperar, mejorar, enmendarse

подума|ть *perf vi* pensar, reflexionar (un tiempo) ♦ **~ешь!** ¡y qué!, ¡qué importa!

подуматься V. думаться

подумыва|ть *impf vi* pensar, meditar *я ~ю купить новый компьютер* estoy pensando en comprarme un ordenador nuevo

подурнеть V. дурнеть

подуть *perf vi* 1) *(начать дуть)* empezar a soplar 2) *(дуть некоторое время)* soplar (un tiempo)

подучивать V. подучить
подучиваться V. подучиться
подучить *perf* подучивать *impf vt* 1) *coloq* estudiar, aprender (un poco, un poco más) 2) *coloq (подговорить)* incitar, instigar
подучиться *perf* подучиваться *impf coloq* estudiar, aprender (un poco, un poco más)
подушечка *f* almohadilla
подушить *perf vt* perfumar
подушка *f* 1) almohada, cojín, almohadón 2) *tecn* cojinete
подушный *adj hist* por cabeza, por persona
подфарник *m auto* piloto, luz de posición
подфартить V. фартить
подхалим *m* adulador, pelotillero
подхалимаж *m coloq* V. подхалимство
подхалимничать *impf vi coloq* adular, hacer la pelota, dar jabón
подхалимство *f coloq* adulación, carantoñas
подхват *m* enganche, agarre
подхватить *perf* подхватывать *impf vt* 1) atrapar, agarrar, coger, enganchar 2) *coloq (болезнь)* coger, pillar, atrapar 3) *(продолжить)* continuar, apoyar, mantener
подхватиться *perf* подхватываться *impf vulg* salir pitando, echar a correr
подхватывать V. подхватить
подхватываться V. похватиться
подхихикивать *impf vi vulg* reírse a hurtadillas
подхлестнуть *perf* подхлёстывать *impf vt* 1) fustigar, arrear (con el látigo) 2) *coloq (поторопить)* espabilar, pinchar
подхлёстывать V. подхлестнуть
подход *m* 1) acceso, aproximación 2) *(способ решения)* enfoque
подходить V. подойти
подходящий *adj* adecuado, conveniente, apropiado
подхорунжий *m hist* suboficial cosaco (en la Rusia zarista)
подцепить *perf* подцеплять *impf vt* 1) enganchar, coger, agarrar 2) *coloq (подхватить)* coger, pillar, atrapar ~ *простуду* pillar un resfriado
подцеплять V. подцепить
подчас *adv coloq* alguna que otra vez, a veces
подчеркнуть *impf* подчёркивать *perf vt* 1) subrayar 2) *(акцентировать внимание)* subrayar, poner de relieve
подчёркивать V. подчеркнуть
подчинение *n* subordinación
подчинённый **1.** *adj* subordinado **2.** *m* subordinado
подчинительный *adj ling* subordinante
подчинить *perf* подчинять *impf vt* subordinar
подчиниться *perf* подчиняться *impf* **(кому/чему-л)** subordinarse (a alg o u/c)
подчинять V. подчинить
подчиняться V. подчиниться
подчистить *impf* подчищать *perf vt* 1) limpiar 2) *(соскоблить)* borrar
подчистка *f* limpieza, borradura
подчистую *adv vulg* del todo, de raíz, de lleno
подчищать V. подчистить
подшефный *adj* patrocinado, protegido
подшёрсток *m* pelusa
подшибать V. подшибить
подшибить *perf* подшибать *impf vt* 1) abatir, hacer caer 2) *(подбить)* hinchar (pegando)
подшивать V. подшить
подшивка *f* costura, ribete
подшипник *m* cojinete, rodamiento
подшипниковый *adj* de cojinetes, de rodamientos
подшить *perf* подшивать *impf vt* 1) hacer un dobladillo, ribetear, forrar 2) *(бумаги)* archivar
подшлемник *m mil* cofia, birrete
подшофе *pred vulg* alegre, contento, entonado
подштанник|и *(gen -ов) mpl vulg* calzoncillos
подштопать *perf* подштопывать *impf vt* zurcir, remendar (por encima, con prisa)
подштопывать V. подштопать
подшутить *perf* подшучивать *impf vt* **(над кем/чем-л)** burlarse (de alg o u/c), mofarse (de alg o u/c), cachondearse (de alg o u/c)
подшучивать V. подшутить
подъедать V. подъесть
подъезд *m* 1) *(действие)* acceso, entrada 2) *(путь к чему-л.)* acceso 3) *(в доме)* entrada, portal
подъездной *adj* de acceso
подъезжать V. подъехать
подъесть *perf* подъедать *impf vt* 1) roer 2) *coloq (всё без остатка)* comérselo todo, comerse hasta la última migaja
подъехать *perf* подъезжать *impf vi* 1) llegar, acercarse 2) **(к кому-л)** *coloq (подольститься к кому- либо)* camelar, engatusar
подъём *m* 1) subida, levantamiento 2) *(восхождение)* ascensión, ascenso 3) *(сигнал)* diana 4) *(рост)* aumento, ascenso, desarrollo
подъёмник *m* ascensor, elevador
подъёмный *adj* elevador, elevatorio, de elevación
подъязычный *adj anat* sublingual
подыграть *perf* подыгрывать *impf vi* 1) **(кому-л)** *coloq* ayudar jugando, hacer el juego (a alg) 2) **(кому-л)** *(на инструменте)* acompañar
подыгрывать V. подыграть
подымать *impf vt coloq* V. поднимать
подыматься *impf coloq* V. подниматься
подыскать *perf* подыскивать *impf vt* encontrar, hallar
подыскивать V. подыскать
подытожить V. итожить
подыхать V. подохнуть
подышать *perf vi* respirar (un poco, un rato)
подьячий *m hist* escriba
поедать V. поесть 2
поединок *m* duelo, combate
поезд *m* tren *скорый* ~ tren rápido; *пригородный* ~ tren de cercanías
поездить *perf vi coloq* viajar, ver mundo
поездка *f* viaje
поездной *adj* de tren
поесть[1] *perf vt (съесть немного)* comer, comer un poco
поесть[2] *perf* поедать *impf vt* 1) *(съесть полностью)* comerse, comer 2) *(испортить грызя)* roer, morder, estropear (mordiendo, royendo)
поехать *perf vi* 1) irse, partir, salir (en un medio de transporte) ~ *в Одессу* ir a Odessa 2) *(покатиться)* deslizarse, rodar

пожадничать V. жадничать
пожалеть V. жалеть
пожал|овать *perf* **1.** *vt obsol* V. жаловать **2.** *vi coloq obsol (к кому-л.)* venir, ir a ver *~уйте ко мне домой* venga a mi casa ◆ **добро ~овать!** ¡bienvenido(s)!
пожаловаться V. жаловаться
пожалуй *partic* quizá(s), tal vez
пожалуйста *partic* 1) *(при просьбе)* por favor, con mucho gusto, no hay de qué 2) *(для выражения согласия)* con placer, con mucho gusto 3) *(при ответе)* de nada, no hay de qué
пожар *m* incendio, fuego
пожарище *n* lugar (foco) del incendio
пожарник *m coloq* bombero
пожарн|ый **1.** *m* de incendios *~ая команда* bomberos **2.** *m* bombero
пожатие *n* apretón, estrechamiento *~ руки* apretón de manos
пожать[1] *perf* пожимать *impf vt* estrechar *~ руку* estrechar la mano ◆ ~ **плечами** encogerse de hombros
пож|ать[2] *perf* пожинать *impf vt* cosechar ◆ **кто сеет ветер, ~нёт бурю** quien siembra vientos, recoge tempestades **что посеешь, то и ~нёшь** quien bien siembra, bien recoge
пожевать *perf vt* 1) masticar (un tiempo) 2) *vulg (поесть)* comer, yantar
пожелание *n* deseo, anhelo
пожелать V. желать
пожелтелый *adj* amarillento
пожелтеть V. желтеть
поженить *perf vt coloq* casar
пожениться *perf coloq* casarse
пожертвование *n* donativo, donación
пожертвовать V. жертвовать
пожечь *perf vt* quemar (todo, mucho)
пожива *f coloq* beneficio, ganancia
пожива|ть *impf vi* vivir, ir viviendo *как ты ~ешь?* ¿cómo estás?, ¿cómo te va la vida?
поживиться *perf* **(чем-л)** *coloq* aprovecharse (de alg), lucrarse (con u/c)
пожизненн|ый *adj* para toda la vida, vitalicio *~ое заключение* cadena perpetua; *~ая пенсия* pensión vitalicia
пожилой *adj* mayor, de edad avanzada, entrado en años
пожимать V. пожать 1
пожинать V. пожать 2
пожирать V. пожрать
пожитк|и (*gen* -ов) *mpl* cosas, bártulos, trastos
пожи|ть *perf vi* vivir (un tiempo) ◆ **~вём - увидим** ya se verá, el tiempo lo dirá
пожня *f* cosecha, recolección
пожрать *perf* пожирать *impf vt* 1) *vulg* comer, manducar, papear 2) *(жадно съесть)* devorar, tragar
пожухлый *adj* apagado, marchito
пожухнуть V. жухнуть
по-за *prep* **(чем-л)** *reg* más allá (de u/c), detrás de (de u/c) *~ речкою* más allá del río
поза *f* postura, pose
позабавить *perf vt* entretener, divertir
позаботиться V. заботиться
позабывать V. позабыть
позабыть *perf* позабывать *impf vt coloq* olvidar
позавидовать V. завидовать
позавтракать V. завтракать
позавчера *adv* anteayer
позавчерашний *adj coloq* de anteayer
позади **1.** *adv* detrás, atrás *самое трудное ~* lo peor ya ha pasado **2.** *prep* **(кого/чего-л)** detrás de, tras de (de alg o u/c) *~ всех* detrás de todos
позаимствовать V. заимствовать
позаимствоваться V. заимствоваться
позапрошл|ый *adj* antepasado, anterior *в ~ом году* hace dos años
позарез *adv vulg* tremendamente, enormemente
позариться V. зариться
позвать V. звать
позволение *n* permiso, autorización
позволительно *adv pred* está permitido, es posible
позволительный *adj* permisible, autorizable
позвол|ить *perf* позволять *impf vt* consentir, tolerar, permitir *~ьте задать вам вопрос* permítame que le haga una pregunta; *~ить себе слишком много* permitirse demasiado, excederse
позволять V. позволить
позвонить V. звонить
позвонок *m anat* vértebra
позвоночник *m* 1) *(млекопитающего)* columna vertebral 2) *(рыбы)* espina dorsal
позвоночный **1.** *adj* vertebral **2.** **-ые** *pl* vertebrados
позднее *comp* más tarde
позднейший *adj* ulterior, reciente
поздний *adj* 1) tardío 2) *(час, ночь и т.д.)* avanzado, tardío
поздно **1.** *adv* tarde **2.** *pred* es tarde ◆ **лучше ~, чем никогда** más vale tarde que nunca
поздороваться V. здороваться
поздороветь V. здороветь
поздорови|ться *perf v/impers coloq* : ему не ~тся le costará caro, lo pagará
поздравительный *adj* de felicitación, de congratulación
поздравить *impf* поздравлять *perf vt* **(с чем-л)** felicitar (por u/c), dar la enhorabuena (por u/c) *поздравить с Новым Годом* desear a alguien feliz Año Nuevo
поздравление *n* felicitación
поздравлять V. поздравить
позеленелый *adj* 1) verde, reverdecido 2) *(покрытый зеленью)* cubierto de verdín
позеленеть V. зеленеть
позеленить V. зеленить
поземельный *adj* de la tierra, sobre la tierra
позёмка *f* viento bajo, ventisca
позёр *m* presuntuoso, presumido
позёрство *n* presuntuosidad, presunción
позже *adv* más tarde
позировать *biasp vi* posar
позитив *m foto* positivo
позитивизм *m filos* positivismo
позитивист *m filos* positivista
позитивистский *adj filos* positivista
позитивность *f* positividad, carácter positivo
позитивный *adj* positivo
позитрон *m fís* positrón
позиционный *adj* de posición, posicional
позиция *f* 1) posición 2) *(точка зрения)* posición, actitud

позлатить *perf* позлащать *impf vt* V. позолотить
позлащать V. позлатить
познабливать *impf v/impers* tener escalofríos, tener fiebre
познаваемость *f elev* cognoscibilidad, perceptibilidad
познаваемый *adj* cognoscible, perceptible
познавательный *adj* cognoscitivo
познавать V. познать
позна|ваться *impf* conocerse ◆ **друзья ~ются в беде** las desgracias unen, en los males se conoce a los amigos leales
познакомить V. знакомить
познакомиться V. знакомиться
познание *n filos* conocimiento
познать *perf* познавать *impf vt* conocer
позолота *f* dorado, baño de oro
позолотить V. золотить
позор *m* vergüenza, deshonra, oprobio, ignominia *какой ~!* ¡qué vergüenza!
позорить *impf* опозорить *perf vt* deshonrar, mancillar, ultrajar
позориться *impf* опозориться *perf* deshonrarse, desprestigiarse
позорище *n coloq* vergüenza
позорный *adj* ignominioso, vergonzoso
позыв *m* 1) ganas 2) *obsol (зов)* llamada
позывной **1.** *adj* de llamada **2.** *m* nombre en clave
поиздержаться *perf coloq* gastar, sufrir gastos
поилка *f* abrevadero, pilón
поименовать *perf vt* nombrar, enumerar
поиметь *perf vt coloq* tener
поимённый *adj* nominal, por nombres
поимка *f elev* captura, prendimiento
по-иному *adv* de otra manera, de otro modo, diferentemente
поинтересоваться *perf* (**кем/чем-л**) interesarse (por alg o u/c)
поиск *m* búsqueda, busca
поискать *perf vt* buscar (un tiempo)
поисковик *m informát* buscador
поисков|ый *adj* 1) *geol* de prospección 2) *informát* de búsqueda *~ая система* buscador
поистине *adv elev* en verdad, verdaderamente
поить *impf* напоить *perf vt* dar de beber, abrevar
пойло *n* brebaje (para el ganado)
пойма *f* valle anegadizo
поймать V. ловить
пойменный *adj* anegadizo
пойнтер *m* pointer, braco
по|йти *perf vi* 1) ir, marchar *~йти в театр* ir al teatro; *~йти пешком* ir a pie, ir andando; *~шёл!* ¡vamos!, ¡andando! 2) *coloq (начаться)* comenzar, empezar *~шёл сезон* ha empezado la temporada; *и ~шли ссоры* y empezaron las discusiones ◆ **если на то ~шло** si así están las cosas, si es así **так не ~йдёт!** ¡(de eso) ni hablar!
пока **1.** *prep* mientras, mientras tanto, de momento, por el momento, por ahora **2.** *conj* mientras, mientras que, hasta que *пока не* hasta que ◆ **~!** ¡hasta luego!
показ *m* 1) exhibición 2) *(фильма)* proyección
показание *n* 1) testimonio, declaración *дать ~* prestar declaración 2) *(прибора)* indicador
показатель *m* 1) índice 2) *mat* índice, exponente
показательный *adj* 1) ejemplar, demostrativo, modelo 2) *(характерный)* significativo 3) *mat* exponencial
показать *perf* показывать *impf vt* enseñar, mostrar, exponer, exhibir
показа|ться[1] *perf* показывать *impf* 1) aparecerse, verse, surgir *из-за гор ~лась луна* de detrás de las montañas apareció la luna 2) dejarse ver, presentarse, aparecer *~ться впервые* dejarse ver por primera vez
показаться[2] V. казаться
показной *adj* 1) *(лучший)* ejemplar, modelo 2) *(выставляемый напоказ)* ostentoso, aparente
показуха *f coloq peyor* ostentación
показывать V. показать
показываться V. показаться
по-каковски *adv vulg* en qué idioma *~ он говорит?* ¿en qué idioma habla?
покалечить V. калечить
покалечиться V. калечиться
покалывать *impf vi coloq* punzar, dar punzadas (periódicamente)
покалякать *perf vi vulg* charlar, cascar
покамест *adv y conj obsol* V. пока
покарать V. карать
покатать *perf vt* llevar, conducir (un tiempo)
покататься *perf* pasear, montar (un poco, un tiempo)
покатить *perf* **1.** *vt* hacer rodar **2.** *vi coloq (быстро поехать)* irse, salir
покатиться *perf* 1) rodar, deslizarse 2) *coloq (устремиться)* rodar, caer, precipitarse ◆ **~ со смеху** caerse de (la) risa, desternillarse de risa
покатость *f* pendiente, inclinación
покатый *adj* inclinado, en pendiente
покачать *perf vt* mecer, balancear, columpiar (un poco, un tiempo) *~ ребёнка* mecer (arrullar) al niño; *~ головой* mover la cabeza (en señal de negación)
покачаться *perf* mecerse, balancearse, columpiarse (un poco, un tiempo)
покачивание *n* balanceo
покачивать *impf vt* mecer, balancear, columpiar (de vez en cuando, periódicamente)
покачиваться *impf* mecerse, balancearse, columpiarse (de vez en cuando, periódicamente)
покачнуть *perf vt* balancear (un poco)
покачнуться *perf* balancearse (un poco)
покашливать *impf vi* toser (un poco, de vez en cuando)
покашлять *perf vi* toser (un poco, un tiempo)
покаяние *n* 1) arrepentimiento, confesión 2) *relig* penitencia
покаянный *adj* penitente, de penitencia
покаяться V. каяться
покер *m cart* póquer
покидать V. покинуть
покинуть *impf* покидать *perf vt* dejar, abandonar
покладая *inv* : не ~ рук sin descanso, sin tregua, con ahínco
покладистый *adj* complaciente, acomodadizo
поклажа *f* carga, equipaje
поклевать *perf vt* 1) picotear (un poco) 2) *(о человеке)* picar, picotear

поклёп *m coloq* calumnia, falsa acusación
покликать *perf vt vulg* llamar
поклон *m* reverencia, inclinación, saludo
поклонение *n* 1) adoración, culto 2) *(проявление почитания)* admiración, adoración
поклониться[1] V. кланяться
поклониться[2] *perf* поклоняться *impf* **(кому/чему-л)** adorar
поклонни|к, -ца *m/f* 1) adorador, -a 2) *(почитатель)* admirador, -a, seguidor, -a
поклоняться V. поклониться
поклясться V. клясться
поковка *f* forja, forjado
поко|и (*gen* -ев) *mpl obsol* aposentos
покоиться *impf* 1) *(находиться в состоянии покоя)* encontrarse, descansar, estar 2) *(неподвижно лежать)* yacer, descansar
покой *m* quietud, tranquilidad, sosiego
покойни|к, -ца *m/f* difunt|o, -a
покойницкая *f obsol* cámara mortuoria, depósito de cadáveres
покойный *adj* difunto
поколебать V. колебать
поколебаться V. колебаться
поколение *n* generación
поколотить V. колотить
поколотиться V. колотиться
поконч|ить *perf vi* 1) **(с кем-л)** *(с чем-л.)* dar fin (a u/c), acabar (con u/c) *с этим ~ено* esto se ha terminado 2) **(с чем-л)** *(с кем-л.)* acabar (con alg) *~ить с собой* suicidarse
покорежить V. корежить
покорежиться V. корежиться
покорение *n* subyugación, sometimiento
покорёжить V. корёжить
покорёжиться V. корёжиться
покоритель, -ница *m/f* subyugador, -a, conquistador, -a
покорить *perf* покорять *impf vt* 1) someter, subyugar 2) *(очаровывать)* cautivar, conquistar
покориться *perf* покоряться *impf* 1) **(кому/чему-л)** someterse (a alg o u/c), subyugarse (a alg o u/c) 2) **(чему-л)** *(примириться)* resignarse (a u/c)
покормить V. кормить
покормиться V. кормиться
покорность *f* docilidad, sumisión, obediencia
покорный *adj* sumiso, dócil, obediente
покоробить V. коробить
покоробиться V. коробиться
покорять V. покорить
покоряться V. покориться
покос *m* 1) *(косьба)* siega 2) *(место косьбы)* prado, pradera
покоситься V. коситься
покража *f coloq* robo, hurto
покрапать *perf vi* gotear, caer, llover (un poco)
покрасить V. красить
покраситься V. краситься
покраска *f* pintura, tinte (acción)
покраснелый *adj* colorado, enrojecido
покраснеть V. краснеть
покрасоваться V. красоваться
покрасть *perf vt coloq* robar (mucho)
покрепчать V. крепчать
покривить V. кривить
покривиться V. кривиться
покрикивать *impf vi coloq* gritar (de vez en cuando, periódicamente)
покритиковать *perf vt coloq* criticar (un poco)
покров[1] *m* 1) velo, manto 2) *anat bot* tegumento
покров[2] *m relig* fiesta del manto de la Virgen
покровитель, -ница *m/f* 1) protector, -a, valedor, -a 2) *(святой, святая)* patr|ón, -ona
покровительственный *adj* protector, de protección
покровительство *n* protección, amparo, patrocinio
покровительствовать *impf vi* **(кому/чему-л)** proteger, patrocinar
покровный *adj* 1) de (para) cubrir 2) *anat biol* tegumentario
покрой *m* corte ◆ **они на один** ~ están cortados por el mismo patrón
покрошить *perf vt* desmigajar, hacer migas
покруглеть V. круглеть
покрупнеть V. крупнеть
покрывало *n* colcha, sobrecama
покрывать V. покрыть 1, 2
покрываться V. покрыться
покрытие *n* 1) *(действие)* (re)cubrimiento 2) *(материал)* cubierta, revestimento
покрыть[1] V. крыть
покрыть[2] *perf* покрывать *impf vt* 1) cubrir, recubrir, tapar 2) *(обить)* cubrir, revestir 3) *(наложить слой)* cubrir, recubrir 4) *(оплатить)* cubrir
покрыться *perf* покрываться *impf* cubrirse, taparse
покрышка *f coloq* cubierta, tapadera
покуда *adv coloq* V. пока
покумекать *perf vi vulg* cavilar, darle a la cabeza
покумиться V. кумиться
покупатель, -ница *m/f* comprador, -a
покупательный *adj* de compra, adquisitivo
покупательский *adj* de(l) comprador
покупать V. купить
покупаться *perf* bañarse (un poco), darse un baño
покупка *f* compra
покупной *adj* de compra
покуражиться V. куражиться
покуривать *impf vt coloq* fumar (de vez en cuando)
покурить *perf vt* fumar (un poco, un cigarrillo)
покусать *perf vt* morder, picar (varias veces)
покусаться V. кусаться
покуситься *perf* покушаться *impf* **(на кого/что-л)** atentar (contra alg o u/c)
покусывать *impf vt* morder, picar (de vez en cuando)
покушать V. кушать
покушаться V. покуситься
покушение *n* atentado
пол[1] *m* suelo, piso
пол[2] *m biol* sexo
пола *f* faldón
полагать *impf vt* creer, pensar, suponer
полагаться V. положиться
поладить *perf vi* **(с кем-л)** entenderse (con alg), hacer buenas migas (con alg)
полакомить V. лакомить
полакомиться V. лакомиться
полат|и (*gen* -ей) *fpl* yacija

полаяться V. лаяться
полба *f* escanda, escaña, espelta
полвека *m* medio siglo
полгода *m* medio año
полдень *m* mediodía
полдник *m* merienda
полдничать *impf* пополдничать *perf vi coloq* merendar
полдороги *f* medio camino
поле *n* 1) campo 2) *(сфера)* campo, ámbito ~ *деятельности* ámbito de actividad 3) *fís* campo 4) *(в тетради)* margen ◆ ~ **зрения** campo visual **один в ~ не воин** uno no es ninguno
полеветь V. леветь
полевод *m* agricultor
полеводство *n* agricultura, cultivo de los campos
полевой *adj* 1) de campo, campestre 2) *mil* de campaña
полегать V. полечь
полегоньку *adv coloq* ligeramente, poco a poco
полегчать V. легчать
полежать *perf vi* estar echado un rato, echarse un rato
полезно **1.** *adv* de manera útil, provechosamente **2.** *pred* es útil, es provechoso
полезность *f* utilidad, provecho
полезный *adj* 1) útil, provechoso, de provecho 2) *(для здоровья)* sano, saludable
полезть *perf vi* 1) empezar a trepar, subirse ~ *на дерево* subirse a un árbol 2) *coloq (войти, вступить)* entrar, meterse ~ *в воду* meterse en el agua
полемизировать *impf vi* polemizar
полемика *f* polémica, controversia
полемист, -ка *m/f* polemista
полемический *adj* polémico
полемичность *f* carácter polémico
полемичный *adj* polémico
полениться V. лениться
поленница *f* pila de leña
полено *n* leño
полесье *f* pantanal poblado de árboles
полетать *impf vi* volar (un tiempo)
полететь *perf vi* 1) empezar a volar, emprender (alzar) el vuelo 2) *vulg (быть выгнанным)* salir despedido, ser echado
полечь *perf vi* 1) acostarse, echarse (todos, muchos) 2) *(быть убитым в сражении)* caer (todos, muchos)
полёвка *f* topillo campesino
полёживать *impf vi coloq* pasar el tiempo acostado (tumbado)
полёт *m* vuelo (acción de volar) ◆ ~ **мысли** vuelo del pensamiento **с птичьего ~а** a vista de pájaro
полётный *adj* de(l) vuelo
полжизни *f* media vida
ползать *impf vi* arrastrarse, reptar
ползком *adv* a rastras, arrastrándose
ползти *impf vi* arrastrarse, reptar
ползунок *m* niño que anda a gatas
ползучий *adj* rastrero, trepador
полив *m* V. поливка
поливать V. полить
поливитамины *mpl* complejo vitamínico
поливка *f* riego
поливной *adj* de riego, de regadío
поливочный *adj* de riego, de regadío
полигамия *f elev* poligamia
полигамный *adj elev* polígamo
полиглот *m* políglota
полигон *m* polígono
полиграфист *m* polígrafo
полиграфический *adj* de artes gráficas
полиграфия *f* impresión
поликлиника *f* policlínica, ambulatorio
полиловеть V. лиловеть
полимер *m quím* polímero
полимерный *adj quím* polimérico
полинять V. линять
полиомиелит *m med* poliomielitis
полип *m biol med* pólipo
полирование *n* pulimento
полировать *impf* отполировать *perf vt* pulir, lustrar, bruñir
полировка *f* pulimento, pulido, lustrado
полис *m* póliza *страховой* ~ póliza de seguros
полисмен *m* policía
полисный *adj* de póliza
политбюро *n inv hist* politburó
политеизм *m elev* politeísmo
политехникум *m* escuela politécnica
политехнический *adj* politécnico
политик *m* político
политика *f* política
политикан *m desp* politicastro
политиканство *n desp* politiquería
политиканствовать *impf vi desp* politiquear
политический *adj* político
политкаторжанин *m hist* preso político
политолог *m* politólogo
политологический *adj* politológico, de ciencias políticas
политология *f* ciencias políticas, politología
политрук *m hist* instructor político
политура *f* barniz
полить *impf* поливать *impf vt* 1) regar 2) *(начать лить)* empezar a caer (dicho de la lluvia), llover
политься *perf (начать литься)* empezar a correr (fluir, manar)
политэкономический *adj* de economía política
политэкономия *f* economía política
полицай *m* policía
полицеймейстер, полицмейстер *m hist* comisario de policía en la Rusia zarista
полицейский **1.** *adj* de policía, policíaco **2.** *m* policía
полиция *f* policía
поличн|ое *n* : поймать с ~ым sorprender en flagrante delito, pillar in fraganti
полишинель *m* polichinela
полк *m* regimiento
полка *f* 1) estante, estantería, balda 2) *(в вагоне)* cama, litera
полковник *m* coronel
полковничий *adj coloq* de(l) coronel
полководец *m* caudillo, jefe militar, adalid
полководческий *adj* de(l) jefe militar, de(l) caudillo
полковой *adj* de(l) regimiento
пол-литра *m* medio litro
поллитровка *f vulg* botella de medio litro

пол-литровый *adj* de medio litro
полмесяца *m* quincena, medio mes
полметра *m* medio metro
полнедели *f* media semana
полнеть *impf* пополнеть *perf vi* engordar
полнить *impf vt* hacer más gordo, engordar
полниться *impf obsol* V. наполняться
полно *adv coloq* de sobra, en abundancia
полно 1. *adv* lleno, repleto **2.** *pred (хватит)* basta (de), ya está bien (de) ~ *плакать!* ¡basta de llorar!
полновесный *adj* 1) de peso normal (completo) 2) *coloq (существенный)* sólido, de peso
полновластие *n* poder absoluto
полновластный *adj* soberano, absoluto
полноводный *adj* caudaloso, de gran caudal
полноводье *n* riada
полногласие *n ling* vocalismo íntegro
полнозвучный *adj* sonoro
полнокровие *n med* plétora
полнокровный *adj med* pletórico
полнолуние *n* plenilunio
полнометражный *adj* : ~ фильм largometraje
полномочие *n* poder, facultad
полномочный *adj* plenipotenciario
полноправие *n* plenitud de derechos
полноправный *adj* de pleno derecho, con plenos derechos
полностью *adv* por completo, enteramente, íntegramente
полнота *f* 1) abundancia, llenura 2) *(исчерпывающий характер)* plenitud, totalidad 3) *(тучность)* obesidad, gordura
полноте *pred obsol* V. полно 2
полноценность *f* valor pleno
полноценный *adj* de pleno valor, completo
полночный *adj* de medianoche
полночь *f* medianoche
полн|ый *adj* 1) *(наполненный)* lleno, repleto *~ый зал* una sala llena 2) (**чего-л**) *(исполненный)* lleno (de u/c), penetrado (de u/c) 3) *(целый)* completo, íntegro 4) *(абсолютный)* completo, total 5) *(о человеке)* grueso, obeso ◆ **~ая луна** luna llena **~ым-полно** *coloq* hay mucho, hay un mogollón **идти ~ым ходом** ir a toda vela, ir a toda marcha
поло *n inv sport* polo *водное* ~ waterpolo
пол-оборота *m* medio giro, media vuelta
полова *f* salvado
половецкий *adj hist* cumano, de los polovtsianos
половик *m coloq* cucharón
половина *f* mitad ~ *пятого* las cuatro y media
половинка *f dimin. de* половина
половинный *adj* medio
половинчатый *adj* 1) con (de) dos partes 2) *(неопределённый)* indefinido
половица *f* tarima, tabla
половник *m* cucharón
половодье *n* inundación, riada
половой[1] *adj (для пола)* para el suelo
полов|ой[2] *adj (связанный с биологическим полом)* sexual *~ые органы* órganos genitales
половцы *mpl hist* cumanos, polovtsianos
полог *m* cortina
пологий *adj* en pendiente suave, en declive
положение *n* 1) *(местонахождение)* posición, situación 2) *(тела)* posición, postura 3) *(социальное)* condición, posición 4) *(состояние)* estado *семейное* ~ estado civil; ~ *вещей* el estado de las cosas 5) *(тезис)* tesis ◆ **войти в** ~ hacerse cargo de la situación ~ **обязывает** nobleza obliga
положенный *adj* establecido, acordado
положено *pred* está establecido, se hace
положительный *adj* positivo, afirmativo
положить[1] *vt* 1) V. класть 2) *coloq (убить)* matar
положить[2] *impf vt* 1) *obsol* establecer, decidir 2) *(предположить)* suponer *положим, что* supongamos que
положиться *perf* полагаться *impf* (**на кого-л**) confiar (en alg o u/c), fiarse (de alg) *на него можно* ~ puedes fiarte de él
полоз[1] *m (для скользящего перемещения)* patín
полоз[2] *m (змея)* culebra
полок *m* 1) *(в бане)* banco 2) *obsol (телега)* carretón
поломать V. ломать
поломаться V. ломаться
поломка *f* avería, rotura
полон *m obsol* V. плен
полонез *m mús* polonesa
полонизм *m ling* polonismo
полонить *perf* полонять *impf vt* 1) *obsol* apresar 2) *pop.-poét* cautivar
полонять V. полонить
полопаться *perf coloq* reventar
полоса *f* 1) *(черта)* raya 2) *(узкий кусок)* tira, banda 3) *(участок)* franja 4) *(на дороге)* carril 5) *(период времени)* etapa
полосатый *adj* a rayas, rayado
полоск|а *f* raya *в ~у* a rayas
полоскание *n* 1) enjuague 2) *(горла)* gárgaras
полоскать *impf* прополоскать *perf vt* enjuagar, aclarar ~ *горло* hacer gárgaras
полосной *adj* V. полосовой
полоснуть *perf vt* 1) *vulg (ножом)* dar un cuchillazo 2) *(кнутом)* dar un latigazo
полосовать *impf* исполосовать (1)/располосовать (2) *perf vt* 1) *(разрезать)* cortar en barras 2) *(бить)* golpear, marcar
полостной *adj anat* cavitario, cavital
полость *f* cavidad ~ *рта* cavidad bucal; *носовая* ~ fosa nasal
полотенце *n* toalla
полотёр *m* 1) *(работник)* encerador 2) *(машина)* enceradora
полотнище *n* 1) paño 2) *(створка)* hoja
полотно *n* 1) lienzo, tela 2) *(картина)* lienzo, tela, cuadro
полотняный *adj* de lienzo
полоть *impf* выполоть *perf vt* escardar, sachar
полоумный *adj coloq* loco, imbécil
полочка *f dimin. de* полка
полошить *impf* всполошить *perf vt vulg* alarmar, sobresaltar, asustar
полошиться *impf* всполошиться *perf* alarmarse, sobresaltarse, asustarse
полпред *m* ministro plenipotenciario
полпути *m* medio camino *на* ~ a medio camino
полслова *n* media palabra *понять с полуслова* entender a medias palabras; *оборвать на полуслове* dejar a media frase

полтина *f vulg* cincuenta rublos
полтинник *m coloq* cincuenta rublos
полтора, полторы *num* uno y medio *полторы тысячи* mil quinientos ◆ **ни два ни полтора** ni fu ni fa, ni chicha ni limoná
полтораста *num* un centenar y medio, ciento cincuenta
полубог *m* semidiós
полуботинки *mpl* zapatos (de caballero)
полубред *m* delirio, desvarío
полувековой *adj* de medio siglo
полугодие *m* semestre, medio año
полугодовалый *adj* de seis meses (de edad)
полугодовой *adj* de seis meses, semestral
полуденный *adj* de medio día
полуживой *adj* medio muerto, más muerto que vivo
полузабытьё *n* sopor, adormecimiento, modorra
полузащита *f sport* línea media, centro del campo
полузащитник *m sport* medio, centrocampista
полузнайка *m/f coloq desp* erudit|o, -a de tres al cuarto
полукровка *f (о животных)* media sangre
полукровный *adj (о животных)* media sangre
полукруг *m* semicírculo
полукруглый *adj* semicircular
полукустарник *m* arbusto
полулежать *impf vi* estar reclinado (recostado)
полулитровый *adj* de medio litro
полумаска *f* antifaz
полумгла *f* media penumbra
полумера *f* media medida, medida paliativa
полумесяц *m* media luna
полумесячный *adj* de medio mes, de quince días
полуметровый *adj* de medio metro
полумрак *m* penumbra
полундра *interj nav* ¡allá va!, ¡que cae!
полуночник *m coloq* noctámbulo, trasnochador
полуночничать *impf vi coloq* trasnochar
полуночный *adj* de medianoche
полуоборот *m* media vuelta
полуосвещённый *adj* medio iluminado
полуостров *m* península
полупальто *n* chaquetón, pelliza
полуправда *f* media verdad
полупроводник *m fís* semiconductor
полупроводниковый *adj fís* semiconductor
полупустынный *adj* semidesértico
полупустыня *f* semidesierto
полусапож|ки (*gen* -ек) *mpl* botines
полусвет *m* media luz, penumbra
полусон *m* duermevela
полусонный *adj* medio dormido, somnoliento
полустанок *m ferroc* apeadero
полустишие *n lit* hemistiquio
полутень *f* penumbra
полутон *m mús* semitono
полуторный *adj* de uno y medio
полуторогодовалый *adj* de un año y medio (de edad)
полутьма *f* penumbra, semioscuridad
полуулыбка *f* media sonrisa
полуфабрикат *m* artículo semifabricado
полуфинал *m sport* semifinal
полуфиналист *m sport* semifinalista
полуфинальный *adj sport* de semifinal
получасовой *adj* de media hora
получатель *m* destinatario, receptor
получать V. получить
получаться V. получиться
получение *n* obtención, recepción
получить *perf* получать *impf vt* 1) recibir, obtener ~ *удовольствие* sentir un gran placer; ~ *приказ* recibir una orden; ~ *обратно* recuperar 2) *(деньги)* cobrar, percibir 3) *coloq (болезнь)* coger, atrapar, pescar
получи|ться *perf* получаться *impf* 1) resultar (ser) *пирог ~лся очень вкусный* el pastel quedó riquísimo 2) *(случиться)* suceder, pasar *~лась неприятность* ocurrió una desgracia 3) *(оказаться удачным)* salir bien *фотография ~лась* la foto salió bien
получка *f coloq* cobro, paga
полушалок *m* chal pequeño
полушарие *n* hemisferio
полушка *f hist* cuarto de kópek
полушубок *m* zamarra, pelliza
полушутя *adv* medio en broma
полцены *f* : за ~ a mitad de precio
полчаса *m* media hora
полчасика *m dimin. de* полчаса
полчище *n obsol* tropas enemigas
полшага *m* medio paso
полый *adj* hueco, vacío
полымя *n obsol* V. пламя ◆ **попасть из огня да в** ~ huir del fuego y caer en las brasas
полынь *f* artemisia
полынья *f* claro en el hielo (de un río, lago, mar)
полысеть V. лысеть
полыхать *impf* полыхнуть *perf vi coloq* arder, fulgurar
полыхнуть V. полыхать
польз|а *f* provecho, utilidad *в чью-л. пользу* a favor de alg.
пользование *n* 1) goce, disfrute, uso 2) *obsol (лечение)* tratamiento
пользователь *m* usuario
пользовать *impf vt obsol (лечить)* tratar
пользоваться *impf* 1) **(кем/чем-л)** *(использовать)* utilizar, usar, servirse (de alg o u/c) ~ *телефоном* usar el teléfono 2) **(кем/чем-л)** *(использовать в своих интересах)* aprovechar, aprovecharse (de alg o u/c) ~ *случаем* aprovechar una ocasión 3) *(иметь)* tener, poseer ~ *успехом* tener éxito
полька *f* polaca
польский *adj* polaco
польстить V. льстить
польститься V. льститься
польщённый *adj* halagado, satisfecho
полюбить *perf vt* querer, encariñarse (de alg o u/c), enamorarse (de alg)
полюби|ться *perf* **(кому-л)** *coloq* gustar (a alg) *он мне ~лся за искренность* me gustó por su sinceridad
полюбоваться V. любоваться
полюбовно *adv* amistosamente, por las buenas
полюбовный *adj* amistoso, por la buenas
полюбопытствовать V. любопытствовать
полюс *m* polo *Северный* ~ Polo Norte; *магнитный* ~ polo magnético
поляк *m* polaco

поляна *f* claro (en el bosque)
полянка *f dimin. de* поляна
полярник *m* investigador (explorador) del polo, miembro de una expedición polar
полярность *f* polaridad
полярный *adj* polar
помада *f* pomada *губная* ~ pintalabios, barra de labios
помадить *impf* напомадить *perf vt coloq* untar con pomada
помадка *f* pomadka (especie de caramelo)
помазание *n relig* unción
помазать[1] *perf vt relig* ungir
помазать[2] V. мазать
помазаться V. мазаться
помазок *m* brocha de afeitar
помаленьку *adv coloq* poco a poco, despacito
помалкивать *impf vi* estar callado
помалу *adv* 1) *coloq* poco a poco, en pequeñas cantidades 2) *obsol (постепенно)* paulatinamente, progresivamente
поманить V. манить
помарка *f* tachadura, corrección
помаслить V. маслить
пома|хать *perf vi* agitar, mover *~ши ему рукой* dile adiós con la mano
помахивать *impf vi* **(чем-л)** mover, menear
помедлить *perf vi* **(с чем-л)** tardar (en u/c), retrasarse (en u/c) ~ *с ответом* tardar en responder
помело *n* escoba
поменять V. менять
поменяться V. меняться
померанец *m* 1) *(дерево)* naranjo agrio 2) *(плод)* naranja agria
помереть *perf* помирать *impf vi coloq* morir, morirse
померещиться V. мерещиться
померить V. мерить
помериться V. мериться
померкнуть V. меркнуть
помертвелый *adj* lívido
помертветь V. мертветь
поместить *impf* помещать *perf vt* 1) poner, situar, colocar 2) *(поселить)* alojar
поместиться *impf* помещаться *perf* 1) *(уместиться)* caber, encajar 2) *(расположиться)* situarse, colocarse 3) *(поселиться)* alojarse, instalarse
поместный *adj* hacendado
поместье *n* hacienda, propiedad
помесь *f* 1) híbrido 2) *(смесь)* mezcla, mezcolanza
помесячно *adv* mensualmente
помесячный *adj* mensual
помета *f* marca, acotación
пометить V. метить, помечать
пометка *f* marca, acotación
помеха *f* 1) impedimento, contrariedad, contratiempo 2) *radio* interferencia
помечать *impf* пометить *perf vt* marcar, hacer notar
помешанный **1.** *adj* loco, alienado **2.** *m* loco
помешательство *n* locura, alienación, demencia
помешать V. мешать 1, 2
помешаться *perf* **(на чём-л)** volverse loco (por u/c)
помещать V. поместить
помещаться V. поместиться
помещение *n* 1) *(действие)* colocación 2) *(место)* recinto, sala, local
помещик *m* terrateniente, hacendado
помещичий *adj* terrateniente, de terrateniente(s), de hacendado(s)
помёрзнуть *perf vi* 1) helarse, marchitarse por el frío 2) *(страдать от холода)* helarse, congelarse (un poco, un tiempo)
помёт *m* excremento de animales
помидор *m* tomate
помидорина *f vulg* tomate (una unidad)
помилование *n* indulto, perdón
помиловать V. миловать
помимо *prep* **(кого/чего-л)** además (de alg o u/c), aparte (de alg o u/c)
помин *m relig* misa, conmemoración ◆ **лёгок на ~е** hablande del rey de Roma, por la puerta asoma
поминальный *adj relig* conmemorativo
поминание *n* recuerdo, conmemoración
поминать V. помянуть
помин|ки (*gen* -ок) *fpl* exequias
поминовение *n relig* conmemoración
поминутно *adv* a cada instante, a cada minuto
поминутный *adj* 1) por minuto, a cada minuto 2) *(частый)* a cada momento, constante
помирать V. помереть
помирить V. мирить
помириться V. мириться
помнить *impf vt* **(кого/что-л/о ком/чём-л)** recordar, acordarse (de u/c)
помни|ться *impf* **(кому-л)** recordar *мне ~тся, что* recuerdo que
помногу *adv coloq* mucho, en gran cantidad
помножить V. множить
помогать V. помочь
по-моему *adv* 1) a mi parecer, según mi parecer, a mi modo de ver 2) *(о желании)* a mi manera, como yo quiero
помо|и (*gen* -ев) *mpl* lavazas, lavadura
помойка *f coloq* basurero
помойный *adj* de (para) la basura
помол *m* molienda, molido
помолв|ить *perf vt obsol* comprometer (en matrimonio) *они ~лены* se han comprometido
помолвка *f obsol* compromiso, dichos
помолиться V. молиться
помолодеть V. молодеть
помор *m* pomor (habitante del norte de Rusia)
поморить V. морить
поморозить *perf vt* helar, congelar
поморский *adj* de Pomorie, de (los) pomores
поморщиться V. морщиться
помост *m* tablado, andamio
помотать V. мотать
помоч|и (*gen* -ей) *fpl* tirantes, andaderas
помочиться V. мочиться
помочь *impf* помогать *perf vi* 1) **(кому-л)** ayudar, auxiliar, socorrer, asistir 2) *(о лекарстве)* remediar, aliviar, paliar
помощни|к, -ца *m/f* ayudante, adjunt|o, -a
помощь *f* ayuda, asistencia, auxilio, socorro *на ~!* socorro! ◆ **скорая** ~ atención médica de urgencia **первая медицинская** ~ primeros auxilios

помпа[1] *f (торжественность)* pompa, fausto
помпа[2] *f (насос)* bomba
помпезность *f elev* pompa
помпезный *adj elev* pomposo
помрачение *n* ofuscación, ofuscamiento
помрачнеть V. мрачнеть
помутить V. мутить
помутиться V. мутиться
помутнеть V. мутнеть
помучить *perf vt* hacer sufrir, atormentar, torturar (un poco, un tiempo)
помучиться *perf* sufrir (un poco, un tiempo)
помчать *perf* **1.** *vt* llevar a toda prisa **2.** *vi coloq* V. помчаться
помчаться *perf* echar a correr, salir corriendo
помывка *f* lavado
помыкать *impf vi* **(кем-л)** *coloq* tratar con desprecio (a alg), menostener
помысел *m elev* idea, pensamiento
помыслить *perf* помышлять *impf vi elev* pensar, tener en el pensamiento
помыть V. мыть
помыться V. мыться
помышлять V. помыслить
помянуть *perf* поминать *impf vt* 1) *coloq* recordar, mencionar ~ *добрым словом* recordar bien, tener un buen recuerdo 2) *relig (мёртвых)* conmemorar, recordar 3) *relig (живых)* rezar por la salud de alguien
помятый *adj* arrugado, ajado
помять *perf vt* arrugar, ajar
помяться V. мяться
по-над *prep* **(чем-л)** por encima de
понадеяться V. надеяться
понадоби|ться *perf vi* ser necesario, hacer falta *если ~тся* si es necesario, si hace falta
понапрасну *adv coloq* en vano, en balde
понарошку *adv coloq* de mentira, de mentirijillas
понаслышке *adv* de oídas
поначалу *adv coloq* al principio
поневоле *adv* a la fuerza, por fuerza
понедельник *m* lunes *в ~* el lunes; *по ~ам* los lunes
понедельничный *adj coloq* del (de los) lunes
понедельный *adj* semanal, de cada semana
понемногу *adv* 1) *(небольшими долями)* un poco, poco a poco 2) *(постепенно)* poco a poco
понемножку *adv dimin. de* понемногу
понервничать V. нервничать
понести *perf* **1.** *vt* 1) V. нести 2) llevar, llevarse ~ *рюкзак* llevar la mochila 3) *(о ветре, движение воды и т.д.)* arrastrar , llevarse *ветер понёс листья* el viento se llevó las hojas 4) *(потерпеть)* sufrir ~ *наказание* sufrir un castigo; ~ *потери* sufrir bajas **2.** *v/impers coloq (начать говорить вздор)* empezar a decir disparates
понестись *perf* 1) echar a correr, salir disparado 2) *(о запахе, звуке)* esparcirse, propagarse
пони *m inv* pony
понижать V. понизить
понижаться V. понизиться
пониже *adv* más bajo, más abajo
понижение *n* 1) disminución, reducción, bajada, descenso 2) *coloq (в должности)* descenso
пониженный *adj* bajo, disminuido, reducido
понизить *perf* понижать *impf vt* bajar, reducir, disminuir, rebajar
понизиться *perf* понижаться *impf* bajar, disminuir, reducirse, disminuir
понизу *adv* por abajo, abajo
поникнуть V. никнуть
понимание *n* 1) comprensión, entendimiento 2) *(толкование)* concepción, interpretación
понима|ть *impf* понять *perf vt* 1) comprender, entender *я ничего не ~ю* no entiendo nada 2) **(в ком/ чём-л)** *(разбираться в чём-либо)* entender (de u/c), ser un entendido (en u/c) *~ть в искусстве* entender en arte
поножовщина *f coloq* pelea a cuchillazos
пономарь *m relig* sacristán
понос *m* diarrea, descomposición
поносить[1] *perf vt (носить какое-то время)* llevar (un tiempo)
поносить[2] *impf vt (ругать)* injuriar, denigrar, difamar (de alg)
поношение *n* denigración, difamación
поношенный *adj* usado, gastado
понравиться V. нравиться
понтон *m* pontón
понтонный *adj* de pontones
понудить *perf* понуждать *impf vt* **(к чему-л)** *elev* impeler (a u/c), obligar (a u/c)
понуждать V. понудить
понукать *impf* понукнуть *perf vt coloq* arrear, meter prisa
понукнуть V. понукать
понурить *perf vt* bajar, agachar ~ *голову* agachar (bajar) la cabeza
понуриться *perf* bajar la cabeza, decaer de ánimo
понурый *adj* deprimido, abatido
пончик *m* buñuelo
пончо *n inv* poncho
поныне *adv obsol* hasta hoy, hasta ahora
понюхать V. нюхать
понятие *n* concepto, noción, idea
понятийный *adj* conceptual
понятливость *f* capacidad de comprensión
понятливый *adj* despierto, espabilado
понятно **1.** *adv* de un modo comprensible, claramente, claro *говорить* ~ hablar claro **2.** *con* es cierto, está claro (que) **3.** *partíc* entendido, está claro
понятн|ый *adj* claro, comprensible, inteligible ◆ **~ое дело** *coloq* naturalmente, está claro
понятой *m jur* testigo de vista, testigo sinodal
понять V. понимать
пообедать V. обедать
пообещать V. обещать
поодаль *adv* a lo lejos, a cierta distancia
поодиночке *adv* de uno en uno, uno a uno
поочерёдно *adv* consecutivamente, por turnos
поочерёдный *adj* alterno, por turno(s)
поощрение *n* estímulo, incentivo, fomento
поощрительный *adj* estimulante, alentador
поощрить *impf* поощрять *perf vt* estimular, fomentar, incentivar, alentar
поощрять V. поощрить
поп *m coloq* pope
попа *f coloq* culo, pompis
попадание *n* acierto, impacto

попадать V. попасть

попадаться V. попасться

попадья *f coloq* mujer de un pope

попариться V. париться

попарно *adv* de dos en dos, por parejas

поп-арт *m arte* pop art

попа|сть *impf* попадать *perf* **1.** *vi* 1) acertar, atinar , dar (en u/c) *~сть в цель* dar en el blanco 2) *(оказаться)* caer, ir a parar, encontrarse *как мне ~сть в театр?* ¿cómo puedo llegar al teatro? **2.** *v/impers* tocarle a alg. un castigo, una reprimenda *ему ~ло* le han reñido ◆ **~сть впросак** ir a parar a una situación desventajosa **~сть в самую точку** dar en el clavo **как ~ло** de cualquier modo, al tuntún **кому ~ло** a cualquiera, al primero que llega **где ~ло** en cualquier lugar, en el primer sitio que encuentras

попа|сться *impf* попадаться *perf* 1) dejarse coger, caer *~лся!* ¡te pillé! 2) *(подвернуться)* tocar *мне ~лся трудный вопрос* me tocó una pregunta difícil 3) *(встретиться)* encontrarse (a alg) *по дороге мне ~лся знакомый* por el camino me encontré a un conocido

попахивать *impf vi coloq* oler, sentirse olor, heder

попенять V. пенять

попеременно *adv* alternativamente, por turnos

попереть *perf* **1.** *vi vulg* ir (dirigirse) en tropel **2.** *vt vulg (выгнать)* echar, despachar

поперечина *f* travesaño

поперечник *m* diámetro

поперечный *adj* transversal

поперёк **1.** *adv* de través, transversalmente **2.** *prep* (**кого/чего-л**) a través de (alg o u/c)

поперхнуться *perf* atragantarse

поперчить V. перчить

попечение *n* cuidado, cargo

попечитель *m* curador, tutor

попечительский *adj jur* pupilar, de patronazgo

попечительство *n* patronazgo, curaduría, tutoría

попирать V. попрать

пописать *perf vt* escribir (un tiempo, un rato)

поп-искусство *n* pop art

пописывать *impf vt coloq* escribir (de vez en cuando)

попить *perf vt* (**чего-л**) beber (un poco) *~ воды* beber agua

попка[1] *m coloq (попугай)* lorito

попка[2] *f coloq* V. попа

поплавок *m* flotador

поплатиться V. платиться

поплотнеть V. плотнеть

поплыть V. плыть

попов|ич, -вна *m/f coloq* hij|o, -a de un pope

поповский *adj* de pope(s)

по-под *prep* (**чем-л**) por debajo (de u/c)

попозже *adv coloq* (un poco) más tarde

попойка *f coloq* borrachera, juerga

пополам *adv* por la mitad, a partes iguales ◆ **с грехом** ~ a duras penas

пополдничать V. полдничать

поползновение *n* intención, veleidad, tentativa

поползти *perf vt* empezar a arrastrarse

пополнение *n* reposición, reabastecimiento

пополнеть V. полнеть

пополнить *perf* пополнять *impf vt* completar, reponer, reabastecer

пополниться *perf* пополняться *impf* completarse, enriquecerse, aumentar

пополнять V. пополнить

пополняться V. пополниться

пополудни *adv* de la tarde *в два часа ~* a las dos de la tarde

попона *f* caparazón, gualdrapa

попотчевать V. потчевать

поправеть V. праветь

поправимый *adj* reparable, remediable

поправить *perf* поправлять *impf vt* 1) corregir, enmendar, remediar *~ ошибку* enmendar un error 2) *(кого-л.)* corregir *~ ученика* corregir a un alumno 3) *(привести в порядок, улучшить)* arreglar, remediar, mejorar *~ дело* arreglar un asunto

поправи|ться *perf* поправляться *impf* 1) *(исправить свою ошибку)* corregirse 2) *(улучшиться)* arreglarse, mejorar 3) *(выздороветь)* recuperarse, reponerse 4) *(пополнеть)* engordar

поправка *f* 1) corrección, remedio, enmienda 2) *(здоровья)* recuperación, restablecimiento 3) *jur* enmienda

поправлять V. поправить

поправляться V. поправиться

поправочный *adj* de corrección

попрать *perf* попирать *impf vt elev* pisotear

попрекать *impf* попрекнуть *perf vt* hacer reproches, reprochar

попрекнуть V. попрекать

попрёк *m coloq* reproche

поприветствовать V. приветствовать

поприще *n elev* escenario, campo

попробовать V. пробовать

попросить V. просить

попроситься V. проситься

попросту *adv coloq* con franqueza, sin cumplidos, llanamente

попрошайка *m/f* 1) *coloq* pedigüeñ|o, -a 2) *obsol (нищий)* mendig|o, -a, pordioser|o, -a

попрошайничать *impf vi coloq* mendigar, pordiosear

попрошайничество *n coloq* mendicidad

попрощаться *perf* (**с кем-л**) *coloq* despedirse (de alg)

попрятать *perf vt coloq* esconder (todo, mucho)

попрятаться *perf coloq* esconderse (todos, muchos)

попугай *m* papagayo, loro

попугайничать *impf vi coloq* ser una mona de repetición, hacer como un loro

попугать *perf vt coloq* asustar (un poco), dar un susto

попудриться V. пудриться

популяризатор *m* popularizador

популяризаторский *adj* popularizador

популяризация *f* popularizacion, divulgación

популяризировать *biasp vt* popularizar, divulgar

популярно *adv* 1) popularmente 2) *(общедоступно)* de una manera clara, al alcance de todos

популярность *f* popularidad

популярный *adj* 1) popular 2) *(общедоступный)* claro, asequible, al alcance de todos

популяция *f biol* población
попурри *n inv mús* popurrí
попустительство *n elev* tolerancia, connivencia
попустительствовать *impf vi* (**кому/чему-л**) *elev* tolerar, permitir
попусту *adv coloq* en vano, inútilmente
попутать *perf vt coloq* : чёрт меня (тебя) попутал el diablo me (te) tentó
попутка *f vulg* coche de paso
попутно *adv* 1) *coloq* de paso, de camino 2) *(в то же время)* al mismo tiempo
попутный *adj* 1) favorable ~ *ветер* viento favorable 2) *(совершаемый одновременно)* incidental, incidente
попутчи|к, -ца *m/f* compañer|o, -a de viaje
попытать *perf vt coloq* probar
попытаться V. пытаться
попытка *f* intento, tentativa ♦ ~ **не пытка** no se pierde nada por intentarlo
попыхивать *impf vi coloq* echar bocanadas de humo
попятиться V. пятиться
попятный *adj* de vuelta, hacia atrás ♦ **идти на ~ двор** *coloq* dar marcha atrás, retractarse
пор|а 1. *f* tiempo, hora, época, período *в летнюю пору* en verano 2. *pred* es hora (de) *мне ~а идти домой* es hora de irme a casa ♦ **до сих ~** hasta ahora **до тех ~, пока** hasta que **с каких ~?** ¿desde cuándo? **с давних ~** desde hace (mucho) tiempo
пора *f* poro
поработать *perf vi* trabajar (un tiempo, un poco)
поработитель *m elev* esclavizador
поработить *perf* порабощать *impf vt* esclavizar, subyugar
порабощать V. поработить
порабощение *n* esclavización, subyugación
поравняться *perf* (**с кем/чем-л**) igualarse, alcanzar
порадеть V. радеть
порадовать V. радовать
порадоваться V. радоваться
поражать V. поразить
поражаться V. поразиться
пораженец *m* derrotista
поражение *n* 1) *(цели и т.п.)* impacto 2) *(проигрыш)* derrota *нанести ~* derrotar, infligir una derrota; *потерпеть ~* sufrir una derrota 3) *med* afección
пораженческий *adj* derrotista
пораженчество *n* derrotismo
поразительный *adj* asombroso, sorprendente
поразить *perf* поражать *impf vt* 1) *(нанести удар)* golpear, abatir, derribar 2) *(победить)* derrotar, vencer 3) *(о болезни)* afectar 4) *(удивить)* impresionar, sorprender
поразиться *perf* поражаться *impf* sorprenderse, pasmarse
поразмыслить *perf vi* (**о чём-л**) *coloq* meditar (sobre u/c), reflexionar (sobre u/c)
поранить *perf vt* herir
порастать V. порасти
порасти *perf* порастать *impf vi* (**чем-л**) cubrirse (de) ~ *травой* cubrirse a hierba
порвать *perf* порывать *impf vt* 1) rasgar, romper 2) *(прекратить)* romper ~ *отношения* romper las relaciones
порваться *perf* порываться *impf* 1) romperse, rasgarse 2) *(прекратиться)* romperse, interrumpirse
поребрик *m reg* bordillo (de la acera)
поредеть V. редеть
порез *m* corte
порезать *perf vt* 1) *(поранить)* cortarse, hacerse un corte ~ *руку* hacerse un corte en la mano 2) (**чего-л**) *(нарезать)* cortar
порей *m* porro
порекомендовать V. рекомендовать
порешить *perf vt* 1) *vulg* V. решить 2) *obsol (закончить)* acabar, resolver
пористость *f* porosidad
пористый *adj* poroso
порицание *n* desaprobación, reprobación, recriminación
порицать *impf vt* reprobar, censurar, recriminar
порка *f coloq* azotaina, zurra
порнографический *adj* pornográfico
порнография *f* pornografía
поровну *adv* a (en) partes iguales
порог *m* umbral *переступить ~* traspasar el umbral
пороговый *adj* lindar
порода *f* raza, especie
породистый *adj* de raza
породить *perf* порождать *impf vt* generar, originar, ocasionar
породнённый *adj* emparentado
породнить V. роднить
породниться V. родниться
породный *adj* de raza
порождать V. породить
порождение *n* fruto, creación
порожистый *adj (о реке)* con rápidos
порожн|ий *adj coloq* vacío ♦ **переливать из пусого в ~ее** hablar sin decir nada
порожняк *m* vagones (carros) vacíos
порожняком *adv coloq* de vacío, sin carga
порознь *adv* separadamente, por separado
порозоветь V. розоветь
порой *adv* a veces, algunas veces, en ocasiones
порок *m* 1) vicio 2) *(недостаток)* vicio, defecto 3) *med* lesión, afección
поролон *m* espuma de poliuretano
поролоновый *adj* de (espuma de) poliuretano
поросёнок *m* cochinillo, lechón
пороситься *impf* опороситься *perf* parir (referido a la puerca y a otros animales)
поросль *f* 1) vástago 2) *(молодой лес)* bosque joven, verdasca
порося *n obsol* V. поросёнок
поросятина *f coloq* cochinillo, carne de lechón
поросячий *adj* de cochinillo, de lechón
пороть[1] *impf* распороть (1)/напороть (2) *perf vt* 1) *(распарывать)* descoser 2) *vulg (говорить глупости)* decir cosas absurdas, decir tonterías
пороть[2] *impf* выпороть *perf vt coloq (бить)* azotar, zurrar
пороться *impf* распороться *perf* descoserse
порох *m* pólvora ♦ **у него ~а не хватает** le faltan arrestos
пороховница *f* polvorín (frasco)
пороховой *adj* de pólvora
порочить *perf* опорочить *impf vt* denigrar, deshonrar, calumniar

порочность *f* 1) depravación 2) *(неправильность)* vicio

порочный *adj* 1) vicioso, depravado 2) *(неправильный)* vicioso, defectuoso ◆ ~ **круг** círculo vicioso

пороша *f* primeras nieves

порошить *impf* запорошить/напорошить *perf vi* nevar ligeramente

порошковый *adj* en polvo

порошок *m* polvos *стиральный* ~ detergente ◆ **стереть в** ~ **кого**-л hacer polvo a alg.

порою V. порой

порт *m* puerto *морской* ~ puerto marítimo; *речной* ~ puerto fluvial

портал *m informát* portal

портальный *adj* de portal

портативный *adj* portátil

портачить *impf* напортачить *perf vi vulg* chapucear, frangollar

портвейн *m* oporto

портер *m* porter (tipo de cerveza)

портик *m arquit* pórtico

портить *impf* испортить *perf vt* 1) estropear, echar a perder ~ *всё* echarlo todo a perder; ~ *настроение* poner de mal humor 2) *(нравственно)* estropear, corromper, pervertir, depravar

портиться *impf* испортиться *perf* 1) estropearse, echarse a perder 2) *(нравственно)* estropearse, pervertirse, corromperse

портк|и (*gen* -ов) *mpl vulg* calzones, pantalones

портмоне *n inv* monedero

портниха *f* modista

портновский *adj* de sastre(s)

портной *m* sastre

портняжничать *impf vi coloq* hacer (trabajar) de sastre

портняжный *adj* de sastre

портовый *adj* portuario, de(l) puerto

портрет *m* retrato

портретист, -ка *m/f arte* retratista

портретный *adj* de retrato(s)

портсигар *m* 1) *(для папирос)* pitillera 2) *(для сигар)* cigarrera

португал|ец, -лька *m/f* portugu|és, -esa

португальский *adj* portugués

портупея *f* 1) *(поясная)* cinturón 2) *(плечевая)* bandolera

портфель *m* cartera

порт|ы (*gen* –ов) *mpl* V. портки

портье *m inv* portero

портьера *f* cortina, guardapuerta

портянка *f* peal

порубить *perf vt* talar, cortar (todo, mucho)

порубка *f* 1) tala furtiva del bosque 2) *(место)* lugar talado

порубщик *m* talador furtivo

поругание *n elev* vejación, profanación

поругать[1] *perf vt coloq* regañar, reñir

поругать[2] *perf vt (подвергнуть поруганию)* vejar, mancillar, profanar

поругаться V. ругаться

порука *f* fianza, garantía, caución *круговая* ~ caución solidaria

по-русски *adv* en ruso, a la rusa, a la manera rusa *говорить* ~ hablar en ruso; *понимать* ~ entender el ruso

поручать V. поручить

поручаться V. ручаться

поручение *n* encargo, encomienda, misión *дать* ~ hacer un encargo

поручень *m* pasamano, asidero

поручик *m mil hist* teniente

поручитель, -ница *m/f* avalista, garante, fiador, -a

поручительство *n* aval, garantía, fianza

поручить *perf* поручать *impf vt* encargar, encomendar, confiar

поручиться V. ручаться

порушить V. рушить

порушиться V. рушиться

порфир *m min* pórfido

порфира *f* púrpura (traje)

порхать *impf vi* 1) revolotear, volitar 2) *(вести лёгкую жизнь)* mariposear

порцион *m* porción, ración

порционный *adj* de porción, de ración

порция *f* porción, ración

порча *f* 1) deterioro, avería 2) *(сглаз)* mal de ojo

порченый *adj coloq* estropeado, echado a perder

поршень *m tecn* émbolo, pistón

порыв *m* 1) racha, ráfaga (de viento) 2) *(проявление чувства)* arrebato, ímpetu ~ *гнева* arranque de cólera

порывать V. порвать

порываться V. порваться

порывистость *f* impetuosidad, violencia

порывистый *adj* 1) impetuoso, violento 2) *(резкий)* brusco 3) *(пылкий)* impetuoso, precipitado

порыжелый *adj* enrojecido

порыжеть V. рыжеть

порябеть V. рябеть

порядков|ый *adj* 1) ordinal, de orden 2) *ling* ordinal ~*ое числительное* numeral ordinal

порядком *adv* 1) *coloq (весьма)* mucho, de lo lindo 2) *(как полагается)* como es debido

поряд|ок 1. *m* 1) orden *алфавитный ~ок* orden alfabético; *наводить ~ок* poner orden; *привести в ~ок* poner en orden 2) *(общественный строй)* régimen **2. -ки** *mpl (обычаи, чаще мн. ~ки)* usos, costumbres ◆ **~ок дня** agenda, orden del día **всё в ~ке** todo está en orden, todo va bien

порядочно[1] *adv (так, как следует)* honestamente, decentemente

порядочно[2] *adv coloq (довольно много)* bastante, mucho, de lo lindo

порядочность *f* decencia, honestidad

порядочный[1] *adj (честный)* decente, honesto

порядочный[2] *adj coloq (значительный)* bastante grande, considerable

посад *m hist* burgo, arrabal

посадить V. сажать

посадка *f* 1) *(растений)* plantación, siembra 2) *(впуск)* embarque 3) *(приземление)* aterrizaje

посадочный *adj* 1) de plantación 2) de embarque ~ *талон* tarjeta de embarque 3) de aterrizaje

посадский *adj hist* de un burgo, burgueño

посажён|ый *adj* de boda ~*ый отец* padrino de boda; ~*ая мать* madrina de boda

посапывать *impf vi* resoplar (de vez en cuando)

посахарить V. сахарить

посватать V. сватать
посвататься V. свататься
посвежеть V. свежеть
посветить V. светить
посветлеть V. светлеть
посвист *m* silbido
посвистывать *impf vi* silbar (de vez en cuando)
по-свойски *adv* 1) *coloq (по-своему)* a la suya, a su manera 2) *coloq (как принято между близкими людьми)* llanamente, sin cumplidos
посвятить *perf* посвящать *impf vt* 1) dedicar, consagrar ~ *книгу* dedicar un libro; ~ *себя детям* consagrarse a los niños 2) **(во что-л.)** *(во что-л.)* confiar, iniciar (en u/c) ~ *в тайну* confiar un secreto 3) *obsol (в сан и т.п.)* proclamar ~ *в рыцари* armar caballero
посвящать V. посвятить
посвящение *n* 1) dedicación, dedicatoria 2) *(в тайну)* iniciación, confidencia 3) *(в сан и т.п.)* proclamación
посев *m* 1) *(действие)* siembra 2) *(то, что посеяно)* sembrado
посевная *f agric* siembra (temporada, campaña)
посевной *adj* de siembra, de sembrado
поседеть V. седеть
посейчас *adv coloq* hasta ahora, hasta hoy día
поселенец *m* colono
поселение *n* 1) *(действие)* colonización, instalación, alojamiento 2) *(посёлок)* colonia, asentamiento
поселить *perf* поселять *impf vt* 1) instalar, alojar, establecer 2) *(вызывать)* inspirar, generar
поселиться *perf* поселяться *impf* 1) instalarse, alojarse, establecerse 2) *(возникнуть)* surgir, aparecer, manifestarse
поселять V. поселить
поселяться V. поселиться
посеребрить V. серебрить
посередине 1. *adv* en medio, por medio *стол стоит* ~ la mesa está en medio **2.** *prep* **(чего-л)** en medio (de u/c), en el centro de (de u/c) ~ *комнаты* en medio de la habitación
посереть V. сереть
посерёдке *adv vulg* V. посреди
посерьёзнеть V. серьёзнеть
посетитель, -ница *m/f* visitante
посети|ть *perf* посещать *impf vt* 1) *(кого-л)* visitar 2) *(ходить куда-л)* frecuentar, asistir (a u/c) 3) *(о идее, чувстве)* surgir, aparecer
посетовать V. сетовать
посечь *perf vt (изрубить)* cortar, segar
посечься V. сечься
посещаемость *f* asistencia, visitas
посещать V. посетить
посещение *n* visita, asistencia
посеять *perf vt* 1) V. сеять 2) *coloq (потерять)* perder, extraviar
посёлок *m* aldea, poblado
посигналить V. сигналить
посиделка *f coloq* reunión festiva
посидеть *perf vi* estar sentado (un tiempo, un rato), quedarse un tiempo
посильный *adj* posible, con arreglo a las posibilidades
посинелый *adj* morado (del frío)
посинеть V. синеть
поскакать *perf vi* 1) *(провести время скача)* saltar, brincar (un tiempo, un rato) 2) *(начать скакать)* empezar a saltar (brincar)
поскользнуться *perf* resbalar, deslizarse
поскольку *conj* como, ya que, en vista de que ~ *ты устал, мы никуда не пойдём* como estás cansado no iremos a ningún sitio
посконный *adj* de cáñamo
поскорее *adv coloq* más deprisa, más rápido
поскромничать V. скромничать
поскупиться V. скупиться
поскучнеть V. скучнеть
послабление *n* indulgencia
посланец *m* mensajero, enviado
послание *n* 1) mensaje, recado, misiva 2) *lit* epístola
посланник *m* enviado
посластить V. сластить
послать *perf* посылать *impf vt* enviar, mandar, expedir ~ *письмо* mandar una carta
после 1. *adv* después, luego *я пойду* ~ iré luego **2.** *prep* **(кого/чего-л)** después (de alg o u/c), tras (alg o u/c) ~ *того, как* después de que, desde que; *мы встретились* ~ *работы* nos encontramos después del trabajo
послевоенный *adj* de después de la guerra, de pos(t)guerra
послед *m anat* secundinas, placenta
последить *perf vi* **(за кем/чем-л)** cuidar, vigilar, seguir, velar (por alg o u/c)
последн|ий *adj* 1) último, postrero *в ~ий раз* por última vez 2) *(самый новый)* último *~ие новости* las últimas noticias 3) *(окончательный)* último *это моё ~ее слово* es mi última palabra 4) *coloq (самый худший)* el peor *~ий негодяй так не сделает* esto no lo haría ni el peor de los canallas ◆ **до ~его** hasta el final, hasta la última posibilidad **~яя спица в колеснице** el último mono
последователь, -ница *m/f* discípul|o, -a, adept|o, -a, continuador, -a
последовательно *adv* 1) sucesivamente, consecutivamente 2) *(логично)* consecuentemente, coherentemente, lógicamente
последовательность *f* 1) sucesión, consecuencia, serie 2) *(логичность)* coherencia, consecuencia, lógica
последовательный *adj* 1) sucesivo, consecutivo 2) *(логичный)* consecuente, coherente
последовать V. следовать
последствие *n* 1) consecuencia, secuela, resultado 2) *med* secuela
последующий *adj* sucesivo, siguiente, ulterior
последыш *m* 1) *vulg (в семье)* benjamín 2) *desp (поздний последователь)* epígono
послезавтра *adv* pasado mañana
послезавтрашний *adj* de pasado mañana
послесловие *n* epílogo, conclusión
пословица *f* dicho, refrán, proverbio
послужить *perf vi* 1) V. служить 2) *(служить какое-то время)* servir (un tiempo)
послужной *adj* de méritos, de servicios
послушание *n* obediencia, docilidad
послушать *perf vt* 1) V. слушать 2) *(слушать какое-то время)* escuchar (un tiempo)
послушаться V. слушаться
послушник *m relig* novicio

послушно *adv* obedientemente, dócilmente
послушный *adj* obediente, dócil
послышаться V. слышаться
послюнить V. слюнить
послюнявить V. слюнявить
посматривать *impf vt* mirar (de vez en cuando), echar miradas
посмеиваться *impf* (**над кем/чем-л**) reírse (un poco) (de alg o u/c), mofarse (de alg o u/c)
посменно *adv* por turnos
посменный *adj* por turnos
посмертный *adj* póstumo
посметь V. сметь
посмешить *perf vt* hacer reír (un rato, un tiempo)
посмешище *n* 1) hazmerreír 2) *(издевательство)* burla, escarnio
посмеяться V. смеяться
посмотреть V. смотреть
посмотреться V. смотреться
посмуглеть V. смуглеть
пособие *n* 1) subsidio, subvención ~ *по безработице* subsidio de desocupación 2) *(учебное)* manual *учебное* ~ material didáctico
пособить *perf* пособлять *impf vi* (**кому/чему-л**) *reg vulg* ayudar, echar una mano (a alg o u/c)
пособлять V. пособить
пособник *m* cómplice, fautor
пособничество *n elev* complicidad
посовеститься V. совеститься
посоветовать V. советовать
посоветоваться V. советоваться
посодействовать V. содействовать
посол *m* 1) embajador 2) *(посланник)* mensajero
посолить V. солить
посоловеть V. соловеть
посольский *adj* de embajador, de embajada
посольство *n* embajada
посох *m* báculo, bastón, cayado
посохнуть *perf vi* secarse (todo, mucho)
посошок *m dimin. de* посох ◆ **выпить на** ~ tomar la última copa antes de marcharse
поспать *perf vi* dormir (un poco), echar un sueño
поспевать V. поспеть 1, 2
посп|еть[1] *perf* поспевать *impf vi* 1) V. спеть 2) *coloq* estar preparado, estar listo *обед ~ел* la comida está lista
поспеть[2] *perf* поспевать *impf vi* V. успевать
поспешать *impf vi obsol* darse prisa, ir con prisas
поспешествовать *impf vi* (**кому/чему-л**) *obsol* ayudar, colaborar (con alg o u/c), contribuir (con alg o u/c)
поспешить V. спешить
поспешность *f* prisa, precipitación
поспешный *adj* apresurado, presuroso, precipitado
поспорить *perf vi* 1) V. спорить 2) *(держать пари)* apostar
поспособствовать V. способствовать
посрамить *perf* посрамлять *impf vt* mancillar, llenar de oprobio, humillar
посрамлять V. посрамить
посреди **1.** *adv* en medio, en el centro **2.** *prep* (**кого/чего-л**) en medio de (de u/c), en el centro (de u/c) ~ *комнаты* en medio de la habitación
посредине *adv* V. посредине
посредник *m* intermediario, mediador
посредничать *impf vi* mediar, intermediar, hacer de intermediario
посреднический *adj* intermediario, de mediación
посредничество *n* mediación, intermediación
посредственность *f* mediocridad
посредственный *adj* mediocre, regular
посредство *n* mediación, intermediación
посредством *prep* (**кого/чего-л**) mediante (alg o u/c), por medio (de alg o u/c)
посредствующий *adj* intermediario
поссорить V. ссорить
поссориться V. ссориться
пост[1] *m (воздержание)* ayuno *соблюдать* ~ guardar ayuno; *великий* ~ cuaresma
пост[2] *m* 1) *(пункт)* puesto *быть на своём ~у* estar en su puesto 2) *(должность)* cargo, puesto
поставить[1] V. ставить
поставить[2] *perf* поставлять *impf vt* suministrar, abastecer (de u/c)
поставка *f* suministro, abastecimiento, entrega
поставлять V. поставить 2
поставщик *m* suministrador, proveedor
постамент *m* pedestal
постановить *perf* постановлять *perf vt* decidir, disponer, decretar
постановка *f* 1) colocación 2) *(манера держать часть тела)* posición 3) *(способ делать что-л)* organización, planteamiento 4) *(театральная)* montaje, representación
постановление *n* disposición, resolución
постановлять V. постановить
постановочный *adj* 1) *teat* de representación 2) *cine* de realización
постановщик *m* 1) *teat* director escénico 2) *cine* realizador
постараться V. стараться
постареть V. стареть
постатейный *adj* por artículos, por párrafos
постелить V. стелить
постелиться V. стелиться
постель *f* cama, lecho *лечь в* ~ acostarse, echarse, meterse en la cama
постельн|ый *adj* de cama *~ое бельё* ropa de cama
постепенно *adv* paulatinamente, gradualmente, poco a poco
постепенность *f* gradación, carácter paulatino
постепенный *adj* gradual, paulatino
постесняться V. стесняться
постигать V. постичь, постигнуть
постигнуть V. постичь
постижение *n* concepción, comprensión
постижимый *adj* concebible
постилать *perf* постелить *perf vt* V. стлать
постирушка *f vulg* colada, lavado
поститься *impf* ayunar, hacer ayuno
пости|чь *perf* постигать *impf vt* 1) concebir, comprender, alcanzar *~чь смысл* comprender el sentido 2) ocurrir, suceder *его ~гло несчастье* le ocurrió una desgracia
постлать *perf* постилать *impf* **1.** *vt obsol* extender, poner **2.** *vi* hacer la cama

постничать *impf vi obsol* ayunar, hacer ayuno
постный *adj* 1) de ayuno, de abstinencia, de vigilia 2) *coloq (нежирный)* magro
постовой *adj* de puesto, de guardia
постой *m mil obsol* alojamiento, acuartelamiento
постольку *conj* : ~ поскольку en tanto en cuanto, en la medida que
посторониться V. сторониться
посторонний *adj* ajeno, extraño
постоялец *m obsol* huésped
постоялый *adj obsol* : ~ двор posada, venta
постоянно *adv* constantemente, continuamente, permanentemente
постоянный *adj* 1) constante, continuo, permanente 2) *(регулярный)* regular
постоянство *n* constancia, perseverancia
постоять *perf vi* 1) estar de pie, permanecer de pie (un tiempo, un rato) *постойте!* ¡espérese! 2) (**за кого/ что-л**) *(защищать)* dar la cara (por alg o u/c), defender
постпред *m* representante permanente
постпредство *n* representación permanente
пострадавшая *f* víctima
пострадавший *m* víctima
пострадать V. страдать
постраничный *adj* por páginas
пострел *m coloq* granuja, pilluelo ◆ **наш ~ везде поспел** es un granuja de mucho cuidado
постреливать *impf vi* disparar, tirar (de vez en cuando)
пострелять *impf vi* disparar, tirar (un poco)
постриг *m relig* tonsura
постригать V. постричь
постригаться V. постричься
пострижение *n* V. постриг
постричь *perf* постригать *impf vt* 1) cortar (el pelo) 2) *(в монахи)* tonsurar, hacer tomar los hábitos
постричься *perf* постригаться *impf* 1) cortarse el pelo 2) *(в монахи)* tomar los hábitos
построение *n* 1) construcción, edificación 2) *(структура)* construcción, estructura 3) *(теория)* teoría
построить V. строить
построиться V. строиться
постройка *f* 1) *(действие)* construcción 2) *(здание)* edificio, construcción
построчный *adj* por líneas, por renglones
постскриптум *m elev* pos(t)data, post scriptum
постукивать *impf vi* golpetear (de vez en cuando)
постулат *m elev* postulado
постулировать *biasp vt elev* postular
поступательный *adj* progresivo
поступать V. поступить
поступаться V. поступиться
поступить *perf* поступать *impf vi* 1) obrar, proceder, actuar ~ *правильно* obrar bien 2) (**с кем-л**) *(обойтись с кем-л.)* tratar, portarse (con alg) 3) *(вступить)* entrar, ingresar, matricularse ~ *в университет* entrar en la universidad 4) *(быть полученным)* entrar, recibirse
поступиться *perf* поступаться *impf* (**чем-л**) renunciar (a u/c), desistir (de u/c), transigir (con u/c)
поступление *n* 1) ingreso, admisión 2) *(то, что почтупило)* ingreso, entrada
поступок *m* acto, acción, obra
поступь *f* marcha, paso
постучать V. стучать
постучаться V. постучиться
постфактум *adv elev* post factum, a hecho consumado
постфикс *m ling* postfijo
постыдить *perf vt coloq* avergonzar
постыдиться V. стыдиться
постыдный *adj* vergonzoso, ignominioso
постылый *adj* odioso, abominable
посуда *f* vajilla, utensilios de cocina
посудина *f coloq* vasija
посудить *perf vt obsol* juzgar
посудный *adj* de vajilla, para la vajilla
посудомоечн|ый *adj* de lavar la vajilla *~ая машина* lavavajillas
посудомойка *f* 1) *(человек)* lavaplatos 2) *(машина)* lavavajillas, lavaplatos
посул *m vulg* promesa
посулить V. сулить
посулиться V. сулиться
посуроветь V. суроветь
посуху *adv coloq* por camino seco, por vía seca
посчастливи|ться *perf v/impers* (**кому-л**) tener la suerte de (hacer u/c), tener la fortuna de (hacer u/c) *мне ~лось познакомиться с ним* tuve la suerte de conocerle
посчитать V. считать
посчитаться V. считаться
посыл *m* envío
посылать V. послать
посылка *f* 1) *(действие)* envío, expedición 2) *(почтовая)* paquete postal 3) *filos* premisa
посыльный *m* recadero, botones
посыпать *perf* посыпать *impf vt* 1) echar, verter 2) *(усеять)* espolvorear
посыпать V. посыпать
посыпаться *perf* посыпаться *impf* 1) comenzar a caer 2) *(об упрёках, ударах)* comenzar a llover
посыпаться V. посыпаться
посягательство *n elev* atentado
посягать V. посягнуть
посягнуть *perf* посягать *impf vi* (**на что-л**) *elev* atentar (contra u/c) ~ *на права* atentar contra los derechos
пот *m* sudor ◆ **трудиться до седьмого ~а** sudar la gota gorda **в ~е лица** con el sudor de su frente
потаённый *adj coloq* secreto, arcano
потайной *adj* secreto, escondido ~ *ход* pasadizo secreto
потакание *n coloq* consentimiento
потакать *impf vi* (**кому/чему-л**) consentir, tolerar ~ *капризам* consentir los caprichos
потасканный *adj* 1) gastado, desgastado 2) *(о человеке)* gastado, acabado
потаскуха *f vulg* buscona, ramera
потасовка *f coloq* pelea, trifulca, bronca
потащить *perf vt* arrastrar, empezar (ponerse) a arrastrar
потащиться *perf* ponerse en marcha, andar (despacio)
потворство *n* consentimiento, indulgencia, connivencia

потворствовать *impf vi* **(чему-л)** favorecer, mostrarse indulgente (con alg)
потемнение *n* oscurecimiento
потемнеть V. темнеть
потенциал *m* potencial
потенциально *adv* potencialmente
потенциальный *adj* potencial
потенция *f elev* potencia
потепление *n* aumento de temperatura
потеплеть V. теплеть
потереть *perf vt* frotar, restregar (un poco, un tiempo)
потереться V. тереться
потерпевшая *f* víctima
потерпевший *m* víctima
потерпеть V. терпеть
потеря *f* 1) pérdida 2) *mil* baja
потерянный *adj* perdido, desorientado, aturdido
потерять V. терять
потеряться V. теряться
потеснить V. теснить
потесниться *perf* apretarse, estrecharse
потеть *impf* вспотеть *perf vi* 1) sudar, transpirar 2) *(покрываться влажным налетом)* empañarse, rezumar
потеха *f coloq* diversión, jolgorio
потечь *perf vi* empezar a correr (un líquido), verterse
потешать *impf vt coloq* divertir, entretener
потешаться *impf* 1) *obsol (позабавиться)* divertirse, entretenerse 2) **(над кем-л.)** *(глумиться)* burlarse (de alg), mofarse (de alg)
потешить V. тешить
потешиться V. тешиться
потешный *adj* 1) divertido, gracioso 2) *(связанный с военными играми)* para juegos militares
потёк *m* chorrera, chorreadura
потём|ки *(gen* -ок*) fpl* oscuridad, tinieblas
потёртость *f* rozadura
потёртый *adj* gastado, raído
потирать *impf vt* frotar ~ *руки* frotarse las manos
потихонечку *adv coloq* V. потихоньку
потихоньку *adv* 1) *coloq (тихо)* en silencio, silenciosamente 2) *coloq (медленно)* despacio, poco a poco 3) *coloq (незаметно)* a escondidas, a hurtadillas
потливый *adj* sudoroso, que suda mucho
потный *adj* sudado, sudoroso
потовой *adj anat* sudoríparo
потогонный *adj* sudorífero, sudorífico
поток *m* 1) torrente, flujo, corriente 2) *(постоянное перемещение чего-либо или кого-либо)* torrente, flujo 3) *acad* promoción
потолковать *perf vi* conversar, hablar, platicar (un poco)
потол|ок *m* 1) techo 2) *(предельное значение)* máximo, límite ◆ **с ~ка** sin ningún fundamento **плевать в ~ок** rascarse la barriga, estar a la bartola
потолочный *adj* de(l) techo
потолстеть V. толстеть
потом *adv* 1) después, luego, más adelante 2) *(кроме того)* además
потомок *m* descendiente
потомственный *adj* hereditario
потомство *n* descendencia
потому 1. *adv* por esto, por este motivo *он в этот день работает и ~ не придёт* él este día trabaja y por esta razón no vendrá **2. потому что** *conj* porque *он не пришёл, ~ что болел* no vino porque estaba enfermo
потонуть V. тонуть
потончать V. тончать
потоп *m* diluvio
потопить V. топить
потопление *n* hundimiento
потоптать V. топтать
поторапливать *impf vt coloq* dar (meter) prisa
поторапливаться *impf coloq* darse prisa, no demorarse
поторопить V. торопить
поторопиться V. торопиться
поточн|ый *adj* en cadena *~ое производство* producción en cadena
потрава *f* holladura (hecha por el ganado)
потравить V. травить 1, 2
потратить V. тратить
потратиться V. тратиться
потрафить *perf* потрафлять *impf vi* **(кому-л)** *vulg* complacer
потрафлять V. потрафить
потреба *f obsol* necesidad
потребитель, -ница *m/f* consumidor, -a
потребительный *adj* de(l) consumo
потребительский *adj* de consumo
потребить *perf* потреблять *impf vt* consumir
потребление *n* consumo
потреблять V. потребить
потребность *f* necesidad, demanda
потребный *adj* necesario, indispensable
потребовать V. требовать
потребоваться V. требоваться
потревожить V. тревожить
потревожиться V. тревожиться
потрепать V. трепать
потрепаться V. трепаться
потрескаться V. трескаться
потрескивать *impf vi* 1) *(о дровах)* crepitar, chisporrotear 2) *(о дереве, мебели)* crujir
потрёпанный *adj* 1) *(рваный)* gastado, usado 2) *(измождённый)* desgastado, demacrado, extenuado
потрмоне *n inv* monedero
потрогать *perf vt* tocar (varias veces)
потрох|а *(gen* -ов*) mpl* menudillos, despojos ◆ **выпустить ~а кому-л.** sacar lar entrañas a alg.
потрошить *perf* выпотрошить *impf vt* destripar
потрудиться *perf* 1) trabajar, bregar 2) *(при просьбе)* tomarse la molestia, hacer el favor
потрясать V. потрясти
потрясающий *adj* tremendo, magnífico, formidable
потрясение *n* 1) conmoción, trastorno, quebranto 2) *(коренная ломка)* conmoción
потрясти *perf* потрясать *impf vt* 1) sacudir 2) *(вызвать сильные эмоции)* conmover, emocionar, maravillar
потряхивать *impf vt/i* **(что-л/чем-л)** sacudir (de vez en cuando, ligeramente)

потуг|и (*gen* потуг) *fpl* 1) *(родовые)* dolores 2) *(рвотные)* arcadas
потупить *perf* потуплять *impf vt* bajar, agachar ~ *взор* agachar la vista
потупиться *perf* потупляться *impf* bajar la vista (los ojos)
потуплять V. потупить
потупляться V. потупиться
потускнелый *adj* empañado, apagado
потускнеть V. тускнеть
потусторонний *adj* del más allá
потухать *impf vi* apagarse, extinguirse
потухнуть V. тухнуть
потучнеть V. тучнеть
потушить V. тушить
потчевать *impf* попотчевать *perf vt obsol coloq* agasajar
потягаться V. тягаться
потягивать *impf vt* 1) tirar (de alg o u/c), arrastrar (un poco, de vez en cuando) 2) *(пить)* beber a sorbos 3) *(курить)* dar chupadas
потягиваться *impf* estirarse, desperezarse
потяжелеть V. тяжелеть
потянуть *perf vt* 1) V. тянуть 2) tirar (de alg o u/c), empezar a tirar
потянуться V. тянуться
поужинать V. ужинать
поумнеть V. умнеть
поутру *adv coloq* de mañana, por la mañana
поучать *impf vt coloq* enseñar, aleccionar
поучение *n* lección, sermón
поучительный *adj* instructivo, aleccionador
пофартить V. фартить
похабный *adj coloq* obsceno, sucio, indecente
похаживать *impf vi* 1) *(ходить прогуливаясь)* andar por un lugar, ir y venir 2) *(приходить время от времени)* ir, visitar (de vez en cuando)
похвала *f* elogio, alabanza
похвалить V. хвалить
похвалиться V. хвалиться
похвальба *f coloq* jactancia
похвальный *adj* 1) *(заслуживающий похвалы)* digno de elogio, meritorio 2) *(содержащий похвалу)* de elogio
похваляться *impf coloq* jactarse, vanagloriarse
похвастать V. хвастать
похвастаться V. хвастаться
похерить *perf vt vulg* 1) *(перечеркнуть)* tachar, eliminar 2) *(погубить)* liquidar, eliminar 3) *(пренебречь чем-либо)* echar a perder
похититель *m* 1) *(кого-либо)* raptor, secuestrador 2) *(чего-либо)* ladrón
похитить *perf* похищать *impf vt* 1) *(кого-либо)* raptar, secuestrar 2) *(что-либо)* robar, hurtar
похищать V. похитить
похищение *n* 1) *(кого-либо)* rapto, secuestro 2) *(чего-либо)* robo, hurto
похлёбка *f coloq* bodrio, mejunje
похлопотать V. хлопотать
похмелье *n* 1) *(состояние)* resaca, malestar (como resultado del abuso del alcohol) 2) *coloq (действие)* quitadura de la resaca (ingeriendo una bebida alcohólica)
похмельный *adj* de resaca
поход *m* 1) marcha, excursión 2) *(военный)* campaña
походатайствовать V. ходатайствовать
походить *impf vi* (**на кого-л**) parecerse (a alg), asemejarse (a alg)
походка *f* andar, andares, modo de andar
походный *adj* 1) de marcha 2) *mil* de campaña
походя *adv coloq* de paso, de pasada
похождение *n* aventura
похожесть *f* parecido
похожий *adj* semejante, parecido, similar
похолодание *n* descenso de temperatura
похолодать V. холодать
похолодеть V. холодеть
похолоднеть V. холодеть
похоронить V. хоронить
похоронка *f coloq* notificación de defunción
похоронный *adj* fúnebre
похороны (*gen* похорон) *fpl* entierro, funeral
похорошеть V. хорошеть
похотливый *adj* lujurioso
похоть *f* lujuria
похрабреть V. храбреть
похрапывать *impf vi coloq* roncar (ligeramente, de vez en cuando)
похристосоваться V. христосоваться
похудание *n* adelgazamiento, desmedro
похудение *n* adelgazamiento
похудеть V. худеть
поцапаться V. цапаться
поцарапать V. царапать
поцарапаться V. царапаться
поцеловать V. целовать
поцеловаться V. целоваться
поцелуй *m* beso *воздушный* ~ beso tirado
почасовик *m* trabajador que cobra por horas
почасовой *adj* por horas
початок *m* panocha, mazorca
почать *perf* починать *impf vt vulg* abrir
почва *f* 1) suelo, terreno 2) *(основание)* fundamento, base
почвенный *adj* del suelo, del terreno
почвовед *m* ingeniero agrónomo
почвоведение *n* agronomía
почему 1. *adv* ¿por qué? ~ *ты сердишься?* ¿por qué te enfadas? **2.** *conj* porque, por ello, por eso
почему-либо *adv* por alguna razón, por la razón que sea
почему-нибудь *adv* por alguna razón, por una razón o por otra
почему-то *adv* por alguna razón, no se sabe por qué
почерк *m* escritura, letra
почерковедение *n* grafología
почернелый *adj* ennegrecido
почернеть V. чернеть
почерпать V. почерпнуть
почерпнуть *perf* почерпать *impf vt* sacar, extraer (un líquido)
почерстветь V. черстветь
почесать V. чесать
почесаться V. чесаться
почесть *f* honor
почечный[1] *adj biol* de brote, de yema
почечный[2] *adj anat med* renal, nefrítico, del riñón
почём 1. *adv coloq* a cuánto, a cómo ~ *огурцы?* ¿a cuánto van los pepinos? **2.** *conj coloq* a cuan-

to, a como ♦ ~ **зря** *coloq* a lo que salga, como sea ~ **я знаю?** *vulg* ¿qué sé yo?, ¡y yo qué sé!
почёсывать *impf vt* rascar (de vez en cuando, ligeramente)
почётный *adj* honorífico, honorario
почивать *impf vi obsol* dormir, descansar
почин *m* 1) iniciativa *взять на себя* ~ tomar la iniciativa 2) *vulg (начало)* comienzo, inicio
починать V. почать
починить V. чинить
починиться V. чиниться
починка *f* reparación, arreglo
почистить V. чистить
почиститься V. чиститься
почитай *adv vulg* V. почти
почитание *n* respeto, admiración
почитатель *m* admirador, adorador
почитать[1] *perf vt/i* leer (un poco)
почитать[2] *impf vt* honorar, respetar
почитать[3] V. почесть
почитывать *impf vt* leer (de vez en cuando, un poco)
почить *perf vi* 1) *elev obsol (уснуть)* descansar, dormir 2) *(умереть)* morir ♦ ~ **в лаврах** dormirse en los laureles ~ **в бозе** fenecer, fallecer
почка[1] *f bot* yema, brote
почка[2] *f (орган)* riñón
почкование *n biol* gemación
почт|а *f* 1) correo *по ~е* por correo; *электронная ~а* correo electrónico 2) *(место)* correos
почтальон *m* cartero
почтальонша *f coloq* cartera
почтамт *m* (oficina de) correos
почтение *n* respeto, consideración, estima
почтенный *adj* 1) respetable, honorable 2) *(о возрасте)* venerable
почти *adv* casi, cerca de
почтительность *f* respetuosidad, deferencia
почтительный *adj* respetuoso, reverente
почтить *perf vt* honrar
почтмейстер *m obsol* administrador de correos
почтовик *m* correo (persona)
почтов|ый *adj* postal, de correos *~ая марка* sello de correos; *~ое отделение* oficina de correos
почувствовать V. чувствовать
почудиться V. чудиться
почуять V. чуять
почуяться *perf v/impers* sentirse, olerse
пошабашить V. шабашить
пошаливать *impf vi coloq* hacer travesuras (de vez en cuando, un poco)
пошалить *perf vi* hacer travesuras (un tiempo, un poco)
пошарить *perf vi* rebuscar, buscar (un tiempo)
пошатнуть *perf vt* 1) sacudir, hacer tambalearse, inclinar 2) *(поколебать)* hacer tambalearse, hacer titubear (vacilar)
пошатнуться *perf* 1) tambalearse, inclinarse 2) *(поколебаться)* tambalearse, titubear, vacilar
пошатывание *n* tambaleo, bamboleo
пошатываться *impf* tambalearse, bambolearse (ligeramente, de vez en cuando)
пошевеливать *impf vt/i* **(что-л/чем-л)** mover (ligeramente, de vez en cuando)
пошевеливаться *impf* 1) moverse (ligeramente, de vez en cuando) 2) *coloq (поторапливаться)* apresurarse, espabilarse
пошевелить V. шевелить
пошевелиться V. шевелиться
пошевельнуться V. шевельнуться
пошелохнуться V. шелохнуться
пошиб *m peyor* género, índole, calaña
пошив *m* costura
пошить *perf vt* 1) coser (un poco, un tiempo) 2) *(изготовить шитьём)* V. сшить
пошлеть *impf* опошлеть *perf vi* 1) volverse vulgar, achabacanarse 2) *(становиться банальным)* trivializarse
пошлина *f* arancel, tasa
пошлость *f* 1) vulgaridad, chabacanería 2) *(банальность)* trivialidad
пошлый *adj* 1) vulgar, chabacano 2) *(банальный)* trivial
пошляк *m coloq* hombre vulgar, chabacano
пошлятина *f coloq* vulgaridad, chabacanería
пошлячка *f coloq* mujer vulgar, chabacana
поштучно *adv* por pieza, por unidades
поштучный *adj* por unidades, por piezas
пошутить V. шутить
пощад|а *f* gracia, clemencia *просить ~ы* pedir clemencia
пощадить V. щадить
пощекотать V. щекотать
пощёлкивать *impf vt* **(что-л/чем-л)** cascar, partir, chasquear (de vez en cuando)
пощёчин|а *f* bofetada *дать ~у* dar una bofetada
пощипать *perf vt* pellizcar (un poco, un tiempo)
пощипывать *impf vt* pellizar (de vez en cuando, ligeramente)
пощупать V. щупать
поэзия *f* poesía
поэма *f* poema
поэт *m* poeta
поэтесса *f* poetisa
поэтизировать *biasp vt* poetizar
поэтика *m* poética
поэтический *adj* poético
поэтично *adv* poéticamente
поэтичность *f* poetismo, carácter poético
поэтичный *adj* poético
поэтому *adv* por eso, por esta razón, por tanto, por ello
появиться *perf* появляться *impf* 1) *(о ком-л.)* aparecer, presentarse 2) *(о чем-л)* aparecer, surgir
появление *n* aparición
появляться V. появиться
пояс *m* 1) cinturón, faja 2) *(талия)* cintura, talle 3) *(зона)* franja, zona
пояснение *n* explicación, aclaración
пояснительный *adj* explicativo, aclaratorio
пояснить *perf* пояснять *impf vt* explicar, aclarar
поясница *f* cintura, riñones
поясничный *adj* de la cintura, de los riñones
поясной *adj* 1) de cinturón 2) *(зональный)* de zona, zonal
пояснять V. пояснить
поясок *m dimin. de* пояс
прабабка V. прабабушка
прабабушка *f* bisabuela
правд|а *f* 1) verdad *правда?* ¿verdad?, ¿es verdad?; *это ~а* es verdad 2) *(в значении частицы)* de veras, de verdad, en verdad *я*

~а не знаю de veras que no lo sé 3) *(в значении вводного слова)* es verdad que *он, ~а, не знал этого* es verdad que él no lo sabía 4) *(в значении союза)* aunque, si bien es cierto que, bien es verdad que *он пришёл к нам, ~да было уже поздно* vino a vernos, aunque ya era tarde ◆ **не ~а ли?** ¿no es cierto? **что ~а, то ~а** *coloq* lo que es verdad, es verdad **резать ~у-матку** cantar las cuarenta, decir cuatro verdades **смотреть ~е в глаза** mirar cara a cara a la realidad **по ~е говоря** a decir verdad **всеми ~ами и неправдами** por todos los medios

правдиво *adv* 1) verazmente, verosímilmente 2) *(искренно)* sinceramente, francamente

правдивость *f* 1) veracidad 2) *(искренность)* sinceridad, franqueza

правдивый *adj* 1) veraz, verídico 2) *(искренний)* sincero, franco

правдолюбивый *adj* amante de la verdad

правдоподобие *n* verosimilitud

правдоподобно *adv* verazmente, verosímilmente

правдоподобность *f* verosimilitud

правдоподобный *adj* verosímil

праведник *m* 1) *relig* hombre pío, religioso 2) *(справедливый человек)* hombre justo

праведный *adj* 1) *relig* pío, religioso 2) *(справедливый)* justo

праветь *impf* поправеть *perf vi pol* volverse de derechas

правило *n* norma, regla *как ~* por lo general, como norma

правильно *adv* 1) correctamente *~!* ¡bien hecho!, ¡eso es! 2) *(регулярно)* regularmente

правильность *f* 1) corrección, justeza 2) *(регулярность)* regularidad

правильный *adj* 1) correcto, justo 2) *(закономерный)* regular

правитель, -ница *m/f* gobernador, -a, regente

правительственный *adj* gubernamental

правительство *n* gobierno

править[1] *impf vi* 1) **(чем-л)** gobernar, regir, dirigir 2) *(автомобилем, лошадью)* manejar, guiar, conducir, llevar

править[2] *impf vt (исправлять)* corregir

правка *f* corrección

правление *n* 1) gobierno, régimen 2) *(административный орган)* dirección, consejo administrativo

правленый *adj* corregido

правнук *m* biznieto

правнучка *f* biznieta

прав|о[1] **1.** *n* derecho *гражданское ~о* derecho civil; *уголовное ~о* derecho penal; *иметь ~о* tener derecho; *по ~у* por derecho; *быть в ~е* estar en derecho; *на равных ~ах* con los mismos derechos **2. -а** *npl* permiso, carnet *водительские ~а* permiso de conducir

право[2] *con coloq* de verdad, en verdad, verdaderamente *я, ~, не знаю, что делать* de verdad no sé qué hacer

правобережный *adj* de la orilla derecha

правовед *m* jurista, jurisconsulto

правоведение *n* jurisprudencia

правоверный *adj* ortodoxo

правовой *adj* jurídico, de derecho

правомерность *f* legitimidad, legalidad

правомерный *adj* legítimo, legal

правомочие *n jur* competencia, autoridad

правомочность *f jur* competencia, idoneidad

правомочный *adj jur* competente, idóneo

правонарушение *n jur* infracción (de la ley)

правонарушитель *m jur* infractor, delincuente

правописание *n* ortografía

правопорядок *m jur* orden legal

православие *n* ortodoxia (cristiana)

православный *adj* (cristiano) ortodoxo

правосознание *n jur* reconocimiento de derechos, conciencia de justicia

правоспособность *f jur* capacidad legal

правоспособный *adj jur* capaz

правосудие *n* justicia

правота *f* justicia, razón

правофланговый *adj* del flanco derecho

правша *m/f* diestr|o, -a

прав|ый[1] *adj* 1) derecho, diestro *~ая сторона* el lado derecho; *~ая рука* la mano derecha 2) *pol* de derechas, derechista ◆ **он его ~ая рука** es su mano derecha

прав|ый[2] *adj* 1) *(справедливый)* justo, recto, correcto *наше дело ~ое* nuestra causa es justa; *ты ~* tienes razón 2) *(невиновный)* inocente

правящий *adj* dirigente, gobernante

прагматизм *m* pragmatismo

прагматика *f ling* pragmática

прагматический *adj* pragmático

прагматичный *adj* pragmático

прадед *m* bisabuelo

празднество *n* fiesta, festejo

праздник *m* fiesta, festividad *с ~ом!* ¡felicidades! ◆ **будет и на нашей улице ~** quien ríe último, ríe mejor

празднично *adv* festivamente, de manera festiva

праздничность *f* carácter festivo

праздничный *adj* de fiesta, festivo

празднование *n* celebración

праздновать *impf* отпраздновать *perf vt* celebrar, festejar

празднословие *n elev* vanilocuencia

праздность *f* 1) *(безделие)* ocio, vagancia 2) *(пустота)* futilidad

праздношатающийся *adj coloq* ocioso, callejero

праздный *adj* 1) ocioso 2) *(бесцельный)* inútil, vano

практик *m* práctico

практик|а *f* 1) práctica *на ~е* en la práctica 2) *(часть обучения)* prácticas

практикант, -ка *m/f* persona en prácticas

практиковать *impf vt* 1) practicar 2) *(о враче, юристе)* practicar, ejercer

практиковаться *impf* 1) *(употребляться)* practicarse, utilizarse, emplearse 2) *(упражняться)* practicar, ejercitarse

практикум *m* prácticas, prácticum

практицизм *m* sentido práctico, comodismo

практически *adv* prácticamente

практический *adj* práctico

практичность *f* 1) sentido práctico, practicidad 2) *(выгодный)* practicidad, eficiencia

практичный *adj* práctico

праотец *m* antecesor, procreador

прапорщик *m mil* alférez

прародина *f* protopatria, patria primitiva

прародитель, -ница *m/f* antecesor, -a, procreador, -a
праславянский *adj* protoeslavo
прах *m* polvo, restos, cenizas ◆ **пойти ~ом** fracasar, estropearse **разбить в пух и ~** hacer polvo, destrozar
прачечная *f* lavandería
прачка *f* lavandera
праща *f* honda
пращур *m* retatarabuelo
праязык *m* protolengua
преамбула *f* preámbulo
пребывание *n* estancia
пребывать *impf vi elev* estar, encontrarse, residir ~ *в унынии* estar triste, tener morriña
превалировать *impf vi* **(над чем-л)** *elev* prevalecer (sobre u/c), predominar
превентивный *adj* preventivo
превзойти *perf* превосходить *impf vt* superar, exceder, llevar ventaja (a alg)
преводсходительство *n* excelencia (titulo)
преводсходить V. превзойти
преводсходный *adj* excelente, magnífico, supremo
преводсходящий *adj* superior, dominante
превозмогать V. превозмочь
превозмочь *perf* превозмогать *impf vt* superar, vencer, aguantar
превознесение *n elev* ensalzamiento, exaltación, elogio
превознести *perf* превозносить *impf vt elev* ensalzar, exaltar, elogiar
превозносить V. превознести
превосходительство *n* excelencia (titulo)
превосходить V. превзойти
превосходно *adv* excelentemente, a las mil maravillas, a la perfección
превосходн|ый *adj* excelente, magnífico, maravilloso ◆ **~ая степень** *ling* grado superlativo
превосходство *n* superioridad, supremacía, excelencia
превратить *perf* превращать *impf vt* **(в кого/что-л)** convertir (en alg o u/c), transformar (en alg o u/c)
превратиться *perf* превращаться *impf* **(в кого/что-л)** transformarse (en alg o u/c), convertirse (en alg o u/c)
превратно *adv* falsamente, de manera tergiversada
превратность *f* 1) falsedad, inconstancia, inestabilidad 2) *(злоключение, резкая перемена)* vicisitud, altibajo
превратный *adj* 1) *(ложный)* falso, tergiversado 2) *obsol (изменчивый)* inconstante, inestable
превращать V. превратить
превращаться V. превратиться
превращение *n* conversión, transformación, metamorfosis
превысить *perf* превышать *impf vt* 1) sobrepasar, superar, exceder 2) *(злоупотребить)* abusar (de u/c), excederse (en u/c)
превышать V. превысить
превыше *adv elev* por encima de ~ *всего* por encima de todo
превышение *n* 1) superación, exceso ~ *скорости* exceso de velocidad 2) *(злоупотребление)* abuso, exceso ~ *власти* abuso de autoridad
преграда *f* barrera, obstáculo
преградить *perf* преграждать *impf vt* poner una barrera, atajar, bloquear, cerrar
преграждать V. преградить
прегрешение *n obsol* pecado
пред *prep elev* V. перед
предавать V. предать
предаваться V. предаться
предание[1] *n (передача)* entrega ~ *суду* entrega a los tribunales
предани|е[2] *n (рассказ, поверье)* tradición, leyenda *по ~ю* según la tradición
преданно *adv* lealmente, fielmente
преданность *f* fidelidad, lealtad
преданный *adj* fiel, leal, devoto
предатель, -ница *m/f* traidor, -a
предательски *adv* traicioneramente
предательский *adj* traidor, traicionero, pérfido
предательство *n* traición
предать *perf* предавать *impf vt* 1) *(изменить)* traicionar, vender ~ *друга* traicionar a un amigo 2) *elev (выдать)* entregar, poner ~ *суду* llevar a tribunales 3) *elev (подвергнуть какому-либо действию)* entregar (a u/c) ~ *огню* entregar al fuego, quemar
предаться *perf* предаваться *impf* 1) **(чему-л)** darse (a u/c), entregarse (a u/c), dedicarse (a u/c) ~ *мечтам* entregarse a los sueños; ~ *порокам* abandonarse a los vicios 2) *obsol (довериться)* entregarse, confiarse ~ *другу* entregarse a un amigo
предбанник *m* 1) *(в бане)* vestuario del baño ruso 2) *coloq (прихожая)* vestíbulo, entrada
предварение *n elev* anticipación
предварительно *adv* previamente, de antemano, con antelación
предварительный *adj* previo, preliminar
предварить *perf* предварять *impf vt elev* anticipar
предварять V. предварить
предвестие *n* presagio, anuncio
предвестник *m* anunciador, presagio
предвещать *impf vt* 1) *(предсказывать)* presagiar, anunciar 2) *elev (являться признаком наступления чего-либо)* augurar, predecir
предвзято *adv* con una idea preconcebida
предвзятость *f* carácter preconcebido
предвзятый *adj* preconcebido
предвидение *n* previsión
предвидеть *impf vt* prever
предвидеться *impf* preverse, suponerse, esperarse
предвкушать *impf vt* saborear de antemano, disfrutar anticipadamente
предвкушение *n* anticipación, espera, disfrute anticipado
предводитель *m* jefe, caudillo
предводительство *n* mando
предводительствовать *impf vi* **(кем/чем-л)** mandar, encabezar
предвосхитить *perf* предвосхищать *impf vt elev* anticipar, adelantarse (a alg)
предвосхищать V. предвосхитить
предвосхищение *n* anticipación
предвыборный *adj* preelectoral, electoral
предгорье *n* zona premontañosa
преддверие *n* 1) umbral, limen 2) *anat* conducto externo

предел *m* 1) *(рубеж)* límite, confín *за ~ами страны* más allá de los límites del país 2) *(крайняя степень)* límite, grado máximo, fin *~ совершенства* la máxima perfección ◆ **в ~ах чего-л** aproximadamente
предельный *adj* extremo, máximo
предержащ|ий *adj obsol* : ~ие власти autoridades del poder
предзнаменование *n elev* augurio, presagio, auspicio
предикат *m ling lóg* predicado
предикативный *adj ling* predicativo
предикатный *adj ling lóg* del predicado
предисловие *n* prólogo
предлагать V. предложить
предлог[1] *m* pretexto, excusa *найти ~* encontrar un pretexto; *под ~ом, что* con el pretexto (la excusa) de que
предлог[2] *m ling* preposición
предложение[1] *n* propuesta, sugerencia, ofrecimiento *спрос и ~* la oferta y la demanda; *сделать ~* hacer una propuesta
предложение[2] *n ling* oración, frase
предложить *perf* предлагать *impf vt* proponer, ofrecer, sugerir *~ услугу* proponer un servicio; *~ себя* ofrecerse ◆ **~ руку и сердце** pedir la mano
предложный *adj ling* prepositivo *~ падеж* caso prepositivo
предместье *n* arrabal, suburbio
предмет *m* 1) objeto, artículo *~ первой необходимости* artículo de primera necesidad; *~ одежды* prenda de vestir 2) *(тема)* objeto, tema *~ изучения* objeto de estudio 3) *(в преподавании)* asignatura, materia
предметный *adj* de objeto, material, de materia
предназначать V. предназначить
предназначение *n* destinación
предназначить *perf* предназначать *impf vt* **(для кого/чего-л)** destinar (a alg o u/c), predestinar (a alg o u/c)
преднамеренно *adv* premeditadamente
преднамеренность *f* premeditación
преднамеренный *adj* premeditado
предначертание *n elev* disposición, prescripción
предначертать *perf vt elev* disponer, prescribir
предо *prep elev* V. перед
предок *m* antepasado
предоктябрьский *adj hist* anterior a la Revolución de Octubre
предопределение *n* predeterminación, predestinación
предопределить *perf* предопределять *impf vt* predeterminar, predestinar
предопределиться *perf* предопределяться *impf* estar (quedar) predeterminado
предопределять V. предопределить
предопределяться V. предопределиться
предоставить *perf* предоставлять *impf vt* conceder, otorgar, brindar *~ возможность* dar una posibilidad; *~ слово* conceder la palabra
предоставление *n* concesión, otorgamiento
предоставлять V. предоставить
предостерегать V. предостеречь
предостережение *n* prevención, advertencia
предостеречь *perf* предостерегать *impf vt* prevenir, precaver, advertir
предосторожност|ь *f* prevención, precaución *мера ~и* medida de precaución
предосудительно *adv* censurablemente, de manera censurable
предосудительный *adv* censurable, reprensible
предотвратить *perf* предотвращать *impf vt* prevenir, evitar *~ опасность* conjurar el peligro
предотвращать V. предотвратить
предотвращение *n* prevención, precaución
предохранение *n* preservación, protección
предохранитель *m* 1) dispositivo de seguridad 2) *(электрический)* fusible
предохранительный *adj* preventivo, de seguridad
предохранить *perf* предохранять *impf vt* **(от кого/чего-л)** preservar (de alg o u/c), resguardar (de alg o u/c), proteger (de alg o u/c)
предохраниться *perf* предохраняться *impf* **(от кого/чего-л)** tomar precauciones (de alg o u/c)
предохранять V. предохранить
предохраняться V. предохраниться
предписание *n* prescripción *~ врача* prescripción médica
предписать *perf* предписывать *impf vt* prescribir, ordenar, disponer
предписывать V. предписать
предплечье *n anat* antebrazo
предполагаемый *adj* supuesto
предполагать V. предположить
предполага|ться *impf v/impers* suponerse *~ется, что* se supone que
предположение *n* suposición, conjetura
предположительно *adv* presumiblemente, supuestamente, hipotéticamente
предположительный *adj* presumible, supuesto, hipotético
предпол|ожить *perf* предполагать *impf vt* suponer, admitir *~ожим, что ты прав* supongamos que tienes razón
предпослать *perf* предпосылать *impf vt* **(чему-л)** *elev* anteponer (a u/c)
предпоследний *adj* penúltimo
предпосылать V. предпослать
предпосылка *f* premisa, condición
предпочесть *perf* предпочитать *impf vt* preferir, optar (por alg)
предпочитать V. предпочесть
предпочтение *n* preferencia
предпочтительно *adv* preferentemente, con preferencia
предпочтительность *f* preferencia
предпочтительный *adj* preferible
предпраздничный *adj* anterior a la fiesta, de antes de la fiesta
предприимчивость *f* carácter emprendedor
предприимчивый *adj* emprendedor
предприниматель, -ница *m/f* empresari|o, -a
предпринимательский *adj* empresario
предпринимать V. предпринять
предпринять *perf* предпринимать *impf vt* emprender *~ попытку* hacer una tentativa
предприятие *n* empresa
предрасполагать V. предрасположить
предрасположение *n* predisposición, propensión

предрасположить *perf* предрасполагать *impf vt* predisponer
предрассветный *adj* crepuscular
предрассудок *m* prejuicio
предрекать V. предречь
предречь *perf* предрекать *impf vt* predecir, pronosticar, vaticinar
предрешать V. предрешить
предрешить *perf* предрешать *impf vt* 1) *(решить заранее)* decidir de antemano, prejuzgar 2) *(предопределить)* predeterminar
председатель *m* presidente
председательский *adj* presidencial, de presidente
председательство *n* presidencia
председательствовать *impf vi* presidir
предсердие *n anat* aurícula
предсердный *adj anat* auricular
предсказание *n* predicción, augurio, profecía
предсказатель *m* adivino, profeta
предсказательный *adj* adivinador, profético
предсказать *perf* предсказывать *impf vt* predecir, augurar, presagiar
предсказывать V. предсказать
предсмертный *adj* agónico, agonizante, último
представать V. предстать
представитель *m* 1) representante, delegado 2) *(образец)* espécimen
представительница *f* representante, delegada
представительность *f* buena apariencia
представительный *adj* 1) *jur* representativo, de representación ~ *орган* órgano de representación 2) *(о внешнем виде)* de buena apariencia
представительский *adj* de representante, de delegado
представительство *n* representación, delegación
представительствовать *impf vi* ser representante, representar
представить *perf* представлять *impf vt* 1) presentar, exhibir ~ *документ* presentar un documento 2) *(познакомить)* presentar ~ *гостя* presentar a un invitado 3) *(к награде)* proponer 4) *(вообразить)* imaginarse, figurarse *вы не можете (себе)* ~ no puede ni imaginarse 5) *(вызвать, создать)* ofrecer, presentar, representar ~ *большой интерес* representar un gran interés 6) *(изобразить)* representar, presentar ~ *на сцене* representar en escena
представи|ться *perf* представляться *impf* 1) *(при знакомстве)* presentarse *разрешите ~ться* permítame que me presente 2) *(показаться)* parecer *мне ~лось, что* me pareció que 3) *(возникнуть)* presentarse, aparecer *~лся случай* se presentó la ocasión 4) **(кем-л)** *(притвориться)* fingirse (alg o u/c), dárselas (de alg) *~ться больным* hacerse el enfermo
представлени|е *n* 1) *(предъявление)* presentación 2) *(воспроизведение в сознании)* representación 3) *(понятие)* noción, idea *не имею ~я* no tengo ni idea; *дать ~е* dar una idea, dar unas nociones 4) *(театральное)* representación, función
представлять *impf vt* 1) V. представить 2) *(быть представителем)* representar, ser representante ~ *интересы* representar intereses 3) *(являться)* representar, ser, suponer ◆ ~ **собой** representar, ser
представляться V. представиться
предстать *perf* представать *impf vi* comparecer, aparecer, presentarse ~ *перед судом* comparecer ante un tribunal
предсто|ять *impf vi* **(что-л кому-л)** tener por delante (u/c), estar por venir (u/c), esperar *нам ~ит огромная работа* nos espera un trabajo enorme; *~ят большие перемены* están por venir grandes cambios
предстоящий *adj* próximo, inminente
предтеча *m/f elev* precursor, -a, antecesor, -a
предубеждение *n* prejuicio
предубеждённый *adj* suspicaz, con prejuicios
предуведомление *n obsol* aviso, advertencia
предугадать *perf* предугадывать *impf vt* adivinar, predecir, prever ~ *намерение* adivinar una intención
предугадывать V. предугадать
предударный *adj ling* pretónico
предумышленный *adj* premeditado
предупредительный *adj* 1) preventivo, de aviso 2) *(внимательный)* atento, cumplido
предупредить *perf* предупреждать *impf vt* 1) **(о чём-л)** advertir (de u/c), avisar (de u/c), prevenir (de u/c) ~ *об опасности* advertir de un peligro 2) *(предотвратить)* prevenir, abortar ~ *беду* prevenir una desgracia 3) *(опередить)* anticiparse (a u/c) ~ *события* anticiparse a los acontecimientos
предупреждать V. предупредить
предупреждение *n* 1) advertencia, aviso 2) *(предотвращение)* prevención 3) *(опережение)* anticipación
предусматривать V. предусмотреть
предусмотреть *perf* предусматривать *impf vt* prever, estipular
предусмотрительно *adv* con previsión, con precaución
предусмотрительность *f* previsión, precaución
предусмотрительный *adj* previsor, precavido
предутренний *adj* de la madrugada
предчувствие *n* presentimiento, corazonada
предчувствовать *impf vt* presentir, tener un presentimiento
предшественни|к, -ца *m/f* predecesor, -a, antecesor, -a
предшествовать *impf vi* **(кому/чему-л)** anteceder, preceder
предшествующий *adj* precedente, anterior
предъявитель *m* portador
предъявить *perf* предъявлять *impf vt* 1) mostrar, exhibir, presentar ~ *документ* mostrar un documento 2) *(выдвинуть)* presentar, plantear ~ *претензию* presentar una queja; ~ *иск* presentar una demanda
предъявление *n* exhibición, presentación
предъявлять V. предъявить
предыдущий *adj* precedente, anterior
предыстория *f* prehistoria
преемни|к, -ца *m/f* 1) sucesor, -a 2) *(наследник)* heredero, -a 3) *(продолжатель)* continuador, -a
преемственность *f* sucesión, herencia
преемственный *adj* sucesorio, hereditario

преемство *n* sucesión, herencia

прежде 1. *adv* 1) *(раньше)* antes, en otro tiempo ~ *он был спокойнее* antes era más tranquilo 2) *(сначала)* antes, primero ~ *подумай, а потом скажи* primero piénsalo, y después dilo **2.** *prep* **(кого/ чего-л)** antes que (alg o u/c) *она пришла ~ всех* llegó antes que todos ◆ ~ **чем** antes de que ~ **всего** ante todo, antes que nada, en primer lugar

преждевременно *adv* prematuramente, anticipadamente

преждевременность *f* anticipación, precocidad

преждевременный *adj* prematuro, anticipado

прежнее *n* lo pasado, lo anterior

прежний *adj* 1) anterior, precedente 2) *(тот же самый)* el mismo

презент *m coloq* regalo, presente

презентабельный *adj* presentable

презентация *f* presentación

презентовать *biasp vt coloq* regalar, presentar

презерватив *m* preservativo

президент *m* presidente

президентский *adj* presidencial, de presidente

президиум *m* presidencia, mesa

презирать *impf vt* 1) despreciar, desdeñar 2) **(чем-л)** *(пренебрегать)* desafiar ~ *опасностю* desafiar el peligro

презрение *n* desprecio, desdén

презренный *adj* despreciable, desdeñable ◆ ~ **металл** el vil metal

презреть *perf* презирать *impf vt elev* V. презирать 2

презрительный *adj* despreciativo, desdeñoso

презумпция *f jur* presunción

преизбыток *m obsol* superabundancia, sobreabundancia

преимущественно *adv* preferentemente, principalmente, especialmente

преимущественный *adj* predominante, proponderante, principal, preferente

преимущество *n* 1) ventaja 2) *(преводсходство)* superioridad, predominancia, preponderancia, preeminencia

преисподняя *f obsol* infierno, averno

преисполнить *perf* преисполнять *impf vt* **(чем-л)** *elev* colmar (de u/c), llenar (de u/c)

прейскурант *m* lista de precios

преклонение *n* 1) *(восхищение)* admiración 2) *obsol (поклон)* reverencia, inclinación

преклонить *perf* преклонять *impf vt* inclinar, bajar

преклониться *perf* преклоняться *impf* 1) **(перед чем/кем-л)** *elev* sentir admiración (por alg o u/c) 2) *obsol (опуститься вниз)* inclinarse

преклонн|ый *adj* provecto, maduro *люди ~ого возраста* personas de edad avanzada, gente de la tercera edad

преклонять V. преклонить

преклоняться V. преклониться

прекословить *impf vi* **(кому/чему-л)** *obsol* contradecir, objetar

прекрасно 1. *adv* muy bien, magníficamente, estupendamente **2.** *pred* está muy bien, es magnífico

прекраснодушный *adj obsol* benigno

прекрасный *adj* 1) *(красивый)* hermoso, precioso 2) *(отличный)* magnífico, excelente

прекратить *perf* прекращать *impf vt* 1) **(делать что-л)** parar de (hacer u/c), dejar de (hacer u/c) ~ *работать* dejar de trabajar 2) *(прервать)* interrumpir, suspender ~ *переговоры* suspender las nogociaciones

прекратиться *perf* прекращаться *impf* cesar, parar

прекращать V. прекратить

прекращаться V. прекратиться

прекращение *n* cese, suspensión, interrupción

прелат *m relig* prelado

прелестно *adv* magníficamente, admirablemente

прелестный *adj* seductor, encantador, delicioso

прелесть *f* encanto, atractivo

преломиться *perf* преломляться *impf* 1) *obsol (сломаться)* romperse 2) *fís* refractarse

преломление *n* 1) *obsol (разламывание)* rompimiento 2) *fís* refracción

преломлять V. преломить

преломляться V. преломиться

прелый *adj* podrido

прель *f* podredumbre, putrefacción

прельстительный *adj* cautivador, seductor

прельстить *perf* прельщать *impf vt* cautivar, seducir

прельститься *perf* прельщаться *impf* ser seducido, dejarse seducir, dejarse llevar

прельщать V. прельстить

прельщаться V. прельститься

прелюбодей *m obsol* adúltero, fornicador

прелюбодействовать *impf vi obsol* cometer adulterio, fornicar

прелюбодеяние *n obsol* adulterio

прелюдия *f mús* preludio

премиальный *adj* de primas, de premios

преминуть *perf vi elev* olvidar, dejar de

премирование *neg* adjudicación de un premio, premiación

премировать *biasp vt* premiar

премия *f* 1) galardón, premio 2) *econ* prima

премного *adv obsol* muchísimo, por mucho, muy

премудрость *f* 1) *obsol* omniscencia 2) *coloq irón (нечто мудрёное)* sabiduría, cosa abstrusa

премудрый *adj* 1) *obsol* omniscente, omniscio 2) *coloq irón (мудрёный)* incomprensible, abstruso **премьер** *m* V. премьер-министр

премьера *f teat* estreno

премьер-министр *m* primer ministro

премьерный *adj teat* de estreno

премьерский *adj* del primer ministro

пренебрегать V. пренебречь

пренебрежение *n* desdén, menosprecio

пренебрежительно *adv* con menosprecio, con desprecio, con desdén

пренебрежительный *adj* despreciativo, desdeñoso, despectivo

пренебречь *perf* пренебрегать *biasp vi* 1) **(кем/чем-л)** menospreciar, desdeñar 2) *(отнестись без внимания)* desatender, desoír ~ *своими обязаностями* faltar a sus obligaciones

прение *n* putrefacción

прени|я (*gen* -й) *npl* debate, discusión, deliberaciones

преобладание *n* predominio, preponderancia

преобладать *impf vi* (**над кем/чем-л**) predominar (sobre alg o u/c), prevalecer (sobre alg o u/c)
преобладающий *adj* predominante, preponderante, prevaleciente
преображать V. преобразить
преображаться V. преобразиться
преображение *n* 1) transformación 2) *relig* transfiguración
преобразить *perf* преображать *impf vt* transformar, transfigurar
преобразиться *perf* преображаться *impf* transformarse, transfigurarse
преобразование *n* 1) transformación, reconversión, reforma 2) *tecn* transformación
преобразователь *m* 1) reformador, reorganizador 2) *tecn* transformador, convertidor
преобразовательный *adj* de transformación, de reforma
преобразовать *perf* преобразовывать *impf vt* 1) transformar, reformar, reorganizar, reestructurar 2) *mat tecn* transformar
преобразоваться *perf* преобразовываться *impf* transformarse, reformarse, reorganizarse, reestructurarse
преобразовывать V. преобразовать
преобразовываться V. преобразоваться
преодолевать V. преодолеть
преодоление *n* superación
преодолеть *perf* преодолевать *impf vt* superar, vencer, salvar ~ *трудности* superar las dificultades
преодолимый *adj* superable
преосвященство *n relig* ilustrísimo (título)
препарат *m* preparado, producto
препарирование *n* preparación
препарировать *biasp vt* preparar
препинани|е *n* : знаки ~я signos de puntuación
препирательство *n* disputa, altercado
препираться *impf coloq* discutirse, porfiar, tener altercados
преподавание *n* enseñanza, didáctica
преподаватель, -ница *m/f* profesor, -a
преподавательский *adj* de profesores
преподавать[1] *impf vt* enseñar, dar clases
преподавать[2] V. преподать
преподать *perf* преподавать *impf vt elev (урок, совет)* dar, proporcionar ~ *хороший урок* dar una buena lección
преподнести *perf* преподносить *impf vt* 1) obsequiar (con) (con u/c), regalar ~ *подарок* hacer un regalo 2) *(информацию, новость)* dar, proporcionar 3) *(представить)* exponer, presentar
преподносить V. преподнести
преподношение *n* 1) *(действие)* obsequio 2) *(подарок)* presente, obsequio
преподобие *n relig* reverendo
преподобный *adj relig* reverendísimo, reverendo, santo
препона *f obsol* óbice, obstáculo
препоручать V. препоручить
препоручить *perf* препоручать *impf vt obsol* encomendar
препоясать *perf* препоясывать *impf vt* ceñir, sujetar
препоясывать V. препоясать
препроводительный *adj* adjunto, anexo
препроводить *perf* препровождать *impf vt ofic* enviar, expedir, remitir
препровождать V. препроводить
препятствие *n* obstáculo, impedimento
препятствовать *impf* воспрепятствовать *perf vi* (**кому/чему-л**) obstaculizar, impedir, estorbar, entorpecer ~ *развитию* impedir el desarrollo
прервать *perf* прерывать *impf vt* interrumpir, cortar, romper ~ *работу* interrumpir el trabajo
прерва|ться *perf* прерываться *impf* interrumpirse, cortarse
пререкание *n* discusión, disputa, altercado
пререкаться *impf* discutir, porfiar, tener altercados
прерия *f* pradera
прерогатива *f elev* prerrogativa
прерывать V. прервать
прерываться V. прерваться
прерывистость *f* intermitencia, discontinuidad
прерывистый *adj* intermitente, discontinuo
пресвитер *m relig* presbítero
пресекать V. пресечь
пресечение *n* 1) represión, coerción 2) *(упразднение)* supresión
пресечь *perf* пресекать *impf vt* 1) cortar, acabar (con u/c), poner fin (a u/c), reprimir 2) *(упразднить)* suprimir
преследование *n* persecución, acoso
преследователь *m* perseguidor
преследовать *impf vt* 1) perseguir, acosar 2) *(притеснять)* acosar, perseguir 3) *(стремиться к чему-л.)* perseguir
пресловутый *adj* famoso, cacareado
пресмыкательство *n* servilismo
пресмыкаться *impf* arrastrarse
пресмыкающиеся *pl zool* reptiles
пресноводный *adj* de agua dulce
пресн|ый *adj* insípido, insulso, soso *~ая вода* agua dulce
пресс[1] *m tecn* prensa
пресс[2] *m (мышцы живота и диафрагмы)* abdominales
пресса *f* prensa
пресс-атташе *m inv dipl* agregado de prensa
пресс-бюро *n inv* departamento de prensa
пресс-конференция *f* rueda (conferencia) de prensa
прессование *n* prensado
прессовать *perf* спрессовать *impf vt* prensar
прессовщик *m* prensador
пресс-служба *f* departamento de prensa
пресс-центр *m* centro de prensa
преставиться *perf* преставляться *impf obsol* morir
преставляться V. преставиться
престарел|ый *adj* anciano, provecto *дом для ~ых* asilo, residencia de les tercera edad
престиж *m* prestigio
престижный *adj* prestigioso
престол *m* 1) trono *вступить на* ~ subir al trono 2) *relig* mesa del altar
престолонаследие *n* sucesión al trono
престолонаследник *m* sucesor al trono
преступать V. преступить

преступить *perf* преступать *impf vt* transgredir, quebrantar, violar ~ *границы* traspasar los límites
преступление *n* delito, crimen
преступни|к, -ца *m/f* delincuente, criminal
преступно *adv* delictivamente, de un modo delictivo
преступность *f* delincuencia, criminalidad
преступный *adj* delictivo, criminal
пресытить *perf* пресыщать *impf vt* saciar, hartar
пресытиться *perf* пресыщаться *impf* saciarse, hartarse
пресыщать V. пресытить
пресыщаться V. пресытиться
пресыщение *n* saciedad
пресыщенный *adj* saciado, hartado
претворение *n elev* realización, encarnación
претворить *perf* претворять *impf vt elev* realizar, encarnar, materializar
претвориться *perf* претворяться *impf* realizarse, encarnarse, materializarse
претворять V. претворить
претворяться V. претвориться
претендент, -ка *m/f* pretendiente, aspirante
претендовать *impf vi* **(на что-л)** pretender
претензи|я *f* 1) pretensión *без ~й* sin pretensiones 2) *(жалоба)* queja, reclamación *предъявить ~ю* hacer una reclamación
претенциозно *adv* pretenciosamente, con prestensiones
претенциозный *adj* pretencioso, presuntuoso
претерпевать V. претерпеть
претерпеть *perf* претерпевать *impf vt* 1) *(подвергнуться)* sufrir ~ *изменения* sufrir cambios 2) *(перенести)* sufrir, pasar, soportar ~ *лишения* sufrir privaciones
претить *impf vi* **(кому-л)** desagradar, dar asco, causar disgusto
преткновени|е *n* : камень ~я piedra de toque
преть *impf* сопреть *perf vi* pudrirse
преувеличение *n* exageración
преувеличенно *adv* exageradamente
преувеличенный *adj* exagerado
преувеличивать V. преувеличить
преувеличить *perf* преувеличивать *impf vi* exagerar
преуменьшать V. преуменшить
преуменьшение *n* subestimación
преуменьшить *perf* преуменьшать *impf vt* subestimar
преумножать V. преумножить
преумножаться V. преумножиться
преумножение *n* multiplicación
преумножить *perf* преумножать *impf vt* multiplicar, aumentar considerablemente
преумножи|ться *perf* преумножаться *impf* multiplicarse, aumentar considerablemente
преуспевание *n* 1) *(успех)* éxito, progreso 2) *(процветание)* prosperidad
преуспевать *impf* преуспеть *perf vi* 1) *(иметь успех)* progresar, medrar 2) *(процветать)* prosperar
преуспеть V. преуспевать
префект *m* prefecto
префектура *f* prefectura
преферанс *m cart* préférence
префикс *m ling* prefijo
префиксальный *adj ling* prefijal, con prefijo
преходящий *adj elev* pasajero, transitorio, perecedero
прецедент *m* precedente
при *prep* 1) **(чём-л)** *(при обозначении местонахождения)* cerca (de u/c), junto (a u/c) ~ *входе* junto a la entrada 2) **(ком/чём-л)** *(при обозначении предмета, лица, и т.п., к которому присоединено что-либо, кто-либо)* de (alg o u/c), adjunto (a alg o u/c) *общежитие ~ институте* residencia del instituto 3) **(ком/чём-л)** *(при обозначении лица или животного, за которым кто-либо наблюдает)* junto (a alg o u/c), con (alg o u/c) *быть ~ больном* estar junto al enfermo 4) **(ком/чём-л)** *(при обозначении лица, в присутствии которого что-либо совершается)* en presencia (de alg o u/c), delante (de alg o u/c) ~ *мне* en mi presencia, delante de mí 5) **(ком/чём-л)** *(при указании на эпоху совершения действия)* en tiempos (de alg o u/c), bajo (alg o u/c) ~ *Петре I* en tiempos de Pedro I 6) **(чём-л)** *(при указании явления, с которым совпадает действие)* durante (u/c), a (u/c) ~ *обыске* durante el registro; ~ *въезде* a la entrada 7) **(ком-л)** *(при обозначении лица, имеющего в наличии что-либо)* con, consigo *документы ~ мне* tengo los documentos conmigo ◆ ~ **этом** con esto, con todo
прибавить *perf* прибавлять *impf vt* 1) **(чего-л)** *(добавлять)* añadir, agregar 2) **(что/чего-л)** *(увеличить)* aumentar, acrecentar, ampliar
прибавиться *perf* прибавляться *impf* 1) añadirse, agregarse 2) *(увеличиться)* aumentar, acrecentarse
прибавка *f* aumento, añadidura
прибавление *n* 1) *(действие)* adición, aumento 2) *(то, что прибавлено)* aumento, añadidura
прибавлять V. прибавить
прибавляться V. прибавиться
прибавочный *adj* suplementario, adicional
прибалтийский *adj* de las repúblicas del báltico
прибаутка *f* dicho, adagio
прибегать V. прибежать, прибегнуть
прибегнуть *perf* прибегать *impf vi* **(к кому/чему-л)** recurrir (a alg o u/c), valerse (de alg por u/c)
прибедниться V. прибедняться
прибедняться *impf* прибедниться *perf coloq* hacerse el pobre, hacerse el desgraciado
прибежать *perf* прибегать *impf vi* venir (llegar, acudir) corriendo ~ *первым* llegar el primero
прибежище *n elev* refugio, asilo
приберегать V. приберечь
приберечь *perf* приберегать *impf vt* guardar, reservar ~ *деньги на лето* guardar dinero para el verano
прибивать V. прибить
прибирать V. прибрать
прибираться V. прибраться
прибить[1] *perf* прибивать *impf vt (гвоздями)* clavar, fijar
прибить[2] *perf* прибивать *impf vt* 1) *coloq (избить)* zurrar, dar una paliza 2) *coloq (убить)* matar

прибиться *perf* прибиваться *impf coloq* pegarse, engancharse, juntarse

приближать V. приблизить

приближаться V. приблизиться

приближение *n* acercamiento, aproximación

приближённо *adv* con aproximación

приближённость *f* proximidad

приближённый[1] *adj (не вполне точный)* aproximativo

приближённый[2] *adj (к кому-л.)* próximo, allegado

приблизительно *adv* aproximadamente

приблизительность *f* carácter aproximado

приблизительный *adj* aproximado, aproximativo

приблизить *perf* приближать *impf vt* **(к кому/чему-л)** acercar (a alg o u/c), aproximar (a alg o u/c)

приблизиться *perf* приближаться *impf* **(к кому/чему-л)** acercarse (a alg o u/c), aproximarse (a alg o u/c)

приблудный *adj vulg* advenedizo

прибой *m* oleaje, marejada

приболеть *perf vi coloq* indisponerse, enfermar (un poco)

прибор *m* 1) aparato, mecanismo, instrumento 2) *(набор предметов)* juego

приборный *adj* de instrumentos

приборостроение *n* construcción de aparatos (instrumentos) de precisión

прибрать *perf* прибирать *impf vt* 1) arreglar, poner en orden ~ *комнату* arreglar la habitación 2) *(положить куда-н.)* guardar, esconder ~ *книги в шкаф* guardar los libros en el armario ◆ ~ **к рукам** dominar, atar corto

прибраться *perf* прибираться *impf* arreglar, poner todo en orden

прибрежный *adj* litoral, costero

прибрести *perf vt coloq* llegar (a duras penas)

прибывать V. прибыть

прибыль *f* 1) beneficio, ganancia *получать* ~ sacar un beneficio 2) *(увеличение)* aumento

прибыльно *adv* con provecho, provechosamente

прибыльность *f* rentabilidad

прибыльный *adj* rentable, beneficioso, lucrativo

прибытие *n* llegada

прибыть *perf* прибывать *impf vi* 1) *elev* llegar 2) aumentar, crecer

привадить *perf* приваживать *impf vt* 1) *caza* atraer, cebar 2) *(кого-л.)* predisponer, atraer

приваживать V. привадить

привал *m* alto, etapa

приваливать V. привалить

привалить *perf* приваливать *impf* **1.** *vt (прислонить)* apoyar **2.** *vi* 1) *(о судне)* atracar 2) *vulg (прийти)* venir, llegar

приваривать V. приварить

приварить *perf* приваривать *impf vt* soldar

приварок *m* provisiones, vitualla

приват-доцент *m obsol* asistente de profesor

приватизировать *biasp vt* privatizar

приватный *adj obsol* privado, particular

приведение *n* 1) *(фактов, данных)* aportación, presentación 2) *(в какое-л. состояние)* puesta ~ *в порядок* puesta en orden 3) *mat* reducción

привезти *perf* привозить *impf vt* traer, llevar (en vehículo)

привереда *m/f coloq* caprichos|o, -a

привередливость *f* melindrería, caprichos

привередливый *adj* caprichoso, antojadizo

привередничать *impf vi coloq* ser caprichoso, melindrear

приверженец *m* partidario, adicto

приверженность *f* 1) apego, fidelidad 2) *(склонность)* inclinación, propensión

приверженный *adj* 1) **(кому/чему-л)** partidario (de alg o u/c), adicto (a u/c) 2) *(преданный)* fiel 3) **(чему-л)** *(склонный)* inclinado (a alg o u/c), propenso (a alg o u/c)

привес *m agric* engorde, aumento de peso

привесок *m* añadidura, sobrepeso

приве|сти *perf* приводить *impf vt* 1) llevar, traer, conducir *~сти ребёнка домой* llevar al niño a casa 2) *(к чему-л.)* llevar, conducir *~сти к выводу* llevar a una conclusión 3) *(факты, данные)* aportar, presentar *~сти доказательства* aportar pruebas 4) **(во что-л.)** *(в какое-л. состояние)* llevar (a u/c), dejar (en u/c), sumir (en u/c) 5) *mat* reducir

приве|стись *perf* приводиться *impf v/impers* **(кому-л)** tener la ocasión (de u/c), **(кому-л)** tener que (hacer u/c) *мне ~лось быть там* tuve la ocasión de estar allí

привет *m* saludo *привет!* ¡hola!, ¡salud!; *передать ~ от кого-н.* dar recuerdos de parte de alg

приветливо *adv* afablemente, amablemente, amistosamente

приветливость *f* afabilidad, amabilidad

приветливый *adj* afable, amable, atento

приветственный *adj* de saludo, de salutación

приветствие *n* saludo

приветствовать *impf* поприветствовать *impf vt* 1) saludar 2) *(восторженно)* aclamar 3) *(по случаю приезда)* dar la bienvenida 4) *(одобрять)* aprobar

прививать V. привить

прививаться V. привиться

прививк|а *f* 1) vacuna, vacunación *сделать ~у* vacunar 2) *(растения)* injerto

привидение *n* fantasma, aparición, espectro

привиденье *n obsol* V. привидение

привидеться V. видеться

привилегированный *adj* privilegiado, aventajado

привилегия *f* privilegio

привинтить *perf* привинчивать *impf vt* atornillar

привирать V. приврать

привить *perf* прививать *impf vt* 1) *(растение)* injertar 2) *(приспособить растение)* introducir 3) *(болезнь)* vacunar (de u/c) ~ *оспу* vacunar de la viruela 4) *(заставить усвоить)* inocular, implantar, introducir

привиться *perf* прививаться *impf* 1) *(о растении)* prender 2) *(о вакцине)* vacunarse 3) *(усвоиться)* implantarse, arraigar

привкус *m* sabor, deje

привлекательность *f* atractivo, encanto

привлекательный *adj* atractivo

привлекать V. привлечь

привлечение *n* 1) atracción 2) *(побуждение принять участие)* participación 3) *(использование)* utilización

привлечь *perf* привлекать *impf vt* 1) atraer 2) *(сделать участником)* hacer participar, reclutar 3) **(к чему-л)** *(обязать)* obligar (a u/c) *~ к суду* procesar, llevar a juicio
привнести *perf* привносить *impf vt elev* introducir, aportar
привносить V. привнести
привод[1] *m* 1) *(действие по гл. приводить)* conducción 2) *jur* orden de comparecencia
привод[2] *m (в механизме)* tracción, transmisión
приводить V. привести
приводиться V. привестись
приводниться *perf* приводняться *impf* amerizar, amarar
приводной *adj* de transmisión
приводняться V. приводниться
привоз *m* 1) transporte 2) *(ввоз)* importación
привозить V. привезти
привозной *adj* importado, de importación
привой *m agric* injerto
приволакивать V. приволочить
приволочить *perf* приволакивать *impf vt* 1) traer arrastrando, traer por la fuerza 2) *coloq (принести)* traer
приволочь *perf vt* 1) traer arrastrando, traer por la fuerza 2) *coloq (принести)* traer
приволье *n* 1) vastedad, vasto espacio 2) *(свобода)* libertad
привольный *adj* 1) vasto, ancho 2) *(свободный)* libre, holgado
привораживать V. приворожить
приворачивать V. привернуть
приворожить *perf* привораживать *impf vt* embrujar, hechizar
приворотный *adj* de hechizo, para hechizar
привратник *m* portero, conserje
приврать *perf* привирать *impf vi coloq* mentir, decir embustes
привскакивать V. привскочить
привскочить *perf* привскакивать *impf vi* dar un salto, sobresaltarse
привставать V. привстать
привстать *perf* привставать *impf vi* levantarse (un poco)
привходящий *adj elev* accesorio
привыкаемость *f med* hábito, tolerancia
привыкание *n* acostumbramiento, habituación
привыкать V. привыкнуть
привык|нуть *perf* привыкать *impf vi* **(к кому/чему-л)** acostumbrarse (a alg o u/c), habituarse (a alg o u/c) *я к этому ~* estoy acostumbrado a esto
привычк|а *f* costumbre, hábito *дурная ~а* mala costumbre, vicio; *иметь ~у* tener una costumbre; *по привычке* según la costumbre
привычный *adj* habitual, acostumbrado
привязанность *f* afecto, cariño, apego
привязанный *adj* **(к кому/чему-л)** apegado (a alg o u/c), que siente cariño (por alg o u/c)
привязать *perf* привязывать *impf vt* 1) **(к кому/чему-л)** atar (a alg o u/c), sujetar (a alg o u/c) 2) **(к кому/ чему-л)** *(внушить привязанность)* hacer tomar cariño (a alg o u/c)
привязаться *perf* привязываться *impf* 1) **(к кому/чему-л)** atarse (a alg o u/c) 2) **(к кому/чему-л)** *(почувствовать привязанность)* tomar afecto (por alg o u/c), coger cariño (por alg o u/c), encariñarse (con alg o u/c) 3) **(к кому/чему-л)** *coloq (пристать)* acosar, atosigar
привязка *f* 1) *(действие)* atadura, ligadura 2) *(отношение)* relación, vínculo
привязной *adj* que se ata, atadizo
привязчивый *adj* 1) *coloq* con tendencia a encariñarse, a tomar apego 2) *(надоедливый)* fastidioso, latoso
привязывать V. привязать
привязываться V. привязаться
привяз|ь *f* correa ◆ **держать кого-л. на ~и** atar corto
пригвождать V. пригвоздить
пригвоздить *perf* пригвождать *impf vt* 1) clavar 2) *coloq (вынудить остаться где-либо)* dejar clavado, atar
пригибать V. пригнуть
пригибаться V. пригнуться
пригладить *perf* приглаживать *perf vt* 1) alisar, atusar, planchar 2) *(сделать искусственно гладким)* suavizar
приглаживать V. пригладить
пригласительный *adj* de invitación *~ билет* invitación
пригласить *perf* приглашать *impf vt* 1) invitar *~ в театр* invitar al teatro; *~ в гости* invitar a casa 2) proponer un trabajo, contratar *~ специалиста* contratar a un especialista
приглашать V. пригласить
приглашени|е *n* invitación *по ~ю* por invitación
приглушать V. приглушить
приглушённый *adj* apagado, atenuado
приглушить *perf* приглушать *impf vt* apagar, amortiguar, atenuar, suavizar
приглядеть *perf* приглядывать *impf* **1.** *vt (подыскать)* encontrar, escoger **2.** *vi* **(за кем-л)** *(последить)* cuidar, vigilar
приглядеться *perf* приглядываться *impf* 1) *(всмотреться)* fijarse, mirar con atención 2) **(к чему-л)** *(привыкнуть)* acostumbrarse (a u/c), familiarizarse (con u/c) *~ к темноте* acostumbrarse a la oscuridad
приглядывать V. приглядеть
приглядываться V. приглядеться
приглянуться *perf* **(кому-л)** *coloq* gustar (a alg), agradar (a alg)
пригнать *perf* пригонять *impf vt* 1) traer, conducir, llevar (acosando) *~ скот* llevar el ganado 2) *(средство передвижения)* conducir, llevar 3) *(приладить)* ajustar
пригнуть *perf* пригибать *impf vt* inclinar, encorvar, agachar
пригнуться *perf* пригибаться *impf* inclinarse, encorvarse, agacharse
приговаривать V. приговорить
приговор *m* 1) *jur* sentencia, veredicto, condena 2) *(решение, мнение)* juicio, dictamen
приговорить *perf* приговаривать *impf vt* **(к чему-л)** condenar (a u/c), sentenciar *~ к тюремному заключению* condenar a prisión
пригоди|ться *perf* пригождаться *impf* ser útil, servir *твой совет мне ~лся* tu consejo me fue útil
пригодность *f* aptitud, utilidad, idoneidad
пригодный *adj* apto, útil
пригождаться V. пригодиться

пригожий *adj reg obsol* bueno, bonito
приголубить *perf* приголубливать *impf vt coloq* tratar con cariño, arrullar, mimar
приголубливать V. приголубить
пригонять V. пригнать
пригорать V. пригореть
пригорелый *adj* quemado, chamuscado
пригореть *perf* пригорать *impf vi* agarrarse, quemarse
пригород *m* afueras, suburbio, arrabal
пригородный *adj* de las afueras, suburbano ~ *поезд* tren de cercanías
пригорок *m* montículo
пригоршня *f* 1) palma de la mano 2) *(содержимое ладони)* puñado
пригорюниваться V. пригорюниться
пригорюниться *perf* пригорюниваться *impf vi coloq* entristecerse
приготавливать V. приготовить
приготавливаться V. приготовиться
приготовить *perf* приготавливать/приготовлять *impf vt* 1) preparar, hacer ~ *ужин* hacer (preparar) la cena 2) *(обучить)* preparar, instruir
приготовиться *perf* приготавливаться/приготовляться *impf* **(к чему-л)** prepararse (para u/c), disponerse (para u/c)
приготовление *n* preparación
приготовлять V. приготовить
приготовляться V. приготовиться
пригребать V. пригрести
пригревать V. пригреть
пригреваться V. пригреться
пригрести *perf* пригребать *impf vi* acercarse, llegar (remando)
пригреть *perf* пригревать *impf vt* 1) calentar 2) *coloq (оказать покровительство)* abrigar, amparar ◆ ~ **змею на груди** criar una víbora en su seno
пригреться *perf* пригреваться *impf* 1) calentarse, entrar en calor 2) *coloq (найти покровительство)* encontrar abrigo (amparo)
пригрёзиться V. грёзиться
пригрозить V. грозить
пригрозиться V. грозиться
пригубить *perf* пригубливать *impf vt* tocar con los labios (una copa, un vaso), probar, gustar
пригубливать V. пригубить
придавать V. придать
придавить *perf* придавливать *impf vt* aplastar, despachurrar
придавливать V. придавить
придание *n* añadidura, aportación
приданое *n* dote, ajuar
придаток *m* apéndice
придаточный *adj* 1) adicional, suplementario 2) *ling* subordinado
придать *perf* придавать *impf vt* 1) *(прибавить)* dar, añadir 2) *(форму и т.п.)* dar, conferir ~ *новый вид* dar un nuevo aspecto 3) *(приписать)* dar, atribuir, conceder ~ *значение* dar importancia
придач|а *f* añadidura, agregación ◆ **в ~у** además, por añadidura
придвигать V. придвинуть
придвигаться V. придвинуться
придвинуть *perf* придвигать *impf vt* 1) acercar, arrimar 2) *(во времени)* acercar, aproximar
придвинуться *perf* придвигаться *impf* 1) acercarse, arrimarse, aproximarse 2) *(во времени)* acercarse, avecinarse
придворный **1.** *adj* cortesano, de la corte **2.** *m* cortesano
придел *m relig* altar lateral (en la iglesia ortodoxa)
приделать *perf* приделывать *impf vt* poner, ajustar, pegar
приделывать V. приделать
придержать *perf* придерживать *impf vt* 1) agarrar (ligeramente), aguantar 2) *(приостановить)* detener 3) *coloq (сохранить)* retener, guardar
придерживать V. придержать
придерживаться *impf* 1) **(за что-л)** agarrarse (a u/c), sostenerse 2) **(чего-л)** *(держаться ближе)* mantenerse (a u/c), seguir 3) **(чего-л)** *(следовать чему-н.)* aferrarse (a u/c), ceñirse (a u/c) ~ *мнения* ser de la opinión de
придираться V. придраться
придирка *f coloq* reproche, queja
придирчивый *adj* quisquilloso, criticón, riguroso
придорожный *adj* del borde del camino
придраться *perf* придираться *impf* 1) **(к кому-л)** *(к кому-л.)* criticar, meterse (con alg), tomarla (con alg) 2) **(к кому-л)** *(к чему-л.)* criticar, reparar (en u/c), tomarla (con u/c)
придумать *perf* придумывать *impf vt* 1) inventar, idear 2) *(найти)* encontrar
придумка *f vulg* invención, fantasía
придумщи|к, -ца *m/f coloq* fantaseador, -a
придумывать V. придумать
придуриваться *impf vulg* hacerse el tonto
придурковатый *adj coloq* bobo, tonto, necio
придурок *m vulg* bobo, tonto, necio
придурь *f coloq* : с ~ю bobo, tonto, tocado
придушённый *adj* sordo, opaco, amortiguado (dicho de la voz)
придушить *perf vt* estrangular, asfixiar
придыхание *n* aspiración
приедаться V. приесться
приезд *m* llegada
приезжать V. приехать
приезжий *m* forastero, advenedizo
приемлемость *f* aceptabilidad, admisibilidad
приемлемый *adj* aceptable, admisible
приесться *perf* приедаться *impf* **(кому-л)** hartar, dejar harto
приехать *perf* приезжать *impf vi* llegar, venir (en un medio de transporte)
приём *m* 1) toma, recepción, aceptación 2) *(в состав)* admisión 3) *(гостя)* recepción, recibimiento, acogida 4) *(пищи, лекарства)* toma 5) *(по радио)* recepción 6) *(способ)* procedimiento ◆ **в один** ~ de un golpe
приёмка *f coloq* recepción
приёмная *f* recibidor, sala de recepción
приёмник *m* 1) *tecn* receptor, recipiente 2) *(радиоприёмник)* aparato (receptor) de radio
приёмный *adj* 1) de recepción, receptor 2) *(о приёме куда-л.)* de ingreso 3) *(сын, отец и т.д.)* adoptivo

приёмочный *adj* de recepción

приёмщик *m* receptor, verificador

приёмыш *m coloq* hijo adoptivo, hija adoptiva

прижать *perf* прижимать *impf vt* 1) **(к кому/чему-л)** apretar (contra alg o u/c), estrechar (contra alg o u/c), sujetar (contra alg o u/c) 2) *(силой вынудить)* apretar, acosar ◆ ~ **к стене** poner a alguien entre la espada y la pared

прижаться *perf* прижиматься *impf* **(к кому/чему-л)** apretarse (contra alg o u/c), estrecharse (contra alg o u/c), pegarse (a alg o u/c)

прижечь *perf* прижигать *impf vt* cauterizar, quemar (una herida)

приживаемость *f* adaptabilidad, capacidad de habituarse

приживальщи|к, -ца *m/f coloq* gorr|ón, -ona

приживать V. прижить

приживаться V. прижиться

приживить *perf* приживлять *impf vt* aglutinar, conglutinar

приживляться V. приживиться

прижигать V. прижечь

прижизненный *adj* en vida (de), durante la vida (de)

прижимать V. прижать

прижиматься V. прижаться

прижимистый *adj coloq* agarrado, tacaño, roñoso

прижить *perf* приживать *impf vt* tener hijos en concubinato

прижиться *perf* приживаться *impf* habituarse, familiarizarse, aclimatarse

прижучивать V. прижучить

прижучить *perf* прижучивать *impf vt vulg* dominar, avasallar

приз *m* premio *присудить приз* conceder un premio

призадуматься *perf* призадумываться *impf* quedarse pensativo

призадумываться V. призадуматься

призанимать V. призанять

призанять *perf* призанимать *impf vt* **(что/чего-л)** *coloq* tomar prestado (un poco, para un plazo corto)

призвание *n* 1) vocación 2) *(предназначение)* predestinación

призвать *perf* призывать *impf vt* llamar, invitar ~ *на помощь* llamar en ayuda

призвук *m* sonido adicional

приземистый *adj* bajo, rechoncho, achaparrado

приземление *n* aterrizaje

приземлённый *adj* mundano, material

приземлить *perf* приземлять *impf vt* aterrizar, hacer aterrizar

приземлиться *perf* приземляться *impf* aterrizar, tomar tierra

приземлять V. приземлить

приземляться V. приземлиться

призёр *m* ganador, premiado

призма *f* prisma

признавать V. признать

признаваться V. признаться

признак *m* indicio, signo, señal

признаковый *adj* de rasgo, de signo

признание *n* 1) reconocimiento 2) *(оценка по достоинству)* reconocimiento, aceptación, fama 3) *(сообщение о своих действиях)* confesión, reconocimiento

признанный *adj* reconocido

признательность *f* reconocimiento, agradecimiento, gratitud

признательный *adj* reconocido, agradecido

признать *perf* признавать *impf vt* 1) *(согласиться считать существующим)* reconocer, admitir 2) *(определить)* considerar, declarar 3) *coloq (узнать)* reconocer

признаться *perf* признаваться *impf* **(в чём-л)** reconocer, confesar ~ *во всём* reconocerlo todo; ~ *в любви* declararse

призовой *adj* de premio, premiado

призрак *m* fantasma, aparición, espectro

призрачный *adj* 1) fantasmagórico 2) *(мнимый)* ilusorio, fingido

призревать V. призреть

призрение *n elev* caridad, auxilio

призреть *perf* призревать *impf vt elev* auxiliar, recoger

призыв *m* 1) llamada, llamamiento 2) *(военный)* reclutamiento, quinta

призывать V. призвать

призываться V. призваться

призывник *m* recluta, quinto

призывной *adj* de reclutamiento

призывный *adj* de llamada

прииск *m* mina

приискать *perf* приискивать *impf vt coloq* encontrar, hallar

приискивать V. приискать

при|йти *perf* приходить *impf vi* 1) llegar, venir *~йти домой* llegar a casa 2) *(наступить)* llegar *~шла весна* ha llegado la primavera 3) **(в чём-л)** *(оказаться в состояние)* caer (en u/c), llegar (en u/c) *~йти в отчаяние* caer en la desesperación; *~йти в ярость* montar en cólera 4) **(к чему-л)** *(достигнуть)* llegar (a u/c) *~йти к выводу* llegar a una conclusión ◆ **~йти в голову что-л.** ocurrírsele a alg u/c **~йти в себя** volver en sí **~йти в чувство** volver en sí

при|йтись *perf* приходиться *impf* **1.** 1) *(подойти)* convenir, caer bien *сапоги ~шлись по ноге* las botas le sentaron bien 2) *(совпасть)* caer, ir a parar *пятое число ~шлось на субботу* el día cinco cayó en sábado **2.** *v/impers* **(кому-л)** *(выпасть на долю)* tener que (hacer u/c), verse obligado a (hacer u/c) *~шлось купить новое пальто* tuvo que comprarse un abrigo nuevo; *тебе ~дётся подождать* tendrás que esperar ◆ **~йтись кстати** venir bien, venir al pelo **где ~дётся** donde sea

приказ *m* 1) orden 2) *obsol* departamento

приказание *n* orden, prescricpión

приказать *perf* приказывать *impf vt* ordenar, mandar, prescribir

приказной *adj* de orden

приказный *m hist* escriba

приказчик *m* 1) *(продавец)* dependiente, vendedor 2) *hist (в имении)* intendente

приказывать V. приказать

прикалывать V. приколоть

приканчивать V. прикончить

прикарманивать V. прикарманить

прикарманить *perf* прикарманивать *impf vt coloq* apropiarse (de u/c), quedarse (con u/c), escamotear

прикармливать *impf vt* 1) V. прикормить 2) *(кормить в дополнение)* dar de comer, alimentar adicionalmente

прикасаться V. прикоснуться

прикатить *perf* прикатывать *impf* **1.** *vt* traer, llevar (haciendo rodar) **2.** *vi (приехать)* dejarse caer, venir

прикатывать V. прикатить

прикидка *f coloq* cálculo (recuento) aproximado

прикидывать V. прикинуть

прикидываться V. прикинуться

прикин|уть *perf* прикидывать *impf vt* 1) *coloq* calcular aproximadamente, *(сообразить)* hacerse una idea, imaginarse 2) *vulg (добавить)* añadir 3) *coloq (примерить)* probar, probarse

прикинуться *perf* прикидываться *impf* **(кем-л)** *coloq* fingirse (alg), fingir ser (alg), hacerse (alg) ~ *больным* hacerse el enfermo

приклад[1] *m (оружия)* culata

приклад[2] *m (в портняжном деле)* accesorios

прикладной *adj* aplicado

прикладывать V. приложить

прикладываться V. приложиться

приклеивать V. приклеить

приклеиваться V. приклеиться

приклеить *perf* приклеивать *impf vt* pegar

приклеиться *perf* приклеиваться *impf* pegarse

приклепать *perf* приклёпывать *impf vt* remachar, roblar

приклёпывать V. приклепать

приклонить *perf* приклонять *impf vt obsol* reclinar, inclinar ◆ ~ **голову** cobijarse, refugiarse

приключаться V. приключиться

приключение *n* aventura

приключенческий *adj* de aventuras

приключиться *perf* приключаться *impf coloq* suceder, ocurrir

приковать *perf* приковывать *impf vt* 1) fijar (clavando, herrando), encadenar 2) *(вынудить оставаться)* encadenar, inmovilizar

приковывать V. приковать

прикол[1] *m (кол)* noray, proís, estaca

прикол[2] *m coloq (повод для смеха)* hecho gracioso, broma *ради ~а* para hacer gracia, como broma

приколачивать V. приколотить

приколотить *perf* приколачивать *impf vt* fijar (con clavos), clavar

приколоть *perf* прикалывать *impf vt* 1) clavar, sujetar (con objetos punzantes) 2) *(убить чем-н. колющим)* matar con un objeto punzante

прикольно *adv coloq* de una forma divertida, de una forma graciosa

прикольный *adj coloq* divertido, gracioso

прикомандировать *perf* прикомандировывать *impf vt* destinar, asignar

прикомандировывать V. прикомандировать

прикончить *perf* приканчивать *impf vt* 1) *coloq* acabar 2) *coloq (умертвить)* acabar con alg., matar

прикорм *m* 1) *(животных)* recebo, alimentación adicional 2) *(детей)* lactación mixta

прикормить *perf* прикармливать *impf vt* cebar, dar cebo

прикорнуть *perf vi coloq* echar una cabezadita, acurrucarse

прикосновение *n* roce, toque, contacto

прикоснуться *perf* прикасаться *impf* **(к кому/чему-л)** rozar, tocar

прикрасить *perf* прикрашивать *impf vt* embellecer, adornar

прикрасы (*gen* прикрас) *fpl coloq* adornos, exageraciones (en un relato)

прикрашивать V. прикрасить

прикрепить *perf* прикреплять *impf vt* sujetar, fijar

прикрепиться *perf* прикрепляться *impf* fijarse, sujetarse

прикрепление *n* 1) fijación, sujección 2) *(регистрация)* empadronamiento, registro

прикреплять V. прикрепить

прикрепляться V. прикрепиться

прикрикивать V. прикрикнуть

прикрикнуть *perf* прикрикивать *impf vi* **(на кого-л)** gritar (a alg), levantar la voz (a alg)

прикрутить *perf* прикручивать *impf vt (привязать)* atar

прикручивать V. прикрутить

прикрывать V. прикрыть

прикрываться V. прикрыться

прикрытие *n* 1) (re)cubrimiento 2) *(предмет)* cobertura, protección, amparo

прикрыть *perf* прикрывать *impf vt* 1) *(покрыть)* cubrir, recubrir 2) *(защитить)* cubrir, tapar, proteger 3) *(притворить)* entornar, entrecerrar

прикрыться *perf* прикрываться *impf* 1) *coloq (покрыться)* cubrirse, taparse, protegerse 2) *coloq (замаскировать свои действия)* encubrirse, enmascararse 3) *coloq (затвориться не до конца)* entornarse, entrecerrarse 4) *vulg (ликвидироваться)* cerrarse, irse a pique

прикуп *m cart* monte

прикупить *perf vt* comprar (más, complementariamente)

прикуривать V. прикурить

прикурить *perf* прикуривать *impf vt* encender un cigarrillo

прикус *m* encaje de los maxilares

прикусить *perf* прикусывать *impf vt* morder (ligeramente)

прикусывать V. прикусить

прилавок *m* mostrador

прилагательное *n ling* adjetivo

прилагать V. приложить

приладить *perf* прилаживать *impf vt* ajustar, adaptar

прилаживать V. приладить

приласкать V. ласкать

приласкаться V. ласкаться

прилегать *impf vi* 1) *(об одежде)* ajustarse, venir justo 2) *(примыкать)* lindar, ser contiguo, ser adyacente

прилегающий *adj* adyacente

прилежание *n* aplicación, diligencia, celo

прилежно *adv* aplicadamente, con aplicación

прилежный *adj* 1) aplicado, tenaz 2) *(к учению)* estudioso

прилепить *perf* прилеплять *impf vt* pegar

прилепиться *perf* прилепляться *impf* pegarse
прилеплять V. прилепить
прилепляться V. прилепиться
прилетать V. прилететь
прилететь *perf* прилетать *impf vi* 1) llegar, venir (volando) 2) *coloq (примчаться)* venir corriendo, venir volando
прилечь *perf vi* 1) V. прилегать 2) *(лечь ненадолго)* acostarse, echarse, tumbarse 3) **(на кого/что-л)** *(привалиться)* recostarse (en u/c), apoyarse (en u/c) 4) *(пригнуться)* abatirse, doblarse
прилёт *m* llegada (volando)
прилив *m* 1) flujo (marítimo), marea alta 2) *(наплив)* afluencia, acceso
приливный *adj* de marea alta, de flujo
прилизанный *adj* 1) *coloq* acicalado, emperifollado 2) *coloq (о стиле)* pulido, peinado
прилизать *perf* прилизывать *impf vt* 1) lamer 2) *coloq (волосы)* alisar, atusar
прилизаться *perf* прилизываться *impf coloq* alisarse el pelo, acicalarse
прилизывать V. прилизать
прилизываться V. прилизаться
прилипала *m/f vulg* pesad|o,-a, lapa
прилипать V. прилипнуть
прилипнуть *perf* прилипать *impf vi* **(к кому/чему-л)** pegarse (a alg o u/c), engancharse (a alg o u/c)
приличествовать *impf vi elev* ser conveniente, convenir
приличие *n* decencia, decoro
прилично *adv* 1) decentemente, correctamente 2) *coloq (довольно хорошо)* aceptablemente, correctamente, bastante bien
приличный *adj* 1) decente, decoroso 2) *coloq (неплохой)* bueno, decente, tolerable
приложение *n* 1) *(присоединение)* adjunción 2) *(приложенные документы)* anexo, adjunto 3) *(к книге, журналу)* apéndice, suplemento
приложить *perf* прилагать *impf vt* 1) acercar, pegar 2) *(присоединить)* adjuntar, acompañar, incluir 3) *(применить)* emplear, aplicar
приложиться *perf* прикладываться *impf* 1) **(к чему-л)** acercarse (a u/c), pegarse (a u/c) 2) **(к чему-л)** *(поцеловать)* besar 3) *(прицелиться)* apuntar
прилуниться *perf* прилуняться *impf* alunizar
прильнуть *perf vi* 1) V. льнуть 2) **(к кому/чему-л)** pegarse (a u/c), estrecharse (contra u/c)
прилюдно *adv coloq* en público
прима *f* 1) *mús* tónica 2) *mús* primer violín, primer instrumento
примадонна *f teat* primera cantante
примазаться *perf* примазываться *impf* **(к кому-л)** *coloq peyor* acercarse (a alg), entrar en el círculo de confinaza (de alg)
примазываться V. примазаться
приманивать V. приманить
приманить *perf* приманивать *impf vt* 1) atraer, *(животных)* cebar 2) *(соблазнить)* seducir
приманка *f* 1) cebo 2) *(средство для привлечения)* atractivo, aliciente
примат *m elev* primacía, primado
приматы (*gen* -ов) *mpl zool* primates
примащиваться V. примоститься
примелькаться *perf coloq* volverse familiar, sonar
применение *n* 1) aplicación, uso, empleo 2) *(приспосабливание)* adaptación
применимость *f* aplicabilidad
применимый *adj* aplicable
применительно *adj* **(к кому/чему-л)** en relación (a alg o u/c), conforme (a alg o u/c)
применить *perf* применять *impf vt* aplicar, usar, emplear
примениться *perf* применяться *impf* acomodarse, adaptarse
применять V. применить
применяться *impf* 1) V. примениться 2) utilizarse, usarse, aplicarse
пример *m* ejemplo, modelo, pauta *к ~у* por ejemplo; *служить ~ом* servir de ejemplo; *приводить ~* poner un ejemplo ◆ **не в ~ остальным** *coloq* a diferencia de los demás
примерзать V. примёрзнуть
примеривать V. примерить
примерить *perf* примерять *impf vt* probarse (una prenda de vestir)
примериться *perf* примеряться *impf coloq* colocarse, tomar posición
примерка *f* prueba
примерно *adv* 1) de manera ejemplar, ejemplarmente 2) *(приблизительно)* aproximadamente
примерный *adj* 1) ejemplar, modélico 2) *(приблизительный)* aproximado
примерять V. примерить
примеряться V. примериться
примесь *f* mezcla
примет|а *f* signo, indicio *плохая ~а* mal agüero ◆ **иметь на ~е** tener en cuenta, tener puestos los ojos en u.c.
приметить *perf* примечать *impf vt* notar, observar, reparar (en u/c)
приметный *adj* visible, notorio
примечание *n* nota, observación
примечательно *adv pred* 1) es remarcable, es significativo 2) *(любопытно)* es curioso
примечательный *adj* 1) remarcable, significativo 2) *(любопытный)* curioso
примечать V. приметить
примёрзнуть *perf* примерзать *impf vi* **(к кому/чему-л)** pegarse (a u/c), quedar adherido (por efecto del frío) (a u/c)
приминать V. примять
примирение *n* reconciliación, conciliación
примиренчество *n* espíritu de conciliación, conformismo
примирительный *adj* conciliador, de reconciliación
примирить *perf* примирять *impf vt* reconciliar, conciliar
примирить V. мирить
примириться V. мириться
примирять V. примирить
примиряться V. примириться
примитив *m* primitivo
примитивизм *m* primitivismo
примитивно *adv* primitivamente, de una manera primitiva
примитивность *f* carácter primitivo, primitivismo

примитивный *adj* primitivo
примкнуть *perf* примыкать *impf vi* **(к кому/чему-л)** adherirse (a alg o u/c), unirse (a alg o u/c), juntarse (a alg o u/c)
примолкать V. примолкнуть
примолкнуть *perf* примолкать *impf vi* callarse, dejar de hablar
приморский *adj* marítimo, del litoral
приморье *n* litoral
примоститься *perf* примащиваться *impf* encaramarse, colocarse
примочка *f* fomento, líquido, colirio
примула *f* prímula
примус *m* infiernillo
примчаться *perf* llegar (deprisa), venir corriendo
примыкание *n* 1) contigüidad 2) *ling* adjunción
примыкать *impf vi* 1) V. примкнуть 2) **(к чему-л)** ser contiguo (a u/c), lindar (con u/c), ser adyacente (a u/c)
примять *perf* приминать *impf vt* aplastar, pisotear (un poco)
принадлежать *impf vi* **(кому/чему-л)** pertenecer (a alg o u/c)
принадлежность *f* 1) *(состояние)* pertenencia 2) *(предмет)* apero, objeto
принародный *adj vulg* público
принарядить *perf* принаряжать *impf vt* ataviar, engalanar
принаряжать V. принарядить
принести *perf* приносить *impf vt* 1) traer, llevar ~ *книгу* traer un libro; ~ *известие* traer una noticia 2) *(дать результат)* dar, producir ~ *плоды* dar frutos
принижать V. принизить
принижаться V. принизиться
принижение *n* humillación, rebajamiento
приниженный *adj* humillado
принизить *perf* принижать *impf vt* humillar, rebajar
принизиться *perf* принижаться *impf* 1) *coloq* hacerse más bajo 2) *(унизиться)* rebajarse, humillarse
приникать V. приникнуть
приникнуть *perf* приникать *impf vi* **(к чему-л)** arrimarse (a u/c), pegarse (a u/c), apoyarse (en u/c)
принимать V. принять
приниматься V. приняться
приноравливаться V. приноровиться
приноровиться *perf* приноравливаться *impf* **(к кому/чему-л)** *coloq* adaptarse (a u/c), acomodarse (a u/c)
приносить V. принести
приношение *n* ofrenda, presente, regalo
принтер *m* impresora
принудиловка *f vulg* trabajos forzados
принудительный *adj* forzado, coercitivo
принудить *perf* принуждать *impf vt* **(к чему-л)** obligar (a u/c), forzar (a u/c)
принуждать V. принудить
принуждение *n* coacción, imposición, constreñimiento
принуждённый *adj* forzado, artificial
принц *m* príncipe
принцесса *f* princesa
принцип *m* principio *в ~е* en principio; *из ~а* por principio
принципиальничать *impf vi coloq* actuar según los principios (en exceso)
принципиально *adv* 1) por principio 2) *(по существу)* en principio, en general
принципиальность *f* firmeza de principios, intransigencia
принципиальный *adj* 1) de principio(s), con principios 2) *(касающийся чего-л. в основном)* de principio
принюхаться *perf* принюхиваться *impf* 1) *coloq (привыкнуть к запаху)* acostumbrarse a un olor 2) *coloq (узнать запах)* reconocer (dintinguir) un olor
принюхиваться V. принюхаться
принятие *n* 1) adopción, toma ~ *решений* toma de decisiones; ~ *мер* adopción de medidas 2) *(должности)* aceptación 3) *(в состав)* admisión, ingreso 4) *(закона, проекта)* aprobación, adopción 5) *(пищи, лекарства)* toma
принять *perf* принимать *impf vt* 1) recibir, tomar, aceptar 2) *(взять в своё ведение)* tomar, aceptar 3) *(в состав)* admitir 4) *(гостя)* acoger, recibir 5) *(воспринять)* tomar, tomarse 6) *(услышав, записать)* recibir, captar 7) *(приобрести)* tomar 8) *(пищу, лекарство)* tomar ◆ ~ **меры** tomar medidas ~ **решение** tomar una decisión ~ **участие** tomar parte, participar ~ **к сведению** tomar nota, tomar en consideración **это так принято** así es la costumbre
приняться *perf* приниматься *impf* **(за что-л)** ponerse a (hacer u/c), comenzar a (hacer u/c) ~ *за работу* ponerse a trabajar
приободрить *perf* приободрять *impf vt* animar, alentar
приободриться *perf* приободряться *impf* animarse, reanimarse, cobrar aliento
приободрять V. приободрить
приободряться V. приободриться
приобрести *perf* приобретать *impf vt* 1) adquirir 2) *(купить)* adquirir, comprar
приобретать V. приобрести
приобретение *n* adquisición
приобщать V. приобщить
приобщаться V. приобщиться
приобщить *perf* приобщать *impf vt* 1) **(к чему-л)** familiarizar (con u/c), iniciar (en u/c) 2) *(присоединить)* unir, juntar 3) *relig* dar la comunión
приобщиться *perf* приобщаться *impf* 1) **(к чему-л)** familiarizarse (con u/c), iniciarse (en u/c) 2) *relig* comulgar
приодеть *perf vt coloq* vestir, ataviar, dar ropa
приоритет *m* prioridad
приоритетный *adj* prioritario
приосаниваться V. приосаниться
приосаниться *perf* приосаниваться *impf coloq* tomar gallardía, tomar apostura
приостанавливать V. приостановить
приостанавливаться V. приостановиться
приостановить *perf* приостанавливать *impf vt* 1) detener, parar, interrumpir, suspender ~ *работу* interrumpir un trabajo 2) *jur* sobreseer
приостановиться *perf* приоставнавливаться *impf* detenerse, pararse, interrumpirse
приостановка *f* interrupción, suspensión

приостановление *n* 1) interrupción, suspensión 2) *jur* sobreseimiento
приоткрывать V. приоткрыть
приоткрываться V. приоткрыться
приоткрыть *perf* приоткрывать *impf vt* entreabrir, abrir un poco
приоткрыться *perf* приоткрываться *impf* entreabrirse, abrirse un poco
приохотить *perf vt* **(к чему-л)** *coloq* aficionar (a u/c)
приохотиться *perf* **(к чему-л)** *coloq* aficionarse (a u/c)
припадать *impf vi* 1) V. припасть 2) *coloq (прихрамывать)* cojear (un poco)
припадок *m* ataque, arrebato, acceso, paroxismo
припадочный *adj* 1) de ataque, de acceso 2) *coloq* epiléptico
припаивать V. припаять
припарка *f* compresa, paño caliente
припасать V. припасти
припасти *perf* припасать *impf vt* **(что/чего-л)** guardar, aprovisionar, reservar, proveerse (de u/c)
припасть *perf* припадать *impf vi* **(к кому/чему-л)** *elev* apretarse (a u/c), juntarse (a u/c)
припас|ы (*gen* -ов) *mpl* 1) provisiones, víveres 2) *(боевые)* municiones
припахивать *impf vi coloq* oler (ligeramente, un poco)
припаять *perf* припаивать *impf vt* soldar
припев *m* estribillo
припеваючи *adv coloq* : жить припеваючи vivir bien y sin preocupaciones
припекать *impf* припечь *perf vt* picar, calentar, abrasar (dicho del sol)
припереть *perf* припирать *impf vt* 1) **(к чему-л)** *coloq (прислонить)* arrimar (a u/c), apoyar (contra u/c) 2) *coloq (закрыть)* cerrar, atrancar 3) *vulg (принести)* traer 4) *vulg (прижать)* apretar, acorralar
припереться *perf vulg* venir, llegar
припечатать *perf* припечатывать *impf vt* sellar
припечатывать V. припечатать
припёк *m* : на ~е al sol
припёка *inv coloq* : с боку ~а que no tiene nada que ver, que no viene a cuento
приписать *perf* приписывать *impf vt* 1) *(прибавить в письме)* añadir (escribiendo) 2) *(зачислить)* inscribir 3) *(отнести за счет)* atribuir
приписка *f* añadido, nota
приписывать V. приписать
приплата *f* paga extra, sobrepaga
приплатить *perf* приплачивать *impf vt* pagar más, pagar un suplemento
приплачивать V. приплатить
приплести *perf* приплетать *impf vt* 1) entrelazar, trenzar 2) *coloq (впутать)* añadir (inventando, fantaseando)
приплестись *perf vi coloq* llegar, venir (despacio, a duras penas)
приплетать V. приплести
приплод *m* camada, cría, lechigada
приплывать V. приплыть
приплыть *perf* приплывать *impf vi* llegar, venir (nadando, navegando)
приплюснутый *adj* aplastado, achatado
приплюсовать *perf* приплюсовывать *impf vt coloq* sumar, añadir, adicionar
приплюсовывать V. приплюсовать
приплясывать *impf vi* bailotear, hacer como que se baila
приподнимать V. приподнять
приподниматься V. приподняться
приподнятый *adj* 1) *(бодрый)* animado 2) *(торжественный)* elevado, solemne
приподнять *perf* приподнимать *impf vt* levantar, subir (un poco)
приподняться *perf* приподниматься *impf* levantarse (un poco)
припоздниться *perf coloq* llegar tarde, demorarse
припой *m tecn* soldadura
приползать V. приползти
приползти *perf* приползать *impf vi* llegar, venir (arrastrándose, reptando)
припоминать V. припомнить
припоминаться V. припомниться
припомнить *perf* припоминать *impf vt* recordar, acordarse (de u/c)
припомниться *perf* припоминаться *impf* **(кому-л)** venir a la memoria (a alg), acordarse (de u/c)
приправа *f* aderezo, condimento
приправить *perf* приправлять *impf vt* aderezar, condimentar, sazonar
приправлять V. приправить
припрыгивать *impf vi coloq* dar saltos, brincar
припрятать *perf* припрятывать *impf vt coloq* esconder, guardar
припрятывать V. припрятать
припугивать V. припугнуть
припугнуть *perf* припугивать *impf vt coloq* asustar, amenazar
припудривать V. припудрить
припудриваться V. припудриться
припудрить *perf* припудривать *impf vt coloq* empolvar (un poco), poner un poco de polvo
припудриться *perf* припудриваться *impf coloq* empolvarse (un poco)
припуск *m tecn* margen, tolerancia
припускать V. припустить
припустить *perf* припускать *impf* **1.** *vt* 1) *(подпустить)* dejar acercarse 2) *(заставить бежать быстрее)* hacer correr (más) 3) *(платье и т.д.)* alargar, ensanchar **2.** *vi (о дожде)* arreciar, aumentar
припухать V. припухнуть
припухлость *f* hinchazón
припухлый *adj* hinchado, inflado
припухнуть *perf* припухать *impf vi* hincharse (un poco)
приработок *m* sobresueldo, ganancias suplementarias
приравнивать V. приравнять
приравнять *perf* приравнивать *impf vt* **(к кому/чему-л)** igualar (a alg o u/c), equiparar (a alg o u/c), poner a un mismo nivel
прирастать V. прирасти
прирасти *perf* прирастать *impf vi* 1) **(к чему-л)** adherirse (a u/c), pegarse (a u/c) 2) *(увеличиться)* crecer, aumentar
приращение *n* 1) coaptación 2) *(увеличение)* crecimiento, aumento

приревновать V. ревновать
природ|а *f* 1) naturaleza *явления ~ы* fenómenos naturales 2) *(сущность)* naturaleza, carácter ◆ **от ~ы** por naturaleza
природный *adj* 1) natural 2) *(врождённый)* innato
природоведение *f* ciencias naturales
природоохранный *adj* de conservación del medio ambiente
прирождённый *adj* innato, congénito
прирост *m* crecimiento, aumento, incremento
приручать V. приручить
приручение *n* domesticación, amansamiento
приручить *perf* приручать *impf vt* domesticar, amansar
присаживаться V. присесть 2
присаливать V. присолить
присасываться V. присосаться
присваивать V. присвоить
присвататься *perf* присватываться *impf vulg* pedir la mano, pedir matrimonio
присватываться V. присвататься
присвист *m* silbido
присвистнуть V. присвистывать
присвистывать *impf* присвистнуть *perf vi* silbar, dar silbidos
присвоение *n* 1) *(захват)* apropiación, usurpación 2) *(звания и т.п.)* atribución, adjudicación
присвоить *perf* присваивать *impf vt* 1) *(себе)* apropiarse (de u/c), usurpar, adueñarse (de u/c) 2) *(приписать себе)* atribuirse 3) *(дать)* adjudicar, conceder
приседание *n sport* sentadilla
приседать V. присесть 1
присест *m* sentada *в один присест* de una sentada, de un tirón
присесть *perf* приседать *imperf (1)* присаживаться *imperf (2) vi* 1) *(согнув ноги в коленях)* ponerse en cuclillas 2) *(сесть ненадолго)* sentarse (por un momento) *присядьте!* ¡siéntese!, ¡tome asiento!
присказка *f* 1) *(в сказках)* empuñadura, moraleja 2) *(прибаутка)* adagio, dicho
прискакать *perf* прискакивать *impf vi* 1) venir, llegar (saltando o al galope) 2) *coloq (подойти)* venir, llegar (rápido, con prisas)
прискакивать V. прискакать
прискорбие *n* pena, pesar
прискорбный *adj* doloroso, lamentable
прислать *perf* присылать *impf vt* mandar, enviar, remitir
присловье *n coloq* dicho, adagio
прислонить *perf* прислонять *impf vt* (**к кому/чему-л**) apoyar (contra alg o u/c), arrimar (a alg o u/c)
прислониться *perf* прислоняться *impf* apoyarse, arrimarse
прислонять V. прислонить
прислоняться V. прислониться
прислуга *f* 1) criada 2) *(собирательное)* servicio, criados
прислуживать *impf vi* (**кому-л**) servir (a alg)
прислужник *m* 1) *obsol* criado, servidor 2) *desp (приверженец)* lacayo
прислушаться *perf* прислушиваться *impf* (**к чему-л**) escuchar, prestar oídos (a u/c)
прислушиваться V. прислушаться
присматривать V. присмотреть
присматриваться V. присмотреться
присмиреть *perf vi* volverse sumiso, amansarse
присмотр *m* custodia, cuidado, guarda
присмотреть *perf* присматривать *impf vt* 1) (**за кем/чем-л**) vigilar, mirar (por alg o u/c), velar (por alg o u/c), cuidar (de alg o u/c) *~ за детьми* cuidar de los niños 2) *(подыскать)* encontrar, escoger
присмотреться *perf* присматриваться *impf* (**к кому/чему-л**) mirar atentamente, fijar la vista (en alg o u/c)
присниться V. сниться
приснопамятный *adj elev obsol* inolvidable, indeleble
присобачивать V. присобачить
присобачить *perf* присобачивать *impf vt vulg* pegar, poner
присовокупить *perf* присовокуплять *impf vt elev* agregar, añadir
присовокуплять V. присовокупить
присоединение *n* adhesión, anexión
присоединить *perf* присоединять *impf vt* anexionar, incorporar, unir, agregar
присоединиться *perf* присоединяться *impf* (**к кому/чему-л**) unirse (a alg o u/c), adherirse (a alg o u/c), incorporarse (a u/c)
присоединять V. присоединить
присоединяться V. присоединиться
присолить *perf* присаливать *impf vt coloq* salar (un poco)
присос *m* ventosa
присосаться *perf* присасываться *impf* pegarse, adherirse mediante ventosas
присоседиться *perf* (**к кому-л**) *coloq* sentarse al lado (de alg)
присохнуть *perf* присыхать *impf vi* pegarse, adherirse (al secarse)
приспевать V. приспеть
приспеть *perf* приспевать *impf vi* 1) *obsol (о времени)* llegar 2) *(подоспеть)* llegar a tiempo
приспешник *m elev* cómplice, secuaz
приспичить *perf v/impers* (**что-л кому-л**) *coloq* antojarse (u/c a alg), meterse en la cabeza (u/c a alg)
приспосабливать V. приспособить
приспосабливаться V. приспособиться
приспособительный *adj* de adaptación
приспособить *perf* приспосабливать *impf vt* adaptar, acomodar
приспособиться *perf* приспосабливаться *impf* (**к кому/чему-л**) acomodarse (a alg o u/c), adaptarse (a alg o u/c), habituarse (a alg o u/c)
приспособленец *m* conformista, comodón
приспособление *n* 1) *(действие)* adaptación, acomodación 2) *(устройство)* dispositivo, mecanismo, aparato, artilugio
приспособленность *f* adaptación, acomodación
приспособленный *adj* adoptado, acomodado
приспособленчество *n* conformismo, acomodabilidad
приспособляемость *f* adaptabilidad, capacidad de acomodación
приспособляться V. приспособиться
приспускать V. приспустить
приспустить *perf* приспускать *impf vt* bajar, disminuir

пристав *m* 1) *hist* comisario (en la Rusia zarista) 2) agente
приставала *m/f vulg* pesad|o, -a, pelma
приставание *n* importunación, molestia
приставать V. пристать
приставить *perf* приставлять *impf vt* 1) *(приложить)* poner, apoyar, arrimar 2) *(приделать)* añadir
приставка *f* 1) *(действие)* fijación 2) *(приспособление)* adaptador, consola 3) *ling* prefijo
приставлять V. приставить
приставной *adj* supletorio
приставучий *adj coloq* pesado, pegajoso, empalagoso
пристально *adv* fijamente, atentamente
пристальный *adj* fijo, atento
пристанище *n* cobijo, refugio
пристань *f* embarcadero, muelle
пристать *perf* приставать *impf vi* 1) **(к кому/чему-л)** pegarse (a alg o u/c), adherirse (a alg o u/c) 2) *(причалить)* atracar, abordar 3) *coloq (начать надоедать)* importunar, molestar 4) *(о болезнях)* pegarse
пристегнуть *perf* пристёгивать *impf vt* abrochar, sujetar
пристегнуться *perf* пристёгиваться *impf vt* abrocharse, sujetarse
пристёгивать V. пристегнуть
пристёгиваться V. пристегнуться
пристойность *f* decencia, decoro
пристойный *adj* decente, decoroso
пристраивать V. пристроить
пристраиваться V. пристроиться
пристрастие *n* 1) **(к чему-л)** afición (por alg o u/c), propensión (a u/c) 2) *(предвзятость)* imparcialidad 2) *med* adicción
пристрастить *perf vt coloq* aficionar, acostumbrar
пристраститься *perf* **(к чему-л)** aficionarse (a u/c), tomar afición (a u/c)
пристрастно *adv* parcialmente, con parcialidad
пристрастность *f* parcialidad, partidismo
пристрастный *adj* 1) parcial 2) *(предвзятый)* preconcebido
пристрачивать V. пристрочить
пристреливать V. пристрелить, пристрелять
пристрелить *perf* пристреливать *impf vt* matar (de un tiro)
пристрелять *perf* пристреливать *impf vt* reglar el tiro
пристреляться *perf* пристреливаться *impf* reglar el tiro
пристроить *perf* пристраивать *impf vt* 1) construir, edificar (añadiendo) 2) *coloq (поместить)* colocar, colocar 3) *(устроить кого-л.)* colocar, emplear
пристроиться *perf* пристраиваться *impf* 1) *(поместиться)* ponerse, colocarse (al lado) 2) *coloq (устроиться)* colocarse
пристройка *f (здание)* anexo, ala
пристрочить *perf* пристрачивать *impf vt* coser, zurcir
приструнивать V. приструнить
приструнить *perf* приструнивать *impf vt coloq* meter en cintura, apretar las clavijas
пристукивать V. пристукнуть
пристукнуть *perf* пристукивать *impf vi* golpear, dar un golpe
приступ *m* 1) acceso, ataque, arrebato, arranque, paroxismo ~ *гнева* arrebato de cólera 2) asalto *взять ~ом* tomar al asalto
приступать V. приступить
приступаться V. приступиться
приступить *perf* приступать *impf vi* **(к чему-л)** comenzar a (hacer u/c), empezar a (hacer u/c)
приступиться *perf* приступаться *impf* **(к кому-л)** acercarse (a alg), abordar
пристыдить V. стыдить
пристыженный *adj* avergonzado, turbado
присудить *perf* присуждать *impf vt* 1) **(чему-л)** sentenciar (a u/c), condenar (a u/c) 2) *(наградить)* conceder, adjudicar, otorgar
присуждать V. присудить
присуждение *n* adjudicación, otorgamiento
присутственный *adj* laborable, de trabajo
присутствие *n* presencia
присутствовать *impf vi* 1) estar presente 2) *(иметься)* existir
присушить *perf vt pop.-poét* encantar, hechizar
присущий *adj* inherente, propio
присылать V. прислать
присылка *f* envío
присыпать *perf* присыпать *impf vt* 1) **(что/чего-л)** echar (un poco más) 2) *(посыпать тонким слоем)* espolvorear
присыпать V. присыпать
присыхать V. присохнуть
присяг|а *f* juramento *давать ~у* prestar juramento
присягать *impf* присягнуть *perf vi* **(кому/чему-л)** *elev* jurar, juramentar
присягнуть V. присягать
присяжный *adj* jurado
притаиваться V. притаиться
притаиться *perf* притаиваться *impf* agazaparse, esconderse, ocultarse
пританцовывать *impf vi* bailotear, hacer como que se baila
притаптывать V. притоптать
притаскивать V. притащить
притаскиваться V. притащиться
притачать *perf* притачивать *impf vt* pespuntear
притачивать V. притачать
притащить *perf* притаскивать *impf vt* 1) llevar, traer (arrastrando, con dificultad) 2) *coloq (принести)* llevar, traer
притащиться *perf* притаскиваться *impf coloq* llegar, venir (arrastrándose, a duras penas)
притвор *m relig* atrio, anteiglesia
притвора *m/f coloq* V. притворщик
притворить *perf* притворять *impf vt* entornar, entrecerrar
притвориться *perf* притворяться *impf* **(кем/чем-л)** fingirse (alg o u/c), hacerse (u/c) ~ *больным* hacerse el enfermo
притворно *adv* fingidamente, simuladamente
притворный *adj* fingido, simulado
притворство *n* fingimiento, simulación
притворщик *m* fingidor, simulador
притворять V. притворить
притворяться V. притвориться
притекать V. притечь
притереть *perf* притирать *impf vt* esmerilar, rectificar

притерпеться *perf* **(к чему-л)** *coloq* acostumbrarse (a u/c), avezarse (a u/c)
притеснение *n* 1) opresión, discriminación, marginación 2) *(преследование)* persecución
притеснить *perf* притеснять *impf vt* 1) oprimir, discriminar, marginar 2) *(преследовать)* perseguir
притеснять V. притеснить
притечь *perf* притекать *impf vi* afluir
притёртый *adj* esmerilado
притирать V. притереть
притискивать V. притиснуть
притиснуть *perf* притискивать *impf vt coloq* apretar, apretujar, estrujar
притихнуть *perf* притихать *impf vi* calmarse, apaciguarse, aplacarse
приткнуть *perf* притыкать *impf vt coloq* meter, poner, colocar
приткнуться *perf* притыкаться *impf coloq* ponerse, colocarse, meterse
приток *m* 1) *(реки)* afluente 2) *(наплыв)* flujo, afluencia
притом *conj* además, también
притомить *perf vt coloq* cansar, agotar
притомиться *perf coloq* cansarse
притон *m* antro, guarida
притопнуть *perf* притопывать *impf vi* golpear con el pie, patear
притопывать V. притопнуть
приторачивать V. приторочить
приторговать V. торговать
притормаживать V. притормозить
притормозить *perf* притормаживать *impf vt* frenar (ligeramente), aminorar la marcha
приторно *adv* empalagosamente
приторность *f* empalago
приторный *adj* empalagoso, dulzón
приторочить *perf* приторачивать *impf vt* atar, asegurar (con correas)
притрагиваться V. притронуться
притронуться *perf* притрагиваться *impf* **(к кому/чему-л)** tocar, rozar
притулиться *perf* притуляться *impf coloq* recostarse, apoyarse
притуляться V. притулиться
притупить *perf* притуплять *impf vt* 1) embotar, volver romo, despuntar 2) *(ослабить)* enervar, debilitar
притупиться *perf* притупляться *impf* 1) embotarse, volverse romo, despuntarse 2) *(ослабиться)* enervarse, debilitarse
притуплять V. притупить
притупляться V. притупиться
притушить *perf vt* apagar, atenuar, disminuir
притча *f* parábola ◆ ~ **во языцех** es la comidilla
притчевый *adj* de parábola, de alegoría
притыкать V. приткнуть
притыкаться V. приткнуться
притягательность *f* atracción, atractivo
притягательный *adj* atractivo, atrayente
притягивать V. притянуть
притяжательн|ый *adj ling* posesivo *~ое местоимение* pronombre posesivo
притяжение *n* atracción, gravedad, gravitación
притязание *n* pretensión
притязать *impf vi* **(на что-л)** *elev* pretender
притянуть *perf* притягивать *impf vt* atraer, tirar, arrastrar
приударить *perf* приударять *impf vt* 1) apretar, empujar 2) *(за кем-л.)* cortejar, requebrar
приударять V. приударить
приукрасить *perf* приукрашивать *impf vt* adornar, embellecer
приукрашивать V. приукрасить
приуменьшать V. приуменьшить
приуменьшить *perf* приуменьшать *impf vt* disminuir, reducir, aminorar
приумножать V. приумножить
приумножаться V. приумножиться
приумножение *n* multiplicación, incremento, aumento
приумножить *perf* приумножать *impf vt* multiplicar, incrementar, aumentar
приумножиться *perf* приумножаться *impf* multiplicarse, incrementarse, aumentar
приунывать V. приуныть
приуныть *perf* приунывать *impf vi coloq* desalentarse, descorazonarse
приурочивать V. приурочить
приурочить *perf* приурочивать *impf vt* **(к чему-л)** hacer coincidir (con u/c), sincronizar (con u/c)
приусадебный *adj* anexo a la casa
приутихать V. приутихнуть
приутихнуть *perf* приутихать *impf vi* calmarse, serenarse
приучать V. приучить
приучаться V. приучиться
приучить *perf* приучать *impf vt* **(к чему-л)** acostumbrar (a u/c), habituar (a u/c)
приучиться *perf* приучаться *impf* **(к чему-л)** acostumbrarse (a u/c), habituarse (a u/c)
прифрантиться *perf coloq* ataviarse, acicalarse, emperifollarse
прифронтовой *adj* cercano al frente
прихварывать V. прихворнуть
прихвастнуть *perf vi coloq* pavonearse, jactarse
прихватить *perf* прихватывать *impf vt* 1) *(сжать)* agarrar, coger 2) *coloq (взять с собой)* tomar, llevar, llevarse 3) *coloq (привязать)* apretar, fijar 4) *coloq (подморозить)* helar, estropear (dicho de la helada)
прихватывать V. прихватить
прихворнуть *perf* прихварывать *impf vi* indisponerse, sentirse indispuesto
прихвостень *m desp* lacayo, lameculos
прихлебатель *m coloq desp* gorrón, lameplatos
прихлебательство *n coloq desp* gorronería
прихлебнуть V. прихлёбывать
прихлёбывать *impf* прихлебнуть *perf vt coloq* sorber, beber a pequeños tragos
прихлопнуть *perf* прихлопывать *impf vt* 1) dar una palmada 2) *coloq (закрыть хлопнув)* dar un portazo, cerrar 3) *vulg (закрыть, прекратить существование)* dar fin (a u/c), acabar (con u/c) 4) *vulg (убить)* acabar (con), despachar
прихлопывать V. прихлопнуть
приход[1] *m* 1) *(прибытие)* llegada 2) *(наступление)* llegada 3) *(доход, поступление)* entrada, ingreso
приход[2] *m (церковный)* parroquia
приходить V. прийти
приходиться V. прийтись

приходно-расходный *adj com* contable, de contabilidad
приходный *adj com* de entrada(s)
приходский *adj* parroquial
приходящий *adj* interino, asistente
прихожан|ин, -ка *m/f* parroquian|o, -a, feligr|és, -esa
прихожая *f* vestíbulo, entrada
прихорашивать *impf* прихорошить *perf vt coloq* embellecer, arreglar, acicalar
прихорошить V. прихорашивать
прихотливо *adv* 1) caprichosamente 2) *(причудливо)* con filigranas
прихотливый *adj* 1) caprichoso, antojadizo 2) *(причудливый)* afiligranado
прихоть *f* antojo, capricho
прихрамывать *impf vi* cojear un poco, renquear un poco
прицел *m* 1) *(действие)* puntería 2) *(приспособление)* mira, alza
прицеливание *n* puntería
прицеливаться V. прицелиться
прицелиться *perf* прицеливаться *impf* apuntar
прицельный *adj* de puntería, de precisión
прицениваться V. прицениться
прицениться *perf* прицениваться *impf coloq* preguntar el precio
прицеп *m* remolque
прицепить *perf* прицеплять *impf vt* 1) enganchar, unir, acoplar 2) *(привесить, зацепив)* sujetar, pegar
прицепиться *perf* прицепляться *impf* 1) **(к кому/чему-л)** engancharse (a alg o u/c) 2) *coloq (придраться)* tomarla (con alg o u/c), emprenderla (con alg o u/c)
прицепка *f* 1) *(действие)* enganche 2) *(предмет)* remolque 3) *coloq (придирка)* discusión, bronca
прицеплять V. прицепить
прицепляться V. прицепиться
прицепщик *m tecn* enganchador
причал *m* 1) *(действие)* amarre 2) *(место)* embarcadero, amarradero
причаливание *n* amarre, atraque
причаливать V. причалить
причалить *perf* причаливать *impf vi* atracar (un barco)
причальный *adj* de amarre, de amarrar
причастие[1] *n ling* participio
причастие[2] *n* 1) *relig* eucaristía 2) *relig (обряд)* comunión
причастить *perf* причащать *impf vt relig* comulgar, dar la comunión
причаститься *perf* причащаться *impf relig* comulgar
причастность *f* implicación, participación
причастный *adj* **(к чему-л)** implicado (en u/c), participante (en u/c)
причащать V. причастить
причащаться V. причаститься
причащение *n* comunión
причесать *perf* причёсывать *impf vt* peinar
причесаться *perf* причёсываться *impf* peinarse
причём *conj* con todo eso, al mismo tiempo, y además *неправ, ~ ещё спорит* no tiene razón y además discute
причёска *f* peinado
причёсывать V. причесать
причёсываться V. причесаться
причин|а *f* causa, motivo, razón *по ~е чего-л.* a causa de u.c., debido a u.c.
причиндал|ы (*gen* -ов) *mpl coloq* trastos, bártulos
причинить *perf* причинять *impf vt* causar, ocasionar, producir, infligir
причинность *f filos* causalidad
причинный *adj filos* causal
причинять V. причинить
причисление *n* 1) añadidura 2) *(зачисление)* incorporación, anexión
причислить *perf* причислять *impf vt* 1) *(прибавить)* añadir 2) *(зачислить)* incorporar, adjuntar, anexar
причислять V. причислить
причисляться *impf* **(к чему-л)** formar parte (de u/c), contarse (entre u/c)
причитание *n* lamentación
причитать *impf vi* lamentarse
причита|ться *impf* **(что-л кому-л)** corresponder (a alg u/c) *ему ~ется тысяча рублей* le corresponden mil rublos
причитывать V. причесть
причмокивать V. причмокнуть
причмокнуть *perf* причмокивать *impf vi* chasquear (con la lengua), paladear
причуда *f* capricho, antojo, fantasía
причудиться V. чудиться
причудливо *adv* 1) con rareza, con extravagancia 2) *coloq (капризно)* caprichosamente
причудливость *f* rareza, extravagancia
причудливый *adj* 1) raro, extravagante 2) *coloq (капризный)* caprichoso, antojadizo
пришвартовать V. швартовать
пришвартоваться V. швартоваться
пришелец *m* forastero, advenedizo
пришепётывать *impf vi coloq* cecear
пришествие *n elev* advenimiento
пришёптывать *impf vt coloq* susurrar
пришибать V. пришибить
пришибить *perf* пришибать *impf vt* 1) magullar, golpear 2) *coloq (привести в угнетённое состояние)* abatir, desalentar
пришибленный *adj* abatido, desalentado
пришивать V. пришить
пришивной *adj* cosido, para ser cosido
пришить *perf* пришивать *impf vt* 1) coser, unir cosiendo 2) **(кому-л. что-л)** *vulg (ложно обвинить)* colgar (a alg u/c), colgar (a alg u/c)
пришкольный *adj* escolar, de la escuela
пришлый *adj* forastero, advenedizo
пришпиливать V. пришпилить
пришпилить *perf* пришпиливать *impf vt* prender (sujetar) con alfileres
пришпоривать V. пришпорить
пришпорить *perf* пришпоривать *impf vt* espolear
прищемить *perf* прищемлять *impf vt* coger, pillar, apretar *~ пальцы* pillarse los dedos
прищемлять V. прищемить
прищепить *perf* прищеплять *impf vt* injertar, esquejar
прищепка *f* pinza (para colgar la ropa)
прищеплять V. прищепить
прищёлкивать V. прищёлкнуть

прищёлкнуть *perf* прищёлкивать *impf vi coloq* chasquear
прищуривать V. прищурить
прищуриваться V. прищуриться
прищурить *perf* прищуривать *impf vt* entrecerrar, entornar
прищуриться *perf* прищуриваться *impf* entrecerrar, entornar los ojos
прищучивать V. прищучить
прищучить *perf* прищучивать *impf vt vulg* atrapar, coger
приют *m* 1) *(действие)* asilo, cobijo 2) *(учреждение)* asilo 3) *(детский)* orfanato, inclusa
приютить *perf vt* albergar, cobijar, dar asilo
приютиться *perf* 1) albergarse, refugiarse, cobijarse 2) *(удобно устроиться)* acomodarse
приязнь *f obsol* amistad, predisposición
приятель, -ница *m/f* amig|o, -a, compañer|o, -a
приятельский *adj* de amistad
приятие *n elev obsol* V. принятие
приятно 1. *adv* agradablemente **2.** *adv pred* es agradable ~ *познакомиться* encantado de conocerle; ~ *тебя видеть* me alegro de verte
приятность *f* carácter agradable
приятн|ый *adj* agradable, grato *~ая новость* buena noticia ◆ **~ого аппетита!** *coloq desp* ¡buen provecho!
приять *perf vt obsol* V. принять
про *prep* **(кого/что-л.)** de (alg o u/c), acerca (de alg o u/c), sobre (alg o u/c)
проанализировать V. анализировать
проба *f* 1) *(испытание)* prueba 2) *(драгоценного металла)* ley (de un metal), calidad
пробавляться *impf* **(чем-л)** *coloq* arreglarse (con u/c), contentarse (con u/c)
пробалтываться V. проболтаться 1
пробасить V. басить
пробег *m* 1) carrera 2) *(пройденное расстояние)* recorrido
пробегать V. пробежать
пробежать *perf* пробегать *impf vt* pasar corriendo, recorrer ~ *сто метров* recorrer cien metros; ~ *по залу* pasar corriendo por la sala
пробежаться *perf* correr (un poco), dar una vuelta (corriendo)
пробежка *f* carrera
пробел *m* 1) espacio en blanco 2) *(пропуск)* laguna, vacío
пробивать V. пробить
пробиваться V. пробиться
пробивной *adj* de perforación, de penetración
пробирать V. пробрать
пробираться V. пробраться
пробирка *f* probeta, tubo de ensayo
пробирный *adj* de prueba, de garantía
пробить *perf* пробивать *impf vt* 1) *(проломать)* abrir, practicar una abertura, perforar 2) *(дать сигнал ударами)* dar, tocar 3) *(путь, дорогу)* abrir
пробиться *perf* пробиваться *impf* 1) pasar a través, abrirse paso, penetrar, atravesar 2) *coloq (прожить с трудом)* pasar 3) *(проступить)* apuntar, salir, brotar
пробка *f* 1) *(материал)* corcho 2) *(предмет)* tapón, corcho 3) *(на дорогах)* atasco, retención 4) *(электрический предохранитель)* fusible
пробков|ый *adj* de corcho *~ое дерево* alcornoque
проблема *f* problema
проблематика *f* problemática
проблематичный *adj* problemático
проблемный *adj* dedicado a alguna cuestión (problemática)
проблеск *m* luz, resplandor
проблеснуть *perf* проблёскивать *impf vi* resplandecer (a través de algo)
проблёскивать V. проблеснуть
пробный *adj* de prueba, de ensayo
пробовать *impf* попробовать *perf vt* 1) probar, intentar, hacer tentativas 2) *(на вкус)* probar, degustar, catar
прободать *perf vt* perforar
прободение *n med* perforación
прободной *adj med* con perforación
пробоина *f* brecha, agujero
пробой *m* 1) perforación 2) *(в замке)* aldaba
проболе|ть[1] *perf vi (пробыть больным)* estar enfermo (un tiempo) *она ~ла неделю* ha estado una semana enferma
проболеть[2] *perf vi (о части тела)* doler (un tiempo)
проболтать *perf vt coloq (поговорить)* hablar, charlar, pasar un tiempo hablando (charlando)
проболтаться[1] *perf* пробалтываться *impf (проговориться)* irse de la lengua, hablar de más
проболтаться[2] *perf (прослоняться без дела)* deambular (cierto tiempo)
пробор *m* raya, crencha
пробормотать V. бормотать
пробра|ть *perf* пробирать *impf vt* penetrar, atrapar, sobrecoger *меня ~л страх* el miedo me sobrecogió
пробраться *perf* пробираться *impf* penetrar, entrar (a duras penas), colarse
пробрехать V. брехать
пробросаться *perf* **(чем-л)** *coloq* despilfarrar, malbaratar
пробряцать V. бряцать
пробубнить V. бубнить
пробудить *perf* пробуждать *impf vt* despertar
пробудиться *perf* пробуждаться *impf* despertar, despertarse
пробуждать V. пробудить
пробуждаться V. пробудиться
пробуждение *n* despertar
пробурить V. бурить
пробурчать V. бурчать
пробы|ть *perf vi* quedarse, permanecer, estar *мы ~ли там три дня* estuvimos allí tres días
провал *m* 1) *(падение)* caída 2) *(яма)* foso 3) *(неудача)* fracaso 4) *(в памяти)* laguna, vacío
проваливать V. провалить
проваливаться V. провалиться
провалить *perf* проваливать *impf vt* 1) derrumbar, hundir 2) *(привести к провалу)* frustar, hacer fracasar 3) *coloq (на экзамене)* suspender, catear
провалиться *perf* проваливаться *impf* 1) caer 2) *(рухнуть)* derrumbarse, hundirse 3) *(потерпеть недачу)* fracasar, fallar 4) *coloq (на экзамене)* suspender, catear
провальный *adj* de fracaso
провансаль *m* mahonesa provenzal
провансский *adj* provenzal

проваривать V. проварить
провариваться V. провариться
проварить *perf* проваривать *impf vt* 1) *(хорошо сварить)* hervir (cocer) bien 2) *(варить какое-то время)* hervir, cocer (un tiempo)
провариться *perf* провариваться *impf* hervirse (cocerse) bien
проведать *perf* проведывать *impf vt* visitar, ir a ver
проведение *n* 1) *(прокладывание)* instalación, tendido 2) *(осуществление)* realización, organización, ejecución 3) *(утверждение)* aceptación, aprobación, promoción
проведывать V. проведать
провезти *perf* провозить *impf vt* llevar, traer (en un vehículo)
провентилировать V. вентилировать
проверещать V. верещать
проверить *perf* проверять *impf vt* 1) comprobar, revisar, verificar 2) *(подвергнуть испытанию)* corregir, examinar
проверка *f* revisión, comprobación, verificación
провернуть *perf* проворачивать *impf vt* 1) *(сделать отверстие)* perforar, agujerear, horadar 2) *coloq (осуществить)* realizar (rápidamente)
проверочный *adj* de comprobación, de control
провертеть *perf* провёртывать *impf* **1.** *vt (сделать отверстие)* perforar, agujerear, horadar **2.** *vi (сделать отверстие)* girar, dar vueltas (un tiempo)
провертеться *perf* провёртываться *impf (сделать отверстие)* girar, dar vueltas (un tiempo)
проверять V. проверить
провести *perf* проводить *impf vt* 1) acompañar, llevar, conducir 2) *(чем-л.)* pasar ~ *рукой по чему-л.* pasar la mano por una cosa 3) *(обозначить)* trazar ~ *линию* trazar una línea 4) *(проложить)* tender, instalar ~ *водопровод* instalar una cañería 5) *(осуществить)* realizar, efectuar, ejecutar 6) *(время)* pasar 7) *coloq (обмануть)* engañar
проветривание *n* ventilación
проветривать V. проветрить
проветриваться V. проветиться
проветрить *perf* проветривать *impf vt* ventilar, airear
проветриться *perf* проветриваться *impf* tomar el aire, refrescarse
провещать V. вещать
провеять V. веять
провёртывать V. провертеть
провиант *m obsol* provisiones, víveres
провидение *n relig* providencia
провидеть *perf vt obsol* prever
провидец *m elev* profeta
провизия *f* provisiones, víveres
провизор *m* farmacéutico
провизорный *adj elev* provisional
провиниться *perf vi* cometer una falta, ser culpable de algo
провинность *f coloq* falta, culpa
провинциал *m* provinciano
провинциализм *m* provincialismo
провинциалка *f coloq* provinciana
провинциальность *f* provincialismo
провинциальный *adj* provincial
провинция *f* provincia
провисать V. провиснуть
провиснуть *perf* провисать *impf vi* combarse, arquearse, doblarse (por efecto del peso)
провод *m* cable, hilo, alambre
проводимость *f fís* conductibilidad
проводить[1] V. провести
проводить[2] *perf* провожать *impf vt* acompañar, conducir
проводка *f* 1) *(действие)* instalación 2) *(сеть)* instalación, cables
проводник[1] *m* 1) *(провожатый)* guía, baqueano 2) *(в вагоне)* mozo (de vagón, de coche)
проводник[2] *m* 1) *(вещество)* conductor 2) *(посредник)* intermediario, portador, portador
проводница *f* 1) *(провожатая)* guía, baqueana 2) *(в вагоне)* moza (de vagón, de coche)
проводной *adj* de cables
провод|ы (*gen* -ов) *mpl* despedida
провожатый *adj* guía, escolta
провожать V. проводить 2
провоз *m* transporte
провозвестник *m elev* anunciador
провозгласить *perf* провозглашать *impf vt* proclamar, promulgar
провозглашать V. провозгласить
провозглашение *n* proclamación, promulgación
провозить V. провезти
провозиться *impf vi* 1) *coloq (в возне, в шалостях)* enredar, jugar (un tiempo) 2) *coloq (в заботах)* estar atareado, estar ocupado (un tiempo)
провокатор *m* provocador
провокационный *adj* provocador, provocativo
провокация *f* provocación
проволакивать V. проволочить
проволока *f* alambre
проволочить *perf* проволакивать *impf vt* 1) *(протащить)* llevar arrastrando 2) *coloq (медлить, тянуть)* demorarse, dar largas
проволочка *f coloq* demora, dilación
проволочный *adj* de alambre
проволочь *perf vt* llevar arrastrando (un tiempo)
провонять *perf vi vulg* apestar, despedir mal olor (un tiempo)
проворачивать V. провернуть
проворно *adv* 1) ágilmente, diestramente 2) *(быстро)* con presteza, con prontitud
проворный *adj* 1) ágil, diestro 2) *(быстрый)* pronto, veloz
провороваться *perf* проворовываться *impf* ser descubierto por malversación
проворовываться V. проворроваться
проворонить V. воронить
проворство *n* agilidad, presteza
проворчать *perf* **1.** *vt* refunfuñar, gruñir, mascullar **2.** *vi* refunfuñar, gruñir (un tiempo)
провоцировать *impf* спровоцировать *impf vt* provocar
прогадать *perf* прогадывать *impf vi coloq* equivocarse en los cálculos (en las cuentas)
прогадывать V. прогадать
прогалина *f coloq* claro
прогиб *m tecn* flexión, pandeo

прогибать V. прогнуть
прогибаться V. прогнуться
прогладить *perf* проглаживать *impf vt* planchar, estirar
проглаживать V. прогладить
проглатывание *n* deglución, engullimiento
проглатывать V. проглотать
проглотить *perf* проглатывать *impf vt* tragar, engullir ◆ ~ **пилюлю** tragarse la píldora
проглядеть *perf* проглядывать *impf vt* 1) *(бегло посмотреть)* mirar por encima 2) *(не заметить)* dejar pasar, desatender, no fijarse (en u/c)
проглядывать V. проглядеть
прогнать *perf* прогонять *impf vt* 1) *(заставить уйти)* echar, expulsar, poner en la calle 2) *(заставить двигаться)* llevar, hacer ir
прогневать *perf vt obsol* encolerizar, enojar
прогневаться *perf obsol* encolerizarse, montar en cólera, enojarse
прогневить V. гневить
прогнивать V. прогнить
прогнить *perf* прогнивать *impf vi* pudrirse (por completo)
прогноз *m* pronóstico, previsión ~ *погоды* previsión meteorológica
прогнозирование *n* pronóstico (acción), pronosticación
прогнозировать *biasp vt* pronosticar, prever
прогнозист *m* pronosticador
прогнозный *adj* de pronóstico
прогностический *adj* de pronóstico
прогнуть *perf* прогибать *impf vt* doblar, combar, encorvar
прогнуться *perf* прогибаться *impf* doblarse, combarse, encorvarse
проговаривать V. проговорить
проговариваться V. проговориться
проговорить *perf* проговаривать *impf vt* 1) decir, pronunciar, articular, proferir 2) *(какое-л. время)* hablar (un tiempo)
проговориться *perf* проговариваться *impf* hablar más de la cuenta, irse de la lengua
прогоготать V. гоготать
проголодаться *perf* tener (sentir) hambre
проголосовать V. голосовать
прогон[1] *m (для стада)* camino, cañada
прогон[2] *m (опорная балка)* larguero, viga
прогонять V. прогнать
прогорать V. прогореть
прогореть *perf* прогорать *impf vi* 1) *(сгореть совсем)* arder, consumirse 2) *(разрушиться от действия огня)* quemarse, estar quemado 3) *(гореть какое-л. время)* quemar, arder (un tiempo) 4) *coloq (потерпеть неудачу)* fracasar, arruinarse, quebrar
прогорклый *adj* rancio
прогоркнуть V. горкнуть
программа *f* 1) programa 2) *(телевизионная)* canal, programa
программирование *n* programación
программировать *impf* запрограммировать *perf vt* programar
программист, -ка *m/f* programador, -a
программный *adj* de programa, programático
прогребать V. прогрести
прогрев *m* calentamiento
прогревание *n* calentamiento
прогревать V. прогреть
прогреваться V. прогреться
прогреметь V. греметь
прогресс *n* progreso
прогрессивизм *m pol* progresismo
прогрессивка *f coloq* plus progresivo (en el salario)
прогрессивность *f pol* progresismo
прогрессивный *adv* 1) *(возрастающий)* progresivo 2) *pol* progresista, de progreso
прогрессизм *m pol* progresismo
прогрессирование *n* progreso
прогрессировать *impf vi* progresar, ir progresando
прогрессия *f mat* progresión
прогреть *perf* прогревать *impf vt* calentar (bien, completamente)
прогреться *perf* прогреваться *impf* calentarse (bien, completamente)
прогромыхать V. громыхать
прогрохотать V. грохотать
прогрызать V. прогрызть
прогрызть *perf* прогрызать *impf vt* roer, agujerear (royendo)
прогудеть V. гудеть
прогул *m* 1) falta injustificada, ausentismo 2) *(занятий)* novillos
прогуливать V. прогулять
прогуливаться V. прогуляться
прогулка *f* paseo
прогулочный *adj* de paseo
прогульщи|к, -ца *m/f* ausentista, noviller|o, -a
прогулять *perf* прогуливать *impf* **1.** *vi* pasear, estar paseando (un tiempo) **2.** *vt* 1) perder(se), dejar escapar (por haber estado paseando) 2) *(совершить прогул)* faltar (a u/c), saltarse 3) *(промотать)* malgastar, derrochar, despilfarrar
прогуляться *perf* прогуливаться *impf* dar un paseo, dar una vuelta
продавать V. продать
продаваться V. продаться
продавец *m* dependiente, vendedor
продавить *perf* продавливать *impf vt* aplastar, chafar
продавливать V. продавить
продавщица *f* dependienta, vendedora
продажа *f* venta ~ *оптом* venta al por mayor; ~ *в розницу* venta al por menor
продажность *f* venalidad
продажный *adj* 1) de venta 2) *(о человеке)* vendido, mercenario
продалбливать *impf vt* V. долбить
продать *perf* продавать *impf vt* vender ~ *оптом, в розницу* vender al por mayor, al por menor; ~ *за гроши* malvender, vender muy barato
продаться *perf* продаваться *impf* venderse
продвигать V. продвинуть
продвигаться V. продвинуться
продвижение *n* 1) avance, adelantamiento 2) *(по службе)* ascenso
продвинутый *adj* avanzado
продвинуть *perf* продвигать *impf vt* 1) hacer avanzar, adelantar 2) *(по службе)* promocionar, ascender

продвинуться *perf* продвигаться *impf* 1) adelantar, avanzar 2) *(по службе)* ascender
продевать V. продеть
продезинфицировать V. дезинфицировать
продекламировать V. декламировать
продел *m agric* grano partido
проделать *perf* проделывать *impf vt* 1) *(образовать отверстие)* hacer, abrir, practicar 2) *(выполнить)* hacer, realizar, ejecutar
проделка *f* pillería, artificio, argucia
проделывать V. проделать
продемонстрировать V. демонстрировать
продержать *perf vt* 1) tener, mantener (un tiempo) 2) *(прослужить опорой)* sostener (un tiempo) 3) *(не отпускать)* retener, tener (un tiempo)
продержаться *perf* mantenerse, quedar (un tiempo)
продеть *perf* продевать *impf vt* ensartar, pasar, enhebrar
продешевить *perf vt* abaratar (excesivamente), malvender
продёргивать V. продёрнуть
продёрнуть *perf* продёргивать *impf vt* 1) *coloq (продеть)* pasar, ensartar, enhebrar 2) *vulg (подкритиковать)* criticar, poner de vuelta y media
продиктовать V. диктовать
продирать V. продрать
продираться V. продраться
продлевать V. продлить
продление *n* prolongación, prórroga
продлёнка *f coloq (в школе)* permanencias
продлить *perf* продлевать *impf vt* prolongar, prorrogar, alargar
продлиться V. длиться
продмаг *m obsol* tienda de comestibles
продовольственный *adj* de comestibles, de víveres
продовольствие *n* víveres, productos alimenticios
продолбить V. долбить
продолговатый *adj* alargado, oblongo
продолжатель *m* continuador
продолжать *impf* продолжить *perf vt* continuar, proseguir, seguir ~ *работать* continuar trabajando
продолжаться *impf* продолжиться *perf* continuar, durar, perdurar
продолжение *n* continuación, prolongación
продолжительно *adv* (durante) mucho tiempo
продолжительность *f* duración
продолжительный *adj* duradero, largo, prolongado
продолжить *perf vt* 1) V. продолжать 2) *(продлить)* prolongar
продолжиться V. продолжаться
продольный *adj* longitudinal
продохнуть *perf vi* respirar (a pleno pulmón)
продрать *perf* продирать *impf vt coloq* desgarrar, romper ◆ ~ **глаза** *vulg* abrir los ojos, espabilarse
продраться *perf* продираться *impf* 1) desgarrarse, romperse 2) *(пробраться)* abrirse paso (con dificultad)
продрогнуть *perf vi* helarse de frío, estar aterido de frío, tiritar de frío
продублировать V. дублировать
продувать *perf vi* 1) V. продуть 2) *(о потоке воздуха)* pasar (el aire, el viento)
продувать V. продуть
продуваться V. продуться
продувка *f tecn* soplado, purga
продувной[1] *adj (плутоватый)* tunante, ladino
продувной[2] *adj tecn* de purga, purgador
продукт 1. *m* producto **2. -ы** *mpl* comida, alimentos, comestibles
продуктивно *adv* productivamente, de una manera productiva
продуктивность *f* productividad
продуктивный *adj* productivo
продуктовый *adj* de comestibles
продуктообмен *m* intercambio de productos
продукция *f* producción
продуманный *adj* bien pensado, meditado
продумать *perf* продумывать *impf* **1.** *vt* pensar bien, meditar, reflexionar **2.** *vi (провести время думая)* pensar, reflexionar (un tiempo)
продумывать V. продумать
проду|ть *perf* продувать *impf* **1.** *vt* limpiar con un chorro de aire **2.** *v/impers* dar un golpe de aire *меня продуло* me he resfriado **3.** *vi coloq* perder
продуться *perf* продуваться *impf vulg* perder
продырявить *perf* продырявливать *impf vt* agujerear, perforar
продырявиться *perf* продырявливаться *impf* agujerearse, desgastarse
продырявливать V. продырявить
продырявливаться V. продырявиться
продышаться *perf coloq* respirar hondo, respirar a pleno pulmón
продюсер *m* productor
проедать V. проесть
проезд *m* 1) *(действие)* tránsito, paso 2) *(место)* pasaje
проездить *perf* **1.** *vt coloq* gastar viajando ~ *все деньги* gastar todo el dinero viajando **2.** *vi (провести время в езде)* viajar (un tiempo), pasar un tiempo viajando
проездной *adj* de viaje
проездом *adv* de paso, durante el viaje
проезжать V. проехать
проезжий *adj* 1) de paso, viajero 2) *(о дороге)* transitable
проект *m* proyecto
проектант *m* V. проектировщик
проективный *adj mat* proyectivo
проектирование *n* proyección, diseño, trazado
проектировать *impf* спроектировать *perf vt* proyectar
проектировщик *m* proyectista, diseñador
проектный *adj* de proyecto(s)
проектор *m* proyector
проекционный *adj* de proyección
проекция *f* proyección
проесть *perf* проедать *impf vt* 1) roer (del todo), agujerear royendo 2) *coloq (истратить на еду)* gastar en la comida 3) *coloq (кислотой)* corroer
проехать *perf* проезжать *impf vt/i* 1) pasar, recorrer, atravesar, dejar atrás (en vehículo) ~ *площадь* atravesar la plaza 2) *(покрыть расстояние)* pasar, recorrer, cubrir ~ *сто кило-*

метров recorrer cien kilómetros 3) *(пробыть в пути)* viajar, pasar viajando ~ *три дня на поезде* pasar tres días viajando en tren
проехаться *perf* dar una vuelta, pasearse (en vehículo)
проецировать *biasp vt* proyectar (una película)
проём *m* 1) hueco, abertura 2) *(в стене)* alféizar
прожаривать V. прожарить
прожариваться V. прожариться
прожарить *perf* прожаривать *impf vt* asar, freír bien
прожариться *perf* прожариваться *impf* asarse, freírse bien
прождать *perf vt* esperar (un tiempo)
прожевать *perf* прожёвывать *impf vt* masticar bien
прожект *m obsol* proyecto
прожектёр *m* proyectista, cantamañanas
прожектёрство *n* manía por los proyectos (difíciles de realizar)
прожектор *m* proyector
прожекторист *m* proyectorista
прожечь *perf* прожигать *impf vt* quemar, atravesar quemando
прожёвывать V. прожевать
прожжёный *adj* consumado, rematado
проживание *n* residencia
проживать *impf vi* 1) residir, vivir 2) V. прожить 3
проживаться V. прожиться
прожигатель *m coloq* disipador, calavera
прожигать *impf vt* 1) V. прожечь 2) desperdiciar, malgastar la vida
прожилка *f* veta, vena, nervio
прожитие *n* subsistencia, existencia
прожиточный *adj* de vida, de subsistencia ~ *минимум* mínimo para subsistir
прожить *perf* проживать *impf vt* 1) vivir, pasar viviendo 2) *(истратить)* gastar (viviendo)
прожиться *perf* проживаться *impf* gastar(se) todo el dinero, arruinarse
прожорливо *adv* vorazmente, con voracidad
прожорливость *f* voracidad, glotonería
прожорливый *adj* voraz, glotón
прожужжать *perf vt* zumbar ♦ ~ **все уши** *coloq* tener harto a alguien, comer el coco a alguien
проза *f* prosa
прозаизм *m* prosaísmo
прозаик *m* prosista
прозаически *adv* prosaicamente, de un modo prosaico
прозаический *adj* 1) en prosa 2) V. прозаичный
прозаичный *adj* prosaico, ordinario
прозвание *n* apodo, sobrenombre
прозвать *perf* прозывать *impf vt* apodar, dar un apodo
прозваться *perf* прозывать *impf* llamarse
прозвенеть V. звенеть
прозвище *n* apodo, mote, sobrenombre
прозвонить *perf vi* sonar (el timbre, la campana, etc.)
прозвучать *perf vi* sonar, oírse
прозевать V. зевать
прозектор *m med* patologoanatomista
прозелень *f* color verde, matiz verdoso
прозимовать V. зимовать
прознать *perf vt* **(что/о чем-л.)** enterarse (de u/c), tener conocimiento (de u/c)
прозодежда *f* ropa (uniforme) de trabajo
прозорливо *adv* con perspicacia
прозорливость *f* perspicacia, sagacidad
прозорливый *adj* perspicaz, sagaz
прозрачность *f* transparencia, diafanidad
прозрачный *adj* transparente, diáfano
прозревать V. прозреть
прозрение *n* 1) *(действие)* recuperación de la vista 2) *(проницательность)* clarividencia, perspicacia
прозреть *perf* прозревать *impf vi* 1) recuperar la vista 2) *(начать понимать)* ver claro, comenzar a ver claro
прозывать V. прозвать
прозываться V. прозваться
прозябание *n* vegetación
прозябать *impf vi* vegetar
проиграть *perf* проигрывать *impf vt* 1) perder (un combate o un juego) ~ *матч* perder un partido 2) *(сыграть)* tocar, interpretar 3) *(играть какое-то время)* jugar (un tiempo)
проиграться *perf* проигрываться *impf* perder, arruinarse (en los juegos de azar)
проигрыватель *m* 1) reproductor 2) *(пластинок)* tocadiscos
проигрывать V. проиграть
проигрываться V. проиграться
проигрыш *m* 1) derrota (en un combate o juego) 2) *(сумма проигранных денег)* pérdidas
проигрышный *adj* 1) que no gana, perdedor 2) *(неблагоприятный)* desfavorable
произведение *n* 1) *(действие)* ejecución, realización 2) *(результат)* obra *произведение искусства* obra de arte
произвести *perf* производить *impf vt* 1) *(выполнять)* hacer, ejecutar, realizar, efectuar 2) *(вырабатывать)* producir, fabricar 3) *(вызвать, создать)* producir, causar
произвестись *perf* производиться *impf* 1) producirse 2) *(происходить, протекать)* producirse, tener lugar
производитель *m* 1) productor, fabricante 2) *agric* semental, reproductor
производительность *f* productividad, rendimiento
производительный *adj* productivo, productor
производить V. произвести
производиться V. произвестись
производный *adj* derivado
производственник *m* productor, trabajador de la producción
производственный *adj* de producción
производство *n* 1) *(процесс)* producción, fabricación 2) *(выработка)* producción 3) *(отрасль промышленности)* industria
произвол *m* arbitrariedad
произвольно *adv* 1) *(по желанию)* libremente, según la voluntad (el deseo) 2) *(по произволу)* arbitrariamente
произвольность *f* 1) *(свобода)* libertad, carácter libre 2) *(необоснованность)* arbitrariedad, voluntariedad
произвольный *adj* 1) *(ничем не стесняемый)* libre 2) *(связанный с произволом)* arbitrario, voluntario, infundado

произнесение *n* pronunciación
произнести *perf* произносить *impf vt* pronunciar
произносительный *adj ling* articulatorio
произносить V. произнести
произношение *n* pronunciación
произойти *perf* происходить *impf vi* 1) *(случиться)* pasar, suceder, tener lugar, ocurrir 2) **(от кого/чего- л)** *(возникнуть как следствие)* venir (de alg o u/c), proceder (de alg o u/c), resultar (de alg o u/c) 3) **(от кого-л)** *(вести род)* proceder (de alg), provenir (de alg)
произрастание *n* vegetación, crecimiento
произрастать *impf* произрасти *perf vi elev* crecer (referido a la vegetación)
произрасти V. произрастать
проиллюстрировать V. иллюстрировать
проинспектировать V. инспектировать
проинструктировать V. инструктировать
проинтервьюировать V. интервьюировать
проинформировать V. информировать
поискать *perf vt* buscar (un tiempo)
происк|и *(gen* -ов) *mpl* artimañas, tretas, intrigas
проистекать V. проистечь
проистечь *perf* проистекать *impf vi* **(из/от чего-л)** *elev* resultar (de u/c), dimanar (de u/c), derivarse (de u/c)
происходить *impf vi* 1) V. произойти 2) **(от кого/чего-л)** provenir (de alg o u/c), proceder (de alg o u/c), descender (de alg o u/c)
происхождение *n* origen, procedencia
происшествие *n* suceso, accidente
пройдоха *m/f coloq* pill|o, -a, granuja, sinvergüenza
пройдошливый *adj vulg* pillo, granuja, sinvergüenza
про|йти *perf* проходить *impf vt* 1) pasar, andar *~йти мимо* pasar de largo; *~йти два шага* dar dos pasos 2) *(преодолеть пространство)* recorrer, pasar 3) *(миновать)* pasar, pasarse 4) *(распространиться)* difundirse, propagarse, divulgarse 5) *(о времени)* pasar, transcurrir 6) *(прекратиться)* pasar 7) *(испытать)* pasar, superar 8) *(завершить)* pasar, realizar, hacer 9) *(состояться)* tener lugar, suceder 10) *(изучить)* estudiar, realizar ◆ **это так не ~йдёт** esto no quedará así
пройтись *perf* проходиться *impf* 1) *(прогуляться)* dar una vuelta, dar un paseo 2) **(чем-л)** *coloq (провести во чему-л.)* pasar, deslizar
прок *m coloq* provecho
прокажённый *adj* leproso
проказа[1] *f med* lepra
проказа[2] *f (шалость)* travesura, diablura, chiquillada
проказник *m coloq* pilluelo, granuja, diablillo
проказничать *impf* напроказничать *perf vi coloq* hacer travesuras, travesear, enredar
прокаливать V. прокалить
прокаливаться V. прокалиться
прокалить *perf* прокаливать *impf vt* recalentar, recocer
прокалиться *perf* прокаливаться *impf* recalentarse, recocerse
прокалывать V. проколоть
прокапчивать V. прокоптить
прокапчиваться V. прокоптиться
прокапывать V. прокопать
прокапываться V. прокопаться
прокармливать V. прокормить
прокармливаться V. прокормиться
прокат *m* 1) alquiler *взять на ~* alquilar 2) *cine* distribución
прокатить *perf* прокатывать *impf* **1.** *vt* 1) *(провезти для развлечения)* pasear, llevar *~ мальчика на велосипеде* pasear al niño en bicicleta 2) *(шар, мяч и т.д.)* hacer rodar **2.** *vi coloq (быстро проехать)* pasar rápidamente
прокатиться *perf* прокатываться *impf* 1) *(проехаться для развлечения)* dar una vuelta, pasear (en un vehículo) 2) *(о мяче, шаре и т.д.)* rodar, ir rodando
прокатный[1] *adj tecn* de laminación, de laminado
прокатный[2] *adj (для проката)* de alquiler
прокатчик *m tecn* laminador
прокатывать V. прокатить
прокатываться V. прокатиться
прокашивать V. прокосить
прокашливать V. прокашлять
прокашливаться V. прокашляться
прокашлять *perf* прокашливать *impf* **1.** *vt* aclararse la garganta (tosiendo) **2.** *vi* toser (un tiempo)
прокашляться *perf* прокашливаться *impf* aclararse la garganta (tosiendo)
проквакать V. квакать
прокипать V. прокипеть
прокипеть *perf* прокипать *impf vi* 1) *(пробыть в состоянии кипения)* hervir (un tiempo) 2) *(вскипеть как следует)* hervirse, cocerse bien
прокипятить *perf vt* hervir, dejar hervir
прокисать *impf* прокиснуть *perf vi* agriarse, avinagrarse
прокиснуть V. киснуть, прокисать
прокладка *f* 1) *(действие)* colocación, tendido 2) *tecn* junta, juntura 3) *(для жидкостей)* compresa
прокладывать V. проложить
прокламация *f* octavilla
прокламировать *biasp vt elev* proclamar
проклевать *perf* проклёвывать *impf vt* agujerear a picotazos
проклеивать V. проклеить
проклеить *perf* проклеивать *impf vt* 1) encolar bien, empapar con cola 2) *(какое-л. время)* encolar, pegar (un tiempo)
проклёвывать V. проклевать
проклёвываться V. проклюнуться
проклинать V. проклясть
проклюнуть *perf vt coloq* V. проклевать
проклюнуться *perf* проклёвываться *impf* 1) *(о птенцах)* salir del huevo 2) *(появиться)* brotar, surgir
проклясть *perf* проклинать *impf vt* maldecir
проклятие *n* maldición
проклятый *adj* maldito
проковылять *perf vi coloq* andar cojeando
прокол *m* 1) *(действие)* punción, perforación 2) *(шины)* pinchazo 3) *(отверстие)* agujero, perforación 4) *coloq (неудача)* fiasco

проколоть *perf* прокалывать *impf vt* perforar, punzar, agujerear
прокомментировать V. комментировать
прокомпостировать V. компостировать
проконсультировать V. консультировать
проконсультироваться V. консультироваться
проконтролировать V. контролировать
прокоптить *perf* прокапчивать *impf vt* 1) *(приготовить копчением)* ahumar 2) *(загрязнить копотью)* llenar de holín, ahumar, tiznar
прокоптиться *perf* прокапчиваться *impf* 1) *(приготовиться копчением)* ahumarse 2) *(пропитаться копотью)* tiznarse, ahumarse
прокорм *m* alimentación, manutención, sustento
прокормить V. кормить
прокормить *perf* прокармливать *impf vt* alimentar, mantener, sustentar
прокормиться *perf* прокармливаться *impf* alimentarse, mantenerse, sustentarse
прокос *m* banda de tierra segada
прокосить *perf* прокашивать *impf vt* segar
прокрадываться V. прокрасться
прокрасить *perf* прокрашивать *impf vt* pintar, teñir
прокрасться *perf* прокрадываться *impf* penetrar, introducirse (subrepticiamente)
прокрахмаливать V. прокрахмалить
прокрахмалить *perf* прокрахмаливать *impf vt* almidonar
прокрашивать V. прокрасить
прокричать *perf* **1.** *vt* V. кричать **2.** *vi (какое-л. время)* gritar, estar gritando (un tiempo)
прокрутить *perf* прокручивать *impf vt* girar, hacer girar
прокрутка *f* giro (acción)
прокручивать V. прокрутить
прокукарекать V. кукарекать
прокуковать V. куковать
прокуратура *f* fiscalía, ministerio público
прокуривать V. прокурить
прокурить *perf* прокуривать *impf vt* 1) *coloq (пропитать дымом)* llenar de humo, ahumar 2) *coloq (израсходовать на куренье)* gastar en tabaco
прокурор *m* fiscal
прокурорский *adj* del fiscal
прокус *m* mordedura, mordisco
прокусить *perf* прокусывать *impf vt* atravesar mordiendo
прокутить *perf* прокучивать *impf vt* 1) *coloq (израсходовать на кутежи)* derrochar, dilapidar 2) *coloq (кутить какое-л. время)* estar de juerga, estar de parranda (un tiempo)
прокучивать V. прокутить
пролагать V. проложить
проламывать V. проломать 1,2
пролаять V. лаять
пролегать V. пролечь
пролежать *perf* пролёживать *impf vi* 1) estar acostado, permanecer acostado (un tiempo) 2) *(без движения, без применения)* permanecer, estar (un tiempo)
пролежень *m med* decúbito
пролезать V. пролезть
пролезть *perf* пролезать *impf vi* pasar, penetrar, colarse
пролепетать V. лепетать
пролетариат *m* proletariado
пролетарий *m* proletario
пролетарский *adj* proletario
пролетать V. пролететь
пролететь *perf* пролетать *impf* **1.** *vi* 1) *(летя, миновать)* pasar volando ~ *над чем-л.* sobrevolar 2) *coloq (быстро миновать)* pasar volando, volar, pasar rápidamente **2.** *vt (какое-л. расстояние)* volar, pasar volando ~ *тысячу километров* volar mil kilómetros
пролечь *perf* пролегать *impf vi* pasar, atravesar
пролёживать V. пролежать
пролёт *m* 1) *(свободное пространство)* espacio, vacío 2) *(проём)* abertura, hueco 3) *(моста)* ojo
пролётка *f* calesa, birlocho
пролётом *adv coloq* de paso
пролив *m geogr* estrecho
проливать V. пролить
проливаться V. пролиться
проливной *adj* torrencial (dicho de la lluvia)
пролитие *n* derramamiento
пролить *perf* проливать *impf vt* derramar, verter
пролиться *perf* проливаться *impf* derramarse
пролог *m* prólogo
проложить *perf* прокладывать *impf vt* 1) tender, colocar, instalar, construir, trazar ~ *дорогу* construir una carretera 2) *(вложить между чем-л.)* meter, rellenar
пролом *m* brecha, agujero
проломать *perf* проламывать *impf vt* romper, acabar por romper
проломить *perf* проламывать *impf vt* abrir, romper
пролонгация *f elev* prolongación
пролонгировать *biasp vt elev* prolongar, prorrogar
пролопотать V. лопотать
промазать[1] *perf* промазывать *impf vt* untar, embadurnar
промазать[2] V. мазать 2
промазывать V. промазать 1
промаргивать V. проморгать
промаршировать V. маршировать
промасливаться V. промаслиться
промаслиться *perf* промасливаться *impf* engrasarse, empaparse de aceite
проматывать V. промотать
проматываться V. промотаться
промах *m* 1) *(при выстреле)* tiro fallado, fallo 2) *(неуместный поступок)* fallo, desliz, plancha
промахиваться V. промахнуться
промахнуться *perf* промахиваться *impf* 1) errar, fallar 2) *(оплошать)* meter la pata, tirarse una plancha
промачивать V. промочить
промашка *f vulg* error, fallo
промедление *n* demora, tardanza, dilación
промедлить *perf vi* demorarse, tardar
промежность *f anat* perineo
промежуток *m* espacio, intervalo
промежуточный *adj* intermedio
промелькивать V. промелькнуть
промелькнуть *perf* промелькивать *impf vi* pasar rápidamente, pasar como un relámpago, volar

променивать V. променять
променять *perf* променивать *impf vt* cambiar, intercambiar, trocar
промерзание *n* congelación
промерзать V. промёрзнуть
промеривать V. промерить
промерить *perf* промеривать/промерять *impf vt* 1) medir, sondear 2) *(ошибиться при измерении)* equivocarse en la medición
промерять V. промерить
промести *perf* прометать *impf vt* limpiar barriendo
прометать V. промести
промешкать *perf vi coloq* demorarse, tardar
промёрзнуть *perf* промерзать *impf vi* helarse, congelarse
проминать V. промять
промозглый *adj* 1) *(о погоде)* húmedo 2) *(о воздухе)* viciado, rancio
промоина *f* surco, arroyada
промокательн|ый *adj* : ~ая бумага papel secante
промокать V. промокнуть
промокашка *f coloq* V. промокательная бумага
промокнуть *perf* промокать *impf vi* mojarse, empaparse, calarse
промолвить *perf vt* decir, pronunciar, proferir
промолчать *perf vi* callar, no decir nada
проморгать *perf* промаргивать *impf vt coloq* dejar escapar, desaprovechar, perder
промотать *perf* проматывать *impf vt* despilfarrar, derrochar, malgastar
промочить *perf* промачивать *impf vt* mojar/, empapar
промтовары *mpl* artículos manufacturados
промурлыкать V. мурлыкать
промучить *perf vt* torturar, atormentar, martirizar (un tiempo)
промучиться *perf* sufrir, padecer (un tiempo)
промчаться *perf* pasar rápidamente, pasar volando
промывание *n* lavado
промывать V. промыть
промывка *f* lavado
промывочный *adj* para lavar, lavador
промысел *m* 1) *(ловля)* caza, pesca 2) *(занятие)* ocupación, oficio 3) *(предприятие)* explotación
промыслить *perf* промышлять *impf vt obsol* cazar, conseguir
промысловик *m* cazador
промысловый *adj* comercial, de explotación
промыть *perf* промывать *impf vt* lavar
промычать V. мычать
промышленник *m* industrial
промышленность *f* industria *тяжёлая, лёгкая* ~ industria pesada, ligera
промышленный *adj* industrial
промышлять V. промыслить
промямлить V. мямлить
промять *perf* проминать *impf vt* 1) aplastar, abollar 2) *(дать размяться)* desperezar, desentumecer
промяукать V. мяукать
пронашивать V. проносить 2
пронес|ти *perf* проносить *perf* **1.** *vt* 1) llevar, conducir 2) *(чувство, мысль)* llevar consigo, retener **2.** *v/impers coloq (миновать - об опасности)* pasar, pasar de largo
пронестись *perf* проноситься *impf* 1) pasar rápidamente, pasar corriendo 2) *(промелькнуть)* pasar rápidamente, pasar volando 3) *(быстро распространиться)* correr, propagarse
пронзать V. пронзить
пронзительно *adv* de forma penetrante
пронзительность *n* carácter penetrante
пронзительный *adj* penetrante
пронзить *perf* пронзать *impf vt* atravesar, traspasar
пронизать *perf* пронизывать *impf vt* 1) *(пробить насквозь)* atravesar, pasar de parte a parte 2)
(проникнуть) penetrar, calar
пронизывать V. пронизать
проникать V. проникнуть
проникаться V. проникнуться
проникновение *n* penetración
проникновенно *adv* penetrantemente, con penetración
проникновенность *f* penetración
проникновенный *adj* penetrante
проникнутый *adj* **(чем-л)** penetrado (de u/c), lleno (de u/c), impregnado (de u/c)
проникнуть *perf* проникать *impf vi* penetrar, infiltrarse
проникнуться *perf* проникаться *impf* **(чем-л)** penetrarse (de u/c), llenarse (de u/c), henchirse (de u/c) *проникнуться жалостью* llenarse de compasión
пронимать V. пронять
проницаемость *f* permeabilidad, penetrabilidad
проницаемый *adj* permeable, penetrable
проницательность *f* perspicacia, sagacidad, clarividencia
проницательный *adj* perspicaz, sagaz, clarividente
проницать *impf vt obsol* V. проникать
проносить[1] V. пронести
проносить[2] *impf* пронашивать *impf vt* 1) *(какое-л. время)* llevar (un tiempo) 2) *coloq (износить)* usar, gastar
проноситься V. пронестись
пронумеровать V. нумеровать
пронырa *m/f coloq* pill|o, -a
пронырливый *adj coloq* astuto, ladino
пронюхать *perf* пронюхивать *impf vt vulg (разузнать)* husmear, enterarse (de u/c)
пронюхивать V. пронюхать
пронять *perf* пронимать *impf vt* 1) *(о холоде и т.п.)* penetrar, traspasar 2) *(подействовать)* tener efecto (en u/c), tocar
прообраз *m* prototipo
прооперировать V. оперировать
пропаганда *f* propaganda
пропагандировать *impf vt* hacer propaganda (de u/c), propugnar
пропагандист, -ка *m/f* propagandista
пропагандистский *adj* propagandista
пропадать V. пропасть
пропадом *inv vulg* : пропади ~ ¡que se lo trague la tierra!
пропажа *f* pérdida, desaparición
пропалывать V. прополоть

пропаривать V. пропарить
пропариваться V. пропариться
пропарить *perf* пропаривать *impf vt* tratar con vapor, poner al vapor
пропариться *perf* пропариваться *impf* tratarse con vapor, ponerse al vapor
пропарывать V. пропарить
пропасть *f* 1) abismo, barranco, precipicio 2) *(большое расхождение)* abismo
пропахать *perf* пропахивать *impf vt* 1) arar, labrar 2) *(какое-л. время)* arar, labrar (un tiempo)
пропахнуть *perf vi* 1) (**чем-л**) impregnarse de olor (de u/c) 2) *(испортиться)* oler mal, apestar
пропащий *adj* 1) perdido 2) *(неудавшийся)* fracasado, inútil, inútil 3) *(неисправимый)* acabado, perdido
пропедевтика *f* propedéutica
пропекать V. пропечь
пропекаться V. пропечься
пропеллер *m* hélice
пропесочивать V. пропесочить
пропесочить *perf* пропесочивать *impf vt vulg* reñir, echar un rapapolvo (a alg)
пропеть *perf vt* 1) V. петь 2) *(голос)* perder la voz (a fuerza de cantar)
пропечатать *perf* пропечатывать *impf vt vulg* hacer público, publicar (algo negativo)
пропечатывать V. пропечатать
пропечь *perf* пропекать *impf vt* 1) cocer bien 2) *(какое-л. время)* cocer (un tiempo)
пропечься *perf* пропекаться *impf* cocerse bien
пропивать V. пропить
прописать *perf* прописывать *impf vt* 1) *(зарегистрировать)* registrar 2) *(лекарство)* recetar, prescribir 3) *(писать какое-л. время)* escribir (un tiempo)
прописаться *perf* прописываться *impf* registrarse, empadronarse
прописка *f* empadronamiento, registro
прописн|ой *adj* mayúsculo (dicho de la letra) *~ая буква* letra mayúscula
прописывать V. прописать
прописываться V. прописаться
пропись *f* modelo de escritura (caligrafía)
прописью *adv* con letras *написать цифры ~* escribir las cifras con letras
пропитание *n* alimentación, sustento
пропитать[2] *perf* пропитывать *impf vt* alimentar, sustentar
пропитать *perf* пропитывать *impf vt* impregnar, empapar
пропитаться *perf* пропитываться *impf* (**чем-л**) impregnarse (de u/c), empaparse (de u/c)
пропитка *f tecn* impregnación, saturación
пропитывать V. пропитать
пропитываться V. пропитаться
пропить *perf* пропивать *impf vt* gastar en bebida, desperdiciar en la bebida
пропихивать V. пропихнуть
пропихиваться V. пропихнуться
пропихнуть *perf* пропихивать *impf vt coloq* empujar, meter empujando
пропихнуться *perf* пропихиваться *impf* meterse, pasar empujando
проплавать *perf vt* nadar, navegar (un tiempo)
проплакать *perf vi (какое-л. время)* llorar (un tiempo)
проплывать V. проплыть
проплыть *perf* проплывать *impf vi* 1) nadar, pasar nadando 2) *(о судне)* navegar, pasar navegando 3) *(пройти в памяти)* pasar por la memoria
проповедник *m* predicador
проповеднический *adj* de predicador
проповедовать *impf vt* predicar
проповедь *f* prédica, sermón
пропой *m vulg* borrachera
пропойца *m/f vulg* borrach|o, -a
прополаскивать *impf vt* aclarar, enjuagar
проползать V. проползти
проползти *perf* проползать *impf vi* arrastrarse, pasar arrastrándose
прополис *m* propóleos
прополка *f agric* escarda, desbroce
прополоскать V. полоскать
прополоть *perf* пропалывать *impf vt* escardar, desbrozar
пропорционально *adv* proporcionalmente
пропорциональность *f* proporción, proporcionalidad
пропорциональный *adj* proporcional
пропорция *f* proporción
пропотевать V. пропотеть
пропотелый *adj* sudado, impregnado de sudor
пропотеть *perf* пропотевать *impf vi* 1) sudar, transpirar 2) *(пропитаться потом)* impregnarse de sudor
пропуск *m* 1) paso 2) *(документ)* pase, salvoconducto 3) *(пароль)* contraseña, santo y seña 4) *(опущение)* omisión 5) *(пустое место)* espacio en blanco
пропускать V. пропустить
пропускник *m coloq* estación de desinfección
пропускной *adj* para dejar entrar, para pasar
пропустить *perf* пропускать *impf vt* 1) dejar pasar, hacer pasar 2) *(упустить)* dejar escapar, perder 3) *(оставить пробел)* omitir, perderse
пропылесосить V. пылесосить
пропылиться *perf* llenarse, impregnarse de polvo
прораб *m* maestro de obras, jefe de construcción
прорабатывать V. проработать
проработать *perf* прорабатывать *impf* **1.** *vi (какое-л. время)* trabajar, haber trabajado (un tiempo) **2.** *vt* 1) *coloq (изучить)* elaborar, estudiar 2) *coloq (раскритиковать)* criticar duramente, dar un rapapolvo
проработка *f* 1) *(изучение)* estudio, elaboración 2) *coloq (критика)* crítica
прорастание *n* germinación
прорастать V. прорасти
прорасти *perf* прорастать *impf vi* germinar, brotar
прорастить *perf* проращивать *impf vt* hacer germinar
проращивать V. прорастить
прорва **1.** *f vulg (большое количество)* montón, sinfín **2.** *m/f vulg (обжора)* glot|ón, -ona, tragaldabas
прорвать *perf* прорывать *impf* **1.** *vt* romper, desgarrar **2.** *v/impers* (**кого-л**) dejarse llevar

прорваться *perf* прорываться *impf* 1) *(разорваться)* romperse, desgarrarse 2) *(сломаться)* abrirse, reventar 3) *(сквозь что-л.)* abrirse paso, conseguir pasar
прореагировать V. реагировать
проредить *perf* прореживать *impf vt* aclarar, espaciar
прореживать V. проредить
прорез *m* corte
прорезать *perf* прорезать *impf vt* cortar, abrir cortando
прорезать V. прорезать
прорезаться *perf* прорезаться *impf* 1) crecer, aparecer 2) *(появиться)* aparecer, surgir
прорезаться V. прорезаться
прорезинивать V. прорезинить
прорезинить *perf* прорезинивать *impf vt* engomar, encauchar
прорезной *adj* con corte, cortado
прорезь *f* corte, ranura
проректор *m acad* vicerrector
прорепетировать V. репетировать
прореферировать V. реферировать
прореха *f* 1) agujero, desgarrón 2) *coloq (недостаток)* fallo, defecto
прорецензировать V. рецензировать
проржаветь *perf vi* oxidarse, aherrumbrarse
прорисовать *perf* прорисовывать *impf vt* 1) perfilar (dibujando), trazar 2) *(какое-л. время)* dibujar (un tiempo)
прорисовывать V. прорисовать
прорицание *n* profecía, predicción
прорицатель *m* profeta, adivino
пророк *m* profeta
проронить *perf vt* dejar escapar, soltar
пророческий *adj* profético
пророчество *n* profecía, vaticinio, predicción
пророчествовать *impf vt* profetizar, vaticinar
пророчить *impf* напророчить *perf vt* predecir, pronosticar
прорубать V. прорубить
прорубить *perf* прорубать *impf vt* abrir (cortando con un hacha), partir, cortar
прорубь *f* agujero, claro (en el hielo)
проруха *f coloq* fallo, desacierto ◆ **и на старуху бывает** ~ el mejor escribano echa un borrón, quien tiene boca se equivoca
прорыв *m* 1) *(действие)* ruptura, penetración 2) *(прорванное место)* rotura, grieta
прорывать V. прорвать, прорыть
прорываться V. прорваться
прорыть *perf* прорывать *impf vt* cavar, layar
просадить[1] *perf* просаживать *impf vt vulg (проломить)* agujerear, desgarrar, romper
просадить[2] *perf* просаживать *impf vt vulg (израсходовать)* disipar, malgastar
просаживать V. просадить 1,2
просаливать V. просолить
просаливаться V. просолиться
просачивание *n* filtración
просачиваться V. просочиться
просватать *perf* просватывать *impf vt obsol* prometer en matrimonio
просватывать V. просватать
просверливать V. просверлить
просверлить *perf* просверливать *impf vt* perforar, taladrar
просвет *m* 1) claro, rayo de luz 2) *(радость)* alegría, felicidad
просветитель *m* 1) *(мыслитель)* pensador 2) *(энциклопедист)* ilustrador, enciclopedista
просветительский *adj* de (la) ilustración
просветительство *n* ilustración
просветить[1] *perf* просвещать *impf vt (знаниями)* ilustrar, iluminar (con conocimientos)
просветить[2] *perf* просвечивать *impf vt* 1) *(пропустить свет)* atravesar (con la luz), iluminar 2) *(рентгеном)* radiografiar 3) *(светить какое-л. время)* iluminar, alumbrar (un tiempo)
просветиться[1] *perf* просвещаться *impf (знаниями)* ilustrarse, formarse
просветиться[2] *perf* просвечиваться *impf coloq (рентгеном)* hacerse una radiografía
просветление *n* 1) *(о погоде)* claridad, serenidad 2) *(ясность мыслей)* serenidad, lucidez
просветлеть V. светлеть
просветлённый *adj* sereno, lúcido
просвечивание *n med* radiografía
просвечивать V. просветить 2
просвечиваться V. просветиться 2
просвещать V. просветить
просвещаться V. просветиться
просвещение *n* instrucción, ilustración
просвещённость *f* cultura
просвещённый *adj* ilustrado, culto
просвира *f* V. просфора
просвистеть *perf* **1.** *vi* silbar, dar un silbido **2.** *vt (мелодию)* silbar
проседь *f* (primeras) canas, cabello gris
просеивать V. просеять
просека *f* vereda, cortafuegos
просеять *perf* просеивать *impf vt* cribar, tamizar
просёлок *m* camino vecinal (comunal)
просёлочн|ый *adj* : ~ая дорога camino vecinal (comunal)
просигнализировать V. сигнализировать
просигналить V. сигналить
просидеть *perf* просиживать *perf vi* 1) estar sentado (un tiempo) 2) *(в тюрьме)* estar encarcelado (un tiempo) 3) *coloq (пробыть)* estar, pasar (cierto tiempo)
просиживать V. просидеть
просинь *f* matiz azulado
проситель *m obsol* solicitante, peticionario
просительный *adj* pedidor, pedigüeño
просить *impf* попросить *perf vt* 1) (**кого-л что-л/чего-л/о чём-л**) pedir (a alg u/c), rogar, solicitar ~ *совета* pedir consejo; ~ *разрешения* pedir permiso 2) (**за кого-л**) *(за кого-л.)* interceder (por alg)
проситься *impf* попроситься *perf* pedir permiso, pedir
просиять *perf vi* 1) resplandecer, brillar, radiar 2) *(улыбнуться)* ponerse radiante, resplandecer
проскакать *perf vt* galopar, pasar al galope
проскакивать V. проскочить
проскальзывать V. проскользнуть
просквози|ть *perf v/impers coloq* dar un golpe de aire, resfriar
просклонять V. склонять
проскользнуть *perf* проскальзывать *impf vi* deslizarse, pasar deslizándose

проскочить *perf* проскакивать *impf vi* 1) pasar (rápidamente) ~ *мимо* pasar de largo 2) *(проникнуть)* colarse, colarse, meterse
прослабить V. слабить
прославить *perf* прославлять *impf vt* glorificar, dar fama
прославиться *perf* прославляться *impf* cubrirse de gloria, ganar fama
прославление *n* glorificación, enaltecimiento
прославленный *adj* ilustre, célebre, afamado
прославлять V. прославить
прославляться V. прославиться
прослаивать V. прослоить
проследить *perf* прослеживать *impf* **1.** *vt* 1) seguir, perseguir 2) *(изучить)* estudiar, seguir **2.** *vi* **(за кем/ чем-л)** *(проверять)* observar, seguir ~ *за событиями* seguir los acontecimientos
проследовать *perf vi elev* dirigirse, pasar
прослеживать V. проследить
прослезиться *perf* saltársele las lágrimas (a alg), echarse a llorar
прослойка *f* capa intermedia
прослужить *perf vi* 1) *(какое-л. время)* servir (un tiempo) 2) *(о предмете)* durar, funcionar
прослушать *perf* прослушивать *impf vi* escuchar
прослушивание *n* audición, escucha
прослушивать V. прослушать
прослыть V. слыть
прослышать *perf vi* **(о ком/чём-л)** *coloq* oír hablar (de alg o u/c), haber oído hablar (de alg o u/c)
просмаливать V. просмолить
просматривать V. просмотреть
просматриваться *impf* verse, divisarse
просмолить *perf* просмаливать *impf vt* alquitranar, embrear
просмотр *m* 1) examen 2) *(фильма)* visionado, presentación 3) *(недосмотр)* descuido, falta
просмотреть *perf* просматривать *impf vt* 1) examinar, mirar, revisar 2) *(газету и т.п.)* hojear 3) *(пропустить)* dejar pasar, no fijarse (en u/c)
проснуться *perf* просыпаться *impf* despertarse, despertar
просо *n* mijo
просовывать V. просунуть
просовываться V. просунуться
просодия *f* prosodia
просолить *perf* просаливать *impf vt* salar
просолиться *perf* просаливаться *impf* salarse
просохнуть V. сохнуть
просочиться *perf* просачиваться *impf* infiltrarse, penetrar
проспать *perf* просыпать *impf vt* 1) *(какое-л. время)* dormir, estar durmiendo (un tiempo) ~ *всё утро* dormir toda la mañana 2) *coloq (проснуться позже, чем нужно)* dormirse
проспаться *perf coloq* dormir la mona
проспект[1] *m (широкая улица)* avenida
проспект[2] *m (программа)* prospecto
проспиртовать *perf* проспиртовывать *impf vt* impregnar (empapar) de alcohol
проспиртоваться *perf* проспиртовываться *impf* impregnarse (empaparse) de alcohol
проспиртовывать V. проспиртовать
проспиртовываться V. проспиртоваться
проспоривать V. проспорить
проспорить *perf* проспоривать *impf* **1.** *vt* perder apostando ~ *сто рублей* perder cien rublos (en una apuesta) **2.** *vi (какое-л. время)* discutir (un tiempo)
проспрягать V. спрягать
просрочивать V. просрочить
просрочить *perf* просрочивать *impf vt* dejar pasar el plazo, dejar caducar
просрочка *f* retraso, demora
проставить *perf* проставлять *impf vt* poner, inscribir
проставлять V. проставить
простаивать V. простоять
простак *m coloq* simplón, inocentón
простегать V. стегать
простейшие *pl zool* protozoos
простенок *m* entrepaño, entreventana
простенький *adj* 1) *coloq* muy simple 2) *(простоватый)* simple, ingenuo
простереть V. простирать
простереться V. простираться
простецкий *adj coloq* sencillo, campechano
простирать *impf* простереть *perf vt* extender, estirar
простираться *impf* простереться *perf elev* extenderse, llegar (hasta u/c)
простительный *adj* perdonable, excusable
проститутка *f* prostituta
проституция *f* prostitución
простить *perf* прощать *impf vt* 1) perdonar, excusar ~ *ошибку* perdonar un error 2) *(освободить от чего-л.)* perdonar ~ *долг* perdonar una deuda
проститься *perf* прощаться *impf* **(с кем/чем-л)** despedirse (de alg o u/c)
простоватый *adj coloq* simplón, necio, ingenuo
простоволосый *adj vulg* con la cabeza descubierta
простодушие *n* sencillez, simpleza, candidez
простодушный *adj* simple, ingenuo, cándido
простой *adj* 1) *(однородный по составу)* simple 2) *(несложный)* simple, sencillo 3) *(обыкновенный)* simple, ordinario, sencillo 4) *(добродушный)* sencillo, simple 5) *(глуповатый)* simple, ingenuo
простокваша *f* leche cuajada
простолюдин *m hist* plebeyo, villano
простонародный *adj* del pueblo, del pueblo bajo
простонародье *n* (el) pueblo bajo
простонать *perf vt* gemir, decir gimiendo
простор *m* 1) vasto espacio, vasta extensión 2) *(свобода)* plena libertad
просторечие *n* lenguaje vulgar (popular)
просторечный *adj* del lenguaje vulgar (popular)
просторный *adj* espacioso, vasto, amplio
простосердечный *adj* 1) sincero, franco 2) *(наивный)* cándido
простота *f* 1) sencillez, simplicidad 2) *(естественность)* naturalidad, sinceridad 3) *(глупость)* simpleza, ingenuidad, candidez ◆ **святая ~!** ¡santa inocencia!
простофиля *m/f coloq* papanatas, simpl|ón, -ona
простоять *perf* простаивать *impf vi* 1) *(провести какое-л. время стоя)* estar (permane-

cer) de pie (un tiempo) 2) *(находиться какое-л. время)* estar, encontrarse (un tiempo) 3) *(бездействовать)* estar parado, parar 4) *(оставаться без изменений)* no variar, no cambiar
пространно *adv* ampliamente, largamente
пространный *adj* amplio, largo, dilatado
пространственный *adj* espacial, del espacio
пространство *n* espacio, extensión
прострация *f elev* prostración
прострачивать *impf vt* coser a máquina, pespuntar
прострел *m coloq* lumbago
простреливать V. прострелить
прострелить *perf* простреливать *impf* **1.** *vt* atravesar de un disparo **2.** *v/impers (об острой боли)* sentir un pinchazo, sentir un dolor agudo
прострочить V. строчить
простуда *f* resfriado, constipado, congestión
простудить *perf* простужать *impf vt* resfriar, constipar
простудиться *perf* простужаться *impf* resfriarse, constiparse, acatarrarse
простудный *adj* del resfriado
простужать V. простудить
простужаться V. простудиться
простуженный *adj* resfriado, constipado
простукать *perf* простукивать *impf vt* palpar, percutir
простукивать V. простукать
проступать V. проступить
проступить *perf* проступать *impf vi* 1) salir, brotar 2) *(стать видимым)* aparecer, dejarse ver
проступок *m* falta, error
простушка *f coloq* simplona, ingenua
простынка *f dimin. de* простыня
простынуть *perf vi coloq* V. простыть
простыня *f* sábana
простыть *perf vi coloq* resfriarse, constiparse, coger frío
просунуть *perf* просовывать *impf vt* meter, introducir, pasar
просунуться *perf* просовываться *impf coloq* pasar, colarse
просушивать V. просушить
просушить *perf* просушивать *impf vt* secar (bien, por completo)
просушка *f* secado
просуществовать *perf vi* existir, subsistir, durar (un tiempo)
просфора *f relig* hostia, pan de eucaristía
просцениум *m teat* proscenio
просчёт *m* 1) cálculo (acción) 2) *(ошибка)* error de cálculo
просчитать *perf* просчитывать *impf vt* 1) contar 2) *(ошибиться)* equivocarse al contar, errar en el cálculo
просчитаться *perf* просчитываться *impf* errar el cálculo
просчитывать V. просчитать
просчитываться V. просчитаться
просып *m coloq* : спать без ~у dormir mucho tiempo
просыпать *perf* просыпать *impf vt* verter, esparcir (sin querer)
просыпать V. проспать, просыпать
просыпаться V. проснуться
просыхать V. просохнуть
просьб|а *f* petición, ruego *по вашей ~е* a petición suya
протаивать V. протаять
проталина *f* lugar deshelado
проталкивать V. протолкнуть
проталкиваться V. протолкаться
протапливать V. протопить
протапливаться V. протопиться
протаптывать V. протоптать
протаранить V. таранить
протаскать *perf vt coloq* llevar (un tiempo)
протаскивать V. протащить
протачивать V. проточить
протащить *perf* протаскивать *impf vt* 1) arrastrar, tirar (de alg o u/c) 2) *coloq (провести неблаговидным способом)* meter, colocar 3) *vulg (подвернуть критике)* criticar
протаять *perf* протаивать *impf vi* derretirse, deshelar
протеже *m/f inv* protegid|o, -a
протежировать *impf vi* (**кому-л**) *elev* proteger
протез *m* prótesis, implante
протезирование *n* prótesis, implante
протезировать *biasp vt* poner una prótesis
протеин *m* proteína
протекать V. протечь
протектор *m tecn* protector (del neumático)
протекторат *m pol* protectorado
протекционизм *m* proteccionismo
протекционист *m* proteccionista
протекционистский *adj* proteccionista
протекци|я *f* protección *оказать ~ю* proteger, dar protección
протелефонировать V. телефонировать
протереть *perf* протирать *impf vt* 1) *(износить)* agujerear, gastar (por el uso) 2) *(вытереть)* frotar, limpiar 3) *(растереть)* rallar, tamizar
протереться *perf* протираться *impf* usarse, gastarse
протерпеть *perf vi* aguantar, contenerse
протесать *perf* протёсывать *impf m* labrar (madera, piedra)
протест *m* protesta
протестант *m relig* protestante
протестантизм *m relig* protestantismo
протестантка *f relig* protestante
протестантский *adj relig* protestante
протестировать V. тестировать
протестовать *impf vi* protestar
протечка *f* escape, filtración
протечь *perf* протекать *impf vi* 1) *(о реке)* pasar, correr 2) *(просочиться)* filtrarse 3) *(пройти, миновать)* transcurrir, pasar
против **1.** *adv* enfrente **2.** *prep* 1) (**чего-л**) *obsol (выражая местоположение)* enfrente (de alg o u/c), frente (a alg o u/c) *друг ~ друга* uno frente a otro 2) (**чего-л**) *(в противоположном направлении)* contra (u/c) *идти ~ течения* ir contra corriente 3) (**кого/чего-л**) *(вопреки чему-н.)* contra (alg o u/c), en contra (de alg o u/c) *~ правил* contra las normas 4) (**чего-л**) *(для противодействия)* contra (u/c), para (u/c) *лекарство ~ боли* medi-

camento contra el dolor **3.** *pred* en contra *я против* estoy en contra ◆ **за и** ~ los pros y los contras

противень *m* bandeja (de horno, de asador)

противительный *adj ling* adversativo ~ *союз* conjunción adversativa

противиться *impf* воспротивиться *perf* (**кому/чему-л**) oponerse (a u/c), resisitirse (a u/c)

противни|к, -ца *m/f* adversari|o, -a, contrari|o, -a

противно[1] *adv* (**чему-л**) *obsol (вопреки чему-либо)* contra, en contra (de u/c)

противно[2] **1.** *adv (отвратительно)* repugnantemente **2.** *adv pred* es repugnante, da asco *мне* ~ me da asco

противный[1] *adj (противоположый)* opuesto, contrario

противный[2] *adj (крайне неприятный)* repugnante, desagradable

противоборство *n* lucha, combate

противоборствовать *impf vi* (**кому/чему-л**) *elev* luchar (con alg o u/c), combatir

противовес *m* contrapeso

противовоздушный *adj mil* antiaéreo

противогаз *m* máscara antigás

противодействие *n* resistencia, reacción

противодействовать *impf vi* (**кому/чему-л**) oponerse (a alg o u/c), resistirse (a alg o u/c), impedir

противоестественный *adj* antinatural, contra natura

противозаконно *adv* ilegalmente, contra la ley

противозаконность *f* ilegalidad

противозачаточн|ый *adj* anticonceptivo *~ое средство* método anticonceptivo

противолежащий *adj* 1) opuesto 2) *mat* alterno

противолихорадочный *adj* febrífugo

противолодочный *adj mil* antisubmarino

противопаразитный *adj* antiparasitario

противопожарный *adj* antiincendios, contra incendios

противопоказание *n* contraindicación

противопоказанный *adj* contraindicado

противоположение *n* oposición

противоположность *f* 1) contraste, oposición 2) *(нечто противоположное)* contrario

противоположный *adj* contrario, opuesto, inverso

противопоставить *perf* противопоставлять *impf vt* contraponer, oponer

противопоставление *n* contraposición, oposición

противопоставлять V. противопоставить

противоправный *adj jur* antijurídico

противоракетный *adj mil* antiproyectil

противоречивость *f* contradicción, carácter contradictorio

противоречивый *adj* contradictorio

противоречие *n* contradicción

противоречить *impf vi* (**кому/чему-л**) contradecir

противостояние *n* oposición

противостоять *impf vi* (**кому/чему-л**) resisitirse (a alg o u/c), hacer frente (a alg o u/c), oponerse (a alg o u/c)

противотанковый *adj mil* antitanque

противоугонный *adj* antirrobo

противохимический *adj* antiquímico, contra los gases

противоядие *n* antídoto

протирать V. протереть

протираться V. протереться

протирка *f* 1) *(вытирание)* frotamiento, limpieza 2) *(сквозь тёрку)* rallado

протирочный *adj* para frotar, para limpiar

протискаться *perf* протискиваться *impf coloq* abrirse paso

протискивать V. протиснуть

протискиваться V. протискаться

протиснуть *perf* протискивать *impf vt* meter a la fuerza, hacer entrar a la fuerza

протиснуться *perf coloq* V. протискаться

проткнуть *perf* протыкать *impf vt* atravesar, traspasar

протодьякон *m relig* archidiácono

протоиерей *m relig* arcipreste

протоистория *f* protohistoria

проток *m* 1) acequia, canal 2) *anat* conducto, canal

протока *f* V. проток 1

протокол *m* protocolo, acta *составить* ~ levantar acta, dar parte

протоколировать *biasp vt* protocolizar, registrar

протокольный *adj* de(l) protocolo

протолкать *perf* проталкивать *impf vt coloq* hacer pasar, meter (empujando)

протолкаться *perf* проталкиваться *impf* 1) *coloq (пробраться)* abrirse paso, conseguir pasar (a empujones, a codazos) 2) *coloq (потолкаться какое-л. время)* andar, pasear (entre la multitud)

протолкнуть *perf* проталкивать *impf vt* hacer pasar, meter (empujando)

протон *m fís* protón

протонный *adj fís* de protones

протопить *perf* протапливать *impf vt* 1) calentar, caldear (bien, por completo) 2) *(какое-л. время)* calentar, caldear (un tiempo)

протопиться *perf* протапливаться *impf* calentarse, caldearse (bien, por completo)

протоплазма *f biol* protoplasma

протопоп *m relig* arcipreste

протоптать *perf* протаптывать *impf vt* 1) *(тропинку и т.д.)* formar, abrir (un camino) 2) *(протереть ходьбой)* gastar, desgastar

проторговать *perf* проторговывать *impf vt* 1) *coloq* perder (en un negocio) 2) *(торговать какое-л. время)* comerciar, dedicarse al comercio (un tiempo)

проторговаться *perf* проторговываться *impf* 1) *coloq* tener pérdidas (en un negocio), *(разориться)* arruinarse 2) *(торговаться какое-л. время)* regatear (un tiempo)

проторговывать V. проторговать

проторговываться V. проторговаться

проторить *perf* проторять *impf vt* abrir (un camino), asenderear

проторять V. проторить

прототип *m* prototipo

проточить *perf* протачивать *impf vt* 1) *(прогрызть)* roer, carcomer 2) *(токарным резцом)* tornear 3) *(промыть)* erosionar, desgastar

проточный *adj* 1) corriente (dicho del agua) 2) *tecn* de escape

протрава *f* 1) *(действие)* mordedura, corrosión 2) *(закрепитель красителя)* mordiente
протравить *perf* протравливать/протравлять 1a *impf vt* 1) *(вытравить)* morder, mordentar 2) *(обработать химическим препаратом)* corroer
протравлять V. протравить
протраливать V. протравить
протралить V. тралить
протрезветь *perf vi coloq* pasársele la embriaguez, quitársele la borrachera
протрезвить *perf* протрезвлять *impf vt* poner sobrio, quitar la borrachera
протрезвиться *perf* протрезвляться *impf* ponerse sobrio, quitarse la borrachera
протрезвлять V. протрезвить
протрезвляться V. протрезвиться
протрубить V. трубить
протуберанец *m astron* protuberancia
протухать *impf* протухнуть *perf vi* pudrirse, pasarse
протухнуть V. протухать
протыкать V. проткнуть
протявкать V. тявкать
протягивать V. протянуть
протягиваться V. протянуться
протяжени|е *n* extensión ◆ **на ~и чего-л.** a lo largo de u.c.
протяжённость *f* extensión, largo
протяжённый *adj* extendido
протяжный *adj* prolongado, extendido, largo
протяжно *adv* prolongadamente, extendidamente
протянуть *perf* протягивать *impf vt* 1) *(натянуть)* tender 2) *(вытянуть)* tender, alargar 3) *(подать)* alcanzar, dar 4) *(затянуть)* demorar, dilatar, alargar ◆ ~ **ноги** estirar la pata
протянуться *perf* протягиваться *impf* 1) *(натянуться)* tenderse, desplegarse 2) *coloq (лечь)* estirarse, tenderse 3) *(продлиться)* durar, alargarse
проулок *m* callejón, paso
проурчать V. урчать
проучивать V. проучить
проучить *perf* проучивать *impf vt* 1) dar una lección, hacer escarmentar 2) *(учить что-л. какое-л. время)* estudiar (un tiempo) 3) *(учить кого-л. какое-л. время)* enseñar (un tiempo)
проучиться *perf* estudiar (un tiempo)
профан *m elev* profano
профанация *f elev* profanación
профанировать *biasp vt elev* profanar
профессионал, -ка *m/f* profesional
профессиональный *adj* profesional
профессия *f* profesión, oficio
профессор *m* catedrático, profesor
профессорский *adj* de catedrático , de profesor
профессура *f* 1) *(звание и должность)* cátedra, título de profesor 2) *(профессора)* profesorado
профилактика *f* prevención, profiláctica
профилактический *adj* preventivo, profiláctico
профилакторий *m* dispensario
профилировать *biasp vt* 1) *(придать профиль)* perfilar 2) *(соответствовать профилю)* dar un perfil
профиль *m* 1) perfil *в профиль* de perfil 2) *(специфический характер)* perfil, tipo
профильный *adj* de (con) perfil
профильтровать V. фильтровать
профильтроваться V. фильтрироваться
профинтить *perf vt vulg* malgastar, patearse
профит *m obsol* provecho
профком *m* comité del sindicato
проформа *f* formalidad
профсоюз *m* sindicato
профсоюзный *adj* sindical, del sindicato
профтехучилище *n* escuela de formación profesional
профукивать V. профукать
профукать *perf* профукивать *impf vt coloq* ventilarse, disipar
прохаживаться V. пройтись
прохворать *perf vi* estar enfermo, guardar cama (un tiempo)
прохвост *m coloq insult* bellaco, canalla
прохиндей *m coloq* rufián, granuja
прохлада *f* frescor, fresco
прохладительный *adj* refrescante
прохладиться *perf* прохлаждаться *impf coloq* refrescarse
прохладный *adj* fresco
прохлаждаться V. прохладиться
прохлопать *perf* прохлопывать *impf vt vulg* dejar pasar, desaprovechar
проход *m* 1) *(действие)* paso 2) *(место)* paso, pasaje, desfiladero 3) *anat* conducto ◆ **~у не давать** acosar, no dejar vivir
проходимец *m* 1) *coloq desp (мошенник)* timador, estafador 2) *(прохожий)* transeúnte
проходимость *f* 1) practicabilidad, viabilidad 2) *(транспортных средств)* capacidad de paso 3) *med* permeabilidad
проходимый *adj* transitable
проходить[1] V. пройти
проходи|ть[2] *perf vi* caminar, andar, pasear (un tiempo)
проходка *f min* excavación
проходная *f* entrada, puesto de control
проходной *adj* de tránsito, de paso
проходом *adv coloq* de paso
проходчик *m min* laborero, pocero
прохождение *n* paso, recorrido
прохожий *m* transeúnte
прохрипеть V. хрипеть
прохудиться *perf coloq* agujerearse, estropearse
процвести V. процветать
процветание *n* prosperidad
процветать *impf* процвести *perf vi* florecer, prosperar
процветающий *adj* próspero, floreciente
процедить *perf* процеживать *impf vt* filtrar, colar
процедура *f* procedimiento
процедурная *f med* sala de tratamientos
процедурный *adj* 1) de procedimiento 2) *med* de tratamiento
процеживать V. процедить
процент *m* 1) tanto por ciento, porcentaje *три ~а* el tres por ciento 2) *fin* interés *под большие ~ы* a un gran interés
процентный *adj* 1) de porcentaje 2) *(приносящий проценты)* con interés

процесс *m* 1) proceso 2) *jur* proceso, causa
процессия *f* procesión
процессор *m informát* procesador
процессорный *adj informát* de(l) procesador
процессуальный *adj jur* procesal, de proceso, de procedimiento
процитировать V. цитировать
проч|ее *n* lo demás *помимо всего ~его* además de todo eso ♦ **между ~им** entre otras cosas, a propósito
прочерк *m* raya
прочеркнуть *perf* прочёркивать *impf vt* rayar
прочертить *perf* прочерчивать *impf vt* trazar, delinear
прочерчивать V. прочертить
прочесать *perf* прочёсывать *impf vt* 1) *(волокно, пряжу)* cardar (bien, por completo) 2) *(тщательно осмотреть)* peinar
прочесть V. читать
прочёркивать V. прочеркнуть
прочёсывать V. прочесать
проч|ий **1.** *adj* otro **2.** **-ие** *pl* los demás *все ~ие* todos los demás
прочистить *perf* прочищать *impf vt* limpiar, aclarar
прочистка *f* limpieza
прочитать *perf vt* 1) V. читать 2) leer (un tiempo)
прочитывать *impf vt coloq* leer
прочить *impf vt coloq* predecir, vaticinar, destinar
прочихаться *perf* estornudar
прочищать V. прочистить
прочность *f* solidez, firmeza, resistencia
прочный *adj* sólido, firme, resistente
прочтение *n* lectura
прочувствованный *adj* lleno de emoción, sentido
прочувствовать *perf vt* sentir profundamente
прочь *adv* fuera, atrás *~ от меня!* ¡aléjate de mí!; *~ с дороги!* ¡fuera del camino!
прошвырнуться *perf vulg* dar una vuelta, dar un paseo
прошедший *adj* pasado
прошение *n* petición, demanda
прошептать *perf vt* susurrar, murmurar
прошествие *n* transcurso
прошибать V. прошибить
прошибить *perf* прошибать *impf vt* 1) *coloq (проломить)* romper 2) *(пробрать)* penetrar (en alg o u/c), calar
прошивать V. прошить
прошивка *f* 1) costura 2) *(кружевная вставка)* entredós
прошить *perf* прошивать *impf vt* 1) coser 2) *tecn* perforar
прошлогодний *adj* del año pasado
прошл|ое *n* pasado *в прошлом* en el pasado
прошл|ый *adj* pasado, *(последний)* último *на ~ой неделе* la semana pasada
прошляпить *perf vt coloq* dejar pasar, dejar escapar, desaprovechar
прошмыгивать V. прошмыгнуть
прошмыгнуть *perf* прошмыгивать *impf vi coloq* pasar rápidamente, colarse
прошнуровать V. шнуровать
прошпаклевать *perf* прошпаклёвывать *impf vt* enmasillar
прошпаклёвывать V. прошпаклевать
проштамповать V. штамповать
проштрафиться *perf coloq* cometer un fallo (una falta)
проштудировать V. штудировать
прощай, -те *interj* adiós
прощальный *adj* de despedida, de adiós
прощание *n* despedida *на ~* como despedida, de despedida
прощать V. простить
прощаться V. проститься
прощелыга *m/f vulg* granuja, canalla
прощени|е *n* perdón *просить ~я* pedir perdón
прощупать *perf* прощупывать *impf vt* 1) palpar 2) *(обследовать)* sondear
прощупаться *perf* прощупываться *impf* palparse, notarse
прощупывать V. прощупать
прощупываться V. прощупаться
проявитель *m foto* revelador
проявить *perf* проявлять *impf vt* 1) manifestar, demostrar, mostrar *~ себя* darse a conocer; *~ нетерпение* mostrar impaciencia 2) *foto* revelar
проявиться *perf* проявляться *impf* 1) manifestarse, mostrarse, demostrarse 2) *foto* revelarse
проявление *n* 1) demostración, manifestación 2) *foto* revelado
проявлять V. проявить
проявляться V. проявиться
прояснение *n* aclaración
прояснеть *perf* прояснивать *impf vi* despejarse, aclararse
прояснить *perf* прояснять *impf vt* aclarar, clarificar, esclarecer
проясниться *perf* проясняться *impf* aclararse, serenarse
прояснять V. прояснить
проясняться V. проясниться
пруд *m* estanque
пруди|ть *perf* запрудить *impf vt* embalsar, contener ♦ **хоть пруд ~** *coloq* hay para parar un tren, hay para dar y tomar
пружина *f* muelle, resorte
пружинистый *adj coloq* elástico
пружинить *impf vi* tener elasticidad, ser flexible
пружиниться *impf* tener elasticidad, ser flexible
пружинный *adj* de(l) muelle
прусак *m (таракан)* cucaracha, curiana
пруссак *m* prusiano
прусский *adj* prusiano
прут *m* vara
прутик *m dimin. de* прут
прыгал|ки (*gen* -ок) *fpl* comba
прыгать *impf* прыгнуть *perf vi* 1) saltar, brincar 2) *(дрожать)* temblar
прыгнуть V. прыгать
прыгун, -ья *m/f* saltador, -a
прыгучий *adj* que salta bien, saltarín
прыжок *m* salto, brinco
прыскать *impf* прыснуть *perf vt* 1) salpicar, pulverizar 2) *(политься)* brotar, salir a chorro 3) *(разбегаться быстро)* desbandarse
прыснуть V. прыскать
прыткий *adj coloq* ágil, vivo, espabilado
прыть *f* 1) *(быстрота)* rapidez, velocidad 2) *(подвижность)* agilidad, vivacidad ♦ **бежать во всю ~** correr con todas las fuerzas

прыщ *m* grano, espinilla
прыщавый *adj coloq* con granos, granujiento
прыщеватый *adj coloq* V. прыщавый
прыщик *m dimin. de* прыщ
прядение *n* hilado
прядильный *adj* de hilado, de hilar
прядильщи|к, -ца *m/f* hilador, -a, hilander|o, -a
прядь *f (волос)* mechón (de pelo)
пряжа *f* hilado, hilatura
пряжка *f* hebilla
прялка *f* rueca
прямизна *f* rectitud
прямиком *adv coloq* recto, en línea recta, directamente
прямо 1. *adv* 1) recto, derecho *идти ~* ir recto 2) *(непосредственно)* directamente, derecho *приступить ~ к делу* ir al grano 3) *(откровенно)* francamente, sin rodeos *говорить ~* hablar sin rodeos, sin ambages **2.** *partíc* 1) *coloq (на самом деле)* verdaderamente *я ~ поражён* estoy verdaderamente asombrado 2) *coloq (выражение возражения)* ¡de eso nada!, ¡y qué más!
прямодушный *adj* sincero, directo
прям|ой *adj* 1) recto, derecho *~ая линия* línea recta 2) *(непосредственно соединяющий)* directo *прямая связь* comunicación directa 3) *(непосредственный)* directo 4) *(искренний)* directo, franco, sincero 5) *(явный)* claro, manifiesto, abierto 6) *ling* directo
прямолинейность *f* rectitud, unidireccionalidad
прямолинейный *adj* 1) recto, rectilíneo 2) *(о человеке)* directo, franco
прямота *f* sinceridad, franqueza
прямоугольний *adj* rectangular
прямоугольник *m* rectángulo
прямоугольный *adj* rectangular
пряник *m* alfajor (dulce de miel y especias)
пряничный *adj* de alfajor
пряность *f* especia
пряный *adj* sazonado, fuerte, picante
прясть *impf* спрясть *perf vt* hilar
прятать *impf* спрятать *perf vt* esconder, ocultar
прятаться *impf* спрятаться *perf* esconderse, ocultarse
прят|ки (*gen* -ок) *fpl* escondite *играть в ~ки* jugar al escondite
пряха *f* hilandera
псалом *m relig* salmo
псаломщик *m relig* salmista
псалтырь *m relig* salterio
псарня *f* perrera
псарь *m obsol* perrero
псевдоним *m* seudónimo
псина *coloq f* 1) perro 2) *(запах)* olor a perro 3) *(мясо)* carne de perro
псиный *adj* de perro
псих *m vulg* loco, chiflado
психануть V. психовать
психастенический *adj med* psicasténico
психастения *f med* psicastenia
психиатр *m* psiquiatra
психиатрический *adj* psiquiátrico
психиатричка *f coloq* manicomio, casa de locos
психиатрия *f* psiquiatría
психика *f* mente, salud mental
психически *adv* psíquicamente
психический *adj* psíquico
психоанализ *m* psicoanálisis
психованный *adj coloq* chiflado, loco
психовать *impf* психануть *perf vi coloq* ponerse nervioso, tener neuras
психоз *m* psicosis
психолог *m* psicólogo
психологизм *m sociol* psicologismo
психологический *adj* psicológico
психология *f* psicología
психопат *m* psicópata
психопатический *adj med* psicopático
психопатия *f med* psicopatía
психопатка *f* psicópata
психопатологический *adj* psicopatológico
психопатология *f* psicopatología
психотерапевт *m* psicoterapeuta
психотерапевтический *adj med* psicoterapéutico
психотерапия *f* psicoterapia
псовый *adj* de perro, canino
пташка *f coloq* pajarito, pajarillo
птенец *m* polluelo, pajarillo
птица *f* ave, pájaro *домашняя ~* ave de corral
птицевод *m* avicultor
птицеводство *n* avicultura
птицелов *m* pajarero
птицеферма *f* granja avícola
птич|ий *adj* de ave(s), de pájaro(s) ◆ **с ~ьего полёта** a vista de pájaro **на ~ьих правах** en una situación precaria
птичка *f* pajarito, pajarillo
птичник *m* 1) *(птичий двор)* corral 2) *(работник)* pajarero
пуант|ы *mpl teat* : ходить на ~ах andar de puntillas
публика *f* público
публикация *f* publicación
публиковать *impf* опубликовать *perf vt* publicar
публицист *m* periodista, publicista
публицистика *f* periodismo
публицистичный *adj* publicístico, periodístico
публично *adv* públicamente
публичность *f* carácter público
публичный *adj* público ◆ **~ дом** prostíbulo
пугало *n* espantapájaros, espantajo
пуган|ый *adj* espantado, asustado ◆ **~ая ворона и куста боится** gato escaldado del agua fría huye
пугать *impf* испугать/напугать *perf vt* asustar, espantar, atemorizar, amedrentar
пугаться *impf* испугаться/напугаться *perf* asustarse, espantarse, tener miedo
пугач *m* pistola (de juguete)
пугливо *adv* temerosamente, asustadizamente
пугливый *adj* miedoso, asustadizo
пугнуть *coloq perf vt* asustar, atemorizar
пуговица *f* botón
пуговка *f* botoncito, botón
пуд *m* pud (antigua medida rusa de peso equivalente a 16,3 kilogramos)
пудель *m* caniche
пудинг *m* puding, budín
пудовый *adj* 1) de un pud 2) *(очень тяжёлый)* muy pesado
пудра *f* polvos *сахарная ~* azúcar en polvo

пудреница *f* polvera
пудреный *adj* empolvado
пудрить *impf* напудрить *perf vt* empolvar ◆ ~ **мозги кому-л.** engañar, tomar el pelo
пудриться *impf* напудриться *perf* empolvarse
пузан *m coloq* barrigudo, gordo
пузатый *adj coloq* panzudo, barrigudo
пузо *n coloq* barriga, panza
пузырёк *m* 1) burbuja, borbotón 2) *(склянка)* frasco, ampolla 3) *vulg (бутылка)* botella
пузыриться *impf* 1) burbujear 2) *(об одежде)* inflarse
пузырчатый *adj* con burbujas
пузырь *m* 1) ampolla, burbuja 2) *anat* vesícula
пук[1] *m (связка)* manojo, haz, ristra
пук[2] *m coloq (выпускание газов)* pedo
пулевой *adj* de bala
пулемёт *m* ametralladora
пулемётный *adj* de ametralladora
пуленепробиваемый *adj* antibalas
пуловер *m* pulóver, pullover
пульверизатор *m* pulverizador
пульверизация *f* pulverización
пулька[1] *f dimin. de* пуля
пулька[2] *f cart* partida, vuelta
пульнуть V. пулять
пульпа *f anat bot* pulpa
пульс *m* 1) pulso 2) *(ритм)* ritmo
пульсация *f* pulsación
пульсировать *impf vi* latir, pulsar
пульт *m* 1) *tecn* tablero, panel 2) *(дистанционный)* mando a distancia
пуля *f* bala
пулять *impf* пульнуть *perf vi coloq* disparar
пума *f* puma
пункт *m* 1) punto *населённый* ~ población, localidad; *медицинский* ~ punto de socorro 2) *(момент в развитии)* punto 3) *(параграф)* punto, cláusula
пунктик *m coloq* manía, locura
пунктир *m* punteado
пунктирный *adj* punteado
пунктуально *adv* puntualmente
пунктуальность *f* puntualidad
пунктуальный *adj* puntual
пунктуационный *adj* de puntuación
пунктуация *f* puntuación
пункция *f med* punción
пунцовый *adj* punzó, rojo vivo
пунш *m* ponche
пуп *m* ombligo ◆ ~ **земли** el ombligo del mundo
пуповина *f* cordón umbilical
пупок *m* ombligo
пупочный *adj* umbilical
пупс *m* 1) *(кукла)* muñeca (de juguete) 2) *coloq (маленький ребёнок)* bebé, pituso
пупсик *m dimin. de* пупс
пупырчатый *adj* cubierto de ampollas
пупырышек *m coloq* ampolla
пурга *f* ventisca
пуризм *m* purismo
пурист *m* purista
пуританский *adj* puritano
пурпур *m* púrpura
пурпурный *adj* purpúreo, de púrpura
пуск *m* arranque, puesta en marcha
пускай *coloq* **1.** *partíc* que (+ subjuntivo) ~ *так и будет* que sea así; ~ *говорит!* ¡que hable! **2.** *conj (допустим)* aunque ~ *неопытен, зато энергичен* aunque sea inexperto, es dinámico
пускать V. пустить
пускаться V. пуститься
пусковой *adj* de (para el) arranque, de puesta en marcha
пустельга *f* 1) *(птица)* cernícalo 2) *coloq desp (пустой человек)* charlat|án, -ana, cantamañanas
пустеть *impf* опустеть *perf vi* quedar(se) vacío
пустить *perf* пускать *impf vt* 1) *(отпустить)* soltar, dejar libre, dejar en libertad 2) *(впустить)* dejar entrar, dejar pasar 3) *(привести в движение)* poner en marcha, accionar 4) *(запустить)* lanzar, tirar ◆ ~ **слух** lanzar un rumor ~ **в ход** poner en marcha ~ **козла в огород** meter el lobo en el redil
пуститься *perf* пускаться *impf* **(делать что-л)** ponerse a (hacer u/c), echar a (hacer u/c), empezar a (hacer u/c)
пусто **1.** *adv* de vacío, vacíamente **2.** *adv pred* está vacío *в комнате* ~ la habitación está vacía
пустобрёх *m vulg desp* tarambana, charlatán
пустовать *impf vi* estar vacío
пустоголовый *adj coloq* de cabeza hueca
пустозвон *m vulg desp* charlatán, parlanchín
пуст|ой *adj* 1) vacío, hueco 2) *(бессодержательный)* vacío, frívolo 3) *(ни на чем не обоснованный)* fútil, vano, inútil ◆ **~ое место** nulidad, cero a la izquierda **переливать из ~ого в порожнее** hablar por hablar
пустомеля *m/f coloq desp* charlat|án, -ana, tarabilla
пустопорожний *adj* 1) vacío, deshabitado, yermo 2) *(бессодержательный)* vacío
пустослов *m* vanílocuo, charlatán
пустословие *n* vanilocuencia, charlatanería
пустословить *impf vi coloq desp* charlatanear, badajear
пустота *f* 1) vacío, hueco, vacuidad 2) *(бессодержательность)* vacío, veleidad, frivolidad
пустотелый *adj* hueco
пустоцвет *m* 1) flor estéril 2) *(о человеке)* persona inútil
пустошь *f* erial, baldío
пустынник *m* ermitaño, anacoreta
пустынный *adj* desierto, deshabitado, solitario
пустынь *f* ermita, monasterio
пустыня *f* desierto
пустырь *m* solar, baldío
пустышка *f* 1) *(иллюзия)* vacuidad, engaño 2) *(резиновая соска)* chupete
пусть **1.** *partic* que (+ subj.) ~ *так и будет* que así sea; ~ *придёт* que venga **2.** *conj (допустим)* aunque ~ *он ошибся, ошибку можно исправить* aunque se haya equivocado, un error puede enmendarse
пустяк *m coloq* bagatela, miseria, pequeñez, nadería
пустяковина *f vulg* V. пустяк
пустяковый *adj* fútil, insignificante, baladí
пустячок *m dimin. de* пустяк
путаник *m coloq* embrollador, liante
путаница *f* confusión, enredo, lío, embrollo

путаный *adj* 1) *(запутанный)* embrollado, enmarañado, enredado 2) *(сбивчивый)* confuso, intrincado
путать *impf* запутать/перепутать *perf vt* 1) embrollar, enredar 2) *(сбивать с толку)* desconcertar, confundir 3) *(принимать одно за другое)* confundir, confundirse (en u/c) 4) *coloq (впутывать)* liar, enredar
путаться *impf* запутаться/перепутаться *perf* 1) enredarse, embrollarse 2) *coloq (развиваться сбивчиво)* confundirse 3) *(сбиваться с толку)* confundirse, equivocarse, hacerse un lío
путеводитель *m* guía
путеводн|ый *adj* de guía ◆ **~ая звезда** estrella polar
путевой *adj* 1) de camino, de vía 2) *(для путешествий)* de viaje
путеец *m coloq* ingeniero ferroviario
путейский *adj* de caminos, de carreteras
путеобходчик *m ferroc* guardavía
путепровод *m* viaducto
путеукладчик *m ferroc* tendedora de rieles
путешественни|к, -ца *m/f* viajer|o, -a
путешествие *n* viaje
путешествовать *impf vi* viajar
путём *prep* (**чего-л**) mediante (u/c), por medio (de u/c)
путина *f* temporada de pesca
путни|к, -ца *m/f* viajer|o, -a, caminante
путный *adj coloq* sensato, cuerdo
путч *m* golpe de estado
путчист *m* golpista
путы (*gen* пут) *fpl* 1) *(лошади)* traba, apea 2) *(пленника)* cadenas, hierros
пут|ь *m* 1) camino, vía *~и сообщения* vías de comunicación; *по ~и* de camino, por el camino 2) *(путешествие)* viaje, camino 3) *(способ)* vía, medio, camino *каким ~ём?* ¿de qué modo? 4) *anat* vía
пуф *m* puf
пух *m* pelusa, plumón ◆ **ни ~а ни пера!** ¡que te sea leve!, ¡que vaya bien!
пухлощёкий *adj* mofletudo, carrilludo
пухлый *adj* 1) rollizo 2) *(толстый)* regordete
пухнуть *impf* вспухнуть/опухнуть *perf vi* hincharse
пуховик *m* plumón (colchón o anorak)
пуховка *f* borla (para empolvarse)
пуховый *adj* de plumón, de edredón
пучеглазие *m med* exoftalmía
пучеглазый *adj* de ojos saltones
пучение *n* hinchamiento
пучина *f* vorágine
пучить *impf* вспучить *perf vt* hinchar
пучиться *impf* вспучиться *perf* hincharse
пучок *m* manojo, haz
пушечный *adj* de cañón
пушинка *f* pelusa, plumilla *снежная ~* copo de nieve
пушистый *adj* 1) lanoso, peludo 2) *(о материи)* afelpado
пушить *impf* распушить *perf vt* ahuecar, batir
пушка *f* cañón
пушнина *f* peletería, pieles
пушной *adj* de pieles *~ зверь* animal de piel fina
пушок *m* pelusa, vello
пуща *f* bosque virgen, selva
пуще *adv* más, mucho más
пущий *adj* mayor, más grande
пфенниг *m* pfenning
пчела *f* abeja
пчелиный *adj* de abeja(s)
пчеловод *m* apicultor
пчеловодство *n* apicultura
пчелотерапия *f* apiterapia
пчёлка *f dimin. de* пчела
пшеница *f* trigo
пшеничный *adj* de trigo
пшено *n* mijo limpio
пшённый *adj* de mijo limpio
пшик *m coloq* nada
пыж *m* taco (de un cartucho)
пыжик *m* piel de cría de reno
пыжиться *impf* 1) *coloq (стараться)* esforzarse, pugnar 2) *coloq (важничать)* pavonearse, darse pisto
пыл *m* ardor, fervor
пыла|ть *vi* 1) arder, llamear 2) *(о лице, ушах)* arder 3) (**чем-л**) *(испытывать чувство)* arder (de u/c)
пылевидный *adj* pulverizado, en forma de polvo
пылевой *adj* de polvo
пылесос *m* aspirador
пылесосить *impf* пропылесосить *perf vt* aspirar, pasar el aspirador
пылинка *f* partícula de polvo
пылить *impf* напылить *perf vi* levantar polvo
пылиться *impf* запылиться *perf* cubrirse de polvo
пылкий *adj* 1) ardiende, fogoso, ferviente 2) *(порывистый)* impetuoso
пылко *adv* ardientemente, fogosamente, con ardor
пылкость *f* 1) ardor, fervor 2) *(порывистость)* impetuosidad
пыль *f* polvo ◆ **пустить ~ в глаза** deslumbrar, engañar
пыльник[1] *m bot* antera
пыльник[2] *m (плащ)* guardapolvo
пыльный *adj* polvoriento, cubierto de polvo
пыльца *f* polen
пырей *m (растение)* grama
пырнуть V. пырять
пырять *impf* пырнуть *perf vt* golpear bruscamente *пырнуть ножом* dar una cuchillada
пытать *impf vt* 1) torturar, atormentar 2) *coloq (расспрашивать)* interrogar, inquirir
пытаться *impf* попытаться *perf* intentar, probar, tratar de (hacer u/c)
пытка *f* tortura, suplicio, tormento
пытливый *adj* curioso, escudriñador
пыточный *adj* de tortura
пыхать *impf vi* 1) arder, flamear 2) (**чем-л**) *(испытывать чувство)* arder (de u/c)
пыхтеть *impf vi* 1) jadear, resoplar, resollar 2) *(усиленно трудиться)* afanarse, esforzarse
пышечная *f* churrería
пышка *f* churro, bollo
пышность *f* 1) blandura, esponjosidad 2) *(роскошь)* suntuosidad, fausto, lujo
пышный *adj* 1) blando, esponjoso 2) *(роскошный)* suntuoso, lujoso, espléndido 3) *(напыщенный)* pomposo

пьедестал *m* pedestal, peana
пьеса *f* 1) *teat* obra 2) *mús* pieza, composición
пьющий *adj* bebedor
пьянеть *impf* опьянеть *perf vi* embriagarse, emborracharse
пьянить *impf* опьянить *perf vt* emborrachar, embriagar
пьяница *m/f* borrach|o, -a
пьянка *f vulg* borrachera
пьянство *n* embriaguez, alcoholismo
пьянствовать *impf vi* beber, emborracharse
пьянчуга *m/f vulg desp* borrach|o, -a
пьяный *adj* embriagado, borracho
пэр *m hist* par (título nobiliario)
пэтэушник *m coloq* estudiante de un instituto de formación profesional
пюпитр *m* pupitre, atril
пюре *n inv* puré
пяд|ь *f* palmo ◆ **быть семи ~ей во лбу** ser un pozo de ciencia
пялить *impf vt* tender, estirar ◆ ~ **глаза** *vulg* mirar de hito en hito
пялиться *impf vulg* mirar de hito en hito
пял|ьцы (*gen* -ец) *fpl* bastidor
пясть *f anat* metacarpo
пята *f* talón, calcañar ◆ **ахиллесова** ~ talón de Aquiles **ходить по ~м за кем-л.** pisarle los talones a alg.
пятак *m hist* moneda de cinco kópeks
пятачок *m* 1) *dimin. de* пятак 2) *(у свиньи)* hocico 3) *(небольшая площадка)* palmo de terreno
пятая *f* quinta parte, quinto
пятерня *f coloq* dedos de la mano, dátiles
пятеро *num col* cinco
пятёрка *f* 1) *(цифра)* cinco 2) *(отметка)* sobresaliente, cinco
пятиалтынный *m hist* moneda de quince kópeks
пятиборец *m sport* atleta de pentatlón
пятиборье *n sport* pentatlón
пятидесятилетие *n* 1) *(срок)* cincuenta años 2) *(годовщина)* cincuenta aniversario, cincuentenario
пятидесятилетний *adj* de cincuenta años
пятидесятый *num* quincuagésimo, cincuenta
пятиклассник *m* alumno de quinto grado
пятикратный *adj* quíntuplo, cinco veces
пятилетие *n* quinquenio, cinco años
пятилетка *f* quinquenio, plan quinquenal
пятилетний *adj* quinquenal, de cinco años
пятиминутка *f (совещание)* reunión relámpago
пятипалый *adj* de (con) cinco dedos
пятирублёвка *f hist* billete de cinco rublos
пятисотлетие *n* 1) *(срок)* quinientos años 2) *(годовщина)* quinientos (quingentésimo) aniversario
пятисотлетний *adj* de quinientos años
пятиться *impf* попятиться *perf* retroceder, recular
пятиугольник *m* pentágono
пятиугольный *adj* pentagonal
пятичасовой *adj* de cinco horas, de las cinco
пятк|а *f* talón ◆ **у него душа ушла в ~и** no le llega la camisa al cuerpo, se le han puesto los pelos de punta
пятнадцатый *adj* décimoquinto, el quince
пятнадцать *num* quince
пятнать *impf* запятнать *perf vt* manchar
пятнаш|ки (*gen* -ек) *fpl* : играть в ~ки jugar a pillar
пятнистый *adj* jaspeado, pintado
пятниц|а *f* viernes *в ~у* el viernes ◆ **у него семь ~ на неделе** cambia de opinión como de camisa
пятничный *adj* del viernes
пятно *n* mancha
пятнышко *n dimin. de* пятно
пяточный *adj* del talón
пятый *adj* quinto
пять *num* cinco ◆ **знать как свои ~ пальцев** conocer como la palma de la mano
пятьдесят *num* cincuenta
пятьсот *num* quinientos
пятью *adv* cinco veces ~ *три* cinco veces tres, cinco por tres

Р

раб *m* esclavo, siervo
рабовладелец *m* esclavista
рабовладельческий *adj* de esclavitud, esclavista
рабовладение *n* posesión de esclavos
раболепный *adj* servil, rastrero
работа *f* 1) trabajo, labor 2) *(функционирование)* funcionamiento
работать *impf vi* 1) trabajar ~ *над чем-либо* trabajar en algo 2) *(функционировать)* funcionar 3) *(работать - об учреждении)* estar abierto 4) **(кем-л)** *(служить кем-либо)* trabajar (de alg), hacer (de alg) ~ *секретарём* trabajar de secretario
работа|ться *impf v/impers* trabajarse *сегодня ~ется хорошо* hoy se trabaja bien, hoy el trabajo marcha bien
работёнка *f vulg dimin. de* работа
работни|к, -ца *m/f* trabajador, -a
работный *adj obsol* de trabajo
работодатель *m* patrón, patrono, empresario
работорговец *m* esclavista, negrero
работорговля *f* trata de esclavos
работоспособность *f* capacidad de trabajo
работоспособный *adj* eficiente, trabajador
работяга *m/f* 1) *coloq* persona trabajadora, laboriosa 2) *vulg peyor (рабочий человек)* trabajador, obrero
работящий *adj coloq* trabajador, laborioso
рабоч|ий 1. *adj* 1) obrero 2) *(предназначенный для работы)* de trabajo *~ий день* día de trabajo, día laborable **2.** *m* obrero, operario, trabajador ♦ **~ая сила** mano de obra
рабски *adv* servilmente, rastreramente
рабский *adj* de esclavo, servil
рабство *n* esclavitud
рабфак *m hist* rabfak, facultad de obreros
рабыня *f* esclava, sierva
раввин *m relig* rabino
равенство *n* igualdad, paridad
равнение *n* alineación
равнина *f* llano, llanura
равнинный *adj* llano, plano
равно 1. *adv* del mismo modo, igualmente **2.** *adv pred* es igual *всё ~* da igual, no importa
равнобедренный *adj mat* isósceles
равновеликий *adj fís mat* isométrico, equivalente
равновесие *n* equilibrio, balance
равновесный *adj* equiponderante
равноденствие *n astr* equinoccio
равнодушие *n* indiferencia, indolencia
равнодушно *adv* 1) indiferentemente, con indiferencia 2) *(бесстрастно)* de una manera impasible
равнодушный *adj* 1) indiferente 2) *(бесстрастный)* impasible
равнозначный *adj* equivalente
равномерно *adv* regularmente, igualmente
равномерность *f* regularidad
равномерный *adj* regular
равноправие *n* igualdad de derechos
равноправный *adj* de iguales derechos, equitativo
равносильный *adj* de igual fuerza, equivalente
равноценность *f* equivalencia
равноценный *adj* equivalente, del mismo valor
равн|ый *adj* igual, par ♦ **на ~ых** de igual a igual
равнять *impf* сравнять *perf vt* 1) *(делать равным)* igualar, hacer igual 2) *(сравнивать)* igualar, equiparar
равняться *impf* 1) **(с кем-л)** igualarse (a alg o u/c), ser igual (a alg o u/c), equivaler (a alg o u/c) *никто не может с ним ~* no tiene igual, nadie puede igualarse a él 2) **(на кого-л)** *(следовать примеру)* tomar el ejemplo (de alg) 3) *mil* alinearse
рагу *n inv* ragú, ragout
рад *adj pred* contento *я ~* estoy contento
радар *m* radar
радарный *adj* de radar
радение *n obsol* celo
радетель *m obsol* protector, valedor
радеть *impf* порадеть *perf vi* **(кому-л)** cuidar (de alg), proteger
раджа *m* rajá
ради *prep* **(кого/чего-л)** para (alg o u/c), por (alg o u/c) ~ *интереса* por interés; ~ *бога!* ¡por Dios!
радиальный *adj* radial
радиатор *m* radiador
радиационный *adj* radiactivo, de radiación
радиация *f* radiación
радивость *f* afán, cuidado
радивый *adj* afanoso, cuidadoso
радий *m quím* radio
радийный *adj* radiofónico, de radio
радикал *m pol* radical
радикализм *m pol* radicalismo
радикальность *f* 1) carácter radical 2) *pol* radicalismo
радикальный *adj* 1) radical, eficiente 2) *pol* radical
радикулит *m med* radiculitis
радио *n inv* radio *передавать по ~* transmitir por la radio
радиоактивность *f* radiactividad
радиоактивный *adj* radiactivo
радиовещание *n* radiodifusión
радиовещательный *adj* de radiodifusión
радиоволна *f* onda de radio, onda radioeléctrica
радиограмма *f* radiograma, cable
радиола *f* radiotocadiscos, radiogramola
радиолокатор *m* radar, radiolocalizador
радиолокационный *adj* de radar, de radiolocalización
радиолокация *f* radar, radiolocalización
радиолюбитель *m* radioaficionado
радиопередатчик *m* radiotransmisor, emisora de radio

радиопередача *f* programa de radio
радиоперехват *m* intercepción de las emisiones de radio, radioescucha
радиоприёмник *m* radiorreceptor, radio
радиосвязь *f* radio, radiocomunicación
радиослушатель, -ница *m/f* radioyente, oyente
радиостанция *f* emisora (de radio)
радиотелефон *m* radioteléfono
радиотехник *m* técnico de radio, radiotécnico
радиотехника *f* radiotécnica
радиотехнический *adj* radiotécnico
радиоточка *f radio* punto de radio
радиоэлектроника *f* radioelectrónica
радиоэлектронный *adj* radioelectrónico
радировать *biasp vt* transmitir por radio, radiar
радист, -ка *m/f* radiotelegrafista, operador, -a de radio
радиус *m mat* radio
радовать *impf* обрадовать *perf vt* alegrar, regocijar
радоваться *impf* обрадоваться *perf* (**кому/чему-л**) alegrarse (de u/c)
радон *m quím* radón
радоновый *adj quím* de radón
радостно *adv* alegremente, con alegría
радостный *adj* contento, alegre
радость *f* alegría, gozo, regocijo
радуга *f* arco iris
радужно *adv* radiantemente, con júbilo
радужн|ый *adj* 1) irisado 2) *(радостный)* radiante, jubiloso ◆ **~ая оболочка** *anat* iris
радушие *n* cordialidad, hospitalidad
радушно *adv* cordialmente, hospitalariamente
радушный *adj* hospitalario, cordial
раёк *m coloq obsol (галёрка)* paraíso, gallinero
раж *m coloq* rabia, furia
раз[1] *m* vez *ещё* ~ otra vez; ~ *в день* una vez al día; *каждый* ~ cada vez; *как* ~ a) precisamente, justamente, b) sienta bien, queda bien; *много* ~ muchas veces; *ни ~у* ninguna vez, ni una vez; *не* ~ más de una vez; *последний* ~ la última vez
раз[2] *adv coloq (однажды)* una vez ~ *вечером* una tarde; *как-то* ~ un día, una vez
раз[3] *conj coloq (если)* si, ya que ~ *не знаешь, не говори* si no lo sabes, cállate
раз[4] *num (один)* uno ~, *два, три* uno, dos, tres
разбавить *perf* разбавлять *impf vt* 1) diluir 2) *(напиток водой)* aguar
разбавление *n* dilución
разбавлять V. разбавить
разбазаривать V. разбазарить
разбазарить *perf* разбизаривать *impf vt coloq* malvender, malbaratar, dilapidar
разбаливаться[1] V. разболеться 1, 2
разбаловать *perf vt* mimar, maleducar
разбаловаться *perf* hacer travesuras, loquear (en demasía)
разбег *m* carrera, carrerilla *с ~а* con carrerilla
разбегаться *perf coloq* empezar a correr (mucho, intensamente)
разбегаться V. разбежаться
разбежаться *perf* разбегаться *impf* 1) tomar carrerilla, tomar impulso 2) *(в разные стороны)* dispersarse, desbandarse
разбередить V. бередить
разбивать V. разбить
разбиваться V. разбиться
разбивка *f (разделение)* división
разбинтовать *perf* разбинтовывать *impf vt* desvendar, quitar el vendaje
разбинтовывать V. разбинтовать
разбирательство *n jur* litigio, causa
разбирать V. разобрать
разбираться *vi* 1) V. разобраться 2) *(быть разборным)* desmontarse, ser desmontable 3) (**в чём-л**) *(понимать толк)* entender (de u/c), saber (de u/c)
разбитной *adj coloq* listo, desenvuelto
разбитый *adj* 1) roto 2) *(побеждённый)* derrotado
разбить *perf* разбивать *impf vt* 1) romper, quebrar 2) *(нанести поражение)* derrotar 3) *(делить)* dividir 4) *(опровергать)* refutar
разбиться *perf* разбиваться *impf* 1) romperse, estrellarse 2) (**на что-л**) *(разделиться)* dividirse (en u/c)
разбогатеть V. богатеть
разбой *m* robo a mano armada, bandolerismo
разбойник *m* 1) bandido, bandolero 2) *(морской)* pirata
разбойный *adj* a mano armada, bandolero
разболеться[1] *perf* разбаливаться *impf vi coloq (о человеке)* caer (muy) enfermo
разболеться[2] *perf* разбаливаться *impf vi coloq (о части тела)* doler mucho, empezar a doler mucho
разбомбить *perf vt* destruir bombardeando
разбор *m* análisis, examen ◆ **без ~а** sin hacer diferencias, sin elegir **прийти к шапочному ~у** *coloq* llegar a las aceitunas
разборка *f* 1) desmontaje 2) *(писем)* selección 3) *coloq (выяснение отношений)* discusión, conflicto
разборный *adj* desmontable
разборчиво *adv (чётко)* de una manera legible, *(чётко)* con buena letra
разборчивость *f* 1) *(требовательность)* exigencia, escrúpulos 2) *(чёткость почерка)* carácter legible
разборчивый *adj* 1) *(требовательный)* demasiado exigente, descontentadizo, escrupuloso 2) *(о почерке)* legible, descifrable
разбрасывание *n* dispersión, esparcimiento
разбрасывать V. разбросать
разбрасываться *impf* 1) V. разбросаться 2) *coloq (заниматься сразу многими делами)* dispersarse
разбредаться V. разбрестись
разбрестись *perf* разбредаться *impf* dispersarse
разброд *m* desacuerdo, divergencias
разброс *m* dispersión, difusión
разбросанный *adj* disperso
разбросать *perf* разбрасывать *impf vt* 1) esparcir, dispersar 2) *(привести в беспорядок)* desparramar
разбросаться *perf* разбрасываться *impf* 1) *(раскинуться)* destaparse 2) *coloq (разложить вокруг себя свои вещи)* desparramar las cosas
разбудить V. будить
разбухать V. разбухнуть
разбухнуть *perf* разбухать *impf vi* 1) hincharse, abultarse 2) *coloq (увеличиться)* aumentar, engrosarse

разбушеваться *perf* 1) desencadenarse, desatarse 2) *coloq (прийти в ярость)* enfurecerse
развал *m* 1) descomposición, desintegración 2) *(разруха)* desorganización
разваливать V. развалить
разваливаться V. развалиться
развалина *f (espec pl)* ruinas, escombros
развалить *perf* разваливать *impf vt* 1) desmoronar, demoler, deshacer 2) *(привести в упадок)* arruinar, destruir, devastar
развалиться *perf* разваливаться *impf* 1) desmoronarse, derrumbarse 2) *(износиться)* desgastarse, deshacerse
развалюха *f* 1) *vulg (о машине)* trasto, cacharro 2) *vulg (о доме)* casa desvencijada
разваривать V. разварить
развариваться V. развариться
разварить *perf* разваривать *impf vt* 1) cocer bien 2) *(довести до излишней мягкости)* cocer demasiado
развариться *perf* развариваться *impf* 1) cocerse bien 2) *(варясь, стать чересчур мягким)* cocerse demasiado
разве **1.** *partic interrog* acaso, es que **2.** *conj (если не)* a menos que ◆ ~ **что** a no ser que
развеваться *impf vi* ondear, oscilar, flamear
разведать *perf* разведывать *impf vt* 1) enterarse, conocer, husmear 2) *(обследовать)* explorar, investigar
разведение *n* 1) *(в разные стороны)* apertura 2) *(выращивание)* cría, *(растений)* cultivo 3) *(растворение)* disolución, dilución
разведённый *adj* divorciado
разведка *f* 1) *(обследование)* exploración 2) *mil* exploración, reconocimiento 3) *(секретная служба)* servicio secreto
разведочный *adj* 1) *geol* de prospección 2) *mil* de reconocimiento, de prospección
разведчи|к, -ца *m/f* 1) *mil* explorador, -a 2) *(агент разведки)* agente secreto, agente de los servicios de inteligencia 3) *geol* explorador, -a, cateador, -a
разведывательный *adj* 1) *mil* de exploración, de reconocimiento 2) *geol* de prospección
разведывать V. разведать
развезти[1] *perf* развозить *impf vt (доставить в разные места)* llevar, repartir, entregar
развезти[2] *perf* развозить *impf v/impers* 1) **(кого-л)** *coloq (разморить)* desmadejar, aflojar 2) **(что-л)** *(дорогу)* hacer impracticable
развеивать V. развеять
развеиваться V. развеяться
развенчать *perf* развенчивать *impf vt* destronar, desendiosar
развенчивать V. развенчать
разверзаться V. разверзнуться
разверзнуться *perf* разверзаться *impf elev* abrirse
развернуть *perf* развёртывать *impf vt* 1) desplegar, desenvolver, abrir 2) *mil (в боевой порядок)* desplegar 3) *(транспортное средство)* virar
развернуться *perf* развёртываться/разворачиваться *impf* 1) *(о чём-л. свёрнутом)* desplegarse, desenvolverse, abrirse 2) *(проявиться)* desplegarse, desarrollarse 3) *mil* desplegarse 4) *(о машине, самолёте)* dar la vuelta
развеселить V. веселить
развеселиться *perf* alegrarse, recogijarse
развесистый *adj* frondoso, ramoso
развесить *perf* развешивать *impf vt* colgar, tender
развесной *adj* a(l) peso
развести *perf* разводить *impf vt* 1) *(растворить)* disolver 2) *(отвести в разные места)* llevar 3)
(растения) cultivar 4) *(животных)* criar 5) *(расторгнуть брак)* divorciar
развестись *perf* разводиться *impf* 1) divorciarse, separarse 2) *(о паразитах)* propagarse
разветвить *perf* разветвлять *impf vt* ramificar, bifurcar
разветвиться *perf* разветвляться *impf* ramificarse, bifurcarse
разветвление *n* ramificación, bifurcación
разветвлённость *f* carácter ramificado, ramificación
разветвлённый *adj* ramificado, bifurcado
разветвлять V. разветвить
разветвляться V. разветвиться
развешать *perf* развешивать *impf vt* colgar, tender
развешивать V. развешать, развесить
развеять *perf* развеивать *impf vt* 1) dispersar, disipar 2) *(рассеять)* disipar, hacer desaparecer
развеяться *perf* развеиваться *impf* 1) dispersarse, disiparse 2) *(рассеять)* disiparse, desaparecer
развёрнутый *adj* 1) *(в широких масштабах)* a gran escala, amplio 2) *(подробный)* extenso, detallado
развёртка *f mat* desarrollo
развёртывание *n* 1) desenvolvimiento, despliegue 2) *(развитие)* desarrollo 3) *mil* despliegue
развёртывать V. развернуть
развёртываться V. развернуться
развивать V. развить
развиваться *impf* развиться *perf* desarrollarse, progresar
развилка *f coloq* bifurcación
развинтить *perf* развинчивать *impf vt* destornillar, aflojar
развинтиться *perf* развинчиваться *impf* aflojarse, destornillarse
развинчивать V. развинтить
развинчиваться V. развинтиться
развитие *n* evolución, desarrollo, progreso
развитой *adj* desarrollado
развитость *f* desarrollo, carácter desarrollado
развитый *adj* adelantado, desarrollado
развить *perf* развивать *impf vt* desarrollar, fomentar
развиться *perf* развиваться *impf* 1) desarrollarse, progresar 2) *(расплестись)* destorcerse, desrizarse
развлекательный *adj* ameno, divertido, recreativo
развлекать V. развлечь
развлекаться V. развлечься
развлечение *n* entretenimiento, distracción, diversión
развлечь *perf* развлекать *impf vt* entretener, distraer, divertir
развлечься *perf* развлекаться *impf* divertirse, recrearse

развод *m* 1) divorcio, separación 2) *(в разные стороны)* apertura 3) *coloq (мошенничество)* fraude, timo
разводить V. развести
разводиться V. развестись
разводка *f* apertura
разводной *adj* 1) *(о мосте)* levadizo 2) *(о ключе)* ajustable, giratorio
развозить V. развезти 1, 2
развозка *f* transporte, entrega
разволновать *perf vt coloq* emocionar, conmover, agitar
разволноваться *perf coloq* emocionarse, conmoverse, agitarse
разворачивать V. развернуть, разворотить
разворачиваться V. развернуться
разворовать *perf* разворовывать *impf vt coloq* robar, saquear
разворовывать V. равзоровать
разворот *m* viraje
разворотить *perf* разворачивать *impf vt* 1) desplegar, desenvolver 2) *(транспортное средство)* virar 3) *mil* desplegar
разворошить V. ворошить
разврат *m* perversión, depravación
развратить *perf* развращать *impf vt* pervertir
развратни|к, -ца *m/f* pervertid|o, -a, libertin|o, -a
развратный *adj* depravado, perverso
развращать V. развратить
развращение *n* depravación, perversión
развращённость *f* depravación, perversión
развязать *perf* развязывать *impf vt* 1) desligar, desatar 2) *(узел)* desanudar, deshacer
развязаться *perf* развязываться *impf* 1) desatarse 2) *(об узле)* desanudarse
развязка *f* 1) desenlace 2) *(завершение)* fin
развязно *adv* con desenvoltura, con frescura
развязность *f* desenvoltura, frescura, descaro
развязный *adj* desenvuelto, freso, descarado
развязывать V. развязать
развязываться V. развязаться
разгадать *perf* разгадывать *impf vt* 1) adivinar, resolver 2) *(понять)* comprender
разгадка *f* adivinanza, adivinación
разгадывать V. разгадать
разгар *m* apogeo, culminación
разгибать V. разогнуть
разгибаться V. разогнуться
разгильдяй *m coloq* sinvergüenza, perdido, perdulario
разгильдяйство *n coloq* desorden, negligencia
разглагольствование *n coloq* verborrea, perorata
разглагольствовать *impf vi coloq* echar peroratas, echar peroratas, discursear
разгладить *perf* разглаживать *impf vt* 1) alisar 2) *(утюгом)* planchar
разглаживать V. разгладить
разгласить *perf* разглашать *impf vt* divulgar, hacer público, pregonar
разглашать V. разгласить
разглашение *n* publicación
разглядеть *perf* разглядывать *impf vt* ver, discernir
разглядывать V. разглядеть
разгневать *perf vt* encolerizar, enfurercer
разгневаться *perf* encolerizarse, enfurecerse, montar en cólera
разговаривать *impf vi* hablar, conversar
разговор *m* conversación, charla, plática
разговориться *perf vi* 1) **(с кем-л)** trabar conversación (con alg) 2) *(увлечься разговором)* darle a la lengua, soltar la sinhueso
разговорник *m* guía (manual) de conversación
разговорный *adj* 1) hablado, conversacional 2) *(о стиле)* coloquial
разговорчивый *adj* locuaz, hablador
разговорчик *m dimin. de* разговор
разгон *m* 1) *(толпы, собрания)* dispersión 2) *(разбег)* carrera, carrerilla
разгонять V. разогнать
разгоняться V. разогнаться
разгораться V. разгореться
разгоре|ться *perf* разгораться *impf vi* 1) encenderse, empezar a arder 2) *(от волнения)* encenderse
разгорячить V. горячить
разгорячиться V. горячиться
разграбить *perf* разграблять *impf vt* saquear, robar, desvalijar
разграбление *n* saqueo, pillaje
разграблять V. разграбить
разграничение *n* 1) *(размежевание)* delimitación, demarcación 2) *(обособление)* delimitación, diferenciación
разграничивать V. разграничить
разграничительный *adj* de demarcación, de delimitación
разграничить *perf* разграничивать *impf vt* 1) *(размежевать)* delimitar, demarcar 2) *(обособить)* delimitar, diferenciar, discriminar
разгребать V. разгрести
разгрести *perf* разгребать *impf vt* esparcir, extender
разгром *m* 1) derrota 2) *(беспорядок)* desorden 3) *(опустошение)* devastación
разгромить *perf vt* 1) derrotar 2) *(подавить)* aplastar 3) *(разрушить)* destruir
разгромный *adj* de destrucción, de devastación
разгружать V. разгрузить
разгружаться V. разгрузиться
разгрузить *perf* разгружать *impf vt* 1) descargar 2) *(судно)* desembarcar
разгрузиться *perf* разгружаться *impf* descargarse
разгрузка *f* descarga
разгрузочный *adj* de descarga
разгрызать *impf vt* roer, romper royendo
разгрызть V. грызть
разгул *m* 1) desenfreno, exceso 2) *(безудержный кутёж)* desenfreno, orgía
разгуливать *vi coloq* pasear, pasearse, deambular
разгульный *adj coloq* libertino, desenfrenado
разгуляться *perf* разгуливаться *impf* 1) *(дать себе волю)* campar (proceder) a sus anchas 2) *(о ребёнке)* despabilarse, despertarse, no tener ganas de dormir 3) *(о погоде)* aclararse, despejarse **раздавать** V. раздать
раздаваться V. раздаться 1,2
раздавить *perf* раздавливать *impf vt* aplastar
раздаривать V. раздарить

раздарить *perf* раздаривать *impf vt* regalar a muchos, repartir regalando

раздаточный *adj* de distribución, para distribuir

раздатчик *m* distribuidor

раздать *perf* раздавать *impf vt* repartir, distribuir

раздаться[1] *perf* раздаваться *impf (о звуке)* sonar, oírse

раздаться[2] *perf* раздаваться *impf* 1) *(раздвинуться)* apartarse, abrirse 2) *coloq (расшириться)* ensancharse, estirarse 3) *coloq (потолстеть)* engordar, ensancharse, echar carnes

раздача *f* reparto, distribución

раздваиваться V. раздвоиться

раздвигать V. раздвинуть

раздвигаться V. раздвинуться

раздвижной *adj* corredizo

раздвинуть *perf* раздвигать *impf vt* separar, apartar, abrir

раздвинуться *perf* раздвигаться *impf* separarse, apartarse, abrirse

раздвоение *n* desdoblamiento, bifurcación

раздвоенность *f* carácter desdoblado, bifurcado

раздвоить *perf* раздваивать *impf vt* desdoblar, dividir en dos

раздвоиться *perf* раздваиваться *impf* desdoblarse, dividirse en dos, bifurcarse

раздевать V. раздеть

раздеваться V. раздеться

раздел *m* 1) sección, apartado 2) *(земли)* reparto

разделать *perf* разделывать *impf vt (обработать)* elaborar, preparar, aderezar ◆ ~ **под орех** dejar de vuelta y media

разделаться *perf* разделываться *impf* 1) **(с кем/чем-л)** acabar (con alg o u/c), librarse (de alg o u/c) 2) **(с кем-л)** *(свести счёты)* ajustar cuentas (con alg)

разделение *n* 1) división, partición 2) *(на участки)* parcelación

разделительный *adj* 1) divisorio 2) *filos gram* disyuntivo

разделить *perf* разделять *impf vt* dividir, repartir ~ *на три части* dividir en tres partes

разделиться[1] *perf* разделяться *impf (обнаружить несогласие)* divergir, diferenciarse

разделиться[2] V. делиться

разделка *f* elaboración, preparación

разделочный *adj* de elaboración, de preparación

разделывать V. разделать

разделываться V. разделаться

раздельно *adv* separadamente, por separado

раздельный *adj* separado

разделять *impf vt* 1) V. разделить 2) *(участь, мнение)* compartir

разделяться V. разделиться 1

раздеть *perf* раздевать *impf vt* desnudar, desvestir

раздеться *perf* раздеваться *impf* desnudarse, desvestirse

раздирать *impf vt* 1) V. разодрать 2) *(душу, сердце)* desgarrar, partir

раздираться V. разодраться

раздирающий *adj* desgarrador

раздобреть V. добреть

раздобриться *perf coloq* volverse (mostrarse) generoso, bondadoso

раздобывать V. раздобыть

раздобыть *perf* раздобывать *impf vt coloq* conseguir

раздолбать *perf vt vulg* destrozar, deshacer, hacer polvo

раздолье *n* 1) *(простор)* vastos espacios, inmensidad 2) *coloq (свобода)* plena libertad

раздольный *adj coloq* libre, pleno de libertad

раздор *m* discordia ◆ **яблоко ~а** manzana de la discordia

раздосадовать *perf vt* enfadar, enojar

раздражать V. раздражить

раздражаться V. раздражиться

раздражающий *adj* irritante

раздражение *n* irritación

раздражённый *adj* irritado

раздражитель *m fisiol* irritante

раздражительность *f* irritabilidad, irascibilidad

раздражительный *adj* irritable, irascible

раздражить *perf* раздражать *impf vt* 1) irritar 2) *(рассердить)* irritar, fastidiar, enojar

раздражиться *perf* раздражаться *impf* 1) irritarse 2) *(рассердиться)* irritarse, enojarse

раздразнивать V. раздразнить

раздразнить *perf* раздразнивать *impf vt* irritar, enfurecer, exasperar, excitar

раздраконивать V. раздраконить

раздраконить *perf* раздраконивать *impf vt* destrozar, despedazar

раздробить V. дробить

раздробиться V. дробиться

раздробленность *f* fracionamiento, desmembración

раздробленный *adj* 1) *(разбитый)* quebrantado, roto 2) *(разъединённый)* fraccionado, disperso

раздувание *n* 1) *(рассеивание)* disipación 2) *(разжигание)* avivamiento (del fuego) 3) *(непомерное увеличение)* exageración

раздувать V. раздуть

раздуваться V. раздуться

раздумать *perf* раздумывать *impf vi* 1) cambiar de parecer 2) **(от чего-л)** *(отказаться)* renunciar (a u/c)

раздумывать *impf vi* 1) V. раздумать 2) *(колебаться)* vacilar, titubear

раздумье *n* 1) reflexión, meditación 2) *(колебание)* vacilación

раздуть *perf* раздувать *impf vt* 1) *(рассеять)* disipar, esparcir 2) *(разжечь)* avivar (el fuego) 3) *(надуть)* inflar, hinchar 4) *(непомерно увеличить)* hinchar, abultar, exagerar ◆ ~ **из мухи слона** hacer una montaña de un grano de arena

раздуться *perf* раздуваться *impf* hincharse, inflarse, inflamarse

разевать V. разинуть

разжалобить *perf* разжалобливать *impf vt* enternecer, hacer apiadarse, hacer compadecerse

разжалобливать V. разжалобить

разжаловать *perf vt* degradar

разжать *perf* разжимать *impf vt* aflojar, abrir ~ *кулак* abrir el puño; ~ *губы* despegar los labios

разжевать *perf* разжёвывать *impf vt* 1) masticar, mascar 2) *coloq (растолковать)* aclarar, simplificar

разжечь *perf* разжигать *impf vt* encender

разжёвывать V. разжевать

разживаться V. разжиться
разжигание *n* encendido
разжигать V. разжечь
разжижение *n coloq* aclarado, dilución
разжимать V. разжать
разжиреть V. жиреть
разжиться *perf* разживаться *impf coloq* enriquecerse, ponerse las botas
раззява *m/f coloq* papanatas, tontaina, pazguat|o, -a
разинуть *perf* разевать *impf vt coloq* abrir (mucho) ~ *рот* abrir la boca (mucho), quedarse boquiabierto
разиня *m/f coloq* papanatas, tontaina, pazguat|o, -a
разительный *adj* sorprendente, chocante
разить[1] *impf v/impers* **(чем-л)** *vulg (пахнуть)* apestar (a u/c)
разить[2] *impf* поразить *perf vt (громить)* abatir, derribar
разлагать V. разложить
разлагаться V. разложиться
разлад *m* 1) *(отсутствие согласованности)* desacuerdo, desconcierto 2) *(раздор)* discordia, desunión
разладиться *perf* разлаживаться *impf* 1) estropearse 2) *coloq (расстроиться)* estropearse, echarse a perder
разлаживаться V. разладиться
разламывать V. разломать/разломить
разламываться V. разломаться/разломиться
разлетаться V. разлететься
разлете|ться *perf* разлетаться *impf* 1) volar (dicho de muchos y en distintas direcciones) *птицы ~лись* los pájaros volaron en desbandada 2) *coloq (разбиться)* romperse, hacerse añicos 3) *coloq (исчезнуть)* desvanecerse, disiparse 4) *(быстро распространиться)* difundirse rápidamente
разлечься *perf coloq* tumbarse, tenderse
разлёт *m* desbandada
разлив *m* 1) *(реки)* crecida, desbordamiento 2) *(вина)* embotellado
разливать V. разлить
разливаться *impf* 1) V. разлиться 2) *coloq (петь с переливами)* cantar 3) *coloq (плакать сильно)* llorar desconsoladamente
разливной *adj* a granel
разлить *perf* разливать *impf vt* 1) derramar 2) *(в бутылки)* embotellar ◆ **их водой не разольёшь** son (como) uña y carne
разлиться *perf* разливаться *impf* 1) derramarse 2) *(выйти из берегов)* desbordarse
различать V. различить
различаться *impf* diferenciarse, distinguirse
различение *n* distinción (acción), diferenciación
различи|е *n* diferencia, distinción ◆ **знаки ~я** insignias
различительный *adj* distintivo
различить *perf* различать *impf vt* diferenciar, distinguir
различный *adj* diferente, distinto, diverso, variado
разложение *n* descomposición, desintegración
разложить[1] *perf* раскладывать *impf vt* 1) *(выложить)* extender, exponer 2) *(распределить)* distribuir, repartir ◆ ~ **пасьянс** hacer un solitario
разложить[2] *perf* разлагать *impf vt* 1) *(на составные части)* descomponer, disgregar 2) *(довести до состояния упадка)* desorganizar, desmoralizar
разложиться[1] *perf* раскладываться *impf (разместить вещи)* colocar las cosas alrededor de sí mismo
разложиться[2] *perf* разлагаться *impf* 1) *(на составные части)* descomponerse 2) *(сгнить)* pudrirse 3) *(морально)* desmoralizarse, corromperse
разлом *m* 1) rotura 2) *(место)* fractura
разломать *perf* разламывать *impf vt* 1) romper, fracturar 2) *(разрушить)* derribar
разломаться *perf* разламываться *impf* romperse
разломить *perf* разламывать *impf vt* romper, partir
разлука *f* despedida, separación
разлучать V. разлучить
разлучаться V. разлучиться
разлучить *perf* разлучать *impf vt* separar
разлучиться *perf* разлучаться *impf* separarse
разлюбить *perf* разлюблять *impf vt* dejar de querer, dejar de gustar
разлюблять V. разлюбить
размагнититься *perf* размагничиваться *impf* desimantarse, desimanarse
размагничиваться V. размагнититься
размазать *perf* размазывать *impf vt* embadurnar, extender, esparcir
размазня **1.** *f coloq (каша)* papilla (líquida), gachas **2.** *m/f coloq peyor (о человеке)* blandengue, Juan Lanas
размазывать V. размазать
размалевать *perf* размалёвывать *impf vt coloq* pintarrajear, embadurnar
размалёвывать V. размалевать
размаривать V. разморить
разматывать V. размотать
размах *m* 1) *(действие)* agitación 2) *(масштаб)* envergadura
размахивать *impf* размахнуть *perf vi* 1) **(чем-л)** agitar, esgrimir 2) *(крыльями)* alear, aletear
размашистый *adj* suelto, amplio
размежевание *n* deslinde, amojonamiento
размежевать *perf* размежёвывать *impf vt* 1) deslindar, amojonar 2) *(определить пределы компетенции)* deslindar, delimitar
размежеваться *perf* размежёвываться *impf* 1) fijar los límites 2) *(определить пределы компетенции)* deslindarse, separarse, delimitarse
размежёвывать V. размежевать
размежёвываться V. размежеваться
размельчать V. размельчить
размельчить *perf* размельчать *impf vt* triturar, desmenuzar
размен *m* cambio (en objetos más pequeños)
разменивать V. разменять
размениваться V. разменяться
разменный *adj* de cambio
разменять *perf* разменивать *impf vt* cambiar (en objetos más pequeños)
размер *m* 1) dimensión, magnitud 2) *(мерка)* talla, número 3) *(стиха)* metro

размеренность *f* mesura, gravedad
размеренный *adj* mesurado, grave
размерный *adj* de la talla, de las dimensiones
разместить *perf* размещать *impf vt* 1) instalar, emplazar, colocar 2) *(о жилье)* alojar
разместиться *perf* размещаться *impf* instalarse, colocarse, establecerse
разметать V. размести
разметить *perf* размечать *impf vt* marcar, trazar
разметка *f* trazado, marca
размечать V. разметить
размечтаться *perf coloq* soñar, ilusionarse, entregarse a los sueños
размешать *perf* размешивать *impf vt* remover, disolver
размешивать V. размешать
размещать V. разместить
размещаться V. разместиться
размещение *n* 1) instalación, emplazamiento, colocación 2) *(о жилье)* alojamiento
разминать V. размять
разминаться V. рязмяться
разминирование *n* desminado, levantamiento de minas
разминировать *biasp vt* desminar, levantar minas
разминка *f* 1) desperezo, desentumecimiento 2) *sport* calentamiento
разминуться *perf coloq* cruzarse
размножать V. размножить
размножаться *impf* 1) V. размножиться 2) *biol* reproducirse
размножение *n* 1) multiplicación 2) *biol* reproducción
размножить *perf* размножать *impf vt* multiplicar
размножиться *perf* размножаться *impf* 1) multiplicarse 2) *(расплодиться)* propagarse, reproducirse
размозжить *perf vt coloq* aplastar, machacar
размокать V. размокнуть
размокнуть *perf* размокать *impf vi* mojarse, quedar mojado (empapado)
размол *m* molienda, molido
размолвка *f* desavenencia, discrepancia
размораживание *n* descongelación, descongelado
размораживать V. разморозить
размораживаться V. разморозиться
разморить *perf* размаривать *impf v/impers* desmadejarse, aflojarse
разморитьcя *perf* размариваться *impf* desmadejarse, flojear, desfallecer
разморозить *perf* размораживать *impf vt* descongelar
разморозиться *perf* размораживаться *impf* descongelarse
размотать *perf* разматывать *impf vt* desenrollar, devanar, desovillar
размывание *n* derrubio
размывать V. размыть
размываться V. размыться
размыкание *n* ruptura, interrupción
размыкать V. разомкнуть
размыкаться V. разомкнуться
размытость *f* borrosidad, vaguedad
размытый *adj* borroso, vago
размыть *perf* размывать *impf vt* 1) desdibujar, volver borroso 2) *(о реке и т.п.)* derrubiar
размыться *perf* размываться *impf* 1) desdibujarse, volverse borroso 2) *(о реке и т.п.)* derrubiarse
размышление *n* razonamiento, reflexión
размышлять *impf vi* **(над чем-л)** meditar (sobre u/c), reflexionar (sobre u/c), cavilar (sobre u/c)
размягчать V. размягчить
размягчение *n* ablandamiento, reblandecimiento
размягчить *perf* размягчать *impf vt* ablandar, reblandecer
размягчиться *perf* размягчаться *impf* ablandarse, reblandecerse
размякать V. размякнуть
размякнуть *perf* размякать *impf vi* ablandarse
размять[1] *perf* разминать *impf vt* desentumecer, desperezar
размять[2] V. мять
размяться *perf* разминаться *impf* 1) desentumecerse, desperezarse 2) *sport* calentar
разнашивать V. разносить 1
разнервничаться *perf coloq* ponerse muy nervioso
разнести *perf* разносить *impf vt* 1) llevar (a varios, a muchos), repartir 2) *coloq* propagar, divulgar 3) *coloq (разорвать)* destrozar, destrozar, destruir 4) *coloq (выбранить)* reñir, dar un rapapolvo
разнестись *perf* разноситься *impf (распространиться)* difundirse, extenderse, propagarse
разнимать V. разнять
разниться *impf elev* diferenciarse, distinguirse
разниц|а *f* diferencia ◆ **без ~ы** no importa, da lo mismo
разнобой *m* discordancia, divergencia
разновес *m colect* juego de pesas (para balanza)
разновидность *f* variedad, especie
разновременный *adj* no simultáneo
разногласие *n* desacuerdo, desavenencia, discordia, discrepancia, divergencia
разноголосица *f* 1) *(в пении)* disonancia, discordancia 2) *(разногласие)* contradicción, discrepancia
разнокалиберный *adj* 1) de distinto calibre 2) *coloq (неодинаковый)* desigual, dispar
разноликий *adj* diverso, variado, variopinto
разномастный *adj (о животных)* de diferente color, de diferente pelaje
разномыслие *n elev* divergencia de opiniones
разнообразие *n* diversidad, variedad
разнообразить *impf vt* variar, diversificar
разнообразный *adj* variado
разнополый *adj* de diferente sexo, heterosexual
разнорабочий *m* peón, jornalero
разноречивый *adj* discordante, divergente
разнородность *f* heterogeneidad, diversidad
разнородный *adj* heterogéneo, diverso
разнос *m* 1) reparto, distribución, entrega 2) *coloq (выговор)* bronca, rapapolvo
разносить V. разнести
разноситься V. ранестись
разносол *m coloq* platos variados, vianda
разносторонний *adj* 1) polifacético 2) *mat* escaleno

разносторонность *f* polifacetismo, variedad
разность *f* diferencia
разносчик *m* 1) repartidor 2) *(тот, кто распространяет что-л.)* propagador
разнотипный *adj* de diferente(s) tipo(s)
разноцветный *adj* de varios colores, multicolor
разночинец *m hist* raznochínets (intelectual no perteneciente a la nobleza en la Rusia de los siglos XVIII- XIX)
разночтение *n ling* variante (de una obra escrita)
разношёрстный *adj* 1) *(о животных)* de diferente pelaje 2) *(состоящий из разных людей)* variado, variopinto, mezclado
разнузданность *f* licenciosidad, desenfreno
разнузданный *adj* licencioso, desenfrenado
разнуздать *perf* разнуздывать *impf vt* desembridar, quitar la brida
разнуздывать V. разнуздать
разный *adj* diferente, distinto, diverso
разнять *perf* разнимать *impf vt* separar, apartar
разоблачать V. раболачить
разоблачаться V. разоблачиться
разоблачение *n* revelación, desenmascaramiento
разоблачитель *m* desenmascarador, descubridor
разоблачить *perf* разоблачать *impf vt* revelar, descubrir
разобрать *perf* разбирать *impf vt* 1) *(на части)* desmontar, desarmar 2) *(раскупить)* comprar 3) *(рассортировать)* poner en orden 4) *(различить)* distinguir 5) *(о чувстве)* apoderarse (de alg)
разобраться *perf* разбираться *impf* 1) *(разобрать вещи)* arreglar 2) *(понять)* comprender, orientarse
разобщать V. разобщить
разобщение *n* aislamiento
разобщённость *f* aislamiento
разобщить *perf* разобщать *impf vt* 1) aislar, separar 2) *(разъединить)* desconectar, desacoplar
разовый *adj* de una sola vez, sencillo
разогнать *perf* разгонять *impf vt* 1) *(заставить разойтись)* echar, expulsar 2) *(собрание)* disolver 3) *(рассеять)* dispersar, disipar 4) *(придать скорость)* acelerar, embalar
разогнаться *perf* разгоняться *impf* acelerar, tomar carrera
разогнуть *perf* разгибать *impf vt* enderezar, desencorvar
разогнуться *perf* разгибаться *impf* enderezarse
разогрев *m* calentamiento
разогревание *m* calentamiento, recalentamiento
разогревать V. разогреть
разогреваться V. разогреться
разогреть *perf* разогревать *impf vt* 1) calentar, dar calor 2) *(повторно)* recalentar
разогреться *perf* разогреваться *impf* calentarse, entrar en calor
разодеть *perf vt coloq* engalanar, emperifollar, endomingar
разодеться *perf coloq* engalanarse, emperifollarse, endomingarse
разодрать *perf* раздирать *impf vt* desgarrar
разозлить V. злить
разозлиться *perf* злиться *impf* enfadarse, enojarse
разойтись *perf* расходиться *impf* 1) separarse 2) *(уйти)* irse, marcharse 3) *(о взглядах)* divergir, diferir 4) *(израсходоваться)* estar gastado 5) *(разбушеваться)* volverse loco, enfurecerse
разок *m dimin. de* раз
разом *adv* de un golpe, de un tirón
разомкнуть *perf* размыкать *impf vt* 1) desacoplar 2) *(веки, губы, и т.п.)* abrir, despegar
разомкнуться *perf* размыкаться *impf* 1) *(разъединиться)* desjuntarse, separarse 2) *(о веках, губах, и т.п.)* abrirse, despegarse
разомлевать V. разомлеть
разомлеть *perf* разомлевать *impf vi coloq* desmadejarse, atontarse (por el calor)
разор *m vulg* V. разорение
разораться *perf coloq* ponerse a gritar, desgañitarse
разорвать *perf* разрывать *impf vi* 1) romper 2) *(разнести взрывом)* despedazar
разорваться *perf* разрываться *impf* 1) romperse, desgarrarse 2) *(лопнуть по шву)* descoserse 3) *(о бомбе)* estallar, explotar, reventar
разорение *n* ruina, devastación, asolamiento
разорительный *adj* ruinoso, costoso
разорить *perf* разорять *impf vt* 1) arruinar, empobrecer 2) *(опустошить)* devastar, asolar
разориться *perf* разоряться *impf* arruinarse, quebrar
разоружать V. разоружить
разоружаться V. разоружиться
разоружение *n* desarme
разоруженческий *adj* de desarme
разоружить *perf* разоружать *impf vt* desarmar
разоружиться *perf* разоружаться *impf* desarmarse
разорять V. разорить
разоряться V. разориться
разослать *perf* рассылать *impf vt* enviar, expedir (a varios, a muchos)
разочарование *n* decepción, desencanto, desengaño, desilusión
разочарованный *adj* decepcionado, desengañado, desilusionado
разочаровать *perf* разочаровывать *impf vt* decepcionar, desencantar, desengañar, desilusionar
разочароваться *perf* разочаровываться *impf* **(в ком/чём-л)** desengañarse (en alg o u/c), desilusionarse (en alg o u/c), quedarse decepcionado (por alg o u/c)
разочаровывать V. разочаровать
разочаровываться V. разочароваться
разрабатывать V. разработать
разработать *perf* разрабатывать *impf vt* 1) elaborar, idear 2) *(улучшить)* perfeccionar 3) *(землю)* cultivar
разработка *f* 1) elaboración 2) *(земли)* cultivo 3) *(улучшение)* perfeccionamiento
разработчик *m* elaborador, desarrollador
разражаться V. разразиться
разразиться *perf* разражаться *impf* estallar, desencadenarse
разрастание *n* crecimiento
разрастаться V. разрастись
разрастись *perf* разрастаться *impf* 1) *(о растениях)* crecer, espigarse 2) *(увеличиться)* crecer (excesivamente), sobredimensionarse

разреветься *perf coloq* ponerse a llorar, deshacerse en llantos
разрез *m* corte, sección
разрезать *perf* разрезать *impf vt* cortar
разрекламировать *perf vt coloq* hacer buena prensa (de alg o u/c), hablar bien (de alg o u/c)
разрешать V. разрешить
разрешаться V. рашрешиться
разрешение *n* 1) autorización, permiso 2) *(проблемы)* solución, resolución
разрешимый *adj* resoluble, solucionable
разрешительный *adj* de autorización, de permiso
разрешить *perf* разрешать *impf vt* 1) permitir, autorizar 2) *(проблему)* resolver, solucionar
разрешиться *perf* разрешаться *impf* 1) *(о вопросе, деле и т.п.)* resolverse, solucionarse 2) *(завершиться)* concluir
разрисовать *perf* разрисовывать *impf vt* llenar de dibujos, decorar con dibujos
разрисовывать V. разрисовать
разродиться *perf coloq* parir
разрозненный *adj* 1) incompleto, dispar, suelto 2) *(несогласованный)* separado, aislado
разрознить V. рознить
разруб *m* corte
разрубать V. разрубить
разрубить *perf* разрубать *impf vt* cortar, partir, despedazar
разругаться *perf* разругиваться *impf* 1) pelearse, reñir 2) *(порвать)* romper
разругиваться V. разругаться
разруха *f* ruina, desorganización, desbarajuste
разрушать V. разрушить
разрушаться V. разрушиться
разрушение *n* destrucción, demolición
разрушитель *m* destructor
разрушительный *adj* destructivo
разрушить *perf* разрушать *impf vt* 1) destruir, destrozar 2) *(расстроить)* frustrar, destruir
разрушиться *perf* разрушаться *impf* 1) destruirse, arruinarse 2) *(не осуществиться)* frustrarse, desbaratarse
разрыв *m* 1) rotura, ruptura 2) *(взрыв)* estallido, explosión 3) *(промежуток времени)* intervalo
разрывать V. разорвать, разрыть
разрываться V. разорваться
разрывной *adj* explosivo
разрыдаться *perf* romper en llanto
разрыть *perf* разрывать *impf vt* cavar, excavar
разрыхлитель *m* 1) *(почвы)* cilindro rompedero 2) *(пищевой)* fermento
разрыхлить V. рыхлить
разрыхлять *impf vt* mullir, esponjar, ablandar
разряд[1] *m (класс)* clase, categoría
разряд[2] *m (разряжение)* descarga
разрядить[1] *perf* разряжать *impf vt* descargar
разрядить[2] *perf* разряжать *impf vt coloq (нарядить)* engalanar, emperifollar
разрядиться[1] *perf* разряжаться *impf* descargarse
разрядиться[2] *perf* разряжаться *impf coloq (нарядиться)* engalanarse, emperifollarse
разрядка *f* distensión
разрядник *m* deportista con categoría
разрядный[1] *adj* de categoría, de clase
разрядный[2] *adj fís* de descarga
разряжать V. разрядить
разряжаться V. разрядиться
разубедить *perf* разубеждать *impf vt* disuadir, hacer cambiar de opinión
разубеждать V. разубедить
разувать V. разуть
разуваться V. разуться
разуверить *perf* разуверять *impf vt* disuadir, hacer cambiar de opinión
разувериться *perf* разуверяться *impf* **(в чём-л)** perder la fe (en u/c), perder la confianza (en u/c)
разуверять V. разуверить
разуверяться V. разувериться
разузнать *perf* разузнавать *impf vt coloq* averiguar, enterarse (de u/c)
разукрасить *perf* разукрашивать *impf vt coloq* adornar, engalanar
разукраситься *perf* разукрашиваться *impf coloq* adornarse, engalanarse
разукрупнение *n* división, descentralización
разум *m* razón, juicio, intelecto
разумеется *con* está claro, naturalmente, desde luego
разумени|е *n* 1) *obsol (способность понимать)* entendimiento 2) *(мнение)* parecer
разуметь *impf vt* 1) *obsol* comprender, entender 2) **(под чем-л)** *(подразумевать)* sobrentender (por u/c)
разуметься *impf* **(под чем-л)** entenderse (por u/c)
разумно 1. *adv* razonablemente 2. *adv pred* es razonable
разумность *f* 1) *(обладание разумом)* razón, raciocinio 2) *(здравый смысл)* sensatez
разумный *adj* razonable, juicioso
разуть *perf* разувать *impf vt* descalzar
разуться *perf* разуваться *impf* descalzarse
разухабистый *adj coloq* gracioso, chistoso, atrevido
разучивать V. разучить
разучиваться V. разучиться
разучить *perf* разучивать *impf vt* aprender
разучиться *perf* разучиваться *impf* desacostumbrarse, perder la costumbre, olvidar ~ *танцевать* perder la costumbre de bailar
разъедать V. разъесть
разъединение *n* desunión, separación
разъединить *perf* разъединять *impf vt* desunir, separar
разъединиться *perf* разъединяться *impf* separarse, desunirse
разъединять V. разъединить
разъединяться V. разъединиться
разъезд *m* 1) *(отъезд)* partida 2) recorrido, viajes *он всё время в ~ах* está todo el tiempo de viaje
разъездиться *perf coloq* empezar a circular (dicho de varios o muchos)
разъезжать *impf vi* circular, viajar
разъезжаться V. разъехаться
разъехаться *perf* разъезжаться *impf* 1) *(о гостях и т.п.)* irse, marcharse (a distintas direcciones) 2) *coloq (расстаться)* separarse, despedirse 3) *(разминуться)* cruzarse
разъяснение *n* esclarecimiento, aclaración, explicación
разъяснительный *adj* aclaratorio, explicativo

разъяснить *perf* разъяснять *impf vt* esclarecer, despejar, explicar
разъясниться *perf* разъясняться *impf* aclararse, explicarse, esclarecerse
разъяснять V. разъяснить
разъясняться V. разъясниться
разъять *perf* разымать *impf vt obsol* separar, desunir
разыграть *perf* разыгрывать *impf vt* 1) sortear 2) *(роль)* representar, interpretar 3) *(партию)* jugar
разыгра|ться *perf* разыгрываться *impf* 1) *(увлечься игрой)* juguetear, retozar 2) *(усилиться)* desencadenarse, desatarse
разыгрывать V. разыграть
разыгрываться V. разыграться
разыскание *n* investigación, indagación
разыскать *perf* разыскивать *impf vt* encontrar (a alg)
разыскивание *n* búsqueda
разыскивать V. разыскать
рай *m* paraíso
райком *m hist* comité de distrito
район *m* 1) región, comarca 2) *(городской)* barrio, distrito
районирование *n* división en regiones (distritos)
районный *adj* regional, distrital, de distrito
райский *adj* paradisíaco, del paraíso
райсовет *m hist* soviet de distrito (regional)
райцентр *m hist* cabeza de distrito
рак[1] **1.** *m* cangrejo **2.** *m astrol* Cáncer ◆ **красный как** ~ rojo como un tomate
рак[2] *m (болезнь)* cáncer
ракета *f* cohete, misil
ракетка *f sport* raqueta
ракетница *f* pistola lanzacohetes
ракетный *adj* de cohete(s)
ракетоносец *m* portacohetes
ракита *f* sauce, salce
ракитник *m* 1) *(заросли)* saucera, salceda 2) *(кустарник)* codeso, laburno
раковина *f* 1) concha 2) *(для мытья посуды)* fregadero
раковый[1] *adj* de cangrejo
раковый[2] *adj med* canceroso
ракообразные *pl zool* crustáceos
ракурс *m* 1) *arte* escorzo 2) *cine foto* ángulo 3) *(точка зрения)* ángulo, punto de vista
ракушка *f* molusco, concha
ралли *n inv sport* rally
рама *f* marco
рамка *f* 1) marco, cuadro 2) *(границы, пределы)* marco, contexto
рамочный *adj* 1) *(в форме рамки)* de cuadro 2) *(о соглашениях и т.п.)* marco
рампа *f teat* candilejas
рана *f* herida
ранг *m* grado, clase
ранговый *adj* de rango
рандеву *n inv* cita, encuentro
ранее *adv* antes, anteriormente
ранение *n* herida *тяжёлое* ~ herida grave
раненый *m* herido
ранет *m* (manzana) reineta
ранец *m* cartera, mochila
ранжир *m mil* formación por estatura
ранимость *f* susceptibilidad, fragilidad
ранимый *adj* vulnerable, sensitivo
ранить *biasp vt* herir
ранка *f dimin. de* рана
ранний *adj* 1) temprano 2) *(утренний)* matutino, matinal
рано *adv* temprano ~ *утром* de madrugada
рант *m (на обуви)* vira, cerquillo
рантье *m inv* rentista
ранчо *n inv* rancho
рань *f coloq* madrugada *в такую ~!* ¡tan temprano!, ¡tan de madrugada!
раньше *adv* 1) antes, con anterioridad 2) *(в прежнее время)* antiguamente
рапира *f* estoque, florete
рапорт *m* informe, parte
рапортовать *biasp vi* informar, dar parte
рапс *m (растение)* colza
рапсодия *f mús* rapsodia
раритет *m* rareza
раритетный *adj* raro, poco frecuente
раса *f* raza
расизм *m* racismo
расист, -ка *m/f* racista
расистский *adj* racista
раскаиваться V. раскаяться
раскалить *perf* раскалять *impf vt* encandecer, poner al rojo vivo
раскалиться *perf* раскаляться *impf* encandecerse, ponerse al rojo vivo
раскалывание *n* partición, hendimiento
раскалывать V. расколоть
раскалываться V. расколоться
раскалять V. раскалить
раскаляться V. раскалиться
раскапывать V. раскопать
раскармливать V. раскормить
раскат *m* 1) *(гул)* trueno, fragor 2) *(голоса, смеха)* estrépito, carcajada, risotada
раскатать *perf* раскатывать *impf vt (развернуть)* desenrollar, extender
раскатывать V. раскатать
раскачать *perf* раскачивать *impf vt* 1) *(заставить качаться)* balancear, mecer, columpiar 2) *coloq (расшатать)* sacudir, zarandear
раскачаться *perf* раскачиваться *impf* 1) *(начать кататься)* empezar a balancearse 2) *coloq (расшататься)* balancearse, oscilar 3) *coloq (решиться)* decidirse
раскачивание *n* balanceo, vaivén
раскачивать V. раскачать
раскачиваться V. раскачаться
раскачка *f* balanceo, vaivén
раскаяние *n* arrepentimiento
раскаяться *perf* раскаиваться *impf* **(в чём-л)** arrepentirse (de u/c)
расквартировать *perf* расквартировывать *impf vt* acantonar
расквартировывать V. расквартировать
расквасить *perf* расквашивать *impf vt vulg* partir, romper (los morros, la cara)
расквашивать V. расквасить
раскидать *perf* раскидывать *impf vt* tirar, lanzar (en dinstintas direcciones)
раскидаться *perf* раскидываться *impf* 1) *(начать усиленно кидаться)* empezar a lanzar (tirar) objetos 2) *(разметаться)* echarse, tumbarse a la larga

раскидистый *adj (о дереве)* copado, ramoso
раскидывать V. ракидать, раскинуть
раскинуть *perf* раскидывать *impf vt* 1) *(руки, ноги)* extender, abrir 2) *(разостлать)* extender 3) *(палатку и т.п.)* instalar ♦ ~ **умом (мозгами)** *coloq* pensárselo bien, darle vueltas a algo
раскинуться *perf* раскидываться *impf* 1) *coloq* tumbarse, tenderse, arrellanarse 2) *(расположиться)* extenderse, estar situado
раскисать V. раскиснуть
раскиснуть *perf* раскисать *impf vi* 1) *(размокнуть)* empaparse, revenirse 2) *coloq (потерять бодрость)* desanimarse, decaer, aplatanarse
расклад *m coloq* correlación *вот такой ~!* ¡así están las cosas!
раскладка *f* repartimiento, distribución
раскладной *adj* plegable
раскладушка *f* cama plegable
раскладывать V. разложить
раскладываться V. разложиться
раскланиваться V. раскланяться
раскланяться *perf* раскланиваться *impf* 1) (**с кем-л**) hacer reverencias (a alg), saludar 2) (**с кем-л**) *(попрощаться)* despedirse (de alg)
расклассифицировать V. классифицировать
расклеивать V. расклеить
расклеиваться V. расклеиться
расклеить *perf* расклеивать *impf vt* 1) despegar, desencolar 2) *(приклеить во многих местах)* pegar, fijar (en muchos lugares)
расклеиться *perf* расклеиваться *impf* 1) despegarse, desencolarse 2) *coloq (начать хворать)* destemplarse, estar indispuesto
раскованно *adv* con desenvoltura, con desparpajo
раскованность *f* desenvoltura, desparpajo, desenfado
раскованный *adj* desenvuelto, desenfadado
расковать *perf* расковывать *impf vt* 1) *(лошадь)* desherrar 2) *(снять оковы)* desaherrojar
расковывать V. расковать
раскол *m* 1) escisión 2) *(церкви)* cisma
расколоть *perf* раскалывать *impf vt* escindir, partir, cascar
расколоться *perf* раскалываться *impf* romperse, partirse, cascarse
раскольник *m* 1) secesionista, escisionista 2) *hist* raskólnik (cismático en Rusia), apóstata
раскопать *perf* раскапывать *impf vt* desenterrar, excavar
раскопка *f* excavación
раскормить *perf* раскармливать *impf vt* cebar, engordar
раскосый *adj* bizco
раскошеливаться V. раскошелиться
раскошелиться *perf* раскошеливаться *impf coloq* desdinerarse, estirarse
раскраивать V. раскроить
раскрасить *perf* раскрашивать *impf vt* pintar, colorear, dar color
раскраска *f* 1) *(действие)* pintura, coloreado 2) *(расцветка)* dibujo, coloreado
раскрашивать V. раскрасить
раскрепостить *perf* раскрепощать *impf vt* liberar, emancipar
раскрепоститься *perf* раскрепощаться *impf* liberarse, emanciparse
раскрепощать V. раскрепостить
раскрепощаться V. раскрепоститься
раскрепощение *n* liberación, emancipación
раскрепощённо *adv* desembarazadamente, con soltura, con desparpajo
раскрепощённый *adj* desembarazado, desenvuelto
раскритиковать *perf vt* criticar (severamente, duramente)
раскроить *perf* раскраивать *impf vt* cortar
раскрой *m* trazado, corte
раскрошить V. крошить
раскрошиться V. крошиться
раскрутить *perf* раскручивать *impf vt* 1) desenrollar 2) *(заставить вращаться)* hacer girar 3) *(развить)* desarrollar, promocionar
раскрутиться *perf* раскручиваться *impf* 1) desenrollarse, destrenzarse 2) *(начать вращаться)* ponerse a girar, empezar a dar vueltas 3) *coloq* hacerse famoso, cosechar éxitos
раскрутка *f coloq* promoción, desarrollo
раскручивание *n* desarrollo, promoción
раскручивать V. раскрутить
раскручиваться V. раскрутиться
раскрывать V. раскрыть
раскрываться V. раскрыться
раскрытие *n* 1) abertura 2) descubrimiento
раскрыть *perf* раскрывать *impf vt* 1) abrir, descubrir 2) *(обнаружить)* revelar
раскрыться *perf* раскрываться *impf* 1) abrirse 2) *(обнажиться)* descubrirse, destaparse 3) *(обнаружиться)* descubrirse, revelarse
раскулачивание *n hist* expropiación de los kulaks, deskulakización
раскулачивать V. раскулачить
раскулачить *perf* раскулачивать *impf vt hist* expropiar a los kulaks
раскупать V. раскупить
раскупить *perf* раскупать *impf vt* comprar (todo), agotar
раскусить *perf* раскусывать *impf vt* 1) partir, cascar (mordiendo) 2) *coloq (понять)* comprender, calar, descifrar
раскусывать V. раскусить
расовый *adj* racial, de raza
распад *m* desintegración
распадаться V. распасться
распадение *n* V. распад
распаковать *perf* распаковывать *impf vt* desempaquetar, desembalar
распаковаться *perf* распаковываться *impf coloq* desembalar los bultos, deshacer las maletas
распаковывать V. распаковать
распаковываться V. распаковаться
распалить *perf* распалять *impf vt* 1) *(раскалить)* calentar 2) *(возбудить)* encender, inflamar
распаривать V. распарить, распороть
распариваться V. распариться, распороться
распарить *perf* распаривать *impf vt* 1) ablandar (con vapor), bañar con agua caliente 2) *coloq (расслабить)* calentar, hacer sudar, atontar
распариться *perf* распариваться *impf* 1) ablandarse (al vapor) 2) *coloq (быть в поту)* estar chorreando sudor

распасться *perf* распадаться *impf* desintegrarse, dividirse, descomponerse
распахать *perf* распахивать *impf vt* labrar, roturar
распахивать V. распахать, распахнуть
распахиваться V. распахнуться
распахнуть *perf* распахивать *impf vt* 1) abrir de par en par 2) *(одежду)* abrir, desabrochar
распахнуться *perf* распахиваться *impf* 1) abrirse de par en par 2) *(об одежде)* abrirse, desabrocharse
распашка *f* labranza, roturación
распашной *adj* sin botones
распашонка *f coloq* camisita sin botones para bebés
распаять *perf vt* desoldar
распаяться *perf* desoldarse
распев *m mús* canto
распевать *impf vt* 1) *coloq* cantar (en voz alta, alegremente) 2) V. распеть
распекать V. распечь
распетушиться *perf coloq* empezar a gallear
распечатать[1] *perf* распечатывать *impf vt (открыть)* abrir, desellar
распечатать[2] *perf* распечатывать *impf vt (принтером)* imprimir
распечатка *f* impresión
распечатывать V. распечатать 1, 2
распивать V. распить
распил *m* serrado, aserrado
распиливать V. распилить
распилить *perf* распиливать *impf vt* serrar, aserrar, cortar serrando
распинать V. распять
распирать V. распереть
расписание *n* horario
расписать *perf* расписывать *impf vt* 1) *(распределить)* anotar, inscribir 2) *(разрисовать)* pintar 3) *coloq (описать)* pormenorizar, describir
расписаться *perf* расписываться *impf* 1) *(подписаться)* firmar, poner la firma 2) *coloq (зарегистрировать брак)* casarse
расписка *f* recibo
расписной *adj coloq* pintado, coloreado
расписывать V. расписать
расписываться V. расписаться
распить *perf* распивать *impf vt coloq* beber (con alguien)
распихать *perf* распихивать *impf vt* 1) *(растолкать)* dispersar (empujando), abrirse paso (empujando) 2) *(рассовать)* meter
распихивать V. распихать
расплав *vt* fundido, masa fundida
расплавить *perf* расплавлять *impf vt* fundir
расплавиться *perf* расплавляться *impf* fundirse, derretirse
расплавлять V. расплавить
расплавляться V. расплавиться
расплакаться *perf* расплакиваться *impf* echarse a llorar, romper a llorar
распланировать V. планировать
распластаться *perf* распластываться *impf* tenderse, extenderse
расплата *f* 1) pago, paga 2) *(возмездие)* pago, desquite
расплатиться *perf* расплачиваться *impf* pagar
расплачиваться V. расплатиться
расплодиться V. плодиться
расплываться V. расплыться
расплывчато *adv* vagamente, indeterminadamente
расплывчатый *adj* vago, indeterminado, impreciso
расплыться *perf* расплываться *impf* 1) *(растечься)* derramarse, esparcirse, disiparse 2) *coloq (растолстеть)* engordar, ponerse como una vaca
расплющивать V. расплющить
расплющить *perf* расплющивать *impf vt* aplastar, chafar
распогодиться *perf* despejar, arreglarse (el tiempo)
распознавание *n* V. распознание
распознавать V. распознать
распознание *n* 1) reconocimiento, discernimiento 2) *(болезни)* diagnosis
распознать *perf* распознавать *impf vt* reconocer, discernir, distinguir
располагать *impf* расположить *perf vt* 1) **(кем/чем-л)** disponer (de alg o u/c) 2) **(к кому/чему-л)** inclinar (hacia alg o u/c)
располагаться V. расположиться
располагающий *adj* agradable, atractivo, simpático
расползаться V. расползтись
расползтись *perf* расползаться *impf* 1) *(о насекомых)* dispersarse 2) *(о материи)* deshilacharse, deshacerse
расположение *n* 1) disposición, situación, ubicación 2) *(к кому-либо)* simpatía 3) *(духа)* humor, ánimo
расположенность *f* disposición
расположенный *adj* 1) dispuesto 2) *(о месте)* ubicado, situado
расположить *perf* располагать *impf vt* 1) disponer, poner, colocar, enfilar 2) *(благожелательно настроить)* atraer, encantar, fascinar
расположиться *perf* располагаться *impf* 1) *(устроиться)* instalarse, situarse 2) *(стать лагерем)* abarracarse
располосовать *perf vt* rayar
распорка *f* barra separadora
распороть *perf* распарывать *impf vt* descoser
распороться *perf* распарываться *impf* descoserse
распорядитель *m* jefe, administrador
распорядительный *adj* buen gestor, buen administrador
распорядиться *perf* распоряжаться *impf* 1) **(о чём-л)** ordenar, mandar 2) **(чем-л)** *(позаботиться об употреблении)* disponer (de u/c), emplear
распорядок *m* orden, ordenamiento
распоряжаться V. распорядиться
распоряжение *n* 1) *(приказ)* orden 2) *(чем-либо)* disposición
распоясать *perf* распоясывать *impf vt* desceñir, quitar el cinturón
распоясаться *perf* распоясываться *impf* desceñirse, quitarse el cinturón
распоясывать V. распоясать
распоясываться V. распоясаться
расправа *f* represión, ensañamiento

расправить *perf* расправлять *impf vt* enderezar, estirar, desencoger
расправиться *perf* расправляться *impf* desplegarse, enderezarse, desarrugarse
расправлять V. расправить
расправляться V. расправиться
распределение *n* distribución, repartición, reparto
распределитель *m* distribuidor
распределительный *adj* distributivo, de distribución
распределить *perf* распределять *impf vt* 1) *(разделить)* distribuir, repartir 2) *(систематизировать)* clasificar
распределиться *perf* распределяться *impf* distribuirse, repartirse
распределять V. распределить
распределяться V. распределиться
распродавать V. распродать
распродажа *f* saldo, rebajas, liquidación
распродать *perf* распродавать *impf vt* vender, liquidar
распростереть *perf* распростирать *impf vt elev* extender, abrir
распростёрт|ый *adj* extendido, abierto ◆ **встретить с ~ыми объятиями** recibir con los brazos abiertos
распростирать V. распростереть
распроститься *perf* **(с кем/чем-л)** *coloq* despedirse (de alg o u/c)
распространение *n* difusión, propagación, divulgación
распространённость *f* difusión
распространённый *adj* extendido, difundido
распространитель *m* 1) difusor, propagador 2) *ling* elemento secundario (de la oración)
распространить *perf* распространять *impf vt* 1) *(расширить круг действия)* extender, ampliar 2) *(информацию)* difundir, propagar 3) *(запах)* exhalar
распространиться *perf* распространяться *impf* 1) difundirse, propagarse 2) *(расшириться)* extenderse
распространять V. распространить
распространяться V. распространиться
распрощаться *perf* **(с кем/чем-л)** *coloq* despedirse (de alg o u/c)
распрыскать *perf* распрыскивать *impf vt* rociar, pulverizar
распрыскивать V. распрыскать
распря *f* pleito, riña
распрямить *perf* распрямлять *impf vt* enderezar, erguir, desencorvar
распрямиться *perf* распрямляться *impf* enderezarse, erguirse, desencorvarse
распрямлять V. распрямить
распрямляться V. распрямиться
распугать *perf* распугивать *impf vt* espantar, dispersar (asustando)
распугивать V. распугать
распускание *n* 1) *(развязывание)* aflojamiento, suelta 2) *(вестей, слухов)* divulgación, propagación
распускать V. распустить
распускаться V. распуститься
распустить *perf* распускать *impf vt* 1) *(отпустить)* dejar ir (a muchos), despedir 2) *(организацию)* disolver 3) *(развернуть)* desplegar, desenvolver 4) *(ослабить дисциплину)* relajar, dejar 5) *coloq (распространить)* difundir, divulgar ◆ ~ **слюни** *coloq* caérsele la baba a alg
распуститься *perf* распускаться *impf* 1) *(о почках)* brotar 2) *(о цветах)* abrirse 3) *(о дисциплине)* indisciplinarse, desatarse 4) *(развязаться)* soltarse, desatarse
распутать *perf* распутывать *impf vt* 1) desanudar, desatar 2) *(сделать ясным)* desenredar, desembrollar
распутаться *perf* распутываться *impf* 1) desanudarse, desatarse 2) *(стать ясным)* desembrollarse, aclararse
распутица *f* 1) lodazal, fangal 2) *(временной период)* temporada de malos caminos
распутни|к, -ца *m/f* libertin|o, -a, depravad|o, -a
распутничать *impf vi* llevar una vida licenciosa
распутный *adj* libertino, depravado
распутство *m* libertinaje, desenfreno
распутывать V. распутать
распутье *n* encrucijada
распухать V. распухнуть
распухнуть *perf* распухать *impf vi* hincharse
распушить V. пушить
распущенность *f* 1) *(недисциплинированность)* dejadez, perdición 2) *(безнравственность)* desenfreno
распущенный *adj* 1) *(недисциплинированный)* indisciplinado, rebelde 2) *(безнравственный)* licencioso, disoluto
распыл *m vulg* : пустить деньги на ~ malgastar el dinero
распыление *n* pulverización, dispersión
распылитель *m* pulverizador, atomizador
распылить *perf* распылять *impf vt* 1) pulverizar, dispersar, atomizar 2) *(средства)* disipar, derrochar
распылиться *perf* раяпыляться *impf* 1) pulverizarse, dispersarse, atomizarse 2) *(о средствах)* disiparse, desparramarse
распылять V. распылить
распыляться V. распылиться
распятие *n* 1) crucifijo 2) *(действие)* crucifixión
распять *perf* распинать *impf vt* crucificar
рассада *f* plantas, plantones
рассадить *perf* рассаживать *impf vt* 1) sentar, hacer sentar, colocar (a muchos) 2) *(посадить порознь)* separar, sentar en sitios alejados 3) *(растения)* plantar
рассадник *m* plantel
рассаживать V. рассадить
рассаживаться V. рассесться
рассасывание *n* absorción, resorción
рассасываться V. рассосаться
рассвести *perf* рассветать *impf vi* amanecer
рассвет *m* alba, amanecer
рассветать V. рассвести
рассветный *adj* del amanecer, de la madrugada
рассвирепеть V. свирепеть
рассеивание *n* 1) dispersión 2) *(семян)* diseminación
рассеивать V. рассеять
рассеиваться V. рассеяться
рассекать V. рассечь

рассекретить *perf* рассекречивать *impf vt* desvelar, descubrir, hacer público
расселение *n* alojamiento, instalación
расселина *f* grieta, fisura
расселить *perf* расселять *impf vt* 1) *(разместить)* establecer, instalar 2) *(поселить порознь)* separar, desagrupar
расселиться *perf* расселяться *impf* 1) *(разместиться)* instalarse, establecerse 2) *(порознь)* separarse, desagruparse
расселять V. расселить
расселяться V. расселиться
рассердить V. сердить
рассердиться V. сердиться
рассерчать V. серчать
рассесться *perf* рассаживаться *impf* 1) sentarse, tomar asiento, acomodarse (referido a varios o muchos) 2) *coloq (сесть непринужденно)* arrellanarse, apoltronarse
рассечение *n* corte, sección
рассечь *perf* рассекать *impf vt* 1) *(разрубить)* cortar, seccionar, partir 2) *(ранить)* cortar, partir
рассеяние *n* 1) dispersión, difusión 2) *(рассеяние)* distracción
рассеянность *f* 1) distracción 2) *(разбросанность)* dispersión
рассеянный *adj* 1) *(невнимательный)* distraído, despistado 2) *(разбросанный)* disperso
рассеять *perf* рассеивать *impf* 1) diseminar, sembrar 2) *(свет и т.п.)* dispersar 3) *(сомнения, тревогу)* disipar, desvanecer 4) *(отвлечь, развлечь)* distraer, dispersar
рассеяться *perf* рассеиваться *impf* 1) dispersarse 2) *(исчезнуть)* disiparse, desvanecerse 3) *(отвлечься, развлечься)* distraerse
рассказ *m* relato, narración
рассказать *perf* рассказывать *impf vt* narrar, relatar, contar
рассказчи|к, -ца *m/f* narrador, -a, cuentista
рассказывать V. рассказать
расслабить *perf* расслаблять *impf vt* aflojar, debilitar
расслабиться *perf* расслабляться *impf* relajarse, distenderse
расслабление *n* relajación, aflojamiento
расслабленность *f* distensión, debilidad, flojedad
расслабленный *adj* debilitado, flojo, relajado
расслаблять V. расслабить
расслабляться V. расслабиться
расслаивать V. расслоить
расследование *n* investigación
расследовать *biasp vt* investigar, examinar
расслоение *n* 1) estratificación 2) *(разделение)* estratificación, diferenciación
расслоить *perf* расслаивать *impf vt* 1) estratificar 2) *(разделить)* estratificar, diferenciar
расслыш|ать *perf vt* oír (claro, bien) *я не ~ал тебя из-за шума* no te he oído bien debido al ruido
рассматривание *n* mirada, examen, estudio
рассматривать V. рассмотреть
рассмеиваться V. рассмеяться
рассмешить V. смешить
рассмеяться *perf* рассмеиваться *impf* echarse (ponerse) a reír, reírse
рассмотрение *n* examen
рассмотреть *perf* рассматривать *impf vt* 1) ver, examinar 2) *elev (изучить)* estudiar, examinar
рассол *m* salmuera
рассольник *m* rassólnik (sopa de pepinos salados)
рассориваться V. рассориться
рассорить *perf vt* enemistar, malquistar
рассориться *perf* рассориваться *impf* pelearse, enemistarse, malquistarse
рассортировать V. сортировать
рассосаться *perf* рассасываться *impf* 1) absorberse, resorberse 2) *coloq (понемногу исчезнуть)* disiparse, disolverse
рассохнуться *perf* рассыхаться *impf* resquebrajarse, rajarse
расспрашивать V. расспросить
расспрос *m* preguntas, indagación
расспросить *perf* расспрашивать *impf vt* preguntar, interrogar, indagar
рассредоточение *n* dispersión
рассредоточивать V. рассредоточить
рассредоточиваться V. рассредоточиться
рассредоточить *perf* рассредоточивать *impf vt* dispersar
рассредоточиться *perf* рассредоточивать *impf* dispersarse
рассрочивать V. рассрочить
рассрочить *perf* рассрочивать *impf vt* distribuir, repartir (por plazos, en fechas)
рассрочк|а *f* plazo *в ~у* a plazos
расставание *n* separación, alejamiento
расставаться V. расстаться
расставить *perf* расставлять *impf vt* 1) poner, colocar (en lugares distintos), distribuir 2) *(раздвинуть)* abrir, separar
расставиться *perf* расставляться *impf* colocarse, disponerse, distribuirse
расставлять V. расставить
расставляться V. расставиться
расстановка *f* colocación, distribución
расстараться *perf coloq* esforzarse (mucho)
расстаться *perf* расставаться *impf* **(с кем/чем-л)** separarse (de alg o u/c), despedirse (de alg o u/c)
расстегай *m* rasstegai (especie de empanadilla abierta)
расстегнуть *perf* расстёгивать *impf vt* desabrochar, desabotonar
расстегнуться *perf* расстёгиваться *impf* desabrocharse, desabotonarse
расстелить V. разостлать
расстёгивать V. расстегнуть
расстилать V. разостлать
расстилаться *impf* 1) V. разостлаться 2) *(простираться)* extenderse
расстояние *n* distancia
расстраивать V. расстроить
расстраиваться V. расстроиться
расстрел *m* fusilamiento
расстреливать V. расстрелять
расстрелять *perf* расстреливать *impf vt* fusilar
расстрига *m relig* exclaustrado
расстригать V. расстричь
расстричь *perf* расстригать *impf vt relig* exclaustrar
расстроенный *adj* 1) triste, desolado 2) *(о здоровье)* arruinado

расстроить *perf* расстраивать *impf vt* 1) desordenar, desorganizar 2) *(огорчить)* apenar, apesadumbrar 3) *(помешать)* desbaratar
расстроиться *perf* расстраиваться *impf* 1) *(прийти в беспорядок)* desordenarse 2) *(нарушиться, не осуществиться)* desbaratarse, frustrarse 3) *(о здоровье, системе)* arruinarse, quebrantarse 4) *(о музыкальном интсрументе)* desafinarse, destemplarse 5) *(огорчиться)* apenarse, apesadumbrarse, afligirse
расстройство *n* 1) desorden 2) *(болезнь)* trastorno 3) *(о настроении)* tristeza
расступаться V. расступиться
расступиться *perf* расступаться *impf* apartarse, abrirse, dejar paso
рассудительно *adv* con sensatez, sensatamente
рассудительность *f* sensatez, cordura
рассудительный *adj* razonable, prudente, sensato
рассудить *perf* рассуждать *impf vi* 1) *(вынести решение)* juzgar, deliberar 2) *(обдумать)* pensar, reflexionar
рассудок *m* razón, juicio
рассудочность *f* sensatez, razón
рассудочный *adj* razonable, sensato
рассуждать V. рассудить
рассуждение *n* discurso, razonamiento
рассчитать *perf* рассчитывать *impf vt* 1) calcular 2) *(уволить)* echar, despedir
рассчитаться *perf* рассчитываться *impf* 1) pasar cuentas 2) *(по номерам)* numerarse
рассчитыва|ть *impf vi* 1) V. рассчитать 2) *(предполагать)* suponer, calcular, contar *он ~л приехать вечером* calculaba que llegaría por la tarde 3) **(на кого/что-л)** *(возлагать надежды)* contar (con alg o u/c) *я ~ю на вас* cuento con vosotros
рассчитываться V. рассчитаться
рассылать V. разослать
рассылка *f* envío, expedición
рассылочный *adj* para envío, para expedición
рассыльный *adj* V. рассылочный
рассыпать *perf* рассыпать *impf vt* echar, derramar, desparramar
рассыпаться *perf* рассыпаться *impf* 1) esparcirse, derramarse, desparramarse 2) *(о волосах)* soltarse
рассыпной *adj* a granel, suelto, por unidades
рассыпчатый *adj* desmenuzable, deleznable
расталкивать V. растолкать
растапливать V. растопить
растапливаться V. растопиться
растаптывать V. растоптать
растаскать *perf* растаскивать *impf vt* 1) *coloq* llevarse (de uno en uno, pieza por pieza) 2) *coloq (украсть)* robar
растаскивать V. растаскать, растащить
растасовать *perf* растасовывать *impf vt* 1) barajar 2) *coloq (разместить)* colocar, distribuir
растачивать V. расточить
растащить *perf* растаскивать *impf vt* 1) llevarse (de uno en uno, pieza por pieza) 2) *(украсть)* robar 3) *(в разные стороны)* separar
растаять *perf* растаивать *impf vi* 1) derritirse 2) *(исчезнуть)* disiparse, desaparecer, desvanecerse
раствор *m* 1) mezcla, solución 2) *(двери)* hueco
растворение *n* disolución
растворимость *f* disolubilidad
растворимый *adj* soluble
растворитель *m* disolvente, quitaesmaltes
растворить[1] *perf* растворять *impf vt (раскрыть)* abrir
растворить[2] *perf* растворять *impf vt (образовать смесь)* disolver, diluir
раствориться[1] *perf* растворяться *impf (раскрыться)* abrirse
раствориться[2] *perf* растворяться *impf (образовать смесь)* disolverse, diluirse
растворять V. растворить 1, 2
растворяться V. раствориться 1, 2
растекаться V. растечься
растение *n* planta
растениевод *m* cultivador de plantas
растениеводство *n* cultivo de plantas
растеребить *perf vt* tirar (de alg o u/c), sacudir
растереть *perf* растирать *impf vt* 1) *(в порошок)* pulverizar 2) *(размазать)* extender
растереться *perf* растираться *impf* 1) *(в порошок)* triturarse, quedar triturado 2) *(натереть себя)* frotarse, darse friegas
растерзание *n* desgarramiento, despedazamiento, destrozamiento
растерзанный *adj* 1) *(о внешности)* roto, desordenado, deshecho 2) *(истерзанный)* destrozado, desgarrado
растерзать *perf* растерзывать *impf vt* 1) *(о звере)* destrozar, despedazar 2) *coloq (изорвать)* romper, desgarrar, deshacer 3) *(сердце, душу)* desgarrar, destrozar
растеривать V. растерять
растериваться V. растеряться 1, 2
растерянность *f* confusión, perplejidad
растерянный *adj* 1) perplejo 2) *(потерянный)* perdido
растерять *perf* растеривать *impf vt* perder (paulatinamente)
растеряться[1] *perf* растериваться *impf (потеряться)* perderse, extraviarse (dicho de varias cosas)
растеряться[2] *perf* растериваться *impf (не знать, как действовать)* azorarse, quedar desconcertado, quedar perplejo
растеряха *m/f coloq* perdulari|o, -a, despistad|o, -a, desastre
растечься *perf* растекаться *impf* derramarse, extenderse
раст|и *impf* вырасти *perf vi* crecer, aumentar
растирание *n* fricción, masaje
растирать V. растереть
растирка *f* friega, frotado
растительность *f* vegetación
растительный *adj* vegetal
растить *impf vt* 1) criar, subir, educar 2) *(разводить растения)* cultivar 3) *(волосы, бороду)* dejar crecer, dejarse
растлевать V. растлить
растление *n* 1) estupro 2) *(развращение)* corrupción, depravación
растленный *adj* depravado, pervertido
растлитель *m* estuprador
растлить *perf* растлевать *impf vt* estuprar, cometer estupro
растолкать *perf* расталкивать *impf vt* 1) *coloq* apartar, abrirse paso (empujando) 2) *coloq (разбудить)* despertar (sacudiendo)

растолковать *perf* растолковывать *impf vt* explicar, aclarar, dilucidar
растолковывать V. растолковать
растолстеть *perf vi* engordar (mucho)
растопить *perf* растапливать *impf vt* 1) *(превратить в жидкое состояние)* derretir 2) *(развести огонь)* encender
растопка *f* 1) encendido 2) *(сухая лучина)* astillas para encender, encendajas
растоптать *perf* растаптывать *impf vt* pisotear, hollar
растопыривать V. растопырить
растопыриваться V. растопыриться
растопырить *perf* растопыривать *impf vt coloq* abrir, separar ~ *пальцы* abrir los dedos
растопыриться *perf* растопыриваться *impf coloq* abrirse, separarse
расторгать V. расторгнуть
расторгнуть *perf* расторгать *impf vt* anular, rescindir, revocar
расторжение *n* anulación, rescisión
растормошить *perf vt coloq* despertar, espabilar (sacudiendo, zarandeando)
расторопно *adv* ágilmente, con diligencia, expeditivamente
расторопность *f* agilidad, presteza
расторопный *adj* ágil, diligente, expedito
расточать V. расточить
расточение *n* derroche, disipación
расточитель *m* derrochador, manirroto
расточительность *f* prodigalidad
расточительный *adj* pródigo, derrochador
расточительство *n* prodigalidad
расточить *impf* расточать *impf vt* 1) disipar, malgastar, derrochar 2) *(проявлять неумеренность в выражении чувств)* prodigar, derrochar
растравить *perf* растравливать/растравлять *impf vt* 1) irritar 2) *(привести в волнение)* avivar, enconar, excitar 3) *(собаку)* azuzar
растравливать V. растравить
растравлять V. растравить
растранжиривать *impf vt coloq* derrochar, malgastar, disipar
растранжирить V. транжирить
растрата *f* 1) gasto, derroche 2) *(казённых денег)* desfalco
растратить *perf* растрачивать *impf vt* 1) malgastar, derrochar 2) *(утратить)* malgastar
растратиться *perf* растрачиваться *impf* gastar, quedarse sin dinero
растратчик *m* malversador, desfalcador
растрачивать V. растратить
растрачиваться V. растратиться
растревоживать V. растревожить
растревоживаться V. растревожиться
растревожить *perf* растревоживать *impf vt* 1) *(встревожить)* alarmar, inquietar, desasosegar 2) *coloq (разбередить)* irritar, avivar
растревожиться *perf* растревоживаться *impf* alarmarse, inquietarse, desasosegarse
растрезвонить *perf* растрезвонивать *impf vt coloq* pregonar, anunciar
растрепать *perf* растрёпывать *impf vt* 1) V. трепать 2) *(испортить)* estropear, deshacer **растрепаться** *perf* растрёпываться *impf* 1) despeinarse, desgreñarse 2) *(о книге и т.п.)* estropearse, deshacerse
растрескаться *perf* растрескиваться *impf* agrietarse, rajarse, henderse
растрескиваться V. растрескаться
растрёпа *m/f* 1) *vulg peyor* desgreñad|o, -a, despeinad|o, -a 2) *(растеряха)* despistad|o, -a, desastre **растрёпанный** *adj* 1) desgreñado, despeinado, desaliñado 2) *(о мыслях, чувствах и т.п.)* revuelto, confuso
растрёпывать V. растрепать
растрёпываться V. растрепаться
растроганный *adj* emocionado, conmovido
растрогать *perf vt* emocionar, conmover, enternecer
растрогаться *perf* emocionarse, conmoverse, enternecerse
раструб *m* boca, abertura
раструбить *perf vt coloq peyor* pregonar, anunciar
растрясти *perf* растрясывать *impf* **1.** *vt* desparramar, esparcir **2.** *v/impers* dejar molido, extenuar, fatigar
растягивать V. растянуть
растягиваться V. ратянуться
растяжение *n* distensión
растяжка *f coloq* extensión, alargamiento
растянутый *adj* largo, extenso, extendido
растянуть *perf* растягивать *impf vt* 1) extender, estirar 2) *(продлить)* alargar, prolongar 3) *(повредить)* distender, torcer
растянуться *perf* растягиваться *impf* 1) *(улечься)* tenderse, echarse 2) *coloq (упасть)* caerse, caer 3) *(стать длинным)* prolongarse, alargarse 4) *(продлиться)* durar, alargarse
растяпа *m/f coloq peyor* torpe, papanatas
расфасовать V. фасовать
расфасовка *f* empaquetado
расформирование *n* disolución, ruptura
расформировать *perf* расформировывать *impf vt* disolver, separar
расформироваться *perf* расформировываться *impf vt* disolverse, separarse
расформировывать V. расформировать
расформировываться V. расформироваться
расфуфыриваться V. разфуфыриться
расфуфыриться *perf* расфуфыриваться *impf coloq peyor* emperifollarse, emperejilarse
расхаживать *impf vi coloq peyor* pasearse, ir y venir
расхищаться V. расходить 1
расхваливать V. расхвалить
расхвалить *perf* расхваливать *impf vt* ensalzar, colmar de elogios
расхварываться V. расхвораться
расхвастаться *perf* (**чем-л**) *coloq* jactarse (de u/c), presumir (de u/c), hacer alarde (de u/c) **расхватать** *perf* расхватывать *impf vt coloq* arramblar (con u/c), llevarse cuanto hay **расхватывать** V. расхватать
расхвораться *perf* расхварываться *impf coloq* enfermar, caer (muy) enfermo
расхититель *m* malversador, desfalcador
расхитить *perf* расхищать *impf vt* malversar, desfalcar
расхищать V. расхитить
расхищение *n* malversación, desfalco

расхлёбывать V. разхлебать
расхлябанность *f coloq* flojedad, flojera
расход *m* 1) gasto 2) *(потребление)* consumo, gasto
расходиться[1] *perf* расхаживаться *impf* 1) *coloq (начать много ходить)* empezar a andar (referido a varios o muchos) 2) *(разбушеваться)* desatarse, desencadenarse
расходиться[2] V. разойтись
расходный *adj* de gastos, para gastos
расходование *n* gasto
расходовать *impf* израсходовать *perf vt* gastar, consumir
расходоваться *impf* израсходоваться *perf* gastarse
расхождение *n* discrepancia, divergencia
расхожий *adj* usual, corriente
расхотеть *perf vt* pasársele las ganas (a alg), no tener ganas, no querer más
расхотеться *perf v/impers* pasársele las ganas (de u/c), no tener más ganas (de u/c), no querer más
расхохотаться *perf* romper en carcajadas, romper a reír
расхристанный *adj vulg* desaliñado, descompuesto
расцвести *perf* расцветать *impf vi* florecer
расцвет *m* 1) florecimiento 2) *(процветание)* prosperidad, auge
расцветать V. расцвести
расцветить *perf* расцвечивать *impf vt* colorear, decorar con colores
расцветка *f coloq* colores, colorido
расцвечивать V. расцветить
расцеловать *perf vt* besar (fuertemente), besuquear
расценивать V. расценить
расценить *perf* расценивать *impf vt* 1) apreciar, valorar, estimar 2) *(воспринять)* juzgar, valorar
расценка *f* 1) *(действие)* valoración, tasación 2) *(цена)* tarifa, precio
расцепить *perf* расцеплять *impf vt* desenganchar, desacoplar
расцепление *n* 1) desenganche 2) *tecn* desembrague
расчеканить *perf* расчеканивать *impf vt* acuñar
расчертить *perf* расчерчивать *impf vt* delinear, dibujar
расчесать *perf* расчёсывать *impf vt* 1) peinar 2) *(лён, шерсть)* cardar 3) *(повредить чесанием)* rascar hasta hacer una herida
расчесаться[1] *perf* расчёсываться *impf (расчесать волосы)* peinarse
расчесаться[2] *perf* расчёсываться *impf (сильно расчесать)* rascarse (hasta hacerse una herida)
расчесаться[3] *perf (начать чесаться)* empezar a picar
расчесть *perf* рассчитывать *impf vt* contar, calcular
расчесться *perf* рассчитываться *impf* pasar cuentas, pagar
расчехлить *perf* расчехлять *impf vt* desenfundar
расчехлять V. расчехлить
расчёска *f* peine
расчёсывать V. расчесать
расчёсываться V. расчесаться
расчёт *m* 1) cálculo, cómputo 2) *(увольнение)* despido 3) *(выплата)* ajuste de cuentas 4) *mil* escuadra
расчётливо *adv* 1) *(бережливо)* con economía 2) *(осмотрительно)* con prudencia, con circunspección
расчётливость *f* 1) *(бережливость)* economía 2) *(осмотрительность)* prudencia, circunspección
расчётливый *adj* 1) *(бережливый)* económico, ahorrador 2) *(осмотрительный)* prudente, circunspecto
расчётный *adj* 1) de cálculo 2) *(платёжный)* de pago
расчётчик *m tecn* calculador (persona)
расчистить *perf* расчищать *impf vt* limpiar, despejar
расчиститься *perf* расчищаться *impf* limpiarse, despejarse
расчистка *f* limpieza
расчихаться *perf coloq* ponerse a estornudar
расчищать V. расчистить
расчищаться V. расчиститься
расчленение *n* descomposición
расчленить *perf* расчленять *impf vt* descomponer, desmembrar, desarticular
расчлениться *perf* расчленяться *impf vt* descomponerse, desmembrarse, desarticularse
расчленять V. расчленить
расчленяться V. расчлениться
расчувствоваться *perf coloq* emocionarse, conmoverse
расшалиться *perf* empezar a juguetear, ponerse a hacer travesuras
расшатать *perf* расшатывать *impf vt* 1) desvencijar, desencajar 2) *(ослабить)* quebrantar, echar a perder, arruinar
расшататься *perf* расшатываться *impf* 1) aflojarse, desencajarse 2) *(ослабнуть)* echarse a perder, estropearse, arruinarse
расшатывать V. расшатать
расшвыривать V. расшвырять
расшвырять *perf* расшвыривать *impf vt coloq* desparramar, esparcir
расшевеливать V. расшевелить
расшевелить *perf* расшевеливать *impf vt coloq* sacudir, zarandear
расшибать V. расшибить
расшибаться V. расшибиться
расшибить *perf* расшибать *impf vt* 1) *coloq (ушибить)* lastimar, herir 2) *vulg (разбить)* romper, hacer añicos
расшибиться *perf* расшибаться *impf* lastimarse, hacerse daño
расшивать V. расшить
расширение *n* 1) ampliación, ensanchamiento 2) *med* dilatación
расширенный *adj* ampliado, dilatado
расширительный *adj elev* amplio
расширить *perf* расширять *impf vt* ampliar, ensanchar
расшириться *perf* расширяться *impf* ampliarse, ensancharse, dilatarse
расширять V. расширить
расширяться V. расшириться

расшить *perf* расшивать *impf vt* 1) *(распороть)* descoser 2) *(вышить)* bordar
расшифровать *perf* расшифровывать *impf vt* descifrar
расшифровка *f* descifrado
расшифровщик *m* descifrador
расшифровывать V. расшифровать
расшнуровать *perf* расшнуровывать *impf vt* desatar, desabrochar
расшнуроваться *perf* расшнуровываться *impf* desatarse, desabrocharse
расшнуровывать V. расшнуровать
расшнуровываться V. расшнуроваться
расшуметься *perf* 1) hacer mucho ruido 2) *coloq (начать шумно спорить)* ponerse a discutir (levantando la voz)
расщедриваться V. расщедриться
расщедриться *perf* расщедриваться *impf coloq* mostrarse generoso, volverse generoso
расщелина *f* grieta, fisura, hendidura
расщепить *perf* расщеплять *impf vt* 1) *(расколоть)* partir, hender 2) *(раздробить)* dividir 3) *fís quím* disociar, desagregar
расщепиться *perf* расщепляться *impf* 1) *(расколоться)* partirse, henderse 2) *fís quím* disociarse, desagregarse
расщепление *n* 1) división 2) *fís quím* disociación, fisión
расщеплять V. расщепить
расщепляться V. расщепиться
ратификация *f* ratificación
ратифицировать *biasp vt* ratificar
ратник *m obsol* guerrero
ратный *adj obsol* guerrero, de armas
ратовать *impf vi* **(за кого/что-л)** *obsol* estar (por alg o u/c), luchar (por alg o u/c)
ратуша *f* ayuntamiento, casa consistorial
рать *f obsol poét* ejército, hueste
раунд *m sport* asalto, round
раут *m obsol* recepción
рафик *m coloq* microbús
рафинад *m* azúcar refinado (en terrones)
рафинированный *adj* refinado
рафинировать *biasp vt* refinar
рахат-лукум *m* alajú, nuégado
рахит *m med* raquitis, raquitismo
рахитик *m coloq* raquítico
рахитичный *adj* raquítico
рацион *m* ración
рационализатор *m* racionalizador
рационализация *f* racionalización
рационализировать *biasp vt* racionalizar
рационализм *m filos* racionalismo
рационалист *m* racionalista
рационалистический *adj* racionalista
рационалистичный *adj* racionalista
рациональность *f* racionalidad
рациональный *adj* racional, razonable
рация *f* radio, emisora
рачий *adj* de cangrejo
рачительный *adj obsol* diligente, hacendoso
рачок *m dimin. de* рак
рашпиль *m* lima gruesa, escofina
рванина *f coloq desp* V. рвань 1
рвануть *perf vi* 1) dar un tirón, tirar (de u/c) 2) *coloq (уехать)* marcharse, irse 3) *coloq (взорваться)* explotar, reventar
рвануться *perf coloq* lanzarse, salir disparado
рваный *adj* desgarrado, roto
рвань *f* 1) *colect* andrajos, harapos, guiñapo 2) *vulg (о людях)* pelado, pelagatos
рваньё *n colect coloq* V. рвань 1
рвать[1] *impf vt* 1) *(выдёргивать)* arrancar 2) *(на части)* romper
рвать[2] *impf v/impers* **(кого-л)** *(о рвоте)* vomitar
рваться[1] *impf* 1) romperse, desgarrarse 2) *(приходить в негодность)* estropearse
рваться[2] *impf* **(к чему-л)** *(стремиться)* aspirar (a u/c), rabiar (por u/c), impacientarse (por u/c)
рвач *m coloq desp* aprovechado, interesado
рвение *n* ahínco, celo, ardor
рвота *f* vómito
рвотный *adj* vomitivo, emético
рдеть *impf vi elev* enrojecer, ruborizarse
ре *n inv mús* re
реабилитационный *adj* de rehabilitación
реабилитация *f* rehabilitación
реабилитировать *biasp vt* rehabilitar
реабилитироваться *biasp* rehabilitarse
реагирование *n* reacción
реагировать *impf* отреагировать *perf vi* reaccionar
реактив *m quím* reactivo
реактивность *f* reactividad
реактивный *adj* reactivo
реактор *m* reactor
реакторный *adj* de (con) reactor
реакционер *m pol* reaccionario
реакционность *f pol* carácter reaccionario
реакционный *adj pol* reaccionario
реакция *f* reacción
реализация *f* realización
реализм *m* realismo
реализовать *perf* реализовывать *impf vt* 1) realizar 2) *(продавать)* vender
реализоваться *biasp* 1) realizarse, hacerse realidad 2) *(состояться - о человеке)* realizarse
реалист *m* realista
реалистический *adj* realista
реалистично *adv* con realismo
реалистичность *f* realismo
реалистичный *adj* realista
реалия *f* realidad, realia
реально 1. *adv* realmente, con realismo **2.** *adv pred* es real, es posible
реальность *f* realidad
реальный *adj* 1) real, verdadero 2) *(осуществимый)* realizable
реаниматор *m med* reanimador
реанимационный *adj med* de reanimación, de cuidados intensivos
реанимация *f med* reanimación
реанимировать *biasp vt med* reanimar
ребёнок *m* 1) niño 2) *(сын)* hijo
ребёночек *m dimin. de* ребёнок
ребристый *adj* ondulado, acostillado
ребро *n* 1) costilla 2) *(край)* borde 3) *tecn* arista
ребус *m* jeroglífico
ребята (*gen* ребят) *mpl* chicos, muchachos, chavales
ребятёнок *m vulg* V. ребёнок
ребятиш|ки (*gen* -ек) *mpl coloq* niños, chicuelos
ребятки *mpl dimin-afect* V. ребята

ребятня *f coloq* niños, chiquillos
ребяческий *adj* infantil, pueril
ребячество *n* 1) *obsol* infancia 2) *(ребяческое поведение)* chiquillería, niñería, puerilidad
ребячий *adj coloq* de los niños, infantil
реванш *m* revancha, desquite
реваншизм *m* revanchismo
реваншист *m* revanchista
реваншистский *adj* revanchista
ревень *m* ruibarbo
реверанс *m* reverencia
реветь *impf* зареветь *perf vi* 1) bramar, rugir 2) *(громко плакать)* llorar a gritos, bramar
ревизионизм *m* revisionismo
ревизионист *m* revisionista
ревизионный *adj* de revisión, de control
ревизия *f* revisión, inspección, control
ревизовать *biasp vt* revisar, inspeccionar, controlar
ревизор *m* inspector, interventor, revisor
ревком *m hist* Comité Revolucionario
ревматизм *m* reuma
ревматик *m coloq* reumático
ревматический *adj* reumático
ревматоидный *adj med* reumatoide
ревматолог *m med* reumatólogo
ревматология *f med* reumatología
ревмокардит *m med* endocarditis reumática
ревмя *adv coloq* : ~ реветь llorar a lágrima viva
ревнивец *m coloq* celoso
ревнивый *adj* celoso
ревнитель *m elev* defensor, adepto
ревновать *impf* приревновать *perf vt* (**кого-л. к кому-л**) tener celos (de alg)
ревностный *adj* diligente, ferviente
ревность *f* 1) celos 2) *(усердие)* celo
револьвер *m* revólver
революционер *m* revolucionario
революционизировать *biasp vt* revolucionar
революционность *f* espíritu revolucinario
революционный *adj* revolucionario
революция *f* revolución
ревю *n inv* revista, show
регалия *f* condecoración, insignia
регата *f* regata
регби *m inv sport* rugby
регбист *m sport* jugador de rugby
регенерация *f* regeneración
регент *m* 1) *(правитель)* regente 2) *(дирижёр церковного хора)* chantre, capiscol
регион *m* región
региональный *adj* regional, zonal
регистр *m* registro
регистратор *m* registrador
регистратура *f* registro, oficina de registro
регистрационный *adj* de registro
регистрация *f* registro
регистрировать *impf* зарегистрировать *perf vt* registrar, apuntar
регистрироваться *impf* зарегистрироваться *perf* 1) registrarse, darse de alta, apuntarse 2) *(оформлять брак)* casarse
регистровый *adj* de(l) registro
регламент *m* reglamento
регламентация *f* reglamentación
регламентировать *biasp vt* reglamentar
регламентный *adj* reglamentario, del reglamento
реглан *m* raglán
регресс *m* retroceso, regresión
регрессивный *adj* regresivo
регрессировать *impf vi elev* retroceder, experimentar regresión
регулирование *n* regulación
регулировать *impf* отрегулировать *perf vt* regular, regularizar
регулировка *f* V. регулирование
регулировочный *adj* regulador
регулировщик *m* regulador
регулярно *adv* regularmente
регулярность *f* regularidad
регулярный *adj* regular
регулятор *m* regulador
регуляторный *adj* regulador
регуляция *f* regulación
редактирование *n* redacción, corrección
редактировать *impf* отредактировать *perf vt* redactar
редактор *m* redactor
редакторский *adj* de redactor(es)
редактура *f* redacción
редакционный *adj* de redacción
редакция *f* redacción
редеть *impf* поредеть *perf vi* 1) disiparse, rarear 2) *(о волосах, деревьях)* ralear
редис *m* V. редиска
редиска *f* rabanillo
редкий *adj* raro, inusual
редко *adv* escasamente, raramente
редколесье *n* bosque ralo (claro)
редкостный *adj* raro, único
редкость *f* rareza, raridad
редукция *f ling* reducción
редут *m mil obsol* reducto
редуцировать *biasp vt ling* reducir
редуцироваться *biasp ling* reducirse
редька *f* rábano
реестр *m* matrícula, registro, lista
реестровый *adj* de(l) registro
реечный *adj* de mira, de listón
режим *m pol* régimen
режимный *adj pol* de(l) régimen
режиссёр *m* director de cine, realizador
режиссёрский *adj* de director de cine (de escena)
режиссировать *impf vt* dirigir, poner en escena
режиссура *f* dirección, puesta en escena
режущий *adj* 1) cortante, incisivo 2) *(резкий)* agudo
резак *m* cuchilla, cortante
резануть *perf vt coloq* cortar
резаный *adj* cortado
резать *impf* разрезать *perf vt* 1) cortar, tajar 2) *(животных)* matar, degollar 3) *(вырезать)* grabar, tallar
резаться *impf* порезаться *perf* 1) cortarse 2) *coloq (азартно играть)* jugar con azar
резвиться *impf* juguetear, retozar, hacer travesuras
резво *adv* vivamente, con viveza
резвость *f* 1) viveza, vivacidad 2) *(быстрота)* velocidad, ligereza
резвун *m coloq* juguetón, retozón
резвый *adj* 1) vivaz, vivaracho, vivo 2) *(быстрый)* veloz, ligero

резеда *f (растение)* reseda
резекция *f med* resección
резерв *m* reserva, repuesto
резервация *f* reservación, reserva
резервировать *impf* зарезервировать *perf vt* reservar
резервист *m mil* reservista
резервный *adj* de reserva
резервуар *m* recipiente, depósito, reservorio
резец *m* 1) cuchilla, cincel 2) *(зуб)* diente incisivo, incisivo
резидент *m* residente
резиденция *f* residencia
резина *f* goma, caucho
резинка *f* 1) *(для стирания)* goma de borrar 2) *(тесьма)* elástico 3) *(жевательная)* chicle
резиновый *adj* 1) de goma, de caucho 2) *coloq (растяжимый)* de goma, elástico
резка *f* corte
резкий *adj* 1) *(сильный)* vivo, penetrante, fuerte, agudo 2) *(грубый)* brusco 3) *(чётко обозначенный)* ostensible
резко *adv* 1) *(сильно)* fuertemente 2) *(грубо)* bruscamente, crudamente 3) *(чётко)* ostensiblemente
резкость *f* 1) *(сила)* fuerza 2) brusquedad, crudeza 3) *(очертаний)* contraste
резной *adj* tallado, cincelado, esculpido
резня *f* matanza, carnicería
резолютивный *adj elev* resolutivo
резолюция *f* resolución
резон *m coloq* razón, motivo
резонанс *m* resonancia, repercusión
резонансный *adj* de resonancia
резонатор *m tecn* resonador
резонёр *m* razonador
резонировать *impf vi* resonar
резонно *adv* razonablemente, juiciosamente
резонный *adj* razonable, juicioso
результат *m* resultado
результативность *f* eficiencia, eficacia
результативный *adj* eficiente, eficaz
резус[1] *m (обезьяна)* macaco rhesus
резус[2] *m coloq (группа крови)* grupo sanguíneo
резчик *m* grabador, cincelador
резь *f* dolor agudo, cólico
резьба *f* grabado, tallado
резюме *n inv* resumen
резюмировать *biasp vt* resumir
рейд[1] *m nav* rada
рейд[2] *m* 1) *mil* incursión, raid 2) *(внезапная ревизия)* inspección
рейдер *m mil* crucero protegido
рейка *f* listón
рейс *m* vuelo *чартерный* ~ vuelo chárter; *внутренний* ~ vuelo nacional
рейсовый *adj* de línea
рейтузы (*gen* рейтуз) *fpl* leotardos
река *f* río
реквием *m* réquiem
реквизировать *biasp vt* requisar
реквизит *m* 1) *teat* utilería, accesorios 2) *jur* requisito
реквизиция *f* requisición
реклама *f* anuncio, publicidad
рекламация *f* reclamación
рекламирование *n* publicidad, propaganda
рекламировать *impf* разрекламировать *perf vt* publicitar, hacer reclamo, anunciar
рекламист *m* publicista
рекламный *adj* publicitario, de reclamo
рекогносцировка *f mil* reconocimiento
рекомендательный *adj* de recomendación
рекомендаци|я *f* recomendación *дать ~ю* dar recomendación
рекомендовать *impf* отрекомендовать *perf vt* 1) *(аттестовать)* recomendar 2) *(советовать)* aconsejar, recomendar
рекомендоваться *biasp* отрекомендоваться *perf elev* recomendarse
реконструировать *biasp vt* reconstruir
реконструироваться *biasp* reconstruirse
реконструктивный *adj* de reconstrucción
реконструкция *f* reconstrucción
рекорд *m* récord *побить* ~ batir un récord
рекордист *m* recordista, plusmarquista
рекордный *adj* de récord, de plusmarca
рекордсмен *m* recordista, plusmarquista
рекреационный *adj obsol* recreativo
рекреация *f obsol* recreación
рекрут *m hist* recluta, quinto
рекрутский *adj hist* de recluta(s)
ректификат *m quím* rectificado
ректифицировать *biasp vt quím* rectificar
ректор *m* rector
ректорат *m* rectorado
ректорский *adj* rectoral, de(l) rector
реле *n inv tecn* relé
религиоведение *n* ciencia de las religiones
религиозность *f* religiosidad, devoción
религиозный *adj* religioso, pío, devoto
религия *f* religión
реликвия *f* reliquia
реликт *m* relicto
реликтовый *adj* relicto
рельеф *m* relieve
рельефный *adj* de relieve
рельс *m* riel, carril
рельса *f* V. рельс
рельсовый *adj* de raíl, de riel
релятивизм *m filos* relativismo
релятивист *m filos* relativista
релятивистский *adj filos* relativista
релятивный *adj elev* relativo
реляция *f obsol* relación
ремарка *f* acotación
ремень *f* cinturón ~ *безопасности* cinturón de seguridad
ремесленник *m* artesano
ремесленный *adj* artesanal
ремесло *n* artesanía, oficio, profesión
ремешок *m dimin* correa, cinturón
ремённый *adj tecn* a (de) correa
реминисценция *f elev* reminiscencia
ремонт *m* arreglo, reparación
ремонтировать *impf* отремонтировать *perf vt* 1) reparar, arreglar 2) *(помещение)* reformar, hacer obras
ремонтник *m* reparador
ремонтный *adj* de reparación
ренегат *m* renegado
реноме *n inv* renombre, reputación
рента *f* renta

рентабельность *f* rentabilidad
рентабельный *adj* rentable
рентген *m med* rayos X
рентгеновский *adj* radiológico
рентгенограмма *f* radiografía
рентгенография *f* radiografía
рентгенолог *m* radiólogo
рентгенологический *adj* radiológico
рентгенология *f* radiología
рентный *adj* de (la) renta
реорганизация *f* reorganización
реорганизовать *biasp vt* reorganizar
реостат *m electr* reóstato
репа *f* nabo
репарация *f* reparación, compensación
репатриант *m* repatriado
репатриация *f* repatriación
репатриировать *biasp vt* repatriar
репей *m* V. репейник
репейник *m* bardana, lampazo
репертуар *m* repertorio
репертуарный *adj* de repertorio
репетировать *impf* отрепетировать *perf vt* ensayar
репетитор *m* profesor particular
репетиционный *adj* de ensayo(s)
репетиция *f* ensayo
реплика *f* réplica
репортаж *m* reportaje
репортёр *m* reportero
репортёрский *adj* de reportero(s), reporteril
репрезентация *f* representación
репрезентировать *biasp vt elev* representar
репрессивный *adj* represivo
репрессировать *biasp vt* someter a represión
репрессия *f* represión
репродуктор *m* megáfono, altavoz
репродукция *f* reproducción
репс *m (ткань)* reps
рептилия *f* reptil
репутация *f* 1) reputación 2) *(слава)* fama
репчатый *adj* : репчатый лук cebolla
рескрипт *m obsol* rescripto
ресница *f* pestaña
ресничный *adj* ciliar
респектабельность *f* respetabilidad
респектабельный *adj* respetable
респиратор *m* respirador, aparato respiratorio
респираторный *adj med* respiratorio
республика *f* república
республикан|ец, -ка *m/f* republican|o, -a
республиканский *adj* republicano
рессора *f* resorte, ballesta
реставратор *m* restaurador
реставрационный *adj* de restauración
реставрация *f* restauración
реставрировать *impf* отреставрировать *perf vt* restaurar
ресторан *m* restaurante
ресторанный *adj* de restaurante, de hostelería
ресторация *f obsol* restaurante
ресурс *m* recurso
ресурсный *adj* de recursos
ретивый *adj* celoso, diligente
ретина *f med* retina
ретироваться *biasp* retirarse
реторта *f quím* retorta
ретрансляция *f radio* retransmisión
ретро *n inv* retro
ретроград *m* retrógrada
ретроградный *adj* retrógrada
ретроспектива *f* retrospectiva
ретроспективный *adj* retrospectivo
ретушировать *biasp vt* retocar
ретушь *f* retoque
реунификация *f pol* reunificación
реферат *m* resumen
реферативный *adj* de resumen, en forma de resumen
референдум *m* referéndum
референт *m* 1) ayudante, ponente 2) *ling* referente
рефери *m sport inv* árbitro
реферировать *biasp vt* resumir, compendiar
рефлекс *m* reflejo
рефлексивный *adj* reflexivo
рефлексия *f psicol* reflexión
рефлективный *adj* reflejo
рефлектор *m* reflector
рефлекторный *adj* reflector
реформа *f* reforma
реформатор *m* reformador
реформаторский *adj* reformador
реформизм *m pol* reformismo
реформировать *biasp vt* reformar
реформист, -ка *m/f* reformista
реформистский *adj pol* reformista
рефрактор *m astron* refractor
рефракционный *adj fís* de refracción, refractante
рефракция *f fís* refracción
рефрен *m* estribillo
рефрижератор *m* refrigerador, frigorífico
рехнуться *perf vulg* volverse loco, perder la chaveta
рецензент *m* crítico, autor de una recensión
рецензионный *adj* crítico, de recensión
рецензировать *impf* прорецензировать/отрецензировать *perf vt* criticar, hacer una recensión
рецензия *f* recensión, reseña
рецепт *m* receta
рецептура *f* recetario
рецептурный *adj* de recetas
рецидив *m* reincidencia, recidiva
рецидивист *m* reincidente
речевой *adj* 1) discursivo, del discurso 2) *ling* articulatorio
речение *n* locución
речистый *adj coloq* elocuente, locuaz
речитатив *m mús* recitado, melopeya
речка *f* riachuelo
речник *m* trabajador del transporte fluvial
речной *adj* fluvial, de río
речуга *f vulg* discurso, perorata
речушка *f dimin. de* речка
речь *f* 1) *(способность говорить)* habla 2) *(язык)* lenguaje 3) *(выступление)* discurso *произнести* ~ pronunciar un discurso 4) *(разговор)* conversación ~ *идёт о...* se trata de...
решать V. решить
решаться V. решиться
решающий *adj* decisivo

решение *n* 1) *(действие)* decisión, resolución 2) *(задачи)* solución
решетник *m colect* rejado, enrejado
решето *n* tamiz, criba
решётка *f* reja, verja
решётчатый, решетчатый *adj* en rejilla, enrejado
решимость *f* decisión, firmeza
решительность *f* V. решимость
решительный *adj* 1) *(решающий)* decisivo 2) *(категорический)* decidido, resuelto, categórico
решить *perf* решать *impf vt* 1) *(принять решение)* decidir ~ *остаться дома* decidir quedarse en casa 2) *(найти ответ)* solucionar, resolver ~ *задачу* solucionar el problema 3) *(предопределить)* determinar ~ *исход войны* determinar el resultado de la guerra
реши|ться *perf* решаться *impf* 1) **(на что-л)** decidirse a (hacer u/c) *~ться принять участие* decidirse a participar 2) *(разрешиться)* estar decidido *его судьба ~лась* su destino está decidido
решка *f coloq* cruz (de la moneda) *орёл или ~?* ¿cara o cruz?
рея *f nav* verga
реять *impf vi* 1) *(парить)* planear 2) *(развеваться)* ondear
рёв *m* 1) bramido, rugido 2) *coloq (громкий плач)* llanto, alarido
рёва *m/f vulg* llorón, llorona
ржа *f obsol vulg* V. ржавчина
ржаветь *impf* заржаветь *perf vi* oxidarse
ржавчина *f* herrumbre
ржавый *adj* oxidado, herrumbroso
ржаной *adj* de centeno
ржать *impf vt* 1) relinchar 2) *coloq (смеяться)* reír, reírse
риал *m* rial
рига *f* cobertizo
ригоризм *m elev* rigorismo
ридикюль *m obsol* ridículo
риза *f* 1) *relig (облачение священника)* casulla 2) *relig (на иконе)* orla metálica (de los iconos)
ризница *f relig* sacristía
рикошет *m* rebote
рикошетом *adv* de rebote
рикша *m* rickshaw
римлян|ин (*pl* -е) *m* romano
римский *adj* romano
ринг *m sport* ring, cuadrilátero
ринуться *perf* lanzarse, arrojarse, precipitarse
рис *m* arroz
риск *m* riesgo
рискнуть V. рисковать
рискованность *f* riesgo, carácter arriesgado
рискованный *adj* arriesgado, aventurado, peligroso
рисковать *impf* рискнуть *perf vi* arriesgar, correr el riesgo, aventurar
рисковый *adj vulg* arriesgado
рисовальщик *m* dibujante
рисование *n* dibujo
рисованный *adj* dibujado, gráfico
рисовать *impf* нарисовать *perf vt* dibujar, pintar
рисоваться *impf* нарисоваться *perf* 1) dibujarse 2) *(казаться)* dibujarse, presentarse 3) *(красоваться)* aparentar, hacer alarde
рисовка *f* ostentación, pose
рисовый *adj* de arroz, arrocero
ристалище *n obsol* palestra, liza
рисунок *m* dibujo, diseño
ритм *m* ritmo, cadencia
ритмизировать *biasp vt* ritmizar, hacer rítmico
ритмика *f* rítmica
ритмический *adj* rítmico
ритмичность *f* ritmo
ритмичный *adj* rítmico
ритор *m hist* rétor
риторика *f* retórica
риторический *adj* retórico
риторичный *adj* retórico
ритуал *m* ritual, rito
ритуальный *adj* ritual
риф[1] *m (подводные скалы)* arrecife, escollo
риф[2] *m nav* rizo
рифление *n tecn* ondulado, acanalado
рифлёный *adj tecn* ondulado, acanalado
рифма *f* rima
рифмовать *impf* срифмовать *perf vi* rimar
рифмоваться *impf* rimar
рифмовка *f lit* versificación, metrificación
рифмоплёт *m coloq* poetastro, coplero
ришелье *n inv* bordado Richelieu
роба *f* ropa de trabajo
робеть *impf* оробеть *perf vi* apocarse, amilanarse, acobardarse
робкий *adj* tímido, vacilante, temeroso
робко *adv* tímidamente, con timidez, temerosamente
робость *f* timidez, vacilación
робот *m* robot
робототехника *f* robótica
ров *m* foso, zanja
ровесни|к, -ца *m/f* coetáne|o, -a (en cuanto a edad) *мы с ним ~и* tenemos la misma edad
ровно *adv* 1) *(о поверхности)* lisamente, con lisura 2) *(прямо)* directamente, rectamente 3) *(равномерно)* regularmente
ровный *adj* 1) *(о поверхности)* plano, llano 2) *(о линии)* directo, recto 3) *(одинаковый)* igual 4)
(равномерный) igual, regular
ровня, ровня *m/f coloq* igual *он тебе не ровня* no es de tu igual
ровнять *impf* сровнять *perf vt* igualar, nivelar, alinear
рог *m* 1) cuerno, astas 2) *mús* cuerno
рогалик *m* rogálik (especie de croissant)
рогатина *f* frámea
рогатка *f* 1) barrera, obstáculo 2) *(для стрельбы)* tirachinas, tiragomas
рогатый *adj* cornudo
рогач *m* 1) *(олень)* reno, ciervo 2) *(жук)* ciervo volante
роговица *f anat* córnea
роговой *adj* de cuerno, córneo
рогожа *f* estera
рогожка *f* V. рогожа
рогоносец *m* cornudo
рогулина *f coloq* рогуля
рогуля *f coloq* objeto con forma de horca
род *m* 1) familia, clan 2) *(вид)* especie, género 3) *ling* género 4) *biol* género ◆ **в своём ~е** a su manera

роддом *m* maternidad, casa de maternidad
родео *n inv* rodeo
родильница *f* puérpera
родильный *adj* de maternidad
родимчик *m coloq* calambre (de las parturientas o los recién nacidos)
родим|ый *adj* 1) V. родной 2) *(как обращение)* querido, querido mío ◆ ~**ое пятно** lunar, antojo
родина *f* patria, país natal
родинка *f* lunar
родины (*gen* родин) *pl vulg* celebración por el nacimiento de un niño
родители *mpl* padres
родитель *m* 1) progenitor, padre, madre 2) *obsol* padre
родительница *f obsol* madre
родительный *adj ling* : ~ падеж caso genitivo, genitivo
родительский *adj* de los padres, paternal
родить *perf* рожать *impf vt* 1) dar a luz, engendrar, parir 2) *(создавать)* dar origen (a alg o u/c)
родиться *perf* рождаться *impf* 1) nacer 2) *(появиться)* aparecer, surgir
родич *m vulg* pariente
родненький *adj afect* V. родной
родник *m* manantial, fuente
родниковый *adj* de manantial
роднить *impf* породнить *perf vt* aproximar, emparentar
родниться *impf* породниться *perf* (**с кем-л**) emparentar (con alg)
родничок *m dimin. de* родник
родной *adj* 1) *(состоящий в родстве)* pariente ~ *брат* hermano carnal 2) *(отечественный)* natal ~ *язык* lengua materna 3) *(близкий по характеру)* próximo, entrañable 4) *(как обращение)* querido
родня *f* parientes, parentela
родовитый *adj* noble, linajudo, de alta alcurnia
родовой *adj* 1) *(наследственный)* patrimonial, familiar 2) *(племенной)* tribal, de tribu 3) *(в научных классификациях)* genérico
родовспоможение *n* asistencia obstétrica
рододендрон *m* rododendro
родоначальник *m* 1) cabeza de linaje, ascendiente 2) *(основоположник)* fundador, padre
родословие *n* genealogía
родословная *f* árbol genealógico
родословный *adj* genealógico
родственни|к, -ца *m/f* pariente, familiar
родственность *f* afinidad, cercanía
родственный *adj* 1) pariente, de parentesco 2) *(близкий по происхождению)* emparentado, afín
родство *n* 1) parentesco 2) *(сходство)* afinidad
род|ы (*gen* -ов) *mpl med* parto
рож|а[1] *f vulg* jeta, morro ◆ ~**у кривить** hacer muecas
рожа[2] *f med* erisipela
рожать V. родить
рождаемость *f* natalidad
рождать V. рождать
рождаться V. родиться
рождени|е *n* nacimiento *дата ~я* fecha de nacimiento; *день ~я* cumpleaños
рождественский *adj* de Navidad, navideño
Рождество *n* Navidad
рождённый *adj* nacido
роженица, роженица *f* 1) *(до родов)* parturienta 2) *(после родов)* puérpera
рожков|ый *adj* : ~ое дерево algarrobo
рожок *m* 1) *(музыкальный инструмент)* corneta 2) *(для обуви)* calzador 3) *(для кормления)* biberón
рожон *m coloq* лезть на ~: meterse en la boca del lobo
рожь *f* centeno
роза *f* 1) *(цветок)* rosa 2) *(куст)* rosal
розан *m obsol* rosa
розарий *m* rosaleda
розга *f* vara, azote
розговенье *n relig* Pascua (primer día después del ayuno y la abstinencia)
роздых *m vulg* descanso
розетка *f* 1) *(украшение в форме цветка)* roseta 2) *(электророзетка)* enchufe 3) *(блюдечко)* platillo
розжиг *m* encendido
розлив *m* vertido, embotellado
розмарин *m* romero
рознить *impf* разрознить *perf vt coloq* separar, descomponer
розниться *impf coloq* diferenciarse, distinguirse
розниц|а *f* menudeo, comercio al por menor *продавать в ~у* vender al por menor
розничный *adj* al por menor
рознь **1.** *f (вражда)* discordia, disensión **2.** *pred* son cosas distintas, no se parecen en nada *брат брату* ~ estos hermanos no se parecen en nada
розоветь *impf* порозоветь *perf vi* 1) ponerse (volverse) rosa 2) *(виднеться)* rosear, mostrarse de color de rosa
розовый *adj* 1) *(о цвете)* rosa, rosado 2) *(относящийся к розам)* de rosa
розочка *f dimin. de* роза
розыгрыш *m* 1) *(лотереи)* sorteo 2) *(чемпионата)* campeonato 3) *(шутка)* chiste
розыск *m* busca, búsqueda
розыскной *adj* de búsqueda
роиться *impf* 1) *(о пчелах)* arrebozarse, enjambrar 2) *(толпиться)* pulular, abundar
рой *m* enjambre
рок[1] *m (судьба)* destino, suerte
рок[2] *m coloq (музыка)* rock, música rock
рокироваться *biasp ajed* enrocarse
рокировка *f ajed* enroque
рок-музыка *f* rock, música rock
рок-н-ролл *m* rock and roll
роковой *adj* fatal
рококо *n inv arte* rococó
рокот *m* fragor, estruendo
рокотать *impf vi* tronar, bramar
рокфор *m* roquefort
рол *m* rollo, bobina
ролевой *adj* de rol, de papel
ролик **1.** *m* 1) rueda (pequeña) 2) *(короткий отрезок видео)* vídeo, spot **2.** **-и** *mpl* patines (de ruedas) *кататься на ~ах* patinar (sobre ruedas)
роликобежный *adj* de patines (de ruedas)
роликовый *adj* de ruedas

роль *f* papel *главная роль* papel principal ◆ **играть** ~ jugar un papel
ром *m* ron
роман *m* 1) novela 2) *(любовная связь)* amoríos, amores
романизовать *biasp vt hist* romanizar
романист[1] *m (филолог)* romanista
романист[2] *m (автор)* novelista
романистика *f* romanística, filología románica
романический *adj* de novela, novelístico
романный *adj* de novela, novelístico
романовский *adj hist* de los Románov
романс *m* romanza
романский *adj* románico, romance
романтизм *m* romanticismo
романтик *m* romántico
романтика *f* romanticismo, carácter romántico
романтический *adj* romántico
романтичный *adj* romántico
ромашка *f* manzanilla
ромб *m* rombo
ромбический *adj* rómbico, romboidal
ромов|ый *adj* de ron *~ая баба* bizcocho borracho
ромштекс *m* filete de ternera empanado
рондо *n inv* 1) *(шрифт)* letra redonda, redondilla 2) *(перо)* pluma de redondilla
рондо *n inv mús* rondó
ронять *impf* уронить *perf vt* dejar caer, soltar
ропот *m* 1) murmullo, rumor 2) *(жалоба)* queja
роптать *impf vi* murmurar (quejándose)
роса *f* rocío
росинка *f* gota de rocío
росистый *adj* cubierto de rocío
роскошество *n* lujo, suntuosidad
роскошествовать *impf vi* vivir a lo grande, permitirse lujos
роскошно *adv* 1) lujosamente, suntuosamente 2) *(очень хорошо)* maravillosamente, espléndidamente
роскошный *adj* 1) lujoso, suntuoso 2) *(очень хороший)* maravilloso, espléndido
роскошь *f* lujo, suntuosidad
рослый *adj* alto
росный *adj* : ~ ладан benjuí
росомаха *f* glotón, carcayú
роспись *f* 1) *(стенная)* pintura mural 2) *(перечень)* lista, inventario
роспуск *m* 1) permiso, licenciamiento 2) *(организации, парламента)* disolución
российский *adj* ruso
россиян|ин (*pl* -е) *m* ruso
россиянка *f* rusa
россказн|и (*gen* -ей) *pl coloq* cuentos, habladurías
россыпь *f* extensión, yacimiento
россыпью *adv* a granel, suelto
рост *m* 1) crecimiento, incremento, subida 2) *(вышина)* estatura
ростбиф *m* rosbif
ростепель *f* deshielo
ростовщик *m* usurero
ростовщичество *n* usura
росток *m* retoño, germen
росчерк *m* rúbrica
росянка *f* drosera
росяной *adj* de(l) rocío
рот *m* boca *во рту* en la boca
рота *f mil* compañía
ротапринт *m impr* rotaprint
ротационный *m* rotativo
ротик *m dimin. de* рот
ротмистр *m mil hist* capitán de caballería
ротный **1.** *adj mil* de compañía **2.** *m mil* jefe de compañía
ротовой *adj* bucal
ротозей, -ка *m/f* papanatas
ротозейничать *impf vi coloq* estar en Babia, pensar en las musarañas, papar
ротонда[1] *f arquit* rotonda
ротонда[2] *f (одежда)* pelerina
ротор *m tecn* rotor
роторный *adj tecn* de rotor(es)
рохля *m/f coloq peyor* papanatas, alelad|o, -a
роща *f* bosque, soto
рощица *f dimin. de* роща
роялизм *m pol* realismo
роялист *m pol* realista
роялистский *adj pol* realista
роял|ь *m* piano de cola *играть на ~е* tocar el piano
ртутный *adj* de mercurio, mercurial
ртуть *f* mercurio
рубака *m* espadachín
рубанок *m* cepillo, garlopa
рубать *impf vt vulg* jamar, comer
рубаха *f* camisa ◆ **~-парень** *coloq* chico (hombre) campechano
рубашечка *f dimin. de* рубашка
рубашка *f* camisa
рубеж *m* frontera, límite *за ~ом* en el extranjero
рубежный *adj* de la frontera, del límite
рубероид *m constr* cartón yeso
рубец *m* 1) cicatriz 2) *(шов)* costura
рубильник *m electr* interruptor
рубин *m* rubí
рубиновый *adj* 1) de rubí 2) *(о цвете)* de color rubí
рубить *impf* срубить *perf vt* 1) *(дрова)* cortar, partir 2) *(деревья)* cortar, talar 3) *(капусту, мясо)* cortar, picar 4) *(отсекать)* cortar, cercenar 5) *(строить из брёвен)* construir con madera 6) *(говорить на прямоту)* hablar claro, ser directo
рубиться *impf* luchar con espada, asestarse sablazos
рубище *n* harapos, andrajos
рубка *f* 1) corta, tala 2) *nav* puente
рубленный *adj* 1) picado 2) *(бревенчатый)* de troncos
рублёвка *f hist coloq* rublo, billete de un rublo
рублёвый *adj* del rublo, de un rublo
рубль *m* rublo
рубрика *f* 1) rúbrica 2) *(отдел)* sección
рубрикация *f* rubricación
рубцевание *n* cicatrización
рубцеваться *impf* зарубцеваться *perf* cicatrizar
рубцовый *adj* de cicatriz
рубчатый *adj* ondulado, acostillado
рубчик *m* 1) *dimin. de* рубец 2) *(на ткани)* raya
рубщик *m* cortador, talador
ругань *f* improperios, injurias
ругательный *adj* insultante, denigrante

ругательство *n* palabrota, taco, palabra soez
ругать *impf* выругать *perf vt* reñir, regañar
ругаться *impf* выругаться *perf* 1) decir (soltar) tacos, blasfemar 2) *(между собой)* reñir
руда *f* mineral
рудимент *m* rudimento
рудиментарный *adj* rudimentario
рудник *m* mina
рудный *adj* de mineral, mineral
ружейный *adj* de fusil
ружьё *n* escopeta, fusil
руина *f* ruina
рук|а *f* 1) *(кисть)* mano 2) *(вся рука)* brazo 3) *(почерк)* escritura
рукав *m* 1) manga 2) *(реки)* brazo
рукавица *f* manopla, guantelete
рукавчик *m dimin. de* рукав
рукастый *adj* 1) de brazos largos o grandes, de manos grandes 2) *coloq (ловкий)* mañoso, hábil
руководитель, -ница *m/f* dirigente, jef|e, -a, administrador, -a
руководить *biasp vi* (**чем-л**) dirigir, administrar, regir
руководиться *impf* (**кем/чем-л**) guiarse (por alg o u/c), regirse (por alg o u/c)
руководство *n* 1) dirección, administración 2) *(указание)* guía 3) *(учебник)* manual
руководствоваться *impf* (**кем/чем-л**) guiarse (por alg o u/c), regirse (por alg o u/c)
руководящий *adj* dirigente, directivo
рукоделие *n* trabajo manual (especialmente labor y costura)
рукокрылые *pl zool* quirópteros
рукомойник *m* lavamanos, aguamanil
рукопашный *adj* : ~ бой combate cuerpo a cuerpo
рукописный *adj* 1) manuscrito 2) *(относящийся к рукописям)* de manuscritos
рукопись *f* manuscrito
рукоплескание *n* aplauso
рукоплескать *impf vi* (**кому-л**) aplaudir
рукопожатие *n* apretón de manos
рукоприкладство *n* agresión
рукотворный *adj elev obsol* hecho por manos humanas
рукоятка *f* 1) mango, empuñadura, astil 2) *(для вращения)* manubrio
рукоять *f* V. рукоятка 1
рулада *f mús* trino
рулевой **1.** *adj* de dirección **2.** *m nav* timonel
руление *n* dirección, conducción
рулет *m* 1) *(сладкий)* brazo de gitano 2) *(мясной)* rollo
рулетка *f* 1) *(игра)* ruleta 2) *tecn* cinta métrica
рулить *impf* вырулить *perf vi* conducir, dirigir (con el volante)
рулон *m* rollo (de papel)
руль *m* 1) *(автомобильный)* volante 2) *(велосипедный)* manillar 3) *(штурвал)* timón
румб *m* rumbo
румын, -ка *m/f* ruman|o, -a
румынский *adj* rumano
румяна *f* colorete, carmín
румянец *m* sonroseo, color, rubor
румянить *impf* зарумянить/нарумянить *perf vt* 1) colorar, sonrosar 2) *(красить румянами)* dar colorete
румяниться *impf* зарумяниться/нарумяниться *perf* pintarse, darse colorete
румяный *adj* sonrosado, colorado
руна *f* runa
рундук *m obsol* cofre
рунический *adj* rúnico
руно *n* vellón
рупия *f* rupia
рупор *m* 1) bocina, megáfono 2) *(средство информации)* altavoz, portavoz
русак *m (заяц)* liebre (gris)
русалка *f* sirena
русалочка *f dimin. de* русалка
русизм *m ling* rusismo
русист *m* rusista
русистика *f* rusística, filología rusa
русло *n* cauce, lecho
русловый *adj* de(l) cauce, de(l) curso
русоволосый *adj* de pelo de color castaño claro
русская *f* rusa
русский **1.** *adj* ruso ~ *язык* ruso **2.** *m* ruso
русый *adj* castaño claro
рутина *f* rutina
рутинный *adj* rutinario, de rutina
рухлядь *f coloq* trastos, cachivaches
рухнуть *perf vi* 1) venirse abajo, caer, desplomarse, derrumbarse 2) *(быстро разрушиться)* venirse abajo, derrumbarse
ручательство *n* garantía
ручаться *impf* поручаться *perf* (**за кого/что-л**) garantizar, dar garantía
ручеёк *m dimin* arroyo, riachuelo
ручей *m* arroyo
рученька *f afect* manita, mano
ручка *f* 1) *(рукоятка)* asa, agarradero 2) *(для письма)* bolígrafo
ручник *m coloq* freno de mano
ручнист, -ка *m/f* persona que se dedica al trabajo manual
ручной *adj* 1) de mano, de brazo 2) *(делающийся руками)* manual, hecho a mano 3) *(прирученный)* doméstico
ручонка *f dimin-afect* manita, mano
рушить *impf* обрушить *perf vt* derribar, derruir
рушиться *impf* обрушиться *perf* derrumbarse, desplomarse
рыба *f* 1) pez 2) *(как пища, как предмет торговли)* pescado ◆ **ни ~ ни мясо** ni carne ni pescado
рыбак *m* pescador
рыбалить *impf vi vulg* pescar
рыбалка *f coloq* pesca
рыбацкий *adj* de pescador(es)
рыбачий *adj* de pescador(es), de pesca
рыбачить *impf vi coloq* pescar
рыбец *m (вид рыбы)* vimba
рыбёшка *f coloq* pececillo
рыбий *adj* de pez, de pescado
рыбина *f coloq* pez (una unidad)
рыбка *f dimin. de* рыба
рыбник *m* 1) *(специалист по рыбоводству)* especialista en pescado 2) *(торговец рыбой)* pescadero 3) *(пирог с рыбой)* pastel de pescado
рыбный *adj* de pescado
рыбоводный *adj* de piscicultura
рыбоводство *n* piscicultura

рыболов *m* pescador
рыболовецкий *adj* de pesca, pesquero
рыболовный *adj* de pesca
рыболовство *n* pesca
рыбонадзор *m* organismo de vigilancia pesquera
рыбоход *m tecn* escalera de peces
Рыбы *fpl astrol* Piscis
рыв|ок *m* 1) tirón, sacudida *~ками* a golpes, a intervalos 2) *sport* tirón, arrancada
рыгать *impf* рыгнуть *perf vi* eructar
рыгнуть V. рыгать
рыдание *n* lloro, sollozo
рыдать *impf vi* sollozar, llorar
рыжеволосый *adj* pelirrojo
рыжеть *impf* порыжеть *perf vi* 1) volverse (ponerse) rojo, enrojecer 2) *(выделяться цветом)* rojear, mostrarse de color rojo
рыжий *adj* rojo, pelirrojo
рык *m* rugido
рыкать *impf* рыкнуть *perf vi* rugir
рыкнуть V. рыкать
рыло *n* 1) hocico 2) *vulg (морда)* morro, jeta
рыльце *n dimin. de* рыло
рында *f nav* campana
рынок *m* mercado *чёрный* ~ mercado negro; *трудовой* ~ mercado de trabajo
рыночный *adj* de mercado
рысак *m* trotón
рысий *adj* de lince
рысистый *adj* de trote, trotador
рыскать *impf vi* correr (en busca de algo), corretear
рысца *f* trote cochinero
рысь[1] *f (животное)* lince
рысь[2] *f (аллюр)* trote *~ю* al trote
рытвина *f* bache
рыть *impf* вырыть *perf vt* cavar, escarbar
рытьё *n* excavación, cavadura
рыться *impf* revolver, rebuscar
рыхлеть *impf* порыхлеть *perf vi* volverse friable, volverse mullido
рыхлить *impf* взрыхлить/разрыхлить *perf vt* mullir, ahuevar, esponjar
рыхлость *f* friabilidad, porosidad
рыхлый *adj* 1) friable, mullido, esponjoso, poroso 2) *coloq (о человеке)* fofo, blanducho
рыцарский *adj* caballeresco
рыцарство *n* caballería
рыцарь *m* caballero
рычаг *m* palanca, mangueta
рычажок *m dimin. de* рычаг
рычание *n* 1) rugido, bramido 2) *(собаки)* gruñido
рычать *impf* зарычать *perf vi* gruñir, rugir
рьяный *adj* celoso, ardiente
рэкет *m* extorsión, racket
рюкзак *m* mochila
рюмка *f* copa, copita
рюмочка *f dimin. de* рюмка
рюмочная *f hist* bar de copas
рябеть *impf* порябеть *perf vi* abigarrarse
рябина *f* 1) *(дерево)* serbal 2) *(ягоды)* serba
рябинник *m (птица)* zorzal real
рябиновка *f* aguardiente de serba
рябиновый *adj* de serba, de serbal
рябит|ь *impf* **1.** *vt* rizar, cubrir de rizos **2.** *v/impers* : у меня ~ в глазах me hacen chiribitas los ojos
рябой *adj* 1) *(от оспы)* picado de viruelas 2) *(пёстрый)* abigarrado
рябчик *m* ortega
рябь *f* 1) *(на воде)* cabrillas 2) *(в глазах)* deslumbramiento
рявкать *impf* рявкнуть *perf vi* 1) rugir 2) *(кричать)* chillar, vociferar
рявкнуть V. рявкать
ряд *m* 1) fila, hilera 2) *(серия)* serie
рядить[1] *impf vt coloq (наряжать)* engalanar, ataviar
рядить[2] *impf vt* 1) *obsol (устраивать)* convenir 2) *obsol (подряжать)* contratar
рядиться[1] *impf coloq (наряжаться)* engalanarse, ataviarse
рядиться[2] *impf obsol* entenderse, ponerse de acuerdo, convenir
рядком *adv* 1) *coloq (в один ряд)* en fila 2) *coloq (рядом)* al lado
рядно *n* cañamazo, lienzo
рядовой **1.** *adj* 1) *(обычный)* simple, ordinario 2) *mil* : ~ состав tropa **2.** *m mil* soldado, soldado raso
рядом *adv* (с кем/чем-л) al lado (de alg o u/c), cerca (de alg o u/c)
рядышком *adv dimin. de* рядом
ряженка *f* riázhenka (leche agriada al horno)
ряженый *adj* disfrazado, con máscara
ряпушка *f* corégono blanco
ряса *f* 1) *relig* sotana 2) *relig (монашеская)* cogulla
ряска *f* lemna

С

с *prep* 1) **(чего-л)** *(указывает на место, из которого что-либо исходит)* de (u/c), desde (u/c) ~ *вокзала* desde la estación; *она пришла ~ концерта* vino de un concierto 2) **(чего-л)** *(указывает на начальную точку интервала)* de (u/c), desde (u/c) ~ *двух часов* desde las dos; ~ *прошлого года* desde el año pasado 3) **(с кем/чем-л)** *(обозначает совместность, сочетание)* con (alg o u/c) *девочка ~ косичками* niña con trenzas 4) **(с кого/что-л)** *(обозначает приблизительную меру)* de (u/c), como (alg o u/c) *весом ~ тонну* de una tonelada de peso; *размером ~ машину* grande como un coche
сабантуй *m* 1) sabantui (fiesta tradicional tártara y bashkiria en primavera) 2) *(весёлая пирушка)* juerga, fiesta
сабля *f* sable
сабо *n inv* zuecos
саботаж *m* sabotaje
саботажник *m* saboteador
саботировать *biasp vt* sabotear
саван *m* 1) mortaja 2) *(белый покров)* manto
саванна *f* sabana
савраска *f* caballo bayo oscuro
сага *f lit* saga
сагитировать V. агитировать
сад *m* jardín *в ~у* en el jardín ♦ **детский** ~ jardín de infancia, guardería
садизм *m* sadismo
садик *m* jardín pequeño
садист *m* sádico
садистский *adj* sádico
садить *impf vt* 1) *(растения)* plantar 2) *(точно попадать)* acertar, dar
садиться V. сесть
саднить *impf vi* escocer
садовник *m* jardinero, hortelano
садовничий *adj* de jardinero
садовод *m* horticultor
садоводство *n* jardinería, horticultura
садоводческий *adj* de jardinería
садовый *adj* de jardín, de huerto
сажа *f* hollín
сажать *impf* посадить *perf vt* 1) sentar 2) *(растения)* plantar 3) *(помещать)* poner 4) *(о самолёте)* hacer aterrizar
саженец *m* plantón
сажень *f hist* sazhén (medida de longitud rusa antigua equivalente a 2,1336 metros) ♦ **косая ~ в плечах** hombros de molinero
сазан *m* sazán, mújol
сайгак *m* saiga
саквояж *m* maletín
сакраментальный *adj* sacramental
саксаул *m* saxaul
саксофон *m* saxófono
саксофонист *m* saxofonista
салага *m coloq desp* bisoño, mocoso
салака *f* arenque
саламандра *f* salamandra
салат *m* 1) ensalada 2) *(растение)* lechuga
салатница *f* ensaladera
сало *n* grasa, tocino, manteca de cerdo
салон *m* salón
салонный *adj* de salón
салтык *m coloq obsol* : на свой ~ a su gusto
салфетка *f* servilleta
сальдо *n inv econ* saldo
сальдовый *adj econ* de saldo
сальник *m anat* redaño
сальность *f* indecencia, obscenidad
сальный[1] *adj (жирный)* grasiento, graso
сальный[2] *adj (непристойный)* indecente, obsceno
сальто *n* salto
салют *m* salva
салютовать *biasp vi* saludar
салями *f* salami
сам, сама, само, сами *pron* 1) mismo *я сам сделаю это* lo haré yo mismo; *сам по себе* de por sí 2) *(для усиления)* mismo *она сама доброта* ella es la bondad personificada
самбист *m sport* sambista
самбо *n sport* sambo
самец *m* macho
самка *f* hembra
самоанализ *m* autoanálisis
самобичевание *n* flagelación
самобытность *f* originalidad
самобытный *adj* genuino, original
самовар *m* samovar
самовластие *n obsol* autocracia
самовластный *adj obsol* autoritario
самовнушение *n* autosugestión
самовозгорание *n* inflamación espontánea
самоволка *f mil coloq* ausencia no autorizada
самовольный *adj* no autorizado, sin permiso
самовоспитание *n* autoeducación
самогон *m* aguardiente casero
самогоноварение *n* destilación de aguardiente casero
самогонщик *m* aguardentero, persona que fabrica aguardiente casero
самодвижущийся *adj* automotor
самоделка *adj* objeto de fabricación casera
самодельный *adj* de fabricación casera
самодержавие *adj* autocracia
самодержавный *adj* autocrático
самодерж|ец, -ица *m/f* autócrata
самодеятельность *f* 1) *(инициатива)* iniciativa 2) *(непрофессиональная художественная деятельность)* actividad artística de aficionados
самодеятельный *adj* 1) *(действующий по собственному почину)* iniciativo 2) *(относящийся к любительской художественной деятельности)* de aficionados

самодовлеющий *adj elev* independiente
самодовольный *adj* presuntuoso, engreído
самодовольство *n* presunción
самодур *m* déspota
самодурство *n* despotismo
самоедство *n* autocrítica despiadada
самоеды *mpl hist* samoyedos
самозабвение *n* abnegación
самозабвенный *adj* abnegado
самозарядный *adj* semiautomático
самозащита *f* defensa propia, autodefensa
самозванец *m* impostor
самозванный *adj* impostor
самозванство *n* impostura
самокат *m* patinete
самоконтроль *m* autocontrol
самокритика *f* autocrítica
самокритичный *adj* autocrítico
самокрутка *f* pitillo, cigarrillo
самолёт *m* avión, aeroplano *на ~е* en avión; *пассажирский ~* avión de pasajeros
самолётный *adj* de avión
самолюбивый *adj* lleno de amor propio
самолюбие *n* amor propio, autoestima
самомнение *n* presunción, arrogancia
самонадеянность *f* presunción
самонадеянный *adj* presuntuoso
самоназвание *n* autodeterminación
самообладание *n* dominio de sí mismo
самообман *m* engaño propio
самооборона *f* autodefensa
самообразование *n* autoeducación
самообслуживание *n* autoservicio
самоокупаемость *f* autogestión financiera
самоопределение *n* autodeterminación
самоопределиться *perf* самоопределяться *impf* autodeterminarse
самоопределяться V. самоопределиться
самоотверженность *f* abnegación, espíritu de sacrificio
самоотверженный *adj* abnegado
самоотвод *m* renuncia a su propia candidatura
самоотдача *f* entrega
самоотречение *n* abnegación
самооценка *f* autoapreciación
самопожертвование *n* sacrificio de sí mismo
самопроизвольный *adj* espontáneo
самореклама *f* autopublicidad
самородный *adj* nativo
самородок *m* 1) metal nativo 2) *(талантливый человек)* talento innato
самосвал *m* volquete
самосожжение *n* autoquema
самосознание *n* conciencia
самосохранение *n* conservación
самостийный *adj* independiente
самостоятельно *adv* independientemente, por sí mismo, individualmente
самостоятельность *f* independencia
самостоятельный *adj* independiente
самострел *m* automutilación (con un arma de fuego)
самосуд *m* linchamiento
самотёк *m* marcha natural *пустить на ~* dejar que algo evolucione por su cuenta
самотёком *adv* desorganizadamente, al azar
самоубийственный *adj* suicida
самоубийство *n* suicidio *покончить жизнь ~м* suicidarse
самоубийца *m/f* suicida
самоуважение *n* respeto a sí mismo
самоуверенность *f* presunción
самоуверенный *adj* presuntuoso, presumido
самоуничижение *n* humillación de sí mismo
самоуправление *n* autonomía, autoadministración
самоуправляющийся *adj* autónomo, independiente
самоуправство *n* arbitrariedad
самоустранение *n* inhibición
самоустраниться *perf* самоустраняться *impf* inhibirse, desistir voluntariamente
самоутверждение *n* autoafirmación
самоучитель *m* manual autodidáctico
самоучка *m/f* autodidacta
самохвал *m* fanfarrón
самоходный *adj* automóvil, automotor
самоцвет *m* piedra preciosa
самоцель *f* objetivo propio
самочувствие *n* estado, disposición
самурай *m* samurai
самурайский *adj* de samurai
самшит *m* boj
сам|ый *pron* mismo, propio *с ~ого начала* desde el mismo principio; *это то же ~ое* es lo mismo; *на ~ом деле* de hecho; *~ый сильный* el más fuerte
сан *m elev* título, rango
санаторий *m* sanatorio, balneario
санаторный *adj* de sanatorio
санация *f* 1) *econ* saneamiento 2) *med* saneamiento
сангвиник *m* persona de temperamento sanguíneo
сандал *m* sándalo
сандалить *impf* насандалить *perf vt* pintar con el sándalo
сандалия *f (espec pl)* sandalia
сандвич *m obsol* V. сэндвич
сан|и (*gen* -ей) *mpl* trineo
санитар *m* 1) enfermero 2) *mil* sanitario
санитария *f* higiene pública
санитарка *f* enfermera
санитарный *adj* sanitario
сан|ки (*gen* -ок) *fpl* trineo *кататься на ~ках* pasear en trineo
санкционировать *biasp vt* sancionar, autorizar, confirmar
санкция *f* sanción
сановник *m hist* alto funcionario
сановный *adj hist* de alto rango
санскрит *m* sánscrito
санскритский *adj* sánscrito
сантехник *m* fontanero
сантехника *f* fontanería, sanitarios
сантехнический *adj* de fontanería, de sanitarios
сантим *m* céntimo
сантименты *mpl* sensiblería
сантиметр *m* centímetro
сантиметровый *adj* de un centímetro
санузел *m* instalación de sanitarios
санэпидстанция *f* centro de control sanitario y epidemiológico
сап *m med* muermo

сапа *f mil* zapa, trinchera
сапёр *m mil* zapador
сапёрн|ый *adj mil* de zapador
сапог *m (espec pl)* bota
сапожник *m* zapatero
сапожный *adj* de zapatos, de botas
сапфир *m* zafiro
сарай *m* 1) cobertizo 2) *(сеновал)* pajar
саранча *f* langosta
сарафан *m* sarafán (vestido nacional ruso)
сарделька *f* salchicha
сардина *f* sardina
сардонический *adj* : ~ смех risa sardónica
сари *n* sari
сарказм *m* sarcasmo
саркастический *adj* sarcástico
саркастичный *adj* sarcástico
саркома *f med* sarcoma
саркофаг *m* sarcófago
сатана *m* satán, satanás
сатанинский *adj* satánico
сателлит *m* satélite
сатин *m* satén
сатир *m mitol* sátiro
сатира *f* sátira
сатирик *m* satírico
сатирический *adj* satírico
сатрап *m* sátrapa
сауна *f* sauna
сафари *n inv* safari
сахар *m* azúcar *тростниковый ~* azúcar de caña
сахарин *m* sacarina
сахарить *impf* посахарить *perf vt* azucarar, echar azúcar
сахарница *f* azucarera
сахарный *adj* de azúcar
сахароза *f quím* sacarosa
сачок *m* salabre, red de mano
сбавить *perf* сбавлять *impf vi* 1) disminuir, reducir 2) *(снизить)* rebajar
сбавлять V. сбавить
сбагрить *perf* сбагривать *impf vi coloq* quitarse de encima (u/c)
сбалансировать V. балансировать
сбегать *perf vi coloq* ir y volver corriendo *~ в магазин* ir corriendo a la tienda
сбегаться V. сбежаться
сбежать *perf* сбегать *impf vi* 1) *(спуститься)* bajar corriendo, descender 2) *(убежать тайком)* fugarse, escapar
сбежаться *perf* сбегаться *impf* llegar corriendo, acudir
сберегательн|ый *adj* de ahorro *~ая касса* caja de ahorro
сберегать V. сберечь
сбережение *n* 1) *(накопление)* ahorro 2) *(сохранение)* conservación, protección
сберечь *perf* сберегать *impf vt* 1) conservar, guardar 2) *(скопить)* ahorrar, economizar
сбивать V. сбить
сбиваться V. сбиться
сбивчивый *adj* confuso, incoherente
сбитень *m* sbiten (bebida tradicional rusa de invierno)
сбить *perf* сбивать *impf vt* 1) abatir, derribar 2) *(повалить)* derrumbar 3) *(увести в сторону)* desviar, desorientar 4) *(взбить)* batir ◆ **~ с толку** distraer, desorientar
сбиться *perf* сбиваться *impf* 1) *(на сторону)* ponerse a un lado, ladearse 2) *(с пути)* desviarse, perderse 3) *(запутаться)* embrollarse
сближать V. сблизить
сближаться V. сблизиться
сближение *n* aproximación, acercamiento
сблизить *perf* сближать *impf vt* 1) aproximar, acercar 2) *(создать дружеские отношения)* juntar, hacer amigos
сблизиться *perf* сближаться *impf* aproximarse, acercarse
сбой *m* intermitencia
сбоку 1. *adv* de lado, de perfil 2. *prep* (**чего-л**) al lado de (u/c)
сболтнуть *perf vt* hablar de más, irse de la lengua
сбор *m* 1) recogida, colecta 2) *(урожая)* cosecha, recolección 3) *(встреча)* reunión 4) *(денег)* derecho
сборище *n* muchedumbre
сборка *f* montaje, armado
сборная *f sport* selección *национальная ~* selección nacional
сборник *m* colección
сборный *adj* 1) combinado, mixto 2) *(являющийся местом сбора)* de reunión 3) *(связанный со сборкой)* desmontable
сборочный *adj* de montaje, de armado
сборщик *m* 1) cobrador 2) *(урожая)* cosechador
сбрасывать V. сбросить
сбрасываться V. сброситься
сбрендить *perf vi coloq* volverse loco, enloquecerse
сбрить *perf* сбривать *impf vt* afeitar, raer
сброд *m desp* chusma, gentuza
сброс *m* lanzamiento
сбросить *perf* сбрасывать *impf vt* 1) arrojar, tirar 2) *(свергнуть)* derribar 3) *(одежду)* quitar
сбруя *f* arreos
сбывать V. сбыть
сбываться V. сбыться
сбыт *m* venta, despacho
сбыть *perf* сбывать *impf* 1. *vt (продать)* vender 2. *vi (о воде)* bajar
сбы|ться *perf* сбываться *impf* cumplirse *мечта ~лась* el sueño se cumplió
свадебный *adj* nupcial, de boda
свадьб|а *f* boda *сыграть ~у* celebrar una boda
сваливать V. свалить
сваливаться V. свалиться
свалить *impf* сваливать *impf vt* 1) *(опрокидывать)* derribar, abatir 2) *(сбрасывать)* arrojar, echar, amontonar *~ всё в кучу* amontonarlo todo 3) *coloq (перекладывать)* echar, cargar *~ вину на другого* echarle la culpa a otro 4) *coloq (лишать силы)* agotar, abatir 5) *coloq (уйти, уехать)* largarse, pirarse
свалиться *impf* сваливаться *perf* 1) caer 2) *coloq (неожиданно появиться)* aparecer, caer 3) *coloq (слечь с постель)* caer (enfermo, dormido)
свалка *f* 1) vertedero, basurero 2) *(сбрасывание)* descargue 3) *coloq (драка)* pelea
свалять V. валять

свара *f* riña, pendencia, bronca
сварганить *perf vt coloq* hacer rápidamente, preparar rápidamente
сваривать *impf vt* V. варить
сварить V. варить
сварка *f* soldadura
сварливый *adj* gruñón, regañón
сварной *adj* soldado
сварочный *adj* de soldadura
сварщик *m* soldador
свастика *f* esvástica, cruz gamada
сват *m* 1) casamentero 2) *(отец зятя или невестки)* consuegro
сватать *impf* посватать *perf vt* arreglar matrimonio
свататься *impf* посвататься *perf* pedir la mano
сватовство *n* arreglo de matrimonio
сваха *f* casamentera
свая *f* pilote
сведение *n (espec pl)* dato, noticia
сведение *n* 1) *(объединение в одно целое)* unificación, agrupación 2) *(умеьшение)* reducción, noticia ◆ ~ **счётов** ajuste de cuentas
сведущий *adj* versado, competente, experto
свежезамороженный *adj* helado en fresco
свежеиспечённый *adj* recién cocido, recién hecho
свежесть *f* frescor, frescura
свежеть *impf* посвежеть *perf vi* refrescar
свеж|ий *adj* 1) fresco *~ие продукты* productos frescos; *на ~ем воздухе* al aire libre 2) *(недавний)* reciente
свежо **1.** *adv (о внешности)* con aspecto fresco **2.** *adv (о погоде)* hace fresco
свезти *perf* свозить *impf vt* 1) llevar, traer 2) *(отвезти вниз)* bajar
свекровь *f* suegra
свергать V. свергнуть
свергнуть *perf* свергать *impf vt* derrocar, derribar
свержение *n* derrumbamiento
сверить *perf* сверять *impf vt* comprobar, verificar
сверка *f* comprobación, verificación
сверкание *n* brillo, resplandor
сверкать *impf* сверкнуть *perf vi* 1) lucir, relucir 2) *(о мысли)* brillar
сверкающий *adj* reluciente, radiante
сверкнуть V. сверкать
сверление *n* taladrado
сверлить *impf* просверлить *perf vt* 1) *(проделывать отверстие)* taladrar, perforar 2) *(пронизывать)* traspasar
сверло *n* taladro, barrena
свернуть *perf* сворачивать *impf* **1.** *vt* 1) arrollar, plegar 2) *(сократить)* reducir, aminorar 3) *(лепестки - о растениях)* cerrar 4) *(сбить на сторону)* disclocar **2.** *vi (повернуть)* girar, virar
свернуться *perf* сворачиваться *impf* 1) torcerse 2) *(сократиться)* reducirse, aminorarse 3) *(сгуститься)* cuajarse 4) *(перекоситься)* disclocarse
сверстать V. верстать
сверстни|к, -ца *m/f* coetáne|o, -a, persona de la misma edad
сверх *prep* 1) (**кого/чего-л**) *(поверх)* encima (de alg o u/c), sobre (alg o u/c) 2) (**чего-л**) *(кроме)* además (de u/c) 3) (**чего-л**) *(вопреки)* en contra de (de u/c)
сверхдоза *f* sobredosis
сверхзвуковой *adj* supersónico
сверхновый *adj* supernuevo
сверхплановый *adj* que supera el plan
сверхприбыль *f* superbeneficio
сверхсрочный *adj* 1) superurgente 2) *mil* de reenganche
сверху *adv* 1) encima, arriba 2) *(по направлению к низу)* de arriba
сверхурочный *adj* suplementario, adicional
сверхчеловек *m* superhombre
сверхчеловеческий *adj* sobrehumano
сверхчувствительный *adj* hipersensible
сверхъестественный *adj* sobrenatural, extraordinario
сверчок *m* grillo
свершаться V. свершиться
свершение *n* realización
свершить *perf* свершать *impf vt* realizar, cumplirc
свершиться *perf* свершаться *impf* realizarse, cumplirse
сверять V. сверить
сверяться V. свериться
свесить *perf* свешивать *impf vt* bajar colgando
свеситься *perf* свешиваться *impf* inclinarse (hacia abajo)
свести *perf* сводить *impf vt* 1) *(помочь сойти вниз)* bajar, ayudar a bajar 2) *(сводить)* llevar 3) *(увести)* desviar 4) *(о судороге)* encoger 5) *(уменьшить)* reducir
свестись *perf* сводиться *impf* reducirse ~ *на нет* reducirse a nada
свет[1] *m (отсутствие темноты)* luz *дневной* ~ luz del día
свет[2] *m* 1) *(мир)* mundo *вокруг ~а* alrededor del mundo 2) *(общество)* mundo *высший* ~ alta sociedad ◆ **тот** ~ el otro mundo
светать *impf vi* amanecer
светило *n* astro
светильник *m* candil
светить *impf* посветить *perf vi* 1) lucir, brillar, resplandecer 2) *(освещать)* dar luz, alumbrar
светиться *impf* осветиться *perf* lucir, brillar, resplandecer
светлейший *adj* serenísimo (título)
светлеть *impf* просветлеть *perf vi* 1) aclarar 2) *(рассветать)* amanecer
светло **1.** *adv* con claridad **2.** *adv pred* hay luz, es claro
светлость *f* excelencia (título)
светлый *adj* claro, luminoso
светляк *m* luciérnaga
светлячок *m* luciérnaga
светобоязнь *f* fotofobia
световод *m* fibra óptica
световой *adj* de luz, luminoso
светолюбивый *adj* fotófilo
светопреставление *n* fin del mundo
светотень *f* claroscuro
светофор *m* semáforo
светоч *m* 1) *(факел)* antorcha 2) *(носитель высоких идей)* lumbrera
светочувствительный *adj* fotosensible

светский *adj* 1) *(не церковный)* laico, profano 2) *(об обществе)* mundano
светскость *f* mundanería
светящийся *adj* luminoso, fluorescente
свеч|а *f* 1) vela, candela, cirio 2) *med* supositorio ◆ **игра не стоит ~** la cosa no vale la pena
свечение *n* luminiscencia
свечка V. свеча
свечной *adj* de vela
свешиваться V. свеситься
свёкла *f* remolacha
свёкор *m* suegro
свёрток *m* paquete
свёртываемость *f* coagulación
свёртывание *n* 1) arrollamiento, plegadura 2) *(крови, молока)* coagulación 3) *(сокращение)* reducción
свёртывать V. свернуть
свёртываться V. свернуться
свидани|е *n* cita, entrevista ◆ **до ~я** adiós, hasta luego
свидетель, -ница *m/f* testigo
свидетельский *adj* de testigo, testimonial
свидетельство *n* 1) testimonio 2) *(удостоверение)* certificado, certificación
свидетельствовать *impf* засвидетельствовать *perf* **1.** *vt* 1) *(удостоверять в качестве свидетеля)* atestiguar, testimoniar 2) *(удостоверять)* certificar 3) **(о чём-л)** *(служить свидетельством)* ser testimonio (de u/c), atestiguar **2.** *vi (давать показания)* testificar
свидеться *perf* verse
свинарка *f* porquera
свинарник *m* pocilga, porqueriza
свинец *m* plomo
свинина *f* carne de cerdo
свинка *f med* parótida
свиновод *m* criador de cerdos
свиноводство *n* cría de cerdos
свиной *adj* de cerdo, cochinero
свиноматка *f* cerda
свинопас *m* porquero
свиноферма *f* granja de cerdos
свинский *adj coloq* cochino, guarro
свинство *n coloq* guarrada, porquería
свинтить *perf* свинчивать *impf vt* 1) *(соединить винтом)* atornillar, unir 2) *(снять)* destornillar
свинтус *m coloq* marran|o, -a
свинцовый *adj* de plomo, plomizo
свинья *f* 1) cerdo, puerco, chancho 2) *insult (неопрятный человек)* cerdo, puerco 3) *insult (нечестный человек)* cerdo, cabrón
свинячить *impf* насвинячить *perf vi* hacer cochinerías
свирель *f mús* caramillo
свирепеть *impf* рассвирепеть *perf vi* ponerse feroz, enfurecerse
свирепость *f* ferocidad, fiereza, crueldad
свирепствовать *impf vi* enfurecerse, encarnizarse
свирепый *adj* feroz, fiero, furioso, violento
свисать *impf vi* colgar, pender
свист *m* silbido, pitido
свистать *impf vt/i* silbar
свистеть *impf* свистнуть *perf vi* 1) silbar 2) *coloq (украсть)* robar
свисток *m* 1) pito, silbato 2) *(звук)* silbido
свистопляска *f* desenfreno
свистулька *f* silbato, pito
свистун *m* silbador
свита *f* séquito
свитер *m* suéter
свиток *m* rollo, pergamino
свить V. вить
свихнуться *perf* volverse loco
свищ *m med* fístula
свобод|а *f* libertad *~а слова* libertad de palabra; *лишение ~ы* privación de libertad
свободный *adj* 1) *(независимый)* libre 2) *(которым можно располагать)* libre, disponible, vacante 3) *(беспрепятственный)* libre 4) *(об одежде)* holgado
свободолюбивый *adj* amante de la libertad
свободолюбие *n* amor a la libertad
свободомыслие *n* librepensamiento
свод *m* 1) cuerpo, código 2) *arquit* bóveda
сводить V. свести
сводиться V. свестись
сводка *f* boletín, parte
сводни|к, -ца *m/f* alcahuet|e, -a
сводничество *n* alcahuetería
сводн|ый *adj* 1) *(итоговый)* general, de resumen 2) *(объединённый)* unido ◆ **~ый брат** hermanastro **~ая сестра** hermanastra
сводня *m* alcahueta, proxeneta
сводчатый *adj* abovedado
своевластный *adj* voluntarioso
своеволие *n* voluntariedad
своевольный *adj* voluntarioso
своевременно *adv* oportunamente
своевременность *f* oportunidad
своевременный *adj* oportuno
своекорыстие *n* interés propio
своекорыстный *adj* de interés propio
своенравный *adj* caprichoso, voluntarioso
своеобразие *n* peculiaridad, originalidad
своеобразный *adj* peculiar, original
своеобычный V. своеобразный
свозить V. свезти
свой, своя, своё, свои *pron pos* 1) (el) mío, (el) nuestro, (el) tuyo, (el) vuestro, (el) suyo *я нашёл свою тетрадь, а он - свою* yo encontré mi cuaderno, y él (encontró) el suyo 2) *(своеобразный)* peculiar, propio 3) *(соответствующий)* su *в своё время* a su tiempo 4) *(родной)* suyo, nuestro *свои люди* gente nuestra ◆ **быть не в своём уме** estar loco **всему своё время** cada cosa a su tiempo
свойский *adj* sencillo, campechano
свойственный *adj* propio
свойство *n* propiedad, rasgo, naturaleza
сволочь *f desp vulg* canalla
свора *f* jauría, manada
сворачивать V. свернуть
сворачиваться V. свернуться
своротить *perf* сворачивать *impf* **1.** *vt* remover, quitar **2.** *vi (повернуть)* desviarse
свояк *m* cuñado
свояченица *f* cuñada
свыкаться *impf* свыкнуться *perf* **(с чем-л)** *coloq* acostumbrarse (a u/c)
свысока *adv* con altivez

свыше 1. *adv* de arriba, desde arriba **2.** *prep* **(чего-л)** por encima (de u/c), más (de u/c)
связанность *f* relación
связанный *adj* 1) relacionado 2) *(стеснённый)* embarazoso, dificultoso 3) *(верёвкой)* atado
связать *perf* связывать *impf vt* 1) atar, ligar 2) *(сочетать)* ligar, vincular 3) *(сшить)* tejer, tricotar
связаться *perf* связываться *impf* 1) *(верёвками)* atarse 2) **(с кем/чем-л)** *(установить связь)* comunicarse (con alg o u/c) 3) *(войти в невыгодные отношения)* meterse
связист *m* trabajador de comunicaciones
связка *f* 1) ligamento 2) *ling* cópula 3) *(связанные предметы)* atado
связник V. связной
связной 1. *adj* mensajero, de enlace **2.** *m* enlace
связность *f* coherencia, continuidad
связный *adj* coherente, conexo
связывание *n* ligadura, atado
связывать V. связать
связываться V. связаться
связь *f* 1) *(явлений)* relación, conexión 2) *(общение)* relaciones, vinculos, lazos 3) *(средство сообщения)* comunicación 4) *(любовная)* amor, relaciones
святейшество *n* santidad (título)
святейший *adj* santísimo
святилище *n* santuario, templo
свят|ки (*gen* -ок) *fpl relig* sviatki (fiestas de Navidad en los pueblos eslavos)
святой *adj* santo, sagrado
святость *f* santidad
святотатство *n* sacrilegio
святочный (*gen* -ок) *adj* de sviatki
святоша *m/f* sant|ón, -ona, mojigat|o, -a
святц|ы (*gen* -ев) *mpl relig* santoral
святыня *f* santuario, sanctasanctórum
священник *m* sacerdote, cura, clérigo
священнический *adj* sacerdotal, de sacerdote
священнодействие *n* ceremonia religiosa
священнослужитель *m* clérigo, sacerdote
священный *adj* sagrado, santo
сгиб *m* 1) *(действие)* dobladura 2) *(место)* doblez
сгибать V. согнуть
сгибаться V. согнуться
сгинуть *perf vi coloq* desaparecer, esfumarse
сгладить *perf* сглаживать *impf vt* 1) aplanar, desarrugar 2) *(смягчить)* suavizar, atenuar
сгладиться *perf* сглаживаться *impf* 1) allanarse, borrarse 2) *(смягчиться)* suavizarse
сглаживание *n* allanamiento
сглаживать V. сгладить
сглаживаться V. сгладиться
сглаз *m* mal de ojo
сглазить *perf vt* hacer mal de ojo
сгнить *perf* сгнивать *impf vi* pudrirse
сговариваться V. сговориться
сговор *m* acuerdo
сговориться *perf* сговариваться *impf* ponerse de acuerdo, entenderse
сговорчивый *adj* condescendiente, dócil
сгодиться *perf* servir, ser útil
сгонять *perf vi vulg* ir corriendo, ir rápido
сгорание *n* combustión
сгорать V. сгореть
сгорбить V. горбить
сгорбиться V. горбиться
сгореть *perf* сгорать *impf vi* quemarse, abrasarse ♦ **~ со стыда** morirse de vergüenza
сгоряча *adv coloq* en un arrebato, en caliente
сготовить *perf vt coloq* preparar, cocinar
сгребать V. сгрести
сгрести *perf* сгребать *impf vt* amontonar, apilar
сгрудиться *perf* amontonarse
сгрузить *perf* сгружать *impf vt* descargar, bajar
сгруппировать V. группировать
сгрызть *perf* сгрызать *impf vt* roer
сгубить V. губить
сгустить *perf* сгущать *impf vt* espesar, condensar
сгуститься *perf* сгущаться *impf* espesarse, condensarse
сгусток *m* 1) coágulo 2) *(концентрация)* concentración
сгущать V. сгустить
сгущение *n* condensación
сгущёнка *f coloq* leche condensada
сгущённый *adj* condensado
сдавать V. сдать
сдаваться V. сдаться
сдавить *perf* сдавливать *impf vt* apretar, oprimir
сдавливать V. сдавить
сдать *perf* сдавать *impf* **1.** *vt* 1) *(передать)* dar, entregar 2) *(обратно)* devolver 3) *(внаём)* alquilar 4) *(карты)* dar 5) *(экзамен)* pasar, examinarse **2.** *vi coloq (стать слабее)* debilitarse, perder
сдаться *perf* сдаваться *impf* 1) entregarse, rendirse 2) *(уступить)* ceder
сдача *f* 1) *(передача)* entrega 2) *(возвращение)* devolución 3) *(внаём)* alquiler 4) *(в картах)* mano 5) *(денежная)* vuelta, cambio 6) *(экзаменов)* examinación
сдваивать V. сдвоить
сдвиг *m* cambio de posición, desplazamiento
сдвигать V. сдвинуть
сдвигаться V. сдвинуться
сдвижка *f* desplazamiento, cambio de posición
сдвинуть *perf* сдвигать *impf vt* 1) *(передвинуть)* mover, desplazar 2) *(сблизить)* acercar
сдвинуться *perf* сдвигаться *impf* 1) moverse, desplazarse 2) *(приблизиться)* acercarse
сдвоить *perf* сдваивать *impf vt* doblar
сделать V. делать
сделаться V. делаться
сделка *f* trato, negocio, operación
сдельный *adj* por pieza, a destajo
сдержанность *f* discreción, reserva
сдержанный *adj* 1) reservado, discreto, moderado 2) *(остановленный)* detenido
сдержать *perf* сдерживать *impf vt* 1) *(выдержать)* resistir, contener 2) *(задержать)* detener 3) *(затаить)* contener 4) *(обещание)* cumplir
сдержаться *perf* сдерживаться *impf* aguantarse, reprimirse, contenerse
сдерживать V. сдержать
сдерживаться V. сдержаться
сдёрнуть *perf* сдёргивать *impf vt* quitar, arrancar
сдирать V. содрать

сдоба *f* ingredientes para la masa (leche, huevos, mantequilla, azúcar, etc.)
сдобный *adj* con mantequilla, leche, huevos y azúcar
сдохнуть V. дохнуть
сдружиться *perf* hacerse amigos
сдувать V. сдуть
сдуру *adv coloq* por una tontería, sin pensar
сдуть *perf* сдувать *impf vt* soplar, llevarse soplando
сеанс *m* sesión
себе *pron reflex* V. себя
себестоимость *f* precio de coste
себя, себе, собой, о себе *pron reflex* me, mí, te, tí, se, sí, nos, os *он купил себе пальто* se ha comprado un abrigo; *она недовольна собою* está descontenta de sí misma ◆ **выйти из себя** salir de sus casillas **вывести из себя** sacar de sus casillas **ничего себе** no está mal **так себе** regular, así así
себялюбие *n* egoísmo
сев *m* siembra
север *m* norte *на ~е* en el norte
севернее *adv* más al norte
северный *adj* del norte, septentrional, norteño
северо-восток *m* nordeste
северо-восточный *adj* del nordeste
северо-запад *m* noroeste
северо-западный *adj* del noroeste
северян|ин (*pl* -е) *m* habitante del norte, norteñ|o, -a
северянка *f* habitante del norte, norteña
севооборот *m* rotación de cultivos
севрюга *f* esturión sevruga
сегмент *m* segmento
сегодня *adv* hoy ~ *утром* hoy por la mañana, esta mañana
сегодняшний *adj* de hoy
сегрегация *f* segregación
седалище *n coloq* posaderas, nalgas
седалищный *adj anat* ciático
седеть *impf* поседеть *perf vi* encanecer, ponerse cano
седина *f* canas
седлать *impf* оседлать *perf vt* ensillar
седло *n* 1) silla de montar, albarda, sillín 2) *(седловина между холмами)* ensillada, cañada
седовласый *adj* cano, canoso
седой *adj* cano, canoso
седок *m* 1) pasajero, viajero 2) *(всадник)* jinete
седьм|ой *num* séptimo *~ое июля* el siete de julio ◆ **быть на ~ом небе** estar en el séptimo cielo
сезам *m* sésamo
сезон *m* estación, temporada
сезонность *f* temporalidad
сезонный *adj* de estación, de temporada
сей, сия, сие, сии *adj dem obsol* este *на сей раз* esta vez ◆ **до сих пор** hasta ahora **сию минуту** ahora
сейм *m pol* sejm
сейнер *m nav* barco pesquero
сейсмический *adj* sísmico
сейсмограф *m* sismógrafo
сейсмолог *m* sismólogo
сейсмологический *adj* sismológico
сейсмология *f* sismología
сейф *m* caja fuerte, caja de seguridad
сейчас *adv* 1) ahora, en este momento 2) *(только что)* ahora mismo 3) *(очень скоро)* enseguida
секач *m* cuchilla
секвестр *m jur* embargo, secuestro
секвойя *adj* secuoya
секира *m hist* partesana
секрет *m* 1) secreto 2) *mil* avanzada
секретариат *m* secretaría
секретарский *adj* de secretario
секретарша *f* secretaria
секретарь *m* secretario
секретничать *impf vi* secretear
секретно *adv* secretamente, en secreto
секретность *f* carácter secreto
секретный *adj* secreto, confidencial
секреторный *adj fisiol* secretorio
секреция *f fisiol* secreción
секс *m* sexo
сексолог *m* sexólogo
сексология *f* sexología
секстант *m nav* sextante
секстет *m mús* sexteto
сексуальность *f* sexualidad
сексуальный *adj* sexual
секта *f* secta
сектант *m* sectario
сектантский *adj* sectario
сектантство *n* 1) secta 2) *(общественная замкнутость)* espíritu sectario
сектор *m* sector
секторальный *adj* de sector
секунда *f* segundo
секундант *m* 1) *hist* padrino de duelo 2) *sport* cronometrador
секундный *adj* de (un) segundo
секундомер *m* cronómetro
секционный *adj* de sección
секция *f* compartimiento, sección
селевый *adj geol* relativo al alud
селезень *m* ánade, pato, parro
селезёнка *f anat* bazo
селектор *m* selector
селекторный *adj* selector
селекционер *m* seleccionador (de animales)
селекционный *adj* de selección (de animales)
селекция *f* selección (de animales)
селение *n* pueblo, aldea
селёдка *f* arenque
селитра *f quím* salitre
селить *impf* поселить *perf vt* alojar, hospedar
селиться *impf* поселиться *perf* alojarse, hospedarse
село *n* pueblo, aldea
сель *f geol* alud
сельдерей *m* apio
сельд|ь *f* arenque ◆ **как ~и в бочке** como sardinas en lata
сельск|ий *adj* rural, rústico, de aldea *~ое хозяйство* agricultura
сельскохозяйственный *adj* agrícola
сельчан|ин (*pl* -е) *m* paisano, aldeano
сельчанка *f* paisana, aldeana
селян|ин (*pl* -е) *m* campesino
селянка *f* campesina
семантика *f ling* semántica
семантический *adj ling* semántico

семасиология *f ling* semasiología
семасиологический *adj ling* semasiológico
семейка *f dimin. de* семья
семейный *adj* familiar, de familia
семейство *n* 1) familia 2) *biol* familia
семенить *impf vi* andar a trote cochinero
семениться *impf* madurar
семенник *m* 1) *bot (растение)* fruto para semillas 2) *bot (участок)* semillero 3) *anat* testículo
семенной *adj* 1) *bot* de simiente 2) *anat* seminal
семеро *num col* siete
семестр *m* semestre
семечко *n* semilla, pepita
семёрка *f* siete, septena
семидесятилетний *adj* de setenta años, septuagenario
семидесятый *num* septuagésimo
семилетний *adj* de siete años
семинар *m* seminario
семинарист *m* seminarista
семинария *f* seminario
семинарский *adj* de seminario
семиотика *f ling* semiótica
семиотический *adj ling* semiótico
семитский *adj* semítico
семит, -ка *m/f* semita
семнадцатый *num* decimoséptimo
семнадцать *num* diecisiete
семь *num* siete
семьдесят *num* setenta
семьсот *num* setecientos
семью *adv* siete veces
семья *f* familia
семьянин *m* persona hogareña
семя *n* 1) semilla 2) *biol* semen
семядоля *f* cotiledón
сенат *m* senado
сенатор *m* senador
сенаторский *adj* de senador, senatorial
сенатский *adj* de senado, senatorial
сенбернар *m* San Bernardo (perro)
сен|и (*gen* -ей) *mpl* zaguán
сенник *m* colchón de paja
сенной *adj* de heno
сено *n* heno
сеновал *m* henil
сенокос *m* segazón
сенсационность *f* sensacionalismo
сенсационный *adj* sensacional
сенсация *f* sensación
сенсорный *adj tecn* sensor
сенсуализм *m filos* sensualismo
сенсуальный *adj elev* sensual
сентенция *f elev* sentencia
сентиментализм *m lit* sentimentalismo
сентиментальность *f* sentimentalismo
сентиментальный *adj* sentimental
сентябрь *m* septiembre
сентябрьский *adj* de septiembre
сень *f poét* techo
сеньор *m* señor
сепаратизм *m pol* separatismo
сепаратист, -ка *m/f pol* separatista
сепаратистский *adj pol* separatista
сепаратный *adj elev* separado
сепаратор *m* separador
сепсис *m med* septicemia, sepsis
септический *adj med* séptico
сера *f* 1) azufre 2) *(ушная)* cera de los oídos
серафим *m relig* serafín
серб, -ка *m/f* serbi|o, -a
сербохорватский *adj* serbocroata
сербский *adj* serbio
сервант *m* aparador
сервелат *m* cervelat
сервиз *m* vajilla, servicio
сервировать *biasp vt* servir, poner
сервировка *f* 1) *(действие)* servicio 2) *(столовая посуда)* vajilla
сервис *m* servicio
сервисный *adj* de servicio
сердечко *n dimin. de* сердце
сердечник *m* 1) *coloq (больной)* cardíaco 2) *coloq (врач)* cardiólogo
сердечность *f* cordialidad
сердечный *adj* 1) cardíaco, de corazón 2) *(искренний)* cordial 3) *(любовный)* de amor
сердито *adv* con enfado, enfadosamente
сердитый *adj* enfadado, enfadoso, enojado
сердить *impf* рассердить *perf vt* enfadar, enojar
сердиться *impf* рассердиться *perf* enfadarse, enojarse
сердобольный *adj* compasivo, piadoso
сердолик *m* cornalina
сердц|е *n* corazón *от всего ~а* de todo corazón ◆ **в ~ах** en un arranque de cólera
сердцебиение *n* latidos del corazón
сердцевина *f* corazón, nucleo
серебристый *adj* plateado, argentado
серебро *n* plata
серебряник *m hist* siclo
серебряный *adj* de plata, argénteo
середин|а *f* medio, centro *по ~е* en medio
серединный *adj* del medio
середняк *m* 1) *hist* campesino 2) *(ничем не выдающийся человек)* hombre sin talento, mediocridad
серенада *f mús* serenata
сереть *impf* посереть *perf vi* ponerse gris
серёдка V. середина
серёжка V. серьга
сержант *m mil* sargento
сержантский *adj mil* de sargento
сериал *m* serie televisiva, serial
сериальный *adj* de seriales
серийный *adj* de (en) serie
серия *f* serie, sucesión
сермяга *f* 1) *(ткань)* sayal 2) *(одежда)* traje de sayal
сермяжн|ый *adj* de sayal ◆ **~ая правда** pura verdad
серна *f* gamuza
сернистый *adj quím* sulfuroso
сернокислый *adj quím* sulfato
серный *adj* de azufre, sulfúrico
сероватый *adj* grisáceo
сероводород *m quím* hidrógeno sulfurado
сероводородный *adj quím* sulfhídrico
сероглазый *adj* de ojos grises
серость *f* 1) color gris 2) *(малокультурность)* rusticidad 3) *(невыразительность)* inexpresividad
серп *m* hoz

серпантин *m* 1) *(из бумаги)* serpentina 2) *(извилистая дорога в горах)* camino tortuoso en montañas
серповидный *adj* en forma de hoz
сертификат *m* certificado
серый *adj* 1) gris 2) *(пасмурный)* pardo, gris 3) *(бесцветный)* descolorido 4) *(малокультурный)* rústico, inculto
серьга *f* pendiente, zarcillo
серьёз *adv* : на полном ~e muy en serio
серьёзно *adv* seriamente, en serio
серьёзность *f* 1) seriedad 2) *(опасность)* gravedad
серьёзный *adj* 1) serio 2) *(опасный)* grave, serio
серьёзный *adj* 1) serio 2) *(опасный, важный)* grave
сессионный *adj* de sesión
сессия *f* 1) sesión 2) *(учебная)* convocatoria, sesión
сестра *f* 1) hermana *двоюродная* ~ prima 2) *(медицинская)* enfermera 3) *(монашка)* monja
сестра-близнец *f* hermana gemela
сестрёнка *f dimin-afect* hermanita
сестринский *adj* 1) de (la) hermana 2) *(относящийся к медсёстре)* de enfermera(s)
сестрица *f dimin-afect* hermanita
сестричка *f dimin-afect* hermanita
сесть *perf* садиться *impf vi* 1) sentarse, tomar asiento 2) *(в транспорт)* subir, tomar 3) *(о самолёте)*aterrizar 4) *(о материи)* encogerse
сетевой *adj* de red
сетка *f* 1) red 2) *(сумка)* malla
сетование *n* lamentación, quejas
сетовать *impf* посетовать *perf vi* **(на что-л)** quejarse (de u/c)
сеточка *f* redecilla
сеттер *m* sétter
сетчатка *f anat* retina
сетчатый *adj* de malla
сеть *f* red *рыболовная* ~ red para pescar; *торговая* ~ red comercial
сеча *f elev* lid, batalla
сечение *n* sección
сечка *f* 1) *(нож)* cuchillo 2) *(рубленая солома)* paja cortada 3) *(молотая крупа)* grano triturado **сечь** *impf* высечь *perf vt* 1) *(рубить)* cortar 2) *(розгами)* azotar 3) *(кнутом)* dar latigazos
сечься *impf* посечься *perf* cortarse
сеянец *m* germen, plántula
сеятель *m* sembrador
сеять *impf* посеять *perf vt* sembrar
сёмга *f* salmón
сёрф *m* surf
сёрфер *m* surfista
сжалиться *perf* **(над кем/чем-л)** apiadarse (de alg o u/c), compadecerse (de alg o u/c)
сжатие *n* contracción, apretamiento
сжато *adv* concisamente, sucintamente
сжатый *adj* 1) *(уплотнённый)* comprimido, contraído 2) *(краткий)* sucinto
сжать *perf* сжимать *impf vt* 1) apretar, estrechar 2) *(сократить)* acortar
сжаться *perf* сжиматься *impf* 1) comprimirse, contraerse 2) *(съёжиться)* acurrucarse 3) *(о сердце)* oprimirse
сжечь *perf* сжигать *impf vt* 1) abrasar, incinerar, quemar 2) *(израсходовать)* consumir
сжигание *n* combustión, incineración, quema
сжигать V. сжечь
сжимание *n* estrujamiento
сжимать V. сжать
сжиматься V. сжаться
сжиться *perf* сживаться *impf* **(с кем/чем-л)** acostumbrarse (a alg o u/c)
сзади **1.** *adv* atrás, detrás, por detrás **2.** *prep* **(кого/чего-л)** detrás (de alg o u/c), tras de (de alg o u/c) **си** *n inv mús* si
сибирский *adj* siberiano
сибиря|к, -чка *m/f* siberian|o, -a
сивуч *m* lobo marino
сивый *adj* rucio
сиг *m* tímalo
сигануть V. сигать
сигара *f* cigarro, puro
сигарета *f* cigarrillo
сигаретный *adj* de cigarrillos
сигать *impf* сигануть *perf vi* saltar ~ *в воду* saltar a el agua
сигнал *m* aviso, señal
сигнализация *f* señalización, alarma
сигнализировать *biasp vi* hacer señales
сигналить *impf* посигналить *perf vi* hacer una señal, hacer sonar la bocina
сигнальный *adj* de señales
сиделка *f* enfermera
сиденье *n* asiento
сидеть *impf vi* 1) estar sentado 2) *(находиться в каком-либо месте)* estar, encontrarse 3) *(об одежде)* sentar, caer 4) *(о птицах, насекомых - находиться на одном месте)* estar 5) *coloq (отбывать наказание в тюрьме)* estar en la cárcel ◆ ~ **между двух стульев** nadar entre dos aguas
сидеться *impf* estar
сидор *m jergal* mochila
сидр *m* sidra
сидячий *adj* sentado, con asiento
сие *pron obsol* V. сей
сиживать V. сидеть
сизокрылый *adj* con alas de color gris azulado
сизый *adj* gris azulado
сила *f* 1) fuerza, vigor 2) *fís* fuerza 3) *(степень проявления)* fuerza, intensidad 4) *mil* fuerza ◆ **рабочая сила** mano de obra
силач *m* forzudo, atleta
силикатный *adj quím* de silicatos
силикат *m quím* silicato
силиться *impf* esforzarse
силлабический *adj lit* silábico
силлогизм *m filos* silogismo
силовой *adj* de fuerza
силой *adv* por fuerza, contra la voluntad
силок *m caza* lazo
силос *m* forraje ensilado
силуэт *m* silueta
сильно *adv* 1) fuerte, fuertemente 2) *(серьёзно)* gravemente
сильнодействующий *adj* fuerte
сильный *adj* 1) fuerte, potente 2) *(резкий)* fuerte 3) *(хороший)* fuerte
симбиоз *m* simbiosis
симбиотический *adj* simbiótico

символ *m* símbolo
символизация *f* simbolización
символизировать *biasp vt* simbolizar
символизм *m* simbolismo
символика *f* simbología, símbolos
символист, -ка *m/f* simbolista
символистский *adj* simbolista
символический *adj* simbólico
символичный *adj* simbólico
симметричность *f* simetría
симметричный *adj* simétrico
симметрия *f* simetría
симпатизировать *impf vi* **(кому-л)** simpatizar (con alg)
симпатический *adj* simpático
симпатичный *adj* simpático, atractivo
симпатия *f* simpatía
симпатяга *m/f coloq* persona que provoca simpatía, encanto
симпозиум *m* simposio
симптом *m* síntoma
симптоматический *adj* sintomático
симптоматичный *adj* sintomático
симулировать *biasp vt* simular
симулянт *m* simulador
симуляция *f* simulación
симфонический *adj mús* sinfónico
симфония *f mús* sinfonía
синагога *f* sinagoga
синдикат *m* sindicato
синдром *m* síndrome
синева *f* color azul, azul
синеглазый *adj* de ojos azules
синекдоха *f lit* sinécdoque
синекура *f* sinecura
синеть *impf* посинеть *perf vi* 1) *(становиться синим)* ponerse azul 2) *(выделяться синим)* azulear
синий *adj* 1) azul 2) *coloq (пьяный)* borracho
синильный *adj* para teñir, para tintura
синица *f* carbonero común ◆ **лучше ~ в руках, чем журавль в небе** más vale pájaro en mano que ciento volando
синичка V. синица
синкретизм *m* sincretismo
синкретический *adj* sincrético
синод *m relig* sínodo
синодальный *adj relig* sinodal
синоним *m* sinónimo
синонимический *adj ling* sinónimo
синонимичный *adj ling* sinónimo
синонимия *f ling* sinonimia
синоптик *m* meteorólogo
синоптический *adj* meteorológico
синтаксис *m ling* sintaxis
синтаксический *adj ling* sintáctico
синтез *m* síntesis
синтезировать *biasp vt* sintetizar
синтетика *f* materiales sintéticos
синтетический *adj* sintético
синус *m mat* seno
синхронизация *f* sincronización
синхронизировать *biasp vt* sincronizar
синхронический *adj ling* sincrónico
синхрония *f ling* sincronía
синхронность *f* sincronismo
синхронный *adj* sincrónico, simultáneo
синхротрон *m fís* sincrotrón
синхротронный *adj fís* de sincrotrón
синхрофазотрон *m fís* sincrofasotrón
синь *f* color azul, azul
синька *f* añil
синьор *m hist* señor
синюшный *adj med* cianótico
синяк *m* cardenal, hematoma, moratón
сионизм *m* sionismo
сионист *m* sionista
сионистский *adj* sionista
сиплый *adj* ronco, afónico
сирена[1] *f mitol* sirena
сирена[2] *f (гудок)* sirena
сиреневый *adj* 1) de lila 2) *(о цвете)* de color lila
сирень *f* lila
сиречь *conj obsol* es decir
сирийский *adj* sirio
сири|ец, -йка *m/f* siri|o, -a
сирин *m mitol* sirin (criatura mitológica de las leyendas rusas)
сирокко *m* siroco, jaloque
сироп *m* jarabe, almíbar
сирота *m/f* huérfan|o, -a
сиротеть *impf* осиротеть *perf vi* quedar huérfano
сиротка V. сирота
сиротливый *adj* huérfano, abandonado
сиротский *adj* de huérfano
сиротство *n* orfandad
сирый *adj* 1) *(ставший сиротой)* huérfano 2) *(одинокий)* solitario
система *f* sistema *нервная ~* sistema nervioso; *солнечная ~* sistema solar
систематизация *f* sistematización
систематизировать *biasp vt* sistematizar
систематически *adv* sistemáticamente
систематический *adj* sistemático
систематично *adv* sistemáticamente
систематичность *f* sistematismo
систематичный *adj* sistemático
системный *adj* sistémico
ситец *m* percal
сито *n* criba, tamiz
ситуативный *adj* situacional
ситуационный *adj* situacional
ситуация *f* situación
ситцевый *adj* de percal
сифилис *m* sífilis
сифилитик *m* sifilítico
сифон *m* sifón
сиюминутность *f* este momento
сиюминутный *adj* de ahora, de este momento
сияние *n* aureola, esplendor, resplandor
сиятельство *n* excelencia (título)
сиять *impf vi* 1) brillar, radiar 2) *(излучать радостные эмоции)* irradiar, estar radiante
сияющий *adj* radiante
скабрёзность *f* escabrosidad
скабрёзный *adj* escabroso
сказ *m lit* relato, narración
сказание *n lit* historia, narración
сказануть *perf vt coloq* decir algo inoportunamente
сказать *perf* говорить *impf vt* decir *~ своё мнение* expresar su opinión

сказаться *perf* сказываться *impf* 1) *(повлиять)* influir, reflejarse 2) *(сообщить о себе сведения)* hacerse, darse (por alg)

сказитель *m* bardo

сказка *f* cuento

сказовый *adj lit* de relato, de narración

сказочник *m* cuentista

сказочный *adj* fabuloso, fantástico, mágico, de cuento

сказуемое *n ling* predicado

сказываться V. сказаться

скакалка *f* comba

скакать *impf* скакнуть *perf vi* 1) *(прыгать)* brincar, saltar 2) *(мчаться вскачь)* galopar, ir al galope

скакнуть V. скакать

скаковой *adj híp* de carrera

скакун *m elev* corcel, caballo de carrera

скала *f* roca, peña

скаламбурить V. каламбурить

скалистый *adj* rocoso, escarpado

скалиться *impf* оскалиться *perf* enseñar los dientes

скалка *f* rodillo, fruslero

скалолаз *m* escalador

скалолазание *n* escalada

скалопендра *f* escolopendra

скалывать V. сколоть

скальд *m hist* escaldo

скалькировать V. калькировать

скалькулировать V. калькулировать

скальный *adj* rocoso

скальп *m anat* cuero cabelludo

скальпель *m* escalpelo, bisturí

скамеечка *f dimin* banquillo

скамейка *f* banco, banquillo

скамья *f* banca, banquillo

скандал *m* escándalo, follón

скандалист, -ка *m/f* alborotador, -a, bullanguero, -a

скандалить *impf vi* armar bronca, alborotar

скандальный *adj* escandaloso

скандинав *m* escandinavo

скандинавский *adj* escandinavo, nórdico

скандирование *n* gritos ordenados

скандировать *impf vt* gritar ordenadamente

сканер *m* escáner

сканировать *impf* отсканировать *perf vt* escanear

скапливаться V. скопиться

скарб *m* bártulos

скарлатина *f med* escarlatina

скармливать V. скормить

скат[1] *m (склон)* cuesta, pendiente

скат[2] *m (рыба)* raya, manta

скатать *perf* скатывать *impf vt* enrollar, arrollar

скатерть *f* mantel

скатиться *perf* скатываться *impf* 1) rodar, bajar rodando 2) *(дойти до чего-либо предосудительного)* caer, degradarse

скатывание *n* bajada

скатываться V. скатиться

скафандр *m* escafandra

скачка *f* carrera de caballos

скачкообразный *adj* a saltos, irregular

скачок *m* brinco, salto

скважина *f* 1) agujero, rendija 2) *(буровая)* pozo

сквер *m* plazoleta, jardín

скверна *f* inmundicia

скверно *adv* mal, malamente

сквернослов *m* blasfemador

сквернословие *n* palabrotas, blasfemias

сквернословить *impf vi* decir palabrotas, blasfemar

скверный *adj* malo, detestable

сквозить *impf vi* 1) *(пропускать свет)* ser transparente 2) *(виднеться)* traslucirse

сквозной *adj* de parte a parte, a través, pasante

сквозняк *m* corriente de aire

сквозь *prep* **(что-л)** a través (de u/c) ~ *туман* a través de la niebla ◆ **смотреть ~ пальцы** hacer la vista gorda

скворец *m* estornino

скворечник *m* casita para pájaros

скелет *m* esqueleto

скелетный *adj* de esqueleto

скепсис *m* escepticismo

скептик *m* escéptico

скептицизм *m* escepticismo

скептический *adj* escéptico

скептичный *adj* escéptico

скерцо *n mús* scherzo

скетч *m teat* sketch

скидка *f* 1) descuento, rebaja 2) *(послабление)* concesión

скидывать V. скинуть

скидываться V. скинуться

скинуть *perf* скидывать *impf vt* 1) echar, quitar 2) *(уступить в цене)* rebajar

скинуться *perf* скидываться *impf coloq* pagar a escote, escotar

скипетр *m* cetro

скипидар *m* trementina

скисать V. скиснуть

скиснуть *perf* скисать *impf vi* 1) agriarse, cortarse 2) *(впасть в уныние)* desalentarse, desanimarse

скит *m* ermita

скиталец *m* vagabundo

скитание *n* vagabundeo

скитаться *impf* vagabundear, errar

скиф[1] *m sport* skiff

скиф[2] *m hist* escita

скифский *adj* escita

склад[1] *m (хранилище)* almacén, depósito

склад[2] *m* 1) *(физический облик)* constitución 2) *(характер)* carácter *склад ума* mentalidad

складирование *n* proceso de almacenar

складировать *biasp vt* almacenar

складка *f* arruga, pliegue

складно *adv* bien

складной *adj* plegable

складный *adj* 1) *(толковый)* coherente 2) *(о фигуре)* apuesto, gallardo

складочный *adj* de almacenamiento

складской *adj* de almacén, de depósito

складчатость *f geol* orogenia

складчатый *adj* 1) *geol* plegado, de plegamiento 2) *(об одежде)* plisado

складчин|а *f* : в ~у a escote

складывание *n* plegamiento

складывать V. сложить

складываться V. сложиться

склевать *perf* склёвывать *impf vt* picar, comer picando
склеивание *n* pegadura
склеивать V. склеить
склеиваться V. склеиться
склеить *perf* склеивать *impf vt* 1) pegar, encolar 2) *(познакомиться с девушкой)* ligar, camelar
склеиться *perf* склеиваться *impf* pegarse, encolarse
склейка *f* encolamiento, pegadura
склеп *m* cripta
склероз *m* esclerosis
склеротик *m* esclerótico
склока *f* pendencia, riña
склон *m* cuesta, pendiente
склонение *n ling* declinación
склонить *perf* склонять *impf vt* 1) inclinar ~ *голову* inclinar la cabeza 2) **(к чему-л)** *(уговорить)* persuadir (de u/c), convencer (de u/c)
склониться *perf* склоняться *impf* 1) inclinarse ~ *над картой* inclinarse sobre el mapa 2) **(к чему-л)** *(поддаться уговорам)* dejarse convencer, inclinarse (a u/c)
склонность *f* **(к чему-л)** inclinación (a u/c), propensión (a u/c)
склонный *adj* **(к чему-л)** propenso (a u/c)
склонять *impf* просклонять *perf vt* 1) inclinar 2) *ling* declinar
склоняться *impf* 1) inclinarse 2) *ling* declinarse
склянка[1] *f (посуда)* frasco
склянка[1] *f nav* campana de barco (como medida de tiempo)
скоба *f* abrazadera
скобк|а *f (espec pl)* paréntesis *в ~ах* entre paréntesis
скоблить *impf vt* raspar, acuchillar
скобочка V. скобка
скобяной *adj* de ferretería
скованность *f* embarazo, entorpecimiento
сковать *perf* сковывать *impf vt* 1) *(выковать)* forjar 2) *(лишить свободы)* embarazar, entorpecer 3) *(соединить оковами)* encadenar 4) *(сделать неподвижным)* paralizar, inmovilizar
сковорода *f* sartén
сковородка *f* sartén
сковывать V. сковать
сковырнуть *perf* сковыривать *impf vt coloq* quitar
скок *m coloq* salto
скол *m* rotura
сколачивание *n* juntamiento, acoplamiento
сколачивать V. сколотить
сколиоз *m med* escoliosis
сколок *m* 1) *(отколовшаяся часть)* trozo 2) *(подобие)* copia
сколотить *perf* сколачивать *impf vt* 1) acoplar, juntar 2) *coloq (организовать)* formar, organizar 3) *(накопить)* acumular
сколь V. сколько
скольжение *n* resbalamiento, deslizamiento
скользить *impf* скользнуть *perf vi* 1) *(двигаться по скользкой поверхности)* deslizarse, resbalar 2) *(плавно двигаться)* deslizarse 3) *(терять устойчивость)* resbalar
скользкий *adj* resbaladizo, escurridizo
скользнуть V. скользить
сколько 1. *pron y adv interr* cuánto ~ *тебе лет?* ¿cuántos años tienes?; ~ *шёл фильм?* ¿cuánto duró la película?; ~ *времени?* ¿qué hora es? **2.** *pron y adv rel* cuanto ~ *душе угодно* cuanto el alma pida
сколько-либо *adv* un poco, algo
сколько-нибудь *adv* 1) algo, alguno 2) *(в той или иной степени)* un poco, algo
сколько-то *adv* algo
скомандовать V. командовать
скомбинировать V. комбинировать
скомкать V. комкать
скоморох *m hist* juglar, comediante
скоморошний *adj hist* de juglares, de comediantes
скомплектовать V. комплектовать
скомпоновать V. компоновать
скомпрометировать V. компрометировать
сконструировать V. конструировать
сконфузить V. конфузить
сконфузиться V. конфузиться
сконцентрировать V. концентрировать
сконцентрироваться V. концентрироваться
скончание *n elev* fin, consumación
скончаться *perf elev* fallecer
скооперироваться *perf* coordinarse, cooperar
скоординировать V. координировать
скопец *m* castrado, eunuco
скопидом *m* avariento
скопидомничать *impf vi* ser avariento
скопидомный *adj* avariento, avaro
скопировать V. копировать
скопить *perf* скапливать *impf vt* ahorrar, acumular
скопиться *perf* скапливаться *impf* acumularse
скопище *n* muchedumbre
скопление *n* aglomeración, acumulación
скопом *adv coloq* todos juntos, en común
скорбеть *impf vi* **(о ком/чём-л)** lamentar, deplorar
скорбный *adj* triste
скорбь *f* dolor, pena, pesar
скорее 1. *adj y adv comp* más pronto, más rápido **2.** *partíc (более вероятно)* antes, más bien *я ~ устал, чем болен* estoy más bien cansado que enfermo
скорёжить V. корёжить
скорёжиться V. корёжиться
скорлупа *f* cáscara
скорлупка *f coloq (утлое судёнышко)* cascarón de nuez
скормить *perf* скармливать *impf vt* dar de comer, dar todo el alimento
скоро *adv* 1) *(вскоре)* pronto, enseguida *он ~ придёт* vendrá pronto 2) *(быстро)* rápidamente, de prisa *он шёл ~* iba de prisa
скоробить V. коробить
скороварка *f* olla a presión
скороговорка *f* trabalenguas
скоропалительный *adj* brusco, precipitado
скоропортящийся *adj* de fácil deterioro
скоропостижный *adj* súbito, fulminante
скороспелый *adj* 1) temprano (dicho de un frtuto) 2) *(скоропалительный)* brusco, precipitado
скоростной *adj* rápido, de alta velocidad
скорострельность *f* velocidad de tiro

скорострельный *adj* de tiro rápido
скорость *f* velocidad, rapidez
скоросшиватель *m* carpeta de ganchos
скоротать V. коротать
скоротечный *adj* efímero
скороход *m* 1) andarín, andariego 2) *hist* andarín, mensajero
скорпион *m* escorpión, alacrán
Скорпион *m astrol* Escorpio
скорректировать V. корректировать
скорчить V. корчить
скорчиться V. корчиться
скор|ый *adj* 1) rápido, veloz 2) *(близкий по времени)* próximo ◆ **~ая помощь** servicio de urgencia, ambulancia
скосить V. косить
скособочиться V. кособочиться
скостить *perf vt coloq* rebajar, acortar
скот *m* ganado
скотина *f* 1) *coloq (стадо)* ganado 2) *insult* bestia, animal
скотник *m* ganadero, vaquero
скотный *adj* de ganado, de corral
скотобойня *f* matadero
скотовод *m* ganadero
скотоводство *n* ganadería
скотоводческий *adj* ganadero, de ganadería
скотоложество *n* bestialismo
скотский *adj desp* bestial, brutal
скотство *n desp* bestialidad, brutalidad
скрадывать *impf vt* disimular, ocultar
скрасить *perf* скрашивать *impf vt* embellecer, mejorar
скрашивать V. скрасить
скребок *m* raspador, rascador
скрежет *m* chirrido, crujido, rechino
скрежетать *impf vi* chirriar, crujir
скрепа *f* sujetador, abrazadera
скреп|ить *perf* скреплять *impf vt* 1) sujetar, asegurar 2) *(подписью)* refrendar ◆ **~я сердце** a regañadientes
скрепка *f* clip, grapa
скрепление *n* 1) *(действие)* sujeción, aseguramiento 2) *(подписью)* refrendación
скреплять V. скрепить
скрести *impf vt* raspar, rascar
скрестись *impf* raspar, arañar
скрестить *perf* скрещивать *impf vt* cruzar
скреститься *perf* скрещиваться *impf* cruzarse
скрещение *n* cruce, cruzamiento
скрещивание *n* cruce, cruzamiento
скрещивать V. скрестить
скрещиваться V. скреститься
скривить V. кривить
скривиться V. кривиться
скрижаль *f* tabla (con inscripciones)
скрип *m* crujido, chirrido
скрипач, -ка *m/f* violinista
скрипеть *impf* скрипнуть *perf vi* crujir, chirriar, rechinar
скрипичный *adj* de violín
скрипка *f* violín
скрипнуть V. скрипеть
скрипучий *adj* chirriante, crujiente
скроить V. кроить
скромничать *impf* поскромничать *perf vi* hacerse el modesto
скромность *f* modestia, sencillez
скромный *adj* modesto, sencillo
скрупулёзность *f* escrupulosidad
скрупулёзный *adj* escrupuloso
скрутить *perf* скручивать *impf vt* 1) torcer 2) *(туго связать)* atar
скручивать V. скрутить
скручиваться V. скрутиться
скрывать V. скрыть
скрываться V. скрыться
скрытие *n* encubrimiento, ocultación
скрытность *f* carácter reservado
скрытный *adj* 1) reservado, cerrado 2) *(тайный)* disimulado
скрытый *adj* disimulado, oculto
скрыть *perf* скрывать *impf vt* 1) esconder, ocultar 2) *(утаить)* disimular, ocultar
скрыться *perf* скрываться *impf* 1) esconderse, ocultarse 2) *(тайно уйти)* escapar, darse a la fuga
скрючить *perf* скрючивать *impf vt* encorvar, retorcer
скрючиться *perf* скрючиваться *impf* encorvarse
скряга *m/f* cicater|o, -a, roños|o, -a
скудеть *impf* оскудеть *perf vi* empobrecer
скудность *f* pobreza, escasez
скудный *adj* pobre, escaso
скудость V. скудность
скука *f* aburrimiento, fastidio
скукоживаться V. скукожиться
скукожиться *perf* скукоживаться *impf* arrugarse, encoger
скукота *coloq* V. скука
скукситься V. кукситься
скула *f* pómulo
скуластый *adj* de pómulos salientes
скулить *impf vi* 1) *(о животном)* gañir 2) *(о человеке)* quejarse, gimotear
скульптор *m* escultor
скульптура *f* escultura
скульптурный *adj* escultural
скумбрия *f* caballa, macarela
скунс *m* mofeta
скупать V. скупить
скупердяй *m coloq* cicatero, roñoso
скупец *m* avaro, cicatero
скупить *perf* скупать *impf vt* acaparar, comprar todo
скупиться *impf* поскупиться *perf* escatimar, cicatear
скупка *f* acaparamiento
скупо *adv* 1) avariciosamente 2) *(скудно)* escasamente 3) *(немногословно)* con pocas palabras
скупой *adj* 1) avaro, avaricioso 2) *(скудный)* pobre, escaso 3) *(немногословный)* parco
скупость *f* 1) avaricia 2) *(скудность)* pobreza 3) *(немногословие)* parquedad
скупщик *m* acaparador, comprador
скутер *m* scooter
скуфья *f relig* escufia
скучать *impf vi* 1) aburrirse 2) **(кому/чему-л)** *(болезненно переживать отсутствие кого-либо)* echar de menos, sentir nostalgia (por alg)
скученность *f* amontonamiento

скучнеть *impf* поскучнеть *perf vi* volverse aburrido
скучно 1. *adv* aburridamente **2.** *adv pred* es aburrido *мне* ~ me aburro, estoy aburrido
скучный *adj* aburrido, tedioso
скушать V. кушать
слабак *m coloq desp* debilucho
слабеть *impf* ослабеть *perf vi* debilitarse
слабина *f* debilidad, flojera
слабительный *adj* laxante
слабить *impf vt* provocar diarrea
слабо *adv* 1) débilmente 2) *(не туго)* flojamente
слабовольный *adj* abúlico
слабонервный *adj* nervioso
слабосильный *adj* 1) *(о человеке)* débil, flojo 2) *(о механизме)* de poca potencia
слабость *f* 1) debilidad, flaqueza 2) *(слабое место)* punto débil 3) *(склонность)* afecto, propensión
слабоумие *n* demencia, imbecilidad
слабоумный *adj* demente, imbecil
слабохарактерный *adj* débil de carácter
слабый *adj* 1) débil, flojo 2) *(о напитках)* flojo 3) *(не тугой)* flojo 4) *(плохой)* malo, débil
слава *f* gloria, fama ◆ ~ **Богу!** ¡gracias a Dios!
славист, -ка *m/f* eslavista
славистика *f* eslavística, estudios eslavos
славить *impf vt* 1) glorificar, dar fama 2) **(чем-л)** *coloq (распространять дурные слухи)* dar mala fama
славиться *impf* **(чем-л)** tener fama (de u/c), ser famoso (por u/c)
славка *f* curruca capirotada
славно 1. *adv* gloriosamente **2.** *adv pred* está muy bien *здесь* ~ aquí se está muy bien
славный *adj* 1) glorioso, famoso 2) *coloq (хороший)* bueno
славословие *n elev* alabanzas
славянизм *m ling* eslavismo
слав|янин (*pl* -яне) *m* eslavo
славянка *f* eslava
славяноведение *f* eslavística, estudios eslavos
славянофил *m* eslavófilo
славянофильский *adj* eslavófilo
славянофильство *n* eslavofilismo
славянский *adj* eslavo
славянство *n* mundo eslavo
слагаемое *n* 1) *mat* sumando 2) *(часть чего-либо)* parte
слагать V. сложить
сладить *perf* слаживать *impf vt* 1) *coloq* arreglar 2) **(с кем-л)** *(поладить)* llevarse bien (con alg) **сладиться** *perf* слаживаться *impf* 1) *coloq (в движениях)* adaptarse 2) *coloq (договориться)* ponerse de acuerdo
сладкий *adj* 1) dulce, azucarado 2) *(нежный)* suave
сладко 1. *adv* dulcemente **2.** *adj pred (на вкус)* está (es) dulce
сладкоежка *m/f* golos|o, -a
сладостный *adj* dulce
сладострастие *n* voluptuosidad
сладострастный *adj* voluptuoso
сладость *f* 1) dulzura 2) *(удовольствие)* placer
слаженность *f* armonía, coordinación
слаженный *adj* armonioso, coordinado
слаживать V. сладить
слаживаться V. сладиться
слазить *perf vi* 1) bajar 2) **(во что-л.)** *coloq (проникнуть рукой)* meter la mano (en u/c)
слайд *m* diapositiva
слалом *m sport* slalom
сланец *m min* esquisto
сластёна *m/f* golos|o, -a
сластолюбивый *adj* voluptuoso
сласть *f* 1) dulce, golosina 2) *(удовольствие)* placer
слать *impf* послать *perf vt* enviar, mandar
слащавый *adj* 1) dulzón, meloso 2) *(излишне нежный, льстивый)* adulador, lisonjero
слащёный *adj* preparado con algo dulce
слева *adv* a la izquierda ~ *от меня* a mi izquierda
слегка *adv* ligeramente, suavemente
след *m* huella, rastro, pista
следить *impf* **1.** *vi* 1) **(за кем/чем-л)** seguir, observar 2) **(за кем/чем-л)** *(присматривать)* cuidar (de alg) **2.** *vt (оставлять следы)* dejar huellas
следование *n* 1) **(за кем/чем-л)** seguimiento 2) *(расследование)* investigación
следователь *m* inspector, instructor
следовательно *conj elev* consiguientemente, por consecuencia
следовательский *adj* de detective
след|овать *impf* последовать *perf* **1.** *vi* 1) **(за кем/чем-л)** seguir (a u/c) 2) **(чему-л)** *(поступать подобно)* seguir 3) **(куда-л)** *(двигаться)* dirigirse (a u/c) 4) **(из чего-л)** *(проистекать)* resultar (de u/c) **2.** *adv pred (нужно)* es necesario, hace falta *~ует сказать* hay que decir
следовой *adj* de huellas
следом *adv* **(за кем/чем-л)** detrás (de alg o u/c)
следопыт *m* rastreador
следственный *adj* de investigación, de primera instancia
следствие[1] *n (результат)* consecuencia, efecto
следствие[2] *n (расследование)* investigación
следующий *adj* siguiente, próximo
слежаться *perf* слёживаться *impf* estar comprimido
слежение *n* observación, seguimiento
слежка *f* observación, vigilancia
слеза *f* lágrima *довести до слёз* hacer llorar
слезать V. слезть
слезинка *f dimin* lagrimita
слезиться *impf* lagrimear, llenarse de lágrimas
слезливый *adj* lagrimoso, lloroso
слезотечение *n* lagrimeo
слезоточивый *adj* lacrimógeno
слезть *perf* слезать *impf vi* bajar, desmontar
слепень *m* tábano
слепец *m* ciego
слепить *impf* ослепить *perf vt* cegar
слепнуть *impf* ослепнуть *perf vi* perder la vista, cegar
слепоглухонемой *adj* ciego sordomudo
слепой 1. *adj* 1) ciego 2) *(не имеющий оснований)* ciego **2.** *m* ciego
слепок *m* molde, copia
слепота *f* ceguera, ceguedad
слесарный *adj* de cerrajero, de cerrajería
слесарь *m* cerrajero
слетать V. слететь

слетаться V. слететься

слететь *perf* слетать *impf vi* 1) bajar volando, descender 2) *coloq (упасть)* caer 3) *(улететь)* volar, abandonar 4) *(о словах - с губ, с языка)* salir

слететься *perf* слетаться *impf* llegar volando (muchos, todos)

слёзный *adj* 1) *anat* lagrimal 2) *(жалобный)* lloroso, plañidero

слёт *m* asamblea, reunión

слив *m* 1) *(действие)* vertimiento 2) *(устройство)* vertedero

слива *f* 1) ciruela 2) *(дерево)* ciruelo

сливать V. слить

сливаться V. слиться

слив|ки (*gen* -ок) *fpl* nata, crema

сливной *adj* vertedero, de vertido

сливочн|ый *adj* de nata *~ое масло* mantequilla

слизать *perf* слизнуть *perf vt* lamer, quitar lamiendo

слизень *m* babosa, limaza

слизист|ый *adj* mucoso *~ая оболочка* mucosa

слизняк *m* babosa, limaza

слизывать V. слизать

слизь *f* mucosidad

слинять V. линять

слипаться V. слипнуться

слипнуться *perf* слипаться *impf* 1) pegarse, engancharse 2) *(о глазах)* cerrarse

слитно *adv* junto

слитность *f* unidad

слитный *adj* unido

слиток *m* lingote

слить *perf* сливать *impf vt* 1) verter, echar 2) *(изготовить литьём)* fundir 3) *(соединить)* reunir, juntar

слиться *perf* сливаться *impf* 1) *(о текучем - соединиться)* confluir 2) *(соединиться)* unirse, juntarse, fusionarse

сличать V. сличить

сличение *adj* comparación, confrontación

сличить *perf* сличать *impf vt* comparar, confrontar

слишком *adv* 1) demasiado *~ мало* demasiado poco 2) *coloq (очень)* muy

слияние *n* 1) *(рек, дорог)* confluencia 2) *(организаций)* fusión, unión

слобода *f hist* slobodá, asentamiento

слободка V. слобода

слободской *adj hist* de slobodá, de asentamiento

слобожан|ин (*pl* -е) *m* habitante de una slobodá

слова|к, -чка *m/f* eslovac|o, -a

словарник *m coloq* lexicógrafo, diccionarista

словарный *adj* 1) léxico 2) *(относящийся к словарю)* de diccionario

словарь *m* 1) diccionario, glosario 2) *(запас слов)* vocabulario

словацкий *adj* eslovaco

словен|ец, -нка *m/f* esloven|o, -a

словенский *adj* esloveno

словеса (*gen* словес) *npl irón elev* palabras

словесник *m hist* filólogo

словесность *f hist* filología

словесный *adj* oral, verbal

словечко *n dimin* palabrita

словник *m* 1) catálogo de palabras, glosario 2) *ling* lemario

словно 1. *conj* 1) cual, como *петь ~ соловей* cantar como un ruiseñor 2) *(будто)* como si *~ ты не видишь* como si lo vieras **2.** *partíc* parece *ты ~ не в духе* parece que estás de mal humor

слов|о *n* 1) palabra, vocablo, voz *свобода ~а* libertad de expresión; *другими ~ами* en otras palabras 2) *(обещание)* palabra

словоблудие *n* vanilocuencia

словоизменение *n ling* accidente gramatical, flexión

словом *adv* en una palabra, en resumidas cuentas

словообразование *n ling* formación de palabras

словообразовательный *adj ling* de formación de palabras

словоохотливый *adj* locuaz

словосложение *n ling* composición

словосочетание *n ling* combinación de palabras, sintagma *устойчивое ~* frase hecha, expresión fija

словотворчество *n* creación de palabras

словоупотребление *n* uso de las palabras

словоформа *f ling* forma de la palabra

словцо *n dimin* palabra

словчить V. ловчить

слог *m* 1) sílaba 2) *(стиль)* estilo

слоговой *adj* silábico

слогообразующий *adj ling* que forma sílaba

слогораздел *m ling* frontera entre sílabas

слоёный *adj* hojaldrado, de hojaldre

сложение *n* 1) *mat* adición, suma 2) *(телосложение)* constitución 3) *(стихов)* composición 4) *ling* composición

сложённый *adj* formado, proporcionado

сложить *perf* складывать *impf vt* 1) poner, colocar 2) *(произвести операцию сложения)* sumar 3) *(соорудить)* componer, construir 4) *(стихи)* componer 5) *(снять)* quitar 6) *(свернуть)* plegar ◆ ~ **голову** sucumbir

сложиться *perf* складываться *impf* 1) *(сформироваться)* formarse, constituirse 2) *(принять оборот)* salir, tomar un cariz 3) *coloq (скинуться)* pagar a escote 4) *coloq (уложить вещи)* hacer las maletas

сложно 1. *adv* de manera complicada **2.** *adv pred* es complicado

сложноподчинённ|ый *adj ling* subordinado *~ое предложение* oración subordinada

сложносокращённый *adj* abreviado

сложносочинённ|ый *adj ling* coordinado *~ое предложение* oración coordinada

сложность *f* dificultad, complejidad

сложноцветные *pl bot* compuestas

сложный *adj* 1) complicado, complejo, dificil 2) *(составной)* compuesto

слоистость *f geol* estratificación

слоистый *adj* 1) foliado, laminado 2) *geol* estratificado

слой *m* capa, estrato

слойка *f* hojaldre

слом *m* 1) *(действие)* demolición 2) *(место)* rotura

сломать V. ломать

сломаться V. ломаться

сломить *perf* сламывать *impf vt* 1) *(сломать)* romper, quebrar 2) *(подавить)* aplastar, derrotar, romper

слон *m* 1) elefante 2) *ajed* alfil
слонёнок *m dimin* elefantito
слоник *m dimin. de* слон
слониха *f* elefanta
слоновий V. слоновый
слонов|ый *adj* de elefante *~ая кость* marfil
слоноподобный *adj* parecido a un elefante
слоняться *impf* zanganear, vagar, callejear
слопать V. лопать
слуга *m* criado, sirviente
служанка *f* criada, sirvienta
служащий *m* funcionario, empleado
служба *f* 1) servicio *военная ~* servicio militar 2) *(работа)* empleo 3) *(специальное учреждение)* servicio 4) *relig* oficio, misa
служебный *adj* 1) de servicio 2) *(вспомогательный)* auxiliar
служение *n elev* servicio
служивый *m obsol* soldado
служилый *adj hist* militar (en la Rusia moscovita de los siglos XIV-XVII)
служитель *m* 1) *elev* criado 2) *(смотритель)* celador 3) *(человек, посвятивший себя служению идее)* servidor
служить *impf* послужить *perf vi* 1) **(кем-л)** *(работать)* trabajar (de alg) 2) *(состоять в вооруженных силах)* servir 3) **(кому/чему-л)** *(действовать по чьей-то воле и на чьё-то благо)* servir (a alg o u/c) 4) **(кому-л)** *(выполнять обязанности слуги)* servir (a alg) 5) **(чем-л)** *(выполнять назначение)* servir (de u/c) 6) *relig* oficiar
слукавить V. лукавить
слух *m* 1) oído 2) *(молва)* rumor
слухач *m radio* escucha
слуховой *adj* auditivo, del oído
случаем *adv* por casualidad, acaso
случа|й *m* 1) caso, hecho *несчастный ~й* accidente; *в таком ~е* en este caso; *в худшем случае* en el peor de los casos; *на всякий ~й* por si acaso; *по ~ю чего-л* con motivo de u.c. 2) *(возможность)* ocasión, oportunidad 3) *(случайность)* casualidad, azar
случайно *adv* por casualidad, sin intención
случайность *f* casualidad, eventualidad, azar
случайный *adj* 1) *(непредвиденный)* casual 2) *(непостоянный)* ocasional, eventual
случать V. случить
случаться V. случиться
случи|ться *perf* случаться *impf* 1) suceder, ocurrir, pasar *что ~лось?* ¿qué ha pasado? 2) *(выпасть на долю)* tener la ocasión (de u/c)
случка *f* acoplamiento (de animales)
слушание *n* 1) oída, escucha 2) *jur* audiencia
слушатель *m* 1) oyente 2) *acad* estudiante
слушать *impf* прослушать *perf vt* 1) escuchar 2) *jur* oír
слушаться *impf* послушаться *perf* **(кого-л)** obedecer
слыть *impf* прослыть *perf vi* ser (alg o u/c), tener fama (de alg o u/c)
слыхать *impf vt coloq* oír
слыхивать *impf vt coloq* oír (repetidamente)
слышать *impf* услышать *perf vi* 1) oír, percibir 2) *coloq (ощущать)* sentir
слышаться *impf* послышаться *perf v/impers* **(кому-л)** oírse, oír
слышимость *f* audibilidad
слышимый *adj* audible, oíble
слышно 1. *adv* audiblemente, perceptiblemente **2.** *adv pred* se oye *мне ~* oigo
слышный *adj* audible, oíble
слюда *f geol* mica
слюна *f* saliva, baba
слюни (*gen* слюней) *mpl coloq* saliva, babas
слюнный *adj* salival
слюноотделение *n fisiol* ptialismo
слюнотечение *n fisiol* ptialismo
слюнтяй *m coloq* baboso
слюнявить *impf* наслюнявить *perf vt* ensalivar
слюнявчик *m coloq* babero
слюнявый *adj* baboso, con babas
слякотный *adj* fangoso
слякоть *f* fango, lodo
слямзить *perf vt coloq* robar, hurtar
смазать *perf* смазывать *impf vt* 1) untar, engrasar, aceitar 2) *coloq (фотографию)* mover
смазаться *perf* смазываться *impf* 1) *(стереться)* borrarse 2) *coloq (о фотоснимке)* moverse
смазка *f* 1) *(действие)* aceitado 2) *(вещество)* lubricante, grasa, unto
смазливый *adj coloq* guapo, mono
смазной *adj* engrasado
смазочный *adj* lubricante, lubrificante
смазывание *n* unción, engrase
смазывать V. смазать
смазываться V. смазаться
смак *m coloq* gusto, placer
смаковать *impf vt coloq* saborear
смастерить V. мастерить
сматывать V. смотать
сматываться V. смотаться
смахивать V. смахнуть
смахнуть *perf* смахивать *impf vt* quitar, echar
смачивание *n* mojadura, caladura
смачивать V. смочить
смачный *adj* 1) *(вкусный)* sabroso, gustoso 2) *(со смаком)* con placer, con mucho gusto
смежник *m* 1) *coloq (о предприятии)* empresa cooperadora 2) *coloq (человек)* copartícipe
смежность *f* contigüidad
смежный *adj* contiguo, adyacente
смекалистый *adj coloq* listo, espabilado
смекалка *f coloq* listeza, mollera
смекать V. смекнуть
смекнуть *perf* смекать *impf vt coloq* comprender, darse cuenta
смелеть *impf* осмелеть *perf vi* volverse valiente
смело *adv* 1) valientemente, con valentía 2) *(без страха)* sin miedo, audazmente
смелость *f* valentía, audacia, atrevimiento
смелый *adj* valiente, audaz, atrevido
смельчак *m* valiente
смена *f* 1) cambio, sustitución, mudanza 2) *(на заводе)* turno 3) *(белья)* muda
сменить *perf* сменять *impf vt* cambiar, sustituir, mudar
смениться *perf* сменяться *impf* 1) *(замениться другим)* cambiarse, mudarse 2) *(исчезнуть, заменившись)* cambiarse
сменность *f* trabajo por turnos
сменный *adj* 1) *(запасной)* de recambio, recambiable 2) *(о работе)* por turnos, de turno
сменщи|к, -ца *m/f* compañer|o, -a de turno

сменять V. сменить

сменяться V. смениться

смерд *m hist* smerd (campesino de los estados eslavos orientales medievales)

смердеть *impf vi* heder, apestar

смерить V. смерять

смеркаться *impf* anochecer

смертельно *adv* mortalmente, de muerte

смертельность *f* mortalidad

смертельный *adj* mortal, letal

смертни|к, -ца *m/f* condenad|o, -a a muerte

смертность *f* mortalidad

смертный 1. *adj* mortal, de muerte 2. *m* mortal

смертоносный *adj* mortal, mortífero

смертоубийство *n obsol* asesinato, homicidio

смерть *f* muerte, fallecimiento ◆ **не на жизнь, а на** ~ a muerte

смерч *m* torbellino

смеситель *m* 1) *(оборудование для приготовления смесей)* mezcladora 2) *(сантехнический прибор)* llave de paso

смести *perf* сметать *impf vt* 1) quitar (barriendo), barrer 2) *(сгрести в одно место)* amontonar

сместить *perf* смещать *impf vt* 1) *(сдвинуть)* mover, trasladar 2) *(убрать с должности)* destituir

сместиться *perf* смещаться *impf* moverse, desplazarse, trasladarse

смесь *f* mixtura, mezcla

смета *f* presupuesto, cálculo

сметана *f* crema agria

сметать V. смести

сметливый *adj* listo, espabilado

сметный *adj com* de presupuesto

сметь *impf* посметь *perf vi* **(сделать что-л)** atreverse a (hacer u/c), osar (hacer u/c)

смех *m* risa ◆ **помирать со** ~**у** morirse de risa

смеховой *adj* de risa

смехотворный *adj* risible, ridículo

смешанный *adj* mixto, mezclado

смешать *perf* смешивать *impf vt* 1) mezclar, entremezclar 2) *(привести в беспорядок)* desordenar, confundir

смешаться *perf* смешиваться *impf* 1) mezclarse, entremezclarse 2) *(прийти в замешательство)* desconcertarse

смешение *n* 1) *(действие)* mezcla 2) *(путаница)* confusión

смешивание *n* mezcla

смешивать V. смешать

смешиваться V. смешаться

смешинка *f coloq* risa *ему в рот попала* ~ le entró la risa floja

смешить *impf* насмешить *perf vt* hacer reír, causar risa

смешливый *adj* risueño, reidor

смешно 1. *adv* graciosamente, ridículamente 2. *adv pred* es gracioso, es ridículo

смешной *adj* 1) gracioso, cómico, chistoso 2) *(нелепый, мизерный)* ridículo

смешок *m* risita

смещать V. сместить

смещаться V. сместиться

смещение *n* 1) *(сдвиг)* traslado, desplazamiento 2) *(с должности)* destitución 3) *med* dislocación, desplazamiento

смеяться *impf* посмеяться *perf* reír, reírse

смётка *f* listeza

смиловаться *perf* **(над кем-л.)** tener piedad (de alg)

сминать V. смять

смирение *n* resignación, humildad

смиренный *adj* humilde, resignado

смирительный *adj* de fuerza

смирить *perf* смирять *impf vt* dominar, amansar, someter, domar

смириться *perf* смиряться *impf* **(с чем-л)** resignarse (con u/c), someterse (a u/c)

смирно *adv* tranquilamente ~! *mil* ¡firmes!

смирный *adj* tranquilo, manso

смирять V. смирить

смиряться V. смириться

смог *m* esmog

смоделировать V. моделировать

смокинг *m* esmoquin

смоковница *f* higuera

смола *f* alquitrán, brea, pez

смолить *impf* высмолить *perf vt* alquitranar

смолкать V. смолкнуть

смолкнуть *perf* смолкать *impf vi* callar, calmarse

смолоду *adv* desde la juventud

смолчать *perf vi* guardar silencio

смонтировать V. монтировать

сморить *perf* смаривать *impf vt* acometer, extenuar

сморкать *impf* высморкать *perf vt* limpiar (la nariz)

сморкаться *impf* высморкаться *perf* sonarse

смородина *f* 1) *(плод)* grosella 2) *(куст)* grosellero

сморозить *perf vt coloq (сказать чушь, глупость)* decir (una sandez)

сморчок *m* 1) *(гриб)* morchella, colmenilla 2) *coloq (невзрачный человек)* gorgojo

сморщить V. морщить

сморщиться V. морщиться

смотать *perf* сматывать *impf vt* enrollar, arrollar

смотаться *perf* сматываться *impf* 1) arrollarse 2) *coloq (уйти)* pirarse, largarse 3) *coloq (быстро сходить)* ir y volver (corriendo)

смотр *m* 1) *(официальное ознакомление)* revisión, revista 2) *(публичный показ)* certamen

смотреть *impf* посмотреть *perf* 1. *vi* 1) **(на что-л)** mirar, contemplar 2) **(за кем-л)** *(присматривать)* cuidar 3) **(на что-л)** *(иметь точку зрения)* ver 4) **(во что-л.)** *(быть обращённым в какую-либо сторону)* dar (a u/c) 2. *vt* 1) *(производить осмотр)* examinar 2) *(быть зрителем)* mirar ◆ ~ **в оба** andarse con cuidado

смотреться *impf* посмотреться *perf* 1) mirarse 2) *(выглядеть)* tener aspecto, verse

смотрины (*gen* смотрин) *fpl hist* primera visita del novio a su novia

смотритель *m* celador, vigilante

смотровой *adj* de observación

смочить *perf* смачивать *impf vt* mojar, remojar

смочь V. мочь

смошенничать V. мошенничать

смрад *m* hedor

смрадный *adj* hediondo, pestilente

смуглеть *impf* посмуглеть *perf vi* ponerse moreno

смуглолицый *adj* moreno
смуглый *adj* moreno
смуглянка *f* morena
смута *f* 1) *hist* revuelta, disturbios 2) *(душевное смятение)* angustia, zozobra
смутить *perf* смущать *impf vt* 1) turbar, disturbar, confundir 2) *hist (вызвать смуту)* amotinar
смутиться *perf* смущаться *impf* turbarse, confundirse
смутно *adv* vagamente, confusamente
смутный *adj* 1) *(неопределённый)* vago, confuso 2) *(беспокойный)* angustiado 3) *hist (мятежный)* de disturbios
смутьян *m* perturbador, turbador
смухлевать V. мухлевать
смущать V. смутить
смущаться V. смутиться
смущение *n* turbación, confusión
смущённый *adj* turbado, desconcertado, confuso
смыв *m geol* derrubio, erosión
смывать V. смыть
смываться V. смыться
смыкание *n* cierre
смыкать V. сомкнуть
смыкаться V. сомкнуться
смысл *m* 1) *(значение)* sentido, significado ~ *слова* sentido de la palabra; *переносный* ~ sentido figurado 2) *(разумное основание)* razón, sentido ♦ **в известном ~е** en cierto sentido **здравый** ~ sentido común
смыслить *impf vi coloq* comprender, saber
смысловой *adj* de sentido, semántico
смыть *perf* смывать *impf vt* 1) lavar, limpiar 2) *(снести волной)* llevarse
смыться *perf* смываться *impf* 1) *(исчезнуть от мытья)* quitarse 2) *coloq (улизнуть)* largarse
смычка *f* 1) acoplamiento, empalme 2) *(единение)* alianza
смычок *m mús* arco
смышлёный *adj* inteligente, despabilado
смягчать V. смягчить
смягчаться V. смягчиться
смягчение *n* 1) ablandamiento, suavización 2) *ling* palatalización
смягчить *perf* смягчать *impf vt* 1) ablandar, ablandecer 2) *(умерить)* suavizar, aplacar, atenuar 3) *ling* palatalizar
смягчиться *perf* смягчаться *impf* 1) suavizarse, ablandarse, aplacarse 2) *ling* palatalizarse
смятение *n* confusión, perturbación
смятенный *adj* perturbado, confuso
смять *perf* сминать *impf vt* 1) *(скомкать)* arrugar 2) *(сломить сопротивление)* derrotar, arrollar
снабдить *perf* снабжать *impf vt* 1) **(чем-л)** abastecer (de u/c), suministrar 2) *(оборудовать)* equipar 3) *(добавить)* dar, añadir
снабжать V. снабдить
снабжаться *impf* **(чем-л)** abastecerse (de u/c)
снабжающий *adj* abastecedor
снабженец *m* suministrador, abastecedor
снабжение *n* 1) abastecimiento, suministro 2) *(то, чем снабжают)* provisiones
снабженческий *adj* de abastecimiento, de suministro
снадобье *n coloq* medicina, droga
снайпер *m* francotirador
снайперский *adj* de francotirador
снаружи 1. *adv* fuera, por fuera **2.** *prep* **(чего-л)** desde fuera (de u/c) ~ *дома* desde fuera de casa
снаряд *m* 1) proyectil, granada 2) *coloq (инструменты)* aparejos
снарядить *perf* снаряжать *impf vt* 1) **(чем-л)** equipar (con u/c) 2) *coloq (отправить)* enviar
снарядиться *perf* снаряжаться *impf* equiparse
снарядный *adj mil* de proyectil
снаряжать V. снарядить
снаряжаться V. снарядиться
снаряжение *n* 1) equipamiento, equipo 2) *(снаряжение)* equipo
снасть *f* 1) *colect (приборы, инструменты)* aparejos 2) *colect (такелаж)* jarcias *nav*
сначала *adv* 1) primero, al principio 2) *(снова)* de nuevo, nuevamente
снашивать V. сносить
снег *m* nieve *идёт* ~ nieva ♦ **как ~ на голову** como caído de las nubes
снегирь *m* pinzón real
снеговик *m* muñeco de nieve
снеговой *adj* de nieve, nevoso
снегопад *m* nevada
снегоход *m auto* motonieve, moto de nieve
снегурочка *f* snegúrochka (personaje de los cuentos de hadas rusos), doncella de la nieve
снедать *impf vt elev* roer
снедь *f obsol* comida
снежинка *f* copo de nieve
снежный *adj* de nieve, nevado
снежок *m* 1) bola de nieve 2) *(лёгкий снег)* nieve ligera
снести *perf* сносить *impf vt* 1) *(переместить вниз)* bajar 2) *(отнести)* llevar 3) *(в одно место из разных мест)* llevar, agrupar 4) *(разрушить)* derribar 5) *(вытерпеть)* aguantar, tolerar 6) *(яйцо - о птице)* poner
снестись *perf* сноситься *impf* comunicarse, ponerse en comunicación
снижать V. снизить
снижаться V. снизиться
снижение *n* 1) bajada, descenso, reducción 2) *(самолёта)* descenso
снизить *perf* снижать *impf vt* 1) bajar, reducir, rebajar 2) *(звук)* bajar
снизиться *perf* снижаться *impf* 1) bajar 2) *(спуститься ниже)* bajar, descender, aterrizar
снизойти *perf* снисходить *impf vi* bajar
снизу *adv* 1) abajo, por debajo 2) *(по направлению к верху)* de abajo, desde abajo
сникнуть *perf* сникать *impf vi* 1) abatirse, achicarse 2) *(о цветах - завянуть)* marchitarse
снимать V. снять
сниматься V. сняться
снимок *m* fotografía
снискать *perf* снискивать *impf vt elev* ganar, adquirir ~ *славу* ganarse la gloria
снисходительность *f* indulgencia, condescendencia
снисходительный *adj* indulgente, condescendente
снисходить V. снизойти
снисхождение *n* indulgencia, condescendencia
сниться *impf* присниться *perf* **(кому-л)** soñar

сноб *m* esnob
снобизм *m* esnobismo
снобистский *adj* esnob
снова *adv* de nuevo, una vez más, otra vez *начать ~* empezar de nuevo
сновать *impf vi* ir y venir, dar vueltas
сновидение *n* sueño
сногсшибательный *adj coloq* estupendo, formidable
сноп *m* haz, manojo
сноровистый *adj* hábil, ágil
сноровка *f* habilidad, maña
снос *m* 1) *(разрушение)* derribo, demolición 2) *(ветром, течением)* deriva
сносить V. снести
сноситься V. снестись
сноска *f* nota (al pie)
сносный *adj* pasable, soportable
снотворный *adj* somnífero, soporífero
сноха *f* nuera
сношение *n* 1) relación 2) *(совокупление)* coito, cópula
снятие *n* 1) *(урожая)* cosecha, recolección 2) *(отмена)* abolición, anulación
снять *perf* снимать *impf vt* 1) coger, quitar, sacar ~ *шляпу* quitarse el sombrero 2) *(отменить)* anular 3) *(фотографию)* fotografiar 4) *(нанять)* alquilar
сняться *perf* сниматься *impf* 1) *(отделиться)* quitarse, separarse 2) *(тронуться с места)* ponerse en marcha 3) *(в кино)* actuar 4) *(сфотографироваться)* fotografiarse
со V. с
соавтор *m* coautor
соавторство *n* colaboración
собака *f* 1) perro 2) *informát* arroba
собаковод *m* perrero
собаководство *n* cría de perros
собач|ий *adj* de perro, perruno, canino ◆ **~ья жизнь** vida de perros
собачиться *impf coloq* reñir, discutir
собачка *f* 1) *dimin* perrito 2) *(защёлка)* trinquete 3) *mil (курок)* gatillo
собачник *m* perrero
собес *m coloq* seguridad social
собеседни|к, -ца *m/f* interlocutor, -a
собеседование *n* entrevista, conversación
собирание *n* 1) recogida 2) *(коллекционирование)* colección
собиратель *m* 1) coleccionista 2) *tecn* colector
собирательный *adj* 1) colectivo 2) *ling* colectivo
собирать V. собрать
собираться V. собраться
соблазн *m* seducción, tentación
соблазнитель *m* seductor
соблазнительный *adj* seductor, tentador
соблазнить *perf* соблазнять *impf vt* seducir, tentar
соблазниться *perf* соблазняться *impf* **(кем/чем-л)** dejarse seducir (por alg o u/c)
соблазнять V. соблазнить
соблюдать V. соблюсти
соблюдение *n* observación ~ *правил* observación de las reglas
соблюсти *perf* соблюдать *impf vt* observar, guardar ~ *правила* observar las reglas
соболезнование *n* condolencia, pésame
соболезновать *impf vi* **(кому-л)** compadecer
соболий *adj* de marta cibelina
соболь *m* marta cibelina
собор *m* 1) catedral 2) *hist* concilio
соборный *adj relig* catedral
соборование *n relig* extremaunción
собрание *n* 1) reunión, asamblea 2) *(коллекция)* colección 3) *pol* asamblea 4) *(совокупность текстов)* recopilación, compilación
собранность *f* concentración, atención
собрат *m* compañero, cofrade
собрать *perf* собирать *impf vt* 1) reunir, juntar 2) *(получить из разных мест)* recoger 3) *(плоды)* recoger 4) *(собрать постепенно)* reunir, coleccionar 5) *(вещи)* preparar, guardar ~ *чемодан* hacer la maleta 6) *(сосредоточить)* concentrar
собраться *perf* собираться *impf* 1) *(встретиться)* reunirse, congregarse 2) **(куда-л)** *(приготовиться)* prepararse (para u/c)
собственник *m* propietario
собственнический *adj* de propietario
собственно *partic* 1) *(именно)* precisamente, concretamente 2) *(по существу)* en realidad 3) *(в собственном смысле слова)* propiamente dicho
собственноручный *adj* hecho por su propia mano, de su puño y letra
собственность *f* propiedad
собственный *adj* propio
собутыльник *m coloq* compañero de juerga
событие *n* evento, suceso, acontecimiento
событийный *adj* de evento, de suceso
сова *f* lechuza
совать *impf* сунуть *perf vt* meter ~ *руки в карманы* meter las manos en los bolsillos
соваться *impf* сунуться *perf* meterse ~ *в чужие дела* meterse en asuntos ajenos
совершать V. совершить
совершаться V. совершиться
совершение *n* realización, ejecución
совершенно *adv* 1) en absoluto, absolutamente 2) *(в совершенстве)* a la perfección ◆ ~ **верно** exactamente
совершеннолетие *n* mayoría de edad
совершеннолетний *adj* mayor de edad
совершенный *adj* 1) perfecto 2) *(полный)* completo 3) *(безнадёжный)* rematado, completo
совершенств|о *n* perfección *в ~е* a la perfección
совершенствование *n* perfeccionamiento
совершенствовать *impf* усовершенствовать *perf vt* perfeccionar
совершенствоваться *impf* усовершенствоваться *perf* perfeccionarse
совершить *perf* совершать *impf vt* hacer, cometer, realizar, efectuar
совершиться *perf* совершаться *impf* realizarse, efectuarse
совестливость *f* escrupulosidad
совестливый *adj* escrupuloso
совестно *adv pred* da vergüenza, hace sentir mal *мне ~* me da vergüenza
совест|ь *f* conciencia ◆ **свобода ~и** libertad de conciencia
совет *m* 1) *(указание)* consejo, aviso 2) *(совместное обсуждение)* consejo 3) *obsol (согласие)* concordia 4) *(орган)* consejo

советник *m* consejero
советовать *impf* посоветовать *perf vt* aconsejar
советоваться *impf* посоветоваться *perf* 1) consultar, aconsejarse 2) *(между собой)* consultar
советолог *m* sovietólogo
советский *adj* soviético *Советский Союз* Unión Soviética
советчик *m* consejero, aconsejador
совещание *n* 1) reunión, conferencia 2) *(обсуждение)* consulta
совещательный *adj* consultivo, deliberativo
совещаться *impf* (**о чём-л**) deliberar (sobre u/c), dicutir
совковый *adj coloq desp* soviético
совладать *perf vi* dominar ~ *с собой* dominarse
совладелец *m* copropietario
совместимость *f* compatibilidad
совместимый *adj* compatible
совместитель *m* pluriempleado
совместительство *n* pluriempleo
совместить *perf* совмещать *impf vt* 1) simultanear, compatibilizar 2) *(заключать)* reunir
совместиться *perf* совмещаться *impf* 1) *(совпасть)* coincidir 2) *(существовать одновременно)* simultanearse
совместный *adj* común, colectivo
совмещать V. совместить
совмещаться V. совместиться
совмещение *n* simultaneidad, compatibilización
совок *m* recogedor, paleta
совокупиться *perf* совокупляться *impf* 1) *(соединиться)* reunirse 2) *(совершить половой акт)* copular
совокупление *n* copulación, cópula
совокупляться V. совокупиться
совокупность *f* conjunto, totalidad
совокупный *adj* conjunto, común
совпадать V. совпасть
совпадение *n* coincidiencia
совпасть *perf* совпадать *impf vi* coincidir, concordar
совратить *perf* совращать *impf vt* seducir
соврать V. врать
совращать V. совратить
совращение *n* seducción
современни|к, -ца *m/f* contemporáne|o, -a, coetáne|o, -a
современность *f* actualidad
современный *adj* moderno, contemporáneo, actual
совсем *adv* del todo, completamente ~ *молодой* muy joven
совхоз *m hist* sovjós
совхозный *adj hist* del sovjós
согбенный *adj* encorvado
согласие *n* 1) *(разрешение)* consentimiento 2) *(взаимный уговор)* acuerdo 3) *(взаимопонимание)* acuerdo, armonía
согласительный *adj jur* conciliatorio
согласиться *perf* соглашаться *impf* 1) (**с кем/чем-л**) estar de acuerdo (con alg o u/c), consentir (con alg o u/c), convenir (con alg o u/c) 2) *(договориться)* llegar a un común acuerdo
согласно 1. *adv* de común acuerdo **2.** *prep* (**чему-л**) según (u/c), conforme a (u/c) ~ *моде* según la moda
согласный 1. *adj* conforme, de acuerdo **2.** *m ling* consonante
согласование *n* 1) conciliación, coordinación 2) *ling* concordancia
согласованность *f* concordancia
согласовать *perf* согласовывать *impf vt* arreglar, concertar
согласоваться *perf* 1) (**с кем/чем-л**) concordar (con alg o u/c), univocarse (con u/c) 2) *ling* concordar
согласовывать V. согласовать
соглашательство *n* conciliación, conformismo
соглашаться V. согласиться
соглашение *n* acuerdo, pacto, tratado
соглядатай *m elev* espía
согнать *perf* сгонять *impf vt* 1) expulsar, echar 2) *(удалить)* quitar 3) *(собрать в одно место)* reunir, juntar
согнуть *perf* сгибать *impf vt* encorvar, doblar
согнуться *perf* сгибаться *impf* 1) encorvarse, doblarse 2) *(сложиться)* plegarse 3) *(наклониться)* inclinarse
согражданин|ин (*pl* сограждане) *m* conciudadano
согражданка *f* conciudadana
согревание *m* calentamiento
согревать V. согреть
согреваться V. согреться
согреть *perf* согревать *impf vt* calentar
согреться *perf* согреваться *impf* calentarse
согрешить V. грешить
сода *f* soda
содействие *n* ayuda, cooperación, contribución *оказать* ~ prestar ayuda
содействовать *impf* посодействовать *perf vi* (**кому-л**) ayudar, contribuir
содержание *n* 1) *(обеспечение)* mantenimiento, sostenimiento 2) *(книги)* contenido 3) *(денежное)* sueldo, salario
содержанка *f* entretenida, mantenida, querida
содержатель *m hist* dueño
содержательность *f* riqueza de contenido, plenitud
содержательный *adj* rico de contenido, pleno, interesante
содержать *impf vt* 1) *(обеспечивать)* mantener, sustentar 2) *(сохранять)* conservar, tener 3) *(вмещать)* contener
содержаться *impf* 1) *(находиться в том или ином состоянии)* mantenerse, conservarse, estar 2) *(заключаться)* encerrar
содержимое *n* contenido
содеять *perf vt elev* cometer, hacer
содовый *adj* sódico
содоклад *m* coinforme
содом *m coloq* alboroto, caos
содрать *perf* сдирать *impf vt* quitar, arrancar
содрогание *n* estremecimiento, temblor
содрогаться *impf* содрогнуться *perf* estremecerse, temblar
содрогнуться V. содрогаться
согрешить V. грешить
содружество *n* comunidad
соевый *adj* de soja
соединение *n* 1) unión, enlace 2) *(место)* juntura 3) *(установление связи)* comunicación
соединённый *adj* unido, junto

соединительный *adj* 1) conjuntivo 2) *ling* copulativo
соединить *perf* соединять *impf vt* 1) unir, reunir, juntar 2) *(объединить)* unir 3) *(установить связь)* poner en comunicación
соединиться *perf* соединяться *impf* 1) unirse, reunirse, juntarse 2) *(объединиться)* unirse 3) *(установить связь)* ponerse en comunicación
соединять V. соединить
соединяться V. соединиться
сожалени|е *n* pena, lástima ◆ **к ~ю** por desgracia
сожалеть *impf vt* sentir, lamentar
сожжение *n* quema, cremación
сожитель *m* 1) *(сосед по квартире)* compañero de piso 2) *(любовник)* amante
сожительница *f (любовница)* amante
сожительство *n* convivencia, concubinato
сожрать V. жрать
созваниваться V. созвониться
созвать *perf* созывать *impf vt* 1) llamar, invitar 2) *(на собрание)* convocar
созвездие *n* constelación
созвониться *perf* созваниваться *impf coloq* llamarse (por teléfono)
созвучие *n* consonancia, armonía
созвучный *adj* consonante, armonioso
создавать V. создать
создаваться V. создаться
создание *n* 1) creación, constitución 2) *(существо)* criatura, ser 3) *(произведение)* obra
создатель, -ница *m/f* creador, -a, artífice
создать *perf* создавать *impf vt* 1) crear, hacer, organizar 2) *(стать причиной)* causar, crear
создаться *perf* создаваться *impf* crearse, hacerse, formarse
созерцание *n elev* contemplación
созерцатель *m elev* contemplador
созерцательность *f elev* contemplación
созерцательный *adj elev* contemplativo
созерцать *impf vt* contemplar
созидание *n* creación
созидатель *m* creador
созидательный *adj* creador
созидать *impf vt* crear
сознавать V. сознать
сознаваться V. сознаться
сознание *n* 1) conciencia 2) *(способность воспринимать окружающее)* conciencia, sentido
сознательно *adv* 1) conscientemente 2) *(с умыслом)* con intención
сознательность *f* conciencia
сознательный *adj* 1) consciente, racional 2) *(преднамереный)* preconcebido
сознаться *perf* сознаваться *impf* **(в чём-л)** reconocer ~ *в своей ошибке* reconocer su falta
созревание *n* 1) *(плодов)* maduración, sazón 2) *(людей, животных)* maduración, formación
созревать V. созреть
созреть *perf* созревать *impf vi* madurar
созыв *m* convocatoria, convocación
созывать V. созвать
соизволение *n obsol* dignación
соизволить *perf* соизволять *impf vi* **(делать что-л)** *obsol* dignarse a (hacer u/c), condescender a (hacer u/c)
соизмеримый *adj* conmensurable
соискание *n* concurso, competición
соискатель *m* concursante
соитие *m* coito
сойка *f* arrendajo, gayo
сойти *perf* сходить *impf vi* 1) bajar, descender 2) *(выйти на остановке)* bajar 3) *(отойти в сторону)* apartarse, retirarse 4) *(исчезнуть)* desaparecer ◆ **~ с ума** volverse loco
сойтись *perf* сходить *impf* 1) **(с кем-л)** encontrarse (con alg), tropezar (con alg) 2) *(собраться)* reunirse, juntarse 3) *(подружиться)* hacerse amigos, intimar 4) **(в чём-л)** *(оказаться единодушным)* ponerse de acuerdo (en u/c), convenir 5) *(совпасть)* coincidir
сок *m* zumo, jugo
соковыжималка *f* exprimidor
сокол *m* halcón ◆ **гол как ~** pobre como una rata
соколиный *adj* de halcón
сокольник *m caza* halconero
сократительный *adj* de reducción
сократить *perf* сокращать *impf vt* 1) abreviar, acortar 2) *(уменьшить)* reducir, disminuir 3) *coloq (уволить)* despedir 4) *mat* simplificar
сократиться *perf* сокращаться *impf* 1) abreviarse, acortarse 2) *(уменьшиться)* disminuir, reducirse 3) *mat* simplificarse
сокращать V. сократить
сокращаться V. сократиться
сокращение *n* 1) *(укорочение)* acortamiento, abreviación, reducción 2) *(в объёме)* reducción 3) *(сокращённое обозначение)* abreviatura 4) *(увольнение)* despido 5) *mat* simplificación
сокровенный *adj* secreto, recóndito
сокровище *n* tesoro
сокровищница *f* tesoro
сокрушать V. сокрушить
сокрушаться *impf* afligirse
сокрушение *n* 1) *(действие)* destrucción 2) *(огорчение)* aflicción
сокрушительный *adj* destructivo
сокрушить *perf* сокрушать *impf vt* 1) destruir, derrotar 2) *(огорчать)* afligir
сокрытие *n obsol* ocultación
сокрыть *impf obsol* V. скрыть
солгать V. лгать
солдат *m* soldado
солдатик *m dimin* soldadito
солдатка *f* mujer de soldado
солдатня *f peyor* soldadesca
солдатский *adj* de soldado, soldadesco
солдатчина *f obsol coloq* servicio militar
солевой *adj* salino
соленье *n* salazón
солёность *f* salinidad
солёный *adj* 1) salado, salobre 2) *coloq (о шутке)* picante
солидаризироваться *biasp* **(с кем/чем-л)** solidarizarse (con alg o u/c)
солидарность *f* solidaridad
солидарный *adj* solidario
солидно *adv* 1) *(крепко, основательно)* sólidamente 2) *(степенно)* respetablemente
солидность *f* seriedad, solvencia
солидный *adj* 1) *(крепкий)* sólido, resistente 2) *(основательный)* sólido, considerable 3) *(степенный)* respetable, serio
солипсизм *m filos* solipsismo

солировать *impf vi* actuar como solista
солист, -ка *m/f* solista
солить *impf* посолить *perf vt* salar, echar sal
солнечн|ый *adj* solar, de(l) sol, soleado ◆ **~ые часы** reloj de sol
солнце *n* sol *на ~* al sol
солнцепёк *m* solana
солнцестояние *n astron* solsticio
солнышко *n coloq* cielo, cariño
соло *n inv mús* solo
соловей *m* ruiseñor
соловьиный *adj* de ruiseñor
солод *m* malta
солодка *f bot* glycyrrhiza
солома *f* paja
соломенный *adj* 1) de paja, pajoso 2) *(цвета соломы)* pajizo
соломина *f* tallo de paja
соломинк|а *f* pajilla, pajita ◆ **хвататься за ~у** agarrarse a una paja
соломка *f* 1) paja 2) *(кондитерское изделие)* colines
солонина *f* cecina, carne salada
солонка *f* salero
соль[1] *f* 1) sal 2) *(суть, основа)* quid, gracia 3) *(изюминка, гвоздь)* sal, salero
соль[2] *n inv mús* sol
сольный *adj mús* de solista, solo
сольфеджио *n mús* solfeo
солянка *f* solianka (sopa rusa a base de carne y verduras en salmuera)
соляной *adj* salino, de sal
соляный *adj quím* clorhídrico
солярий *m* solario
солярка *f* gasóleo
сом *m* siluro
соматический *adj* somático
сомкнуть *perf* смыкать *impf vi* cerrar, juntar
сомкнуться *perf* смыкаться *impf* cerrarse, apretarse
сомлеть *perf vi* extenuarse, debilitarse
сомнамбула *f* sonámbulo
сомнамбулизм *m* sonambulismo
сомнамбулический *adj* sonámbulo
сомневаться *impf* **(в ком/чём-л)** dudar (de alg o u/c)
сомнение *n* duda *вызывать ~* provocar una duda
сомнительно 1. *adv* dudosamente **2.** *adv pred* es dudoso
сомнительность *f* carácter dudoso
сомнительный *adj* 1) *(недостоверный)* dudoso, incierto 2) *(подозрительный)* sospechoso, dudoso
сон *m* sueño *страшный сон* pesadilla; *лишить сна* quitar el sueño ◆ **на ~ грядущий** antes de dormir **уснуть вечным сном** dormir el sueño eterno
соната *f mús* sonata
сонет *m lit* soneto
сонетный *adj lit* de soneto
сонливость *f* somnolencia
сонливый *adj* somnoliento
сонм *m elev* multitud
сонник *m* libro de oniromancia
сонный *adj* 1) de sueño 2) *(сонливый)* soñoliento, amodorrado 3) *(снотворный)* somnífero, soñoliento
соня *m/f coloq* dormil|ón, -ona
соображать V. сообразить
соображение *n* 1) *(способность соображать)* comprensión 2) *(мысль)* consideración, razonamiento
сообразительность *f* capacidad de comprensión
сообразительный *adj* inteligente, listo, comprensivo
сообразить *perf* соображать *impf vt* 1) comprender, entender 2) *(обдумать)* pensar, considerar 3) **(в чём- л)** *coloq (разбираться)* entender (de u/c)
сообразность *f* conformidad
сообразный *adj* conforme
сообразовываться V. сообразоваться
сообща *adv* juntamente, unidamente
сообщать V. сообщить
сообщаться *impf* comunicarse, estar en comunicación
сообщение *n* 1) *(действие)* comunicación 2) *(известие)* mensaje, comunicación 3) *(связь)* comunicación
сообщество *n* 1) comunidad, asociación 2) *biol* grupo
сообщить *perf* сообщать *impf vt* comunicar, informar (de u/c)
сообщник *m* cómplice
соорудить *perf* сооружать *impf vt* 1) construir 2) *coloq (устроить)* preparar, hacer
сооружать V. соорудить
сооружение *n* 1) *(действие)* construcción 2) *(постройка)* construcción, edificio
соответственно 1. *adv* conformemente, en conformidad **2.** *prep* **(чему-л)** conforme (a u/c), de acuerdo (con u/c), con arreglo (a u/c)
соответственный *adj* 1) correspondiente 2) *(надлежащий)* necesario
соответствие *n* correspondencia, conformidad
соответствовать *impf vi* **(чему-л)** corresponder (a u/c), corresponderse (con u/c)
соответствующий *adj* **(чему-л)** correspondiente (a u/c), adecuado (para u/c)
соотечественни|к, -ца *m/f* compatriota
соотнесение *n* correlación
соотнесённость *f* correlación
соотнести *perf* соотносить *impf vt* relacionar, correlacionar
соотносительность *f* correlación
соотносительный *adj* correlativo
соотносить V. соотнести
соотноситься V. соотнестись
соотношение *n* correlación, proporción
сопереживание *n* empatía
сопереживать *impf vt* sentir empatía, compartir (sentimientos)
соперни|к, -ца *m/f* adversari|o, -a, rival
соперничать *impf vi* **(с кем-л)** rivalizar (con alg)
соперничество *n* rivalidad, competición
сопеть *impf vi* resoplar
сопка *f* colina, montaña
соплеменник *m* conterráneo
сопл|и (*gen* -ей) *fpl coloq* mocos
сопливый *adj* mocoso
сопло *n tecn* tobera
сопл|я *f* V. сопли
сопля|к, -чка *m/f coloq desp* mocos|o, -a

соподчинение *n ling* cosubordinación
сопоставимость *f* equiparabilidad, comparabilidad
сопоставимый *adj* equiparable, comparativo
сопоставительный *adj* comparativo
сопоставить *perf* сопоставлять *impf vt* confrontar, comparar
сопоставление *n* confrontación, comparación
сопоставлять V. сопоставить
сопрано *n inv* soprano
сопредельный *adj* contiguo, adyacente
соприкасаться *impf* соприкоснуться *perf* 1) **(с кем/чем-л)** tocar, rozar, rozarse (con alg o u/c) 2) *(общаться)* tener relaciones
соприкосновение *n* contacto, roce
соприкоснуться V. соприкасаться
сопричастность *f* coparticipación
сопричастный *adj* copartícipe
сопроводительный *adj* 1) *mil* de escolta 2) *(о документе)* adjunto
сопроводить *perf* сопровождать *impf vt* 1) acompañar, escoltar 2) *(напутствовать)* acompañar
сопровождать V. сопроводить
сопровождаться *impf* **(кем/чем-л)** acompañarse (de alg o u/c), ir acompañado (de alg o u/c)
сопровождение *n* 1) acompañamiento 2) *(специальной группой)* escolta, convoy
сопротивление *n* 1) resistencia, oposición 2) *fís* resistencia
сопротивляемость *f electr* resistividad
сопротивляться *impf* 1) **(кому/чему-л)** resistirse (a alg o u/c), oponerse (a alg o u/c) 2) *fís* resistir
сопряжённость *f mat* unión
сопутствовать *impf vi* **(кому-л)** acompañar
сор *m* basura ◆ **не выносить ~ из избы** la ropa sucia se lava en casa
соразмерность *f* proporción, proporcionalidad
соразмерный *adj* proporcional
соратни|к, -ца *m/f* compañer|o, -a de armas, compañer|o, -a de lucha
сорбит *m quím* sorbitol
сорванец *m* golfillo, galopín
сорвать *perf* срывать *impf vt* 1) arrancar, coger (arrancando) 2) *(испортить)* destruir 3) *(провалить)* frustrar 4) *(выместить)* descargar
сорваться *perf* срываться *impf* 1) desprenderse, desatarse 2) *(упасть)* caer 3) *coloq (не удаться)* fracasar
сорго *n* sorgo
соревнование *n* competición
соревновательный *adj* competitivo
соревноваться *impf* competir, luchar
соригинальничать V. оригинальничать
сориентировать V. ориентировать
сориентироваться V. ориентироваться
соринка *f* partícula de sociedad
сорить *impf* насорить *perf vi* echar basura, ensuciar
сорн|ый *adj* malo *~ая трава* hierba mala
сорняк *m* mala hierba, maleza
сородич *m* 1) *(родственник)* pariente 2) *(уроженец той же местности)* paisano
сорок *num* cuarenta *~ один* cuarenta y uno
сорока *f* urraca
сорокалетие *n* 1) *(срок)* cuarenta años 2) *(годовщина)* cuarenta aniversario
сорокалетний *adj* 1) *(о сроке)* de cuarenta años 2) *(о возрасте)* cuadragenario
сороковой *num* cuadragésimo, cuarenta
сороконожка *f* ciempiés
сорочка *f* camisa
сорт *m* tipo, clase
сортир *m vulg* aseo, retrete
сортировать *impf* рассортировать *perf vt* clasificar, seleccionar
сортировка *f* clasificación, selección
сортовой *adj* seleccionado
сосание *n* succión
сосать *impf vt* chupar, mamar
сосватать V. сватать
сосед, -ка *m/f* vecin|o, -a
соседний *adj* vecino
соседский *adj* del vecino, de los vecinos
соседство *n* vecindad
сосенка *f dimin* pino pequeño
сосиска *f* salchicha
сосисочная *f* salchichería
соска *f* chupete, chupador
соскакивать V. соскочить
соскальзывание *n* resbalón, desliz
соскальзывать V. соскользнуть
соскоб *m* raspadura
соскользнуть *perf* соскальзывать *impf vi* resbalar, deslizar
соскочить *perf* соскакивать *impf vi* 1) saltar *~ с лошади* saltar del caballo 2) *coloq (отвалиться)* desprenderse, saltar
соскрести *perf* соскребать *impf vt* raspar, quitar raspando
соскучиться *perf* 1) *(впасть в состояние скуки)* aburrirse 2) **(по кому/чему-л.)** *(затосковать)* echar de menos (a alg o u/c)
сослагательн|ый *adj ling* subjuntivo *~ое наклонение* modo subjuntivo
сослать *perf* ссылать *impf vt* deportar
сослаться *perf* ссылаться *impf* **(на кого/что-л)** alegar (a alg o u/c), remitirse (a alg o u/c)
сословие *n hist* estamento, clase
сословный *adj hist* de estamento, estamental
сослуживец *m* colega, compañero
сосна *f* pino
сосновый *adj* de pino
сосняк *m* pinar
сосок *m* pezón
сосочка *f dimin* chupete, chupador
сосредоточение *n* concentración
сосредоточенность *f* atención
сосредоточенный *adj* concentrado, atento
сосредоточивать V. сосредоточить
сосредоточиваться V. сосредоточиться
сосредоточить *perf* сосредоточивать *impf vt* **(на чём-л)** concentrar (en u/c), centrar (en u/c) **сосредоточиться** *perf* сосредоточиваться *impf* **(на чём-л)** concentrarse (en u/c), centrarse (en u/c)
состав *m* 1) *(строение)* composición, estructura 2) *(смесь)* compuesto, mixtura 3) *ferroc* tren 4) *(о коллективе)* personal
составитель *m* compilador, autor
составить *perf* составлять *impf vt* 1) *(поставить вместе)* componer, juntar 2) *(создать)*

componer, constituir 3) *(написать)* componer, hacer, redactar 4) *(сформировать)* formar, constituir
составиться *perf* составляться *impf* componerse, formarse
составление *n* composición
составлять V. составить
составляться V. составиться
составной *adj* 1) *(составляющий)* componente, integrante 2) *(составленный)* compuesto, combinado
состарить V. старить
состариться V. стариться
состояние *n* 1) estado ~ *здоровья* estado de salud 2) *(капитал)* fortuna
состоятельность *f* 1) *(наличие денег)* riqueza, bienestar 2) *(обоснованность)* fundamento
состоятельный *adj* acaudalado, rico, acomodado
состоять *impf vi* 1) **(из чего-л)** consistir (en u/c), constar (de u/c), componerse (de u/c) 2) **(из чего-л)** *(заключаться)* consistir (en u/c) 3) *(быть в составе)* ser, estar
состояться *perf* tener lugar, celebrarse
сострадание *n* compasión, lástima
сострадательный *adj* compasivo
сострить V. острить
состричь *perf* состригать *impf vt* cortar (el pelo)
состряпать V. стряпать
состыковать *perf* состыковывать *impf vt* juntar, unir
состыковаться *perf* состыковываться *impf* juntarse, unirse
состязание *n* competición, concurso, prueba
состязательный *adj* de competiciones
состязаться *impf* competir, concurrir
сосуд *m* 1) recipiente, vasija 2) *anat* vaso
сосудистый *adj anat* vascular
сосулька *f* carámbano
сосуществование *n* coexistencia
сосуществовать *impf vi* coexistir
сосчитать V. считать
сотая *f* centésima
сотворить V. творить
сотенный *adj* 1) *(состоящий из ста)* centenario, de cien 2) *coloq (сторублёвый)* de cien rublos 3) *hist mil* de escuadrón (de cosacos)
сотка *f* área (100 metros cuadrados)
соткать V. ткать
сотник *m histmil* sótnik (comandante del ejército ruso)
сотня *f* 1) centena, centenar 2) *hist (воинское подразделение)* escuadrón (de cosacos)
сотоварищ *m* camarada, compañero
сотовый *adj* celular ~ *телефон* teléfono celular
сотрудни|к, -ца *m/f* emplead|o, -a, trabajador, -a
сотрудничать *impf vi* cooperar, colaborar, trabajar
сотрудничество *n* cooperación, colaboración, trabajo
сотрясать V. сотрясти
сотрясаться V. сотрястись
сотрясение *n* conmoción
сотрясти *perf* сотрясать *impf vt* estremecer, conmover
соты (*gen* сот) *mpl* panal
сотый *adj* centésimo
соус *m* salsa
соусник *m* salsera
соучастие *n* coparticipación, complicidad
соучастни|к, -ца *m/f* cómplice
соучени|к, -ца *m/f* condiscípul|o, -a
софа *f* sofá
софизм *m filos* sofismo
софист *m filos* sofista
софистика *f filos* sofistería
софистический *adj filos* sofístico
софит *m teat* difusor de luz, reflector
соха *f* arado
сохнуть *impf* высохнуть *perf vi* 1) secarse, ponerse seco 2) *(чахнуть)* secarse
сохранение *n* conservación
сохранить *perf* сохранять *impf vt* 1) conservar, guardar, preservar 2) *(удержать)* conservar, mantener
сохраниться *perf* сохранять *impf* conservarse, guardarse
сохранност|ь *f* integridad ◆ **в целости и ~и** sano y salvo
сохранный *adj* 1) intacto 2) *(надёжный)* seguro
сохранять V. сохранить
сохраняться V. сохраниться
соцветие *n bot* inflorescencia
социал-демократ *m pol* social-demócrata
социал-демократический *adj pol* social-demo-crático
социал-демократия *f pol* socialdemocracia
социализм *m* socialismo
социалист *m* socialista
социалистический *adj* socialista
социальный *adj* social
социолог *m* sociólogo
социологический *adj* sociológico
социология *f* sociología
сочельник *m relig* Nochebuena
сочень *m* sochen (especie de galleta rusa)
сочетание *n* combinación
сочетать *biasp vt* combinar, unir, reunir
сочетаться *biasp* combinarse, coincidir, armonizar
сочинение *n* 1) *(процесс)* composición 2) *(литературное произведение)* obra 3) *(школьное)* redacción 4) *ling* coordinación
сочинитель *m* 1) *hist* escritor 2) *coloq (выдумщик, лжец)* cuentista
сочинительство *n* 1) *hist (литературное творчество)* actividad literaria 2) *coloq (выдумывание)* imaginación
сочинить *perf* сочинять *impf vt* 1) componer, escribir 2) *coloq (выдумать)* mentir, inventar
сочинять V. сочинить
сочиться *perf* gotear
сочленение *n tecn* articulación
сочленить *perf* сочленять *impf vt* articular, unir
сочный *adj* 1) jugoso, zumoso 2) *(яркий)* jugoso, pintoresco
сочувственный *adj* 1) *(сострадательный)* compasivo 2) *(благожелательный)* de simpatía
сочувствие *n* 1) *(сострадание)* compasión 2) *(одобрение)* simpatía
сочувствовать *impf vi* 1) **(кому-л)** compadecer 2) *(одобрять)* simpatizar (con alg)

сошка *f* 1) *dimin (соха)* arado pequeño 2) *mil (подставка для огнестрельного оружия)* bípode ◆ **мелкая** ~ don nadie
сощурить *perf* сощуривать *impf vt* entrecerrar, entornar
сощуриться *perf* сощуриваться *impf* entrecerrarse, entornarse
союз *m* 1) unión, alianza 2) *ling* conjunción
союзни|к, -ца *m/f* aliad|o, -a
союзнический *adj* aliado
союзный *adj* 1) aliado 2) *ling* conjuntivo
соя *f* soja
спад *m* 1) caída, disminución 2) *econ* recesión
спадать V. спасть
спазм *m* espasmo
спазматический *adj med* espasmódico
спаивать V. споить
спайка *f* 1) *tecn* soldadura 2) *(спаянность)* unión
спалить *perf* спаливать *impf vt* 1) *(сжечь)* quemar 2) *(опалить зноем)* abrasar, quemar 3) *coloq (заметить)* advertir, notar
спалиться *perf* спаливаться *impf vt* 1) quemarse 2) *coloq (быть замеченным)* ser pillado
спальник *m* saco de dormir, bolsa de dormir
спальный *adj* de dormir
спальня *f* dormitorio, alcoba
спаниель *m* spaniel
спаренный *adj* apareado, acoplado
спаржа *f* espárrago
спаривание *n* acoplamiento
спаривать V. спарить
спариваться V. спариться
спарить *perf* спаривать *impf vt* aparear, acoplar
спариться *perf* спариваться *impf* aparearse, acoplarse
спартанец *m hist* espartano
спартанский *adj* espartano
спарывать V. спороть
спас *m vulg* salvación
спасание *n* salvamento
спасатель *m* 1) *(человек)* salvador 2) *(спасательное судно)* buque de salvamento
спасательный *adj* de salvamento
спасать V. спасти
спасаться V. спастись
спасение *n* 1) salvación, salvamento, rescate 2) *(то, что спасает)* salvación 3) *relig* salvación
спасибо **1.** *partíc* gracias **2.** *con coloq (хорошо, что)* menos mal que
спаситель *m* 1) salvador 2) *relig* (el) Salvador
спасительный *adj* salvador, de salvación
спасти *perf* спасать *impf vt* salvar
спастись *perf* спасать *impf vi* salvarse
спастический V. спазматический
спасть *perf* спадать *impf vi* 1) caer 2) *(пойти на убыль)* bajar, disminuir 3) *(исчезнуть)* desaparecer, irse
спать *impf vi* dormir
спаться *impf* dormirse *мне не спится* estoy desvelado
спаянный *adj* unido, cohesionado
спаять *perf* спаивать *impf vt* 1) soldar 2) *(сделать дружным)* unir, cohesionar
спаяться *perf* спаивать *impf* 1) soldarse 2) *(сплотиться)* unirse, cohesionarse
спевка *f* ensayo de coro
спекание *n tecn* aglutinación
спектакль *m* espectáculo, representación
спектр *m* espectro
спектральный *adj fís* espectral
спекулировать *impf vi com* especular
спекулянт *m* especulador
спекулятивный *adj* especulativo
спекуляция *f* 1) especulación 2) *(умозрительное построение)* especulación
спелеолог *m* espeleólogo
спелеология *f* espeleología
спелый *adj* maduro
сперва *adv* primeramente, en primer lugar
спереди **1.** *adv* por delante **2.** *prep* **(кого/чего-л)** delante (de alg o u/c)
спереть[1] *perf* спирать *impf vt (сдавить)* apretar, oprimir
спереть[2] *perf* спирать *impf vt coloq (украсть)* robar, birlar
сперма *f* semen, esperma
сперматозоид *m* espermatozoide
спесивый *adj* arrogante, engreído, vanidoso
спесь *f* arrogancia, engreimiento, altanería
спеть *impf* поспеть *perf vi* madurar
спец *m coloq* especialista, perito
специализация *f* especialización
специализировать *biasp vt* especializar
специализироваться *biasp* **(в чём-л./по чему-л)** especializarse (en u/c)
специалист *m* 1) especialista 2) *coloq (знаток)* maestro
специальность *f* especialidad
специальный *adj* especial, particular
специфика *f* especialidad, carácter específico
спецификация *f* especificación
специфицировать *biasp vt* especificar, determinar
специфический *adj* específico, particular
специфичность *f* especificación, carácter específico
специфичный *adj* específico, especial
специя *f* especia
спецкор *m abrev* corresponsal especial
спецовка *f* traje de trabajo
спецодежда *f* traje de trabajo
спечь *perf* спекать *impf vt coloq* cocer
спечься *perf* спекаться *impf* 1) *coloq (приготовиться)* cocerse 2) *(о крови)* coagularse
спешить *impf* поспешить *perf vi* 1) apresurarse, darse prisa, tener prisa 2) *(о часах)* adelantar
спешиться *perf* спешиваться *impf* apearse (de una montadura)
спешка *f* prisa
спешно *adv* de prisa, urgente
спешный *adj* urgente, perentorio
спёртый *adj* cargado, cerrado
спиваться V. спиться
спид *m med* sida
спидометр *m auto* velocímetro
спиливать V. спилить
спилить *perf* спиливать *impf vt* serrar, aserrar
спин|а *f* espalda ◆ **стоять за чьей-либо ~ой** estar detrás de alguien
спинка *f* respaldo
спиннинг *m caza* spinning
спинной *adj* dorsal
спинномозговой *adj anat* cerebro-espinal
спираль *f* espiral

спиральный *adj* espiral
спиритизм *m* espiritismo
спиритический *adj* espiritista
спирт *m* alcohol, espíritu
спиртной *adj* de alcohol, alcohólico, espiritoso ~ *напиток* bebida alcohólica
спиртовка *f* hornillo
спиртовой *adj* alcohólico, de alcohol
списание *n* baja
списать *perf* списывать *impf vt* 1) copiar 2) **(на что-л)** *(посчитать причиной)* atribuir (a u/c), achacar (a u/c) 3) *fin (снять с баланса)* amortizar 4) *(отчислить)* dar de baja
списаться *perf* списываться *impf* cartearse
список *m* lista, listado
списочный *adj* de lista
списывание *n* reproducción, calco
списывать V. списать
списываться V. списаться
спиться *perf* спиваться *impf* darse a la bebida
спица *f* 1) *(колеса)* radio, rayo 2) *(для вязания)* aguja 3) *(зонта)* varilla
спичка *f* fósforo, cerilla
сплав[1] *m (металлов)* aleación, liga
сплав[2] *m (леса по реке)* flotación
сплавить[1] *perf* сплавлять *impf vt (металлы)* alear, ligar
сплавить[2] *perf* сплавлять *impf vt (лес по реке)* transportar por via fluvial
спланировать V. планировать
сплачивать V. сплотить
сплачиваться V. сплотиться
сплести *perf* сплетать *impf vt* 1) trenzar, tejer 2) *(переплести)* enlazar, entrelazar
сплестись *perf* сплетаться *impf* enlazarse, entrelazarse
сплетать V. сплести
сплетаться V. сплестись
сплетение *n* entrelazado
сплетни|к, -ца *m/f* chismos|o, -a
сплетничать *impf vi* chismear
сплетня *f* chisme, comadreo
сплеча *adv* con todas sus fuerzas
сплёвывать V. сплюнуть
сплин *m* esplín
сплотить *perf* сплачивать *impf vt* unir, cohesionar
сплотиться *perf* сплачиваться *impf* unirse, cohesionarse
сплоховать *perf vi coloq* cometer una torpeza
сплочение *n* unión, cohesión
сплочённость *f* unidad, cohesión
сплочённый *adj* unido, cohesionado
сплошной *adj* 1) continuo, ininterrumpido 2) *(распространяющийся на всех)* total 3) *(не содержащий ничего другого)* continuo, incesante
сплошь *adv* sin interrupción, por todas partes ◆ ~ **да рядом** muy a menudo, a cada paso
сплутовать V. плутовать
сплыть *perf* сплывать *impf vi* 1) *(вниз по течению)* bajar río abajo 2) *(стечь через край)* verterse
сплюнуть *perf* сплёвывать *impf vt* escupir
сплюснуть V. сплющить
сплющить *perf* сплющивать *impf vt* aplastar, aplanar
сплясать V. плясать
сподвижник *m* compañero de lucha
сподличать V. подличать
сподобиться *perf* 1) **(чего-л)** *elev (заслужить)* merecer 2) **(сделать что-л)** *(суметь)* ser capaz de (hacer u/c)
спозаранку *adv* temprano por la mañana
спокойно **1.** *adv* tranquilamente, con tranquilidad, con calma **2.** *adj pred* está tranquilo *здесь* ~ aquí se está tranquilo
спокойн|ый *adj* tranquilo, quieto ◆ **~ой ночи!** ¡buenas noches!
спокойствие *n* tranquilidad, quietud, calma
спокон *adv* ~ веков desde tiempos remotos
сползание *n* deslizamiento
сползать V. сползти
сползти *perf* сползать *impf vi* deslizarse, descender ~ *с горы* descender de la montaña
сполна *adv* enteramente, completamente
сполоснуть *perf* споласкивать *impf vt* enjuagar, aclarar
сполохи (*gen* сполох) *fpl* fucilazo, aurora polar
спонсировать *biasp vt* patrocinar
спонсор *m* patrocinador
спонтанность *f* espontaneidad
спонтанный *adj* espontáneo
спор *m* 1) discusión, disputa 2) *jur* litigio ◆ **на спор** como apuesta
спора *f biol* espora
спорадически *adv* esporádicamente
спорадический *adj* esporádico
спорить *impf* поспорить *perf vi* 1) discutir, disputar 2) *coloq (держать пари)* apostar
спорность *f* carácter litigoso
спорный *adj* discutible, controvertido
споровый *adj biol* criptógamo
спороть *perf* спарывать *impf vt* descoser, arrancar
спорт *m* deporte *заниматься ~ом* practicar el deporte; *лыжный* ~ esquí
спортивность *f* deportividad
спортивн|ый *adj* deportivo, de deporte *~ая площадка* cancha
спортсмен, -ка *m/f* deportista
спорщи|к, -ца *m/f* discutidor, -a, polemista
спорынья *f biol* cornezuelo
способ *m* modo, manera, método *каким способом?* ¿de qué modo?
способность *f* capacidad, aptitud, facultad
способный *adj* capaz, apto, dotado
способствовать *impf* поспособствовать *perf vi* **(чему-л)** contribuir (a u/c), favorecer **споткнуться** *perf* спотыкаться *impf* **(о кого/что-л)** tropezar (con alg o u/c)
спотыкание *n* tropezón
спотыкаться V. споткнуться
спохватиться *perf* спохватываться *impf* caer en la cuenta, ocurrirse de repente
спохватываться V. спохватиться
справа *adv* a la derecha ~ *от меня* a mi derecha
справедливо **1.** *adv* con justicia, justamente **2.** *adv pred* es justo, justamente
справедливость *f* justicia
справедливый *adj* justo, equitativo
справить *perf* справлять *impf vt coloq* celebrar, festejar
справиться *perf* справлять *impf* 1) **(с чем-л)** hacer, cumplir ~ *со своей задачей* cumplir

con su tarea 2) **(с чем-л)** *(преодолеть)* vencer, dominar 3) **(о чём-л)** *(осведомиться)* informarse (de u/c)

справк|а *f* 1) certificado, certificación 2) *(осведомление)* consulta *навести ~у* recabar información 3) *(сведения)* información

справлять V. справить

справляться V. справиться

справочник *m* guía, directorio

справочный *adj* de información, informativo

спрашивать V. спросить

спрашиваться V. спроситься

спрессовать *perf* спрессовывать *impf vt* prensar, presionar

спринт *m sport* sprint, carrera de velocidad

спринтер *m sport* esprínter

спринтерский *adj sport* de esprínter

спровоцировать V. провоцировать

спроектировать V. проектировать

спроецировать V. проецировать

спрос *m* 1) *(ответственность)* responsabilidad 2) *econ* demanda *~ и предложение* demanda y oferta ◆ **без спроса** sin permiso

спросить *perf* спрашивать *impf vt* 1) preguntar 2) *(попросить)* pedir

спроситься *perf* спрашиваться *impf* 1) pedir permiso 2) *(спросить отчёт)* exigirse

спросонок *adv coloq* medio dormido, entre sueños

спроста *adv* sin intención, simplemente

спрут *m* pulpo

спрыгивать V. спрыгнуть

спрыгнуть *perf* спрыгивать *impf vi* saltar, lanzarse

спрягать *impf* проспрягать *perf vt ling* conjugar

спряжение *n ling* conjugación

спрясть V. прясть

спрятать V. прятать

спрятаться V. прятаться

спугивать V. спугнуть

спугнуть *perf* спугивать *impf vt* asustar, espanta

спуд *m* быть под спудом estar escondido

спуск *m* 1) *(действие)* bajada, descenso 2) *(откос)* pendiente 3) *(спусковой крючок)* gatillo, disparador

спускать V. спустить

спускаться V. спуститься

спусковой *adj* de disparo

спустить *perf* спускать *impf vt* 1) bajar 2) *(отцепить)* soltar 3) *coloq (простить)* perdonar 4) *(проиграть)* perder

спуститься *perf* спускаться *impf* 1) bajar, descender 2) *(о ночи, мгле)* caer 3) *(понизиться)* bajar **спустя** *prep* **(что-л)** después (de u/c), al cabo (de u/c) *несколько лет ~* unos años después **спутать** V. путать

спутаться V. путаться

спутник *m* 1) compañero de viaje 2) *astron* satélite

спутниковый *adj* de satélite

спутница *f* compañera de viaje

спятить *perf vi* volverse loco

спячка *f* hibernación

срабатывание *n* funcionamiento

срабатывать V. сработать

сработать *perf* срабатывать *impf* **1.** *vi (привестись в действие)* funcionar, dispararse **2.** *vt obsol (изготовить)* hacer, fabricar

сработаться *perf* срабатываться *impf* entenderse, compenetrarse

сравнени|е *n* comparación ◆ **степень ~я** *ling* grado comparativo

сравнивать V. сравнить

сравниваться V. сравниться

сравнимый *adj* comparable

сравнительный *adj* 1) comparativo 2) *(относительный)* relativo

сравнить *perf* сравнивать *impf vt* **(с кем/чем-л)** comparar (con alg o u/c), confrontar (con alg o u/c) **сравниться** *perf* сравниваться *impf* **(с кем/чем-л)** igualarse (a alg o u/c), comparar (con alg o u/c) **сравнять** *perf* сравнивать *impf vt* igualar, nivelar

сравняться *perf* сравниваться *impf* igualarse, nivelarse

сражаться V. сразиться

сражение *n* batalla, combate

сразить *perf* сражать *impf vt* 1) *elev* derribar, abatir, matar 2) *(потрясти)* abatir

сразиться *perf* сражаться *impf* **(с кем/чем-л)** luchar (con alg o u/c), combatir (con alg o u/c)

сразу *adv* 1) *(в тот же момент)* de inmediato, al instante, enseguida *он ~ сообразил* enseguida se dio cuenta 2) *(близко)* a dos pasos, cerca *~ за домом* a dos pasos de casa 3) *(одновременно)* al mismo tiempo *делать два дела ~* hacer dos cosas al mismo tiempo

срам *m* vergüenza, deshonor

срамить *impf* осрамить *perf vt* deshonrar, afrentar

срастание *n* concrescencia

срастаться V. срастись

срастись *perf* срастаться *impf* unirse, formar concrescencia

срастить *perf* сращивать *impf vt* 1) unir, adherir 2) *tecn (соединить)* empalmar, entrelazar

сращение *n* 1) unión, concrescencia 2) *tecn (соединение)* empalme

сращивание *n* 1) *med* unión, coaptación 2) *tecn (соединение)* empalme

среагировать V. реагировать

сребролюбие *n obsol* avaricia, avidez, codicia

среда[1] *f (окружение)* medio, ambiente *окружающая ~* medio ambiente

сред|а[2] *f (день)* miércoles *я приду в ~у* vendré el miércoles

среди *prep* 1) **(кого/чего-л)** *(между)* entre (alg o u/c) *~ друзей* entre amigos 2) *(посреди)* en medio de *~ лета* en pleno verano

срединный *adj* medianero

средне *adv coloq* regular, así así

средневековый *adj* medieval

средневековье *n* Edad Media, medioevo

средн|ий *adj* 1) mediano, medio 2) *(посредственный)* mediocre, ordinario ◆ **~ее образование** enseñanza secundaria **Средние Века** Edad Media

средовой *adj* ambiental

средостение *n anat* mediastino

средоточие *n* centro

средств|о **1.** *n* 1) *(способ)* medio 2) *(лечебное)* remedio **2.** **-а** *npl (материальный достаток)* medios *~а к существованию* medios de existencia

средь V. среди

срез *m* corte
срезанный *adj* cortado
срезать *perf* срезать *impf vt* cortar
срезаться *perf* срезаться *impf* fracasar
срисовать *perf* срисовывать *impf vt* copiar (dibujando), sacar un dibujo
сровнять V. ровнять
сродни *adv* en común *быть ~ кому-л* tener parentesco con alg
сроднить *perf vt* unir
сродниться *perf* unirse, acostumbrarse
сродство *n elev* afinidad
сроду *adv coloq* nunca en la vida
срок *m* 1) plazo 2) *coloq (тюремное заключение)* pena, condena
срочно **1.** *adv* urgentemente **2.** *adv pred* es urgente
срочность *f* urgencia
срочный *adj* 1) *(спешный)* urgente 2) *(связанный с определённым сроком)* a plazo fijo
сруб *m* armazón de madera
срубать V. срубить
срубить *perf* срубать *impf vt* 1) cortar, talar 2) *(построить из брёвен)* construir de madera
срыв *m* 1) frustración, fracaso 2) *(падение)* caída
срывать V. сорвать
срываться V. сорваться
срыгивание *n* regurgitación
срыть *perf* срывать *impf vt* allanar, nivelar
ссадина *f* raspadura, arañazo
ссора *f* riña, discusión
ссорить *impf* поссорить *perf vt* enemistar, desavenir
ссориться *impf* поссориться *perf* enemistarse, reñir
ссуда *f* crédito, préstamo
ссудный *adj* de préstamo
ссутулиться V. сутулиться
ссылать V. сослать
ссылаться V. сослаться
ссылка[1] *f (мера наказания и место)* destierro, exilio
ссылка[2] *f (указание)* referencia, cita
ссылочный *adj* de referencia
ссыльный *adj* confinado, desterrado
ссыпать *perf* ссыпать *impf vt* echar, verter
стабилизатор *m* estabilizador
стабилизация *f* estabilización
стабилизировать *biasp vt* estabilizar
стабилизироваться *biasp* estabilizarse
стабильно *adv* establemente
стабильность *f* estabilidad
стабильный *adj* estable
ставень *m* postigo, contraventana
ставить *impf* поставить *perf vt* 1) colocar, poner, meter 2) *(назначить на должность, место)* poner, colocar 3) **(на что-л)** *(в азартных играх)* apostar (por u/c) 4) *(устанавливать для работы)* instalar 5) *teat* poner en escena 6) *(предлагать)* poner, plantear ◆ ~ **под сомнение** poner en duda
ставка *f* 1) apuesta 2) *(оклад)* sueldo 3) *fin (процентная)* tipo 4) *mil* cuartel general ◆ **очная** ~ careo
ставленни|к, -ца *m/f* protegid|o, -a
стадиальный *adj* por etapas
стадион *m* estadio
стадионный *adj* de estadio
стадия *f* estadio, fase, etapa
стадный *adj* gregario, gregal, de rebaño
стадо *n* rebaño, manada
стаж *m* 1) antigüedad, años, período 2) *(практика)* aprendizaje
стажёр, -ка *m/f* practicante, aprendiz
стажировать *impf* V. стажироваться
стажироваться *impf* pasar un período de prueba
стажировка *f* práctica, período de prueba
стайер *m sport* fondista, corredor de fondo
стайка *f dimin* grupo
стайный *adj* de manada
стакан *m* vaso
стаканчик *m dimin* vasito
сталагмит *m geol* estalagmita
сталактит *m geol* estalactita
сталевар *m* fundidor de acero
сталелитейный *adj indus* de acería
сталкивать V. столкнуть
сталкиваться V. столкнуться
сталь *f* acero
стальной *adj* de acero
стан[1] *m (фигура)* talle, estatura
стан[2] *m mil (лагерь)* campamento
стандарт *m* estándar, patrón
стандартизация *f* estandartización
стандартизировать *biasp vt* estandarizar
стандартный *adj* estándar
станица *f* stanitsa (asentamiento cosaco)
станковый *adj* 1) de máquina 2) *arte* de caballete
становиться V. стать
становление *n* formación
станок *m* 1) *tecn* máquina 2) *(основание)* soporte 3) *(ткацкий)* telar 4) *(печатный)* prensa 5) *(для бритья)* máquina de afeitar 6) *arte* caballete
станс *m lit* estanza
станцевать V. танцевать
станционный *adj* de estación
станция *f* 1) *(транспорта)* estación 2) *(учреждение)* estación, central 3) *(база)* centro, estación
стапель *m nav* grada
старание *n* esmero, esfuerzo, afán
старатель *m* buscador de oro
старательно *adv* con esmero, con afán, cuidadosamente
старательный *adj* diligente, esmerado, cuidadoso
стараться *impf* постараться *perf* 1) *(прилагать усилия)* esforzarse, esmerarse 2) **(сделать что-л)** *(стремиться)* tratar de (hacer u/c), intentar (hacer u/c)
старейшина *m* anciano
старение *n* envejecimiento
стареть *impf* постареть *perf vi* envejecer, hacerse viejo
старец *m* 1) anciano, viejo 2) *relig* monje anciano
старик *m* viejo
старикан *m coloq hum* vejete
старикашка *m coloq desp* vejestorio
стариковский *adj* de viejo, de anciano

старина *f* 1) antigüedad 2) *coloq (обращение)* viejo
старинка *f* tiempo antiguo
старинный *adj* 1) antiguo 2) *(давний)* viejo
старить *impf* состарить *perf vt* envejecer
стариться *impf* состариться *perf* envejecer, envejecerse
старица[1] *f relig* monja anciana
старица[2] *f (старое русло)* cauce viejo
старичок *m dimin-afect* viejecito
старовер *m relig* viejo creyente
стародавний *adj* remoto, antiguo
старожил *m* antiguo habitante
старомодный *adj* 1) pasado de moda 2) *(свойственный старому времени)* antiguo, chapado a la antigua
старообрядец *m relig* viejo creyente
старообрядческий *adj relig* de viejos creyentes
старорежимный *adj* del viejo régimen
старосветский *adj* de la antigüedad
старославянский *adj ling* eslavo antiguo ~ *язык* antiguo eslavo eclesiástico
старослужащий *m mil* veterano
староста *m* jefe, responsable
старость *f* vejez
старпом *m nav* capitán de fragata, ayudante principal
старт *m sport* salida
стартёр *m auto* estárter
стартовать *biasp vi* salir, iniciarse
стартовый *adj* 1) *sport* de salida 2) *(исходный, начальный)* inicial, de inicio
старуха *f* vieja
старушка *f dimin-afect* viejecita
старческий *adj* senil, caduco
старше *adj y adv comp* 1) mayor 2) *(по положению)* superior
старшеклассни|к, -ца *m/f* alumn|o, -a de uno de los grados superiores (en la escuela)
старший 1. *adj* 1) mayor 2) *(по времени)* más antiguo 3) *(по положению)* superior, principal **2.** *m coloq (начальник)* jefe, mayor
старшина *f* 1) *hist* starshiná (rango de oficialidad cosaco) 2) *mil* suboficial
старшинство *n* antigüedad, superioridad
старый *adj* 1) viejo, anciano 2) *(давний)* antiguo, viejo
старьёвщик *m* trapero
старьё *n peyor* trastos viejos
стаскивать V. стащить
статейка *f peyor* artículo pequeño
статика *f* estática
статист, -ка *m/f teat* extra, figurante
статистик *m* estadístico
статистика *f* estadística
статистический *adj* estadístico
статический *adj* estático
статичность *f* estática
статичный *adj* estático
статный *adj* garboso, de buena planta
статор *m tecn* estátor
статский *adj* civil
статус *m* estatus
статут *m jur* estatuto
статуэтка *f* figurilla
статуя *f* estatua
стать[1] *f* porte, apostura
стать[2] *perf* становиться *impf vi* 1) *(принять позу)* ponerse, apostarse, colocarse ~ *на колени* ponerse de rodillas 2) *(для защиты)* alzarse, ponerse 3) *(остановиться)* pararse, detenerse 4) **(кем-л)** *(сделаться)* hacerse (alg), llegar a ser (alg), volverse (alg) 5) **(делать что-л)** *(начать)* comenzar a (hacer u/c), empezar a (hacer u/c) ◆ ~ **на учёт** registrarse
статься *perf* pasar, ocurrir
статья *f* 1) *(публицистическое или научное сочинение)* artículo 2) *(в договоре, законе)* artículo 3) *fin* partida
стахановец *m hist* estajanovista
стационар *m med* hospital estable, planta
стационарный *adj* estable, fijo
стачать V. тачать
стачивать V. сточить
стачиваться V. сточиться
стачка *f* huelga
стащить *perf* стаскивать *impf vt* 1) arrastrar, llevar 2) *(снять)* quitar 3) *coloq (украсть)* robar
стая *f* 1) manada 2) *(ватага)* manada, banda
стаять *perf* стаивать *impf vi* derretirse, deshacerse
ствол *m* 1) tronco 2) *(огнестрельного оружия)* cañón 3) *jergal (пистолет)* pistola
ствольный *adj* de cañón
створ *m* 1) *(затвор)* hoja 2) *(расположение предметов)* línea visual
створка *f* hoja, batiente
створчатый *adj* con hojas
стеарин *m quím* estearina
стеариновый *adj quím* de estearina
стебель *m bot* tallo, caña
стегать *perf* стегнуть *perf vt* azotar
стежок *m* punto
стезя *f elev* camino
стек *m* fusta
стекать V. стечь
стекаться V. стечься
стекло *n* vidrio
стекловата *f* lana de vidrio
стекловидный *adj* vidrioso
стекловолокно *n* fibra de vidrio
стеклодув *m* vidriero
стеклоподъёмник *m auto* elevalunas
стеклянный *adj* 1) de vidrio, de cristal 2) *(неподвижный)* vidrioso
стеклярус *m colect* abalorios
стекляшка *f* cristalito
стекольный *adj* de vidrio, de cristal
стекольщик *m* vidriero
стела *f arte* estela
стелить *impf* постелить *perf vt* poner, extender
стелиться *impf* постелиться *perf vt* extenderse
стеллаж *m* estantería
стелька *f* plantilla
стемнеть V. темнеть
стена *f* 1) pared, muro 2) *(ограда)* muralla
стенание *n elev* gemido
стенать *impf vi elev* gemir
стенгазета *f abrev* periódico mural
стенд *m* stand
стенка *f* 1) *(боковая сторона)* pared 2) *sport (гимнастическая)* espaldera 3) *sport (заслон из игроков)* barrera

стенной *adj* de pared, mural
стеновой V. стенной
стенограмма *f* estenograma
стенографировать *biasp vt* taquigrafiar, estenografiar
стенографист, -ка *f* taquígraf|o, -a
стенографический *adj* taquigráfico
стенография *f* taquigrafía, estenografía
стенокардия *f med* angina de pecho
степенной *adj mat* de potencia
степенный *adj* serio, cumplidor
степен|ь *f* 1) grado *в высшей ~и* en sumo grado 2) *(учёная)* grado, título 3) *mat* potencia 4) *ling* grado *~ь сравнения* grado comparativo
степной *adj* de estepa, estepario
степняк *m* llanero
степь *f* estepa
стерва *f* 1) *(падаль)* carroña 2) *insult* zorra, pécora
стервенеть *impf* остервенеть *perf vi* enfurecerse
стервозный *adj* infame, villano
стервятник *m* alimoche, buitre egipcio
стерео *adj inv* estéreo
стереоскопический *adj* estereoscópico
стереотип *m* 1) *(стандарт)* estereotipo 2) *impr* estereotipo
стереотипный *adj* estereotipado, estereotípico
стереофонический *adj* estereofónico
стереть *perf* стирать *impf vt* 1) limpiar, secar 2) *(изгладить)* borrar 3) *(повредить)* rozar, excoriar 4) *(растереть)* triturar
стереться *perf* стираться *impf* borrarse
стеречь *impf vt* 1) guardar, vigilar 2) *(подкарауливать)* acechar, vigilar
стержень *m* 1) barra, varilla 2) *(карандаша)* mina 3) *(основа)* alma, centro
стержневой *adj* 1) de varillas 2) *(основной)* principal
стерилизация *f* esterilización
стерилизовать *biasp vt* esterilizar
стерильность *f* esterilidad
стерильный *adj* 1) *(обеззараженный)* estéril, esterilizado 2) *biol (неспособный давать потомство)* estéril
стерлинг *m* esterlina
стерлядь *f* esturión
стерня *f* rastrojera
стерпеть *perf vt* aguantar, soportar
стеснение *n* 1) aprieto, embarazo 2) *(неловкость, застенчивость)* timidez
стеснённость *f* aprieto
стеснительный *adj* tímido
стеснить[1] V. теснить
стеснить[2] *perf* стеснять *impf vt* 1) apretar 2) *(ограничить)* incomodar, molestar
стеснять V. стеснить
стесняться *impf* cohibirse, sentir vergüenza, cortarse
стетоскоп *m* estetoscopio
стечение *n* 1) confluencia 2) *(совпадение)* coincidencia
стечься *perf* стекаться *impf* 1) confluir 2) *(сойтись, съехаться)* afluir, reunirse
стёганый *adj* acolchado
стёклышко *n dimin. de* стекло
стигма *f* estigma
стилевой *adj* de estilo, de registro
стилет *m* estilete
стилизатор *m* estilizador
стилизация *f* estilización
стилизовать *biasp vt* estilizar
стилист *m* estilista
стилистика *f* estilística
стилистический *adj* estilístico, de estilo
стиль *m* 1) estilo 2) *(манера)* estilo, modo 3) *(летоисчисления)* estilo
стильность *f* pureza de estilo
стильный *adj* de estilo, de moda
стиляга *m coloq* pijo
стимул *m* estímulo
стимулирование *n* estimulación
стимулировать *biasp vt* estimular
стимулятор *m* estimulador
стимуляция *f* estimulación
стипендиальный *adj* de beca
стипендиат, -ка *m/f* becari|o, -a
стипендия *f* beca
стиральн|ый *adj* de lavar *~ая машина* lavadora
стирание *n* lavadura, lavado
стирать[1] V. стереть
стирать[2] *impf* выстирать *perf vt* lavar
стираться V. стереться
стирка *f* lavado, colada
стискивать V. стиснуть
стиснуть *perf* стискивать *impf vt* apretar, estrechar *~ зубы* apretar los dientes
стих *m* 1) verso 2) *(в священной книге)* versículo
стихать V. стихнуть
стихийность *f* espontaneidad, accidentalidad
стихийный *adj* accidental, espontáneo
стихия *f* elemento
стихнуть *perf* стихать *impf vi* calmarse, cesar
стиховедение *n* arte poética
стиховедческий *adj* de arte poética
стихосложение *n* versificación
стихотворение *n* verso, poesía
стихотворец *m elev* poeta, versificador, bardo
стихотворный *adj* de verso, en verso, poético
стихотворство *n* versificación
стишок *m* versecillo
стлать *impf vt* poner, extender
стлаться *impf* extenderse
сто *num* cien, ciento *~ один* ciento uno; *на ~ процентов* en el cien por cien
стог *m* almiar
стоик *m filos* estoico
стоимостный *adj* de precio, de coste
стоимость *f* costo, coste, valor, precio
стоить *impf vi* 1) costar, valer *дорого стоить* costar caro 2) *(заслуживать)* merecer, valer 3) *(требовать затрат, усилий)* costar
стоицизм *m filos* estoicismo
стоический *adj filos* estoico
стойбище *n* campamento
стойка[1] *f* barra, mostrador
стойка[2] *f* 1) *mil* posición 2) *caza* muestra
стойкий *adj* 1) *(устойчивый)* resistente 2) *(непоколебимый)* firme
стойкость *f* firmeza, estabilidad
стойло *n* establo
стоймя *adv* de pie, en pie

сток *m* sumidero
стократ *adv* cien veces
стократный *adj* céntuplo
стол *m* 1) mesa *письменный ~* escritorio 2) *(питание)* comida 3) *(отдел в учреждении)* sección
столб *m* 1) poste, pilar 2) *(воды, воздуха)* columna
столбенеть *impf* остолбенеть *perf vi* quedarse pasmado, quedarse de piedra
столбец *m* columna
столбик *m* columna
столбняк *m med* tétanos
столбнячный *adj med* de tétanos
столбовой *adj hist* noble
столетие *n* 1) siglo 2) *(столетняя годовщина)* centenario
столетний *adj* centenario, de cien años
столетник *m* aloe
столик *m* mesita, mesilla
столица *f* capital
столичный *adj* de la capital, capitalino
столкать V. толкать
столкновение *n* 1) choque, colisión 2) *(конфликт)* conflicto, choque 3) *mil* choque
столкнуть *perf* сталкивать *impf vt* 1) empujar 2) *(вместе)* hacer chocar 3) *(заставить встретиться)* hacer tropezar
столкнуться *perf* сталкиваться *impf* 1) **(с кем/чем-л)** chocar (con alg o u/c) 2) *(неожиданно встретиться)* encontrarse (con alg), toparse (con alg) 3) *mil* entrar en combate
столовая *f* 1) *(комната)* comedor 2) *(общественная)* cantina, comedor público
столовка *f coloq* comedor, cantina
столовый *adj* de mesa
столп *m* pilar
столпиться V. толпиться
столпотворение *n* desorden, babel
столь *adv* tanto, tan
столько 1. *adv* tanto *столько же* lo mismo **2.** *pron* tanto
столько-то *pron* tanto
стольник *m coloq* billete de cien rublos
стольный *adj obsol* de capital, capitalino
столяр *m* carpintero
столярный *adj* de carpintero
стоматолог *m med* estomatólogo
стоматологический *adj med* estomatológico
стоматология *f med* estomatología, odontología
стометровка *f sport* carrera de cien metros
стон *m* gemido
стонать *impf vi* 1) gemir 2) **(на кого/что-л)** *(жаловаться)* quejarse (de alg o u/c)
стоп *interj* ¡alto!, ¡stop!
стопа[1] *f (часть ноги)* pie, planta (del pie)
стопа[2] *f lit* pie
стопа[3] *f (значительное количество предметов)* pila, montón
стопка[1] *f (небольшая стопа)* montón, pila
стопка[2] *f (стаканчик)* chato, vasito
стопор *m tecn* retén
стопорить *impf* застопорить *perf vt* detener, parar
стопориться *impf* застопориться *perf* detenerse, pararse
стопочка V. стопка
стопроцентный *adj* 1) del cien por ciento 2) *(самый настоящий)* completo, absoluto
стоптать *perf* стаптывать *impf vt* destaconar, estropear (el calzado)
сторговать V. торговать
сторговаться V. торговаться
сторицей *adv* con creces
сторож *m* guarda, vigilante
сторожевик *m nav* barco de guardia
сторожевой *adj* guardián, de guardia
сторожить *impf vt* guardar, custodiar, vigilar
сторожка *f* garita
сторожкий *adj* cauteloso, prudente
сторон|а *f* 1) parte, lado *отойти в ~у* apartarse a un lado 2) *(страна, местность)* país 3) *(в споре, договоре)* parte
сторониться *impf* посторониться *perf* 1) *(отходить в сторону)* apartarse 2) *(избегать)* mantenerse aparte
сторонний *adj* extraño, ajeno
сторонни|к, -ца *m/f* partidari|o, -a, seguidor, -a
сточить *perf* стачивать *impf vt* afilar
сточиться *perf* стачиваться *impf* afilarse, desgastarse
сточный *adj* confluyente
стошнить V. тошнить
стоя *adv* de pie
стояк *m* tubo bajante
стояние *n* parada
стоянка *f* 1) aparcamiento, parking 2) *(остановка транспорта)* parada
стоять *impf* постоять *perf vi* 1) estar de pie 2) *(находиться)* estar, estar situado 3) *(иметься)* haber 4) *(занимать определённое положение)* encontrarse, hallarse 5) **(на чём-л)** *(держаться на чём-либо)* apoyarse (en u/c), asentarse (en u/c) 6) *(защищаться)* defender ◆ **~ на своём** mantenerse en sus trece **~ над душой** no dar sosiego
стоячий *adj* 1) vertical 2) *(не проточный)* estancado
стоящий *adj* que merece la pena
стравить *perf* стравливать *impf vt* 1) *(друг против друга)* azuzar, incitar 2) *(вытравить)* quitar borrar 3) *(произвести протраву)* causar estrago, estragar
стравливать V. стравить
страда *f agric* tiempo de la cosecha
страдалец *m* mártir
страдальческий *adj* sufridor
страдание *n* sufrimiento, dolor
страдательный *adj* 1) pasivo, inactivo 2) *ling* pasivo *~ залог* voz pasiva
страдать *impf* пострадать *perf vi* sufrir
страж *m elev* guarda
стража *f* guardia
стражник *m hist* guarda, vigilante
страна *f* país
страница *f* página
странни|к, -ца *m/f* peregrin|o, -a, viajer|o, -a
странность *f* rareza, extrañeza
странный *adj* extraño, raro
страноведение *n* geografía regional
странствие *n elev* viaje, periplo
странствование *n* peregrinación, viaje
странствовать *impf vi* peregrinar, viajar
странствующий *adj* errante

страстно *adv* con pasión, apasionadamente
страстной *adj relig* santo *Страстная Неделя* Semana Santa
страстность *f* apasionamiento, vehemencia
страстный *adj* apasionado, ardiente
страсть *f* pasión, anhelo
стратег *m mil* estratega
стратегический *adj* estratégico
стратегия *f* estrategia
стратостат *m aero* globo estratosférico
стратосфера *f meteo* estratosfera
стратосферный *adj meteo* estratosférico
страус *m* avestruz
страх *m* miedo, pavor, temor *наводить* ~ amedrentar ◆ **на свой ~ и риск** por su cuenta y riesgo
страхование *n* seguro
страхователь *m* asegurado
страховать *impf* застраховать *perf* asegurar
страховаться *impf* застраховаться *perf* asegurarse
страховка *f coloq* seguro
страховой *adj* asegurador, de seguro
страховочный *adj* de seguro(s)
страховщик *m* asegurador
страшилище *n coloq* espantajo
страшить *impf vt* espantar, asustar
страшиться *impf* espantarse, asustarse
страшно 1. *adv* 1) terriblemente 2) *(чрезвычайно)* excesivamente **2.** *adv pred* da miedo *мне* ~ tengo miedo
страшный *adj* horroroso, espantoso, terrible
стращать *impf vt obsol* espantar, asustar
стрекач *m coloq* : задать ~а huir corriendo
стрекоза *f* libélula
стрекот *m* chirrido, traqueteo
стрела *f* flecha, saeta
Стрелец *m astr* Sagitario
стрелецкий *adj hist* de los streltsí (cuerpo de militar ruso de los siglos XVI-XVII)
стрелка[1] *f* 1) flecha 2) *(измерительного прибора)* aguja, puntero 3) *(мыс, коса)* lengua de tierra, cabo
стрелка[2] *f jergal (встреча для выяснения отношений)* reunión, encuentro
стрелковый *adj mil* de fusil, de tiro
стреловидный *adj* sagital
стрелок *m* tirador
стрелочка *f* flecha indicadora
стрелочник *m ferroc* guardagujas
стрельба *f* fuego, escopeteo
стрельбище *n* campo de tiro
стрельнуть V. стрелять
стрельчатый *adj arquit* ojival
стреляный *adj* 1) *caza (о дичи)* matado (de un disparo) 2) *(бывавший в боях)* fogueado 3) *(использованный для стрельбы)* disparado ◆ ~ **воробей** perro viejo
стрелять *impf* стрельнуть *perf vt* 1) disparar, tirar 2) *(колоть - о боли)* punzar 3) *coloq (выпросить)* obtener pidiendo, gorrear
стреляться *impf* 1) *(кончать жизнь самоубийством)* matarse de un tiro 2) *(участвовать в дуэли на пистолетах)* batirse en duelo
стремглав *adv* precipitadamente, apresuradamente
стремительность *f* rapidez, precipitación
стремительный *adj* rápido, precipitado
стремиться *impf* 1) **(куда-л)** *(устремляться)* precipitarse (a u/c) 2) **(делать что-л)** *(стараться попасть куда-либо)* tratar de (hacer u/c) 3) **(к чему-л)** *(страстно желать)* aspirar (a u/c) **стремление** *n* ambición, aspiración
стремнина *f* rápido, rabión
стремя *n* estribo
стремянка *f* escalera de mano, escala
стреножить *perf* стреноживать *impf vt* trabar
стрептококк *m med* estreptococo
стресс *m* estrés
стрессовый *adj* estresante, de estrés
стриж *m* vencejo
стриженый *adj* cortado, rapado
стрижка *f* 1) corte de pelo, cortadura 2) *(скота)* esquila
стриптиз *m* striptease, estriptís
стрихнин *m farma* estricnina
стричь *impf* обстричь *perf vt* cortar el pelo, pelar
стричься *impf* постричься *perf* cortarse el pelo, pelarse
строгать *impf vt* cepillar, acepillar, alisar
строгий *adj* 1) estricto, riguroso, austero 2) *(о красоте)* clásico, puro, serio
строгость *f* 1) rigidez, rigurosidad, austeridad 2) *(о красоте)* pureza, seriedad
строевой *adj mil* de fila
строение *n* 1) construcción, edificio 2) *(структура)* estructura
строитель *m* constructor
строительный *adj* de construcción
строительство *n* construcción, edificación, obras
строить *impf* построить *perf vt* 1) edificar, construir 2) *(изготовлять)* fabricar, construir 3) *mil* formar
строиться *impf* построиться *perf* 1) construirse, edificarse 2) **(на чём-л)** *(основываться)* basarse (en u/c) 3) *mil* formar
строй *m* 1) régimen, sistema, orden 2) *mil* formación 3) *(структура)* estructura
стройбат *m mil (строительный батальон)* batallón de ingeniería
стройка *f* 1) construcción, obras 2) *(территория)* obra
стройматериал|ы (*gen* -ов) *mpl* materiales de construcción
стройность *f* 1) esbeltez 2) *(рядов, шеренг)* alineamiento 3) *(звуков)* armonía 4) *(мыслей)* carácter lógico
стройный *adj* 1) esbelto 2) *(о рядах, шеренгах)* alineado, en línea 3) *(о звуках)* armonioso 4) *(о мыслях)* lógico
стройотряд *m* brigada de construcción
строка *f* línea, renglón
стронуть *perf* страгивать *impf vt* mover, desplazar
стронций *m quím* estroncio
стропило *n constr* cabrio
строптивость *f* rebeldía
строптивый *adj* rebelde
строфа *f* estrofa
строфический *adj lit* estrófico
строчить *impf* простроить (1)/настрочить (2) *perf vt* 1) *(шить)* coser 2) *(быстро писать)*

escribir con rapidez 3) *coloq (стрелять из пулемёта)* tirar con ametralladora
строчка[1] *f (шов)* costura
строчка[2] *f (строка)* línea
строчн|ый *adj* de línea ◆ **~ая буква** letra minúscula
стругать *impf vt* V. строгать
стружка *f* virutas
струить *impf vt* correr, derramar
струиться *impf* chorrear
струйный *adj* de chorro
структура *f* estructura
структурировать *biasp vt* estructurar
структурный *adj* estructural
струна *f mús* cuerda
струнный *adj mús* de cuerda
струсить V. трусить
стручок *m* vaina
струя *f* 1) chorro 2) *(направление)* corriente
стряпать *impf* состряпать *perf vt* cocinar, guisar, preparar
стряпня *f coloq* comida, guiso
стрястись *perf coloq* ocurrir, suceder
стряхивать V. стряхнуть
стряхнуть *perf* стряхивать *impf vt* sacudirse, librarse
студенистый *adj* gelatinoso
студент, -ка *m/f* estudiante
студенческий *adj* estudiantil, de estudiantes
студенчество *n* 1) alumnado, estudiantado 2) *(пребывание в высшем учебном заведении)* años estudiantiles
студень *m* gelatina, aspic
студёный *adj* frío, gélido
студиец *m* estudiante de una escuela artística
студийный *adj* de estudio
студить *impf* остудить *perf vt* enfriar
студия *f* estudio, taller
стужа *f* frío
стук *m* golpes, ruido
стукать V. стучать
стукач *m desp* chivato
стукнуть V. стучать
стукнуться V. стучаться
стукотня *f* golpeadero, ruido
стул *m* silla ◆ **сидеть между двух ~ьев** nadar entre dos aguas
стульчак *m* taza (del váter), inodoro
стульчик *m dimin* sillita
ступа *f* mortero
ступать V. ступить
ступенчатый *adj* escalonado
ступень *f* 1) peldaño, escalón 2) *(этап в развитии)* etapa, nivel
ступенька V. ступень
ступить *perf* ступать *impf vi* 1) *(шагнуть)* dar un paso 2) **(на кого/что-л)** *(наступить)* pisar
ступка *f* mortero
ступня *f* planta (del pie)
стучать *impf* постучать (1, 2)/настучать (3) *perf vi* 1) golpear, hacer ruido 2) *(в дверь)* llamar 3) **(на кого-л)** *coloq (доносить)* denunciar
стучаться *impf* постучаться *perf* llamar (a la puerta, a la ventana)
стушеваться *perf* стушёвываться *impf* esfumarse
стушёвываться V. стушеваться
стыд *m* vergüenza
стыдиться *impf* постыдиться *perf* avergonzarse
стыдливость *f* pudor, vergüenza
стыдливый *adj* vergonzoso, pudoroso
стыдно *adv pred* da vergüenza
стыдный *adj* vergonzoso, indecente
стык *m* juntura, punto de unión
стыковать *biasp vt* empalmar, enlazar
стыковаться *biasp* empalmarse, enlazarse
стыковка *f* acoplamiento, empalme
стыковой *adj* 1) *tecn* de empalme 2) *sport* de repesca
стыковочный V. стыковой
стылый *adj* frío, helado
стыть *impf* остыть *perf vi* enfriarse, helarse
стычка *f* escaramuza, choque, refriega
стюард, -есса *m/f* azafat|o, -a
стяг *m elev* estandarte, bandera
стягивание *n* aprieto
стягивать V. стянуть
стягиваться V. стянуться
стяжатель *m elev* codiciador
стяжательство *n elev* codicia
стяжать *biasp vt elev* lograr, conquistar, ganar
стяжение *n ling* contracción
стянуть *perf* стягивать *impf vt* 1) apretar, atar 2) *(сосредоточить)* concentrar 3) *(снять)* quitar 4) *coloq (украсть)* robar, hurtar
суббот|а *f* sábado *в ~у* el sábado
субботник *m* subbótnik, sábado comunista
субординационный *adj* de subordinación
субординация *f* subordinación
субсидиарный *adj* subsidiario
субсидировать *biasp vt* subvencionar, subsidiar
субсидия *f* subsidio, subvención
субстанция *f filos* sustancia
субституция *f ling* sustitución
субстрат *m ling* sustrato
субстратный *adj ling* de sustrato
субтильный *adj* sutil, fino
субтитр *m* subtítulo
субтропик *m geogr* zona subtropical
субтропический *adj geogr* subtropical
субъект *m* 1) *filos ling* sujeto 2) *(человек)* persona, individuo 3) *jur* sujeto
субъективизм *m filos* subjetivismo
субъективистский *adj filos* subjetivista
субъективность *f* subjetividad
субъективный *adj* subjetivo
субъектный *adj filos ling* de sujeto
субъюнктив *m ling* subjuntivo
сувенир *m* recuerdo, souvenir
сувенирный *adj* de recuerdo, de souvenir
суверенитет *m* soberanía
суверенность *f* soberanía
суверенный *adj* soberano
суглинок *m* tierra arcillosa
сугроб *m* montón de nieve
сугубо *adv* particularmente, específicamente
сугубый *adj* particular, específico
суд *m* 1) juzgado, tribunal 2) *(здание)* juzgado, audiencia 3) *(суждение)* juicio, opinión ◆ **Страшный Суд** Juicio Final
судак *m* lucioperca
сударыня *f hist* señora
сударь *m hist* señor

судачить *impf vi* chismorrear, cotillear
судебный *adj* judicial
судейский *adj* judicial, de juzgado
судейство *m sport* arbitraje
судёнышко *n dimin* barquito
судилище *n elev* juzgado
судимость *f jur* condena
судить *impf vt* 1) juzgar, formar una opinión 2) *(в суде)* juzgar 3) *(укорять)* reprobar, criticar 4) *sport (состязание)* arbitrar
судиться *impf* litigar, pleitear
судия *m elev* juez
судно *n* barco, navío, embarcación *парусное ~* barco de vela
судоверфь *f* astillero
судоводитель *m nav* piloto
судовождение *n nav* navegación
судовой *adj nav* de buque, de nave
судомойка *f* fregona, fregatriz
судопроизводство *n jur* procedimiento judicial
судорога *f* convulsión, calambre
судорожный *adj* convulsivo
судостроение *n* construcción naval
судостроительный *adj* de construcción naval
судоустройство *n jur* sistema judicial
судоходный *adj* navegable
судоходство *n* navegación
судьба *f* destino, suerte
судья *m* 1) juez, magistrado 2) *sport* árbitro, juez
суеверие *n* superstición
суеверный *adj* supersticioso
суета *f* 1) ajetreo, trajín 2) *elev (тщетность)* vanidad
суетиться *impf* trajinar, ajetrear
суетливость *f* ajetreo, agitación
суетливый *adj* agitado, bullicioso
суетный *adj lit* vano
сужать V. сузить
сужаться V. сузиться
суждение *n* juicio, apreciación, opinión
сужение *n* 1) estrechamiento 2) *(узость)* estrechez
суженый *adj pop.-poét* prometido, novio
суживать V. сузить
суживаться V. сузиться
сузить *perf* суживать, сужать *impf vt* 1) estrechar 2) *(уменьшить)* reducir
сузиться *perf* суживаться/сужаться *impf* estrecharse
сук *m* ramo
сука *f* 1) perra 2) *insult* perra, puta
сукин *adj insult* сукин сын hijo de puta
сукно *n* paño
суконный *adj* de paño
сулема *f quím* cloruro mercúrico
сулить *impf* посулить *perf vt* 1) *coloq* prometer 2) *(предсказывать)* augurar
султан[1] *m* sultán
султан[2] *m (на головном уборе)* plumaje (en sombreros y cascos)
султанат *m* sultanto
султанский *adj* de sultán
сульфатный *adj quím* de sulfato, sulfúrico
сульфат *m quím* sulfato
сульфидный *adj quím* de sulfuro
сульфид *m quím* sulfuro
сума *f obsol* bolsa, saco, alforja
сумасброд *m* botarate, cabeza loca
сумасбродить *impf vi* hacer locuras
сумасбродный *adj* loco, perturbado
сумасбродство *n* locura
сумасшедш|ий 1. *adj* 1) loco 2) *(невероятный)* de locura **2. -ий, -ая** *m/f* loc|o, -a
сумасшествие *n* locura, demencia
суматоха *f* alboroto, tumulto, desorden
сумбур *m* confusión, caos, desorden
сумбурный *adj* confuso, enredado, desordenado
сумеречный *adj* crepuscular
сумер|ки (*gen* -ек) *fpl* penumbra, crepúsculo
суметь V. уметь
сумка *f* bolsa, saco
сумма *f* importe, suma
суммарный *adj* sumario
суммировать *biasp vt* sumar
сумочка *f* bolso, bolsillo
сумрак *m* oscuridad
сумрачный *adj* 1) oscuro, lóbrego 2) *(печальный)* lóbrego, huraño
сумчатый *adj zool* marsupial
сумятица *f* barahúnda, alboroto, desorden
сундук *m* arca, baúl, cofre
сундучок V. сундук
сунуть V. совать
сунуться V. соваться
суп *m* sopa
супермаркет *m* supermercado
супермен *m* superman
суперобложка *f* sobrecubierta, forro
суперфосфат *m quím* superfosfato
супостат *m obsol elev* enemigo, rival
супруг *m* cónyuge, esposo
супруга *f* cónyuge, esposa
супружеский *adj* conyugal
супружество *n colect* matrimonio
сургуч *m* lacre
сурдинк|а *f mús* sordina ◆ **под ~у** a hurtadillas
сурик *m quím* minio, azarcón
суроветь *impf* посуроветь *perf vi* volverse severo, endurecerse
сурово *adv* 1) severamente 2) *(тяжело)* duramente, penosamente
суровость *f* 1) austeridad, severidad 2) *(тягость)* dureza, penosidad 3) *(климата)* crudeza
суровый *adj* 1) severo, rígido, riguroso, austero 2) *(тягостный)* duro, penoso 3) *(о климате)* crudo
сурок *f* marmota
суррогат *m* sucedáneo
суррогатный *adj* sucedáneo
сурьма *f quím* antimonio
сусальный *adj* dorado
сусек *m hist* granero, troj ◆ **поскрести по ~ам** reunir todas las fuerzas
суслик *m* súslik (especie de roedor)
сусло *n* mosto
сусловый *adj* de mosto
сустав *m anat* articulación
суставной *adj anat* articular
сутана *f* sotana
сутенёр *m* proxeneta
сут|ки (*gen* -ок) *fpl* día, veinticuatro horas
сутолока *f* tumulto, alboroto, desorden
суточный *adj* de veinticuatro horas, diario

сутулиться *impf* ссутулиться *perf* encorvarse
сутулость *f* encorvadura
сутулый *adj* encorvado
суть *f* esencia, médula
сутяга *m/f desp* picapleitos, pleitista
сутяжник V. сутяга
сутяжничать *impf vi* litigar, pleitear
суфле *n* soufflé, suflé
суфлёр *m teat* apuntador
суфлировать *impf vi teat* apuntar
суффикс *m ling* sufijo
сухарик V. сухарь
сухарь *m* pan tostado, galleta
сухо 1. *adv* secamente **2.** *adv pred* está seco
сухогруз *m nav* buque de carga seca
сухожилие *n* tendón
сухожильный *adj anat* de tendón
сухой *adj* 1) seco, árido 2) *(чёрствый)* seco, frío
сухолюбивый *adj bot* de clima seco
сухомятк|а *f coloq* есть в ~у: comer a palo seco
сухопарый *adj* enjuto, seco, flaco
сухопутный *adj* por tierra
сухость *f* 1) sequedad, aridez 2) *(чёрствость)* sequedad, antipatía
сухофрукт *m* fruta seca
сухощавый *adj* enjuto, flaco, magro
сухоядение *n relig* prohibición de tomar comida preparada (durante el ayuno)
сучить *impf* ссучить *perf vt* 1) torcer 2) *(двигать ногами)* mover las piernas
сучка *f* 1) perra 2) *insult* puta, perra
суч|ок *m* nudo (en la madera) ♦ **без ~ка, без задоринки** como una balsa de aceite
суша *f* tierra, tierra firme
сушёный *adj* secado, seco
сушилка *f* secador, secadora
сушильный *adj* de secar
сушить *impf* высушить *perf vt* secar, desecar
сушиться *impf* высушиться *perf* secarse
сушка *f* 1) *(действие)* secamiento 2) *(баранка)* rosquilla (de pan)
сушняк *m* 1) *(сухие ветки)* ramaje seco 2) *coloq (сильная жажда)* sequedad (en la boca), boca seca
сушь *f* sequedad, sequía
существенность *f* importancia
существенный *adj* sustancial, esencial
существительное *n ling* sustantivo
существо[1] *n (живой организм)* ser
существо[2] *n (суть)* esencia
существование *n* existencia, subsistencia
существовать *impf vi* existir, substitir
существующий *adj* existente
сущий *adj* 1) verdadero 2) *obsol (существующий)* existente
сущностный *adj* de esencia
сущность *f* esencia
сфабриковать V. фабриковать
сфальцевать V. фальцевать
сфальшивить V. фальшивить
сфантазировать V. фантазировать
сфера *f* 1) esfera 2) *(область)* esfera
сферический *adj* esférico
сферичный *adj* esférico
сфинкс *m* esfinge
сфокусировать V. фокусировать
сформироваться V. формироваться
сформовать V. формовать
сформулировать V. формулировать
сфотографироваться V. фотографироваться
сфуговать V. фуговать
схалтурить V. халтурить
схватить *perf* схватывать *impf vt* 1) coger, agarrar 2) *(задержать)* detener, arrestar 3) *(болезнь)* coger, pillar 4) *(быстро понять)* captar
схватиться *perf* схватываться *impf* 1) cogerse, agarrarse ~ *за руки* cogerse de la mano 2) *(начать драку)* pelearse
схватка *f* 1) combate, escaramuza, refriega 2) *med* contracción
схватывать V. схватить
схватываться V. схватиться
схема *f* esquema
схематизация *f* esquematización
схематизировать *biasp vt* esquematizar
схематизм *m* esquematismo
схематический *adj* esquemático
схематичный *adj* esquemático
схимник *m relig* monje asceta, ermitaño
схитрить V. хитрить
схлестнуться *perf* схлёстываться *impf* 1) *(соединиться)* engancharse 2) *(схватиться)* pelearse
схлопотать *perf vt* 1) *(добиться)* conseguir 2) *(получить что-то неприятное)* recibir, ganarse
схлынуть *perf vi* 1) refluir, bajar 2) *(о толпе)* alejarse, apartarse
сход *m* 1) *(действие)* bajada 2) *(место)* descenso, declive 3) *(собрание людей)* reunión
сходить V. ходить
сходиться V. сойтись
сходка *f* reunión
сходня *f nav* pasarela
сходный *adj* semejante, parecido
сходство *n* parecido, semejanza, similitud
схождение *n* confluencia
схожесть *f* semejanza, afinidad, parecido
схожий *adj* parecido, semejante
схоласт *m hist* escolástico
схоластика *f hist* escolástica
схоластический *adj hist* escolástico
схоластичный *adj hist* V. схоластический
схоронить V. хоронить
схорониться *perf* esconderse
сцедить *perf* сцеживать *impf vt* decantar
сцементировать V. цементировать
сцена *f* 1) escenario, escena 2) *(эпизод)* escena 3) *coloq (ссора)* escena
сценарий *m cine teat* guión, argumento
сценарист *m cine teat* guionista, argumentista
сценарный *adj cine teat* de guión, de argumento
сценический *adj* escénico
сценичный *adj* escénico
сценка *f lit* relato
сценограф *m teat* escenógrafo
сценографический *adj teat* escenográfico
сценография *f teat* escenografía
сцеп *m* 1) *(действие)* enganche 2) *(приспособление для сцепления)* enganche 3) *(соединённые вместе вагоны)* vagones enganchados
сцепить *perf* сцеплять *impf vt tecn* acoplar, enganchar

сцепиться *perf* **сцепляться** *impf* 1) *(соединиться)* engancharse 2) *(схватиться)* pelearse
сцепка *f* 1) *(действие)* enganche 2) *(приспособление для сцепления)* enganche
сцепление *n tecn* embrague
сцепляться V. сцепиться
счастливец *m* hombre feliz
счастливо *adv* felizmente, afortunadamente
счастливчик *m* suertudo, afortunado
счастливый *adj* feliz, dichoso, afortunado
счасть|е *n* felicidad, dicha, fortuna *к счастью* por fortuna
счесть *perf vt* contar
счесться *perf* hacer cuentas
счетоводство *n* contabilidad
счёт *m* 1) cuenta, cálculo 2) *fin (документ)* cuenta, factura 3) *banc* cuenta 4) *sport* resultado ◆ **в конечном ~те** al fin y al cabo **свести ~ы** ajustar cuentas **быть на хорошем ~у** gozar de buena fama
счётн|ый *adj* 1) de cálculo, de cuenta *~ная машина* calculadora 2) *(счетоводный)* de contabilidad
счётчик *m* contador
счёт|ы (*gen* -ов) *mpl* abaco
счисление *n* numeración
счистить *perf* **счищать** *impf vt* limpiar, quitar
считалка *f* canción de echar a suertes
считанный *adj* contado
считать *impf* **посчитать** *perf vt* 1) contar, calcular 2) *(думать)* creer, considerar
считаться *impf* **посчитаться** *perf* 1) *(вести взаимный счёт)* echar cuentas 2) (**с кем/чем-л**) *(учитывать)* tener en cuenta 3) *(слыть)* ser considerado, tener fama (de u/c)
считывать *impf vt* V. считать
счищать V. счистить
счищаться V. счиститься
сшибать V. сшибить
сшибить *perf* **сшибать** *impf vt* 1) derrubar, tumbar 2) *(столкнуть лбами)* hacer chocar
сшибиться *perf* **сшибаться** *impf* chocar *~ лбами* chocarse las frentes
сшибка *f* choque
сшивать V. сшить
сшивка *f* costura
сшить *perf* **сшивать** *impf vt* 1) coser, confeccionar 2) *(соединить шитьём)* coser 3) *(рану)* coser, suturar
съедать V. съесть
съедение *n* comida
съедобный *adj* comestible, comible
съезд *m* 1) congreso 2) *(спуск)* bajada
съездить *perf vi* 1) ir y volver (en un vehículo) 2) *coloq (ударить)* pegar
съезжать V. съехать
съезжаться V. съехаться
съестной *adj* comestible
съесть *perf* **съедать** *impf vt* 1) comer 2) *(разъесть)* roer
съехать *perf* **съезжать** *impf vi* 1) bajar 2) *(свернуть в сторону)* desviarse 3) *(покинуть жильё)* irse, trasladarse
съехаться *perf* **съезжаться** *impf* reunirse, juntarse
съёживаться V. съёжиться
съёжиться *perf* **съёживаться** *impf* encogerse, acurrucarse
съём *m* recolección
съёмка *f* 1) *(удаление)* retirada, retiro 2) *foto* toma 3) *cine* rodaje
съёмный *adj* 1) desmontable 2) *(взятый на время)* alquilado
съёмочный *adj cine* de rodaje
съёмщи|к, -ца *m/f* inquilin|o, -a, arrendatari|o, -a
сыворотка *f* suero
сывороточный *adj med* de suero
сыграть V. играть
сызмала *adv* desde niño
сызнова *adv* de nuevo
сымитировать V. имитировать
сымпровизировать V. импровизировать
сын *m* hijo *старший ~* hijo mayor
сынишка *m dimin-afect* hijito
сыновний *adj* filial, de hijo
сынок *m dimin-afect* hijito ◆ **маменькин ~** niño de mamá
сыпать *impf vt* echar, verter
сыпаться *impf* 1) *(пересыпаться)* derramarse, caer 2) *(обрушиваться)* caer
сыпной *adj med* eruptivo, exantemático
сыпучий *adj (рыхлый)* suelto, a granel
сыпь *f* erupción
сыр *m* queso *козий ~* queso de cabra
сырец *m* sustancia cruda
сырник *m* syrnik (torta de queso fresco)
сырный *adj* de queso
сыро *adv pred* hay humedad, es húmedo
сыроежка *f* russula (seta)
сырой *adj* 1) *(влажный)* húmedo 2) *(неварёный)* crudo 3) *(необработанный)* bruto, crudo
сырок *m* kohuke (especie de queso fresco envuelto con chocolate)
сырость *f* humedad
сырьевой *adj* de materias primas
сырьё *n* materia prima
сырьём *adv* a lo crudo, crudo
сыск *m* pesquisa
сыскать *perf* **сыскивать** *impf vt* encontrar, hallar
сыскаться *perf* **сыскиваться** *impf* encontrarse, hallarse
сыскной *adj* de pesquisa
сытный *adj* nutritivo, abundante
сытость *f* saciedad
сытый *adj* harto, saciado
сыч *m* mochuelo
сычуг *m anat* abomaso
сыщик *m* detective
сэкономить V. экономить
сэндвич *m* bocadillo, sandwich
сэр *m* sir
сюда *adv* hacia aquí, por aquí *идите ~* venga aquí
сюжет *m* argumento, trama, tema
сюжетный *adj* de trama
сюзерен *m hist* señor
сюита *f mús* suite
сюрприз *m* sorpresa *сделать ~* hacer una sorpresa
сюртук *m* levita

сюсюкать *impf vi* 1) *(говорить свистящими звуками)* cecear 2) *(нянчиться)* hacer zalamerías
сюсюкаться *impf* hacer zalamerías
сяк *adv* así *и так, и ~* así y así
сякой *pron* cual *такой-~* malo malísimo
сям *adv obsol* aquí, allí *и там, и ~* por aquí y por allí

Т

табак *m* tabaco
табакерка *f* tabaquera, petaca
табачник *m* 1) tabaquero, tabacalero 2) *coloq (курильщик)* fumador
табачный *adj* 1) de tabaco 2) *(о цвете)* tabaco
табель *m* tabla, lista
табельн|ый *adj* de tabla, de lista ◆ **~ое оружие** arma reglamentaria
таблетка *f* pastilla, píldora, comprimido
таблица *f* tabla, cuadro ~ *умножения* tabla de multiplicar
табличка *f* 1) *dimin. de* таблица 2) cartel, cartelito
табличный *adj* de tabla(s)
табло *n inv* pantalla, tablero
табор *m* campamento
табу *n inv* tabú
табуированный *adj* tabú
табун *m* manada, caballada
табурет *m* V. табуретка
табуретка *f* taburete, banqueta
таверна *f* taberna, tasca
таволга *f* filipéndula
таврить *impf* затаврить *perf vt* marcar, herrar
тавро *n* marca (en el ganado), hierro
тавровый *adj* de marca, de hierro
тавтологический *adj* tautológico, redundante
тавтология *f* tautología, redundancia
таган *m* trébedes
таджи|к, -чка *m/f* tayiko
таджикский *adj* tayiko
таёжник *m* habitante de la taiga
таёжный *adj* de la taiga
таз[1] *m (лохань)* palangana, perol
таз[2] *m (часть скелета человека)* pelvis
тазик *m* palangana, perol
тазобедренный *adj anat* coxal, ilíaco
тазовый *adj anat* pelviano
таинственно *adv* misteriosamente, enigmáticamente
таинственность *f* misterio, carácter misterioso
таинственный *adj* misterioso, enigmático
таинство *n relig* misterio, sacramento
таить *impf vt* 1) encubrir, ocultar, esconder, disimular 2) *(заключать в себе)* encerrar, entrañar ◆ **что греха** ~ *coloq* para qué ocultarlo, no hay que ocultarlo
таиться *impf* 1) encubrir, ocultar 2) *(скрываться)* esconderse
тайга *f* taiga
тайком *adv* a escondidas, a hurtadillas, en secreto
тайм *m sport* tiempo
тайм-аут *m sport* tiempo muerto
таймень *m (рыба)* hucho taimen
тайна *f* misterio, secreto
тайник *m* escondrijo, escondite
тайнопись *f* criptografía
тайный *adj* secreto, disimulado, misterioso
тайфун *m* tifón
так **1.** *adv* 1) así ~ *же* del mismo modo 2) *(настолько)* tanto *он* ~ *умён* es tan inteligente **2.** *partic* eso, eso es *именно* ~ precisamente eso **3.** *conj (следовательно)* luego, pero ~ *вы его знаете!* ¡pero usted le conoce!
такать *impf* такнуть *perf vi coloq* traquetear, tabletear
такелаж *m nav* jarcia, cabullería
такелажник *m nav* aparejador
также *conj* también, asimismo
таки *partíc coloq* sin embargo, pues *он* ~ *пришёл* sin embargo vino
такнуть V. такать
таков, такова, таково, таковы *pron* tal *таков его характер* así es su carácter; *таково моё мнение* tal es mi opinión
таковой *pron elev* tal *как* ~ como tal
таковский *adj desp vulg* así, de esos
такой *adj* tal, tan ~, *какой есть* tal como es
такса[1] *f (расценка)* tasa
такса[2] *f (собака)* perro pachón
такси *n inv* taxi *поймать* ~ coger un taxi
таксировать *impf vt* tasar
таксист, -ка *m/f* taxista
таксометр *m* taxímetro
таксомотор *m* taxi
такт[1] *m* 1) *mús* compás 2) *(ритм)* ritmo, cadencia
такт[2] *m (чувство меры)* tacto
так-таки *partíc* 1) *coloq (таки)* con todo, sin embargo, no obstante 2) *coloq (действительно)* verdaderamente, literalmente
тактик *m* táctico
тактика *f* táctica
тактический *adj* táctico
тактично *adv* con tacto, con comedimiento
тактичный *adj* de (con) tacto, comedido
тактовый *adj mús* de compás
талант *m* talento, ingenio
талантливость *f* talento
талантливый *adj* talentoso, de talento, ingenioso
талдычить *impf vt vulg peyor* repetir, insistir (en u/c), machacar
талер *m* tálero, taler
талисман *m* talismán
талия[1] *f (часть туловища)* cintura, talle
талия[1] *f cart* baraja
талмуд *m* 1) *relig* Talmud 2) *hum (громоздкая книга)* tocho, libraco
талмудист *m relig* talmudista
талон *m* talón, tarjeta *посадочный* ~ tarjeta de embarque
тал|ый *adj* deshelado, derretido *~ая вода* agua deshelada
тальк *m* talco
тальянка *f coloq* acordeón
там *adv* 1) allí, ahí, allá ~ *же* allí mismo 2) *coloq (потом)* después ~ *видно будет* allá veremos

тамада *m* maestro de ceremonias (en una celebración)
тамбур *m* 1) *arquit* tambor 2) *(у входных дверей)* cancel 3) *(в вагоне)* plataforma
тамбурин *m* tamboril, tamburín
таможенник *m* aduanero
таможенный *adj* aduanero, de aduana
таможня *f* aduana
тамошний *adj vulg* de allí
тампон *m* tampón
тампонада *f med* taponamiento
тангенс *m mat* tangente
танго *n inv danz* tango
тандем *m* tándem
тандемный *adj* de (en) tándem
танец *m* baile, danza
танин *m biol* tanino
танк *m* tanque
танкер *m nav* petrolero
танкетка *f mil* tanqueta
танкист *m mil* tanquista
танковый *adj mil* de tanque(s)
танкодром *m mil* tancódromo, polígono
тантал *m quím* tántalo
танцевальный *adj* de baile, de danza
танцевать *impf* станцевать *perf vt* bailar, danzar
танцмейстер *m obsol* maestro de baile (de danza)
танцовщи|к, -ца *m/f* bailador, -a, bailarín, -ina
танцор *m* bailador, bailarín
танцплощадка *f* pista de baile
танцулька *f coloq* baile, bailoteo
тапёр *m* pianista (en un baile)
тапир *m* tapir
тапок *m (espec pl)* zapatilla
тапочка *f (espec pl)* zapatilla
тара *f* 1) embalaje 2) *(вес упаковки)* tara
тарабанить *impf vi vulg* hacer ruido, dar golpes, traquetear
тарабарский *adj coloq* incomprensible, enrevesado
тарабарщина *f coloq* galimatías, guirigay
таракан *m* cucaracha, curiana
тараканий *adj* de cucaracha(s)
таран *m* 1) ariete 2) *(выступ в носовой части)* ariete, espolón *лететь на ~* volar en picado
таранить *impf vt mil nav* atacar (embestir) con el espolón, batir en brecha
тарантас *m hist* calesa
тарантелла *f danz* tarantela
тарантул *m* tarántula
тарань *f* especie de gobio (rutilus heckelii)
тарарам *m coloq* bulla, alboroto, jaleo
тараторить *impf vi coloq* hablar como una cotorra
тарахтеть *impf vt coloq* traquetear, tabletear
таращить *impf* вытаращить *perf vt coloq* : ~ глаза abrir los ojos como platos
таращиться *impf* вытаращиться *perf* 1) *coloq* abrirse como platos (los ojos) 2) **(на кого/что-л)** *coloq (о человеке)* mirar con los ojos abiertos como platos
тарелка *f* plato *глубокая ~* plato hondo ◆ **летающая ~** platillo volante
тарелочка *f dimin. de* тарелка
тариф *m* tarifa, tasa
тарификация *f* tarificación
тарифицировать *biasp vt* tarificar
тарифный *adj* tarifario, de tarifas
тарный *adj* de tara
тартар *m mitol* tártaro
тартарары *inv coloq* : провалиться в ~ desaparecer, tragarse la tierra a alg
тархун *m* estragón
тары-бары *inv vulg* verborrea, cháchara *и пошли ~* y (que si) patatín patatán
таскать *impf vt* 1) llevar, arrastrar 2) *coloq (одежду)* llevar 3) *coloq (воровать)* hurtar, robar 4) *coloq (дёргать)* tirar (de u/c)
таскаться *impf (бродить)* vagar *~ по улицам* callejear
тасовать *impf* стасовать *perf vt cart* barajar
татакать *impf* татакнуть *perf vi coloq* V. такать
татакнуть V. татакать
татарка *f* tártara
татарник *m (растение)* cardo
татарский *adj* tártaro
татар|ин (*pl* -ы) *m* tártaro
татуировать *biasp vt* tatuar
татуировка *f* tatuaje
тафта *f* tafetán
тахикардия *f* taquicardia
тахта *f* canapé, cama turca
тачанка *f* tachanka (carro ligero)
тачать *impf* вытачать/стачать *perf vt* coser, pespuntar
тачка *f* 1) carretilla, carrito 2) *coloq (машина)* carro, coche
тащить *impf vt* 1) llevar, arrastrar 2) *coloq (воровать)* hurtar, robar
тащиться *impf* 1) arrastrarse 2) **(от кого/чего-л)** *coloq (получать удовольствие)* gozarla, pasarlo pipa
таяние *n* derretimiento, deshielo
таять *impf* растаять *perf vi* 1) derretirse, deshacerse 2) *(исчезать)* desaparecer
тварь *f* 1) *obsol* criatura, bestia 2) *insult* alimaña, mal bicho
твердеть *impf* затвердеть *perf vi* ponerse duro, endurecerse
твердить *impf* вытвердить *perf vt* 1) *coloq* repetir 2) *coloq (заучивая)* aprender de memoria, empollar
твердыня *f* fortaleza
твердь *f* 1) *obsol (небесная)* firmamento 2) *obsol (земная)* tierra
твёрдость *f* 1) dureza, solidez 2) *(стойкость)* firmeza
твёрдый *adj* 1) duro, sólido 2) *(стойкий)* firme 3) *(стабильный)* estable
твид *m* tweed, paño escocés
твист *m danz* twist
твой, твоя, твоё, твои *pron pos* tuyo, tu *твоя сестра* tu hermana
творение *n* 1) *elev* creación 2) *(существо)* criatura
творец *m* creador
творительный *adj ling* instrumental *~ падеж* caso instrumental
творить *impf* сотворить *perf vt* 1) crear 2) *(делать)* hacer *~ чудеса* hacer milagros
твор|иться *impf coloq* pasar, suceder *что здесь ~ится?* ¿qué sucede aquí?

творог, творог *m* requesón
творожный *adj* de requesón
творческий *adj* creador, creativo
творчество *n* creación, creatividad *народное ~* arte popular
театр *m* teatro
театрал *m* aficionado al teatro
театрализация *f* adaptación al teatro, escenificación
театрализовать *biasp vt* adaptar al teatro, escenificar
театрально *adv* teatralmente
театральность *f* teatralidad
театральный *adj* teatral, de teatro
театровед *m* teatrólogo
театроведение *n* teatrología, estudios teatrales
тевтон *m* teutón
тевтонский *adj* teutón
тезаурус *m* tesauro
тезис *m* tesis
теизм *m relig* deísmo
текинец *m* tekino (pueblo de Turkmenistán)
текст *m* texto
текстиль *m* tejidos
текстильный *adj* textil
текстильщик *m* persona que trabaja en el sector textil
текстовка *f coloq* texto, explicación
текстовой *adj* textual, de texto
текстовый *adj* textual, de texto
текстолог *m* textólogo
текстологический *adj* textológico
текстология *f* textología
текстуальный *adj* textual, de texto
текстура *f* textura
тектоника *f geol* tectónica
тектонический *adj geol* tectónico
текучесть *f* fluidez, fluencia
текучий *adj* 1) fluido 2) *(проточный)* fluente, corriente
текучка *f coloq* trajín, asuntos rutinarios
текущий *adj* corriente, actual
телевещание *n* teledifusión
телевидение *n* televisión
телевизионный *adj* televisivo
телевизионщик *m coloq* persona que trabaja en la televisión
телевизор *m* televisor *по ~у* por televisión
телега *f* carro, carreta
телеграмма *f* telegrama
телеграф *m* telégrafo
телеграфировать *biasp vt* telegrafiar
телеграфист, -ка *m/f* telegrafista
телеграфия *f* telegrafía
телеграфный *adj* telegráfico, de(l) telégrafo
тележка *f* carretilla, carro
тележный *adj* de(l) carro
телезритель *m* telespectador
телекоммуникация *f* telecomunicación
телекс *m* télex
телеобъектив *m foto* teleobjetivo
телеологический *adj filos* teleológico
телеология *f filos* teleología
телепатический *adj* telepático
телепатия *f* telepatía
телеса (*gen* телес) *npl coloq irón* carnes (de una persona obesa)
телескоп *m* telescopio
телескопический *adj* telescópico
телесность *f* corporalidad
телесный *adj* 1) corporal 2) *elev (материальный)* material
телестанция *f* estudios televisivos
телетайп *m* teletipo
телефон *m* teléfono *стационарный ~* teléfono fijo; *мобильный ~* teléfono móvil; *звонить по ~у* llamar por teléfono
телефонизация *f* telefonización, instalación de red telefónica
телефонизировать *biasp vt* telefonizar
телефонировать *biasp vt* telefonear
телефонист, -ка *m/f* telefonista
телефония *f* telefonía
телефонный *adj* telefónico
телефонограмма *f* telefonema
Телец *m astr* Tauro
телецентр *m* estudios de televisión
телёнок *m* ternero, becerro
телик *m coloq* tele, televisión
телиться *impf* отелиться *perf* parir (dicho de la vaca, el ciervo, el reno)
тел|о *n* cuerpo *твёрдое ~о* cuerpo sólido ◆ **держать в чёрном ~е** maltratar
телогрейка *f coloq* chaquetón acolchado
телодвижение *n* movimiento (del cuerpo), ademán
телок *m coloq* V. телёнок
телосложение *n* complexión, constitución
телохранитель *m* guardaespaldas
тельце *n* 1) *dimin. de* тело 2) *biol* corpúsculo
теля *n obsol* V. телёнок
телятина *f* ternera
телятник *m* 1) *(хлев)* establo 2) *(работник)* mozo de cuadra
телячий *adj* de ternero
тем *adv* tanto *~ лучше* tanto mejor; *~ не менее* no obstante
тема *f* 1) tema 2) *coloq (хорошая вещь)* cosa chula
тематика *f* temática
тематический *adj* temático
тембр *m* timbre
тембровый *adj* de timbre
теменной *adj anat* parietal
темень *f coloq* V. темнота
темечко *n dimin. de* темя
темне|ть *impf* потемнеть (1)/стемнеть (2) *perf vi* 1) oscurecerse *волосы ~ют* el pelo oscurece 2) *(о сумерках)* oscurecer, anochecer *~ет* oscurece 3) *(виднеться)* divisarse, distinguirse
темнеться *impf* divisarse, distinguirse
темнить *impf vt* 1) oscurecer, ensombrecer 2) *coloq (обманывать)* enmarañar, engañar, liar
темнота *f* 1) oscuridad, tinieblas 2) *coloq (невежество)* ignorancia
темп *m mús* ritmo, tempo
темпера *f arte* témpera
темперамент *m* temperamento
темпераментный *adj* apasionado, con temperamento
температура *f* temperatura, fiebre
температурный *adj* de temperatura
темь *f coloq* V. темнота
темя *n anat* parietal

тенденциозность *f* tendenciosidad
тенденциозный *adj* tendencioso
тенденция *f* tendencia
тендер[1] *m ferroc* ténder
тендер[2] *m com* licitación
тендерный *adj com* de licitación
теневой *adj* sombrío, umbrío
тенёк *m dimin. de* тень
тенёто *n* red (para cazar)
тенистый *adj* sombrío, umbroso
теннис *m* tenis *настольный* ~ tenis de mesa; *играть в* ~ jugar al tenis
теннисист, -ка *m/f* tenista
тенниска *f* polo (prenda de vestir)
теннисный *adj* de(l) tenis, tenístico
тенор *m mús* tenor
тент *m* tienda, pabellón (de lona)
тен|ь *f* sombra *в ~и* a la sombra
теодолит *m mat* teodolito
теократический *adj pol* teocrático
теократия *f pol* teocracia
теолог *m* teólogo
теологический *adj* teológico
теология *f* teología
теорема *f* teorema
теоретизирование *n* teorización
теоретизировать *impf vi* teorizar
теоретик *m* teórico
теоретически *adv* teóricamente
теоретический *adj* teórico
теория *f* teoría
теософия *f* teosofía
теперешний *adv coloq* actual, presente, de ahora
теперь *adv* ahora, actualmente
теплеть *impf* потеплеть *perf vi* 1) calentarse 2) *(о погоде)* subir la temperatura
теплиться *impf* arder débilmente
теплица *f* invernadero
тепличный *adj* de invernadero
тепло 1. *adv* con calor, calurosamente 2. *adv pred* hace calor 3. *n* calor
тепловоз *m* locomotora diésel
тепловой *adj* térmico, calorífico
теплоёмкость *f fís* capacidad térmica (calorífica)
теплокровные *pl zool* homotermos
теплолюбивый *adj* termófilo
тепломер *m fís* calorímetro
теплообмен *m fís* cambio térmico, recuperación de calor
теплообменник *m fís* termocambiador, termopermutador
теплопроводность *f fís* termoconductividad, conductibilidad del calor
теплота *f* calor, calidez
теплотехник *m* técnico (especialista) en calefacciones
теплотехника *f* termotecnia
теплотехнический *adj* termotécnico
теплоход *m* motonave, crucero
теплоцентраль *f* central térmica
теплоэлектроцентраль *f* central termoeléctrica
теплушка *f* 1) *(вагон)* vagón de mercancías (con calefacción) 2) *(помещение)* refugio, albergue
теплынь *f coloq* calor
терапевт *m* terapeuta
терапевтический *adj* terapéutico
терапия *f* terapia
теребить *impf vt* 1) *(дёргать)* tirar (de u/c) ~ *бороду* tirar de la barba 2) *(вырывать)* arrancar 3) *coloq (надоедать)* fastidiar, chinchar
терем *m hist* térem (construcción rusa antigua en forma de torre)
теремок *m dimin. de* терем
тереть *impf vt* 1) frotar, estregar ~ *руки* frotarse las manos 2) *(на тёрке)* rallar
тереться *impf* потереться *perf* 1) *coloq* frotarse, restregarse 2) (**с кем-л**) *vulg (общаться)* relacionarse (con alg), codearse (con alg)
терзание *n* tormento
терзать *impf vt* 1) *(раздирать на части)* desgarrar, despedazar 2) *(истязать)* atormentar, torturar, desgarrar
терзаться *impf elev* atormentarse, torturarse, martirizarse
термальный *adj* termal
термин *m* término
терминал *m* terminal
терминальный *adj* terminal
терминологический *adj* terminológico
терминология *f* terminología
термит[1] *m (насекомое)* termita
термит[2] *m quím* termita
термический *adj* térmico
термодинамика *f fís* termodinámica
термодинамический *adj fís* termodinámico
термометр *m* termómetro
термос *m* termos
термостат *m* termostato
термостойкий *adj tecn* termoestable, termorresistente
термоядерный *adj* termonuclear
тернистый *adj elev* espinoso
терновник *m* V. тёрн
терновый *adj* de endrino, de espino negro
терпеливый *adj* paciente, resistente
терпение *n* paciencia, resistencia
терпеть *impf* потерпеть *perf vt* 1) aguantar, soportar, sufrir 2) *(сносить, допускать)* soportar
терпеться *impf v/impers* (**кому-л**) *coloq* tener paciencia, aguantar
терпимость *f* tolerancia
терпимый *adj* 1) soportable, tolerable 2) *(о человеке)* tolerante, indulgente
терпкий *adj* áspero
терпкость *f* aspereza
терракот *m* V. терракота
терракота *f* terracota
терракотовый *adj* de terracota
террариум *m* terrario
терраса *f* terraza
террикон *m min* terreno, escombrera
территориальный *adj* territorial
территория *f* territorio
террор *m* terror, terrorismo
терроризировать *impf vt* aterrorizar, causar terror
терроризм *m* terrorismo
террорист *m* terrorista
террористический *adj* terrorista
терция *f mús* tercera
терьер *m* terrier
терять *impf* потерять *perf vt* perder ~ *время* perder el tiempo ◆ ~ **голову** perder la cabeza

теряться *impf* **потеряться** *perf* 1) *(пропадать)* perderse, extraviarse 2) *(терять самообладание)* desanimarse, perder los ánimos
тесак *m* machete
тесать *impf vt* labrar (madera, piedra)
тесёмка *f* V. тесьма
тесёмчатый *adj* de cinta, de ribete
теснина *f* desfiladero, vaguada
теснить *impf* стеснить (1,3)/потеснить (2) *perf vt* 1) estrechar, apretar 2) *(оттеснять)* empujar, acosar 3) *(сжимать)* oprimir, estrechar
тесниться *impf* стесниться *perf* 1) *(толпиться)* estrecharse, apretarse 2) *(ютиться)* vivir apretado(s)
теснота *f* estrechez
тесный *adj* 1) estrecho 2) *(близкий)* estrecho 3) *(об одежде)* apretado
тесовый *adj* de tablas, de chillas
тест *m* test
тестирование *n* examen (acción)
тестировать *impf* протестировать *perf vt* examinar
тесто *n* masa *месить ~* amasar
тестовый *adj* de test
тестообразный *adj* pastoso
тесть *m* suegro
тесьма *f* cinta, ribete
тет-а-тет *adv* a solas
тетерев *m* urogallo, gallo silvestre
тетеревиные *pl zool* gallináceos
тетеря *f* 1) V. тетерев 2) *vulg peyor* papanatas, atontad|o, -a
тетёрка *f* gallina silvestre
тетива *f* cuerda (de un arco)
тетрадка *f coloq* V. тетрадь
тетрадный *adj* de cuaderno, de libreta
тетрадь *f* cuaderno, libreta
тефтель *m (espec pl)* albóndiga
техминимум *m* mínimo (indispensable) de conocimientos técnicos
технарь *m coloq* especialista del ámbito de la técnica
техник *m* técnico
техника *f* técnica, tecnología
техникум *m* escuela de formación profesional
техницизм *m elev* tecnicismo
технический *adj* técnico
техничка *f euf* mujer de la limpieza
техничный *adj* técnico, hábil
технократ *m* tecnócrata
технократический *adj* tecnocrático
технократия *f* tecnocracia
технолог *m* tecnólogo
технологический *adj* tecnológico
технология *f* tecnología
техосмотр *m auto* chequeo, revisión
техред *m* redactor técnico
течение *n* 1) corriente, curso 2) *(ход)* curso, marcha 3) *(о времени)* transcurso *в ~ года* durante el año 4) *(в искусстве)* tendencia, corriente
течка *f* celo (en los animales)
течь *impf vi* 1) correr, gotear, manar 2) *(о времени)* correr, pasar 3) *(давать течь)* dejar pasar el agua
тешить *impf* потешить *perf vt* 1) *(развлекать)* entretener, divertir, alegrar 2) *(утешать)* consolar, reconfortar
тешиться *impf* потешиться *perf* 1) *(развлекаться)* entretenerse, divertirse 2) **(над кем-л.)** *coloq (издеваться)* reírse (de alg), burlarse (de alg) ◆ **милые бранятся - только ~атся** dos que bien se quieren, riñendo se entienden
тёзка *m/f* tocay|o, -a
тёлка *f* 1) *(молодая корова)* ternera 2) *vulg (девушка)* tía, chica
тёмная *f obsol* calabozo
тёмный *adj* 1) *(по освещению)* oscuro, tenebroso 2) *(по цвету)* oscuro 3) *(сомнительный)* sospechoso, oscuro
тёпленький *adj dimin* calentito, tibio
тёплый *adj* 1) cálido, tibio, templado, caliente 2) *(греющий)* cálido, caliente 3) *(о цветовом оттенке)* cálido 4) *(об одежде)* de abrigo 5) *(доброжелательный, ласковый)* cálido, cordial, afectuoso
тёрка *f* rallador
тёрн *m* 1) *(растение)* endrino, espino negro 2) *(ягода)* endrina
тёртый *adj* rallado, triturado ◆ ~ **калач** perro viejo, toro corrido
тёс *m* tablas (finas), chillas
тёсаный *adj* labrado (referido a la madera o la piedra)
тётенька *f* 1) *coloq afect (тётя)* tiíta 2) *coloq (взрослая женщина)* mujer, señora
тётка *f* 1) *coloq (тётя)* tita 2) *coloq (взрослая женщина)* mujer, señora
тётушка *f coloq afect* tita
тётя *f* 1) tía 2) *(обращение)* señora
тёша *f* ventresca
тёща *f* suegra
тибетец *m* tibetano
тибетский *adj* tibetano, del Tíbet
тигель *m tecn* crisol
тигр *m* tigre
тигрёнок *m* cachorro de tigre
тигриный *adj* de tigre
тигрица *f* tigresa
тигровый *adj* de tigre
тик[1] *m (подёргивание мышц)* tic *нервный ~* tic nervioso
тик[2] *m (ткань)* cotí, terliz
тикать *impf vi* hacer tic-tac
тикать *impf vi coloq* salir corriendo, poner los pies en polvorosa
тимпан[1] *m mús* tímpano, timbal
тимпан[2] *m arquit* tímpano
тимьян *m* tomillo
тина *f* fango, limo
тинистый *adj* lamoso, limoso, cenagoso
тип *m* 1) tipo, especie, clase 2) *coloq (человек)* tío, individuo
типаж *m arte* tipo
типизация *f* tipificación
типизировать *biasp vt* tipificar, caracterizar
типический *adj* típico, característico
типично *adv* típicamente, de manera típica
типичность *f* caracter típico
типичный *adj* típico, característico
типовой *adj* tipo, modelo
типография *f* tipografía, imprenta
типографский *adj* tipográfico
типологический *adj* tipológico

типология *f* tipología
типун *m vet* pepita
тир *m* tiro (lugar donde se tira al blanco)
тирада *f elev* tirada, retahíla
тираж *m* tirada, edición
тиражирование *n* tirada, edición (acción)
тиражировать *biasp vt* tirar, determinar la tirada
тиражный *adj* de tirada, de edición
тиран *m* déspota, tirano
тиранить *impf vt* tiranizar, oprimir
тиранический *adj* tiránico
тирания *f* tiranía
тиранство *n* tiranía, tiranización
тиранствовать *impf vi* (**над кем-л.**) *coloq* tiranizar, portarse como un tirano
тире *n inv* guión, raya
тис *m* tejo
тискать[1] *impf* тиснуть *perf vt coloq* apretujar, estrujar, achuchar
тискать[2] *impf* тиснуть *perf vt (печатать)* imprimir, tirar, estampar
тиск|и (*gen* -ов) *mpl* mordazas, tornillo de mordazas ◆ **взять (зажать) в ~и кого-л** *coloq* apretar los tornillos a alg
тиснение *n* estampado, estampación
тиснёный *adj* estampado, impreso
тиснуть V. тискать 1,2
титан[1] *m mitol* titán
титан[2] *m quím* titanio
титанический *adj* titánico
титановый *adj quím* de titanio
титр *m cine* subtítulo, rótulo
титул *m* título
титуловать *biasp vt* conceder (otorgar) un título
титульный *adj impr* : ~ лист portada
тиф *m med* tifus, fiebre tifoidea
тифозный *adj med* tifoideo, tífico
тихий *adj* 1) silencioso, quieto, bajo 2) *(спокойный)* tranquilo, quieto, pacífico 3) *(медленный)* lento ◆ ~ **час** siesta
тихнуть *impf* стихнуть *perf vi* callarse, silenciarse
тихо *adv* 1) sin ruido, silenciosamente 2) *(спокойно)* tranquilamente, quietamente 3) *(медленно)* despacio, lentamente
тихоня *m/f coloq* mosquita muerta
тихоход *m coloq* persona lenta, tortuga
тихоходный *adj* de velocidad baja, de marcha lenta
тишина *f* silencio, calma, tranquilidad
тишь *f* silencio, calma
тканевый *adj* 1) de tela, de tejido 2) *biol* de tejido
тканина *f vulg* tela, trozo de tela
тканый *adj* tejido
ткань *f* 1) tejido, tela 2) *biol* tejido
тканьёвый *adj* con tejido, con tejedura
ткать *impf* соткать *perf vt* 1) tejer 2) *(о насекомых)* hilar, tejer
ткацкий *adj* de tejido ~ *станок* telar
ткач *m* tejedor
ткачество *n* tejeduría
ткачиха *f* tejedora
ткнуть V. тыкать 1
ткнуться V. тыкаться
тлен *m* 1) *(распад)* descomposición, putrefacción 2) *(то, что подвержено гибели)* podredumbre, carroña 3) *(то, что истлело)* cenizas
тление *n* 1) descomposición, putrefacción 2) *(горение)* ardimiento débil
тленный *adj* corruptible, perecedero
тлетворный *adj* pestilente, putrefactivo
тлеть *impf vi* 1) *(гнить)* pudrirse, descomponerse 2) *(теплиться)* arder débilmente
тля *f* pulgón
тмин *m* comino
то **1.** *pron* V. тот **2.** *conj (en las condicionales)* entonces *если ты устал, ~ мы никуда не пойдём* si estás cansado no iremos a ningún sitio
товар *m* mercancía, artículo
товарищ *m* camarada, compañero
товарищеский *adj* 1) de compañeros, de camaradas 2) *sport* amistoso
товарищество *n* 1) *(товарищеские отношения)* camaradería, compañerismo 2) *(объединение)* sociedad, coperativa
товарка *f coloq* compañera, camarada
товарник *m coloq* tren de mercancías
товарность *f econ* capacidad de producción
товарный *adj* de mercancías
товарняк *m vulg* V. товарник
товаровед *m* perito mercantil
товароведение *n* peritaje mercantil
товарообмен *m* intercambio de mercancías
товарооборот *m* circulación de mercancías
товаропроводящий *adj com* de conducción de mercancías
товаропроизводитель *m com* productor (de mercancías)
тога *f* toga
тогда *adv* entonces ~ *же* precisamente entonces
тогдашний *adj coloq* de entonces, de aquel entonces
того *partíc vulg* eso, aquello (adquiere significado en función del contexto) *я прилег отдохнуть, да и ~* me eché para descansar, y me quedé dormido
тождественность *f* identidad
тождественный *adj* idéntico
тождество *n* identidad
тоже *conj* también ~ *не* tampoco
ток[1] *m* 1) *(поток, течение)* corriente 2) *(электропоток)* corriente
ток[2] *m (место, где токуют птицы)* lugar de reclamo (de las aves)
ток[3] *m (площадка для молотьбы)* era
токарный *adj* de torno, de tornero
токарь *m* tornero
токовать *impf vt* reclamar (referido a los pájaros)
токовище *n* V. ток 2
токовый *adj* de (la) corriente
токоприёмник *m* colector de corriente, pantógrafo
токсикоз *m med* toxicosis
токсикомания *f med* toxicomanía
токсин *m biol* toxina
токсический *adj* tóxico
токсичность *f* toxicidad
токсичный *adj* tóxico
тол *m* trilita, tolita
толевый *adj* de cartón embreado (asfaltado)
толика *f coloq* : малая (небольшая) ~ una pizca, un poquito

толк *m* 1) *(смысл)* sentido 2) *(польза)* provecho
толкатель *m* 1) *tecn* empujador 2) *sport* lanzador de peso
толкать *impf* толкнуть *perf vt* 1) empujar, impulsar 2) *sport* lanzar
толка|ться *impf* 1) dar empujones, empujar *не ~йтесь!* ¡no empuje! 2) *coloq (куда-либо)* acudir (a u/c), dirigirse (a u/c) *~ться в дверь* llamar a la puerta, querer entrar
толкач *m* 1) *ferroc* locomotora de empuje, empujadora 2) *nav* remolcador
толк|и (*gen* -ов) *mpl* rumores, chismes
толкнуть V. толкать
толкование *n* interpretación, comentario
толкователь *m* comentador, interpretador
толковать *impf vt* 1) *(истолковывать)* interpretar, comentar 2) *coloq (объяснять)* explicar, comentar 3) **(с кем-л)** *coloq (разговаривать)* hablar (con alg), conversar (con alg)
толковый *adj* sensato, cuerdo ◆ ~ **словарь** diccionario de uso
толком *adv coloq* claramente, bien *я его ~ не знаю* no lo conozco bien
толкотня *f coloq* tumulto, tropel
толкучка *f* 1) *coloq* V. толкотня 2) *coloq (место)* rastro, mercado al aire libre
толмач *m* trujamán, intérprete
толокно *n* harina de avena
толокнянка *f* oreja de oso (planta)
толочь *impf vt* triturar, moler, machacar
толочься *impf coloq* agolparse, apiñarse
толпа *f* muchedumbre, gentío, multitud
толпами *adv* a manadas
толпиться *impf* agolparse, apiñarse
толстенький *adj coloq dimin* gordito, regordete
толстеть *impf* потолстеть *perf vi* engordar, engordarse
толстить *impf vt* hacer más gordo, engordar
толстовка *f* 1) *hist* camisa con cinturón 2) *(свитер)* sudadera
толстокожий 1. *adj* 1) *(о фруктах)* de piel dura 2) *coloq (о человеке)* insensible, sin sentimientos, insensible, sin sentimientos **2.** *pl zool* paquidermo
толстопузый *adj coloq* panzudo, barrigudo
толстостенный *adj* de paredes gruesas
толстосум *m vulg desp* ricachón, millonetis
толстуха *f coloq* gorda, mujer gruesa
толстый *adj* gordo, grueso
толстяк *m coloq* gordo, hombre grueso
толчея[1] *f (толкотня)* vaivén, ajetreo
толчея[2] *f (мельница)* pisón
толчёный *adj* molido, triturado, desmenuzado
толчок *m* 1) empujón, impulso 2) *sport* lanzamiento 3) *coloq (туалет)* retrete, lavabo
толща *f* grueso, grosor, espesor
толщина *f* 1) *(отверстия)* espesor, grueso 2) *(тучность)* corpulencia
толь *m constr* cartón embreado (asfaltado)
только 1. *partic* sólo, tan sólo, meramente, solamente **2.** *conj* pero, no obstante *я согласен, ~ имейте в виду, что...* estoy de acuerdo, pero tenga en cuenta que... **3.** *adv* apenas, hace un momento *он ~ пришёл* acaba de llegar ◆ **разве** ~ a menos que ~ **что** ahora mismo, hace un momento
том *m* tomo, volumen
томагавк *m* tomahawk
томат *m* tomate
томатный *adj* de tomate
томик *m dimin. de* том
томительно *adv* 1) fatigosamente, abrumadoramente 2) *(мучительно)* penosamente, angustiosamente
томительный *adj* 1) fatigoso, abrumador 2) *(мучительный)* penoso, tormentoso
томить *impf* истомить *perf vt* 1) hacer sufrir, hacer padecer 2) *(парить)* cocer a fuego lento
томиться *perf* истомиться *perf* 1) languidecer, sufrir 2) *(париться)* cocerse a fuego lento
томление *n* 1) languidez, angustia 2) *(терзание)* tormento 3) *(при готовке)* cocción a fuego lento
томный *adj* lánguido
тон *m* tono
тональность *f mús* tonalidad
тоненький *adj dimin* delgadito, finito
тонзиллит *m med* amigdalitis
тонизировать *biasp vt fisiol* tonificar
тоник *m* tónica (bebida)
тонический *adj fisiol* tónico, tonificante
тонкий *adj* 1) delgado, fino 2) *(изящный)* esbelto, fino 3) *(о звуке)* alto, fino 4) *(сложный)* delicado 5) *(проницательный)* fino
тонкостенный *adj* de paredes finas
тонкость *f* 1) delgadez, sutileza 2) *(утончённость)* finura, sutileza
тонна *f* tonelada
тоннаж *m* tonelaje
тоннель *m* túnel
тоннельный *adj* de(l) túnel
тонус *m fisiol* tono
тонуть *impf* потонуть *perf vi* 1) hundirse, ahogarse 2) *(теряться)* perderse
тончать *impf* потончать *perf vi* volverse fino (delgado)
тоня *f* 1) *(место)* pesquería 2) *(улов)* pesca
топ[1] *onomat (звук шагов)* tap, trapa
топ[2] *m pop.-poét* V. топот
топ[3] *m (предмет одежды)* top
топаз *m min* topacio
топать *impf* топнуть *perf vi* 1) patalear, patear 2) *vulg (идти)* patear, andar, caminar
топить[1] *impf vt* 1) *(обогревать, отапливать)* calentar, caldear 2) *(разводить огонь)* encender
топить[2] *impf vt (нагревая, расплавлять)* derretir
топить[3] *impf* потопить/утопить *perf vt (погружать в воду)* hundir, ahogar
топиться[1] *impf (о печи)* arder, estar encendido
топиться[2] *impf* утопиться *perf (совершать самоубийство)* ahogarse
топка *f* 1) fogón, horno 2) *(процесс)* calentamiento
топкий *adj* fangoso, cenagoso, pantanoso
топлёный *adj* cocido a fuego lento
топливный *adj* de combustibles(s)
топливо *n* combustible, fuel
топнуть V. топать
топограф *m* topógrafo
топографический *adj* topográfico
топография *f* topografía
тополиный *adj* de álamo

тополь *m* álamo
топоним *m* topónimo
топонимика *f* toponimia
топонимический *adj* toponímico
топонимия *f* toponimia
топор *m* hacha
топорик *m* hachuela
топорище *n* mango del hacha
топорный *adj* 1) de(l) hacha 2) *(грубый)* basto, tosco, grosero
топорщить *impf* встопорщить *perf vt coloq* erizar, levantar
топорщиться *impf* встопорщиться *perf coloq* erizarse, levantarse
топот *m* pataleo, ruido de pasos
топотать *impf vi* patalear, patear
топтание *n* pisoteo, pisoteamiento
топтать *impf* потоптать *perf vt* 1) pisotear 2) *coloq (пачкать)* ensuciar
топтаться *impf* patalear ~ *на месте* no moverse del sitio
топтыгин *m coloq hum* oso
топчан *m* catre (de madera)
топь *f* cenagal, fangal
торба *f* 1) saco, bolsa 2) *(с кормом)* morral
торг *m* 1) *(сговор о цене)* regateo, trato 2) *(торговля)* comercio
торгаш *m coloq peyor* mercachifle
торгашество *n coloq peyor* mercachiflería
торг|и (*gen* -*ов*) *mpl* subasta *продавать с ~ов* sacar a subasta, subastar
торговать *impf vi* comerciar, negociar
торговаться *impf* сторговаться *perf* regatear
торговец *m* comerciante
торговка *f* comerciante
торговля *f* comercio, negocio *оптовая* ~ comercio mayorista; *розничная* ~ comercio minorista
торговый *adj* comercial, mercantil, de comercio
торгпредство *n* representación comercial
тореадор *m* torero
торец *m* 1) *(поперечная сторона)* tope, extremo 2) *(брусок)* tarugo
торжественность *f* solemnidad
торжественный *adj* solemne, ceremonioso
торжество *n* 1) fiesta, festejo 2) *(ликование)* triunfo
торжествовать *impf* восторжествовать (2) *perf vt* 1) *(праздновать)* celebrar, festejar 2) *(брать верх)* triunfar, vencer
торжище *n elev* plaza (donde se comercia), mercado
тори *m inv pol* tory
тормашк|и *fpl coloq* : вверх ~ами patas arriba, del revés
торможение *n* 1) frenado 2) *fisiol* inhibición
тормоз *m* 1) freno *аварийный* ~ freno de emergencia; *ручной* ~ freno de mano 2) *coloq (тугодум)* parad|o, -a, cachazud|o, -a
тормозить *impf* затормозить *perf vt* 1) frenar, enfrenar 2) *(развитие)* frenar, estorbar 3) *fisiol* inhibir
тормозиться *impf* затормозиться *perf* frenarse, pararse, ralentizarse
тормозной *adj* 1) de freno, de frenado 2) *fisiol* de inhibición
тормознуть V. тормозить *vt vulg* frenar, parar
тормошить *impf vt* 1) *coloq* sacudir, zarandear 2) *coloq (докучать)* molestar, fastidiar
торный *adj coloq* trillado, aplanado
торопить *impf* поторопить *perf vt* apresurar, dar prisa
торопиться *impf* поторопиться *perf* darse prisa, apresurarse
торопливо *adv* de prisa, apresuradamente
торопливость *f* prisa, precipitación
торопливый *adj* apresurado, precipitado
торопыга *m/f coloq* culo inquieto
торос *m* témpano (banco) de hielo
торосистый *adj* con témpanos de hielo
торошение *n* formación de témpanos de hielo
торпеда *f* torpedo
торпедировать *biasp vt* torpedear
торпедист *m mil* torpedista
торпедный *adj* torpedero, de torpedos
торпедоносец *m mil* torpedero
торс *m* torso
торт *m* torta, tarta
торф *m* turba (combustible)
торфяной *adj* con (de) turba
торцевой *adj* de tope, de extremo
торцовый *adj* V. торцевой
торчать *impf vi* 1) resaltar, sobresalir, salir 2) *coloq (постоянно находиться)* estar
торчком *adv coloq* derecho, levantado *стоять* ~ estar levantado (empinado)
торчок *m coloq* bulto, protuberancia
торшер *m* lámpara de pie
тоска *f* 1) tristeza, pesar, añoranza 2) *(скука)* aburrimiento
тоскливо **1.** *adv* tristemente, melancólicamente **2.** *adj pred* es (está) triste, está aburrido
тоскливый *adj* triste, melancólico, angustiado
тосковать *impf vi* 1) estar triste, estar melancólico 2) **(по ком/чём-л.)** *(сохнуть по кому/чему-либо)* añorar, echar de menos, extrañar
тост[1] *m (здравица)* brindis *предложить* ~ proponer un brindis
тост[2] *m (поджаренный хлеб)* tostada
тостер *m* tostadora
тот, та, то, те *pron dem* aquel, ese *на том берегу* en aquella orilla; *тот или другой* uno u otro; *он уже не тот* ya no es el que era ◆ **тот свет** el otro mundo **к тому же** además
тотализатор *m* totalizador (de apuestas)
тоталитаризм *m pol* totalitarismo
тоталитарный *adj* totalitario
тотальность *f elev* totalidad
тотальный *adj elev* total
тотем *m* tótem
тотемизм *m relig* totemismo
тотемный *adj relig* totémico
то-то *partíc coloq* es que, efectivamente
тотчас *adv* enseguida, inmediatamente
точечный *adj* 1) *(в виде точек)* punteado 2) *(направленный на отдельные точки)* puntual, por puntos
точёный *adj* 1) afilado, aguzado 2) *(выточенный)* torneado 3) *(правильной, изящной формы)* afilado, bien formado
точилка *f* sacapuntas
точильщик *m* afilador

точить *impf* наточить *perf vt* 1) afilar, aguzar 2) *(на токарном станке)* tornear 3) *(делать дыры)* roer, carcomer
точиться *impf* fluir, emanar
точка *f* punto ◆ ~ **зрения** punto de vista ~ **с запятой** punto y coma
точно 1. *adv* 1) exactamente, justamente 2) *(пунктуально)* puntualmente **2.** *conj* como si, como ~ *он не знал* como si no lo hubiera sabido
точность *f* 1) exactitud, precisión 2) *(пунктуальность)* puntualidad
точн|ый *adj* 1) exacto, justo, preciso *~ое время* la hora exacta 2) *(пунктуальный)* puntual ◆ **~ые науки** ciencias exactas
точь *inv* : точь-в-точь exactamente, punto por punto, palabra por palabra
тошнить *impf* стошнить *perf v/impers* 1) **(кого-л)** *(о состоянии тошноты)* marearse, estar mareado 2) **(кого-л)** *(о состоянии рвоты)* vomitar
тошнота *f* 1) náusea, mareo 2) *(омерзение)* asco
тошнотворный *adj* 1) nauseabundo, vomitivo 2) *(омерзительный)* asqueroso, repugnante
тощать *impf* отощать *perf vi coloq* adelgazar, enflaquecer, ponerse flaco
тощий *adj* 1) flaco, magro, delgado 2) *(пустой)* vacío 3) *(скудный)* pobre
тпру *interj* so, jo, cho (para las caballerías) ◆ **ни ~ ни ну** *coloq* ni al vado ni a la puente, ni una cosa ni la otra
трава *f* hierba *сорная* ~ maleza
траверз *m* V. траверс
траверс *m* 1) *mil* través (parapeto) 2) *(дамба)* dique 3) *aero nav (направление)* través
травести *n inv teat* travesti
травинка *f* hierbecita
травить[1] *impf* потравить *perf f* 1) *nav (вытравливать)* arriar, lascar 2) *(выпускать - воздух, пар и т.д.)* evacuar, dejar escapar
травить[2] *impf* затравить (3, 5)/потравить (2)/вытравить (6) *perf vt* 1) *(ядом)* envenenar, emponzoñar 2) *(делать потраву)* decapar, grabar 3) *(на охоте)* ojear, correr 4) *coloq (натравливать)* azuzar, correr 5) *(мучить)* atormentar, atosigar 6) *tecn (обрабатывать химическим путём)* decapar, grabar
травиться *impf* envenenarse, emponzoñarse
травка[1] *f dimin* hierba
травка[2] *f* V. травление
травление[1] *n* 1) *nav* arriada 2) *(воздуха)* evacuación, escape
травление[2] *n tecn* decapado, grabado
травленый *adj (о звере)* acosado, corrido ◆ ~ **волк** toro corrido
травля *f* acosamiento, caza
травм|а *f* trauma, lesión *получить ~у* lesionarse
травматизм *m med* traumatismo
травматический *adj* traumático
травматолог *m med* traumatólogo
травматологический *adj med* traumatológico
травматология *f med* traumatología
травмировать *biasp vt* lesionar
травник *m* herborista
травоядный *adj* herbívoro
травянистый *adj* 1) herbáceo 2) *(поросший травой)* herboso, con hierba
травяной *adj* de hierba, herbáceo
трагедийный *adj teat* trágico
трагедия *f* tragedia
трагизм *m* carácter trágico
трагик *m teat* actor trágico
трагикомедия *f* tragicomedia
трагикомический *adj* tragicómico
трагикомичный *adj* tragicómico
трагически *adv* trágicamente
трагический *adj* trágico
трагично *adv* trágicamente
трагичность *f* carácter trágico
трагичный *adj* trágico
традиционализм *m* tradicionalismo
традиционалистский *adj* tradicionalista
традиционность *f* tradicionalismo
традиционный *adj* tradicional
традици|я *f* tradición *по ~и* según la tradición
траектория *f* trayectoria
трак *m* eslabón
тракт *m* 1) carretera, camino real 2) *anat* tracto
трактат *m* tratado
трактир *m hist* taberna
трактирщи|к, -ца *m/f hist* taberner|o, -a, venter|o, -a
трактовать *impf vt elev* tratar
трактовка *f elev* tratamiento, enfoque
трактор *m* tractor
тракторист, -ка *m/f* tractorista, conductor, -a de tractor
тракторный *adj* de tractor(es)
тракторостроение *n* construcción de tractores
трал *m* 1) *(рыболовный)* red de arrastre, boliche 2) *(минный)* dragaminas
трали-вали *inv coloq* tontería, bobada
тралить *impf vt* 1) *pesca* rastrear 2) *mil* dragar
тральщик *m* 1) *pesca* pesquero, barco de pesca con red barredera 2) *mil* dragaminas
трамбовать *impf* утрамбовать *perf vt* aplanar, apisonar, nivelar
трамбовка *f* aplanamiento, apisonamiento, nivelado
трамвай *m* tranvía
трамвайный *adj* del tranvía
трамвайщик *m coloq* tranviario
трамплин *m* trampolín
трамтарарам *m coloq* alboroto, bulla, jaleo
транжир *m coloq* V. транжира
транжира *m coloq* manirroto, derrochador
транжирить *impf* растранжирить *perf vt* derrochar, malgastar
транзистор *m* transistor
транзисторный *adj* de transistor(es)
транзит *m* tránsito
транзитник *m coloq* pasajero de tránsito
транзитный *adj* de tránsito
транквилизатор *m farma* tranquilizador
транс *m med* trance
трансакция *f com* transacción
трансатлантический *adj* transatlántico
трансвестит *m* travestido
трансконтинентальный *adj* transcontinental
транскрипционный *adj ling mús* de transcripción
транскрипция *f ling mús* transcripción
транслировать *biasp vt* transmitir
трансляция *f* transmisión

трансмиссия *f tecn* transmisión

транспарант *m* transparencia

трансплантат *m med* injerto

трансплантационный *adj med* de transplante

трансплантация *f med* trasplante

трансплантировать *biasp vt med* transplantar

транспорт *m* 1) transporte *железнодорожный ~* transporte ferroviario; *общественный ~* transporte público 2) *(перевозка)* transporte, transportación 3) *mil (судно)* transporte

транспортабельный *adj* transportable

транспортёр *m* 1) *(конвейер)* transportador 2) *mil* transporte acorazado

транспортир *m tecn* transportador

транспортирование *n* transporte

транспортировать *biasp vt* transportar

транспортировка *f* transporte

транспортник *m* transportista

транспортный *adj* de transporte, transportador

трансформатор *m electr* transformador

трансформаторный *adj electr* (de) transformador

трансформационный *adj* de transformación

трансформация *f* transformación

трансформировать *biasp vt* transformar

трансфузия *f med* transfusión

трансцендентальный *adj elev* transcendental

трансцендентность *f elev* transcendencia

трансцендентный *adj elev* trascendental

траншея *f* trinchera

трап *m aero nav* escala, escalera

трапеза *f* 1) *(место)* comedor, refectorio 2) *(приём пищи)* ágape, banquete

трапезный *adj obsol* del comedor, del refectorio

трапеция *f* 1) *geom* trapecio 2) *sport* trapecio

трасса *f* 1) *(линия)* trazado 2) *(дорога)* ruta, línea, carretera

трассировать *biasp vt* trazar

трата *f* gasto

тратить *impf* потратить *perf vt* gastar, perder, consumir

тратиться *impf* потратиться *perf* gastar, hacer gasto

траулер *m* V. тральщик 1

траур *m* luto *носить ~* vestir de luto

траурный *adj* fúnebre, de luto

трафарет *m* 1) patrón, plantilla 2) *(привычный образец)* modelo, patrón

трафаретка *f coloq* V. трафарет 1

трафаретный *adj* 1) de patrón, de plantilla 2) *(избитый)* estereotipado, trivial

трах *interj* paf

трахать *impf* трахнуть *perf* **1.** *vi* resonar, golpear, hacer pum (paf) **2.** *vt* 1) *(бить)* golpear (con ruido) 2) *vulg (совершать половой акт)* joder, follar

трахаться *impf* трахнуться *perf* 1) *coloq (упасть)* caer (con ruido) 2) **(о что-л.)** *coloq (удариться)* darse (contra u/c) 3) *vulg (совершать половой акт)* joder, follar

трахеит *m med* traqueitis

трахея *f anat* tráquea

трахнуть V. трахаться

трахнуться V. трахаться

трахома *f med* tracoma

требование *n* 1) demanda, exigencia, reclamación 2) *(документ)* solicitud, demanda

требовательность *f* exigencia

требовательный *adj* exigente

требовать *impf* потребовать *perf vt* exigir, demandar

требоваться *impf* потребоваться *perf* ser necesario, precisarse, necesitarse

требуха *f* menudo, menudillo

тревога *f* 1) alarma, inquietud, angustia 2) *(сигнал опасности)* alarma *ложная тревога* falsa alarma

тревожить *impf* потревожить *perf vt* 1) *(волновать)* alarmar, angustiar, desasosegar 2) *(нарушать покой)* molestar

тревожиться *impf* встревожиться *perf* alarmarse, inquietase, molestarse

тревожность *f* inquietud, desasosiego

тревожный *adj* 1) alarmado, inquieto 2) *(вызывающий тревогу)* alarmante 3) *(сообщающий о тревоге)* de alarma

треволнение *n elev* agotación, alarma

треглавый *adj* tricéfalo, tricípite

трезвенник *m coloq* abstemio

трезветь *impf* отрезветь *perf vi* pasársele la borrachera (a alg), despejarse

трезво *adv* sobriamente, sensatamente, juiciosamente

трезвон *m* 1) *(звон)* repique (de campanas) 2) *coloq (звонки)* timbrazos 3) *coloq (переполох)* ruido, escándalo

трезвонить *impf vi* 1) *(о колоколах)* repicar, repiquetear 2) *(о звонках)* dar timbrazos

трезвость *f* 1) sobriedad 2) *(разумность)* sobriedad, sensatez

трезвый *adj* 1) sobrio 2) *(разумный)* sensato, prudente

трезубец *m* tridente

трек *m sport* pista, velódromo

трел|ь *f* trino, gorjeo *пускать ~и* trinar, gorjear

трельяж *m* 1) *(решётка)* enrejado 2) *(зеркало)* espejo de tres caras, coqueta

тренаж *m sport* entrenamiento

тренажёр *m sport* máquina de entrenamiento

тренажёрный *adj* de entrenamiento, de gimnasia, de pesas

тренер *m* entrenador

тренерский *adj* de(l) entrenador, de(l) técnico

трение *n* fricción, frotamiento, roce

тренинг *m sport* entrenamiento

тренировать *impf* натренировать *perf vt* entrenar

тренироваться *impf* натренироваться *perf* entrenarse

тренировка *f* entrenamiento

тренировочный *adj* de entrenamiento

тренога *f* trípode

треножник *m* trípode

тренькать *impf vi coloq* tocar, tañer

трепак *m* trepak (danza y música popular rusa)

трепанация *f med* trepanación

трепанировать *biasp vt med* trepanar

трепать *impf* потрепать (1,2,3)/растрепать (4) *perf vt* 1) sacudir, zarandear, tirar (de alg o u/c) 2) *coloq (одежду, обувь и т.д.)* usar, ajar, desgastar 3) *coloq (похлопывать)* golpetear, dar golpecitos 4) *(лён, коноплю)* espadar, espadillar, agramar ♦ ~ **языком** *coloq* darle a la sinhueso, cascar

трепаться *impf* **потрепаться** *perf* 1) batir, levantarse 2) *(об одежде, обуви и т.д.)* usarse, ajarse, desagastarse 3) *vulg (болтать)* darle a la sinhueso, cascar
трепач *m vulg peyor* parlanchín, chacharero
трепет *m* estremecimiento, trepidación, temblor
трепетание *n* V. трепет
трепетать *impf vi* 1) estremecerse, temblar, oscilar, agitarse 2) *(испытывать волнение)* temblar, palpitar
трепетно *adv* con temblor, estremeciéndose
трепетный *adj* 1) *(дрожащий)* trémulo, palpitante 2) *(о пламени)* oscilante, vacilante 3) *(взволнованный)* emocionado, inquieto, alterado
трепло *n vulg peyor* V. трепач
трепотня *f vulg* palabrería, parloteo, cháchara
трепыхаться *impf* **трепыхнуться** *perf coloq* agitarse
трепыхнуться V. трепыхаться
треск *m* crujido, estruendo, chirrido
треска *f* bacalao
трескать[1] *impf vi vulg (есть)* jamar, papear
трескать[2] V. треснуть
трескаться[1] *impf* **потрескаться** *perf* 1) *(дать трещину)* agrietarse, rajarse 2) *(о коже)* excoriarse
трескаться[2] V. треснуться
трескотня *f* 1) *coloq* crujido, chirrido 2) *coloq (болтовня)* parloteo, cháchara
трескучий *adj* 1) estrepitoso, chirriante 2) *(высокопарный)* retumbante, bombástico
треснутый *adj* agrietado, rajado
треснуть *perf* **трескать** *impf vi* agrietarse, rajarse, romperse
треснуться *perf* **трескаться** *impf* **(с чем-л)** *vulg* chocar (contra u/c), darse (contra u/c)
трест *m econ* trust
третейский *adj* arbitral ~ *суд* arbitraje
третий *adj* tercero
третичный *adj geol* terciario
треть *f* tercio
третьеклассни|к, -ца *m/f* alumn|o, -a de tercer grado (curso)
третьеклашка *m/f coloq* V. третьеклассник
третьестепенный *adj* secundario, de poca importancia, insignificante
треуголка *f* sombrero de tres picos, tricornio
треугольник *m* triángulo
треугольный *adj* triangular
треух *m* gorro con orejeras
трефы (*gen* треф) *fpl cart* tréboles
трехгодичный *adj* de tres años, trienal
трещать *impf vi* crujir, chasquear
трещина *f* 1) fisura, grieta, raja 2) *(в отношениях)* ruptura
трещотка *f* 1) carraca, matraca 2) *coloq (о человеке)* cotorra
трёп *m vulg* V. трепотня
трёпаный *adj* 1) *(о волокне)* espadado, espadillado 2) *coloq (поношенный)* desgastado, gastado, usado 3) *coloq (растрёпанный)* desgreñado, despeinado
трёпка *f coloq* paliza
трёхкратный *adj* triple, tres veces
трёхлетие *n* 1) *(срок)* trienio, tres años 2) *(годовщина)* tercer aniversario
трёхлетний *adj* de tres años, trienal
трёхмерный *adj* 1) tridimensional 2) *mús* ternario
трёхмесячный *adj* trimestral, de tres meses
трёхсотлетие *n* 1) trescientos años 2) *(годовщина)* tricentenario, trescientos años
трёхсотлетний *adj* de trescientos años
трёхсотый *num* trescientos, tricentésimo
трёхсторонний *adj* 1) *(с тремя сторонами)* trilátero 2) *(с участием трёх сторон)* trilateral, tripartito
трёхцветный *adj* tricolor, de tres colores
трёхчасовой *adj* de tres horas
трёхчленный *adj* trimembre, de tres miembros (partes)
трёхэтажный *adj* de tres pisos (plantas)
трёшка *f hist* billete de tres rublos, tres rublos
три *num* tres ~ *часа* tres horas
триада *f elev* tríada
трибун *m hist* tribuno
трибуна *f* grada, tribuna
трибунал *m* tribunal
тривиальность *f* vulgaridad
тривиальный *adj* trivial, banal
тригонометрический *adj* trigonométrico, de trigonometría
тригонометрия *f* trigonometría
тридевят|ый *adj pop.-poét* : ~ое царство tierras lejanas
тридевять *num pop.-poét* : за ~ земель al fin del mundo
тридесят|ый *adj pop.-poét* : ~ое царство tierras lejanas
тридцатилетие *n* 1) *(срок)* treinta años 2) *(годовщина)* treinta aniversario
тридцатилетний *adj* de treinta años
тридцатый *num* trigésimo, treinta
тридцать *num* treinta
тридцатьчетвёрка *f coloq* tanque T-34
триединый *adj elev* triúnico
триер *m agric* cribadora
трижды *adv* tres veces ~ *три* tres veces tres
тризна *f* 1) *hist* trizna (banquete funerario de los antiguos eslavos) 2) *relig obsol* banquete funerario
трико *n inv* 1) *(ткань)* género de punto 2) *(одежда)* maillot
трикотаж *m* tricotaje
трикотажник *m* trabajador del género de punto
трикотажный *adj* de punto, de género de punto
трилистник *m* trifolio, trébol
триллион *m* billón
триллионный *adj* de un billón, de billones
трилогия *f* trilogía
тримаран *m nav* trimarán
триместр *m* trimestre
тринадцатый *num* trigésimo, trece
тринадцать *num* trece
трио *n mús* trío
триппер *m med* gonorrea, blenorragia
триптих *m* tríptico
триста *num* trescientos ~ *двадцать три* trescientos veintitrés
тритон *m* 1) *zool* tritón 2) *mitol* tritón
триумвират *m hist* triunvirato
триумф *m* triunfo
триумфально *adv* triunfalmente

триумфальный *adj* triunfal
триумфатор *m elev* triunfador
трицикл *m* triciclo
трогательно *adv* conmovedoramente, de una manera conmovedora
трогательность *f* carácter conmovedor
трогательный *adj* emocionante, conmovedor
трогать[1] *impf* тронуть *perf vt* 1) tocar ~ *руками* tocar con las manos 2) *(обижать)* tocar, molestar
трогать[2] *impf* тронуть *perf vt (вызывать сочувствие)* conmover, emocionar, enternecer
трогать[3] *impf* тронуть *perf vi (отправляться в путь)* arrancar, moverse ~ *с места* arrancar
трогаться *impf* тронуться *perf* ponerse en marcha, arrancar, moverse
троглодит *m* troglodita
трое *num col* tres *нас* ~ somos tres
троеборец *m sport* triatleta
троеборье *n sport* triatlón
троеженец *m* trígamo
троекратный *adj* de tres veces, triple
троечник *m* alumno mediocre (que obtiene a menudo la nota «3», «aprobado»)
троиться *impf vt* 1) *(разделяться натрое)* dividirse en tres (partes) 2) *(утраиваться)* triplicarse
троица *f* 1) *relig* Trinidad 2) *coloq (трое друзей)* trinidad
тройка *f* 1) *(цифра)* tres 2) *acad (оценка)* tres, aprobado 3) *(лошадей)* troika (carro tirado por tres caballos)
тройник *m tecn* enchufe de conexión múltiple, conector en T
тройничный *adj anat* trigémino
тройной *adj* triple
тройня *f* tres gemelos, trillizos
тройняшки *fpl coloq* tres gemelos, mellizos
тройственный *adj elev* triple
тройчатка *f* objeto formado por tres partes o elementos
троллейбус *m* trolebús
троллейбусный *adj* de trolebús
тромб *m med* trombo
тромбоз *m med* trombosis
тромбон *m mús* trombón
трон *m* trono
тронный *adj* del trono
тронутый *adj coloq (помешанный)* tocado, chiflado
тронуть[1] *perf vt* 1) V. трогать 1 2) *coloq (слегка повредить)* echar a perder
тронуть[2] V. трогать 2,3
тронуться *perf* 1) V. трогаться 2) *coloq (помешаться)* volverse loco, perder la chaveta
троп *m lit* tropo
тропа *f* senda, sendero
тропик *m geogr* trópico
тропинка *f* senda, sendero, vereda
тропический *adj* tropical, trópico
тропка *f* V. тропинка
тропосфера *f fís* troposfera
трос *m nav* cable
тростинка *f* cañita, caña
тростник *m* caña, junco
тростниковый *adj* de caña
тросточка *f* V. трость
трость *f* 1) *(стебель тростника)* junco 2) *(палка)* bastón
тротил *m* trinitrotolueno, trilita
тротиловый *adj* de trinitrotolueno, de trilita
тротуар *m* acera
трофей *m* botín, trofeo
трофейный *adj* de botín, de trofeo
троюродный *adj* segundo (dicho de los primos)
трояк *m* 1) *coloq* tres rublos 2) *coloq (отметка)* aprobado (nota «3»)
трoякий *adj* triple
трояко *adv* de tres maneras (formas)
труба *f* 1) tubo, cañón 2) *mús* trompeta
трубадур *m hist* trovador
трубач *m mús* trompeta
трубить *impf vi* 1) **(во что-л.)** soplar, hacer sonar ~ *в рог* tocar el cuerno 2) *(звучать - о трубе)* sonar 3) **(о чём-л)** *coloq (разглашать)* pregonar, **(о чём-л)** proclamar
трубка *f* 1) tubo 2) *(курительная)* pipa 3) *(свёрток)* rollo 4) *(телефонная)* auricular
трубный *adj* 1) de tubo(s) 2) *(о звуке)* de trompeta, de trompa
трубообразный *adj* tubular, tubiforme
трубопровод *m* cañería, tubería
трубопроводный *adj* de tubería(s), de cañería(s)
трубопрокатный *adj* de laminado de tubos
трубоукладчик *m* instalador de tuberías
трубочист *m* deshollinador
трубочка *f* caña, pajarito
трубчатый *adj* tubular, tubiforme
труд *m* 1) labor, trabajo 2) *(старание)* trabajo, esfuerzo 3) *(произведение)* obra, trabajo
трудиться *impf* 1) trabajar 2) *coloq (затруднять себя)* molestarse
трудновоспитуемый *adj* difícil de educar
труднодоступность *f* mala (poca) accesibilidad
труднодоступный *adj* poco accesible, poco abordable
труднопроходимый *adj* poco practicable
трудность *f* complicación, dificultad, obstáculo
трудный *adj* difícil, grave, penoso
трудовой *adj* laboral, de trabajo
трудодень *m hist* trudodién (día trabajado en un koljós)
трудоёмкий *adj* trabajoso, laborioso
трудоёмкость *f* carácter laborioso (trabajoso)
трудолюбивый *adj* trabajador, laborioso
трудолюбие *n* laboriosidad, diligencia
трудоспособность *f* capacidad de trabajo, capacidad laboral
трудоспособный *adj* apto (capaz) para el trabajo
трудоустраивать V. трудоустроить
трудоустраиваться V. трудоустроиться
трудоустроить *perf* трудоустраивать *impf vt* emplear, colocar
трудоустроиться *perf* трудоустраиваться *impf* colocarse, emplearse
трудоустройство *n* colocación, ocupación, inserción laboral
трудяга *m/f coloq* currante, trabajador, -a
трудящийся *adj* trabajador
труженик, -ца *m/f* trabajador, -a
трунить *impf vi* **(над кем/чем-л)** *coloq* burlarse (de alg o u/c), mofarse (de alg o u/c)

труп *m* cadáver
трупный *adj* de cadáver, cadavérico
труппа *f teat* compañía
трус *m* cobarde, miedoso
трусик|и (*gen* -ов) *mpl coloq* braguitas, bragas
трусить *impf* струсить *perf vi* tener miedo, cobardear
трусить[1] *impf vi coloq (бежать рысцой)* trotar, ir al trote
трусить[2] *impf* натрусить *perf vt (сыпать)* echar sacudiendo, aventar
трусливый *adj* cobarde, miedoso
трусость *f* cobardía, miedo
трусц|а *f* : ехать (бежать) ~ой trotar, ir al trote
трус|ы (*gen* -ов) *mpl* calzoncillos
трут *m* yesca
трутень *m zool* zángano
труха *f* polvo (de la madera, del papel, del heno)
трухлявый *adj* podrido, carcomido, reducido a polvo
трухнуть *perf vi obsol vulg (струсить)* acobardarse, cagarse
трущоба *f* 1) *(заросли)* espesura 2) *(глушь)* rincón perdido 3) *(жильё)* chabola, tugurio 4) *(часть города)* suburbio, barrio pobre
трын-трава *inv coloq* : ему всё ~ le trae sin cuidado, le importa un bledo
трюизм *m elev* truismo, perogrullada
трюк *m* truco
трюкач *m* 1) persona que hace trucos 2) *coloq (человек, склонный к трюкачеству)* excéntrico
трюкачество *n* trucos, efectismo
трюм *m nav* bodega
трюмо *n inv* tremó, espejo de entrepaño
трюфель *m* trufa (tubérculo)
трюфельный *adj* de trufa
тряпица *f coloq* trapo
тряпичник *m* trapero
тряпичный *adj* 1) de trapo 2) *coloq (слабовольный)* blandengue, blanducho
тряпка **1.** *f* 1) trapo 2) *desp (слабовольный человек)* blandengue, Juan Lanas **2.** -и *fpl* trapos, ropa
тряпочка *f dimin. de* тряпка
тряпьё *n colect* trapería
трясина *f* tremedal, tembladal, lodazal
тряска *f* sacudidas, traqueteo
тряский *adj* 1) *(трясущийся)* que da sacudidas 2) *(вызывающий тряску)* accidentado, escabroso
трясогузка *f* aguzanieves, nevatilla
трясти *impf* потрясти *perf vt* 1) sacudir, zarandear 2) *(вызывать дрожь)* hacer temblar
трястись *impf* тряхнуться *perf* temblar, tiritar
трясучий *adj* temblante, tembloroso, temblón
трясучка *f coloq* temblor, tembleque
тряхнуть *perf vt* 1) *coloq* : ~ мошной (кошельком) soltar la mosca, estirarse 2) *coloq* : ~ стариной echar una cana al aire
тсс *interj* ¡tch!, ¡sst!, ¡chitón!
туалет *m* 1) retrete, servicio, lavabo 2) *hist (одежда)* vestido, traje
туалетный *adj* de lavabo, de tocador
туба[1] *f (большой тюбик)* tubo
туба[2] *f mús* tuba
туберкулёз *m med* tuberculosis
туберкулёзник *m* 1) *coloq (врач)* tisiólogo 2) *coloq (больной)* tuberculoso
туберкулёзный *adj* de tuberculosis, tuberculoso
тубероза *f (растение)* tuberosa, nardo
тувинец *m* tuvino
тувинский *adj* tuvino
тугодум *m coloq* parado, cachazudo
тугой *adj* 1) apretado, ajustado 2) *(набитый)* repleto, hinchado 3) *(неподатливый)* fuerte, resistente, tenaz 4) *(тяжёлый)* duro, grave
тугоплавкий *adj tecn* refractario, infusible
тугоухий *adj* duro de oído
тугоухость *f* dureza de oído
тугрик *m* tugrik (moneda de Mongolia)
туда *adv* allí, allá ~ *и обратно* ida y vuelta
туда-сюда *adv* 1) *coloq* de acá para allá 2) *(сносно)* así así, bastante bien
туес *m* tuyes (bote de corteza de abedul)
тужить *impf vi coloq* afligirse, estar apesadumbrado
тужиться *impf coloq* hacer esfuerzos, apretar
тужурка *f* chaqueta, cazadora
туз *m cart* as
туземец *m* indígena, aborigen
туземный *adj* indígena, aborigen
тузик *m coloq* perro callejero
тузить *impf* оттузить *perf vt vulg* zumbar, zurrar
тук *m agric* abono (fertilizante) mineral
тукать *impf* тукнуть *perf vt coloq* golpear, golpetear
туловище *n* tronco
тулуп *m* zamarra (larga)
тулья *f* copa (del sombrero)
тумак *m vulg* puñetazo, coscorrón
туман *m* niebla, bruma, neblina
туманность *f* 1) nebulosidad, nubosidad 2) *(неясность)* vaguedad
туманный *adj* 1) brumoso, nebuloso 2) *(неясный)* nebuloso, confuso
тумба *f* 1) *(уличная)* guardacantón 2) cajonera (baja)
тумблер *m electr* conmutador, interruptor automático
тумбочка *f* cajonera (baja), mesita
тунгус, -ка *m/f* tung|ús, -usa
тунгусский *adj* tungús
тундра *f* tundra
тундровый *adj* de la tundra
тунец *m* atún
тунеяд|ец, -ка *m/f* holgaz|án, -ana, parásit|o, -a
тунеядство *m* parasitismo, holgazanería
тунеядствовать *impf vi* parasitar, holgazanear, vivir del cuento
туника *f* túnica
туннель V. тоннель
туннельный *adj* de(l) túnel
тунцовый *adj* de atún
тупеть *impf* отупеть *perf vi* 1) desafilarse, embotarse 2) *(об уме, о памяти)* entorpecerse, oxidarse 3) *(глупеть)* atontarse
тупик *m* callejón sin salida *завести в* ~ llevar a un callejón sin salida
тупиковый *adj* sin salida
тупить *impf* затупить/иступить *perf vt* desafilar, embotar
тупиться *impf* затупиться/иступиться *perf* desafilarse, embotarse

тупица *m/f coloq* tont|o, -a, bob|o, -a
тупоголовый *adj vulg desp* corto, duro de mollera
тупой *adj* 1) obtuso, romo 2) *(невыразительный)* inexpresivo 3) *coloq (о человеке)* tonto, bobo, estúpido 4) *geom* obtuso
тупость *f* 1) obtusidad 2) *(невыразительность)* inexpresividad 3) *coloq (глупость)* obtusidad, estupidez
тупоумный *adj* necio, memo, torpe
тур *m* 1) *(путешествие)* viaje 2) *(отдельный этап)* vuelta 3) *sport* ronda, vuelta
тура *f ajed* torre
турбина *f* turbina
турбинный *adj* de turbina(s)
турбогенератор *m* turbogenerador
турбореактивный *adj aero* turborreactivo
турбулентность *f* turbulencia
турбулентный *adj* turbulento
турецкий *adj* turco
туризм *m* turismo
турист, -ка *m/f* turista
туристический *adj* turístico
туристский *adj* de turistas, para turistas
турить *impf* выгурить *perf vt vulg* echar, despachar, mandar a paseo
турка *f* vasija metalica para hacer el café al estilo turco
туркать *impf* затуркать *perf vt vulg* atormentar, fastidiar
туркмен, -ка *m/f* turkmen|o, -a, turcoman|o, -a
туркменский *adj* turkmeno
турне *n inv mús teat* gira, tournée
турнепс *m* naba, nabo forrajero
турник *m sport* barra fija
турникет *m* torniquete (para controlar el paso)
турнир *m* torneo
турнирный *adj sport* de(l) torneo
турнуть *perf vt vulg* echar, despachar, mandar a paseo
турок *m* turco
турус|ы (*gen* –ов) *mpl vulg* patrañas, chismes, infundios ◆ **~ы на колёсах** patrañas, cuentos de viejas
тускло *adv* 1) opacamente, de una manera opaca 2) *(о свете)* tenuemente, con una luz escasa
тусклый *adj* 1) empañado, opaco, deslucido 2) *(о свете)* tenue, pálido, débil 3) *(выцветший)* pálido, descolorido 4) *(скучный)* insípido, aburrido
тускнеть *impf* потускнеть *perf vi* empañarse, opacarse, palidecer
тут *adv* 1) aquí ~ *же* aquí mismo 2) *(о времени)* entonces 3) *(в этом случае)* en este caso 4) *(к тому же)* además ◆ **и всё** ~ y nada más
тутовник *m* morera
тутовый *adj* de morera
тутошний *adj coloq* de aquí, del lugar
туф *m* toba, tufo
туфелька *f dimin. de* туфля
туфли *fpl* V. туфля
туфля *f (espec pl)* 1) zapato 2) *(ночная, домашняя)* pantufla, zapatilla
туфта *f vulg* timo, engaño
тухлый *adj* podrido, pasado, corrompido
тухлятина *f coloq* podredumbre, cosa podrida
тухнуть *impf vi* 1) *(гаснуть)* apagarse, extinguirse 2) *(портиться)* pudrirse
туча *f* nube
тучка *f dimin. de* туча
тучнеть *impf* потучнеть *perf vi* 1) engordar, entrar en carnes 2) *(о земле)* volverse fértil
тучный *adj* 1) obeso, gordo 2) *(о земле)* fértil, rico 3) *(о растениях)* lleno, colmado
туш *m mús* fanfarria
туша *f* 1) canal (res muerta y abierta) 2) *coloq (о человеке)* gordinflón, vaca
туше *n inv* 1) *mús* digitación 2) *sport* tocado
тушевать *impf* затушевать *perf vt* sombrear, difuminar
тушеваться *impf* V. стушеваться
тушение *n* extinción, apagamiento
тушёнка *f coloq* carne estofada en conserva
тушёный *adj* estofado, rehogado
тушить[1] *impf* затушить *perf vt (огонь)* extinguir, apagar
тушить[2] *impf* потушить *perf vt (готовить)* estofar, guisar
тушиться *impf* cocer a fuego lento
тушка *f* canal (de un animal pequeño)
тушканчик *m* jerbo
тушь *f* tinta china
туя *f (растение)* tuya
тщание *n obsol* celo, aplicación
тщательно *adv* meticulosamente, escrupulosamente
тщательность *f* meticulosidad, escrupulosidad
тщательный *adj* meticuloso, escrupuloso
тщедушный *adj* flaco, endeble, canijo
тщеславие *n* vanidad
тщеславный *adj* vanidoso
тщета *f elev obsol* vanidad
тщетно *adv elev* vanamente, en vano
тщетность *f elev* vanidad, inutilidad
тщетный *adj elev* vano, inútil
тщиться *impf* (**сделать что-л**) *elev* intentar (hacer u/c), esforzarse por (hacer u/c)
ты *pron pers* tú ~ *сам* tú mismo; *быть на* ~ tutear; *я тебя жду* te espero
тыкать[1] *impf* ткнуть *perf vt* 1) meter, empujar 2) *(вонзать)* clavar 3) *(совать)* poner delante ◆ ~ **пальцем на кого-л.** señalar a alguien con el dedo ~ **в нос** *vulg* poner delante de las narices
тыкать[2] *impf vi coloq* tutear, tratar de tú
тыкаться *impf* ткнуться *perf* (**во что-л.**) *coloq* clavarse (en u/c), tropezar (con u/c)
тыква *f* calabaza
тыквенный *adj* de calabaza
тыл *m* 1) *(задняя сторона)* parte trasera, reverso 2) *mil* retaguardia
тыловик *m mil* militar de retaguardia
тыловой *adj mil* de retaguardia
тыльный *adj* del lado trasero, reverso
тын *m* empalizada, estacada
тысяцкий *m hist* tísiatski (jefe militar en la Rusia antigua)
тысяч|а *f* mil ~ *сто* mil cien; *три ~и* tres mil
тысячеголосый *adj* de miles de voces
тысячелетие *n* 1) *(срок)* milenio 2) *(годовщина)* milenario
тысячелетний *adj* milenario
тысячеустный *adj elev* de miles de voces (bocas)
тысячная *f* milésima
тысячный *num* milésimo, de mil

тычинка *f bot* estambre
тычок *m* 1) *coloq (кол)* estaca 2) *vulg (удар)* manotazo
тьма *f* 1) tinieblas, oscuridad 2) *(множество)* multitud
тьфу *interj coloq* bah, fu (expresando desprecio o irritación) *~, надоел!* ¡bah, me tienes harto!
тюбетейка *f* tubeteika (bonete oriental)
тюбик *m* tubo (pequeño)
тюбинг *m tecn* entubado, entubamiento
тюк *m* fardo, bulto
тюкать *impf* тюкнуть *perf vt coloq* golpear, golpetear
тюкнуть V. тюкать
тюленёнок *m* cría de foca
тюленина *f* carne de foca
тюлень *m* foca
тюль *m* tul
тюлька *f* espadín del Mar Negro
тюльпан *m* tulipán
тюльпанный *adj* de(l) tulipán
тюрбан *m* turbante
тюремн|ый *adj* de (la) cárcel, de (la) prisión, penitenciario, carcelario *~ое заключение* prisión, encarcelamiento
тюремщик *m* carcelero
тюрколог *m* turcólogo
тюркология *m* turcología
тюркский *adj* túrquico
тюрок *m* túrquico, turco
тюрьм|а *f* cárcel, prisión *посадить в ~у* encarcelar
тюря *f* turia (especie de sopa con kvas o agua y pan y cebolla)
тюряга *f vulg* chirona, trena, cárcel
тютельк|а *f coloq* : ~а в ~у sin faltar una coma, exactamente
тю-тю *pred coloq* ha desaparecido, se ha acabado *а запасы все ~!* ¡y todas las reservas se han acabado!
тюфяк *m* 1) colchón, jergón 2) *coloq (о человеке)* Juan Lanas, pelmazo
тявкать *impf* тявкнуть *perf vi* 1) ladrar, latir 2) *vulg desp (говорить)* gruñir, ladrar
тявкнуть V. тявкать
тяга *f* 1) *tecn* tracción, propulsión 2) *(устремление)* aspiración, afición *~ к знаниям* afición a los estudios
тягать *impf vt vulg* sacar, arrancar
тягаться *impf* потягаться *perf coloq* medir sus fuerzas, rivalizar
тягач *m* remolcador (de tierra)
тягло[1] *n (скот)* animales de tiro
тягло[2] *n hist (подать)* tributo, impuesto
тягловый[1] *adj (о скоте)* de tracción
тягловый[2] *adj hist (о подати)* tributario
тягомотина *f vulg* rollo, lata
тягостный *adj* penoso, pesado
тягость *f* carga, peso, pena *мне это в ~* esto me resulta una carga
тягота *f elev* V. тягость
тяготение *n* 1) *fís* gravitación, atracción 2) *(влечение)* afición, inclinación
тяготеть *impf vi* 1) (**к кому/чему-л**) *(силой тяготения)* gravitar (hacia alg o u/c) 2) (**к кому/чему-л**) *(испытывать потребность в отношениях)* tender (a/hacia alg o u/c), tener inclinación (a/hacia alg o u/c) 3) (**над кем/чем-л**) *(о роке, проклятии)* pesar (sobre alg o u/c), pender (sobre alg o u/c)
тяготит|ь *impf vt* pesar, ser una carga, oprimir, agobiar *это меня ~* esto me pesa (me agobia)
тяготиться *impf* cansarse, agobiarse
тягучий *adj* 1) dúctil, maleable 2) *(о жидкости)* viscoso 3) *(медленный)* lento, monótono
тяж *m tecn* tiro, tirante
тяжба *f* pleito, litigio
тяжеленный *adj vulg* muy pesado, pesadísimo
тяжелеть *impf* потяжелеть *perf vi* ponerse pesado
тяжело **1.** *adv* 1) pesadamente, con dificultad 2) *(серьёзно)* gravemente **2.** *adv pred* es difícil, es duro
тяжеловес *m sport* peso pesado
тяжеловесность *f* pesadez
тяжеловесный *adj* pesado
тяжеловоз *m* percherón
тяжелодум *m coloq* parado, cachazudo
тяжест|ь *f* 1) peso, pesadez 2) *(тяжёлый предмет)* carga, peso 3) *fís* gravedad *центр ~и* centro de gravedad
тяжёлый *adj* 1) pesado 2) *(трудный)* difícil, duro 3) *(серьёзный)* grave, serio 4) *(суровый)* duro
тяжкий *adj* 1) pesado 2) *(серьёзный)* grave 3) *(мучительный)* penoso
тянуть *impf* потянуть *perf vt* 1) arrastrar, tirar, tender 2) *(заставлять идти)* llevar, traer 3) *(влечь)* atraer 4) *(вбирать)* aspirar, sorber 5) *(медлить)* demorar
тянуться *impf* потянуться *perf* 1) tirarse, arrastrarse 2) *(располагаться)* encontrarse, extenderse 3) *(длиться)* durar, prolongarse 4) *(стремиться)* tender, tirar
тяп *interj coloq* zas ◆ **~-ляп** a la buena de Dios, negligentemente
тяпать *impf* тяпнуть *perf vt vulg* cortar, partir
тяпка *f* 1) *(сечка)* cuchillo 2) *(мотыга)* azada, chapo
тяпнуть *perf vt* 1) V. тяпать 2) *vulg (укусить)* morder 3) *vulg (выпить)* tomar, beber
тятя *m obsol* papá, padre

У

у *prep* 1) **(кого/чего-л)** *(выражающее место)* junto a (u/c), cerca de (alg o u/c) *дом ~ моря* una casa junto al mar 2) **(кого/чего-л)** *(обозначение владельца)* se usa en la construcción de posesión ~ *меня есть книга* tengo un libro 3) **(чего-л)** *(обозначение части предмета)* de (de u/c) *ножки ~ стула* las patas de la silla
уазик *m coloq* coche «UAZ» (todoterreno)
убавить *perf* убавлять *impf vt* disminuir, reducir
убавиться *perf* убавляться *impf* disminuirse, reducirse
убавлять V. убавить
убавляться V. убавиться
убаюкать *perf* убаюкивать *impf vt* 1) acunar, arrullar 2) *coloq (успокоить)* sosegar, calmar
убаюкивать V. убаюкать
убегать V. убежать
убедительно *adv* convincentemente
убедительность *f* convencimiento, carácter convincente
убедительный *adj* 1) convincente, persuasivo 2) *(настоятельный)* insistente
убедить *perf* убеждать *impf vt* convencer, persuadir
убедиться *perf* убеждаться *impf* **(в чём-л)** asegurarse (de u/c), cerciorarse (de u/c)
убежать *perf* убегать *impf vi* 1) escapar, escaparse, fugarse, huir 2) *(о кипящей жидкости)* salirse
убеждать V. убедить
убеждаться V. убедиться
убеждение *n* 1) *(действие)* persuasión 2) *(мнение)* convicción
убеждённость *f* convencimiento, certidumbre
убеждённость *f* convencimiento
убеждённый *adj* convencido
убежище *n* 1) refugio, guarida 2) *(приют)* asilo
убелить *perf* убелять *impf vt* blanquear
уберегать V. уберечь
уберечь *perf* уберегать *impf vt* guardar, cuidar, proteger
уберечься *perf* уберегаться *impf* guardarse, protegerse
убивать V. убить
убиваться *impf* 1) *(сильно горевать)* afligirse, acongojarse 2) *(отдавать все силы ради чего-либо)* matarse, agotarse
убиение *n elev* asesinato, homicidio
убийственный *adj* 1) mortal 2) *(невыносимый)* insoportable, terrible
убийство *n* asesinato, homicidio
убийца *m/f* asesin|o, -a, homicida
убирать V. убрать
убираться V. убраться
убитый *adj* 1) muerto, asesinado 2) *(подавленный)* deprimido ◆ **спать как** ~ dormir como un tronco
убить *perf* убивать *impf vt* 1) matar, asesinar 2) *(привести в отчаяние)* desesperar 3) *coloq (израсходовать)* malgastar ◆ ~ **двух зайцев** matar dos pájaros de un tiro
убиться *perf* убиваться *impf vulg* golpearse
ублаготворить *perf* ублаготворять *impf vt obsol* satisfacer
ублажать V. ублажить
ублажить *perf* ублажать *impf vt* satisfacer, complacer, contentar
ублюдок *m* 1) *obsol (незаконорожденный ребёнок)* bastardo 2) *insult (никчёмный человек)* bastardo, desgraciado
ублюдочный *adj* bastardo
убогий *adj* 1) *(бедный)* pobre, miserable 2) *(жалкий)* deplorable, miserable, cutre 3) *(увечный)* lisiado, arrastrado
убого *adv* 1) *(бедно)* pobremente, miserablemente 2) *(ничтожно)* deplorablemente, miserablemente
убогость *f* pobreza
убожество *n* 1) *(физический недостаток)* defecto físico, baldadura 2) *(ничтожность)* mezquindad, miseria
убой *m* matanza (del ganado)
убойный *adj* 1) *(для убоя)* de matanza 2) *mil (об огне - смертоносный)* mortal, mortífero
убор *m* adorno, atavío *головной* ~ sombrero
убористый *adj* apretado
уборка *f* 1) *(приведение в порядок)* limpieza, arreglo 2) *(урожая)* recolección
уборная *f* 1) *coloq (туалет)* servicio, lavabo 2) *(актёрская)* camerino
уборный *adj poét* adornado
уборочная *f agric* cosecha
уборочный *adj* de recolección
уборщи|к, -ца *m/f* moz|o, -a de limpieza
убояться *perf obsol* asustarse, espantar
убранство *n* 1) *(отделка)* decoración 2) *obsol (одежда)* atavío
убрать *perf* убирать *impf vt* 1) quitar, retirar ~ *вещи со стола* retirar las cosas de la mesa 2) *(урожай)* recoger 3) *(привести в порядок)* poner en orden, arreglar 4) *(украсить)* adornar, decorar
убраться *perf* убираться *impf* 1) *coloq (сделать уборку)* arreglar, ordenar, hacer la limpieza 2) *coloq (нарядиться)* engalanarse 3) *vulg (уйти)* largarse, irse 4) *coloq (опьянеть)* emborracharse, embriagarse
убывание *n* disminución, bajada, reducción
убывать V. убыть
убыль *f* disminución, mengua *идти на* ~ disminuir
убыстренный *adj* acelerado
убыстрить *perf* убыстрять *impf vt* acelerar
убыстриться *perf* убыстряться *impf* acelerarse
убыстрять V. убыстрить

убыстряться V. убыстриться
убытие *n* disminución
убыт|ок *m com* pérdida, déficit *нести ~ки* sufrir pérdidas
убыточность *f com* déficit
убыточный *adj com* deficitario
убыть *perf* убывать *impf vi* 1) *(уменьшиться)* disminuir, bajar 2) *(выбыть из состава)* darse de baja
уважаемый *adj* respetable, honorable
уважать *impf vt* respetar, estimar
уважение *n* respeto, estimación, aprecio
уважительн|ый *adj* 1) justificado *~ая причина* causa justificada 2) *(проникнутый уважением)* respetuoso
уважить *perf vt coloq* satisfacer
увалень *m coloq* leño
уваривать V. уварить
увариваться V. увариться
уварить *perf* уваривать *impf vt coloq* cocer
увариться *perf* увариваться *impf* cocerse
уведомительн|ый *adj* de notificación *~ое письмо* aviso
уведомить *perf* уведомлять *impf vt* avisar, informar
уведомление *n* notificación, aviso
уведомлять V. уведомить
увезти *perf* увозить *impf vt* llevarse, llevar
увековечение *n* perpetuación, conservación
увековечивать V. увековечить
увековечить *perf* увековечивать *impf vt* inmortalizar, perpetuar
увеличение *n* 1) aumento, incremento 2) *foto* ampliación
увеличивать V. увеличить
увеличиваться V. увеличиться
увеличительный *adj* 1) de aumento 2) *ling* aumentativo
увеличить *perf* увеличивать *impf vt* 1) aumentar, incrementar 2) *foto* ampliar
увеличиться *perf* увеличиваться *impf* aumentar, crecer
увенчание *n elev* coronamiento
увенчать *perf* увенчивать *impf vt* coronar
увенчаться *perf* увенчиваться *impf* ser coronado ~ *успехом* tener éxito
увенчивать V. увенчать
увенчиваться V. увенчаться
уверение *n* aseveración, promesa
уверенность *f* seguridad, certeza, certidumbre
уверенный *adj* seguro
уверить *perf* уверять *impf vt* asegurar, persuadir
увериться *perf* уверяться *impf* asegurarse, persuadirse
увернуться *perf* уворачиваться *impf* **(от кого/чего-л)** esquivar, evitar, eludir
уверовать *perf vi* creer, convencerse
увертюра *f mús* obertura
уверять V. уверить
уверяться V. увериться
увеселение *n* diversión, entretenimiento
увеселительный *adj* divertido, entretenido
увеселять V. увеселить
увесистый *adj coloq* pesado
увести *perf* уводить *impf vt* 1) llevarse, llevar 2) *(украсть)* robar, hurtar
увечить *perf vt* mutilar
увечный *adj* mutilado
увечье *n* mutilación
увещевание *n obsol* exhortación
увещевать *impf vt obsol* exhortar
увёртка *f* evasiva, efugio
увёртливый *adj coloq* hábil
увёртываться V. увернуться
увиваться *impf* 1) *(виться)* enrollarse 2) *coloq (ходить за кем-либо, добиваясь своего)* cortejar, hacer la corte
увидать V. увидеть
увидаться V. увидеться
увидеть V. видеть
увидеться V. видеться
увиливать V. увильнуть
увильнуть *perf* увиливать *impf vi* 1) **(от кого/чего-л)** esquivar, zafarse (de alg o u/c) 2) **(от чего-л)** *(хитростью устраниться от чего-либо)* evitar, esquivar
увить *perf* увивать *impf vt* enrollar
увлажнение *n* humectación
увлажнить *perf* увлажнять *impf vt* humedecer
увлажниться *perf* увлажняться *impf* humedecerse
увлажнять V. увлажнить
увлажняться V. увлажниться
увлекательность *f* fascinación, atracción
увлекательный *adj* atractivo, fascinante
увлекать V. увлечь
увлекаться V. увлечься
увлечение *n* 1) animación, entusiasmo 2) *(повышенный интерес)* pasión 3) *(влюблённость)* enamoramiento
увлечённость *f* apasionamiento, afición
увлечённый *adj* apasionado, entusiasta
увлечь *perf* увлекать *impf vt* 1) *(вызвать повышенный интерес)* entusiasmar, apasionar 2) *(увести)* arrastrar, llevar
увлечься *perf* увлекаться *impf* 1) **(чем-л)** apasionarse (por u/c), entusiasmarse (por u/c) 2) **(кем-л)** *(влюбиться)* enamorarse (de alg)
увод *m* 1) *(кража)* hurto, robo 2) *mil* repliegue
уводить V. увести
увозить V. увезти
уволить *perf* увольнять *impf vt* despedir, dar de baja
уволочь *perf* уволакивать *impf vt* 1) *coloq (утащить волоком)* llevar arrastrando 2) *coloq (украсть)* hurtar, robar
увольнение *n* despido, cese
увольнительный *adj* de licencia, de permiso
увольнять V. уволить
увольняться V. уволиться
уворачиваться V. увернуться
уворовать *perf* уворовывать *impf vt obsol* robar, hurtar
увы *interj* ay, por desgracia
увядание *n* marchitamiento
увядать V. увянуть
увядший *adj* marchito
увязать[1] V. увязнуть
увязать[2] *perf* увязывать *impf vt* 1) *(связать)* atar, amarrar 2) *(согласовать)* coordinar
увязаться[1] *perf* увязываться *impf coloq (собрать вещи)* hacer las maletas

увязаться[2] *perf* увязываться *impf* **(за кем/чем-л)** *(неотступно следовать)* pegarse (a alg o u/c)
увязка *f* 1) *coloq (упаковка)* empaque, atadura 2) *(согласование)* coordinación
увязнуть *perf* увязать *impf vi* atascarse, empantanarse
увязывать V. увязать 2
увязываться V. увязаться 1,2
увянуть *perf* увядать *impf vi* marchitarse
угадать *perf* угадывать *impf vt* acertar, adivinar
угадывание *n* adivinación
угадывать V. угадать
угар *m* 1) *(газ)* tufo, monóxido de carbono 2) *(возбуждение, самозабвение)* agitación, excitación 3) *coloq (нечто смешное)* cosa tronchante, cosa divertida
угарный *adj* 1) de monóxido de carbono, de combustión 2) *(безудержный)* desenfrenado, impetuoso 3) *coloq (смешной)* irrisorio, tronchante
угасание *n* apagamiento
угасать V. угаснуть
угаснуть *perf* угасать *impf vi* apagarse
углевод *m quím* hidrato de carbono, carbohidrato
углеводный *adj quím* de hidrato de carbono
углеводород *m quím* hidrocarburo
углеводородный *adj quím* de hidrocarburo
углевоз *m* barco carbonero
угледобыча *f* extracción de carbón
углежог *m* carbonero
углекислота *f quím* dióxido de carbono
углекислый *adj quím* de dióxido de carbono
углекоп *m obsol* minero
углепромышленность *f* industria hullera, industria carbonífera
углерод *m quím* carbono
углеродный *adj quím* de carbono, carbónico
угловатость *f* angulosidad
угловатый *adj* 1) anguloso 2) *(неловкий)* torpe, obtuso
угловой 1. *adj* 1) *(расположенный на углу)* de (la) esquina 2) *(расположенный в углу)* de(l) rincón 3) *(согнутый углом)* angular **2.** *m sport* saque de esquina
угломер *m* escuadra
углубить *perf* углублять *impf vt* ahondar, profundizar
углубиться *perf* углубляться *impf* 1) *(стать глубже)* ahondarse, hacerse más hondo 2) *(зайти вглубь)* penetrar, profundizar 3) *(предаться)* dedicarse (a u/c), profundizar (en u/c)
углубление *n* 1) ahondamiento 2) *(впадина)* hoyo
углублённый *adj* 1) *(глубокий)* hondo 2) *(основательный)* profundo, serio 3) **(во что-л.)** *(всецело предавшийся)* enfrascado (en u/c), dedicado (a u/c)
углублять V. углубить
углубляться V. углубиться
углядеть *perf* углядывать *impf vt* 1) *coloq (всматриваясь, увидеть)* ver, percibir 2) *coloq (уберечь)* cuidar, vigilar
угнать *perf* угонять *impf vt* 1) conducir, llevar 2) *coloq (похитить)* robar
угнаться *perf* 1) **(за кем/чем-л)** *(догнать)* alcanzar 2) **(за кем/чем-л)** *(сравняться)* igualarse (con alg o u/c)
угнездиться *perf coloq* anidarse
угнести V. угнетать
угнетатель *m* opresor
угнетательский *adj* opresor
угнетать *impf* угнести *impf vt* 1) oprimir, deprimir 2) *(удручать)* abatir
угнетение *n* 1) *(эксплуатация)* opresión 2) *(подавленность)* depresión, abatimiento
угнетённость *f* 1) *(эксплуатация)* opresión 2) *(подавленность)* depresión, abatimiento
угнетённый *adj* 1) oprimido 2) *(подавленный)* abatido, deprimido
уговаривать V. уговорить
уговариваться V. уговориться
уговор *m* 1) *(убеждение)* persuasión, exhortación 2) *(соглашение)* acuerdo, convenio
уговорить *perf* уговаривать *impf vt* persuadir, convencer
уговориться *perf* уговариваться *impf coloq* ponerse de acuerdo, convenir
угод|а *f* : в ~у para complacer
угодить *perf* угождать *impf vi* 1) **(кому-л)** *(удовлетворить)* complacer 2) **(куда-л)** *coloq (попасть)* ir a parar (a u/c), caer (en u/c)
угодливый *adj* obsequioso, adulador
угодник *m* 1) *coloq* persona obsequiosa, adulador 2) *relig (святой)* santo
угодничать *impf vi coloq* adular, lisonjear
угодничество *n* adulación, lisonja
угодный *adj* conveniente, deseable
угодье *n* terreno, parcela
угождать V. угодить
угождение *n* complacencia, agrado
уг|ол *m* 1) *(внешние стороны)* esquina *повернуть за ~ол* doblar la esquina 2) *(внутренние стороны)* rincón *~ол двора* rincón del patio 3) *(приют)* rincón 4) *geom* ángulo *прямой ~ол* ángulo recto ◆ **по всем ~лам** por todas partes **загнать в ~ол** arrinconar
уголёк *m dimin* trozo de carbón
уголовник *m coloq* delincuente, criminal
уголовный *adj* penal
уголовщина *f coloq* delito, crimen
уголок *m* 1) *dimin-afect* rinconcito 2) *(специально отведённое место)* rincón
уголь *m* carbón *древесный ~* carbón vegetal; *каменный ~* carbón de piedra
угольник *m* escuadra (herramienta)
угольный *adj* de carbón, carbonero, hullero
угольщик *m* 1) *(специалист по добыче угля)* carbonero 2) *(углевоз)* barco carbonero
угомон *m vulg* tranquilidad, calma *нет ~у* no hay tranquilidad
угомонить *perf* угомонять *impf vt coloq* tranquilizar, calmar
угомониться *perf* угомоняться *impf coloq* tranquilizarse, calmarse
угомонять V. угомонить
угомоняться V. угомониться
угон *m* robo
угонщик *m* ladrón
угонять V. угнать
угораздить *perf vi* **(кого-л сделать что-л)** *coloq* tener la desgracia de (hacer u/c)

угорелый *adj* : метаться как ~ ir como un poseso
угореть *perf* угорать *impf vi* 1) *(отравиться угаром)* atufarse 2) *vulg (одуреть)* volverse loco
угорь[1] *m (рыба)* anguila
угорь[2] *m (на коже)* espinilla, barrillo
угостить *perf* угощать *impf vt* (**чем-л**) agasajar (con u/c), ofrecer
угоститься *perf* угощаться *impf* (**чем-л**) servirse (u/c)
уготованный *adj obsol* destinado
уготовить *perf vt coloq* destinar, preparar
угощать V. угостить
угощаться V. угоститься
угощение *n* agasajo, obsequio
угреватый *adj* cubierto de espinillas (barrillos)
угрёвый *adj* de anguila
угробить *perf vt* 1) *coloq (погубить)* matar, cargarse 2) *coloq (загубить)* averiar, dañar
угрожаемый *adj* peligroso
угрожать *impf vi* (**кому-л**) amenazar
угрожающий *adj* amenazante, peligroso
угроза *f* amenaza, peligro
угро-финский *adj* finoúgrico
угрохать *perf vt vulg* disipar, ventilarse
угрызение *n* remordimiento ~ *совести* remordimientos de conciencia
угрюмость *f* carácter sombrío
угрюмый *adj* hosco, lúgubre, malhumorado
угу *partic vulg* sí
удав *m* boa
удаваться V. удаться
удавить *perf vt* estrangular
удавиться *perf* estrangularse
удавленник *m* persona estrangulada
удаление *n* alejamiento, expulsión
удалец *m coloq* hombre gallardo, hombre valiente
удалённость *f* alejamiento, apartamiento, separación
удалённый *adj* alejado, lejano
удалить *perf* удалять *impf vt* 1) alejar, apartar, expulsar 2) *(устранить)* quitar, extraer
удалиться *perf* удаляться *impf* 1) *(отдалиться)* alejarse, apartarse, separarse 2) *(уйти)* irse, retirarse
удалой *adj* gallardo, atrevido, valiente
удаль *f* gallardía, atrevimiento, valentía
удалять V. удалить
удаляться V. удалиться
удар *m* 1) golpe, choque 2) *(потрясение)* choque, sacudida 3) *(нападение)* ataque, asalto 4) *sport* tiro, chut 5) *(кровоизлияние в мозг)* congestión cerebral ◆ **солнечный** ~ insolación **быть в ~е** estar inspirado
ударение *n* acento
ударить *perf* ударять *impf vt* 1) golpear, dar un golpe 2) *mil (стремительно напасть)* atacar ◆ **~ в голову** subirse a la cabeza
удариться *perf* ударяться *impf* 1) (**чем-л**) golpearse (con u/c) 2) (**о кого/что-л**) *(столкнуться)* chocar (contra alg o u/c) 3) (**во что-л.**) *(предаться)* darse (a u/c), entregarse (a u/c)
ударник[1] *m (в механизме)* percutor, martillo
ударник[2] *m* 1) *hist (передовой работник)* udárnik (trabajador que supera la cuota de trabajo prevista) 2) *mús (музыкант)* precusionista, batería
ударность *f hist* buena productividad
ударный *adj* 1) *mús* de percusión 2) *mil* de choque
ударяемый *adj ling* acentuado
ударять V. ударить
ударяться V. удариться
удаться *perf* удаваться *impf* 1) tener éxito, salir bien 2) (**что-л кому-л**) *(получиться у кого-л)* conseguir
удача *f* suerte, fortuna, dicha
удачливость *f* suerte, ventura
удачливый *adj* afortunado, dichoso
удачни|к, ца *m/f coloq* afortunad|o, -a suertud|o, -a
удачно *adv* afortunadamente, con acierto, con suerte
удачный *adj* acertado, feliz, afortunado
удваивать V. удвоить
удваиваться V. удвоиться
удвоение *n* duplicación, doblamiento
удвоить *perf* удваивать *impf vt* doblar, duplicar
удвоиться *perf* удваиваться *impf* doblarse, duplicarse
удел *m* 1) *hist (территория)* feudo 2) *(участь)* destino, suerte
уделить *perf* уделять *impf vt* dar, otorgar
удельный[1] *adj (связанный с единицей измерения)* específico ~ *вес* peso específico
удельный[2] *adj hist (связанный с уделом)* feudal, de feudo
уделять V. уделить
удерж *m* : без ~у descomedidamente, desbocadamente
удержание *n (действие)* retención
удержать *perf* удерживать *impf vt* 1) mantener, sostener 2) *(остановить)* detener, retener 3) *(не выплатить)* retener
удержаться *perf* удерживаться *impf* mantenerse, aguantarse
удерживание *n* retención
удерживать V. удержать
удерживаться V. удержаться
удесятерить *perf* удесятерять *impf vt* decuplar, decuplicar
удесятериться *perf* удесятеряться *impf* decuplarse, decuplicarse
удесятерять V. удесятерить
удесятеряться V. удесятериться
удешевить *perf* удешевлять *impf vt* abaratar
удешевление *n* abaratamiento
удешевлять V. удешевить
удивительно *adv* extraordinariamente, admirablemente
удивительный *adj* sorprendente, asombroso, extraño
удивить *perf* удивлять *impf vt* sorprender, asombrar
удивиться *perf* удивляться *impf* (**кому/чему-л**) sorprenderse (de u/c), asombrarse (de alg o u/c)
удивление *n* sorpresa, asombro
удивлённый *adj* sorprendido
удивлять V. удивить
удивляться V. удивиться
удила *npl* bocado (parte de la brida), freno

удилище *n pesca* caña de pescar
удильщик *m* pescador
удирать V. удрать
удить *impf vt* pescar (con caña)
удиться *impf* ser pescado
удлинение *n* alargamiento, prolongación
удлинённый *adj* alargado
удлинить *perf* удлинять *impf vt* alargar, prolongar
удлиниться *perf* удлиняться *impf* alargarse, prolongarse
удлинять V. удлинить
удлиняться V. удлиниться
удмурт, -ка *m/f* udmurt|o, -a
удмуртский *adj* udmurto
удобный *adj* 1) cómodo, confortable 2) *(благоприятный)* favorable, oportuno
удобоваримый *adj* digestible
удобопонятный *adj* comprensible
удобрение *n* 1) *(действие)* abono 2) *(вещество)* abono, fertilizante
удобрить *perf* удобрять *impf vt* abonar, fertilizar
удобрять V. удобрить
удобство *n* comodidad, confort
удовлетворение *n* satisfacción
удовлетворённость *f* satisfacción
удовлетворённый *adj* satisfecho
удовлетворительно 1. *adv* satisfactoriamente **2.** *n (отметка)* aprobado
удовлетворительный *adj* satisfactorio, aceptable
удовлетворить *perf* удовлетворять *impf vt* satisfacer, contentar
удовлетвориться *perf* удовлетворяться *impf* contentarse
удовлетворять V. удовлетворить
удовлетворяться V. удовлетвориться
удовольстви|е *n* placer, gusto *с ~м* con mucho gusto; *ради ~я* por gusto
удовольствоваться *perf* (**чем-л**) contentarse (con u/c)
удод *m* abubilla
удой *m* rendimiento lechero
удойность *f* productividad lechera
удойный *adj* lechero, de ordeño
удорожание *n* encarecimiento
удорожать V. удорожить
удорожить *perf* удорожать *impf vt* encarecer
удостаивать V. удостоить
удостаиваться V. удостоиться
удостоверение *n* 1) *(действие)* certificación, testimonio 2) *(документ)* acreditación, carnet, identificación ~ *личности* documento de identidad
удостоверить *perf* удостоверять *impf vt* certificar, verificar
удостовериться *perf* удостоверяться *impf* (**в чём-л**) asegurarse (de u/c), cerciorarse (de u/c)
удостоверять V. удостоверить
удостоверяться V. удостовериться
удостоить *perf* удостаивать *impf vt* 1) (**чего-л**) *(наградить)* condecorar (con u/c), honrar (con u/c) 2) (**чего-л**) *(оказать внимание)* dignarse (a u/c)
удостоиться *perf* удостаиваться *impf* 1) (**чего-л**) *(награды)* recibir 2) (**чего-л**) *(получить знак внимания)* obtener
удосужи|ться *perf* удосуживаться *impf* (**сделать что-л**) *coloq* encontrar tiempo (para u/c) *он не ~лся позвонить* no encontró tiempo para llamar, no fue capaz de llamar
удочерение *n* adopción (de una niña)
удочерить *perf* удочерять *impf vt* adoptar (a una niña)
удочк|а *f* caña de pescar ◆ **закинуть** ~у sondear el terreno
удрать *perf* удирать *impf vi coloq* huir, escapar
удружить *perf* удружать *impf vt coloq* hacer un favor
удручать V. удручить
удручённость *f* abatimiento
удручённый *adj* abatido, oprimido
удручить *perf* удручать *impf vt* abatir, oprimir
удумать *perf* удумывать *impf vt vulg* inventar, idear
удушать V. удушить
удушение *n* estrangulación, ahogo
удушить *perf* удушать *impf vt* ahogar, estrangular
удушливый *adj* sofocante, asfixiante
удушье *n* asfixia, ahogo
уедать V. уесть
уединение *n* retiro, soledad
уединённый *adj* aislado, apartado
уединить *perf* уединять *impf vt* retirar, separar, aislar
уединиться *perf* уединяться *impf* retirarse, aislarse, separarse
уединяться V. уединиться
уезд *m hist* distrito
уездный *adj* 1) *hist* de distrito 2) *(провинциальный)* provincial, de provincia
уезжать V. уехать
уесть *perf* уедать *impf vt* 1) *(укусить)* morder, comer 2) *(извести)* consumir, agotar 3) *(уязвить)* herir, mortificar
уехать *perf* уезжать *impf vi* marcharse, irse, salir
уж[1] *m* culebra
уж[2] *partic enfat* pero, como, ya ~ *я его проучу* pero yo le castigaré
ужалить V. жалить
ужарить *perf* ужаривать *impf vt* 1) *coloq* asar 2) *coloq (жаря, уменьшить в объёме)* hacer menguar (asando)
ужариться *perf* ужариваться *impf* 1) *coloq (приготовиться)* asarse 2) *coloq (уменьшиться в объёме)* menguar (asándose)
ужас *m* horror, terror, espanto *какой ~!* ¡qué horror!
ужасать V. ужаснуть
ужасаться V. ужаснуться
ужасающий *adj* horrible, terrorífico, aterrador
ужасно *adv* horriblemente, terriblemente, fatal
ужаснуть *perf* ужасать *impf vt* aterrorizar, espantar, horrorizar
ужаснуться *perf* ужасаться *impf* horrorizarse, espantarse
ужасный *adj* 1) horrible, terrible, pavoroso 2) *coloq (очень плохой)* terrible, horroroso, fatal
уже *adv* ya ~ *нет* ya no; ~ *давно* ya hace tiempo
ужели *partic obsol* ¿es posible?, ¿de veras?
ужение *n* pesca con caña
ужесточать V. ужесточить
ужесточение *n* endurecimiento

ужесточить *perf* ужесточать *impf vt* endurecer, hacer más rígido
уживаться V. ужиться
уживчивый *adj* acomodadizo, sociable, llano
ужимка *f* mueca, gesto innatural
ужин *m* cena
ужинать *impf* поужинать *perf vi* cenar
ужиться *perf* уживаться *impf* 1) *(привыкнув, остаться жить)* acostumbrarse a vivir 2) *(вести согласную жизнь)* llevarse bien, vivir en armonía
ужо **1.** *adv vulg (потом)* después, más tarde **2.** *partic vulg (угроза)* ya verás ~ *погоди* ¡ya verás, espera!
ужонок *m* cría de culebra
узаконение *n* 1) *(действие)* legalización 2) *obsol (закон)* ley
узаконивать V. узаконить
узаконить *perf* узаконивать *impf vt* legitimar, legalizar
узбек *m* uzbeko
узбекский *adj* uzbeko
узбечка *m* uzbeka
узда *f* brida, rienda
уздечка *f* brida
узел *m* 1) nudo 2) *(свёрток)* paquete 3) *(место пересечения)* central
узелковый *adj* de nudo
узелок *m* 1) *dimin* nudo 2) *(свёрток)* lío, paquete
узкий *adj* 1) estrecho, angosto 2) *(ограниченный)* reducido, limitado 3) *(о взглядах)* corto, de pocos alcances
узкоколейка *f ferroc* vía estrecha
узкоколейный *adj ferroc* de vía estrecha
узколобый *adj* 1) de frente estrecha 2) *(с ограниченным кругозором)* limitado, cerrado
узкоплечий *adj* de hombros estrechos
узкость *f* estrechez
узловатый *adj* nudoso
узловой *adj* 1) de nudo 2) *(главный)* principal
узнаваемость *f* reconocimiento
узнаваемый *adj* reconocible
узнавание *n* reconocimiento
узнавать V. узнать
узнать *perf* узнавать *impf vt* 1) *(человека)* conocer, reconocer 2) *(информацию)* llegar a saber, saber 3) *(справляться)* informarse
узник *m* preso, prisionero
узор *m* dibujo, tracería, bordado
узорный *adj* de dibujos
узорчатый V. узорный
узость *f* estrechez, angostura
узреть *perf vt* 1) *obsol (увидеть)* ver, percibir 2) *coloq (усмотреть, обнаружить)* percibir, sospechar
узурпатор *m* usurpador
узурпация *f* usurpación
узурпировать *biasp vt* usurpar
узус *m* uso, costumbre
уз|ы (*gen* уз) *fpl elev* lazos, vínculo
уйгур, -ка *m/f* uigur
уйгурский *adj* uigur
уйма *f coloq* gran cantidad, multitud
уйти *perf* уходить *impf vi* 1) irse, marcharse, salir 2) *(покинуть)* dejar, abandonar 3) *(о времени)* pasar, perderse 4) *(израсходоваться)* gastarse
указ *m hist* decreto, edicto
указание *n* indicación, instrucción
указатель *m* indicador, índice
указательный *adj* 1) indicador 2) *ling* demostrativo ◆ ~ **палец** (dedo) índice
указать *perf* указывать *impf vt* indicar, señalar, mostrar
указка *f* 1) puntero 2) *coloq (указание)* indicación, instrucción
указующий *adj* mostrador
указчик *m* preceptor, consejero
указывать V. указать
укалывать V. Уколоть
укалываться V. уколоться
укатать *perf* укатывать *impf vt* 1) *(сделать гладким)* aplanar, allanar 2) *vulg (измучить)* agotar, fatigar 3) *vulg (отправить)* enviar, mandar
укататься *perf* укатываться *impf* allanarse
укатить *perf* укатывать *impf* **1.** *vt (катя, переместить)* hacer rodar **2.** *vi coloq (уехать)* irse, partir
укатиться *perf* укатываться *impf* rodarse, alejarse rodando
укачать *perf* укачивать *impf* **1.** *vt* arrullar, hacer dormir **2.** *v/impers* marearse
укачивание *n* mareo
укачивать V. укачать
уклад *m* modo, régimen ~ *жизни* modo de vida
укладка *f* 1) *(действие)* colocación, colocamiento 2) *(причёска)* peinado 3) *obsol (сундук)* cofre
укладчик *m* embalador
укладывать V. уложить
укладываться V. уложиться
уклейка *f* alburno
уклон *m* 1) *(наклон)* inclinación, pendiente 2) *(оклонение)* desviación 3) *(направленность)* orientación, inclinación
уклонение *n* 1) desviación, desvío 2) *(отказ)* abstención, negativa
уклониться *perf* уклоняться *impf* 1) desviarse, apartarse 2) **(от чего-л)** *(от долга, обязанности)* abstenerse (de u/c), negarse (a u/c)
уклончивый *adj* evasivo
уклоняться V. уклониться
уключина *f nav* escálamo
укокать *perf vt vulg* V. укокошить
укокошить *perf vt vulg* matar, despachar
укол *m* 1) *(острым предметом)* punzada 2) *(инъекция)* inyección
уколоть *perf* укалывать *impf vt* pinchar, punzar
уколоться *perf* укалываться *impf* pincharse
укомплектовать *perf* укомплектовывать *impf vt* completar
укор *m* reproche
укорачивать V. укоротить
укорачиваться V. укоротиться
укоренение *n* radicación
укоренить *perf* укоренять *impf vt* hacer radicar, hacer arraigar
укорениться *perf* укореняться *impf* arraigar, arraigarse
укореняться V. укорениться
укоренять V. укоренить
укоризна *f* reproche
укоризненно *adv* con reproche

укоризненный *adj* de reproche
укорить *perf* укорять *impf vt* reprochar
укоротить *perf* укорачивать *impf vt* acortar, abreviar, aminorar
укоротиться *perf* укорачиваться *impf* acortarse, abreviarse
укорочение *n* acortamiento
укорять V. укорить
укос *m agric* siega
украдкой *adv* a hurtadillas, a escondidas
украин|ец, -ка *m/f* ucranian|o, -a
украинский *adj* ucraniano, ucranio
украсить *perf* украшать *impf vt* adornar, decorar, guarnecer
украситься *perf* украшаться *impf* adornarse, engalanarse
украсть V. красть
украшать V. украсить
украшаться V. украситься
украшение *n* adorno, decoración, ornamento
укрепить *perf* укреплять *impf vt* 1) afirmar, reforzar, asegurar, fortalecer 2) *mil* fortificar 3) *(прикрепить)* fijar
укрепиться *perf* укрепляться *impf* 1) *(стать крепким)* afirmarse, fortalecerse 2) *mil* atrincherarse
укрепление *n* 1) *(действие)* afirmación, reforzamiento 2) *mil* fortificación
укреплять V. укрепить
укрепляться V. укрепиться
укромный *adj* retirado, apartado, escondido
укроп *m* hinojo
укротитель *m* domador
укротить *perf* укрощать *impf vt* domar, amansar
укрощать V. укротить
укрощение *n* doma, adiestramiento
укрупнение *n* engrandecimiento, ampliación
укрупнить *perf* укрупнять *impf vt* engrandecer, aumentar
укрупниться *perf* укрупняться *impf* aumentarse, ampliarse
укрупнять V. укрупнить
укрупняться V. укрупниться
укрыватель *m* encubridor
укрывательство *n* encubrimiento
укрывать V. укрыть
укрываться V. укрыться
укрытие *n* refugio
укрыть *perf* укрывать *impf vt* 1) cubrir, tapar 2) *(спрятать)* esconder, ocultar
укрыться *perf* укрываться *impf* 1) cubrirse, taparse 2) *(спрятаться)* esconderse, ocultarse, guarecerse
уксус *m* vinagre
уксусный *adj* de vinagre, vinagroso
укус *m* mordedura, picadura
укусить V. кусить
укутать *perf* укутывать *impf vt* arropar, envolver
улавливание *n* captación
улавливать V. уловить
уладить *perf* улаживать *impf vt* arreglar, acordar, resolver
уладиться *perf* улаживаться *impf* arreglarse, resolverse
улаживание *n* arreglo
улаживать V. уладить
уламывать V. уломать
улан *m mil hist* ulano
улей *m* colmena
улетать V. улететь
улететь *perf* улетать *impf vi* irse volando, volar
улетучиваться V. улетучиться
улетучиться *perf* улетучиваться *impf* 1) evaporarse 2) *(исчезнуть)* desaparecer, evaporarse
улечься *perf* укладываться *impf* 1) acostarse, tenderse 2) *(осесть)* sedimentarse, posarse 3) *(успокоиться)* calmarse, apaciguarse, cesar
улизнуть *perf vi vulg* huir, escapar, largarse
улика *f* pista, prueba
улита *f* V. улитка
улитка *f* caracol
улиц|а *f* calle *на ~е* en la calle; *главная ~а* calle mayor
уличать V. уличить
уличить *perf* уличать *impf vt* demostrar, descubrir
уличный *adj* de la calle, callejero
улов *m* pesca
уловимый *adj* captable, perceptible
уловить *perf* улавливать *impf vt* 1) captar, percibir 2) *(заметить)* sorprender, encontrar
уловка *f* efugio, astucia, truco
уложение *n hist* código
уложить *perf* укладывать *impf vt* 1) echar, acostar 2) *(свалить с ног)* tumbar 3) *(разложить в определённом порядке)* colocar, apilar
уложиться *perf* укладываться *perf* 1) entrar, caber 2) *coloq (уложить вещи)* hacer las maletas 3) *coloq (в определённые пределы)* limitarse
уломать *perf* уламывать *impf vt coloq* convencer, persuadir
улочка *f dimin* callejuela
улучить *perf* улучать *impf vt coloq* encontrar, hallar (tiempo, un momento)
улучшать V. улучшить
улучшаться V. улучшиться
улучшение *n* mejora, mejoría, mejoramiento
улучшить *perf* улучшать *impf vt* mejorar
улучшиться *perf* улучшаться *impf* mejorar, mejorarse
улыбаться *impf* улыбнуться *perf* sonreír, sonreírse
улыбка *f* sonrisa
улыбнуться V. улыбаться
улыбчивый *adj* sonriente
ультимативный *adj* terminante, tajante
ультиматум *m* ultimátum *предъявить ~* presentar un ultimátum
ультра *m/f* ultra
ультразвук *m* ultrasonido
ультразвуковой *adj* ultrasonoro, por ultrasonidos
ультракороткий *adj* ultracorto
ультрамарин *m* azul marino
ультрафиолетовый *adj* ultravioleta
улюлюканье *n* ululato
улюлюкать *impf vi* ulular
ум *m* inteligencia, mente ◆ **быть без ~а от кого/чего-л** estar loco por alg o u.c. **быть не в своём ~е** estar loco **сойти с ~а** volverse loco

умаление *n* menoscabo
умалить *perf* умалять *impf vt* menoscabar, subestimar
умалишённый *adj* loco, demente
умалчивать V. умолчать
умалять V. умалить
умаяться V. маяться
умелец *m* artesano, menestral
умелый *adj* hábil, diestro, virtuoso
умение *n* habilidad, destreza, artificio
уменьшаемое *n mat* minuendo
уменьшать V. уменьшить
уменьшаться V. уменьшиться
уменьшение *n* disminución, reducción
уменьшительный *adj ling* diminutivo
уменьшить *perf* уменьшать *impf vt* disminuir, reducir
уменьшиться *perf* уменьшаться *impf* disminuir, reducirse
умеренность *f* 1) moderación, sobriedad 2) *(климата)* templanza
умеренный *adj* 1) moderado 2) *(о климате)* templado
умереть *perf* умирать *impf vi* morir, fallecer ◆ ~ **со смеху** morirse de risa
умерить *perf* умерять *impf vt* moderar, calmar, templar
умертвить *perf* умерщвлять *impf vt* matar
умерший *adj* difunto, muerto
умерщвление *n* muerte, destrucción
умерщвлять V. умертвить
умерять V. умерить
уместить *perf* умещать *impf vt* poner, colocar
уместиться *perf* умещаться *impf* 1) *(поместиться)* caber, entrar 2) *(разместиться)* ponerse, colocarse
уместность *f* oportunidad, conveniencia
уместный *adj* oportuno, conveniente
уме|ть *perf vi* (**делать что-л**) saber (hacer u/c), poder (hacer u/c) *он не ~ет плавать* no sabe nadar
умещать V. уместить
умещаться V. уместиться
умеючи *adv coloq* sabiendo, con conocimiento
умиление *n* enternecimiento
умилительный *adj* enternecedor, conmovedor
умилить *perf* умилять *impf vt* enternecer, conmover
умилиться *perf* умиляться *impf* enternecerse, conmoverse
умильный *adj* 1) *obsol (нежный)* tierno, agradable 2) *(льстивый)* adulador, lisonjero
умилять V. умилить
умиляться V. умилиться
уминать V. умять
уминаться V. умяться
умирание *n* muerte
умирать V. умереть
умиротворение *n* apaciguamiento
умиротворённость *f* apacibilidad
умиротворённый *adj* apacible, pacífico
умиротворить *perf* умиротворять *impf vt* apaciguar, pacificar
умиротворять V. умиротворить
умка *f* oso polar
умнеть *impf* поумнеть *perf vi* volverse más inteligente
умник *m* 1) *coloq (умный человек)* persona inteligente 2) *coloq peyor (тот, кто умничает)* listo, espabilado
умница *m/f coloq* persona inteligente, buena cabeza
умничать *impf vi coloq peyor* hacerse el listo, ir de listo
умножать V. умножить
умножаться V. умножиться
умножение *n* multiplicación
умножить *perf* умножать *impf vt* 1) multiplicar ~ *два на два* multiplicar dos por dos 2) *(увеличить)* aumentar, incrementar
умножиться *perf* умножаться *impf* 1) multiplicarse 2) *(увеличиться)* aumentarse, incrementarse
умный *adj* inteligente, ingenioso
умозаключение *n* conclusión, deducción
умозрение *n* especulación
умозрительный *adj* especulativo, teórico, hipotético
умолить *perf* умолять *impf vt* conseguir rogando, convencer
умолк *m* : без ~у sin cesar
умолкать V. умолкнуть
умолкнуть *perf* умолкать *impf vi* callar
умолот *m agric* grano trillado
умолчани|е *n* 1) *(действие)* silencio 2) *lit* reticencia ◆ **по ~ю** por omisión, por defecto
умолчать *perf* умалчивать *impf vt* callar, pasar en silencio
умолять *impf vt* 1) rogar, suplicar, implorar 2) V. умолить
умоляющий *adj* suplicante
умонастроение *n elev* orientación de los intereses
умопомешательство *n elev* locura, demencia
умопомрачение *n elev* trastorno mental, turbación mental
умопомрачительный *adj* prodigioso, asombroso
умора *f coloq* caso ridículo
уморительный *adj coloq* ridículo, cómico, irrisorio
уморить V. морить
умориться *perf vulg* cansarse, fatigarse
умотать *perf* уматывать *impf* **1.** *vt coloq* cansar, agotar, fatigar **2.** *vi coloq (убежать)* largarse
умственный *adj* intelectual, mental, espiritual
умствование *n* especulación
умствовать *impf vi* razonar, filosofar
умудрить *perf* умудрять *impf vt* hacer sabio, hacer prudente
умудриться *perf* умудряться *impf* (**сделать что-л**) *irón* conseguir (hacer u/c), apañárselas para (hacer u/c)
умудряться V. умудриться
умчать *perf* **1.** *vt* llevar, llevarse **2.** *vi coloq* irse, marcharse rápidamente
умчаться *perf* 1) partir a toda prisa 2) *(миновать)* pasar
умывальник *m* lavabo
умывание *n* lavado, baño
умывать V. умыть
умываться V. умыться
умыкание *n* rapto (de una mujer)

умыкнуть *perf* умыкать *impf vt* raptar (a una mujer)

умысел *m* 1) intención, deseo 2) *jur* premeditación

умыть *perf* умывать *impf vt* lavar ◆ ~ **руки** lavarse las manos

умыться *perf* умываться *impf* lavarse

умышленный *adj* intencionado, premeditado

умять *perf* уминать *impf vt* 1) *(уложить, приминая)* apretar, comprimir, prensar 2) *vulg (съесть)* comer, zampar

умяться *perf* уминаться *impf* apretarse, estar apretado

унаваживать V. унавозить

унавозить *perf* унаваживать *impf vt agric* estercolar

унаследовать *perf vt* heredar

унести *perf* уносить *impf vt* llevar, llevarse

унестись *perf* уноситься *impf* 1) *(быстро удалиться)* alejarse rápidamente 2) *(миновать, пройти)* pasar

универмаг *m* grandes almacenes

универсал *m* 1) trabajador universal 2) *auto* familiar

универсализировать *biasp vt* universalizar

универсализм *m* 1) universalismo 2) *filos (философское течение)* universalismo

универсальность *f* universalidad

универсальный *adj* universal

универсам *m* supermercado

универсиада *f sport* universiada, juegos universitarios

университет *m* universidad

университетский *adj* universitario

унижать V. унизить

унижаться V. унизиться

унижение *n* humillación, vejación

униженность *f* humillación

униженный *adj* humillado, vejado

унизительный *adj* humillante

унизить *perf* унижать *impf vt* humillar, vejar

унизиться *perf* унижаться *impf* humillarse, rebajarse

уникальность *f* carácter único, excepcionalidad

уникальный *adj* único

уникум *m* cosa única

унимать V. унять

униматься V. уняться

унисон *m mús* unísono *петь в* ~ cantar al unísono

унитаз *m* retrete, taza del retrete

унитарный *adj* unitario

унификация *f* unificación

унифицировать *biasp vt* unificar

униформа *f* 1) uniforme 2) *teat (в цирке)* mozos de circo

униформист *m teat* mozo de circo

уничижение *n obsol* humillación, vilipendio

уничижительный *adj* 1) *obsol* humillante 2) *ling* peyorativo

уничтожать V. уничтожить

уничтожаться V. уничтожиться

уничтожение *n* 1) aniquilación, eliminación, exterminio 2) *(упразднение)* supresión

уничтожить *perf* уничтожать *impf vt* 1) aniquilar, eliminar, exterminar 2) *(упразднить)* suprimir, abolir

уничтожиться *perf* уничтожаться *impf* aniquilarse, eliminarse

уния *f hist* unión

уносить V. унести

уноситься V. унестись

унтер-офицер *m mil hist* suboficial

унтер-офицерск|ий *adj mil hist* de suboficial

унт|ы (*gen* -ов) *mpl* mukluks (tipo de calzado)

унция *f* onza

унывать *perf vi* desalentarse, desanimarse

уныло *adv* tristemente, melancólicamente

унылый *adj* abatido, melancólico, triste

уныние *n* abatimiento, tristeza

унять *perf* унимать *impf vt* 1) *(успокоить)* calmar, sosegar, tranquilizar 2) *(остановить)* parar, cortar

уняться *perf* униматься *impf* 1) *(успокоиться)* calmarse, sosegarse, tranquilizarse 2) *(прекратиться)* cesar, cortarse

упавший *adj* decaído, débil

упаднический *adj* decadente

упадок *m* decadencia, degradación, decaimiento

упадочный *adj* decadente

упаковать *perf* упаковывать *impf vt* empaquetar, embalar

упаковка *f* 1) *(действие)* empaquetamiento 2) *(тара)* envase

упаковочный *adj* de embalaje

упаковщик *m* empaquetador, embalador

упаковывать V. упаковать

упас|ти *perf vt vulg* salvar ◆ **Боже ~и!** ¡sálvame Dios!

упасть *perf* падать *impf vi* 1) caer, caerse 2) *(понизиться)* caer, descender ◆ ~ **в обморок** desmayarse **яблоку негде** ~ estar hasta los topes

упекать V. упечь

упекаться V. упечься

упереть *perf* упирать *impf vt* apoyar, poner

упереться *perf* упираться *impf* 1) **(на что-л)** apoyarse (en u/c) 2) **(на что-л)** *coloq (натолкнуться)* tropezar (con u/c), chocar (en u/c) 3) *coloq (стоять на своём)* obstinarse, seguir en sus trece

упечь[1] *perf* упекать *impf vt coloq (выпечь)* cocer

упечь[2] *perf vt vulg (услать)* mandar, enviar

упечься *perf* упекаться *impf coloq* cocerse

упиваться V. упиться

упирать *impf vt* acentuar, subrayar

упираться V. упереться

уписать[1] *perf* уписывать *impf vt (поместить то, что пишется)* poner lo escrito, escribir

уписать[2] *perf* уписывать *impf vt vulg (съесть)* comer, devorar, zampar

упитанный *adj* nutrido, vigoroso

упиться *perf* упиваться *impf* 1) *vulg* emborracharse, embriagarse 2) *poét (насладиться)* complacerse, deleitarse

уплата *f* pago

уплатить V. платить

уплести V. уплетать

уплетать *impf* уплести *perf vt vulg* comer, devorar, zampar

уплотнение *n* 1) *(действие)* comprensión 2) *(сокращение)* reducción, disminución 3) *tecn* junta de estanqueidad

уплотнитель *m tecn* junta de estanqueidad
уплотнить *perf* уплотнять *impf vt* 1) *(сделать плотнее)* comprimir, prensar 2) *coloq (заселить плотнее)* apiñar 3) *(сроки)* reducir, disminuir
уплотниться *perf* уплотняться *impf* 1) *(стать плотнее)* comprimirse 2) *coloq (потесниться в квартире)* apiñarse 3) *(о сроках)* reducirse, disminuirse
уплотнять V. уплотнить
уплотняться V. уплотниться
уплощение *n* allanamiento
уплывать V. уплыть
уплыть *perf* уплывать *impf vi* 1) alejarse nadando, alejarse a nado 2) *coloq (миновать)* pasar, transcurrir 3) *coloq (исчезнуть, израсходоваться)* desaparecer, gastarse
упование *n elev* esperanza
уповать *impf vi* **(на что-л)** *elev* confiar (en u/c), creer (en u/c)
уподобить *perf* уподоблять *impf vt* **(кому/чему-л)** igualar (a alg o u/c), asimilar (a alg o u/c)
уподобиться *perf* уподобляться *impf* **(кому/чему-л)** igualarse (a alg o u/c), identificarse (con alg o u/c)
уподобление *n* 1) *(сравнение)* comparación 2) *ling* asimilación
уподоблять V. уподобить
уподобляться V. уподобиться
упоение *n* éxtasis, encantamiento, fascinación
упоённый *adj* encantado, fascinado
упоительный *adj* encantador, fascinante, magnífico
упокоить *perf vt obsol* calmar
упокоиться *perf elev* encontrar reposo, ser enterrado
уползти *perf* уползать *impf vi* irse a rastras, alejarse a rastras
уполномоченный *adj* apoderado, delegado
уполномочивать V. уполномочить
уполномочие *n* poderes, apoderamiento
уполномочить *perf* уполномочивать *impf vt* dar poderes, apoderar, autorizar
упоминание *n* mención
упоминать V. упомянуть
упомнить *perf vt coloq* recordar, acordarse
упомянуть *perf* упоминать *impf vt* mencionar, citar
упор *m* apoyo, punto de apoyo ◆ **выстрелить в ~** disparar a quemarropa **делать ~** hacer hincapié
упорный *adj* obstinado, tenaz, persistente
упорство *n* obstinación, persistencia, tenacidad
упорствовать *impf* **(в чём-л)** obstinarse (en u/c)
упорхнуть *perf vi* volar (aleteando)
упорядочение *n* regulación, reglamentación
упорядочивать V. упорядочить
упорядочить *perf* упорядочивать *impf vt* regular, poner en orden
упорядочиться *perf* упорядочиваться *impf* regularse, reglamentarse, organizarse
употребительность *f* usanza
употребительный *adj* usual, corriente, habitual
употребить *perf* употреблять *impf vt* emplear, usar, utilizar
употребление *n* empleo, uso, aplicación
употреблять V. употребить
употребляться *impf* emplearse, usarse
управ|а *f hist (государственное учреждение)* administración, consejo ◆ **нет на него ~ы** no se puede con él
управдом *m hist* administrador de un edificio
управитель *m hist* administrador
управиться *perf* управляться *impf* 1) **(с кем-л)** *(закончить)* terminar, poner fin (a u/c) 2) **(с кем/чем-л)** *(одолеть)* poder (con alg o u/c)
управленец *m coloq* administrador, director
управление *n* 1) dirección, gestión, gobierno 2) *(прибором)* mando, control 3) *(учреждение)* dirección, administración 4) *ling* régimen
управленческий *adj* de administración, de dirección
управляемость *f* manejabilidad
управляемый *adj* dirigido, guiado
управлять *impf vi* 1) **(кем/чем-л)** dirigir, gobernar 2) **(кем/чем-л)** *(механизмом)* manejar, guiar 3) **(кем/чем-л)** *ling* regir
управляться V. управиться
управляющий *m* administrador, director, gerente
упражнение *n* ejercicio
упражнять *impf vt* entrenar, ejercitar
упражняться *impf* hacer ejercicios, entrenarse, practicar
упразднение *n* abolición, supresión
упразднить *perf* упразднять *impf vt* suprimir, abolir
упразднять V. упразднить
упрашивать V. упросить
упревать V. упреть
упредить *perf* упреждать *impf vt* 1) *obsol (предупредить)* advertir, avisar 2) *(опередить)* adelantar
упреждать V. упредить
упреждение *n* 1) *obsol (предупреждение)* advertencia, aviso 2) *(опережение)* anticipación, adelantamiento
упрекать *impf* упрекнуть *perf vt* **(кого-л в чём-л)** reprochar (u/c a alg), acusar (a alg de u/c)
упрекнуть V. упрекать
упреть *perf* упревать *impf vi* 1) *vulg (свариться)* cocerse 2) *vulg (вспотеть)* sudar, cubrirse de sudor
упрёк *m* reproche, recriminación
упросить *perf* упрашивать *impf vt* convencer, persuadir
упростить *perf* упрощать *impf vt* simplificar
упроститься *perf* упрощаться *impf* simplificarse
упрочение V. упрочнение
упрочить *perf* упрочивать *impf vt* estabilizar, consolidar
упрочиться *perf* упрочиваться *impf* estabilizarse, consolidarse
упрочнение *n* estabilización, consolidación
упрочнить *perf* упрочнять *impf vt* consolidar, hacer más firme
упрощать V. упростить
упрощаться V. упроститься
упрощение *n* simplificación
упрощенчество *n* simplismo

упрощённость *f* simplicidad
упрощённый *adj* simplificado, sencillo
упругий *adj* elástico
упругость *f* elasticidad
упряжка *f* yunta, tiro
упряжь *f* arneses, atelaje
упрямец *m coloq* testarudo, tozudo
упрямиться *impf* obstinarse, insistir, seguir en sus trece
упрямица *f coloq* testaruda, tozuda
упрямство *n* obstinación, terquedad, testarudez
упрямствовать *impf vi elev* obstinarse, insistir, seguir en sus trece
упрямый *adj* terco, obstinado, testarudo
упрятать *perf* упрятывать *impf vt* 1) *coloq (спрятать)* esconder, ocultar 2) *coloq (отправить)* mandar, enviar
упрятывать V. упрятать
упускать V. упустить
упустить *perf* упускать *impf vt* 1) soltar, dejar ir 2) *(прозевать)* perder, dejar perder
упущение *n* descuido, negligencia
упырь *m mitol* vampiro
ура *interj* ¡hurra! ◆ **на ~** con éxito, con buena nota
уравнение *n* 1) *(действие)* igualación 2) *mat (в математике)* ecuación
уравнивание *n* igualación
уравнивать V. уравнять
уравниловка *f coloq* igualitarismo
уравнительный *adj* nivelador, igualador
уравновесить *perf* уравновешивать *impf vt* equilibrar, poner en equilibrio
уравновешенность *f* tranquilidad, equilibrio
уравновешенный *adj* equilibrado
уравновешивать V. уравновесить
уравнять *perf* уравнивать *impf vt* igualar, nivelar
ураган *m* huracán
ураганный *adj* de huracán, huracanado
уразуметь *perf vt* comprender, entender
уральский *adj* de los Urales
уран *m quím* uranio
урановый *adj quím* de uranio
урбанизация *f* urbanización
урбанизировать *biasp vt* urbanizar
урбанизм *m* urbanismo
урбанистический *adj* urbanístico
урвать *perf* урывать *impf vt coloq* obtener, conseguir, encontrar
урегулирование *n* regulación, arreglo
урегулировать V. регулировать
урезание *n* reducción, disminución
урезать *perf* урезать *impf vt* 1) recortar 2) *(сократить)* reducir, disminuir
урезка *f* recorte
урезонивать V. урезонить
урезонить *perf* урезонивать *impf vt coloq* convencer, persuadir
уремический *adj med* urémico
уремия *f med* uremia
урна *f* 1) *(ваза)* jarrón 2) *(сосуд для захоронения)* urna (funeraria) 3) *(избирательная)* urna electoral 4) *(ящик для сбора мусора)* papelera
уровень *m* nivel
уровнять *perf* уравнивать *impf vt* aplanar, allanar, nivelar
урод *m* engendro, monstruo
уродина *f coloq* engendro, monstruo
уродить *perf* урождать *impf vt* 1) *vulg (дать плоды)* producir, crecer 2) *vulg (родить)* parir
уродиться *perf* урождаться *impf* 1) *(о плодах)* crecer 2) **(в кого-л)** *vulg (родиться похожим)* salir (a alg)
уродливый *adj* deforme, feo
уродовать *impf* изуродовать *perf vt* 1) deformar, mutilar 2) *(извращать)* deformar, falsificar
уродоваться *impf* изуродоваться *perf* deformarse, mutilarse
уродский *adj coloq* feo, deforme
уродство *n* deformidad, fealdad, monstruosidad
урожай *m* cosecha
урожайность *f agric* cosecha, rendimiento
урожайный *adj* fértil, de buena cosecha
урождать V. уродить
урождаться V. уродиться
урождённ|ый *adj* 1) *(потомственный)* hereditario, originario 2) *(при фамилиях и именах)* nacido *~ая Петрова* nacida Petrova
урожен|ец, -ка *m/f* nativ|o, -a, natural
урок *m* 1) clase, lección 2) *(нечто поучительное)* lección 3) *(домашнее задание)* deberes, tarea de casa
уролог *m med* urólogo
урологический *adj med* urológico
урология *f med* urología
урон *m* pérdida, daño *нанести ~* causar una pérdida
уронить V. ронять
урочище *n* 1) *obsol (природная граница)* frontera natural 2) *(участок)* bosque en medio de un prado, prado en medio de un bosque
урочный *adj* determinado, fijado
уртикария *f med* urticaria
урчание *n* gruñido
урчать *impf vi* gruñir
урывать V. урвать
урывками *adv coloq* a ratos, de vez en cuando
урюк *m* albaricoque
урядник *m mil hist* uriádnik (suboficial cosaco)
ус *m* bigote, mostacho ◆ **намотать себе на ~** tomar en cuenta
усадебный *adj* de finca, de hacienda
усадить *perf* усаживать *impf vt* 1) sentar, hacer sentarse 2) *(растениями)* plantar
усадка *f tecn* merma, contracción
усадьба *f* finca, hacienda, quinta
усаживать V. усадить
усаживаться V. усесться
усатый *adj* con bigote, bigotudo
усач[1] *m (человек)* hombre bigotudo
усач[2] *m (рыба)* barbo
усваивать V. усвоить
усвоение *n* asimilación
усвоить *perf* усваивать *impf vt* asimilar, aprender, adquirir
усвояемый *adj* asimilable
усеивать V. усеять
усекновение *n obsol* cortadura
усердие *n* celo, diligencia, esmero, fervor
усердный *adj* diligente, celoso, aplicado, fervoroso
усердствовать *impf vi* esmerarse

усесться *perf* усаживаться *impf* 1) sentarse 2) **(за что-л)** *(сев, приняться за какое-либо дело)* ponerse a (hacer u/c)
усечённый *adj* 1) *geom* truncado 2) *ling* apocopado
усечь *perf* усекать *impf vt* 1) *obsol* cortar, tajar 2) *coloq (понять)* captar, comprender
усеять *perf* усеивать *impf vt* cubrir, esparcir
усеяться *perf* усеиваться *impf* cubrirse, esparcirse
усидеть *perf vi* permanecer sentado (cierto tiempo)
усидчивость *f* paciencia, ahínco
усидчивый *adj* aplicado, ahincado
усик *m (espec pl)* 1) *dimin* bigotillo 2) *bot* zarcillos 3) *(у животных)* bigote 4) *(у рыб)* barbillas 5) *(у насекомых)* antena
усиление *n* refuerzo
усиленный *adj* 1) intensificado, aumentado, redoblado 2) *(настойчивый)* insistente, repetido, reiterado
усиливать V. усилить
усиливаться V. усилиться
усилие *n* esfuerzo *приложить ~* hacer un esfuerzo
усилитель *m* amplificador
усилительный *adj* amplificador
усилить *perf* усиливать *impf vt* intensificar, reforzar
усилиться *perf* усиливаться *impf* hacerse más fuerte, reforzarse
ускакать *perf* ускакивать *impf vi* alejarse a galope
ускользать V. ускользнуть
ускользнуть *perf* ускользать *impf vi* 1) escurrirse, caer 2) *coloq (незаметно уйти)* escapar, huir 3) *coloq (остаться незамеченным)* escaparse
ускорение *n* aceleración
ускоренный *adj* acelerado, precipitado
ускоритель *m fís* acelerador
ускорительный *adj fís* acelerador
ускорить *perf* ускорять *impf vt* acelerar, apresurar, precipitar
ускориться *perf* ускоряться *impf* acelerarse, apresurarse
ускорять V. ускорить
ускоряться V. ускориться
уславливаться V. условиться
услада *f obsol* placer, deleite, fruición
усладить *perf* услаждать *impf vt obsol* deleitar, regocijar
усладиться *perf* услаждаться *impf obsol* deleitarse, regocijarse
услаждать V. усладить
услаждаться V. усладиться
услать *perf* усылать *impf vt* enviar, alejar
уследить *perf* уследживать *impf vi* 1) **(за кем/чем-л)** *(наблюдая, устеречь)* cuidar, vigilar 2) **(за чем-л)** *(не перестать понимать)* seguir
услови|е *n* condición *с ~ем, что* a condición de que; *при ~и, что* a condición de que
условиться *perf* уславливаться *impf* ponerse de acuerdo, convenir
условленный *adj* convenido, acordado
условлено *pred* está convenido
условно *adv jur* condicionalmente
условность *f* convencionalismo
условный *adj* 1) convencional, convenido 2) *(с условием)* condicional 3) *ling* condicional
усложнение *n* complicación, obstáculo
усложнить *perf* усложнять *impf vt* complicar, dificultar, agravar
усложниться *perf* усложняться *impf* complicarse, agravarse
усложнять V. усложнить
усложняться V. усложниться
услуг|а *f* servicio *оказать ~у* prestar un servicio
услужение *n obsol* servicio
услужить *perf* услуживать *impf vi* prestar un servicio, hacer un favor
услужливый *adj* servicial
услыхать *perf vt coloq* oír, percibir
услышать V. слышать
усматривать V. усмотреть
усмехаться V. усмехнуться
усмехнуться *perf* усмехаться *impf* reírse, sonreírse (maliciosamente o con desconfianza)
усмешка *f* sonrisa burlona
усмирение *n* apaciguamiento, sofocamiento, represión
усмирить *perf* усмирять *impf vt* calmar, apaciguar
усмирять V. усмирить
усмотрение *n* conclusión, resolución
усмотреть *perf* усматривать *impf* **1.** *vt* 1) *coloq (увидеть)* ver, advertir, percibir 2) *(обнаружить, заподозрить)* descubrir, notar, ver **2.** *vi* **(за кем-л)** *coloq (уследить, присмотреть)* cuidar, vigilar
уснуть *perf vi* dormirse
усобица *f* guerra civil, guerra intestina
усовершенствование *n* perfeccionamiento
усовершенствовать V. совершенствовать
усовершенствоваться V. совершенствоваться
усомниться *perf* poner en duda
усопший *adj obsol* difunto, muerto
усохнуть *perf* усыхать *impf vi* secarse (disminuyendo el tamaño)
успеваемость *f acad* resultados, aprovechamiento
успевать V. успеть
успеть *perf* успевать *impf vi* 1) tener tiempo, llegar a tiempo, estar a tiempo 2) *obsol (добиться успеха)* tener éxito
успех *m* éxito, acierto
успешность *f* éxito
успешный *adj* exitoso, feliz
успокаивать V. успокоить
успокаиваться V. успокоиться
успокоение *n* tranquilización, apaciguamiento
успокоенность *f* tranquilidad, calma
успокоительн|ый *adj* tranquilizador, calmante *~ое средство* calmante
успокоить *perf* успокаивать *impf vt* tranquilizar, calmar, apaciguar, serenar
успокоиться *perf* успокаиваться *impf* tranquilizarse, calmarse, serenarse
усреднение *n* promedio
усреднённый *adj* promediado
усреднить *perf* усреднять *impf vt* promediar, homogeneizar
усреднять V. усреднить

уста (*gen* уст) *npl obsol poét* boca ◆ **на ~х у всех** en boca de todos **из первых уст** de buena fuente
устав *m* estatuto, reglamento, ordenanza
уставать V. устать
уставить *perf* уставлять *impf vt* 1) *(разместить)* colocar, poner 2) *(заполнить)* llenar, cubrir 3) *(неподвижно устремить)* clavar, fijar
уставиться *perf* уставляться *impf* 1) *(разместиться)* caber 2) *(стать заставленным)* llenarse, cubrirse 3) **(на кого/что-л)** *coloq (пристально смотреть)* mirar fijamente, clavar los ojos (en alg o u/c)
уставный *adj* de estatuto, de reglamento
уставший *adj* cansado, fatigado
усталость *f* cansancio, fatiga
усталый *adj* cansado, fatigado
устанавливать V. установить
устанавливаться V. установиться
установить *perf* устанавливать *impf vt* 1) colocar, fijar, meter 2) *(вмонтировать)* instalar 3) *(определить)* fijar, determinar, establecer
установиться *perf* устанавливаться *impf* 1) *(сформироваться)* establecerse, formarse 2) *(наступить)* establecerse
установка *f* 1) instalación, colocación 2) *(устройство)* instalación
установление *m* instalación, establecimiento
установленный *adj* establecido, fijado
установочный *adj tecn* de ajuste, de instalación
установщик *m* instalador
устаревать V. устареть
устаревший V. устарелый
устарелость *f* desuso, caducidad
устарелый *adj* desusado, caduco, atrasado
устареть *perf* устаревать *impf vi* envejecer, caducar, pasar de moda
устать *perf* уставать *impf vi* cansarse, fatigarse
устилать V. устлать
устлать *perf* устилать *impf vt* cubrir, recubrir
устный *adj* oral, verbal
усто|й **1.** *m arquit* pila, pilar **2. -и** *mpl (основы)* fundamentos, base, principios
устойчивость *f* estabilidad, firmeza
устойчивый *adj* estable, seguro, firme
устоять *perf vi* 1) *(не упасть)* mantenerse de pie, tenerse firme 2) *(остаться стойким)* resistir **устояться** *perf* устаиваться *impf* 1) *(о жидкости)* asentarse, posarse 2) *(стать определённым, постоянным)* fijarse, determinarse
устраивание *n* acomodación
устраивать V. устроить
устраиваться V. устроиться
устранение *n* eliminación, apartamiento
устранить *perf* устранять *impf vt* apartar, alejar, eliminar
устраниться *perf* устраняться *impf* apartarse, retirarse
устранять V. устранить
устраняться V. устраниться
устрашать V. устрашить
устрашаться V. устрашиться
устрашение *n* atemorizamiento, amenaza
устрашить *perf* устрашать *impf vt* asustar, atemorizar
устрашиться *perf* устрашаться *impf elev* asustarse, atemorizarse
устремить *perf* устремлять *impf vt* 1) *(направить)* dirigir, encaminar 2) *(обратить)* concentrar, fijar
устремиться *perf* устремляться *impf* 1) *(направиться)* dirigirse, encaminarse 2) *(сосредоточиться)* concentrarse, fijarse
устремление *n* aspiración, inclinación
устремлённость *f* inclinación, propensión, preferencia
устремлять V. устремить
устремляться V. устремиться
устрица *f* ostra
устричный *adj* de ostras, ostrero
устроение *n* 1) *(организация)* arreglo, organización 2) *(определение)* colocación, instalación
устрожить *perf* устрожать *impf vt* endurecer
устроитель *m* organizador
устроить *perf* устраивать *impf vt* 1) hacer, organizar, arreglar 2) *(привести в порядок)* ordenar, organizar 3) *(поместить, определить)* colocar, meter 4) *coloq (нравиться)* convenir
устроиться *perf* устраиваться *impf* 1) *(прийти в порядок)* arreglarse, ordenarse 2) *(поступить на работу)* colocarse, ingresar 3) *(устроить своё положение)* instalarse
устройство *n* 1) mecanismo, equipamento 2) *(приведение в порядок)* arreglo 3) *(структура)* organización, estructura 4) *(помещение куда-либо)* colocación
уступ *m* rellano, escalón
уступать V. уступить
уступительный *adj ling* concesivo
уступить *perf* уступать *impf* **1.** *vt* ceder **2.** *vi sport* perder
уступка *f* 1) cesión, concesión 2) *(скидка)* rebaja
уступчивость *f* complacencia, deferencia
уступчивый *adj* complaciente, deferente, condescendiente
устыдить *perf* устыжать *impf vt* hacer avergonzarse
устыдиться *perf* устыжаться *impf* avergonzarse, tener vergüenza
устье *n* desembocadura
устьице *n bot* estoma
усугубить *perf* усугублять *impf vt* agravar, acrecentar, aumentar
усугубиться *perf* усугубляться *impf* agravarse, acrecentarse, aumentar
усугубление *n* agravamiento
усугублять V. усугубить
усугубляться V. усугубиться
усушка *f* merma, pérdida
усы *mpl* V. ус
усылать V. услать
усыновитель *m* adoptador, padre adoptivo
усыновить *perf* усыновлять *impf vt* adoptar
усыновление *n* adopción
усыновлять V. усыновить
усыпальница *f* túmulo, sepulcro
усыпать *perf* усыпать *impf vt* cubrir, esparcir
усыпительный *adj* somnífero
усыпить *perf* усыплять *impf vt* adormecer
усыплять V. усыпить
усыхание *n* secado, encogimiento

усыхать V. усохнуть

утаивать V. утаить

утаить *perf* утаивать *impf vt* 1) *(сохранить в тайне)* encubrir, ocultar, disimular 2) *(присвоить)* sustraer

утайка *f* disimulo, ocultación

утаптывать V. утоптать

утаскивать V. утащить

утащить *perf* утаскивать *impf vt* 1) *(унести тащa)* llevarse arrastrando 2) *(увести)* llevar, encaminar 3) *(украсть)* robar, hurtar

утварь *f* utensilios

утвердительный *adj* afirmativo

утвердить *perf* утверждать *impf vt* 1) confirmar, sancionar 2) *(укрепить)* afirmar, consolidar

утвердиться *perf* утверждаться *impf* 1) *(установиться)* establecerse 2) *(убедиться)* confirmarse, reafirmarse

утверждать *impf vt* declarar, afirmar, proclamar

утверждаться V. утвердиться

утверждение *n* 1) confirmación, sancionamiento 2) *(мысль)* afirmación

утекать V. утечь

утепление *n* protección térmica

утеплитель *m* aislante térmico

утеплить *perf* утеплять *impf vt* proteger contra el frío

утеплять V. утеплить

утереть *perf* утирать *impf vt* enjugar, escurrir, secar ◆ ~ **нос кому-л** pasarle la mano por la cara a alg

утереться *perf* утираться *impf* secarse, escurrirse

утерпеть *perf vi* abstenerse, contenerse

утеря *f* pérdida

утерять *perf vt* perder

утеряться *perf* perderse

утеха *f* 1) *(удовольствие)* placer, deleite 2) *(утешение)* consuelo

утечка *f* escape, derrame, fuga

утечь *perf* утекать *impf vi* 1) salirse, fugarse 2) *coloq (о времени)* pasar

утешать V. утешить

утешаться V. утешиться

утешение *n* consuelo

утешитель *m* consolador

утешительный *adj* consolador

утешить *perf* утешать *impf vt* consolar

утешиться *perf* утешаться *impf* consolarse, tranquilizarse

утёнок *m* patito ◆ **гадкий** ~ patito feo

утёс *m* peña, roca, peñón, risco

утилизация *f* utilización, reciclaje

утилизировать *biasp vt* utilizar, reciclar

утилитаризм *m filos* utilitarismo

утилитарист *m filos* utilitarista

утилитарный *adj filos* utilitario

утиль *m* restos utilizables

утильсырьё V. утиль

утиный *adj* de pato

утирать V. утереть

утираться V. утереться

утихать V. утихнуть

утихнуть *perf* утихать *impf vi* calmarse, tranquilizarse

утихомирить *perf* утихомиривать *impf vt coloq* tranquilizar, calmar

утихомириться *perf* утихомириваться *impf coloq* tranquilizarse, calmarse

утка *m* 1) pato 2) *coloq (ложный слух)* bulo

уткнуть *perf vt coloq* meter, hundir

уткнуться *perf coloq* meterse, hundirse

утконос *m* ornitorrinco

утлый *adj* frágil, quebradizo, débil

уток *m textl* trama

утоление *n* aplacamiento, mitigación

утолить *perf* утолять *impf vt* aplacar, calmar, mitigar

утолстить *perf* утолщать *impf vt* engrosar

утолститься *perf* утолщаться *impf vt* engrosarse, engordarse

утолщать V. утолстить

утолщаться V. утолститься

утолщение *n* 1) *(действие)* engrosamiento 2) *(место)* hinchazón, tumefacción

утолщённый *adj* grueso, gordo

утолять V. утолить

утомительный *adj* fatigoso, agotador, penoso

утомить *perf* утомлять *impf vt* cansar, fatigar, agotar

утомиться *perf* утомляться *impf* cansarse, fatigarse

утомление *n* fatiga, cansancio

утомлённый *adj* cansado, fatigado

утомляемость *f* fatigabilidad

утомлять V. утомить

утомляться V. утомиться

утонуть V. тонуть, утопать

утончаться V. утончиться

утончённость *f* finura, refinamiento, delicadeza

утончённый *adj* fino, refinado, delicado

утончить *perf* утончать *impf vt* 1) adelgazar, afinar 2) *(сделать более восприимчивым)* afinar, refinar

утончиться *perf* утончаться *impf* 1) adelgazarse, afinarse 2) *(стать более восприимчивым)* afinarse, refinarse

утопать *impf* утонуть *impf vi* ahogarse, hundirse

утопизм *m lit* utopismo, utopía

утопист *m lit* utopista

утопить V. топить

утопиться V. топиться

утопический *adj* utópico

утопичность *f* utopía, irrealidad

утопичный *adj* utópico

утопия *f* utopía

утопленни|к, -ца *m/f* ahogad|o, -a

утоптать *perf* утаптывать *impf vt* apisonar, apretar

уточка *f dimin* patito

уточнение *n* precisión, aclaración

уточнить *perf* уточнять *impf vt* precisar, matizar, aclarar

уточниться *perf* уточняться *impf* precisarse, matizarse, aclararse

уточнять V. уточнить

уточняться V. уточниться

утраивать V. утроить

утраиваться V. утроиться

утрамбовать *perf* утрамбовывать *impf vt* apisonar, aplanar

утрамбоваться *perf* утрамбовываться *impf* ser apisonado, ser aplanado

утрамбовывать V. утрамбовать
утрамбовываться V. утрамбоваться
утрата *f* pérdida
утратить *perf* утрачивать *impf vt* perder
утратиться *perf* утрачиваться *impf* perderse
утрачивать V. утратить
утрачиваться V. утратиться
утренний *adj* matutino, matinal, de mañana
утренник *m* 1) *(утренний мороз)* frío matinal 2) *(утреннее представление)* sesión matinal
утреня *f relig* maitines
утрировать *biasp vt* exagerar
утро *n* mañana *под* ~ de madrugada
утроба *f obsol vulg* vientre, barriga
утробный *adj* 1) uterino 2) *(о звуке)* sordo
утроить *perf* утраивать *impf vt* triplicar
утроиться *perf* утраиваться *impf* triplicarse
утром *adv* por la mañana *сегодня* ~ hoy por la mañana
утрудиться *perf* утруждаться *impf* **(сделать что-л)** molestarse en (hacer u/c)
утруждать *impf vt* incomodar, importunar
утруждаться V. утрудиться
утряска *f* 1) *(уменьшение в объёме)* disminución 2) *coloq (улаживание)* arreglo
утрясти *perf* утрясать *impf vt* 1) *(уменьшить в объёме)* disminuir de volumen 2) *coloq (уладить)* arreglar
утрястись *perf* утрясаться *impf* 1) *(уменьшиться в объёме)* disminuirse de volumen 2) *coloq (уладиться)* arreglarse
утыкать V. уткнуть
утыкаться V. уткнуться
утюг *m* plancha
утюжить *impf vt* 1) *(гладить утюгом)* planchar, pegar 2) *vulg (колотить)* golpear
утягивать V. утянуть
утяжеление *n* aumento de peso
утяжелить *perf* утяжелять *impf vt* aumentar el peso, hacer más pesado
утяжелиться *perf* утяжеляться *impf* volverse más pesado
утяжелять V. утяжелить
утяжеляться V. утяжелиться
утянуть *perf* утягивать *impf vt* 1) *coloq (уволочь)* llevarse arrastrando, arrastrar 2) *coloq (туго стянуть)* apretar, ceñir 3) *vulg (украсть)* robar, hurtar
утятина *f* carne de pato
уф *interj (expresando cansancio o fatiga)* ¡uf!
ух *interj* 1) *(выражая облегчение)* ¡oh!, ¡ah! 2) *(выражая удивление)* ¡oh!, ¡vaya!
уха *f* ujá (especie de sopa de pescado)
ухаб *m* bache
ухабистый *adj* con baches
ухажёр *m* cortejador, galanteador
ухаживание *n* 1) atención, cuidado 2) *(за женщиной)* cortejo
ухаживать *impf vi* 1) **(за кем-л)** *(заботиться о ком-либо)* cuidar 2) **(за кем-л)** *(за женщиной)* cortejar
ухарский *adj coloq* valentón
ухарство *n coloq* valentonada
ухарь *m coloq* valentón
ухать V. ухнуть
ухаться V. ухнуться
ухват *m* horquilla
ухватить *perf* ухватывать *impf vt* 1) asir, agarrar 2) *(понять)* comprender, coger la idea
ухватиться *perf* ухватываться *impf* 1) **(за кого/что-л)** agarrarse (a alg o u/c), aferrarse (a alg o u/c) 2) **(за что-л)** *(воспользоваться)* aprovechar
ухватка *f* 1) *coloq (манера поведения)* maneras, modales 2) *coloq (ловкость)* habilidad, destreza
ухватывать V. ухватить
ухватываться V. ухватиться
ухитриться *perf* ухитряться *impf* ingeniárselas (para u/c), darse maña (para u/c)
ухитряться V. ухитриться
ухищряться *impf* **(сделать что-л)** ingeniárselas (para u/c), darse maña (para u/c)
ухлопать *perf* ухлопывать *impf vt* 1) *vulg (убить)* matar, asesinar 2) *vulg (израсходовать)* malgastar, derrochar
ухлопывать V. ухлопать
ухмылка *f* sonrisa burlona
ухмыльнуться *perf* ухмыляться *impf* reír, sonreír (maliciosamente, con desconfianza o de forma burlona)
ухмыляться V. ухмыльнуться
ухнуть *perf* ухать *impf vi* 1) *coloq (загреметь)* retumbar, resonar 2) *coloq (крикнуть ух)* gritar «oh», ulular 3) *coloq (бросить)* arrojar, tirar 4) *vulg (упасть)* caer, derrumbarse 5) *vulg (истратить)* gastar 6) *vulg (исчезнуть)* desaparecer 7) *vulg (ударить)* golpear, zumbar
ухнуться *perf* ухаться *impf vulg* caer, derrumbarse
ухо (*pl* уши) *n* oreja, oído ◆ **держать ~ востро** estar alerta
уход[1] *m* partida, marcha, salida
уход[2] *m (за больным)* cuidado, atención
уходить V. уйти
уходиться *perf* 1) *vulg (измучиться)* agotarse, cansarse 2) *vulg (стать смирным)* calmarse
ухоженный *adj* bien cuidado
ухудшать V. ухудшить
ухудшаться V. ухудшиться
ухудшение *n* empeoramiento, agravación
ухудшить *perf* ухудшать *impf vt* empeorar, agravar
ухудшиться *perf* ухудшаться *impf* empeorarse, agravarse
уцелеть *perf vi* salvarse, quedar intacto, sobrevivir
уценить *perf* уценивать *impf vt* depreciar, devaluar
уценка *f* depreciación
уцепиться *perf* уцепляться *impf* **(за кого/что-л)** *coloq* agarrarse (a alg o u/c)
участвовать *impf vi* **(в чём-л)** participar (en u/c), tomar parte (en u/c)
участие *n* participación
участить *perf* учащать *impf vt* hacer más frecuente, acelerar
участиться *perf* учащаться *impf* hacerse más frecuente, acelerarse
участковый **1.** *adj* de distrito **2.** *m (работник полиции)* comisario de policía
участливый *adj* compasivo
участни|к, -ца *m/f* 1) participante 2) *(акционер)* participante, soci|o, -a

участок *m* 1) *(земли)* terreno, parcela 2) *(отрезок)* parte, sector 3) *(область)* sector
участь *f* suerte, destino, fortuna
учащать V. участить
учащаться V. участиться
учащение *n* aceleración
учащённый *adj* acelerado, precipitado
учащийся *m* alumno, estudiante
учебник *m* manual
учебный *adj* 1) de estudio, académico 2) *(предназначенный для обучения)* de ejercicio, de instrucción
учение *n* 1) estudio, aprendizaje 2) *(доктрина)* doctrina, teoría 3) *mil* ejercicios
учени|к, -ца *m/f* 1) alumn|o, -a, discípul|o, -a, aprendiz 2) *(последователь)* discípul|o, -a
ученический *adj* 1) de alumno, escolar 2) *(незрелый)* principiante
ученичество *n* 1) estudios 2) *(незрелость)* insensatez
учесть *perf* учитывать *impf vt* 1) tomar en cuenta, tener en cuenta 2) *(подсчитать)* calcular
учёба *f* estudios
учёность *f* ciencia, sabiduría
учёный 1. *adj* 1) *(выученный)* amaestrado, domado 2) *(образованный)* sabio, letrado, docto 3) *(научный)* científico **2.** *m* científico, investigador
учёт *m* 1) cálculo, recuento, cuenta *бухгалтерский ~* contabilidad 2) *(регистрация)* registro
учётный *adj* de recuento, de control
учётчик *m* contador
училище *n* escuela, colegio
учинить *perf* учинять *impf vt* hacer, organizar, armar
учинять V. учинить
учитель, -ница *m/f* profesor, -a, maestr|o, -a
учительская *f acad* sala de profesores
учительский *adj* de profesor, de maestro
учительство *n* 1) *(деятельность)* enseñanza 2) *(учителя)* profesorado
учитывать V. учесть
учить *perf* выучить *perf vt* 1) (**чему-л**) *(передавать знания)* enseñar, instruir 2) *(изучать)* aprender, estudiar
учиться *impf* выучиться *perf* 1) estudiar, aprender 2) *(получать образование)* cursar, estudiar
учредитель *m* fundador, iniciador
учредительный *adj* constituyente, fundador
учредить *perf* учреждать *impf vt* constituir, instituir, fundar
учреждать V. учредить
учреждение *n* 1) institución, establecimiento 2) *(действие)* institución, organización
учтивость *f* cortesía
учтивый *adj* cortés
учудить V. чудить
учуивать V. учуять
учуять *perf* учуивать *impf vt* olfatear
ушанка *f* ushanka (gorro con orejeras flexibles)
ушастый *adj coloq* orejudo
ушат *m* tina
ушиб *m med* contusión, magulladura
ушибить *perf* ушибать *impf vt* magullar, contundir
ушибиться *perf* ушибаться *impf* hacerse daño, dañarse
ушить *perf* ушивать *impf vt* 1) *(укоротить)* acortar cosiendo 2) *(нашить)* coser, pegar
ушко *n* 1) *dimin-afect* orejita 2) *(игольное)* ojo (de aguja)
ушлый *adj coloq* astuto, vivo
ушник *m coloq* otólogo
ушной *adj* auricular, del oído
ущелистый *adj* quebrado, escarpado
ущелье *n* desfiladero, garganta
ущемить *perf* ущемлять *impf vt* 1) pillar, coger 2) *(ограничив, стеснить)* restringir, menoscabar 3) *coloq (обидеть)* ofender, herir
ущемление *n* 1) pellizco 2) *(прав и т.д.)* vulneración
ущемлённый *adj* desaventajado, menoscabado
ущемлять V. ущемить
ущерб *m* deficiencia, daño, desperfecto
ущербность *f* deficiencia, anormalidad
ущербный *adj* 1) *(о луне)* menguante 2) *(с изъяном)* deficiente, anormal
ущипнуть V. щипать
уют *m* comodidad, confort
уютный *adj* cómodo, confortable
уязвимость *f* vulnerabilidad
уязвимый *adj* vulnerable
уязвить *perf* уязвлять *impf vt* ofender, insultar, herir
уязвлять V. уязвить
уяснение *n* aclaración, explicación, esclarecimiento
уяснить *perf* уяснять *impf vt* aclarar, explicar, esclarecer
уяснять V. уяснить

фа *n inv mús* fa
фабрика *f* fábrica, manufactura
фабрикант *m* fabricante
фабрикат *m* producto fabricado
фабрикация *f* fabricación
фабриковать *impf* сфабриковать *perf vt* fabricar, producir
фабрить *impf* нафабрить *perf vt obsol* teñir, ennegrecer
фабричный *adj* 1) de fábrica, fabril 2) *(промышленный)* industrial
фабула *f lit* trama, fábula
фабульный *adj lit* de la trama, de la fábula
фавор *m elev* favor, gracia *быть в ~е у кого-л* gozar del favor de alguien
фаворит *m* favorito
фаворитизм *m* favoritismo
фаворитка *f* favorita
фагот *m* fagot
фагоцит *m biol* fagocito
фаза *f* 1) fase 2) *electr* fase
фазан *m* faisán
фазис *m elev* fase, período
фазовый *adj* de fase(s), fásico
фазотрон *m fís* fasotrón
файл *m* 1) *informát* archivo, fichero 2) *(папка)* archivador, carpeta
факел *m* antorcha, tea
факелоносец *m* portador de la antorcha
факельный *adj* de antorcha, de tea
факельщик *m* portador de la antorcha (en una procesión)
факир *m* faquir
факс *m* fax
факсимиле *n inv* facsímil
факсимильный *adj* facsímil
факт 1. *m* hecho *исторический ~* hecho histórico 2. *partíc (в значении утвердительной частицы)* está claro, naturalmente, es un hecho que
фактически *adv* de hecho, prácticamente
фактический *adj* real, efectivo, fáctico, verdadero
фактичность *f elev* lo real, lo verdadero
фактичный *adj elev* real, verídico
фактографический *adj* factográfico
фактография *f* factografía
фактор *m* factor
фактория *f* factoría
фактотум *m* factótum
фактура[1] *f (внешний вид)* factura, sello
фактура[2] *f (документ)* factura
факультатив *m* asignatura optativa
факультативно *adv* facultativamente, de manera facultativa
факультативный *adj* facultativo, discrecional, opcional
факультет *m acad* facultad
факультетский *adj acad* de (la) facultad
фал *m nav* driza, triza
фаланга *f anat* falange
фалда *f* falda, faldón
фаллический *adj elev* fálico
фаллос *m elev* falo
фальсификатор *m* falsificador, adulterador
фальсификация *f* falsificación
фальсифицированный *adj* falsificado
фальсифицировать *biasp vt* falsificar, adulterar
фальстарт *m sport* salida en falso
фальц *m tecn* pliegue, hendidura
фальцевать *impf* сфальцевать *perf vt* 1) *impr* plegar, doblar 2) *(металлические листы)* plegar
фальцет *m mús* falsete
фальцовщик *m* plegador, doblador
фальшивить *impf* сфальшивить *perf vi* 1) *mús* desafinar, falsear 2) *coloq (поступать неискренне)* obrar con falsedad o hipocresía
фальшивка *f coloq* falsificación, documento falsificado
фальшивомонетчик *m* falsificador de moneda
фальшивый *adj* 1) *(поддельный)* falso, falsificado 2) *(о человеке)* falso, fingido, insincero 3) *(ложный)* falso
фальшь *f* 1) *(неискренность)* falsedad, insinceridad 2) *(притворство)* afectación
фамилия *f* 1) apellido *как ваша ~?* ¿cuál es su apellido? 2) *(род)* familia, linaje
фамильный *adj* de familia, familiar
фамильярничать *impf vi* portarse con familiaridad
фамильярно *adj* con familiaridad, sin ceremonia
фамильярность *f* familiaridad, descaro, frescura
фамильярный *adj* familiar, sin ceremonia, descarado
фанаберия *f coloq (спесь)* altanería, arrogancia
фанатизм *m* fanatismo
фанатик *m* fanático
фанатически *adv* fanáticamente
фанатический *adj* fanático
фанатичность *f* fanatismo
фанатичный *adj* fanático
фанатка *f* fanática
фанера *f* chapa de madera, contrachapado
фанерный *adj* de madera contrachapada, de chapa de madera
фанеровать *biasp vt* chapar, enchapar
фанза *f* fansá (casa campesina china)
фант *m* prenda (en el juego) *игра в ~ы* juego de prendas
фантазёр, -ка *m/f* soñador, -a, fantaseador, -a
фантазийный *adj* fantasioso, soñador
фантазирование *n* fantaseo, fantasía
фантазировать *impf vi* fantasear
фантазия *f* fantasía, imaginación
фантасмагорический *adj elev* fantasmagórico
фантасмагория *f elev* fantasmagoría

фантаст *m* fantaseador, soñador
фантастика *f* 1) lo fantástico, lo imaginario 2) *(жанр)* ciencia ficción
фантастически *adv* fantásticamente
фантастический *adj* 1) *(сверхъестественный)* fantástico, ilusorio 2) *(относящийся к фантастике)* fantástico, de ciencia ficción 3) *(невероятный)* increíble, fabuloso
фантастичность *f* carácter fantástico, lo fantástico
фантастичный *adj* V. фантастический
фантик *m* papel de un caramelo
фантом *m elev* fantasma, espectro
фанфара *f mús* fanfarria
фанфарон *m coloq* fanfarrón
фанфаронство *n coloq* fanfarronería
фара *f* faro (de un vehículo)
фараон *m* faraón
фарватер *m nav* paso, canal
Фаренгейт *m* (termómetro) Fahrenheit
фарингит *m med* faringitis
фарисей *m* fariseo
фарисейский *adj* farisaico, de fariseo
фарисейство *n* farisaísmo, fariseísmo
фарисействовать *impf vi* ser fariseo, comportarse como un fariseo
фармаколог *m* farmacólogo
фармакологический *adj* farmacológico
фармакология *f* farmacología
фармакопея *f* farmacopea, recetario
фармацевт *m* farmacéutico
фармацевтика *f* farmacia (ciencia)
фармацевтический *adj* farmacéutico
фармация *f* V. фармацевтика
фарс *m teat* farsa
фарсовый *adj teat* de farsa
фарт *m vulg* suerte, buena ventura
фартить *impf* пофартить/подфартить *perf v/impers* (**кому-л**) *vulg* tener suerte
фартовый *adj* 1) *vulg (удачливый)* afortunado, suertudo 2) *(замечательный)* formidable, estupendo
фартук *m* delantal, mandil
фарфор *m* porcelana
фарфоровый *adj* de porcelana
фарцовщик *m coloq* vendedor del mercado negro (en la Unión Soviética)
фарш *m* picadillo, relleno *мясной ~* carne picada
фаршированный *adj* relleno
фаршировать *impf* зафаршировать *perf vt* rellenar
фас[1] *m (вид спереди)* faz, cara, frente
фас[2] *interj (команда собаке)* ¡ataca!
фасад *m* fachada
фасадный *adj* de (la) fachada
фасовать *impf* расфасовать *perf vt com* pesar y empaquetar
фасовка *f com* pesado y empaquetado
фасовщик *m com* empaquetador
фасолевый *adj* de judía(s), de alubia(s)
фасоль *f* alubia, judía, frijol, habichuela
фасон *m* 1) *(покрой)* corte, confección, modelo, hechura 2) *(внешний вид)* estilo, manera
фасонистый *adj vulg* elegante, de moda
фасонить *impf vi vulg* darse importancia, guapear
фасонный *adj* formado, perfilado
фат *m* hombre fatuo, presuntuoso
фата *f* velo (de desposada)
фатализм *m* fatalismo
фаталист *m* fatalista
фаталистический *adj* fatalista
фаталистичный *adj* V. фаталистический
фаталистка *f* fatalista
фатально *adv elev* fatalmente
фатальность *f elev* fatalidad
фатальный *adj elev* fatal, funesto
фатоватый *adj* fatuo, presuntuoso
фатовской *adj* fatuo, presuntuoso
фатовство *n* fatuidad
фатум *m elev* hado, fatalidad, sino
фауна *f* fauna
фашизм *m* fascismo
фашист *m* fascista
фашиствующий *adj* de tendencias fascistas, fascistoide
фашистка *f* fascista
фашистский *adj* fascista
фаэтон *m* faetón
фаянс *m* loza
фаянсовый *adj* de loza
феврал|ь *m* febrero *второе ~я* dos de febrero
февральский *adj* de febrero
федерализм *m* federalismo
федералист *m* federalista
федеральный *adj* federal
федеративный *adj* federativo
федерация *f* federación
феерический *adj* feérico, fantástico, mágico
фееричный *adj* V. феерический
феерия *f* función de magia
фейерверк *m* fuegos artificiales
фельдмаршал *m mil* mariscal de campo
фельдфебель *m mil* brigada, sargento primero
фельдшер *m* practicante, enfermero
фельдшерский *adj* de practicante, de enfermero
фельдъегерь *m hist* correo especial, estafeta
фельетон *m* folletín, artículo satírico
фельетонист *m* columnista (articulista) satírico
фелюга *f nav* falucho, falúa
феминизм *m* feminismo
феминист, -ка *m/f* feminista
фен *m* secador (para el cabello)
феникс *m mitol* fénix
фенол *m quím* fenol, ácido fénico
фенолог *m biol* fenólogo
фенология *f biol* fenología
феномен *m* fenómeno
феноменально *adv* fenomenalmente, extraordinariamente
феноменальный *adj* fenomenal, extraordinario
феня *f vulg* : (мне, тебе, и т.д.) до фени (me, te, etc.) importa un pito
феодал *m hist* señor feudal
феодализм *m hist* feudalismo
феодальный *adj hist* feudal
ферзь *m ajed* reina, dama
ферма *f* granja
фермент *m biol* fermento
ферментация *f biol* fermentación
ферментный *adj biol* fermentativo, de fermento
фермер *m* granjero
фермерский *adj* de granjero(s), de granja(s)

фермерша *f* granjera
фестиваль *m* festival
фестивальный *adj* de festival, festivalero
фетиш *m elev* fetiche
фетишизация *f elev* fetichización, idealización
фетишизировать *biasp vt elev* convertir en fetiche, fetichizar, idealizar
фетишизм *m elev* fetichismo
фетишист *m elev* fetichista
фетр *m* fieltro
фетровый *adj* de fieltro
фехтовальный *adj* de esgrima
фехтовальщик *m* esgrimidor, esgrimista
фехтование *n* esgrima
фехтовать *impf vi* esgrimir
фешенебельный *adj* de moda, distinguido, elegante
фея *f* hada *добрая* ~ hada buena; *злая* ~ hada malvada
фи *interj* V. фу
фиакр *m obsol* fiacre, simón
фиалка *f* violeta
фиалковый *adj* de violeta
фиаско *n inv elev* fiasco *потерпеть* ~ sufrir un fiasco
фибра *f* fibra
фиброз *m med* fibrosis
фиброма *f med* fibroma
фига[1] *f* 1) *(дерево)* higuera 2) *(плод)* higo
фига, фиг[2] *f vulg (кукиш)* higa *показать фигу* hacer la higa ◆ **фига (с) два** de eso nada **ни фига** nada de nada **до фига** mucho, muchísimo **получить фиг (с маслом)** no recibir nada, quedarse a dos velas
фигли-мигли (*gen* **фиглей-миглей**) *pl coloq hum (уловки)* tretas, argucias, artimañas
фигляр *m obsol* bufón, payaso
фиглярство *n obsol* bufonada, payasada
фигово *adv vulg* muy mal
фиговый *adj* de (la) higuera
фиговый *adj vulg* muy malo
фигура *f* 1) figura 2) *(персона)* personaje, figura 3) *(телосложение)* complexión, tipo, figura 4) *(шахматная)* pieza 5) *lit mús teat* figura
фигурально *adv* figuradamente
фигуральный *adj* figurado
фигурант *m* figurante
фигурировать *impf vi* figurar, formar parte
фигурист, -ка *m/f sport* deportista de patinaje artístico
фигуристый *adj* 1) *vulg* complicado, complejo 2) *coloq (с хорошей фигурой)* con buena figura
фигурка *f* figura, estatuilla
фигурн|ый *adj* 1) con figura(s), adornado 2) *sport* artístico, acrobático *~ое катание* patinaje artístico
фигушка *f dimin* V. фига 2
физик *m* físico
физика *f* física
физиолог *m* fisiólogo
физиологический *adj* fisiológico
физиология *f* fisiología
физиономия *f coloq* cara, careto
физиотерапевт *m* fisioterapeuta
физиотерапевтический *adj* fisioterapéutico
физиотерапия *f* fisioterapia
физически *adv* físicamente
физический *adj* físico
физкультура *f* educación física
физкультурник *m* deportista
физкультурница *f* deportista
физкультурный *adj* de educación física
физрук *m acad* profesor de educación física
фикс *inv elev* : идея ~ idea fija, obsesión
фиксация *f* fijación
фиксирование *n* fijado, fijación
фиксировать *impf* зафиксировать *perf vt* fijar
фиктивно *adv* de manera ficticia, ficticiamente
фиктивный *adj* ficticio, falso
фикус *m* ficus
фикция *f* ficción, fingimiento
филантроп *m* filántropo
филантропический *adj* filantrópico
филантропия *f* filantropía
филармонический *adj* filarmónico
филармония *f* filarmónica, sociedad filarmónica
филателист *m* filatelista
филателистический *adj* filatélico
филателия *f* filatelia
филе *n inv* filete, solomillo
филей *m* V. филе
филиал *m* filial, sucursal
филиальный *adj* filial, sucursal
филигранный *adj* de filigrana, afiligranado
филигрань *f* filigrana
филин *m* búho
филиппика *f elev* filípica, invectiva
филистер *m elev* pequeño burgués, filisteo
филистерство *n* filisteísmo, aburguesamiento
филолог *m* filólogo
филологический *adj* filológico
филология *f* filología
филон *m vulg* vago, holgazán, haragán
филонить *impf vi vulg* holgazanear, haraganear
философ *m* filósofo
философичность *f* carácter filosófico
философичный *adj* V. философский
философия *f* filosofía
философски *adv* filosóficamente, con filosofía
философский *adj* filosófico
философствование *n* filosofeo
философствовать *impf vi* filosofar
фильм *m* película *документальный* ~ documental; *мультипликационный* ~ película de dibujos animados
фильмовый *adj* de película(s)
фильмоскоп *m* filmoscopio
фильмотека *f* filmoteca
фильтр *m* filtro
фильтрационный *adj* de filtración
фильтрация *f* filtración
фильтровальный *adj* de filtro, filtrante, filtrador
фильтрование *n* filtración
фильтровать *impf* отфильтровать/профильтровать *perf vt* 1) filtrar 2) *(отбирать)* filtrar, seleccionar
фильтроваться *impf* отфильтроваться/профильтроваться *perf* filtrarse
фильтровый *adj* filtrador, con filtro
фимиам *m obsol* incienso
финал *m* 1) *mús* final 2) *sport* final
финалист, -ка *m/f sport* finalista

финальный *adj* final, del final
финансирование *n* financiación
финансировать *biasp vt* financiar
финансист, -ка *m/f* financier|o, -a
финансовый *adj* 1) financiero 2) *(денежный)* económico
финанс|ы (*gen* -ов) *mpl* finanzas
финик *m* dátil
финиковый *adj* de dátil(es)
финифть *f* esmalte
финиш *m sport* meta
финишировать *biasp vi* cruzar la línea de meta, finalizar, acabar
финишный *adj* de (la) meta, de (la) llegada
финка *f* finlandesa, finesa
финн *m* finlandés, finés
финно-угорский *adj* finoúgrico
финский *adj* finlandés, finés
финт *m* finta, amago
финтить *impf vi coloq* trampear, enredar, trapacear
финтифлюшка *f coloq* bagatela, baratija
фиолетовый *adj* violeta, morado
фиорд *m* fiordo
фирма *f* firma, empresa, casa
фирмач *m vulg* representante (o director) de una empresa
фирменный *adj* de (la) casa, de marca
фирн *m (снег)* neviza
фисгармония *m* armonio, melodio
фисташка *f* pistacho
фисташковый *adj* de pistacho
фистула *f med* fístula
фита *f* fitá (nombre de la letra Ф en el alfabeto ruso antiguo)
фитиль *m* mecha
фитюлька *f coloq* cosa, cosita
фифа *f coloq desp* lechuguina, presumida
фифти-фифти *adv coloq* a medias, fifty-fifty
фишка *f* 1) *(в игре)* ficha 2) *coloq (вещь)* cosa
флаг *m* bandera, pabellón
флагман *m* 1) *nav (командир)* almirante, jefe de escuadra 2) *nav (корабль)* buque insignia
флагманский *adj nav* de almirante
флагшток *m* asta (de la bandera)
флажок *m* banderín
флакон *m* bote, frasco
флакончик *m dimin. de* флакон
фламинго *m inv* flamenco
фланг *m* flanco, ala
фланговый *adj* del flanco, del ala, del costado
фланелевка *f nav* marinera, blusa de marinero
фланель *f* franela
фланец *m tecn* brida
фланировать *impf vi obsol coloq* callejear, vagar, deambular
флебит *m med* flebitis
флегма *f* flema
флегматизм *m* flegmatismo
флегматик *m* persona flemática
флегматический *adj* flemático
флегматично *adv* de manera flemática, flemáticamente
флегматичность *f* flema, carácter flemático
флегматичный *adj* flemático
флегмона *f med* flemón
флейт|а *f* flauta *играть на ~е* tocar la flauta
флейтист, -ка *m/f* flautista
флексия *f ling* flexión
флективный *adj ling* flexivo
флердоранж *m* azahar
флешь *f mil hist* bonete
флёр *m* cendal, velo
флибустьер *m elev* filibustero
флигель *m arquit* ala (de un edificio)
флигель-адъютант *m mil hist* ayudante del Emperador (en la Rusia zarista)
флирт *m* flirteo
флиртовать *impf vi* (с **кем-л**) flirtear (con alg)
флокс *m* flox (planta)
фломастер *m* rotulador
флора *f* flora
флорин *m* florín
флорист *m arte (художник)* pintor florista
флот *m* flota, armada, marina
флотилия *f* flotilla
флотоводец *m elev* almirante, comandante de la armada
флотский *adj* de la flota
флуктуация *f* fluctuación
флуоресцентный *adj* fluorescente
флюгер *m* veleta
флюид *mpl* fluido
флюорографический *adj med* fluorográfico, fluoroscópico
флюорография *f med* fluorografía, fluoroscopia
флюс *m med* flemón
фляга *f* cantimplora
фляжка *f* cantimplora, petaca
фобия *f* fobia
фойе *n inv* foyer, vestíbulo
фокальный *adj* focal
фокстерьер *m* fox-terrier
фокстрот *m danz* fox-trot
фокус[1] *m (точка пересечения лучей)* foco
фокус[2] *m (трюк)* truco
фокусировать *impf* **сфокусировать** *perf vt* enfocar
фокусник *m* ilusionista, prestidigitador
фокусничать *impf vi* 1) *coloq (капризничать)* ser caprichoso, melindrear, remilgarse 2) *coloq (хитрить)* trampear, engañar
фокусный *adj fís foto* focal
фол *m sport* falta
фолиант *m* infolio
фолликул *m fisiol* folículo
фольга *f* papel de aluminio
фольклор *m* folklore
фольклорист *m* folklorista
фольклористика *f* estudios folklóricos (de folklore)
фольклорный *adj* folclórico
фомка *f vulg* palanca (de abrir puertas)
фон *m* fondo *выделяться на ~е* destacar entre un conjunto
фонарик *m* linterna, farol
фонарный *adj* de farol, de farola, de linterna
фонарщик *m obsol* farolero
фонарь *m* 1) farol, linterna 2) *vulg (синяк)* morado, cardenal
фонд *m* 1) fondo, reserva 2) *(организация)* fundación
фондировать *biasp vt econ* pasar a un fondo (recursos)

фондовый *adj* de fondo(s)
фонема *f ling* fonema
фонемный *adj ling* fonémico
фонендоскоп *m med* fonendoscopio
фонетика *f ling* fonética
фонетист *m ling* fonetista
фонетический *adj ling* fonético
фоника *f lit* aspecto fónico
фоновый *adj* de fondo
фонограмма *f* fonograma, banda sonora
фонологический *adj ling* fonológico
фонология *f ling* fonología
фонотека *f* fonoteca
фонтан *m* fuente, surtidor
фонтанировать *impf vi* brotar, emanar
фор|а *f coloq* : дать ~у dar ventaja
форвард *m sport* delantero, atacante
фордыбачить *impf vi vulg* terquear, empecinarse
форель *f* trucha
форинт *m* forint
форм|а *f* 1) forma 2) *(приспособление)* molde, forma 3) *(одежда)* uniforme 4) *ling* forma ◆ **быть в ~е** estar en forma
формализация *f elev* formalización
формализм *m* formalismo, formulismo
формализовать *biasp vt elev* formalizar
формалин *f farma* formalina
формалист *m* formalista, formulista
формалистика *f coloq* formalismo, formulismo
формалистический *adj* formalista, formulista
формалистский *adj* formalista, formulista
формально *adv* formalmente
формальность *f* formalidad, formalismo, trámite
формальный *adj* 1) formal 2) *(проникнутый формализмом)* formalista
формат *m* formato
формационный *adj elev* formativo
формация *f elev* formación
форменный *adj* 1) de uniforme 2) *coloq (сущий)* verdadero
формирование *n* formación
формировать *impf* сформировать *perf vt* formar, constituir
формироваться *impf* сформироваться *perf* formarse
формовать *impf vt tecn* moldear, dar forma
формовой *adj* de moldear, de modelar
формовщик *m* moldeador
формула *f* fórmula
формулирование *n* formulación
формулировать *biasp* сформулировать *perf vt* formular
формулировка *f* 1) *(действие)* formulación 2) *(формула)* fórmula, formulación
формуляр *m* formulario
форпост *m* puesto avanzado
форс *m vulg* chulería, guapeza, ufanía
форсирование *n* 1) *(ускорение)* aceleración, apresuramiento 2) *mil* paso (a la fuerza, forzado)
форсированный *adj* forzado
форсировать *biasp vt* 1) forzar, acelerar, apresurar 2) *mil* forzar, pasar
форсить *impf vi vulg* guapear, presumir, fanfarronear, fardar
форс-мажор *m jur* fuerza mayor
форсун *m* fanfarrón, chulo
форсунка *f tecn* pulverizador
форт *m* fuerte
форте 1. *adv mús* forte **2.** *n inv mús* forte
фортель *m coloq* pasada, jugada
фортепианный *adj* de (para) piano, de fortepiano
фортепиано V. фортепьяно
фортепьянный *adj* de piano, para piano
фортепьяно *n inv* piano, fortepiano
фортиссимо *adv mús* fortissimo
фортификационный *adj mil* de fortificación, de fortificaciones
фортификация *f* fortificación
форточка *f* ventanilla
фортуна *f elev* fortuna
форум *m* foro
форшмак *m* forshmak (picadillo de arenque)
фосфат *m quím* fosfato
фосфатный *adj quím* fosfatado
фосфор *m quím* fósforo
фосфорический *adj* fosforescente
фосфорный *adj quím* fosfórico, fosforado
фотка *f coloq* fotografía, foto
фото *n inv coloq* fotografía, foto
фотоаппарат *m* cámara fotográfica
фотоателье *n* estudio (taller) fotográfico
фотогеничный *adj* fotogénico
фотограф *m* fotógrafo
фотографирование *n* toma de fotografías
фотографировать *impf* сфотографировать *perf vt* fotografiar, retratar
фотографироваться *impf* сфотографироваться *perf* fotografiarse, retratarse
фотографический *adj* fotográfico
фотографи|я *f* fotografía, foto, retrato *сделать ~ю* hacer una foto
фотокарточка *f coloq* fotografía, foto
фотокопия *f* fotocopia
фотолюбитель *m* aficionado a la fotografía, fotógrafo aficionado
фотомонтаж *m* fotomontaje
фоторепортаж *m* fotoreportaje, reportaje fotográfico
фоторепортёр *m* reportero fotográfico
фотосинтез *m bot* fotosíntesis
фотосинтетический *adj bot* fotosintético
фотоснимок *m* fotografía
фотохроника *f* crónica fotográfica, actualidades en fotografías
фотоэлемент *m* fotoelemento, célula fotográfica
фрагмент *m* fragmento
фрагментарно *adv* fragmentariamente, de forma fragmentaria
фрагментарность *f* fragmentariedad, carácter fragmentario
фрагментарный *adj* fragmentario
фраза *f* frase
фразеологизм *m ling* fraseologismo
фразеологический *adj ling* fraseológico
фразеология *f ling* fraseología
фразёр *m* palabrero, hablador campanudo
фразёрство *n* palabrería, vanilocuencia
фразировать *impf vt mús* frasear
фразовый *adj ling* de frase
фрак *m* frac

фракционный *adj pol* fraccionista, sectario
фракция *f pol* fracción
фрамуга *f* ventanillo, vidriera corrediza
франк *m* franco
франт *m* presumido, petimetre, señorito
франтить *impf vi coloq* presumir, exhibirse, pavonearse
франтовской *adj* elegante, gomoso
франтовство *n* elegancia, gomosidad, dandismo
француженка *f* francesa
француз *m* francés
французский *adj* francés
франчиза *m com* franquicia
франчайз *m com* franquicia
фрахт *m* flete
фрахтователь *m* fletador
фрахтовать *impf* **зафрахтовать** *perf vt* fletar
фрахтовка *f* fletamento
фрахтовщик *m* fletero, fletador
фрачный *adj* de frac
фрегат *m nav* fragata
фреза *f tecn* fresa
фрезеровать *biasp vt tecn* fresar
фрезеровщик *m tecn* fresador
фрейлина *f hist* dama de honor, menina
френология *f* frenología
френч *m* guerrera, cazadora
фреска *f arte* fresco
фри *adj inv* frito
фривольно *adv* frívolamente, con frivolidad
фривольность *f* frivolidad
фривольный *adj* frívolo
фригидность *f* frigidez
фригидный *adj* frígido
фриз *m arquit* friso
фрикаделька *f* albóndiga
фритюрница *f* freidora
фронда *f elev obsol* V. фрондёрство
фрондёр *m elev* opositor, oposicionista
фрондёрство *f elev* oposición
фрондировать *impf vi elev* oponerse, mostrarse contrario
фронт *m mil* frente *на ~е* en el frente
фронтальный *adj* frontal, de frente
фронтиспис *m arquit* frontispicio
фронтовик *m mil* combatiente (del frente)
фронтовой *adj mil* del frente
фронтон *m arquit* frontón
фрукт *m (espec pl)* fruta
фруктовый *adj* de fruta, frutal
фруктоза *f quím* fructosa
фтизиатр *m med* tisiólogo, tisioterapeuta
фтизиатрия *f med* tisiología, tisioterapia
фтор *m quím* flúor
фтористый *adj quím* fluórico
фу *interj* 1) *(выражающее недовольство, отвращение)* ¡buf!, ¡uf!, ¡fuera! *~, какая гадость!* ¡qué asco! 2) *(выражающее облегчение)* ¡uf!, ¡por fin!
фуга *f mús* fuga
фуганок *m (вид рубанка)* garlopa, cepilladora
фугас *m mil* polvorazo
фугаска *f mil coloq* bomba rompedora
фугасный *adj mil* explosivo, rompedor
фуговать *impf* **сфуговать** *perf vt tecn* cepillar
фужер *m* copa
фукать[1] *impf* **фукнуть** *perf vi* 1) *coloq (дуть)* soplar 2) *coloq (чтобы погасить что-либо)* soplar, apagar soplando
фукать[2] *impf* **фукнуть** *perf vt coloq (быстро потратить)* ventilarse, disipar
фукнуть V. фукать 1, 2
фуксия *f* fucsia
фумигация *f agric* fumigación
фундамент *m* 1) cimientos, fundamento 2) *(основа)* fundamento, base, cimientos
фундаментально *adv* de manera fundamental, fundamentalmente
фундаментальность *f* solidez, carácter fundamental
фундаментальный *adj* 1) fundamental, básico 2) *(прочный)* sólido 3) *(основной)* principal, fundamental
фундаментный *adj* del fundamento, de los cimientos
фундук *m* 1) *(кустарник)* avellano 2) *(орех)* avellana
фуникулёр *m* funicular
функциональность *f* funcionalidad
функциональный *adj* funcional
функционирование *n* funcionamiento
функционировать *impf vi* funcionar
функци|я *f* función *выполнять ~ю* realizar (ejercer) una función
фунт *m* libra *~ стерлингов* libra esterlina ◆ **вот так ~!** *coloq* ¡vaya!, ¡caray! **узнать, почём ~ лиха** saber lo que es pasar penas
фунтик *m* 1) *dimin. de* фунт 2) *coloq (бумажный кулёк)* cucurucho
фура *f* furgón
фураж *m* forraje, pienso
фуражир *m mil obsol* forrajeador
фуражка *f* gorra (de militar o policía)
фуражный *adj* de(l) forraje, de(l) pienso
фургон *m* camioneta, furgón
фурия *f mitol* furia
фурнитура *f* accesorios
фурор *m* furor *произвести ~* causar furor
фурункул *m med* furúnculo
фурункулёз *m med* furunculosis
фут *m* pie (unidad de medida)
футбол *m* fútbol, balompié
футболист, -ка *m/f* futbolista
футболить *impf* **отфутболить** *perf vt coloq* sacarse a alguien de encima, dar largas
футболка *f* camiseta
футбольный *adj* de fútbol
футляр *m* estuche, funda
футуризм *m* futurismo
футурист, -ка *m* futurista
футуристический *adj* futurista
футуролог *m* futurólogo
футурологический *adj* futurológico, de futurología
футурология *f* futurología
фуфайка *f* chaqueta acolchada
фуфу *inv obsol vulg* : на ~ al tuntún, a la buena de Dios
фыркать *impf* **фыркнуть** *perf vi* 1) resollar, resoplar 2) *coloq (смеяться)* reír (produciendo sonidos interrumpidos con la nariz o los labios) 3) *coloq (сердиться)* refunfuñar, rezongar

фыркнуть V. фыркать
фырчать *impf vi vulg* V. фыркать
фьорд *m* fiordo
фьють *interj* onomatopeya del silbido
фюзеляж *m aero* fuselaje
фюрер *m hist* führer

Х

ха *interj* va, vaya
хавронья *f coloq* puerco, marrano
хаживать *impf adj* ir (repetidamente)
хазар *m* jázaro
хазарский *adj* jázaro
хайло *n vulg (отверстие)* agujero, paso
хакас, -ка *m/f* jakasi|o, -a
хакасский *adj* jakasio
хаки 1. *adj inv* caqui **2.** *n inv* caqui
хала *f* bollo de trenza, trena
халат *m* bata, batín
халатик *m dimin. de* халат
халатно *adv* negligentemente, descuidadamente
халатность *f* negligencia, abandono, incuria
халатный *adj* negligente, descuidado
халва *f* jalvá (especie de turrón)
халиф *m hist* califa ◆ ~ **на час** rey por un día
халифат *m hist* califato
халтура *f* 1) *coloq (побочный заработок)* ingreso suplementario 2) *coloq (небрежная работа)* chapuza
халтурить *impf vi* 1) *coloq (для побочного заработка)* trabajar para conseguir ingresos suplementarios 2) *coloq (небрежно работать)* hacer chapuzas, chapucear
халтурный *adj coloq* chapucero
халтурщи|к, -ца *m coloq* chapucer|o, -a
халупа *f* 1) *(маленькая хата)* jalupa (jata pequeña) 2) *coloq (убогое жилище)* chabola
халцедон *m min* calcedonia
хам *m vulg* descarado, grosero
хамелеон *m* camaleón
хаметь *impf* охаметь *perf vi coloq* volverse descarado, volverse grosero, descararse
хамить *impf* нахамить *perf vi coloq* hablar descaradamente, hablar con desconsideración, descararse
хамка *f vulg* descarada, grosera
хамоватый *adj coloq* descarado, grosero
хамса *f* boquerón
хамский *adj coloq* descarado, maleducado, grosero
хамство *n coloq* descaro, grosería, malas maneras
хамьё *n vulg* descarados, caraduras
хан *m hist* khan, kan, jan
хана *pred vulg* caput
хандра *f* melancolía, morriña
хандрить *impf vi* estar melancólico, tener morriña
ханжа *m/f* hipócrita
ханжеский *adj* hipócrita, mojigato
ханжество *n* hipocresía, mojigatería, beatería
ханский *adj hist* de(l) khan (kan, jan)
ханство *m hist* khanato, kanato, janato
хант *m* jant (representante de un pueblo que vive en Janti-Mansiisk y Yamalo-Nenetsk), khant
хаос *m* caos
хаотический *adj* caótico
хаотично *adv* caóticamente
хаотичность *f* caos, carácter caótico
хаотичный *adj* caótico
хап *interj* zas, toma
хапать *impf* хапнуть *perf vt* 1) *vulg* coger rápidamente, agarrar 2) *vulg (присвоить)* arramplar (con u/c), afanar
хапнуть V. хапать
хапуга *m/f vulg desp* tom|ón, -ona, acaparador, -a
харакири *n inv* harakiri
характер *m* 1) carácter, genio 2) *(свойство)* carácter, índole
характеризовать *biasp vt* caracterizar
характеризоваться *impf* **(чем-л)** caracterizarse (por u/c)
характеристика *f* caracterización, característica
характеристический *adj obsol* V. характерный
характерно 1. *adv* de forma característica, característicamente **2.** *adj pred* es característico
характерность *f* rasgo característico
характерный *adj vulg* de carácter fuerte, obstinado, terco
характерный *adj* característico, representativo, típico
хард-диск *m informát* disco duro
кариес *m* caries
хариус *m* tímalo
харкать *impf* харкнуть *perf vi coloq* gargajear
харкнуть V. харкать
хартия *f* carta magna
харчевня *f obsol* taberna, figón
харчо *n* jarchó (sopa caucasiana de carne, arroz, tomate y especias)
харя *f vulg insult* jeta, morro
хата *f* 1) jata (casa rural en Ucrania, Bielorrusia y Rusia meridional) 2) *coloq (дом вообще)* casa ◆ **моя ~ с краю, я ничего не знаю** cada uno va a su avío y yo a lo mío
хахаль *m vulg* amante, amigo
ха-ха, ха-ха-ха *interj* ja, ja, ja
хаять *impf vt vulg* denigrar, criticar
хвала *f* elogio, alabanza
хвалебно *adv* elogiosamente, con elogio
хвалебный *adj* elogioso, laudatorio
хвалёный *adj irón* alabado, elogiado
хвалить *impf* похвалить *perf vt* elogiar, alabar
хвалиться *impf* похвалиться *perf* alabarse, jactarse
хвастать *impf vi coloq* V. хвастаться
хвастаться *impf* похвастаться *perf vi* **(чем-л)** jactarse (de u/c), presumir (de u/c), vanagloriarse (de u/c)
хвастливо *adv* jactanciosamente, con jactancia, vanagloriosamente
хвастливый *adj* jactancioso, vanaglorioso
хвастовство *n* jactancia, vanagloria, fanfarronería
хвастун, -ья *m/f coloq* fanfarr|ón, -ona, pretencios|o, -a, fantasma
хват *m coloq* mañoso, industrioso
хватательн|ый *adj* : ~ые органы órganos prensiles (prensores)
хватать[1] *impf* схватить/хватить *perf vt* 1) *(быстро брать)* coger, agarrar (rápida o violentamente, con las manos o con los dientes)

2) *coloq (приобретать без разбора)* coger, arramplar, arramblar
хвата|ть[2] *impf v/impers* 1) *(быть достаточным)* V. хватить 2 2) **(кого/чего-л)** *coloq* haber mucho, haber de sobras *у него проблем ~ет* tiene muchos problemas
хвататься *impf* схватиться/хватиться *perf* 1) **(за что-л)** agarrarse (a u/c), asirse (a u/c) 2) **(за что-л)** *coloq (начинать делать что-л. поспешно)* emprender, ponerse a hacer algo ◆ **~ за соломинку** agarrarse a un clavo ardiendo
хвати|ть[1] *perf vt* 1) V. хватать 1 2) **(чего-л)** *coloq (испытать)* sufrir, soportar, aguantar 3) *(поразить)* dar, comenzar de repente
хватить[2] *perf* хватать *impf v/impers* **(чего-л)** ser suficiente, bastar, alcanzar *нам не хватит времени* no tendremos tiempo (suficiente); *ему хватит денег на месяц* tendrá dinero para un mes; *хватит!* ¡basta!, ¡ya está bien!
хватиться[1] *perf coloq* 1) *(обнаружить отсутствие)* echar en falta, notar la ausencia de u/c *~ ключей* echar en falta las llaves 2) *(спохватиться)* caer en la cuenta, darse cuenta repentinamente
хватиться[2] V. хвататься
хватка *f* 1) asimiento, agarro 2) *(манера)* manera de obrar ◆ **мёртвая ~** presa de muerte, lance mortal
хваткий *adj* 1) *(цепкий)* tenaz, prensil 2) *(ловкий)* hábil, diestro
хвать *interj coloq* zas, pam (expresando lo repentino de una acción)
хвоинка *f* aguja de pinocha
хвойные *pl bot* coníferas
хвойный *adj* 1) *bot* conífero 2) *(с хвоей, из хвои и т.д.)* de pino(s)
хворать *impf vi coloq* estar enfermo
хвороба *f vulg* V. хворь
хворост *m* ramaje seco
хворостина *f* vara, rama seca
хворый *adj vulg* enfermo, enfermizo
хворь *f vulg* enfermedad, mal, malestar
хвост *m* 1) cola, rabo *вилять ~ом* menear la cola 2) *(конечная часть)* cola 3) *coloq (вереница людей)* cola 4) *coloq (задолженность)* cosa pendiente, deuda ◆ **поджать ~** estar con el rabo entre las piernas **коту под ~** *vulg* (se ha) perdido inútilmente
хвостастый *adj coloq* de cola grande
хвостатый *adj coloq* con cola, rabudo
хвостик *m dimin* rabillo, colita ◆ **с ~ом** y pico, y algo más
хвостовой *adj* de la cola, caudal
хвощ *m* equiseto, cola de caballo
хвоя *f* 1) pinocha 2) ramas de coníferas
хек *m* merluza
херес *m* jerez
херувим *m relig* querubín
хетты *mpl hist* hititas
хиазм *m ling* quiasmo
хибара *f* casucha, chabola
хижина *f* cabaña, choza
хилеть *impf* захилеть *perf vi coloq* debilitarse, marchitarse
хилый *adj coloq* débil, enclenque, endeble
хиляк *m vulg* canijo, enclenque
химера *f elev* quimera
химерический *adj elev* quimérico
химеричный *adj elev* quimérico
химик *m* químico
химикалия *f* producto químico, sustancia química
химикат *m* producto químico, sustancia química
химиотерапия *f* quimioterapia
химический *adj* químico
химичить *impf* схимичить *perf vi* maquinar, engañar
химия *f* química
химчистка *f* tintorería
хина *f quím* V. хинин
хинди *m inv* hindi, hindú (lengua)
хинин *m quím* quinina
хинный *adj quím* de quinina, de quina
хиппи *m inv* hippie
хиреть *impf* захиреть *perf vi coloq* marchitarse, ajarse, decaer, venir a menos
хиромант *m* quiromántico
хиромантия *f* quiromancia
хирург *m med* cirujano
хирургический *adj med* quirúrgico
хирургия *f med* cirugía
хитон *m* quitón (túnica)
хитрец *m* hombre astuto, pícaro
хитрец|а *f coloq* : с ~ой con astucia, con picardía
хитрить *impf* схитрить *perf vi* obrar con astucia, trampear, engañar
хитро *adv* 1) astutamente, con astucia 2) *(ловко)* hábilmente 3) *coloq (не просто)* de una manera complicada
хитросплетение *n* 1) enredo, intricación, enmarañamiento 2) *(уловка)* artimaña, treta, estratagema
хитрость *f* 1) astucia, ardid, argucia 2) *(уловка)* treta, estratagema 3) *coloq (сложность)* dificultad, enredo, intríngulis
хитроумие *n* sutileza, ingenio, listeza
хитроумный *adj* listo, sutil, ingenioso
хитрый *adj* 1) astuto, ladino, vivo, taimado, pícaro 2) *(ловкий, искусный)* listo, ingenioso 3) *coloq (сложный)* difícil, complicado ◆ **голь на выдумки хитра** hombre pobre todo es trazas
хитрюга *m/f vulg* zorro, persona astuta
хиханьки *pl coloq* : ~ да хаханьки risas, risitas
хихиканье *n coloq* risilla, risita
хихикать *impf* хихикнуть *perf vi coloq* soltar risitas, sonreír socarronamente
хихикнуть V. хихикать
хищение *n* 1) *elev* depredación, rapiña 2) *(кража)* robo
хищни|к, -ца *m/f* 1) depredador, -a, carnívor|o, -a 2) *(птица)* rapaz 3) *(агрессивный и жадный человек)* rapiñador, -a
хищнически *adv* de una manera depredadora, rapiñadora
хищнический *adj* 1) depredador, rapiñador 2) *(о человеке)* rapiñador
хищничество *n* carácter carnívoro, carácter depredador
хищно *adv* de un modo rapiñador
хищный *adj* 1) depredador, carnívoro 2) *(о человеке)* rapiñador
хлад *m poét* frío
хладнокровие *n* sangre fría

хладнокровно *adv* a (con) sangre fría
хладнокровный *adj* de (con) sangre fría
хладный *adj poét* frío
хлам *m* trastos, cachivaches
хламида *f hist* clámide
хлеб *m* 1) pan *белый* ~ pan blanco; *ржаной* ~ pan de centeno 2) *(зерно)* trigo 3) *(злаки)* cereales 4) *coloq (средства к существованию)* pan *зарабатывать себе на* ~ ganarse el pan, ganarse la vida ◆ **насущный** ~ el pan de cada día
хлебать *impf* хлебнуть *perf vt coloq* sorber, beber
хлебец *m* panecillo
хлебница *f* cesta para el pan
хлебнуть V. хлебать
хлебный *adj* 1) de pan, para el pan 2) *(о злаках)* de cereales, de grano 3) *coloq (доходный)* lucrativo
хлебобулочный *adj* de panadería
хлебозавод *m* fábrica de pan
хлебозаготовка *f* acopio de grano
хлебопашество *n* cultivo de cereales
хлебопашец *m* cultivador de cereales, cerealicultor
хлебопекарный *adj* de pan, de harina
хлебопекарня *f* panadería, horno, tahona
хлебопечение *n* fabricación del pan, panificación
хлебопёк *m* panadero, hornero
хлеборез *m* cortador de pan
хлеборезка *f* 1) *(приспособление)* cortadora de pan 2) *coloq (работница)* cortadora de pan
хлебороб *m* cultivador de cereales, cerealicultor
хлебородный *adj* rico (fértil) en cereales
хлебосол *m* persona hospitalaria
хлебосольный *adj* hospitalario
хлебосольство *n* hospitalidad
хлебушек *m dimin. de* хлеб
хлев *m* pocilga, establo
хлестаковщина *f* jlestakóvshchina (por el nombre de Jlestakov, de la comedia de Gógol "El Inspector"), fanfarronería
хлестать *impf* хлестнуть *perf vt* 1) azotar, pegar 2) *(литься сильно)* manar, chorrear
хлестнуть V. хлестать
хлёсткий *adj* 1) que azota 2) *(бойкий)* fustigante, mordaz
хлёстко *adv* de manera mordaz
хлипать *impf vi coloq* sollozar
хлипкий *adj vulg* frágil, endeble
хлобыстать *impf* хлобыстнуть *perf vt vulg* V. хлестать
хлобыстнуть V. хлобыстать
хлоп *interj* pum, pam
хлопанье *n* 1) golpeos 2) *(в ладоши)* palmadas, palmoteo
хлопать *impf* хлопнуть *perf vt* 1) golpear, pegar 2) *(в ладоши)* dar palmadas 3) *(аплодировать)* aplaudir ◆ ~ **ушами** estar en Babia, no entender nada ~ **глазами** no saber qué decir
хлопаться *impf* хлопнуться *perf vi coloq* caerse, darse de bruces
хлопец *m coloq* muchacho, mozo
хлопковод *m* cultivador de algodón, algodonero
хлопководство *n* cultivo de algodón
хлопковый *adj* de algodón
хлопкопрядение *n* hilado de algodón
хлопкороб *m* cultivador de algodón
хлопнуть V. хлопать
хлопнуться V. хлопаться
хлопок *m* algodón
хлопок *m* estallido, chasquido
хлопотать *impf* похлопотать *perf vi* 1) **(о чём-л)** *(усердно заниматься)* hacer gestiones (sobre u/c), tramitar, cuidarse (de u/c) 2) **(о чём-л)** *(о чём-л.)* gestionar, solicitar 3) **(за кого-л)** *(за кого-л.)* interceder (por alg)
хлопотливо *adv* preocupadamente, con aire preocupado
хлопотливый *adj* 1) *(связанный с хлопотами)* complicado, ajetreado 2) *(суетливый)* diligente, solícito, afanoso
хлопотно **1.** *adv* afanosamente, embarazosamente **2.** *adv pred* causa preocupaciones, causa ajetreo
хлопотный *adj* V. хлопотливый 1
хлопотня *f coloq* ajetreo, trajín
хлопотун, -ья *m/f* persona hacendosa, trajinante
хлопоты (*gen* хлопот) *fpl* gestiones, diligencias, cuidados ~ *по хозяйству* quehaceres domésticos ◆ **у меня хлопот полон рот** no doy abasto, ando en constante ajetreo
хлопушка *f* 1) *(для мух)* matamoscas 2) *(игрушка)* petardo de papel
хлопчатник *m* algodón, algodonero
хлопчатобумажный *adj* de algodón, algodonero
хлопчат|ый *adj obsol* : ~ая бумага algodón
хлопчик *m coloq* muchachito, chaval
хлопь|я (*gen* -ев) *mpl* copos
хлор *m quím* cloro
хлорелла *f biol* chlorella
хлорирование *n quím* cloración, clorificación
хлорировать *biasp vt quím* clorar, clorificar
хлористый *adj quím* cloroso
хлорка *f coloq* cloro
хлорный *adj quím* clórico
хлорофилл *m bot* clorofila
хлороформ *m quím* cloroformo
хлынуть *perf vi* 1) *(о жидкости)* brotar, salir a chorros, manar violentamente 2) *(устремиться)* lanzarse, precipitarse
хлыст *m* fusta, vara
хлыщ *m coloq* fatuo, petimetre
хлюпать *impf vi* 1) *coloq (по воде, по грязи)* chapotear 2) *coloq (всхлипывать)* sollozar, lloriquear 3) *coloq (носом)* sorberse los mocos
хлюпик *m vulg* calzonazos, Juan Lanas
хлюпнуться *perf vt vulg* caer, caerse (sobre algo mojado o pegajoso)
хлюст *m vulg* granuja, tunante, golfo
хлябать *impf vi vulg* balancearse, tambalearse
хлябь *f obsol poét (бездна)* abismo, sima
хлястик *m* tira, trincha (en la ropa)
хм *interj* hum
хмелевод *m* cultivador de lúpulo
хмелеводство *n* cultivo del lúpulo
хмелевой *adj* de(l) lúpulo
хмелеть *impf* захмелеть/охмелеть *perf vi coloq* emborracharse, embriagarse
хмел|ёк *m coloq* : быть под ~ьком estar achispado, estar bebido
хмель[1] *m* lúpulo

хмель[2] *m (опьянение)* borrachera, embriaguez
хмельной *adj* 1) *(пьяный)* borracho, bebido 2) *(пьянящий)* embriagador, que emborracha
хмурить *impf* нахмурить *perf vt* fruncir (el ceño, las cejas)
хмуриться *impf* нахмуриться *perf vi* 1) fruncir el ceño 2) *(становиться хмурым)* enfurruñarse, enfadarse 3) *(становиться пасмурным)* nublarse, encapotarse
хмуро *adv* sombríamente, con aire sombrío
хмурость *f* aspecto sombrío
хмурый *adj* 1) *(о человеке)* ceñudo, sombrío, hosco 2) *(о бровях)* ceñudo, fruncido 3) *(о погоде)* nublado, encapotado
хмыкать *impf* хмыкнуть *perf vi coloq* decir "hum"
хмыкнуть V. хмыкать
хна *f (краска)* jena
хны *inv* : ему хоть бы ~ le importa un comino (un pito)
хныканье *n* 1) *coloq* gimoteo, lloriqueo 2) *coloq (жалобы)* quejas
хныкать *impf* хныкнуть *perf vi* 1) *coloq* gimotear, lloriquear 2) *coloq (жаловаться)* quejarse
хныкнуть V. хныкать
хобби *n inv* hobby, afición
хобот *m* trompa
хоботок *m* 1) *dimin. de* хобот 2) *(у насекомых)* trompa
ход *m* 1) movimiento, paso, marcha *ускорить* ~ aumentar la velocidad (el paso, la marcha); *задний* ~ marcha atrás 2) *(течение, развитие)* marcha, desarrollo, curso ~ *событий* desarrollo de los acontecimientos 3) *(в играх)* jugada, movimiento 4) *(манёвр)* jugada, maniobra 5) *(вход, проход)* entrada, paso *чёрный* ~ entrada de servicio ◆ **идти своим ~ом** ir por su camino, marchar normalmente **дать ~у** dar curso **с ~у** sobre la marcha **на ~у** sobre la marcha, sin parar **пустить в** ~ poner en marcha
ходатай *m* solicitante, intercesor
ходатайство *n* solicitud
ходатайствовать *impf vi* **(о чём-л./за кого-л)** solicitar, hacer diligencias, interceder (por alg)
ходик|и (*gen* -ов) *mpl coloq* reloj de pesas
ходить *impf vi* 1) ir, caminar, andar ~ *в театр* ir a teatro; ~ *по магазинам* ir de compras; ~ *пешком* ir a pie 2) *(о видах транспорта)* circular 3) **(в чём-л)** *(носить что-л.)* llevar, andar (en u/c) ~ *в очках* llevar gafas 4) *(о часах)* funcionar, andar, marchar 5) *(в игре)* jugar, mover, tirar 6) *(распространяться - о слухах, вестях и т.д.)* correr 7) *coloq (колыхаться, дрожать)* temblar 8) *coloq (о естественных потребностях)* evacuar, hacer sus necesidades ◆ ~ **вокруг да около** andarse por las ramas ~ **ходуном** temblar, vibrar
ходка *f coloq* viaje, camino de ida y vuelta
ходкий *adj* 1) *vulg (быстрый)* rápido, veloz 2) *coloq (о товаре)* solicitado, demandado
ходко *adv vulg* rápidamente, velozmente
ходкость *f vulg* rapidez, velocidad
ходовой *adj* 1) de funcionamiento, de marcha 2) *(подвижной)* móvil 3) *(имеющий спрос)* con demanda, solicitado 4) *coloq (часто употребляемый)* usual, corriente
ходок *m* andador, caminante
ходул|и (*sing* -я) *fpl* zanco *ходить на ~ях* andar en zancos
ходульный *adj* ampuloso, falto de naturalidad
ходуном *inv coloq* : ~ ходить vibrar, temblar
ходьб|а *f* marcha *час ~ы* una hora a pie, una hora de camino
ходяч|ий *adj* 1) andante, que anda 2) *(употребительный)* común, ordinario, corriente ◆ **~ая энциклопедия** *hum* enciclopedia ambulante
хождение *n* marcha, andadura
хожено *pred coloq* se anduvo (se ha andado) *было много* ~ se anduvo mucho
хозрасчёт *m* autofinanciamiento, autogestión financiera
хозрасчётный *adj* de autofinanciamiento, de autogestión financiera
хозя|ин (*pl* -ева) *m* amo, patrón, dueño, propietario
хозяйка *f* dueña, ama, patrona, propietaria ◆ **домашняя** ~ ama de casa
хозяйничать *impf vi* 1) *(руководить)* administrar 2) *(распоряжаться по своему усмотрению)* mandar, mangonear, disponer
хозяйск|ий *adj* del amo, del dueño ◆ **дело ~ое** haz como quieras, es cosa tuya
хозяйственник *m* jefe administrativo, administrador
хозяйственный *adj* 1) económico 2) *(связанный с домашним хозяйством)* doméstico 3) *(о человеке)* hacendoso
хозяйство *n* 1) economía *народное* ~ economía nacional; *вести* ~ llevar la economía 2) *(отдельное)* hacienda, explotación agrícola, granja 3) *(оборудование)* equipo, utillaje
хозяйствование *n* administración
хозяйствовать *impf vi* V. хозяйничать
хозяйчик *m coloq peyor* pequeño propietario, patroncillo
хоккеист *m* jugador de hockey
хоккей *m* hockey
хоккейный *adj* de hockey
холеный *adj* cuidado, mimado
холера *f med* cólera
холерик *m psicol* colérico
холерический *adj psicol* colérico
холерный *adj* de(l) cólera
холестерин *m biol* colesterol
холить *impf vt* cuidar, mimar
холка *f* 1) cruz, cerviz 2) *(грива)* crin
холл *m* vestíbulo, hall
холм *m* colina, cerro, montículo, loma
холмик *m* cerro, montículo
холмистый *adj* de colinas
холод *m* 1) frío *десять градусов ~а* diez grados bajo cero 2) *(ощущение озноба)* escalofríos
холодать *impf* похолодать *perf vi* refrescar, empezar a hacer frío
холодеть *impf* похолодеть *perf vi* ponerse frío, enfriarse
холодец *m* galantina, aspic
холодильник *m* frigorífico, nevera, refrigerador
холодильный *adj* frigorífico, de refrigeración
холодить *impf* нахолодить *perf vt* refrigerar, enfriar
холодная *f coloq obsol* mazmorra, calabozo

холодно 1. *adv* fríamente, con frialdad **2.** *adv pred* hace frío *мне ~* tengo frío
холоднокровные *pl zool* animales de sangre fría
холоднокровный *adj biol* de sangre fría
холодность *f* 1) frialdad 2) *(равнодушие)* indiferencia
холодн|ый *adj* 1) frío 2) *(равнодушный)* frío, indiferente ◆ **~ое оружие** arma blanca **~ая война** guerra fría
холодовый *adj tecn* de (por) frío
холодок *m coloq* frío, fresco
холоп *m* 1) *hist* siervo 2) *obsol (слуга)* sirviente, fámulo 3) *desp (раболепный человек)* lacayo
холопский *adj* 1) *hist* de (los) siervos 2) *(раболепный)* servil
холопство *n* 1) servidumbre 2) *(раболепство)* servilismo
холопствовать *impf vi* 1) ser siervo 2) *(низкопоклонствовать)* comportarse servilmente, arrastrarse
холостой *adj* 1) soltero 2) *(не боевой)* de fogueo
холостяк *m* soltero, célibe
холостяцкий *adj* de soltero, de célibe
холостячка *f vulg* soltera (habitualmente entrada en años)
холст *m* 1) lienzo, cañamazo 2) *(картина)* lienzo
холстина *f* lienzo
холстинка *f* lienzo
холстинный *adj* de lienzo, de cáñamo
холстяной *adj* de lienzo, de cáñamo
холуй *m desp* lacayo, rastrero
холуйский *adj* servil
холуйство *n* servilismo, adulación
холуйствовать *impf vi* comportarse servilmente, arrastrarse
холщовый *adj* de lienzo, de cáñamo
хомут *m* 1) collera 2) *(обуза, бремя)* yugo
хомяк *m* hámster
хор *m* coro, coral
хорал *m mús* coral
хорват, -ка *m/f* croata
хорватский *adj* croata
хорда[1] *f mat* cuerda
хорда[2] *f zool* notocordio
хордовый *m biol* cordado
хореический *adj lit* coreo
хорей *m lit* coreo, troqueo
хореограф *m* coreógrafo
хореографический *adj* coreográfico
хореография *f* coreografía
хорёк *m* hurón
хорист, -ка *m/f* corista
хормейстер *m mús* director de coro
хоровод *m* corro
хороводиться *impf vi* **(с кем-л)** *vulg* ocuparse (de alg), andar en ajetreo (con alg)
хоровой *adj* coral, de coro
хором *adv* en coro, a una
хором|ы (*gen* -ов) *mpl coloq (богатый дом)* palacio, mansión
хоронить *impf* похоронить *perf vt* enterrar, sepultar, inhumar
хорониться *impf* схорониться *perf vi coloq* esconderse, guardarse
хорохориться *impf vi coloq* envalentonarse, ponerse gallito
хорош|ее *n* lo bueno ◆ **всего ~его!** ¡que vaya bien!, ¡que usted lo pase bien! **~его понемногу** lo poco agrada y lo mucho enfada
хорошеньк|ий *adj* 1) *(миловидный)* lindo, mono 2) *coloq irón* V. хороший *~ое дело!* ¡pues sí que estamos bien!
хорошенько *adv coloq* bien, como es debido
хорошеть *impf* похорошеть *perf vi* mejorar, volverse más guapo
хорош|ий *adj* 1) bueno *~ий человек* buena persona; *~ая погода* buen tiempo 2) *(только кр. форма)* bonito, lindo *она ~а собой* es guapa
хорошист, -ка *m acad* alumn|o, -a que obtiene la nota "хорошо" (notable)
хорошо 1. *adv* bien *очень ~* muy bien; *~ себя чувствовать* encontrarse bien **2.** *adv pred* está bien *мне ~* estoy bien **3.** *partíc* bien, bueno, de acuerdo **4.** *con (допустим, положим)* entonces, bueno *ну, ~, я сделаю по-твоему* bueno, lo haré como tú dices **5.** *n inv (отметка)* notable ◆ **~ то, что ~ кончается** bien está lo que bien acaba **~ смеётся тот, кто смеётся последним** quien ríe último ríe mejor
хоругвь *f* 1) *relig* confalón, gonfalón 2) *hist (знамя)* pendón
хорунжий *m* 1) *(в казачьих войсках)* suboficial de cosacos 2) *hist (знаменосец)* abanderado, portaestandarte
хор|ы (*gen* -ов) *mpl arquit* galería (descubierta)
хорь *m* hurón, turón
хот-дог *m* perrito caliente
хотение *n coloq* deseo, voluntad ◆ **где ~, там и умение** donde hay gana, hay maña
хотеть *impf vt* querer, desear, tener ganas (de) *что ты хочешь?* ¿qué quieres?; *хочу есть* tengo hambre; *как хотите* como quiera ◆ **хочешь не хочешь** quieras o no, por las buenas o por las malas
хотеться *impf v/impers* **(кому-л)** apetecer (a alg u/c), tener ganas (de u/c), querer *мне хочется спать* tengo ganas de dormir; *мне не хочется* no me apetece, no tengo ganas
хоть 1. *conj* aunque, a pesar de *~ занят, всё равно придёт* aunque está ocupado, vendrá **2.** *partíc enfát* 1) *(по крайней мере)* por lo menos, siquiera *~ правду скажи* por lo menos di la verdad 2) *(даже)* aunque sea *~ сейчас* (aunque sea) ahora mismo 3) *(в сочетании с местоимениями и наречиями)* cualquiera, el que sea *~ кто* cualquiera; *~ где* en cualquier sitio ◆ **~ бы** ojalá **~ бы и так** que sea así, está bien así **ему ~ бы хны** le importa tres pitos **~ куда!** estupendo **~ и** aunque
хотя *conj* aunque, a pesar de *я пойду, ~ не очень хочу* iré, aunque no tengo muchas ganas ◆ **~ и** aunque **~ бы** por lo menos, aunque sea, siquiera
хохлатый *adj (о птицах)* moñudo, crestado
хохлома *f* jojlomá (artesanía rusa en madera pintada)
хохломской *adj* de jojlomá
хохлушка *f coloq hum* ucraniana
хохляцкий *adj coloq hum* ucraniano
хохма *f vulg* gracia, broma
хохмач *m vulg* gracioso, bromista
хохмить *impf vi vulg* bromear, hacer reír
хо-хо *interj* onomatopeya de la risa

хохол[1] *m (пучок волос)* tupé, penacho
хохол[2] *m coloq hum (украинец)* ucraniano
хохолок *m dimin-afect* V. хохол 1
хохот *m* risa, carcajada
хохотать *impf* хохотнуть *perf vi* reír a carcajadas
хохотнуть V. хохотать
хохотун *m coloq* reidor, hombre que se ríe a menudo
хохотунья *f coloq* reidora, mujer que se ríe a menudo
хохотушка *f coloq* reidora, mujer que se ríe a menudo
храбреть *impf* похрабреть *perf vi coloq* volverse valiente, coger valor
храбрец *m* valiente, osado
храбриться *impf vi coloq* hacerse el valiente, envalentonarse
храбро *adv* valerosamente, valientemente, audazmente
храбрость *f* valentía, bravura, valerosidad, audacia
храбрый *adj* valiente, bravo, valeroso, audaz
храм *m* templo
хранение *n* guarda, custodia, conservación
хранилище *n* depósito
хранитель, -ница *m/f* 1) guardi|án, -ana 2) *(музея, библиотеки)* conservador, -a
хранить *impf vt* 1) guardar, cuidar, custodiar 2) *(сохранять)* conservar 3) *(соблюдать)* guardar, observar 4) *(оберегать)* proteger, amparar
храниться *impf vi* 1) encontrarse, guardarse 2) *(быть в сохранности)* conservarse
храп[1] *m* 1) *(звук)* ronquido 2) *(лошади)* resoplido
храп[2] *m (часть переносья животных)* nariz (de los animales)
храпак *m coloq* : задать ~ dormirse, ponerse a roncar
храпение *n* 1) ronquidos 2) *(лошади)* resoplidos
храпеть *impf vi* 1) roncar 2) *(о лошади)* resoplar
храповицк|ий *adj coloq hum* : задать ~ого dormirse, ponerse a roncar
храпун, -ья *m/f coloq* persona que ronca
хребет *m* 1) columna vertebral, espina dorsal, espinazo 2) *(животного)* lomo 3) *(горная цепь)* cordillera, cadena montañosa, sierra
хребтовый *adj* 1) del espinazo, de la columna vertebral, del lomo 2) *(горный)* de (la) cordillera, montañoso
хрен *m* rábano silvestre ◆ **старый** ~ *vulg insult* carcamal, vejestorio ~ **редьки не слаще** tanto monta, monta tanto
хреново *adv vulg* mal, de forma nefasta
хреновый *adj* 1) de(l) rábano silvestre 2) *vulg* malo, nefasto
хрестоматийный *adj* de crestomatía, simplista
хрестоматия *f* crestomatía
хризантема *f* crisantemo
хризолит *m min* crisolito
хрип *m* 1) ronquido 2) *(предсмертный)* estertor
хрипатый *adj vulg* V. хрипливый
хрипеть *impf* прохрипеть *perf vi* estar ronco, hablar ronco, ronquear
хрипливый *adj coloq* ronco, afónico
хрипло *adv* roncamente, con voz ronca
хриплость *f* ronquera, voz ronca
хриплый *adj* ronco
хрипнуть *impf* охрипнуть *perf vi* 1) *(становиться хриплым)* enronquecer 2) *(терять голос)* quedar afónico, perder la voz
хрипота *f* ronquera, afonía
хрипотца *f coloq* ronquera, afonía
христарадничать *impf vi coloq obsol* pordiosear, mendigar
христи|анин *(pl* христиане*)* *m* cristiano
христианка *f* cristiana
христианский *adj* cristiano
христианство *n* cristiandad, cristianismo
христов *adj obsol relig* de Jesucristo
Христ|ос *m* Cristo, Jesucristo ◆ **Христа ради** *vulg* por Dios **жить как у Христа за пазухой** vivir como un príncipe, vivir a cuerpo de rey
христосик *m coloq peyor* mojigato, beato
христосоваться *impf vi relig* besarse tres veces con motivo de la Pascua de Resurrección
хром *m quím* cromo
хромать *vi* 1) cojear ~ *на правую ногу* cojear del pie derecho 2) *coloq (не соответствовать ожиданиям)* andar mal (en u/c), cojear (en u/c) ◆ ~ **на обе ноги** tener muchos defectos
хрометь *impf* охрометь *perf vi* quedarse (volverse) cojo
хромец *m obsol* cojo
хромированный *adj* cromado
хромировать *biasp vt tecn* cromar
хромовый *adj* de cromo, crómico
хромой 1. *adj* cojo **2.** *m* cojo
хромоногий *adj* cojo
хромоножка *m/f coloq* cojo, -a, cojito, -a
хромосома *f biol* cromosoma
хромосомный *adj biol* cromosómico, de cromosomas
хромота *f* cojera
хроник *m coloq* enfermo crónico
хроника *f* crónica
хроникальный *adj* de crónica
хроникёр *m* reportero
хронист *m* cronista
хронический *adj* crónico
хронограф *m* cronógrafo
хронологически *adv* cronológicamente
хронологический *adj* cronológico
хронология *f* cronología
хронометр *m* cronómetro
хронометраж *m* cronometraje
хронометражист *m* cronometrador
хронометрировать *biasp vt* cronometrar
хронометрист *m* cronometrador
хроноскоп *m tecn* cronoscopio
хруп *m coloq* crujido, chasquido
хрупать *impf* хрупнуть *perf vi* crujir
хрупкий *adj* 1) frágil, quebradizo 2) *(имеющий тонкое сложение)* frágil, delicado
хрупкость *f* fragilidad, delicadeza
хрупнуть V. хрупать
хруст *m* crujido, crepitación
хрусталик *m* 1) cristal, trozo de cristal 2) *anat* cristalino
хрусталь *m* cristal
хрустальный *adj* 1) de cristal 2) *(прозрачный)* cristalino

хрустальщик *m* cristalero
хрустеть *impf* хрустнуть *perf vi* crujir, chasquear
хрустнуть V. хрустеть
хрустящий *adj* crujiente
хрущ *m* escarabajo (melolonthinae)
хрыч *m vulg insult* : старый ~ carcamal, vejestorio
хрычовка *f vulg insult* старая ~: vejestorio, vejarrona
хрюканье *f* gruñidos
хрюкать *impf* хрюкнуть *perf vi* gruñir (dicho de un cerdo)
хрюкнуть V. хрюкать
хрюшка *f coloq* cerdo, cocho
хряк *m* verraco, cerdo
хрястнуть *perf vi vulg* romperse, explotar
хрястнуться *perf vi vulg* golpearse, caerse (con estrépito)
хрящ[1] *m anat* cartílago, ternilla
хрящ[2] *m obsol (крупный песок)* grava
хрящеватый *adj anat* cartilaginoso
хрящевой *adj anat* cartilaginoso
худенький *adj coloq* flacucho, delgaducho
худеть *impf* похудеть *perf vi* adelgazar, volverse flaco
худить *impf vt coloq* hacer parecer más delgado, adelgazar
худо[1] **1.** *adv* mal **2.** *adv pred* está mal *мне худо* me encuentro mal; *ему ~ придётся* lo pasará mal ◆ **худо-бедно** por lo menos, como mínimo
худ|о[2] *n* mal *я никому не делаю ~а* no hago daño a nadie ◆ **нет ~а без добра** no hay mal que por bien no venga
худоба *f* delgadez
художественно *adv* artísticamente, con arte
художественность *f* artistismo, valor artístico
художественн|ый *adj* artístico, de arte *~ое произведение* obra de arte; *~ая литература* literatura, bellas letras
художество *n* arte, bellas artes
художни|к, -ца *m/f* pintor, -a, dibujante
художнический *adj obsol* de pintor, de artista
худой[1] *adj (плохой)* malo, ruin ◆ **на ~ конец** en el peor de los casos, por mal que vaya ~ **мир лучше доброй ссоры** más vale un mal arreglo que un buen pleito
худой[2] *adj (тощий)* delgado, flaco, enjuto
худородный *adj* 1) *obsol (незнатный)* de linaje (procedencia) humilde 2) *coloq (неплодородный)* árido, poco fértil
худосочие *n* caquexia, discracia
худосочный *adj* caquéctico
худощавость *f* delgadez, complexión delgada
худощавый *adj* flaco, delgado (de complexión)
худшее *n* lo peor
худш|ий *adj (superlativo de плохой y худой)* el (la, lo) peor *в ~ем случае* en el peor de los casos
худышка *m/f coloq* persona flaca
хуже 1. *adj (comparativo de плохой y худой)* peor **2.** *adv (comparativo de плохо y худо)* peor *всё ~ и ~* de mal en peor
хуй *m vulg* carajo, polla
хула *f elev* blasfemia, injuria
хулиган *m* gamberro
хулиганить *impf* нахулиганить *perf vi* hacer gamberradas
хулиганка *f* gamberra
хулиганский *adj* gamberro
хулиганство *n* gamberrismo
хулиганьё *n* gamberros, golfería
хулитель *m elev* blasfemo, detractor
хулительный *adj elev obsol* injurioso, vejatorio
хулить *vt elev* injuriar, denigrar
хурал *m* jural (órgano del poder estatal en Mongolia)
хурма *f* caqui, palosanto
хутор *m* 1) *(хозяйство)* granja, caserío 2) *(селение)* jútor (aldea cosaca en Ucrania y el sur de Rusia)
хуторской *adj* de granja, de(l) jútor
хуторянин *m* granjero

Ц

цапать *impf* цапнуть *perf vt* agarrar, coger, sujetar
цапаться *impf* поцапаться *perf vi* 1) agarrarse, sujetarse 2) *coloq (ссориться)* discutir, enzarzarse, tenérselas
цапля *f* garza
цапнуть V. цапать
царапать *impf* поцарапать/царапнуть *perf vt* arañar, rascar, rayar
царапаться *impf* царапнуться *perf* 1) arañar 2) *(наносить царапины друг другу)* arañarse
царапина *f* 1) *(ранка)* arañazo, rasguño 2) *(повреждение на предмете)* rozadura, arañazo
царапнуть V. царапать
царапнуться V. царапаться
царевич *m* zarévich (hijo del zar)
царевна *f* zarevna (hija del zar)
царедворец *m obsol* cortesano, palaciego
цареубийство *n* regicidio
цареубийца *m/f* regicida
царёк *m* reyezuelo, reyecillo
царизм *m* zarismo
царить *impf vi* 1) reinar 2) *(господствовать)* reinar, imperar
царица *f* 1) zarina 2) *(лидерша)* reina
царский *adj* del zar, zarista, real
царственный *adj* 1) *hist* del zar, regio, real 2) *(величавый)* regio, majestuoso
царство *n* reinado, reino
царствование *n* reinado
царствовать *impf vi* reinar
цар|ь *m* zar, rey ◆ **~ь небесный** el rey de los cielos **без ~я в голове** tiene pocas luces, tonto de capirote
цаца *f coloq desp* fantasma, fanfarr|ón, -ona
цацкаться *impf vi* (**с кем-л**) *coloq* andarse con miramientos (con alg)
цвести *impf vi* 1) florecer, dar flor 2) *fig* florecer, prosperar
цвет[1] *m (окраска)* color
цвет[2] *m (растение)* flor
цветастый *adj* de flores, floreado
цветение *n* floración
цветик *m obsol dimin-afect* V. цветок
цветистый *adj* florido, floreado
цветковый *adj bot* antofita
цветник *m* parterre (de flores)
цветн|ой *adj* 1) *(имеющий какой-н. цвет)* de color, de colores, en color 2) *(о людях)* de color ◆ **~ая капуста** coliflor **~ые металлы** metales no ferrosos
цветовод *m* floricultor
цветоводство *n* floricultura
цветов|ой *adj* de color(es) *~ая гамма* gama de colores
цвет|ок (*pl* -ы, -ки) *m* flor, planta
цветоножка *f bot* pedúnculo
цветоносный *adj bot* florífero
цветочек *m dimin* florecita, florecilla
цветочница *f* florista
цветочный *adj* floral, de flores ~ *магазин* floristería, florería
цветущий *adj* floreciente, saludable
цедилка *f coloq* colador, coladero
цедить *impf vt* 1) colar, filtrar 2) *(пить)* beber (lentamente)
цедиться *impf vi* colarse, filtrarse
цедра *f* cáscara de cítrico
цеженый *adj coloq* filtrado, colado
цезура *f lit* cesura
цейтнот *m ajed* falta de tiempo
цейхгауз *m mil* almacén, bodega
целебный *adj* curativo, saludable
целевой *adj* con un objetivo especial
целенаправленность *f* orientación hacia un objetivo, claridad de objetivo
целенаправленный *adj* orientado hacia un objetivo, determinado
целесообразно *adv* oportunamente, racionalmente, útilmente
целесообразность *f* oportunidad, utilidad, racionalidad
целесообразный *adj* oportuno, racional, útil
целеустремлённость *f* orientación hacia un objetivo, claridad de objetivos
целеустремлённый *adj* orientado hacia un objetivo, concentrado en conseguir un objetivo
целибат *m relig* celibato
целиком *adv* enteramente, completamente, íntegramente, por completo
целина *f* tierra virgen
целинник *m* trabajador de tierras vírgenes
целинный *adj* de las tierras vírgenes
целитель, -ница *m/f* curador, -a, curander|o, -a
целительный *adj* V. целебный
целить *impf vi* V. целиться
целить *impf vt obsol* curar
целиться *impf* нацелиться *perf vi* 1) (**в кого/что-л**) apuntar 2) *(примериваться)* apuntar, tener en el punto de mira
целковый *m hist* rublo
целлофан *m* celofán
целлофановый *adj* de celofán
целлулоид *m* celuloide
целлулоидный *adj* de celuloide
целлюлоза *f* celulosa
целлюлозный *adj* de celulosa
целовальник *m* 1) *hist* recaudador de impuestos (de la Rusia de los siglos XV-XVIII) 2) *obsol* tabernero, bodeguero
целование *n* beso, acción de besar
целовать *impf* поцеловать *perf vt* besar, dar besos
целоваться *impf* поцеловаться *perf* besarse
целое *n* todo, conjunto
целомудренно *adv* castamente, con castidad
целомудренность *f elev* castidad, pudor
целомудренный *adj* casto, pudoroso

целомудрие *n* castidad
целостность *f* integridad
целостный *adj* íntegro, acabado
целост|ь *f* integridad ◆ **в ~и и сохранности** sano y salvo
цел|ый *adj* 1) *(весь, полный)* entero, todo, íntegro *~ый день* todo el día 2) *(значительный, большой)* todo, verdadero *~ая история* toda una historia 3) *(неповреждённый)* entero, intacto
цел|ь *f* 1) *(то, к чему стремятся)* fin, finalidad, objetivo, meta, objeto *с ~ью* con el fin de; *добиться ~и* alcanzar un objetivo 2) *(мишень)* objetivo, blanco *попасть в ~ь* dar en el blanco
цельнокроеный *adj* de una sola pieza, enterizo
цельнометаллический *adj tecn* hecho enteramente de metal, todo de metal
цельность *f* integridad
цельн|ый *adj* 1) *(единый)* íntegro, uno 2) *(неразбавленный)* entero 3) *(о человеке)* íntegro
Цельси|й *m* : по Цельсию centígrado
цемент *m* cemento
цементация *f* 1) cementación, inyección de cemento 2) *geol* consolidación
цементировать *impf* зацементировать *perf vt* cementar
цементный *adj* de(l) cemento
цен|а *f* 1) precio, coste *по низкой ~е* a bajo precio 2) *(ценность)* precio, valor *любой ~ой* a cualquier precio ◆ **~ы нет** no tiene precio **быть в ~е** ser valorado, tener un precio alto
ценз *m* censo
цензовый *adj* del censo
цензор *m* censor
цензорский *adj* de(l) censor
цензура *f* censura
цензурный *adj* de (la) censura
цензуровать *biasp vt* censurar
ценитель *m* conocedor, apreciador
ценить *impf vt* 1) *(определять цену)* valorar, tasar, evaluar 2) *(дорожить)* valorar, apreciar, estimar
цениться *impf vi* valer, tener valor
ценник *m* etiqueta con el precio
ценностный *adj* de valores
ценность *f* valor, valía
ценный *adj* valioso, de valor
ценообразование *n* formación de precios, política de precios
цент *m* céntimo, centavo
центавр *m mitol* centauro
центнер *m* quintal métrico
центр *m* centro *торговый ~* centro comercial; *~ города* centro de la ciudad
централ *m hist* prisión central (en la Rusia zarista)
централизация *f* centralización
централизм *m* centralismo
централизованный *adj* centralizado
централизовать *biasp vt* centralizar
централка *f caza* escopeta de caza de carga central
централльность *f* centralidad
центральный *adj* central
центризм *m pol* centrismo
центрировать *biasp vt tecn* centrar
центрист *m pol* centrista
центристский *adj pol* centrista
центрифуга *f* centrifugadora
центробежн|ый *adj* centrífugo *~ая сила* fuerza centrífuga
центровать *biasp vt tecn* centrar
центровой **1.** *adj* de(l) centro **2.** *m sport* pívot, center
центростремительн|ый *adj* centrípeto *~ая сила* fuerza centrípeta
цеп *m* mayal, trillo de mano
цепенеть *impf* оцепенеть *perf vi* quedarse yerto, aterirse
цепкий *adj* 1) prensil, tenaz 2) *(упорный)* tenaz
цепко *adv* con tenacidad
цепкость *f* tenacidad
цепкохвостые *pl zool* cébidos
цеплять *impf vt coloq* agarrar, enganchar
цепляться *impf vi* 1) **(за кого/что-л)** agarrarse (a alg o u/c), pegarse (a alg o u/c) 2) **(к кому/чему-л)** *(придираться)* meterse (con alg o u/c)
цепн|ой *adj* 1) de cadena(s) 2) *(привязанный на цепь)* de presa ◆ **~ая реакция** *fís* reacción en cadena
цепочка *f* 1) cadena, cadenita 2) *(ряд)* fila, hilera, cadena
цепочкой *adv* en cadena, en fila india
цепь *f* 1) cadena 2) *(ряд, вереница)* cadena, fila, línea 3) *tecn* circuito
цепью *adv* en cadena, en fila india
цербер *m* cancerbero
церебральный *adj anat* cerebral
церемониал *m* ceremonial
церемониальный *adj* ceremonial
церемониймейстер *m* maestro de ceremonias
церемониться *impf vi* andar con miramientos, hacer ceremonias
церемония *f* 1) ceremonia 2) *coloq (принужденность)* ceremonias, miramientos
церемонный *adj* ceremonioso
церквушка *f dimin* iglesia pequeña
церковник *m* clérigo, eclesiástico
церковнославянский *adj* eslavo eclesiástico *~ язык* eslavo eclesiástico, lengua eslava eclesiástica
церковн|ый *adj* eclesiástico, de iglesia ◆ **беден, как ~ая мышь** más pobre que una rata
церковь *f* iglesia *православная ~* iglesia ortodoxa
цесаревич *m hist* tsesarévich (príncipe heredero en la Rusia zarista)
цесаревна *f* tsesarevna (esposa del tsesarévich)
цесарка *f* pintada (ave)
цех *m* taller
цеховой *adj* de(l) taller
циан *m quím* cianógeno
цианистый *adj quím* ciánico
цианоз *m med* cianosis
цивилизатор *m* civilizador
цивилизаторский *adj* civilizador
цивилизация *f* civilización
цивилизованность *f* civilización (cualidad de civilizado)
цивилизованный *adj* civilizado
цивилизовать *biasp vt* civilizar
цивилизоваться *biasp* civilizarse

цивильный *adj* civil, de calle
цигарка *f coloq* cigarrillo de papel ordinario
цигейка *f* piel de cordero, moutón
цидулька *f coloq* esquela (papel con una anotación)
цикада *f* cigarra
цикл *m* ciclo
цикламен *m bot* ciclamino
циклевать *impf* отциклевать *perf vt* lijar, raspar
циклёвщик *m* lijador
циклизация *f* ciclización
циклический *adj* cíclico
цикличность *f* carácter cíclico
цикличный *adj* cíclico
циклон *m meteo* ciclón
циклонический *adj meteo* V. циклонный
циклонный *adj meteo* ciclónico
циклоп *m mitol* cíclope
циклопический *adj elev* ciclópeo, ciclópico
циклотрон *m fís* ciclotrón
циклотронный *adj fís* ciclotrónico
цикорий *m* achicoria
цикута *f* cicuta
цилиндр *m* cilindro
цилиндрический *adj* cilíndrico
цимбалист *m* tocador de címbalo
цимбалы (*gen* цимбал) *fpl mús* címbalo
цинга *f med* escorbuto
цинизм *m* cinismo
циник *m* cínico
цинический *adj* V. циничный
цинично *adv* cínicamente, con cinismo
циничность *f* cinismo
циничный *adj* cínico
цинк *m* zinc, cinc
цинковый *adj* de zinc
цинкография *f impr* cincografía
циновка *f* estera
цирк *m* circo
циркач *m* artista circense
цирковой *adj* circense, de circo
циркулировать *impf vi* circular
циркуль *m* compás
циркульный *adj* 1) de compás 2) *(о форме)* circular
циркуляр *m* circular
циркулярный *adj* circular
циркуляционный *adj med* circulatorio
циркуляция *f med* circulación
цирроз *m med* cirrosis
цирюльник *m obsol* barbero
цистерна *f* cisterna, tanque
цистит *m med* cistitis
цитадель *f* ciudadela
цитат|а *f* cita *приводить ~у* citar
цитатный *adj* de cita(s)
цитация *f* citación
цитирование *n* cita, citación
цитировать *impf* процитировать *perf vt* citar
цитология *f biol* citología
цитра *f mús* cítara
цитрусовые *pl* cítricos
цитрусовый *adj* cítrico
цитрус|ы (*gen* -ов) *mpl* cítricos
циферблат *m* esfera (de un reloj)
цифирь *f obsol* cálculo, aritmética
цифра *f* cifra, número
цифровой *adj* 1) numérico 2) *tecn* digital
цоканье *n (звук)* taca-taca, chacoloteo
цокать *impf* цокнуть *perf vi* sonar con golpes secos, chacolotear
цокнуть V. цокать
цоколь *m* zócalo (de un edificio)
цокольный *adj* del zócalo
цокот *m* chacoloteo, taca-taca
цокотать *impf vi coloq* chacolotear, hacer taca-taca
цуг *m (упряжка)* reata
цукат *m* fruta (corteza) confitada
цунами *n inv* tsunami
цуцик *m coloq afect* V. щенок
цыган, -ка *m/f* gitan|o, -a
цыганский *adj* gitano
цыкать *impf* цыкнуть *perf vi* **(на кого-л)** *coloq* hacer callar (a alg), decir «chitón» (a alg)
цыкнуть V. цыкать
цыпка *f vulg* gallina, pollo
цып|ки (*gen* -ок) *fpl* costras
цыпл|ёнок (*pl* -ята) *m* pollo, pollito
цыплячий *adj* de (los) pollito(s)
цыпоч|ки (*gen* -ек) *fpl* : идти на ~ах ir de puntillas
цып-цып *interj* titas, titas
цыц *interj vulg* ¡chitón!, ¡a callar!

Ч

чабан *m* pastor, ovejero
чабрец *m* tomillo
чавкать *impf vi* comer chascando
чавыча *f* salmón real
чад *m* olor a quemado, humo
чадить *impf vi* despedir olor a quemado, humear
чадный *adj* 1) con olor a quemado, lleno de humo 2) *(помрачённый)* embriagado, aturdido
чадо *n obsol* hijo, hija
чадолюбивый *adj obsol* padrazo, madraza
чадра *f* chador
чаевод *m* cultivador de té
чаеводство *n* cultivo de té
чаевые *pl* propina
чаепитие *n* té (ritual, acción de tomar el té)
чаёвни|к, -ца *m/f coloq* amante del té, aficionad|o, -a a tomar té
чаёвничать *impf vi coloq* tomar té, pasar el tiempo tomando té
чаинка *f* trocito de un hoja de té seca
чай[1] **1.** *partíc vulg* a pesar de todo, sin duda **2.** *con vulg* al parecer, probablemente
чай[2] *m* 1) té *пить ~* beber (tomar) té 2) *(чаепитие)* té ♦ **дать на ~** dar propina
чайка *f* gaviota
чайная *f* salón de té
чайнворд *m* palabras encadenadas (juego)
чайник *m* tetera
чайн|ый *adj* de te, para el té ♦ **через час по ~ой ложке** muy despacio, con cuentagotas
чайхана *f* chaijaná (salón de té del Asia Central)
чалить *impf vt* amarrar (una embarcación)
чалма *f* turbante
чалый 1. *adj (о масти лошадей)* rucio **2.** *m* caballo rucio
чан *m* cuba, tina
чапать *impf vi vulg* andar, caminar
чара *f obsol* copa
чардаш *m* czarda (danza popular húngara)
чарка *f obsol* copa
чарльстон *m danz* charlestón
чаровать *impf vt elev* encantar, hechizar
чародей, -ка *m/f elev* mag|o, -a, encantador, -a, hechicer|o, -a
чародейство *n elev* hechicería, magia
чартер *m* vuelo chárter
чартерный *adj* chárter *~ рейс* vuelo chárter
чары (*gen* чар) *fpl elev* magia, hechizo
час *m* hora *который ~?* ¿qué hora es?; *в котором ~у?* ¿a qué hora?; *сейчас три ~а* son las tres; *в десять ~ов* a las diez ♦ **комендантский ~** toque de queda **~ пик** hora punta **в добрый ~!** ¡suerte! **с ~у на час** de un momento a otro **через ~ по чайной ложке** muy despacio, con cuentagotas **~ от ~у не легче** cada vez peor, va de mal en peor
часики *mpl coloq dimin. de* часы
часовенка *f dimin. de* часовня
часовня *f* capilla, oratorio
часовой[1] *adj* 1) *(равный часу)* de una hora 2) *(имеющий отношение к часу)* horario *~ пояс* huso horario 3) *(назначенный на час дня или ночи)* de la una
часовой[2] *adj (относящийся к часам)* de(l) reloj
часовой[3] *m* centinela
часовщик *m* relojero
часок *m dimin. de* час
часом *adv* 1) *coloq (иногда, порой)* a veces, de vez en cuando 2) *(между прочим)* entre otras cosas, de paso
часослов *m relig* libro de horas
частенько *adv coloq* a menudo, frecuentemente
частик *m* 1) *(невод)* red tupida 2) *(рыба)* pescado cogido con red tupida
частить *impf vi* 1) *coloq (делать часто)* hacer a menudo 2) *coloq (часто посещать кого-л.)* visitar con frecuencia
частица *f* partícula
частичка *f dimin. de* частица
частично *adv* en parte, parcialmente
частичный *adj* parcial
частник *m coloq* comerciante privado
частновладельческий *adj* privado, de (la) propiedad privada
частное *n mat* cociente
частнопрактикующий *adj* que se dedica a la práctica privada
частнособственнический *adj* de la propiedad privada
частност|ь *f* 1) *(единичность)* particularidad 2) *(подробность)* detalle, pormenor ♦ **в ~и** en particular, particularmente
частный *adj* 1) particular, privado 2) *(личный)* privado 3) *(отдельный)* particular, especial
часто *adv* 1) a menudo, con frecuencia, frecuentemente 2) *(плотно)* cerca, poco espaciadamente **частокол** *m* empalizada, estacada
частота *f* frecuencia
частотность *f* frecuencia
частотный *adj* de frecuencia
частушка *f* chastushka (copla popular rusa humorística)
частый *adj* 1) asiduo, frecuente 2) *(о звуках)* rápido, acelerado 3) *(плотный)* espeso, denso, tupido
част|ь *f* 1) parte *большая ~ь* la mayor parte; *составная ~ь* parte integrante; *неотъемлемая ~ь* parte inalienable; *по ~ям* por partes 2) *(механизма и т.п.)* elemento, pieza 3) *(отдел)* departamento, sección 4) *(область деятельности)* ámbito, rama, esfera 5) *mil* unidad ♦ **~и речи** *ling* partes del discurso **рвать на ~и** *coloq* atosigar, no dejar en paz
частью *adv* en parte, parcialmente
час|ы (*gen* -ов) *mpl* reloj *ручные ~ы* reloj de pulsera; *солнечные ~ы* reloj de sol; *~ы бьют одиннадцать* dan las once

чахлый *adj* 1) *(о растениях)* marchito 2) *(хилый)* endeble, canijo
чахнуть *impf* зачахнуть *perf vi* 1) *(о растениях)* marchitarse 2) *(слабеть)* debilitarse, languidecer
чахотка *f obsol* tisis
чахоточный *adj* tísico, hético
ча-ча-ча *m indecl danz* cha-cha-chá
чаша *f* 1) taza, copa, cáliz 2) *(округлый сосуд)* plato ◆ **у них дом - полная** ~ nadan en la abundancia
чашечка *f* 1) *dimin. de* чашка 2) *bot* cáliz 3) *anat* rótula
чашка *f* 1) taza 2) *(весов)* plato, platillo
чаща *f* espesura, fragosidad
чащоба *f coloq* V. чаща
чаяние *n* esperanza, aspiración
чаять *impf vt coloq* esperar, aguardar ◆ **души не ~ в ком-л** amar con locura
чваниться *impf vi* ufanarse, presumir
чванливость *f* ufanía, presuntuosidad
чванливый *adj* ufano, presumido
чванно *adv* arrogantemente, altivamente
чванный *adj* arrogante, altanero
чванство *n* arrogancia, altanería
чебурахнуть *perf vt vulg* lanzar o golpear ruidosamente
чебурек *m* cheburek (pastelillo frito relleno de carne)
чебуречная *f* establecimiento donde se sirven chebureks
чего **1.** *adv coloq* por qué, para qué ~ *я туда пойду?* ¿para qué voy a ir allí? **2.** *pron interr coloq* qué ~ *ты сказал?* ¿qué has dicho?
чей, чья, чьё, чьи **1.** *pron interr* ¿de quién? *чья это книга?* ¿de quién es este libro? **2.** *pron rel* cuyo, de quién *я не знаю, чьё это пальто* no sé de quién es este abrigo
чей-либо *pron* de cualquiera, de alguien
чей-нибудь *pron* de alguien
чей-то *pron* de alguien
чек *m* 1) *(банковский)* cheque, talón ~ *на предъявителя* cheque al portador 2) *(кассовый)* ticket, tique, comprobante
чека *f (стержень)* clavija, chaveta
чекан *m* 1) *(штамп)* punzón, acuñadora 2) *(инструмент для чеканки)* cincel
чеканить *impf* вычеканить (1)/расчеканить (2) *perf vt* 1) acuñar, cincelar 2) *(наносить рисунок)* grabar
чеканка *f* 1) *(действие)* acuñación, cincelado 2) *(рисунок)* dibujo, grabado
чеканно *adv* claramente
чеканный *adj* 1) de (para) acuñar (cincelar) 2) *(с чеканкой)* acuñado, cincelado
чеканщик *m* cincelador
чекист *m hist* chequista (miembro de la Checa, primera policía secreta de la URSS)
чекистский *adj hist* de la Comisión Extraordinaria (de la Checa)
чекмень *m* chekmén (especie de caftán de paño)
чековый *adj* de cheques
чекушка *f vulg* V. четвертинка 2
челнок *m* 1) V. чёлн 2) *(ткацкий)* lanzadera (de una máquina de coser)
чело *n* 1) *obsol poét* frente 2) *tecn* boca (del horno)
челобитная *f hist* petición, solicitud
челобитчик *m hist* peticionario, solicitante
челобитье *n hist* reverencia (hasta tocar el suelo con la frente)
человек (*pl люди*) *m* hombre (como especie), persona *взрослый* ~ adulto; *молодой* ~ joven; *пожилой* ~ persona mayor
человеко-день *m econ* jornada trabajada por un hombre
человеколюбивый *adj elev* filantrópico, humanitario
человеколюбие *n elev* filantropía, humanitarismo
человеконенавистник *m elev* misántropo
человеконенавистнический *adj elev* misantrópico
человекообразный *adj* antropomorfo, antropoideo, antropoide
человекоподобный *adj* antropomorfo, antropoideo, antropoide
человеко-час *m econ* hora trabajada por un hombre
человечек *m dimin-afect* hombrecillo, personita
человеческий *adj* humano ~ *род* el género humano
человечество *n* humanidad
человечий *adj coloq* humano, del hombre
человечина[1] *f (мясо человека)* carne humana
человечина[2] *m/f coloq (человек)* persona
человечность *f* humanitarismo, humanidad
человечный *adj* humanitario, humano
челюстной *adj* maxilar, de la mandíbula
челюсть *f* 1) mandíbula, maxilar, quijada 2) *(зубной протез)* dentadura
челядь *f* 1) servidumbre, lacayos 2) *desp (те, кто угодничают перед кем-либо)* lacayos
чем *conj* 1) que *эта машина лучше, ~ та* este coche es mejor que aquél 2) más, cuanto más, cuanto ~ *раньше, тем лучше* cuanto antes mejor; ~ *больше, тем лучше* cuanto más mejor
чемодан *m* maleta, valija
чемоданчик *m dimin. de* чемодан
чемпион *m* campeón
чемпионат *m* campeonato
чемпионка *f* campeona
чемпионский *adj* de campeón
чемпионство *n* condición de campeón
чепе *n inv coloq* acontecimiento extraordinario (excepcional)
чепец *m* cofia
чепрак *m (под седло)* telliz
чепуха *f coloq* disparate, tontería
чепуховина *f vulg* V. чепуха
чепуховый *adj vulg* absurdo
чепчик *m* 1) *dimin. de* чепец 2) *(детский)* gorro de niño
червеобразный *adj* vermicular, vermiforme
черв|и (*gen -ей*) *mpl cart* corazones
червиветь *impf* зачервиветь/очервиветь *perf vi* agusanarse, llenarse de gusanos
червивый *adj* agusanado, con gusanos
червлёный *adj obsol* rojo oscuro
червонец *m* 1) *hist* chervónets (rublo de oro o diez rublos de papel moneda) 2) *coloq* diez rublos
червонный[1] *adj obsol (красный)* rojo, carmesí

червонный[2] *adj cart* de corazones
червоточина *f* carcoma
червь *m* gusano *шелковичный* ~ gusano de seda
червяк *m* gusano
червяч|ок *m dimin. de* червяк ◆ **заморить ~ка** matar el gusanillo
чердак *m* buhardilla, desván
чердачный *adj* de(l) desván, de (la) buhardilla
черевики (*gen* -ов) *mpl* botines (en Ucrania)
черeда *f* 1) *(вереница)* cola, hilera 2) *(чередование)* alternancia
чередование *n* 1) alternancia, rotación 2) *ling* alternancia, permutación
чередовать *impf vt* alternar, rotar
чередоваться *impf vi* 1) alternarse, turnarse 2) *ling* alternarse, permutarse
чередом *adv* como es debido, debidamente
через *prep* 1) **(кого/что-л.)** *(поверх чего-л.)* por encima (de) (de alg o u/c), sobre (alg o u/c) *прыгнуть через барьер* saltar por encima de la barrera 2) **(что-л)** *(сквозь, с одного конца до другого)* por (u/c), a través (de u/c) *лететь ~ Москву* volar a través de Moscú 3) **(что-л)** *(на расстоянии)* a (u/c), a una distancia (de u/c), dentro (de u/c), al cabo (de u/c) ~ *десять километров* a diez kilómetros 4) **(что-л)** *(по прошествии какого-либо времени)* dentro (de u/c), al cabo (de u/c) ~ *три часа* dentro de tres horas 5) **(кого/что-л.)** *(посредством)* a través (de alg o u/c), por medio (de alg o u/c), con ayuda (de alg o u/c) *узнать ~ знакомого* enterarse por un conocido ◆ ~ **силу** por la fuerza
черезо V. через
черемша *f* cebolla silvestre, ajo de oso
черенковать *impf* отчеренковать *perf vt bot* injertar, plantar esquejes
черенок *m* 1) *(рукоятка)* mango 2) *bot* injerto, esqueje, vástago
череп *m* calavera, cráneo
черепаха *f* tortuga, galápago ◆ **как** ~ como una tortuga
черепаш|ий *adj* de tortuga ◆ **~ьим шагом** a paso de tortuga
черепашка *f* 1) *dimin. de* черепаха 2) *(насекомое)* chinche de campo
черепица *f* teja
черепичный *adj* de tejas
черепной *adj* craneal, del cráneo
черепок *m* casco
черепушка *f vulg* escudilla, cuenco
чересполосица *f* enclavado
чересседельник *m* sufra
чересчур *adv* demasiado, con exceso *это уже ~!* ¡esto ya es demasiado!
черешня *f* 1) cereza 2) *(дерево)* cerezo
черешок *m bot* pedúnculo
черёд *m* turno, vez *теперь наш черёд* ahora es nuestro turno ◆ **идти своим чередом** ir según el curso normal
черёмуха *f* cerezo aliso, cerezo de racimos
черкать *impf* черкнуть *perf vt* 1) *coloq (проводить черту)* rayar, marcar 2) *coloq (рисовать или писать)* escribir (un poco, unas líneas)
черкес *m* circasiano
черкеска *f* cherkeska (especie de caftán largo de los caucasianos y los cosacos)
черкесский *adj* circasiano
черкешенка *f* circasiana
черкнуть V. черкать
чернеть *impf* почернеть *perf vi* 1) ennegrecer 2) *(виднеться)* negrear, destacarse en negro
чернеться *impf vi* V. чернеть 2
чернец *m obsol* monje
чернённый *adj* nielado, ennegrecido
черника *f* arándano, mirtilo
чернила (*gen* чернил) *npl* tinta
чернильница *f* tintero
чернильн|ый *adj* de tinta ◆ **~ая душа** chupatintas
чернить *impf* зачернить (1)/очернить (2) *perf vt* 1) ennegrecer, pintar de negro 2) *(порочить)* denigrar, manchar
черничник *m* arandanedo
черно-белый *adj* en blanco y negro
чернобровый *adj* cejinegro, de cejas negras
чернобурка *f coloq* zorro plateado
черно-бур|ый *adj* : ~ая лисица zorro plateado
черновик *m* borrador
черновой *adj* en borrador, preliminar
черноволосый *adj* de pelo negro
черноглазый *adj* de ojos negros, ojinegro
черноголовый *adj* moreno, de pelo negro
черногор|ец, -ка *m/f* montenegrin|o, -a
черногорский *adj* montenegrino
чернозём *m* tierra negra
чернозёмный *adj* de tierra(s) negra(s)
чернокнижие *n obsol* nigromancia
чернокнижник *m obsol* nigromante
чернокожий 1. *adj* negro, de piel negra **2.** *m* negro
чернолесье *n* bosque foliáceo
черномазый *adj coloq desp* negro, moreno
черноморец *m* hombre procedente del Mar Negro
черноморский *adj* del Mar Megro
черноплодн|ый *adj* : ~ая рябина aronia melanocarpa
чернорабочий *m* peón, bracero
чернорубашечник *m hist* camisa negra (fascista italiano)
чернослив *m* ciruela pasa
черносотенец *m hist* miembro de las Centurias Negras (facción ultrarreaccionaria en la Rusia zarista)
черносотенный *adj hist* de las Centurias Negras, ultrarreaccionario
чернота *f* 1) negrura, negror 2) *(тьма)* tinieblas, oscuridad
чернушка *f coloq* nigella
чернь[1] *f* 1) *(на металле)* niel, anielado 2) *elev (чернота)* negrura
чернь[2] *f obsol desp (простонародье)* populacho, plebe
чернявый *adj vulg* de cabello negro o castaño
черпак *m* cucharón
черпалка *f coloq* acetre
черпать *impf* черпнуть *perf vt* sacar
черпнуть V. черпать
черстветь *impf* зачерстветь/почерстветь *perf vi* 1) secarse, ponerse seco 2) *(становиться бездушным)* volverse insensible

черт|а *f* 1) línea, rasgo, raya *провести ~у* trazar una línea 2) *(граница, предел)* límite, linde 3) *(свойство)* rasgo *~ы характера* rasgos del carácter ◆ **в общих ~ах** a grandes rasgos
чертёж *m* dibujo, diseño, plano, croquis
чертёжник *m* delineante
чертёжный *adj* de dibujo
чертёнок *m coloq* diablillo
чертить *impf* начертить *perf vt* dibujar, diseñar, trazar
чертовка *f vulg* diablesa, diabla, diablilla
чертовня *f vulg* V. чертовщина
чертовски *adv vulg* endiabladamente, extraordinariamente
чертовский *adj vulg* de mil demonios, extraordinario, endiablado
чертовщина *f coloq* diablura, brujería *что за ~?* ¿qué diablos es esto?
чертог *m obsol poét* aposento, cubículo
чертополох *m* cardo, cardencha
чертыхаться *impf* чертыхнуться *perf vi coloq* jurar, maldecir (mencionando al diablo)
чертыхнуться V. чертыхаться
черчение *n* 1) *(действие)* delinación 2) *(предмет обучения)* dibujo lineal, dibujo técnico
чесалка *f* carda, cardencho
чесать *impf* почесать *perf vt* 1) rascar 2) *(ткань)* peinar, rastrillar, cardar 3) *coloq (волосы)* peinar ◆ ~ **языком** darle a la lengua
чесаться *impf* почесаться *perf* 1) rascarse 2) *(об ощущении)* picar *у меня чешется спина* me pica la espalda ◆ **у него язык чешется** se le va la lengua, quiere soltar una cosa
чеснок *m* ajo
чесночный *adj* de ajo
чесотка *f* 1) *(болезнь)* sarna 2) *(зуд)* comezón, picazón
чествование *n* homenaje
чествовать *impf vt* homenajear, rendir homenaje (a alg)
честить *impf vt coloq* injuriar, insultar
честно *adv* honradamente, francamente
честн|ой *adj* honorable, respetable ◆ **мать ~ая!** ¡madre mía!
честность *f* honestidad, honradez
честн|ый *adj* honrado, honesto, probo ◆ **~ое слово** palabra de honor
честолюбец *m* ambicioso
честолюбивый *adj* ambicioso
честолюбие *n* ambición
чест|ь *f* honor, honra *в ~ь кого/чего-л.* en honor de alg o u/c; *дело ~и* cuestión de honor ◆ **ваша ~ь** *jur* su señoría **отдать ~ь** hacer el saludo militar
чесуча *f textl* tus(s)or
чета *f* pareja
четверг *m* jueves *в ~* el jueves
четвереньк|и *fpl* : на ~ах a gatas, a cuatro patas
четверик *m* chetverik (medida de capacidad de 26,239 litros)
четверной *adj* cuádruple, cuádruplo
четверня *f coloq (упряжка)* tiro de cuatro caballos
четверо *num col* cuatro *нас было ~* éramos cuatro
четвероклассник *m* alumno de cuarto grado
четвероногий *adj* cuadrúpedo
четвероногое *n* cuadrúpedo
четверостишие *n lit* cuarteto
четвертак *m obsol* moneda de veinticinco kópeks
четвертина *f* cuarto, cuarta parte
четвертинка *f coloq* V. четвертина
четвертичный *adj geol* cuaternario
четвертной *adj* trimestral
четвертовать *biasp* descuartizar
четвертушка *f coloq* cuarto
четверть *f* cuarto, cuarta parte ~ *часа* un cuarto de hora
четвертьфинал *m sport* cuartos de final
четвёрка *f* 1) *(цифра)* cuatro 2) *(отметка)* notable, cuatro
четвёрочник *m coloq* buen alumno (que saca la nota "4", notable)
четвёртая *f* cuarto, cuarta parte
четвёрт|ый *adj* cuarto *~ое апреля* el cuatro de abril
четыре *num* cuatro ~ *человека* cuatro personas
четырежды *adv* cuatro veces
четыреста *num* cuatrocientos
четырёхгодичный *adj* de cuatro años
четырёхкратный *adj* cuádruple, cuádruplo, cuatro veces
четырёхлетие *n* 1) *(срок)* cuadrienio 2) *(годовщина)* cuarto aniversario
четырёхлетний *adj* de cuatro años
четырёхсотлетие *n* cuatrocientos años
четырёхсотлетний *adj* de cuatrocientos años
четырёхтактный *adj mús tecn* de cuatro tiempos
четырёхтысячный *adj* de cuatro mil
четырёхугольник *m geom* cuadrilátero, tetrágono, cuadrángulo
четырёхугольный *adj* cuadrangular, cuadrado
четырёхчасовой *adj* de cuatro horas, de las cuatro horas
четырнадцатый *num* décimocuarto, catorce
четырнадцать *num* catorce
чех *m* checo
чехарда *f* 1) *(игра)* saltacabrilla 2) *coloq (частые изменения)* cambios, vaivenes
чехлить *impf* зачехлить *perf vt* guardar, enfundar
чехол *m* funda, cubierta
чечевица *f* lenteja
чечевичный *adj* de lentejas
чечен|ец, -ка *m/f* chechen|o, -a
чеченский *adj* checheno
чечет *m (самец чечётки)* pinzón (macho)
чечётка[1] *f (птица)* pinzón
чечётка[2] *f (танец)* zapateado, taconeo
чешка *f* checa
чеш|ки (*gen* -ек) *fpl (гимнастические тапочки)* zapatillas chinas
чешский *adj* checo
чешуйка *f* escama
чешуйчатый *adj* escamoso, cubierto de escamas
чешуя *f* escamas
чёлка *f* flequillo
чёлн *m* canoa
чёрно-белый *adj* (en) blanco y negro
чёрн|ый **1.** *adj* 1) negro *~ый хлеб* pan negro; *~ый кофе* café solo 2) *(мрачный)* sombrío, oscuro, tenebroso 3) *(злостный)* malévolo,

malvado, oscuro 4) *(служебный)* de servicio *~ый ход* entrada de servicio 5) *(о труде)* no cualificado 6) *(темнокожий)* negro **2.** *m (темнокожий)* negro ◆ **на ~ый день** para los malos tiempos **написанно ~ым по белому** *coloq* está dicho bien claro **~ый рынок** mercado negro **~ый список** lista negra **~ая сотня** *hist* centuria negra (extrema derecha rusa anterior a la revolución bolchevique) **видеть всё в ~ом свете** verlo todo de color negro
чёрствость *f (сухость)* dureza, insensibilidad
чёрствый *adj* 1) *(о хлебе)* seco, duro 2) *(бездушный)* duro, insensible
чёрт *m* diablo, demonio ◆ **иди к ~у** *vulg* ¡vete al diablo! **~ возьми (побери)!** *vulg* ¡caramba!, ¡diablo! **что за ~!** *vulg* ¡qué demonios!, ¡qué diablos! **~ его знает** *vulg* el diablo lo sabe, vete a saber **чем ~ не шутит** *coloq* no se sabe lo que puede ocurrir (habitualmente sobre algo bueno) **у ~а на куличках (на рогах)** *coloq* en el quinto pino, donde Cristo dio las tres voces **ни один ~** *vulg* ni el mismo demonio **не так страшен ~, как его малюют** no es tan fiero el león como lo pintan
чёртик *m coloq* diablillo
чёртов *adj vulg* del diablo, diabólico, diablesco ◆ **~а дюжина** la docena del fraile
чёрточка *f* 1) *dimin* rayita 2) *(дефис)* guión
чёсаный *adj* cardado, rastrillado
чёт *m coloq* par *чёт и нечет* par e impar
чёт|ки *(gen -ок) fpl relig* rosario
чёткий *adj* 1) *(точный)* preciso, exacto 2) *(ясный)* claro, nítido
чёткость *f* 1) *(точность)* precisión 2) *(ясность)* claridad, nitidez
чётн|ый *adj* par *~ое число* número par
чибис *m* avefría, frailecillo
чиж *m* pardillo (pájaro)
чижик[1] *m dimin. de* чиж
чижик[2] *m (игра)* pichi, tala
чикать *impf* чикнуть *perf vi coloq* hacer tac tac (producir sonidos cortos e interrumpidos)
чикаться *impf vi coloq* remolonear, no darse prisa
чик-чирик *interj* onomatopeya del gorjeo de un pájaro
чин *m* grado, rango, categoría
чинара *f (дерево)* plátano oriental
чинёный *adj coloq* reparado, usado
чинить[1] *impf* починить *perf vt (исправлять)* arreglar, reparar
чинить[2] *impf* очинить *perf vt (делать острым)* afilar, sacar punta
чинить[3] *impf* учинить *perf vt elev (устраивать)* causar, ocasionar *~ неприятности* causar disgustos
чиниться[1] *impf* починиться *perf vi coloq (чинить что-либо)* reparar, arreglar
чиниться[2] *impf vi obsol* andarse con ceremonias, hacerse el humilde
чинно *adv* ceremoniosamente, con solemnidad, con corrección
чинный *adj* ceremonioso, solemne, correcto
чиновник *m* 1) funcionario, oficinista 2) *(бюрократ)* burócrata
чиновничий *adj* 1) de funcionarios, administrativo 2) *(бюрократический)* burocrático
чиновный *adj* de funcionario
чинодрал *m coloq desp* burócrata, formalista
чинопочитание *n* 1) *obsol* respeto al grado 2) *(подобострастие)* servilismo
чинопроизводство *n obsol* promoción, ascenso
чинуша *m desp* burócrata, chupatintas
чип *m informát* chip
чирей *m* forúnculo, divieso
чириканье *n* gorjeo
чирикать *impf* чирикнуть *perf vi* gorjear
чирикнуть V. чирикать
чиркать *impf* чиркнуть *perf vt* 1) frotar 2) *(написать)* garabatear
чиркнуть V. чиркать
чирок *m (птица)* cerceta, trullo
численно *adv* numéricamente
численность *f* cantidad, número
численный *adj* numérico
числитель *m mat* numerador
числительное *n ling* numeral *количественное ~* numeral cardinal; *порядковое ~* numeral ordinal
числить *impf vt* contar, calcular, considerar
числиться *impf vi* figurar, estar
числ|о *n* 1) número, cantidad *чётное ~о* número par 2) *ling* número *единственное ~о* singular ; *множественное ~о* plural 3) *(дата)* fecha *какое сегодня ~о?* ¿qué fecha es hoy? ◆ **без ~а** sin número **в том ~е** incluyendo
числовой *adj* numérico
чистилище *n relig* purgatorio
чистильщи|к, -ца *m/f* limpiabotas
чистить *impf* почистить *perf vt* 1) limpiar, *(щёткой)* cepillar 2) *(фрукты и т.д.)* pelar 3) *(учреждение)* depurar
чиститься *impf* вычиститься/почиститься *perf vi* limpiarse
чистка *f* 1) limpieza 2) *(фруктов и т.д.)* peladura, monda 3) *(учреждения)* depuración
чисто 1. *adv* 1) limpiamente, con pulcritud, aseadamente 2) *(исключительно)* puramente, únicamente *~ случайно* por pura casualidad **2.** *adv pred* está limpio *в комнате ~* la habitación está limpia ◆ **~-начисто** como una patena, como los chorros del oro
чистовик *m* ejemplar en limpio
чистовой *adj* limpio, en limpio
чистоган *m vulg* dinero contante y sonante, dinero efectivo
чистокровный *adj* 1) de pura sangre 2) *coloq (настоящий)* de pura cepa, de pura cepa
чистописание *n* caligrafía
чистоплотно *adv* 1) limpiamente, con pulcritud, aseadamente 2) *(честно)* honestamente, con probidad
чистоплотность *f* 1) limpieza, aseo 2) *(честность)* honestidad, probidad
чистоплотный *adj* 1) pulcro, limpio 2) *(честный)* honesto, probo
чистоплюй *m* 1) *coloq (чистоплотный до брезгливости)* persona extremadamente limpia o escrupulosa 2) *coloq (белоручка)* señorito
чистоплюйство *n coloq* escrupulosidad, limpieza exagerada
чистопородный *adj* de pura sangre, de pura raza

чистосердечность *f* sinceridad, franqueza
чистосердечный *adj* sincero, franco
чистосортный *adj* puro, limpio
чистота *f* 1) *(отсутствие грязи)* limpieza, pureza 2) *(отсутствие примеси)* pureza
чистотел *m* celidonia mayor, hirundinaria
чист|ый *adj* 1) limpio, puro 2) *(без примеси)* puro, neto 3) *(аккуратный)* cuidadoso, esmerado 4) *(отчётливый, ясный)* claro, nítido 5) *(нравственно безупречный)* limpio, puro, cándido 6) *coloq (полный)* completo, mero, puro ◆ **~ый вес** peso neto **от ~ого сердца** de todo corazón **~ая правда** la pura verdad **принять за ~ую монету** creer a pie juntillas **вывести на ~ую воду** sacar a la luz, desenmascarar
чистюля *m/f coloq* persona limpia, escrupulosa
читалка *f coloq* sala de lectura
читальный *adj* de lectura
читальня *f* sala de lectura
читатель, -ница *m/f* lector, -a
читательский *adj* de(l) lector, de (los) lectores
читать *impf* прочитать *perf vt* 1) leer *~ вслух* leer en voz alta 2) *(декламиовать)* recitar 3) *(излагать лекции и т.д.)* pronunciar, dar
читаться *impf* leerse
читка *f* lectura, recitación
чифирь *m coloq* chifir (infusión de té muy fuerte)
чих *m coloq* estornudo (u onomatopeya de éste)
чихание *n* estornudo
чиханье *n* estornudo
чихать *impf* чихнуть *perf vi* estornudar
чихнуть V. чихать
член *m* 1) *(тела)* miembro 2) *(часть целого)* elemento, parte 3) *(организации)* miembro
членение *n* división en partes, desmembramiento
членик *m zool* segmento
членистоногие *pl zool* artrópodos
членистый *adj zool* segmentado
членить *impf* разчленить *perf vt* dividir en partes, desmembrar
члениться *impf* расчлениться *perf* desmembrarse, desarticularse
членкор *m abrev* miembro corresponsal de una academia
членовредительство *n* 1) mutilación 2) *(самому себе)* automutilación
членораздельно *adv* de forma inteligible, con buena articulación
членораздельность *f* inteligibilidad, buena articulación
членораздельный *adj* inteligible, bien articulado
членский *adj* de miembro
членство *n* pertenencia (como miembro)
чмокать *impf* чмокнуть *perf vi* 1) *(губами)* chasquear los labios 2) *coloq (целовать)* besar ruidosamente, dar un beso ruidoso
чмокаться *impf* чмокнуться *perf vi coloq* besarse ruidosamente, darse besos ruidosos
чмокнуть V. чмокать
чмокнуться V. чмокаться
чокаться *impf* чокнуться *perf vi* **(с кем-л)** brindar (con alg), hacer chocar la copa (con alg)
чокнутый *adj coloq* loco, chiflado
чокнуться[1] V. чокаться
чокнуться[2] *perf coloq* volverse loco, volverse majareta
чопорно *adv* con gravedad, afectadamente
чопорность *f* gravedad, afectación
чопорный *adj* afectado, grave, poco natural
чох *m obsol* estornudo
чохом *adv obsol vulg* todo junto, por completo
чреватый *adj* **(чем-л)** preñado (de u/c), cargado (de u/c)
чрево *n elev* vientre, entrañas
чревовещание *n* ventriloquía
чревовещатель *m* ventrílocuo
чревоугодие *n* gula, glotonería
чревоугодник *m* guloso, tragón, gastrólatra
чреда *f obsol* V. череда
чрез *prep elev* V. через
чрезвычайно *adv* extraordinariamente, sobremanera
чрезвычайность *f* carácter extraordinario
чрезвычайный *adj* extraordinario, excepcional
чрезмерно *adv* con exceso, excesivamente
чрезмерность *f* exceso, extremo, carácter desmedido
чрезмерный *adj* excesivo, desmesurado, desmedido, exorbitante
чрезо *prep elev* V. через
чресла *npl elev obsol* cintura, lomo
чтение *n* lectura
чтец *m* 1) *(читатель)* lector 2) *(артист)* recitador
чтецкий *adj* de(l) lector
чтиво *n* lectura de calidad mediocre
чтить *impf vt* respetar, venerar
что[1] **1.** *pron interr* 1) qué *~ это значит?* ¿qué significa esto?; *~ это такое?* ¿qué es esto?; *~ ты делаешь?* ¿qué estás haciendo? 2) *coloq (в значении наречия)* por qué *~ ты такой грустный?* ¿por qué estás tan triste? **2.** *pron rel* qué, lo que, lo cual *я не слышу, ~ ты говоришь* no oigo lo que dices ◆ **а ~?** ¿y qué? **к чему?** ¿por qué razón? **не к чему** no tiene ningún sentido **ни за ~** de ninguna manera, por nada del mundo **вот (оно) ~!** ¡con que así! **вот ~** pues (bien), así pues **чуть ~** a la menor cosa, a la mínima **~ ты!, ~ вы!** *(выражающее удивление)* ¡qué dices (dice Vd.)!, ¡anda!, *(возражение)* ¡qué va!, ¡que no! **ну ~ ж** *(уступительное)* bueno, pues **~ за...!** ¡vaya...! *что за шутка!* ¡vaya broma! **~ ни (на) есть** el (lo) más **~ касается** en lo que se refiere a, en cuanto a **не ~ иное, как** no es otra cosa que **я тут ни при чём** no tengo nada que ver con esto **уйти ни с чем** irse con las manos vacías **~ ли** acaso **~ так?** ¿por qué?
что[2] *conj* 1) que *говорят, ~...* dicen que...; *он не знает, ~ ты мой брат* no sabe que eres mi hermano 2) *obsol (в сравнениях)* como *сильный, ~ бык* fuerte como un toro
что[3] *partíc (при переспрашивании)* ¿cómo?, ¿qué?, ¿qué dices?
чтоб V. чтобы
чтобы 1. *conj* 1) *(выражающий повеление или желание)* que *я хочу, ~ ты знала* quiero que lo sepas; *она сказала, ~ ты принёс словарь* ha dicho que traigas el diccionario 2) *(выражающий цель)* para, para que *я коплю день-*

ги, ~ купить телевизор estoy ahorrando para comprar un televisor **2.** *partíc coloq* que, así, ojalá ~ *этого больше не было!* ¡que no vuelva a pasar! ◆ **не то, ~..., а** no es que ..., sino

что-либо *pron* algo, alguna cosa

что-нибудь *pron* algo, alguna cosa

что-то[1] *pron* algo, alguna cosa

что-то[2] *coloq adv* 1) *(почему-то)* por alguna razón, parece que *он ~ устал* parece que está cansado 2) *(приблизительно)* aproximadamente, algo así como *он написал ~ около ста страниц* escribió algo así como cien páginas

чу *interj vulg (слышишь)* ¡escucha!, ¡chis!

чуб *m* tupé

чубатый *adj coloq* con un mechón (de pelo)

чубук *m* conducto del humo (en una pipa)

чувак *m coloq* tío

чуваш, -ка *m/f* chuvash|o, -a

чувашский *adj* chuvasho

чувиха *f coloq* tía

чувственность *f* 1) *(способность воспринимать)* sensibilidad 2) *(склонность к чувственным влечениям)* sensualidad

чувственный *adj* 1) sensitivo, sensible 2) *(плотский)* sensual

чувствительно *adv* 1) sensiblemente 2) *(ощутимо)* sensiblemente, perceptiblemente

чувствительность *f* 1) sensibilidad, sensitividad 2) *(ощутимость)* sensibilidad, perceptibilidad

чувствительный *adj* 1) *(восприимчивый)* sensible, sensitivo 2) *(ощутимый)* sensible, perceptible

чувств|о *n* sentido (facultad sensorial), sentimiento, sentir *пять ~* los cinco sentidos; *~о боли* sentimiento de dolor ◆ **прийти в ~о** volver en sí, recobrar el sentido **лишиться ~** perder el sentido **шестое ~о** sexto sentido

чувствование *n obsol* sensación

чувствовать *impf* почувствовать *perf vt* 1) sentir, experimentar, intuir, padecer *~ боль* sentir (padecer) dolor; *~ себя хорошо* sentirse bien 2) *(понимать)* comprender, entender

чувствоваться *impf* sentirse, percibirse

чувяк|и (*gen* -ов) *mpl* chuviaki (calzado de piel del Caúcaso)

чугун *m* hierro fundido

чугунка *f coloq* estufa de hierro fundido

чугунный *adj* de hierro fundido

чугунолитейный *adj* de fundición de hierro

чуда|к, -чка *m/f* persona estrafalaria, lunátic|o, -a

чудаковатый *adj* (un poco) extravagante, estrafalario

чудаческий *adj* extravagante, estrafalario

чудачество *n* extravagancia, rareza

чудачить *impf vi coloq* V. чудить

чудеса V. чудо

чудесить *impf vi coloq* V. чудить

чудесник *m* mago, hechicero

чудесный *adj* 1) milagroso 2) *(чудный)* maravilloso, prodigioso

чудик *m vulg* V. чудак

чудила *m/f vulg* persona estrafalaria, tipo raro

чудинка *f coloq* : с чудинкой estrafalario, extravagante

чудить *impf* начудить *perf vi coloq* hacer extravagancias, andar con excentricidades

чудиться *impf* почудиться/причудиться *perf vi* **(кому-л)** parecer/ (a alg), aparecerse (a alg) *мне чудится* me parece, se me aparece

чудище V. чудовище

чудно **1.** *adv* de manera asombrosa, de un modo extraño **2.** *adv pred* es asombroso, es extraño

чудно **1.** *adv* maravillosamente, a las mil maravillas **2.** *adv pred* es maravilloso

чудной *adj* extraño, raro, estrambótico, estrafalario

чудный *adj* maravilloso, encantador, magnífico

чуд|о (*pl* -еса) *n* maravilla, milagro, prodigio

чудовище *n* monstruo

чудовищно *adv* monstruosamente

чудовищность *f* monstruosidad

чудовищный *adj* monstruoso

чудодей *m obsol* mago, hechicero

чудодейственно *adv elev* milagrosamente, asombrosamente

чудодейственный *adj elev* milagroso, asombroso

чудом *adv* milagrosamente, de milagro

чудотворец *m* taumaturgo, persona que hace milagros

чудотворный *adj* milagroso, taumatúrgico

чужа|к, -чка *m/f coloq* extrañ|o, -a, foraster|o, -a

чужбин|а *f* tierra extraña, país extranjero *на ~е* en el extranjero

чуждаться *impf* **(кого/чего-л)** huir (de alg o u/c), evitar, apartarse (de alg o u/c)

чуждость *f* lo extraño, lo ajeno

чуждый *adj* ajeno, extraño

чужеземец *m* forastero, extranjero

чужеземный *adj* forastero, extranjero

чужеродный *adj elev* extraño, ajeno

чужестранец *m obsol* extranjero

чужестранный *adj obsol* extranjero

чужое *n* lo ajeno

чуж|ой *adj* 1) ajeno, de otros 2) *(неродной)* extraño, ajeno ◆ **в ~их руках** en manos ajenas **за чужой счёт** a cuenta de otro, a expensas de otro

чукотский *adj* chukchi, de Chukotka

чукча, чукчанка *m/f* chukchi

чулан *m* despensa

чулок *m* media

чулочник *m* fabricante de medias

чум *m* chum (tienda de campaña de forma cónica cubierta con pieles de Siberia)

чума *f* peste

чумазый *adj coloq* sucio, mugriento

чумак *m obsol* chumak (carretero ucraniano)

чумиза *f (растение)* almorejo

чумичка *f (разливательная ложка)* cucharón

чумной *adj* de (la) peste, pestífero

чумовой *adj vulg* atontado, alelado

чуня *f (espec pl)* alpargatas de cuerda

чуприна *f* V. чуб

чур *interj coloq* alto, alto ahí

чураться *impf* **(кого/чего-л)** mantenerse alejado (de alg por u/c), huir (de alg o u/c), evitar

чурбак *m coloq* V. чурбан

чурбан *m* 1) zoquete, tajo 2) *insult (о человеке)* zoquete, zopenco

чурка *f* taco (de madera)

чуткий *adj* 1) *(о слухе, обонянии)* fino, agudo 2) *(чувствительный)* sensible 3) *(отзывчивый)* delicado, atento, sensible

чутко *adv* 1) sensiblemente 2) *(внимательно)* atentamente, solícitamente

чуткость *f* 1) *(слуха, обоняния)* fineza, agudeza 2) *(чувствительность)* sensibilidad 3) *(отзывчивость)* delicadeza, tacto

чуток *vulg* V. чуть-чуть

чуточк|а *f coloq* un poco, un poquito *ни ~и* ni pizca, ni lo más mínimo

чуть 1. *adv* 1) un poco, un poquito ~ *больше* un poco más 2) *(едва, еле)* apenas ~ *слышен голос* apenas se oye la voz **2.** *conj (как только)* tan pronto como, en cuanto ~ *кто войдёт, услышу* tan pronto como entre alguien lo oiré ◆ ~ **(ли) не** casi, apenas, por poco *я ~ не упал* por poco me caigo, estuve a punto de caerme

чутьё *n* 1) olfato 2) *(интуиция)* olfato, intuición

чуть-чуть *adv coloq* un poco, un poquito

чучело *n* 1) animal disecado 2) *(пугало)* espantapájaros, espantajo ◆ ~ **гороховое** *insult* espantajo, hazmerreír

чушка *f* cerdito, lechón

чушь *f coloq* disparate, tontería, estupidez

чуять *impf vt* 1) olfatear, oler 2) *coloq (чувствовать)* sentir, presentir

чуяться *impf vi coloq* sentirse, percibirse

чхи *interj* achís (onomatopeya del estornudo)

Ш

ша *interj vulg* ¡basta!
шабаш *m* 1) *relig* sábat, descanso sabático 2) *(сборище ведьм)* aquelarre
шабашить *impf* пошабашить *perf vi vulg* dar fin al trabajo, interrumpir (el trabajo)
шабашка *f vulg* ganancia suplementaria, chapuza
шабашник *m vulg* chapucero
шаблон *m* 1) plantilla, patrón, modelo 2) *(общее место)* tópico, lugar común
шаблонность *f* trivialidad, banalidad
шаблонный *adj* 1) de(l) modelo, de (la) plantilla 2) *(избитый)* común, estereotipado, tópico
шавка *f coloq* chucho
шаг *m* paso ◆ **в двух ~ах** a dos pasos **на каждом ~у** a cada paso
шагать *impf* шагнуть *perf vi* 1) marchar, andar, dar pasos 2) *(переступать)* pasar, atravesar
шагнуть V. шагать
шагом *adv* al paso
шагомер *m* cuentapasos
шагреневый *adj* de chagrín, de zapa
шагрень *f* chagrín, zapa
шажок *m dimin* pasito
шайба *f* 1) *tecn* arandela, disco 2) *sport (хокейная)* disco, puck
шайка *f* banda, pandilla
шайтан *m mitol* diablo
шакал *m* chacal
шаланда *f* chalana
шалаш *m* choza, cabaña ◆ **с милым рай в ~е** contigo pan y cebolla
шалеть *impf* ошалеть *perf vi vulg* perder la cabeza (el seso)
шалить *impf vi* hacer travesuras
шаловливо *adv* traviesamente
шаловливый *adj* travieso, revoltoso
шалопай *m* 1) *coloq (бездельник)* holgazán, haragán 2) *(шалун)* bribón, granuja
шалость *f* travesura
шалтай-болтай *adv coloq peyor* a la birlonga, sin ton ni son
шалун, -нья *m/f* pill|o, -a, travies|o, -a
шалфей *m* salvia
шалый *adj vulg* V. шальной
шаль *f* chal
шальн|ой *adj* 1) loco, irreflexivo 2) *(сумасбродный)* extravagante, estrambótico ◆ **~ая голова** cabeza loca
шаляй-валяй *adv coloq peyor* a la birlonga, sin ton ni son
шаман *m* chamán
шаманский *adj* chamánico
шаманство *n* chamanismo
шамкать *impf vi coloq* mascullar, barbotar
шампанский *adj* de (para) champán
шампанское *n* champán, cava
шампиньон *m* champiñón
шампунь *m* champú
шампур *m* brocheta, pincho
шанец *m mil* trinchera, parapeto
шанс *m* oportunidad, posibilidad *иметь* ~ tener una oportunidad
шансонетка *f* 1) cuplé, cancioncilla 2) *obsol (певица)* cupletista
шансонье *m inv* chansonnier
шантаж *m* chantaje
шантажировать *impf vt* chantajear, hacer chantaje
шантажист, -ка *m/f* chantajista
шантрапа *m/f* 1) *insult vulg* granuja, timador, -a 2) *(собирательное)* chusma
шанцевый *adj mil* : ~ инструмент instrumental de zapador
шапка *f* 1) gorro *меховая* ~ gorro de piel 2) *(заголовок)* encabezamiento, encabezado ◆ **на воре и ~ горит** antes se pilla a un mentiroso que a un cojo
шапкозакидательство *n* fanfarronería
шапочка *f dimin* gorrito
шапочник *m* gorrero
шапочн|ый *adj* de gorro(s) ◆ **прийти к ~ому разбору** llegar a las aceitunas (a los anises)
шар *m* bola, globo *земной* ~ globo terráqueo; *воздушный* ~ globo ◆ **хоть ~ом покати** no hay nada de nada
шарабан *m* charabán
шарада *f* charada
шарахать V. шарахнуть
шарахаться V. шарахнуться
шарахнуть *perf* шарахать *impf vt coloq* golpear, atizar
шарахнуться *perf* шарахаться *impf vi* 1) *coloq (резко броситься в сторону)* echarse a un lado, dar un salto 2) *vulg (удариться)* golpearse, darse un golpe
шарж *m* caricatura
шаржировать *impf vt* caricaturizar, ridiculizar
шариат *m relig* sharia
шарик *m* 1) bola, bolita 2) *fisiol* glóbulo 3) *(для игры)* canica
шариков|ый *adj* de (con) bola(s) *~ая ручка* bolígrafo
шарикоподшипник *m tecn* cojinete de bolas
шарить *impf vt* 1) buscar (tanteando) ~ *в карманах* hurgar en los bolsillos 2) *coloq (разыскивать)* buscar, registrar
шаркать *impf vi* chancletear, arrastrar los pies haciendo ruido
шарлатан *m* charlatán, embaucador, farsante
шарлатанство *n* charlatanería
шарлотка *f* carlota de manzana
шарм *m* encanto, fascinación
шарманка *f* organillo
шарманщик *m* organillero
шарнир *m* charnela, articulación, bisagra
шаровар|ы (*gen* -ов) *mpl* zaragüelles
шаровидный *adj* esférico, esferoidal

шаровой *adj* esférico, redondo
шаромыга *m/f vulg* V. шаромыжник
шаромыжник *m vulg* granuja, bribón, caballero de industria
шарообразность *f* esfericidad
шарообразный *adj* esférico
шарф *m* bufanda
шарфик *m dimin. de* шарф
шасси *n inv* 1) *tecn* chasis, bastidor 2) *tecn (самолёта)* tren de aterrizaje
шастать *impf vi vulg* callejear, deambular
шатание *n* 1) balanceo, oscilación, tambaleo 2) *coloq (ходьба без цели)* callejeo, vagancia
шатать *impf vt* balancear, hacer oscilar
шататься *impf* 1) tambalearse, balancearse 2) *(быть ненадежно укреплённым)* moverse, estar flojo 3) *coloq (слоняться)* callejear, vagar
шатен, -ка *m/f* persona de cabellos castaños
шатёр *m* pabellón, tienda
шаткий *adj* 1) *(неустойчивый)* inestable, vacilante 2) *(нестабильный)* inseguro, inconstante
шаткость *f* inestabilidad, inseguridad
шатровый *adj arquit* de (con) techo piramidal
шатун *m tecn* biela, barra de guía
шафер *m* padrino de boda, paje de honor
шафран *m* azafrán
шах[1] *m hist (титул)* sha
шах[2] *m ajed* jaque ~ *и мат* jaque mate
шахиня *m hist* mujer de sha
шахматист *m* ajedrecista
шахматный *adj* 1) de ajedrez, ajedrecístico 2) *(клетчатый)* a cuadros
шахматы (*gen* шахмат) *mpl* ajedrez
шахский *adj hist* del sha
шахта *f* mina, pozo ~ *лифта* hueco del ascensor
шахтёр, -ка *m/f* miner|o, -a
шахтёрский *adj* de minero(s)
шахтный *adj* de mina(s), de pozo(s)
шашечка *f dimin. de* шашка 1
шашист *m* jugador de damas
шашк|а[1] *f* 1) *(брусок, кубик)* tarugo, adoquín 2) *sport* dama *играть в ~и* jugar a las damas
шашка[2] *f (меч)* sable
шашлык *m* shashlik (especie de brocheta caucasiana)
шашлычная *f* restaurante donde se sirve shashlik
шаш|ни (*gen* -ен) *fpl* 1) *coloq* maquinaciones, intrigas, ardides 2) *coloq (любовные)* galanteos, aventuras amorosas
швабра *f* escoba, fregona
шваль *f* 1) *coloq desp (вещи)* desechos, escoria 2) *coloq desp (о человеке)* escoria, canalla
швартов *m nav* amarre
швартовать *impf* пришвартовать *perf vt* amarrar (una embarcación)
швартоваться *impf* пришвартоваться *perf* amarrar
швартовка *f nav* amarre
швах *adj pred coloq* malo, flojo *в этом деле я ~* para esto no sirvo
швед, -ка *m/f* suec|o, -a
шведский *adj* sueco
швейник *m* trabajador de la industria de confección
швейн|ый *f* de coser, de confección *~ая машина* máquina de coser; *~ая фабрика* fábrica de confección
швейцар *m* conserje, portero
швейцар|ец, -ка *m/f* suiz|o, -a
швейцарская *f* portería, conserjería
швейцарский *adj* suizo
швец *m obsol* sastre ◆ **и ~, и жнец, и в дуду игрец** es un chico para todo, sabe hacer de todo
швея *f* modista, costurera
шворень, шкворень *m* clavija
швырнуть V. швырять
швырок *m coloq* lanzamiento
швырять *impf* швырнуть *perf vt* lanzar, arrojar, echar
швыряться *impf* 1) *(бросать друг в друга)* tirarse, lanzarse, arrojarse 2) **(кем/чем-л)** *(не дорожить)* tratar con desdén, desdeñar
шевеление *n* movimiento
шевелить *impf* пошевелить *perf vt* **(чем-л)** mover ~ *пальцами* mover los dedos ◆ ~ **мозгами** *coloq* pensar, cavilar
шевели|ться *impf* пошевелиться *perf* 1) moverse *не ~сь!* ¡no te muevas! 2) *coloq (о мыслях)* espabilar, espabilarse
шевельнуть *perf vt* V. шевелить
шевельнуться *perf vt* V. шевелиться
шевелюра *f* cabellera, melena
шевиот *m* cheviot
шеврон *m mil* galón
шедевр *m* obra maestra
шезлонг *m* chaise longue
шейка *f* 1) *dimin. de* шея 2) *(узкая часть чего-л.)* cuello
шейный *adj* de(l) cuello, cervical
шейх *m* jeque
шелест *m* susurro, murmullo
шелестеть *impf vi* susurrar, murmurar
шелковистый *adj* sedoso, asedado
шелковица *f* morera
шелковичный *adj* de morera(s)
шелковод *m* sericultor
шелководство *n* sericultura
шелкография *f* serigrafía
шелкопряд *m* gusano de seda
шелохнуть *perf vt* mover, agitar
шелохнуться *perf vi* moverse, agitarse
шелудиветь *impf* зашелудиветь/ошелудиветь *perf vi vulg* volverse tiñoso, volverse roñoso
шелудивый *adj vulg* tiñoso, roñoso
шелуха *f* piel, pellejo
шелушение *n* peladura, descamación
шелушить *impf vt* pelar, mondar, descascarar
шелушиться *impf* pelarse, descamarse
шельма *f coloq* granuja, bribón, pillo
шельмование *n coloq* difamación
шельмовать *impf vt coloq* difamar, denigrar
шельф *m geogr* plataforma continental
шемякин *adj* : ~ суд juicio inicuo
шенкель *m híp* pierna
шепелявить *impf vi* cecear
шепелявый *adj* ceceoso
шепнуть V. шептать
шептать *impf* шепнуть *perf vt* susurrar, cuchichear
шептаться *impf vi* susurrar, cuchichear

шептун *m coloq* murmurador, susurrón
шербет *m* sorbete
шеренга *f* fila, hilera
шериф *m* sheriff
шероховато *adv* rugosamente, ásperamente
шероховатость *f* 1) rugosidad, aspereza 2) *(характера, отношений)* aspereza, rudeza
шероховатый *adj* 1) rugoso, áspero 2) *(о характере)* áspero 3) *(об отношениях)* tirante 4) *(с недостатками)* tosco, rudo
шерп *m* sherpa
шерстинка *f* hilo de lana
шерстистый *adj* 1) lanoso, lanudo 2) *(ворсистый)* peludo
шерстить *impf vt* irritar la piel
шерстобит *m* arqueador, arcador
шерсть *f* lana
шерстяной *adj* de lana
шершаветь *impf* зашершаветь *perf vi* ponerse rugoso, áspero
шершавость *f* rugosidad, aspereza
шершавый *adj* rugoso, áspero
шершень *m* avispón
шест *m* vara, pértiga
шествие *n* procesión, marcha
шествовать *impf vi elev* ir, marchar
шестерёнка V. шестерня 2
шестерня[1] *f (упряжка)* tiro de seis caballos
шестерня[2] *f tecn (зубчатое колесо)* engranaje, rueda dentada
шестеро *num col* seis *нас* ~ somos seis
шестёрка *f* 1) *(цифра)* (un, el) seis 2) *(группа из шести объектов)* denominación de algo que contenga seis unidades: barca de seis remos, carro tirado por seis caballos, grupo de seis personas, etc. 3) *(слуга)* mandado, lacayo
шестидесятилетие *n* sesenta años
шестидесятилетний *adj* 1) de sesenta años 2) *(о возрасте)* sexagenario, de sesenta años
шестидесятник *m* 1) *hist* progresista (de los años 1860 en Rusia) 2) *hist* intelectual de los años sesenta (en la Unión Soviética)
шестидесятый *num* sexagésimo, sesenta
шестиклассник *m* alumno de sexto grado
шестикратный *adj* séxtuplo, seis veces
шестилетие *n* sexenio
шестилетний *adj* de seis años, sexenal
шестипалый *adj* de seis dedos, sexdigitado
шестисотлетие *n* período de sesicientos años
шестисотлетний *adj* de seiscientos años
шестисотый *adj* sexcentésimo, seiscientos
шеститысячный *adj* seis mil, de seis mil
шестичасовой *adj* de seis horas
шестнадцатый *num* décimosexto, dieciséis
шестнадцать *num* dieciséis
шестовик *m sport* pertiguista
шест|ой *adj* sexto *~ая часть* sexta parte; *~ое мая* el seis de mayo; *половина ~ого* las cinco y media
шесток *m* 1) *(в печи)* placa (de la boca del horno) 2) *(насест)* percha (en un gallinero) ◆ **всяк сверчок знай свой** ~ cada mochuelo a su olivo
шесть *num* seis ~ *билетов* seis entradas
шестьдесят *num* sesenta ~ *три* sesenta y tres
шестьсот *num* seiscientos ~ *три* seiscientos tres
шестью *adv* seis veces ~ *шесть* seis veces seis
шеф *m* jefe, director
шефский *adj* patrocinador, de patrocinio
шефство *n* patrocinio, patronazgo
ше|я *f* cuello, pescuezo, cerviz ◆ **сидеть на ~е у кого-л.** vivir de gorra, aprovecharse de alg **намылить ~ю кому-л.** *vulg* dar un rapapolvo a alg, dar una zurra a alg
шёлковый *adj* 1) de seda, sedoso 2) *coloq (послушный)* como la (una) seda
шёпот *m* susurro, murmullo, cuchicheo
шёпотом *adv* susurrando, murmurando, en voz baja *говорить* ~ hablar en voz baja
шёрстка *f dimin. de* шерсть
шибать *impf vt vulg* tirar, lanzar, arrojar
шиворот *m coloq* solapas ◆ **~-навыворот** al revés, a tontas y a locas
шизик *m coloq* esquizofrénico
шизофреник *m* esquizofrénico
шизофренический *adj* esquizofrénico
шизофреничка *f* esquizofrénica
шизофрения *f med* esquizofrenia
шик *m* chic
шикарно 1. *adv* 1) con ostentación, con suntuosidad 2) *coloq (очень хорошо)* maravillosamente, espléndidamente **2.** *adv pred* 1) es ostentoso, es suntuoso 2) *coloq (очень хорошо)* es maravilloso, es espléndido
шикарный *adj* 1) ostentoso, suntuoso 2) *coloq (очень хороший)* maravilloso, espléndido
шикать *impf* шикнуть *perf vi* 1) **(на кого-л)** *(призывая к тишине)* sisear (para hacer callar) (a alg) 2) **(кому-л)** *(в знак неодобрения)* sisear (en señal de desaprobación) (a alg)
шикнуть V. шикать
шиковать *impf vi coloq* hacer ostentación, ostentar
шиллинг *m* chelín
шил|о *n* lezna ◆ **~а в мешке не утаишь** no se puede esconder lo evidente y **него ~о в жопе** *vulg* es un culo de mal asiento
шимпанзе *m inv* chimpancé
шина *f auto* neumático, rueda
шинель *f* capote
шинкарка *f obsol* tabernera
шинкарь *m obsol* tabernero
шинковать *biasp vt* picar (verduras)
шинный *adj* de neumáticos, de ruedas
шинок *m obsol* taberna
шиншилла *f* chinchilla
шиньон *m* moño
шип *m* 1) espina, púa 2) *(на обуви, шине)* taco, tachuela ◆ **нет розы без ~ов** no hay rosa sin espinas
шипение *n* 1) silbido, chirrido 2) *coloq (ворчанье)* refunfuño, gruñido
шипеть *impf vi* 1) silbar, chirriar 2) **(на кого-л)** *(ворчать)* refunfuñar (a alg), gruñir (a alg)
шипов|ки (*gen* -ок) *fpl* calzado con clavos (tacos)
шиповник *m* escaramujo
шипучий *adj* espumoso, efervescente
шипучка *f coloq* bebida espumosa
ширина *f* anchura, ancho, amplitud
ширинка *f* bragueta
шириться *impf* ensancharse, hacerse ancho
ширма *f* 1) biombo, mampara 2) *(прикрытие)* tapadera

ширмочка *f dimin. de* ширма
широк|ий *adj* 1) ancho, holgado 2) *(обширный)* amplio, vasto, extenso 3) *(лишёный ограниченности)* amplio, lato 4) *(охватывающий многое)* amplio, grande ◆ **~ая натура** carácter generoso **жить на ~ую ногу** vivir a lo grande
широко *adv* 1) con anchura, anchamente 2) *(на обширном пространстве)* ampliamente, con amplitud, extensamente 3) *(без ограниченности)* ampliamente
ширококолейный *adj* de vía ancha
широкоплечий *adj* de hombros anchos
широкополый *adj* de alas anchas (dicho de un sombrero)
широкоформатный *adj* de formato ancho
широкоэкранный *adj* de pantalla ancha
широта *f* 1) amplitud 2) *geogr* latitud
широтный *adj geogr* de latitud
ширпотреб *m coloq* amplio consumo
ширь *f* extensión, amplitud
шит|ь *impf* сшить *perf vt* 1) coser 2) *(вышивать)* bordar ◆ **~о белыми нитками** se le ve el plumero, está muy claro **не лыком ~** sabe lo que se hace, sabe dónde tiene la mano izquierda
шитьё *n* 1) costura 2) *(вышивание)* bordado
шифер *m min* pizarra
шифон *m textl* muselina (de seda o de algodón)
шифоньер *m* chifonier
шифр *m* cifra, signatura
шифровальный *adj* de (para) cifrar
шифровальщик *m* cifrador
шифрованный *adj* cifrado
шифровать *impf* зашифровать *perf vt* cifrar, codificar
шифровка *f* cifrado
шифровщик *m* cifrador
шихта *f tecn* carga (de un alto horno)
шиш *m vulg* higa *показать ~* hacer la higa, hacer un corte de mangas
шишак *m hist* yelmo
шишка *f* 1) piña (del pino) 2) *coloq (выпуклость)* chichón 3) *coloq (о человеке)* pez gordo
шишковатый *adj* con bultos, nudoso
шишковать *impf vt reg* recoger piñas (de cedro)
шкала *f* escala, graduación
шкалик *m coloq* chato (chupito) de aguardiente
шкатулка *f* cajita, cofrecito
шкаф *m* armario
шкафчик *m* taquilla, armario pequeño
шквал *m* ráfaga, racha
шквалистый *adj* chubascoso, a ráfagas
шквальный *adj* 1) V. шквалистый 2) *(стрельба)* a ráfagas
шкварка *f (espec pl)* torrezno
шкет *m vulg* chaval, mozo
шкив *m tecn* polea, garrucha, motón
шкипер *m nav* patrón, capitán (de un barco mercante)
шкирк|а *f vulg* : взять за ~у coger por el cuello (por el gañote)
шкода 1. *f coloq* travesura, pillería **2.** *m/f coloq (о человеке)* granuja, pillastre
шкодить *impf* нашкодить *perf vi coloq* hacer travesuras
шкодливый *adj coloq* travieso, pillo
школа *f* 1) escuela *начальная ~* escuela primaria; *средняя ~* escuela secundaria 2) *(направление)* escuela
школить *impf* вышколить *perf vt* enseñar (con rigidez), amaestrar
школьни|к, -ца *m/f* escolar, alumn|o, -a, colegial, -a
школьный *adj* escolar, de (la) escuela
школяр *m obsol* V. школьник
школярский *adj* dogmático, escolástico
шкур|а *f* 1) piel, pellejo *содрать ~у* despellejar, desollar 2) *coloq (кожура)* piel, monda ◆ **делить ~у неубитого медведя** vender la piel del oso antes de matarlo **волк в овечьей ~е** cara de beato y uñas de gato
шкурка *f dimin. de* шкура
шкурник *m coloq desp* utilitarista
шкурный *adj* 1) de (la) piel 2) *coloq* mercantilista, utilitario
шлагбаум *m* barrera (de paso a nivel)
шлак *m* 1) *(литейный)* escoria 2) *(в организме)* toxina
шлакобетон *m tecn* cemento de alto horno, hormigón de carbonilla
шлаковый *adj* de escoria, de carbonilla
шланг *m* manguera
шлейка *f* pechera (para perros)
шлейф *m* cola (de vestido)
шлем *m* casco
шлепок *m* manotazo, pescozón
шлея *f* ataharre
шлёп *interj coloq* zas, pum (al golpearse o caerse)
шлёпан|ец *m (espec pl -цы)* chancleta
шлёпать *impf* шлёпнуть *perf vt* 1) golpear, pegar 2) *coloq (в грязи и т.д.)* chapotear
шлёпаться *impf* шлёпнуться *perf vi coloq* caer (con ruido y quedando tumbado)
шлёпнуть V. шлёпать
шлёпнуться V. шлёпаться
шлифовальный *adj* de pulir, de pulimentar
шлифовальщик *m* esmerilador, pulidor
шлифование *n* pulido, esmerilado, pulimentado
шлифовать *impf* отшлифовать *perf vt* 1) pulir, pulimentar, esmerilar 2) *(доводить)* pulir
шлифовка *f* V. шлифование
шлифовщик *m* V. шлифовальщик
шлюз *m* esclusa
шлюзовой *adj* de exclusa
шлюпка *f* barca, bote, chalupa
шлюха *f vulg insult* zorra, puta
шлягер *m* canción de moda, temazo
шляп|а *f* 1) sombrero 2) *coloq (о человеке)* simplón, bobalicón ◆ **дело в ~е** ya está hecho, ya es nuestro
шляпка *f* 1) sombrero de señora 2) *(головка)* sombrero
шляпник *m* sombrerero
шляться *impf vi coloq desp* callejear, deambular
шлях *m obsol* camino real
шляхта *f hist* szlachta (nobleza polaca)
шляхтич *m hist* noble polaco
шматок *m vulg* trozo, pedazo, cacho
шмель *m* abejorro
шмот|ки (*gen* -ок) *fpl coloq peyor* ropa, objetos personales
шмыгать[1] *impf vi* 1) *(метаться)* ir y venir, correr de acá para allá 2) (**чем-л**) mover rápidamente

шмыгать[2] *impf* шмыгнуть *perf vi* : ~ носом sorber, aspirar con la nariz

шмыгнуть V. шмыгать 2

шмякнуть *perf vt vulg* dejar caer o arrojar ruidosamente

шмякнуться *perf imperf vulg* caer(se) ruidosamente

шницель *m* escalopa, bistec rebozado

шнур *m* cordón, cuerda

шнуровать *impf* зашнуровать *perf vt* atar, acordonar

шнуровка *f* atado, acordonado

шнурок *m* cordón

шнырять *impf* шнырнуть *perf vi coloq* ir y venir, correr de acá para allá

шов *m* 1) costura, punto 2) *med* sutura, punto 3) *tecn* junta, juntura

шовинизм *m* chauvinismo

шовинист *m* chauvinista

шовинистический *adj* chauvinista

шовинистка *f* chauvinista

шовный *adj* de (la) costura, de(l) punto

шок *m* choque, shock

шокировать *biasp vt* chocar, causar extrañeza

шоковый *adj* de shock, de choque

шоколад *m* chocolate

шоколадка *f* chocolatina

шоколадный *adj* de chocolate

шомпол *m mil* baqueta (de un arma de fuego)

шорник *m* guarnicionero, talabartero

шорный *adj* de guarnicionería, de talabartería

шорох *m* susurro

шорт|ы (*gen* -ов) *mpl* pantalón corto, shorts

шоры (*gen* шор) *fpl* 1) *(надглазники)* anteojeras (para caballos) 2) *(упряжь)* cinchas, correaje ◆ **взять в** ~ meter en cintura

шоссе *n inv* carretera

шоссейный *adj* de carretera

шотландец *m* escocés

шотландка[1] *f* escocesa

шотландка[2] *f (ткань)* tartán, escocés

шотландский *adj* escocés

шоу *n inv* show

шофёр *m* chófer

шпага *f* espada, estoque

шпагат *m* 1) bramante, cordel 2) *sport* spaccato

шпажист, -ка *m/f sport* esgrimista

шпаклевать *impf* зашпаклевать *perf vt* enmasillar

шпаклёвка *f* 1) *(действие)* enmasillado 2) *(вещество)* masilla

шпала *f* traviesa (de la vía férrea)

шпана *f vulg desp* gentuza, chusma

шпангоут *m aero nav* cuaderna, costilla

шпаргалка *f coloq* chuleta (en los exámenes)

шпарить[1] *impf* ошпарить *perf vt (обливать кипятком)* escaldar

шпарить[2] *impf vi coloq (делать что-нибудь быстро)* hablar, andar, etc. con rapidez

шпариться *impf* ошпариться *perf* escaldarse

шпат *m min* espato *полевой* ~ feldespato

шпиговать *impf* нашпиговать *perf vt gastr* mechar, lardear

шпик *m (сало)* tocino, lardo

шпиль *m* pico, aguja

шпилька *f* 1) horquilla, gancho 2) *tecn* clavija

шпинат *m* espinaca

шпингалет *m* falleba

шпион *m* espía

шпионаж *m* espionaje

шпионить *impf vi coloq* espiar

шпионка *f* espía

шпионский *adj* de espía(s), de espionaje

шпиц[1] *m (остриё)* V. шпиль

шпиц[2] *m (порода собак)* pomeranio, perro de Pomerania

шпора *f* 1) espuela 2) *(у птиц)* espolón

шприц *m* jeringa, jeringuilla

шпроты (*gen* шпрот) *fpl* boquerones ahumados en aceite

шпулька *f* bobina, canilla

шпунт *m tecn* ensambladura (de lengüeta y ranura)

шпынять *impf vt coloq* pinchar, punzar

шрам *m* cicatriz

шрапнель *f mil* metralla, shrapnel

шрифт *m* letra, carácter, tipo

штаб *m mil* estado mayor *генеральный* ~ estado mayor general

штабель *m* pila, montón

штабист *m* oficial del cuertel general

штаб-квартира *f* cuartel general, sede

штабник *m* V. штабист

штабной *adj* de estado mayor

штаб-офицер *m mil hist* oficial superior

штабс-капитан *m mil hist* capitán ayudante

штабс-ротмистр *m mil hist* capitán de caballería

штакетина *f coloq* estaca

штакетник *m* estacada, valla de estacas

штамп *m* 1) sello, timbre, estampilla 2) *(шаблон)* modelo, tópico

штампование *n* estampado (acción)

штамповать *impf* проштамповать (1)/отштамповать (2) *perf vt* 1) *(ставить штамп)* sellar, timbrar 2) *(изготовлять)* estampar, troquelar

штамповка *f* 1) V. штампование 2) *(изделие)* estampado

штанга *f* 1) barra 2) *sport (у ворот)* poste, palo 3) *sport (снаряд)* barra (de discos)

штангист *m sport* levantador de pesos

штандарт *m mil* estandarte, pendón

штанина *f coloq* pernera

штаниш|ки (*gen* –ек) *fpl coloq* pantalones cortos (de niño)

штан|ы (*gen* -ов) *mpl coloq* pantalones

штат[1] *m (государственная территориальная единица)* estado

штат[2] *m (состав сотрудников)* plantilla, personal

штатив *m* soporte, pie, trípode

штатный *adj* titular, de plantilla

штатский *adj* civil, de paisano

штемпелевать *impf* заштемпелевать *perf vt* sellar, timbrar, estampillar

штемпель *m* sello, estampilla

штепсель *m* enchufe

штиблета *f (espec pl)* zapato, botín

штиль *m nav* calma, bonanza

штифт *m tecn* perno, clavija

штольня *f geol* galería, socavón

штопальщик *m* zurcidor

штопаный *adj* zurcido, remendado

штопать *impf* заштопать *perf vt* zurcir, remendar

штопка *f* zurcido

штопор *m* 1) sacacorchos, tirabuzón 2) *(фигура пилотажа)* barrena, tirabuzón

штора *f* estor

шторка *f dimin. de* штора

шторм *m* temporal, tempestad, tormenta

штормить *impf v/impers* haber tormenta, borrasca

штормовать *impf vi nav* sufrir un temporal

штормовка *f* impermeable, parka

штормовой *adj* de temporal, de tormenta

штоф[1] *m (ткань)* damasco

штоф[2] *m obsol (сосуд)* botella (de 1,2 litros)

штраф *m* multa, penalización

штрафбат *m* batallón de castigo

штрафной *adj* 1) pecuniario, de multa 2) *sport* de castigo

штрафовать *impf* оштрафовать *perf vt* multar, poner una multa

штрейкбрехер *m* esquirol, rompehuelgas

штрек *m geol* galería

штрипка *f* trabilla

штрих *m* línea, trazo

штриховать *impf* заштриховать *perf vt* rayar (en negro), sombrear

штриховка *f* rayado (en negro), sombreado

штудировать *impf* проштудировать *perf vt* estudiar, examinar

штука *f* 1) pieza, unidad 2) *(явление, вещь)* cosa ◆ **вот так ~!** ¡vaya!, ¡caramba!

штукатур *m* estucador, estuquista

штукатурить *impf* отштукатурить/оштукатурить *perf vt* estucar, enyesar

штукатурка *f* estucado

штуковина *f vulg* cosa

штурвал *m* 1) *nav* timón 2) *aero* mandos de vuelo

штурм *m* asalto *брать ~ом* tomar al asalto

штурман *m nav* navegador, navegante

штурманский *adj nav* de(l) navegador, de(l) navegante

штурмовать *impf vt* asaltar

штурмовик *m mil* avión de asalto

штурмовой *adj mil* de asalto, de choque

штурмовщина *f coloq* trabajo intenso, carreras (en el trabajo)

штучка *coloq f* cosa, cosita

штучный *adj* por piezas, por unidades

штык *m mil* bayoneta

штыковой *adj mil* de bayoneta(s)

штырь *m tecn* clavija

шуба *f* abrigo de pieles

шубейка *f coloq obsol* pelliza ligera

шубка *f dimin. de* шуба

шуга *f* hielo friable

шугать *impf* шугнуть *perf vt vulg* ahuyentar

шугнуть V. шугать

шуйца *f obsol* mano siniestra

шулер *m* tahúr, tramposo, fullero

шум *m* ruido, estruendo; *(голосов)* griterío *~ и гам* alboroto, algarabía ◆ **много ~а из ничего** mucho ruido y pocas nueces

шуметь *impf vi* hacer ruido, alborotar

шумиха *f coloq* alboroto, rumor

шумливый *adj* bullicioso, alborotadizo

шумно 1. *adv* ruidosamente, estruendosamente **2.** *adv pred* hay ruido

шумность *f* ruido, carácter ruidoso

шумный *adj* ruidoso, estruendoso

шумовка *f* espumadera

шумовой *adj* 1) de ruido 2) *mús* de percusión

шумок *m coloq* rumor, murmullo

шурин *m* cuñado (hermano de la esposa)

шуровать *impf* **1.** *vt tecn* atizar, hurgonear **2.** *vi coloq* moverse, andar

шуруп *m* tornillo

шурф *m geol* excavación (pozo) de sondeo

шуршание *n* susurro

шуршать *impf vi* susurrar

шуры-муры *fpl coloq* amoríos, andanzas amorosas

шустро *adv coloq* ágilmente

шустрый *adj coloq* vivaracho, ágil

шут *m* bufón ◆ **~ гороховый** botarate

шутейно *adv vulg* en broma

шутейный *adj vulg* en broma

шутить *impf* пошутить *perf vi* **(над кем/чем-л)** bromear (sobre alg o u/c) ◆ **чем чёрт не шутит** *coloq* no se sabe lo que puede ocurrir (habitualmente sobre algo bueno)

шутиха *f* 1) *obsol* bufona 2) *(фейерверк)* petardo

шут|ка *f* 1) broma, guasa *злая ~ка* broma pesada 2) *teat* farsa, sainete ◆ **в ~ку** en broma, para hacer gracia **кроме ~ок** bromas aparte **не на ~ку** *coloq* de verdad, en serio **не ~ка** *coloq* es cosa seria **~ка сказать** *coloq* no es tan fácil, no es una broma

шутливый *adj* chistoso, jocoso, burlón

шутни|к, -ца *m/f* bromista, gracios|o, -a

шутовской *adj* de bufón, burlesco

шутовство *n* bufonada

шуточка *f dimin. de* шутка

шуточный *adj* 1) cómico, burlesco 2) *(пустяковый)* fútil

шутя *adv* en broma

шушера *f vulg desp* chusma, gentuza

шушуканье *n coloq* cuchicheo

шушукаться *impf coloq* cuchichear

шушун *m* especie de jersey de mujer ruso

шхера *f (espec pl)* escollo, arrecife

шхуна *f nav* goleta

ш-ш *interj* chitón, chis

Щ

щавелевый *dj* de acedera
щавель *m* acedera
щавельный *adj* de acedera
щадить *impf* пощадить *perf vt* perdonar, compadecerse (de alg), tener piedad (de alg)
щебень *m* cascajo, ripio
щебет *m* triseo, gorjeo
щебетание *n* trisado, gorjeo
щебетать *impf vi* trisar, gorjear
щебёнка *f coloq* V. щебень
щеглёнок *m* polluelo del jilguero
щегол *m* jilguero
щеголеватый *adj* presumido, lechuguino
щеголиха *f* presumida, lechuguina
щегольски *adv* con elegancia, vistosamente
щегольской *adj* elegante, vistoso
щегольство *n* dandismo, gomosidad
щеголять *impf vi* pavonear, presumir
щедро *adv* generosamente
щедрость *f* generosidad, dadivosidad
щедрота *f* V. щедрость
щедрый *adj* 1) generoso, dadivoso 2) *(обильный)* rico, exuberante
щека *f* mejilla
щекастый *adj coloq* mofletudo, carrilludo
щеколда *f* picaporte
щекотание *n* 1) V. щекотка 2) *(в носу, в горле)* cosquilleo
щекотать *impf* пощекотать *perf vt* 1) hacer cosquillas, cosquillear 2) *(слегка возбуждать)* cosquillear
щекотка *f* cosquillas
щекотливый *adj* 1) cosquilloso 2) *(требующий осторожности)* delicado
щекотно *adv pred* hace cosquillas *мне ~* me hace cosquillas, tengo cosquillas
щекотный *adj* que hace cosquillas
щелевой *adj* 1) de ranura(s) 2) *ling* fricativo
щелистый *adj* agrietado, resquebrajado
щелкопёр *m obsol desp* escritorzuelo
щелочной *adj* alcalino
щелчок *m* coscorrón, capirotazo
щель *f* 1) abertura, ranura, hendidura 2) *(трещина)* grieta 3) *anat* abertura
щемить *impf vt* oprimir, agobiar
щениться *impf* ощениться *perf* parir (dicho de un cánido)
щен|ок (*pl* -ята) *m* cachorro, perrito
щепа V. щепка
щепать *impf vt* astillar, hacer astillas
щепетильность *f* 1) escrupulosidad 2) *(обидчивость)* susceptibilidad
щепетильный *adj* 1) escrupuloso 2) *(обидчивый)* susceptible, quisquilloso
щепка *f* astilla
щепотка *f* pizca *~ соли* una pizca de sal
щербатый *adj* mellado, picado
щербет *m* sorbete
щербина *f* 1) mella 2) *coloq (рябинка)* viruela, cacaraña
щетина *f* 1) cerda 2) *(на лице)* barba (de unos días)
щетинистый *adj* 1) cerdoso 2) *(о волосах)* erizado
щетиниться *impf* ощетиниться *perf* erizarse (el pelo)
щёголь *m* presumido, petimetre
щёкот *m* canto del ruiseñor
щёлк *interj* chas, zas
щёлка *f* ranura, rendija
щёлканье *n* chasquido
щёлкать *impf* щёлкнуть *perf vi* 1) chasquear 2) *(давать щелчки)* dar capirotazos
щёлкнуть V. щёлкать
щёлок *m* lejía, agua alcalina
щёлочка *f dimin. de* щёлка
щёлочь *f quím* álcali
щённая *adj* preñada (dicho de los cánidos)
щёпоть *f* pizca
щётка *f* cepillo *зубная ~* cepillo de dientes; *~ для волос* cepillo para el cabello
щёточка *f* escobilla
щёчка *f dimin. de* щека
щи (*gen* щей) *mpl* schi (sopa de col y otras verduras con carne)
щиколотка *f* tobillo
щипать *impf* щипнуть/ущипнуть (1) *perf vt* 1) pellizcar 2) *(птицу)* desplumar 3) *(защемляя чем-либо, отрывать)* pellizcar, arrancar 4) *(причинять боль)* escocer, picar
щипаться *impf* dar pellizcos, pellizcar
щипков|ый *adj mús* : *~ые инструменты* instrumentos de cuerda por punteo
щипнуть V. щипать
щипок *m* pellizco
щипц|ы (*gen* -ов) *mpl* 1) pinzas, tenazas 2) *(для колки орехов)* cascanueces
щит *m* 1) escudo 2) *(ограждение)* pantalla, escudo 3) *(стенд)* pantalla, cartelera, tablón 4) *sport* tablero
щитовидка *f coloq* glándula tiroides
щитовидн|ый *adj anat* : *~ая железа* glándula tiroides
щиток *m* 1) cuadro, tablero 2) *sport* espinillera
щука *f* lucio
щуп *m tecn* tienta, tientaguja
щупальце *n* 1) *(усик)* antena 2) *(у осьминога)* tentáculo
щупать *impf* пощупать *perf vt* 1) palpar *~ пульс* tomar el pulso 2) *(зондировать)* tantear, sondear
щуплый *adj coloq* delgado, endeble, canijo
щурить *impf* сощурить *perf vt* entornar, entrecerrar (los ojos)
щуриться *impf* сощуриться *perf* entornar los ojos, entrecerrar los ojos
щуч|ий *adj* de(l) lucio ◆ **по ~ьему велению** como por encanto
щучить *impf vt vulg* regañar, maldecir

Э

э *interj* eh, ah
эбеновый *adj* de ébano
эбонит *m* ebonita
эва *interj vulg (выражающее удивление или недоверие)* ¡vaya!, ¡anda!
эвакуационный *adj* de evacuación
эвакуация *f* evacuación
эвакуировать *biasp vt* evacuar
эвакуироваться *biasp* evacuarse
эвен *m* even (pueblo de Siberia oriental)
эвенк *m* evenki (pueblo de Siberia septentrional), tungús
эвенкийский *adj* evenco
эвентуально *adv* eventualmente
эвентуальный *adj* eventual
эвкалипт *m* eucalipto
эвкалиптовый *adj* de eucalipto
эволюционизм *m* evolucionismo
эволюционировать *biasp vi* evolucionar
эволюционист, -ка *m/f* evolucionista
эволюционный *adj* evolutivo
эволюция *f* evolución
эвон *partic vulg* V. вон
эврика *interj elev* eureka
эвристика *f* heurística
эвристический *adj* heurístico
эвтаназия *f* eutanasia
эвфемизм *m elev* eufemismo
эвфония *f* eufonía
эге, э-ге-ге *interj (выражающее удивление)* ¡anda!, ¡toma!, ¡vaya!
эгид|а *f elev* égida *под ~ой* bajo los auspicios
эгоизм *m* egoísmo
эгоист *m* egoísta
эгоистический *adj* egoísta
эгоистичный *adj* egoísta
эгоистка *f* egoísta
эгоцентризм *m* egocentrismo
эгоцентрик *m* egocéntrico
эгоцентрист *m* egocentrista
эгоцентрический *adj* egocéntrico
эгоцентричный *adj* V. эгоцентрический
эдак *adv coloq* V. этак
эдакий *pron vulg* V. этакий
эдельвейс *m* edelweiss, flor de las nieves
эзоповский *adj* : ~ язык lenguaje esópico
эзотерический *adj* esotérico
эй *interj* eh, hey
экватор *m geogr* ecuador
экваториальный *adj geogr* ecuatorial
эквивалент *m* equivalente
эквивалентность *f* equivalencia
эквивалентный *adj* equivalente
эквилибрист *m* equilibrista, funámbulo
эквилибристика *f* equilibrismo
эквилибристка *f* equilibrista
экзальтация *f elev* exaltación
экзальтированный *adj elev* exaltado
экзамен *m* examen, prueba *сдавать* ~ hacer un examen; *сдать* ~ aprobar un examen
экзаменатор *m* examinador
экзаменационный *adj* de examen, de exámenes
экзаменовать *biasp vt* examinar
экзаменоваться *biasp* examinarse
экзарх *m relig* exarca
экзекутор *m* 1) *hist* administrativo, ecónomo 2) *obsol* ejecutor
экзекуция *f obsol* castigo corporal
экзема *f med* eccema
экземпляр *m* ejemplar
экзотика *f* exotismo
экзотический *adj* exótico
экзотичность *f* exotismo
экзотичный *adj* exótico
экивок *m obsol* equívoco
экий *pron coloq* qué, vaya ~ *шалун!* ¡vaya travieso!
экипаж *m* tripulación, equipaje
экипировать *impf vt* equipar
экипировка *f* equipamiento, equipo
эклектизм *m elev* eclecticismo
эклектик *m elev* ecléctico
эклектика *f elev* eclecticismo
эклектический *adj elev* ecléctico
эклектичность *f elev* eclecticismo
эклектичный *adj* V. эклектический
эклер *m* canutillo, lionesa
эколог *m* ecólogo
экологический *adj* ecológico
экология *f* ecología
эконом *m obsol* ecónomo, administrador
экономика *f* economía
экономист *m* economista
экономить *impf* сэкономить *perf vt* ahorrar, economizar
экономический *adj* económico
экономичность *f* precio económico
экономичный *adj* económico, ahorrativo
экономия *f* ahorro
экономничать *impf vi coloq* ahorrar (demasiado), tacañear
экономно *adv* económicamente, ahorrativamente
экономный *adj* económico, ahorrativo
экран *m* 1) pantalla 2) *informát* pantalla, monitor
экранизация *f* adaptación al cine (cinematográfica)
экранизировать *biasp vt* adaptar al cine (cinematográficamente)
экранный *adj* de pantalla
эксгумация *f elev* exhumación
экскаватор *m* excavadora
экскаваторщик *m* operario de una excavadora
эксклюзивность *f* exclusividad
эксклюзивный *adj* exclusivo
экскремент|ы (*gen* -ов) *mpl fisiol* excrementos
экскурс *m elev* disgresión

экскурсант *m* persona que participa en una excursión
экскурсионный *adj* de excursión, de excursiones
экскурси|я *f* excursión *поехать на ~ю* ir a una excursión
экскурсовод *m* guía
экслибрис *m* ex-libris
экспансивный *adj* expansivo
экспансионизм *m* expansionismo
экспансионистский *adj* expansionista
экспансия *f* expansión
экспатриация *f* expatriación
экспедировать *biasp vt* expedir
экспедитор *m* expedidor, remitente
экспедиционный *adj* de expedición
экспедиция *f* expedición
эксперимент *m* experimento
экспериментальный *adj* experimental
экспериментатор *m* experimentador
экспериментирование *n* experimentación
экспериментировать *biasp vi* experimentar
эксперт *m* experto, perito
экспертиза *f* peritaje, informe pericial
экспертный *adj* pericial, de peritos
эксплуататор *m* explotador
эксплуататорский *adj* explotador
эксплуатационник *m coloq* explotador
эксплуатационный *adj* de explotación
эксплуатация *f* explotación
эксплуатировать *impf vt* explotar
экспозиционный *adj* de exposición
экспозиция *f* exposición
экспонат *m* objeto (expuesto)
экспонент *m* expositor
экспонирование *n* exposición (acción)
экспонировать *biasp vt* exponer
экспорт *m* exportación
экспортёр *m* exportador
экспортировать *biasp vt* exportar
экспортный *adj* de exportación
экспресс *m* expreso, tren expreso
экспрессивность *f* expresividad
экспрессивный *adj* expresivo
экспрессионизм *m arte* expresionismo
экспрессионист *m arte* expresionista
экспрессия *f* expresividad
экспрессный *adj* expreso
экспромт *m* improvisación
экспромтом *adv* improvisadamente, de improviso
экспропиатор *m* expropiador
экспроприация *f* expropiación
экспроприировать *biasp vt* expropiar
экстаз *m* éxtasis
экстатический *adj elev* extático
экстенсивность *f* extensividad
экстенсивный *adj* extensivo
экстерн *m* externo (alumno) *учиться ~ом* estudiar como externo
экстернат *m* estudios externos
экстерриториальность *f jur* exterritorialidad
экстерриториальный *adj jur* exterritorial
экстерьер *m vet* exterior
экстра *adj inv* extra, excelente
экстравагантно *adv* extravagantemente, con extravagancia
экстравагантность *f* extravagancia
экстравагантный *adj* extravagante
экстрадиция *f jur* extradición
экстракт *m* extracto
экстраординарный *adj* extraordinario
экстрасенс *m* vidente
экстрасенсорный *adj* extrasensorial
экстремальный *adj* extremo
экстремизм *m* extremismo
экстремист, -ка *m/f* extremista
экстремистский *adj* extremista
экстренно *adv* urgentemente, con urgencia
экстренность *f* urgencia
экстренный *adj* 1) urgente 2) *(чрезвычайный)* extraordinario
эксфолияция *f* exfoliación
эксцентрик *m* excéntrico
эксцентрика *f teat* excéntrica
эксцентрический *adj* excéntrico
эксцентричность *f* excentricidad
эксцентричный *adj* excéntrico
эксцесс *m* exceso
эксцетрично *adv* excéntricamente
экцентричность *f* excentricidad
экцентричный *adj* excéntrico
эк, эка *partic vulg* vaya *эка невидаль!* ¡vaya una rareza!
эластик *m* elástico (tela)
эластичность *f* elasticidad
эластичный *adj* elástico
элеватор *m* 1) *(зернохранилище)* silo automatizado 2) *(подъёмник)* montacargas, elevador
элегантность *f* elegancia
элегантный *adj* elegante
элегический *adj* elegíaco
элегичный *adj* V. элегический
элегия *f* elegía
электризация *f* electrización
электризовать *biasp vt* electrizar
электрик *m* electricista
электрификация *f* electrifización
электрифицировать *biasp vt* electrificar
электрический *adj* eléctrico
электричество *n* electricidad
электричка *f coloq* tren de cercanías
электровоз *m tecn* locomotora eléctrica, electromotriz
электрогитара *f* guitarra eléctrica
электрод *m fís* electrodo
электродвижущий *adj tecn* electromotriz
электродинамика *f fís* electromodinámica
электродинамический *adj fís* electromodinámico
электролампа *f* bombilla, lámpara eléctrica
электролиз *m quím* electrólisis
электролизный *adj quím* electrolítico
электролитический *adj quím* electrolítico
электромагнетизм *m fís* electromagnetismo
электромагнит *m fís* electroimán
электромагнитный *adj fís* electromagnético
электромобиль *m* automóvil eléctrico
электромонтёр *m* electricista
электромотор *m* electromotor, motor eléctrico
электрон *m fís* electrón
электроника *f* electrónica
электронный *adj* electrónico
электронщик *m coloq* electrónico

электропередача *f* transmisión de energía eléctrica
электроплита *f* cocina eléctrica
электропоезд *m* tren eléctrico
электрополотёр *m* encerador eléctrico
электроприбор *m* aparato eléctrico
электропровод *m* cable eléctrico
электропроводка *f* tendido eléctrico, instalación eléctrica
электропроводность *f fís* electroconductibilidad
электропроводный *adj fís* electroconductible
электросварка *f* electrosoldadura, soldadura eléctrica
электросварщик *m* soldador eléctrico, electrosoldador
электросеть *f* red eléctrica
электросон *m med* electrosueño
электростанция *f* central eléctrica
электростатика *f fís* electroestática
электростатический *adj fís* electroestático
электротерапия *f med* electroterapia
электротехник *m* electricista
электротехника *f* electrotecnia
электротехнический *adj* electrotécnico
электрохимический *adj quím* electroquímico
электрохимия *f quím* electroquímica
электрошок *m med* electroshock
электроэнергия *f* energía eléctrica
элемент *m* 1) elemento 2) *(о человеке)* elemento, tipo, sujeto
элементарно 1. *adv* elementalmente, de una manera elemental **2.** *adv pred* es elemental
элементарный *adj* elemental
элементный *adj* de(l) elemento, de (los) elementos
элеутерококк *m* eleuterococo
элизия *f ling* elisión
эликсир *m* elixir
элита *f* elite
элитарный *adj* V. элитный
элитный *adj* de elite
эллин *m* heleno
эллинг *m* 1) *nav* varadero 2) *aero* hangar
эллинский *adj* helénico
эллипсис *m ling mat* elipsis
эллиптический *adj ling mat* elíptico
эльф *m mitol* elfo
эмалевый *adj* de esmalte
эмалированный *adj* esmaltado
эмалировать *impf vt* esmaltar
эмалировка *f* 1) *(действие)* esmaltado 2) *(слой эмали)* esmalte
эмаль *f* esmalte
эмансипация *f* emancipación
эмансипированный *adj* emancipado
эмансипировать *biasp vt* emancipar
эмансипироваться *biasp* emanciparse
эмбарго *n inv jur* embargo *наложить* ~ decretar un embargo
эмблема *f* emblema
эмболия *f med* embolia
эмбриолог *m biol* embriólogo
эмбриология *f biol* embriología
эмбрион *m biol* embrión
эмбриональный *adj biol* embrionario
эмигрант, -ка *m/f* emigrante, emigrad|o, -a
эмигрантский *adj* de emigrante(s), de emigrado(s)
эмиграционный *adj* de emigración
эмиграция *f* emigración
эмигрировать *biasp vi* emigrar
эмир *m* emir
эмират *m* emirato
эмиссар *m elev* emisario
эмиссионный *adj* emisivo, de emisión
эмиссия[1] *f fin* emisión
эмиссия[2] *f fís* emisión
эмоциональность *f* emoción, emocionalidad
эмоциональный *adj* emocional, afectivo
эмоция *f* emoción, sentimiento
эмпирей *m elev* empíreo
эмпиризм *m filos* empirismo
эмпирик *m filos* empírico
эмпириокритицизм *m filos* empiriocriticismo
эмпирически *adv filos* empíricamente, de una manera empírica
эмпирический *adj filos* empírico
эмпирично *adv* эмпирически
эмпиричный *adj* эмпирический
эмпирия *f elev* empiria
эмульсия *f* emulsión
эмфаза *f ling lit* énfasis
эмфатический *adj* enfático
эмфизема *f med* enfisema
эндокринный *adj anat* endocrino
эндокринолог *m med* endocrinólogo
эндокринологический *adj med* endocrinológico
эндокринология *f med* endocrinología
эндоскоп *m med* endoscopio
эндоскопический *adj med* endoscópico
эндоскопия *f med* endoscopia
эндшпиль *m ajed* final de partida
энергетик *m* ingeniero energético
энергетика *f* energética, energía
энергетический *adj* energético
энергично *adv* enérgicamente
энергичность *f* energía
энергичный *adj* enérgico
энергия *f* energía
энн|ый *adj mat* «n», ene *~ое количество* cierta cantidad
энский *adj* cierto, indeterminado
энтомолог *m* entomólogo
энтомологический *adj* entomológico
энтомология *f* entomología
энтузиазм *m* entusiasmo
энтузиаст *m* entusiasta
энцефалит *m med* encefalitis
энциклопедизм *m* enciclopedismo
энциклопедист, -ка *m/f* enciclopedista
энциклопедический *adj* enciclopédico
энциклопедичный *adj* enciclopédico
энциклопедия *f* enciclopedia
эпигон *m elev* epígono
эпигонство *n elev* epigonismo
эпиграмма *f lit* epigrama
эпиграф *m lit* epígrafe
эпиграфика *f* epigrafía
эпидемиолог *m med* epidemiólogo
эпидемиологический *adj med* epidemiológico
эпидемиология *f med* epidemiología
эпидемический *adj* epidémico

эпидемия *f* epidemia, pasa
эпизод *m* episodio
эпизодически *adv* episódicamente, de un modo episódico
эпизодический *adj* episódico, incidental
эпизодично *adv* episódicamente
эпизодичный *adj* episódico
эпизоотия *f vet* epizootia
эпика *f* épica
эпикуреец *m filos* epicúreo
эпикуреизм *m filos* epicureísmo
эпикурейский *adj filos* epicúreo
эпикурейство *n filos* epicureísmo
эпилепсия *f* epilepsia
эпилептик *m* epiléptico
эпилептический *adj* epiléptico
эпилог *m* epílogo
эпистолярный *adj lit* epistolar
эпитафия *f* epitafio
эпителиальн|ый *adj anat bot* epitelial *~ая ткань* epitelio
эпителий *m anat bot* epitelio
эпитет *m lit* epíteto
эпицентр *m* epicentro
эпический *adj* épico
эпичность *f* carácter épico
эпичный *adj* V. эпический
эполет *f (espec pl)* charretera
эпопея *f* epopeya
эпос *m* épica
эпоха *f* época
эпохальный *adj elev* que hace época
эра *f* era
эрг *m fís (единица измерения)* ergio
эрекция *f fisiol* erección
эрзац *m* sucedáneo
эритроцит *m med* eritrocito
эркер *m arquit* mirador, ventana saliente
эрозионный *adj geol* erosivo
эрозия *f* erosión
эротизм *m* erotismo
эротика *f* erótica
эротический *adj* erótico
эротичный *adj* erótico
эротоман *m elev* erotómano
эротомания *f elev* erotomanía
эротоманка *f elev* erotómana
эрудированность *f elev* erudición
эрудированный *adj elev* erudito
эрудит *m elev* erudito
эрудиция *f elev* erudición
эсер *m hist* eser, socialista-revolucionario (en la Rusia revolucionaria)
эсеровский *adj hist* de los eseres, del partido socialista-revolucionario
эскадра *f nav* escuadra
эскадренный *adj nav* de escuadra
эскадрилья *f aero* escuadrilla
эскадрон *m mil* escuadrón
эскалатор *m* escalera mecánica
эскалация *f elev* escalada
эскалоп *m* escalopa
эскиз *m* boceto, bosquejo, croquis
эскизный *adj* de boceto, de bosquejo
эскимо *n inv* esquimó (helado envuelto en una capa de chocolate)
эскимос, -ка *m/f* esquimal
эскимосский *adj* esquimal
эскорт *m* escolta, convoy
эскортировать *impf vt* escoltar
эскулап *m elev hum* galeno, esculapio
эсминец *m mil nav* destructor
эспадрон *m sport* espada, florete
эспаньолка *m* perilla (real)
эсперантист *m* esperantista
эсперанто *n inv* esperanto
эспланада *f* explanada
эссе *n inv lit* ensayo
эссеист *m lit* ensayista
эссеистический *adj lit* ensayístico
эссенция *f* esencia (sustancia volátil)
эстакада *f* viaducto, puente de caballetes
эстамп *m arte* estampa
эстафета *f sport* relevo
эстафетный *adj sport* de relevos
эстет *m elev* esteta
эстетизм *m elev* esteticismo
эстетик *m* esteta
эстетика *f* estética
эстетически *adv* estéticamente
эстетический *adj* estético
эстетично *adv* de forma bonita, artística
эстетичный *adj* bonito, artístico
эстетский *adj* de esteta
эстетство *n elev* estetismo
эстон|ец, -ка *m/f* estoni|o, -a
эстонский *adj* estonio
эстрагон *m* estragón
эстрада *f* 1) tablado 2) *(вид искусства)* variedades
эстрадни|к, -ца *m/f coloq* artista de variedades
эстрадный *adj* de variedades
эсэсовец *m* miembro de las S.S. (hitlerianas)
эсэсовский *adj hist* de las S.S. (hitlerianas)
этаж *m* piso, planta *первый ~* planta baja
этажерка *f* estantería
этажность *f* número de plantas (pisos)
этажный *adj* de la planta, del piso
этак 1. *adv coloq* así, de esta manera, de este modo *ни так ни ~* ni de una manera ni de otra **2.** *partíc (примерно)* aproximadamente, más o menos
этакий *pron coloq* qué, tal, semejante, tamaño *~ дурак!* ¡qué tonto!, ¡vaya tonto!
эталон *m* patrón, referencia
эталонный *adj* estándar, de referencia
этап *m* etapa, fase
этапный *adj* de etapa(s)
этика *f* ética
этикет *m* etiqueta (ceremonial)
этикетка *f* etiqueta, marbete
этил *m quím* etilo
этиловый *adj quím* etílico
этимологизировать *impf vt ling* etimologizar
этимологический *adj ling* etimológico
этимология *f ling* etimología
этимон *m ling* etimón
этиология *f med* etiología
этически *adv* éticamente
этический *adj* ético
этичный *adj* ético
этнический *adj* étnico
этногенез *m* etnogénesis
этногенетический *adj* etnogenético

этнограф *m* etnógrafo
этнографический *adj* etnográfico
этнография *f* etnografía
этнос *m* etnia
это 1. *pron dem* esto *что ~?* ¿qué es esto?; *~ ясно* esto está claro; *для ~го* para esto **2.** *partic enfát* pues *что ~ с вами?* ¿qué le pasa?; *кто ~ звонит?* ¿quién llama?
этолог *m biol* etólogo
этологический *adj biol* etológico
этология *f biol* etología
этот, эта, это, эти *adj dem* este (esta, estos, estas), ese (esa, esos, esas) *дай мне эту газету* dame este periódico; *это дом или тот?* ¿esta casa o aquella? ◆ **при этом** con esto, además
этюд *m* estudio, bosquejo
этюдник *m arte* caja de pinturas
эфемерность *adj* carácter efímero
эфемерный *adj* efímero
эфес *m* puño, empuñadura
эфиоп, -ка *m/f* etíope
эфиопский *adj* etíope
эфир *m* 1) éter 2) *(радиоволны)* aire *прямой ~* retransmisión en directo
эфирный *adj* etéreo
эффект *m* efecto
эффективно *adv* con efectividad, efectivamente
эффективность *f* efectividad, eficiencia, eficacia
эффективный *adj* efectivo, eficaz
эффектно *adv* con efecto, de forma espectacular
эффектность *f* efecto
эффектный *adj* que produce efecto, impresionante, espectacular
эх *interj* 1) *(выражающее сожаление)* ay 2) *(выражающее упрёк)* ah
эхо *n inv* eco, resonancia
эхолот *m nav* eco-sonda, sonda acústica
эшафот *m* cadalso, patíbulo
эшелон *m mil* escalón
эшелонирование *n mil* escalonamiento
эшелонировать *biasp vt mil* escalonar

Ю

юань *m* yuán
юбилей *m* aniversario, conmemoración
юбилейный *adj* conmemorativo
юбиляр *m* homenajead|o, -a
юбилярша *f coloq* homenajeada
юбка *f* falda
юбочка *f dimin* faldita, falda
юбочник *m* faldero, mujeriego
ювелир *m* joyero, orfebre
ювелирн|ый *adj* de joyería *~ое изделие* joya
юг *m* sur *на ~е* en el sur
юго-восток *m* sudeste
юго-восточный *adj* del sudeste
юго-запад *m* sudoeste
юго-западный *adj* del sudoeste
югослав, -ка *m/f* yugoslav|o, -a
югославский *adj* yugoslavo
юдоль *f obsol* valle *~ скорби* valle de lágrimas
юдофоб *m* antisemita
южан|ин, -ка *m/f* habitante del sur, sureñ|o, -a
южнее *adv* más al sur
южноамерикан|ец, -ка *m/f* sudamerican|o, -a
южноамериканский *adj* sudamericano
южный *adj* meridional, del sur
юз *m* patinazo
юла *f* peonza
юлить *impf vi coloq* girar, dar vueltas
юмор *m* humor, gracia *чувство ~а* sentido del humor
юмореска *f lit* obra humorística
юморист *m* humorista
юмористический *adj* humorístico
юмористичный V. юмористический
юмористка *f* humorista
юнга *f nav* grumete, galopín
юнец *m* joven, mozalbete
юниор *m* júnior
юниорский *adj* júnior
юнкер *m mil hist* cadete (en la Rusia zarista)
юность *f* juventud
юноша *m* joven, muchacho
юношеский *adj* juvenil, de (la) juventud
юношество *n* 1) *(пора)* juventud 2) *(собирательное)* juventud, jóvenes
юный *adj* joven
Юпитер *m astron* Júpiter
юпитер *m coloq* foco, proyector
юр *m* : на ~у al aire libre
юридически *adv* jurídicamente
юридический *adj* jurídico, de derecho
юрисдикция *f* jurisdicción
юрисконсульт *m* jurisconsulto, jurisperito
юриспруденция *f* jurisprudencia
юрист *m* jurista
юркать V. юркнуть
юркий *adj* ágil, ligero, vivaracho
юркнуть *perf* юркать *impf vi* meterse rápidamente, colarse
юродивый 1. *adj coloq* chiflado, loco **2.** *m* yuródivi (mendigo alienado y vidente)
юродство *n* alienación, locura
юродствовать *impf vi* 1) *(быть юродивым)* hacer de yuródivi 2) *coloq (валять дурака)* hacer el tonto
юрский *adj geol* jurásico
юрта *f* yurta (tienda de campaña de los pueblos nómadas de Asia Central y Siberia)
Юрьев *adj* de San Jorge ◆ **вот тебе, бабушка, и ~ день!** *coloq* mi gozo en un pozo
юс *m* yus (letras Ѧ y Ѫ del alfabeto ruso antiguo)
юстиция *f* justicia
ютиться *impf* 1) *(о животных)* anidar, habitar 2) *(о человеке)* albergarse
юфть *f* yuft (tipo de piel gruesa rusa)

Я

я *pron pers* yo ~ *сам* yo mismo; ~ *знаю этот фильм* conozco esta película
ябеда *m/f coloq* chivat|o, -a
ябедни|к, -ца *m/f coloq* chivat|o, -a, acusica
ябедничать *impf* наябедничать *perf vi* (**на кого-л**) *coloq* delatar, acusar
яблок|о *n* 1) manzana 2) *(мишени)* diana ♦ **~о раздора** la manzana de la discordia **Адамово яблоко** nuez de Adán, nuez **~у негде упасть** no cabe un alfiler, está hasta los topes **~о от яблони недалеко падает** de tal palo, tal astilla
яблоневый *adj* de manzano(s)
яблоня *f* manzano
яблочко *n dimin. de* яблоко
яблочный *adj* de manzana
явить *perf* являть *impf vt elev* mostrar, manifestar
яви|ться *perf* являться *impf* 1) presentarse, aparecer, aparecer, acudir, comparecer *~ться на работу* presentarse al trabajo 2) *(возникнуть)* presentarse, aparecer, ocurrir *~лся случай* se presentó la ocasión 3) (**кем/чем-л**) *(быть)* ser *~ться причиной* ser la causa
явка *f* asistencia, comparecencia, asistencia
явление *n* 1) aparición 2) *(проявление)* fenómeno, hecho ~ *природы* fenómeno de la naturaleza; *обычное* ~ hecho corriente
являть V. явить
являться *impf* 1) V. явиться 2) (**кем/чем-л**) *(быть)* ser ~ *средством* ser un medio
явно 1. *adv* con evidencia, claramente, manifiestamente 2. *adv pred* es claro, es evidente
явный *adj* evidente, claro, patente, manifiesto
явственно *adv* claramente
явственность *f* claridad
явственный *adj* claro, diferenciado
явствовать *impf vi elev* ser evidente, estar claro
явь *f* realidad *стать ~ю* convertirse en realidad
яга *f* V. баба-яга
ягдташ *m* morral (de cazador)
ягель *m* liquen de los renos
ягнёнок *m* cordero
ягода *f* baya, fruta del bosque ♦ **они одного поля** ~ son tal para cual, son lobos de una misma camada
ягодица *f* nalga
ягодник *m* plantación de bayas
ягодный *adj* de bayas
ягуар *m* jaguar
яд *m* veneno, ponzoña
ядерный *adj* nuclear
ядерщик *m coloq* físico nuclear
ядовито *adv* maliciosamente, mordazmente
ядовитость *f* toxicidad, venenosidad
ядовитый *adj* 1) venenoso, tóxico 2) *(язвительный)* mordaz, malicioso
ядрёный *adj* 1) *coloq (твёрдый)* fuerte, macizo 2) *coloq (здоровый)* rubusto, vigoroso
ядр|о *n* 1) núcleo 2) *(пушечное)* bala (de cañón) 3) *sport* peso *толкание ~а* lanzamiento de peso
язва *f* 1) llaga, úlcera 2) *(болезнь)* plaga, cáncer
язвенный *adj* ulceroso, de úlcera
язвительность *f* mordacidad, sarcasmo
язвительный *adj* mordaz, sarcástico
язвить *impf vi* decir mordacidades, soltar pullas
язык *m* 1) *(часть тела)* lengua 2) *(кушанье)* lengua 3) *(средство общения)* lengua, lenguaje, idioma 4) *(колокола)* badajo ♦ ~ **сломаешь** es para romperse la lengua **говорить русским ~ом** hablar en cristiano **говорить на разных ~ах** hablar lenguajes distintos, no entenderse **типун тебе на ~!** ¡que se te pudra la lengua! **держать ~ за зубами** callarse **тянуть за** ~ tirar de la lengua ~ **без костей у кого-л** no tiene pelos en la lengua **злые ~и** malas lenguas ~ **хорошо подвешен у кого-л** tiene facilidad de palabra, tiene el don de la palabra ~ **отнялся у кого-л** se ha quedado sin palabras **трепать (болтать) ~ом** *coloq* darle a la lengua, cascar
языковед *m* lingüista
языковедение *n* lingüística
языковедческий *adj* lingüístico
языковой *adj* de la lengua, del lenguaje, lingüístico
языкознание *n* lingüística
языческий *adj* pagano
язычество *n* paganismo
язычни|к, -ца *m/f* pagan|o, -a
язычный *adj anat ling* lingual
язычок *m* 1) dimin. de язык 2) *(пластинка)* lengüeta
язь *m* ido (leuciscus idus)
яичко *n* 1) dimin. de яйцо 2) *anat* testículo
яичник *m anat* ovario
яичница *f* tortilla *~-глазунья* huevo frito, huevo estrellado
яичный *adj* de huevo(s)
яйцевидный *adj* ovoide, con forma de huevo
яйцевод *m anat* oviducto
яйцеклетка *f biol* óvulo
яйц|о *n* 1) huevo *крутое ~о* huevo duro; *~о всмятку* huevo pasado por agua 2) *biol* óvulo ♦ **выеденного ~а не стоит** no vale un pimiento
як *m (животное)* yak
якобинец *m* jacobino
якобинский *adj* jacobino
якобы 1. *conj* como si 2. *partic* parece que, supuestamente, aparentemente *он ~ не знал об этом* parece que no lo sabía; *я смотрел этот ~ интересный фильм* vi esta película supuestamente interesante
якорный *adj nav* de(l) ancla
якорь *m* ancla
якут, -ка *m/f* yakut|o, -a

якутский *adj* yakuto, de Yakutia
якшаться *impf* (**с кем-л**) *vulg* andar (con alg), tratar (con alg)
ял *m nav* bote
ялик *m nav* botel, chalana
яловеть *impf* обяловеть *perf vi agric* ser estéril, quedarse estéril (referido al ganado)
яловый *adj agric* estéril, no fecundado (referido al ganado)
ям|а *f* 1) foso, hoyo 2) *(на дороге)* bache ◆ **не рой другому ~у, сам в неё попадёшь** quien mala cama hace, en ella se yace
ямб *m lit* yambo
ямбический *adj lit* yámbico
ямка *f* hoyuelo
ямочка *f coloq dimin. de* яма, ямка
ямщик *m obsol* cochero, postillón
январский *adj* de enero
январ|ь *m* enero *в ~е* en enero
янки *m inv coloq peyor* yanqui
янтарный *adj* de ámbar
янтарь *m* ámbar
янычар *m hist* jenízaro
япон|ец, -ка *m/f* japon|és, -esa
японский *adj* japonés
яр *m reg* barranco
яранга *f* yaranga (tienda de campaña de algunos pueblos del norte de Rusia)
ярд *m* yarda
ярем *m* V. ярмо
яремн|ый *adj* 1) del yugo 2) *anat* yugular *~ые вены* venas yugulares
яриться *impf* enfurecerse, encolerizarse
яркий *adj* 1) vivo, intenso, brillante, vistoso ~ *свет* luz fuerte, intensa; ~ *цвет* color vivo 2) *(выдающийся)* brillante, notable ~ *пример* ejemplo notable
ярко *adv* vivamente, intensamente
яркость *f* 1) claridad, vivacidad, brillo 2) *(неординарность)* relieve, notoriedad
ярлык *m* etiqueta, marbete *навесить* ~ colgar una etiqueta
ярмарка *f* feria
ярмарочный *adj* de la feria
ярмо *n* yugo
яро V. яростно
яровой *adj agric* de primavera
яростно *adv* violentamente, furiosamente, con rabia
яростный *adj* furioso, rabioso, furibundo, enfurecido
ярость *f* ira, rabia, furia *прийти в* ~ montar en cólera, enfurecerse
ярус *m* fila
ярый *adj* 1) V. яростный 2) *(страстный)* ferviente, apasionado, vehemente
ясеневый *adj* de(l) fresno
ясень *m* fresno
ясли (*gen* яслей) *mpl* guardería, jardín de infancia
яснеть *impf* прояснеть *perf vi* aclararse, despejarse
ясно 1. *adv* claramente, con claridad ~ *видеть* ver claro; ~ *выражаться* expresarse con claridad **2.** *adv pred* 1) es claro, está claro, es evidente *мне всё* ~ está todo claro, me ha quedado todo claro 2) *(о погоде)* está sereno **3.** *partíc* de acuerdo, está claro, comprendido
ясновидение *n* 1) adivinación, clarividencia 2) *(прозорливость)* clarividencia, sagacidad
ясновид|ец, -ица *m/f* vidente
ясновидящий *adj* clarividente
ясность *f* 1) claridad, nitidez, brillantez 2) *(безоблачность)* serenidad 3) *(спокойствие)* serenidad, tranquilidad 4) *(отчётливость)* claridad 5) *(очевидность)* evidencia
ясный *adj* 1) *(светлый)* claro, brillante *ясный месяц* luna clara 2) *(безоблачный)* sereno, despejado ~ *день* día claro 3) *(спокойный)* sereno, tranquilo ~ *взгляд* mirada serena 4) *(отчётливый)* claro, nítido 5) *(очевидный)* claro
яство *n obsol* comida, manjar
ястреб *m* azor, gavilán
ястребиный *adj* de(l) azor
five
ять *m* yat (nombre de la letra Ѣ del alfabeto ruso antiguo)
яхонт *m obsol* rubí, zafiro
яхта *f* yate
яхт-клуб *m* puerto deportivo, yacht club
яхтсмен *m* yachtsman
ячейка *f* 1) *(в сотах)* alvéolo, celda (de la colmena) 2) *pol* célula
ячменный *adj* de cebada
ячмень *m* cebada
яшма *f min* jaspe
ящер *m* lagarto
ящерица *f* lagarto
ящерка *f coloq* lagartija, lagarto
ящик *m* 1) caja, cajón *почтовый* ~ buzón 2) *coloq (телевизор)* tele, caja tonta ◆ **откладывать в долгий** ~ dejar para el día del juicio final, dar largas
ящичек *m dimin. de* ящик
ящур *m vet* glosopeda, fiebre aftosa

ESPAÑOL-RUSO

A

a *f* название буквы «a»

a *prep* 1) *(expresando dirección del movimiento)* в (что-л), на (что-л), к (чему-л) *ir al cine* идти в кино 2) *(expresando el tiempo en que sucede algo)* в (что-л) ~ *medianoche* в полночь; ~ *las ocho* в восемь часов 3) *(al cabo de)* через (что-л) ~ *los ocho días* через восемь дней 4) *(expresando distancia)* в (чём-л) ~ *cuatro kilómetros de la ciudad* в четырёх километрах от города 5) *(en el complemento directo)* переводится оборотом с винительным падежом *vi a María* я видел Марию 6) *(en el complemento indirecto)* переводится оборотом с дательным падежом *Pedro escribió ~ su nieto* Пётр написал своему внуку 7) *(con sentido distributivo)* по (что- л) ~ *tres libros por persona* по три книги на человека 8) *(expresando modo de acción)* переводится наречием или оборотом с творительным падежом *tortilla ~ la francesa* омлет по-французски; *siempre dibujo ~ lápiz* всегда рисую карандашом 9) *(expresando coincidencia o simultaneidad)* переводится деепричастным оборотом, с (чем-л) *al entrar* входя 10) *(en complementos con determinados verbos)* переводится оборотом с формой инфинитива *empezar ~ correr* начать бегать 11) *(expresando finalidad)* переводится оборотом с формой инфинитива *salió ~ dar un paseo* он вышел прогуляться 12) *(expresando orden o exhortación)* переводится оборотом с формой инфинитива *¡ ~ callar!* молчать! ◆ **a por** за чем-л. ~ **que** чтобы ~ **pie** пешком

abacá *f* абака, текстильный банан

abacial *adj* 1) *(relativo al abad)* аббатский 2) *(relativo a la abadía)* монастырский

ábaco *m* 1) счёты 2) *mat* номограмма 3) *arquit* абака

abad *m* аббат, настоятель монастыря

abadejo *m* 1) *(bacalao)* треска 2) *(pájaro)* королёк

abadesa *f* аббатиса, настоятельница

abadía *f (señorío del abad)* имущество аббата

abajo 1. *adv* 1) *(dirección)* вниз 2) *(situación)* внизу, снизу 3) *(en un documento)* ниже, далее **2.** *interj* долой, вон, прочь

abalanzar *vt* кидать, бросать, швырять

abalanzarse *vpron* **(sobre alg o u/c)** бросаться (к кому/чему-л)

abalear[1] *vt (el trigo)* веять, провеивать (зёрна)

abalear[2] *vt Am. (tirotear)* обстреливать

abaleo *m* веяние (зёрен)

abalizar *vt nav* ставить бакены, ограждать фарватер

abalizarse *vpron nav* определять местонахождения судна

abalorio *m* бисер, стеклярус

abanderado *m* 1) знаменосец 2) *(representante)* представитель

abanderar *vt* 1) *(matricular)* приписывать судно к порту 2) *(liderar)* возглавлять

abandonado *adj* заброшенный, запущенный

abandonar *vt* 1) *(marcharse)* покидать 2) *(dejar solo)* бросать

abandonarse *vpron* 1) **(a u/c)** *(entregarse)* предаваться (чему-л) 2) *(descuidarse)* распускаться, становиться неряшливым 3) *(caer de ánimo)* падать духом

abandono *m* оставление, небрежность, распущенность

abanicar *vt* обмахивать веером

abanicarse *vpron* обмахиваться веером

abanico *m* веер

abaniqueo *m* обмахивание веером

abanto *adj* неповоротливый, медлительный

abarajar *vt Am.* ловить, перехватывать

abaratamiento *m* снижение цены, удешевление

abaratar *vt* удешевлять, снижать цену

abaratarse *vpron* становиться дешевле, дешеветь

abarcar *vt* охватывать

abarcas *fpl* абарки (вид кожаной обуви)

abarquillar *vt* придавать форму трубки

abarquillarse *vpron* коробиться, деформироваться

abarraganarse *vpron* V. amancebarse

abarrancadero *m* непроходимое место, топь

abarrancamiento *m* увязание, застревание

abarrancar 1. *vt* изрезать оврагами **2.** *vi* садиться на мель

abarrancarse *vpron* 1) *(varar)* садиться на мель 2) *(caer en un barranco)* падать в овраг

abarrotado *adj* переполненный, забитый

abarrotar *vt* переполнять, забивать

abarrote 1. *m* 1) V. abarrotamiento 2) *nav* кипа, небольшой тюк **2.** *mpl Am.* товары первой необходимости, продукты

abastecedor *adj* снабжающий

abastecer *vt* **(de u/c)** снабжать (чем-л)

abastecerse *vpron* **(de u/c)** снабжаться (чем-л)

abastecimiento *m* снабжение, обеспечение

abasto 1. *m* V. abastecimiento **2. -s** *mpl* продовольственные товары, продовольствие ◆ **dar ~** справляться, управляться

abatanar *vt* 1) *(el paño)* валять (сукно) 2) *(maltratar)* бить, колотить

abatido *adj* удручённый, подавленный

abatimiento *m* удручённость, подавленность

abatir *vt* 1) валить, сваливать, сбивать 2) *(desanimar)* удручать, подавлять

abatirse *vpron* **(sobre alg o u/c)** набрасываться (на кого/что-л)

abdicación *f* 1) *(de un título)* отречение, сложение 2) *(de una idea)* отречение, отказ

abdicar *vt* 1) **(de u/c)** *(dicho de un rey)* отрекаться (от чего-л) 2) **(de u/c)** *(renunciar a algo propio)* отказываться (от чего-л), отрекаться (от чего-л)

abdomen *m* 1) *anat* брюшная полость 2) *zool* брюшко, абдомен
abdominal 1. *adj* брюшной, абдоминальный **2.** *m (espec pl)* пресс
abducción *f* 1) *(de una parte del cuerpo)* абдукция, отведение конечности 2) *(por parte de un extraterrestre)* посхищение, абдукция 3) *filos* абдукция
abducir *vt* 1) *(una parte del cuerpo)* отводить конечность 2) *(dicho de un extraterrestre)* похищать, уводить
abecé *m* 1) азбука, алфавит 2) *(nociones fundamentales)* азы
abecedario *m* азбука, алфавит
abedul *m* берёза
abeja *f* пчела
abejar *m* пчельник, пасека
abejarrón *m* V. abejorro
abejaruco *m* пчелоед, золотистая щурка
abejón *m* V. abejorro
abejorro *m* шмель
aberración *f* 1) заблуждение 2) *astron* аберрация
aberrante *adj* ошибочный, неправильный
abertura *f* 1) отверствие, щель 2) *(acción)* открывание
abertzale *adj* V. aberzale
aberzale 1. *adj* аберцале, националистический баскский **2.** *m/f* аберцале, баскск|ий, -ая националист, -ка
abetal *m* ельник, еловый лес
abeto *m* ель, ёлка
abicharse *vpron Am.* обрастать червями (о фруктах)
abiertamente *adv* 1) открыто, публично 2) *(sinceramente)* чистосердечно, откровенно
abierto *adj* 1) открытый, откровенный 2) *(dicho de una persona)* открытый, откровенный, искренний 3) *(indudable)* открытый, явный
abigarrado *adj* 1) пёстрый, разноцветный 2) *(heterogéneo)* пёстрый, разношёрстный
abigarramiento *m* 1) пестрота, цветистость 2) *(heterogeneidad)* пестрота, пёстрая смесь, мешанина
abigeato *m Am.* угон скота
abigeo *m Am.* угонщик скота
abiótico *adj biol* абиотический
abisal *adj inv geogr* абиссальный
abisini|o 1. *adj* абиссинский **2. , -a** *m/f* абиссинец, -ка
abismado *adj* задумавшийся
abismal *adj* 1) бездонный 2) *(enorme)* огромный
abismar *vt* низвергать, сбрасывать в бездну
abismarse *vpron* 1) *(hundirse en un abismo)* падать в бездну, низвергаться 2) *(abatirse)* конфузиться, приходить в замешательство
abismo *m* пропасть, бездна
abjuración *f* клятвенное отречение
abjurar *vi* **(de u/c)** клятвенно отрекаться (от чего-л), отступаться (от чего-л)
ablación *f* ампутация, удаление
ablandamiento *m* смягчение
ablandar *vt* смягчать
ablandarse *vpron* смягчаться
ablande *m Am.* обкатка (автомашины)
ablativo *m ling* аблатив, отложительный падеж
ablución *f* 1) обливание, умывание, мытьё 2) *relig* омовение
abnegación *f* самоотверженность
abnegado *adj* самоотверженный
abnegarse *vpron* **(de u/c)** добровольно отрекаться (от чего-л), жертвовать (чем-л)
abobado *adj* глуповатый, придурковатый
abobamiento *m* оглупление
abobar *vt* оглупять
abobarse *vpron* глупеть, тупеть
abocado *adj* полусухой (о вине)
abocar 1. *vt* 1) *(verter)* переливать 2) *(aproximar)* приближать, придвигать **2.** *vi nav* входить в порт
abochornado *adj* смущённый, смутившийся, покрасневший
abochornar *vt* 1) обдавать жаром, обжигать 2) *(avergonzar)* приводить в смущение
abochornarse *vpron* 1) *(de calor)* задыхаться (от жары) 2) *(de vergüenza)* сгорать со стыда
abocinado *adj* расширяющийся в форме раструба, копусообразный
abofetear *vt* давать пощёчину
abogacía *f* адвокатура
abogadesco *adj* адвокатский
abogadil *adj* V. abogadesco
abogado *m/f* адвокат, защитник
abogar *vi* 1) **(por alg)** *(defender)* защищать 2) **(por alg)** *(ser partidario de u.c.)* быть сторонником (чего-л)
abolengo *m* 1) *(ascendencia ilustre)* родовитость, знатность 2) *(familia o linaje)* происхождение, род 3) *(bienes heredados)* наследство, родовое имение
abolición *f* отмена, упразднение
abolicionismo *m hist* аболиционизм
abolicionista 1. *adj hist* аболиционистикий **2.** *f/m hist* аболиционист, -ка
abolir *vt* отменять, упразднять
abollado *m* 1) *obsol (en el vestido)* сборки 2) *(en el metal)* тиснение, чеканка
abolladura *f* 1) вмятина 2) чеканка
abollar[1] *vt (una superficie)* вдавливать, делать вмятину
abollar[2] *vt (adornar metales)* чеканить, выбивать
abollarse *vpron* вдавливаться, вгибаться
abollonar *vt* делать вмятины
abombado[1] *adj (convexo)* выпуклый
abombado[2] *adj (tonto)* чокнутый, тронутый
abombamiento[1] *m* V. aturdimiento
abombamiento[2] *m (convexidad)* выпуклость
abombar[1] *vt coloq (aturdir)* огорашивать
abombar[2] **1.** *vt (dar forma convexa)* делать выпуклым **2.** *vi* надувать, накачивать
abombarse *vpron* вздуваться, вспухать
abominable *adj* отвратительный, мерзкий, противный
abominación *f* 1) *(acción y efecto de abominar)* отвращение 2) *(cosa abominable)* мерзость, гнусность
abominar *vt* ненавидеть, презирать
abonable *adj* подлежащий уплате
abonad|o 1. *adj* абонированный **2., -a** *m/f* абонент

abonanzar *vi* 1) *(dicho del tiempo)* проясняться 2) *(dicho de las nubes)* рассеиваться 3) *(dicho del mar o el viento)* утихать, успокаиваться

abonar[1] *vt* 1) *(garantizar)* гарантировать 2) *(respaldar)* поддерживать 3) *(con fertilizantes)* удобрять 4) *(pagar)* оплачивать

abonar[2] *vt (a una publicación, espectáculo, etc.)* абонировать

abonaré *m* денежное обязательство

abonarse *vpron* **(a u/c)** подписываться (на что-л)

abono[1] *m* 1) *agric* удобрение 2) *(pago)* оплата

abono[2] *m (suscripción)* абонемент

abordable *adj inv* 1) *(accesible)* доступный 2) *(para embarcaciones)* годный для причаливания

abordaje *m* абордаж

abordar *vt* 1) *(dicho de una embarcación)* брать на абордаж 2) *(a una persona)* обращаться (к кому-л) 3) *(emprender)* браться за что-л.

aborigen 1. *adj* туземный, местный **2.** *m/f* туземец, -ка, абориген, -ка

aborrascarse *vpron* портиться (о погоде)

aborrecer *vt* 1) ненавидеть, питать отвращение (к кому/чему-л) 2) *(molestar)* надоедать (кому-л)

aborrecible *adj* отвратительный, мерзкий, ненавистный

aborrecimiento *m* отвращение, ненависть

aborregarse *vpron* 1) *(dicho de las nubes)* покрываться белыми облачками 2) *(dicho de una persona)* тупеть, глупеть

abortamiento *m* V. aborto

abortar 1. *vi* выкидывать плод, делать аборт **2.** *vt (frustrar)* срывать

abortista *m/f* сторонник, ца отмены уголовного преследования за аборты

abortivo 1. *adj* абортивный, вызывающий аборт **2.** *m* абортивное средство

aborto *m* аборт, выкидиш

abortón *m* 1) *(dicho de un animal)* недоносок, уродец 2) *(piel del cordero prematuro)* каракульча

abotagar *vt* опухать, раздувать

abotagarse *vpron* опухать, раздуваться

abotargar *vpron* V. abotagar

abotargarse *vpron* V. abotagarse

abotonador *m* крючок для застёгивания пуговиц

abotonar *vt* застёгивать

abotonarse *vpron* застёгивать на пуговицы (на себе)

abovedado *adj* 1) *(con bóveda)* сводчатый, арочный 2) *(combado)* выпуклый, дугообразный

abovedar *vt* 1) *(cubrir con bóveda)* перекрывать сводом 2) *(dar forma de bóveda)* придавать форму свода

abra *f* 1) *(pequeña bahía)* небольшая бухта, залив 2) *(puerto o paso de montaña)* ущелье

abracadabra *f* абракадабра, бессмыслица

abrasador *adj* сжигающий, обжигающий

abrasamiento *m* сожжение

abrasar *vt* сжигать, обжигать

abrasarse *vpron* обжигаться, сгорать

abrasión *f* 1) истирание, стирание, трение 2) *geol* размывание берега, абразия 3) *med (irritación)* раздражение 4) *med (ulceración no profunda)* изъавление

abrasivo 1. *adj* абразивный, шлифовальный **2.** *m* абразив, шлифовальный материал

abrazadera *f* хомут, зажим, стяжное кольцо

abrazar *vt* 1) обнимать 2) *(contener)* заключать в себе, содержать

abrazarse *vpron* 1) обниматься 2) *(a algo)* ухватываться (за что-л)

abrazo *m* объятие

abrebotellas *m* штопор

abrecartas *m* разрезальный нож

ábrego *m* юго-западный ветер

abrelatas *m* консервный нож, открывашка

abrevadero *m* водопой, водопойный жёлоб

abrevamiento *m* поение

abrevar *vt* 1) *(dar de beber)* поить, вести на водопой 2) *(saciar)* давать напиться, опаивать

abrevarse *vt* пить, напиваться (о скоте)

abreviación *f* 1) уменьшение, ускорение 2) *ling* сокращение

abreviamiento *m* V. abreviación

abreviar 1. *vt* сокращать, уменьшать, ускорять **2.** *vi (apresurarse)* спешить

abreviatura *f* сокращение, аббревиатура

abridor *m* открывалка, открывашка

abrigada *f* V. abrigadero

abrigadero *m* укрытие, защита

abrigado *adj* защищённый от холода

abrigar *vt* 1) **(de u/c)** *(proteger)* укрывать (от чего-л), защищать (от чего-л) 2) *(arropar)* кутать 3) *(una idea)* таить, лелеять

abrigarse *vpron* одеваться потеплее, кутаться

abrigo *m* 1) *(de la lluvia, del frío)* укрытие, защита 2) *(prenda de vestir)* пальто

abril *m* 1) апрель *en abril* в апреле 2) *(juventud)* юность, молодость

abrileño *adj* апрельский

abrillantador *m* 1) *(de piedras preciosas)* гранильщик 2) *(de metales)* шлифовщик 3) *(producto)* моющее средство

abrillantar *vt* 1) *(piedras, metales)* шлифовать, полировать 2) *(dar brillantez)* придавать блеск, придавать лоск

abrir 1. *vt* 1) открывать, раскрывать ~ *la puerta* открывать дверь 2) *(un agujero)* пробивать, проламывать 3) *(los brazos, las piernas)* раздвигать **2.** *vi* открываться ◆ **~ de par en par** распахивать

abrirse *vpron* 1) открываться, раскрываться 2) *(dicho de una flor)* распускаться 3) *coloq* уходить, сматывать

abrochador *m* V. abotonador

abrochar *vt* застёгивать, пристёгивать

abrogación *f jur* упразднение, отмена

abrogar *vt jur* отменять, упразднять

abrogatorio *adj jur* отменяющий, упраздняющий

abrojo 1. *m* репейник, чертополох **2. -s** *mpl* огорчения

abroncar *vt* 1) *(avergonzar)* стыдить 2) *(reprender)* ругать, делать выговор

abrótano *m* полынь лечебная

abrumador *adj* 1) *(agobiante)* угнетающий, подавляющий 2) *(que produce hastío)* надоедливый, томительный

abrumar *vt* 1) *(agobiar)* угнетать, подавлять 2) *(producir hastío)* надоедать (кому-л), удручать

abrumarse *vpron* покрываться туманом

abrupto *adj* 1) *(escarpado)* крутой, обрывистый 2) *(rudo, destemplado)* резкий, несдержанный

absceso *m* абсцесс, нарыв

abscisa *f mat* абсцисса

absenta *f* абсент, полынная водка

absentismo *m* абсентизм, неявка на работу

absentista *adj* длительно не явившийся, длительно уклоняющийся

ábside *m arquit* апсида

absolución *f* 1) прощение, оправдание 2) *relig* отпущение грехов

absolutamente *adv* абсолютно, полностью

absolutismo *m* абсолютизм, самодержавие

absolutista 1. *adj* абсолютистский, самодержавный **2.** *m/f* сторонни|к, -ца абсолютизма

absoluto *adj* абсолютный, полный ♦ **en** ~ совершенно, вообще

absolutorio *adj* оправдательный, освобождающий

absolver *vt* 1) **(de u/c)** *(de cargo u obligación)* освобождать (от чего-л) 2) *(perdonar)* прощать, отпускать 3) *(declarar inocente)* признавать невиновным, оправдывать

absorbencia *f* всасывание, впитывание

absorbente 1. *adj* 1) поглащающий, всасывающий 2) *(dominante)* властный, не допускающий вмешательства **2.** *m quím* поглотитель, абсорбент

absorber *vt* 1) всасывать, впитывать, абсорбировать 2) *(un golpe)* амортизировать 3) *(tiempo, energía)* поглощать, пожирать

absorberse *vpron* 1) всасываться, впитываться, абсорбироваться 2) *(dicho de un golpe)* амортизироваться

absorción *f* 1) всасывание, впитывание 2) *quím* поглощение, абсорбция

absorto *adj* поглощённый, погружённый

abstemi|o 1. *adj* непьющий **2., -a** *m/f* непьющий человек, трезвенни|к, -ца

abstención *f* воздержание

abstencionismo *m* воздержание (при голосовании)

abstencionista *adj* воздержавшийся (при голосовании)

abstenerse *vpron* **(de u/c)** воздерживаться (от чего-л)

absterger *vt med* промывать

abstinencia *f* воздержание

abstinencia *f* 1) воздержание 2) *(privación de los alimentos)* соблюдение поста

abstracción *f* абстракция, абстрагирование, отвлечение

abstraccionismo *m arte* абстракционизм

abstracto *adj* абстрактный, отвлечённый

abstraer *vt* абстрагировать, отвлекать

abstraerse *vpron* **(de u/c)** абстрагироваться (от чего-л), отвлекаться (от чего-л)

abstraído *adj* погружённый, отвлечённый

abstruso *adj* непонятный, трудный для понимания

absurdez *f* V. absurdidad

absurdidad *f* 1) *(cualidad de absurdo)* абсурдность 2) *(disparate)* абсурд, нелепость

absurdo 1. *adj* бессмысленный, абсурдный **2.** *m* абсурд

abubilla *f* удод

abuchear *vt coloq* освистывать, шикать (кому-л)

abucheo *m* шиканье, громкое выражение неудовольствия, свист

abuela *f* 1) бабушка, бабка 2) *coloq (mujer vieja)* старуха, бабушка ♦ **éramos pocos y parió la** ~ *coloq* только этого не хватало

abuelo *m* дедушка, дед

abulense 1. *adj* относящийся к городу или провинции Авила **2.** *m/f* житель, -ница (уроженец, уроженка) Авилы

abulia *f* 1) безволие, слабоволие 2) *med* абулия, патологическое безволие

abúlico *adj* безвольный, слабовольный

abultado *adj* большой, объёмистый, громоздкий

abultar 1. *vt* 1) *(aumentar el bulto)* увеличивать объём, расширять 2) *(ponderar)* преувеличивать **2.** *vi (hacer bulto)* быть громоздким, иметь большой объём

abundamiento *m obsol* V. abundancia

abundancia *f* 1) изобилие, обилие, избыток 2) *(prosperidad)* изобилие, богатство ♦ **nadar en la** ~ как сыр в масле кататься

abundante *adj* обильный, изобильный, избыточный

abundar *vi* 1) иметься (быть) в изобилии 2) **(en u/c)** *(tener en abudancia)* изобиловать (чем-л) 3) **(en u/c)** *(compartir una opinión)* быть (придерживаться) одного мнения (с кем-л)

abundoso *adj* V. abundante

abur *interj coloq* V. agur

aburguesamiento *m* обуржуазивание

aburguesarse *vpron* обуржуазиться, омещаниться

aburrición *f coloq* V. aburrimiento

aburrido *adj* скучный, утомительный, занудный *un relato* ~ скучный рассказ; *estoy* ~ мне скучно

aburrimiento *m* скука

aburrir *vt* утомлять, надоедать (кому-л)

aburrirse *vpron* скучать, томиться

abusar *vi* 1) **(de u/c)** злоупотреблять (чем-л) 2) **(de alg)** *(de alguien más débil)* жестоко обращаться (с кем-л) 3) **(de alg)** *(sexualmente)* заниматься сексуальным домогательством (с кем-л)

abusica *m/f coloq* V. abusón

abusivo *adj* 1) *(injusto)* неправильный, несправедливый 2) *(excesivo)* чрезмерный 3) *(ofensivo)* оскорбительный

abuso *m* 1) злоупотребление ~ *de poder* злоупотребление властью 2) *(consumo excesivo)* злоупотрбление ~ *del alcohol* злоупотребление алькоголем 3) *(de alguien más débil)* жестокое обращение 4) *(sexual)* сексуальное домогательство

abusón *adj coloq* жестоко обращающийся с более слабыми

abyección *f* 1) *(bajeza)* низость, гнусность, подлость 2) *(humillación)* унижение, униженность

abyecto *adj* низкий, гнусный, подлый

acá *adv* здесь, тут ◆ **de ~ para allá** туда-сюда

acabado 1. *adj* 1) законченный, совершенный 2) *(destruido)* разрушенный, расшатанный **2.** *m* отделка, доделка, полировка

acaballadero *m* место случки лошадей (ослов)

acabamiento *m* 1) *(acción de acabar)* окончание, завершение 2) *(fin)* конец, предел, результат 3) *(muerte)* смерть

acab|ar 1. *vt* 1) заканчивать, кончать, завершать 2) *(apurar)* использовать до конца, съедать, выпивать 3) *(matar)* приканчивать, добивать **2.** *vi* 1) заканчиваться, кончаться *el espectáculo ~ó a las diez* спектакль закончился в десять 2) *(morir)* умирать, кончаться 3) **(con u/c)** *(poner fin a algo)* покончить (с чем-л), положить конец (чему-л) 4) *(destruir, exterminar)* разрушать, губить *esto ~ó con él* это его доконало 5) **(de u/c)** *(haber ocurrido poco antes)* обозначает только что законченное действие *~o de llegar* я только что приехал ◆ **¡~áramos (con ello)!** *coloq* наконец-то! **es una cosa de nunca ~ar** этому не будет конца **¡se ~ó!** хватит!, всё! **se ~ó lo que se daba** вот и всё, дело с концом

acabarse *vpron* заканчиваться, кончаться, завершаться

acabose *m coloq* : ¡esto es el ~! это конец!, дальше некуда!

acacia *f* акация

academia *f* академия ~ *de ciencias* академия наук; ~ *militar* военная академия

academicismo *m* академизм

académico 1. *adj* академический **2.** *m* академик

acaecer *vi* происходить, случаться

acaecimiento *m* происшествие, событие, случай

acalambrarse *vpron* сводить судорогой

acallantar *vt* V. acallar

acallar *vt* 1) *(hacer callar)* заставлять замолчать, утихомиривать 2) *(apaciguar)* успокаивать, унимать

acallarse *vpron* 1) *(cesar)* замолчать, утихомириться 2) *(apaciguarse)* успакаивать, унимать

acaloradamente *adv* горячо, пылко, страстно

acalorado *adj* горячий, пылкий, возбуждённый

acaloramiento *m* 1) *(arrebato de calor)* нагревание, согревание 2) *(arrebatamiento)* пыл, жар, страстность

acalorar *vt* 1) греть, нагревать, согревать 2) *(excitar)* возбуждать, будоражить

acalorarse *vi* 1) *(por el calor)* разогреться, вспотеть 2) *(excitarse)* возбуждаться, загораться

acampada *f* разбивка лагеря

acampanado *adj* 1) колоколообразный 2) *(dicho de la ropa)* расклёшенный

acampanar *vt* придавать форму колокола

acampanarse *vpron* получать форму колокола

acampar *vi* располагаться лагерем, разбивать лагерь

acanalado *adj* каналообразный, желобчатый

acanaladura *f* паз, канава

acanalar *vt* делать канавки, желобить

acanallado *adj* низкий, подлый

acantilado 1. *adj* 1) *(dicho de una costa)* крутой, обрывистый 2) *(dicho del fondo del mar)* поднимающийся уступами **2.** *m* 1) крутой (скалистый) берег 2) круча, обрыв

acantilar *vt* образовывать уступы

acanto *m* акант, аканф, медвежья лапа

acantonamiento *m* размещение, расквартирование

acantonar *vt* размещать, расквартировывать

acaparador *m* скупщик, барышник

acaparamiento *m* 1) *(acumulación con fines comerciales)* скупка, барышничество 2) *(apropiación)* захват, присвоение

acaparar *vt* 1) *(con fines comerciales)* скупать, барышничать 2) *(apropiarse de una cosa)* захватывать, присваивать, прикарманивать

acápite *m Am.* абзац, параграф

acaramelado *adj* 1) засахаренный, глазированный 2) *(afectado)* обходительный, слащавый

acaramelar *vt* засахаривать, глазировать

acaramelarse *vt* 1) *(dicho de una persona)* быть обходительным (слащавым) 2) *(dicho de los enamorados)* быть ласковым

acariciador *adj* ласковый, приветливый

acariciar *vt* 1) ласкать, гладить 2) *(una idea)* лелеять

ácaro *m* клещ

acarreador *m* возчик, грузчик

acarrear *vt* 1) возить, перевозить, транспортировать 2) *(suponer, causar)* влечь за собой, вызывать

acarreo *m* перевозка, транспортировка

acartonado *adj* 1) похожый на картон, твёрдый, как картон 2) *(sin vitalidad)* сухой, сухопарий

acartonarse *vpron* становиться жёстким

acaso 1. *m* случай, случайность **2.** *adv* 1) *(quizás)* возможно, может быть 2) *(en oraciones interrogativas)* разве?, неужели? *¿ ~ podía hacer saberlo?* разве я мог знать об этом? ◆ **por si ~** на всякий случай

acatamiento *m* почитание, послушание, повиновение

acatar *vt* 1) *(respetar)* почитать, чтить 2) *(aceptar con sumisión)* соблюдать, принимать, повиноваться (чему-л)

acatarrado *adj* простуженный

acatarrarse *vpron* простужаться

acatólico *adj* некатолический

acaudalado *adj* состоятельный, имущий

acaudalar *vt* 1) *(dinero)* скапливать, копить 2) *(conocimiento, experiencia)* накапливать

acaudillar *vt* возглавлять, руководить (кем/чем-л)

acaule *adj bot* бесстелбельный

acceder *vi* 1) **(a u/c)** *(consentir)* соглашаться (с чем-л) 2) **(a u/c)** *(ceder)* уступать (чему-л), уступать (чему-л) 3) *(entrar en un lugar)* проникать, входить 4) **(a u/c)** *(tener acceso)* иметь доступ (к чему-л)

accesibilidad *f* доступность, досягаемость

accesible *adj* 1) доступный, досягаемый 2) *(de fácil acceso o trato)* отзывчивый, внимательный 3) *(inteligible)* доступный

accesión *f* 1) доступ 2) *jur* присоединение, приобщение 3) *(coito)* совокупление, половой акт

accésit *m* вторая (поощрительная) премия

acceso *m* 1) *(acción de llegar)* подступ, подход 2) *(entrada o paso)* доступ, допуск 3) *med* приступ

accesorio 1. *adj* 1) дополнительный, вспомогательный 2) *(secundario)* второстепенный **2.** *m* аксессуар, принадлежность

accidentado *adj* 1) *(agitado)* бурный, с приключениями 2) *(dicho de un terreno)* неровный, бугорчатый 3) *(dicho de una persona)* потерпевший, пострадавший

accidental *adj* 1) *(no esencial)* несущественный, втростепенный 2) *(casual)* случайный, непредвиденный

accidentalidad *f* случайность, несущественность

accidentarse *vi* быть жертвой несчастного случая

accidente *m* 1) несчастный случай, происшествие 2) *(de tráfico)* авария 3) *(rasgo no esencial)* случайный признак 4) *(del terreno)* неровность 5) *(indisposición)* припадок, приступ ◆ ~ **geográfico** элемент рельефа

acción *f* 1) действие *hombre de* ~ человек действия; *poner en* ~ приводить в действие 2) *(acto)* поступок, действие ~ *consciente* сознательный поступок 3) *(efecto)* действие, воздействие, эффект *radio de* ~ радиус действия 4) *lit* действие 5) *com* акция, пай ◆ **día de** ~ **de gracias** день благодарения

accionamiento *m* ввод в действие, запуск

accionar *vt* приводить в действие, пускать в ход

accionista *m/f* акционер, пайщик

acebo *m* падуб, остролист

acebuche *m* дикое оливковое дерево

acechador *adj* наблюдающий, выслеживающий

acechanza *f* слежка, выслеживание

acechar *vt* выслеживать, подстерегать

acecho *m* слежка, наблюдение, выслеживание *estar al* ~ быть настороже

acecinar *vt* солить и коптить мясо

acecinarse *vpron coloq* сохнуть

acedarse *vpron* прокисать

acedera *f* щавель

acederilla *f* щавелёк

acedo *adj* 1) *(ácido)* кислый 2) *(que se ha acedado)* прокисший 3) *(hosco)* неприветливый, резкий

acefalía *f* ацефалия, безголовость

acéfalo *adj* 1) *(sin cabeza)* безглавый, без головы 2) *(sin jefe)* не имеющий руководителя

aceitado *m* смазка, смазывание

aceitar *vt* смазывать (маслом)

aceite *m* 1) масло ~ *de girasol* подсолнечное масло; ~ *de oliva* оливковое масло; ~ *vegetal* растительное масло; ~ *virgen* масло первого отжима 2) *(procedente de animales)* животный жир

aceitera *f* сосуд для растительного масла

aceitería *f* 1) *(oficio)* маслобойное производство 2) *(tienda)* место, где продаётся масло

aceitero 1. *adj* масляный **2.** *m* продавец масла

aceitoso *adj* масляный, маслянистый

aceituna *f* оливка, маслина

aceitunado *adj* оливковый (о цвете лица)

aceitunero 1. *adj* оливковый, относящийся к оливкам **2.** *m* 1) *(almacén)* склад для хранения оливок 2) *(persona)* сборщик, продавец оливок

aceituno *m* оливковое дерево

aceleración *f* 1) ускорение, убыстрение 2) *fís* увеличение скорости, ускорение

acelerado *adj* 1) ускоренный 2) *(referido al pulso)* учащённый 3) *(referido a una persona)* поспешный, торопливый

acelerador *m* 1) *(en un vehículo)* акселератор, газ 2) *fís* ускоритель

aceleramiento *m* V. aceleración

acelerar 1. *vt* ускорять **2.** *vi* идти (ехать) быстрее

acelerarse *vpron* ускоряться, учащаться

acelga *f* белая свёкла

acémila *f* 1) вьючный осёл (мул) 2) *coloq (referido a una persona)* осёл, остолоп

acendrado *adj* безупречно чистый, незапятнанный

acendrar *vt* 1) *(dicho de un metal)* очищать, рафинировать 2) *(dejar sin mancha alguna)* делать безупречно чистым

acento *m* 1) *(relieve de una sílaba)* ударение 2) *(tilde)* знак ударения 3) *(en el habla)* акцент, выговор, произношение 4) *(importancia)* выделение, акцент *poner el* ~ *en u.c.* делать акцент на чём-л.

acentuación *f* расстановка знаков ударения, акцентуация

acentuadamente *adv* подчёркнуто, нарочито

acentuar *vt* 1) *(dar acento prosódico)* делать ударение 2) *(poner acento gráfico)* ставить ударение 3) *(resaltar)* выделять, подчёркивать

acentuarse *vpron* 1) *(escribirse con acento)* писаться с ударением 2) *(resaltarse)* выделяться, становиться более очевидным 3) *(dicho de una enfermedad)* обостряться, осложняться

acepción *f* значение (слова)

acepilladora *f* строгальный станок

acepilladura *f* строгание, стружка

acepillar *vt* строгать, обстругивать

aceptabilidad *f* приемлемость

aceptable *adj* приемлемый

aceptación *f* принятие, приём

aceptante *m/f* 1) получатель 2) *com* акцептант

aceptar *vt* 1) принимать ~ *excusas* принимать извинения 2) *com* принимать к уплате, акцептовать

acepto[1] *m com* акцепт, надпись на счёте

acepto[2] *adj elev* благосклонно (хорошо) принятый

acequia *f* оросительный канал, ров, канава

acera *f* 1) тротуар 2) *(lado de la calle)* сторона улицы

aceración *f* сталеварение, сталирование

acerado 1. *adj* 1) *(de acero)* стальной 2) *(fuerte)* стальной, прочный 3) *(incisivo)* острый, едкий **2.** *m* V. aceración

acerar[1] *vt* 1) переплавлять в сталь 2) *(fortalecer)* закалять, укреплять

acerar[2] *vt (construir aceras)* делать тротуары
acerarse *vpron* закаляться
acerbo *adj* 1) *(áspero al gusto)* терпкий, вяжущий 2) *(cruel)* жестокий, суровый
acerca *adv* V. cerca ◆ ~ **de u.c.** относительно чего-л., что касается чего-л.
acercamiento *m* приближение, сближение
acercar *vt* приближать, придвигать
acercarse *vpron* **(a alg o u/c)** подходить (к кому/чему-л), приближаться (к кому/чему-л)
ácere *m* V. arce
acerería *f* сталелитейный завод
acería *f* сталеплавильный цех
acerico *m* 1) маленькая подушечка, думка 2) *(para alfileres)* игольник
acero *m* 1) сталь *acero inoxidable* нержавеющая сталь; ~ *templado* закалённая сталь 2) *(espada)* шпага
acerola *f* испанский боярышник (ягода)
acerolero *m* V. acerolo
acerolo *m* испанский боярышник (растение)
acérrimo *adj* энергичный, решительный, горячий *enemigo* ~ заклятый враг; *defensor* ~ горячий защитник
acerrojar *vt* запирать на засов
acertado *adj* удачный, уместный
acertante *m/f* угадавший, победитель конкурса
acertar *vt* 1) *(dar en el punto)* попадать (в цель) 2) *(encontrar)* находить, отыскивать 3) *(adivinar)* угадывать, попадать в точку
acertijo *m* загадка
acervo *m* 1) *(conjunto de bienes culturales o morales)* сокровищница, наследие ~ *cultural* культурное наследие 2) *(patrimonio material común)* совокупное имущество 3) *(montón de cosas pequeñas)* куча, ворох
acescencia *f* закисание, начало брожения
acetábulo *m anat* вертлюжная впадина
acetato *m quím* ацетат
acético *adj* уксусный
acetileno *m quím* ацетилен
aceto *m obsol* уксус
acetocelulosa *f quím* ацетат целлюлозы
acetona *f* ацетон
acetosa *f* V. acedera
acetosilla *f* щавелёк
acezar *vi* задыхаться, запыхаться
acezo *m* одышка
achabacanamiento *m* 1) опошление 2) *(chabacanería)* пошлость
achacable *adj* приписываемый, вменяемый в вину
achacadizo *adj obsol* притворный, лицемерный
achacar *vt* **(a alg o u/c)** приписывать (к кому/чему-л)
achacoso *adj* болезненный, слабого здоровья
achaflanar *vt* стёсывать (углы, края)
achampanado *adj* V. achampañado
achampañado *adj* игристый (о вине), похожий на шампанское
achantar *vt coloq* завставлять замолчать, затыкать рот
achantarse *vpron* 1) *coloq (abandonar la actitud arrogante)* сдаваться, затыкать рот 2) *coloq (esconderse)* выжидать, пережидать (опасность)
achaparrado *adj* 1) *(dicho de una cosa)* низкий 2) *(dicho de una persona)* коренастый, приземистый
achaque *m* недомогание, нездоровье, болезнь
acharolado *adj* лакированный, покрытый лаком
acharolar *vt* лакировать, покрывать лаком
achatamiento *m* сплющивание
achatar *vt* сплющивать
achicador *m* 1) *min* рабочий, откачивающий воду 2) *nav* черпак
achicadura *f* 1) *(extracción de agua)* вычерпывание, откачивание 2) *(reducción)* уменьшение, убыль
achicar *vt* 1) уменьшать, сокращать 2) *(acobardar)* пугать 3) *(extraer agua)* вычерпывать, откачивать
achicarse *vpron* 1) *(disminuir)* уменьшаться, сокращаться 2) *(acobardarse)* уступать, пугаться
achicharradero *m* жаркое место, пекло
achicharrar *vt* 1) пережаривать 2) *(dicho del sol)* жечь, печь
achicharrarse *vpron* 1) пережариваться 2) *(al sol)* печься, жариться
achichincle, achichinque *m* 1) *Méx.* рабочий, откачивающий воду 2) *Méx. El Salv. Hond. desp* льстец, угодник
achicoria *f* цикорий
achinado[1] *adj (parecido a los chinos)* похожий на китайца
achinado[2] *adj Am. (aindiado)* метис, -ка
achís *onomat* апчхи
achispado *adj coloq* подвыпивший
achispar *vt* подпаивать, спаивать
achisparse *vpron* напиваться, пьянеть
achocolatado *adj* шоколадный (о цвете)
achuchar *vt* 1) *(a un perro)* травить (собаку) 2) *coloq (estrujar)* мять, тискать, сжимать
achuchón *m* 1) *coloq (apretón cariñoso)* стискивание, тисканье 2) *coloq (empeoramiento de la salud)* резкое ухудшение состояния здоровья
achulado *adj coloq* наглый, развязный, нахальный
achularse *vpron coloq* наглеть, становиться наглым
achura *f* потроха, требуха, внутренности
aciago *adj* несчастливый, зловещий
aciano *m* василёк синий
acíbar *m* 1) аллоэ, столетник 2) *(jugo de la planta)* настой аллоэ 3) *(amargura)* горечь, огорчение, расстройство
acibarar *vt* 1) делать горьким 2) *(desazonar)* огорчать, расстраивать
acicalado *adj* начищенный до блеска
acicalamiento *m* чистка (до блеска)
acicalar *vt* 1) *(limpiar)* чистить, начищать до блеска 2) *(adornar)* украшать, наряжать
acicalarse *vpron* наряжаться, прихорашиваться
acicate *m* 1) *(espuela)* шпора 2) *(estímulo)* стимул, побуждение
acicular *adj* игольчатый, игловидный, иглообразный

acidez *f* 1) кислота 2) *quím* кислотность
acidia *f* лень, нерадивость
acidificación *f quím* окисление, подкисление
acidificante 1. *adj quím* подкисляющий **2.** *m quím* окислитель, подкислитель
acidificar *vt quím* подкислять, окислять
acidificarse *vpron quím* окисляться, подкисляться
acidioso *adj* ленивый, нерадивый
ácido 1. *adj* 1) кислый 2) *(desabrido)* резкий, жёлчный 3) *quím* кислотный **2.** *m quím* кислота ~ *ascórbico* аскорбиновая кислота; ~ *sulfúrico* серная кислота
acidulante *m* подкислитель
acidular *vt* подкислять
acídulo *adj* кисловатый, подкислённый
acierto *m* 1) *(acción de acertar)* попадание, меткость 2) *(destreza)* удача, успех, достижение 3) *(prudencia)* сообразительность
ácimo *adj* пресный (о хлебе)
acimut *m astron* азимут
acimutal *adj astron* азимутальный
acitrón *m* цукат из цитрона
aclamación *f* бурное приветствие, возглас одобрения ◆ **por** ~ единогласно, единодушно
aclamar *vt* 1) бурно приветствовать, устраивать овацию 2) *(conferir cargo u honor)* провозглашать, торжественно заявлять
aclaración *f* 1) пояснение, объяснение, разъяснение 2) *(disipación)* прояснение, просветление
aclarado *m* полоскание
aclarar 1. *vt* 1) *(hacer más claro)* осветлять, делать более светлым 2) *(explicar)* пояснять, уточнять, разъяснять 3) *(aumentar los intervalos)* делать реже, прореживать 4) *(eliminar el jabón)* полоскать 5) *(hacer menos espeso)* разбавлять 6) *(la voz)* прочищать **2.** *vi* 1) *(referido a las nubes o a la niebla)* проясняться 2) *(amanecer)* светать, рассветать
aclararse *vpron* 1) *(explicarse)* проясняться, разъясняться 2) *(aumentar los intervalos)* делаться реже, прореживаться 3) *(dicho del tiempo)* проясняться
aclarativo *adj* V. aclaratorio
aclaratorio *adj* разъяснительный, объяснительный
aclareo *m agric* прореживание посевов
aclimatación *f* акклиматизация
aclimatamiento *m* V. aclimatación
aclimatar *vt* акклиматизировать
aclimatarse *vpron* акклиматизироваться, обживаться
acmé *m* 1) *elev* акме 2) *med* акме, кризис
acné *m* угри, прыщи, акне
acobardar *vt* запугивать, устрашать
acobardarse *vpron* пугаться, трусить
acocear *vt* 1) брыкаться, лягаться 2) *coloq (ultrajar)* поносить, попирать
acochinar *vt* 1) убивать (беззащитного) 2) *coloq* V. acoquinar
acodado *adj* изогнутый, коленчатый
acodalar *vt constr* крепить распорками
acodar *vt* 1) подпирать локтем 2) *constr* V. acodalar
acodarse *vpron* облокачиваться
acodo *m* отводок
acogedor *adj* 1) *(hospitalario)* радушный, приветливый, гостеприимный 2) *(dicho de un sitio)* уютный
acoger *vt* 1) *(admitir en una casa)* принимать, встречать 2) *(dar refugio)* приютить, дать убежище 3) *(aceptar)* принимать, воспринимать 4) *(proteger)* покровительствовать (кому-л), помогать (кому-л)
acogerse *vpron* 1) **(a alg)** *(refugiarse)* искать защиты (у кого-л), искать убежище (у кого-л) 2) **(a u/c)** *(a una ley)* ссылаться (на что-л), приводить в качестве аргумента
acogida *f* приём, встреча
acogimiento *m* 1) V. acogida 2) *(aprobación)* согласие, принятие
acogollar[1] *vt (cubrir una planta)* защищать растения
acogollar[2] *vi (echar cogollos)* завиваться в кочан
acogollarse *vpron* V. acogollar 2
acogotar *vt* 1) *(matar)* убивать ударом в затылок 2) *(dominar)* тиранить, изводить
acojonado *adj vulg* испуганный, пуганый
acojonamiento *m vulg* страх, испуг
acojonante *adj* 1) *vulg (que asusta)* страшный, пугающий 2) *vulg (que impresiona)* удивительный, поразительный
acojonar *vt vulg* пугать, внушать страх
acojonarse *vpron vulg* пугаться, трусить
acojone *m vulg* V. acojonamiento
acolchado 1. *adj* стёганый **2.** *m* стёжка, простёгивание
acolchar *vt* стегать, подбивать ватой
acolchonar *vt Am.* V. acolchar
acólito *m* 1) *relig (seglar que sirve al altar)* дьячок 2) *relig (monaguillo)* служка, прислужник 3) *peyor (secuaz)* приспешник, подпевала
acollarar *vt* надевать хомут
acollonar *vt vulg* V. acojonar
acombar *vt* искривлять, сгибать
acometedor *adj* нападающий, атакующий
acometer *vt* 1) нападать (на кого-л), атаковать 2) *(emprender)* предпринимать, браться (за что-л) 3) *(dicho de un sentimiento)* поражать, охватывать
acometida *f* 1) нападение 2) *(instalación)* подводка, ответвление
acometimiento *m* 1) нападение, атака 2) *(cañería)* канал для сточных вод
acometividad *f* 1) *(propensión a acometer)* воинственность, агрессивность 2) *(brío)* решимость
acomodabilidad *f* приспособляемость
acomodable *adj* проспособляемый
acomodación *f* 1) *(adaptación)* приспособление 2) *(alojamiento)* помещение, размещение 3) *biol* аккомодация
acomodadizo *adj* легко приспосабливающийся, сговорчивый
acomodado *adj* 1) *(conveniente)* удобный, подходящий 2) *(rico)* обеспеченный, зажиточный 3) *(amigo de la comodidad)* любящий удобство, любящий комфорт
acomodador 1. *adj* устраивающий, приспособляющий **2.** *m* капельдинер, билетёр

acomodamiento *m* 1) *(ajuste)* сделка, соглашение 2) *(comodidad)* удобство

acomodar *vt* 1) *(colocar)* удобно располагать, размещать, устраивать 2) *(amoldar)* приспосабливать 3) *(conciliar)* примирять, улаживать

acomodarse *vpron* 1) **(a alg o u/c)** приспосабливаться (к кому/чему-л) 2) *(conformarse)* довольствоваться, удовлетворяться

acomodaticio *adj* V. acomodadizo

acompañamiento *m* 1) сопровождение 2) *(musical)* сопровождение, аккомпанемент 3) *(en un plato)* гарнир

acompañante **1.** *adj* сопровождающий, сопутствующий **2.** *m* сопровождающее лицо

acompañar *vt* 1) *(ir con alguien)* сопровождать, сопутствовать, провожать 2) *(estar con alguien)* составлять компанию (кому-л), быть рядом (с кем-л) 3) *(musicalmente)* аккомпанировать 4) *(un plato)* гарнировать ◆ ~ **en el sentimiento** приносить соболезнования

acompasado *adj* ритмичный, размеренный, плавный

acompasar *vt* 1) **(con u/c)** соразмерять (с чем-л) 2) *mús* отбивать такт

acomplejado *adj* закомплексованный, с комплексами

acomplejar *vt* делать закомплексованным

acomplejarse *vpron* комплексовать, становиться закомплексованным

acomunarse *vpron* вступать в союз

acondicionado *adj* приспособленный, оборудованный, приготовленный ◆ **aire** ~ кондиционер

acondicionador *m* кондиционер (для волос)

acondicionamiento *m* устройство, приспособление

acondicionar *vt* 1) приспосабливать, оборудовать 2) *(el aire)* кондиционировать

aconfesional *adj* аконфессиональный

aconfesionalidad *f* аконфессионалность

acongojar *vt* 1) *(afligir)* огорчать, расстраивать 2) *(causar temor)* беспокоить, пугать

acongojarse *vpron* 1) *(afligirse)* огорчаться, расстраиваться 2) *(sentir temor)* беспокоиться, чувствовать страх

acónito *m* аконит, волчий корень

aconsejable *adj* рекомендуемый, целесообразный

aconsejar *vt* советовать, давать совет, рекомендовать

aconsejarse *vpron* **(con alg)** советоваться (у кого-л), просить совета (у кого-л)

acontecer *vi* случаться, происходить

acontecimiento *m* событие, происшествие, случай

acopiar *vt* заготовлять, запасать

acopio *m* сбор, наклопение ◆ **hacer** ~ набираться, запасаться

acoplado *adj* спаренный, сыгранный

acoplamiento *m* 1) соединение, связь 2) *tecn* стыковка, сцепление 3) *(de los animales)* случка, спаривание

acoplar *vt* 1) соединять, связывать 2) *tecn* стыковать, сцеплять

acoplarse *vpron* 1) **(a alg o u/c)** присоединяться (к кому/чему-л) 2) *(dicho de los animales)* случаться, спариваться

acoquinar *vt coloq* запугивать, устрашать

acoquinarse *vpron coloq* пугаться, трусить

acorazado **1.** *adj* броневой, бронированный **2.** *m* броненосец

acorazar *vt* покрывать бронёй

acorazarse *vpron* покрываться бронёй

acorcharse *vpron* 1) сморщиваться, вянуть 2) *(embotarse)* терять чувствительность, неметь

acordado *adj* согласованный, одобренный

acordar *vt* 1) решать, постановлять, договариваться (о чём-л), принимать решение 2) *(componer)* **согласовывать,** приводить в соответствие 3) *mús* настраивать

acordarse *vpron* 1) **(de alg o u/c)** помнить (кого/что-л.), вспоминать (кого/что-л.) 2) *(ponerse de acuerdo)* приходить к соглашению

acorde **1.** *adj* **(con u/c)** соответствующий (чему-л) **2.** *m mús* аккорд

acordeón *m* аккордеон, гармоника

acordeonista *f/m* аккордеонист, гармонист

acordonamiento *m* оцепление

acordonar *vt* 1) *(sujetar con un cordón)* шнуровать, зашнуровывать 2) *(aislar)* ставить кордоны, оцеплять

acorralamiento *m* загон

acorralar *vt* 1) *(el ganado)* загонять 2) *(a alguien)* загонять в угол, припирать к стенке

acortamiento *m* укорачивание

acortar *vt* укорачивать, сокращать, урезать

acortarse *vpron* укорачиваться, сокращаться, урезаться

acosado *adj* загнанный, затравленный

acosar *vt* 1) преследовать, гоняться (за кем-л) 2) *(apremiar, importunar)* досаждать, домогаться (чего-л)

acoso *m* 1) преследование, травля 2) *(molestia)* домогательство

acostar *vt* укладывать, класть

acostarse *vpron* 1) ложиться, укладываться 2) *(dicho de un edificio)* наклоняться 3) **(con alg)** *(con alquien)* спать (с кем-л), сожительствовать (с кем-л)

acostumbrado *adj* 1) привыкший *estoy ~ a esto* я привык к этому 2) *(habitual)* привычный, обычный

acostumbrar **1.** *vt* **(a u/c)** приучать (к чему-л) **2.** *vi* иметь привычку

acostumbrarse *vpron* **(a alg o u/c)** привыкать (к кому/чему-л)

acotación *f* 1) сноска, помета 2) *(en un texto teatral)* ремарка

acotada *f* лесопитомник

acotar[1] *vt* 1) *(un terreno)* размечать, ставить вехи, размежёвывать 2) *(delimitar)* ограничивать, ставить предел

acotar[2] *vt (en planos, croquis)* отмечать высоту

acracia *f* анархизм, акратия

ácrata **1.** *adj* анархистский **2.** *m/f* анархист, -ка

acre[1] *adj* 1) *(dicho del olor o el sabor)* острый, резкий 2) *(dicho del carácter)* жёсткий, суровый

acre[2] *m* акр

acrecentar *vt* увеличивать, повышать, усиливать

acrecentarse *vpron* увеличиваться, повышаться, усиливаться
acrecer *vt* V. aumentar
acreditación *f* подтверждение, аккредитация
acreditado *adj* 1) *(reputado)* уважаемый, престижный 2) *(autorizado)* аккредитованный
acreditar *vt* 1) подтверждать, удостоверять, свидетельствовать 2) *(dar testimonio de facultades)* аккредитовать
acreditarse *vpron* 1) подтверждаться, удостоверяться 2) *(ganar reputación)* приобретать известность, завоёвывать авторитет 3) *(presentarse)* представляться
acreedor **1.** *adj* **(de u/c)** заслуживающий (чего-л) **2.** *m* кредитор
acribillar *vt* 1) *(abrir muchos agujeros)* изрешечивать, продырявливать 2) *(hacer muchas heridas)* наносить много ран 3) *coloq (molestar)* надоедать, беспрестранно беспокоить ~ *a preguntas* забрасывать вопросами
acrílico *m* 1) *quím (ácido acrílico)* акриловая кислота 2) *quím (polimetilmetacrilato)* органическое стекло
acriminación *f* обвинение, инкриминирование
acriminar *vt* обвинять, вменять в вину, инкриминировать
acriminarse *vpron Am.* совершать преступление
acrimonia *f* 1) *(dicho del olor o el sabor)* острота, резкость 2) *(dicho del carácter)* жёсткость, суровость 3) *(dicho del dolor)* острота
acrimonioso *adj* 1) *(dicho del olor o el sabor)* острый, резкий 2) *(dicho del carácter)* жёсткий, суровый
acriollarse *vpron Am.* усваивать местные нравы
acrisolado *adj* верный, испытанный, надёжный
acrisolar *vt* 1) *(depurar metales)* очищать металлы 2) *(purificar)* очищать 3) *(aclarar la verdad)* проверять, подвергать испытанию
acristalado *adj* застеклённый
acristalar *vt* застеклять, остеклять
acritud *f* V. acrimonia
acrobacia *f* акробатика
acróbata *m/f* акробат, -ка
acrobático *adj* акробатический
acrobatismo *m* акробатизм
acromático *adj* ахроматический, бесцветный
acromatismo *m* ахроматизм, бесцветность
acromatopsia *f med* ахроматопсия
acrónimo *m* акроним
acrópolis *f* акрополь
acróstico *m* акростих
acta **1.** *f* акт, протокол ~ *notarial* нотариальный акт; ~ *de registro civil* акт гражданского состояния; *levantar* ~ составить протокол **2.** **-s** *fpl* 1) *(de un procedimiento judicial)* постановления, резолюции 2) *(de un congreso)* материалы
actancial *adj* актантный
actante *m/f* актант
actinia *f* актиния
actinio *m quím* актиний
actitud *f* 1) *(comportamiento)* отношение, поведение 2) *(postura del cuerpo)* поза, положение
activación *f* ускорение, активизация
activar *vt* 1) активизировать, побуждать к действию 2) *(un mecanismo)* запускать, активировать 3) *quím* активировать
actividad *f* 1) деятельность 2) *(cualidad de activo)* активность 3) *(evento)* мероприятие
activismo *m* активизм
activista *m/f* активист, -ка
activo **1.** *adj* активный, деятельный **2.** *m econ* актив
acto *m* 1) действие, поступок 2) *(en una pieza teatral)* действие ♦ **en el** ~ тут же, сейчас же
actor *m* 1) актёр, артист 2) *(personaje de una acción)* участник, действующее лицо 3) *jur* истец
actora *f jur* истица
actriz *f* актриса
actuación *f* 1) деятельнось, поведение 2) *(interpretación)* выступление, исполнение роли
actual *adj* 1) современный, настоящий 2) *(que sucede en el tiempo de que se habla)* злободневный, актуальный
actualidad *f* 1) современность, настоящее время *en la* ~ в настоящее время 2) *(dicho de una cosa o un suceso)* актуальность, злободневность *asunto de* ~ злободневный вопрос
actualismo *m filos geol* актуализм
actualista *m/f filos geol* актуалист, -ка
actualización *f* 1) *(acción de actualizar)* обновление, актуализация 2) *(cosa actualizada)* новая версия, обновлённый вариант
actualizar *vt* обновлять, делать актуальным
actualizarse *vpron* обновляться, становиться актуальным
actualmente *adv* 1) в настоящее время, теперь, ныне 2) *(verdaderamente)* действительно, на самом деле
actuante *adj* действующий
actuar *vi* 1) действовать, поступать ~ *correctamente* поступать правильно 2) *(producir un efecto)* действовать, оказывать действие 3) *(dicho de un actor, un músico, etc.)* выступать
actuario *m jur* секретарь суда
acuache, acuachi *m Méx.* V. cuate
acuarela *f* акварель, акварельная краска
acuarelista *m/f arte* акварелист, -ка
acuario[2] *m* аквариум
acuario[1] *adj astrol* Водолей
acuartelamiento *m* 1) *(acción)* размещение по казармам, расквартирование 2) *(lugar)* место расквартирования
acuartelar *vt* размещать по казармам, расквартировывать
acuartelarse *vpron* размещаться по казармам, расквартироваться, расквартировываться
acuático *adj* 1) *(que vive en el agua)* водяной 2) *(relativo al agua)* водный
acuatizaje *m Am.* приводнение
acuatizar *vi Am.* V. amarar
acucharado *adj* ложкообразный
acuchilladizo *m* фехтовальщик

acuchillado *adj* 1) *(experimentado)* опытный, бывалый 2) *(dicho de un vestido o calzado antiguo)* с разрезами
acuchillador *m (de la madera)* циклёвщик
acuchillar *vt* 1) *(herir con arma blanca)* ранить (холодным оружием), резать 2) *(la madera)* циклевать
acuchillarse *vpron* драться на ножах (на шпагах)
acucia *f* 1) *(diligencia)* расторопность, проворство 2) *(deseo vehemente)* горячее желание
acuciante *adj* безотлагательный, срочный
acuciar *vt* 1) *(estimular)* торопить, подстёгивать 2) *(desear con vehemencia)* горячо желать
acucioso *adj* 1) *(diligente)* расторопный, проворный 2) *(movido por un deseo vehemente)* жаждущий, алчущий
acuclillarse *vpron* садиться на корточки, приседать
acudir *vi* 1) приходить, являться 2) *(ir con frecuencia)* часто посещать, бывать 3) *(ir en socorro)* приходить на помощь 4) *(recurrir a alguien)* прибегать к помощи
acueducto *m* акведук
ácueo *adj* 1) водный, водяной 2) *(de naturaleza parecida al agua)* водянистый
acuerdo *m* 1) *(unión)* согласие, уговор *estoy de ~ contigo* я согласен с тобой; *ponerse de ~* договариваться 2) *(pacto)* соглашение, договор 3) *(resolución)* решение, постановление 4) *(dictamen)* вывод, заключение ◆ **de ~ con u.c.** в соответствии с чем-л. **¡de ~!** согласен!, договорились!
acuicultura *f* аквакультура
acuífero **1.** *adj* водоносный **2.** *m biol* аквифер
acular *vt* 1) *(hacer retroceder)* подавать назад, осаживать 2) *coloq (arrinconar)* загонять в угол
acullá *adv obsol* там ◆ **acá y ~** здесь и там
aculturación *f* акультурация
aculturar *vt* воспринимать культуру другого народа
acuminado *adj* заострённый, остроконечный
acumíneo *adj* заострённый, остроконечный
acumulable *adj* накапливаемый, совместимый
acumulación *f* 1) *(acción)* накопление 2) *(gran cantidad)* скопление, нагромождение
acumulador **1.** *adj* накапливающий, собирающий **2.** *m* 1) накопитель, сборщик 2) *electr* аккумулятор
acumular *vt* накапливать, набирать
acumularse *vpron* накапливаться, собираться, аккумулироваться
acumulativo *adj* 1) *(acumulado)* накапливаемый, накопленный 2) *(que procede por acumulación)* кумулятивный, суммарный
acuñación[1] *f (de monedas o medallas)* чеканка монет, выбивание медалей
acuñación[2] *f (con cuñas)* вбивание клиньев
acuñador, -a *m/f* 1) *(persona)* монетный мастер, чеканщик, медальер 2) *(máquina)* пресс для чеканки монет, пресс для выбивания медалей
acunar *vt* качать колыбель, укачивать, баюкать
acuñar[1] *vt (monedas o medallas)* чеканить, выбивать
acuñar[2] *vt (con cuñas)* закреплять клином
acuosidad *f* водянистость
acuoso *adj* 1) *(abundante en agua)* водянистый 2) *(de agua o relativo a ella)* водяной, водный
acupuntor, -a *m/f* иглоукалыватель, -ница
acupuntura *f* иглотерапия, иглоукалывание
acupunturista *m/f* иглоукалыватель, -ница
acure, acuri *m Am.* морская свинка, кавия
acurrucarse *vpron* сжиматься, скорчиваться, съёживаться
acusación *f* обвинение
acusad|o, -a *m/f jur* подсудим|ый, -ая
acusador *m* обвинитель, изобличитель
acusar *vt* **(de u/c)** обвинять (в чём-л) ◆ **~ recibo** подтверждать получение
acusativo *m ling* винительный падеж
acusatorio *adj jur* обвинительный
acuse *m* подтверждение *~ de recibo* подтверждение получения
acusica *m/f infant* ябеда
acus|ón, -ona *m/f coloq* ябедни|к, -ца
acústica *f* акустика
acústico *adj* акустический
acutángulo *adj geom* остроугольный
acutí *m Am.* V. agutí
adagio[1] *m (sentencia)* краткое изречение, сентенция, афоризм
adagio[2] **1.** *adv mús* адажио **2.** *m mús* адажио
adalid *m* 1) *(caudillo militar)* военачальник 2) *(guía)* вождь, глава
adamantino *adj poét* алмазный, подобный алмазу
adamascado *adj* узорчатый, похожий на дамаст
adamascar *vt* вырабатывать под дамаст
adámico *adj* наносный (о земле, принесённой морем)
adamismo *m relig* движение адамитов
adamita *m/f relig* адамит, -ка
adamítico *adj relig* адамитский
adán *m* 1) *coloq (hombre desaliñado)* оборванец, неряха 2) *coloq (hombre apático)* бездельник, лентяй
adaptabilidad *f* приспособляемость, адаптируемость
adaptable *adj* приспособляемый, адаптируемый
adaptación *f* приспособление, адаптация
adaptador *m* адаптер, переходное устройство
adaptar *vt* **(a alg o u/c)** приспосабливать (к кому/чему-л), адаптировать (к кому/чему-л)
adaptarse *vpron* **(a alg o u/c)** приспосабливаться (к кому/чему-л), адаптироваться (к кому/чему-л)
adarce *m* соляной налёт (от морской воды)
adarga *f hist* овальный кожаный щит
adargar *vt* закрывать щитом
adarme *m* 1) *(unidad de peso)* адарме 2) *(cantidad mínima)* капля, крошка
adarvar *vt* поражать, ошеломлять
adarvarse *vpron* поражаться, изумляться
adarve *m* 1) *hist* крепостная стена 2) *(protección)* защита, прикрытие
adaza *f* сорго
adecentar *vt* приводить в порядок, придавать пристойный вид

adecentarse *vpron* приводить себя в порядок
adecuación *f* 1) *(adaptación)* приспосабливание, прилаживание 2) *(carácter de adecuado)* соразмерность, соответствие, адекватность
adecuadamente *adv* соответственно, адекватно
adecuado *adj* соответствующий, подходящий, адекватный
adecuar *vt* **(a u/c)** приводить в соответствие (с чем-л), приспосабливать (к чему-л)
adecuarse *vpron* **(a u/c)** соответствовать (чему-л)
adefesio *m* 1) *coloq (despropósito)* чудачество, странность, сумасбродство 2) *coloq (traje extravagante)* экстравагантный костюм, экстравагантное украшение 3) *coloq (persona)* чудак, оригинал, сумасброд
adelantado 1. *adj* 1) ранний, преждевременный 2) *(precoz)* развитой не по годам, одарённый 3) *(aventajado)* выдающийся, лучший 4) *(atrevido)* дерзкий, непочтительный **2.** *m hist (gobernador)* аделантадо, верховный судья ◆ **por ~** заранее, вперёд
adelantamiento *m* 1) *(movimiento hacia adelante)* движение вперёд, продвижение 2) *(en un vehículo)* обгон, опережение
adelantar 1. *vt* 1) *(mover hacia adelante)* двигать вперёд, продвигать 2) *(un pago)* платить авансом, платить вперёд 3) *(en el tiempo)* переносить на более ранний период 4) *(un reloj)* переводить стрелки вперёд 5) *(superar)* опережать, превосходить 6) *(un vehículo)* обгонять **2.** *vi* 1) *(avanzar)* продвигаться вперёд, прогрессировать 2) *(dicho de un reloj)* спешить, идти вперёд
adelantarse *vpron* 1) продвигаться вперёд 2) **(a alg)** *(superar)* опережать 3) *(pasar antes de tiempo)* происходить раньше времени 4) *(dicho de un reloj)* спешить
adelante *adv* вперёд *de ahora en ~* с этого момента, в дальнейшем; *más ~* в дальнейшем, потом
adelanto *m* 1) достижение, прогресс 2) *(pago)* аванс
adelfa *f* олеандр
adelgazamiento *m* утончение, похудение, исхудание
adelgazante *adj* для похудения
adelgazar 1. *vt* утончать, делать тонким **2.** *vi* худеть
adelgazarse *vpron* худеть, утончаться, делаться тонким
adem|án 1. *m* жест, движение **2. -anes** *mpl* манеры, повадки ◆ **en ~án de** с намерением
además *adv* ещё, кроме, помимо, к тому же ◆ **~ de** помимо того, сверх того
adenda, addenda *f* приложение
adenitis *f med* лимфаденит, воспаление лимфатических узлов
adenófora *f* аденофора
adenoideo *adj anat* аденоидный
adenoides *fpl anat* аденоиды
adenoma *m med* аденома
adenotomía *f med* аденотомия
adentellar *vt* 1) кусать, вонзать зубы (в кого-л) 2) *arquit* делать выступающие зубцы (в кладке стены)
adentrarse *vi* углубляться, продвигаться вглубь
adentro 1. *adv* внутрь, внутри *ir ~* заходить; *mar ~* в открытом море; *de puertas ~* внутри дома **2. -s** *mpl* нутро, душа *habla para sus ~s* говорит про себя
adepto 1. *adj* принятый, вступивший **2.** *m* 1) *(de una secta)* член 2) *(de una idea)* сторонник, приверженец
aderezado *adj obsol* благоприятный, удобный
aderezar *vt* 1) *(componer, adornar)* укращать, наряжать, убирать 2) *(condimentar)* приправлять, готовить 3) *(arreglar)* чинить, ремонтировать
aderezo *m* приправа
adestrar *vt* V. adiestrar
adeudado *adj* задолжавший
adeudar *vt* 1) *(tener una deuda)* задолжать 2) *(hacer deudor)* обременять долгами 3) *fin* дебетовать, заносить в дебет
adeudarse *vpron* влезать в долги
adeudo *m* 1) V. deuda 2) *(en la aduana)* таможенная пошлина 3) *com* дебетирование
adherencia *f* присоединение, примыкание
adherente *adj* 1) примыкающий 2) *(referido a una sustancia)* прилипающий, клеящий
adherir *vt* **(a u/c)** приклеивать (к чему-л), присоединять (к чему-л)
adherirse *vpron* **(a alg o u/c)** примыкать (к кому/чему-л), присоединяться (к кому/чему-л)
adhesión *f* присоединение, примыкание
adhesividad *f* липкость, клейкость
adhesivo 1. *adj* клейкий, липкий **2.** *m* 1) *(sustancia)* наклейка 2) *(objeto adherente)* наклейка
adicción *f* пристрастие
adición *f* 1) прибавление, добавление 2) *mat* сложение
adicional *adj* дополнительный, добавочный
adicionar *vt* прибавлять, добавлять
adictivo *adj* вызывающий зависимость, притягательный
adicto *adj* 1) *(apegado)* приверженный, верный 2) *(a una droga o un juego)* привязанный, страдающий пристрастием
adiestrador, -a *m/f* 1) дрессировщи|к, -ца 2) *(de caballos)* объездчик
adiestramiento *m* 1) обучение, выучка, тренировка 2) *(de animales)* дрессировка, объездка
adiestrar *vt* 1) обучать, учить, тренировать 2) *(a un animal)* дрессировать, объезжать
adiestrarse *vpron* наловчаться, становиться ловким
adietar *adj* приписывать диету, сажать на диету
adinámico *adj med* слабый, астенический
adinerado *adj* богатый, состоятельный
adiós 1. *interj* 1) *(para despedirse)* до свидания!, прощай(те)! 2) *(para expresar decepción)* вот ещё!, этого ещё не хватало! **2.** *m* прощание ◆ **decir ~** прощаться
adiposidad *f med* тучность, ожирение
adiposis *f med* адипоз
adiposo *adj med* жирный, страдающий ожирением
aditamento *m* V. añadidura

aditivo 1. *adj* 1) добавочный 2) *mat* аддитивный, слагаемый **2.** *m (sustancia)* добавка, аддитив

adivinación *f* 1) *(predicción)* гадание, пророчество, прорицание 2) *(acierto)* угадывание, разгадывание

adivinanza *f* загадка

adivinar *vt* 1) *(predecir)* предсказывать, гадать 2) *(descubrir, acertar)* угадывать, разгадывать

adivinatorio *adj* относящийся к гаданию

adivin|o, -a *m/f* гадал|ьщик, -ка, предсказатель, -ница

adjetivación *f ling* адъективация

adjetival *adj ling* адъективный

adjetivar *vt* 1) *(calificar)* определять, наделять эпитетом 2) *ling* адъективировать

adjetivo 1. *adj* 1) *ling* адъективный 2) *(secundario)* второстепенный **2.** *m ling* имя прилагательное

adjudicación *f* присуждение, присвоение

adjudicar *vt* присуждать, присваивать

adjudicatari|o, -a *m* лицо, которому присуждается что-л.

adjuntar *vt* присоединять, прилагать

adjunto 1. *adj* сопровождающий, приложенный, присоединённый **2.** *m* 1) помощник, адъюнкт 2) *ling* добавление, прибавление

administración *f* 1) *(órgano)* управление, администрация 2) *(acción)* управление, заведование, администрирование 3) *(de un medicamento)* назначение лекарств

administrador, -a *m/f* администратор, управляющий

administrar *vt* 1) *(dirigir)* управлять (чем-л), вести дела 2) *(suministrar)* снабжать (чем-л), доставлять

administrativ|o 1. *adj* 1) адиминистративный 2) *jur* исполнительный, распорядительный **2., -a** *m/f* клерк, служащий

admirable *adj* замечательный, восхитительный

admiración *f* 1) восхищение, изумление 2) *(exclamación)* восклицательный знак ◆ **signo de ~** восклицательный знак

admirador 1. *adj* **(de alg o u/c)** преклоняющийся (перед чем/кем-л) **2. , -a** *m/f* поклонни|к, -ца, обожатель, -ница, почитатель, -ница

admira|r *vt* 1) *(causar sorpresa)* изумлять, восхищать, поражать 2) *(considerar con estima)* восхищаться (кем/чем-л) *te ~* я тобой восхищаюсь

admirarse *vpron* **(de alg o u/c)** удивляться (чему-л), восхищаться (кем/чем-л)

admirativo *adj* 1) *(admirado)* удивлённый, изумлённый 2) *(que causa admiración)* удивительный, поразительный

admisible *adj* приемлемый, допустимый

admisión *f* принятие, приём, допуск

admitido *adj* принятый, допущенный

admitir *vt* 1) принимать, допускать 2) *(permitir)* допускать, позволять, терпеть

admonición *f* 1) V. amonestación 2) *(reconvención)* предупреждение, предостережение

adobar *vt* 1) *(arreglar, disponer)* улаживать, налаживать 2) *(guisar)* готовить, стряпать 3) *(sazonar)* приправлять, мариновать 4) *(curtir)* выделывать (кожу)

adobe *m* необожжённый кирпич, кирпич-сырец

adobo *m* 1) *(arreglo)* улаживание, налаживание 2) *(aderezo)* заправка 3) *(de la carne, el pescado)* соление, маринование 4) *(de las pieles)* дубление

adocenado *adj* заурядный, посредственный, дюжинный

adocenar *vt* 1) *(ordenar por docenas)* считать дюжинами 2) *(volver mediocre)* опрощать, делать заурядным

adocenarse *vpron* опрощаться, становиться посредственным

adoctrinamiento *m* поучение, наставление

adoctrinar *vt* поучать, наставлять

adolecer *vi* 1) **(de u/c)** *(padecer una enfermedad)* болеть (чем-л), страдать (чем-л) *~ de una enfermedad* страдать заболеванием 2) **(de u/c)** *(tener un defecto)* страдать (чем-л), грешить (чем-л) *~ de falta de originalidad* страдать отсутствием оригинальности

adolescencia *f* подростковый возраст, отрочество

adolescente 1. *adj* подростковый, отроческий **2.** *m/f* подросток

adolorado *adj* V. dolorido

adonde *adv rel* куда *el lugar ~ vamos* место, куда мы идём

adónde *adv interrog* куда *¿ ~ vas?* куда ты идёшь?

adonis *m* красавец

adopción *f* 1) *(de un hijo)* усыновление, *(de una hija)* удочерение 2) *(toma)* принятие

adoptar *vt* 1) *(recibir como hijo)* усыновлять, удочерять 2) *(tomar)* принимать *~ una decisión* принимать решение

adoptivo *adj* приёмный

adoquín *m* 1) брусчатка, каменная шашка 2) *coloq (persona ignorante)* болван, тупица

adoquinado *m* 1) *(acción)* мощение брусчаткой 2) *(suelo con adoquines)* брусчатая мостовая

adoquinar *vt* мостить брусчаткой

adorable *adj* очаровательный, прелестный

adoración *f* обожание, поклонение

adorador, -a *m/f* обожатель, -ница, поклонни|к, -ца

adorar *vt* 1) *(reverenciar con sumo honor)* преклоняться (перед кем-л.), благоговеть (перед кем-л.) 2) *(honrar a un dios)* поклоняться (кому-л) 3) *(amar con extremo)* обожать, безумно любить

adormecedor *adj* усыпляющий, снотворный

adormecer *vt* 1) усыплять, действовать усыпляюще 2) *(calmar)* унимать, успокаивать, притуплять

adormecerse *vpron* 1) погружаться в сон, засыпать 2) *(entumecerse)* затекать, неметь

adormidera *f* мак снотворный

adormilado *adj* полусонный, заспанный

adormilarse *vpron* V. adormitarse

adormitarse *vpron* задрёмывать

adornar *vt* 1) *(engalanar)* украшать, наряжать 2) *(servir de adorno)* украшать, служить украшением

adornarse *vpron* украшаться, наряжаться

adorno *m* украшение, наряд ◆ **de** ~ декоративный

adosad|o *adj* спаренный *casa ~a* спаренный дом, таунхаус

adosar *vt* **(a u/c)** прислонять (к чему-л), ставить (к чему-л)

adquirente *partic* приобретающий

adquiridor 1. *adj* приобретающий **2.** *m/f* приобретатель, -ница

adquiriente 1. *adj* приобретающий **2.** *m/f* приобретатель, -ница

adquirir *vt* 1) приобретать, покупать 2) *(lograr, conseguir)* приобретать, получать

adquisición *f* приобретение

adquisitivo *adj* покупательный, приобретательный *poder* ~ покупательная способность

adrede *adv* нарочно, намеренно, специально

adrenalina *f* адреналин

adriático *adj* адриатический

adrizar *vt nav* выпрямлять, выравнивать

adscribir *vt* 1) *(hacer constar)* приписывать 2) *(asignar)* зачислять, принимать

adscribirse *vpron* 1) **(a u/c)** поступать (куда-л), вступать (куда-л) 2) **(a u/c)** *(pertenecer)* принадлежать (к чему-л), быть приписанным (к чему-л)

adscripción *f* 1) *(a un cuerpo o destino)* приём, зачисление 2) *(acción de adscribir)* приписание, отнесение

adscrito *adj* 1) приписанный 2) *(pertenciente)* принадлежащий

adsorbente *m fís* адсорбент, адсорбирующий агент

adsorber *vt fís* адсорбировать

adsorción *f fís* адсорбция, поверхностное поглощение

adstrato *m ling* адстрат

aduana *f* таможня

aduanal *adj Am.* V. aduanero

aduaner|o 1. *adj* таможенный **2., -a** *m/f* таможенни|к, -ица

aducción *f anat* аддукция, приведение мышцы

aducir *vt* приводить (аргумент), ссылаться (на что-л)

aductor 1. *adj anat* приводящий **2.** *m anat* приводящая мышца

adueñarse *vpron* **(de u/c)** овладевать (чем-л), становиться хозяином

adulación *f* лесть, угодничество

adulador 1. *adj* льстивый, угоднический **2., -a** *m/f* льстец, подхалим, -ка

adular *vt* льстить (кому-л), угодничать (перед кем-л.)

adul|ón, -ona *m/f coloq* льстец, подхалим, -ка

adulteración *f* подделка, фальсификация

adulterado *adj* поддельный, фальсифицированный

adulterador 1. *adj* подделывающий, фальсифицирующий **2. -a** *m/f* подделыватель, фальсификатор, -ша

adulterar *vt* подделывать, фальсифицировать

adulterino *adj* 1) незаконнорождённый, внебрачный 2) *(falso)* поддельный, фальшивый

adulterio *m* прелюбодеяние, супружеская неверность

adúlter|o 1. *adj* неверный, нарушающий супружескую верность **2. -a** *m/f* неверный муж, неверная жена, прелюбодей, -ка

adultez *f* зрелость, взрослость

adulto 1. *adj* взрослый **2.** *m* взрослый

adulzar *vt* 1) размягчать (металл) 2) *obsol* V. endulzar

adulzorar *vt* делать сладким, подслащивать

adumbración *f arte* тени, полутени

adumbrar *vt arte* накладывать тени, тушевать

adunación *f obsol* соединение, собирание

adunar *vt* соединять, собирать

adunco *adj* кривой, изогнутый

adusto *adj* 1) *(quemado)* выжженный солнцем, сухой 2) *(huraño)* неприветливый, угрюмый 3) *(severo)* строгий, суровый

advenediz|o 1. *adj* 1) *(forastero)* чужеземный, иностранный, пришлый 2) *desp (arribista)* втёршийся **2., -a** *m/f* 1) *(extranjero)* чужеземец|ец, -ка, пришел|ец, -ица 2) *desp (arribista)* пролаза, проныра

advenimiento *m* наступление, приход

advenir *vi* 1) *(venir)* приходить, прибывать 2) *(suceder)* наступать, появляться

adventicio *adj* 1) *(casual, inesperado)* случайный, непредвиденный 2) *biol* адвентивный

adventismo *m relig* адвентизм

adventista 1. *adj relig* адвентистский **2.** *m/f relig* адвентист, -ка

adverar *vt* удостоверять, заверять

adverbial *adj ling* адвербиальный, наречный

adverbio *m ling* наречие

adversari|o 1. *adj* неприятельский, враждебный **2., -a** *m/f* 1) *(enemigo)* противни|к, -ца, враг 2) *(rival)* соперни| к, -ца

adversativo *adj ling* противительный

adversidad *f* 1) *(infortunio)* неблагоприятное обстоятельство 2) *(situación desgraciada)* несчастье, беда

adverso *adj* неблагоприятный, противный

advertencia *f* предупреждение, замечание

advertido *adj* знающий, опытный, искушённый

advertir *vt* 1) *(fijar la atención)* обращать внимание, замечать 2) *(avisar con amenazas)* предупреждать

adviento *m relig* рождественский пост, адвент

advocación *f* 1) *relig* защита, покровительство 2) *obsol* V. abogacía

adyacencia *f* смежность, прилегание, близость

adyacente *adj* смежный, прилегающий, близкий

aeración *f* 1) проветривание, вентилирование 2) *med* аэрация, насыщение воздухом

aéreo *adj* 1) воздушный 2) *(sutil, ligero)* лёгкий, невесомый

aerícola *adj zool* живущий в воздухе

aerífero *adj* воздухоносный, ветряной

aeriforme *f fís* газообразный

aeróbic, aerobic *m* аэробика

aeróbico *adj biol* аэробный

aerobio *adj biol* аэробный

aerobiosis *f biol* аэробная жизнь

aerobús *m* аэробус

aeroclub *m* аэроклуб

aerodeslizador *m* судно на воздушной подушке

aerodinámica *f* аэродинамика
aerodinamicidad *f* аэродинамичность
aerodinámico *adj* аэродинамический
aeródromo *m* аэродром
aeroespacial *adj* аэрокосмический
aerofagia *f med* аэрофагия
aerofaro *m* аэромаяк, авиамаяк
aerofobia *f med* аэрофобия
aerofotografía *f* аэрофотография, аэрофотосъёмка
aerografía *f* аэрография
aerógrafo *m* аэрограф, краскораспылитель
aerograma *m* аэрограмма
aerolínea *f* авиалиния, авиакомпания
aerolito *m* аэролит
aerología *m meteo* аэрология
aeromancia *f* аэромантия
aerómetro *f* аэрометр
aeromodelismo *m* авиамоделизм
aeromodelista *m/f* авиамоделист, -ка
aeromóvil *m* V. aeronave
aeromoza *f Am.* стюардесса, бортпроводница
aeromozo *m Am.* стюард, бортпроводник
aeronato *adj* родившийся в воздухе
aeronauta *m/f* аэронавт, воздухоплаватель
aeronáutica *f* воздухоплавание, аэронавтика
aeronáutico *adj* авиационный, воздухоплавательный
aeronaval *adj* воздухоплавательный
aeronave *f* летательный аппарат, воздушный корабль
aeronavegación *f* аэронавигация, самолётовождение
aeroplano *m* аэроплан, самолёт
aeropuerto *m* аэропорт
aerosfera *f* аэросфэра
aerosol *m* аэрозоль
aerostación *f* воздухоплавание на аэростатах
aerostática *f* аэростатика
aerostático *adj* аэростатический *globo* ~ воздушный шар
aerostato, aeróstato *m* аэростат
aerotaxi *m* аэротакси
aerotecnia *f* аэротехника
aerotécnico *adj* аэротехнический
aeroterapia *f* аэротерапия, лечение воздухом
aerotermodinámica *f* аэротермодинамика
aerotransportado *adj* перевозимый по воздуху
aerotransportar *vt* перевозить по воздуху
aerovía *f* V. aerolínea
afabilidad *f* приветливость, радушие, вежливость
afable *adj* приветливый, радушный, вежливый
afamado[1] *adj (famoso)* знаменитый, известный
afamado[2] *adj obsol (hambriento)* голодный
afamar *vt* прославлять, делать знаменитым
afamarse *vpron* прославляться, становиться знаменитым
afán *m* 1) *(trabajo excesivo)* тяжёлый труд 2) *(fatiga, penalidad)* заботы, хлопоты 3) *(anhelo vehemente)* рвение, усердие, стремление
afanar **1.** *vi* 1) *(trabajar con afán)* стараться, усердствовать 2) *coloq (trabajar corporalmente)* надрываться, гнуть спину **2.** *vt* 1) *(acosar, cansar)* загонять, замучить работой 2) *coloq (hurtar)* стащить, стянуть
afanarse *vpron* V. afanar 1
afanoso *adj* 1) *(duro, pesado)* трудный, тяжёлый 2) *(ardoroso)* усердный, старательный
afantasmado *adj coloq* тщеславный, надутый
afasia *f med* афазия
afásico *adj med* афазический
afear *vt* 1) *(hacer feo)* уродовать, делать некрасивым 2) *(vituperar)* порицать, хулить
afección *f* 1) V. afecto 2) *(inclinación, apego)* склонность, привязанность 3) *med* заболевание, болезнь
afeccionarse *vpron* V. aficionarse
afectable *adj* впечатлительный, чувствительный
afectación *f* манерность, неестественность, аффектация
afectado *adj* 1) манерный, неестественный 2) *(aquejado)* поражённый, затронутый
afectar *vt* 1) *(mostrar afectación)* манерничать, выставлять напоказ 2) *(incumbir)* затрагивать, касаться (кого/ чего-л) 3) *(fingir)* притворяться, напускать на себя 4) *med* поражать
afectarse *vpron* волноваться, приходить в волнение
afectísimo *adj* искренне ваш, наисердечнее (в письме)
afectividad *f* эмоциональность, озбудимость
afectivo *adj* аффективный, эмоциональный
afecto[1] *adj* 1) *(que estima)* преданный, любящий 2) *(destinado)* приклеплённый, назначенный
afecto[2] *m* 1) *(pasiones del ánimo)* чувство, переживание 2) *(amor, cariño)* любовь, привязанность
afectuosamente *adv* 1) сердечно, с любовью 2) *(al final de una carta)* с искренним уважением, искренне ваш
afectuosidad *f* сердечность, приветливость
afectuoso *adj* сердечный, любящий, ласковый
afeitada *f Am.* бритьё
afeitado *m* бритьё
afeitadora *f* электрическая бритва
afeitar *vt* брить, сбривать
afeitarse *vpron* бриться
afeite *m* 1) *(aderezo)* укращение, наряд, убор 2) *(cosmético)* косметическое средство
afelpado *adj* 1) выделанный под бархат 2) *(suave)* мягкий, бархатистый
afelpar *vt* придавать бархатистость
afeminación *f* изнеженность, эффеминация
afeminado *adj* 1) женоподобный, женственный 2) *(disoluto)* изнеженный, слабый 3) *(homosexual)* гомосексуальный
afeminar *vt* изнеживать, феминизировать
afeminarse *vpron* изнеживаться, феминизироваться, терять мужественность
aferente *adj* 1) приносящий, несущий 2) *anat psicol* афферентный, центростремительный
aféresis *f ling* аферезис
aferrar *vt* 1) хватать, схватывать 2) *nav* зацеплять, крепить
aferrarse *vpron* **(a alg o u/c)** хвататься (за что-л), цепляться (за что-л)

affaire *m* 1) *(asunto ilícito)* скандал 2) *(aventura sentimental)* роман, амуры

afgan|o 1. *adj* афганский **2., -a** *m/f* афган|ец, -ка

afianzamiento *m* 1) *(garantía)* ручательство, поручительство 2) *(consolidación)* закрепление, укрепление, упрочение

afianzar *vt* 1) ручаться (за кого/что-л), давать поручительство 2) *(asegurar)* крепить, укреплять, фиксировать 3) *(apoyar)* подпирать 4) *(consolidar)* укреплять, упрочивать

afiche *m Am.* афиша

afición *f* 1) любовь, склонность, пристрастие 2) *(hobby)* хобби 3) *(de un club deportivo)* болельщики

aficionad|o 1. *adj* любительский **2., -a** *m/f* 1) любитель, -ница 2) *(a los espectáculos deportivos)* болельщи|к, -ца

aficionar *vt* **(a u/c)** внушать любовь (привязанность) (к кому/чему-л)

aficionarse *vpron* **(a u/c)** пристраститься (к чему-л), войти во вкус

afidávit *m jur* письменное показание под присягой

afiebrado *adj* лихорадочный, с температурой

afijo *m ling* аффикс

afilacuchillos *m* точилка для ножей

afiladera *f* точильный камень, брусок

afilado 1. *adj* 1) заточенный, острый 2) *(hiriente, mordaz)* острый, язвительный **2.** *m* заточка, правка

afilador 1. *adj* точильный **2., -a** *m/f* точильщи|к, -ца **3.** *m (correa para afilar)* ремень для точки бритвы

afiladora *f Am.* точильный камень

afiladura *f* отточивание, точка, заточка

afilalápices *m* точилка для карандашей

afilamiento *m* заострение (черт лица)

afilar *vt* точить, оттачивать

afilarse *vpron* заостряться, удлиняться

afile *m Arg. Ur. Par.* роман, увлечение, любовная интрига

afiliación *f* 1) *(acción de afiliar)* приём, принятие 2) *(pertenencia)* принадлежность

afiliad|o 1. *adj* вступивший, принятый **2. , -a** *m/f* член (партии, общества)

afiliar *vt* **(a u/c)** принимать (куда-л), записывать (куда-л)

afiliarse *vpron* **(a u/c)** вступать (куда-л), записываться (куда-л)

afiligranado *adj* 1) филигранный 2) *(fino y delicado)* тонкий, изящный

áfilo *adj bot* безлистый, безлистный

afilón *m* точильный ремень

afín 1. *adj* 1) *(contiguo)* прилегающий, смежный 2) *(similar)* близкий, сходный, родственный **2.** *m/f (pariente por afinidad)* свойственни|к, -ца

afinación *f* 1) *(perfeccionamiento)* совершенствование, отделка, шлифовка 2) *(de un metal)* аффинаж, шлифовка 3) *mús* настройка

afinado *adj* 1) *(fino, cortés)* с изящными манерами, деликатный 2) *(dicho de un instrumento musical)* **настроенный** 3) *(preciso)* отличный, скрупулёзный

afinador 1. *adj* 1) совершенствующий 2) *(de instrumentos musicales)* настраивающий **2. , -a** *m/f mús (persona)* настройщи|к, -ца **3.** *m mús (templador)* ключ

afinamiento *m* 1) V. afinación 2) *(finura)* утончённость, изысканность

afinar *vt* 1) *(perfeccionar)* доводить до совершенства, совершенствовать 2) *(hacer fino o cortés)* воспитывать, прививать хорошие манеры 3) *(un metal)* аффинировать, шлифовать 4) *(un instrumento musical)* настраивать

afinarse *vpron* 1) *(perfeccionarse)* совершенствоваться, обрабатываться 2) *(volverse fino o cortés)* становиться деликатнее, приобретать хорошие манеры

afincado *adj* 1) *(que tiene fincas)* владеющий поместьем 2) *(residente)* проживающий

afincar 1. *vi* приобретать недвижимое имущество **2.** *vt (establecer)* основывать

afincarse *vpron* 1) *(adquirir fincas)* приобретать недвижимое имущество 2) *(establecerse)* поселяться, основываться

afinidad *f* сходство, близость

afino *m tecn* аффинаж, шлифовка

afirmación *f* 1) утверждение, подтверждение 2) *(acción de afirmarse)* уркепление, закрепление

afirmar *vt* 1) утверждать, подтверждать 2) *(dar firmeza)* закреплять, прочно устанавливать

afirmarse *vpron* 1) **(en u/c)** *(asegurarse)* опираться (на что-л) 2) **(en u/c)** *(ratificarse)* утверждаться (в чём-л), твёрдо убеждаться (в чём-л)

afirmativa *f* 1) утверждение 2) *ling* утведительное предложение

afirmativo *adj* положительный, утвердительный

aflautado *adj* напоминающий звук флейты

aflicción *f* огорчение, расстройство, скорбь

aflictivo *adj* огорчительный, удручающий, прискорбный

aflicto *adj obsol* огорчённый, расстроенный

afligido *adj* огорчённый, расстроенный, в подавленном состоянии

afligir *vt* огорчать, расстраивать, удручать

afligirse *vpron* огорчаться, расстраиваться, сокрушаться

aflojamiento *m* 1) ослабление, уменьшение 2) *(pérdida de fuerza)* вялость, расслабленность

aflojar 1. *vt* 1) ослаблять, отпускать, расслаблять 2) *coloq (dinero)* выкладывать, раскошеливаться **2.** *vi* 1) *(dicho de una persona)* слабеть, терять силы, сдавать 2) *(dicho de una cosa)* уменьшаться, спадать ♦ **~ la mano** ослаблять дисциплину

aflojarse *vpron* ослабляться, расслабляться

afloración *f* V. afloramiento

afloramiento *m* 1) *(criba)* просеивание 2) *(surgimiento)* появление, обнаружение 3) *(de un mineral)* обнажение, выход на поверхность

aflorar 1. *vt* просеивать **2.** *vi* 1) *(aparecer, surgir)* появляться, обнаруживаться 2) *(dicho de un mineral)* обнажаться, выходить на поверхность

afluencia *f* 1) *(de agua)* наплыв, приток 2) *(concurrencia)* скопление, стечение 3) *(abundancia)* изобилие, богатство
afluente *m* приток (реки)
afluir *vi* 1) *(acumularse)* стекаться, скопляться 2) *(dicho de un río)* притекать, приливать
aflujo *m* прилив, приток
afollar *vt* раздувать мехами
afollarse *vpron constr* вспучиваться, морщиться
afondar *vi* тонуть, идти ко дну
afondarse *vpron* V. afondar
afonía *f* афония, потеря голоса
afónico *adj* сиплый, безголосый *quedarse ~* потерять голос
áfono *adj* 1) V. áfonico 2) V. silencioso
aforado *adj* пользующийся привилегиями
aforar *vt* 1) *(dar o tomar a foro)* отдавать (брать) в аренду 2) *(otorgar fueros)* предоставлять привилегии 3) *(determinar el valor)* оценивать товары 4) *(medir la cantidad de agua)* определять поток воды
aforismo *m* афоризм, краткое изречение
aforístico *adj* афористический, афористичный
aforo *m* 1) *(determinación de la cantidad o valoración)* определение количества, оценка количества 2) *(capacidad)* вместимость, количество мест
afortunadamente *adv* к счастью
afortunado *adj* 1) удачливый, счастливый 2) *(acertado)* удачный, успешный
afrancesado **1.** *adj* офранцуженный, подражающий французам **2.** *m hist* приверженец французов
afrancesamiento *m* офранцуживание, подражание французам
afrancesar *vt* офранцуживать, переделывать на французский лад
afrancesarse *vpron* офранцуживаться, подражать французам
afrecho *m* отруби
afrenta *f* 1) *(ofensa)* обида, оскорбление 2) *(deshonor)* стыд, бесчестье
afrentar *vt* 1) *(ofender)* оскорблять, наносить обиду 2) *(denostar)* поносить, позорить
afrentarse *adj* стыдыться, краснеть
africada *f ling* аффриката
africado *adj ling* смычно-щелевой, смычно-фрикативный
african|o **1.** *adj* африканский **2., -a** *m/f* африкан|ец, -ка
áfrico **1.** *adj poét* африканский **2.** *m* V. ábrego
afrikaans *m* африкаанс, бурский язык
afrikáner **1.** *m/f* африканер, бур **2.** *adj* африканерский
afro *adj inv* V. africano
afroamericano *adj* афро-американский
afroasiático *adj* афро-азиатский
afrocubano *adj* афро-кубинский
afrodisíaco **1.** *adj* стимулирующий половое влечение **2.** *m* афодизиак
afrodita *adj bot* агамный
afrontar *vt* 1) *(poner cara a cara)* ставить лицом к лицу, ставить друг против друга 2) *(al enemigo)* противостоять (кому/чему-л), оказывать сопротивление 3) *(un peligro o problema)* сталкиваться (с чем-л), идти навстречу (чему-л) *~ un problema* сталкиваться с проблемой
afrutado *adj* с фруктовым вкусом (ароматом)
afta *f med* афта
aftoso *adj med* афтозный
afuera *adv* 1) *(hacia fuera)* наружу, на улицу 2) *(fuera)* снаружи, вне, на улице
afuerano *adj* V. afuereño
afueras *fpl* окрестности
afuereño *adj Am.* приезжий, пришлый
afuste *m mil* станок, лафет
agachar *vt* наклонять, опускать *~ la cabeza* наклонять голову
agacharse *vpron* наклоняться, нагибаться
agalla **1.** *f* 1) *(en las plantas)* галл 2) V. amígdala 3) V. branquia **2. -s** *fpl coloq (valentía)* храбрость, смелость
agalludo *adj* 1) *Am. Mer. coloq (ambicioso)* скупой, скаредный 2) *Am. Mer. coloq (resuelto)* смелый, решительный
agamia *f biol* агамия
agamuzado *adj* светло-жёлтый
ágape *m* банкет
agárico *m* пластинчатый гриб
garrada *f coloq* пререкание, препирательство, перепалка
agarradera *f* 1) ручка, рукоятка 2) *(protección)* помощь, протекция
agarradero *m* 1) ручка, рукоятка 2) *coloq* V. agarradera 2
agarrado *adj coloq* скупой, скадреный
agarr|ar **1.** *vt* 1) *(asir fuertemente)* схватывать, крепко хватать, вцепляться *~ar por el brazo* схватить за руку 2) *(coger)* брать 3) *(coger desprevenido)* схватывать, ловить 4) *coloq (una enfermedad, un disgusto)* схватывать, заполучать **2.** *vi* 1) *(dicho de una planta)* приживаться 2) *coloq (resolverse a efectuar una acción)* взять *~ó y se fue* он взял и ушёл 3) *Am. coloq (irse)* уходить, отправляться
agarrarse *vpron* 1) **(a/de alg o u/c)** хвататься (за кого/что-л), цепляться (за кого/что-л) 2) *(dicho de un guiso)* пригорать 3) **(a u/c)** *(acudir a algo como pretexto)* хвататься (за что-л)
agarre *m tecn* зажим, захват
agarrón *m* рывок, толчок
agarrotamiento *m* онемение
agarrotar *vt* затягивать, крепко связывать
agarrotarse *vpron* неметь, затекать
agasajar *vt* 1) *(tratar con atención)* оказывать гостеприимство, приветливо встречать 2) *(halagar con regalos)* угощать (чем-л), одаривать (чем-л)
agasajo *m* 1) *(tratamiento con atención)* приветливость, радушие 2) *(obsequio)* угощение, подарок
ágata *f min* агат
agavanza *f* V. agavanzo
agavanzo *m* шиповник
agave *m* агава, столетник
agavillar *vt* 1) вязать снопы 2) *(juntar en cuadrilla)* собирать шайку, собирать банду
agavillarse *vpron* собираться шайкой, собираться бандой

agazaparse *vpron* 1) *(agacharse)* пригибаться, *(agacharse)* съёживаться 2) *(esconderse)* прятаться, притаиваться

agencia *f* 1) агенство, бюро ~ *de publicidad* рекламное агентство; ~ *de viajes* туристическое агентство 2) *(oficio de agente)* агентура

agenciar *vt* 1) *(tramitar)* ходатайствовать (о чём-л) 2) *(procurar)* доставать, добывать

agencia|rse *vpron* добиваться (чего-л), домогаться (чего-л) *yo me las ~ré* я как-нибудь выкручусь

agenda *f* 1) записная книжка 2) *(relación de temas)* повестка дня, распорядок

agente 1. *adj* действенный, действующий **2.** *m* агент

agigantado *adj* 1) гигантский, исполинский 2) *(extraordinario)* необычайный, выдающийся

ágil *adj* быстрый, ловкий

agilidad *f* быстрота, ловкость, подвижность

agilipollar *vt vulg* ошеломлять, делать тупым

agilipollarse *vpron vulg* тупеть, дуреть

agilización *f* ускорение, облегчение

agilizar *vt* ускорять, облегчать

agio *m* 1) *econ* ажио, лаж 2) V. agiotaje

agiotaje *m* спекуляция, биржевая игра

agiotista *m/f* спекулянт, биржевой игрок

agitable *adj* легко возбуждающийся, поддающийся агитации

agitación *f* 1) волнение, вожбуждение 2) *(política)* агитация, пострекательство

agitado *adj* взволнованный, возбуждённый

agitador 1. *adj* агитаторский **2.** *m/f* агитатор, -ша **3.** *m (aparato)* смеситель, мешалка

agitanado *adj* цыганский, похожий на цыгана

agitanarse *vpron* становиться похожим на цыгана

agitar *vt* 1) *(mover de un lado a otro)* колебать, раскачивать, махать (чем-л) 2) *(un líquido)* взбалтывать, встряхивать 3) *(turbar)* волновать, возбуждать 4) *(socialmente, políticamente)* агитировать, подстрекать

agitarse *vpron* 1) колебаться, колыхаться 2) *(inquietarse)* волноваться, беспокоиться

aglomeración *f* накопление, скопление

aglomerado *m tecn* агломерат, прессованное топливо, брикет

aglomerante *adj* 1) связывающий, спрессовывающий 2) *ling* инкорпорирующий

aglomerar *vt* 1) собирать, скапливать, нагромождать 2) *tecn* спрессовывать, брикетировать

aglomerarse *vpron* собираться, скапливаться, нагромождаться

aglutinación *f* 1) объединение, сплачивание 2) *ling* агглютинация 3) *med* стягивание

aglutinador *adj* 1) *(que pega)* склеивающий, липкий 2) *(que aúna)* объединяющий, сплачивающий

aglutinante *adj* 1) *ling* агглютинирующий 2) *med* стягивающий, склеивающий

aglutinar *vt* 1) *(pegar)* склеивать 2) *(aunar)* объединять, сплачивать

aglutinarse *vpron* 1) *(pegarse)* склеиваться, стягиваться 2) *(aunarse)* объединяться, сплачиваться

agnación *f jur* агнация

agnado *m jur* агнат

agnosticismo *m* агностицизм

agnóstic|o 1. *adj* агностический **2., -a** *m/f* агностик

agobiado *adj* 1) *(inclinado hacia adelante)* согнутый, согбенный 2) *(deprimido)* обременённый, подавленный

agobiador *adj* V. agobiante

agobiante *adj* угнетающий, подавляющий

agobiar *vt* угнетать, подавлять, утомлять

agobiarse *vpron* расстраиваться, впадать в угнетённое состояние

agobio *m* угнетённое состояние, подавленность

agolpamiento *m* нагромождение, скопление

agolpar *vt* нагромождать, скоплять

agolparse *vpron* 1) *(dicho de personas o animales)* собираться, сходиться, сбегаться 2) *(dicho de las lágrimas)* нахлынуть, набежать 3) *(dicho de las penas)* накатиться, навалиться

agonal *adj* относящийся к спортивным состязаниям

agonía *f* агония

agonías *m/f coloq* нытик, паникёр, -ша

agónico *adj* агонический

agonizante *adj* агонизирующий

agonizar *vi* 1) агонизировать, быть в агонии 2) *(sufrir angustiosamente)* мучиться, страдать, страдать

agora *adv obsol* V. ahora

ágora *f* агора

agorafobia *f med* агорафобия, боязнь открытого пространства

agorar *vt* 1) предсказывать, прорицать 2) *(predecir desdichas)* предсказывать несчастья

agorer|o 1. *adj* 1) *(que predice males)* зловещий 2) *(supersticioso)* верящий в гадания 3) *(dicho de un ave)* вещий **2., -a** *m/f* гада|тель, -лка, прорицатель, -ница

agostar *vt* 1) *(secar)* иссушать, сжигать 2) *(destruir)* губить, убивать

agostarse *vpron* сгорать, сохнуть (о растениях)

agostero 1. *adj* пасущий(ся) по стерне (о скоте) **2.** *m agric* сезонный рабочий

agosto *m* август *siete de ~* седьмое августа

agotado *adj* 1) истощённый, изнурённый 2) *(dicho de un producto)* распроданный 3) *(dicho de un recurso)* исчерпанный

agotador *adj* изнурительный

agotamiento *m* 1) истощение, изнурение 2) *(de un recurso)* вычерпывание

agotar *vt* 1) *(extraer todo el líquido)* выкачивать, вычерпывать 2) *(gastar del todo)* исчерпывать, расходовать до конца 3) *(cansar extremadamente)* изнурять, изматывать

agotarse *vpron* 1) *(consumirse)* иссякать, изнуряться, приходить к концу 2) *(venderse por completo)* распродаваться, расходиться 3) *(cansarse extremadamente)* изматываться, выдыхаться

agracejina *m* барбарис (плод)

agracejo *m* барбарис (куст)

agraciado *adj* 1) *(que tiene gracia)* изящный, грациозный 2) *(bien parecido)* миловидный, симпатичный 3) V. afortunado

agraciar *vt* 1) *(dar gracia y buen parecer)* придавать привлекательность, делать красивым 2) **(con u/c)** *(conceder gracia o merced)* жаловать (чем-л), награждать (чем-л)

agradable *adj* 1) приятный, милый 2) *(físicamente)* приятный, миловидный

agradar *vi* нравиться, быть приятным *me ~* мне бы хотелось

agrade|cer *vt* благодарить, быть признательным *se lo ~zco* я вас благодарю за это

agradecido *adj* благодарный, признательный *estar ~* быть благодарным, быть признательным

agradecimiento *m* благодарность, признательность

agrado *m* 1) *(afabilidad)* приветливость, благосклонность, любезность *con ~* с удовольствием, охотно 2) *(complacencia)* желание

agramar *vt* 1) *(majar el cáñamo)* мять, трепать (лён) 2) *(golpear)* бить, колотить

agrandamiento *m* увеличение

agrandar *vt* увеличивать

agrandarse *vpron* увеличиваться

agrario *adj* аграрный, земельный

agravación *f* V. agravamiento

agravamiento *m* ухудшение, осложнение

agravante 1. *adj* усугубляющий, отягчающий **2.** *m jur* отягчающее обстоятельство

agravar *vt* 1) усугублять, ухудшать 2) *jur* отягчать, усугублять

agravarse *vpron* 1) усугубляться, ухудшаться 2) *jur* отягчаться, усугубляться

agraviar *vt* обижать, оскорблять, наносить обиду

agraviarse *vpron obsol* V. agravarse

agravio *m* оскорбление, обида

agraz 1. *adj* 1) недозрелый (о плодах) 2) *(desagradable)* неприятный, противный **2.** *m* 1) *(bebida)* V. agrazada 2) *coloq (disgusto)* горечь, обида

agrazada *f* аграсада (напиток из недозрелого винограда)

agrazón *m* 1) *(uva silvestre)* дикий виноград 2) *(uva espina)* крыжовник

agredir *vt* бить, нападать (на кого-л)

agregación *f* добавление, присоединение

agregado *m* 1) *(funcionario)* атташе 2) *(añadidura)* добавление, дополнение

agregar *vt* **(a u/c)** присоединять (к чему-л), добавлять (к чему-л), прибавлять (к чему-л)

agregarse *vpron* присоединяться, добавляться

agregatorio *adj* добавочный, дополнительный

agresión *f* нападение, агрессия

agresivamente *adv* агрессивно

agresividad *f* агрессивность, воинственность

agresivo *adj* агрессивный, воинственный

agresor 1. *adj* агрессивный **2.** *m* 1) агрессор 2) *jur* правонарушитель

agreste *adj* 1) *(relativo al campo)* деревенский, сельский 2) *(lleno de maleza)* дикий, дикорастущий 3) *(tosco)* невоспитанный, грубый

agriado *adj* V. ácido

agriar *vt* 1) *(poner agrio)* делать кислым, подкислять 2) *(exasperar)* раздражать, озлоблять

agriarse *vpron* киснуть, закисать

agrícola 1. *adj* земледельческий, сельскохозяйственный **2.** *m/f* земледелец

agricultor *m* земледелец

agricultura *f* земледелие, сельское хозяйство

agridulce *adj* кисло-сладкий

agrietado *adj* растрескавшийся

agrietamiento *m* растрескивание

agrietar *vt* способствовать возникновению трещин

agrietarse *vpron* покрываться трещинами, растрескиваться

agrillarse *vpron* прорастать

agrimensor *m* землемер

agrimensura *f* межевание

agringado *adj Am.* подражающий американцам

agringarse *vpron Am.* вести себя как американец, подражать американцам

agrio *adj* 1) кислый 2) *(que se ha agriado)* скисший 3) *(abrupto)* угрюмый, кислый

agripado *adj Am. Cent.* больной гриппом

agriparse *vpron Am. Cent.* заболевать гриппом

agro *m* пахотное поле

agronomía *f* агрономия

agronómico *adj* агрономический

agrónomo *m* агроном

agropecuario *adj* сельскохозяйственный, земледельческий, животноводческий

agroturismo *m* агротуризм, сельский туризм

agroturista *m/f* агротурист

agroturístico *adj* агротуристический

agrumar *vt* створаживать, сгущать

agrumarse *vpron* створаживаться, сгущаться

agrupación *f* 1) *(acción de agrupar)* группировка, объединение 2) *(conjunto de personas o cosas)* группирование, расположение группами

agrupamiento *m* группирование, расположение группами

agrupar *vt* 1) группировать, располагать группами 2) *(unir)* объединять

agruparse *vpron* 1) группироваться, располагаться группами 2) *(unirse)* объединяться

agua *f* 1) вода *~ mineral* минеральная вода; *~ del grifo* вода из-под крана; *~ potable* питьевая вода 2) *(lluvia)* дождь 3) *quím* вода, раствор *~ oxigenada* перекись водорода; *~ fisiológica* физиологический раствор ◆ **bailarle el ~ a alguien** выслуживаться перед кем-л., ползать на брюхе перед кем-л. **estar con el ~ al cuello** быть в затруднительном положении **hacérsele la boca ~ a alguien** слюнки течь у кого-л. **~ de cerrajas (de borrajas)** пустяки, ерунда **nadar entre dos ~s** лавировать, служить нашим и вашим **hacer ~s** течь, иметь пробоину **hacer ~s** дать слабину

aguacate *m* авокадо

aguacero *m* ливень

aguacharnar *vt* обильно поливать (землю)

aguachirle *f* 1) *(bebida sin sustancia)* бурда, пойло 2) *(cosa baladí)* ерунда, чепуха

aguacil *m obsol* V. alguacil

aguada *f* 1) запас питьевой воды 2) *(pintura)* акварель, гуашь

aguadera *f* плетёная корзина

aguadilla *f* V. ahogadilla

aguado *adj* 1) водянистый, разбавленный 2) *Am. Cent. (débil)* слабый, обессиленный
aguador *m* водовоз, водонос, продавец воды
aguafiestas *m/f* нарушитель веселья
aguafuerte *m* офорт
aguaitar *vt* V. acechar
aguaje *m* 1) *(aguadero)* водопой 2) *nav (crecientes del mar)* сильный морской прилив 3) *nav (corriente impetuosa)* морское течение
aguamala *f* V. medusa
aguamanil *m* умывальник
aguamarina *f geol* аквамарин
aguamiel *m* медовый напиток
aguanieve *m* дождь со снегом, мокрый снег
aguantable *adj* сносный, терпимый
aguantaderas *fpl coloq* выдержка, долготерпение
aguantar 1. *vt* 1) *(sostener)* держать, удерживать, поддерживать 2) *(soportar)* выдерживать, терпеть, переносить **2.** *vi (reprimirse)* сдерживаться, крепиться
aguantarse *vpron* 1) *(sostenerse)* удерживаться 2) *(reprimirse)* сдерживаться, крепиться
aguante *m* 1) *(paciencia)* терпение, выдержка 2) *(fortaleza)* выносливость, стойкость, выдержка
aguar *vt* 1) разбавлять водой 2) *(estropear)* портить, омрачать
aguardada *f* ожидание
aguardar *vt* ждать, ожидать
aguardentoso *adj* 1) водочный, содержащий водку, похожий на водку 2) *(dicho de la voz)* хриплый, пропитой
aguardiente *m* водка
aguardo *m* 1) V. acecho 2) *(espera)* ожидание
aguarrás *m* 1) *(vegetal)* скипидар, терпентинное масло 2) *(mineral)* уайт спирит
aguarse *vpron* 1) смешиваться с водой 2) *(estropearse)* портиться, омрачаться
aguasal *m* рассол, раствор соли
aguatero *m Am.* aguador
aguatinta *f pint* акватинта
aguazal *m* лужа, хлябь
aguazo *m* живопись гуашью
agudeza *f* 1) острота 2) *(visual)* острота 3) *(mental)* проницательность
agudización *f* обострение
agudizarse *vpron* обостряться
agudo *adj* 1) острый, заострённый 2) *(sutil, perspicaz)* проницательный, острый 3) *(vivo, oportuno)* быстрый, лёгкий 4) *(dicho de un sonido, un olor, un dolor, etc.)* резкий 5) *(dicho de la vista)* острый 6) *(dicho de una enfermedad)* острый, тяжёлый 7) *ling* острый *acento ~* ударение на последенем слоге 8) *mat* острый *ángulo ~* острый угол
agüero *m* предвестие, предзнаменование, предсказание *buen ~* счастливое предзнаменование; *de mal ~* зловещий
aguerrido *adj* 1) *(experimentado)* опытный, обстрелянный 2) *(valiente)* смелый, выносливый
aguija *f obsol* V. guija
aguijada *f taur* шест (погонщика волов)
aguijar 1. *vt* 1) погонять шестом 2) *(estimular)* подгонять, побуждать **2.** *vi* ускорять шаг
aguijón *m* 1) *(de los insectos)* жало 2) *(de una vara)* остриё, наконечник 3) *bot* шип, колючка
aguijonazo *m* укол (жалом)
aguijonear *vt* 1) V. aguijar 1 2) *(picar con el aguijón)* жалить
águila *f* 1) орёл 2) *(dicho de una persona)* орёл, герой
aguileño *adj* орлиный (о носе)
aguilucho *m* 1) *(pollo del águila)* орлёнок 2) *(especie de ave)* мохноногий орёл
aguinaldo *m* 1) *(regalo de Navidad)* рождественский подарок 2) *(regalo)* подарок
aguja *f* 1) игла, иголка *~ de coser* швейная игла 2) *(de hacer media)* спица 3) *(de un reloj, una balanza, etc.)* стрелка 4) *(para el tocado de una mujer)* шляпная булавка 5) *bot* шип, игла
agujerear *vt* продырявливать, протыкать, прокалывать
agujero *m* отверстие, дыра
agujeta 1. *f* ремешок, шнурок **2. -s** *fpl (dolor)* боль (в мышцах), ломота
agujón *m* костяная шпилька, металлическая шпилька
aguosidad *f fisiol* серозная жидкость
agusanarse *vpron* червиветь, становиться червивым
agustino *m relig* августинец
agutí *m* агути, золотистый заяц
aguzador *adj* точильный
aguzadora *f* брусок, точильный камень
aguzadura *f* точка, заточка
aguzamiento *m* V. aguzadura
aguzanieves *m* белая трясогузка
aguzar *vt* 1) точить, оттачивать, затачивать 2) *(los sentidos)* обострять *~ el oído* прислушиваться; *aguzar la vista* всматриваться
¡ah! *interj (употребляется для выражения удивления, восхищения, огорчения, боли и т.д.)* ах!, ох!, эх!, ай!
aherrojar *vt* 1) заковывать в кандалы, сажать на цепь 2) *(esclavizar)* порабощать, закабалять
aherrumbrarse *vpron* 1) *(dicho del agua)* приобретать цвет (вкус) ржавчины 2) *(cubrirse de herrumbre)* покрываться ржавчиной, ржаветь
ahí *adv* 1) там, туда *~ lo tienes* вот, возьми; *de ~* оттуда 2) *(en esto, en eso)* здесь, в этом *~ está la dificultad* в этом вся трудность ◆ **por** *~* 1) *(en un lugar indeterminado)* где-то там 2) *(aproximadamente)* приблизительно
ahijado, -a *m/f* 1) крестни|к, -ца 2) *(hijo o hija adoptivos)* приёмный сын, приёмная дочка
ahijar 1. *vt* 1) *(adoptar)* усыновлять, удочерять 2) *(dicho de un animal)* принимать, вскармливать **2.** *vi* пускать ростки
ahincado *adj* настойчивый, упорный
ahínco *m* настойчивость, упорство
ahitarse *vpron* переедать, объедаться
ahíto 1. *adj* объевшийся, пресытившийся **2.** *m* расстройство желудка
ahogad|o 1. *adj* 1) *(sin ventilación)* тесный, душный 2) *(dicho de un sonido)* сдавленный **2. , -a** *m/f* утопленни|к, -ца

ahogar *vt* 1) душить 2) *(oprimir, acongojar)* мучить, терзать 3) *(un sentimiento)* заглушать, подавлять 4) *(apagar)* тушить, гасить 5) *(en el agua)* топить
ahogarse *vpron* 1) *(por falta de aire)* задыхаться 2) *(en el agua)* тонуть ◆ ~ **en un vaso de agua** утонуть в стакане воды
ahogo *m* 1) одышка 2) *(congoja)* огорчение, расстройство 3) *(apremio)* спешка, срочность
ahondar *vt* 1) *(hacer más hondo)* углублять, делать более глубоким 2) *(excavar)* рыть, копать 3) *(escudriñar un asunto)* углубляться, доходить до сути дела
ahondarse *vpron* углубляться, проникать в глубь
ahora *adv* сейчас, теперь ◆ ~ **bien** итак, но ~ **mismo** сейчас же **por** ~ пока, в данный момент
ahorcado, -a *m/f* повешенн|ый, -ая ◆ **no hay que mentar la soga en casa del** ~ в доме повешенного не говорят о верёвке
ahorcamiento *m* повешение, казнь через повешение
ahorcar *vt* вешать
ahorcarse *vpron* вешаться
ahorita *adv* 1) *(muy recientemente)* недавно, только что 2) *Col. (enseguida)* сию минуту (секунду)
ahormar *vt* 1) формовать, делать по шаблону 2) *(amoldar)* формировать, воспитывать
ahorrador *adj* экономный, расчётливый
ahorrar *vt* 1) *(reservar parte del gasto)* откладывать, сберегать 2) *(guardar dinero)* копить 3) *(evitar un gasto o consumo)* сберегать, экономить 4) *(evitar un riesgo o dificultad)* беречь, жалеть
ahorrarse *vt* V. ahorrar
ahorrativo *adj* бережливый, расчётливый
ahorro 1. *m (acción)* сбережение, экономия **2. -s** *mpl* сбережения
ahoyar *vi* копать ямы
ahuecamiento *m* 1) выдалбливание 2) *(de la tierra, la lana, etc.)* взбивание, разрыхление 3) *(engreimiento)* высокомерие, чванство
ahueca|r 1. *vt* 1) *(poner hueco)* выдалбливать, делать полым 2) *(la tierra, la lana, etc.)* взбивать, разрыхлять **2.** *vi coloq* уходить, валить ¡ ~! уходи!, убирайся вон! ◆ **~r el ala** *coloq* уходить, валить
ahuecarse *vpron coloq* надуваться, важничать, чваниться
ahumado *adj* копчёный
ahumar *vt* коптить
ahusado *adj* веретенообразный
ahuyentar *vt* спугивать, отгонять
ahuyentarse *vpron* убегать, удирать
aikido *m* айкидо
aína *adv* 1) *(pronto)* проворно, быстро, спешно 2) *obsol (fácilmente)* легко 3) *obsol (por poco)* почти
aínas *adv* V. aína ◆ **no tan** ~ не так-то просто, не так-то легко
aindiado *adj* похожий на индейца
airado *adj* сердитый, гневный
airar *vt* 1) *(mover a ira)* сердить, злить 2) *(agitar)* встряхивать
airarse *vpron* сердиться, злиться, гневаться
airbag *m* подушка безопасности
airbus *m* аэробус
aire *m* 1) воздух ~ *acondicionado* кондиционированный воздух, кондиционер; ~ *freso* свежий воздух; *al ~ libre* на открытом воздухе, под открытым небом; *tomar el* ~ подышать воздухом 2) *(atmósfera)* атмосфера 3) *(viento)* ветер 4) *(aspecto)* вид, внешность ◆ **de buen (mal)** ~ в хорошем (плохом) настроении **estar en el** ~ быть под вопросом **saltar por los ~s** взлететь на воздух
aireación *f* проветривание, вентиляция, аэрация
aireado *adj* 1) проветренный 2) *(que está al aire)* находящийся на ветру, обдуваемый ветрами
airear *vt* 1) проветривать, вентилировать 2) *(dar publicidad a algo)* выносить на всеобщее обозрение, афишировать
airearse *vi* 1) проветриваться, прогуливаться, дышать воздухом 2) *(resfriarse)* простужаться
airón *m* 1) серая цапля 2) *(de las aves)* хохолок 3) *(adorno de plumas)* плюмаж, султан
airoso *adj* 1) ветреный 2) *(gallardo)* грациозный, стройный ◆ **salir** ~ выходить победителем
aislacionismo *m pol* изоляционизм
aislacionista *adj pol* относящийся к изоляционизму
aislado *adj* 1) *(solo, suelto)* уединённый, одинокий 2) *(individual, concreto)* обособленный, изолированный
aislador 1. *adj* 1) изолирующий, отделяющий 2) *electr fís* изолирующий **2.** *m electr fís* изолятор, изоляционый материал
aislamiento *m* 1) *(acción de aislar)* уединение, обособление 2) *(calidad de aislado)* уединённость, обособленность 3) *(incomunicación)* замкнутость, одиночество 4) *electr fís* изоляция
aislante 1. *adj* 1) уединяющий, обособляющий 2) *electr* изолирующий **2.** *m electr* изолятор, изоляционный материал ◆ **cinta** ~ изоляционная лента, изолента
aislar *vt* 1) отделять, обособлять, изолировать 2) *electr* изолировать
aislarse *vpron* отделяться, обособляться, изолироваться
ajá *interj (употребляется для выражения удовлетворения, одобрения или удивления)* ага, ладно, прекрасно
ajado[1] *adj (maltratado)* увядший, вялый, поблёкший
ajado[2] *adj obsol (que tiene ajos)* чесночный
ajamiento *m* 1) *(manoseo)* комканье 2) *(marchitamiento)* увядание, потускнение 3) *(ofensa)* оскорбление, унижение
ajamonarse *vpron coloq* полнеть, расплываться (о женщинах)
ajar[1] *m* участок, засаженный чесноком
ajar[2] *vt* 1) *(maltratar, manosear)* мять, комкать 2) *(desgastar)* изматывать, старить 3) *(vejar)* оскорблять, унижать
ajardinado *adj* с садом
ajardinar *vt* озеленять, превращать в сад

ajarse *vpron* 1) мяться, комкаться 2) *(desgastarse)* изматываться, стариться
ajedrea *f* чабер
ajedrecista *m/f* шахматист, -ка
ajedrecístico *adj* шахматный
ajedrez *m* шахматы
ajedrezado *adj* разделённый на квадраты, клетчатый
ajenjo *m* полынь
ajeno *adj* 1) *(perteneciente a otra persona)* чужой 2) *(impropio, extraño)* чужой, чуждый 3) **(de u/c)** *(distante, lejano)* свободный (от чего-л), лишённый (чего-л)
ajete *m* молодой (зелёный) чеснок
ajetreado *adj* заваленный работой
ajetrear *vt* завалить работой, загонять
ajetrearse *vpron* хлопотать, суетиться, бегать
ajetreo *m* беготня, суета, хлопоты
ají *m Am.* перец
ajiaceite *m* соус из толчёного чеснока и оливкового масла
ajiaco *m* 1) *Am. (salsa)* ахиако (соус из перца) 2) *Am. (olla)* ахиако (разновидность супа)
ajilimoje *m coloq* V. ajilimójili
ajilimójili 1. *m coloq* соус из чеснока **2. -s** *mpl coloq* причиндалы
ajillo *m* чесночный соус
ajimez *m* венецианское окно
ajo *m* чеснок ◆ **estar en el ~** быть в курсе дела, быть осведомлённым
ajoaceite *m* V. ajiaceite
ajonjera *f* колючник
ajonjolí *m* кунжут, сезам
ajorca *f* браслет
ajuar *m* 1) *(de la casa)* домашняя утварь, скарб 2) *(el que aporta la mujer en el matrimonio)* приданое
ajuiciado *adj* V. juicioso
ajustable *adj* регулируемый
ajustado *adj* 1) *(justo, recto)* верный, правильный 2) *(dicho de la ropa)* облегающий, пригнанный по фигуре
ajustador *m* 1) *(jubón)* корсет, корсаж 2) *(operario)* слесарь, наладчик
ajustar *vt* 1) *(conformar, acomodar)* приводить в порядок, упорядочивать 2) *(arreglar)* налаживать, настраивать, регулировать 3) *(apretar)* пригонять, подгонять по фигуре 4) *(concertar)* согласовывать, увязывать
ajustarse *vpron* 1) *(conformarse, acomodarse)* применяться, приспосабливаться 2) *(arreglarse)* соглашаться, договариваться
ajuste *m* 1) *(acomodo)* приведение в порядок 2) *(arreglo)* налаживание, настройка, регулировка 3) *(de la ropa)* пригонка, подгонка 4) *(acuerdo)* договор, соглашение
ajusticiado *m* казнённый
ajusticiamiento *m* казнь
ajusticiar *vt* казнить
ala *f* 1) крыло 2) *(de un edificio)* флигель, крыло 3) *(de un sombrero)* поля 4) *mil* крыло, фланг
Alá *m* Аллах
alabanza *f* похвала
alabar *vt* хвалить, расхваливать
alabarda *f* алебарда, бердыш
alabardero *m* солдат, вооружённый алебардой
alabarse *vpron* **(de u/c)** хвалиться, хвастаться (чем-л)
alabastro *m* алебастр
alacena *m* шкаф (для продуктов, посуды)
alacrán *m* скорпион ◆ **quien del ~ picado está, la sombra le espanta** пуганая ворона и куста боится
alada *f* взмах крыльев
alado *adj* 1) крылатый, имеющий крылья 2) *(veloz)* лёгкий, быстрый
alamar *m* петлица, петля
alambicado *adj* мудрёный, витиеватый
alambicar *vt* 1) *(destilar)* перегонять, дистилировать 2) *(examinar atentamente)* пристально рассматривать
alambique *m* перегонный куб, дистиллятор
alambrada *f* проволочное заграждение, колючая проволока
alambrado *adj* обтянутый проволокой
alambrar *vt* 1) огораживать проволокой 2) *(a una yeguada)* подвешивать колокольчики
alambre *m* проволока
alambrera *f* проволочная сетка
alambrista *m* эквилибрист, канатоходец
alameda *f* 1) *(bosque)* тополиная роща 2) *(avenida)* тополиная аллея
álamo *m* тополь
alancear *vt* наносить удар копьём
alano *m* 1) *hist* алан 2) *(perro)* бульдог
alarde *m* 1) блеск, роскошь 2) *(desfile)* парад ◆ **hacer ~ de u.c.** хвастать чем-л.
alardear *vi* **(de u/c)** хвастать (чем-л), выставлять напоказ (что-л)
alargadera *f* удлинитель, надставка
alargado *adj* вытянутый, удлинённый, продолговатый
alargamiento *m* удлинение, растяжение
alargar *vt* 1) удлинять 2) *(extender)* растягивать 3) *(prolongar)* продлевать 4) *(estirar)* протягивать
alargarse *vpron* 1) удлиняться 2) *(dilatarse)* растягиваться, вытягиваться 3) *(prolongarse)* тянуться, растягиваться
alarido *m* крик, вопль
alarma *f* 1) тревога 2) *(inquietud)* тревога, беспокойство
alarmante *adj* тревожный, вызывающий тревогу
alarmar *vt* тревожить, вызывать тревогу
alarmarse *vpron* тревожиться, беспокоиться, волноваться
alarmismo *m* паникёрство, панические настроения
alarmista 1. *adj* паникёрский **2.** *m/f* паникёр, -ша
alavés 1. *adj* относящийся к провинции Алава **2., -a** *m/f* житель, -ница (уроженец, уроженка) провинции Алава
alazán 1. *adj* 1) светло-коричневый 2) *(dicho de un caballo)* гнедой, красновато-рыжий **2.** *m* 1) светло- коричневый цвет 2) *(caballo)* гнедой
alba *f* заря, рассвет *al ~* на заре, на рассвете
albacea *m/f jur* душеприказчик
albaceteño 1. *adj* из города или провинции Альбасете **2., -a** *m/f* житель, -ница (уроженец, уроженка) города или провинции Альбасете

albada *f* V. alborada
albahaca *f* базилик
albañal *m* сток для нечистот, клоака ◆ **salir por el** ~ оказаться в грязи
albañar *m* V. albañal
alban|és 1. *adj* албанский **2., -esa** *m/f* албан|ец, -ка **3.** *m* албанский язык
albañil *m* каменщик
albañilería *f* 1) ремесло каменщика 2) *(obra)* каменная кладка
albar 1. *adj* белый, беловатый **2.** *m* засушливая почва
albarán *m* 1) свидетельство о получении, накладная 2) *(anuncio)* объявление о сдаче квартиры
albarcas *fpl* V. abarcas
albarcoque *m* V. albaricoque
albarda *f* вьючное седло
albardar *vt* навьючивать, седлать под вьюки
albaricoque *m* абрикос
albaricoquero *m* абрикосовое дерево
albarrada *m* каменная стена
albatros *m* альбатрос
albayalde *m* свинцовые белила
albedrío *m* свобода воли ◆ **libre** ~ свобода воли
albéitar *m* ветеринар
alberca *f* 1) резервуар, искусственный водоём 2) *(para el cáñamo)* мочильня
albérchigo *m* V. albaricoque
albergar *vt* 1) давать пристанище, приютить 2) *(servir de vivienda)* селить, размещать 3) *(una idea, un pensamiento)* таить
albergarse *vpron* 1) находить приют, получать приют 2) *(residir)* селиться
albergue *m* 1) *(cobijo)* приют, пристанище 2) *(para viajeros)* турбаза, гостиница 3) *(establecimiento benéfico)* приют
albero *m* V. albar
albillo *m* белый виноград
albinismo *m* альбинизм
albin|o 1. *adj* 1) *(dicho la piel)* бледный 2) *(dicho del pelo)* белёсый **2., -a** *m/f* альбинос, -ка
albo *adj poét* белый
albóndiga *f* фрикаделька
albondiguilla *f* фрикаделька
albor *m* 1) белизна 2) *(luz del alba)* сияние зари, рассвет 3) *(comienzo)* начало, заря
alborada *f* 1) рассвет 2) *(composición musical)* альборада 3) *mil (música al romper el día)* заря
alborear *vi* 1) светать, рассветать 2) *(empezar, dicho del día)* пробиваться (о дне)
albornoz *m* купальный халат, бурнус
alborotadizo *adj* беспокойный, нервный, неугомонный
alborotado *adj* 1) возбуждённый 2) *(dicho del pelo)* растрёпанный 3) *(irreflexivo)* опрометчивый, безрассудный
alborotador 1. *adj* 1) шумный, шумливый 2) *(que subleva)* возмущающий, подстрекающий **2., -a** *m/f* 1) буян, озорни|к, -ца 2) *(el que subleva)* нарушитель спокойствия
alborotar 1. *vt* 1) *(inquietar, alterar)* нарушать спокойствие, тревожить, переполошить 2) *(sublevar)* возмущать, подстрекать **2.** *vi* шуметь, кричать
alborotarse *vpron* 1) полошиться, приходить в волнение 2) *(sublevarse)* возмущаться, бунтовать
alboroto *m* 1) шум, галдёж, крик 2) *(desorden)* беспорядок, переполох 3) *(zozobra)* беспокойство, тревога, волнение
alborozado *adj* весёлый, радостный
alborozador 1. *adj* весёлый, радостный **2.** *m* весельчак
alborozar *vt* вызывать веселье
alborozarse *vpron* шумно веселиться
alborozo *m* 1) веселье, ликование 2) *obsol* шум, гам
albricia *f* V. albricias
albricias 1. *fpl* подарок (за добрую весть) **2.** *interj* какая радость!, ура!
albufera *f* лагуна, приливный бассеин
álbum *m* альбом
albumen *m* 1) белок (яйца) 2) *biol* белок
albúmina *f quím* альбумин, белок
albuminoso *adj* белковый, содержащий белок
albur *m* 1) *(pez)* уклейка 2) *(azar)* случайность, игра случая
albura *f* 1) белизна (абсолютная) 2) *(clara del huevo)* белок (яйца) 3) *bot* заболонь, оболонь
alburno *m* 1) уклейка 2) *bot* заболонь, оболонь
alcabala *f hist* алькабала, налог на торговые сделки
alcabalero *m* сборщик налогов
alcachofa *f* артишок
alcahueta *f* сводница
alcahuete *m* 1) сводник 2) *coloq (encubridor)* укрыватель
alcahuetear *vt* сводничать
alcaide *m* 1) *hist* алькайд, начальник стражи 2) *(de una cárcel)* алькайд, начальник тюрьмы
alcaldada *f* 1) *(abuso de poder de un alcalde)* превышение власти мэром 2) *(abuso de poder)* злоупотребление властью
alcalde *m/f* мэр
alcaldesa *f* 1) мэр, алькальдесса 2) *coloq (mujer del alcalde)* жена мэра
alcaldía *f* 1) мэрия, муниципалитет 2) *(cargo)* должность мэра
álcali *m* 1) *quím* основание 2) *quím (hidróxido metálico)* щёлочь, щелочная соль
alcalinidad *f quím* щёлочность, содержание щёлочи
alcalino *adj quím* щелочной, содержащий щёлочь
alcaloide *m quím* алкалоид
alcance *m* 1) *(persecución)* преследование 2) *(capacidad de cubrir una distancia)* досягаемость 3) *(consecución)* достижение 4) *(radio de acción)* радиус действия 5) *(significación, trascendencia)* значение
alcancía *f obsol* копилка
alcandía *f* сорго
alcanfor *m* 1) камфара 2) *(árbol)* V. alcanforero
alcanforado *adj* камфарный
alcanforero *m bot* камфарное дерево
alcantarilla *f* канализационная труба, сток для нечистот
alcantarillado *f* канализация, система водосточных труб

alcantarillar *vt* прокладывать канализационные трубы
alcanzable *adj* досигаемый, доступный
alcanzadizo *adj* V. alcanzable
alcanzar 1. *vt* 1) догонять, настигать 2) *(coger algo alargando la mano)* доставать, дотягиваться 3) *(llegar)* доходить (до чего-л), добираться (до чего-л) 4) *(conseguir)* достигать (чего-л), добиваться (чего-л) 5) *(entender)* понимать, постигать **2.** *vi* 1) *(a, hasta)* доходить (до чего-л), достигать (чего-л) 2) *(ser suficiente)* хватать, быть достаточным 3) *(tocar, corresponder)* доставаться, приходиться на долю
alcaparra *f* 1) *(planta)* каперсовый куст 2) *(fruto)* каперс
alcaparrón *m* каперс
alcaraván *m* авдотка
alcartaz *m* бумажный пакетик, кулёк
alcatraz[1] *m (cucurucho)* V. alcartaz
alcatraz[2] *m (ave)* северная олуша
alcaucil *m* дикий артишок
alcayata *f* костыль (гвоздь)
alcazaba *f* крепость, цитадель
alcázar *m* алькасар, крепость
alcazuz *m* лакрица, лакричник
alce[1] *m (mamífero)* лось
alce[2] *m cart* снятие карт
alción *m* зимородок
alcista *adj* относящийся к повышению акций, повышающий акций
alcoba *f* спальня, альков
alcohol *m* алкоголь, спирт
alcoholemia *f* содержание алкоголя в крови
alcohólic|o 1. *adj* 1) алкогольный, спиртной 2) *(producido por el alcohol)* вызванный алкоголем, алкогольный **2., -a** *m/f* алкогол|ик, алкоголичка
alcoholímetro *m* спиртомер
alcoholismo *m* алкоголизм
alcoholizado *adj* страдающий алкоголизмом
alcoholizarse *vpron* становиться алкоголиком
alcor *m* бугорок, пригорок
Alcorán *m* Коран
alcornocal *m* заросли пробкового дуба
alcornoque *m* 1) *(árbol)* пробковый дуб 2) *(madera)* древесина пробкового дуба 3) *coloq* дурак, тупица
alcotán *m* чеглок
alcurnia *f* происхождение, род ◆ **de noble** ~ благородного происхождения
alcuza *f* сосуд (для растительного масла), маслёнка
aldaba *f* 1) дверной молоток 2) *(pasador)* задвижка, засов, щеколда 3) *(agarradero)* ручка, скоба
aldabón *m* 1) V. aldaba 2) *(asa)* большая ручка (сундука)
aldabonazo *m* удар дверного молотка
aldea *f* деревня, посёлок
aldean|o 1. *adj* 1) деревенский 2) *(inculto)* неотёсанный, грубый 2., **-a** *m/f* деревенский житель, деревенская жительница
aldehído *m quím* альдегид
aldorta *f* обыкновенная кваква
aleación *f* сплав
alear[1] *vi* 1) *(mover las alas)* махать крыльями 2) *(mover los brazos a modo de alas)* размахивать руками
alear[2] *vt (producir una aleación)* сплавлять, легировать
aleatoriamente *adv* случайно, выборочно
aleatorio *adj* 1) случайный, выборочный 2) *(relativo al juego de azar)* азартный
aleccionador *adj* поучительный, назидательный
aleccionar *vt* поучать, наставлять
aleda *f* прополис, пчелиный клей
aledaño 1. *adj* смежный, соседний **2. -s** *mpl* окрестности
alegación *f* 1) *(cita, referencia)* ссылка, указание 2) *(argumentación)* аргументы, доводы
alegar 1. *vt* 1) *(citar)* цитировать, ссылаться (на что-л) 2) *(exponer)* приводить, перечислять **2.** *vi jur* приводить доказательства
alegato *m* 1) аргументы, доводы 2) *jur* письменное заявление защитника
alegoría *f* аллегория, иносказание
alegórico *adj* аллегорический, иносказательный
alegrar *vt* радовать, доставлять радость, веселить
alegrarse *vpron* **(de u/c)** радоваться (чему-л)
alegre *adj* 1) радостный, весёлый 2) *(que denota alegría)* весёлый, жизнерадостный 3) *(que da alegría)* радующий, приносящий радость 4) *(dicho de un color)* яркий, светлый 5) *coloq (embriagado)* навеселе, под хмельком
alegría *f* 1) *(sentimiento grato)* радость, веселье 2) *(palabras o gestos que expresan júbilo)* веселье, оживление
allegro 1. *m mús* аллегро **2.** *adv mús* аллегро
alegrón *m coloq* большая неожиданная радость
alejado *adj* дальный, далёкий, удалённый
alejamiento *m* 1) удаление, отдаление 2) *(distancia)* удалённость, отдалённость
alejandrino 1. *adj* александринский **2.** *m lit* александринский стих
alejar *vt* 1) удалять, отдалять 2) *(ahuyentar)* гнать, пргонять
alejarse *vpron* 1) удаляться, отдаляться 2) *(rehuir)* отчуждаться
alelado *adj* отупевший, одуревший
alelar *vt* отуплять, одурять
alelarse *vpron* отупеть, одуреть
alelí *m* V. alhelí
aleluya 1. *interj* 1) *relig* аллилуйя 2) ура!, наконец! **2.** *f (pareado)* листовка религиозного содержания
alem|án 1. *adj* немецкий, германский **2., -ana** *m/f* нем|ец, -ка **3.** *m* немецкий язык
alemánico *adj obsol* германский, немецкий
alentado *adj* 1) *(animoso)* отважный 2) *(infatigable)* выносливый
alentador *adj* обнадёживающий, внушающий увереность
alentar 1. *vt* воодушевлять, ободрять **2.** *vi* дышать ◆ **sin** ~ беспрекословно, не пикнув
alentarse *vpron* воодушевляться, окрыляться
alerce *m* лиственница
alergénico *adj med* аллергенный
alérgeno *m med* аллерген
alergia *f med* аллергия

alérgico *adj* 1) *(relativo a la alergia)* аллергический 2) *(que padece alergia)* страдающий аллергией
alergólogo *m med* аллерголог
alero[1] *m* 1) *(de un tejado)* навес 2) *(de un carruaje)* крыло
alero[2] *adj (dicho del ciervo joven)* молодой
alerón *m aero* элерон
alerta 1. *f* тревога **2.** *adv* осторожно, бдительно *estar ~* быть настороже **3.** *interj* осторожно!
alertar 1. *vt (poner en alerta)* предостерегать, призывать к бдительности **2.** *vi obsol (estar alerta)* быть настороже
alerto *adj* бдительный, настороженный
aleta *f* плавник
aletada *f* взмах крылом
aletargamiento *m* летаргия, сонливость
aletargar *vt* вызывать летаргию, погружать в сон
aletargarse *vpron* 1) погружаться в летаргию, страдать летаргией 2) *(dicho de un animal)* засыпать, впадать в спячку
aletazo *m* удар крылом
aletear *vi* 1) *(dicho de un ave)* махать крыльями 2) *(dicho de un pez)* двигать плавниками 3) *(mover los brazos a modo de alas)* махать руками
aleteo *m* 1) *(movimiento de alas)* махание крыльями 2) *(movimiento de brazos a modo de alas)* движение плавниками 3) *(dicho del corazón)* сердцебиение
aleve *adj* V. alevoso
alevilla *f* ночная бабочка, мотылёк
alevín *m* малёк
alevosía *f* 1) вероломство, коварство 2) *(traición)* предательство, измена ◆ **con** ~ предательски и без риска
alevoso *adj* вероломный, коварный
alexía *f med* алексия
alfa *f* альфа (название первой буквы греческого алфавита) ◆ **~ y omega** альфа и омега
alfabético *adj* алфавитный *por orden ~* по алфавитному порядку
alfabetización *f* обучение грамоте
alfabetizar *vt* обучать грамоте
alfabeto *m* алфавит, азбука
alfalfa *f* люцерна посевная
alfanje *m* 1) короткая кривая сабля, ятаган 2) *(pez)* рыба-меч
alfanumérico *adj* буквенно-цифровой
alfaque *m* песчаная отмель
alfarería *f* 1) *(arte)* гончарное ремесло 2) *(obrador)* гончарная мастерская
alfarero *m* гончар
alféizar *m* 1) *arquit (vuelta en el corte de una ventana)* оконный проём 2) *arquit (rebajo de una ventana)* подоконник
alfeñique *m* 1) карамель (в виде кручёной палочки) 2) *coloq (referido a una persona)* тщедушный, щуплый человек
alférez *m* прапорщик, младший лейтенант
alfil *m ajedr* слон
alfiler *m* 1) булавка 2) *(joya)* большая декоративная булавка, брошь
alfilerazo *m* булавочный укол
alfiletero *m* игольник, коробка для булавок
alfombra *f* 1) ковёр, коврик 2) *(conjunto de cosas que cubren el suelo)* покров, ковёр
alfombrar *vt* застилать коврами
alfombrero *m* ковровщик, ковродел
alfombrilla[1] *f med* краснуха
alfombrilla[2] *f (alfombra pequeña)* коврик
alfonsino *adj* относящийся к королю Альфонсо
alforfón *m* гречиха
alforja *f* 1) *(talega)* перемётная сума 2) *(provisiones)* дорожная провизия
alga *f* 1) водоросль 2) *(como alimento)* морская капуста
algalia *f* 1) *(sustancia parecida al almizcle)* мускус (язиатской циветы) 2) *bot (abelmosco)* бамия
algara *f* 1) *hist* конница 2) *hist* набег конницы
algarabía *f* 1) *coloq (lengua ininteligible)* тарабарщина, галиматья 2) *coloq (griterío)* шум, гам, гвалт
algarada[1] *f* 1) V. algara 2) *(vocerío)* шум, гам
algarada[2] *f* V. algarrada 1
algarrada[1] *f hist (máquina de guerra)* баллиста
algarrada[2] *f taur* загон быков на поле
algarroba *f* плод рожкового дерева
algarrobo *m* рожковое дерево
algazara *f* 1) *(ruido nacido de la alegría)* шумное веселье, радостные возгласы 2) *(ruido)* шум, крик
álgebra *f* алгебра
algebraico *adj* алгебраический
algébrico *adj* V. algebraico
álgido *adj* 1) *(muy frío)* очень холодный 2) *(culminante)* кульминационый, критический
algo 1. *pron indef* 1) что-то, что-нибудь, коечто, нечто *dime ~* скажи мне что-нибудь 2) *(cierta cantidad)* кое-что, немного *~ de dinero* немного денег **2.** *adv* немного, несколько, чуть-чуть *está ~ cansado* он немного устал ◆ **~ es ~** и на том спасибо, лучше что-нибудь, чем ничего **creerse ~** много мнить о себе, задаваться **~ así** примерно, приблизительно
algod|ón *m* 1) хлопок 2) *(planta)* хлопчатник 3) *(tejido)* хлопок, хлопчатобумажная ткань ◆ **tener a alguien entre ~ones** лелеять кого-л., трястись над кем-л.
algodonal *m* хлопковое поле
algodonero 1. *adj* хлопковый **2.** *m* хлопковод
algoritmo *m* 1) *(conjunto de operaciones)* алгоритм 2) *(método y notación)* математический символ
algoso *adj* тинистый
alguacil *m hist* альгвазил, судебный исолнитель
alguacilillo *m taur* альгвасилильо (распорядитель в корриде)
alguien *pron indef* 1) кто-то, некто *~ ha llamado* кто-то позвонил 2) кто-нибудь, кто-либо *¿ha venido ~?* кто-нибудь пришёл?
algún *m (усечённая форма от alguno)* какой-то, кое-какой, какой-нибудь, какой-либо
alg|uno *adj* 1) какой-то, кое-какой, какой-нибудь, какой-либо *dame ~un consejo* дай мне какой-нибудь совет; *vive en ~una ciudad del sur* он живёт в каком-то южном городе 2) *(ex-*

presando cantidad) некоторый *~unas personas no lo saben* некоторые люди не знают об этом 3) *(cierto)* кое-какой, несколько *tengo ~nas preguntas* у меня есть некоторые вопросы 4) *(ninguno)* никакой *eso no tiene importancia ~una* это не имеет никакого значения

alhacena *f* V. alacena

alhaja *f* драгоценность, драгоценная вещь

alhajar *vt* украшать драгоценностями

alhajero *m Am.* шкатулка для драгоценностей

alharaca *f* показное выражение чувств, наигранность

alhelí *m* левкой

alheña *f* бирючина, волчья ягода

alhóndiga *f* хлебный рынок

aliado 1. *adj* союзный **2.** *m* союзник

aliaga *f* V. aulaga

alianza *f* 1) *(acción)* объединение, соединение 2) *(pacto)* союз 3) *(anillo)* обручальное кольцо

aliarse *vpron* объединяться, заключать союз, образовывать альянс

alias 1. *adv* он же, по прозвищу *Alfonso Tostado, ~ el Abulense* Альфонсо Тостадо, по прозвищу Абуленсе **2.** *m (apodo)* прозвище, кличка

alicaído *adj* 1) *(caído de alas)* с опущенными крыльями 2) *coloq (débil)* слабый, бессильный 3) *coloq (triste)* печальный, унылый

alicante *m* курносая гадюка

alicantina *f coloq* хитрость, обман

alicantin|o 1. *adj* аликантский, относящийся к Аликанте **2., -a** *m/f* житель, -ница (уроженец, уроженка) Аликанте

alicatado *m* панель из изразцов с арабесками

alicatar *vt* выкладывать изразцами

alicates *mpl* плоскогубцы

aliciente *m* стимул, приманка

alicortar *vt* 1) *(cortar las alas)* подрезать крылья 2) *(herir en las alas)* ранить в крыло

alícuota *adj mat* кратный

alienable *adj jur* отчуждаемый

alienación *f* 1) *jur* отчуждение 2) *med* психическое расстройство, помешательство 3) *psicol* самозабвение

alienado *adj* помешанный, сумасшедший

alienar *vt* 1) *jur* отчуждать 2) *(transformar la conciencia)* сводить с ума

alienarse *vpron jur* отчуждаться

alienígena 1. *adj* 1) *(extranjero)* иностранный 2) *(extraterrestre)* инопланетный **2.** *m/f* 1) *(extranjero)* иностран|ец, -ка 2) *(extraterrestre)* инопланетян|ин, -ка

alienígeno *adj* чужой, чужеродный

alienista *m/f* психиатр

aliento *m* 1) *(respiración)* дыхание, дух 2) *(aire que se expulsa al respirar)* выдыхаемый воздух 3) *(impulso vital)* присутствие духа, сила

aligátor *m* аллигатор

aligeramiento *m* облегчение

aligerar *vt* 1) облегчать, делать легче 2) *(acelerar)* ускорять, убыстрять

aligerarse *vpron* облегчаться, делаться легче

alijar[1] *m* 1) *(dehesa)* пастбище, выгон 2) *(cortijo)* ферма, хутор

alijar[2] *vt* 1) *(descargar)* разгружать судно 2) *(contrabando)* выгружать контрабанду 3) *(el algodón)* очищать (хлопок)

alijar[3] *vt R. Dom.* V. lijar

alijo *m* контрабандный груз

alimaña *f* животное, зверь

alimentación *f* 1) питание, кормление 2) *(de un aparato)* питание, снабжение

alimentador 1. *adj* питательный **2.** *m* питатель, источник питания

alimentar *vt* 1) кормить, питать 2) *(suministrar)* снабжать (чем-л) 3) *(energía a un aparato)* питать, подавать 4) *(un sentimiento, una pasión, etc.)* питать, поддерживать

alimentario *adj* V. alimenticio

alimentarse *vpron* питаться, кормиться

alimenticio *adj* пищевой, питательный, съестной *productos ~s* продукты питания

alimento 1. *m* 1) пища, питание 2) *(para animales)* корм **2.** *mpl* 1) продукты 2) *(pensión)* алименты

alimón *inv* al alimón вдвоём, сообща

aliñar *vt* 1) *(componer, adornar)* убирать, украшать 2) *(condimentar)* заправлять, приправлять 3) *(preparar)* приготовлять, приводить в порядок

alindar[1] **1.** *vt (delimitar)* устанавливать межу, проводить межевание **2.** *vi obsol* V. lindar 1

alindar[2] *vt (poner lindo)* украшать, делать красивым

alindarse *vpron* становиться красивым, хорошеть

alineación *f* 1) *(colocación en linea recta)* выравнивание 2) *(reunión ordenada de tropas)* равнение 3) *sport* состав

alineamiento *m* V. alineación 1

alinear *vt* выравнивать, выстраивать по прямой линии

alinearse *vpron* 1) выстраиваться по прямой линии 2) **(con alg o u/c)** *(ideológicamente)* присоединяться (к кому/чему-л), примыкать (к кому/чему-л)

aliño *m* 1) *(adorno)* украшение, убранство 2) *(preparación)* приведение в порядок, уборка 3) *(acción de condimentar)* добавление приправ 4) *(condimento)* приправа

alioli *m* алиоли (чесночный соус)

alisado *m* полирование, шлифование

alisador *m* шабер, полировщик

alisadura *f* V. alisado

alisal *m* ольховая роща

alisar *vt* 1) полировать, шлифовать 2) *(el pelo)* приглаживать (волосы)

aliscafo *m* судно на подводных крыльях

aliseda *f* V. alisal

alisios *mpl* пасаты

aliso *m* ольха

alistado *adj* полосатый, в полоску

alistamiento *m* вербовка, набор, призыв

alistar *vt* 1) *(inscribir)* записывать, заносить в список 2) *(en la milicia)* призывать на военную службу, вербовать

alistarse *vpron* 1) *(inscribirse)* записываться, заносить своё имя с список 2) *(en la milicia)* поступать на военную службу, завербовываться

aliteración *f* 1) *ret (repetición de fonemas)* парономазия 2) *ret (figura retórica)* аллитерация

aliviar *vt* облегчать, смягчать

aliviarse *vpron* облегчаться, делаться легче

alivio *m* облегчение, смягчение
aljaba *f* колчан
aljama *f* 1) *(junta de moros o judíos)* собрание мавров (евреев) 2) *(sinagoga)* синагога 3) *(morería, judería)* мавританский (еврейский) квартал
aljibe *m* водоём, резервуар
aljófar *m* небольшая жемчужина неправильной формы
allá *adv* 1) там, туда *de* ~ оттуда; *más* ~ дальше; *por* ~ где-то там 2) *(en el remoto pasado)* тогда, в те времена ◆ **el más** ~ тот мир, загробная жизнь **no estar muy** ~ неважно себя чувствовать
allanamiento *m* 1) *(aplanamiento)* выравнивание, сглаживание 2) *(derribo)* снос, разрушение 3) *jur* налёт, погром ~ *de morada* нарушение неприкосновенности жилища
allanar *vt* 1) *(aplanar)* выравнивать, сглаживать 2) *(derribar)* сносить, разрушать 3) *(vencer una dificultad)* преодолевать, устранять
allanarse *vpron* 1) *(venirse abajo)* обрушиваться, обваливаться 2) *(conformarse)* примиряться, уступать
allegado 1. *adj* близкий **2.** *m* родственник, свойственник
allegar *vt* 1) *(reunir)* собирать, соединять 2) *(agregar)* прибавлять, добавлять
allegarse *vpron* 1) *(llegar)* приходить 2) **(a u/c)** *(adherirse)* присоединяться (к чему-л)
allende 1. *adv* 1) *(de la parte de allá)* оттуда 2) *(además)* сверх, кроме того **2.** *prep* 1) *(más allá de)* за (чем-л), с той стороны ~ *de los mares* за морем 2) *(además de)* кроме (чего-л), помимо (чего-л)
allí *adv* там
alma *f* 1) душа 2) *(persona, individuo)* человек, живая душа 3) *(persona que inspira)* душа, вдохновитель ◆ ~ **atravesada** изверг, злодей ~ **de cántaro** олух, чурбан **andar como un** ~ **en pena** бродить как прикаянный **caérsele a uno el** ~ **a los pies** пасть духом **no poder con su** ~ изнемочь, выбиться из сил
almac|én *m* склад ◆ **grandes ~enes** универмаг
almacenaje *m* 1) V. almacenamiento 1 2) *(pago)* плата за хранение товара
almacenamiento *m* 1) хранение на складе, складирование 2) *(de información)* накопление, хранение
almacenar *vt* 1) *(guardar en un almacén)* складировать, складывать в хранилище 2) *(reunir o guardar cosas)* складывать, накапливать, собирать
almacenero *m* заведующий складом
almacenista *m* хозяин склада
almáciga[1] *f (resina)* смола мастикового дерева
almáciga[2] *f (lugar)* семенной рассадник, питомник
almácigo[1] *m* мастиковое дерево
almácigo[2] *m* V. almáciga 2
almádena *m* молот каменотёса
almadía *f* плот, паром
almadiero *m* плотогон, паромщик
almadraba *f* 1) *(pesca del atún)* ловля тунцов 2) *(lugar de pesca del atún)* место ловли тунцов
almadreñas *fpl* деревянные башмаки
almagre *m* красная охра
almanaque *m* альманах, календарь
almazara *f* маслобойня
almeja *f* ракушка (съедобная)
almena *f* зубец (стены)
almenado *adj* зубчатый
almenara *f* сигнальный огонь (на башне)
almendra *f* миндаль
almendrada *f* миндальное молоко с сахаром
almendrado 1. *adj* 1) *(de forma de almendra)* миндалевидный 2) *(con almendra)* с миндалём, содержащий миндаль **2.** *m* нуга, миндальное тесто
almendral *m* 1) миндальная роща 2) V. almendro
almendrilla *f* 1) *(lima)* напильник 2) *(grava)* щебень
almendro *m* миндаль, миндальное дерево
almendruco *m* незрелый миндаль
almeriense 1. *adj* альмерийский **2.** *m/f* альмери|ец, -йка
almiar *m* стог, скурда
almíbar *m* 1) *(jarabe)* сироп 2) *(dulce de almíbar)* фруктовый сок
almibarado *adj* слащавый
almibarar *vt* 1) заливать сиропом 2) *(suavizar las palabras)* заискивать
almidón *m* крахмал
almidonar *vt* крахмалить, подкрахмаливать
almijar *m* место для сушки оливок
alminar *m* минарет
almirantazgo *m* 1) *(consejo de la Armada)* адмиралтейство 2) *(cargo de almirante)* адмиральский чин
almirante *m* адмирал
almirez *m* ступка
almizclado *adj* V. almizcleño
almizcle *m* мускус
almizcleño *adj* мускусный, надушенный мускусом
almogávar *m hist* альмогавар, наёмный солдат
almohada *f* подушка
almohadilla *f* подушечка
almohadón *m* подушка
almohaza *f* скребница (для лошадей)
almoneda *f* 1) *(subasta)* публичные торги, аукцион 2) *(venta a bajo precio)* распродажа товаров
almorrana *f* геморрой
almorta *f* чина посевная
almorzar 1. *vi* 1) *(tomar la comida del mediodía)* обедать 2) *(tomar la comida de la mañana)* завтракать **2.** *Vt* есть (на завтрак, на обед)
almuecín *m* муэдзин
almuédano *m* муэдзин
almuérdago *m* V. muérdago
almuerzo *m* 1) *(comida del mediodía)* обед 2) *(comida que se toma por la mañana)* завтрак
alocado *adj* безрассудный, сумасбродный
alocar *vt* сводить с ума
alocarse *vpron* сходить с ума
alocución *f* краткая речь, обращение
áloe, aloe *m* алоэ, столетник
aloético *adj* алойный
alófono 1. *adj* говорящий на другом языке **2.** *m ling* аллофон

alógeno *adj* иноплеменный, чужестранный, иностранный
alojamiento *m* 1) *(acción)* размещение, поселение 2) *(lugar)* жильё
alojar *vt* 1) *(hospedar)* поселять, давать приют 2) *(colocar)* помещать, вставлять 3) *(a la tropa)* расквартировывать, размещать на постой
alojarse *vpron* 1) *(colocarse)* помещаться 2) *(residir)* жить, проживать 3) *(instalarse)* останавливаться, поселяться 4) *(dicho de la tropa)* расквартировываться, становиться на постой
alondra *f* жаворонок
alongado *adj* удлинённый, продолговатый
alopatía *f med* аллопатия
alopático *adj med* аллопатический
alopecia *f* аллопеция, выпадение волос
alosa *f* бешенка (рыба)
alotropía *f quím* аллотропия
alotrópico *adj quím* аллотропический
alpaca[1] *f (animal)* альпака
alpaca[2] *f (metal blanco)* альпака, нейзильбер
alpargata *f* альпаргата (вид обуви из ткани и пеньки)
alpargatería *f* 1) *(taller)* мастерская по пошиву альпаргат 2) *(tienda)* лавка, торгующая альпаргатами
alpargatero *m* 1) *(que hace alpargatas)* мастер, шьющий альпаргаты 2) *(que vende alpargatas)* торговец альпаргатами
alpestre *adj* V. alpino
alpinismo *m* альпинизм
alpinista *m/f* альпинист, -ка
alpino *adj* 1) *(relativo a los Alpes)* альпийский 2) *(relativo al alpinismo)* альпинистский
alpiste *m* 1) канареечник, баклаун 2) *coloq* алкоголь, алкогольные напитки
alquería *f* хутор
alquilador *m* 1) *(el que da en alquiler)* человек, отдающий в наём 2) *(el que toma en alquiler)* съёмщик, арендатор
alquilar *vt* 1) *(dicho del propietario)* сдавать внаём 2) *(dicho del arrendatario)* снимать, брать внаём 3) *(un vehículo)* брать напрокат
alquiler *m* 1) наём, аренда 2) *(de un vehículo)* прокат *~ de coches* прокат машин 3) *(pago)* плата за наём (аренду)
alquimia *f* алхимия
alquimista *m/f* алхимик
alquitrán *m* смола
alquitranar *vt* смолить, просмаливать, гудронировать
alrededor **1.** *adv* вокруг, кругом **2. -es** *mpl* окресности
alsaciano *adj* эльзасский
alta *f* 1) *(autorización que da el médico)* выписка (из больницы) *dar de ~* выписывать из больницы 2) *(inscripción)* регистрация, внесение в список
altaico *adj* алтайский
altamente *adv* в высшей степени, крайне
altanería *f* надменность, высокомерие
altanero *adj* надменный, высокомерный
altar *m* престол, алтарь
altavoz *m* колонка, динамик
altea *f* алтей лекарственный
alterabilidad *f* изменяемость, изменчивость
alterable *adj* изменяемый, изменчивый
alteración *f* 1) *(cambio)* изменение 2) *(inquietud)* беспокойство, тревога 3) *(alboroto)* нарушение, беспорядки 4) *(altercado)* ссора, перебранка
alterar *vt* 1) *(modificar)* изменять, переменять 2) *(inquietar)* волновать, расстраивать 3) *(enojar)* злить, раздражать 4) *(estropear)* портить, ухудшать
alterarse *vpron* 1) *(cambiar)* изменяться, переменяться 2) *(inquietarse)* волноваться, расстраиваться 3) *(enojarse)* злиться, раздражаться
altercación *f* V. altercado
altercado *m* ссора, спор
altercador **1.** *adj* вздорный, сварливый **2., -a** *m/f* спорщи|к, -ца
altercar *vi* ссориться, спорить, препираться
alternación *f* чередование
alternador *m* альтернатор, генератор переменного тока
alternancia *f* 1) чередование 2) *electr* полупериод 3) *ling* чередование, альтернация
alternar **1.** *vt* чередовать, сменять **2.** *vi* 1) чередоваться, сменяться 2) **(con alg)** *(relacionarse)* общаться (с кем- л), бывать в обществе (с кем-л)
alternarse *vpron* чередоваться, сменяться
alternativa *f* выбор, альтернатива
alternativo *adj* 1) *(que se hace con alternación)* чередующийся 2) *(capaz de alternar)* альтернативный 3) *(dicho de la medicina, un género cultural, etc.)* альтернативный
alterne *m* встречи в обществе
altern|o *adj* 1) V. alternativo 2) *bot* попеременно расположенный 3) *electr* переменный *corriente ~a* переменный ток
alteza *f* 1) V. altura 2) *(forma de tratamiento)* высочество, светлость
altibajo **1.** *m (desigualdad en un terreno)* прыжок, скачок **2.** *mpl coloq (alternancia de sucesos)* превратности судьбы
altillo *m* антресоль
altímetro *m* альтиметр, высотомер
altiplanicie *f* V. altiplano
altiplano *m* плоскогорье, плато
Altísimo *m relig* всевышний
altisonancia *f* высокопарность, выспренность, напыщенность
altisonante *adj* высокопарный, выспренний, напыщенный
altitud *f* высота
altivez *f* надменность, высокомерие
altivo *adj* надменный, высокомерный
alto[1] **1.** *m* отдых, привал *hacer un ~* делать остановку **2.** *interj* стой!, постой! ◆ **dar el ~** давать команду «стой!»
alt|o[2] **1.** *adj* 1) высокий 2) *(dicho de un sonido)* громкий 3) *(dicho de un empleo o dignidad)* высший, верховный 4) *(dicho de un río)* вздувшийся 5) *tecn* высокий, повышенный **2.** *m* 1) высота, вышина 2) *(colina)* возвышенность, холм **3.** *adv* 1) высоко 2) *(dicho de un sonido)* громко ◆ **~a mar** открытое море **por todo lo ~o** с размахом, на всю катушку **pasar por ~o** пропустить, умолчать **altos y bajos** *coloq* V. altibajos

altoparlante *m Am.* V. altavoz
altozano *m* холм (на равнине)
altramuz *m bot* волчий боб, люпин
altruismo *m* альтруизм
altruista 1. *adj* альтруистический **2.** *m/f* альтруист, -ка
altura 1. *f* 1) высота, вышина ~ *sobre el nivel del mar* высота над уровнем моря 2) *(estatura)* рост 3) *(lugar elevado)* возвышенность, высота **2.** *fpl* небо, небеса ◆ **a estas ~s** на данный момент, в настоящее время **estar a la ~ de la situación** быть на высоте положения
alubia *f* фасоль
alucinación *f* галлюцинация
alucinado *m* мечтатель, фантазёр
alucinador *adj* V. alucinante
alucinante *adj* 1) вызывающий галлюцинацию, галлюцинаторный 2) *coloq* невероятный, замечательный
alucinar 1. *vi (padecer alucinaciones)* вызывать галлюцинации **2.** *vt (seducir)* обольщать, очаровывать
alucine *m* V. alucinación
alucinógeno *adj* галлюциногенный
alud *m* 1) снежная лавина, обвал 2) *(masa que se desprende por una vertiente)* лавина, поток
aludido *adj* упомянутый, названный ◆ **darse por ~** принять намёк на свой счёт
aludir 1. *vi* **(a alg o u/c)** *(insinuar)* намекать (на кого/что-л) **2.** *vt (mencionar)* упоминать
alumbrado[1] **1.** *adj* освещённый **2.** *m* освещение
alumbrado[2] *adj quím* квасцовый
alumbramiento *m* 1) освещение 2) *(parto)* роды
alumbrar 1. *vt* освещать, озарять **2.** *vt/i (parir)* рожать, производить на свет
alumbrarse *vpron coloq* подвыпить, захмелеть
alumbre *m quím* квасцы
alúmina *f quím* окись алюминия
aluminio *m* алюминий
alumnado *m* ученики, учащиеся
alumn|o, -a *m/f* учени|к, -ца
alunado *adj* 1) *(estropeado)* протухший, испортившийся (о еде) 2) V. lunático
alunarse *vpron* портиться, протухать (о продуктах питания)
alunizaje *m* прилунение
alunizar *vi* прилуняться
alusión *f* намёк *hacer ~ a alg o u.c.* намекать на кого/что-л.
alusivo *adj* намекающий, содержащий намёк
aluvial *adj* наносный, аллювиальный
aluvión *m* 1) *(de agua)* потоп, наводнение 2) *(sedimiento)* аллювий, нанос 3) *(de personas o cosas)* наплыв, стечение
álveo *m* русло реки
alveolar *adj ling* альвеолярный
alvéolo *m* 1) *(celda del panal)* ячейка (пчелиных сот) 2) *anat* альвеола
alverja *f* V. arveja
alza *f* 1) повышение 2) *(de valor)* повышение стоимости 3) *(en el calzado)* накладка 4) *(cuña)* башмак, подкладка
alzacuello *m* 1) *hist* брыжи 2) *(en el traje eclesiástico)* стоячий воротник
alzada *f* 1) *(altura)* высота, рост 2) *(recurso de apelación)* апелляция, обжалование
alzado 1. *adj* 1) *(para determinada cantidad)* оптовый 2) *Am. (engreído)* высокомерный, надменный **2.** *m* 1) *Guat. (robo)* кража 2) *arquit* вертикальный разрез
alzamiento *m* 1) поднятие, подъём 2) *(de un edificio)* возведение, сооружение 3) *(revolución)* восстание, мятеж
alzapaño *m* крючок с подхватом (для занавесок)
alzaprima *f* рычаг, вага
alzar *vt* 1) *(mover hacia arriba)* поднимать, приподнимать 2) *(edificar)* воздвигать, сооружать, возводить 3) *(la voz)* повышать 4) *(un precio)* поднимать, повышать
alzarse *vpron* 1) вставать, подниматься 2) *(sublevarse)* восставать
alzheimer *m* альцгеймер
ama *f* 1) *(señora de la casa)* хозяйка дома 2) *(dueña)* хозяйка, владелица ◆ **~ de casa** домохозяйка
amabilidad *f* любезность, приветливость
amable *adj* 1) любезный, приветливый 2) *(digno de ser amado)* достойный любви
amadrinar *vt* становиться крёстной матерью
amaestrado *adj* 1) умелый, искусный 2) *(dicho de un animal)* дрессированный
amaestramiento *m* 1) обучение, выучка 2) *(de un animal)* дрессировка
amaestrar *vt* 1) *(enseñar)* обучать, учить 2) *(domar a un animal)* дрессировать
amagar 1. *vt* 1) *(un golpe)* замахиваться 2) *(amenazar)* угрожать, грозить 3) *(mostrar intención de hacer algo)* обнаруживать намерение сделать что-л. **2.** *vi (estar próximo a sobrevenir)* надвигаться, приближаться
amagarse *vpron coloq* прятаться
amago *m* 1) *(de golpear)* замахивание, угроза ударить 2) *(síntoma)* симптом 3) *(finta)* обманное движение
amainar 1. *vt nav* убирать паруса **2.** *vi* 1) *(dicho del viento)* утихать, ослабевать 2) *(en algún deseo o pasión)* униматься, остывать
amalgama *f* амальгама
amalgamación *f* амальгамирование, амальгамация
amalgamar *vt* 1) *quím* амальгамировать 2) *(mezclar)* смешивать
amamantar *vt* кормить грудью
amañar *vt* ловко устраивать, подстраивать
amañarse *vpron* приспосабливаться, ухищряться, выкручиваться
amancebado *adj* сожительствующий вне брака
amancebamiento *m* внебрачная связь, сожительство
amancebarse *vpron* сожительствовать вне брака
amanecer[1] *vi* 1) рассветать, светать 2) *(estar en un lugar al ~)* встретить утро где-л.
amanecer[2] *m* рассвет *al ~* на рассвете
amanerado *adj* манерный, жеманный
amaneramiento *m* манерность, жеманство
amanerar *vt* делать манерным, делать неестественным
amanerarse *vpron* 1) *(volverse afectado)* становиться манерным, неестественным

2) *(dicho de artistas o escritores)* становиться вычурным
amanita *f* пластинчатый гриб ~ *muscaria* мухомор; ~ *phalloides* бледная поганка
amaño *m* 1) *(habilidad)* ловкость, изворотливость 2) *(engaño)* подтасовка, шашни
amanojar *vt* связывать в пучки
amansador 1. *adj* приручающий, укрощающий **2.** *m* 1) *(de fieras)* укротитель 2) *(de personas)* примиритель
amansar *vt* 1) укрощать, приучать 2) *(sosegar)* усмирять, обуздывать 3) *(el carácter de alguien)* смягчать, успокаивать
amansarse *vpron* 1) приручаться, становиться ручным 2) *(dicho de personas)* становиться мягким, становиться покладистым
amantar *vt coloq* покрывать (пледом, одеждой)
amante 1. *adj* любящий **2.** *m/f* 1) *(querido)* любовни|к, -ца 2) *(aficionado)* любитель, -ница **3. -s** *mpl* влюблённые
amanuense *m/f* 1) *(copista)* переписчи|к, -ца 2) *(escribano)* писарь
amanzanar *vt Arg. Bol. Ur.* делить город на кварталы
amapola *f* мак (полевой)
amar *vt* любить ~ *de corazón* любить всем сердцем
amaraje *m aero* посадка на воду, приводнение
amaranto *m* амарант
amarar *vi* совершать посадку на воду, приводняться
amargado *adj* разочарованный в жизни, мрачный
amargar 1. *vt* 1) огорчать 2) *(causar disgusto)* огрочать, портить **2.** *vi* горчить
amargarse *vpron* огорчаться, разочаровываться
amargo 1. *adj* 1) горький ~ *de sabor* горький на вкус 2) *(que causa disgusto)* горестный, досадный, тяжёлый, неприятный **2.** *m* горечь, горький вкус
amargor *m* 1) *(sabor amargo)* горечь, горький вкус 2) V. amargura
amargura *f* 1) *(gusto amargo)* горечь, горький вкус 2) *(disgusto)* горечь, огорчение, душевная боль
amariconado *adj vulg desp* женоподобный
amarilis *m* амариллис
amarillear *vi* 1) *(tomar color amarillo)* желтеть, становиться жёлтым 2) *(palidecer)* бледнеть
amarillento *adj* желтоватый, пожелтевший
amarillez *f* 1) желтизна, бледность 2) *(palidez)* бледность
amarillismo *m* сенсационализм
amarill|o *adj* 1) жёлтый 2) *(pálido)* бледный ◆ **prensa ~a** жёлтая пресса
amarra *f* 1) *(de un caballo)* мартингал 2) *(de una embarcación)* швартов, трос
amarradero *m* 1) *(poste)* столб, кольцо 2) *(para embarcaciones)* причал
amarradura *f* V. amarre
amarraje *m nav* налог за швартовку
amarrar *vt* 1) *(atar)* привязывать, прикреплять 2) *(una embarcación)* швартовать
amarrarse *vpron coloq* связывать жизнь
amarre *m* 1) привязывание, связывание 2) *nav* швартовка
amartelado *adj* влюблённый
amartelamiento *m* галантерейность, угождение (даме)
amartelar *vt* влюблять в себя
amartelarse *vpron* влюбляться
amartillar *vt* бить молотом, ковать
amasadera *f* квашня, тестомесилка
amasador *m* месильщик
amasadora *f* тестомесилка
amasadura *f* замешивание
amasar *vt* 1) *(hacer masa)* месить, замешивать 2) *(combinar mezclando)* соединять, смешивать 3) *(acumular)* накапливать, собирать
amasijo *m* 1) тесто 2) *(mezcla desordenada)* мешанина
amateur 1. *adj* любительский, непрофессиональный **2.** *m* любитель, непрофессионал
amateurismo *m* любительство, непрофессиональность
amatista *f* аметист
amatorio *adj* 1) любовный 2) *(que induce a amar)* возбуждающий любовь
amazacotado *adj* 1) *(a manera de mazacote)* тяжёлый, грубый 2) *(falto de gracia)* неизящный, негармоничный
amazona *f* 1) *hist* воительница 2) *(jinete)* амазонка, всадница
amazónico *adj* амазонский
amazonio *adj obsol* V. amazónico
ambages *mpl* обиняки *hablar sin* ~ говорить без обиняков
ámbar *m* янтарь
ambarino *adj* янтарный
ambición *f* 1) честолюбие, амбиция 2) *(objetivo)* стремление
ambicionar *vt* страстно желать (чего-л), добиваться (чего-л)
ambicioso *adj* 1) честолюбивый, амбициозный 2) *(que tiene ansia)* страстно желающий, стремящийся
ambidextro, ambidiestro *adj* одинаково владеющий правой и левой рукой
ambientación *f* воссоздание обстановки
ambientador *m* 1) *(que ambienta)* воссоздатель обстановки 2) *(perfume)* освежитель воздуха
ambiental *adj* связанный с окружающей обстановкой
ambientar *vt* 1) *(una obra)* воссоздавать обстановку 2) *(adaptar)* вводить в окружение
ambientarse *vpron* осваиваться, свыкаться с обстановкой
ambiente 1. *adj* окружающий **2.** *m* 1) *(aire)* воздух, атмосфера 2) *(circunstancias)* окружение, среда, обстановка 3) *(situación)* обстановка, атмосфера ◆ **medio** ~ окружающая среда
ambigú *m* буфет
ambigüedad *f* двусмысленность
ambiguo *adj* 1) двусмысленный 2) *(incierto)* неясный, нечёткий
ámbito *m* 1) *(contorno)* округа, окрестность 2) сфера, область
ambivalencia *f* 1) двойственность, противоречивость 2) *psicol* амбивалентность

ambivalente *adj* 1) двойственный, противоречивый 2) *psicol* амбивалентный

ambo *m Am.* пара (костюм)

ambón *m relig* амвон

ambos, ambas *adj pl* оба, обе

ambrosía *f* 1) *mitol* амброзия, пища богов 2) *(planta)* амброзия

ambulancia *f* 1) *(vehículo)* машина скорой помощи 2) *(hospital)* лазарет, полевой госпиталь

ambulante *adj* 1) *(errante)* странствующий, бродячий *vendedor* ~ уличный торговец 2) *(móvil)* передвижной, нестационарный

ambulatorio **1.** *adj med* амбулаторный **2.** *m* поликлиника, амбулатория

ameba *f* амёба

amedrentador *adj* страшный, ужасный, наводящий страх

amedrentamiento *m* запугивание

amedrentar *vt* пугать, страшить, внушать страх

amedrentarse *vpron* пугаться, страшиться

amelga *f* борозда

amelgar *vt* бороздить, проводить борозду

amelonado *adj* дынеобразный

amén[1] *interj* 1) аминь 2) *coloq* пусть будет так! ◆ **decir ~ a todo** всегда соглашаться

amén[2] *adv* кроме, сверх ◆ **~ de** за исключением, исключая

amenaza *f* угроза

amenazador *adj* угрожающий

amenazante *adj* угрожающий

amenazar **1.** *vt* **(a alg con u/c)** угрожать (кому-л. чем-л.), грозить (кому-л. чем-л.) **2.** *vt/i (ser inminente algo malo)* грозить (кому-л)

amenguar *vt* уменьшать, снижать

amenidad *f* 1) увлекательность, приятность 2) *(encanto)* прелесть, очарование

amenizar *vt* делать увлекательным, делать привлекательным

ameno *adj* 1) увлекательный, приятный 2) *(dicho de un lugar)* прелестный, привлекательный

amenorrea *f biol* аменорея

amento *m bot* серёжка

amerengado *adj* слащавый, приторный

americana *f* пиджак

americanada *f desp* типичный североамериканский фильм

americanismo *m* 1) преклонение перед всем американским 2) *ling* американизм

americanista **1.** *adj* американистский **2.** *m/f* американист, -ка

americanización *f* американизация

americanizar *vt* американизировать

americanizarse *vpron* американизироваться

american|o **1.** *adj* американский **2.** **, -a** *m/f* американ|ец, ка

americio *m quím* америций

ameritar *vt Am.* заслуживать

amerizaje *m* приводнение

amerizar *vi* приводняться

amestizado *adj Am.* похожий на метиса

ametrallador **1.** *adj* пулемётный *fusil* ~ ручной пулемёт **2.** *m* пулемётчик

ametralladora *f* пулемёт

ametrallar *vt* обстреливать из пулемёта

amianto *m* асбест

amiba *f* V. ameba

amibiasis *f med* амёбиаз, амёбная дизентерия

amida *f quím* амид

amiga *f* подруга, приятельница

amigable *adj* дружелюбный, дружественный

amigacho *m desp* дружок, кореш

amígdala *f med* миндалевидная железа, миндалина

amigdalitis *f med* тонзиллит

amigo **1.** *adj* дружественный, дружеский **2.** *m* 1) друг, приятель 2) *(partidario)* сторонник, приверженец ◆ **falso ~** *ling* ложный друг **mirar con cara de pocos ~s** смотреть с неприветливым выражением лица

amigote *m desp* дружок, кореш

amiguismo *m* круговая порука, блат

amiguito *m infant* дружок

amilanar *vt* нагонять страх, устрашать

amilanarse *vpron* бояться, трусить, малодушничать

amina *f quím* амин

aminoácido *m quím* аминокислота

aminoración *f* уменьшение, сокращение, убавление

aminorar *vt* уменьшать, сокращать, убавлять

amistad **1.** *f* дружба, привязанность *trabar* ~ подружиться, завязать дружбу **2.** **-es** *fpl* связи, знакомства

amistar *vt* 1) *(unir en amistad)* сближать, делать друзьями 2) *(reconciliar)* мирить, примирять

amistarse *vpron* 1) *(unirse en amistad)* подружиться 2) *(reconciliarse)* мириться

amistoso *adj* 1) дружеский, дружественный 2) *(dicho de un evento deportivo)* товарищеский

amito *m relig* накидка

amnesia *f* амнезия, потеря памяти

amnésico *adj* относящийся к амнезии

amniocentesis *f med* амниоцентез

amniótico *adj anat* амниотический

amnistía *f* амнистия, помилование

amnistiar *vt* амнистировать, освобождать по амнистии

amo *m* 1) *(cabeza o señor de la casa)* глава дома 2) *(dueño)* хозяин, владелец 3) *(persona que tiene dominio sobre otras)* хозяин, господин ◆ **ser el ~ del cotarro** *coloq* играть первую скрипку

amoblar *vt* V. amueblar

amodorrado *adj* сонливый, сонный

amodorramiento *m* сонливость, дремота

amodorrar *vt* навевать сон, усыплять

amodorrarse *vpron* задремать, забыться сном

amohecer *vt* V. enmohecer

amojonamiento *m* размежевание, расстановка вех

amojonar *vt* размежёвывать, ставить вехи

amoladera *f* точильный камень, точило

amolado *adj Méx.* потерпевший, пострадавший

amolar *vt* 1) точить, затачивать 2) *coloq (fastidiar)* изводить, надоедать (кому-л)

amoldar *vt* 1) *(ajustar al molde)* формовать, отливать в форму 2) *(acomodar)* пригонять, подгонять (по форме) 3) *(arreglar el carácter)* формировать, воспитывать

amoldarse *vpron* 1) *(ajustarse al molde)* формоваться 2) *(dicho del carácter)* формироваться, складываться 3) **(a u/c)** *(adaptarse)* адаптироваться (к чему-л), приспосабливаться (к чему-л)

amonedar *vt* чеканить

amonestación *f* 1) *(advertencia)* замечание, выговор, порицание 2) *(consejo)* наставление, предостережение, совет

amonestar *vt* 1) *(reprender)* журить, корить, делать замечание 2) *(aconsejar)* давать указание, предостерегать, давать указание

amoniacal *adj quím* амиачный

amoniaco, amoníaco 1. *adj* аммиачный **2.** *m* аммиак

amonio *m quím* аммоний

amontillado *m gastr* амонтильядо (вид хереса)

amontonamiento *m* нагромождение, скопление

amontonar *vt* 1) *(poner cosas sobre otras)* нагромождать, наваливать кучей 2) *(apiñar, juntar)* собирать, скапливать

amontonarse *vpron* 1) *(acumularse)* нагромождаться, накапливаться 2) *(apiñarse)* толпиться, скучиваться 3) *coloq (montar en cólera)* приходить в гнев, злиться

amor *m* 1) любовь ~ *a la patria* любовь к родине; ~ *materno* материнская любовь 2) *(inclinación, entrega)* любовь, склонность ~ *a la libertad* любовь к свободе 3) *(suavidad)* мягкость, нежность ◆ **de (con) mil ~es** охотно, с величайшим удовольствием **por ~ al arte** из любви к искусству **hacer el ~** заниматься любовью **~ platónico** платоническая любовь

amoral *adj* аморальный

amoralidad *f* аморальность, безнравственность

amoratado *adj* 1) фиолетовый, лиловый 2) *(por efecto de un golpe)* посиневший

amoratarse *vpron* становиться фиолетовым

amorcillo *m* купидон, амур

amordazar *vt* 1) затыкать рот кляпом 2) *(impedir hablar)* не давать говорить

amorfo *adj* аморфный, бесформенный

amorío *m (espec pl)* влюблённость, увлечение

amoriscado *adj* похожий на мориска

amoroso *adj* 1) *(que siente amor)* любящий 2) *(relativo al amor)* любовный 3) *(suave)* мягкий, податливый 4) *(apacible)* мягкий, тёплый

amorrar *vi coloq* опускать голову

amorrarse *vpron* 1) *coloq* опускать голову 2) *coloq (obstinándose en no hablar)* дуться, бычиться

amortajar *vt* надевать саван (на покойника)

amortecer *vt* V. amortiguar

amortiguación *f* V. amortiguamiento

amortiguador 1. *adj* амортизирующий, глушащий **2.** *m* амортизатор

amortiguamiento *m* 1) амортизация, глушение 2) *(disminución progresiva)* затухание, ослабление, притупление

amortiguar *vt* 1) амортизировать, ослаблять 2) *(un ruido)* приглушать 3) *(un dolor)* притуплять 4) *(un sentimiento)* сдерживать, умерять

amortiguarse *vpron* 1) амортизироваться, ослабляться 2) *(dicho de un ruido)* приглушаться 3) *(dicho de un dolor)* притупляться

amortizable *adj econ* погашаемый

amortización *f* 1) *(extinción del capital)* амортизация 2) *(recuperación de fondos)* погашение 3) *(supresión)* упразднение, погашение

amortizar *vt* 1) *(recuperar una inversión)* амортизировать 2) *(extinguir una deuda)* погашать 3) *(suprimir empleos públicos)* упразднять

amoscarse *vpron coloq* сердиться, злиться

amostazar *vt coloq* злить, сердить, раздражать

amostazarse *vpron coloq* злиться, сердиться

amotinado 1. *adj* мятежный **2.** *m* мятежник

amotinamiento *m* мятеж, бунт

amotinar *vt* 1) *(alzar en motín)* призывать к бунту, призывать к мятежу 2) *(turbar)* возмущать, волновать

amotinarse *vpron* 1) *(alzarse en motín)* бунтовать, поднимать мятеж 2) *(turbarse)* возмущаться, волноваться

amovible *adj* съёмный, выдвижной

amparar *vt* защищать, покровительствовать, охранять

ampararse *vpron* 1) **(en alg o u/c)** *(valerse de apoyo)* прибегать к помощи (кого/чего-л) 2) *(guarecerse)* укрываться, прятаться

amparo *m* 1) покровительство, защита, поддержка 2) *(refugio)* укрытие, убежище

amperímetro *m fís* амперметр

amperio *m fís* ампер

ampliable *adj* расширяемый, продлеваемый

ampliación *f* 1) расширение 2) *(de una imagen)* увеличение

ampliadora *f foto* увеличитель

ampliamente *adv* широко, обширно

ampliar *vt* 1) расширять 2) *(una imagen)* увеличивать

amplificación *f* 1) увеличение, расширение 2) *(intensificación)* усиление 3) *ret* амплификация

amplificador *m* усилитель

amplificar *vt* 1) увеличивать, расширять 2) *(aumentar la intensidad)* усиливать 3) *ret* развивать (мысль)

amplio *adj* обширный, широкий, просторный

amplitud *f* 1) ширина, обширность, простор 2) *(capacidad de comprensión)* широта 3) *astron fís* амплитуда

ampo *m* 1) *(blancura)* ослепительная белизна 2) *(copo de nieve)* снежинка

ampolla *f* 1) *(en la piel)* волдырь, пузырь 2) *(de vidrio)* пузырёк, склянка 3) *(con líquido inyectable)* ампула

ampollar[1] *adj* пузырчатый

ampollar[2] *vt* вызывать появление волдырей, вздувать

ampollarse *vpron* покрываться волдырями, вздуваться

ampolleta *f* 1) *(reloj de arena)* песочные часы 2) *Méx.* ампула

ampulosidad *f* напыщенность, высокопарность

ampuloso *adj* напыщенный, высокопарный

amputación *f* ампутация
amputar *vt* ампутировать
amueblado *adj* обставленный мебелью, меблированный
amueblar *vt* обставлять мебелью, меблировать
amulatado *adj* смуглый, похожий на мулата
amuleto *m* амулет
amurallado *adj* окружённый стеной
amurallar *vt* обносить стеной
anabaptista 1. *adj* анабаптистский **2.** *m/f* анабаптист, -ка
anabiosis *f biol* анабиоз
anabolizante 1. *adj* анаболический **2.** *m* анаболик
anacoluto *m ling* анаколуф
anaconda *f* анаконда
anacoreta *m/f* отшельник, анахорет
anacrónico *adj* анахронический
anacronismo *m* анахронизм
ánade *m/f* селезнь, утка
anaeróbico *adj biol* анаэробный
anaerobio *adj biol* анаэробный
anáfora *f ling* анафора
anagrama *m* анаграмма
anal[1] *adj* V. anual
anal[2] *adj* анальный, заднепроходный
analépsico *adj med* аналептический
anales *mpl* анналы, летопись
analfabetismo *m* неграмотность
analfabeto *adj* неграмотный
analgésico 1. *adj med* болеутоляющий **2.** *m med* болеутоляющее средство
análisis *m* 1) анализ, разбор 2) *(estudio detallado)* анализ, рассмотрение 3) *ling* разбор, анализ
analista[1] *m/f (cronista)* анналист, летописец
analista[2] *m/f (observador)* аналитик
analítica *f med* комплексный анализ
analítico *adj* аналитический
analizador 1. *adj* анализирующий **2.** *m fís* анализатор
analizar *vt* 1) анализировать, производить анализ 2) *(estudiar detalladamente)* анализировать, рассматривать
analogía *f* аналогия
analógico *adj* аналогичный
análogo *adj* аналогичный
anamnesia *f med* анамнез
ananá *f Am.* ананас
ananás *f* ананас
anaquel *m* полка
anaranjado 1. *adj* оранжевый **2.** *m* оранжевый цвет
anarcosindicalismo *m* анархо-синдикализм
anarcosindicalista 1. *adj* анархо-синдикалистский **2.** *m/f* анархо-синдикалист, -ка
anarquía *f* анархия
anárquico *adj* анархический
anarquismo *m* анархизм
anarquista *m/f* анархист, -ка
anatema *f* 1) *relig (excomunión)* анафема 2) *relig (maldición)* проклятие
anatematizar *vt* 1) *relig* предавать анафеме, отлучать от церкви 2) *relig (maldecir)* проклинать
anatocismo *m jur* анатоцизм
anatomía *f* анатомия
anatómico *adj* анатомический
anatomista *m/f* преподаватель анатомии
anca *f* круп, зад (животного)
ancestral *adj* 1) *(relativo a los antepasados)* прародительский 2) *(tradicional y de origen remoto)* древний, идущий из глубины веков
ancestro *m* предок, прародитель
ancho 1. *adj* широкий **2.** *m* ширина
anchoa *f* анчоус
anchura *f* ширина
anchuroso *adj* очень широкий, просторный
ancianidad *f* глубокая старость
ancian|o 1. *adj* пожилой, старый **2., -a** *m/f* пожилой человек, пожилой мужчина, пожилая женщина
ancla *f* 1) якорь *echar ~s* бросить якорь; *levar ~s* поднять якорь, сняться с якоря 2) *arquit* анкер
anclaje *m* 1) *(de una nave)* постановка корабля на якорь 2) *(tributo)* плата за стоянку на якоре 3) *(fijación en el suelo)* анкерование
anclar *vi* бросать якорь
áncora *f* V. ancla
anda[1] *interj* 1) *(expresando sorpresa)* надо же!, подумать только! 2) *(expresando desacuerdo)* да что ты!, да ладно!
anda[2] *f Am.* V. andas
andada *f* путь, дорога ◆ **volver a las ~s** *coloq* приниматься за старое
andaderas *fpl* ходунки
andado *adj* 1) *(transitado)* людный 2) *(común)* обыкновенный, обыденный
andador *adj* прывыкший много и быстро ходить
andadura *f* ходьба
andalucismo *m* андалусизм
andaluz 1. *adj* андалузский **2., -a** *m/f* андалуз|ец, -ка **3.** *m (habla andaluza)* андалузский диалект
andaluzada *f coloq* преувеличение, хвастовство
andamiada *f* строительные леса
andamiaje *m* строительные леса
andamio *m* леса, помост
andana *f* ряд, линия
andanada *f* 1) *(descarga)* бортовой залп 2) *coloq (reprensión)* выговор, порицание
¡andando! *interj coloq* живее!, вперёд!
andante[1] *adj* ходящий, странствующий
andante[2] **1.** *adv mús* анданте **2.** *m mús* анданте
andantino 1. *adv mús* андантино **2.** *m mús* андантино
andanza *f* 1) *(aventura)* случай, приключение 2) *(suerte)* удача
anda|r[1] **1.** *vi* 1) идти, ходить *~r por la calle* идти по улице; *~r a gatas* ползать на четвереньках 2) *(dicho de una máquina)* работать, идти *el reloj ~ bien* часы идут верно 3) *(obrar, proceder)* действовать, поступать *~r con cuidado* действовать осторожно 4) *(dicho de un asunto)* идти, двигаться, развиваться *las cosas ~n bien* дела идут хорошо 5) *(hallarse en un determinado estado)* быть, находиться *~r preocupado* быть озабоченным **2.** *vt* проходить, проезжать *~r cinco kilómetros* пройти пять километров ◆ ¡~! V. anda 1 **~r a la que salta** *coloq* не

упускать случая **~r tras u.c.** настойчиво добиваться чего-л.

andar[2] *m* 1) *(acción de andar)* ходьба, хождение 2) *(modo de proceder)* способ действия 3) *(modo de andar)* походка

andariego *adj* V. andador

andarín *adj* V. andador

andarríos *m* трясогузка

andar|se *vi* **(con u/c)** использовать, употреблять *~se con rodeos* говорить обиняками; *~se con bromas* шутить ◆ **todo se ~á** *coloq* всему своё время

andas *fpl* 1) *(tablero)* носилки 2) *(féretro con varas)* гроб с носилками ◆ **en ~ y volandas** 1) *(volando)* на лету 2) *(rápido)* быстро

andén *m* перрон, платформа

andinismo *m Am. Mer.* альпинизм, восхождение на Анды

andinista *m/f Am. Mer.* альпинист, -ка, скалолаз, -ка

andin|o 1. *adj* андский **2., -a** *m/f* житель, -ница Анд

andoba *m/f desp* этот, эта

andorga *f coloq* брюхо, пузо

andorran|o 1. *adj* андоррский **2., -a** *m/f* андорр|ец, -ка

andrajo *m* 1) *(jirón de tela)* лохмотья, тряпьё 2) *desp (dicho de una persona)* негодяй, мерзавец

andrajoso *adj* оборванный, в лохмотьях

andrógino 1. *adj* 1) *(hermafrodita)* двуполый, обоеполый 2) *(dicho de una persona)* женоподобный (о мужчине), мужеподобный (о женщине) **2.** *m (hermafrodita)* гермафродит

androide *m* робот, андроид

andrología *f med* андрология

andrólogo *m med* андролог

andurrial *m (espec pl)* захолустье, глушь, место, удалённое от дорог

anea *f* камыш

aneblarse *vpron* затягиваться, покрываться туманом

anécdota *f* история, анекдот

anecdotario *m* сборник историй

anecdótico *adj* анекдотический

anegar *vt* 1) *(inundar)* затоплять, наводнять 2) *(ahogar)* топить, потоплять

anegarse *vpron* 1) *(inundarse)* затопляться, покрываться водой 2) *(ahogarse)* тонуть 3) *(naufragar)* терпеть кораблекрушение

anejo 1. *adj* приложенный, прилагаемый **2.** *m* приложение, дополнение

anemia *f* анемия, малокровие

anémico *adj* анемичный, малокровный

anemómetro *m fís* анемометр, ветромер

anémona *f* анемона, ветреница

anestesia *f* анестезия, обезболивание

anestesiar *vt* анестезировать, обезболивать

anestésico 1. *adj* анестезирующий, обезболивающий **2.** *m* обезболивающее средство

anestesista *m/f med* анестезист, -ка

aneurisma *m med* аневризма, расширение артерий

anexar *vt* аннексировать, присоединять

anexión *f* присоединение, аннексия

anexionar *vt* присоединять, аннексировать

anexionismo *m* политика аннексий, захватническая политика

anexionista 1. *adj* захватнический, аннексионистский **2.** *m/f* аннексионист, сторонник аннексий

anexo 1. *adj* приложенный, прилагаемый **2.** *m* приложение

anfetamina *f* амфетамин

anfibio 1. *adj* 1) *zool* земноводный 2) *(dicho de un vehículo)* амфибия **2.** *mpl zool* земноводные, амфибии

anfibología *f* двусмысленность

anfíbraco *m lit* амфибрахий

anfiteatro *m* амфитеатр

anfitrión *m* хозяин

ánfora *f* амфора

anfractuosidad *f* 1) *(desigualdad)* неровность, извилистость 2) *anat* извилины мозга

anfractuoso *adj* неровный, извилистый

angarillas *fpl* носилки

ángel *m* 1) ангел 2) *(gracia, encanto)* обаяние, очарование 3) *(dicho de una persona)* ангел, милое создание ◆ **~ de la guarda** ангел-хранитель

angelical *adj* ангельский

angélico *adj* V. angelical

angelito *m* 1) ангелочек 2) *(criatura)* малыш, малютка

angelote *m* 1) изображение ангела 2) *(pez)* катран, колючая акула

ángelus *m relig* вечерний звон

angina *f med* ангина ◆ **~ de pecho** грудная жаба

anglicanismo *m* англиканство

anglican|o 1. *adj* англиканский **2., -a** *m/f* англикан|ец, -ка

anglicismo *m ling* англицизм

angloamericano *adj* англо-американский

anglófilo 1. *adj* англофильский **2.** *m* англофил

anglófobo 1. *adj* англофобский **2.** *m* англофоб

anglófono 1. *adj* англофонный **2.** *m* англофон

anglosajón 1. *adj* англосаксонский **2.** *m* англосакс

angoleñ|o 1. *adj* ангольский **2., -a** *m/f* анголез|ец, -ка

angosto *adj* узкий, тесный

angostura[1] *f* 1) *(cualidad de angosto)* теснота 2) *(paso estrecho)* ущелье

angostura[2] *f* 1) *(planta)* ангостура трёхлистная 2) *(bebida)* ангостура

anguiforme *adj* змеевидный

anguila *f* угорь

angula *f* малёк угря

angular *adj* угловой, угольный ◆ **piedra ~** краеугольный камень

angulema 1. *f* ткань из пеньки **2. -s** *fpl* лесть, заискивание

ángulo *m* угол *~ recto* прямой угол; *~ agudo* острый угол

angulómetro *m* угломер

angulosidad *f* угловатость

anguloso *adj* угловатый, имеющий углы

angustia *f* 1) *(temor)* тревога, беспокойство 2) *(aflicción)* тоска, печаль 3) *(sofoco)* одышка, стеснение в груди

angustiado *adj* 1) *(preocupado)* встревоженный, обеспокоенный 2) *(afligido)* опечаленный, удручённый

angustiar *vt* 1) *(afligir)* наводить тоску (на кого-л), печалить 2) *(preocupar)* тревожить, беспокоить

angustiarse *vpron* 1) *(afligirse)* печалиться, огорчаться 2) *(preocuparse)* тревожиться, беспокоиться

angustioso *adj* тревожный, мучительный, тоскливый

anhelante *adj* V. anheloso

anhelar 1. *vt (desear)* страстно желать, жаждать (чего-л) **2.** *vi obsol (respirar con dificultad)* тяжело дышать, задыхаться

anhelo *m* страстное желание, жажда

anheloso *adj* страстно желающий, жаждущий (чего-л)

anhídrido 1. *adj quím* безводный **2.** *m quím* ангидрид

anhidrita *f min* ангидрит

anidación *f* гнездование

anidar 1. *vi* 1) *(hacer el nido)* гнездиться 2) *(habitar)* жить, обитать 3) *(existir)* гнездиться, селиться **2.** *Vt* укрывать, прятать

anidarse *vpron* V. anidar 1.1, 1.2

anilina *f quím* анилин

anilla 1. *f* металлическое кольцо **2. -s** *fpl sport* гимнастические кольца

anillamiento *m* прикрепление кольцами (птиц)

anillar *vt* 1) *(dar forma de anillo)* придавать форму кольца 2) *(sujetar)* прикреплять кольцами 3) *(marcar las aves)* кольцевать

anillo *m* 1) *(para los dedos de la mano)* кольцо, перстень 2) *(aro pequeño)* кольцо, круг ~ *de boda* обручальное кольцо 3) *tecn* кольцо, ушко 4) *zool* членик, сегмент (у насекомых)

ánima *f* душа

animación *f* 1) *(regocijo)* оживление, воодушевление 2) *(viveza)* живость, оживление 3) *(de personas en una actividad)* анимация 4) *cine* мультипликация, анимация

animado *adj* 1) *(dotado de alma)* одушевлённый 2) *(alegre)* оживлённый, весёлый, в хорошем настроении 3) *(dicho de un lugar)* оживлённый, многолюдный

animador 1. *adj* воодушевляющий, ободряющий **2. , -a** *m/f* 1) вдохновитель, -ница 2) *(artista)* эстрадный артист, эстрадная артистка 3) *(de animación sociocultural)* аниматор, затейни|к, -ца

animadversión *f* враждебность, недоброжелательство

animal[1] *m* 1) *(ser orgánico)* животное, существо ~ *doméstico* домашнее животное; ~ *salvaje* дикое животное 2) *insult (persona ignorante)* животное, скотина

animal[2] *adj* 1) *(relativo a los animales)* животный *mundo* ~ животный мир 2) *(relativo a la parte sensitiva)* животный, чувственный 3) *(producido por animales)* животный, животного происхождения

animalada *f coloq* глупость

animalejo *m* тварь, животное

animalidad *f* животная сущность

animalista *m/f arte* анималист

animar *vt* 1) *(infundir vigor)* оживлять, воодушевлять 2) *(infundir energía moral)* воодушевлять, ободрять 3) *(dotar de vida)* придавать живость, вдыхать жизнь 4) *(exhortar)* побуждать, стимулировать

animarse *vpron* 1) *(cobrar ánimo)* оживляться, приободряться, оживать 2) *(decidirse)* решаться, собираться с духом

anímico *adj* душевный, духовный

animismo *m* анимизм

animista 1. *adj* анимистический **2.** *m/f* анимизм

ánimo *m* 1) дух, душа 2) *(valor, energía)* дух, воля *cobrar* ~ воспрянуть духом; *caer de* ~ падать духом ¡~! мужайся!, бодрись!, давай! ◆ **presencia de** ~ присутствие духа

animosidad *f* 1) *(ánimo)* дух, воля 2) *(aversión)* неприязнь, враждебность

animoso *adj* отважный, мужественный, решительный

aniñado *adj* ребячливый, похожий на ребёнка

aniñamiento *m* ребячливость

aniñarse *vpron* ребячиться, вести себя как ребёнок

aniquilación *f* уничтожение

aniquilador 1. *adj* 1) *(que reduce a la nada)* уничтожающий, истребляющий 2) *(que destruye)* разрушительный **2.** *m* разрушитель

aniquilamiento *m* V. aniquilación

aniquilar *vt* 1) *(reducir a la nada)* уничтожать, истреблять 2) *(destruir)* разрушать

aniquilarse *vpron* 1) *(arruinarse)* приходить в упадок 2) *(deteriorarse)* портиться, разрушаться

anís *m* 1) анис 2) *(bebida)* анисовая водка 3) *(dulce)* нуга с анисом

anisado 1. *adj* анисовый, настоенный на анисе **2.** *m* анисовая водка, анисовка

anisete *m* анисовый ликёр

anivelar *vt* выравнивать, уравнивать

aniversario *m* годовщина, юбилей

ano *m med* задний проход

anoche *adv* вчера вечером

anochecer[1] *v/impers* вечереть, темнеть, смеркаться

anochecer[2] *m* вечер, сумерки *al* ~ в сумерки, под вечер

anodino *adj* 1) *(insignificante)* незначительный, недейственный 2) *med* болеутоляющий

ánodo *m fís* анод

anofeles, anófeles *m zool* анофелес, малярийный комар

anomalía *f* аномалия

anómalo *adj* аномальный

anonadación *m* 1) *(aniquilación)* уничтожение, разрушение 2) *(sorpresa)* поражение 3) *(disminución)* сильное уменьшение 4) *(humillación)* унижение

anonadamiento *m* V. anonadación

anonadar *vt* 1) *(aniquilar)* сводить на нет, уничтожать, разрушать 2) *(causar gran sorpresa)* поражать, ошеломлять 3) *(apocar)* резко уменьшать 4) *(humillar)* унижать

anonadarse *vpron* 1) *(reducirse a la nada)* резко уменьшаться 2) *(abatirse)* приходить в уныние, падать духом

anonimato *m* анонимность *guardar el* ~ скрывать своё имя

anónim|o *adj* анонимный ◆ **sociedad ~a** акционерное общество

anopsia *f med* слепота

anorak *m* куртка, анорак

anorexia *f* анорексия
anoréxic|o 1. *adj* анорексичный, анорексический **2., -a** *m/f* анор|ексик, -ексичка
anormal *adj* ненормальный
anormalidad *f* ненормальность, отклонение от нормы
anotación *f* заметка, запись
anotar *vt* 1) *(poner notas)* вписывать, вносить записи, отмечать 2) *(apuntar)* записывать 3) *(en un registro público)* записывать, вносить запись 4) *sport* забивать
anovulación *f med* ановуляция
anquilosamiento *m* 1) *(anquilosis)* поражение анкилозом 2) *(paralización)* остановка в развитии
anquilosarse *vpron* 1) *(producir anquilosis)* быть поражённым анкилозом 2) *(paralizarse)* коснеть, останавливаться в развитии
anquilosis *m med* анкилоз
ánsar *m* гусь, гусак
anseático *adj* V. hanseático
ansia *f* 1) *(congoja)* тревога, беспокойство 2) *(anhelo)* страстное желание, жажда (чего-л)
ansiar *vt* страстно желать (что/чего-л), жаждать (чего-л)
ansiedad *f* 1) тревога, душевное волнение 2) *(durante una enfermedad)* подавленное состояние
ansiolítico *m med* малый транквилизатор, анксиолитик
ansioso *adj* 1) беспокойный 2) *(deseoso)* страстно желающий, жаждущий
anta[1] *f (alce)* лось
anta[2] *f (pilastra)* угловой пилястр
antagónico *adj* антагонистический, непримиримый
antagonismo *m* антагонизм, непримиримое противоречие
antagonista 1. *m/f* антагонист, -ка, противник, соперни|к, -ца **2.** *adj* антагонистический, диаметрально противоположный
antaño *adv* в старину, некогда
antártico *adj* антарктический, южнополярный *polo* ~ южный полюс
ante[1] *m* 1) *(alce)* лось 2) *(piel)* замша
ante[2] *prep* 1) перед (кем/чем-л), перед лицом (кого-л), в присутствии (кого-л) ~ *mí* передо мной 2) *(en caso de)* при (чём-л), в (чём-л), в случае (чего-л) ~ *estas circunstancias* при таких обстоятельствах ◆ ~ **todo** прежде всего, в первую очередь
anteanoche *adv* позавчера вечером (ночью)
anteayer *adv* позавчера
antebrazo *m* предплечье
antecámara *f* 1) *(vestíbulo)* передняя, прихожая, вестибюль 2) *(sala de espera)* приёмная, зал ожидания
antecedente 1. *adj* предшествующий **2.** *m* прецедент ◆ **~s penales** сведения о судимости
anteceder *vt* предшествовать (кому/чему-л)
antecesor, -a *m/f* предшественни|к, -ца
antedata *f* пометка более ранним числом
antedatar *vt* помечать (датировать) более ранним числом
antedespacho *m* приёмная
antedicho *adj* вышесказанный, вышеупомянутый
antediluviano *adj* допотопный
anteguerra *f* довоенный период
antelación *f* предшествование ◆ **con** ~ заранее, предварительно
antemano *inv* : de ~ заранее, заблаговременно
antemeridiano *adj* предполуденный, дообеденный
antena *f* 1) антенна 2) *zool* усик, щупальце
anteojeras *fpl* 1) *(estuche)* футляр для очков 2) *(para los caballos)* наглазники, шоры
anteojo *m* зрительная труба
anteojos *mpl* 1) *(anteojo binocular)* бинокль 2) *(gafas)* очки
antepasado *m* предок
antepecho *m* подоконник
antepenúltimo *adj* третий с конца
anteponer *vt* 1) *(poner delante)* ставить впереди 2) *(preferir)* предпочитать, ставить на первое место
anteponerse *vpron* 1) *(ponerse delante)* вставать впереди 2) *(darse preferencia)* ставить себя выше других
anteportada *f impr* шмуцтитул
anteproyecto *m* 1) *(antes de un proyecto arquitectónico)* проектное задание, эскиз 2) *(antes de la redacción de una ley)* предварительный проект
antepuerto *m* 1) *(en las cordilleras)* подступ к горному перевалу 2) *nav* аванпорт, рейд
antera *f bot* пыльник
anterior *adj* 1) предшествующий, предыдущий 2) *(que está delante)* передний
anterioridad *f* предшествование ◆ **con** ~ раньше, заблаговременно
anteriormente *adv* раньше, прежде
antes *adv* раньше, прежде ◆ **cuanto** ~ как можно скорее **el día** ~ накануне **poco** ~ **de u.c.** незадолго до чего-л. ~ **de u.c.** до чего-л., перед чем-л., прежде чем
antesala *f* передняя, прихожая, приёмная
anteúltimo *adj* V. penúltimo
antevíspera *f* **(de u/c)** за два дня (до чего-л)
antiabortista 1. *adj* антиабортный **2.** *m/f* сторонн|ик, -ца запрещения аборта
antiadherente *adj* антипригарный
antiaéreo *adj* противовоздушный, зенитный
antialérgico *adj* антиаллергический
antiarrugas *adj* антиморщинный
antiatómico *adj* противоатомный
antibacteriano *adj* антибактериальный
antibalas *adj* пулезащитный
antibiótico 1. *adj biol* антибиотический **2.** *m* антибиотик
antibloqueo *adj* противоблокировочный
anticancerígeno *adj med* противораковый
anticapitalista 1. *adj* антикапиталистический **2.** *m/f* антикапиталист, -ка
anticaries *adj* антикариесный
anticarro *adj mil* противотанковый
anticaspa *adj* противоперхотный
anticelulítico *adj* антицеллюлитный
antichoque *adj* противоударный, антишоковый
anticiclón *m* антициклон
anticiclónico *adj* противоциклонный
anticipación *f* предварение ◆ **con** ~ заранее, досрочно

anticipadamente *adv* заранее, заблаговременно

anticipado *adj* преждевременный, досрочный *pagar por* ~ платить вперёд ◆ **por** ~ вперёд, заранее

anticipar *vt* 1) предварять 2) *(un pago)* авансировать

anticiparse *vpron* 1) опережать 2) *(suceder antes de tiempo)* наступать раньше времени

anticipo *m* 1) предварение 2) *(en un pago)* аванс, задаток

anticlerical *adj* 1) *(contrario al clericalismo)* антиклерикальный 2) *(contrario al clero)* антирелигиозный

anticomunismo *m* антикоммунизм

anticomunista 1. *adj* антикоммунистический 2. *m/f* антикоммунист, -ка

anticonceptivo 1. *adj* противозачаточный 2. *m* противозачаточное средство

anticonformismo *m* антиконформизм

anticonformista 1. *adj* антиконфортмистский 2. *m/f* антиконформист, -ка

anticongelante 1. *adj* незамерзающий 2. *m* незамерзающая смесь

anticonstitucional *adj* антиконституционный

anticorrosivo *adj* противокоррозионный

anticristo *m* антихрист

anticuado *adj* устаревший

anticuario *m* антиквар

anticucho *adj Bol. Per.* антикучо (маринованное мясо, поджаренное на гриле)

anticuerpo *m biol med* антитело

antideflagrante *adj* взрывобезопасный

antidemócrata 1. *adj* антидемократический 2. *m/f* антидемократ, -ка

antidemocrático *adj* антидемократический, противодемократический

antideportivo *adj* неспортивный (о поведении)

antidepresivo 1. *adj* антидепрессантный 2. *m* антидепрессант

antideslizante *adj tecn* предохраняющий от буксования

antidisturbios *adj* по борьбе с беспорядками

antidopaje *adj* антидопинговый

antidóping *adj* антидопинговый *control* ~ антидопинговый контроль

antídoto *m* противоядие, антидот

antidroga *adj* антинаркотический, по борьбе с наркотиками

antieconómico *adj* антиэкономический

antier *adv Am.* V. anteayer

antiestético *adj* 1) *(contrario a la estética)* неэстетичный, малохудожественный 2) *(feo)* безобразный

antiestrés *adj* антистрессовый

antieuropeísmo *m* антиевропеизм

antieuropeísta *adj* антиевропейский

antifascista *adj* антифашистский

antifaz *m* маска

antífona *f relig* антифон

antifranquista 1. *adj* антифранкистский 2. *m/f* антифранкист, -ка

antifraude *adj* антимошеннический, антикоррупционный

antifúngico *adj* противогрибковый

antigás *adj* противогазовый, противохимический *máscara* ~ противогаз

antigeno 1. *adj med* антигенный 2. *m med* антиген

antigolpes *adj* противоударный

antigripal *adj* противогриппозный

antigualla *f* 1) *(antigüedad)* древность, древняя вещь 2) *(objeto pasado de moda)* старьё, устаревшая вещь

antiguamente *adv* раньше, в старину, давно

antigubernamental *adj* антиправительственный

antigüedad *f* 1) *(cualidad de antiguo)* древность, старинность 2) *(tiempo remoto)* древность, старина 3) *(época clásica)* античность 4) *(objeto viejo de valor)* антиквариат, антикварное изделие

antiguo *adj* 1) древний, старинный, античный 2) *(anterior)* бывший

antihéroe *m* антигерой

antihigiénico *adj* негигиеничный

antihistamínico 1. *adj med* антигистаминный 2. *m med* антигистаминные препараты

antiincendios *adj* противопожарный

antiinflacionista *adj* антиинфляционный

antiinflamatorio 1. *adj* противовоспалительный 2. *m* противовоспалительное средство

antillan|o 1. *adj* антильский 2., **-a** *m/f* антил|ец, -ка

antílope *f* антилопа

antimanchas *adj* против пятен

antimateria *f fís* антиматерия

antimilitarismo *m* антимилитаризм

antimisil *adj mil* противоракетный

antimonárquic|o 1. *adj* антимонархический 2., **-a** *m/f* антимонархист, -ка

antimonio *m quím* антимоний, сурьма

antimonopolista 1. *adj* антимонопольный 2. *m/f* антимононолист, -ка

antinatural *adj* противоестественный, ненатуральный, неестественный

antiniebla *adj* противотуманный

antinomia *f filos* антиномия, противоречие

antinómico *adj* противоречивый

antinuclear *adj* противоядерный

antioxidante 1. *adj* антиокисляющий 2. *m* антиокислитель

antipapa *m relig* антипапа

antiparasitario *adj* антипаразитарный

antiparras *fpl coloq* очки

antipatía *f* антипатия, неприязнь

antipático *adj* антипатичный, неприятный

antípodas *fpl* антипод

antipolilla *adj* антимолевый

antirrábico *adj med* предупреждающий бешенство

antirreglamentario *adj* незаконный

antirrobo *adj* 1) противокражный 2) *(en un vehículo)* противоугонный

antisemita 1. *adj* антисемитский 2. *m/f* антисемит, -ка

antisemitismo *m* антисемитизм

antiséptico 1. *adj* антисептический 2. *m* антисептическое средство

antisísmico *adj* антисейсмический

antisocial *adj* антиобщественный, антисоциальный

antitanque *adj mil* противотанковый

antitérmico *adj fís* теплопроводный, теплоизолирующий
antiterrorista *adj* антитеррористический
antítesis *m* 1) *(figura que opone dos ideas contrarias)* антитеза, противопоставление 2) *(oposición de dos juicios)* антитезис 3) *(persona o cosa opuesta a otra)* полная противоположность, антипод
antitético *adj* антитетический, диаметрально противоположный
antitoxina *f med* антитоксин, противоядие
antivirus 1. *adj* антивирусный **2.** *m* антивирус
antojadizo *adj* капризный, своенравный
antojarse *vpron* 1) **(a alg)** хотеться (кому-л) 2) **(a alg)** *(ofrecerse como probable)* казаться (кому-л) *se me antoja que* мне кажется, что
antojito *m* антохито (мексиканская закуска)
antojo *m* прихоть, каприз
antología *f* антология
antológico *adj* антологический
antónimo 1. *adj ling* антонимичный **2.** *m ling* антоним
antonomasia *f ling* антономазия ◆ **por** ~ настоящий, с большой буквы
antorcha *f* 1) факел 2) *(referente)* светоч
antracita *f min* антрацит
ántrax *m med* фурункул
antro *m coloq* притон
antropocentrismo *m filos* антропоцентризм
antropocentrista *adj filos* антропоцентристский, относящийся к антропоцентризму
antropofagia *f* людоедство
antropófago *m* антропофаг, людоед
antropología *f* антропология
antropológico *adj* антропологический
antropólogo *m* антрополог
antropometría *f* антропометрия
antropomorfismo *m* антропоморфизм
antropomorfo 1. *adj* человекообразный, антропоморфный **2. -s** *mpl zool* человекообразные
anual *adj* годовой, ежегодный
anualidad *f* 1) *(cualidad de anual)* годичный срок 2) *(importe anual de la renta)* годовая рента, годовой доход
anualmente *adv* ежегодно
anuario *m* ежегодник
anubarrado *adj* покрытый тучами, облачный
anublar *vt* 1) V. nublar 2) помрачать, омрачать, затмевать 3) *(marchitar)* глушить, заглушать (растения)
anublarse *vpron* 1) V. nublarse 2) *(marchitarse)* вянуть, блёкнуть
anudar *vt* завязывать узлом
anudarse *vpron* 1) завязываться узлом 2) *(unirse)* соединяться
anuencia *f* согласие, разрешение
anulación *f* отмена, аннулирование
anular[1] **1.** *adj (con forma de anillo)* кольцевой, кольцеобразный **2.** *m (dedo)* безымянный палец
anular[2] *vt* 1) *(declarar nulo)* аннулировать 2) *(suspender)* отменять
anularse *vpron* 1) аннулироваться, отменяться 2) *(incapacitarse)* сходить на нет, сводиться к нулю
anunciación *f* объявление, извещение
anunciador 1. *adj* 1) *(que da una noticia)* извещающий, уведомляющий 2) *(que pronostica)* предсказывающий, предвещающий **2.** *m* 1) *(enviado)* вестник, предвестник 2) *(boletín)* световое табло
anunciante *m* рекламодатель
anunciar *vt* 1) *(publicar)* объявлять 2) *(pronosticar)* предвещать, предсказывать 3) *(dar publicidad)* рекламировать ◆ ~ **a bombo y platillo** шумно объявлять
anunciarse *vpron* рекламировать себя
anuncio *m* 1) объявление 2) *(mensaje publicitario)* реклама 3) *(pronóstico)* предвещание, предсказание
anverso *m* лицевая сторона
anzuelo *m* рыболовный крючок
añada *f* 1) год 2) *(cosecha)* урожай
añadido *m* 1) *(pelo postizo)* накладка, валик 2) *(extensión)* надставка 3) *(inserción)* вставка, дополнение к тексту
añadidura *f* добавление
añadir *vt* добавлять, прибавлять
añagaza *f* 1) *(artificio)* приманка, ловушка 2) *caza* манок
añal 1. *adj* 1) *obsol* V. anual 2) *(referido a un cordero o becerro)* годовалый **2.** *m* 1) *(ofrenda por un difunto)* поминки (в годовщину смерти) 2) *Am.* много лет, много времени
añalejo *m relig* служебник, церковный календарь
añejar *vi* стариться
añejarse *vpron* 1) *(deteriorarse)* портиться от времени 2) *(mejorar)* выдерживаться
añejo *adj* 1) старый 2) *(dicho de un vino)* выдержанный
añicos *mpl* куски, обломки ◆ **hacer** ~ разбить вдребезги
añil *m* 1) *(arbusto)* индигоноска 2) *(pasta de color azul)* индиго 3) *(color azul)* тёмно-синий цвет, цвет индиго
año *m* год *el ~ pasado* прошлый год; *tengo 30 ~s* мне 30 лет
añoranza *f* тоска, печаль
añorar *vt* скучать (по кому/чему-л.)
añoso *adj* многолетний, старый
añublo *m* спорынья
aoristo *m ling* аорист
aorta *f anat* аорта
aovado *adj* овальный, яйцеобразный
aovar *vi* класть яйца
aovillarse *vpron* свёртываться клубком
apabullado *adj* смущённый, сконфуженный
apabullamiento *m* смущение
apabullante *adj* подавляющий, заглушающий
apabullar *vt* смущать, сбивать с толку
apacentar *vt* 1) выгонять на пастбище, пасти 2) *(cebar los deseos)* разжигать, возбуждать (чувства, страсти)
apacentarse *vpron* пастись
apache 1. *adj* апачи **2.** *m/f* апачи
apacible *adj* 1) *(dicho del carácter)* спокойный, мягкий, кроткий 2) *(dicho del tiempo)* спокойный, тихий, ясный
apaciguamiento *m* умиротворение, успокоение
apaciguar *vt* успокаивать, умиротворять
apaciguarse *vpron* успокаиваться, утихать

apadrinar *vt* 1) становиться чьим-л. крёстным отцом 2) *(patrocinar)* покровительствовать (чему-л)

apagado *adj* 1) *(dicho de una persona)* малодушный, робкий, безжизненный 2) *(dicho de un sonido)* приглушённый, ослабленный 3) *(dicho de un color)* блёклый

apagador 1. *adj* гасящий **2.** *m* 1) гасильщик свечей 2) *mús* модератор

apagar *vt* 1) *(el fuego)* тушить 2) *(la luz)* гасить, выключать, тушить 3) *(un aparato eléctrico)* выключать 4) *(un motor)* глушить 5) *(un sonido)* глушить, приглушать 6) *(aplacar)* успокаивать, смягчать, приглушать

apagarse *vpron* 1) гаснуть, тухнуть 2) *(cesar)* тускнеть, угасать

apagón *m* внезапное выключение света

apaisado *adj* широкий, вытянутый в ширину

apalabrar *vt* договориться на словах (о ком/чём-л)

apalabrarse *vpron* договариваться, уславливаться

apalancar *vi (levantar)* поднимать с помощью рычага

apalancarse *vpron coloq* удобно располагаться, засиживаться

apaleamiento *m* избиение палкой

apalear *vt* бить, избивать палкой

apaleo *m agric* веяние зерна лопатой

apañado[1] *adj (semejante al paño)* похожий на сукно

apañado[2] *adj* 1) *(mañoso)* ловкий, изворотливый 2) *coloq (adecuado)* аккуратный, точный ◆ **estar ~** *coloq* ошибаться, просчитываться

apañar *vt* 1) *(coger)* брать (в руки), хватать 2) *(remendar)* чинить, приводить в порядок 3) *(tomar ilícitamente)* незаконно завладевать, присваивать

apañ|arse *vpron coloq* справляться, ухитряться ◆ **~árselas** *coloq* справляться, ухитряться

apaño *m* 1) хватание рукой 2) *coloq* ремонт, починка, заплатка

aparador *m* 1) *(mueble)* буфет, сервант 2) *(escaparate)* витрина, стойка

aparato *m* 1) аппарат, прибор 2) *(aeronave)* аппарат 3) *(ostentación)* пышность, помпа 4) *(conjunto de dirigentes)* аппарат 5) *biol* аппарат

aparatosidad *f* 1) роскошь, пышность 2) *(exageración)* чрезмерность

aparatoso *adj* 1) *(ostentoso)* роскошный, пышный 2) *(exagerado)* чрезмерный

aparcacoches *m* парковщик

aparcadero *m* V. aparcamiento

aparcamiento *m* парковка, стоянка

aparcar 1. *vt* парковать **2.** *vi* парковаться

aparcería *f* договор о сдаче в аренду, издольщина

aparcero *m* арендатор, издольщик

apareamiento *m* 1) *(unión)* расположение парами 2) *(acoplamiento)* спаривание, случка

aparear *vt* спаривать

aparearse *vpron* спариваться, случаться, образовывать пару

aparecer *vi* появляться, обнаруживаться

aparecerse *vpron* являться, представляться

aparecido *m* призрак, привидение

aparejado *adj* 1) *(apto)* пригодный, соответствующий 2) *(inherente)* приложенный, принадлежащий

aparejador 1. *adj* приготовляющий, налаживающий **2.** *m* производитель работ, прораб, десятник

aparejar *vt* приготовлять, подготовлять

aparejo 1. *m (preparación)* приготовление, подготовка **2. -s** *mpl* инструменты, орудия

aparentar *vt* 1) притворяться (кем-л), прикидываться (кем-л) 2) *(una edad)* выглядеть (на что-л)

aparente *adj* видимый, кажущийся

aparentemente *adv* 1) *(por lo visto)* видимо, по-видимому, вероятно 2) *(claramente)* явно, очевидно, несомненно

aparición *f* 1) появление 2) *(fantasma)* призрак, привидение

apariencia *f* внешность, видимость

aparquímetro *m* V. parquímetro

apartadero *m* запасной путь

apartadizo 1. *adj (huraño)* нелюдимый, необщительный, замкнутый **2.** *m (sitio apartado)* отгороженое помещение

apartado 1. *adj* дальний, удалённый **2.** *m* раздел ◆ **~ de correos** абонентный ящик

apartamento *m* квартира, апартаменты

apartamiento *m* 1) отделение, разделение, разъединение 2) *(del resto)* обособление, изолирование 3) *(cavidad)* полость, вакуоля 4) *jur* отказ (от иска)

apartar *vt* 1) отодвигать, отдалять 2) *(de una función o cargo)* отстранять, изолировать

apartarse *vpron* отходить, удаляться

aparte 1. *m* 1) уединённая беседа, реплика в сторону 2) *(párrafo)* абзац **2.** *adj* отдельный, отличный **3.** *adv* отдельно, в стороне ◆ **~ de alg o u.c.** за исключением кого/чего-л, кроме кого/чего-л

apartheid *m* апартеид

aparthotel *m* апартотель

apasionado *adj* страстный, пламенный

apasionamiento *m* страсть, восторженность

apasionante *adj* захватывающий, увлекающий

apasionar *vt* 1) вызывать страсть, захватывать, увлекать 2) *(atormentar)* беспокоить, мучить

apasionarse *vpron* **(por alg o u/c)** страстно увлекаться (кем/чем-л), проникаться страстью (к кому-л)

apatía *f* апатия, безразличие

apático *adj* 1) апатичный, безразличный 2) *(falta de energía)* вялый, пассивный

apátrida 1. *adj* не имеющий родины **2.** *m/f* апатрид

apeadero *m* 1) *(poyo o sillar)* ступенька, подножка 2) *(área de descanso)* место отдыха, привал

apear *vt* 1) *(de un caballo)* помогать сходить с лошади 2) *(de un transporte)* помогать выходить (из машины, вагона)

apearse *vpron* 1) слезать, сходить 2) *(de la montura)* спешиваться 3) *(de un vehículo)* выходить

apechar *vi* **(con u/c)** взваливать на себя (ответственность)

apechugar *vi* 1) *(acometer)* толкать грудью, ударять грудью 2) **(con u/c)** *coloq* V. apechar

apedreamiento *m* избиение камнями

apedrear 1. *vt* 1) *(lanzar piedras a alguien)* забрасывать камнями 2) *(matar a pedradas)* побивать камнями **2.** *v/impers (caer pedrisco)* идти (о граде), сыпаться (о граде)

apedrearse *vpron* страдать от града (о посевах)

apedreo *m* V. apedreamiento

apegado *adj* **(a alg o u/c)** привязанный (к кому/чему-л)

apegarse *vpron* **(a alg o u/c)** привязаться (к кому/чему-л), полюбить

apego *m* привязанность, преданность

apelable *adj* подлежащий обжалованию

apelación *f* апелляция, обжалование

apelante 1. *adj* апеллирующий **2.** *m* апеллянт

apelar 1. *vi* 1) **(a alg)** *(a alguien)* обращаться (к кому-л), прибегать к посредству (кого-л) 2) **(a u/c)** *(a algo)* вызывать, прибегать к посредству (чего-л) **2.** *vt/i jur* обжаловать, подавать апелляцию

apelativo 1. *adj ling* номинативный, нарицательный **2.** *m (sobrenombre)* прозвище, кличка

apellidar *vt (nombrar)* называть (по фамилии)

apellida|rse *vpron* называться (по фамилии), иметь фамилию *¿cómo te ~s?* как твоя фамилия?

apellido *m* 1) фамилия *nombre y ~* имя и фамилия; *¿cuál es su ~?* как ваша фамилия? 2) *(sobrenombre)* прозвище

apelmazado *adj* уплотнённый, сдавленный

apelmazar *vt* уплотнять, уминать

apelmazarse *vpron* уплотняться, уминаться

apelotonar *vt* 1) *(formar grumos)* сматывать в клубок 2) *(formar aglomeraciones)* собирать в кучу, накапливать

apelotonarse *vpron* 1) *(formar grumos)* скатываться, свёртываться в клубок 2) *(aglomerarse)* толпиться

apenar *vt* причинять страдания, огорчать, опечаливать

apenarse *vpron* огорчаться, печалиться, расстраиваться

apenas 1. *adv* 1) *(casi no)* чуть не, почти не, едва (лишь) 2) *(solo)* только лишь, всего лишь **2.** *conj (en cuanto)* как только, едва

apencar *vi coloq* V. apechar

apéndice *m* 1) приложение 2) *med* отросток, аппендикс

apendicitis *f med* аппендицит

apensionarse *vpron Am.* грустить, печалиться

apercibimiento *m* 1) *(preparación)* подготовка, приготовление 2) *(reproche)* выговор, порицание 3) *jur* предупреждение судьи

apercibir *vt* 1) подготовлять, готовить 2) **(de u/c)** *(advertir)* предупреждать (о чём-л) 3) *jur* вызвать в суд для предупреждения

apercibirse *vpron* **(de u/c)** заметить, понять, догадаться (о чём-л)

apergaminado *adj* похожий на пергамент

apergaminarse *vpron coloq* становиться жёстким (о человеке)

aperitivo *m* аперитив

apero *m* 1) орудие труда, инструмент 2) *(conjunto de animales)* рабочий скот 3) *(majada)* загон, скотный двор

aperrear *vt* 1) *(azuzar perros)* спускать собак (на кого-л) 2) *coloq (fatigar)* заваливать работой, загонять

apertura *f* 1) *(acción de abrir)* открывание, отпирание, расскрытие 2) *(acto de dar principio)* открытие, начало 3) *(orificio)* отверстие, апертура 4) *ajedr* дебют

aperturismo *m* открытость (идеологическая, политическая)

apesadumbrado *adj* огорчённый, расстроенный, печальный

apesadumbrar *vt* печалить, огорчать, расстраивать

apesadumbrarse *vpron* печалиться, огорчаться, расстраиваться

apestado *adj* зачумлённый, чумной

apestar *vi* вонять, смердеть

apestoso *adj* 1) *(que apesta)* зловонный, вонючий 2) *(que causa hastío)* надоедливый, назойливый

apetecer *vi* **(a alg u/c)** хотеть, хотеться (кому-л. что-л) *me apetece dar un paseo* я хочу прогуляться

apetecible *adj* желанный, аппетитный

apetencia *f* 1) *(apetito)* аппетит 2) **(por alg o u/c)** *(deseo)* влечение (к кому/чему-л), склонность (к кому/чему- л)

apetito *m* аппетит

apetitoso *adj* аппетитный, вкусный

apiadarse *vpron* **(de alg o u/c)** жалеть, сжалиться (над кем/чем-л)

apical *adj ling* верхушечный, апикальный

ápice *m* 1) вершина, верх 2) *(de la lengua)* кончик языка

apícola *adj* пчеловодный, пчеловодческий

apicultor *m* пчеловод

apicultura *f* пчеловодство

apilamiento *m* складывание, нагромождение

apilar *vt* складывать в штабели, нагромождать

apilarse *vpron* складываться в кучу, нагромождаться

apiñado *adj* имеющий форму шишки, шишковидный

apiñar *vt* нагромождать, сваливать в кучу

apiñarse *vpron* тесниться, толпиться

apio *m* сельдерей

apiolar *vt* 1) *(poner pihuela)* стреножить 2) *coloq (prender)* арестовать, хватать

apiparse *vpron coloq* напиваться, объедаться

apisonadora *f* дорожный каток

apisonamiento *m* трамбование, утрамбовка

apisonar *vt* трамбовать, утрамбовывать

aplacamiento *m* успокоение, смягчение, умиротворение

aplacar *vt* успокаивать, смягчать

aplacarse *vpron* успокаиваться, смягчаться, утихать

aplanadera *f constr* трамбовка, ручная баба

aplanadora *f Am.* V. apisonadora

aplanamiento *m* 1) выравнивание, утрамбовывание 2) *(pérdida de ánimo)* подавленность, уныние

aplanar *vt* 1) *(allanar)* сплющивать 2) *(apisonar)* утрамбовывать 3) *(pasmar)* поражать, ошеломлять

aplanarse *vpron* чувствовать себя подавленным, приходить в уныние
aplastamiento *m* раздавливание, сплющивание
aplastante *adj* подавляющий
aplastar *vt* 1) *(aplanar)* сплющивать, раздавливать, расплющивать 2) *(derrotar)* разбивать, подавлять
aplatanarse *vpron* разлениться, облениться
aplaudir *vt* аплодировать (кому-л)
aplauso *m* аплодисменты
aplazable *adj* подлежащий откладыванию
aplazamiento *m* отсрочка, перенесение срока
aplazar *vt* откладывать, отсрочивать
aplicabilidad *f* применимость
aplicable *adj* применимый
aplicación *f* 1) применение, использование 2) *(esfuerzo)* прилежание, усердие
aplicado *adj* 1) прикладной 2) *(esforzado)* прилежный, усердный
aplicar *vt* прикладывать, применять
aplicarse *vpron* стараться, усердствовать
aplique *m* 1) *(candelero)* бра 2) *teat* предмет бутафории
aplomado *adj* 1) *(que tiene aplomo)* самоуверенный, с апломбом 2) *(plomizo)* свинцовый
aplomar *vt* 1) утяжелять 2) *constr* проверять по отвесу
aplomo *m* 1) *(serenidad)* выдержка, спокойствие, уверенность 2) *(verticalidad)* вертикальное положение
apnea *f med* апноэ
apocado *adj* 1) *(de poco ánimo)* малодушный, робкий 2) *(vil)* низкий, подлый
apocalipsis *m* 1) *(fin del mundo)* апокалипсис, светопреставление 2) *(catástrofe)* конец света, ужас, кошмар
apocalíptico *adj* 1) апокалипсический 2) *(misterioso)* загадочный, зловещий 3) *(que amenaza con devastación)* страшный, ужасный
apocamiento *m* 1) *(encogimiento de ánimo)* малодушие, трусость 2) *(abatimiento)* упадок духа, уныние
apocarse *vpron* смущаться, робеть
apocopar *vt ling* усекать
apócope *f* апокопа, усечение слова
apócrifo 1. *adj* апокрифический **2.** *m* апокриф
apodar *vt* давать прозвище, называть прозвищем
apoderado *adj* уполномоченный
apoderar *vt* уполномочивать
apoderarse *vpron* **(de u/c)** завладевать (чем-л), захватывать
apodo *m* прозвище
apódosis *f anat* апофиз, отросток кости
apofonía *f ling* апофония, аблаут
apogeo *m* 1) *astr* апогей 2) *(culminación)* апогей, наивысшая точка, вершина
apolillado *adj* изъеденный молью
apolillar *vt* изъедать, проедать (о моли)
apolillarse *vpron* 1) *(roer las ropas)* быть изъеденным молью 2) *(anticuarse)* устаревать
apolíneo *adj poét* аполлоновский, аполлонов
apolítico *adj* аполитичный
apolitismo *m* аполитизм
Apolo *m* Аполлон
apologético *adj* апологетический
apología *f* апология
apológico *adj* апологетический
apologista *m/f* апологет
apólogo 1. *adj* V. apológico **2.** *m* аполог
apoltronarse *vpron* облениться, опуститься
apoplejía *f med* апоплексия
apopléjic|o 1. *adj* 1) *(relativo a la apoplejía)* апоплексический 2) *(que padece apoplejía)* разбитый параличом **2., -a** *m/f* апоплектик
apoquinar *vt coloq* отстёгивать, участвовать в расходах
aporcar *vt* 1) *(cubrir de tierra)* окучивать 2) *(remover la tierra)* окапывать
aporcelanado *adj* похожий на фарфор
aporrear *vt* 1) *(dar golpes)* бить дубинкой, дубасить 2) *(machacar)* ударять, колотить
aportación *f* взнос, вклад
aportar *vt* дать, предоставлять, придавать
aporte *m* V. aportación
aportillar *vt* 1) *(abrir brecha)* пробивать отверстие, пробивать брешь 2) *(romper)* разбивать, разламывать
aposentar *vt* давать приют, селить, помещать
aposentarse *vpron* 1) *(residir)* квартировать, жить 2) *(instalarse)* поселяться
aposento *m* 1) *(habitación)* комната, помещение 2) *(hospedaje)* постоялый двор, гостиница
aposición *f* приложение
apositivo *adj ling* относящийся к приложению
apósito *m med* примочка, компресс, повязка
aposta *adv* намеренно, нарочно
apostadero *m* пост, сторожевой пункт
apostar[1] *vt (poner en determinado puesto)* ставить, выставлять
apostar[2] *vt* 1) **(por alg o u/c)** *(dinero en un juego)* ставить (на кого/что-л) *apostar por un caballo* ставить на лошадь 2) *(entre dos personas)* спорить, держать пари, биться об заклад
apostasía *f* вероотступничество
apóstata *m/f* вероотступни|к, -ца, апостат
apostatar *vi* **(de u/c)** отрекаться (от чего-л), отступаться (от чего-л)
apostilla *f* 1) примечание, комментарий 2) *(legalización)* апостиль
apostillar *vt* 1) *(añadir comentarios)* снабжать комментариями 2) *(legalizar)* апостилировать
apóstol *m* апостол
apostolado *m* 1) *(campaña de propaganda)* апостольская миссия, апостольское служение 2) *(congregación de los apóstoles)* собрание апостолов
apostólico *adj* 1) *(relativo a los apóstoles)* апостольский 2) *(relativo al Papa)* папский
apostrofar[1] *vt (llamar)* вызывать, окрикивать
apostrofar[2] *vt (colocar apóstrofes)* ставить апостроф
apóstrofe *f/m* 1) *ret* апострофа 2) *(dicterio)* оскорбление
apóstrofo *f* апостроф
apostura *f* 1) *(buena planta)* статность, осанистость 2) *(aspecto)* внешность
apoteósico *adj* апофеозный, триумфальный
apoteosis *f* 1) *(ensalzamiento)* апофеоз, обожествление 2) *teat (escena final)* торжественный финал

apoyabrazos *m* подлокотник
apoyacabezas *m* подголовник
apoyar *vt* 1) **(en/sobre alg o u/c)** прислонять (к кому/чему-л), приставлять (к чему-л) 2) *(defender)* поддерживать, оказывать поддержку 3) *(probar, sostener)* подтверждать, обосновывать
apoyarse *vpron* 1) **(en/sobre alg o u/c)** прислоняться (к кому/чему-л), опираться (на кого/что-л) 2) *(basarse)* основываться (на чём-л)
apoyatura *f mús* форшлаг
apoyo *m* 1) опора, подпорка 2) *(ayuda)* поддержка
apreciable *adj* значительный, ощутимый
apreciación *f* 1) *(determinación del precio)* оценка, определение цены 2) *(juicio)* оценка, суждение, мнение 3) *econ (encarecimiento)* вздорожание, повышение цены
apreciado *adj* уважаемый, дорогой
apreciar *vt* 1) *(reconocer, estimar)* ценить, дорожить (кем/чем-л) 2) *(poner precio)* оценивать 3) *econ* повышать ценность
apreciativo *adj* оценочный
aprecio *m* уважение
aprehender *vt* 1) *(coger)* хватать, ловить 2) V. aprender
aprehensión *adj* 1) *(confiscación)* захват, конфискация 2) *(percepción)* восприятие, понимание
apremiador *adj* V. apremiante
apremiante *adj* 1) *(que da prisa)* неотложный 2) *(que oprime)* стесняющий, притесняющий 3) *(que compele)* обязывающий
apremiar 1. *vt* торопить **2.** *vi* быть срочным
apremio *m* 1) спешка, срочность 2) *jur* постановление суда
aprender *vt* учить, изучать, учиться (чему-л), усваивать
aprendiz *m/f* учени|к, -ца
aprendizaje *f* учение, обучение
aprensión *f* боязнь, отвращение
aprensivo *adj* боязливый, брезгливый
apresamiento *m* 1) *(con las garras)* схватывание 2) *(de un barco)* захват 3) *(arresto)* арест, задержание
apresar *vt* 1) *(atrapar con las garras)* хватать 2) *(tomar un barco)* захватывать 3) *(aprisionar)* арестовать
aprestar *vt* **(a u/c)** готовить (к чему-л)
aprestarse *vpron* **(a u/c)** готовиться (к чему-л), подготавливаться (к чему-л)
apresto *m* приготовление, подготовка
apresuradamente *adv* поспешно, торопливо
apresurado *adj* поспешный, торопливый
apresuramiento *m* поспешность, торопливость
apresurar *vt* торопить, подгонять
apresurarse *vpron* торопиться, спешить
apretado *adj* сжатый, тесный
apretar 1. *vt* 1) жать, сжимать ~ *los dientes* сжимать зубы 2) *(un botón)* нажимать (что/на что-л.) 3) *(dicho de la ropa o el calzado)* давить, быть тесным 4) *coloq (a alguien)* поднажимать (на кого-л), надавливать (на кого-л) **2.** *vi (esforzarse)* напрягаться
apretarse *vpron* тесниться, прижиматься
apretón *m* быстрое и сильное сжимание ◆ ~ **de manos** рукопожатие
apretujar *vt coloq* сильно сжимать
apretujarse *vpron coloq* толпиться, тесниться
apretujón *m coloq* V. apretón
apretura *f* сутолока, давка, толчея
aprieto *m* опасность, риск, стеснённое положение
aprisa *adv* быстро, торопливо
aprisco *m* загон для овец, овчарня
aprisionar *vt* 1) *(poner en prisión)* арестовывать, сажать в тюрьму 2) *(sujetar)* сжимать, зажимать
aprobación *f* одобрение
aprobado *m* удовлетворительно
aprobar *vt* 1) одобрять, принимать, апробировать 2) *(declarar hábil y competente)* утверждать, принимать 3) *(un examen)* сдать, выдержать
aprobatorio *adj* одобрительный
aprontar *vt* 1) *(disponer con prontitud)* быстро приготовить 2) *(entregar)* вручать, вносить
apropiación *f* присвоение, захват
apropiado *adj* соответствующий, подходящий
apropiar *vt* 1) *(hacer propio)* присваивать, давать в собственность 2) *(aplicar lo conveniente)* применять, использовать
apropiarse *vpron* **(de u/c)** завладевать (чем-л), захватывать, присваивать
apropincuarse *vpron coloq* V. acercarse
aprovechable *adj* пригодный, полезный
aprovechad|o 1. *adj* 1) *(que saca provecho de todo)* бережливый, экономный, извлекающий из всего пользу 2) *(aplicado)* прилежный, старательный 3) *(que se aprovecha de las circunstancias)* ловкий, оборотистый, рваческий **2., -a** *m/f* нахлебни|к, -ца, паразит
aprovechamiento *m* 1) использование, пользование 2) *acad* успеваемость 3) *jur* выгода, право пользования
aprovech|ar 1. *vt (emplear útilmente)* использовать, извлекать пользу (из чего-л) **2.** *vi (servir de provecho)* быть полезным, идти впрок ◆ **¡que ~e!** приятного аппетита!
aprovecharse *vpron* **(de alg o u/c)** пользоваться (кем/чем-л), извлекать пользу (от кого/чего-л)
aprovisionador *m* поставщик, снабженец
aprovisionamiento *m* снабжение, обеспечение
aprovisionar *vt* **(con/de u/c)** снабжать (чем-л), поставлять
aprovisionarse *vpron* снабжаться, запасаться
aproximación *f* приближение, сближение
aproximadamente *adv* приблизительно, примерно
aproximado *adj* приблизительный
aproximar *vt* 1) приближать, придвигать 2) *mat* аппроксимировать, приближать
aproximarse *vpron* **(a alg o u/c)** приближаться (к кому/чему-л), подходить (к кому/чему-л)
aproximativo *adj* приблизительный
ápsides *mpl astron* апсиды
áptero 1. *adj zool* бескрылый **2. -s** *mpl* бескрылые насекомые, аптерии
aptitud *f* способность, пригодность, годность
apto *adj* **(para u/c)** способный (к чему-л), пригодный (для чего-л)

apuesta *f* ставка, пари
apuesto *adj* статный, стройный
apuñalar *vt* наносить раны кинжалом, закалывать ножом
apunarse *vpron Am.* страдать высокогорьем
apuñear *vt coloq* надавать тумаков
apuntación *f* 1) *(señalamiento)* нацеливание 2) *(anotación)* заметка 3) *mús (acción de escribir las notas)* записывание нот 4) *mús (notación)* нотация
apuntado *adj* отточенный, остроконечный, острый
apuntador 1. *adj (que apunta)* отмечающий, записывающий **2., -a** *m/f* суфлёр
apuntalamiento *m* подпирание, поддерживание
apuntalar *vt* 1) *(poner puntales)* ставить подпорки, подкреплять подпорками 2) *(sostener)* поддерживать
apuntamiento *m* 1) *(con un arma)* нацеливание, наводка 2) *(anotación)* заметка, пометка 3) *(recordatorio)* замечание, напоминание
apuntar 1. *vt* 1) *(dirigir un arma)* прицеливаться (на кого/что-л), нацеливаться (на кого/что-л) 2) *(señalar)* указывать (на кого/что-л) 3) *(anotar)* записывать 4) *(inscribir)* записывать 5) *(a un actor)* суфлировать 6) *(sugerir)* подсказывать **2.** *vi (empezar a manifestarse)* намечаться, появляться
apuntarse *vpron* 1) *(inscribirse)* записываться 2) *(un éxito, un tanto)* записывать себе
apunte 1. *m* заметка **2. -s** *mpl* конспекты
apuntillar *vt* убить, прикончить
apuración *f (indagación)* расследование, проверка
apuradamente *adv* 1) *(con dificultades)* с трудом 2) *(precisamente)* точно, верно
apurado *adj* 1) *(necesitado)* бедный 2) *(difícil)* трудный 3) *(que está en una situación difícil)* находящийся в трудной ситуации
apurar *vt* 1) *(averiguar)* расследовать, выяснять 2) *(agotar)* исчерпывать, расходовать до конца 3) *(apremiar)* торопить
apurarse *vpron* 1) *(apresurarse)* торопиться 2) *(afligirse)* огорчаться, расстраиваться
apuro *m* 1) *(situación difícil)* затруднительное положение 2) *(necesidad)* бедность, нужда 3) *(vergüenza)* позор
aquejado *adj* **(de u/c)** болеющий (чем-л), страдающий (чем-л)
aquejar *vt* 1) *(afligir, acongojar)* мучить, удручать 2) *(referido a una enfermedad)* поражать
aquejoso *adj* 1) *(afligido)* огорчённый 2) *(quejicoso)* плаксивый
aquél *pron* V. aquel
aquel, aquella, aquellos, aquellas 1. *pron (может писаться с ударением)* тот, та, то, те *este coche me gusta más que aquél* эта машина мне больше нравится, чем та **2.** *adj* тот, та, то, те *aquel día no me encontraba bien* в тот день я плохо себя чувствовал
aquelarre *m* шабаш ведьм
aquello *pron* то, то самое ~ *que me dijiste* то, что ты мне сказал
aquende *adv* по эту сторону *de allende y de ~* с той и с другой стороны
aquerenciarse *vpron* привыкать к месту (о животном)
aquí *adv* здесь, тут, сюда *estoy ~* я здесь; *ven ~* иди сюда; *de ~ a tres días* через три дня
aquiescencia *f* согласие, одобрение
aquiescer *vi* выражать согласие, соглашаться
aquietar *vt* успокаивать, унимать
aquietarse *vpron* успокаиваться, униматься
aquilatar *vt* определять чистоту золота
aquilea *f* тысячелистник
aquilino *adj* орлиный
ara[1] *f (altar)* алтарь, престол
ara[2] *f* V. arara
árabe 1. *adj* арабский **2.** *m/f* араб, -ка **3.** *m* арабский язык
arabesco 1. *adj (árabe)* арабский **2.** *m (adorno)* арабеск, арабеска
arábic|o *adj* арабский *cifras ~as* арабские цифры
arábigo 1. *adj* V. árabe **2.** *m* арабский язык
arabista *m/f* арабист, -ка
arable *adj* пахотный, пригодный для пахоты
arácnido *m* паукообразный
arada *f* 1) *(acción de arar)* вспашка, пахота 2) *(tierra labrada)* вспаханное поле
arado *m* плут
arador *adj* пашущий
aragon|és 1. *m* арагонский **2., -esa** *m/f* арагон|ец, -ка **3.** *m* арагонский язык
araguato *m* арагуато (обезьяна)
araña *f* 1) паук 2) *(lámpara)* люстра
arañar *vt* царапать
arañazo *m* царапина
arancel *m* пошлина
arancelario *adj* пошлинный
arándano *m* черника
arandela *f* шайба, кольцевая прокладка
arapaima *f Am.* арапаима (рыба)
arar *vt* пахать, вспахивать
araucaria *f* араукария
arbitraje *m* арбитраж
arbitral *adj* арбитражный, третейский, посреднический
arbitrar *vt* судить
arbitrariamente *adv* произвольно, самочинно
arbitrariedad *f* своеволие, произвол, самоуправство
arbitrario *adj* произвольный, своевольный, необоснованный, немотивированный
arbitrio *f* 1) *(voluntad)* свободная воля, право решать 2) *(medio extraordinario)* чрезвычайная мера, особое средство 3) *(poder)* власть 4) *(sentencia)* решение третейского суда
árbitro *m/f* арбитр, судья
árbol *m* дерево ◆ ~ **genealógico** генеалогическое древо
arbolado 1. *adj* лесистый, засаженный деревьями **2.** *m* деревья, лес
arboladura *f nav* рангоут
arbolar *vt* водружать, поднимать
arboleda *f* аллея, роща
arbóreo *adj* 1) *(relativo al árbol)* древесный 2) *(semejante a un árbol)* древовидный
arboricultor *m* лесовод
arboricultura *f* лесоводство, лесное хозяйство
arbotante *m* 1) *arquit* аркбутан 2) *nav* аутригер
arbusto *m* куст, кустарник

arca *f* сундук, ящик, ларь
arcabucero *m* аркебузир
arcabuz *f* пищаль, аркебуза
arcada[1] *f* 1) *(conjunto de arcos)* аркада 2) *(ojo)* пролёт (моста)
arcada[2] *f (náusea)* рвотный рефлекс, потуги (рвотные)
arcádico *adj* буколический, пасторальный
arcaduz *m* водопроводная труба
arcaico *adj* архаичный, устаревший
arcaísmo *m* архаизм
arcaizar *vi* архаизировать
arcángel *m relig* архангел
arcano 1. *adj* тайный, секретный, сокровенный **2.** *m* тайна, секретный
arce *m* клён
arcediano *m relig* архидиакон
arcén *m* 1) *(margen)* край, предел 2) *(de la carretera)* обочина
archiconocido *adj* всем известный, пресловутый
archidiácono *m relig* архидиакон
archidiócesis *f relig* архиепархия
archiducado *m* эрцгерцогство
archiduque *m* эрцгерцог
archienemigo *m* архивраг
archifamoso *adj* очень известный, знаменитый
archimillionario *m* мультимиллионер
archipiélago *m* архипелаг
archivador *m* картотечный шкаф
archivar *vt* 1) сдаваать в архив, приобщать к делу, хранить в архиве 2) *(dar por terminado)* покончить, закрывать (дело)
archivero *m* архивариус
archivo *m* 1) архив 2) *informát* файл
arcilla *f* глина
arcilloso *adj* глинистый
arcipreste *m relig* старший священник, протоиерей
arco *m* 1) *geom* дуга 2) *(arma)* лук 3) *(construcción)* арка 4) *sport* ворота
arcón *m* большой ящик, ларь, ларец
arder *vi* 1) гореть, пылать 2) *(dicho de una parte del cuerpo)* жечь
ardid *m* хитрость, уловка
ardiente *adj* 1) горячий, жаркий, знойный 2) *(vehemente)* жгучий, страстный, горячий, пламенный
ardilla *f* белка
ardite *m hist* ардита (древняя монета в Кастилье) ◆ **no valer un** ~ гроша ломаного не стоить
ardor *m* 1) жар, пыл 2) *(de una parte del cuerpo)* жжение
ardoroso *adj* 1) *(que tiene ardor)* горячий, жаркий 2) *(vigoroso)* пламенный, пылкий
arduo *adj* трудный, тяжкий
área *f* 1) площадь, зона, район 2) *(esfera de acción)* сфера, область
arena *f* 1) песок 2) *(ruedo)* арена
arenal *m* песчаная местность
arenero *m* 1) продавец песка 2) *ferroc* песочница
arenga *f* пламенная речь
arengar *vt* обращаться с пламенной речью, агитировать
arenilla 1. *f (arena menuda)* песок **2.** **-s** *fpl (salitre)* толчённая селитра
arenisca *m* песчаник
arenisco *adj* смешанный с песком
arenoso *adj* песчаный
arenque *m* сельдь
areola, aréola *f* 1) *anat* ареола 2) *med* покраснение, краснота
areómetro *m fís* ареометр
arepa *f Am.* кукурузная лепёшка
arepera *f Ven.* заведение, где продаются кукурузные лепёшки
arete *m* серьга (в виде кольца)
argamasa *f* 1) *(mortero)* известковый раствор 2) *(lugar público)* рынок, рыночная площадь
arganeo *m nav* рым, причальное кольцо
árgano *m* грузоподъёмный кран, лебёдка
argelin|o 1. *adj* алжирский **2., -a** *m/f* алжир|ец, -ка
argentar *vt* 1) *(platear)* серебрить 2) *(guarnecer algo con plata)* украшать серебром
argénteo *adj* 1) *(de plata)* серебряный 2) *(bañado de plata)* посеребрённый 3) *(como de plata)* серебристый
argentífero *adj* сереброносный
argentinismo *m* аргентинизм
argentin|o 1. *adj* аргентинский **2., -a** *m/f* аргентин|ец, -ка
argento *m poét* серебро
argolla *f* толстое металлическое кольцо, железный ошейник
argón *m quím* аргон
argonauta *m* 1) *mitol* аргонавт 2) *(molusco)* аргонавт
argot *m* арго, жаргон
argucia *f* хитрость, уловка
argüir 1. *vt* 1) *(deducir)* делать вывод, заключать 2) *(demostrar)* доказывать, свидетельствовать (о чём-л) 3) *(acusar)* обвинять **2.** *vt/i (alegar)* приводить доводы, аргументировать **3.** *vi (disputar)* возражать
argumentación *f* 1) *(acción de argumentar)* аргументация, доказательство 2) *(argumento)* доводы, аргументы, доказательства
argumentar *vt* аргументировать, обосновывать, приводить доводы
argumentista *m/f* 1) *(guionista)* сценарист 2) *(argumentador)* полемист
argumento *m* 1) *(razonamiento)* аргумент, довод 2) *(trama)* сюжет
aria *f mús* ария
aridez *f* сухость, безводье
árido *adj* сухой, бесплодный
aries *adj astrol* Овен
ariete *m* 1) *mil* таран 2) *sport* центральный нападающий
ari|o 1. *adj* арийский **2., -a** *m/f* ари|ец, -йка
arisco *adj* нелюдимый, угрюмый
arista *f* 1) *(línea)* ребро, грань 2) *(del trigo)* ость
aristocracia *f* аристократия
aristócrata *m/f* аристократ, -ка
aristocrático *adj* аристократический
aristotélico *adj* аристотелевский
aristotelismo *m* аристотелизм
aritmética *f* арифметика
aritmético *adj* арифметический

arlequín *m* арлекин

arlequinada *f* арлекинада

arlequinesco *adj* шутовской, клоунский, фиглярский

arma *f* 1) оружие 2) *(medio)* орудие ◆ ~ **de fuego** огнестрельное оружие ~ **blanca** холодное оружие ~ **arrojadiza** метательное оружие ~ **nuclear** ядерное оружие

armada *f* флот, армада

armadillo *m* броненосец (животное)

armado *adj* вооружённый

armador *m nav* судовладелец

armadura *f* 1) доспехи 2) *(armazón)* каркас

armamentismo *m* политика гонки вооружений

armamentista *adj* относящийся к политике гонки вооружений

armamento *m* 1) *(acción)* вооружение 2) *(armas)* оружие

armar *vt* 1) *(proveer de armas)* вооружать 2) *(montar)* собирать, монтировать 3) *coloq (formar)* устраивать ~ *un escándalo* устраивать скандал

armario *m* шкаф ~ *empotrado* встроенный шкаф

armarse *vpron* 1) вооружаться 2) **(de u/c)** *(proveerse de lo necesario)* набираться (чего-л) ~ *de paciencia* набираться терпения

armatoste *m* 1) *(objeto)* громоздкий предмет 2) *coloq (persona)* увалень

armazón *m* 1) *(estructura)* каркас, стропила 2) *(acción de armar)* монтирование, монтаж 3) *(esqueleto)* скелет

armella *f* рым, болт с кольцом

armeni|o **1.** *adj* армянский **2., -a** *m/f* армянин, ярмянка **3.** *m* армянский язык

armería *f* 1) *(lugar donde se guardan armas)* склад оружия 2) *(arte de fabricar armas)* оружейное мастерство 3) *(tienda de armas)* магазин оружия

armero *m* 1) *(fabricante de armas)* оружейник 2) *(vendedor de armas)* продавец оружия

armiño *m* горностай

armisticio *m* перемирие

armón *m mil* передок

armonía *f* 1) гармония, созвучие 2) *(correspondencia)* гармония, согласие

armónica *f* гармоника

armónico **1.** *adj* гармонический **2.** *m mús* отзвук, обертон

armonio *m* фисгармония

armonioso *adj* гармоничный

armonización *f* 1) *(acuerdo)* согласование, гармонизация 2) *mús (escritura de acordes)* гармонизация

armonizar **1.** *vt* 1) *(evitar la discordancia)* гармонизировать, согласовывать 2) *mús* гармонизировать **2.** *vi* **(con alg o u/c)** *(estar en armonía)* гармонизировать (с кем/чем-л), быть в согласии (с кем/чем-л)

arnés *m* сбруя, упряжь

árnica *f* арника

aro *m* обруч, обод, кольцо ◆ **hacer pasar por el** ~ усмирять

aroma *m* аромат

aromaterapia *f* ароматерапия

aromático *adj* ароматный

aromatizar *vt* душить, ароматизировать, наполнять ароматом

arpa *f* арфа

arpegio *m mús* арпеджио

arper|o, -a *m/f mús* арфист, -ка

arpía *f* 1) *mitol* гарпия 2) *coloq (persona codiciosa)* хитрец, проныра 3) *coloq (mujer aviesa)* злюка, ведьма 4) *coloq (mujer fea)* уродина, кикимора

arpillera *f* мешковина, грубый холст

arpista *m/f mús* арфист, -ка

arpón *m* гарпун, острога

arponar *vt* бить гарпуном

arponero *m* гарпунёр

arquear *vt* сгибать в дугу

arquearse *vpron* сгибаться в дугу, выгибаться, коробиться

arqueo *m* сгибание в дугу

arqueología *f* археология

arqueológico *adj* археологический

arqueólog|o, -a *m/f* археолог

arquer|o, -a *m/f* стрелок из лука, лучни|к, -ца

arqueta *f* 1) *(depósito)* цистерна 2) *(cajita)* сундучок, шкатулка

arquetipo *m* прообраз, архетип

arquibanco *m* рундук

arquillo *m* маленькое сверло

arquitecto *m/f* архитектор, зодчий

arquitectónico *adj* архитектурный

arquitectura *f* архитектрура

arquitrabe *m arquit* архитрав

arrabal *m* пригород, предместье, окраина

arrabaler|o **1.** *adj* 1) *(que vive en el arrabal)* живущий в пригороде 2) *(rudo)* грубый, невоспитанный **2., -a** *m/f* 1) *(habitante del arrabal)* житель, -ница пригорода 2) *(persona ruda)* невежа

arracada *f* серьга с подвеской

arracimarse *vpron* собираться в гроздья

arraigado *adj* укоренённый, установленный

arraigar *vi* пускать корни, укореняться

arraigarse *vpron* пускать корни, обосновываться

arraigo *m* укоренение

arramblar *vt* 1) *(dejar cubierto de arena)* наносить песок 2) *(arrastrarlo todo con violencia)* сносить, уносить 3) *(llevarse con codicia)* хватать, утаскивать

arrancada *f* 1) резкое трогание с места, рывок 2) *sport* старт

arrancadero *m* место старта, старт

arrancador *m tecn* пусковое приспособление, стартёр

arrancadura *f* вырывание, выдёргивание

arrancamiento *m* V. arrancadura

arrancar **1.** *vt* 1) вырывать, выдёргивать, отнимать силой 2) *(un motor)* заводить **2.** *vi* 1) *(dicho de un motor)* заводиться 2) *coloq (empezar)* начинаться

arranque *m* 1) *(acción de arrancar)* вырывание, выдёргивание 2) *(de cólera, amor, etc.)* приступ, порыв 3) *(precipitación)* чрезмерная поспешность 4) *(en un vehículo)* пуск, запуск

arrapiezo *m* 1) *(andrajo)* лохмотья, тряпьё, рвань 2) *desp (persona pequeña)* коротышка, молокосос

arras *fpl* 1) *(prenda o señal)* задаток, аванс 2) *(símbolo del contrato del matrimonio)* приданое жениха

arrasado[1] *adj (sin nubes)* ясный, чистый (о небе)

arrasado[2] *adj (relativo al raso)* атласный

arrasamiento *m* 1) *(allanamiento)* выравнивание, сглаживание 2) *(destrucción)* разрушение, снос

arrasar *vt* сносить, разрушать

arrasarse *vpron* наполняться слезами, увлажняться (о глазах)

arrastradera *f* прицеп, крюк

arrastradero *m* лесовозная дорога

arrastradizo *adj* 1) *(que se lleva a rastras)* волочащийся 2) *(trillado)* обмолоченный

arrastrado *adj* 1) *(pobre)* бедный, нуждающийся 2) *(pícaro)* хитрий, плутоватый

arrastrar *vt* тащить, таскать, тянуть

arrastrarse *vpron* ползти, ползать, тащиться, таскаться

arrastre *m* таскание, оттягивание ◆ **pesca de** ~ трал **estar para el** ~ быть никуда негодным, быть сильно уставшим

arrayán *m* мирт

arre 1. *interj* 1) *(para estimular a las bestias)* но! 2) *(para denotar rechazo)* ну!, ну, ну! **2.** *m coloq* кляча, лошадёнка

arrear[1] **1.** *vt* 1) *(a los animales)* понукать, погонять 2) *(dar prisa)* подталкивать, торопить **2.** *vi* спешить, идти торопливо

arrear[2] *vt (poner arreos)* наряжать, одевать

arrear[3] *vt coloq (dar, pegar)* дать, залепить ~ *un bofetón* залепить пощёчину

arrebañar *vt* V. rebañar

arrebatado *adj* необдуманный, несдержанный

arrebatador *adj* захватывающий

arrebatamiento *m* 1) *(acción de arrebatarse)* необдуманность 2) *(ira)* гнев, ярость 3) *(éxtasis)* восхищение, восторг

arrebatar *vt* 1) *(quitar)* отнимать, отбирать, забирать (силой) 2) *(emocionar)* приводить в восторг

arrebatarse *vpron* выходить из себя

arrebato *m* порыв

arrebol *m* алый цвет

arrebolar *vt* окрашивать в алые цвета

arrebolarse *vpron* подниматься (о юбках при сильном ветре)

arrebujarse *vpron* съёживаться, садиться (о ткани)

arrechar *vt Am.* сердить, раздражать

arrecharse *vpron Col.* сердиться, раздражаться

arrecho *adj* 1) *(brioso, diligente)* решительный, старательный 2) *(excitado por el apetito sexual)* сладострастный, похотливый

arrechucho *m* 1) *coloq (ímpetu de cólera)* V. arranque 2) *coloq (quebranto de salud)* лёгкое недомогание

arreciar 1. *vt* усиливать **2.** *vi* усиливаться, крепнуть

arreciarse *vpron* усиливаться, крепнуть

arrecife *m* 1) *(calzada)* шоссе 2) *(firme de un camino)* дорожное покрытие 3) *(en el mar)* подводный камень, риф

arredrar *vt* 1) *(separar)* отделять 2) *(retraer)* удерживать, отговоравивать (от чего-л) 3) *(amedrentar)* пугать

arredrarse *vpron* 1) *(retraerse)* удерживаться, сдерживаться 2) *(atemorizarse)* пугаться

arreglado *adj* упорядоченный, урегулированный

arreglar *vt* 1) *(sujetar a regla)* подчинять определённым правилам, регулировать 2) *(componer)* налаживать, чинить, исправлять 3) *(acicalar)* приводить в порядок

arregl|arse *vpron* 1) *(ajustarse)* улаживаться, урегулироваться 2) *(acicalarse)* приводить себя в порядок, наряжаться, собираться 3) *(desenvolverse)* устраиваться ◆ **~árselas** *coloq* выпутаться, вывернуться, справиться

arreglista *m/f mús* аранжировщи|к, -ца

arreglo *m* 1) урегулирование, налаживание 2) *(acuerdo)* соглашение 3) *(reparación)* ремонт, починка 4) *mús* аранжировка

arrejuntarse *vpron coloq* жить в гражданском браке

arrellanarse *vpron* 1) *(ponerse cómodo)* рассаживаться, разваливаться 2) *(encontrarse bien)* хорошо устраиваться

arremangado *adj* засученный, поднятый вверх

arremangar *vt* 1) *(levantar)* подбирать, приподнимать 2) *(una manga)* засучивать

arremangarse *vpron* 1) засучивать рукава 2) *coloq* принимать твёрдое решение

arremango *m (acción y efecto de arremangar)* продбирание, засучивание (рукава)

arremeter *vi* **(contra alg o u/c)** нападать (на кого-л)

arremetida *f* 1) *(arranque precipitado de un caballo)* рывок 2) *(ataque)* яростное нападение

arremolinarse *vpron* скапливаться, толпиться

arrendable *adj* сдаваемый внаём

arrendador *m* арендодатель

arrendajo *m* 1) *(pájaro)* пересмешник 2) *(copia imperfecta)* жалкая копия

arrendamiento *m* наём, аренда

arrendar *vt* 1) *(dicho del propietario)* сдавать в аренду 2) *(dicho del arrendatario)* снимать, брать в аренду

arrendatario *m/f* арендатор

arreo *m* наряд, убор, украшение

arrepentido *adj* раскаивающийся

arrepentimiento *m* раскаяние

arrepentirse *vpron* **(de u/c)** раскаиваться (в чём-л)

arrestado *adj* отважный, решительный

arrestar *vt* арестовывать

arrestarse *vpron* **(a u/c)** *(arrojarse a una acción ardua)* рисковать, принимать рискованное решение

arresto *m* арест ◆ **tener ~s** обладать смелостью (решимостью)

arriada *f* спуск

arrianismo *m relig* арианство

arriano *adj relig* арианский

arriar[1] *vt (bajar)* спускать

arriar[2] *vt (inundar)* затоплять

arriarse *vpron* затопляться

arriate *m* 1) *(era)* бордюр 2) *(camino)* дорога 3) *(encañado)* плетёная изгородь

arriba *adv* 1) вверху, наверху 2) *(hacia arriba)* вверх, наверх ◆ **de** ~ сверху **desde** ~ сверху **de ~ abajo** сверху вниз **hacia** ~ вверх

arribada *f* прибытие в гавань
arribar *vi* прибывать в порт (о судне)
arribeño **1.** *adj Am.* живущий в горах **2.** *m Am.* житель горных районов
arribismo *m* карьеризм
arribista *m/f* карьерист, -ка
arribo *m* прибытие, приезд, приход
arriendo *m* V. arrendamiento
arriero *m* погонщик вьючных животных
arriesgado *adj* рискованный
arriesgar *vt* рисковать (чем-л)
arriesgarse *vpron* рисковать
arrimadizo **1.** *adj* 1) *(supletorio)* приставной 2) *(interesado)* заинтересованный **2.** *m (interesado)* прихлебатель
arrimar *vt* **(a alg o u/c)** приближать (к кому/чему-л), прислонять (к кому/чему-л)
arrimarse *vpron* **(a alg o u/c)** прислоняться (к кому/чему-л)
arrimo *m* 1) *(acercamiento)* приближение, подход 2) *(apoyo)* опора 3) *(apego)* привязанность, склонность 4) *(pared medianera)* перегородка
arrinconado *adj* 1) отдалённый, уединённый 2) *(desatendido)* заброшенный, забытый
arrinconamiento *m* уединение, одиночество
arrinconar *vt* отстранять
arrinconarse *vpron* уединяться, отделяться (от людей)
arriscado *adj* 1) *(lleno de riscos)* скалистый 2) *(atrevido)* смелый, бесстрашный 3) *(libre en la apostura)* ловкий, проворный
arriscar *vt* 1) V. arriesgar 2) V. enriscar
arriscarse *vpron* V. arriesgarse
arritmia *f* 1) *(falta de ritmo)* неритмичность 2) *(del corazón)* аритмия
arrítmico *adj* аритмичный, неритмичный
arroba *f* 1) *(medida)* арроба (единица веса) 2) *(en los correos electrónicos)* комерческое at., собака
arrobado *m obsol* вес (в арробах)
arrobador *adj* очаровательный, прелестный
arrobamiento *m* 1) *(acción de enajenarse)* восторг, восхищение 2) *(éxtasis)* экстаз
arrobar[1] *vt (medir en arrobas)* мерить на арробы
arrobar[2] *vt* приводить в восторг, восхищать
arrobarse *vpron* приходить в восторг, приходить в экстаз
arrobo *m* V. arrobamiento
arrocer|o **1.** *adj (relativo al arroz)* рисовый **2., -a** *m/f (persona que cultiva arroz)* рисовод
arrodillarse *vpron* становиться на колени
arrogación *f* присваивание, приписывание себе
arrogancia *f* высокомерие, надменность
arrogante *adj* высокомерный, надменный
arrogar *vt* приписывать, признавать (за кем-л)
arrogarse *vpron* приписывать себе (права, полномочия), присваивать
arrojadiz|o *adj* 1) *(que se puede lanzar fácilmente)* метательный *arma ~a* метательное оружие 2) *obsol* V. arrojado
arrojado *adj* отважный, решительный
arrojar *vt* бросать
arrojarse *vpron* бросаться, кидаться
arrojo *m* смелость
arrollador *adj* всепоглощающий, непреодолимый
arrollar[1] *vt* 1) *(enrollar)* сбивать 2) *(sobre un carrete)* наматывать 3) *(dicho del viento o el agua)* сносить 4) *(atropellar)* наезжать (на кого/что-л), сбивать 5) *(vencer)* громить, побеждать
arrollar[2] *vt (adormecer con arrullos)* качать, убаюкивать колыбельной песней
arropar *vt* прикрывать, закутывать
arroparse *vpron* одеваться, прикрываться, закутываться
arrope *m* виноградный сироп
arrostrar *vt* 1) *(resistir)* предпринимать 2) *(tolerar)* терпеть
arrostrarse *vpron* смело идти навстречу
arroyarse *vpron* покрываться ржавчиной
arroyo *m* ручей
arroz *m* рис
arrozal *m* рисовое поле
arruga *f* морщина, складка
arrugado *adj* морщинистый
arrugamiento *m* комкание, сминание
arrugar *vt* 1) *(hacer arrugas)* мять 2) *(una parte de la cara)* морщить
arrugarse *vpron* 1) *(dicho de una tela)* мяться, комкаться 2) *(dicho de la piel)* сморщиваться, покрываться морщинами 3) *(dicho de una persona)* робеть, трусить
arruinado *adj* разорённый, обедневший
arruinamiento *m* 1) разорение, опустошение 2) *(destrucción)* разрушение
arruinar *vt* 1) разорять 2) *(destruir)* разорять
arruinarse *vpron* разоряться
arrullador *adj* 1) *(que dice palabras dulces)* приятный, ласкающий 2) *(que embauca)* льстивый, вкрадчивый
arrullar *vt* 1) *(atraer con arrullos)* ворковать 2) *(decir palabras halagüeñas)* ворковать 3) *(adormecer con arrullos)* качать, убаюкивать колыбельной песней
arrullo *m* 1) *(de las palomas en celo)* воркованье 2) *(habla seductora)* ласковый лепет 3) *(para adormecer a los niños)* монотонный шум, тихая убаюкивающая музыка
arrumaco *m* 1) *(demostración de cariño)* ласки, нежные взгляды 2) *(adorno estrafalario)* экстравагантные украшения
arrumar *vt nav* размещать груз, распределять нагрузку
arsenal *m* 1) *(astillero)* верфь 2) *(depósito de armas)* арсенал 3) *(depósito de noticias, datos, etc.)* собрание, арсенал, золотой фонд
arsénico *m* мышьяк
arta *f* подорожник
arte *m* искусство
artefacto *m* приспособление, устройство
artemisa *f* полынь
arteria *f* артерия
artería *f* хитрость, плутовство
arterial *adj* артериальный *tensión ~* артериальное давление
arterioesclerosis *f* артериосклероз
artero *adj* хитрый, плутовской
artesa *f* лоток, деревянное корыто
artesanado *m* 1) *(clase social)* ремесленники 2) *(actividad de los artesanos)* ремесленное производство

artesanal *adj* ремесленный
artesanía *f* кустарный промысел, ремесло
artesano *m/f* ремесленник, кустарь
artesiano *adj* артезианский *pozo* ~ артезианский колодец
artesonado *m arquit* кессон
ártico *adj* арктический
articulación *f* 1) сустав 2) *ling* артикуляция
articulado 1. *adj* суставчатый, сочленённый **2.** *m* параграфы, пункты статьи **3. -s** *mpl zool* членистоногие
articular[1] *adj anat* суставной
articular[2] *vt* 1) соединять 2) *(un sonido)* произносить
articulatorio *adj ling* речевой, артикуляционный
articulista *m/f* журналист, -ка, публицист, -ка
artículo *m* 1) *(de un reglamento)* статья 2) *(de un periódico)* статья 3) *(de un diccionario)* статья 4) *(mercancía)* изделие, предмет 5) *ling* артикль
artífice *m/f* создатель, творец
artificial *adj* искусственный
artificiero *m* пиротехник
artificio *m* 1) *(habilidad)* умение, сноровка 2) *(artefacto)* приспособление, устройство 3) *(doblez)* фальшь, притворство
artificioso *adj* 1) *(falto de naturalidad)* неестественный, надуманный 2) *(elaborado con habilidad)* искусный
artiga *f* 1) *(acción y efecto de artigar)* вспашка подсеки 2) *(tierra artigada)* вспаханная подсека
artigar *vt* распахивать подсеку
artillar *vt* снабжать (чем-л)
artillería *f* артиллерия
artillero *m* артиллерист
artilugio *m* приспособление, устройство, механизм
artimaña *f* 1) *(trampa)* западня, ловушка 2) *(martingala)* ухищрения 3) *(destreza)* ловкость, сноровка
artista *m/f* артист, -ка
artístico *adj* художественный
artolas *fpl* двухместное седло
artrítico *adj* артрический
artritis *f* артрит
artrópodos *mpl zool* членистоногие
artrosis *f* артроз, суставная боль
arveja *f* вика, журавлиный горох
arvícola *m* водяная полёвка, водяная крыса
arzobispado *m* архиепископство
arzobispal *adj* архиепископский
arzobispo *m* архиепископ
arzón *m* седельная лука
as *m* 1) туз 2) *(maestro)* ас
asa *f* ручка
asado 1. *adj* жареный **2.** *m* жаркое, жареное мясо
asador *m* вертел, жаровня
asaduras *fpl* 1) внутренности (для употребления в еду), потроха 2) *(hígado)* печень
asaetear *vt* 1) *(disparar saetas)* стрелять из лука 2) *(herir)* ранить стрелой 3) *(causar disgustos)* расстраивать
asalariado *adj* наёмный
asalariar *vt* назначать заработную плату
asalmonado *adj* 1) *(de carne parecida a la del salmón)* лососёвый 2) *(de color salmón)* бледно-розовый
asaltador 1. *adj* нападающий **2., -a** *m* налётчик, грабитель
asaltante *m* налётчи|к, -ца, грабитель, -ница
asaltar *vt* нападать (на кого-л)
asalto *m* нападение, атака
asamblea *f* собрание, ассамблея
asambleísta *m/f* участни|к, -ца ассамблеи
asar *vt* жарить
asarse *vpron coloq* задыхаться от жары
asaz *adv* довольно, достаточно, очень
asbesto *m* асбест
ascáride *f* аскарида
ascendencia *f* 1) *(origen)* происхождение 2) *(antecesores)* предки, родство по восходящей линии
ascendente *adj* восходящий
ascender 1. *vt* повышать (по службе) **2.** *vi* подниматься, восходить
ascendiente 1. *adj* V. ascendente **2.** *m* 1) предок 2) *(influencia)* влияние
ascensión *f* восхождение, подъём
ascensional *adj* восходящий, подъёмный
ascenso *m* повышение (по службе)
ascensor *m* лифт
ascensorista *m/f* лифтёр, -ша
asceta *m/f* аскет
ascética *f* V. ascetismo
ascético *adj* аскетический
ascetismo *m* аскетизм
asco *m* отвращение, омерзение
ascua *f* жар, раскалённые угли ♦ **estar en ~s** сидеть на углях
aseado *adj* чистый, опрятный
asear *vt* приводить в порядок
asearse *vpron* приводить себя в порядок
asechamiento *m* западня, ловушка
asechanza *f* западня, ловушка
asechar *vt* устраивать западню
asediante *adj* осаждающий, надоедливый
asediar *vt* 1) *(un lugar fortificado)* осаждать 2) *(a alguien)* приставать (к кому-л), осаждать
asedio *m* 1) *(de un lugar)* осада, блокада 2) *(de una persona)* приставание
asegurado *m* застрахованное лицо
asegurador 1. *adj* страховой **2., -a** *m/f* страховой агент, страховщик
aseguramiento *m* 1) *(fijación)* укрепление, закрепление 2) *(garantía)* обеспечение, гарантирование 3) *(para cubrir daños)* страхование
asegurar *vt* 1) *(fijar)* укреплять 2) *(afirmar)* утверждать 3) *(garantizar)* обеспечивать 4) *(contratar un seguro)* страховать, застраховывать
asegurarse *vpron* 1) *(convencerse)* убеждаться (в чём-л) 2) *(contratar un seguro)* страховаться, застраховываться
asemejarse *vpron* **(a alg o u/c)** быть похожим (на кого/что-л), походить (на кого/что-л)
asenso *m* согласие, одобрение
asentaderas *fpl coloq* ягодицы, зад
asentado *adj* устойчивый, прочный
asentador *m* 1) *(en un mercado)* оптовик 2) *(instrumento)* долото, зубило

asentamiento *m* 1) *(acción de asentar o asentarse)* усаживание, сидение 2) *(instalación de colonos)* поселение 3) *(juicio)* рассудительность, благоразумие 4) *(establecimiento)* мастерская, предприятие
asentar *vt* 1) *(sentar)* сажать, усаживать 2) *(colocar firmemente)* ставить, помещать 3) *(fundar un pueblo)* основывать, закладывать
asentarse *vpron* 1) *(sentarse)* садиться 2) *(colocarse con firmeza)* закрепляться, прочно держаться 3) *(establecerse)* обосновываться, поселяться 4) *(posarse, dicho de un ave)* садиться 5) *(posarse, dicho de un líquido o al polvo)* оседать, осаждаться 6) *(rererido a un edificio)* оседать, давать осадку
asentimiento *m* согласие, разрешение, одобрение
asentir *vi* соглашаться, выражать одобрение
aseo *m* чистота ◆ **cuarto de ~** туалет
asepsia *f med* асептика
aséptico *adj med* асептический
asequibilidad *f* доступность, достижимость
asequible *adj* доступный, достижимый
aserción *f* утверждение
aserradero *m* лесопильня
aserrado *m (acción de aserrar)* пилка, распиловка
aserrador 1. *adj* распиловочный **2.** *m* пильщик
aserradora *f* механическая пила
aserradura *f* 1) *(corte)* пилка, распиловка 2) V. aserrín
aserrar *vt* пилить, рапиливать
aserrín *m* опилки
asertivo *adj* 1) *(que denota la acción de afirmar)* утвердительный 2) *ling lóg* ассертивный
aserto *m* V. aserción
asertorio *adj filos* ассерторический
aserveración *f* утверждение, заверение, уверение
asesinar *vt* убивать
asesinato *m* убийство
asesin|o, -a 1. *m/f* смертоносный, убийственный **2.** *m/f* убийца
asesor, -a *m/f* советник, асессор
asesoramiento *m* консультация, совет
asesorar *vt* давать совет, давать консультацию
asesorarse *vpron* **(por alg)** советоваться (с кем-л), обращаться за советом (к кому-л)
asesoría *f* 1) *(oficio de asesor)* должность консультанта 2) *(estipendio del asesor)* жалованье консультанта
asestar *vt* 1) *(dirigir una arma)* нацеливать, наводить (оружие) 2) *(dirigir la vista)* устремлять (взор) 3) *(descargar un golpe, etc.)* наносить (удар)
aseveración *f* утверждение, уверение
aseverancia *f* V. aseveración
aseverar *vt* утверждать, заверять, уверять
asexuado *adj* бесполый
asexual *adj* V. asexuado
asfaltado *m* 1) *(acción de asfaltar)* асфальтирование 2) *(solado de asfalto)* асфальтовый пол
asfaltar *vt* асфальтировать
asfalto *m* асфальт
asfixia *f* удушье, асфиксия
asfixiante *adj* удушливый
asfixiar *vt* вызывать удушье, душить
asfixiarse *vpron* задыхаться
así *adv* так, таким образом ◆ **así así** так себе **~ como** так, так же как **~ pues** итак
asiátic|o 1. *adj* азиатский **2., -a** *m/f* азиат, -ка
asidero *m* 1) ручка, рукоятка 2) *(ocasión)* случай, повод
asiduamente *adv* часто, постоянно
asiduidad *f* постоянное посещение
asiduo *adj* частый, постоянный
asiento *m* сиденье, место
asignación *f* назначение, определение
asignar *vt* назначать, определять
asignatura *f* предмет (для изучения)
asilad|o, -a *m/f* 1) *(acogido)* человек, получивший приют 2) *(exiliado)* беженец, эмигрант, -ка
asilar *vt* давать убежище
asilarse *vpron* находить убежище, укрываться
asilo *m* 1) *(refugio para los perseguidos)* убежище, приют 2) *(establecimiento benéfico)* дом для престарелых, дом для инвалидов
asimetría *f* асимметрия
asimétrico *adj* асимметричный, несимметричный
asimilable *adj* 1) *(comparable)* уподобляемый, ассимилируемый 2) *(adaptable)* усваиваемый
asimilación *f* 1) уподобление, ассимиляция 2) *(aprendizaje)* усвоение
asimilar *vt* 1) **(a alg o u/c)** *(asemejar)* уподоблять (кому/чему-л), ассимилировать 2) *(aprender)* усваивать
asimilarse *vpron* 1) **(a alg o u/c)** *(asemejarse)* уподобляться (кому/чему-л), ассимилироваться (кому/чему-л) 2) *(adaptarse)* осваиваться
asimilativo *adj* ассимилирующий, ассимиляционный
asimismo *adv* таким же образом, также
asincronía *f* ассинхрония
asincrónico *adj* асинхронный
asincronismo *m* V. asincronía
asíndeton *m ling* асиндетон
asíntota *f mat* асимптота
asir *vt* брать, держать руками
asirio 1. *adj* ассирийский **2.** *m* ассириец
asirse *vpron* 1) **(a/de alg o u/c)** хвататься (за кого/что-л), держаться (за кого/что-л) 2) **(a/de alg o u/c)** *(tomar ocasión)* воспользоваться случаем
asistemático *adj* асистемный
asistencia *f* 1) *(presencia)* посещение, посещаемость 2) *(ayuda)* помощь, содействие
asistenta *f* приходящая прислуга
asistente *m/f* помощни|к, -ца, ассистент, -ка
asistido *adj* исскуственный, механический
asistir 1. *vt (ayudar)* помогать (кому-л), содействовать (кому-л) **2.** *vi* **(a u/c)** *(acudir)* посещать
asma *m* астма
asmático *adj* астматический
asna *f (hembra del asno)* ослица
asnal *adj* 1) *(relativo al asno)* ослиный 2) *coloq (bestial)* грубый, скотский
asnería *f* 1) *coloq (conjunto de asnos)* табун ослов 2) *coloq (necedad)* глупость, тупость
asnero *m* погонщик ослов

asno *m* 1) *(animal solípedo)* осёл 2) *(persona ruda)* дурак, болван, осёл

asociación *f* 1) объединение, ассоциация 2) *(idea afín)* ассоциация

asociad|o, -a *m/f* член организации

asocial *adj* асоциальный

asociar *vt* 1) *(unir)* присоединять 2) *(relacionar)* ассоциировать

asociarse *vpron* объединяться

asociativo *adj* ассоциативный

asolador *adj* опустошительный, разрушительный

asolamiento *m* опустошение, разрушение

asolar *vt* разрушать, сносить

asolarse[1] *vpron (posarse)* отстаиваться, давать осадок

asolearse[2] *vpron* 1) *(acalorarse al sol)* греться на солнце 2) *(ponerse moreno)* загорать, покрываться загаром

asomar 1. *vt* высовывать, выставлять 2. *vi* показываться, высовываться

asomarse *vpron* высовываться, показываться ~ *a la ventana* выглядывать в окно

asombradizo *adj* 1) *(espantadizo)* трусливый, пугливый 2) *(de poca luz)* тенистый, тёмный

asombrar *vt* 1) *(asustar)* пугать, ужасать 2) *(admirar)* удивлять, поражать, изумлять

asombrarse *vpron* 1) **(de u/c)** *(asustarse)* пугаться (чего-л) 2) **(de u/c)** *(admirarse)* удивляться (чему-л), изумляться (чему-л)

asombro *m* 1) *(susto)* страх, испуг 2) *(admiración)* удивление, изумление 3) *(persona o cosa asombrosa)* удивительный человек

asombroso *adj* 1) *(que causa admiración)* удивительный, поразительный 2) *(que causa maravilla)* восхитительный, изумительный

asomo *m* 1) *(acción de asomar o asomarse)* появление, поглядывание 2) *(indicio)* знак, примета, признак 3) *(sospecha)* подозрение, догадка, предположение ◆ **ni por** ~ никоим образом, никак

asonancia *f* 1) *(correspondencia de un sonido con otro)* созвучие 2) *(correspondencia de una cosa con otra)* соответствие, соотношение 3) *ret* ассонанс

asonante *adj* созвучный

asordar *vt* оглушать

asorocharse *vpron Am.* страдать горной болезнью

aspa *f* 1) *(dos maderos en forma de X)* крестовина 2) *(instrumento para aspar el hilo)* мотовило 3) *(brazos del molino de viento)* крыло ветряной мельницы 4) *(punto de intersección)* место пересечения двух жил

aspado *adj* 1) *(que impide mover los brazos)* скованный в движениях 2) *(adornado de aspa)* крестовидный

aspar *vt* 1) *(ovillar)* мотать 2) *coloq (mortificar)* мучить

aspaviento *m* кривлянье, ломанье

aspecto *m* 1) *(apariencia)* вид, внешность *tener aspecto* выглядеть 2) *(faceta)* аспект 3) *ling* вид *aspecto imperfectivo* несовершенный вид

aspereza *f* 1) *(superficie)* неровность 2) *(sabor)* терпкость

asperges *m* 1) *relig (acción)* окропление (святой водой) 2) *relig (hisopo)* кропило 3) *coloq* опрыскивание, обрызгание

asperjar *vt* 1) *relig (hisopear)* кропить 2) *(rociar)* обрызгивать

áspero *adj* 1) *(escabroso)* неровный, шершавый 2) *(desapacible al gusto)* терпкий

aspersión *f* 1) *(acción de rociar)* разбрызгивание 2) *relig (acción de hisopear)* окропление

aspersor *m* разбрызгиватель, спринклер

aspersorio *m relig* кропило

áspid *m* аспид

aspillera *f* амбразура, бойница

aspiración *f* 1) вдох 2) *(ambición)* стремление

aspirador *m* пылесос

aspiradora *f* пылесос

aspirante *m/f* претендент, кандидат

aspirar 1. *vt* вдыхать 2. *vi* **(a u/c)** *(ambicionar)* претендовать (на что-л), стремиться (к чему-л)

aspirina *f* аспирин

asqueado *adj* испытывающий отвращение

asquear *vi* вызывать отвращение

asquerosidad *f* 1) *(suciedad)* грязь 2) *(lo que repugna)* гадость, гнусность

asqueroso *adj* отвратительный, противный, мерзкий

asta *f* 1) *(de una bandera)* древко (для флага) 2) *(cuerno)* рог

astado *adj* рогатый

astenia *f med* астения

asténic|o 1. *adj med* астенический 2., **-a** *m/f med* астеник

áster *m* астра

asterisco *m* астериск, звёздочка

asteroide 1. *adj* звездчатый 2. *m astron* астероид

astigmático *adj* астигматический

astigmatismo *m* астигматизм

astil *m* 1) *(mango de madera)* ручка (топора, мотыги), древко 2) *(palillo de una flecha)* палка (стрелы), ствол 3) *(barra horizontal de la balanza)* коромысло 4) *(en las aves)* остов, стержень пера

astilla *f* щепка, обломок, осколок

astillar *vt* расщеплять

astillero *m* 1) *(lugar donde se construyen barcos)* судоверфь 2) *(depósito de maderos)* склад лесоматериалов

astracán *m* 1) *(piel de cordero nonato o recién nacido)* каракуль 2) *(tejido de lana de mucho cuerpo)* толстая шерстяная ткань

astracanada *f coloq* буффонада, гротеск

astral *adj* астральный, звёздный

astreñir *vt* V. astringir

astricción *f* сжимание, сжатие, стягивание

astringencia *f* вяжущее свойство

astringente 1. *adj* вяжущий 2. *m* вяжущее средство

astringir *vt* 1) *(apretar)* сжимать, стягивать 2) *(obligar)* принуждать, вынуждать

astro *m* светило

astrodinámica *f* астродинамика

astrofísica *f* астрофизика

astrofísico *m* астрофизик

astrología *f* астрология

astrológico *adj* астрологический

astrólogo *m* астролог
astronauta *m/f* космонавт, астронавт
astronáutica *f* космонавтика, астронавтика
astronave *f* космический корабль
astronomía *f* астрономия
astronómico *adj* астрономический
astrónomo *m/f* астроном
astroso *adj* 1) *(desaseado)* неопрятный, неряшливо одетый 2) *(vil)* низкий, подлый, презренный
astucia *f* хитрость, лукавство
asturian|o **1.** *adj* астурийский **2.**, **-a** *m/f* астури|ец, -йка **3.** *m* астурийский язык
astuto *adj* хитрый, лукавый
asueto *m* отдых
asumir *vt* брать на себя, принимать
asunción *f relig* успение
asunto *m* 1) *(cuestión)* дело, вопрос 2) *(argumento)* сюжет, тема
asustadizo *adj* боязливый, пугливый, робкий
asustar *vt* пугать, запугивать
asustarse *vpron* пугаться, ужасаться
atabal *m* 1) *(timbal)* литавра 2) V. atabalero
atabalear *vi* барабанить пальцами
atacable *adj* удобный для нападения, уязвимый
atacado *adj* 1) *obsol (irresoluto)* робкий, нерешительный 2) *obsol (miserable)* скупой, мелочный
atacante *m/f* нападающий, атакующий
atacar *vt* атаковать, нападать (на кого/что-л)
atado **1.** *adj obsol (apocado)* робкий, застенчивый **2.** *m (conjunto de cosas atadas)* узел, связка
atadura *f* 1) *(acción y efecto de atar)* связывание, перевязывание 2) *(cosa con que se ata)* шнур 3) *(unión)* связь, узы
ataduras *fpl* 1) *(acción)* связывание, перевязывание 2) *(vínculo)* связь, узы
atajar **1.** *vt* 1) *(cortar)* останавливать 2) *(separar)* отгораживать **2.** *vi (tomar un atajo)* идти кратчайшим путём
atajo *m* кратчайший путь
atalaya *f* дозорная башня, наблюдательная вышка
atalayar *vt* осматривать, наблюдать
atañer *vi* **(a alg o u/c)** касаться (кого/чего-л), относиться (к кому/чему-л)
ataque *m* 1) *(acción de atacar)* атака, нападение 2) *(acceso repentino)* приступ, припадок
atar *vt* связывать, привязывать, завязывать
atarantado *adj* 1) *(picado de la tarántula)* укушенный тарантулом 2) *(revoltoso)* вертлявый, егозливый 3) *(abobado)* обалделый, ошалелый
atarazana *f* верфь, док
atardecer[1] *v/impers* вечереть, смеркаться
atardecer[2] *m* вечер, сумерки *al* ~ вечером
atareado *adj* загруженный работой, занятый
atarearse *vpron* погружаться в работу
atarse *vpron* **(a alg o u/c)** связываться (с кем/чем-л), привязываться (к кому/чему-л)
atascadero *m* 1) *(lodazal)* болото, топь 2) *(obstáculo)* помеха, препятствие
atascar *vt* 1) *(obstruir)* засорять, закупоривать 2) *(tapar con tascos)* конопатить
atascarse *vpron* 1) *(quedarse detenido)* застревать, увязывать 2) *(obstruirse)* засоряться, закупориваться 3) *(en un razonamiento)* застревать, запутываться
atasco *m* 1) *(impedimento)* помеха, препятствие 2) *(obstrucción de un conducto)* засорение 3) *(embotellamiento)* пробка
ataúd *m* гроб
ataviar *vt* украшать, наряжать
ataviarse *vpron* украшаться, наряжаться
atávico *adj* атавистический
atavío *m* 1) *(acción)* украшение, отделка 2) *(vestido)* одежда, платье 3) *(adorno)* украшение
atavismo *m* атавизм
ateísmo *m* атеизм
atemorizar *vt* пугать, устрашать
atemorizarse *vpron* **(de alg o u/c)** пугаться (кого/чего-л), бояться (кого/чего-л)
atemperar *vt* 1) *(moderar)* успокаивать, умерять, смягчать 2) **(a u/c)** *(acomodar)* приспосабливать (к чему-л)
atemperarse *vpron* 1) *(moderarse)* сдерживаться 2) **(a u/c)** *(adaptarse)* приспосабливаться (к чему-л)
atemporal *adj* V. intemporal
atenacear *vt* мучить клещами
atenazar *vt* 1) V. atenacear 2) сильно сжимать, не отпускать
atención *f* 1) внимание *merecer* ~ заслуживать внимание; *prestar* ~ обращать внимание 2) *(servicio)* обслуживание ~ *al cliente* работа с клиентами 3) *(médica)* уход, ухаживание ◆ ¡~! внимание!
atender **1.** *vt* 1) *(acoger)* принимать 2) *(servir)* обслуживать **2.** *vi (prestar atención)* внимательно слушать
ateneo[1] *m (asociación cultural)* литературно-научное общество
ateneo[2] *adj poét (ateniense)* афинский
atenerse *vpron* **(a u/c)** придерживаться (чего-л)
ateniense **1.** *adj* афинский **2.** *m/f* афинян|ин, -ка
atentado *m* покушение
atentamente *adv* внимательно
atentar *vi* **(contra alg o u/c)** совершить покушение (на кого/что-л)
atento *adj* внимательный
atenuación *f* 1) *(adelgazamiento)* утончение 2) *(disminución)* уменьшение 3) *ret* смягчение
atenuante **1.** *adj* смягчающий **2.** *f* смягчающее обстоятельство
atenuar *vt* смягчать
ate|o **1.** *adj* атеистический **2.**, **-a** *m/f* атеист, -ка
aterciopelado *adj* бархатистый
aterido *adj* застывший, окоченевший
aterimiento *m* окоченение, оцепенение
aterirse *vpron* замерзать, коченеть, цепенеть
aterrador *adj* ужасающий, жуткий
aterramiento[1] *m (horror)* страх, ужас
aterramiento[2] *m* 1) *(derribo)* снос, разрушение 2) *(depresión)* подавленность, уныние
aterrar[1] **1.** *vt* 1) *(bajar al suelo, derribar)* опрокидывать на землю, сбрасывать, валить 2) *(cubrir de tierra)* засыпать землёй **2.** *vi (llegar a tierra)* подходить к берегу, причаливать
aterrar[2] *vt* V. aterrorizar

aterrarse *vpron* V. aterrorizarse
aterrizaje *m* приземление, посадка
aterrizar *vi* приземляться
aterrorizar *vt* ужасать, запугивать
atesoramiento *m* накопление, тезаврация
atesorar *vt* 1) *(reunir riquezas)* собирать (деньги) 2) *(tener cualidades)* обладать (достоинствами)
atestación *f* свидетельское показание, аттестация
atestado *m* аттестат, официальный документ, протокол
atestar[1] *vt* 1) *(henchir)* набивать, наполнять 2) *(introducir)* вставлять, вкладывать
atestar[2] *vt (testificar)* удостоверять, свидетельствовать
atestiguación *f* дача свидетельских показаний
atestiguar *vt* 1) *(prestar testimonio)* свидетельствовать, давать свидетельские показания 2) *(demostrar)* доказывать
atezado *adj* 1) *(moreno)* загорелый, смуглый 2) *(negro)* чёрный
atezar *vt* 1) *(alisar)* делать гладким, полировать 2) *(ennegrecer)* чернить, делать чёрным
atiborrar *vt* 1) *(henchir con exceso)* наполнять, набивать 2) V. atestar 1
atiborrarse *vpron coloq* объедаться
ático *m* верхний этаж, пентхаус
atiesar *vt* делать твёрдым, упругим
atigrado *adj* тигровый, тигриный, полосатый, как тигр
atildamiento *m* 1) *(acción de poner tildes)* растановка знака тильды 2) *(acción de asear)* украшение, наряд
atildar *vt* 1) *(poner tildes)* ставить знак тильды 2) *(asear)* богато украшать, наряжать
atildarse *vpron (componerse)* наряжаться
atinado *adj* удачный, меткий
atinar *vi* 1) *(encontrar a tientas)* находить на ощупь (во что-л.) 2) *(dar con lo que se necesita)* поступать правильно (во что-л.) 3) *(dar en el blanco)* попадать (во что-л.) 4) *(acertar algo por conjeturas)* угадывать
atingencia *f* касательство, соприкосновение, соотношение
atípico *adj* атипический
atiplado *adj* высокий, писклявый (о голосе)
atiplar *vt* повышать тон (в музыкальном инструменте)
atisbar *vt* 1) *(mirar con cuidado)* поглядывать, подсматривать 2) *(ver confusamente)* неясно видеть
atisbo *m* 1) *(observación)* подсматривание 2) *(conjetura)* предположение 3) *(señal)* знак, признак
atizador *m* истопник, кочегар
atizar *vt* 1) *(remover el fuego)* поддерживать, раздувать (огонь) 2) *(despabilar)* снимать нагар (со свечи) 3) *(avivar pasiones)* разжигать 4) *coloq (dar un golpe)* давать, влеплять
atizarse *vpron coloq* съедать, выпивать
atlante *m* 1) *arquit* атлант 2) *(firme sostén)* крепкая опора
atlántico[1] *adj (relativo al océano Atlántico)* атлантический
atlántico[2] *adj (relativo al monte Atlas)* атласский
atlas *m* атлас
atleta *m/f* спортсмен, -ка, атлет, -ка
atlético *adj* атлетический
atletismo *m* лёгкая атлетика
atmósfera *f* атмосфера
atmosférico *adj* атмосферный
atocha *f* испанский дрок
atochal *m* плантация испанского дрока
atocinado *adj* жирный, толстый
atole *m Méx. Hond.* атоле (горячий напиток)
atolladero *m* V. atascadero
atollarse *vpron* V. atascarse
atolón *m* атолл
atolondrado *adj* опрометчивый, безрассудный
atolondramiento *m* изумление, ошеломление
atolondrar *vt* V. aturdir
atolondrarse *vpron* V. aturdirse
atómico *adj* атомный
atomista *m/f filos* атомист
atomización *f* атомизация, распыление
atomizador *m* атомизатор, распылитель
atomizar *vt* размельчать, распылять
átomo *m fís quím* атом
atonal *adj* атональный
atonía *f* атония, вялость
atónito *adj* удивлённый, изумлённый
átono *adj ling* безударный
atontado *adj* глупый, одурелый
atontamiento *m* одурение, одурь
atontar *vt* ошеломлять, отуплять
atontarse *vpron* тупеть, дуреть
atorarse *vpron* 1) V. atascarse 2) *Am.* V. atragantarse 3) *Méx. (referido a un mecanismo)* останавливаться, переставать работать
atormentador **1.** *adj* мучительный **2.** *m* мучитель
atormentar *vt* 1) *(causar dolor corporal)* мучить, терзать, пытать 2) *(causar aflicción)* огорчать, раздражать
atormentarse *vt* огорчаться, раздражаться
atornillar *vt* ввинчивать
atorrant|e *adj* 1) *Arg. Ur. desp (vago)* ленивый, бездельничающий 2) *Arg. Ur. desp (desvergonzado)* наглый, бессовестный
atortolar *vt* 1) *(acobardar)* пугать 2) *(aturdir)* ошеломлять
atortolarse *vpron* влюбляться
atosigamiento[1] *m (agobio)* угнетённое состояние, подавленность
atosigamiento[2] *m (envenenamiento)* отравление
atosigar[1] *vt* 1) *(dar prisa)* торопить, погонять 2) *(cansar)* загонять
atosigar[2] *vt (envenenar)* отравлять
atrabiliario *adj coloq* мрачный, жёлчный
atracada *f nav* швартовка, причаливание
atracadero *m nav* причал, пристань
atracador *m* грабитель, налётчик
atracar **1.** *vt/i nav* причаливать, швартовать **2.** *vt (asaltar)* грабить, устраивать налёт
atracarse *vpron coloq* объедаться
atracción *f* 1) *(gravedad)* притяжение 2) *(encanto)* привлекательность 3) *(instalación recreativa)* аттракцион
atraco *m* грабёж, налёт

atracón *m coloq* пресыщение, обжорство *darse un ~* наесться до отвала
atractivo 1. *adj* привлекательный **2.** *m* привлекательность
atraer *vt* притягивать, привлекать
atragantarse *vpron* подавиться, поперхнуться
atrancar 1. *vt* 1) *(asegurar la puerta por dentro)* запирать дверь на засов 2) *(taponar)* закупоривать, засорять **2.** *vi (dar trancos)* широко шагать
atrancarse *vpron* 1) *(encerrarse)* запираться на засов 2) *(obstruirse)* засоряться, закупориваться 3) *(encallarse)* заклиниваться, заедать
atrapamoscas *f* дионея
atrapar *vt* ловить, хватать
atraque *m nav* швартовка, причаливание
atrás *adv* 1) *(detrás)* сзади, позади 2) *(hacia atrás)* назад ◆ **años ~** несколько лет назад
atrasado *adj* 1) *(que se atrasa)* отстающий, отсталый 2) *(pendiente)* задолжавший, просроченный 3) *(obsoleto)* устаревший
atrasar 1. *vt* 1) *(retardar)* откладывать, переносить, отсрочивать 2) *(un reloj)* переводить назад **2.** *vi* отставать
atrasarse *vpron* задерживаться, отставать
atraso *m* 1) *(demora)* задержка 2) *(aplazamiento)* отсрочка 3) *(subdesarrollo)* отсталость
atravesado *adj* 1) *(que se cruza)* поперечный 2) *(bizco)* косоглазый 3) *(que tiene mal carácter)* злой
atravesar *vt* пересекать, переходить
atravesarse *vpron* становится поперёк
atrayente *adj* привлекательный
atrecho *m* V. atajo
atreverse *vpron* **(a u/c)** осмеливаться (на что-л), сметь (делать что-л), решаться (на что-л)
atrevido *adj* смелый, отважный
atrevimiento *m* смелость, отвага
atrezo *m cine teat TV* реквизит
atribución *f* 1) присвоение 2) *(facultad)* полномочие, компетенция
atribuir *vt* присваивать, приписывать
atribuirse *vpron* приписывать себе
atribulado *adj* огорчённый, измученный
atribular *vt* причинять страдания, мучить, терзать
atributivo *adj ling* атрибутивный, определительный
atributo *m* 1) признак, свойство, атрибут 2) *ling* атрибут
atrición *f* покаяние
atril *m* пюпитр, пульт
atrincheramiento *m* 1) *(acción)* самоокапывание 2) *(trincheras)* окопы, траншеи
atrincherar *vt* рыть траншеи
atrincherarse *vpron* укрываться в окопах
atrio *m* 1) *(patio interior)* внутренный двор 2) *(en algunos templos)* портик 3) *anat* предсердие
atrito *adj* раскаивающийся
atrocidad *f* жестокость, зверство
atrofia *f* атрофия
atrofiado *adj* атрофированный
atrofiarse *vpron* атрофироваться
atronador *adj* гремящий, громкий, оглушающий
atropelladamente *adv* беспорядочно, впопыхах
atropellado *adj* поспешный, беспорядочный
atropellar *vt* 1) сбивать, наезжать (на кого/что-л) 2) *(las normas)* попирать, грубо нарушать
atropellarse *vpron* спешить, торопиться
atropello *m* 1) наезд, столкновение 2) *(de las normas)* грубое нарушение, попрание
atropina *f med quím* атропин
atroz *adj* жестокий, зверский
atrozmente *adv* жестоко, зверски
atruhanado *adj* плутоватый, плутовской
atuendo *m* наряд, одеяние
atufar 1. *vt* злить, раздражать **2.** *vi (heder)* дурно пахнуть, вонять
atufarse *vpron* гордиться, чваниться
atufo *m obsol* злость, раздражение
atún *m* тунец
atunara *f* V. almadraba
atunero *m* 1) *(comerciante)* торговец тунцами 2) *(pescador de atunes)* ловец тунцов
aturdido *adj* V. atolondrado
aturdimiento *m* 1) *(perturbación sensorial)* оглушение 2) *(perturbación moral)* душевное смятение
aturdir *vt* оглушать, потрясать, ошеломлять
aturdirse *vpron* быть оглушённым, приходить в замешательство, столбенеть
aturrullar *vt* смущать, приводить в замешательство
aturrullarse *vpron* смущаться, приходить в замешательство
aturullar *vt* V. aturullar
aturullarse *vpron* V. aturrullarse
atusar *vt* 1) *(igualar el pelo)* подравнивать (волосы) 2) *(alisar el pelo)* приглаживать (волосы)
atusarse *vpron* принаряжаться, прихорашиваться
audacia *f* смелость, отвага
audaz *adj* смелый, отважный
audibilidad *f* слышимость
audible *adj* слышимый
audición *f* прослушивание
audiencia *f* 1) *(acción de oír)* приём 2) *(sesión judicial)* слушание дела 3) *(juzgado)* здание суда 4) *(público)* публика
audífono *m* слуховой аппарат
audio 1. *m* звукозапись, воспроизведение звука **2.** *adj* звуковой, звукозаписывающий
audiofrecuencia *f radio* звуковая частота
audiolibro *m* аудиокнига
audiovisual *adj* зрительно-слуховой, аудиовизуальный
auditar *vt* проводить аудит
auditivo *adj* слуховой
auditor *m* аудитор
auditoría *f* 1) аудит 2) *(empleo de auditor)* должность аудитора
auditorio *m* 1) *(conjunto de oyentes)* аудитория 2) *(sala)* аудитория, зал
auge *m* подъём
augur *m hist* авгур
augurar *vt* предсказывать

augurio *m* предсказание
augusto 1. *adj* великий, величественный **2.** *m (payaso)* клоун, шут
aula *f* аудитория
aulaga *f* колючий дрок
aulario *m* аудиторный корпус
áulico 1. *adj* дворцовый, придворный **2.** *m (cortesano)* придворный
aullador *adj* воющий, завывающий
aullar *vi* выть
aullido *m* 1) *(acción)* завывание 2) *(sonido)* вой
aumentar 1. *vt* увеличивать, повышать **2.** *vi* 1) увеличиваться, повышаться 2) *(dicho de un precio)* подниматься
aumentativo *adj* увеличивающий, увеличительный
aumento *m* увеличение, повышение
aun *adv* даже
aún *adv* ещё, до сих пор ~ *no han llegado* они ещё не пришли
aunar *vt* соединять, объединять
aunarse *vpron* соединяться, объединяться
aunque *conj* хотя, хоть, несмотря на то, что, даже если ~ *haga mal tiempo iremos a pasear* несмотря на плохую погоду, мы пойдём гулять; *ven ~ sea para media hora* приходи хоть на полчаса
aúpa *interj (обращение к детям)* ну!, ну-ка!, опля!, гоп! ◆ **de** ~ *coloq* потрясающий, значительный
aupar *vt coloq* поднимать
aura *f* 1) *poét (viento suave)* лёгкий ветерок, зефир 2) *(hálito)* дуновение, аура 3) *(reconocimiento)* популярность, известность
áureo *adj* 1) *(de oro)* золотой 2) *(dorado)* золотистый
aureola *f* ореол, сияние
aureolado *adj* окружённый сиянием
aurícula *f* 1) *anat* предсердие 2) *(planta)* медвежье ушко
auricular 1. *adj (relativo al oído)* ушной, слуховой **2.** *m (del teléfono)* телефонная трубка **3. -es** *mpl* наушники
aurífero *adj* золотоносный, содержащий золото
auriga *m poét* возница
aurora *f* 1) *(luz sonrosada que antecede al sol)* утренняя заря *despuntar la ~* рассветать 2) *(principio)* заря, начало 3) *(canto religioso)* аврора
auscultación *f med* выслушивание, аускультация
auscultar *vt med* выслушивать
ausencia *f* отсутствие
ausentarse *vpron* отсутствовать
ausente *adj* отсутствующий
ausentismo *m* повторяющаяся неявка (на работу)
auspiciar *vt* 1) покровительствовать (кому/чему-л), защищать 2) *(presagiar)* предсказывать, предзнаменовать
auspicio *m* 1) *(tutela)* опека, покровительство 2) *(presagio)* предсказание, предзнаменование
auspicioso *adj* с добрым предзнаменованием
austeridad *f* 1) строгость, суровость 2) *econ* жёсткие меры
austero *adj* 1) строгий, суровый 2) *(sobrio, sin excesos)* без прикрас, спартанский
austral *adj* южный
australian|o 1. *adj* австралийский **2., -a** *m/f* австрали|ец, -йка
austríac|o, austriac|o 1. *adj* австрийский **2., -a** *m/f* австри|ец, -йка
austro *m* 1) *(viento del sur)* южный ветер 2) *(sur)* юг
autarquía *f* автаркия
autárquico *adj* автархический, самодостаточный
autenticación *f* удостоверение, засвидетельствование
autenticar *vt* V. autentificar
autenticidad *f* подлинность, аутентичность
auténtico *adj* подлинный, настоящий, аутентичный
autentificar *vt* удостоверять, свидетельствовать
autillo *m* серая сова
autismo *m* аутизм
autista 1. *adj* страдающий аутизмом **2.** *m/f* аутист
auto[1] *m* 1) *jur* судебное решение 2) *(pieza dramática)* ауто
auto[2] *m (coche)* автомобиль, машина
autoadhesivo *adj* клейкий
autoadministración *f* самоуправление
autoanálisis *m* самоанализ
autobiografía *f* автобиография
autobiográfico *adj* автобиографический
autobombo *m coloq* самовосхваление
autobús *m* автобус
autocar *m* автобус
autocaravana *f* автодом
autocensura *f* автоцензура
autocine *m* автокинотеатр
autoclave *m* автоклав
autocombustión *f* самовозгорание
autocontrol *m* самоконтроль
autocracia *f* автократия
autócrata 1. *m/f* автократ **2.** *adj* автократический
autocrítica *f* самокритика
autocrítico *adj* самокритичный, самокритический
autócton|o 1. *adj* туземный, местный **2., -a** *m/f* тузем|ец, -ка, абориген, -ка
autodefensa *f* самооборона, самозащита
autodestrucción *f* саморазрушение
autodestruirse *vpron* саморазрушаться
autodeterminación *f* самоопределение
autodidacta *m/f* самоучка
autodidáctica *f* самообразование
autodidáctico *adj* самообразовательный
autodirigido *adj* самоуправляемый
autodisciplina *f* самодисциплина
autodominio *m* самообладание
autódromo *m* автодром
autoedición *f* компьютерная вёрстка
autoeducación *f* самообразование
autoempleo *m* самозанятость
autoescuela *f* автошкола
autoestima *f* самолюбие
autoestop *m* автостоп *hacer ~* ездить автостопом

autoestopista *m/f* автостопщи|к, -ца
autoexploración *f* самообследование
autofinanciación *f* хозрасчёт
autógeno *adj* автогенный
autogestión *f* самоуправление
autogiro *m* автожир
autogobierno *m* самоуправление
autogol *m sport* автогол
autógrafo *m* автограф
autoguiado *adj tecn* самонаводящийся
autoinducción *f* самоиндукция
autólatra 1. *adj* самовлюблённый, самодовольный **2.** *m/f* самовлюблённый человек
autolatría *f* самовлюблённость, самолюбование
autolavado *m* автомойка
autolesión *f* самоувечье
autolesionarse *vpron* наносить себе увечья
automación *f* автоматика
autómata *m* автомат
automático *adj* автоматический
automatismo *m* автоматизм
automatización *f* автоматизация
automatizar *vt* автоматизировать
automedicación *f* самолечение
automercado *m* V. supermercado
automotor 1. *adj* самоходный, самодвижущийся **2.** *m* самоходное устройство
automotriz *adj* самоходный, самодвижущийся
automóvil *m* автомобиль
automovilismo *m* автомобилизм
automovilista *m/f* автомобилист
automovilístico *adj* автомобильный
autonomía *f* 1) *(política)* автономия, самоуправление 2) *(de una persona)* самостоятельность, автономность 3) *(recorrido sin repostar)* дальность плавания (полёта)
autonómico *adj* относящийся к автономии, автономический
autónomo *adj* 1) автономный, самоуправляющийся 2) *(que trabaja por cuenta propia)* работающий на себя
autopista *f* платная автомобильная магистраль
autopropulsado *adj* 1) самодвижущийся, самоходный 2) *(referido a un cohete)* реактивный
autopsia *f* аутопсия, вскрытие
autor *m* автор
autora *f* автор
autoría *f* авторство
autoridad 1. *f* авторитет **2. -es** *fpl* власти
autoritario *adj* авторитарный
autoritarismo *m* авторитаризм
autorización *f* 1) разрешение 2) *(poder)* доверенность
autorizado *adj* уполномоченный
autorizar *vt* 1) разрешать 2) *(apoderar)* уполномочивать 3) *(legitimar)* заверять, удостоверять
autorradio *f* авторадио
autorretrato *m* автопортрет
autoservicio *m* самообслуживание
autostop *m* V. autoestop
autostopista *m/f* V. autoestopista
autosuficiencia *f* самодостаточность
autosuficiente *adj* самодостаточный
autosugestión *f* самовнушение
autosuperación *f* стремление к самосовершенствованию
autotrén *m* автопоезд
autovía *f* автострада, автомобильная магистраль
autummal *adj* V. otoñal
auxiliador 1. *adj* вспомогательный **2.** *m* помощник
auxiliar 1. *adj* вспомогательный **2.** *m/f* ассистент **3.** *vt* помогать (кому-л), оказывать помощь (кому-л)
auxilio *m* помощь ◆ **primeros ~s** скорая помощь
auyama *f Am.* тыква(разновидность)
aval *m* поручительство
avalancha *f* лавина
avalar *vt* давать поручительство
avalista *m/f* поручитель
avalorar *vt* 1) *(dar valor)* оценивать, определять стоимость 2) *(aumentar el valor)* повышасить ценность
avaluar *vt* V. valuar
avalúo *m* V. valuación
avance *m* 1) *(acción de avanzar)* продвижение вперёд 2) *(anticipo)* аванс
avanzada *f mil* авангард, передовой отряд
avanzadilla *f mil* аванпост
avanzado *adj* 1) *(de vanguardia)* передовой, прогрессивный 2) *(adelantado)* ранний, преждевременный
avanzar *vi* 1) продвигаться вперёд 2) *(dicho de un ejército)* наступать
avanzo *m* 1) *(balance)* баланс 2) *(presupuesto)* смета
avaricia *f* скупость
avaricioso *adj* скупой
avariento *adj* V. avaricioso
avaro *adj* скупой
avasallador 1. *adj* порабощающий **2.** *m* поработитель
avasallamiento *m* порабощение, закабаление
avasallar *vt* порабощать, закабалять
avatar *m* аватар
ave *f* птица ◆ **~ de corral** домашняя птица
avecinar *vt* 1) *(acercar)* приближать 2) V. avecindar
avecinarse *vpron* 1) *(acercarse)* приближаться 2) V. avecindarse
avecindar *vt* вносить в список жителей
avecindarse *vpron* селиться
avefría *f* чибис
avejentar *vt* старить
avejentarse *vpron* стариться
avellana *f* лесной орех
avellanador *m tecn* зенковка
avellanal *m* заросли орешника, орешник
avellanar[1] *m* V. avellanal
avellanar[2] *vt tecn* зенковать, раззенковывать
avellanarse *vpron* морщиться, сохнуть
avellano *m* ореховый куст, орешник
avemaría *f* 1) *(oración católica)* Аве Мария 2) *(cuentas del rosario)* бусинка чёток 3) *(ángelus)* ангелус
avena *f* овёс
avenado *adj* неуравновешенный, сумасбродный

avenal *m* овсяное поле
avenamiento *m* дренаж, отвод воды
avenar *vt* отводить воду, дренировать
avenencia *f* договорённость
avenida *f* проспект
avenir 1. *vt (concordar)* урегулировать, согласовать **2.** *vi* происходить, случаться
avenirse *vpron* 1) *(ponerse de acuerdo)* договариваться (с кем-л) 2) *(llevarse bien)* адить (с кем-л) 3) *(hallarse en armonía)* гармонировать (с кем-л)
aventador *m* 1) *(persona que avienta)* веяльщик 2) *(instrumento que avienta)* воздуходувка, вентилятор
aventadora *f* ручная веялка, зерночиститель
aventajado *adj* одарённый, способный
aventajar *vt* 1) *(adelantar)* превосходить, опережать 2) *(poner en mejor situación)* продвигать
aventajarse *vpron* продвигаться
aventar *vt* 1) *(echar aire)* проветривать, вентилировать 2) *(impeler, referido al viento)* сдувать, уносить 3) *coloq (echar una cosa)* выбрасывать 4) *coloq (echar a una persona)* выгонять, прогонять
aventarse *vpron* 1) *(referido a un cuerpo)* наполняться газами 2) *coloq (huir)* удирать, улепётывать
aventón *m Am.* сильный толчок
aventura *f* приключение
aventuradamente *adv* 1) *(venturosamente)* наудачу, на авось 2) *(arriesgadamente)* опасно, рискованно
aventurado *adj* рискованный, опасный, авантюрный
aventurar *vt* 1) *(arriesgar)* подвергать риску, рисковать (чем-л) 2) *(decir algo atrevido)* высказывать смелое предложение
aventurarse *vpron* **(a u/c)** рисковать (чем-л), подвергаться риску
aventurero 1. *adj* 1) *(que busca aventuras)* ищущий приключений 2) *(que toma riesgos)* рискованный **2.** *m* 1) *(aquel que busca aventuras)* искатель приключений 2) *(persona sin oficio y oportunista)* авантюрист
avergonzado *adj* стыдливый
avergonzar *vt* 1) *(causar vergüenza)* позорить 2) *(hacer sentir vergüenza)* стыдить
avergonzarse *vpron* **(de alg o u/c)** стыдиться (кого/чего-л), быть (становиться) стыдно (кому-л)
avería *f* авария, поломка
averiado *adj* сломанный
averiarse *vpron* ломаться, выходить из строя, терпеть аварию
averiguación *f* выяснение, проверка
averiguamiento *m* V. averiguación
averiguar *vt* выяснять, узнавать
averno *m mitol poét* ад
averrugado *adj* бородавчатый, покрытый бородавками
aversión *f* отвращение, неприязнь
avestruz *m* страус
avetoro *m* большая выпь
avezar *vt* приучать, внушать привычку
avezarse *vpron* привыкать, приучаться
aviación *f* авиация
aviador *m/f* лётчик, пилот
aviar[1] *vt* 1) *(disponer para el camino)* собирать в дорогу 2) *(arreglar)* приводить в порядок 3) *coloq (despachar)* ускорять 4) *(proporcionar)* снабжать (чем-л)
aviar[2] *adj* V. aviario
aviario *adj* птичий, свойственный птицам
aviarse *vpron* 1) *coloq (componerse)* обеспечивать себя всем необходимым 2) *(vestirse)* одеваться, наряжаться
avícola *adj* птицеводческий
avicultor *m* птицевод
avicultura *f* птицеводство
avidez *f* алчность, жадность
ávido *adj* алчный, жадный
aviejar *vt* V. avejentar
aviejarse *vpron* V. avejentarse
aviento *m* вилы
avieso *adj* 1) *(torcido)* извилистый, кривой 2) *(malo)* дурной, испорченный
avifauna *f* птичья фауна
avilantarse *vpron* наглеть, становиться нахальным
avinagrado *adj* угрюмый, хмурый
avinagrar *vt* превращать в уксус, делать кислым
avinagrarse *vpron* 1) *(ponerse acedo)* прокисать (о вине) 2) *(volverse áspero)* хмуриться
avío *m* 1) *(prevención)* приготовления, сборы 2) *(provisiones)* запас продуктов 3) *(utensilios)* принадлежности
avión *m* самолёт
avioneta *f* авиетка
avisado *adj* осторожный, предусмотрительный
avisador 1. *adj* извещающий, уведомляющий **2.** *m* рассыльный, посыльный
avisar *vt* 1) **(a alg de u/c)** *(comunicar)* сообщать (кому-л. что-л), извещать (кого-л о чём-л) 2) *(advertir)* предупреждать (кого-л о чём-л) 3) *(llamar)* вызывать
aviso *m* 1) *(comunicación)* сообщение, извещение 2) *(advertencia)* предупреждение
avispa *f* оса
avispado *adj* живой, бойкий
avispar *vt* 1) *(avivar con un látigo)* погонять 2) *(volver despierto)* оживлять
avisparse *vt* 1) *(volverse despierto)* умнеть, набираться ума 2) *(inquietarse)* беспокоиться, тревожиться
avispero *m* 1) *(panal fabricado por las avispas)* соты (осиные) 2) *(nido de avispas)* осиное гнездо 3) *(enjambre de avispas)* осиный рой
avispón *m* 1) *(especie de avispa)* шершень 2) *(ladrón)* вор
avistar *vt* видеть издали
avistarse *vpron* видеться, встречаться
avitaminosis *f med* авитаминоз
avituallamiento *m* снабжение провиантом
avituallar *vt* снабжать провиантом
avivar *vt* оживлять, возбуждать, ободрять
avivarse *vpron* оживать, оживляться
avizor *m* соглядатай ◆ **estar ojo ~** быть начеку
avizorar *vt* следить, выслеживать
avocación *f jur* затребование дела в высшую инстанцию

avocar *vt jur* затребовать в высшую инстанцию
avulsión *f* удаление
avutarda *f* дрохва, дрофа
axial *adj* осевой
axila *f* подмышка
axilar *adj* подмышечный
axiología *f* аксиология
axioma *m* аксиома
axiomático *adj* 1) *(evidente)* определённый, очевидный 2) *(relativo al axioma)* аксиоматический
ay 1. *interj (употребляется для выражения боли, испуга, досады)* ай!, ой!, ох! *¡ ~ de mí!* о горе мне! **2.** *m* жалоба, стон, вздох
aya *f* няня, воспитательница
ayatolá *m relig* аятолла
ayer *adv* вчера *~ por la tarde* вчера вечером
ayo *m* воспитатель, наставник
ayuda *f* помощь, поддержка
ayudante *m/f* помощни|к, -ца, ассистент
ayudantía *f* должность помощника
ayudar *vt* помогать (кому-л), содействовать (кому-л)
ayudarse *vpron* 1) справляться собственными силами, обходиться без посторонней помощи 2) **(de alg o u/c)** *(utilizar)* воспользоваться (кем/чем-л)
ayunador 1. *adj* постящийся **2., -a** *m/f* постни|к, -ца
ayunar *vi* поститься
ayunas *inv* : en ~ натощак
ayuno *m* 1) *(abstención de comer o beber)* воздержание от еды 2) *(voto eclesiástico)* пост, говение
ayuntamiento *m* мэрия
azabache *m* 1) *(variedad de lignito)* агат, чёрный янтарь 2) *(clase de pájaro)* московка
azada *f* мотыга
azafata *f* стюардесса, бортпроводница
azafate *m* плоская корзинка
azafrán *m* шафран
azafranado *adj* жёлто-оранжевый, шафрановый
azagaya *f* короткое копьё, дротик
azahar *m* цветок апельсина
azalea *f* азалия
azar *m* 1) случайность, непредвиденный случай 2) *(desgracia imprevista)* несчатный случай, удар судьбы ◆ **al ~** наугад **juegos de ~** азартные игры
azararse *vpron* срываться, не удаваться
azaroso *adj* рискованный, опасный
azerbaiyan|o 1. *adj* азербайджанский **2., -a** *m/f* азербайджан|ец, -ка **3.** *m* азербайджанский язык
ázimo *adj* пресный
azimut *m astron* азимут
azimutal *adj astron* V. acimutal
azoado *adj* содержащий азот
ázoe *m quím* азот
azogado *adj* отравленный ртутными парами
azogar *vt* покрывать ртутью, амальгамировать
azogarse *vpron* 1) *(contraer la enfermedad)* отравляться ртутными парами 2) *(turbarse)* волноваться, трепыхаться
azogue[1] *m (plaza)* рыночная площадь
azogue[2] *m quím* ртуть
azor *m* ястреб
azorado *adj* испуганный, встревоженный
azoramiento *m* испуг, тревога
azorar *vt* беспокоить, тревожить
azorarse *vpron* тревожиться, пугаться
azotacalles *m/f* праздношатающийся, фланёр
azotaina *m* порка
azotar *vt* 1) *(dar azotes)* пороть, бить 2) *(dar coletazos)* бить хвостом 3) *(dar violentamente contra algo)* хлестать, бить, хлопать
azotazo *m* 1) *(golpe dado con el azote)* сильный удар кнутом 2) *(golpe con la mano)* шлепок, оплеуха
azote *m* 1) *(instrumento de suplicio)* плеть, кнут, розга 2) *(golpe dado con la mano)* шлепок, оплеуха 3) *(aflicción)* беда, наказание
azotea *f* плоская крыша
azteca 1. *adj* ацтекский **2.** *m/f* ацтек **3.** *m* ацтекский язык
azúcar *m* сахар ◆ **~ glas, ~ glasé** сахарная пудра
azucarado *adj* с сахаром, сладкий
azucarar *vt* сахарить, послащивать сахаром
azucararse *vpron* засахариваться
azucarera *f* 1) *(recipiente)* сахарница 2) *(fábrica)* сахарный завод
azucarero *adj* сахарный завод
azucarillo *m* кусок сахара
azucena *f* лилия
azud *f/m* 1) *(máquina)* водяное колесо 2) *(presa)* плотина, запруда
azuela *f* тесло
azufrado *adj* 1) *(sulfuroso)* серный, сернистый 2) *(de color azufre)* цвета серы
azufrador 1. *adj* опрыскивающий серу **2.** *m* сероопылитель
azufrar *vt* 1) *(echar azufre)* опрыскивать серой 2) *(impregnar de azufre)* пропитывать серой
azufre *m* сера
azufrera *f* серный рудник, серная копь
azul *adj* 1) синий 2) *(azul celeste)* голубой
azulado *adj* 1) *(de color azul)* синий, голубой 2) *(que tira a azul)* голубатый, синеватый
azulejar *vt* отделывать кафелем
azulejo *m* кафель
azulete *m* голубоватый оттенок
azulgrana *adj* сине-гранатовый
azur *m* лазуревый камень
azuzar *vt* 1) *(a un perro)* науськивать, натравливать 2) *(irritar)* подстрекать
azuzón *m coloq* подстрекатель, интриган

B

baba *f* 1) слюна, слюни 2) *bot* слизь 3) *zool* клейкий сок ◆ **caérsele a uno la** ~ *coloq* распустить слюни, расчувствоваться

babear *vi* пускать слюну

Babel *m* : torre de ~ вавилонская башня

babel *m coloq* беспорядок ◆ **torre de Babel** вавилонская башня

babeo *m* пускание слюны

babero *m* детский нагрудник, слюнявчик

babi *m coloq* V. babero

Babia *f* : estar en ~ витать в облаках

babieca *m/f coloq* болван, простофиля

babilla *f vet* скакательный сустав, коленная чашечка (у четвероногих)

Babilonia *f hist* Вавилония

babilónico *adj* вавилонский

babiloni|o, -a *m/f* вавилонян|ин, -ка

bable *m* астурийский диалект

babor *m nav* бакборт, левый борт

babosa *f zool* слизняк

babosear *vi* слюнявить

baboso 1. *adj* 1) слюнявый 2) *(bobo)* глупый, тупой 3) *coloq (demasiado joven)* сопливый 4) *coloq (enamoradizo)* волокита, ухаживатель **2.** *m* 1) слюнтяй 2) *coloq (hombre enamoradizo)* волокита, дамский угодник

babucha *f* шлёпанец, домашняя туфля

babuino *m* бабуин, павиан

baca[1] *f* багажник на крыше машины

baca[2] *f bot* плод лавра

bacaladero *adj* тресковый

bacaladilla *f* путассу

bacalao *m* треска ◆ **cortar el** ~ *coloq* задавать тон, быть главным

bacán 1. *adj* 1) *Ch. Col. Cub. coloq* отличный, замечательный 2) *Col. Cub. coloq (dicho de una persona)* очень привлекательный **2.** *m Cub. coloq* альфонс

bacanal *f* вакханалия

bacante *f* 1) *mitol* вакханка 2) *coloq* распутная женщина, бесстыдница

bacará *m jueg* баккара

bacenilla *f Am.* V. bacineta

bachata *f Cub.* шумное веселье, гулянка

bache[1] *m* 1) яма, выбоина, рытвина 2) *(abatimiento pasajero)* проблема, трудная полоса

bache[2] *m (para el esquilado)* парильня для овец

bachear *vt* выравнивать ямы

bachiller *m/f* бакалавр

bachillerato *m* 1) бакалавриат (среднее образование) 2) *(grado)* степень бакалавра

bacía *f* 1) тазик, чашка 2) *(de barbero)* бритвенный тазик

bacilar *adj* 1) *biol* бациллярный 2) *geol* палочкообразный

bacilo *m biol* бацилла

bacín *m* 1) *(para pedir limosna)* кружка (для сбора пожертвований) 2) *(orinal)* ночной горшок

bacinero *m relig* сборщик пожертвований

bacineta *f* V. bacín

backgammon *m jueg* нарды, бэкгэммон

Baco *m mitol* Вакх

bacon *m* бекон

bacteria *f* бактерия

bacterial *adj* бактериальный

bacteriano *adj* V. bacterial

bactericida 1. *adj* бактерицидный **2.** *m* бактерицид

bacterio *m* бактерия

bacteriófago *m biol* бактериофаг

bacteriología *f biol* бактериология

bacteriológico *adj* бактериологический

bacteriólogo *m* бактериолог

báculo *m* 1) палка, трость, посох 2) *zool* бакулюм

badajo *m* 1) язык колокола 2) *coloq (dicho de una persona)* болтун, трепло

badajoceño *adj* V. badajocense

badajocense *adj* относящийся к Бадахосу

badajuelo *m* V. badajo

badana 1. *f* низкосортная овчина **2. -s** *m/f coloq* лентяй, лежебока ◆ **zurrar la** ~ дубасить, колошматить

badén *m* канавка (от дождя), промоина, жёлоб

badil *m* лопатка, совок, кочерга

badila *f* V. badajo

bádminton *m sport* бадминтон

bafle *m* громкоговоритель, колонка

bagaje *m* 1) *obsol* багаж, кладь 2) *mil* обоз ◆ ~ **intelectual** умственный багаж

bagatela *f* пустяк, мелочь, безделушка

bagayer|o, -a *m/f Arg. Ur. coloq* контрабандист, -ка

bagayo *m Arg. Ur. coloq* тюк, багаж

bagual 1. *adj Ur. Par.* дикий, грубый **2.** *m* 1) *(persona incivil)* дикарь 2) *(potro no domado)* необъезженный жеребец

¡bah! *interj (*для выражения недоверия, презрения, равнодушия*)* вот что!, ну и что же!, подумаешь!

bahareque *m Am.* V. bajareque

bahía *f* бухта, залив

bailable 1. *adj (sobre un tipo de música)* танцевальный **2.** *m* вставной танцевальный номер

bailadero 1. *adj obsol* танцевальный **2.** *m* танцевальная площадка

bailador *m* танцор, плясун

bailadora *f* танцовщица, плясунья

bailaor, -a *m* танцовщи|к, -ца фламенко

bailar 1. *vt/i* танцевать, плясать ~ *una polca* танцевать польку **2.** *vi* 1) *(no estar sujeta una cosa)* шататься, болтаться, качаться 2) *(dicho de un caballo)* приплясывать

bailarín 1. *adj* танцующий **2.** *m* танцор, плясун

bailarina *f* 1) танцовщица, плясунья 2) *(de ballet)* балерина, танцовщица
baile *m* 1) танец, пляска 2) *(velada)* танцевальный вечер, бал 3) *(lugar)* танцевальная площадка ◆ ~ **de máscaras** бал-маскарад ~ **de disfraces** костюмированный бал ~ **de San Vito** *coloq* пляска Святого Витта
bailón *adj* любящий танцевать
bailongo *adj coloq* V. bailón
bailotear *vi* много и плохо танцевать
bailoteo *m* пританцовывание
baipás *m med* коронарное шунтирование
baja *f* 1) понижение, снижение, падение 2) *med* больничный лист, бюллетень *estar de* ~ быть на больничном, быть на бюллетене 3) *mil* потеря, урон 4) *(de un registro)* выписка *darse de* ~ выпысываться
bajá *m hist* паша
bajada *f* 1) *(disminución)* снижение, опускание, оседание 2) *(pendiente)* спуск, склон, откос
bajamar *f* отлив, малая вода
bajante *m* водосточный жёлоб
bajar 1. *vt* 1) опускать, спускать ~ *la vista* опускать глаза, потуплять взор; ~ *la fiebre* сбивать температуру 2) *(un precio)* понижать, снижать, сбавлять 3) *(la tensión)* ослаблять, уменьшать 4) *(inclinar)* наклонять, окускать 5) *mús* транспонировать **2.** *vi* 1) спускаться, сходить ~ *por la escalera* спускаться по лестнице 2) *(de un vehículo)* выходить, сходить, высаживаться
bajarse *vpron* 1) спускаться 2) *(inclinarse)* наклоняться, нагибаться
bajativo *m* дижестив
bajel *m* корабль, судно
bajero *adj* нижний, стоящий или лежащий ниже
bajeza *f* низость, подлость, недостойный поступок
bajini *inv* : por lo ~ втихаря, шопотом
bajío *m* V. bajón
bajista 1. *adj fin* ведущий к снижению курса **2.** *m/f* 1) *fin* биржевик, играющий на понижение курса 2) *mús* бас-гитарист, басист
bajo 1. *adj* 1) *(de poca altura)* низкий, невысокий, низкого роста, низкорослый 2) *(que está a poca altitud)* низкий, низинный 3) *(que ocupa una posición inferior)* низкий, пониженный 4) *(que está en un lugar inferior)* нижний, находящийся внизу 5) *(mezquino)* низкий, подлый 6) *(vulgar, ordinario)* заурядный, вульгарный 7) *(con poco volumen)* низкий, тихий, негромкий **2.** *m* 1) первый этаж 2) *(lugar hondo)* низменность, низина 3) *nav* мель, мелководье, отмель 4) *(dobladillo)* нижний край, низ 5) *mús* бас, низкий бас **3.** *adv* 1) внизу, низко 2) *(en voz baja)* тихо, негромко, шёпотом **4.** *prep* 1) под (кем/чем- л) ~ *la mesa* под столом; ~ *tutela* под опекой 2) *(durante un mandato)* при (ком/чём-л) ~ *el poder soviético* при советской власти ◆ **por lo** ~ тайком, украдкой
bajón[1] *m mús* фагот
bajón[2] *m* резкое ухудшение *tener un* ~ резко ухудшаться
bajorrelieve *m arte* барельеф
baekelita *f quím* V. baquelita
bala *f* 1) пуля 2) *(de cañón)* снаряд, ядро 3) *(fardo)* кипа, тюк ◆ ~ **perdida** шальной человек **como una** ~ пулей, опрометью
balaca *f Col.* диадема
balacear *vt Am.* обстреливать
balacera *f Am.* перестрелка, стрельба
balada *f lit mús* баллада
baladí *adj* незначительный, пустяковый, ничтожный
baladre *m bot* олеандр
baladrear *vi obsol* V. baladronear
baladrero *adj* крикливый, скандальный
baladro *m* крик, вопль
baladronada *f* хвастовство, бравада, бахвальство
baladronear *vi* хвастать, бахвалиться
balalaica, balalaika *f* балалайка
balance *f* 1) качание, покачивание, колебание 2) *com* баланс, отчёт 3) *nav* бортовая (боковая) качка
balancear 1. *vt (equilibrar)* уравновешивать, приводить в равновесие **2.** *vi (dudar)* проявлять нерешительность, колебаться
balancearse *vpron* качаться, покачиваться, колебаться
balanceo *m* 1) качание, укачивание 2) *(equilibrado)* уравновешивание, балансирование
balancín *m* 1) качели 2) *(mecedora)* кресло-качалка 3) *(de un volatinero)* балансир
balandra *f* шлюп
balandrán *m obsol* плащ-накидка
balandro *m* маленькая яхта
balano *m* 1) *anat* головка мужского полового члена 2) *zool* баляну с
balanza *f* весы ◆ ~ **comercial** торговый баланс
balar *vi* блеять
balarrasa *m* 1) *coloq (aguardiente)* крепкая водка 2) *coloq (tarambana)* шальной человек, сумасброд
balasto *m* балласт
balaustrada *f* балюстрада, перила
balazo *m* 1) *(disparo)* выстрел 2) *(herida de bala)* пулевая рана
balbucear *vt* лепетать, бормотать, мямлить
balbuceo *m* 1) лепет, бормотание 2) первые признаки, приметы
balbucir *vt* V. balbucear
balcánico *adj* балканский
balcanización *f* балканизация
balcón *m* 1) балкон 2) *teat* балкон, ярус
balconada *f* ряд балконов (по фасаду здания)
balconaje *m* V. balconada
balda *f* полка
baldaquín *m arquit* балдахин
baldar *vt* лишать способности двигаться, парализовать
baldarse *vpron* лишиться способности двигаться, быть парализованным
balde *m* ведро, бадья ◆ **de** ~ бесплатно, даром **estar de** ~ быть лишним
baldear *vt* поливать из ведра
baldío *adj* 1) *(dicho de la tierra)* невозделанный, необработанный 2) *(sin fundamento)* беспочвенный, необоснованный 3) *(sin ocupación)* бездельный, праздный 4) *(inútil)* напрасный, тщетный, бесполезный

baldón *m* обида, оскорбление
baldosa *f* облицовочная плитка (для пола)
baldosado *adj Am.* облицованный плитками
baldosín *m* мелкая плитка, изразец
baldragas *m/f coloq* тряпка (о человеке), размазня
balear[1] **1.** *adj* балеарский **2.** *m/f* житель, -ница (урожен|ец, -ка) Балеарских островов
balear[2] *vt* обстреливать
balear[3] *vt* V. abalear 2
baleo[1] *m (felpudo)* коврик
baleo[2] *m Am.* перестрелка, стрельба
balido *m* блеяние
balín *m* картечь, шрапнель
balinera *f Nic. tecn* подшипник
balística *f* баллистика
balístico *adj* баллистический
baliza *f nav* бакен, буй
balizaje *m colect* бакены
balizar *vt* ставить бакены
ballena *f* кит
ballenato *m* молодой кит
ballenero 1. *adj* китобойный **2.** *m* китобой
ballesta *f* арбалет
ballestero *m* арбалетчик
ballet *m* 1) балет 2) *(compañía)* балетная труппа
balneario 1. *adj* бальнеологический, курортный **2.** *m* водолечебница, курорт
balompié *m* футбол
balón *m* 1) мяч 2) *(recipiente para encerrar gases)* баллон
baloncestista *m/f* баскетболист, -ка
baloncesto *m* баскетбол
balonmano *m* гандбол
balonvolea *m* волейбол
balota *f* избирательный шар
balotaje *m* избрание (шарами)
balotar *vi* голосовать шарами
balsa[1] *f (reservorio de agua)* пруд, озеро
balsa[2] *f (plataforma flotante)* плот *~ de salvamento* спасательный плот
balsámico *adj* бальзамический
balsamina *f bot* бальзамин
bálsamo *m* бальзам
balsero *m* плотовщик, плотогон
báltic|o 1. *adj* балтийский, прибалтийский **2.** , **-a** *m/f* балти|ец, -йка, прибалти|ец, -йка
baluarte *m* 1) бастион, форт 2) *fig* оплот, твердыня
balumba *f* куча, нагромождение вещей
bamba[1] *f* 1) *danz* бамба (вид ибероамериканского танца) 2) *jueg* удачный ход (в играх)
bamba[2] *f (playera)* кроссовка
bambalearse *vpron* качаться, покачиваться, шататься
bambalina *f teat* небо, полосы ткани
bambolear *vt* качать, раскачивать
bambolearse *vpron* колебаться, шататься, качаться
bamboleo *m* шатание, качание, колебание
bambú *m* бамбук
bañadera *f* 1) *Am.* V. baño 2) *Arg. Ur.* открытый автобус (для экскурсий)
bañadero *m* место купания диких животных
bañado *m* V. bacín
bañador 1. *adj* купающий **2.** *m* 1) *(recipiente)* лохань, ванна 2) *(prenda para la mujer)* купальник, купальный костюм, *(prenda para el hombre)* плавки
banal *adj* банальный, обыкновенный
banalidad *f* банальность, избитость
banana *f* банан
bananer|o *adj* банановый ◆ **república ~a** банановая республика
banano *m* 1) *(fruto)* банан 2) *(árbol)* банановое дерево
bañar *vt* 1) купать 2) *(sumergir en el agua)* окунать 3) *(mojar)* увлажнять, смачивать 4) *(dicho de un mar o un río)* омывать 5) *(dicho de la luz)* заливать светом 6) *(dar una capa)* покрывать слоем вещества
bañarse *vpron* 1) купаться, принимать ванну 2) *(sumergirse)* погружаться
banasta *f* корзина
banasto *m* круглая корзина
banca *f* 1) *(asiento)* деревянная скамья 2) *(conjunto de entidades bancarias)* банки, банковское объединение 3) *jueg* банк
bancal *m* 1) *(rellano en una pendiente)* терраса 2) *(pedazo de tierra para cultivos)* участок, квадрат 3) *(en la orilla del mar)* песчаная коса
bancario *adj* банковский, банковый
bancarrota *f* банкротство, крах *declararse en ~* объявить банкротство
banco *m* 1) *(asiento)* скамья, скамейка, лавка 2) *(de carpintero)* верстак 3) *(establecimiento público de crédito)* банк 4) *(de arena)* мель, отмель, банка, песчаная коса 5) *(de peces)* стая, косяк 6) *geol* слой, пласт
banda[1] *f* 1) полоса, лента 2) *herald* орденская лента 3) *(faja)* перевязь, пояс ◆ **~ sonora** саундтрек, звуковая дорожка
banda[2] *f* 1) вооружённый отряд 2) *(partida)* банда, шайка 3) *(pandilla juvenil)* толпа, ватага 4) *(lado)* сторона 5) *(conjunto de tambores y cornetas)* духовой оркестр 6) *(de aves)* стая птиц 7) *(conjunto musical)* музыкальный ансамбль ◆ **cerrarse en ~** *coloq* упорствовать, твёрдо стоять на своём **de ~ a ~** от края до края, из стороны в сторону
bandada *f (de pájaros)* стая, *(de peces)* косяк, *(de gente)* толпа
bandazo *m nav* волновой удар в борт ◆ **dar ~s** шарахаться из стороны в сторону
bandeja *f* поднос
bandera *f* флаг, знамя *izar la ~* поднять флаг
bandería *f* группировка, фракция
banderilla *f* 1) *taur* бандерилья 2) *coloq (pulla)* насмешка, колкость
banderillear *vt taur* вознать бандерильи в быка
banderillero *m taur* бандерильеро
banderín *m* вымпел, флажок
banderola *f* флажок, вымпел
bandidaje *m* бандитизм, разбой
bandido 1. *adj* бандитский, разбойничий **2.** *m* бандит, разбойник
bando[1] *m* 1) *(edicto)* приказ, указ, декрет 2) *(acto de publicarlo)* объявление приказа
bando[2] *m (facción)* сторона, группировка, лагерь
bandola[1] *f nav* запасная мачта
bandola[2] *f* V. mandolina

bandolera *f* плечевой ремень, широкая портупея, перевязь ◆ **en ~** через плечо
bandolerismo *m* бандитизм, разбой
bandolero *m* разбойник, бандит
bandolín *m* V. bandola 2
bandurria *f* бандуррия (испанский струнный музыкальный инструмент)
bañera *f* ванна
bañero *m* владелец бани, банщик
bañista *m/f* купальщи|к, -ца
banjo *m mús* банджо
banner *m informát* баннер
baño 1. *m* 1) *(acción)* ванна *tomar un ~* принимать ванну 2) *(casa de baños)* баня, купальное заведение 3) *(retrete)* туалет, уборная 4) *(cuarto de baño)* ванная **2. -s** *mpl* водолечебница ◆ **~ maría** *gastr* водяная ванна
banquero *m* банкир
banqueta *f* табуретка, скамейка, банкетка
banquete *m* банкет, пиршество
banquetear *vi* 1) *(dar banquetes)* устраивать банкеты 2) *(participar en banquetes)* присутствовать на банкетах
banquetearse *vpron coloq* вкусно поесть, досыта наесться
banquillo *m* 1) *(de los acusados)* скамья подсудимых 2) *sport* скамейка запасных
banquisa *f* морской лёд
bantú *adj* банту
baobab *m bot* баобаб
baptista *adj relig* баптистский
baptisterio *m* 1) *relig (pila baptismal)* крестильная купель 2) *relig (edificio)* баптистерий
baquelita *f quím* бакелит
baqueta *f* 1) шомпол 2) *mús* барабанная палочка
baquetazo *m* удар шомполом
baqueteado *adj* измученный, истерзанный
baquetear *vt* 1) *hist* подвергать наказанию шпицрутенами, прогонять сквозь строй 2) досаждать, надоедать (кому-л)
baqueteo *m* наказание шпицрутенами
baquía *f* знание местности
baquiano 1. *adj* опытный, сведущий **2.** *m* знаток местности, проводник
báquico *adj mitol* вакхический
báquiro *m* ошейниковый пекари
bar[1] *m* 1) бар 2) *(en teatros, estaciones, etc.)* буфет
bar[2] *m fís* бар
barahúnda *f* большой шум, суматоха
baraja *f* колода карт
barajada *f* тасовка
barajar *vt* 1) *(cartas)* тасовать 2) *(una opción)* предполагать, рассматривать
baranda *f* V. barandilla
barandal *m* рейка (для закрепления балясины), перила
barandilla *f* перила, балюстрада
baratamente *adv* дёшево, за бесценок
baratar *vt* 1) *obsol (intercambiar)* менять, обменивать 2) *obsol (dar o recibir por debajo del precio habitual)* продавать (покупать) по дешёвке
baratija *f* безделушка, мелочь, безделица
baratillero *m* старьёвщик
barato 1. *adj* 1) дешёвый, недорогой 2) *(que se logra con poco esfuerzo)* легко достижимый **2.** *m* дешёвая распродажа, продажа уценённых вещей **3.** *adv* дёшево
báratro *m poét* ад, преисподняя
baratura *f* низкая цена, дешевизна
baraúnda *f* V. barahúnda
barba 1. *f* 1) борода 2) *(barbilla)* подбородок 3) *(en algunas aves)* борода, бородка **2. -s** *fpl bot* волоски, волокна, нити ◆ **por ~** *coloq* на каждого, на нос
barbacana *f* 1) церковная ограда 2) *(tronera)* бойница, амбразура
barbacoa *f* барбекю, мангал
barbada *f* нижняя челюсть(лошади)
barbado 1. *adj* бородатый **2.** *m* 1) бородач 2) *(plantón)* саженец 3) *(vástago)* побег, поросль
barbar *vi* 1) *(dicho de la barba)* пробиваться (о бороде) 2) *(arraigar)* пускать корни
barbaresco *adj obsol* V. barbárico
barbárico *adj* варварский, относящийся к варварам
barbaridad *f* 1) варварство, жестокость, бесчеловечность 2) *(necedad)* глупость, безрассудство 3) *coloq (demasía)* уйма, пропасть, тьма 4) *(exceso)* зверство 5) *(palabrota)* брань, ругательство ◆ **¡qué ~!** какой ужас!
barbarie *f* 1) варварство, грубость, бескультурье 2) *(atrocidad)* дикость, жестокость, бесчеловечность
barbarismo *m* 1) *ling* варваризм 2) *(dicho o hecho temerario)* необдуманность, безрассудность, глупость 3) *(falta de cultura)* невежество, бескультурье
bárbaro 1. *m* 1) варвар, дикарь 2) *(persona tosca)* невежа, грубиян **2.** *adj* 1) варварский, дикий, жестокий 2) *(tosco)* грубый, неотёсанный 3) *coloq (excelente)* замечательный **3.** *adv coloq* замечательно
barbear 1. *vt* 1) *(alcanzar con la barba)* доставать подбородком 2) *(afeitar)* брить (бороду) **2.** *vi (trabajar de barbero)* работать парикмахером
barbecho *m* 1) *(tierra)* земля под паром, пар 2) *(acción)* поднятие пара ◆ **firmar en ~** подписать с закрытыми глазами
barbería *f* 1) парикмахерская 2) *(oficio)* парикмахерское дело
barberil *adj coloq* парикмахерский
barbero *m* парикмахер, цирюльник
barbián 1. *adj* бойкий, разбитной **2.** *m* бойкий парень, проворный малый
barbicano *adj* с короткой бородой
barbilampiño *adj* безбородый, имеющий жидкую бородку
barbilla *f* 1) подбородок 2) *(de los peces)* отросток, усик
barbitúrico *adj quím* барбитуровый
barbo *m* усач (рыба)
barboquejo *m* подбородный ремешок, подбородная лента
barbotar *vt/i* V. barbotear
barbotear *vt/i* быстро и невнятно говорить, бормотать
barboteo *m* бормотание
barbudo *adj* бородатый
barbullar *vi* быстро и невнятно говорить, бормотать

barca *f* лодка, шлюпка
barcada *f* 1) *(carga que transporta una barca)* груз, умещающийся в лодке 2) *(viaje de una barca)* рейс лодки
barcaje *m* 1) *(transporte)* перевозка груза на лодке 2) *(pago por el transporte)* плата за провоз на лодке
barcarola *f mús* баркарола
barcaza *f nav* баржа, баркас, шаланда ◆ ~ **de desembarco** *mil* десантный корабль
barcelon|és 1. *adj* барселонский **2., -esa** *m/f* барселон|ец, -ка
barcelonista 1. *adj sport* болеющий за футбольный клуб «Барселона» **2.** *m/f sport* болельщи|к, -ца футбольного клуба «Барселона»
barco *m* судно, корабль ~ *de vela* парусное судно; ~ *mercante* торговое судно; ~ *de pesca* рыболовное судно
barda *f* кровля каменной ограды
bardana *f* репейник, лопух
bardo *m* бард
baremo *m* таблица готовых расчётов, расчётная таблица
bario *m quím* барий
barisfera *f geol* барисфера
barita *f quím* барит
barítono *m mús* баритон
barlovento *m nav* наветренная сторона
barman *m* бармен
barniz *m* лак, политура
barnizado *m* лакировка, полировка
barnizador 1. *adj* лакирующий, полирующий **2.** *m* лакировщик
barnizar *vt* покрывать лаком, лакировать
baro *m* V. bar 2
barométrico *adj* барометрический
barómetro *m* барометр
barón *m* барон
baronesa *f* баронесса
baronía *f* 1) *(título del barón)* баронство 2) *(territorio del barón)* владение барона
baroscopio *m fís* бароскоп
barquear 1. *vt* переплывать на лодке, переправлять на лодке **2.** *vi* плыть в лодке
barquero *m* лодочник
barquichuelo *m* кораблик
barquilla *f* 1) *(de un globo o aeronave)* корзина, гондола 2) *(molde para pasteles)* форма для теста (в виде лодки)
barquillero *m* 1) продавец вафель 2) *(molde para hacer barquillos)* вафельница
barquillo *m* вафля, вафельная трубочка
barquín *m* кузнечный мех
barquinazo *m* 1) *coloq (en un carruaje)* сильный толчок 2) *coloq* опрокидывание
barra *f* 1) *(de metal)* брус, балка 2) *(palanca)* рычаг, вага 3) *(signo gráfico)* дробь 4) *(de pan)* батон 5) *(barandilla)* перила, балюстрада 6) *(de un bar)* стойка 7) *sport* штанга, занятие штангой 8) *nav* бар, песчаная мель, отмель ◆ ~ **de labios** губная помада ~ **fija** *sport* турник, перекладина ~ **paralelas** *sport* параллельные брусья ~ **asimétricas** *sport* разновысокие брусья
barrabás *m coloq* злодей, негодяй
barraca *f* 1) хижина, лачуга 2) *(para los obreros)* барак
barracón *m* барак
barrado *adj* 1) *(dicho de un tejido)* с грубыми полосами 2) *(dicho de una bandera)* полосатый
barragán 1. *adj obsol* храбрый, бесстрашный **2.** *m obsol* товарищ, друг
barragana *f* любовница, сожительница
barrancal *m* овражистая местность
barranco *m* 1) овраг, ложбина 2) *(despeñadero)* обрыв, пропасть
barranquismo *m sport* скалолазание
barredera *f* механическая щётка, машина для подметания улиц
barredero *adj* волочащий за собой
barredura *f* 1) *(acción)* подметание 2) *(desperdicios)* отходы, шелуха
barreminas *m mil* тралер
barrena *f* 1) *tecn* сверло, бурав 2) *(taladro)* дрель, коловорот
barrenado *adj coloq* чокнутый, ненормальный
barrenar *vt* 1) сверлить, буравить 2) *(dar barreno)* торпедировать, потопить 3) *(desbaratar)* расстроить
barrender|o, -a *m/f* дворни|к, -ца
barrenillo *m* жук-точильщик
barreno *m* 1) бур 2) *(agujero)* просверлённое отверстие, буровая скважина 3) *(agujero con pólvora)* шпур
barreño *m* глиняный таз
barrer *vt* 1) мести, подметать 2) *(no dejar nada)* сметать всё подчистую 3) *(terminar con algo o alguien)* отметать, отбрасывать
barrera[1] *f* 1) перегородка, барьер 2) *(valla de madera)* частокол, палисад 3) *taur* барьер, ограда 4) *(obstáculo)* преграда, помеха, препятствие 5) *sport* стенка ◆ ~ **del sonido** звуковой барьер
barrera[2] *f* 1) *(de extracción de barro)* карьер, где добывают гончарную глину 2) *(para vasijas de barro)* буфет, стенной шкафчик
barretina *f* барретина (каталонский головной убор)
barriada *f* часть квартала
barrial *adj* глинистый
barrica *f* бочонок
barricada *f* баррикада
barrido *m* подметание
barriga *f* 1) *coloq* живот, брюхо *echar* ~ отрастить брюхо 2) *(en una pared)* выгиб стены, выпуклость стены
barrigón *adj coloq* толстобрюхий, брюхатый
barrigudo *adj* пузатый, толстопузый
barriguera *f* подпруга, чересседельник
barril *m* 1) бочка 2) *(de barro)* глиняный кувшин
barrila *f* V. botija
barrilería *f* 1) *(taller)* бочарная мастерская 2) *(tienda)* бочарная лавка
barrilero *m* бочар, бондарь
barrilete *m* зажим, скоба
barrio *m* квартал, район, часть города ◆ ~ **bajo** квартал бедноты **enviar (mandar) al otro** ~ *coloq* отправить на тот свет
barriobajero *adj* грубый, невоспитанный
barrista *m/f sport* гимнаст, который делает упражнения на перекладине
barritar *vi* кричать, трубить (о слоне, носороге)

barrito *m* крик (слона, ногорога)
barrizal *m* болото, топь, трясина
barro[1] *m* 1) жидкая грязь, слякоть 2) *(arcilla)* глина 3) *(vasija de barro)* глиняная посуда
barro[2] *m (en la piel)* прыщ, угорь
barroco 1. *adj* 1) *arte* барочный 2) *(abarrocado)* причудливый, вычурный **2.** *m arte* барокко
barroquismo *m* 1) *arte* барочный стиль 2) *(recargamiento excesivo)* причудливость, вычурность, витиеватость
barroso[1] *adj* глинистый
barroso[2] *adj (dicho del rostro)* прыщавый, угреватый
barrote *m* 1) железная балка, брус 2) *(travesaño)* поперечина, распорка 3) *(cerrojo)* засов, запор
barrueco *m* жемчуг неправильной формы
barruntar *vt* предчувствовать, чуять
barrunto *m* предчувствие, догадка
bartola *inv* : tumbarse a la ~ бездельничать, лежать на боку
bártulos *mpl* вещи, пожитки ♦ **liar los** ~ *coloq* собирать пожитки
barullo *m* шум, беспорядок, неразбериха *armar* ~ поднимать шум
basa *f* V. base
basáltico *adj min* базальтовый
basalto *m* базальт
basamento *m* фундамент, основание, цоколь
basar *vt* 1) *(asentar sobre una base)* закладывать основание 2) *(fundar)* основывать, строить на основе
basarse *vpron* основываться, опираться, полагаться
basca[1] *f (sensación anterior al vómito)* тошнота, позыв к рвоте
basca[2] *f coloq (pandilla)* компания
báscula *f* весы
bascular *vi* качаться, колебаться
base *f* 1) основание, фундамент 2) *(apoyo principal)* основа, базис, база 3) *(lugar de concentración)* база, станция ~ *aérea* авиабаза; ~ *naval* военно-морская база 4) *mat quím* основание ♦ ~ **de datos** база данных
basicidad *f quím* основность
básico *adj* 1) основной, главный, базовый 2) *quím* основный
basilar *adj* основной, расположённый у основания
basílica *f* 1) базилика 2) *(palacio real)* королевский дворец
basilisco *m* василиск ♦ **ponerse hecho un** ~ взбеситься, разъяриться
basta[1] *f (costura)* намётка
basta[2] *interj* хватит!, довольно!, стоп!, баста!
bastante 1. *adj* достаточный, немалый, порядочный **2.** *adv* достаточно, довольно, порядочно
bastar *vi* 1) хватать (чего-л), быть достаточным 2) *(abundar)* иметься в большом количестве, изобиловать
bastardear *vi* вырождаться, дегенерировать
bastardeo *m* вырождение, дегенерация
bastardía *f* 1) вырождение, низость 2) *(dicho de un hijo)* незаконнорождённость
bastardilla *f* курсивный шрифт
bastardo 1. *adj* 1) *(que degenera de su origen)* вырождающийся 2) *(extramatrimonial)* внебрачный, незаконнорождённый 3) *(cursivo)* курсивный **2.** *m* 1) внебрачный ребёнок 2) ублюдок, подонок
bastarse *vpron* **(con u/c)** довольствоваться (чем-л), быть достаточным (что-л кому-л)
bastear *vt* наметать, сметать
bastedad *f* грубость, неотёсанность
basteza *f* V. bastedad
bastidor *m* 1) подрамник, рама 2) *(para bordar)* пяльцы 3) *auto (armazón)* станина, рама 4) *auto (chasis)* шасси 5) *teat* кулисы *entre ~es* за кулисами
bastilla *f* подрубка, подшивка
bastimento *m* 1) корабль, судно 2) *(abastecimiento)* снабжение продовольствием, поставка продовольствия
bastión *m* V. baluarte
basto[1] *m* 1) вьючное седло 2) *cart* трефовая масть
basto[2] *adj* 1) грубый, грубо сделанный, топорный 2) *(áspero)* шершавый, негладкий 3) *(inculto)* неостёсанный, невежественный
bastón *m* 1) трость, посох, палка 2) *(caduceo)* жезл
bastonada *f* V. bastonazo
bastonazo *m* удар тростью
bastoncillo *m* 1) палочка, тросточка 2) *(galón)* узкий галун 3) *biol* палочка
bastonera *f* подставка для зонтов и тростей
basura *f* мусор, отбросы, сор
basural *m Ch.* V. basurero
basurero *m/f* 1) *(persona)* мусорщик 2) *(lugar)* помойка, свалка, мусорная яма 3) *(cubo de la basura)* мусорное ведро
bata *f* халат
batacazo *m* 1) удар (при падении) *pegarse un* ~ грохнуться, шлёпнуться 2) *(fracaso)* крах, провал
bataclán *m Am.* пародия, карикатура
bataclana *f Ch.* потаскуха, шлюха
batahola *f* шум, гам, гвалт
batalla *f* 1) сражение, битва, бой 2) *(torneo)* турнир, состязание 3) *(inquietud)* внутренняя борьба, душевный разлад
batallador *adj* 1) боевой, боинственный 2) *(provocativo)* задорный
batallar *vi* 1) сражаться, биться, воевать 2) *(discutir)* спорить, ссориться
batallón *m mil* батальон
batallona *adj coloq* : cuestión ~ жгучий, животрепещущий вопрос
batán *m* сукновальная машина
batanar *vt* V. abatanar
batanear *vt coloq* бить, колотить
batanero *m* валяльщик
batata *f* батат, сладкий картофель
bate *m sport* бита
batea *f* 1) расписной (декоративный) поднос 2) *(plato)* блюдо, декоративная тарелка 3) *(carruaje)* открытый вагон, платформа
bateador *adj sport* бьющий
batear *vt sport* бить по мячу (битой)
batel *m* лодка, небольшое судно
batelero *m* лодочник

batería *f* 1) аккумулятор, батарейка 2) *mil (de artillería)* батарея 3) *mil (en una embarcación)* батарейная палуба 4) *teat* софит 5) *mús* ударные (инструменты) ◆ ~ **de cocina** кухонная утварь

bater|o, -a *m/f* специалист по шитью халатов

batiborrillo *m* V. batiburrillo

batiburrillo *m* всякая всячина, мешанина

baticola *f* подхвостная часть конского прибора

batida *f* 1) *(caza)* облава 2) *(persecución)* преследование 3) *(exploración)* разведка, патрулирование, прочёсывание

batidera *f* мешалка

batido 1. *adj* 1) *(dicho de un camino)* проторённый, торный 2) *(dicho del oro)* сусальный **2.** *m* 1) молочный коктейль 2) *(masa)* пресное тесто 3) *(claras o yemas batidos)* гоголь-моголь

batidor 1. *adj* взбивающий **2.** *m* 1) V. batidora 2) *mil (explorador)* разведчик 3) *hist (jinete que precede al rey)* кавалергард 4) *(especie de peine)* редкий гребень

batidora *f* взбивалка, венчик

batiente *m* 1) паз, косяк 2) *(de una puerta)* створка 3) *(oleaje)* полоса прибоя

batimiento *m* битьё, хлопанье

batín *m* домашний халат

batintín *m mús* гонг

batir *vt* 1) бить, колотить 2) *(destrozar)* разбивать, разрушать, крушить 3) *(dicho de las olas, viento, lluvia)* бить, хлестать 4) *(dicho de la nata)* взбивать 5) *(el hierro)* плющить, ковать 6) *(al enemigo)* бить, громить 7) *(un lugar)* разведывать, патрулировать, прочёсывать 8) *caza* устраивать облаву, гнать

batirse *vpron* биться, драться, сражаться ~ *cuerpo a cuerpo* сражаться врукопашную

batista *f* батист

batracio 1. *adj* лягушиный **2. -s** *mpl biol* лягушки

Batuecas *fpl* : estar en las ~ витать в облаках

baturrillo *m* смесь, мешанина

baturr|o 1. *adj* арагонский **2., -a** *m/f* арагонец, арагонск|ий, -ая крестьян|ин, -ка

batuta *f* дирижёрская палочка ◆ **llevar la** ~ верховодить, быть главным

baúl *m* сундук, кофр

bauprés *m nav* бугшприт

bautismal *adj relig* крестильный *pila* ~ купель

bautismo *m* крещение, обращение в христианскую веру ◆ ~ **de fuego** боевое крещение

bautista *m relig* священник, совершающий обряд крещения

bautisterio *m* V. baptisterio

bautizar *vt* 1) крестить 2) *(dar nombre)* давать название, называть 3) *(salpicar)* обрызгивать водой, обливать водой

bautizo *m* крестины, крещение

bauxita *f min* боксит

bávar|o 1. *adj* баварский **2., -a** *m/f* бавар|ец, -ка

baya *f* ягода

bayeta *f* байковая тряпка *pasar la* ~ протирать тряпкой

bayo 1. *adj (dicho de un caballo)* буланый **2.** *m (mariposa)* бабочка шелковичного червя

bayoco *m* старинная медная монета

bayoneta *f mil* штык

bayonetazo *m* удар штыком

baza *f* 1) *cart* взятка 2) *(beneficio)* выгода ◆ **meter** ~ вмешиваться, всюду совать свой нос

bazar *m* базар

bazo 1. *adj* коричневый **2.** *m* 1) *med* селезёнка 2) *(color)* коричневый цвет

bazofia *f* 1) *(mezcla de desechos)* объедки 2) *coloq (villanería)* низость, подлость, гадость 3) *(comida poco apetitosa)* баланда

bazooka *m* V. bazuca

bazuca *m mil* базука, гранатомёт

be *f* бэ (название буквы «b»)

beata 1. *adj* V. beato **2.** *f* 1) набожная женщина, благочестивая женщина 2) *(monja)* монахиня, монашка

beatería *f coloq* ханжество

beatificación *f relig* причисление к лику святых, беатификация

beatificar *vt relig* причислять к лику святых

beatífico *adj* блаженный

beatitud *f* счастье, блаженство

beato 1. *adj* 1) *relig* причисленный к лику святых 2) *(muy devoto)* набожный, благочестивый **2.** *m* набожный человек, благочестивый человек

beatón 1. *adj* лицемерный, ханжеский **2.** *m* лицемер, ханжа

bebe *m Am.* ребёнок, малыш

bebé *m/f* малыш, ребёнок

bebedero 1. *adj* пригодный для питья **2.** *m* водопой

bebedizo 1. *adj* питьевой **2.** *m* 1) *(medicina)* лекарственное питьё, лекарственный настой 2) *(veneno)* отрава, яд

bebedor *adj* пьющий

beber *vt/i* 1) пить ~ *agua* пить воду; *dar de* ~ поить 2) *(bebidas alcohólicas)* пить 3) *(emborracharse)* выпивать, пьянствовать

bebible *adj* пригодный для питья, питьевой

bebida *f* напиток, питьё ◆ **darse a la** ~ запить

bebido *adj* выпивший, пьяный

beborrotear *vi* попивать

beca *f* стипендия

becacina *f* бекас

becada *f* вальдшнеп

becado *adj* получающий стипендию

becari|o, -a *m/f* стипендиат, -ка

becerra *f* 1) тёлка 2) *bot* львиный зев

becerrada *f* коррида молодых бычков

becerro *m* 1) молодой бычок 2) *(piel)* хром, хромовая кожа

bechamel *f gastr* бешамель

becuadro *m* бекар

bedel *m* университетский надзиратель, педель

beduin|o 1. *adj* бедуинский **2., -a** *m/f* бедуин, -ка

befa *f* издательство, насмешка

befar *vi (referente al caballo)* двигать нижней губой

befo *adj* 1) *(de labios abultados)* толстогубый, губастый 2) *(zambo)* кривоногий, косолапый

begonia *f bot* бегония

beguina *f relig* бегинка

beicon *m* бекон
beige *adj* бежевый, беж
béisbol *m* бейсбол
bejín *m (seta)* дождевик
bejuco *m* лиана, индийский тростник
Belcebú *pron pers* вельзевул, дьявол
beldad *f* V. belleza
belén *m* 1) изображение рождения Христа 2) *coloq (sitio donde reina la confusión)* бедлам, сумасшедший дом
beleño *m* белена, сонливость
belfo 1. *adj* с отвислой губой **2.** *m* 1) губошлёп 2) *zool* губа
belga 1. *adj* бельгийский **2.** *m/f* бельги|ец, -йка
belicismo *m* 1) воинственность 2) *(espíritu militar)* воинственный дух, дух милитаризма
belicista *adj* воинственный, милитаристский, воинствующий
bélico *adj* военный, боевой
belicosidad *f* воинственность, агрессивность
belicoso *adj* воинственный, агрессивный
beligerancia *f* состояние войны
beligerante *adj* сражающийся, воюющий
belígero *adj* V. belicoso
bellacada *f* 1) *(maldad)* подлость, коварство 2) *(treta)* лукавство, мошенничество
bellaco 1. *adj* 1) *(malo)* низкий, подлый, негодный 2) *(astuto)* лукавый, хитрый **2.** *m* 1) *(persona mala)* негодяй, прохвост 2) *(persona astuta)* плут, пройдоха
belladona *f* белладонна, красавка
bellaquería *f* V. bellacada
belleza *f* 1) красота, краса 2) *(mujer guapa)* красавица
bellido *adj* красивый, прекрасный
bello *adj* 1) красивый, прекрасный 2) *(excelente)* чудесный, превосходный
bellota *f bot* жёлудь
bemba *f* V. bembo
bemb|o 1. *adj* 1) *El Salv.* глупый 2) *Méx.* с толстой губой **2.** *m Ec.* толстая губа **3., -a** *f Am.* рот с толстой отвислой губой
bemol 1. *m mús* бемоль **2.** *adj mús* бемольный
benceno *m quím* бензол
bencina *f* бензин
bencinera *f* V. gasolinera
bendecir *vt* 1) благословлять 2) *(ensalzar)* славить, восхвалять 3) **(con u/c)** *(dotar)* щедро одарять (чем-л)
bendición *f* 1) благословение 2) *(elogio)* восхваление, прославление
bendito *adj* 1) *(feliz)* счастливый, благословенный 2) *(santo)* святой, блаженный 3) *(de pocos alcances)* блаженный, простоватый
benedictino 1. *adj* бенедиктинский **2.** *m* 1) монах-бенедиктинец 2) *gastr* бенедиктин
benedicto *adj* V. bendito
benefactor *adj* V. bienhechor
beneficencia *f* 1) благотворительность 2) *(entidad)* благотворительное общество
beneficiación *f* благодеяние, доброе дело
beneficiado *adj* получающий выгоду
beneficiar *vt* 1) благодетельствовать, делать добро 2) *(hacer aprovechable)* улучшать, совершенствовать
beneficiario *m* получивший в пользование
beneficiarse *vpron* **(de alg o u/c)** извлекать пользу (выгоду) (от кого/чего-л)
beneficio *m* 1) благодеяние, доброе дело 2) *(ganancia)* прибыль, выгода ~ *neto (bruto)* валовая (чистая) прибыль 3) *(tratamiento)* обработка 4) *jur* право, привилегия ◆ **en ~ de alg o u.c.** на благо кому/чему-л.
beneficioso *adj* 1) выгодный, прибыльный 2) *(saludable)* полезный
benéfico *adj* благотворительный, благодетельный
benemérito *adj* достойный, заслуженный
beneplácito *m* одобрение, согласие
benevolencia *f* доброжелательность, благосклонность
benevolente *adj* благосклонный, доброжелательный
benévolo *adj* V. benevolente
bengala *f* бенгальский огонь
bengalí 1. *adj* бенгальский **2.** *m/f* бенгал|ец, -ька **3.** *m* бенгальский язык, бенгали
bengalina *f* муслин
benignidad *f* 1) *(benevolencia)* благодушие, добросердечие, мягкость 2) *(suavidad)* умеренность, мягкость
benigno *adj* 1) *(benevolente)* благодушный, добросердечный, мягкий 2) *(suave)* мягкий, умеренный, благоприятный 3) *med* доброкачественный
benjamín *m* младший сын
benjuí *m quím* росный ладан, бензой
benzol *m quím* бензол
beodo *adj* пьяный, опьяневший
beorí *m zool* американский тапир
bequista *m/f* стипендиат, -ка
berberecho *m* сердцевидка (ракушка)
berberisco *adj* V. bereber
berbiquí *m tecn* коловорот, дрель
bereber, beréber 1. *adj* берберский, берберийский **2.** *m/f* бербер, -ка
berenjena *f* баклажан
berenjenal *m* баклажанное поле ◆ **meterse en un ~** ввязаться в мутное дело, влипнуть в историю
bergamota *f* бергамот
bergamote *m* V. bergamoto
bergamoto *m* бергамотовое дерево
bergante *m* нахал, наглец
bergantín *m* бриг
berilio *m quím* бериллий
berilo *m min* берилл
berlina *f* двухместная карета
berlin|és 1. *adj* берлинский **2., -esa** *m/f* берлин|ец, -ка
bermejo *adj* алый, светло-красный
bermellón *m* киноварь
bermudas *fpl* шорты
berrear *vi* 1) мычать, реветь 2) *coloq (vociferar)* вопить, голосить, орать
berreta *adj Arg. coloq* плохого качества
berrido *m* 1) мычание 2) *(grito)* крик, вопль
berrinche *m* 1) *coloq (enojo)* раздражение, злость 2) *coloq (pataleta)* крик, плач, рёв
berro *m bot* кресс
berrocal *m* скалистая местность
berroqueña *inv* : piedra ~ гранитный камень

berrueco *m* 1) *(lesión ocular)* припухлость на радужной глаза 2) *(roca)* скала, утёс
berza *f* капуста огородная
berzas *m/f coloq* V. berzotas
berzotas *m/f coloq* тупица, невежда
besalamano *m* официальное извещение, письмо, приглашение
besamanos *m* 1) *(ceremonia)* торжественный приём во дворце 2) *(modo de saludar)* целование руки
besamel, besamela *f* V. bechamel
besar *vt* целовать, лобзать
besarse *vpron* целоваться, лобзаться
beso *m* поцелуй, лобзание ◆ **comerse a ~s** зацеловать **~ de Judas** предательский поцелуй, поцелуй Иуды
besotear *vt* зацеловать
bestia 1. *f* животное, зверь, скотина **2.** *m/f* скотина, болван **3.** *adj* грубый, дикий
bestial *adj* 1) животный, звериный, скотский 2) *(extraordinario)* потрясающий, классный
bestialidad *f* 1) скотство, зверство 2) *(atrocidad)* зверское обращение, жестокость 3) *(bestialismo)* неистовство
bestiario *m lit* бестиарий, животный эпос
best-seller *m* бестселлер
besuc|ón, -ona *m/f coloq* любитель, -ница целоваться
besugo *m* краснопёрый спар, морской лещ
besuquear *vt coloq* целовать частыми поцелуями
beta *f* бета
betabel *m Méx.* свёкла
betarraga *f Méx.* V. betabel
betel *m bot* бетель
betún *m* 1) *quím* битум, гуталин 2) *(para el calzado)* гуталин, вакса
bianual *adj* происходящий два раза в год
biatlón *m sport* биатлон, двоеборье
bibelot *m* безделушка
biberón *m* детский рожок, бутылочка с соской
Biblia *f* Библия
bíblico *adj* библейский
bibliófilo *m* библиофил, книголюб
bibliografía *f* библиография, литература
bibliográfico *adj* библиографический
bibliógrafo *m* библиограф
bibliómano *m* библиоман
biblioteca *f* 1) библиотека, книгохранилище 2) *(mueble para libros)* книжный шкаф
bibliotecari|o 1. *adj* библиотечный **2., -a** *m/f* библиотекарь
biblioteconomía *f* библиотековедение
bicameral *adj pol* двухпалатный
bicameralismo *m pol* система двух палат
bicarbonato *m quím* сода, бикарбонат, двууглекислая соль
bicéfalo *adj* двухголовый, двуглавый
bicentenario *m* двухсотлетие
bíceps *m* бицепс, двуглавая мышца
bicha *f* 1) V. bicho 2) *coloq (culebra)* змея
bicharraco *m coloq* животина, скотина
biche *adj Col. (dicho de un fruto)* зелёный
bicho *m* 1) *(animal pequeño)* маленькое животное 2) *(animal en general)* животное, тварь, живое существо 3) *(insecto)* насекомое, букашка, козявка 4) *(reptil)* пресмыкающееся, гад
bici *f* V. bicicleta
bicicleta *f* велосипед **~** *de montaña* горный велосипед; *montar en* **~** ездить (кататься) на велосипеде
bicípite *adj elev* двуглавый
bicoca *f* 1) *coloq (cosa de poco valor)* безделушка 2) *coloq (ganga)* удачная покупка
bicolor *adj* двухцветный
bicóncavo *adj* двояковогнутый
biconvexo *adj* двояковыпуклый
bicórneo *adj elev* двурогий
bicornio *m* двухугольная шляпа
bicromato *adj quím* бихромат
bicuadrado *adj mat* биквадратный
bidé, bidet *m* биде
bidón *m* бидон, жбан
biela *f tecn* шатун, тяга, штанга
bielda *f* большие грабли
bieldar *vt* веять
bieldo *m* грабли
bielorrus|o 1. *adj* белорусский **2., -a** *m/f* белорус, -ка **3.** *m* белорусский язык
biempensante *adj* консервативный, с традиционным мышлением
bien 1. *m* 1) благо, польза 2) *filos* добро **2. -es** *mpl* имущество, состояние *~es inmuebles* недвижимое имущество **3.** *adv* 1) хорошо *estar (sentirse)* **~** чувствовать себя хорошо; *muy* **~** очень хорошо; *bastante* **~** довольно хорошо 2) *coloq (muy, bastante)* очень, вполне, довольно **~** *malo* очень плохой **hacer ~** правильно поступать **hombre de ~** честный человек **llevarse ~** жить в согласии **mal que ~** хочешь-не хочешь **y ~** ну, итак **¡ ~ hecho!** молодец!, правильно! **caer ~** нравиться
bienal *adj* двухгодичный, двухлетний
bienamado *adj* горячо любимый
bienandanza *f* счачтье, удача, счастливая судьба
bienaventurado *adj* 1) блаженный 2) *(feliz)* счастливый, удачливый
bienaventuranza *f* 1) *relig* благодать 2) *(felicidad)* блаженство, счачтье, благополучие
bienestar *m* 1) благосостояние, благополучие, достаток 2) *(físico)* хорошее самочувствие
bienhablado *adj* вежливый, учтивый
bienhechor 1. *adj* благодетельный, благотворительный, совершающий благодеяние **2. , -a** *m/f* благодетель, -ница
bienintencionado *adj* благонамеренный
bienio *m* двухлетие, двухгодичный период
bienmandado *adj* послушный, покорный
bienmesabe *m* 1) *(dulce de claras de huevo y azúcar)* взбитые сливки с сахаром 2) *(dulce de yemas de huevo y almendra)* пирожное
bienquerencia *f* 1) *(buena voluntad)* доброжелательность 2) *(cariño)* привязанность, любовь
bienquerer *vt* 1) *(respetar)* питать уважение 2) *(amar)* проявлять нежность, горячо любить
bienvenida *f* благополучное прибытие ◆ **dar la ~** приветствовать гостя
bienvenido *adj* желанный, званый, дорогой ◆ **¡~!** добро пожаловать!

bienvivir *vi* 1) жить хорошо (зажиточно) 2) *(vivir honestamente)* жить честно, вести разумный образ жизни
bies *m* косая бейка ◆ **al** ~ наискось, вкось
bifásico *adj* двухфазный
bife *m Am.* V. bistec
bifocal *adj fís* бифокальный, двухфокусный
biftec *m* V. bistec
bifurcación *f* разветвление, ответвление
bifurcado *adj* раздвоенный, вилкообразный
bifurcarse *vpron* разветвляться, раздваиваться
bigamia *f* двоежёнство, бигамия
bígamo *m* двоеженец
bigardo *adj* 1) *obsol* распутный, развратный 2) *(perezoso)* ленивый, бездельный
bígaro *m* литорина (вид морской улитки)
bigornia *f* наковальня
bigote *m* усы
bigotudo *adj* усатый
bigudí *m* бигуди
bikini *m* бикини
bilabiado *adj bot* двугубый
bilabial *adj ling* билабиальный, губно-губной
bilateral *adj* двусторонний
bilbaín|o **1.** *adj* относящийся к Бильбао **2.** , **-a** *m/f* житель, -ница Бильбао
biliar *adj anat* жёлчный, желчный *vesícula* ~ желчный пузырь
bilingüe **1.** *adj* двуязычный **2.** *m/f* билингв
bilingüismo *m* билингвизм, двуязычие
bilioso *adj* жёлчный
bilis *f* 1) *anat* желчь, жёлчь 2) *(ira)* желчь, злоба, раздражение
billa *f* карамболь
billar *m* 1) бильярд 2) *(mesa)* бильярдный стол 3) *(sala)* бильярдная
billarista *m/f* бильярдист
billete *m* 1) билет ~ *de lotería* лотерейный билет; ~ *de ida y vuelta* билет туда и обратно 2) *(billete de banco)* купюра, банкнот 3) *(carta)* короткое письмо, записка
billetera *f* бумажник
billetero *m* V. billetera
billón *m* биллион
bilongo *m Cub.* V. brujería
bimembre *adj* двучленный
bimensual *adj* двухнедельный
bimestral *adj* двухмесячный
bimestre *m* двухмесячный срок
bimetalismo *m econ* биметаллизм
bimotor **1.** *adj aero* двухмоторный **2.** *m aero* двухмоторный самолёт
binario *adj mat quím* бинарный, двойной
bingo *m* бинго, лото
binocular *adj* бинокулярный
binóculo *m* бинокль
binóculos *mpl* V. binóculo
binomio *m mat* бином, двучлен
biodegradable *adj* биоразлагаемый
biodiversidad *f* биоразнообразие
biofísica *f* биофизика
biofísico **1.** *m* биофизик **2.** *adj* биофизический
biogénesis *f* биогенез
biografía *f* биография
biografiar *vt* писать биографию
biográfico *adj* биографический
biógrafo *m* биограф
biología *f* биология
biológico *adj* биологический
biólogo *m/f* биолог
biombo *m* ширма
biomecánica *f* биомеханика
biomecánico *adj* биомеханический
biopsia *f* биопсия
bioquímica *f* биохимия
bioquímico **1.** *adj* биохимический **2.** *m* биохимик
biorritmo *m* биоритм
biosfera *f* биосфера
biosíntesis *f* анаболизм
bióxido *m quím* двуокись
bipartición *f* разделение на две части, дихотомия
bipartidismo *m pol* двухпартийность
bipartidista *adj pol* двухпартийный
bipartido *adj* разделённый на две части, раздвоенный
bipartito *adj* состоящий из двух частей
bípede *adj* V. bípedo
bípedo *adj* двуногий
biplano *m* биплан
biplaza **1.** *adj aero auto* двухместный **2.** *m aero auto* двухместный самолёт, двухместная машина
bipolar *adj* биполярный, двухполюсный
biquini *m* V. bikini
birimbao *m mús* биримбау
birlar *vt* 1) *jueg* вторично пускать шар 2) *coloq* стырить, спереть, украсть
birlesco *m coloq* вор, мазурик
birlibirloque *m coloq* por arte de birlibirloque как по волшебству, откуда ни возьмись
birlocha *f jueg* воздушный змей
birlocho *m hist* ландо, четырёхместный открытый экипаж
birman|o **1.** *adj* бирманский **2.**, **-a** *m/f* бирман|ец, -ка
birome *m Arg. Ur. Par.* авторучка
birreta *f* шапочка
birrete *m* берет
birria *f* 1) *(persona ridícula)* посмешище 2) *(adefesio)* урод, рожа 3) *(cosa de poco valor)* дрянь, барахло
bis **1.** *adv* дважды, вторично **2.** *interj mús* бис! **3.** *m* бис *hacer un* ~ играть на бис
bisabuela *f* прабабка, прабабушка
bisabuelo *m* прадед, прадедушка
bisagra *f* 1) дверная (оконная) петля, шарнир 2) *tecn* гладилка, лощило
bisar *vt* повторять на бис, бисировать
bisbisar *vt* цедить сквозь зубы
bisbisear *vt* V. bisbisar
bisbiseo *m* бормотание, шипение
biscuit *m* бисквит
bisecar *vt mat* делить на две равные части
bisección *f mat* деление на две равные части
bisectriz *f mat* биссектриса
bisel *m* скошенный край, фаска
biselado **1.** *adj* скошенный, со снятой фаской **2.** *m* скашивание, снятие фаски
biselar *vt* скашивать край, снимать фаску
bisemanal *adj* выходящий два раза в неделю
bisexual *adj* двуполый, бисексуальный

bisiesto *adj* високосный
bisílabo *adj ling* двусложный, двухсложный
bismuto *m quím* висмут
bisnieta *f* правнучка
bisnieto *m* правнук
bisojo *adj* косой, косоглазый
bisoñé *m* полупарик
bisoño *m* 1) *(recluta)* новобранец, рекрут 2) *(novato)* новичок
bisonte *m* бизон
bisté, bistec *m* бифштекс
bistrecha *f obsol* задаток, аванс
bisturí *m* ланцет, хирургический ножик
bisulco *adj* двукопытный
bisulfato *m quím* бисульфат, кислая сернокислая соль
bisulfito *m quím* бисульфит, кислая сернистокилсая соль
bisunto *adj* грязный, замасленный
bisutería *f* бижутерия
bit *m informát* бит
bita *f nav* битенг
bitácora *f nav* нактоуз *cuaderno de ~* судовой журнал
bíter *m* биттер
bituminoso *adj* битуминозный, битумный
bivalencia *f quím* двувалентность
bivalente *adj quím* двухвалентный
bivalvo *adj* двустворчатый
bizantin|o **1.** *adj* византийский **2., -a** *m/f* византиец
bizarría *f* 1) *(valentía)* мужество, смелость, отвага 2) *(nobleza)* благородство, великодушие
bizarro *adj* 1) *(valiente)* смелый, отважный 2) *(generoso)* благородный, великодушный
bizco *adj* косоглазый
bizcocho *m* 1) *(pan sin levadura)* галета, сухарь 2) *(tipo de masa)* бисквит *~ borracho* ромовая баба
bizma *f* пластырь, припарка
biznieta *f* V. bisnieta
biznieto *m* V. bisnieto
blanca *f hist* бланка (старинная серебрянная монета) ◆ **estar sin ~** не иметь ни гроша
blanco **1.** *adj* 1) белый 2) *(pálido)* бледный 3) *coloq (cobarde)* трусливый **2.** *m* 1) белый, человек белой расы 2) *coloq (cobarde)* трус, заячья душа 3) *(color blanco)* белый цвет 4) *(diana)* цель, мишень 5) *(de los ojos)* белок 6) *(mancha en la piel de los animales)* белая звёздочка, белое пятно 7) *(espacio sin llenar)* пустое место, пробел ◆ **quedarse en ~** остаться без слов **dar en el ~** попасть в цель **ir de punta en ~** быть одетым с иголочки
blancor *m* V. blancura
blancura *f* белизна
blancuzco *adj* беловатый, белёсый
blandengue *m coloq* трус, слабак
blandenguería *f coloq* слабость, хрупкость
blandir *vt* размахивать, трясти
blando **1.** *adj* 1) мягкий, нежный 2) *(moderado)* умеренный 3) *(suave, benigno)* приятный 4) *(flojo, dicho de una persona)* слабый, изнеженный 5) *(complaciente)* уступчивый, снисходительный 6) *coloq (cobarde)* трусливый, малодушный 7) *ling* мягкий **2.** *adv* мягко, удобно
blandura *f* 1) мягкость, нежность 2) *(emplasto)* вытяжной пластырь 3) *(moderación)* мягкость, умеренность 4) *(afabilidad)* приветливость, мягкость
blanqueador **1.** *adj* отбеливающий **2.** *m* отбеливающее средство, отбеливатель
blanquear **1.** *vt* 1) белить, отбеливать 2) *(estucar)* штукатурить **2.** *vi* белеть, становиться белым
blanquecino *adj* беловатый, белёсый
blanqueo *m* 1) беление, отбеливание 2) *(de dinero)* отмывание
blanquillo *adj* белый, чистый
blanquinegro *adj* чернобелый
blanquinoso *adj* V. blanquecino
blanquizco *adj* V. blanquecino
blasfemar *vi* 1) богохульствовать 2) *(maldecir)* сквернословить, браниться
blasfematorio *adj* богохульный
blasfemia *f* 1) богохульство 2) *(injuria)* брань, мат
blasfemo **1.** *adj* богохульный **2.** *m* богохульник
blasón *m* 1) геральдика 2) *(señal heráldica)* геральдический знак 3) *(escudo)* герб
blasonado *adj* знатный, родовитый
blasonar *vt* составлять герб
blasónico *adj* геральдический
blástula *f biol* бластула
bledo *m* марь головчатая ◆ **me importa un ~** мне до лампочки
blefaritis *f med* блефарит
blenda *f min* цинковая обманка
blenorragia *f med* гонорея, триппер
blenorrea *f med* гонорея, триппер
blindado **1.** *adj* бронированный, с бронёй **2.** *m* броненосец
blindaje *m* 1) *tecn (acción de blindar)* бронирование 2) *(coraza)* броня 3) *electrón* (защитный) экран 4) *mil* блиндаж
blindar *vt* бронировать, покрывать бронёй
blíster *m* блистер, блистерная упаковка
bloc *m* блокнот
blocao *m mil* блокгауз
blofear *vi Am.* блефовать
blog *m* блог
blogger *m* блогер, блоггер
blonda *f* блонда
bloque *m* 1) каменная глыба 2) *(paralelepípedo de materia dura)* плита, блок 3) *pol* блок, группировка 4) *(edificio)* корпус, дом 5) *(manzana de casas)* квартал 6) *tecn* блок, узел ◆ **en ~** целиком, в полном обьёме
bloquear *vt* блокировать
bloquearse *vpron* блокироваться
bloqueo *m* 1) блокирование 2) *(militar)* блокада
bluff *m* блеф, обман, надувательство
blúmer *m Am.* трусики, блумер
blusa *f* блузка, блуза, рубашка
boa *f* боа, удав
boato *m* пышность, роскошь, внешний блеск
bobada *f* глупость, вздор
bobalicón *m* дуралей, дурачина
bobería *f* V. bobada

bóbilis *inv* : de ~ задаром
bobina *f* 1) *electr radio* катушка 2) *textl* шпуля, бобина, катушка 3) *impr* рулон бумаги
bobinado *m electr* обмотка
bobinar *vt* мотать, наматывать, обматывать
bob|o 1. *adj* 1) глупый, тупой, бестолковый 2) *(candoroso)* наивный, простоватый **2., -a** *m/f* дурак, дура, болван, тупица ◆ **hacer el ~o** валять дурака
boca *f* 1) рот, ротовая полость 2) *(de un arma)* дуло, жерло 3) *(entrada, salida)* вход, выход ~ *del metro* вход в метро 4) *(persona a quien se mantiene)* рот, едок 5) *coloq (agujero)* дырка, прореха 6) *(sabor)* вкус, букет ◆ ~ **abajo** вниз лицом, ничком ~ **arriba** вверх лицом, навзничь **a pedir de ~** как нельзя лучше, как по заказу **se me hace la ~ agua** у меня слюнки текут **con la ~ abierta** разинув рот **con la ~ chica (chiquita, pequeña)** неохотно, нехотя **hablar por la ~ de otro** повторять чужие слова **meterse en la ~ del lobo** играть с огнём **no decir esta ~ es mía** не раскрывать рта, не проронить ни слова **por la ~ muere el pez** язык мой - враг мой
bocacalle *f* начало улицы, въезд на улицу
bocadillería *f* заведение, где продают бутерброды
bocadillo *m* бутерброд, сэндвич
bocado *m* 1) *(porción de comida que cabe en la boca)* кусок 2) *(un poco de comida)* закуска *tomar un bocado* перекусить 3) *(mordedura)* укус, рана от укуса
bocajarro *inv* : disparar a ~ стрелять в упор
bocallave *f* замочная скважина
bocamanga *f* обшлаг
bocamina *f* вход в рудник
bocanada *f* 1) глоток 2) *(porción de humo)* клуб дыма
bocata *m coloq* V. bocadillo
bocazas *m/f coloq* болтун, -ья
bocel *m* 1) *arquit* валик 2) *(cepillo)* фассоный рубанок, штапик
bocera *f* 1) *(residuo de comida)* остатки пищи на губах 2) *(excoración en los labios)* V. boquera
boceras *m/f* 1) V. bocazas 2) *(persona despreciable)* ничтожный человек, ничтожество
boceto *m* 1) *(esbozo)* эскиз, набросок 2) *(apuntes)* черновые записи, заметки
bocha 1. *f* кегельный шар **2. -s** *fpl* кегли, игра в кегли
bochar *vt jueg* отгонять ударом
bochinche *m Arg.* шум, скандал
bochinchear *vi Arg.* шуметь, скандалить
bochorno *m* 1) летний зной, жара, духота *hace ~* душно 2) *(en el rostro)* румянец, краска на лице 3) *(vergüenza)* позор, стыд
bochornoso *adj* 1) *(sofocante)* знойный, душный 2) *(vergonzoso)* постыдный, позорный 3) *(ofensivo)* оскорбительный
bocina *f* 1) *(instrumento)* рожок 2) *(de un vehículo)* сигнальный рожок, автомобильный сигнал, гудок *tocar la ~* давать звуковой сигнал, сигналить
bocio *m med* зоб
boda *f* свадьба, женитьба
bodega *f* 1) винный погреб 2) *(tienda de vinos)* винный магазин 3) *(despensa)* кладовая 4) *(troj)* амбар, житница 5) *nav* трюм
bodegón *m* 1) закусочная, трактир, харчевня 2) таверна, кабак 3) *arte* натюрморт
bodeguero *m* заведующий винным погребом
bodi *m* боди
bodijo *m* неравный брак, мезальянс
bodorrio *m coloq* пышная свадьба
bodrio *m* 1) бурда, баланда 2) *(cosa mal hecha)* фуфло, фингя
body *m* V. bodi
bofe *m* лёгкое (убойного скота) ◆ **echar el ~** *coloq* работать до седьмого пота
bofetada *f* пощёчина, оплеуха
bofetón *m* V. bofetada
boga *f* гребля ◆ **estar en ~** быть в моде
bogar *vi* грести
bogavante[1] *m nav* загребной
bogavante[2] *m (crustáceo)* омар
bogie *m* ходовая часть транспортного средства
bogotan|o 1. *adj* относящийся к Боготе **2., -a** *m/f* житель, -ница Боготы
bohemia *f* богема
bohemi|o 1. *adj* 1) *(relativo a Bohemia)* богемский, чешский 2) *(gitano)* цыганский 3) *(dicho del tipo de vida)* богемный **2., -a** *m/f* 1) *(natural de Bohemia)* чеш, чешка 2) *(gitano)* цыган, -ка
bohemo *adj* V. bohemio
boicot *m* бойкот
boicotear *vt* бойкотировать
boicoteo *m* V. boicot
boina *f* берет
boira *f* туман
boj *m bot* букс, самшит
bol[1] *m* 1) *(ponchera)* пуншевая чаша 2) *(tazón)* пиала, чаша
bol[2] *m (tipo de arcilla)* глинозём
bola *f* 1) шар ~ *del mundo* земной шар 2) *(canica)* шарик 3) *coloq (mentira)* враньё, враки 4) *(betún)* гуталин, вакса
bolada *f* бросок, удар (мячом)
bolchevique 1. *m/f* большеви|к, -чка **2.** *adj* большевистский
bolcheviquismo *m* V. bolchevismo
bolchevismo *m* большевизм
boleadoras *fpl* болеадорас
bolear[1] **1.** *vt* 1) *Arg. Ur. (lanzar las boleadoras)* охотиться с помощью болеадорас 2) *Méx. (embetunar el calzado)* чистить гуталином (обувь) 3) *Arg. Ur. (enredar a alguien)* впутывать в грязное дело **2.** *vi* 1) *(al billar)* играть на бильярде (не соревнуясь) 2) *(lanzar bolas en cualquier juego)* бросать шары
bolear[2] *vt (arrojar)* бросить, вышвырнуть
bolearse *vpron* перевёртываться, опрокидываться
boleo *m* 1) *(juego)* игра в кегли 2) *(lugar)* кегельбан 3) *Arg. Ur.* охота с болеадорас
bolera *f* кегельбан
bolero *m mús* болеро
boletero *m mil* квартирмейстер
boletín *m* 1) *(publicación de una corporación)* бюллетень, ведомости 2) *(periódico con disposiciones oficiales)* вестник 3) *(libramiento para cobrar dinero)* талон, ордер

boleto *m* билет ~ *de lotería* лотерейный билет
boli *m coloq* V. bolígrafo
boliche *m* 1) кегельный шар 2) игра в кегли, кегли
bólido *m* 1) гоночный автомобиль 2) *astron* болид
bolígrafo *m* (шариковая) ручка
bolillo *m* 1) *(para hacer encajes)* коклюшка (для кружев) 2) *(hueso)* бабка
bolinga *inv coloq* : estar (ir) ~ быть пьяным, быть под хмелем
bolita *f dimin. de* bola
bolívar *m* боливар (денежная единица Венесуэлы)
bolivian|o 1. *adj* боливийский **2., -a** *m/f* боливиец, -йка **3.** *m (moneda de Bolivia)* боливиано
bollera *f vulg desp* лесбиянка
bollería *f* 1) булочная 2) *(pastas)* хлебобулочные изделия
bollo[1] *m* 1) сдобная булка, булочка 2) *(chichón)* шишка
bollo[2] *m (abolladura)* вмятина
bolo 1. *m* кегля **2. -s** *mpl* игра в кегли, кегли, боулинг
bolsa[1] **1.** *f* 1) сумка, мешок 2) *(monedero)* кошель, кошелёк 3) *(dinero de una persona)* деньги, состояние 4) *anat* сумка 5) *med* киста 6) *geol* жила **2. -s** *fpl* мешки (под глазами)
bolsa[2] *f (institución económica)* биржа ~ *de trabajo* биржа труда
bolsillo *m* карман *de* карманный
bolsín *m* чёрная биржа
bolsista *m/f* биржевик, маклер
bolsita *f dimin. de* bolsa
bolso *m* дамская сумочка
boludo *adj Arg. Ur. coloq* глупый, придурковатый
bomba *f* 1) *(explosivo)* бомба, граната 2) *(máquina para impulsar agua)* насос ~ *de agua* водяной насос, помпа; ~ *de calor* тепловой насос 3) *(noticia)* неожиданное известие
bombachas *fpl* 1) *Am.* шаровары 2) *Arg. Ur. (braga)* панталоны, трусы (женские)
bombacho *m* шаровары
bombarda *f* бомбарда
bombardear *vt* бомбить, бомбардировать
bombardeo *m* бомбардировка, бомбёжка
bombardero *m* бомбардировщик
bombazo *m* взрыв бомбы
bombear *vt* 1) *(un líquido)* качать, откачивать 2) *(arrojar bombas)* сбрасывать бомбы, бомбардировать
bombero *m* пожарный, пожарник
bombilla *f* 1) лампочка (электрическая) 2) *(para el mate)* бомбилья (трубка для питья мате)
bombillo *m* вентиляционная труба, сифон
bombita *f* V. bombilla
bombo 1. *adj coloq* ошеломлённый, поражённый **2.** *m* 1) *mús* большой барабан 2) *(de lotería)* лотерейный барабан 3) *(elogio exagerado)* шум, шумиха ◆ **a ~ y platillo** с шумом, с большой помпой
bombón *m* конфета (шоколадная)
bombona *f* газовый баллон
bombonera *f* бонбоньерка
bómper *m Am. auto* бампер
bonach|ón 1. *adj coloq* добродушный, простодушный **2., -ona** *m/f* добря|к, чка, проста|к, -чка
bonaerense 1. *adj* относящийся к Буэнос-Айресу **2.** *m/f* житель, -ница (урожен|ец, -ка) Буэнос-Айреса
bonanza *f* 1) благополучие 2) *nav* штиль, затишье
bonasí *m Cub.* бонаси (рыба)
bonche *m Am.* пучок, горсть
bondad *f* 1) доброта 2) *(inclinación a hacer el bien)* добродушие 3) *(apacibilidad)* мягкость, кротость ◆ **tenga la ~ de decirme** будьте добры, скажите
bondadoso *adj* 1) добрый 2) *(que hace el bien)* добродушный 3) *(de genio apacible)* мягкий, кроткий
bonete *m* 1) *(gorra)* чутырёхугольная шапочка 2) *(clérigo secular)* представитель белого духовенства 3) *(dulcera de vidrio)* стеклянная вазочка (для конфет)
bongó *m Cub.* барабан (разновидность)
boniato *m* батат
bonificación *f* 1) вознаграждение, премия, бонус 2) *(mejora)* улучшение
bonificar *vt* 1) *com* заносить в счёт 2) *(conceder un aumento o un descuento)* давать бонус 3) *obsol (mejorar)* улучшать
boñiga *f* коровий (конский) навоз
bonito[1] *adj* красивый, милый, прекрасный
bonito[2] *m* атлантическая пеламида
bono *m* 1) бон, чек, ордер на получение денег 2) *(para usar un servicio)* абонемент
bonobús *m* абонемент на автобус
bonsái *m bot* бонсай
boom *m* бум
boquear *vi* открывать рот
boquera *f (bocera)* трещинка, болячка (в углах губ)
boquerón *m* анчоус, хамса
boquete *m* 1) *(entrada estrecha)* узкий проход 2) *(brecha)* брешь, пролом
boquiabierto *adj* с открытым ртом (от удивления)
boquiflojo *adj Méx.* болтливый, распространяющий сплетни
boquilla *f* 1) *mús* мундштук 2) *(para los cigarrillos)* мундштук
boquirroto *adj* болтливый
bórax *m quím* бура
borbollar *vi* кипеть, бурлить
borbollón *m* кипение, бурление, клокотание
borbónico *adj* бурбонский
borboritar *vi* V. borbollar
borbotar *vi* V. borbollar
borbotear *vi* V. borbollar
borboteo *m* V. borbollón
borbot|ón *m* V. borbollón ◆ **salir a ~ones** бить фонтаном
borceguíes *mpl* ботинки со шнуровкой
borda[1] *f* 1) *nav* борт 2) *nav (vela)* главный парус ◆ **tirar por la ~** выбрасывать на ветер
borda[2] *f* хижина, шалаш (в Пиренеях)
bordada *f nav* галс при лавировании

bordado 1. *adj* 1) вышитый 2) *coloq (fino)* искусный, безупречный **2.** *m* 1) *(acción)* вышивание 2) *(objeto)* вышивка
bordador, -a *m/f* вышивальщи|к, -ца
bordar *vt* 1) вышивать 2) *coloq (hacer algo muy bien)* делать что-л. очень искусно, безупречно
borde[1] *m* 1) край, кромка, закраина 2) *(orilla)* берег *al ~ del mar* на берегу моря ◆ **al ~ de** на краю чего-л, на грани чего-л
borde[2] *adj* 1) *(dicho de un hijo o de una hija)* внебрачный 2) *(dicho de una planta)* дикий, непривитой 3) *coloq (antipático)* неприятный, хамоватый
bordear *vt* 1) *(ir por el borde)* обходить, огибать 2) *(hallarse en el borde de otra cosa)* окружать, обрамлять, окаймлять 3) *(un grado o un estado)* граничить (с чем-л)
bordelés *adj* относящийся к городу Бордо
bordillo *m* бордюр, поребрик
bordo *m nav* борт *a ~* на борту
boreal *adj* северный *aurora ~* северное сияние
bóreas *m* северный ветер
borgoña *m* бургундское вино
bórico *adj quím* борный *ácido ~* борная кислота
boricua 1. *adj* относящийся к Пуэрто-Рико **2.** *m/f* житель, -ница (уроженец, -ка) Пуэрто-Рико
borla *f* кисть, кисточка
borne *m electr* клемма, зажим
bornear[1] **1.** *vt* 1) выгибать, сгибать 2) *(disponer en orden)* устанавливать, пригонять 3) *(labrar las columnas)* отделывать (колонны) **2.** *vi nav* поворачиваться на якоре
bornear[2] *vt (mirar con un solo ojo)* выверять на глаз (прямизну, ровность)
bornearse *vpron* прогибаться, коробиться (о древесине)
borrachera *f* опьянение, хмель, пьянка
borrachín *adj coloq* пьяненький, подвыпивший
borrach|o 1. *adj* пьяный, опьяневший **2., -a** *m/f* пьяница
borrachuela *f* опьяняющий плевел
borrador *m* 1) *(texto provisional)* черновик 2) *(boceto)* набросок 3) *(para la pizarra)* губка для стирания с доски 4) *(goma de borrar)* резинка, ластик
borradura *f* зачёркивание, стирание
borraja *f* огуречная трава
borrajear *vt* пачкать (марать) бумагу
borrar *vt* 1) *(con la goma)* стирать 2) *(tachar)* зачёркивать, вычёркивать 3) *(de la memoria)* вычёркивать
borrarse *vpron* 1) сгладиться, изгладиться 2) *(darse de baja)* выйти из организации, выписаться
borrasca *f* 1) *(en el mar)* шторм, буря 2) *(en la tierra)* ураган, гроза 3) *meteo* депрессия
borrascoso *adj* 1) штормовой, шквальный 2) *(agitado)* бурный, шумный
borregada *f* стадо барашков
borrego *m* 1) барашек, ягнёнок 2) *(dicho de una persona)* простофиля, дурак
borreguero *adj* годный для выпаса ягнят
borreguillo *m* барашек
borrica *f* 1) ослица 2) *coloq* глупая баба, дура
borricada *f* стадо ослов
borrico *m* 1) осёл 2) *coloq* болван, осёл
borrón *m* чернильное пятно, клякса
borroso 1. *adj* 1) *(impreciso)* неясный, расплывчатый 2) *(dicho de un líquido)* мутный, с осадком **2.** *Adv* мутно
boscaje *m* густой лес, чаща
boscoso *adj* лесной
bosque *m* лес, бор, роща
bosquejar *vt* 1) *(una obra)* делать набросок (эскиз) 2) *(una idea)* излагать в общих чертах, намечать
bosquejo *m* 1) набросок, эскиз 2) *(idea)* проект, идея
bosquimán, bosquimano 1. *m* бушмен **2.** *adj* бушменский
bostezar *vi* зевать
bostezo *m* зевок
bota[1] *f* 1) *(para el vino)* бурдюк, мех 2) *(cuba)* бочка, бочонок
bota[2] *f (calzado)* сапог, ботинок ◆ **ponerse las ~s** воспользоваться моментом
botadura *f* спуск (судна на воду)
botafumeiro *m* ботафумейро (кадило в соборе Сантьяго-де-Компостела)
botana *f* затычка, пробка
botánica *f* ботаника
botánico 1. *adj* ботанический **2.** *m* ботаник
botar 1. *vt* 1) бросать, кидать, швырять 2) *(una embarcación)* спускать (судно на воду) 3) *(un balón)* бить об пол 4) *nav (el timón)* класть, выправлять **2.** *vi* 1) *(dicho de un cuerpo elástico)* отскакивать, отпрыгивать 2) *(dicho de una persona)* подпрыгивать, скакать
botarate *m* 1) сумасброд 2) *Am. Can.* мот, транжира
botavara *f nav* бизань
bote[1] *m (salto)* скачок, прыжок, отскакивание
bote[2] *m (barco pequeño)* шлюпка, лодка, бот
bote[3] *m* 1) *(recipiente)* банка, баночка, жестянка 2) *(propina)* чаевые
botella *f* бутылка
botellero *m* 1) *(fabricante de botellas)* стеклодув 2) *(vendedor de botellas)* продавец бутылок 3) *(mueble)* подставка для бутылок
botería *f* бурдючная мастерская
botero[1] *m (persona que hace botas o pellejos)* бурдючник
botero[2] *m (patrón de un bote)* лодочник
botica *f* 1) *(farmacia)* аптека 2) *(medicamentos)* медикаменты, лекарства
boticario *m* аптекарь, фармацевт
botija *f* глиняный кувшин
botijo *m* кувшин из пористой глины
botillería *f* 1) киоск с прохладительными напитками 2) *obsol* кладовая
botín[1] *m (calzado)* ботинок
botín[2] *m* 1) *(de guerra)* военная добыча, трофей 2) *(de un robo)* награбленное
botiquín *m* аптечка
botón *m* 1) *(en la ropa)* пуговица 2) *(yema)* почка, бутон 3) *(en un mecanismo)* кнопка
botonadura *f* пуговицы
botones *m* посыльный, рассыльный
botulismo *m med* ботулизм

bou *m* 1) *(tipo de pesca)* траловая ловля 2) *(embarcación)* тралер
bóveda *f* 1) *arquit* свод 2) *(cripta)* погреб, подвал
bovino 1. *adj* бычий, воловий **2.** *m* крупный рогатый скот
box[1] *m Méx. Ec.* V. boxeo
box[2] *m* 1) *(establo)* стойло 2) *(compartimento)* отсек, отделение, бокс
boxeador *m* боксёр
boxear *vi* заниматься боксом, боксировать
boxeo *m* бокс
bóxer[1] *m hist* ихетуань, боксёр
bóxer[2] *m (raza de perro)* боксёр
boya *f nav* бакен, буй
boza *f nav* фалинь
bozal *m* намордник, недоуздок
bozo *m* 1) *(vello)* пушок на верхней губе (у подростков) 2) *(parte exterior de la boca)* губы 3) *(para las caballerías)* недоуздок
brabante *m* голландское полотно
bracear *vi* 1) размахивать руками 2) *(nadar con los brazos fuera del agua)* плыть саженками 3) *(esforzarse)* напрягаться, делать усилия
braceo *m* размахивание руками
bracero *m* разнорабочий, чернорабочий
braga[1] **1.** *f (bufanda cerrada)* шарф **2. -s** *fpl* 1) трусы, трусики 2) *(calzón)* штаны
braga[2] *f (cuerda)* трос, строп
bragado *adj* 1) *(dicho del color de un animal)* с пятнами на животе 2) *(de malas intenciones)* злонамеренный, коварный 3) *coloq (firme, enérgico)* решительный, энергичный
bragapañal *f* трусики-подгузники
bragazas *m coloq* тряпка, слюнтяй
braguero *m* грыжевой бандаж
bragueta *f* ширинка, прореха
braguetazo *m* : dar un ~ жениться на богатой
brahmán *m* брахман
brahmanismo *m relig* брахманизм
braille *m* шрифт брайля
bramante *m* 1) шпагат, бечёвка 2) V. brabante
bramar *vi* 1) мычать, реветь, рычать 2) *(dicho del viento)* завывать, рокотать
bramido *m* мычание, рёв, рычание
brandy *m* бренди
branquia *f (espec pl)* жабра
branquial *adj* жаберный
braquial *adj anat* брахиальный, плечевой
brasa *f (espec pl)* раскалённые угли
brasear *vt* жарить на углях
brasero *m* жаровня
brasier *m Am.* лифчик, бюстгальтер
brasileñ|o 1. *adj* бразильский **2., -a** *m/f* бразил|ец, -ка
bravata *f* 1) *(amenaza)* пустая угроза 2) *(baladronada)* хвастовство, бравада
bravear *vi* бравировать, бахвалиться
braveza *f* 1) V. bravura 2) *(ímpetu de los elementos)* сила, ярость
bravío 1. *adj* 1) *(dicho de un animal)* дикий, свирепый 2) *(dicho de una planta)* дикорастущий, дикий 3) *(dicho de una persona)* невоспитанный, грубый **2.** *m* V. bravura
bravo 1. *adj* 1) смелый, храбрый 2) *(bueno)* отличный, превосходный 3) *(dicho del mar)* бурный 4) *(dicho de un toro)* бодливый **2.** *interj* браво!, молодец!
bravuc|ón 1. *adj coloq* хвастливый **2., -ona** *m/f coloq* хвастун, -ья, фанфарон
bravuconada *f coloq* бравада, бахвальство
bravura *f* храбрость, отвага
braza *f* 1) *(medida de longitud)* морская сажень 2) *nav* брас 3) *sport* брасс
brazada *f* взмах рукой
brazado *m* охапка
brazal *m* 1) *sport* бита (для игры в баскский мяч) 2) *(brazalete)* нарукавная повязка 3) *(canal)* отводной канал
brazalete *m* браслет
brazo *m* 1) рука 2) *(de los cuadrúpedos)* передняя нога, лапа 3) *(de un sillón)* ручка, подлокотник 4) *(de un árbol)* ветвь, ветка ◆ **estar cruzado de ~s** сидеть сложа руки **dar el ~ a torcer** сдаться, отступиться **no dar el ~ a torcer** не сдаваться, не давать себя в обиду
brea *f* древесная смола, дёготь
brebaje *m* бурда, пойло
breca *f (pez)* сазан
brecha *f* брешь, пролом, проход
brécol *m* брокколи, спаржевая капуста
brega *f* борьба, сражение, схватка
bregar *vi* бороться, сражаться
breña *f Cub.* крутой склон, заросший кустарником
bretel *m Am.* бретель
bret|ón 1. *adj* бретонский **2., -ona** *m/f* бретон|ец, -ка
breva *f* 1) ранняя фига 2) *(bellota temprana)* скороспелый жёлудь 3) *(cigarro)* сигара (плоская) ◆ **no caerá esa ~** это вряд ли случится
breve 1. *adj* 1) краткий, короткий 2) *(de corta duración)* непродолжительный, кратковременный 3) *ling* краткий **2.** *m* 1) *relig* бреве 2) *mús* целая нота ◆ **en ~** в ближайшее время
brevedad *f* 1) краткость, сжатость 2) *(corta duración)* кратковременность, непродолжительность
brevet *m* аттестат, свидетельство
breviario *m* 1) *relig (libro que contiene el rezo)* молитвенник, бревиарий 2) *(compendio)* краткое наставление, компендий 3) *obsol* записная книжка
brezal *m* заросли вереска
brezo[1] *m (arbusto)* вереск
brezo[2] *m (cuna)* колыбель
bribón *m* 1) *(pícaro)* плут, мошенник 2) *(haragán)* лентяй, бездельник
bribonada *f* плутовство, мошенничество
bricolaje *m* бриколаж
brida *f* 1) узда, повод 2) *tecn* накладка
bridge *m cart* бридж
brigada 1. *f* 1) бригада 2) *mil* бригада **2.** *m mil* старший сержант
brigadier *m* 1) *obsol* бригадный генерал 2) *nav* гардемарин
brillante 1. *adj* 1) блестящий, сверкающий, сияющий 2) *(admirable)* блестящий, великолепный **2.** *m* бриллиант
brillantez *f* блеск, великолепие
brillantina *f* бриллиантин

brillar *vi* 1) блестеть, сиять 2) *(destacar)* блистать, сиять
brillo *m* 1) блеск, сверкание, сияние 2) *(lucimiento)* блеск, великолепие 3) *fís* яркость ◆ **sacar** ~ чистить до блеска, наводить глянец
brincar *vi* скакать, прыгать, подпрыгивать
brinco *m* прыжок, скачок
brindar 1. *vi* **(por alg o u/c)** пить (за кого/что-л), поднимать бокал (за кого/что-л), произносить тост **2.** *vt (ofrecer)* предоставлять, предлагать
brindarse *vpron* **(a u/c)** вызываться (сделать что-л), предложить свои услуги
brindis *m* тост, здравица
brío *m* 1) *(fuerza)* сила, мощь 2) *(resolución)* энергичность, решимость 3) *(garbo)* изящество, непринуждённость
brioso *adj* отважный, решительный
brioso *adj* 1) *(fuerte)* сильный, мощный 2) *(decidido)* энергичный, решительный
briqueta *f* брикет
brisa *f* 1) свежий ветерок 2) *(aire de las costas)* бриз
brisca *f cart* бриска (карточная игра)
brisera *f Am.* ветровое стекло (автомобиля)
británic|o 1. *adj* британский **2., -a** *m/f* британ|ец, -ка
britano 1. *adj* британский **2.** *m* британец
brizna *m* 1) частица, осколок 2) *(de hierba)* волоконце
broca *f* 1) *(carrete)* шпулька 2) *(barrena)* сверло, бурав
brocado *m* парча
brocal *m* 1) *(de un pozo)* закраина колодца 2) *(de la vaina de las armas blancas)* металлическое кольцо (на ножнах)
brocha *f* 1) *(de pintor)* кисть 2) *(de afeitar)* помазок
brochazo *m* мазок
broche *m* 1) застёжка 2) *(adorno)* брошь
brocheta *f* вертел, шампур
bróculi *m* брокколи
bróker *m econ* брокер
broma *f* шутка, шалость, хохма *en* ~ в шутку, шутя; *gastar una* ~ *a alg* пошутить над кем-л
bromear *vi* шутить, подтрунивать
bromista *m/f* шутни|к, -ца
bromo *m quím* бром
bromuro *m quím* бромид
bronca *f* 1) *coloq (riña)* ссора, горячий спор, перебранка 2) *coloq (reprimenda)* нагоняй, выговор *echar una* ~ устроить разнос
bronce *m* 1) бронза 2) *(medalla)* бронзовая медаль, бронза ◆ **edad de** ~ бронзовый век
bronceado 1. *adj* 1) загорелый 2) *(del color del bronce)* бронзового цвета **2.** *m* загар, бронзирование
bronceador *m* крем для загара
broncear *vt* бронзировать, отделывать под бронзу
broncearse *vpron* загорать
broncería *f* изделия из бронзы
broncíneo *adj* бронзовый, похожий на бронзу
bronco *adj* 1) *(dicho de un sonido)* резкий, хриплый 2) *(áspero, sin desbastar)* грубый, шероховатый, шершавый 3) *(dicho de un metal)* хрупкий 4) *(dicho de una persona)* резкий, грубый
broncocele *m med* зоб
bronconeumonía *f med* бронхопневмония
bronquial *adj med* бронхиальный
bronquios *mpl anat* бронхи
bronquítico *adj* больной бронхитом
bronquitis *f* бронхит
broquel *m* 1) небольшой деревянный щит 2) *(escudo)* щит 3) *(amparo)* защита, покровительство
broqueta *f* V. brocheta
brotadura *f* прорастание
brotar *vi* 1) *(salir de la tierra)* прорастать 2) *(echar hojas o renuevos)* пускать почки 3) *(manar)* бить, пробиваться 4) *(empezar a manifestarse)* возникать, появляться
brote *m* 1) *(tallo)* побег, *(yema)* почка, росток 2) *(acción de brotar)* прорастание
broza *f* 1) хворост, опавшая листва 2) *(desecho)* отбросы, отходы 3) *(maleza)* заросли кустарника
brucelosis *f med* бруцеллёз
bruces *fpl obsol* губы ◆ **de** ~ ничком, ниц **caer (darse) de** ~ *coloq* упасть вниз лицом
bruja *f* 1) колдунья, ведьма 2) *coloq (mujer vieja y fea)* ведьма, безобразная старуха 3) *(lechuza)* сова
brujería *f* колдовство, чародейство
brujo *m* колдун, чародей
brújula *f* компас
brujulear 1. *vt coloq* догадываться (о чём-л), предполагать **2.** *vi* бродить
bruma *f* густой туман (в море)
brumo *m* белый очищенный воск
brumoso *adj* туманный, пасмурный
bruñido 1. *adj* блестящий, сверкающий **2.** *m* полировка, шлифовка
bruñidor *m* полировщик, шлифовальщик
bruñir *vt* 1) полировать, шлифовать 2) *(el acero)* воронить 3) *coloq (maquillar)* подкрашивать 4) *Nic. Hond.* досаждать, докучать
bruno[1] *m* чёрная мелкая слива
bruno[2] *adj* чёрный, тёмный
brusco *adj* 1) *(desapacible)* резкий, грубый 2) *(repentino)* внезапный, резкий
brusela *f bot* барвинок
brusquedad *f* 1) резкость, грубость 2) *(carácter repentino)* внезапность
brutal *adj* 1) *(animal)* животный 2) *(violento)* жестокий, зверский 3) *(magnífico)* потрясающий, огромный
brutalidad *f* 1) жестокость, зверство, грубость 2) *(desenfreno)* распущенность, необузданность
bruto *adj* 1) *(necio)* неразумный, глупый, безмозглый 2) *(rudo)* грубый, жестокий, агрессивный 3) *(dicho de un material)* неотделанный, неотшлифованный 4) *com* брутто
bruza *f* жёсткая щётка
bu 1. *m* пугало, бука, страшилище **2.** *interj (употребляется для того, чтобы пугать)* у!, бу! ◆ **hacer el** ~ пугать, устрашать
buba *f* 1) пустула, гнойник 2) *med* опухоль лимфатических желез
bubón *m* бубон (сифилитический)

bubónic|o *adj* бубонный *peste ~a* бубонная чума
bucal *adj* ротовой *cavidad ~* полость рта
bucanero *m* пират, буканьер
bucardo *m* самец дикой козы
búcaro *m* 1) ароматическая глина 2) *(vasija)* сосуд из ароматической глины 3) *(florero)* цветочная ваза
buceador *m* водолаз
bucear *vi* нырять, плавать под водой
buceo *m* подводное плавание, ныряние
buche *m* 1) *(de los pájaros)* зоб 2) *(de los cuadrúpedos)* желудок 3) *coloq* брюхо, утроба
bucle *m* 1) локон, завиток 2) *tecn* петля
bucólico *adj* буколический, пасторальный
Buda *m* Будда
budín *m* пудинг
budismo *m* буддизм
budista **1.** *adj* буддийский **2.** *m/f* буддист, -ка
buen *adj (краткая форма от «bueno», употребляется перед сущ. и гл.)* V. bueno *buen tiempo* хорошая погода; *¡buen día!* добрый день!, здравствуйте!
buenamente *adv* 1) *(fácilmente)* легко, удобно 2) *(voluntariamente)* охотно, добровольно
buenaventura *f* 1) счастье, удача 2) *(adivinación)* гаданье
buenazo *m coloq* добряк
buen|o **1.** *adj* 1) хороший *un libro ~o* хорошая книга 2) *(bondadoso)* хороший, добрый 3) *(conveniente, útil)* хороший, годный, пригодный 4) *(oportuno)* подходящий, удобный 5) *(grande, considerable)* хороший, большой, значительный, порядочный 6) *(agradable)* приятный, хороший 7) *(saludable)* здоровый, полезный 8) *(sano)* здоровый **2.** *interj* 1) *(expresando aprobación)* хорошо, ладно 2) *(basta)* довольно!, хватит! ◆ **¡~os días!** добрый день!, здравствуйте! **de ~as** в хорошем настроении **por las ~as** по хорошему **de ~as a primeras** вдруг, внезапно, ни с того ни с сего
buey *m* вол
buf *interj coloq (употребляется для выражения усталости, досады или удушья)* уфф!, фу!
búfala *f* буйволица
búfalo *m* буйвол
bufanda *f* шарф
bufar *vi* сопеть, храпеть
bufé *m* V. bufet
bufeo *m Am.* дельфин
bufet *m* 1) *(comida)* фуршет 2) *(mueble)* буфет 3) *(local para tomar refracción ligera)* буфет
bufete *m* 1) *(mueble)* письменный стол 2) *(oficina)* контора
bufido *m* 1) *(de un animal)* сопенье, храп, фырканье 2) *coloq fig* ворчанье, фыркание
buf|o *adj* 1) гротескный, комический, буффонный *comedia ~a* комедия-буфф; *ópera ~a* опера- буфф 2) V. bufón 2
bufón[1] *m* V. buhonero
bufón[2] **1.** *adj* шутовской, фиглярский **2.** *m* шут
bufonada *f* 1) шутовство, буффонада 2) *(chanza satírica)* злая шутка, насмешка
buganvilla *f* бугенвиллея
buhardilla *f* чердак
búho *m* филин
buhonero *m* бродячий торговец, лоточник
buitre **1.** *m* гриф **2.** *m/f (dicho de una persona)* хищник, хапуга
buitrón *m pesc* верша
bujarra *m vulg desp* V. bujarrón
bujarrón *m vulg desp* гомосексуалист, педераст
bujeo *m* тинистая местность
bujía *f* свеча (зажигания)
bula *f hist* булла ◆ **tener ~** пользоваться привилегией, пользоваться особым отношением
bulbo *m* луковица
bulboso *adj* луковичный
bule *m Méx.* тыква (разновидность)
bulerías *fpl mús danz* булериас (народная песня и танец)
bulevar *m* бульвар
búlgar|o **1.** *adj* болгарский **2., -a** *m/f* болгар|ин, -ка **3.** *m* болгарский язык
bulimia *f* нервная булимия
bulín *m nav* булинь
bulla *f* 1) *(ruido)* шум, гам 2) *(concurrencia de gente)* толпа
bullabesa *f gastr* буйабес
bullanga *f Ch.* V. bulla
bullanguero *m* буян, крикун, скандалист
bulldog *m* бульдог
bullicio *m* 1) *(ruido)* шум, гам 2) *(alboroto)* беспорядки
bullicioso *adj* 1) *(ruidoso)* шумный, людный 2) *(inquieto)* живой, непоседливый 3) *(alborotador)* мятежный
bullir *vi* кипеть, бурлить
bulo *m* ложный слух, утка
bulón *m Arg. Ur. Par.* болт
bulto *m* 1) объём, большие размеры 2) *(cuerpo indistinguible)* неясная фигура, непонятный предмет 3) *(fardo)* тюк, узел 4) *(inflamación)* припухлость, опухоль
bumerán *m* бумеранг
bungaló *m* V. bungalow
bungalow *m* бунгало
búnker *m* бункер
buñolería *f* лавка, торгующая пончиками
buñolero *m* продавец пончиков
buñuelo *m* пончик
buque *m* 1) судно, корабль *~ de guerra* военный корабль; *~ mercante* торговое судно; *~ insignia* флагман, флагманский корабль 2) *(casco)* корпус судна 3) *(capacidad)* ёмкость, вместимость
burbuja *f* пузырь, пузырёк
burbujear *vi* пузыриться
burda *f nav* бакштаг
burdégano *m* лошак
burdel *m* публичный дом, бордель
burdeos *m* 1) *(vino)* бордо 2) *(color)* бордовый цвет
burdo *adj* 1) *(basto)* грубый, толстый 2) *(tosco)* грубый, балаганный
burear *vt* **(a alg)** *Am. coloq* подшучивать (над кем-л.), подтрунивать (над кем-л.)
bureo[1] *m* веселье, гулянка
bureo[2] *m hist* дворцовый совет

burgal|és 1. *adj* бургосский, относящийся к Бургосу **2.**, **-esa** *m/f* житель, -ница (урожен|ец, -ка) Бургоса
búrguer *m* V. hamburguesería
burgu|és 1. *adj* буржуазный **2.**, **-esa** *m/f* буржуа, -зка, буржуй, -ка
burguesía *f* буржуазия
buril *m* гравёрный резец
burilar *vt* гравировать (резцом)
burla *f* насмешка, издёвка, глумление *hacer ~ de alg* насмехаться над кем-л., издеваться над кем-л.
burlador 1. *adj* насмешничающий **2.** *m* 1) насмешник, шутник 2) *(libertino seductor)* соблазнитель, обольститель
burlar *vt* 1) *(engañar)* обманывать, надувать 2) *(esquivar)* обходить
burlarse *vpron* **(de alg o u/c)** насмехаться (над кем/чем-л), издеваться (над кем/чем-л), глумиться (над кем/чем-л)
burlesco *adj* шутовской, комический
burlón *adj* шутливый, насмешливый
buró[1] *m (escritorio)* бюро, письменный столик
buró[2] *m (órgano político)* бюро
burocracia *f* бюрократия
burócrata *m/f* бюрократ, -ка
burocrático *adj* бюрократический
burocratismo *m* бюрократизм
burra *f* 1) ослица 2) *coloq desp (dicho de una mujer)* дура, глупая женщина
burrada *f* 1) табун ослов 2) *coloq (dicho o hecho necio)* глупая выходка 3) *coloq (gran cantidad)* большое количество, уйма
burrajo *m* кизяк
burreño *m* V. burdégano
burrero *m* погонщик (хозяин) ослов
burrito *m* буррито (пшеничная лепёшка с начинкой)
burro *m* 1) осёл 2) *coloq desp (dicho de una persona)* дурак, невежда, осёл 3) *(armazón)* козлы (для пилки дров)
bursátil *adj* биржевой
bus *m coloq* V. autobús
busca *f* поиски, разыскивание, розыск *en ~ de alg o o.c.* в поисках кого/чего-либо
buscador 1. *adj* разыскивающий, ищущий **2.** *m* 1) искатель 2) *informát* браузер
buscaminas *m* миноискатель
buscapiés *m* шутиха (фейерверк)
buscar *vt* искать, разыскивать
busca|rse *vpron* 1) искать (себе) *~rse trabajo* искать (себе) работу 2) *(provocar)* добиваться (чего-л) *él se lo ha ~do* он сам этого добился
buscón *m* вор, жулик
buscona *f* проститутка
buseca *f Arg. Ur. gastr* бусека (жаркое из внутренностей)
buseta *f Ven. Ec. Col. C. Rica* маленький автобус
busilis *m coloq* загвоздка, закавычка ◆ **ahí está el ~** вот, где собака зарыта
búsqueda *f* поиски
busto *m* бюст
butaca *f* кресло
butacón *m* кресло
butanero *m coloq* развозчик баллонов бутана
butano *m* бутан
butifarra *f* бутифарра (каталонская свиная колбаса)
butrón *m* отверстие для того, чтобы воровать
buyón *m Arg. coloq* желудок
buzo *m* водолаз
buzón *m* почтовый ящик
bypass *m* V. baipás
byte *m informát* байт

C

¡ca! *interj* что ты!, никоим образом!, куда там!
cabal *adj* точный, правильный, верный
cábala *f* 1) *relig* каббала 2) *(vaticinio)* гадание
cabalar *vt* дополнять
cabalgada *f* 1) *(marcha)* кавалерийский поход 2) *hist (tropa)* кавалерийский отряд
cabalgadura *f* V. caballería
cabalgar1 *m obsol* сбруя
cabalgar2 *vt/i* ездить верхом
cabalgata *f* кавалькада
cabalista *m/f* последователь, -ница кабалистического учения
cabalístico *adj* кабалистический
caballa *f* макрель, скумбрия
caballada *f* табун лошадей
caballaje *m* случка (лошадей, ослов)
caballar *adj* конский, лошадиный
caballeresco *adj* рыцарский
caballería *f* 1) конница, кавалерия 2) *(animal)* верховое (вьючное) животное 3) *(instituto de los caballeros)* рыцарство
caballeriza *f* конюшня
caballerizo *m* конюх
caballero *m* 1) *(hidalgo)* кабальеро, рыцарь 2) *(hombre que se porta con nobleza y generosidad)* джентльмен 3) *(fórmula de cortesía)* господин, сударь
caballerosamente *adv* по-джентльменски, по-рыцарски
caballerosidad *f* рыцарство, благородство
caballeroso *adj* джентльменский, благородный
caballeta *f* V. saltamontes
caballete *m* 1) *(de un tejado)* конёк 2) *(para el lino)* трепало, трепалка 3) *(de pintor)* мольберт
caballista *m* хороший наездник
caballito *m* : ~ de mar морской конёк
caballo *m* 1) лошадь, конь 2) *ajedr* конь ◆ **a ~** верхом
caballuno *adj* лошадиный, конский
cabaña *f* 1) хижина, шалаш 2) *(conjunto de cabezas de ganado)* поголовье скота
cabañero *adj* 1) относящийся к хижине 2) *(pastoril)* пастушеский
cabaré *m* V. cabaret
cabaret *m* кабаре
cabás *m* корзинка
cabe *prep obsol* около, возле
cabecear *vi* качать головой
cabeceo *m* качание головой
cabecera *f* изголовье
cabecilla *m* главарь, вожак
cabellera *f* шевелюра, волосы на голове
cabello *m* волос, волосы ◆ **~ de ángel** варенье из тыквы
cabelludo *adj* волосатый *cuero ~* кожа головы
cabe|r *vi* 1) вмещаться, умещаться, укладываться 2) *(dicho de la ropa)* быть впору 3) *(encajar, convenir)* подходить, годиться 4) *(ser posible)* быть возможным *todo ~* всё возможно; *no ~ duda* несомненно
cabestrar *vt* надевать недоуздок
cabestrillo *m* перевязь
cabestro *m* 1) *(ronzal)* повод, недоуздок 2) *(buey que sirve de guía)* бык-вожак
cabeza 1. *f* 1) голова 2) *(principio o parte extrema)* начало, край 3) *(de un alfiler o un martillo)* головка 4) *(inteligencia)* ум, способности 5) *(persona)* голова, человек *a tres euros por cabeza* по три евро с каждого (с человека) 6) *(res)* голова (скота) **2.** *m (persona que gobierna)* глава, руководитель, начальник *~ de familia* глава семьи ◆ **bajar la ~** беспрекословно повиноваться **~ de turco** козёл отпущения **de ~** очертя голову **metérsele a uno en la ~ una cosa** вбить себе в голову **no levantar uno ~** не вылезать из нужды **romperse la ~ en u.c.** ломать голову над чем-л **tener (mucha) ~** быть башковитым (с головой), быть благоразумным **a la ~** во главе **calentarle a uno la ~** надоедать, морочить голову (кому-л) **calentarse uno la ~** переутомляться, сушить себе мозги **mala ~** безрассудный человек, сумасброд **pasarle a uno por la ~** прийти в голову кому-л. **perder la ~** сойти с ума **quitar a uno de la ~ una cosa** переубедить кого-л **sentar la ~** браться за ум **subirse a la ~** ударить в голову
cabezada *f* 1) удар головой 2) *(al dormirse)* кивание головой (при дремоте)
cabezal *m* подушечка, думка
cabezazo *m* V. cabezada
cabezo *m* 1) *(monte)* холм, горка 2) *(cumbre)* вершина горы
cabezón *adj* 1) *coloq (terco)* упрямый 2) *coloq (de cabeza grande)* большеголовый
cabezonada *f coloq* упрямство
cabezonería *f coloq* упрямство
cabezota *m/f coloq* упрям|ец, -ица
cabezudo *adj* 1) *(de cabeza grande)* большеголовый 2) *coloq (tozudo)* упрямый, строптивый
cabida *f* ёмкость, вместимость *tener cabida* вмещаться
cabildear *vi* интриговать, строить козни
cabildero *m* интриган
cabildo *m* 1) *relig* капитул (церковный) 2) V. ayuntamiento
cabina *f* 1) кабина, будка 2) *(camarote)* каюта
cabiner|o, -a *m/f Ec. Col.* стюард, -есса
cabio *m* балка, брус
cabizbajo *adj* с опущенной (поникшей) головой, печальный
cable *m* 1) *(maroma gruesa)* канат, трос 2) *nav* якорная цепь 3) *(eléctrico)* кабель, провод ◆ **echar un ~ a alg** выручить, помочь
cableado *m* прокладка кабеля

cablear *vt* проводить (прокладывать) кабель
cablegrama *m* каблограмма
cabo *m* 1) *(extremo)* конец 2) *(parte que queda de algo)* остаток, кончик 3) *(mango)* рукоятка, ручка 4) *geogr* мыс 5) *mil* ефрейтор, капрал ◆ **al ~ de** через, по истечении **al fin y al ~** в конце концов **~ suelto** непредвиденное обстоятельство, нерешённый вопрос **de ~ a rabo** от начала до конца **atar ~s** пытаться разобраться в чём-л. **llevar a ~** осуществлять
cabotaje *m nav* каботаж
cabra *f* коза
cabrahígo *m* лесная (дикая) смоковница
cabrales *m* кабралес (разновидность сыра)
cabreado *adj coloq* раздражённый
cabrear *vt coloq* злить, раздражать
cabrearse *vpron coloq* злиться, сердиться
cabreo *m coloq* злость, раздражение
cabrerizo **1.** *adj* козий **2.** *m* V. cabrero
cabrestante *m tecn* кабестан, вертикальный ворот
cabria *f* лебёдка, подъёмные козлы
cabrío *adj* козий, козлиный
cabriola *f* 1) *(en la danza)* пируэт 2) *(voltereta)* кувыркание 3) *(de un caballo)* кабриоль
cabriolé *m* 1) кабриолет, двуколка 2) *auto* кабриолет, автомобиль с откидным верхом
cabritilla *f* шевро
cabritillo *m* козлёнок
cabrito *m* 1) козлёнок 2) *coloq euf* V. cabrón 2
cabro *m* V. cabrón 1
cabrón *m* 1) *(animal)* козёл 2) *desp vulg (dicho de una persona)* подонок, сволочь, козёл
cabronada *f coloq* подлость, гнусность, низость
cabruñar *vt reg* отбивать косу
cabruno *adj* козий, козлиный
cabuyería *f nav* такелаж
caca *f* 1) *coloq infant* кака, какашка *hacer ~* какать 2) *coloq (cosa de poco valor)* дерьмо, дрянь
cacahual *m* плантация какао
cacahué *m* V. cacahuete
cacahuete *m* арахис, земляной орех
cacao *m* какао
cacaotal *m* V. cacahual
cacaraquear *vi Am.* V. cacarear
cacarear *vi* кудахтать, кукарекать
cacareo *m* кудахтанье, кукареканье
cacatúa *f* какаду
cacera[1] *f (canal)* оросительный канал
cacera[2] *f* V. cacería
cacería *f* охота
cacerola *f* кастрюля
cacerolada *f* марш протеста с кастрюлями
cacha[1] *f* 1) *(chapa en el mango de navajas o cuchillos)* щека рукоятки 2) *(mango de cuchillo o navaja)* рукоятка 3) *(anca de liebre o conejo)* задняя ножка 4) *(carrillo)* V. cachete 5) V. nalga ◆ **hasta las ~s** донельзя, по горло
cacha[2] *f* V. cuerna
cachaco *adj Col.* галантный, услужливый
cachalote *m* кашалот
cachapa *f Ven.* булочка из кукурузной муки
cachar[1] *vt* разбивать, раскалывать
cachar[2] *vt* 1) *Bol. Col. Am. Cent. (agarrar al vuelo)* ловить 2) *Am. Cent.* V. hurtar 3) *Am. Mer. Am. Cent. coloq (sorprender)* заставать врасплох
cacharrazo *m coloq* удар (каким-л. предметом)
cacharrería *f* посудный магазин
cacharro *m* 1) посуда, посудина 2) *coloq (aparato viejo)* барахло, хлам
cachas *adj coloq* мускулистый, накаченный
cachaza *f* 1) *(aguardiente)* водка из мелассы (патоки) 2) *coloq (parsimonia)* медлительность, флегматичность
cachazudo *adj* медлительный, флегматичный
cache *m* закоулок, укромное местечко
caché *m* 1) *(respeto)* уважение, изысканность 2) *(cotización)* гонорар 3) *informát* кэш
cachear *vt* обыскивать
cacheo *m* обыск
cachetada *f* пощёчина
cachete *m* пощёчина *dar un ~* дать пощёчину
cachetero *m* короткий кинжал
cachetudo *adj* V. carrilludo
cachicamo *m Am.* броненосец
cachicán *m* 1) V. capataz 2) *coloq (persona astuta)* хитрец, ловкач
cachillada *f* приплод, помёт
cachimba *f* 1) курительная трубка 2) *Arg. Ur. (pozo)* колодец
cachipolla *f (insecto)* подёнка, однодневка
cachiporra *f* булава, палица
cachivache *m* барахло, хлам
cacho *m* кусок, обрывок, осколок
cachondearse *vpron* **(de alg o u/c)** *coloq* издеваться (над кем/чем-л), подсмеиваться (над кем/чем-л)
cachondeo *m coloq* насмешка, издёвка
cachondez *f* похоть
cachondo *adj* 1) *coloq* сексуально возбуждённый, похотливый 2) *coloq (divertido)* любящий пошутить, хохмач
cachorro *m* 1) *(perro de poco tiempo)* щенок 2) *(hijo pequeño de los mamíferos)* детёныш
cachucha *f* 1) *(bote)* небольшая лодка 2) *(especie de gorra)* флотская фуражка
cachupín *m Am. coloq desp* качупин (прозвище испанцев, переселившихся в Северную Америку)
cacicada *f* деспотиное поведение
cacique *m* касик, крупный землевладелец
caciquil *adj* относящийся к касику
caciquismo *m* деспотиное поведение
caco *m coloq* вор, жулик
cacofonía *f* какофония
cacofónico *adj* какофонический
cactus *m* кактус
cacumen *m* 1) *coloq (agudeza)* проницательность, дальновидность 2) *obsol (altura)* возвышенность
cada *adj* каждый, всякий *~ uno* каждый; *~ cual* каждый, всякий; *~ vez* каждый раз; *~ día* каждый день
cadalso *m* 1) *(para ejecuciones)* эшафот 2) *(para actos solemnes)* трибуна
cadáver *m* труп
cadavérico *adv* трупный
caddie *m sport* мальчик в гольфе
cadena **1.** *f* 1) цепь, цепочка 2) *(sucesión de cosas o hechos)* цепь, ряд, вереница *~ de*

acontecimientos цепь событий; ~ *alimenticia* пищевая цепь 3) *(de establecimientos o instalaciones)* сеть ~ *de restaurantes* ресторанная сеть 4) *(canal de televisión)* программа, канал 5) *(equipo de sonido)* музыкальный центр 6) *geol* горная цепь 7) *quím* цепь *reacción en* ~ цепная реакция 8) *(instalación industrial)* цепь ~ *de producción* сборочный конвейер 9) *jur* заключение ~ *perpetua* пожизненное заключение **2. -s** *fpl* цепи, оковы

cadencia *f* 1) *(serie de sonidos o movimientos)* темп, частота 2) *(en la prosa o en el verso)* размер, ритм 3) *mús* каденция

cadencioso *adj* ритмичный, размеренный

cadera *f* бедро, ляжка

cadetada *f coloq* мальчишество, ребячество

cadete *m* кадет, юнкер

cadí *m* кади (мусульманский судья-чиновник)

cadillo *m* 1) *(planta)* репейник 2) *(verruga)* бородавка

cádmico *adj quím* кадмиевый

cadmio *m quím* кадмий

cadozo *m* водоворот

caducar *vi* 1) *(perder virtualidad)* истекать срок годности (чего-л) 2) *(pasar de moda)* устаревать, выходить из употребления 3) *(dicho de una ley)* терять силу

caduceo *m mitol* кадуцей, жезл Меркурия

caducidad *f* 1) устарелость, ветхость 2) *jur* утрата силы 3) *(fecha límite de consumo)* срок годности

caduco *adj* 1) *(decrépito)* дряхлый, немощный 2) *(anticuado)* устаревший 3) *(dicho de las hojas)* опадающий каждый год 4) *ling* беглый, выпадающий

caduquez *f obsol* V. caducidad

caedizo *adj* неустойчивый, шаткий

caer *vi* 1) падать, валиться 2) *(pender, inclinarse)* падать, наклоняться, валиться 3) *(dicho del pelo)* падать, выпадать, лезть 4) *(dicho de las hojas)* падать, опадать, осыпаться 5) *(en una trampa)* попасться, угодить 6) **(en u/c)** *(en un estado)* впадать (во что-л.) ~ *en el abatimiento* впасть в уныние 7) *(ser derrotado)* пасть, быть свергнутым (побеждённым) 8) *(estar situado)* находиться, быть расположенным 9) *(en una fecha)* падать, приходиться *la fiesta cae en viernes* праздник приходится на пятницу 10) *(llegar a comprender)* понимать (улавливать) смысл *ahora caigo* теперь я понимаю 11) *(en el frente)* пасть, погибнуть ◆ **caer bien** нравиться, приходиться по душе ~ **en la cuenta** понимать, улавливать смысл **dejar** ~ 1) уронить, выронить 2) *(en una conversación)* обронить **dejarse** ~ изредка показываться **está al** ~ вот-вот должен прийти

caerse *vpron* падать, валиться

café *m* 1) кофе ~ *solo* чёрный кофе 2) *(cafeto)* кофейное дерево

cafeína *f* кофеин

cafetal *m* кофейная плантация

cafetera *f* кофейник, кофеварка

cafetería *f* кафе, кафетерий

cafetero 1. *adj* кофейный **2.** *m* рабочий на кофейной плантации

cafetín *m* кафетерий, забегаловка

cafeto *m* кофейное дерево

cafiche *m Ch.* сутинёр

cafre 1. *adj* 1) кафрский 2) *(bárbaro y cruel)* варварский, жестокий 3) *(zafio y rústico)* грубый, невоспитанный **2.** *m/f* 1) кафр 2) *(bárbaro)* варвар 3) *(zafio)* грубиян, -ка, невежа

caftán *m* кафтан

cafúa *f Am.* тюрьма

cagada *f* 1) *vulg (defecación)* испражнение 2) *vulg (error)* промашка, оплошность

cagadero *m vulg* отхожее место

cagado *adj coloq* трусливый, малодушный

cagafierro *m* окалина железа

cagajón *m* конский навоз

cagalera *f coloq* понос

caganidos *m* 1) последний птенец в выводке 2) *(hijo último de una familia)* последний ребёнок в семье

cagar *vi coloq* какать, срать ◆ **~la** *coloq* испортить что-л.

cagarruta *f coloq* кал, какашка

cagarse *vpron* 1) *coloq* какать, срать 2) *coloq (acobardarse)* струхнуть, обделаться, наложить в штаны 3) **(en alg o u/c)** *vulg (para expresar desprecio)* срать (на кого/что-л)

cagatintas *m/f coloq desp* чинуша, канцелярская крыса

cagón 1. *adj* 1) *coloq* часто испражняющийся 2) *coloq (cobarde)* пугливый, трусливый **2.** *m coloq* трус

caguera *f coloq* понос

cagueta *adj coloq* V. cagado

caíble *adj* шаткий, неустойчивый

caída *f* 1) падение 2) *(de las hojas)* опадание

caído 1. *adj* упавший **2.** *m (muerto)* павший ◆ **como ~ del cielo** как будто с неба упал

caima *adj Bol.* безвкусный, пресный

caimán *m* кайман

cainita *f min* каинит

caja *f* 1) ящик, короб, коробка ~ *de herramientas* ящик для инструментов 2) *(de seguridad)* сейф, несгораемый шкаф 3) *(ataúd)* гроб 4) *(que protege un mecanismo)* коробка, корпус, кожух ~ *de cambios* коробка передач 5) *(para hacer pagos)* касса ~ *de ahorros* сберегательная касса ◆ ~ **de música** музыкальная шкатулка

cajero *m* кассир ◆ ~ **automático** банкомат

cajeta[1] *f Arg.* ящик (для пожертвований)

cajeta[2] *f nav* сезень

cajetilla *f* пачка (сигарет)

cajetín *m* штамп (для документов)

cajista *m/f impr* наборщи|к, -ца

cajón *m* 1) ящик, сундук 2) *(en un mueble)* выдвижной ящик ◆ **ser de** ~ быть само собой разумеющимся

cajuela *f* 1) *Cub.* кахуэла (дерево из семейства молочайных) 2) *Méx.* багажник

cal *f* известь ~ *viva* негашёная известь ◆ **una de ~ y otra de arena** счастье с бессчастьем - ведро с ненастьем

cala *f* небольшая бухта

calabacear *vt coloq* отказать жениху

calabacín *m* кабачок

calabaza *f* тыква ◆ **dar ~s** отказать жениху

calabobos *m coloq* изморось, мелкий дождь
calabozo *m* 1) *(cárcel)* тюрьма, подземелье 2) *(cámara de castigo)* карцер, одиночная камера
calabrote *m nav* трёхжильный канат, трос
calada *f* 1) промокание, погружение в жидкость 2) *(a un cigarrillo)* затяжка
calado *m* 1) *(encaje)* кружево, гипюр 2) *(taladro en madera, metal, etc.)* ажурная резьба 3) *nav* осадка судна
calafate *m* корабельный конопатчик
calafatear *vt* конопатить
calamar *m* кальмар
calambre *m* судорога, спазм
calambur *m* каламбур
calamidad *f* бедствие, несчастье, беда *pasar ~es* терпеть невзгоды
calamina *f min* галмей, гемиморфит
calamitoso *adj* несчастный, злосчастный, злополучный
cálamo *m* 1) *(especie de flauta)* античная флейта 2) *(para escribir)* калям 3) *poét (caña)* тростинка
calamocha *m* цвет светлой охры
calaña *f* 1) *(modelo)* образец, модель 2) *(naturaleza de alguien)* склад, нрав *ser de mala ~* быть плохого нрава
calandrar *vt tecn* каландрировать, лощить
calandria *f* степной жаворонок
calar 1. *vt* 1) пропитывать, мочить 2) *(atravesar)* пронзать, протикать, прокалывать 3) *coloq (conocer las intenciones)* угадывать намерения, видеть насквозь 4) *coloq (comprender el sentido de algo)* понимать, постигать **2.** *vi nav* иметь осадку
calarse *vpron* 1) *(mojarse)* промокнуть насквозь 2) *(dicho de un motor)* заглохнуть (о двигателе)
calavera 1. *f* череп **2.** *m* кутила, гуляка
calaverada *f* безрассудство, сумасбродство
calcado 1. *adj* одинаковый, очень похожий **2.** *m* копирование, калькирование
calcañal *m* V. calcañar
calcañar *m* пятка
calcáneo *m anat* пяточная кость
calcar *vt* калькировать, снимать копию
calcáreo *adj* известковый
calce[1] *m* 1) V. llanta 2) *tecn* башмак, подкладка 3) *(cuña)* клин
calce[2] *m obsol* V. cáliz
calceta *f* вязаный чулок *hacer ~* вязать
calcetín *m* носок
calcinación *f* 1) *quím* кальцинация, кальцинирование 2) *(abrasamiento)* прокаливание, обжигание
calcinar *vt* 1) *quím (reducir a cal viva)* кальцинировать 2) *(abrasar)* обжигать, прокаливать
calcio *m* кальций
calcita *f min* кальцит, известняковый шпат
calco *m* 1) *impr* копия 2) *ling* калька
calcografía *f* гравировальное искусство
calcomanía *f* переводная картинка
calcopirita *f min* халькопирит, медный кольчедан
calculable *adj* исчислимый
calculador *adj* 1) счётный 2) *(dicho de una persona)* корыстолюбивый
calculadora *f* счётная машина, калькулятор
calcular *vt* вычислять, считать
cálculo 1. *m* вычисление, исчисление, расчёт **2.** *mpl* почечно-каменная болезнь
calda 1. *f (acción y efecto de caldear)* нагревание, нагрев **2. -s** *fpl* горячие минеральные ванны
caldear *vt* сильно нагревать, накалять
caldera *f* котёл
calderada *f* 1) содержимое котла 2) *coloq (cantidad grande)* уйма, огромное количество
calderería *f* 1) *(oficio del calderero)* ремесло медника 2) *(tienda)* лавка медника 3) *(sección de los talleres de metalurgia)* жестяницкий цех
calderero *m* 1) *(fabricante o vendedor de obras de calderería)* медник 2) *(operario que cuida de una caldera)* котельщик
caldereta *f* жаркое
calderilla *f* мелочь, мелкие монеты
caldero *m* котелок
caldo *m* бульон, отвар
caldoso *adj* водянистый, сочный
calducho *m peyor* слабый бульон, бурда
calé 1. *adj* цыганский **2.** *m/f* цыган, -ка
calefacción *f* отопление
calefactor *m* обогреватель
calefón *m Am. Mer.* газовая колонка
caleidoscopio *m* калейдоскоп
calendario *m* календарь
calentador *m* водонагреватель
calentamiento *m* нагревание, нагрев, подогревание
calentar *vt* 1) *(comunicar calor a un cuerpo)* греть, согревать, нагревать 2) *(excitar)* возбуждать, будоражить
calentarse *vpron* 1) *(coger temperatura alta)* греться, согреваться, нагреваться 2) *(desentumecer los músculos)* разминаться
calentito *adv* свежеиспечённый, тёпленький
calentura *f* 1) *(fiebre)* лихорадка, жар 2) *(pupa)* лихорадка на губах 3) *(ira)* гнев, ярость
calenturiento *adj* 1) лихорадочный 2) *(exaltado)* возбуждённый, лихорадочный
calera *f* известняковый карьер
calesa *f* кабриолет, шарабан
calesita *f Am. Mer.* карусель
caleta *f* бухта, затон
caletre *m coloq* сообразительность, ум, смекалка
calibración *f tecn* калибровка, калибрование
calibrador *m tecn* калибратор, калибромер
calibrar *vt* 1) *(un proyectil o un arma de fuego)* калибровать, выверять калибр 2) *(apreciar la importancia de algo)* учитывать, принимать в расчёт
calibre *m* 1) калибр 2) *(tamaño, importancia)* размер, масштаб
calicata *f min* шурфование
calidad *f* качество ◆ **de ~** качественный **de primera ~** высшего качества, первоклассный
cálido *adj* тёплый, горячий
calidoscopio *m* V. caleidoscopio
calientapiés *m* ножная грелка
calientaplatos *m* нагревательный шкаф
calientapollas *f vulg* динамистка
caliente *adj* 1) *(que tiene o produce calor)* горячий, тёплый, жаркий 2) *(acalorado)*

горячий, бурный 3) *(excitado sexualmente)* сексуально возбуждённый
califa *m* халиф, калиф
califato *m* халифат
calificación *f* 1) *(acción y efecto de calificar)* квалификация 2) *(puntuación obtenida en una prueba)* оценка
calificado *adj* 1) *(de autoridad o respeto)* заслуженный, достойный 2) V. cualificado
calificar *vt* 1) *(apreciar o determinar las cualidades)* определять, квалифицировать, характеризовать 2) *(dar una nota)* ставить оценку
calificarse *vpron* подтверждать своё дворянское происхождение
calificativo **1.** *adv* 1) определяющий, квалифицирующий 2) *ling* качественный **2.** *m ling* определение
calígine *f* туман, мгла
caliginoso *adj* туманный, мглистый
caligrafía *f* каллиграфия
calima *f* V. calina
calina *f* дымка, марево, мгла
calipso *m mús* калипсо
calistenia *f* зарядка
cáliz *m relig* чаша, фиал
calizo *adj* известковый, известняковый
calladamente *adv* безмолвно, тайком
callado *adj* молчаливый, молчащий
callampa *f* 1) *Am. Cent.* гриб 2) *Ec. coloq* фетровая шляпа
callandito *adv coloq* втихомолку, тайком
callar *vt/i* молчать, безмолвствовать, умолчать
callarse *vpron* замолчать
calle *f* улица *doblar la ~* повернуть за угол ◆ **echar a uno a la ~** уволить **salir a la ~** восстать
calleja *f* переулок
callejear *vi* бродить по улицам, шататься без дела
callejero **1.** *adj* уличный, праздношатающийся **2.** *m* список городских улиц
callejón *m* переулок, узкая улочка ◆ **~ sin salida** тупик
callejuela *f coloq* предлог, отговорка
callera *f* очиток, заячья капуста
callista *m/f* педикюр, -ша, мозольный оператор
callo *m* мозоль ◆ **dar el ~** вкалывать, натирать мозоли
callón *m* брусок для заточки шила
callos *mpl* кальос (блюдо из рубцов)
callosidad *f* мозоль, затвердение
calloso *adj* мозолистый
calma *f* 1) *(tranquilidad)* тишина, спокойствие 2) *nav* штиль 3) *(cesación o suspensión)* приостановка, затишье
calmante **1.** *adj* успокаивающий **2.** *m* успокоительное средство
calmar *vt* успокаивать, унимать
calmarse *vpron* успокаиваться, униматься *¡cálmate!* успокойся!
calmazo *m nav* мёртвый штиль
calmoso *adj* 1) тихий, спокойный 2) *coloq (indolente)* вялый, медлительный
caló *m* кало, язык испанских цыган
calor *m* 1) тепло, теплота 2) *(ambiental)* жара, зной *hace calor* жарко 3) *fís* жар
caloría *f* калория
calórico *adj* тепловой
calorífero **1.** *adj* теплопроводный **2.** *m* нагреватель, калорифер
calorífico *adj* тепловой, теплотворный, нагревательный
calorífugo *adj* 1) *(que se opone a la transmisión del calor)* теплоизоляционный, термоизоляционный 2) *(incombustible)* несгораемый, огнеупорный
calorímetro *m fís* калориметр
calostro *m* молозиво
caloyo *m* новорождённый ягнёнок
calumnia *f* клевета, ложное обвинение
calumniador **1.** *adj* клеветнический **2.** *m* клеветник
calumniar *vt* клеветать, оговаривать
calumnioso *adj* клеветнический
caluroso *adj* жаркий, тёплый
calva *f* лысина, плешь
calvario *m* 1) *relig* голгофа 2) *coloq* голгофа, мучения
calvero *m* 1) *(claro en un bosque)* прогалина, плешина 2) V. gredal
calvicie *f* лысость, плешивость
calvinismo *m relig* кальвинизм
calvinista **1.** *adj relig* кальвинистский **2.** *m/f relig* кальвинист, -ка
calvo **1.** *adj* лысый, плешивый **2.** *m* лысый человек
calza *f* 1) панталоны, гамаши, колготы 2) *(para la pata de un animal)* повязка 3) *(cuña)* тормозной башмак, тормозная колодка
calzada *f* 1) *(parte transitable para los vehículos)* мостовая, проезжая часть 2) *(camino pavimentado)* мощёная дорога, шоссе
calzado **1.** *m* обувь **2.** *adj* обутый
calzador *m* рожок (для обуви) ◆ **entrar con ~** идти со скрипом
calzar *vt* 1) надевать (обувь), обувать 2) *(usar)* носить (обувь, перчатки, и т.д.) 3) *(poner una cuña)* заклинивать
calzarse *vpron* надевать обувь, обуваться
calzo *m* 1) V. calce 2) *nav* деревянный брус кильблока
calz|ón *m* 1) панталоны, штаны 2) *(prenda inferior femenina)* панталоны, трусы 3) *cart* V. tresillo ◆ **tener bien puestos los ~ones** *coloq* быть настоящим мужчиной
calzonazos *m coloq* подкаблучник, юбочник
calzoncillos *mpl* мужские трусы
cama *f* кровать, постель *~ de matrimonio* двуспальная кровать; *~ plegable* раскладушка
camada *f* 1) выводок, приплод, помёт 2) *coloq (cuadrilla de ladrones)* шайка, банда
camafeo *m* камея
camaleón *m* хамелеон
cámara *f* 1) *(sala)* палата, камера 2) *(cuerpo legislador)* палата, собрание 3) *(despensa)* чулан, кладовая 4) *(fotográfica)* фотоаппарат 5) *(de vídeo)* видеокамера
camarada *m* товарищ, друг
camaradería *f* товарищество, дружба
camarer|o, -a *m/f* официант, -ка
camarilla *f* клика, камарилья
camarín *m* 1) *relig* заалтарная капелла 2) *teat* V. camerino 3) *obsol* туалетная комната

camarlengo *m relig* кардинал
camarógrafo *m cine TV* кинооператор, оператор
camarón *m* креветка
camarote *m nav* каюта, кубрик
camastro *m desp* убогая, бедная постель
cambiable *adj* сменный, сменяемый
cambiante 1. *adj* меняющийся **2.** *m* V. cambista
cambiar 1. *vt* 1) менять, изменять 2) *(dinero en billetes o monedas de menor valor)* разменивать 3) *(dinero en otra unidad monetaria)* обменивать **2.** *vi* изменяться
cambiario *adj econ* обменный, валютный
cambiarse *vpron* переодеваться
cambiazo *m* : dar el ~ подсунуть одно вместо другого
cambio *m* 1) изменение 2) *(sustitución)* замена 3) *(intercambio)* обмен 4) *(dinero devuelto)* сдача ◆ **en** ~ наоборот, напротив
cambista 1. *m/f* меняла **2.** *m (banquero)* банкир
cambur *m* банан
camelar *vt* 1) *coloq (galantear)* ухаживать (за кем-л), говорить любезности 2) *coloq (seducir)* соблазнять, обольщать 3) *coloq (amar)* любить, желать
camelia *f* камелия
camello *m* 1) верблюд 2) *jerg* торговец наркотиками
camelo *m* 1) *(noticia falsa)* утка, ложное известие 2) *coloq (galanteo)* ухаживание 3) *coloq (chasco)* шутка, розыгрыш
camerino *m teat* гримёрная, уборная
camer|o 1. *adj* 1) *(dicho de una cama)* большой, полутораспальный 2) *(relativo a la cama)* постельный **2.**
camer|o, -a *m/f* мастер по изготовлению кроватей
camerun|és 1. *adj* камерунский **2., -esa** *m/f* камерун|ец, -ка
camilla *f* носилки
camillero *m* санитар
caminador *adj* много ходящий, ходкий
caminante *m* путешественник, путник
caminar *vt/i* 1) *(ir andando)* идти, ходить 2) *(ir de viaje)* путешествовать 3) *(seguir su curso)* совершать путь
caminata *f* 1) *(paseo)* прогулка 2) *coloq (recorrido largo y fatigoso)* утомительный переход, длинная дорога
caminer|o 1. *adj* дорожный **2., -a** *m/f* путешественни|к, -ца, путни|к, -ца
camino *m* дорога, путь ◆ **ponerse en** ~ отправиться в путь
camión *m* грузовик, грузовая машина
camionero *m* водитель грузовика
camioneta *f* фургон
camisa *f* рубашка, сорочка ◆ **en mangas de** ~ в одной рубашке, без пиджака **meterse en** ~ **de once varas** лезть не в своё дело
camisería *f* 1) *(tienda)* магазин по продаже рубашек 2) *(taller)* мастерская по пошиву рубашек
camisero *m* портной по пошиву рубашек
camiseta *f* футболка
camisola *f* верхняя сорочка
camisolín *m* манишка
camisón *m* ночная сорочка
camomila *f* ромашка аптечная
camorra *f* 1) каморра, неаполитанская мафия 2) *coloq* ссора, драка
camorrista 1. *adj* задиристый, драчливый **2.** *m/f* задира, драчун
camote *m* 1) *Am.* батат, сладкий картофель 2) *Ec. Hond. (tonto)* глупец
campal *adj* полевой
campamento *m* лагерь, временная стоянка
campana *f* колокол
campaña *f* 1) *(esfuerzos para conseguir algo)* кампания *campaña electoral* предвыборная кампания 2) *(campo llano)* ровное поле
campanada *f* 1) колокольный звон 2) *(escándalo)* скандальная новость
campanario *m* колокольня, звонница
campanero *adj* 1) *(persona que funde campanas)* мастер, отливающий колокола 2) *(persona que toca campanas)* звонарь, пономарь
campanilla *f* 1) колокольчик, звонок 2) *(burbuja)* пузырёк 3) *(úvula)* язычок
campante *adj* довольный, удовлетворённый *y se queda tan ~* а ему хоть бы что
campanudo *adj* 1) похожий на колокол, широкий 2) *(dicho de una palabra)* полнозвучный 3) *(dicho de un estilo)* напыщенный
campar *vi* 1) бродить, слоняться (без дела), фланировать 2) *(destacar)* отличаться среди других
campear *vi* 1) *(salir a pacer)* выходить на пастбище 2) *(dicho de los animales salvajes)* выходить на охоту 3) V. campar 2 4) *mil* выходить на поле сражения
campechanía *f* простота в общении, общительность
campechano *adj* 1) *(franco)* великодушный, щедрый 2) *(afable)* простой в общении, общительный
campeche *m* кампешевое дерево
campeón *m* чемпион
campeonato *m* чемпионат
campero *adj* 1) полевой 2) *(expuesto a los vientos)* стоящий на юру, открытый всем ветрам 3) *(dicho del ganado)* ночующий в открытом поле 4) *agric (dicho de una planta)* стелющийся
campesinado *m* крестьянство
campesin|o 1. *adj* крестьянский **2., -a** *m/f* крестьян|ин, -ка
campestre *adj* 1) крестьянский 2) *(que se celebra en el campo)* проводящийся на природе
campiña *f* поле, равнина
camping *m* кемпинг
campista 1. *m Hond.* надсмотрщик (за скотом) **2.** *m/f* турист (в кемпинге)
campo *m* 1) поле 2) *(tierra laborable)* поле, пахотная земля 3) *(terreno de juego)* поле 4) *(ámbito)* область, сфера ◆ **campo ~** кладбище
camposanto *m* кладбище
camuflaje *m* маскировка, камуфляж
camuflar *vt* камуфлировать, маскировать
camuña *f* семена
can *m* 1) собака, пёс 2) *(gatillo)* курок (огнестрельного оружия)
cana *f* седой волос ◆ **echar una ~ al aire** *coloq* развлечься (о немолодом человеке)

canadiense 1. *adj* канадский **2.** *m/f* канад|ец, -ка

canal *m* 1) канал 2) *(de televisión)* программа, канал

canaladura *f arquit* каннелюра

canalete *m* гребок

canalización *f* канализация, канализирование

canalizar *vt* 1) проводить каналы 2) *(la energía, etc.)* направлять

canalla *m/f* сволочь, подлец, свинья

canallada *f* подлость, низость, гадость

canallesco *adj* подлый, низкий

canalón *m* водосточная труба

cañamazo *m* 1) *(estopa de cáñamo)* пеньковая пакля 2) *(tela de cáñamo)* грубое пеньковое полотно

cañamelar *m* плантация сахарного тростника

cañamero *adj* пеньковый, конопляный

cañamiel *m* сахарный тростник

cáñamo *m* 1) конопля 2) *(fibra)* пенька

cañamón *m* конопляное семя

canana *f* патронташ

canapé *m* 1) канапе, бутерброд 2) *(sofá)* канапе, диван

canari|o 1. *adj* канарский **2., -a** *m/f* 1) житель, -ница (уроженец, уроженка) Канарских островов 2) *(pájaro)* канарейка

canasta *f* корзина

canastero, -a *m/f* корзинщи|к, -ца

canastilla *f* 1) *(cesta con objetos de uso doméstico)* дамская рабочая корзина 2) *(ropa que se previene)* приданое (для невесты или новорождённого)

canastillo *m* корзинка, корзиночка

canasto *m* корзина, лукошко

canastro *m* V. canasto

cañaveral *m* 1) *(sitio poblado de cañas)* тростниковые заросли 2) *(plantación de cañas)* плантация тростника

cañazo *m* 1) *(golpe dado con una caña)* удар тростью 2) *Am. (aguardiente de caña)* тростниковая водка

cáncamo1 *m (armella)* рым, рым-болт

cáncamo2 *m Cub. coloq* V. carcamal

cancán1 *m (baile)* канкан

cancán2 *m C. Rica* попугай (разновидность)

cancel *m* 1) *arquit* тамбур 2) *(armazón que divide espacios)* перегородка

cancela *f* решётка (перед дверью), калитка

cancelación *f* отмена, аннулирование

cancelado *adj bot* решётчатый

cancelar *vt* отменять, аннулировать

cáncer 1. *adj astrol* Рак **2.** *m (enfermedad)* рак

cancerbero *m* 1) цербер, аргус 2) *sport* вратарь

cancerígeno *adj* канцерогенный

canceroso *adj* раковый

cancha *f* спортивная площадка, корт

canciller *m* канцлер

cancillería *f* канцелярия

canción *f* песня ◆ ~ **de cuna** колыбельная ~ **popular** народная песня

cancionero *m* сборник песен, песенник

candado *m* висячий замок

candeal *adj* белый, высшего сорта (о муке, пшенице) *pan* ~ белый хлеб высшего сорта

candela *f* 1) свеча 2) *(candelabro)* подсвечник, канделябр 3) *coloq (lumbre)* огонь, свет

candelabro *m* подсвечник, канделябр

candelero *m* подсвечник

candente *adj* 1) накалённый, раскалённый 2) *(actual)* жгучий, злободневный

candidat|o, -a *m/f* кандидат, -ка

candidatura *f* кандидатура

candidez *f* наивность, простодушие

cándido *adj* наивный, простодушный

candil *m* 1) светильник 2) *(lamparilla manual de aceite)* лампада

candileja 1. *f* 1) *(vaso interior del candil)* резервуар лампы 2) *(planta)* куполь обыкновенный **2. -s** *fpl teat* рампа

candonga *f* 1) *coloq (engaño)* уловка, хитрость 2) *coloq (burla)* насмешка, высмеивание 3) *coloq (mula de tiro)* упряжной мул

candongo *adj* 1) *coloq (zalamero, astuto)* вкрадчивый, льстивый 2) *coloq (que huye del trabajo)* увиливающий от работы, сачкующий

candonguear 1. *vt* высмеивать, насмехаться (над кем-л.) **2.** *vi coloq* увиливать от работы, сачковать

candor *m* 1) *(sinceridad, pureza)* целомудрие, чистота, невинность 2) *(suma blancura)* белизна

candoroso *adj* целомудренный, чистый, невинный

caneca *f* глиняная бутылка

canela *f* корица

canelo *adj* 1) *(referido a perros y caballos)* гнедой 2) *reg (castaño)* коричневый

canelones *mpl* каннелони

cangilón *m* 1) *(especie de cántaro)* большой глиняный (металлический) кувшин 2) *(de la rueda de una noria)* ковш, черпак

cangrejo *m* рак, краб

cangrena *f* гангрена

cangrí *f jerg* тюрьма

canguelar *vi Arg. coloq* бояться, испытывать страх

canguelo *m coloq* страх, перепуг

canguro *m* кенгуру

cañí *adj* цыганский

caníbal 1. *adj* людоедский **2.** *m/f* людоед, -ка, каннибал

canibalismo *m* каннибализм

canica *f* шарик (стеклянный, глиняный)

caniche *m* пудель

canicie *f* седина

canícula *f* пора летней жары

canicular *adj* знойный, жаркий

cánido 1. *adj zool* собачий **2. -s** *mpl zool* собаки

canijo *adj* 1) *(bajo)* маленького роста, низкорослый 2) *(débil, enfermizo)* щуплый, слабый, болезненный

canilla *f* 1) *(tibia)* берцовая кость 2) *(hueso del brazo)* локтевая (лучевая) кость 3) *(hueso del ala del ave)* плечевая кость (у птиц) 4) *(canuto de la cuba)* выливная трубка 5) *(pierna delgada)* худая нога

canillita *m/f Am. coloq* уличный продавец газет

canino 1. *adj* собачий **2.** *m* клык

canje *m* обмен

canjeable *adj* годный для обмена

canjear *vt* обменивать

cano *adj* 1) седой, седовласый 2) *(antiguo)* старый, древний 3) *poét (blanco)* седой, белоснежный
caño *m* 1) труба, трубка 2) *(chorro)* струя 3) *(de un órgano)* органная труба 4) *min* галерея
canoa *f* каноэ, челнок
canódromo *m* площадка для собачьих бегов
canon *m* 1) *(precepto)* канон, правило, предписание 2) *(pieza musical)* канон
canonical *adj* относящийся к канонику
canonicato *m* V. canonjía
canónico *adj* каноничный, канонический
canóniga *f coloq* предобеденный сон
canónigo *m* 1) каноник 2) *(planta)* полевой салат
canonista *m/f jur* специалист по каноническому праву
canonización *f relig* канонизация, причисление к лику святых
canonizar *vt* канонизировать, причислять к лику святых
canonjía *f* 1) *relig* сан каноника 2) *coloq* доходное место, синекура
canope *m arqueol* канопа
canoro *adj* 1) *(referido a un ave)* певчий (о птице) 2) *(referido a la voz)* благозвучный, мелодичный
canoso *adj* седой, седовласый
canotier *m* канотье, соломенная шляпа
cansadamente *adv* 1) *(molestamente)* надоедливо, назойливо 2) *(con cansancio)* устало
cansado *adj* усталый, утомлённый
cansancio *m* усталость, утомление ◆ **caerse de ~** падать с ног от усталости
cansar *vt* 1) *(causar cansancio)* утомлять, изнурять 2) *(enfadar)* надоедать (кому-л), докучать
cansa|rse *vpron* **(de alg o u/c)** уставать (от кого/чего-л), надоедать (кому-л. что-л) *ya me he ~do de tus bromas* мне надоели твои шутки
cansera *f* 1) *(cansancio)* усталость, утомление 2) *coloq (molestia)* досада, раздражение
cansino *adj* 1) *(cansado, que revela cansancio)* усталый, вялый 2) *(pesado)* утомительный
cantábrico *adj* кантабрийский
cántabr|o 1. *adj* кантабрийский 2., **-a** *m/f* житель, -ница (уроженец, уроженка) Кантабрии
cantamañanas *m/f coloq* фантазёр, манилов
cantante *m/f* певец, певица
cantaor *m* пев|ец, -ица фламенко
cantar 1. *vi* 1) петь, напевать 2) *(dicho de los insectos)* стрекотать 3) *(dicho de la rana)* квакать 4) *coloq (oler mal)* вонять, дурно пахнуть 5) *coloq (ser evidente)* быть очевидным 2. *vt* 1) петь, напевать 2) *(elogiar con un canto)* воспевать ◆ **~ las cuarenta** резать правду-матку **~ victoria** торжествовать победу **ser coser y ~** быть легче лёгкого
cántara *f* 1) кантара (мера жидкости = 16,13 л.) 2) V. cántaro
cantarela *f* первая струна (скрипки, гитары)
cantárida *f* шпанская мушка
cantar|ín 1. *adj* певучий, много поющий 2., **-ina** *m/f* V. cantante
cántaro *m* большой кувшин ◆ **llover a ~s** лить как из ведра
cantata *f mús* кантата
cantatriz *f* певица
cantautor, -a *m/f* бард
cantazo *m* удар камнем
cante *m* народная песня ◆ **~ jondo** андалузские народные песни
cantera *f* каменоломня, карьер
cantería *f* 1) *(arte de labrar las piedras)* искусство каменотёса 2) *(obra de piedra labrada)* тёсаный камень
cantero *m* 1) *(hombre que labra las piedras)* каменотёс 2) *(hombre que extrae piedras en una cantera)* рабочий каменоломни
cántico *m* 1) *(sagrado)* гимн, хвалебная песнь, песнопение 2) *poét (poesía)* песнь
cantidad 1. *f* 1) количество 2) *(cierto número)* число, сумма 3) *(abundancia)* множество 2. *adv (mucho)* очень, очень много
cantiga *f* 1) *mús* кантика, часть поэмы 2) *obsol (cantar)* песнь
cantilena *f* 1) *(cantar)* кантилена, песня 2) *coloq (repetición molesta)* перепев, старая песня
cantimplora *f* фляга, фляжка
cantina *f* столовая, закусочная
cantiña *f coloq* песенка, куплеты
cantinela *f* V. cantilena
cantiner|o, -a *m/f* буфетчи|к, -ца
cantizal *m* каменистая местность
canto *m* 1) *(acción de cantar)* пение 2) *(poema)* песнь ◆ **~ de sirena** неискренние хвалебные слова **al ~ del gallo** с петухами, на рассвете
cantón[1] *m* 1) *(esquina)* угол 2) *(división administrativa)* кантон, область
cantón[2] *m Méx.* холст
cantonal *adj* кантональный, окружной
cantor 1. *adj* 1) певчий, певучий 2) *(dicho de un ave)* певчий (о птице) 2. *m* певец
cantoral *m relig* книга хоралов
cantorral *m* V. cantizal
cantueso *m* лаванда (разновидность)
canturrear *vi* напевать вполголоса
canturreo *m* пение вполголоса
canutero *m* игольник
canutillo *m* V. cañutillo
canuto *m* 1) трубка (для хранения документов) 2) *(dulce)* сахарная трубочка 3) *bot* V. cañuto 4) *coloq (porro)* косяк
caña *f* 1) тростник *~ de azúcar* сахарный тростник 2) *(para beber)* трубочка 3) *(de pescar)* удочка 4) *(de cerveza)* стакан пива
cañada *f* 1) *(valle)* ущелье, расщелина 2) *(vía para el ganado)* скотопрогон, скотопрогонная дорога 3) *(tuétano)* мозговая кость
cañería *f* трубопровод, система трубопроводов *~ de agua* водопровод; *~ de gas* газопровод
cañizal *m* V. cañaveral
cañizar *m* V. cañaveral
cañón *m* 1) *(pieza hueca y larga)* труба, трубка 2) *(pieza de artillería)* пушка, орудие
cañonazo *m* пушечный (орудийный) выстрел
cañoneo *m mil* артиллерийский обстрел, канонада
cañonera *f* 1) *mil (tronera)* бойница, амбразура 2) *mil (lancha)* канонерка, артиллерийский катер

cañonero 1. *adj mil* канонерский, артиллерийский **2.** *m mil* канонир, пушкарь
cañutero *m* игольник
cañutillo *m* 1) *(tubo pequeño de vidrio)* стеклярус 2) *(hilo de oro)* канитель
cañuto *m* 1) *bot* междоузлие 2) *(tubo)* трубка (для хранения документов)
caoba *f* красное дерево
caobo *m Am.* V. caoba
caolín *m* каолин, белая глина
caos *m* хаос
caótico *adj* хаотический, хаотичный
capa *f* 1) *(pieza de ropa)* плащ 2) *(estrato)* слой
capacho *m* плетёная корзина
capacidad *f* 1) *(propiedad de contener)* ёмкость, вместимость 2) *(aptitud)* способность
capacitación *f* подготовка
capacitar *vt* подготавливать, обучать
capador *m* холостильщик
capadura *f* холощение, кастрирование
capar *vt* 1) холостить, кастрировать 2) *coloq (disminuir)* уменьшать, отрезать
caparazón *m* 1) *(de crustáceos, protozoos, etc.)* панцирь 2) *(para el caballo)* попона 3) *(cubierta)* чехол
caparra1 *f Arg.* V. garrapata
caparra2 *f (señal)* задаток
caparra3 *f Arg.* V. alcaparra
caparrón *m* почка
caparrosa *f quím* купорос
capataz *m* насмотрщик, десятник
capaz *adj* **(de u/c)** способный (на что-л)
capazo *m* корзина (из ковыля)
capcioso *adj* коварный, каверзный
capea *f taur* движение плащом
capear *vt* 1) *(eludir mañosamente)* ловко обходить, преодолевать 2) *taur* дразнить (отвлекать) быка плащом 3) *coloq (entretener con engaños)* морочить голову, заговаривать зубы 4) *nav* ложиться в дрейф
capelina *f med* V. capellina
capellán *m* капеллан, священник
capellanía *f* капелланство
capellina *f* 1) *hist* шлем (часть доспехов) 2) *med* капюшон (у крестьян)
capelo *m relig* кардинальская шляпа
capeo *m taur* V. capea
caperuza *f* колпак, шапочка
capeta *f* короткий плащ
capibara *f* капибара, водосвинка
capicúa *m* симметричное число (число, которое читается слева направо и справа налево)
capicular *vt* ставить тыльной стороной друг к другу
capilar 1. *adj* 1) волосной 2) *fís* капиллярный **2.** *m anat* капилляр
capilaridad *f fís* капиллярность
capiliforme *adj bot* волосовидный
capilla *f* часовня
capirotazo *m* щелчок (по лбу)
capirote 1. *adj* разномастный (о скоте) **2.** *m* 1) остроконечный колпак 2) V. capirotazo ◆ **tonto de capirote** набитый дурак
capisayo *m* 1) пелерина 2) *relig* епископское облачение
capitación *f* распределение подушной подати
capital 1. *adj* главный, основной **2.** *m* капитал **3.** *f* столица
capitalidad *f* столичный характер, столичность
capitalino *adj* столичный
capitalismo *m* капитализм
capitalista 1. *adj* капиталистический **2.** *m/f* капиталист
capitalización *f econ* капитализация
capitalizar *vt econ* капитализировать
capitalmente *adv* главным образом
capitán *m/f* 1) капитан 2) *nav* капитан
capitana *f* 1) *mil* флагманский корабль 2) *coloq (mujer cabeza de una tropa)* предводительница 3) *coloq (mujer del capitán)* жена капитана
capitanear *vt* 1) *(mandar una tropa)* командовать (чем-л) 2) *(guiar, conducir)* предводительствовать (чем-л), руководить (чем-л)
capitanía *f* 1) должность капитана 2) *(compañía mandada por un capitán)* рота 3) *nav* якорный сбор
capitel *m arquit* капитель
capitoste *m* начальник, главарь
capitulación *f* капитуляция
capitular *vi* 1) *(entregarse al enemigo)* капитулировать 2) *(pactar)* договариваться, условливаться
capítulo *m* 1) глава, раздел 2) *relig* капитул
capo *m* 1) глава мафии 2) *coloq* начальник, босс
capó *m auto* капот
capón[1] **1.** *adj* холощёный, кастрированный **2.** *m* 1) *(castrado)* кастрат 2) *(pollo)* каплун
capón[2] *m coloq (golpe en la cabeza)* щелчок по голове
capota[1] *f* 1) *(de un vehículo)* складной верх экипажа 2) *(tipo de tocado)* капор 3) *bot* головка ворсянки
capota[2] *f* V. capeta
capotar *vi aero* капотировать
capote *m* 1) *(capa de abrigo)* плащ 2) *(de soldado)* шинель 3) *taur* плащ тореро
capotear *vt* V. capear
capotera *f Am.* вешалка
capricho *m* каприз, прихоть, причуда
caprichoso *adj* капризный, прихотливый, причудливый
capricornio *adj astrol* Козерог
caprino *adj* V. cabruno
cápsula *f* 1) *(envoltorio de ciertos medicamentos)* капсула 2) *(para el cierre hermético de botellas)* колпачок 3) *(de una nave espacial)* капсула, отсек
captación *f* привлечение, приобретение
captar *vt* 1) *(atraer)* привлекать 2) *(un sonido)* улавливать 3) *(entender)* улавливать, понимать
captura *f* 1) захват в плен, арест, задержание 2) *(pesca)* улов
capturar *vt* брать в плен, арестовывать, схватывать
capucha *f* капюшон
capuchino 1. *adj relig* капуцинский **2.** *m* 1) *relig* капуцин 2) *(café con leche espumoso)* капучино
capuchón *m* капюшон

capullo *m* 1) *(de las larvas)* кокон 2) *(de las flores)* бутон 3) *vulg (prepucio)* крайняя плоть 4) *insult* дурак, придурок

capuz *m* 1) V. capucha 2) V. chapuz 1

caquexia *f med* худосочие

caqui1 *m (fruto)* хурма

caqui2 1. *m* 1) *(tela)* хаки 2) *(color)* хаки **2.** *adj* цвета хаки

cara *f* 1) лицо 2) *(semblante)* выражение лица *tener buena (mala) ~* хорошо (плохо) выглядеть 3) *(lado anterior de una cosa)* передняя сторона, лицевая сторона 4) *(faceta)* сторона, грань 5) *(de una hoja de papel)* сторона (листа бумаги) 6) *coloq (desfachatez)* наглость 7) *(de una moneda)* орёл (монеты) ♦ **~ o cruz** орёл или решка **~ a ~** лицом к лицу **dar la ~** отвечать за свои поступки **echar en ~ u.c. a alg** упрекать кого-л. в чём-л. **~ arriba** кверху **~ abajo** книзу **a ~ descubierta** открыто **de ~ a u.c.** с видами на что-л. **plantar ~ a alg** противостоять кому-л.

caraba *f* встреча

cárabe *m* янтарь

carabela *f* каравелла

carabina *f* карабин ♦ **ser la ~ de Ambrosio** *coloq* быть абсолютно бесполезным

carabinero *m* 1) *hist* карабинер 2) *(especie de gamba)* карабинерос

cárabo[1] *m (insecto)* жужелица

cárabo[2] *m (autillo)* серая неясыть

caracal *m* каракал, степная рысь

caracha *f* 1) чесотка (у животных) 2) *Am.* чесотка (у людей)

caracho *adj* фиолетовый

caracol *m* улитка

caracola *f* большая улитковая морская раковина

caracolear *vi* делать вольты (о лошади)

carácter *m* 1) *(signo)* буква, знак 2) *(conjunto de rasgos)* характер 3) *(forma de ser)* характер

caracterial *adj* характерный, относящийся к характеру

característica *f* характеристика, свойство

característico *adj* характерный, отличительный

caracterizable *adj* характеризуемый, определяемый

caracterización *f* характеристика

caracterizar *vt* характеризовать, давать характеристику

caracterizarse *vpron* **(por u/c)** характеризоваться (чем-л)

caracú *m Am. Mer.* костный мозг

caracul 1. *adj* каракульский (об овце) **2.** *m* каракуль

caradura 1. *m/f coloq* нахал, -ка, наглец **2.** *adj coloq* нахальный, наглый

carajillo *m* чёрный кофе с коньяком

carajo *m vulg* мужской половой орган, хуй ♦ **mandar al ~** *vulg* послать к чёрту, послать на хуй **irse al ~** *vulg* пойти ко всем чертям

caramba *interj euf (употребляется для выражения удивления или досады)* чёрт побери! *¡qué ~!* какого чёрта!

carámbano *m* сосулька

carambola *f* 1) *(en el billar)* карамболь 2) *(casualidad favorable)* счастливый случай, везение

caramelizar *vt* глазировать, покрывать глазурью

caramelo *m* 1) *(sustancia)* карамель 2) *(golosina)* конфета, леденец

caramillo1 *m* 1) *(montón)* груда, навал 2) *(enredo)* шум, склока

caramillo2 *m* 1) *(flautilla de caña)* дудка, сопель 2) *(zampoña)* свирель 3) *(planta)* солянка (разновидность)

carantoña *f coloq* лесть, ласка

carantoñer|o, -a *m/f coloq* льст|ец, -ица, подхалим, -ка

carapacho *m* панцирь (черепахи, ракообразных и т.п.)

caraqueñ|o 1. *adj* каракасский **2., -a** *m/f* житель, -ница (уроженец, уроженка) Каракаса

carátula *f* этикетка, обложка

caravana *f* 1) караван 2) *(tipo de vehículo)* дом на колёсах

caravanero *m* вожатый каравана

caray1 *m* V. carey

caray2 *interj* V. caramba

carbohidrato *m* углевод

carbón *m* уголь *~ vegetal* древесный уголь

carbonada *f* 1) *(cantidad de carbón)* количество угля, загружаемого в печь в один приём 2) *(carne asada)* мясо, поджаренное на углях 3) *(guiso)* карбонада (тушёное мясо с овощами и фруктами)

carbonara *f gastron* карбонара

carbonatado *adj quím* насыщенный углекислым газом

carbonato *m quím* карбонат, углекислая соль

carboncillo *m* уголь (для рисования)

carbonería *f* угольная лавка

carbonero 1. *adj* угольный, углевой **2.** *m* угольщик, углежог

carbónico *adj quím* угольный, углекислый

carbonífero *adj* 1) угленосный, угольный 2) *geol* каменноугольный

carbonilla *f* мелкий каменный уголь

carbonita *f min* карбонит, природный кокс

carbonización *f* обугливание

carbonizar *vt* обугливать

carbono *m quím* углерод

carbonoso *adj* угольный, углистый

carbunclo *m* V. carbunco

carbunco *m med* карбункул

carbúnculo *m* рубин

carburación *f quím* карбюрация, карбюрирование

carburador *m auto* карбюратор

carburante 1. *m* топливо, горючее **2.** *adj* углеводородный

carburar 1. *vt* карбюрировать **2.** *vi coloq* работать, функционировать

carburo *m quím* карбид

carca[1] **1.** *adj* 1) *desp (carlista)* V. carcunda 2) *desp (reaccionario)* реакционный, отсталый **2.** *m/f desp* реакционер, -ка, ретроград, -ка

carca[2] *f Per. (mugre)* грязь (телесная)

carcaj *m* колчан

carcajada *f* хохот, взрыв смеха ◆ **reírse a ~s** хохотать, заливаться смехом
carcamal *m coloq* дряхлый старик, маразматик
carcañal *m* V. calcañar
carcasa *m* каркас, скелет
cárcel *f* тюрьма
carcelario *adj* тюремный
carcelero 1. *adj* V. carcelario **2.** *m* тюремщик, тюремный надзиратель
carcinógeno *adj* канцерогенный
carcinoma *m med* карцинома, раковая опухоль
carcinoso *adj* V. canceroso
carcoma *f* 1) жук-точильщик (мебели) 2) *(polvo que produce el insecto)* буровая мука (жука-точильщика)
carcomer *vt* 1) *(referido a la carcoma)* истачивать, точить 2) *(consumir)* подтачивать, истощать
carcomerse *vpron* 1) *(llenarse de carcoma)* истачиваться 2) *(consumirse)* подтачиваться, истощаться
carcomido *adj* трухлявый, изъеденный червями
carcunda *adj* 1) *desp* V. carlista 2) *desp* V. carca
carda *f* 1) *(acción de cardar)* чесание волокнистых материалов, кардочесание 2) *(cabeza de la cardencha)* ворсовальная шишка 3) *(instrumento)* карда, чесалка
cardado 1. *adj* чёсаный **2.** *m* V. cardadura
cardador *m* 1) чесальщик 2) *(insecto)* кивсяк
cardamomo *m* кардамон
cardán *m* кардан, карданный вал
cardar *vt* 1) *(preparar para el hilado)* чесать (лён, хлопок, шерсть) 2) *(sacar el pelo con la carda)* ворсовать
cardenal[1] *m (hematoma)* синяк
cardenal[2] *m* 1) *(prelado papal)* кардинал 2) *(pájaro)* кардинал
cardenalato *m relig* сан кардинала
cardenalicio *adj relig* кардинальский
cardenillo *m* 1) *(color)* бирюзовый цвет 2) *(acetato de cobre)* ярь, ярь-медянка
cárdeno *adj* 1) *(color)* фиолетовый 2) *(dicho de un toro)* чёрно-белый, пёстрый 3) *(dicho del agua)* опаловый
cardiaca, cardíaca *f (planta)* пустырник (разновидность)
cardíaco *adj* сердечный *músculo ~* сердечная мышца
cardinal *adj* 1) главный, основной, кардинальный 2) *ling* количественный (о числительных)
cardiología *f med* кардиология
cardiológico *adj med* кардиологический
cardiólogo *m* кардиолог
cardiópata *m med* кардиопат
cardiopatía *f med* кардиопатия
cardiovascular *adj med* сердечно-сосудистый
carditis *f med* миокардит
cardo *m* чертополох, репейник
carear *vt* 1) *(al tomar declaración)* устраивать очную ставку 2) *(el ganado)* перегонять 3) *(cotejar)* сравнивать, сличать
carearse *vpron* 1) *(verse para algún negocio)* вести переговоры, устраивать деловую встречу 2) *(verse para resolver un asunto)* встречаться лицом к лицу
carecer *vi* **(de u/c)** не иметь (чего-л), испытывать недостаток (в чём-л)
carencia *f* недостаток, нехватка *~ de vitaminas* недостаток витаминов
carencial *adj* недостающий, недостаточный
carente *adj* **(de u/c)** испытывающий нужду (в чём-л), не имеющий (чего-л)
careo *m* 1) *(en un negocio)* деловая встреча 2) *(para resolver un asunto)* очная ставка
carero *adj coloq* дорогой, берущий большую цену
carestía *f* недостаток, нехватка
careta *f* маска, полумаска
carey *m* 1) *(especie de tortuga)* бисса 2) *(materia)* черепаха
carga *f* 1) *(acción y efecto de cargar)* погрузка, загрузка 2) *(de un arma)* заряд 3) *(sustancia explosiva)* заряд 4) *(impuesto)* налог 5) *(obligación)* обременение 6) *(obligación aneja a un estado)* бремя, ноша
cargadero *m* 1) погрузочная площадка 2) *arquit* перемычка
cargado *adj* 1) *(fuerte)* нагруженный, крепкий 2) *(dicho del ambiente)* душный
cargador *m* 1) грузчик, докер 2) *(transportista)* возчик 3) *(de un arma de fuego)* обойма, магазин 4) *(para cargar baterías)* зарядное устройство
cargamento *m* груз
cargante *adj* надоедливый, тяжёлый
cargar *vt* 1) *(poner peso)* грузить, нагружать, загружать 2) *(llevar un peso)* нести на себе 3) *(incomodar)* надоедать (кому-л) 4) *(un arma)* заряжать 5) *(imponer un gravamen)* обременять (чем-л) 6) *(un aparato electrónico)* заряжать, подзаряжать ◆ **~ las culpas a alg** сваливать вину на кого-л.
cargareme *m com* приходный ордер
cargarse *vpron* 1) **(de alg)** *(llenarse)* наполняться (чем-л), заполняться (чем-л) 2) **(a alg)** *coloq (estropear algo)* испортить, сломать 3) **(a alg)** *coloq (matar a alguien)* убить, замочить 4) **(a alg)** *coloq (suspender a alguien en un examen)* заваливать
cargo *m* 1) должность, пост 2) *(obligación)* обязанность, ответственность 3) *(acusación)* обвинение 4) *com* статьи прихода, пошлина 5) *(tasa)* сбор, пошлина ◆ **hacerse ~ de u.c.** 1) *(responsabilizarse)* брать на себя ответственность за кого/чего-л. 2) *(ser consciente)* отдавать себе отчёт **a ~ de alg** под руководством кого/чего-л.
carguero *m nav* грузовое судно
cari *adj Arg.* бурый
cariacontecido *adj coloq* печальный, расстроенный, озабоченный
cariado *adj* кариозный
cariarse *vpron* быть поражённым кариесом
cariátide *f arquit* кариатида
caribe 1. *adj* карибский **2.** *m* 1) кариб, караиб 2) *(lengua)* карибский язык
caribeñ|o 1. *adj* карибский **2.** **, -a** *m/f* кариб|ец, -ка
caricatura *f* карикатура, шарж
caricatural *adj* V. caricaturesco

caricaturesco *adj* карикатурный
caricaturista *m/f* карикатурист, карикатурщик
caricaturizar *vt* выставлять в смешном виде
carichato *adj* плосколицый
caricia *f* ласка, ласкание, нежность ◆ **hacer una** ~ ласкать
caridad *f* милосердие, человеколюбие
caries *f* кариес
carilla *f* 1) *(del colmenero)* маска пчеловода 2) *(del papel)* сторона (листа бумаги)
carillón *m* 1) *(campanas)* колокола (церкви) 2) *(reloj)* куранты, башенные часы
cariñar *vi Arg.* скучать (по кому/чему-л.)
cariñarse *vpron* V. cariñar
cariño 1. *m* любовь, привязанность **2., -s** *mpl* ласки, нежности ◆ **coger (tomar)** ~ привязаться
cariñoso *adj* ласковый, нежный
carioca 1. *adj* относящийся к Рио-де-Жанейро **2.** *m/f* кариока, житель, -ница (урожен|ец, уроженка) Рио-де-Жанейро
carisma *f* харизма
carismático *adj* харизматичный
caritativo *adj* милосердный, сострадательный
cariz *m* 1) *(aspecto de la atmósfera)* состояние погоды 2) *(aspecto de un asunto)* оборот, положение *tomar buen* ~ принимать благоприятный оборот
carlanca *f* 1) *(especie de collar)* строгий ошейник 2) *coloq (picardía)* хитрости, уловки
carleta *f* напильник
carlina *f* колючник, карлина
carlinga *f* 1) *nav* гнездо мачты, степс 2) *aero* кабина
carlismo *m* карлистское движение
carlista 1. *adj* карлистский **2.** *m/f* карлист
carlita *f* линза, лупа
carmelita 1. *adj relig* кармелитский **2.** *m/f relig* кармелит, -ка
carmelitano *adj relig* V. carmelita
carmen[1] *m (quinta con jardín)* поместье, загородный дом
carmen[2] *m (verso)* стих, песнь
carmesí 1. *adj* красный **2.** *m* красный цвет
carmín *m* 1) кармин (красящее вещество) 2) *(color)* красный цвет, цвет кармина 3) *(pintalabios)* губная помада
carnada *f* 1) *(cebo)* приманка 2) *(engaño)* приманка
carnal *adj* 1) телесный, физический 2) *(lascivo)* плотский, телесный 3) *(terrenal)* земной, мирской 4) *(referido un pariente)* родной, кровный
carnalidad *f* чувственность, сластолюбие
carnaval *m* карнавал, масленица
carnavalesco *adj* карнавальный
carnaza *f* 1) мездра (шкуры, кожи) 2) V. carnada 1
carne *f* 1) *(parte muscular)* мясо, плоть 2) *(alimento)* мясо ~ *de cerdo* свинина; ~ *picada* фарш 3) *(de una fruta)* мякоть ◆ **ni ~ ni pescado** ни рыба, ни мясо ~ **y uña** неразлучные друзья ~ **de cañón** пушечное мясо **poner toda la ~ en el asador** пойти ва-банк
carné *m* V. carnet
carnear *vt Am.* забивать (скот), разделывать (туши)
cárneo *adj obsol* мясистый
carnerero *m* чабан
carnero *m* баран
carnestolendas *fpl* V. carnaval
carnet *m* 1) удостоверение ~ *de conducir* водительские права; ~ *de identidad* удостоверение личности 2) *(cuaderno)* записная книжка
carnicería *f* 1) *(establecimiento)* мясной магазин 2) *(matanza)* бойня, резня, побоище
carnicero 1. *m* 1) мясник 2) *(asesino)* живодёр **2.** *adj* бесчеловечный, кровожадный
cárnico *adj* мясной
carnívoro 1. *adj* 1) *(dicho de un animal)* плотоядный, хищный 2) *(dicho de una planta)* насекомоядный **2., -s** *mpl zool* плотоядные млекопитающие
carnosidad *f med* дикое мясо, грануляционная ткань
carnoso *adj* 1) *(de carne de animal)* мясной 2) *(que tiene muchas carnes)* мясистый 3) *(rico, sustancioso)* мясистый, сочный
caro *adj* 1) *(de precio elevado)* дорогой, дорогостоящий 2) *(querido)* дорогой, милый
carolingio *adj hist* каролингский
carótida *f anat* сонная артерия
carozo *m* 1) *(de la mazorca)* стержень кукурузного початка 2) *(del melocotón)* косточка персика
carpa1 *f (pez)* сазан
carpa2 *f (gran toldo)* шатёр, тент
carpanta *f coloq* голод, волчий аппетит
carpeta *f* папка
carpetazo *m* удар папкой ◆ **dar** ~ 1) *(dejar sin resolución)* класть под сукно, откладывать в долгий ящик 2) *(dar por terminado)* считать решённым, законченным
carpiano *adj anat* запястный
carpincho *m* капибара, водосвинка
carpintería *f* 1) плотничная работа 2) *(taller)* плотничная мастерская
carpinteril *adj* плотничный, столярный
carpintero *m* плотник, столяр ◆ **pájaro** ~ дятел
carpir *vt* 1) поражать, изумлять 2) *Am. (quitar la hierba inútil)* полоть, пропалывать
carpirse *vpron* поражаться, изумляться
carpo *m anat* запястье
carpófago *adj* питающийся плодами (о животном)
carquiñol *m* миндальное печенье
carraca[1] *f* 1) *nav* каррака 2) *(barco viejo)* развалина (о судне) 3) *(artefacto caduco)* драндулет, колымага
carraca[2] *f* 1) *(instrumento)* трещотка 2) *(ave)* сизоворонка
carraco *adj coloq* старый, немощный
carral *m* бочка для вина
carralero *m* бочар, бондарь
carranclón *adj* дряхлый, немощный (о человеке)
carrancudo *adj* надменный, высокомерный
carrasca1 *f (encina)* падуб
carrasca2 *f (instrumento musical)* карраска
carrascal *m* заросли падуба
carraspear *vi* 1) *(padecer carraspera)* першить (о горле) 2) *(toser para aclarar la garganta)* откашливаться, покашливать

carraspeo *m* хрипота

carraspera *f* 1) *(ronquedad en la voz)* хрипота 2) *(aspereza en la garganta)* першение в горле

carrejo *m* коридор, проход

carrera *f* 1) *(acción de correr)* бег 2) *(en vehiculo a motor)* гонка 3) *(trayectoria profesional)* карьера 4) *(estudios superiores)* высшее образование

carrerilla *f* 1) *danz* па 2) разбег ◆ **de** ~ наизусть, назубок

carrerista *m/f* любитель, -ница скачек

carrero *m* V. carretero

carreta *f* повозка, телега

carretada *f* 1) груз, поклажа (телеги) 2) *coloq* куча, груда

carrete *m* 1) *(bobina)* катушка, бобина 2) *(película fotográfica)* плёнка

carretera *f* дорога, шоссе, автострада

carretería *f* 1) *(ejercicio de carretear)* ремесло каретника 2) *(taller)* каретная мастерская

carretero *m* 1) *(fabricante de carros)* каретник 2) *(hombre que guía el carro)* извозчик

carretilla *f* ручная тележка, тачка

carretón *m* двухколёсная тележка, таратайка

carricoche *m* 1) фургон 2) *desp (coche viejo)* драндулет, колымага

carril *m* 1) полоса, ряд 2) *(huella de las ruedas del carruaje)* колея 3) *(surco)* борозда

carrillo *m* 1) щека 2) V. polea

carrizo *m (planta)* осока

carro *m* телега, двухколёсная повозка

carrocería *f* кузов (автомобиля)

carrocín *m* двуколка

carromatero *m* кучер кабриолета

carromato *m* 1) двухколёсная повозка 2) *desp* рыдван, колымага

carroña *f* 1) падаль, мертвечина 2) *(persona ruin)* негодяй, подонок

carroza *m* парадная карета

carruaje *m* повозка, экипаж

carrusel *m* 1) *(espectáculo de monta)* показательное выступление на коне 2) *(tiovivo)* карусель

carta *f* 1) *(epístola)* письмо ~ *certificada* заказное письмо; ~ *urgente* срочное письмо 2) *(naipe)* игральная карта 3) *(en un restaurante)* меню ◆ ~ **blanca** неограниченные полномочия, карт-бланш

cartabón *m* угольник (чертёжный)

cartapacio *m* 1) *(cuaderno)* тетрадь 2) *(funda para libros y papeles)* портфель 3) *(carpeta con hojas)* папка с бумагами

cartearse *vpron* переписываться

cartel *m* афиша, плакат, объявление

cártel *m* 1) *econ* картель 2) *(organización ilícita)* объединение, группировка

cartelera *f* 1) *(cartel anunciador)* доска, столб 2) *(apartado del periódico)* раздел объявлений (в газете)

cartelero *m* расклейщик афиш

cartelismo *m* плакатное дело

cartelista *m/f* художник-плакатник

carteo *m* переписка

cárter *m tecn* картер, кожух

cartera *f* 1) *(objeto para llevar documentos)* портфель, сумка 2) *(billetero)* бумажник

cartería *conj* 1) *(empleo de cartero)* должность почтальона 2) *(oficina)* почтовое отделение

carterista *m/f* карманный вор, карманник

cartero *m* почтальон

cartesiano *adj filos* картезианский

cartilágine *m* V. cartílago

cartilaginoso *adj* хрящевой

cartílago *m* хрящ

cartilla *f* 1) *(para aprender a leer)* азбука, букварь 2) *(cuaderno o libreta)* книжка, билет 3) V. añalejo ◆ **leerle a alg la** ~ читать нотации кому-л.

cartografía *f* картография

cartográfico *adj* картографический

cartógrafo *m* картограф

cartograma *m* картограма

cartomancia *f* гадание на картах

cartometría *f geogr* картометрия

cartométrico *adj geogr* картометрический

cartón *m* 1) *(tipo de papel)* картон 2) *(de tabaco)* блок (сигарет) ◆ ~ **piedra** папье-маше

cartonaje *m* картонажи, картонажные изделия

cartoné *m impr* печать в твёрдом переплёте

cartonería *f* 1) *(fábrica)* картонажная фабрика 2) *(tienda)* магазин картонажных изделий

cartuchera *f* патронташ, подсумок

cartucho *m* 1) патрон 2) *(de monedas)* свёрток разменной монеты 3) *(de tinta, etc.)* картридж ◆ **quemar los últimos ~s** использовать последние шансы

cartuja *f* картезианский монастырь

cartujo 1. *adj relig* картезианский (о монахе) **2.** *m relig* монах-картезианец

cartulario *m hist* картулярий

cartulina *f* тонкий картон, бристольский картон

carúncula *f* мясистый вырост (на голове петуха, индюка и т.п.)

casa *f* 1) дом, жилище 2) *(familia)* семья 3) *(empresa)* фирма ◆ ~ **de campo** загородный дом ~ **de huéspedes** пансион ~ **de empeños** ломбард **ama de** ~ домохозяйка **de** ~ **buena** из хорошей семьи **en** ~ **de herrero, cuchara de palo** сапожник без сапог

casaca *f* камзол

casación *f jur* кассация *recurso de* ~ кассационный протест; *tribunal de* ~ кассационный суд

casadero *adj* в брачном возрасте

casado *adj* женатый, замужняя

casamentero 1. *adj* сватающий **2.** *m* сват

casamiento *m* свадьба

casar *vt* 1) женить 2) *(por la iglesia)* венчать

casarse *vpron* **(con alg)** *(referido al hombre)* жениться (на ком-л), *(referido a la mujer)* выходить замуж (за кого/что-л)

cascabel *m* бубенец, бубенчик ◆ **poner el** ~ **al gato** отважиться, взяться за опасное дело

cascabelear 1. *vt (alborotar con esperanzas vanas)* обнадёживать понапрасну, сбивать с толку **2.** *vi* 1) греметь бубенцами 2) *(portarse con poco juicio)* поступать безрассудно

cascabeleo *m* звон бубенцов

cascada *f* водопад, каскад

cascado *adj* 1) *(dicho de la voz)* слабый, дребезжащий 2) *coloq (dicho de alguien)* дряхлый 3) *coloq (dicho de un objeto)* дряхлый, изношенный

cascajal *m* V. cascajar
cascajar *f* каменистая местность
cascajo *m* 1) *(fragmentos de cosas rotas)* обломки, бой 2) *(guijo)* щебень 3) *(conjunto de frutos secos)* орехи 4) *(trasto)* рухлядь ◆ **estar hecho un** ~ быть дряхлым
cascanueces *m* щипцы для колки орехов
cascar 1. *vt* 1) разбивать, раскалывать 2) *coloq (dar golpes a alguien)* бить, колотить 3) *coloq (estropear, dañar)* портить, ломать **2.** *vi* 1) *coloq (charlar)* болтать, трепаться 2) *coloq (morir)* умереть, сдохнуть
cáscara *f* 1) *(de nuez o huevo)* скорлупа 2) *(de fruta)* кожура
cascarón *m* 1) яичная скорлупа *salir del* ~ вылупиться из яйца 2) *arquit* полукупол
cascarrabias *m/f coloq* ворчун, -ья, брюзга
cascarse *vpron* разбиваться, раскалываться
casco *m* 1) шлем, каска 2) *(cráneo)* череп 3) *(de una nave)* остов 4) *(recipiente vacío)* тара ◆ ~ **antiguo** исторический центр
cascote *m* строительный мусор, щебень
caseína *f quím* казеин
caserillo *m* домотканое полотно
caserío *m* усадьба, деревенский дом
caser|o 1. *adj* домашний **2., -a** *m* хозя|ин, -йка, домовладелец
caserón *m* большой нескладный дом
caseta *f* будка, киоск
casete *m* кассета
casi *adv* почти, едва, чуть ли не ~ *no me acuerdo* я почти забыл; ~ *la mitad* почти половина
casilla *f* клетка
casino *m* казино
casis *f* чёрная смородина
caso *m* 1) случай, событие, происшествие 2) *ling* падеж ◆ **en** ~ **de u.c.** в случае чего-л., если **en todo** ~ во всяком случае **hacer** ~ **a alg** обращать внимание на кого-л.
casorio *m coloq* неудачная свадьба
caspa *f* перхоть
cáspita *interj (употребляется для выражения удивления или восхищения, досады и т.д.)* чёрт возьми!, надо же!
casposo *adj* полный перхоти
casquería *f* лавка, торгующая гольём
casquete *m* 1) *(de tela, cuero, etc.)* шапка 2) *hist* шлем, железный колпак 3) *(media peluca)* накладка из волос 4) *geogr* шапка ~ *polar* полярная шапка
casquijo *m* гравий, мелкий щебень
casquillo *m* 1) втулка, муфта, кольцо 2) *(de bala)* гильза
casquivano *adj coloq* легкомысленный, ветреный
casta *f* 1) род, порода 2) *(en la India)* каста
castálidas *fpl poét* музы
castamente *adv* невинно, целомудренно
castaña *f* 1) каштан 2) *(golpe)* тумак, затрещина
castañar *f* каштановая роща
castañer|o, -a *m/f* продав|ец, -щица каштанов
castañetazo *m* щёлканье кастаньетами
castañetear *vi* 1) *(dicho de las castañuelas)* щёлкать кастаньетами 2) *(dicho de los dientes)* стучать
castaño 1. *adj* каштановый, коричневый **2.** *m* каштановое дерево, каштан
castañuela *f* кастаньета
castellanismo *m ling* кастиланизм, слово (выражение), заимствованное из кастильского языка
castellanizar *vt* 1) *(dar carácter castellano)* подвергать кастильскому влиянию 2) *(un vocablo de otro idioma)* испанизировать (слово)
castellan|o 1. *adj* кастильский **2., -a** *m/f* кастил|ец, -ька **3.** *m (lengua)* кастильский (испанский) язык
castellanohablante 1. *adj* испаноговорящий **2.** *m/f* носитель испанского языка
castidad *f* целомудрие, нравственная чистота
castigador 1. *adj* наказывающий, карающий **2., -a** *m/f* каратель
castigar *vt* 1) *(ejecutar algún castigo)* наказывать, карать 2) *(mortificar)* мучить, терзать
castigo *m* наказание, кара ~ *ejemplar* примерное наказание
castillejo *m* 1) *(juego infantil)* замок 2) *(andamio)* подмостки
castillo *m* замок, крепость
casting *m* кастинг
castizo *adj* исконный, коренной
casto *adj* целомудренный, чистый, невинный
castor *m* бобёр
castorcillo *m* бобрик (сорт сукна)
castóreo *m farma* бобровая струя
castóridos *mpl zool* бобровые
castración *f* кастрация, кастрирование
castrado 1. *adj* кастрированный **2.** *m* кастрат, скопец
castrador *m* холостильщик
castradura *f* V. castración
castrar *vt* 1) кастрировать, холостить 2) *(debilitar)* лишать сил (энергии) 3) *(llagas)* подсушивать (язвы) 4) *(podar)* подстригать (деревья)
castrense *adj* военный, войсковой
castro *m arqueol* городище
casual *adj* 1) случайный, непредвиденный 2) *ling* падежный
casualidad *f* случайность ◆ **por** ~ случайно
casualmente *adv* случайно
casucha *f* домишко, хибара
casuística *f* казуистика
casuístico *adj* казуистический, относящийся к казуистике
casulla *f relig* риза
cata *f* 1) *(acción y efecto de catar)* дегустация, проба 2) *(porción que se cata)* порция
catabolismo *m biol* катаболизм
cataclismo *m* катаклизм
catacresis *f ling* катахреза
catacumbas *fpl* катакомбы
catador *m* дегустатор
catadura *f* 1) проба, дегустация 2) *(semblante)* вид, выражение лица
catafalco *m* катафалк
cataforesis *f biol* катафорез, электрофорез
catal|án 1. *adj* каталонский **2., -ana** *m/f* каталонец, -ка **3.** *m* каталонский (каталанский) язык

catalanismo *m* 1) движение за автономию Каталонии 2) *ling* слово (выражение), заимствованное из каталонского языка

catalanista **1.** *adj* относящийся к движению за автономию Каталонии **2.** *m/f* сторонни|к, -ца автономии Каталонии

cataléctico *adj lit* каталектический

catalejo *m* подзорная труба

catalepsia *f med* каталепсия

cataléptico *adj med* каталептический

catálisis *f quím* катализ

catalizador *m* катализатор

catalogación *f* каталогизация

catalogar *vt* каталогизировать

catálogo *m* каталог

catamarán *m nav* катамаран

cataplasma *f* припарка, горчичник

catapulta *f* катапульта

catapultar *vt* катапультировать

catar *vt* пробовать, дегустировать

catarata *f* 1) *(cascada)* водопад 2) *(en el ojo)* катаракта

catarí **1.** *adj* катарский **2.** *m/f* катар|ец, -ка

catarral *adj med* катаральный

catarro *m* насморк, простуда

catarroso *adj* 1) *(que habitualmente padece catarro)* легко простужающийся 2) *(que padece catarro)* простуженный

catarsis *f filos lit* катарсис

catastral *adj* кадастровый

catastro *m* кадастр

catástrofe *f* катастрофа, крушение

catastrófico *adj* катастрофический, бедственный

catastrofismo *m* катастрофизм

catastrofista **1.** *adj* катастрофистский **2.** *m/f* катастрофист, -ка

cataviento *m* флюгер

catavino *m* дегустационный бокал

catavinos *m* дегустатор вин

cate *m* 1) *coloq (golpe)* пощёчина, оплеуха 2) *coloq (suspenso)* неудовлетворительно, двойка

catear1 *vt (buscar)* искать, добывать

catear2 *vt coloq (suspender)* проваливать на экзамене

catecismo *m* катехизис

catecúmeno *m* человек, изучающий основы христианской веры

cátedra *f* 1) *(asiento)* кафедра 2) *(empleo y ejercicio del catedrático)* должность профессора, профессура 3) *(aula)* аудитория

catedral *f* собор, церковь

catedrático *m* профессор

categoría *f* категория ◆ **de ~** значительный, заслуживающий внимания

categórico *adj* категорический, решительный

catenaria *f* 1) *mat* цепная линия 2) *electr* контактная линия

catequesis *f* катехизис

catequismo *m* V. catequesis

catequista *m/f* преподаватель катехизиса

catequizar *vt* наставлять в католической вере

catering *m* кейтеринг

caterva *f* толпа, туча

catéter *m* катетер, зонд

cateto1 *m mat* катет

catet|o, -a[2] *m/f* 1) *(pueblerino)* мужлан, деревенщина 2) *coloq (de pocas luces)* протофиля, проста|к, -чка

catire *adj Am.* рыжий, рыжеволосый

cátodo *m fís* катод

catolicismo *m* католицизм

católic|o **1.** *adj* католический **2., -a** *m/f* католи|к, католичка

catolic|ón, -ona *m/f desp* святоша

catorce *num* четырнадцать ~ *años* четырнадцать лет

catre *m* койка, односпальная кровать

catrecillo *m* складной стул

caucásic|o **1.** *adj* кавказский **2., -a** *m/f* кавказ|ец, -ка

cauce *m* русло, ложе

cauchero *adj* каучуковый

caucho *m* каучук

caución *f* 1) *(precaución)* осторожность, осмотрительность 2) *jur* ручательство, гарантия

caucionar *vt* 1) *jur (dar caución)* давать гарантию, ручаться (кому-л) 2) *jur (precaver)* предупреждать, предотвращать

caudal *m* 1) *(cantidad de agua que mana)* водоносность 2) *(hacienda)* имущество

caudaloso *adj* 1) многоводный 2) V. acaudalado

caudillo *m* 1) вожак 2) *hist* каудильо

causa *f* 1) *(origen de algo)* причина, основание, повод *a ~ de u.c., por ~ de u.c.* по причине чего- л., из-за чего-л. 2) *(judicial)* судебный процесс, дело

causal *adj* причинный

causante *m* 1) виновник, зачинщик 2) *jur* правопредшественник

causar *vt* 1) *(originar)* вызывать, служить причиной ~ *un problema* вызывать проблему 2) *(hacer, producir)* причинять ~ *dolor* причинять боль

causticidad *f* едкость

cáustico *adj* 1) едкий, разъедающий, каустический 2) *(mordaz)* едкий, язвительный 3) *med* прижигающий

cautela *f* осторожность, осмотрительность *actuar con ~* вести себя осторожно

cauteloso *adj* осторожный, осмотрительный

cauterio *m* 1) V. cauterización 2) профилактическое средство

cauterizar *vt med* прижигать

cautivador *adj* 1) *(que toma prisioneros)* берущий в плен 2) *(seductor)* пленительный, чарующий

cautivar *vt* очаровывать, пленить

cautiverio *m* плен, неволя

cautividad *f* 1) плен, неволя 2) *(referida a un animal)* неволя

cautiv|o **1.** *adj* пленный **2., -a** *m/f* пленн|ый, -ая, пленн|ик, -ца

cauto *adj* осторожный, осмотрительный

cava[1] *f (acción de cavar)* копание, выкапывание

cava[2] **1.** *f* подвал, винный погреб **2.** *m* шампанское

cavador *m* 1) землекоп 2) *obsol (sepulturero)* могильщик

cavar *vt* рыть, копать, выкапывать ~ *un hoyo* выкапывать яму

caverna *f* пещера

cavernícola 1. *adj* 1) пещерный, живущий в пещере 2) *(retrógrado)* ретроградный, отсталый **2.** *m/f* 1) пещерный житель 2) *(retrógrado)* ретроград

cavernoso *adj* 1) пещерный 2) *(dicho de la voz)* глухой 3) *(que tiene muchas cavernas)* пещеристый

caviar *m* икра

cavidad *f* 1) впадина 2) *anat* полость

cavilación *f* размышление, раздумье

cavilar *vt/i* **(sobre u/c)** размышлять (над чем-л), ломать голову (над чем-л)

caviloso *adj* мнительный

cayado *m* посох

cayuco1 *m (embarcación)* каюка

cayuco2 *adj Cub. coloq* глупый, недалёкий

caza 1. *f* 1) охота *caza mayor (menor)* охота на крупного (мелкого) зверя 2) *(animales que se cazan)* дичь **2.** *m mil* истребитель

cazabe *m Am.* лепёшка из муки маниоки

cazabombardero *m mil* истребитель-бомбардировщик

cazador *m* охотник

cazadora *f* куртка

cazadotes *m coloq* охотник за приданым, искатель богатых невест

cazafortunas *m/f* искатель, -ница богатых невест (женихов)

cazaminas *m mil* тральщик, минный тральщик

cazar *vt* ловить, охотиться (на кого-л)

cazarrecompensas *m/f* охотник за головами

cazcarria *f* грязь на подоле платья

cazo *m* ковш

cazoleta *f* кастрюлька

cazuela *f* кастрюля

cazurro *adj* 1) *(reservado)* скрытный, замкнутый 2) *(basto)* грубый, неотёсанный

ce *f* сэ (название буквы «c»)

ceba *f* 1) *(alimento de engorde para ganado)* откармливание, откорм 2) *(alimento para los hornos)* загрузка печи

cebada *f* ячмень

cebadura *f* откармливание, откорм

cebar *vt* 1) *(a los animales)* откармливать 2) *(el horno)* загружать печь

cebarse *vpron* 1) **(en u/c)** *(entregarse a algo eficazmente)* предаваться (чему-л), углубляться (в чём-л) 2)

(con alg) *(ensañarse)* издеваться (над кем-л.), глумиться (над кем-л.)

cebellina *f* соболь

cebiche *m* севиче (остро-кислое блюдо из морепродуктов)

cebo *m* 1) *(alimento para engordar)* корм 2) *(alimento para atraer)* приманка

cebolla *f* лук

cebollar *m* поле, засеянное луком

cebolleta *f* лук-батун

cebollino *m* 1) *(sementero)* луковая рассада 2) *(tipo de cebolla)* лук-резанец

cebollón *m* репчатый лук

cebón 1. *adj (dicho del animal cebado)* откормленный **2.** *m (puerco)* поросёнок

cebra *f* зебра ◆ **paso de** ~ пешеходный переход

cebú *m* 1) *(variedad de toro)* зебу 2) *(varidad de carayá)* чёрный ревун

cecear *vi* произносить «s» как «z»

ceceo *m* произношение «s» как «z»

cecina *f* вяленое мясо

cedazo *m* 1) *(instrumento de separación)* решето, сито 2) *(red de pescar)* невод

cedente 1. *adj jur* уступающий **2.** *m jur* цедент

ceder 1. *vt* 1) *(transferir)* передавать 2) *(dejar libre para alg)* уступать ~ *el paso* уступать дорогу **2.** *vi* 1) **(ante alg o u/c)** *(rendirse)* сдаваться (перед чем/кем-л), поддаваться (кому/чему-л) 2) *(caer, romperse por la presión)* оседать, проваливаться 3) *(mitigarse)* стихать

cederrón *m* CD-ROM

cedro *m* кедр

cédula *f* 1) *(papel)* листок бумаги 2) *(reconocimiento de deuda)* долговое обязательство

céfiro *m* зефир (ветер)

cegador *m* ослепительный

cegar *vt* 1) *(quitar la vista a alguien)* ослеплять, слепить 2) *(cerrar algo que antes era hueco)* замуровывать, затыкать

cegat|o 1. *adj coloq* близорукий **2., -a** *m/f coloq* близорукий человек

ceguera *f* слепота

ceiba *f* 1) *(árbol)* хлопчатое дерево 2) *(alga)* лентообразная морская водоросль

ceja *f* бровь *fruncir las ~s* хмурить брови ◆ **metérsele a uno entre ~ y ceja** засесть гвоздём в голове

cejar *vi* 1) *(retroceder)* отступить, пятиться 2) *(ceder)* отступиться, отказаться (от чего-л)

celada *f* засада, западня

celador 1. *adj* бдительный **2.** *m* надзиратель

celaje *m* 1) *(nubes tenues)* лёгкие облачка 2) *(claraboya)* форточка

celar *vt* 1) *(observar las leyes)* неукоснительно соблюдить, ревностно блюсти 2) *(observar con desconfianza)* подозревать в неверности

celda *f* 1) *(en un convento o colegio)* келья 2) *(en una cárcel)* одиночная камера

celdilla *f* 1) *(de los panales de las abejas)* ячейка 2) *(nicho)* ниша

celebérrimo *adj* известнейший, знаменитейший

celebración *f* 1) *(acción de celebrar)* празднование, торжество 2) *(aplauso)* возвеличивание, восхваление

celebrante *m relig* служитель обедни

celebrar *vt* 1) *(conmemorar)* отмечать, праздновать 2) *(alabar)* хвалить, восхвалять 3) *(realizar un acto)* проводить (собрание, сессию), совершать церемонию 4) *(un contrato)* заключать (договор)

celebrarse *vpron* праздноваться, справляться

célebre *adj* знаменитый, известный

celebridad *f* 1) *(fama)* известность, признание, слава 2) *(persona famosa)* знаменитость, звезда, светило

celemín *m* селемин

celeridad *f* быстрота, скорость

celeste *adj* 1) *(perteneciente o relativo al cielo)* небесный 2) *(color)* небесно-голубой

celestial *adj* 1) *(perteneciente o relativo al cielo)* небесный, божественный 2) *(perfecto)* божественный, изумительный, восхитительный 3) *(bobo)* глупый, несмышлёный

celestina *f* сводница, сводня
celibato *m* 1) *(soltería)* целибат, безбрачие 2) *(hombre célibe)* холостяк
célibe *adj* холостой, незамужняя
cellisca *f* дождь со снегом, мокрый снег
celo 1. *m* 1) *(cuidado)* усердие, воодушевление, вдохновение 2) *(apetito sexual)* течка **2. -s** *mpl* ревность *tener ~ de alg* ревновать кого-л. к кому-л.
celofán *m* целлофан
celosía *f* жалюзи
celoso *adj* 1) *(que tiene celos)* ревнивый 2) *(receloso)* подозрительный, недоверчивый
celta 1. *adj* кельтский **2.** *m/f* 1) *(miembro de la comunidad celta)* кельт 2) *(lengua de la comunidad celta)* кельтский язык
céltico *adj* V. celta 1
célula *f* 1) ячейка 2) *biol* клетка 3) *(celda)* камера
celular *adj* 1) *(perteneciente o relativo a las células)* клеточный, относящийся к клетке 2) *(dicho de un teléfono)* сотовый
celulitis *f* целлюлит
celuloide *m* целлулоид
celulosa *f* целлюлоза, клетчатка
cementar *vt* цементировать, науглероживать
cementerio *m* кладбище
cemento *m* цемент *~ armado* железобетон
cena *f* ужин ◆ **última** ~ *relig* тайная вечеря
cenáculo *m* 1) *(sala)* трапезная 2) *(reunión de artistas)* кружок, общество
cenador *adj* любитель плотно поужинать
cenagal *m* 1) *(sitio lleno de cieno)* топь, трясина 2) *(negocio difícil)* сложное дело
cenagoso *n* 1) *(lleno de fango)* топкий, илистый 2) *(sucio)* грязный
cenar *vi* ужинать
cenceño *adj* худощавый, сухощавый
cencerrear *vi* 1) *(tocar los cencerros)* звенеть 2) *(tocar un instrumento destemplado)* бренчать
cencerreo *m* 1) звон колокольчика 2) *(interpretación destemplada)* бренчание, треньканье
cencerro *m* колокольчик
cenefa *f* 1) *(lista sobrepuesta en cortinas)* кайма, каёмка 2) *(dibujo de ornamentación)* фриз, бордюр
cenicero *m* пепельница
ceniciento *adj* цепельный
ceñido *adj* 1) *(moderado en los gastos)* бережливый, расчётливый 2) *(ajustado)* облегающий, тесный
ceñidor *m* пояс
ceñir *vi* 1) *(dicho de la ropa)* обтягивать, облегать 2) *(cerrar, rodear)* опоясывать, подпоясывать 3) *(abreviar)* уменьшать, сокращать
ceñirse *vpron* 1) опоясываться, подпоясываться 2) *(moderarse en los gastos)* быть бережливым, быть расчётливым 3) **(a u/c)** *(amoldarse, limitarse)* придерживаться (чего-л), ограничиваться (чем-л)
cenit, cénit *m astr* зенит
cenital *adj astr* зенитный
ceniza *f* пепел, зола
cenizo *m coloq* невезучий человек
ceño[1] *m (cerco)* кольцо, обод
ceño[2] *m* 1) *(demostración de enfado)* нахмуренные брови, хмурый вид 2) *(entrecejo)* межбровье
cenobial *adj* монастырский
cenobio *m* монастырь
cenobita *m/f* монах, -иня
cenobítico *adj* монашеский
censar *vt* проводить перепись населения
censo *m* ценз, перепись населения
censor *m* инспектор, надзиратель
censura *f* цензура
censurable *adj* предосудительный, недостойный
censurar *vt* подвергать цензуре
centavo *m* 1) *(centésimo)* сотая часть 2) *(moneda que vale un céntimo)* цент
centella *f* 1) *(rayo)* молния 2) *(chispa)* блеск, отблеск
centelleante *adj* искрящийся, сверкающий
centellear *vi* искриться, сверкать, мерцать
centena *f* сотня
centenar *m* сотня
centenario 1. *adj* 1) сотый 2) *(de cien años)* столетний **2.** *m* столетний юбилей
centeno *m* рожь
centésima *f* сотая часть
centesimal *adj* сотый
centésimo *adj* сотый
centígrado *m* по Цельсию
centigramo *m* сантиграмм
centilitro *m* сантилитр
centímetro *m* сантиметр
céntimo 1. *adj* V. centésimo **2.** *m* цент
centinela *m* часовой, охранник
centiplicado *adj* стократный
centollo *m* морской краб
central 1. *adj* 1) *(perteneciente o relativo al centro)* центральный 2) *(esencial)* главный, основной **2.** *f (centro)* центральное управление ◆ ~ **eléctrica** электростанция ~ **nuclear** атомная станция
centralidad *f* центральность
centralismo *m* централизм
centralista 1. *adj* централистский **2.** *m/f* сторонни|к, -ца централизма
centralita *f* телефонная станция
centralización *f* централизация
centralizar *vt* централизовать, сосредоточивать, объединенять
centrar *vt* 1) *(determinar el punto céntrico)* центрировать, определять центр 2) **(en alg o u/c)** *(dirigir el interés)* сосредоточивать (на что-л), концентрировать (на чём-л) 3) *(colocar en el centro)* центрировать
centrarse *vpron* сосредоточиваться
céntrico *adj* центральный, находящийся в центре
centrifugado *adj* центробежный
centrifugadora *f* центрифуга
centrifugar *vt* центрифугировать, сепарировать
centrífug|o *adj* центробежный *fuerza ~a* центробежная сила
centrípet|o *adj* центростремительный *fuerza ~* центростремительная сила
centro *m* 1) *(parte central)* центр, середина 2) *(lugar que concentra recursos, decisiones,*

etc.) центр 3) *(tendencia política)* центр 4) *(de una población)* центр ◆ ~ **comercial** торговый центр ~ **de enseñanza** учебное заведение

centroamerican|o 1. *adj* центрально-американский **2., -a** *m/f* житель, -ница (уроженец, уроженка) Центральной Америки

centrocampista *m sport* полузащитник

centuplicar *vt* увеличивать в сто раз, увеличивать стократно

centuplicarse *vpron* увеличиваться в сто раз, увеличиваться стократно

céntuplo *adj* стократный

centuria *f* 1) *(siglo)* столетие 2) *hist (compañía de soldados romanos)* центурия

centurión *m hist* центурион

ceñudo *adj* хмурый, мрачный

cepa *f* виноградная лоза

cepillado *m* чистка щёткой

cepillar *vt* 1) *(limpiar)* чистить щёткой 2) *(alisar)* строгать

cepillo *m* щётка ◆ ~ **de dientes** зубная щётка

cepo *m* 1) *(instrumento que retiene al reo)* колодка 2) *(trampa)* капкан, ловушка

ceporro *m* 1) *(cepa vieja)* засохшая виноградная лоза 2) *(persona torpe)* грубиян, невежа

cera *f* воск

cerámica *f* керамика

cerámico *adj* керамический

ceramista *m/f* керамик, керамист

cerbatana *f* духовое ружьё

cerca 1. *f* забор, ограда **2.** *adv* близко, недалеко

cercado *m* забор, ограда

cercanía *f* близость

cercanías *fpl* окрестности ◆ **tren de** ~ пригородный поезд

cercano *adj* близкий, ближний

cercar *vt* огораживать, окружать

cercén *inv* : a ~ совершенно, полностью

cercenar *vt* 1) *(cortar las extremidades)* обрезать, отрубать 2) *(disminuir)* уменьшать, сокращать

cerceta *f* чирок

cerciorar *vt* уверять, заверять, убеждать

cerciorarse *vpron* **(de u/c)** убеждаться (в чём-л)

cerco *m* 1) ограда 2) *(militar)* осада, блокада

cerda *f* 1) *(pelo grueso)* конский волос 2) *(hembra del cerdo)* свинья

cerdada *f* свинство, гнусность

cerdo *m* 1) свинья 2) *(carne de cerdo)* свинина 3) *coloq (persona sucia)* свинья, чушка 4) *coloq (persona ruin)* свинья, сволочь

cerdoso *adj* щетинистый

cereal 1. *adj* злаковый, зерновой **2.** *m* злак

cerebelo *m anat* мозжечок

cerebral *adj* 1) мозговой, церебральный 2) *(intelectual)* рациональный, рассудочный

cerebro *m* 1) мозг 2) *(juicio)* разум, мозги

ceremonia *f* 1) церемония, торжество 2) *(ademán afectado)* церемонность

ceremonial 1. *adj* церемониальный **2.** *m* церемониал

ceremonioso *adj* 1) торжественный 2) *(de cumplimientos exagerados)* церемонный

cerería *f* воскобойня

cerero *m* свечник

cereza *f* черешня (плод)

cerezo *m* черешня (дерево)

cerilla *f* 1) спичка 2) *(vela de cera)* фигурная свечка

cerillo *m* V. cerilla

cerner 1. *vt* 1) *(la harina)* просеивать (муку) 2) *(observar)* наблюдать (за кем/чем-л), следить (за кем/ чем-л) 3) *(depurar)* совершенствовать, улучшать **2.** *vi (dejar caer el polen)* опыляться (о растениях)

cernerse *vpron* 1) *(andar moviendo el cuerpo)* ходить вразвалку 2) *(dicho de un ave)* парить 3) *(dicho de un mal)* надвигаться, грозить (кому/чему-л)

cernícalo *m* пустельга

cero *m* ноль, нуль ◆ ~ **a la izquierda** пустое место, ноль без палочки

cerquita *adj coloq* близёхонько, рукой подать

cerrado *adj* 1) закрытый, замкнутый 2) *coloq (poco sociable)* замкнутый, необщительный 3) *(torpe de entendimiento)* тупой, непонятливый 4) *(dicho de una barba)* густой 5) *ling* закрытый

cerradura *f* замок

cerrajería *f* 1) *(profesión)* ремесло слесаря 2) *(taller)* слесарная мастерская

cerrajero *m* слесарь

cerrajón *m* высокий крутой холм

cerrar *vt* 1) закрывать, затворять 2) *(con llave)* закрывать, запирать 3) *(un paraguas, etc.)* закрывать, складывать 4) *(cercar)* огораживать, загораживать 5) *(un sobre)* запечатывать, заклеивать 6) *(las piernas)* складывать, сдвигать 7) *(un acuerdo)* заключать, подписывать

cerrarse *vpron* 1) закрываться, запираться 2) *(dicho de una herida)* затягиваться, заживать 3) *(dicho de una flor)* закрываться

cerrazón[1] *f* 1) *(oscuridad que precede a la tempestad)* темень, мрак 2) *(incapacidad de comprender)* тупость 3) *(obstinación)* упрямство

cerrazón[2] *m* V. cerrajón

cerril *adj* 1) *(dicho de un terreno)* неровный, пересечённый 2) *(dicho del ganado)* дикий, неприученный *coloq (dicho de una persona)* грубый, невоспитанный

cerro *m* 1) холм, гора 2) *(cuello del animal)* шея 3) *(espinazo)* спина, хребет

cerrojo *m* задвижка, засов

certamen *m* конкурс, состязание

certero *adj* 1) *(diestro en tirar)* меткий 2) *(seguro)* верный, точный

certeza *f* 1) *(seguridad)* точность 2) *(convencimiento)* уверенность, убеждённость

certidumbre *f* уверенность, убеждённость

certificación *f* 1) *(acción de certificar)* свидетельствование, удостоверение 2) *(documento)* свидетельство, удостоверение

certificado 1. *adj (dicho del correo)* заказной (о почте) **2.** *m* 1) свидетельство, справка, сертификат 2) *(carta certificada)* заказное письмо

certificar *vt* свидетельствовать, удостоверять

cerumen *m* ушная сера

cerusa *f min* церуссит

cerval *adj* 1) олений 2) *(referido al miedo)* животный

cervatillo *m* 1) *(cervato)* оленёнок 2) *(almizclero)* кабарга
cervato *m* молодой олень
cervecería *f* пивная, пивной бар
cervecero 1. *adj* пивной **2.** *m* пивовар
cerveza *f* пиво ~ *rubia* светлое пиво; ~ *negra* тёмное пиво
cervical *adj* затылочный, шейный
cerviz *f* затылок ♦ **bajar (doblar) la ~** гнуть шею
cesación *f* V. cese
cesamiento *m* V. cese
cesante *adj* отстранённый, уволенный
cesantía *f* отстранение от должности, увольнение
cesar 1. *vi* 1) прекращаться, кончаться *sin ~* беспрерывно, безостановочно 2) *(en un empleo)* увольняться, уходить в отставку **2.** *vt* увольнять, отправлять в отставку
cesárea *f* кесарево сечение
cese *m* 1) прекращение 2) *(en un empleo)* увольнение, отставка
cesión *f* уступка, передача
cesionario *m jur* цессионарий, лицо, которому передаётся право
cesionista *m/f jur* цедент, лицо, которое передаёт право
césped *m* газон, дёрн
cesta *f* корзина, корзинка
cestería *f* 1) *(profesión)* корзиноплетение 2) *(taller)* корзиночная мастерская
cestero *m* корзинщик
cesto *m* корзина
cesura *f lit* цезура
cetáceo 1. *adj zool* китовый, китообразный **2.** **-s** *mpl* киты, китообразные
cetrería *f* 1) *(arte de criar halcones)* искусство сокольника 2) *(caza con halcones)* соколиная охота
cetrero[1] *m* сокольник, сокольничий
cetrero[2] *m relig* помощник священника
cetrino *adj* 1) зелёно-жёлтый 2) *(melancólico)* унылый, печальный
cetro *m* 1) *(de un monarca)* скипетр 2) *(vara de plata)* жезл, посох
ceviche *m* севиче (остро-кислое блюдо из морепродуктов)
chabacanada *f* V. chabacanería
chabacanería *f* вульгарность, пошлость
chabacano *adj* вульгарный, пошлый
chabola *f* 1) *(cabaña)* шалаш 2) *(casa pobre)* трущоба, хибара
chabolismo *m* обилие трущоб
chacal *m* шакал
chácara[1] *f Am.* V. chacra
chácara[2] *f Ven. Col. (monedero)* кошелёк
chacarero *m* земледелец, фермер
chacha *f* 1) *coloq (niñera)* няня 2) *coloq (sirvienta)* служанка
cháchara *f coloq* болтовня, пустословие
chacharear *vi coloq* болтать, пустословить
chachi *adj coloq* замечательный, классный, клёвый
chacho *m coloq* мальчик, мальчуган
chacina *f* 1) V. cecina 2) *(carne para embutido)* колбасный свиной фарш
chacinería *f* колбасный магазин
chacolí *m* чаколи (сорт сухого вина)
chacota *f* 1) *(bulla, alegría)* веселье, ликование 2) *(burla)* шутка, балагурство
chacra *f Am. Mer.* ферма, усадьба
chafaldete *m nav* гитов
chafar *vt* 1) раздавливать, сплющивать 2) *(estropear)* портить 3) *(arrugar la ropa)* мять, комкать 4) *coloq (cortar a alguien)* обрывать, обрезать 5) *coloq (desilusionar)* доконать
chafarrinada *f* пятно, клякса
chafarriñón *m* V. chafarrinada
chafarse *vpron* 1) раздавливаться, сплющиваться 2) *(referido a la ropa)* мяться, комкаться
chaflán *m* скошенный угол
chal *m* шаль
chalado *adj coloq* сумасшедший
chalán *m* барышник
chalanear *vt* ловко сбывать с рук (товар), барышничать
chalanería *f* барышничество
chalar *vt coloq* сводить с ума
chalarse *vpron coloq* сходить с ума
chalé *m* загородный дом, шале
chaleco *m* жилет, жилетка ~ *salvavidas* спасательный жилет
chalet *m* V. chalé
chalina *f* 1) галстук бантом, бант 2) *Am.* шаль
chalote *m* лук-шалот, шалот
chalupa *f* шлюпка, баркас
chamaco *m Méx.* мальчик, парень
chamán *m* шаман
chamanismo *m* шаманство
chamarilero *f* старьёвщик
chamarreta *f* короткая куртка, жакет
chamba[1] *f* 1) *coloq (suerte)* везение 2) *Am. Cent. coloq (trabajo)* работа, дело
chamba[2] *f Col. (zanja)* канава
chambear *vi Am. Cent.* работать, заниматься делом
chambelán *m* камергер
chambergo *m* чамберго, широкополая шляпа
chambón *adj* 1) *coloq (poco hábil)* неуклюжий, неумелый 2) *coloq (suertudo)* удачливый, везучий
chambra *f* кофточка, блузка
chamicera *f* горелый лес, гарь
chamicero *adj* обуглившийся (о дереве)
chamizo *m* 1) *(árbol chamuscado)* обгоревшее дерево, обуглившееся полено 2) *coloq (tugurio)* притон, игорный дом
champán1 *m* шампанское
champán2 *m (embarcación)* сампан
champaña *m* V. champán 1
champiñón *m* шампиньон
champú *m* шампунь
chamullar *vi coloq* V. hablar
chamuscar *vt* обжигать, подпаливать
chamuscarse *vpron* обжигаться, подпаливаться
chamusco *m* V. chamusquina
chamusquina *f* 1) обжигание, опаливание 2) *coloq (riña)* потасовка, драка ♦ **oler a ~** пахнуть неприятностями, пахнуть жареным
chanca *f* V. chancla
chancaca *f Am.* головка сахара

chance *m Am.* случай, возможность
chancear *vi* шутить
chancearse *vpron* **(de u/c)** подшучивать (над кем-л.)
chancero *m* шутник, весельчак
chanchada *f coloq* свинство, мерзость
chancher|o, -a *m/f* свинопас
chanchi *adj* V. chachi
chancho 1. *adj Am.* грязный, нечистоплотный **2.** *m* 1) *Am.* свинья, поросёнок 2) *Am. (hombre sucio)* свинья, неряха
chanchullero *m coloq* мошенник, жулик
chanchullo *m coloq* мошенничество, жульничество
chancla *f* 1) *(zapato viejo)* стоптанный башмак 2) V. chancleta
chancleta *f* шлёпанец
chanclo *m* 1) *(sandalia de madera)* деревянный башмак 2) *(zapato de goma)* галоша
chancro *m* шанкр
chándal *m* спортивный костюм
chanfaina *f* чанфайна (кушанье из лёгких)
changa1 *f* 1) *coloq (trato de poca importancia)* мелкая сделка 2) *Cub. Am. Mer. (chanza, burla)* шутка, насмешка
changa2 *f Col. (niña, muchacha)* девочка, девушка
changador *m Am. Mer.* носильщик, грузчик
chango 1. *adj* 1) *(referido al pueblo amerindio)* относящийся к индийскому народу чанго 2) *Hond.* V. elegante 3) *R. Dom. P. Rico (bromista)* весёлый, шутливый **2.** *m* 1) *Arg. Bol. (niño, muchacho)* мальчик, паренёк 2) *Méx. (mono)* обезьяна
chanquete *m* бычок прозрачный
chantaje *m* шантаж
chantajear *vt* шантажировать
chantajista *m/f* шантажист, -ка
chantar *vt* втыкать, ставить
chantre *m relig* регент, кантор
chanza *f* шутка, насмешка
chapa *f* 1) пластинка, лист 2) *(de una botella)* крышка 3) *(placa)* бляха, жетон, номерок 4) *(mancha roja en la cara)* красное пятно
chapado *adj* красивый, изящный ◆ ~ **a la antigua** старой закалки, старомодный
chapapote *m* смола, жидкий асфальт
chapar *vt* 1) обивать, обшивать 2) *coloq* V. cerrar
chaparra *f* каменный вечнозелёный дуб
chaparrada *f* V. chaparrón
chaparral *m* дубняк
chaparrete *adj* V. chaparro
chaparro 1. *adj* коренастый **2.** *m* 1) *(dicho de una persona)* коренастый человек 2) *(mata de encina o roble)* дубовая поросль
chaparrón *m* 1) *(lluvia)* ливень, проливной дождь 2) *(abundancia)* поток, лавина
chapeado *adj Méx. Col. Hond.* румяный, покрытый румянцем
chapear *vt* 1) V. chapar 1 2) *Am.* расчищать (земельный участок)
chapero *m argot* гомосексуалист, занимающийся проституцией
chapetón[1] *m* V. chaparrón
chapetón[2] *adj (inexperto)* неопытный, неумелый
chapista *m* жестянщик, паяльщик
chapistería *f* кузовной цех
chapitel *m* 1) *(remate piramidal de una torre)* шпиль башни 2) *(de una columna)* V. capitel
chapó[1] *m (juego)* игра в бильярд (разновидность)
chapó[2] *interj (употребляется для выражения уважения или восхищения)* снимаю шляпу!
chapón *m* клякса
chapotear 1. *vi* шлёпать во воде, плескаться **2.** *vt* смачивать (губкой или тряпкой)
chapucería *f* 1) *(tosquedad, imperfección)* небрежность (в работе) 2) V. chapuza 3) V. embuste
chapucer|o 1. *adj* 1) халтурный 2) *(embustero)* обманный **2.** , **-a** *m/f* 1) халтурщи|к, -ца 2) *(embustero)* обманщи|к, -ца 3) *(herrero)* жестянщик
chapulín *m Méx. Col. Am. Cent.* кузнечик
chapurrear *vt coloq* коверкать слова, говорить кое-как ~ *el inglés* говорить на ломанном английском
chapurreo *m coloq* ломаный язык
chapuz[1] *m* V. chapuzón
chapuz[2] *m* V. chapuza
chapuza *f* 1) *(labor de poca importancia)* приработок, халтура 2) *(trabajo mal hecho)* плохая работа, халтура 3) *(embuste)* обман, надувательство
chapuzar *vt* погружать (окунать) в воду
chapuzarse *vpron* погружаться (окунаться) в воду
chapuzón *m coloq* окунание, ныряние *darse un* ~ искупаться
chaqué *m* сюртук
chaqueño *adj* относящийся к южноамериканскому району Чако
chaqueta *f* жакет, кофта ◆ **cambiar de** ~ переметнуться в другой лагерь
chaquetero *adj* 1) *coloq (que cambia de bando con facilidad)* перебегающий в другой лагерь 2) *coloq* подхалимский, угодливый
chaquetilla *f* куртка, короткий жакет
chaquetón *m* длинная куртка, длинный жакет
charada *f* шарада
charamusca[1] *f (leña menuda)* хворост, сухие ветки
charamusca[2] *f Méx. Hond. (confitura)* карамелька
charanga *f* оркестр с духовыми и ударными инструментами
charca *f* 1) *(charco grande)* большая лужа 2) *(estanque)* пруд
charcal *m* затопленная местность
charco *m* лужа
charcutería *f* колбасный магазин
charcutero *m* владелец колбасного магазина
charla1 *f* 1) беседа, разговор 2) *(disertación oral)* встреча, беседа, выступление
charla2 *f (ave)* деряба
charlar 1. *vi* 1) *(conversar)* беседовать, разговаривать 2) *coloq (hablar mucho sin sustancia)* болтать, пустословить **2.** *vt (decir lo que se debe callar)* болтать
charlat|án 1. *adj* 1) *(que habla mucho)* словоохотливый, болтливый 2) *(embaucador)* шарлатанский, плутовской **2.** , **-ana** *m/f*

1) *(persona que habla mucho)* болтун, -ья 2) *(embaucador)* шарлатан, -ка, обманщи|к, -ца

charlatanería *f* 1) *(locuacidad)* болтливость, словоохотливость 2) *(cualidad de charlatán)* пустословие, пустая болтовня

charlista *m/f* лектор

charloteo *m* V. charla 1

charneg|o, -a *m/f desp* иммигрант, -ка в Каталонии из другого района Испании

charol *m* 1) *(especie de barniz)* лак 2) *(cuero con este barniz)* лакированная кожа

charolar *vt* лакировать, покрывать лаком

charpa *f* перевязь

charqui *m Am. Mer.* вяленое мясо

charretera *f* 1) *(divisa militar)* эполет 2) V. jarretera

charro *adj* 1) *(de Salamanca)* живущий к провинции Саламанка 2) *(abigarrado)* безвкусный, аляповатый

chárter 1. *adj aero* чартерный *vuelo ~* чартерный рейс **2.** *m* чартер

chas *onomat* трах!, бац!

chasca *f* хворост, срезанные ветви

chascar 1. *vt (triturar, ronzar)* грызть, щёлкать **2.** *vi* 1) *(dar chasquidos)* щёлкать языком 2) *(hacer ruido al masticar)* чавкать

chascarrillo *m* остроумный анекдот, забавная история

chasco *m* 1) *(burla)* шутка, розыгрыш 2) *(decepción)* разочарование *llevarse un ~* разочароваться, обмануться в ожиданиях

chasis *m auto* шасси, каркас

chasquear 1. *vt* 1) *(dar chasco)* разыгрывать, шутить (над кем-л.) 2) *(faltar a lo prometido)* обманывать, не сдерживать обещания **2.** *vi (dar chasquidos)* трещать

chasquido *m* 1) треск, хруст 2) *(de un látigo)* щёлканье

chat *m informát* чат

chata *f* 1) *(bacín)* подкладное судно, утка 2) V. chalana

chatarra *f* 1) металлолом 2) *coloq (aparato viejo)* хлам, рухлядь 3) *coloq (monedas de poco valor)* мелочь, медяки

chatarrero *m* сборщик металлолома

chatear[1] *vi coloq (beber chatos)* пить стаканчики вина в барах

chatear[2] *vi informát* общаться через чат, сидеть в чате

chato 1. *adj* 1) *(dicho de la nariz)* приплюснутый (о носе), курносый 2) *(plano, con poco relieve)* плоский, сплющенный **2.** *m coloq* стаканчик вина

chatón *m* крупный драгоценный камень

chau *interj Am.* пока, чао

chaucha *f* 1) *Am. Mer. (judía verde)* стручковая фасоль 2) *Arg. Ur. (vaina)* стручок 3) *Ch. (moneda)* мелкая монета, медяк

chauvinismo *m* V. chovinismo

chauvinista *adj* V. chovinista

chaval *m/f coloq* парень, мальчик, пацан

chavala *f coloq* девушка, девочка

chaveta 1. *f* 1) *(clavija)* клин, штифт 2) *coloq (cabeza)* голова, башка **2.** *adj coloq* сумасшедший ◆ **perder la ~** свихнуться, сойти с ума

chavo[1] *m Méx. Nic. Hond.* V. muchacho

chavo[2] *m coloq* мелкая монета, медяк

chavó *m coloq* V. muchacho

che *interj Val. Arg. Ur. Par. (употребляется для привлечения внимания)* эй!, послушай!

checa *f hist* Чрезвычайная комиссия в СССР

chec|o 1. *adj* чешский **2., -a** *m/f* чех, чешка **3.** *m (idioma)* чешский язык

checoslovac|o 1. *adj* чехословацкий **2., -a** *m/f* чехословa|к, -чка

cheli *m* чели (жаргон мадридской молодёжи)

chelín *m* шиллинг

chenca *f El Salv. Hond. coloq* окурок

chepa *f coloq* горб

cheque *m banc* чек *~ al portador* чек на предъявителя; *talonario de ~s* чековая книжка

chequear *vt* проверять, контролировать

chequearse *vpron* проходить медицинский осмотр

chequeo *m* 1) проверка, сверка 2) *(médico)* медицинский осмотр

chévere 1. *adj Am.* великолепный, прекрасный **2.** *adv Am.* великолепно, прекрасно

cheviot *m* шевиот

chibuquí *m* чубук

chic 1. *adj* шикарный, элегантный **2.** *m* шик

chica *f* 1) девушка 2) *(criada)* служанка

chicana *f* мошенничество, обман

chicanear *vi* мошенничать, обманывать

chicanero *adj* мошенник

chicano *adj* принадлежащий к мексиканскому меньшинству (в США)

chicha[1] *f coloq* мясо ◆ **ni ~ ni limonada** ни рыба ни мясо, ни то ни сё

chicha[2] *f Am. (bebida)* чича (кукурузная водка)

chicha[3] *adj* : calma ~ штиль

chícharo *m* горох

chicharra *f* 1) *(insecto)* цикада 2) *(juguete)* трещотка 3) *(timbre de sonido sordo)* приглушённый электрический звонок 4) *coloq (persona muy habladora)* болтун, трещотка

chicharrera *f* 1) *(calor excesivo)* жара, зной 2) *(sitio muy caluroso)* солнцепёк

chicharrero1 *m (calor excesivo)* V. chicharrera

chicharrero2 *m (persona que fabrica chicharras)* мастер по изготовлению трещоток

chicharro *m* 1) *(residuo de las pellas del cerdo)* V. chicharrón 2) *(pez)* V. jurel

chicharrón[1] *m* 1) *(residuo de las pellas del cerdo)* шкварка (свиная) 2) *(carne requemada)* подгорелое мясо

chicharrón[2] *adj Cub.* льстивый, угодливый

chiche 1. *adj* 1) *Am. Mer. (bonito)* элегантный, красивый 2) *El Salv. Nic. (fácil)* лёгкий, простой **2.** *m* 1) *Am. (pecho de la mujer)* женская грудь 2) *Am.* V. juguete

chichería *f Am.* таверна

chicho *m coloq* прядь, локон (на лбу)

chichón *m coloq* шишка (на голове)

chicle *m* жевательная резинка, жевачка

chico 1. *adj* 1) *(de poco tamaño)* маленький, небольшой 2) *(de corta edad)* маленький, малолетний **2.** *M* 1) парень, мальчик 2) *(unidad de medida)* шкалик

chicolear *vi coloq* любезничать

chicoleo *m coloq* любезность, комплименты

chicota *f coloq* крепкая, хорошо сложённая девушка
chicote *m* крепкий, здоровый юноша, здоровяк
chifa *m Per.* китайский ресторан
chifla *f* 1) *(acción de chiflar)* свист 2) *(silbato)* свисток, свистулька
chiflado *adj coloq* сумасшедший, чокнутый
chifladura *f* 1) *(locura)* безрассудство, сумасбродство 2) *(manía)* увлечение, страсть
chiflar **1.** *vt* 1) *(mofar)* публично осмеивать 2) *coloq (beber)* пить, дуть **2.** *vi* свистеть
chiflarse *vpron coloq* свихнуться, спятить
chiflón *m Am.* сквозняк
chiíta *m/f relig* шиит
chilen|o **1.** *adj* чилийский **2., -a** *m/f* чили|ец, -йка
chillar *vi* 1) *(dar chillidos)* кричать, визжать 2) *(levantar la voz)* кричать, орать 3) *(destacarse con demasiada viveza)* быть слишком ярким
chillería *f* крики, вопли
chillido *m* крик, визг
chill|ón **1.** *adj* 1) *(dicho de un sonido)* крикливый, визгливый 2) *(dicho de un color)* кричащий, слишком яркий **2., -ona** *m/f* крикун, -ья
chilote *m Cub. Am. Cent.* V. jilote
chimenea *f* 1) дымовая труба, дымоход 2) *(francesa)* камин 3) *min* шахтный ствол
chimichurri *m* чимичурри (соус)
chimpancé *m* шимпанзе
china[1] *f* камешек, галька
china[2] *f Ch. Col. (criada)* служанка
china[3] *f (raíz medicinal)* чина
china[4] *f (porcelana)* фарфор
chinchar *vt* донимать, допекать, надоедать (кому-л)
chincharrero *m* клоповник
chincharse *vpron coloq* V. fastidiarse
chinche *f* 1) клоп 2) V. chincheta
chincheta *f* кнопка (канцелярская)
chinchilla *f* шиншилла
chinchón[1] *m* V. chichón
chinchón[2] *m (bebida)* анисовая водка
chinchorrero *adj* 1) *coloq (molesto)* надоедливый, докучливый 2) *coloq (quisquilloso)* любящий сплетничать
chinchoso *adj coloq* назойливый, надоедливый
chinchulines *mpl Arg. Bol. Ur.* съедобные кишки молодого телёнка
chinela *f* комнатная туфля
chinesc|o **1.** *adj* китайский **2. -s** *mpl* колокольчики (музыкальный инструмент) ♦ **sombras ~as** театр теней
chinga[1] *f* V. mofeta
chinga[2] *f C. Rica (colilla)* окурок
chingada *f Méx. insult* проститутка
chingar **1.** *vt* 1) *(importunar)* докучать, надоедать (кому-л) 2) *coloq (beber)* пить **2.** *vi vulg* совокупляться, трахаться
chingarse *vpron* 1) *coloq (emborracharse)* напиваться 2) *Am. Mer. (equivocarse)* ошибаться
chingo *adj* 1) *Ven. Am. Cent. (chato)* курносый 2) *Am. Cent. (rabón)* куцый, короткохвостый 3) *Col. (diminuto)* маленький, крошечный
chin|o **1.** *adj* китайский **2., -a** *m/f* кита|ец, -янка **3.** *m* китайский язык ♦ **cuento ~o** небылица
chip *m informát* чип
chipirón *m* маленький кальмар
chipriota **1.** *adj* кипрский **2.** *m/f* киприот, -ка
chiquero *m* свинарник
chiquilicuatre, chiquilicuatro *m coloq* балбес, шалопай
chiquilla *f* девочка, ребёнок
chiquillada *f* ребячество, ребяческий поступок
chiquillería *f coloq* дети, детвора
chiquillo *m/f* ребёнок, малыш
chiquirritín *adj coloq* V. chiquitín
chiquito *m* стаканчик вина
chirca *f* бакхарис
chircal *m Col.* кирпично-черепичный завод
chiribita[1] *f (margarita)* полевая ромашка
chiribita[2] *f* 1) искра 2) *coloq (en los ojos)* точки, мелькающие перед глазами ♦ **echar ~s** *coloq* метать громы и молнии
chirigota *f* шуточная песня
chirimbolo *m* 1) *(objeto que no se sabe cómo nombrar)* штука, штуковина 2) *coloq (utensilio)* утварь, скарб
chirimía *f* кларнет (разновидность)
chirimoya *f* черимойя
chiringuito *m* киоск (или бар) на открытом воздухе (обычно на пляже)
chiripa *f coloq* везение, счастливый случай
chirla *f* съедобная ракушка
chirle **1.** *adj coloq* безвкусный, пресный **2.** *m* V. sirle
chirona *f coloq* тюрьма
chirriar *vi* 1) скрежетать, лязгать 2) *(dicho de una puerta, un eje)* скрипеть 3) *(cantar desentonadamente)* фальшивить
chirrido *m* 1) скрежет, лязг 2) *(de una puerta, de un eje)* скрип
chis *interj* тсс!, тише!
chiscón *m* лачуга, каморка
chisgarabís *m coloq* балбес, шалопай
chisme *m* 1) *(noticia que se murmura)* слух, сплетня 2) *coloq (trasto)* безделушка, хлам
chismear *vi* сплетничать, злословить
chismería *f* V. chisme 1
chismografía *f* 1) *coloq (tendencia a chismear)* склонность к сплетням 2) *coloq (chismes)* сплетни, слухи
chismorrear *vi* V. chismear
chismos|o **1.** *adj* распространяющий сплетни **2., -a** *m/f* сплетни|к, -ца
chispa *f* 1) искра ~ *eléctrica* электрическая искра 2) *(porción pequeña de algo)* капелька, крошечка 3) *(ingenio)* остроумие, огонёк ~ *de talento* искра таланта ♦ **echar ~s** *coloq* метать громы и молнии
chispazo *m* 1) искрение 2) *(daño que hace una chispa)* ожог (от искры)
chispeante *adj* остроумный, искрящийся остроумием
chispear *vi* 1) *(echar chispas)* искриться 2) *(relucir)* блестеть, *(relucir)* сверкать 3) *(llover muy poco)* накрапывать
chisporrotear *vi coloq* искриться, сыпать искрами

chisporroteo *m* сильное искрение
chisquero *m* зажигалка
chist *interj* V. chis
chistar *vi* 1) *(употребляется с отрицанием)* говорить, произносить *sin ~* молча, не говоря ни слова 2) *(llamar la atención con el sonido "chist")* шикать
chiste *m* анекдот, шутка *contar un ~* рассказывать анекдот
chistera *f* 1) *(cesta)* корзина (для рыбы) 2) *(sombrero)* цилиндр
chistoso *adj* 1) шутливый, остроумный 2) *(dicho de un suceso)* забавный, весёлый
chita[1] *f* 1) *(astrágalo)* таранная кость 2) *(juego)* игра в бабки
chita[2] *inv* : a la ~ challando втихомолку
chiticalla *m/f* 1) *coloq (persona reservada)* тихоня 2) *(suceso que se tiene callado)* тайна, секрет
chito *interj* V. chitón
chitón *interj* тсс!, тише!
chiva1 *f Am. Cent. (colcha)* одеяло, покрывало
chiva2 *f* 1) *(cabra)* молодая коза, козочка 2) *(perilla)* остроконечная бородка, эспаньолка 3) *Ch. coloq (mentira)* ложь, обман ◆ **estar como una** ~ быть сумасшедшим
chivar *vt* 1) *Am. Can. (fastidiar, engañar)* докучать, обманывать 2) *Cub. (estropear)* портить
chivarse *vpron* **(de alg)** *coloq* ябедничать (на кого-л), доносить (на кого-л)
chivatazo *m coloq* донос
chivatear *vt* 1) *Bol. Col.* доносить (на кого-л) 2) *Ven. coloq (engañar)* обманывать, надувать
chivato *m* 1) *coloq desp* стукач 2) *(chivo joven)* козлёнок 3) *(dispositivo)* индикатор
chivo *m* 1) козлёнок 2) *Ven. Cub. Ur.* козёл ◆ ~ **expiatorio** козёл отпущения
chocante *adj* 1) странный, необычный 2) V. chocarrero 3) *Am. (desagradable)* неприятный, надоедливый
chocar 1. *vi* 1) **(con alg o u/c)** сталкиваться (с кем/чем-л), наталкиваться (на кого/что-л) 2) **(con alg)** *(combatir)* вступить в сражение (с кем-л) 3) **(con alg)** *(indisponerse con alguien)* ссориться (с кем-л), вступать в конфликт (с кем-л) 4) *(causar extrañeza o enfado)* задевать, шокировать, поражать **2.** *vt (hacer chocar)* сталкивать
chocarrear *vi* говорить непристойности
chocarrería *f* пошлость, грубость
chocarrero *adj* 1) *(dicho de una broma, palabra, etc.)* скабрёзный, непристойный 2) *(dicho de una persona)* пошлый, грубый
chocha *f* вальдшнеп
chochear *vi* 1) впадать в маразм, страдать старческим слабоумием 2) **(por alg o u/c)** *coloq (extremar el cariño)* трястись (над кем/чем-л)
chochera *f* V. chochez
chocho[1] *m* 1) *(altramuz)* люпин, волчий боб 2) *(dulce pequeño)* конфеты, сласти
chocho[2] *m vulg* V. coño
chocho[3] *adj* 1) слабоумный, впавший в маразм 2) *coloq (lelo de cariño)* обезумевший, обалдевший (от любви)
choclo[1] *m* V. chanclo
choclo[2] *m Am. Mer. (mazorca)* початок кукурузы
choco[1] *adj* 1) *Ch. (rabón)* куцый, короткохвостый 2) *Ch. (dicho de una persona)* увечный
choco[2] *m Am. Mer. (perro de aguas)* пудель
choco[3] *m (sepia)* каракатица
chocolate *m* 1) шоколад 2) *argot* гашиш ◆ **las cosas claras, y el ~ espeso** будем говорить начистоту
chocolatería *f* 1) *(fábrica)* шоколадная фабрика 2) *(tienda)* кондитерская
chocolatero *m* 1) *(aficionado al chocolate)* любитель шоколада 2) *(persona que hace o vende chocolate)* владелец шоколадной фабрики (шоколадного магазина)
chocolatina *f* шоколадка
chófer *m* шофёр, водитель
chola *f* V. cholla
cholla *f* 1) *coloq (cabeza)* голова, башка 2) *(entendimiento)* разум, рассудок
chollo *m coloq* выгодное дело, лафа
cholo 1. *adj* 1) *(mestizo)* смешанной крови (об индейце) 2) *(indio occidentalizado)* цивилизованный (об индейце) **2.** *m* 1) метис, чоло 2) *(indio que adopta los usos occidentales)* цивилизованный индеец
chomba *f Ch. Arg. Par. (jersey)* джемпер, свитер
chompa *f* V. chomba
chompipe *m Guat.* индюк
chop *m Arg.* кружка пива
chopa *f nav* навес (на корме судна)
chopera *f* тополевая роща
chopo[1] *m* тополь
chopo[2] *m coloq (fusil)* ружьё, винтовка
choque[1] *m* 1) столкновение, удар 2) *(disputa)* спор, ссора 3) *mil* схватка, стычка *tropas de ~* ударные части
choque[2] *m med* шок
choricear *vt* V. chorizar
choricero *m* колбасник
chorizar *vt vulg* украсть, спереть
chorizo[1] *m* 1) чорисо (разновидность колбасы) 2) *Arg. Bol. Ur. (lomo vacuno)* филе 3) *(balancín)* балансир (эквилибриста)
chorizo[2] *m vulg (ladrón)* вор-карманник
chorla *f coloq* голова, башка
chorlito *m* сивка ◆ **cabeza de** ~ голова дырявая
chorlo *m geol* турмалина
choro[1] *m vulg* V. chorizo 2
choro[2] *m Ch. Bol. (mejillón)* мидия
chorra *f* 1) *(suerte)* везение, удача 2) *vulg* V. pene
chorrada *f coloq* глупость
chorrear *vi* 1) *(caer en chorro)* струиться, течь струёй 2) *(gotear)* капать
chorreo *m* течение, вытекание
chorro *m* 1) струя, поток, фонтан *~ de vapor* струя пара 2) *(sucesión abundante)* поток *~ de voz* сила голоса ◆ **a ~s** обильно, рекой
chotear *vt coloq* насмехаться (над кем-л.), потешаться (над кем-л.)
chotearse *vpron* **(de alg)** насмехаться (над кем-л.), потешаться (над кем-л.)
choteo *m* насмешка, издёвка
chotis *m* чотис (танец)
choto *m* 1) козлёнок 2) *(ternero)* телёнок

chotuno *adj* 1) молочный 2) *(flaco y enfermizo)* слабый, болезненный
chovinismo *m* шовинизм
chovinista **1.** *adj* шовинистический **2.** *m/f* шовинист, -ка
choza *f* хижина, шалаш
chozo *m* маленькая хижина
chubasco *m* короткий грозовой ливень
chubascoso *adj* пасмурный, шквалистый
chubasquero *m* непромокаемый плащ
chuchería *f* 1) *(cosa de poca importancia)* безделушка 2) *(dulce)* сахарная сладость
chucho[1] *m coloq (perro)* собака, пёс
chucho[2] *m* 1) *Am. (escalofrío)* озноб, дрожь 2) *Am. (fiebre intermitente)* перемежающаяся лихорадка
chucho[3] *m Ven. Cub.* V. látigo
chuchumeco *m desp* выродок, ублюдок
chufa *f* чуфа, земляной миндаль
chulada *f* 1) *(acción indecorosa)* нахальство, хамство 2) *coloq (cosa chula)* шикарная (роскошная) вещь
chulángano *adj desp* наглый, нахальный
chulapo *m* V. chulapo
chulear *vt* 1) *(zumbar)* подшучивать (над кем-л.), подтрунивать (над кем-л.) 2) *(abusar de alguien)* эксплуатировать
chulearse *vpron* хвастаться, хвалиться
chulería *f* 1) бахвальство, хвастовство, дерзость 2) *(gracia)* форс, шик
chulesco *adj* нахальный, вызывающий
chuleta *f* 1) *(de cerdo o ternera)* натуральная котлета 2) *(de cordero)* каре 3) *(papel para los exámenes)* шпаргалка
chulo **1.** *adj* 1) *(que actúa con chulería)* развязный, наглый, нахальный 2) *(chulesco)* дерзкий, грубый 3) *coloq (bonito)* красивый, шикарный, роскошный **2.** *m* 1) заносчивый франт 2) *(proxeneta)* сутенёр 3) *hist* чуло (мадридский)
chumbera *f* опунция
chumbo[1] *adj* : higo ~ опунция (плод)
chumbo[2] *m* 1) *Arg. Ur. vulg (pistola)* пистолет 2) *Arg. vulg (bala)* пуля
chuminada *f vulg* глупость, ерунда
chumino *m vulg* V. coño
chunga *f coloq* розыгрыш, хохма
chungo *adj* 1) *coloq (malo)* плохой, плохого качества, в плохом состоянии 2) *coloq (complicado)* сложный, трудный
chunguearse *vpron* **(de alg)** *coloq* подшучивать (над кем-л.), подтрунивать (над кем-л.)
chunguero *adj coloq* шутливый
chupa[1] *f* 1) куртка 2) *hist* полукафтан, камзол
chupa[2] *f coloq* V. chaparrón
chupacirios *m/f coloq* святоша, ханжа
chupada *f* сосание, высасывание
chupado *adj* 1) *coloq (muy delgado)* худой, тощий 2) *coloq (muy fácil)* очень лёгкий
chupadura *f* V. chupada
chupar *vt* 1) сосать, высасывать 2) *(embeber en sí)* всасывать, впитывать 3) *coloq (dinero)* высасывать, вытягивать ◆ **¡chúpate esa!** вот тебе!, получай!
chuparse *vpron* худеть, сохнуть
chupatintas *m* писарь, чернильная душа
chupete *m* соска, пустышка
chupetón *m coloq* засос
chupinazo *m coloq* взрыв
chupito *m coloq* стопка с алкогольным напитком
chupón **1.** *adj* сосущий **2.** *m (tipo de pluma)* пушок
churrasco *m* чурраско (мясо, жаренное на углях)
churrería *f* пышечная
churrigueresco *adj arquit* в стиле чурригереско
churro *m* 1) чурро (сладкая обжаренная выпечка из заварного теста), пышка 2) *coloq (chapuza)* халтура, небрежная работа 3) *coloq (acierto casual)* случайная удача (в игре)
churrusco *m* подгорелый хлеб
churumbel *m jerg* мальчик, пацан
chusco **1.** *adj* смешной, забавный **2.** *m* кусок чёрствого хлеба
chusma *f* сброд, отребье
chusquero *adj mil coloq* об офицере, который начал свою карьеру как рядовой
chut *m sport* удар по мячу (ногой)
chutar *vt sport* бить по мячу
chutarse *vpron jerg* колоться
chute *m* 1) *jerg* укол с наркотиками 2) V. chut
chuzo *m* копьё, пика ◆ **caer ~s** лить как из ведра
cianamida *f quím* цианамид
cianea *f geol* V. lapislázuli
ciánico *adj quím* циановый
cianosis *f med* цианоз, синюха
cianúrico *adj quím* циануровый
cianuro *m quím* цианид, цианистая соль
ciática *f med* ишиас, невралгия седалищного нерва
ciático *adj* 1) *(relativo a la cadera)* бедренный 2) *anat* седалищный (о нерве)
cibercafé *m* интернет-кафе
ciberespacio *m informát* киберпространство, интернет
cibernauta *m/f informát* кибернавт
cibernética *f* кибернетика
cibernético *adj* кибернетический
cíbolo *m* бизон
cicatear *vi coloq* скупиться, скряжничать
cicatería *f* скупость, скряжничество
cicatero *adj* скупой, скаредный
cicatriz *f* 1) шрам, рубец 2) *(herida moral)* душевная рана
cicatrización *f* зарубцевание, заживление
cicatrizar **1.** *vt* заживлять, залечивать (рану) **2.** *vi* заживать, зарубцовываться, заживляться (о ране)
cicatrizarse *vpron* V. cicatrizar 2
cícera *f* чина (разновидность)
cicerone *m/f* гид, экскурсовод
ciclamen *m* цикламен
ciclamina *f quím* цикламин
cíclico *adj* циклический, цикличный
ciclismo *m* велосипедный спорт
ciclista *m/f* велосипедист, -ка
ciclo *m* цикл
cicloidal *adj mat* циклоидальный
cicloide *f mat* циклоида
ciclomotor *m* мотороллер, мопед
ciclón *m* 1) *(huracán)* циклон 2) *meteo (borrasca)* циклон

cíclope *m mitol* циклоп
ciclotrón *m fís* циклотрон
cicloturismo *m* велотуризм
cicuta *f* цикута
cicutina *f quím* кониин
cidra *m* цитрон (плод)
cidro *m* цитрон (дерево)
cieg|o 1. *adj* 1) слепой 2) *(poseído por una pasión)* ослеплённый 3) *(ofuscado)* страстно увлечённый 4) *coloq (borracho)* пьяный **2.** *m* слепой, слепец ◆ **a ~as** вслепую, наугад
cielito *m Arg. Ur.* сьелито (танец и музыка)
cielo *m* 1) небо, небосвод 2) *relig* небо, небеса 3) *(parte superior)* верхняя часть, свод 4) *coloq (usado como apelativo cariñoso)* солнышко ◆ **a ~ abierto** под открытым небом **mover ~ y tierra** пустить в ход все средства **el séptimo ~** седьмое небо **como caído del ~** как с неба свалился
ciempiés *m* сороконожка, сколопендра
cien *num* сто ~ *mil* сто тысяч
ciénaga *f* болото, трясина
ciencia *f* 1) наука *~s exactas* точные науки; *~s naturales* естественные науки 2) *(saber)* знание, учёность 3) *(conjunto de conocimientos)* навыки, умение ◆ **a ~ cierta** точно, из верного источника
cieno *m* ил, тина
cienoso *adj* V. cienagoso
cientificismo *m* сциентизм
cientificista *adj* относящийся к сциентизму
científico 1. *adj* научный **2.** *m* учёный
cientista *adj* V. cientificista
ciento 1. *num* сто ~ *veinte* сто двадцать; *el quince por ~* пятнадцать процентов **2.** *m* (число) сто
cierna *f bot* пыльник
cierne *n* опыление ◆ **estar en ~s** быть в зачаточном состоянии
cierre *m* 1) *(clausura)* закрытие 2) *(закрывание)* acción de cerrar 3) *(aquello que sirve para cerrar)* замок, затвор
cierto 1. *adj* верный, точный *es ~* верно, это верно **2.** *adj pron (algún)* определённый, некоторый *en ~s casos* в некоторых случаях; *en cierta ocasión* как-то раз ◆ **por ~** кстати **estar en lo ~** судить верно, быть правым
ciervo *m* олень
cierzo *m* северный ветер
cifra *f* 1) *(número)* число 2) *(signo)* цифра 3) *(escritura en clave)* шифр, тайнопись 4) *(abreviatura)* аббревиатура ◆ **en ~** таинственно, кратко
cifrar *vt* 1) шифровать, зашифровывать 2) *(compendiar)* сокращать, излагать вкратце
cifrarse *vpron* сокращать, излагать вкратце
cigala *f* лангустин
cigarra *f* цикада
cigarral *m* усадьба
cigarrera *f* 1) *(trabajadora)* работница табачной фабрики 2) *(caja para cigarros)* сигарочница, портсигар
cigarrería *f* 1) *(tienda)* табачный магазин 2) *(fábrica)* табачная фабрика
cigarrero *m* 1) *(trabajador)* работник табачной фабрики 2) *(vendedor)* продавец сигар
cigarrillo *m* сигарета, папироса
cigarro *m* сигара
cigoñal *m* журавль (колодезный)
cigoto *m biol* зигота
cigüeña *f* 1) аист 2) *tecn* колено
cigüeñal *m* 1) V. cigoñal 2) *tecn* коленчатый вал
cilantro *m* кориандр
cilicio *m* 1) *relig (faja de cadenillas)* вериги 2) *relig (vestidura áspera)* власяница
cilindrada *f auto* литраж, объём цилиндра
cilindradora *f tecn* вальцовый пресс
cilindrar *vt tecn* обтачивать, укатывать, развальцовывать
cilíndrico *adj* цилиндрический
cilindro *m* 1) цилиндр 2) *impr* красочный валик
cilio *m biol* ресничка
cilla *f hist* амбар (для зерна)
cima *f* 1) *(de una montaña)* вершина 2) *(de un árbol)* верхушка 3) *(apogeo)* вершина, апогей
cimarrón *adj* 1) *nav (dicho de un marinero)* ленивый 2) *Am. (dicho de un animal)* дикий, одичавший 3) *Am. hist (dicho de un esclavo)* беглый
cimbalero *m mús* тарелочник
címbalo *m* 1) V. cimbalillo 2) *mús (platillo)* кимбал, тарелки 3) *mús (címbalo húngaro)* цимбалы
címbara *f agric* коса
cimborio *m arquit* V. cimborrio
cimborrio *m arquit* барабан
cimbra *f arquit* опалубка, кружало
cimbrar *vt* 1) *(mover haciendo vibrar)* трясти, помахивать 2) *(doblar)* сгибать, гнуть
cimbrarse *vpron* 1) *(doblarse)* сгибаться, гнуться 2) *(moverse)* колебаться, покачиваться
cimbre *m* подземная галерея
cimbreante *adj* гибкий, легко сгибающийся
cimbreo *m* сгибание
cimentación *f* 1) закладка основы 2) *(cimientos)* основание, фундамент 3) *(establecimiento de la base de algo espiritual)* заложение основ
cimentar *vt* 1) *(poner los cimientos)* закладывать фундамент 2) *(fundar)* основывать, строить 3) *(establecer la base de algo espiritual)* основывать, закладывать фундамент
cimiento *m* фундамент, основание
cimitarra *f* сцимитар, турецкая сабля
cimógrafo *m med* кимограф
cimómetro *m quím* волнометр
cinabrio *m min* киноварь, циннабарит
cinámico *adj quím* коричный
cinamomo *m* корица (дерево)
cinc *m quím* цинк
cincel *m* забило, долото, резец
cincelador *m* резчик, гравёр
cincelar *vt* вырубать (зубилом), выдалбливать (долотом), гравировать
cincha *f* подпруга
cinco 1. *num* пять **2.** *m* число пять, пятёрка ◆ **choca esos ~** дай пять
cincomesino *adj* пятимесячный
cincuenta 1. *num* пятьдесят **2.** *m* число пятьдесят
cincuentena *f* полсотни

cincuentón 1. *adj* пятидесятилетний **2.** *m* пятидесятилетний человек

cine *m* 1) *(arte, industria)* кино, кинематограф 2) *(local, sala)* кинотеатр

cineasta *m/f* кинематографист

cineclub *m* клуб любителей кино

cinéfilo *m* любитель кино

cinegética *f* охота, охотоведение

cinegético *adj* охотоведческий

cinemateca *f* фильмотека, кинотека

cinemática *f fís* кинематика

cinemático *adj fís* кинематический

cinematografía *f* кинематография

cinematográfico *adj* кинематографический

cinematógrafo *m* кинематограф

cineraria *f* цинерария, пепельник

cinerario *adj* 1) V. ceniciento 2) предназначенный для хранения пепла (праха)

cinética *f fís* кинетика

cinético *adj fís* кинетический

cingal|és 1. *adj* сингальский **2., -esa** *m/f* сингал, -ка

cínic|o 1. *adj* циничный **2., -a** *m/f* циник

cinismo *m* цинизм

cinta *f* 1) *(de tejido)* лента, тесьма 2) *(tira de materia flexible)* лента, плёнка ~ *adhesiva* клейкая лента; ~ *aislante* изоляционная лента, изолента; ~ *métrica* мерная лента ♦ ~ **transportadora** ленточный транспортёр, ленточный конвейер ~ **cinematográfica** кинолента, фильм

cinto *m* пояс, кушак

cintura *f* талия, пояс ♦ **meter en ~ a alg** надевать узду на кого-л.

cinturón *m* 1) пояс, ремень ~ *de seguridad* ремень безопасности; *ponerse (ajustarse) el ~* пристёгивать ремень 2) *(zona)* пояс, зона

cíper *m Am.* молния (застёжка)

cipo *m* 1) *(pilastra en memoria de un difunto)* надгробая колонна 2) *(poste en un camino)* дорожный указатель 3) *(mojón)* межевой знак

cipote *m* 1) *(mojón)* межевой столб 2) *(tonto)* глупец, дурак 3) *vulg* V. pene

ciprés *m* кипарис

cipresal *m* кипарисовая роща

cipresillo *m* глистогон

cipresino *adj* кипарисный, кипарисовый

ciprínidos *mpl zool* карповые

ciprio *adj* V. chipriota

cipriota *adj* V. chipriota

circense *adj* цирковой

circo *m* 1) цирк 2) *geol* котловина

circuito *m* 1) *(terreno)* участок (земли) 2) *(contorno)* окружность 3) *sport* круг 4) *electr* цепь, линия *corto ~* короткое замыкание; *~ cerrado* замкнутая цепь

circulación *f* 1) обращение, циркуляция ~ *de la sangre* кровообращение 2) *(tráfico)* уличное движение 3) *econ* оборот, обращение *poner en ~* пускать в обращение

circular[1] **1.** *adj* 1) *(que se mueve en círculo)* круговой, кольцевой 2) *(de forma circular)* круглый **2.** *f* 1) *(orden)* циркуляр, распоряжение 2) *(aviso)* извещение, повестка

circular[2] *vi* 1) *(moverse en derredor)* кружить, вращаться 2) *(ir y venir)* двигаться, ходить туда и обратно, циркулировать 3) *(una noticia, un rumor)* распространяться, разноситься 4) *(una orden, una instrucción)* распространяться, рассылаться 5) *(la sangre, la electricidad)* циркулировать

circulatorio *adj med* циркуляционный

círculo *m* 1) круг, окружность 2) *(grupo, club)* кружок, общество, клуб

circuncidar *vt* обрезать, совершать обряд обрезания

circuncisión *f* обрезание

circunciso *adj* обрезанный

circundante *adj* окружающий, окрестный

circundar *vt* окружать

circunferencia *f* окружность

circunferencial *adj* круговой, периферический

circunflejo *m* циркумфлекс

circunloquio *m* обиняки, околичности

circunnavegación *f* 1) морское плавание (вокруг чего-л.) 2) *(vuelta al mundo)* кругосветное плавание

circunnavegar *vt* 1) плавать (вокруг чего-л.) 2) *(dar la vuelta al mundo)* совершать кругосветное плавание

circunscribir *vt* 1) **(a u/c)** ограничивать (чем-л), лимитировать (чем-л) 2) *mat* описывать

circunscribirse *vpron* **(a u/c)** ограничиваться (чем-л)

circunscripción *f* 1) *(divisón administrativa)* округ 2) ограничение

circunsolar *adj* околосолнечный

circunspección *f* 1) *(prudencia)* благоразумие, осмотрительность 2) *(seriedad)* серьёзность, сдержанность

circunspecto *adj* 1) *(prudente)* благоразумный, осмотрительный 2) *(serio)* серьёзный, сдержанный

circunstancia *f* обстоятельство ♦ **de ~s** вынужденный, вызванный обстоятельствами

circunstanciado *adj* обстоятельный, подробный

circunstancial *adj* 1) временный, вызванный обстоятельствами 2) *ling* обстоятельственный *complemento ~* обстоятельство

circunstante *adj* 1) *(que está alrededor)* окружающий 2) *(que está presente)* присутствующий

circunvalación *f* окружение *línea de ~* окружная линия

circunvolución *f* вращение (вокруг чего-л.)

cirio *m* большая восковая свеча

cirro1 *m (tumor)* скирр

cirro2 *m* 1) *bot* усик 2) *meteo* перистое облако

cirrosis *f med* цирроз

ciruela *f* слива (плод)

ciruelo *m* слива (дерево)

cirugía *f* хирургия ~ *plástica* пластическая хирургия

cirujano *m/f* хирург

ciscar *vt coloq* грязнить, пачкать

ciscarse *vpron coloq* обделаться, наложить в штаны

cisco *m* 1) *(carbón)* мелкий древесный уголь 2) *coloq (bullicio)* шум, драка ♦ **hacer ~ a alg** разорвать в клочья кого-л.

cisma *m* 1) *(de una iglesia)* раскол, схизма 2) *(discordia)* раскол, распад

cismático *adj* раскольнический
cisne *m* лебедь
cisterciense *adj* цистерцианский
cisterna *f* 1) цистерна 2) *(depósito subterráneo)* подземный водоём
cistitis *f med* цистит
cisura *f* разрез
cita *f* 1) свидание *concertar una ~* назначить свидание 2) *(en un texto)* ссылка, цитата
citación *f* 1) цитирование 2) *jur* вызов в суд
citan|o, -a *m/f coloq* некто, имярек
citar *vt* 1) *(convocar)* назначать свидание (кому-л) 2) *(hacer mención)* цитировать, упоминать 3) *jur* вызывать в суд
cítara *f* кифара, китара
citarse *vpron* **(con alg)** назначать свидание (с кем-л)
citerior *adj* ближний, расположенный по эту сторону
citófono *m Am.* домофон
citología *f biol* цитология
citoplasma *m biol* цитоплазма
cítrico 1. *adj* 1) *(relativo al limón)* лимонный 2) *(relativo a los cítricos)* цитрусовый **2. -s** *mpl* цитрусовые
citrino *adj* лимонный (о цвете)
ciudad *f* город } *dormitorio* спальный район
ciudadanía *f* 1) гражданство, подданство 2) *(conjunto de ciudadanos)* граждане 3) *(comportamiento de un buen ciudadano)* гражданский долг
ciudadan|o 1. *adj* 1) *(de la ciudadanía)* гражданский 2) *(de la ciudad)* городской **2., -a** *m/f* 1) *(súbdito)* гражданин, гражданка 2) *(habitante de la ciudad)* горожан|ин, -ка
ciudadela *f* цитадель
cívico *adj* 1) *(relativo a los ciudadanos o a la ciudad)* гражданский, городской 2) *(patriótico)* патриотический 3) *(relativo al comportamiento público)* относящийся к гражданской культуре
civil *adj* 1) гражданский *código ~* гражданский кодекс; *guerra ~* гражданская война; *registro ~* запись актов гражданского состояния 2) *(no militar)* штатский, цивильный *población ~* гражданское население 3) *jur* гражданский
civilista 1. *adj jur* занимающийся гражданским правом **2.** *m/f jur* цивилист
civilización *f* цивилизация
civilizado *adj* цивилизованный
civilizar *vt* цивилизовать, приобщать к цивилизации
civilizarse *vpron* цивилизоваться, приобщаться к цивилизации
civismo *m* 1) *(celo por la patria)* гражданская доблесть 2) *(comportamiento público)* гражданская культура, воспитанность
cizalla *f* ножницы (для резки металла), резак
cizaña *f* 1) *(planta)* опьяняющий плевел, головолом 2) *(riña)* ссора, раздор *meter ~* сеять раздор
cizañero *adj* сеющий раздор, склочный
clac *m* шапокляк
clamar 1. *vt* требовать **2.** *vi* 1) **(a alg)** *(quejarse pidiendo favor)* обращаться (к кому-л), взывать 2) **(por u/c)** требовать 3) *(hablar de manera grave y solemne)* говорить торжественно
clamor *m* 1) крик, вопль 2) *(queja)* стон, жалоба
clamoreo *m* крики, вопли
clamoroso *adj* 1) *(acompañado de clamor)* шумливый, крикливый 2) *(extraordinario)* шумный, бурный
clan *m* 1) клан, племя 2) *(gupo)* клан, клика
clandestinamente *adv* тайно, подпольно, нелегально
clandestinidad *f* подполье
clandestino *adj* тайный, подпольный, нелегальный
claque *f* клака
claqué *m* чечётка
clara *f* 1) белок (яичный) 2) *(en un tejido)* редина 3) *(raleza del pelo)* плешь, плешина 4) *(bebida)* пиво с лимонадом
claraboya *f* застеклённая крыша
claramente *adv* ясно, отчётливо, понятно
clarear 1. *vt (dar claridad)* просветлять **2.** *v/impers* 1) светать 2) *(dicho del tiempo)* проясняться
clarearse *vpron* просвечиваться
clarete *m* кларет (вино)
claridad *f* 1) *(luz)* яркость, свет 2) *(del agua)* прозрачность 3) *(distinción sensorial)* ясность, отчётливость
clarificación *f* 1) *(iluminación)* освещение 2) *(aclaración)* выяснение, уточнение
clarificador *adj* проясняющий, осветляющий
clarificar *vt* 1) *(iluminar)* освещать 2) *(aclarar)* выяснять, уточнять
clarín *m* горн
clarinete *m* кларнет
clarinetista *m/f* кларнетист, -ка
clarisa *f relig* кларисса, клариссинка
clarividencia *f* проницательность
clarividente *adj* проницательный
clar|o 1. *adj* 1) *(bañado de luz)* светлый, освещённый 2) *(limpio, puro)* светлый, ясный, чистый *cielo claro* ясное небо 3) *(que se distingue bien)* ясный, чистый, отчётливый *pronunciación ~a* чистое произношение 4) *(transparente)* чистый, прозрачный 5) *(inteligible)* ясный, чистый, отчётливый, понятный 6) *(dicho de una bebida)* жидкий, слабый 7) *(dicho de un color)* светлый, бледный 8) *(evidente)* ясный, понятный 9) *(dicho de una persona)* открытый, откровенный, честный 10) *(con más espacios de lo regular)* редкий, негустой **2.** *m* 1) *(abertura)* окно, люк 2) *(en un bosque)* прогалина 3) *(espacio entre dos cosas)* просвет, промежуток ◆ **~o de luna** лунный свет **¡ ~o!** конечно!, разумеется **a las ~as** открыто, без утайки
claroscuro *m* 1) *arte* светотень 2) *(ambigüedad)* неопределённая позиция
clase *f* 1) класс 2) *(social)* класс, сословие *~ media* средний класс; *~ obrera* рабочий класс 3) *(conjunto de alumnos)* класс, группа 4) *(lección)* занятие, урок *dar ~* вести занятие 5) *(aula)* аудитория 6) *(tipo, categoría)* класс, род, сорт 7) *biol zool* класс
clasicismo *m* классицизм

clásico 1. *adj* классический **2.** *m* классик
clasificación *f* классификация, сортировка
clasificado *adj* классифицированный, систематизированный
clasificador 1. *adj* классифицирующий **2.** *m* 1) классификатор 2) *(mueble)* шкаф для хранения бумаг
clasificar *vt* классифицировать, сортировать
clasificarse *vpron sport* проходить в следующий раунд, классифицироваться
clasismo *m* классовость
claudicación *f* сдача позиций, капитуляция
claudicar *vi* сдавать свои позиции, отступать
claustral *adj* 1) *(referido a un monasterio)* относящийся к крытой галерее 2) *(referido a una universidad)* относящийся к учёному совету
claustro *m* 1) *(en un monasterio)* крытая галерея 2) *(en una universidad)* учёный совет ~ *de profesores* преподавательский состав
claustrofobia *f med* клаустрофобия
claustrofóbico *adj med* относящийся к клаустрофобии, клаустрофобический
cláusula *f* 1) пункт, статья (договора, завещания и т.д.) 2) *ling* предложение
clausura *f* 1) *relig (recinto en un convento)* внутренняя часть монастыря 2) *relig (voto)* обет затворничества 3) *(cierre)* закрытие *de* ~ заключительный
clausurar *vt* закрывать
clava *f* дубина, палица
clavado *adj* 1) обитый гвоздями 2) *(fijo, puntual)* точный, пунктуальный 3) *(idéntico)* очень похожий, вылитый
clavadora *f* автомат для забивки гвоздей
clavar *vt* 1) **(a u/c)** *(asegurar con clavos)* прибивать гвоздями (к чему-л) 2) *(introducir un clavo)* вбивать (забивать) гвоздь 3) *(introducir una cosa puntiaguda)* вонзать, втыкать *un puñal* вонзать кинжал 4) **(en alg o u/c)** *(la vista, los ojos)* вперить взгляд (на кого/что-л), уставиться (на кого/что-л)
clavarse *vpron* **(u/c)** уколоться (чем-л), занозить
clave 1. *f* 1) ключ, код 2) *mús* ключ 3) *arquit* ключ, замок **2.** *m* V. clavecín **3.** *adj* ключевой
clavecín *m mús* клавесин
clavel *m* гвоздика
clavellina *f* гвоздика (с простыми цветками)
clavero[1] *m (árbol)* гвоздичное дерево
clavero[2] *m (persona que guarda las llaves)* ключарь
clavetear *vt* забивать гвоздями
clavicémbalo *m* V. clavecín
clavicordio *m mús* клавикорд
clavícula *f anat* ключица
clavija *f* 1) штифт, штырь 2) *mús* колок 3) *electr* штепсель ◆ **apretar las ~s** закрутить гайки, усилить режим
clavo *m* 1) гвоздь 2) *(especia)* гвоздика 3) *(callo en los dedos de los pies)* мозоль 4) *(gasa)* тампон 5) *(jaqueca)* мигрень 6) *(daño, perjuicio)* вред, ущерб ◆ **agarrarse a un ~ ardiendo** хвататься за соломинку **dar en el ~** *coloq* угадать, попасть в (самую) точку **como un ~** *coloq* пунктуально, как штык **un ~ saca otro clavo** клин клином вышибают
claxon *m* клаксон
clemencia *f* милосердие, милость *pedir ~* просить пощады
clemente *adj* милосердный, милостивый
cleptomanía *f* клептомания
cleptómano *m* клептоман
clerecía *f* духовные лица
clerical *adj* духовный, клерикальный
clericalismo *m* клерикализм
clérigo *m* священник, духовное лицо
clero *m* духовенство, клир
clic *m* 1) *(sonido)* щёлканье 2) *informát* щелчок мыши, клик *hacer ~* щёлкать мышью, кликать
cliché *m* 1) *impr* клише 2) *foto* негатив 3) *(lugar común)* общее место, избитая истина
clienta *f* клиентка
cliente *m* клиент
clientela *f* клиентура
clima *m* 1) климат 2) *(ambiente)* обстановка, атмосфера
climatérico *adj biol* климактерический
climaterio *m biol* климактерий
climático *adj* климатический
climatización *f* кондиционирование воздуха
climatizador *m* кондиционер
climatizar *vt* кондиционировать
clímax *m* 1) климакс, градация 2) *lit* кульминация
clínex *m* бумажная салфетка
clínica *f* клиника
clínico *adj* клинический
clip *m* 1) *(para papel)* скрепка 2) *(para el pelo)* заколка
clisé *m impr* клише
clítoris *m anat* клитор
cloaca *f* 1) канализация, клоака 2) *zool* клоака 3) *(lugar sucio)* клоака
clon *m* клон
clonación *f* клонирование
clonar *vt* клонировать
clónico *adj* клонический
cloquear[1] *vi (dicho de la gallina clueca)* квохтать, клохтать
cloquear[2] *vt (dicho del atún)* багрить
clorado *adj* хлорный, содержащий хлор
cloramina *f quím* хлорамин
clorar *vt* хлорировать
clorato *m quím* хлорат, соль хлорноватой кислоты
clorhidrato *m quím* хлоргидрат
cloro *m* хлор
clorofila *f bot* хлорофилл
cloroformizar *vt med* хлороформировать
cloroformo *m* хлороформ
clorosis *f med* хлороз, бледнокровие
cloruro *m quím* хлорид
clóset *m Am.* встроенный шкаф
clown *m* клоун
club *m* клуб ~ *náutico* яхт-клуб; ~ *nocturno* ночной клуб
clueca *f* наседка (о курице)
coacción *f* принуждение, насилие
coaccionar *vt* принуждать, вынуждать силой
coactivo *adj* принуждающий, принудительный
coadjutor *m* помощник, коадъютор

coadquirir *vt* приобретать совместно с другим
coadquisición *f* совместное приобретение
coadyuvador, -a *m/f* помощни|к, -ца
coadyuvante *m* содействующий, помогающий
coadyuvar *vt* содействовать (кому-л), помогать (кому-л)
coagulable *adj* коагулирующийся, свёртывающийся
coagulación *f* коагулирование, свёртывание
coagulante *m* коагулятор
coagular *vt* коагулировать, свёртывать
coagularse *vpron* коагулироваться, свёртываться
coágulo *m* сгусток крови
coalición *f* коалиция, союз
coartada *f* алиби
coartar *vt* ограничивать, стеснять
coatí *m* V. cuatí
coautor *m* соавтор
coaxial *adj* соосный, коаксиальный
coba *f* 1) *coloq (embuste gracioso)* шутка, розыгрыш 2) *coloq (halago)* подхалимство *dar ~* подлизываться, подхалимничать
cobalto *m quím* кобальт
cobarde 1. *adj* трусливый, малодушный **2.** *m/f* трус, -иха
cobardía *f* трусость, малодушие
cobaya *f* морская свинка
cobertera *f* 1) крышка 2) *(alcahueta)* сводня
cobertizo *m* 1) *(tejado)* навес 2) *(sitio)* сарай
cobertor *m* покрывало, одеяло
cobertura *f* 1) V. cubierta 2) *(cantidad o porcentaje abarcado)* охват 3) *(acción de cubrir o cubrirse)* прикрытие 4) *telec* зона действия, зона обслуживания 5) *econ* обеспечение
cobija *f* 1) *(teja)* верхняя черепица 2) *(mantilla)* платок, короткая мантилья 3) *(de un ave)* кроющее перо V. cubierta
cobijar *vt* 1) *(guarecer de la intemperie)* покрывать, накрывать 2) *(amparar)* дать приют, приютить 3) *(encerrar)* таить, лелеять
cobijarse *vpron* 1) *(guarecerse de la intemperie)* покрываться, накрываться 2) *(encerrarse)* таиться
cobijo *m* приют, пристанище, убежище
cobista *m/f coloq* подхалим, лиса
cobla *f* 1) V. copla 2) ансамбль музыкантов, играющих сардану
cobra[1] *f (serpiente)* кобра
cobra[2] *f (para uncir bueyes)* верёвка
cobra[3] *f caza* поноска
cobrador *m* 1) сборщик 2) *(en el transporte)* кондуктор
cobranza *f* 1) получение 2) *(de caudales)* взимание
cobrar *vt* 1) получать 2) *(un impuesto)* брать, взимать 3) *(recobrar)* получать обратно 4) *(adquirir)* приобретать, завоёвывать *~ fama* завоёвывать славу ◆ ~ **ánimo** набраться духу
cobrarse *vpron* 1) вычитать в свою пользу 2) *(recobrarse)* приходить в себя
cobre *m* медь *~ quemado* медный купорос; *~ verde* малахит ◆ **batirse el** работать, не покладая рук
cobreño *adj* медный, сделанный из меди
cobrizo *adj* 1) медный, содержащий медь 2) *(referido al color)* медный
cobro *m* 1) получение 2) *(de un impuesto)* взимание
coca[1] *f (planta)* кока, кокаиновый куст
coca[2] *f coloq (cocaína)* кокаин
coca[3] *f reg (torta)* пирог
cocaína *f* кокаин
cocainomanía *f* кокаинизм
cocainómano *m* кокаинист
cocal[1] *m Am.* V. cocotal
cocal[2] *m Bol. Per.* плантация кокаинового куста
cocalero *adj* относящийся к кокаиновому кусту
coccígeo *adj anat* копчиковый
coccíneo *adj* пурпурный (о цвете)
cocción *f* 1) варение, варка 2) *(del pan)* печение 3) *(de la cerámica)* обжиг
cóccix *m anat* копчик
coceador *adj* брыкливый
coceadura *f* лягание, брыкание
cocear *vi* 1) лягать, брыкаться 2) *(resistirse)* брыкаться, упираться
cocedura *f* V. cocción
cocer 1. *vt* 1) варить 2) *(el pan)* печь 3) *(cerámica)* обжигать 4) *(tramar con sigilo)* замышлять, подготавливать втайне **2.** *vi* 1) *(hervir)* кипеть 2) *(referido al vino)* закисать, бродить
cocerse *vpron* 1) вариться 2) *(padecer un dolor)* мучиться, маяться, изводиться 3) *coloq (asarse de calor)* умирать от жары 4) *(tramarse con sigilo)* замышляться, подготавливаться втайне
cochambre *m/f coloq* грязь
cochambroso *adj coloq* грязный, засаленный
coche *m* 1) машина, автомобиль *~ de carreras* гоночный автомобиль; *~ de línea* рейсовый автобус; *~ de alquiler* машина напрокат 2) *(vagón)* вагон *~ cama* спальный вагон 3) *(de caballos)* экипаж, карета
cochecito *m* коляска (детская)
cochera *f* гараж, парк
cochero *m* кучер
cochina *f* 1) свинья (самка) 2) *coloq (dicho de una persona)* грязнуля, неопрятная женщина
cochinada *f* 1) *coloq (suciedad)* свинство 2) *coloq (acción indecorosa)* неприличие 3) *coloq (acción que perjudica a alguien)* свинство, гадость
cochinilla[1] *f (de la humedad)* мокрица
cochinilla[2] *f (insecto del nopal)* кошениль
cochinillo *m* молочный поросёнок
cochino 1. *m* 1) хряк, свинья 2) *coloq* свинья, неряха, грязнуля **2.** *adj* 1) *coloq (sucio)* грязный, неопрятный 2) *coloq (miserable)* подлый, низкий
cochiquera *f coloq* свинарник, свиной хлев
cocido *m* косидо (густой суп из турецкого гороха с овощами, мясом)
cociente *m mat* частное
cocina *f* 1) кухня 2) *(aparato)* плита *~ eléctrica* электроплита 3) *(gastronomía)* кухня, кулинария
cocinar *vt/i* готовить, стряпать
cocinera *f* кухарка

cocinero *m* повар
cocineta *f* мини-кухня
cocinilla *f* плитка, керосинка
coco[1] *m* 1) *(árbol)* кокосовая пальма 2) *(fruto)* кокосовый орех, кокос 3) *coloq* голова, башка ◆ **comerse el ~** *coloq* думать долго над чем-л., ломать голову
coco[2] *m (fantasma)* бука, пугало ◆ **ser (parecer) un ~** быть безобразным, быть уродом
coco[3] *m (insecto)* слоник, долгоносик
cocochas *fpl* кокочас (щёки трески или хека)
cocodrilo *m* крокодил ◆ **lágrimas de ~** крокодиловы слёзы
cocoliche *m Arg. Ur.* коколиче (испано-итальянский говор)
cocotero *m* кокосовая пальма
cóctel *m* коктейль
coctelera *f* смеситель (для коктелей)
cocuyo *m Am.* светляк, светлячок
coda *f mús* кода
codazo *m* удар локтем
codear *vi* 1) двигать (работать) локтями 2) *(dar golpes con los codos)* ударять локтями
codearse *vpron* **(con alg)** общаться (с кем-л), знаться (с кем-л), водиться (с кем-л)
codeína *f med* кодеин
códice *m* кодекс, старинная рукопись
codicia *f* 1) жадность, алчность 2) *(deseo vehemente)* страстное желание, вожделение, стремление
codiciable *adj* желанный, вожделенный
codiciado *adj* желанный, вожделенный
codiciar *vt* страстно желать, жаждать, вожделеть
codicilo *m jur* приписка (к завещанию)
codicioso *adj* 1) жадный, алчный 2) *(que desea con vehemencia)* страстно желающий, жаждущий
codificación *f* кодификация
codificar *vt* кодифицировать
código *m* 1) *(conjunto de leyes)* кодекс, свод законов *~ civil* гражданский кодекс; *~ laboral* трудовой кодекс; *~ penal* уголовный кодекс 2) *(conjunto de normas)* кодекс, правила поведения *~ de circulación* правила дорожного движения; *~ moral* моральный кодекс 3) *(sistema de signos)* код *~ Morse* азбука Морсе; *~ de barras* штрих-код; *~ postal* почтовый индекс 4) *(combinación de caracteres)* код *~ secreto* секретный код; *~ PIN* PIN-код, пин-код 5) *(manuscrito antiguo)* кодекс
codillo *m* 1) плечо (у четвероногих) 2) *(tubo)* V. codo 3) *(estribo)* стремя
codo *m* 1) локоть 2) *(medida)* локоть (единица измерения) 3) *(de un tubo)* колено (в трубе) ◆ **~ a ~** с чувством локтя, рука об руку **empinar el ~** прикладываться к бутылке, закладывать за галстук **hablar por los ~s** болтать без умолку
codoñate *m* мармелад из айвы
codorniz *f* перепел, перепёлка
coeficiente 1. *adj* взаимодействующий, содействующий **2.** *m mat* коэффициент
coercer *vt* подчинять, принуждать
coerción *f* 1) *(presión para forzar la voluntad)* принуждение 2) *(represión, inhibición)* насилие, ограничение
coercitivo *adj* 1) *(принудительный)* удерживающий, сдерживающий 2) *(represivo)* насильственный
coetáneo 1. *adj* современный **2.** *m* современник
coexistencia *f* сосуществование
coexistir *vi* сосуществовать
cofa *f nav* марс
cofia *f* 1) чепчик 2) *(red de seda o hilo)* сетка для волос
cofín *m* корзина (для фруктов и т.д.)
cofrade *m/f* 1) *(miembro de una hermandad)* член братства 2) *(miembro de un gremio)* член общества
cofradía *f* 1) *(hermandad)* братство 2) *(gremio)* корпорация, общество
cofre *m* сундук
cogedera *f* плодосъёмщик
cogedero 1. *adj* спелый, зрелый (о фрукте) **2.** *m* ручка, рукоятка
cogedor *m* V. recogedor
cogedura *f* поимка, захват
coger 1. *vt* 1) брать, хватать, схватывать 2) *(quitar)* захватывать, отбирать 3) *(alcanzar a quien va delante)* догонять, настигать 4) *(cazar, pescar)* ловить, вылавливать 5) *(atropellar)* сбивать, переезжать 6) *(prender, apresar)* схватывать, ловить, брать 7) *(comprar)* покупать, брать 8) *(pillar, aprisionar con daño)* прищемлять, придавливать 9) *(una emisión)* ловить 10) *(hallar, encontrar)* заставать, застигать 11) *(recoger, recolectar)* собирать, *(recoger, recolectar)* снимать 12) *(montarse en un medio de transporte)* поехать (на чём-л) *coger el autobús* сесть в автобус 13) *(tener capacidad)* вмещать, умещать 14) *(recibir, tomar)* получать, *(recibir, tomar)* набирать *~ una enfermedad* заболеть; *~ frío* замёрзнуть; *~ miedo* испугаться **2.** *vi* 1) *vulg (caber)* вмещаться, помещаться, помещаться 2) *coloq (resolverse)* взять, *(determinarse)* взять *cogió y se fue* он взял и ушёл 3) *Am. vulg* совокупляться, трахаться ◆ **aquí te cojo, aquí te mato** *coloq* куй железо, пока горячо **~ con las manos en la masa** поймать с поличным, поймать на месте преступления
cogerse *vpron* браться, хвататься
cogestión *f* совместное управление
cogida *f* 1) *coloq* урожай 2) *taur* ранение (тореро быком)
cogitabundo *adj* задумчивый, раздумчивый
cogitar *vt obsol* думать, размышлять
cognición *f* познание
cognoscible *adj* познаваемый
cognoscitivo *adj* познавательный
cogollo *m* 1) *bot* сердцевина 2) *(brote)* побег, росток
cogorza *f coloq* опьянение, хмель *agarrar una ~* напиться, поддать
cogotazo *m* подзатыльник
cogote *m* затылок
cogotudo 1. *adj* 1) с толстым затылком 2) *coloq (altivo)* кичливый, высокомерный **2.** *m Am.* нувориш
cogulla *f relig* монашеская ряса с капюшоном
cohabitación *f* сожительство

cohabitar *vi* сожительствовать
cohechar1 *vt (sobornar)* подкупать, давать взятку
cohechar2 *vt agric* вспахивать (перед севом)
cohecho[1] *m jur* подкуп, взяточничество
cohecho[2] *m agric* время вспашки
coheredero *m* сонаследник
coherencia *f* 1) *(conexión)* связность, согласованность 2) *(actitud lógica)* последовательность
coherente *adj* 1) *(con sentido)* связный, стройный 2) *(lógico)* последовательный
cohesión *f* 1) связь 2) *(enlace)* сплочённость, спаянность 3) *fís quím* когерентность, когезия
cohesionar *vt* 1) связывать, соединять 2) *(enlazar)* сплачивать, спаивать 3) *fís quím* сцеплять
cohesivo *adj* связывающий, сцепляющий
cohete *m* ракета
cohetero *m* пиротехник
cohibición *f* сковывание, скованность
cohibido *adj* скованный, стеснённый
cohibir *vt* связывать, сковывать, стеснять
cohombral *m* посевы огурцов
cohombro *m* огурец
coima1 *f (concubina)* сожительница, любовница
coima2 *f Am. (soborno)* вознаграждение (содержателю игорного дома)
coime *m* содержатель игорного дома
coimero *m* V. coime
coincidencia *f* совпадение
coincidir *vi* 1) **(con alg o u/c)** совпадать (с кем/чем-л) 2) **(con alg o u/c)** *(encontrar por casualidad)* случайно встретить, столкнуться (с кем-л)
coito *m* соитие, совокупление
cojea|r *vi* 1) хромать 2) *(dicho de un mueble)* качаться 3) *coloq (faltar a la rectitud)* грешить, хромать ◆ **saber de qué pie ~ alg** знать недостатки кого-л.
cojera *f* хромота
cojín *m* подушка, думка
cojinete *m* 1) *(almohadilla)* игольник 2) *(en las traviesas del ferrocarril)* подушка, башмак 3) *(en un eje)* подшипник ~ *de bolas* шарикоподшипник
cojitranco *adj coloq* хромой, передвигающийся с трудом
cojo *adj* 1) хромой, хромоногий 2) *(que tiene una sola pierna)* одноногий, с одной ногой 3) *(dicho de un mueble)* хромой, шаткий, неустойчивый 4) *(mal fundado)* неубедительный, с недостатками
cojón *m vulg* яйцо, яичко
cojonudo *adj vulg* замечательный, обалденный, охуенный
cojudo *adj* 1) некастрированный, нехолощёный 2) *Am. (tonto)* глупый, придурковатый
cok *m* V. coque
col *f* капуста
cola[1] *f* 1) *(extremedidad)* хвост 2) *(de un avión)* хвост 3) *(de caballo)* хвост (из волос) 4) *(hilera de personas)* очередь *hacer cola* стоять в очереди
cola[2] *f (sustancia adhesiva)* клей
colaboración *f* сотрудничество
colaboracionismo *m* коллаборационизм
colaboracionista 1. *adj* коллаборационистский 2. *m/f* коллаборационист, -ка
colaborador, -a *m/f* 1) сотрудни|к, -ца 2) *(de un medio de comunicación)* участник, соавтор
colaborar *vi* 1) **(con alg o u/c)** сотрудничать (с кем/чем-л) 2) *(ayudar)* содействовать (кому-л)
colación *f* 1) присуждение научной степени или религиозного сана 2) V. cotejo 3) *(cena en los días de ayuno)* лёгкий ужин (в дни поста) 4) *(obsequio a base de dulces)* угощение ◆ **sacar (traer) a ~ u.c.** упомянуть, завести речь о чём-л.
colacionar *vt* V. cotejar
colada *f* 1) *(acción de colar)* процеживание 2) *(blanqueado de la ropa)* отбеливание белья (в жавелевой воде) 3) *(lavado de ropa sucia)* стирка белья *hacer la ~* стирать бельё
coladera *f* ситечко, цедилка
coladero *m* 1) сито, дуршлаг 2) *(paso estrecho)* узкий проход 3) *coloq (lugar por el que es fácil colarse)* проходной двор
colador *m* дуршлаг, сито
coladora *f* прачка
coladura *f* 1) процеживание, фильтрация 2) *coloq (equivocación)* промах, оплошность
colapsar 1. *vt* 1) *(destruir)* рушить, разваливать 2) *(paralizar)* парализовывать 2. *vi* 1) *(destruirse)* рушиться, разваливаться 2) *(paralizarse)* парализовываться
colapsarse *vpron* 1) рушиться, разваливаться 2) *(paralizarse)* парализовываться
colapso *m* 1) упадок, падение 2) *med* коллапс 3) *econ* крах, крушение
colar 1. *vt* 1) процеживать 2) *(blanquear la ropa)* отбеливать (бельё в жавеле) 3) *(un metal)* лить, отливать 4) *coloq (pasar mediante engaño)* сбывать, сплавлять 2. *vi* 1) проходить через узкое место 2) *coloq* быть принятым, проходить
colarse *vpron* 1) пролезать, пробираться 2) *coloq (cometer una equivocación)* оплошать, опростоволоситься 3) **(por alg)** *coloq (enamorarse)* быть влюблённым (в кого-л)
colateral *adj* 1) боковой, побочный 2) *(dicho de un pariente)* по боковой линии
colcha *f* покрывало
colchón *m* матрас, тюфяк
colchonería *f* 1) магазин по продаже матрасов 2) V. lanería
colchonero *m* матрасник, продавец матрасов
colchoneta *f* матрасик, тюфячок
cole *m coloq* V. colegio
colear 1. *vi* вилять хвостом 2. *vt taur* удерживать за хвост (быка)
colección *f* 1) коллекция, собрание 2) *(gran cantidad)* обилие, множество
coleccionable *adj* коллекционный
coleccionador, -a *m/f* V. coleccionista
coleccionar *vt* собирать, коллекционировать
coleccionismo *m* страсть к коллекционированию
coleccionista *m/f* коллекционер, собиратель
colecistitis *f med* холецистит
colecisto *m anat* жёлчный пузырь

colecta *f* 1) сбор пожертвований 2) *(derrama)* складчина
colectar *vt* собирать
colectivamente *adv* коллективно, сообща
colectivero *m Am.* водитель автобуса
colectividad *f* коллектив
colectivismo *m* коллективизм
colectivista 1. *adj* коллективистический, коллективистский **2.** *m/f* коллективист, -ка
colectivo 1. *adj* 1) коллективный, совместный 2) *ling* собирательный **2.** *m* 1) коллектив 2) *Am.* автобус
colector 1. *adj* собирающий, собирательный **2.** *m/f* V. coleccionista **3.** *m* 1) *(recaudador)* сборщик, коллектор 2) *(canal)* водосточный канал 3) *electr tecn* коллектор
colega *m/f* 1) коллега 2) *coloq* приятель, товарищ
colegiado *adj* входящий в профессиональное объединение, принадлежащий к коллегии
colegial 1. *adj* школьный, институтский **2., -a** *m/f* школьни|к, -ца, учени|к, -ца
colegiarse *vpron* вступать в профессиональное объединение
colegiata *f* собор, соборная церковь
colegio *m* 1) школа, колледж 2) *(corporación)* коллегия ◆ **~ electoral** избирательный участок **colegio mayor** университетское общежитие
colegir *vt* 1) *(unir)* соединять, объединять 2) *(inferir)* заключать, делать вывод
coleóptero 1. *adj zool* жесткокрылый **2. -s** *mpl zool* жесткокрылые
cólera 1. *f* 1) гнев, раздражение *montar en* разгневаться 2) *(bilis)* жёлчь **2.** *m med* холера
colérico *adj* 1) холерический, вспыльчивый 2) *med* холерный 3) *(que se deja llevar de la cólera)* желчный, злобный
colesterol *m* холестерин
coleta *f* 1) косица 2) *(con cinta)* косичка с лентой 3) *coloq (coletilla)* приписка
coletazo *m* удар хвостом
coletilla *f* приписка
coleto *m* кожаная куртка ◆ **echarse al ~** проглотить, выпить
colgadero 1. *adj* V. colgadizo **2.** *m* крюк, крючок (для подвешивания)
colgadizo 1. *adj* подвесной **2.** *m (tejadillo)* навес
colgado *adj* 1) *(incierto)* неясный, неопределённый 2) *coloq (burlado)* обманутый, разочарованный 3) *coloq (bajo los efectos de una droga)* обдолбанный, под кайфом
colgador *m* вешалка, плечики
colgaduras *fpl* полотнища, ковры
colgamiento *m* подвешивание
colgante 1. *adj* 1) висящий 2) *(dicho de un puente)* висячий **2.** *m* подвеска (украшение)
colgar 1. *vt* 1) вешать, подвешивать 2) *(el auricular)* вешать 3) **(a alg)** *(imputar)* приписывать (кому-л), сваливать (на кого-л) 4) *coloq (ahorcar)* вешать (кого-л.) **2.** *vi* 1) висеть, свисать 2) *(depender)* зависеть
colgarse *vpron* 1) вешаться 2) *informát* зависать
colibrí *m* колибри
cólico *m med* колики
coliflor *f* цветная капуста
coligarse *vpron* объединяться, соединяться
colilla *f* окурок
colillero *m* человек, подбирающий окурки
colina *f* холм, возвышенность
colinabo *m* кольраби
colindante *adj* пограничный, смежный, примыкающий
colindar *vi* **(con u/c)** граничить (с чем-л), соприкасаться (с чем-л)
colirio *m* примочка, мазь (для глаз)
colirrojo *m (pájaro)* горихвостка, лысушка
coliseo *m* колизей
colisión *f* столкновение
colisionar *vi* **(con alg o u/c)** сталкиваться (с кем/чем-л)
colista *m sport* аутсайдер
colitis *f med* колит
colla[1] *f* 1) *(arte de pesca)* ряд вершей 2) *(traílla)* собачья упряжка
colla[2] 1. *adj Am. Mer.* горный (о жителе Анд) **2.** *m/f Am. Mer.* гор|ец, -янка, житель, -ница Анд
collado *m* 1) *(cerro)* пригорок, холм 2) *(paso en una sierra)* перевал, горный проход
collage *m* коллаж
collar *m* 1) колье, ожерелье 2) *(para animales)* ошейник 3) *(para esclavos)* шейные оковы
collarín *m* 1) *(de los eclesiásticos)* стоячий воротник 2) *(ortopédico)* ортопедический воротник 3) *arquit* V. collarino
collarino *m arquit* шейка колонны
colleja *f coloq* подзатыльник
collera[1] *f (collar para caballerías)* хомут
collera[2] *f (cadena para caballerías)* оковы, кандалы
colmado 1. *adj* наполненный, переполненный **2.** *m* продуктовый магазин
colmar *vt* 1) **(de u/c)** наполнять (чем-л), переполнять (чем-л) 2) **(de u/c)** *(dar con abundancia)* щедро одарять (чем-л) 3) *(satisfacer)* полностью удовлетворять
colmena *f* улей, соты
colmenar *m* пасека
colmenero *m* пчеловод, пасечник
colmenilla *f (seta)* сморчок
colmillo *m* 1) клык 2) *(de elefante)* бивень ◆ **enseñar los ~s** *coloq* показать когти (зубы)
colmo *m* 1) *(porción que sobresale)* излишек, избыток 2) *(extremo)* верх, предел ◆ **para ~** вдобавок ко всему **¡es el ~!** это уж слишком!
colocación *f* 1) *(acción de colocar)* размещение, расстановка, установка 2) *(situación)* местоположение, расположение 3) *(empleo)* устройство на работу
colocar *vt* 1) размещать, класть, ставить 2) *(proporcionar un empleo)* устраивать на работу 3) *(invertir dinero)* вкладывать, помещать 4) *coloq (endilgar)* навязывать, всучивать, пристраивать 5) *coloq (dicho de una bebida alcohólica o de una droga)* бить по голове
colocarse *vpron* 1) становиться, вставать, занимать положение 2) *(encontrar un empleo)* устраиваться на работу 3) *coloq (con una bebida alcohólica)* напиваться пьяным 4) *coloq (con una droga)* вырубаться

colocón *m coloq* состояние опьянения или галлюцинации под влиянием наркотиков

colodrillo *m* затылок

colofón *m* 1) *impr* выходные данные 2) *(final)* завершение

colofonia *f* канифоль

colofonita *f min* зелёный гранат

coloide 1. *adj* коллоидный, коллоидальный **2.** *m* коллоид

colombian|o 1. *adj* колумбийский **2., -a** *m/f* колумби|ец, -йка

colombino *adj* относящийся к Христофору Колумбу

colombofilia *f* пристрастие к голубям, голубеводство

colombófilo *m* любитель голубей, голубевод

colon *m* ободочная кишка

colonia[1] *f* 1) колония, поселение 2) *(en el extranjero)* колония, землячество

colonia[2] *f (agua de colonia)* одеколон

colonial *adj* колониальный

colonialismo *m* колониализм

colonialista *adj* колониальный

colonización *f* колонизация

colonizador 1. *adj* колонизаторский **2., -a** *m/f* колонизатор

colonizar *vt* 1) *(convertir en colonia)* колонизировать, обращать в колонии 2) *(convertir en morada)* заселять, осваивать (земли)

colono *m* поселенец, колонист

coloquial *adj* разговорный

coloquio *m* 1) *(conversación)* беседа, разговор 2) *(reunión)* коллоквиум

color *m* 1) цвет 2) *(color de la tez humana)* цвет 3) *(sustancia para pintar)* краска 4) *(carácter peculiar de algunas cosas)* окраска, оттенок ◆ **de** ~ темнокожий **en** ~ цветной **ponerse de mil ~es** *coloq* покраснеть до ушей **sacarle los ~es a la cara a alg** *coloq* вогнать в краску кого-л. **tomar** ~ поспевать, созревать

coloración *f* 1) *(acción de colorar)* краска, покраска 2) *(color)* окраска, цвет

colorado *adj* 1) *(que tiene color)* крашеный, окрашенный, цветной 2) *(rojo)* красный, алый

colorante *m* краситель, красящее вещество

colorar *vt* красить, окрашивать

colorear 1. *vt* красить, окрашивать **2.** *vi* окрашиваться

colorete *m* румяна

colorido *m* окраска, колорит

colorín1 *adj Ch. Bol.* рыжий, рыжеволосый

colorín2 *m (jilguero)* щегол

colorista 1. *adj arte* колористический **2.** *m/f arte* колорист

colosal *adj* 1) *(enorme)* колоссальный, огромный 2) *(extraordinario)* великолепный, превосходный

coloso *m* колосс, великан

cólquico *m* кольхикум, безвременник

columbario *m* колумбарий

columbino *adj* 1) *(relativo a las palomas)* голубиный 2) *(cándido)* невинный, чистый 3) *(de color amoratado)* фиолетовый

columbrar *vt* 1) *(divisar)* видеть, различать (издали) 2) *(conjeturar)* угадывать, чувствовать

columna *f* 1) колонна 2) *(de humo)* столб 3) *(de texto)* столбец, колонка 4) *fís* столб 5) *mil* колонна, ряд, строй ◆ ~ **vertebral** позвоночник

columnata *f* колоннада

columnista *m/f* очеркист, обозреватель

columpiar *vt* качать

columpiarse *vpron* 1) качаться 2) *coloq (mover el cuerpo cuando se anda)* ходить вразвалку 3) *(vacilar)* колебаться, сомневаться

columpio *m* качели

colusión *f jur* соглашение в ущерб третьему лицу

colutorio *m farma* полоскание

colza *f* рапс, капуста полевая

coma1 *f (signo de puntuación)* запятая

coma2 *m (estado patológico)* кома

comadre *f* 1) повивальная бабка 2) *(madrina de bautizo)* кума

comadrear *vi coloq* сплетничать, судачить

comadreja *f* ласка

comadreo *m* сплетни, пересуды

comadrería *f* сплетни, пересуды

comadrona *f* акушерка

comalia *f vet* общая водянка

comandancia *f* комендатура

comandante *m* 1) *mil* майор 2) *mil (militar al mando)* командир, комендант, командующий ~ *en jefe* главнокомандующий

comandar *vt mil* командовать (кем/чем-л)

comandita *f com* коммандитное товарищество (кем/чем-л) *sociedad en* ~ коммандитное товарищество, товарищество на вере

comanditario *adj com* коммандитный

comando *m* 1) *mil* командование 2) *(grupo de tropas de choque)* диверсионная группа, коммандос 3 *(grupo de terroristas)* террористическая группа

comarca *f* район, комарка

comarcal *adj* районный

comarcano *adj* пограничный, смежный, соседний

comba *f* 1) изгиб, искривление 2) *(juguete)* скакалка *saltar a la* ~ прыгать через скакалку

combar *vt* сгибать, искривлять

combarse *vpron* сгибаться, искривляться

combate *m* бой, сражение ~ *singular* поединок ◆ **dejar fuera de** ~ выводить из строя

combatiente *m* воин, боец, солдат

combatir 1. *vt* 1) атаковать, бить, нападать (на кого-л) 2) *(refrenar un mal)* биться (с кем/чем-л), бороться (с кем/чем-л) 3) *(contradecir)* оспаривать, опровергать **2.** *vi* бороться, биться, воевать, сражаться

combatividad *f* воинственность, боевой дух

combativo *adj* боевой, воинственный

combinación *f* 1) сочетание, комбинация 2) *(de cajas fuertes, etc.)* код 3) *(prenda de vestir)* комбинация 4) *ling* словосочетание

combinado[1] *m* 1) *(bebida)* коктейль 2) *sport* сборная команда

combinado[2] *m Cub. (conglomerado industrial)* комбинат

combinar *vt* комбинировать, сочетать

combinatoria *f mat* комбинаторика

combinatorio *adj* комбинаторный, комбинационный

comburente *m fís* вещество, поддерживающее горение
combustibilidad *f* воспламеняемость, горючесть
combustible 1. *adj* воспламеняющийся, горючий **2.** *m* горючее, топливо
combustión *f* сжигание, сгорание
comecocos *m coloq* балабол, болтун
comedero *m* кормушка, ясли
comedia *f* комедия
comediante *m/f* 1) актёр, актриса 2) *coloq (persona que aparenta lo que no es)* притворщи|к, -ца
comedido *adj* вежливый, учтивый, деликатный
comedimiento *m* вежливость, учтивость, деликатность
comediógrafo *m* комедиограф
comedirse *vi* проявлять сдержанность, сдерживаться
comedón *m* угорь (на лице)
comedor 1. *adj* ненасытный, прожорливый **2.** *m* 1) *(en una casa)* столовая 2) *(establecimiento)* столовая
comején *m Am. Mer.* термит
comendador *m* 1) *(de una orden)* командор 2) *relig (prelado)* настоятель
comendadora *f relig* настоятельница
comensal *m/f* 1) сотрапезни|к, -ца 2) *(persona que vive a expensas de otra)* нахлебни|к, -ца, приживальщи|к, -ца
comentar *vt* 1) комментировать, объяснять, толковать 2) *(juzgar)* обсуждать
comentario *m* комментарий, толкование
comentarista *m/f* комментатор, обозреватель
comenzante *adj* начинающий
comenzar 1. *vt* начинать, приступать (к чему-л) **2.** *vi* начинаться
comer 1. *vi* 1) есть, питаться 2) *(almorzar)* обедать **2.** *vt* 1) есть 2) *(gastar, desbaratar)* проедать, проживать, проматывать 3) *(corroer)* разъедать, уничтожать 4) *(producir comezón moral)* мучить, точить ◆ **sin ~lo ni beberlo** *coloq* ни за что ни про что **tener qué ~** быть обеспеченным, не нуждаться
comercial *adj* торговый, коммерческий
comercialismo *m* коммерциализм
comercialización *f* сбыт, реализация
comercializar *vt* обращать в товар, реализовывать, продавать
comerciante 1. *adj* торгующий **2.** *m/f* торгов|ец, -ка, коммерсант
comerciar *vi* торговать (чем-л), заниматься коммерцией
comercio *m* 1) торговля, коммерция *~ exterior* внешняя торговля; *~ al por mayor* оптовая торговля; *~ al por menor* розничная торговля 2) *(tienda)* магазин
comerse *vpron* 1) есть, съедать *se comió todo el arroz* он съел весь рис 2) *(dicho de un insecto)* есть, поедать, точить 3) *(omitir)* опускать, пропускать (в речи, в тексте)
comestible 1. *adj* съедобный **2.** *m* продовольствие, продукты
cometa 1. *m astron* комета **2.** *f (birlocha)* воздушный змей
cometer *vt* 1) совершать *~ un delito* совершать преступление 2) *(una figura retórica)* употреблять
cometido *m* обязанность, долг
comezón *m* 1) зуд 2) *(desazón moral)* неудовлетворённость, беспокойство
comible *adj coloq* съедобный
cómic *m* комикс
comicastro *m desp* плохой комик
comicidad *f* комичность
comicios *f* выборы
cómic|o 1. *adj* комический **2., -a** *m/f* комик
comida *f* 1) пища, еда, питание 2) *(acción de comer)* еда, приём пищи 3) *(almuerzo)* обед
comidilla *f* 1) *coloq (tema de conversación)* предмет всеобщих разговоров, притча во языцех 2) *coloq (complacencia)* любимое занятие, предмет увлечения
comido *adj* поевший, сытый
comienzo *m* начало *dar ~* начинаться
comilla *f (espec pl)* кавычка *entre ~* в кавычках
comil|ón 1. *adj coloq* прожорливый **2., -ona** *m/f coloq* обжора
comilona *f coloq* пир, обильная еда
comino *m* тмин ◆ **me importa un ~** *coloq* мне плевать на это
comisaría *f* 1) комиссариат 2) *(de policía)* участок (полицейский)
comisariado *m* комиссариат
comisario *m* 1) уполномоченный, представитель 2) *(de policía)* комиссар
comisión *f* 1) *(orden, encargo)* поручение, задание 2) *(conjunto de personas)* комиссия 3) *(porcentaje)* комиссионные
comisionado 1. *adj* уполномоченный **2.** *m* уполномоченный
comisionar *vt* уполномочивать
comisionista *m/f com* комиссионер
comiso *m jur* наложение ареста, изъятие
comisura *f* 1) *anat (sutura de los huesos)* комиссура, шов 2) *anat (de los labios o los párpados)* уголок (губ), краешек (глаза)
comité *m* комитет
comitente *m com* комитент
comitiva *f* свита, сопровождение
como 1. *adv* 1) как *hazlo ~ te digo* делай, как я говорю 2) *(aproximadamente)* приблизительно *faltan ~ dos horas* осталось часа два **2.** *conj* 1) *(ya que)* так как *~ era tarde, nos fuimos a casa* так как было поздно, мы ушли домой 2) *(en caso de que)* если *~ no te enmiendes, dejaremos de ser amigos* если ты не исправишься, мы перестанем быть друзьями **3.** *prep (en calidad de)* как, в качестве *trabajar ~ médico* работать врачом ◆ **sea ~ sea** как бы то ни было **~ quien dice** словно, будто **~ si** как если бы, как будто бы
cómo *adv interrog* 1) как?, каким образом? *¿ ~ estás?* как ты?, как (твои) дела?; *¿ ~ te llamas?* как тебя зовут? 2) *(por qué motivo)* почему *¿ ~ no fuiste ayer a pasear?* почему ты вчера не пошёл гулять? 3) *(referido a una persona o cosa)* каков?, какой? *¿ ~ es tu casa?* какой у тебя дом? ◆ **¿~ no?** да, конечно, разумеется **¿ ~ así?** как так?
cómoda *f* комод
comodidad *f* удобство, комфортабельность
comodín *m* 1) *(en las cartas)* джокер 2) *(cosa universal)* универсальная вещь
cómodo *adj* удобный, комфортабельный

comodón 1. *adj* любящий удобства **2.** *m* сибарит
comodoro *m nav* коммодор
comoquiera 1. *adv* как угодно, любым способом **2.** *conj* так как, поскольку
compa[1] *m Am.* V. compadre
compa[2] *m coloq* V. compañero
compacidad *f* компактность, плотность
compactar *vt* уплотнять
compactibilidad *f* V. compacidad
compacto *adj* компактный, плотный ◆ **disco** ~ компакт-диск
compadecer *vt* жалеть, сострадать (кому-л), сочувствовать (кому-л)
compadecerse *vpron* **(de alg)** сочувствовать (кому-л), жалеть
compadre *m* 1) кум 2) *(amigo)* друг, приятель
compadreo *m desp* кумовство
compadrería *f* дружеские отношения
compadrito *m Arg. Ur.* фанфарон, бахвал, хвастун
compadrón *adj* V. compadrito
compaginación *f* 1) приведение в соответствие 2) *impr* вёрстка
compaginador *m impr* верстальщик
compaginar *vt* 1) приводить в соответствие, увязывать, совмещать 2) *impr* верстать
compaña *f* V. compañía
compañerismo *m* товарищество, дружба
compañer|o, -a *m/f* 1) товарищ, друг, подруга 2) *(persona con la que se convive maritalmente)* муж (гражданский), жена (гражданская)
compañía *f* 1) *(acción de acompañar)* сопровождение 2) *(empresa)* компания ~ *aérea* авиакомпания; ~ *de seguros* страховая компания 3) *(persona o personas que acompañan)* компания, общество 4) *(agrupación de actores)* труппа 5) *mil* рота ◆ **animal de** ~ домашнее животное **hacer** ~ составлять компанию
comparable *adj* сравнимый, поддающийся сравнению
comparación *f* 1) сравнение *en ~ con alg. o u.c.* по сравнению с кем/чем-л. 2) *ling* сравнение
comparado *adj* сравнительный
comparar *vt* сравнивать, сопоставлять
comparativo *adj* сравнительный
comparecencia *f* явка (в суд и т.п.)
comparecer *vi* являться (в суд и т.п.)
compareciente *m/f* явивш|ийся, -аяся
comparsa 1. *f* 1) *teat* статисты, фиґуранты 2) *(en carnavales o fiestas)* маскарадная группа **2.** *m/f (persona que ocupa un papel secundario)* второстепенное лицо
compartimento *m* 1) отделение, камера 2) *nav* отсек
compartimiento *m* V. compartimento
compartir *vt* 1) разделять, делить 2) *(una opinión, un sentimiento)* разделять
compás *m* 1) *(instrumento)* циркуль 2) *(tamaño)* размер, величина 3) *(regla, medida)* мера, мерило 4) *mús (signo)* временная доля 5) *mús (ritmo)* метр 6) *nav* компас ◆ **perder el** ~ сбиться с такта **al ~ de u.c.** соразмерно, согласно чему-л.
compasión *f* жалость, сочувствие, сострадание *por* ~ из (чувства) жалости
compasivo *adj* сострадательный, сочувственный
compatibilidad *f* совместимость
compatibilizar *vt* совмещать, делать совместимым
compatible *adj* совместимый
compatriota *m/f* соотечественни|к, -ца
compeler *vt* вынуждать, принуждать, заставлять
compendiar *vt* составлять компендиум, кратко излагать
compendio *m* компендиум, краткое руководство
compendioso *adj* краткий, сжатый
compenetración *f* 1) *(dicho de las partículas de una sustancia)* взаимное проникновение 2) *(identificación en ideas y sentimientos)* взаимопонимание, взаимопроникновение
compenetrarse *vpron* 1) *(dicho de las partículas de una sustancia)* взаимопроникать 2) **(con alg)** *(identificarse en ideas y sentimientos)* разделять (чувства) (с кем-л), придерживаться одного мнения (с кем-л)
compensable *adj* компенсируемый, возмещаемый
compensación *f* компенсация, возмещение
compensador 1. *adj* компенсационный, возмещающий **2.** *m fís* компенсатор, регулятор
compensar *vt* компенсировать, возмещать
competencia[1] *f* 1) *(disputa)* спор, полемика 2) *(rivalidad)* конкуренция, соперничество 3) *Am.* V. competición
competencia[2] *f* 1) V. incumbencia 2) *(aptitud)* компетентность 3) *(de un juez, etc.)* компетенция, обязанность
competente *adj* компетентный
competer *vi* **(a alg)** касаться (кого-л), входить в чью-л. компетенцию
competición *f* соревнование, состязание
competidor 1. *adj* соперничающий, соревнующийся **2.** , **-a** *m/f* соперни|к, -ца, конкурент, -ка
competir *vi* 1) **(con alg)** *(contender)* соревноваться (с кем-л) 2) **(con alg)** *(hacer la competencia)* соперничать (с кем-л), **(con alg)** конкурировать (с кем-л)
competitivo *adj* конкурентоспособный, конкурентный
compilación *f* 1) *(acción)* компиляция, составление (сборника) 2) *(tipo de obra)* свод, сборник
compilar *vt* компилировать, составлять (сборник)
compinche *m coloq* дружок, кореш
complacencia *n* удовлетворение, удовольствие
complacer *vt* 1) удовлетворять, радовать, доставлять удовольствие 2) *(acceder a lo que otra persona desea)* угождать (кому-л), оказывать услугу
complacerse *vpron* **(en u/c)** находить удовольствие (в чём-л)
complacido *adj* удовлетворённый, довольный
complaciente *adj* любезный, услужливый
complejidad *f* 1) *(carácter compositivo)* комплексность 2) *(dificultad)* сложность, замысловатость

complejo 1. *adj* 1) *(que se compone de elementos diversos)* комплексный 2) *(difícil)* сложный, трудный **2.** *m* 1) комплекс, совокупность 2) *(conjunto de edificios)* комплекс 3) *psicol* комплекс

complementar *vt* дополнять

complementario *adj* дополнительный, дополняющий

complemento *m* 1) дополнение, добавление 2) *ling* дополнение ~ *directo (indirecto)* прямое (косвенное) дополнение; ~ *circunsatancial* обстоятельство

completamente *adv* полностью, совершенно

completar *vt* заканчивать, завершать, довершать

completo *adj* 1) полный, целый *por* ~ полностью 2) *(acabado)* законченный, завершённый

complexión *f* комплекция, телосложение

complicación *f* осложнение, трудность

complicado *adj* сложный, трудный

complicar *vt* усложнять, затруднять

complicarse *vpron* осложняться, усложняться, затрудняться, запутываться

cómplice *m/f* соучастни|к, -ца

complicidad *f* соучастие, сообщничество

compló *m* V. complot

complot *m* заговор, сговор

complutense *adj* относящийся к Алкала-де-Энаресу

componedor *m* составитель, сочинитель

componenda *f* 1) сделка, сговор 2) *coloq* соглашение, договорённость

componente *m* компонент, составная часть

componer *vt* 1) составлять, образовывать 2) *(formar parte)* входить в состав, составлять 3) *(una obra)* сочинять, слагать 4) *(arreglar)* приводить в порядок, исправлять, налаживать 5) *(adornar)* наряжать, украшать 6) *(moderar, apaciguar)* улаживать, примирять 7) *impr* набирать

compon|erse *vpron* 1) **(de u/c)** состоять, складываться (из чего-л) 2) *(engalanarse)* наряжаться, украшаться 3) **(con alg)** *(ponerse de acuerdo)* договариваться (с кем-л), улаживать дело (с кем-л) ◆ **~érselas** выпутываться, выкручиваться

comportamiento *m* поведение, манера держаться

comportar *vt* влечь за собой (к чему-л), приводить (к чему-л)

comportarse *vpron* вести себя, держаться

composición *f* 1) *(acción)* составление 2) *(estructura)* состав 3) *(texto)* сочинение 4) *mús arte* композиция 5) *ling* сложение

compositor 1. *adj* сочиняющий, составляющий **2.** *m* композитор

compostelano *adj* относящийся к Сантьяго-де-Компостеле

compostura *f* 1) V. composición 2) *(arreglo)* исправление, ремонт, починка 3) *(convenio)* соглашение, сделка 4) *(aseo)* опрятность, аккуратность 5) *(modestia)* скромность, сдержанность

compota *f* компот (десертное блюдо)

compotera *f* компотница

compra *f* 1) покупка *ir de* ~ ходить за покупками 2) *(objeto comprado)* покупка 3) *(comestibles para el gasto diario)* дневная закупка продуктов

comprador 1. *adj* покупающий **2., -a** *m/f* покупатель, -ница

comprar *vt* 1) покупать 2) *(sobornar)* подкупать, давать взятку

compraventa *f* купля-продажа

comprender *vt* 1) понимать, постигать 2) *(contener)* содержать, включать (в себя)

comprensible *adj* понятный, ясный, вразумительный

comprensión *f* 1) понимание, постижение 2) *(actitid comprensiva)* понимание, одобрение

comprensivo *adj* 1) понятливый 2) *(tolerante)* относящийся с пониманием, одобряющий 3) *(que contiene)* содержащий в себе

compresa *f* 1) *med* компресс 2) *(para absorber líquidos)* прокладка

compresión *f* компрессия, сжатие

compresivo *adj* сжимающий, сдавливающий, компрессионный

compresor 1. *adj* сжимающий, сдавливающий **2.** *m* компрессор

comprimido 1. *adj* спрессованный, сплющенный **2.** *m* таблетка

comprimir *vt* сжимать, сдавливать, прессовать

comprimirse *vpron* сжиматься, сдавливаться, прессоваться

comprobable *adj* проверяемый

comprobación *f* 1) *(acción)* проверка, сверка 2) *(prueba)* доказательство, подтверждение

comprobador 1. *adj* проверяющий **2.** *m* контрольный прибор

comprobante *m* подтверждающий документ

comprobar *vt* проверять, сверять, сличать

comprometedor *adj* 1) компрометирующий 2) *(que obliga)* обязывающий

comprometer *vt* 1) компрометировать 2) *(exponer a riesgo)* подвергать риску, ставить под удар 3) *(hacer responsable de algo)* обязывать, налагать обязанность

comprometerse *vpron* 1) компрометировать себя 2) *(exponerse a riesgo)* подвергаться риску 3) *(contraer obligación o compromiso)* обязываться, брать на себя обязательство 4) *(en matrimonio)* обручаться

comprometido *adj* неприятный, неловкий

compromisario *adj* уполномоченный избирателями

compromiso *m* 1) *(obligación)* обязательство, обещание ~ *verbal* устное обязательство; *sin* ~ без всяких обязательств; *adquirir un* ~ брать обязательство 2) *(acuerdo)* договорённость, компромисс 3) *(dificultad)* затруднительное (неловкое) положение 4) *(promesa de matrimonio)* обручение

compuerta *f* 1) *(media puerta)* нижняя половина двери 2) *(en un canal o dique)* шлюзный щит, шлюзные ворота

compuesto 1. *adj* 1) сложный, составной 2) *(circunspecto)* сдержанный, осмотрительный **2.** *m* смесь, состав

compulsar *vt* сличать, сопоставлять (документы)

compulsión *f* принуждение

compulsivo *adj* 1) принудительный 2) *psicol* компульсивный
compunción *f* 1) *(por un pecado)* раскаяние, сожаление 2) *(por el dolor ajeno)* расстройство, огорчение
compungido *adj* расстроенный, огорчённый
compungirse *vpron* 1) *(por un pecado propio)* раскаиваться, каяться 2) *(por la aflicción ajena)* горевать, печалиться
computación *f* V. cómputo
computador 1. *adj* вычислительный, счётный **2.** *m* V. computadora
computadora *f* 1) *(calculadora)* электронно-вычислительная машина, калькулятор 2) *(ordenador)* компьютер
computar *vt* 1) считать, вычислять 2) **(en u/c)** *(tomar en cuenta)* измерять (в чём-л), выражать (в чём-л)
computarizar *vt* компьютеризировать
cómputo *m* расчёт, подсчёт
comulgante *m/f relig* причастни|к, -ца
comulgar 1. *vt relig* причащать **2.** *vi* 1) *relig* причащаться 2) **(con alg o u/c)** *(coincidir en ideas)* разделять (взгляды и т.п.)
comulgatorio *m relig* окно в монастыре (для причащения)
común *adj* 1) *(compartido)* общий, совместный 2) *(habitual)* обыкновенный, обычный ◆ **lugar** ~ общее место **sentido** ~ здравый смысл
comuna *f* коммуна, община
comunal *adj* общинный, муниципальный
comunicable *adj* 1) *(que se puede comunicar)* сообщаемый 2) *(sociable)* общительный, разговорчивый
comunicación *f* 1) связь, сообщение *vías de* ~ пути сообщения 2) *(entre personas)* общение, связь, коммуникация *medio de* ~ средство общения; *medios de* ~ *de masas* средства массовой информации 3) *(notificación)* сообщение, извещение 4) *(en un congreso)* сообщение, доклад
comunicado 1. *adj* сообщённый **2.** *m* сообщение, коммюнике
comunicador *m* коммуникатор, специалист по распространению информации
comunicante *adj* сообщающийся *vasos ~s* сообщающиеся сосуды
comunicar 1. *vt* 1) сообщать, извещать 2) *(entre dos lugares)* соединять **2.** *vi* быть занятым (о телефоне)
comunicarse *vpron* 1) общаться 2) *(tener correspondencia o paso)* соединяться, сообщаться
comunicativo *adj* 1) *(propenso a comunicar)* общительный 2) *ling* коммуникативный
comunidad *f* 1) *(cualidad de común)* общность 2) *(conjunto de personas)* общество, община 3) *(conjunto de naciones)* сообщество
comunión *f relig* причастие
comunismo *m* коммунизм
comunista 1. *adj* коммунистический **2.** *m/f* коммунист, -ка
comunitario *adj* общий, относящийся к сообществу
con *prep* 1) *(expresando el instrumento ~ el que se realiza una acción)* передаётся творительным падежом *cortar el pan ~ un cuchillo* резать хлеб ножом 2) *(expresando simultaneidad o compañía)* с (кем/чем-л), вместе с (кем/чем-л) *trabaja ~ su padre* он работает с отцом 3) *(en las construcciones de complemento de modo)* с (чем-л) *esperar con impaciencia* ждать с нетерпением ◆ ~ **eso, con todo** однако, всё же ~ **que, con tal que** если только, в том случае, если
coña *f* 1) *vulg (guasa)* шутка, стёб *hablar en* ~ шутить 2) *vulg (cosa molesta)* морока, канитель
coñac *m* коньяк
conato *m* 1) попытка 2) *(propósito)* намерение, замысел
coñazo *m* 1) *coloq (cosa insoportable)* надоедливая вещь, геморрой 2) *coloq (persona insoportable)* надоедливый человек, зануда
concavidad *f* 1) *(cualidad de cóncavo)* вогнутость 2) *(parte o sitio cóncavo)* вмятина, выемка
cóncavo 1. *adj* вогнутый **2.** *m* V. concavidad
concebible *adj* вообразимый, мыслимый, допустимый
concebir 1. *vt* 1) зачать 2) *(comprender)* понимать, постигать 3) *(imaginar)* воображать, представлять себе 4) *(comenzar a sentir)* почувствовать **2.** *vi* забеременеть
conceder *vt* 1) предоставлять, давать 2) *(un premio)* присуждать, жаловать 3) *(convenir)* допускать, признавать
concejal *m* советник (муниципалитета)
concejo *m* муниципалитет, городской совет
concentración *f* 1) концентрирование, концентрация, сосредоточение 2) *quím* концентрация
concentrado 1. *adj* концентрированный, сосредоточенный **2.** *m* концентрат
concentrar *vt* концентрировать, сосредотачивать, собирать
concentrarse *vpron* 1) сосредотачиваться, концентрироваться, собираться 2) *(abstraerse)* сосредотачиваться, концентрировать своё внимание
concéntrico *adj* концентрический
concepción *f* 1) *(principio de la vida)* зачатие 2) *(representación)* представление, понятие, понимание 3) *(idea central)* концепция, замысел
conceptista 1. *adj* концептистский **2.** *m/f* концептист, -ка
concepto *m* 1) понятие 2) *(representación)* представление, мнение ◆ **en ~ de u.c.** в качестве чего- л.
conceptual *adj* концептуальный
conceptualismo *m filos* концептуализм
conceptualista *m/f filos* концептуалист
conceptuar *vt* **(sobre u/c)** составлять мнение (о чём-л), судить (о чём-л)
conceptuoso *adj* усложнённый, замысловатый
concerniente *adj* **(a alg o u/c)** касающийся (кого/чего-л)
concernir *vi* **(a alg o u/c)** касаться (кого/чего-л), иметь отношение (к кому/чему-л) *en lo que concierne a alg o u.c.* что касается кого/чего-л
concertadamente *adv* по порядку, согласованно

concertar 1. *vt* 1) *(componer, ordenar)* приводить в порядок, улаживать 2) *(pactar, ajustar)* согласовывать, договариваться (о чём-л) 3) *(cotejar)* сличать, сопоставлять **2.** *vi (concordar)* сочетаться, согласовываться

concertista *m/f mús* концертмейстер

concesión *f* 1) *(acción de conceder)* предоставление 2) *(cesión)* уступка 3) *(empresarial)* концессия

concesionario 1. *adj* концессионный **2.** *m* концессионер

concesivo *adj* 1) уступаемый 2) *ling* уступительный

concha *f* 1) раковина 2) *(de una tortuga)* V. caparazón 3) *(materia córnea)* V. carey

conchabar *vt* соединять, объединять

conchabarse *vpron coloq* сговариваться, объединяться

concho 1. *adj Ec.* светло-коричневый **2.** *m Am.* объедки

conchudo *adj* 1) *(dicho de un animal)* чешуйчатый 2) *Am.* наглый, нахальный

conciencia *f* 1) сознание, сознательность 2) *(imperativo moral)* совесть *libertad de* ~ свобода совести; *cargo de* ~ угрызение совести 3) *(conocimiento reflexivo de las cosas)* понятие, представление, осознание *tomar* ~ осознавать ◆ **a** ~ на совесть, честно

concienciar *vt* повышать сознательность, помогать осознавать

concienciarse *vpron* **(de u/c)** осознавать, повышать сознательность

concienzudo *adj* добросовестный

concierto *m* 1) *(buen orden)* согласованность, слаженность 2) *(convenio)* договорённость, соглашение 3) *(musical)* концерт

conciliable *adj* сочетающийся, совмещающийся

conciliábulo *m* тайное сборище

conciliación *f* 1) примирение 2) *(compatibilización)* совмещаемость, сочетаемость

conciliador *adj* примирительный

conciliar1 *adj* относящийся к собранию (съезду)

conciliar2 *vt* 1) мирить, примирять 2) *(compatibilizar)* сочетать, совмещать

conciliarse *vpron* мириться, примиряться

concilio *m* собрание, съезд

concisión *f* лаконичность, краткость

conciso *adj* краткий, лаконичный

concitar *vt* 1) *(instigar)* подстрекать, подбивать 2) *(provocar inquietud)* навлекать

conciudadan|o, -a *m/f* согражд|анин, -анка

cónclave *m relig* конклав

concluir 1. *vt* 1) заканчивать, кончать, завершать 2) *(decidir)* заключать, решать 3) *(deducir)* заключать, делать вывод **2.** *vi* заканчиваться, кончаться, завершаться

conclusión *f* 1) завершение, заключение 2) *(fin)* заключение, конец 3) *(de un razonamiento)* заключение, вывод

conclusivo *adj* заключительный

concluyente *adj* убедительный

concoide 1. *adj* V. concoideo **2.** *f mat* конхоида, кривая линия

concoideo *adj* 1) раковистый (об изломе) 2) *mat* конхоидальный

concomitancia *f* сопутствие, совместность

concomitante *adj* сопутствующий

concordancia *f* 1) согласование, совпадение, соответствие 2) *ling* согласование 3) *mús* слаженность

concordar 1. *vt* согласовывать **2.** *vi* 1) **(con u/c)** совпадать (с чем-л), соответствовать (чему-л) 2) **(con u/c)** *ling* согласовываться (с чем-л)

concordata *f obsol* V. concordato

concordatario *adj relig* относящийся к конкордату

concordato *m relig* конкордат

concorde *adj* согласный, единодушный

concordia *f* согласие, взаимопонимание, лад

concreción *f* 1) конкретизация 2) *(acumulación de partículas)* срастание, сращение 3) *geol* конкреция

concretar *vt* 1) конкретизировать, уточнять 2) *(combinar)* сочетать, согласовывать 3) *(una sustancia)* превращать в твёрдую массу

concretarse *vpron* **(a u/c)** ограничиваться (чем-л)

concreto[1] **1.** *adj* конкретный **2.** *m* V. concreción ◆ **en** ~ конкретно

concreto[2] *m Am. (cemento)* бетон

concubina *f* любовница, сожительница

concubinato *m* внебрачная связь, сожительство

concúbito *m* совокупление, половое сношение

conculcar *vt* 1) *(hollar con los pies)* топтать, попирать 2) *(quebrantar)* попирать, нарушать

concuñad|o, -a *m/f* свойственни|к, -ца

concupiscencia *f* 1) *(deseo de bienes terrenos)* алчность, жадность 2) *(apetito de placeres deshonestos)* вожделение, похоть

concupiscente *adj* 1) *(codicioso)* алчный, жадный 2) *(deseoso de placeres deshonestos)* похотливый, сладострастный

concupiscible *adj* 1) *(deseable)* желаемый, желанный 2) *(sensual)* чувственный

concurrencia *f* 1) скопление, стечение 2) *(coincidencia de circunstancias)* стечение, совпадение 3) *(asistencia)* содействие, участие

concurrido *adj* людный, многолюдный

concurrir *vi* 1) скапливаться, собираться, сходиться 2) *(coincidir)* совпадать 3) *(tomar parte en un concurso)* участвовать в конкурсе

concursante *m/f* участни|к, -ца конкурса

concursar *vi* участвовать в конкурсе

concurso *m* 1) *(concurrencia)* скопление, стечение 2) конкурс ◆ ~ **de acreedores** публичные торги

condado *m* графство

condal *adj* графский

conde *m* граф

condecoración *f* награждение, награда

condecorar *vt* награждать

condena *f* приговор, наказание

condenable *adj* наказуемый

condenación *f* приговор, вынесение приговора

condenad|o 1. *adj* 1) осуждённый 2) *(endemoniado)* проклятый, отверженный **2., -a** *m/f* осуждённ|ый, -ая

condenar *vt* 1) **(a u/c)** приговаривать (к чему-л), осуждать (к чему-л) 2) *(reprobar)* осуждать, порицать

condensación *f* конденсация, сгущение, уплотнение

condensador 1. *adj* конденсирующий, сгущающий, уплотняющий **2.** *m* конденсатор

condensar *vt* 1) конденсировать, сгущать, уплотнять 2) *(sintetizar)* сокращать, резюмировать

condesa *f* графиня

condescendencia *f* 1) снисходительность, терпимость 2) *(acción)* снисхождение

condescender *vi* потворствовать, уступать

condescendiente *adj* снисходительный, терпимый

condestable *m hist* коннетабль, главнокомандующий

condici|ón *f* 1) *(índole, propiedad)* свойство, особенность 2) *(carácter)* натура, характер 3) *(circunsancia indispensable)* условие *~ón necesaria* необходимое условие; *con la ~ón de que* при условии, что ◆ **estar en ~ones** быть в состоянии

condicionado *adj* 1) кондиционированный *aire ~* кондиционер 2) *(bajo cierta condición)* условный *reflejo ~* условный рефлекс

condicional *adj* 1) условный 2) *ling* условный

condicionar 1. *vt* обусловливать **2.** *vi* **(con u/c)** *(convenir)* подходить (чему-л), соответствовать (чему-л)

condimentar *vt* приправлять

condimento *m* приправа

condiscípulo *m* соученик

condolencia *f* соболезнование

condolerse *vpron* **(de u/c)** соболезновать, сочувствовать

condominio *m* кондоминиум, совладение

condón *m* презерватив

condonación *f* 1) *(de una condena)* помилование 2) *(de una deuda)* прощение (долга)

condonar *vt* 1) *(una condena)* помиловать 2) *(una deuda)* прощать (долг)

cóndor *m* кондор

conducción *f* 1) *(transporte)* перевозка 2) *(de un vehículo)* вождение, управление 3) *(de un asunto)* ведение, управление 4) *(para fluidos)* трубопровод 5) *fís* проводимость

conducente *adj* ведущий

conducir *vt* 1) *(transportar)* перевозить 2) *(dirigiar, guiar)* вести, отвозить, приводить 3) *(un vehículo)* водить, вести 4) *(un asunto)* управлять (чем-л), руководить (чем-л) 5) *fís* проводить

conducirse *vpron* вести себя

conducta *f* 1) поведение 2) *(gobierno, mando)* управление, правление

conductibilidad *f* проводимость

conductible *adj* проводимый

conductivo *adj* проводящий

conducto *m* 1) *(canal para el agua, etc.)* трубопровод, труба 2) *anat* канал, проток 3) *(mediación)* каналы, посредник

conductor 1. *adj* 1) управляющий, ведущий, сопровождающий 2) *fís* проводящий **2.** *m* 1) *(guía)* проводник 2) *(de un vehículo)* водитель, шофёр 3) *(de un asunto)* управляющий, руководитель 4) *fís* проводник

condumio *m coloq* кушанье, к которому подаётся хлеб

conectador *m tecn* соединитель

conectar *vt* 1) соединять, присоединять 2) *(un aparato eléctrico)* включать, подключать

conector 1. *adj* соединительный **2.** *m ling* соединитель предложений

coneja *f* крольчиха

conejera *f* кроличья нора

conejillo *m dimin. de* conejo ◆ ~ **de Indias** морская свинка

conejo *m* кролик

conexión *f* 1) соединение, присоединение 2) *(acción de conectar)* контакт, включение 3) *electr* соединение, сцепление 4) *aero* пересадка, стыковка

conexo *adj* связанный, связный

confabulación *f* сговор, заговор

confabulador *m* заговорщик

confabularse *vpron* **(con alg)** сговариваться (с кем-л)

confección *f* 1) изготовление, производство, выработка 2) *(de presupuestos, estadísticas, etc.)* составление

confeccionar *vt* 1) изготовлять, производить 2) *(presupuestos, estadísticas, etc.)* составлять

confederación *f* союз, конфедерация

confederado *adj* союзный, конфедеративный

confederarse *vpron* объединяться, вступать в союз

conferencia *f* 1) *(plática)* беседа, совещание 2) *(reunión de representantes)* конференция, совещание 3) *(disertación)* лекция, доклад 4) *(telefónica)* международный телефонный разговор ◆ ~ **de prensa** пресс-конференция

conferenciante *m/f* докладчик, лектор

conferenciar *vi* участвовать в конференции (беседе, совещании)

conferencista *m/f* V. conferenciante

conferir *vt* 1) *(facultades, derechos, etc.)* жаловать, присваивать 2) *(una cualidad no física)* придавать, сообщать

confesar *vt* 1) признавать, признаваться (в чём-л), сознаваться (в чём-л) 2) *(dicho de un confesor)* исповедовать

confesarse *vpron* исповедоваться

confesión *f* 1) признание 2) *relig (sacramento de la penitencia)* исповедь 3) *(credo religioso)* вероисповедание

confesional *adj* вероисповедальный, конфессиональный

confesionalidad *f* конфессиональность

confesionario *m relig* исповедальня

confeso *adj* 1) признавшийся, сознавшийся 2) *(referido al judío convertido)* обращённый

confesor *m relig* духовник, исповедник

confeti *m* конфетти

confiadamente *adv* доверчиво, доверительно

confiado *adj* 1) *(crédulo)* доверчивый, легковерный 2) *(satisfecho de sí mismo)* самонадеянный, самоуверенный

confianza *f* 1) доверие *de ~* надёжный 2) *(seguridad en sí mismo)* уверенность 3) *(presunción)* самонадеянность, самоуверенность

confiar 1. *vi* **(en alg o u/c)** верить (кому/чему-л), доверять (кому/чему-л), надеяться (на кого/что-л.) **2.** *vt* доверять, поручать

confiarse *vpron* 1) **(a alg)** доверяться (кому-л) 2) *(tener vana opinión de sí mismo)* проявлять самонадеянность

confidencia *f* секретное сообщение, признание

confidencial *adj* конфиденциальный, доверительный

confidencialidad *f* конфиденциальность

confidente *m/f* 1) *(persona a quien otra fía sus secretos)* доверенное лицо 2) *(espía)* осведомитель

configuracion *f* 1) конфигурация, очертание 2) *informát* конфигурация

configurar *vt* придавать форму, конфигурировать

confín 1. *adj* V. confinante **2.** *m* 1) *(término)* граница, предел 2) *(último término que alcanza la vista)* даль, ширь

confinado *adj* сосланный, ссыльный

confinamiento *m* высылка, ссылка

confinante *adj* граничащий

confinar 1. *vt* высылать, ссылать **2.** *vi* **(con u/c)** граничить (с чем-л)

confirmación *f* 1) подтверждение, утверждение 2) *relig* конфирмация

confirmando *m relig* конфирмант

confirmar *vt* 1) подтверждать, утверждать 2) *relig* конфирмовать

confirmarse *vpron* 1) подтверждаться, утверждаться 2) *relig* конфирмоваться

confirmatorio *adj* подтверждающий, утверждающий

confiscable *adj* конфискуемый

confiscación *f* конфискация

confiscar *vt* конфисковать

confitar *vt* 1) глазировать, засахаривать 2) *(cocer las frutas en almíbar)* варить варенье 3) *(endulzar, suavizar)* смягчать, облегчать

confite *m* конфета, драже

confitería *f* кондитерская, кондитерский магазин

confitero *m* кондитер

confitura *f* варенье, джем, конфитюр

conflagración *f* 1) начало войны, война 2) *obsol (incendio)* пожар

conflictividad *f* конфликтность

conflictivo *adj* конфликтный

conflicto *m* конфликт, столкновение

confluencia *f* 1) *(de ríos)* слияние 2) *(de caminos)* схождение 3) *(de gente)* стечение

confluente 1. *adj* сливающийся **2.** *m obsol* V. confluencia

confluir *vi* 1) *(referido a ríos)* сливаться, стекаться 2) *(referido a caminos)* сходиться, соединяться 3) *(referido a personas)* собираться, стекаться

conformación *f* оформление, устройство

conformar 1. *vt* 1) *(ajustar)* согласовывать, сообразовывать, приводить в соответствие 2) *(dar forma)* придавать форму **2.** *vi* **(con alg)** *(convenir con una persona)* соответствовать (кому-л), согласовываться (с чем-л)

conformarse *vpron* 1) **(con alg o u/c)** *(aceptar)* соглашаться (с кем/чем-л), смиряться (с кем/чем-л) 2) (con **u/c**) *(darse por satisfecho)* довольствоваться (чем-л)

conforme 1. *adj* 1) *(correspondiente)* соответствующий, сообразный 2) *(de acuerdo)* согласный *estar ~* соглашаться 3) *(resignado)* покорный, смирный **2.** *adv* 1) *(como)* как, так же как *todo quedó ~ estaba* всё осталось, как было 2) *(a medida que)* по мере того, как *~ vayan llegando* по мере того, как они будут приходить

conformidad *f* 1) *(semejanza)* сходство 2) *(correspondencia)* соответствие 3) *(acuerdo)* согласие, лад

conformista 1. *adj* соглашательский, конформистский **2.** *m/f* конформист, -ка, приспособленец

confort *m* комфорт, удобство

confortable *adj* 1) удобный, комфортабельный 2) *(que anima)* ободряющий, бодрящий

confortador *adj* ободряющий, бодрящий

confortar *vt* 1) *(animar)* ободрять, поднимать дух 2) *(dar vigor)* укреплять

confraternar *vi* **(con alg)** брататься (с кем-л)

confraternidad *f* 1) *(de parentesco)* братство 2) *(de amistad)* братство, содружество

confraternizar *vi* **(con alg)** брататься (с кем-л), дружить (с кем-л)

confrontación *f* 1) *(de hechos, etc.)* сопоставление, сличение 2) *(careo)* конфронтация

confrontar 1. *vt* 1) *(cotejar)* сопоставлять, сличать 2) *(carear)* устраивать очную ставку **2.** *vi* **(a alg o u/c)** противостоять (кому/чему-л)

confundir *vt* 1) *(mezclar)* смешивать, перемешивать 2) *(equivocar)* путать, спутывать 3) *(perturbar)* смущать, конфузить

confundirse *vpron* 1) *(mezclarse)* смешиваться, перемешиваться 2) *(equivocarse)* путаться, спутываться 3) *(turbarse)* смущаться, конфузиться

confusión *f* 1) *(mezcla)* смешение 2) *(equivocación)* путаница, беспорядок 3) *(turbación)* смущение, конфуз, растерянность

confuso *adj* 1) *(meczlado)* беспорядочный, запутанный 2) *(oscuro, dudoso)* неясный, смутный 3) *(turbado)* смущённый, растерянный

confutar *vt* опровергать

congelación *f* замерзание, замораживание

congelado *adj* замороженный

congelador *m* морозильник

congelante *adj* замораживающий

congelar *vt* 1) замораживать 2) *econ* замораживать, блокировать

congelarse *vpron* замерзать, замораживаться

congeniar *vi* **(con alg)** ладить (с кем-л), уживаться (с кем-л), сходиться характерами (с кем-л)

congénito *adj* врождённый, прирождённый

congestión *f* 1) *med* гиперемия, прилив крови 2) *(obstrucción)* затор, пробка 3) *(resfriado)* простуда

congestionar *vt* 1) *med* вызывать прилив крови 2) *(obstruir)* застопоривать, образовывать пробку

congestionarse *vpron* 1) *(acumular sangre)* наливаться кровью, багроветь 2) *(obstruirse)* застопориваться, скопляться
conglomerado *m* конгломерат, скопление
conglomerar *vt* конгломерировать
congo *adj* V. congoleño
congoja *f* тоска, тревога, смятение
congoleñ|o **1.** *adj* конголезский **2., -a** *m/f* конголез|ец, -ка
congosto *m* ущелье
congraciar *vt* заслуживать (снискивать) расположение
congraciarse *vpron* заслуживать (снискивать) расположение
congratulación *f* поздравление
congratular *vt* поздравлять
congratularse *vpron* радоваться, выражать радость
congregación *f* 1) собрание, конгрегация 2) *(hermandad)* братство, конгрегация
congregante *m* член конгрегации (братства)
congregar *vt* собирать, соединять
congregarse *vpron* собираться, соединяться
congresista *m* член съезда (конгресса)
congreso *m* 1) конгресс, съезд 2) *(parlamento)* парламент
congrio *m* морской угорь
congruencia *f* 1) соответствие, сообразность 2) *mat* конгруэнтность
congruente *adj* 1) соответствующий, уместный 2) *mat* конгруэнтный
cónico *adj* конический, конусообразный
conífer|o **1.** *adj* хвойный **2. -as** *fpl* хвойные
conjetura *f* предположение, догадка
conjeturar *vt* предполагать, допускать
conjugación *f ling* спряжение
conjugar *vt* 1) *ling* спрягать 2) *(combinar)* сочетать, комбинировать
conjunción *f* 1) *(unión)* соединение 2) *ling* союз
conjuntiva *f anat* конъюнктива, слизистая оболочка глаза
conjuntivitis *f med* конъюнктивит
conjunto **1.** *adj* объединённый, соединённый, совместный **2.** *m* 1) *(de cosas)* набор, комплект 2) *(de personas)* собрание 3) *(totalidad de los elementos)* совокупность, сумма 4) *(de ropa)* гарнитур 5) *(musical)* ансамбль 6) *mat* множество ◆ **en ~** в совокупности, в целом
conjura *f* заговор
conjurado *m* заговорщик
conjurar **1.** *vi* 1) *(ligarse mediante juramento)* давать клятву 2) *(conspirar)* замышлять заговор **2.** *vt* 1) *(invocar a los espíritus)* заклинать 2) *(un peligro)* предотвращать, предупреждать
conjurarse *vpron* 1) *(ligarse mediante juramento)* давать клятву 2) *(conspirar)* замышлять заговор
conjuro *m* заклинание
conllevar *vt* 1) *(sufrir)* выносить, терпеть 2) *(implicar)* означать, влечь за собой
conmemoración *f* ознаменование (памяти), торжество (в память), чествование
conmemorar *vt* праздновать, отмечать (событие, дату)
conmemorativo *adj* памятный, юбилейный
conmensurabilidad *f* соизмеримость
conmensurable *adj* соизмеримый
conmigo *pron* со мной, с собой
conminación *f* угроза, запугивание
conminar *vt* угрожать (кому-л), запугивать
conminatorio *adj* угрожающий, запугивающий
conmiseración *f* сострадание, сочувствие, жалость
conmoción *f* 1) сотрясение, содрогание, потрясение 2) *(levantamiento)* волнение ◆ **~ cerebral** сотрясение мозга
conmocionar *vt* сотрясать, содрогать, потрясать
conmovedor *adj* 1) волнующий, потрясающий 2) *(enternecedor)* трогательный
conmover *vt* 1) сотрясать, содрогать, потрясать 2) *(enternecer)* растрогать, тронуть
conmutación *f* 1) замена, обмен 2) *electr* коммутация, переключение 3) *(de una pena)* смягчение, замена
conmutador **1.** *adj* заменяющий, обменивающий **2.** *m electr* коммутатор, переключатель
conmutar *vt* 1) заменять, замещать, изменять 2) *electr* коммутировать, переключать 3) *(una pena)* смягчать, заменять
connivencia *f* 1) потворство, снисходительность, попустительство 2) *(confabulación)* заговор
connotación *f* 1) *ling* коннотация 2) *(parentesco remoto)* дальнее родство
connotado *adj Am.* известный, выдающийся
cono *m* 1) *geom* конус 2) *bot* шишка
coño *m vulg* влагалище, пизда
conocedor **1.** *adj* знающий, сведущий **2.** *m* знаток
conocer *vt* 1) *(averiguar)* познавать, узнавать 2) *(saber)* знать, понимать 3) *(tener trato con alguien)* знать, быть знакомым 4) *(hacer un conocimiento)* знакомиться (с кем-л) 5) *(percibir como distinto)* отличать, различать 6) *(tener relaciones sexuales con alguien)* совокупляться (с кем-л)
conocerse *vpron* 1) *(a sí mismo)* знать себя 2) *(tener trato con alguien)* быть знакомыми, знаться 3) *(hacer un conocimiento)* знакомиться (с кем-л) ◆ **se conoce que** *coloq* как кажется, якобы
conocible *adj* познаваемый
conocidamente *adv* V. claramente
conocid|o **1.** *adj* известный, знаменитый **2., -a** *m/f* знаком|ый, -ая
conocimiento *m* 1) *(acción de conocer)* познание 2) *(efecto de conocer)* знание, осведомлённость 3) *(entendimiento, inteligencia)* разум 4) *(facultades sensoriales)* сознание *perder el conocimiento* потерять сознание 5) *(conocido)* знаком|ый, -ая
conoidal *adj mat* коноидный
conoide *m geom* коноид
conoideo *adj* конусообразный, конусовидный
conopeo *m* полог
conque *conj* так что, следовательно
conquista *f* 1) завоевание, покорение 2) *(territorio conquistado)* завоёванная территория
conquistador **1.** *adj* завоёвывающий, покоряющий **2.** *m* 1) завоеватель 2) *(hombre seductor)* покоритель

conquistar *vt* 1) завоёвывать, захватывать, покорять 2) *(conseguir con esfuerzo)* завоёвывать 3) *(seducir)* покорять, очаровывать 4) *(ganar la voluntad de una persona)* покорять, подчинять
consabido *adj* 1) *(mencionado anteriormente)* вышеназванный, вышеуказанный 2) *(conocido)* известный, обычный
consagración *f* освящение, посвящение
consagrar *vt* 1) *(hacer sagrado)* освящать 2) *(dedicar a Dios)* посвящать 3) *(dedicar a determinado fin)* посвящать
consagrarse *vpron* **(a alg o u/c)** посвящать себя (кому/чему-л)
consanguíneo *adj* единокровный
consanguinidad *f* кровное родство
consciente *adj* сознательный *ser ~ de u.c.* осознавать, отдавать себе отчёт в чём-л.
conscripción *f Am.* призыв, рекрутский набор
conscripto *m Am.* новобранец, рекрут
consecución *f* достижение
consecuencia *f* 1) следствие, последствие, результат *como ~* как следствие, как результат; *tener ~s* иметь последствия 2) *(correspondencia lógica)* последовательность, логичность, соответствие *obrar en ~* действовать последовательно
consecuente *adj* последовательный
consecuentemente *adv* следовательно, поэтому
consecutivo *adj* последующий, следующий
conseguir *vt* добывать, доставать, достигать (чего-л), добиваться (чего-л)
conseja *f* сказка, небылица
consejería *f* совет (орган)
consejer|o, -a *m/f* 1) *(persona que da consejo)* советчи|к, -ца 2) *(miembro de un consejo)* советник
consejo *m* 1) совет, наставление 2) *(órgano colegiado)* совет *~ de ministros* совет министров 3) *(de una sociedad mercantil)* правление, совет ◆ ~ **de guerra** военный трибунал
consenso *m* согласие, одобрение
consentido *adj* 1) *(dicho de un cónyuge)* снисходительный (с неверностью супруга) 2) *coloq (dicho de un niño)* избалованный, балованный
consentimiento *m* 1) разрешение, позволение 2) *(condescendencia)* снисходительность, попустительство 3) *jur* согласие
consentir *vt* 1) позволять, разрешать, допускать, терпеть, сносить 2) *(creer)* допускать, принимать 3) *(malcriar)* баловать 4) *jur* соглашаться (с чем-л)
conserje *m/f* швейцар, портье, вахтёр
conserjería *f* швейцарская, вахта
conserva *f* 1) консервы *lata de ~s* консервная банка (жестяная); *bote de ~s* консервная банка (стеклянная); *poner en ~* консервировать 2) *nav* конвой, эскорт
conservable *adj* сохраняемый, подлежащий хранению
conservación *f* 1) хранение, сохранение, консервация 2) *(defensa)* охрана, защита 3) *(de alimentos)* консервирование
conservacionista *adj* борющийся за охрану природы
conservador 1. *adj* 1) хранящий, сохраняющий 2) *(políticamente)* консервативный, консерваторский **2., -a** *m/f* 1) хранитель, -ница 2) *(políticamente)* консерватор
conservadurismo *m* консерватизм
conservante *m* консервант
conservar *vt* 1) хранить, сохранять 2) *(defender)* охранять, предохранять 3) *(poner en conserva)* консервировать
conservarse *vpron* храниться, сохраняться
conservatorio 1. *adj* охраняющий, хранящий **2.** *m* консерватория
considerable *adj* заслуживающий внимания, значительный
consideración *f* 1) обдумывание, взвешивание, рассмотрение *tomar en ~* принимать во внимание 2) *(respeto)* уважение, почтение *falta de ~* непочтительность, бесцеремонность
considerado *adj* 1) *(reflexivo)* рассудительный 2) *(respetado)* уважаемый, почтенный
considerando *m jur* мотивировка закона
considerar *vt* 1) *(meditar)* обдумывать, взвешивать 2) *(estimar)* считать, полагать 3) *(tratar con respeto)* уважать, ценить
consigna *f* 1) инструкция, приказ 2) *(de equipaje)* камера хранения 3) *mil* пароль
consignación *f* сдача в депозит, депонирование
consignar *vt* 1) назначать 2) *(entregar por vía de depósito)* депонировать 3) *(referir por escrito)* излагать, заявлять письменно
consignatario *m* 1) *(persona que recibe un depósito)* лицо, которому сдаются деньги в депозит 2) *com* консигнатор, грузополучатель
consigo *pron* с собой
consiguiente *adj* вытекающий, следующий ◆ **por ~** следовательно, поэтому
consistencia *f* плотность, жёсткость, прочность
consistente *adj* плотный, прочный, консистентный
consistir *vi* **(en u/c)** состоять (в чём-л)
consistorial *adj* относящийся к городскому совету
consistorio *m* городской совет
consola *f* 1) *(mesa)* консоль, подзеркальник 2) *(dispositivo)* пульт, приставка
consolación *f* утешение
consolador 1. *adj* утешающий, утешительный **2.** *m* утешитель
consolar *vt* утешать
consolarse *vpron* утешаться
consolidación *f* 1) укрепление, упрочнение 2) *(unión)* объединение, консолидация 3) *com* консолидирование, объединение
consolidado *adj com* консолидированный
consolidar *vt* 1) *(dar firmeza)* укреплять, упрочивать 2) *(reunir)* укреплять, соединять 3) *com* консолидировать, объединять
consomé *m* бульон
consonancia *f* 1) *lit* консонанс 2) *(harmonía)* согласованность, гармония *en ~ con* в соответствии с чем-л. 3) *mús* созвучие, благозвучие
consonante 1. *adj* 1) *(que tiene la misma consonancia)* созвучный, рифмующийся 2) *(que*

se corresponde) согласованный, созвучный 3) *mús* созвучный, гармонический **2.** *f ling* согласный, согласная буква

consonántico *adj ling* консонантный, согласный

consonantismo *m ling* консонантизм

consorcio *m* 1) консорциум 2) *(participación)* соучастие, сотоварищество

consorte *m/f* 1) *(compañero)* собрат, сотоварищ 2) *(cónyuge)* супруг, супруга

conspicuo *adj* выдающийся, незаурядный

conspiración *f* конспирация, заговор

conspirador *m* конспиратор, заговорщик

conspirar *vi* составлять заговор, сговариваться, конспирировать

constancia[1] *f (perseverancia)* постоянство, неизменность

constancia[2] *f (acción y efecto de hacer constar)* утверждение, констатация, констатирование

constante 1. *adj* постоянный, неизменный **2.** *f mat* константа, постоянная величина

constantemente *adv* 1) постоянно, неизменно 2) *(a menudo)* часто, постоянно

consta|r *vi* 1) *(quedar registrado)* быть зафиксированным, фигурировать *hacer ~r* фиксировать, устанавливать 2) **(de u/c)** *(tener determinadas partes)* состоять (из чего-л) 3) *(ser cierto)* быть известным *me ~ que* мне известно, что

constatar *vt* констатировать, устанавливать

constelación *f* созвездие

consternación *f* огорчение, подавленное состояние

consternado *adj* огорчённый, подавленный

consternar *vt* огорчать, расстраивать

constipado *m* насморк, простуда

constiparse *vpron* простужаться

constitución *f* 1) *(acción de constituir)* создание, основание 2) *(esencia y carácter)* строение, структура 3) *(forma de gobierno)* государственное устройство 4) *(ley fundamental de un estado)* конституция 5) *(metabolismo)* телосложение, конституция

constitucional *adj* конституционный

constitucionalismo *m* конституционализм

constituir *vt* 1) *(establecer, fundar)* учреждать, создавать 2) *(componer)* составлять, образовывать 3) *(asignar una condición)* делать, назначать

constituirse *vpron* **(en alg o u/c)** становиться (кем-л), превращаться (в кого/что-л), делаться (кем/чем-л)

constitutivo *adj* составляющий, конститутивный

constituyente *adj* учредительный

constreñir *vt* 1) *(obligar)* принуждать 2) *(limitar)* ограничивать, сдерживать 3) *(apretar y cerrar)* сжимать, стягивать

constricción *f* сжатие, стягивание

constrictivo *adj* принуждающий

constrictor *adj* сжимающий, суживающий

construcción *f* 1) *(acción de construir)* строительство, постройка 2) *(edificio)* строение, здание, постройка 3) *ling* конструкция, построение

constructivo *adj* конструктивный, созидательный

constructor 1. *adj* строительный **2.** *m* 1) строитель 2) *(ingeniero)* конструктор

construir *vt* 1) строить, сооружать, воздвигать 2) *ling* строить

consubstancial *adj* природный, врождённый

consuegro, -a *m/f* сват, сватья

consuelo *m* утешение, успокоение, отрада

consuetudinario *adj* обычный, привычный

cónsul *m* консул

consulado *m* консульство

consular *adj* консульский

consulta *f* 1) консультация, совет 2) *(médica)* консультация 3) *(consultorio)* консультация 4) *(entre especialistas)* совещание

consultar *vt* 1) *(pedir consejo)* советоваться (с кем-л), консультироваться (с кем-л) 2) *(examinar una cuestión)* консультировать

consultivo *adj* 1) *(dicho de una materia)* консультируемый 2) *(dicho de un órgano)* совещательный, консультативный

consultor 1. *adj* консультирующий, советующий **2.** *m* консультант, советник

consultorio *m* 1) консультация 2) *(establecimiento técnico)* консультационное бюро

consumación *f* 1) совершение, завершение 2) *(extinción)* уничтожение

consumado *adj* завершённый, совершённый

consumar *vt* завершать, совершать

consumible 1. *adj* потребляемый **2.** *m* расходный материал

consumición *f* потребление, расход

consumido *adj coloq* истощённый, изнурённый

consumidor 1. *adj* потребляющий **2.** *m* потребитель

consumir *vt* 1) *(extinguir)* уничтожать, истреблять 2) *(gastar)* потреблять, расходовать, тратить 3) *(extenuar)* истощать, изнурять 4) *coloq (desazonar)* пожирать, не давать покоя

consumirse *vpron* 1) *(gastarse)* расходоваться, кончаться 2) *(quemarse)* прогорать, тлеть 3) *coloq (afligirse)* изводиться, не знать покоя

consumismo *m* потребительство

consumista *adj* потребительский

consumo *m* 1) *(uso)* потребление 2) *(gasto)* расход

consunción *f* 1) *(aniquilación)* уничтожение, истребление 2) *(consumo)* потребление, расход 3) *(extenuación)* истощение, изнурение

contabilidad *f* счетоводство, бухгалтерия, бухгалтерский учёт

contabilizar *vt* заносить в бухгалтерскую книгу, засчитывать

contable 1. *adj* бухгалтерский **2.** *m/f* бухгалтер, счетовод

contactar *vi* **(con alg o u/c)** устанавливать контакт (с кем/чем-л), связываться (с кем/чем-л)

contacto *m* 1) соприкосновение, контакт 2) *(entre personas o entidades)* контакт, связь 3) *electr* контакт

contad|o *adj* считанный, редкий, единичный *~as veces* редко ◆ **al ~o** наличными

contador 1. *adj* счётный **2.** *m* 1) *(persona)* счетовод 2) *(aparato)* счётчик
contaduría *f* счетоводство, бухгалтерия
contagiar *vt* **(a alg u/c)** заражать (кого-л чем-л)
contagiarse *vpron* **(de u/c)** заражаться (чем-л)
contagio *m* 1) *(acción)* заражение, инфекция 2) *(germen)* зараза, инфекция 3) *(enfermedad contagiosa)* заразная болезнь
contagioso *adj* 1) заразный, заразительный 2) *(que se pega o propaga fácilmente)* заразительный, прилипчивый
container *m* V. contenedor
contaminación *f* 1) загрязнение 2) *(contagio)* заражение 3) *(perversión)* развращение, совращение 4) *ling* контаминация
contaminante 1. *adj* загрязняющий **2.** *m* загрязняющее средство
contaminar *vt* 1) загрязнять 2) *(contagiar)* заражать 3) *(pervertir)* развращать, совращать
contante *adj* наличный ~ *y sonante* звонкой монетой, наличными
contar 1. *vt* 1) *(numerar)* считать, подсчитывать 2) *(narrar)* рассказывать, повествовать 3) *(tener cierta cantidad de una cosa)* насчитывать, иметь *cuenta 15 años* ему 15 лет 4) *(considerar)* считать *le cuento entre mis amigos* я считаю его своим другом **2.** *vi* 1) *(hacer cuentas)* считать, высчитывать 2) *(importar)* быть важным, иметь значение *un pequeño error no cuenta* маленькая ошибка не имеет значения 3) **(con alg o u/c)** *(disponer de alguien o una cosa)* располагать (кем/чем-л), иметь в своём распоряжении 4) *(tener en cuenta)* учитывать, принимать во внимание 5) **(con alg o u/c)** *(confiar, tener por cierto)* рассчитывать (на кого/что-л), полагаться (на кого-л)
contemplación *f* 1) созерцание 2) *(consideración)* суждение, оценка 3) *(miramientos)* внимание, любезность
contemplar *vt* 1) созерцать 2) *(no descartar)* рассматривать, не исключать
contemplativo *adj* 1) *(relativo a la contemplación)* созерцательный 2) *(meditabundo)* задумчивый, размышляющий
contemporaneidad *f* современность
contemporáne|o 1. *adj* современный **2., -a** *m/f* современн|ик, -ца
contemporización *f* приноравливание, приспосабливание
contemporizador *adj* приспосабливающийся
contemporizar *vi* **(con u/c)** приноравливаться (к чему-л), приспосабливаться (к чему-л)
contención[1] *f (acción de contener)* сдерживание
contención[2] *f* 1) *jur (litigio)* тяжба 2) *obsol (disputa)* спор, соревнование
contencioso 1. *adj* 1) спорящий, любящий спорить 2) *jur* спорный **2.** *m* конфликт
contender *vi* 1) бороться, соперничать 2) *(disputar)* спорить, вести тяжбу
contendiente 1. *adj* борющийся **2.** *m* борец
contenedor 1. *adj* содержащий, вмещающий **2.** *m* контейнер
contener *vt* 1) *(encerrar dentro de sí)* вмещать, содержать 2) *(reprimir un movimiento)* сдерживать, удерживать 3) *(reprimir una pasión)* сдерживать, умерять
contenerse *vpron* **(de u/c)** сдерживаться (от чего-л)
contenido 1. *adj* сдержанный, спокойный **2.** *m* содержание, содержимое
contenta *f* приятное подношение, приятный дар
contentadizo *adj* неприхотливый, непритязательный
contentar *vt* удовлетворять, радовать, доставлять радость
contentarse *vpron* **(con u/c)** довольствоваться (чем-л), быть довольным (чем-л)
contento 1. *adj* 1) *(satisfecho)* довольный, удовлетворённый 2) *(alegre)* весёлый, радостный **2.** *m* 1) *(satisfacción)* довольство, удовлетворение 2) *(alegría)* веселье, радость ◆ **ser de buen ~** быть непритязательным
conteo *m* счёт, подсчёт, оценка
contera *f* 1) *(de un bastón)* наконечник 2) *(estribillo)* припев
conterráne|o 1. *adj* отечественный, земляческий **2., -a** *m/f* земля|к, -чка, соотечественни|к, -ца
contestable *adj* оспариваемый, опровержимый
contestación *f* 1) ответ 2) *(disputa)* спор
contestador *m* автоответчик ◆ **~ automático** автоответчик
contest|ar *vt/i* 1) отвечать *~ó a los periodistas* он ответил журналистам; *~ó a todas las preguntas* он ответил на все вопросы 2) *(replicar)* оспаривать, возражать, спорить 3) *(atender una llamada)* отвечать
contestatario *adj* возражающий
contexto *m* контекст
contextual *adj* контекстуальный
contextualización *f* контекстуализация
contextualizar *vt* контекстуализировать
contextura *f* связь, соединение
contienda *f* 1) борьба, драка 2) *(discusión)* спор
contigo *pron* с тобой, с собой
contigüidad *f* смежность, соприкасаемость
contiguo *adj* смежный, прилегающий
continencia *f* 1) сдержанность 2) *(abstinencia)* воздержание 3) *(abstinencia sexual)* целомудрие
continental *adj* континентальный
continente 1. *adj* содержащий **2.** *m* 1) вместилище 2) *(extensión de tierra)* материк, континент
contingencia *f* 1) *(posibilidad)* возможность 2) *(cosa que puede suceder o no suceder)* случайность, случай 3) *(riesgo)* опасность, риск
contingentar *vt econ* ограничивать ввоз (вывоз) товаров
contingente 1. *adj* возможный **2.** *m* 1) V. contingencia 2) *(parte que cada uno paga)* складчина, взнос 3) *(cuota)* контингент, норма 4) *(de fuerzas militares)* контингент
continuación *f* продолжение ◆ **a ~** затем, в дальнейшем
continuador 1. *adj* продолжающий **2.** *m* продолжатель, последователь
continuar 1. *vt* продолжать **2.** *vi* 1) продолжаться, длиться 2) *(permanecer)* оставаться
continuidad *f* непрерывность, неразрывность
continuo 1. *adj* 1) постоянный, непрерывный 2) *(referido a una línea)* сплошной **2.** *m* неразрывное целое

contonearse *vpron* ходить вразвалку
contoneo *m* походка вразвалку (враскачку)
contorno *m* 1) *(de una población)* окрестность 2) *(líneas que limitan una figura)* очертание, контур
contorsión *f* судорога, спазм, гримаса
contorsionista *m/f* акробат, -ка
contra 1. *prep* 1) против (кого/чего-л) *luchar ~ la corrupción* бороться против коррупции 2) *(en detrimento de)* против (кого/чего-л), наперекор (кому/чему-л), вопреки (кому/чему-л) *~ mis esperanzas* вопреки моим ожиданиям 3) *(designando contacto entre dos objetos)* о, об (что-л) *golpearse ~ la pared* удариться о стену 4) *(a cambio de)* вместо (чего-л), взамен (чего-л) *~ recibo* в обмен на квитанцию **2.** *m* противоположность, противное *el pro y el ~* за и против **3.** *f coloq* трудность, затруднение ◆ **en ~** против
contraalmirante *m nav* контр-адмирал
contraatacar *vi* контратаковать
contraataque *m* контратака
contrabajo *m mús* контрабас
contrabandista *m/f* контрабандист, -ка
contrabando *m* контрабанда *pasar de ~* проводить контрабандой
contracambio *m* мена
contracción *f* сжатие, сокращение
contracepción *f* контрацепция
contraceptivo 1. *adj* противозачаточный **2.** *m* противозачаточное средство
contrachapado *m* фанера
contracorriente *f* 1) *nav* встречное течение 2) *electr* обратный (встречный) ток ◆ **ir a ~** идти против течения
contráctil *adj* сокращающийся, сжимающийся
contracto *m obsol* V. contrato
contractual *adj* договорный, контрактный
contracultura *f* контркультура
contradecir *vt* противоречить, возражать (кому-л)
contradicción *f* противоречие *espíritu de ~* дух противоречия
contradictoriamente *adv* противоречиво
contradictorio *adj* противоречивый, контрадикторный
contraer *vt* 1) *(estrechar)* сжимать, сокращать 2) *(matrimonio)* заключать (брак) 3) *(costumbres, vicios, etc.)* приобретать, перенимать 4) *(una enfermedad)* заражаться (чем-л), заболевать (чем-л) 5) *(una responsabilidad)* брать на себя, принимать
contraerse *vpron* сжиматься, сокращаться
contraespionaje *m* контрразведка
contrafuerte *m arquit* контрфорс
contragolpe *m* ответный удар, контрудар
contrahecho *adj* сутулый, сгорбленный
contrahílo *adv* против шва
contraindicación *f med* противопоказание
contraindicado *adj* противопоказанный
contraindicar *vt* указывать на вредность употребления лекарства
contralor *m Am.* инспектор, ревизор
contraloría *f Am.* инспекция
contralto *m mús* контральто
contraluz *m* задний (контурный) цвет ◆ **a ~** против света, на свет
contramaestre *m* 1) *(jefe de un taller)* старший мастер, начальник цеха 2) *nav* старший боцман
contramaniobra *f* контрманёвр
contraofensiva *f mil* контрнаступление
contraoferta *f* встречное предложение
contraorden *f* контрприказ, отмена приказа
contrapartida *f* компенсация, возмещение
contrapelo *inv* : a ~ 1) против шерсти 2) *(contra el modo natural)* наперекор
contrapeso *m* противовес
contraponer *vt* 1) *(cotejar)* сопоставлять, сличать, сравнивать 2) *(poner una cosa contra otra)* противопоставлять
contraportada *f* 1) *(de una revista)* контробложка 2) *impr (página anterior a la portada)* оборот титульного листа
contraposición *f* 1) *(cotejo)* сопоставление, сличение 2) *(confrontación)* противопоставление
contraprestación *f jur* встречное удовлетворение
contraproducente *adj* нецелесообразный, дающий обратный результат
contrapropuesta *f* контрпредложение, ответное предложение
contrapuesto *adj* противоположный, противопоставленный
contrapunto *m* 1) *mús* контрапункт 2) *(contraste)* контраст
contrariar *vt* 1) V. contradecir 2) *(enfadar, disgustar)* раздражать, вызывать досаду
contrariedad *f* помеха, препятствие
contrari|o 1. *adj* противоположный, обратный, противный **2.** *m* 1) *(lo opuesto)* обратное, противоположное 2) *(enemigo)* враг, противник 3) *(rival)* соперник ◆ **todo lo ~o** совсем наоборот **por el ~o** напротив, наоборот **de lo ~o** иначе, в противном случае **llevar la ~a a uno** возражать кому-л., перечить кому-л.
contrarreforma *f hist* контрреформация
contrarreloj *adj* спешный, торопливый ◆ **carrera ~** *sport* гонка на время
contrarréplica *f* ответ на реплику
contrarrestar *vt* 1) *(resistir)* препятствовать (кому/чему-л), оказывать сопротивление 2) *(neutralizar)* нейтрализовать, устранять
contrarrevolución *f* контрреволюция
contrarrevolucionario *adj* контрреволюционный
contrasellar *vt* штемпелевать (маленьким штемпелем)
contrasello *m* маленький штемпель
contraseña *f* пароль
contrasentido *m* 1) *(sentido contrario)* обратный (противоположный) смысл 2) *(despropósito)* бессмыслица, вздор
contrastar 1. *vt* 1) проверять, сличать 2) *(metales nobles)* пробировать **2.** *vi* составлять контраст, контрастировать
contraste *m* 1) контраст, контрастность 2) *(marca en objetos de metal noble)* пробирное клеймо
contrata *m* договор, контракт

contratacar *vi* V. contraatacar
contratación *f* заключение договора, контрактация
contratante 1. *adj* договаривающийся **2.** *m* контрактант
contratar *vt* 1) *(pactar)* заключать договор, контрактовать 2) *(a alguien)* нанимать, подряжать
contratiempo *m* помеха, препятствие
contratista *m/f* подрядчи|к, -ца, контрактант
contrato *m* контракт, договор, соглашение ~ *bilateral* двусторонний договор; ~ *de compraventa* договор купли-продажи
contravalor *m econ* стоимостной эквивалент
contravención *f* нарушение
contraveneno *m* противоядие
contravenir *vt* нарушать, преступать
contraventana *f* ставня, ставень
contraventor 1. *adj* нарушающий **2.** , **-a** *m/f* нарушитель, -ница
contrayente *adj* вступающий в брак
contribución *f* 1) взнос, вклад 2) *(impuesto)* налог
contribuir *vi* 1) платить налоги, вносить плату 2) **(a u/c)** *(ayudar)* помогать (чему-л), содействовать (чему-л), способствовать (чему-л) 3) *(voluntariamente con una cantidad)* делать взнос
contributivo *adj* налоговый
contribuyente *m/f* налогоплательщи|к, -ца
contrición *f* раскаяние, сожаление
contrincante *m/f* противни|к, -ца, оппонент
contrito *adj* раскаявшийся, сожалеющий
control *m* 1) *(inspección)* контроль, проверка ~ *de seguridad* контроль безопасности 2) *(dominio)* управление, контроль, руководство ~ *remoto* дистанционное управление 3) *(regulación)* регулировка
controlador *m* контролёр
controlar *vt* 1) *(comprobar)* контролировать, проверять 2) *(dominar)* управлять (кем/чем-л), руководить (кем/чем-л)
controlarse *vpron* контролировать себя, не распускаться
controversia *f* спор, полемика
controvertido *adj* спорный, дискуссионный
controvertir *vt/i* спорить, полемизировать
contubernio *m* 1) *(habitación con otra persona)* сожительство 2) *(cohabitación ilícita)* внебрачное сожительство 3) *(alianza vituperable)* предосудительный союз
contumacia *f* упрямство, упорство, настойчивость
contumaz *adj* упрямый, настойчивый
contundencia *f* категоричность, безапелляционность
contundente *adj* 1) разящий, категорический, безапелляционный 2) *(que produce contusión)* ударяющий
conturbación *f* беспокойство, волнение
conturbado *adj* взволнованный, встревоженный
contusión *f* ушиб, контузия
conurbación *f* конурбация, большой город с пригородами
convalecencia *f* выздоровление
convalecer *vi* выздоравливать, оправляться
convaleciente *adj* выздоравливающий
convalidación *f* признание действительным, подтверждение
convalidar *vt* признавать действительным, подтверждать
convección *f fís* конвекция
convencer *vt* убеждать
convencerse *vpron* убеждаться
convencimiento *m* убеждение
convención *f* 1) *(acuerdo)* договор, соглашение, конвенция 2) *(norma admitida tácitamente)* условность, неписаное правило 3) *(congreso)* съезд
convencional *adj* 1) *(relativo al convenio)* договорный, конвенционный 2) *(que se atiene a las normas establecidas)* общепринятый, обычный 3) *(establecido en virtud de precedentes)* условный
convencionalismo *m* условности
convencionalmente *adv* условно
conveniencia *f* 1) *(correlación, conformidad)* сообразность, соответствие, уместность 2) *(interés)* выгода, польза 3) V. comodidad
conveniente *adj* подходящий, сообразный, выгодный, уместный
convenio *m* договор, соглашение
convenir *vi* 1) **(en u/c)** *(ser de un mismo parecer)* соглашаться (в чём-л), сходиться мнениями (в чём-л) 2) *(acordar)* договариваться, уславливаться 3) *(ser conveniente)* быть выгодным (подходящим, целесообразным), подходить
conventillo *m* жилой дом
convento *m* монастырь, обитель
conventual *adj* монастырский
convergencia *fpl* схождение, совпадение, конвергенция
convergente *adj* сходящийся в одной точке, конвергентный
converger *vi* V. convergir
convergir *vi* 1) *(unirse en un punto)* сходиться в одной точке, совпадать 2) *(concurrir al mismo fin)* стремиться к одной цели
conversación *f* разговор, беседа
conversacional *adj* разговорный
conversar *vi* разговаривать, беседовать
conversión *f* 1) превращение, преобразование 2) *(a una religión)* обращение 3) *(de divisas)* обмен
converso 1. *adj* обращённый **2.** *m* послушник
convertibilidad *f* 1) способность переходить (превращаться) 2) *econ* обратимость, конвертируемость
convertible *adj* 1) преобразуемый, превратимый 2) *econ* обратимый, конвертируемый
convertidor *m electr tecn* конвертер
convertir *vt* 1) **(en alg o u/c)** превращать (в кого/что-л), обращать (в кого/что-л) 2) **(a u/c)** *(a una religión)* обращать (во что-л.) 3) *econ* конвертировать, обменивать
convertirse *vpron* 1) **(en alg o u/c)** превращаться (в кого/что-л) 2) *(a una religión)* обращаться (в кого/ что-л)
convexidad *f* выпуклость
convexo *adj* выпуклый
convicción *f* убеждение

convict|o 1. *adj* уличённый **2., -a** *m/f* заключённ|ый, -ая
convidada *f coloq* приглашение выпить вместе
convidado *m* приглашённый, гость
convidar *vt* 1) приглашать, звать 2) **(a u/c)** *(incitar)* побуждать (делать что-л)
convincente *adj* убедительный, веский
convincentemente *adv* убедительно
convite *m* 1) *(acción de convidar)* приглашение 2) *(comida, banquete)* званый обед, банкет, угощение
convivencia *f* совместная жизнь, сожительство
convivir *vi* **(con alg)** жить вместе (с кем-л), сожительствовать (с кем-л)
convocación *f* созыв
convocar *vt* 1) *(llamar)* созывать, звать 2) *(un concurso)* объявлять
convocatoria *f* созыв, приглашение, объявление
convoy *m* конвой, эскорт
convulsión *f* 1) конвульсия, судорога, спазм 2) *(en una sociedad)* потрясение, расшатывание
convulsivo *adj* судорожный, конвульсивный
convulso *adj* 1) *(atacado de convulsiones)* сведённый судорогой 2) *(muy excitado)* судорожный, лихорадочный
conyugal *adj* супружеский
cónyuge *m/f* супруг, -а
cooperación *f* кооперация, кооперирование
cooperador 1. *adj* кооперирующий **2.** *m* кооператор
cooperante *m* волонтёр
cooperar *vi* кооперировать
cooperativa *f* кооператив
cooperativismo *m* кооперативное движение
cooperativo *adj* кооперативный
coordenada *f geom* координата
coordinación *f* координация, координирование
coordinador 1. *adj* координирующий, согласующий **2.** *m* координатор
coordinar *vt* координировать, согласовывать
copa *f* 1) бокал, рюмка *tomarse una ~* выпить рюмку 2) *(de un árbol)* крона 3) *(trofeo)* кубок
copal 1. *adj* копальный **2.** *m* копал, копаловая камедь
copar *vt* 1) *(en los juegos de azar)* идти ва-банк 2) *(en las elecciones)* получать все места
coparticipación *f* соучастие
copartícipe *m/f* соучастни|к, -ца
copear *vi coloq* пить, выпивать
copeo *m coloq* выпивка
copero 1. *adj sport* кубковый **2.** *m* полка для рюмок
copete *m* чуб, хохол, вихор
copetín *m* аперитив, коктейль
copetudo *adj* 1) чубатый, с хохолком 2) *coloq (vanidoso)* чванливый
copia *f* 1) копия 2) *(acción de copiar)* копирование, подражание 3) *(abundancia)* множество, обилие
copiadora *f* копировальная машина
copiar *vt* 1) *(reescribir en otra parte)* переписывать 2) *(sacar copia)* копировать, снимать копию 3) *(imitar)* копировать, подражать 4) *(en un examen)* списывать
copiloto *m* штурман
copiosamente *adv* обильно, в избытке
copiosidad *f* изобилие, обилие
copioso *adj* обильный, изобильный, богатый
copista *m/f* копировщик, копировальщик
copistería *f* копировальня, копировальный центр
copla 1. *f* куплет, станс, строфа **2.** *fpl coloq* стихи
coplero *m* рифмоплёт, стихоплёт
copo *m* 1) *(de nieve)* снежинка, хлопья 2) *(de lana, algodón, etc.)* прядь, кудель 3) *(grumo)* сгусток 4) *(de cereales)* хлопья
copón *m relig* дарохранительница
coposesión *f jur* совладение
copra *f* копра
coproducción *f* совместное производство
coproducir *vt* совместно производить
coprofagia *f med* копрофагия
copropiedad *f jur* совладение
copropietario *m jur* совладелец
copto *m* копт
copudo *adj* с разветвлённой кроной, развесистый
cópula *f* 1) *(atadura)* связь, скрепа 2) *(acción de copular)* сокопуление, спаривание 3) *ling lóg* связка
copular *vi* совокупляться, спариваться
copulativo *adj ling* соединительный
coque *m* кокс
coquefacción *f* коксование
coquero *adj Col. Per.* относящийся к коке
coquetear *vi* кокетничать
coqueteo *m* кокетничанье
coquetería *f* кокетство, кокетливость
coquet|o 1. *adj* кокетливый **2., -a** *mpl* кокетливый мужчина, кокетка, кокетка
coquetón *m* кокетливый мужчина
coquina *f* двустворчатый съедобный моллюск
coquito[1] *m (ave)* гололицый ибис
coquito[2] *m (gesto que se hace al niño)* жесты, забавляющие ребёнка
coquito3 *m P. Rico (bebida)* кокито
coracero *m hist* кирасир
coraje *m* 1) *(valor)* смелость, отвага, кураж 2) *(ira)* гнев, раздражение
corajina *f coloq* вспышка гнева
corajudo *adj* 1) *(colérico)* раздражительный, вспыльчивый 2) *(valiente)* смелый, отважный
coral[1] *m* коралл
coral[2] *adj* 1) хоровой 2) *mús* хорал
coralífero *adj* коралловый, кораллового происхождения
coralino *adj* коралловый
Corán *m* Коран
coránico *adj* относящийся к Корану
coraza *f* 1) броня 2) *hist* кираса
corazón *m* 1) сердце 2) *(valor)* смелость, мужество 3) *(alma)* сердце, душа *buen ~* добрая душа 4) *(centro de algo)* середина, центр, сердце 5) *(buena voluntad)* сердечность, любовь *no tener ~* быть бессердечным, быть бездушным ◆ **con el ~ en la mano** с открытой душой **se me encoge el ~** у меня

сердце замирает **llevar el ~ en la mano** быть искренним **romperle el ~ a alg.** разбить сердце кому-л. **se me parte el ~** у меня сердце разрывается (на части)
corazonada *f* 1) предчувствие 2) *(impulso espontáneo)* порыв, вдохновение
corbata *f* галстук
corbatín *m* галстук-бабочка
corbeta *f nav* корбет
corcel *m* боевой конь
corchea *f mús* восьмая, восьмушка
corchero 1. *adj* пробковый **2.** *m* рабочий, сдирающий пробку с дерева
corchete *m* 1) крючок с петлёй 2) *(signo ortográfico)* квадратная скобка
corcho *m* 1) пробка, кора пробкового дуба 2) *(tapón)* пробка, затычка 3) V. colmena
corcova *f* горб
corcovado *adj* сгорбленный, горбатый
cordada *f sport* связка (альпинистов)
cordado 1. *adj zool* хордовый **2. -s** *mpl zool* хордовые
cordaje *m nav* такелаж, снасти
cordal1 *f (muela del juicio)* зуб мудрости
cordal2 *m mús* струннодержатель
cordel *m* 1) бечёвка, шнур 2) *(vía para el ganado)* скотопрогонная дорога
cordelero *m* верёвочник, канатчик
corderillo *m* овчина
cordero *m* барашек
cordial *adj* 1) *(que fortalece el corazón)* сердечный, укрепляющий сердце 2) *(afectuoso)* сердечный, радушный
cordialidad *f* сердечность, радушие
cordillera *f* горная цепь, горный хребет
córdoba *f (moneda de Nicaragua)* кордова
cordobán *m* сафьян, кордовская кожа
cordob|és 1. *adj* кордовский, относящийся к Кордове **2., -esa** *m/f* житель, -ница (уроженец, уроженка) Кордовы
cordón *m* 1) шнур, верёвка 2) *(de tropa, policía, etc.)* кордон ◆ **~ umbilical** пуповина
cordonería *f* басоны, позументы
cordonero *m* 1) позументщик 2) *nav* рабочий, изготовляющий такелажные снасти
cordura *f* разум, здравый смысл
corea *f med* хорея, пляска святого Витта
corean|o 1. *adj* корейский **2., -a** *m/f* коре|ец, -йка
corear *vt* 1) *(componer música)* сочинять хоровую музыку 2) *(acompañar con coros)* подхватывать хором 3) *(asentir)* подпевать, поддакивать
coreografía *f* хореография
coreografiar *vt* ставить хореографию
coreógrafo, -a *m/f* хореограф
coriáceo *adj* кожаный, кожистый
corifeo *m* корифей
corindón *m min* корунд
corista 1. *m/f (en un coro)* хорист, -ка **2.** *f (en la revista)* хористка (эстрады, оперетты)
coriza *f med* насморк, ринит
cornada *f* удар рогом
cornadura *f* V. cornamenta
cornal *m* V. coyunda
cornamenta *f* рога
cornamusa *f mús* рожок
córnea *f anat* роговая оболочка, роговица
cornear *vt* бить рогами, бодать
corneja *f* ворона
cornejo *m (arbusto)* кизил
córneo *adj* роговой, роговидный
corneta 1. *f* корнет **2.** *m* корнетист
cornetín *m* рожок, корнет
cornezuelo *m* 1) V. cornatillo 2) *(hongo)* спорынья
cornisa *f arquit* карниз
corniveleto *adj* круторогий (о быке или корове)
corno[1] *m (instrumento musical)* гобой
corno[2] *m* V. cornejo
cornucopia *f* 1) *(vaso en forma de cuerno)* рог изобилия 2) *(espejo)* стенное зеркало в раме с подсвечником
cornudo 1. *adj* рогатый **2.** *m* рогоносец
coro *m* 1) *mús* хор 2) *arquit* хоры
coroides *m anat* хороидальная оболочка
corola *f bot* венчик
corolario *m* следствие, вывод
corona *f* 1) *(símbolo de dignidad)* венец, *(de metal)* корона 2) *(ornamento)* венок, венец 3) *(moneda)* крона 4) *(de las imágenes sagradas)* ореол, сияние 5) *(de los dientes)* коронка 6) *(rosario)* чётки 7) *(reino o monarquía)* королевство, монархия
coronación *f* коронация, коронование
coronar *vt* 1) короновать 2) *(completar una obra)* завершать, венчать
coronaria *f* секундное колесо (в часах)
coronari|o *adj* 1) коронный 2) *anat* венечный *arteria* венечная артерия
coronel *m* полковник
coronilla *f* макушка ◆ **estar hasta la ~** *coloq* быть сытым по горло
corpachón *m coloq aum. de* cuerpo
corpiño *m* лиф, корсаж
corporación *f* корпорация, объединение
corporal *adj* телесный
corporativismo *m* корпоративизм
corporativo *adj* корпоративный
corpóreo *adj* V. corporal
corpudo *adj* V. corpulento
corpulencia *f* полнота, дородность, тучность
corpulento *adj* полный, дородный, тучный
corpus *m* корпус
Corpus *m relig* праздник тела Христова
corpúsculo *m fís* корпускула, частица
corral *m* двор, скотный двор
correa *f* 1) ремень 2) *(flexibilidad)* гибкость, упругость
correaje *m* 1) ремни, сбруя 2) *(de un soldado)* ремённое снаряжение
corrección *f* 1) *(acción de corregir)* исправление, поправка 2) *(falta de errores o defectos)* корректность, правильность 3) *(irreprochabilidad de la conducta)* корректность, учтивость 4) *(perfeccionamiento de un texto)* корректура, правка 5) *astron fís mat* корректировка
correccional 1. *adj* исправительный **2.** *m* исправительная тюрьма
correctamente *adv* правильно
correcto *adj* 1) правильный 2) *(adecuado)* корректный, учтивый

corrector 1. *adj* исправляющий, корректирующий **2.** *m* корректор

corredera *f* 1) *(carril)* направляющий полоз, кулиса 2) *(tabla)* задвижная дверь

corredizo *adj* задвижной, раздвижной

corredor 1. *adj* быстро бегающий **2.** *m/f* бегун, -нья **3.** *m* 1) *(comerciante acreditado)* брокер, маклер 2) *(pasillo)* коридор

correduría *f* маклерство

corregible *adj* исправимый, поправимый

corregidor 1. *adj* исправляющий, исправительный **2.** *m hist* коррехидор

corregir *vt* 1) исправлять, поправлять, корректировать, править 2) *(un examen)* проверять 3) *(amonestar)* порицать, делать выговор 4) *(dismunuir, templar)* смягчать, ослаблять

correhuela *f* V. centinodia

correlación *f* корреляция, соотношение

correlativamente *adv* соотносительно

correlativo 1. *adj* 1) коррелятивный 2) *ling* соотносительный, коррелятивный **2.** *m ling* соотносительное (коррелятивное) слово, коррелят

correligionari|o 1. *adj* 1) *(que profesa la misma religión)* единоверный 2) *(que tiene la misma opinión)* единомышленный **2., -a** *m/f* 1) *(que profesa la misma religión)* единоверец 2) *(que tiene la misma opinión)* единомышленник

correo *m* 1) почта ~ *certificado* заказная почта; ~ *electrónico* электронная почта 2) *(persona)* курьер, почтальон

correoso *adj* 1) гибкий, эластичный 2) *(resistente)* устойчивый, крепкий

correpasillos *f (juquete)* машинка-каталка

correr 1. *vi* 1) бегать, бежать, мчаться, нестись 2) *(dicho de un medio de transporte)* мчаться, нестись 3) *(apresurarse)* спешить, торопиться 4) *(dicho del aire)* дуть, веять 5) *(dicho del agua)* течь, литься 6) *(dicho del tiempo)* проходить, бежать 7) *(dicho de una noticia o un rumor)* распространяться **2.** *vt* 1) *(recorrer)* пробегать 2) *(cambiar de sitio)* отодвигать, перемещать 3) *(un cerrojo, una cortina)* задвигать 4) *(exponerse a algo)* подвергаться (чему-л) *correr un peligro* подвергаться опасности

correría *m* набег, рейд

correrse *vpron* 1) *(dicho de un color, una tinta)* разливаться, расплываться 2) *(avergonzarse)* стыдиться, смущаться 3) *coloq* кончать, испытывать оргазм

correspondencia *f* 1) *(relación)* соответствие 2) *(correo)* переписка, корреспонденция

corresponder *vi* 1) **(a alg o u/c)** *(tocar, pertenecer)* касаться (кого/чего-л), относиться (кому/чему-л) 2) **(a alg o u/c)** *(tener proporción)* соответствовать (кому/чему-л) 3) **(con u/c)** *(pagar con igualdad)* отвечать (чем-л), платить (чем-л)

corresponderse *vpron* 1) **(con u/c)** соответствовать (чему-л), отвечать (чему-л) 2) *(comunicarse por escrito)* переписываться 3) *(atenderse o amarse recíprocamente)* чувствовать взаимное расположение, любить друг друга

correspondiente *adj* соответствующий, подходящий

corresponsal 1. *adj* V. correspondiente **2.** *m/f* корреспондент

corretaje *m* работа маклера

corretear *vi coloq* бегать, резвиться

correveidile *m/f coloq* сплетни|к, -ца, доносчи|к, -ца

correverás *m* заводная игрушка

corrida *f* 1) бег 2) *(de toros)* коррида

corrido *adj* 1) *(que excede un poco)* с лишним, с гаком 2) *(avergonzado, confundido)* смущённый, сконфуженный 3) *coloq (experimentado)* бывалый, опытный ◆ **de** ~ бегло, без запинки **torro** ~ тёртый калач

corriente 1. *adj* 1) *(presente)* текущий 2) *(habitual)* обычный, заурядный, простой 3) *(dicho del agua)* проточный **2.** *f* 1) течение, поток ~ *marina* морское течение; ~ *de aire* сквозняк 2) *(tendencia)* течение, направление 3) *(eléctrica)* ток ~ *alterna (continua)* переменный (постоянный) ток; ~ *eléctrica* электрический ток ◆ **estar al corriente de u.c.** быть в курсе чего-л. **poner al ~ de u.c.** ввести в курс дела **ir (navegar) contra ~** плыть против течения **dejarse llevar por la ~** плыть по течению

corrillo *m* кружок

corrimiento *m* 1) сдвиг, смещение, перемещение 2) *(vergüenza)* смущение, конфуз

corro *m* 1) круг, кружок 2) *(juego)* хоровод

corroboración *f* подтверждение, удостоверение

corroborar *vt* подтверждать, утверждать

corroer *vt* 1) разъедать, корродировать 2) *(por pena o remordimiento)* мучить, терзать

corromper 1. *vt* 1) *(alterar, trastocar)* портить, разрушать 2) *(echar a perder)* портить, разлагать 3) *(viciar)* развращать 4) *(sobornar)* давать взятку **2.** *vi (oler mal)* дурно пахнуть

corromperse *vpron* 1) *(alterarse, trastocarse)* портиться, разрушаться 2) *(echarse a perder)* портиться, разлагаться 3) *(viciarse)* развращаться

corroncho *adj* 1) *Hond.* жёсткий, твёрдый 2) *Ven.* медлительный, неповоротливый

corrosión *f* коррозия

corrosivo *adj* едкий, разъедающий

corrupción *f* 1) *(alteración)* порча, разрушение 2) *(descomposición)* гниение, разложение 3) *(vicio)* развращение 4) *(en las organizaciones públicas)* коррупция, продажность

corruptela *f* V. corrupción

corruptible *adj (que se echa a perder)* портящийся

corruptivo *adj* портящий, разлагающий

corrupto *adj* 1) испорченный 2) *(perverso)* развращённый 3) *(en una organización pública)* продажный, коррумпированный

corruptor *adj* портящий, разрушающий, разлагающий

corrusco *m coloq* кусок чёрствого хлеба, горбушка

corsario *m* корсар

corsé *m* корсет

corsetería *f* магазин, торгующий корсетами

corso1 *m nav* каперство, корсарство

cors|o2 1. *adj* корсиканский **2., -a** *m/f* корсикан|ец, -ка

corta *f* рубка
cortacésped *m* газонокосилка
cortacigarros *m* V. cortapuros
cortacircuitos *m electr* плавкий предохранитель
cortacristales *m* стеклорез
cortada *f* 1) V. cortadura 2) *(rebanada)* ломоть хлеба
cortadera *f* кузнечное зубило
cortadillo *m* 1) *(vaso pequeño)* цилиндрический стакан 2) *(medida casera)* мерный стакан
cortado 1. *adj* 1) *(dicho de un estilo)* лапидарный, отрывистый 2) *(turbado)* смущённый, растерянный 3) *(dicho de la leche)* прокислый **2.** *m* кофе с молоком
cortador 1. *adj* режущий, разрезающий **2.** *m* 1) *(carnicero)* мясник 2) *(diente)* резец
cortadora *f* режущий инструмент, режуший станок
cortadura *f* 1) разрез 2) *(entre dos montañas)* расселина, ущелье
cortafrío *m* слесарное зубило
cortafuegos *m* противопожарная (лесная) просека
cortante 1. *adj* режущий **2.** *m* мясник
cortapapeles *m* разрезной нож
cortapisa *f* 1) *(condición)* ограничительное условие 2) *(obstáculo)* препятствие, затруднение 3) *(gracia)* остроумие
cortaplumas *m* перочинный нож
cortapuros *m* гильотина для сигар
cortar *vt* 1) *(con un cuchillo)* резать, разрезать, отрезать 2) *(con un hacha)* рубить, разрубать 3) *(recortar)* кроить, раскраивать 4) *(hender el aire, el agua)* рассекать 5) *(el pelo)* стричь 6) *(las uñas)* обстригать 7) *(un suministro)* выключать, отключать 8) *(separar, dividir)* разделять, разрезать 9) *(una conversación)* прерывать
cortarse *vpron* 1) резаться, пораниться 2) *(turbarse)* теряться, смущаться, робеть 3) *(dicho de un líquido)* свёртываться 4) *(dicho de la piel)* трескаться
cortaúñas *m* щипчики для ногтей
cortavientos *m* ветровое стекло
corte[1] *m* 1) *(filo)* лезвие 2) *(acción y efecto de cortar)* разрез, порез, рубка 3) *(herida)* порез, рана 4) *(de pelo)* стрижка 5) *(interrupción de un suministro)* отключение, выключение 6) *(para hacer un vestido)* кройка ♦ **dar un ~ a alg** *coloq* отшить кого-л., резко ответить кому-л. **dar un ~ de mangas a alg** *coloq* показать фигу кому-л.
corte[2] **1.** *f* 1) *(lugar)* двор (королевский) 2) *(conjunto de personas)* свита 3) *(corral)* стойло, загон (для скота) **2. -s** *fpl hist (junta general en España)* кортесы ♦ **hacer la ~ a alg** ухаживать за кем-л.
cortedad *f* малость, небольшое количество
cortejar *vt* 1) ухаживать (за кем-л) 2) *(acompañar)* сопровождать
cortejo *m* 1) ухаживание 2) *(en una ceremonia)* кортеж, свита 3) *(agasajo)* знак внимания, подарок
cortés *adj* вежливый, учтивый
cortesana *f* куртизанка
cortesano 1. *adj* придворный **2.** *m* придворный
cortesía *f* 1) *(gesto de atención)* знак внимания 2) *(cortesanía)* вежливость, учтивость 3) *(dádiva)* подношение, подарок
corteza *f* 1) кора 2) *(del pan, del queso)* корка
cortical *adj anat bot* корковый
corticoide *m quím* кортикостероид
cortijo *m* хутор, имение
cortina *f* занавеска, занавес
corto[1] *adj* 1) короткий 2) *(breve)* краткий 3) *(que no alcanza su destino)* не достигающий цели 4) *(de pocas luces)* недалёкий, ограниченный ♦ **~ de vista** близорукий
corto[2] *m* V. cortometraje
cortocircuito *m electr* короткое замыкание
cortometraje *m* короткометражный фильм
cortón *m* медведка (насекомое)
corva *f* подколенок, подколенная впадина
corvejón *m* коленный сустав (задних конечностей)
corvina *f* горбыль
corvo 1. *adj* изогнутый, выгнутый **2.** *m* 1) *(garfio)* крюк 2) *(machete)* нож, финка
corza *m* косуля, дикая коза
corzo *m* самец косули
cosa *f* 1) вещь, предмет, штука 2) *(cuestión)* дело, вопрос 3) *(bien)* вещь, имущество ♦ **~ de** примерно, приблизительно **~ nunca vista** необычное дело **ser un poca ~** быть слабым, быть малодушным человеком **¡ ~ rara!** странное дело! **como quien no quiere la ~** как ни в чём не бывало **cada ~ a su tiempo** всему своё время
cosac|o 1. *adj* казацкий, казачий **2., -a** *m/f* каза|к, -чка
coscarse *vpron* 1) *coloq* V. concomerse 2) **(de u/c)** *coloq (darse cuenta)* замечать
coscoja *f* каменный дуб
coscorrón *m* ушиб головы
cosecha *f* 1) урожай 2) *(acción de cosechar)* убор урожая
cosechadora *f* хлебоуборочный комбайн
cosechar *vt* 1) собирать урожай 2) *(ganar, atraer)* пожинать плоды
cosechero 1. *adj* молодой (о вине) **2.** *m* сборщик урожая
cosedura *f* V. costura
coseno *m mat* косинус
coser *vt* 1) шить, сшивать 2) *(a máquina)* строчить *máquina de ~* швейная машина 3) *(mediente grapas)* скреплять ♦ **es ~ y cantar** *coloq* это легче лёгкого
cosido *m* шитьё, сшивание, пришивание
cosidura *f nav* найтов
cosmética *f* косметика
cosmético 1. *adj* косметический **2.** *m* косметическое средство
cósmico *adj* космический
cosmódromo *m* космодром
cosmogonía *f* космогония
cosmogónico *adj* космогонический
cosmología *f* космология
cosmológico *adj* космологический
cosmólogo *m* космолог
cosmonauta *m/f* космонавт
cosmonave *f* космический корабль

cosmopolita 1. *adj* космополитический **2.** *m/f* космополит
cosmopolitismo *m* космополитизм
cosmos *m* космос, вселенная
coso[1] *m* 1) *(plaza de toros)* арена 2) *(calle principal)* главная улица
coso[2] *m* V. carcoma
cosquillas *fpl* 1) *(sensación)* щекотка *tener ~* бояться щекотки 2) *(acción)* щекотание, щекотка *hacer ~* щекотать
cosquillear *vt* щекотать
cosquilleo *m* 1) щекотка 2) *(preocupación)* беспокойство, тревога
cosquilloso *adj* 1) чувствительный к щекотке 2) *(susceptible)* обидчивый, мнительный
costa[1] **1.** *f* V. costo **2.** *fpl* судебные издержки ◆ **a ~ de** за счёт чего-л, ценой чего-л **a toda costa** во что бы то ни стало, любой ценой
costa[2] *f* берег, побережье
costado *m* 1) бок, сторона *de ~* боком, на бок 2) *nav* борт
costal 1. *adj* рёберный **2.** *m* 1) мешок 2) *arquit (listón)* подпорка ◆ **esto es harina de otro ~** *coloq* это другое дело
costalada *f* V. costalazo
costalazo *m* удар при падении на бок
costalero *m* грузчик, носильщик
costanero *adj* береговой
costar *vi* 1) стоить, обходиться (во что-л.) *los zapatos cuestan setenta euros* туфли стоят семьдесят евро 2) *(causar u ocasionar cuidado, desvelo, etc.)* стоить усилий (хлопот, и т.д.) ◆ **cueste lo que cueste** во что бы то ни стало
costarricense 1. *adj* костариканский **2.** *m/f* костариканец, -ка
coste *m* цена, стоимость, себестоимость
costear[1] *vt (pagar)* оплачивать расходы
costear[2] *vt (navegar cerca de la costa)* плыть вдоль берега
costeño *adj* береговой
costero *adj* береговой
costilla *f* 1) ребро 2) *coloq (mujer propia)* жена, половина 3) *arquit* ребро, нервюра 4) *nav* шпангоут 5) *bot* ребро, жилка
costo *m* V. coste
costoso *adj* 1) *(caro)* дорогой, дорогостоящий 2) *(difícil)* трудный, тяжёлый
costra *f* 1) корка, кора 2) *(de sangre seca)* струп, корка
costroso *adj* корковый, покрытый коркой
costumbre *f* 1) привычка, обычай, обыкновение *mala ~* дурная привычка 2) *(tradición)* уклад, нрав
costumbrista 1. *adj lit* костумбристский, бытовистский **2.** *m/f* костумбрист, бытописатель
costura *f* 1) *(acción)* шитьё, пошив 2) *(parte cosida)* шов
costurar *vt Am.* шить, вышивать
costurera *f* швея, портниха
costurero *m* 1) *(mesita)* рабочий столик для рукоделия 2) *(cuarto)* рукодельная комната 3) *(canastilla)* рабочая корзинка (для рукоделия)
cota[1] *f* 1) V. cuota 2) *(marca de altura)* отметка высоты
cota[2] *f (arma defensiva del cuerpo)* кольчуга
cotana *f* 1) *(agujero cuadrado)* гнездо, паз 2) *(escoblo)* долото, стамеска
cotangente *f mat* котангенс
cotarro *m* 1) *(ladera)* косогор, скат 2) *(albergue)* ночлежный дом, ночлежка ◆ **alborotar el ~** *coloq* взбудоражить, взволновать (толпу, людей)
cotejable *adj* сопоставимый, сравнимый
cotejar *vt* сопоставлять, сравнивать, сличать
cotejo *m* сопоставление, сравнение, сличение
coterráneo *adj* V. conterráneo
cotidianamente *adv* ежедневно
cotidianidad *f* повседневность
cotidiano *adj* повседневный, ежедневный
cotiledón *m bot* семядоля
cotilla 1. *f* корсаж **2.** *m/f (persona chismosa)* сплетник, -ца
cotillear *vi coloq* сплетничать, судачить
cotilleo *m* сплетни
cotillón *m* 1) *(danza)* котильон 2) *(fiesta y baile)* вечер с танцами
cotizable *adj com* котируемый
cotización *f com* котировка
cotizado *adj com* котирующийся
cotizar *vt* 1) *com* котировать, устанавливать цену 2) *(pagar una cuota)* платить взнос
cotizarse *vpron* 1) *com* котироваться 2) *(tener valor)* цениться, быть в цене
coto[1] *m* 1) *(terreno acotado)* отгороженный участок 2) *(mojón)* межевой столб
coto[2] *m (tasa)* согласованная цена
coto[3] *m (medida lineal)* кото (мера длины - 0,5 пяди)
coto4 *m (pez)* подкаменщик
coto5 *m Am. Mer. (bocio)* зоб
cotorra *f* 1) *(papagayo)* маленький попугай 2) *(urraca)* сорока 3) *coloq (persona habladora)* сорока, трещотка
cotorrear *vi coloq* болтать, трещать
cotorreo *m coloq* болтовня, трескотня
cotorrera *f* попугай (самка)
cotufa *f* 1) *(tubérculo)* земляная груша 2) *(golosina)* лакомство, деликатес
cotutor *m* 1) соопекун 2) *(académico)* соруководитель
coulomb *m* V. culombio
covacha *f* небольшая пещера
coxal *adj anat* коксальный, тазобедренный
coy *m nav* подвесная койка
coyote *m* койот
coyunda *f* 1) ремень ярма 2) *(unión conyugal)* брачные узы 3) *(dominio)* господство, гнёт
coyuntura *f* 1) конъюнктура 2) *(articulación)* сустав
coyuntural *adj* конъюктурный
coz *f* 1) *(sacudida dada con las patas)* лягание, брыкание 2) *(golpe)* удар копытом
crac *m econ* крах, банкротство
crack *m* 1) *(droga)* крэк 2) *(deportista)* очень хороший спортсмен 3) *híp* фаворит
cráneo *m* череп ◆ **ir de ~** *coloq* оказаться в сложном положении **secársele el ~ a alguien** *coloq* сойти с ума
crápula 1. *f* 1) *(embriaguez)* опьянение, хмель 2) *(libertinaje)* распущенность, разврат **2.** *m* распутник, развратник

craso *adj* непростительный, грубый ~ *error* непростительная ошибка

cráter *m* кратер

creación *f* 1) создание, творение 2) *(mundo)* мир, свет, вселенная 3) *(invento)* изобретение, достижение

creador 1. *adj* создающий, творящий **2.** *m* 1) создатель, изобретатель 2) *relig* Творец

crear *vt* 1) создавать, творить 2) *(inventar)* изобретать, основывать ~ *un sistema filosófico* основать философскую систему 3) *(nombrar)* назначать, избирать

creatividad *f* творчество, творческий подход, креативность

creativ|o 1. *adj* творческий, креативный **2., -a** *m/f* креативщик

crecepelo *m* средство для роста волос

crecer *vi* 1) расти *en altura* расти в высоту 2) *(aumentar)* увеличиваться, расти, разрастаться 3) *(dicho de la luna)* прибывать

crecerse *vpron* возгордиться, занестись

creces *fpl* прирост, увеличение объёма ◆ **con** ~ с избытком

crecida *f* подъём воды, паводок, половодье

crecido *adj* 1) выросший, отросший 2) *(numeroso)* многочисленный, большой

creciente 1. *adj* 1) растущий, возрастающий 2) *ling* восходящий (о дифтонге) **2.** *f* 1) *(crecida)* подъём воды, паводок 2) *(levadura)* закваска, дрожжи

crecimiento *m* рост, увеличение, повышение

credencia *f* 1) *relig* жертвенник 2) *(aparador)* сервант, буфет

credencial 1. *adj* удостоверяющий, верительный *cartas ~es* верительные грамоты **2.** *f* мандат, удостоверение

credibilidad *f* вероятность, правдоподобие

crediticio *adj* кредитный

crédito *m* 1) кредит, ссуда, заём *a* ~ в кредит 2) *(comprobación)* подтверждение, гарантия 3) *(confianza)* вера, доверие *digno de* ~ заслуживающий доверия

credo *m* 1) *relig* символ веры 2) *(conjunto de doctrinas)* кредо, убеждения ◆ **en un** ~ в один миг

credulidad *f* доверчивость, легковерие, наивность

crédulo *adj* доверчивый, легковерный

creedero *adj* вероятный, правдоподобный

creencia *f* 1) вера, убеждение 2) *(confianza)* доверие

cre|er 1. *vt* 1) верить (кому/чему-л) *no ~o tus palabras* я не верю твоим словом 2) *(pensar)* думать, полагать, считать **2.** *vi* 1) **(en u/c)** *(tener creencias religiosas)* верить (во что-л.) *~er en Dios* верить в Бога 2) **(en u/c)** *(tener por cierto que algo existe)* верить (во что-л.) 3) **(en alg)** *(tener confianza en alguien)* верить (в кого-л)

creerse *vpron* **(u/c)** верить (кому/чему-л)

creíble *adj* вероятный, правдоподобный, заслуживающий доверия

crema *f* 1) *(de la leche)* пенки 2) *(nata)* сливки 3) *(cosmético)* крем 4) *(dicho de la gente)* лучшие люди, сливки

cremación *f* кремация, сжигание

cremallera *f* молния (на одежде)

cremar *vt* кремировать, сжигать

crematorio 1. *adj* кремационный **2.** *m* крематорий

cremoso *adj* кремовый, с кремом

crencha *f* пробор

crep1 *m* V. crepé

crep2 *m/f* блин

crepé *m (tejido)* креп

crepitación *f* 1) треск, потрескивание 2) *med* крепитация

crepitar *vi* потрескивать, трещать

crepuscular *adj* сумеречный *horas ~es* вечерние часы

crepúsculo *m* 1) сумерки 2) *(declive)* закат, упадок

cresa *f* 1) *(huevos puestos por la abeja reina)* яйца пчелиной матки 2) *(huevos puestos por las moscas)* яйца мух 3) *(larva)* личинка двукрылых

crescendo *m mús* крещендо

crespo *adj* 1) *(dicho del pelo)* кудрявый, курчавый, вьющийся 2) *(dicho del estilo)* витиеватый, замысловатый 3) *(irritado)* раздражённый, злой

crespón *m* 1) *(tipo de tela)* креп 2) *(tela de luto)* траурная ленточка

cresta *f* 1) *(de las aves)* гребешок, гребень 2) *(copete)* хохолок, хохол 3) *(de montaña, de ola)* гребень, хребет ◆ **levantar la** ~ задирать нос **estar en la** ~ быть на пике

crestería *f arquit* гребень, гребешок

creta *f min* мел

cretáceo 1. *adj geol* относящийся к меловому периоду **2. Cretáceo** *m geol* меловой период

cretense 1. *adj* критский **2.** *m/f* критян|ин, -ка

cretin|o 1. *adj* 1) *med* страдающий кретинизмом 2) *insult* кретинский, идиотский **2. , -a** *m/f insult* кретин, -ка, идиот, -ка

creyente *m* верующий

cría *f* 1) *(acción de criar)* выращивание, разведение 2) *(niño de pecho)* грудной ребёнок 3) *(cachorro)* детёныш 4) *(ventrada)* выводок

criada *f* служанка, домашняя работница

criadero *m* питомник, рассадник

criadillas *fpl* 1) *(de animales)* яички 2) *(tubérculos)* клубни

criado 1. *adj* воспитанный *bien* хорошо воспитанный **2.** *m* слуга

criador *m (que cría animales)* животновод

crianza *f* 1) *(de un niño)* кормление, вскармливание 2) *(de animales)* разведение 3) *(del vino)* выдержка

criar *vt* 1) порождать, производить 2) *(a un niño)* вскармливать, кормить 3) *(animales)* разводить, выращивать ~ *pollos* выращивать цыплят 4) *(educar)* воспитывать, растить 5) *(el vino)* выдерживать

criatura *f* 1) младенец, новорождённый *ser una* ~ быть ребёнком 2) *(feto)* зародыш, плод 3) *(creación)* создание, творение

criba *f* 1) решето, сито 2) *(selección)* отбор, отсев

cribado *m* отсеивание, просеивание

cribar *vt* 1) просеивать, отсеивать 2) *(seleccionar)* отсеивать, отбирать

crimen *m* преступление ~ *de alta traición* государственная измена; *cometer un ~* совершить преступление
criminal 1. *adj* преступный, уголовный, криминальный **2.** *m* преступник ~ *reincidente* рецидивист; ~ *de guerra* военный преступник
criminalidad *f* преступность
criminalista *m/f* криминалист
criminología *f* криминология
criminólogo *m* криминолог
crin *f* грива
crí|o, -a *m/f* ребёнок
crioll|o 1. *adj* креольский **2., -a** *m/f* креол, -ка ◆ **a la ~a** *Am.* запросто, без церемоний
cripta *f* крипта
críptico *adj* 1) криптографический 2) *(enigmático)* загадочный, таинственный
criptografía *f* криптография, тайнопись
criptográfico *adj* криптографический
criptógrafo *m* 1) *(persona)* шифровальщик 2) *(máquina)* криптографический аппарат
criptograma *m* криптограмма
críquet *m sport* крикет
crisálida *f zool* куколка
crisantemo *m* хризантема
crisis *f* 1) кризис *económica* экономический кризис 2) *(momento decisivo)* решающий момент
crisma 1. *m relig* миро **2.** *f coloq (cabeza)* башка
crisol *m tecn* тигель
crispación *f* напряжение
crispado *adj* напряжённый
crispar *vt* 1) напрягать, сжимать ~ *los puños* сжимать кулаки 2) *coloq (irritar)* раздражать, бесить ~ *los nervios* нервировать
crisparse *vpron* 1) напрягаться, сжиматься 2) *coloq (irritarse)* раздражаться, беситься
cristal *m* 1) *(vidrio de alta calidad)* хрусталь 2) *(vidrio)* стекло ~ *de aumento* увеличительное стекло; ~ *tintado* тонированное стекло 3) *geol* кристалл ~ *líquido* жидкий кристалл; ~ *de roca* кварц 4) *(tela)* тонкая шерстяная ткань
cristalera *f* 1) *(armario de cristal)* стеклянный шкаф 2) *(aparador)* сервант, буфет 3) *(puerta de cristal)* стеклянная дверь
cristalería *f* 1) *(fábrica)* стекольный завод 2) *(conjunto de objetos)* стекло, хрусталь
cristalero *m* стекольщик
cristalino *adj* 1) *fís* кристаллический 2) *(de cristal)* хрустальный, стеклянный
cristalizable *adj quím* способный кристаллизоваться
cristalización *f quím* кристаллизация
cristalizar 1. *vt quím* кристаллизовать **2.** *vi* 1) *(tomar forma cristalina)* кристаллизироваться 2) *(dicho de ideas o sentimientos)* воплощаться, претворяться
cristalizarse *vpron* 1) кристаллизироваться 2) *(dicho de ideas o sentimientos)* воплощаться, претворяться
cristiandad *f* христиане, христианский мир
cristianismo *m* христианство
cristianizar *vt* христианизировать, обращать в Христианство
cristian|o 1. *adj* 1) христианский 2) *coloq (dicho del vino)* разбавленный **2., -a** *m/f* христианин, -анка ◆ **hablar en ~** *coloq* говорить понятно
cristo *m* 1) *relig (escrito con mayúscula)* Христос 2) *(crucifijo)* распятие ◆ **ni por un ~** *coloq* ни за что на свете **donde Cristo dio las tres voces** *coloq* куда Макар телят не гонял
criterio *m* 1) критерий, показатель 2) *(opinión)* мнение, точка зрения *no tener ~* не иметь собственного мнения
critérium *m* 1) *sport (en ciclismo)* критериум 2) *sport (tipo de competición)* любительский турнир
crítica *f* 1) критика, анализ ~ *literaria* литературная критика 2) *(artículo)* критическая статья, рецензия, заметка
criticable *adj* заслуживающий критики, спорный, уязвимый
criticar *vt* критиковать, подвергать критике
crític|o 1. *adj* 1) *(relativo a la crítica)* критический, критичный *artículo ~o* критическая статья 2) *(relativo a la crisis)* критический, кризисный *situación ~a* критическая ситуация **2., -a** *m/f* критик
criticón 1. *adj* придирчивый **2.** *m* критик, придира
croar *vi* квакать
croata 1. *adj* хорватский **2.** *m/f* хорват, -ка
crocante *adj* хрустящий
croché *m* 1) *(ganchillo)* вязальный крючок 2) *sport (en el boxeo)* хук
crol *m sport* кроль
cromado *m* хромирование
cromar *vt* хромировать
cromático *adj* 1) цветной, цветовой 2) *mús* хроматический
cromo *m* 1) *quím* хром 2) *arte (estampa en colores)* цветной оттиск
cromosoma *m biol* хромосома
cromotipia *f impr* хромотипия
crónica *f* 1) хроника, летопись 2) *(sobre temas de actualidad)* хроника, новостная лента
crónic|o *adj* хронический, застарелый *enfermedad ~a* хроническая болезнь
cronista *m/f* хронист, летописец
cronología *f* хронология
cronológico *adj* хронологический *orden ~* хронологический порядок
cronometraje *m* хронометраж
cronometrar *vt* хронометрировать
cronómetro *m* хронометр
croqueta *f* крокет
croquis *m* 1) *geogr* кроки 2) *(esbozo)* эскиз, набросок
cross *m sport* кросс
crótalo *m* 1) *(serpiente)* гремучая змея 2) *(instrumento musical)* трещотка
cruasán *m* круассан
cruce *m* 1) скрещивание, пересечение 2) *(de caminos)* перекрёсток 3) *biol* скрещивание
crucero *m* 1) *(encrucijada)* перекрёсток 2) *(cruz de piedra)* средокрестие 3) *(viaje de recreo en barco)* круиз 4) *geol* кливаж 5) *(buque)* крейсер
cruceta *f* 1) поперечина, крестовина 2) *tecn* крейцкопф

crucial *adj* 1) *(dicho de un momento)* критический, решающий 2) *(en forma de cruz)* крестообразный
crucificar *vt* распинать
crucifijo *m* распятие (предмет)
crucifixión *f* распятие (действие)
cruciforme *adj* крестообразный, крестовидный
crucigrama *m* кроссворд
crucigramista *m* кроссвордист
crudelísimo *adj elev* жесточайший
crudeza *f* 1) грубость, резкость 2) *(rigor, aspereza)* суровость, жёсткость *~ del clima* суровость климата
crud|o 1. *adj* 1) сырой *carne ~a* сырое мясо 2) *(dicho de la fruta)* недозрелый, неспелый, зелёный 3) *(dicho del petróleo)* необработанный, сырой 4) *(dicho del clima)* суровый 5) *(muy realista)* реалистичный, натуралистический 6) *(dicho del color)* кремовый, желтоватый **2.** *m* сырая нефть ◆ **agua ~a** жёсткая вода **punto ~o** тот самый момент **en ~o** бесцеремонно
cruel *adj* жестокий, безжалостный *persona ~* жестокий человек; *destino ~* горькая участь
crueldad *f* жестокость, безжалостность
cruento *adj* кровавый, кровопролитный
crujía *f* 1) галерея, коридор 2) *(en un hospital)* общая палата 3) *arquit* пролёт ◆ **sufrir ~** терпеть нужду
crujido *m* скрип, треск, хруст
crujiente *adj* хрустящий, скрипящий
crujir *vi* скрипеть, трещать, хрустеть
crup *m* круп, дифтерия
crupier *m/f jueg* крупье
crural *adj anat* бедренный
crustáceo 1. *adj zool* ракообразный **2. -s** *m zool* ракообразные
cruz *f* 1) крест 2) *(de una moneda)* реверс, обратная сторона монеты *¿cara o ~?* орёл или решка? 3) *(de un árbol)* разветвление 4) *(peso)* крест, тяжёлая доля *aguantar una ~* нести свой крест 5) *(señal de cristiano)* крестное знамение *hacer la señal de la ~* осенять себя крестом ◆ **Cruz Roja** Красный Крест **¡ ~ y raya!** с этим покончено!
cruzada *f* 1) *hist* крестовый поход 2) *(encrucijada)* перекрёсток 3) *(campaña)* кампания, крестовый поход
cruzado *adj* 1) *hist* участвующий в крестовом походе 2) *(dicho de un animal)* гибридный
cruzar *vt* 1) пересекать, переходить *~ el río* переходить реку 2) *(dos cosas)* перекрещивать, располагать крест-накрест *~ las piernas* скрестить ноги 3) *(animales)* скрещивать
cruzarse *vpron* 1) скрещиваться, перекрещиваться, пересекаться 2) **(con alg)** *(encontrarse)* встретиться (с кем-л), столкнуться 3) *(atravesarse)* становиться поперёк
cuache *m Guat.* близнец
cuaco *m* мука из корней юкки
cuadernillo *m* 1) вкладка 2) *relig* служебник
cuaderno *m* тетрадь
cuadra *f* 1) конюшня *mozo de ~* конюх 2) *(sala espaciosa)* зал, большое помещение 3) *(en un cuartel, hospital o prisión)* общая камера, общая палата 4) *(de un caballo)* круп 5) *Am.* *(manzana)* квартал
cuadrad|o 1. *adj* 1) квадратный *mesa ~a* квадратный стол; *metro ~o* квадратный метр 2) *(perfecto)* правильный, точный **2.** *m* 1) *geom* квадрат 2) *(troquel)* чекан ◆ **cabeza ~a** *coloq* упрямец, упрямица **al ~o** *mat* в квадрате
cuadragenario *adj* сорокалетний
cuadragesimal *adj relig* великопостный
cuadragésimo 1. *num* сороковой **2.** *m* сороковая часть
cuadrangular *adj* четырёхугольный
cuadrángulo *adj* четырёхугольный
cuadrante *m* 1) *hist (moneda romana)* кодрант 2) *(reloj solar)* солнечные часы 3) *nav (instrumento)* квадрант
cuadrar 1. *vt* 1) делать квадратным 2) *mat* возводить в квадрат **2.** *vi* 1) **(con alg)** *(ajustarse)* соответствовать (кому-л), совпадать (с кем-л) 2) *(dicho de un cálculo)* сходиться
cuadrarse *vpron* 1) *coloq* заупрямиться 2) *mil (adoptar la postura de firmes)* стать по стойке "смирно"
cuadratura *f geom* квадратура ◆ **~ del círculo** квадратура круга
cuadrícula *f* клетка (в бумаге), клеточка
cuadriculado *adj* в клетку, в клеточку *papel ~* бумага в клеточку
cuadricular 1. *adj* разлинованный в клетку **2.** *vt* разлиновывать в клетку
cuadrienal *adj* 1) совершающийся раз в четыре года 2) *(que dura un cuatrienio)* четырёхлетний, четырёхгодичный
cuadriga *f hist* четвёрка, квадрига
cuadril *m* бедро
cuadrilátero 1. *adj* четырёхсторонний **2.** *m sport* ринг
cuadrilla *f* 1) группа, команда *~ de albañiles* бригада каменщиков; *en ~* группой 2) *taur* квадрилья
cuadro *m* 1) квадрат, клетка *camisa a ~s* клетчатая рубашка 2) *(pintura)* картина, полотно 3) *(marco)* рама, рамка 4) *(tabla)* таблица, схема 5) *mil hist* каре 6) *(mando)* пульт, щит, табло *~ de mando* пульт управления ◆ **~ clínico** *med* клиническая картина **estar en ~** остаться в небольшом количестве
cuadrúpedo *adj* четвероногий
cuádruple 1. *adj* четверной, учетверённый **2.** *m* в четыре раза большее (количеством)
cuadruplicar *vt* учетверять
cuádruplo *adj* V. cuádruple
cuaima *f* бушмейстер
cuajada *f* творожный сгусток ◆ **leche ~** простокваша
cuajado *adj* 1) *(dicho de la leche)* свернувшийся 2) *coloq (aturdido)* остолбеневший, ошеломлённый 3) *coloq (dormido)* спящий
cuajadura *f* свёртывание
cuajaleche *m* подмаренник
cuajar 1. *vt* створаживать, сгущать **2.** *vi* 1) *(dicho de la nieve)* слеживаться, затвердевать 2) *(dicho de un fruto)* созревать, поспевать 3) *(lograrse)* быть удачным, получаться
cuajarón *m* сгусток (крови)

cuajarse *vpron* 1) створаживаться, сгущаться 2) *coloq (de gente)* наполняться, переполняться

cuajo *m* 1) *(fermento)* сычужина 2) *(efecto de cuajar)* сгусток ◆ **arrancar de** ~ вырвать с корнем

cual 1. *pron* который, какой, каковой *te devuelvo el libro tal ~ lo recibí* я возвращаю тебе книгу такой, какой её получил; *en vista de lo ~* ввиду чего **2.** *adv rel* как, как будто

cuál 1. *adj* какой *no sé ~ camino escoger* я не знаю, какой путь выбрать **2.** *pron interr* который, какой (из), кто (из) *¿ ~ de estas películas te ha gustado más?* какой из этих фильмов тебе больше понравился?; *¿ ~es tienes?* какие у тебя есть? **3.** *adv excl* как

cualidad *f* качество, свойство, особенность

cualificación *f* подготовка, квалификация

cualificado *adj* 1) *(de buena calidad)* хорошего качества 2) *(especialmente preparado)* квалифицированный

cualificar *vt* 1) квалифицировать 2) *(especializar)* специализировать, подготавливать

cualitativo *adj* качественный *análisis ~* качественный анализ

cualquier *pron* V. cualquiera

cualquier|a *pron* любой, всякий *~ persona* любой человек; *de ~ modo* любым способом ◆ **ser un ~a** быть никем

cuan *adv* как, сколь, насколько *mostró ~ inteligente es* он показал, насколько он умён

cuán *adv excl* как, сколь, до чего *no puedes imaginarte ~ alegre está* ты не можешь себе представить, как он весел

cuando *conj* когда *puedes venir ~ quieras* можешь приходить, когда захочешь ◆ **~ más** в лучшем случае **~ menos** по меньшей мере **~ no** в противном случае **de ~ en cuando** иногда

cuándo *adv interrog* когда *¿ ~ vendrás?* когда ты придёшь?

cuantía *f* количество, величина ◆ **de mayor ~** важный **de menor ~** незначительный

cuantidad *f* V. cantidad

cuantificar *vt* оценивать, давать количественную оценку, рассчитывать *~ los costos* рассчитывать затраты

cuantioso *adj* обильный, многочисленный

cuantitativo *adj* количественный *análisis ~* количественный анализ

cuanto[1] *m fís* квант

cuant|o[2] **1.** *pron rel* 1) *(todas las personas)* столько, сколько, все, которые, все, кто *~os le oían le admiraban* все, кто его слушал, восхищались им 2) *(todos los que)* столько..., сколько, все..., кто *la prenda más hermosa de ~s poseo* самая красивая одежда, что у меня есть **2.** *adv* 1) *(todo)* всё, что *le dio ~o tenía* он дал ему всё, что у него было 2) *(tanto como)* чем..., тем *~o antes mejor* чем раньше, тем лучше ◆ **~ antes** как можно скорее, как можно раньше **en ~o** как только **en ~o a alg o u.c.** что касается кого/чего-л. **~ más que** тем более, что **unos ~os** несколько (кого/чего-л.)

cuánto 1. *pron interr* сколько *¿ ~s años tienes?* сколько тебе лет? **2.** *adv interrog* сколько, как *¿ ~ vale este libro?* сколько стоит эта книга?

cuáquero *m* квакер

cuarenta *num* сорок ◆ **cantar las ~** *coloq* резать правду-матку

cuarentena *f* 1) четыре десятка, сорок 2) *med* карантин

cuarentón *adj coloq* сорокалетний

Cuaresma *f relig* Великий пост

cuaresmal *adj relig* великопостный

cuarta *f* 1) четверть, четвёртая часть 2) *tecn (cuadrante)* квадрант 3) *(medida)* кварта

cuartana *f* четырёхдневная малярия

cuartear *vt* 1) делить на части 2) *(descuartizar)* четвертовать

cuartearse *vpron* трескаться, покрываться трещинами

cuartel *m* 1) четверть, четвёртая часть 2) *(de una ciudad)* район 3) *(porción del terreno)* огороженный участок земли 4) *(edificio para la tropa)* казарма 5) *(clemencia)* пощада *no dar cuartel* не давать пощады 6) *P. Rico (comisaría)* полицейский участок ◆ **~ general** штаб-квартира

cuartelazo *m* военный переворот

cuartelesco *adj* казарменный

cuarteo *m* деление, четвертование, расчленение

cuarterón 1. *m* квартерон **2.** *m* 1) *(cuarta)* четвёртая часть, четверть 2) *(de una libra)* четверть фунта

cuarteta *f lit* четверостишие, катрен

cuarteto *m* 1) *lit* четверостишие, катрен 2) *mús* квартет

cuartilla *f* 1) *(medida)* квартилья 2) *(de papel)* четвертушка бумаги

cuartillo *m* 1) *(medida)* квартильо 2) *(moneda)* квартильо ◆ **ir de ~** входить в долю

cuarto 1. *adj* четвёртый **2.** *m* 1) четверть, четвёртая часть 2) *(habitación)* комната *~ de baño* ванная комната; *~ de estar* гостиная 3) *(de hora)* четверть часа, пятнадцать минут 4) *mil (guardia)* вахта **3. -s** *mpl* 1) *(de un animal)* конечности 2) *coloq (dinero)* деньги ◆ **~s de final** *sport* четвертьфинал **cuatro ~s** *coloq* денег - кот наплакал **no tener un ~** сидеть без гроша

cuartón *m* 1) доска, брус 2) *(de tierra)* участок земли

cuartucho *m desp* комнатёнка, каморка

cuarzo *m min* кварц

cuasi *adv* V. casi

cuasicontrato *m jur* квазидоговор, квазиконтракт

cuasidelito *m jur* непредумышленное преступление

cuate *m* 1) *Méx. Hond. Guat. (camarada)* товарищ 2) *Méx. (mellizo)* близнец

cuaternario *m geol* четвертичный период

cuatrero *m* конокрад

cuatrienio *m* четырёхлетие

cuatrillizo *m* четверняшка

cuatrillo *m jueg* кватрильо (игра в карты)

cuatrimestral *adj* четырёхмесячный

cuatrimestre 1. *adj* четырёхмесячный **2.** *m* четыре месяца, четырёхмесячный период

cuatrimotor *adj aero* четырёхмоторный

cuatro 1. *num* четыре ~ *horas* четыре часа **2.** *m* четвёрка ◆ **más de** ~ *coloq* многие ~ **gatos** полтора человека ~ **ojos** очкарик
cuatrocientos *num* четыреста
cuba *f* бочка, цистерна ◆ **estar como una** ~ быть пьяным
cubalibre *m* куба либре (коктейль)
cuban|o 1. *adj* кубинский **2., -a** *m/f* кубин|ец, -ка
cubata *m coloq* V. cubalibre
cubero *m* 1) *(persona que fabrica cubas)* бондарь, изготовитель бочек 2) *(persona que vende cubas)* продавец бочек
cubertería *f* столовые приборы
cubeta *f* 1) *(cuba pequeña)* бочонок 2) *(recipiente rectangular)* кювета, ванночка
cubicación *f* 1) *mat* возведение в куб 2) *geom (del volumen)* вычисление объёма
cubicar *vt* 1) *mat* возводить в куб 2) *geom (medir un volumen)* определять объём
cúbico *adj* кубический
cubierta *f* 1) покрывало, накидка 2) *(sobre)* конверт 3) *(de un libro)* обложка 4) *(de un neumático)* покрышка 5) *(pretexto)* предлог, отговорка
cubierto *m* 1) *(de mesa)* столовый прибор 2) *(comida por un precio fijo)* обед, фиксированное меню 3) *(techumbre)* крыша, кровля ◆ **a** ~ под прикрытием
cubil *m* 1) берлога, логово 2) *(cauce del río)* русло
cubilete *m* 1) *(molde)* формочка, форма для печенья 2) *(vaso para los dados)* стаканчик для игральных костей
cubismo *m arte* кубизм
cubista 1. *adj arte* кубистский **2.** *m/f arte* кубист
cubital *adj* локтевой (о положении)
cubito *m* кубик льда
cúbito *m anat* локтевая кость
cubo[1] *m* 1) ведро, бадья ~ *de la basura* мусорное ведро 2) *(de la bayoneta)* трубка штыка 3) *(torreón circular)* круглая башня
cubo[2] *m* 1) *geom* куб 2) *mat* третья степень *elevar al* ~ возводить в куб
cubrecadena *f* ограждение цепной передачи
cubrecama *f* покрывало кровати
cubreobjetos *m* покровное стекло
cubreplatos *m* крышка для еды
cubrerradiadores *m* крышка на батарею
cubri|r *vt* 1) покрывать, накрывать, прикрывать ~*r con la manta* покрывать одеялом 2) *(extenderse sobre la superficie)* раскладывать, покрывать, устилать *la nieve ~ó la carretera* снег покрыл шоссе 3) *(ocultar)* скрывать, прикрывать 4) *(techar)* покрывать, класть крышу 5) *(a una hembra)* покрывать, оплодотворять 6) *(una distancia)* покрывать, проходить, проезжать 7) *(proteger la acción de otra persona)* прикрывать ~*r la retirada* прикрывать отступление 8) *(dicho de un informador)* освещать, сообщать 9) *sport* прикрывать, опекать
cubrirse *vpron* 1) *(con una gorra)* надевать головной убор 2) *(prevenirse)* остерегаться, принимать меры предосторожности 3) *(dicho del cielo)* покрываться тучами 4) *mil* *(defenderse)* укрепляться, закрепляться 5) *(de una estimación moral)* покрывать себя, прикрываться
cucaña *f* 1) столб с призами, мачта с призами 2) *(cosa que se consigue con poco trabajo)* лёгкая добыча
cucañero *adj coloq* ловкий, пронырливый
cucaracha *f* таракан
cucarda *f* 1) *(escarapela)* кокарда 2) *(hibisco)* китайская роза, гибискус
cuchara *f* 1) ложка ~ *de sopa* суповая ложка 2) *(cazo)* ковш, черпак 3) *Am. Can. (herramienta)* штукатурная лопатка, мастерок ◆ **meter alg. su** ~ влезть в разговор
cucharada *f* ложка (порция)
cucharadita *f* ложечка (порция)
cucharilla *f* чайная ложка, ложечка
cucharón *m* ковш, черпак
cuché *adj* мелованный *papel* ~ мелованная бумага
cuchichear *vi* шептаться, шушукаться
cuchicheo *m* шёпот
cuchilla *f* 1) большой нож 2) *hist (archa)* алебарда 3) *(filo)* лезвие, клинок 4) *(hoja de afeitar)* лезвие для бритья 5) *(espada)* меч, шпага
cuchillada *f* 1) удар ножом 2) *(herida)* ножевая рана
cuchillería *f* 1) *(taller)* мастерская по производству ножей 2) *(tienda)* магазин, торгующий ножами
cuchillero *m* мастер, изготавливающий ножи
cuchillo *m* 1) нож ~ *de mesa* столовый нож; ~ *de monte* охотничий нож 2) *(de un vestido)* клин, вставка 3) *arquit* стропильная ферма ◆ **pasar a** ~ перебить **matar con ~ de palo a alg.** не давать житья кому-л
cuchipanda *f* вечеринка, гулянка
cuchitril *m* грязная комната, свинарник
cucho 1. *interj Ch. (para llamar al gato)* кис-кис **2.** *m Ch. (gato)* кот
cuchufleta *f coloq* шутка, острота
cuclillas *inv* : en ~ на корточках
cuclillo *m* 1) кукушка 2) *coloq (marido de la adultera)* рогоносец
cuco 1. *adj* 1) *coloq (simpático)* симпатичный, милый 2) *coloq (astuto)* хитрый, шельмоватый, продувной **2.** *m* 1) *(cuclillo)* кукушка 2) *coloq (tahúr)* шулер
cucú *interj* ку-ку
cucúrbita *f* реторта
cucurbitáceas *fpl bot* семейство тыквенных
cucurucho *m* 1) кулёк, пакетик 2) *(de barquillo)* вафельная трубочка 3) *(capirote)* остроконечный капюшон
cuelga *f* связка плодов
cuello *m* 1) шея ~ *largo* длинная шея 2) *(de la camisa)* воротник, воротничок ~ *alto* стоячий воротничок 3) *(de una vasija o botella)* горлышко
cuenca *f* 1) *(de los ojos)* глазная впадина 2) *(en un territorio)* бассейн ~ *del río* бассейн реки; ~ *petrolífera* нефтяной бассейн
cuenco *m* 1) глиняная чаша, пиала 2) *(concavidad)* вмятина, вогнутое место
cuenta *f* 1) *(acción de contar)* счёт, подсчёт *hacer la* ~ подсчитать 2) *(documento)* счёт

cobrar una ~ получить по счёту 3) *(en un banco)* счёт ~ *corriente* текущий счёт; *abrir una* ~ открыть счёт 4) *(de un collar)* бусина 5) *(beneficio)* польза, выгода ◆ **con ~ y razón** осторожно **por su ~ y riesgo** на свой страх и риск **ajustar las ~s** сводить счёты **caer en la ~** понимать, замечать **tener en ~** иметь в виду **más de la cuenta** больше, чем надо **en resumidas ~s** в конечном счёте, словом **darse ~ de una cosa** замечать

cuentacorrentista *m* вкладчик (в банке)

cuentagotas *m* пипетка

cuentakilómetros *m* спидометр

cuentarrevoluciones *m tecn* тахометр

cuentista *m/f* 1) *(persona que escribe cuentos)* рассказчик 2) *coloq (que falsea la realidad)* сказочни|к, -ца

cuento[1] *m* 1) рассказ, история 2) *(fábula)* сказка, басня 3) *(cómputo)* исчисление, вычисление 4) *(engaño)* обман, басня, выдумка *venir con ~s* морочить голову 5) *coloq (chisme)* сплетня 6) *mat* миллион ◆ **~ chino** небылица **acabados son** ~ *coloq* довольно! **dejarse de ~s** перейти прямо к делу **estar en el ~** быть в курсе дела **saber su ~** *coloq* действовать по своему разумению **venir a ~** быть к месту **el ~ de nunca acabar** сказка про белого бычка

cuento[2] *m* 1) *(contera)* наконечник 2) *(punto de apoyo)* подпорка

cuerda *f* 1) верёвка, шнур, канат ~ *de alambre* стальной трос; *andar en la ~ floja* ходить по канату 2) *mús (de un instrumento musical)* струна *instrumento de* ~ струнный инструмент 3) *(mecha)* фитиль 4) *(de reloj)* пружина *dar ~ al reloj* заводить часы 5) *geom* хорда ◆ **~ dorsal** *anat* хорда **~s vocales** *anat* голосовые связки **apretar la ~** затянуть гайки **dar ~ a alg** потакать кому-л. **son de la misma ~** они одного поля ягоды

cuerdo *adj* 1) в здравом уме, разумный 2) *(prudente)* благоразумный, рассудительный

cuerna *f* 1) *(vaso)* рог 2) *(cornetín)* рожок

cuernecillo *m* лядвенец

cuerno 1. *m* 1) рог *~s del toro* рога быка 2) *(instrumento musical)* рожок, рог *tocar el ~* трубить в рог; ~ *de caza* охотничий рожок 2. **-s** *mpl coloq (infidelidad)* рога *poner los ~s* наставить рога ◆ **~ de la abundancia** рог изобилия **irse al ~** пойти прахом **saber a ~ quemado** *coloq* производить неприятное впечатление

cuero *m* 1) кожа 2) *(odre)* бурдюк, мех ◆ **~ exterior** *anat* эпидермис **dejar en ~s** обчистить до нитки **en ~s** нагишом

cuerpo *m* 1) тело ~ *sólido* твёрдое тело; ~ *celeste* небесное тело 2) *(de hombre o animal)* тело, туловище, корпус *tener buen ~* иметь хорошую фигуру 3) *(cadáver)* труп, тело 4) *(de un vestido)* лиф 5) *(de leyes)* свод, кодекс 6) *(del tejido o el papel)* толщина 7) *(dicho de un líquido)* плотность, густота 8) *(grupo de personas)* корпус, корпорация ~ *diplomático* дипломатический корпус 9) *(parte)* часть, секция, отделение 10) *mil* корпус ◆ **en ~ y alma** душой и телом **lucha ~ a ~** рукопашный бой **a ~ de rey** роскошно **de ~ entero** в натуральную величину **de ~ presente** положенный в гроб **no quedarse con nada en el ~** выложить всё начистоту **echar el ~ fuera** увиливать

cuervo *m* ворон

cuesco *m* 1) плодовая косточка 2) *(puñetazo)* удар кулаком 3) *coloq (pedo)* пук, пердёж

cuesta *f* склон, откос ~ *arriba* вверх по склону; ~ *abajo* вниз по склону ◆ **a ~s** на спине, на плечах **ir ~ abajo** приходить в упадок

cuestación *f* сбор пожертвований

cuestión *f* 1) вопрос, предмет 2) *(discusión)* спор ◆ **hacer ~ personal** принять близко к сердцу

cuestionable *adj* сомнительный, спорный, дискуссионный

cuestionar *vt* 1) обсуждать, дискутировать 2) *(poner en duda)* ставить под вопрос, оспаривать

cuestionario *m* анкета, опросник

cuestor *m* 1) сборщик пожертвований 2) *hist (magistrado romano)* квестор

cuete *adj coloq* пьяный

cueva *f* 1) пещера 2) *(sótano)* подвал

cuévano *m* высокая плетёная корзина

cuico 1. *adj Ch. Arg.* приезжий 2. *m Méx. desp* полицейский

cuidado *m* 1) *(acción de cuidar)* уход, забота, внимание 2) *(solicitud)* усердие, тщательность 3) *(atención)* осторожность, внимательность *con ~* осторожно; *tener ~* быть внимательным 4) *(recelo, preocupación)* опасение, беспокойство ◆ **esto me tiene sin ~** мне всё равно, это мне нипочём **¡ ~!** осторожно!, берегись! **~ conmigo** со мной шутки плохи

cuidador 1. *adj* заботливый, внимательный 2., **-a** *m/f* воспитатель, -ница

cuidadoso *adj* 1) *(solícito)* заботливый, старательный 2) *(vigilante)* внимательный, бдительный

cuidar *vt* 1) *(poner diligencia o atención en algo)* заботиться (о чём-л), хлопотать (о чём-л), следить (за чем-л) 2) *(asistir a alguien)* опекать, ухаживать (за кем-л), заботиться (о ком-л.) 3) *(vigilar, conservar)* оберегать, охранять

cuidarse *vpron* 1) *(mirar por la propia salud)* беречься, заботиться о своём здоровье 2) **(de alg o u/c)** *(guardar, conservar)* заниматься (кем/чем-л), заботиться (о ком/чём-л) 3) **(de alg o u/c)** *(vivir con advertencia respecto de algo o alguien)* остерегаться (кого/чего-л)

cuija *f Méx. Hond.* геккон

cuis *m Am. Mer.* морская свинка

cuita[1] *f (aflicción)* скорбь, печаль

cuita[2] *f Am. Cent. (estiércol de las aves)* птичий помёт

cuitado *adj* 1) *(afligido)* печальный 2) *(apocado)* робкий, малодушный

culada *f* удар задом (обычно при падении)

culantro *m* V. cilantro

culata *f* 1) *(de escopeta o fusil)* приклад 2) *(de pistola)* рукоятка 3) *(parte posterior de algo)* задняя часть 4) *(anca)* круп ◆ **salir el tiro por la ~** *coloq* выйти боком

culatazo *m* 1) удар прикладом 2) *(retroceso al disparar)* отдача (при стрельбе)

culatín *m* укороченный приклад

culé *m/f sport* болельщи|к, -ца клуба “Барселона”

culear *vi coloq* двигать (вилять) задом

culebra *f* 1) змея, уж 2) *(serpentín)* змеевик 3) *coloq (alboroto)* гвалт

culebrear *vi* шататься

culebrón *m desp* мыльная опера, телесериал

culera *f* пятно, след (на пелёнке)

culinario *adj* кулинарный

culminación *f* кульминация

culminante *adj* кульминационный

culminar 1. *vt (dar fin)* завершать, заканчивать **2.** *vi (llegar al grado más elevado)* кульминировать

culo *m* 1) зад, задница 2) *(de una montura)* круп 3) *(ano)* задний проход 4) *(parte inferior o posterior de algunas cosas)* нижняя (задняя) часть ◆ **~ de mal asiento** *coloq* непоседа **en el ~ del mundo** *coloq* у чёрта на куличках **¡vete a tomar por ~!** *vulg* иди в жопу! **quedarse con el al aire** *vulg* остаться с голой задницей **tener una flor en el ~** *coloq* быть удачливым, родиться в рубашке **dar por (el) ~ a alg** 1) *vulg* заниматься анальным сексом (с кем-л) 2) *vulg (fastidiar)* докучать, доставать **lamer el ~ a alg** *vulg* подлизываться (к кому-л)

culón *adj coloq* широкозадый, толстозадый

culpa *f* вина *echar la ~ a uno de una cosa* сваливать вину кого-л.; *tener la ~* быть виноватым

culpabilidad *f* виновность

culpabilizar *vt* V. culpar

culpable 1. *adj* виновный, виноватый **2.** *m/f* виновни|к, -ца

culpado 1. *adj* виновный **2.** *m* виновник

culpar *vt* **(de u/c)** обвинять (в чём-л)

culparse *vpron* обвинять себя

culteranismo *m lit* культеранизм

culterano *adj lit* культеранистский

cultismo *m* книжное слово, культизм

cultivable *adj* обрабатываемый, возделываемый

cultivación *f* V. cultivo

cultivador 1. *adj* земледельческий **2.** *m* земледелец

cultivadora *f agric* культиватор

cultivar *vt* 1) *(la tierra)* обрабатывать, возделывать, культивировать 2) *(plantas)* выращивать, разводить 3) *(el conocimiento, la amistad)* поддерживать, развивать 4) *(desarrollar una capacidad)* культивировать, развивать, совершенствовать

cultivo *m* 1) *(de la tierra)* обработка, возделывание 2) *(de seres vivos)* разведение, выращивание 3) *(explotación agrícola)* сельскохозяйственнная культура 4) *(desarrollo de una capacidad)* культивирование, совершенствование 5) *biol (población de microorganismos)* культура

culto 1. *adj* 1) образованный, просвещённый *lenguaje ~* книжная речь 2) *(dicho de las tierras)* обработанный, возделанный 3) *(dicho de las plantas)* культурный **2.** *m* 1) культ 2) *(admiración)* культ, поклонение, преклонение *rendir ~ a alg o u.c.* поклоняться кому/чему-л.

cultura *f* культура *~ general* общая культура

cultural *adj* культурный

culturar *vt* V. cultivar

culturismo *m* культуризм

culturista *m/f* культурист, -ка

cumbia *f danz* кумбия

cumbre *f* 1) вершина горы 2) *(reunión)* встреча на верхах 3) *(punto álgido)* вершина, высшая степень

cúmplase *m obsol* приказ

cumpleaños *m* день рождения *¡feliz ~!* с днём рождения!

cumplidamente *adv* целиком, полностью

cumplidero *adj* 1) *(dicho de un plazo)* истекающий 2) *(que conviene)* подходящий

cumplido 1. *adj* 1) *(lleno, cabal)* настоящий, истинный 2) *(acabado, perfecto)* законченный, совершенный 3) *(solícito)* любезный, вежливый, учтивый 4) *(largo, abundante)* свободный, просторный **2.** *m* комплимент, любезность

cumplidor *adj* исполнительный, прилежный

cumplimentar *vt* 1) *(dar parabién)* поздравлять, наносить визит вежливости 2) *(rellenar)* заполнять 3) *(ejecutar)* исполнять

cumplimentero 1. *adj* преувеличенно вежливый **2.** *m* льстец, угодник

cumplimiento *m* 1) исполнение, выполнение 2) V. cumplido

cumplir 1. *vt* 1) исполнять, выполнять 2) *(una condena)* отбывать 3) *(proveer)* предоставлять 4) *(cierta edad)* достигать (чего-л), исполняться (кому-л. что-л) *ha cumplido veinte años* ему исполнилось двадцать лет **2.** *vi* 1) **(con alg o u/c)** выполнять долг (перед чем/кем-л), выполнять обязанность (перед чем/кем-л) 2) V. cumplirse 3) *(convenir)* подходить, быть подходящим

cumplirse *vpron* 1) *(hacerse realidad)* исполняться 2) *(una fecha)* исполняться 3) *(un plazo)* истекать

cúmulo *m* 1) *(montón)* множество, обилие 2) *(tipo de nube)* кучевое облако

cuna *f* колыбель, люлька *canción de ~* колыбельная песня

cuña *f* 1) клин 2) *(piedra de empedrar labrada)* каменная шашка, булыжник 3) *(para un enfermo)* судно ◆ **meter ~** сеять раздоры

cuñad|o, -a *m/f (marido de la hermana)* зять, *(hermano de la esposa)* шурин, *(hermano del esposo)* деверь, *(esposa del hermano)* невестка, *(hermana del marido)* золовка, *(hermana de la esposa)* свояченица

cundir *vi* 1) *(dicho de un líquido)* распространяться, растекаться 2) *(aumentar de volumen)* расти, увеличиваться 3) *(propagarse)* распространяться, разрастаться

cunear *vt* укачивать, баюкать

cuneiforme *adj* 1) клиновидный, клинообразный 2) *(referido a la escritura)* клинописный

cuneta *f* придорожная канава, кювет

cunicultor 1. *adj* кролиководческий **2.** *m* кролиknown

cunicultura *f* кролиководство

cuño *m* чекан, штамп
cuota *f* 1) *(parte)* доля, часть, квота 2) *(aportación económica)* взнос, квота
cupé *m (berlina)* купе, двухместная карета
cupido *m* 1) амур, купидон 2) *(hombre enamoradizo)* ловелас
cuplé *m* куплет, песенка
cuplet *m* V. cuplé
cupletista *f* куплетистка, шансонетка
cupo *m* часть, доля, норма
cupón *m* купон
cúpula *f* 1) купол, свод 2) *(de un organismo)* руководство, глава
cura 1. *m* 1) *relig (sacerdote encargado de una feligresía)* приходской священник 2) *coloq* священник **2.** *f (tratamiento)* лечение *tener ~* быть излечимым; *~ termal* водолечение
curable *adj* излечимый
curaca *m Am. Mer.* курака, касик
curación *f* лечение, выздоровление, излечение
curado *adj* 1) *(endurecido)* закалённый 2) *(referido a la carne o al pescado)* вяленый, сушёный
curaduría *f* опекунство, опека
curandera *f* знахарка
curandería *f* знахарство
curanderismo *m* знахарство
curandero *m* знахарь
curar 1. *vt* 1) *(a un enfermo)* лечить, врачевать 2) *(una enfermedad)* лечить, вылечивать 3) *(aplicar una cura a una herida)* обрабатывать 4) *(la carne o el pescado)* солить, вялить, коптить 5) *(curtir la piel)* выделывать, дубить **2.** *vi (sanar)* выздоравливать, вылечиваться
curare *m* кураре
curarse *vpron* 1) лечиться 2) *(sanar)* выздоравливать, вылечиваться 3) **(de u/c)** *(poner cuidado)* беречься (чего-л), остерегаться (чего-л)
curatela *f* V. curaduría
curativo *adj* целебный, целительный
curato *m relig* церковный приход
cúrcuma *f* куркума, жёлтый имбирь
curda *f coloq* опьянение, хмель
curd|o 1. *adj* курдский **2., -a** *m/f* курд, -янка
curí *m Can.* морская свинка
curia *f* курия, суд
curiel *m Cub.* морская свинка
curio *m quím* кюрий
curiosamente *adv* любопытно, любопытным образом
curiosear *vi* любопытствовать, интересоваться
curiosidad *f* любопытство, любознательность
curioso *adj* 1) *(que tiene curiosidad)* любопытный, любознательный 2) *(que excita la curiosidad)* любопытный, достопримечательный, интересный
curita *f* V. tirita
currante *m/f coloq* рабочий, работяга
currar *vi coloq* работать, пахать
curre *m coloq* V. curro
curricán *m pesc* троллинг
curricular *adj acad* относящийся к учебному плану
currículo *m* 1) *acad* учебный план, куррикулум 2) V. currículum vítae
currículum *m* резюме
curro *m coloq* работа
curry *m* карри
cursado *adj* сведущий, знающий
cursar *vt* 1) изучать, учить 2) *(frecuentar un lugar)* часто посещать 3) *(hacer con frecuencia algo)* часто делать
cursi *adj coloq* безвкусный, пошлый
cursilería *f* безвкусица, пошлость
cursillista *m/f* слушатель, -ница курсов
cursillo *m* краткий курс, курс по подготовке
cursiva *f* курсив *en ~* курсивом
curso *m* 1) направление, течение, путь 2) *(año escolar o académico)* курс *en el segundo ~* на втором курсе 3) *(estudio sobre una materia)* курс 4) *(tratado sobre una materia explicada)* курс 5) *(paso, evolución)* ход, движение *dar ~* дать ход
cursor *m* 1) *informát* курсор 2) *tecn* движок, бегунок
curtido 1. *adj* 1) *(dicho de la piel)* загорелый, обветренный 2) *(dicho de una persona)* закалённый **2.** *M* выделывание кожи
curtidor *m* кожевник, дубильщик
curtir *vt* 1) *(las pieles)* выделывать (кожи) 2) *(el cutis)* обветривать, покрывать загаром 3) *(acostumbrarse a las adversidades)* закаляться
curtirse *vpron* 1) *(dicho del cutis)* загорать, покрываться загаром 2) *(acostumbrarse a la vida dura)* закаляться
curul *m Am.* место в парламенте
curva *f* 1) *(línea curvada)* кривая линия 2) *(en la carretera)* поворот *~ cerrada* крутой поворот
curvar *vt* сгибать, изгибать, искривлять
curvarse *vpron* сгибаться, изгибаться, искривляться
curvatura *f* кривизна, изгиб
curvilíneo *adj* криволинейный
curvo *adj* кривой, изогнутый
cúspide *f* вершина, пик
custodia *f* 1) охрана, присмотр 2) *relig* дарохранительница
custodiar *vt* охранять, сторожить
custodio *m* хранитель, сторож
cutáneo *adj* кожный, накожный
cúter *m* канцелярский нож
cutícula *f* 1) *(piel delgada y delicada)* тонкая нежная кожа 2) *anat* кутикула, эпидермис
cutis *m* кожа, кожный покров
cutre *adj* 1) *(tacaño)* скупой, жадный 2) *(sucio o de mala calidad)* убогий, плохого качества
cuy *m Am. Mer.* морская свинка
cuy|o *adj pron* чей, который *una obra ~as fuentes son bien conocidas* произведение, источники которого хорошо известны

D

dable *adj* возможный, осуществимый
dabuten *adv coloq* классно, круто
dación *f jur* вручение, передача
dactilar *adj* пальцевой *huella ~* отпечаток пальцев
dáctilo *m lit* дактиль
dactilografía *f* дактилография, машинопись
dactilografiar *vt* переписывать на машинке
dactilógrafo *m* переписчик на машинке
dactiloscopia *f* дактилоскопия
dadá 1. *adj arte* дадаистический **2.** *m arte* дадаизм
dadaísmo *m arte* дадаизм
dadaísta 1. *adj arte* дадаистический **2.** *m/f arte* дадаист
dádiva *f* дар, пожертвование, подношение
dadivosidad *f* щедрость, расточительство
dadivoso *adj* щедрый, расточительный
dado 1. *adj* данный **2.** *m* кость (игральная), жребий ◆ **~ que** ввиду того, что, так как
dador 1. *adj* дающий **2.** *m* 1) датель 2) *(de una carta)* податель 3) *banc* чекодатель
daga *f* кинжал, тесак
daguerrotipo *m* дагерротип
daiquiri *m* дайкири
dalia *f* георгин
dallar *vt* косить (косой)
dalle *m* коса
dálmata 1. *adj* далматский, далматинский **2.** *m/f* 1) далматин|ец, -ка 2) *(raza de perro)* далматинец
daltoniano *adj m* V. daltónico
daltónic|o 1. *adj* дальтонический **2. , -a** *m/f* дальтоник
daltonismo *m* дальтонизм
dama *f* дама
damajuana *f* бутыль
damas *fpl sport* шашки
damasco *m* 1) *(tela)* дама, дамаст 2) *(variedad de albaricoquero)* абрикос (разновидность)
damasquinado *m* золотая насечка
damasquinador *m* мастер по насечке на стали
damasquino *adj* 1) дамасский 2) *(dicho de un arma)* с насечкой
damero *m* доска (для игры в шашки)
damisela *f* 1) *(moza bonita)* барышня 2) *(cortesana)* куртизанка
damnificado *adj* пострадавший, повреждённый
damnificar *vt* наносить вред
dañado *adj* повреждённый
dañar *vt* повреждать
dañarse *vpron* портиться, повреждаться
dandi *m* денди
dan|és 1. *adj* датский **2. , -esa** *m/f* датчан|ин, -ка **3.** *m (idioma)* датский язык
dañino *adj* вредный
daño *m* 1) *(perjuicio)* вред, ущерб 2) *(dolor)* боль ◆ **hacer ~** 1) наносить вред 2) *(provocar dolor)* делать больно **hacerse ~** 1) ушибаться 2) *(provocarse dolor)* делать себе больно
dañoso *adj* вредный, губительный, пагубный
dantesco *adj* 1) *(relativo a Dante y a su obra)* дантовский 2) *(espantoso)* ужасный, страшный
danubiano *adj* дунайский
danza *f* танец, пляска
danzador 1. *adj* танцующий, пляшущий **2.** *m* танцор, танцовщик
danzante *m/f* 1) *(bailarín)* танцор, -ка 2) *(persona cuidadosa)* делец, ловкач 3) *(persona frívola)* ветреник
danzar *vt/i* танцевать, плясать
danzarín *m* V. danzante
danzarina *f* танцовщица, танцорка
dar 1. *vt* 1) давать 2) *(entregar)* давать, вручать 3) *(producir)* давать, приносить 4) **(por u/c)** *(suponer, considerar)* считать (кем/чем-л) *doy la cuestión por resuelta* я считаю вопрос решённым 5) *(dicho de un reloj)* бить, пробивать *dan las once* часы бьют одинадцать **2.** *vi* 1) **(con alg)** *(encontrar)* разыскать 2) **(a alg u/c)** *(sobrevenir)* случаться (с кем-л) *¿qué le ha dado?* что с ним? 3) **(en u/c)** *(acertar)* попадать (в кого/что-л) 4) *(ser indiferente)* быть безразличным *da igual* все равно; *tanto da* все равно 5) **(a u/c)** *(estar situado, mirar)* выходить (на что-л) *la puerta da a la calle* дверь выходит на улицу 6) **(para u/c)** *(ser suficiente)* хватать (на что-л) *este dinero nos da para comprar una buena mesa* этих денег хватает, чтобы купить хороший стол ◆ **~ de comer** кормить **estar dale que te pego** упорно делать что-либо **~ que hablar** иметь резонанс **para ~ y tomar** в большом количестве
dardo 1. *m* дротик **2. -s** *mpl (juego)* дартс
dares *inv* : ~ y tomares споры
darse *vpron* 1) *(entregarse)* сдаваться 2) *(tener lugar)* случаться, иметь место 3) **(a u/c)** *(dedicarse)* отдаваться (чему-л), посвящать себя (чему-л) 4) **(con u/c)** *(golpearse)* ударяться (о что-л.) 5) **(a u/c)** *(aficionarse)* пристраститься (к чему-л) ◆ **dárselas de u.c.** прикидываться кем-л **dársele bien (mal) u.c. a alg** получаться хорошо (плохо) что-л у кого-л
dársena *f* внутренняя гавань
darvinismo *m* дарвинизм
darvinista *m/f* дарвинист, -ка
data *f* дата, число
datación *f* датировка
datar 1. *vt* 1) *(poner o determinar la data)* датировать, ставить дату 2) *(actualizar las cuentas)* заносить в актив **2.** *vi* **(de u/c)** *(suceder en determinado momento)* относиться к какому-л году (веку, периоду), восходить (к чему-л)

dátil *m* 1) финик 2) *coloq* палец руки
datilera *f* финиковая пальма
dativo 1. *adj ling* дательный **2.** *m ling* дательный падеж
dato *m* данное
datura *f* дурман
de[1] *f* дэ (название буквы «d»)
de[2] *prep* 1) выражая принадлежность, отношение или признак соответствует функциям родительного падежа *la casa ~ mi padre* дом моего отца; *el aeropuerto ~ la ciudad* аэропорт города; *un diccionario ~ francés* словарь французского языка; *un vaso ~ agua* стакан воды 2) *(expresando origen del movimiento)* из чего-л, с чего-л, от кого-л *María aún no ha vuelto ~ la escuela* Мария ещё не пришла из школы 3) *(expresando el material del que está hecha una cosa)* из чего-л *una mesa ~ madera* стол из дерева, деревянный стол 4) *(expresando aquello de lo que se habla)* о ком/чём-л, про кого/что-л *hablemos ~ otra cosa* поговорим о чём-нибудь другом 5) *(expresando tiempo)* с чего-л *~ cinco a siete* с пяти до семи 6) *(expresando causa)* от чего-л, с чего-л *dormirse ~ cansancio* засыпать от усталости ◆ **de niño** в детстве **~ noche** ночью
deambulación *f* брождение
deambular *vi* бродить, прогуливаться
deán *m relig* декан, старший священник
debacle *f* катастрофа, крах
debajo 1. *adv* внизу **2.** *prep* **(de alg o u/c)** под (чем-л) *~ de la mesa* под столом
debate *m* спор, дискуссия, дебаты
debatir *vt* спорить (о чём-л), обсуждать
debatirse *vpron* **(contra u/c)** бороться (с чем-л), сражатся (с чем-л)
debe *m* дебет
debelación *f* победа, успех в бою
debelar *vt* побеждать, сражать
deber[1] **1.** *m* долг, обязанность **2. -es** *mpl* домашнее задание
deb|er[2] *vt* 1) **(u/c a alg)** быть должным (что-л кому-л) *me ~e cien euros* он мне должен сто евро 2) *(expresando obligación)* быть должным делать (что-л.) *~e volver a las siete* он должен вернуться в семь часов 3) **(de hacer u/c)** *(expresando suposición)* быть вероятным, быть должным *~e de hacer frío en la calle* наверняка на улице холодно
deberse *vpron* 1) **(a alg o u/c)** *(sentirse obligado)* быть обязанным (перед чем/кем-л) 2) **(a u/c)** *(ser causa)* объясняться (чем-л), быть причиной (чего-л)
debidamente *adv* должным образом, как следует
debido *adj* должный ◆ **~ a u.c.** по причине чего-л., ввиду чего-л. **como es ~** как положено, как следует
débil *adj* 1) слабый, немощный 2) *ling* безударный
debilidad *f* слабость
debilitación *f* ослабление
debilitamiento *m* V. debilitación
debilitar *vt* ослаблять
debilitarse *vpron* слабеть
debilucho *adj* слабосильный, хилый
debitar *vt com* дебетовать
débito *m com* дебет *tarjeta de ~* дебетная карта
debú *m* V. debut
debut *m* дебют
debutante *m/f* выступающий впервые, дебютант
debutar *vi* дебютировать, впервые выступать
década *f* десятилетие, декада
decadencia *f* упадок
decadente *adj* упаднический, декадентский
decadentismo *m* упадничество, декадентство
decadentista 1. *adj* упаднический, декадентский **2.** *m/f* декадент
decaedro *m geom* декаэдр, десятигранник
decaer *vi* слабеть, приходить в упадок
decágono 1. *adj geom* десятиугольный **2.** *m geom* десятиугольник
decaído *adj* павший духом
decaimiento *m* упадок
decalcificar *vt med* декальцинировать
decalitro *m* декалитр
decálogo *m* декалог, десятисловие
decámetro *m* декаметр
decanato *m* 1) *(dignidad del decano)* деканство 2) *(dependencias del decano)* деканат
decano *m* декан
decantación *f* 1) слив 2) *quím* декантация 3) *(del vino)* декантирование
decantar[1] *vt (engrandecer)* славословить
decantar[2] *vt* 1) *(verter)* сливать, переливать 2) *quím* декантировать 3) *(el vino)* декантировать
decantarse *vpron* 1) **(por alg o u/c)** склоняться (к кому/чему-л) 2) *quím* декантироваться
decapar *vt* декапировать, травить
decapitación *f* обезглавливание
decapitar *vt* обезглавливать
decasílabo 1. *adj* десятисложный **2.** *m* десятисложный стих
decatleta *m/f sport* десятиборец
decatlón *m sport* десятиборье
deceleración *f* торможение
decelerar *vt* тормозить, останавливать
decena *f* десяток
decenal *adj* 1) *(que se repite cada decenio)* повторяющийся каждые десять лет 2) *(que dura un decenio)* десятилетний
decenario *adj* десятилетие, десятилетний период
decencia *f* честность, порядочность, приличие
decenio *m* десятилетие, десятилетний период
decente *adj* честный, порядочный, приличный
decepción *f* разочарование
decepcionante *adj* разочаровывающий
decepcionar *vt* разочаровать
deceso *m* смерть, кончина
dechado *m* пример, образец
decibelio *m* децибел
decible *adj* выразимый, объяснимый
decidido *adj* решительный
decidir *vt* решать, разрешать
decidirse *vpron* **(a u/c)** решаться (на что-л)
decidor 1. *adj* 1) говорящий 2) разговорчивый **2. , -a** *m/f* говорун, -ья
decigramo *m* дециграмм

decilitro *m* децилитр

décima *f* десятая, десятая часть

decimal *adj* десятичный

decímetro *m* дециметр

décimo 1. *adj* десятый **2.** *m* 1) десятая часть 2) *(de lotería)* лотерейный билет

decimonónico *adj* относящийся к девятнадцатому веку

decir 1. *vt* говорить, высказывать **2.** *m* выражение ◆ **es ~** то есть **por así ~lo** так сказать **es un ~** так сказать, скажем **¡diga!** алло! **se dice que, dicen que** говорят, что

decirse *vpron* 1) говориться 2) *(uno a otro)* говорить друг другу 3) *(a sí mismo)* говорить себе

decisión *f* 1) *(resolución)* решение 2) *(cualidad)* решимость

decisivo *adj* решающий

decisorio *adj* решающий, окончательный

declamación *f* 1) *(acción de declamar)* декламация 2) *(discurso pomposo)* напыщенная речь

declamador 1. *adj* декламаторский **2.** *m* декламатор

declamar *vt* 1) *(recitar)* декламировать 2) *(hablar con grandilocuencia)* говорить красноречиво 3) *(hacer una invectiva)* говорить высокопарно

declamatorio *adj* высокопарный, напыщеный

declaración *f* 1) заявление, объявление 2) *(en un proceso jurídico)* показание *prestar ~* давать показания; *tomar ~* снимать показания ◆ **~ de impuestos** налоговая декларация **~ de amor** признание в любви

declarante *m* дающий показание

declarar 1. *vt* заявлять, объявлять **2.** *vi (en un proceso jurídico)* давать показания

declararse *vpron* 1) высказываться 2) *(confesar amor)* объясняться в любви

declarativo *adj* объяснительный, пояснительный

declaratorio *adj* объяснительный, пояснительный

declinable *adj* склоняемый

declinación *f ling* склонение

declinar *vt* 1) отклонять, отвергать, отказаться (от чего-л) 2) *ling* склонять

declinatoria *f jur* отвод

declinatorio *m fís* деклинатор

declive *m* склон, спад ◆ **en ~** на склоне

declividad *f* склон

decocción *f (acción y efecto de cocer)* отваривание, приготовление отвара

decodificación *f* декодирование, расшифровка

decodificador *f* декодер

decodificar *vt* декодировать, дешифровать

decolaje *m aero* взлёт самолёта

decolar *vi aero* взлетать

decoloración *f* обесцвечивание

decolorar *vt* обесцвечивать, делать бледным

decolorarse *vpron* обесцвечиваться, делаться бледным

decomisar *vt* конфисковать

decomiso *m* конфискация

deconstrucción *f* деконструкция

deconstructuvista 1. *m/f* деконструктивист **2.** *adj* деконструктивистский

decoración *f* украшение, декорирование

decorado *m* декорация

decorador *m/f* декоратор

decorar *vt* украшать, декорировать

decorativo *adj* декоративный

decoro *m* честь, приличие

decoroso *adj* 1) *(dicho de una persona)* достойный уважения, почтенный 2) *(dicho de una cosa)* приличный, пристойный

decorticación *f* сдирание коры, окорка

decrecer *vi* уменьшаться

decreciente *adj* нисходящий

decrecimiento *m* уменьшение, сокращение

decrépito *adj* престарелый, немощный

decrepitud *f* 1) *(suma vejez)* дряхлость, немощь 2) *(de una cosa)* упадок, одряхление

decrescendo *adv mús* декрещендо

decretar *vt* постановлять, декретировать

decreto *m* постановление, декрет, указ

decúbito *m* горизонтальное положение тела

decuplicar *vt* удесятерять

décuplo 1. *adj* удесятерённый, в десять раз больший **2.** *m* в десять раз большая величина, десятикратное количество

decurso *m* течение, развитие

decusado *adj bot* расположенный крестообразно (о листьях)

dedada *f* небольшое количество густой жидкости, которое можно захватить пальцем ◆ **~ de miel** слабое утешение

dedal *m* напёрсток

dédalo *m* путаница, хаос

dedicación *f* 1) посвящение 2) *(acción de dedicarse intensamente a algo)* преданность, самоотдача

dedicar *vt* 1) **(a u/c)** посвящать (кому/чему-л) 2) **(a u/c)** *(destinar)* предназначать (для кого/чего-л), отводить (для кого/чего-л)

dedicarse *vpron* **(a u/c)** посвящать себя (чему-л), заниматься (чем-л)

dedicatoria *f* посвящение, подпись

dedicatorio *adj* содержащий посвящение

dedil *m* напальчник

dedillo *m* : conocer al ~ знать как свои пять пальцев

dedo *m* палец *~ del pie* палец ноги; *~ gordo* большой палец; *~ índice* указательный палец

deducción *f* 1) вывод 2) *com* вычет

deducible *adj* 1) выводимый 2) *com* подлежащий вычету

deducir *vt* 1) *(sacar consecuencias)* приходить к выводу 2) *(rebajar)* вычитывать

deductible *adj* V. deducible

deductivo *adj* дедуктивный

defecación *f* 1) *(limpieza)* очищение 2) *(de excrementos)* испражнение, дефекация

defecar 1. *vt* очищать **2.** *vi* испражняться

defección *f* измена, отступничество

defectible *adj* 1) *(insuficiente)* недостаточный 2) *(incompleto)* несовершенный, имеющий изъян

defectivo *adj* 1) *(defectuoso)* неисправный, порочный 2) *ling* недостаточный

defecto *m* недостаток, дефект

defectuoso *adj* имеющий недостаток, дефектный

defender *vt* 1) *(proteger)* защищать, оборонять 2) *(mantener, sostener)* остаивать

defenderse *vpron* защищаться, обороняться
defendible *adj* подлежащий защите
defendido *m/f jur* подзащитный
defenestración *f* 1) *(acción de arrojar por una ventana)* выбрасывание из окна 2) *(expulsión)* смещение, отставка
defenestrar *vt* 1) *(arrojar por una ventana)* выкидывать человека из окна 2) *(expulsar)* отправлять в отставку, сменять
defensa *f* 1) защита, оборона 2) *jur* адвокат, защитник ◆ ~ **propia** самозащита
defensiva *f* оборона, оборонительная позиция
defensivo *adj* защитный, оборонительный
defensor *m/f* защитник
deferencia *f* 1) *(adhesión al proceder ajeno)* уступчивость, сговорчивость 2) *(respeto)* почтительность 3) *(conducta condescendiente)* снисходительность
deferente *adj* 1) *(que defiere al proceder ajeno)* уступчивый, сговорчивый 2) *(respetuoso)* почтительный
deferir 1. *vt* передавать (дело) **2.** *vi* **(a alg)** уступать (кому-л), соглашаться (на что-л)
deficiencia *f* недостаток, дефект
deficiente *adj* 1) *(incompleto)* недостаточный, неполный 2) *(que tiene algún defecto)* дефектный 3) *(dicho de una persona)* умственно отсталый
déficit *m* дефицит
deficitario *adj* дефицитный, убыточный
definible *adj* определимый, поддающийся определению
definición *f* определение
definidor *adj* определяющий, объясняющий, характеризующий
definir *vt* определять
definirse *vpron* 1) определяться 2) *(decidirse)* определяться, решаться
definitivo *adj* окончательный, решающий
definitorio *adj* определяющий, решающий
deflación *f econ* дефляция
deflacionario *adj econ* дефляционный
deflagración *f* вспышка, дефлаграция, быстрое сгорание
deflagrar *vi* воспламеняться, вспыхивать, быстро сгорать
deflector *m* дефлектор
deflexión *f* отклонение от верного направления
defoliación *f* опадение листьев, дефолиация
defoliante *m agric* дефолиант
defoliar *vt agric* вызывать дефолиацию
deforestación *f* обезлесение
deforestar *vt* обезлесить
deformación *f* деформация, изменение формы, искажение
deformar *vt* искажать, деформировать
deformarse *vpron* искажаться, деформироваться
deforme *adj* 1) *(desproporcionado)* деформированный, бесформенный 2) *(monstruoso)* уродливый, безобразный
deformidad *f* 1) безобразие, уродство 2) *med* деформация, недостаток
defraudación *f* 1) *(privación indebida)* незаконный захват 2) *(elusión del pago de impuestos)* уклонение от уплаты налогов
defraudador *adj* 1) *(que priva a alguien de algo indebidamente)* захватнический 2) *(que elude impuestos)* уклоняющийся от уплаты налогов
defraudar *vt* 1) *(privar indebidamente)* отнимать, обманом лишать 2) *(decepcionar)* разочаровывать 3) *(evadir impuestos)* уклоняться от уплаты налогов
defunción *f* кончина, смерть
degeneración *f* дегенерация
degenerad|o 1. *adj* дегенеративный, выродившийся **2.** **, -a** *m/f* дегенерат, -ка, выродок
degenerar *vi* дегенерировать, вырождаться
degenerativo *adj* вызывающий дегенерацию, ведущий к вырождению
deglución *f* глотание, заглатывание
deglutir *vt* глотать, заглатывать
degollación *f* V. degüello
degolladero *m* 1) *(parte del cuello)* глотка, горло 2) *(matadero)* бойня
degollar *vt* 1) *(cortar el cuello)* перерезать горло 2) *(destruir)* разрушать
degollina *f* резня, бойня
degradable *adj* разлагаемый
degradación *f* деградация, упадок
degradado *m (de un color)* смягчение цвета
degradante *adj* 1) *(que se degrada)* деградирующий, приходящий в упадок 2) *(humillante)* унизительный, позорный
degradar *vt* 1) понизить в должности, понизить в звании, лишить почестей 2) *(a un militar)* понизить в звании, разжаловать 3) *(humillar)* унижать 4) *(un color)* смягчать цвет
degüello *m* 1) *(de una persona)* перерезание горла, обезглавливание 2) *(de un animal)* перерезание горла, забой
degustación *f* проба, дегустация
degustar *vt* пробовать, дегустировать
dehesa *f* пастбище, выгон
dehiscencia *f bot* растрескивание, раскрытие
dehiscente *adj bot* растрескивающийся
deíctico 1. *adj ling* дейктический **2.** *m ling* дейксис
deidad *f* божество
deificación *f* 1) *(divinización)* обожествление, обоготворение 2) *(ensalzamiento)* восхваление, превознесение
deificar *vt* 1) *(divinizar)* обожествлять, обоготворять 2) *(ensalzar)* восхвалять, превозносить
deífico *adj* божественный, божий
deísmo *m filos* деизм
deísta 1. *adj* деистический **2.** *m/f* деист, -ка
dejación *f* 1) *(acción de dejar)* оставление, покидание 2) *(cesión)* уступка, передача
dejada *f* V. dejación
dejadez *f* небрежность, неряшливость, распущенность
dejado *adj* небрежный, неряшливый, распущенный
dejar 1. *vt* 1) оставлять 2) *(colocar)* оставлять, класть 3) *(abandonar)* оставлять, покидать, бросать 4) *(permitir)* позволять, не препятствовать 5) *(prestar)* давать взаймы, одалживать 6) *(disponer al ausentarse)* доверять, поручать 7) *(dar en testamento)* завещать

2. *vi* **(de-hacer-u-c)** *(interrumpir una acción)* переставать (делать что-л), прекращать (делать что-л), бросать (делать что-л) ◆ ~ **caer** ронять

dejarse *vpron* 1) *(descuidarse)* не следить за собой, распускаться 2) *(rendirse)* падать духом, сникать 3) *(permitir en relación a sí mismo)* позволять ~ *querer* позволять себя любить ◆ ~ **caer** зайти, заглянуть

deje *m* 1) *(acento peculiar)* акцент, особенность произношения 2) *(sabor)* привкус

delación *f* донос, жалоба

delantal *m* фартук

delante *adv* 1) впереди 2) *(enfrente)* напротив ◆ ~ **de alg o u.c.** перед кем/чем-л., напротив кого/ чего-л.

delantera *f* 1) передняя часть 2) *sport* нападение

delantero 1. *adj* передний **2.** *m sport* нападающий

delatar *vt* выдавать, доносить (на кого/что-л)

delator *m/f* доносчик

delco *m auto* распределитель зажигания

delectación *f* V. deleite

delectar *vt* V. deleitar

delegación *f* 1) *(acción de delegar)* поручение, полномочие, делегирование 2) *(oficina del delegado)* представительство 3) *(conjunto de delegados)* делегация

delegado *m* делегат, уполномоченный, представитель

delegar *vt* **(en alg)** делегировать (кому-л), передавать полномочия (кому-л), поручать (кому-л)

deleitable *adj* V. deleitoso

deleitación *f* V. deleite

deleitar *vt* доставлять удовольствие, радовать

deleitarse *vpron* **(con u/c)** наслаждаться (чем-л)

deleite *m* наслаждение

deleitoso *adj* восхитительный, прелестный, доставляющий наслаждение

deletéreo *adj* ядовитый, смертоносный

deletrear *vt* читать по буквам

deletreo *m* чтение по буквам

deleznable *adj* 1) *(frágil)* ломкий, хрупкий 2) *(muy deslizante)* скользкий, скользящий 3) *(de poco valor)* неустойчивый, преходящий

delfín *m* дельфин

delgadez *f* 1) *(de una persona)* худоба 2) *(de una cosa)* тонкость

delgado *adj* 1) *(dicho de una persona)* худой 2) *(dicho de una cosa)* тонкий

delgaducho *adj* худой, худосочный

deliberación *f* обсуждение, совещание

deliberado *adj* преднамеренный

deliberar *vt/i* **(sobre u/c)** обсуждать, совещаться (о чём-л)

delicadeza *f* 1) *(finura)* тонкость 2) *(ternura)* нежность

delicado *adj* 1) *(fino)* тонкий 2) *(tierno)* нежный 3) *(escrupuloso)* внимательный, деликатный

delicia *f* наслаждение, удовольствие

delicioso *adj* восхитительный, прелестный

delictivo *adj* преступный

delimitación *f* разграничение, установление границ, размежевание

delimitar *vt* разграничивать, устанавливать границы, размежёвывать

delincuencia *f* преступность

delincuente *m/f* преступник

delineación *f* черчение, очерчивание

delineante *m* чертёжник

delinear *vt* чертить

delinquir *vi* совершать преступление, нарушать закон

deliquio *m* 1) *(desmayo)* обморок, потеря сознания 2) *(éxtasis)* экстаз

delirante *adj* бредовый, сопровождаемый бредом

delirar *vi* бредить, находиться в бреду

delirio *m* бред

delito *m* преступление

delta 1. *f (letra griega)* дельта **2.** *m (de un río)* устье

deltoides *m anat* дельтовидная мышца

demacración *f* исхудание, истощение

demacrado *adj* осунувшийся, исхудавший, изможденный

demacrarse *vpron* исхудать, осунуться

demagogia *f* демагогия

demagógico *adj* демагогический

demagog|o 1. *adj* демагогический **2.** , **-a** *m/f* демагог

demanda *f* 1) *(súplica)* просьба, прошение, требование 2) *(pregunta)* вопрос 3) *(judicial)* иск 4) *com* заказ 5) *econ* спрос

demandad|o, -a *m/f jur* ответчи|к, -ца

demandante *m/f jur* ист|ец, -ица

demandar *vt* подавать иск (на кого-л), предъявлять иск (на кого-л)

demarcación *f* 1) *(acción y efecto de demarcar)* установление границ, демаркация 2) *(terreno demarcado)* зона, территория 3) *(territorio de una jurisdicción)* округ

demarcar *vt* 1) *(delinear los límites)* устанавливать границы 2) *(marcar el rumbo)* определять румб по компасу

demás *adj* остальной, другой *lo* ~ остальное; *los* ~ остальные ◆ **por lo** ~ впрочем

demasía *f* 1) *(exceso)* излишек, избыток 2) *(insolencia)* дерзость, грубость 3) *(maldad)* злодеяние, преступление ◆ **en** ~ чрезмерно, слишком много

demasiado 1. *adj* чрезмерный, излишний **2.** *adv* слишком ~ *tarde* слишком поздно

demediar *vt* делить пополам

demencia *f* безумие, сумасшествие

demencial *adj* 1) сумасшедший 2) *(caótico, absurdo)* ужасный, дикий

demente 1. *adj* сумасшедший, умалишённый **2.** *m/f* сумасшедш|ий, -ая

demérito *m* 1) *(falta de mérito)* недостаток, слабая сторона 2) *(acción por la cual se desmerece)* недостойный поступок, проступок

democracia *f* демократия

demócrata 1. *adj* демократический **2.** *m/f* демократ, -ка

democrático *adj* демократический

democratización *f* демократизация

democratizar *vt* демократизировать

democristiano 1. *adj pol* демохристианский **2.** *m/f pol* демохристиан|ец, -ка
demodé *adj* старомодный, устаревший
demodulador *m informát* демодулятор
demografía *f* демография
demográfico *adj* демографический
demoledor *adj* разрушительный, уничтожающий
demoler *vt* уничтожать, разрушать
demolición *f* уничтожение, разрушение
demoníaco *adj* демонический, бесовский
demonio *m* демон, дьявол, чёрт, бес ◆ **del ~** чёртов **¡ ~!** чёрт возьми!
demonización *f* демонизация
demonizar *vt* демонизировать
demontre *m euf* чёрт ◆**¡~!** чёрт возьми!
demora *f* промедление, задержка ◆ **sin ~** немедленно
demorar *vt* задерживать, замедлять
demostrable *adj* доказуемый
demostración *f* 1) доказательство, проявление, свидетельство 2) *(manifestación)* выражение, проявление 3) *(prueba)* доказательство
demostrador *adj* показательный
demostrar *vt* 1) *(manifestar)* показывать, выражать, проявлять 2) *(probar)* доказывать
demostrativamente *adv* демонстративно
demostrativo *adj* 1) *(que demuestra)* доказательный 2) *ling* указательный
demudar *vt* 1) *(mudar)* менять, изменять 2) *(alterar)* искажать
demudarse *vpron* меняться в лице
denario *m hist* денарий
denegación *f* отказ, отклонение
denegar *vt* отказывать (кому-л в чём-л)
dengoso *adj* жеманный, манерный
dengue *m* 1) *(melindre)* жеманство, манерность 2) *med* лихорадка денге
denigración *f* 1) *(deslustración)* очернение, поношение 2) *(injuria)* оскорбление
denigrante *adj* унизительный, позорящий, оскорбительный
denigrar *vt* унижать
denodado *adj* смелый, самоотверженный, дерзкий
denominación *f* наименование, название ◆ **~ de origen** наименование по месту происхождения
denominador 1. *adj* обозначающий **2.** *m mat* знаменатель **~** *común* общий знаменатель
denominar *vt* 1) *(nombrar)* называть, именовать 2) *(designar)* обозначать
denominarse *perf* называться, именоваться
denominativo *adj* нарицательный
denostar *vt* оскорблять, поносить, ругать
denotación *f* указание, обозначение
denotar *vt* указывать, обозначать
denotativo *adj* 1) обозначающий, указывающий 2) *ling* денотативный
densidad *f* плотность
densificar *vt* уплотнять, сгущать
densímetro *m fís* денсиметр
denso *adj* плотный, густой
dentado *adj* зубчатый, зазубренный
dentadura *f* зубы ◆ **~ postiza** искусственные зубы, вставная челюсть
dental *adj* зубной
dentar 1. *vt (formar dientes)* нарезать зубья **2.** *vi (endentecer)* прорезываться (о зубах)
dentario *adj* V. dental
dentellada *f* 1) *(acción de dentellar)* кусание, надкусывание 2) *(marca de la mordedura)* укус, след от укуса
dentellado *adj* 1) зубчатый, зазубренный 2) *(herido a dentelladas)* укушенный
dentellar *vi* стучать зубами
dentellear *vt* кусать, вонзать зубы
dentellón *m* 1) *(pieza de la cerradura)* язык (замка) 2) *(dentículo)* зубчатый фриз, дентикул
dentera *f* 1) *(sensación desagradable en los dientes)* оскомина 2) *coloq (envidia)* зависть
dentición *f* прорезывание зубов
denticulado *adj* зубчатый, снабжённый зубцами
dentículo *m* зубец
dentífrico *m* зубная паста
dentista *m/f* зубной врач, дантист
dentón *m* кривозуб
dentro 1. *adv* внутри, изнутри **2.** *prep* **(de alg o u/c)** внутри (кого/чего-л) ◆ **por ~** внутри, изнутри
dentro de через что-л.
denudación *f (acción y efecto de denudar)* обнажение, оголение
denudar *vt* V. desnudar
denudarse *vpron* V. desnudarse
denuedo *m* мужество, бесстрашие, отвага
denuesto *m* оскорбление, поношение, хула
denuncia *f* 1) заявление, донос 2) *(multa)* штраф
denunciador 1. *adj* разоблачительный, обличительный **2. , -a** *m/f* V. denunciante
denunciante *m/f* 1) податель заявки, истец 2) *(delator)* доносчик
denunciar *vt* 1) *(dar noticia)* объявлять, заявлять 2) *(pronosticar)* предсказывать, предвещать 3) *(delatar)* доносить (на кого-л) 4) *(dar parte de una situación irregular)* заявлять (о чём-л) 5) *jur (un contrato)* расторгать
deontología *f* деонтология
deontológico *adj* деонтологический *código ~* деонтологический код
deparar *vt* предлагать, предоставлять, доставать
departamental *adj* ведомственный, департаментский
departamento *m* управление, отдел, ведомство
departir *vi* разговаривать, беседовать
depauperación *f* 1) *(acción y efecto de depauperar)* разорение, пауперизация 2) V. debilitación
depauperar *vt* 1) *(devastar)* разорять, делать нищим 2) V. debilitar
dependencia *f* зависимость
depender *vi* **(de alg o u/c)** зависеть (от кого/чего-л) ◆ **¡depende!** когда как, смотря как
dependiente 1. *adj* зависимый, подчинённый **2.** *m/f* продав|ец, -щица
depilación *f* депиляция, удаление волос
depilar *vt* удалять волосы, делать депиляцию
depilarse *vpron* делать себе депиляцию, удалить волосы

depilatorio 1. *adj* служащий для удаления волос **2.** *m* депилятории, средство для удаления волос

deplorable *adj* жалкий, плачебный

deplorar *vt* сожалеть, оплакивать

deponente *adj gram* отложительный

deponer 1. *vt* 1) *(dejar)* снимать с себя, отодвигать ~ *las armas* сложить оружие 2) *(privar a alguien de su empleo)* отстранять **2.** *vi fisiol (exonerar el vientre)* очищать желудок

deportación *f* ссылка, изгнание, депортация

deportad|o 1. *adj* сосланный, высланный **2. -a** *m/f* ссыльный

deportar *vt* ссылать, депортировать

deporte *m* спорт

deportista *m/f* спортсмен, -ка

deportividad *f* соблюдение правил (спорта)

deportivo *adj* спортивный

deposición[1] *f fisiol* испражнение

deposición[2] *f* 1) *(exposición)* объяснение, изложение 2) *(privación de empleo)* отстранение от должности 3) *jur* свидетельское показание от должности

depositador *m/f fin* депозитор

depositar *vt* класть, складывать

depositaría *f* 1) *(lugar para los depósitos)* склад, хранилище 2) *(tesorería)* банк, казначейство 3) *(cargo de depositario)* должность казначея

depositario *m* хранитель

depósito *m* 1) *(acción y efecto de depositar)* сдача на хранение 2) *(cosa depositada)* вещь, сданная на хранение 3) *(almacén)* склад, хранилище 4) *(para líquidos)* бак ◆ **en** ~ на хранение

depravación *f* развращение, разврат

depravado *adj* развратный, порочный

depravar *vt* развращать

depre 1. *adj coloq* V. depresivo **2.** *m coloq* V. depresión

deprecación *f* 1) *(ruego)* мольба, настоятельная просьба, заклинание 2) *lit* молитва

deprecar *vt* умолять, молить, заклинать

deprecativo *adj* просительный, умоляющий

deprecatorio *adj* V. deprecativo

depreciación *f* обесценение, уценка

depreciar *vt* снижать цену, обесценивать

depreciarse *vpron* обесцениться

depredación *f* 1) опустошение 2) *(robo)* ограбление, грабёж

depredador 1. *adj* 1) хищный 2) *(que roba)* грабительский **2.** *m* 1) хищник 2) *(el que roba)* грабитель, расхититель

depredar *vt* 1) опустошать 2) *(robar)* грабить, разорять

depresión *f* 1) *(disminuación del volumen por presión)* надавливание 2) *(en el terreno)* низина, котловина 3) *(tipo de síndrome)* подавленность, депрессия 4) *(económica)* депрессия

depresivo *adj* депрессивный, подавляющий

depresor *m/f* давящий, подавляющий, угнетающий

deprimente *adj* V. depresivo

deprimido *adj* ослабленный, в депрессии

deprimir *vt* 1) *(disminuir el volumen mediante presión)* давить, вдавливать 2) *(humillar)* унижать, угнетать 3) *(producir decaimiento)* подавлять, вызывать депрессию

deprimirse *vpron* впадать в депрессию

deprisa *adv* скоро, быстро, стремительно

depuración *f* очистка, очищение

depurador *adj* очищающий, очистительный

depuradora *f* очистительный завод, очистные сооружения

depurar *vt* очищать, проводить чистку

depurativo 1. *adj* кровоочистительный **2.** *m (medicamento)* кровоочистительное средство

derbi *m sport* дерби

derecha *f* 1) правая сторона 2) *(mano)* правая рука 3) *pol* правые партии ◆ **girar a la** ~ повернуть направо **estar a la** ~ стоять справа

derechamente *adv* прямо

derechazo *m sport* удар правой рукой

derechismo *m pol* правый уклон, правое течение

derechista *adj* правый

derecho 1. *adj* 1) правый 2) *(recto)* прямой **2.** *adv* прямо **3.** *m* право ◆ ~ **civil** гражданское право

derecho penal уголовное право

derechura *f* 1) *(rectitud)* прямота, прямолинейность 2) *(legitimidad)* правильность, точность

deriva *f* снос, дрейф ◆ **ir a la** ~ плыть по течению, дрейфовать

derivación *f* 1) отведение 2) *(resultado)* результат, вывод 3) *ling* словообразование

derivada *f mat* производная

derivado 1. *adj* 1) *ling* производный 2) *quím* производный **2.** *m* 1) *ling* производное слово 2) *quím* дериват, производное вещество

derivar 1. *vi* **(de u/c)** происходить (от чего-л), вытекать (от чего-л) **2.** *vt* **(de u/c)** производить (от чего- л)

dermatitis *f med* дерматит, воспаление кожи

dermatología *f* дерматология

dermatológico *adj* дерматологический

dermatólogo *m* дерматолог

dermis *f* дерма, кожа

dermoprotector *adj* дермозащитный, для защиты кожи

derogación *f* 1) *(abolición de una ley)* отмена, упразднение, аннулирование 2) *(merma)* порча, повреждение

derogar *vt* отменять, упразднять

derogatorio *adj* отменяющий, упраздняющий, аннулирующий

derrama *f* чрезвычайный взнос, чрезвычайный налог

derramamiento *m* проливание, пролитие, разливание ~ *de sangre* кровопролитие

derramar *vt* 1) *(un líquido)* проливать, разливать 2) *(cosas menudas)* рассыпать 3) *(extender)* распространять

derramarse *vpron* 1) *(dicho de un líquido)* проливаться, разливаться 2) *(dicho de cosas menudas)* рассыпаться 3) *(esparcirse)* распространяться

derrame *m* 1) V. derramamiento 2) *med* излияние

derrapaje *m* занос на повороте, юз

derrapar *vi* заносить на повороте

derrape *m* занос на повороте, буксование

derredor *m* окружаюшее пространство, контур ◆ **en** ~ вокруг, кругом

derrengar *vt* 1) *(descaderar)* ломать позвоночник 2) *(torcer)* искривлять, скручивать

derrengarse *vpron* повреждать себе позвоночник

derretimiento *m* 1) растапливание, растворение 2) *(afecto vehemente)* пылкая любовь

derretir *vt* растапливать, расплавлять

derretirse *vpron* таять, плавиться

derribar *vt* 1) *(muros, edificios)* сносить, разрушать 2) *(hacer caer a alguien)* сбивать с ног, валить 3) *(hacer perder el poder o un cargo)* свергать

derribarse *vpron* бросаться за землю, валиться

derribo *m* разрушение, снос

derrocamiento *m* 1) *(despeñamiento)* сбрасывание 2) *(derribo)* снос, разрушение 3) *(de un cargo político)* свержение

derrocar *vt* 1) *(despeñar)* сбрасывать, низвергать 2) *(derribar un edificio)* сносить, разрушать 3) *(derribar a alguien del poder)* свергать, низложить

derrochador 1. *adj* расточительный **2. , -a** *m/f* расточитель, -ница, транжира

derrochar *vt* проматывать, расточать, транжирить

derroche *m* 1) расточительность, мотовство 2) *(abundancia)* изобилие

derrota[1] *f* 1) *(camino)* путь, дорога 2) *aero nav* курс

derrota[2] *f (vencimiento)* поражение, разгром

derrotar *vt* наносить поражение (кому-л), поражать, разбивать, громить

derrote *m taur* удар рогами снизу

derrotero *m* 1) *(camino para llegar al fin propuesto)* путь к цели, намерение 2) *nav* курс

derrotismo *m* пораженчество

derrotista 1. *adj* пораженческий **2.** *m/f* пораженец

derruido *adj* разрушенный, снесённый

derruir *vt* разрушать, сносить

derrumbadero *m* 1) *(precipicio)* обрыв, пропасть 2) *(riesgo)* риск, опасность

derrumbamiento *m* обрушение, обвал, разрушение

derrumbar *vt* разрушить, сносить, низвергать

derrumbarse *vpron* рушиться, обрушиваться, разваливаться

derrumbe *m* 1) *(acción de derrumbar)* обрушение, обвал 2) *(precipicio)* обрыв, пропасть

derviche *m* дервиш

desabastecer *vt* лишать продовольствия, прекращать снабжение продуктами

desaborido *adj* 1) *(sin sabor)* безвкусный, пресный 2) *(sin sustancia)* лишённый смысла, бессодержательный 3) *(dicho de una persona)* неинтересный, скучный

desabotonar 1. *vt* расстёгивать (пуговицы) **2.** *vi (dicho de una flor)* распускаться

desabotonarse *vpron* 1) расстёгиваться (о пуговице) 2) *(dicho una flor)* распускаться

desabrido *adj* 1) V. desaborido 1 2) *(dicho de una arma)* с отдачей 3) *(dicho del tiempo destemplado)* переменчивый 4) *(de trato áspero)* суровый, жёсткий

desabrigado *adj* 1) *(sin abrigo)* раздетый, без пальто 2) *(desamparado)* беспомощный, бесприютный

desabrigar *vt* 1) *(quitar el abrigo)* снимать верхнюю одежду, раздевать 2) *(desamparar)* лишать приюта

desabrigarse *vpron* раздеваться, снимать верхнюю одежду

desabrimiento *m* 1) пресность 2) *(de carácter)* суровость 3) *(desazón)* огорчение

desabrir *vt* 1) *(dar mal gusto a la comida)* делать невкусным 2) *(disgustar)* расстраивать

desabrirse *vpron* расстраиваться

desabrochar *vt* расстёгивать

desabrocharse *vpron* расстёгиваться

desacatamiento *m* неуважение, непочтительность

desacatar *vt* проявлять непочтительность, не проявлять уважения

desacato *m* непочтительность, неуважение

desaceleración *f* потеря скорости, замедление

desacertado *adj* неудачный

desacertar *vi* ошибаться, делать промах

desacidificar *vt* раскислять, нейтрализовать

desacierto *m* ошибка, промах, оплошность

desacomodado *adj* нуждающийся, стеснённый в средствах

desacomodar *vt* 1) *(privar de la comodidad)* лишать удобств 2) *(privar de empleo)* лишать должности

desacomodarse *vpron* увольняться

desacomodo *m* 1) *(privación de la comodidad)* лишение удобств 2) *(privación de empleo)* лишение должности

desacomplejarse *vpron* освобождаться от комплексов

desaconsejable *adj* не рекомендуемый, не желательный

desaconsejado *adj* неосторожный, неосмотрительный

desaconsejar *vt* **(de u/c)** отсоветовать (делать что-л), отговорить (от чего-л)

desacoplar *vt* размыкать, расцеплять

desacordar *vt* 1) *(destemplar un instrumento)* расстраивать 2) *(estar en desacuerdo)* нарушать мир

desacorde *adj* 1) *(que no concuerda con algo)* несогласованный, противоречивый 2) *(templado en distinto tono)* дисгармонирующий, негармоничный

desacostumbrado *adj* 1) отвыкший, потерявший привычку 2) *(inusual)* необычный

desacostumbrar *vt* **(de u/c)** отвыкать (от чего-л), отучивать (от чего-л)

desacostumbrarse *vpron* **(de u/c)** отвыкать (от чего-л)

desacotar[1] *vt* 1) *(apartarse del concierto)* нарушать, не соблюдать 2) *(rechazar)* отклонять, возражать

desacotar[2] *vt (quitar el coto)* снимать ограду

desacreditado *adj* дискредитированный, лишённый доверия

desacreditar *vt* дискредитировать

desacreditarse *vpron* дискредитировать себя, портить себе репутацию

desactivación *f* дезактивация

desactivar *vt* 1) дезактивировать 2) *(un artefacto explosivo)* обезвреживать

desacuerdo *m* несогласие, разногласие

desafección *f* недоброжелательность, неприязнь

desafecto **1.** *adj (opuesto)* неприязненный, недоброжелательный, враждебный **2.** *m (malquerencia)* недоброжелательность, неприязнь

desafiante *adj* вызывающий

desafiar *vt* бросать вызов (кому-л)

desaficionar *vt* отучать, вызывать неприязнь

desaficionarse *vpron* **(de u/c)** отвыкать (от чего-л)

desafinación *f* нестройные звуки, нестройная музыка

desafinado *adj* расстроенный

desafinar *vi* 1) *(dicho de una voz o instrumento)* фальшивить 2) *(decir algo indiscreto)* говорить невпопад

desafío *m* вызов

desaforado *adj* 1) *(fuera de la ley)* нарушающий закон, действующий незаконно 2) *(grande con exceso)* огромный, чрезмерный

desafortunadamente *adv* к несчастью, к сожалению

desafortunado *adj* 1) *(carente de fortuna)* несчастный 2) *(desacertado)* неуместный

desafuero *m* 1) *(acto contra la ley)* грубое нарушение закона 2) *(acción contraria a la sana razón)* безрасудная выходка 3) *(hecho que priva de un privilegio)* лишение прав

desagraciar *vt* лишить изящества

desagradable *adj* неприятный, противный

desagradar *vi* не нравиться, быть неприятным

desagradecido *adj* неблагодарный

desagradecimiento *m* неблагодарность

desagrado *m* неудовольствие, досада

desagraviar *vt* 1) *(reparar un agravio)* заглаживать вину 2) *(resarcir de un daño)* возмещать ущерб

desagravio *m* 1) *(reparo de un agravio)* заглаживание вины 2) *(resarcimiento de un perjuicio)* возмещение ущерба

desaguadero *m (canal)* водоотводный канал

desaguar **1.** *vt* опорожнять, выливать воду **2.** *vi* **(en u/c)** *(desembocar)* впадать (куда-л)

desaguarse *vpron* очищать кишечник, освободить желудок

desagüe *m* водослив, канализация

desaguisado **1.** *adj* несправедливый, беззаконный **2.** *m (agravio)* оскорбление, обида

desahogado *adj* 1) *(descarado)* наглый, дерзкий 2) *(que vive con desahogo)* обеспеченный, не стеснённый в расходах 3) *(dicho de un lugar)* свободный, просторный

desahogar *vt* облегчать, освобождать (от чего-л)

desahogarse *vpron* изливать душу

desahogo *m* 1) *(alivio)* облегчение, успокоение 2) *(descaro)* дерзость, развязность

desahuciar *vt* 1) *(quitar toda esperanza)* лишать надежды 2) *(admitir la imposibilidad de curación)* признавать безнадёжным 3) *(despedir a un inquilino)* выселять, отказывать в аренде

desahucio *m* выселение, отказ арендатору

desairado *adj* 1) *(sin garbo)* неловкий, неуклюжий 2) *(sin suerte)* неудачливый, неудачный 3) *(menospreciado)* недооценённый

desairar *vt* 1) *(humillar)* обращаться грубо (с кем-л), унижать отказом 2) *(desestimar)* пренебрегать (кем-л)

desaire *m* 1) *(falta de garbo)* неловкость, неуклюжесть 2) *(humillación)* унижение, отказ 3) *(menosprecio)* пренебрежение, презрение

desajustar *vt* выводить из строя, расстраивать

desajustarse *vpron* выходить из строя, расстраиваться

desajuste *m* выведение из строя

desalación *f* удаление соли, опреснение

desalado[1] *adj* 1) *(ansioso)* жаждущий 2) *(acelerado)* поспешный

desalado[2] *adj (sin sal)* опреснённый

desaladora *f* опреснитель, опреснительная установка

desalar[1] *vt (dejar sin alas)* лишать крыльев

desalar[2] *vt* 1) *(desalinizar)* удалять соль, опреснять 2) *(quitar la sal a algo)* вымачивать

desalarse *vpron* 1) **(por u/c)** *(ansiar)* жаждать (чего-л) 2) *(andar acelerado)* спешить

desalentador *adj* неутешительный, невесёлый

desalentar *vt* обескураживать, лишать бодрости духа

desalentarse *vpron* падать духом, унывать

desaliento *m* упадок духа, уныние, смятение

desaliñado *adj* неряшливый, небрежный

desaliñar *vt* приводить в неряшливый вид

desaliño *m* неряшливость, небрежность

desalmado *adj* бессовестный, жестокий

desalojar *vt* выселять

desalojo *m* выселение

desalquilar *vt* съезжать с квартиры

desamarrar *vt* 1) *(desasir)* отвязывать, откреплять 2) *nav* отдавать швартовы

desamartillar *vt* спускать курок

desambientado *adj* не сумевший приспособиться

desambiguamiento *m* снятие двусмысленности

desamor *m* 1) *(falta de amistad)* неприязнь, антипатия 2) *(aborrecimiento)* вражда, ненависть

desamortización *f* освобождение от амортизации

desamortizar *vt* освобождать от амортизации

desamparado *adj* беззащитный, бесприютный

desamparar *vt* оставлять, бросать, лишать поддержки

desamparo *m* беззащитность, беспомощность

desamueblado *adj* без мебели, немеблированный

desamueblar *vt* вывозить мебель

desandar *vt* отступать, пятиться ◆ **andar y ~** ходить взад и перёд

desangelado *adj* серый, вялый

desangramiento *m* 1) *(extracción de sangre en gran cantidad)* обескровливание 2) *(agotamiento de un lago)* осушение водоёма

desangrar *vt* 1) обескровливать 2) *(desaguar)* осушать 3) *(arruinar)* разорять

desangrarse *vpron* истекать кровью

desanidar **1.** *vt (echar de un refugio)* выгонять с насиженного места **2.** *vi (dicho de un ave)* покидать гнездо, улететь

desanimado *adj* унылый, удручённый

desanimar *vt* обескураживать, приводить в уныние
desanimarse *vpron* падать духом, терять надежду
desánimo *m* уныние, упадок духа
desanudar *vt* 1) *(desatar un nudo)* распутывать узел 2) *(aclarar)* разъяснять
desapacible *adj* 1) неприятный 2) *(dicho del tiempo meteorológico)* плохой, ненастный
desaparear *vt* разъединять
desaparecer *vi* исчезать, пропадать
desaparecido *adj* исчезнувший, пропавший
desaparición *f* исчезновение, пропажа
desapasionado *adj* бесстрастный, невозмутимый
desapegarse *vpron* 1) *(despegar)* отклеиваться, отрываться 2) *(desprenderse del afecto)* отдаляться, охладевать
desapego *m* **(de u/c)** холодность (к кому/чему-л), равнодушие (к кому/чему-л)
desapercibido *adj* незамеченный ◆ **pasar** ~ оставаться незамеченным
desaplicación *f* праздность, леность
desaplicado *adj* праздный, ленивый
desapolillarse *vpron* проветриваться, выходить на свежий воздух
desaprender *vt* забывать выученное, разучиваться (делать что-л)
desaprensión *f* нечуткость, бесцеремонность
desaprensivo *adj* нечуткий, бесцеремонный
desaprobación *f* неодобрение, порицание, осуждение
desaprobador *adj* неодобрительный, осуждающий
desaprobar *vt* порицать, не одобрить, осуждать
desaprovechado *adj* неиспользованный
desaprovechamiento *m* неиспользование
desaprovechar *vt* не использовать
desarbolar *vt nav* размачтовывать, рубить рангоут
desarmar *vt* 1) *(quitar las armas)* разоружать 2) *(desmontar)* разбирать, демонтировать
desarmarse *vpron* разоружаться
desarme *m* разоружение
desarraigado *adj* лишённый своих корней
desarraigar *vt* 1) *(arrancar de raíz)* вырывать с корнем 2) *(una pasión, un vicio, etc.)* искоренять 3) *(separar del lugar donde se ha crecido)* отрывать, вырывать из привычного окружения
desarraigo *m* 1) *(de un vegetal)* вырывание с корнем 2) *(de una pasión, un vicio, etc.)* искоренение 3) *(como situación vital)* жизнь изгоя
desarreglado *adj* неряшливый, неубранный
desarreglar *vt* разлаживать, приводить в беспорядок
desarreglo *m* беспорядок, разлаженность
desarrendar[1] *vt (quitar la rienda)* разнуздывать, снимать узду
desarrendar[2] *vt* 1) *(dejar de arrendar)* отказываться от аренды 2) *(hacer dejar de arrendar)* отказывать в аренде
desarrimo *m* отсутствие поддержки
desarrollado *adj* развитой
desarrollar *vt* развивать
desarrollarse *vpron* развиваться
desarrollo *m* развитие
desarropar *vt* раздевать, раскутывать
desarroparse *vt* раздеваться, снимать одежду
desarrugar *vt* расправлять, разглаживать
desarticulación *f* 1) *(separación de dos huesos articulados)* расчленение связок 2) *(separación de piezas)* разъединение, разделение
desarticular *vt* 1) *(separar dos huesos articulados)* расчленять связки 2) *(separar piezas)* разъединять 3) *(desorganizar)* срывать
desaseado *adj* неряшливый, грязный
desasimiento *m* 1) *(acción de desasir)* отделение 2) *(desinterés)* равнодушие, отчуждённость
desasir *vt* **(de u/c)** отделять (от чего-л), отрывать (от чего-л)
desasirse *vpron* 1) **(de u/c)** *(soltarse)* отделяться (от чего-л), отрываться (от чего-л) 2) **(de u/c)** *(desapropiarse)* отвыкать (от чего-л), отказываться (от чего-л)
desasnar *vt* облагораживать, обтёсывать
desasosegado *adj* обеспокоенный, встревоженный
desasosegar *vt* тревожить, беспокоить
desasosiego *m* тревога, беспокойство
desastrado 1. *adj* 1) *(infausto)* несчастный, неудачливый 2) *(andrajoso)* обтрёпанный, оборванный **2.** *m* оборванец
desastre *m* 1) *(desgracia)* бедствие, трагическое событие 2) *(fiasco)* срыв, полная неудача, крах 3) *(dicho de algo que funciona mal)* кошмар, ужас 4) *(dicho de una persona)* неумелый человек, неумеха
desastroso *adj* 1) *(infausto)* несчастный, злополучный 2) *(muy malo)* ужасный
desatado *adj* свободный, лёгкий
desatadura *f* развязывание, отвязывание
desatar *vt* развязывать
desatarse *vpron* развязываться
desatascar *vt* прочищать, очищать
desatención *f* 1) *(distracción)* рассеянность, невнимание 2) *(descortesía)* невежливость, грубость
desatender *vt* не обращать внимания (на кого/что-л), пренебрегать (кем/чем-л)
desatento *adj* невнимательный
desatinado *adj* неуместный, бессмысленный
desatinar 1. *vt (hacer perder el tino)* лишать здравого смысла **2.** *vi* 1) *(decir desatinos)* говорить глупости 2) *(no acertar)* не попадать в цель
desatino *m* неуместность, бессмыслица, заблуждение
desatornillar *vt* отвинчивать, вывинчивать
desatracar 1. *vt nav (desasir una embarcación)* отдавать швартовы **2.** *vi nav (separarse de la costa)* отчаливать
desatrancar *vt* 1) *(quitar la tranca)* снимать засов 2) *(desatascar)* прочищать, очищать
desautorización *f* лишение власти, лишение полномочий, дискредитация
desautorizar *vt* лишить власти, лишить полномочий, дискредитировать
desavenencia *f* разногласие, разлад, ссора
desavenido *adj* несогласный
desavenir *vt* ссорить, разъединять

desavenirse *vpron* ссориться, расходиться во мнениях
desaventajado *adj* ущербный, худший
desavisado *adj* незнающий, неосведомлённый
desayunar *vi* завтракать
desayunarse *vpron* завтракать
desayuno *m* завтрак
desazón *f* 1) *(malestar físico)* нездоровье, недомогание 2) *(disgusto)* тревога, беспокойство 3) *(insipidez)* безвкусность, пресность 4) *(falta de sazón de la tierra)* неподготовленность почвы
desazonado *adj* 1) *(dicho de la tierra)* не подготовленный к посеву 2) *(triste)* раздосадованный, огорчённый
desazonar *vt* 1) *(quitar la sazón a un alimento)* делать безвкусным 2) *(disgustar)* расстраивать, сердить
desazonarse *vpron* 1) *(disgustarse)* расстраиваться, сердиться 2) *(sentir indisposición)* чувствовать недомогание
desbancar *vt* вытеснять, обходить
desbandada *f* беспорядочное бегство ◆ **a la ~** беспорядочно, врассыпную
desbarajustar *vt* вносить беспорядок, приводить в расстройство
desbarajuste *m* беспорядок, расстройство
desbaratado *adj coloq* распутный, разгульный
desbaratamiento *m* 1) *(descomposición)* разрушение, расстройство 2) *(desorden)* беспорядок, путаница
desbaratar *vt* 1) *(estropear)* нарушать, портить 2) *(disipar los bienes)* растрачивать, транжирить 3) *(cortar, impedir)* срывать, мешать (чему-л)
desbaratarse *vpron* выходить из себя
desbarbado *adj* безбородый
desbarrar *vi* 1) *(deslizarse)* скользить 2) *(errar en lo que se dice)* говорить глупости
desbastar *vt* 1) *(quitar las partes bastas)* обтесать 2) *(disminuir)* сокращать, уменьшать
desbaste *m* обтёсывание, обтачивание
desbloquear *vt* разблокировать
desbloqueo *m* разблокирование, снятие блокировки
desbocado *adj* 1) имеющий расширенное жерло (об орудии) 2) *coloq (insolente)* дерзкий, наглый
desbocarse *vpron* 1) *(dicho de un caballo)* понести (кого-л) 2) *(desvergonzarse)* разражаться бранью
desbordamiento *m* разлив, половодье
desbordante *adj* 1) выходящий из берегов 2) *(que se sale de los límites de lo normal)* бьющий через край
desbordar *vt* 1) превышать, превосходить 2) *(sobrepasar los límites de una persona)* превосходить, быть выше чьих-л. возможностей
desbordarse *vpron* переливаться через край
desbriznar *vt* крошить, размельчать
desbrozar *vt* 1) *(quitar la broza)* очищать (от хвороста) 2) *(eliminar la confusión)* расчищать путь
desbrozo *m* очистка хвороста
descabalar *vt* нарушать целостность
descabalgar *vi* спешиваться
descabellado *adj* нелепый, абсурдный
descabellar *vt taur* убить быка ударом
descabello *m taur* удар в затылок быка
descabezado *adj* 1) *(fuera de razón)* безголовый, безмозглый 2) *(distraído)* рассеянный, забывчивый
descabezar *vt* 1) *(decapitar)* обезглавливать 2) *(cortar las puntas)* удалять верхушки (дерева)
descacharrante *adj coloq* смешной, забавный
descafeinado *adj* без кофеина
descafeinar *vt* 1) декафеинизировать 2) *(atenuar la esencia)* ослаблять, смягчать
descalabrado *adj* 1) *(que ha salido mal de una pendencia)* потерпевший неудачу 2) *(imprudente)* безрассудный, отчаянный
descalabrar *vt* 1) *(herir en la cabeza)* ранить в голову 2) *(herir)* ранить, ударить 3) *(dañar)* вредить
descalabrarse *vpron* вредить себе голову
descalabro *m* неудача, невезение
descalificación *f* 1) *(desacreditación)* дискредитация, порочащее обвинение 2) *(de una competición)* дисквалификация
descalificar *vt* 1) *(desacreditar)* дискредитировать, лишать честного имени 2) *(eliminar de una competición)* дисквалифицировать, снимать с соревнования 3) *(descapacitar)* делать недееспособным
descalzar *vt* разувать, снимать обувь
descalzarse *vpron* разуваться, снимать обувь
descalzo *adj* босой *andar ~* ходить босиком
descaminado *adj* заблудившийся, сбившийся с пути
descamisado 1. *adj* 1) *(sin camisa)* без рубашки 2) *desp (muy pobre)* нищий, оборванный **2.** *m desp (desharrapado)* голодранец, оборванец
descampado 1. *adj* открытый (о местности) **2.** *m* открытая местность
descansado *adj* 1) *(equivalente al descanso)* приносящий отдых 2) *(dicho de un trabajo)* лёгкий, нетрудный
descansar *vi* 1) отдыхать 2) *(reposar)* лежать 3) **(en u/c)** *(estar apoyado)* опираться (на что-л) 4) *(estar enterrado)* покоиться
descansillo *m* лестничная площадка
descanso *m* 1) отдых 2) *(pausa breve)* перевыв, передышка *sin ~* без передышки 3) *(intermedio en un espectáculo)* перевыв
descantillar *vt* срезать углы
descapitalización *f fin* декапитализация
descapitalizar *vt fin* истощать финансовые ресурсы, декапитализировать
descapotable *m* с откидным верхом (о машине)
descapotar *vt* откидывать верх (машины)
descarado *adj* наглый, бесстыдный, нахальный
descararse *vpron* наглеть, хамить
descarga *f* 1) разгрузка, выгрузка 2) *(de un aparato electrónico)* разрядка 3) *(de proyectiles)* залп
descargadero *m* место выгрузки
descargador *m* грузчик
descargar 1. *vt* 1) разгружать, выгружать 2) *(hacer perder la carga eléctrica)* разряжать

3) *(disparar)* стрелять 4) **(de u/c)** *(de una obligación)* освобождать (от чего-л) 5) *(un golpe)* наносить (удар) **2.** *vi (dicho de una nube)* разражаться (о дожде)

descargarse *vpron* 1) освобождать себя 2) *(perder la carga eléctrica)* разряжаться

descargo *m* 1) разгрузка, выгрузка 2) *(sartisfacción, excusa)* облегчение, освобождение 3) *(de las obligaciones ante la justicia)* оправдание, освобождение

descargue *m* разгрузка, выгрузка

descarnado *adj* голый, неприкрытый

descarnar *vt* 1) *(quitar la carne del hueso)* срезать мясо с костей 2) *(desmoronar)* разрушать, разваливать

descarnarse *vpron* 1) *(dicho de una parte del cuerpo)* обнажаться 2) *(perder carnes)* худеть 3) *(desmoronarse)* разрушаться, разваливаться

descaro *m* наглость, бесстыдство, нахальство

descarozado **1.** *adj* без косточки, без сердца **2.** *m Ch.* курага

descarriado *adj* блудный

descarriar *vt* сбивать с правильного пути

descarriarse *vpron* сбиваться с правильного пути

descarriladura *f* V. descarrilamiento

descarrilamiento *m* сход с рельсов, крушение поезда

descarrilar *vi* сходить с рельсов, терпеть крушение (о поезде)

descartar *vt* исключать, отклонять

descartarse *vpron* 1) *cart* скидывать карты 2) *(excusarse)* уклоняться

descarte *m* 1) исключение, отклонение 2) *cart* сноска

descascarar *vt* снимать скорлупу

descascarillado **1.** *adj* выщербленный, надтреснутый **2.** *m* обдирка зерна

descascarillar *vt* облущивать

descascarillarse *vpron* облущиваться

descastado *adj* не любящий родных, отчуждённый

descastar *vt* уничтожать, истреблять (вредных животных)

descaste *m* уничтожение, истребление (вредных животных)

descatalogado *adj* не внесённый в каталог

descendencia *f* потомство, потомки

descendente *adj* нисходящий

descender **1.** *vi* 1) *(bajar)* спускаться, сходить вниз, слезать 2) **(de alg)** *(proceder)* происходить (от кого/ чего-л), быть потомком (кого-л) 3) *(disminuir)* падать, уменьшаться **2.** *vt* спускать, опускать

descendiente **1.** *adj* нисходящий (о родне) **2.** *m/f* потомок

descendimiento *m* спуск, схождение

descenso *m* 1) спуск 2) *(caída)* падение 3) *(degradación)* понижение 4) *(depreciación)* снижение

descentrado *adj* 1) *(dicho de un instrumento)* эксцентрический 2) *(que está fuera de su lugar natural)* не приспособившийся (к новым условиям) 3) *(desequilibrado)* выведенный из состояния равновесия

descentralización *f* децентрализация

descentralizar *vt* децентрализовать

descentrar *vt* 1) смещать центр 2) *(desequilibrar)* выводить из состояния равновесия

descerebrad|o **1.** *adj coloq* безмозглый **2. , -a** *m/f coloq* кретин, -ка, идиот, -ка

descerrajar *vt* 1) *(arrancar la cerradura)* взламывать 2) *coloq (un disparo)* отпускать (выстрел)

descifrable *adj* поддающийся расшифровке, разборчивый

descifrar *vt* расшифровывать

descimbrar *vt arquit* раскружаливать

desclasificación *f* рассекречивание

desclasificar *vt* 1) убирать из классификации 2) *(hacer público)* рассекречивать

desclavar *vt* вытаскивать гвоздь

descocado *adj* наглый, бесстыдный

descocarse *vpron* наглеть, терять стыд

descoco *m* наглость, бесстыдство

descodificador **1.** *adj* декодирующий, расшифрующий **2.** *m* декодификатор

descodificar *vt* декодировать, расшифровывать

descojonarse *vpron vulg* ржать, умирать со смеху

descolar *vt* отрезать хвость

descolgar *vt* снимать (висящий предмет)

descolgarse *vpron* 1) падать, отцепляться (о висящем предмете) 2) *coloq (aparecer)* появляться неожиданно

descollante *adj* выделяющийся

descollar *vi* выделяться, торчать

descollarse *vpron* V. descollar

descolonización *f* деколонизация

descolonizar *vt* деколонизировать

descoloración *f* V. descoloramiento

descoloramiento *m* обесцвечивание

descolorar *vt* обесцвечивать, делать бледным

descolorido *adj* бесцветный, линялый

descolorimiento *m* V. descoloramiento

descomedido *adj* 1) *(excesivo)* чрезмерный, несоразмерный 2) *(descortés)* невежливый, грубый

descomedimiento *m* неучтивость, невежливость, грубость

descomedirse *vpron* вести себя невежливо

descompaginar *vt* приводить в беспорядок

descompasado *adj* чрезмерный, несоразмерный

descompasarse *vpron* вести себя невежливо

descompensación *f* декомпенсация

descompensado *adj* 1) несбалансированный 2) *med* декомпенсированный

descompensar *vt* нарушать баланс

descomponer *vt* 1) *(separar las partes)* разлагать, расчленять 2) *(desordenar)* разлаживать, приводить в беспорядок

descomponerse *vpron* 1) *(desordenarse)* расчленяться, разлагаться на составные части 2) *(corromperse)* разлагаться, гнить

descomponible *adj* разложимый, разлагаемый

descomposición *f* разложение, расчленение

descompostura *f* 1) V. descomposición 2) *(desaseo)* небрежность, неряшливость 3) *(descaro)*

невежливость, грубость

descompresión *f* декомпрессия, понижение давления

descomprimir *vt* разжимать, прекращать сжатие
descompuesto *adj* невежливый, грубый
descomunal *adj* необыкновенный, огромный
desconcentración *f* отсутствие сосредоточенности, рассеянность
desconcentrar *vt* 1) *(hacer perder la atención)* отвлекать внимание 2) *(repartir)* рассредоточить
desconcertado *adj* смущённый, растерянный
desconcertante *adj* приводящий в смущение, приводящий в замешательство
desconcertar *vt* 1) *(suspender el ánimo)* смущать, приводить в замешательство 2) *(deshacer el orden)* приводить в беспорядок, разлаживать
desconchado *adj* облупленный
desconchar *vt* соскабливать, крошить
desconcharse *vpron* облупливаться, крошиться
desconcierto *m* 1) *(perplejidad)* смущение, замешательство 2) *(de las partes de una cosa)* расстройство, разлад 3) *(desorden)* беспорядок
desconectar *vt* выключать, отключать
desconectarse *vpron* выключаться, отключаться
desconexión *f* 1) *(de la comunicación eléctrica)* выключение, отключение 2) *(de la conexión entre dos cosas)* разъединение, разделение
desconfiado *adj* недоверчивый, подозрительный
desconfianza *f* недоверие, недоверчивость
desconfiar *vi* **(de alg o u/c)** не доверять (кому/чему-л), подозревать
descongelación *f* размораживание, оттаивание
descongelar *vt* размораживать
descongelarse *vpron* размораживаться, оттаивать
descongestión *f* 1) *(del exceso de sangre)* уменьшение гиперемии 2) *(eliminación de obstáculos)* ликвидация пробки
descongestión *f* 1) рассасывание, разгрузка 2) *(del exceso de sangre)* облегчение, смягчение
descongestionamiento *m* V. descongestión
descongestionar *vt* 1) рассасывать, разгружать 2) *(del exceso de sangre)* облегчать, смягчать
descongestionarse *vpron* 1) рассасываться, разгружаться 2) *(del exceso de sangre)* облегчаться, смягчаться
desconocer *vt* не знать
desconocid|o 1. *adj* незнакомый, неизвестный **2. , -a** *m/f* незнаком|ец, -ка
desconocimiento *m* незнание
desconsideración *f* неуважение, непочтительность
desconsiderado *adj* непочтительный
desconsolación *f obsol* V. desconsuelo
desconsoladamente *adv* безутешно, горько
desconsolado *adj* безутешный, глубоко опечаленный
desconsolador *adj* неутешительный, приводящий в отчаяние
desconsolar *vt* приводить в отчаяние, лишать надежды
desconsuelo *m* безутешное горе, отчаяние
descontado *inv* : por ~ само собой разумеется
descontaminación *f* обеззараживание, деконтаминация
descontaminar *vt* обеззараживать, проводить деконтаминацию
descontar *vt* 1) вычитывать 2) *com* учитывать вексель
descontentadizo *adj* капризный, привередливый
descontentar *vt* вызывать недовольство
descontento 1. *adj* недовольный **2.** *m* недовольство
descontrol *m* отсутствие контроля, бесконтрольность
descontrolado *adj* бесконтрольный
descontrolar *vt* заставлять потерять контроль
descontrolarse *vpron* 1) *(perder el propio control)* терять контроль над собой 2) *(dicho de una situación)* выходить из-под контроля
desconvocar *vt* отменять (мероприятие)
desconvocatoria *f* отмена (мероприятия)
descopar *vt* срезать верхушку дерева
descorazonamiento *m* упадок духа, уныние, отчаяние
descorazonar *vt* приводить в уныние, лишать надежды
descorazonarse *vpron* приходить в отчаяние, терять надежду
descorchador *m* штопор
descorchar *vt* откупоривать
descorche *m* 1) откупоривание (бутылки) 2) окорка (дерева)
descornar *vt* обламывать (обрезать) рога
descornarse *vpron coloq* стараться, усердствовать
descoronar *vt* лишать короны
descorrer *vt* 1) *(deshacer lo corrido)* бежать в обратном направлении 2) *(plegar)* раздвигать, отдёргивать
descortés *adj* невежливый, невоспитанный
descortesía *f* невежливость, невоспитанность
descortezar *vt* окорять (дерево)
descoser *vt* распарывать, отпарывать
descoserse *vpron* распарываться
descosido 1. *adj (desordenado)* бессвязный **2.** *m (parte descosida)* распоротое место ◆ **como un ~** вовсю, без удержу
descostrar *vt* снимать корку
descoyuntamiento *m* вывих
descoyuntar *vt* вывихивать
descoyuntarse *vpron* вывихиваться
descrédito *m* дискредитация
descreído *adj* 1) *(incrédulo)* недоверчивый 2) *(que ha perdido la fe)* неверующий, потерявший веру
descreimiento *m* недоверие, неверие
descremado *adj* без сливок
descremar *vt* снимать сливки
describir *vt* описывать
descripción *f* описание
descriptivo *adj* описательный, дескриптивный
descriptor *m* дескриптор
descrismar *vt* 1) *relig* стирать елей 2) *coloq (golpear en la cabeza)* стукнуть по башке
descrismarse *vpron* 1) *coloq (enfadarse)* злиться, выходить из себя 2) *coloq (descalabazarse)* ломать голову

descristianizar *vt* дехристианизировать
descrito *adj* описанный
descuadernar *vt* V. desencuadernar
descuajar *vt* 1) *(licuar)* разжиживать 2) *(desesperanzar)* приводить в уныние 3) *(arrancar de raíz)* вырывать с корнем
descuajaringar *vt* разъединять, делить на составные части
descuajaringarse *vpron* валиться с ног, чувствовать себя разбитым
descuajarse *vpron* разжижаться, растапливаться
descuajeringado *adj Am.* неряшливо одетый
descuartizamiento *m* четвертование
descuartizar *vt* 1) *(dividir un cuerpo en cuartos)* четвертовать 2) *(hacer pedazos algo)* разделывать
descubierta *f* 1) *(pastel sin cubierta)* пирог с открытой начинкой 2) *mil* рекогносцировка
descubierto 1. *adj* открытый, раскрытый **2.** *m com* минус ◆ **al** ~ на открытом воздухе **poner al** ~ вскрывать
descubridor *m* первооткрыватель, исследователь
descubrimiento *m* открытие
descubrir *vt* открывать, раскрывать, делать открытие
descubrirse *vpron* 1) *(hacerse público)* раскрываться, становиться известным 2) *(quitarse el sombrero)* снимать головной убор
descuello *m* 1) *(exceso en la estatura)* превосходство 2) *(eminencia en talento)* превосходство 3) *(altivez)* высокомерие
descuento *m* скидка
descuidado *adj* 1) *(que no pone cuidado)* небрежный, невнимательный 2) *(desaliñado)* небрежный, неряшливый 3) *(desprevenido)* спокойный, не подозревающий об опасности
descuidar *vt* недосматривать (за кем/чем-л), быть небрежным по отношению (к кому/чему-л) ◆ **¡descuida!** не волнуйся!
descuidarse *vpron* 1) **(de u/c)** *(dejar de poner atención)* не заботиться (о чём-л), не следить (за чем-л) 2) *(dejar de cuidarse a sí mismo)* не беречь себя, не следить за собой
descuidero *m* карманный вор, карманник
descuido *m* 1) невнимательность, небрежность *por* ~ по недосмотру, по небрежности 2) *(error)* ошибка, промах
desde *prep* 1) *(expresando tiempo)* с (чего-л) ~ *este momento* с этого момента; ~ *el sábado* с субботы; ~ *que* с тех пор, как, после того, как 2) *(expresando distancia)* от (чего-л), из (чего-л) ~ *Tarragona a Barcelona* от Таррагоны до Барселоны; ~ *aquí* отсюда ◆ ~ **luego** конечно, разумеется
desdecir *vt* 1) *(desmentir)* изобличать во лжи 2) *(negar la autenticidad)* опровергать, отрицать
desdecirse *vpron* отказываться от сказанного
desdén *m* презрение, пренебрежение
desdeñable *adj* презренный, достойный презрения
desdeñar *vt* презирать, относиться презрительно (к кому/чему-л)
desdeñoso *adj* презрительный, надменный
desdentado 1. *adj* беззубый **2.** , **-s** *mpl zool* беззубые
desdentar *vt* вырывать зубы
desdibujado *adj* расплывчатый, неотчётливый
desdibujar *vt* затушёвывать, смягчать тени
desdibujarse *vpron* расплываться
desdicha *f* несчастье, беда
desdichado *adj* несчастный, несчастливый
desdoblamiento *m* 1) *(despliegue)* развёртывание 2) *(fraccionamiento en dos partes)* раздвоение
desdoblar *vt* 1) *(extender algo doblado)* развёртывать 2) *(formar dos cosas por separación)* раздваивать
desdorar *vt* 1) *(quitar el oro)* снимать позолоту 2) *(mancillar)* чернить, портить репутацию
deseable *adj* желательный
desear *vt* желать, хотеть
desecación *f* сушка, высушивание
desecar *vt* сушить, высушивать
desechable *adj* одноразовый
desechar *vt* отталкивать, отклонять
desecho *m* 1) отходы, отбросы 2) *(lo más despreciable)* отбросы 3) *(desprecio)* презрение
desellar *vt* распечатывать, снимать печать
desembalaje *m* распаковка
desembalar *vt* распаковывать
desembarazado *adj* свободный, просторный
desembarazar *vt* расчищать
desembarazarse *vpron* **(de alg o u/c)** освобождаться (от кого/чего-л), избавляться (от кого/чего-л)
desembarazo *m* 1) **(de u/c)** освобождение (от чего-л), избавление (от чего-л) 2) *(desenfado)* непринуждённость, раскованность
desembarcadero *m* пристань
desembarcar 1. *vt* выгружать, высаживать **2.** *vi* высаживаться
desembarco *m* выгрузка, высадка
desembargar *vt* 1) *(quitar un impedimento)* снимать, отменять 2) *(alzar el embargo)* снимать эмбарго
desembargo *m* 1) *(de un impedimento)* отмена запрета 2) *(de un embargo)* снятие эмбарго
desembarque *m* V. desembarco
desembocadura *f* устье, впадение (реки)
desembocar *vi* **(en u/c)** впадать (о реке) (во что-л.)
desembolsar *vt* 1) *(sacar de la bolsa)* вынимать из кошелька, вынимать из сумки 2) *(pagar)* платить, вынимать из кошелька
desembolso *m* 1) *(entrega de dinero)* платёж, оплата 2) *(gasto)* трата, расход
desemboque *m* V. desembocadura
desembozar *vt* срывать покров
desembragar *vt auto* расцеплять, разъединять (мотор)
desembrague *m* расцепление, разъединение (мотора)
desembrollar *vt* 1) *(un hilo)* распутывать 2) *(una cuestión)* распутывать, выяснять
desembuchar *vt* 1) *(dicho de un ave)* отрыгивать 2) *(dicho de una persona)* выбалтывать, выдавать
desemejar 1. *vt (desfigurar)* обезображивать, искажать **2.** *vi (no parecerse)* быть непохожим

desempacho *m* развязность, непринуждённость
desempañar *vt* очищать, протирать
desempapelar *vt* разворачивать, снимать обёртку
desempaquetar *vt* распаковывать
desempatar *vt sport* переигрывать (после ничьи)
desempate *m sport* переигровка (после ничьи)
desempedrar *vt* разбирать мостовую
desempeñar *vt* 1) *(una garantía de préstamo)* выкупать (из залога) 2) *(un cargo o función)* исполнять, выполнять ~ *un cargo* исполнять обязанность; ~ *una función* выполнять функцию
desempeñarse *vpron* выбираться из трудного положения
desempeño *m* 1) *(de una garantía de préstamo)* выкуп (из залога) 2) *(de un cargo o función)* исполнение (обязанности), выполнение (функции)
desempernar *vt tecn* разъединять болтовое соединение
desempleado *adj* безработный
desempleo *m* безработица
desempolvadura *f* удаление пыли
desempolvar *vt* стирать пыль
desenamorarse *vpron* **(de alg)** разлюбить
desencadenamiento *m* 1) освобождение 2) *(de una reacción)* развязывание
desencadenante **1.** *adj* вызывающий **2.** *m* вызывающий фактор
desencadenar *vt* 1) *(quitar las cadenas)* освобождать (от цепей, кандалов) 2) *(provocar)* вызвать, развязывать
desencadenarse *vpron* разражаться
desencajado *adj* искажённый (о лице от страха или страдания)
desencajar *vt* вынимать, извлекать
desencajarse *vpron* 1) *(salir de su lugar)* вывихиваться 2) *(dicho del semblante)* искажаться (о лице)
desencallamiento *m* 1) снятие с мели 2) *(desbloqueo)* разблокирование
desencallar *vt* 1) снимать с мели 2) *(desbloquear)* разблокировать
desencantar *vt* разочаровывать
desencantarse *vpron* разочаровываться
desencanto *m* разочарование
desencarcelar *vt* освобождать из тюрмы
desenchufar *vt* отключать
desencolar *vt* расклеивать, отклеивать
desencorvar *vt* выпрямлять, расправлять
desencuadernar *vt* снимать переплёт
desenfadado *adj* весёлый, непринуждённый
desenfado *m* непринуждённость
desenfocado *adj* смещённый, дефокусированный
desenfocar *vt* смещать изображение, дефокусировать
desenfoque *m* дефокусировка, расфокусировка
desenfrenado *adj* разнузданный, оголтелый
desenfrenarse *vpron* распускаться, предаваться пороку
desenfreno *m* разнузданность, необузданность
desenfundar *vt* вынимать из футляра
desengañar *vt* разочаровывать
desengañarse *vpron* разочаровываться
desenganchar *vt* расцеплять, разъединять
desengancharse *vpron* расцепляться, разъединяться
desenganche *m* расцепление, разъединение
desengaño *m* разочарование
desengrasante *m* жироочиститель, обезжириватель
desengrasar **1.** *vt (quitar la grasa)* обезжиривать, удалять жир **2.** *vi (enflaquecer)* худеть
desenhebrar *vt* выдёргивать нитку из иголки
desenlace *m* развязка, исход дел
desenlazar *vt* 1) *(desatar los lazos)* развязывать 2) *(dar solución)* распутывать, решать
desenmarañar *vt* распутывать, выяснять
desenmascarar *vt* 1) снимать маску (с кого-л) 2) *(descubrir propósitos oscuros)* разоблачать
desenmascararse *vpron* сбрасывать маску
desenraizar *vt* V. desarraigar
desenredar *vt* распутывать
desenredarse *vpron* выбирабраться из положения
desenredo *m* 1) распутывание 2) *(desenlace)* развязка
desenrollar *vt* разматывать, развёртывать
desenroscar *vt* развинчивать, вывинчивать
desensartar *vt* разбирать (бусы, ожерелье, и т.д.)
desensillar *vt* рассёдлывать
desentablar *vt* 1) *(arrancar las tablas)* разбирать деревянный пол или настил 2) *(descomponer)* нарушать порядок, расстраивать
desentenderse *vpron* **(de u/c)** переставать заниматься (кем-л), оставаться в стороне
desentendido *adj obsol* невежественный ◆ **hacerse el ~** притворяться непонимающим
desenterramiento *m* выкапывание
desenterrar *vt* выкапывать
desentonar **1.** *vt (abatir el entono)* сбивать спесь **2.** *vi* 1) *(no estar en armonía)* дисгармонировать 2) *(dicho de un instrumento)* фальшивить
desentrañar *vt* 1) *(sacar las entrañas)* вынимать внутренности 2) *(entender)* вникать в суть
desentrenado *adj* **(de u/c)** потерявший навык (делать что-л), разучившийся (делать что-л)
desentrenamiento *m* разучивание
desentumecer *vt* разнимать, растирать
desentumecerse *vpron* разминаться
desenvainar *vt* вынимать из ножен
desenvoltura *f* 1) *(facilidad en el decir)* непринуждённость, лёгкость 2) *(desembarazo)* дерзость, бесстыдство
desenvolver *vt* 1) *(quitar la envoltura)* разворачивать, развёртывать, развязывать 2) *(desarrollar)* развивать
desenvolverse *vpron* 1) разворачиваться, развёртываться 2) *(desarrollarse)* развиваться 3) *(obrar con desenvoltura)* вести себя непринуждённо
desenvuelto *adj* 1) непринуждённый 2) *(barbián)* развязный, наглый
deseo *m* 1) желание, пожелание 2) *(sexual)* желание, вожделение ◆ **arder en ~s** страстно желать

deseoso *adj* **(de u/c)** желающий (чего-л), жаждущий (чего-л)
desequilibrado *adj* неуравновешенный
desequilibrar *vt* 1) лишать равновесия, делать неустойчивым 2) *(enajenar)* выводить из равновесия
desequilibrarse *vpron* терять равновесие, терять устойчивость
desequilibrio *m* отсутствие равновесия, неустойчивость
deserción *f* дезертирство
desertar *vi* дезертировать
desértico *adj* пустынный, необитаемый
desertificar *vt* превращать в пустыню
desertización *f* опустынивание, дезертификация
desertizarse *vpron* превращаться в пустыню
desertor, -a *m/f* дезертир
desesperación *f* отчаяние, безнадёжность
desesperadamente *adv* безнадёжно, отчаянно
desesperado *adj* отчаянный, безнадёжный
desesperante *adj* 1) *(que desespera)* приводящий в отчаяние 2) *(que impacienta)* выводящий из терпения
desesperanza *f* V. desesperación
desesperanzar *vt* лишать надежды, приводить в отчаяние
desesperanzarse *vpron* терять надежду, отчаиваться
desesperar 1. *vt* приводить в отчаяние, лишать надежды **2.** *vi* терять надежду, приходить в отчаяние
desesperarse *vpron* терять надежду, приходить в отчаяние
desespero *m* V. desesperación
desestabilización *f* дестабилизация
desestabilizar *vt* нарушать устойчивость, расшатывать, дестабилизировать
desestima *f* неуважение, презрение, недооценка
desestimación *f* отказ
desestimar *vt* 1) *(tener en poco)* недооценивать 2) *(rechazar)* отклонять, не принимать
desfachatez *f* наглость, бесстыдство
desfalcar *vt* расхищать, присваивать (чужие деньги)
desfalco *m* расхищение, хищение в форме присвоения
desfallecer *vi* лишаться сил, обессилевать
desfallecimiento *m* слабость, обморок
desfasado *adj* устаревший, не соответствующий своему времени
desfasarse *vpron* устаревать, не соответствовать своему времени
desfase *m* 1) *(acción de desfasarse)* несоответствие реальности, дисбаланс 2) *fís* сдвиг фаз, фазовое смещение
desfavorable *adj* неблагоприятный
desfavorecer *vt* 1) *(dejar de favorecer)* лишать покровительства 2) *(favorecer lo contrario)* неблагоприятствовать (чему-л)
desfavorecido *adj* бедный, малоимущий
desfibrilador *m* дефибриллятор
desfiguración *m* искажение, обезображивание
desfigurar *vt* искажать, портить, изменять до неузнаваемости
desfilachar *vt* V. deshilar
desfiladero *m* теснина, ущелье
desfilar *vi* 1) проходить рядами, дефилировать 2) *mil* проходить парадом
desfile *m* парад, дефилирование
desflecar *vt* делать бахрому, вытаскивать нитки
desflorar *vt* 1) *(ajar, quitar la flor)* срывать (мять) цветы 2) *(desvirgar)* лишать девственности
desflorecer *vi* отцветать, вянуть, увядать
desflorecerse *vpron* отцветать, вянуть
desflorecimiento *m* увядание, отцветание
desfogar *vt* 1) *(dar salida al fuego)* выпускать наружу огонь 2) *(manifestar una pasión)* срывать зло, давать волю чувству
desfogarse *vpron* срывать зло, давать волю чувству
desfogue *m* вспышка (чувств), порыв
desfondar *vt* вышибить дно
desforestación *f* обезлесение
desforestar *vt* обезлесывать
desgaire *m* 1) *(desaliño)* небрежность, неряшливость 2) *(ademán de desprecio)* пренебрежительный жест ◆ **al** ~ небрежно
desgajadura *f* место облома
desgajar *vt* отрывать, обламывать
desgajarse *vpron* отрываться, обламываться
desgana *f* 1) *(falta de apetito)* отсутствие аппетита 2) *(apatía)* апатия, нежелание ◆ **a** ~ с неохотой
desganado *adj* потерявший аппетит
desganarse *vpron* терять аппетит
desgañitarse *vpron* орать, кричать до хрипоты
desgarbado *adj* неуклюжий, несуразный
desgarrado *adj* 1) наглый, бесстыдный, скандальный 2) *(terrible)* ужасный, жуткий
desgarrador *adj* мучительный, душераздирающий
desgarrar *vt* 1) *(desgarrar)* рвать, разрывать 2) *(el corazón)* терзать, разрывать
desgarro *m* 1) *(acción)* разрывание 2) *(resultado)* разрыв
desgarrón *m* 1) *(rasgón)* дыра, прореха 2) *(jirón)* клок, оторванный лоскут
desgasificación *f* дегазация
desgasificar *vt* дегазировать
desgastado *adj* изношенный, протёртый
desgastar *vt* износить, протирать
desgaste *m* износ, изнашивание
desglosar *vt* 1) *(quitar la nota a un escrito)* снимать пояснения 2) *(separar un impreso de otros)* отрывать
desglose *m* разбивка (данных, цифр)
desgobierno *m* плохое руководство, бесхозяйственность, беспорядок
desgracia *f* 1) *(suceso funesto)* несчастье, беда, горе 2) *(suerte adversa)* неудача, невезение 3) *(pérdida de favor)* немилость, опала *caer en* ~ впадать в немилость ◆ **por** ~ к сожалению
desgraciadamente *adv* к несчастью, к сожалению
desgraciad|o 1. *adj* несчастный **2. , -a** *m/f* неудачни|к, -ца
desgraciar *vt* 1) *(disgustar)* сердить, вызывать неудовольствие 2) *(malograr algo)* портить 3) *(hacer daño)* калечить, губить

desgraciarse *vpron* 1) *(desavenirse)* ссориться 2) *(perder el favor)* калечить себя, уродовать себя
desgranar *vt* вынимать косточки (из плодов)
desgrasar *vt* обезжиривать, бучить (шерсть)
desgravación *f* снижение налогообложения, возврат денег
desgravar *vt* снижать налог
desgreñado *adj* нечёсаный, лохматый
desgreñar *vt* растрёпывать
desgreñarse *vpron* растрёпываться
desguace *m* разборка, демонтаж
desguarnecer *vt* 1) *(quitar la decoración)* снимать украшение 2) *(quitar la protección)* выводить гарнизон
desguazar *vt* демонтировать, разбирать
deshabillé *m* неглиже
deshabitado *adj* 1) нежилой, заброшенный 2) *(desierto)* необитаемый
deshabituar *vt* **(de u/c)** отучать (от чего-л)
deshabituarse *vpron* **(de u/c)** отвыкать (от чего-л)
deshacer *vt* 1) разрушать, уничтожать 2) *(un acuerdo)* расторгать, аннулировать 3) *(derretir)* растапливать, плавить 4) *(desleír)* растворять
deshacerse *vpron* 1) разрушаться, разваливаться 2) **(de alg o u/c)** *(prescindir de alguien o una cosa)* избавляться (от кого/чего-л), отделываться (от кого/чего-л) 3) **(en u/c)** *(prodigar manifestaciones de aprecio)* рассыпаться (в чём-л) ~ *en elogios* рассыпаться в похвалах
desharrapado *adj* оборванный, в лохмотьях
desharrapamiento *m* скупость, жадность
deshebillar *vt* расстегивать пряжку
deshechizar *vt* расколдовывать, снимать чары
deshecho *adj* обессиленный, изнемогший
deshelar 1. *vt* растапливать, оттаивать **2.** *vi* таять
deshelarse *vpron* таять
desherbar *vt* полоть
desheredación *f* V. desheredamiento
desheredamiento *m* лишение наследства
desheredar *vt* лишать наследства
desherrar *vt* 1) *(a un prisionero)* снимать оковы 2) *(a un caballo)* расковывать
deshidratar *vt* обезвоживать, дегидратировать
deshidratarse *vpron* дегидратироваться, обезвоживаться
deshielo *m* таяние, оттепель
deshilachar *vt* V. deshilar
deshilacharse *vpron* трепаться
deshilar *vt* вытаскивать нитки, делать бахрому
deshilvanado *adj* бессвязный
deshilvanar *vt* выдёргивать намётку
deshinchar *vt* 1) *(deshacer lo hinchado)* вызывать опадение отёка 2) V. desinflar
deshincharse *vpron* 1) сдуваться, спускать 2) *(dicho de una zona del cuerpo)* спадать (об отёке)
deshojar *vt* 1) *(una planta)* обрывать листья (лепестки) 2) *(un libro)* вырывать страницы
deshojarse *vpron* осыпаться
deshoje *m* листопад
deshollinador 1. *adj* 1) *(que deshollina)* прочищающий дымоходы 2) *coloq (curioso)* любопытный **2.** *m* трубоочиститель
deshollinar *vt* 1) чистить (трубы) 2) *coloq (mirar con curiosidad)* любопытствовать
deshonestidad *f* 1) *(cualidad de deshonesto)* нечестность, бесчестность 2) *(dicho o hecho deshonesto)* непристойность, неприличие
deshonesto *adj* бесчестный, позорный, нечестный
deshonor *m* V. deshonra
deshonra *f* позор, бесчестье
deshonrar *vt* 1) бесчестить, оскорбить 2) *(injuriar)* оскорблять, поносить 3) *(violar a una mujer)* бесчестить
deshonroso *adj* бесчестный, постыдный, позорный
deshora *f* неподходящее время ◆ **a** ~ некстати, не вовремя
deshuesar *vt* отделять мясо от костей
deshumanización *f* дегуманизация
deshumanizar *vt* лишать человеческих черт
deshumanizarse *vpron* лишаться человеческих черт
deshumano *adj* бесчеловечный, жестокий
deshumedecer *vt* лишать влаги, сушить
desiderátum *m* самое желанное, верх желания
desidia *f* небрежность, расхлябанность
desidioso *adj* небрежный, расхлябанный
desierto 1. *adj* пустынный, необитаемый **2.** *m* пустыня
designación *f* 1) назначение 2) *(denominación)* обозначение
designar *vt* 1) назначать 2) *(denominar)* обозначать
designio *m* намерение, план, замысел
desigual *adj* 1) неодинаковый, неравный 2) *(dicho de un terreno)* неровный 3) *(dificultoso)* непосильный, тяжёлый
desigualar *vt* делать неравным
desigualarse *vpron* выделяться, выдвигаться
desigualdad *f* 1) неравенство, несходство 2) *(de un terreno)* неровность
desilusión *f* разочарование
desilusionar *vt* разочаровывать
desilusionarse *vpron* разочаровываться
desimantar *vt* размагничивать
desincentivar *vt* разубеждать, отговаривать
desincrustante 1. *adj* удаляющий накипь **2.** *m* средство для удаления накипи
desincrustar *vt* удалять (накипь, камень)
desinencia *f ling* окончание, флексия
desinfección *f* дезинфекция
desinfectante 1. *adj* дезинфицирующий **2.** *m* дезинфицирующее средство
desinfectar *vt* дезинфицировать
desinflación *f* дезинфляция
desinflamar *vt* приостанавливать воспалительный процесс
desinflar *vt* 1) *(sacar el aire)* спускать, выпускать воздух 2) *(quitar importancia)* преуменьшать важность
desinflarse *vpron* спускаться (о баллоне, шине), выходить (о воздухе)
desinformación *f* дезинформация
desinformar *vt* дезинформировать
desinsectación *f* дезинсекция

desinsectar *vt* уничтожаить вредных насекомых, производить дезинсекцию
desintegración *f* 1) распад, разложение 2) *fís* расщепление, распад
desintegrador *m tecn* дезинтегратор, дробилка
desintegrar *vt* 1) разъединять, приводить к распаду 2) *fís* расщеплять, вызывать распад
desintegrarse *vpron* 1) распадаться, разваливаться 2) *fís* расщепляться, делиться
desinterés *m* 1) отсутствие интереса 2) *(desprendimiento de provecho personal)* бескорыстие
desinteresado *adj* бескорыстный, незаинтересованный
desinteresarse *vpron* **(de alg o u/c)** терять интерес (к кому/чему-л)
desintoxicación *f* обезвреживание, дезинтоксикация
desintoxicar *vt* проводить дезинтоксикацию
desintoxicar *vt* обезвреживать
desintoxicarse *vpron* проходить курс дезинтоксикации
desistimiento *m* 1) отказ от намерения 2) *jur* отказ от права
desistir *vi* 1) **(de u/c)** отказываться (от чего-л), отступаться (от чего-л) 2) *jur* отказываться от права
deslavado *adj* наглый, нахалный, дерзкий
desleal *adj* неверный, изменнический
deslealtad *f* неверность, изменничество
desleíble *adj* растворимый
desleído *adj* растворённый, разбавленный
desleimiento *m* растворение, разбавление
desleír *vt* растворять, разбавлять
desleírse *vpron* разтворяться, разбавляться
deslenguado *adj* дерзкий на язык
desliar[1] *vt (deshacer un lío)* распутывать, развязывать
desliar[2] *vt (en la fermentación del mosto)* сливать вино (отделяя осадок)
desliarse *vpron* распутываться
desligar *vt* 1) развязывать 2) *(separar)* разъединять, отделять
desligarse *vpron* **(de alg o u/c)** разъединяться (от кого/чего-л), отделяться (от кого/чего-л)
deslindar *vt* 1) *(amojonar)* размежёвывать, намечать границы 2) *(aclarar)* уточнять
deslinde *m* размежевание, определение границ, разграничение
desliz *m* ошибка, промах
deslizadero **1.** *adj* скользкий **2.** *m* скользкое место
deslizadizo *adj* скользкий
deslizamiento *m* скольжение, оползень
deslizar *vt* скользить, соскальзывать
deslizarse *vpron* скользить, соскальзывать
deslocalización *f* делокализация
deslomar *vt* 1) сломать позвоночник (кому-л) 2) *(hacer trabajar mucho)* загонять, замучить работой
deslomarse *vpron* гнуть спину, вкалывать
deslucido *adj* 1) *(sin lucimiento)* тусклый, блёклый 2) *(sin gracia)* серый, неинтересный
deslucimiento *m* потускнение, помутнение
deslucir *vt* лишать эффекта, портить впечатление
deslumbrador *adj* ослепительный
deslumbramiento *m* 1) *(acción de deslumbrar)* ослепление 2) *(ofuscación)* ослепление, помутнение
deslumbrante *adj* ослепительный
deslumbrar *vt* 1) ослеплять 2) *(dejar confuso)* сбивать с толку
deslustrar *vt* 1) *(quitar el lustre)* лишать блеска 2) *(desacreditar)* позорить, чернить
desmadejado *adj* усталый, измотанный, измочаленный
desmadrar *vt* отрывать от маток (детёнышей животных)
desmadrarse *vpron coloq* распускаться, распоясываться
desmadre *n coloq* буйство, беспредел
desmallar *vt* распускать (петли, сеть и т.д.)
desmán[1] *m* 1) *(exceso)* хулиганство, бесчинство 2) *(desgracia)* беда, несчастье
desmán[2] *m (animal)* выхухоль
desmañado *adj* неловкий, неуклюжий
desmandarse *vpron* 1) *(descomedirse)* вести себя невежливо, хамить 2) *(apartarse)* отбиваться от стада, разбредаться
desmano *inv* : a ~ в глуши
desmanotado *adj* неловкий, неуклюжий, нескладный
desmantelamiento *m* 1) демонтаж, вывоз 2) *(destrucción)* разрушение
desmantelar *vt* 1) демонтировать, вывозить 2) *(destruir)* разрушать
desmaquillador *adj* предназначенный для снятия макияжа
desmaquillarse *vpron* снимать макияж
desmarcarse *vpron* **(de alg o u/c)** выделяться (от кого/чего-л)
desmayado *adj* в обмороке, без сознания
desmayar *vt* вызывать обморок
desmayarse *vpron* падать в обморок
desmayo *m* обморок
desmedido *adj* чрезмерный, непомерный
desmedirse *vpron* позволять себе лишнее, выходить за рамки приличия
desmedrar **1.** *vt (deteriorar)* портить, повреждать **2.** *vi (decaer)* ухудшаться, приходить в упадок
desmedro *m* 1) *(deterioro)* порча, повреждение 2) *(decadencia)* ухудшение, упадок
desmejorado *adj* в худшем состоянии, потерявший здоровье
desmejorar *vt* ухудшать
desmejorarse *vpron* ухудшаться, чахнуть
desmelenado *adj* 1) растрёпанный, взлохмаченный 2) *(descarado)* наглый, нахальный
desmelenar *vt* растрёпывать, взлохмачивать
desmelenarse *vpron* растрёпываться (о волосах)
desmembración *m* расчленение, раздробление, раздел
desmembramiento *m* V. desmembración
desmembrar *vt* расчленять, дробить, разделять
desmemoriado *adj* забывчивый, беспамятный
desmemoriarse *vpron* забывать, терять память
desmentida *f* 1) *(confutación)* опровержение 2) *(revelación)* изобличение во лжи
desmentir *vt* опровергать, отрицать

desmentirse *vpron* быть опровергнутым, опровергаться
desmenuzamiento *m* крошение, дробление
desmenuzar *vt* 1) крошить, дробить 2) *(examinar con detalle)* кропотливо исследовать
desmerecedor *adj* не достойный, не заслуживающий
desmerecer 1. *vt* быть недостойным (чего-л), не заслуживать (чего-л) **2.** *vi* 1) *(perder valor)* терять ценность 2) *(ser inferior)* быть ниже, проигрывать
desmerecimiento *m* недостойный поступок
desmesura *f* 1) *(exceso)* чрезмерность, неумеренный 2) *(intemperancia)* невоздержанность, отсутствие чувства меры
desmesurado *adj* 1) *(excesivo)* чрезмерный, неумеренный 2) *(insolente)* дерзкий, грубый
desmesurarse *vpron* выходить за рамки приличия, наглеть
desmigajar *vt* измельчать, крошить
desmigar *vt* V. desmigajar
desmilitarización *f* демилитаризация
desmilitarizar *vt* демилитаризовать
desmirriado *adj coloq* V. esmirriado
desmochar *vt* 1) *(cortar la parte superior)* подстригать 2) *(eliminar parte de una obra)* сокращать
desmoche *m* 1) *(de la parte superior)* стрижка, обрезка 2) *(de parte de una obra)* сокращение
desmonetizar *vt* 1) запрещать чеканку монет 2) *Am.* обесценивать
desmontable *adj* разборный, съёмный
desmontaje *m* разборка, демонтаж
desmontar[1] *vt (cortar árboles)* вырубать лес
desmontar[2] **1.** *vt (desarmar)* разбирать, демонтировать **2.** *vi (del caballo)* спешиться
desmonte *m* вырубка леса
desmoralización *f* 1) *(degradación moral)* деморализация, падение нравов 2) *(desaliento)* упадок духа
desmoralizado *adj* деморализованный, подавленный
desmoralizador *adj* деморализующий, удручающий
desmoralizar *vt* деморализовать
desmoronamiento *m* разрушение, развал
desmoronar *vt* разрушать, подрывать
desmoronarse *vpron* 1) рассыпаться, разваливаться, распадаться 2) *(deprimirse)* падать духом
desmovilización *f* демобилизация
desmovilizar *vt* демобилизовать
desmultiplicador *m tecn* редуктор, уменьшитель скорости
desmultiplicar *vt tecn* уменьшать (число оборотов)
desnacionalización *f* денационализация
desnacionalizar *vt* денационализировать
desnatado *adj* обезжиренный
desnatadora *f* сепаратор
desnatar *vt* 1) *(quitar la nata)* снимать пенку 2) *(escoger lo mejor)* брать самое лучшее
desnaturalización *f* 1) *(desvirtuación)* искажение, извращение 2) *(degradación de una sustancia)* денатурализация 3) *(destierro)* денатурализация, лишение прав гражданства
desnaturalizado *adj* лишённый родительских (сыновних, братских) чувств
desnaturalizar *vt* 1) *(desvirtuar)* искажать, портить, извращать 2) *(degradar una sustancia)* денатурировать 3) *(desterrar)* лишать прав гражданства
desnaturalizarse *vpron* лишаться прав гражданства
desnivel *m* 1) *(falta de nivel)* неровность 2) *(diferencia de alturas)* разница в высоте
desnivelación *f* смещение, изменение высоты
desnivelar *vt* 1) *(alterar el nivel)* изменять уровень 2) *(desequilibrar)* делать неровным
desnucar *vt* 1) *(sacar de su lugar los huesos de la nuca)* свернуть шею 2) *(causar la muerte)* убить ударом в затылок
desnucarse *vpron* 1) свернуть себе шею 2) погибнуть от удара в затылок
desnudamiento *m* раздевание, обнажение, оголение
desnudar *vt* раздевать, обнажать, оголять
desnudarse *vpron* 1) раздеваться, обнажаться, оголяться 2) **(de u/c)** *(desprenderse de algo)* освобождаться (от чего-л), избавляться (от чего-л)
desnudez *f* нагота, обнажённость
desnudismo *m* V. nudismo
desnudista *m/f* V. nudista
desnudo 1. *adj* раздетый, голый, обнажённый **2.** *m* ню, обнажённая натура
desnutrición *f* недостаток питания, истощение
desnutrido *adj* голодающий, недоедающий, истощённый
desobedecer *vt* не повиноваться (кому-л), ослушаться (кого-л)
desobediencia *f* непослушание, неповиновение
desobediente *adj* непослушный, непокорный
desocupación *f* 1) безделье 2) *(desempleo)* безработица
desocupado *adj* незанятый, свободный
desocupar *vt* освобождать, очищать
desocuparse *vpron* 1) освобождаться 2) *(de un empleo)* лишаться места работы
desodorante *m* дезодорант
desodorar *vt* дезодорировать, уничтожать запах
desodorizar *vt* дезодорировать
desoír *vt* не слушать, пропускать мимо ушей
desojarse *vpron* смотреть во все глаза
desolación *f* 1) опустошение 2) *(aflicción)* скорбь, безутешность
desolado *adj* 1) опустошённый 2) *(afligido)* расстроенный
desolador *adj* безотрадный, неутешительный
desolar *vt* 1) опустошать, разорять 2) *(afligir)* приводить в отчаяние, расстраивать
desolarse *vpron* скорбеть, отчаиваться
desolladura *f* 1) сдирание шкуры (с убитого животного) 2) *(daño)* ущерб, вред
desollar *vt* 1) сдирать шкуру (с убитого животного) 2) *(causar daño)* причинять боль
desorbitado *adj* чрезмерный, непомерный ◆ **ojos ~s** вытаращенные глаза
desorbitar *vt* 1) *(sacar de órbita)* превышать обычные нормы 2) *(exagerar)* искажать, извращать

desorden 1. *m* 1) беспорядок, путаница *en ~* в беспорядке 2) *med* расстройство **2. desórdenes** *mpl* 1) *(disturbios)* беспорядки, волнения, массовые выступления 2) *(abuso)* пороки, дурные наклонности
desordenado *adj* 1) *(sin orden)* беспорядочный 2) *(descuidado)* неаккуратный, неубранный 3) *(inmoral)* беспорядочный
desordenar *vt* приводить в беспорядок
desorejado *adj coloq* падший, развратный, грязный
desorganización *f* дезорганизация
desorganizador 1. *adj* дезорганизующий **2.** *m* дезорганизатор
desorganizar *vt* дезорганизовать
desorientación *vt* 1) дезориентация 2) *(confusión)* замешательство
desorientar *vt* 1) сбивать с пути, отклонять от нужного направления 2) *(confundir)* вводить в заблуждение, сбивать с толку
desorientarse *vpron* 1) терять ориентировку, сбиваться с пути 2) *(confundirse)* сбиваться с толку, приходить в заблуждение
desovar *vi* метать икру, откладывать яйца
desove *m* метание икры, нерест
desovillar *vt* разматывать (клубок или моток ниток)
desoxidación *vt quím* раскисление, дезоксидация
desoxidante *m quím* раскислитель
desoxidar *f quím* раскислять
desoxigenar *vt* V. desoxidar
desoxirribonucleico *adj quím* дезоксирибонуклеиновый
despabiladeras *fpl* нагарные щипцы
despabilado *adj* V. espabilado
despabilar *vt* V. espabilar
despabilarse *vpron* V. espabilarse
despachaderas *fpl* 1) *(diligencia)* деловитость, сноровка 2) *coloq (aspereza en el responder)* резкий ответ, отпор
despachar *vt* 1) *(concluir)* заканчивать (дело) 2) *(vender)* продавать, сбывать 3) *(despedir)* прогонять, выгонять 4) *(enviar)* отсылать, отправлять
despacharse *vpron* 1) **(de u/c)** *(desembarazarse)* разделаться (с кем/чем-л), отделываться (от чего-л) 2) *coloq (decir lo que se tenía guardado)* выкладывать (жалобы, претензии)
despacho *m* 1) *(acción de despachar)* исподнение, выполнение 2) *(oficina)* кабинет, контора 3) *(tienda)* магазин 4) *(comunicación)* сообщение, донесение
despachurrar *vt* сплющивать, раздавливать
despacio *adv* медленно, не торопясь
despacito *adv coloq* тихонько, потихоньку
despampanante *adj* удивидительный, невероятный, потрясающий
despampanar *vt* обескураживать, изумлять
despanzurrar *vt* 1) *(rajar)* вспарывать живот, выпускать кишки 2) *(reventar)* вспарывать, разрезать
desparejar *vt* разъединять, разрознивать
desparejo *adj* V. desigual
desparpajo *m* проворность, ловкость
desparramado *adj* широкий, просторный, открытый
desparramar *vt* 1) *(esparcir)* разбрасывать, рассыпать 2) *(verter)* проливать 3) *(derrochar)* транжирить, проматывать
desparramarse *vpron* разбрасываться, проливаться
desparrame *m* расбрасывание, рассыпание
desparramo *m Am.* V. desparrame
despatarrarse *vpron coloq* широко раскидывать ноги
despavorido *adj* перепуганный насмерть
despechar[1] *vt (causar despecho)* огорчать, сердить
despechar[2] *vt obsol (imponer tributos)* обременять налогами
despechar[3] *vt coloq* V. destetar
despecharse *vpron* огорчаться, сердиться
despecho *m* 1) огорчение, досада 2) *(desesperación)* отчаяние ◆ **a ~ de u.c.** несмотря на что-л, вопреки чему-л
despechugado *adj coloq* показывающий грудь, с обнажённой грудью
despectivo *adj* презрительный, пренебрежительный
despedazar *vt* рвать, разрывать, рвать на куски
despedida *f* прощание, разлука
despedir *vt* 1) провожать, прощаться (с кем-л) 2) *(del trabajo)* увольнять 3) *(un olor)* издавать (запах) 4) *(una luz)* излучать
despedirse *vpron* 1) **(de alg)** прощаться (с кем-л) 2) **(de u/c)** *(renunciar a una esperanza)* распрощаться (с чем-л), поставить крест (на чём-л)
despegado *adj* холодный, суровый, неприветливый
despegar 1. *vt* отклеивать, отделять **2.** *vi (dicho de un avión)* взлетать
despegarse *vpron* 1) **(de u/c)** отклеиватся (от чего-л), отделяться (от чего-л) 2) **(de alg)** *(desapegarse)* отдаляться (от кого-л), охладевать (к кому-л)
despego *m* V. desapego
despegue *m* взлёт
despeinado *adj* нечёсаный, растрёпанный
despeinar *vt* портить причёску, растрёпывать волосы
despeinarse *vpron (dicho del pelo)* растрёпываться ◆ **sin ~** легко, без усилий
despejado *adj* 1) *(espacioso)* свободный, просторный 2) *(dicho del entendimiento)* ясный, светлый 3) *(dicho del cielo)* ясный, безоблачный
despejar *vt* 1) *(desocupar)* освобождать, расчищать 2) *(aclarar)* разъяснять
despejarse *vpron* 1) *(adquirir soltura)* становиться развязным 2) *(dicho del tiempo)* проясниться, распогодиться
despeje *m sport* увод мяча
despejo *m* 1) *(acción de despejar)* освобождение 2) *(desembarazo)* непринуждённость, развязность
despellejar *vt* 1) *(desollar)* сдирать шкуру 2) *(hablar mal de alguien)* злословить (о ком-л.)
despelotarse *vpron* 1) *coloq* раздеваться 2) *coloq* падать от смеха, помирать со смеху
despelote *m* 1) *coloq* раздевание 2) *coloq* сильный смех, громкое хохотанье

despeluzar *vt* 1) *(desordenar el pelo)* ерошить (волосы) 2) *(erizar el pelo de miedo)* приводить в ужас
despeluznante *adj* V. espeluznante
despeñadero *m* обрыв, круча
despenalización *f jur* устранение наказуемости деяния
despenalizar *vt jur* устранять наказуемость деяния
despeñar *vt* сбрасывать с обрыва
despeñarse *vpron* сбрасываться с обрыва, падать с обрыва
despensa *f* кладовка, кладовая, чулан
despensero *m* кладовщик, эконом
despepitar *vt* извлекать семена или косточки плодов
despepitarse *vpron* 1) *(gritar)* кричать, орать 2) *(arrojarse sin consideración)* выходить из себя
desperdiciar *vt* 1) проматывать, транжирить 2) *(el tiempo)* тратить попусту 3) *(una ocasión)* упускать (случай)
desperdicio 1. *m (acción de desperdiciar)* мотовство, расточительность **2. -s** *mpl* отбросы
desperdigar *vt* 1) *(separar)* отделять, разъединять 2) *(dispersar la atención)* разбрасывать, рассеивать
desperdigarse *vpron* 1) *(separarse)* отделяться, разъединяться 2) *(dispersarse)* разбрасываться, рассеиваться
desperezarse *vpron* потягиваться, тянуться, встряхиваться
desperezo *m* потягивание
desperfecto *m* ущерб, изъян *sufrir ~s* потерпеть ущерб
despertador *m* будильник
despertar *vt* 1) будить 2) *(traer a la memoria)* пробуждать 3) *(un sentimiento)* возбуждать, вызывать
despertarse *vpron* просыпаться
despiadado *adj* безжалостный, жестокий, бесчеловечный
despido *m* увольнение
despierto *adj* 1) не спящий, бодрствующий 2) *(vivo)* живой, сообразительный, смышлёный ◆ **soñar ~** грезить наяву
despilfarrado *adj* 1) *(andrajoso)* оборванный, в лохмотьях 2) *(pródigo)* щедрый, расточительный
despilfarrador *m* 1) *(andrajoso)* оборванец, голодранец 2) *(pródigo)* мот, транжир
despilfarrar *vt* растрачивать, проматывать, бросать на ветер
despilfarro *m* 1) *(desaseo)* небрежность, неряшливость 2) *(prodigalidad)* расточительность, мотовство
despimpollar *vt* срезать побеги
despinochar *vt* очищать кукурузные початки
despiojar *vt* выводить вшей
despiojarse *vpron* выводить вшей
despistado *adj* рассеянный, забывчивый
despistar 1. *vt* 1) сбивать со следа, наводить на ложный след 2) *(confundir)* сбивать с толку, запутывать **2.** *vi* прикидываться непонимающим
despistarse *vpron* 1) *(perder la pista)* сбиваться со следа 2) *(estar desorientado)* ошибаться, путаться
despiste *m* рассеянность, невнимательность
despizcar *vt obsol* мельчить
desplantar *vt* 1) *(desarraigar)* вырывать с корнем 2) *(desviar de la línea)* отклонять от вертикальной линии
desplante *m* дерзкая выходка, вызов
desplazado *adj* оттеснённый, вытесненный
desplazamiento *m* перемещение, смещение
desplazar *vt* перемещать, смещать, сдвигать
desplazarse *vpron* перемещаться, идти, ехать
desplegable *adj* раскладной
desplegar *vt* 1) развёртывать, раскрывать 2) *(aclarar)* разъяснять
desplegarse *vpron mil* развёртываться
despliegue *m* 1) *(acción y efecto de desplegar)* развёртывание 2) *(exhibición)* показ, демонстрация 3) *mil* развёртывание
desplomarse *vpron* 1) *(dicho de un edificio)* рушиться, обваливаться 2) *(perder la posición vertical)* отклоняться от вкертикального положения 3) *(caer sin conocimiento)* падать в обморок, лишаться чувств
desplome *m* обрушение, обвал
desplomo *m* отклонение от вертикального положения
desplumar *vt* 1) *(un ave)* ощипывать 2) *(dejar sin dinero)* обчищать, обирать
despoblación *f* безлюдье, депопуляция
despoblado *m* пустынная или безлюдная местность
despoblamiento *m* V. despoblación
despoblar *vt* 1) опустошить, обезлюдить 2) **(de u/c)** *(de vegetación, etc.)* очищать (от чего-л)
despoblarse *vpron* безлюдеть, пустеть
despoetizar *vt* лишать поэтичности
despojar *vt* 1) **(de u/c)** *(quitar con violencia)* отнимать (у кого-л), грабить 2) **(de u/c)** *(quitar a algo lo que lo acompaña)* лишать (чего-л)
despojarse *vpron* 1) **(de u/c)** *(desposeerse de algo)* лишать себя (чего-л) 2) **(de u/c)** *(desnudarse)* сбрасывать с себя (одежду)
despojo *m* 1) *(acción)* грабёж 2) *(botín)* добыча 3) *(restos)* остатки, отбросы
despolarizar *vt fís* деполяризировать
despolvorear *vt* сметать пыль
desportillar *vt* отбивать край (у посуды)
desposado *adj* 1) *(recién casado)* новобрачный 2) *(esposado)* скованный наручниками
desposar *vt* венчать
desposarse *vpron* вступать в брак, жениться
desposeer *vt* **(de u/c)** лишать (чего-л)
desposeído *adj* 1) *(pobre)* неимущий, бедный 2) *(desheredado)* лишённый наследства
desposeimiento *m* лищение
desposorio *m* бракосочетание
desposorios *mpl* помолвка
déspota *m/f* деспот
despótico *adj* деспотический, деспотичный
despotismo *m* деспотизм
despotricar *vt* **(de alg o u/c)** *coloq* болтать (о ком/чём-л), злословить (о ком/чём-л)
despreciable *adj* презренный, ничтожный
despreciar *vt* презирать, пренебрегать (кем-л)
despreciativo *adj* презрительный, пренебрежительный

desprecintar *vt* снимать пломбу, вскрывать
desprecio *m* презрение, пренебрежение
desprender *vt* 1) отделять, отрывать 2) *(calor)* выделять (тепло) 3) *(un olor)* издавать (запах)
desprenderse *vpron* 1) **(de u/c)** отделяться (из чего-л), отрываться (из чего-л) 2) **(de u/c)** *(sacarse consecuencia)* вытекать (из чего-л), явствовать (из чего-л) 3) **(de u/c)** *(desapropiarse)* отказываться (от чего-л)
desprendido *adj* щедрый, бескорыстный
desprendimiento *m* отделение, отпадение, осыпание
despreocupación *f* беззаботность, беспечность
despreocupado *adj* беззаботный, беспечный
despreocuparse *vpron* 1) **(de u/c)** *(librarse de una preocupación)* отбрасывать заботу 2) **(de alg o u/c)** *(desentenderse)* не заботиться (о ком/чём-л)
desprestigiar *vt* лишать престижа, дискредитировать
desprestigio *m* подрыв авторитета, дискредитация
despresurización *f* разгерметизация
despresurizar *vt* разгерметизировать
desprevenido *adj* неподготовленный, не предупреждённый ◆ **coger** ~ застать врасплох
desprolijo *adj* неаккуратный, небрежный
desproporción *f* непропорциональность, диспропорция, несоразмерность
desproporcionado *adj* непропорциональный, несоразмерный
despropósito *m* нелепость, несуразность
desprotegido *adj* не защищённый, открытый
desproveer *vt* лишать необходимого
desprovisto *adj* **(de u/c)** лишённый (чего-л), не обеспеченный (чем-л)
después 1. *adv* потом, затем, после *le llamaré* ~ я ему позвоню потом; ~ *del espectáculo* после спектакля; *poco* ~ вскоре **2.** *adj* следующий *el día* ~ следующий день ◆ **después de todo** в конце концов
despuntar 1. *vt (quitar o gastar la punta)* затуплять **2.** *vi* 1) *(empezar a brotar)* всходить, появляться 2) *(adelantarse)* выделяться, отличаться 3) *(dicho del alba o el día)* рассветать *despunta el alba* светает
despunte *m* 1) начало, появление 2) *(del día)* рассвет
desquiciado *adj* выведённый из себя, раздражённый
desquiciamiento *m (exasperación)* озлобление, сильное раздражение
desquiciar *vt* 1) *(desencajar)* снимать с петель 2) *(quitar la firmeza)* лишить опоры 3) *(exasperar a alguien)* выводить из себя, раздражать
desquiciarse *vpron* 1) *(descomponerse)* приходить в беспорядок 2) *(exasperarse)* выходить из себя, приходить в замешательство
desquitarse *vpron* 1) *(en el juego)* отыгрываться 2) *(vengarse)* квитаться, рассчитываться
desquite *m* 1) *(restauración de las pérdidas)* возмещение 2) *(venganza)* месть
desratización *f* травление крыс
desratizar *vt* травить крыс
desriñonar *vt* 1) *(derrengar)* сломать позвоночник 2) загонять, замучить работой
desriñonarse *vpron* 1) *(derrengarse)* повредить себе спину 2) *(esforzarse mucho)* гнуть спину, вкалывать
desrizar *vt* выпрямлять (волосы)
destacado *adj* выдающийся, видный, известный
destacamento *m* отряд
destacar 1. *vt* 1) выделять, отличать 2) *mil* выделять (отряд) **2.** *vi* выделяться, отличаться
destacarse *vpron* выделяться
destajer|o, -a *m/f* сдельщи|к, -ца
destajo *m* сдельная оплата труда ◆ **a** ~ неутомимо, настойчиво
destalonado *adj* без задника (об обуви)
destapar *vt* 1) открывать, снимать крышку 2) *(una botella)* откупоривать 3) *(descubrir lo que está oculto)* раскрывать
destaparse *vpron* 1) раскрываться, обнажаться 2) *(un asunto)* выясняться, обнаруживаться
destape *m coloq* раздевание
destaponar *vt* откупоривать, вытаскивать пробку
destartalado *adj* беспорядочный, разломанный
destartalar *vt* приводить в беспорядок, разваливать
destejer *vt* распускать тканьё
destellar *vt* искриться, сверкать
destello *m* 1) *(acción de destellar)* вспыхивание, сверкание, отблеск 2) *(resplandor)* проблеск, проявление
destemplado *adj* 1) несдержанный, раздражительный 2) *(dicho del tiempo)* переменчивый, неровный
destemplanza *f* 1) *(exceso en los afectos)* невоздержанность, неумеренность 2) *(desigualdad del tiempo)* переменчивость, неровность
destemplar *vt* 1) *(alterar)* нарушать (порядок, гармонию) 2) *(un instrumento)* расстраивать (инструмент)
destemplarse *vpron* 1) испытывать недомогание, расклеиваться 2) *(dicho de un instrumento)* расстраиваться 3) *(perder la moderación)* терять меру, становиться невоздержанным
destemple *m* 1) *(disonancia)* расстроенность 2) *(sensación de malestar)* лёгкое недомогание 3) *(desorden)* изменчивость, непостоянство
desteñir *vt* обесцвечивать
desteñirse *vpron* линять, выгорать, выцветать
desternillarse *vpron* 1) *(romperse las ternillas)* сломать хрящ 2) *(reír)* умирать со смеху
desterrado 1. *adj* изгнанный, сосланный **2.** *m* ссыльный
desterrar *vt* ссылать, высылать, отправлять в ссылку
destetar *vt* отнимать от груди, отнимать от маток
destete *m* отлучение от груди
destiempo *m* : a ~ не вовремя, некстати
destierro *m* ссылка, высылка
destilación *f* перегонка, дистилляция
destilado *adj* дистиллированный

destilador *m* 1) *(persona)* дистиллятор 2) *(filtro)* фильтр
destilar *vt* 1) перегонять, дистиллировать 2) *(revelar)* изъявлять, выказывать
destilería *f* перегонный завод
destinación *f* 1) *(finalidad)* назначение, предназначение 2) *(lugar de destino)* место назначения
destinar *vt* 1) назначать, предназначать 2) *(a un lugar de trabajo)* давать назваченние, направлять
destinatario *m* адресат, получатель
destino *m* судьба, рок, назначение
destitución *f* отстранение от должности, отправление в отставку
destituir *vt* отстранять от должности, отправлять в отставку
destornillado *adj* безрассудный, неразумный, без царя в голове
destornillador *m* отвёртка
destornillar *vt* вывинчивать, отвинчивать, отвёртывать
destornillarse *vpron* терять голову, поступать безрассудно
destral *m* топор
destrenzar *vt* расплетать
destreza *f* умение, ловкость, сноровка
destripador *m* потрошитель
destripar *vt* вынимать внутренности, потрошить
destripaterrones *m* 1) *coloq desp (gañán que la trabaja tierra)* батрак, подёнщик 2) *coloq (hombre cazurro)* землепашец, землекоп
destronamiento *m* свержение с престола
destronar *vt* 1) *(echar del trono)* свергать с престола, лишать власти 2) *(quitar la preponderancia)* развенчивать
destroncamiento *vt* 1) *(acción de cortar el tronco)* рубка дерева 2) *(acción de fatigar)* усталость, разбитость
destroncar *vt* 1) *(cortar por el tronco)* рубить дерево 2) *(truncar)* прерывать 3) *(fatigar)* утомлять
destrozar *vt* 1) разбивать, разрушать 2) *(causar quebranto moral)* сильно огорчать, подкашивать 3) *(aplastar al contrincante)* громить, разбивать
destrozo *m* 1) разрушение 2) *(daño)* ущерб, вред
destrozón *m* человек, быстро изнашивающий одежду
destrucción *f* разрушение, уничтожение
destructible *adj* V. destruible
destructivo *adj* разрушительный
destructor 1. *adj* разрушительный **2.**, **-a** *m/f* разрушитель, -ница **3.** *m (buque de guerra)* эсминец
destruible *adj* рушимый, непрочный
destruir *vt* 1) разрушать, уничтожать, губить 2) *(deshacer algo no material)* разбивать, расстраивать
desuello *m* 1) *(acción de desollar)* сдирание шкуры 2) *(desvergüenza)* наглость, бесстыдство
desulfurar *vt quím* обессеривать, десульфурировать
desunión *f* 1) разъединение, разобщение 2) *(discordia)* несогласие, раздор, разлад
desunir *vt* 1) разъединять, разобщать 2) *(introducir discordia)* ссорить, вносить разлад
desuno *adv obsol* совместно, согласованно
desusado *adj* неупотребительный, вышедший из употребления
desusarse *vpron* 1) отучаться 2) выходить из употребления
desuso *m* неупотребительность, устарелость *caer en* ~ выходить из употребления, устаревать
desvaído *adj* неяркий, тусклый, блёклый
desvaírse *vpron* рассеиваться, таять
desvalido *adj* беззащитный, беспомощный, несчастный
desvalijador *m* вор, грабитель
desvalijar *vt* грабить
desvalimiento *m* беззащитность, беспомощность
desvalorar *vt* обесценивать
desvalorización *f* обесценение, девальвация
desvalorizar *vt* обесценивать, девальвировать
desván *m* чердак
desvanecedor *m foto* маска-оттенитель
desvanecer *vt* 1) *(disgregar)* рассеивать, разгонять 2) *(deshacer)* рассеивать, стирать
desvanecerse *vpron* 1) *(disgregarse)* рассеиваться, таять 2) *(evaporarse)* выдыхаться, испаряться 3) *(perder el sentido)* испытывать головокружение
desvanecimiento *m* 1) *(disgregación)* исчезновение, рассеяние 2) *(evaporación)* испарение, улетучивание 3) *(pérdida del sentido)* головокружение, обморок
desvarar *vt* снимать судно с мели
desvare *m* скольжение
desvariado *adj* бредящий, безрассудный, сумасбродный
desvariar *vi* бредить, говорить несуразности
desvarío *m* 1) *(delirio)* бред 2) *(monstruosidad)* чудовищность
desvedar *vt* снимать запрет
desvedarse *vpron* быть освобождён от запрета
desvelar[1] *vt (quitar el sueño)* лишать сна
desvelar[2] *vt (poner de manifiesto)* раскрывать, объявлять
desvelarse *vpron* 1) *(perder el sueño)* страдать бессонницей, лишаться сна 2) **(por u/c)** *(poner gran cuidado en algo)* делать с большим усердием, не жалеть усилий
desvelo *m* 1) *(insomnio)* бессонница 2) *(preocupación)* забота, старания
desvencijar *vt* расчленять, разлаживать, расшатывать
desvencijarse *vpron* расчленяться, разлаживаться, расшатываться
desvendar *vt* снимать повязку (с кого-л)
desventaja *f* минус, невыгода, недостаток
desventajoso *adj* невыгодный, неблагоприятный
desventura *f* несчастье, неудача, злоключение
desventurado *adj* несчастный, неудачливый, невезучий
desvergonzado *adj* бесстыдный, наглый
desvergonzarse *vpron* говорить бесстыдно, наглеть
desvergüenza *f* бесстыдство, наглость
desvestir *vt* раздевать, обнажать

desvestirse *vpron* раздеваться, обнажаться
desviación *f* отклонение, смещение
desviacionismo *m pol* уклонизм
desviador *adj* отклоняющий
desviar *vt* отклонять, сбивать с пути
desviarse *vpron* отклоняться, сбиваться с пути
desvincular *vt* рвать связь, разъединять
desvincularse *vpron* **(de alg o u/c)** разъединяться (с кем/чем-л), рвать связь (с кем/чем-л)
desvío *m* 1) отклонение, отступление 2) *(en una carretera)* съезд
desvirgar *vt* лишать девственности
desvirtuar *vt* лишать сущности, лишать ценности, портить
desvitalizar *vt* лишать жизненную силу
desvivirse *vpron* **(por alg o u/c)** проявлять живой интерес (к кому/чему-л), лезть из кожи вон (ради кого/чего-л)
detalladamente *adv* подробно
detallar *vt* подробно описывать, излагать обстоятельно
detalle *m* 1) деталь, подробность 2) *(gesto de atención)* знак внимания, любезность
detallista *adj* 1) любезный, внимательный 2) *com* розничный
detección *f* обнаружение, выявление
detectar *vt* обнаруживать, выявлять, находить
detective *m/f* детектив
detector *m* детектор, обнаружитель
detención *f* 1) задержка, остановка 2) *(arresto)* задержание, арест
detener *vt* 1) останавливать, задерживать 2) *(arrestar)* арестовывать, задерживать
detenerse *vpron* останавливаться, задерживаться
detenidamente *adv* тщательно, подробно
detenid|o, -a *m/f* арестованн|ый, -ая
detenimiento *m* 1) V. detención 1 2) *(escrupulosidad)* скрупулёзность, мелочность ◆ **con todo ~** со всей тщательностью
detentación *f* незаконное удержание
detentar *vt* незаконно удерживать
detergente *m* стиральный порошок
deteriorar *vt* портить, повреждать
deteriorarse *vpron* портиться, ухудшаться, приходить в негодность
deterioro *m* 1) *(estropeo)* изнашивание, износ 2) *(degeneración)* порча, повреждение
determinación *f* 1) определение 2) *(decisión)* решение *tomar una ~* принять решение 3) *(osadía)* решительность
determinado *adj* 1) *(cierto)* определённый 2) *(decidido)* решительный, отважный 3) *ling* определённый *artículo ~* определённый артикль
determinante 1. *adj* определяющий **2.** *m ling* определяющее слово
determinar *vt* 1) определять, уточнять 2) *(distinguir)* различать 3) *(el día, la hora, etc.)* назначать, определять
determinarse *vpron* **(en u/c)** решаться (в чём-л)
determinativo *adj* определяющий, определительный
determinismo *m filos* детерминизм
determinista 1. *adj filos* детерминистский, детерминистический **2.** *m/f filos* детерминист
detersivo *adj* V. detersorio
detersorio *adj* очищающий
detestable *adj* отвратительный, мерзкий, ненавистный
detestar *vt* 1) ненавидеть, питать отвращение (к кому/чему-л) 2) *(maldecir)* проклинать
detonación *f* 1) *(explosión)* взрыв 2) *(explosión brusca)* детонация
detonador *m* детонатор
detonante *adj* взрывной, детонирующий
detonar 1. *vt* взрывать **2.** *vi* взрываться, детонировать
detracción *f* 1) *(resta)* вычитание, уменьшение 2) *(infamación)* злословие, дифамация
detractar *vt* V. detraer
detractor *m* клеветник, хулитель
detraer *vt* 1) *(restar)* вычитывать, отнимать 2) *(infamar)* клеветать, наговаривать
detrás *adv* сзади, позади ◆ **por ~ de** за глаза, за спиной **uno ~ de otro** один за другим
detrimento *m* повреждение, ущерб, вред ◆ **en ~ de u.c.** во вред чему-л.
detrítico *adj geol* детритовый, обломочный
detrito *m geol* детрит, обломочный материал
deuda *f* 1) *(obligación monetaria)* долг *liquidar una ~* погасить долг 2) *(obligación moral)* долг, обязанность *estar en ~ con alg* быть в долгу перед кем-л.
deudo *m* 1) *(pariente)* родственник 2) *(parentesco)* родство
deudor 1. *adj* задолжавший **2. -a** *m/f* должни|к, -ца
deuterio *m quím* дейтерий
devaluación *f* девальвация, обесценение
devaluar *vt* обесценивать, девальвировать
devaluarse *vpron* обесцениваться, девальвироваться
devanadera *f* 1) *(canilla)* шпулька, шпуля 2) *(en los teatros)* вращающаяся декорация
devanado *m* 1) *(acción de devanar)* намотка, наматывание 2) *(bobina)* обмотка
devanador *m* 1) *(persona que devana)* мотальщик 2) *(bobina)* бобина, барабан, катушка
devanar *vt* мотать, наматывать
devanarse *vpron* мотаться
devanear *vi* болтать вздор, поступать неразумно
devaneo *m* 1) *(delirio)* бред 2) *(distracción)* бессмысленная трата времени 3) *(amorío pasajero)* мимолётное увлечение
devastación *f* опустошение, разорение
devastador 1. *adj* опустошительный, разорительный **2.** *m* опустошитель, разоритель
devastar *vt* опустошать, разорять
develar *vt* раскрывать, разоблачать, обнаруживать
devengar *vt* иметь право на получение
devenir[1] *m filos* развитие
devenir[2] *vi* 1) *(sobrevenir)* приходить, наступать 2) *(llegar a ser)* делаться, становиться
deverbal *adj ling* отглагольный
devoción *f* благочестие, преданность
devocionario *m* молитвенник
devolución *f* возврат, отдача
devolver *vt* 1) *(volver a su estado anterior)* возвращать 2) *(restituir)* возвращать, отдавать 3) *(corresponder a un favor, una vista, etc.)*

отвечать (на что-л) 4) *(rechazar una compra)* возвращать 5) *coloq (vomitar)* вырвать (кого-л), блевать

devolverse *vpron Am.* поворачиваться

devoniano *adj geol* девонский

devónico 1. *adj geol* V. devoniano **2.** *m geol* девонский период, девон

devorador 1. *adj* пожирающий, всепожирающий **2. -a** *m/f* пожиратель, -ница

devorar *vt* жрать

devoto *adj* 1) *(religioso)* благочестивый, набожный 2) *(que mueve a devoción)* священный, почитаемый 3) *(fiel)* преданный

dextrina *f quím* декстрин

deyección *f* 1) *(excremento)* экскременты, кал 2) *(defecación)* испражнение 3) *geol* вулканическая лава

día *m* день, дневное время *al ~ siguiente* на следующий день; *cada ~* каждый день; *hace buen ~* сегодня хорошая погода; *¿qué ~ es hoy?* какой сегодня день? ◆ **al ~** в курсе **de ~** днём **el otro ~** недавно **un ~ de estos** на днях **un ~ sí y otro no** через день **¡buenos ~s!** доброе утро!, добрый день!

diabetes *f* диабет

diabétic|o 1. *adj* диабетический **2., -a** *m/f* диабетик

diabla *f* 1) *coloq (diablo hembra)* чертовка, бесовка 2) *(máquina para cardar la lana)* кардочесальная машина ◆ **a la ~** как попало, небрежно

diablesco *adj* V. diabólico

diablillo *m* 1) чёрт, чертёнок 2) *coloq (persona enredadora)* интриган, -ка

diablo *m* 1) чёрт, бес, дьявол 2) *(persona traviesa y atrevida)* пройдоха, пронырa 3) *(persona muy fea)* урод, страшилище ◆ **~ cojuelo** склочник, смутьян **pobre ~** бедолага, несчастный человек **anda el ~ suelto** чёрт знает, что творится **¿qué ~s?** *coloq* что за чёрт? **¡qué ~s!** *coloq* чёрт возьми! **¡vete al ~!** *coloq* иди к чёрту!

diablura *f* проделка, выходка

diabólico *adj* 1) дьявольский, четровский 2) *(enrevesado)* запутанный, трудный

diábolo *m* диаболо (игра)

diaconal *adj relig* дьяконский

diácono *m relig* дьякон

diacrítico *adj* диакритический

diacronía *f* диахрония

diacrónico *adj* диахронический

diadema *f* диадема, корона, венец

diado *adj* назначенный (о дне)

diafanidad *f* прозрачность

diáfano *adj* прозрачный

diafragma *m anat ópt* диафрагма

diafragmar *vt foto* диафрагмировать

diagnosis *f* диагноз

diagnosticar *vt* ставить диагноз

diagnóstico *m* диагноз

diagonal 1. *adj* диагональный **2.** *f* диагональ

diagrama *m* диаграмма, график, схема

dial[1] *m* 1) *(indicador)* круговая шкала 2) *(en la radio)* шкала 3) *(en el teléfono)* диск, номеронабиратель

dial[2] *adj (relativo a un día)* относящийся к какому-л. дню

dialectal *adj* диалектальный, диалектный

dialectalismo *m ling* диалектизм

dialéctica *f* диалектика

dialéctico *adj* диалектический

dialectismo *m ling* V. dialectalismo

dialecto *m* диалект

dialectología *f ling* диалектология

diálisis *f quím* диализ

dialogal *adj* V. dialogístico

dialogar 1. *vi* разговаривать, вести диалог **2.** *vt* писать в форме диалога

dialogístico *adj* диалогический, имеющий форму диалога

diálogo *m* диалог, беседа

diamante *m* алмаз *~ en bruto* необработанный алмаз

diamantífero *adj* алмазоносный

diamantino *adj* 1) алмазный 2) *poét* твёрдый, непреклонный

diamantista *m/f* шлифовальщи|к, -ца алмазов

diametral *adj* диаметральный

diámetro *m* диаметр, поперечник

diana *f* 1) *mil* заря *tocar ~* играть утреннюю зорю 2) *(blanco de tiro)* мишень 3) *(punto central del blanco de tiro)* центр мишени, десятка *hacer ~* попасть в десятку

dianche *m coloq euf* чёрт ◆ **¡ ~!** *coloq* чёрт!

diantre *m coloq euf* чёрт ◆ **¡~!** *coloq* чёрт!

diapasón *m* диапазон

diapositiva *f* слайд, диапозитив

diariamente *adv* ежедневно

diario 1. *adj* ежедневный **2.** *m* 1) *(periódico)* газета 2) *(relato de lo que sucede día a día)* дневник ◆ **a ~** ежедневно

diarismo *m Am.* журналистика

diarrea *f* понос, диарея

diáspora *f* диаспора

diástole *f biol* диастола

diátesis *f* 1) *ling* диатеза, залог 2) *med* диатез

diatónico *adj mús* диатонический

diatriba *f* диатриба

dibujante *m/f* художни|к, -ца, рисовальщи|к, -ца

dibujar *vt* рисовать, чертить

dibujarse *vpron* появляться, вырисовываться

dibujo *m* 1) *(arte de dibujar)* рисование 2) *(imagen dibujada)* рисунок 3) *(delineación)* черчение 4) *(imagen delinada)* чертеж ◆ **~s animados** мультипликационный фильм, мультфильм

dicción *f* 1) дикция, произношение 2) *(palabra)* слово

diccionario *m* словарь

diccionarista *m/f* составитель словарей, лексикограф

dicha *f* счастье, удача ◆ **nunca es tarde si la ~ es buena** лучше поздно, чем никогда

dicharachero *m* бойкий на язык, весёлый

dicharacho *m* вульгарное слово, непристойность

dicho 1. *adj* вышеназванный **2.** *m* выражение, поговорка, пословица ◆ **~ y hecho** сказано – сделано **del ~ al hecho hay un trecho** скоро сказка сказывается, да не скоро дело делается

dichoso *adj* 1) счастливый, удачливый 2) *irón (desventurado)* злополучный, проклятый

3) *coloq (enfadoso)* надоедливый, неприятный
diciembre *m* декабрь *en* ~ в декабре
dicotomía *f* дихотомия
dicotómico *adj* дихотомический
dictado *m* 1) *(texto escrito al dictado)* диктант 2) *(acción de dictar)* диктовка 3) *(título de dignidad)* почётный титул
dictador *m* диктатор
dictadura *f* диктатура
dictáfono *m* диктофон
dictamen *m* заключение, суждение, мнение
dictaminar *vt* высказывать заключение (суждение)
dictar *vt* 1) диктовать 2) *(pronunciar leyes)* приказывать, предписывать
dictatorial *adj* 1) диктаторский 2) *(arbitrario)* произвольный, не подчиняющийся законам
dictatorio *adj* диктаторский
dicterio *m* язвительная шутка, оскорбительное слово
didáctica *f* дидактика
didáctico *adj* дидактический, поучительный
didáctilo *adj* двупалый
diecinueve *num* девятнадцать
dieciochesco *adj* относящийся к восемнадцатому веку
dieciocho *num* восемнадцать
dieciséis *num* шестнадцать
diecisiete *num* семнадцать
diedro *m geom* диэдр, двугранный угол
diente *m* 1) зуб ~ *canino* клык, глазной зуб; ~ *incisivo* резец, передний зуб; ~ *de leche* молочный зуб 2) *tecn* зуб, зубец ◆ ~ **de ajo** зубчик чеснока ~ **de león** одуванчик **enseñar los ~s** показывать зубы, огрызаться **decir entre ~s** говорить (цедить) сквозь зубы **hincarle el ~ a u/c** *coloq* браться за какое-л. дело
diéresis *f* 1) *ling (signo ortográfico)* трема 2) *ling (pronunciación separada de dos vocales)* диерeза
diésel 1. *m* дизель **2.** *adj* дизельный
diestra *f* правая рука ◆ **a ~ y siniestra** направо и налево, куда попало
diestro 1. *adj* 1) *(derecho)* правый, находящийся справа 2) *(hábil)* ловкий, искусный, умелый **2.** *m taur* тореро, матадор
dieta 1. *f* диета **2. -s** *fpl* суточные, командировочные
dietario *m* 1) *(libro de cuentas)* приходно-расходная книга 2) *(libro de crónicas)* летопись, запись событий
dietético *adj* диетический
dietista *m/f* специалист по питанию
diez 1. *num* десять ~ *minutos* десять минут; ~ *mil* десять тысяч **2.** *m* число десять, десятка
diezmar *vt* 1) *(pagar el diezmo)* собирать десятину 2) *(aniquilar)* истреблять, губить
diezmo 1. *adj obsol* десятый **2.** *m hist* десятинный сбор, десятина
difamación *f* клевета, диффамация
difamador *m* клеветник
difamar *vi* **(sobre alg)** клеветать (на кого-л), наговаривать (на кого-л)
difamatorio *adj* клеветнический, позорящий
diferencia *f* 1) разница, различие 2) *(controversia)* разногласие, разноречивость 3) *mat* разность, остаток
diferenciación *f* 1) дифференциация, различение 2) *mat* дифференцирование
diferencial 1. *adj* 1) различный, отличающийся 2) *mat* дифференциальный, разностный **2.** *m tecn* дифференциальный механизм **3.** *f mat* дифференциал
diferenciar *vt* различать, отличать
diferenciarse *vpron* различаться, отличаться
diferente *adj* разный, различный, отличный
diferido *inv* : en ~ в записи (о радио- или телевещание)
diferir 1. *vt* откладывать **2.** *vi* **(de alg o u/c)** отличаться (от кого/чего-л), различаться (от кого/чего-л)
difícil *adj* трудный, тяжёлый, сложный, нелёгкий *trabajo* ~ трудная работа; *carácter* ~ тяжёлый характер
dificultad *f* трудность, затруднение
dificultar *vt* затруднять, осложнять, мешать (чему-л)
dificultoso *adj* трудный, затруднительный
difracción *f fís* дифракция
difractar *vt fís* дифрагировать, преломлять
difteria *f med* дифтерия
diftérico *adj med* дифтерийный, дифтеритный
difuminado *adj* расплывчатый, размытый
difuminar *vt* расплывать, тушевать
difuminarse *vpron* расплываться, размываться
difumino *m* растушёвка
difundir *vt* 1) *(propagar físicamente)* распространять 2) *(divulgar)* распространять, делать известным, разглашать
difundirse *vpron* распространяться
difunt|o 1. *adj* умерший, покойный **2., -a** *m/f* покойни|к, -ца
difusión *f* 1) распространение 2) *(divulgación)* распространение, разглашение
difusivo *adj* распространяющийся, рассеивающийся
difuso *adj* 1) *(dilatado)* растянутый, широкий, диффузный 2) *(abundante en palabras)* пространный, многословный 3) *(impreciso)* неясный, расплывчатый
difusor *m* выпускное отверстие, сопло
diga *interj* слушаю! (по телефону)
digerible *adj* удобоваримый, легко усваиваемый
digerir *vt* 1) переваривать, усваивать 2) *(meditar)* усваивать, осиливать 3) *(sufrir con paciencia)* терпеть, выносить
digestible *adj* V. digerible
digestión *f* пищеварение
digestivo *adj* 1) пищеварительный 2) *(que ayuda a digerir)* способствующий пищеварению
digitación *f mús* аппликатура
digital *adj* 1) *(relativo a los dedos)* пальцевой *huella* ~ отпечаток пальцев 2) *(referente a los números dígitos)* цифровой *impresión* ~ цифровая печать; *libro* ~ электронная книга
digitalina *f bot quím* дигиталис
digitalizar *vt* переводить в цифровую форму, оцифровывать

dígito *m* цифра
diglosia *f ling* диглоссия
dignación *f* снисходительность, снисхождение
dignarse *vpron* **(a u/c)** соизволить (сделать что-л), удостоить (чем-л) ~ *a venir* соизволить явиться; ~ *a conceder audiencia* удостоить аудиенцией
dignatario *m* важное должностное лицо
dignidad *f* 1) достоинство 2) *(cargo de autoridad)* звание, чин
dignificar *vt* 1) делать достойным 2) *(conferir una dignidad)* удостаивать (чем-л)
digno *adj* 1) **(de u/c)** достойный (чего-л), заслуживающий (чего-л) *digno de atención* заслуживающий внимания; ~ *de respeto* достойный уважения 2) *(aceptable)* подобающий, надлежащий
digresión *f* отступление, отклонение
digresivo *adj* отклоняющий, приводящий к отступлению
dilacerar *vt* 1) *(desgarrar)* разрывать, раздирать на куски 2) *(lastimar el orgullo)* оскорблять, поносить
dilación *f* задержка, промедление, острочка *sin* ~ безотлагательно, немедленно
dilapidación *f* расточительство, растрачивание
dilapidador *m* расточитель, мот
dilapidar *vt* расточать, растрачивать
dilatabilidad *f* растяжимость, способность к расширению
dilatable *adj* растяжимый, способный расширяться
dilatación *f* расширение, растяжение
dilatado *adj* широкий, расширенный
dilatar *vt* 1) расширять, растягивать, увеличивать в размерах 2) *(extender en el tiempo)* затягивать, растягивать 3) *(diferir)* откладывать, оттягивать
dilatarse *vpron* 1) расширяться, растягиваться 2) *(extenderse en el tiempo)* растягиваться, затягиваться 3) *(diferirse)* окладываться, оттягиваться
dilatoria *f* задержка, прострочка
dilatorio *adj* задерживающий, острочивающий
dilecto *adj* любимый, возлюбленный
dilema *m* дилемма
diletante 1. *adj* дилетантский, любительский 2. *m/f* дилетант, -ка, любитель, -ница
diletantismo *m* дилетантизм, дилетантантство
diligencia *f* 1) прилежание, усердие 2) *(agilidad, prisa)* расторопность, деловитость 3) *(trámite)* процедура, формальность 4) *(vehículo)* дилижанс
diligenciar *vt* 1) хлопотать, стараться 2) *jur* вести судебное дело
diligente *adj* 1) старательный, усердный 2) *(presto, ligero)* расторопный, деловитый
dilucidación *f* объяснение, разъяснение, истолкование
dilucidar *vt* объяснять, прояснять
diluir *vt* растворять, разводить, разбавлять
diluvial *adj* наносный, дилювиальный
diluviar *vi* лить как из ведра
diluvio *m* 1) потоп 2) *coloq (lluvia muy copiosa)* ливень
dimanar *vt* 1) *(dicho del agua)* вытекать 2) **(de u/c)** *(transcurrir)* происходить (из/от чего-л), проистекать (из/от чего-л)
dimensi|ón *f* 1) *(tamaño)* размер *de grandes ~ones* больших размеров 2) *fís* измерение *en tres* ~ в трёх измерениях
dimensional *adj* пространственный
dimes *inv coloq* : ~ y diretes перебранка
diminutivo 1. *adj* уменьшительный 2. *m* уменьшительное слово
diminuto *adj* крошечный, очень маленький
dimisión *f* отставка *presentar la* ~ подать в отставку
dimisionario *adj* подавший в отставку
dimisorias *fpl relig* епископская грамота
dimitir *vi* уходить в отставку, отказываться от должности
dimorfismo *m biol* диморфизм
dinamarqués *adj* V. danés
dinámica *f* динамика
dinámico *adj* 1) динамический 2) *(dicho de una persona)* динамичный, энергичный
dinamismo *m* динамизм
dinamita *f* динамит
dinamitar *vt* взрывать (динамитом)
dínamo, dinamo *m fís* динамо, генератор электрического тока
dinamómetro *m tecn* динамометр, силомер
diñar *vt* давать ◆ **~la** умереть
dinastía *f* династия
dinástico *adj* династический
dineral *m* большая сумма денег *costar un* ~ стоить кучу денег
dinerillo *m coloq* деньжонки
dinero *m* деньги, денежные средства ~ *en efectivo (en metálico)* наличные деньги ◆ **poderoso caballero es don ~** деньги могут всё
dinosaurio *m* динозавр
dintel *m* притолока
diocesano *adj relig* епархиальный
diócesis *f relig* епархия, диоцез
diodo *m electr* диод
dioptría *f* диоптрия
diorama *m* диорама
diorita *f min* диорит
dios *m* 1) *(escrito con mayúscula)* Бог 2) бог ◆ **a la buena de Dios** как Бог на душу положит **¡alabado sea Dios!** слава тебе, Господи! **como Dios manda** как положено **dejado de la mano de Dios** заброшенный **Dios dirá** будь что будет **que sea lo que Dios quiera** пусть будет, что будет! **¡por Dios!** ради Бога!, ей-Богу!
diosa *f* богиня
dióxido *m quím* двуокись ~ *de carbono* двуокись углерода
dioxina *m quím* диоксин
diploma *m* 1) *(para acreditar un grado o premio)* диплом, свидетельство 2) *(privilegio otorgado por una autoridad)* грамота
diplomacia *f* 1) *(relaciones internacionales)* дипломатия 2) *(servicio diplomático)* дипломатическая служба 3) *(cortesía)* дипломатичность
diplomado *adj* получивший диплом, дипломированный

diplomarse *vpron* получать диплом
diplomática *f (diplomacia)* дипломатия
diplomátic|o 1. *adj* дипломатический **2. , -a** *m/f* дипломат, -ка
diplomatura *f* 1) *(grado académico)* трёхгодичное обучение 2) *(estudios que conducen a la diplomatura)* учёная степень, полученная по завершению трёхгодичного обучения
díptero 1. *adj zool* двукрылый **2. -s** *mpl zool* двукрылые
díptico *m* диптих
diptongación *f ling* дифтонгизация
diptongar 1. *vt ling* образовывать дифтонг **2.** *vi ling* превращаться в дифтонг
diptongo *m ling* дифтонг
diputación *f* собрание представителей *~ provincial* областной совет
diputad|o, -a *m/f* депутат
diputar *vt* направлять в качестве депутата
dique *m* плотина, док
diquelar *vt vulg* понимать
dirección *f* 1) *(mando)* руководство, управление *bajo la ~* под руководством 2) *(departamento)* управление, департамент 3) *(orientación)* направление *en ~ sur* в южном направлении 4) *(domicilio)* адрес 5) *tecn* управление
direccionalidad *f* направленность
directiva *f* 1) *(mesa de gobierno)* директивный орган 2) V. directriz 1
directivo 1. *adj* директивный **2.** *m* член директивного органа
direct|o 1. *adj* 1) прямой, непосредственный *línea ~a* прямая линия; *estilo ~o* прямая речь 2) *(sin intermediarios)* непосредственный, без посредников **2.** *m sport* прямой удар
director *m* директор *~ de cine* режиссёр; *~ de orquesta* дирижёр
directoral *adj* директорский
directorio *m* 1) *(aquello que sirve para dirigir)* руководство, справочник 2) *(junta directiva)* директивный орган 3) *(guía)* справочник 4) *hist* директория
directriz *f* 1) директивы, руководящие указания 2) *mat* директриса
dirigente *m/f* руководитель
dirigible 1. *adj* управляемый, направляемый **2.** *m* дирижабль
dirigir *vt* 1) *(llevar, encaminar)* направлять *~ la atención* обращать внимание; *~ la mirada* устремлять взгляд 2) *(regir, gobernar)* руководить (кем/чем-л), управлять (кем/чем-л) 3) *(un espectáculo, una película)* ставить
dirigirse *vpron* 1) **(a/hacia alg o u/c)** *(encaminarse)* направляться (к чему-л/куда-л), идти (к кому/чему- л), двигаться (к кому/чему-л) 2) **(a alg)** *(interpelar)* обращаться (к кому-л)
dirigismo *m* дирижизм
dirimente *adj* отменяющий, аннулирующий
dirimir *vt* 1) *(deshacer)* отменять, аннулировать 2) *(concluir una controversia)* решать, рассеивать
discapacidad *f* инвалидность
discapacitad|o 1. *adj* инвалидный **2. , -a** *m/f* инвалид
discernimiento *m* 1) распознавание, различение 2) *(otorgamiento)* присуждение
discernir *vt* 1) различать, разпознавать 2) *(otorgar)* присуждать
disciplina *f* 1) дисциплина 2) *(ciencia, arte)* дисциплина, предмет изучения
disciplinado *adj* дисциплинированный
disciplinar *vt* 1) *(instruir)* дисциплинировать, воспитывать 2) *(castigar)* наказывать
disciplinario *adj* дисциплинарный
discípulo *m* 1) *(alumno)* ученик 2) *(seguidor)* последователь
disc-jockey *m* диджей, диск-жокей
disco[1] *m* 1) диск, круг, шайба 2) *(de vinilo)* пластинка ◆ *~* **compacto** компакт-диск *~* **duro** *informát* жёсткий диск
disco[2] *f coloq* V. discoteca
discóbolo *m* метатель диска, дискобол
discografía *f* дискография
discográfico *adj* дискографический
discoidal *adj* имеющий форму диска
díscolo *adj* непослушный, упрямый, строптивый
disconforme *adj* 1) *(no conforme)* несогласный 2) *(que manifiesta disconformidad)* несогласованный, разлаженный
disconformidad *f* 1) *(diferencia)* несоответствие, различие 2) *(oposición)* несогласие, разногласие
discontinuidad *f* прерывистость, отсутствие непрерывности
discontinuo *adj* 1) прерывающийся, прерывистый 2) *mat* прерывный
discordancia *f* несоответствие, несогласие, разгногласие
discordante *adj* V. discorde
discordar *vi* 1) *(ser diferente)* не совпадать, не соответствовать 2) *(tener distinta opinión)* расходиться во мнениях 3) *mús* диссонировать
discorde *adj* 1) несогласный, расходящийся 2) *mús* диссонирующий
discordia *f* разногласие
discoteca *f* дискотека
discotequero *adj* дискотечный, относящийся к дискотекам
discreción *f* 1) *(prudencia)* сдержанность, скромность 2) *(sensatez)* благоразумие, осмотрительность ◆ **a** *~* вволю, сколько душе угодно
discrecional *adj* дискреционный, произвольный
discrepancia *f* разногласие, расхождение
discrepante *adj* **(en u/c)** расходящийся (в чём-л)
discrepar *vi* **(en u/c)** расходиться (в чём-л), не соглашаться (в чём-л)
discreto *adj* 1) скромный, сдержанный 2) *(sensato)* благоразумный, осмотрительный 3) *mat* дискретный
discriminación *f* 1) *(diferenciación)* различение, разделение 2) *(trato de inferioridad)* дискриминация
discriminar *vt* 1) *(diferenciar)* различать, отличать 2) *(dar trato de inferioridad)* притеснять, дискриминировать
discriminatorio *adj* дискриминирующий, ущемляющий, неравноправный

disculpa *f* извинение, прощение *pedir ~s* просить прощения; *admitir una ~* принять извинение

disculpable *adj* простительный, извинительный

disculp|ar *vt* извинять, прощать *¡ ~e!* извините!

disculparse *vpron* **(por u/c)** извиняться (за что-л), просить прощения (за что-л)

discurrir 1. *vt* 1) *(inventar)* придумывать, изобретать 2) *(conjeturar)* обдумывать, размышлять **2.** *vi* 1) *(andar)* идти, проходить 2) *(dicho del tiempo)* проходить, протекать

discursista *m/f* любитель, -ница сочинять речи

discursivo *adj* 1) *(que discurre)* вдумчивый, рассудительный 2) *(propio del discurso)* рассудочный, дискурсивный

discurso *m* 1) речь, дискурс 2) *(razonamiento)* рассуждение 3) *(exposición)* речь, выступление 4) *(ideología)* положения, идеология

discusión *f* 1) спор, столкновение, препирательство *~ acalorada* горячий спор; *no admitir ~* быть бесспорным 2) *(análisis)* обсуждение, дискуссия *someter a ~* вынести на обсуждение

discutible *adj* спорный, сомнительный

discutir 1. *vt* обсуждать, рассматривать, разбирать **2.** *vi* **(sobre u/c)** спорить (о чём-л), препираться

disecación *f* 1) *biol* рассечение 2) обработка животного к изготовлению чучела

disecar *vt* 1) *(dividir un cadáver para su estudio)* вскрывать, анатомировать 2) *(para que un animal parezca vivo)* изготовлять чучела

disección *f* вскрытие, анатомирование

diseccionar *vt* 1) *biol* рассекать 2) изготавливать чучело животного

disector *m med* прозектор

diseminación *f* 1) рассеивание, разбрасывание 2) *(divulgación)* распространение, диссеминация

diseminar *vt* 1) *(extender)* рассыпать, рассеивать, разбрасывать 2) *(divulgar)* распространять

diseñador *m* дизайнер

diseñar *vt* 1) *(trazar una figura)* делать изображение (план, эскиз) 2) *(proyectar)* проектировать 3) *(un interior)* оформлять, создавать дизайн

diseño *m* 1) *(delineación de una figura)* чертёж, рисунок 2) *(proyecto)* проект, план 3) *(concepción original de un objeto)* дизайн

disensión *f* 1) *(oposición)* спор, разногласие 2) *(riña)* разлад, распри

disenso *m* V. disentimiento

disentería *f med* дизентерия

disentimiento *m* разногласие, расхождение во мнениях

disentir *vi* **(de alg)** не соглашаться (с кем-л), быть не согласным (с кем-л), расходиться во мнениях (с кем-л)

disertación *f* 1) *(acción disertar)* рассуждение 2) *(escrito)* письменный доклад

disertar *vi* **(sobre u/c)** рассуждать (о чём-л), делать доклад (о чём-л)

disforme *adj* бесформенный

disfraz *m* 1) (маскарадный) костюм 2) *(simulación)* притворство, маскировка

disfrazar *vt* **(de alg o u/c)** переодевать (в кого/что-л)

disfrazarse *vpron* **(de alg o u/c)** переодеваться (в кого/что-л)

disfrutar 1. *vt* наслаждаться (чем-л), получать удовольствие (от чего-л) **2.** *vi (tener)* иметь, пользоваться (чем-л) *~ de buena salud* иметь хорошее здоровье

disfrute *m* 1) *(goce)* наслаждение, удовольствие 2) *(uso)* пользование

disfunción *f* 1) нарушение, сбой работы 2) *med* дисфункция, нарушение

disgregación *f* разъединение, разобщение

disgregar *vt* разъединять, разобщать

disgregarse *vpron* 1) разъединяться, разобщаться 2) *(dispersarse)* разгоняться

disgustado *adj* огорчённый, расстроенный

disgustar *vt* 1) огорчать, расстраивать 2) *(causar enfado)* раздражать, отталкивать

disgustarse *vpron* огорчаться, расстраиваться

disgusto *m* 1) огорчение, расстройство 2) *(fastidio)* неприятность, неприятное положение

disgustoso *adj obsol* неприятный, досадный

disidencia *f* 1) *(acción de disidir)* инакомыслие, идейные разногласия 2) *(grave desacuerdo)* разногласие, раскол

disidente 1. *adj* неортодоксальный, инакомыслящий **2.** *m/f* диссидент, -ка

disidir *vi* отличаться во взглядах, отказываться от прежних взглядов

disimetría *f* диссимметрия

disimétrico *adj* диссимметричный

disímil *adj* несходный, непохожий, разнородный

disimilación *f* диссимиляция

disimilitud *f* несходство, различие

disimulación *f* скрывание, утаивание

disimulado *adj* скрытный, скрытый

disimulador *adj* скрывающий свои мысли

disimular 1. *vt* 1) *(encubrir la intención)* скрывать, маскировать 2) *(disfrazar algo para que parezca distinto de lo que es)* скрывать, прикрывать **2.** *vi (fingir)* притворяться не понимающим

disimulo *m* 1) скрывание, утаивание *con ~* незаметно, тайком 2) *(fingimiento)* притворство

disipación *f* 1) *(acción de disiparse)* рассеивание, испарение 2) *(derroche)* расточительность, мотовство 3) *(relajamiento moral)* легкомысленный образ жизни

disipado *adj* 1) V. disipador 2) *(libertino)* распущенный, беспутный

disipador 1. *adj* расточительный **2.** , **-a** *m* расточитель, -ница, мот

disipar *vt* 1) *(esparcir)* рассеивать, разгонять 2) *(malgastar)* проматывать, растрачивать

disiparse *vpron* исчезать, рассеиваться

dislalia *f med* косноязычие

dislate *m* V. disparate

dislexia *f med* дислексия

disléxico *m* дислектик

dislocación *f* вывих, смещение костей

dislocar *vt* смещать, вывихивать

disminución *f* уменьшение, сокращение

disminuido *adj* 1) пониженный 2) *(dicho de una persona)* с емственными или физическими недостатками, инвалидный

disminuir 1. *vt* уменьшать, сокращать **2.** *vi* уменьшаться, сокращаться

disnea *f* одышка

disneico *adj* 1) *med (relativo a la disnea)* относящийся к одышке 2) *med (que padece disnea)* страдающий одышкой

disociación *f* 1) разъединение, разделение 2) *quím* диссоциация, разложение

disociar *vt* 1) разъединять, разделять 2) *quím* диссоциировать, разлагать

disolubilidad *f* растворимость

disoluble *adj* растворимый

disolución *f* 1) *(acción de disolver)* растворение 2) *(mezcla resultante)* раствор 3) *(de una reunión)* роспуск 4) *(relajación de las costumbres)* разложение

disoluto *adj* распущенный, беспутный

disolvente *m* растворитель

disolver *vt* 1) растворять, разъединять 2) *(una reunión, una sociedad)* распускать 3) *(un contrato, un matrimonio)* расторгать

disolverse *vpron* 1) **(en u/c)** *(en un líquido)* растворяться (в чём-л) 2) *(una reunión, una sociedad)* распускаться 3) *(un contrato, un matrimonio)* расторгаться

disonancia *f* 1) *mús* неблагозвучие, диссонанс 2) *(falta de la conformidad)* несоответствие, разногласие

disonante *adj* 1) *(que disuena)* неблагозвучный, диссонирующий 2) *(irregular)* не соответствующий (чему-л), не согласующийся (с чем-л)

disonar *vi* 1) *(sonar sin armonía)* диссонировать, звучать не в тон 2) **(de u/c)** *(carecer de correspondencia)* не соответствовать (чему-л)

dispar *adj* неодинаковый, неравный, непохожий, несхожий

disparada *f* 1) *Arg. Nic. Ur.* поспешное бегство 2) *Per.* резкое подорожание цен ◆ **a la disparada** *Am.* поспешно, неосмотрительно

disparado *adj Cub.* возбуждённый, тревожный

disparador *m* спуск

disparar *vt/i* 1) стрелять, делать выстрел 2) *(arrojar con violencia)* метать, бросать 3) *(en el fútbol y otros deportes)* ударять

dispararse *vpron* 1) *(dicho de un arma)* выстрелить 2) *(dicho de un mecanismo)* срабатывать 3) *(crecer inmoderadamente)* резко вырасти, подскочить

disparatado *adj* 1) *(contrario a la razón)* бессмысленный, безрассудный 2) *(muy grande)* огромный, чудовищный

disparatar *vi* говорить глупости, поступать безрассудно

disparate *m* 1) *(dicho disparatado)* глупость, чепуха, вздор 2) *(hecho disparatado)* безрассудство, глупость 3) *(cantidad enorme)* уйма, огромное количество

disparidad *f* различие, несходство, расхождение

disparo *m* выстрел

dispendio *m* 1) *(de dinero)* расточительность 2) *(de tiempo)* чрезмерная трата, разбазаривание

dispendioso *adj* дорогой, разорительный

dispensa *f* привилегия, льгота

dispensable *adj* простительный

dispensación *f* 1) *(acción de dispensar)* предоставление льгот 2) *(dispensa)* льгота, освобождение

dispensador *adj* 1) *(que dispensa)* дающий, предоставляющий 2) *(que distribuye)* распределяющий

dispensar *vt* 1) *(dar)* давать, предоставлять 2) **(de u/c)** *(eximir)* освобождать (от чего-л) 3) *(absolver)* извинять

dispensario *m* амбулатория, диспансер

dispepsia *f med* диспепсия

dispéptico *adj med* диспепсический

dispersar *vt* 1) рассеивать, разбрасывать 2) *(un grupo de personas)* разгонять 3) *(dividir el esfuerzo o la atención)* разбрасывать 4) *mil* обращать в бегство

dispersarse *vpron* 1) рассеиваться 2) *(dividir el esfuerzo o la atención)* разбрасываться 3) *(huir)* разбегаться, расходиться

dispersión *f* рассеивание, разбрасывание

dispersivo *adj* рассеивающий, разбрасывающий

disperso *adj* рассеянный, разбросанный

displicencia *f* 1) *(desagrado)* угрюмость, неприветливость 2) *(desaliento)* отсутствие желания (делать что-л)

displicente *adj* 1) *(que desplace)* неприятный, угрюмый 2) *(desdeñoso)* недовольный

disponer 1. *vt* 1) располагать, размещать 2) *(determinar)* устанавливать, устраивать 3) *(preparar)* подготавливать, готовить **2.** *vi* **(de alg o u/c)** располагать (кем/чем-л), иметь в своём распоряжении

disponerse *vpron* 1) *(colocarse)* располагаться, размещаться 2) **(a u/c)** *(tener intención de hacer una cosa)* собираться (делать что-л), готовиться (делать что-л)

disponibilidad *f* 1) наличие, наличность 2) *(situación de estar disponible)* готовность, доступность

disponible *adj* свободный, наличный, доступный

disposición *f* 1) *(acción de disponer)* расположение, размещение 2) *(orden)* распоряжение, приказ

dispositivo *m* устройство, приспособление

dispuesto *adj* расположенный, приготовленный

disputa *f* 1) *(altercado)* спор, перекания, ссора 2) *(debate)* диспут, полемика, дебаты

disputable *adj* спорный, проблематичный

disputar 1. *vt* 1) оспаривать 2) *sport* играть (за что-л) **2.** *vi* **(por u/c)** спорить (о чём-л)

disputarse *vpron* 1) **(u/c)** бороться (за что-л), соперничать (из-за чего-л) 2) *(dicho de una competición deportiva)* проводиться, состояться

disquería *f Ch. Arg.* музыкальный магазин

disquete *m informát* дискета

disquetera *f informát* дисковод

disquisición *f* 1) *(examen)* рассуждение, изложение 2) *(divagación)* философствование
distancia *f* расстояние, дистанция *a* ~ на расстоянии, *estudios a* ~ дистанционное обучение
distanciar *vt* отдалять, удалять
distanciarse *vpron* 1) **(de alg o u/c)** отдаляться (от кого/чего-л), удаляться (от кого/чего-л) 2) *(por desafecto)* охладевать друг к другу, расходиться
distante *adj* 1) отдалённый, удалённый 2) *(dicho de una persona)* сдержанный, холодный
distar *vi* 1) *(estar apartado)* отстоять, находиться на расстоянии 2) *(diferenciarse)* отличаться
distender *vt* ослаблять, расслаблять
distenderse *vpron med* растягиваться
distendido *adj* расслабленный
distensión *f* разрядка, ослабление
dístico[1] *m lit* двустишие, дистих
dístico[2] *adj bot* двухрядный
distinción *f* 1) *(acción)* различение, распознание 2) *(diferencia)* различие, отличие 3) *(honor)* почёт, почесть 4) *(objeto que simboliza el honor concedido)* знак почёта 5) *(consideración)* уважение
distinguido *adj* выдающийся, знаменитый, знатный
distinguir *vt* 1) отличать, различать 2) *(destacar)* отмечать, выделять
distinguirse *vpron* 1) *(diferenciarse)* выделяться, отличаться 2) *(destacar)* выделяться 3) *(divisarse)* просматриваться, различаться
distintivo 1. *adj* отличительный, характерный *signo* ~ отличительный знак **2.** *m* знак отличия, опознавательный знак
distinto *adj* различный, разный, отличный
distorsión *f* искажение, искривление
distorsionar *vt* 1) *(torcer)* крутить, перекручивать 2) *(deformar)* искажать, искривлять
distracción *f* 1) *(diversión)* развлечение, отдых 2) *(desviación de la atención)* отвлечение
distraer *vt* 1) *(divertir)* развлекать, занимать 2) *(desviar la atención)* отвлекать
distraerse *vpron* 1) **(con u/c)** *(divertirse)* развлекаться (чем-л) 2) **(de u/c)** *(despistarse)* отвлекаться (от чего-л)
distraido *adj* 1) *(entretenido)* увлекательный 2) *(despistado)* рассеянный, невнимательный
distraído *adj* 1) *(despistado)* рассеянный, невнимательный 2) *(entretenido)* занимательный
distribución *f* распределение
distribuidor 1. *adj* распределяющий, раздающий **2.** *m* 1) распределитель, раздатчик 2) *com* дистрибьютер 3) *tecn* распределитель
distribuir *vt* распределять, раздавать
distributivo *adj* раздающий, распределительный
distrito *m* округ, район
distrofia *f med* дистрофия
disturbar *vt* V. perturbar
disturbio *m* беспорядок, волнение, нарушение общественного порядка
disuadir *vt* отговаривать, разубеждать
disuasión *f* отговаривание, разубеждение
disuasivo *adj* отговаривающий, разубеждающий
disyunción *f* разделение, разъединение
disyuntiva *f* выбор, альтернатива
disyuntivo *adj* разделяющий, разъединяющий
disyuntor *m electr* выключатель, разъединитель, прерыватель
ditirámbico *adj lit* дифирамбический
ditirambo *m lit* дифирамб
diuresis *f fisiol* диурез, мочеиспускание
diurético 1. *adj med* мочегонный **2.** *m med* мочегонное средство
diurno *adj* дневной
diva *f* 1) *(diosa)* богиня 2) *(mujer de gran éxito)* дива, примадонна
divagación *f* 1) *(acción de vagar)* хождение без цели, блуждание 2) *(separarse del asunto de que se trata)* отклонение, отступление
divagar *vi* 1) бродить, блуждать 2) *(hablar sin sentido)* болтать 3) *(separarse del asunto de que se trata)* отклоняться, отступать
diván *m* диван, кушетка
divergencia *f* разногласие, расхождение
divergente *adj* расходящийся, отклоняющийся
divergir *vi* 1) расходиться, отклоняться 2) *(discrepar)* расходиться, не сходиться
diversidad *f* 1) *(diferencia)* различие, несходство 2) *(gran cantidad de cosas distintas)* разнообразие, многообразие
diversificación *f* диверсификация, разнообразие
diversificar *vt* разнообразить
diversión *f* развлечение, забава
diverso *adj* различный, разный
divertido *adj* 1) *(alegre)* весёлый, забавный 2) *(que divierte)* развлекательный
divertimiento *m* развлечение, увеселение, забава
divertir *vt* развлекать, забавлять, потешать
divertirse *vpron* развлекаться, забавляться, тешить себя
dividendo *m* 1) *mat* делимое 2) *econ* дивиденд
dividir *vt* 1) делить, разделять 2) *(distribuir)* разделять, распределять 3) *(introducir discordia)* вносить разлад, ссорить 4) *mat* делить
divieso *m* фурункул, чирей
divinamente *adv* прекрасно, великолепно
divinidad *f* божество
divinización *f* обожествление, обоготворение
divinizar *vt* 1) обожествлять, боготворить 2) *(ensalzar)* восхвалять, превозносить
divino *adj* 1) божий, божественный 2) *(magnífico)* прекрасный, великолепный
divisa *f* 1) знак различия, девиз 2) *(moneda extranjera)* валюта
divisar *vt* видеть, различать
divisibilidad *f* делимость, кратность
divisible *adj* делимый
división *f* 1) деление, разделение 2) *(parte, sección)* отделение, подразделение 3) *mat* деление 4) *sport* лига, дивизион 5) *mil* дивизия
divisional *adj* относящийся к делению
divisor *m mat* делитель
divisoria *f* линия раздела

divisorio *adj* делящий, разделяющий
divo *m* 1) *(dios)* бог, божество 2) *(cantante conocido)* знаменитый певец
divorciado *adj* разведённый
divorciarse *vpron* разводиться
divorcio *m* развод
divulgación *f* популяризация, распространение
divulgador **1.** *adj* популяризирующий, распространяющий **2.** *m* распространитель, популяризатор
divulgar *vt* популяризировать, распространять
divulgativo *adj* популяризирующий
do *m mús* до
dóberman *m* доберман
dobladillo *m* подшивка, подол
doblado *adj* 1) *(recio)* приземистый, коренастый 2) *(dicho de un terreno)* неровный 3) *(hipócrita)* двуличный
doblador *m/f* дублёр
dobladura *f* сгиб
doblaje *m* дублирование, дубляж
doblar **1.** *vt* 1) удваивать 2) *(plegar)* сгибать, подворачивать 3) *(una película)* дублировать 4) *(torcer algo encorvándolo)* поворачивать 5) *(convencer)* переубеждать **2.** *vi (girar)* поворачивать, сворачивать
doblarse *vpron* 1) удваиваться 2) *(plegarse)* сгибаться
doble **1.** *adj* 1) двойной, вдвое больший 2) *(no sincero)* лицемерный **2.** *m* двойное количество **3.** *m/f (en el cine)* двойни|к, -ца
doblegar *vt* 1) *(convencer)* переубеждать 2) *(doblar)* сгибать, складывать
doblegarse *vpron* 1) *(doblarse)* сгибаться, перегибаться 2) **(a u/c)** *(someterse)* покоряться (чему-л), подчиняться (чему-л)
doblemente *adv* вдвойне
doblete **1.** *adj (entre doble y sencillo)* средний **2.** *m* 1) *(dos cosas conseguidas al mismo tiempo)* дубль 2) *(piedra falsa)* дублет
doblez *m* место сгиба
doblón *m hist* дублон
doce *num* двенадцать
doceavo *adj* двенадцатый
docena *f* дюжина
docencia *f* преподавание, учение
docente *adj* обучающий, преподающий *centro ~* учебное заведение
dócil *adj* послушный, покорный
docilidad *adj* 1) *(obediencia)* послушание, покорность 2) *(dicho de un metal)* податливость
dócilmente *adv* послушно, покорно
docto *adj* учёный, образованный, знающий
doctor, -a *m/f* 1) кандидат наук, доктор наук 2) *(médico)* доктор, врач
doctorado *m* 1) *(grado de doctor)* докторская степень 2) *(estudios de doctorado)* докторантура
doctoral *adj* докторский
doctorando *m* докторант
doctorar *vt* присуждать докторскую степень
doctorarse *vpron* получать докторскую степень
doctrina *f* учение, доктрина
doctrinal *adj* доктринальный, относящийся к доктрине
doctrinario *adj* доктринальный
documentación *f* 1) документы, документация 2) *(de identificación)* документы
documentado *adj* 1) *(argumentado con documentos)* документированный 2) *(informado)* осведомлённый
documental **1.** *adj* документальный **2.** *m* документальный фильм
documentalista *m/f* документалист, работник в области документальной кинематографии
documentar *vt* обосновывать документами, доказывать документами
documentarse *vpron* **(sobre u/c)** собирать материалы (о чём-л), осведомляться (о чём-л)
documento *m* документ
dodecaedro *m geom* додекаэдр
dodecafonía *f* додекафония
dodecafonismo *m mús* додекафония
dodecágono **1.** *adj geom* двенадцатиугольный **2.** *m geom* двенадцатиугольник
dodecasílabo *adj lit* двенадцатисложный стих
dogal *m* 1) *(soga para atar las caballerías)* повод 2) *(cuerda para ahorcar)* верёвка с мёртвой петлёй ◆ **con el ~ al cuello** в тяжёлом положении
dogma *m* догмат, догма
dogmática *f* догматика
dogmático **1.** *adj* 1) *(relativo a los dogmas)* догматический, догматичный 2) *(inflexible)* непримиримый, не допускающий возражений **2.** *m* догматик
dogmatismo *m* догматизм
dogmatizar *vt* 1) *(afirmar con presunción)* говорить категорическим тоном 2) *(enseñar dogmas)* устанавливать догматы, догматизировать
dogo *m* дог
dólar *m* доллар
dolencia *f* болезнь, нездоровье
doler *vi* 1) **(u/c a alg)** болеть (у кого-л) *me duele la cabeza* у меня болит голова 2) *(causar pesar)* огорчать, расстраивать
dolerse *vpron* **(de u/c)** сожалеть, жалеть
dolido *adj* огорчённый, обиженный
doliente *adj* 1) *(enfermo)* больной, болезненный 2) *(afligido)* скорбящий, скорбный
dolmen *m* дольмен
dolo *m* 1) *(engaño)* обман, подвох 2) *(voluntad deliberada de delinquir)* преднамеренность, злой умысел
dolomía *f geol* доломитовая скала
dolomita *f geol* доломит, горький шпат
dolor *m* 1) боль *~ agudo* острая боль; *~ de cabeza* головная боль 2) *(pena)* печаль, скорбь
dolorido *adj* испытывающий боль, больной
dolorosa *f* 1) *relig* скорбящая богоматерь 2) *coloq hum* счёт
doloroso *adj* 1) *(que causa dolor físico)* болезненный 2) *(que causa dolor moral)* печальный, горестный
doloso *adj* обманный, лживый
doma *f* 1) *(de un animal)* укрощение, дрессировка, выездка 2) *(de las pasiones)* усмирение, обуздание

domable *adj* поддающийся укрощению
domador, -a *m/f* дрессировщи|к, -ца
domar *vt* 1) дрессировать, усмирять 2) *(las pasiones)* усмирять, подавлять
domesticable *adj* приручаемый
domesticar *vt* 1) приручать 2) *(hacer más tratable)* воспитывать
doméstico *adj* домашний *animal ~* домашнее животное
domiciliación *f banc* автоматическое списание платежа со счёта, автоматическое зачисление платежа на счёт
domiciliado *adj* проживающий
domiciliar *vt* поселять, вселять
domiciliario *adj* домовый, домашний
domiciliarse *vpron* поселяться, обосновываться
domicilio *m* местожительство, местопребывание ◆ **a ~** на дом, на дому
dominación *f* господство, власть
dominador 1. *adj* господствующий **2.** *m* властитель, властелин
dominante *adj* господствующий, превосходящий, доминирующий
dominar 1. *vt* 1) господствовать (над кем/чем-л), властвовать (над кем/чем-л) 2) *(contener, reprimir)* подавлять, подчинять 3) *(conocer bien)* владеть (чем-л) **2.** *vi* 1) *(sobresalir en un paisaje)* возвышаться, доминировать 2) *(predominar)* преобладать, доминировать
dominarse *vpron* владеть собой, сдерживать себя
dómine *m coloq* преподаватель латинского языка
domingo *m* воскресенье *el ~* в воскресенье
dominguero *adj* воскресный, праздничный
dominguillo *m* ванька-встанька
dominical *adj* воскресный
dominican|o 1. *adj* 1) V. dominico 2) доминиканский **2. , -a** *m/f* доминикан|ец, -ка
dominico 1. *adj relig* принадлежащий к доминиканскому ордену **2.** *m relig* доминиканец
dominio *m* 1) *(ascendiente sobre otra persona)* власть, господство 2) *(poder de alguien para disponer de lo suyo)* владение 3) *(buen conocimiento)* владение 4) *(territorio)* владения, подвластные земли
dominó *m* домино *jugar al ~* играть в домино
domótica *f* домотика
don[1] *m (dádiva, regalo)* дар
don[2] *m (forma de tratamiento)* дон, господин *~ José* господин Хосе ◆ **~ Juan** ловелас, донжуан
doña *f* донья, госпожа *~ Luisa* госпожан Луиса
donación *f* 1) дарение *~ de sangre* сдача крови 2) *(donativo)* дар, пожертвование
donador *vpron* даритель
donaire *m* 1) *(chiste)* остроумие, находчивость 2) *(gallardía)* изящество, грациозность
donante *m* 1) даритель 2) *(de sangre)* донор
donar *vt* дарить, жертвовать (чем-л), даровать
donatario *m* лицо, получившее дар
donativo *m* пожертвование, дар
doncel *m* 1) *(joven)* юноша 2) *(paje)* паж
doncella *f* 1) *(joven)* девушка, девственница 2) *(criada)* горничная, служанка
doncellez *f* девственность
donde *adv* где *de ~* откуда; *desde ~* откуда; *por ~* где, той дорогой
dónde *adv interrog* где? *¿de ~?* откуда?; *¿hacia ~?* куда?; *¿por ~?* где?, какой дорогой?
dondequiera *adv* где угодно, где бы то ни было
dondiego *m* чудоцвет
donjuán *m* донжуан, ловелас
donjuanismo *m* донжуанство
donosidad *f* изящество, грация
donoso *adj* изящный, грациозный
donostiarra 1. *adj* сансебастьянский **2.** *m/f* житель, -ница (уроженец, уроженка) Сан-Себастьяна
donosura *f* V. donaire
dopaje *m* допинг
doparse *vpron* принимать допинг
doping *m* V. dopaje
doquier *adv* V. dondequiera
doquiera *adv* V. dondequiera
dorada *f* дорада
dorado *adj* золотистый, золотой
dorador *m* позолотчик
doradura *f* 1) *(acción de dorar)* золочение 2) *(efecto de dorar)* позолота
dorar *vt* 1) *(cubrir con oro)* золотить, покрывать позолотой 2) *(tostar ligeramente)* слегка поджаривать
dórico *adj arquit* дорический
dorífora *f* колорадский жук
dormida *f* сон
dormidera *f* 1) V. adormidera 2) *(facilidad de dormirse)* способность легко заснуть
dormidero 1. *adj* снотворный **2.** *m* загон для ночёвки скота
dormido *adj* спящий *quedarse ~* заснуть
dormil|ón, -ona *m/f* соня
dormilona *f* 1) *(arete)* серьга с жемчугом 2) *(butaca)* кресло для отдыха
dormir 1. *vi* 1) спать *echarse a ~* лечь спать 2) *(pasar la noche)* ночевать **2.** *vt* усыплять, укладывать
dormirse *vpron* 1) засыпать 2) *(dicho de un miembro)* неметь, затекать
dormitar *vi* дремать
dormitorio *m* спальня
dorsal *adj* спинной *espina ~* позвоночник
dorso *m* спина, обратная сторона *al ~* на обороте
dos 1. *num* два, две, двое **2.** *m* число два, двойка ◆ **cada ~ por tres** очень часто, то и дело
doscientos *num* двести
dosel *m* 1) *(mueble)* балдахин 2) *(tapiz)* драпри
dosificación *f* дозировка
dosificar *vt* дозировать
dosimetría *f* дозиметрия
dosis *f* доза, приём
dotación *f* 1) дотация 2) *(equipo)* личный состав 3) *(de una unidad militar o policial)* экипаж, команда
dotal *adj* относящийся к приданию
dotar *vt* 1) *(constituir dote a la mujer)* давать в приданое 2) *(asignar bienes)* ассигновать, давать дотацию 3) *(proveer)* снабжать

(чем-л), оснащать (чем-л) 4) **(de u/c)** *(dicho de la naturaleza)* наделять (чем-л), одарять (чем-л)
dote 1. *m/f (conjunto de bienes)* приданое **2.** *m (capacidad admirable)* дар, талант
dovela *f arquit* камень свода
dozavo *adj* V. doceavo
draconiano *adj* драконовский, суровый
draga *f* землечерпалка, драга
dragado *m* землечерпальные работы, чистка дна
dragaminas *m mil* тральщик, минный тральщик
dragar *vt* производить землечерпальные работы
drago *m* драконово дерево
dragomán *m* драгоман, переводчик, толмач
dragón *m* дракон
drama *m* драма
dramática *f lit* драматургия
dramático *adj* драматический
dramatismo *m* драматизм, драматичность
dramatizar *vt* драматизировать
dramaturgia *f* драматургия
dramaturgo *m* драматург
dramón *m coloq desp* утрированная драма
drástico *adj* решительный, радикальный
drenaje *m* дренаж
drenar *vt* дренировать
dríade *f* дриада
driblar *vt sport* обыгрывать
dril *m* грубая хлопчатобумажная ткань
droga *f* 1) *(sustancia mineral, vegetal o animal)* москательный товар 2) *(narcótico)* наркотик 3) *(medicamento)* лекарство
drogadicción *f* наркомания
drogadict|o 1. *adj* наркоманский **2. , -a** *m/f* наркоман, -ка
drogar *vt* давать наркотики
drogarse *vpron* принимать наркотики
drogata *m/f coloq* наркоман, -ка
drogodependencia *f* V. drogadicción
drogodependiente *adj* V. drogadicto
droguería *f* хозяйственный магазин
droguero *m* торговец москательными товарами
dromedario *m* дромадер, одногорбый верблюд
druida *m* друид
dual 1. *adj* двойственный, дуальный **2.** *m ling* двойственное число
dualidad *f* двойственность
dualismo *m filos relig* дуализм
dualista 1. *adj filos relig* дуалистический **2.** *m/f filos relig* дуалист, -ка
dubitación *f* V. duda
dubitativo *adj* выражающий сомнение, полный сомнения
dublin|és 1. *adj* дублинский **2. , -esa** *m/f* дублинец, -ка
ducado *m* 1) *(título)* титул герцога 2) *(territorio)* герцогство 3) *(moneda)* дукат
ducal *adj* герцогский
ducha *f* душ *darse una* ~ принимать душ
duchar *vt* обливать
ducharse *vpron* принимать душ
ducho *adj* опытный, знающий
dúctil *adj* 1) растяжимый, тягучий 2) *(condescenciente)* мягкий, покладистый
ductilidad *f* 1) *(maleabilidad de un metal)* мягкость, пластичность 2) *(condescendencia)* мягкость, сговорчивость, покладистость
duda *f* сомнение ◆ **sin ~ alguna** несомненно **poner en ~** ставить под сомнение
dudar *vi* **(de alg o u/c)** сомневаться (в ком/чём-л)
dudoso *adj* сомнительный
duelista *m* дуэлянт
duelo[1] *m (combate)* дуэль, поединок
duelo[2] *m* 1) *(pena)* боль, скорбь 2) *(demostraciones por la muerte de alguien)* траур
dueña *f* 1) хозяйка 2) *hist* компаньонка
duende *m* 1) *(espíritu que habita en las casas)* домовой 2) *(gnomo)* гном 3) *(encanto misterioso)* обояние, очарование 4) *(restaño)* парча
dueño *m/f* хозяин
duermevela *m* чуткий сон
dueto *m* дуэт
dulcamara *f* паслён сладкогорький
dulce 1. *adj* 1) сладкий 2) *(dicho del agua)* пресный 3) *(tierno)* нежный, сладкий **2.** *m* сладкое
dulcedumbre *f* V. dulzura
dulcería *f* кондитерская
dulces *mpl* сладости
dulcificar *vt* 1) *(volver dulce)* подслащивать 2) *(mitigar la acerbidad)* смягчать, облегчать
dulcinea *f coloq* возлюбленная, дульцинея
dulzaina[1] *f (instrumento musical)* свирель
dulzaina[2] *f (dulce de baja calidad)* дешёвые сладости
dulzarrón *adj* приторно сладкий
dulzón *adj* приторно сладкий
dulzor *m* V. dulzura
dulzura *f* 1) сладость 2) *(afabilidad, bondad)* нежность, приветливость
dumping *m* демпинг
duna *f* дюна
dundera *f Am. Cent.* глупость, тупость
dundo *adj Am. Cent.* глупый
dúo *m mús* дуэт
duodécimo *adj* двенадцатый
duodeno *m anat* двенадцатиперстная кишка
dúplex 1. *adj* двойной **2.** *m* двухэтажная квартира
dúplica *f jur* дуплика
duplicación *f* удвоение, удваивание
duplicado *m* дубликат *por* ~ в двух экземплярах
duplicar *vt* удваивать, дублировать
duplicidad *f* 1) *(falsedad)* двуличие, лицемерие 2) *(cualidad de doble)* двойственность
duplo 1. *adj* двойной **2.** *m* двойное количество
duque *m* герцог
duquesa *f* герцогиня
durable *adj* V. duradero
duración *f* длительность, продолжительность
duradero *adj* длительный, продолжительный
duraluminio *m quím* дюралюминий
duramadre *f anat* твёрдая мозговая оболочка
duramen *m bot* ядро (дерева)
durante *prep* во время чего-л., в течение чего-л.

dur|ar *vi* длиться, продолжаться, идти *la película ~ó una hora* фильм шёл час
durazno *m* персик
dureza *f* 1) твёрдость, жёсткость, прочность, крепость 2) *(rigurosidad)* строгость, суровость 3) *(fuerza, resistencia)* стойкость, выносливость
durmiente 1. *adj* спящий **2.** *m* поперечная балка
duro 1. *adj* 1) твёрдый, жёсткий, крепкий, прочный 2) *(riguroso)* строгий, суровый 3) *(fuerte, resistente)* стойкий, выносливый 4) *(terco)* упрямый 5) *(cruel, insensible)* жестокий, бессердечный **2.** *adv* крепко, сильно ◆ ~ **de oído** тугой на ухо
dux *m* V. duque
DVD *m* ди-ви-ди

E

e *conj* и (заменяет союз «y» перед словом, начинающимся с «i» или «hi»)
ea *interj* 1) *(denotando resolución)* и всё! 2) *(para animar)* давай!
ebanista *m/f* краснодеревщик, краснодеревец
ebanistería *f* 1) *(oficio)* столярное дело 2) *(taller)* столярная мастерская
ébano *m* эбеновое дерево
ebriedad *f* опьянение, состояние опьянения, пьянство
ebrio *adj* 1) пьяный, в состоянии опьянения 2) **(de u/c)** *(cegado)* ослеплённый (чем-л)
ebullición *f* 1) кипение, закипание 2) *(agitación)* бурление, кипение
ebúrneo *adj* из слоновой кости
eccehomo *m* 1) *relig* изображение Христа в терновом венце 2) *(persona lacerada)* человек, имеющий жалкий вид
eccema *m* экзема
echada *f* бросание
echado *adj* лежащий
echador *adj* бросающий
echar *vt* 1) бросать, кидать 2) *(despedir de sí algo)* выделять, выставлять за дверь 3) *(expulsar)* выгонять, выставлять за дверь 4) *(de un empleo)* увольнять 5) *(el cerrojo, el pestillo)* задвигать 6) *(raíces)* пускать 7) *(inclinar, recostar)* наклонять, откидывать ◆ ~ **de menos** скучать по кому/чему-л. ~ **abajo** сносить ~ **a perder** портить, переводить
echarpe *m* шаль
echarse *vpron* 1) *(arrojarse)* бросаться 2) *(en un lecho)* ложиться 3) *(entablar relación)* заводить ◆ ~ **a llorar** расплакаться, разрыдаться ~ **atrás** отказаться, отступиться, нарушить слово ~ **a dormir** ложиться спать ~ **a perder** портиться, ухудшаться ~ **a reír** рассмеяться, расхохотаться
eclecticismo *m* эклектика
ecléctico *adj* эклектичный, эклектический
eclesiástico *adj* церковный
eclipsar *vt* затмевать
eclipsarse *vpron* пропадать, исчезать
eclipse *m* затмение ◆ ~ **lunar (solar)** лунное (солнечное) замтение
eclosión *f* 1) *(de una flor)* раскрытие, расцвет 2) *(aparición súbita)* зарождение
eco *m* эхо
ecografía *f* эхография, ультразвуковое исследование, УЗИ
ecógrafo *m* эхограф
ecología *f* экология
ecológico *adj* экологический
ecologista 1. *m/f* эколог<u></u>ист, -ка 2. *adj* экологический, выступающий за сохранение окружающей среды
ecólogo *m* эколог
economato *m* кооперативный магазин
econometría *f* эконометрия
economía *f* 1) *(administración eficaz de los bienes)* экономия 2) *(ahorro de trabajo)* экономия 3) *(conjunto de bienes)* экономика 4) *(ciencia)* экономика
económico *adj* 1) экономический 2) *(que causa poco gasto)* экономичный
economista *m/f* экономист
economizar *vt* экономить
ecónomo *m* эконом
ecosistema *m* экосистема
ecotasa *f* экологический налог
ecuación *f mat* уравнение
ecuador *m* экватор
ecualizador *m* компенсатор
ecuánime *adj* беспристрастный
ecuanimidad *f* беспристрастность
ecuatorial *adj* экваториальный
ecuatorian|o 1. *adj* эквадорский 2. , **-a** *m/f* эквадор|ец, -ка
ecuestre *adj* 1) *(relativo al caballo)* конский 2) *(relativo a la equitación)* верховой, конный
ecuménico *adj relig* экуменический
ecumenismo *m relig* экуменизм
eczema *m* V. eccema
edad *f* 1) возраст 2) *(época)* эпоха, век ◆ **mayor de** ~ совершеннолетний **menor de** ~ несовершеннолетний **tercera** ~ преклонный возраст **Edad Media** средние века, средневековье
edema *m med* отёк
edematoso *adj med* отёчный
edén *m* рай
edición *f* издание ~ *de bolsillo* карманное издание
edicto *m* 1) указ, приказ 2) *(notificación)* извещение
edificación *f* 1) *(acción)* строительство 2) *(edificio)* постройка
edificante *adj* назидательный
edificar *vt* 1) строить, воздвигать 2) *(infundir virtud)* назидать
edificio *m* здание, дом
edil *m* член городского совета
editar *vt* издавать
editor *m* издатель
editorial 1. *adj* издательский 2. *f* издательство 3. *m* редакционная статья
editorialista *m/f* автор редакционной статьи
edredón *m* одеяло ~ *de pluma* перина
educación *f* 1) *(crianza)* воспитание 2) *(formación)* образование 3) *(cortesía)* воспитанность
educado *adj* воспитанный
educador, -a 1. *m/f* воспитатель, -ница 2. *adj* воспитывающий, воспитательный
educando *m* обучающийся
educar *vt* 1) воспитывать 2) *(formar)* обучать 3) *(a un animal)* дрессировать 4) *(perfeccionar los sentidos)* развивать

educativo *adj* 1) воспитательный, образовательный 2) *(edificante)* назидательный
edulcorante 1. *adj* подслащивающий **2.** *m* подсластитель
edulcorar *vt* подслащивать
efe *f* эфе (название буквы «f»)
efebo *m elev* юноша
efectismo *m* стремление к эффектам
efectista *adj* стремящийся к эффектам
efectivamente *adv* действительно, в самом деле
efectividad *f* 1) эффективность 2) *(validez)* законная сила
efectivo 1. *adj* 1) эффективный 2) *(real)* фактический, реальный **2.** *m* наличные деньги **3. -s** *mpl mil* силы ◆ **en** ~ наличными **hacer** ~ осуществлять, реализовать
efecto *m* 1) действие, эффект, следствие 2) *(impresión)* впечатление, эффект *hacer buen (mal)* ~ производить хорошее (плохое) впечатление 3) *(artículo, objeto)* предмет, имущество 4) *(movimiento giratorio)* предмет, имущество ◆ ~ **invernadero** парниковый эффект ~ **secundario** побочный эффект ~ **especiales** *cine* специальные эффекты, спецэффекты **en** ~ действительно **surtir** ~ подействовать
efectuar *vt* производить, совершать, осуществлять
efeméride *f* памятная дата, годовщина
efervescencia *f* 1) *(acción)* бурление, выделение газа 2) *(calidad de efervescente)* шипучесть 3) *(agitación)* бурление, кипение
efervescente *adj* бурлящий, шипучий
eficacia *f* эффективность
eficaz *adj* эффективный
eficiencia *f* эффективность
eficiente *adj* эффективный
efigie *f* образ, изображение
efímero *adj* мимолётный, быстротечный, преходящий
eflorescencia *f med* сыпь
efluvio *m* 1) аромат 2) *(emanación)* выделение
efusión *f* 1) *(derramamiento)* проливание 2) *(intensidad en los afectos)* выразительность, интенсивность
efusivo *adj* эмоциональный, сердечный, экспансивный
égida *f* покровительство
egipci|o 1. *adj* египетский **2.** , **-a** *m/f* египтян|ин, -ка
egiptología *f* египтология
egiptólogo *m* египтолог
égloga *f lit* эклога
ego *m* эго, я
egocéntric|o 1. *adj* эгоцентрический **2.** , **-a** *m/f* эгоцентрист, -ка
egocentrismo *m* егоцентризм
egoísmo *m* эгоизм
egoísta 1. *adj* эгоистичный **2.** *m/f* эгоист, -ка
ególatra 1. *adj* себялюбивый **2.** *m/f* себялюбец
egolatría *f* себялюбие
egotismo *m* эготизм, самовлюблённость
egotista 1. *adj* эготистский **2.** *m/f* эготист, -ка
egregio *adj* выдающийся
egresar *vi* 1) выходить 2) *Am.* оканчивать учебное заведение
eh *interj* 1) *(para llamar)* эй! 2) *(para preguntar)* что?, как? 3) *(para confirmar)* правда?, не так ли?
einstenio *m quím* эйнштейний
eje *m* 1) ось 2) *(idea principal)* главный мотив, ось ◆ ~ **terrestre** земная ось
ejecución *f* 1) исполнение, выполнение, осуществление 2) *(de un condenado)* казнь 3) *(de una pieza musical)* исполнение
ejecutable *adj* исполнимый, выполнимый
ejecutado *adj* казнённый
ejecutar *vt* 1) *(realizar)* исполнять, выполнять, осуществлять 2) *(a un condenado)* казнить 3) *(una pieza musical)* исполнять
ejecutiva *f* бизнес леди
ejecutiv|o 1. *adj* исполнительный **2.** , **-a** *m/f* 1) управляющий, менеджер 2) *(gobierno)* правительство **3. -a** *f (de una sociedad)* руководство, правление ◆ **poder** ~ *pol* исполнительная власть
ejecutor 1. *adj* исполняющий **2.** *m* 1) исполнитель 2) *jur* судебный исполнитель
ejecutoria *f* 1) *jur (sentencia)* приговор 2) *jur (documento)* исполнительный лист
ejecutorio *adj jur* подлежащий исполнению
ejemplar 1. *adj* примерный, образцовый **2.** *m* 1) экземпляр 2) *biol* особь, экземпляр
ejemplaridad *f* примерность
ejemplarizar *vt* подавать пример
ejemplificar *vt* 1) *(dar ejemplo)* подавать пример 2) *(demostrar con un ejemplo)* доказывать на примере
ejemplo *m* пример, образец, модель ◆ **dar** ~ подавать пример **por** ~ например
ejercer 1. *vt* 1) *(un cargo, funciones, etc.)* исполнять 2) *(realizar)* оказывать, производить, осуществлять ~ *presión* оказывать давление **2.** *vi (practicar una profesión)* практиковать
ejercicio *m* 1) *(acción de ejercer)* исполнение, практика 2) *(físico)* гимнастика, физическое упражнение 3) *(prueba o trabajo práctico)* упражнение 4) *(período de tiempo)* период
ejercitado *adj* опытный
ejercitar *vt* 1) *(ejercer)* практиковать, заниматься (чем-л) 2) *(entrenar)* упражнять, тренировать
ejercitarse *vpron* упражняться, тренироваться, практиковаться
ejército *m* армия, войско ◆ ~ **del aire** военно-воздушные силы ~ **de tierra** сухопутные войска
ejido *m* общественное поле
el *art det* определённый артикль мужского рода единственного числа ~ *libro* книга
él *pron pers* он *me lo dijo* ~ он мне сказал об этом
elaboración *f* 1) *(manejo)* обработка 2) *(creación)* разработка, выработка, составление 3) *(producción)* производство, изготовление
elaborar *vt* 1) *(manejar)* обрабатывать 2) *(crear)* разрабатывать, составлять 3) *(producir)* производить, изготавливать
elasticidad *f* упругость, эластичность
elástico 1. *adj* упругий, эластичный **2. -s** *mpl* подтяжки
eléboro *m* чемерица

elecci|ón 1. *f* выбор, избрание **2. -ones** *fpl* выборы
electivo *adj* выборный
electo *adj* избранный
elector *m* избиратель
electorado *m* избиратели
electoral *adj* избирательный *campaña* ~ избирательная кампания
electoralismo *m* направленность на предвыборную кампанию
electoralista *adj* направленный на предвыборную кампанию
electricidad *f* электричество ◆ ~ **estática** статическое электричество
electricista *m* электротехник, электрик
eléctric|o *adj* электрический ◆ **corriente ~a** электрический ток
electrificación *f* электрификация
electrificar *vt* электрифицировать
electrizable *adj* способный электризоваться
electrizante *adj* электризующий
electrizar *vt* электризовать
electro *m* 1) *(ámbar)* янтарь 2) *(aleación)* сплав золота и серебра
electroacústica *f* электроакустика
electrocardiograma *m med* электрокардиограмма
electrochoque *m med* электрошок
electrocución *f* смерть от разряда электрического тока
electrocutar *vt* убивать электрическим током
electrocutarse *vpron* погибать от разряда электрического тока
electrodinámica *f fís* электродинамика
electrodo *m fís* электрод
electrodoméstico *m* бытовой электроприбор
electroencefalograma *m med* электроэнцефалограмма
electroimán *m fís* электромагнит
electrólisis *f quím* электролиз
electrolito *m quím* электролит
electromagnético *adj fís* электромагнитный
electromecánico *adj electr* электромеханический
electrómetro *m electr* электрометр
electromotor 1. *adj fís* электродвижущий **2.** *m fís* электродвигатель
electrón *m fís* электрон
electrónica *f* электроника
electrónico *adj* электронный ◆ **correo** ~ электронная почта
electronuclear *adj fís* электроядерный
electroquímica *f* электрохимия
electroscopio *m electr* электроскоп
electrostático *adj fís* электростатический
electrotecnia *f electr* электротехника
electroterapia *f med* электротерапия
electrotermia *f fís* электротермия
elefanta *f* слониха
elefante *m* слон
elefantiasis *f med* элефантиаз
elefantino *adj* слоновый
elegancia *f* изящество, элегантность
elegante *adj* изящный, элегантный
elegía *f* элегия
elegiaco, elegíaco *adj* элегический
elegible *adj* имеющий право быть избранным
elegido 1. *adj* избранный **2.** *m* избранник
elegir *vt* выбирать, избирать
elemental *adj* 1) элементарный, основной 2) *(evidente)* элементарный, очевидный
elemento *m* 1) элемент 2) *(parte)* компонент, элемент, составная часть 3) *(de la naturaleza)* стихия 4) *desp (tipo)* субъект, тип
elenco *m* 1) список, перечень 2) *(compañía teatral)* труппа
elepé *m* долгоиграющая пластинка
elevación *f* 1) *(acción de elevar)* подъём, поднятие, повышение 2) *(acción de elevarse)* повышение, рост, возвышение 3) *(en el terreno)* возвышенность, высота
elevado *adj* 1) *(sublime)* высокий, возвышенный 2) *(alto)* высокий
elevador *m* подъёмник, элеватор
elevalunas *m* стеклоподъёмник
elevar *vt* 1) поднимать, повышать 2) *(en un rango)* производить, возводить 3) *(un escrito)* представлять, подавать 4) *mat* возводить
elevarse *vpron* 1) подниматься 2) *(dicho de una cantidad)* повышаться 3) *(quedar fuera de sí)* возвышаться
elfo *m* эльф
eliminación *f* 1) уничтожение, устранение, удаление 2) *(en una competición)* отсев, исключение 3) *fisiol* выделение
eliminar *vt* 1) уничтожать, устранять, удалять 2) *(en una competición)* отсеивать, исключать 3) *fisiol* выделять
eliminatorio *adj* отборочный
eliminatoria *f sport* отборочный этап (турнира)
elipse *f geom* эллипс
elipsis *f ling* эллипсис
elite, élite *f* элита
elitismo *m* элитаризм
elitista 1. *adj* элитаристкий **2.** *m/f* элитарист
élitro *m zool* надкрылье
elixir *m* эликсир
ella *pron pers* она *¿ ~ lo sabe?* она знает об этом?
ello *pron pers* оно, это ◆ **por** ~ поэтому
ellos *pron pers* они
elocución *f* стиль речи
elocuencia *f* красноречие
elocuente *adj* красноречивый
elogiar *vt* хвалить, восхвалять
elogio *m* похвала, хвала
elogioso *adj* хвалебный, похвальный
elucidación *f* разъяснение
elucidar *vt* разъяснять
eludible *adj* избегаемый, устранимый
eludir *vt* избегать (кого/чего-л), уклоняться (от чего-л)
elusivo *adj* избегающий, уклончивый
emanación *f* 1) выделение, истечение, эманация 2) *(aroma)* аромат
emanar 1. *vi* 1) **(de u/c)** *(derivar)* вытекать (из чего-л) 2) *(un olor)* исходить **2.** *vt (desprender)* излучать, выделять
emancipación *f* освобождение, эмансипация
emancipar *vt* **(de alg o u/c)** освобождать (от кого/чего-л)
emanciparse *vpron* **(de alg o u/c)** освобождаться (от кого/чего-л), получать эмансипацию (от кого/ чего-л)

embadurnar *vt* 1) мазать 2) *(manchar)* мазать, пачкать
embadurnarse *vpron* мазаться, пачкаться
embajada *f* посольство
embajador *m/f* посол
embalaje *m* упаковка
embalar *vt* упаковывать
embalarse *vpron coloq* увеличивать скорость, набирать скорость
embaldosado *adj* плиточный
embaldosar *vt* выкладывать плитами
embalsamamiento *m* бальзамирование
embalsamar *vt* бальзамировать
embalse *m* водохранилище
embarazada *adj* беременная
embarazar *vt* 1) делать беременной 2) *(impedir)* мешать (чему-л)
embarazarse *vpron* беременеть
embarazo *m* беременность
embarazoso *adj* неудобный, неловкий
embarcación *f* судно, корабль
embarcadero *m* пристань, причал
embarcar **1.** *vt* грузить (на судно, самолёт, и т.д.) **2.** *vi* 1) садиться (на судно, самолёт, и т.д.) 2) *(partir)* отправляться
embarcarse *vpron* **(en u/c)** браться (за что-л)
embargar *vt jur* налагать арест (на что-л)
embargo *m jur* эмбарго, арест ♦ **sin** ~ несмотря на это, однако
embarque *m* 1) погрузка 2) *(de pasajeros)* посадка
embarrado *adj* грязный, испачканный грязью
embarrancar *vi nav* садиться на мель
embarrancarse *vpron* 1) *nav* садиться на мель 2) *(atascarse)* застревать, запутываться
embarrar *vt* пачкать грязью
embarullar *vt* 1) *coloq* запутывать 2) *coloq* делать поспешно, небрежно
embarullarse *vpron* путаться
embate *m* 1) *(de las olas)* удар (волн) 2) *(acometida)* напор, нападение
embaucador **1.** *adj* лживый, обманчивый **2.** , **-a** *m/f* лжец, лгун, -ья, обманщи|к, -ца
embaucar *vt* обманывать
embebecerse *vpron* **(con alg o u/c)** восхищаться (кем/чем-л)
embeber *vt* 1) впитывать 2) **(en u/c)** *(empapar)* пропитывать (чем-л) 3) *(contener)* заключать в себе
embeberse *vpron* 1) **(de alg o u/c)** восхищаться (кем/чем-л) 2) **(en u/c)** *(sumergirse)* погружаться (во что-л.)
embelesar *vt* восхищать
embelesarse *vpron* **(con alg o u/c)** восхищаться (кем/чем-л)
embeleso *m* восхищение
embellecedor *adj* придающий красоту
embellecer *vt* украшать, приукрашать
embellecerse *vpron* 1) *(adornarse)* украшаться, приукрашаться 2) *(volverse bello)* хорошеть
embellecimiento *m* 1) *(adorno)* украшение, приукрашивание 2) *(aumento de la belleza)* прихорашивание
embestida *f* нападение (на кого/что-л)
embestir *vt* нападать (на кого/что-л)
embetunar *vt* 1) мазать битумом 2) *(el calzado)* мазать обувь кремом
emblanquecer *vt* белить
emblema *m* эмблема, символ
emblemático *adj* значимый, значительный, символический
embobar *vt* восхищать, ошеломлять
embobarse *vpron* восхититься, зазеваться
embobecer *vt* оглуплять
embocado *adj* полусухой (о вине)
embocadura *f* 1) *(de un vino)* вкус (вина) 2) *(de un río)* устье (реки)
embodegar *vt* хранить в погребе
embolado *m* 1) *(problema)* запутанное дело 2) *coloq (engaño)* ложь
embolador *m Col.* чистильщик обуви
embolar *vt* мазать обувь кремом
embolia *f* инсульт, эмболия
émbolo *m* поршень
embolsar *vt* 1) *(poner en la bolsa)* класть в сумку 2) *(recibir dinero)* получать деньги 3) *(reembolsar una deuda)* получать обратно долг
embolsarse *vpron* получать обратно долг
emboquillado *adj (un cigarrillo)* с мундштуком
emborrachar *vt* напаивать, подпаивать
emborracharse *vpron* напиваться, пьянеть
emborronar *vt* марать
emboscada *f* засада
emboscar *vt* устраивать засаду
emboscarse *vpron* садиться в засаду
embotado *adj* затупленный
embotadura *f* затупление
embotar *vt* затуплять
embotarse[1] *vpron (debilitarse)* слабеть
embotarse[2] *vpron coloq (ponerse botas)* надевать сапоги
embotellado **1.** *m* розлив **2.** *adj* разлитый в бутылки
embotelladora *f* 1) *(planta)* цех розлива в бутылки 2) *(máquina)* оборудование для розлива в бутылки
embotellamiento *m* 1) *(acción de embotellar)* розлив в бутылки 2) *(atasco)* пробка
embotellar *vt* разливать в бутылки
embotellarse *vpron* затрудняться (о движении транспорта)
embozar *vt* 1) *(la cara)* закрывать (нижнюю часть лица), кутать 2) *(ocultar)* скрывать
embozarse *vpron* закрываться, укутываться
embozo *m* 1) *(de la capa)* воротник, край плаща 2) *(recato)* скрытность
embragar *vt* включать сцепление
embrague *m* сцепление
embravecer *vt* приводить в ярость
embravecerse *vpron* 1) приходить в ярость 2) *(dicho del mar)* разбушеваться
embrazar *vt* продевать руку в щит
embreado *adj* смолёный
embrear *vt* смолить
embriagador *adj* 1) пьянящий, опьяняющий 2) *(que atonta)* упоительный
embriagar *vt* 1) *(emborrachar)* напаивать, *(causar embriaguez)* пьянить 2) *(atontar)* пьянить, завораживать
embriagarse *vpron* 1) напиваться, пьянеть 2) *(atontarse)* пьянеть, терять голову
embriaguez *f* опьянение
embrión *m* зародыш, эмбрион

embrionario *adj* зародышевый, зачаточный, эмбриональный
embrocar *vt* переливать
embrollador *adj coloq* путающий, сбивающий с толку
embrollar *vt* запутывать
embrollarse *vpron* запутываться
embrollo *m* 1) *(confusión)* путаница 2) *(mentira)* ложь, выдумка 3) *(situación embarazosa)* запутанная ситуация
embrollón *adj coloq* V. embrollador
embrujado *adj* заколдованный, завороженный
embrujar *vt* околдовывать, зачаровывать, завораживать
embrutecedor *adj* приводящий к озверению, деградации
embrutecer *vt* низводить до животного состояния, опускать
embrutecerse *vpron* доходить до озверения, опускаться
embrutecido *adj* морально опущенный, деградированный
embrutecimiento *m* озверение, деградация
embuchar *vt* набивать кишку фаршем
embudo *m* воронка
embullarse *perf* веселиться, шуметь
embuste *m* обман, ложь
embuster|o 1. *adj* лживый **2. , -a** *m/f* лжец, лгун, -ья, обманщи|к, -ца
embutido *m* колбаса, колбасные изделия
embutir *vt* 1) *(hacer embutidos)* набивать колбасы 2) *(apretar)* набивать, впихивать
embutirse *vpron* **(en u/c)** напяливать (что-л)
eme *f* эме (название буквы «m»)
emergencia *f* чрезвычайное происшествие ◆ **salida de ~** аварийный выход **situación de ~** чрезвычайное положение
emergente *adj* возникающий ◆ **país ~** развивающаяся страна
emerger *vi* всплывать
emérito *adj* заслуженный
emigración *f* эмиграция
emigrad|o, -a *m/f* эмигрант, -ка
emigrante 1. *adj* эмигрирующий **2.** *m/f* эмигрант, -ка, переселен|ец, -ка
emigrar *vi* эмигрировать
eminencia *f* 1) превосходство, преимущество 2) *(dicho de una persona)* выдающаяся личность
eminente *adj* выдающийся
eminentemente *adv* преимущественно
emir *m* эмир
emirato *m* эмират
emisario *m/f* посланник, посланец, эмиссар
emisión *f* 1) выпуск 2) *(de un programa)* трансляция, передача
emisor *m* 1) адресант 2) *fin* эмитент 3) *electr* передатчик
emisora *f* радиостанция
emitir *vt* 1) *(un sonido)* издавать 2) *(luz)* излучать 3) *(retransmitir)* передавать, транслировать 4) *(un veredicto u opinión)* высказывать 5) *fin* выпускать
emoción *f* 1) эмоция, чувство 2) *(expectación)* волнение, переживание
emocional *adj* эмоциональный
emocionante *adj* волнующий, трогательный
emocionar *vt* волновать, трогать
emocionarse *vpron* разволноваться, растрогаться
emolumento *m* вознаграждение
emotividad *f* чувствительность, эмоциональность
emotivo *adj* 1) *(relativo a las emociones)* чувствительный, эмоциональный 2) *(que produce emoción)* трогательный
empacar 1. *vt* паковать, упаковывать **2.** *vi Am.* собирать чемодан
empacarse *vpron* 1) смущаться 2) *coloq (emperrarse)* упрямиться
empachar *vt* расстраивать желудок
empacharse *vpron* расстраивать себе желудок
empacho *m* несварение желудка
empadronamiento *m* 1) регистрация, прописка 2) *(padrón)* регистр жителей
empadronar *vt* прописывать
empadronarse *vpron* прописываться
empalagar *vt* 1) *(dicho de una comida)* быть чересчур приторным 2) *(causar hastío)* надоедать (кому-л), вызывать отвращение (у кого-л)
empalagoso *adj* приторный
empalizada *f* частокол
empalmar 1. *vt* связывать, соединять, присоединять, стыковать, смыкать **2.** *vi* 1) **(con u/c)** *(seguir)* следовать (за чем-л) 2) **(con u/c)** *(con un medio de transporte)* стыковаться (с чем-л)
empalme *m* 1) соединение, присоединение, стык, стыковка, смыкание 2) *(con un medio de transporte)* стыковка
empanada *f* пирог
empanadilla *conj* пирожок
empañado *adj* 1) тусклый 2) *(dicho de un cristal)* запотевший 3) *(dicho de los ojos)* затуманенный
empanar *vt* панировать, жарить в сухарях
empañar *vt* 1) *(quitar brillo)* тускнеть, делать тусклым 2) *(los ojos)* затуманивать
empanarse *vpron coloq* зазеваться, стормозить
empañarse *vpron* 1) тускнеть 2) *(dicho de un cristal)* запотевать 3) *(dicho de los ojos)* затуманиваться
empantanar *vt* 1) *(un terreno)* заболачивать 2) *(un asunto)* задерживать, препятствовать (чему-л)
empantanarse *vpron* 1) *(dicho de un terreno)* заболачиваться 2) *(dicho de un asunto)* задерживаться, застревать
empapar *vt* пропитывать
empaparse *vpron* 1) пропитываться 2) *(por la lluvia)* промокать 3) **(de u/c)** *(imbuirse)* проникаться (чем-л)
empapelado *m* 1) *(acción de empapelar las paredes)* оклейка (обоями) 2) *(papel de pared)* обои
empapelador *m* обойщик
empapelar *vt* 1) завёртывать в бумагу 2) *(una pared)* наклеивать обои (на что-л) 3) *coloq* возбуждать дело (против кого-л)
empaque *m* упаковка, упаковывание
empaquetador *m* упаковщик, фасовщик
empaquetar *vt* упаковывать

emparedado 1. *adj* замурованный **2.** *m* сендвич
emparedar *vt* замуровывать
emparejar *vt* составлять пару, соединять в пару
emparejarse *vpron* соединяться в пару
emparentado *adj* **(con alg)** в родстве (с кем-л)
emparentar *vt* роднить
emparentarse *vpron* **(con alg)** родниться (с кем-л)
emparrado *m* виноградная беседка
emparrillado *m constr* решётка фундамента
empastar *vt* пломбировать (зуб)
empaste *m* зубная пломба
empastelar *vt impr* смешивать шрифт
empatar *vi sport* сыграть вничью, сравнять счёт
empate *m sport* счёт вничью, ничья
empavesar *vt nav* украшать судно флагами
empecatado *adj* 1) *(incorregible)* неисправимый 2) *(desgraciado)* неудачливый
empecinado[1] *adj* упрямый, упорный
empecinado[2] *m (peguero)* смолокур
empecinar *vt* смолить
empecinarse *vpron* упрямиться, упорствовать
empedernido *adj* неисправимый, закорснелый
empedernirse *vpron* становиться неисправимым
empedrado *m* мостовая
empedrador *m* мостильщик
empedrar *vt* мостить
empeine *m (de la pierna, de la bota)* подъём
empellón *m* толчок (телом)
empeñado *adj* 1) задолжавший 2) **(en u/c)** *(tenaz)* упорный (в чём-л)
empeñar *vt* закладывать, отдавать в залог
empeñarse *vpron* 1) *(endeudarse)* залезать в долги 2) **(en u/c)** *(ser tenaz)* настаивать (на чём-л)
empeño *m* 1) *(deuda)* залог 2) *(tenacidad)* упорство, настойчивость ◆ **casa de ~** ломбард
empeoramiento *m* ухудшение
empeorar 1. *vt* ухудшать **2.** *vi* ухудшаться
empeorarse *vpron* ухудшаться
empequeñecer 1. *vt* уменьшать **2.** *vi* уменьшаться
empequeñecerse *vpron* уменьшаться
emperador *m* император
emperatriz *f* императрица
emperejilarse *vpron coloq* наряжаться
emperifollarse *vpron coloq* наряжаться
empernar *vt* скреплять болтами
empero *conj* но, однако
emperramiento *m* упорство, упрямство
emperrarse *vpron* **(en u/c)** *coloq* упорствовать (в чём-л), упрямиться
empezar 1. *vt* начинать **2.** *vi* начинаться
empiece *m coloq* начало
empiltrarse *vpron vulg* ложиться в кровать
empinado *adj* крутой
empinar *vt* поднимать вверх ◆ **~ el codo** выпивать
empinarse *vpron* 1) *(ponerse sobre las puntas de los pies)* вставать на цыпочки 2) *(alcanzar altura)* возвышаться 3) *(dicho de un camino)* идти в горку
empingorotado *adj coloq* высокомерный
empingorotarse *vpron coloq* важничать
empírico *adj* эмпирический
empirismo *m* эмпиризм
empitonar *vt taur* поднимать на рога (тореро)
empizarrar *vt* покрывать шифером
emplastar *vt* накладывать пластырь
emplastarse *vpron* пачкаться, мазаться
emplasto *m* пластырь
emplazamiento[1] *m* 1) *(citación)* вызов, повестка 2) *jur* вызов в суд
emplazamiento[2] *m (colocación)* размещение, расположение
emplazar[1] *vt* 1) *(citar)* назначать встречу (с кем-л) 2) *jur* вызывать в суд
emplazar[2] *vt (colocar)* размещать, располагать
emplead|o, -a *m/f* сотрудни|к, -ца, служащий
empleador *m Am.* работодатель, наниматель
emplea|r *vt* 1) *(dar trabajo)* давать работу, брать на работу 2) *(usar)* использовать, употреблять ◆ **te está bien ~do** так тебе и надо
emplearse *vpron* 1) **(en u/c)** заниматься (чем-л) 2) *(usarse)* употребляться, применяться
empleo *m* 1) *(uso)* использование, употребление 2) *(trabajo)* работа, занятие
emplomado *m* свинцовое покрытие
emplomar *vt* 1) *(cubrir con plomo)* покрывать свинцом 2) *(precintar)* накладывать пломбу 3) *Arg. Par. Ur. (empastar)* ставить пломбу (в зуб)
emplumar *vt* украшать перьями
empobrecer 1. *vt* разорять, доводить до нищеты **2.** *vi* беднеть, обнищать
empobrecerse *vpron* беднеть
empobrecimiento *m* обеднение
empolladura *f* высиживание птенцов
empollar *vt* 1) *(dicho de una gallina)* сидеть на яйцах 2) *coloq (estudiar)* зубрить
empoll|ón, -ona *m/f coloq* зубрила
empolvar *vt* 1) *(cubrir de polvo)* покрывать пылью 2) *(el rostro)* пудрить
empolvarse *vpron* пудриться
emponzoñamiento *m* отравление
emponzoñar *vt* отравлять
emporio *m* крупный центр
emporrarse *vpron jerg* курить косяк
empotrado *adj* встроенный
empotrar *vt* встраивать, вставлять
empotrarse *vpron* **(contra u/c)** *coloq* сталкиваться (с чем-л)
emprendedor *adj* предприимчивый
emprender *vt* предпринимать
empresa *f* 1) *econ* предприятие, компания, фирма 2) *(iniciativa)* предприятие, начинание
empresariado *m* предприниматели, предпринимательское сообщество
empresarial *adj* предпринимательский ◆ **ciencias ~es** менеджмент
empresari|o, -a *m/f* 1) предприниматель, -ница, бизнесмен, -ка 2) *(promotor de espectáculos)* импресарио
empréstito *m* ссуда, заём
empujar *vt* толкать, подталкивать
empuje *m* 1) толчок 2) *(fuerza)* сила, решимость

empujón *m* толчок
empuñadura *f* 1) ручка 2) *(de un arma)* рукоятка
empuñar *vt* брать в руку, держать рукой
emputecerse *vpron vulg* проституироваться
emulación *f* 1) *(imitación)* подражание 2) *(afán de superar)* соревнование
emulador 1. *adj* 1) *(que imita)* подражающий 2) *(que compite)* соревнующийся **2. , -a** *m/f* 1) *(imitador)* подражатель, -ница 2) *(competidor)* соперни|к, -ца
emular *vt* 1) *(imitar)* подражать (кому/чему-л) 2) *(competir)* соревноваться (с кем-л)
émulo *m* соперник
emulsión *f* эмульсия
emulsionante 1. *adj* эмульгирующий **2.** *m* эмульгатор
emulsionar *vt* эмульгировать, эмульсировать
en *prep* 1) **(alg o u/c)** *(expresando lugar)* в, на (ком/чём-л) *estoy ~ Milán* я в Милане; *estoy ~ un concierto* я на концерте 2) *(denotando tiempo)* в (чём-л) *esto ocurrió ~ octubre* это случилось в октябре; *nos vimos ~ verano* мы виделись летом 3) *(denotando duración de una acción)* за (что-л), через (что-л) *leyó el libro ~ dos días* он прочитал книгу за два дня; *estará listo ~ diez días* это будет готово через десять дней 4) *(denotando dirección del movimiento)* в, на (что-л) *entramos ~ una tienda* мы зашли в магазин 5) *(denotando situación de tránsito)* в (чём-л) *~ proyecto* в проекте 6) *(denotando el idioma en que se habla)* на (чём-л) *~ español* на испанском языке, по-испански
enagua *f (espec pl)* нижняя юбка
enajenable *adj* отчуждаемый
enajenación *f* 1) отчуждение 2) *jur (mental)* безумие, невменяемость
enajenar *vt* 1) отчуждать 2) *(sacar fuera de sí)* сводить с ума
enajenarse *vpron* терять рассудок
enaltecer *vt* 1) *(elogiar)* хвалить, восхвалять 2) *(elevar moralmente)* возвышать
enaltecimiento *m* восхваление
enamoradizo *adj* влюбчивый
enamorado *adj* **(de alg)** влюблённый (в кого-л)
enamorar *vt* влюблять в себя
enamorarse *vpron* **(de alg)** влюбляться (в кого-л)
enamoricarse *vpron coloq* слегка влюбиться
enanismo *m med* нанизм
enan|o 1. *adj* карликовый, низкорослый **2. , -a** *m/f* карл|ик, -ица
enarbolar *vt* поднимать
enarbolarse *vpron* 1) *(dicho de un caballo)* вставать на дыбы 2) *(enfadarse)* злиться
enarcar *vt* 1) *(arquear)* сгибать в дугу 2) *(un tonel)* набивать обручи
enarcarse *vpron* 1) *(arquearse)* сгибаться в дугу 2) *(encogerse)* уменьшаться
enardecer *vt* возбуждать, воспламенять
enardecerse *vpron* возбуждаться, воспламеняться
enarenar *vpron* заполнять песком
enarenarse *vpron* садиться на мель
encabezamiento *m* заголовок
encabezar *vt* 1) *(un texto)* озаглавливать 2) *(liderar)* возглавлять
encabritarse *vpron (dicho de un caballo)* вставать на дыбы
encabronar *vt coloq* злить, бесить
encabronarse *vpron coloq* злиться, беситься
encachado *m* покрытие камнем
encadenación *f* связь
encadenamiento *m* связь
encadenar *vt* 1) привязывать цепью 2) *(unir)* соединять
encajable *adj* который можно вставлять, **(con u/c)** который хорошо сочетается (с чем-л)
encajadura *f* 1) *(acción de encajar)* вставка 2) *(hueco para encajar)* паз
encajar 1. *vt* 1) **(en u/c)** *(meter dentro)* вставлять (во что-л.), встраивать (во что-л.) 2) **(con u/c)** *(ajustar)* подгонять (к чему-л) 3) *(meter en cajas)* класть в коробки 4) *(un golpe)* принимать (удар) **2.** *vi* 1) **(con alg o u/c)** *(ajustarse)* подходить (кому/чему-л) 2) **(con u/c)** *(coincidir)* совпадать (с чем-л), соответствовать (чему-л) 3) *(una adversidad)* переносить, принимать
encajarse *vpron* 1) втискиваться, влезать 2) *(una prenda)* натягивать (что-л)
encaje *m* 1) *(acción de encajar)* вставка 2) *(ajuste)* подгонка 3) *(tela)* кружево
encajera *f* кружевница
encajonamiento *f* упаковка
encajonar *vt* 1) *(meter en un cajón)* класть в ящик 2) *(meter en un sitio angosto)* втискивать
encajonarse *vpron* 1) *(meterse en un sitio angosto)* втискиваться 2) *(dicho de un río)* протекать по узкому месту
encalabrinar *vt* 1) *(turbar la cabeza)* затуманивать 2) *(irritar)* раздражать
encalabrinarse *vpron* 1) *(sentir turbación)* затуманиваться 2) *(irritarse)* раздражаться 3) *coloq* сильно влюбиться
encalado *m* побелка
encalador *m* маляр
encalar *vt* белить (известью)
encalladero *m* мель
encalladura *f* посадка на мель
encallar *vi* 1) садиться на мель 2) *(una empresa)* застревать
encallarse *vpron* 1) садиться на мель 2) *(una empresa)* застревать
encallecer *vi* 1) затвердевать, покрываться мазолями 2) *(hacer insensible)* черстветь
encallecerse *vpron* затвердевать, покрываться мазолями
encalmarse *vpron* 1) успокаиваться 2) *(dicho del tiempo)* утихать
encaminar *vt* направлять
encaminarse *vpron* направляться, отправляться
encandilar *vt* 1) *(deslumbrar)* ослеплять 2) *(impresionar gratamente)* прельщать
encandilarse *vpron* 1) *(dicho de los ojos)* сверкать 2) **(con alg o u/c)** *(encapricharse)* увлекаться (кем/чем-л) 3) *Nic. R. Dom. P. Rico (enfadarse)* сердиться
encanecer *vi* седеть
encanijarse *vpron* слабеть, хиреть
encañonar *vt* 1) *(el agua)* направлять воду в трубу 2) *(un arma)* направлять (на кого/что-л), нацеливать (на кого/что-л)

encantado *adj* 1) *(embrujado)* заколдованный 2) *(muy satisfecho)* восхищённый ◆ **¡encantado!** очень приятно!
encantador, -a 1. *m/f* колдун, -ья, чародей, -ка **2.** *adj* очаровательный, восхитительный
encantamiento *m* колдовство
encantar 1. *vt* 1) *(embrujar)* заколдовывать 2) *(ganar la voluntad)* очаровывать, завораживать **2.** *vi (agradar mucho)* очень нравиться (кому-л), восхищать
encanto *m* 1) *(poder mágico)* колдовство 2) *(atractivo)* очарование, прелесть, обаяние
encapotarse *vpron (dicho del cielo)* покрываться тучами, затягиваться тучами
encapricharse *vpron* 1) *(actuar caprichosamente)* капризничать, упрямиться 2) **(de alg)** *(coger capricho)* увлечься (кем-л), очень захотеть
encapuchado *adj* в капюшоне
encaramar *vt* 1) поднимать 2) *(elogiar)* чрезмерно расхваливать
encaramarse *vpron* **(a u/c)** подниматься (на что-л), забираться (на что-л)
encarar *vt* 1) ставить лицом к лицу 2) *(una dificultad)* противостоять (чему-л), сталкиваться (с чем-л)
encararse *vpron* 1) становиться лицом 2) **(a u/c)** *(a una dificultad)* противостоять (чему-л), **(con u/c)** сталкиваться (с чем-л) 3) **(a alg)** *(desafiar)* бросать вызов (кому-л)
encarcelación *f* заключение в тюрьму
encarcelamiento *m* заключение в тюрьму
encarcelar *vt* сажать в тюрьму
encarecer 1. *vt* повышать цену (на что-л) **2.** *vi* дорожать
encarecerse *vpron* дорожать
encarecidamente *adv* убедительно
encarecimiento *m* подорожание
encargado 1. *adj* ответственный **2.** *m/f* управляющий
encargar *vt* 1) *(encomendar)* поручать 2) *(reservar)* заказывать
encargarse *perf* 1) **(de u/c)** *(ocuparse)* браться (за что-л) 2) **(de u/c)** *(tener una función)* отвечать (за что- л)
encargo *m* 1) поручение 2) *(pedido)* заказ
encariñarse *vpron* **(con alg)** полюбить, привязаться (к кому-л)
encarnación *f* воплощение
encarnado *adj* 1) *(hecho carne)* воплощённый 2) *(de color carne)* телесного цвета 3) *(de color rojo)* алого цвета
encarnadura *f* заживляемость (тканей)
encarnar *vt* 1) воплощать 2) *(representar un papel)* играть роль
encarnarse *vpron* **(en u/c)** воплощаться (во что-л.)
encarnizado *adj* 1) *(dicho de los ojos)* кровавый, окровавленный 2) *(dicho de una lucha)* кровавый, кровопролитный
encarnizamiento *m* жестокость, ожесточение
encarnizarse *vpron* 1) **(con alg)** ожесточаться (против кого-л) 2) *(dicho de un lobo)* пожирать с жадностью
encaro *m* 1) пристальный взгляд 2) *(de un arma)* прицеливание 3) *(puntería)* меткость
encarpetar *vt* хранить в папке
encarrilar *vt* 1) ставить на рельсы 2) *(dirigir)* направлять 3) *(una situación)* улаживать
encasillado *m* квадраты, клетки
encasillar *vt* 1) расставлять по клеткам 2) *(clasificar)* классифицировать 3) *(juzgar superficialmente)* поверхностно судить
encasquetar *vt* 1) *(un sombrero)* нахлобучивать 2) **(a alg)** *(una idea)* вбивать в голову (кому-л), втирать
encasquillarse *vpron* застревать (об оружии)
encastillado *adj* надменный, высокомерный
encastillarse *vpron* 1) *(encerrarse en un castillo)* защищаться в замке 2) *(perseverar con obstinación)* настаивать на своём
encausar *vt jur* возбуждать дело (против кого-л)
encauzamiento *m* 1) *(de una corriente)* направление в русло 2) *(de una cuestión)* налаживание, урегулирование
encauzar *vt* 1) направлять в русло 2) *(una cuestión)* направлять, налаживать
encefálico *adj* мозговой
encéfalo *m anat* головной мозг
encefalomielitis *f med* энцефаломиелит
encefalopatía *f med* энцефалопатия
encenagarse *vpron* 1) *(meterse en el cieno)* погружаться в ил 2) *(mancharse con cieno)* пачкаться илом
encendedor *m* зажигалка
encender *vt* 1) *(con fuego)* зажигать, поджигать 2) *(una hoguera)* разжигать 3) *(una estufa)* растапливать 4) *(un cigarrillo)* прикуривать 5) *(un aparato eléctrico)* включать, зажигать 6) *(un aparato de motor)* заводить 7) *(provocar)* вызывать 8) *(inflamar)* возбуждать, воспламенять
encenderse *vpron* 1) зажигаться 2) *(dicho de un aparato eléctrico)* включаться 3) *(dicho de un aparato de motor)* заводиться 4) *(dicho de un conflicto)* разгораться, вспыхивать
encendido *m* зажигание
encendimiento *m* 1) зажигание, поджигание 2) *(arrebato)* вспышка 3) *(ardor)* пыл
encerado 1. *adj* восковой **2.** *m* 1) *(acción de encerar)* натирка воском 2) *(capa)* слой воска
enceradora *f* полотёр
encerar *vt* вощить
encerrar *vt* 1) закрывать, запирать 2) *(contener)* заключать в себе
encerrona *f coloq* ловушка
enchapado *m* плакировка, фанеровка
enchapar *vt* 1) *(con metal)* плакировать 2) *(con madera)* фанеровать
enchilada *f Am. Cent. Méx.* энчилада (лепёшка с мясом, приправленная перцем)
enchilado *m Cub.* энчиладо (блюдо из морепродуктов с острым соусом)
enchilar *vt* 1) *Am. Cent. Méx.* приправлять перцем, перчить 2) *Am. Cent. Méx.* раздражать
enchilarse *vpron Am. Cent. Méx.* раздражаться
enchinar *vt* 1) мостить галькой 2) *Méx.* завивать (волосы)
enchinarse *vpron Méx.* завиваться (о волосах)
enchinchar *vt Arg. Méx. R. Dom.* раздражать
enchiquerar *vt* 1) *taur* загонять в загон 2) *coloq (meter en la cárcel)* сажать в тюрьму

enchironar *vt coloq* сажать в тюрьму
enchufado *adj coloq* блатной, пристроенный
enchufar *vt* 1) подключать 2) *coloq (colocar)* устраивать по блату
enchufarse *vpron coloq* пристраиваться
enchufe *m* 1) штепсель 2) *(toma de corriente)* розетка 3) *coloq* блат
enchufismo *m coloq* блат
enchufista *m/f coloq* блатмейстер
enchularse *vpron* вести образ жизни сутенёра
encía *f* десна
encíclica *f relig* энциклика
enciclopedia *f* энциклопедия
enciclopédico *adj* энциклопедический
enciclopedista *m/f* энциклопедист
encierro *m* 1) заточение, заключение 2) *taur* загон быков
encima 1. *adv* 1) сверху, наверху 2) *(además)* ещё и **2.** *prep* 1) **(de alg o u/c)** на (ком/чём-л) ~ *de la mesa* на столе 2) *(con verbos de movimiento)* на (кого/что-л.) *caer ~ de alg.* упасть на кого-л 3) *(en suspensión)* над (кем/чем-л) ◆ **por** ~ поверхностно **por ~ de u.c.** сверх чего-л., свыше чего- л. **por ~ de todo** больше всего
encimera *f* кухонная плита
encimero *adj* верхний
encina *f* каменный дуб
encinar *m* дубовая роща
encinta *adj* в положении, беременная
encintado *m* 1) украшение лентами 2) бордюр
enclaustrar *vt* 1) заточать в монастырь 2) *(esconder)* скрывать, прятать
enclaustrarse *vpron* 1) уходить в монастырь 2) *(apartarse)* уединяться
enclavar *vt* закреплять гвоздями
enclave *m* анклав
enclavijar *vt* 1) соединять, скреплять 2) *mús* ставить колки
enclenque 1. *adj* хилый **2.** *m/f* хиля|к, -чка
enclisis *f ling* энклиза
enclítico *adj ling* энклитический
encofrado *m constr* опалубка
encofrar *vt constr* делать опалубку
encoger 1. *vt* сжимать **2.** *vi (dicho de la ropa)* садиться
encogerse *vpron* 1) сжиматься, уменьшаться 2) *(dicho de la ropa)* садиться 3) *(dicho de una persona)* стесняться, робеть ◆ ~ **de hombros** поджимать плечами
encogido *adj* малодушный
encogimiento *m* 1) сжатие, сокращение 2) *(de la ropa)* усадка 3) *(de carácter)* малодушие
encolado *m* клейка, склеивание, наклеивание, заклеивание
encoladura *f* V. encolado
encolar *vt* клеить, склеивать, наклеивать, заклеивать
encolerizar *vt* приводить в ярость
encolerizarse *vpron* **(con alg o u/c)** гневаться (на кого/что-л), приходить в ярость
encomendar *vt* поручать, доверять
encomendarse *vpron* **(a alg o u/c)** обращаться (к кому/чему-л) ◆ ~ **a Dios** уповать на Бога
encomiable *adj* похвальный
encomiar *vt* хвалить
encomiástico *adj* хвалебный
encomienda *f* поручение
encomio *m* похвала, хвала
enconar *vt* 1) *(una herida)* растравлять, воспалять 2) *(irritar)* раздражать
enconarse *vpron* 1) *(dicho de una herida)* воспаляться 2) **(con alg)** *(irritarse)* злиться (на кого-л)
encoñarse *vpron vulg* влюбляться
encono *m* злость, ненависть
encontradizo *adj* встречный
encontrado *adj* противоположный
encontrar *vt* 1) находить, обнаруживать, встречать 2) *(considerar)* находить, считать
encontrarse *vpron* 1) **(con alg)** встречаться (с кем-л) 2) **(con u/c)** *(con una situación)* сталкиваться (с чем-л) 3) *(estar situado)* находиться 4) *(hallarse de pronto)* очутиться, оказаться 5) *(sentirse)* чувствовать себя
encontronazo *m* 1) *(golpe)* столкновение, удар 2) *(entre personas)* неожиданная встреча
encopetado *adj* самодовольный
encorajinarse *vpron* приходить в ярость
encorar *vt* покрывать кожей
encorarse *vpron* заживать
encorbatado *adj* в галстуке
encorbatarse *vpron* надевать галстук
encornado *adj* рогатый
encornadura *f* форма рогов, рога
encornar *vi Hond.* появляться (о рогах)
encornudar *vt* наставлять рога (кому-л)
encorvado *adj* согнутый, сутулый
encorvadura *f* сгибание
encorvar *vt* сгибать, сутулить
encorvarse *vpron* сгибаться, сутулиться, горбиться
encrespado 1. *adj* вьющийся **2.** *m* завивка волос
encrespar *vt* 1) *(rizar)* завивать (волосы) 2) *(enfurecer)* приводить в ярость
encresparse *vpron* 1) *(dicho del pelo)* виться 2) *(erizarse)* становиться дыбом 3) *(enfurecerse)* приходить в ярость 4) *(dicho del mar)* бушевать
encriptamiento *m* шифрование
encriptar *vt* шифровать
encristalar *vt* застеклять
encrucijada *f* перекрёсток
encuadernación *f* переплетение, переплёт
encuadernador, -a *m/f* переплётчи|к, -ца
encuadernar *vt* переплетать
encuadrar *vt* 1) вставлять в раму, обрамлять 2) *(encajar)* вставлять, вносить 3) *(incluir)* включать в рамки 4) *foto* кадрировать
encuadre *m* 1) обрамление 2) *foto* кадрирование
encubierta *f* мошенничество, обман
encubierto *adj* скрытый
encubridor, -a *m/f* укрыватель, -ница (преступления)
encubrimiento *m* скрытие
encubrir *vt* скрывать
encuentro *m* 1) встреча 2) *(conflicto)* столкновение ◆ **ir al** ~ идти навстречу
encuerado *adj Am.* голый
encuerar *vt Am.* раздевать
encuesta *f* опрос

encuestar 1. *vt* опрашивать **2.** *vi* проводить опрос
encumbrado *adj* возвышенный
encumbrar *vt* 1) поднимать 2) *(ensalzar)* превозносить
encumbrarse *vpron* 1) возвышаться 2) *(envanecerse)* чваниться
encurtidos *pl* маринованные продукты
ende *adv obsol* там ♦ **por** ~ поэтому
endeble *adj* слабый, хилый
endeblez *f* слабость, хилость
endecasílabo 1. *adj* одинадцатисложный **2.** *m lit* одинадцатисложный стих
endecha *f* печальная песня
endemia *f med* эндемия
endémico *adj* эндемический
endemoniado *adj* 1) одержимый дьяволом 2) *coloq (perverso)* дьявольский, вредный
endenantes *adv* 1) *Am. vulg* недавно 2) *obsol* раньше
endentecer *vi* прорезываться (о зубах)
enderezado *adj* выправленный
enderezar *vt* 1) выпрямлять 2) *(corregir)* исправлять
enderezarse *vpron* выпрямляться
endeudado *adj* задолжавший
endeudamiento *m* долг, задолженность
endeudarse *vpron* влезать в долги
endiablado *adj* 1) *(muy feo)* безобразный 2) *coloq (perverso)* дьявольский, вредный
endibia *f* салатный цикорий, эндивий
endilgar *vt coloq* навязывать
endiosamiento *m* 1) обожествление 2) *(arrogancia)* высокомерность, заносчивость 3) *(suspensión de los sentidos)* растерянность
endiosar *vt* обожествлять
endiosarse *vpron* становиться высокомерным, важничать
endocardio *m anat* эндокард
endocarditis *f med* эндокардит
endocarpio *m bot* эндокарпий
endocrino 1. *adj biol* эндокринный **2.** *m/f med* эндокринолог
endocrinología *f med* эндокринология
endocrinólogo *m/f med* эндокринолог
endodoncia *f med* эндодонтия
endogamia *f* эндогамия
endogámico *adj* эндогамный
endosable *adj com* индоссируемый
endosador *m com* индоссант
endosante *m com* индоссант
endosar *vt* перекладывать (на кого-л)
endoscopia *f med* эндоскопия
endoscopio *m med* эндоскоп
endoso *m* навязывание
endrina *f* тёрн (плод)
endrino *m (arbusto)* тёрн (деверо)
endulzante *adj* подсластитель
endulzar *vt* подслащивать
endurecer 1. *vt* 1) делать твёрдым 2) *(robustecer)* укреплять, закалять 3) *(normas, condiciones, etc.)* ужесточать 4) *(insensibilizar)* ожесточать **2.** *vi* твердеть
endurecerse *vpron* 1) становиться твёрдым, твердеть 2) *(robustecer)* укрепляться, закаляться 3) *(insensibilizarse)* ожесточаться, черстветь
endurecimiento *m* 1) отвердение, затвердение 2) *(robustecimiento)* укрепление, закаливание 3) *(de normas, condiciones, etc.)* ужесточение 4) *(insensibilización)* ожесточение
enebro *m* можжевельник
eneldo *m* укроп
enema *m med* клизма
enemiga *f* вражда, враждебность
enemig|o 1. *adj* вражеский **2.** , **-a** *m/f* враг, -иня, противни|к, -ца
enemistad *f* вражда
enemistado *adj* **(con alg)** в ссоре (с кем-л)
enemistar *vt* ссорить
enemistarse *vpron* **(con alg)** ссориться (с кем-л)
energético *adj* энергетический
energía *f* энергия
enérgico *adj* энергичный
energúmen|o, -a *m/f* 1) *(persona poseída)* одержимый человек 2) *(persona furiosa)* взбешённый человек
enero *m* январь *el siete de* ~ седьмое января
enervación *f* 1) *(debilitación)* изнурение 2) *(estado nervioso)* раздражение, нервность
enervador *adj* 1) *(que debilita)* изнуряющий 2) *(que pone nervioso)* раздражающий
enervar *vt* 1) *(debilitar)* изнурять 2) *(poner nervioso)* раздражать, нервировать
enésimo *adj* очередной
enfadadizo *adj* раздражительный
enfadado *adj* сердитый, раздражённый
enfadar *vt* сердить
enfadarse *vpron* **(por alg)** сердиться (из-за чего-л)
enfado *m* раздражение
enfadoso *adj* вызывающий раздражение
enfangar *vt* пачкать грязью
enfangarse *vpron* 1) пачкаться грязью 2) *coloq (mezclarse en negocios innobles)* замешиваться в грязную историю
enfardadora *f* упаковочная машина
enfardar *vt* упаковывать
énfasis *m* выразительность, пафос ♦ **hacer ~ en u.c.** делать акцент на что-л
enfático *adj* 1) высокопарный 2) *ling* эмфатический
enfatizar *vt* подчёркивать
enfatizarse *vpron* подчёркиваться, выделяться
enfermar *vi* заболевать
enfermedad *f* болезнь, заболевание
enfermería *f* 1) медпункт 2) *(profesión)* сестринское дело
enfermer|o 1. *m* санитар, медбрат **2.** , **-a** *f* медсестра
enfermizo *adj* болезненный
enferm|o 1. *adj* больной *estar ~o* болеть; *ponerse ~o* заболевать **2.** , **-a** *m/f* больн|ой, -ая
enfermucho *adj coloq* болезненный
enfervorizar *vt* воодушевлять
enfilar *vt* 1) ставить в ряд 2) *(una vía)* направляться (по чему-л), двигаться (по чему-л) 3) *(hacer pasar por un hilo o alambre)* нанизывать
enfisema *m med* энфизема
enfiteusis *f jur* эмфитевзис
enfiteuta *m/f jur* эмфитевт

enflaquecer 1. *vt* 1) *(poner flaco)* истощать, изнурять 2) *(debilitar)* ослаблять **2.** *vi* 1) *(ponerse flaco)* сильно худеть, исхудать 2) *(debilitarse)* слабеть

enflaquecimiento *m* 1) *(adelgazamiento)* исхудание, истощение, изнурение 2) ослабление

enfocador *m foto* фокусировка (приспособление)

enfocar *vt/i* 1) фокусировать 2) *(una cuestión)* рассматривать

enfoque *m* 1) фокусировка 2) *(de una cuestión)* подход

enfrascar *vt* разливать в флаконы

enfrascarse *vpron* **(en u/c)** погружаться (во что-л.)

enfrentamiento *m* столкновение

enfrentar *vt* 1) ставить лицом к лицу, сталкивать 2) *(afrontar)* противостоять (кому/чему-л), оказывать сопротивление (кому/чему-л)

enfrentarse *vpron* 1) **(con alg o u/c)** сталкиваться (с кем/чем-л) 2) **(a alg o u/c)** *(hacer frente)* противостоять (кому/чему-л)

enfrente 1. *prep* **(de alg o u/c)** напротив (кого/чего-л) **2.** *adv* напротив

enfriador *adj* охлаждающий

enfriamiento *m* охлаждение, остывание

enfriar 1. *vt* охлаждать **2.** *vi* остывать, охлаждаться

enfriarse *vpron* охлаждаться, остывать

enfundar *vt* зачехлять, вкладывать в футляр

enfurecer *vt* приводить в ярость

enfurecerse *vpron* злиться, приходить в ярость

enfurecimiento *m* ярость

enfurruñarse *vpron coloq* сердиться

engañabobos *m coloq* лохотрон

engañadizo *adj* (слишком) доверчивый

engañador 1. *adj* обманчивый **2.** , **-a** *m/f* обманщи|к, -ца

engañar *vt* 1) обманывать, надувать 2) *(confundir)* вводить в заблуждение, обманывать 3) *(ser infiel)* изменять (кому-л)

engañarse *vpron* 1) *(no querer ver)* обманывать себя 2) **(acerca de u/c)** *(equivocarse)* ошибаться (в чём- л), заблуждаться (в чём-л)

enganchar *vt* 1) зацеплять, подцеплять 2) *(animales de tiro)* запрягать

engancharse *vpron* 1) **(a u/c)** зацепляться (за что-л) 2) **(a alg)** *coloq (no dejar en paz)* прилипать (к кому- л) 3) **(a u/c)** *coloq (aficionarse)* подсесть (на что-л)

enganche *m* 1) *(acción de enganchar)* зацепление 2) *(pieza)* прицеп, крюк

enganchón *f* зацепка

engaño *m* 1) обман, надувательство 2) *(confusión)* заблуждение 3) *(infidelidad)* измена

engañoso *adj* обманчивый

engarce *m* соединение, связь

engarzar *vt* 1) соединять, связать, сцеплять 2) *(rizar el pelo)* завивать

engastar *vt* вставлять

engaste *m* вставка, оправка

engatusador 1. *adj coloq* обманчивый **2.** , **-a** *m/f coloq* обманщи|к, -ца

engatusamiento *m* обман, надувательство

engatusar *vt coloq* заговаривать зубы, надувать

engendrador *adj* порождающий

engendramiento *m* зарождение

engendrar *vpron* зачинать, зарождать, порождать

engendro *m* урод

englobar *vt* включать

engolado *adj* горловой (о голосе)

engolfarse *vpron* **(en u/c)** погружаться (во что-л.)

engolosinar *vt* соблазнять, прельщать

engolosinarse *vpron* **(con u/c)** пристраститься (к чему-л)

engomadura *f* проклеивание

engomar *vt* намазывать клеем

engominar *vpron* наносить гель (на волосы)

engordar 1. *vt* откармливать **2.** *vi* полнеть, толстеть

engorde *m* откорм

engorro *m* помеха, препятствие

engorroso *adj* неудобный, обременительный

engranaje *m* 1) связь, сцепление 2) *tecn (conjunto de piezas)* зубчатый механизм 3) *tecn (rueda)* шестерня

engranar *vi* 1) быть связанным 2) *tecn* сцепляться зубьями

engrandecer *vt* 1) увеличивать 2) *(alabar)* хвалить, восхвалять

engrandecerse *vpron* возвышаться

engrandecimiento *m* 1) увеличение 2) *(elevación a grado superior)* возвышение

engrasador 1. *adj* смазочный **2.** *m* маслёнка

engrasar *vt* смазывать (жиром)

engrase *m* 1) смазывание (жиром) 2) *(material)* смазка

engreído *adj* высокомерный, самодовольный

engreimiento *m* тщеславие, самодовольство

engreír *vt* делать тщеславным

engreírse *vpron* становиться высокомерным, важничать

engrifarse *vpron* 1) *(dicho de un caballo)* вставать на дыбы 2) *(erizarse)* вставать дыбом

engringarse *vpron Am.* принимать обычаи иностранцев

engrosar 1. *vt* 1) *(hacer más grueso)* утолщать 2) *(hacer más numeroso)* увеличивать **2.** *vi* толстеть

engrudar *vt* намазывать клейстером

engrudo *m* клейстер

enguantado *adj* в перчатках

enguantarse *vpron* надевать перчатки

enguarrar *vt* пачкать

enguedejado *adj* кудрявый

engullir *vt* проглатывать

enharinar *vt* засыпать мукой, панировать

enhebrar *vt* вдевать (нитку)

enhiesto *adj* поднятый, стоящий прямо

enhorabuena *f* поздравление ◆ **dar la ~ por u.c.** поздравлять с чем-л.

enigma *m* загадка

enigmático *adj* загадочный

enjabonar *vt* намыливать

enjaezar *vt* надевать упряжные украшения

enjalbegado *m* побелка

enjalbegar *vt* белить

enjambrar 1. *vt* 1) *(las abejas)* собирать пчёл в улей 2) *(un enjambre)* отделять рой из улья

2. *vi* 1) роиться 2) *(multiplicarse)* размножаться

enjambre *m* рой (пчёл)

enjarciar *vt (una embarcación)* оснащать

enjaretar *vt* 1) нанизывать, шнуровать 2) *(hacer algo deprisa)* делать поспешно или небрежно, говорить поспешно 3) *coloq (endilgar)* навязывать

enjaular *vt* 1) сажать в клетку 2) *coloq (encarcelar)* сажать в тюрьму

enjoyar *vt* 1) *(adornar con joyas)* украшать драгоценностями 2) *(adornar)* наряжать, украшать

enjuagar *vt* полоскать

enjuague *m* полоскание

enjugador *adj* сушильный

enjugar *vt* 1) вытирать, сушить 2) *(una deuda)* гасить (долг)

enjuiciamiento *m* 1) *jur (acción de enjuiciar)* возбуждение дела, привлечение к судебной ответственности 2) *jur (instrucción)* судопроизводство, производство дел

enjuiciar *vt* 1) судить 2) *jur* возбуждать дело

enjundia *f* 1) жир 2) *(esencia)* суть, содержание 3) *(fuerza)* сила, энергичность 4) *(carácter)* характер, врождённые качества

enjundioso *adj* содержательный

enjuto *adj* худощавый

enlace *m* 1) *(relación)* связь 2) *(unión)* соединение 3) *(de medios de transporte)* пересадка, стыковка 4) *quím* связь 5) *informát* ссылка

enladrillado *m* кирпичный пол

enladrillar *vt* выкладывать кирпичом

enlatar *vt* укладывать в банки

enlazar 1. *vt* связывать, соединять 2. *vi* делать пересадку

enlazarse *vpron* 1) связываться, соединяться 2) *(casarse)* сочетаться браком

enloquecedor *m* сводящий с ума, бешеный

enloquecer 1. *vt* сводить с ума 2. *vi* сходить с ума

enloquecimiento *m* сумасшествие

enlosado *m* плиточный пол

enlosar *vt* выкладывать плитами

enlucido 1. *adj* побелённый, отштукатуренный 2. *m* побелка, штукатурка

enlucir *vt* белить, штукатурить

enlutado *adj* 1) в трауре 2) *(entristecido)* печальный, огорчённый

enlutar *vt* 1) одевать в траур 2) *(oscurecer)* покрывать мраком 3) *(entristecer)* печалить, огорчать

enlutarse *vpron* 1) одеваться в траур 2) покрываться мраком

enmadrarse *vpron* сильно привязываться к матери

enmarañar *vt* 1) *(enredar)* запутывать 2) *(revolver)* спутывать

enmarañarse *vpron* 1) *(enredarse)* запутываться 2) *(revolverse)* спутываться

enmarcación *f* обрамление

enmarcador *m* багетчик

enmarcar *vt* 1) вставлять в раму, обрамлять 2) **(en u/c)** *(determinar los límites)* включать в рамки (чего-л)

enmarcarse *vpron* **(en u/c)** состояться в рамках (чего-л)

enmascarado *adj* в маске, маскированный, замаскированный

enmascaramiento *m* маскировка

enmascarar *vt* маскировать

enmascararse *vpron* маскироваться

enmasillar *vt* замазывать, шпаклевать

enmendar *vt* исправлять, вносить поправку (во что-л.)

enmendarse *vpron* исправляться

enmienda *f* 1) исправление, поправка 2) *jur* поправка

enmohecerse *vpron* плесневеть

enmoquetar *vt* постлать ковры

enmudecer 1. *vt* заставлять молчать 2. *vi* 1) *(volverse mudo)* неметь 2) *(callarse)* умолкать

enmudecimiento *m* онемение

ennegrecer 1. *vt* 1) чернить 2) *(oscurecer)* затемнять 2. *vi* 1) чернеть 2) *(nublarse)* покрываться тучами

ennegrecerse *vpron* чернеть

ennoblecer *vt* облагораживать

ennoblecerse *vpron* облагораживаться

ennoblecimiento *m* облагораживание

enojadizo *adj* раздражительный

enojar *vt* раздражать, злить, досаждать

enojarse *vpron* **(con alg o u/c)** злиться (на кого/что-л)

enojo *m* раздражение, досада

enojoso *adj* раздражающий

enología *f* виноделие

enólogo *m* винодел

enorgullecer *vt* наполнять гордостью

enorgullecerse *vpron* **(de alg o u/c)** гордиться (кем/чем-л)

enorgullecimiento *m* гордость

enorme *adj* огромный, громадный

enormidad *f* огромность, громадность, чрезмерность

enoteca *f* энотека

enotecnia *f* энотехника

enquiciar *vt* навешивать (дверь, окно)

enquistarse *vpron* 1) образовывать кисту 2) *(paralizarse)* приостанавливаться

enraizar *vi* пускать корни, укореняться

enraizarse *vpron* пускать корни, укореняться

enramada *f* 1) ветвяной навес 2) украшение из ветвей 3) ветки деревьев

enranciarse *vpron* горкнуть

enrarecer *vt* 1) *(hacer menos denso)* разрежать 2) *(hacer que algo escasee)* делать редким 3) *(contaminar)* разрежать (воздух)

enrarecerse *vpron* 1) *(dicho de un líquido)* разжижаться 2) *(escasear)* редеть, становиться всё реже 3) *(dicho del aire)* разрежаться 4) *(dicho de las relaciones)* охладевать

enrarecimiento *m* разрежение, разрежённость

enredadera *f* вьюнок

enredador 1. *adj* запутывающий 2. , -a *m/f* 1) путаник 2) *(embustero)* сплетни|к, -ца, интриган, -ка

enredar 1. *vt* 1) *(el pelo)* запутывать 2) **(en u/c)** *(a una persona)* втягивать (во что-л.) 2. *vi* шалить, проказничать

enredarse *vpron* 1) *(dicho del pelo)* запутываться 2) *(complicarse)* запутываться

enredo *m* 1) путаница 2) *(travesura)* шалость, проказа 3) *(nudo)* завязка 4) *coloq (amancebamiento)* сожительство
enredoso *adj* запутанный, сложный
enrejado *m* решётка, ограда
enrejar *vt* ограждать решёткой
enrevesado *adj* сложный, непонятный
enriquecer *vt* обогащать
enriquecerse *vpron* богатеть, обогащаться
enriquecimiento *m* обогащение
enriscar *vt* возвышать, возвеличивать
enriscarse *vpron* укрываться среди скал
enrocar *vt ajedr* рокировать
enrocarse *vpron ajedr* рокироваться
enrojecer *vi* краснеть
enrojecimiento *m* покраснение
enrolarse *vpron* **(en u/c)** вербоваться (во что-л.), записываться (во что-л.)
enrollar *vt* свёртывать в трубу
enrollarse *vpron* 1) свёртываться в трубу, наматываться 2) *coloq (extenderse demasiado)* тянуть канитель 3) *coloq (ser sociable)* быть общительным 4) **(con alg)** *coloq (tener relaciones amorosas)* завязывать роман (с кем-л)
enroque *m ajedr* рокировка
enroscar *vt* закручивать
enrostrar *vt Am.* упрекать (в чём-л)
ensaimada *f* энсаимада (кондитерское изделие на свином жире)
ensalada *f* салат
ensaladera *f* салатница
ensaladilla *f* 1) салат 2) *(ensaladilla rusa)* салат оливье
ensalivar *vt* слюнить
ensalmador *m* костоправ
ensalmar *vt* вправлять кости
ensalmo *m* целительство
ensalzamiento *m* похвала, восхваление
ensalzar *vt* хвалить, восхвалять
ensambladura *f* сборка, монтаж
ensamblaje *m* сборка, монтаж
ensamblar *vt* собирать, монтировать
ensañamiento *m* 1) раздражение, ярость 2) *jur* ожесточение, ожесточённость
ensañar *vt* раздражать, приводить в ярость
ensañarse *vpron* **(con alg)** ожесточаться (против кого-л)
ensanchar *vt* 1) расширять, растягивать 2) *(una prenda de ropa)* расставлять
ensancharse *vpron* 1) расширяться, растягиваться 2) *(envanecerse)* чваниться 3) *(hacerse rogar)* заставлять себя просить
ensanche *m* 1) расширение, растягивание 2) *(trozo de tela)* запас (ткани) 3) пригородный район новостроек
ensangrentado *adj* окровавленный
ensangrentar *vt* окровавливать
ensartar *vt* нанизывать
ensayar *vt* 1) *(probar)* испытывать 2) *(amaestrar)* дрессировать 3) *(una interpretación)* репетировать
ensayista *m/f* эссеист
ensayo *m* 1) *(experimento)* испытание, проба 2) *(de una interpretación)* репетиция 3) *lit* эссе, очерк
enseguida *adv* тотчас, сейчас же, немедленно
enseña *f* знамя
enseñado *adj* воспитанный
enseñanza *f* обучение, образование ◆ ~ **primaria** начальное образование ~ **secundaria** среднее образование ~ **superior** высшее образование
enseñar *vt* 1) учить (кого-л чему-л), преподавать (что-л кому-л) 2) *(mostrar)* показывать
enseñarse *vpron* **(a u/c)** привыкать (к чему-л)
enseñorearse *vpron* становиться хозяином
enseres *mpl* утварь, принадлежности
ensilado *m* хранение силоса
ensilaje *m* хранение силоса
ensilar *vt* хранить силос
ensillar *vt* седлать
ensimismarse *vpron* задумываться, уходить в себя
ensoberbecerse *vpron* 1) проявлять высокомерие 2) *(dicho del mar)* бушевать
ensobrar *vt* класть в конверт
ensombrecer *vt* затемнять
ensombrecerse *vpron* мрачнеть
ensoñación *f* сновидение
ensoñar *vt/i* видеть сон, сниться (кому-л. что-л)
ensopar *vt* готовить суп из мочёного хлеба
ensoparse *vpron Am. (empapar)* впитываться, пропитываться
ensordecedor *adj* оглушительный
ensordecer 1. *vt* оглушать **2.** *vi* глохнуть
ensortijado *adj* кудрявый
ensortijar *vt* завивать
ensortijarse *vpron* виться
ensuciamiento *m* пачканье, загрязнение
ensuciar *vt* пачкать, загрязнять, марать
ensuciarse *vpron* пачкаться, мараться
ensueño *m* 1) сон 2) *(ilusión)* мечта ◆ **de** ~ великолепный
entablado *m* настил
entabladura *f* покрытие досками, настилка полов
entablar 1. *vt* 1) *(cubrir con tablas)* покрывать досками 2) *(iniciar)* начинать, завязывать ~ *conversación* завязывать разговор **2.** *vi Am.* сыграть вничью
entablillado *m* лубок
entablillar *vt* накладывать лубок
entallado[1] *adj* приталенный
entallado[2] *m* резьба
entallador *m* резчик
entalladura *f* 1) надрез 2) *(en los árboles)* зарубка
entallar[1] *vt (un vestido)* приталивать
entallar[2] *vt (hacer tallas)* высекать, вырубать
entarimado *m* настил
entarimar *vt* настилать пол
ente *m* 1) существо 2) *(institución)* учреждение
enteco *adj* хилый
entelequia *f* энтелехия
entendederas *fpl coloq* разум, ум
entendedor *adj* понятливый, понимающий
entender 1. *vt* 1) понимать 2) *(creer)* думать, предполагать, понимать **2.** *vi* **(de u/c)** разбираться (в чём- л), знать (о чём-л) **3.** *m* мнение ◆ **a mi** ~ по-моему, по моему мнению **dar a** ~ давать понять
entenderse *vpron* 1) **(con alg)** находить общий язык (с кем-л) 2) **(con alg)** *(ponerse de acuer-*

do) договариваться (с кем-л) 3) **(con alg)** *(tener una relación amorosa)* находиться в тайной любовной связи (с кем-л)
entendid|o 1. *adj* знающий **2.** , **-a** *m/f* знаток
entendimiento *m* 1) понимание 2) *(razón)* рассудок
entenebrecerse *vpron* темнеть
enterad|o 1. *adj* знающий **2.** , **-a** *m/f coloq* всезнайка
enteramente *adv* вполне, полностью
enterar *vt* уведомлять, информировать
enterarse *vpron* **(de u/c)** узнавать (о чём-л)
entereza *f* 1) *(carácter de entero)* целостность, полнота 2) *(integridad)* целостность 3) *(buen estado)* сохранность
enternecedor *adj* трогательный
enternecer *vt* 1) смягчать 2) *(emocionar)* трогать
enternecerse *vpron* 1) смягчаться 2) *(emocionarse)* растрогаться, расчувствоваться
entero *adj* 1) весь, вся, всё, целый, полный 2) *(en buen estado)* целый, невредимый
enterrador *m* могильщик
enterramiento *m* захоронение
enterrar *vt* 1) закапывать 2) *(dar sepultura)* хоронить
enterrarse *vpron obsol* удаляться, уходить
entibación *f min* установка крепи
entibar *vt min* крепить
entibiar *vt* охлаждать
entibiarse *vpron* охлаждаться
entidad *f* 1) организация, учреждение 2) *(valor)* важность, ценность
entierro *m* похороны
entintar *vt* 1) *(cubrir con tinta)* покрывать чернилами 2) *(manchar)* пачкать чернилами, покрывать чернилами 3) *(teñir)* красить
entoldado *m* 1) *(acción de entoldar)* натягивание тента 2) тент
entoldar *vt* натягивать тент
entoldarse *vpron* покрываться тучами (о небе)
entomología *f* энтомология
entomólogo *m* энтомолог
entonación *f* 1) интонация 2) *ling* интонация 3) *mús* напев
entonar *vt* напевать
entonarse *vpron* 1) *(vigorizarse)* подкрепляться 2) *(beber)* слегка выпить
entonces 1. *adv* тогда, в то время **2.** *conj* то, тогда ◆ **desde** ~ с тех пор
entontecer 1. *vt* оглуплять **2.** *vi* глупеть
entontecimiento *m* оглупление
entorchado *m* позумент
entornar *vt* прикрывать
entorpecer *vt* препятствовать (кому/чему-л)
entorpecimiento *m* помеха, затруднение
entrada *f* 1) вход, въезд 2) *(acceso)* допуск, пропуск 3) *(pase)* билет 4) *(introducción)* ввод
entrador *adj* предприимчивый, отважный
entramado *m* 1) *(de láminas)* деревянная или железная решётка, каркас 2) *(de ideas)* структура
entrambos *adj pl* оба, обе
entrampar *vt* 1) *(engañar)* обманывать 2) *(enredar un asunto)* запутывать 3) *caza* ловить западнёй
entramparse *vpron* залезать в долги
entrañable *adj* нежный, сердечный
entrañar *vt* заключать в себе
entraña 1. *f* 1) внутренности 2) *(parte esencial)* нутро **2.** *fpl (de la tierra)* недра ◆ **no tener ~s** быть бессердечным
entrante 1. *adj* входящий **2.** *m* закуска
entrar 1. *vi* 1) входить, въезжать 2) *(ingresar)* поступать 3) *(introducirse)* проникать, входить 4) *(encajar)* помещаться, входить **2.** *vt* вносить, вводить, ввозить
entre *prep* 1) между (кем/чем-л), среди (кого/чего-л) 2) *(a través)* сквозь (кого/что-л.) ◆ **~ semana** в будние дни
entreabrir *vt* приоткрывать
entreacto *m* антракт
entrecano *adj* седеющий
entrecejo *m* межбровье
entrecomillar *vt* ставить в кавычки
entrecortado *adj* прерывистый
entrecot *m* антрекот
entrecruzar *vt* скрещивать
entrecruzarse *vpron* 1) скрещиваться 2) *(intercambiarse)* обмениваться
entrecubiertas *fpl nav* твиндек
entredicho *m* 1) *(prohibición)* запрет 2) *(duda)* сомнение *poner en ~* ставить под сомнение
entredós *m* 1) *(tira bordada)* прошивка 2) *impr* корпус
entrega *f* 1) *(acción de entregar)* вручение, сдача, передача 2) *(de mercancías)* поставка, доставка *~ a domicilio* доставка на дом 3) *(esfuerzo)* самоотдача 4) *(de una publicación)* выпуск
entregar *vt* 1) вручать, передавать, сдавать 2) *(poner bajo la autoridad de otro)* сдавать 3) *(mercancías)* поставлять
entregarse *vpron* 1) **(a alg o u/c)** *(darse)* отдаваться (кому/чему-л) 2) *(rendirse)* сдаваться
entreguerras *inv* : de ~ межвоенный
entreguismo *m* пораженчество
entrelazamiento *m* переплетение, сплетение
entrelazar *vt* переплетать, сплетать
entrelazarse *vpron* переплетаться, сплетаться
entremedias *adv* между (чем-л)
entremés *m* 1) *(alimento)* закуска 2) *(pieza teatral)* интермедия
entremeses *mpl* V. entremés 1
entremeterse *vpron* **(en u/c)** вмешиваться (во что-л.)
entremetido *adj* любопытный, сующий везде свой нос
entremezclar *vt* перемешивать, смешивать
entremezclarse *vpron* перемешиваться, смешиваться
entrenador *m* тренер
entrenamiento *m* тренировка
entrenar 1. *vt* тренировать **2.** *vi* тренироваться
entrenarse *vpron* тренироваться
entrepaño *m arquit* простенок
entrepierna *f* внутренняя часть бёдер
entreplanta *f arquit* антресоль
entrepuente *m nav* твиндек
entresacar *vt* выбирать, вытаскивать
entresijo *m* 1) *(mesenterio)* брыжейка 2) *(cosa oculta)* тайна, загадка

entresuelo *m* антресоль, цокольный этаж

entretanto *adv* между тем, тем временем

entretejer *vt* 1) сплетать, переплетать 2) *(enlazar)* связывать

entretejido *adj* сплетённый, переплетённый

entretela 1. *f* подбортный холст **2. -s** *fpl coloq* нутро

entretener *vt* 1) развлекать, забавлять 2) *(mantener)* содержать 3) *(retrasar)* задерживать

entretenerse *vpron* 1) **(con u/c)** развлекаться (чем-л) 2) *(retrasarse)* задерживаться

entretenida *f* содержанка

entretenido *adj* 1) *(divertido)* забавный 2) **(con u/c)** *(ocupado)* занятый (чем-л)

entretenimiento *m* 1) *(diversión)* развлечение 2) *(ocupación)* занятие

entretiempo *m* межсезонье

entrever *vt* 1) неясно видеть 2) *(conjeturar)* догадываться (о чём-л)

entrevero *m* 1) *Am.* беспорядок, путаница 2) *Am. (mezcla)* смесь, смешение

entrevía *f ferroc* междупутье

entrevista *f* 1) свидание, встреча 2) *(informativa)* интервью 3) *(de trabajo)* собеседование

entrevistar *vt* брать интервью (у кого-л)

entrevistarse *vpron* **(con alg)** видеться (с кем-л), встречаться (с кем-л)

entristecer 1. *vt* печалить **2.** *vi* печалиться, грустить

entristecerse *vpron* печалиться, грустить

entrometerse *vpron* **(en u/c)** вмешиваться (во что-л.)

entrometido *adj* любопытный, сующий везде свой нос

entroncar *vi* 1) **(con u/c)** *(estar relacionado)* быть связанным (с чем-л) 2) **(con alg)** происходить (с кем- л) 3) **(con alg)** *(contraer parentesco)* родниться (с кем-л)

entronización *f* возведение на престол

entronizar *vt* 1) возводить на престол 2) *(ensalzar)* восхвалять

entronizarse *vpron* становиться высокомерным, важничать

entronque *m* родство

entropía *f fís* энтропия

entrullar *vt vulg* сажать в тюрьму

entubado *adj med* интубированный

entubar *vt* 1) укладывать трубы, укреплять трубами 2) *med* интубировать

entuerto 1. *m* оскорбление, обида **2. -s** *mpl* послеродовые боли

entumecerse *vpron* неметь, затекать

entumecimiento *m* онемение

enturbiamiento *m* помутнение

enturbiar *vt* 1) *(hacer turbio)* мутить 2) *(turbar)* запутывать, мутить воду 3) *(oscurecer)* затемнять

enturbiarse *vpron* 1) *(ponerse turbio)* мутнеть 2) *(turbarse)* запутываться 3) *(oscurecer)* затемняться

entusiasmar *vt* 1) *(infundir entusiasmo)* воодушевлять 2) *(causar admiración)* восхищать, приводить в восторг

entusiasmarse *vpron* 1) **(con alg o u/c)** *(sentir entusiasmo)* воодушевляться (кем/чем-л) 2) **(con alg o u/c)** *(admirarse)* восхищаться (кем/чем-л), восторгаться (кем/чем-л)

entusiasmo *m* восторг, энтузиазм

entusiasta 1. *adj* восторженный **2.** *m/f* энтузиаст, -ка

entusiástico *adj* восторженный

enumeración *f* перечисление

enumerar *vt* перечислять

enunciación *f* заявление, изложение, высказывание

enunciado *m* заявление, изложение, высказывание

enunciar *vt* заявлять, излагать, высказывать

enunciativo *adj* 1) излагающий 2) *ling* повествовательный

envainar *vt* вкладывать в ножны

envalentonamiento *m* подбадривание, придавание смелости

envalentonar *vt* подбадривать, придавать смелости

envalentonarse *vpron* храбриться

envanecer *vt* делать тщеславным, внушать тщеславие

envanecerse *vpron* становиться тщеславным

envanecimiento *m* тщеславие, чванство

envaramiento *m* онемение (части тела)

envararse *vpron* неметь

envasado 1. *adj* упакованный **2.** *m* упаковка (действие)

envasador *m* упаковщик

envasar *vt* 1) *(líquidos)* разливать 2) *(empaquetar)* упаковывать

envase *m* 1) *(acción de envasar y recipiente)* упаковка 2) *(de líquidos)* розлив

envejecer *vi* 1) стареть 2) *(quedar obsoleto)* устаревать

envejecido *adj* 1) устаревший, состарившийся 2) *(experimentado)* опытный, привыкший

envejecimiento *m* 1) старение 2) *(pérdida de actualidad)* устаревание

envenenador 1. *adj* отравляющий **2. , -a** *m/f* отравитель, -ница

envenenamiento *m* отравление

envenenar *vt* отравлять

envenenarse *vpron* отравляться

envergadura *f* 1) размах 2) *(importancia)* значение, масштаб 3) *nav* ширина паруса 4) *zool* размах крыльев

enverjado *m* решётка, ограда

envés *m* 1) обратная сторона 2) *coloq (espalda)* спина

enviado *m* 1) посланник 2) *(corresponsal)* корреспондент

enviar *vt* посылать, отправлять, направлять

enviciar *vt* портить, развращать

enviciarse *vpron* 1) *(viciarse)* предаваться пороку 2) *(aficionarse demasiado)* пристраститься

envidia *f* зависть

envidiable *adj* завидный

envidiar *vt* **(a alg/por u/c)** завидовать (кому-л в чём-л/за что-л)

envidioso *adj* завистливый

envigado *m constr* система балок

envilecer *vt* приводить к деградации

envilecerse *vpron* деградировать, опускаться

envilecimiento *m* деградация, моральное падение

envío *m* 1) *(acción de enviar)* послание, отправление 2) *(paquete)* посылка

envite *m* 1) *(en los juegos)* ставка 2) *(ofrecimiento)* предложение 3) *(empujón)* толчок
enviudar *vi* вдоветь
envoltorio *m* упаковка, обёртка
envoltura *f* обёртка, оболочка
envolver *vt* 1) заворачивать 2) *(rodear)* окружать 3) *(meter en un asunto)* замешивать
envolverse *vpron* 1) **(en u/c)** *(abrigarse)* закутываться (чем-л) 2) **(en u/c)** вмешиваться (во что-л.)
envolvimiento *m* завёртывание
enyesado *m* нанесение гипсового раствора
enyesar *vt* 1) покрывать гипсом 2) *(una parte del cuerpo)* накладывать гипс (на что-л)
enzarzar *vt* 1) покрывать колючим кустарником 2) *(sembrar discordia)* ссорить, втягивать в ссору
enzarzarse *vpron* 1) забираться в колючие кусты 2) *(reñir)* ссориться, вступать в ссору
enzima *m/f biol* энзим
enzimático *adj biol* энзиматический
eólico *adj* ветровой, ветряной
epa *interj Am.* эй!, привет!
epéntesis *f ling* эпентеза
épica *f lit* эпика
epiceno *adj ling* общий (о роде)
épico *adj* эпический
epicúreo **1.** *adj* эпикурейский **2.** *m* эпикуреец
epidemia *f* эпидемия
epidémico *adj* эпидемический
epidemiología *f med* эпидемиология
epidérmico *adj anat* накожный
epidermis *f anat* эпидермис
epidiascopio *m fís* эпидиаскоп
epidural *f med* эпидуральная анестезия
Epifanía *f relig* праздник поклонения волхвов
epiglotis *f anat* надгортанник
epígrafe *m* эпиграф
epigrafía *f* эпиграфика
epigrama *m* эпиграмма
epilepsia *f* эпилепсия
epiléptico *adj* эпилептический
epílogo *m* эпилог
episcopado *m* 1) *relig (cargo de obispo)* епископство 2) *relig (sistema de obispados)* епископат
episcopal *adj relig* епископский, епископальный
episcopalismo *m relig* епископализм
episódico *adj* эпизодический
episodio *m* 1) эпизод 2) *(de una película)* серия
epistemología *f filos* эпистемология
epistemológico *adj filos* эпистемологический
epístola *f* 1) *elev* эпистола, письмо 2) *(bíblica)* послание
epistolar *adj* эпистолярный
epistolario *m* сборник писем
epitafio *m* эпитафия
epíteto *m* эпитет
epítome *m* эпитома
época *f* 1) эпоха, эра 2) *(espacio de tiempo)* время, период времени
epónimo *m* эпоним
epopeya *f* эпопея, эпос
equidad *f* 1) равноправие 2) *(justicia natural)* справедливость
equidistante *adj* равноудалённый
equidistar *vi* **(de u/c)** быть на равном расстоянии (от чего-л)
equilátero *adj geom* равносторонний
equilibrado *adj* уравновешенный, сбалансированный
equilibrador *m* уравнитель
equilibrar *vt* уравновешивать, балансировать
equilibrio *m* равновесие, баланс
equilibrismo *m* эквилибристика
equilibrista *m/f* эквилибрист, -ка
equinácea *f bot* эхинацея
equino *m* лошадиный, конский
equinoccial *adj astron* равноденственный
equinoccio *m astron* равноденствие
equipaje *m* 1) багаж 2) *nav (tripulación)* экипаж
equipamiento *m* снаряжение, оборудование
equipar *vt* **(con u/c)** снаряжать (чем-л), оборудовать (чем-л)
equiparable *adj* сопоставимый
equiparar *vt* сопоставлять, сравнивать
equiparse *vpron* **(con u/c)** снаряжаться (чем-л)
equipo *m* 1) *(grupo de personas)* команда 2) *(en el deporte)* команда 3) *(conjunto de objetos)* снаряжение, комплект, оборудование
equis *f* экис (название буквы «x»)
equitación *f* верховая езда
equitativo *adj* 1) равноправный 2) *(justo)* справедливый, беспристрастный
equivalencia *f* эквивалентность, равноценность
equivalente **1.** *adj* равноценный, эквивалентный **2.** *m* эквивалент
equivaler *vi* **(a u/c)** быть эквивалентным (чему-л), быть равнозначным (чему-л)
equivocación *f* ошибка, заблуждение
equivocado *adj* ошибочный, неправильный *estar* ~ ошибаться
equivocar *vt* путать
equivocarse *vpron* 1) **(en alg o u/c)** ошибаться (в ком/чём-л), заблуждаться (в чём-л) 2) **(de alg o u/c)** *(confundirse)* ошибаться (кем/чем-л)
equívoco **1.** *adj* двусмысленный **2.** *m* двусмысленность
era *f* эра
erario *m* казна, казначейство
erección *f* 1) выпрямление 2) *(del miembro viril)* эрекция
eréctil *adj* эректильный
erecto *adj* выпрямленный
eremita *m* отшельник
eremítico *adj* отшельнический
ergonomía *f* эргономия
ergonómico *adj* эргономичный, эргономический
ergonomista *m* эргономист
ergoterapeuta *m/f* эрготерапевт
ergoterapia *conj* эрготерапия
erguido *adj* поднятый, выпрямленный
erguir *vt* поднимать, выпрямлять
erguirse *vpron* 1) подниматься, выпрямляться 2) *(dicho de un edificio)* стоять, возвышаться
erial **1.** *adj* необработанный (о земле) **2.** *m* пустошь, заброшенная земля
erigir *vt* воздвигать, сооружать
erigirse *vpron* **(en alg)** провозглашать себя (кем-л)

erisipela *f med* рожа
eritema *m med* эритема
eritrocito *m biol* эритроцит
erizado *adj* взъерошенный
erizar *vt* поднимать кверху, ерошить
erizarse *vpron* вставать дыбом, ерошиться
erizo *m* ёж, ёжик ◆ ~ **de mar** морской ёж
ermita *f* скит
ermitaño *m* отшельник
erógeno *adj* эрогенный
erosión *f* 1) *(desgaste)* износ 2) *geol* эрозия 3) *med* эрозия
erosionar *vt* 1) износить 2) *geol* эродировать
erosionarse *vpron* 1) износиться 2) *geol* эродироваться
erosivo *adj geol med* эрозивный
erótica *f* эротика
erótico *adj* эротический
erotismo *m* эротизм
errabundo *adj* бродячий
erradicación *f* искоренение, устранение
erradicar *vt* искоренять, устранять
errado *adj* ошибочный
errante *adj* бродячий, странствующий
errar 1. *vt* ошибаться (в чём-л), промахиваться **2.** *vi (vagar)* бродить, блуждать
errata *f* опечатка ◆ **fe de** ~ *impr* список опечаток
erre[1] *f* название буквы «r»
erre[2] *inv* : ~ que ~ упрямо, настойчиво
erróneo *adj* ошибочный, неправильный
error *m* 1) ошибка, заблуждение 2) *mat* погрешность
ertzaina *m/f* агент региональной полиции в Стране Басков
Ertzainza *m/f* региональная полиция в Стране Басков
eructar *vi* рыгать
eructo *m* отрыжка
erudición *f* эрудиция, учёность
erudit|o 1. *adj* учёный, эрудированный **2. , -a** *m/f* учёный, эрудит, -ка
erupción *f* 1) *(en la piel)* сыпь 2) *(de un volcán)* извержение
eruptivo *adj* 1) *(referente a la piel)* изверженный 2) *(referente a un volcán)* сыпной
esa *pron dem* V. ese
ésa *pron dem* V. ese
esbeltez *f* стройность
esbelto *adj* стройный
esbirro *m* сыщик, наёмник
esbozar *vt* делать набросок, делать эскиз
esbozo *m* набросок, эскиз
escabeche *m* маринад
escabel *m* скамейка для ног
escabiado *adj Arg.* пьяный
escabiar *vi Arg.* напиваться
escabiosis *f med* чесотка
escabroso *adj* 1) *(dicho de un terreno)* неровный 2) *(áspero)* грубый 3) *(indecente)* неприличный, скабрёзный
escabullirse *vpron* 1) *(de las manos)* выскальзывать (из рук) 2) *(irse sin que se note)* незаметно уходить 3) **(de u/c)** *(eludir)* избегать (чего-л)
escacharrar *vt* 1) *(romper)* ломать, бить 2) *(malograr)* портить
escacharrarse *vpron* 1) *(romperse)* ломаться, биться 2) *(malograrse)* портиться
escafandra *f* скафандр
escay *m* искусственная кожа
escala *f* 1) *(escalera)* лестница 2) *(para medir)* шкала 3) *(de un mapa)* масштаб 4) *(en un viaje)* стыковка, пересадка 5) *(tamaño, nivel)* масштаб, уровень 6) *mús* гамма ◆ ~ **de colores** цветовая гамма ~ **de valores** шкала ценностей
escalada *f* 1) восхождение 2) *(deporte)* скалолазание
escalador *m/f* скалолаз
escalafón *m* шкала должностей
escalar *vt* 1) лезть, лазить, взбираться 2) *(entrar en una plaza fuerte)* брать приступом 3) *(entrar violentamente)* влезать, врываться 4) *(posiciones)* подниматься, достигать (чего-л)
escaldado *adj* обваренный, ошпаренный
escaldar *vt* обваривать, ошпаривать
escaldarse *vpron* обвариваться, ошпариваться
escalera *f* 1) лестница 2) *(de mano)* стремянка ◆ ~ **automática** эскалатор ~ **de caracol** винтовая лестница ~ **de incendios** пожарная лестница ~ **de tijera** стремянка
escalinata *f* парадная лестница
escalofriante *adj* 1) *(terrible)* страшный, жуткий 2) *(asombroso)* поразительный, изумительный
escalofrío *m* дрожь, озноб
escalón *m* 1) ступень, ступенька 2) *mil* эшелон
escalonamiento *m* расположение в определённой последовательности
escalonar *vt* располагать в определённой последовательности
escalonia *f* лук-шалот
escalopa *f* эскалоп
escalope *m* эскалоп
escalpelo *m* скальпель
escama *fpl* чешуя
escamada *f* вязание узора чешуйки
escamado 1. *adj* чешуйчатый **2.** *m* чешуя
escamar *vt* 1) чистить рыбу 2) *coloq (angustiar)* тревожить
escamarse *vpron coloq* становиться недоверчивым (после горького опыта)
escamocha *f Méx.* объедки
escamoso *adj* чешуйчатый
escamoteador, -a *m/f* мошенни|к, -ца
escamotear *vt* 1) *(hacer trucos)* делать фокус 2) *(robar con astucia)* ловко красть
escamoteo *m* 1) *(truco)* фокус 2) *(robo)* мошенничество
escampar 1. *v/impers* переставать (о дожде) **2.** *vi (suspender el empeño)* отказываться (от чего-л) **3.** *vt (despejar)* расчищать
escanciador *m* виночерпий
escanciar *vt* разливать и подавать вино
escandalizar *vt* вызывать возмущение, возмущать
escandalizarse *vpron* **(por u/c)** возмущаться (чем-л)
escandallo *m* 1) *(de una sonda)* лот (прибор) 2) *com* установление цены 3) *(muestra)* проба
escándalo *m* скандал ◆ **armar un** ~ *coloq* устроить скандал
escandalosa *f nav* топсель

escandalos|o 1. *adj* 1) скандальный 2) *(indignante)* возмутительный 3) *(ruidoso)* шумный **2.** , **-a** *m/f* скандалист, -ка
escandinav|o 1. *adj* скандинавский **2.** , **-a** *m/f* скандинав, -ка
escanear *vt* сканировать
escáner *m* сканер
escaño *m* место в парламенте, депутатский мандат
escapada *f* побег
escapar *vi* **(de alg o u/c)** убегать (из чего-л/от кого-л)
escaparate *m* витрина
escaparatista *m/f* оформитель витрин
escaparse *vpron* 1) **(de alg o u/c)** убегать (из чего-л/от кого-л) 2) **(de u/c)** *(ser excesivo)* выходить за рамки (из чего-л) 3) *(dicho de un líquido)* утекать 4) **(a alg u/c)** *(pasar inadvertido)* остаться незамеченным 5) **(a alg u/c)** *(no contenerse)* не сдерживаться
escapatoria *f* 1) уход, выход 2) *coloq (efugio)* лазейка
escape *m* 1) побег 2) *(de un líquido o gas)* утечка 3) *(de un motor)* выхлоп
escaquearse *vpron* **(de u/c)** *coloq* уклоняться (от чего-л)
escaqueo *m coloq* уклонение (от исполнения обязанностей)
escara *f med* струп, короста
escarabajear *vi* писать каракулями
escarabajo *m* жук
escaramujo *m* шиповник
escaramuza *f* 1) *(refriega)* стычка, столкновение 2) *(riña)* столкновение, ссора
escarapela *f* 1) *(adorno)* розетка 2) *(riña)* ссора
escarapelar *vt* вызывать мурашки по коже
escarbadientes *m* зубочистка
escarbador *m* скребок
escarbar *vt* 1) рыть, копать 2) *(inquirir)* копаться
escarcela *f* поясная сумка
escarcha *f* иней, изморозь
escarchado *adj* инистый
escarchar 1. *v/impers* индеветь **2.** *vt* глазировать
escardadera *f* сапка
escardar *vt* 1) *(arrancar malas hierbas)* выдёргивать сорняк 2) *(separar lo bueno de lo malo)* отделять хорошее от плохого
escardillo *m* сапка
escarlata *f* алый цвет
escarlatina *f med* скарлатина
escarmentado *adj* запуганный
escarmentar 1. *vt* наказывать **2.** *vi* учиться на своём или на чужом опыте
escarmiento *m* 1) *(experiencia amarga)* горький опыт 2) *(castigo)* наказание
escarnecer *vt* издеваться (над кем-л.), насмехаться (над кем-л.)
escarnio *m* издевательство, насмешка
escarola *f* белый цикорий
escarpado *adj* крутой, обрывистый
escarpadura *f* крутизна
escarpar[1] *vt (cortar la tierra)* делать склон
escarpar[2] *vt (raspar)* обтёсывать
escarpelo *m* резец
escarpia *f* костыль (гвоздь)
escarpiador *m* скоба (для скрепления труб)
escarpidor *m* расчёска, гребёнка
escarpín *m* остроносая туфля на высоком каблуке
escasamente *adv* 1) *(raramente)* редко 2) *(apenas)* едва
escasear *vi* не хватать (кого/чего-л), не доставать (кого/чего-л)
escasez *f* 1) недостаток, нехватка 2) *(pobreza)* бедность, скудность
escaso *adj* недостаточный, скудный, бедный
escatimar *vt* жалеть
escayola *f* гипс
escayolar *vt* 1) покрывать гипсом 2) *(una parte del cuerpo)* накладывать гипс (на кого/что-л)
escena *f* 1) сцена 2) *(suceso considerado como un espectáculo)* сцена, скандал 3) *(escándalo)* сцена, скандал ◆ **entrar en ~** выходить на сцену **poner en ~** ставить **puesta en ~** постановка
escenario *m* 1) сцена 2) *(circunstancias de un suceso)* обстановка
escénico *adj* сценический
escenificación *f* театрализация
escenificar *vt* ставить пьесу
escenografía *f* 1) *(arte)* декорационная живопись 2) *(decorados)* декорации
escenográfico *adj* сценографический
escenógrafo *m* сценограф
escepticismo *m* скептицизм
escéptic|o 1. *adj* скептический **2.** , **-a** *m/f* скептик
escindir *vt* разъединять, разделять, раскалывать
escindirse *vpron* раскалываться
escisión *f* 1) раскол 2) *med* иссечение
escisionista 1. *adj* раскольнический **2.** *m/f* раскольни|к, -ница
esclarecer *vt* освещать, разъяснять, выяснять
esclarecido *adj* славный, знаменитый
esclarecimiento *m* разъяснение, освещение
esclava *f* браслет
esclavina *f* пелерина
esclavismo *m* идеология, выступающая за рабство
esclavista 1. *adj* рабовладельческий **2.** *m/f* сторонн|ик, -ица рабства
esclavitud *f* рабство
esclavizar *vt* порабощать
esclav|o, -a 1. *m/f* раб, -ыня **2.** *adj* рабский
esclerósico *adj* V. esclerótico
esclerosis *f med* склероз
esclerótica *f anat* склеротика
esclerótico *adj anat* склерозный
esclusa *f* шлюз, водоспуск
escoba *f* метла
escobada *f* (быстрое поверхностное) подметание
escobajo *m* гроздь (винограда) без виноградин
escobazo *m* 1) *(golpe con la escoba)* удар метлой 2) *(escobada)* (быстрое поверхностное) подметание
escobero *m* шкаф для мётел
escobilla *f* щёточка
escobillón *m* банник

escobón *m* большая метла

escocer *vi* щипать, жечь

escocerse *vpron* натираться (о коже)

escoc|és 1. *adj* шотландский **2. , -esa** *m/f* шотланд|ец, -ка **3.** *m* шотландский язык

escofina *f* напильник с крупной насечкой

escofinar *vt* обрабатывать напильником

escoger *vt* выбирать, подбирать

escogido *adj* избранный, отборный

escolanía *f* детский церковный хор

escolano *m* член детского церковного хора

escolar 1. *adj* школьный, учебный **2.** *m/f* школьни|к, -ца, учени|к, -ца

escolaridad *f* время обучения в школе, учебные годы

escolarización *f* школьное образование

escolarizar *vt* обучать

escolástica *f* схоластика

escolástico 1. *adj* схоластический, схоластичный **2.** *m* схоласт

escolio *m* пояснительное замечание

escollera *f* волнорез

escollo *m* 1) подводный камень 2) *(peligro)* риск, опасность 3) *(obstáculo)* камень преткновения, подводный камень

escolopendra *f* сколопендра

escolta *f* охрана, эскорт

escoltar *vt* охранять, эскортировать

escombrar *vt* очищать от мусора, расчищать

escombrera *f* 1) строительный мусор 2) *(vertedero)* свалка

escombros *mpl* развалины

escoñar *vt vulg* ломать

escoñarse *vpron vulg* падать, разбиваться

esconder *vt* 1) **(de alg)** прятать (от кого-л), скрывать (от кого-л) 2) *(contener en sí)* заключать в себе, таить

esconderse *vpron* прятаться, скрываться

escondidas *inv* : a ~ тайно, тайком

escondido *adj* спрятанный, скрытый

escondite *m* 1) потайное место 2) *(juego)* игра в прятки

escondrijo *m* потайное место

escopeta *f* ружьё

escopetazo *m* 1) *(disparo)* ружейный выстрел 2) *(ruido de un disparo)* шум выстрела 3) *(herida de un disparo)* ружейная рана 4) *(noticia inesperada)* неожиданное (неприятное) известие

escopetear *vt* стрелять

escopeteo *m* ружейная стрельба, перестрелка

escoplear *vt* вырезать долотом

escoplo *m* долото

escora *f* 1) *nav (puntal)* пиллерс 2) *nav (inclinación del buque)* крен

escorar 1. *vt* 1) *nav (apuntalar con escoras)* поддерживать пиллерсами, подпирать пиллерсами 2) *nav (inclinar)* кренить **2.** *vi nav* крениться

escorarse *vpron nav* крениться

escorbútico *adj* скорбутный, цинготный

escorbuto *m* скорбут, цинга

escorchar *vt reg* мешать (кому-л), беспокоить

escoria *f* 1) *(de los metales)* шлак, окалина 2) *(lava)* лава 3) *(cosa vil)* отбросы

escorpión 1. *m* скорпион **2.** *adj astrol* Скорпион

escorrozo *m coloq* наслаждение, удовольствие

escorzar *vt arte* изображать в ракурсе

escorzo *m arte* ракурс

escorzonera *f* козелец

escota *f nav* шкот

escotado *adj* с вырезом, с декольте

escotar[1] *vt* 1) вырезать, кроить 2) *(un río, un lago)* спускать воду

escotar[2] *vt (pagar cada uno su parte)* скидываться, устраивать складчину

escote *m* вырез, декольте

escotilla *f* люк

escotillón *m* люк

escozor *m* ощущение жжения

escriba *m* писарь

escribanía *f* 1) *(despacho)* кабинет писаря 2) *(objetos para escribir)* канцелярия

escribano *m* писарь

escribidor *m/f coloq* бездарный писатель

escribiente *m/f* переписчик

escribir *vt* 1) писать 2) *(componer)* писать, сочинять

escribirse *vpron* 1) переписываться 2) *(alistarse)* записываться

escrito 1. *adj* написанный **2.** *m* 1) сочинение 2) *jur* заявление ◆ **por** ~ письменно, в письменном виде

escritor, -a *m/f* писатель, -ница

escritorio *m* 1) *(mesa)* письменный стол 2) *(habitación)* кабинет

escritura *f* 1) *(acción de escribir)* письмо, писание 2) *(caligrafía)* почерк 3) *(sistema de signos)* письменность, письмо 4) *(documento público)* нотариальный акт

escrituración *f* нотариальная регистрация

escriturar *vt* регистрировать у нотариуса

escriturario *adj jur* нотариальный

escroto *m anat* мошонка

escrúpulo *m* 1) сомнение в правильности поступка 2) *(aprensión)* брезгливость, отвращение 3) *(escrupulosidad)* тщательность, скрупулёзность

escrupulosidad *f* тщательность, скрупулёзность

escrupuloso *adj* 1) *(aprensivo)* брезгливый 2) *(minucioso)* тщательный, скрупулёзный

escrutador 1. *adj* проницательный (о взгляде) **2.** *m* счётчик голосов

escrutar *vt* 1) исследовать, осматривать 2) *(los votos)* подсчитывать (голоса)

escrutinio *m* подсчёт голосов

escuadra *f* 1) *(instrumento)* угломер 2) *(grupo)* эскадра ◆ ~ **falsa** малка **mozos de** ~ национальная полиция в Каталонии

escuadrar *vt* придавать форму прямого угла

escuadrilla *f* эскадрилья

escuadrón *m* эскадрон

escualidez *f* худоба, исхудалость

escuálido *adj* тощий, исхудалый

escucha 1. *f* 1) *(acción de escuchar)* слушание, выслушивание, прослушивание 2) *(espionaje)* подслушивание 3) *(aparato)* прослушка **2.** *m (persona)* разведчик

escuchar 1. *vt* 1) слушать 2) *(hacer caso)* слушаться **2.** *vi (poner atención)* слушать, прислушиваться (к кому/чему-л)

escucharse *vpron* говорить с аффектацией

escuchimizado *adj* крайне худой, слабый
escudar *vt* 1) *(defender)* защищать 2) *(amparar con el escudo)* защищать щитом
escudarse *vpron* защищаться, прикрываться
escudería *f* 1) *hist* работа щитоносца 2) *sport* автогоночная команда
escudero *m* 1) *hist* щитоносец *hist* 2) *(noble)* дворянин 3) *(criado)* слуга
escudilla *f* суповая миска
escudo *m* 1) щит 2) *(heráldico)* герб
escudriñador *adj* любознательный
escudriñar *vt* исследовать, внимательно осматривать
escuela *f* школа ◆ ~ **primaria** начальная школа ~ **secundaria** средняя школа
escuerzo *m* 1) жаба 2) *coloq* тощий человек
escueto *adj* 1) *(despejado)* открытый, свободный 2) *(seco, estricto)* точный, строгий, простой
escuincle *m Méx. desp* мальчик, малец
esculcar *vt* 1) *(inquirir)* шпионить, исследовать 2) *(registrar)* обыскивать
esculpir *vt* ваять, высекать
escultismo *m* скаутское движение
escultor *m* скульптор
escultórico *adj* скульптурный
escultura *f* скульптура
escultural *adj* скульптурный
escupidera *f* плевательница
escupir 1. *vi* плевать, плеваться 2. *vt* 1) плевать, выплёвывать 2) *(expulsar)* извергать, выбрасывать
escupitajo *m* плевок
escurreplatos *m* сушилка для посуды
escurridizo *adj* 1) скользкий 2) *(fugaz)* ускользающий
escurrido *adj* 1) узкий в бёдрах 2) *(dicho de la ropa)* тесный
escurridor *m* дуршлаг
escurriduras *fpl* последние капли
escurrir *vt* 1) выливать (всё) 2) *(la ropa)* выжимать
escurrirse *vpron* 1) ускользать 2) *coloq (desaparecer)* выскальзывать
escúter *m* мопед, мотороллер
esdrújulo *adj* с ударением на третьем слоге от конца
ese[1] *f* эсе (название буквы «s»)
ese, esa, esos, esas[2] 1. *adj dem* этот, эта, это, эти, тот, та, то, те, такой, такая, такое, такие *dame ese lápiz* дай мне ту ручку 2. **esa, eso, esos, esas, esos** *pron dem (могут писаться с ударением, чтобы избегать двусмысленности)* этот, эта, это, эти, тот, та, то, те, такой, такая, такое, такие *no soy de ésos* я не такой ◆ **en eso** тогда, в тот момент **¡eso es!** правильно!, вот именно! **ni por ésas** ни в коем случае **por eso** поэтому
ése *pron dem* V. ese
esencia *f* 1) сущность, суть 2) *(perfume)* эссенция, масло
esencial *adj* основной, существенный
esfera *f* 1) *geom* сфера, шар 2) *(ámbito)* область, среда 3) *(del reloj)* циферблат (часов) ◆ ~ **terrestre** земной шар
esférico *adj* шарообразный, сферический
esfinge *f* сфинкс
esfínter *m anat* сфинктер
esforzado *adj* смелый, мужественный
esforzar 1. *vt* воодушевлять 2. *vi* воодушевляться
esforzarse *vpron* **(en u/c)** стараться (в чём-л), прилагать усилия (для чего-л)
esfuerzo *m* усилие, старание *hacer un ~* прилагать усилия
esfumar *vt arte* затушёвывать
esfumarse *vpron coloq* исчезать, испаряться
esfumino *m arte* растушёвка
esgrima *f* фехтование
esgrimidor, -a *m/f* фехтовальщи|к, -ца
esgrimir *vt* 1) *(un arma)* размахивать (чем-л) 2) *(un argumento)* приводить, **(a u/c)** прибегать (к чему-л)
esguince *m* растяжение, вывих
eslabón *m* звено
eslabonar *vt* 1) соединять звенья 2) *(enlazar)* соединять, связывать
eslalon *m sport* слалом
eslav|o 1. *adj* славянский 2. , **-a** *m/f* слав|янин, -янка
eslip *m* (мужские) трусы-слипы
eslogan *m* лозунг, девиз
eslora *f nav* длина судна
eslovac|o 1. *adj* словацкий 2. , **-a** *m/f* слова|к, -чка 3. *m* словацкий язык
esloven|o 1. *adj* словенский 2. , **-a** *m/f* словен|ец, -ка 3. *m* словенский язык
esmaltar *vt* покрывать эмалью
esmalte *m* эмаль
esmerado *adj* старательный
esmeralda *f* изумруд
esmerarse *vpron* **(en u/c)** стараться (в чём-л), усердствовать (в чём-л)
esmeril *m* наждак
esmerilado *m (acción de esmerilar)* шлифование, шлифовка
esmeriladora *f* шлифовальная машина
esmerilar *vt* шлифовать
esmero *m* старание, усердие
esmirriado *adj coloq* тощий, истощённый
esmoquin *m* смокинг
esnifar *vt coloq* нюхать (наркотики)
esnob 1. *m* сноб 2. *adj* снобистский
esnobismo *m* снобизм
eso *pron dem* V. ese
esos *pron dem* V. ese
ésos *pron dem* V. ese
esófago *m anat* пищевод
esotérico *adj* эзотерический
esoterismo *m* эзотеризм
espabilado *adj coloq* живой, бойкий
espabilar 1. *vt* 1) *(quitar la pavesa)* снимать нагар (со свечи) 2) *(avivar)* разбудить, расшевелить 2. *Vi* шевелиться
espabilarse *vpron* 1) *(avivarse)* шевелиться, приходить в себя 2) *(apresurarse)* поторапливаться
espachurrar *vt* расплющивать
espachurrarse *vpron* расплющиваться
espaciador *m* клавиша пробела
espacial *adj* 1) пространственный 2) *(cósmico)* космический ◆ **nave** ~ космический корабль
espaciar *vt* 1) расставлять подальше 2) *(esparcir)* распространять

espaciarse *vpron* 1) *(extenderse en el discurso)* растягиваться 2) *(esparcirse)* распространяться

espacio *m* 1) пространство 2) *(lugar físico)* место 3) *(distancia)* расстояние 4) *(lapso)* промежуток

espaciosidad *f* просторность

espacioso *adj* просторный

espada *f* меч, шпага ◆ **entre la ~ y la pared** *coloq* между молотом и наковальней **pez ~** рыба-меч

espadachín *m* 1) фехтовальщик, рубака 2) *(amante de las peleas)* забияка

espadaña *f* колокольня

espadar *vt* трепать (лён, коноплю)

espadilla *f* 1) *(instrumento para espadar)* трепалка 2) *(aguja para el cabello)* шпилька 3) *nav* запасной руль

espadín *m* маленькая шпага

espagueti *m* спагетти

espalda *f* 1) спина 2) *sport* плавание на спине ◆ **a ~s de alg** за спиной у кого-л. **de ~s a alg o u.c.** спиной к кому/чему-л. **por la ~** со спины

espaldar *m* 1) *(de una silla)* спинка 2) *(espalda)* спина 3) *(enrejado para las plantas)* шпалеры

espaldera *f* 1) *(enrejado para las plantas)* шпалеры 2) *sport* гимнастическая стенка

espaldero *m R. Dom. Ven.* телохранитель

espaldilla *f* лопатка

espaldista *m/f sport* плов|ец, -чиха на спине

español 1. *adj* испанский **2. , -a** *m/f* испан|ец, -ка **3.** *m* испанский язык

españolada *f desp* преувеличение испанского характера

españolismo *m* 1) *(condición de español)* испанский характер 2) *(amor a lo español)* любовь к Испании 3) *ling* испанизм

españolista *adj* любящий всё испанское

españolizar *vt* испанизировать

españolizarse *vpron* усваивать испанские обычаи, испанизироваться

espantable *adj* страшный

espantadizo *adj* пугливый

espantagustos *m* неприветливый человек, нелюдимый человек

espantajo *m* пугало, чучело

espantamoscas *m* мухоотгонялка

espantapájaros *m* пугало

espantar *vt* пугать, устрашать

espantarse *vpron* пугаться, страшиться

espanto *m* страх, испуг

espantoso *adj* страшный, ужасный

esparadrapo *m* пластырь

esparcimiento *m* 1) разбрасывание, рассыпание 2) *(diversión)* развлечение 3) *(soltura)* непринуждённость

esparcir *vt* разбрасывать, рассыпать

esparcirse *vpron* рассыпаться

espárrago *m* спаржа

esparraguera *f* спаржа, аспарагус

esparteña *f* плетёная обувь

espartería *f* 1) *(oficio)* ремесло плетельщика (изделий из эспарто) 2) *(taller)* мастерская плетельщика 3) *(tienda)* магазин продажи изделий из эспарто

esparto *m* эспарто, ковыль

espasmo *m* спазм, судорога

espasmódico *adj* спазматический, судорожный

espatarrarse *vpron coloq* широко расставлять ноги

espato *m min* шпат

espátula *f* лопатка

especia *f* пряность, специя

especial *adj* 1) *(para algún fin)* специальный 2) *(no común)* особенный, особый ◆ **en ~** особенно

especialidad *f* специальность

especialista *m/f* специалист

especializarse *vpron* **(en u/c)** специализироваться (в чём-л)

especie *f* вид, род, сорт, разновидность ◆ **una ~ de** что-то вроде

especiería *f* 1) *(tienda)* магазин специй 2) *(comercio con especias)* торговля специями 3) *(especias)* специи

especiero *m* 1) *(comerciante de especias)* торговец специями 2) *(recipiente)* шкафчик для хранения специй

especificación *f* определение, уточнение, спецификация

especificar *vt* определять, уточнять

especificidad *f* специфичность

específico *adj* специфический

especioso *adj* 1) *(precioso)* прекрасный 2) *(engañoso)* обманчивый

espectacular *adj* зрелищный, эффектный

espectáculo *m* 1) спектакль 2) *(cosa digna de ver)* зрелище

espectador, -a *m/f* зритель, -ница

espectro *m* 1) привидение 2) *fís* спектр

espectrómetro *m fís* спектрометр

especulación *f* 1) спекуляция 2) *(pensamientos)* размышления

especulador 1. *adj* спекулятивный **2. , -a** *m/f* спекулянт, -ка

especular *vi* 1) **(con u/c)** спекулировать (чем-л) 2) **(sobre u/c)** размышлять (над чем-л)

especulativo *adj* спекулятивный

espejismo *m* мираж

espejo *m* зеркало

espejuelos *pl* 1) *(cristales)* стёкла для очков 2) *(anteojos)* очки

espeleólogo *m* спелеолог

espeluznante *adj* ужасный, ужасающий

espeluznar *vt* 1) *(desomponer el pelo)* ерошить 2) *(causar horror)* ужасать

espeluznarse *vpron* 1) *(dicho del pelo)* ерошиться 2) *(asustarse)* ужасаться

espeluzno *m coloq* содрогание

espera *f* ожидание ◆ **en ~** в ожидании

esperanto *m* эсперанто

esperanza *f* надежда ◆ **~ de vida** продолжительность жизни **dar ~s** обнадёживать

esperanzador *adj* обнадёживающий

esperar 1. *vt* 1) ждать (кого/что/чего-л), ожидать (кого/чего-л) 2) *(tener esperanza)* надеяться (на что-л) **2.** *vi* ждать

esperma *m* сперма

esperpento *m* 1) *lit* эсперпенто (литературный жанр) 2) *(grotesco)* нелепость 3) *coloq (dicho de una persona)* страшилище

espesante *m* загуститель

espesar *vt* сгущать
espesarse *vpron* сгущаться
espeso *adj* густой, насыщенный
espesor *m* 1) густота 2) *(grosor)* толщина
espesura *f* 1) густота 2) *(bosque)* чаща 3) *(cabellera espesa)* густые волосы
espetar *vt* 1) протыкать вертелом 2) *coloq* укалывать, уязвлять
espetera *f* доска для вешания кухонных принадлежностей
espetón *m* 1) вертел 2) *(alfiler)* булавка 3) *(hurgón)* кочерга
espía *m/f* шпион, -ка
espiar *vt* 1) наблюдать (за кем/чем-л), выслеживать 2) *(hacer espionaje)* шпионить
espichar **1.** *vt* прокалывать **2.** *vi coloq* умереть, сдохнуть
espiga *f* колос
espigado *adj* 1) *(dicho de una planta)* созревший 2) *(esbelto)* стройный 3) *(en forma de espiga)* колосовой, колосистый
espigador *m* сборщик колосьев
espigar **1.** *vt* собирать колосья **2.** *vi (echar espigas)* колоситься
espigarse *vpron* вытягиваться
espigón *m* 1) *(punta)* острый конец 2) *(espiga)* колючий колос 3) *(mazorca)* початок 4) *(en la costa)* волнорез
espina *f* 1) *(de una planta)* шип, колючка 2) *(de un pescado)* кость ◆ ~ **dorsal** позвоночник **dar mala espina** вызывать подозрение
espinaca *f* шпинат
espinal *adj anat* спинной *médula* ~ спинной мозг
espinazo *m* позвоночник
espinilla *f* 1) *(de la pierna)* голень 2) *(en la piel)* угорь, прыщ
espino *m* боярышник
espinoso *adj* 1) колючий 2) *(complicado)* трудный, острый
espionaje *m* шпионаж
espira *f* спираль
espiral **1.** *adj* спиральный **2.** *f* спираль
espirar *vt/i* 1) *(despedir un olor)* издавать 2) *(expeler aire)* выдыхать 3) *(tomar aliento)* вдыхать 4) *relig* вдохновлять
espiritismo *m* спиритизм
espiritista *adj* спиритический
espiritoso *adj* 1) *(vivo)* бодрый 2) *(dicho de una bebida)* крепкий, спиртной
espíritu *m* 1) дух 2) *(alma)* душа
espiritual *adj* духовный
espiritualidad *f* духовность
espiritualizar *vt* одухотворять
espirituoso *adj* V. espiritoso
espita *f* 1) *(medida)* пядь 2) кран бочки
esplender *vi poét* сверкать, блестеть, сиять
esplendidez *f* великолепие
espléndido *adj* 1) великолепный, превосходный 2) щедрый, великодушный 3) *poét* блестящий
esplendor *m* 1) сияние, блеск 2) *(lustre)* великолепие 3) *(auge)* расцвет
esplendoroso *adj* 1) *(resplandeciente)* сияющий, блестящий 2) *(magnífico)* великолепный, блистательный
espliego *m* лаванда
esplín *m* сплин
espolear *vt* 1) давать шпоры 2) *(estimular)* подталкивать
espoleta *f* взрыватель
espolón *m* 1) *(en las aves)* шпора 2) *(tajamar)* дамба, волнорез 3) *nav* форштевень 4) *arquit* контрфорс
espolvoreador *m* опыливатель
espolvorear *m* опыливать
esponja *f* 1) *zool* губка 2) *(para la higiene)* мочалка, губка
esponjamiento *m* набухание
esponjar *vt* делать пористым
esponjarse *vpron* набухать
esponjosidad *f* губчатость, пористость
esponjoso *adj* губчатый, пористый
esponsales *mpl* помолвка
espónsor *m* спонсор
esponsorización *f* спонсирование, покровительство
esponsorizar *vt* спонсировать, покровительствовать
espontanearse *vpron* раскрываться
espontaneidad *f* спонтанность
espontáneo *adj* спонтанный
espora *f biol* спора
esporádico *adj* случайный, спорадический
esportillo *m* плетёная корзинка
esposar *vt* надевать наручники
esposa *f* жена, супруга
esposas *fpl* наручники
esposo *m* муж, супруг
espray *m* спрей
esprint *m sport* спринт
esprintar *vi sport* спринтовать
esprínter *m sport* спринтер
espuela *f* шпора
espuerta *f* плетёная корзинка ◆ **a** ~ в большом количестве
espulgar *vt* 1) ловить блох 2) *(examinar)* тщательно рассматривать
espulgarse *vpron* ловить блох
espuma *f* пена ◆ ~ **de afeitar** пена для бритья ~ **de mar** морская пенка
espumadera *f* дуршлаг
espumajear *vi* выпускать пену изо рта
espumar **1.** *vt* снимать пену **2.** *vi* пениться
espumarajo *m* слюна с пеной
espumoso *adj* пенистый
espurio *adj* 1) *(bastardo)* внебрачный 2) *(falso)* фальшивый
esputar *vt* отхаркивать
esputo *m* мокрота
esqueje *m* отводок
esquela *f* сообщение о смерти
esquelético *adj* 1) *(muy flaco)* костлявый, тощий 2) *anat* скелетный
esqueleto *m* скелет
esquema *m* схема
esquemático *adj* схематичный
esquí *m* 1) лыжа 2) *(deporte)* лыжный спорт ◆ ~ **acuático** водные лыжи
esquiador, -a *m/f* лыжни|к, -ца
esquiar *vi* кататься на лыжах
esquife *m nav* шлюпка
esquila[1] *f* 1) *(cencerro)* колокольчик 2) *(campana pequeña)* колокол

esquila[2] *f (acción de esquilar)* стрижка
esquilador *m* стригальщик
esquiladora *f* стригальная машинка
esquilar *vt* стричь (овец и т.д.)
esquileo *m* стрижка овец
esquilmar *vt* 1) *(cosechar)* собирать урожай 2) *(menoscabar)* истощать
esquimal **1.** *adj* эскимосский **2.** *m/f* эскимос, -ка
esquina *f* угол
esquinado *adj* нелюдимый, угрюмый
esquinar *vt* 1) *(formar esquina)* образовывать угол 2) *(poner en una esquina)* ставить в угол
esquinarse *vpron* **(con alg)** ссориться (с кем-л)
esquinazo *m coloq* угол ◆ **dar ~ a alg** удрать от кого-л.
esquirla *f* осколок
esquirol *m* штрейкбрехер
esquisto *m min* сланец
esquistoso *adj* сланцевый
esquivar *vt* избегать (кого/чего-л), увиливать
esquivarse *vpron* **(de u/c)** уклоняться (от чего-л), отказываться (от чего-л)
esquivez *f* нелюдимость
esquivo *adj* нелюдимый
esquizofrenia *f med* шизофрения
esquizofrénic|o **1.** *adj med* шизофренический **2.** **, -a** *m med* шизофреник, шизофреничка
esquizoide *adj med* шизоидный
esta V. este 1
ésta V. este 1
estabilidad *f* устойчивость, стабильность
estabilización *f* стабилизация
estabilizador **1.** *adj* стабилизирующий **2.** *m* стабилизатор
estabilizante *adj* стабилизирующий
estabilizar *vt* придавать устойчивость, стабилизировать
estabilizarse *vpron* стабилизироваться
estable *adj* устойчивый, стабильный
establecer *vt* устанавливать
establecerse *vpron* 1) *(fijar residencia)* обосновываться, поселяться 2) *(abrir una empresa)* **обосновываться,** открывать предприятие 3) *(surgir)* возникать, завязываться
establecimiento *m* 1) *(acción de establecer)* установление 2) *(acción de establecerse)* поселение 3) *(local de comercio)* торговое заведение 4) *(entidad)* учреждение
establo *m* стойло, скотный двор
estaca *f* кол, столб
estacada *f* частокол ◆ **dejar en la ~ a alg** покидать в тяжёлый момент кого-л.
estacar *vt* привязывать скот к колу
estacazo *m* 1) удар колом 2) *(daño)* ущерб
estación *f* 1) *(período de tiempo)* период, сезон 2) *(del año)* время года 3) *(de un medio de transporte)* станция, вокзал ◆ **~ de esquí** лыжная база **~ de servicio** бензозаправка
estacional *adj* сезонный
estacionalidad *f* сезонность
estacionamiento *m* стоянка
estacionar **1.** *vt* парковать **2.** *vi* парковаться
estacionario *adj* устойчивый, неподвижный
estacionarse *vpron* парковаться
estada *f* пребывание
estadía *f* 1) пребывание, стоянка 2) *com* сталийное время 3) *com (multa)* демередж
estadio *m* 1) *sport* стадион 2) *(período)* стадия
estadista *m/f* государственный деятель
estadística *f* статистика
estadístico *adj* статистический
estado *m* 1) состояние, положение 2) *(país soberano)* государство 3) *(unidad administrativa)* штат 4) *(estamento social)* сословие ◆ **~ civil** семейное положение **~ de excepción** чрезвычайное положение **~ mayor** *mil* генеральный штаб
estadounidense **1.** *adj* американский, из США **2.** *m/f* американ|ец, -ка, житель, -ница (уроженец, уроженка) США
estafa *f* мошенничество, афёра
estafador, -a *m/f* мошенни|к, -ца, аферист, -ка
estafar *vt* обманывать, мошенничать
estafeta *f* эстафета
estalactita *f* сталактит
estalagmita *f* сталагмит
estallar *vi* 1) взрываться 2) *(reventar)* лопаться 3) *(dicho de una guerra)* разражаться
estallido *m* взрыв
estambre *m* 1) шерстяная нить 2) *bot* ость
estameña *f* шерстяная ткань
estamento *m* сословие
estampa *f* гравюра, эстамп
estampación *f* 1) *(impresión)* печатание 2) *(del metal)* штамповка 3) *(de una tela)* набивка
estampado **1.** *adj* набивной **2.** *m* 1) *(impresión)* штамповка 2) *(del metal)* штамповка 3) *(de una tela)* набивка, рисунок
estampar *vt* 1) *(imprimir)* печатать 2) *(el metal)* штамповать 3) *(una tela)* набивать 4) **(contra u/c)** *coloq (arrojar)* бросать (во что-л.)
estampía *inv* : de ~ внезапно, без предупреждения
estampida *f* 1) звук выстрела 2) *(de animales)* бегство
estampido *m* звук выстрела
estampilla *f* штамп, штемпель
estampillar *vt* ставить печать, штемпелевать
estampita *f* эстамп
estañado *adj* покрытый полудой
estañar *vt* лудить
estancado *adj* 1) *(dicho de un líquido)* застойный 2) *(dicho de un asunto)* приостановленный
estancamiento *m* 1) застой, задержка 2) *econ* стагнация 3) *pol* застой
estancar *vt* 1) вызывать застой 2) *(detener)* задерживать
estancarse *vpron* 1) *(dicho de un líquido)* застаиваться 2) *(dicho de un asunto)* приостанавливаться
estancia *f* 1) *(lugar)* местопребывание 2) *(permanencia)* пребывание 3) *(habitación)* комната 4) *Am. (hacienda)* имение, усадьба
estanciero *m Am.* владелец усадьбы
estanco *m* табачный магазин
estand *m* стенд
estándar **1.** *adj* стандартный **2.** *m* стандарт
estandarización *f* стандаризация
estandarizar *vt* стандартизировать, стандартизовать
estandarte *m* знамя, штандарт
estaño *m quím* полуда, олово
estanque *m* пруд

estanquero *m/f* продавец в табачном магазине
estanquillo *m Am.* киоск, ларёк
estante *m* книжная полка
estantería *f* этажерка, стеллаж
est|ar *vi* быть, побывать, находиться *~oy bien* мне хорошо; *~oy haciendo u.c.* я делаю что-л.; *¿cómo estás?* как твои дела?, как ты?; *~á bien* хорошо, ладно; *~amos a diez de mayo* сегодня десятое мая
estarse *vpron* быть, находиться, пребывать
estatal *adj* государственный
estatalismo *m* вмешательство государства
estatalización *f* огосударствление
estatalizar *vt* огосударствлять
estática *f fís* статика
estático *adj* 1) неподвижный, статичный, статический 2) *fís* статический
estatua *f* статуя
estatuaria *f* искусство скульптуры
estatuilla *f* статуэтка
estatuir *vt* устанавливать, определять
estatura *f* 1) рост 2) *(nivel)* уровень
estatus *m* статус, положение
estatutario *adj* уставный, соответствующий уставу
estatuto *m* устав
este, esta, estos, estas[1] **1.** *adj dem* этот, эта, это, эти, такой, такая, такое, такие *esta semana* на этой неделе **2.** *pron dem (могут писаться с ударением, чтобы избегать двусмысленности)* этот, эта, это, эти *de todos los cuadernos, este es para ti* из всех этих тетрадей, эта для тебя ◆ **en esto** в это время **esto es** то есть **por esto** поэтому
este[2] *m* 1) восток 2) *(viento)* восточный ветер
éste V. este 1
estearina *f quím* стеарин
estela *f* след
estelar *adj* 1) звёздный 2) *(extraordinario)* необыкновенный, первоклассный
estentóreo *adj* громкий
estepa *f* степь
estepario *adj* степной
estera *f* циновка
estercolar 1. *vt agric* унавоживать **2.** *m agric* навозная яма
estercolero *m* 1) навозная яма 2) *desp (lugar sucio)* свинарник
estéreo *adj inv* стерео
estereofonía *f* стереофония
estereofónico *adj* стереофонический
estereoscopio *m* стереоскоп
estereotipado *adj* шаблонный, стереотипный
estereotipar *vt* 1) *impr* стереотипировать 2) создвать стереотип
estereotipia *f* 1) *impr* стереотипия, стереотип 2) *med* стереотипия
estereotipo *m* 1) стереотип, шаблон 2) *impr* стереотип
esterero *m* мастер циновок
estéril *adj* 1) бесплодный 2) *(inútil)* бесплодный, тщетный 3) *(libre de gérmenes)* стерильный
esterilidad *f* 1) бесплодие 2) *(dicho de la tierra)* бесплодность, неплодородность 3) *(ausencia de gérmenes)* стерильность
esterilización *f* стерилизация
esterilizar *vt* стерилизовать
esterilla *f* 1) маленькая циновка 2) *(hilo)* золотая или серебряная канитель 3) *(tejido)* канва
esterlina *adj* : libra ~ фунт стерлингов
esternón *m* грудная кость
estero *m* 1) *(estuario)* лиман 2) *(terreno pantanoso)* болотистая местность
esteroide *m quím* стероид
estertor *m* хрип
estética *f* эстетика
esteticista 1. *adj* эстетский **2.** *m/f* специалист по эстетике
estétic|o 1. *adj* 1) эстетический 2) *(bello)* эстетичный, красивый **2.** *m* эстетик ◆ **cirugía ~a** пластическая хирургия
estetoscopia *f med* стетоскопия
estetoscopio *m med* стетоскоп
estiaje *m* межень
estiba *f nav* размещение груза на судне
estibador *m nav* грузчик
estibar *vt* 1) *nav (cargar)* загружать судно, выгружать судно 2) *nav (distribuir)* распределять груз на судне
estiércol *m* навоз
estigma *m* 1) след на теле 2) *(mala fama)* стигма, клеймо
estigmatizar *vt* клеймить
estilar *vi* быть в обычае, быть в моде
estilarse *vpron* быть в обычае, быть в моде
estilete *m* стилет
estilista *m/f* стилист, -ка
estilístico 1. *adj* стилевой, стилистический **2.** *f* стилистика
estilizar *vt* 1) стилизовать 2) *coloq (adelgazar)* стройнить
estilo *m* стиль ◆ **por el** ~ в таком же духе
estilográfica *adj* : pluma ~ авторучка
estilógrafo *m Am.* авторучка
estima *f* уважение, почтение
estimable *adj* достойный уважения
estimación *f* 1) *(evaluación)* оценка 2) *(aprecio)* уважение, любовь
estimado *adj* уважаемый, дорогой
estimar *vt* 1) *(evaluar)* оценивать 2) *(valorar positivamente)* ценить 3) *(considerar)* считать
estimativa *f* 1) способность к оценке 2) *(instinto)* инстинкт
estimativo *adj* оценочный
estimulación *f* стимуляция, стимулирование
estimulante 1. *adj* возбуждающий, стимулирующий **2.** *m* возбуждающее средство
estimular *vt* возбуждать, стимулировать
estímulo *m* стимул, побуждение
estío *m* лето
estipendio *m* оклад, вознаграждение
estipulación *f* 1) *(fijación)* установление 2) *jur (disposición)* условие договора 3) *jur (acuerdo verbal)* договорённость
estipular *vt* 1) *(establecer)* устанавливать, назначать 2) уславливаться (о чём-л), договариваться (о чём-л)
estirado *adj* надменный, чванливый
estirar 1. *vt* 1) вытягивать, растягивать 2) *(alisar)* выпрямлять 3) *(aplazar)* откладывать 4) *(el dinero)* растягивать **2.** *vi* вытягиваться, расти

estirarse *vpron* 1) *(crecer)* вытягиваться, расти 2) *(desentumecerse)* потягиваться

estirón *m* 1) сильный рывок 2) *(crecimiento)* быстрый рост

estirpe *f* род

estival *adj* летний

esto *pron dem* V. este 1

estocada *f* 1) удар шпагой 2) *(herida)* рана от удара шпагой

estofado *m* тушёное мясо, жаркое

estofar *vt* тушить

estoicismo *m* 1) стоицизм, мужество 2) *filos* стоицизм

estoico **1.** *m filos* стоик **2.** *adj* 1) стоический, мужественный 2) *filos* стоический

estola *f relig* епитрахиль

estolidez *f* глупость

estólido *adj* бессмысленный, глупый

estomacal *adj* желудочный

estómago *m* желудок

estoni|o **1.** *adj* эстонский **2.** , **-a** *m/f* эстон|ец, -ка **3.** *m* эстонский язык

estopa *f* 1) *(tela)* пакля 2) *(parte basta del cáñamo)* очёс

estoque *m* 1) шпага 2) *taur* шпага тореро 3) *(flor)* гладиолус

estorbar *vt* 1) *(molestar)* мешать (кому-л) 2) *(poner obstáculo)* препятствовать (чему-л)

estorbo *m* помеха, препятствие

estornino *m* скворец

estornudar *vi* чихать

estornudo *m* чихание

estos V. este 1

éstos V. este 1

estrábico *adj* косоглазый

estrabismo *m* страбизм, косоглазие

estrado *m (tarima)* помост

estrados *mpl* зал суда

estrafalario *adj* странный, чудаковатый

estragar *vt* вредить (чему-л), наносить вред (чему-л)

estrago *m* вред, ущерб

estragón *m* тархун, эстрагон

estrambótico *adj* сумасбродный, странный, чудаковатый

estramonio *m* дурман

estrangulación *f* удушение

estrangulador *m tecn* дроссель

estrangulamiento *m* удушение

estrangular *vt* 1) душить 2) *(el paso por un conducto)* зажимать

estraperlista **1.** *adj* спекулянтский **2.** *m/f* спекулянт, -ка

estraperlo *m* спекуляция, чёрный рынок

estratagema *f* хитрость, уловка

estratega *m/f* стратег

estrategia *f* стратегия

estratégico *adj* стратегический

estratificación *f* наслоение, стратификация

estratificar *vt* наслаивать

estratificarse *vpron* наслаиваться

estratigrafía *f geol* стратиграфия

estrato *m* 1) слой, пласт 2) *meteo* слоистое облако

estratosfera *f meteo* стратосфера

estraza *f* тряпка

estrechamiento *m* сужение

estrechar *vt* 1) суживать 2) *(la mano)* пожимать 3) *(una relación)* сближать

estrecharse *vpron* 1) суживаться 2) *(apretarse)* теснитсья

estrechez *f* 1) узость 2) *(aglomeración)* теснота 3) *(necesidad)* нужда 4) *(intimidad)* близкие отношения

estrecho **1.** *adj* 1) узкий 2) *(aglomerado o prieto)* тесный 3) *(íntimo, cercano)* близкий, тесный 4) *(tacaño)* скупой 5) *(en cuanto al sexo)* застенчивый, строгий **2.** *m* пролив

estregar *vt* тереть, натирать

estrella *f* 1) звезда 2) *(destino)* удача, судьба ◆ ~ **de mar** морская звезда ~ **fugaz** падающая звезда **tener buena** ~ быть удачливым

estrellado *adj* 1) *(de forma de estrella)* звёздообразный 2) *(lleno de estrellas)* звёздный

estrellar *vt* 1) *(cubrir de estrellas)* усыпать звёздами 2) **(contra u/c)** *coloq* бросать (о что-л.)

estrellarse *vpron* 1) покрываться звёздами 2) **(contra u/c)** *(chocar)* разбиваться (о что-л.)

estremecer *vt* сотрясать, потрясать

estremecerse *vpron* содрогаться

estremecimiento *m* дрожь, содрогание

estrenar *vt* 1) *(un objeto)* обновлять, использовать впервые 2) *(un espectáculo)* давать премьеру

estrenarse *vpron* 1) *(en un cargo)* вступать в должность 2) *(dicho de un artista)* дебютировать

estreñimiento *m* запор

estreñir *vpron* вызывать запор

estreno *m* 1) *(de un espectáculo)* премьера 2) *(de un actor)* дебют

estrépito *m* шум, грохот, гром

estrepitoso *adj* шумный, громкий

estreptococo *m biol* стрептококк

estreptomicina *f med* стрептомицин

estrés *m* стресс

estresado *adj* в стрессовом состоянии

estresante *adj* вызывающий стресс

estresar *vt* вызывать стресс

estresarse *vpron* поддаваться стрессу

estría *f* 1) рифля, желобок 2) *(en la piel)* растяжка 3) *arquit* каннелюра

estriado *adj* рифлёный, бороздчатый

estriar *vt* делать бороздки, делать желобки

estriarse *vpron* 1) *(dicho de la piel)* появляться растяжки (о коже) 2) покрываться желобками

estribación *f geogr* отрог

estribar *vi* 1) **(en u/c)** опираться (на что-л) 2) **(en u/c)** *(consistir)* заключаться (в чём-л)

estribarse *vpron* **(en u/c)** основываться (на чём-л), заключаться (в чём-л)

estribillo *m* припев

estribo *m* 1) стремя 2) *(fundamento)* основа, опора 3) *geogr* отрог 4) *arquit* контрфорт ◆ **perder los ~s** выходить из себя

estribor *m nav* правый борт, штирборт

estricnina *f quím* стрихнин

estricto *adj* 1) *(duro)* строгий, жёсткий 2) *(exacto)* точный

estridencia *f* 1) *(de un sonido)* пронзительность, резкость 2) **(de u/c)** *(carácter llamativo)* вызывающий характер (чего-л)

estridente *adj* 1) *(un sonido)* пронзительный, резкий 2) *(llamativo)* вызывающий, кричащий
estriptis *m* стриптиз
estro *m* 1) вдохновение 2) *zool* течка
estrofa *f lit* строфа
estrógeno *m biol* эстроген
estropajo *m* 1) тряпка 2) *(cosa inútil)* шваль *desp* 3) *(persona descuidada)* неряха
estropajoso *adj* 1) неряшливый 2) *(dicho de la carne)* жёсткий 3) *(dicho de la pronunciación)* невнятный
estropeado *adj* испорченный, сломанный
estropear *vt* портить, ломать
estropicio *m coloq* разрушение, поломка, треск
estructura *f* 1) структура, строение, устройство 2) *(armadura)* каркас
estructuración *f* структуризация
estructural *adj* структурный
estructuralismo *m* структурализм
estructuralista 1. *adj* структуралистский **2.** *m/f* структуралист
estructurar *vt* структурировать
estruendo *m* 1) грохот, гром 2) *(ostentación)* пышность
estruendoso *m* грохочущий, громовой
estrujar *vt* выжимать
estrujón *m* 1) сяжимание 2) *(golpe)* толчок
estuario *m* эстуарий
estucado 1. *adj* отштукатуренный, штукатурный **2.** *m* штукатурка, отштукатуривание
estucar *vt* штукатурить
estuchado *m* обёртывание
estuchar *vt* класть в футляр, обёртывать
estuche *m* футляр
estuco *m* штукатурка
estudiantado *m* студенчество
estudiante *m/f* студент, -ка, учащ|ийся, -аяся
estudiantil *adj* студенческий
estudiantina *f* студенческий хор
estudiar 1. *vt* 1) изучать, учить, учиться (чему-л), заниматься (чем-л) 2) *(examinar)* рассматривать **2.** *Vi* учиться, обучаться
estudio 1. *m* 1) изучение, учение 2) *(investigación)* исследование 3) *(de grabación)* студия 4) *(apartamento)* студия 5) *mús arte* этюд 6) *(examen)* рассмотрение **2. -s** *mpl* учение, учёба, образование
estudioso 1. *adj* прилежный, усидчивый **2.** *m/f* знаток
estufa *f* печь, печка
estufilla *f* грелка для ног
estufista *m* печник
estulticia *f* глупость
estulto *adj* глупый
estupa *f arquit* ступа
estupefacción *f* удивление, изумление, ошеломление
estupefaciente *m* наркотик
estupefacto *adj* удивлённый, изумлённый, ошеломлённый
estupendo *adj* великолепный, потрясающий
estupidez *f* 1) *(calidad)* глупость 2) *(hecho o dicho)* глупость, чепуха
estúpid|o 1. *adj* 1) глупый, тупой 2) *(absurdo)* бессмысленный, глупый **2. , -a** *m/f* тупица
estupor *m* 1) изумление, ошеломление 2) *med* ступор
estuprar *vt* насиловать
estupro *m* изнасилование
esturión *m* осётр
esvástica *f* свастика
etanol *m quím* этанол
etapa *f* этап ◆ **por ~s** постепенно, поэтапно
etarra 1. *adj* относящийся к террористической группе ЭТА **2.** *m/f* член террористической группы ЭТА
etcétera *partíc* и так далее
éter *m* 1) *quím* эфир 2) *poét* небеса
etéreo *adj* эфирный
eternidad *f* вечность
eternizar *vt* 1) увековечивать 2) *(prolongar demasiado)* тянуть долго
eternizarse *vpron* 1) увековечиваться 2) *(prolongarse demasiado)* длиться слишком долго
eterno *adj* вечный, бесконечный
ética *f* этика
ético *adj* 1) этический 2) *(moral)* этический, нравственный
etimología *f* этимология
etimológico *adj* этимологический
etíope 1. *adj* эфиопский **2.** *m/f* эфиоп, -ка
etiqueta *f* 1) этикетка, ярлык 2) *(normas)* этикет
etiquetado *m* наклеивание этикеток, этикетирование
etiquetadora *f* этикетировочная машина
etiquetar *vt* 1) приклеивать этикетку, наклеивать этикетку 2) *(tachar)* вешать ярлык (на кого-л)
etnia *f* этнос, национальность, народность
étnico *adj* этнический
etnografía *f* этнография
etnología *f* этнология
etnólogo *m* этнолог
etología *f* этология
etrusco 1. *adj* этрусский **2.** *m* этруск
eucalipto *m* эвкалипт
eucaristía *f relig* евхаристия
eucarístico *adj relig* евхаристический
eufemismo *m* эвфемизм
eufemístico *adj* эвфемистический
eufonía *f* благозвучие, эфвония
euforia *f* эйфория
eufórico *adj* эйфорический
eugenesia *f* евгеника
eugenésico *adj* евгенический
eunuco *m* евнух
eurasiático *adj* евро-азиатский
eureka *interj* эврика
euro *m* евро
eurocaza *m mil* евроистребитель
eurocéntrico *adj* евроцентристский
eurocentrismo *m* евроцентризм
eurocomunismo *m pol* еврокоммунизм
eurocomunista *m/f pol* еврокоммунист, -ка
euroconector *m* штекер SCART
eurodiputado *m* европейский депутат, евродепутат
euroescéptico 1. *adj* евроскептический **2.** *m* евроскептик
eurofuncionario *m* чиновник Евросоюза
europarlamentario *m* европарламентарий

europeísmo *m* европеизм
europeísta 1. *adj* симпатизирующий Европе **2.** *m/f* европеист
europeizar *vt* европеизировать
europe|o 1. *adj* европейский **2. , -a** *m/f* европе|ец, -йка
euskera 1. *adj* относящийся к баскскому языку **2.** *m* баскский язык
eutanasia *f* эвтаназия, умерщвление
evacuación *f* 1) *(desalojamiento de un lugar)* освобождение 2) *(como medida de seguridad)* эвакуация 3) *(defecación)* испражнение 4) *mil* вывод
evacuar *vt* 1) *(desalojar un lugar)* освобождать 2) *(como medida de seguridad)* эвакуировать 3) *(expeler)* опорожнять 4) *mil* выводить
evadir *vt* 1) избегать (кого/чего-л), уклоняться (от чего-л) 2) *(sacar ilegalmente)* незаконно вывозить
evadirse *vpron* 1) **(de u/c)** убегать (откуда-л) 2) *(de las preocupaciones)* отвлекаться, развлекаться
evaluación *f* 1) оценка 2) *(examen escolar)* контрольная работа
evaluar *vt* 1) оценивать 2) *acad* определять уровень знаний
evanescente *adj* исчезающий
evangélico *adj relig* евангельский, евангелический
evangelio *m relig* евангелие
evangelizar *vt relig* проповедовать евангелие
evaporación *f* испарение, выпаривание
evaporar *vt* выпаривать, испарять
evaporarse *vpron* 1) испаряться 2) *(desaparecer)* исчезать
evasión *f* 1) побег, бегство 2) *(de capital)* незаконный вывоз ◆ **de** ~ развлекательный
evasiva *f* отговорка
evasivo *adj* уклончивый
evento *m* событие, мероприятие
eventual *adj* 1) *(posible)* возможный 2) *(casual)* случайный 3) *(dicho de un trabajador)* временный, внештатный
eventualidad *f* 1) *(posibilidad)* возможность 2) *(causalidad)* случайность
evidencia *f* 1) очевидность 2) *(prueba)* доказательство ◆ **poner de** ~ делать очевидным **poner en** ~ ставить в неудобное положение
evidenciar *vt* доказывать, делать очевидным
evidente *adj* очевидный, ясный
evitable *adj* устранимый
evitación *f* 1) избегание, уклонение 2) *(prevención)* предотвращение
evitar *vt* 1) избегать (чего-л), уклоняться (от чего-л) 2) *(prevenir)* предотвращать
evocación *f* воспоминание
evocar *vt* вспоминать
evolución *f* эволюция, развитие
evolucionar *vi* эволюционировать, развиваться
evolucionismo *m* эволюционизм
evolucionista *adj* эволюционистский
evolutivo *adj* эволюционный
exacción *f* взыскание, взимание
exacerbar *vt* 1) *(irritar)* раздражать 2) *(extremar)* обострять
exacerbarse *vpron* 1) *(irritarse)* раздражаться 2) *(extremarse)* обостряться
exactamente *adv* точно
exactitud *f* точность
exacto *adj* точный ◆ **¡ ~!** точно!
exageración *f* преувеличение
exagerad|o 1. *adj* 1) *(que exagera)* преувеличивающий 2) *(excesivo)* преувеличенный 3) *(dicho de un precio)* завышенный **2. , -a** *m/f* любитель, -ница преувеличивать
exagerar *vt/i* преувеличивать
exaltación *f* 1) *(aumento de un sentimiento)* восторженность 2) *(elogio)* восхваление
exaltado *adj* восторженный, пламенный
exaltar *vt* 1) *(excitar)* возбуждать 2) *(elogiar)* восхвалять, возвышать
exaltarse *vpron* возбуждаться, восторгаться
examen *m* 1) *(análisis)* рассмотрение, изучение 2) *(prueba)* экзамен 3) *med* осмотр, обследование
examinador *m/f* экзаменатор
examinando *m/f* экзаменующ|ийся, -аяся
examinar *vt* 1) рассматривать, изучать 2) *(a un alumno)* экзаменовать, принимать экзамен (у кого-л) 3) *med* осматривать, обследовать
examinarse *vpron* сдавать экзамен, экзаменоваться
exangüe *adj* 1) *(sin sangre)* обескровленный 2) *(sin fuerza)* обессиленный, изнурённый 3) *(muerto)* мёртвый
exánime *adj* 1) *(sin fuerzas)* обессиленный 2) *(sin vida)* безжизненный
exantema *m med* экзантема
exasperación *f* сильное раздражение, озлобление
exasperar *vt* сильно раздражать, выводить из себя
exasperarse *vpron* сильно раздаржаться, выходить из себя
excarcelación *f* освобождение из тюрьмы
excarcelar *vt* освобождать из тюрьмы
excavación *f* 1) выкапывание 2) (arqueológica) раскопки
excavadora *f* экскаватор
excavar *vt* рыть, копать, выкапывать
excedencia *f* неоплачиваемый отпуск
excedente 1. *adj* излишний **2.** *m* излишек, остаток
exceder 1. *vt* превосходить, превышать **2.** *vi* выходить за пределы, стоять выше
excederse *vpron* выходить за пределы
excelencia *f* 1) превосходство 2) *(título)* превосходительство ◆ **por** ~ в высшей степени
excelente 1. *adj* превосходный, отличный **2.** *m* отлично
excelentísimo *adj* многоуважаемый, глубокоуважаемый
excelsitud *f* 1) *(eminencia)* благородность 2) *(excelencia)* превосходство
excelso *adj* 1) *(eminente)* высокий, благородный 2) *(excelente)* превосходный
excéntrica *f tecn* эксцентрик
excentricidad *f* экцентричность
excéntrico 1. *adj* 1) экцентричный, чудаковатый 2) *mat* экцентрический **2.** *m (artista de circo)* эксцентрик

excepción *f* 1) исключение 2) *jur* отвод ◆ **a ~ de alg. o u.c.** за исключением кого/чего-л **de ~** исключительный, преимущественный **estado de ~** чрезвычайное положение
excepcional *adj* 1) исключительный, чрезвычайный 2) *(no habitual)* необычный, случайный
excepto *conj* кроме (кого/чего-л), за исключением (кого/чего-л)
exceptuar *vt* исключать
exceptuarse *vpron* исключаться
excesivo *adj* чрезмерный, излишний
exceso *m* 1) избыток, излишек 2) *(cualidad de excesivo)* чрезмерность 3) *(abuso)* злоупотребление, превышение ◆ **en ~** слишком, чрезмерно
excipiente *m med* инертный растворитель
excitable *adj* возбудимый
excitación *f* возбуждение
excitador 1. *adj* возбуждающий **2.** *m electr* разрядник
excitante 1. *adj* возбуждающий **2.** *m* возбуждающее средство
excitar *vt* 1) возбуждать 2) *(provocar un sentimiento)* вызывать
excitarse *vpron* возбуждаться
exclamación *f* восклицание, возглас ◆ **signo de ~** восклицательный знак
exclamar *vt* восклицать
exclamativo *adj* восклицательный
excluir *vt* **(de u/c)** исключать (из чего-л)
excluirse *vpron* исключаться
exclusión *f* исключение
exclusiva *f* 1) эксклюзивное право 2) *(noticia)* эксклюзивная новость
exclusivismo *m* исключительность
exclusivo *adj* 1) *(que excluye)* исключающий 2) *(único)* единственный
excluyente *adj* исключающий
excombatiente *m* ветеран войны
excomulgar *vt* отлучать от церкви
excomunión *f* отлучение от церкви
excoriar *vt* сдирать кожу
excrecencia *f* нарост
excreción *f* 1) *fisiol (de excremento)* испражнение 2) *fisiol (de residuos metabólicos)* выделение
excremento *m* экскременты, испражнения, кал
excretar *vi* 1) *fisiol (excremento)* испражняться 2) *fisiol (residuos metabólicos)* выделяться
excursión *f* 1) экскурсия 2) *(a la naturaleza)* поход
excursionismo *m* занятие походами
excursionista *m/f* турист, -ка, любитель, -ница походов
excusa *f* 1) *(disculpa)* извинение 2) *(justificación)* оправдание, отговорка
excusable *adj* простительный, извинительный
excusado *m obsol* туалет
excusar *vt* 1) *(disculpar)* извинять 2) *(justificar)* оправдывать 3) **(de u/c)** *(dispensar)* избавлять (от чего- л), освобождать (от чего-л) 4) *(evitar)* избегать (чего-л)
excusarse *vpron* извиняться, оправдываться
execrable *adj* отвратительный, мерзкий
execración *f* 1) *(condena)* проклятие 2) *(aborrecimiento)* отвращение
execrar *vt* 1) *(condenar)* проклинать 2) *(aborrecer)* чувствовать отвращение
execuátur *m* экзевкатура
exégesis *f* толкование
exégeta *m/f* толкователь
exención *f* **(de u/c)** освобождение (от чего-л)
exentar *vt* **(de u/c)** освобождать (от чего-л)
exento *adj* **(de u/c)** свободный (от чего-л)
exequátur *m* V. execuátur
exequias *fpl* похороны
exfoliante 1. *adj* отшелушивающий **2.** *m* отшелушивающиее средство
exfoliar *vt* отшелушивать, расслаивать
exhalación *f* выделение, испарение
exhalar *vt* 1) *(gas, olor)* выделять, испускать 2) *(suspiros, quejas)* издавать, испускать
exhaustivo *adj* исчерпывающий, полный
exhausto *adj* 1) истощённый, изнурённый 2) *(vacío)* исчерпанный
exhibición *f* 1) *(muestra)* показ, представление 2) *jur* предъявление, представление 3) *(exposición)* выставка
exhibicionismo *m* эксгибиционизм
exhibicionista 1. *adj* эксгибиционистский **2.** *m/f* эксгибиционист, -ка
exhibir *vt* показывать, выставлять напоказ
exhibirse *vpron* показывать себя
exhortación *f* **(a u/c)** призыв (к чему-л), побуждение (к чему-л)
exhortar *vt* **(a u/c)** призывать (к чему-л), побуждать (к чему-л)
exhorto *m jur* судебное поручение
exhumación *f* эксгумация
exhumar *vt* эксгумировать, выкапывать
exigencia *f* 1) *(cualidad de exigente)* требовательность 2) *(necesidad)* требование, потребность
exigente *adj* требовательный, взыскательный
exigible *adj* затребованный, подлежащий востребованию
exigir *vt* 1) требовать (что/чего-л), взыскивать 2) *(necesitar)* требовать (что/чего-л), нуждаться (в чём- л)
exigüidad *f* скудность, недостаточность
exiguo *adj* скудный, недостаточный
exiliad|o 1. *adj* 1) эмигрировавший 2) *(expulsado)* высланный **2. , -a** *m/f* 1) эмигрант, -ка 2) *(expulsado)* ссыльн|ый, -ая, изгнанни|к, -ца
exiliar *vt* высылать, ссылать
exiliarse *vpron* покидать родину, эмигрировать
exilio *m* 1) эмиграция 2) *(forzoso)* изгнание, ссылка
eximente *adj* 1) **(de u/c)** освобождающий (от чего-л) 2) *jur* оправдывающий, исключающий вину
eximio *adj* превосходный, отличный
eximir *vt* **(de u/c)** освобождать (от чего-л)
existencia *f* 1) существование 2) *(vida)* существование, жизнь
existencial *adj* относящийся к существованию
existencialismo *m filos* экзистенциализм
existencialista 1. *adj filos* экзистенциалистический **2.** *m/f filos* экзистенциалист, -ка
existencias *fpl* товары, запас товаров
existente *adj* существующий

existir *vi* 1) существовать, быть 2) *(tener)* иметься 3) *(tener vida)* жить
éxito *m* успех, удача
exitoso *adj* успешный, удачный
exlibris *m* экслибрис
éxodo *m* 1) переселение 2) *relig* Исход
exoneración *f* 1) **(de u/c)** *(alivio)* освобождение (от чего-л), облегчение (от чего-л) 2) *(destitución)* увольнение, освобождение от должности
exonerar *vt* 1) **(de u/c)** *(aliviar de obligación)* освобождать (от чего-л), облегчать 2) *(despedir)* увольнять, освобождать от должности
exorbitancia *f* чрезмерность
exorbitante *adj* чрезмерный
exorcismo *m* экзорцизм
exorcista *m/f* экзорцист
exorcizar *vt* изгонять дьявола
exordio *m* вступление
exornar *vt* украшать
exótico *adj* экзотический, экзотичный
exotismo *m* 1) *(calidad de exótico)* экзотизм 2) *(hecho exótico)* экзотика
expandirse *vpron* расширяться, распространяться
expansibilidad *f* способность расширяться
expansible *adj* расширяемый
expansión *f* 1) *(de una idea)* распространение, расширение 2) *pol* экспансия
expansionarse *vpron* 1) расширяться, распространяться 2) *(distraerse)* развлекаться
expansionismo *m pol* экспансионизм
expansionista *adj pol* экспансионистский
expansivo *adj* 1) экспансивный, общительный 2) *fís* экспансивный
expatriación *f* изгнание, экспатриация
expatriarse *vpron* экспатриироваться
expectación *f* ожидание, выжидание
expectante *adj* выжидательный
expectativa *f* ожидание, выжидание ◆ **estar a la ~** быть в ожидании
expectoración *f* мокрота
expectorar *vt* отхаркивать
expedición *f* 1) *(envío)* отправление, отправка 2) *(viaje)* экспедиция 3) *(de un documento)* выдача
expedicionario 1. *adj* экспедиционный **2.** *m* член экспедиции
expedidor 1. *adj* отправляющий **2.** *m* отправитель
expedientar *vt* открывать дело (на кого-л)
expediente *m* 1) дело 2) *(trayectoria profesional)* послужной список
expedir *vt* 1) отправлять, посылать 2) *(un documento)* выдавать 3) *(dar curso)* оформлять, справляться (с чем-л)
expeditivo *adj* расторопный, оперативный
expedito *adj* 1) **(de u/c)** свободный (от чего-л) 2) *(expeditivo)* расторопный, оперативный
expeler *vt* извергать
expendedor 1. *adj* продающий, для продажи **2.** *m* продавец
expendeduría *f* табачная лавка
expender *vt* 1) продавать (в розницу) 2) *(gastar)* тратить
expendio *m* лавка, магазин
expensas *fpl* расходы, затраты ◆ **a ~ de alg** за счёт кого-л.
experiencia *f* опыт, опытность *tener ~* иметь опыт
experimentación *f* 1) *(acción de experimentar)* экспериментирование 2) *(experimentos)* эксперименты, опыты
experimentado *adj* опытный, бывалый
experimental *adj* экспериментальный
experimentar 1. *vt* испытывать **2.** *vi* производить опыты, экспериментировать
experimento *m* опыт, эксперимент
expertizar *vt* проводить экспертизу
expert|o 1. *adj* опытный, экспертный **2.** , **-a** *m/f* знаток, эксперт
expiación *f* искупление
expiar *vt* искупать
expiatorio *adj* искупительный
expiración *f* 1) *(del aire)* выдыхание 2) *(muerte)* кончина 3) *(final)* окончание, истечение
expirar *vi* 1) *(expulsar aire)* выдыхать 2) *(morir)* умирать 3) *(finalizar)* оканчиваться, истекать
explanación *f* 1) *(de un terreno)* выравнивание, разравнивание 2) *(de un texto)* толкование
explanada *f* ровная площадка
explanar *vt (un terreno)* выравнивать, разравнивать
explayar *vt* расширять
explayarse *vpron* 1) *(extenderse)* говорить пространно 2) *(divertirse)* развлекаться 3) *(desahogarse)* отводить душу
explicable *adj* объяснимый
explicación *f* 1) *(exposición)* объяснение 2) *(justificación)* объяснение, оправдание 3) *(aclaración)* объяснение, разъяснение, пояснение
explicaderas *fpl coloq* манера выражаться
explicar *vt* 1) *(un concepto)* объяснять 2) *(narrar)* рассказывать, излагать 3) *(justificar)* объяснять, оправдывать 4) *(dilucidar)* объяснять, разъяснять, пояснять
explicarse *vpron* 1) *(dar a entender)* объясняться 2) *(entender)* понимать
explicativo *adj* объяснительный, пояснительный
explicitar *vt* пояснять, делать явным
explícito *adj* ясный, явный
exploración *f* 1) исследование 2) *med* обследование 3) *geol mil* разведка
explorador 1. *adj* 1) исследовательский 2) *geol mil* разведочный **2.** *m* 1) исследователь 2) *(viajero)* путешественник, первопроходец 3) *mil* разведчик
explorar *vt* 1) исследовать 2) *med* обследовать 3) *geol mil* разведывать
explosión *f* взрыв
explosionar *vi* взрываться
explosivo 1. *adj* 1) взрывной, взрывчатый 2) *ling* эксплозивный **2.** *m* взрывчатое вещество, взрывчатка
explotable *adj* пригодный для эксплуатации
explotación *f* 1) эксплуатация, использование 2) *(abuso)* эксплуатация, угнетение 3) *min* разработка
explotador 1. *adj* эксплуататорский **2.** , **-a** *m/f* эксплуататор

explotar 1. *vt* 1) эксплуатировать, использовать 2) *(abusar)* эксплуатировать, угнетать 3) *min* разрабатывать **2.** *vi* взрываться

expoliación *f* ограбление

expoliador 1. *adj* грабительский **2.** *m* грабитель

expoliar *vt* грабить, захватывать

expolio *m* ограбление

exponencial *adj mat* экспоненциальный

exponente *m* 1) представитель, образец 2) *mat* показатель степени

exponer *vt* 1) показывать, выставлять на показ 2) *(expresar)* выражать, излагать

exponerse *vpron* 1) показываться 2) *(arriesgarse)* подвергаться опасности

exportable *adj* пригодный для экспорта, экспортный

exportación *f* вывоз, экспорт

exportador 1. *adj* экспортирующий **2.** *m* экспортёр

exportar *vt* вывозить, экспортировать

exposición *f* 1) *(acción de exponer)* выставление 2) *(exhibición)* выставка, показ 3) *(razonamiento)* изложение 4) *foto* экспозиция

expósito *m* подкидыш

expositor *m* 1) экспонент 2) *(mueble)* витрина

exprés 1. *adj* скорый **2.** *m (tren)* скорый поезд, экспресс

expresado *adj* указанный, вышеуказанный

expresamente *adv* 1) *(abiertamente)* прямо, ясно 2) *(a propósito)* нарочно, специально

expresar *vt* выражать

expresarse *vpron* выражаться, объясняться

expresión *f* 1) выражение 2) *ling* оборот речи, выражение 3) *mat* выражение, формула

expresionismo *m arte* экспрессионизм

expresionista 1. *adj arte* экспрессионистский **2.** *m/f arte* экспрессионист

expresividad *f* 1) выразительность, экспрессивность 2) *ling* экспрессивность

expresivo *adj* 1) выразительный, экспрессивный 2) *ling* экспрессивный

expreso 1. *adj* ясно выраженный **2.** *m* скорый поезд, экспресс

exprimidor *m* соковыжималка

exprimidora *f* соковыжималка

exprimir *vt* выжимать, выдавливать

exprofeso *adv* нарочно

expropiación *f* экспроприация

expropiar *vt* экспроприировать

expuesto *adj* рискованный, опасный

expugnar *vt* захватывать, завоёвывать

expulsar *vt* 1) *(arrojar)* выбрасывать, выпускать, извергать 2) *(hacer salir del organismo)* выбрасывать, выпускать 3) *(echar a alguien)* выгонять, изгонять, исключять

expulsión *f* 1) изгнание, исключение 2) *(acción de arrojar)* выбрасывание, извержение

expulsor 1. *adj* выталкивающий, выбрасывающий **2.** *m (de un arma)* выталкиватель

expurgación *f* 1) очищение 2) *(censura)* вычёркивание, цензура

expurgar *vt* 1) очищать 2) *(censura)* вычёркивать, проводить цензуру

expurgatorio *adj* очищающий

exquisitez *f* 1) *(cualidad de exquisito)* изысканность, утончённость 2) *(cosa exquisita)* изысканность

exquisito *adj* изысканный, утончённый

extasiarse *vpron* приходить в упоение, восхищаться

éxtasis *m* экстаз

extático *adj* экстатический

extemporáneo *adj* techвневременный

extender *vt* 1) *(desplegar)* растягивать, вытягивать, раскрывать 2) *(esparcir por una superficie)* разбрасывать, *(un líquido)* размазывать 3) *(ampliar)* расширять 4) *(propagar)* распространять 5) *(un documento)* оформлять

extenderse *vpron* 1) *(propagarse)* распространяться 2) *(ampliarse)* расширяться 3) *(durar)* тянуться 4) **(hasta u/c)** *(llegar hasta)* доходить (до чего-л) 5) *(hablando o escribiendo)* говорить пространно, излагать пространно

extensible *adj* 1) раздвижной 2) *jur* подлежащий продлению

extensión *f* 1) *(ampliación)* расширение 2) *(propagación)* распространение 3) *(dimensiones)* площадь, протяжение, протяжённость 4) *(de un número de teléfono)* добавочный номер

extensivo *adj* 1) **(a alg o u/c)** который можно распространить (на кого/что-л) 2) *(ampliado)* распространительный 3) *agric econ* экстенсивный

extenso *adj* 1) *(amplio)* обширный, широкий 2) *(largo)* растянутый

extensor *adj* 1) *tecn* удлиняющий, расширяющий 2) *anat* разгибающий

extenuación *f* изнурение, истощение

extenuar *vt* изнурять, истощать

extenuarse *vpron* изнуряться, истощаться

exterior 1. *adj* внешний, наружный **2.** *m* 1) *(de un cuerpo)* внешность, наружность 2) *(la calle)* улица 3) *(el extranjero)* заграница **3.** *mpl cine* натурные съёмки ◆ **Ministerio de Asuntos Exteriores** Министерство иностранных дел

exterioridad *f* внешность, наружность

exteriorización *f* проявление, выражение

exteriorizar *vt* проявлять, выражать

exterminación *f* истребление, уничтожение

exterminar *vt* истреблять, уничтожать

exterminio *m* истребление, уничтожение

externo *adj* внешний, наружный

extinción *f* 1) *(del fuego)* тушение 2) *(desaparición)* вымирание 3) *(de un plazo, derecho, etc.)* окончание, прекращение

extinguidor *m Am.* огнетушитель

extinguir *vt* 1) *(el fuego)* тушить 2) *(hacer cesar)* прекращать

extinguirse *vpron* 1) *(dicho del fuego)* тухнуть 2) *(desaparecer)* вымирать

extinto 1. *adj* покойный **2.** *m* покойник

extintor *m* огнетушитель

extirpable *adj* который можно удалить

extirpación *f* 1) *(erradicación)* искоренение, уничтожение 2) *(en una operación quirúrgica)* удаление, извлечение, экстирпация

extirpador *m agric* корчеватель

extirpar *vt* 1) *(erradicar)* искоренять, уничтожать 2) *(en una operación quirúrgica)* удалять, извлекать

extorsión *f* вымогательство

extorsionar *vt* вымогать

extra 1. *adj inv* 1) *(superior a lo normal)* высшего сорта, высококачественный 2) *(adicional)* дополнительный **2.** *m* 1) *(gasto adicional)* перерасход 2) *cine* статист

extracción *f* 1) *(acción de extraer)* вытаскивание 2) *(de recursos naturales)* добывание, добыча 3) *(médica)* извлечение, удаление 4) *mat* извлечение 5) *(linaje)* происхождение

extracomunitario *adj* не принадлежащий Евросоюзу

extraconyugal *adj* внебрачный

extractar *vt* делать выписки

extracto *m* 1) краткое содержание, резюме, выписка 2) *(bancario)* выписка 3) *quím* экстракт

extractor 1. *adj* извлекающий **2.** *m* экстрактор ◆ **campana ~a** вытяжка

extracurricular *adj acad* внепрограмный

extradición *f* экстрадиция

extraditar *vt* экстрадировать

extraer *vt* 1) извлекать, вытаскивать, вынимать 2) *(un mineral)* добывать 3) *(quirúrgicamente)* извлекать, удалять 4) *mat* извлекать ◆ **~ conclusiones** делать выводы

extraescolar *adj* внешкольный

extrafino *adj* 1) сверхтонкий 2) *(de muy buena calidad)* первоклассный, высококачественный

extraíble *adj* извлекаемый

extrajudicial *adj* внесудебный

extralimitarse *vpron* переступать границы, превышать полномочия

extramarital *adj* внебрачный

extramuros *adv* вне стен города, в окрестностях

extrañamiento *m* удивление, поражение

extrañar *vt* удивлять, поражать

extrañarse *vpron* **(de u/c)** удивляться (чему-л), поражаться (чем-л)

extrañeza *f* 1) *(cualidad de extraño)* странность 2) *(rareza)* редкость 3) *(admiración)* удивление, поражение

extranjería *f* статус иностранца

extranjerismo *m ling* иностранное слово

extranjer|o 1. *adj* иностранный, зарубежный **2. , -a** *m/f* 1) иностран|ец, -ка 2) *(el exterior)* заграница

extranjis *adv coloq* иностранный ◆ **de ~** втихаря, незаметно

extraño 1. *adj* 1) *(inusual)* странный 2) *(desconocido)* чужой, чуждый **2.** *m/f* чужой человек, незнакомец

extraoficial *adj* неофициальный

extraordinario 1. *adj* 1) *(fuera de lo común)* чрезвычайный 2) *(fabuloso)* необыкновенный, изумительный 3) *(adicional)* дополнительный **2.** *m* специальный выпуск

extraparlamentario *adj* внепарламентский

extraplano *adj* сверхтонкий

extrapolación *f* экстраполяция

extrapolar *vt* экстраполировать

extrarradio *m* окрестности

extrasensorial *adj* экстрасенсорный

extraterrestre 1. *adj* инопланетный **2.** *m/f* инопланетян|ин, -ка

extraterritorial *adj* не входящий в определённую территориальную юрисдикцию

extravagancia *f* экстравагантность

extravagante *adj* экстравагантный

extravertido 1. *adj* экстравертивный **2.** *m* экстраверт

extraviado *adj* утерянный, затерянный

extraviar *vt* потерять, куда-то подевать

extraviarse *vpron* заблуждаться

extravío *m* 1) *(pérdida)* утеря 2) *(desorden)* беспорядочность

extremadamente *adv* крайне, в высшей степени

extremado *adj* крайний

extremar *vt* доводить до крайности

extremarse *vpron* **(en u/c)** стараться (в чём-л), усердствовать (в чём-л)

extremaunción *f relig* соборование

extremeñ|o 1. *adj* эстремадурский **2. , -a** *m/f* эстремадур|ец, -ка

extremidad *f* 1) крайность, конец, край 2) *(del cuerpo)* конечность

extremismo *m* экстремизм, экстремализм

extremista 1. *adj* экстремистский, экстремалистский **2.** *m/f* экстремист, экстремалист

extremo 1. *adj* 1) крайний, предельный 2) *(sumo)* чрезмерный, чрезвычайный **2.** *m* 1) край, предел 2) *(situación extrema)* чрезмерность, крайность

extremoso *adj* крайний, экстремальный

extrínseco *adj* внешний, несущественный

extroversión *f* экстравертность

extrovertido 1. *adj* экстравертный **2.** *m* экстраверт

exuberancia *f* изобилие, роскошь

exuberante *adj* обильный, роскошный

exultación *f* ликование

exultante *adj* ликующий

exultar *vi* ликовать

exvoto *m relig* приношение по обету

eyaculación *f fisiol* эякуляция, семяизвержение

eyacular *vt* извергать, эякулировать

eyección *f* выбрасывание, выталкивание

eyectable *adj* катапультируемый

eyectar *vt* катапультировать

eyector *m (de un arma)* экстрактор, выталкиватель

F

fa *m mús* фа
fabada *f* фабада (астурийское блюдо из фасоли)
fábrica *f* 1) *(establecimiento)* завод, фабрика 2) *(fabricación)* производство, изготовление
fabricación *f* производство, изготовление ~ *en serie* серийное производство
fabricante *m* 1) производитель, изготовитель 2) *(dueño de una fábrica)* фабрикант, заводчик
fabricar *vt* 1) производить, изготовлять 2) *(inventar algo no material)* фабриковать
fabril *adj* фабричный, заводский
fábula *f* 1) *(breve relato)* басня 2) *(ficción artificiosa)* объект сплетен, посмешище ◆ **de** ~ прекрасно
fabular *vt* придумывать, выдумывать
fabulista *m/f* баснописец
fabuloso *adj* 1) баснословный, сказочный 2) *(extraordinario)* прекрасный
faca *f* складной нож
facción *f* 1) банда, группа 2) *(rasgo)* черта
facciones *fpl* черты лица
faccioso 1. *adj* 1) относящийся к банде 2) *(rebelde)* мятежный **2.** *m* 1) член банды, боевик 2) *(rebelde)* мятежник
faceta *f* 1) *(cara de un poliedro)* грань, сторона 2) *(aspecto a considerar)* грань, сторона, аспект
facetada *f Am.* плоская шутка
facha 1. *f coloq* внешний вид, видок **2.** *m/f coloq* фашист, -ка
fachada *f* 1) фасад 2) *coloq (presencia)* внешность, внешний вид
fachenda 1. *f coloq* чванство, хвастовство **2.** *m/f coloq* хвастун, -ья
fachendear *vi coloq* чваниться, хвалиться
fachendoso *adj coloq* чванный
fachoso *adj Am.* страшный, смешной
facial *adj* лицевой
fácil *adj* 1) *(sin complicación)* лёгкий, нетрудный 2) *(posible)* возможный, вероятный 3) *(dócil)* покладистый, сговорчивый *carácter* ~ лёгкий характер
facilidad *f* 1) *(cualidad de fácil)* лёгкость, нетрудность 2) *(oportunidad)* возможность, случай
facilitación *f* упрощение, облегчение
facilitar *vt* 1) облегчать, способствовать (чему-л) 2) *(proporcionar)* предоставлять
facilón *adj* лёгкий, несложный
facilongo *adj coloq* очень лёгкий, очень простой
facineroso 1. *adj* злодейский **2.** *m* 1) злодей 2) *(delincuente)* преступник
facistol *m* аналой, пюпитр
facón *m Am.* большой острый нож
facsímil *m* факсимиле
factibilidad *f* осуществимость
factible *adj* осуществимый, выподнимый, возможный
factor *m* 1) агент, исполнитель 2) *(elemento)* фактор 3) *mat* множитель
factoría *f* фактория, фабрика
factorial *adj mat* факторный
factótum *m* фактотум
factura *f* 1) *(confección)* исполнение, выполнение 2) *(documento)* счёт, фактура
facturación *f* 1) *(acción de facturar)* составление счетов 2) *(cantidad facturada)* оборот 3) *(del equipaje)* оформление багажа
facturar *vt* 1) *(extender una factura)* оформлять счёт, выписывать счёт 2) *(el equipaje)* сдавать
facultad *f* 1) *(capacidad)* способность, свойство 2) *(poder, derecho)* право, полномочие 3) *(institución universitaria)* факультет
facultar *vt* предоставлять право, уполномочивать
facultativo 1. *adj* 1) *(opcional)* факультативный 2) *(relativo al médico)* врачебный **2.** *m* врач
facundia *f* многословие
facundo *adj* многословный
fado *m mús* фадо
faena *f* 1) *(trabajo)* работа 2) *(asuntos)* хлопоты, дела 3) *(mala pasada)* злая шутка
faenar *vi* работать (о рыболовецком судне)
fagocito *m biol* фагоцит
fagot *m mús* фагот
fagotista *m/f mús* фаготист
faisán *m* фазан
faja *f* пояс, кушак
fajar *vt* завёртывать, опоясывать
fajarse *vpron Am.* драться
fajero *m Am.* свивальник
fajín *m mil* пояс
fajina *f agric* сноп зрелых злаков
fajo *m* связка, узел, пачка
falacia *f* 1) обман, ложь 2) *filos* логическая уловка
falange *f* 1) *hist (cuerpo de infantería)* фаланга 2) *anat* фаланга 3) *hist (organización política)* Фаланга (испанская фашистская партия)
falangista 1. *adj hist* относящийся к фашистской партии Фаланга **2.** *m/f hist* член фашистской партии Фаланга
falaz *adj* лживый
falda 1. *f* 1) юбка 2) *(de la montaña)* склон **2. -s** *fpl coloq* женщины
faldellín *m* короткая нижняя юбка
faldero 1. *adj* 1) юбочный 2) *(dicho de un hombre)* любящий дамское общество **2.** *m (perro faldero)* маленькая собака
faldón *m* пола, фалда
falencia *f* обман, ошибка
falibilidad *f* погрешимость, ошибочность
falible *adj* ошибочный
fálico *adj* фаллический

falla[1] *f* 1) *(defecto)* недостаток, дефект, брак 2) *geol* трещина, сдвиг

falla[2] *f (muñeco)* фальяс (фигура для сожжения во время весенних праздников в Валенсии)

fallar[1] *vt/i (decidir)* выносить решение

fallar[2] **1.** *vt/i (no acertar)* промахиваться, не попадать **2.** *vi* 1) *(salir fallido)* проваливаться, не удаваться 2) *(funcionar mal)* плохо работать, барахлить

falleba *f* шпингалет

fallecer *vi* умереть, скончаться

fallecimiento *m* смерть, кончина

fallero 1. *adj* относящийся к празднику Фальяс в Валенсии **2.** **, -a** *m/f* участни|к, -ца праздника Фальяс в Валенсии

fallido *adj* 1) неудавшийся, неудачный 2) *(dicho de una empresa)* обанкротившийся

fallo[1] *m (de un tribunal)* окончательное решение, вердикт

fallo[2] *m* 1) *(error)* ошибка, промах, непопадание 2) *(de un mecanismo)* отказ, осечка, провал

fallutería *f Am.* лицемерность

falluto *adj Am.* лицемерный

falo *m* член, фаллос

falocracia *f* мачизм

falsari|o 1. *adj* лживый **2.** **, -a** *m/f* лжец, лжица

falseador 1. *adj* лживый **2.** **, -a** *m/f* лжец, лжица, фальсификатор

falsear *vt* извращать, искажать

falsedad *f* 1) *(calidad de falso)* лживость, фальшивость 2) *(mentira)* ложь, неправда, фальшь

falsete *m mús* фальцет

falsía *f* фальшь, нелояльность

falsificación *f* 1) подделка, подделывание, фальсификация 2) *(simulación de la verdad)* фальсификация

falsificador *m* фальсификатор

falsificar *vt* 1) *(fabricar algo falso)* подделывать, фальсифицировать 2) *(adulterar)* искажать, извращать

falsilla *f* транспарант для письма

falso *adj* 1) *(equivocado)* ложный, ошибочный 2) *(mentiroso)* лживый, лицемерный 3) *(falsificado)* фальшивый, поддельный

falta *f* 1) *(carencia)* недостаток *~ de recursos* недостаток средств, *(ausencia)* отсутствие 2) *(acción censurable)* проступок, промах 3) *(errata)* опечатка ◆ **a ~ de u.c.** за недостатком чего-л **por ~ de u.c.** за отсутствием чего-л **hacer ~** 1) *(ser necesario)* быть нужным 2) *(ser insuficiente)* не хватать кого/чего-л

faltante *adj* отсутствующий, недостаточный

faltar 1. *vi* 1) *(no existir en lo que debiera)* не хватать (кого/чего-л), недоставать (кого/чего-л) 2) *(ser ausente)* не быть (кого-л), отсутствовать 3) *(no acudir)* не прийти (куда-л) **2.** *vt (ofender)* обидеть, оскорбить

falto *adj* 1) **(de u/c)** *(defectuoso)* лишённый (чего-л), нуждающийся (в чём-л) 2) *(mezquino)* несчастный, жалкий, забитый

faltón *adj* 1) *(que no cumple sus obligaciones)* не выполняющий своих функций или обещаний 2) *(irrespetuoso)* дерзкий

faltriquera *f* внутренний карман

fama *f* 1) *(gloria)* слава, известность 2) *(noticia)* известие, слух 3) *(reputación)* репутация

famélico *adj* голодный, изголодавшийся

familia *f* 1) *(conjunto de parientes)* семья, семейство 2) *(linaje)* род 3) *bot zool* семейство

familiar 1. *adj* 1) *(relativo a la familia)* семейный 2) *(conocido)* знакомый **2.** *m/f* родственни|к, -ца

familiaridad 1. *f* 1) *(sencillez)* простота, открытость 2) *(desenvoltura)* непринуждённость 3) *(conocimiento)* осведомлённость **2.** *fpl (confianza excesiva)* фамильярность

familiarizar *vt* **(con alg o u/c)** знакомить (с кем/чем-л)

familiarizarse *vpron* **(con alg o u/c)** знакомиться (с кем/чем-л), привыкнуть (к кому/чему-л)

famoso *adj* известный, знаменитый

fámulo *m coloq* слуга

fan *m/f* фанат, -ка

fanal *m nav* фонарь, огонь

fanático 1. *adj* фанатичный, фанатический **2.** *m/f* фанат|ик, -ка

fanatismo *m* фанатизм

fanatizar *vt* превращать в фаната

fandango *m danz* фанданго

fanega *f* фанега (мера сыпучих тел)

fanegada *f* фанегада (мера площади)

fanfarrear *vi* V. fanfarronear

fanfarria *f* 1) фанфары 2) *coloq (jactancia)* хвастовство

fanfarr|ón 1. *adj* хвастливый **2.** **, -ona** *m/f* хвастун, -ья, фанфарон, бахвал, -ка

fanfarronada *f* хвастовство, фанфаронада

fanfarronear *vi* хвастаться, бахвалиться

fanfarronería *f* хвастовство, фанфаронство

fangal *m* болото, болотистая местность

fango *m* грязь, тина, ил

fangoso *adj* 1) *(lleno de fango)* глинистый 2) *(sucio)* грязный

fantasear *vi* фантазировать

fantasía *f* 1) *(imaginación)* фантазия, воображение, выдумка 2) *(sueño)* мечта

fantasios|o 1. *adj* мечтательный **2.** **, -a** *m* фантазёр, -ка, мечтатель, -ница

fantasma *m* 1) призрак, привидение 2) *coloq (dicho de una persona)* чванливый человек, хвастун

fantasmada *f coloq* фанфаронада, чванливый поступок

fantasmagoría *f* фантасмагория

fantasmagórico *adj* фантасмагорический

fantasmón *m coloq* хвастун, чванливый человек

fantástico *adj* 1) *(relativo a la fantasía)* фантастический 2) *(increíble)* невероятный

fantoche *m* 1) *(muñeco)* марионетка, кукла 2) *(fanfarrón)* хвастун, -ья, бахвал, -ка

faquir *m* факир

faralá *m* 1) волан 2) *coloq (adorno excesivo)* безвкусное украшение

farallón *m geogr* утёс

faramallear *vt* врать

farándula *f* театр, лицедейство

farandulero *m/f* 1) театральный человек 2) *coloq* шарлатан, -ка

faraón *m* фараон
faraónico *adj* 1) *(relativo a los faraones)* фараоновский 2) *(grandioso)* громадный
fardar *vi* **(de u/c)** *coloq* хвастаться (чем-л)
fardel *m* мешок
fardo *m* тюк
fard|ón, -ona *m/f coloq* хвастун, -ья
farero *m* маячник
fárfara *f* мать-и-мачеха
farfolla *f* 1) *(de las panojas)* листья, окружающие початок кукурузы 2) *(cosa de poca entidad)* показуха
farfulla *f* бормотание
farfullar *vt coloq* бормотать
fariña *f* маниока
farináceo *adj* мучнистый
faringe *f* глотка, зев
faringitis *f* фарингит
farisaico *adj* фарисейский
farise|o, -a *m* фарисей, -ка
farmacéutic|o 1. *adj* фармацевтический **2. , -a** *m/f* фармацевт, аптекарь
farmacia *f* аптека ~ *de guardia* дежурная аптека
fármaco *m* лекарство
faro *m* 1) маяк 2) *(de un vehículo)* фара
farol *m* 1) *(farola)* фонарь 2) *(bluff)* блеф ◆ **marcarse (tirarse) un** ~ *coloq* блефовать
farola *f* уличный фонарь
farolear *vi coloq* хвастаться, бахвалиться
faroler|o, -a *m/f coloq* хвастун, -ья, бахвал, -ка
farolillo *m* фонарик
farra *f* гулянка, кутёж
farragoso *adj* запутанный
farraguista *adj* хаотичный
farrear *vi coloqAm.* гулять, кутить
farrista *m/f coloqAm.* гуляка
farruco *adj* упрямый, дерзкий
farsa *f* 1) фарс 2) *(compañía de farsantes)* труппа комедиантов
farsante *m/f* 1) *(charlatán)* шарлатан, -ка, лицемер, -ка, ханжа 2) *(comediante)* комедиант
fas *inv* : por ~ o nefas по той или иной причине
fascículo *m* выпуск
fascinación *f* 1) *(engaño, alucinación)* обман, чары 2) *(atracción irresistible)* очарование, страсть 3) *(aojo)* дурной глаз, сглаз
fascinador *adj* очаровательный, обворожительный, чарующий
fascinante *adj* очаровательный, обворожительный, чарующий
fascinar *vt* 1) *(atraer irresistiblemente)* очаровывать, обвораживать, соблазнять 2) *(echar un mal de ojo)* сглазить
fascismo *m* фашизм
fascista 1. *adj* фашистский **2.** *m/f* фашист, -ка
fase *f* 1) фаза 2) *electr* фаза
faso *m coloqArg. Ur.* сигаретка
fastidiar *vt* 1) *(irritar)* раздражать, злить 2) *(ocasionar daño)* причинить вред 3) *(causar hastío)* утомлять
fastidiarse *vpron* терпеть неприятную ситуацию
fastidio *m* досада, раздражение
fastidioso *adj* досадный, раздражающий
fasto 1. *adj* удачный, счастливый **2.** *m* роскошь, пышность
fastuosidad *f* роскошь, богатство
fastuoso *adj* пышный, роскошный
fatal 1. *adj* 1) *(del destino)* фатальный, роковой 2) *(muy malo)* ужасный, отвратительный 3) *(infeliz)* несчастливый, злополучный **2.** *adv* ужасно, отвратительно
fatalidad *f* 1) *(destino)* рок, судьба 2) *(desgracia)* несчастье, беда
fatalismo *m* фатализм
fatalista 1. *adj* фаталистический **2.** *m/f* фаталист, -ка
fatalmente *adv* фатально
fatídico *adj* 1) *(que pronostica las desgracias)* предвещающий несчастную судьбу 2) *(nefasto)* несчастный, злополучный, роковой
fatiga *f* 1) *(cansancio)* усталость, утомление 2) *(respiración difícil)* одышка 3) *(náusea)* рвота
fatigante *adj* утомительный, тяжёлый
fatigar *vt* *(cansar)* утомлять, вызывать усталость
fatigarse *vpron* уставать, утомляться
fatigoso *adj* утомительный, трудный
fatuidad *f* 1) *(necedad)* глупость, пустота 2) *(presuntuosidad)* чванство, самодовольство
fatuo *adj* 1) *(necio)* глупый, пустой 2) *(presuntuoso)* чванливый, самодовольный
fauces *fpl* глотка, пасть
fauna *f* фауна
fauno *m mitol* фавн
fausto[1] *adj* удачный, счастливый
fausto[2] *m* V. fasto
fautor *m* пособник, соучастник
favela *f Am.* трущоба
favor *m* 1) *(ayuda)* помощь, поддержка, покровительство 2) *(beneficio)* одолжение, любезность, милость *hacer un* ~ сделать одолжение ◆ **a ~ de alg** на чьей-л. стороне **en ~ de alg o u.c.** в пользу кого/чего-л. **por** ~ пожалуйста
favorable *adj* 1) *(propicio)* благоприятный, удобный *viento* ~ попутный ветер 2) *(que favorece)* благосклонный, милостивый
favorecedor *adj* способствующий, содействующий
favorecer *vt* 1) *(ayudar)* благоприятствовать (чему-л), способствовать (чему-л) 2) *(apoyar)* защищать, поддерживать
favoritismo *m* фаворитизм, кумовство
favorit|o 1. *adj* любимый **2. и** *m/f* фаворит, -ка
fax *m* факс
fayuca *f Méx.* контрабандный товар
fayuquear *vt Méx.* заниматься контрабандой
fayuquer|o, -a *m/f Méx.* контрабандист, -ка
faz *f* 1) лицо 2) *(superficie)* наружность 3) *(anverso)* лицевая сторона (предмета)
fe *f* 1) вера 2) *(confianza)* доверие 3) *(aseveración de la certeza de algo)* удостоверение, свидетельство ◆ **tener ~ en alg o u.c.** верить в кого/что-л., доверять кому-л.
fealdad *f* 1) *(cualidad de feo)* некрасивость, уродство 2) *(deshonestidad)* нечестность, бесчестность
febrero *m* февраль *el dos de* ~ второе февраля
febrífugo *adj farma* противолихорадочный
febril *adj* лихорадочный

fecal *adj* каловый, фекальный
fecha *f* число, дата
fechador *m* печать с датой
fechar *vt* ставить число, датировать
fechoría *f* 1) преступление 2) *(travesura)* шалость
fécula *f* крахмал
fecundación *f* оплодотворение ~ *artificial* искусственное оплодотворение
fecundar *vt* 1) *(engendrar)* оплодотворить 2) *(hacer productivo)* делать плодородным
fecundidad *f* плодородность, плодородие
fecundizar *vt* V. fecundar
fecundo *adj* плодородный, плодовитый
fedatario *m/f jur* нотариус, удостоверяющиее лицо
federación *f* федерация, союз
federal *adj* федеральный
federalismo *m* федерализм
federalista 1. *adj* федералистский **2.** *m/f* федералист, -ка
federar *vt* устанавливать федеративное устройство, включать в состав федерации
federarse *vpron* 1) *(hacerse miembro de una federación)* становиться членом федерации 2) *(constituir una federación)* устанавливать федеративное устройство
federativo *adj* федеративный
feérico *adj* феерический
fehaciente *adj* убедительный, веский
felación *f* фелацио
feldespato *m min* полевой шпат
felicidad *f* счастье ◆**¡~es!** поздравляю!
felicitación *f* поздравление, пожелание счастья *carta de* ~ поздравительное письмо
felicitar *vt* **(por u/c)** поздравлять (с чем-л)
felicitarse *vpron* **(por u/c)** радоваться (чему-л), выражать удовлетворение (с чем-л)
feligr|és, -esa *m/f relig* прихожан|ин, -ка
feligresía *f relig* приход
felino 1. *adj* кошачий **2.** *m zool* кошачий
feliz *adj* счастливый
felizmente *adv* 1) счастливо 2) *(afortunadamente)* к счастью
felonía *f* нелояльность, предательство
felpa *f* плюш
felpudo *m* коврик
femenil *adj* женский
femenino 1. *adj* женский **2.** *m ling* женский род
fementido *adj* ложный, фальшивый
fémina *f* женщина
feminidad *f* женственность
feminismo *m* феминизм
feminista 1. *adj* феминистический **2.** *m/f* феминист, -ка
femoral *adj anat* бедренный
fémur *m anat* бедренная кость
fenecer *vi* скончаться
fenecimiento *m* кончина
fenici|o 1. *adj* финикийский **2. , -a** *m/f* финики|ец, -йка **3.** *m* финикийский язык
fénix *m mitol* феникс
fenol *m quím* фенол
fenomenal *adj* феноменальный, фантастический, отличный
fenómeno 1. *m* явление, феномен **2.** *adj coloq* отличный **3.** *adv coloq* отлично
fenotipo *m biol* фенотип
feo 1. *adj* некрасивый, страшный, безобразный **2.** *m* некрасивый поступок ◆ **hacer un ~ a alg** поступить некрасиво с кем-л.
feote *adj coloq* страшненький
feracidad *f* плодородность
feraz *adj* плодородный, урожайный
féretro *m* гроб
feria *f* 1) ярмарка, *(exposición)* выставка 2) *(festivo)* день отдыха, праздник
feriado *adj* выходной, неприёмный
ferial *adj* ярмарочный
feriante *m* торговец на ярмарке
feriar *vt* торговать на ярмарке
fermentación *f* брожение, ферментация, дрожжевание
fermentar *vi* бродить, закисать
fermento *m* 1) фермент 2) *(causa)* основа, начало
ferocidad *f* свирепость, жестокость, зверство
feroz *adj* свирепый, жестокий, кровожадный
férreo *adj* железный
ferretería *f* 1) скобяная лавка 2) *(objetos que se venden en las ferreterías)* скобяные изделия
ferretero *m* торговец скобяными изделиями
férrico *adj quím* железный
ferrobús *m* рельсовый автобус
ferrocarril *m* 1) *(camino)* железная дорога 2) *(tren)* поезд
ferroviario 1. *adj* железнодорожный **2.** *m* железнодорожник
ferruginoso *adj* железосодержащий
ferry *m* паром
fértil *adj* 1) *(que produce mucho)* плодородный, плодоносный 2) *(fecundo)* обильный, богатый, плодовитый
fertilidad *f* плодородие, плодородность
fertilización *f* удобрение
fertilizante *m* удобрение
fertilizar *vt* удобрять
férula *f med* шина
férvido *adj* пылкий, усердный
ferviente *adj* горячий, ревностный, усердный
fervor *m* 1) *(celo)* усердие, пыл 2) *(calor muy intenso)* жар
fervorín *m relig* горячая молитва
fervoroso *adj* ярый, страстный
festejar *vt* 1) *(celebrar)* праздновать, отмечать 2) *(cortejar)* ухаживать
festejarse *vpron* развлекаться
festejo *m* 1) празднование, торжество 2) *(cortejo)* ухаживание
festival *m* фестиваль
festividad *f* празднество, праздник
festivo *adj* 1) праздничный 2) *(alegre)* весёлый, радостный 3) *(chistoso)* остроумный, юмористический
festón *m* фестон
festonear *vt* украшать фестонами
fetal *adj* фетальный
fetén 1. *adj* 1) замечательный, отличный 2) *coloq* настоящий, правдивый **2.** *f coloq* правда
fetiche *m* фетиш
fetichismo *m* фетишизм
fetichista 1. *adj* фетишистский **2.** *m/f* фетишист, -ка

fetidez *f* зловоние
fétido *adj* зловонный
feto *m* 1) *(embrión)* зародыш, плод 2) *(abortón)* выкидыш
feúcho *adj coloq* страшноватый, некрасивый
feudal *adj* феодальный
feudalismo *m* феодализм
feudatario **1.** *adj* ленный, феодальный **2.** *m hist* ленник
feudo *m (propiedad y tributo)* лен, феод
fez *m* феска
fiabilidad *f* 1) *(confianza)* надёжность 2) *(veracidad)* достоверность
fiable *adj* надёжный, верный
fiado *adj* достойный доверия
fiador *m* поручитель
fiambre *m* 1) *(embutido)* холодная закуска 2) *coloq (cadáver)* труп
fiambrera *f* посуда для холодной еды
fiambrería *f* магазин колбасных изделий
fianza *f* залог, заклад
fia|r *vt* 1) ручаться (за кого/что-л) 2) *(vender sin cobrar al contado)* продавать в кредит ◆ **al ~do** в долг **ser de ~r** быть надёжным
fiarse *vpron* **(de alg)** доверять (кому-л)
fiasco *m* фиаско, неудача, провал
fibra *f* волокно
fibrana *f textl* штапель
fibrilar[1] *adj* волокнистый
fibrilar[2] *vi med* фибриллировать
fibroma *m med* фиброма
fibrosis *f med* фиброз
fibroso *adj* волокнистый, фиброзный
ficción *f* 1) *(acción de fingir)* притворство 2) *(invención)* выдумка, вымысел, фикция 3) *(clase de obras)* фантастика
ficha *f* 1) жетон, марка 2) *(de los juegos)* фишка 3) *(para anotar datos)* карточка
fichaje *m* наём, заключение договора
fichar **1.** *vt* 1) ставить на учёт 2) *sport* принимать в команду **2.** *vi* 1) *sport* заключить контракт со спортивным клубом 2) *(en el trabajo)* отмечаться (на работе)
fichero *m* 1) ящик для карточек 2) *informát* файл
ficticio *adj* 1) *(inventado)* вымышленный, надуманный 2) *(falso)* поддельный
ficus *m* фикус
fidedigno *adj* достоверный
fideicomisario *m jur* бенефициарий
fideicomiso *m jur* доверительная собственность
fidelidad *f* 1) *(lealtad)* верность, преданность 2) *(prescisión)* точность, пунктуальность
fideo *m* вермишель
fideuá *f* фидеуа (валенсийское блюдо из вермишели и морепродуктов)
fiduciario *m/f jur* доверенное лицо
fiebre *f* 1) температура, лихорадка 2) *(agitación)* лихорадка
fiel *adj* 1) верный, преданный 2) *(preciso)* точный, подлинный
fieltro *m* фетр, войлок
fiera *f* зверь, хищник ◆ **ponerse hecho una ~** рассвирепеть, прийти в ярость
fiereza *f* 1) *(salvajismo)* дикость, свирепость 2) *(inhumanidad)* кровожадность, жестокость
fiero *adj* 1) *(relativo a las fieras)* хищный 2) *(cruel)* свирепый, жестокий 3) *(grande)* огромный, чудовищный 4) *(horroroso)* ужасный, жуткий
fierro *m* 1) *Am.* железо 2) *coloqAm.* оружие
fiesta *f* праздник ◆ **~ mayor** праздник города **hacer ~** не выйти на работу
fifí *m Am.* щёголь
figón *m hist* трактир
figura *f* 1) фигура, внешнее очертание предмета *~ geométrica* геометрическая фигура 2) *(cuerpo de una persona)* фигура 3) *(representación)* изображение, образ 4) *(persona importante)* заметная личность, фигура 5) *(personaje en una obra)* персонаж, герой
figuración *f* представление, выдумка
figurado *adj* образный, переносный *en sentido ~* в переносном смысле
figurante *m/f* статист, фигурант, -ка
figurar **1.** *vt* изобразить **2.** *vi* фигурировать
figurarse *vpron* представлять
figurativ|o *adj* образный, изобразительный ◆ **artes ~as** изобразительные искусства
figurilla *f* статуэтка, фигурка
figurín *m* 1) *(modelo)* эскиз 2) *coloq (lechuguino)* щёголь
figurinista *m/f teat* модельер
figurón *m coloq* хвастун
figuroso *adj Am.* громкий, шумный
fijación *f* закрепление, фиксация
fijado *m* фиксирование, закрепление
fijador *m* 1) фиксатор 2) *(para el pelo)* лак для волос
fijar *vt* 1) закрепить, фиксировать 2) *(establecer)* устанавливать
fijarse *vpron* **(en alg o u/c)** обращать внимание (на кого/что-л), замечать
fijativo *m Am.* жидкость для фиксации
fijeza *f* 1) *(firmeza)* твёрдость, решимость 2) *(de una mirada)* пристальность, устойчивость
fijo *adj* 1) устойчивый, твёрдый, постоянный 2) *(dicho de un trabajador)* постоянный 3) *(dicho de la mirada)* пристальный
fila *f* ряд *primera ~* первый ряд ◆ **en ~ india** гуськом
filamento *m* волокно, нить
filamentoso *adj* волокнистый
filantropía *f* филантропия, человеколюбие
filantrópico *adj* филантропический
filántropo *m* филантроп, человеколюбец
filarmónica *f* гармоника, гармонь
filarmónico *adj* филармонический
filatelia *f* филателия
filatélico *adj* филателистический
filatelista *m/f* филателист
filete *m* филе
filetear *vt* резать на филе
filfa *f coloq* враньё
filiación *f* 1) *(procedencia)* происхождение, родство 2) *(pertenencia)* принадлежность 3) *(dependencia de una doctrina)* преемственность, связь
filial **1.** *adj* 1) *(relativo al hijo)* сыновний 2) *(dependiente)* филиальный, дочерний **2.** *f* филиал, дочернее предприятие
filibustero *adj hist* флибустьер

filiforme *adj* нитевидный
filigrana *f* 1) филигрань 2) *(cosa delicada)* тонкая вещь
filípica *f lit* филиппика
filipin|o 1. *adj* филиппинский **2. , -a** *m/f* филиппин|ец, -ка
film *m* V. filme
filmación *f* съёмка
filmadora *f* съёмочное оборудование, камера
filmar *vt* снимать
filme *m* фильм
filmina *f* диапозитив
filo *m* лезвие, остриё ◆ **al ~ de u.c.** незадолго до чего-л., сразу после чего-л.
filología *f* филология
filológico *adj* филологический
filólogo *m/f* филолог
filomátic|o, -a *m/f Cub. coloq* зубрила
filón *m* жила ◆ **~ de oro** золотая жила
filoso *adj* острый
filosofal *adj* : piedra ~ философский камень
filosofar *vi* философствовать
filosofía *f* философия
filósofo *m* философ
filoxera *f* филлоксера
filtración *f* 1) фильтрация, просачивание 2) *(de información)* утечка
filtrado *m* фильтрация, фильтрование
filtrar *vt* фильтровать, процеживать
filtrarse *vpron* просачиваться
filtro *m* фильтр
fin *m* 1) *(término)* конец, окончание, завершение 2) *(objetivo)* цель ◆ **~ de semana** выходные дни **al ~** наконец
finad|o, -a *m/f* покойни|к, -ца
final 1. *adj* конечный, окончательный **2.** *m* конец, окончание **3.** *f sport* финал
finalidad *f* цель
finalista *m/f* финалист
finalización *f* окончание, завершение
finalizar 1. *vt* закачивать, оканчивать, завершать **2.** *vi* заканчиваться, завершаться
finalmente *adv* наконец, в заключение
finamente *adv* тонко, аккуратно
financiación *f* финансирование
financiar *vt* финансировать
financiera *f* финансовая компания
financiero 1. *adj* финансовый **2.** *m* финансист
financista *m/f Am.* финансист, -ка
finanzas *fpl* финансы
finca *f* 1) *(urbana)* строение, здание 2) *(rústica)* усадьба 3) *jur* объект недвижимости
fin|és 1. *adj* финский **2. , -esa** *m* финн, -ка
fineza *f* тонкость, изящество
fingido *adj* притворный, фальшивый
fingimiento *m* притворство, симуляция
fingir *vt/i* притвориться, симулировать, изображать ~ *una enfermedad* симулировать болезнь; ~ *sorpresa* изображать удивление
fingirse *vpron* V. fingir
finiquitar *vt* 1) оплачивать, погашать 2) *coloq (finalizar)* ликвидировать, заканчивать
finiquito *m* 1) погашение долга 2) *(al finalizar un empleo)* окончательный расчёт
finisecular *adj* относящийся к концу века, конца века
finito *adj* конечный
finland|és 1. *adj* финский **2. , -esa** *m/f* финн, -ка **3.** *m* финский язык
fino *adj* 1) *(delgado)* тонкий, изысканный, изящный 2) *(delicado)* тонкий, изысканный, превосходного качества 3) *(atento)* тщательный, аккуратный
finolis *adj coloq* манерный, утончённый
finta *f* финт, обманное движение
fintar *vt* делать обманное движение
finura *f* 1) тонкость, деликатность 2) *(cortesía)* вежливость 3) *(astucia)* хитрость
fiordo *m* фиорд
firma *f* 1) *(acción)* подписание 2) *(efecto)* подпись 3) *(empresa)* фирма
firmamento *m* небосвод
firmante *m/f* подписавшее лицо
firmar *vt* подписывать
firme 1. *adj* 1) *(estable)* стабильный, устойчивый, прочный 2) *(duro)* твёрдый **2.** *m* твёрдый грунт
firmeza *f* 1) *(estabilidad)* стабильность, устойчивость, прочность 2) *(dureza)* твёрдость
fiscal 1. *adj* налоговый, фискальный **2.** *m/f* прокурор
fiscalía *f* 1) *(oficio del fiscal)* должность прокурора 2) *(oficina del fiscal)* прокуратура
fiscalización *f* проверка, финансовое инспектирование
fiscalizar *vt* проверять, инспектировать
fisco *m* фиск, налоговая инспекция
fisga *f* 1) *(burla)* насмешка 2) *(arpón)* острога
fisgar *vt* любопытствовать, шпионить
fisgón *adj* любопытный
fisgonear *vt* любопытствовать, шпионить
fisgoneo *m* подсматривание
fisible *adj fís* подвергаемый делению
física *f* физика *atómica* атомная физика
físicamente *adv* физически
físic|o 1. *adj* физический **2. , -a** *m/f* физик **3.** *m* внешный вид, внешность
fisiología *f* физиология
fisiológico *adj* физиологический
fisiólogo *m* физиолог
fisión *f fís* расщепление, деление
fisionable *adj fís* подвергаемый делению
fisionarse *vpron fís* расщепляться, делиться
fisionomía *f* V. fisonomía
fisioterapeuta *m/f* физиотерапевт
fisioterapia *f* физиотерапия
fisonomía *f* физиономия, облик
fístula *f* фистула, свищ
fisura *f* трещина, разрыв
fitófago 1. *adj biol* фитофагический **2.** *m biol* фитофаг
flaccidez *f* V. flacidez
fláccido *adj* V. flácido
flacidez *f* слабость, дряблость
flácido *adj* слабый, дряблый
flaco *adj* 1) *(delgado)* худой, тощий 2) *(débil)* слабосильный, слабый
flacucho *adj coloq* худенький, хилый
flagelación *f* бичевание
flagelar *vt* бичевать
flagelo *m* 1) хлыст, бич 2) *zool* жгутик
flagrante *adj* явный, очевидный
flamante *adj* 1) *(resplandeciente)* блестящий 2) *(nuevo)* новый

flambeado 1. *adj gastr* фламбированный **2.** *m gastr* фламбирование
flambear *vt* V. flamear
flameante *adj* 1) пламенный 2) *(ondeante)* развевающийся
flamear 1. *vt* фламбировать **2.** *vi* 1) *(despedir llamas)* гореть, пламенеть 2) *(ondear)* развеваться
flamenco[1] *m (música y baile)* фламенко
flamenc|o[2] **1.** *adj (de Flandes)* фламандский **2.** **, -a** *m/f* фламанд|ец, -ка
flamenco[3] *m (ave)* фламинго
flamígero *adj* пламенеющий, огнедышащий
flámula *f* флажок
flan *m* флан (десерт из взбитых яиц, молока и сахара)
flanco *m* 1) сторона, бок 2) *mil* фланг
flanquear *vt* окружать, окаймлять
flaquear *vi* слабеть
flaqueza *f* 1) худоба 2) *(debilidad)* слабость
flash *m* вспышка
flato *m* вздутие живота
flatoso *adj* склонный к вздутию живота
flatulencia *f* газы
flatulento *adj* 1) *(que provoca flatulencia)* вызывающий вздутие живота 2) *(que padece flatulencia)* страдающий от вздутия живота
flauta *f* флейта
flautillo *m* дудка
flautín *m* флейта-пикколо
flautista *m/f* флейтист, -ка
flebitis *f med* флебит
flecha *f* стрела, стрелка
flechar *vt* натягивать (лук)
flechazo *m* 1) *(lanzamiento de flecha)* пуск стрелы 2) *(herida de flecha)* рана от стрелы 3) *(de amor)* вспыхнувшая любовь
flechero *m* лучник
fleco *m* 1) *(hilos colgantes)* бахрома 2) *(flequillo)* прядь волос, чёлка
fleje *m* обруч
flema *f* 1) *fisiol* мокрота, слизь 2) *(cachaza)* медлительность, флегматичность
flemático *adj* медлительный, флегматичный
flemón *m* флюс, флегмона
flequillo *m* чёлка
fleta *f Am.* наказание
fletador *m* фрахтователь
fletamento *m* фрахтовка, фрахтование
fletán *m* палтус
fletante *m* фрахтователь, перевозчик
fletar *vt* фрахтовать
flete *m* фрахт
fletero 1. *adj* фрахтуемый **2.** *m* перевозчик
flexibilidad *f* 1) гибкость, упругость 2) *(adaptabilidad)* податливость, сговорчивость
flexible *adj* 1) гибкий, упругий 2) *(adaptable)* податливый, уступчивый
flexión *f* 1) *(acción de flexionar)* сгибание 2) *(de brazos)* отжимание 3) *(de piernas)* приседание 4) *ling* флексия
flexionar *vt* сгибать
flexo *m* настольная лампа с гибкой подставкой
flexor *adj* сгибательный
flipante *adj coloq* удивительный, офигенный
flipar *vi coloq* удивляться, офигевать, балдеть
flirt *m* V. flirteo
flirtear *vi* **(con alg)** флиртовать (с кем-л)
flirteo *m* флирт
flojear *vi* слабеть
flojedad *f* 1) *(debilidad)* слабость, вялость 2) *(pereza)* лень, небрежность
flojera *f* 1) *coloq (debilidad)* слабость, вялость 2) *coloq (pereza)* лень, небрежность
flojo 1. *adj* 1) слабый 2) *(perezoso)* ленивый, небрежный 3) *(apocado)* робкий, боязливый **2.** *adv* слабо, несильно
flor *f* цветок
flora *f* флора
floración *f* цветение
floral *adj* цветочный
floreado *adj* цветочный
florear *vt* 1) украшать цветами 2) *(lisonjear)* делать комплименты
florecer *vi* 1) цвести, расцветать 2) *(experimentar auge)* процветать
florecerse *vpron* плесеневеть
floreciente *adj* процветающий
florecilla *f* цветок, цветочек
florecimiento *m* 1) цветение 2) *(auge)* расцвет, процветание
floreo *m* пустой разговор
florería *f* цветочный магазин
florero *m* ваза
florescencia *f bot* цветение
floresta *f* густой лес
florete *m sport* рапира
floretista *m/f sport* рапирист, -ка
floricultor, -a *m/f* цветовод
floricultura *f* цветоводство
florido *adj* 1) цветущий 2) *(selecto)* избранный 3) *(dicho de un estilo)* изящный, богатый
florín *m* флорин
floripondio *m* 1) дурман 2) *desp (adorno de mal gusto)* крупный цветок
florista *m/f* продав|ец, -щица цветов
floristería *f* цветочный магазин
flota *f* флот ~ *aérea* воздушный флот; ~ *pesquera* рыболовный флот
flotable *adj* плавучий
flotación *f* 1) *econ (de la moneda)* плавание, колебание 2) *min* флотация
flotador *m* 1) *(para determinar el nivel de un líquido)* поплавок 2) *(para nadar)* круг
flotante *adj* плавучий
flotar *vi* плыть, плавать
flote *m* плавучесть ◆ **a ~** на плаву
flotilla *f* флотилия
fluctuación *f* 1) *(diferencia entre valores)* колебание, флуктуация 2) *(irresolución)* колебание, нерешительность
fluctuante *adj* качающийся, колеблющийся
fluctuar *vi* 1) *(vacilar sobre las aguas)* качаться 2) *(experimentar variaciones)* колебаться
fluidez *f* 1) *(cualidad de los líquidos)* текучесть, жидкое состояние 2) *(elocuencia)* плавность, беглость
fluido *adj* 1) текучий, жидкий 2) *(elocuente)* плавный, беглый
fluir *vi* течь, струиться, литься
flujo *m* 1) *(corriente)* поток *flujo de aire* воздушный поток 2) *(ascenso de la marea)* прилив

fluminense *m/f* житель, -ница (урожен|ец, -ка) Рио-де-Жанейро
flúor *m* фтор
fluorar *vt* добавлять фтор
fluorescencia *f* флуоресценция
fluorescente *adj* флуоресцентный, светящийся
fluvial *adj* речной
fobia *f* фобия, боязнь
foca *f* тюлень
focal *adj* фокусный, фокальный
focha *f* лысуха
foco *m* 1) *fís (eje)* фокус 2) *(centro)* центр 3) *(lámpara eléctrica)* электрическая лампа
fofo *adj coloq* мягкий, вялый
fogata *f* огонь с высоким пламенем
fogón *m* 1) *(en una caldera)* топка 2) *(de la cocina)* камфорка
fogonazo *m* 1) вспышка пламени 2) *(de luz)* вспышка
fogonero *m* кочегар
fogosidad *f* пыл, пылкость
fogoso *adj* пылкий, горячий, страстный
fogueado *adj* закалённый
foguear *vt* 1) обстреливать 2) *(curtir)* закалять
foguearse *vpron* закаляться
fogueo *m* 1) обстреливание 2) *(experiencia)* закалка ◆ **bala de** ~ холостой патрон
foja *f Méx. Per.* лист (бумаги)
folclore *m* фольклор
folclórico *adj* фольклорный
folía *f* фолия (народный танец Канарских Островов)
foliación *f* 1) *impr* нумерация (страниц) 2) *bot* появление листьев
foliar *vt impr* ставить нумерацию страниц
foliculari|o, -a *m/f desp* писака
folículo *m anat* фолликул
folio *m* лист (бумаги)
folklore *m* V. folclore
folklórico *adj* фольклорный
follaje *m* листва
follar *vi vulg* трахаться
folletín *m* фельетон
folletinesco *adj* фельетонный
folletinista *m/f* фельетонист, -ка
folleto *m* брошюра
follón *m coloq* шум, скандал
folloner|o 1. *adj coloq* скандальный **2. , -a** *m/f coloq* скандалист, -ка
fomentar *vt* побуждать, развивать, поощрять
fomento *m* побуждение, поощрение, развитие
fonda *f* гостиница, постоялый двор
fondeadero *m nav* место якорной стоянки
fondear *vi nav* становиться на якорь
fondillos *mpl* задняя часть трусов
fondista *m sport* стайер
fondo *m* 1) дно, глубина 2) *(hondura)* глубина 3) *(superficie sobre la cual destaca algo)* фон, задний план 4) *(parte esencial de algo)* суть, сущность 5) *(de una biblioteca)* фонд 6) *(caudal)* капитал, фонд 7) *banc* вклад ◆ **a** ~ основательно **en el** ~ в сущности
fondón *adj coloq* растолстевший
fonema *m ling* фонема
fonética *f ling* фонетика
fonético *adj ling* фонетический
foniatra *m/f med* фониатр
foniatría *f med* фониатрия
fónico *adj* звуковой
fonógrafo *m ling* фонограф
fonología *f ling* фонология
fonológico *adj ling* фонологический
fonoteca *f* фонотека
fontana *f* фонтан
fontanela *f anat* родничок
fontanería *f* 1) *(arte del fontanero)* ремесло водопроводчика 2) *(conjunto de conductos)* водопровод
fontanero *m* водопроводчик, трубопроводчик
footing *m* бег
foque *m nav* фок
forajido *m* преступник, скрывающийся от правосудия
foral *adj jur* относящийся к правам, к законам
foráneo *adj* чужой, приезжий, иностранный
forastero 1. *adj* 1) *(que viene de fuera)* приезжий 2) *(ajeno)* чужой **2.** *m* 1) *(aquel que viene de fuera)* приезжий, пришелец 2) *(extraño)* чужак
forcejear *vi* 1) бороться 2) *(oponerse)* противиться
forcejeo *m* сопротивление
fórceps *mpl med* акушерские щипцы
forense 1. *adj* судебный **2.** *m/f* судебный врач
foresta *f* лес
forestación *f* древонасаждение
forestal *adj* лесной
forestar *vt* сажать деревья
forja *f* 1) *(oficio)* ковка 2) *(taller)* кузница
forjado 1. *adj* кованый **2.** *m* ковка ◆ **hierro** ~ кованая сталь
forjador *m* кузнец
forjar *vt* 1) ковать 2) *(fabricar)* строить
forma *f* 1) *(configuración)* форма, вид 2) *(medio)* способ ◆ **de esta** ~ таким образом **de** ~ **que** так что **estar en** ~ быть в форме **no hay** ~ невозможно, никак
formación *f* 1) *(acción y efecto de formar)* образование, формирование 2) *(educación)* образование 3) *(reunión ordenada)* строй
formador 1. *adj* обучающий **2. , -a** *m/f* обучающий, преподаватель, -ница
formal *adj* 1) *(relativo a la forma)* формальный 2) *(serio)* серьёзный, аккуратный 3) *(preciso)* точный, пунктуальный
formalidad *f* 1) *(formalismo)* формальность 2) *(seriedad)* серъёзность
formalismo *m* 1) формальность 2) *(corriente crítica)* формализм
formalista 1. *adj* формалистический **2.** *m/f* формалист, -ка
formalizar *vt* 1) *(dar estructura formal)* оформлять 2) *(legalizar)* оформлять 3) *(concretar)* установить, определить 4) *(dar carácter de seriedad)* формализовать, узаконивать 5) *(representar con un sistema formal)* формализовать
formalizarse *vpron* становиться серъёзными (о человеке)
formar 1. *vt* 1) *(dar forma)* образовывать, создавать, формировать 2) *(educar)* воспитывать, давать образование 3) *mil* строить, выстраивать **2.** *vi mil* строиться

formarse *vpron* 1) образовываться, создаваться 2) *(educarse)* получить образование
formatear *vt informát* форматировать
formateo *m informát* форматирование
formativo *adj* образовательный
formato *m* формат
formidable *adj* 1) *(magnífico)* великолепный, превосходный 2) *(temible)* ужасный, страшный 3) *(enorme)* огромный, чудовищный
formol *m* формалин
formón *m* долото
fórmula *f* формула
formular *vt* формулировать, излагать
formulario *m* 1) *(impreso)* бланк, анкета 2) *(libro con fórmulas)* рецептурный сборник
fornicación *f* прелюбодеяние
fornicador *m* прелюбодей
fornicar *vi* прелюбодействовать
fornido *adj* крупный, здоровый
foro *m* форум
forof|o, -a *m/f* фанат, -ка, болельщи|к, -ца
forrado *adj coloq* богатый, зажиточный
forraje *m* зелёный корм, фураж
forrajera *f mil* парадный пояс
forrajero *m mil* фуражир
forrar *vt* обивать, покрывать чехлом, пришивать подкладку (на что-л)
forrarse *vpron coloq* наживаться, грести деньги лопатой
forro *m* подкладка, чехол
fortachón *adj coloq* сильный, здоровенный
fortalecer *vt* 1) *(asegurar)* укреплять, крепить 2) *(vigorizar)* оживлять, придавать силу
fortalecimiento *m* 1) укрепление, усиление 2) *(vigorización)* оживление
fortaleza *f* 1) *(fuerza)* крепость, сила, мощь 2) *(recinto fortificado)* крепость, оборонительное сооружение
fortificación *f* 1) *(acción)* укрепление 2) *(obra)* укрепление, оборонительное сооружение
fortificar *vt* 1) *(asegurar)* укреплять, крепить 2) *(vigorizar)* оживлять, придавать силу
fortín *m* малый форт
fortuito *adj* случайный, непредвиденный
fortuna *f* 1) *(destino)* судьба 2) *(suerte)* удача, счастье 3) *(gran suma de dinero)* состояние, капитал ◆ **por** ~ к счастью
forzado *adj* принудительный, подневольный ◆ **trabajos ~s** каторжные работы
forzar *vt* 1) *(hacer ceder)* взламывать 2) **(a u/c)** *(obligar)* заставлять (делать что-л), принуждать (к чему-л) 3) *(violar)* насиловать
forzarse *vpron* заставлять себя
forzosamente *adv* 1) *(violentamente)* насильно, насильственно 2) *(ineludiblemente)* обязательно, неизбежно
forzoso *adj* 1) *(ineludible)* неизбежный, обязательный 2) *(obligado por circunstancias imprevistas)* вынужденный
forzudo *adj* сильный, крепкий
fosa *f* 1) могила 2) *anat* полость ~ *nasal* носовая полость ◆ ~ **común** братская могила
fosfatar *vt quím* фосфатировать
fosfato *m quím* фосфат
fosfórico *adj quím* фосфорный
fósforo *m* 1) *quím* фосфор 2) *(cerilla)* спичка
fósil **1.** *adj* ископаемый, окаменелый **2.** *m* окаменелость, ископаемое
fosilizarse *vpron* окаменевать
foso *m* 1) яма, ров 2) *teat* оркестровая яма
foto *f* фотография, фотка
fotocopia *f* фотокопия, ксерокопия
fotocopiadora *f* ксерокс
fotocopiar *vt* ксерокопировать
fotoeléctrico *adj fís* фотоэлектрический
fotogénico *adj* 1) *(que queda bien en las fotografías)* фотогеничный 2) *(que promueve la acción química de la luz)* фотохимический
fotograbado *m* фотогравюра
fotografía *f* фотография
fotografiar *vt* фотографировать, снимать фотографии
fotográfic|o *adj* фотографический *cámara ~a* фотоаппарат
fotógrafo *m* фотограф
fotograma *m cine* фотоснимок
fotomatón *m* фотоавтомат
fotómetro *m fís* фотометр
fotonovela *f* иллюстрированный роман
fotoprotector *m* солнцезащитный крем
fotoquímica *f* фотохимия
fotoquímico *adj* фотохимический
foto-robot *f* фотопортрет
fotorreportaje *m* фоторепортаж
fotosensible *adj* светочувствительный
fotosíntesis *f biol* фотосинтез
fotovoltaico *adj fís* фотовольтаический
fotuto *m Cub. Ven.* фотуто (музыкальный инструмент)
frac *m* фрак
fracasad|o **1.** *adj* неудачный, безуспешный, *()* потерпевший крах **2.** , **-a** *m/f* неудачни|к, -ца
fracasar *vi* терпеть неудачу, проваливаться
fracaso *m* 1) *(malogro)* неудача, провал 2) *(suceso lastimoso)* несчастный случай
fracción *f* 1) *(cada una de las partes de un todo)* доля, часть 2) *(en un partido u organización)* фракция 3) *(expresión quebrada)* дробь
fraccionamiento *m* разделение, раздробление
fraccionar *vt* делить, дробить
fraccionario *adj* 1) фракционный 2) *mat* дробный
fractura *f* 1) излом, разлом 2) *(de un hueso)* перелом
fracturar *vt* 1) ломать, разламывать 2) *(un hueso)* переламывать
fracturarse *vpron* 1) ломаться 2) *(dicho de un hueso)* переламываться
fragancia *f* благоухание, аромат
fragante *adj* благоуханный
fraganti *inv* : pillar in ~ поймать с поличным
fragata *f nav* фрегат
frágil *adj* хрупкий
fragilidad *f* хрупкость
fragmentación *f* дробление, разделение, измельчение
fragmentar *vt* дробить, делить на части, измельчать
fragmentario *adj* фрагментарный, отрывочный
fragmento *m* 1) *(porción pequeña de una cosa quebrada)* кусок, осколок, фрагмент 2) *(de un texto)* отрывок, фрагмент

fragor *m* шум, грохот
fragosidad *f* густота, неровность
fragoso *adj* густой, неровный
fragua *f* 1) *(fogón)* кузнечный горн 2) *(taller)* кузница
fraguador, -a *m/f peyor* интриган, -ка
fraguar 1. *vt* 1) ковать 2) *(urdir)* плести **2.** *vi (endurecerse)* схватываться
fraile *m* монах
frailuno *adj desp* относящийся к монахам
frambuesa *f* малина
frambueso *m* малиновый куст
francachela *f coloq* вечеринка, гулянка
francamente *adv* честно, откровенно
franc|és 1. *adj* французский **2. , -esa** *m/f* францу|з, -женка **3.** *m* французский язык
franchute *m/f desp* францу|з, -женка
franciscano 1. *adj relig* францисканский **2.** *m relig* францисканец
francmasón 1. *adj* франкмасонский **2.** *m* франкмасон
francmasonería *f* франкмасонство
franco 1. *adj* 1) *(sincero)* открытый, искренний, откровенный 2) *(libre)* свободный **2.** *m econ* франк
francófil|o 1. *adj* франкофильный **2. , -a** *m/f* франкофил
francófob|o 1. *adj* франкофобский **2. , -a** *m/f* франкофоб, -ка
francófon|o 1. *adj* франкофонский **2. , -a** *m/f* франкофон
francotirador *m/f* снайпер
franela *f* фланель
frangula *f* крушина ломкая
franja *f* 1) полоса 2) *geogr* пояс
franquear *vt* 1) *(salvar)* преодолевать, устранять препятствие 2) *(el correo)* оплачивать (почту) 3) *(liberar de un pago)* освобождать
franquearse *vpron* **(con alg)** откровенно разговаривать (с кем-л)
franqueo *m* франкировка, оплата почтовых отправлений
franqueza *f* откровенность, искренность
franquicia *f com* франчайз
franquismo *m hist* франкизм
franquista 1. *adj hist* франкистский **2.** *m/f hist* франкист, -ка
frasco *m* флакон, пузырёк, склянка
frase *f* фраза, предложение ◆ ~ **hecha** устойчивое словосочетание
fraseología *f ling* фразеология
fraseológico *adj ling* фразеологический
fraternal *adj* братский
fraternidad *f* братство
fraternización *f* братание
fraternizar *vi* 1) **(con alg)** *(tratarse como hermanos)* брататься (с кем-л) 2) **(con alg)** *(tratarse amistosamente)* симпатизировать (кому-л)
fratricida 1. *adj* братоубийственный **2.** *m/f* братоубийца
fratricidio *m* братоубийство
fraude *m* мошенничество, обман, надувательство
fraudulencia *f* обман, мошенничество
fraudulento *adj* мошеннический, обманный
fray *m relig* брат
frazada *f* одеяло
freático *adj geol* подземный
frecuencia *f* частота, частотность ◆ **con** ~ часто
frecuentación *f* частое посещение
frecuentador *adj* часто посещающий
frecuentar *vt* часто посещать, часто бывать
frecuente *adj* частый
frecuentemente *adv* часто
fregadero *m* мойка, раковина для мытья посуды
fregado *m* 1) *(acción de fregar)* мытьё 2) *coloq (escándalo)* скандал 3) *coloq (enredo)* запутанное дело
fregador *m* раковина (для мытья посуды)
fregar *vt* мыть, чистить, тереть мочалкой
fregasuelos *m* средство для мытья пола
fregona *f* 1) *(utensilio de limpieza)* швабра 2) *desp (mujer de la limpieza)* уборщица
freidora *f* фритюрница
freidura *f* жарение
freiduría *f* заведение, где продаётся жареная рыба
freír *vt* жарить в масле
freírse *vpron* 1) поджариваться 2) *coloq (de calor)* париться
fréjol *m* фасоль
frenada *f* торможение
frenado *m* торможение
frenar *vt/i* тормозить, останавливать
frenazo *m* резкое торможение *dar un* ~ резко затормозить
frenesí *m* 1) исступление, неистовство 2) *(locura)* безумие
frenético *adj* 1) исступлённый, неистовый 2) *(loco)* безумный, бешеный
freno *m* тормоз ◆ ~ **de mano** ручной тормоз **sin** ~ безудержно
frente 1. *f* лоб **2.** *m mil* фронт **3.** *adv* напротив ◆ **de** ~ лицом ~ **a alg o u.c.** перед кем/чем-л., напротив кого/чего-л.
fresa[1] *f (herramienta)* фреза
fresa[2] *f (planta y fruto)* земляника
fresado 1. *adj* фрезерованный **2.** *m* фрезерование
fresador, -a *m/f* фрезеровщи|к, -ца
fresal *m* земляничная грядка
fresar *vt* фрезеровать
fresca *f* прохлада
frescachón *adj* крепкий, здоровый
frescales *m/f coloq* наглец, нахал, -ка
fresc|o 1. *adj* 1) *(no cálido)* свежий, прохладный 2) *(reciente)* свежий 3) *(desvergonzado)* нахальный, нахальный **2. , -a** *m/f coloq* наглец, нахал, -ка
frescor *m* прохлада, свежесть
frescura *f* 1) *(cualidad de fresco)* свежесть, прохлада 2) *(falta de verguenza)* наглость, бесстыдство
fresno *m* ясень
fresón *m* клубника
fresquera *f* холодный шкаф
freudiano *adj* фрейдский
freza *f* метание икры
frezadero *m* аквариальный комплекс
frezar *vi* метать икру
friable *adj* рассыпчатый
frialdad *f* 1) прохлада, холод 2) *(indiferencia)* холодность, равнодушие 3) *(falta de apetito sexual)* фригидность

fríamente *adj* холодно, сухо
fricasé *m gastr* фрикасе
fricativo *adj ling* щелевой, фрикативный
fricción *f* 1) трение, фрикция 2) *(acción de friccionar)* растирание 3) *(desavenencia)* трения, столкновение
friccionar *vt* тереть, растирать
friega *f* растирание
friegaplatos *m* посудомоечная машина, посудомойка
frigidez *f* фригидность
frígido *adj* 1) *(frío)* холодный 2) *(sexualmente)* фригидный
frigoría *f fís* фригория
frigorífico 1. *adj* холодильный, охлаждающий **2.** *m* холодильник, рефрижератор
frijol, fríjol *m* фасоль
frío 1. *adj* холодный **2.** *m* холод, мороз *tengo* ~ мне холодно; *hace* ~ холодно ◆ **coger** ~ замёрзнуть
friolento *adj* V. friolero
friolera *f coloq* пустяк, мелочь
friolero *adj* зябкий
frisar 1. *vt (un tejido)* ворсовать **2.** *vi* **(en u/c)** *(estar próximo)* граничить (с чем-л), быть близким (к чему-л)
frisca *f Ch.* взбучка
friso *m arquit* фриз
fris|ón 1. *adj* фрисландский **2.**, **-ona** *m/f* фрисланд|ец, -ка **3.** *m* фрисландский язык
fritada *f* жареное (в масле) блюдо
fritanga *f* жареное (в масле) блюдо
fritar *vt* 1) *(un material)* обжигать 2) *Am.* жарить
frito *adj* жареный ◆ **tener ~ a alg** надоедать, докучать **quedarse** ~ заснуть
fritura *f* жареное (в масле) блюдо
frivolidad *f* легкомыслие, ветреность, фривольность
frívolo *adj* легкомысленный, ветреный, фривольный
fronda *f* листва
frondoso *adj* густой, густолистый
frontal *adj* лобный
frontera *f* граница
fronterizo *adj* пограничный
frontero *adj* противолежащий
frontis *m arquit* фронтиспис
frontispicio *m arquit* фронтиспис
frontón *m* 1) *(pelota vasca)* пелота (игра в мяч) 2) *(pared para jugar a la pelota)* стена для игры в фронтон 3) *arquit* фронтон
frotación *f* трение, натирание, протирание
frotamiento *m* трение, натирание, протирка
frotar *vt* тереть, натирать, протирать
frotarse *vpron* натирать, тереть ~ *las manos* потирать руки
frote *m* V. frotamiento
frotis *m biol* размазывание
fructífero *adj* плодотворный
fructificación *f* 1) *bot* плодоношение 2) *(mejora)* процветание, преуспевание
fructificar *vi* 1) *bot* плодоносить 2) *(producir utilidad)* быть плодотворным, давать плоды
fructosa *f biol* фруктоза
fructuoso *adj* V. fructífero
frufrú *m* шуршание
frugal *adj* 1) *(parco en el comer y el beber)* воздержанный 2) *(dicho de una comida)* скудный
frugalidad *f* воздержанность, умеренность
fruición *f* наслаждение, удовольствие
fruir *vi* **(de u/c)** наслаждаться (чем-л), получать удовольствие (от чего-л)
fruncimiento *m* морщение
fruncir *vt* 1) хмурить ~ *el ceño* хмурить лоб 2) *(recoger haciendo arrugas en la ropa)* делать сборки
fruslería *f* пустяк, мелочь
frustración *f* 1) разочарование, фрустрация 2) *(de un plan, etc.)* срыв, крах
frustrante *adj* разочаровывающий, удручающий
frustrar *vt* 1) разочаровывать, подвергать в уныние, лишать надежды 2) *(un plan, etc.)* срывать, расстраивать, делать тщетным
frustrarse *vpron* 1) разочаровываться, впадать в уныние 2) *(dicho de un plan)* срываться, расстраиваться
fruta *f* фрукт ◆ **~ del tiempo** сезонные фрукты
frutal 1. *adj* фруктовый, плодовый **2.** *m* фруктовое дерево
frutería *f* фруктовый магазин
fruter|o, -a *m* продавец, -щица фруктов
fruticultura *f* плодоводство, садоводство
frutilla *f Am.* клубника
fruto *m* 1) *(producto de las plantas)* плод 2) *(hijo)* плод 3) *(resultado obtenido)* плод, продукт, результат
fu *onomat* фырканье (кошки) ◆ **ni ~ ni fa** так себе, ни рыба ни мясо
fuagrás *m* паштет, фуагра
fucsia 1. *m* фуксия **2.** *adj* цвета фуксии
fuego *m* 1) огонь 2) *(incendio)* пожар 3) *(disparos)* стрельба, огонь ◆ **~s artificiales** фейерверк
fueguin|o 1. *adj* относящийся к жителям Огненной Земли **2.**, **-a** *m/f* житель, -ница (уроженец, уроженка) Огненной Земли
fuel *m* топливо, горючее
fuelle *m* воздуходувной мех
fuente *f* 1) источник, ключ 2) *(aparato del que sale agua)* фонтан 3) *(bandeja)* блюдо 4) *(origen)* источник
fuer *inv* : a ~ de alg o u.c. в качестве кого/чего-л
fuera 1. *adv* снаружи, вне, на улице *por* ~ снаружи **2.** *prep* за пределами чего-л., вне чего-л. ~ *de la ciudad* за пределами города, вне города **3.** *interj* долой, прочь!, вон отсюда! *¡ ~ corruptos!* долой коррупциронеров! ◆ **estar ~ de sí** быть вне себя
fueraborda *m nav* подвесный мотор
fuero *m* 1) *(ley de un territorio determinado)* особое право 2) *(jurisdicción)* юрисдикция 3) *(compilación de leyes)* свод законов ◆ **~ interno** совесть
fuerte 1. *adj* сильный, крепкий **2.** *adv* сильно, крепко **3.** *m* крепость, форт
fuerza *f* сила, крепость ◆ **a la ~, por la ~** против воли, насильно
fuet *m* фуэт (вид каталонской колбасы)
fuete *m Am.* кнут, хлыст
fuga *f* 1) *(huida)* побег, бегство 2) *(de una sustancia)* утечка 3) *mús* фуга

fugacidad *f* мимолётность, быстротечность

fugarse *vpron* убегать, бежать, совершать побег

fugaz *adj* мимолётный, быстротечный

fugitiv|o 1. *adj* беглый, убегающий **2. , -a** *m/f* бегл|ец, -янка

fulana *f desp* проститутка

fulan|o, -a *m/f* 1) такой-то, такая-то, имярек 2) *(querido)* любовник, -ница

fular *m* фуляр

fulero *adj* 1) *coloq (embustero)* лживый 2) *coloq (chapucero)* халтурный

fulgente *adj* блестящий

fulgir *vi* блестеть

fulgor *m* блеск, сияние

fulgurante *adj* 1) *(resplandeciente)* ярко сверкающий, блестящий 2) *(destacado)* громкий, резкий

fulgurar *vi* блестеть очень ярко, сверкать

fulguroso *adj* блестящий, сверкающий

fullería *f* жульничество, шулерство

fullero 1. *adj* жульничающий **2.** *m* шулер

fulminante *adj* молниеносный, мгновенный

fulminar *vt* 1) *(dicho de un rayo)* убивать 2) *(matar con un rayo)* убивать молнией 3) *(herir o matar con un arma)* сражать, поражать

fumada *f* затяжка

fumadero *m* место для курения, курилка

fumador 1. *adj* курящий **2. , -a** *m/f* курильщик, -ца

fumar 1. *vi (despedir humo)* куриться, дымиться **2.** *vt/i (tabaco)* курить

fumarada *f* клуб дыма, облако дыма

fumarse *vpron* 1) *coloq (gastar)* потратить 2) *coloq (no asistir)* прогуливать

fumigación *f* окуривание, фумигация

fumigar *vt* окуривать

fumigatorio *adj* окуривающий

fumista *m* печник, трубочист

fumívoro *adj* дымопоглощающий

funambulesco *adj* странный, необычный, экстравагантный

funámbulo *m* эквилибрист

función *f* 1) функция 2) *(cargo)* должность 3) *(representación)* представление

funcional *adj* функциональный

funcionamiento *m* действие, функционирование, ход

funcionar *vi* 1) действовать, функционировать, работать 2) *(surtir efecto)* работать, срабатывать

funcionario *m* чиновник, служащий

funda *f* 1) чехол 2) *(de un diente)* пломба

fundación *f* 1) *(acción)* основание 2) *(entidad)* фонд

fundado *adj* обоснованный, правомерный

fundador 1. *adj* основывающий, учреждающий **2. , -a** *m/f* основатель, учредитель

fundamental *adj* основной, фундаментальный

fundamentalismo *m* фундаментализм

fundamentalista 1. *adj* фундаменталистский **2.** *m/f* фундаменталист, -ка

fundamentalmente *adv* в основе, в основном, в сущности

fundamentar *vt* 1) *(poner los fundamentos)* обосновывать, подводить базу 2) *(hacer firme algo)* укреплять, упрочивать

fundamentarse *vpron* **(en u/c)** основываться (на чём-л), опираться (на что-л)

fundamento *m* 1) *(de un edificio)* фундамент, основание 2) *(seriedad)* серьёзность 3) *(razón principal)* основа, основание, обоснованность

fundar *vt* основывать, создавать, учреждать

fundarse *vpron* 1) *(crearse)* основываться, создаваться, учреждаться 2) *(apoyarse)* обосновываться

fundente *m* плавень

fundible *adj* плавкий

fundición *f* 1) *(acción y efecto de fundir)* литьё, плавка 2) *(taller)* литейная, литейный цех

fundidor *m* плавильщик, литейщик

fundidora *f* литейная машина

fundir *vt* 1) *(derritir y licuar los metales)* плавить, расплавлять 2) *(dar forma en moldes)* лить, отливать

fundirse *vpron* плавиться, таять

fundo *m jur* владение, крестьянское хозяйство

fúnebre *adj* 1) *(relativo a los difuntos)* траурный, похоронный 2) *(muy triste)* унылый, мрачный, скорбный

funeral *m* похороны, погребение

funeraria *f* похоронное бюро

funerario *adj* погребальный

funesto *adj* несчастный, роковой, пагубный

fungible *adj* расходный

fungicida *m* фунгицид

fungir *vi* занимать должность

funicular *m* фуникулёр, канатная дорога

funk *m mús* фанк

furcia *f desp* проститутка, шлюха

furgón *m* фургон

furgoneta *f* лёгкий грузовой автомобиль, грузовичок, пикап

furia *f* 1) *(ira exaltada)* ярость, бешенство 2) *(violencia o agresividad)* ярость, неистовость 3) *mitol* фурия

furibundo *adj* яростный, гневный

furioso *adj* 1) *(poseído por la furia)* яростный, гневный 2) *(loco)* буйный 3) *(violento)* ярый, неистовый

furor *m* 1) *(cólera)* ярость, бешенство 2) *(entusiasmo)* страсть, фурор ◆ **hacer ~** производить фурор

furriel *m mil* каптенармус

furtivo *adj* 1) скрытый, тайный 2) *(dicho de una persona)* браконьерский *cazador ~* браконьер

furúnculo *m* фурункул

fusa *f mús* тридцать вторая нота

fuselaje *m aero* фюзеляж

fusible *m electr* плавкая пробка, плавкий предохранитель

fusiforme *adj* веретенообразный

fusil *m* ружьё, винтовка *~ ametrallador* автомат

fusilamiento *m* расстрел

fusilar *vt* 1) расстрелять 2) *coloq (plagiar)* плагиировать, списывать

fusilero *m mil* стрелок

fusión *f* 1) *(fundición)* плавление, плавка 2) *(unión)* слияние, объединение

fusionar *vt* объединять, сливать

fusionarse *vpron* объединяться, сливаться
fusta *f* прут, хлыст
fuste *m* 1) *arquit* ствол (колонны) 2) *(fundamento)* сущность
fustigar *vt* 1) хлестать кнутом, бичевать 2) *(criticar)* бичевать
futbito *m* минифутбол
fútbol *m* футбол
futbolero *adj* футбольный
futbolín *m* настольный футбол
futbolista *m/f* футболист, -ка
futesa *f* глупость, мелочь
fútil *adj* пустяковый, ничтожный
futilidad *f* 1) *(carácter de fútil)* пустота 2) *(cosa sin importancia)* пустяк, мелочь
futre *m Am.* щёголь
futurible 1. *adj* который произойдёт в будущем **2.** *m* кандидат
futurismo *m arte* футуризм
futurista 1. *adj arte* футуристический **2.** *m/f arte* футурист, -ка
futuro 1. *adj* будущий, грядущий **2.** *m* 1) будущее, грядущее 2) *ling* будущее время
futurología *f* футурология
futurólogo *m* футуролог

G

gabach|o 1. *adj desp* французский **2.** , **-a** *m/f desp* францу|з, -женка
gabán *m* пальто
gabardina *f* плащ
gabarra *f nav* вид парусной лодки
gabarrero *m nav* водитель парусной лодки
gabinete *m* кабинет
gabon|és 1. *adj* габонский **2.** , **-a** *m/f* габон|ец, -ка
gacela *f* газель
gaceta *f* газета
gacetero *m* газетчик
gacetilla *f* отдел хроники в газете
gacetillero *m* 1) хроникёр 2) *desp* журналист
gacha *f Col.* миска
gachas *fpl* каша
gachí *f vulg* женщина
gacho *adj* 1) *(encorvado)* наклонённый вниз 2) *(dicho de un bóvido)* с загнутыми вниз рогами (о быке, корове) ◆ **a ~as** на четвереньках
gachó *m vulg* мужчина
gachup|ín, -ina *m/f Am. desp* испан|ец, -ка, проживающий (проживающая) в Латинской Америке
gacilla *f Am.* булавка
gaditan|o 1. *adj* кадисский **2.** , **-a** *m/f* житель, -ница (уроженец, уроженка) Кадиса
gaélico *adj* гэльский
gafa *f* крюк, крючок
gafar[1] *vt (arrebatar)* захватывать
gafar[2] *vt coloq (traer mala suerte)* приносить несчастье (кому-л)
gafas *fpl* очки ~ *de sol* тёмные очки, солнцезащитные очки
gafe 1. *adj* приносящий несчастье, невезучий **2.** *m/f* человек, приносящий несчастье **3.** *m (mala suerte)* несчастье, невезение
gafo *adj* со скрюченными пальцами
gafotas *m/f coloq desp* очкарик
gag *m* шутка (в спектакле), гэг
gago *adj* заикающийся
gaita *f* волынка
gaitero *m* волынщик
gaje *m* вознаграждение, плата ◆ **~s del oficio** издержки производства
gajo *m* 1) *(de naranja)* долька 2) *(racimo de fruta)* кисть 3) *(rama)* ветвь
gal *m fís* гал
gala *f* 1) *(vestido)* нарядное платье 2) *(ceremonia)* торжество, торжественный вечер 3) *(gracia, garbo)* грация, изящество 4) *(actuación artística)* гала-концерт ◆ **uniforme de ~** парадный костюм **traje de ~** вечернее платье **hacer ~ de u.c.** хвастаться чем-л, показывать
galáctico *adj astron* галактический
galaico *adj* галисийский
galán 1. *adj* нарядный, элегантный **2.** *m* 1) *(de una mujer)* ухажёр 2) *(de buen semblante)* статный мужчина
galano *adj* нарядный, элегантный
galante *adj* любезный, галантный
galantear *vt* ухаживать (за кем-л)
galanteo *m* ухаживание (за кем-л)
galantería *f* любезность, галантность
galantina *f* фаршированная дичь
galanura *f* изящество, изысканность
galápago *m* черепаха (разновидность)
galardón *m* 1) *(premio)* награда, премия 2) *(recompensa)* вознаграждение
galardonado *adj* награждённый
galardonar *vt* **(con u/c)** награждать (чем-л)
galaxia *f astron* галактика
galbana *f coloq* лень
galbanoso *adj coloq* ленивый
galena *f min* галенит
galeno[1] *adj (dicho del viento)* лёгкий
galeno[2] *m coloq (médico)* врач
galeón *m nav* галион
galera *f nav* галера
galerada *f impr* гранка
galería 1. *f* 1) галерея 2) *(balcón cerrado)* веранда 3) *(corredor)* галерея 4) *min* штольня, штрек **2. -s** *fpl com* универмаг
galerista *m/f arte* галерист
galerna *f* северо-западный ветер
gal|és 1. *adj* валлийский **2.** , **-esa** *m/f* валли|ец, -йка **3.** *m* валлийский язык
galga *f* большой камень (при обвалах)
galgo *m* борзая (собака)
gálibo *m* 1) *(patrón)* шаблон 2) *transp* габаритные ворота
galicismo *m ling* галлицизм
galile|o 1. *adj* галилейский **2.** , **-a** *m/f* галиле|ец, -йка
galimatías *m coloq* путаница, галиматья
gallada *f Am.* смелость
galladura *f biol* сгусток крови в зародыше (в яйце)
gallardear *vi* **(de u/c)** хвастаться (чем-л)
gallardete *m nav* вымпел
gallardía *f* 1) *(bizarría)* статность, стройность 2) *(valentía)* смелость
gallardo *adj* 1) *(bizarro)* статный, стройный 2) *(valiente)* смелый
gallear *vi coloq* хвастаться, петушиться
galleg|o 1. *adj* галисийский **2.** , **-a** *m/f* галиси|ец, -йка **3.** *m* галисийский язык
gallera *f* курятник (для боевых петухов)
galleta *f* печенье
gallina 1. *f* курица **2.** *m coloq* трус ◆ **carne (piel) de ~** мурашки по коже
gallinaza *f* куриный помёт
gallinazo *m* чёрная катарта
gallinero *m* 1) курятник 2) *(en el teatro)* галёрка 3) *coloq (griterío)* гам, базар
gallineta[1] *f (ave)* камышница
gallineta[2] *f (pez)* полосатый морской петух
gallipavo *m* разновидность индюка

gallito *m* хвастун
gallo *m* 1) петух 2) *(pez)* пятнистый мегрим 3) *(al cantar)* фальшивый звук ◆ **misa del ~** *relig* рождественская служба **patas de ~** гусиные лапки (на лице) **en menos que canta un ~** в один миг
gallofa *f* 1) овощ 2) *hist* милостыня
gallofear *vi* просить милостыню
gallofero *adj* нищий, бездомный
gallofo *adj* V. gallofero
galo 1. *adj* галльский **2.** *m* галл
galocha *f* деревянный башмак
galón[1] *m mil* нашивка, галун
galón[2] *m (unidad de medida)* галон
galopar *vi* скакать галопом
galope *m* галоп
galopín *m* 1) *(muchacho desharrapado)* уличный мальчик 2) *(pícaro)* хитрец, плут
galpón *m* 1) большой одноэтажный дом 2) *Am.* барак
galvanización *f* гальванизация
galvanizar *vt* гальванизировать
gama *f* 1) гамма ~ *de colores* цветовая гамма 2) *(variedad)* спектр, выбор, диапазон 3) *mús* гамма
gamba *f* креветка
gamberrada *f* хулиганство, хулиганский поступок
gamberrear *vi* хулиганить
gamberrismo *m* хулиганство
gamberr|o, -a 1. *m/f* хулиган, -ка **2.** *adj* хулиганский
gambeta *f danz* курбет
gambian|o 1. *adj* гамбийский **2. , -a** *m/f* гамби|ец, -йка
gambito *m ajedr* гамбит
gamín *m Am.* уличный мальчик
gammaglobulina *f quím* гамма-глобулин
gammagrafía *f med* гаммаграфия
gamo *m* лань
gamonal *m Am.* кацик
gamuza *f* 1) *(animal)* серна 2) *(bayeta)* байковая тряпка
gamuzado *adj* светло-жёлтый
gana *f* желание, охота ◆ **con ~s** охотно **dar la ~ de hacer u/c a alg** хотеться делать что-л кому-л, хотеть делать что-л. **de buena ~** охотно **tener ~s de hacer u/c** хочется делать что-л. кому-л
ganadería *f* скотоводство
ganader|o 1. *adj* скотоводческий **2. , -a** *m/f* скотовод
ganado *m* скот, скотина ◆ **~ mayor** крупный рогатый скот **~ menor** мелкий рогатый скот
ganador 1. *adj* побеждающий **2. , -a** *m/f* победитель, -ница
gañán *m* батрак
ganancia *f* прибыль, доход
ganancial 1. *adj* прибыльный, доходный **2. -es** *mpl* совместное имущество супругов
ganancioso *adj* доходный, прибыльный
ganar 1. *vt* 1) *(dinero trabajando)* зарабатывать 2) *(vencer)* побеждать, выигрывать, обыгрывать 3) *(conquistar un lugar)* захватывать 4) *(lograr)* добываться (чего-л) 5) *(llegar a un sitio)* достигать (чего- л) 6) **(en u/c)** *(superar)* превосходить (в чём-л) **2.** *vi (prosperar)* преуспевать
ganarse *vpron* 1) *(cautivar)* захватывать 2) зарабатывать ◆ **~ la vida** зарабатывать себе на жизнь
ganchillo *m* 1) *(aguja)* вязальный крючок 2) *(labor)* вязание крючком *hacer ~* вязать крючком
gancho *m* 1) крюк, крючок 2) *(atractivo)* привлекательность, шарм
ganchudo *adj* крючковой
gandul, -a *m/f* лентяй, -ка, бездельни|к, -ца
gandulear *vi* бездельничать
gandulería *f* безделье
ganga *f coloq* удачная покупка
ganglio *m anat* ганглий
gangosear *vi* гнусавить
gangoso *adj* гнусавый
gangrena *f* гангрена
gangrenarse *vpron* развиваться (о гангрене)
gangrenoso *adj* гангренозный
gangster *m* V. gánster
ganguear *vi* гнусавить
gangueo *m* гнусавость
gañido *m* вой
gañir *vi* выть, скулить
ganoso *adj* желающий, жаждущий
gañote *m coloq* горло, глотка
gansada *f coloq* глупость, нелепость
ganso *m* гусь ◆ **hacer el ~** дурачиться
gánster *m* гангстер
gansterismo *m* гангстеризм
ganzúa *f* отмычка
garabatear *vt* писать каракулями
garabateo *m* писание каракулями
garabato *m* каракули
garaje *m* 1) автомобильная стоянка 2) *(taller de reparación)* гараж, сервис
garambaina 1. *f* безвкусное украшение **2.** *fpl coloq* каракули
garañón *m* осёл, верблюд-самец, жеребец
garante *m* поручитель, гарант
garantía *f* 1) гарантия, ручательство, поручательство 2) *(compromiso del fabricante)* гарантия 3) *(fianza)* залог
garantizar *vt* 1) гарантировать, давать гарантию, ручаться (за что-л) 2) *(prometer)* гарантировать, уверять
garapiña *f Am.* напиток из ананаса
garapiñar *vt* обливать сахарным сиропом
garapiñera *f* машина для обливки сахарным сиропом
garbanzo *m* турецкий горох
garbear *vi* вести себя грациозно
garbeo *m* изящность, грация
garbillar *vt agric* просеивать зерно через сито
garbillo *m agric* сито для зерна
garbo *m* грация, изящество
garboso *adj* изящный, грациозный
garcilla *f* разновидность цапли
gardenia *f* гардения
garduña *f* каменная куница
garete *m* : irse al ~ терпеть крах
garfa *f* коготь
garfio *m* крюк
gargajear *vi* харкать
gargajo *m* плевок, мокрота
gargajoso *adj* часто харкающий
garganta *f* горло ◆ **tengo un nudo en la ~** у меня ком в горле

gargantilla *f* бусы, ожерелье
gárgara *f* полоскание (горла) ◆ **hacer ~s** полоскать горло
gargarear *vi* полоскать горло
gargarizar *vi* полоскать горло
gárgola *f arquit* водосток, украшенный изображениями
garguero *m* горло, глотка
garita *f* будка
garito *m* 1) *(casa de juego)* игорный дом, игорный притон 2) *(establecimiento de mala fama)* злачное место
garlito *m* 1) *(pez)* верша 2) *(trampa)* ловушка
garlopa *f* фуганок
garnacha *f* гарнача (сорт винограда)
garra *f* лапа, коготь ◆ **caer en las ~s de alg** попасть в лапы кого-л
garrafa *f* графин
garrafal *adj* огромный, колоссальный
garrafón *m* большой графин
garrapata *f* клещ
garrapatear *vi* писать каракулями
garrapatos *mpl* каракули
garrido *adj* изящный, элегантный
garrín *m* молочный поросёнок
garrocha *f taur* заострённая палка, которую использует тореро
garrofa *f* 1) *(árbol)* рожковое дерево 2) *(fruto)* плод рожкового дерева
garrotazo *m* удар дубинкой
garrote *m* дубинка, палка
garrotillo *m* дифтерия
garrucha *f* шкив
garúa *f Am.* морось
garuar *v/impers Am.* моросить
garza *f* цапля
garzo *adj* 1) *(dicho de los ojos)* серо-синий 2) *(dicho de una persona)* синеглазый
garzón *m* парень, молодец
gas *m* газ ◆ **a todo ~** на полную катушку **~ butano** бутан **~ lacrimógeno** слезоточивый газ **~ natural** природный газ
gasa *f* 1) *(tela)* газ 2) *(para heridas)* марля
gasc|ón 1. *adj* гасконский **2. , -ona** *m/f* гаскон|ец, -ка
gasear *vt* 1) *(gasificar)* газировать 2) *(someter a gases tóxicos)* отравлять газом
gaseiforme *adj* газообразный
gaseoducto *m* V. gasoducto
gaseosa *f* лимонад, газированная сладкая вода
gaseoso *adj* газированный
gasfitería *f Am.* газовая мастерская
gasfitero *m Am.* газовщик
gasificación *f* газификация
gasificar *vt* газифицировать
gasoducto *m* газопровод
gasógeno *m* газогенератор
gasoil *m* V. gasóleo
gasóleo *m* дизельное топливо, соляра
gasolina *f* бензин
gasolinera *f* автозаправочная станция, заправка
gasómetro *m* газометр
gastado *adj* изношенный, стёртый
gastador 1. *adj* расточительный **2.** *m* расточитель
gastar *vt* 1) *(dinero)* тратить, расходовать 2) *(deteriorar)* износить 3) *(consumir)* потреблять, расходовать 4) *coloq (tener habitualmente, emplear)* иметь, иметь привычку 5) *(llevar habitualmente)* носить ◆ **~ una broma a alg** пошутить над кем-л
gastarse *vpron* 1) *(dicho de la ropa, una máquina, etc.)* изнашиваться 2) *(el dinero)* расходоваться, тратиться
gasto *m* 1) *(acción de gastar y cantidad gastada)* расход, трата, затраты 2) *(desgaste)* изнашивание, износ ◆ **cubrir ~s** покрывать расходы
gastoso *adj* расточительный
gástrico *adj* желудочный, гастрический
gastritis *f med* гастрит
gastroenteritis *f med* гастроэнтерит
gastronomía *f* гастрономия
gastronómico *adj* гастрономический
gastrónomo *m* гастроном, гурман
gata *f* 1) кошка 2) *Cub.* акула-няня
gatas *inv* : a ~ на четвереньках
gateado *adj* кошачий, напоминающий кошку
gatear *vi* ходить на четвереньках, ползать
gatera *f* отверстие для кошек
gatillo *m* курок, спусковой крючок
gato *m* 1) кот, кошка 2) *(para levantar pesos)* домкрат ◆ **cuatro ~s** полтора человека
gatuña *f* стальник колючий
gatuno *adj* кошачий
gatuperio *m* 1) *(mezcla)* мешанина, смесь 2) *coloq (embrollo)* интрига, запутанное дело
gauchada *f Am.* услуга
gaucho 1. *adj* 1) относящийся к гаучо 2) *Arg. Ur. (noble, generoso)* благородный, щедрый **2.** *m* гаучо
gaveta *f* 1) *(cajón)* ящик 2) *(mueble)* письменный стол
gavia[1] *f (gaviota)* чайка
gavia[2] *f* 1) *(zanja)* канава, ров 2) *nav* марсель
gavilán *m* ястреб
gavilla *f* 1) *agric* сноп 2) *(conjunto de personas)* банда
gavilladora *f agric* сноповязалка
gaviota *f* чайка
gay 1. *adj* гомосексуальный **2.** *m* гомосексуалист, гей
gay|o *adj* яркий, весёлый ◆ **~a ciencia** поэзия
gayuba *f* медвежья ягода
gazapera *f* 1) *(madriguera)* кроличья нора 2) *coloq (junta)* притон 3) *coloq (riña)* ссора, драка
gazapo[1] *m* 1) молодой кролик 2) *coloq (hombre astuto)* ловкач
gazapo[2] *m* 1) *coloq (embuste)* обман, ложь 2) *coloq (yerro)* ошбка, ляп
gazmoñería *f* лицемерие
gazmoño *adj* лицемерный
gaznápiro 1. *adj* глупый, тупой **2.** *m* глупец
gaznate *m* 1) горло 2) *Am.* десерт из ананаса или кокоса
gazpacho *m* гаспачо
gazuza *f coloq* голод
géiser *m geol* гейзер
geisha *f* гейша
gel *m* гель
gelatina *f* желатин

gelatinoso *adj* желатиновый, желеобразный
gélido *adj* 1) ледяной 2) *fig* холодный
gelificarse *vpron* леденеть
gema *f* 1) *min* гемма 2) *bot* почка
gemebundo *adj* 1) стонающий 2) *(dicho de un animal)* воющий
gemelación *f med* искусственное разделение зиготы на два эмбриона
gemelo 1. *adj* двойной, парный **2.** *m (de la camisa)* запонка **3. -s** *mpl* близнецы
gemido *m* стон
géminis *adj astrol* Близнецы
gemir *vi* стонать
gen *m biol* ген
genciana *f* горечавка
gendarme *m* жандарм
gendarmería *f* жандармерия
genealogía *f* генеалогия
genealógico *adj* генеалогический
generación *f* 1) *(acción de engendrar)* зарождение, рождение, образование, возникновение 2) *(acción de generar, producir)* производство, генерирование 3) *(descendientes)* поколение, колено 4) *(época)* поколение 5) *tecn* поколение, генерирование ◆ ~ **espontánea** *biol* самозарождение
generacional *adj* поколенческий
generador 1. *adj* производящий, порождающий **2.** *m* 1) производитель 2) *electr* генератор
general 1. *adj* 1) *(común)* общий 2) *(habitual)* обычный 3) *(principal)* главный, генеральный **2.** *m/f* генерал ◆ **en** ~ в общем, вообще **por lo** ~ как правило
generala *f* 1) жена генерала, генеральша 2) *mil* знак тревоги
generalato *m mil* должность генерала
generalidad *f* 1) общность, единство 2) *(mayoría)* большинство 3) *(generalización)* обобщение, общие места
generalísimo *m* генералиссимус
generalización *f* 1) обобщение 2) *(expansión)* распространение
generalizar *vt* обобщать
generalizarse *vpron* распространяться
generalmente *adv* 1) вообще, в общем 2) *(normalmente)* обычно
generar *vt* 1) *(causar)* порождать, вызывать 2) *(producir)* производить, генерировать
generativo *adj* 1) порождающий 2) *biol ling* генеративный
generatriz *adj* производящая, порождающая
genérico *adj* 1) общий 2) *(relativo al género)* родовой
género *m* 1) род 2) *(tipo)* вид, сорт 3) *(mercancía)* товар, изделие 4) *(tejido)* ткань 5) *ling* род 6) *lit arte* жанр ◆ ~ **humano** человеческий род
generosidad *f* щедрость, великодушие
generoso *adj* 1) щедрый, великодушный 2) *(abundante)* широкий, обильный
genésico *adj biol* генеративный
génesis 1. *f* происхождение, зарождение **2.** *m relig (escrito con mayúscula)* Бытие
genética *f biol* генетика
genético *adj* 1) генетический *código* ~ генетический код 2) *(de nacimiento)* врождённый
genetista *m/f* генетик
genial *adj* гениальный ◆ ¡ ~! отлично!, классно!
genialidad *f* гениальность
genio *m* 1) *(carácter)* характер *tener mal* ~ иметь плохой характер 2) *(aptitud creativa)* талант 3) *(persona)* гений, гениальный человек 4) *(ser sobrenatural)* дух, гений
genital 1. *adj* половой **2. -es** *mpl* половые органы, гениталии
genitivo 1. *adj ling* родительный **2.** *m ling* родительный падеж
genocida 1. *adj* геноцидный **2.** *m/f* человек, осуществляющий геноцид
genocidio *m* геноцид
genoma *m biol* геном
genotipo *m biol* генотип
genov|és 1. *adj* генуэзский **2.** , **-esa** *m/f* генуэз|ец, -ка
gente *f* 1) люди, народ 2) *coloq* семья, свои
gentecilla *f desp* сброд
gentil *adj* 1) любезный, приятный 2) *(que tiene gracia)* изящный, грациозный
gentileza *f* 1) любезность 2) *(gracia)* изящество, грация
gentilhombre *m* джентльмен
gentío *m* толпа, сборище
gentuza *f desp* сброд, шпана
genuflexión *f* коленопреклонение
genuino *adj* 1) *(sin mezclas)* чистый 2) *(auténtico)* настоящий, подлинный, аутентичный
geodesia *f* геодезия
geoestratégico *adj* геостратегический
geofísica *f* геофизика
geografía *f* география
geográfico *adj* географический
geógrafo *m/f* географ
geología *f* геология
geológico *adj* геологический
geólogo *m/f* геолог
geometría *f* геометрия
geométrico *adj* геометрический, геометричный
geopolítico *adj* геополитический
georgian|o 1. *adj* грузинский **2.** , **-a** *m/f* грузин, -ка **3.** *m* грузинский язык
geranio *m* герань
gerbera *f* гербера
gerencia *f* 1) **(de u/c)** управление (чем-л), заведование (чем-л) 2) *(oficina)* управление, администрация
gerente *m* управляющий, администратор
geriatra *m/f* гериатр
geriatría *f* гериатрия
geriátrico 1. *adj* гериатрический **2.** *m* дом престарелых
germanía *f* 1) *(jerga)* жаргон преступников 2) *(amancebamiento)* внебрачная связь
germánico *adj* германский
germanismo *m ling* германизм
germanista *m/f ling* германист
german|o 1. *adj* германский **2.** , **-a** *m/f* герман|ец, -ка
germanófil|o 1. *adj* германофильский **2.** , **-a** *m/f* германофил
germanófob|o 1. *adj* германофобский **2.** , **-a** *m/f* германофоб

germen *m* 1) зародыш, росток 2) *(microbio)* микроб 3) *(principio)* начало, источник
germicida *m* гермицид
germinación *f* зарождение, прорастание
germinal *adj* зародышевый
germinar *vi* 1) прорастать 2) *(dicho de algo moral o abstracto)* зарождаться, возникать
germinativo *adj agric* всхожий
gerontocracia *f* геронтократия
gerontología *f* геронтология
gerontólogo *m/f* геронтолог
gerundense 1. *adj* относящийся к городу или провинции Жирона **2.** *m/f* житель, -ница (уроженец, -ка) Жироны
gerundio *m ling* деепричастие, герундий
gesta *f* подвиг ◆ **cantar de** ~ *lit* испанский эпос
gestación *f* 1) зарождение 2) *(embarazo)* период беременности
gestante 1. *adj* беременная **2.** *f* беременная
gestar *vt* 1) быть беременной 2) *(desarrollar)* вынашивать, развивать
gestarse *vpron* зарождаться, зреть, вызревать
gestatorio *adj* который носят на руках или на плечах
gesticulación *f* жестикуляция
gesticular *vi* жестикулировать
gestión *f* 1) управление (чем-л), заведование (чем-л) 2) *(trámite)* дело, хлопоты
gestionable *adj* управляемый
gestionar *vt* 1) *(dirigir)* управлять (чем-л), заведовать (чем-л) 2) *(tramitar)* ходатайствовать, оформлять
gesto *m* 1) *(movimiento con las manos)* жест, движение 2) *(expresión de la cara)* выражение лица, гримаса 3) *(acto)* жест, проявление
gestor *m/f* управляющий делами
gestoría *f* контора по правлению дел
gestual *adj* относящийся к жестам
gestualidad *f* жесты
ghan|és 1. *adj* ганский **2.** , **-esa** *m/f* ган|ец, -ка
giba *f* горб
gibar *vt coloq* раздражать, надоедать (кому-л)
gibón *m* гиббон
gibosidad *f* горб
giboso *adj* горбатый
gibraltareñ|o 1. *adj* гибралтарский **2.** , **-a** *m/f* гибралтар|ец, -ка
giga *m informát* гигабайт
gigabyte *m informát* гигабайт
gigante 1. *adj* гигантский, огромный **2.** *m* 1) *(ser mitológico)* гигант, великан 2) **(de u/c)** *(persona que destaca)* титан (чего-л), гигант
gigantesco *adj* гигантский, огромный
gigantismo *m med* гигантизм
gigantón *m* гигантская кукла (на праздниках)
gigoló *m* жиголо
gilipollas *m/f vulg* придурок, мудак
gilipollear *vi vulg* вести себя придурковато, дурачиться
gilipollez *f vulg* глупость, идиотизм
gilipuertas *m/f vulg* придурок, мудак
gimnasia *f* гимнастика ◆ ~ **artística** *sport* художественная гимнастика ~ **rítmica** *sport* ритмическая гимнастика **hacer** ~ заниматься гимнастикой, делать зарядку
gimnasio *m* спортивный зал
gimnasta *m/f* гимнаст, -ка
gimnástico *adj* гимнастический
gimotear *vi desp* хныкать, ныть
gimoteo *m desp* хныкание, нытьё
gincana *f* V. yincana
ginebra *f* джин
ginebrin|o 1. *adj* женевский **2.** , **-a** *m/f* женев|ец, -ка
ginecología *f* гинекология
ginecológico *adj* гинекологический
ginecólogo *m/f* гинеколог
ginesta *f* ракитник
gingivitis *f med* гингивит
ginseng *m* женьшень
gin-tonic *m* джин-тоник
gira *f* гастроли, турне *ir de* ~ гастролировать
giralda *f* флюгер
girándula *f* вертушка (с петардами)
girar 1. *vi* 1) вращаться, вертеться, кружиться 2) *(cambiar de dirección)* поворачивать 3) **(en torno a u/c o alg)** *(dicho de una conversación)* вращаться (вокруг чего/кого-л) **2.** *vt* 1) поворачивать, разворачивать 2) *(mandar dinero)* отправлять (деньги), переводить
girarse *vpron* поворачиваться, разворачиваться
girasol *m* подсолнух ◆ **aceite de** ~ подсолнечное масло
giratorio *adj* вращательный, вращающийся
giro *m* 1) *(movimiento circular)* вращение, кружение 2) *(curva)* поворот, переворот 3) *(expresión)* оборот речи 4) *(de dinero)* денежный перевод ~ *postal* почтовый перевод 5) *com (de una empresa)* оборот 6) *(de una conversación, negocio, etc)* поворот
giroscopio *m* гироскоп
gitanada *f* уловка, обман
gitanear *vt* 1) *(halagar)* льстить (кому-л) 2) *(engañar)* обманывать
gitanería *f* 1) *(grupo)* цыгане 2) *(engaño)* уловка, обман
gitanesco *adj* цыганский
gitan|o 1. *adj* цыганский **2.** , **-a** *m/f* 1) цыган, -ка 2) *(que estafa)* мошенни|к, -ца
glaciación *f* ледниковый период
glacial *adj* ледниковый, ледяной
glaciar *m* ледник
gladiador *m* гладиатор
gladiolo *m* гладиолус
glamour *m* V. glamur
glamouroso *adj* V. glamuroso
glamour *m* гламур
glamuroso *adj* гламурный
glande *m anat* головка (мужского члена)
glándula *f anat* железа
glandular *adj anat* железистый
glanduloso *adj anat* железистый
glas *inv* V. azúcar glas
glasé *m* тафта
glasear *vt* глазировать
glauco *adj* светло-зелёный
glaucoma *m med* глаукома
gleba *f* пахота, пашня ◆ **siervo de la** ~ *hist* крепостной
glera *f* сорт винограда
glicerina *f* глицерин
glicina *f quím* глицин

global *adj* 1) *(total)* глобальный, общий, всеобщий 2) *(de todo el planeta)* глобальный, всемирный, мировой

globalidad *f* глобальность

globalización *f* глобализация

globalizar *vt* глобализировать

globalmente *adv* глобально, в целом, в общем

globo *m* 1) *(cuerpo esférico)* шар, сфера 2) *(de aire)* воздушный шар, шарик 3) *(de una luz)* абажур ◆ ~ **aerostático** воздушный шар, аэростат ~ **dirigible** дирижабль ~ **sonda** шар-зонд ~ **terrestre,** ~ **terráqueo** 1) *(Tierra)* земной шар 2) *(objeto)* глобус

globular *adj* 1) шарообразный 2) *med* относящийся к кровяным тельцам

glóbulo *m* 1) шарик 2) *biol* шарик ~ *blanco* лейкоцит; ~ *rojo* эритроцит

gloria *f* 1) слава 2) *(esplendor)* величие, пышность 3) *relig* небеса, райская обитель ◆ **estar en la Gloria** быть на седьмом небе от счастья

gloriar *vt* V. glorificar

gloriarse *vpron* 1) **(de u/c)** *(jactarse)* хвастаться (чем-л) 2) **(de u/c)** *(alegrarse)* радоваться (чему-л)

glorieta *f* 1) беседка 2) *(confluencia de calles)* ротонда

glorificación *f* прославление

glorificador *adj* прославляющий

glorificar *vt* прославлять

glorioso *adj* славный

glosa *f* глосса, толкование

glosador *m* толкователь

glosar *vt* составлять глоссы, толковать

glosario *m* глоссарий

glosopeda *f vet* ящур

glótico *adj anat* относящийся к голосовой щели

glotis *f anat* голосовая щель

glotón 1. *adj* прожорливый **2.** *m* 1) обжора 2) *(animal)* росомаха

glotonear *vi* жадно есть

glotonería *f* обжорство

glucemia *f med* гликемия

glucosa *f quím* глюкоза

gluten *m* клейковина

glúteo 1. *adj anat* ягодичный **2.** *m anat* ягодичная мышца, ягодица

gnomo *m mitol* гном

gobernable *adj* управляемый

gobernación *f* **(de u/c)** правление (чем-л), управление (чем-л)

gobernador *m* правитель, губернатор

gobernalle *m nav* штурвал

gobernanta *f* горничная

gobernante 1. *adj* управляющий, правящий **2.** *m* правитель

gobernar *vt* 1) управлять (чем-л), править (чем-л) 2) *(guiar, dirigir)* управлять (чем-л), руководить (чем-л)

gobernarse *vpron* **(por u/c)** руководиться (чем-л)

gobierno *m* 1) **(de u/c)** *(acción de gobernar)* управление (чем-л), правление (чем-л) 2) *(órgano superior)* правительство 3) *(territorio donde manda el gobernador)* губерния ◆ **jefe de** ~ глава правительства **presidente del** ~ председатель правительства

gobio *m* пескарь

goce *m* наслаждение, удовольствие

gocha *f coloq* свинья

gocho *m coloq* свинья

godo 1. *adj* готский **2.** *m* гот

gofio *m* мука из поджаренной пшеницы

gofre *m* бельгийская вафля

gogó *m/f* танцо|р, -вшица (в клубе)

gol *m sport* гол

gola *f coloq* горло

goleada *f sport* победа с большой разницей в счёте

goleador *m sport* бомбардир

golear *vt sport* побеждать с большой разницей голов в счёте

goleta *f* шхуна, голет

golf *m sport* гольф

golfa *f desp* женщина лёгкого поведения, шлюха

golfear *vi coloq* плутовать , жульничать

golfería *f* плутовство, хитрость

golfillo *m/f* плутишка, сорванец, шалун

golfista *m/f* игрок в гольф

golfo[1] *m geogr* залив

golfo[2] *m (pillo)* плут, прохвост

golilla *f* воротник

gollería *f* изысканность, деликатес

gollete *m* 1) горло 2) *(de una botella)* горлышко

golondrina *f* 1) ласточка 2) *(embarcación)* катер, кораблик

golondrino *m* птенец ласточки

golosina *f* 1) *(manjar delicado)* лакомство 2) *(dulce)* сладость

goloso 1. *adj* любящий сладости **2.** *m/f* сладкоежка

golpe *m* удар ◆ **asestar un** ~ наносить удар **de** ~ вдруг, внезапно **de un** ~ разом, с одного раза ~ **bajo** удар ниже пояса ~ **de calor** тепловой удар ~ **de estado** государственный переворот, путч

golpear *vt* ударять, бить

golpearse *vpron* **(con u/c)** ударяться (о что-л.)

golpeo *m* удар

golpetazo *m* сильный удар

golpeteo *m* стук, постукивание

golpista 1. *adj* путчистский **2.** *m/f* путчист, -ка

goma *f* 1) *(material)* резина 2) *(para el pelo)* резинка 3) *(de borrar)* резинка, ластик

gomaespuma *f* поролон

gomero 1. *adj* каучуковый **2.** *m Am.* каучуковое дерево

gominola *f* мармелад

gominoso *adj* напомаженный (о волосах)

góndola *f* гондола

gondolero *m* гондольер

gong *m* гонг

goniómetro *m* гониометр

gonococo *m med* гонококк

gonorrea *f med* гонорея

gordinfl|ón 1. *adj* толстенький **2. , -ona** *m/f* толст|як, -ушка

gord|o 1. *adj* 1) толстый, жирный 2) *coloq (grande)* большой **2. , -a** *m/f* толстяк, толстушка **3.** *m* первый приз в лотерее ◆ **dedo ~o** большой палец **hacer la vista ~a a u.c.** закрывать глаза на что-л

gordolobo *m* коровяк обыкновенный

gordura *f* полнота
gorgojo *m* долгоносик
gorgoritear *vi coloq* пускать трели
gorgorito *m* трель
gorgotear *vi* булькать
gorgoteo *m* бульканье
gorguera *f* гофрированный воротник
gorila *m* горилла
gorja *f* горло
gorjear *vi* пускать трели
gorjearse *vpron* лепетать
gorjeo *m* 1) трель 2) *(de los niños)* лепет
gorra *f* 1) кепка 2) *(militar)* фуражка ◆ **de** ~ *coloq* на халяву
gorrinería *f* 1) *(suciedad)* грязь 2) *(acción indecente)* свинство
gorrino *m* 1) молочный поросёнок 2) *(dicho de una persona)* свинья
gorrión *m* воробей
gorro *m* шапка ◆ **estar hasta el** ~ быть сытым по горло
gorr|ón, -ona *m coloq* нахлебник, приживальщик
gorronear *vt coloq* жить на чужой счёт, быть нахлебником
gorronería *f coloq* прихлебательство
gota 1. *f* 1) капля 2) *coloq (pizca)* кроха, чуть-чуть 3) *(enfermedad)* подагра **2. -s** *fpl* капли ◆ **ni** ~ ни капли **ser la última** ~ быть последней каплей **sudar la** ~ **gorda** работать в поте лица
goteado *adj* закапанный
gotear 1. *v/impers* капать **2.** *vi* протекать
goteo *m* капанье
gotera *f* 1) *(en el techo)* протечка 2) *(mancha)* пятно от протечки
gotero *m coloq* капельница
goterón *m* крупная капля дождя
gótic|o 1. *adj* 1) *(de los godos)* готский 2) *arte* готический **2.** *m* 1) *(lengua de los godos)* готский язык 2) *arte* готический стиль, готика ◆ **letra** ~**a** готический шрифт
gotoso *adj* подагрический
gourmet *m/f* гурман, -ка
goyesco *adj* относящийся к Гойе или к его произведениям
gozada *f coloq* удовольствие, кайф
gozar *vi* 1) **(de u/c)** наслаждаться (чем-л) 2) **(de u/c)** иметь, располагаться (чем-л), пользоваться (чем-л)
gozarse *vpron* **(en u/c)** получать удовольствие (от чего-л)
gozne *m* петля (двери или окна)
gozo *m* 1) удовольствие, наслаждение 2) *(alegría)* радость, ликование
gozoso *adj* радостный, весёлый
grabación *f* запись
grabado *m* 1) *(acción)* гравирование 2) *(obra)* гравюра ◆ ~ **al agua fuerte** *arte* офорт
grabador 1. *adj* записывающий **2.** *m Am.* магнитофон
grabadora *f* магнитофон
grabar *vt* 1) *(señalar con incisión)* гравировать 2) *(imágenes o sonidos)* записывать 3) *(memorizar)* запоминать
gracejo *m* изящество слова, острословие
gracia *f* 1) изящество, грация 2) *(lo que divierte)* юмор, остроумие 3) *(benevolencia)* милость
gracias *partíc* спасибо ◆ **dar las** ~ благодарить ~ **a alg o u.c.** благодаря кому/чему-л ¡ ~**s a Dios!** слава богу! **hacer** ~ нравиться **tener** ~ быть смешным
grácil *adj* тонкий
gracilidad *f* тонкость
graciosidad *f* грациозность
gracios|o 1. *adj* 1) *(atractivo)* изящный, грациозный 2) *(divertido)* смешной **2. , -a** *m/f* шутник, -ца
grada *f* 1) *(escalón)* ступень, ступенька 2) *(asiento colectivo)* ряд, трибуна
gradación *f* градация
gradería *f* трибуна
grado *m* 1) степень 2) *(científico)* степень 3) *(escolar)* класс 4) *(en la jerarquía militar)* звание, ранг 5) *(de temperatura)* градус 6) *(de alcohol)* градус
graduable *adj* регулируемый
graduación *f* 1) градуировка, градуирование 2) *(rango)* чин, звание, ранг 3) *(de una bebida alcohólica)* крепость
graduad|o 1. *adj* имеющий высшее образование **2. , -a** *m/f* выпускни|к, -ца, дипломированнный специалист ◆ ~**o escolar** аттестат о начальном образовании
graduador *m* регулятор
gradual *adj* постепенный
graduar *vt* 1) *(dividir en grados)* градуировать 2) *(otorgar un grado académico)* присуждать учёную степень 3) *(medir)* измерять
graduarse *vpron* заканчивать учебное заведение
graffiti *m* граффити
grafía *f* написание
gráfica *f* график
gráfico 1. *adj* 1) графический *diseñador* ~ графический дизайнер 2) *(visual)* наглядный, образный **2.** *m* график, диаграмма
grafitar *vt* рисовать граффити
grafitero *m* граффиттер
grafología *f* графология
grafólogo *m/f* графолог
gragea *f* драже
grajo *m* грач
grama *f* пырей ползучий
gramática *f* грамматика
gramatical *adj* грамматический
gramático *m* грамматик
gramíneas *fpl bot* злаки
gramo *m* грамм
gramófono *m* граммофон
gran *adj* 1) *(краткая форма от «grande», употребляется перед существительным)* большой, крупный 2) *(en méritos)* великий
grana *f* 1) *(color)* кармин 2) *(semilla)* семечко
granada *f* 1) гранат 2) *(explosivo)* граната
granadero *m mil* гренадер
granadilla *f* страстоцвет
granadillo *m Am.* страстоцвет
granadin|o[1] **1.** *adj* гранадский **2. , -a** *m/f* гранад|ец, -ка
granadin|o[2] **1.** *m (relativo a la granada)* цветок граната **2. , -a** *f* напиток из граната
granado[1] *adj (experimentado)* опытный, зрелый
granado[2] *m (árbol)* гранатовое дерево

granate 1. *adj* гранатового цвета, бордовый **2.** *m* 1) *min* гранат 2) *(color)* гранатовый цвет, бордовый цвет
granazón *f agric* налив зерён
grande *adj* 1) большой, крупный 2) *(en méritos)* великий
grandeza *f* 1) *(en tamaño)* величина 2) *(en méritos)* величие 3) *(poder)* власть, могущество
grandilocuencia *f* 1) красноречие 2) высокий стиль
grandilocuente *adj* 1) красноречивый 2) высокопарный
grandiosidad *f* грандиозность, величественность
grandioso *adj* величественный, грандиозный
grandullón *adj coloq* здоровый
granear *vt agric* разбрасывать зёрна
granel *inv* : **a ~** насыпью
granero *m* амбар
granítico *adj min* гранитный
granito *m* гранит
granizada *f* сильный град
granizado *m* лимонад со льдом
granizar *v/impers* идти (о граде)
granizo *m* град
granja *f* ферма
granjear *vt* завоёвывать
granjearse *vpron* завоёвывать
granjer|o, -a *m/f* фермер
grano *m* 1) *(cereal)* крупа 2) *(semilla)* зерно, семя 3) *(partícula)* крупинка, зёрнышко 4) *(en la piel)* прыщ **ir al ~** идти к делу **~ de arena** песчинка **~ de uva** виноградина **separar el ~ de la paja** отделять зёрна от плевел
granuja *m coloq* плут, пройдоха
granujada *f coloq* плутовство
granujiento *adj* в прыщах
granulación *f* гранулирование
granulado *adj* гранулированный
granular *vt* гранулировать
granzas *fpl agric* полова
grapa *f* 1) скрепка 2) *med* стяжная скоба
grapadora *f* степлер
grapar *vt* сшивать скрепками
grasa *f* 1) жир ~ *vegetal* растительный жир 2) *(lubricante)* смазка
grasiento *adj* замасленный, засаленный
graso *adj* жирный, сальный
gratén *m* запекание
gratificación *f* вознаграждение, плата
gratificar *vt* 1) вознаграждать 2) *(ser grato)* доставлять удовольствие
gratinador *m* устройство для запекания
gratinar *vt* запекать
gratis 1. *adj inv* бесплатный **2.** *adv* бесплатно
gratitud *f* благодарность, признательность
grat|o *adj* приятный ◆ **persona no ~a** персона нон грата
gratuidad *f* 1) бесплатность 2) *(arbitrariedad)* безосновательность
gratuito *adj* 1) бесплатный 2) *(arbitrario)* безосновательный
grava *f* гравий
gravamen *m* бремя, пошлина, налог
gravar *vt* обременять (чем-л)
grave *adj* 1) *(que pesa)* тяжёлый 2) *(de importancia)* важный, серъёзный *cometer un error ~* допускать грубую ошибку 3) *(circunspecto)* важный, степенный 4) *(sonido)* низкий, глухой 5) *ling* с ударением на предпоследнем слоге
gravedad *f* 1) *(importancia)* серьёзность, важность 2) *(circunspección)* важность, степенность 3) *fís* сила тяжести, тяготение ◆ **centro de ~** *fís* центр тяжести
gravera *f min* гравийный карьер
gravidez *f* 1) весомость 2) *(embarazo)* беременность
grávido *adj* 1) весомый 2) *(embarazada)* беременная
gravilla *f* гравий
gravitación *f* гравитация, тяготение
gravitar *vi* 1) испытывать силу тяготения 2) **(sobre alg)** *(dicho de un peso, una carga, etc.)* тяготеть (над кем-л.)
gravoso *adj* дорогой
graznar *vi* каркать
graznido *m* карканье
grec|o 1. *adj* греческий **2. , -a** *m/f* гре|к, чанка
grecolatino *adj* греко-латинский
grecorromano *adj* греко-римский
greda *f* голубая глина
gredal *m* почва, богатая голубой глиной
gredoso *adj* относящийся к голубой глине
green *m sport* грин
gregario *adj* стадный
gregoriano *adj* григорианский
greguería *f* шум, гам
grelos *mpl* листья репы
gremial *adj* относящийся к гильдии, корпоративный
gremio *m* гильдия, цех, корпорация
greña *f coloq* космы
gres *m* песчаник
gresca *f* 1) *(bulla)* шум, гам 2) *(riña)* ссора, драка
grey *f* стадо
grial *m* чаша Грааля
grieg|o 1. *adj* греческий **2. , -a** *m/f* гре|к, -чанка **3.** *m* греческий язык
grieta *f* 1) трещина, щель 2) *(en la piel)* трещинки, ранки
grifa *f* 1) *(llave)* вентиль 2) *(marihuana)* марихуана
grifería *f* набор кранов, краны
grifero *m Am.* заправщик
grifo *m* кран
grilletes *mpl* кандалы
grillo *m* сверчок
grima *f* раздражение ◆ **dar ~** действовать на нервы, раздражать
grímpola *f nav* вымпел
gring|o 1. *adj desp* американский **2. , -a** *m/f desp* гринго, американ|ец, -ка
gripe *f med* грипп
gris 1. *adj* 1) серый 2) *(dicho del cielo)* пасмурный, серый 3) *(insulso)* серый, скучный **2.** *m* серый цвет
grisáceo *adj* сероватый
grisú *m min* рудничный газ
gritar 1. *vi* кричать, орать **2.** *vt* выкрикивать
gritería *f* шум, гам
griterío *m* крик, гам
grito *m* крик, вопль
grit|ón 1. *adj coloq* крикливый **2. , -ona** *m/f coloq* крикун, -ья

grosella *f* красная смородина

grosellero *m* смородинный куст

grosería *f* грубость

groser|o 1. *adj* грубый **2. , -a** *m/f* грубиян, -ка

grosor *m* толщина

grosura *f* сало, жир

grotesco *adj* гротескный, смешной, нелепый

grúa *f* 1) подъёмный кран 2) *(para coches)* эвакуатор

gruesa *f* гросс, двенадцать дюжин

grueso 1. *adj* 1) толстый 2) *(grande)* крупный **2.** *m* 1) толщина 2) *(parte principal)* основная часть, большинство

grulla *f* журавль

grumete *m nav* юнга

grumo *m* комок

grumoso *adj* комковатый

gruñido *m* хрюканье

gruñir *vi* 1) *(dicho de un cerdo)* хрюкать 2) *(dicho de un perro)* рычать 3) *(dicho de una persona)* ворчать, брюзжать

gruñ|ón 1. *adj* ворчливый, брюзгливый **2. , -ona** *m/f* ворчун, -ья

grupa *f* круп

grupo *m* 1) группа ~ *musical* музыкальная группа; ~ *de trabajo* рабочая группа 2) *mil* подразделение ◆ ~ **sanguíneo** группа крови

gruta *f* грот, пещера

gruyer *m* грюйер

guaca *f Am.* вклад

guacal *m Am.* корзинка (для переноски стекла, фруктов)

guacamaya *f Am.* человек, пёстро одетый

guacamayo *m Am.* попугай

guacamole *m Am.* гуакамоле

guachimán *m Am.* охрана

guach|o 1. *adj Am.* подкинутый (о ребёнке) **2. , -a** *m/f Am.* сирота

guadaña *f* коса (инструмент)

guadañadora *f* электрическая коса

guadañar *vt* косить

guagua *f Am.* автобус

guaira *f* 1) *nav* треугольный парус 2) *Am.* флейта (у индейцев)

guaje 1. *m* 1) *reg* юноша, молодец 2) *Am.* акация (разновидность) 3) *Am.* дурак **2.** *adj Am.* дурной

guajir|o, -a *m/f Cub.* крестьян|ин, -ка

guajolote 1. *adj Méx.* дурной **2.** *m* 1) *Am. (pavo)* индюк 2) *Méx. (tonto)* дурак

gualda *f* резеда

gualdo *adj* жёлтый

gualdrapa *f coloq* лохмотья

guanábana *f* сметанное яблоко

guanaco *m* гуанако

guanajo 1. *adj Am.* дурной **2.** *m* 1) *El Salv. Méx. Nic.* тыква (разновидность) 2) *Hond. Méx. Nic.* дурак

guanche *m/f* гуанче (коренной житель Канарских островов)

guano *m Am.* гуано

guantada *f* шлепок

guantazo *m* шлепок

guante *m* перчатка

guantera *f* бардачок

guantería *f* 1) *(taller)* перчаточная мастерская 2) *(tienda)* перчаточный магазин

guaperas *m coloq* красавчик

guapetón *m* красавчик

guapeza *f* 1) красота 2) *(ostentación)* хвастовство

guap|o 1. *adj* красивый, привлекательный, симпатичный **2. , -a** *m/f* красав|ец, -ица

guaquero *m/f C. Rica Hond.* искатель сокровищ

guarache *m Méx.* кожаная сандалия

guaraní 1. *adj* гуарани **2.** *m/f* гуарани **3.** *m* гуарани (язык)

guarapo *m Am.* сок сахарного тростника

guarda *m* 1) сторож 2) *(conservación)* охрана, защита ◆ **ángel de la** ~ ангель хранитель ~ **de seguridad** охранник ~ **forestal** лесник

guardabarrera *m* сторож (на железнодорожном переезде)

guardabarros *m* крыло (автомобиля), брызговик, грязевой щиток

guardabosque, guardabosques *m/f* лесник

guardabrisa *m* стеклянный фонарь

guardacoches *m* сторож (гаража)

guardacostas *m* сторожевое судно

guardaespaldas *m* телохранитель, личная охрана

guardafango *m Cub. Hond.* V. guardabarros

guardafrenos *m ferroc* тормозной кондуктор

guardagujas *m ferroc* стрелочник

guardalibros *m inv* шкафчик для книг

guardamano *m* гарда (эфеса шпаги)

guardameta *m sport* вратарь

guardamuebles *m inv* мебельный склад

guardapolvo *m* 1) халат 2) *(funda)* чехол

guardar *vt* 1) *(vigilar)* охранять, сторожить, беречь, следить (за чем/кем-л) 2) *(conservar)* сохранять, хранить, держать 3) *(meter en algún sitio)* убирать 4) *(cumplir)* соблюдать ◆ ~ **cama** лежать в постели, соблюдать постельный режим ~ **silencio** хранить молчание ~ **las apariencias** соблюдать приличия

guardarropa 1. *m* гардероб **2.** *m/f (persona)* гардеробщик, -ца

guardarse *vpron* **(de alg o u/c)** опасаться (за кого/что-л), остерегаться (кого/чего-л), беречь себя (от кого/чего-л)

guardavía *m ferroc* железнодорожный сторож

guardería *f* детский сад

guardés *m/f* сторож

guardia 1. *f* 1) охрана, стража, караул 2) *(cuerpo armado)* гвардия 3) *(servicio)* дежурство **2.** *m/f* 1) *(miembro de un cuerpo armado)* гвардеец 2) *(policía)* полицейский ◆ **estar de** ~ дежурить ~ **civil** гражданская гвардия (жандармерия в Испании) ~ **urbana** городская полиция

guardi|án, -ana *m/f* сторож, хранитель, -ница

guardilla *f* чердак

guarecer *vt* защищать, укрывать

guarecerse *vpron* укрываться

guaricha *f Col. Ec.* V. rabona

guarida *f* 1) логово, берлога 2) *(refugio)* убежище

guarismo *m* цифра

guarnecer *vt* 1) украшать 2) *(proveer)* снабжать (чем-л)

guarnecido *adj* 1) украшенный 2) *(equipado)* снаряжённый

guarnición *f* 1) украшение 2) *(de un plato)* гарнир 3) *(de un arma)* гарда 4) *(tropa)* гарнизон 5) *(de una joya)* оправа

guarnicionería *f* шорная мастерская

guarnicionero *m/f* шорник
guarra *f* свинья
guarrada *f coloq* свинство
guarrería *f* 1) грязь 2) *coloq* свинство
guarro 1. *m/f* 1) свинья 2) *coloq (persona despreciable)* свинья, скотина 3) *coloq (persona sucia)* свинья, чушка, неряха **2.** *adj coloq* грязный, неряшливый
guasa *f coloq* шутка, насмешка ◆ **estar de ~** шутить
guasca *f Am.* кнут, плеть
guasearse *vpron* **(de alg o u/c)** насмехаться (над кем/чем-л)
guas|ón 1. *adj coloq* насмешливый **2. , -ona** *m/f coloq* шутни|к, -ца, насмешни|к, -ца
guata[1] *f* ватин
guata[2] *f coloqAm.* пузо, брюхо
guatemaltec|o 1. *adj* гватемальский **2. , -a** *m/f* гватемал|ец, -ька
guateque *m obsol* вечеринка
guatón *adj coloqAm.* пузатый
guay *adj coloq* крутой, клёвый
guayaba *f* гуайява
guayabo *m* гуайява (дерево)
guayacán *m* гваяковое дерево
guayaco *m* V. guayacán
guayan|és 1. *adj* гайанский **2. , -esa** *m/f* гайан|ец, -ка
guayar *vt P. Rico R. Dom.* тереть (на тёрке)
gubernamental *adj* правительственный
gubernativo *adj* правительственный
gubia *conj* долото
guedeja *f* 1) *(de pelo)* прядь волос 2) *(de un león)* львинная грива
guepardo *m* гепард
güero *adj Méx.* блондин, -ка
guerra *f* 1) война 2) *(enfrentamiento)* вражда, борьба ◆ **declarar la ~ a alg** объявлять войну кому-л **estar en ~** быть в состоянии войны **~ civil** гражданская война **~ mundial** мировая война **~ fría** холодная война **prisionero de ~** военнопленный
guerrear *vi* воевать
guerrera *f* куртка
guerrero 1. *adj* воинственный **2.** *m* воин, боец
guerrilla *f* партизанский отряд ◆ **guerra de ~s** партизанская война
guerriller|o, -a *m/f* партизан, -ка
gueto *m* гетто
guía 1. *f* 1) *(acción)* ведение 2) *(punto de referencia)* ориентир 3) *(indicación)* веха, указатель 4) *(de información)* справочник **2.** *m/f* 1) руководитель, наставник 2) *(turístico)* гид, экскурсовод ◆ **~ de viaje** путеводитель **~ telefónica** телефонный справочник
guiar *vt* 1) водить, вести 2) *(dirigir)* править (чем-л), управлять (чем-л)
guiarse *vpron* **(por u/c)** руководиться (чем-л), руководствоваться (чем-л)
guija *f* галька
guijarro *m* галька
guijo *m* гравий
guijoso *adj* каменистый
güila *f Méx. vulg* проститутка
guillarse *vpron* 1) **(por alg o u/c)** *coloq (chiflarse)* сходить с ума (от кого/чего-л) 2) *coloq (irse)* убегать
guillotina *f* 1) гильотина 2) *impr* резальная машина
guillotinar *vt* гильотинировать
guiñada *f* подмигивание
guiñapo *m* 1) *(andrajo)* лохмотья 2) *(persona andrajosa)* человек, одетый в лохмотья
guiñar *vt* : un ojo подмигивать
guinda *f* вишня
guindar *vt coloq* красть
guindilla *f* горький перец
guindo *m* вишнёвое дерево
guindola *f nav* спасательный круг
guinea *f* гинея
guinean|o 1. *adj* гвинейский **2. , -a** *m/f* гвине|ец, -йка
guineo *m* банан (разновидность)
guiño *m* подмигивание
guiñol *m* кукольный театр
guión *m* 1) конспект 2) *(signo de puntuación)* тире, дефис 3) *(de radio o televisión)* сценарий
guionista *m/f* сценарист
guipar *vi coloq* видеть
guipuzcoan|o 1. *adj* относящийся к провинции Гипускоа **2. , -a** *m/f* житель, -ница (уроженец, уроженка) провинции Гипускоа
guiri *m/f coloq* иностран|ец, -ка
guirigay *m* 1) *(griterío)* шум, гам 2) *coloq (lenguaje difícil de entender)* бормотание
guirnalda *f* гирлянда
guisa *f* образ, способ
guisado *m* тушёное блюдо, жаркое
guisante *m* горох, зелёный горошек
guisar *vt/i* тушить
guiso *m* тушёное блюдо, жаркое
guisote *m desp* невкусное тушёное блюдо
guita *f* 1) *(cuerda)* верёвка из конопли 2) *coloq (dinero)* деньги, бабки
guitarra *f mús* гитара
guitarrero *m/f* 1) гитарный мастер 2) V. guitarrista
guitarrista *m/f* гитарист
gula *f* чревоугодие, обжорство
gurí *m/f Arg. Ur.* мальчик, парень
guripa *m coloq* милиционер, полицейский
gurisa *m/f* V. gurí
gusanillo *m* червячок ◆ **matar el ~** заморить червячка
gusano *m* червь, червяк ◆ **~ de seda** шелковичный червь
gustación *f* дегустация
gusta|r 1. *vt (probar)* пробовать, дегустировать **2.** *vi* **(a alg)** нравиться (кому-л), любить *me ~ esta canción* мне нравится эта песня; *me ~ría venir* мне бы хотелось прийти
gustazo *m coloq* большое удовольствие
gustillo *m* привкус
gusto *m* 1) вкус 2) *(placer)* удовольствие ◆ **con mucho ~** с большим удовольствием **mucho ~** очень приятно (при знакомстве) **por ~** ради удовольствия
gustoso *adj* 1) *(sabroso)* вкусный 2) *(que siente gusto)* испытывающий удовольствие *lo haré ~* я сделаю это с большим удовольствием
gutapercha *f* 1) гуттаперчевое дерево 2) *(resina)* гуттаперча
gutural *adj* горловой

H

ha *interj* V. ah
haba *f* боб
habanera *f mús* хабанера
habaner|o 1. *adj* гаванский **2.** , **-a** *m/f* гаван|ец, -ка
habano *m* гаванская сигара
haber[1] **1.** *v/aux (en los tiempos compuestos)* вспомогательный для образования сложных временных форм глагола со значением предшествования *no lo he leído* я его не читал; *no lo había visto* я его не видел **2.** *v/aux (denotando deber, necesidad, etc.)* быть должным, быть обязанным *has de tener más cuidado* тебе нужно (следует) быть осторожней; *he de volver temprano* мне нужно вернуться рано **3.** *v/impers* 1) *(ocurrir)* случаться, происходить *hubo una explosión* произошёл взрыв 2) *(celebrarse, efectuarse)* быть, происходить 3) *(ser necesario)* быть нужным, следовать *hay que tener paciencia* нужно набраться терпения 4) *(estar realmente en un lugar)* быть, иметься *en el aula hay diez alumnos* в аудитории десять студентов 5) *(existir)* быть, существовать *en la facultad hay bablioteca* на факультете есть библиотека ◆ **¡no hay de qué!** не за что!, не стоит благодарности
haber[2] *m* 1) имущество, принадлежности 2) *com* кредит
haberse *vpron* вести себя
habichuela *f* фасоль
hábil *adj* 1) ловкий, проворный, умелый 2) *jur* правоспособный, правомочный ◆ **día ~** рабочий день
habilidad *f* ловкость, умение
habilidoso *adj* умелый, ловкий
habilitación *f jur* признание правоспособности
habilitado *adj jur* уполномоченный, правоспособный
habilitar *vt* 1) *jur* признавать правоспособным 2) *(adaptar)* приспосабливать
hábilmente *adv* ловко, умело
habitabilidad *f* пригодность для жилья
habitable *adj* годный для жилья
habitación *f* 1) комната *~ individual* одноместная комната; *~ doble* двухместная комната 2) *(dormitorio)* спальня
habitáculo *m* 1) комната 2) *(recinto de pequeñas dimensiones)* маленькое жилище
habitado *adj* обитаемый
habitante *m/f* житель, -ница, обитатель, -ница
habitar 1. *vt* населять, занимать **2.** *vi* жить, проживать, обитать
hábitat *m* среда
hábito *m* 1) привычка, обычай 2) *(de un monje)* монашеское одеяние
habituación *f* привыкание
habitual *adj* обычный, привычный
habitualmente *adv* обычно, обыкновенно
habituar *vt* **(a u/c)** приучать (к чему-л)
habituarse *vpron* **(a u/c)** привыкать (к чему-л)
habla *f* 1) *(capacidad de hablar)* речь, дар речи 2) *(lengua)* язык, наречие, говор
hablada *f Am. (chisme)* сплетня
hablado 1. *adj* устный, разговорный **2.** *m Am.* манера говорить
hablador, -a *m/f* говорун, -ья, болтун, -ья
habladuría 1. *f* болтовня **2. -s** *fpl* сплетни
habl|ar *vi* 1) говорить *~ar en español* говорить по-испански; *hace tiempo que no ~o con él* я давно не говорила с ним 2) **(de alg o u/c)** *(conversar)* разговаривать (о ком/чём-л), говорить (о ком/чём-л) 3) **(a alg)** *(dirigirse)* обращаться (к кому-л) ◆ **¡(de eso) ni ~ar!** ни в коем случае!, (об этом) и речи быть не может!
hablarse *vpron* **(con alg)** разговаривать (с кем-л)
hablilla *f* сплетня, слухи
hablista *m/f* красноречивый человек
hacedero *adj* лёгкий, легко осуществимый
hacedor *m* 1) творец 2) *(administrador de una hacienda)* управитель имения
hacendad|o, -a *m Am.* землевладел|ец, -ица
hacendero *adj* хозяйственный
hace|r 1. *vt* 1) делать, производить 2) *(fabricar)* делать, изготовлять 3) *(crear)* делать, создавать 4) *(causar, ocasionar)* производить, давать *~r sombra* отбрасывать тень; *~r luz* светить 5) *(dar un determinado aspecto)* делать *el vestido la ~ más delgada* платье её стройнит 6) *(disponer, componer)* готовить, приводить в порядок, убрать *~r la cama* убрать, застелить постель; *~r la comida* готовить обед; *~r la maleta* собирать чемодан **2.** *v/impers* 1) *(expresando tiempo atmosférico)* используется для выражения состояния погоды *hace frío* холодно; *~ calor* жарко 2) *(haber transcurrido determinado tiempo)* используется для выражения времени *~ un año* год назад; *~ tiempo* давно **3.** *vi* 1) *(obrar, actuar)* действовать, поступать *~r la cama* убрать, застелить постель 2) **(de alg o u/c)** *(desempeñar una función, hacer un papel)* выступать (кем-л), выполнять функцию (кого/ чего-л) *~r de padrina* выступать крёстной матерью ◆ **¡qué le vamos a ~r!** что поделаешь!
hacerse *vpron* 1) делаться, становиться (кем/чем-л) *~rse viejo* стареть 2) **(con u/c)** *(apoderarse de algo)* захватывать 3) *(fingir)* притворяться (кем/чем-л), прикидываться (кем/чем-л) *hacerse el tonto* притворяться дурачком ◆ **~rse fuerte en u.c.** настаивать на-чём-л **~rse una idea** представлять себе
hacha[1] *f* топор
hacha[2] *m (antorcha)* факел
hachazo *m* удар топором

hache *f* аче (название буквы «h»)
hachero[1] *m (candelero)* подсвечник
hachero[2] *m* топорник
hachís *m* гашиш
hachón *m* толстая свеча
hacia *prep* 1) *(en dirección a)* к (кому/чему-л), по направлению (к кому/чему-л) 2) *(alrededor de, cerca de)* около (чего-л), приблизительно ~ *las diez* около десяти часов, часов в десять ◆ ~ **adelante** вперёд ~ **aquí** сюда ~ **atrás** назад
hacienda *f* 1) *(finca)* имение, поместье 2) *(bienes)* имущество, состояние 3) *(Ministerio de Hacienda)* Министерство финансов ◆ ~ **pública** государственное имущество
hacina *f* 1) *(conjunto de haces)* стог 2) *(montón)* куча
hacinamiento *m* 1) стогование 2) *(amontonamiento)* скопление
hacinar *vt* 1) стоговать 2) *(amontonar)* скоплять
hacinarse *vpron* скопляться
hacker *m/f informát* хакер
hada *f* фея, волшебница
hado *m* судьба, рок
haitian|o 1. *adj* гаитийский **2.** , **-a** *m/f* гаитян|ин, -ка
¡hala! *interj* 1) *(para animar)* ну!, давай! 2) *(para echar a alguien de un sitio)* вон отсюда!, иди! 3) *(expresando sorpresa)* ничего себе!, на тебе!
halagar *vt* 1) льстить (кому-л) 2) доставлять удовольствие (кому-л)
halago *m* лесть
halagüeño *adj* 1) *(que adula)* льстивый, лестный 2) *(que halaga)* приятный, утешительный
halar *vt nav* тянуть, натягивать
halcón *m* сокол
halconería *f* соколиная охота
halconero *m* сокольник
hálito *m* 1) *(vapor)* пар 2) *(aliento)* дыхание, дух 3) *poét (soplo de aire)* дуновение
halitosis *f* галитоз
hall *m* холл, вестибюль
hallar *vt* 1) находить, обнаруживать 2) *(descubrir)* открывать для себя 3) *(notar)* замечать
hallarse *vpron* 1) находиться, присутствовать 2) *(encontrarse en algún estado)* быть в каком-л состоянии
hallazgo *m* 1) *(acción de hallar)* нахождение 2) *(cosa hallada)* находка, открытие
halo *m* 1) *astron* гало 2) *(aureola)* ореол
halógeno 1. *adj quím* галогенный **2.** *m quím* галоген
haltera *f sport* штанга
halterofilia *f sport* тяжёлая атлетика
halterófilo 1. *adj sport* тяжелоатлетический **2.** *m/f sport* тяжелоатлет
hamaca *f* гамак
hamacar *vt Am.* качать (в гамаке)
hambre *f* 1) голод *tener hambre* хотеть есть, быть голодным; *morirse de* ~ умирать с голоду 2) **(de u/c)** *(deseo vehemente)* горячее желание (чего-л), **(de u/c)** жажда (чего-л) ◆ **huelga de** ~ голодовка
hambriento *adj* голодный
hambrón *adj coloq* сильно голодный
hambruna *f* голод
hamburgu|és 1. *adj* гамбургский **2.** , **-esa** *m/f* гамбур|гец, -женка
hamburguesa *f* гамбургер, котлета
hamburguesería *f* ресторан быстрого питания
hampa *f* преступный мир
hampesco *adj* преступный
hampón *m* бандит
hámster *m* хомяк
hándicap *m* 1) *(desventaja)* недостаток 2) *sport* гандикап
hangar *m* ангар
hanseático *f* ганзейский
harag|án 1. *adj* ленивый **2.** , **-ana** *m/f* бездельни|к, -ца, лентяй, -ка
haraganear *vi* бездельничать, лениться
haraganería *f* безделье, лень
harakiri *m* V. haraquiri
harapiento *adj* оборванный, одетый в лохмотьях
harapo *m* лохмотья
haraquiri *m* харакири
haras *m Am.* конный завод
harén *m* гарем
harina *f* мука
harinoso *adj* мучнистый
harmonía *f* V. armonía
harnero *m agric* сито
harpa *f* V. arpa
harpía *f* V. arpía
harpillera *f* V. arpillera
hartada *f* 1) *(hartazgo)* насыщение, удовольствие 2) **(de u/c)** *coloq (cantidad)* большое количество (чего-л)
hartar *vt* 1) насыщать, пресыщать 2) *(cansar)* надоедать (кому-л)
hartarse *vpron* 1) насыщаться, пресыщаться 2) **(de alg o u/c)** *(cansarse)* уставать (от кого/чего-л), быть сытым по горло (от кого/чего-л)
hartazgo *m* насыщение, пресыщение
harto 1. *adj* 1) сытый 2) *(cansado)* сытый по горло **2.** *adv* достаточно
hartón *m Am.* банановое дерево
hartura *f* 1) *(hartazgo)* насыщение, пресыщение 2) **(de u/c)** *(exceso)* неумеренное количество (чего-л)
hasta 1. *prep* до (чего-л) ~ *las seis* до шести **2.** *conj* до (чего-л), до тех пор, пока не **3.** *adv* даже ◆ **¡~ luego!** пока!
hastiar *vt* 1) *(disgustar)* быть противным (кому-л), быть отвратительным (кому-л) 2) *(hartar)* надоедать (кому-л)
hastiarse *vpron* чувствовать отвращение
hastío *m* 1) *(repugnancia)* отвращение 2) *(disgusto)* надоедливость
hatajo *m* 1) маленькое стадо 2) *desp* куча
hatillo *m coloq* пожитки, завёрнутые в ткани
hato *m* 1) *(ropa y otros objetos)* пожитки 2) *(porción de ganado)* стадо 3) *(lugar para el ganado)* место ночлега для пастухов 4) *(compañía de gente despreciable)* сборище 5) *(hatajo)* множество, куча
hawaian|o 1. *adj* гавайский **2.** , **-a** *m/f* гава|ец, -йка
haya *f* бук

hayal *m* буковый лес
hayuco *m* буковый орешек
haz[1] *m* 1) *(atado)* сноп, связка 2) *(de luz)* луч
haz[2] *m* *(cara)* лицо, сторона
hazaña *f* подвиг
hazañoso *adj* героический
hazmerreír *m* посмешище
he 1. *adv* вот, вон **2.** *interj* эй!
heavy 1. *adj* 1) относящийся к хеви-металу 2) *coloq* жёсткий, сильный **2.** *m mús (heavy metal)* хеви- метал
hebdomadario *adj* недельный, еженедельный
hebilla *f* пряжка
hebra *f* нитка, волокно
hebraico *adj* еврейский
hebre|o 1. *adj* еврейский **2. , -a** *m/f* еврей, -ка **3.** *m* еврейский язык
hecatombe *f* 1) катастрофа, бедствие 2) *(mortandad)* гекатомба, массовое истребление 3) *hist* гекатомба
heces *pl* испражнения, кал
hechicería *f* волшебство, колдовство
hechicero 1. *adj* волшебный, колдовской **2. , -a** *m/f* волшебник, -ца, колдун, -ья
hechizar *vt* 1) околдовывать 2) *(seducir)* очаровывать
hechizo *m* 1) волшебство, колдовство 2) *(encanto)* очарование
hech|o 1. *adj* сделанный, выполненный, законченный **2.** *m* 1) факт, событие 2) *(acto)* поступок **3.** *interj* договорились!, ладно! ◆ **¡bien ~o!** правильно!, молодец! **de ~o** в действительности, на самом деле **frase ~a** устойчивое выражение
hechura *f* форма, структура
hectárea *f* гектар
hectogramo *m* гектограмм
hectolitro *m* гектолитр
hectómetro *m* гектометр
heder *vi* **(a u/c)** вонять (чем-л), дурно пахнуть
hediondez *f* зловоние, вонь
hediondo *adj* зловонный
hedonismo *m* гедонизм
hedonista 1. *adj* гедонистический **2.** *m/f* гедонист
hedor *m* зловоние, смрад, вонь
hegemonía *f* гегемония, главенство, первенство
hégira *f relig* хиджра
helada *f* мороз, холод
heladera *f Am.* холодильник
heladería *f* кафе-мороженое
heladero 1. *m/f (persona que hace helados)* мороженщи|к, -ца **2.** *m (lugar muy frío)* очень холодное место
heladizo *adj* легко замерзающий
helado 1. *adj* 1) *(muy frío)* холодный, ледяной 2) *(que siente mucho frío)* замёрзший 3) *(admirado, perplejo)* изумлённый, поражённый **2.** *m* мороженое
heladora *f* мороженица
helar 1. *vi* 1) замораживать, морозить 2) *(desalentar)* обескураживать **2.** *v/impers* морозить
helarse *vpron* замерзать
helecho *m* папоротник
helénic|o *adj* 1) греческий 2) *hist* эллинский
helenismo *m hist* эллинизм
helenístico *adj hist* эллинистический
helen|o 1. *adj* 1) греческий 2) *hist* эллинский, древнегреческий **2. , -a** *m/f hist* эллин, -ка
hélice *f* 1) винт 2) *geom* спираль
helicoidal *adj* спиралевидный
helicóptero *m* вертолёт
helio *m quím* гелий
heliograbado *m impr* гелиогравюра
heliógrafo *m meteo* гелиограф
helioterapia *f med* гелиотерапия
heliotropo *m* 1) *(planta)* гелиотроп 2) *fís* гелиотроп
helipuerto *m* вертодром
helminto *m med zool* гельминт
helvético *adj* гельветический
hematocrito *m med* гематокрит
hematoma *m med* гематома
hembra *f* 1) самка 2) *(mujer)* женщина
hembrilla *f* болт
hemeroteca *f* архив газет
hemiciclo *m* 1) амфитеатр 2) *(en una cámara legislativa)* зал пленарных заседаний
hemiplejia, hemiplejía *f med* гемиплегия
hemipléjico *adj med* гемиплегический
hemisférico *adj* полусферический
hemisferio *m* полушарие
hemodiálisis *f med* гемодиализ
hemofilia *f med* гемофилия
hemofílic|o 1. *adj med* гемофилический **2. , -a** *m/f med* гемофилик
hemoglobina *f biol* гемоглобин
hemorragia *f med* кровотечение
hemorroides *fpl* геморрой
hemostático *adj med* гемостазный
henal *m* сеновал
henar *m* сенокосный луг
henchir *vt* **(de u/c)** наполнять (чем-л), набивать (чем-л)
henchirse *vpron* **(de u/c)** наполняться (чем-л), набиваться (чем-л)
hender *vt* образовывать трещину
hendidura *f* щель, трещина
hendir *vt* V. hender
henequén *m* хенекен
henil *m* сеновал
heñir *vt* месить
heno *m* сено
hepático *adj* печёночный
hepatitis *f med* гепатит, воспаление печени
hepatología *f med* гепатология
heptaedro *m geom* гептаэдр
heptagonal *adj geom* семиугольный
heptágono *m geom* семиугольник
heptasilábico *adj* семисложный
heptasílabo *adj* семисложный
heptatlón *m sport* семиборье
heráldica *f* геральдика
heráldico *adj* геральдический
heraldo *m* вестник
herbáceo *adj* травянистый
herbaje *m* трава
herbario 1. *adj* травяной **2.** *m* гербарий
herbívoro *adj* травоядный
herbolari|o, -a 1. *m/f (persona)* продав|ец, -щица лекарственных трав **2.** *m (tienda)* магазин лекарственных трав

herboristería *f* магазин лекарственных трав
herborización *f bot* гербаризация
herborizar *vt bot* составлять гербарий
herboso *adj* травянистый
hercian|o *adj fís* радиорелейный ◆ **ondas ~as** радиоволны
hercio *m fís* герц
hercúleo *adj* геркулесовский
heredad *f* имение, имущество
heredado *adj* наследственный
heredar *vt* **(de alg)** наследовать (от кого-л), получать в наследство (от кого-л)
hereder|o, -a *m/f* наследни|к, -ца, преемни|к, -ца
hereditario *adj* наследственный
hereje *m* еретик
herejía *f* ересь
herencia *f* 1) наследство *por herencia* по наследству 2) *(cultural, ideológica, etc.)* наследие
herético *adj* еретический
herida *f* 1) рана, ранение ~ *grave/leve* тяжёлое/лёгкое ранение; *causar una* ~ наносить рану 2) *(cosa que aflige)* боль
herir *vt* 1) ранить 2) *(ofender)* оскорблять, обижать 3) *(hacer daño)* причинять боль
hermafrodita 1. *adj* двуполый 2. *m/f* гермафродит
hermana *f* 1) сестра 2) *(miembro de una congregación)* сестра
hermanad|o *adj* **(con u/c)** подобный (чему-л) ◆ **ciudades ~as** города-побратимы
hermanamiento *m* 1) *(unión)* соединение 2) *(creación de lazos fraternales)* братание
hermanar *vt* 1) **(con alg)** соединять (с кем-л), роднить (с кем-л) 2) **(con alg)** *(crear lazos fraternales)* братать (с кем-л)
hermanarse *vpron* 1) **(con alg)** соединяться (с кем-л), родниться (с кем-л) 2) **(con alg)** *(crear lazos fraternales)* брататься (с кем-л)
hermanastra *f* сводная сестра
hermanastro *m* сводный брат
hermandad *f* 1) *(relación entre hermanos)* братство, содружество 2) *(cofradía o congregación)* братство, община
hermano 1. *m* 1) брат 2) *(miembro de una congregación)* брат 2. *adj* 1) братский 2) родственный
hermenéutica *f lit* герменевтика
hermenéutico *adj lit* герменевтический
hermético *adj* герметический, непроницаемый
hermetismo *m* непроницаемость, герметичность
hermoso *adj* красивый, прекрасный
hermosura *f* красота, великолепие
hernia *f* грыжа
herniarse *vpron* 1) появляться грыжа (у кого-л) 2) *irón* надрываться
héroe *m* герой
heroico *adj* 1) геройский, героический 2) *lit* эпический
heroína[1] *f* героиня
heroína[2] *m (droga)* героин
heroinomanía *m/f* героиномания
heroinóman|o, -a *m/f* героиноман, -ка
heroísmo *m* героизм
herpes *m* герпес, лишай
herrador *m* кузнец
herradura *f* подкова
herraje *m* 1) *(de un objeto)* арматура 2) *(de una caballería)* подковы
herramienta *f* инструмент, орудие
herrar *vt* подковывать
herrería *f* кузница
herrero *m* кузнец
herrete *m* металлический наконечник
herrumbre *f* ржавчина
hervidero *m* 1) кипение 2) *(manantial)* бурлящий родник 3) *(muchedumbre)* муравейник
hervidor *m* кипятильник
hervidora *f* V. hervidor
hervir 1. *vt* кипятить 2. *vi* кипеть
hervor *m* кипение
heterodoxia *f* инакомыслие
heterodoxo *adj* инакомыслящий
heterogeneidad *f* гетерогенность, разнородность
heterogéneo *adj* гетерогенный, разнородный
heterosexual 1. *adj* гетеросексуальный 2. *m/f* гетеросексуал
heterosexualidad *f* гетеросексуальность
hético *adj med* чахоточный
hevea *f* гевея
hexagonal *adj geom* шестиугольный
hexágono *m geom* шестиугольник
hexámetro *m lit* гекзаметр
hez *f (poso)* осадок
hiato *m* 1) *anat* отверстие, щель 2) *ling* зияние
hibernación *f* зимняя спячка
hibernal *adj* V. invernal
hibernar *vi* зимовать
hibisco *m* гибискус
hibridación *f* гибридизация
hibridar *vt* скрещивать
híbrido 1. *adj* гибридный 2. *m* гибрид
hidalgo 1. *adj hist* дворянский 2. *m hist* идальго, испанский дворянин
hidalguía *f* звание идальго
hideputa *m vulg obsol* сукин сын
hidra *f* 1) *(pólipo)* гидра 2) *mitol* гидра
hidrante *m* гидрант
hidratación *f* увлажнение
hidratante *adj* увлажняющий
hidratar *vt* увлажнять
hidrato *m quím* гидрат ◆ ~ **de carbono** углевод
hidráulica *f* гидравлика
hidráulico *adj* гидравлический
hídrico *adj* водный
hidroala *m nav* судно на подводных крыльях
hidroavión *m* гидросамолёт
hidrocarburo *m quím* углевод
hidrocefalia *f med* гидроцефалия
hidrocultivo *m bot* гидропоника
hidrodinámica *f* гидродинамика
hidrodinámico *adj* гидродинамический
hidroeléctrico *adj* гидроэлектрический
hidrófilo *adj* гидрофильный
hidrofobia *f med* гидрофобия
hidrófobo *m* гидрофобный
hidrofoil *m nav* скоростной катер
hidrógeno *m quím* водород
hidromasaje *m* гидромассаж
hidropesía *f med* водянка

hidrosfera *f* гидросфера
hidroterapia *f med* гидротерапия, водолечение
hidróxido *m quím* гидроксид
hiedra *f* плющ
hiel *f* жёлчь ◆ **vejiga de la** ~ жёлчный пузырь
hielera *f Am.* ведёрко для льда
hielo *m* лёд ◆ **pista de** ~ каток **romper el** ~ сломать лёд
hiena *f* гиена
hierático *adj* 1) *(dicho de un estilo o ademán)* неподвижный, строгий 2) *(sagrado)* священный 3) *(dicho de la escritura)* иератический
hierba *f* 1) трава 2) *(marihuana)* травка ◆ ~**s medicinales** лечебные/целебные травы **mala** ~ сорняк
hierbabuena *f* мята
hierra *f Am.* клеймение скота
hierro *m* железо ◆ ~ **colado** чугун ~ **forjado** кованое железо
hígado *m* 1) печень 2) *(como comida)* печень, печёнка
higiene *f* гигиена
higiénico *adj* гигиенический
higienista *m/f med* гигиенист
higienizar *vt* проводить санитарную обработку
higo *m* инжир, фига
higrometría *f* гидрометрия
higrométrico *adj* гигрометрический
higrómetro *m* гигрометр
higroscopia *f* гигроскопичность
higroscópico *adj* гигроскопичный
higuera *f* фиговое дерево, инжир
higuerilla *f* клещевина
hija *f* дочь, дочка ◆ ~ **adoptiva** приёмная дочь
hijastra *f* падчерица
hijastro *m* пасынок
hijo *m* сын ◆ ~ **adoptivo** приёмный сын
hijuela *f* 1) ответвление 2) *(documento de herencia)* опись наследства 3) *(colchón)* матрасик
hila[1] *f (hebra)* корпия
hila[2] *f (acción de hilar)* прядение
hilachas *fpl* 1) нити, бахрома 2) *(resto)* остаток
hilada *f* ряд
hilado *m* 1) *(acción de hilar)* прядение 2) *(hilo)* пряжа
hilador 1. *adj* прядильный **2. , -a** *m/f* прядильщи|к, -ка
hiladora *f* прядильная машина
hilandería *f* прядильная фабрика
hilander|o, -a *m/f* прядильщи|к, -ца
hilar *vt* прясть, ткать
hilarante *adj* веселящий, смехотворный
hilaridad *f* 1) *(alegría)* весёлость 2) *(risa)* громкий смех
hilatura *f* 1) *(acción de hilar)* прядение 2) *(industria)* прядильное дело 3) *(fábrica)* прядильная фабрика
hilaza *f* 1) *(hilado)* пряжа 2) *(hilo basto)* грубая нить 3) *(hilacha)* нити
hilera *f* ряд, линия
hilo *m* 1) нить, нитка 2) *(filamento)* волокно 3) *(ropa de lino)* льняная ткань 4) *(filo de un arma)* лезвие 5) *(cable)* провод 6) *(chorro)* струя ◆ **perder el** ~ терять нить
hilvanar *vt* 1) намётывать 2) *(enlazar ideas)* связывать, строить
himen *m anat* девственная плева
himeneo *m* 1) свадьба 2) *lit* гименей
himno *m* гимн
hincapié *inv* : hacer ~ en u.c. делать акцент на-чём-л
hincar *vt* 1) вбивать, вколачивать 2) *(apoyar)* упирать, опирать
hincarse *vpron* стать на колени
hincha 1. *m sport* болельщик **2.** *f* ненависть, злоба
hinchable *adj* надувной
hinchada *f sport* болельщики, фанаты
hinchado *adj* 1) *(lleno de aire)* надутый 2) *(inflamado)* опухший
hinchar *vt* 1) надувать, раздувать, накачивать 2) *(exagerar)* преувеличивать, раздувать
hincharse *vpron* 1) *(llenarse de aire)* надуваться, раздуваться 2) *(inflamarse)* опухать, распухать 3) **(de u/c)** *(comer o beber en exceso)* наедаться (чем-л), напиваться (чем-л) 4) *(envanecerse)* надуваться
hinchazón *f* вздутие, опухоль
hindi 1. *adj* хинди **2.** *m* хинди (язык)
hindú 1. *adj* 1) индусский 2) *relig* индуистский **2.** *m/f* индус, -ка
hinduismo *m relig* индуизм
hiniesta *f* дрок
hinojo *m* укроп
hipar *vi* икать
híper *m coloq* гипермаркет
hiperactividad *f* гиперактивность
hiperactivo *adj* гиперактивный
hipérbola *f mat* гипербола
hipérbole *f lit* гипербола
hiperbólico *adj lit mat* гиперболический
hipercorrección *f ling* гиперкоррекция
hipercrítico 1. *adj* чрезмерно критический **2.** *m* чрезмерно строгий критик
hiperenlace *m informát* гиперссылка
hiperestesia *f med* гиперестезия
hipérico *m* зверовой
hipermercado *m* гипермаркет
hipermétrope *adj med* дальнозоркий
hipermetropía *f med* дальнозоркость
hiperplasia *f med* гиперплазия
hiperrealismo *m arte* гиперреализм
hipersensibilidad *f* сверхчувствительность, гиперчувствительность
hipersensible *adj* сверхчувствительный
hipertensión *f med* гипертония
hipertens|o 1. *adj med* страдающий гипертонической болезнью **2. , -a** *m/f med* гипертоник
hipertermia *f* гипертермия
hipertexto *m informát* гипертекст
hipertextual *adj informát* гипертекстовый
hipertiroidismo *m med* гипертиреоз
hipertrofia *f med* гипертрофия
hipertrofiar *vt med* гипертрофировать
hipertrofiarse *vpron med* гипертрофироваться
hipertrófico *adj med* гипертрофический
hípica *f* конный спорт
hípico *adj* конный
hipismo *m* коневодство
hipnosis *f* гипноз
hipnoterapia *f med* гипнотерапия
hipnótico 1. *adj* гипнотический **2.** *m* снотворное

hipnotismo *m* гипнотизм
hipnotizador 1. *adj* гипнотизирующий **2.** *m/f* гипнотизёр
hipnotizar *vt* 1) гипнотизировать 2) *(seducir)* очаровывать
hipo *m* икота
hipocampo *m* 1) *anat* гиппокамп 2) *zool* морской конёк
hipocondría *f med* ипохондрия
hipocondríac|o 1. *adj med* ипохондрический **2., -a** *m/f med* ипохондрик
hipocorístico *m ling* краткая форма имени, ласкательная форма имени
hipocrático *adj* относящийся к Гиппократу ◆ **juramento** ~ *med* клятва Гиппократа
hipocresía *f* лицемерие
hipócrita 1. *adj* лицемерный **2.** *m/f* лицемер, -ка
hipodérmico *adj anat* подкожный
hipódromo *m* ипподром
hipófisis *f anat* гипофиз
hipónimo *m ling* гипоним
hipopótamo *m* бегемот, гиппопотам
hiposo *adj* икающий
hipoteca *f* 1) *(propiedad hipotecada)* ипотека, залог 2) *(crédito hipotecario)* ипотека, ипотечный кредит
hipotecar *vt* 1) закладывать 2) *(poner en riesgo)* рисковать (чем-л)
hipotecario *adj* ипотечный
hipotensión *f med* гипотония
hipotens|o 1. *adj med* гипотонический **2. , -a** *m/f med* гипотоник
hipotenusa *f mat* гипонетуза
hipotermia *f* гипотермия, переохлаждение
hipótesis *f* гипотеза, предположение
hipotético *adj* гипотетический, предположительный
hipotonía *f med* гипотония
hipotónico *adj med* гипотонический
hippie 1. *adj* хиппи **2.** *m/f* хиппи
hiriente *adj* колкий
hirsuto *adj* 1) *(dicho del pelo)* грубый 2) *(cubierto de pelo)* мохнатый 3) *(de carácter áspero)* грубый, суровый
hirviente *adj* кипящий, бурлящий
hisopo *m* 1) *relig* кропило 2) *bot* иссоп
hispalense *adj* севильский
hispánico *adj* испанский
hispanidad *f* 1) *(carácter genérico)* культура испаноязычных стран 2) *(conjunto de pueblos)* совокупность испаноязычных народов
hispanismo *m* 1) *(giro, préstamo)* испанизм 2) *(estudio)* испанистика
hispanista *m/f* испанист, -ка
hispanizar *vt* испанизировать
hispan|o 1. *adj* 1) *(español)* испанский 2) *(hispanoamericano)* испаноамериканский **2. , -a** *m/f* 1) *(español)* испан|ец, -ка 2) *(hispanoamericano)* испано-американец, -ка
hispanoamerican|o 1. *adj* 1) *(hispanoamericano)* испано-американский 2) *(latinoamericano)* латиноамериканский **2. , -a** *m/f* 1) *(hispanoamericano)* испано-американец, -ка 2) *(latinoamericano)* испаноамериканец, -ка
hispanohablante *adj* испаноговорящий
histerectomía *f med* гистерэктомия
histeria *f* истерия
histéric|o 1. *adj* истерический, истеричный **2. , -a** *m/f* истерик, истеричка
histología *f biol* гистология
historia *f* 1) история 2) *(relato)* рассказ 3) *(fábula)* басня, небылица 4) *(médica)* история
historiado *adj* вычурный
historiador *m/f* историк
historial *m* 1) досье, протокол 2) *(médico)* история болезни
historiar *vt* сочинять, писать
histórico *adj* исторический
historieta *f* 1) маленький рассказ 2) *(comic)* комикс
historiografía *f* историография
historiógrafo *m/f* историограф
histrión *m* гистрион
histriónico *adj* 1) гистрионический 2) *(afectado)* истерический, демонстративный
hitita 1. *adj hist* хеттский **2.** *m/f hist* хетт, -ка
hitleriano *adj* гитлеровский
hito *m* 1) межевой столб 2) *(blanco)* мишень, цель 3) *(hecho clave)* достижение 4) *(persona clave)* ключевая фигура
hobby *m* хобби, увлечение
hocico *m* морда, рыло
hocicudo *adj* мордастый
hockey *m* хоккей
hogaño *adv* 1) *(este año)* в этом году 2) *(actualmente)* в настоящее время
hogar *m* 1) *(fuego)* очаг, плита 2) *(casa)* дом, домашний очаг ◆ **empleada del** ~ домработница
hogareñ|o 1. *adj* домашний, семейный **2. , -a** *m/f* семьянин, семьянка
hogaza *f* коврига, хлеб из муки грубого помола
hoguera *f* костёр
hoja *f* лист ◆ ~ **de afeitar** лезвие для бритья ~ **de ruta** дорожная карта
hojalata *f* жесть
hojalatería *f* 1) *(taller)* мастерская жестянщика 2) *(profesión)* ремесло жестянщика
hojalatero *m/f* жестянщик
hojaldre *m* слоёное тесто
hojarasca *f* 1) опавшие листья 2) *(frondosidad)* густая листва
hojear *vt* перелистывать
hojuela *f* 1) *bot* листик 2) *(pasta)* оладья
hola *interj* здравствуй(те)!, привет!
holand|és 1. *adj* голландский **2. , -esa** *m/f* голланд|ец, -ка
holandilla *f* подкладочная ткань
holding *m econ* холдинг
holgado *adj* 1) *(sin ocupación)* бездельный 2) *(con desahogo)* обеспеченный 3) *(ancho)* широкий, просторный
holganza *f* 1) отдых, досуг 2) *(desocupación)* незанятость
holgar *vi* 1) *(descansar)* отдыхать 2) **(de u/c)** *(alegrarse)* радоваться (чему-л)
holgarse *vpron* 1) *(divertirse)* развлекаться 2) **(de u/c)** *(alegrarse)* радоваться (чему-л)
holgazán *m* лентяй, бездельник
holgazanear *vi* бездельничать
holgazanería *f* безделье

holgura *f* 1) *(anchura)* ширина 2) *(espacio libre)* простор 3) *(diversión)* веселье 4) *(desahogo)* обеспеченность

hollar *vt* 1) *(pisar)* наступать, оставлять след 2) *(despreciar)* попирать

hollejo *m* кожица (фруктов и овощей)

hollín *m* сажа

holocausto *m* 1) жертвоприношение 2) *hist* холокост

hombre *m* 1) *(como especie)* человек 2) *(en contraposición a mujer)* мужчина 3) *coloq (pareja)* муж, мужик ◆ **¡~!** *(expresando sorpresa)* неужели!, ничего себе! **~ de negocios** бизнесмен

hombrear *vi* подражать взрослому мужчине

hombrera *f* плечико (на одежде)

hombría *f* 1) *(virilidad)* мужественность 2) *(valentía)* мужество, храбрость

hombro *m* плечо ◆ **a ~s** на плечах

hombruno *adj coloq* мужеподобный

homenaje *m* чествование *rendir ~* чествовать

homenajear *vt* чествовать, чтить

homeópata *m/f* гомеопат

homeopatía *f* гомеопатия

homeopático *adj* гомеопатический

homicida 1. *adj* убийственный **2.** *m/f* убийца

homicidio *m* убийство

homilía *f relig* проповедь

homofobia *f* гомофобия

homófobo *m* гомофоб

homófono *m ling* омофон

homogeneidad *f* однородность, гомогенность

homogeneización *f* гомогенизация, выравнивание

homogeneizar *vt* гомогенизировать, выравнивать

homogéneo *adj* однородный, гомогенный

homógrafo *m ling* омограф

homologación *f* подтверждение, омологация, нострификация

homologar *vt* подтверждать, омологировать, нострифицировать

homólogo 1. *adj* аналогичный, схожий **2.** *m* 1) коллега 2) *ling* синоним

homónimo 1. *adj ling* омонимический **2.** *m ling* омоним

homosexual 1. *adj* гомосексуальный **2.** *m* гомосексуалист

homosexualidad *f* гомосексуализм, гомосексуальность

honda *f* праща

hondear *vt* 1) зондировать 2) *nav* выгружать

hondero *m* пращник

hondo 1. *adj* глубокий **2.** *m* глубина, дно

hondonada *f* низина

hondura *f* глубина

hondureñ|o 1. *adj* гондурасский **2.** , **-a** *m/f* гондурас|ец, -ка

honestidad *f* честность, порядочность

honesto *adj* честный, порядочный, добросовестный

hongo *m* 1) *(seta)* гриб 2) *(afección cutánea)* грибок

honor *m* честь ◆ **cuestión de ~** вопрос чести **dama de ~** фрейлина **hacer el ~ a alg** оказывать честь кому-л **invitado de ~** почётный гость **palabra de ~** честное слово

honorabilidad *f* честность, порядочность

honorable *adj* почтенный, почётный, уважаемый

honorario 1. *adj* почётный **2. -s** *mpl* гонорар

honorífico *adj* почётный

honra *f* честь, достоинство

honradez *f* честность, добросовестность, порядочность

honrado *adj* честный, добросовестный, порядочный

honrar *vt* 1) почитать, уважать 2) *(hacer un honor)* оказывать честь

honrarse *vpron* иметь честь

honrilla *f* стыдливость

honroso *adj* почётный

hooligan *m sport* футбольный английский фанат

hopa *f* плащ

hopo *m* пушистый хвост

hora *f* 1) час 2) *(tiempo)* время, пора *¿qué ~ es?* сколько времени?, который час?; *es ~ de irse* пора уходить ◆ **~ punta** час пик **a última ~** в последнюю минуту **a todas ~s** всё время

horadar *vt* сверлить, прокалывать

horario 1. *adj* часовой *huso ~* часовой пояс **2.** *m* расписание

horca *f* виселица

horcadura *f* разветвление

horcajadas *inv* : a ~ верхом

horcajadura *f* промежность

horchata *f* оршад (прохладительный напиток с земляным миндалём)

horchatería *f* магазин, где продают оршад

horchatero *m/f* продавец оршада

horcón *m Am.* подпорка для деревьев

horda *f* орда, полчище

horizontal *adj* горизонтальный

horizontalmente *adv* горизонтально, в горизонтальном положении

horizonte *m* 1) горизонт 2) *(espacio visible)* кругозор

horma *f* форма

hormiga *f* муравей

hormigón *m* бетон

hormigonado *m constr* бетонирование

hormigonera *f* бетономешалка

hormiguear *vi* 1) зудеть 2) *(dicho de una multitud)* кишеть

hormigueo *m* 1) зуд 2) *(de gente)* суета, сутолока

hormiguero *m* муравейник

hormiguillo *m* щекотка, зуд

hormona *f* гормон

hormonal *adj* гормональный

hornacina *f* ниша

hornada *f* 1) изделия, выпеченные одновременно в печи 2) *coloq* выпуск

hornero *m/f* пекарь

hornija *f* щепки

hornillo *m* плитка

horno *m* 1) *(de leña o carbón)* печь 2) *(eléctrico o de gas)* духовка ◆ **alto ~** доменная печь

horóscopo *m* гороскоп

horqueta *f* вилы

horquilla *f* шпилька для волос, заколка

horrendo *adj* ужасающий, ужасный

hórreo *m* зернохранилище

horrible *adj* ужасающий, ужасный
horripilante *adj* ужасный, ужасающий, страшный
horripilar *vt* ужасать
horror *m* 1) ужас, страх 2) *(aversión)* отвращение ◆ **¡qué ~!** какой ужас!, какой кошмар!
horrorizar *vt* ужасать
horrorizarse *vpron* **(de u/c)** ужасаться (чему-л)
horroroso *adj* ужасный, страшный
hortaliza *f* овощ
hortelano *m* огородник, садовник
hortense *adj* огородный
hortensia *f* гортензия
hortera *adj* вульгарный, пошлый
horterada *f* поступок (предмет) дурного вкуса, пошлость
horterismo *m* вульгарность, пошлость
horticultor *m* садовод, огородник
horticultura *f* садоводство, огородничество
hosco *adj* угрюмый, хмурый, необщительный
hospedaje *m* 1) *(alojamiento)* пристанище 2) *(pensión)* пансион
hospedar *vt* приючать, селить у себя
hospedarse *vpron* селиться, останавливаться
hospedería *f obsol* пансион, меблированные комнаты
hospedero *m/f obsol* владел|ец, -ица пансиона, владел|ец, -ица меблированных комнат
hospiciano **1.** *adj* приютский **2.** *m/f* живущ|ий, -ая в приюте
hospicio *m* приют
hospital *m* больница, госпиталь
hospitalario *adj* 1) гостеприимный 2) *(relativo al hospital)* больничный
hospitalidad *f* гостеприимство
hospitalización *f* госпитализация
hospitalizar *vt* госпитализировать, класть в больницу
hosquedad *f* суровость, грубость
hostal *m* постоялый двор, пансион
hostelería *f* гостиничное дело, ресторанное дело
hostelero *adj* гостиничный, ресторанный
hostería *f* постоялый двор
hostia *f* 1) *relig* облатка 2) *vulg* оплеуха, удар ◆ **¡~!** *vulg* блин!, ёлки-палки!
hostiar *vt vulg* ударять, избивать
hostigar *vt* 1) *(azotar)* хлестать 2) мучить, преследовать
hostil *adj* враждебный
hostilidad *f* 1) враждебность, неприязнь 2) *mil* военные действия
hostilizar *vt* наносить вред (врагу)
hotel *m* гостиница, отель
hotelero **1.** *adj* гостиничный **2.** *m/f* хозя|ин, -йка гостиницы
hotelito *m* маленькая гостиница
hotentote **1.** *adj* готтентотский **2.** *m/f* готтентот, -ка
hoy *adv* 1) сегодня 2) *(actualmente)* сегодня, теперь, в настоящее время ◆ **de ~ en adelante** с сегодняшнего дня, с этого момента **~ día** в настоящее время, в настоящий момент **~ mismo** сегодня же **~ por ~** на сегодняшний день **por ~** на сегодня, пока
hoya *f* 1) яма, котлован 2) *(tumba)* могила
hoyada *f* котловина
hoyo *m* яма, углубление, котлован
hoyuelo *m* ямка, ямочка
hoz *f* серп
hozar *vt/i* рыть (землю рылом)
huacal *m* V. guacal
huanaco *m* V. guanaco
huango *m* коса
huaquero *m Ec. Hond. Per.* V. guaquero
huarache *m* V. guarache
huasca *f* V. guasca
huasipungo *m Am.* кусок земли, обработанный индейцем
huaso *m/f Am.* крестьян|ин, -ка
hucha *f* копилка
huebra *f* кусок земли, который пашут за день
hueco **1.** *adj* пустой, полый **2.** *m* 1) *(vacío)* пустота 2) *(espacio de tiempo desocupado)* свободное время, окно 3) *(lugar vacío)* свободное место 4) *(abertura)* отверстие, дыра, проём ◆ **hacer un ~** освобождать место
huecograbado *m impr* глубокая печать
huelga *f* забастовка, стачка *declararse en ~* объявлять забастовку ◆ **~ de hambre** голодовка
huelgo *m* 1) дыхание 2) *(holgura)* простор
huelguista *m/f* забастовщи|к, -ца
huelguístico *adj* забастовочный
huella *f* 1) *(del pie)* след 2) *(dactilar)* отпечаток пальца 3) *(rastro, indicio)* след ◆ **dejar ~** оставлять след
huemul *m* олень андский
huerco *m* печальник
huérfan|o **1.** *adj* осиротелый, осиротевший **2.** **, -a** *m/f* сирота
huero *adj* пустой, бессодержательный
huerta *f* 1) фруктовый сад 2) *(zona de regadío)* орошаемые земли
huertan|o, -a *m/f* житель, -ница орошаемого района
huerter|o, -a *m/f Am.* огородник, садовник
huerto *m* огород
hueso *m* 1) кость 2) *(de un fruto)* косточка
huésped *m* гость
huestes *fpl mil* войска
huesudo *adj* костлявый
hueva *f* икра
huevada *f Am. coloq* глупость, ерунда
huevera *f* подставка для яиц
huevero *m* торговец яйцами
huevo *m* 1) яйцо 2) *vulg (testículo)* яйцо 3) *biol* зигота ◆ **~ duro** яйцо вкрутую **~ frito** яичница-глазунья **~ pasado por agua** яйцо всмятку
huevón **1.** *adj vulg* ленивый **2.** *m vulg* лентяй
hugonote *m hist* гугенот
huida *f* бегство, побег
huidizo *adj* бегущий, убегающий
huido *adj* убегающий, скрывающийся
huinche *m Am.* подъёмный кран
huir *vi* 1) бегать, бежать, убегать 2) **(de alg o u/c)** *(evitar)* избегать (кого/чего-л)
huiro[1] *m Am. (alga)* морская водоросль
huiro[2] *m Bol. (tallo)* стебель молодой кукурузы
hule *m* клеёнка
hulla *f min* каменный уголь

hullero *adj min* каменноугольный
humanarse *vpron* становиться человечным, становиться гуманным
humanidad 1. *f* 1) человечество, человеческий род 2) *(sensibilidad)* гуманность, человечность **2. -es** *fpl* гуманитарные науки
humanismo *m* 1) гуманитарные науки 2) *hist* гуманизм 3) *(actitud)* гуманность
humanista 1. *adj* 1) *(humanístico)* гуманитарный 2) *hist* гуманистический **2.** *m/f hist* гуманист
humanístico *adj* 1) *hist* гуманистический 2) гуманитарный
humanitario *adj* 1) гуманный, человечный 2) *(que ayuda en calamidades o guerras)* гуманитарный
humanitarismo *m* гуманность
humanización *f* гуманизация
humanizar *vt* делать человечным или гуманным
humanizarse *vpron* становиться человечным или гуманным, смягчаться
human|o 1. *adj* 1) человеческий 2) *(humanitario)* гуманный, человечный **2. -os** *mpl* человечество, люди **ciencias ~as** гуманитарные науки **derechos ~os** права человека **género ~o** человеческий род **ser ~o** человек, человеческое существо
humanoide 1. *adj* человекоподобный **2.** *m/f* гуманоид
humarada *f* облако дыма
humareda *f* облако дыма
humazo *m* густой дым
humear *vi* дымиться
humectación *f* увлажнение
humectador *m* увлажнитель
humectante *adj* увлажняющий
humectar *vt* увлажнять, смачивать
humedad *f* влажность, сырость
humedecer *vt* смачивать, увлажнять
húmedo *adj* сырой, влажный, мокрый
humeral *adj anat* плечевой
húmero *m anat* плечевая кость
humildad *f* скромность, покорность, смирение
humilde *adj* 1) скромный, смиренный, покорный 2) *(que vive modestamente)* скромный 3) *(carente de nobleza)* простонародный, простого происхождения
humillación *f* унижение, оскорбление
humilladero *m* крест на околице
humillante *adj* унизительный, унижающий
humillar *vt* 1) *(inclinar)* опускать, склонять 2) *(abatir el orgullo o herir)* унижать, оскорблять
humillarse *vpron* унижаться
humita *f* блюдо из кукурузного теста
humo 1. *m* 1) дым 2) *(vapor)* пар, испарение **2. -s** *mpl coloq* высокомерие ◆ **echar ~** дымиться
humor *m* 1) *(estado de ánimo)* настроение, расположение 2) *(jocosidad)* юмор ◆ **estar de buen/mal ~** быть в хорошем/плохом настроении **~ negro** чёрный юмор **sentido del ~** чувство юмора
humorada *f* выходка
humorado *adj* в настроении *bien (mal)* ~ в хорошем (плохом) настроении
humorismo *m* юмористика
humorista *m/f* юморист, -ка
humorístico *adj* юмористический
humoso *adj* дымный
humus *m geol* гумус
hunche *m Am.* кожица
hundido *adj (abatido)* удручённый, подавленный
hundimiento *m* потопление
hundir *vt* 1) топить, потоплять 2) *(abatir)* удручать 3) *(destruir)* разрушать
hundirse *vpron* тонуть, проваливаться
húngar|o 1. *adj* венгерский **2. , -a** *m/f* венг|р, -ерка **3.** *m* венгерский язык
huracán *m* ураган
huracanado *adj* ураганный
huraño *adj* нелюдимый, необщительный
hurgar *vt* рыться, копаться, ковыряться
hurgarse *vpron* ковыряться
hurgón *f* кочерга
hurgonear *vt* мешать кочергой
hurón *m* хорёк
hurtadillas *inv* : a ~ тайком
hurtar *vt* красть, воровать, похищать
hurtarse *vpron* **(de u/c)** скрываться (от чего-л)
hurto *m* кража, похищение
húsar *m mil* гусар
husillo *m* винт
husmear *vt* 1) выслеживать, идти по следу 2) *(indagar)* разузнавать, разнюхивать
husmeo *m* 1) выслеживание 2) *(indagación)* разузнавание, разнюхивание
huso *m* веретено ◆ **~ horario** *geogr* часовой пояс

I

ibéric|o *adj* иберийский *Península Ibérica* Пиренейский полуостров

iber|o 1. *adj* иберийский **2. , -a** *m/f* 1) иберi|ец, -йка 2) *hist* ибер

íbero *m/f* V. ibero

iberoamerican|o 1. *adj* ибероамериканский **2. , -a** *m/f* ибероамерикан|ец, -ка

íbice *m* горный козёл

iceberg *m* айсберг ◆ **la punta del ~** верхушка айсберга

icono *m* 1) икона, образ 2) *arte* икона

iconoclasta 1. *adj hist* иконоборческий **2.** *m/f hist* иконоборец, иконокласт

iconografía *f* иконография

iconográfico *adj* иконографический

ictericia *f med* желтуха

ida *f* 1) поездка туда 2) *coloq (reacción imprevista)* выходка ◆ **~ y vuelta** туда и обратно

idea 1. *f* 1) идея, мысль 2) *(concepto)* мнение, представление, понятие 3) *(plan)* замысел **2. -s** *fpl* взгляды **¡buena ~!** хорошая мысль! **~ preconcebida** предвзятое мнение **ni ~** без понятия **tener ~ de u.c.** иметь представление о чём-л

ideal 1. *adj* 1) идеальный, совершенный 2) *(imaginado)* воображаемый **2.** *m* идеал **3. -es** *mpl* идеалы, взгляды

idealismo *m* идеализм

idealista 1. *adj* идеалистический **2.** *m/f* идеалист, -ка

idealizar *vt* идеализировать

idear *vt* разрабатывать, изобретать, придумывать

ideario *m* совокупность идей, идеология

ídem *pron* то же (самое)

idéntico *adj* одинаковый, тождественный, идентичный

identidad *f* 1) *(cualidad de idéntico)* тождественность, идентичность 2) *(de un individuo o un colectivo)* самобытность, характер 3) *(conciencia de ser uno mismo)* личность, идентичность ◆ **carné de ~** удостоверение личности

identificación *f* 1) *(de un documento)* идентификация, отождествление 2) *(de la identidad de una persona)* установление личности, опознание

identificar *vt* 1) отождествлять 2) *(determinar la identidad)* опознавать, устанавливать личность, признавать

identificarse *vpron* 1) **(con alg)** присоединяться (к кому-л), отождествлять себя (с кем-л) 2) *(demostrar la identidad de uno)* удостоверять свою личность, предъявлять документы

ideología *f* идеология

ideológico *adj* идеологический

ideólogo *m* идеолог

idílico *adj* идиллический

idilio *m* идиллия

idioma *m* язык **~ *extranjero*** иностранный язык

idiomático *adj* идиоматический

idiosincrasia *f* своеобразие, самобытность, идиосинкразия

idiosincrásico *adj* своеобразный, самобытный, идиосинразический

idiota 1. *adj* идиотский **2.** *m/f* идиот, -ка

idiotez *f* 1) *med* V. idiocia 2) глупость, идиотизм

idiotismo *m* 1) V. idiotez 2) *ling* идиома, идиоматизм

idiotizar *vt* превращать в идиота, оболванивать

idólatra 1. *adj* идолопоклоннический **2.** *m/f* 1) идолопоклонни|к, -ца 2) *(que ama excesivamente)* обожатель, почитатель

idolatrar *vt* 1) поклоняться идолам 2) *(amar con exaltación)* обожать, боготворить, преклоняться (перед кем-л.)

idolatría *f* 1) идолопоклонничество, идолопоклонство 2) *(amor excesivo)* боготворение, поклонение

ídolo *m* идол, кумир

idoneidad *f* пригодность

idóneo *adj* подходящий, пригодный

iglesia *f* 1) *(templo)* церковь, храм 2) *(como institución)* церковь

iglesiero *adj Méx. coloq* ходящий часто в церковь

iglú *m* иглу

ígneo *adj* огненный, раскалённый

ignescente *adj* пылающий, горящий

ignición *f* 1) воспламенение, возгорание 2) *tecn* зажигание

ignífugo *adj* огнеупорный, огнестойкий

ígnito *adj* раскалённый

ignominia *f* позор, бесчестье, срам

ignominioso *adj* постыдный, позорный, низкий

ignorancia *f* незнание, невежество

ignorante 1. *adj* невежественный **2.** *m/f* невежда

ignorantemente *adv* невежественно

ignorar *vt* 1) *(desconocer)* не знать 2) *(no hacer caso)* игнорировать , не обращать внимания

ignoto *adj* неизвестный, неведомый, неизведанный

igual 1. *adj* 1) равный, одинаковый, такой же 2) *(regular)* ровный, гладкий 3) *(parecido)* подобный, похожий **2.** *adv* 1) одинаково, также 2) *coloq (quizás)* может быть, наверняка **3.** *m mat* знак равенства ◆ **dar ~ u.c. a alg** быть всё равно что-л кому-л **de ~ a ~** на равных **~ que** так же, как **sin ~** бесподобный

igualación *f* выравнивание, уравнивание

igualar *vt* 1) делать равным, уравнивать 2) *(allanar)* выравнивать, делать ровным
igualarse *vpron* **(a alg o u/c)** быть одинаковым (на кого/что-л), быть равным (кому/чему-л)
igualdad *f* равенство
igualitario *adj* уравнительный, эгалитарный
igualitarismo *m* уравнительность, эгалитаризм
igualmente *adv* 1) *(de la misma manera)* так же, таким же образом, одинаково 2) *(además)* кроме того, помимо этого
iguana *f* игуана
ijada *f anat* подвздошная впадина
ikebana *m* икебана
ilación *f* 1) заключение, вывод 2) *(trabazón)* связь, связанность
ilativo *adj* 1) следующий, вытекающий, выводимый 2) *ling* иллативный
ilegal *adj* незаконный, нелегальный
ilegalidad *f* 1) незаконность, нелегальность, противозаконность 2) *(acción ilegal)* незаконное действие 3) *(situación ilegal)* незаконное положение
ilegalizar *vt* объявлять незаконным
ilegalmente *adv* нелегально, незаконно, противозаконно
ilegibilidad *f* неразборчивость, неудобочитаемость
ilegible *adj* неразборчивый, неудобочитаемый
ilegitimar *vt* лишать законности, обьявлять незаконным
ilegitimidad *f* незаконность, противозаконность
ilegítimo *adj* 1) незаконный, противозаконный 2) *(dicho de un hijo)* незаконнорождённый
íleon *m* V. ilion
ileso *adj* целый, невредимый
iletrado *adj* 1) неграмотный 2) *(sin cultura)* некультурный, необразованный
ilicitan|o 1. *adj* относяшийся к городу Эльче **2. , -a** *m/f* житель, -ница (уроженец, уроженка) города Эльче
ilícito *adj* 1) *(legalmente)* незаконный, противозаконный 2) *(moralmente)* недозволенный, запретный
ilimitado *adj* неограниченный
ilion *m anat* подвздошная кость
ilocalizable *adj* недоступный, тот, которого невозможно найти
ilógico *adj* нелогичный
iluminación *f* 1) освещение 2) *(espiritual)* просветление
iluminado 1. *adj* 1) освещённый 2) *(con mente preclara)* ясновидящий **2. -s** *mpl hist* иллюминаты
iluminar *vt* освещать
iluminarse *vpron* просветлеть, просиять
ilusi|ón *f* 1) *(alegría, entusiasmo)* радость 2) *(error de percepción)* иллюзия 3) *(esperanza)* надежда, мечта **hacerse ~ones** питать надежду **~ón óptica** оптический обман
ilusionado *adj* **(con alg o u/c)** обнадёженный (кем/чем-л)
ilusionar *vt* 1) внушать иллюзии (кому-л) 2) *(despertar esperanzas)* обнадёживать 3) *(provocar alegría)* доставлять радость (кому-л)
ilusionarse *vpron* 1) *(hacerse ilusiones)* создавать себе иллюзии 2) **(con u/c)** вдохновляться (чем-л), питать надежду
ilusionismo *m* иллюзионизм
ilusionista *m/f* фокусник, иллюзионист
ilus|o 1. *adj* строящий иллюзии, мечтательный **2. , -a** *m/f* мечтатель, -ница
ilusorio *adj* призрачный, нереальный, обманчивый
ilustración *f* 1) *(reproducción)* иллюстрация 2) *hist (con mayúscula)* Просвещение 3) *(clarificación)* иллюстрация, пояснение, разъяснение
ilustrado *adj* 1) просвещённый, образованный 2) *(dicho de un libro)* иллюстрированный 3) относящийся к эпохе Просвещения
ilustrador, -a *m/f* 1) *(que instruye)* просветитель 2) *(de libros)* иллюстратор
ilustrar *vt* 1) иллюстрировать 2) *(instruir)* просвещать 3) *(clarificar)* иллюстрировать, пояснять, разъяснять
ilustrativo *adj* 1) иллюстративный, показательный 2) *(que instruye)* просветительский, просветительный
ilustre *adj* выдающийся, знаменитый, прославленный
ilustrísimo *adj* светлейший, сиятельнейший
imagen *f* 1) изображение, образ 2) *(mental)* образ, представление 3) *(foto)* кадр, снимок, изображение 4) *(aspecto exterior)* имидж, внешний вид
imaginable *adj* вообразимый
imaginación *f* 1) воображение 2) *(invención)* фантазия, выдумка
imaginar *vt* 1) воображать, представлять себе 2) *(sospechar)* предполагать 3) *(inventar)* изобретать, придумывать
imaginario *adj* воображаемый
imaginarse *vpron* V. imaginar
imaginativo *adj* имеющий богатое воображение, изобретательный
imaginería *f* 1) *(bordado)* художественная вышивка 2) *(imágenes sagradas)* образа 3) *(conjunto de imágenes literarias)* образы
imaginero *m* иконописец, скульптор, создающий образы святых
imán[1] *m* магнит
imán[2] *m relig* имам
imanación *f* V. imantación
imanar *vt* V. imantar
imantación *f* намагничивание
imantar *vt* намагничивать
imbatible *adj* непобедимый
imbatido *adj* непобеждённый
imbebible *adj* непитьевой, непригодный для питья
imbécil 1. *adj* 1) глупый, тупой 2) *med* слабоумный, имбецильный **2.** *m/f* 1) дурак, дура 2) *med* дебил, имбецил
imbecilidad *f* 1) глупость, тупоумие 2) *med* слабоумие, имбецильность
imberbe *adj* безбородый
imborrable *adj* неизгладимый

imbricación *f* наложение внахлёст
imbricado *adj* наложенный внахлёст
imbricar *vt* класть внахлёст
imbuimiento *m* внушение
imbuir *vt* внушать ~ *una idea* внушать идею
imitable *adj* 1) *(que se puede imitar)* поддающийся подражанию 2) *(digno de ser imitado)* достойный подражания
imitación *f* 1) подражание, имитация 2) *(objeto)* имитация, подделка
imitador *m/f* имитатор, подражатель
imitar *vt* 1) *(a alguien)* подражать (кому/чему-л), имитировать, копировать 2) *(una cosa)* имитировать, подделывать
imitativo *adj* имитационный, подражательный
impaciencia *f* нетерпение
impacientar *vt* выводить из терпения
impacientarse *vpron* терять терпение
impaciente *adj* нетерпеливый
impacto *m* 1) *(golpe)* удар, столкновение 2) *(señal del impacto)* пробоина 3) *(influencia)* воздействие, действие, эффект
impagable *adj* бесценный, неоценимый
impagado *adj* неоплаченный
impago 1. *m* неоплата, отсутствие оплаты **2.** *adj Am.* не получивший платы
impalpable *adj* 1) неосязаемый, неощутимый 2) *(imperceptible)* неуловимый, едва ощутимый
impar 1. *adj* 1) *(dicho de un número)* нечётный 2) *(sin par)* бесподобный **2.** *m* нечётное число
imparable *adj* 1) неостановимый, неудержимый 2) *(dicho de un golpe)* неотразимый
imparcial *adj* 1) беспристрастный 2) *(neutral)* независимый, нейтральный
imparcialidad *f* беспристрастность
impartir *vt* давать, предоставлять, отдавать ~ *clases* давать уроки; ~ *órdenes* отдавать приказы
impasibilidad *f* невозмутимость, бесстрастность
impasible *adj* невозмутимый, бесстрастный
impavidez *f* 1) *(valor)* бесстрашие, отвага 2) *(serenidad)* невозмутимость, хладнокровие
impávido *adj* бесстрашный, неустрашимый
impecable *adj* безупречный
impedid|o 1. *adj* увечный, парализованный **2.** **, -a** *m/f* инвалид, калека, паралитик
impediente *adj* препятствующий, затрудняющий
impedimenta *f mil* обоз
impedimento *m* помеха, препятствие
impedir *vt* мешать (кому/чему-л), препятствовать (кому/чему-л)
impeler *vt* 1) толкать, подгонять 2) **(a u/c)** *(estimular)* толкать (на что-л), побуждать (к чему-л)
impenetrable *adj* 1) непроницаемый 2) *(indescifrable)* непостижимый, непроницаемый
impensable *adj* 1) невообразимый, немыслимый 2) *(intolerable)* недопустимый
impensado *adj* неожиданный, непредвиденный
impepinable *adj coloq* точный, неоспоримый
imperante *adj* 1) властвующий, господствующий 2) *(predominante)* преобладающий, доминирующий
imperar *vi* **(sobre u/c)** властвовать (над кем/чем-л)
imperativo 1. *adj* повелительный **2.** *m ling* повелительное наклонение, императив
imperceptible *adj* неощутимый
imperdible *m (aguja)* булавка
imperdonable *adj* непростительный
imperecedero *adj* вечный, непреходящий, нетленный
imperfección *f* несовершенство
imperfectivo *m ling* несовершенный вид
imperfecto 1. *adj* несовершенный **2.** *m ling* имперфект
imperial *adj* 1) *(referente al emperador)* императорский 2) *(referente al imperio)* имперский
imperialismo *m* империализм
imperialista 1. *adj* империалистический **2.** *m/f* империалист, -ка
impericia *f* неопытность
imperio *m* 1) империя 2) *(gobierno de un emperador)* царствование (императора) 3) *(dominio)* господство ◆ **valer un ~** *coloq* не иметь цены
imperioso *adj* 1) *(autoritario)* властный, надменный 2) *(urgente)* настоятельный, неотложный
impermeabilidad *f* водонепроницаемость
impermeabilización *f* герметизация, водоупорная отделка
impermeabilizar *vt* делать неводопроницаемым
impermeable 1. *adj* водонепроницаемый, непромокаемый **2.** *m* непромокаемый плащ, дождевик
impersonal *adj* 1) безличный 2) *(objetivo)* беспристрастный 3) *ling* безличный
impertérrito *adj* 1) *(que no siente temor)* бесстрашный, неустрашимый 2) *(que no es intimidado)* невозмутимый
impertinencia *f* 1) *(calidad de impertinente)* дерзость, наглость 2) *(acción impertinente)* неуместный комментарий, неуместный поступок
impertinente *adj* дерзкий, наглый
imperturbable *adj* невозмутимый
ímpetu *m* 1) *(vehemencia al actuar)* порыв 2) *(fuerza)* сила, энергия
impetuosidad *f* бурный характер
impetuoso *adj* бурный
impiedad *f* 1) жестокость, бесчеловечность 2) *(falta de religión)* безбожие, неверие
impío *adj* 1) безжалостный, немилосердный 2) *(falto de religión)* неверующий
implacable *adj* неумолимый, беспощадный
implantación *f* введение, внедрение
implantar *vt* вводить, внедрять
implante *m* 1) *(operación)* имплантация 2) *(prótesis)* протез
implementación *f* применение, введение
implementar *vt* применять, вводить
implemento *m* инструмент, орудие
implicación *f* причастность, вовлечение, соучастие
implicado *adj* **(en u/c)** причастный (в чём-л), вовлечённый (во что-л.)

implicar *vt* 1) *(relacionar)* замешивать 2) *(atraer)* вовлекать 3) *(comportar)* означать, содержать в себе
implícito *adj* подразумеваемый
implorar *vt* умолять
implosión *f* 1) направленный внутрь взрыв 2) *ling* имплозия
implosivo *adj ling* имплозивный
impoluto *adj* чистый, незапятнанный
imponderable 1. *adj* 1) *(que no puede pesarse)* невесомый 2) *(que no puede valorarse)* бесценный, неоценимый **2.** *m* трудно учитываемый фактор
imponente *adj* 1) *(que impone)* внушительный, импонирующий 2) *(extraordinario)* величественный, грандиозный
imponer 1. *vt* 1) *(una carga u obligación)* навязывать, накладывать 2) *(un capital)* вкладывать 3) *(una medalla)* вручать **2.** *vi* импонировать, внушать уважение, внушать страх
imponerse *vpron* 1) *(ser necesario)* требоваться 2) **(a alg)** *(vencer, aventajar)* превосходить, побеждать
imponible *adj* подлежащий обложению налогом
impopular *adj* непопулярный
impopularidad *f* непопулярность
importación *f* импорт, ввоз
importador 1. *adj* импортирующий **2.** *m* импортёр
importancia *f* важность, значение, значимость ◆ **darse ~** важничать
importante *adj* важный, значимый, значительный
importa|r 1. *vt* импортировать, ввозить **2.** *vi (tener importancia)* иметь значение, быть важным ◆ **no ~** ничего страшного, неважно
importe *m* сумма, стоимость
importunar *vt* беспокоить, мешать (кому-л)
importunidad *f* 1) *(inoportunidad)* неуместность 2) *(incomodidad)* назойливость, докучливость
importuno *adj* 1) *(inoportuno)* несвоевременный, неуместный 2) *(que incomoda)* назойливый, докучливый
imposibilidad *f* 1) невозможность 2) *(invalidez)* инвалидность, нетрудоспособность
imposibilitado *adj* парализованный, увечный, немощный
imposibilitar *vt* делать невозможным, препятствовать (чему-л)
imposible 1. *adj* 1) невозможный 2) *coloq (insoportable)* невыносимый **2.** *m* невозможное ◆ **es** невозможно **hacer los ~s** делать невозможное
imposición *f* 1) *(obligación)* принуждение 2) *(de una prohibición, un tributo, etc.)* наложение, обложение 3) *(de capital)* вклад 4) *(de una medalla)* вручение
impositivo *adj* 1) навязывающий, принуждающий 2) *(relativo al impuesto)* налоговый
impostergable *adj* безотлагательный, неотложный
impostor, -a *m/f* самозван|ец, -ка
impostura *f* 1) *(imputación falsa)* клевета, ложное обвинение 2) *(engaño)* обман, подлог
impotencia *f* 1) бессилие, беспомощность 2) *(sexual)* импотенция
impotente 1. *adj* 1) бессильный, беспомощный 2) *(sexualmente)* импотентный **2.** *m* импотент
impracticable *adj* 1) неосуществимый 2) *(dicho de un camino o paraje)* непроходимый, непроезжий
imprecisión *f* неточность, неопределённость
impreciso *adj* неточный, неопределённый
impredecible *adj* непредсказуемый
impregnación *f* 1) пропитывание, пропитка 2) *biol* импринтинг
impregnar *vt* пропитывать
imprenta *f* печать, типография ◆ **letra de ~** печатная буква
imprescindible *adj* необходимый, обязательный
impresentable *adj* 1) непрезентабельный, непредставительный 2) *(informal)* несерьёзный, ненадёжный
impresión *f* 1) *(acción y efecto de imprimir)* печатание, печать 2) *(huella)* отпечаток, след 3) *(efecto sobre el ánimo)* впечатление 4) *(obra impresa)* печатное издание ◆ **causar ~** производить впечатление
impresionable *adj* впечатлительный, чувствительный
impresionante *adj* 1) впечатляющий 2) *(asombroso)* поразительный
impresionar *vt* 1) впечатлять, производить впечатление 2) *(asombrar)* поражать
impresionismo *m arte* импрессионизм
impresionista 1. *adj arte* импрессионистский **2.** *m/f arte* импрессионист
impreso 1. *adj* печатный **2.** *m* бланк, анкета
impresor *m* печатник, типограф
impresora *f* принтер
imprevisible *adj* непредвиденный, непредсказуемый, неожиданный
imprevisión *f* непредусмотрительность, недальновидность
imprevisto 1. *adj* непредвиденный, неожиданный **2.** *m* непредвиденный случай
imprimación *f* грунтовка
imprimar *vt* грунтовать
imprimir *vt* печатать, распечатывать
improbabilidad *f* невероятность
improbable *adj* невероятный
improbidad *f* нечестность, непорядочность
ímprobo *adj* 1) нечестный, бесчестный, злодейский 2) *(referido al trabajo)* тяжёлый, тяжкий
improcedencia *f* 1) *(inoportunidad)* неуместность 2) *(falta de fundamento)* необоснованность
improcedente *adj* 1) *(inoportuno)* неуместный 2) *(sin fundamento)* необоснованный
improductivo *adj* непродуктивный
impronta *f* 1) рельефный оттиск 2) *(huella)* след, осадок 3) *biol* импринтинг
impronunciable *adj* непроизносимый
improperio *m* оскорбление, ругательство
impropiedad *f* 1) несвойственность 2) *(en el uso de las palabras)* неточность
impropio *adj* 1) **(de alg o u/c)** несвойственный (кому/чему-л), нехарактерный (для кого/

чего-л) 2) *(fuera de lugar)* неуместный, неподходящий
improrrogable *adj* 1) не подлежащий продлению 2) *(urgente)* неотложный
improvisación *f* импровизация
improvisado *adj* импровизированный
improvisador 1. *adj* импровизаторский **2.**, **-a** *m/f* импровизатор
improvisar *vt/i* импровизировать
improviso *adj* неожиданный, непредвиденный, непредусмотренный ◆ **de ~** неожиданно, вдруг
improvist|o *adj* V. improviso ◆ **a la ~a** вдруг, неожиданно
imprudencia *f* неосторожность, неосмотрительность
imprudente *adj* неосторожный, неосмотрительный, непредусмотрительный
impúber *adj* не достигший половой зрелости
impúdico *adj* бесстыдный, неприличный
impuesto *m* налог *aplicar un ~* облагать налогом ◆ **~ sobre el valor añadido** налог на добавочную стоимость **~ sobre la renta de las personas físicas** налог на доходы физических лиц
impugnable *adj* 1) спорный 2) *jur* опровержимый, оспоримый
impugnación *f jur* оспаривание, обжалование
impugnar *vt* 1) *(refutar)* опровергать, отрицать 2) *(judicialmente)* оспаривать, обжаловать
impulsar *vt* 1) *(empujar)* толкать, подталкивать 2) *(promover)* давать импульс (чему-л), давать толчок
impulsión *f* V. impulso
impulsividad *f* импульсивность
impulsivo *adj* импульсивный
impulso *m* толчок, импульс *tomar ~* разбегаться
impulsor *m/f* 1) *(motor)* двигатель 2) *(promotor)* инициатор
impune *adj* безнаказанный
impunidad *f* безнаказанность
impuntual *adj* непунктуальный
impuntualidad *f* непунктуальность
impureza *f* 1) нечистота 2) *(dicho de una materia)* примесь, загрязнение 3) *(falta de castidad)* порочность, безнравственность
impuro *adj* 1) грязный, загрязнённый 2) *(dicho de una materia)* с примесью 3) *(falto de castidad)* порочный, безнравственный
imputabilidad *f jur* возможность привлечения к уголовной ответственности
imputable *adj jur* вменяемый, наказуемый
imputación *f jur* обвинение, вменение в вину
imputado *m/f jur* обвиняемый, подсудимый
imputar *vt jur* обвинять, вменять в вину
inabordable *adj* неприступный
inacabable *adj* бесконечный
inacabado *adj* незаконченный, неоконченный
inaccesibilidad *f* недоступность
inaccesible *adj* недоступный
inacción *f* бездействие
inaceptable *adj* неприемлемый
inactividad *f* бездействие
inactivo *adj* бездеятельный, пассивный
inadaptable *adj* неадаптируемый, неприменяемый
inadaptación *f* неприспособленность
inadaptado *adj* неприспособленный
inadecuación *f* несоответствие, неадекватность
inadecuado *adj* несоответствующий, неадекватный, неподходящий
inadmisible *adj* недопустимый, неприемлемый
inadvertencia *f* невнимательность, неосмотрительность
inadvertido *adj* 1) *(que no repara en las cosas)* невнимательный, рассеянный 2) *(desapercibido)* незамеченный
inagotable *adj* неисчерпаемый, бесконечный
inaguantable *adj* нестерпимый, невыносимый
inalámbrico *adj* беспроводной, беспроволочный
inalcanzable *adj* непостижимый
inalienable *adj jur* неотчуждаемый, неотъемлемый
inalterable *adj* 1) неизменный, неизменяемый 2) *(imperturbable)* невозмутимый
inamovible *adj* постоянный, несменяемый
inanición *f* истощение
inanidad *f* пустота, бессодержательность
inanimado *adj* 1) неодушевлённый 2) *ling* неодушевлённый
inapelable *adj* 1) *jur* окончательный, не подлежащий обжалованию 2) *(irremediable)* неизбежный, неотвратимый
inapetencia *f* отсутствие аппетита
inapetente *adj* потерявший аппетит
inaplazable *adj* неотложный, срочный
inapreciable *adj* незаметный, незначительный
inaprensible *adj* 1) неуловимый 2) *(incomprensible)* непонятный, недоступный пониманию
inarrugable *adj* немнущийся
inasequible *adj* недоступный, недосягаемый
inasistencia *f* 1) отсутствие 2) *(falta de ayuda)* отсутствие помощи
inastillable *adj* 1) небьющийся 2) *(referido al vidrio)* безосколочный
inatacable *adj* 1) неприступный 2) *(evidente)* неоспоримый, очевидный
inatención *f* невнимание, невнимательность
inatento *adj* 1) невнимательный, небрежный 2) *(no cortés)* невнимательный, нелюбезный
inaudible *adj* неслышный
inaudito *adj* неслыханный
inauguración *f* торжественное открытие
inaugural *adj* вступительный, относящийся к торжественному открытию
inaugurar *vt* (торжественно) открывать
inca 1. *m/f* инка **2.** *adj* инкский
incalculable *adj* неисчислимый, несметный, бесчисленный
incalificable *adj* 1) *(inimaginable)* невероятный, невообразимый 2) *(vituperable)* возмутительный, непозволительный
incandescencia *f* накал, накаливание
incandescente *adj* раскалённый добела
incansable *adj* неутомимый
incansablemente *adv* неутомимо, неустанно
incapacidad *f* **(para u/c)** неспособность (к чему-л), непригодность (к чему-л) ◆ ~

juridical неправоспособность ~ **laboral** нетрудоспособность, инвалидность
incapacitación *f* 1) признание неспособным 2) *jur* объявление неправоспособным, лишение права
incapacitar *vt* 1) признавать неспособным, непригодным 2) *jur* объявлять неправоспособным, лишать права
incapaz *adj* 1) **(de u/c)** неспособный (к чему-л) 2) *jur* неправоспособный, недееспособный
incautación *f* изъятие, конфискация
incautar *vt* изымать, конфисковать
incautarse *vi* 1) **(de u/c)** конфисковать 2) *(apoderarse arbitrariamente)* захватывать
incauto *adj* неосторожный, неосмотрительный
incendiar *vt* поджигать
incendiario 1. *adj* 1) зажигательный 2) *(escandaloso)* подстрекательский, подрывной **2.** *m* поджигатель
incendiarse *vpron* загораться, вспыхивать
incendio *m* пожар
incensar *vt* 1) курить кадилом 2) *(adular)* льстить, восхвалять
incensario *m* кадило
incentivar *vt* стимулировать, побуждать
incentivo *m* стимул, поощрение
incertidumbre *f* 1) неясность, неопределённость 2) *(duda)* сомнение, неуверенность
incesante *adj* беспрестанный, непрерывный, непрекращающийся
incesto *m* кровосмешение, инцест
incestuoso *adj* кровосмесительный
incidencia *f* 1) событие, происшествие 2) *mat* пересечение 3) *fís* падение
incidental *adj* случайный
incidente *m* происшествие, инцидент
incidir[1] *vi* 1) **(en u/c)** *(caer, incurrir en algo)* впадать (во что-л.) 2) **(en u/c)** *(repercutir)* влиять (на что-л), оказывать влияние (на что-л) 3) **(en u/c)** *(insistir)* возвращаться (к чему-л)
incidir[2] *vt* 1) *(cortar)* резать, рассекать 2) *med* делать надрез
incienso *m* 1) ладан 2) благовония
incierto *adj* 1) *(no cierto)* неверный 2) *(no seguro)* неясный, неопределённый 3) *(desconocido)* неизвестный, неведомый
incineración *f* 1) сжигание 2) *(de restos humanos)* кремация
incinerador *adj* испепеляющий
incinerar *vt* 1) сжигать 2) *(de restos humanos)* кремировать
incipiente *adj* начинающий, начальный
incisión *f* 1) *(acción)* резание, надрезание 2) *(hendidura)* надрез, разрез
incisivo 1. *adj* 1) режущий 2) *(mordaz)* острый, колкий, едкий **2.** *m (diente)* резец
inciso *m* 1) *(en el discurso hablado)* отступление 2) *ling* вводное предлложение
incitación *f* подстрекательство, побуждение
incitante *adj* подстрекающий, побуждающий
incitar *vt* **(a u/c)** подстрекать (к чему-л), побуждать (к чему-л)
incívico *adj* V. incivil
incivil *adj* 1) некультурный 2) *(grosero)* невоспитанный, невежливый
inclasificable *adj* не поддающийся классификации
inclemencia *f* 1) немилосердие, жестокость 2) *(del tiempo)* суровость (климата) *~s del tiempo* ненастье, стужа
inclemente *adj* 1) немилосердный, жестокий 2) *(referido al tiempo)* суровый, ненастный
inclinación *f* 1) *(acción de inclinarse)* наклонение, наклон 2) *(reverencia)* поклон 3) **(hacia alg o u/c)** *(predisposición)* склонность (к кому/чему-л)
inclinado *adj* 1) наклонённый 2) **(a u/c)** *(partidario)* склонный (к чему-л)
inclinar *vt* наклонять
inclinarse *vpron* 1) наклоняться, сгибаться 2) *(hacer una reverencia)* кланяться 3) **(por alg o u/c)** *(preferir)* быть склонен (к кому/чему-л) 4) **(por alg o u/c)** *(tender)* склоняться (к кому/чему-л)
ínclito *adj* знаменитый, прославленный
incluir *vt* 1) включать 2) *(llevar implícito)* содержать в себе, заключать в себе
inclusa *f* детский приют
inclusión *f* включение
inclusive *adv* включая, включительно
incluso 1. *adj* включённый **2.** *adv (también)* включая **3.** *prep (hasta)* даже
incoación *f jur* возбуждение (дела)
incoar *vt jur* возбуждать (дело)
incoativo *adj* 1) начинательный 2) *ling* инхоативный, начинательный
incógnita *f* 1) тайна 2) *mat* неизвестное
incógnito 1. *adj* неизвестный **2.** *m* инкогнито
incoherencia *f* 1) *(falta de coherencia)* бессвязность, непоследовательность 2) **(con u/c)** *(falta de correspondencia)* несоответствие (чему-л)
incoherente *adj* 1) *(sin sentido)* бессвязный 2) *(asistemático)* непоследовательный 3) **(con alg o u/c)** *(no correspondiente)* несоответствующий (кому/чему-л)
incoloro *adj* бесцветный
incólume *adj* целый, невредимый
incombustible *adj* несгораемый, огнестойкий
incomestible *adj* несъедобный
incomible *adj* несъедобный
incomodar *vt* 1) беспокоить, мешать (кому-л) 2) *(enfadar)* сердить, раздражать
incomodarse *vpron* 1) беспокоиться, тревожиться 2) *(enfadarse)* сердиться, досадовать
incomodidad *f* 1) неудобство 2) *(molestia)* беспокойство, стеснение 3) *(enfado)* раздражение, досада
incómodo *adj* 1) неудобный, неуютный 2) *(que incomoda)* неудобный, обременительный
incomparable *adj* несравнимый
incomparecencia *f* отсутствие, неявка
incompatibilidad *f* несовместимость
incompatible *adj* несовместимый
incompetencia *f* некомпетентность, неосведомлённость
incompetente *adj* некомпетентный
incompleto *adj* неполный, незаконченный
incomprendido *adj* непонятый
incomprensibilidad *f* непонятность, непостижимость

incomprensible *adj* непонятный, непостижимый
incomprensión *f* непонимание
incomprensivo *adj* не относящийся с пониманием, несочувствующий
incomunicabilidad *conj* необщительность, некоммуникабельность
incomunicable *adj* необщительный, некоммуникабельный
incomunicación *f* 1) отсутствие общения 2) *(de un preso)* изоляция
incomunicado *adj* 1) *(dicho de un preso)* находящийся в одиночной камере 2) *(dicho de un lugar)* отрезанный от всего мира
incomunicar *vt* изолировать, лишать возможности общения
inconcebible *adj* 1) *(incomprensible)* непонятный, непостижимый 2) *(inimaginable)* невообразимый
inconciliable *adj* непримиримый
inconcluso *adj* незаконченный, незавершённый
inconcluyente *adj* неубедительный
inconcreción *f* неконкретность
inconcreto *adj* неконкретный
incondicional 1. *adj* полный, безусловный **2.** *m/f* сторонни|к, -ца, привержен|ец, -ка
inconexo *adj* 1) *(incoherente)* бессвязный 2) **(con u/c)** *(no relacionado)* не связанный (с чем-л)
inconfesable *adj* постыдный, позорный
inconformismo *m* нонконформизм
inconformista 1. *adj* нонконформистский **2.** *m/f* нонконформист, -ка
inconfundible *adj* неповторимый, уникальный, исключительный
incongruencia *f* 1) несоответствие, бессвязность 2) бессмысленный поступок (комментарий)
incongruente *adj* **(con alg o u/c)** несоответствующий (кому/чему-л), бессвязный, непоследовательный
inconmensurable *adj* 1) несоизмеримый 2) *(enorme)* огромный
inconmovible *adj* 1) непоколебимый, несокрушимый 2) *(que no se enternece)* неумолимый, суровый
inconquistable *adj* неприступный, непобедимый
inconsciencia *f* 1) непрочность, неустойчивость, непостоянство 2) *(falta de coherencia)* необоснованность, неосновательность
inconsciente 1. *adj* 1) бессознательный, несознательный, неосознанный 2) *(en estado de inconsciencia)* без сознания 3) *(irresponsable)* несознательный, неответственный **2.** *m* бессознательное
inconscientemente *adv* 1) бессознательно, неосознанно, несознательно 2) *(irresponsablemente)* несознательно
inconsecuencia *f* непоследовательность, нелогичность
inconsecuente *adj* непоследовательный, нелогичный
inconsistencia *f* 1) нестабильность, непрочность 2) *(falta de fundamento)* необоснованность 3) *(incoherencia)* бессвязность, непоследовательность
inconsistente *adj* 1) нестабильный, непрочный 2) *(falto de fundamento)* необоснованный 3) *(incoherente)* бессвязный, непоследовательный
inconsolable *adj* неутешный, безутешный
inconstancia *f* непостоянство, непостоянность
inconstante *adj* непостоянный, нестабильный
inconstitucional *adj* неконституционный, противоречащий конституции
inconstitucionalidad *f* неконституционность
incontable *adj* бесчисленный, неисчислимый
incontenible *adj* неудержимый
incontestable *adj* неоспоримый, бесспорный
incontestado *adj* неоспоримый, бесспорный
incontinencia *f* 1) невоздержанность 2) *med* недержание
incontinente *adj* невоздержанный
incontrolable *adj* неуправляемый, неконтролируемый, бесконтрольный
incontroladamente *adv* неконтролируемо, бесконтрольно
incontrolado *adj* неконтролируемый, бесконтрольный
incontrovertible *adj* неоспоримый, неопровержимый
inconveniencia *f* 1) неудобство, помеха 2) *(despropósito)* нелепость, глупость 3) *(disconformidad)* нецелесообразность, неуместность
inconveniente 1. *adj* неудобный, неподходящий **2.** *m* неудобство, помеха ◆ **no tener ~** не иметь ничего против, не возражать
incordiar *vt coloq* докучать, мешать (кому-л), надоедать (кому-л)
incordio *m* 1) *coloq (dicho de un cosa)* досада, неприятность 2) *coloq (dicho de un persona)* надоедливый человек 3) *(buba)* бубон
incorporación *f* включение, присоединение
incorporar *vt* включать, присоединять
incorporarse *vpron* 1) **(a u/c)** присоединяться (к чему-л) 2) *(levantarse)* приподниматься 3) *(presentarse para prestar servicio)* являться (на службу) 4) *(empezar a trabajar)* выходить (на работу)
incorporeidad *f* бестелесность, бесплотность
incorpóreo *adj* бестелесный, бесплотный
incorrección *f* 1) неправильность 2) *(de comportamiento)* невежливость, некорректность
incorrecto *adj* 1) неправильный, неверный 2) *(en el comportamiento)* невежливый, некорректный
incorregible *adj* неисправимый
incorruptible *adj* 1) непортящийся, нетленный 2) *(insobornable)* неподкупный, честный
incorrupto *adj* 1) неиспорченный, несгнивший, нетленный 2) *(insobornable)* неподкупный 3) *(puro)* непорочный
incredulidad *f* недоверчивость
incrédulo *adj* недоверчивый
increíble *adj* невероятный, неимоверный
incrementar 1. *vt* увеличивать, повышать **2.** *vi* V. incrementarse
incrementarse *vpron* увеличиваться, расти, повышаться, усиливаться
incremento *m* увеличение, рост, повышение

increpar *vt* ругать, порицать
incriminación *f* обвинение, вменение в вину
incriminar *vt* обвинять, вменять в вину, инкриминировать
incruento *adj* бескровный
incrustación *f* 1) *(acción de incrustar)* инкрустирование 2) инкрустация 3) *(costra)* налёт, накипь
incrustado *adj* инкрустированный
incrustar *vt* инкрустировать, вставлять
incrustarse *vpron* 1) вонзаться, впиваться 2) *(fijarse en la mente)* запечатлеться, отложиться
incubación *f* 1) *(de los huevos)* высиживание цыплят 2) *med* инкубационный период
incubadora *f* инкубатор
incubar 1. *vt (huevos)* высиживать **2.** *vi (encobar)* сидеть на яйцах
incubarse *vpron* готовиться, затеваться, назревать
incuestionable *adj* бесспорный
inculcación *f* внушение, вбивание в голову
inculcar *vt* внушать, прививать
inculcarse *vpron* упорствовать, стоять на своём
inculpación *f* обвинение
inculpado *adj* обвиняемый
inculpar *vt* обвинять, вменять в вину
incultivable *adj* непригодный для обработки
inculto *adj* 1) необразованный, некультурный 2) *(sin cultivar)* необработанный, невозделанный
incultura *f* 1) *(falta de cultura)* некультурность, бескультурье 2) *(falta de cultivo)* невозделанность, необработанность
incumbencia *f* обязанность, ведение, компетенция *esto no es de tu ~* это тебя не касается
incumbir *vi* **(a alg)** касаться (кого-л), быть в компетенции (кого-л)
incumplimiento *m* неисполнение, невыполнение
incumplir *vt* не выполнять, не исполнять
incunable 1. *adj* первопечатный **2.** *m* инкунабула
incurabilidad *f* 1) неизлечимость 2) *(de un defecto)* неисправимость
incurable *adj* 1) неизлечимый 2) *(incorregible)* неисправимый
incuria *f* нерадивость, халатность
incurrir *vi* 1) **(en u/c)** впадать (во что-л.), совершать *~ en contradicción* впадать в противоречие; *~ en un delito* совершать преступление 2) *(causar)* навлекать (на себя), нарываться (на что-л) *~ en el odio de alg* навлекать чей-л. гнев
incursión *f* вторжение, налёт
indagación *f* расследование, исследование
indagador *adj* испытующий, проницательный
indagar *vt* расследовать, исследовать
indebido *adj* 1) ненужный, необязательный 2) *(injustificado)* необоснованный
indecencia *f* 1) неприличие, непристойность 2) *(hecho o dicho indecentes)* непристойный поступок, неприличное выражение
indecente *adj* неприличный, непристойный
indecible *adj* невыразимый, несказанный
indecisión *f* нерешительность, нерешимость
indeciso *adj* нерешительный
indeclinable *adj* 1) *ling* несклоняемый 2) *(irrechazable)* от которого невозможно отказаться
indecoroso *adj* неприличный, неподобающий
indefectible *adj* неизбежный, неминуемый
indefendible *adj* незащитимый
indefensión *f* беззащитность, беспомощность
indefenso *adj* беззащитный, беспомощный
indefinible *adj* неопределимый
indefinidamente *adv* 1) неопределённо 2) *(para un tiempo indefinido)* на неопределённый срок
indefinido *adj* 1) неопределённый, неясный 2) *ling* неопределённый
indeformable *adj* недеформирующийся
indeleble *adj* 1) нестираемый, невыводимый 2) *(dicho de una impresión)* неизгладимый
indelicadeza *f* неделикатность, бестактность
indelicado *adj* неделикатный, бестактный
indemne *adj* невредимый
indemnidad *f* невредимость, безубыточность
indemnización *f* компенсация, возмещение
indemnizar *vt* **(a alg con u/c)** компенсировать (кому-л. что-л), возмещать (кому-л. что-л)
independencia *f* независимость
independentismo *m* борьба за независимость
independentista 1. *adj* борющийся за независимость **2.** *m/f* борец за независимость
independiente *adj* **(de alg o u/c)** независимый (от кого/чего-л)
independientemente *adv* **(de alg o u/c)** независимо (от кого/чего-л)
indescifrable *adj* 1) не поддающийся расшифровке 2) *(incomprensible)* непознаваемый, непостижимый
indescriptible *adj* неописуемый
indeseable *adj* 1) нежелательный 2) *(de trato no recomendable)* скверный, дурной
indeseado *adj* нежеланный
indestructible *adj* нерушимый
indetectable *adj* невыявляемый, необнаруживаемый
indeterminable *adj* неопределимый
indeterminación *f* 1) неопределённость 2) *(indecisión)* нерешительность
indeterminado *adj* неопределённый
indian|o 1. *adj* 1) *(de las Indias Orientales)* индийский 2) *(de las Indias Occidentales)* индейский **2.** , **-a** *m/f* инд|еец, -ианка **3.** *m hist* испанский эмигрант (разбогатевший в Америке)
indicación *f* 1) указание 2) *(señal)* указатель 3) *(gesto)* знак, жест ◆ **por ~ de alg** по указанию кого-л
indicado *adj* 1) указанный, показанный 2) *(adecuado)* подходящий, соответствующий 3) *(referido a un medicamento)* рекомендованный, показанный
indicador *m* 1) указатель 2) *(exponente)* показатель
indicar *vt* 1) *(mostrar)* указывать, показывать 2) *(significar)* свидетельствовать (о чём-л), указывать (на что-л) 3) *(dicho de un médico)* прописывать, предписывать
indicativo 1. *adj* 1) *(que indica)* указательный 2) *(significativo)* свидетельствующий, по-

казательный 2. *m gram (modo indicativo)* изъявительное наклонение

índice *m* 1) указатель 2) *(dedo)* указательный палец

indicio *m* 1) признак, знак 2) *(resto)* след

indiferencia *f* равнодушие, безразличие

indiferente *adj* равнодушный, безразличный, индифферентный ◆ **me es** ~ мне безразлично, мне всё равно

indígena 1. *adj* аборигенный, туземный 2. *m/f* абориген, туземец, -ка

indigencia *f* нищета, нужда

indigenismo *m* 1) *(ideario)* индихенизм 2) *(estudio)* изучение индейской культуры

indigenista 1. *adj* индихенистский 2. *m/f* специалист по культуре индейцев

indigente *adj* нищий, бедный

indigerible *adj* неудобоваримый

indigestarse *vpron* 1) *(dicho de una persona)* расстраивать себе желудок 2) *(dicho de la comida)* не перевариваться

indigestión *f* расстройство пищеварения

indigesto *adj* неудобоваримый

indignación *f* возмущение, негодование

indignado *adj* возмущённый, негодующй

indignante *adj* возмутительный

indignar *vt* возмущать

indignarse *vpron* возмущаться

indignidad *f* низость, гнусность

indigno *adj* **(de alg o u/c)** недостойный (кого/чего-л)

índigo *m* индиго

indi|o 1. *adj* 1) *(americano)* индейский 2) *(de la India)* индийский 2. , -a *m/f* 1) *(americano)* инд|еец, -ианка 2) *(de la India)* инди|ец, -ианка ◆ **hacer el ~o** *coloq* валять дурака

indirecta *f* намёк

indirecto *adj* непрямой, косвенный ◆ **estilo** ~ косвенная речь

indiscernible *adj* неразличимый, невидимый

indisciplina *f* недисциплинированность, отсутствие дисциплины

indisciplinado *adj* недисциплинированный

indisciplinarse *vpron* нарушать дисциплину, выйти из подчинения

indiscreción *f* 1) нескромность, бестактность 2) *(imprudencia)* неосторожность

indiscreto *adj* нескромный, бестактный

indiscriminado *adj* безразличный

indiscutible *adj* бесспорный

indisociable *adj* неотделимый

indisoluble *adj* 1) нерастворимый 2) *(inseparable)* нерасторжимый, неразрывный

indispensable *adj* необходимый, обязательный

indisponer *vt* вызывать недомогание

indisponerse *vpron* чувствовать недомогание

indisponibilidad *f* недоступность

indisponible *adj* недоступный

indisposición *f* недомогание

indispuesto *adj* занемогший

indistinguible *adj* неразличимый, неотличимый

indistintamente *adv* безразлично, одинаково

indistinto *adj* 1) безразличный, неразличимый, такой же 2) *(que no se distingue)* неясный

individual *adj* 1) индивидуальный, личный, персональный 2) *(dicho de una habitación de hotel)* одноместный

individualidad *f* индивидуальность

individualismo *m* индивидуализм

individualista 1. *adj* индивидуалистический 2. *m/f* индивидуалист, -ка

individualmente *adv* индивидуально

individuo *m/f* 1) *(persona)* человек, лицо 2) *(de una especie)* индивид, особь 3) *(tipo)* тип

indivisibilidad *f* неделимость, нераздельность

indivisible *adj* неделимый

indiviso *adj* V. indivisible

indochino *adj* индокитайский

indócil *adj* непослушный, непокорный

indocilidad *f* непокорность, непослушание

indocumentado *adj jur* без документов

indoeuropeo *adj* индоевропейский

índole *f* характер

indolencia *f* безразличие

indolente *adj* 1) безразличный 2) *(indoloro)* безболезненный

indoloro *adj* безболезненный

indomable *adj* 1) неприручаемый 2) *(referido a una persona)* непослушный, неуправляемый, строптивый 3) *(referido a un sentimiento)* неукротимый, неистовый

indómito *adj* 1) *(no domado)* неприрученный, дикий 2) *(que no se puede o deja domar)* **неприручаемый** 3) *(difícil de reprimir)* безудержный, неистовый

indonesi|o 1. *adj* индонезийский 2. , -a *m/f* индонези|ец,-йка

inducción *f* 1) побуждение 2) *filos fís* индукция

inducido *adj* индуцированный

inducir *vt* 1) **(a u/c)** *(incitar)* побуждать (к чему-л) 2) **(a u/c)** *(ocasionar, conducir)* приводить (к чему-л) 3) *filos* заключать 4) *fís* индуцировать

inductivo *adj filos fís* индуктивный

inductor *m* 1) зачинщик 2) *electr* индуктор

indudable *adj* несомненный

indulgencia *f* снисходительность

indulgente *adj* снисходительный

indultar *vt* миловать

indulto *m* помилование

indumentaria *f* одежда, костюм

industria *f* промышленность, индстрия ◆ ~ **ligera/pesada** лёгкая/тяжёлая промышленность

industrial 1. *adj* промышленный, индустриальный 2. *m/f* промышленник, предприниматель

industrialismo *m* индустриализм, опора на промышленность

industrialista *adj* индустриалист, сторонник опоры на промышленность

industrialización *f* индустриализация

industrializar *vt* индустриализировать

industrioso *adj* 1) *(mañoso)* мастерский, искусный 2) *(trabajador)* трудолюбивый, работящий

inédito *adj* 1) неизданный 2) *(insólito)* небывалый

inefable *adj* невыразимый, неизъяснимый

ineficacia *f* безрезультатность, неэффективность

ineficaz *adj* безрезультатный, неэффективный
ineficiencia *f* отсутствие эффективности
ineficiente *adj* неэффективный
ineludible *adj* неизбежный, неотвратимый
inembargable *adj* не подлежащий наложению эмбарго
inenarrable *adj* непередаваемый, неописуемый
ineptitud *f* 1) *(incapacidad)* неспособность, бездарность 2) *(inadecuación)* непригодность, негодность
inepto *adj* неспособный, бездарный
inequívoco *adj* несомненный
inercia *f fís* инерция
inerte *adj* 1) *fís quím* инертный 2) *biol* безжизненный
inescrutable *adj* непознаваемый, непостижимый
inesperadamente *adv* неожиданно
inesperado *adj* неожиданный, внезапный
inestabilidad *f* неустойчивость, нестабильность
inestable *adj* неустойчивый, нестабильный
inestimable *adj* бесценный
inevitable *adj* неизбежный
inexactitud *f* неточность
inexacto *adj* неточный
inexcusable *adj* непростительный
inexistencia *f* отсутствие
inexistente *adj* несуществующий
inexorable *adj* неумолимый, непреклонный
inexperiencia *f* неопытность
inexperto *adj* неопытный
inexplicable *adj* необъяснимый
inexplicado *adj* необъяснимый, необъяснённый
inexplorado *adj* неразведанный, неисследованный
inexpresable *adj* невыразимый, неописуемый
inexpresivo *adj* невыразительный, маловыразительный
inexpugnable *adj* неприступный
inextricable *adj* сложный, запутанный, неразрешимый
infalibilidad *f* 1) *(fiabilidad)* надёжность 2) *(incapacidad de errar)* непогрешимость, безошибочность
infalible *adj* 1) надёжный, верный 2) *(que no puede errar)* непогрешимый, безошибочный
infamación *f* инфамация, предание позору
infamante *adj* бесчестящий, позорящий, дискредитирующий
infamar *vt* бесчестить, позорить
infamativo *adj* V. infamatorio
infamatorio *adj* позорный, позорящий, бесчестящий
infame *adj* 1) бесчестный, позорный 2) *(vil)* подлый
infamia *f* 1) бесчестье, позор 2) *(vileza)* подлость, низость
infancia *f* детство ♦ **jardín de** ~ детский сад
infanta *f* 1) *(niña)* девочка (до семи лет) 2) *(título de pariente del rey)* инфанта, принцесса 3) *(esposa del infante)* супруга инфанта 4) *(hija del rey nacida después del príncipe o de la princesa)* инфанта
infante *m* 1) *(niño)* мальчик (до семи лет) 2) *(título de pariente del rey)* инфант 3) *(hijos del rey nacidos después del príncipe o de la princesa)* инфант, принц 4) *(soldado)* пехотинец
infantería *f* пехота
infanticida **1.** *adj* детоубийственный **2.** *m/f* детоубийца
infanticidio *m* детоубийство
infantil *adj* 1) детский 2) *(cándido)* наивный 3) *(dicho del comportamiento de un adulto)* детский, инфантильный
infantilismo *m* 1) инфантильность 2) *med* инфантилизм
infanzón *m hist* инфансон
infarto *m* инфаркт
infatigable *adj* неутомимый, неустанный
infatigablemente *adv* неутомимо, неустанно
infausto *adj* несчастный, роковой, несчастливый
infección *f* заражение, инфекция
infeccioso *adj* заразный, инфекционный
infectado *adj* заражённый
infectar *vt* заражать
infectarse *vpron* заражаться
infecundidad *f* бесплодие
infecundo *adj* бесплодный
infelicidad *f* несчастье
infeliz **1.** *adj* несчастный, несчастливый **2.** *m/f* простодушный человек
inferior *adj* 1) *(que está debajo)* нижний 2) *(de menor calidad)* низший, худший 3) *(de menor cantidad)* меньший 4) *(subordinado)* подчинённый
inferioridad *f* 1) низкое качество 2) низкое положение
inferir *vt* 1) *(deducir)* делать вывод, заключать 2) *(llevar consigo)* влечь за собой 3) *(agravios, heridas, etc.)* наносить
infernal *adj* адский
infértil *adj* бесплодный
infertilidad *f* бесплодие
infestar *vt* заражать
infición *f* V. infección
inficionar *vt* V. infectar
inficionarse *vpron* V. infectarse
infidelidad *f* 1) неверность, измена 2) *(a la fe católica)* безбожие
infiel *adj* 1) неверный 2) *(de otra religión)* неверующий
infiernillo *m* спиртовка
infierno *m* ад, преисподняя
infijo *m ling* инфикс
infiltración *f* 1) проникновение 2) *med* инфильтрация
infiltrar *vt* 1) пропитывать 2) *med* проводить инфильтрацию
infiltrarse *vpron* 1) *(dicho de un líquido)* впитываться, просачиваться 2) *(introducirse)* проникать
ínfimo *adj* 1) самый низкий, низший 2) *(el menos importante)* самый незначительный, последний 3) *(el más vil)* худший, ничтожный
infinidad *f* бесконечность
infinitamente *adv* бесконечно
infinitesimal *adj mat* бесконечно малый
infinitivo *m ling* инфинитив

infinito 1. *adj* 1) бесконечный 2) *(numeroso)* многочисленный **2.** *m* 1) бесконечность 2) *mat* знак бесконечности
infinitud *f* бесконечность, безграничность
inflación *f* 1) *(acción de inflar)* инфляция 2) *(vanidad)* тщеславие 3) *econ* инфляция
inflacionario *adj econ* инфляционный
inflacionismo *m econ* инфляционизм
inflacionista 1. *adj econ* инфляционистский **2.** *m/f econ* инфляционист, -ка
inflado *adj* V. hinchado
inflamabilidad *f* воспламеняемость, горючесть
inflamable *adj* легковоспламеняющийся, горючий
inflamación *f* 1) *(ignición)* воспламенение 2) *(de una parte del organismo)* воспаление
inflamar *vt* 1) воспламенять, поджигать 2) *(excitar)* возбуждать, распалять 3) *(hinchar)* вызывать воспаление
inflamarse *vpron* 1) *(encenderse)* воспламеняться 2) *(hincharse)* воспаляться
inflar *vt* 1) надувать 2) *(exagerar)* раздувать
inflarse *vpron* 1) надуваться 2) *(engreirse)* надуваться спесью 3) **(a u/c)** *coloq (hartarse)* наедаться (чего-л)
inflexibilidad *f* несгибаемость, неуступчивость, непреклонность
inflexible *adj* 1) негибкий 2) *(de carácter)* твёрдый
inflexión *f* 1) *(acción)* сгибание, перегибание 2) *(efecto)* изгиб, перегиб ◆ **punto de ~** решающй момент
infligir *vt* причинять, наносить
influencia 1. *f* 1) влияние, воздействие 2) *(importancia)* авторитет, вес **2.** *fpl* связи, знакомства ◆ **bajo la ~ de alg o u.c.** под влиянием кого/чего-л **ejercer ~ en alg o u.c.** оказывать влияние на кого/что-л, влиять на кого/что-л
influenciar *vt* V. influir
influir *vi* **(en/sobre alg o u/c)** влиять (на кого/что-л), воздействовать (на кого/что-л)
influjo *m* 1) V. influencia 2) *(marea)* прилив
influyente *adj* влиятельный
información *f* 1) информация, сведения 2) *(acción de informar)* сообщение, уведомление ◆ **fuente de ~** источник информации **oficina de ~** справочное бюро
informado *adj* информированный
informador 1. *m* сообщающий, информирующий **2.** *m* информатор
informal *adj* 1) неофициальный, неформальный 2) *(no fiable)* несерьёзный, неисполнительный
informalidad *f* 1) неофициальность, неформальность 2) *(falta de fiabilidad)* несерьёзность, неисполнительность
informante *m* информант
informar *vt* **(de/sobre u/c o alg)** информировать (о ком/чём-л), сообщать
informarse *vpron* информироваться, получать сведения
informática *f* информатика
informátic|o 1. *adj* компьютерный **2.** , **-a** *m/f* информатик, компъютерщик
informativo 1. *adj* 1) *(relativo a la información)* информационный 2) *(que informa)* информативный **2.** *m* выпуск новостей
informe *m* отчёт, доклад
infortunio *m* 1) *(mala suerte)* невезение, неудача 2) *(desgracia)* несчастье, беда
infracción *f* нарушение
infractor, -a *m/f* нарушитель, -ница
infraestructura *f* инфраструктура
infrahumano *adj* животный, низменный
infranqueable *adj* непроходимый, непреодолимый
infrarrojo *adj fís* инфракрасный
infrascrito *adj* 1) *(que firma)* нижеподписавшийся 2) *(mencionado)* нижеупомянутый
infravalorar *vt* недооценивать
infrecuencia *f* редкость
infrecuente *adj* редкий, нечастый
infringir *vt* нарушать
infructuoso *adj* неплодотворный, безрезультатный
ínfula 1. *f* епископская митра **2. -s** *fpl* тщеславие, пустота *darse ~s* быть тщеславным
infundado *adj* необоснованный
infundio *m* ложный слух, сплетни
infundir *vt* внушать ~ *confianza* внушать доверие; ~ *miedo* вселять страх
infusión *f* настой
infus|o *adj* от бога, милостью божьей ◆ **ciencia ~a** знание, полученное от бога
ingeniar *vt* выдумывать, изобретать
ingeni|arse *vpron* : ~árselas изворачиваться, выкручиваться, умудряться, изловчаться
ingeniería *f* инженерное дело
ingeniero *m/f* инженер
ingenio *m* 1) изобретательность 2) *(gracia)* остроумие 3) *(maña)* ловкость, умение 4) *(capacidad creadora)* дар, талант
ingeniosidad *f* 1) изобретательность, находчивость 2) *(en sentido negativo)* неуместное остроумие
ingenioso *adj* 1) изобретательный 2) *(gracioso)* остроумный 3) *(mañoso)* ловкий, умелый 4) *(talentoso)* одарённый, талантливый
ingente *adj* огромный, громадный
ingenuidad *f* наивность, простодушие
ingenuo *adj* наивный, простодушный
ingerencia *f* V. injerencia
ingerir *vt* принимать внутрь, проглатывать
ingestión *f* приём пищи
ingle *f* пах
ingl|és 1. *adj* английский **2.** , **-esa** *m/f* англичан|ин, -ка **3.** *m* английский язык
ingobernabilidad *f* неуправляемость
ingobernable *adj* неуправляемый
ingratitud *f* неблагодарность
ingrato *adj* неблагодарный
ingrediente *m* ингриедиент, компонент
ingresar 1. *vi* 1) *(en una organización)* вступать 2) *(en un centro de enseñanza)* поступать 3) *(en una clínica)* попадать **2.** *vt* 1) *(en una clínica)* класть в больницу 2) *(dinero en una cuenta)* класть, переводить 3) *(percibir dinero)* получать (деньги, доходы), зарабатывать
ingreso *m* 1) вступление, поступление 2) *(de dinero a una cuenta)* вклад 3) *(ganancia)* доход
inhábil *adj* 1) неловкий, неумелый 2) *(inadecuado)* неспособный, непригодный 3) *(festivo)* нерабочий (день)

inhabilidad *f* 1) неумение, неловкость 2) *jur* неправоспособность
inhabilitación *f* признание не соответствующим должности
inhabilitar *vt* **(para u/c)** признавать не соответствующим должности
inhabitable *adj* нежилой, непригодный для жизни
inhabitado *adj* необитаемый
inhabitual *adj* непривычный
inhalación *f* вдыхание, ингаляция
inhalador *m* ингалятор
inhalar *vt* вдыхать
inherente *adj* **(a alg o u/c)** присущий (кому/чему-л), неотъемлемый (от кого/чего-л)
inhibición *f* 1) торможение, подавление, ингибиция 2) *jur* приостановка
inhibidor 1. *adj* тормозящий, задерживающий, ингибирующий **2.** *m quím* ингибитор
inhibir *vt* 1) задерживать, тормозить, ингибировать 2) *jur* приостанавливать
inhibirse *vpron* 1) **(en u/c)** *(abstenerse)* воздерживаться (от кого/чего-л), уклоняться (от кого/чего-л) 2) *jur* делать самоотвод (о судье)
inhospitalario *adj* 1) негостеприимный, нерадушный 2) *(inhóspito)* пустынный, неприютный
inhóspito *adj* 1) *(dicho de un lugar)* пустынный, неприютный 2) *(dicho de una persona)* нерадушный, неприветливый
inhumación *f* погребение, захоронение
inhumanidad *f* бесчеловечность, жестокость
inhumano *adj* 1) *(falto de humanidad)* бесчеловечный 2) *(dicho de un dolor)* нечеловеческий
inhumar *vt* хоронить, предавать земле
iniciación *f* **(a u/c)** посвящение (во что-л.), приобщение (к чему-л)
iniciador 1. *adj* начинающий **2.** *m* инициатор
inicial 1. *adj* начальный **2.** *f* инициал
iniciar *vt* 1) начинать, приступать (к чему-л) 2) **(en u/c)** *(instruir)* приобщать (к чему-л) 3) *(incoar)* возбуждать (дело)
iniciarse *vpron* начинаться
iniciativa *f* 1) *(propuesta)* инициатива, предложение 2) *(acción de adelantarse)* инициатива 3) *(cualidad de mostrar iniciativa)* инициативность ◆ **a ~ de alg** по инициативе кого-л **tomar la ~** брать инициативу в свои руки
inicio *m* начало
inicuo *adj* 1) *(contrario a la equidad)* несправедливый 2) *(malvado)* злой, жестокий
inidentificable *adj* неотождествляемый, неопознаваемый
inigualable *adj* бесподобный, несравненный
inigualado *adj* V. inigualable
inimaginable *adj* невообразимый
inimitable *adj* неподражаемый, неповторимый
ininflamable *adj* негорючий, невоспламеняющийся
ininteligible *adj* непонятный, невразумительный
ininterrumpido *adj* беспрерывный, непрерывный
iniquidad *f* несправедливость, жестокость
injerencia *f* вмешательство
injerir *vt* 1) вкладывать, вводить 2) *(una palabra, una nota)* вводить, включать 3) *(injertar)* прививать (растение)
injerirse *vpron* вмешиваться, соваться
injertar *vt* 1) *(plantas)* прививать (растение) 2) *(un tejido)* делать пересадку (ткани)
injerto *m* 1) *(acción)* прививка (растения) 2) *(parte de una planta)* черенок 3) *(planta injertada)* подвой 4) *(fragmento de tejido vivo)* ткань для пересадки
injuria *f* обида, оскорбление
injuriar *vt* 1) оскорблять, обижать 2) *(dañar)* наносить ущерб, вредить
injurioso *adj* обидный, оскорбительный
injusticia *f* несправедливость
injustificable *adj* непростительный, не имеющий оправдания
injustificado *adj* необоснованный, неоправданный
injusto *adj* несправедливый
inmaculado *adj* чистый, незапятнанный
inmadurez *f* незрелость
inmaduro *adj* 1) незрелый 2) *(infantil)* незрелый, инфантильный
inmanencia *f filos* имманентность
inmanente *adj filos* имманентный, присущий
inmaterial *adj* 1) бестелесный, бесплотный 2) *filos* нематериальный
inmediaciones *fpl* окрестности
inmediatez *f* 1) *(en el espacio)* близость, соседство 2) *(en el tiempo)* близость, незамедлительность
inmediato *adj* 1) *(en el espacio)* ближайший 2) *(en el tiempo)* немедленный ◆ **de ~** сразу
inmejorable *adj* наилучший
inmemorial *adj* давний, древний ◆ **desde tiempos ~es** с незапамятных времён
inmensidad *f* 1) огромность 2) *(infinitud)* безмерность, безграничность, необъятность
inmenso *adj* 1) огромный, громадный 2) *(infinito)* безмерный, необъятный
inmensurable *adj* неизмеримый, безмерный
inmergir *vt* погружать, окунать
inmersión *n* погружение
inmerso *adj* погружённый
inmigración *f* иммиграция
inmigrante *m/f* иммигрант, -ка
inmigrar *vi* иммигрировать
inminencia *f* неизбежность, неотвратимость
inminente *adj* неизбежный, неминуемый
inmiscuir *vt* смешивать, примешивать
inmiscuirse *vpron* вмешиваться (в чужие дела)
inmobiliaria *f* агентство недвижимости
inmobiliario *adj* недвижимый
inmolación *f* жертвоприношение
inmolar *vt* 1) жертвовать, приносить жертву 2) *relig* приносить в жертву богам
inmolarse *vpron* жертвовать собой, приносить себя в жертву
inmoral *adj* безнравственный, аморальный
inmoralidad *f* 1) *(falta de moral)* безнравственность 2) *(acción)* безнравственный поступок
inmortal *adj* бессмертный
inmortalidad *f* бессмертие
inmortalizar *vt* обессмертить

inmortalizarse *vpron* обессмертить своё имя
inmóvil *adj* неподвижный
inmovilidad *f* неподвижность
inmovilismo *m* застой, иммобилизм
inmovilización *f* приведение в неподвижное состояние, иммобилизация
inmovilizador *m* иммобилизатор
inmovilizar *vt* делать неподвижным, фиксировать, иммобилизировать
inmovilizarse *vpron* застывать, цепенеть
inmueble *m* недвижимое имущество
inmundicia *f* 1) *(suciedad)* грязь, нечистота 2) *(deshonestidad)* порок, разврат
inmundo *adj* 1) *(sucio)* грязный, нечистоплотный 2) *(impuro)* отвратительный, мерзкий
inmune *adj* 1) **(de u/c)** *(libre)* свободный (от чего-л) 2) *(invulnerable)* неуязвимый 3) *(a una enfermedad)* иммунный
inmunidad *f* 1) иммунитет 2) *(invulnerabilidad)* неуязвимость
inmunizar *vt* 1) иммунизировать, делать иммунным 2) *(hacer invulnerable)* делать неуязвимым
inmunodeficiencia *f med* иммунодефицит
inmunología *f med* иммунология
inmunológico *adj med* иммунологический
inmunólogo *m med* иммунолог
inmunoterapia *f med* иммунотерапия
inmutabilidad *f* 1) неизменность, непреложность 2) *(tranquilidad)* спокойствие, невозмутимость
inmutable *adj* 1) неизменный, непреложный 2) *(tranquilo)* спокойный, невозмутимый
inmutar *vt* изменять
inmutarse *vpron* изменяться в лице (от тревоги, волнения и т.п.)
innato *adj* врождённый
innatural *adj* неестественный, ненатуральный
innavegable *adj* несудоходный
innecesario *adj* ненужный
innegable *adj* бесспорный, неоспоримый
innoble *adj* 1) неблагородный 2) *(vil)* низкий, недостойный
innovación *f* новшество, инновация
innovador 1. *adj* новаторский, инновационный **2.** *m/f* новатор
innovar *vi* делать инновации, вводить что-л. новое
innumerable *adj* бесчисленный, неисчислимый
inobediencia *f* неповиновение, непослушание
inobediente *adj* непослушный, непокорный
inobservancia *f* несоблюдение
inocencia *f* 1) невинность 2) *(no culpabilidad)* невиновность
inocentada *f* 1) наивность, наивный поступок 2) *(broma)* шутка, розыгрыш
inocente *adj* 1) невинный 2) *(no culpable)* невиновный
inocentón *adj* наивный, доверчивый, простоватый
inocuidad *f* безвредность
inoculación *f med* прививка
inocular *vt* 1) *biol med* прививать 2) *(inculcar)* внушать, прививать
inocuo *adj* безвредный
inodoro 1. *adj* непахнущий **2.** *m* унитаз
inofensivo *adj* 1) *(incapaz de ofender)* безобидный 2) *(que no puede dañar)* безвредный
inoficioso *adj jur* несправедливый, наносящий обиду
inolvidable *adj* незабываемый
inoperante *adj* недейственный, неэффективный
inopia *f* бедность, нужда ◆ **estar en la ~** витать в облаках
inopinado *adj* неожиданный, внезапный
inoportunamente *adv* некстати, не вовремя
inoportunidad *f* неуместность, несвоевременность
inoportuno *adj* 1) *(fuera de lugar)* неуместный 2) *(fuera de tiempo)* несвоевременный
inorgánico *adj* неорганический
inoxidable *adj* нержавеющий
input *m* 1) *informát* ввод данных, инпут 2) *econ* сырьё
inquebrantable *adj* 1) небьющийся 2) *(sálido)* нерушимый, несокрушимый
inquietador *adj* тревожный, беспокойный
inquietante *adj* тревожный, беспокойный
inquietar *vt* беспокоить, тревожить
inquietarse *vpron* **(por u/c)** беспокоиться (из-за чего-л), тревожиться (из-за чего-л)
inquieto *adj* беспокойный, тревожный
inquietud *f* 1) беспокойство, волнение 2) *(interés, habitualmente en plural)* стремления, желания
inquilin|o, -a *m/f* съёмщи|к, -ца
inquina *f* ненависть, отвращение
inquirir *vt* 1) расследовать, исследовать, выяснять 2) *(haciendo preguntas)* разузнавать, расспрашивать
inquisición *f* 1) расследование, выяснение 2) *hist (escrito con mayúscula)* Инквизиция
inquisidor 1. *adj* изучающий, испытующий **2.** *m* 1) *hist* инквизитор 2) следователь
inquisitivo *adj* V. inquisidor
inquisitorial *adj* 1) *hist* инквизиторский 2) *(cruel)* жестокий, безжалостный
inri *m* насмешка, издёвка
insaciabilidad *f* ненасытность, неутолимость
insaciable *adj* ненасытный, неутолимый
insalubre *adj* нездоровый, вредный для здоровья
insalubridad *f* нездоровые условия
insalvable *adj* непреодолимый, неразрешимый
insanable *adj* неизлечимый
insania *f* сумасшествие, безумие
insano *adj* 1) *(insalubre)* вредный для здоровья 2) *(loco)* сумасшедший, умалишённый
insatisfacción *f* неудовлетворённость
insatisfactorio *adj* неудовлетворительный, неудовлетворяющий
insatisfecho *adj* неудовлетворённый, недовольный
insaturado *adj quím* ненасыщенный
inscribir *vt* 1) *(registrar)* записывать, вписывать 2) *(en piedra, metal, etc.)* писать
inscribirse *vpron* 1) записываться, вписываться 2) *(en un contexto)* вписываться
inscripción *f* 1) *(registro)* запись 2) *(texto escrito)* надпись

insecticida *m* средство от насекомых, инсектицид
insectívoro 1. *adj* насекомоядный **2. -s** *mpl* насекомоядные
insecto *m* насекомое
inseguridad *f* 1) *(falta de decisión)* неуверенность 2) *(peligro)* отсутствие безопасности
inseguro *adj* 1) неуверенный 2) *(peligroso)* небезопасный
inseminación *f* оплодотворение ~ *artificial* искусственное оплодотворение
inseminar *vt* оплодотворять
insensatez *f* неразумность
insensato *adj* неразумный
insensibilidad *f* 1) нечувствительность 2) *(incapacidad de sentir pena o lástima)* бесчувственность
insensibilizar *vt* лишать чувствительности, делать нечувствительным
insensibilizarse *vpron* потерять чувствительность
insensible *adj* бесчувственный
inseparable *adj* неотделимый
inserción *f* 1) вставление, вкладывание, введение 2) *(en un periódico o revista)* помещение, опубликование ◆ ~ **laboral** трудоустройство
insertar *vt* вводить, вносить
inserto 1. *adj* 1) вставленный, вложенный 2) *(en una publicación)* помещённый, опубликованный **2.** *m* вставка
inservible *adj* **(para u/c)** непригодный (к чему-л)
insidia *f* 1) *(acechanza)* ловушка, западня 2) *(palabras)* намёки, инсинуации
insidioso *adj* 1) коварный, злокозненный 2) *med* обманчиво лёгкий, скрытый
insigne *adj* выдающийся, видный, прославленный
insignia *f* 1) *(distintivo o divisa honorífica)* знак отличия, орден 2) *(pin)* значок 3) *(estandarte)* знамя, штандарт
insignificancia *f* 1) незначительность, маловажность, ничтожность 2) *(fruslería)* малость, пустяк
insignificante *adj* незначительный
insinceridad *f* неискренность
insincero *adj* неискренний
insinuación *f* намёк
insinuante *adj* намекающий
insinuar *vt* намекать (на что-л)
insinuarse *vpron* 1) *(entreverse)* угадываться 2) **(a alg)** *coloq (coquetear)* заигрывать (с кем-л)
insipidez *f* 1) отсутствие вкуса, пресность 2) *(falta de espíritu)* пресность, банальность
insípido *f* 1) безвкусный, пресный 2) *(falto de espíritu)* пресный, неинтересный, серый
insistencia *f* настойчивость, упорство
insistente *adj* настойчивый, упорный
insistentemente *adv* настойчиво, настоятельно
insistir *vt* **(en u/c)** настаивать (на чём-л)
insociabilidad *f* необщительность, нелюдимость
insociable *adj* необщительный, нелюдимый
insolación *f* солнечный удар
insolencia *f* дерзость, наглость
insolentar *vt* вызывать на грубость
insolentarse *vpron* **(con alg)** поступать грубо (с кем-л), хамить (кому-л)
insolente *adj* дерзкий, наглый
insolidaridad *f* несолидарность
insolidario *adj* несолидарный
insólito *adj* необычный
insoluble *adj* 1) *(dicho de una sustancia)* нерастворимый 2) *(dicho de un problema)* неразрешимый
insolvencia *f* неплатёжеспособность
insolvente *adj* неплатёжеспособный
insomne *adj* страдающий бессонницей
insomnio *m* бессонница
insondable *adj* 1) бездонный 2) *(que no se puede conocer a fondo)* непостижимый
insonorización *f* звукоизоляция
insonorizar *vt* звукоизолировать, придавать звуконепроницаемость
insonoro *adj* беззвучный
insoportable *adj* невыносимый
insoslayable *adj* неизбежный, неминуемый
insospechado *adj* неожиданный
insostenible *adj* 1) невыносимый 2) *(dicho de una hipótesis, teoría, etc.)* недоказуемый
inspección *f* 1) *(acción de inspeccionar)* обследование, осмотр 2) *(organismo)* надзор, инспекция
inspeccionar *vt* осматривать, обследовать, проверять
inspector *m* 1) инспектор 2) *(de policía)* следователь
inspiración *f* вдохновение
inspirar *vt/i* 1) вдохновлять 2) *(respirar)* вдыхать 3) **(u/c a alg)** *(infundir)* внушать (что-л кому-л)
inspirarse *vpron* **(con u/c)** вдохновляться (чем-л)
instalación *f* 1) *(acción de instalar)* установление, установка 2) *(equipamiento)* оборудование, аппаратура 3) *(recinto)* объект, сооружение
instalador *m* установщик
instalar *vt* 1) устанавливать 2) *(alojar)* размещать, поселять
instalarse *vpron* 1) устанавливаться 2) *(alojarse)* селиться, поселяться
instancia *f* 1) *(solicitud)* заявление 2) *jur* инстанция *juzgado de primera* ~ суд первой инстанции 3) *(órgano)* орган, инстанция ◆ **a ~s de alg** по просьбе кого-л
instantánea *f* моментальный фотоснимок
instantáneo *adj* 1) мгновенный, моментальный 2) *(efímero)* мимолётный, мгновенный
instante *m* мгновение, миг ◆ **al** ~ сразу же **en un** ~ в один миг
instar 1. *vt* настойчиво просить, требовать **2.** *vi* **(a u/c)** призывать (к чему-л)
instauración *f* установление, учреждение, введение
instaurar *vt* вводить, устанавливать
instigación *f* подстрекательство, побуждение
instigador 1. *adj* подстрекающий, побуждающий **2.** *m* подстрекатель
instigar *vt* **(a u/c)** подстрекать (к чему-л), побуждать (к чему-л)
instilar *vt* 1) медленно вливать 2) *(infundir)* незаметно внушать

instintivo *adj* инстинктивный
instinto *m* инстинкт
institución *f* 1) *(acción de instituir)* установление, учреждение 2) *(organismo)* учреждение, организация 3) *(estructura social)* институт
institucional *adj* институционный, учредительный
instituir *vt* учреждать, устанавливать
instituto *m* 1) *(de educación secundaria)* средняя школа 2) *(organismo oficial)* институт 3) *(institución científica)* институт 4) *(cuerpo militar o institución religiosa)* учреждение
institutriz *f* воспитательница
instrucci|ón 1. *f* 1) *(enseñanza)* образование, обучение, подготовка 2) *(orden)* указание, инструкция 3) *jur* следствие **2. -ones** *fpl* инструкция, руководство
instructivo *adj* поучительный
instructor 1. *adj* наставляющий, поучающий **2.** *m* 1) инструктор 2) *(mentor)* наставник
instruido *adj* образованный
instruir *vt* 1) **(en u/c)** обучать (чему-л), подготавливать (в чём-л) 2) *jur* вести (дело)
instrumentación *f* 1) *mús* инструментовка, оркестровка 2) *(creación)* создание, организация
instrumental 1. *adj* 1) инструментальный 2) *ling* творительный, инструментальный 3) *jur* документальный **2.** *m* 1) *colect* набор инструментов, инструментарий 2) *ling* творительный падеж
instrumentar *vt* 1) *mús* инструментировать, оркестрировать 2) *(crear)* создавать, организовывать
instrumentista *m/f* 1) инструменталист, музыкант 2) *(fabricante de instrumentos)* инструментальщик
instrumento *m* 1) инструмент 2) *(aparato)* прибор, аппарат 3) *(musical)* инструмент 4) *(medio)* способ ♦ ~ **de cuerda** *mús* струнный инструмент ~ **de percusión** *mús* ударный инструмент ~ **de viento** *mús* духовой инструмент
insubordinación *f* неповиновение, непослушание
insubordinado 1. *adj* непокорный, неподчиняющийся, неповинующийся **2.** *m* нарушитель дисциплины, бунтовщик
insubordinarse *vpron* не подчиняться, бунтовать
insubstituibleV. insustituible
insuficiencia *f* 1) нехватка, недостаток 2) *med* недостаточность
insuficiente 1. *adj* недостаточный **2.** *m acad* неудовлетворительно
insufrible *adj* невыносимый
insular *adj* островной
insularidad *f* островное положение
insulina *f med* инсулин
insulsez *f* 1) отсутствие вкуса, пресность 2) *(falta de gracia)* пресность, банальность, пошлость
insulso *adj* 1) безвкусный, пресный 2) *(falto de gracia)* пресный, банальный, пошлый
insultante *adj* 1) оскорбительный 2) *(provocativo)* дерзкий, вызывающий
insultar *vt* оскорблять, обижать, обзывать
insulto *m* 1) оскорбление, обида 2) *(palabras insultantes)* брань
insumergibilidad *f* непотопляемость
insumergible *adj* непотопляемый
insumisión *f* неповиновение, непокорность
insumiso *adj* 1) *(que no ha sido sometido)* непокорённый 2) *(que no se somete)* непокорный, неповинующийся
insuperable *adj* 1) *(excelente)* непревзойдённый 2) *(insalvable)* непреодолимый
insurgente 1. *adj* восставший, повстанческий **2.** *m/f* повстанец, мятежник
insurrección *f* восстание, мятеж
insurreccionarse *vpron* восставать, поднимать восстание
insurrecto 1. *adj* восставший, мятежный **2.** *m* повстанец, мятежник
insustancial *adj* бессодержательный, неинтересный
insustituible *adj* незаменимый
intachable *adj* безупречный
intacto *adj* нетронутый, целый
intangible *adj* 1) *(que no debe tocarse)* неприкосновенный 2) *(que no puede tocarse)* неосязаемый, неощутимый
integración *f* интегрирование, интеграция
integral 1. *adj* 1) целостный, цельный 2) *(completo)* полный, внесторонний 3) *mat* интегральный **2.** *f mat* интеграл
integralmente *adv* в полной мере, полностью
íntegramente *adv* полностью, целиком
integrante 1. *adj* составной, входящий в состав **2.** *m* член
integrar *vt* 1) *(formar parte)* входить в состав 2) *(unir)* объединять, интегрировать 3) *mat* интегрировать
integrarse *vpron* 1) *(unirse)* объединяться 2) *(socialmente)* интегрироваться
integridad *f* цельность, целостность
integrismo *m* интегризм, фундаментализм
integrista 1. *adj* интегристский, фундаменталистский **2.** *m/f* интегрист, -ка, фундаменталист, -ка
íntegro *adj* 1) целый, цельный 2) *(honrado)* честный
integumentario *adj anat* покровный
integumento *m* 1) *anat (envoltura)* оболочка, защитный покров 2) *(disfraz, ficción)* маска, оболочка
intelección *f* понимание
intelectiva *f* разум, умственные способности
intelectivo *adj* 1) *(que entiende)* понятливый, понимающий 2) *(intelectual)* умственный, интеллектуальный
intelecto *m* ум, разум, интеллект
intelectual 1. *adj* умственный, интеллектуальный **2.** *m/f* интеллектуал, интеллигент
intelectualidad *f* 1) интеллектуальность 2) *(conjunto de intelectuales)* интеллигенция
inteligencia *f* ум, разум ♦ **servicio de** ~ разведка
inteligente *adj* умный, толковый
inteligibilidad *f* понятность, вразумительность, внятность
inteligible *adj* понятный, внятный
intemperancia *f* неумеренность, невоздержанность

intemperie *f* ненастье ◆ **a la** ~ под открытым небом
intempestivo *adj* несвоевременный, неуместный
intemporal *adj* вневременный
intención *f* намерение ◆ **sin** ~ не нарочно, случайно
intencionado *adj* преднамеренный, умышленный
intencional *adj* умышленный, преднамеренный
intencionalidad *f* намеренность, умышленность
intendencia *f* 1) управление, заведование 2) *mil* интендантство
intendente *m* 1) управляющий, администратор 2) *mil* интендант
intensidad *f* интенсивность
intensificación *f* усиление, интенсификация
intensificar *vt* усиливать, интенсифицировать
intensificarse *vpron* усиливаться, интенсифицироваться
intensivo *adj* интенсивный
intenso *adj* 1) сильный, напряжённый, интенсивный 2) *(dicho de un color)* яркий
intentar *vt* пытаться, пробовать
intento *m* попытка
intentona *f* смелая попытка
interacción *f* взаимодействие
interaccionar *vi* взаимодействовать
interactivo *adj* взаимодействующий, интерактивный
interbancario *adj* межбанковский
intercadente *adj* прерывистый, перемежающийся
intercalación *f* включение, вставка
intercalar *vt* вставлять, включать
intercambiabilidad *f* взаимозаменяемость
intercambiable *adj* взаимозаменяемый, годный для обмена
intercambiador *m tecn* теплообменник, теплообменный аппарат
intercambiar *vt* обмениваться (кем/чем-л), обменивать
intercambiarse *vpron* обмениваться (кем/чем-л), сменять друг друга
intercambio *m* **(de u/c)** обмен (чем-л)
interceder *vi* **(por alg)** вступаться (за кого/что-л), посредничать (между чем-л)
intercepción *f* перехват
interceptación *f* V. intercepción
interceptar *vt* перехватывать, задерживать
interceptor *m* перехватчик
intercesión *f* заступничество, посредничество
intercesor *m* заступник, посредник
intercomunicación *f* взаимосвязь
intercomunicador *m* интеркоммуникатор, вертушка
interconectar *vt* взаимно связывать
interconexión *f* взаимосвязь
interconfesional *adj* межконфессиональный
intercontinental *adj* межконтинентальный
intercostal *adj anat* межрёберный
intercultural *adj* межкультурный
interdental *adj ling* межзубный, интердентальный
interdepartamental *adj* межведомственный
interdependencia *f* взаимозависимость
interdependiente *adj* взаимозависимый
interdicción *f* 1) запрет, запрещение 2) *jur* лишение прав
interdicto *m* запрещение, запрет
interés *m* 1) интерес, заинтересованность 2) *(porcentaje devengado)* процент 3) *(beneficio)* прибыль, выгода
interesado *adj* **(en u/c)** заинтересованный (в чём-л)
interesante *adj* интересный
interesar *vt* интересовать
interesarse *vpron* **(por alg o u/c)** интересоваться (кем/чем-л)
interface *m* V. interfaz
interfaz *m informát* интерфейс
interfecto *adj* убитый, погибший насильственной смертью
interferencia *f* 1) вмешательство 2) *fís* интерференция 3) *ling* интерференция 4) *radio* помеха
interferir *vi* 1) вмешиваться 2) *fís* интерферировать
interfono *m* домофон
intergubernamental *adj* межправительственный
ínterin *m* промежуток времени, интервал
interino *adj* 1) временный 2) *(en un cargo)* временно исполняющий обязанности
interior 1. *adj* внутренний **2.** *m* 1) внутренняя сторона 2) *(de un espacio)* интерьер 3) *(alma)* нутро, внутренний мир 4) *(parte central de un país)* внутренние районы страны ◆ **en el** ~ внутри **Ministerio del Interior** Министерство внутренних дел **ropa** ~ нижнее бельё
interioridad 1. *f* положение внутри **2. -es** *fpl* внутренний мир, частная жизнь
interiorismo *m* дизайн, оформление интерьеров
interiorista *m/f* дизайнер, оформитель, -ница интерьеров
interiorizar *vt* 1) *(no mostrar)* не проявлять, не показывать 2) *(asimilar)* осваивать, овладевать (чем-л)
interiormente *adv* внутри, внутренне, в душе
interjección *f ling* междометие
interlineado *m* интервал, пространство между строками
interlineal *adj* написанный между строк
interlinear *vt* писать между строк
interlocutor, -a *m* собеседни|к, -ца
interludio *m mús* интерлюдия
intermediar *vi* 1) *(estar entre dos cosas)* находиться среди (чего-л) 2) *(actuar para poner de acuerdo)* посредничать
intermediario *m/f* посредник
intermedio *adj* промежуточный
interminable *adj* нескончаемый, бесконечный
interministerial *adj* межминистерский
intermitencia *f* прерывистость
intermitente 1. *adj* прерывистый **2.** *m* указатель поворота (в автомобиле)
internacional 1. *adj* международный *derecho* ~ международное право; *relaciones ~es* международные отношения **2.** *f hist (escrito con mayúscula)* Интернационал
internacionalizar *vt* интернационализировать

internado *m* интернат

internar *vt* 1) вести вглубь, уводить, заводить 2) *(en una prisión)* заключать 3) *(en un colegio)* интернировать 4) *(en un hospital)* помещать, устраивать

internarse *vpron* углубляться, далеко заходить, забираться

internauta *m/f* интернет-пользователь

internet, Internet *m* интернет

intern|o 1. *adj* 1) V. interior 2) *(dicho de la medicina)* клинический 3) *(dicho de un alumno)* учащийся в закрытом учебном заведении **2. , -a** *m/f* 1) *(alumno)* интерн 2) *(médico)* врач-резидент

interpelación *f* 1) запрос 2) *(en el Parlamento)* интерпелляция, запрос в парламенте

interpelante 1. *adj* интерпеллирующий **2.** *m* интерпеллянт

interpelar *vt* 1) *(exigir explicaciones)* требовать объяснений 2) *(en el Parlamento)* интерпеллировать, делать запрос в парламенте 3) *(pedir amparo)* просить содействия, просить покровительства

interplanetario *adj* межпланетный

interpolación *f* 1) интерполяция, вставка 2) *mat* интерполяция

interpolar[1] *adj* межполюсный

interpolar[2] *vt* 1) интерполировать, вставлять, включать 2) *mat* интерполировать

interponer *vt* 1) вставлять, включать, помещать 2) *(formalizar)* подавать *interponer un recurso* подавать апелляцию

interponerse *vpron* **(entre alg)** вставать между (кем-л)

interposición *f* 1) вставка, включение 2) *(uso de la influencia)* использование (влияния, авторитета) 3) *(de un recurso legal)* подача

interpretable *adj* поддающийся толкованию (объяснению)

interpretación *f* 1) интерпретация, толкование 2) *(de una pieza musical o teatral)* исполнение 3) *(traducción)* (устный) перевод

interpretar *vt* 1) интерпретировать, толковать 2) *(musical o teatralmente)* исполнять 3) *(traducir)* переводить (устно)

interpretativo *adj* 1) *(relativo a la interpetación)* исполнительный 2) *(que sirve para interpretar)* толкующий, истолковывающий

intérprete *m/f* 1) (устный) переводчик 2) *(de una pieza musical o teatral)* исполнитель

interprofesional *adj* межпрофессиональный

interracial *adj* межрасовый

interregno *m* междуцарствие

interrelación *f* соотношение

interrelacionar *vt* соотносить

interrogación *f* 1) вопрос 2) *(signo ortográfico)* вопросительный знак

interrogador *adj* спрашивающий, задающий вопрос

interrogante 1. *adj* вопросительный **2.** *m* 1) *(signo)* вопросительный знак 2) *(duda, incógnita)* сомнение, вопрос

interrogar *vt* 1) спрашивать, расспрашивать 2) *(someter a interrogatorio)* допрашивать

interrogativo *adj* вопросительный, вопрошающий

interrogatorio *m* допрос

interrumpir *vt* 1) прерывать 2) *(cesar temporalmente)* приостанавливать, прекращать 3) *(un suministro)* отключать 4) *(no dejar hablar)* перебивать

interrupción *f* 1) перерыв, приостановление, прекращение 2) *(de un suministro)* отключение, сбой

interruptor *m* выключатель

intersección *f* пересечение

intersticio *m* 1) щель, расщелина 2) *(intervalo)* промежуток, интервал

interterritorial *adj* межкраевой

interurbano *adj* междугородный

intervalo *m* 1) промежуток, интервал 2) *mús* интервал

intervención *f* 1) вмешательство 2) *(médica)* вмешательство, операция 3) *mil* интервенция 4) *(ponencia)* выступление

intervencionismo *m* интервенционизм

intervencionista 1. *adj* интервенционистский **2.** *m/f* сторонник интервенции

intervenir 1. *vt* 1) *(examinar las cuentas)* проверять 2) *(controlar)* контролировать 3) *(disponer de una cuenta bancaria)* налагать арест (на что-л) 4) *(una línea telefónica)* подслушивать 5) *(quirúrgicamente)* оперировать **2.** *vi* 1) *(tomar parte)* принимать участие, участвовать 2) *(interponer su autoridad)* употреблять влияние 3) *(interceder)* выступать посредником 4) **(en u/c)** *(interponerse)* вмешиваться (во что-л.)

interventor 1. *adj* контрольный **2. , -a** *m/f* контролёр, интервент, аудитор

interviú *m* интервью ◆ **hacer un interviú a alg** брать интервью у кого-л.

intervocálico *adj ling* интервокальный

intestado *adj* умерший, не оставивший завещания

intestinal *adj* кишечный

intestino 1. *adj* 1) *(interno)* внутренний 2) *(doméstico)* внутренний, частный, домашний, семейный **2.** *m* кишка, кишечник

intimar 1. *vt* требовать, приписывать, приказывать **2.** *vi* **(con alg)** подружиться (с кем-л), близко сойтись (с кем-л)

intimidación *f* запугивание

intimidad *f* интимность, личная жизнь

intimidar *vt* запугивать, наводить страх (на кого-л)

intimidarse *vpron* пугаться, бояться

íntimo *adj* 1) *(dicho de una cuestión)* интимный 2) *(dicho de un amigo)* близкий

intitular *vt* давать название, называть

intocable 1. *adj* неприкосновенный **2.** *m/f* *(casta en la India)* неприкасаемый

intolerable *adj* 1) *(insoportable)* нестерпимый, невыносимый 2) *(inaceptable)* недопустимый

intolerancia *f* 1) **(hacia alg o u/c)** нетерпимость (к кому/чему-л) 2) **(a u/c)** *med* непереносимость (чего- л)

intolerante *adj* нетерпимый

intonso *adj* 1) нестриженый 2) *(ignorante)* невежественный, неотёсанный

intoxicación *f* отравление

intoxicar *vt* отравлять

intoxicarse *vpron* отравляться

intradós *m arquit* внутренняя поверхность свода
intraducible *adj* непереводимый
intramuros *adv* внутри города, в пределах города
intramuscular *adj* внутримышечный
intranet *m informát* интранет
intranquilidad *f* беспокойство, тревога
intranquilizar *vt* беспокоить, тревожить
intranquilizarse *vpron* беспокоиться, тревожиться
intranquilo *adj* беспокойный, встревоженный
intransferible *adj* без права передачи, неотчуждаемый
intransigencia *f* неуступчивость, принципиальность
intransigente *adj* неуступчивый, принципиальный
intransitable *adj* непроезжий, непроходимый
intransitivo *adj ling* непереходный
intrascendencia *f* неважность, незначительность
intrascendente *adj* неважный, незначительный
intratable *adj* 1) *(no tratable)* несговорчивый, непокладистый 2) *(insociable)* необщительный, нелюдимый
intravenoso *adj med* внутривенный
intrepidez *f* неустрашимость, отвага, бесстрашие
intrépido *adj* отважный, бесстрашный, неустрашимый
intriga *f* интрига
intrigado *adj* заинтригованный
intrigador *adj* 1) интригующий 2) *(curioso)* занимательный
intrigante 1. *adj* V. intrigador **2.** *m/f* интриган, -ка
intrigar 1. *vi* интриговать **2.** *vt* живо интересовать
intrincado *adj* запутанный, неясный
intrincar *vt* запутывать, усложнять
intríngulis *m coloq* тайный умысел
intrínseco *adj* сущностный, внутренне присущий
introducción *f* 1) введение, вставление, внедрение 2) *(preámbulo)* введение, вступление 3) *mús* вступление, интродукция
introducir *vt* вводить, вставлять, внедрять
introducirse *vpron* проникать
introductor *adj* V. introductorio
introductorio *adj* вводный, вступительный
introito *m* введение, пролог
intromisión *f* вмешательство
introspección *f* самонаблюдение, интроспекция
introspectivo *adj* интроспективный
introvertid|o 1. *adj* интровертный, сосредоточенный на своём внутреннем мире **2. , -a** *m/f* интроверт
intrusión *f* вторжение, незаконное проникновение
intrusismo *m* наличие непрофессионалов, неспециалистов
intruso 1. *adj* вторгшийся, незаконно занявший должность **2.** *m* проходимец, проныра
intubación *f med* интубация
intubar *vt med* интубировать
intuición *f* 1) интуиция 2) *(presentimiento)* предчувствие, чутьё ◆ **por ~** интуитивно
intuir *vi* чувствовать, догадываться (о чём-л)
intuitivo *adj* интуитивный
inundación *f* наводнение
inundar *vt* 1) затоплять 2) **(de u/c)** *(saturar)* заполнять (чем-л), наводнять (чем-л)
inusitado *adj* 1) *(no usado)* неупотребительный 2) *(no habitual)* необычный, редкий
inusual *adj* необычный
inútil *adj* 1) бесполезный, напрасный 2) *(para el servicio militar)* негодный 3) *(para el trabajo)* неработоспособный
inutilidad *f* 1) ненужность, бесполезность 2) *(incapacidad)* негодность, непригодность
inutilizable *adj* негодный, испорченный
inutilizar *vt* приводить в негодность, портить, делать бесполезным
invadir *vt* 1) вторгаться (во что-л.), оккупировать 2) **(con u/c)** *(inundar)* заполнять (чем-л), наводнять (чем-л)
invalidar *vt* аннулировать, объявлять недействительным
invalidez *f* 1) *(falta de validez)* недействительность 2) *(discapacidad)* инвалидность, нетрудоспособность
inválido 1. *adj* 1) недействительный 2) *(dicho de una persona)* нетрудоспособный, увечный **2.** *m/f* инвалид
invalorable *adj* неоценимый, бесценный
invariable *adj* неизменный, неизменяемый
invariante *m ling mat* инвариант
invasión *f* 1) вторжение, нашествие 2) *med* инвазия
invasivo *adj med* инвазивный
invasor 1. *adj* захватывающий, оккупирующий **2.** *m* захватчик, оккупант
invectiva *f* инвектива, нападки
invencibilidad *f* непобедимость
invencible *adj* непобедимый
invención *f* 1) *(acción y resultado de inventar)* изобретение 2) *(ficción)* выдумка, вымысел
invendible *adj* непродажный, не подлежащий продаже
inventar *vt* 1) изобретать, придумывать 2) *(fingir)* выдумывать, придумывать 3) *(dicho de un artista)* сочинять
inventariar *vt* инвентаризовать, проводить инвентаризацию
inventario *m* инвентарь, учёт
inventarizar *vt* V. inventariar
inventiva *f* изобретательность, находчивость
inventivo *adj* изобретательный, находчивый
invento *m* изобретение
inventor *m/f* 1) изобретатель 2) *(fantasía)* выдумка
invernada *f* 1) зима, зимняя пора 2) *(estancia)* зимовье
invernadero *m* теплица, парник
invernal *adj* зимний
invernar *vi* зимовать, проводить зиму
inverosímil *adj* невероятный, неправдоподобный
inversión *f* 1) расположение в обратном порядке, перестановка 2) *econ (acción de*

invertir) инвестирование 3) *econ (dinero invertido)* вложение, инвестиции
inversionista *m/f econ* инвестор, вкладчик
inverso *adj* обратный, противоположный *en sentido ~* в обратном направлении
inversor *m econ* вкладчик, инвестор
invertebrado 1. *adj zool* беспозвоночный **2. -s** *m* беспозвоночные животные
invertido 1. *adj* 1) перевёрнутый, опрокинутый, обратный 2) *euf (homosexual)* гомосексуальный **2.** *m/f euf* гомосексуалист
invertir *vt* 1) располагать в обратном порядке, переставлять 2) *econ* вкладывать 3) **(en u/c)** *(el tiempo)* тратить (время) (на что-л)
invertirse *vpron* переворачиваться, опрокидываться
investidura *f* присвоение, предоставление
investigación *f* 1) *(científica)* исследование 2) *(policial)* расследование
investigador 1. *adj* исследовательский **2.** *m/f* 1) *(científico)* исследователь 2) *(persona que indaga)* детектив ~ *privado* частный детектив
investigar *vt* 1) *(en la ciencia)* исследовать 2) *(indagar)* расследовать
investir *vt* **(con/de u/c)** присваивать, присуждать (что-л кому-л) ~ *de poderes* облечь властью
inveterado *adj* застарелый, укоренившийся
invicto *adj* непобеждённый
invidencia *f* слепота
invidente 1. *adj* слепой, незрячий **2.** *m/f* слеп|ой, -ая
invierno *m* зима
inviolabilidad *f* 1) неприкосновенность 2) *(indestructibilidad)* нерушимость
inviolable *adj* 1) неприскосновенный 2) *(indestructible)* нерушимый
invisibilidad *f* невидимость
invisible *adj* невидимый
invitación *f* 1) приглашение 2) *(propuesta)* предложение
invitad|o 1. *adj* приглашённый **2. , -a** *m/f* гость ~ *de honor* почётный гость
invitar *vt* 1) *(a un convite o acto)* приглашать, звать 2) *(pagar el gasto de otra persona)* приглашать 3) **(a u/c)** *(incitar)* призывать (к чему-л) 4) **(a u/c)** *(instar)* приглашать (к чему-л)
invocación *f* призыв, обращение
invocar *vt* призывать, вызывать
involución *f* инволюция
involucionismo *m* инволюционизм
involucionista 1. *adj* инволюционистский **2.** *m/f* инволюционист, -ка
involucración *f* причастность, отношение
involucrar *vt* 1) *(abarcar)* охватывать, содержать в себе 2) *(comprometer)* смешивать, спутывать
involucrarse *vpron* смешиваться, спутываться
involuntario *adj* невольный, непроизвольный, машинальный
invulnerabilidad *f* неуязвимость
invulnerable *adj* неуязвимый
inyección *f* 1) укол, инъекция *poner una ~* делать укол 2) *(acción de inyectar)* впрыскивание, впрыск
inyectable *m* лекарство для инъекции
inyectar *vt* 1) вкалывать 2) *(dinero)* вливать
inyector *m tecn* инъектор
ion *m fís quím* ион
iónico *adj fís quím* ионный
ionio *m quím* ионий
ionización *f fís quím* ионизация
ionizador *adj fís quím* ионизирующий
ionizar *vt fís quím* ионизировать
ionosfera *f* ионосфера
ipecacuana *f* ипекакуана
iperita *f quím* иприт
ir *vi* 1) идти, ходить, передвигаться *esta tarde vamos al cine* сегодня вечером мы идём в кино; *¡vamos!* пойдём!; *¡voy!* иду!, *(en un medio de transporte)* ехать, ездить ~ *en coche* ехать на машине 2) *(transcurrir)* проходить, идти *todo fue muy bien* все прошло хорошо 3) *(funcionar)* работать *el bolígrafo no va* ручка не работает ◆ ~ **de compras** ходить по магазинам ~ **por u.c.** сходить за чем-л. ~ **y venir** ходить туда-сюда, суетиться
ira *f* гнев, ярость
iracundo *adj* 1) *(propenso a la ira)* вспыльчивый, гневливый 2) *(poseído por la ira)* гневный, яростный
iraní 1. *adj* иранский **2.** *m/f* иран|ец, -ка
iraquí 1. *adj* иракский **2.** *m/f* иракец, жительница (уроженка) Ирака
irascibilidad *f* раздражительность, вспыльчивость
irascible *adj* раздражительный, вспыльчивый
iridio *m quím* иридий
iridiscencia *f* радужное сияние
iridiscente *adj* радужный, переливающийся цветами радуги
iris *m* 1) *anat* радужная оболочка глаза 2) *bot* ирис ◆ **arco** ~ радуга
irisación *f* иризация
irland|és 1. *adj* ирландский **2. , -esa** *m/f* ирланд|ец, -ка **3.** *m* ирландский язык
ironía *f* ирония
irónicamente *adv* иронично, иронически
irónico *adj* иронический
ironizar *vi* иронизировать
irracional *adj* 1) *(que carece de razón)* неразумный, не обладающий разумом 2) *(irreflexivo)* неразумный, нерациональный 3) *mat* иррациональный
irracionalidad *f* неразумность, нерациональность
irradiación *f* излучение, радиация
irradiar *vt* 1) излучать 2) *(someter a radiación)* облучать
irrazonable *adj* неразумный, безрассудный
irreal *adj* нереальный
irrealidad *f* нереальность
irrealizable *adj* неосуществимый, невыполнимый
irrealizable *adj* неосуществимый
irrebatible *adj* неопровержимый, неоспоримый
irreconciliable *adj* непримиримый
irreconocible *adj* неузнаваемый
irrecuperable *adj* невозвратимый
irrecusable *adj* неопровержимый

irreemplazable *adj* незаменимый
irreflexión *f* необдуманность, недомыслие
irreflexivo *adj* 1) *(hecho sin reflexionar)* необдуманный, неразумный 2) *(que no reflexiona)* неразумный, безрассудный
irreformable *adj* неисправимый
irrefutable *adj* неопровержимый
irregular *adj* 1) *(desigual)* нерегулярный, незакономерный 2) *(dicho de una superificie)* неровный 3) *(fuera de la regla)* неправильный, беспорядочный 4) *(ilegal)* незаконный 5) *(inconstante)* непостоянный, редкий 6) *geom ling* неправильный
irregularidad *f* 1) нерегулярность, неравномерность 2) *(de una superficie)* неровность, неправильность 3) *(malversación)* нарушение, неправомерное действие
irrelevancia *f* отсутствие значимости, иррелевантность
irrelevante *adj* незначимый, иррелевантный
irreligiosidad *f* нерелигиозность
irreligioso *adj* неверующий, нерелигиозный
irremediable *adj* 1) непоправимый, безвозвратный 2) *(inevitable)* неизбежный, неминуемый
irremediablemente *adv* безвозвратно, непоправимо
irremisible *adj* непростительный
irreparable *adj* 1) непоправимый, неисправимый 2) *(irreversible)* безвозвратный, невозместимый
irrepetible *adj* неповторимый
irreprensible *adj* безупречный, безукоризненный
irreprimible *adj* безудержный, неукротимый
irreprochable *adj* безупречный, безукоризненный
irresistible *adj* 1) невыносимый, нестерпимый 2) *(dicho de una persona)* неотразимый
irresoluble *adj* неразрешимый
irresolución *f* нерешительность
irresoluto *adj* нерешительный
irrespetuoso *adj* непочтительный, неуважительный
irrespirable *adj* 1) непригодный для дыхания 2) *(cargado)* душный, удушливый
irresponsable *adj* безответственный
irresuelto *adj* нерешительный
irreverencia *f* непочтительность
irreverente *adj* непочтительный
irreversible *adj* необратимый, невозместимый
irrevocable *adj* неотменимый, окончательный
irrigable *adj* пригодный для орошения
irrigación *f* 1) орошение, ирригация 2) *med* промывание
irrigador *adj* оросительный, ирригационный
irrigar *vt* 1) орошать 2) *med* промывать
irrisión *f* 1) насмешка, шутка 2) *coloq* предмет насмешек, посмешище
irrisorio *adj* 1) смешной 2) *(insignificante)* смехотворный, ничтожный
irritabilidad *f* раздражительность
irritable *adj* раздражительный
irritación *f* раздражение
irritante *adj* раздражающий
irritar *vt* раздражать
irritarse *vpron* раздражаться
irrompible *adj* небьющийся, неразрушимый, непробиваемый
irrumpir *vi* **(en u/c)** врываться (во что-л.), вторгаться (во что-л.)
irrupción *f* 1) вторжение, нашествие 2) *(entrada impetuosa)* стремительное появление
irse *vpron* уходить, уезжать
isla *f* остров
Islam *m* Ислам
islámico *adj* исламский
islamismo *m* исламизм
islamista *m/f* исламист, -ка
islamización *f* исламизация
islamizar *vt* исламизировать, обращать в Ислам
island|és 1. *adj* исландский **2. , -esa** *m/f* исланд|ец, -ка **3.** *m* исландский язык
isleñ|o 1. *adj* островной **2. , -a** *m/f* островитян|ин, -ка
isleta *f* островок
islilla *f* островок
islote *m* 1) *(isla despoblada)* необитаемый островок 2) *(peñasco)* скала
isobara *f fís meteo* изобара
isocromático *adj fís* изохроматический
isócrono *adj fís* изохронный
isoeléctrico *adj fís* изоэлектрический
isoglosa *f ling* изоглосса
isósceles *adj mat* равнобедренный
isoterma *f fís meteo* изотерма
isotérmico *adj fís* изотермический
isotónico *adj* изотонический
isótopo *adj quím* изотопный
isótropo *adj fís* изотропный
isquemia *f med* ишемия
isquémico *adj med* ишемический
isquias *f med* ишиас
israelí *adj* израильский
israelita *m/f* израильтян|ин, -ка
istmo *m* перешеек
italian|o 1. *adj* итальянский **2. , -a** *m/f* итальян|ец, -ка **3.** *m* итальянский язык
itálico *adj* 1) италийский 2) *(cursivo)* курсивный
iteración *f* повторение
iterar *vt* повторять
iterativo *adj* 1) повторяющийся, повторный 2) *ling* итеративный
itinerante *adj* странствующий
itinerario *m* маршрут
izada *f* подъём (флага, паруса)
izar *vt* поднимать (флаг, парус)
izote *m* юкка
izquierda *f* 1) *(mano izquierda)* левая рука 2) *(lado izquierdo)* левая сторона *girar a la ~* повернуть налево; *estar a la ~* стоять слева 3) *pol* левые партии
izquierdazo *m* удар левой рукой (ногой)
izquierdista *adj pol* левый
izquierdo *adj* левый *lado ~* левая сторона

J

ja interj *(употребляется для выражения смеха, насмешки, и т.д.)* ха!

jabalí *m* 1) кабан 2) *(carne)* кабанина

jabalina[1] *f sport* копьё

jabalina[2] *f (hembra del jabalí)* самка кабана

jabato *m/f* кабанёнок

jabón *m* мыло *pompa de* ~ мыльный пузырь

jabonada *f* намыливание

jabonadura *f* мыльная пена

jabonar *vt* намыливать

jabonarse *vpron* намыливаться

jaboncillo *m* 1) туалетное мыло 2) *(de sastre)* портновский мел

jabonera *f* мыльница

jabonería *f* мыловарня

jabonero *adj* мыльный

jaca *f* 1) *(caballo pequeño)* лошадка 2) *(yegua)* кобыла

jacal *m Am.* хижина

jacarandá *f* жакаранда

jacarandoso *adj* весёлый, развязный

jacinto *m* гиацинт

jaco *m* 1) кляча 2) *drog* героин

jacobeo *adj relig* относящийся к апостолу Иакову

jacobin|o 1. *adj hist* якобинский **2.** , **-a** *m/f hist* якобин|ец, -ка

jactancia *f* хвастовство, бахвальство

jactancios|o 1. *adj* хвастливый **2.** , **-a** *m/f* хвастун, -ья

jactarse *vpron* **(de u/c)** хвастаться (чем-л)

jaculatoria *f relig* краткая молитва

jacuzzi *m* джакузи

jade *m* нефрит

jadeante *adj* запыхающийся

jadear *vi* запыхаться, задыхаться

jadeo *m* одышка

jaez *m* 1) украшение на упряжи 2) *(condición)* качество

jaguar *m* ягуар

jagüey *m* 1) *Am.* фикус 2) *Am.* пруд

jaiba *f Am.* морской или речной рак

jalar *vt coloq* есть, жрать, лопать

jalarse *vpron Am.* напиваться пьяным

jalbegar *vt* V. enjalbegar

jalbegue *m* побелка

jalea *f* фруктовое желе ◆ ~ **real** маточное молочко

jalear *vi* подбадривать (возгласами, жестами)

jaleo *m* 1) *coloq (desorden)* неразбериха, беспорядок 2) *coloq (discusión)* спор, ругань ◆ **armar** ~ шуметь

jalón *m* веха

jalonamiento *m* расстановка вех

jalonar *vt* расставлять вехи

jamaican|o 1. *adj* ямайский **2.** , **-a** *m/f* яма|ец, -йка

jamar *vt coloq* лопать, жрать

jamarse *vpron* лопать, жрать

jamás *adv* никогда ◆ **nunca** ~ больше никогда

jamba *f arquit* косяк

jamelgo *m coloq* кляча

jamón *m* вяленый свиной окорок, хамон ◆ ~ **cocido** ветчина

japon|és 1. *adj* японский **2.** , **-esa** *m/f* япон|ец, -ка **3.** *m* японский язык

jaque *m ajedr* шах ◆ ~ **mate** мат, шах мат

jaquear *vt ajedr* делать шах

jaqueca *f* мигрень

jara *f* ладанник

jarabe *m* 1) сироп 2) *(medicinal)* микстура

jarana *f coloq* гулянка, веселье

jaranear *vi coloq* гулять, веселиться

jaranero *adj coloq* разгульный

jarcia *f* 1) *nav* оснастка судна 2) рыболовные снасти

jardín *m* сад ◆ ~ **botánico** ботанический сад ~ **de infancia** детский сад

jardinería *f* садоводство

jardinero, -a *m/f* садовни|к, -ца

jarra *f* кувшин, кружка

jarrear 1. *v/impers* лить как из ведра **2.** *vi* черпать воду

jarretera *f* подвязка (для чулок)

jarro *m* кувшин ◆ **echar un** ~ **de agua fría a alg** *coloq* охладить пыл кому-л

jarrón *m* ваза

jaspe *m* яшма

jaspeado *adj* пятнистый (как яшма)

jato *m/f* телёнок

jauja *f coloq* изобилие, праздность

jaula *f* клетка

jauría *f* стая собак

jayán *m* 1) здоровяк 2) *Am.* грубиян

jazmín *m* жасмин

jazz *m* джаз

jazzista *m/f* джазист

jebe *m Am.* гевея

jeep *m* джип

jefa *f* начальница, заведующая, руководительница

jefatura *f* руководство, начальство

jefazo *m coloq* начальник, босс

jefe *m* 1) начальник, глава, заведующий, руководитель 2) *mil* командир, командующий ◆ ~ **de estado** глава государства ~ **de gobierno** глава правительства **redactor** ~ главный редактор

Jehová *m relig* Яхве

jemer 1. *adj* кхмерский **2.** *m/f* кхмер, -ка **3.** *m* кхмерский язык

jengibre *m* имбирь

jeque *m* шейх

jerarca *m* иерарх

jerarquía *f* иерархия

jerárquico *adj* иерархический

jerez *m* херес

jerga *f* жаргон, арго

jergal *adj* жаргонный
jergón *m* 1) тюфяк 2) *coloq (dicho de una persona)* тюфяк, *(dicho de una persona)* толстяк
jeribeque *m* гримаса
jerigonza *f* тарабарщина
jeringa *f* шприц ~ *desechable* одноразовый шприц
jeringar *vt* 1) *med* спринцевать 2) *(fastidiar)* портить, нарушать
jeringarse *vpron* злиться, раздражаться
jeringuilla *f* шприц
jeroglífico 1. *adj* иероглифический **2.** *m* иероглиф
jersey *m* свитер
Jesucristo *m relig* Иисус Христос
jesuita 1. *adj relig* иезуитский **2.** *m/f relig* иезуит, -ка
jesuítico *adj relig* иезуитский
Jesús *m relig* Иисус ◆ ¡ ~! будь(те) здоров(ы)!
jet[1] *m (avión)* реактивный самолёт
jet[2] *f (alta sociedad)* сливки общества, элита
jeta *f* 1) *(del cerdo)* рыло 2) *desp (cara)* морда, рожа 3) *(desparpajo)* наглость
jetón *adj* губастый, мордастый
jíbaro 1. *adj* относящийся к хибаро **2.** *m/f* хибаро **3.** *m* язык хибаро
jibia *f* каракатица
jícama *f Am.* хикама
jícara *f* 1) *(vasija)* чашечка для шоколада 2) *(planta)* плод калебасового дерева 3) *Am.* деревянный сосуд
jícaro *m Am.* калебасовое дерево
jicote *m Am.* оса
jifero 1. *adj* скотобойный **2.** *m* нож мясника
jifia *f* рыба-меч
jijona *m* хихона (вид халвы)
jilguero *m* щегол
jilote *m Am.* недозрелый початок кукурузы
jimagua *m* близнец
jimio *m* обезьяна
jineta[1] *f* V. gineta
jineta[2] *f (arte de montar a caballo)* верховая езда
jinete *m* всадник
jingoísmo *m* джингоизм
jingoísta 1. *adj* джингоистический **2.** *m* джингоист
jiña *f vulg* испражнение
jiñar *vi vulg* испражняться
jiñarse *vpron vulg* трусить, ссать
jipi *m* V. hippie
jipijapa *m* панама
jira *f* лоскут
jirafa *f* жираф
jirón *m* лоскут
jo interj coloq euf (употребляется для выражения досады, удивления и т.д.) блин!, чёрт!
jocosidad *f* 1) шутливость 2) *(broma)* шутка
jocoso *adj* шутливый, весёлый
joda *f* 1) *Am. (broma)* шутка 2) *vulg (fastidio)* неудобство
joder 1. *vi vulg* трахаться **2.** *vt* 1) *vulg* трахать 2) *vulg (fastidiar)* досаждать, раздражать 3) *vulg (echar a perder)* портить **3.** *interj vulg* (употребляется для выражения досады, удивления и т.д.) чёрт побери!, блин!
joderse *vpron* 1) *vulg (echarse a perder)* испортиться, накрыться 2) *vulg (aguantarse)* терпеть
jodido *adj* 1) *vulg (estropeado)* сломанный, испорченный 2) *vulg (duro)* тяжёлый 3) *vulg (maldito)* чёртов ◆ **estar** ~ плохо себя чувствовать
jodienda *f vulg* траханье *vulg*
jofaina *f* умывальный таз
jogging *m sport* бег трусцой
jolgorio *m* шумное веселье, гулянка
jolín interj coloq euf (употребляется для выражения досады, удивления и т.д.) блин!, чёрт!
joma *f Am.* горб
jomado 1. *adj Am.* горбатый **2.** *m* горбун
jónico *adj arquit* ионический, ионийский
jordan|o 1. *adj* иорданский **2.** , **-a** *m/f* иордан|ец, -ка
jornada *f* день ◆ ~ **de puertas abiertas** день открытых дверей ~ **intensiva** уплотнённый рабочий день ~ **laboral** рабочий день
jornal *m* подённая плата
jornalero *m* подёнщик
joroba *f* горб,
jorobad|o 1. *adj* горбатый **2.** , **-a** *m/f* горбун, -ья
jorobar *vt coloq* раздражать, досаждать
jorobarse *vpron coloq* терпеть
jorongo *m Am.* пончо
joropo *m* хоропо (народный венесуэльский танец)
jota[1] *f (letra)* хота (буква) ◆ **ni** ~ ни на йоту
jota[2] *f (baile)* хота
jote *m* американская чёрная катарта
joto *m Col. (bulto)* чемодан
joven 1. *adj* молодой, юный **2.** *m* молодой человек, юноша **3.** *f* девушка
jovencito 1. *adj* молоденький **2.** *m* юнец
jovenzuelo *m* юнец
jovial *adj* жизнерадостный
jovialidad *f* жизнерадость
joya *f* 1) ювелирное изделие, драгоценность 2) *(persona de valía)* сокровище
joyel *m* небольшое ювелирное изделие
joyería *f* 1) ювелирный магазин 2) *(oficio)* ювелирное мастерство
joyero *m* ювелир
juanete *m* деформация первого пальца стопы
jubilación *f* 1) *(acción de jubilarse)* уход на пенсию 2) *(pensión)* пенсия
jubilad|o 1. *adj* на пенсии **2.** , **-a** *m/f* пенсионер, -ка
jubilar *vt* отправлять на пенсию
jubilarse *vpron* уходить на пенсию
jubileo *m* 1) *relig* всеобщая индульгенция 2) приход и уход множества людей
júbilo *m* радость, ликование
jubiloso *adj* радостный, ликующий
jubón *m hist* куртка
judaico *adj* иудейский, еврейский
judaísmo *m* иудаизм
judas *m/f* иуда, предатель, -ница
judeocristiano *adj* иудео-христианский
judeoespañol 1. *adj* сефардский **2.** *m* язык сефардов
judería *f hist* еврейский квартал

judía *f* фасоль ~ *verde* стручковая фасоль
judiada *f* 1) еврейство 2) *coloq (traición)* предательство, подлость
judicatura *f* 1) правосудие, судопроизводство 2) *(cargo)* судейская должность 3) *(plazo)* срок полномочий судьи 4) *(comunidad de jueces)* судьи, судейское сообщество
judicial *adj* 1) *(del juez)* судейский 2) *(del juzgado)* судебный ◆ **poder** ~ судебная власть **resolución** ~ судебное решение
judiciario *adj* судебный
judí|o 1. *adj* еврейский **2.** , **-a** *m/f* еврей, -ка
judo *m sport* дзюдо
judoca *m/f sport* дзюдоист, -ка
juego *m* 1) игра 2) *(conjunto de objetos)* набор, комплект, сервиз ~ *de café* кофейный сервиз; ~ *de cama* набор постельного белья ◆ **a ~ con u.c.** в сочетании с чем-л ~ **de cartas** игра в карты ~ **de manos** фокус ~ **de palabras** игра слов ~ **de rol** ролевая игра **Juegos Olímpicos** Олимпийские игры
juerga *f* гулянка ◆ **estar de** ~ гулять, кутить
juerguista *m/f coloq* гуляка, тусовщи|к, -ца
jueves *m* четверг *vendré el* ~ я приду в четверг
juez *m/f* судья ◆ ~ **de paz** мировой судья
jugada *f* ход в игре ◆ **hacer una mala ~ a alg** сделать подлость кому-л
jugador *m/f* игрок
jugar 1. *vi* 1) играть ~ *a la pelota* играть в мяч 2) **(con alg o u/c)** *(no respetar)* играть (с кем/чем-л), шутить (с кем/чем-л) **2.** *vt* 1) играть ~ *una carta* играть карту 2) *(dinero)* ставить
jugarreta *f* злая шутка
jugarse *vpron* 1) **(u/c)** *(arriesgar)* рисковать (чем-л) 2) **(u/c)** *(apostarse)* спорить (на что-л)
juglar *m* 1) жонглёр 2) *(trovador)* трубадур
jugo *m* сок ◆ ~ **gástrico** желудочный сок **sacar ~ a u.c** извлекать пользу из чего-л
jugosidad *f* сочность
jugoso *adj* сочный
juguete *m* игрушка ◆ **de** ~ игрушечный
juguetear *vi* **(con u/c)** играть (с чем-л), вертеть на руках
jugueteo *m* игра (руками)
juguetería *f* магазин игрушек
jugueter|o 1. *adj* игрушечный **2.** *m* шкафчик для игрушек **3.** , **-a** *m/f* 1) производитель игрушек 2) продав|ец, -щица игрушек
juguetón *adj* шаловливый, игривый
juicio *m* 1) *(razón)* разум, рассудок 2) *(opinión)* мнение 3) *(de un tribunal)* суд ◆ **a mi** ~ по моему мнению ~ **final** судный день **llevar a ~ a alg** подавать в суд на кого-л
juicioso *adj* разумный
julepe *m* 1) *(juego de cartas)* хулепе (название игры в карты) 2) *(trabajo excesivo)* тяжкий труд 3) *Am. coloq* испуг
julepear 1. *vi* играть в хулепе **2.** *vt Am. coloq* пугать
julepearse *vpron Am. coloq* пугаться
juliana *f gastr* жюльен (способ нарезки)
julio *m* июль *llegaré el cinco de* ~ я приеду пятого июля
juma *f coloq* опьянение
jumarse *vpron coloq* напиваться
jumento *m* осёл
jumera *f coloq* опьянение
juncal 1. *adj* 1) тростниковый 2) *(esbelto)* стройный **2.** *m* заросли тростника
juncia *f* ситник
junco *m* тростник
jungla *f* джунгли
junio *m* июнь *llegaré el cinco de* ~ я приеду пятого июня
junquera *f* тростник
junquillo *m* жонкиль
junta *f* 1) собрание, комиссия 2) *tecn* прокладка ◆ ~ **directiva** совет правления
juntamente *adv* вместе, совместно, одновременно
juntar *vt* 1) *(unir)* соединять 2) *(reunir)* собирать, объединять 3) *(acumular)* собирать, копить
juntarse *vpron* 1) соединяться 2) *(reunirse)* собираться, объединяться 3) **(a alg)** *(unirse más tarde)* присоединяться (к кому-л) 4) **(con alg)** *(convivir)* жить вместе (с кем-л), сходиться (с кем-л)
junto 1. *adj* соединённый, связанный **2.** *adv* 1) *(cerca)* рядом 2) *(conjuntamente)* вместе, совместно ◆ ~ **a alg o u.c.** рядом с кем/чем-л, около кого/чего-л
juntos *adv* вместе
juntura *f* 1) соединение, стык 2) *tecn* прокладка 3) *anat* сустав
Júpiter *m mitol astr* Юпитер
jura *f* клятва, присяга ◆ ~ **de la bandera** присяга на знамени
jurado 1. *adj* принявший присягу **2.** *m* 1) суд присяжных 2) *(de un concurso)* жюри
juramentar *vt* брать клятву (с кого-л)
juramentarse *vpron* клясться
juramento *m* 1) клятва, присяга 2) *(reniego)* проклятие ◆ **prestar** ~ дать присягу
jurar 1. *vt* 1) клясться (в чём-л), давать клятву 2) *(una constitución, un cargo, etc.)* присягать (кому/чему-л), приносить присягу **2.** *vi (echar reniegos)* ругаться
jurásico *adj geol* юрский
jurídic|o *adj* юридический, правовой ◆ **persona ~a** юридическое лицо
jurisconsulto *m/f* юрисконсульт
jurisdicción *f* 1) юрисдикция 2) *(territorio)* судебный округ
jurisdiccional *adj* 1) юрисдикционный 2) *(judicial)* судебный
jurisprudencia *f* 1) юриспруденция, правоведение 2) *(legislación)* законодательство
jurista *m/f* юрист
justa *f* 1) *hist* рыцарский турнир 2) *(concurso)* конкурс
justamente *adv* 1) справедливо 2) *(precisamente)* точно, именно 3) *(ajustadamente)* как раз, точно
justicia *f* 1) справедливость 2) *(poder judicial)* судебная власть, правосудие, юстиция
justiciero *adj* соблюдающий закон, справедливый
justificante *m* 1) справка 2) *(de compra)* квитанция
justificar *vt* 1) оправдывать 2) *(demostrar)* доказывать
justificarse *vpron* 1) оправдываться 2) *(disculparse)* оправдываться, извиняться

justillo *m* лиф
justo 1. *adj* 1) справедливый, разумный 2) *(exacto)* точный 3) *(estrecho)* узкий **2.** *adv* точно, ровно
juvenil *adj* молодёжный, юношеский
juventud *f* 1) *(edad)* молодость, юность 2) *(jóvenes)* молодёжь
juzgado *m* суд ◆ **~ de distrito** районный суд **~ de paz** мировой суд
juzgamundos *m/f coloq* брюзга
juzgar *vt* 1) **(por u/c)** судить (за что-л) 2) *(opinar)* судить 3) **(por u/c)** *(reprobar)* осуждать (за что-л) ◆ **a juzgar por u.c.** судя по чему-л.

K

kafkiano *adj* кафкианскй
káiser *m* кайзер
kaki *adj inv* (цвета) хаки
kamikaze *m/f* камикадзе
kantiano 1. *adj filos* кантианский **2.** *m filos* кантианец
karaoke *m* караоке
karateca *m/f* каратист, -ка
kárate, karate *m* каратэ
kart *m* карт
kárting *m* картинг
kayak *m* каяк
kazaj|o 1. *adj* 1) *(relativo a la etnia kazaja)* казахский 2) *(relativo a la ciudadanía de Kazajstán)* казахстанский **2.** **, -a** *m/f* 1) *(representante de la etnia kazaja)* каза[х, -шка 2) *(ciudanano de Kazajstán)* казахстан|ец, -ка
kebab *m* кебаб
kéfir *m* кефир
kenian|o 1. *adj* кенийский **2.** *m/f* кени|ец, -йка
kermés *f* народное гулянье
kerosén *m* V. queroseno
keroseno *m* V. queroseno
ketchup *m* кетчуп
kibutz, kibbutz *m* кибуц
kilo *m* килограмм *medio* ~ полкилограмма, полкило
kilobyte *m informát* килобайт
kilocaloría *f* килокалория
kilociclo *m fís* килогерц
kilogramo *m* килограмм
kilometraje *m auto* пробег (в километрах)
kilométrico *adj* километровый
kilómetro *m* километр
kilovatio *m* киловатт
kimono *m* кимоно
kiosco *m* киоск
kiosquero *m/f* киоскёр, -ша
kiwi *m* киви
kleenex *m* V. clínex
koala *m* коала
koljós *m hist* колхоз
kosovar 1. *adj* косовский **2.** *m/f* косовар, -ка
kurdo 1. *adj* курдский **2.** *m/f* курд, -ка
kuwaití 1. *adj* кувейтский **2.** *m/f* кувейтян|ин, -ка

L

la[1] *f* определённый артикль женского рода единственного числа ~ *casa* дом ; ~ *muchacha* девушка
la[2] *pron* V. ella
la[3] *m mús* ля
laberinto *m* лабиринт
labia *f coloq* красноречивость
labial *adj* губной
labio *m* губа
labiodental *adj ling* губно-зубной
labor *f* работа, труд
laborable *adj* рабочий *día* ~ рабочий день
laboral *adj* трудовой
laboralista 1. *adj jur* относящийся к трудовому праву **2.** *m/f jur* специалист по трудовому праву
laborar 1. *vt* V. labrar **2.** *vi* интриговать
laboratorio *m* лаборатория
laborear *vt* обрабатывать
laboreo *m* 1) *agric* обработка земли 2) *min* проходка шахт
laborero *m* штейгер
laboriosidad *f* трудолюбие
laborioso *adj* 1) трудолюбивый 2) *(difícil)* трудный, трудоёмкий
laborismo *m pol* лейборизм
laborista 1. *adj pol* лейбористский **2.** *m/f pol* лейборист, -ка
labra *f* обработка
labrado 1. *adj* узорчатый **2.** *m* 1) обработка 2) *(campo labrado)* пашня
labrador 1. *adj* земледельческий **2.** *m* пахарь, земледелец
labrantío *adj* пахотный
labranza *f* 1) пахота 2) *(hacienda de campo)* усадьба, земельный участок 3) *(labor)* труд, работа
labrar *vt* обрабатывать
labrarse *vpron* создавать, строить
labriego *m/f* пахарь, крестьян|ин, -ка
laburante *m/f Am. Ur. coloq* рабочий, работник
laburar *vi Am. Ur. coloq* работать
laburo *m Am. Ur. coloq* работа
laca *f* лак ~ *para el pelo* лак для волос; ~ *para las uñas* лак для ногтей
lacar *vt* лакировать
lacayo 1. *adj (servil)* лакейский **2.** *m* лакей, слуга
laceada *f Am.* бросок лассо
laceador *m Am.* человек, набрасывающий лассо на животного
lacear *vt* 1) украшать лентами или бантиками 2) завязывать узлом 3) *Am.* накидывать лассо на животного
lacerar *vt* ранить, повреждать, ушибать
lacero *m Am.* человек, умеющий набрасывать лассо на животных
lacha *f coloq* стыд
lacio *adj* 1) *(marchito)* увядший 2) *(débil)* слабый, вялый 3) *(dicho del pelo)* прямой
lacón *m* копчёная свиная лопатка
lacónico *adj* лаконичный
lacra *f* 1) след болезни 2) *(vicio)* порок, язва
lacrar[1] *vt* 1) *(dañar la salud)* вредить здоровью 2) *(perjudicar)* наносить вред
lacrar[2] *vt (sellar con lacre)* запечатывать сургучом
lacre *m* сургуч
lacrimal *adj* слёзный
lacrimógeno *adj* слезоточивый
lacrimoso *adj* 1) плачущий 2) *(que mueve a llanto)* вызывающий слёзы
lactancia *f* кормление грудью, вскармливание
lactante 1. *adj* 1) *(que amamanta)* кормящий 2) *(que mama)* грудной **2.** *m/f* грудной ребёнок
lactar *vt* кормить грудью
lacteado *adj* с добавлением молока
lácte|o *adj* молочный *productos ~os* молочные продукты ◆ **Vía Láctea** Млечный путь
láctico *adj* молочный
lactosa *f* лактоза
lacustre *adj* озёрный
ladear 1. *vt* наклонять **2.** *vi* идти по склону горы
ladearse *vpron* 1) наклоняться 2) **(por u/c)** *(preferir)* склоняться (к чему-л)
ladera *f* склон, откос
ladilla *f* площица
ladino 1. *adj* хитрый **2.** *m* 1) ладинский язык 2) *(lengua religiosa sefardí)* сефардский язык
lado *m* 1) *(costado)* бок *de* ~ боком 2) *(de una cosa)* сторона *al* ~ рядом; *al otro* ~ на другой стороне; *por un* ~ с одной стороны; *por otro* ~ с другой стороны
ladrar *vi* лаять
ladrido *m* лай
ladrillado *m* кирпичная мостовая
ladrillero *m* 1) рабочий на кирпичном заводе 2) продавец кирпича
ladrillo *m* кирпич
ladrón *m* вор, грабитель
ladronera *f* воровской притон
ladronería *f* воровство
lagar *m* давильня
lagarta *f* 1) *zool* ящерица 2) *coloq* коварная женщина
lagartija *f* ящерица
lagarto *m* ящер
lagartón *m coloq* хитрец, лукавец
lago *m* озеро
lágrima *f* слеза
lagrimal 1. *adj* слёзный **2.** *m anat* угол глаза
lagrimear *vi* слезиться
lagrimilla *f* 1) dimin. de lágrima 2) *Am.* сорт вина
lagrimoso *adj* слезливый
laguna *f* 1) лагуна, маленькое озеро 2) *(vacío)* пробел, лакуна 3) *(en la memoria)* провал, пробел

laical *adj* светский
laicalizar *vt* секуляризировать
laicidad *f* светскость
laico *adj* светский
laísmo *m ling* лаисмо (употребление местоимений la и las вместо le и les в испанском языке)
laja *f* плитняк
lama[1] *m relig* лама
lama[2] *f* 1) *(plancha de metal)* створка 2) *(tela)* парча
lama[3] *m (cieno)* ил, грязь
lamber *vt* 1) *reg obsol* лизать 2) *Am.* лстить (кому-л)
lambón 1. *adj Am.* льстивый **2.** *m* льстец
lamé *m textl* ламе
lameculos *m/f vulg* подлиза
lamentable *adj* печальный, жалкий, плачебный
lamentación *f* плач, стенание
lamentar *vt* сожалеть, жалеть
lamentarse *vpron* 1) **(de u/c)** *(quejarse)* жаловаться (на что-л), сетовать (на что-л) 2) *(llorar)* плакать, стенать
lamento *m* плач, стон
lameplatos *m/f* 1) *coloq* сладкоежка 2) *Méx.* льстец
lamer *vt* лизать
lamido *adj* 1) *(flaco)* худой 2) *(muy limpio)* очень чистый
lámina *f* 1) пластинка, лист 2) *zool* перепонка 3) *bot* пластинка листа
laminado 1. *adj* прокатанный **2.** *m* прокатка
laminador *m* прокатный стан
laminar[1] *vt* 1) *(hacer láminas)* прокатывать 2) *(guarnecer con láminas)* покрывать слоями или пластинками
laminar[2] *adj* слоистый, пластинчатый
lampa *f Am.* мотыга
lampante *adj* очищенный (о масле)
lampar *vt/i* вызывать жжение во рту
lámpara *f* лампа ~ *de pie* торшер; ~ *de pared* бра
lamparilla *f* лампадка
lamparín *m* подставка для лампадки
lamparón *m* жирное пятно на одежде
lampazo *m bot* лопух
lampiño *adj* 1) безусый, безбородый 2) *(que tiene poco pelo)* безволосый
lampista *m* 1) *(lamparero)* ламповщик 2) *(electricista)* электрик
lampistería *f* ламповый магазин
lampón *m Am.* мотыга
lamprea *f* минога
lana *f* шерсть *de* ~ шерстяной
lanar *adj* шёрстный
lance *m* 1) бросание, забрасывание 2) *(pesca)* улов рыбы 3) *(encuentro)* столкновение 4) *(episodio)* эпизод
lanceta *f med* ланцет
lancha *f* лодка ~ *salvavidas* спасательная лодка
lancinante *adj* острый, колющий (о боли)
landa *f geogr* ланды
landó *m* ландо
lanería *f* магазин шерстяных тканей
laner|o 1. *adj* шерстяной **2.** *m* склад шерстяных тканей **3.** , **-a** *m/f* торговец шерстью
langosta *f* 1) *(insecto)* саранча 2) *(crustáceo)* лангуста
langostino *m* тигровая креветка
langucia *f Am.* голод, прожорливость
languidecer *vi (debilitarse)* слабеть, вянуть
languidez *f* слабость, вялость
lánguido *adj* слабый, вялый
lanilla *f* 1) ворс 2) тонкая шерстяная ткань
lanolina *f* ланолин
lanoso *adj* шерстистый
lanza *f* копьё
lanzada *conj* 1) удар копьём 2) *(herida de lanza)* рана, нанесённая копьём
lanzadera *f textl* челнок
lanzado *adj* 1) быстрый, стремительный 2) *(decidido)* решительный
lanzador 1. *adj mil* пусковой **2.** , **-a** *m/f sport* метатель, -ница
lanzagranadas *m mil* гранатомёт
lanzallamas *m mil* огнемёт
lanzamiento *m* 1) бросок 2) *(al mercado)* выпуск
lanzamisiles 1. *adj mil* ракетный **2.** *m mil* пусковая ракетная установка
lanzar *vt* 1) бросать, кидать, метать 2) *(al marcado)* выпускать 3) *(bombas)* сбрасывать 4) *(cohetes)* пускать
lanzarse *vpron* бросаться
lanzatorpedos *m* 1) *mil* торпедный аппарат 2) *mil* торпедный катер
lapa *f* 1) пателла (моллюск) 2) *coloq* прилипала
lapicera *f Am.* ручка
lapicero *m* 1) карандашница 2) *(lápiz)* карандаш
lápida *f* 1) могильная плита 2) мемориальная доска
lapidación *f* забивание камнями
lapidar *vt* избивать камнями до смерти
lapidario 1. *adj* 1) надгробный 2) *(relativo a las piedras preciosas)* относящийся к драгоценным камням 3) *(dicho de un estilo)* лапидарный **2.** *m* гранильщик
lapislázuli *m min* лазурит
lápiz *m* карандаш ~ *de color* цветной карандаш; ~ *de labios* губная помада; ~ *de cejas* тушь для ресниц
lapón 1. *m/f* лапланд|ец, -ка **2.** *adj* лапландский
lapso *m* 1) промежуток времени 2) *(error)* ляпсус
lapsus *m* ляпсус, ошибка
laquear *vt* лакировать
lar *m* 1) очаг 2) *mitol* домовой
lardar *vt* смазывать салом
lardo *m* сало
lardoso *adj* сальный, жирный
larga *f* задержка ◆ **dar ~s** тянуть лямку
largar *vt* 1) отпускать 2) *coloq (echar)* выгонять 3) *coloq (un golpe)* ударять
largarse *vpron coloq* уходить, сматываться
largavistas *m Am.* бинокль
larg|o 1. *adj* длинный **2.** *m* длина, протяжённость ◆ **a la ~a** со временем **a lo ~o de u.c.** *(en el espacio)* вдоль чего-л, *(en el tiempo)* в течение чего-л **¡ ~o (de aquí)!** уйди(те) (отсюда)!, вон отсюда!

largometraje *m* полнометражный фильм

larguero *m* 1) *constr* продольный брус 2) *sport* штанга

largueza *f* 1) длина 2) щедрость

larguirucho *adj coloq* долговязый

largura *f* длина

laringe *f anat* гортань

laríngeo *adj anat* гортанный

laringitis *f med* ларингит

laringólogo *m med* ларинголог

larva *f* личинка

larvado *adj med* скрытый

las 1. *art det* V. el **2.** *pron* V. lo

lasaña *f* лазанья

lasca *f* осколок камня

lascivia *f* похоть

lascivo *adj* похотливый

láser 1. *adj* лазерный **2.** *m* лазер

lasitud *f* усталость, слабость, изнеможение

laso *adj* усталый, слабый, изнеможённый

lástima *f* жалость, сострадание ◆ **me da ~** мне жалко ~ **que...** жаль, что, жалко, что

lastimar *vt* ранить, повреждать

lastimarse *vpron* раниться, ушибаться

lastimero *adj* жалкий

lastimoso *adj* жалкий, плачевный

lastre[1] *m* 1) *(material pesado)* балласт 2) *(persona o cosa que entorpece algo)* препятствие, бремя

lastre[2] *m (tipo de piedra)* щебень

lata *f* 1) *(material)* жесть 2) *(objeto)* жестяная банка ◆ **dar la ~ a alg** мешать кому-л

latazo *m coloq* скукотища, скукотень

latente *adj* скрытый

lateral 1. *adj* боковой **2.** *m* 1) обочина 2) *sport* крайний защитник

latería *f Am.* мастерская жестянщика

latero 1. *adj coloq* надоедливый, скучный **2.** *m* жестянщик

látex *m* латекс

latido *m* биение

latifundio *m* латифундия, поместье

latifundista 1. *adj* латифундистский **2.** *m* латифундист, крупный помещик

latigazo *m* 1) удар кнутом 2) *coloq (descarga eléctrica)* удар током 3) *coloq (trago)* глоток (крепкого спиртного напитка)

látigo *m* хлыст, бич, кнут

latiguillo *m* слово-паразит

latín *m* латинский язык, латынь ◆ **saber ~** быть хитрым, быть себе на уме

latinajo *m* 1) *desp* исковерканный латинский язык 2) *(latinismo)* латинизм

latinismo *m* латинизм

latinista *m/f* латинист

latinizar *vt* латинизировать

latin|o 1. *adj* 1) латинский 2) *(latinoamericano)* латиноамериканский **2. , -a** *m/f* латиноамерикан|ец, -ка

latinoamerican|o 1. *adj* латиноамериканский **2. , -a** *m/f* латиноамерикан|ец, -ка

latir *vi* биться, пульсировать

latitud *f geogr* широта

latitudinal *adj* поперечный

lato *adj* широкий, пространный

latón *m* латунь

latonería *f* 1) мастерская по производству изделий из латуни 2) магазин изделий из латуни

latoner|o, -a *m/f* 1) производитель изделий из латуни 2) продав|ец, -щица изделий из латуни

latoso *adj* надоедливый, скучный

latrocinio *m* кража, грабёж

laucha *f Am.* мышь

laúd *m* 1) *(instrumento musical)* лютня 2) *(embarcación)* фелюга

laudable *adj* похвальный, достойный похвалы

láudano *m* опиум

laudatorio *adj* похвальный

laudo *m jur* решение арбитражного суда

laureado 1. *adj* награждённый **2.** *m/f* лауреат

laurear *vt* награждать

laurel *m* 1) лавр 2) *(árbol)* лавровое дерево

lava *f* лава

lavable *adj* моющийся, стирающийся

lavabo *m* 1) умывальник 2) *(servicio)* туалет

lavacoches *m/f* мойщик автомобилей

lavada *f* мытьё, мойка

lavadero *m* прачечная

lavado *m* 1) мытьё, промывка 2) *(de la ropa)* стирка

lavadora *f* стиральная машина

lavaje *m* промывка

lavamanos *m* умывальник

lavanda *f* лаванда

lavandera *f* прачка

lavandería *f* прачечная

lavaojos *m med* глазная ванночка

lavaparabrisas *m auto* дворник

lavaplatos *m* посудомоечная машина

lavar *vt* 1) мыть, промывать 2) *(la ropa)* стирать

lavarropas *m Am.* стиральная машина

lavarse *vpron* мыться, умываться

lavativa *f* клизма

lavatorio *m* 1) умывание 2) *relig* омовение 3) *Am.* умывальник

lavavajillas *m* моющее средство для посуды

lavazas *fpl* помои

laxante 1. *adj* слабительный **2.** *m* слабительное средство

laxar *vt* слабить

laxativo *adj* слабительный

laxismo *m* теория свободных нравов

laxista *m/f* привержен|ец, -ка теории свободных нравов

laxitud *f* 1) слабость, вялость 2) безнравственность

laxo *adj* 1) слабый, вялый 2) *(moralmente)* безнравственный

laya[1] *f (especie)* сорт, вид

laya[2] *f (instrumento)* лопата

lazada *f* бант

lazar *vt* поймать с помощью лассо

lazareto *m* лепрозорий

lazarillo *m* поводырь ◆ **perro ~** собака-поводырь

lazo 1. *m* 1) бант, бантик 2) *(para sujetar toros o caballos)* лассо **2. , -s** *mpl* узы

le *pron* ему, ей (местоимение в роли косвенного дополнения единственного числа)

leal *adj* верный, преданный

lealtad *f* верность, преданность

leandra *f coloq* песета, деньги

leasing *m fin* лизинг
lebrel 1. *adj* борзой **2.** *m* борзая собака
lección *f* урок, занятие ◆ **dar una ~ a alg** проучить кого-л
lecha *f zool* молока
lechada *f constr* известковый раствор
lechal 1. *adj* 1) молочный 2) *bot* млечный **2.** *m bot* млечный сок
lechar[1] *adj* молочный
lechar[2] *vi Ec.* давать молоко
lechazo *m* молочный ягнёнок
leche *f* 1) молоко ~ *condensada* сгущённое молоко; ~ *desnatada* обезжиренное молоко; ~ *entera* цельное молоко 2) *vulg* удар ◆ **a toda ~** *coloq* очень быстро, очень громко **con mala ~** *coloq* с подвохом, назло **estar de mala ~** *vulg* быть в плохом настроении
lechecillas *fpl* потроха, внутренности
lechera *f* 1) молочница 2) *(vasija)* молочник
lechería *f* молочный магазин
lechero 1. *adj* 1) молочный 2) *(referido a una vaca)* дойный **2.** *m* молочник
lechetrezna *f* молочай миндальный
lecho *m* 1) кровать, постель 2) *(de un río)* ложе 3) *geol* слой, пласт
lechón *m* молочный поросёнок
lechosa *f Ven.* папайя
lechoso 1. *adj* 1) похожий на молоко 2) *bot* млечный **2.** *m Ven.* папайя
lechuga *f* зелёный салат, салат-латук
lechuguina *f coloq* модница, щеголиха
lechuguino *m coloq* модник, щёголь
lechuza *f* сова
lectivo *adj* учебный, академический
lector, -a *m/f* 1) читатель 2) *(profesor)* лектор
lectorado *m acad* должность лектора
lectura *f* чтение
leer *vt* 1) читать, прочитывать 2) *(en voz alta)* зачитывать 3) *(reconocer)* распознавать
legación *f* дипломатическая миссия
legado[1] *m* 1) завещание 2) наследство
legado[2] *m relig* легат
legajador *m* папка
legajo *m* 1) связка бумаг 2) *jur* досье
legal *adj* законный, легальный
legalidad *f* законность, легальность
legalista *adj* строго соблюдающий закон, легалистический
legalización *f* легализация
legalizar *vt* легализовать, легализировать
légamo *m* грязь, ил
legamoso *adj* грязный, илистый
legaña *f* глазной гной, секрет мейбомиевых желез
legar *vt* завещать, передавать в наследство
legatari|o, -a *m/f* наследни|к, -ца по завещанию
legendario *adj* легендарный
legibilidad *f* читаемость, разборчивость
legible *adj* читаемый, разборчивый
legión *f* легион
legionario 1. *adj* относящийся к легиону **2.** *m* легионер
legionella *f* 1) *biol* легионелла 2) *med* легионеллёз
legionelosis *f med* легионеллёз
legislación *f* законодательство
legislador 1. *adj* законодательный **2.** *m/f* законодатель
legislar *vi* устанавливать (издавать) законы
legislativo *adj* законодательный
legislatura *f* срок (полномочий законодательного органа)
legista *m/f* законовед
legítima *f jur* законная доля наследства
legitimación *f* легитимация, узаконивание
legitimar *vt* узаконивать, придавать юридическую силу
legitimarse *vpron* узакониваться, придавать себе юридическую силу
legitimidad *f* законность
legítimo *adj* законный
leg|o 1. *adj* 1) светский, мирской 2) *(falto de conocimientos)* невежественный **2. , -a** *m/f relig* послужни|к, -ца, мирян|ин, -ка
legón *m* мотыга
legua *f* лига
leguleyo *m desp* сутяга, крючкотвор
legumbre *f* стручковый овощ
leguminoso *adj bot* бобовый
lehendakari *m pol* лендакари (глава правительства в Стране Басков)
leída *f obsol* чтение
leído *adj* начитанный
leísmo *m ling* леисмо (употребление местоимений le и les вместо lo и los в испанском языке)
leja *f reg* старое русло реки
lejanía *f* даль, отдалённость
lejano *adj* далёкий, дальний
lejía *f* щёлок
lejos *adv* **(de alg o u/c)** далеко (от кого/чего-л) ◆ **a lo ~** издали **ni de ~** вовсе не, отнюдь
lel|o 1. *adj coloq* глупый, идиотский **2. , -a** *m/f coloq* глупец, идиот, -ка
lema *m* 1) девиз 2) *ling* лемма
lemario *m ling* корпус слов
lémur *m* лемур
leña *f* дрова
leñador *m* лесоруб
leñatero *m* анумби
leñazo *m* 1) *coloq (golpe dado con un leño)* удар бревном 2) *coloq (golpe fuerte)* сильный удар
lencería *f* 1) *(conjunto de lienzos)* полотно 2) *(ropa interior femenina)* нижнее женское бельё
lendakari *m* V. lehendakari
lene *adj* нежный, мягкий
leñera *f* дровяной склад
lengua *f* 1) *(parte del cuerpo)* язык 2) *(idioma)* язык *lengua materna* родной язык ◆ **malas ~s** злые языки
lenguado *m* камбала
lenguaje *m* язык
lenguaraz *adj* языкастый
lengüeta *f* язычок
lengüetear *vi* 1) лизать, облизывать 2) *Cub.* сплетничать
lenidad *f* мягкость, нетребовательность
lenificación *f* смягчение, ослабление
lenificar *vt* смягчать, ослаблять
leninismo *m pol* ленинизм
leninista 1. *adj pol* ленинский **2.** *m/f pol* ленин|ец, -ка

lenitivo 1. *adj* смягчающий **2.** *m med* смягчающее средство
leño *m* 1) бревно 2) *(parte sólida de los árboles)* древесина 3) *coloq (dicho de una persona)* лопух ◆ **dormir como un** ~ спать как убитый
lenocinio *m* сводничество
leñoso *adj* древесный, деревянистый
lente *f* линза ~*s de contacto* контактные линзы
lenteja *f* чечевица
lentejuela *f* блёстка
lentes *mpl obsol* очки
lentificar *vt* замедлять
lentilla *f* линза
lentitud *f* медлительность, неторопливость
lento *adj* медленный, неторопливый
leo *adj astrol* Лев
león *m* лев
leonado *adj* цвета львиной шерсти
leonera *f* 1) клетка для львов 2) *coloq* свинарник
leon|és 1. *adj* относящийся к области Леона или к городу Леон **2.** , **-esa** *m/f* житель, -ница (уроженец, уроженка) области Леона или города Леон
leopardo *m* леопард
leotardos *mpl* колготки, рейтузы
lepra *f* проказа, лепра
leprosería *conj* лепрозорий
leproso *adj* прокажённый, лепрозный
lerdera *f C. Rica* задержка
lerdo *adj* тупой, бестолковый
les *pron* местоимение в роли косвенного дополнения мужского и женского рода третьего лица множественного числа ~ *he traído un regalo* я им принес подарок
lesbiana *f* лесбиянка
lesbianismo *m* лесбиянство
lesbiano *adj* лесбийский
lesión *f* травма
lesionar *vt* травмировать
lesionarse *vpron* получать травму
lesivo *adj* вредный, наносящий ущерб
leso *adj* 1) повреждённый, потерпевший ущерб 2) *(que ha recibido una ofensa)* оскорблённый
letal *adj* летальный, смертельный
letanía *f* 1) *relig* литания 2) **(de u/c)** *coloq* длинное и скучное перечисление (чего-л)
letárgico *adj* летаргический
letargo *m* 1) *med* летаргия 2) *zool* спячка
let|ón 1. *adj* латышский **2.** , **-ona** *m/f* латыш, -ка **3.** *m* латышский язык
letra *f* 1) буква ~ *mayúscula* прописная буква; ~ *minúscula* строчная буква 2) *(caligrafía)* почерк 3) *(tipo de letra)* шрифт 4) *(de una canción)* слова ◆ **al pie de la** ~ буквально
letrado 1. *adj* образованный **2.** *m/f* юрист, адвокат
letrero *m* надпись
letrina *f* сортир, отхожее место
leucemia *f med* лейкемия
leucocito *m biol* лейкоцит
leucoma *f med* лейкома
leucorrea *f med* бели, лейкоррея
leva *f* 1) *mil* призыв, набор 2) *nav* отплытие с порта
levadizo *adj* подъёмный ◆ **puente** ~ подъёмный мост
levadura *f* дрожжи
levantamiento *m* 1) поднимание, поднятие 2) *(sedición)* восстание, бунт, мятеж
levantar *vt* 1) поднимать, приподнимать 2) *(construir)* строить, воздвигать 3) *(la voz)* повышать 4) *(hacer cesar)* снимать
levantarse *vpron* 1) вставать, подниматься 2) *(sobresalir)* подниматься 3) *(en sedición)* взбунтоваться 3) *(dicho del viento)* подниматься
levante *m* 1) восток 2) *(con mayúsculas)* побережье Средиземного моря в Испании 3) *(viento)* восточный ветер
levantin|o 1. *adj* восточный **2.** , **-a** *m/f* житель, -ница (урожненец, уроженка) побережья Средиземного моря в Испании
levantisco[1] *adj* V. levantino
levantisco[2] *adj (de genio turbulento)* мятежный, буйный
levar *vt nav* поднимать якорь
leve *adj* 1) лёгкий 2) *(de poca importancia)* лёгкий, незначительный
levedad *f* лёгкость
levita *f* сюртук
levitación *f* левитация
levitar *vi* левитировать
léxico 1. *adj ling* лексический **2.** *m ling* лексика
lexicografía *f ling* лексикография
lexicográfico *adj ling* лексикографический
lexicógrafo *m/f ling* лексикограф
lexicología *f ling* лексикология
lexicólogo *m/f ling* лексиколог
ley *f* 1) *(regla natural)* закон, закономерность 2) *(disposición o precepto)* закон 3) *(lealtad)* верность, преданность 4) *(referido a los metales)* проба *oro de* ~ чистопробное золото 5) *(conjunto de leyes)* законодательство
leyenda *f* легенда
lezna *f* шило
lía *f* верёвка
liana *f* лиана
liante *adj* плутоватый, хитрый
liar *vt* 1) связывать, завязывать, заворачивать 2) *(un cigarrillo)* крутить 3) *coloq* запутывать, впутывать
liarse *vpron* 1) **(a u/c)** *coloq (empezar a ejecutar con vehemencia)* быть втянутым (во что-л.) ~ *a gritos* кричать друг на друга; ~ *a golpes* подраться 2) **(con alg)** *coloq (amancebarse)* закрутить роман (с кем-л), сойтись (с кем-л)
libación *f* возлияние
liban|és 1. *adj* ливанский **2.** , **-esa** *m/f* ливан|ец, -ка
libar *vi* совершать возлияние
libelo *m* пасквиль, памфлет
libélula *f* стрекоза
liberación *f* освобождение
liberado *adj* раскрепощённый, прогрессивный
liberador 1. *adj* освободительный **2.** , **-a** *m/f* освободитель, -ница
liberal 1. *adj* либеральный **2.** *m/f* либерал
liberalidad *f* щедрость
liberalismo *m* либерализм
liberalización *f* либерализация
liberalizar *vt* либерализовать

liberar *vt* освобождать
liberian|o 1. *adj* либерийский **2. , -a** *m/f* либери|ец, -йка
líbero *m sport* свободный защитник
libertad *f* 1) свобода ~ *de culto* свобода вероисповедания; ~ *de expresión* свобода слова 2) *(licencia, desembarazo)* вольность
libertador 1. *adj* освободительный **2. , -a** *m/f* освободитель, -ница
libertar *vt* освобождать
libertario *adj* анархистский
libertinaje *m* распущенность, разврат, распутство
libertin|o 1. *adj* распущенный, развратный **2. , -a** *m/f* распутни|к, -ца, развратни|к, -ца
libidinoso *adj* похотливый, сладострастный
libido *f* либидо
libra 1. *adj astrol* Весы **2.** *f* фунт ~ *esterlina* фунт стерлингов
libraco *m desp* книжонка
librad|o, -a *m/f com* плательщи|к, -ца по чеку
librador *m/f com* чекодатель, векселедатель
libranza *f com* распоряжение о выплате по векселю
librar 1. *vt* освобождать **2.** *vi coloq* не работать, быть выходным
librarse *vpron* **(de alg o u/c)** освобождаться (от кого/чего-л), избавляться (от кого/чего-л)
libre *adj* 1) **(de u/c)** свободный (от чего-л), вольный 2) *(desocupado)* свободный, незанятый
librea *f* ливрея
libremente *adv* свободно
librepensador *adj* свободомыслящий
librepensamiento *m* свободомыслие
librería *f* 1) *(establecimiento)* книжный магазин 2) *(mueble)* стеллаж
librero *m/f* продав|ец, -щица книг
libresco *adj* книжный
libreta *f* 1) тетрадь 2) *(de ahorros)* сберегательная книжка
libretista *m/f* либреттист, -ка
libreto *m* либретто
librillo *m* 1) книжечка курительной бумаги 2) *zool* книжка
libro *m* 1) книга ~ *de texto* учебник 2) *zool* книжка
licencia *f* 1) **(para u/c)** *(permiso para hacer algo)* разрешение (на что-л) 2) *(resolución de la Administración)* разрешение, лицензия 3) **(de u/c)** *(libertad)* вольность (на что-л) 4) *(libertad excesiva)* распущенность, безнравственность
licenciad|o 1. *adj* дипломированный **2. , -a** *m/f* специалист, выпускни|к, -ца
licenciar *vt* 1) давать разрешение 2) *(conferir el grado de licenciado)* присваивать учёную степень специалиста 3) *(despedir)* увольнять
licenciarse *vpron* получать учёную степень специалиста, выпускаться
licenciatura *f (grado)* специальность, образование специалиста
licencioso *adj* распущенный, развратный
liceo *m* лицей
lichi *m* личи
licitación *f com* выставление на торги, торги
licitador *m com* участник торгов
licitar *vi com* участвовать в торгах
lícito *adj* справедливый, законный, дозволенный
licor *m* ликёр
licorera *f* 1) *(armario)* шкафчик для хранения ликёров 2) *(botella)* ликёрный графин
licorería *f* ликёрный завод
licuación *f* 1) *(de un gas)* сжижение 2) *(de un sólido)* плавление
licuadora *f* соковыжималка
licuar *vt* 1) превращать в жидкость 2) *(un gas)* сжижать 3) *(un sólido)* плавить
lid *f* 1) бой, схватка 2) *(disputa)* спор
líder *m* лидер
liderar *vt* возглавлять, лидировать
liderato *m* V. liderazgo
liderazgo *m* лидерство
lidia *f* 1) *(lucha)* борьба 2) *taur* дразнение быка
lidiador *m* 1) борец 2) *taur* тореадор
lidiar 1. *vi* бороться **2.** *vt (un toro)* дразнить (быка)
liebre *f* заяц
liendre *f* гнида
lienzo *m* полотно
lifting *m* лифтинг
liga *f* 1) подвязка, резинка для чулок 2) *(agrupación)* союз, лига 3) *sport* чемпионат
ligadura *f* 1) перевязывание, связывание 2) *med* лигатура 3) *mús* лигатура
ligamento *m anat* связка
ligar 1. *vt* 1) V. atar 2) V. alear 2 **2.** *vi* **(con alg)** *coloq* вступать в интимные отношения (с кем-л), сходиться (с кем-л)
ligazón *f* связь, отношение
ligereza *f* лёгкость
ligero *adj* 1) лёгкий 2) *(dicho del sueño)* лёгкий, некрепкий 3) *(dicho del carácter)* легкомысленный, несерьёзный
lignito *m min* лигнит, бурый уголь
ligón *m coloq* бабник
ligue *m coloq* роман
liguero *m* пояс для подвязок
liguilla *f sport* часть чемпионата
lija *f* 1) наждачная бумага, абразивная бумага 2) акула (разновидность)
lijadora *f* шлифовальная машина
lijar *vt* тереть наждаком, шлифовать
lila 1. *adj* сиреневый цвет **2.** *f bot* сирень
lima[1] *f (herramienta)* напильник
lima[2] *f (fruta)* лайм
limadura 1. *f* обработка напильником, опиливание **2. -s** *fpl* опилки
limar *vt* 1) обрабатывать напильником, опиливать 2) *(pulir)* отделывать 3) *(debilitar)* ослаблять, смягчать
limbo *m* 1) *relig* преддверие рая 2) *(borde)* край 3) *astron* лимб ◆ **estar en el** ~ витать в облаках
limeñ|o 1. *adj* относящийся к Лиме **2. , -a** *m/f* жител|ь, -ница (уроженец, уроженка) Лимы
limero *m bot* лайм (дерево)
limitación *f* ограничение
limitado *adj* ограниченный
limitador 1. *adj* ограничивающий **2.** *m* ограничитель
limitar 1. *vt* ограничивать **2.** *vi* **(con u/c)** граничить (с чем-л)

limitarse *vpron* (**a u/c**) ограничиваться (чем-л)
limitativo *adj* ограничивающий
límite *m* предел, граница
limítrofe *adj* пограничный, сопредельный
limo *m* ил, грязь
limón *m* лимон *zumo de* ~ лимонный сок
limonada *f* лимонад
limonero *m* лимонное дерево
limosna *f* милостыня, подаяние *pedir* ~ просить милостыню
limosnear *vi* просить милостыню
limosneo *m* просьба о милостыне
limosnero *adj* часто подающий милостыню, милостивый
limpia[1] *f* уборка
limpia[2] *f* V. limpiabotas
limpiabarros *m* скребок для чистки обуви
limpiabotas *m/f* чистильщи|к, -ца сапог
limpiacristales *m* средство для мытья стёкол
limpiador 1. *adj* чистящий, моющий, очистительный **2.** *m Arg.* моющее средство
limpiahogares *m* моющее средство
limpialuneta *m auto* дворники
limpiamanos *m* полотенце
limpiamente *adv* чисто
limpiametales *m* средство для очистки металлов
limpiamuebles *m* средство для ухода за мебелью
limpiaparabrisas *m auto* дворники
limpiapiés *m* скребок для чистки обуви
limpiar *vt* 1) чистить ~ *una mancha* удалять пятно; ~ *el pescado* чистить рыбу; ~ *el polvo* протирать пыль; ~ *el suelo* мыть пол; ~ *la casa* убирать квартиру 2) *coloq (robar)* обчищать
límpido *adj poét* чистый, прозрачный
limpieza *f* 1) *(cualidad)* чистота 2) *(acción de limpiar)* чистка, очищение, уборка 3) *(pureza, castidad)* чистоплотность 4) *(integridad)* чистота, честность
limpio *adj* 1) чистый, мытый, очищенный, убранный 2) *(puro, casto)* чистоплотный 3) *(íntegro)* чистый, честный 4) *(sin culpa)* чистый, невиновный 5) *coloq (sin dinero)* без денег ♦ **en** ~ в чистовике
limpión *m* 1) *(limpiadura)* поверхностная чистка 2) *Am.* тряпка для чистки 3) *coloq (empleado)* чистильщик, уборщик
limusina *f* лимузин
liña *f obsol* линия
linaje *m* 1) *(ascendencia)* род, происхождение 2) *(clase)* вид, род
linajudo *adj* выставляющий свою знатность перед другим
linaza *f* льняное семя
lince *m* 1) рысь 2) *(persona astuta)* хитрец, проныра
linchamiento *m* линчевание
linchar *vt* линчевать
lindante *adj* 1) (**con u/c**) граничащий (с чем-л), прилегающий (к чему-л) 2) (**con u/c**) *(próximo)* граничащий (с чем-л), близкий (к чему-л)
lindar[1] *vi* 1) (**con u/c**) граничить (с чем-л), прилегать (к чему-л) 2) (**con u/c**) *(rayar)* граничить (с чем- л), быть близким (к чему-л)
lindar[2] *m* порог
linde *m* 1) граница 2) *(término o fin)* завершение, конец
lindero 1. *adj* граничащий **2.** *m* граница
lindeza 1. *f* 1) красота 2) остроумное высказывание **2. -s** *fpl* оскорбление
lindo *adj* красивый, хорошенький ♦ **de lo** ~ 1) *(muy bien)* отлично 2) *(mucho)* очень
línea *f* 1) линия 2) *(de texto)* строка, строчка 3) *(figura esbelta)* фигура 4) *(término)* черта 5) *(dirección)* направление, путь 6) *(sucesión de personas o cosas)* ряд 7) *(comunicación telefónica)* связь 8) *(ruta)* маршрут ♦ ~ **aérea** авиалиния
lineal *adj* линейный ♦ **dibujo** ~ чертёж
lineamento *m* очертание, контур
linear *vt* 1) *(echar líneas)* проводить линии 2) *(bosquejar)* делать набросок
linfa *f* 1) *biol* лимфа 2) *poét* вода
linfático *adj* лимфатический
lingotazo *m coloq* глоток алкогольного напитка
lingote *m* слиток
lingüista *m/f* лингвист
lingüística *f* языкознание, лингвистика ~ *aplicada* прикладная лингвистика; ~ *comparada* сравнительная лингвистика
lingüístico *adj* лингвистический
linier *m sport* судья на линии
linimento *m* линимент
lino *m* лён
linóleo *m* линолеум
linotipia *f* 1) *impr (máquina)* линотип 2) *impr (técnica)* линотипия
linotipista *m/f impr* линотипист, -ка
linotipo *m impr* линотип
linterna *f* фонарь, фонарик
lío *m* 1) *(cosas atadas)* связка 2) *coloq (embrollo)* путаница 3) *coloq (amancebamiento)* ромен
liofilizado 1. *adj* лиофилизированный **2.** *m* лиофилизат
liofilizar *vt* лиофилизировать
lioso *adj* путаный
lipa *f Ven. coloq* живот, пузо (у животных)
lipendi *adj coloq* глупый, тупой
lípido *m biol* липид
lipoma *m med* липома
liposoma *m biol* липосома
liposucción *f med* липосакция
lipotimia *f* обморок
liquelique *m* V. liquilique
liquen *m* лишай, лишайник
liquidación *f* 1) *(licuación)* расжижение 2) *(finalización de algo)* ликвидация 3) *(pago)* оплата, погашение 4) *com (balance)* заключительный баланс 5) *(rebajas)* распродажа
liquidar *vt* 1) *(hacer líquido)* разжижать, сжижать 2) *(poner término a algo)* ликвидировать 3) *(pagar)* платить, погашать 4) *com* закрывать баланс 5) *(vender a precio rebajado)* распродавать 6) *coloq (matar)* прикончить, замочить
liquidez *f* 1) жидкое состояние 2) *com* ликвидность
líquido 1. *adj* 1) жидкий 2) *com* ликвидный, свободный от долгов 3) *ling* плавный **2.** *m* жидкость

liquilique *m Ven. Col.* мужская рубашка из простой ткани
lira[1] *f mús* лира
lira[2] *f (moneda)* лира
lírica *f* лирика
lírico *adj* лирический
lirio *m* лилия
lirismo *m* лиризм
lirón *m* 1) соня 2) *coloq (dormilón)* соня
lis *f bot* лилия
lisa *f* серая кефаль
lisboeta 1. *adj* лиссабонский **2.** *m/f* лиссабон|ец, -ка
lisiad|o 1. *adj* повреждённый, искалеченный **2. , -a** *m/f* калека
lisiar *vt* повреждать (кому-л), калечить
liso *adj* 1) гладкий 2) *(dicho de una tela)* гладкий, без рисунка, однотонный
lisonja *f* лесть
lisonjear *vt* льстить (кому-л)
lisonjer|o 1. *adj* льстивый **2. , -a** *m/f* льстец, льстица
lista *f* 1) *(tira)* полоса, полоска 2) *(enumeración)* список, перечень *pasar* ~ производить перекличку
listado 1. *adj* полосатый **2.** *m* список, перечень
listero *m* табельщик
listeza *f* ум, сообразительность
listill|o, -a *m/f* 1) *(que presume de que lo sabe todo)* всезнайка 2) *(pícaro)* прохиндей
listín *m* 1) *(lista pequeña)* небольшой список 2) *(de teléfonos)* телефонный справочник
listo *adj* 1) умный, сообразительный 2) **(para u/c)** *(preparado)* готовый (к чему-л) 3) *(astuto)* проворный, хитрый
listón *m* 1) деревянная рейка 2) *sport* планка
lisura *f* 1) ровность, гладкость 2) *(ingenuidad)* откровенность, простота души
litera *f* 1) двухъярусная (трёхъярусная) кровать 2) *(en un barco)* койка 3) *(en un tren)* место в спальном вагоне
literal *adj* дословный, буквальный ◆ **traducción** ~ дословный перевод
literario *adj* литературный *género* ~ литературный жанр
literato 1. *adj* литераторский **2.** *m* литератор
literatura *f* литература
litigación *f jur* тяжба, судебный спор
litigante 1. *adj jur* тяжущийся **2.** *m/f jur* тяжущаяся сторона
litigar *vt* 1) *jur* вести тяжбу 2) *(altercar)* ссориться, спорить
litigio *m* 1) *jur* тяжба, судебный спор 2) *(disputa)* спор, ссора
litigioso *adj* 1) *jur* спорный, оспариваемый 2) *(propenso a mover pleitos)* спорный, конфликтный
litio *m quím* литий
litografía *f impr* литография
litografiar *vt impr* литографировать
litógrafo *m/f impr* литограф
litoral 1. *adj* прибрежный **2.** *m* побережье, взморье
litosfera *f geol* литосфера
litro *m* литр *un de agua* литр воды
litrona *f coloq* литровая бутылка пива
lituan|o 1. *adj* литовский **2. , -a** *m/f* литов|ец, -ка **3.** *m* литовский язык
liturgia *f relig* литургия
litúrgico *adj relig* литургический
liviandad *f* 1) невесомость, лёгкость 2) *(inconstancia)* непостоянство, легкомыслие
liviano *adj* 1) невесомый, лёгкий 2) *(inconstante)* непостоянный, легкомысленный, ветренный
lividez *f* 1) бледность 2) *(color amoratado)* синева
lívido *adj* 1) бледный 2) *(amoratado)* синий
living *m* гостиная
liza[1] *f (pez)* серая кефаль
liza[2] *f* 1) *(lugar para el combate)* арена для борьбы 2) *(lid)* бой, борьба
llaga *f* язва
llama[1] *f* пламя, огонь
llama[2] *f (animal)* лама
llamada *f* 1) зов, призыв, вызов 2) *(telefónica)* звонок (телефонный)
llamado *m* V. llamada
llamador *m* 1) вестник 2) *(timbre)* звонок 3) *(aldaba)* дверной молоток
llamamiento *m* зов, **(a u/c)** призыв (к чему-л), вызов
llamar 1. *vt* 1) звать, вызывать 2) *(dar nombre)* называть (кем/чем-л) 3) *(telefonear)* звонить (кому-л) 4) *(a filas)* призывать 5) *(atraer)* привлекать **2.** *vi* 1) *(a la puerta)* стучать 2) *(al timbre)* звонить в дверь
llamarada *f* 1) вспышка пламени 2) *(movimiento repentino del ánimo)* вспышка страсти, порыв
llama|rse *vpron* 1) *(referido a personas)* звать *¿cómo te ~s?* как тебя зовут?; *¿cómo se ~ (usted)?* как вас зовут? 2) *(referido a cosas)* называться *¿cómo se ~ esto?* как это называется?
llamativo *adj* яркий, кричащий, вызывающий
llamear *vi* пламенеть, пылать
llana *f* штукатурная лопатка, мастерок
llanero[1] *m/f* житель, -ница равнины
llanero[2] *adj Ven. Col.* относящийся к региону Льянос
llaneza *f* простота, непринуждённость
llanito *m* V. gibraltareño
llano 1. *adj* 1) плоский, ровный 2) *(dicho de una persona)* простой, доступный, понятный **2.** *m* равнина
llanta *f auto* обод колеса
llantén *m* подорожник
llantina *f coloq* громкий плач
llanto *m* плач, рыдание
llanura *f* равнина
llares *fpl* цепь для подвешивания котелка
llave *f* 1) ключ ~ *inglesa* разводной ключ; ~ *maestra* отмычка 2) *(válvula)* кран, клапан ~ *de paso* пропускной клапан
llavero *m* брелок
llavín *m* 1) ключик 2) *Cub.* замок
llegada *f* 1) *(caminando)* приход 2) *(en un medio de transporte)* приезд, прибытие 3) *(volando)* прилёт 4) *(inicio)* наступление ~ *del invierno* наступление зимы
llegar *vi* 1) *(caminando)* приходить, доходить 2) *(en transporte)* приезжать, прибывать,

доезжать 3) *(volando)* прилетать, долетать 4) *(referido al tiempo)* наступать 5) **(a alg)** *(llegar a ser)* становиться (кем-л) 6) **(a u/c)** *(tocar, alcanzar)* доходить (до чего-л), дотягиваться (до чего-л) 7) *(ascender)* достигать (чего-л), дорастать (до чего-л) 8) *(ser suficiente)* хватать (кого/чего-л)
llegarse *vpron* **(a u/c)** подходить (к чему-л)
lleísmo *m* V. yeísmo
llenar *vt* наполнять, переполнять
llenazo *m coloq* аншлаг
lleno 1. *adj* 1) полный, наполненный 2) *(ocupado)* занятый 3) *(dicho de una persona)* полный 4) *(saciado)* сытый **2.** *m* аншлаг ◆ **de** полностью
llevadero *adj* сносный, терпимый
llevar *vt* 1) *(caminando)* нести, носить 2) *(de la mano a alguien)* вести, водить 3) *(en un medio de transporte)* везти, возить 4) *(tolerar)* переносить, терпеть 5) *(un vehículo)* вести, водить 6) *(estar provisto de algo)* иметь при себе *~ encima* иметь при себе, иметь с собой 7) *(referido a la ropa)* носить, быть в чём-л 8) *(dirigir)* вести, управлять (чем-л)
llevarse *vpron* 1) забирать, уносить, относить 2) *(de la mano)* уводить, отводить 3) *(en un medio de transporte)* увозить, отвозить 4) *(estar de moda)* быть в моде 5) **(con alg)** *(congeniar)* ладить (чем-л) *~ bien (mal) con alg* (не) дружить с кем-л.
llorar 1. *vi* 1) плакать 2) *(dicho de los ojos)* слезиться **2.** *vt* оплакивать
llorera *f* громкий плач
lloriquear *vi* хныкать
lloriqueo *m* хныканье
lloro *m* плач, рыдание
llorón 1. *adj* плаксивый **2.** *m/f* плакса
llorona *f* плакальщица
lloroso *adj* 1) *(que llora)* плачущий 2) *(que ha llorado)* заплаканный 3) *(que hace llorar)* плачевный
llovedera *f Méx. El Salv. Cub.* ливень
llovedizo *adj* 1) дождевой 2) *(permeable)* пропускающий дождь
llover 1. *v/impers* идти (дождь), лить (дождь) **2.** *vi (venir, caer)* обрушиваться, посыпаться ◆ **~ a cántaros** лить как из ведра **~ sobre mojado** беда одна не ходит
llovizna *f* морось, изморось, мелкий дождик
lloviznar *v/impers* моросить
lluvia *f* 1) дождь 2) *(abundancia)* поток, обилие ◆ **~ de estrellas** звездопад
lluvioso *adj* дождливый
lo[1] **1.** *art det* определённый артикль среднего рода единственного числа *~ bello* красивое, прекрасное; *no me explicaste ~ de ayer* ты мне не рассказала о вчерашнем **2.** *pron dem* то *~ que* то, что; *~ mismo* то же самое
lo[2] *pron pers (форма винительного падежа личного местоимения «él»)* его *~ encontré* я нашёл его; *no ~ sabe* она этого не знает
loa *f* 1) хвала, восхваление 2) *teat obsol* лоа, пролог 3) *lit* прославляющая поэма
loable *adj* похвальный, достойный похвалы
loar *vt* хвалить, восхвалять
lobato *m* волчонок
lobito *m* волчонок
lobo *m* волк ◆ **~ marino** морской волк
lobotomía *f med* лоботомия
lóbrego *adj* 1) *(oscuro)* тёмный, мрачный 2) *(triste)* печальный, меланхолический
lóbulo *m* 1) *anat* мочка (уха) 2) *bot* лопасть
loca *f* 1) *coloq desp* педик, гомосексуалист 2) *Arg. Ur.* проститутка
locación *f jur* аренда, наём
locador *m Arg. jur* арендодатель
local 1. *adj* местный **2.** *m* помещение
localidad *f* 1) местность 2) *teat* место
localizable *adj* чьё расположение может быть определено
localización *f* локализация
localizador *m* 1) локатор, пеленгатор 2) *transp* код бронирования
localizar *vt* 1) *(determinar la posición)* определить расположение 2) *(limitar el alcance)* локализовать
locatario *m Arg. jur* арендатор
locero *m/f Ven. Hond. coloq* гончар
loción *f* лосьон, жидкость для промывания
locker *m Am.* шкафчик
loc|o 1. *adj* 1) сумасшедший, помешанный, безумный *casa de ~s* сумасшедший дом; *volverse ~* сойти с ума 2) *(de poco juicio, disparatado)* безумный, безрассудный, чокнутый 3) *(que excede lo ordinario)* безумный, необыкновенный **2.** , **-a** *m/f* 1) сумасшедший человек, безумец, псих 2) *(persona de poco juicio)* сумасброд, -ка, чуда|к, -чка ◆ **a lo ~** необдуманно
locomoción *f* передвижение
locomotor *adj* двигающий, движущий
locomotora *f* локомотив
locro *m Am.* локро (блюдо из кукурузы с мясом)
locuacidad *f* говорливость
locuaz *adj* разговорчивый, болтливый
locución *f* 1) выражение 2) *ling* оборот речи
locura *f* сумасшествие, безумие *con ~* безумно, до сумасшествия, *(falta de juicio)* безрассудство, сумасбродство
locutor, -a *m/f radio* ведущ|ий, -ая
locutorio *m* телефонная кабина, переговорный пункт
lodazal *m* топь, трясина
lodo *m* грязь, слякоть
lodoso *adj* грязный, топкий
logarítmico *adj mat* логарифмический
logaritmo *m mat* логарифм
logia *f* ложа (масонская)
lógica *f* логика
lógicamente *adv* логично
lógico *adj* 1) *(relativo a la lógica)* логический 2) *(de sentido común)* логичный
logística *f* 1) логистика 2) *mil* военная стратегия
logístico *adj* логистический
logopeda *m/f* логопед
logopedia *f* логопедия
logotipo *m* логотип
lograr *vt* достигать (чего-л), добиваться (чего-л)
logro *m* достижение
loma *f* склон, холм
lombriz *f* дождевой червяк

lomo *m* 1) поясница 2) *(pieza de carne)* вырезка 3) *(de un libro)* корешок
lona *f* брезент, парусина
loncha *f* ломоть, кусок
lonchar *vi Am.* есть, обедать
lonche *m Am.* лёгкий обед
lonchería *f Méx. (fonda)* гостиница, постоялый двор
londinense 1. *adj* лондонский 2. *m/f* лондон|ец, -ка
longanimidad *f* 1) *(grandeza de ánimo)* стойкость, мужество 2) *(generosidad)* великодушие
longánimo *f* великодушный, щедрый
longaniza *f* колбаса
longevidad *f* долголетие
longevo *adj* долголетний
longitud *f* 1) длина 2) *geogr* долгота
longitudinal *adj* продольный
longui *inv coloq* : hacerse el ~ притворяться, что не заметил что-л, включить дурачка
lonja *f* торговая биржа
lontananza *f arte* дальний план ◆ **en** ~ вдали
loor *m* хвала, похвала
lord *m* лорд
loren|és 1. *adj* лотарингский **2.** , **-esa** *m/f* лотаринг|ец, -ка
loro *m* 1) попугай 2) *coloq (dicho de una mujer)* чучело
losa *f* каменная плита
lote *m* ассорти, набор
lotería *f* лотерея
loter|o, -a *m/f* продав|ец, -щица лотерейных билетов
lotización *f* подразделение земельного участка на маленькие участки
lotizar *vt* подразделять (на участки)
loto[1] *m (flor)* лотос
loto[2] *f* V. lotería
loza *f* керамика, фаянс
lozanía *f* свежесть, жизнерадость
lozano *adj* свежий, жизнерадостный
lubina *f* сибас, лаврак
lubricación *f* смазка, смазывание
lubricante *m* смазочное вещество
lubricar *vt* смазывать
lúbrico *adj* 1) скользкий 2) *(lascivo)* сладострастный, похотливый
lucero *m* 1) светило 2) *(у животных)* звёздочка на лбу
lucha *f* 1) борьба, бой, схватка 2) *sport* борьба ~ *libre* вольная борьба
luchador 1. *adj* бойцовский **2.** *m/f* боец, борец
luchar *vi* **(por alg o u/c)** бороться (за кого/что-л), сражаться, воевать
lucidez *f* 1) *(claridad)* ясность ума, трезвость 2) *(agudeza)* проницательность, остроумие
lúcido *adj* 1) *(claro)* ясный, трезвый, светлый 2) *(agudo)* проницательный, остроумный
luciente *adj* светящий, блестящий
luciérnaga *f* светлячок
Lucifer *m* Люцифер
lucimiento *m* 1) *(esplendor)* блеск 2) *(exhibición)* показ, блистание
lucio *m* щука
lución *m* медяница
lucir 1. *vi* блестеть, сверкать, светить **2.** *vt* 1) *(mostrar)* показывать 2) *(llevar un vestido)* быть в чём-л.
lucirse *vpron (destacar)* выделяться, блистать
lucrarse *vpron* **(con u/c)** наживаться (на чём-л), извлекать выгоду (из чего-л)
lucrativo *adj* доходный, прибыльный
lucro *m* доход, прибыль
luctuoso *adj* печальный, жалкий
ludópata *m/f* лудоман, -ка
ludopatía *f* лудомания
luego 1. *adv* потом, тогда **2.** *conj* тогда ◆ **desde** ~ разумеется **hasta** ~ до свидания, пока, до встречи
lugar *m* 1) место 2) *(ciudad, aldea)* местность, населённый пункт 3) *(de trabajo)* место работы, должность ◆ **en** ~ **de alg o u.c.** вместо кого/чего-л. **en primer** ~ во-первых **dar** ~ **a u.c.** давать начало чему-л. **estar fuera de** ~ быть неуместным ~ **común** общее место **tener** ~ иметь место
lugareñ|o 1. *adj* местный **2.** , **-a** *m/f* местный житель, местная жительница
lúgubre *adj* мрачный, печальный, угрюмый
lujo *m* роскошь, пышность
lujoso *adj* роскошный
lujuria *f* 1) сладострастие, похотливость 2) *(exceso)* излишество
lujuriante *adj* пышный, роскошный
lujurioso *adj* сладострастный, похотливый
lumbago *m* люмбаго, прострел
lumbar *adj anat* поясничный
lumbre *f* 1) *(fuego)* огонь, пламя 2) *(luz)* свет
lumbrera *f* 1) светящееся тело 2) *(apertura)* световой люк 3) *(dicho de una persona)* светило
luminaria *f* 1) иллюминация 2) *relig* лампада
luminoso *adj* светлый, светящийся
luminotecnia *f* светотехника
luna *f* луна ◆ **estar en la** ~ витать в облаках **media** ~ месяц ~ **llena** полнолуние ~ **nueva** новолуние ~ **de miel** медовый месяц **pedir la** ~ просить невозможного
lunar 1. *adj* лунный **2.** *m* 1) *(en la piel)* родинка 2) *(tipo de estampado)* горошек *vestido de ~es* платье в горошек
lunático 1. *adj* сумасшедший, психически больной **2.** *m* психически больной, лунатик
lunes *m* понедельник *vendré el* ~ я приду в понедельник
luneta *f auto* стекло (в автомобиле)
lunfa *m Arg. coloq* вор
lunfardo *m* лунфардо (жаргон испанского языка в Буэнос-Айресе)
lungo *m Col.* сельскохозяйственный рабочий
lupa *f* лупа
lúpulo *m* хмель
lusitan|o 1. *adj* португальский **2.** , **-a** *m/f* португал|ец, -ка
luso *adj* V. lusitano
lustrabotas *m Am.* чистильщи|к, -ца сапог
lustrar *vt* чистить, наводить блеск
lustre *m* блеск, лоск
lustro *m* пятилетие
lustroso *adj* блестящий, сверкающий
luteranismo *m* лютеранство

luteran|o 1. *adj* лютеранский **2. , -a** *m/f* лютеран|ин, -ка

luthier *m/f* V. lutier

lutier *m/f* скрипичный мастер

luto *m* траур

luxación *f med* вывих

luxar *vt med* вывихивать

luxemburgu|és 1. *adj* люксембургский **2. , -esa** *m/f* люксембурже|ц, -нка

lu|z 1. *f* 1) свет 2) *(iluminación)* свет, освещение **2. , -ces** *fpl (ingenio)* сообразительность ◆ **dar a ~z** рожать

M

maca *f* 1) *(en la fruta)* след от удара, пятно 2) *(defecto)* дефект

macabro *adj* мрачный, зловещий, жуткий

macaco[1] *m El Salv. Hond. (moneda)* макако

macaco[2] *m* 1) *(mono)* макака 2) *Ch. Bol. Cub.* страшный, уродливый человек

macacoa *f Ven. Col.* печаль, грусть

macado *adj* побитый (о фруктах)

macana[1] *f Bol. Ec. Col.* шаль, пелерина

macana[2] *f* 1) *(artículo de comercio sin salida)* лежалый товар 2) *(arma india)* макана 3) *Am. (garrote)* толстая палка, дубинка 4) *Am. coloq (mentira)* выдумка, вымысел 5) *Am. (instrumento de labranza)* макана

macanudo *adj Am. coloq* отличный, превосходный, великолепный

macarra **1.** *adj coloq* вульгарный, дурного вкуса **2.** *m coloq* сутенёр

macarr|ón **1.** *m gastr* макаронина **2.** **-ones** *mpl* макароны

macarrónico *adj* 1) *lit* макаронический 2) *(dicho de un idioma)* ломанный

macarse *vpron* портиться (о фркутах)

macear *vt* ударять палицей

macedonia *f* фруктовый салат

macedoni|o **1.** *adj* македонский **2.** **, -a** *m/f* македон|ец, -ка

macerar *vt* 1) *(ablandar)* бить, мять 2) *(en algún líquido)* мочить, вымачивать

macerarse *vpron* умерщвлять плоть

macero *m jur* судебный пристав

maceta *f* горшок для цветов

macetero *m* подставка для цветочных горшков

machacante *m* 1) *mil* солдат, прислуживающий сержанту 2) *Cub. hist* монета пяти песет

machacar *vt* 1) толочь, разбивать 2) *(destrozar)* толочь

machac|ón **1.** *adj* надоедливый **2.** **, -a** *m/f* зануда, надоедливый человек

machaconería *f coloq* назойливость, навязчивость

machada *f* 1) стадо козлов 2) *(hecho valiente)* отважный поступок 3) *(necedad)* глупость

machamartillo *inv* : a ~ прочно, надёжно

machaqueo *m* толчение, измельчение

machete *m* мачете

machetear *vt* 1) ранить мачете 2) *Méx.* зубрить, упорно учить 3) *Cub.* небрежно работать

machismo *m* высокомерное отношение мужчин к женщинам, мачизм

machista **1.** *adj* относящийся высокомерно к женщинам **2.** *m* мужчина, относящийся высокомерно к женщинам, мачист

macho *m* 1) самец 2) *(dicho de un hombre)* мачо

machón *m* 1) брус, бревно 2) *arquit* столб, бык

machorra *f* 1) бесплодная самка 2) *Méx. desp* мужеподобная женщина

machota *f Méx. coloq* мужеподобная женщина

machote[1] *m* деревянный молоток

machote[2] *m coloq* крепкий и статный молодой человек

macilento *adj* 1) слабый, бледный 2) *(dicho de una persona)* изнурённый

macillo *m mús* молоток, молоточек

macizo **1.** *adj* 1) полный, наполненный, массивный 2) *(fuerte)* крепкий, плотный, солидный **2.** *m geogr* массив

maco *adj* подлый, низкий

macroeconomía *f* макроэкономика

macroeconómico *adj* макроэкономический

macuco *adj* 1) *Ch. Bol. (astuto)* хитрый, лукавый 2) *Per. Sal. (fuerte)* крепкий, здоровый

mácula *f* 1) пятно 2) *(mancilla)* позор, пятно

macuto *m* рюкзак, ранец

madama *f* 1) *coloq (prostituta)* проститутка 2) *coloq (mujer que regenta un prostíbulo)* содержательница публичного дома

madeja *f* 1) клубок шерсти 2) *(mata de pelo)* клок волос 3) *coloq (hombre débil)* слабый человек

madera *f* дерево, древесина ◆ **tener ~ para u.c.** иметь талант для чего-л **tocar ~** стучать по дереву

maderable *adj* (о дереве) дающий пригодную для обработки древесину

maderaje *m constr* деревянный каркас

maderería *f* склад древесины

maderero **1.** *adj* лесопромышленный, лесной **2.** *m* лесоторговец

madero *m* 1) бревно, брус 2) *coloq* дубина, тупица 3) *jerg* мент, полицейский

madrastra *f* мачеха

madraza[1] *f relig* медресе

madraza[2] *f coloq* заботливая мамаша

madre *f* мать ¡ ~ *mía!* боже мой!

madreña *f* V. almadreña

madreperla *f* жемчужница

madreselva *f* жимолость

madrigal *m lit* мадригал

madriguera *f* 1) нора 2) *(morada de la gente de mal vivir)* притон

madrileñ|o **1.** *adj* мадридский **2.** **, -a** *m/f* мадрид|ец, -ка

madrina *f* крёстная мать

madroño *m* 1) *(árbol)* земляничное дерево 2) *(fruto)* плод земляничного дерева

madrugada *f* раннее утро, рассвет ◆ **de ~** рано утром

madrugador *adj* имеющий привычку рано вставать

madrugar *vi* вставать рано

madrugón **1.** *adj* относящийся к человеку, который рано встаёт **2.** *m coloq* ранее вставание

maduración *f* 1) созревание, дозревание 2) *(reflexión)* обдумывание, дозревание
madurar 1. *vi* 1) зреть, созревать, спеть 2) *(dicho de una idea, un proyecto, etc.)* зреть, созревать **2.** *vt* 1) *(un fruto)* давать дозреть, доводить до зрелости 2) *(una idea, un proyecto, etc.)* вынашивать, обдумывать
madurez *f* 1) зрелость 2) *(de un fruto)* спелость
maduro *adj* 1) зрелый 2) *(dicho de un fruto)* спелый 3) *(no joven, referido a una persona)* взрослый, немолодой
maestranza *f* общество верховой езды
maestre *m* 1) магистр ордена 2) *(doctor)* магистр 3) *nav* боцман
maestría *f* мастерство
maestrillo *m* dimin. de maestro ◆ **cada ~ tiene su propio librillo** у каждого есть свой собственный способ делать что-л
maestr|o, -a *m/f* 1) *(de escuela)* учитель, -ница 2) *(de instituto, universidad)* преподаватель, -ница 3) *(experto)* знаток, мастер
mafia *f* мафия
mafios|o 1. *adj* мафиозный **2. , -a** *m/f* мафиози
magacín *m* 1) журнал 2) *TV* тележурнал
magancear *vi Col.* лениться, бездельничать
magancia *f Ch.* мошенничество
maganz|ón 1. *adj Col. coloq* ленивый **2. , -a** *m/f Col. coloq* лентяй, -ка
magdalena[1] *f (mujer arrepentida)* раскаявшаяся грешница
magdalena[2] *f* кекс
magia *f* волшебство, магия
magiar 1. *adj* мадьярский, венгерский **2.** *m/f* мадьяр, -ка, венгр, венгерка **3.** *m* венгерский язык
mágico *adj* волшебный, магический
magín *m coloq* воображение
magisterio *m* 1) преподавание, учительство 2) должность учителя 3) *(colectivo de maestros)* учителя, учительство 4) *(formación de maestros)* педагогическое образование
magistrado *m/f* судья, магистрат
magistral *adj* 1) учительский, преподавательский *lección ~* мастер-класс 2) *(hecho con maestría)* мастерской, с мастерством
magistratura *f* 1) *jur* должность магистрата, должность судьи 2) *jur (colectivo de magistrados)* судьи
magma *m geol* магма
magnanimidad *f* великодушие, благородство
magnánimo *adj* великодушный, благородный
magnate *m* магнат
magnesia *f quím* магнезия, окись магния
magnesio *m quím* магний
magnético *adj* магнитный
magnetismo *m* 1) *fís* магнетизм 2) *(atractivo)* влияние, воздействие
magnetita *f min* магнетит, магнитный железняк
magnetizar *vt* 1) *fís* намагнитить 2) гипнотизировать 3) *(atraer)* очаровывать, привлекать
magneto *f tecn* магнето
magnetofón *m* магнитофон
magnetofónico *adj* магнитофонный
magnetófono *m* магнитофон
magnetómetro *m fís* магнитометр
magnetoscopio *m fís* магнитоскоп
magnicida 1. *adj* относящийся к убийству высокопоставленного лица **2.** *m/f* человек, совершившее убийство высокопоставленного лица
magnicidio *m* убийство высокопоставленного лица
magnificar *vt* 1) *(hacer más grande)* величивать 2) *(ensalzar)* возвеличивать
magnificencia *f* 1) *(ostentación)* великолепие, пышность 2) *(disposición)* щедрость, великодушие
magnífico *adj* 1) *(espléndido, suntuoso)* великолепный, роскошный 2) *(excelente)* великолепный, превосходный
magnitud *f* 1) величина, размер 2) *(importancia)* важность
magn|o *adj* великий ◆ **carta ~a** конституция
magnolia *f* магнолия
mago *m* волшебник, маг
magra *f* ветчина
magrear *vt vulg* щупать, лапать
magrebí 1. *adj* мавританский **2.** *m/f* мавр, -итанка
magreo *m vulg* щупание, лапание
magro *adj* 1) худой, тощий 2) *(dicho de la carne)* постный
maguey *m Am. bot* агава
magulladura *f* ушиб
magullamiento *m* ушиб
magullar *vt* ушибать
magullarse *vpron* ушибаться
maharajá, marajá *m* магараджа, махараджа
Mahoma *m relig* Мухаммед, Могамет
mahometano 1. *adj* магометанский **2.** *m/f* магометан|ин, -ка
mahometismo *m relig* магометанство, ислам
mahón *m* грубая хлопчатобумажная ткань
mahonesa *f* майонез
maicena *f* кукурузная мука
maicillo *m* сорго
mailing *m* рассылка (электронных писем)
maillot *m sport* майка
maitines *mpl relig* заутреня
maíz *m* кукуруза
maizal *m* кукурузное поле
maja[1] *f coloq* красотка
maja[2] *f (mano de mortero)* пест
majá *m* 1) *(serpiente)* крупная змея 2) *Cub. coloq* бездельник
majada *f* 1) *(establo)* скотный двор 2) *Arg. Ur.* стадо овец 3) *(estiércol)* навоз
majadería *f* 1) *(dicho o hecho necio)* глупость, чепуха 2) *(dicho o hecho molesto)* грубость
majader|o 1. *m* пест, толкушка **2.** *adj* глупый **3., -a** *m/f* дурак, дура, глупец
majado *m Ch. Arg.* махадо (блюдо из пшеницы или кукурузы)
majamama *f Ch. coloq* беспорядок, путаница
majar *vt* 1) толочь, дробить 2) *coloq (fastidiar)* надоедать, докучать
majara *adj* V. majareta
majareta 1. *adj coloq* чокнутый, тронутый **2.** *m/f coloq* чудак, -чка
majestad *f* величество *su ~* его величество
majestuosidad *f* величественность
majestuoso *adj* величественный

majo *adj* 1) *coloq (bonito)* миловидный, хорошенький 2) *(agradable)* приятный, милый
majuelo *m* виноградник
mal 1. *adj (краткая форма malo, которая употребляется перед существительным)* плохой *un ~ día* плохой день, неудачный день **2.** *adv* плохо, дурно **3.** *m* 1) зло 2) *(daño)* вред 3) *(enfermedad)* болезнь **¡menos ~!** слава богу! **tomarse a ~ u.c.** обижаться на что-л
malabar 1. *adj* малабарский **2.** *m/f* малабар, -ка **3.** *m (язык)* малаялам ◆ **juegos ~es** жонглирование
malabarismo *m* жонглирование
malabarista *m/f* жонглёр
malaconsejado *adj* следующий дурным советам
malaconsejar *vt* **(a alg)** давать плохие советы (кому-л)
malacostumbrado *adj* 1) *(consentido)* избалованный 2) *(que tiene malas costumbres)* испорченный, развращённый
malacostumbrar *vt* 1) *(consentir)* баловать 2) портить, развращать
málaga *m (vino)* малага
malagana *f coloq* слабость, обморок
malagueñ|o 1. *adj* относящийся к Малаге **2.** , **-a** *m/f* житель, -ница (уроженец, уроженка) Малаги
malaisio *adj* V. malasio
malandante *adj* несчастный, неудачный
malandanza *f* несчастье, неудача
malandrín 1. *adj* злобный, коварный **2.** *m* 1) злодей 2) *Per. (ratero)* вор-карманник
malapata *m/f* неуклюжий человек
malaria *f* малярия
malasi|o 1. *adj* малайский **2.** , **-a** *m/f* мала|ец, -йка
malasombra *m/f* неуклюжий человек
malaventura *f* несчастье, беда
malaventurado *adj* несчастный, невезучий
malay|o 1. *adj* малайский **2.** , **-a** *m/f* мала|ец, -йка **3.** *m* малайский язык
malbaratar *vt* 1) продавать по дешёвке 2) растрачивать, расточать
malcriado *adj* избалованный, невоспитанный
malcriar *vt* баловать, портить
maldad *f* 1) злоба, злость 2) *(acción)* подлость
maldecir 1. *vi* **(de alg o u/c)** ругать (кого-л) **2.** *vt* проклинать
maldiciente 1. *adj* клевещущий **2.** *m/f* клеветник, -ца
maldición *f* проклятие
maldito *adj* проклятый
maleable *adj* 1) *(dicho de un metal)* ковкий 2) *(dicho de un material)* пластичный 3) *(persuasible)* мягкий, сговорчивый
maleante 1. *adj* преступный, злоумышленный **2.** *m* злоумышленник
malear *vt* 1) портить, губить 2) *(pervertir)* развращать
malearse *vpron* 1) портиться 2) *(pervertirse)* развращаться, прельщаться
malecón *m* набережная
maledicencia *f* злословие
maleducado *adj* 1) *(dicho un niño)* избалованный 2) *(descortés)* невоспитанный
maleducar *vt* баловать
maleficio *m* 1) *(hechizo)* колдовство 2) *(daño)* сглаз, порча
maléfico *adj* 1) колдовский 2) *(que hace daño)* злой, зловредный
malentender *vt* недопонимать, неправильно понимать
malentendido *m* недоразумение
malestar *m* 1) *(físico)* нездоровье, плохое самочувствие 2) *(anímico)* беспокойство
maleta *f* чемодан
maletero *m* багажник
maletilla *m* начинающий тореро
maletín *m* дипломат
maletón *m* большой чемодан
malevolencia *f* недоброжелательность
malévolo *adj* злонамеренный, недоброжелательный
maleza *f* сорняк
malezal *m Am.* заросли сорняков
malformación *f* неправильное телосложение
malgache 1. *adj* малагасийский **2.** *m/f* малагаси|ец, -йка **3.** *m* малагасийский язык
malgastar *vt* растрачивать, транжирить
malgeniado *adj Am. Cent.* плохого характера
malhablado *adj* дерзкий, наглый, непочтительный
malhadado *adj* несчастный, неудачный
malhechor *m* преступник
malherir *vt* тяжело ранить
malhumor *m* плохое настроение
malhumorado *adj* угрюмый, мрачный
malhumorar *vt* портить настроение (кому-л)
malicia *f* V. maldad
maliciar *vt* 1) *(echar a perder)* портить, губить 2) *(recelar)* подозревать
maliciarse *vpron* **(de alg)** подозревать
malicioso *adj* злой, злобный
malignidad *f* недоброжелательность
maligno *adj* 1) недоброжелательный, злонамеренный, вредный 2) *med* злокачественный
malinchismo *m Méx.* симпатия ко всему иностранному
malintencionado *adj* злонамеренный
malinterpretar *vt* недопонимать, неправильно понимать
malísimo *adj* очень плохой, ужаснейший
malito *adj coloq* : estar ~ приболеть
malla *f* 1) петля, переплетение 2) *(de una armadura)* кольцо кольчуги 3) *(prenda elástica)* трико
mallorqu|ín 1. *adj* относящийся к Майорке **2.** , **-ina** *m/f* житель, -ница (уроженец, уроженка) Майорки
malnacido 1. *adj* скверный, подлый **2.** *m/f desp* сволочь *vulg*
malo *adj* 1) плохой, нехороший, дурной *lo ~ es que* плохо то, что 2) *(nocivo)* вредный 3) *(molesto)* неприятный 4) *(enfermo)* больной *estar ~* заболеть
malogrado *adj* 1) неудавшийся 2) *(dicho de una persona)* безвременно погибший, безвременно ушедший из жизни
malograr *vt* упускать, не использовать
malograrse *vpron* 1) не удаваться, срываться 2) *(dicho de una persona)* безвременно погибать, безвременно уходить из жизни

malogro *m* неудача, срыв
maloja *f Cub.* фураж из кукурузы
maloliente *adj* зловонный, вонючий
malparado *adj* потерпевший неудачу, потерпевший провал
malparid|o, -a *m/f vulg* негодяй, -ка, сукин сын
malpensado *adj* подозрительный, недоверчивый
malquerencia *f* неприязнь, недружелюбие
malquerer *vt* испытывать неприязнь (к кому/чему-л), недолюбливать
malquistar *vt* **(con alg)** ссорить (с кем-л)
malquistarse *vpron* **(con alg)** ссориться (с кем-л)
malquisto *adj* не пользующийся уважением
malsano *adj* вредный, нездоровый
malsonante *adj* 1) неблагозвучный 2) *(soez)* неприличный, непристойный
malta *f* солод
malteado *adj* содержащий солод
malt|és 1. *adj* малтийский **2. , -esa** *m/f* мальтиец, -йка
maltosa *f biol* мальтоза
maltratar *vt* плохо обращаться (с кем/чем-л), обижать
maltrato *m* плохое обращение (с кем/чем-л), жестокое обращение ◆ ~ **psíquico** психическое насилие ~ **sexual** сексуальное насилие
maltrecho *adj* потерпевший неудачу
malucho *adj coloq* нездоровый, приболевший
malva *f bot* мальва
malvad|o 1. *adj* злобный **2. , -a** *m/f* злодей, -ка
malvarrosa *f* штокроза розовая
malvasía *f* мальвазия
malvavisco *m* штокроза розовая
malvender *vt* продавать за бесценок
malversación *f* неправомерно присвоение (трата) денег, хищение имущества
malversador, -a *m/f* человек, неправомерно присваивающий (тратящий) денежные средства, растратчи|к, -ца
malversar *vt* растрачивать казённые деньги, неправомерно присваивать (тратить) денежные средства
malvís *m* певчий дрозд
malvivir *vi* жить плохо, испытать трудности
malvón *m* пеларгония садовая
mama *f* 1) женская грудь 2) *med* молочная железа
mamá *f coloq* мама
mamada *f* 1) *Am. (borrachera)* пьянка 2) *vulg* отсос
mamadera *f* 1) аппарат для сцеживания грудного молока 2) *Am. (biberón)* бутылочка 3) *Cub. Hond. P. Rico (tetilla del biberón)* соска
mamado *adj vulg* пьяный
mamaíta *f dimin-afect* мамочка, мамуля
mamar *vt* 1) сосать грудь *dar de* ~ кормить грудью 2) *(adquirir desde la niñez)* впитывать с молоком матери
mamario *adj anat* грудной, относящийся к грудной железе
mamarrachada *f coloq* нелепость, глупость
mamarracho *m* 1) *coloq desp (persona ridícula)* смешной человек, посмешище 2) *coloq desp (persona informal)* пустышка
mamarse *vpron coloq* напиваться
mambo *m mús* мамбо
mameluco *m* 1) *hist* мамелюк 2) *coloq (hombre necio)* тупица 3) *Arg. Cub. Ur. (prenda de vestir)* комбинезон
mamífero *m* млекопитающее
mamografía *f med* маммография
mamón 1. *adj* сосущий **2.** *m* 1) грудной ребёнок 2) *insult* козёл ◆ **diente** ~ молочный зуб
mamotreto *m coloq (armatoste)* громадина, махина
mampara *f* ширма
mamparo *m nav* перегородка
mamporro *m coloq* удар, тычок
mampostería *f* 1) *constr* кладка 2) *constr* ремесло каменщика
mamut *m* мамонт
maña *f* 1) ловкость, сноровка 2) *(artificio)* уловка, хитрость 3) *(manojo pequeño)* пучок, связка ◆ **más vale ~ que fuerza** лучше лаской, чем таской
maná *m bibl* манна
manada *f* 1) стадо, стая 2) *(medida)* пучок ◆ **a ~s** толпами
manager *m* менеджер
mañana 1. *f* утро **2.** *m* завтра, завтрашний день **3.** *adv* 1) завтра 2) *(en un futuro próximo)* завтра, в ближайшем будущем ◆ **hasta** ~ до завтра ~ **por la** ~ завтра утром **pasado** ~ послезавтра **por la** ~ утром
mañanero *adj* утренний
manantial *m* родник, ключ
manar *vi* течь, вытекать
manatí *m* ламантин
manazas *m/f coloq* : ser un ~ быть неуклюжим
mancar *vt* 1) *(lisiar las manos)* калечить руки 2) *(lastimar)* вредить (кому-л), ранить
mancarrón *adj* V. matalón
manceba *f* любовница, сожительница
mancebía *f* 1) публичный дом, бордель 2) *(travesura propia de los jóvenes)* ребячество
mancebo *m* 1) юноша, парень 2) *(auxiliar)* помощник
mancera *f agric* рукоятка плуга
mancha[1] *f* 1) пятно, клякса 2) *(deshonra)* пятно, бесчестье
mancha[2] *f (fuelle)* мехи (кузнечные)
manchado *adj* пятнистый
manchar *vt* 1) пачкать, марать 2) *(deslustrar la reputación)* пятнать, позорить
manchego *adj* ламанчский, из района Ла Манчи
mancilla *f* пятно, позор
mancillar *vt* пятнать, позорить
manco *adj* однорукий, безрукий
mancomún *inv* : de ~ с общего согласия
mancomunidad *f* сообщество
mancornas *fpl Ch. Col.* запонки
mancuerna 1. *f* 1) пара связанных за рога животных 2) *sport* гантель **2. -s** *fpl Ven. Méx. Am. Cent.* запонки
mancuernillas *fpl Ch. Col.* запонки
manda *f* 1) предложение, обещание 2) *(herencia)* наследство по завещанию
mandadero 1. *adj* послушный **2. , -a** *m/f* посыльный, -ая
mandado, -a 1. *m/f* исполнитель, -ница **2.** *m* поручение, задание

mandamás *m/f* 1) *(mandón)* властолюбивый человек 2) *(jefe)* начальни|к, -ца
mandamiento *m* заповедь
mandanga **1.** *f (flema)* флегматичность, медлительность **2. -s** *fpl coloq (tonterías)* глупости, канитель
mandante **1.** *adj* управляющий **2.** *m/f jur* доверитель, -ница
mandar **1.** *vt* 1) приказывать, поручать, велеть 2) *(enviar)* посылать, отправлять **2.** *vi* властвовать, руководить
mandarín[1] **1.** *adj* мандаринский **2.** *m* мандаринский язык
mandarín[2] *adj coloq (propenso a mandar)* властолюбивый
mandarina *f* мандарин
mandarse *vpron* передвигаться самостоятельно
mandatario *m/f* 1) глава государства, правитель 2) *jur* доверенное лицо
mandato *m* 1) приказ, поручение 2) *(período)* срок правления
mandíbula *f* челюсть
mandil *m* передник, фартук
mandinga **1.** *m/f* мандинка **2.** *m (lengua)* малинке **3.** *adj* 1) относящийся к народу мандинка 2) относящийся к языку малинке
mandioca *f* маниок
mando *m* 1) власть 2) *(militar)* командование 3) *(dispositivo)* пульт
mandolina *f mús* мандолина
mandón **1.** *adj* властный, властолюбивый **2.** *m/f* властолюбивый человек
mandrágora *f* мандрагора
mandria **1.** *adj* малодушный **2.** *m/f* трус, -иха
mandril *m* мандрил
manduca *f coloq* кушанье, еда
manducar *vt/i coloq* есть, кушать
manducatoria *f coloq* кушанье, еда
manecilla *f* 1) застёжка (книги) 2) *tecn* стрелка (прибора) 3) *(signo para llamar la atención)* указатель (в виде руки)
manejable *adj* управляемый
manejar *vt* 1) управлять (кем/чем-л) 2) *(usar)* использовать, употреблять
manejarse *vpron* передвигаться самостоятельно
manejo *m* управление (кем/чем-л)
manera *f* 1) способ, образ 2) *(modales)* манера ◆ **de esa ~** таким образом **de ~ que** так, что **de ninguna ~** ни в коем случае **de todas ~s** в любом случае, всё равно
mañero *adj* 1) хитрый, ловкий 2) *(fácil de tratar)* ручной, податливый
manga *f* рукав ◆ **sin ~** без рукавов **en ~s de camisa** в рубашке
manganeso *m quím* марганец
mangante *m/f coloq* вор, вымогатель
mangar *vt coloq* воровать, красть
manglar *m* мангры
mangle *m* растения-мангры
mango *m* манго
mangoneador *adj* 1) *coloq (que manda)* властный 2) *coloq (que se entromete)* сующий везде свой нос
mangonear **1.** *vt coloq (mandar)* управлять (кем-л) **2.** *vi coloq (entrometerse)* вмешиваться
mangoneo *m* 1) *coloq (poder)* власть 2) *coloq (intormisión)* вмешательство
mangosta *f* мангуста
mangote *m* нарукавник
manguear *vt Arg. Ur.* занимать деньги
manguera *f* шланг
manguito *m* нарукавник
maní *m* арахис
manía *f* 1) *(fijación)* мания 2) *(costumbre)* привычка ◆ **tener ~ a alg** недолюбливать кого-л.
maníac|o, maniac|o **1.** *adj* маниакальный, маньячный **2. , -a** *m/f* маньяк, -чка
maniacodepresión *f med* маниакально-депрессивный психоз
maniacodepresivo *adj med* маниакально-депрессивный
maniatar *vt* завязывать руки
maniático **1.** *adj* 1) маниакальный 2) *(puntilloso)* привередливый **2.** *m* маньяк
manicomio *m* сумасшедший дом, дом для душевнобольных
manicorto *adj coloq* скупой
manicura *f* 1) маникюр 2) *(profesional)* маникюрша
manicuro *m/f* мастер по маникюру
manido *adj* 1) тухлый, протухший 2) *(dicho de un tema)* избитый
manierismo *m arte* маньеризм
manierista **1.** *adj arte* маньеристский **2.** *m/f arte* маньерист, -ка
manifestación *f* 1) проявление, выражение 2) *(reunión pública)* демонстрация
manifestante *m/f* человек, идущий на демонстрацию
manifestar *vt* 1) *(expresar)* заявлять 2) *(mostrar)* проявлять, обнаруживать
manifestarse *vpron* 1) *(expresarse)* проявляться, выражаться 2) *(tomar parte en una manifestación)* идти на демонстрацию
manifiesto **1.** *adj* явный **2.** *m* манифест ◆ **poner de ~** выявлять, обнаруживать
manigua *f* 1) *Col.* влажный тропический лес 2) *Nic. Hond.* земля, заросшая сорняками
manija *f* ручка, рукоятка
manilla *f* 1) ручка, рукоятка 2) стрелка часов
manillar *m* руль (велосипеда, мотоцикла)
maniobra *f* 1) манёвр, маневрирование, управление 2) *(artificio, manejo)* уловка 3) *nav* такелаж
maniobrar *vi* **(con u/c)** управлять (чем-л), маневрировать (чем-л), манипулировать (чем-л)
maniota *f* путы
manipulación *f* 1) управление, манипуляция 2) *(distorsión)* манипуляция
manipulador **1.** *adj* манипулирующий **2. , -a** *m/f* манипулятор
manipular *vt* 1) управлять (чем-л), манипулировать 2) *(distorsionando)* манипулировать
maniquí **1.** *m (figura)* манекен **2.** *m/f (persona)* манекенщ|ик, -ица
manirroto **1.** *adj* расточительный **2.** *m/f* расточитель, -ница, транжира
manita *f* 1) dimin. de mano 2) *(como alimento)* ножка (свиньи)
manito *m Méx. fam* братец

manivela *f* рукоятка для вращения
manjar *m* 1) *(comida)* пища, питание 2) *(exquisitez)* деликатес
mano *f* 1) рука, кисть руки 2) *(lado)* сторона, направление *a ~ derecha* справа, направо 3) *jueg (ronda)* партия ◆ **a** ~ *(cerca)* под рукой **de la** ~ за руку **de segunda** ~ не новый, бывшего употребления **echar una ~ a alg** помочь кому-л **en buenas ~s** в надёжных руках **mano de** ~ рабочая сила **pedir la** ~ предложить руку и сердце
maño 1. *adj coloq* арагонский **2.** , **-a** *m/f coloq* арагон|ец, -ка
manojo *m* 1) пучок 2) *(abundancia)* обилие
manopla *f* 1) *(de invierno)* варежка 2) *(de cocina)* рукавица, рукавица-прихватка
manosear *vt* хватать, трогать, лапать
mañoso *adj* искусный, ловкий
manotazo *m* удар рукой, шлепок
manotear 1. *vt* ударять рукой **2.** *vi* жестикулировать, размахивать руками
mansalva *inv* : a ~ в большном количестве, хоть пруд пруди
mansarda *f arquit* мансарда
mansedumbre *f* 1) кротость 2) *(tranquilidad)* спокойствие
mansión *f* особняк
manso *adj* 1) *(no bravo)* кроткий, смирный 2) *(tranquilo)* тихий, спокойный
manta[1] *f* одеяло, плед
manta[2] *f (pez)* скат
mantear *vt* подбрасывать (с помощью одеяла)
manteca *f* топлёное масло
mantecado *m* сдобная булка на свином масле
mantecoso *adj* масляниcтый, жирный
mantel *m* скатерть
mantelería *f* столовое бельё
mantener *vt* 1) *(en un estado determinado)* поддерживать 2) *(económicamente)* содержать 3) *(sostener)* удерживать 4) *(una opinión)* придерживаться (чего-л) 5) *(una promesa)* сдерживать
mantenerse *vpron* 1) *(seguir)* оставаться (кем/чем-л) 2) *(no caer)* удерживаться 3) *(fomentarse)* держаться, питаться
mantenimiento *m* 1) поддержка, поддержание 2) *(de un edificio, instalación, etc.)* обслуживание, уход 3) *(económico)* содержание
manteo[1] *m (acción de mantear)* подбрасывание (с помощью одеяла)
manteo[2] *m (capa)* мантия
mantequera *f* маслёнка
mantequilla *f* сливочное масло
mantilla *f* мантилья, головной кружевной шарф
mantillo *m* перегной
manto *m* длинная женская накидка
mantón *m* платок, шаль
mantra *f relig* мантра
manuable *adj* легко управляемый
manual 1. *adj* ручной **2.** *m* учебник
manualidad *f* ручная работа, ручной труд
manubrio *m* рукоятка
manufactura *f* 1) *hist* мануфактура 2) *(obra)* изделие 3) *(producción)* производство, промышленность 4) *(fábrica)* фабрика, завод
manufacturar *vt* производить, изготовлять
manufacturero *adj* 1) *hist* мануфактурный 2) *(de una fábrica)* фабричный, заводской
manumisión *f obsol* освобождение раба
manumitir *vt obsol* освобождать раба
manús *m* тип, человек
manuscrito *m* рукопись
manutención *f* содержание
manzana *f* яблоко
manzanar *m* яблоневый сад
manzanilla *f* 1) ромашка 2) *(vino)* мансанилья (разновидность вина)
manzano *m* яблоня
maoísmo *m* маоизм
maoísta 1. *adj* маоистский **2.** *m/f* маоист, -ка
mapa *m* карта ◆ ~ **de carreteras** карта дорог
mapache *m* енот
mapamundi *m* карта мира
mapanare *f* кайсака
mapuche 1. *adj* мапуче **2.** *m/f* мапуче **3.** *m* язык мапуче
maquear *vt* лакировать (мебель)
maqueta *f* макет
maquetador, -a *m/f* специалист по макетированию
maquetar *vt* изготовлять макет, макетировать
maquetista *m/f* V. maquetador
maquiavélico *adj* 1) *(relativo a Maquiavelo)* относящийся к Макиавеллизму, макиавеллевский 2) *(astuto)* хитрый, коварный
maquillador *m/f* гримёр
maquillaje *m* 1) *(acción)* гримирование, макияж 2) *(sustancia cosmética)* макияж, косметика 3) *(de los actores)* грим
maquillar *vt* 1) красить, накрашивать 2) *(de los actores)* гримировать
maquillarse *vpron* краситься, накрашиваться
máquina *f* машина, станок ◆ ~ **de afeitar** электробритва ~ **de coser** швейная машина ~ **de escribir** пишущая машинка
maquinación *f* махинация
maquinador *m* махинатор
maquinar *vt* 1) *(urdir)* замышлять, заниматься махинациями 2) *(trabajar con una máquina)* обрабатывать
maquinaria *f* 1) оборудование, машины 2) *(mecanismo)* механизм
maquinilla *f* 1) *(de afeitar)* бритва 2) *C. Rica (sacapuntas)* точилка
maquinismo *m* машинизация
maquinista *m/f* машинист, -ка
mar *m/f* море ◆ **alta** ~ открытое море **hacerse a la** ~ выходить в море **la ~ de** *coloq* очень, весьма
maraca *f mús* марака
maracuyá *m* маракуйя
marajá *m* V. maharajá
maraña *f* 1) *(maleza)* заросли 2) *(enredo de pelo)* запутанные волосы 3) *(enredo)* путаница, запутанное дело 4) *(embuste)* интрига
maratón *f* 1) *sport* марафон 2) *(competición de resistencia)* марафон
maratoniano *adj* марафонский
maratonista *m/f sport* марафонец
maravilla *f* чудо ◆ **de** ~ очень хорошо, замечательно
maravillar *vt* удивлять, восхищать
maravillarse *vpron* **(de u/c)** удивляться (чему-л), восхищаться (кем/чем-л)

maravilloso *adj* чудесный, восхитительный, изумительный
marbete *m* ярлык, этикетка
marca *f* 1) *(signo para distinguir)* пометка, отметка, знак 2) *(comercial)* марка, фирма 3) *sport* результат ◆ ~ **registrada** торговый знак
marcación *f* 1) отметка, разметка, метка 2) *(de un número de teléfono)* набор 3) *nav* пеленг
marcado *adj* заметный, явный
marcador 1. *adj* маркирующий **2.** *m* 1) маркировщик 2) *sport* табло
marcaje *m sport* опёка
marcapasos *m* стимулятор сердца
marcar *vt* 1) отмечать, помечать, ставить знак 2) *(indicar)* показывать 3) *(dejar huella)* оставлять след 4) *(un número de teléfono)* набирать ◆ ~ **un gol** *sport* забивать гол
marcha *f* 1) *(acción de marchar)* ходьба 2) *(partida)* отъезд 3) *(desarrollo)* ход, курс, развитие 4) *mecán* скорость, передача 5) *mús* марш 6) *mil* марш ◆ **poner en** ~ запускать **sobre la** ~ по ходу дел, на ходу
marchador *adj Cub.* любящий много ходить
marchamo *m* таможенная печать
marchar *vi* 1) ходить, идти 2) *(funcionar)* идти, работать 3) *mil* маршировать
marcharse *vpron* уходить, уезжать, отбывать, отправляться
marchitar *vt* 1) сушить 2) *(debilitar)* ослаблять
marchitarse *vpron* 1) вянуть, увядать, сохнуть 2) *(debilitarse)* слабеть, стариться
marchito *adj* увядший, вялый
marchoso *adj coloq* любящий тусоваться
marcial *adj* военный, воинский ◆ **artes ~es** боевые искусства
marciano 1. *adj* марсианский **2.** , **-a** *m/f* марсиан|ин, -ка
marco *m* рама, рамка ◆ **en el ~ de u.c.** в рамках чего-л
marea *f* 1) *(marea alta)* прилив 2) *(marea baja)* отлив
mareado *adj* испытывающий тошноту, испытывающий головокружение
marear *vt* 1) укачивать, вызывать морскую болезнь 2) *(enfadar)* надоедать (кому-л), морочить голову (кому-л)
marearse *vpron* чувствовать тошноту, чувствовать головокружение, укачивать (кого-л)
marejada *f meteo* умеренное морское волнение
marejadilla *f meteo* лёгкое морское волнение
maremágnum *m* 1) *(confusión)* беспорядок, кавардак 2) *(muchedumbre)* толпа, большое скопление (чего-л)
maremoto *m geol* моретрясение
marengo 1. *adj inv* черновато-серый **2.** *m (tela y color)* маренго
mareo *m* тошнота, головокружение
marfil *m* слоновая кость
marfileño 1. *adj* 1) *(de marfil)* из слоновой кости 2) *(de Costa de Marfil)* относящийся к Кот-д'Ивуару **2.** *m/f* житель, -ница (уроженец, уроженка) Кот-д'Ивуара
marga *f geol* мергель
margarina *f* маргарин
margarita *f* ромашка
margen *m* 1) *(del camino)* обочина 2) *(del río)* берег 3) *(límite)* край 4) *(de una hoja)* поля 5) *com* прибыль, наценка
marginado 1. *adj* отверженный **2.** *m* изгой, отверженный, маргинал
marginal *adj* маргинальный
marginar *vt* 1) *(hacer anotaciones en los márgenes)* делать пометки на полях 2) *(dejar al margen)* исключать, игнорировать 3) *(dejar en condiciones de inferioridad)* притеснять
maría[1] *f* V. galleta maría
maría[2] *f coloq* марихуана
mariachi *m* мариачи
mariano *adj relig* мариинский
marica 1. *adj* 1) *vulg desp (afeminado)* женоподобный 2) *vulg desp (homosexual)* гомосексуальный, голубой **2.** *m* 1) *vulg desp (afeminado)* женоподобный мужчина, голубой 2) *vulg desp (homosexual)* гомосексуалист, голубой
maricón *m vulg desp* гомосексуалист, голубой
maricona *f El Salv. Cub.* мужская ручная сумка, борсетка
mariconada *f* 1) *vulg (mala pasada)* подвох 2) *vulg (tontería)* ерунда, глупость
mariconera *f vulg* мужская ручная сумка, борсетка
marido *m* муж
marihuana *f* марихуана
marimacho *m coloq* мужеподобная женщина
marimandona *f coloq* авторитарная женщина, командирша
marimba *f mús* маримба
marina *f* 1) *(región)* побережье, взморье 2) *arte* марина 3) *mil* военно-морской флот
marinado 1. *adj* маринованный **2.** *m* маринад
marinar *vt* 1) *(un alimento)* мариновать 2) *nav* набирать экипаж
marinera *f* 1) морячка 2) *(de la Armada)* матроска
marinería *f* 1) *nav (profesión)* профессия моряка 2) *nav (tripulación)* экипаж
marinero 1. *adj* морской **2.** *m* 1) моряк 2) *(de la Armada)* матрос
marino 1. *adj* морской **2.** *m* моряк
marioneta *f* марионетка
marionetista *m/f* кукловод
mariposa *f* 1) бабочка 2) *sport* баттерфляй
mariposear *vi* порхать (вести лёгкую жизнь)
mariposón *m* 1) *coloq* бабник 2) *coloq desp* педик, голубой
mariquera *f Ven. coloq* слабодушие, трусливость
mariquita 1. *f* божья коровка **2.** *m* V. marica
marisabidilla *f coloq* всезнайка
mariscal *m mil* маршал
mariscar *vi* собирать морепродукты
marisco *m* морепродукты, дары моря
marisma *f* низменный берег
marisquería *f* ресторан морепродуктов
marista 1. *adj relig* относящийся к конгрегации Маристы **2.** *m/f relig* член конгрегации Маристы
marital *adj* супружеский
marítimo *adj* морской
marmita *f* котёл

marmitón *m nav* помощник кока
mármol *m* мрамор
marmolería *f* мастерская мрамора
marmolista *m/f* мраморщик
marmóreo *adj* мраморный
marmota *f* 1) сурок 2) *(persona que duerme mucho)* соня
maroma *f* 1) канат 2) *Am. circ* пируэт
maromero 1. *adj* изменчивый, переменчивый **2.** *m/f Am. circ* акробат
maromo *m* 1) *coloq (novio, amante)* дружок, любовник 2) *coloq (individuo)* тип
marqués *m* маркиз
marquesa *f* маркиза
marquesina *f* навес
marquetería *f* маркетри
marra *f* V. almádena
marrana *f* 1) свинья 2) *coloq desp* свинья *coloq desp*
marranada *f coloq* свинство ◆ **hacer una ~ (a alg)** *coloq* подложить свинью (кому-л)
marrano *m/f* 1) свинья 2) *(referido a una persona)* свинья, свинтус
marras *adv* прежде, когда-то ◆ **de ~** пресловутый
marrón 1. *adj* коричневый, каштановый **2.** *m coloq (contratiempo)* геморрой
marroquí 1. *adj* марокканский **2.** *m/f* мароккан|ец, -ка
marroquinería *f* 1) изделия из сафьяна 2) сафьянная мастерская
marrueco *adj obsol* марроканский
marrullería *f* хитрость, лукавство
marrullero *adj* хитрый, лукавый
marsopa *f* морская свинья
marsupiales *mpl zool* сумчатые
marta *f* куница ◆ **~ cibelina** соболь
Marte *m astr* Марс
martes *m* вторник *vendré el ~* я приду во вторник
martillar *vt* V. martillear
martillazo *m* удар молотком
martillear *vt* 1) бить молотом 2) *(atormentar)* мучить, терзать
martilleo *m* стук молотом
martillo *m* молот, молоток
martinete[1] *m (ave)* кваква
martinete[2] *m* 1) *(martillo)* молот 2) *(máquina)* копёр
martingala *f* хитрость, лукавство
mártir *m/f* мучени|к, -ца
martirio *m* 1) мучничество 2) *(dolor)* мучение, страдание
martirizar *vt* мучить, истязать, терзать
maruja *f coloq peyor* домохозяйка
marxismo *m* марксизм
marxista 1. *adj* марксистский **2.** *m/f* марксист, -ка
marzal *adj* мартовский
marzo *m* март *el seis de ~* шестое марта
mas *conj* но, а
más 1. *adv* больше, ещё, более *no tenemos ~ tiempo* у нас больше нет времени; *quiero ~ agua* я хочу ещё воды **2.** *conj* плюс *cinco ~ dos son siete* пять плюс два - семь **3.** *m (signo)* плюс ◆ **a lo ~** самое большее, максимум **estar de ~** быть лишним **~ bien** скорее (всего) **~ de u.c.** больше чего-л. **~ o menos** более или менее **~ que** больше, чем **~ y ~** всё больше и больше **por ~ que** несмотря на что-л **sin ~** и больше ничего
masa *f* 1) масса 2) *(mezcla de harina y agua)* тесто 3) *(muchedumbre)* толпа, массы
masacrar *vt* истреблять, уничтожать
masacre *f* массовое истребление
masaje *m* массаж *dar un ~* делать массаж
masajear *vt* массировать, делать массаж
masajista *m/f* массажист
masar *vt* месить
mascar *vt* жевать ◆ **goma de ~** жевательная резинка
máscara *f* маска ◆ **quitarse la ~** сбросить с себя маску
mascarada *f* маскарад
mascarilla *f* полумаска
mascarón *m* фигурное украшение (в корабле)
mascota *f* 1) *(objeto)* амулет, талисман 2) *(animal)* домашнее животное
masculino 1. *adj* мужской **2.** *m ling* мужской род
mascullar *vt coloq* бормотать, шамкать, говорить невнятно
masía *f* крестьянский дом в Каталонии
masificación *f* массификация
masificarse *vpron* переполняться
masilla *f* замазка
masillar *vt* замазывать
masita *f Am.* печенье
masoca *adj coloq* V. masoquista
masón *m* масон
masonería *f* масонство
masónico *adj* масонский
masoquismo *m* мазохизм
masoquista 1. *adj* мазохистский **2.** *m/f* мазохист, -ка
mastectomía *f med* мастэктомия
mastelero *m nav* стеньга
máster *m* 1) *(grado)* магистр 2) *(estudios)* магистерская программа
masticación *f* жевание, пережёвывание
masticar *vt* жевать, пережёвывть
mástil *m nav* мачта
mastín *m* мастиф
masturbación *f* мастурбация
masturbar *vt* мастурбировать
masturbarse *vpron* мастурбировать
mata *f* куст
matacandelas *m* гасильник
matachín[1] *m (bufón)* шут, паяц
matachín[2] *m* 1) *(jifero)* скотобоец, мясник 2) *coloq (camorrista)* задира, забияка
matadero *m* скотобойня
matador 1. *adj* убийственный, убивающий **2.** *m taur* матадор
matadura *f* рана от упряжки
matalobos *m* аконит
matamoros *m coloq* V. matasiete
matamoscas *m* 1) мухобойка 2) *(insecticida)* средство от мух
matanza *f* 1) резня, бойня 2) *(del cerdo)* забой свиньи
matar *vt* 1) убивать, умерщвлять 2) *(quitar la intensidad)* гасить 3) *cart* побить 4) *(un sello)* гасить ◆ **~ el tiempo** убивать время

matarife *m* скотобоец, мясник
matarratas *m* крысиный яд
matarse *vpron* 1) лишать себя жизни, губить себя 2) *(en un accidente)* разбиваться 3) *coloq (esforzarse)* очень стараться
matasanos *m coloq* плохой врач, коновал
matasellos *m* штамп для гашения марок
matasiete *m* хвастун, фанфарон
matasuegras *m* тёщин язык (игрушка)
mate[1] *adj* матовый
mate[2] *m (hierba)* мате
mate[3] *m sport* мат
matemáticamente *adv* математически
matemáticas *fpl* математика
matemátic|o 1. *adj* математический **2. , -a** *m/f* математик
materia *f* 1) материя, вещество 2) *filos* материя 3) *(cosa de la que se habla)* тема, вопрос 4) *(disciplina)* дисциплина ◆ **~ prima** сырьё
material 1. *adj* материальный **2.** *m* материал
materialismo *m* материализм
materialista 1. *adj* материалистический **2.** *m/f* материалист, -ка
materializar *vt* материализовать, воплощать
materializarse *vpron* материализоваться, воплощаться
maternal *adj* материнский
maternidad *f* 1) материнство 2) *(clínica)* родильный дом, роддом
matern|o *adj* материнский ◆ **lengua ~a** родной язык
matero, -a *m/f Am. Mer.* любитель, -ница мате
matinal 1. *adj* утренний **2.** *f* V. matiné
matiné *f* утренний спектакль
matiz *m* оттенок
matización *f* уточнение, пояснение
matizar *vt* 1) уточнять 2) *(la pintura)* оттенять
matón *m* драчун
matorral *m* куст
matraca *f* 1) трещотка 2) *coloq (burla, chasco)* насмешка, колкость
matraz *m* колба
matriarca *f* матриарх
matriarcado *m* матриархат
matriarcal *adj* матриархальный
matricida *m/f* матереубийца
matricidio *m* матереубийство
matrícula *f* 1) список, реестр, запись 2) *(de un vehículo)* номера ◆ **~ de honor** *acad* отлично с отличием
matriculación *f* внесение в списки, запись
matricular *vt* 1) *acad* записывать 2) *(un vehículo)* регистрировать
matricularse *vpron acad* записываться
matrimonial *adj* брачный, супружеский
matrimonio *m* брак
matritense *adj* мадридский
matriz *f* 1) матрица 2) *anat* матка
matrona *f* 1) *(comadrona)* акушерка, повивальная бабка 2) *(madre de familia)* матрона, мать семейства
matute *m* контрабанда
matutero *m* контрабандист
matutino *adj* утренний
maullar *vi* мяукать
maullido *m* мяуканье
mauritan|o 1. *adj* мавританский **2. , -a** *m/f* мавритан|ец, -ка
mausoleo *m* мавзолей
maxilar 1. *adj* челюстной **2.** *m* челюсть
maxilofacial *adj anat* челюстно-лицевой
máxima *f* принцип, правило
maximalismo *m* максимализм
maximalista 1. *adj* максималистский **2.** *m/f* максималист, -ка
máxime *adv* особенно, главным образом
máximo 1. *adj* максимальный **2.** *m* максимум, предел
máximum *m* V. máximo
maya[1] *f (flor)* полевая маргаритка
maya[2] **1.** *adj (relativo a los mayas)* относящийся к племени майя **2. -s** *mpl* майя
mayal *m agric* цеп
mayar *vi* V. maullar
mayo *m* май *el seis de ~* шестое мая
mayólica *f* майолика
mayonesa *f* майонез
mayor 1. *adj* 1) *(en tamaño)* больший *la ~ parte de u.c.* большая часть чего-л 2) *(en edad)* старший 3) *(de edad avanzada)* преклонного возраста 4) *(principal)* главный, ведущий 5) *mús* мажорный **2.** *m mil* майор ◆ **al por ~** *com* оптом **~ de edad** совершеннолетний
mayoral *m* 1) *(capataz)* приказчик, бригадир 2) *(pastor principal)* старший пастух 3) *(recaudador)* сборщик податей
mayorazgo *m* майорат
mayordomo *m* мажордом, дворецкий
mayoría *f* большинство ◆ **~ de edad** совершеннолетие **~ absoluta** абсолютное большинство
mayorista *m/f* оптовый торговец
mayoritario *adj* составляющий большинство, мажоритарный
mayormente *adv* главным образом, преимущественно
mayúscula *f* прописная буква, заглавная буква
mayúsculo *adj* 1) огромный 2) *(dicho de la letra)* прописной, заглавный
maza *f* 1) *(arma)* палица, булава 2) *(para machacar esparto, lino, etc.)* деревянный молот 3) *(para tocar el bombo)* молоточек 4) *coloq (persona pesada)* надоедливый человек
mazada *f* удар молотом
mazamorra *f* каша из кукурузной муки
mazapán *m* марципан
mazazo *m* удар молотом
mazmorra *f* подземная тюрьма, застенок
mazo *m* 1) деревянная кувалда, колотушка 2) *(porción de cosas atadas)* связка, пачка 3) *(persona pesada)* надоедливый человек
mazorca *f* кукурузный початок
me *pron pers (безударная форма мест. первого лица единственного числа)* мне, меня
meada *f vulg* мочеиспускание
meadero *m vulg* писсуар
meandro *m* меандр, излучина реки
meapilas *m coloq desp* святоша
mear *vi vulg* писать
mearse *vpron* 1) *vulg* писать 2) *vulg (encima)* писать на себя, писаться

mecachis *interj coloq (para expresar extrañeza o contrariedad)* чёрт возьми!
mecánica *f* механика
mecánic|o 1. *adj* механический **2.** *m* механик ◆ **escalera ~a** эскалатор
mecanismo *m* механизм
mecanización *f* механизация
mecanizar *vt* механизировать
mecano *m* конструктор (игра)
mecanógrafa *f* машинистка
mecanografía *f* машинопись
mecanografiar *vt* печатать на пишущей машинке
mecanógrafo *m* машинист (на пишущей машинке)
mecate *m Ven. Méx. Am. Cent.* верёвка из питы
mecedora *f* кресло-качалка
mecenas *m* меценат
mecer *vt* качать
mecerse *vpron* качаться
mecha *f* 1) *(de una vela o un explosivo)* фитиль 2) *(de pelo)* клок, прядь
mechar *vt* шпиговать
mechero *m* зажигалка
mechón *m* прядь, клок
medalla *f* медаль
medallero *m sport* распределение медалей
medallista *m/f* медалист, -ка, призёр
medallón *m* медальон
médano *m* дюна, песчаная отмель
media[1] *f (promedio)* средняя величина
media[2] *f (prenda de vestir)* чулок
mediación *f* посредничество
mediado *adj* половинный, наполненный до половины ◆ **a ~s de u.c.** в середине чего-л
mediador *m* посредник
medial *adj* медиальный, серединный
medialuna *f* рожок (булочка)
mediana *f* 1) *geom* медиана 2) *(en una autovía o autopista)* разделительная полоса
medianamente *adv* 1) *(sin tocar los extremos)* посередине, посреди 2) *(no muy bien)* средне, более-менее
medianero *adj* 1) лежащий между, смежный, общий 2) *(intermediario)* посреднический
medianía *f* середина, средняя часть
mediano *adj* 1) *(en tamaño)* средний 2) *(en calidad)* посредственный
medianoche *f* полночь *a ~* в полночь
mediante *prep* **(u/c)** посредством (кого/чего-л), путём (чего-л)
mediar *vi* быть посредником
mediastino *m anat* средостение
mediático *adj* медийный, связанный со СМИ
mediatizar *vt* 1) *hist* подчинять вассалу 2) *(en los medios de comunicación)* пропагандировать с помощью средств массовой информации, раскручивать
medible *adj* измеряемый
medicación *f* лечение (лекарством)
medicamento *m* лекарство
medicar *vt* лечить (лекарством), давать лекарство
medicarse *vpron* лечиться (лекарством), принимать лекарство
medicastro *m desp* плохой врач, коновал
medicina *f* 1) медицина 2) *coloq (medicamento)* лекарство
medicinal *adj* медицинский, лечебный, врачебный
medición *f* измерение
médico 1. *adj* медицинский **2.** *m/f* врач, доктор ◆ **~ de cabecera** участковый врач **~ de familia** семейный врач **~ de medicina general** общий врач, терапевт **~ de urgencia** врач неотложной помощи
medicucho *m desp* плохой врач
medida *f* 1) *(acción)* измерение 2) *(dimensiones)* размер 3) *(unidad para medir)* мера, единица измерения 4) *(grado, intensidad)* мера, степень *en gran ~* в значительной мере; *hasta cierta ~* до некоторой степени 5) *(prevención, disposición)* мера *~s de seguridad* меры безопасности; *tomar ~s* принимать меры 6) *(prudencia)* осторожность ◆ **a ~** на заказ **a ~ que** по мере того, как **~s cautelares** *jur* меры пресечения
medidor 1. *adj* измерительный **2.** *m* измерительный прибор, измеритель
mediero *m* испольщик
medieval *adj* средневековый
medievo *m* V. medioevo
medi|o 1. *adj* средний **2.** *adv* наполовину **3.** *m* 1) *(mitad)* середина, половина 2) *(ambiente)* среда, круг *~o ambiente* окружающая среда 3) *(instrumento)* средство, способ *~os de comunicación* средства массовой информации; *~o de transporte* вид транспорта ◆ **a ~s** пополам **en ~o de u.c.** по середине чего-л **por ~o de alg o u.c.** через кого/чего-л
medioambiental *adj* относящийся к окружающей среде
medioambientalista *m/f* специалист по вопросам окружающей среды
mediocampista *m/f sport* V. centrocampista
mediocre *adj* посредственный, слабый
mediocridad *f* посредственность, бездарность
mediodía *m* полдень *al ~* в полдень
medioevo *m* Средние века, Средневековье
mediofondista *m/f sport* бегун, -ья на средние дистанции
medir 1. *vt* измерять, мерить, отмрять **2.** *vi* иметь (какой-л) рост
meditabundo *adj* задумчивый, погруженный в размышления
meditación *f* размышление, обдумывание
meditar *vt/i* размышлять (над чем-л), задумываться (о чём-л), медитировать
meditativo *adj* созерцательный
mediterráneo 1. *adj* средиземноморский **2.** *m (con mayúscula)* Средиземноморье
médium *m* медиум, экстрасенс
medrar *vi* 1) *(crecer)* расти, подрастать 2) *(prosperar)* преуспевать, процветать
medroso *adj* 1) *(temeroso)* боязливый, трусливый 2) *(que infunde miedo)* внушающий страх
médula *f anat* (костный) мозг ◆ **~ espinal** спинной мозг
medular *adj* медуллярный, костномозговой
medusa *f* медуза
megabyte *m informát* мегабайт
megaciclo *m electr* мегацикл, мегагерц

megaestrella *f astron* мегазвезда
megafonía *f* громкоговорящая связь
megáfono *m* мегафон, рупор
megalítico *adj* мегалитический
megalito *m* мегалит
megalomanía *f* мания величия
megalómano *adj* страдающий манией величия
mejican|o 1. *adj* мексиканский **2. , -a** *m/f* мексикан|ец, -ка
mejilla *f* щека
mejillón *m* мидия
mejor 1. *adv* лучше **2.** *adj* лучший ◆ **lo ~** (самое) лучшее **a lo ~** может быть
mejora *f* 1) улучшение, прогресс 2) *(perfeccionamiento)* усовершенствование
mejorable *adj* улучшаемый
mejoramiento *m* улучшение
mejorana *f* майоран
mejorar 1. *vt* улучшать **2.** *vi* 1) улучшаться 2) *(el estado de salud)* поправляться
mejorarse *vpron* улучшаться, поправляться
mejoría *f* улучшение
mejunje *m* микстура, смесь
melancolía *f* меланхолия
melancólico *adj* меланхолический
melanina *f biol* меланин
melanoma *m med* меланома
melaza *f* патока, меласса
melena *f* 1) *(de animales)* грива 2) *(de personas)* шевелюра
melenudo *adj* длинноволосый, косматый
melífero *adj poét* медоносный
melifluo *adj* 1) *(que tiene miel)* медоносный 2) *(suave)* медоточивый, слащавый
melindre *m* 1) *(delicadeza afectada)* жеманство, манерничанье *hacer ~s* жеманиться, кривляться 2) *(dulce)* миндальное печенье
melindro *m* V. melindre
melindroso *adj* жеманный, манерный
melisa *f* мелисса
mella *f* 1) зазубрина, щербина 2) *(menoscabo)* ущерб, урон ◆ **hacer ~** наносить ущерб
mellado *adj* щербатый
mellar *vt* 1) делать зазубрины 2) *(menoscabar)* ущемлять, наносить ущерб (кому/чему-л)
mellizo *m* близнец
melocotón *m* персик
melocotonero *m* персиковое дерево
melodía *f* мелодия
melódico *adj* относящийся к мелодии
melodioso *adj* мелодичный, певучий
melodrama *m* мелодрама
melón *m* дыня
melonar *m* бахча
melopea *f* 1) *(canto monótono)* монотонное пение 2) *coloq (borrachera)* пьянка, пьянство
melosidad *f* 1) сладость 2) *(suavidad)* мягкость, нежность
meloso *adj* 1) *(dulce)* сладкий, приторный 2) *(suave)* мягкий, нежный
membrana *f* 1) *anat bot* перепонка, плева 2) *tecn* мембрана
membranoso *adj* плёночный, перепончатый
membrete *m* заголовок (документа), штамп
membrillero *m* айва (дерево)
membrillo *m* айва ◆ **dulce de ~** мармелад из айвы
membrudo *adj* сильный, крепкий
memento *m relig* мементо
memez *f* 1) *(cualidad de memo)* глупость, дурость 2) *(tontería)* вздор
memo 1. *adj* глупый, придурковатый **2.** *m* глупец, дурак
memorable *adj* памятный, знаменательный
memorando *m* меморандум
memorándum *m* V. memorándum
memoria *f* 1) память 2) *(informe)* доклад, реферат 3) *(inventario)* список, перечень 4) *informát* память ◆ **de ~** наизусть, на память **hacer ~** вспоминать
memorial *m* 1) *(cuaderno)* записная книжка 2) *(petición)* прощение 3) *(monumento)* мемориал
memorias *fpl lit* мемуары
memorión *m* человек с хорошей памятью
memorizar *vt* запоминать
mena *f* руда
menaje *m* домашняя утварь
mención *f* упоминание ◆ **hacer ~** упоминать
mencionar *vt* упоминать
menda *pron pers coloq* я *este ~ mañana se queda en casa* я завтра останусь дома
mendicante 1. *adj* просящий милостыню **2.** *m/f* попрошайка
mendicidad *f* попрошайничество
mendigar *vt/i* просить милостыню, попрошайничать
mendig|o, -a *m/f* попрашайка, нищ|ий, -ая
mendrugo *m* 1) кусок чёрствого хлеба 2) *coloq (hombre tonto)* болван, чурбан
menear *vt* двигать (чем-л), шевелить, трясти
menearse *vpron* двигаться
meneo *m* 1) движение, передвижение 2) *coloq (tunda)* порка, взбучка
menester *m* 1) *(necesidad)* необходимость, потребность *es ~* необходимо, нужно 2) *(ocupación habitual)* работа, должность
menesteroso *adj* нуждающийся, бедный
menestra *f* 1) *(guisado)* тушёные овощи с ветчиной 2) *(legumbre seca)* сушёные овощи
menestral *m* ремесленник, мастеровой
mengano *m* кто-то, некто, имярек
mengua *f* уменьшение, снижение
menguado *adj* 1) *(cobarde)* трусливый, малодушный 2) *(tonto)* глупый, придурковатый
menguante *adj* уменьшающийся, убывающий, ущербный
menguar 1. *vi* уменьшаться, убывать **2.** *vt* уменьшать
mengue *m coloq* дьявол, чёрт
menina *f hist* фрейлина
meninge *f anat* мозговая оболочка
meningitis *f med* менингит
meñique *m* мизинец
menisco *m anat* мениск
menopausia *f* климакс
menopáusico *adj* климактерический
menor *adj* 1) *(en tamaño)* меньший 2) *(en edad)* младший ◆ **al por ~** *com* в розницу **~ de edad** несовершеннолетний
menos 1. *adv* меньше **2.** *prep* кроме (кого/чего-л) ◆ **a ~ que** разве только, только если **al ~** по крайней мере **~ de u.c.** меньше чего-л **~ mal que** слава богу, что **~ que alg o**

u.c. меньше кого/чего-л. **mucho** ~ гораздо меньше **por lo** ~ по крайней мере, как минимум
menoscabar *vt* 1) *(dismunuir)* уменьшать 2) *(deteriorar)* ущемлять, наносить ущерб (кому/чему-л)
menoscabo *m* 1) *(disminución)* ограничение, ущемление 2) *(deterioro)* вред, ущерб
menospreciar *vt* презирать, пренебрегать (кем/чем-л)
menosprecio *m* презрение, пренебрежение
mensaje *m* 1) сообщение 2) *(de una obra)* идея, идейное содержание 3) *(discurso público)* послание 4) *biol* сигнал
mensajería *f* курьерская служба
mensajer|o, -a *m/f* вестник, курьер, посыльный
menstruación *f* менструация
menstrual *adj* менструальный
menstruar *vi* менструировать
mensual *adj* месячный, ежемесячный
mensualidad *f* 1) *(sueldo)* месячная зарплата 2) *(cuota)* месячная квота
mensualmente *adv* ежемесячно
mensurable *adj* измеримый
menta *f* мята *de* ~ мятный
mental *adj* ментальный, умственный
mentalidad *f* менталитет
mentalizar *vt* психологически готовить
mentalizarse *vpron* психологически готовиться
mentar *vt* упоминать, называть
mente *f* ум, разум, интеллект
mentecat|o 1. *adj* глупый, придурковатый **2. , -a** *m/f* дурак, дура, глупец
mentidero *m* сплетня
mentir *vi* лгать, врать
mentira *f* ложь, неправда ◆ **¡parece ~!** удивительно!, невероятно!
mentirijillas *fpl* : de ~ понарошку
mentiros|o 1. *adj* лживый, ложный **2. , -a** *m/f* лгун, -ья, врун,-ья
mentís *m* 1) изобличение во лжи 2) *(refutación)* опровержение
mentol *m* ментол
mentolado *adj* ментоловый
mentón *m* подбородок
mentor *m* ментор
menú *m* меню
menudear 1. *vt* делать часто, повторять **2.** *vi* происходить часто, повторяться
menudencia *f* 1) *(pequeñez)* миниатюрность 2) *(escrupulosidad)* тщательность, скрупулёзность
menudencias *fpl* свиные потроха
menudeo *m* 1) *(acción de menudear)* частое повторение 2) *(venta al por menor)* продажа в розницу
menudillos *m* потроха (птиц)
menudo 1. *adj* 1) маленький, мелкий 2) *(despreciable)* ничтожный, пустяковый 3) *(antespuesto a un nombre)* значительный ¡ ~ *enredo!* ну и путаница! **2. -s** *mpl* потроха ◆ **a** ~ часто
meollo *m* суть, сущность
meón *m coloq* писун
mequetrefe *m coloq* несерьёзный человек, шалопут
meramente *adv* только, исключительно
mercachifle *m* 1) *(buhonero)* разносчик, лоточник 2) *desp (comerciante de poca importancia)* торгаш
mercadear *vi* торговать
mercadeo *m* 1) торговля, сбыт 2) *com* маркетинг
mercader *m* торговец, купец
mercadería *f* V. mercancía
mercadillo *m* вещевой базар, толкучка
mercado *m* рынок ◆ **economía de** ~ *econ* рыночная экономика ~ **de trabajo** рынок труда ~ **negro** чёрный рынок
mercadotecnia *f com* маркетинг
mercancía *f* товар ◆ **tren de ~s** товарный поезд
mercante *adj* торговый
mercantil *adj* торговый, коммерческий
mercantilismo *m* меркантилизм, шкурничество
mercantilista 1. *adj (relativo al mercantilismo)* шкурный, меркантильный **2.** *m/f* специалист по торговому праву
mercar *vt obsol* покупать
merced *f* 1) *(premio)* вознаграждение, награда 2) *(beneficio gracioso)* благодеяние 3) *(voluntad)* воля, желание *a* ~ *de alg* в зависимости от чей-л. воли 4) *obsol (forma de tratamiento)* милость *vuestra* ~ ваша милость
mercenario 1. *adj* наёмный **2.** *m* 1) наёмный солдат 2) *(trabajador a salario)* наёмный работник
mercería *f* галантерея
mercromina *f* мербромин
mercurio 1. *m astron mitol* Меркурий **2.** *m* ртуть
merdoso *adj* измазанный, заляпанный
merecedor *adj* **(de u/c)** заслуживающий (что-л), достойный (чего-л)
merecer *vt* заслуживать, быть достойным (чего-л)
merecerse *vpron* V. merecer
merecidamente *adv* заслуженно, по заслугам
merecido *m* заслуженное наказание
merecimiento *m* заслуга
merendar *vi* полдничать
merendarse *vpron coloq* обыгрывать, легко победить
merendero *m* закусочная, ресторанчик (обычно за городом)
merendola *f coloq* обильная еда (в полдник)
merengue *m* меренга, безе
meretriz *f* проститутка, публичная женщина
meridiana *f* 1) *(línea)* полуденная линия 2) *(especie de sofá)* кушетка
meridianamente *adv* предельно ясно
meridiano *m* меридиан
meridional *adj* южный
merienda *f* полдник
merino 1. *adj* мериносовый **2.** *m* меринос
mérito *m* заслуга
meritocracia *f pol* меритократия
meritorio 1. *adj* достойный похвалы, похвальный **2.** *m* служащий, работающий без вознаграждения
merluza *f* хек, мерлан
merluzo *m coloq* глупец, дурак
merma *f* уменьшение, сокращение, убавление

mermar 1. *vt* уменьшать, сокращать **2.** *vi* уменьшаться, сокращаться
mermelada *f* варенье, джем
mero[1] *adj* простой, незначительный
mero[2] *m* краснопёрый спар
merodeador *m* мародёр, грабитель
merodear *vi* 1) мародёрствовать, грабить 2) *(vagar)* болтаться, слоняться
merolico *m Méx.* уличный знахарь
mes *m* месяц *a principios de ~* в начале месяца
mesa *f* 1) стол 2) *(conjunto de cargos)* президиум, совет ◆ ~ **redonda** круглый стол
mescolanza *f coloq* V. mezcolanza
mesenterio *m anat* брыжейка
meseta *f* плато, плоскогорье
mesiánico *adj* мессианский
mesianismo *m* мессианизм
mesías *m relig* мессия
mesilla *f* столик
mesita *f* столик ◆ ~ **de noche** ночной столик
mesolítico 1. *adj arqueol* мезолитический **2.** *m arqueol* мезолит
mesón *m* таверна
mesonero *m* хозяин трактира
mestizaje *m* скрещивание, метизация
mestizo *m/f* метис
mesura *f* умеренность, сдержанность, осторожность
mesurado *adj* умеренный, сдержанный, осторожный
mesurarse *vpron* сдерживаться
meta *f* 1) цель 2) *sport* финиш
metabólico *adj fisiol* метаболический, относящийся к обмену веществ
metabolismo *m fisiol* метаболизм, обмен веществ
metabolizar *vt fisiol* метаболизировать, превращать в процессе обмена веществ
metabolizarse *vpron fisiol* метаболизироваться, превращаться в процессе обмена веществ
metacarpo *m anat* пясть
metadona *f quím* метадон
metafísica *f* метафизика
metafísico *adj* метафизический
metafonía *f ling* перегласовка
metáfora *f* метафора
metafórico *adj* метафорический
metal *m* металл ◆ ~ **precioso** благородный металл
metalenguaje *m ling* метаязык
metálico 1. *adj* металлический **2.** *m* наличные (деньги) ◆ **pagar en** ~ платить наличными
metalizado *adj* металлизированный, покрытый металлом
metaloide *m tecn* металлоид, полуметалл
metalurgia *f* металлургия
metalúrgico *adj* металлургический
metamorfosearse *vpron* **(en alg o u/c)** превращаться (в кого/что-л)
metamorfosis *f* метаморфоза, изменение
metano *m quím* метан, болотный газ
metástasis *f med* метастаза
metedura *f* вкладывание, всовывание ◆ ~ **de pata** оплошность, ляп
meteórico *adj* 1) метеорический 2) *(muy rápido)* метеорический, головокружительный
meteorito *m* метеорит
meteoro *m* атмосферное явление
meteorología *f* метеорология
meteorológico *adj* метеорологический
meteorólogo *m* метеоролог
meter *vt* 1) класть, засовывать, вкладывать 2) *(en un lugar de trabajo)* устроить на работу 3) *(miedo, ruido)* порождать, вызывать
meterse *vpron* 1) **(en u/c)** влезать (куда-л), проникать (куда-л) 2) **(en u/c)** *(entrometerse)* вмешиваться (во что-л.) 3) **(con alg)** *(con alguien)* приставать (к кому-л)
meticón *m coloq* V. metomentodo
meticulosidad *f* скрупулёзность, педантичность
meticuloso *adj* кропотливый, тщательный, педантичный
metido *adj (abundante)* изобилующий, обильный ~ *en años* пожилой
metilo *m quím* метил
metódico *adj* методичный, последовательный
metodismo *m* методичность
metodista *m/f* методист
método *m* метод
metodología *f* методика
metodológico *adj* методический
metomentodo *m/f coloq* навязчивый человек
metonimia *f ling lit* метонимия
metraje *m* метраж
metralla *f* картечь, шрапнель
metralleta *f* автомат
métrica *f* метрика, стихосложение
métrico *adj* метрический *sistema ~* метрическая система
metrificación *f* стихосложение
metrificar *vt/i* слагать стихи
metro[1] *m* метр ◆ ~ **cuadrado** квадратный метр ~ **cúbico** кубический метр, кубометр
metro[2] *m (transporte)* метро, метрополитен
metrónomo *m* метроном
metrópoli *f* метрополия, столица, главный город
metropolita *m relig* митрополит
metropolitano 1. *adj* столичный, относящийся к большому городу **2.** *m* 1) *relig* метрополитен 2) *(transporte)* метро, метрополитен
mexicano V. mejicano
mezcal *m* 1) *(planta)* пита 2) *(bebida)* мескаль, водка из питы
mezcla *f* 1) *(acción)* смешивание, перемешивание 2) *(resultado)* смесь
mezclar *vt* 1) *(juntar, unir)* смешивать 2) *(remover)* мешать, перемешивать
mezclarse *vpron* 1) смешиваться, соединяться 2) **(en u/c)** *(meterse en un asunto)* вмешиваться (во что- л.), впутываться (во что-л.)
mezclilla *f textl* деним
mezcolanza *f coloq* смесь, мешанина
mezquindad *f* 1) *(avaricia)* жадность, скупость 2) *(falta de nobleza de espíritu)* мелочность, низменность 3) *(pequeñez)* ничтожность
mezquino *adj* 1) *(tacaño)* жадный, скупой 2) *(menospreciable)* низменный, низкий
mezquita *f* мечеть
mi[1] *pron pos (перед существительным)* мой, моя, моё ~ *libro* моя книга
mi[2] *m mús* ми

mí *pron pers* меня, мне *están hablando de ~* они говорят обо мне; *para ~* для меня
miaja *f* V. migaja
mialgia *f med* миальгия
miasma *m* миазм
mica *f min* слюда
michelín *m coloq* жировая складка (на животе)
mico *m* 1) *(mono)* обыкновенная игрунка, уистити 2) *coloq (persona pequeña y fea)* некрасивый человек, обезьяна
micosis *f med* микоз
micra *f* микрометр
micro *m coloq* V. micrófono
microbiano *adj* микробный
microbio *m* микроб
microbiología *f* микробиология
microbiólogo *m* микробиолог
microbús *m* микроавтобус
microchip *m informát* микрочип
microcirugía *f* микрохирургия
microclima *m* микроклимат
microcosmos *m* микрокосмос
microcrédito *m econ* микрокредит
microfibra *f* микроволокно
microficha *f* микрокарточка
microfilm *m* микрофильм
microfilmar *vt* микрофильмировать
micrófono *m* микрофон
microondas *m* микроволновка ◆ **horno ~** микроволновая печь
microprocesador *m informát* микрочип
microscópico *adj* микроскопический
microscopio *m* микроскоп
microsegundo *m fís* микросекунда
microsurco *m* звуковая дорожка (на долгоиграющей пластинке)
mieditis *f coloq hum* V. miedo
miedo *m* страх, боязнь
miedoso *adj* боязливый, трусливый
miel *f* мёд *de miel* медовый ◆ **luna de ~** медовый месяц
mielga[1] *f agric (horca)* грабли, вилы
mielga[2] *f agric* V. amelga
mielga[3] *f (pez)* короткопёрая колючая акула
mielgo *adj* V. mellizo
mielitis *f med* миелит
miembro *m* член
miente *f obsol* мысль ◆ **caer en (las) ~s** вообразить, представить
mientras 1. *adv* пока, в то время, как **2.** *conj* между тем (как) ◆ **~ tanto** пока, тем временем
miércoles *m* среда *vendré el ~* я приду в среду
mierda *f* 1) *vulg* дерьмо, говно 2) *vulg (suciedad)* грязь, нечистота 3) *vulg (cosa sin valor)* мерзость, дерьмо 4) *vulg (persona despreciable)* дрянь, мразь ◆ **mandar a la ~ a alg** послать подальше кого-л. **irse a la ~ u.c.** испортиться, накрыться
mierdoso *adj* V. merdoso
mies *f* зрелые злаки
miga *f* 1) *(parte blanda del pan)* мякоть, мякиш 2) *(restos de pan)* крошка 3) *coloq (sustancia)* суть, сущность
migajas *fpl* крошки
migración *f* миграция
migraña *f* мигрень
migrar *vi* мигрировать, переселяться
migratorio *adj* миграционный, переселяющийся
mijo *m* просо, пшено
mil 1. *num* тысяча *~ doscientas personas* тысяча двести человек **2.** *m* тысяча *~es de personas* тысячи людей
milagro *m* чудо ◆ **de ~** неожиданно, чудесным образом
milagrosamente *adv* чудесным образом
milagroso *adj* чудесный, чудотворный
milanesa *f* филе в сухарях
milano *m* коршун
milenario 1. *adj* 1) *(relativo al millar)* тысячный 2) *(que ha durado uno o varios milenios)* тысячелетний **2.** *m* V. milenio
milenio *m* тысячелетие
milenrama *f* тысячелистник
milésima *f* тысячная часть
milésimo *adj num* тысячный (о части, доли)
milhojas[1] *m (planta)* тысячелистник
milhojas[2] *m (pasta)* пирожок из слоёного теста
mili *f coloq* служба в армии
milibar *m fís* миллибар
milicia *f* ополчение, войско
miliciano 1. *adj* ополченский **2.** *m* ополченец, военный
miligramo *m* миллиграмм
mililitro *m* миллилитр
milímetro *m* миллиметр
militancia *f* членство
militante *adj* 1) член организации, член партии 2) *(activista)* активист
militar[1] **1.** *adj* военный **2.** *m* военный
militar[2] *vi* быть членом организации
militarismo *m* милитаризм
militarista 1. *adj* милитаристский, милитаристический **2.** *m/f* милитарист
militarización *f* милитаризация
militarizar *vt* милитаризировать, военизировать
militronche *m/f coloq desp* военный, вояка
milla *f* миля
millar *m* тысяча
millardo *m* миллиард
millón *m* миллион
millonari|o, -a *m/f* миллионер, -ка
milpa *f Méx. Am. Cent.* кукурузное поле
mimar *vt* 1) лелеять, ласкать 2) *(maleducar)* баловать
mimbre *m* ива корзиночная
mimbrera *f* ива корзиночная
mimético *adj* миметический
mimetismo *m* миметизм, мимикрия
mímica *f* мимика
mímico *adj* мимический, подражательный
mimo[1] *m (actor)* мим
mimo[2] *m (cariño)* ласка, нежность
mimosa *f* мимоза
mimoso *adj* изнеженный, избалованный
mina *f* 1) *(excavación)* шахта 2) *(para escribir)* стержень 3) *(persona o cosa que abunda en cualidades)* неисчерпаемый источник, рудь 4) *(explosivo)* мина
minador 1. *adj* минирующий **2.** *m* 1) минёр, подрывник 2) *(ingeniero o artífice que abre minas)* горный инженер

minar *vt* 1) минировать 2) *(destruir poco a poco)* разрушать, уничтожать
mineral 1. *adj* минеральный **2.** *m* минерал ◆ **agua** ~ минеральная вода
mineralogía *f* минералогия
mineralogista *m/f* минералог
minería *f* горная промышленность
minero 1. *adj* горнодобывающий **2.** *m* шахтёр, горняк
miniatura *f* миниатюра
miniaturista *m* миниатурист
minibar *m* мини-бар
minicadena *f* музыкальный миницентр
minifalda *f* мини-юбка
minifundio *m* небольшая усадьба
minigolf *m* мини-гольф
mínima *f* минимальная часть
minimalismo *m* минимализм
minimalista 1. *adj* минималистический **2.** *m/f* минималист, -ка
mínimo 1. *adj* минимальный **2.** *m* минимум ◆ **como** ~ как минимум
mínimum *m* минимум
minina *f coloq* кошка
minino *m coloq* кот, кошка
minio *m* свинцовый сурик
ministerial *adj* министерский
ministerio *m* министерство ◆ **Ministerio de Asuntos Exteriores** Министерство иностранных дел **Ministerio de Economía** Министерство экономики **Ministerio del Interior** Министерство внутренних дел
ministro *m/f* министр ◆ **consejo de ~s** кабинет министров **primer** ~ премьер-министр
minivestido *m* мини-платье
minoría *f* 1) меньшинство 2) *(de edad)* несовершеннолетие
minorista *m/f* розничный торговец
minoritario *adj* находящийся в меньшинстве, представляющий меньшинство
minucia *f* мелочь, пустяк
minucioso *adj* тщательный, аккуратный, кропотливый
minué *m danz mús* минуэт
minúscula *f* строчная буква
minúsculo *adj* мелкий, мельчайший, крошечный
minusvalía *f* инвалидность
minusválido 1. *adj* инвалидный **2.** *m/f* инвалид
minuta *f* 1) *(borrador)* набросок, черновик 2) *(anotación)* заметка, пометка 3) *(lista)* перечень, список 4) *(cuenta)* счёт (за юридические услуги)
minutero *m* минутная стрелка
minuto *m* минута
mío *pron pos (после существительного)* мой, моя, моё *esta bolsa es mía* эта сумка моя
miocardio *m anat* миокард
miocarditis *f med* миокардит
mioceno *m geol* миоцен
mioma *m med* миома
miope *adj* близорукий
miopía *f* близорукость
mira *f* 1) *(propósito)* цель, намерение 2) *(en un arma)* прицел, мушка
mirada *f* 1) взгляд, взор 2) *(modo de mirar)* взгляд, выражение глаз
miradero *m* V. mirador
mirado *adj* осторожный, аккуратный
mirador *m* смотровая площадка
miramiento *m* 1) рассматривание, разглядывание 2) *(respeto, atención)* предупредительность, вежливость
mirar *vt* смотреть, глядеть, рассматривать
mirarse *vpron* смотреть на себя
mirasol *m* подсолнечник, подсолнух
mirilla *f* 1) *(abertura)* смотровое отверстие 2) *(en una puerta)* глазок
miriñaque *m* дешёвая безделушка, побрякушка
mirlo *m* чёрный дрозд ◆ **ser un ~ blanco** быть чрезвычайно редким, необычным
mirón *m/f coloq* зевака, ротозей
mirra *f* мирра
mirto *m* мирт
misa *f relig* месса, служба
misal *m relig* требник
misantropía *f* мизантропия
misantrópico *adj* мизантропический
misántropo *m* человеконенавистник, мизантроп
miscelánea *f* смесь, мешанина
misceláneo *adj* смешанный, разнородный
miserable *adj* 1) *(digno de compasión)* несчастный, убогий 2) *(de ínfimo valor)* ничтожный 3) *(menospreciable)* подлый, низкий
miseria *f* 1) *(pobreza)* нищета, бедность 2) *(cosa insignificante)* пустяк, мелочь 3) *coloq (muy poco dinero)* гроши 4) *(desgracia)* несчастье, страдание
misericordia *f* милосердие
misericordioso *adj* милосердный
mísero *adj* V. miserable
misil *m* ракета, реактивный снаряд
misión *f* 1) задание, поручение 2) *(diplomática, religiosa)* миссия
misionero *m* миссионер
misiva *f* послание
mism|o *adj* 1) тот же (самый), та же (самая), то же (самое) *es la ~a persona que vino ayer* это тот же человек, который приходил вчера; *del ~o color* того же цвета 2) *(после местоимений и наречий)* сам, сама, само, сами *yo ~o lo haré* я сам это сделаю; *mañana ~o* завтра же ◆ **da lo** ~ всё равно
misoginia *f* женоненавистничество
misógino 1. *adj* женоненавистнический **2.** *m* женоненавистник
miss *f* мисс
mistela *f* мистель (сорт вина)
míster *m sport* тренер (в футболе)
misterio *m* тайна, загадка
misterioso *adj* тайный, загадочный
mística *f* мистика
místico *adj* мистический
mistificación *f* мистификация
mistificar *vt* мистифицировать
mitad *f* половина, середина ◆ **dividir por la** ~ делить пополам **a ~ de camino** на полпути
mitificación *f* превращение в миф, митификация
mitificar *vt* превращать в миф, мифицировать
mitigación *f* смягчение, уменьшение, облегчение

mitigar *vt* смягчать, уменьшать, облегчать
mitin *m* митинг
mitinear *vi* митинговать
mito *m* миф
mitología *f* мифология
mitológico *adj* мифологический
mitón *m* митенка
mitra *f* митра
mitrado *m relig* архиепископ, епископ
mixto *adj* смешанный, разнородный
mixtura *f* 1) смесь 2) *med* микстура
mízcalo *m* рыжик (гриб)
mobiliario *m* мебель
moca *m* мокко (сорт кофе)
mocada *f* сморкание
mocasín *m (espec pl)* мокасин
mocedad *f* юность, молодость
mocetón *m* молодец, крепкий юноша
mochales *adj coloq* чокнутый, помешанный
mochila *f* рюкзак
mocho 1. *adj* 1) тупой, неострый 2) *coloq (pelado)* подстриженный **2.** *m* тупой конец (инструмента)
mochuelo *m* 1) сыч 2) *coloq (asunto enojoso)* неприятное дело
moción *f* 1) движение 2) *jur* предложение, проект резолюции
moco *m (espec pl)* сопля
mocos|o, -a *m/f desp* сопля|к, -чка
moda *f* мода ◆ **estar de** ~ быть в моде, модно **pasado de** ~ старомодный **pasar de** ~ выходить из моды
modal *adj ling* модальный
modales *mpl* манеры *buenos ~* хорошие манеры
modalidad *f* 1) разновидность 2) *ling* модальность
modelado *m* 1) *(con una materia blanda)* лепка 2) *(creación de modelos o formas)* моделирование, изготовление форм
modelar *vt* 1) *(con una materia blanda)* моделировать 2) *(conformar)* формировать, моделировать
modélico *adj* образцовый
modelo 1. *m* модель, образец **2.** *m/f* модель
módem *m informát* модем
moderación *f* умеренность
moderado *adj* умеренный
moderador *m/f* модератор
moderar *vt* 1) умерять, успокаивать 2) *(contener)* сдерживать
modernidad *f* современность
modernismo *m* 1) *(afición a lo moderno)* модернизм 2) *arte (movimiento artístico)* модерн
modernista 1. *adj* 1) *(aficionado a lo moderno)* модернистский 2) *arte (relativo al movimiento artístico)* в стиле модерна **2.** *m/f* модернист, -ка
modernización *f* модернизация
modernizador *adj* модернизирующий
modernizar *vt* модернизировать, модернизовать
moderno *adj* современный
modestia *f* скромность
modesto *adj* скромный
módico *adj* умеренный, незначительный
modificación *f* 1) видоизменение, модификация, изменение 2) *(en un texto)* исправление, поправка
modificar *vt* 1) видоизменять, изменять 2) *(un texto)* вносить поправки
modismo *m ling* идиома, модизм
modista *f/m* модельер, портной, портниха
modistería *f* портновское ремесло
modistilla *f coloq desp* плохая портниха
modisto *m* дамский портной, модельер
modo 1. *m* 1) образ действия, способ, манера *~ de empleo* способ применения 2) *ling* наклонение 3) *mús* лад **2. -s** *mpl* манеры ◆ **a ~ de** как **de cualquier ~** во всяком случае **de (tal) ~ que** так что, так, чтобы **de ningún ~** ни в коем случае **de todos ~s** всё равно
modorra *f* глубокий сон
modosito *adj coloq* V. modoso
modoso *adj* воспитанный, сдержанный
modulación *f* модуляция
modular *vt* модулировать
módulo *m* модуль
moecín *m relig* муэдзин
mofa *f* насмешка, издёвка *hacer ~ de alg* насмехаться над кем-л
mofarse *vpron* **(de alg)** насмехаться (над кем-л.), издеваться (над кем-л.)
mofeta *f* 1) *(gas)* рудничный газ 2) *(animal)* полосатый скунс
moflete *m* толстая щека
mofletudo *adj* толстощёкий
mogol *adj* V. mongol
mogollón 1. *adj* 1) *(holgazán)* ленивый 2) *(gorrón)* живущий за чужой счёт **2.** *m* 1) *coloq* огромное количество, куча 2) *coloq* путаница, бардак **3.** *adv coloq* очень много ◆ **de ~** бесплатно, за чужой счёт
mohín *m* недовольная мина, надутые губы
mohína *f* недовольство, досада
mohíno 1. *adj* 1) недовольный, раздосадованный, печальный 2) *(dicho de una res)* чёрный, черномордый **2.** *m* 1) *(mula)* мул 2) *(pájaro)* голубая сорока
moho *m* плесень
mohoso *adj* заплесневелый, плесневый
moisés *m* колыбель
mojada *f* 1) мочение, смачивание 2) *coloq (herida)* колотая рана
mojado *adj* мокрый
mojadura *f* V. mojada 1
mojama *f* вяленый тунец
mojar *vt* мочить, намачивать
mojarra *f* 1) *(pez)* морской карась 2) *(embarcación)* лодка для ловли тунца
mojarse *vpron* 1) мокнуть, промокать 2) *coloq (posicionarse)* ввязываться, лезть
moje *m* соус, подливка
mojicón *m* 1) бисквит 2) *coloq (golpe)* удар кулаком в лицо
mojiganga *f* 1) *(obrilla dramática)* буффонада 2) *(burla ridícula)* потеха, смехота 3) *(fiesta)* бал-маскарад
mojigatería *f* неискренность, ханжество, лицемерие
mojigato *adj* неискренний, ханжеский, лицемерный
mojito *m* мохито

mojo *m* соус, подливка
mojón[1] *m* 1) *(señal)* пограничный столб, межевой знак 2) *coloq (montón)* куча, груда
mojón[2] *m (catador)* дегустатор вин
moka *m* V. moca
mola *f med* ложный плод
molar *vi coloq* нравиться
moldav|o 1. *adj* молдавский **2. , -a** *m/f* молдаван|ин, -ка **3.** *m* молдавский язык
molde *m* 1) форма 2) *(patrón)* стереотип, шаблон ◆ **pan de ~** хлеб в буханке
moldear *vt* лепить, придавать форму
moldeo *m* формование, литьё в формы
moldura *f* карниз, лепное украшение
mole *f* громада, махина
molécula *f fís* молекула
molecular *adj fís* молекулярный
moledor 1. *adj* перемалывающий **2.** *m* дробилка, мельница
moledura *f* V. molienda
moler *vt* 1) молоть 2) *(cansar)* изнурять, утомлять ◆ **~ las costillas a alg** наминать бока кому-л
moler a palos a alg избивать кого-л
molestar *vt* 1) мешать (кому-л), надоедать (кому-л), докучать 2) *(obstaculizar)* мешать
molestarse *vpron* 1) *(ofenderse)* обижаться 2) **(en u/c)** *(esforzarse)* стараться сделать (что-л)
molestia *f* 1) беспокойство 2) *(malestar físico)* неудобство, дискомфорт ◆ **tomarse la ~ de hacer u.c.** удосужиться сделать что-л.
molesto *adj* 1) *(incómodo)* причиняющий беспокойство или неудобства 2) *(descontento)* недовольный
molestoso *adj* V. molesto
molibdeno *m quím* молибден
molicie *f* 1) *(blandura)* мягкость 2) *(afición al regalo)* изнеженность
molido *adj* 1) молотый 2) *coloq (agotado)* измотанный, разбитый
molienda *f* 1) дробление, измельчение, размалывание, помол 2) *coloq (molestia)* надоедливость, беспокойство
moliente *adj* мелющий, размалывающий ◆ **corriente y ~** *coloq* обычный, общепринятый
molinero *m* мельник
molinete *m* 1) *(ventilador)* вентилятор 2) *(juguete)* вертушка 3) *nav* брашпиль
molinillo *m* ручная мельница ◆ **~ de café** кофемолка
molino *m* мельница
molla *f* мякоть (мяса)
mollar *adj* мягкий, нежный
molleja *f* зоб (у птиц)
mollera *f* 1) темя, макушка 2) *(seso)* разум, благоразумие ◆ **ser duro de ~** быть упрямцем, быть тупицей
mollete *m* 1) *(panecillo)* сдобная булочка 2) *(del brazo)* мягкая часть руки (от запястья до плеча)
molón *adj coloq* хороший, клёвый
molusco *m* моллюск
momentáneo *adj* мгновенный, моментальный, непродолжительный
momento *m* миг, момент ◆ **al ~** сразу (же), моментально **de ~** пока **de un ~ a otro** вот-вот, с минуты на минуту **por el ~** на данный момент, пока
momería *f* V. momo
momia *f* мумия
momificar *vt* мумифицировать
momo *m* жмурки
mona *f* 1) обезьяна (самка) 2) *coloq (persona que imita a otra)* кривляка 3) *coloq (borrachera)* пьянка
monacal *adj* монашеский
monacato *m* монашество
monacillo *m* V. monaguillo
monada *f* 1) *(acción propia de un mono)* обезьянничанье, глупость 2) *(cosa pequeña y primorosa)* прелесть, загляденье, милашка
monaguillo *m relig* мальчик, служка
monarca *m* монарх
monarquía *f* монархия
monárquico *adj* монархический
monasterio *m* монастырь
monástico *adj* монашеский, монастырский
monda *f* 1) *(acción de mondar)* чистка, очищение 2) *(piel, cáscara)* кожура, очистки ◆ **ser la ~** быть чудным, быть необыкновенным
mondadientes *m* зубочистка
mondadura *f* 1) *(acción de mondar)* чистка, очищение 2) *(piel, cáscara)* кожура, очистки
mondar *vt* 1) чистить, очищать 2) *(podar, cortar)* стричь, подрезать
mondarse *vpron (de risa)* лопаться от смеха
mondo *adj* чистый, очищенный ◆ **~ y lirondo** чистый, без примеси
mondongo *m* требуха, потроха, внутренности
moneda *f* 1) монета 2) *(divisa)* валюта
monedero *m* кошелёк
monegasco *adj* монакский, относящийся к Монако
monería *f* 1) *(acción propia del mono)* обезьянничанье, подражание 2) *(acción graciosa infantil)* забавная выходка, проделка
monetario *adj* денежный, валютный
monetarismo *m econ* монетаризм
monetarista *adj econ* монетаристский
mongólico *adj* 1) монгольский 2) *(que padece mongolismo)* страдающий монголизмом
mongolismo *m* монголизм, синдром Дауна
monición *f* предупреждение, замечание
monigote *m* 1) *relig* послушник 2) *coloq (persona sin carácter)* размазня, тряпка 3) *coloq (muñeco)* смешная тряпичная кукла, чучело
monís *m (espec pl) coloq* деньги
monitor, -a[1] *m/f (educador)* вожат|ый, -тая
monitor[2] *m (pantalla)* экран, монитор
monitorio 1. *adj* предупреждающий, наставляющий **2.** *m relig* письменное наставление
monitorización *f* мониторинг
monitorizar *vt* отслеживать, делать мониторинг
monitos *mpl Méx.* комикс
monja *f* монахиня, монашка
monje *m* монах
monjil *adj* монашеский
mono 1. *adj coloq* хорошенький, милый **2.** *m* 1) обезьяна 2) *(prenda de vestir)* комбинезон 3) *coloq* синдром зависимости
moño *m* кичка ◆ **estar alg hasta el ~ de u.c.** *coloq* быть сытым по горло

monocarril 1. *adj ferroc* монорельсовый **2.** *m ferroc* монорельс
monocasco *m tecn* монокок
monocolor *adj* одноцветный
monocromático *adj* одноцветный
monocromo *adj* одноцветный
monóculo *m* монокль
monoesquí *adj* однолыжный
monogamia *f* единобрачие, моногамия
monógamo *adj* единобрачный, моногамный
monografía *f* монография
monográfico *adj* монографический
monograma *m* монограмма
monolingüe *adj ling* одноязычный
monolingüismo *m ling* одноязычие
monolítico *adj* монолитный
monolito *m* монолит
monólogo *m* монолог
monomanía *f med* мономания, навязчивая идея
monomaníaco *m med* мономан
monomio *adj mat* моном, одночлен
monomotor *adj aero* одномоторный
mononucleosis *f med* мононуклеоз
monoparental *adj* однородительский
monopatín *m* самокат
monoplaza *adj* одноместный
monopolio *m* монополия
monopolizar *vt* монополизировать
monosilábico *adj ling* односложный
monosílabo 1. *adj* V. monosilábico **2.** *m ling* односложное слово
monoteísmo *m* единобожие, монотеизм
monoteísta 1. *adj* монотеистический **2.** *m/f* монотеист, -ка
monotemático *adj* однотемный
monotonía *f* монотонность
monótono *adj* монотонный, однообразный
monseñor *m relig* владыка
monserga *f* 1) *(petición fastidiosa)* докучливая просьба 2) *(lenguaje confuso)* невнятная речь, бессмыслица
monstruo *m* чудовище, монстр
monstruosidad *f* чудовищность
monstruoso *adj* чудовищный
monta *f* 1) *(acción de montar)* верховая езда 2) *(valor)* ценность, стоимость ◆ **de poca ~** нестоящий, пустячный
montacargas *m tecn* подъёмник, грузовой лифт
montadito *m* бутерброд, закуска
montado *adj (a caballo)* верховой, конный
montador *m* монтажник, сборщик
montaje *m* 1) *tecn* монтаж, сборка, комлектация 2) *(de imágenes o sonido)* монтаж 3) *teat* постановка 4) *(invención)* выдумка
montaña *f* гора ◆ **~ rusa** американские горки
montanero *m* лесничий
montañero *m* альпинист
montañés 1. *adj* горский **2.** *m* горец
montañismo *m* альпинизм
montano *adj* горный
montañoso *adj* 1) *(relativo a la montaña)* горный 2) *(que tiene montañas)* гористый *lugar ~* гористая местность
montante *m* 1) *(espada)* шпага (больших размеров) 2) *(cuantía)* сумма, стоимость
montaplatos *m* подъёмник для посуды
montar 1. *vi* **(en u/c)** ехать (на чём-л), ездить (на чём-л), кататься (на чём-л) **2.** *vt* 1) *(armar)* собирать, устанавливать 2) *(la nata)* взбивать сливки 3) *(dicho del macho)* покрывать (самку) ◆ **~ a caballo** ездить верхом
monte *m* 1) гора 2) *(tierra inculta)* мелколесье, лесные заросли
montepío *m* 1) *(depósito de dinero)* страховой фонд 2) *(establecimiento)* касса взаимопомощи
montera *f* 1) *(prenda para la cabeza)* головной убор из сукна, берет 2) *(cubierta de cristales)* застеклённая крыша
montería *f* охота на крупного зверя
montero 1. *adj* V. montés **2.** *m* охотник, егерь
montés *adj* горный, дикий
montículo *m* горка, пригорок, бугор
montilla *m* монтилья (сорт вина)
monto *m* сумма, стоимость
montón *m* 1) гора, стопка 2) *coloq (gran cantidad)* гора, куча
montuoso *adj* горный, гористый
montura *f* 1) *(cabalgadura)* животное для верховой езды 2) *(soporte)* оправа (для очков)
monumental *adj* монументальный
monumento *m* памятник, монумент
monzón *m* муссон
moquear *vi* сморкаться
moqueo *m* сильный насморк
moquero *m* носовой платок
moqueta *f* палас, ковровое покрытие
moquillo *m* 1) *vet (catarro de algunos animales)* насморк 2) *vet (en las gallinas)* типун
mora *f* ежевика
morada *f* жилище
morado 1. *adj* фиолетовый **2.** *m* фиолетовый цвет ◆ **ponerse ~** *coloq* наедаться до сыта
morador 1. *adj* обитающий, живущий **2.** *m* обитатель, житель
moral 1. *adj* нравственный, моральный **2.** *f* нравственность, мораль
moraleja *f* нравоучение, мораль
moralidad *f* нравственность, моральность
moralista *m/f* моралист, -ка
moralizador *adj* нравоучительный
moralizar *vt* морализировать, поднимать моральный уровень
morapio *m coloq* красное вино
morar *vt* обитать, жить
moratón *m* синяк
moratoria *f* мораторий
morav|o 1. *adj* моравский **2. , -a** *m/f* морав|ец, -ка
mórbido *adj* 1) *(que padece enfermedad)* болезненный, нездоровый 2) *(que ocasiona enfermedad)* болезнетворный 3) *(blando)* мягкий, нежный
morbo *m* 1) *(enfermedad)* болезнь 2) *(interés malsano)* нездоровый интерес, болезненное пристрастие
morbosidad *f* болезненность
morboso *adj* нездоровый, больной
morcilla *f* морсилья (род кровяной колбасы)
mordacidad *f* 1) *(capacidad corrosiva)* едкость 2) *(ironía)* едкость, колкость, язвительность

mordaz *adj* 1) *(corrosivo)* едкий 2) *(irónico)* едкий, колкий, язвительный

mordaza *f* кляп

mordedor *adj* кусающийся

mordedura *f* укус

morder *vt* 1) кусать, откусывать 2) *(dicho de un animal)* кусаться

mordida *f* 1) V. mordisco 2) *Am.* взятка

mordiente 1. *adj* покусывающий, покалывающий **2.** *m* протрава

mordisco *m coloq* укус

mordisquear *vt* покусывать, кусать

morena[1] *f (pez)* мурена

morena[2] *f* 1) *(montón de mieses)* копна, стог 2) *geol* морена

moren|o 1. *adj* 1) *(de piel)* смуглый 2) *(por la acción del sol)* загорелый 3) *(de pelo)* тёмный, темноволосый **2. , -a** *m/f* брюнет, -ка, шатен, -ка ◆ **azúcar ~o** тростниковый сахар

morera *f* шелковица, тутовое дерево

morería *f hist* мавританский квартал

moretón *m coloq* синяк, кровоподтёк

morfar *vt Arg. Ur. coloq* есть, хавать

morfema *m ling* морфема

morfina *f* морфий

morfinómano *m* морфинист

morfología *f biol ling* морфология

morfológico *adj biol ling* морфологический

morfosintaxis *f ling* морфосинтаксис

morganático *adj jur* морганатический

morgue *f* морг

moribundo *adj* умирающий

morigerado *adj* хорошо воспитанный, с хорошими манерами

morir *vi* 1) умирать, дохнуть ~ *de hambre* умирать от голода 2) *(violentamente)* погибать, гибнуть 3) *(dicho de una llama)* гаснуть

morirse *vpron* умирать, дохнуть ~ *de risa* умирать со смеху ◆ ~ **de ganas** страстно желать ~ **de risa** умирать со смеху

morisco 1. *adj* V. moro **2.** *m hist* крещёный мавр

morisma *f* магометанство

morm|ón 1. *adj relig* мормонский **2. , -ona** *m/f relig* мормон, -ка

mormonismo *m relig* мормонство

mor|o 1. *adj* мавританский, арабский **2. , -a** *m/f* араб, -ка, мавр, -итанка

morocho *adj Am.* сильный, крепкого сложения

morondo *adj* подстриженный

morosidad *f* 1) *(lentitud)* медлительность, нерасторопность 2) *(falta de puntualidad en los pagos)* задержка (платежа)

moroso *adj com* просрочивший платёж

morrada *f* удар лицом

morral *m* 1) *(saco de cazador)* охотничья сумка, ягдташ 2) *(talego que contiene el pienso)* торба 3) *coloq (hombre zote)* чурбан, пень

morralla *f* 1) *(mezcla de cosas inútiles)* хлам 2) *(multitud de gente)* сброд 3) *(pescado menudo)* мелкая рыбёшка

morrearse *vpron coloq* страстно целоваться

morreo *m coloq* долгий страстный поцелуй

morrillo *m* 1) загривок (у животных) 2) *coloq (cogote abultado)* толстый затылок

morriña *f* 1) *coloq* тоска, грусть 2) *vet* водянка

morro *m* 1) *(de un animal)* морда 2) *(de una persona)* губы (особенно толстые) 3) *(monte pequeño)* холм, бугор 4) *coloq (desfachatez)* наглость, нахальство

morrocotudo *adj coloq* огромный, внушительный

morrón *m coloq* удар

morrongo *m coloq* кот

morsa *f* морж

morse *m* азбука Морзе, код Морзе

mortadela *f* варёная колбаса, мортаделла

mortaja *f* саван

mortal *adj* 1) *(sujeto a muerte)* смертный 2) *(que ocasiona muerte)* смертельный, губительный, смертоносный

mortalidad *f* смертность, смертельность

mortandad *f* высокая смертность, массовая гибель

mortecino *adj* 1) *(apagado)* слабый, потухший 2) V. moribundo

mortero *m* 1) ступка 2) *mil* гранатомёт, миномёт 3) *constr* строительный раствор

mortífero *adj* смертоносный, смертельный

mortificación *f* 1) *(aflicción)* огорчение, удручение 2) *(doma de las pasiones)* умерщвление плоти 3) *med* омертвление

mortificar *vt* 1) *(afligir)* огорчать, удручать 2) *(domar las pasiones)* умерщвлять плоть

mortuorio *adj* похоронный, погребальный

morueco *m* племенной баран, баран-производитель

moruno *adj* мавританский

mosaico *m* мозаика

mosca *f* муха ◆ **por si las** ~ *coloq* на всякий случай

moscarda *f* муха серая падальная

moscardón *m* 1) овод 2) *(mosca zumbadora)* мясная муха

moscatel *m* мускатель

moscovita 1. *adj* московский **2.** *m/f* москвич, -ка

mosqueado *adj* 1) *(sembrado de pintas)* в крапинку, с пятнистой окраской 2) *coloq (enfadado)* сердитый, злой

mosquearse *vpron coloq* сердиться, чувствовать себя задетым

mosqueo *m coloq* злость *cogerse un* ~ разозлиться, рассердиться

mosquete *m* мушкет

mosquetero *m* мушкетёр

mosquitera *f* москитная сетка

mosquitero *m* V. mosquitera

mosquito *m* комар

mostacera *f* горчичница

mostacho *m* усы

mostaza *f* горчица

mosto *m* виноградный сок, сусло

mostrador *m* прилавок

mostrar *vt* показывать, предъявлять, выставлять напоказ

mostrarse *vpron* 1) *(dejarse ver)* показываться, представляться взору 2) *(tener cierta actitud)* показывать, вести себя

mostrenco *adj* 1) *coloq (sin casa ni hogar)* ничейный, ничей 2) *coloq (ignorante)* тупой, безмозглый 3) *coloq (gordo y pesado)* тучный, грузный

mota *f* 1) *(nudo)* узелок 2) *(dibujo redondeado)* крапинка 3) *(partícula)* соринка, песчинка 4) *(defecto)* дефект, изъян
motacila *f* трясогузка
mote[1] *m* 1) прозвище 2) *(frase, sentencia)* изречение, афоризм
mote[2] *m Am.* отварная кукуруза
motear *vt* наносить рисунок (в виде крапинки)
motejar *vt* называть, обзывать
motero[1] *adj Ch. (que comete errores)* говорящий (пишущий) с ошибками
motero[2] *m coloq (aficionado a las motos)* байкер
motero[3] *m Ch. Bol. (que vende mote)* продавец отварной кукурузы
motete *m mús* мотет
motín *m* бунт, мятеж
motivación *f* мотивировка, мотивация
motivar *vt* 1) давать повод 2) *(justificar)* мотивировать, обосновывать 3) **(a u/c)** *(animar)* побуждать (к чему-л), возбуждать
motivo *m* 1) повод, причина, мотив 2) *lit (de una obra)* сюжет, мотив ◆ **con ~ de u.c.** в связи с чем- л.
moto *f coloq* мотоцикл
motobomba *f tecn* мотопомпа
motocarro *m* автокар, автотележка
motocicleta *f* мотоцикл
motociclismo *m* мотоциклетный спорт
motociclista *m* мотоциклист
motocross *m sport* мотокросс
motonave *f* теплоход
motor *m* 1) двигатель, мотор 2) *(fuerza motriz)* движущая сила
motora *f* моторный катер
motorismo *m* мотоспорт
motorista *m/f* 1) мотоциклист, -ка 2) *(deportista)* мотогонщи|к, -ца
motorización *f* моторизация
motorizar *vt* моторизовать
motosierra *f* бензопила
motricidad *f* моторика, способность к движению
motriz *adj* движущий, двигательный
mousse *f* мусс
movedizo *adj* 1) подвижный 2) *(dicho de la arena)* зыбучий
mover *vt* 1) *(desplazar)* двигать, передвигать 2) *(ligeramente)* шевелить (чем-л) *mover los dedos* шевелить пальцами 3) **(a u/c)** *(incitar)* побуждать (к чему-л)
moverse *vpron* 1) двигаться, передвигаться 2) *(ligeramente)* шевелиться ◆ **¡muévete!** пошевелись!
movible *adj* подвижный, передвижной
movida *f* 1) *(alboroto)* переполох, суматоха 2) *coloq (juerga)* тусовка
móvil 1. *adj* подвижный, передвижной, мобильный 2. *m* 1) *(causa)* основание, причина 2) *(teléfono)* мобильный телефон, мобильник
movilidad *f* подвижность, мобильность
movilización *f* мобилизация
movilizar *vt* мобилизовать
movilizarse *vpron* мобилизоваться
movimiento *m* 1) движение, передвижение 2) *(rebelión)* восстание 3) *(social, político, etc.)* движение 4) *mús* часть
moza *f* девушка
mozambiqueñ|o 1. *adj* мозамбикский 2. , **-a** *m/f* житель, -ница Мозамбика
mozárabe 1. *adj* мосарабский 2. *m/f* мосараб
mozo 1. *adj* молодой, юный 2. *m* юноша, молодой человек
mu *onomat* му
muaré *m textl* муар
mucamo *m Am.* слуга
muchacha *f* девушка
muchachada *f* 1) *(acción propia de un muchacho)* ребячество, мальчишество 2) *(conjunto de muchachos)* ребята
muchacho *m* юноша, молодой человек
muchedumbre *f* толпа, сборище
much|o 1. *adj* многочисленный, много *~a alegría* много радости; *~o tiempo* много времени 2. *pron* 1) много *tú tienes poco tiempo, pero yo tengo ~o* у тебя мало времени, а у меня (его) много 2) *(mucha gente)* многие *~os no vinieron* многие не пришли 3. *adv* 1) много *trabajar ~o* много работать, очень *-¿Te ha gustado el espectáculo? -Sí, ~o.* -Тебе понравился спектакль? -Да, очень. 2) *(en una comparación)* намного *~o antes* намного раньше ◆ **por ~o que** как бы ни, сколько бы ни
mucosa *f anat* слизистая оболочка
mucosidad *f* слизь
mucoso *adj* слизистый
muda *f* 1) *(ropa limpia)* смена 2) *(cambio de piel)* линька
mudable *adj* изменчивый, переменчивый
mudanza *f* переселение, переезд
mudar 1. *vt* 1) менять, изменять 2) *(la piel y las plumas de animales y pájaros)* линять 2. *vi* меняться, изменяться
mudarse *vpron* 1) переезжать 2) *(cambiarse de ropa)* переодеваться
mudéjar *m hist* мудехар
mudez *f* немота
mudo *adj* немой ◆ **cine ~** немое кино **mapa ~** немая карта
mueblaje *m* V. mobiliario
mueble *m* 1) мебель 2) *(bienes muebles)* движимость, движимое имущество
mueblería *f* мебельная фабрика
mueca *f* гримаса ◆ **hacer ~s** гримасничать
muela *f* 1) коренной зуб, моляр 2) *tecn* шлифовальный круг 3) *tecn (piedra para moler)* жёрнов ◆ **~ del juicio** зуб мудрости
muellaje *m nav* портовый сбор
muelle[1] *m (pieza elástica)* пружина
muelle[2] *m (para embarcar)* причал, пирс, мол
muérdago *m* омела белая
muerdo *m coloq* укус
muermo *m* 1) *coloq (persona aburrida)* скучный человек, зануда 2) *coloq (cosa aburrida)* скучное дело, канитель 3) *vet* сап
muerte *f* 1) смерть 2) *(con violencia o por accidente)* гибель 3) *(asesinato)* убийство 4) *(destrucción)* конец, разрушение ◆ **a ~** насмерть **pena de ~** смертная казнь
muerto 1. *adj* мёртвый 2. *m/f* мертвец, покойник
muesca *f* зарубка, засечка
muesli *m* мюсли

muestra *f* 1) *(porción)* проба 2) *(ejemplo)* образец, модель 3) *(demostración)* показ
muestrario *m* коллекция образцов
muestreo *m* взятие пробы, пробоотбор
mugido *m* мычание
mugir *vi* 1) мычать 2) *(dicho del viento)* реветь, выть 3) *(dicho de una persona)* рычать
mugre *f* сальные пятна, грязь
mugriento *adj* грязный, засаленный
mugrón *m* побег, росток
muguete *m* ландыш
mui *f jerg* рот, язык *achantar la* ~ заткнуться, замолчать
mujer *f* 1) женщина 2) *(esposa)* жена
mujeriego *m* бабник
mujeril *adj* 1) *(relativo a la mujer)* женский, свойственный женщине 2) *(afeminado)* женственный, женоподобный
mujerío *m* женщины, женское общество
mujerona *f* здоровая рослая женщина
mujerzuela *f* падшая женщина
mula *f* самка мула
muladar *m* навозная куча, мусорная яма
mular *adj* относящийся к мулу
mulat|o, -a *m/f* мулат, -ка
mulero *m* 1) *Arg. Ur.* лжец, врун 2) *(arriero)* погонщик мулов
muleta *f* костыль
muletilla *f* 1) слово-паразит, присказка 2) *(botón)* пуговица 3) *(bastón)* трость
mullido *m* материал для набивки матрацев
mullir *vt* делать мягким, смягчать
mulo *m* мул
multa *f* штраф
multar *vt* штрафовать
multicelular *adj biol* многоклеточный
multicine *m* многозальный кинотеатр
multicolor *adj inv* многоцветный
multicopista *f* множительный аппарат
multicultural *adj* поликультурный, многокультурный
multiétnico *adj* многонациональный
multiforme *adj* многообразный
multilateral *adj* многосторонний
multilingüe *adj* многоязычный
multimedia *adj* мультимедийный
multimillionario *m* мультимиллионер
multinacional 1. *adj* многонациональный **2.** *f* международная компания
múltiple 1. *adj* многократный **2.** *adj pl (numerosos)* разные, многочисленные
multiplicación *f* умножение, размножение
multiplicador 1. *adj* умножающий **2.** *m mat* множитель
multiplicar *vt* умножать
multiplicarse *vpron* размножаться
multiplicidad *f* 1) *(cualidad de múltiple)* кратность 2) *(abundancia)* многочисленность, множество
múltiplo *adj mat* кратный
multirracial *adj* многорасовый
multirriesgo *adj* многорисковый
multitud *f* 1) *(conjunto numeroso)* множество 2) *(gentío)* толпа, масса
multitudinario *adj* массовый
multiuso *adj* многоразовый
mundanal *adj* V. mundano
mundano *adj* 1) земной, мирской 2) *(relativo a la buena sociedad)* светский
mundial 1. *adj* мировой **2.** *m sport* чемпионат мира
mundillo *m* 1) *(ámbito)* сфера деятельности 2) *(arbusto)* бузина
mundo *m* 1) мир, свет 2) *(esfera)* земной шар 3) *(humanidad)* человечество 4) *(ambiente)* мир, круг ◆ **el otro** ~ другой свет **por nada del** ~ ни за что, ни в коем случае **Tercer Mundo** Третий мир **todo el** ~ весь мир, все
mundología *f* знание света
muñeca *f* 1) *(parte del brazo)* запястье 2) *(juguete)* кукла
muñeco *m* кукла
muñeira *f* мунейра (народный галисийский танец и напев)
munición *f* 1) боеприпасы, амуниция 2) *(de un arma de caza)* охотничья дробь
municipal *adj* городской, муниципальный
municipalidad *f* муниципалитет, городское самоуправление
municipio *m* 1) *(población)* местность 2) *(ayuntamiento)* муниципалитет
munificencia *f* щедрость, великодушие
muñón *m* культя
mural 1. *adj* настенный **2.** *m arte* настенная роспись
muralla *f* крепостная стена
murar *vt* обносить стенами
murciélago *m* летучая мышь
murga *f coloq* бродячие музыканты ◆ **dar la** ~ надоедать, докучать
murmullo *m* 1) *(del agua)* журчание 2) *(de una persona)* шёпот
murmuración *f* злословие, пересуды
murmurador *adj* 1) *(dicho del agua o el viento)* журчащий 2) *(dicho de una persona)* бормочущий
murmurar *vi* 1) *(dicho del agua)* журчать 2) *(dicho de una persona)* шептать 3) *(quejarse en voz baja)* бормотать
muro *m* стена, ограда
murria *f coloq* подавленность, угнетённость
mus *m* мус (карточная игра)
musa *f* муза
musaraña *f* 1) землеройка 2) *(insecto)* букашка ◆ **mirar las** ~ отвлекаться, витать в облаках
muscular[1] *adj* мышечный
muscular[2] *vi* качать мышцы
musculatura *f* мускулатура
músculo *m* мышца, мускул
musculoso *adj* 1) *(del músculo)* мышечный 2) *(musculado)* мускулистый
museístico *adj* музейный
muselina *f textl* муслин
museo *m* музей
muserola *f* подбородник
musgaño *m* V. musaraña
musgo *m* мох
musgoso *adj* мшистый, поросший мхом
música *f* музыка
musical 1. *adj* музыкальный **2.** *m mús* мюзикл
musicalidad *f* музыкальность
músico 1. *adj* музыкальный **2.** *m/f* музыкант
musicología *f* музыковедение
musicólogo *m* музыковед

musitación *f* бормотанье, шёпот
musitar *vt* бормотать, шептать, говорить невнятно
muslo *m* бедро, ляжка
mustio *adj* 1) *(dicho de una planta)* увядший, вялый 2) *(melancólico)* меланхоличный, вялый, грустный
musulm|án 1. *adj* мусульманский **2. , -ana** *m/f* мусульман|ин, -ка
mutabilidad *f* изменчивость, непостоянство
mutable *adj* V. mudable
mutación *f* 1) изменение 2) *biol* мутация
mutante *m/f* мутант, -ка
mutar 1. *vt* менять, изменять, сменять **2.** *vi biol* мутировать
mutarse *vpron* меняться, изменяться, сменяться
mutilación *f* 1) нанесение увечья, увечье 2) *(deformación)* искажение, извращение
mutilad|o 1. *adj* искалеченный **2. , -a** *m/f* калека
mutilar *vt* 1) калечить 2) *(deformar)* искажать, извращать
mutis *m teat* уход, удаление (со сцены) ◆ **hacer ~** молчать
mutismo *m* молчание
mutua *f* общество взаимопомощи
mutualidad *f* 1) *(relación)* взаимность 2) *(sociedad)* общество взаимопомощи
mutuo *adj* взаимный
muy *adv* очень, весьма *llegó ~ tarde* он пришёл очень поздно; *una novela ~ interesante* очень интересный роман
muyahidín *m* моджахед

N

nabab *m hist* набаб
nabiza *f (espec pl)* молодая ботва репы
nabo *m* репа
nácar *m* перламутр
nacarado *adj* 1) *(del color del nácar)* перламутровый, переливающийся перламутром 2) *(adornado con nácar)* украшенный перламутром
nacer *vi* 1) рождаться, быть рождённым 2) *(dicho del pelo o las plumas)* расти 3) *(dicho de los vegetales)* всходить 4) *(dicho de las fuentes de agua)* брать начало 5) *(aparecer)* появляться, происходить, возникать 6) **(de u/c)** *(deducirse)* вытекать (из чего-л), следовать (из чего-л)
nacido *adj* 1) рождённый, родившийся *recién ~* новорождённый 2) *(aparecido)* появившийся, возникший ◆ **bien** ~ благородный **mal** ~ низкий, подлый
naciente *adj* зарождающийся, появляющийся
nacimiento *m* 1) рождение *de nacimiento* от рождения 2) *(manantial)* ключ, источник 3) *(principio)* происхождение, начало, появление 4) *relig* изрображение рождения Христова
nación *f* 1) *(pueblo)* нация, народ 2) *(estado)* государство, страна
nacional *adj* 1) национальный 2) *(en contraposición a extranjero)* отечественный *de fabricación ~* отечественного производства 3) *(estatal)* государственный 4) *(de la milicia nacional)* национальный, франкистский
nacionalcatolicismo *m pol* национал-католицизм
nacionalidad *f* гражданство *doble ~* двойное гражданство
nacionalismo *m* национализм
nacionalista 1. *adj* националистический **2.** *m/f* националист, -ка
nacionalización *f* 1) *(naturalización)* натурализация 2) *(desprivatización)* национализация
nacionalizar *vt* 1) *(naturalizar)* натурализовать 2) *(desprivatizar)* национализировать
nacionalizarse *vpron* V. naturalizarse
nacionalsindicalismo *m pol* национал-синдикализм
nacionalsocialismo *m pol* национал-социализм
naco *m* 1) *Am.* свёрнутый табачный лист 2) *Col.* картофельное пюре 3) *Ur. coloq* испуг, страх
nada 1. *f* ничто, небытие **2.** *pron* ничего, ничто *no quiero ~* я ничего не хочу **3.** *adv* вовсе, ничуть *no es ~ aburrido* он совсем не скучный ◆ **antes de** ~ прежде всего **de** ~ не за что, пожалуйста **hace** ~ только что ~ **de eso** ничего подобного ~ **menos que** не кто иной, как, не что иное, как ~ **en absoluto** вообще ничего ~ **más** больше ничего **no es** ~ ничего страшного **para** ~ ни в коем случае
nadador, -a *m/f* пловец, пловчиха
nadar *vi* 1) плыть, плавать 2) *(flotar)* плавать, не тонуть 3) **(en u/c)** *(abundar en algo)* купаться (в чём-л)
nadería *f* пустяк, мелочь
nadie 1. *pron indef* никто *no había ~* никого не было никто **2.** *m* никто, ничтожество *él no es ~ en esta empresa* он никто в этой фирме
nadir *m astron* надир
nado *inv* : a ~ вплавь
nafta *f* 1) нафта 2) *Arg. Ur. Par.* бензин
naftalina *f* нафталин
naftero *adj Arg. Ur. Par.* работающий на бензине
nagual *m* 1) *Méx. Am. Cent.* колдун 2) *Méx. Hond. Guat. (mascota inseparable)* неразлучный друг (о животном)
nahua *m* науатль
nailon *m* нейлон
naipe *m* карта (игральная)
naja[1] *f (serpiente)* кобра, очковая змея
naja[2] *inv* : salir de ~ смываться, сматываться
nalga *f* ягодица
nalgudo *adj* толстозадый
namibi|o 1. *adj* намибийский **2. , -a** *m/f* намиби|ец, -йка
nana *f* 1) колыбельная песня 2) *(especie de saco para niños de pecho)* конверт 3) *coloq* бабушка 4) *Am. Cent. (aya, niñera)* кормилица, няня
nanay *interj coloq* нетушки, дудки
nao *f elev* V. nave
napa *f* напа (вид кожи)
napalm *m* напалм
napia *f coloq* нос, шнобель
napoleónico *adj* наполеоновский
napolitano *adj* неаполитанский
naranja 1. *f* апельсин *de ~* апельсиновый **2.** *adj* оранжевый ◆ **media** ~ дражайшая половина
naranjada *f* апельсиновый напиток, оранжад
naranjado *adj* оранжевый, апельсиновый
naranjal *m* апельсиновая роща
naranjero 1. *adj* апельсиновый **2.** *m* торговец апельсинами
naranjo *m* апельсиновое дерево
narcisismo *m* самолюбование, нарциссизм
narcisista *adj* самовлюблённый, нарциссический
narciso *m* нарцисс
narco *m* наркоделец, наркоторговец
narcosis *f* наркоз
narcótico 1. *m* наркотик **2.** *adj* наркотический
narcotizar *vt* наркотизировать, подвергать наркозу
narcotraficante *m* наркоделец, наркоторговец
narcotráfico *m* наркобизнес, торговля наркотиками
nardo *m* нард, тубероза

narigudo *adj* длинноносый, носатый
nari|z *f* 1) нос 2) *(fosa nasal)* ноздря 3) *(olfato)* нюх, чутьё ◆ **estar hasta las ~ces** быть сытым по горло **meter las ~ces en u.c.** совать нос во что-л **tocar las ~ces a alg** надоедать кому-л **tocarse las ~ces** бездельничать
narizota *f* носище, шнобель
narizotas *m/f coloq* носач, -ка
narración *f* рассказ, повествование
narrador, -a *m/f* рассказчи|к, -ца, повествователь, -ница
narrar *vt* рассказывать, повествовать
narrativa *f* повествование, нарратив
narrativo *adj* повествовательный
narval *m* нарвал
nasa *f* 1) *pesc* верша 2) *pesc (cesta)* рыбацкая корзина
nasal *adj* 1) носовой *fosa ~* носовая полость 2) *ling* носовой, назальный
nasalización *f ling* назализация
nasofaríngeo *adj med* носоглоточный
nasosinusitis *f med* гайморит
nasti *inv coloq* : ~ de plasti нетушки, дудки
nata *f* сливки ◆ **~ montada** взбитые сливки **la flor y ~ de la sociedad** сливки общества
natación *f* плавание
natal *adj* родной, родимый
natalicio 1. *adj* относящийся к дню рождения **2.** *m* день рождения
natalidad *f* рождаемость
natatorio *adj* плавательный
natillas *fpl* заварной крем
Natividad *f relig* Рождество
nativ|o 1. *adj* 1) *(que nace naturalmente)* естественный, природный, натуральный 2) *(relativo al país o lugar de nacimiento)* родной, родимый 3) *(nacido en el lugar que se trata)* урождённый, местный **2.** , **-a** *m/f* 1) местный житель, туземец 2) *(de un idioma)* носитель языка
nato *adj* 1) врождённый, природный, прирождённый 2) *(dicho de un cargo)* сопутствующий, одновременный
natural 1. *adj* 1) природный, естественный 2) *(dicho de un productoa)* натуральный, свежий 3) *(espontáneo)* непринуждённый, естественный 4) *(propio)* свойственный, характерный 5) *(de nacimiento)* врождённый, природный **2.** *m* 1) уроженец, местный житель 2) *arte* натура *del ~* с натуры ◆ **ciencias ~es** естественные науки **gas natural** природный газ **luz ~** натуральный свет **muerte ~** естественная смерть
naturaleza *f* 1) природа 2) *(esencia)* природа, сущность *por ~* по природе, от природы 3) *(especie)* род 4) *(instinto, carácter)* натура, характер, нрав ◆ **~ humana** человеческий род, человечество **~ muerta** *arte* натюрморт
naturalidad *f* естественность
naturalismo *m* натурализм
naturalista 1. *adj* 1) *lit arte* натуралистический 2) *(de las ciencias naturales)* относящийся к естественным наукам **2.** *m/f* 1) *lit arte* натуралист 2) *(de las ciencias naturales)* естественник, натуралист
naturalización *f* натурализация, получение прав гражданства
naturalizar *vt* 1) натурализовать, предоставлять права гражданства 2) *(costumbres, vocablos, etc.)* вводить, прививать 3) *(una planta o animal)* акклиматизировать
naturalizarse *vpron* 1) натурализоваться, получать права гражданства 2) *(dicho de costumbres, vocablos, etc.)* укореняться, прививаться 3) *(adaptarse)* акклиматизироваться
naturalmente *adv* естественно
naturismo *m* натуризм
naturista 1. *adj* натуристский **2.** *m/f* натурист, -ка
naturópata 1. *adj* натуропатический **2.** *m/f* натуропат, -ка
naturopatía *f* натуропатия
naufragar *vi* 1) терпеть кораблекрушение 2) *(salir mal)* терпеть неудачу
naufragio *m* 1) кораблекрушение 2) *(fracaso)* неудача, крах
náufrag|o, -a *m* потерпевш|ий, -ая кораблекрушение
náusea *f* 1) *(ganas de vomitar)* тошнота *tener ~* тошнить кого-л 2) *(repugnancia)* отвращение *dar ~ a alg alg o u.c.* тошнить кого-л от кого/чего-л
nauseabundo *adj* 1) тошнотворный, вызывающий тошноту 2) *(repugnante)* отвратительный, омерзительный
náutica *f* навигация, искусство мореплавания
náutico *adj* морской, мореходный ◆ **esquí ~** водные лыжи
nava *f* долина, низина (часто заболоченная)
navaja *f* наваха, складной нож
navajada *f* 1) удар навахой 2) *(herida)* ножевая рана
navajazo *m* V. navajada
navajero *m* 1) бандит, головорез 2) *(estuche)* футляр для бритвы
naval *adj* 1) *(relativo a las naves)* судовой, корабельный 2) *(relativo a la Armada)* морской, мореходный
navarr|o 1. *adj* наваррский **2.** , **-a** *m/f* наварр|ец, -ка
nave *f* 1) корабль, судно 2) *arquit* неф
navegable *adj* судоходный
navegación *f* судоходство, навигация
navegador *m* навигатор
navegante *m* моряк, мореход
navegar *vi* плыть, плавать ◆ **~ por Internet** просматривать страницы в интернете
naveta *f* 1) кораблик, судёнышко 2) *relig* кадильница
Navidad *f* Рождество
navideño *adj* рождественский
naviera *f* судовладелец, корабельщик
naviero 1. *adj* судовой, корабельный **2.** *m* судовладелец
navío *m* судно, корабль ◆ **~ de guerra** военный корабль **~ mercante** торговое судно
náyade *f bot mitol* наяда
nazareno 1. *adj* назаретский **2.** *m* 1) назарянин 2) *relig* кающийся грешник
nazi 1. *adj* нацистский **2.** *m/f* нацист, -ка
nazismo *m* нацизм
neblí *m* сапсан
neblina *f* лёгкий туман
nebral *m* enebral

nebreda *f* V. enebral
nebrina *f* ягода можжевельника
nebro *m* V. enebro
nebulizador *m* небулайзер
nebulosa *f astron* туманность
nebulosidad *f* 1) туманность, облачность 2) *(sombra)* тень, затенённость
nebuloso *adj* 1) туманный, облачный 2) *(tétrico)* мрачный, унылый 3) *(difícil de comprender)* туманный, непонятный
necedad *f* 1) *(cualidad)* глупость 2) *(acto)* глупый поступок 3) *(dicho)* чепуха
necesariamente *adv* обязательно, непременно
necesario *adj* необходимый, нужный *es ~* нужно, надо, необходимо
neceser *m* несессер
necesidad 1. *f* 1) необходимость, потребность *hay ~ de* необходимо; *~ extrema* крайняя потребность 2) *(carencia de cosas necesarias)* нужда, бедность *pasar ~es* терпеть нужду; *tener ~ de* нуждаться в чём-л **2. -es** *fpl* естественная потребность, нужда ◆ **de primera ~** первой необходимости **por ~** по необходимости
necesitado *adj* 1) **(de u/c)** *(que necesita)* нуждающийся (в чём-л) 2) *(pobre)* бедный
necesit|ar *vt* быть нужным (кто/что-л кому/чему-л), нуждаться (в ком/чём-л) *~o este libro* мне нужна эта книга; *~o pensar* мне надо подумать
necio 1. *adj* 1) *(ignorante)* невежественный 2) *(falto de inteligencia)* глупый, недалёкий 3) *(terco)* упрямый **2.** *m* 1) *(persona ignorante)* невежда 2) *(persona falta de inteligencia)* глупец 3) *(persona terca)* упрямец
nécora *f* краб (разновидность)
necrología *f* некрология
necrológica *f* некролог, извещение о смерти
necrológico *adj* некрологический
necrópolis *f* некрополь
necrosarse *vpron med* испытывать некроз, гангренизироваться
necrosis *m med* некроз
néctar *m* нектар
nectarina *f* нектарин
neerland|és, 1. *adj* нидерландский **2. , -esa** *m/f* нидерланд|ец, -ка **3.** *m* нидерландский язык
nefando *adj* гнусный, омерзительный
nefas *inv* : por fas o por ~ всеми правдами и неправдами
nefasto *adj* злосчастный, злополучный, роковой
nefrítico *adj med* почечный
nefritis *f med* нефрит
negación *f* отрицание, непризнание
negado *adj* неспособный, бесталанный
negar *vt* 1) отрицать, не признавать 2) **(u/c a alg)** *(no conceder)* отказывать (кому-л в чём-л) 3) *(prohibir)* запрещать 4) *(retirarse)* отрекаться (от кого/чего-л)
negarse *vi* **(a u/c)** отказываться (делать что-л)
negativa *f* отказ, отрицательный ответ
negativamente *adv* отрицательно
negativo 1. *adj* отрицательный, негативный 2. *m foto* негатив
negligencia *f* небрежность, халатность
negligente *adj* небрежный, невнимательный, халатный
negociable *adj* 1) продажный, являющийся предметом сделки 2) *(no definitivo)* могущий быть предметом переговоров
negociación *f* 1) ведение торговли 2) *(trato para llegar a un pacto)* переговоры
negociado *m* секция, отдел
negociador 1. *adj* 1) торгующий 2) *(que mantiene negociaciones)* ведущий переговоры **2.** *m* полномочный представитель
negociante 1. *adj* торгующий **2.** *m* торговец, негоциант
negociar *vi* 1) *(comerciar)* торговать 2) *(tratar asuntos)* вести переговоры
negocio *m* 1) дело, занятие 2) *(comercio)* торговля 3) предприятие, фирма 4) *(operación)* сделка ◆ **hacer ~** получать прибыль **~s sucios** нечистые дела
negra *f* V. negro
negrada *f* 1) *Cub. hist* негры-рабы 2) *coloq desp (conjunto de negros)* толпа негров
negrear *vi* 1) *(mostrar color negro)* чернеть, чернеться 2) *(ennegrecerse)* чернеть, становиться чёрным
negrero 1. *adj* 1) *hist* торгующий неграми 2) *(dicho de un amo)* жестокий, лютый **2.** *m* 1) *hist* работорговец, торговец неграми 2) *(dicho de un amo)* изверг, зверь
negrilla *f* 1) *(hongo)* рядовка землистая 2) *(pez)* морской угорь (разновидность)
negrita *f* жирный шрифт
negr|o 1. *adj* 1) чёрный *blanco y ~o* чёрно-белый 2) *(de piel negra)* негритянский, темнокожий, чернокожий 3) *(infausto)* злосчастный, несчастный 4) *(dicho del género literario)* криминальный, нуар 5) *(muy bronceado)* очень загорелый **2.** *m* 1) *(color negro)* чёрный цвет 2) *coloq (que trabaja para otro)* негр **3.** *m/f (persona de raza negra)* негр, -итянка ◆ **caja ~a** *aero* чёрный ящик **humor ~o** чёрный юмор **lista ~a** чёрный список **mercado ~o** чёрный рынок **ponerse ~o** сильно раздражаться
negroide 1. *adj* негроидный **2.** *m* негроид
negrura *f* чернота, темнота
negruzco *adj* черноватый
neguijón *m* кариес
nena *f coloq* девочка
nene *m coloq* мальчик
nenúfar *m bot* кувшинка, лилия
neocatólico 1. *adj* неокатолический **2.** *m* неокатолик
neocelandés *adj* V. neozelandés
neoclasicismo *m arte* неоклассицизм
neoclásico *adj arte* неоклассический
neofascismo *m* неофашизм
neofascista 1. *adj* неофашистский **2.** *m/f* неофашист, -ка
neófito *m* неофит, новообращённый
neofobia *f* боязнь новшеств, консерватизм
neogriego *adj* новогреческий
neolatino *adj* неолатинский, романский
neoliberal *adj pol* неолиберальный
neoliberalismo *m pol* неолиберализм
neolítico *m arqueol* неолит
neologismo *m ling* неологизм
neón *m quím* неон
neonazi 1. *adj* неонацистский **2.** *m/f* неонацист, -ка

neoyorquin|o 1. *adj* ньюйоркский **2. , -a** *m/f* житель, -ница (уроженец, уроженка) Нью-Йорка
neozeland|és 1. *adj* новозеландский **2. , -esa** *m/f* новозеланд|ец, -ка
nepal|és 1. *adj* непальский **2. , -esa** *m/f* непал|ец, -ка
nepotismo *m* непотизм, кумовство
nervadura *f* 1) *arquit* нервюры 2) *bot* жилки, прожилки
nervio 1. *m* 1) нерв 2) *(fuerza)* сила *tener ~* быть сильным, быть с характером **2. -s** *mpl* нервы ◆ **alterar los ~s** выводить из себя, действовать на нервах **estar de los ~s** очень сильно нервничать, переживать **~ ciático** седалищный нерв **~ óptico** глазной нерв **perder los ~s** выходить из себя
nerviosidad *f* 1) V. nervosidad 2) V. nerviosismo
nerviosismo *m* 1) нервозность 2) *(tensión)* напряжение
nervioso *adj* 1) *anat* нервный *sistema ~* нервная система 2) нервный, нервничающий *estar ~* нервничать; *poner ~* нервировать
nervudo *adj* 1) *(que tiene fuertes nervios)* с крепкими нервами, энергичный 2) *(de músculos y tendones desarrollados)* жилистый
neto *adj* 1) чистый 2) *(dicho del peso)* чистый, нетто
neumático 1. *adj* пневматический **2.** *m auto* шина
neumococo *m med* пневмококк
neumonía *f med* пневмония, воспаление лёгких
neumónico *adj med* лёгочный
neumotórax *m med* пневмоторакс
neuralgia *f med* невралгия
neurálgico *adj med* невралгический
neurastenia *f med* неврастения
neurasténico 1. *adj med* неврастенический, неврастеничный **2.** *m med* неврастеник
neurisma *f* V. aneurisma
neurociencia *f* нейробиология
neurocirugía *f med* нейрохирургия
neurocirujano *m med* нейрохирург
neurología *f med* неврология
neurólogo *m med* невролог
neurona *f anat* нейрон
neurópata *m med* больной неврозом
neuropatía *f med* невроз
neurosis *f med* невроз
neurótico *m med* больной неврозом
neutral *adj* нейтральный
neutralidad *f* 1) нейтральность 2) *pol* нейтралитет
neutralismo *m pol* политика нейтралитета
neutralización *f* нейтрализация
neutralizar *vt* нейтрализовать
neutro 1. *adj* нейтральный **2.** *m ling* средний род
neutrón *m fís* нейтрон
nevada *f* снегопад
nevado *adj* заснеженный
nevar *v/impers* идти, падать (о снеге)
nevera *f* холодильник
neviscar *v/impers* порошить (о мелком снеге)
nexo *m* связь, отношение
ni *conj* 1) и не, ни *no ha venido ~ vendrá* он не пришёл и не придёт; *~ tú ni yo* ни ты ни я 2) *(ni siquiera)* даже *no lo sabe ~ él* даже он не знает ◆ **~ siquiera** даже не
nica *m/f Am. Cent. coloq* V. nicaragüense
nicaragüense 1. *adj* никарагуанский **2.** *m/f* никарагуан|ец, -ка
nicho *m* ниша, углубление
nicotina *f* никотин
nidada *f* 1) *(conjunto de huevos puestos)* кладка 2) *(conjunto de polluelos)* птенцы
nidal *m* 1) место кладки яиц 2) *(sitio de acogida)* приют, обитель 3) *(origen, principio)* зародыш, исток
nidificar *vi* вить гнёзда
nido *m* 1) *(de las aves)* гнездо 2) *(cavidad)* нора 3) *(hogar)* дом, домашний очаг 4) **(de u/c)** *(fuente, foco)* источник (чего-л), очаг
niebla *f* 1) туман 2) *(confusión)* туманность, неясность
nieta *f* внучка
nieto *m* внук
nieve *f* снег ◆ **agua ~** мокрый снег **muñeco de ~** снеговик, снежная баба
nigerian|o 1. *adj* нигерийский **2. , -a** *m/f* нигери|ец, -ика
nigromancia *f* 1) *(práctica supersticiosa)* чернокнижие 2) *coloq (magia negra)* чёрная магия
nigromante *m* чернокнижник, некромант
nigua *f (insecto)* нигуа
nihilismo *m* нигилизм
nihilista 1. *adj* нигилистический **2.** *m/f* нигилист, -ка
nilón *m* V. nailon
nimbo *m* 1) нимб, ореол, сияние 2) *(nube)* дождевое облако
nimbus *m meteo* V. nimbo
nimiedad *f* 1) *(insignificancia)* мелочь, пустяк 2) *(exceso)* излишество, избыточность 3) *(minuciosidad)* мелочность, крохоборство
nimio *adj* 1) *(insignificante)* несущественный, мелкий, пустяковый 2) *(excesivo)* излишний, избыточный 3) *(minucioso)* мелочный, крохоборческий
niña[1] *f* девочка, малютка
niña[2] *f (del ojo)* зрачок ◆ **~ de los ojos** зеница ока
niñada *f* ребячество, ребяческая выходка
niñato[1] *m (becerro)* неродившийся телёнок
niñato[2] *m desp (joven presuntuoso)* фат, хлыщ
niñera *f* няня
niñería *f* 1) *(diversión propia de los niños)* детская забава 2) V. niñada 3) *(cosa insignificante)* пустяк, ерунда
niñeta *f* зрачок
niñez *f* детство, младенчество
ninfa *f mitol* нимфа
ning|ún 1. *adj indef* (употребляется перед существительным) никакой *~ún candidato* никакой кандидат; *no tiene ~una hermana* у него нет никакой сестры; *por ningún lado* нигде **2. ning|uno** *pron indef* никто, никакой *-¿Han llegado los invitados? -No, aún no ha llegado ~uno.* -Гости пришли? -Нет, никто ещё не пришёл.; *~uno de ellos* никто из них; *-¿Tenéis preguntas? -No, ~una.* -Вопросы есть? -Нет, нет никаких вопросов.
ningunear *vt* не принимать в расчёт, ни в грош не ставить

ninguno *adj indef* V. ningún
niño 1. *adj* детский, младенческий 2. *m* 1) мальчик 2) *(bebé)* ребёнок, младенец ◆ **desde** ~ с детства ~ **de pecho** грудной ребёнок
nip|ón 1. *adj* японский 2. , **-ona** *m/f* япон|ец, -ка
níquel *m* никель
niquelado 1. *adj* никелированный 2. *m* никелировка, никелирование
niquelador *m* никелировщик
niquelar *vt* никелировать, покрывать никелем
nirvana *f relig* нирвана
níscalo *m* рыжик
níspero *m* мушмула (дерево и плод)
níspola *f* мушмула (плод)
nitidez *f* чистота, ясность, чёткость
nítido *adj* чистый, ясный, чёткий
nitral *m* месторождение селитры
nitrato *m quím* нитрат, соль азотной кислоты
nítrico *adj quím* азотный
nitro *m quím* калийная селитра
nitrogenado *adj quím* нитрированный, содержащий азот
nitrógeno *m quím* азот
nitroglicerina *f quím* нитроглицерин
nitroso *adj* 1) селитровый, содержащий селитру 2) *quím* азотистый
nivel *m* 1) уровень, высота 2) *(rango, categoría)* уровень 3) *(grado)* уровень, степень 4) *(instrumento)* нивелир, уровень ◆ **al** ~ **de alg o u.c.** на уровне кого/чего-л ~ **de vida** уровень жизни **paso a** ~ железнодорожный переезд
nivelación *f* 1) выравнивание, нивелирование 2) *(igualación)* уравнивание
niveladora *f tecn* грейдер
nivelar *vt* 1) выравнивать, нивелировать 2) *(igualar)* уравнивать
no 1. *adv* (при общем отрицании) нет, (в отрицательных конструкциях) не *¿Ha llamado Juan? No, ~ ha llamado* Хуан звонил? Нет, не звонил; *mañana ~ vendré* я завтра не приду 2. *m* отказ, отрицание
nobiliario *adj* 1) *(relativo a la nobleza)* дворянский, благородный 2) *(genealógico)* касающийся родословной, генеалогический
noble 1. *adj* 1) *(de origen)* благородный, знатный 2) *(dicho del carácter)* благородный 2. *m* дворянин ◆ **metal** ~ благородный металл
nobleza *f* 1) *(de origen)* знатность 2) *(clase social)* дворянство 3) *(de carácter)* благородство
noblote *adj coloq* честный, порядочный
nocaut *m Am. sport* нокаут
noche *f* ночь ◆ **buenas** ~**s** спокойной ночи **de la** ~ **a la mañana** внезапно **de** ~, **por la** ~ ночью **hacerse de** ~ темнеть **hacer** ~ ночевать ~ **y día** всегда, днём и ночью **traje de** ~ вечернее платье
Nochebuena *f* сочельник, ночь под Рождество
nochecita *f dimin* ночка
nocherniego *adj* V. nochero 1
nocher|o 1. *adj* любящий бродить по ночам 2. , **-a** *m/f* работни|к, -ца ночной смены
Nochevieja *f* новогодняя ночь
noción *f* представление, понятие
nocional *adj filos* понятийный
nocividad *f* вредность, вредоносность
nocivo *adj* вредный
noctambulismo *m* ноктамбулизм, лунатизм
noctámbul|o 1. *adj* 1) лунатический 2) *(que gusta de deambular por la noche)* любящий бродить по ночам 2. , **-a** *m/f* 1) лунатик 2) *(persona que gusta de deambular por la noche)* полуночник, ночной бродяга
nocturnamente *adv* ночью
nocturnidad *f jur* факт совершения преступления ночью
nocturno 1. *adj* ночной 2. *m mús* ноктюрн
nodo[1] *m hist* киножурнал, кинохроника (времён франкизма)
nodo[2] *m (en un esquema)* узел, точка пересечения
nodriza *f* 1) кормилица 2) *nav* плавбаза 3) *aero* самолёт-заправщик
nodular *adj* узловатый
nódulo *m med* узелок, утолщение
nogal *m* 1) ореховое дерево, орех 2) *(madera)* орех
noguera *f* V. nogal 1
nómada 1. *adj* кочевой 2. *m/f* кочевни|к, -ца
nomadismo *m* кочевой образ жизни
nombradía *f* известность, знаменитость
nombrado *adj* 1) (выше)названный, (выше) упомянутый 2) *(famoso)* знаменитый, известный
nombramiento *m* назначение
nombrar *vt* 1) называть, упоминать 2) *(otorgar un cargo)* назначать
nombre *m* 1) *(de una persona)* имя 2) *(de una cosa)* название 3) *(reputación)* имя, репутация 4) *ling* имя существительное ◆ **a** ~ **de alg** на имя кого-л **dar** ~, **poner por** ~ называть, давать имя **en** ~ **de alg o u.c.** от имени кого-л **en el** ~ **de alg o u.c.** во имя кого/чего-л
nomenclátor *m* указатель географических названий
nomenclatura *f* 1) *(lista)* именной указатель 2) *(conjunto de términos)* номенклатура, терминология
nomeolvides *m* незабудка
nómina *m* 1) *(listado)* именной указатель 2) *(del sueldo)* ведомость
nominación *f* V. nombramiento
nominal *adj* 1) именной, назывной 2) *ling* именной 3) *com* номинальный, именной
nominalismo *m filos* номинализм
nominar *vt* номинировать
nominativo 1. *adj* 1) V. nominal 2) *ling* именительный 2. *m ling* именительный падеж
non[1] *adv neg obsol* нет
non[2] *adj (impar)* нечётный ◆ **andar de** ~**es** гонять лодыря, бездельничать
nonada *f* малость, пустяк
nonagenario *adj* девяностолетний
nonato *adj* извлечённый при помощи кесарева сечения
nones *adv neg coloq* нет (при категорическом отказе), дудки
nonio *m astron* нониус, верньер
nono *adj num* V. noveno
nopal *m* нопаль

noquear *vt sport* нокаутировать, посылать в нокаут

noray *m nav* причальная тумба

nordeste *m* северо-восток

nórdico *adj* нордический ◆ **esquí** ~ нордические лыжи

noria *f* 1) водяная мельница, водокачка 2) *(atracción)* чёртово колесо

norma *f* норма, правило

normal *adj* нормальный

normalidad *f* нормальность

normalista *adj* относящийся к нормальной школе

normalización *f* нормализация

normalizar *vt* нормализовать, нормализировать

normalmente *adv* 1) нормально 2) *(habitualmente)* обычно

normand|o 1. *adj* 1) *hist* норманнский 2) *(de Normandía)* нормандский **2.** *m hist* норманн **3. , -a** *m/f (de Normandía)* норманд|ец, -ка

normativa *f* норматив, нормы

normativo *adj* нормативный

noroccidental *adj* северо-западный

noroeste *m* северо-запад

nororiental *adj* северо-восточный

norte *m* 1) север *al ~ de* на севере (от) чего-л 2) *(viento)* северный ветер, норд 3) *(punto de referencia)* ориентир ◆ **perder el** ~ потерять ориентир **Polo Norte** Северный полюс

norteafricano *adj* североафриканский

norteamericano *adj* североамериканский

norteño *adj* северный

norueg|o 1. *adj* норвежский **2. , -a** *m/f* норвеж|ец, -ка **3.** *m* норвежский язык

nos 1. *pron pers* 1) (форма винительного и дательного падежей местоимения *«nosotros»)* нас, нам *~ ha llamado* он нас позвал; *~ lo ha dicho* он нам об этом сказал 2) *(plural majestático)* мы (в речи монарха) **2.** *pron reflex* себя, себе *~ miramos al espejo* мы смотрим на себя в зеркало; *~ compramos un televisor* мы купили себе телевизор

nosotros *pron pers* мы ◆ **entre** ~ между нами

nostalgia *f* ностальгия

nostálgico *adj* ностальгический

nostramo *m* 1) V. nuestramo 2) *nav* боцман

nota *f* 1) отметка, знак 2) *(anotación)* записка 3) *(informativa)* сообщение, извещение 4) *(calificación)* оценка 5) *(en los libros)* замечание, ссылка, сноска 6) *mús* нота 7) *(factura)* счёт ◆ **tomar ~ de u.c.** записывать, запоминать, мотать на ус

notabilidad *f* 1) *(visibilidad)* заметность, примечательность 2) *(importancia)* значительность, известность

notable 1. *adj* значительный **2.** *m* 1) *(nota)* хорошо 2) *(persona principal)* именитый гражданин, почётное лицо

notablemente *adv* значительно, заметно

notación *f* 1) *(acción de notar)* запись, аннотирование 2) *mús* нотация, нотное письмо 3) *(sistema de signos convencionales)* условные обозначения

notar *vt* 1) *(señalar)* отмечать 2) *(observar)* замечать, обращать внимание

notaría *f* нотариальная контора

notarial *adj* нотариальный

notario *m* нотариус

notarse *vpron* быть заметным

noticia 1. *f* новость, известие **2. -s** *fpl* новости, известия

noticiar *vt* сообщать, извещать

noticiario *m* новости, известия

noticiero 1. *adj* хроникальный, репортёрский **2.** *m* 1) репортёр, хроникёр 2) *Am.* V. noticiario

notición *m* важная новость, сенсация

notificación *f* извещение, уведомление

notificar *vt* извещать, ставить в известность, уведомлять

notoriedad *f* 1) общеизвестность 2) *(importancia)* важность, значимость, слава

notorio *adj* 1) общеизвестный 2) *(importante)* важный, значимый, известный

nova *f astron* новая звезда

novación *f jur* новация, замена старого обязательства новым

novador *m jur* новатор

novatada *f* 1) насмешка над новичком 2) *(en el ejército)* дедовщина

novato 1. *adj* начинающий, новенький **2.** *m* новичок

novedad *f* 1) *(cualidad de nuevo)* новизна, новое 2) *(cosa nueva)* новость, новинка, нововведение, новшество 3) *(noticia)* весть, новость

novedoso *adj* новый, модный

novel 1. *adj* начинающий, дебютирующий **2.** *m* новичок, дебютант

novela *f* роман, новелла ◆ ~ **corta** повесть ~ **policíaca** детективный роман

novelar 1. *vt* излагать в форме романа **2.** *vi* 1) сочинять (писать) роман 2) *(contar patrañas)* рассказывать сказки, сочинять

novelería *f* 1) *(afición a las novedades)* любовь к новизне, любопытство 2) *(afición a las novelas)* увлечение романами 3) *(chismes)* слухи, выдумки

novelero *adj* 1) *(amigo de novedades)* любящий новости, любопытный 2) *(inconstante)* непостоянный, изменчивый

novelesco *adj* относящийся к роману, литературный

novelista *m/f* романист, -ка

novelón *m* непомерно растянутый и плохой роман

novena *f relig* девятины

novenario *adj* V. novena

noveno *adj* девятый

noventa *num* девяносто

novia *f* 1) *(recién casada)* новобрачная 2) *(en relación amorosa con fines matrimoniales)* невеста 3) *(en relación amorosa sin fines matrimoniales)* девушка, подруга

noviazgo *m* 1) *(condición de novio)* обручение, помолвка 2) *(espacio de tiempo)* жениховство

noviciado *m relig* послушничество

novicio *m* 1) *relig* послушник 2) *(principiante)* новичок, начинающий

noviembre *m* ноябрь

novilla *f* тёлка

novillada *f* 1) *(conjunto de novillos)* молодняк, телята, бычки 2) *(corrida de novillos)* коррида молодых быков

novillero *m* 1) *(persona que cuida a los novillos)* телятник, скотник, ухаживающий за молодняком 2) *(persona que lidia novillos)* тореро, участвующий в корриде молодых быков 3) *(persona que hace novillos)* прогульщик
novillo *m* 1) телёнок, бычок 2) *Am.* молодой вол 3) *coloq* обманутый муж, рогоносец ◆ **hacer ~s** прогуливать уроки
novilunio *m* новолуние
novio *m* 1) *(recién casado)* новобрачный 2) *(en relación amorosa con fines matrimoniales)* жених 3) *(en relación amorosa sin fines matrimoniales)* молодой человек, парень
novios *mpl* молодожёны
novísimo *adj* новейший, последний
nubarrón *m* большая чёрная туча
nube *f* облако, туча ◆ **estar por las ~s** быть очень дорогим **estar en las ~s** витать в облаках
núbil *adj* 1) возмужалый, достигший половой зрелости 2) *(dicho de una joven)* на выданье
nublado *adj* облачный
nublarse *vpron* покрываться тучами
nubloso *adj* 1) облачный, покрытый тучами 2) *(adverso)* неблагоприятный, предвещающий несчастье
nubosidad *f meteo* облачность
nuboso *adj* 1) облачный, покрытый тучами 2) *(adverso)* неблагоприятный, предвещающий несчастье
nuca *f* затылок
nuclear *adj fís* ядерный
núcleo *m* 1) ядро 2) *(zona poblada)* населённый пункт
nudillo *m* сустав пальца, костяшка
nudismo *m* нудизм
nudista *m/f* нудист, -ка
nudo[1] *adj (desnudo)* голый, обнажённый
nudo[2] *m* 1) *(lazo)* узел 2) *lit* завязка 3) *(vínculo)* узы, связь 4) *nav (unidad de velocidad)* узел ◆ **~ marinero** морской узел
nudoso *adj* узловатый
nuera *f* невестка, сноха, жена сына
nuestro *pron pos* наш, наша, наше ◆ **padre ~** *relig* отче наш
nueva *f* новость, известие, весть *buena ~* добрая весть
nuevamente *adv* вновь, заново, ещё раз
nueve 1. *num* девять **2.** *m* девятка
nuevo *adj* новый ◆ **de ~** 1) *(una vez más)* снова 2) *(desde el principio)* заново
nuez *f* 1) грецкий орех 2) *(del cuello)* адамово яблоко ◆ **~ moscada** мускатный орех
nulidad *f* 1) недействительность 2) *(incapacidad)* неспособность, непригодность 3) *coloq (persona inepta)* ничтожество, пустое место
nulo *adj* 1) недействительный 2) *(persona)* непригодный, неспособный 3) *mat* нулевой
numerable *adj* исчислимый
numeración *f* 1) *(acción de numerar)* счисление 2) *(sistema de expresión)* нумерация, исчисление ◆ **~ decimal** десятичная система счисления **~ romana** римская система счисления
numerador *m* 1) *(aparato)* нумератор 2) *mat* числитель
numeral 1. *adj* 1) числовой, цифровой 2) *ling* числительный **2.** *m ling* числительное *~ cardinal* количественное числительное; *~ ordinal* порядковое числительное
numerar *vt* 1) *(contar)* считать 2) *(otorgar un número)* нумеровать
numerario 1. *adj* 1) счётный, цифровой 2) *(dicho de un trabajador)* штатный, постоянный **2.** *m* наличные (деньги)
numéric|o *adj* числовой, цифровой *expresión numérica* числовое выражение
número *m* 1) число, цифра, номер *~ siete* число семь; *vagón ~ doce* вагон номер двенадцать 2) *(cantidad)* число, количество 3) *(de una publicación)* выпуск 4) *(en un espectáculo)* номер 5) *(de lotería)* (лотерейный) билет 6) *gram* число *~ singular* единственное число; *~ plural* множественное число 7) *(talla)* размер ◆ **estar en ~s rojos** *coloq* быть на нуле, быть в долгах **montar un ~** поднимать скандал **~ cardinal (ordinal)** *ling* количественное (порядковое) числительное **~ par (impar)** чётное (нечётное) число
numeros|o 1. *adj* многочисленный **2. -s** *adj pl* многие ◆ **familia ~a** многодетная семья
numismática *f* нумизматика
numismático 1. *adj* нумизматический **2.** *m* нумизмат
nunca *adv* никогда ◆ **~ jamás** больше никогда **más que ~** больше, чем когда-либо
nuncio *m* 1) *(encargado de llevar un aviso)* посланец 2) *(papal)* нунций, папский посол 3) *(anuncio)* вестник, предвестник
nupcial *adj* свадебный
nupcialidad *f* численность браков
nupcias *fpl* свадьба, бракосочетание *segundas ~* второй брак
nutria *f* нутрия
nutrición *f* питание, кормление
nutricional *adj* относящийся к питанию
nutricionista *m/f* врач-специалист по питанию
nutriente 1. *adj* V. nutritivo **2.** *m* питательное вещество
nutrir *vt* кормить, питать
nutrirse *vpron* питаться
nutritivo *adj* питательный, содержащие питательные вещества
nylon *m* V. nilón

Ñ

ñame *m* ямс
ñaña *f* 1) *Ch. Arg.* старшая сестра 2) *Ch.* няня
ñandú *m* нанду
ñandutí *m Arg. Ur. Par.* кружево
ñaño 1. *adj* 1) *Bol. Ec. Per.* (о друге) близкий 2) *Col.* избалованный **2.** *m* 1) *Pan.* гомосексуалист 2) *Ch.* старший брат
ñapa *f Am.* прибавка , надбавка
ñaque *m* хлам, барахло
ñata *f Am. coloq* нос
ñato 1. *adj* курносый **2.** *m Ur.* боксёр
ñoñería *f* нудность, глупость
ñoño *adj* нудный, глупый, незначительный
ñora *f reg* перец (разновидность)
ñu *m* гну

O

o *conj* или, либо *dos ~ tres veces* два или три раза; *tarde ~ temprano* рано или поздно
oasis *m* оазис
obcecación *f* ослепление, умопомрачение
obcecado *adj* ослеплённый
obcecar *vt* ослеплять, затмевать разум
obcecarse *vpron* быть в ослеплении, потерять разум
obedecer 1. *vt* слушаться (кого-л), повиноваться (кому-л) **2.** *vi* **(a u/c)** объясняться (чем-л), быть результатом (чего-л)
obediencia *f* послушание, покорность
obediente *adj* послушный, покорный
obelisco *m* обелиск
obertura *f mús* увертюра
obesidad *f* тучность, ожирение
obeso *adj* тучный, толстый
óbice *m* помеха, препятствие
obispado *m relig* епископат
obispo *m relig* епископ
óbito *m elev* смерть, кончина
obituario *m* 1) *relig* книга в приходской церкви (для регистрации смерти и погребения) 2) V. necrología
objeción *f* возражение
objetar *vt* возражать (кому/чему-л)
objetividad *f* объективность
objetivo 1. *adj* объективный, беспристрастный, непредвзятый **2.** *m* 1) цель 2) *foto* объектив
objeto *m* 1) предмет, вещь, объект 2) *(fin)* цель 3) *ling* дополнение, объект *~ directo* прямое дополнение; *~ indirecto* косвенное дополнение 4) *(de estudio)* предмет, тема ◆ **~ volador no identificado** неопознанный летающий объект **ser ~ de u.c.** подвергаться чему-л **sin ~** бесцельно **tener por ~** иметь целью
objetor *adj* возражающий
oblación *f relig* жертвоприношение
oblea *f* 1) *relig* облатка 2) *(sello de un medicamento)* облатка, оболочка
oblicuidad *f* косое направление
oblicuo *adj* 1) косой, наклонный, окольный 2) *ling* косвенный
obligación *f* 1) обязанность, долг 2) *jur* обязательство 3) *com* облигация
obligacionista *m/f* держатель облигаций
obligado *adj* необходимый, обязательный
obligar *vt* заставлять, вынуждать, обязывать
obligarse *vpron* обязываться
obligatoriamente *adv* обязательно
obligatoriedad *f* обязательность
obligatorio *adj* обязательный, принудительный
oblongo *adj* продолговатый, вытянутый
obnubilación *f* затмение, помрачение
obnubilar *vt* 1) затмевать, помрачать рассудок 2) *(enturbiar la visión)* ослаблять зрение

oboe *m mús* гобой
oboísta *m/f mús* гобоист, -ка
óbolo *m* 1) *(aportación)* вклад, лепта 2) *(moneda griega antigua)* обол
obra *f* 1) *(acto)* поступок, действие 2) *(trabajo)* труд, работа 3) *(artística)* произведение ~ *de arte* произведение искусства 4) *(construcción)* стройка, строительство 5) *(reforma)* ремонт *hacer ~s* делать ремонт ◆ ~ **de consulta** справочный материал
obrador 1. *adj* работающий, действующий **2.** *m* мастерская, ателье
obraje *m* 1) *(obra)* производство, изготовление 2) *(taller textil)* ткацкая мастерская
obrar *vi* поступать
obrero 1. *adj* рабочий **2.** *m* рабочий, работник
obscenidad *f* непристойность, неприличие
obsceno *adj* непристойный, неприличный
obscurantismo *m* V. oscurantismo
obsequiar *vt* **(a alg con u/c)** дарить (что-л кому-л), преподносить (что-л кому-л), одаривать (кого-л чем-л)
obsequio *m* подарок, дар
obsequiosidad *f* вежливость, услужливость
obsequioso *adj* вежливый, услужливый, угодливый
observable *adj* видимый, заметный, наблюдаемый
observación *f* 1) наблюдение 2) *(comentario)* замечание
observador 1. *adj* наблюдательный **2.** *m* наблюдатель
observancia *f* 1) соблюдение, выполнение 2) *(respeto)* уважение, почтение
observar *vt* 1) наблюдать (за чем/кем-л) 2) *(notar)* замечать
observatorio *m astr* обсерватория
obsesión *f* одержимость, навязчивая идея
obsesionar *vt* преследовать (о мысли)
obsesionarse *vpron* **(con u/c)** вбивать себе в голову (что-л)
obsesiv|o *adj* навязчивый, неотвязный, неотступный *idea ~a* навязчивая идея
obseso 1. *adj* одержимый **2.** *m* маньяк, одержимый
obsoleto *adj* устаревший, вышедший из употребления
obstaculizar *vt* препятствовать (кому/чему-л), мешать (кому/чему-л)
obstáculo *m* препятствие, помеха, трудность
obstante *inv* : no ~ не смотря на это, всё-таки, однако, тем не менее
obstar *vi* 1) **(a u/c)** мешать (чему-л), препятствовать (чему-л) 2) **(a u/c)** *(ser contrario)* противоречить (чему-л)
obstetra *m/f med* акушер, -ка
obstetricia *f med* акушерство
obstinación *f* упрямство, упорство, настойчивость
obstinado *adj* упорный, настойчивый, упрямый
obstinarse *vpron* **(en u/c)** упорствовать (в чём-л), настаивать (на чём-л)
obstrucción *f* 1) препятствие, преграда 2) *med* закупорка
obstruir *vt* загораживать, препятствовать (чему-л), мешать (чему-л)
obstruirse *vpron* засоряться, закупориваться
obtención *f* 1) получение 2) *(logro)* достижение 3) *(fabricación)* производство 4) *(extracción)* добывание
obtener *vt* 1) получать, достигать (чего-л) 2) *tecn (fabricar)* производить 3) *(extraer)* добывать
obturación *f* 1) закупоривание, заделка 2) *tecn* обтюрация
obturador 1. *adj* закупоривающий, закрывающий **2.** *m* 1) *foto* затвор 2) *tecn* обтюратор
obturar *vt* 1) закупоривать, закрывать, заделывать 2) *tecn* обтюрировать
obtusángulo *adj geom* тупоугольный
obtuso *adj* 1) тупой, затупленный 2) *(dicho de una persona)* тупой, тупоумный 3) *geom* тупой
obús *m* 1) снаряд 2) *mil (pieza de artillería)* гаубица 3) *tecn* ниппель
obvención *f* приработок, побочные доходы
obviamente *adv* очевидно, безусловно, конечно
obviar 1. *vt* обходить, избегать (чего-л) **2.** *vi* V. obstar
obviedad *f* 1) *(cualidad de obvio)* очевидность, ясность 2) *(hecho obvio)* очевидный факт, избитая истина
obvio *adj* очевидный, ясный
oca *f* гусь, гусыня
ocarina *f mús* окарина
ocasión *f* случай, возможность ◆ **con ~ de u.c.** по случаю чего-л **de ~** бывшего употребления
ocasional *adj* случайный, непредвиденный
ocasionar *vt* вызывать, причинять
ocaso *m* закат
occidental *adj* западный
occidentalizar *vt* европеизировать, развивать на западный манер
occidente *m* 1) запад 2) *(conjunto de lenguas y culturas)* Запад
occipital *adj anat* затылочный
occipucio *m* затылок
occiso *adj elev* убитый
oceánico *adj* океанский, океанический
océano *m* океан
oceanografía *f* океанография
oceanográfico *adj* океанографический
oceanógrafo *m* океанограф
ocelote *m* оцелот
ochenta *num* восемьдесят
ocho 1. *num* восемь **2.** *m* восьмёрка
ochocientos *adj num* 1) восемьсот 2) *(ordinal)* восьмисотый
ocio *m* 1) *(inactividad)* безделье, праздность 2) *(tiempo libre)* досуг, свободное время
ociosidad *f* праздность, безделье
ocioso *adj* праздный, бездельный
ocluir *vt med* блокировать
oclusión *f* 1) *ling* смычка 2) *med* блокирование
oclusivo *adj* 1) *ling* смычный, окклюзивный 2) *med* блокируюший
ocre *m* охра
octagonal *adj geom* V. octogonal
octágono *m geom* восьмиугольник
octanaje *m* октановое число
octano *m* октан

octava *f* 1) *lit* восьмистишие 2) *mús* октава
octavilla *f* листовка
octavo 1. *adj* восьмой **2.** *m* восьмая часть
octeto *m mús* октет
octogenario 1. *adj* восьмидесятилетний **2.** *m* восьмидесятилетний человек
octogonal *adj geom* восьмиугольный
octógono *m geom* V. octágono
octópodo *m zool* осьминог
octosilábico *adj lit* восьмисложный
octubre *m* октябрь *el seis de* ~ шестое октября
óctuple *adj* восьмеричный, восьмикратный
octuplicar *vt* увеличивать в восемь раз
ocular *adj* глазной
oculista *m/f* глазной врач, окулист
ocultación *f* прятание, скрывание
ocultar *vt* скрывать, прятать
ocultarse *vpron* прятаться, скрываться
ocultismo *m* оккультизм
ocultista *m/f* оккультист
ocult|o *adj* 1) скрытый, спрятанный 2) *(ignorado)* тайный, оккультный ◆ **ciencias ~as** оккультные науки
ocupa *m/f* сквоттер
ocupación *f* 1) *(actividad)* занятие 2) *(trabajo)* работа, деятельность 3) *econ (empleo)* занятость 4) *(militar)* оккупация
ocupacional *adj* относящийся к трудоустройству
ocupado *adj* занятый
ocupante *m/f* захватчик, оккупант
ocupar *vt* 1) занимать 2) *(militarmente)* оккупировать
ocuparse *vpron* 1) **(de alg o u/c)** заниматься (кем/чем-л), работать 2) **(de alg o u/c)** заботиться (о ком/чём-л)
ocurrencia *f* 1) *(acontecimiento)* случай 2) *(idea)* неожиданная мысль
ocurrente *adj* остроумный, находчивый
ocurrir *vi* происходить, случаться
ocurrirse *vpron* **(u/c a alg)** *(una idea)* приходить в голову
oda *f lit* ода
odalisca *f hist* одалиска
odiable *adj* V. odioso
odiar *vt* ненавидеть
odio *m* ненависть
odiosidad *f* одиозность, омерзение
odioso *adj* ненавистный
odisea *f* одиссея
odontología *f* одонтология
odontólogo *m* одонтолог
odorífero *adj* пахучий, душистый
odre *m* бурдюк, мех (для вина, масла)
oeste *m* запад
ofender *vt* обижать, оскорблять
ofenderse *vpron* обижаться, оскорбляться
ofensa *f* обида, оскорбление
ofensiva *f mil* наступление
ofensivo *adj* 1) обидный, оскорбительный 2) *(que ataca)* наступательный, нападающий
ofensor 1. *adj* обидный, оскорбительный **2.** *m* обидчик, оскорбитель
oferta *f* 1) предложение 2) *(artículo rebajado)* товар по сниженной цене, товар со скидкой
ofertante *adj* предлагающий
ofertar *vt* V. ofrecer
ofertorio *m relig* предложение даров
oficial 1. *adj* официальный **2.** *m* 1) *(persona que trabaja en un oficio)* ремесленник, работник, мастеровой 2) *(trabajador que aún no es maestro)* ученик мастера 3) *(empleado en una oficna)* служащий 4) *(militar)* офицер
oficiala *f* мастерица, работница
oficialidad *f* 1) официальность 2) *(conjunto de oficiales)* офицерский состав, офицерство
oficialmente *adv* официально
oficiante 1. *adj* действующий (в качестве кого-л.) **2.** *m relig* священник, служащий мессу
oficiar 1. *vt* 1) *relig* совершать богослужение 2) *(comunicar)* официально сообщать **2.** *vi* действовать в качестве кого-л., выступать кем-л.
oficina *f* контора, бюро, офис ◆ **~ de correos** почтовое отделение
oficinesco *adj* бюрократический, чиновничий
oficinista *m/f* клерк, чиновник
oficio *m* 1) *(ocupación)* профессия, занятие 2) *(profesión)* ремесло 3) *(comunicación escrita)* письменное сообщение, извещение 4) *relig* служба ◆ **de** ~ в служебном порядке, автоматически
oficiosidad *f* 1) *(diligencia en el trabajo)* усердие, прилежание 2) *(diligencia en las relaciones)* услужливость, любезность 3) *(carácter oficioso)* официозность
oficioso *adj* 1) *(en el trabajo)* усердный, прилежный 2) *(en las relaciones)* услужливый, угодливый 3) *(provechoso)* полезный, эффективный 4) *(semioficial)* официозный, полуофициальный
ofídico *adj* змеевидный
ofidio 1. *m* змея **2. -s** *mpl zool* змеи
ofimática *f* оргтехника
ofrecer *vt* 1) предлагать 2) *(dar)* предоставлять, дарить, преподносить, давать 3) *(contener, implicar)* представлять
ofrecerse *vpron* 1) предлагать себя, вызываться 2) *(ocurrir)* случаться, иметь место
ofrecimiento *m* предложение
ofrenda *f* 1) дар, подношение 2) *relig* приношение, пожертвование
ofrendar *vt* 1) *(a la divinidad)* приносить в дар богу, жертвовать 2) *(entregar algo)* приносить в дар, подносить
oftálmico *adj med* глазной, офтальмический
oftalmología *f med* офтальмология
oftalmólogo *m med* офтальмолог
ofuscación *f* V. ofuscamiento
ofuscamiento *m* 1) *(deslumbramiento)* ослепление 2) *(debilitación de la vista)* ослабление зрения 3) *(oscuridad de la razón)* затмение, помрачение рассудка
ofuscar *vt* 1) *(deslumbrar)* слепить, ослеплять 2) *(oscurecer)* затемнять, делать тёмным 3) *(trastornar)* затмевать, помрачать
ofuscarse *vpron* 1) *(deslumbrarse)* слепнуть 2) *(trastornarse)* затмеваться, помрачаться
ogro *m* 1) *mitol* страшный великан-людоед 2) *(persona insociable)* бирюк, нелюдим
ohmio *m fís* ом

oíble *adj* слышимый

oída *f (acción de oír)* слушание ◆ **conocer de ~s** знать косвенно, знать понаслышке

oído *m* 1) *(sentido)* слух 2) *(aparato)* ухо ◆ **al ~** на ухо, шёпотом **duro de ~** тугой на слух **entrarle a alg u/c por un ~ y salirle por el otro** пропускать мимо ушей

oír *vt* 1) слышать 2) *jur (una causa)* слушать ◆ **¡oiga!** извините!

ojal *adj* петля, петлица

ojalá *interj* хоть бы...!, дай бог! *¡ ~ venga!* хоть бы он пришёл!

ojeada *f* быстрый взгляд ◆ **echar una ~ a alg o u.c.** взглянуть на кого/что-л

ojeador *m* 1) *caza* загонщик 2) *sport* скаут

ojear *vt* взглядывать, смотреть

ojeo *m caza* облава

ojeras *fpl* синяки, мешки под глазами

ojeriza *f* злоба, злость

ojeroso *adj* с тёмными кругами под глазами

ojete *m* 1) петелька, дырочка 2) *vulg (culo)* задний проход, очко

ojiva *f* 1) *arquit* стрельчатая арка 2) *mil* боеголовка

ojival *adj* стрельчатый

ojo *m* 1) глаз 2) *(de una aguja)* игольное ушко ◆ **a ~** на глаз **a ~s de alg** в глазах кого-л **costar (valer) un ~ de la cara** стоить очень дорого **cuatro ~s** очкарик **en un abrir y cerrar de ~s** мгновенно, в мгновение ока **mal de ~** сглаз, дурной глаз **no pegar ~** не сомкнуть глаз **no quitar ~ de alg o u.c.** не оторвать глаз от-кого/чего-л **¡~!** осторожно! **~ de buey** *nav* иллюминатор **tener buen ~** быть прозорливым, быть проницательным

ojota *f Am. Mer. (especie de sandalia)* охота (вид обуви)

okupa *m/f* V. ocupa

ola *f* волна ◆ **~ de calor** потепление **~ de frío** похолодание

olé *interj (для выражения восхищения, подбадривания)* браво!

oleada *f* 1) большая волна, вал 2) *(aparición repentina)* наплыв, поток

oleaginosidad *f* маслянистость

oleaginoso *adj* маслянистый

oleaje *m* прибой

oleína *f quím* олеин

óleo *m* 1) *(aceite)* растительное масло 2) *(técnica pictórica)* масло 3) *(cuadro pintado al óleo)* картина, написанная маслом

oleoducto *m* нефтепровод

oleografía *f* олеография

oleoso *adj* маслянистый, масляный, жирный

oler **1.** *vt* 1) *(percibir olor)* чувствовать запах 2) *(procurar percibir olor)* нюхать **2.** *vi* **(a u/c)** *(desprender olor)* пахнуть (чем-л) ◆ **~ mal** казаться подозрительным

olerse *vpron* подозревать

olfateada *f coloq* обнюхивание

olfatear *vt* нюхать, обнюхивать

olfato *m* 1) обоняние, нюх 2) *(sagacidad)* нюх, чутьё

oliente *adj* пахнущий, пахучий

oligarca *m/f* олигарх

oligarquía *f* олигархия

oligárquico *adj* олигархический

oligofrenia *adj* олигофрения

oligofrénico **1.** *adj* олигофренический **2.** *m* олигофреник

olimpiada *f* олимпиада

Olimpiadas *fpl* Олимпийские игры

olímpicamente *adv coloq* невозмутимо, с невозмутимым спокойствием

olímpico *adj* олимпийский

olimpismo *m* олимпизм

Olimpo *m mitol* Олимп

oliscar **1.** *vt* 1) обнюхивать 2) *(inquirir)* разузнавать, вынюхивать **2.** *vi* попахивать, начинать портиться

olisquear *vt/i* V. oliscar

oliva *f* оливка, маслина ◆ **aceite de ~** оливковое масло

oliváceo *adj (color)* оливковый (цвет)

olivar *m* оливковая роща

olivera *f* V. olivo

olivero *m* место хранения оливок

olivo *m* оливковое дерево

olla *f* кастрюля, котёл ◆ **~ a presión** скороварка **~ de grillos** сумасшедший дом

ollar *m* ноздря (лошади, осла)

olmeda *f* V. olmedo

olmedo *m* вязовая роща

olmo *m* вяз

ológrafo *adj* собственноручный, автографический

olor *m* запах

olorizar *vt* наполнять запахом

oloroso *adj* душистый, ароматный

olvidadizo *adj* забывчивый, беспамятный

olvidar *vt* 1) забать, запамятовать 2) *(abandonar)* забрасывать, оставлять

olvidarse *vpron* забываться, изглаживаться

olvido *m* забвение

omaní **1.** *adj* оманский **2.** *m/f* оман|ец, -ка

ombligo *m* 1) пупок 2) *(centro)* центр, середина

ombú *m* лаконос двудомный

omero *m* ольха

omisión *f* 1) пропуск, опущение, умолчание *por ~* по умолчанию 2) *(descuido)* упущение

omisivo *adj* V. omiso

omiso *adj* небрежный, халатный, невнимательный *hacer caso ~* игнорировать, оставлять без внимания

omitir *vt* опускать, пропускать

ómnibus *m* автобус, омнибус

omniforme *adj* разнообразный

omnipotencia *f* всемогущество

omnipotente *adj* всемогущий, всесильный

omnipráctico *adj med* врач-терапевт

omnipresencia *f* вездесущие

omnipresente *adj* вездесущий

omnisciencia *f* всеведение

omnisciente *adj* всезнающий, всеведущий

omnividente *adj* всевидящий

omnívoro *adj* всеядный

omóplato, omoplato *m anat* лопатка

onagra *f* кипрей

onagro *m* 1) онагр, дикий осёл 2) *hist* баллиста, камнемётная машина

once *num* одиннадцать

onceavo **1.** *adj num* одиннадцатый **2.** *m* одиннадцатая часть

onceno 1. *adj num* одиннадцатый **2.** *m* одиннадцатая часть
oncología *f med* онкология
oncológico *adj med* онкологический
oncólogo *m med* онколог
onda *f* волна ◆ ~ **sonora** *fís* звуковая волна **estar en la** ~ *coloq* быть в курсе дел
ondeado *adj* волнистый
ondear *vi* волноваться, колыхаться
ondulación *f* 1) волнение, колыхание 2) *(cualidad de ondulado)* волнистость
ondulado *adj* волнистый
ondular 1. *vt* завивать **2.** *vi* волноваться, колыхаться
ondulatorio *adj* волнистый, волнообразный
oneroso *adj elev* тяжёлый, тягостный, обременительный
ónice *m min* оникс
onírico *adj* относящийся к сновидениям
ónix *m min* оникс
onomasiología *f ling* ономасиология
onomasiológico *adj ling* ономасиологический
onomástica *f* ономастика
onomástico *adj* ономастический
onomatopeya *f* звукоподражание
onomatopéyico *adj* звукоподражательный
ontogenia *f biol* онтогенез
ontología *f filos* онтология
ontológico *adj filos* онтологический
onubense 1. *adj* относящийся к Уэльве, из Уэльвы **2.** *m/f* житель, -ница (уроженец, уроженка) Уэльвы
onza *f* унция
oosfera *f bot* оосфера, яйцеклетка
oospora *f bot* ооспора
opa[1] *adj Am. desp* глупый, бестолковый
opa[2] *f econ* предложение приобретения акций
opacar *vt* делать непрозрачным (матовым)
opacarse *vpron Am.* темнеть, затуманиваться
opacidad *f* непрозрачность
opaco *adj* 1) непрозрачный, мутный 2) *(oscuro, sombrío)* тёмный, мрачный
ópalo *m* опал
opción *f* 1) *(facultad de escoger y resultado)* выбор 2) *(cosa a elegir)* вариант 3) *(posibilidad)* возможность, шанс 4) *com* опцион
opcional *adj* факультативный, необязательный
ópera *f* опера
operable *adj* 1) осуществимый, выполнимый 2) *med* оперируемый
operación *f* 1) операция 2) *com* операция, сделка 3) *mat* вычисление
operador *m* оператор
operar 1. *vt* 1) совершать 2) *(ejecutar operación sobre un cuerpo)* оперировать **2.** *vi* действовать, работать, заниматься (чем-л), оперировать (чем-л)
operario *m* рабочий, работник
operarse *vpron* делать себе операцию
operativo *adj* оперативный
opereta *f* оперетта
opiáceo *adj* опийный, опиумный
opinar *vi* 1) *(considerar)* считать 2) *(dar una opinión)* давать, высказывать своё мнение
opinión *f* 1) мнение, взгляд 2) *(fama)* слава, репутация ◆ **en mi** ~ по моему мнению ~ **pública** общественное мнение
opio *m* опиум
opíparo *adj* обильный, роскошный (о еде)
oponente *m* оппонент
oponer *vt* противопоставлять ◆ ~ **resistencia** сопротивляться, оказывать сопротивление
oponerse *vpron* 1) противостоять, **(a u/c)** противодействовать (чему-л) 2) **(a alg)** *(en el discurso)* возражать (кому-л), быть против чего-л. 3) **(a alg o u/c)** *(contradecir)* противоречить (кому/чему-л)
oporto *m* портвейн
oportunamente *adv* своевременно, уместно, вовремя
oportunidad 1. *f* 1) *(cualidad de oportuno)* своевременность, уместность 2) *(ocasión)* удобный случай, шанс *aprovechar una* ~ воспользоваться случаем **2. -es** *fpl* товары по сниженной цене
oportunismo *m* оппортунизм
oportunista 1. *adj* оппортунистический **2.** *m/f* оппортунист, -ка
oportuno *adj* своевременный, уместный
oposici|ón 1. *f* 1) *(opinión)* возражение 2) *(confrontación)* противопоставление, противоположение 3) *(resistencia)* противодействие, сопротивление 4) *pol* оппозиция **2. -ones** *fpl* конкурс на замещение должности в государственном учреждении
opositar *vi* участвовать в конкурсе на замещение должности
opositor 1. *adj* оппозиционный **2.** *m* 1) противник, соперник 2) *(que se presenta a una oposición)* претендент, соискатель
opresión *f* 1) давление, сжатие 2) *(molestia)* гнёт, угнетение, притеснение
opresivo *adj* давящий, угнетающий
opresor 1. *adj* угнетающий, притесняющий **2.** *m* угнетатель, притеснитель
oprimido *adj* угнетённый
oprimir *vt* 1) придавливать, сжимать 2) *(tiranizar)* угнетать, притеснять
oprobio *m* позор, бесчестье, оскорбление
oprobioso *adj* позорный, постыдный
optar *vi* 1) **(por alg)** выбирать, предпочитать 2) **(a u/c)** *(un puesto)* претендовать (на что-л)
optativo *adj* факультативный
óptica *f* 1) оптика 2) *(punto de vista)* точка зрения
óptico 1. *adj* оптический, зрительный **2.** *m/f* оптик ◆ **efecto** ~ оптический обман **nervio** ~ оптический (зрительный) нерв
optimismo *m* оптимизм
optimista 1. *adj* оптимистический **2.** *m/f* оптимист, -ка
optimización *f* оптимизация
optimizar *vt* оптимизировать
óptimo *adj* оптимальный
optometría *f med* оптометрия
optómetro *m med* оптометр
opuesto *adj* противоположный
opugnar *vt* 1) сопротивляться (чему-л), противиться (чему-л) 2) *(contradecir)* опровергать

opulencia *f* 1) богатство, роскошь 2) *(sobreabundancia)* изобилие
opulento *adj* 1) богатый 2) *(abundante)* обильный, изобильный
opuncia *f* опунция
opus *m mús* опус
opúsculo *m* брошюра, небольшое сочинение
oquedad *f* 1) полость, пустота 2) *(insustancialidad)* пустота, бессодержательность
ora *conj* то ~ *llora,* ~ *ríe* то плачет, то смеётся
oración *f* 1) молитва 2) *(discurso)* речь 3) *ling* предложение
oráculo *m* оракул
orador *m/f* оратор
oral *adj* 1) устный, словесный 2) *(relativo a la boca)* ротовой, оральный
oralidad *f* устность, устный характер
orangután *m* орангутанг
orar *vi* 1) *(a la divinidad)* молиться 2) *(en público)* выступать с речью, произносить речь
orate *m/f* сумасшедш|ий, -ая, умалишённ|ый, -ая
oratoria *f* красноречие
oratorio *m* 1) часовня 2) *mús* оратория
orbe *m* 1) *(círculo)* округлость, круг 2) *(esfera terrestre)* земной шар 3) *(conjunto de las cosas creadas)* мир, вселенная
órbita *f* 1) орбита 2) *(de los ojos)* глазница
orca *f* косатка
órdago *m cart* последняя ставка (в игре в мус) ◆ **de** ~ превосходный, отличный
orden 1. *m* 1) порядок 2) *(sucesión)* порядок, последовательность 3) *biol* разряд, категория 4) *arqueol* ордер, стиль **2.** *f* 1) приказ 2) *com* ордер 3) *relig* орден ◆ **del** ~ **de u.c.** порядка чего-л ~ **del día** повестка дня ~ **público** общественный порядок **poner en** ~ приводить в порядок **por** ~ по порядку **por** ~ **de alg** по приказу кого-л.
ordenación *f* 1) *(disposición)* распоряжение, приказ 2) *(regla)* порядок, распорядок 3) *relig* посвящение в сан
ordenada *f mat* ордината
ordenadamente *adv* 1) *(por orden)* по порядку 2) *(con orden)* упорядоченно
ordenado *adj* 1) аккуратный 2) *(en orden)* в порядке 3) *(por orden)* упорядоченный
ordenador *m* компьютер ◆ ~ **portátil** лэптоп, ноутбук
ordeñadora *f* доильный аппарат
ordenamiento *m* 1) *(disposición)* распоряжение, указание 2) *(ley)* закон, постановление 3) *(normas)* порядок, распорядок
ordenando *m relig* кандидат к возведению в духовный сан
ordenanza *f* 1) *(disposición)* распоряжение, приказ 2) *(conjunto de normas)* регламент, установленный порядок
ordenar *vt* 1) *(poner en orden)* приводить в порядок, убирать, наводить порядок 2) *(dar una orden)* приказывать
ordeñar *vt* доить
ordenarse *vpron relig* быть рукоположенным (в духовный сан)
ordinal *adj* порядковый ◆ **número** ~ порядковое числительное
ordinariamente *adv* 1) обычно, обыкновенно 2) *(de forma grosera)* грубо, невежливо
ordinariez *f* 1) *(cualidad de ordinario)* грубость, неотёсанность 2) *(acción o expresión grosera)* грубая выходка, пошлость
ordinario *adj* 1) обычный, обыкновенный 2) *(vulgar)* вульгарный, низкий ◆ **de** ~ обычно, обыкновенно
orear *vt* обдувать, овевать, проветривать
orearse *vpron* проветриваться, выходить подышать свежим воздухом
orégano *m* душица, майоран
oreja *f* ухо
orejear 1. *vi* 1) *(dicho de un animal)* прядать ушами 2) *(hacer algo con mala gana)* делать что-л. неохотно **2.** *vt Am. (escuchar indiscretamente)* подслушивать
orejera *f* 1) ухо (шапки, шлема) 2) *(del arado)* отвал
orejón 1. *adj* V. orejudo **2.** *m* 1) *(tirón de orejas)* дёрганье за уши 2) *(albaricoque o melocotón deshidratado)* курага
orejudo *adj* ушастый, с большими ушами
oreo *m* слабый ветерок
orfanato *m* приют, сиротский дом
orfanatorio *m Méx.* V. orfanato
orfandad *f* сиротство
orfebre *m* ювелир, мастер золотых и серебряных дел
orfebrería *f* 1) *(profesión)* ювелирное искусство 2) *(taller)* ювелирный цех
orfeón *m* певческое общество
orfeonista *m/f* член певческого общества
organdí *m* кисея, тюль
organero *m* органный мастер
orgánic|o *adj* органический ◆ **materia ~a** живая материя
organigrama *m* схема
organillero *m* шарманщик
organillo *m* шарманка
organismo *m* 1) *biol* организм 2) *(institución)* учреждение, организация
organista *m/f* органист, -ка
organización *f* 1) *(acción)* организация 2) *(ente)* организация, учреждение 3) *(cualidad de organizado)* организованность
organizado *adj* организованный
organizador *m/f* организатор
organizar *vt* организовать, устраивать, образовать
organizarse *vpron* организоваться, образоваться
organizativo *adj* организационный, организаторский
órgano *m* 1) орган 2) *(instrumento musical)* орган
orgásmico *adj* оргазмический
orgasmo *m* оргазм
orgía *f* оргия
orgiástico *adj* относящийся к оргии
orgullo *m* 1) гордость 2) *(arrogancia)* высокомерие, надменность
orgulloso *adj* 1) гордый 2) *(arrogante)* высокомерный, надменный ◆ **estar** ~ **de alg o u.c.** гордиться кем/чем-л
orientable *adj* ориентируемый
orientación *f* 1) ориентация, ориентировка *tener sentido de la* ~ хорошо ориентировать-

ся в пространстве 2) *(posición o dirección)* направление, ориентир

orientador 1. *adj* ориентирующий, направляющий **2.** *m* ориентир

oriental *adj* восточный

orientalismo *m* 1) востоковедение, ориенталистика 2) *(predilección por lo oriental)* любовь к культуре Востока

orientalista 1. *adj* востоковедческий **2.** *m/f* востоковед, ориенталист

orientar *vt* 1) ориентировать 2) *(encaminar)* направлять

orientarse *vpron* 1) ориентироваться 2) *(entender en algo)* разбираться (в чём-л), ориентироваться

orientativamente *adv* ориентировочно, приблизительно

orientativo *adj* ориентировочный, приблизительный

oriente *m* 1) восток 2) *(conjunto de lenguas y culturas)* Восток

orificio *m* отверстие

origen *m* 1) происхождение, начало, источник, возникновение 2) *(patria, país)* происхождение 3) *(causa)* причина, основание ◆ **denominación de ~** наименование места происхождения

original 1. *adj* 1) *(relativo al origen)* первоначальный, изначальный 2) *(auténtico)* подлинный, оригинальный 3) *(novedoso)* оригинальный, своеобразный **2.** *m* оригинал, подлинник

originalidad *f* 1) *(autenticidad)* оригинальность, подлинность 2) *(novedosidad)* оригинальность, своеобразность

originar *vt* давать начало (чему-л), порождать, вызывать

originario *adj* 1) первоначальный, изначальный 2) **(de u/c)** *(de cierto lugar)* родом (из чего-л), коренной

originarse *vpron* возникать, начинаться, происходить

orilla *f* берег

orín *m* V. orina

orina *f* моча

orinal *m* ночной горшок

orinar *vi* мочиться, испускать мочу

orinarse *vpron* мочить себя

oriundo *adj* **(de u/c)** происходящий (из чего-л)

orla *f* 1) *(orilla de telas)* край, кайма, кромка 2) *(adorno)* окаймление, виньетка 3) *(retrato)* фотография учеников (студентов) выпускного класса (курса) вместе с преподавателями

orlar *vt* окаймлять, обрамлять

ornamental *adj* орнаментальный, декоративный

ornamentar *vt* украшать, орнаментировать

ornamento *m* украшение, орнамент

ornar *vt* украшать, орнаментировать

ornato *m* украшение, убранство

ornitología *f* орнитология

ornitológico *adj* орнитологический

ornitólogo *m/f* орнитолог

ornitorrinco *m* утконос

ornitosis *f* орнитоз

oro *m* золото *de ~* золотой ◆ **bodas de ~** золотая свадьба **siglo de ~** золотой век **~ de ley** пробное золото **prometer el ~ y el moro** наобещать с три короба

orografía *f geogr* орография

orográfico *adj geogr* орографический

orondo *adj* 1) круглый, пузатый (о сосуде) 2) *coloq (hinchado)* вздувшийся, раздутый 3) *coloq (lleno de presunción)* надутый, самодовольный

oronja *f* моховик, красный гриб

oropel *m* 1) блестящая безделушка, дешёвое украшение 2) *(material)* сусальное золото

oropéndola *f* иволга

orozuz *m* лакричник

orquesta *f* оркестр ◆ **~ de cámara** камерный оркестр

orquestación *f mús* оркестровка, инструментовка

orquestal *adj* оркестровый

orquestar *vi* 1) *mús* оркестровать, инструментовать 2) *(organizar)* организовать

orquestina *f* маленький оркестр

orquidario *m* орхидариум

orquídea *f* орхидея

ortega *f* рябок

ortiga *f* крапива

ortigal *m* заросли крапивы

ortodoncia *f* ортодонтия, выравнивание зубов

ortodoncista *m/f* ортодонтист

ortodoxia *f* 1) ортодоксия 2) *(Iglesia ortodoxa)* православие

ortodoxo *adj* 1) ортодоксальный 2) *(de la Iglesia ortodoxa)* православный

ortoepía *f ling* орфоэпия

ortoépico *adj ling* орфоепический

ortogénesis *f biol* ортогенез

ortogonal *adj mat* ортогональный, прямоугольный

ortografía *f* орфография, правописание

ortográfico *adj* орфографический

ortopedia *f* 1) ортопедия 2) *(tienda)* ортопедический магазин

ortopédico *adj* ортопедический

ortopedista *m/f med* ортопед

ortóptica *f med* ортоптика

ortóptico *adj med* ортоптический

oruga *f* 1) *(planta)* дикая горчица 2) *(insecto)* гусеница 3) *tecn* гусеница

orujo *m* 1) выжимки (винограда, маслин) 2) *(aguardiente)* орухо

orza[1] *f (vasija)* высокий глиняный кувшин

orza[2] *f nav* лавирование, бейдевинд

orzar *vi nav* лавировать, идти в бейдевинд

orzuelo[1] *m (en el ojo)* ячмень (на глазу)

orzuelo[2] *m (para cazar)* силок, капкан

osa *f* медведица

osadía *f* 1) *(valentía)* смелость, отвага 2) *(atrevimiento)* дерзость, наглость

osado *adj* смелый, отважный

osamenta *f* скелет, костяк

osar *vi* осмеливаться, сметь

osario *m* оссуарий

óscar *m cine* оскар

oscense 1. *adj* относящийся к Уэске **2.** *m/f* житель, -ница (уроженец, уроженка) Уэски

oscilación *f* 1) колебание, качание 2) *(variación)* колебание, изменение
oscilante *adj* 1) колеблющийся, колебательный 2) *(que crece y disminuye)* колеблющийся, изменяющийся 3) *(titubeante)* колеблющийся, нерешительный
oscilar *vi* 1) колебаться, качаться 2) *(variar)* колебаться, изменяться
oscilatorio *adj* колебательный
oscilógrafo *m tecn* осциллограф
oscilograma *m tecn* осциллограмма
ósculo *m elev* поцелуй
oscurantismo *m* мракобесие, обскурантизм
oscurantista 1. *adj* обскурантский, обскурантистский **2.** *m/f* мракобес, обскурант
oscurecer 1. *vt* затемнять **2.** *v/impers* темнеть
oscurecimiento *m* затемнение, потемнение
oscuridad *f* 1) темнота, потёмки 2) *(falta de conocimiento)* невежество
oscur|o *adj* 1) тёмный 2) *(confuso)* непонятный, неясный 3) *(que infunde temor)* тёмный, опасный 4) *(dicho del cielo)* пасмурный, облачный ◆ **a ~as** в темноте
óseo *adj* костный
osera *f* берлога
osezno *m* медвежонок
osificación *n* окостенение
osificar *vi* V. osificarse
osificarse *vi* окостенеть
osito *m* медвежонок
osmosis, ósmosis *f fís* осмос
oso *m* медведь ◆ ~ **polar** белый медведь ~ **pardo** бурый медведь
oste *interj* вон!, брысь!, кыш! ◆ **sin decir ~ ni moste** молча, не говоря ни слова
ostensible *adj* 1) *(que puede mostrarse)* имеющийся в наличии, могущий быть предъявленным 2) *(evidente)* очевидный, явный
ostentación *f* выставление напоказ, показуха, хвастовство
ostentar *vt* 1) *(mostrar)* выставлять напоказ, хвастаться (чем-л) 2) *(tener)* обладать (чем-л), иметь
ostentoso *adj* 1) *(magnífico)* пышный, роскошный 2) *(evidente)* явный, очевидный
osteoartritis *f med* остеоартрит
osteópata *m/f med* остеопат, костоправ
osteopatía *f med* остеопатия
osteoporosis *f med* остеопороз
ostión *m* V. ostrón
ostra *f* устрица ◆ **aburrirse como una ~** очень скучать **¡ ~s!** *coloq* ёлки-палки!, ничего себе!
ostracismo *m* остракизм
ostral *m* устричный садок
ostrero 1. *adj* устричный **2.** *m* 1) *(lugar)* устричный садок 2) *(persona)* торговец устрицами
ostricultura *f* разведение устриц
ostrón *m* крупная устрица
otario *adj Arg. Ur. Par.* глупый, доверчивый
otear *vt* 1) наблюдать, обозревать (с высоты) 2) *(escudriñar)* искать взглядом, высматривать
otero *m* холм, возвышенность
ótico *adj anat* ушной
otitis *f med* отит
otolaringología *f med* отоларингология
otolaringológico *adj med* отоларингологический
otolaringólogo *m med* отоларинголог
otología *f med* отология
otólogo *m med* отолог
otoman|o 1. *adj* турецкий, османский **2. , -a** *m/f* тур|ок, -чанка, осман|ец, -ка
otomía *f Am.* жестокость, зверство
otoñal *adj* осенний
otoño *m* осень *en otoño* осенью
otorgamiento *m* 1) *(consentimiento)* разрешение, согласие 2) *(entrega)* вручение 3) *(de un documento)* составление
otorgante 1. *adj* 1) *(que consiente)* дающий разрешение, позволяющий 2) *(que entrega)* вручающий 3) *(de un documento)* составляющий **2.** *m* составитель
otorgar *vt* присуждать, предоставлять, вручать
otorrino *m coloq* V. otorrinolaringólogo
otorrinolaringología *f med* оториноларингология
otorrinolaringólogo *m med* оториноларинголог
otr|o *adj* другой *es ~a persona* это другой человек; *~a vez* ещё раз; *al ~o día* на следующий день ◆ **el ~o barrio** тот свет **por ~a parte** с другой стороны
otrora *adj* некогда, в другие времена
otrosí 1. *adv jur* также (в начале параграфа) **2.** *m jur* параграф (кроме первого)
ovación *f* овация
ovacionar *vt* устраивать овацию
oval *adj* овальный
ovalado *adj* овальный
óvalo *m* овал
ovario *m* 1) *anat* яичник 2) *bot* завязь
oveja *f* овца ◆ ~ **negra** чёрная овца
ovejero 1. *adj* V. ovejuno **2.** *m* пастух, чабан
ovejuno *adj* овечий
overbooking *m* сверхбронирование, овербукинг
overear *vt Arg. Bol. Par.* поджаривать (на огне)
overo *adj (dicho de un animal)* соловый
overol *m Am.* комбинезон
oviducto *m anat* яйцевод
oviforme *adj* яйцевидный
ovillo *m* клубок (ниток)
ovino 1. *adj* овечий **2. -s** *mpl zool* бараны
ovíparo *adj* яйценосный, яйцекладущий
ovni *m* НЛО, неопознанный летающий объект
ovocito *m biol* V. óvulo
ovulación *f fisiol* овуляция
ovular *vi fisiol* овулировать
óvulo *m biol* яйцеклетка
oxidable *adj* ржавеющий
oxidación *f* 1) окисление, оксидирование 2) *(de un metal)* ржавление
oxidar *vt* окислять
oxidarse *vpron* 1) окисляться 2) *(dicho de un metal)* ржаветь
óxido *m* 1) *quím* оксид, окись 2) *(robín)* ржавчина
oxigenar *vt* насыщать кислородом
oxigenarse *vpron* проветриваться, дышать свежим воздухом
oxígeno *m* кислород
oyente *m/f* 1) слушатель 2) *(radioyente)* радиослушатель
ozónico *adj* озоновый
ozono *m* озон

P

pabellón *m* 1) павильон, палатка 2) *sport* спортивный комплекс
pábilo *m* фитиль (свечи)
pábulo *m* еда, пища
paca[1] *f (roedor)* пака
paca[2] *f (bulto)* тюк, кипа
pacer 1. *vi* пастись **2.** *vt* 1) *(apacentar)* пасти 2) *(comer)* есть, пожирать
pacha *f El Salv. Nic.* рожок (для младенцев)
pachá *m hist* паша
pachanga *f danz* пачанга
pacharán *m* пачаран (алкогольный напиток, настоянный на тёрне)
pacho *adj* V. indolente
pachorra *f coloq* медлительность, флегматичность
pachucho *adj* 1) *(dicho de una fruta)* переспелый, перезрелый 2) *coloq (triste)* грустный, печальный 3) *coloq (débil)* слабосильный, немощный, больной
pachulí, pachuli *m* пачули
paciencia *f* терпение *hacer perder la ~* выводить из терпения
paciente 1. *adj* терпеливый **2.** *m/f* пациент, -ка
pacificación *f* умиротворение, примирение
pacificador 1. *adj* 1) умиротворяющий 2) *(reconciliador)* примиряющий **2.** *m* миротворец
pacíficamente *adv* мирно, тихо, спокойно
pacificar *vt* умиротворять, примирять, успокаивать
pacífico *adj* 1) *(en paz)* мирный 2) *(tranquilo)* тихий, спокойный ◆ **Océano Pacífico** Тихий океан
pacifismo *m* пацифизм
pacifista 1. *adj* пацифистский **2.** *m/f* пацифист, -ка
pack *m* 1) *(envase)* упаковка 2) *(conjunto de cosas)* набор, комплект
pacotilla *f* 1) *nav* свободный от фрахта груз 2) *Am. (chusma)* сброд, отребье ◆ **de ~** низкосортный, не настоящий
pactar *vt* заключать пакт (договор, соглашение)
pacto *m* пакт, договор, соглашение
pacuno *adj Ch.* грубый, неотёсанный
padecer 1. *vt/i* **(de u/c)** страдать (чем-л), болеть (чем-л) **2.** *vt (soportar)* чувствовать, переносить, терпеть
padecimiento *m* 1) страдание 2) *(de una enfermedad)* недуг, болезнь
pádel *m sport* падл, падл-теннис
padrastro *m* отчим
padrazo *m coloq* добрый папаша, снисходительный отец
padre *m* 1) отец 2) *(progenitor)* родитель 3) **(de u/c)** *(creador)* отец (чего-л), автор ◆ **~ adoptive** приёмный отец **~ de familia** отец семейства
padrenuestro *m relig* отче наш
padres *mpl* родители
padrillo *m Am.* жеребец-производитель
padrinazgo *m* 1) обязанности крёстного отца 2) *(protección)* покровительство, протекция
padrino *m* 1) крёстный отец 2) *(hombre acompañante)* секундант 3) *(protector)* покровитель
padrón[1] *m* 1) список жителей (населённого пункта) 2) *(patrón)* образец, эталон
padrón[2] *m* V. padrazo
paella *f* паэлья (блюдо из риса с овощами, мясом и морепродуктами)
paellera *f* сковородка для приготовления паэльи
paga *f* 1) *(acción de pagar)* плата, платёж 2) *(sueldo)* заработная плата, зарплата 3) *(subsidio)* пособие
pagadero 1. *adj* 1) *(que se ha de pagar)* подлежащий оплате 2) *(que se puede pagar fácilmente)* выплачиваемый, погашаемый **2.** *m* срок платежа
pagado *adj* 1) оплаченный, выплаченный 2) *(no gratuito)* платный
pagador *m* плательщик
pagaduría *f com* касса
paganini *m/f coloq* V. pagano 2
paganismo *m* язычество
pagan|o[1] **1.** *adj* 1) языческий 2) *(infiel no bautizado)* нехристианский, некрещёный **2. , -a** *m/f* 1) язычни| к, -ца, идолопоклонни|к, -ца 2) *(infiel no bautizado)* иноверец
pagano[2] *m coloq* человек, который платит за других
pagar *vt* 1) платить (за что-л), оплачивать 2) *(un sueldo, una paga)* выплачивать 3) *(una deuda, impuestos)* уплачивать 4) **(por u/c)** *(un delito o falta)* расплачиваться (за что-л), искупать
pagaré *m com* кредитный документ, долговое обязательство
pagarse *vt* 1) **(a u/c)** *(aficionarse)* пристраститься (к чему-л), приохотиться (к чему-л) 2) **(de u/c)** *(ufanarse)* гордиться (чем-л), хвастаться (чем-л)
pagaya *f nav* кормовое весло
pagel *m* морской лещ
página *f* 1) страница 2) *(episodio)* эпизод, момент ◆ **~ web** веб-страница
paginación *f* нумерование страниц
paginar *vt* нумеровать страницы
pago *m* плата, оплата, платёж, выплата ◆ **de ~** платный **~ a cuenta** задаток **~ al contado** платёж наличными **~ anticipado** предоплата
pagro *m* золотистый пагр
paiche *m Am.* V. arapaima
paila *f* большой металлический таз, миска
pailón *m Hond.* низина, котловина

país *m* 1) *(como territorio)* страна, край 2) *(como estado)* страна, государство
paisaje *m* пейзаж, ландшафт
paisajismo *m* ландшафтный дизайн
paisajista 1. *adj arte* пейзажистский, пейзажный **2.** *m/f arte* пейзажист, -ка
paisajístico *adj* ландшафтный, относящийся к ландшафту
paisan|o, -a *m/f* земля|к, -чка, соотечественни|к, -ца ◆ **de ~o** в штатском
paja *f* 1) *(caña)* соломина, соломинка 2) *(conjunto de pajas)* солома 3) *(para beber)* трубочка 4) *vulg* мужская мастурбация ◆ **separar el grano de la ~** отделять зерно от плевел **ver la ~ en el ojo ajeno y no la viga en el propio** видеть в чужом глазу соломинку, а в своём брёвна не замечать
pajar *m* сеновал
pájara *f* 1) *(ave pequeña)* V. pájaro 2) *(cometa)* бумажный змей 3) *(mujer astuta)* шельма, проныра 4) *(desfallecimiento)* упадок сил
pajarera *f* большая клетка для птиц, вольер
pajarería *f* 1) *(muchedumbre de pájaros)* скопление птиц 2) *(tienda)* магазин, торгующий птицами
pajarero 1. *adj* 1) птичий, относящийся к птицам 2) *coloq (alegre)* весёлый, шутливый **2.** *m* 1) *(persona que caza pájaros)* птицелов 2) *(persona que cría pájaros)* птицевод 3) *(persona que vende pájaros)* продавец птиц
pajarita *f* 1) *(figura de papel)* бумажный петушок 2) *(especie de corbata)* бабочка
pájaro *m* птица ◆ **~ carpintero** дятел
pajarón *m Ch. Arg. coloq* рассеянный человек
pajarrac|o 1. *m desp* большая птица (неизвестная) **2. , -a** *m/f coloq* хитрец, ловкач
paje *m* паж
pajel *m* V. pagel
pajero *m* торговец соломой
pajillero *m vulg* дрочун
pajita *f* соломинка
pajizo *adj* 1) *(hecho de paja)* соломенный 2) *(cubierto de paja)* покрытый соломой 3) *(de color de paja)* цвета соломы, палевый
pajolero *adj vulg* проклятый, окаянный
pajonal *m* жнивьё (поле)
pakistaní 1. *adj* пакистанский **2.** *m/f* пакистан|ец, -ка
pala *f* 1) лопата 2) *anat* передний зуб, резец 3) *sport* ракетка
palabra *f* 1) слово 2) *(facultad de hablar)* дар речи 3) *(promesa)* обещание ◆ **coger la ~ a alg** ловить на слове **dar su ~** дать слово, обещать **de ~** устно **en dos ~s** в двух словах **en una ~** одним словом **juego de ~s** игра слов **~ de honor** честное слово **~ por ~** дословно **ser de pocas ~s** быть немногословным
palabreja *f desp* странное (редкое) слово
palabreo *m* V. palabrería
palabrera *f desp* болтунья, трещотка
palabrería *f* многословие, пустословие, болтовня
palabrero 1. *adj* разговорчивый, болтливый **2.** *m desp* болтун, пустозвон
palabrita *f coloq* колкое (обидное) слово
palabrota *f* ругательство, мат
palacete *m* особняк, вилла
palacial *adj* дворцовый, относящийся к дворцу
palaciego 1. *adj* 1) дворцовый 2) *(cortesano)* придворный **2.** *m* придворный
palacio *m* дворец, замок
palada *f* 1) *(porción de pala que se coje de una vez)* полная лопата 2) *(dada con el remo)* взмах (удар) веслом
paladar *m* 1) *anat* нёбо 2) *(gusto)* вкус
paladear *vt* 1) пробовать, отведывать 2) *(tomar gusto a algo)* смаковать, входить во вкус
paladearse *vpron* V. paladear
paladeo *m* проба (пищи)
paladín *m* 1) *hist* паладин 2) *fig* борец, защитник
paladinamente *adv* открыто, явно, публично
paladino 1. *adj* явный, очевидный **2.** *m* V. paladín
palafrén *m* 1) *hist* верховая лошадь 2) *(caballo del criado)* лошадь грума
palafrenero *m* 1) *(criado)* стремянный, грум 2) *(mozo de caballos)* конюший
palanca *f* рычаг
palangana *f* умывальный таз
palanganear *vi Am. coloq* хвастать, бахвалиться
palanganero *m* шкафчик для умывального таза
palangre *m pesc* глубоководный трал
palanquero *m* 1) *(ladrón)* вор-взломщик 2) *(en una ferrería)* горновой
palanqueta *f* ломик, фомка
palanquín *m (mozo)* грузчик, носильщик
palatal *adj* 1) нёбный 2) *ling* палатальный, мягкий
palatalización *f ling* смягчение, палатализация
palatino[1] **1.** *adj anat* нёбный, относящийся к нёбу **2.** *m* нёбная кость
palatino[2] *adj* V. palaciego
palco *m* 1) *(en un teatro)* ложа 2) *(en un estadio)* трибуна
palé *m transp* поддон, паллета
palenque *m* частокол, ограда
paleoceno 1. *adj geol* палеоценовый **2.** *m geol* палеоцен
paleografía *f* палеография
paleógrafo *m* палеограф
paleolítico 1. *adj* палеолитический **2.** *m* палеолит
paleología *f* палеология
paleólogo *m* палеолог
paleontología *f* палеонтология
paleontólogo *m* палеонтолог
paleozoico *adj geol* палеозойский
palero *m* 1) *(fabricante o vendedor de palas)* мастер (продавец) лопат 2) *mil* сапёр
palestin|o 1. *adj* палестинский **2. , -a** *m/f* палестин|ец, -ка
palestra *f* 1) *hist* арена (борьбы), поле битвы 2) *poét* битва, борьба 3) *(lugar de discusión)* место диспута (спора)
palet *m* V. palé
paleta 1. *f* 1) *(pala pequeña)* лопатка 2) совок 3) *(de pintor)* палитра **2.** *m coloq* строитель
paletada *f* полная лопатка, содержимое лопатки

paletilla *f* 1) *anat* лопатка 2) *gastr* свиная лопатка
paletización *f com* паллетирование
paletizado *m* V. paletización
palet|o, -a *m/f coloq* деревенщина, невежда
paliar *vt (atenuar)* облегчать, смягчать
paliativo *adj* паллиативный
palidecer *vi* бледнеть
palidez *f* бледность
pálido *adj* бледный, блёклый
palillero *m* 1) *(fabricante de palillos)* мастер, изготавливающий зубочистки 2) *(cajita para palillos)* подставка (футляр) для зубочисток
palillo 1. *m* зубочистка **2. -s** *mpl (para comer)* палочки
palio *m* 1) *(especie de dosel)* балдахин, полог 2) *hist (prenda del traje griego)* плащ 3) *(capa)* плащ, мантия 4) *relig* паллиум, палия
palique *m coloq* пустая болтовня
palito *m* 1) *El Salv. Cub. Guat. vulg* половой акт 2) *Cub.* барабанная палочка
paliza *f* 1) избиение, побои 2) *sport* разгром ◆ **ser un ~ alg.** *coloq* быть занудой **ser una ~ u.c.** *coloq* быть тяжёлым и скучным
palma 1. *f* 1) *bot* пальма 2) ладонь **2. -s** *fpl* аплодисменты
palmada *f* лёгкий удар ладонью ◆ **dar ~s** хлопать руками
palmadita *f* лёгкий шлепок (рукой)
palmar[1] *adj* 1) пальмовый 2) *(de la mano)* ладонный 3) *(del casco de las caballerías)* относящийся к подошве копыта
palmar[2] *vi coloq* умереть, сдохнуть
palmarés *m* список побед
palmario *adj* ясный, явный, очевидный
palmatoria *f* 1) V. palmeta 2) *(especie de candelabro)* подсвечник, шандал
palmeado *adj* пальмовидный, похожий на пальму
palmear 1. *vi* рукоплескать, аплодировать **2.** *vt impr* выравнивать (форму)
palmera *f* 1) пальма 2) *(pasta)* слоёное ушко
palmeral *m* пальмовая роща
palmeta *f* линейка
palmetazo *m* удар линейкой
palmilla *f* стелька
palmípedo 1. *adj zool* водоплавающий **2. -s** *mpl zool* водоплавающие
palmito *m* 1) пальма хамеропс низкий 2) *gastr* съедобный побег пальмы хамеропс низкий
palmo *m* пядь ◆ **~ de tierra** клочок земли **dejar a uno con un ~ de narices** *coloq* оставить с носом
palmotear *vi* V. palmear
palmoteo *m* рукоплескание
palo *m* 1) палка 2) *(golpe)* удар палкой 3) *(de naipes)* масть 4) *sport* штанга ◆ **a ~ seco** без ничего
paloma *f* голубь ◆ **~ mensajera** почтовый голубь **~ torcaz** вяхирь
palomar *m* голубятня
palomilla *f* 1) *(mariposa nocturna)* ночная бабочка 2) *(mariposa pequeña)* маленькая бабочка, мотылёк 3) *(de las caballerías)* круп 4) *(caballo blanco)* белая лошадь
palomino *m* 1) *(pollo de la paloma brava)* птенец дикого голубя 2) *coloq* пятно от кала на нижнем белье
palomitas *fpl* поп-корн
palomo *m* 1) голубь (самец) 2) *(paloma torcaz)* вяхирь
palosanto *m* хурма
palotada *f* удар палкой
palote *m* 1) небольшая палка 2) палочка (при обучении чистописанию) 3) *Arg. Ur.* скалка
palpable *adj* осязаемый
palpar *vt* 1) щупать, осязать 2) *(en la oscuridad)* идти на ощупь
palpitación *f* 1) биение 2) *med* пальпитация
palpitante *adj* волнующий, захватывающий, животрепещущий
palpitar *vi* 1) *(dicho del corazón)* биться, пульсировать 2) *(moverse involuntariamente)* трепетать, дрожать
pálpito *m* предчувствие
palúdico 1. *adj med* малярийный **2.** *m med* больной малярией
paludismo *m med* малярия
palurd|o 1. *adj* грубый, неотёсанный **2. , -a** *m/f* мужлан, деревенщина
palustre[1] *m (de albañil)* мастерок (штукатура)
palustre[2] *adj (relativo a un pantano)* болотный
pamela *f* женская шляпа с большими полями
pamema *f* 1) жеманничанье, кривлянье 2) *(cosa fútil)* вздор, пустяк
pampa *f* пампа, пампасы
pámpano *m* виноградный усик
pamper|o 1. *adj* пампасный, относящийся к пампе **2. , -a** *m/f* обитатель, -ница пампы
pamplina[1] *f bot* звездчатка средняя
pamplina[2] *f* вздор, пустяки
pampo *adj Ch.* V. plano 1
pan *m* 1) хлеб *barra de pan* батон хлеба; *~ integral* интегральный хлеб 2) *(pan blanco)* белый хлеб, булка 3) *(pan negro)* чёрный хлеб ◆ **ganarse el ~** зарабатывать на хлеб **ser un trozo de ~** быть очень добрым человеком
pana[1] *f* вельвет, полубархат
pana[2] *f P. Rico* плод хлебного дерева
panacea *f* панацея
panadería *f* булочная, пекарня
panadero *m* пекарь, булочник
panal *m* 1) соты 2) *(azucarillo)* разновидность безе (для подслащивания воды)
pañal *m* подгузник, памперсы
panamá *m* панама
panameñ|o 1. *adj* панамский **2. , -a** *m/f* панам|ец, -ка
panamericanismo *m* панамериканизм
panamericano *adj* панамериканский, всеамериканский
pancarta *f* плакат, объявление
panceta *f* бекон
panchito *m* очищенный и жареный арахис
pancho *adj* 1) спокойный, невозмутимый 2) *coloq* живот, пузо
páncreas *m* поджелудочная железа
panda[1] *m (oso)* панда
panda[2] *m (cuadrilla)* компания, группа людей
pandemia *f* пандемия
pandémico *adj* пандемический
pandemonio *m* V. pandemonium
pandemónium *m* 1) *mitol* пандемониум 2) *coloq* бедлам, сумасшедший дом
pandereta *f* бубен

pandero *m* 1) бубен 2) *coloq (persona que habla con poca sustancia)* пустозвон 3) *coloq (culo)* задница, попа
pandilla V. panda 2
pandillero *m* член банды (шайки)
panecillo *m* булочка
panegírico **1.** *adj* хвалебный, панегирический **2.** *m* панегирик
panegirista *m/f lit* панегирист, -ка
panel *m* 1) панель 2) *electr* щит, щиток
panera *f* 1) *(cámara)* житница, хлебный амбар 2) *(cesta)* большая корзина для хлеба
panero **1.** *adj* любящий есть хлеб **2.** *m* 1) *(canasta)* корзинка булочника 2) *(estera)* круглая подстилка
pañero **1.** *adj* суконный, относящийся к сукну **2.** *m* торговец сукном, суконщик
paneslavismo *m* панславизм
paneslavista **1.** *adj* панславистский **2.** *m/f* панславист, -ка
pánfilo *adj* простой, глуповатый
panfletista *m/f* памфлетист, -ка
panfleto *m* памфлет
pangolín *m* панголин
paniaguado *m* 1) слуга 2) *(protegido)* фаворит, протеже
pánico *m* паника *tener ~* впадать в панику
panificación *f* хлебопечение, выпечка хлеба
panificadora *f* хлебопечка
panificar *vt* 1) выпекать хлеб 2) *(roturar tierras)* обрабатывать землю под хлеб
paño *m* 1) сукно 2) *(pedazo de tela)* ткань, кусок ткани 3) *(trapo)* кухонное полотенце, тряпка
panocha *f* початок кукурузы
panocho *adj* относящийся к мурсианской уэрте
pañol *m* помещение, отделение
pañoleta *f* косынка, шейный женский платок
panoplia *f* 1) *(armadura)* доспехи (рыцарские) 2) *(colección de armas)* коллекция оружия 3) *(escudo con armas)* щит, с развешанным на нём оружием
panorama *m* 1) панорама 2) *(aspecto de una cuestión)* ситуация
panorámica *f foto* панорамирование
panorámico *adj* панорамный, панорамический
panqueque *m Am.* оладья, блин
pantalán *m nav* причал для яхт
pantaletas *fpl Am.* трусы
pantalla *f* экран
pantalón *m* брюки *~ de peto* комбинезон; *~ vaquero* джинсы
pantanal *m* болото, болотистая местность
pantano *m* 1) болото 2) *(embalse)* водохранилище
pantanoso *adj* 1) болотистый, топкий 2) *(lleno de inconvenientes)* трудный, неудобный
panteísmo *m filos* пантеизм
panteístico *adj filos* пантеистический
panteón *m* 1) пантеон 2) *(cementerio)* кладбище
pantera *f* пантера
pantimedias *fpl* колготки
pantógrafo *m* пантограф
pantomima *f* пантомима
pantorrilla *f* икра (ноги), голень
pantufla *f (espec pl)* шлёпанец, домашняя туфля
panti, panty *m (espec pl)* колготки
pañuelo *m* 1) платок 2) *(de papel)* салфетка
panza *f* брюхо, пузо
panzada *f* 1) *(golpe con la panza)* удар животом 2) *coloq (hartazgo)* сытость
panzudo *adj* толстобрюхий, пузатый
papa[1] *m* 1) *(de Roma)* папа (римский) 2) *infant* V. papá
papa[2] *f* 1) *coloq (tontería)* глупость, вздор 2) *(sopa muy blanda)* каша 3) *coloq (cualquier comida)* еда, жрачка
papa[3] *f Am.* V. patata
papá *m coloq* папа
papada *f* 1) двойной подбородок 2) *(de los animales)* зоб
papadilla *f* V. papada 2
papado *m* папство
papagayo *m* попугай
papal[1] *adj (relativo al papa)* папский, относящийся к папе римскому
papal[2] *m Am.* V. patatal
papamoscas *m* 1) *(pájaro)* мухоловка 2) *coloq* V. papanatas
papanatas *m/f* разиня, ротозей
paparruchas *fpl coloq* глупость, вздор
paparse *vt coloq* есть, съедать
papás *mpl fam* родители
papaya *f* папайа
papayo *m* папайа, дынное дерево
papel *m* 1) бумага 2) документ 3) *teat* роль 4) *(función)* роль *jugar un ~ importante* играть важную роль 5) *econ* купюра ◆ **~ higiénico** туалетная бумага **~ de aluminio** фольга **perder los ~es** выйти из себя
papelamen *m coloq* бумаги, документы
papelear *vi* просматривать (перебирать) бумаги
papeleo *m* 1) *(acción de papelear)* просматривание бумаг 2) *(exceso de trámites)* волокита
papelera *f* 1) корзина для бумаг, урна 2) *(fábrica)* бумажный завод
papelería *f* магазин канцелярских товаров
papelero *adj* 1) бумажный, относящийся к бумаге 2) *(ostentoso)* хвастливый, тщеславный
papeleta *f* 1) листок бумаги 2) *(electoral)* избирательный бюллетень 3) *coloq (asunto difícil de resolver)* обременительное дело
papelina *f jerg* порция наркотиков, завёрнутая в бумагу
papelón **1.** *adj coloq* хвастливый, тщеславный **2.** *m* 1) *desp (papel)* бумажонка 2) *coloq (actuación deslucida)* промах, глупость
papera *f* зоб
paperas *fpl* паротит, свинка
papi *m infant* папа, папочка
papilla *f* каша
papiro *m* папирус
papista **1.** *adj relig* папистский **2.** *m/f relig* папист ◆ **ser más ~ que el Papa** быть излишне строгим
papo *m* 1) *(de un animal)* подгрудок 2) *(de un ave)* зоб
páprika *f* паприка
paquebote *m* пароход, пакетбот

paquete *m* 1) *(envoltorio)* пачка, упаковка 2) *(postal)* посылка 3) *(de servicios)* пакет 4) *coloq (castigo)* наказание, санкция
paquetería *f* 1) *(género de comercio)* мелкий товар 2) *(tipo de comercio)* мелочная торговля
par 1. *adj* 1) равный, одинаковый 2) *(dicho de un número)* чётный **2.** *m* пара *un ~ de horas* пара часов ◆ **a la ~** одинаково, одновременно **abrir de ~ en ~** широко открыть **sin ~** бесподобный
para *prep* 1) для *~ niños* для детей; *~ dibujar* для, того, чтобы рисовать 2) *(en dirección a)* в, в сторону, по направлению в *salir ~ Tarragona* выезжать в Таррагону 3) *(expresando la duración prevista de una acción)* на *venir ~ una semana* приехать на неделю ◆ **~ con alg o u.c.** по отношению к кому/чему-л **~ que** чтобы, для того, чтобы **¿ ~ qué?** зачем? **para siempre** навсегда
parabién *m* поздравление, пожелание счастья
parábola *f* 1) иносказание, притча 2) *mat* парабола
parabólica *f* V. antena parabólica
parabólico *adj* 1) *geom telec* параболический 2) *(relativo a la parábola)* иносказательный
parabrisas *m* дворники
paracaídas *m* парашют
paracaidismo *m* парашютизм
paracaidista *m/f* парашютист
paracetamol *m farma* парацетамол
parachoques *m* бампер
parada *f* 1) *(acción)* остановка 2) *(de autobús)* остановка 3) *(de tren o metro)* станция 4) *(de taxis)* стоянка такси 5) *(pausa)* пауза, перерыв 6) *sport* отражение
paradero *m* 1) место остановки 2) *jur* местонахождение
paradigma *m* парадигма
paradigmático *adj* парадигматический
paradisíaco *adj* райский
parad|o 1. *adj* 1) *(sin funcionar)* остановленный, отключённый 2) *(sin trabajo)* безработный 3) *(de carácter)* вялый, пассивный **2. , -a** *m/f* безработн|ый, -ая
paradoja *f* парадокс
paradójico *adj* парадоксальный
parador *m* придорожная гостиница
parafernalia *f* атрибуты, атрибутика
parafina *f* парафин
parafrástico *adj* парафрастический, перифрастический
paragolpes *m* V. parachoques
parágrafo *m* параграф
paraguas *m* зонтик, зонт
paraguay|o 1. *adj* парагвайский **2. , -a** *m/f* парагва|ец, -йка
paragüero *m* подставка для зонтов
parahúso *m* ручное сверло
paraíso *m* рай ◆ **~ fiscal** офшор
paraje *m* место, местность
paralela 1. *f* параллель, параллельная линия **2.** *fpl sport* параллельные брусья
paralelamente *adv* параллельно
paralelepípedo *m geom* параллелепипед
paralelismo *m* параллельность, параллелизм
paralelo 1. *adj* 1) параллельный 2) *(semejante)* похожий, подобный **2.** *m* 1) *geogr geom* параллель 2) *(análogo)* параллель, сравнение ◆ **en ~** параллельно
paralelogramo *m geom* параллелограмм
paralímpico *adj* паралимпийский
parálisis *f* паралич
paralítico 1. *adj* инвалидный, паралитический **2. , -a** *m/f* инвалид, паралитик
paralización *f* 1) парализация 2) *(detención)* остановка
paralizar *vt* 1) парализовать 2) *(detener)* останавливать
paralizarse *vpron* 1) парализоваться, отниматься 2) *(detenerse)* останавливаться
paramédico 1. *adj* парамедицинский **2.** *m* парамедик
paramento *m* убранство, украшение
paramera *f* необитаемая местность, пустыня
paramétrico *adj* параметрический
parámetro *m* параметр
paramilitar *adj* военизированный
páramo *m* голая и холодная местность
parangón *m* сравнение, сопоставление *sin ~* ни с чем несравнимый
parangonar *vt* сравнивать, сопоставлять
paraninfo *m* 1) *(salón de actos)* актовый зал 2) *hist (orador)* добрый вестник, оратор
paranoia *f* паранойя
paranoico *adj* параноидальный
paranormal *adj* паранормальный
paraolímpico *adj* V. paralímpico
parapente *m* параплан
parapentista *m* парапланерист
parapetarse *vpron* защищаться, баррикадироваться
parapeto *m* парапет, бруствер
paraplejia *f med* параплегия
parapléjico *adj med* параплегический
parapsicología *f* парапсихология
parapsicológico *adj* парапсихологический
parapsicólogo *m* парапсихолог
parar 1. *vt* 1) останавливать, прекращать 2) *sport* отражать, отбивать **2.** *vi* 1) останавливаться 2) *(finalizar)* прекращаться, переставать 3) *coloq (encontrarse en un sitio)* находиться ◆ **ir a ~** очутиться, оказаться **sin ~** без перерыва, без остановки
pararrayos *m* громоотвод, молниеотвод
pararse *vpron* останавливаться, прекращаться
parasíntesis *f ling* парасинтез
parasintético *adj ling* парасинтетический
parásito *m* 1) паразит 2) *(piojo)* вошь
parasitología *f med* паразитология
parasitológico *adj med* паразитологический
parasitólogo *m med* паразитолог
parasol *m* зонт (от солнца)
paraván *m* ширма
parca *f mitol* Парка
parcela *f* 1) (земельный) участок земли 2) *(parte)* часть, доля
parcelación *f* раздробление на участки
parcelar *vt* дробить на участки
parcelario *adj* надельный, парцеллярный
parche *m* 1) заплата 2) *med* пластырь 3) *coloq (solución temporal)* временное решение ◆ **poner ~s** латать дырки
parchear *vt* ставить заплаты

parchís *m* парчис (настольная игра с кубиками и фишками)
parcial *adj* 1) частичный 2) *(subjetivo)* пристрастный, необъективный
parcialidad *f* пристрастность, предвзятость
parcialmente *adv* 1) частично 2) *(subjetivamente)* необъективно, предвзято
parco *adj* умеренный, сдержанный
parcómetro *m* V. parquímetro
pardal 1. *adj obsol* деревенский **2.** *m* 1) *(gorrión)* воробей 2) *coloq* хитрый человек, плут
pardillo 1. *adj coloq* деревенский, неотёсанный **2.** *m* 1) *coloq* наивный человек 2) *(pájaro)* коноплянка
pardo *adj* 1) бурый 2) *(dicho del cielo o las nubes)* тёмный, пасмурный ◆ **oso** ~ бурый медведь
pardusco *adj* коричневатый
parear *vt* подбирать под пару, соединять попарно
parece|r 1. *vi* 1) *(creer)* казаться, думать *me ~ que va a llover* мне кажется, что будет дождь; *¿qué le ~?* как Вам кажется? 2) *(tener cierta apariencia)* казаться (кем/чем-л), выглядеть (кем/чем-л) *~s cansado* ты выглядишь уставшим **2.** *m* мнение ◆ **a mi ~r** по-моему **al ~r** видимо, по- видимому
parecerse *vi* **(a alg)** быть похожим (на кого-л), походить (на кого-л)
parecido 1. *adj* **(a alg o u/c)** похожий (на кого/что-л), схожий (с кем/чем-л) **2.** *m* сходство
pared *f* стена, стенка ◆ **de** ~ настенный **las ~es oyen** стены имеют уши ~ **maestra** капитальная стена **subirse por las ~es** быть вне себя
paredón *m* 1) толстая стена (в развалинах) 2) *(de fusilamiento)* стена расстрела
pareja *f* 1) пара 2) *(en el baile)* партнёр 3) *(en el trabajo)* напарни|к, -ца 4) *(compañero o compañera sentimental)* молодой человек, девушка
parejo *adj* подобный, одинаковый
paremia *f ling* паремия
paremiología *f ling* паремиология
paremiológico *adj ling* паремиологический
paremiólogo *m ling* паремиолог
parentela *f* родня, родственники
parentesco *m* родство
paréntesis *m* скобки *entre* в скобках
pargo *m* V. pagro
paria *m/f* пария
paridad *f* 1) равенство 2) *econ jur* паритет
paridora *adj* плодовитая (о женщине, самке)
parienta *f coloq* жена
pariente 1. *adj* родственный **2.** *m/f* родствени|к, -ца
parihuela *f* носилки
paripé *m coloq* притворство, лицемерие ◆ **hacer el** ~ важничать
parir *vt/i* рожать
parisiense 1. *adj* парижский **2.** *m/f* парижан|ин, -ка
parisílabo *adj lit* равносложный
paritario *adj* паритетный
paritorio *m* родильная комната
parka *f* парка (куртка)
parking *m* стоянка, паркинг
párkinson *m* болезнь Паркинсона
parkinsonismo *m med* болезнь Паркинсона
parlamentar *vi* вести переговоры
parlamentario *adj* парламентский
parlamentarismo *m* парламентаризм
parlamento *m* 1) парламент 2) *(discurso)* речь, выступление
parlanch|ín 1. *adj coloq* болтливый **2. , -ina** *m/f* болтун, -ья
parlante *adj* говорящий
parlar *vi* 1) *(revelar lo que se debe callar)* болтать, проговариваться 2) *(hablar con desembarazo)* говорить, болтать
parlotear *vi* болтать, разговаривать
parloteo *m* болтовня
parné *m vulg* деньги, бабло
paro *m* 1) остановка, прекращение работы 2) *(huelga)* прекращение работы 3) *(desocupación)* безработица
parodia *f* пародия
parodiar *vt* пародировать
paródico *adj* пародийный
parodista *m/f* пародист, -ка
parola *f coloq* многословие, болтовня
paronimia *f ling* паронимия
parónimo *m ling* пароним
paroxismo *m* 1) *(exaltación extrema)* приступ, припадок 2) *med* пароксизм
parpadeante *adj* мигающий
parpadear *vi* моргать, мигать
parpadeo *m* 1) мигание, моргание 2) *tecn* мерцание
párpado *m* веко
parque *m* 1) парк 2) *(conjunto de vehículos)* парк 3) *(depósito)* база, склад 4) *(para niños pequeños)* манеж ◆ ~ **de atracciones** парк аттракционов ~ **infantil** детский парк, детская площадка ~ **nacional** заповедник ~ **tecnológico** технопарк ~ **temático** тематический парк ~ **zoológico** зоопарк
parqué *m* паркет
parquear *vt Am.* V. aparcar
parquedad *f* бережливость, скупость
parquet *m* V. parqué
parquímetro *m* паркомат
parra *f bot* виноград, виноградная лоза
parrafada *f* 1) *coloq (conversación confidencial)* конфиденциальный разговор 2) *coloq (trozo de charla)* тирада, речь
párrafo *m* абзац
parral[1] *m* запущенный виноградник
parral[2] *m (vasija)* миска для мёда
parranda *f* 1) *(cuadrilla de músicos)* компания музыкантов, разгуливающая вечером по городу 2) *(juerga bulliciosa)* гулянье, веселье *estar de* ~ гулять, кутить
parrandero 1. *adj* гуляющий, праздношатающийся **2.** *m* гуляка, кутила
parricida *m/f* отцеубийца
parricidio *m* отцеубийство
parrilla *f* решётка (для жаренья) ◆ **a la** ~ на гриле
parrillada *f* ассорти мяса (рыбы) на гриле
parrillero *adj* относящийся к грилю
párroco *m* приходский священник
parroquia *f* 1) церковный приход 2) *(parroquianos)* прихожане

parroquial *adj* приходской

parroquiano *m* 1) прихожанин 2) *(cliente habitual)* постоянный посетитель

parsimonia *f* 1) *(lentitud)* медлительность 2) *(moderación)* бережливость, расчётливость 3) *(circunspección)* осмотрительность, осторожность

parsimonioso *adj* 1) *(lento)* медлительный, флегматичный 2) *(moderado)* бережливый, умеренный

parte 1. *f* 1) часть, доля 2) *(bando)* сторона 3) *(lugar)* место 4) *(en un litigio)* сторона 5) *lit mús teat* часть, глава **2.** *fpl euf* половые органы **3.** *m* 1) *(información)* сообщение, извещение 2) *(documento)* акт, рапорт 3) *mil* донесение ◆ **dar** ~ извещать **de parte de** от кого-л **en** ~ частично **en gran** ~ во многом **en ninguna** ~ нигде **en todas** ~ везде **media** ~ перерыв, антракт ~ **meteorológico** прогноз погоды **por una (otra)** ~ с одной (другой) стороны **por** ~ по частям **tomar** ~ принимать участие

partera *f* акушерка

partero *m* акушер

parterre *m* клумба, партер

partible *adj* делимый

partición *f* разделение, деление

participación *f* 1) участие 2) *(aviso)* сообщение, извещение 3) *econ* доля 4) *(número de lotería)* лотерейный билет

participante *m/f* участни|к, -ца

participar 1. *vi* 1) **(en u/c)** участвовать (в чём-л), принимать участие (в чём-л) 2) **(de u/c)** *(compartir)* разделять **2.** *vt (informar de algo)* сообщать

partícipe *adj* участвующий, причастный

participio *m gram* причастие

partícula *f* частица

particular 1. *adj* частный **2.** *m/f* частное лицо ◆ **en** ~ в частности

particularidad *f* особенность

particularismo *m* партикуляризм, индивидуализм

particularista 1. *adj* индивидуалистический **2.** *m/f* индивидуалист, -ка

particularizar *vt* 1) *(expresar con todas las circunstancias)* точно определять, характеризовать 2) *(hacer distinción)* выделять, отличать

particularizarse *vpron* выделяться, отличаться

particularmente *adv* 1) *(especialmente)* особенно 2) *(con individualidad y distinción)* в частности 3) *(con carácter privado)* частным образом

partida *f* 1) *(acción de partir)* отъезд, отправление 2) *(juego)* игра, партия 3) *(de mercancía)* партия 4) *(en una cuenta o balance)* статья, часть 5) *(documento)* свидетельство ~ *de nacimiento* свидетельство о рождении 6) *(muerte)* смерть ◆ **punto de** ~ точка отсчёта

partidario 1. *adj* приверженный **2.** *m/f* сторонни|к, -ца, привержен|ец, -ка

partidismo *m* 1) *(parcialidad)* пристрастность 2) *(adhesión a un partido)* приверженность к партии

partidista *adj* пристрастный

partido *m* 1) *(político)* партия 2) *(en un juego o deporte)* игра, матч 3) *(beneficio)* выгода, польза ◆ **sacar** ~ извлекать пользу **ser un buen** ~ *coloq* быть хорошей партией **tomar** ~ занимать позицию

partidor *m* делитель, распределитель

partidura *f* пробор

parti|r 1. *vt* 1) делить, разделять 2) *(romper)* раскалывать, разбивать **2.** *vi* 1) **(de u/c)** *(basarse)* исходить (из чего-л) 2) *(marcharse)* отправляться (в путь), трогаться (в путь) ◆ **a ~r de u.c.** с чего-л, начиная с чего-л **~endo de u.c.** исходя из чего-л

partisano 1. *adj* партизанский **2.** *m* партизан

partitivo *adj* 1) делимый, разделимый 2) *ling* разделительный, партитивный

partitura *f mús* партитура

parto *m* роды

parturienta 1. *adj* рожающая **2.** *f* роженица

parva *f* 1) V. parvedad 2 2) *(mies)* хлеб на току

parvedad *f* 1) V. pequeñez 2) *(desayuno)* завтрак (во время поста)

parvo *adj* маленький

parvulario *m* начальная школа, деский сад

párvulo 1. *adj* 1) маленький, малого возраста 2) *(preescolar)* дошкольный, дошкольного возраста 3) *(ingenuo)* наивный **2.** *m* маленький ребёнок, дошкольник

pasa[1] *f* изюм

pasa[2] *f nav* фарватер, проход

pasa[3] *f coloq (de una enfermedad)* поветрие

pasable *adj* неплохой, сносный

pasabocas *m Am.* закуска

pasacalle *m mús* пассакалья

pasada *f* 1) ход, проход, прохождение 2) *(repaso, retoque)* однократное действие, один прием *dar una ~ de pintura* нанести слой краски, покрасить 3) *(partida de un juego)* партия 4) *coloq (hecho que perjudica a alguien)* подвох, каверза *jugarle a uno una mala ~* подложить свинью кому-л. 5) *coloq (cosa extraordinaria)* необычайный предмет, человек или событие

pasadera *f* V. pasadero

pasadero 1. *adj* 1) проходимый, торный 2) *(soportable)* терпимый, сносный **2.** *m* камень, доска (для переправы)

pasadizo *m* коридор

pasado *m* прошлое

pasador 1. *adj* 1) переходящий, проходящий 2) *(que pasa contrabando)* перевозящий контрабанду **2.** *m* 1) засов, задвижка 2) *(para el pelo)* длинная головная шпилька 3) *(para la corbata)* булавка для галстука 4) *(para la falda)* брошь 5) *tecn* штифт, палец, штырь

pasaje *m* 1) *(calle)* проезд, переулок, пассаж 2) *(billete)* билет 3) *(pasajeros)* пассажиры 4) *(de una obra literaria)* отрывок, место 5) *mús* пассаж

pasajer|o, -a 1. *m/f* пассажир, -ка **2.** *adj* временный, преходящий ◆ **ave ~a** перелётная птица

pasamanería *f* позументная (басонная) работа

pasamano *m* позумент, галун, басон

pasamanos *m* V. pasamano

pasamontañas *m* вязаная шапка с прорезями для глаз

pasante 1. *adj* сквозной, проходящий **2.** *m* 1) *(de un abogado, profesor)* помощник, ассистент 2) *(profesor)* репетитор
pasapalo *m Ven.* закуска
pasaportar *vt* 1) выдавать паспорт 2) *(echar a alguien)* выгонять 3) *(asesinar)* убивать
pasaporte *m* паспорт
pasapurés *m* измельчитель, блендер
pas|ar 1. *vi* 1) проходить *¡ ~e!* проходите! 2) *(suceder)* происходить, случаться *¿qué ~a?* что происходит?, в чём дело? 3) *(subsistir)* жить, перебиваться 4) **(de alg o u/c)** *coloq (dar igual)* забить (на кого/что-л) **2.** *vt* 1) *(llevar)* проводить, проносить 2) *(cruzar)* переходить 3) *(transmitir)* передавать 4) *(ir más allá de un límite)* перешагивать, заходить (за что-л) 5) *(superar)* превышать 6) *(transportar ilegalmente)* перевозить 7) *(sufrir)* переносить 8) *(una película)* показывать 9) *sport* передавать мяч, делать пас 10) *jueg* пропустить ход ◆ **~arlo bien** проводить время хорошо **~ar por alto** пропустить, недосмотреть **~ar de largo** проходить мимо, не замечать
pasarela *f* 1) мостик, переход 2) *(en los desfiles)* подиум
pas|arse *vpron* 1) проходить, проезжать *me ~é mi estación* я проехал свою остановку 2) *(a otro lado)* переходить, перемётываться *~arse al enemigo* перейти на сторону противника 3) *(acabarse)* проходить, кончаться *no se me ~a el dolor* у меня боль не проходит 4) *(estropearse)* гнить, портиться 5) *coloq (excederse)* перестараться, переборщить *te has ~ado* ты переборщил, ты перегнул палку 6) *(olvidarse)* забыть, упустить *se me ~ó avisarle* я забыл предупредить его ◆ **~arse de la raya** перестараться, переборщить
pasatiempo *m* развлечение, игра, задача
Pascua *f relig* Пасха *¡Felices Pascuas!* с Пасхой!
pase[1] *m* пропуск
pase[2] *m sport* передача
paseante *m* праздный человек
pasear 1. *vi* гулять, прогуливаться **2.** *vt* вести гулять, выгуливать
pasearse *vpron* 1) прогуливаться 2) *(a caballo, en una embarcación)* кататься 3) *(discurrir vagamente)* поверхностно судить 4) *(estar ocioso)* бездельничать
paseíllo *m taur* шествие квадрильи
paseo *m* 1) прогулка 2) *(lugar junto al mar)* набережная, аллея ◆ **dar un ~** прогуливаться **mandar a ~ (a alg)** *coloq* послать подальше (кого-л) *vulg*
pasillo *m* коридор
pasión *f* 1) *(acción de padecer)* страдание, мучение 2) *(afecto desordenado del ánimo)* страсть, страстная любовь 3) **(por alg o u/c)** *(afición)* страсть (к кому/чему-л), увлечение (чем-л), пристрастие (к кому/ чему-л) 4) *relig* страсти Христовы
pasional *adj* страстный, внушённый страстью *crimen ~* убийство из ревности
pasionaria *f* страстоцвет
pasito *m* dimin. de paso
pasiva *f ling* страдательный залог
pasividad *f* пассивность
pasiv|o 1. *adj* 1) пассивный 2) *ling* страдательный *voz ~a* страдательный залог **2.** *m econ* пассив
pasma *f jerg* полиция, менты
pasmado *adj coloq* : quedarse ~ опешить, быть ошеломлён
pasmar *vt* 1) простужать 2) *coloq (asombrar)* сильно удивлять, ошеломлять
pasmarse *vpron* 1) простужаться 2) *coloq (asombrarse)* сильно удивляться, ошеломляться
pasmo *m* простуда
pasmoso *adj* поразительный, удивительный
paso *m* 1) шаг 2) *danz* шаг 3) *(modo de andar)* походка 4) *(acción de pasar)* проход, прохождение 5) *(lugar por donde pasar)* проход, переход, проезд 6) *(avance)* шаг, прогресс 7) *geogr* пролив ◆ **a cada ~** на каждом шагу **ceder el ~** уступать дорогу **dar ~** пропускать **mal ~** затруднительное, неприятное положение **~ a nivel** железнодорожный переезд **~ a ~** шаг за шагом **~ de cebra** пешеходный переход **salir del ~** выходить из положения
paso *adj* сушёный (о фруктах)
pasodoble *m mús* пасодобль
pasota *m/f coloq* пофигист
pasotismo *m coloq* пофигизм, равнодушие
paspartú *m* паспарту
pasquín *m* листовка
pasta *f* 1) масса 2) *(masa a base de harina)* тесто 3) *(macarrones etc.)* паста, макаронные изделия 4) *coloq* деньги ◆ **~ de dientes** зубная паста
pastar 1. *vt* пасти **2.** *vi* пастись
pastear *vt/i* V. pastar
pastel 1. *adj arte* пастельный **2.** *m* 1) торт, пирог 2) *arte* пастель
pastelería *f* кондитерская
pastelero *m* кондитер
pasterizar *vt* V. pasteurizar
pasteurizado *adj* пастеризованный
pasteurizar *vt* пастеризовать
pastiche *m* пародия, подражание
pastilla *f* 1) *(de chocolate, etc.)* плитка 2) *(confite)* драже 3) *(píldora)* таблетка, пилюля ◆ **a toda ~** очень быстро, на полную катушку
pastillero *m* 1) футляр для таблеток 2) *coloq (drogadicto)* наркоман, употребляющий таблетки
pastizal *m* пастбище, выгон
pasto *m* 1) *(acción)* пастьба 2) *(comida)* корм, фураж
pastón *m coloq* большие деньги, большие бабки
pastor *m* 1) пастух 2) *relig* пастырь, пастор
pastoral 1. *adj* 1) V. pastoril 2) *relig* пастырский **2.** *f lit mús* пастораль
pastorela *f lit* пастораль
pastoreo *m* пастьба, выпас
pastoril *adj* пастушеский, пастуший
pastoso *adj* 1) тестообразный 2) *(áspero)* вязкий
pastún *m* пуштун
pata[1] *f* 1) *(de un animal)* нога, лапа 2) *(de un mueble)* ножка 3) *coloq (pierna)* нога ◆ **a cuatro ~s** на четвереньках **a ~** *coloq* пешком

estirar la ~ *coloq* умереть **mala ~** *coloq* невезуха **meter la ~** *coloq* попасть впросак
pata[2] *f (hembra del pato)* гусыня
patada *f coloq* удар ногой, пинок
patag|ón 1. *adj* патагонский **2.** , **-ona** *m/f* патагон|ец, -ка
patalear *vi* бить ногами, стучать ногами
pataleo *m* дрыгание, топанье ногами
pataleta *f coloq* притворная истерика
patán *m* мужлан, лапоть
patas *m coloq* чёрт, дьявол
patata *f* картофель, картошка *~ fritas* картофель фри
patatús *m coloq* обморок *darle un ~ a alguien* упасть в обморок
paté *m* паштет
patear 1. *vt* 1) бить ногами 2) *coloq (tratar desconsideradamente)* грубо обращаться, топтать **2.** *vi* 1) *coloq* топать ногами 2) *coloq (andar mucho haciendo diligencias)* обивать пороги, хлопотать
patena *f* 1) *relig* дискос (поднос для причастия) 2) медаль (украшение крестьянских женщин) ◆ **limpio como una ~** очень чистый
patentado *adj* запатентованный
patente 1. *adj* очевидный, явный **2.** *f* патент
patentizar *vt* делать очевидным, выявлять
pateo *m coloq* топот, топанье
patera *f* лодка, шлюпка
paternal *adj* отцовский, отчий
paternalismo *m* патернализм
paternalista *adj* покровительственный, патерналистский
paternalmente *adv* отечески
paternidad *f* отцовство
paterno *adj* отцовский, отчий
patético *adj* 1) патетический 2) *(ridículo)* смешной
patíbulo *m* виселица, эшафот
paticojo *adj coloq* хромой, колченогий
paticorto *adj coloq* коротконогий
patidifuso *adj coloq* изумлённый, смущённый
patilla *f* 1) бакенбарда 2) *tecn* штырь, штифт
patín *m (espec pl)* 1) *(de hielo)* конки 2) *(de ruedas)* ролики
pátina *f* патина
patinador, -a *m/f* конькобеж|ец, -ка
patinaje *m* 1) катание на коньках, конькобежный спорт 2) *(sobre ruedas)* катание на роликах
patinar *vi* 1) кататься на коньках 2) *(sobre ruedas)* кататься на роликах 3) *(resbalar)* скользить
patinazo *m* 1) скольжение, юз 2) *coloq (desliz)* ляп, промах
patinete *m* самокат
patio *m* двор ◆ **~ de butacas** *teat* партер
patita *f* dimin. de pata
patitieso *adj coloq* ошеломлённый, изумлённый
patito *m* dimin. de pato
patituerto *adj* кривоногий, косолапый
patizambo *adj* кривоногий, косолапый
pato *m* утка
patochada *f* глупость, бессмыслица
patogénico *adj med* патогенный
patógeno *adj med* патогенный
patojo *adj* косолапый, ходящий вперевалку
patología *f* патология
patológico *adj* патологический
patólogo *m med* патолог
patoso *adj* неуклюжий, нескладный
patota *adj Am.* уличная компания
patotero *adj Am.* хулиган
patraña *f coloq* брехня, небылица
patria *f* родина ◆ **~ chica** малая родина
patriarca *m* патриарх
patriarcal *adj* патриархальный
patricio 1. *adj hist* патрицианский **2.** *m hist* патриций
patrimonial *adj* 1) наследственный, родовой 2) *ling* исконный
patrimonio *m* 1) состояние 2) *(propiedad)* собственность 3) *(nacional, cultural)* достояние
patrio *adj* 1) *(relativo a la patria)* отечественный 2) *(relativo al padre)* отцовский, отеческий
patriota *m* патриот, -ка
patriotería *f* ура-патриотизм
patriotero 1. *adj* ура-патриотический **2.** *m* ура-патриот
patriótico *adj* патриотический
patriotismo *m* патриотизм
patrística *f relig* патристика
patrocinador *m* спонсор, покровитель
patrocinar *vt* спонсировать, покровительствовать (кому/чему-л)
patrocinio *m* покровительство, спонсорство
patrón *m* 1) *(protector)* покровитель 2) *(amo de una casa)* хозяин 3) *(de un barco)* владелец судна 4) *(modelo, ejemplo)* образец, эталон 5) *(en costura)* выкройка
patrona *f* 1) покровительница 2) *(ama)* хозяйка
patronal 1. *adj* 1) *(relativo al patrono)* хозяйский, предпринимательский 2) *(relativo al patronato)* попечительский **2.** *f* объединение предпринимателей
patronato *m* 1) покровительство, попечительство, патронат 2) *(corporación de patronos)* объединение предпринимателей 3) *(consejo en una fundación)* совет
patronímico 1. *adj* патронимический **2.** *m* отчество
patrono *m* патрон, предприниматель
patrulla *f* дозор, патруль
patrullar *vt/i* патрулировать, обходить дозором
patrullera *f* патрульный катер
patrullero *adj* патрульный
patuco *m (espec pl)* пинетка
paulatino *adj* постепенный
pauperismo *m* пауперизм, нищета
pauperización *f* пауперизация, обнищание
paupérrimo *adj* нищий, бедный
pausa *f* перерыв, пауза *hacer una ~* делать перерыв
pausado *adj* спокойный, размеренный
pauta *f* 1) транспарант 2) *(norma)* норма, правило 3) *(ejemplo)* пример, образец
pautado *adj* линованый (о бумаге)
pautar *vt* 1) *(el papel)* линовать бумагу для нот 2) *(dar reglas)* инструктировать, наставлять

pava *f* 1) индюшка, индейка 2) *coloq (mujer desgarbada)* неуклюжая, некрасивая женщина

pavés[1] *m* V. adoquín

pavés[2] *m hist* щит

pavía *f* нектарин

pavimentación *f* 1) *(suelo)* настилка (пола) 2) *(carretera)* мощение (дороги)

pavimentado *adj* мощёный

pavimentar *vt* мостить дорогу, настилать пол

pavimento *m* 1) пол 2) *(de la carretera)* мостовая

pavipollo *m* индюшонок

pavo *m* 1) индюк 2) *(carne de pavo)* индейка 3) *coloq (tipo)* чувак ◆ ~ **real** павлин

pavón *m* 1) *(pavo real)* павлин 2) *(capa de óxido)* оксидная плёнка (на воронёной стали)

pavonar *vt* красить для предохранения от ржавчины, воронить

pavonearse *vpron* важничать, хвастаться

pavoneo *m* бахвальство, важничанье

pavor *m* страх, ужас

pavoroso *adj* ужасный, страшный, ужасающий

payasada *f* паясничанье, клоунада, шутовская выходка

payaso *m* клоун, паяц

pay|és, -esa *m/f* крестьян|ин, -ка (в Каталонии и на Балеарских островах)

payo 1. *adj* деревенский **2.** *m* 1) *(campesino rudo)* деревенский житель 2) *(entre los gitanos)* нецыган

pa|z *f* 1) мир 2) *(acuerdo)* мирный договор *firmar la paz* заключить мирный договор 3) *(tranquilidad)* спокойствие ◆ **dejar en ~z a alg** оставить в покое кого-л **hacer las ~ces** помириться **juez de ~z** мировой судья

pazo *m* фамильный дом (в Галисии)

pe *f (название буквы «p» испанского алфавита)* пэ ◆ **de ~ a pa** с начала до конца

peaje *m* дорожная пошлина

peana *f* пьедестал, подножье

peatón *m* пешеход

peatonal *adj* пешеходный

peatonalización *f* устройство пешеходной зоны

peatonalizar *vt* устроить пешеходную зону

pebete *m* 1) фимиам 2) *(canutillo con pólvora)* затравочный порох

peca *f* веснушка

pecado *m* грех

pecador 1. *adj* грешный **2.** *m* грешник

pecadora *f* 1) грешница 2) *coloq (prostituta)* проститутка

pecaminoso *adj* грешный, греховный

pecar *vi* 1) *(cometer un pecado)* грешить 2) *(cometer una infracción moral)* грешить (против чего-л) 3) **(de u/c)** *(excederse en algo)* грешить (чем-л)

pecarí *m* пекари

pecera *f* аквариум

pechar 1. *vt* 1) платить (налог) 2) *Am.* обманывать **2.** *vi* **(con alg)** брать на себя (что-л)

pechera *f* 1) часть одежды, которая покрывает грудь 2) *(pedazo de lienzo o paño)* манишка, нагрудник 3) *coloq (pecho)* грудь

pechero *m hist* налогоплательщик

pecho *m* грудь ◆ **dar el ~** кормить грудью **niño de ~** грудной ребёнок

pechuga *f* грудка (птицы)

pechugón *adj* 1) *(dicho de una mujer)* с большой грудью 2) *Am. (sinvergüenza)* бесстыдный, наглый

pecina[1] *f* рыбный садок

pecina[2] *f* ил

pecio *m* обломок корабля

pecíolo, peciolo *m bot* черешок (листа)

pécora *f* овца ◆ **mala ~** хитрая, нехорошая женщина

pecoso *adj* веснушчатый, конопатый

pectina *f quím* пектин

pectoral *adj* 1) грудной, пекторальный 2) *(beneficioso para el pecho)* грудной *pastilla ~* таблетка от кашля

pecuario *adj* скотоводческий, относящийся к скоту

peculiar *adj* особенный, своеобразный, специфичный

peculiaridad *f* 1) *(cualidad de peculiar)* своеобразие, специфичность 2) *(rasgo peculiar)* особенность

peculio *m hist* пекулий

pecunia *f coloq* монета, деньги

pecuniario *adj* денежный

pedagogía *f* педагогика

pedagógico *adj* педагогический

pedagogo *m* педагог

pedal *m* педаль ◆ **apretar el ~** нажимать на педаль

pedalear *vi* крутить педали

pedaleo *m* работа педалями

pedáneo *adj* сельский

pedanía *f* сельская местность

pedante 1. *adj* щеголящий эрудицией, самодовольный **2.** *m/f* сноб, всезнайка

pedantería *f* интеллектуальный снобизм

pedantesco *adj* V. pedante

pedazo *m* кусок, часть ◆ **en ~s** на куски

pederasta *m/f* педераст

pederastia *f* педерастия

pedernal *m* кремень

pedestal *m* пьедестал, подставка

pedestre *adj* 1) пеший 2) *(vulgar)* вульгарный, пошлый

pediatra *m/f* педиатр

pediatría *f* педиатрия

pedicura *f* педикюр

pedicuro *m* мастер по педикюру

pedida *f* предложение (руки и сердца)

pedido *m* заказ

pedigrí *m* родословная

pedigüeñ|o 1. *adj* попрошайничающий **2. , -a** *m/f* попрошайка

pediluvio *m* ножная ванна

pedir *vt* 1) **(u/c a alg)** просить (у кого-л), запрашивать (у кого-л), спрашивать (у кого-л) 2) *(pedir limosna)* попрошайничать 3) *(encargar)* заказывать

pedo 1. *m* 1) пуканье, кишечные газы 2) *vulg (borrachera)* пьянка, опьянение **2.** *adj vulg* пьяный, под мухой

pedofilia *f* педофилия

pedófilo *m* педофил

pedorreta *f coloq* имитация звука газоиспускания

pedorro *adj* 1) часто испускающий газы 2) *coloq (tonto, ridículo)* глупый, смешной
pedrada *f* удар брошенным камнем
pedrea *f* 1) забрасывание камнями 2) *(granizada)* градобой, град 3) *(en la lotería)* мелкие выигрыши в лотерее
pedregal *m* каменистая местность
pedregoso *adj* каменистый
pedregullo *m* щебень, гравий
pedrera *f* каменоломня, каменный карьер
pedrería *f* драгоценные камни, самоцветы
pedrisco *m* 1) *(granizo grueso)* крупный сильный град 2) *(conjunto de piedras)* груда камней
pedrusco *m* большой неотёсанный камень
pedúnculo *m bot zool* ножка, стебелёк
peeling *m* пилинг, эксфолиация
peer *vi* испускать газы
peerse *vpron* V. peer
pega *f* 1) *(acción de pegar)* приклеивание, наклеивание 2) *(sustancia para pegar)* вар, пек 3) *(obstáculo)* трудности, препятствия ◆ **de ~** фальшивый, мнимый
pegadizo *adj* 1) V. pegajoso 2) *(que se graba en la memoria con facilidad)* легко запоминающийся, прилипчивый
pegado *m* пластырь
pegajoso *adj* 1) липкий 2) *(contagioso)* заразительный 3) *(empalagoso)* назойливый
pegamento *m* клей
pegar 1. *vt* 1) *(con pegamento)* клеить 2) *(contagiar)* заражать (чем-л) 3) *(golpear)* бить 4) *(verbo gramaticalizado con algunos sustantivos)* дать, производить *~ una bofetada* дать пощёчину; *~ saltos* прыгать; *~ un tiro* выстрелить **2.** *vi* **(con alg o u/c)** *(combinar)* сочетаться (с кем/чем-л) ◆ **no ~ ojo** не смыкать глаз
pegarse *vpron* 1) клеиться, приклеиваться, наклеиваться 2) **(a alg o u/c)** *(engancharse)* прилипать (к кому/чему-л) 3) *(pelearse)* драться ◆ **pegársela** *coloq* упасть, потерпеть аварию **pegársela a alg** *coloq* сделать подлость (кому-л)
pegatina *f* наклейка
pego *m cart* шулерский приём ◆ **dar el ~** *coloq* создавать видимость, обманывать
pegote *m* 1) неуместное (излишнее) добавление, привесок 2) *(emplasto)* липкий пластырь 3) *coloq (sustancia pegajosa)* густое вязкое варево 4) *coloq (gorrón)* прихлебатель, дармоед
pegotear 1. *vt* склеивать, приклеивать **2.** *vi coloq* быть прихлебателем
peina *f* V. peineta
peinada *f* причёсывание, расчёсывание
peinado *m* причёска
peinador 1. *adj* причёсывающий **2.** *m* 1) *(persona que peina)* парикмахер 2) *(lienzo)* пеньюар
peinadura *f* 1) *(acción de peinar)* V. peinada 2) *(cabellos)* очёски волос
peinar *vt* 1) причёсывать 2) *(una zona)* прочёсывать
peinarse *vpron* причёсываться
peine *m* расчёска
peineta *f* гребень, гребёнка
pejiguera *f coloq* канитель, тягомотина
pekin|és 1. *adj* пекинский **2. , -esa** *m/f* пекин|ец, -ка
pela[1] *f (acción de pelar)* V. peladura
pela[2] *f (espec pl) coloq* деньги
peladilla *f* засахаренный миндаль
pelado *adj* 1) лысый, плешивый, голый 2) *(afeitado)* бритый (налысо) 3) *(sin dinero)* бедный, без денег
peladura *f* 1) *(acción de pelar)* снятие шкуры (кожуры) 2) *(cáscara)* кожура, очистки
pelagatos *m* бедняк, нищий
pelaje *m* масть, шерсть
pelambre *m colect* волосы, грива
pelambrera *f* длинные густые волосы
pelambrón *adj Am.* нищий, неимущий
pelanas *m coloq* V. pelagatos
pelandusca *f coloq* потаскуха, шлюха
pelapatatas *m* нож для очистки картофеля
pelar *vt* 1) *(cortar el pelo)* подстригать 2) *(a un animal)* остригать 3) *(despellejar)* снимать (сдирать) кожу 4) *(quitar la piel, la corteza)* чистить 5) *(quitar las plumas a un ave)* ощипать 6) *coloq (quitar el dinero)* разорять
peldaño *m* ступень, ступенька
pelea *f* 1) драка 2) *(discusión)* ссора
pelear *vi* 1) бороться, сражаться, драться 2) *(de palabra)* спорить, ссориться 3) *(resistir trabajando)* трудиться, **(por u/c)** прилагать усилия (для чего-л)
pelearse *vpron* 1) драться 2) *(discutirse)* ссориться
pelechar *vi* 1) покрываться шерстью (о животных) 2) *coloq (mejorar)* поправляться
pelele *m* 1) соломенное чучело, марионетка 2) *(traje de punto)* детский трикотажный комбинезон 3) *coloq (persona simple o inútil)* дурачок, простофиля
peleón *adj* 1) задиристый, драчливый 2) *coloq (dicho del vino)* плохое (о вине)
peletería *f* 1) *(oficio)* скорняжное ремесло 2) *(tienda)* меховой магазин
peletero 1. *adj* кожевенный, скорняжный **2.** *m* кожевник, скорняк, меховщик
peli *f coloq* V. película
peliagudo *adj* 1) *(dicho de un animal)* с длинной и мягкой шерстью 2) *(difícil de resolver)* затруднительный, трудноразрешимый, щекотливый
pelícano *m* пеликан
película *f* 1) *(cinta)* плёнка 2) *(filme)* фильм, картина 3) *(capa)* слой, оболочка ◆ **de ~** необыкновенный, чрезвычайный
peligrar *vi* быть в опасности
peligro *m* опасность, риск ◆ **correr ~** быть в опасности
peligrosidad *f* опасность
peligroso *adj* 1) опасный 2) *(arriesgado)* рискованный
pelillo *m coloq* мелочь, чепуха (как причина размолвки) ◆ **echar ~s a la mar** *coloq* помириться
pelín *m coloq* чуточка, немного
pelirroj|o 1. *adj* рыжеволосый, рыжий **2. , -a** *m/f* рыж|ий, -ая
pelirrubio *adj* белокурый, русоволосый
pella *f* ком, комок

pelleja *f* 1) *(piel quitada del animal)* снятая шкура (животного) 2) *(cuero curtido con la lana)* овчина 3) *coloq (prostituta)* проститутка

pellejería *f* 1) *(lugar)* дубильня 2) *(oficio)* скорняжничество

pellejo *m* 1) *(de un animal)* шкура 2) *(de una persona)* кожа, шкура ◆ **jugarse el** ~ рисковать своей шкурой **salvar el** ~ спасти свою шкуру

pelliza *f* 1) полупальто, полушубок, меховая куртка 2) *mil* ментик

pellizcar *vt* щипать

pellizco *m* 1) щипок 2) **(de u/c)** *(porción, trozo)* щепотка (чего-л) 3) *coloq (dinero o beneficios)* кусок ◆ **dar un** ~ V. pellizcar

pelma *m/f coloq* V. pelmazo

pelmaz|o, -a *m/f coloq* зануда, надоеда

pelo *m* 1) волос, волосы 2) *(de los animales)* шерсть, пух ◆ **a** ~ без седла **con ~s y señales** *coloq* со всеми подробностями **ni un** ~ *coloq* совсем нет, ни чуточку **ponérsele los ~s de punta** *coloq* становиться дыбом (о волосах) **por los ~s** чуть ли не **tomar el ~ (a alg)** *coloq* вешать лапшу на уши (кому-л)

pelón *adj* 1) лысый, плешивый, безволосый 2) *coloq (pobre)* бедный, нуждающийся

peloso *adj* волосатый, покрытый волосами

pelota 1. *f* 1) мяч, *(de tenis)* мячик 2) игра в мяч **2. -s** *fpl vulg* яйца *vulg* ◆ **en ~s** *coloq* голышом, в голом виде **hacer la** ~ *coloq* быть подлизой

pelotari *m sport* пелотари, игрок в баскский мяч

pelotazo *m* 1) удар мячом 2) *coloq (lingotazo)* глоток спиртного напитка

pelotear 1. *vt (repasar una cuenta)* сличать счета **2.** *vi* 1) *(jugar por entretenimiento)* играть в мяч (не соревнуясь) 2) *(disputar)* ругаться, ссориться

pelotera *f coloq* ссора, перебранка

pelotero 1. *adj* : escarabajo ~ навозный жук **2.** *m* изготовитель мячей

pelotilla *f* шарик, катыш ◆ **hacer la ~ a alg (a alg)** *coloq* подлизываться к кому-л.

pelotiller|o 1. *adj coloq* угодничающий, подлизывающийся **2. , -a** *m/f coloq* подхалим, -ка, подлиза

pelotón[1] *m* 1) *(conjunto de cabellos)* пучок волос 2) *(conjunto de personas)* толпа, гурьба 3) *sport* группа

pelotón[2] *m mil* взвод, отделение

pelotudo *adj Arg. Ur. Par. coloq* безалаберный, расхлябанный

peluca *f* парик

peluche *m* плюшевая игрушка

peludear *vi Arg. Ur. coloq* бороться со сложностями

peludo *adj* 1) волосатый 2) *(dicho de un animal)* пушистый

peluquearse *vpron Am.* стричься (в парикмахерской)

peluquería *f* парикмахерская

peluquero, -a *m* парикмахер, -ша

peluquín *m* накладка, парик

pelusa *f* пух, пушок

pelvis *f* таз

pena[1] *f* 1) *(sentimiento de tristeza)* печаль, горе 2) *(castigo)* наказание, кара ~ *capital* смертная казнь 3) *(tormento)* страдание 4) *(dificultad)* трудность, проблема ◆ **dar** ~ вызывать жалость **de** ~ *coloq* очень плохо **¡qué ~!** как жаль!, как жалко!

pena[2] *f (pluma)* перо

peña[1] *f* скала, утёс

peña[2] *f* 1) *(grupo de amigos)* дружеская компания 2) *(entidad)* клуб по интересам

penable *adj* наказуемый

penacho *m* 1) *(de un ave)* хохолок (у птицы) 2) *(adorno de plumas)* плюмаж 3) *coloq (vanidad)* высокомерие, кичливость

penado 1. *adj* 1) *(penoso)* тягостный, мучительный 2) *(difícil)* трудный, затруднительный **2.** *m* осуждённый

penal 1. *adj* уголовный **2.** *m* тюрьма ◆ **código** ~ уголовный кодекс

penalidad *f* мучение, страдание

penalista *m jur* специалист по уголовному праву

penalización *f* пеня, штраф

penalizar *vt* наказывать, штрафовать

penalti *m sport* пенальти

penar 1. *vt* подвергать наказанию, карать **2.** *vi* страдать, мучиться, терзаться

peñascal *m* скалистая местность

peñasco *m* скала, утёс

penca *f* 1) *(hoja)* мясистый сочный лист 2) *(nervio principal)* мясистая часть листа

penco *m* 1) *(caballo)* кляча, лошадёнка 2) *(persona tosca)* грубиян, мужлан

pendejada *f Am.* дурацкая выходка, глупость

pendejo *m* 1) *coloq (hombre cobarde)* трус, малодушный человек 2) *coloq (hombre estúpido)* дурак, глупец

pendencia *f* ссора, драка, потасовка

pendenciero *adj* задиристый, драчливый

pender *vi* **(de u/c)** висеть (с чего-л)

pendiente 1. *adj* 1) *(que pende)* висячий 2) *(que está por resolver)* нерешённый, незаконченный 3) *(inclinado)* наклонный **2.** *m* серьга, серёжка **3.** *f* спуск, склон ◆ **estar ~ de alg o u.c.** внимательно следить за кем/чем-л

pendón[1] *m* 1) *hist* знамя, штандарт 2) *mil* вымпел, флажок 3) *relig* хоругвь

pendón[2] **1.** *adj coloq desp* распутный, развратный **2.** *f coloq insult* гулящая, шлюха

péndulo *m* маятник

pene *m* пенис

penetrable *adj* проницаемый

penetración *f* проникновение

penetrante *adj* 1) проникающий 2) *(dicho de un sonido)* пронзительный, резкий 3) *(dicho del humor o la ironía)* проницательный, прозорливый

penetrar 1. *vi* **(en u/c)** проникать (куда-л) **2.** *vt* пронизывать

penicilina *f* пенициллин

península *f* полуостров

peninsular *adj* 1) полуостровной, относящийся к полуострову 2) *(relativo a la Península Ibérica)* относящийся к Пиренейскому полуострову

penique *m* пенс, пенни

peñista *m/f* член клуба по интересам

penitencia *f* покаяние
penitencial *adj* покаянный
penitenciaría *f* 1) исправительная тюрьма 2) *relig* церковный суд
penitenciario *adj* 1) *relig* исповедальный 2) *jur* исправительный, тюремный
penitente 1. *adj* 1) покаянный, кающийся 2) *relig* епитимийный, относящийся к покаянию **2.** *m/f* кающийся грешник, кающаяся грешница
peñón *m* скалистая гора, утёс
penoso *adj* тягостный, мучительный
pensado *adj* обдуманный, продуманный
pensador 1. *adj* думающий, мыслящий **2.** *m* мыслитель
pensamiento *m* 1) *(potencia o facultad de pensar)* мышление, разум 2) *(acción y efecto de pensar)* мысль, размышление 3) *(idea inicial)* замысел, намерение 4) *(sospecha)* подозрение, опасение 5) *(planta)* анютины глазки ◆ **en un ~** в один миг, в одно мгновение
pensar 1. *vi* думать **2.** *vt* думать (о чём-л), размышлять (о ком/чём-л), обдумывать ◆ **sin ~** не подумав
pensativo *adj* задумчивый
pensi|ón *f* 1) *(subsidio)* пенсия, пособие 2) *(alojamiento)* пансион ◆ **fondo de ~ones** пенсионный фонд **media ~ón** полу-пансион **~ón alimenticia** алименты **~ón completa** полный пансион **plan de ~ones** пенсионный план
pensionado 1. *adj* получающий пенсию **2.** *m* пансион (закрытое учебное заведение)
pensionar *vt* предоставлять пенсию
pensionista *m/f* пенсионер, -ка
pentagonal *adj geom* пятоугольный
pentágono *m geom* пентагон
pentagrama *m mús* нотный стан
pentatleta *m/f sport* пятибор|ец, -ка
pentatlón *m sport* пятиборье
Pentecostés *f relig* Троицын день, Троица
penúltimo *adj* предпоследний
penumbra *f* полумрак, сумерки
penumbroso *adj* полузатенённый
penuria *f* нужда, нехватка
peón *m* 1) разнорабочий, подёнщик 2) *ajedr* пешка
peonada *f* подённая работа
peonía *f* пион
peonza *f* юла
peor 1. *adj comp (от "malo")* худший **2.** *adv comp (от "mal")* хуже
pepinar *m* огуречное поле
pepinillo *m* солёный или маринованный огурец
pepino *m* огурец
pepita *f* 1) семя, семечко 2) *(de oro)* крупинка (золота)
pepitoria *f* жаркое из птицы
pepón *m* арбуз
peque 1. *adj coloq* маленький, малый **2.** *m/f coloq* малыш, малый
pequeñez *f* 1) малость 2) *(cosa de poca importancia)* мелочь, пустяк
pequeñín *adj* маленький, малый
pequeñ|o 1. *adj* 1) *(en tamaño)* маленький, небольшой, малый 2) *(en edad)* маленький, малолетний 3) *(en altura)* маленький, низкий, низкого роста 4) *(de poca importancia)* мелкий, незначительный **2. , -a** *m/f* ребёнок, малыш
pequinés 1. *adj* пекинский **2.** *m/f* пекин|ец, -ка **3.** *m (perro)* пекинес
pera *f* груша
peral *m* груша (дерево)
peraltar *vt* 1) *arquit* повышать арку (свод) 2) *constr* делать выпуклым поперечный профиль дороги
perca *f* окунь
percal *m textl* перкаль
percance *m* несчастье, невзгоды
percatarse *vpron* **(de u/c)** замечать, обнаруживать
percebe *m* полиципес (съедобное ракообразное)
percepción *f* 1) восприятие, ощущение 2) *(conocomiento, idea)* представление, видение
perceptible *adj* ощутимый
perceptivo *adj* воспринимающий, ощущающий
perceptor *adj* воспринимающий, ощущающий
percha *f* вешалка
perchero *m* вешалка, гардероб
percherón 1. *adj* першеронский **2.** *m* першерон
percibir *vt* 1) воспринимать 2) *(recibir)* получать
percusión *f* удар ◆ **instrumentos de ~** *mús* ударные инструменты
percusionista *m/f mús* ударник
percusor *m* V. percutor
percutir *vi* 1) бить, ударять 2) *med* перкутировать, выстукивать
percutor *m mil tecn* ударник
perdedor 1. *adj* проигравший, потерпевший поражение **2.** *m* неудачник
perder *vt* 1) терять, утрачивать, лишаться (чего-л) 2) *(un combate o un juego)* проигрывать 3) *(desperdiciar)* упускать ◆ **echar a ~** портить **echarse a ~** портиться **~ de vista** терять из виду
perderse *vpron* 1) теряться, исчезать, пропадать 2) *(en el camino)* заблуждаться, сбиваться с пути 3) *(entregarse a los vicios)* распускаться 4) *(en una conversación)* потерять нить разговора 5) *(perder la vida)* погибать
perdición *f* 1) *(acción)* потеря, утрата 2) *(ruina, daño)* гибель, падение 3) *(libertinaje)* распущенность
perdida *f* проститутка
pérdida *f* 1) потеря, утрата 2) *(daño)* ущерб, вред 3) *econ* убыток 4) *(fallecimiento)* гибель, смерть
perdido *adj* 1) потерянный, пропавший 2) *(dicho de un lugar)* отдалённый, затерянный 3) *(libertino)* падший, беспутный ◆ **estar ~** пропасть
perdigón *m* 1) *(pollo de la perdiz)* молодая куропатка 2) *(tipo de munición)* дробь, дробинка
perdigonada *f* 1) выстрел дробью 2) *(herida)* ранение дробью
perdiguero *adj* легавый
perdiz *f* куропатка

perdón *m* прощение, извинение ♦ **pedir ~ a alg por u.c.** просить прощения у кого-л за что-л ¡ ~! извини(те)!, прости(те)!
perdonable *adj* простительный
perdonador *adj* прощающий
perdonar *vt* 1) прощать, **(por u/c)** извинять (за что-л) 2) *(librar de algo)* освобождать (от чего-л)
perdurable *adj* долговременный, долговечный
perdurar *vi* (долго) продолжаться, длиться
perecedero *adj* недолговечный, бренный
perecer *vi* 1) *(fenecer)* погибать, гибнуть 2) *(padecer un gran daño)* пропадать, бедствовать 3) *(tener suma pobreza)* нищенствовать
peregrinación *f* 1) странствование 2) *(por devoción)* паломничество
peregrinar *vi* 1) странствовать 2) *(por devoción)* паломничать
peregrino *m* 1) странник 2) *(por devoción)* паломник
perejil *m* петрушка
perendengue *m* 1) *(pendiente)* серьга 2) *(adorno femenino de poco valor)* безделушка 3) *(adorno)* украшение
perengano *m* некто, некий
perenne *adj* 1) постоянный, непрерывный 2) *bot* вечнозелёный *árbol de hoja ~* вечнозелёное дерево
perennidad *f* вечность, нетленность
perentorio *adj* 1) *(concluyente, determinante)* абсолютный, окончательный, решительный 2) *(urgente)* спешный, неотложный
pereque *m Am.* беспокойство, помеха
pereza *f* лень, леность
perezoso 1. *adj* ленивый **2. , -a** *m/f* лентяй, -ка, лежебока **3.** *m zool* ленивец
perfección *f* совершенство ♦ **a la ~** в совершенстве
perfeccionamiento *m* совершенствование, усовершенствование
perfeccionar *vt* совершенствовать
perfeccionismo *m* перфекционизм
perfeccionista 1. *adj* добивающийся во всем совершенства **2.** *m/f* перфекционист, -ка
perfectamente *adv* 1) *(a la perfección)* в совершенстве, отлично 2) *(con facilidad)* спокойно, легко
perfectivo 1. *adj ling* совершенный **2.** *m ling* совершенный вид
perfecto *adj* 1) совершенный, превосходный, отличный 2) *(completo)* абсолютный, настоящий, полный ♦ ¡ ~! отлично!, замечательно!
perfidia *f* коварство
pérfido *adj* коварный, вероломный
perfil *m* 1) профиль 2) *arte* контур, очертания ♦ **de ~** в профиль
perfilado *adj* заострённый (о чертах лица)
perfilador *m tecn* профильный (фасонный) резец
perfilar *vt* очерчивать, обрисовывать, прорисовывать
perfilarse *vpron* очерчиваться, обрисовываться, прорисовываться
perforación *f* просверливание, перфорация
perforador 1. *adj* бурильный **2.** *m* бурильщик, буровик, перфоратор
perforadora *f* бурав, сверло
perforar *vt* продырявливать, просверливать
perforarse *vpron* продырявливаться, пробиваться
perfumar *vt* душить
perfume *m* 1) духи 2) *(olor)* аромат, запах
perfumería *f* парфюмерия
perfumista *m/f* парфюмер
pergamino *m* пергамин
pergeñar *vt coloq* стряпать, фабриковать
pérgola *f* беседка
pericardio *m anat* перикард
pericia *f* знание, опыт, мастерство
pericial 1. *adj* экспертный, сведущий **2.** *f* экспертиза
perico *m* 1) попугай 2) *(abanico grande)* большой веер, опахало
pericote *m Am. Mer.* полевая мышь
periferia *f* периферия
periférico *adj* периферийный, периферический
perifollo *m* 1) кервель ажурный 2) *(adornos de mal gusto)* безвкусные украшения
perífrasis *f* перифраза
perifrástico *adj* перифрастический
perilla *f* остроконечная бородка, эспаньолка
perill|án, -ana *m/f coloq* пройдоха, проныра
perímetro *m* периметр
periodicidad *f* периодичность
periódic|o 1. *adj* периодический **2.** *m* газета ♦ **número ~o** *mat* периодическая дробь **tabla ~a** *quím* периодическая таблица
periodismo *m* журналистика
periodista *m/f* журналист, -ка
periodístico *adj* 1) *(relativo a los periódicos)* газетный, журнальный 2) *(relativo al periodismo)* журналистский
período, periodo *m* 1) период, время *~ de tiempo* промежуток времени 2) *(fase)* этап, момент, эпоха 3) *(menstruación)* менструация, месячные 4) *mat* период
periostio *m anat* надкостница
peripecia *f* перипетия, превратность судьбы
periplo *m* 1) поездка 2) *(circunnavegación)* кругосветное плавание 3) *(recorrido espiritual)* духовный путь
peripuesto *adj coloq* разодетый, расфранчённый
periquete *m coloq* мгновение, миг *en un ~* сию минуту, в тот же миг
periquito *m* попугай (разновидность)
periscópico *adj* перископический
periscopio *m* перископ
perista *m/f* барыга, перекупщи|к, -ца краденого
peristilo *m arquit* перистиль
peritaje *m* экспертиза
perito 1. *adj* опытный **2.** *m* эксперт
peritoneo *m anat* перитонеум, брюшина
peritonitis *f med* перитонит, воспаление брюшины
perjudicado *adj* потерпевший
perjudicar *vt* наносить вред, наносить ущерб
perjudicial *adj* вредный
perjuicio *m* вред, ущерб
perjurar *vt* 1) *(jurar en falso)* давать ложную клятву 2) *(jurar mucho)* рассыпаться в клятвенных заверениях

perjurio *m* 1) *(juramento en falso)* ложная клятва, ложная присяга 2) *(quebrantamiento de la fe jurada)* клятвопреступление
perjuro 1. *adj* 1) *(que jura en falso)* дающий ложную клятву 2) *(que quebranta un juramento)* нарушающий клятву **2.** *m* лжесвидетель
perla *f* жемчуг, жемчужина ◆ **de ~s** отлично, как по маслу
perlería *f* жемчуг
perlón *m textl* перлон
permanecer *vi* оставаться, продолжать быть
permanencia *f* устойчивость, постоянство
permanente 1. *adj* постоянный **2.** *f* перманент
permeabilidad *f* проницаемость
permeable *adj* проницаемый
permisible *adj* допустимый
permisión *f* разрешение, позволение
permisionario *adj* получивший разрешение
permiso *m* 1) разрешение, позволение 2) *(período para dejar las obligaciones)* отпуск, увольнение ◆ **con su ~** с вашего позволения **pedir ~** просить разрешения **~ de acceso** пропуск, допуск **~ de conducir** водительске права **~ de residencia** вид на жительство **~ de trabajo** разрешение на работу
permitir *vt* 1) разрешать, позволять 2) *(no evitar)* допускать
permitirse *vpron* позволять себе
permuta *f* замена, подмена
permutabilidad *f* взаимозаменяемость, замещаемость
permutable *adj* взаимозаменяемый, замещаемый
permutación *f* 1) V. permuta 2) *mat* перестановка
permutar *vt* 1) менять, обменивать 2) *(dicho de dos funcionarios públicos)* обмениваться должностями 3) *(variar la disposición)* переставлять, менять местами
pernera *f* штанина
pernicioso *adj* вредный, пагубный
pernil *m* 1) *(jamón)* свиной окорок 2) *(pernera)* штанина
pernio *m* дверная (оконная) петля
perno *m* болт, штифт
pernoctación *f* ночёвка, ночлег
pernoctar *vi* ночевать
pero *conj* но, а *el dinero te hace rico, ~ no feliz* деньги делают тебя богатым, но не счастливым ◆ **~ si...** но ведь же **¡ ~ cómo!** как так?
perogrullada *f* азбучная истина, избитая истина
perol *m* жаровня, котёл
peroné *m anat* малая берцовая кость
peroración *f* разглагольствование
perorar *vi* 1) *(pronunciar un discurso)* произносить речь 2) *coloq (hablar como si se estuviera pronunciando un discurso)* разглагольствовать, ораторствовать
perorata *f* томительная, скучная речь
peróxido *m quím* перекись
perpendicular *adj geom* перпендикулярный
perpendículo *m* маятник, отвес
perpetración *f* совершение (преступления)
perpetrar *vt* совершать *~ un delito* совершать преступление
perpetuación *f* увековечение
perpetuar *vt* увековечивать
perpetuarse *vpron* вечно продолжаться
perpetuidad *f* 1) вечность 2) *jur* бессрочность
perpetu|o *adj* 1) вечный 2) *(vitalicio)* пожизненный ◆ **cadena ~a** пожизненное заключение
perplejidad *f* растерянность, смущение, недоумение
perplejo *adj* растерянный, недоумевающий ◆ **quedarse ~** растеряться, опешить
perra *f* сука
perrada *f* 1) *(conjunto de perros)* свора 2) *coloq (acción villana)* низкий поступок, свинство
perrera *f* конура, псарня, приют для собак
perrería *f* 1) *(muchedumbre de perros)* свора, стая собак 2) *(acción mala contra alguien)* низкий поступок, свинство
perrero *m* собачник, псарь
perrito *m* 1) *dimin* собачка 2) *gastr (perrito caliente)* хот-дог
perro *m* собака, пёс
perruno *adj* собачий
persa 1. *adj* персидский **2.** *m* перс
persecución *f* преследование, погоня
perseguidor *m* преследователь
perseguir *vt* 1) преследовать 2) *(un objetivo)* стремляться (к чему-л), добиваться (чего-л) 3) *(perseguir judicialmente)* пресекать
perseverancia *f* настойчивость, упорство
perseverante *adj* настойчивый, упорный
perseverar *vi* быть настойчивым, быть упорным, упорствовать
persiana *f* штора от солнца, жалюзи
pérsico 1. *adj* V. persa **2.** *m* персик
persignarse *vpron* креститься, осенять себя крёстным знамением
persistencia *f* настойчивость, упорство
persistente *adj* настойчивый, упорный
persistir *vi* **(en u/c)** настаивать (на что-л), упорствовать (в чём-л)
persona *f* 1) человек, лицо 2) *(distinguida)* особа, персона 3) *ling* лицо ◆ **en ~** лично, **~ física** *jur* физическое лицо **~ no grata** персона нон грата **~ jurídica** *jur* юридическое лицо
personación *f* явка
personaje *m* 1) личность 2) *(en una obra)* персонаж, герой
personal 1. *adj* личный, индивидуальный **2.** *m colect* персонал, кадры, штат, состав ◆ **pronombre ~** *ling* личное местоимение
personalidad *f* 1) личность, индивидуальность, характер 2) *(persona de relieve)* должностное лицо, официальное лицо, деятель
personalismo *m* персонализм
personalizar *vt* 1) переходить на личности, называть по именам 2) *informát tecn* персонализировать
personarse *vpron* являться
personificación *f* олицетворение, персонификация
personificar *vt* олицетворять
perspectiva *f* 1) перспектива 2) *(punto de vista)* точка зрения ◆ **en ~** в перспективе, в будущем
perspicacia *f* проницательность

perspicaz *adj* 1) *(dicho del ingenio, la vista)* острый 2) *(dicho de una persona)* проницательный, остроумный

persuadir *vt* уговаривать, убеждать

persuasible *adj* убедительный, правдоподобный

persuasión *f* 1) *(acción y resultado)* убеждение 2) *(convencimiento)* убеждённость, уверенность

persuasivo *adj* убедительный, вразумительный

pertenecer *vi* 1) **(a alg o u/c)** *(ser propiedad)* принадлежать (кому/чему-л) 2) **(a u/c)** *(formar parte)* принадлежать (к чему-л)

perteneciente *adj* принадлежащий

pertenencia *f* принадлежность

pértiga *f* 1) шест, жердь 2) *sport* шест, пёрш *salto con pértiga* прыжок с шестом

pertinacia *f* упрямство, упорство

pertinaz *adj* упрямый, упорный

pertinencia *f* уместность

pertinente *adj* уместный, соответствующий

pertrechar *vt* снабжать, обеспечивать, оснащать

pertrechos *mpl* снаряжение, оборудование

perturbación *f* 1) нарушение, пертурбация, расстройство 2) *radio* помехи 3) *meteo* атмосферные возмущения

perturbado *adj* психически больной

perturbador 1. *adj* нарушающий порядок, вносящий беспорядок **2.** *m* смутьян, нарушитель порядка

perturbar *vt* нарушать порядок, мешать (чему-л)

peruan|o 1. *adj* перуанский **2. , -a** *m/f* перуан|ец, -ка

perversidad *f* 1) *(maldad)* злобность 2) *(perturbación moral)* извращённость

perversión *f* извращение

perverso *adj* 1) *(que corrompe el orden)* развратный, испорченный 2) *(muy malo)* злобный, зловредный

pervertido 1. *adj* извращённый **2.** *m* извращенец

pervertir *vt* 1) *(viciar)* извращать, растлевать 2) *(perturbar el orden)* нарушать, портить

pervertirse *vpron* развращаться, растлеваться

pervivencia *f* выживание

pervivir *vi* выживать, уцелевать

pesa *f* 1) гиря 2) *sport* гиря, гантель

pesabebés *m* весы для взвешивания грудных детей

pesacartas *m* весы для взвешивания почтовых отправлений

pesadez *f* 1) тяжесть 2) *(terquedad)* назойливость 3) *(trabajo, fatiga)* усталость, тяжесть

pesadilla *f* кошмар

pesad|o 1. *adj* 1) тяжёлый 2) *(obeso)* полный, тучный 3) *(difícil)* трудный, тяжёлый 4) *(duro)* тяжёлый, тяжкий, невыносимый 5) *(aburrido)* нудный, скучный 6) *(molesto, impertinente)* назойливый, надоедливый, занудный 7) *(dicho del sueño)* крепкий **2. , -a** *m/f* надоедливый человек, зануда ◆ **peso ~o** тяжеловес

pesadumbre *f* 1) *(cualidad de pesado)* V. pesadez 2) *(injuria)* оскорбление, обида 3) *(desazón)* огорчение, досада, тоска

pesaje *m* взвешивание

pésame *m* соболезнование ◆ **dar el ~** приносить соболезнования

pes|ar[1] **1.** *vt* 1) взвешивать 2) *(sospesar)* взвешивать **2.** *vi* 1) весить 2) *(ser pesado)* быть тяжёлым 3) *(causar dolor)* быть тяжёлым *me ~a* тяжело ◆ **~e a u.c.** несмотряна что-л **pese a quien pese** вопреки всему

pesar[2] *m* 1) *(dolor interior)* тоска, печаль 2) *(arrepentimiento)* сожаление, раскаяние ◆ **a ~ de u.c.** несмотря на что-л

pesario *m* пессарий

pesaroso *adj* расстроенный, огорчённый

pesca *f* 1) *(acción)* ловля (рыбы) *ir de pesca* идти на рыбалку 2) *(actividad)* рыболовство, рыбалка 3) *(lo que se ha pescado)* улов

pescadería *f* рыбный магазин, рыбная лавка

pescadero *m* рыботорговец

pescadilla *f* хек, мерлан

pescado *m* рыба

pescador *m/f* рыбак, рыболов

pescante *m* 1) козлы (экипажа) 2) *(de una grúa)* стрела крана 3) *teat* люк

pescar 1. *vt* ловить (рыбу), рыбачить *~ con caña* ловить удочкой **2.** *vt* 1) *coloq (coger, agarrar)* захватывать 2) *coloq (atrapar)* заставать, ловить 3) *coloq (entender)* улавливать, схватывать 4) *coloq (una enfermedad)* схватывать, подцеплять ◆ **caña de ~** удочка

pescozón *m coloq* подзатыльник

pescuezo *m* затылок, загривок ◆ **retorcerle el ~ a alg** свернуть кому-л. шею

pese *inv* V. pesar 1

pesebre *m* 1) ясли, кормушка 2) *relig* вертеп

pesero *m Hond.* мясник

peseta *f* песета

pesetero 1. *adj* корыстный, корыстолюбивый **2.** *m* корыстолюбец, стяжатель

pesimismo *m* пессимизм

pesimista 1. *adj* пессимистический **2.** *m/f* пессимист, -ка

pésimo *adj* ужасный, наихудший

peso *m* 1) вес 2) *(cosa pesada)* тяжесть, груз 3) *(importancia)* вес, значимость 4) *(carga)* ноша, бремя 5) *(moneda)* песо 6) *sport* вес, весовая категория ◆ **exceso de ~** перевес **~ bruto** вес брутто **~ neto** вес нетто

pespunte *m* стёжка, строчка

pespuntear *vt* стегать, строчить

pesquera *f* рыболовная тоня

pesquería *f* рыболовство, рыбная ловля

pesquero 1. *adj* рыболовный **2.** *m* рыболовное судно, траулер

pesquis *m* проницательность, острота

pesquisa *f* расследование, разыскивание

pestaña *f* ресница

pestañear *vi* моргать, мигать ◆ **sin ~** не моргнув глазом

pestañeo *m* моргание, мигание

pestañí *m jerg* V. guardia civil

peste 1. *f* 1) *(enfermedad)* чума 2) *(mal olor)* вонь **2. -s** *fpl (execración)* проклятия ◆ **decir pestes de alg** наговаривать на кого-л

pesticida *m* пестицид

pestilencia *f* 1) *(enfermedad)* зараза 2) *(mal olor)* зловоние, смрад

pestilente *adj* 1) *(que origina peste)* заражённый, зачумлённый 2) *(que da mal olor)* смрадный, зловонный
pestillo *m* 1) *(pasador)* задвижка, засов 2) *(parte de la cerradura)* защёлка
peta *m jerg* косяк
petaca *f* 1) *(arca de cuero)* сундук, чемодан 2) *(estuche para el tabaco)* портсигар, табакерка 3) *(botella de bolsillo)* фляга, фляжка
pétalo *m* лепесток
petanca *f* петанк
petardazo *m coloq* взрыв петарды
petardear *vt* 1) *mil* взрывать петардой 2) *(engañar)* обманывать, надувать
petardo *m* петарда
petenera *f* петенера (народная андалузская мелодия) ◆ **salir por ~s** говорить что-л. не относящееся к делу
petición *f* 1) *(acción)* просьба 2) *(escrito)* ходатайство, заявление, запрос ◆ **a ~ de alg** по просьбе кого-л
peticionario *m* проситель, заявитель
petimetre *m* щёголь, модник, франт
petirrojo *m* малиновка
petiso *adj Am. Mer.* маленький, малорослый, низкий
petitorio 1. *adj* просительный, относящийся к прошению **2.** *m coloq* настойчивое нелепое требование
peto *m* 1) *(armadura del pecho)* нагрудный панцирь 2) *(prenda de vestir que cubre el pecho)* нагрудник 3) *(peto con pantalón)* комбинезон 4) *sport* манишка
petral *m* подбрюшник
petrel *m* буревестник, гагарка
pétreo *adj* каменный
petrificación *f* окаменение, петрификация
petrificar *vt* 1) превращать в камень 2) *(inmovilizar)* поражать, приводить в оцепенение
petrificarse *vpron* 1) окаменеть 2) *(quedar inmóvil)* оцепенеть
petrodólar *m* нефтедоллар
petróleo *m* нефть
petrolero 1. *adj* нефтяной **2.** *m* 1) нефтяник 2) *(barco)* танкер, нефтеналивное судно
petrolífero *adj* нефтеносный
petrología *f* петрология
petroquímica *f* нефтехимия
petroquímico *adj* нефтехимический
petulancia *f* самомнение, кичливость
petulante *adj* самодовольный, кичливый
petunia *f* петуния
peyorativo *adj* 1) уничижительный, пренебрежительный 2) *ling* пейоративный, уничижительный
pez[1] *m* рыба ◆ **estar como ~ en el agua** *coloq* чувствовать себя как рыба в воде **estar ~ en u.c.** *coloq* плавать где-л, плохо знать что-л **~ espada** меч-рыба **~ martillo** молот-рыба
pez[2] *f* смола
pezón *m* 1) сосок 2) *bot* черешок
pezuña *f* копыто
piadoso *adj* 1) *(misericordioso)* милосердный, жалостливый 2) *(devoto)* набожный, религиозный
piafar *vi* бить копытом, горячиться (о лошади)
pianista *m/f* пианист, -ка
piano *m* пианино ◆ **~ de cola** рояль
pianola *f* пианола
piar *vi* щебетать, чирикать, пищать
piara *f* стадо (свиней), табун (лошадей, мулов)
pibe *m Arg.* мальчик, мальчишка
pica[1] **1.** *f* 1) копьё, пика 2) *tecn* пика (отбойного молотка), кирка **2. -s** *fpl cart* пики
pica[2] *f med* извращение аппетита
picacho *m* вершина горы, пик
picada *f* 1) *(de insecto o reptil)* укус 2) *Am. (sendero)* тропа
picadero *m* 1) манеж, школа верховой езды 2) *coloq (casa de citas)* дом свиданий
picadillo *m* рубленое мясо, мясной фарш ◆ **hacer ~ a alg** искромсать, искрошить, изрубить кого-л
picado 1. *adj* 1) *(de viruela)* рябой, изъязвлённый 2) *coloq (referido al vino)* прокислый 3) *coloq (enfadado)* гневный, сердитый **2.** *m* 1) *(de carne)* рубленое мясо со специями 2) *mús* пиццикато ◆ **caer en ~** 1) *(dicho de un avión)* пикировать 2) *(rápida o irremediablemente)* резко падать
picador *m taur* пикадор
picadora *f* 1) *tecn* рубильная машина 2) *(de carne)* мясорубка
picadura *f* 1) укус 2) *(tabaco)* крошёный табак
picaflor *m* 1) колибри 2) *coloq* бабник, донжуан
picajón *adj coloq* обидчивый
picana *f Am. Mer.* стрекало (которым погоняют волов)
picante *adj* 1) острый 2) *(mordaz)* пикантный
picapedrero *m* каменотёс
picapleitos *m* 1) *coloq* V. pleitista 2) *coloq (abogado)* адвокат-сутяга, адвокат-выжига
picaporte *m* 1) *(instrumento para cerrar puertas y ventanas)* дверной крючок, щеколда 2) *(aldaba)* дверной молоток
picar 1. *vt* 1) *(dicho de un insecto)* кусать 2) *(comer algo)* перекусывать **2.** *vi (ser picante)* быть острым
picardía *f* 1) *(ruindad)* низость, подлость 2) *(astucia)* хитрость, лукавство *con ~* лукаво 3) *(travesura)* шалость, проказа 4) *(prenda de vestir)* неглиже
picardías *fpl (prenda de vestir)* неглиже
picaresca *f* плутовство, хитрость
picaresco *adj* плутовской, хитрый
pícaro 1. *adj* хитрый **2.** *m/f* хитрец
picarse *vpron* 1) *(estropearse)* протухать, прокисать, портиться 2) *(dicho del mar)* волноваться 3) *coloq (ofenderse)* обижаться, чувствовать себя задетым
picatoste *m* гренок
picaza *f* сорока
picazo[1] *m (golpe con la pica)* удар пикой (копьём)
picazo[2] *m* V. picotazo
picazo[3] *m (pollo de la picaza)* птенец сороки
picazo[4] *adv* пегий (о масти лошадей)
picazón *f* зуд, чесотка
picha *f vulg* хрен, член
pichel *m* кувшин
pichi *m* платье без рукавов, которое надевается на блузку, свитер и т.д.

pichí *m Am. Mer. coloq infant* моча
pichicato *adj Méx. Hond.* скупой, скаредный
pichincha *f Am. Mer. coloq* выгода, выгодное дело
pichón *m* 1) птенец голубя 2) *coloq afect* голубчик (ласковое обращение к мужчине)
picnic *m* пикник
pico *m* 1) *(de un pájaro)* клюв 2) *coloq (boca)* рот 3) *(herramienta)* кирка 4) *(de una montaña)* вершина, пик 5) *coloq* лишек *cuarenta y pico* сорок с лишком, сорок с чем-то 6) *(de una vasija)* носик ◆ **cerrar el** ~ *coloq* закрыть рот, заткнуться ~ **de oro** златоуст
picor *m* зуд, раздражение
picota *f* 1) *hist* позорный столб 2) *(fruta)* черешня 3) *(juego)* чижик 4) *(de una torre o montaña)* вершина
picotada *f* V. picotazo
picotazo *m* удар клювом, клевок
picotear 1. *vt* клевать (о птице) **2.** *vi* 1) мотать головой (о лошади) 2) *coloq (comer un poco)* клевать, перекусывать
picotearse *vpron coloq* браниться, цапаться (о женщинах)
picoteo *m* 1) *(dicho de un pájaro)* клевание 2) *(dicho de un caballo)* мотание головой 3) *coloq (tapeo)* закуска
picotería *f* болтливость
picotero *adj coloq* болтливый, несдержанный на язык
picotón *m* V. picotazo
pictografía *f* пиктография
pictográfico *adj* пиктографический
pictograma *m* пиктограмма
pictórico *adj* живописный
picudo *adj* 1) остроконечный, островерхий 2) *(dicho de una persona)* носатый, губастый 3) *(con hocico)* мордастый 4) *coloq (que habla mucho)* болтливый, несдержанный на язык
pie *m* 1) нога, стопа, ступня 2) *(de un animal)* нога, лапа 3) *(base, apoyo)* ножка, подставка 4) *(de una montaña)* подножие 5) *(unidad de medida)* фут 6) *lit* стопа 7) *(de página)* конец (страницы) 8) *(de una fotografía, etc.)* подпись (под чем-л) ◆ **a** ~ пешком **al** ~ **de u.c.** у кого-л, возле чего-л **al** ~ **de la letra** дословно, буквально **con buen (mal)** ~ (не) удачно **dar** ~ **a u.c.** способствовать чему-л **de** ~ стоя **estar en** ~ быть актуальным **~s planos** плоскостопие
piedad *f* 1) *(devoción)* набожность 2) *(lástima)* жалость, сочувствие, милосердие
piedra *f* 1) камень 2) *(granizo grueso)* (крупный) град ◆ **Edad de Piedra** Каменный век ~ **preciosa** драгоценный камень **poner la primera** ~ заложить первый камень **quedarse de** ~ *coloq* остолбенеть
piel *f* 1) кожа, шкура, мех 2) *(de confección)* кожа, мех 3) *(de la fruta)* кожица, кожура ◆ **de piel** меховой ~ **de gallina** мурашки по коже **salvar la** ~ *coloq* спасать свою шкуру
piélago *m elev* море, океан
pienso *m* сухой корм (для скота)
piercing *m* пирсинг
pierna *f* нога, голень ◆ **estirar las ~s** *coloq* прогуливаться **salir por ~s** *coloq* убежать
pieza *f* 1) часть, деталь 2) *(de ajedrez)* фигура 3) *mús teat* пьеса 4) *(habitación)* комната 5) *arte* произведение искусства, экспонат 6) *(de tela)* кусок ткани 7) *(de ropa)* предмет одежды ◆ **~s de recambio** запасные части, запчасти
pífano *m mús* флейта-пикколо (в военных оркестрах)
pifia *m* 1) *(en el billar)* кикс 2) *coloq* промах, просчёт
pifiar 1. *vt* 1) *Am.* освистать 2) *Méx.* красть **2.** *vi* 1) *jueg (en el billar)* сделать кикс, киксануть 2) *coloq (equivocarse)* ошибиться, промахнуться
pigmentación *f* пигментация
pigmentario *adj* пигментный
pigmento *m* пигмент, красящее вещество
pigmentoso *adj* V. pigmentario
pigmeo 1. *adj* 1) относящийся к пигмеям, карликовый 2) *(muy pequeño)* карликовый, мелкий **2.** *m* пигмей, карлик
pignoración *f jur* залог, заклад
pignorar *vt jur* закладывать, отдавать в залог
pignoraticio *adj jur* залоговый, относящийся к закладу
pigre *adj* медлительный, вялый
pija *f* V. pijo
pijada *f vulg* мелочь, чепуховина
pijama *m* пижама
pij|o 1. *adj* пижонский, стильный **2.** , **-a** *m/f* 1) пижон, франт 2) *vulg (miembro viril)* мужской член ◆ **no valer un ~o** *vulg* ничего не стоить
pijotero *adj coloq desp* докучливый, надоедливый, утомительный
pila[1] *f* 1) *(cosas acumuladas)* стопка, гора 2) **(de u/c)** *coloq (montón)* куча (чего-л)
pila[2] *f* 1) *(recipiente)* раковина 2) *relig (bautismal)* купель 3) *electr* батарейка ◆ **cargar las ~s** *coloq* зарядиться **ponerse las ~s** *coloq* взяться за дело
pilar[1] *m* 1) *arquit* столб, стойка 2) *(mojón)* дорожный столб, дорожный указатель 3) *(base)* основа
pilar[2] *vt agric* шелушить зерно
pilastra *f arquit* пилястр
pilates *m sport* пилатес
pilchas *f Am. Mer.* обноски, ветошь
píldora *f* таблетка, пилюля
pileta *f* 1) *relig* сосуд для святой воды 2) *min* резервуар, бак
pilila *f coloq* мужской член
pillada *f coloq* проделка, выходка
pillaje *m* грабёж, разбой
pillar *vt* 1) *(robar)* красть 2) *coloq (coger)* брать 3) *(coger bruscamente)* хватать 4) *coloq (atrapar, sorprender)* ловить, заставать врасплох 5) *(aprisionar)* прищемлять 6) *(atropellar)* сбивать 7) *coloq (una enfermedad)* подцеплять
pillastre *m coloq* V. pillo 2
pillería *f* 1) *(gavilla de pillos)* жульё, хулиганьё 2) V. pillada
pillín *adj afect* V. pillo 1
pill|o 1. *adj coloq* изворотливый, пронырливый **2.** , **-a** *m/f* 1) *coloq* ловкач, -ка, проныра 2) *(dicho de un niño)* шалун, озорник

pilón[1] *m* 1) *(pan de azúcar)* голова сахара 2) *(pesa)* гиря (на безмене) 3) *(en los molinos)* камень- противовес (на мельницах) 4) *(montón)* кипа, гора

pilón[2] *m (receptáculo para el agua)* водоём, поилка

pilón[3] *m arquit* пилон

pilongo *adj* тощий, худой

píloro *m anat* привратник желудка

piloso *adj* 1) V. peludo 2) *(relativo al pelo)* волосной, волосный

pilotaje *m* 1) *nav* лоцманство, лоцманское дело 2) *aero* пилотаж, пилотирование

pilotar *vt* водить, вести, пилотировать

pilote *m* свая

piloto *m* 1) *(de un avión)* пилот, лётчик 2) *(de un automóvil)* водитель, гонщик ◆ ~ **automático** автопилот

piltra *f coloq* кровать, постель

piltrafa *f* 1) обрезки, остатки (мяса) 2) *coloq* тщедушный человек

pimentero *adj* 1) *(planta)* перец (растение) 2) *(recipiente)* перечница

pimentón *m* 1) *(especia)* красный перец (молотый) 2) V. pimiento

pimienta *f* перец

pimiento *m (стручковый)* перец

pimpante *adj* фатоватый, хлыщеватый

pimpinela *f bot* бедренец

pimplar *vt coloq* пить (вино и т.д.)

pimpollo *m* 1) *(árbol nuevo)* молодое деревце 2) *(tallo nuevo)* побег, почка 3) *coloq (referido a un joven)* красавчик, херувим

piña *f* 1) *(del pino)* шишка 2) *(fruta)* ананас

pinabete *m* пихта

pinacoteca *f* пинакотека, картинная галерея

pináculo *m* 1) *arquit* пинакль, вельведер 2) *(parte más sublime)* вершина, зенит

pinar *m* сосновая роща, сосняк

piñata *f* 1) горшок (кухонный) 2) *(recipiente con regalos)* горшочек, наполненный сладостями

pinaza[1] *f* хвоя

pinaza[2] *f* 1) *(embarcación de pesca)* рыбачья шлюпка 2) *(embarcación militar)* пинас

pincel *m* кисть, кисточка

pincelada *f* мазок, штрих

pincelar *vt* 1) *(representar)* писать маслом 2) *(cubrir con color)* красить

pinchadiscos *m* диджей

pinchar 1. *vt* 1) укалывать, колоть 2) *coloq (poner una inyección)* делать укол 3) *coloq (zaherir)* подкалывать 4) *(una línea telefónica)* прослушивать 5) *coloq (un disco, una canción)* ставить (музыку) **2.** *vi* 1) *(sufrir un pinchazo)* прокалывать (шину) 2) *coloq (fracasar)* проваливаться, прокалываться

pincharse *vpron* 1) укалываться 2) *(inyectarse)* колоться

pinchazo *m* 1) укол 2) *(de un neumático)* прокол

pinche[1] *m* поварёнок

pinche[2] *adj Am. Cent.* жадный, ничтожный

pinchito *m* шашлык

pincho 1. *adj coloq (bien vestido)* щеголеватый, франтоватый **2.** *m* 1) шип, остриё 2) *(mozo presumido)* фат, хлыщ 3) *(aperitivo)* канапе, закуска

pindonga *f coloq* уличная женщина

pinga *f Am. Cent. coloq* V. pene

pingajo *m coloq* клок, клочок (на одежде) ◆ **ir hecho un** ~ быть небрежно одетым, плохо выглядеть

pingar 1. *vt* наклонять **2.** *vi* 1) *(pender)* висеть 2) *(brincar)* скакать, прыгать

pingo *m* 1) *coloq* V. pingajo 2) *coloq (vestido feo)* тряпки (о женской одежде)

pingüe *adj* 1) *(mantecoso)* жирный 2) *(abundante)* обильный, богатый

pingüino *m* пингвин

pinitos *mpl* первые шаги

pino *m* сосна ◆ **en el quinto** ~ *coloq* у чёрта на куличках

pinocha *f* хвоя

piñón[1] *m* кедровый орех

piñón[2] *m tecn* зубчатое колесо; *(en la bicicleta)* передача

piñonata *f* засахаренный миндаль

pinrel *m coloq* нога, ступня

pinsapo *m* пихта испанская

pinta[1] *f* 1) *(mancha)* пятно 2) *(aspecto)* вид, внешность

pinta[2] *f (unidad de medida)* пинта

pintada *f* цесарка

pintado *adj* 1) *(de diversos colores)* пёстрый, разноцветный 2) *(que tiene manchas)* пятнистый, крапчатый ◆ **el más** ~ самый лучший, самый достойный

pintalabios *m* губная помада

pintamonas *m/f* мазила, неумелый художник

pintar 1. *vt* 1) *(una pared)* красить 2) *(un cuadro)* писать, рисовать 3) *(representar mediante palabras)* описывать 4) *(aplicar colores y líneas sobre un papel)* разрисовывать, разкрашивать 5) *(maquillar)* красить **2.** *vi* 1) *(importar, significar)* иметь значение, значить 2) *(dicho de un rotulador)* писать

pintarrajar *vt coloq* V. pintarrajear

pintarrajear *vt coloq* плохо рисовать, малевать

pintarrajo *m coloq* мазня, пачкотня

pintarroja *f* кошачья акула

pintarse *vpron* краситься

pintiparar *vt coloq* сравнивать, соотносить

pintojo *adj* пятнистый, крапчатый

pintón 1. *adj* 1) *(referido a la fruta)* созревающий, наливающийся 2) *(referido a un ladrillo)* плохо обожжённый **2.** *m* гусеница кукурузного мотылька

pintor, -a *m/f* 1) *(de paredes)* маляр 2) *(de cuadros)* художни|к, -ца

pintoresco *adj* живописный

pintura *f* 1) *(color)* краска 2) *(cuadro)* картина 3) *(forma de expresión artísitca)* живопись ~ *al óleo* картина маслом

pinturero *adj* миловидный, привлекательный

pinza 1. *f* 1) *(para la ropa)* прищепка 2) *(de costura)* складка 3) *(de ciertos animales)* клешня **2. -s** *fpl* 1) *(herramienta)* щипцы 2) *(para depilar)* пинцет

pinzón *m* зяблик ~ *real* вьюрок, юрок

pío[1] *m* 1) писк (птенцов) 2) *coloq (deseo)* желание, вожделение ◆ **no decir ni** ~ не издать ни звука

pío[2] *adj* V. piadoso

pío[3] *adj (dicho de un caballo)* чубарый

piocha[1] *f* 1) *(flor de mano)* украшение из птичьих перьев (в виде букетика) 2) *(adorno de la cabeza)* женское половное украшение
piocha[2] *f constr* молоток каменщика
piojento *adj* вшивый
piojería *f* 1) скопление вшей 2) *coloq (miseria)* нищета
piojillo *m* пухоед
piojo *m* вошь
piojoso *adj* 1) вшивый 2) *(miserable)* жалкий, убогий 3) *(sucio)* грязный, в лохмотьях
piola *f* бечёвка, шнур
piolar *vi* пищать (о птенцах)
piolet *m* ледоруб
piolín *m Am.* бечёвка, шпагат
pionero *m* пионер, первопроходец
piorrea *f* пиорея, гноетечение
pipa[1] *f (de fumar)* трубка ◆ **pasarlo** ~ *coloq* здорово проводить время
pipa[2] *f (semilla)* семечко
pipar *vi* курить трубку
pipeta *f* пипетка
pipiolo *m coloq* молокосос, лох
pipirigallo *m* мак самосейка
pipón *adj* 1) *Bol. Col.* пузатый 2) *Ur.* сытый, наевшийся
pipote *m* бочонок
pique *m* 1) *(resentimiento)* досада, обида 2) *(por rivalidad)* соперничество, стремление настоять на своём ◆ **irse a** ~ 1) *(una embarcación)* тонуть, идти ко дну 2) *(malograrse)* приходить в упадок, разоряться
piqué *m* пике (ткань)
piquera *f* 1) *(en una colmena)* леток 2) *(en un tonel)* отверстие
piqueta *f* кирка, мотыга
piquete *m* 1) *(herida)* царапина 2) *(agujero en la ropa)* дырка 3) *(de soldados)* пикет 4) *(en una huelga)* пикет
piquetear *vi Hond.* хвастаться (чем-л), щеголять (чем-л)
pira *f* костёр
pirado *adj coloq* сумасшедший
piragua *f* пирога, байдрка
piragüismo *m* гребля на байдарке
piragüista *m/f* лодочник, управляющий байдаркой или каноэ
piramidal *adj* 1) пирамидальный 2) *anat* пирамидный
pirámide *f* пирамида ◆ ~ **financiera** финансовая пирамида
piraña *f* пиранья
pirarse *vi coloq* сматываться, смываться ◆ **pirárselas** V. pirarse
pirata **1.** *m* пират **2.** *adj* пиратский ◆ ~ **informático** компьютерный пират, хакер
piratear *vi* 1) пиратствовать, разбойничать 2) *(cometer acciones delictivas contra la propiedad)* заниматься контрафакцией
piratería *f* пиратство
pirenaico *adj* пиренейский
píreo *adj* огневой
piripi *adj coloq* пьяненький, под мухой
pirita *f min* пирит
piro *m* : darse el ~ смыться, сбежать
pirolatría *f relig* огнепоклонничество
pirómano *m* пироман, поджигатель
piropear *vt coloq* говорить комплименты
piropo *m* 1) *coloq (halago)* комплимент *echar un* ~ говорить комплимент 2) *min* пироп, богемский гранат
piroquímica *f* пирохимия
piróscafo *m* пароход
pirosis *f med* пирозис, изжога
pirotecnia *f* пиротехника
pirotécnico **1.** *adj* пиротехнический **2.** *m* пиротехник
pirrarse *vpron* **(por alg o u/c)** безумно любить, обожать
pirueta *f* пируэт
pirula *f coloq* мошенничество, нарушение правил
piruleta *f* леденец на палочке
pirulí *m* леденец на палочке
pirulo *m* V. botijo
pis *m coloq* моча *hacer* ~ писать
pisada *f* 1) шаг 2) *(huella)* след от ноги ◆ **seguir las ~s de alg** подражать кому-л., идти по чьим-л. стопам
pisapapeles *m* пресс-папье
pisar *vt* 1) *(poner el pie sobre algo)* стоять (на чём-л), ступать (на что-л) *pisar a alg* наступать на ногу кому-л 2) *(estrujar con los pies)* давить ногами 3) *(tratar mal)* унижать, попирать
pisaverde *m coloq* пижон, франт
piscicultor *m* рыбовод
piscicultura *f* рыбоводство, рыборазведение
piscifactoría *f* рыбоводческое хозяйство
piscina *f* бассейн
piscis *adj astrol* Рыбы
pisco *m* писко (виноградная водка)
piscolabis *m* лёгкая закуска
piso *m* 1) *(suelo)* пол 2) *(planta)* этаж 3) *(vivienda)* квартира
pisotear *vt* 1) топтать, раздавливать 2) *(tratar mal)* унижать, попирать
pisotón *m* наступание на ногу
pispar *vt coloq* красть, воровать
pispás *m* : en un ~ в один миг
pista *f* 1) след 2) *(para la práctica de un deporte)* площадка, корт ~ *de tenis* теннисный корт ; ~ *de esquí* горнолыжная трасса 3) *(de un aeropuerto)* полоса 4) *(de un disco)* дорожка, трек 5) *(de baile)* танцпол, танцевальная площадка 6) *jur* улика
pistilo *m bot* пестик
pisto *m* писто (разновидность овощного рагу)
pistola *f* пистолет
pistolera *f* кобура
pistolero *m* 1) *(ladrón armado)* грабитель (вооружённый) 2) *(asesino a sueldo)* наёмный убийца
pistoletazo *m* пистолетный выстрел
pistón *m* поршень
pistonudo *adj coloq euf* отличный, шикарный
pita[1] *f bot* американская агава
pita[2] *interj (para llamar a las gallinas)* цып-цып
pita[3] *f* 1) *(bola de cristal)* хрустальный шарик 2) *(juego)* чижик
pita[4] *f (expresión de desaprobación)* свист
pitada *f* свист
pitanza *f* пища, питание

pita|r 1. *vt* 1) свистеть (кому-л), освистывать 2) *sport (dicho de un árbitro)* судить (матч) **2.** *vi* 1) *(hacer sonar el pito)* свистеть в свисток 2) *(zumbar)* звенеть 3) *coloq (dicho de un mecanismo)* работать ◆ **salir ~ndo** *coloq* броситься наутёк

pitear *vi Am.* V. pitar

pitido *m* свист, посвистывание

pitillera *f* портсигар, папиросница

pitillo *m* сигарета, папироса

pito *m* 1) свисток 2) *coloq* V. pene ◆ **importar un ~ u.c. a alg** плевать кому-л на что-л

pitón[1] *m* 1) *(cuerno incipiente)* молодой рог 2) *(punta del cuerno del toro)* кончик рога быка 3) *(tubo en los botijos)* кончик кувшина

pitón[2] *f (serpiente)* питон

pitonisa *f* 1) *mitol* пифия 2) *(adivina)* гадалка

pitorrearse *vpron* **(de alg)** *coloq* издеваться (над кем-л.), насмехаться (над кем-л.)

pitorreo *m coloq* издевательство, насмешка

pitorro *m* носик кувшина

pituitaria *f anat* слизистая оболочка полости носа

pituitario *adj anat* слизистый, содержащий слизь

pívot *m sport* центровой

pivote *m tecn* ось, шарнирный болт

píxel *m* пиксель

pizarra *f* 1) *(roca)* сланец, шифер 2) *(para escribir)* доска

pizarral *m* залежи сланца

pizarrero *m* кровельщик

pizarrón *m Am.* V. pizarra 2

pizarroso *adj* 1) сланцевый, сланцеватый 2) *(con capas)* слоистый

pizca *f* капелька, малость

pizco *m coloq* V. pellizco

pizpereta *adj coloq* V. pizpireta

pizpireta *adj* живая, умная, бойкая (о девушке или женщине)

pizza *f* пицца

pizzería *f* пиццерия

pizzicato *m mús* пиццикато

placa *f* 1) пластина, доска, вывеска 2) *(de policía)* знак, значок 3) *transp (matrícula)* номера 4) *geol* плита

placaje *m sport* перехват

placard *m Arg.* встроенный шкаф

placebo *m* плацебо *efecto ~* эффект плацебо

pláceme *m* V. felicitación

placenta *f anat* плацента

placentero *adj* приятный, отрадный

placer[1] *vi* **(a alg)** нравиться (кому-л), быть приятным (кому-л)

placer[2] *m* удовольствие, наслаждение ◆ **por ~** ради удовольствия **a ~** в своё удовольствие

placer[3] *m (banco de arena)* риф, песчаная коса

placero *adj* рыночный, площадной

plácet *m dipl* агреман

placible *adj* приятный, отрадный

placidez *f* спокойствие, безмятежность

plácido *adj* спокойный, умиротворённый, безмятежный

plafón *m* плафон

plaga[1] *f* 1) *()* заражение вредителями, бедствие 2) *(calamidad)* бедствие, бич, несчастье

plaga[2] *f* 1) *(espacio entre dos paralelos)* климат 2) *(dirección)* направление, курс

plagado *adj* 1) поражённый, наказанный 2) *(lleno)* кишащий, заполонённый, усыпанный

plagar *vt* наводнять, заполнять

plagarse *vpron* наводняться, заполняться

plagiar *vt* совершать плагиат, заимствовать

plagiario *m* плагиатор

plagio *m* плагиат

plaguicida *adj* V. pesticida

plan *m* 1) *(nivel)* высота, уровень 2) план *idear un ~* составлять план 3) *(proyecto)* программа, проект **en ~** *coloq* в плане **~ de estudios** учебный план **~ de pensiones** план по выплате пенсий **~ quinquenal** пятилетний план

plana[1] *f (herramienta)* V. llana

plana[2] *f* 1) *(cara de una hoja de papel)* сторона (листа бумаги) 2) *(página)* страница 3) *(territorio llano)* равнина ◆ **~ mayor** штаб, группа управления

planada *f* равнина

plancha *f* 1) лист, плита, пластина 2) *(para planchar)* утюг 3) *coloq (metedura de pata)* промах *hacer una ~* попасть впросак ◆ **a la ~** на гриле

planchado *m* глаженье

planchador, -a *m/f* гладильщи|к, -ца

planchar *vt* 1) гладить 2) *(alisar)* приглаживать

planchazo *m coloq* оплошность, промах

plancheta *f* планшет, мензула

plancton *m* планктон

planeador *m aero* планёр

planeadora *f* быстроходная моторная лодка

planear 1. *vt* планировать **2.** *vi* планировать

planeo *m* планирование

planeta *m* планета

planetario *m* планетарий

planicie *f* равнина

plañidera *f* плакальщица

plañidero *adj* плаксивый

planificación *f* планирование, составление плана

planimetría *f* планиметрия

planimétrico *adj* планиметрический

plañir *vi* плакать, стонать, жаловаться

plañirse *vpron* V. plañir

planisferio *m* планисфера, карта полушарий

plano 1. *adj* плоский, ровный, гладкий **2.** *m* 1) *(superficie)* плоскость, поверхность 2) *(de un edificio)* план, чертёж 3) *(de una ciudad)* карта 4) *cine* план

planta *f* 1) *(del pie)* ступня 2) *(vegetal)* растение, цветок 3) *(piso)* этаж *~ baja* первый этаж 4) *(fábrica)* завод, фабрика 5) *(aspecto físico)* вид

plantación *f* 1) *(acción)* посадка (растений) 2) *(lugar)* посадки, плантация

plantado *adj* : bien ~ ладный, статный

plantador 1. *adj* сажающий **2.** *m* ручная сажалка

planta|r[1] *vt* 1) сажать (растение) 2) *(poblar de plantas)* засадить, озеленить 3) *(fijar verticalmente)* втыкать, вкапывать 4) *coloq (dejar burlado o abandonar)* оставить в дураках, бросить *dejar ~do a alg* оставить, бросить

plantar[2] *adj* подошвенный

plantarse *vpron* 1) *coloq (resolverse a no hacer algo)* упираться, упрямиться 2) *coloq (ponerse de pie firme)* стоять как вкопанный, стоять столбом 3) *coloq (llegar con brevedad)* оказаться, очутиться 4) *cart* оставаться при своих картах

plante *m* заговор, бунт

planteamiento *m* постановка (вопроса и т.д.)

plantear *vt* 1) *(una pregunta)* ставить, поднимать 2) *(una propuesta)* выдвигать, излагать

plantearse *vpron* ставить (вопрос), взвешивать (вопрос)

plantel *m* 1) рассадник, питомник 2) *(lugar donde se forman personas hábiles)* питомник 3) *(conjunto de trabajadores)* коллектив

plantilla *f* 1) *(del zapato)* стелька *plantilla ortopédica* отропедическая стелька 2) *(de una empresa)* личный состав, штат *de plantilla* штатный 3) *sport* состав

plantío 1. *adj* годный для посадки **2.** *m* 1) *(acción)* посадка 2) *(lugar)* посадки, насаждения

plantón *m* 1) *(árbol nuevo)* саженец 2) *(rama de árbol plantada)* черенок, отводок 3) *(soldado de guardia)* солдат, стоящий на часах (в порядке наказания) ◆ **estar de** ~ *coloq* стоять в ожидании, торчать

plaqueta *f med* тромбоцит

plasma *m biol fís* плазма ◆ **de** ~ плазменный

plasmar *vt* воплощать

plasmarse *vpron* воплощаться

plasta 1. *f* 1) каша, тесто (о чём-то бесформенном и липком) 2) *(cosa mal hecha)* безобразие, халтура **2.** *adj coloq* занудный, докучливый

plástico *f arte* пластика

plasticidad *f* пластичность

plástic|o 1. *adj* 1) пластический 2) *(de plástico)* пластмассовый 3) *(armonioso)* пластичный **2.** *m (material)* пластмасса, пластик ◆ **artes ~as** изобразительные искусства **cirugía ~a** пластическая хирургия

plastificar *vt* ламинировать

plastilina *f* пластилин

plata *f* 1) серебро 2) деньги ◆ **bodas de** ~ серебряная свадьба **hablar en** ~ *coloq* говорить ясно **papel de** ~ фольга

plataforma *f* 1) платформа 2) *(organización)* организация ◆ ~ **continental** континентальный шельф

platal *m* огромные деньги

platanero 1. *adj* относящийся к платану или к банану **2.** *m* 1) V. plátano 2) *(persona)* работник банановой плантации

plátano *m* 1) банан 2) *(árbol)* платан

platea *f teat* ложа бенуара

plateado *adj* 1) *(de color semejante a la plata)* серебряный, серебристый 2) *(cubierto de plata)* посеребрённый

plateresco *adj arte* в стиле платереско

platería *f* 1) *(arte y oficio del platero)* ремесло ювелира 2) *(obrador)* мастерская ювелира

platero 1. *adj* серебристо-серый (об осле) **2.** *m* ювелир, золотых (серебряных) дел мастер

plática *f* беседа, разговор

platicar *vt/i* беседовать, разговаривать

platillo *m* 1) тарелочка 2) *mús* тарелки ◆ ~ **volante** летающая тарелка

platina[1] *f* V. platino

platina[2] *f* 1) предметный столик микроскопа 2) *impr* талер

platino *m* платина

plato *m* 1) тарелка ~ *sopero* глубокая тарелка 2) *(comida)* блюдо 3) *tecn* шестерня, зубчатое колесо

plató *m* сьёмочная площадка

platónico *adj* платонический *amor* ~ платоническая любовь

plausible *adj* 1) *(digno de aplauso)* похвальный, достойный похвалы 2) *(admisible)* обоснованный, приемлемый

playa *f* пляж

play-back *m mús* фонограмма

playboy *m* плейбой

playera *f (espec pl)* кроссовки

playero 1. *adj* пляжный **2.** *m (vendedor de pescado)* торговец рыбой

play-off *m sport* плей-офф

plaza *f* 1) площадь 2) *(lugar fortificado)* крепость, гарнизон 3) *(lugar para una persona)* место 4) *(lugar de trabajo)* место, должность ◆ ~ **de armas** плацдарм ~ **de toros** арена для корриды

plazo *m* срок ◆ **a corto** ~ краткосрочно **a ~s** в рассрочку

plazoleta *f* площадка, сквер

pleamar *f* полная вода

plebe *f* плебс, чернь

plebeyo 1. *adj* плебейский **2.** *m* плебей, простолюдин

plebiscito *m* всенародное голосование, плебисцит

plectro *m mús* плектр

plegable *adj* складной

plegadera *f* разрезной нож (для бумаги)

plegado *m* складывание, сгибание

plegador *adj* складывающий

plegadura *f* складывание, сгибание

plegar *vt* складывать

plegaria *f* 1) *(súplica humilde)* мольба, просьба 2) *relig* полдневный благовест

plegarse *vpron* **(a alg o u/c)** уступать (кому/чему-л), смиряться (с чем-л), сдаваться (кому-л)

pleiteante *m jur* истец

pleitear *vi* 1) судиться 2) *obsol* V. pactar

pleitista 1. *adj* сутяжный, кляузный **2.** *m/f* сутяга, кляузни|к, -ца

pleito *m jur* тяжба, процесс

plenario *adj* пленарный, полный

plenilunio *m* полнолуние

plenipotenciario *adj* полномочный

plenitud *f* 1) полнота, цельность 2) *(apogeo)* вершина, апогей

pleno 1. *adj* 1) *(lleno)* полный, наполненный 2) *(absoluto)* полный, абсолютный *en ~ invierno* в разгар зимы **2.** *m* пленум, пленарное заседание ◆ **en** ~ в полном составе

pleonasmo *m ling* плеоназм

pletina *f* полосовая сталь, металлическая лента

plétora *f* 1) *biol* полнокровие 2) *(abundancia)* изобилие
pletórico *adj* полнокровный
pleura *f anat* плевра
pleuresía *f med* плеврит, воспаление плевры
plexiglás *m* плексиглас
pliego *m* 1) лист (бумаги) 2) *impr* печатный лист 3) *jur* досье, папка
pliegue *m* складка, сгиб
plin *inv* : ¡a mi ~! мне всё равно, мне до лампочки
plisar *vt* плиссировать, гофрировать
plomada *f* грузило, отвес
plomar *vt* пломбировать
plomero *m* 1) лудильщик 2) *Am.* водопроводчик
plomizo *adj* 1) *(que tiene plomo)* свинцовый 2) *(de color de plomo)* свинцового цвета
plomo *m* 1) *quím* свинец 2) *(peso)* грузило 3) *coloq (dicho de una persona)* зануда 4) *(dicho de una cosa)* скука, тоска
pluma *f* 1) перо 2) *(para escribir, antiguamente)* перо 3) *(estilográfica)* авторучка 4) *(escritor)* перо, писатель 5) *(mástil de una grúa)* вылет крана ◆ **peso ~** *sport* полулёгкий вес
plumada *f* росчерк
plumaje *m* 1) оперение 2) *(penacho que sirve de adorno)* плюмаж, султан
plumas *fpl* V. pluma
plumazo *m* 1) перина, большая подушка 2) *(trazo)* росчерк, зачёркивающий написанное
plúmbeo *adj* свинцовый, содержащий свинец
plumero *m* метёлка из перьев ◆ **vérsele el ~ a alg** выдавать себя
plumier *m* пенал
plumífer|o 1. *adj poét* оперённый, пернатый 2., **-a** *m/f desp* чернильная душа
plumilla *f* перо (для письма)
plumín *m* перо (для письма)
plumón *m* 1) пух 2) *(colchón)* перина
plural 1. *adj* 1) *(múltiple)* множественный 2) *(variado)* многообразный 2. *m* множественное число
pluralidad *f* 1) множество, обилие, многочисленность 2) *(mayoría)* большинство
pluralismo *m* плюрализм
pluralista *adj* плюралистический, относящийся к плюрализму
pluralizar *vt* 1) *ling* ставить во множественном числе 2) *(atribuir a diferentes personas)* приписывать разным людям
plurianual *adj* многолетний
pluridimensional *adj* многомерный
pluridisciplinar *adj* многодисциплинарный
pluriempleado *m* совместитель
pluriempleo *m* человек, работающий по совместительству
plurilingüe *adj* 1) многоязычный, говорящий на разных языках 2) *(escrito en diversos idiomas)* многоязычный, написанный на разных языках
plurilingüismo *m* многоязычие
plus *m* 1) *(sobresueldo)* надбавка (к заработной плате) 2) *(gaje complementario)* прибавка, надбавка
pluscuamperfecto *m ling* плюсквамперфект
plusmarca *f sport* рекорд
plusmarquista *m/f sport* рекордсмен, -ка
plusvalía *f* прибыль, прибавочная стоимость
plutocracia *f pol* плутократия
plutócrata *m/f pol* плутократ, -ка
plutonio *m quím* плутоний
pluvial *adj* дождевой
pluviómetro *m* дождемер
pluviosidad *f* осадки, количество осадков
pluvioso *adj* дождливый, ненастный
poblacho *m desp* деревенька
población *f* 1) *(acción)* заселение 2) *(conjunto de habitantes)* население 3) *(localidad)* город, населённый пункт
poblado *m* посёлок, поселение
poblador 1. *adj* населяющий 2. *m* поселенец, житель
poblano *adj Am.* сельский, деревенский
poblar *vt* заселять, населять
poblarse *vpron* заселяться, населяться
pobre 1. *adj* 1) бедный, неимущий, нуждающийся, нищий 2) *(escaso)* бедный, скудный 3) *(infeliz)* несчастный, несчастливый, жалкий 4) *(humilde)* простой, скромный, бедный 2. *m/f* 1) бедня|к, -чка, нищ|ий, -ая 2) *(que da lástima)* бедняга, бедняжка
pobretón *m* очень бедный
pobreza *f* 1) бедность, нищета, нужда 2) *(escasez)* бедность, скудность
pocho *adj* 1) *(descolorido)* бесцветный, блёклый 2) *(dicho de la fruta)* подгнивший, гнилой 3) *(dicho de una persona)* болезненный, хилый
pocholo *adj coloq* красивый, привлекательный
pocilga *f* свинарник
pocillo *m* 1) *(para recoger líquidos)* большой глиняный кувшин (врытый в землю) 2) *(vasija de loza)* фарфоровая чашечка
pócima *f* 1) *(cocimiento medicinal de materias vegetales)* отвар лекарственных трав 2) *(bebida medicinal)* лекарственное питьё 3) *coloq (bebida desagradable)* бурда, отрава
poc|o 1. *adj* немного (кого/чего-л), мало (кого/чего-л), немногочисленный, малочисленный *~a gente* мало народу 2. **-s** *pron* немногие 3. *m* **(de alg o u/c)** небольшое количество (кого/чего-л), немного (кого/чего-л), **(de u/c)** чуть-чуть (чего-л) *un ~o de pan* немного (чуть-чуть) хлеба 4. *adv* не очень, мало, немного *es ~o agradable* это не очень приятно; *él duerme ~o* он мало спит; *~o antes* немного (чуть) раньше ◆ **dentro de ~o** скоро **hace ~o** недавно **~o a ~o** медленно, постепенно **por ~o** чуть-чуть не
poda *f* обрезка (стрижка) деревьев
podadera *f* садовые ножницы
podar *vt* обрезать, стричь (деревья)
podenco 1. *adj* легавый 2. *m* легавая
poder[1] *vt* мочь *no puedo ir al concierto* я не могу пойти на концерт; *¿se puede?* можно? ◆ **puede que** возможно **puede ser** может быть
poder[2] *m* 1) *(dominio)* способность, возможность 2) *(fuerza)* сила, мощь, могущество 3) *(gobierno)* власть 4) *(facultad)* полномочие 5) *(apoderamiento)* доверенность ◆ **~ ejecutivo** исполнительная власть **~ judicial**

судебная власть ~ **legislativo** законодательная власть
poderdante *m/f jur* доверитель, -ница
poderhabiente *m/f jur* поверенный, доверенное лицо
poderío *m* 1) могущество, мощь 2) *(bienes)* имущество, состояние 3) *(fuerza grande)* сила, мощь
poderoso *adj* сильный, могущественный, мощный
podio *m* 1) *arquit* пьедестал 2) *(plataforma)* подиум, подий
podología *f* подология
podólogo *m* подолог
podómetro *m* шагомер
podredumbre *f* 1) гниение, загневание 2) *(corrupción moral)* моральное разложение
podrido *adj* гнилой
podrir *vt* V. pudrir
podrirse *vpron* V. pudrirse
poema *m* poema
poesía *f* 1) поэзия 2) *(poema)* поэма, стихотворение
poeta *m/f* поэт
poetastro *m* стихоплёт, рифмоплёт
poética *f* поэтика
poético *adj* 1) *(relativo a la poesía)* поэтический, стихотворный 2) *(que manifiesta las cualidades de la poesía)* поэтичный
poetisa *f* поэтесса
poetizar **1.** *vt* поэтизировать **2.** *vi (componer versos)* сочинять стихи
pogromo *m* погром
pointer *m* пойнтер (порода собак)
póker *m* V. póquer
pola *f Col.* пиво
polac|o **1.** *adj* польский **2.** **, -a** *m/f* пол|як, -ька **3.** *m* польский язык
polaina *f (espec pl)* краги, гамаши
polar *adj* полярный ◆ **círculo** ~ полярный круг **oso** ~ белый медведь
polaridad *f fís* полярность
polarización *f fís* поляризация
polarizar *vt* 1) *fís* поляризовать 2) *(concentrar la atención)* концентрировать внимание
polca *f* полька (мелодия и танец)
polea *f* шкив, блок, ролик
polémica *f* полемика
polémico *adj* полемический
polemista *m/f* полемист, -ка
polemizar *vi* полемизировать, вести полемику
polen *m* пыльца
polenta *f* полента (каша из кукурузной муки)
poleo[1] *m (planta)* мята болотная
poleo[2] *m coloq* хвастовство, бахвальство
polera *f Arg. Ur.* водолазка
poli *m/f coloq* V. policía
poliamida *f quím* полиамид
poliandria *f* полиандрия, многомужие
polibán *m* сидячая ванна
polichinela *f teat* полишинель, петрушка
policía **1.** *f* полиция, милиция **2.** *m* полицейский, милиционер ◆ ~ **de tráfico** дорожная полиция
policíaco *adj* 1) полицейский 2) *(dicho de una obra literaria o cinematográfica)* детективный
policial *adj* полицейский
policitación *f jur* предложение заключить договор
policlínica *f* поликлиника
policromado *adj* V. polícromo
policromatismo *m* полихроматизм, многоцветность
policromía *f* полихромия, многоцветность
polícromo, policromo *adj* полихроматический, многоцветный, многокрасочный
polideportivo *m* спортивный комплекс
poliedro **1.** *adj* многогранный **2.** *m* многогранник, полиэдр
poliéster *m quím* полиэфир
poliestireno *m quím* полистирол
polietileno *m quím* полиэтилен
polifacético *adj* многогранный, многосторонний
polifásico *adj fís* многофазный
polifilo *adj bot* многолистный
polifonía *f mús* полифония, многоголосие
polifónico *adj* полифонический
poligamia *f* 1) полигамия, многобрачие 2) *bot* полигамия, многодомность
polígamo *adj* 1) имеющий несколько жён, имеющая несколько мужей 2) *biol* полигамный
políglota **1.** *adj* 1) *(escrito en varias lenguas)* многоязычный 2) *(dicho de una persona)* говорящий на разных языках **2.** *m* полиглот
polígloto *f* V. políglota
polígono *m geom* многоугольник
polígrafo *m* 1) специалист по тайнописи 2) *(autor que ha escrito sobre materias diferentes)* автор, написавший на различные темы
poliinsaturado *adj quím* полиненасыщенный
polilla *f* моль
polímero **1.** *adj* полимерный **2.** *m* полимер
polimorfo *adj* полиморфный, многообразный
polinesi|o **1.** *adj* полинезийский **2.** **, -a** *m* полинези|ец, -йка
polineuritis *m med* полиневрит
polínico *adj bot* пыльцевой
polinización *f bot* опыление
polio *f* V. poliomielitis
poliomielitis *f med* полиомиелит
polipiel *f* кожзаменитель
pólipo *m med zool* полип
polisemia *f ling* многозначность, полисемия
polisémico *adj ling* многозначный, полисемичный
polisílabo **1.** *adj ling* полисиллабический, многосложный **2.** *m ling* полисиллаб, многосложное слово
polisintético *adj ling* полисинтетический
politburó *m pol* политбюро
politécnico *adj* политехнический
politeísmo *m* политеизм, многобожие
política *f* политика
polític|o **1.** *adj* политический **2.** **, -a** *m/f* политик ◆ **madre** ~**a** свекровь, тёща **asilo** ~**o** политическое убежище **geografía** ~**a** политическая география **ciencias** ~**as** политология
politiquear *vi coloq* политиканствовать
politiqueo *m* политиканство
politiquero *adj* политиканский
politización *f* политизация
politizar *vt* политизировать

politología *f* политология
politólogo *m* политолог
poliuretano *m quím* полиуретан
polivalente *adj* универсальный, многофункциональный
póliza *f* полис ~ *de seguros* страховой полис
polizón *m* безбилетный пассажир, заяц (на пароходе)
polizonte *m desp* мент, держиморда
polla *f* 1) цыплёнок, молодая курочка 2) *gros* V. pene
pollada *f* выводок птенцов
pollera *f* 1) цыплятница 2) *(lugar en que se crían los pollos)* цыплятник 3) *(andador)* плетёный стул (в котором обучают детей ходить)
pollería *f* магазин, торгующий птицей
pollero *m* 1) птичник, продавец цыплят 2) *(lugar en que se crían pollos)* цыплятник
pollino *m* 1) *(asno joven)* неприученный молодой осёл 2) *(asno)* осёл 3) *(hombre simple)* невежа, осёл
pollo *m* цыплёнок, курица ◆ **montar un** ~ *coloq* устроить скандал
polluelo *m* птенец
polo[1] *m* 1) *electr fís geogr* полюс 2) *(helado)* мороженое на палочке, эскимо ◆ ~ **negativo (positivo)** *electr* отрицательный (положительный) полюс **Polo Norte (Sur)** *geogr* Северный (Южный) полюс
polo[2] *m* 1) *(deporte)* поло 2) *(prenda de vestir)* поло
pololear *vt Ch. Bol.* ухаживать (за женщиной)
pololeo *m Ch. Bol.* ухаживание (за женщиной)
pololo[1] *m* шаровары
pololo[2] *m* 1) *Ch. Bol. (hombre que pretende a una mujer)* ухажёр 2) *Ch. (insecto)* растительноядный жук
polonesa *f mús* полонез
poltrón *adj* ленивый, праздный
poltrona *f* кресло
polución *f* загрязнение (атмосферы)
polucionar *vt* загрязнять
polvareda *f* облако пыли
polvera *f* пудреница
polvo 1. *m* 1) пыль 2) *(sustancia molida)* порошок 3) *vulg* половой акт **2. -s** *mpl (de maquillaje)* пудра ◆ **en** ~ порошковый, в порошке **estar hecho** ~ *coloq* быть измученным
pólvora *f* 1) порох 2) *(mal genio)* вспыльчивость, горячность 3) *(viveza)* быстрота, проворство ◆ **no ha inventado la** ~ пороха не выдумает
polvorear *vt* посыпать, пудрить
polvoriento *adj* пыльный, покрытый пылью
polvorín *m* 1) *(lugar)* пороховой погреб 2) *(pólvora menuda)* мелкий порох
polvorón *m* польворон (песочное рассыпчатое печенье)
polvoroso *adj* V. polvoriento
pomada *f* мазь, крем
pomar *m* плодовый сад (чаще яблочный)
pomelo *m* грейпфрут, помело
pómez *f* пемза
pomo *m* 1) *(tirador)* ручка 2) *(frasco)* флакон для духов 3) *bot* яблоко (как тип плода) 4) *(de una espada o un bastón)* рукоятка, набалдашник
pompa[1] *f* 1) *(acompañamiento suntuoso)* великолепие, роскошь 2) *(vanidad)* помпезность 3) *(procesión)* торжественная процессия
pompa[2] *f* 1) *(burbuja)* пузырь 2) *nav* помпа, насос
pompis *m euf* попа, зад
pompón *m hist* помпон, плюмаж
pomposidad *f* парадность, пышность, помпезность
pomposo *adj* 1) парадный, пышный 2) *(dicho del lenguaje o el estilo)* высокопарный, напыщенный
pómulo *m* скула, скуловая кость
poncha *f Ch.* пончა (плащ из тёплой ткани)
ponche *m* пунш
ponchera *f* большая миска (для приготовления пунша)
poncho[1] *m (prenda de abrigo)* пончо
poncho[2] *adj (manso)* вялый, медлительный, неповоротливый
ponderable *adj* 1) достойный оценки 2) *(que se puede pesar)* весомый
ponderación *f* 1) *(consideración)* уравновешенность, обдуманность, продуманность 2) *(exageración)* возвеличивание, превозношение 3) *(acción de pesar)* взвешивание
ponderado *adj* уравновешенный
ponderal *adj* весовой, относящийся к весу
ponderar *vt* 1) *(pesar)* взвешивать 2) *(examinar con ciudado)* взвешивать, обдумывать 3) *(encarecer)* превозносить, возвеличивать 4) *(equilibrar)* уравновешивать
ponderativo *adj* возвеличивающий, хвалебный
pondo *adj Ec.* коренастый
ponedero 1. *adj* 1) могущий быть помещенным 2) *(dicho de un ave)* яйценоский **2.** *m* гнездо несушки
ponedor *adj* 1) ставящий, помещающий 2) *(dicho de un ave)* яйценоский
ponencia *f* 1) доклад, сообщение 2) *(encargo dado al ponente)* поручение сделать доклад
ponente *m* докладчик, референт
ponentino *adj* западный
poner *vt* 1) класть, ставить, помещать 2) *(huevos)* нести (яйца)
ponerse *vpron* 1) *(ropa)* надевать 2) *(dicho del sol)* садиться 3) **(a-hacer-u-c)** *(empezar a hacer algo)* начинать делать (делать что-л)
poni *m* пони
poniente *m* 1) запад 2) *(viento)* западный ветер
pontazgo *m* мостовой сбор
pontificado *m* папство, понтификат
pontifical *adj* 1) папский 2) *(relativo a un obispo o arzobispo)* епископский, архиепископский
pontificar *vi* 1) *relig* служить литургию 2) *(exponer opiniones con tono dogmático)* изрекать, вещать
pontífice *m* 1) *(obispo o arzobispo)* епископ, архиепископ 2) *(papa)* папа римский
pontificio *adj* 1) *(relativo a un obispo o arzobispo)* еписпокский, архиепископский 2) *(relativo al papa)* папский

pont|ón *m* понтон *puente de ~ones* понтонный мост
pony *m* V. poni
ponzoña *f* яд, отрава
ponzoñoso *adj* 1) ядовитый 2) *(espiritualmente)* вредный, вредоносный
pool *m* бюро
pop *m* поп-музыка
popa *f nav* корма
popelín *m textl* поплин
popó *m* 1) *Ch. infant* ягодицы 2) *Am. coloq* кал, какашки
popocho *adj Col.* сытый, пресыщенный
popote *m* 1) солома 2) *Méx.* соломинка (для напитков)
populachería *f* дешёвая популярность
populachero *adj* 1) *(relativo al populacho)* простонародный 2) *(para el populacho)* потакающий простонародью
populacho *m desp* простонародье, чернь
popular *adj* 1) *(del pueblo)* народный 2) *(conocido)* популярный, известный
popularidad *f* популярность, известность
popularización *f* популяризация
popularizar *vt* популяризировать
popularizarse *vpron* стать популярным
popularmente *adv* популярно
populismo *m pol* популизм, народничество
populista *adj pol* популистский
populoso *adj* густонаселённый, многолюдный
popurrí *m mús* попурри
poquedad *f* скудость, недостаток
póquer *m cart* покер
poquito *adv* **(de u/c)** немножко (чего-л), чуть-чуть (чего-л)
por *prep* 1) *(indicando el agente en las oraciones pasivas)* кем-л *esta obra fue escrita ~ Cervantes* данное произведение написано Сервантесом 2) *(a favor o en defensa de alguien o algo)* за (кого/что-л.), ради (кого/чего-л) *~ la libertad* за свободу; *lo hace todo por ti* он делает всё ради тебя 3) *(denotando un lugar concreto)* за (что-л) *agarré a Juan ~ el brazo* я взял Хуана за руку 4) *(denotando movimiento por una superficie)* по (чему-л) *ir ~ la calle* идти по улице 5) *(denotando paso por un lugar)* через (что-л) *ir a Toledo ~ Illescas* ехать в Толедо через Ильескас 6) *(denotando compensación o equivalencia)* за (что- л) *lo uno ~ lo otro* одно за другое 7) *(denotando un medio)* по (чему-л) *hablar ~ teléfono* говорить по телефону 8) *(denotando proporción)* в (что-л) *cuarenta kilómetros ~ hora* сорок километров в час; *tres ~ ciento* три процента 9) *(denotando multiplicación)* на (что-л) *cinco ~ dos* пять на два ◆ **~ lo cual** и поэтому **~ lo tanto** поэтому, следовательно **~ fin** наконец **~ qué** почему, по какой причине **~ si** в случае, если
porcelana *f* фарфор
porcentaje *m* процент
porche *m* 1) крыльцо 2) *(en templos o palacios)* портик
porcino 1. *adj* свиной **2.** *m* поросёнок
porción *f* 1) доля, часть 2) *(de comida)* порция
pordiosear *vi* 1) *(mendigar)* попрошайничать, христарадничать 2) *(pedir porfiadamente)* клянчить
pordioser|o, -a *m/f* попрошайка
porfía *f* 1) *(disputa obstinada)* пререкание, препирательство 2) *(insistencia)* упорство, настойчивость ◆ **a ~** наперебой, наперегонки
porfiado *adj* упорный, настойчивый
porfiar *vi* 1) *(disputar obstinadamente)* пререкаться, препираться 2) *(perseguir con empeño)* упорно добиваться, домогаться 3) *(continuar una acción con insistencia)* упорствовать
pórfido *m geol* порфир
pormenor *m* подробность, деталь
pormenorizado *adj* подробный
pormenorizar *vi* подробно описывать, вдаваться в подробности
porno 1. *adj coloq* V. pornográfico **2.** *m coloq* V. pornografía
pornografía *f* порнография
pornográfico *adj* порнографический
poro *m* пора
porongo *m bot* горлянка, тыква бутылочная
pororó *m Am. Sept.* воздушная кукуруза
porosidad *f* пористость, ноздреватость
poroso *adj* пористый
poroto *m* 1) *Am.* фасоль 2) *Ch. coloq* ребёнок
porque *conj* 1) потому, что *no pudo asistir ~ se encontraba mal* она не смогла прийти, потому что плохо себя чувствовала 2) *(para que)* для того, чтобы *recemos ~ no llueva* давайте помолимся, чтобы не было дождя
porqué *m coloq* причина, повод
porquería *f* 1) грязь, мусор 2) *(dicho de la comida)* гадость, дрянь 3) *(dico de una acción)* свинство, подлость
porqueriza *f* свинарник
porquerizo *m* свинарь
porra *f* 1) дубинка 2) *coloq* ставка ◆ **mandar a la ~** *coloq* посылать к чёрту
porrada *f* 1) V. porrazo 1, 2 2) *(montón)* уйма, пропасть *una ~ de dinero* куча денег
porrazo *m* 1) *(golpe de porra)* удар дубинкой 2) *(golpe al caer o topar con un cuerpo duro)* удар (при падении, столкновении) ◆ **de golpe y ~** сразу, неожиданно
porreta *f* 1) *(hojas verdes del puerro o el ajo)* зелёные перья лука-порея (чеснока) 2) *(hojas de los cereales)* всходы зерновых ◆ **en ~, en ~s** *coloq* голышом
porrillo *inv* : a ~ навалом, в избытке
porro *m* 1) порей 2) *coloq* косяк
porrón *m* поррон (стеклянный кувшин с носиком)
portaaviones *m* авианосец
portabebés *m* рюкзак-переноска для детей
portabicicletas *m* багажник для велосипеда
portabotellas *m* подставка для бутылок
portacubiertos *m* лоток для приборов
portada *f* 1) *arquit* портал 2) *(primera plana de los libros impresos)* титульный лист 3) *(de periódicos y revistas)* обложка
portadilla *f impr* шмуцтитул
portadocumentos *m* переносная папка для документов
portador 1. *adj* несущий **2.** *m* 1) носитель, переносчик (заразы) 2) *com* предъявитель
portaequipajes *m* багажник
portaesquíes *m* багажник для лыж

portaestandarte *m mil* знаменосец
portafolio *m* портфель
portafusil *m mil* ружейный ремень
portal *m* 1) *(zaguán)* вестибюль, прихожая 2) *(pórtico)* портал, колоннада 3) *informát* портал
portalada *f* 1) въездные ворота (в усадьбу) 2) V. pórtico
portalámparas *m* ламповый патрон
portalápiz *m* цанговый карандаш
portaligas *m* пояс (женский)
portalón *m* V. portalada
portamaletas *m* V. maletero
portaminas *m* цанговый карандаш
portamonedas *m* кошелёк, портмоне
portaobjetos *m* предметное стекло (микроскопа)
portaplumas *m* ручка (перьевая)
portar *vt elev* нести, носить
portarretratos *m* рамка (для портрета)
portarrollos *m* держатель рулона бумаги
portarse *vpron* вести себя
portátil *adj* портативный
portavasos *m* подстаканник
portaviones *m* V. portaaviones
portavocía *f* официальное представительство
portavoz *m/f* 1) *mil (bocina)* рупор 2) *(representante)* рупор, официальный представитель, пресс-атташе
portazo *m* удар дверью
porte *m* 1) перевозка, доставка, переноска 2) *(pago)* плата за перевозку 3) *(modo de portarse)* поведение 4) *(disposición de una persona)* осанка, манера держаться
porteador *m* носильщик, переносчик
portear *vt* переносить, перевозить, доставлять (за плату)
porteñ|o 1. *adj* относящийся в Буэнос-Айресу **2. , -a** *m/f* портеньо, житель, -ница (уроженец, уроженка) Буэнос Айреса
portento *m* чудо, диво
portentoso *adj* чудесный, изумительный
portería *f* 1) вахта, швейцарская 2) *sport* ворота
porter|o, -a *m/f* 1) вахтёр, -ша, консьерж, -ка, швейцар 2) *sport* вратарь ◆ **~o automático** домофон
portezuela *f* дверца экипажа
pórtico *m arquit* портик, колоннада
portilla *f* проход, ворота
portillo *m* 1) *(abertura en una muralla o pared)* брешь, пролом 2) *(postigo)* калитка, дверца 3) *(camino entre dos alturas)* проход (в горах) 4) *(en un plato)* щербина, выбоина (на посуде)
portón *m* внутренняя дверь
portorriqueño *adj* V. puertorriqueño
portuario *adj* портовый
portugu|és 1. *adj* португальский **2. , -esa** *m/f* португал|ец, -ька **3.** *m* португальский язык
porvenir *m* будущее, судьба
pos *m* V. postre ◆ **en ~ de** *elev* за, вслед за
posada *f* постоялый двор
posaderas *fpl euf* зад
posader|o, -a *m/f* хозя|ин, -йка постоялого двора
posar[1] **1.** *vt* 1) класть, сбрасывать 2) *(poner suavemente)* мягко класть **2.** *vi* 1) *(alojarse)* останавливаться (на постоялом дворе), устраиваться 2) *(posarse)* садиться
posar[2] *vi (para un retrato)* позировать
posarse *vpron* 1) *(dicho de un ave)* опускаться, садиться (о птицах) 2) *(dicho de un líquido)* осаждаться, оседать
posavasos *m* подставка под бокалы, бирдекель
posdata *f* постскриптум, приписка
pose *f* поза
poseedor 1. *adj* владеющий, обладающий **2.** *m* владелец, обладатель
poseer *vt* иметь, владеть (чем-л), обладать (кем/чем-л)
poseído *adj* **(de u/c)** *(poseso)* одержимый (чем-л)
posesión *f* 1) *(acción)* владение, обладание 2) имущество ◆ **toma de ~** вступление в должность
posesionarse *vpron* **(de u/c)** завладевать (чем-л), присваивать
posesivo *adj* 1) относящийся к владению 2) *ling* притяжательный
poseso *adj* одержимый, бесноватый
posesor *adj* владеющий, обладающий
posfranquismo *m hist* постфранкизм
posgrado *m* послевузовское образование
posguerra *f* послевоенное время
posibilidad *f* 1) возможность, шанс 2) *(aptitud)* способность
posibilitar *vt* делать возможным, способствовать (чему-л)
posible *adj* возможный ◆ **es ~** возможно **hacer todo lo ~** делать всё возможное
posición *f* 1) положение 2) *(situación, disposición)* местоположение, расположение 3) *(forma de pensar)* позиция, отношение (к чему-л) 4) *(cargo)* должность, место 5) *mil* позиция ◆ **tomar ~** занимать позицию
posicionamiento *m* установка, позиционирование
posicionarse *vpron* устанавливаться, позиционироваться
posillo *m Hond.* V. taza
positivismo *m* 1) позитивность 2) *(actitud práctica)* практичность, трезвый взгляд на жизнь 3) *filos* позитивизм
positivista 1. *adj filos* позитивистский **2.** *m/f filos* позитивист
positivo 1. *adj* 1) положительный, позитивный 2) *electr fís mat* положительный **2.** *m foto* позитив
pósito *m* 1) *(institución municipal)* муниципальный семенной фонд 2) *(casa de dicha institución)* амбар 3) *(cooperativa)* кооператив, общество взаимопомощи
poso *m* 1) осадок, отстой 2) *(descanso)* отдых, покой
posología *f farma* позология
posoperatorio *adj* V. postoperatorio
posparto *m* послеродовой период
posponer *vt* 1) *(colocar después de alguien o algo)* располагать (за кем/чем-л), ставить (за кем/чем-л) 2) *(aplazar)* откладывать, отсрочивать
posproducción *f cine* постпродукция
posta[1] *f (bala pequeña)* мелкокалиберная пуля

posta[2] *f* 1) *hist* перекладные, почтовые 2) *hist (lugar)* подстава, почтовая станция ◆ **a** ~ нарочно, специально
posta[3] *m hist* путешествующий на перекладных
postal 1. *adj* почтовый *giro* ~ почтовый перевод **2.** *f* почтовая открытка
postdata *f* V. posdata
poste *m* 1) столб 2) *sport (de la portería)* штанга
póster *m* плакат
postergación *f* откладывание, оттягивание
postergar *vt* 1) откладывать, отсрочивать, оттягивать 2) *(infravalorar)* недооценивать, ставить ниже
posteridad *f* 1) *(sucesores)* потомки, потомство 2) *(fama póstuma)* посмертная слава 3) *(tiempo futuro)* будущее
posterior *adj* 1) *(que ocurre después)* последующий, следующий 2) *(que está detrás)* задний
postfijo *m ling* постфикс
postgrado *m* V. posgrado
postigo *m* 1) *(puerta falsa)* задняя (потайная) дверь 2) *(puerta hecha de una pieza)* одностворчатая дверь 3) *(de una ventana)* створка
postila *f* V. postilla
postilla[1] *f (costra)* струп, корка
postilla[2] *f (acotación)* комментарий, объяснение
postín *m* спесь, чванство ◆ **darse** ~ важничать, задаваться **de** ~ шикарный, роскошный
postizo 1. *adj* искусственный, фальшивый **2.** *m* накладка, парик ◆ **dientes** ~s вставные зубы
postónico *adj ling* послеударный
postoperatorio *adj med* послеоперационный
postor *m* аукционист
postposición *f ling* постпозиция
postproducción *f* V. posproducción
postración *f* 1) коленопреклонение 2) *(abatimiento)* прострация, состояние прострации
postrado *adj* слабый, подавленный, изможднный
postrarse *vpron* 1) *(debilitarse)* ослабевать, лишаться сил 2) *(arrodillarse)* вставать на колени, преклонять колени
postre *m* десерт ◆ **a la** ~ в результате **de** ~ на десерт
postremero *adj* V. postrimero
postrero *adj* последний, завершающий, заключительный
postrimería *fpl* 1) *(últimos años de la vida)* последние годы жизни 2) *(período último de la duración de algo)* последний период, конец
postrimero *adj* postrero
postulado *m* постулат
postulante *m relig* готовящийся к вступлению в религиозный орден
postular *vt* 1) просить 2) *(en una colecta)* просить на благотворительные цели
póstumo *adj* 1) *(que nace después de la muerte del padre)* родившийся после смерти отца 2) *(dicho de los honores que se tributan a un difunto)* посмертный
postura *f* 1) положение, поза 2) *(actitud)* позиция, отношение
posventa *f com* послепродажное обслуживание
pota *f* кальмар
potabilidad *f* пригодность воды для питья
potabilización *f* опреснение
potabilizar *vt* опреснять, очищать, делать пригодной для питья (воду)
potable *adj* питьевой (о воде)
potaje *m* 1) *(caldo)* бульон 2) *(guiso)* тушёные овощи 3) *(mezcla de cosas)* мешанина
potasa *f* поташ, углекислый калий
potasio *m* калий
pote *m* 1) *(vasija redonda)* кувшин, горшок 2) *(tiesto para flores)* цветочный горшок 3) *(plato)* поте (кушанье из овощей с мясом)
potencia *f* 1) *(capacidad)* способность, возможность 2) сила, мощность 3) *(referido a un estado)* держава
potencial 1. *adj* потенциальный, возможный **2.** *m* потенциал
potencialidad *f* потенциальность, возможность
potenciar *vt* усиливать, стимулировать
potentado *m* 1) *(soberano)* правитель, монарх 2) *(persona poderosa)* властитель
potente *adj* 1) V. poderoso 2) *(que tiene capacidad)* способный на что-либо 3) *(capaz de engendrar)* потентный, обладающий половой способностью
potestad *f* власть, право на власть
potestativo *adj* необязательный, факультативный
potingue *m* 1) *coloq (bebida)* зелье, питьё 2) *coloq (producto cosmético)* мазь, косметическое масло
potito *m* детское питание
poto[1] *m Am. (nalgas)* зад, задница
poto[2] *m Per. (vasija)* большой глиняный кувшин
potosí *m* сказочное богатство ◆ **valer un** ~ *coloq* стоить уйму денег
potra[1] *f (yegua joven)* молодая кобыла
potra[2] *f* 1) *(hernia)* грыжа 2) *coloq (buena suerte)* везение
potrada *f* табун жеребят
potranco *m* лошадь не старше трех лет
potrero *m* 1) *(mozo)* табунщик (при жеребятах) 2) *(sitio)* пастбище (для лошадей)
potril *adj* жеребячий
potrillo *m* молодой жеребец
potro *m* 1) жеребёнок 2) *(aparato gimnástico)* конь, кобыла 3) *(de tormento)* пытка, мука
poyo *m* скамья, лавка
poza *f* лужа
pozal *m* 1) бадья, ведро 2) *(brocal del pozo)* закраина колодца
pozanco *m* лужица (после половодья)
pozo *m* колодец ◆ ~ **de petróleo** нефтяная скважина
pozole *m Am. Cent.* посоле (блюдо из кукурузы и мяса)
práctica *f* 1) практика 2) *(experiencia)* опыт 3) *(procedimiento)* установленный порядок, процедура 4) *(período de prácticas)* стажировка, практика ◆ **en la** ~ на практике **poner en** ~ применять

practicable *adj* 1) *(que se puede poner en práctica)* осуществимый, исполнимый 2) *(dicho de un río, etc.)* доступный, удобопроходимый 3) *(dicho de una ventana o puerta)* открывающийся

practicante 1. *adj* практикующий **2.** *m/f* 1) фельдшер 2) *(médico en prácticas)* врач-практикант, врач-стажёр

practicar *vt* 1) практиковать 2) *(usar, ejercer)* практиковать, заниматься (чем-л) *practicar deporte* заниматься спортом 3) *(ejercitarse)* практиковаться, упражняться 4) *(llevar a cabo)* выполнять, производить ~ *una operación* производить операцию

prácticmente *adv* 1) практически, почти 2) на практике

práctic|o *adj* 1) *(relativo a la práctica)* практический *medicina ~a* практическая медицина; *consejo ~o* практический совет 2) *(ajustado a la realidad, útil)* практичный *una persona ~a* практичный человек

pradera *f* луг

pradería *f* луга

prado *m* луг

pragmática *f filos ling* прагматика

pragmátic|o 1. *adj* прагматический **2.** **, -a** *m/f* прагматик

pragmatismo *m filos* прагматизм

pragmatista 1. *adj filos* прагматический **2.** *m/f filos* прагматик

praliné *m* пралине

praticultor *m* луговод

praticultura *f* луговодство

praxis *f* практика

preacuerdo *m* предварительное соглашение

preámbulo *m* вступление, преамбула

preaviso *m* предварительное уведомление

prebélico *adj* предвоенный

prebenda *f* 1) *relig* пребенда 2) *coloq* синекура

precalentamiento *m* подогрев, предварительный нагрев

precalentar *vt* подогревать, предварительно нагревать

precampaña *f pol* предкампания

precariedad *f* непрочность, ненадёжность

precario *adj* 1) нестабильный, ненадёжный 2) *(falto de recursos)* скудный, недостаточный

precarista *m/f jur* владел|ец, -ица отзывного владения

precaución *f* предосторожность, осмотрительность, осторожность

precaver *vt* предупреждать, предотвращать

precaverse *vpron* **(de u/c)** остерегаться (кого/чего-л)

precavido *adj* предусмотрительный, осмотрительный, осторожный

precedencia *f* 1) *(anterioridad)* предшествование 2) *(superioridad)* превосходство, первенство

precedente 1. *adj* предшествующий **2.** *m* прецедент

preceder *vt* предшествовать (кому/чему-л)

preceptista 1. *adj* наставляющий, поучающий **2.** *m/f* наставни|к, -ца, преподаватель, -ница

preceptiva *f* свод правил (предписаний)

preceptivo *adj* наставительный, поучительный, предписывающий

precepto *m* 1) *(mandato)* предписание, правило, распоряжение 2) *(instrucción)* наставление, поучение 3) *relig* заповедь

preceptor *m* преподаватель, наставник

preceptuar *vt* предписывать, устанавливать

preces *fpl* 1) *relig* стихи из Библии (произносимые как молитвы) 2) мольба, моление

preciarse *vpron* **(de u/c)** кичиться (чем-л), хвастаться (чем-л)

precinta *f* таможенная наклейка

precintadora *f* диспенсер для упаковочной клейкой ленты

precintar *vt* запечатывать, опечатывать

precinto *m* 1) *(acción)* опечатывание, запечатывание 2) *(sello)* печать, пломба 3) *(cinta adhesiva)* упаковочная клейкая лента

precio *m* 1) *(valor pecuniario)* цена, стоимость 2) *(valor figurado)* цена, ценность ◆ **no tener ~** быть очень ценным **~ de coste** себестоимость

preciosidad *f* 1) *(valor)* ценность 2) *(hermosura)* красота, прелесть 3) *(cosa preciosa)* прелесть, очарование

preciosismo *m* прециозность

preciosista *adj* прециозный

precioso *adj* 1) *(de gran valor)* драгоценный, ценный, дорогой 2) *(muy bello)* прекрасный ◆ **metal ~** драгоценный металл **piedra ~** драгоценный камень, самоцвет

preciosura *f* V. hermosura

precipicio *m* пропасть, бездна

precipitación *f* 1) опрометчивость, неосмотрительность, поспешность 2) *meteo* осадок

precipitado *adj* опрометчивый, поспешный

precipitar *vt* 1) *(arrojar)* сбрасывать 2) *(acelerar)* ускорять 3) *quím* осаждать

precipitarse *vpron* 1) сбрасываться 2) *(acelerarse)* ускоряться 3) *(actuar sin prudencia)* поступать не обдуманно, поступать опрометчиво, торопиться 4) *quím* осаждаться

precipuo *adj* главный, основной

precisamente *adv* 1) именно, как раз 2) *(con precisión)* точно, чётко

precisar 1. *vt* уточнять, конкретизировать **2.** *vi* **(de alg o u/c)** нуждаться (в ком/чём-л)

precisión *f* точность, чёткость

preciso *adj* 1) *(necesario)* необходимый, нужный 2) *(exacto)* чёткий, точный

precitado *adj* вышеупомянутый, ранее цитированный

preclaro *adj* знаменитый, прославленный, достославный

preclásico *adj* доклассический

precocidad *f* преждевременность, скороспелость

precocinado *adj* полуфабрикат

precognición *f* предшествующее знание

precolombino *adj* доколумбовый

preconcebido *adj* заранее обдуманный, предвзятый

preconcebir *vt* задумывать (замышлять) заранее

preconización *f* публичное восхваление, превозношение

preconizar *vt* 1) публично восхвалять, превозносить 2) *(proponer)* предлагать, отстаивать
precontrato *m* предварительный договор
precostal *adj anat* предрёберный
precoz *adj* ранний, преждевременный
precursor, -a *m/f* предшественни|к, -ца
predador 1. *adj* 1) *(saqueador)* грабительский, хищный 2) *(dicho de un animal)* хищный **2.** *m* 1) *(saqueador)* грабитель, расхититель 2) *(dicho de un animal)* хищник
predatorio *adj* хищный
predecesor, -a *m/f* 1) предшественни|к, -ца 2) *(antepasado)* предок
predecir *vt* предсказывать, предрекать
predefinición *f* предопределение
predestinación *f* 1) предназначение, предопределение 2) *relig* Божье провидение
predestinado *adj* 1) предназначенный, предопределённый 2) *(elegido por Dios)* избранный Богом
predestinar *vt* 1) предназначать 2) *relig* избирать
predeterminación *f* предопределение
predeterminar *vt* предопределять, предрешать
predial *adj jur* относящийся к недвижимости
prédica *f* проповедь
predicable *adj* 1) *(dicho de un sermón)* проповедуемый 2) *filos* предицируемый
predicación *f* проповедование
predicado *m lóg ling* предикат, сказуемое ~ *nominal (verbal)* именное (глагольное) сказуемое
predicador 1. *adj* проповедующий **2.** *m* проповедник
predicamento *m* 1) *(estimación merecida)* престиж, положение 2) *filos* предикамент, категория
predicar *vt* проповедовать
predicativo *adj ling* предикативный
predicatorio *m relig* амвон
predicción *f* 1) *(acción)* предсказывание 2) *(aquello que se predice)* предсказание ◆ ~ **del tiempo** прогноз погоды
predilección *f* предпочтение, пристрастие
predilecto *adj* излюбленный, любимый
predio *m* недвижимое имущество
predisponer *vt* предрасполагать, располагать
predisposición *f* предрасположение
predominancia *f* преобладание, превосходство
predominante *adj* преобладающий
predominantemente *adv* преимущественно, по преимуществу
predominar *vi* преобладать
predominio *m* преобладание
preelectoral *adj pol* предвыборный
preeminencia *f* преобладание, преимущество, превосходство
preeminente *adj* превосходный, выдающийся
preescolar *adj* дошкольный
preestreno *m cine* прогон (спектакля)
preexistencia *f filos* предсуществование
preexistente *adj* ранее существующий, предшествующий
preexistir *vi* ранее существовать
prefabricado *adj* сборный, предварительно изготовленный
prefacio *m* предисловие, введение
prefecto *m* 1) *hist* префект, начальник 2) *relig* глава религиозного суда 3) *(en Francia)* префект
prefectura *f* префектура
preferencia *f* 1) *(elección)* предпочтение 2) *(primacía)* преимущество
preferente *adj* 1) *(principal)* главный 2) *(prioritario)* преимущественный, преференциальный
preferentemente *adv* предпочтительно, желательно
preferible *adj* предпочтительный, желательный
preferido *adj (favorito)* любимый, предпочитаемый
preferir *vt* предпочитать
prefigurar *vt* предвосхищать, предварять
prefijación *f* 1) предопределение 2) *ling* префиксация
prefijar *vt* предопределять, устанавливать заранее
prefijo *m* 1) *ling* приставка, префикс 2) *(en un número de teléfono)* код
pregón *m* публичное оглашение
pregonar *vt* 1) публично оглашать, объявлять 2) *(una mercancía)* рекламировать свой товар 3) *(publicar lo que estaba oculto)* разглашать
pregonero 1. *adj* распространяющий, оглашающий **2.** *m* глашатай
preguerra *f* довоенный период
pregunta *f* вопрос ◆ ~ **retórica** риторический вопрос **hacer una** ~ задавать вопрос
preguntar *vt* 1) **(u/c a alg)** спрашивать (кого-л о чём-л) 2) *(hacer muchas preguntas)* расспрашивать
pregunteo *m* расспрашивание
preguntón *adj coloq* пристающий с вопросами
prehelénico *adj hist* доэллинский
prehistoria *f* доисторическая эпоха
prehistórico *adj* 1) доисторический 2) *(muy viejo)* старый, допотопный
preinscripción *f* предварительная запись
prejubilación *f* досрочный выход на пенсию
prejudicio *m* V. prejuicio
prejuicio *m* предрассудок, предубеждение
prejuzgar *vt* составлять предвзятое мнение, поверхностно судить
prelacía *f relig* прелатство
prelación *f* преимущество, предпочтение
prelado *m* 1) *relig* прелат 2) *relig (superior de un monasterio)* настоятель монастыря
prelavado *m* предварительная промывка
preliminar 1. *adj* предварительный **2.** *m* преамбула, предисловие
preludiar 1. *vt* предварять, предвосхищать **2.** *vi mús* настраивать инструмент, пробовать голос
preludio *m* 1) введение, вступление 2) *mús (para ensayar la voz o probar los instrumentos)* настройка инструмента, проба 3) *mús (pieza musical)* прелюдия, прелюд
premamá *adj* для беременных женщин
prematrimonial *adj* добрачный
prematuro *adj* 1) преждевременный, ранний 2) *(dicho de un bebé)* недоношенный

premaxilar *adj anat* предчелюстной
premeditación *f* предумышленность, преднамеренность *con* ~ предумышленно
premeditado *adj* 1) заранее обдуманный 2) *jur (un delito)* умышленный, преднамеренный
premeditar *vt* 1) обдумывать заранее 2) *jur* замышлять
premenstrual *adj med* предменструальный
premiar *vt* награждать (чем-л), давать премию
premio *m* 1) премия, приз 2) *(como compensación o incentivo)* надбавка 3) *(de lotería)* выигрыш
premisa *f* 1) предпосылка 2) *lóg* посылка
premolar *adj* малый коренной (о зубе)
premonición *f* 1) предчувствие, предвещкние 2) *(advertencia moral)* предупреждение, предостережение
premonitorio *adj* предсказывающий, превещающий
premura *f* нужда, необходимость, срочность
preñada *adj* 1) беременная 2) *(henchir)* полный, наполненный
preñar *vt* 1) оплодотворять, делать беременной 2) *(henchido)* заполнять, наполнять
prenatal *adj med* пренатальный, предродовой
prenda *f* 1) *(objeto que se da como garantía)* заклад, залог 2) *(de vestir)* предмет одежды
prendador *m* закладчик
prendar *vt* 1) *(tomar una prenda)* брать в залог 2) *(ganar el agrado de alguien)* очаровывать, увлекать
prendarse *vpron* 1) **(de u/c)** *(aficionarse)* увлечься (чем-л), быть захваченным (чем-л) 2) **(de alg)** *(enamorarse)* влюбиться (в кого-л)
prendedor *m* держатель для бумаг
prender 1. *vt* 1) схватывать, хватать 2) *(arrestar)* задерживать, арестовывать 3) *(encender el fuego)* разжигать, разводить (огонь) 4) *(encender la luz)* зажигать (лампу, свечу) **2.** *vi* 1) *(arraigar)* приниматься (о растении) 2) *(dicho del fuego)* заниматься, загораться
prendería *f* лавка старьёвщика
prendero *m* торговец подержанными вещами, старьёвщик
prendimiento *m* задержание, арест
preñez *f* беременность
prensa *f* 1) *(máquina para comprimir)* пресс 2) *(máquina de imprimir)* печатный станок 3) *(publicaciones)* пресса, печать 4) средства массовой информации, газеты ◆ **conferencia de** ~ пресс-конференция **rueda de** ~ пресс-конференция ~ **rosa** жёлтая пресса
prensado *m* прессование
prensar *vt* прессовать
prensil *adj* хватательный
prenunciar *vt* предвещать, предсказывать
preocupación *f* забота, беспокойство
preocupado *adj* озабоченный, всецело поглощённый
preocupante *adj* волнующий, тревожный
preocupar *vt* беспокоить, волновать, озабочивать
preocuparse *vpron* **(por alg o u/c)** беспокоиться (о ком/чём-л, за кого/что-л), волноваться (за кого/что- л), озабочиваться (о ком/чём-л)
preoperatorio *adj med* предоперационный
preparación *f* 1) подготовка 2) *(de un plato)* приготовление
preparado 1. *adj* готовый, приготовленный **2.** *m med* препарат
preparador 1. *adj* подготавливающий, приготавливающий **2.** *m sport* тренер
preparar *vt* 1) готовить, приготовлять 2) *(formar, instruir)* подготавливать
prepararse *vpron* 1) **(para u/c)** *(estudiar)* подготавливаться (к чему-л) 2) **(para u/c)** *(disponerse)* приготавливаться (к чему-л), собираться
preparativos *mpl* подготовка
preparatorio *adj* подготовительный, приготовительный
preponderancia *f* 1) *(mayor peso)* перевес 2) *(superioridad)* превосходство, преобладание, перевес
preponderante *adj* преобладающий, доминирующий, превосходящий
preponderar *vi* 1) *(pesar más)* перевешивать, вешать больше 2) *(prevalecer)* преобладать, превосходить
preposición *f ling* предлог
preposicional *adj ling* предложный
prepotencia *f* 1) *(poder absoluto)* всемогущество, всевластие 2) *(abuso de poder)* злоупотребление властью
prepotente *adj* 1) *(muy poderoso)* всемогущий, всевластный 2) *(que abusa de su poder)* злоупотребляющий властью
prepucio *m anat* крайняя плоть, препуциум
prerrogativa *f* 1) *(previlegio)* привилегия, преимущество 2) *(facultad)* прерогатива
prerromano *adj* доримский
prerromántico *adj* предшествующий романтизму
presa *f* 1) *(de caza)* добыча 2) *(embalse)* водоём, плотина
presagiar *vt* предвещать, предзнаменовать, сулить
presagio *m* 1) *(señal)* предвестие, предзнаменование 2) *(presentimiento)* предчувствие
presbicia *f med* пресбиопия
présbita, présbite *adj med* страдающий старческой дальнозоркостью
presbiterio *m relig* пресвитерий
presbítero *m relig* пресвитер
prescindible *adj* необязательный, не стоящий внимания
prescindir *vi* 1) **(de alg o u/c)** *(pasar en silencio)* игнорировать, обходить молчанием 2) **(de alg o u/c)** *(privarse, abstenerse)* обходиться без (кого/чего-л), отказываться (от кого/чего-л)
prescribir 1. *vt* предписывать, прописывать **2.** *vi* 1) *(extinguirse, concluir)* просрочиваться, приходить в негодность 2) *jur* терять силу
prescripción *f* 1) предписание 2) *jur* право давности ◆ ~ **médica** предписание врача
prescriptible *adj* предписываемый, устанавливаемый
prescrito *adj* 1) предписанный, прописанный 2) *jur* устарелый 3) *(inactivo)* просроченный
presencia *f* 1) присутствие 2) *(existencia)* наличие 3) *(apariencia)* внешность, вид ◆ **en** ~ **de**

alg при ком-л, в присутствии кого-л **hacer acto de** ~ присутствовать, являться
presencial *adj* 1) присутственный 2) *acad* аудиторный
presenciar *vt* присутствовать, видеть
presentable *adj* приличный, презентабельный
presentación *f* 1) представление, предъявление, предоставление 2) *(aspecto exterior)* внешний вид 3) *(evento)* презентация 4) *(intervención)* выступление, презентация
presentador *m* ведущий, диктор
presentador,-a *m/f* ведущ|ий, -ая
presentar *vt* 1) представлять 2) *(facilitar)* предоставлять, предъявлять 3) *(ante el público)* представлять, показывать 4) *(para un cargo, un premio)* выдвигать, предлагать 5) *(a dos personas)* знакомить, представлять
presentarse *vpron* 1) представляться 2) *(comparecer)* являться
presente 1. *adj* 1) присутствующий 2) *(actual)* настоящий, нынешний, текущий **2.** *m* 1) *(momento actual)* настоящее время, настоящий момент 2) *(regalo)* подарок, дар 3) *ling* настоящее время ◆ **por la ~...** настоящим (письмом)...
presentimiento *m* предчувствие
presentir *vt* предчувствовать
preservación *f* предохранение, сохранение, защита
preservar *vt* **(de u/c)** защищать (от чего-л), сохранять, предохранять
preservativo *m* презерватив
presidencia *f* 1) председательство 2) *(cargo)* должность президента 3) *(plazo)* срок президентских полномочий 4) *(mesa presidencial)* президиум
presidencial *adj* президентский, председательский
presidente 1. *adj* председательствующий **2.** *m/f* председатель, президент
presidiario *m* заключённый, каторжник
presidio *m* 1) *(cárcel)* тюрьма, каторга 2) *(privación de libertad)* тюремное заключение 3) *(guarnición)* гарнизон
presidir *vt* председательствовать, вести собрание
presilla *f* 1) *(cordón pequeño)* петля из шнурка (на одежде) 2) *(costura)* обмётка петли ткани 3) *Cub.* V. grapa
presilladora *f Cub.* V. grapadora
presión *f* давление, напор ◆ **bajo** ~ под давлением **olla a** ~ скороварка ~ **sanguínea** кровяное давление ~ **atmosférica** атмосферное давление
presionar *vt* давить (на кого/что-л), оказывать давление (на кого/что-л)
pres|o 1. *adj* 1) задержанный, арестованный 2) **(de u/c)** *(de un estado de ánimo)* одержимый (чем-л) **2. , -a** *m/f* заключённ|ый, -ая ◆ **~o político** политический заключённый, политзаключённый
prestación *f* 1) предоставление (помощи, услуги, и т.п.) 2) *(social)* пособие 3) *(servicio exigido por la autoridad)* обложение, повинность 4) *(tributo)* налог, подать
prestado *adj* взаймы, в долг
prestador *adj* одалживающий, предоставляющий
prestamista *m/f* 1) *(usurero)* ростовщи|к, -ца 2) *(persona que da dinero a préstamo)* кредитор, заимодавец
préstamo *m* 1) *(acción)* заимствование 2) ссуда, заём 3) *ling* заимствование
prestar *vt* 1) одалживать, давать (на время) 2) *(dinero)* давать в долг, давать взаймы ◆ ~ **atención a alg o u.c.** обращать внимание на кого/что-л ~ **ayuda a alg** оказывать помощь кому-л ~ **juramento** принимать присягу ~ **un servicio** оказывать услугу
prestarse *vpron* **(a u/c)** вызываться (делать что-л), предлагать себя в качестве (кого-л)
presteza *f* быстрота, живость, проворство
prestidigitador, -a *m/f* фокусни|к, -ца, иллюзионист, -ка
prestigiar *vt* придавать престиж, превозносить
prestigio *m* престиж, авторитет *de* ~ престижный
prestigioso *adj* престижный, авторитетный
presto[1] **1.** *adj* 1) *(pronto, ligero)* быстрый, скорый 2) *(dispuesto)* готовый **2.** *adv* быстро, немедленно
presto[2] *adv mús* престо
presumible *adj* предполагаемый, вероятный
presumido *adj* 1) чванный, тщеславный 2) *(en el vestir)* щегольски одевающийся
presumir 1. *vt* подозревать, предполагать **2.** *vi* 1) **(de u/c)** хвастаться (чем-л) 2) *(en el vestir)* щеголять
presunción *f* 1) предположение 2) *jur* презумпция ◆ ~ **de inocencia** презумпция невиновности
presuntamente *adv* предположительно
presunto *adj* 1) предполагаемый 2) *jur* подозреваемый
presuntuoso *adj* претенциозный, чванный, тщеславный
presuponer *vt* предполагать, допускать
presupuestar *vt* составлять смету
presupuestario *adj* бюджетный
presupuesto *m* 1) *(motivo, pretexto)* предпосылка 2) *(supuesto)* предположение 3) *(dinero para hacer frente a los gastos)* бюджет 4) *(cálculo anticipado de costes)* смета
presura *f* 1) *(congoja)* тревога, беспокойство 2) V. prisa 3) V. ahínco
presurizado *adj* герметичный
presuroso *adj* поспешный, торопливый
pretal *m* V. petral
pretemporada *f sport* предсезон
pretencioso *adj* 1) *(presuntuoso)* хвастливый, самодовольный, с самомнением 2) *(con pretensiones)* претенциозный
pretender *vt* стремиться (к чему-л), претендовать (на что-л)
pretendiente 1. *adj* претендующий, стремящийся **2.** *m* 1) претендент 2) *(que aspira al noviazgo)* поклонник, ухажёр
pretensado *adj tecn* предварительно напряжённый
pretensar *vt tecn* предварительно напрягать
pretensión *f* 1) стремление 2) *(aspiración desmedida)* претензия
pretensor 1. *adj* претендующий **2.** *m* предендент

pretérito 1. *adj* прошедший, прошлый **2.** *m ling* прошедшее время ~ *perfecto* прошедшее совершенное время, перфект; *pretérito pluscuamperfecto* плюсквамперфект; ~ *anterior* предпрошедшее время
pretextar *vt* пользоваться предлогом
pretexto *m* повод, предлог, отговорка
pretil *m* перила
pretónico *adj ling* предударный
prevalecer *vi* 1) **(sobre alg o u/c)** преобладать (над кем/чем-л), превалировать 2) *(perdurar)* оставаться, продолжать существовать
prevalerse *vpron* **(de alg o u/c)** пользоваться (кем/чем-л)
prevaricación *f jur* злоупотребление доверием, служебное преступление
prevaricador *adj* злоупотребляющий доверием
prevaricar *vi* 1) *jur* совершать злоупотребления по службе 2) *(cometer cualquier falta en el ejercicio de un deber)* нарушать долг
prevención *f* 1) предупреждение, предохранение, предотвращение 2) *(precaución)* предубеждение, предосторожность
prevenido *adj* предусмотрительный
prevenir *vt* 1) *(advertir)* предупреждать, предостерегать 2) *(evitar)* предотвращать 3) *(anticiparse)* предусматривать
prevenirse *vpron* принимать меры предосторожности
preventiv|o *adj* 1) предупредительный, предохранительный 2) *med* профилактический ◆ **medidas ~as** *jur* меры пресечения **prisión ~a** *jur* предварительное заключение
prever *vt* предусматривать, предвидеть
previo *adj* предварительный
previsible *adj* предвидимый, ожидаемый
previsión *f* 1) *(capacidad de prevenir)* предусмотрительность 2) *(pronóstico)* прогноз ◆ ~ **meteorológica** прогноз погоды
previsor *adj* предусмотрительный
prieto *adj* 1) *(ajustado)* сжатый, тесный 2) *(muy oscuro)* черноватый 3) *(mísero)* скудный, жалкий
primacía *f* первенство, главенство
primada *f coloq* поступок простака
primado *m relig* примас
primar 1. *vt* 1) отдавать первенство 2) *(dar primas)* выдавать премию, поощрять **2.** *vi* главенствовать, первенствовать, преобладать
primario *adj* 1) *(primero)* первый, первоначальный 2) *(principal)* главный, основной 3) *(elemental)* начальный, первичный 4) *(poco civilizado)* примитивный, дикий
primavera *f* весна *en* ~ весной
primaveral *adj* весенний
primer *adj* V. primero
primera *f* 1) *auto* первая передача 2) *cart* игра в карты (разновидность)
primerizo 1. *adj* 1) начинающий 2) *(referido a una hembra)* первородящая **2.** *m* новичок
primer|o 1. *adj* 1) первый 2) *(principal)* главный, ведущий 3) *(que sobresale)* превосходный, отличный 4) *(inicial)* первоначальный, первичный **2.** *adv* сначала, прежде всего ◆ **a ~os de** в первых числах (месяца) **de ~a** *coloq* первоклассный **~a materia** сырьё
primicia *f* 1) *(dicho de un fruto)* первый (ранний) плод 2) *(primeros resultados)* первые результаты 3) *(noticia)* новость
primitivo *adj* первоначальный, первобытный, примитивный *hombre* ~ первобытный человек ◆ **color** ~ *arte* основной цвет
prim|o 1. *adj* первый **2.** *m* 1) двоюродный брат, кузен 2) *coloq* простак, простофиля **3.** , **-a** *f* 1) двоюродная сестра, кузена 2) *com* премия ◆ **materia ~a** сырьё **ópera ~a** опера примма
primogénito 1. *adj* первородный **2.** *m* первенец
primogenitura *f* первородство
primor *m* 1) *(destreza)* ловкость, умение 2) *(belleza)* красота, изящество 3) *(dicho de una persona)* загляденье
primordial *adj* первоначальный, первостепенный, основной
primoroso *adj* 1) *(excelente)* отличный, изысканный 2) *(diestro)* искусно сделанный, искусный
prímula *f* первоцвет, примула
primus *m Am.* примус
princesa *f* принцесса
principado *m* 1) *(título de príncipe)* княжеский титул 2) *(territorio)* княжество 3) *(primacía)* превосходство, преимущество
principal 1. *adj* главный, основной, ведущий **2.** *m* первый этаж
príncipe *m* принц ◆ ~ **azul** голубой принц
principiante 1. *adj* начинающий **2.** *m/f* новичок
principiar *vt/i* начинать
principio *m* 1) начало, основа 2) *(causa)* причина, возникновение 3) *(norma, idea)* принцип, правило ◆ **al** ~ в начале **a ~s de u.c.** *(con expresión de tiempo)* в начале чего-л **dar ~ a u.c.** положить начало чему-л **persona de ~s** принципиальный человек **desde un principio** с самого начала **en** ~ в принципе **por ~s** из принципа
pringar 1. *vt* 1) *(empapar con pringue)* намазывать жиром 2) *(manchar)* пачкать, марать, пятнать 3) *(herir)* ранить до крови 4) *(denigrar)* пятнать, марать **2.** *vi* 1) *coloq (tomar parte en un negocio)* участвовать в деле 2) *coloq (trabajar mucho)* попасться, влипнуть ◆ **pringarla** 1) *coloq* испортить что-л. 2) *coloq* умереть, сдохнуть
pringarse *vpron* 1) пачкаться, мараться 2) *coloq (comprometerse)* пачкаться, мараться
pringón *adj* жирный, сальный, грязный
pringoso *adj* жирный, засаленный, сальный
pringue *m* 1) *(grasa)* жир 2) *(suciedad)* грязь
prior *m relig* приор, настоятель
priorato *m* 1) *relig (territorio)* приорат 2) *relig (dignidad de prior)* сан приората
prioridad *f* преимущество, приоритет
prioritario *adj* преимущественный, приоритетный
priorizar *vt* отдавать приоритет
prisa *f* поспешность, спешка ◆ **a toda** ~ во весь дух **correr** ~ быть срочным **meter** ~ торопить **darse** ~ спешить, торопиться **de ~ y corriendo** сломя голову **tener** ~ спешить, торопиться

prisión *f* 1) *(cárcel)* тюрьма 2) *(encarcelamiento)* заключение, арест

prisioner|o, -a *m/f* 1) *(de guerra)* пленни|к, -ца 2) *(recluso)* заключённ|ый, -ая, арестованн|ый, -ая ◆ **caer ~o** попасть в плен **hacer (coger) ~o** взять в плен **~o de guerra** военнопленный

prisma *m* 1) *geom ópt* призма 2) *(perspectiva)* точка зрения, призма

prismáticos *mpl* бинокль

prístino *adj* первозданный, первородный

priva *f jerg* алкогольные напитки

privacidad *f* частная жизнь

privación *f* 1) лишение 2) *(carencia)* недостаток

privado *adj* 1) частный 2) *(personal)* личный

privanza *f* близость к влиятельному лицу

privar *vt* 1) **(a alg de u/c)** *(despojar)* лишать (кого-л чего-л) 2) *(prohibir)* запрещать

privarse *vpron* **(de u/c)** лишать себя (чего-л), отказывать себе (в чём-л)

privativo *adj* 1) *(que causa privación)* лишающий, отнимающий 2) *(propio y peculiar)* отдельный, частный

privatización *f* приватизация

privatizar *vt* приватизировать

privilegiad|o *adj* 1) привилегированный 2) *(poco común)* необыкновенный, невероятный *mente* блестящий ум

privilegiar *vt* предоставлять привилегии

privilegio *m* 1) привилегия 2) *(ventaja, descuento)* льгота

pro 1. *m* польза, выгода **2.** *prep (en favor de)* за (кого/что-л.), в пользу (кого/что-л.) ◆ **persona de ~** порядочный человек **los ~ y los contras** про и контра **en ~ de alg o u.c.** за кого/что-л, в пользу кого/что-л

proa *f* нос (корабля) *de proa* носовой

probabilidad *f* вероятность, возможность ◆ **con toda ~** с большой вероятностью, скорее всего

probable *adj* 1) вероятный 2) *(que se puede probar)* доказуемый ◆ **poco ~** маловероятный **es poco ~ que...** вряд ли... **es ~ que...** вероятно, скорее всего

probablemente *adv* наверно, вероятно

probado *adj* испытанный, проверенный, доказанный

probador 1. *adj* испытывающий **2.** *m* 1) испытатель 2) *(de ropa)* примерочная

probar 1. *vt* 1) пробовать, испытывать 2) *(demostrar)* доказывать 3) *(la ropa)* примерять 4) *(la comida)* пробовать **2.** *vi (intentar)* пытаться, пробовать

probarse *vpron (un vestido)* примерять

probatorio *adj* проверочный, доказательный

probeta *f* пробирка, бюретка

probidad *f* честность, правдивость

problema *m* 1) проблема, задача 2) *(cuestión)* вопрос ◆ **sin ningún ~** без каких-либо проблем

problemática *f* проблематика

problemático *adj* проблематичный, сложный

probo *adj* честный, правдивый, порядочный

probóscide *m zool* хобот, хоботок

procacidad *f* бесстыдство, наглость

procaz *adj* бесстыдный, наглый

procedencia *f* 1) происхождение, источник 2) *transp* пункт отправления 3) *(pertinencia)* уместность, соответствие

procedente *adj* 1) **(de alg o u/c)** происходящий (от кого/чего-л) 2) *(pertinente)* уместный, надлежащий 3) *jur* правомерный

proceder *vi* 1) **(de u/c)** следовать (из чего-л), происходить (от чего-л) 2) *(actuar)* поступать, действовать 3) **(a u/c)** *(pasar a hacer)* приступать (к чему-л), переходить (к чему-л) 4) *(deber)* следовать, быть положенным 5) **(contra alg)** *jur* возбуждать дело (против кого-л)

procedimiento *m* 1) способ, процедура, приём, метод 2) *jur* судебная процедура, судопроизводство

prócer 1. *m* видный деятель, выдающаяся личность **2.** *adj* выдающийся, видный

procesado *m/f jur* подсудимый

procesador *m informát* процессор

procesal *adj* судебный, процессуальный

procesamiento *m* 1) обработка 2) *jur* процесс, обвинение

procesar *vt* 1) обрабатывать 2) *jur* судить, возбуждать дело (против кого-л)

procesión *f* 1) шествие, процессия 2) *relig* процессия, ход

proceso *m* 1) процесс, ход, развитие 2) *jur* процесс, судебное дело 3) *(mecanismo)* способ, процедура ◆ **en ~ de** в процессе чего-л

proclama *f* прокламация, воззвание

proclamación *f* провозглашение, торжественное объявление

proclamar *vt* провозглашать

proclamarse *vpron* становиться (кем-л)

proclive *adj* склонный, готовый

procónsul *m hist* проконсул

procreación *f* размножение, деторождение, воспроизведение

procrear *vt* производить на свет, воспроизводить, порождать

procuración *f* 1) *(cuidado)* заботливое отношение 2) *(poder)* полномочие, доверенность

procurador *m* 1) поверенный 2) *jur (profesional del derecho)* судебный представитель, судебный пристав

procuraduría *f* 1) *(cargo de procurador)* звание судебного представителя 2) *(oficina del procurador)* контора судебного представителя

procurar *vt* **(hacer u/c)** стараться (сделать что-л), стремиться (к чему-л)

prodigalidad *f* 1) *(desperdicio)* мотовство, расточительность 2) *(multitud)* избыток

prodigar *vt* 1) *(disipar)* тратить попусту, проматывать, расточать 2) *(elogios, dádivas, etc.)* расточать

prodigio *m* чудо ◆ **niño ~** вундеркинд

prodigioso *adj* чудесный, чудный

pródigo 1. *adj* 1) расточительный, мотоватый 2) *(dadivoso)* щедрый **2.** *m* расточитель, мот ◆ **hijo ~** блудный сын

producción *f* 1) *(acción)* производство, произведение, изготовление, выработка, разработка 2) *(de gas, petróleo)* добыча 3) *(cosa producida)* продукт, производство, продукция

producir *vt* 1) производить, изготавливать, выпускать 2) *(causar)* причинять, вызывать

3) *(un sonido)* издавать 4) *(rentar)* давать, приносить ◆ ~ **efecto** действовать

producirse *vpron* иметь место, происходить

productividad *f* производительность, продуктивность

productivo *adj* 1) *(relativo a la producción)* производственный 2) *(que produce)* продуктивный 3) *(útil)* полезный, плодотворный 4) *(que aporta beneficios)* выгодный, прибыльный

producto *m* 1) продукт, изделие, товар 2) *econ* доход 3) *mat* произведение ◆ ~ **interior bruto** *econ* валовый внутренний продукт

productor 1. *adj* производящий **2. , -a** *m/f* 1) производитель 2) *cine mús* продюсер **3. -a** *f cine mús* продюсерская компания

proemio *m* предисловие, пролог

proeza *f* подвиг, свершение

profanación *f* осквернение, надругательство, профанация

profanar *vt* осквернять, профанировать, надругаться (над чем-л)

profano 1. *adj* 1) *(que no es sagrado)* мирской 2) *(que no respeta lo sagrado)* оскверняющий, профанирующий 3) *(que carece de conocimientos)* непосвящённый **2.** *m (que carece de conocimientos)* профан

profecía *f* пророчество

proferir *vt* произносить, высказывать, изрекать

profesar *vt* 1) *(ejercer)* заниматься (чем-л) 2) *(enseñar)* учить, преподавать 3) *(un sentimiento)* испытывать, питать ~ *amistad* питать дружбу 4) *(ideas o religiones)* исповедовать ~ *ideas* исповедовать идеи

profesión *f* 1) профессия, занятие 2) *relig (confesión)* вероисповедание ◆ **de** ~ по профессии

profesional 1. *adj* 1) *(relativo a la profesión)* должностной 2) профессиональный **2.** *m/f* профессионал, специалист ◆ **formación** ~ профессиональное образование

profesionalidad *f* профессиональность

profesionalismo *m* профессионализм

profesionalización *f* профессионализация

profesor, -a *m/f* 1) преподаватель, -ница ~ *de química* преподаватель химии; *(maestro de escuela)* учитель, -ница 2) *(particular)* репетитор

profesorado *m* 1) *(cargo de profesor)* должность преподавателя 2) *(cuerpo de profesores)* преподавательский состав

profesoral *adj* преподавательский

profeta *m* пророк

profetal *adj* V. profético

profético *adj* пророческий

profetisa *f* пророчица, предсказательница

profetizar *vt* предсказывать, пророчить, прорицать

profiláctico *adj* профилактический, предупредительный

profilaxis *f med* профилактика

prófug|o 1. *adj* беглый, бежавший **2. , -a** *m/f* 1) бегл|ец, -янка 2) *(que elude el servicio militar)* дезертир (уклоняющийся от воинской повинности)

profundidad *f* глубина ◆ **en** ~ глубоко

profundizar 1. *vt* углублять, делать более глубоким **2.** *vi* углубляться, погружаться

profundo *adj* глубокий ◆ **sueño** ~ крепкий сон

profusión *f* множество, обилие, изобилие

profuso *adj* обильный, изобильный

progenie *f* 1) *(generación, familia)* род, родовая линия 2) *(descendencia)* потомство

progenitor, -a *m/f* 1) *(antecesor)* предок 2) *(padre o madre)* родитель

progenitura *f* V. progenie

progne *f poét* ласточка

prognosis *f* прогноз

programa *m* программа, план ◆ ~ **de estudios** учебный план ~ **de televisión** телевизионная программа, (теле)передача

programable *adj* программируемый

programación *f* 1) *informát* программирование 2) *(conjunto de programas)* программа передач

programador, -a *m/f informát* программист, -ка

programar *vt* 1) составлять программу, планировать 2) *informát* программировать

programario *m* программное обеспечение

programático *adj* программный, относящийся к программе

progre *m coloq* V. progresista

progresar *vi* развиваться, прогрессировать, преуспевать

progresión *f* 1) прогрессирование, продвижение 2) *mat* прогрессия

progresismo *m pol* прогрессивные идеи, прогрессизм

progresista 1. *adj pol* прогрессивный, передовой **2.** *m/f pol* прогрессист, -ка

progresivamente *adv* постепенно

progresivo *adj* 1) постепенно возрастающий, развивающийся 2) *med* прогрессирующий

progreso *m* прогресс, развитие ◆ **de** ~ *pol* прогрессивный

prohibición *f* запрещение, запрет

prohibicionismo *m econ* запретительная система

prohibicionista *m/f econ* сторонни|к, -ца запретительной системы

prohibido *adj* запрещённый, воспрещённый

prohibir *vt* запрещать, воспрещать, накладывать запрет

prohibitivo *adj* запретительный, воспретительный

prohombre *m* выдающийся деятель

prójima *f coloq* женщина сомнительного поведения

prójimo *m* ближний

prolapso *m med* пролапс, опущение органа

prole *f* потомство

prolegómeno *m (espec pl)* пролегомены, введение

proletariado *m* пролетариат

proletario 1. *adj* пролетарский **2.** *m* пролетарий

proliferación *f* размножение, рост

proliferar *vi* умножаться, размножаться, расти

prolífico *adj* 1) плодовитый, быстро размножающийся 2) *(dicho de un autor)* плодовитый

prolijidad *f* 1) *(longitud excesiva)* пространность, растянутость 2) *(esmero)* тщательность, скрупулёзность 3) *(pesadez)* нудность

prolijo *adj* 1) *(excesivamente largo)* пространный, растянутый 2) *(cuidadoso)* тщательный, скрупулёзный 3) *(pesado)* нудный, многословный

prologar *vt* писать предисловие, снабжать предисловием

prólogo *m* предисловие

prolongación *f* 1) продление 2) *jur* пролонгация

prolongado *adj* удлинённый, продолговатый, вытянутый

prolongar *vt* удлинять, продлевать

prolongarse *vpron* удлиняться, продлеваться

promediar 1. *vt* 1) *(repartir en dos partes iguales)* разделять на две равные части 2) *(determinar el promedio)* устанавливать средний показатель **2.** *vi* 1) *(en un negocio)* выступать посредником 2) *(llegar a la mitad)* достигать середины (о периоде времени)

promedio *m* 1) *(punto en que algo se divide por mitad)* середина 2) *(término medio)* средняя величина, среднее число

promesa *f* 1) обещание 2) *relig* обет ◆ **cumplir una ~** исполнять обещание

prometedor *adj* перспективный, подающий надежды, многообещающий

prometer *vt* 1) обещать, давать слово 2) *(asegurar)* клясться ◆ **~ el oro y el moro** *coloq* наобещать с три короба

prometerse *vpron* помолвиться, обручиться

prometid|o 1. *adj* обещанный **2. , -a** *m/f* жених, невеста

prominencia *f* возвышение, выступ

prominente *adj* 1) выступающий, выдающийся, выделяющийся 2) *(ilustre)* выдающийся, замечательный

promiscuidad *f* 1) *(mezcla)* смесь 2) *(convivencia con personas de distinto sexo)* присутствие лиц обоего пола

promiscuo *adj* 1) *(mezclado)* смешанный, разнородный 2) *(que tiene dos sentidos)* двузначный 3) *(referido a una persona)* ведущий беспорядочную интимную жизнь

promisión *f* обещание

promoción *f* 1) *(creación)* создание 2) *(activación)* побуждение 3) *(comercial)* продвижение 4) *(campaña comercial)* акция 5) *(social, laboral)* повышение 6) *(generación en un centro educativo)* выпуск

promocionar *vt* продвигать

promontorio *m* 1) возвышение, холм 2) *(que avanza dentro del mar)* высокий мыс 3) *(cosa que hace mucho bulto)* гора, куча

promotor 1. *adj* способствующий, учреждающий **2.** *m* 1) основатель, учредитель 2) *constr* застройщик, девелопер

promotora *f* строительная компания

promover *vt* 1) *(crear)* создавать 2) *(activar)* побуждать, *(fomentar)* способствовать (кому/чему-л), содействовать (кому/чему-л) 3) *(en el trabajo)* повышать

promulgación *f* 1) *(publicación)* обнародование, опубликование 2) *(divulgación)* разглашение, распространение 3) *jur (publicación formal)* провозглашение

promulgar *vt* 1) *(publicar)* обнародовать, публиковать 2) *(divulgar)* разглашать, распространять

prono *adj* 1) *(inclinado a algo)* склонный, расположенный (к чему-л) 2) *(echado sobre el vientre)* лежащий ничком

pronombre *m ling* местоимение

pronominal *adj ling* местоимённый, прономинальный

pronosticación *f* прогнозирование

pronosticar *vt* предсказывать, прогнозировать

pronóstico *m* 1) *(acción)* предсказание 2) *(aquello que se pronostica)* прогноз

prontitud *f* 1) *(celeridad)* быстрота, проворство 2) *(viveza)* живость (ума, воображения)

pronto 1. *adj* скорый, быстрый **2.** *adv* скоро, рано ◆ **de ~** внезапно, вдруг **¡hasta ~!** до скорого!, пока! **lo más ~ posible** как можно скорее

prontuario *m* 1) *(agenda)* записная книжка 2) *(compendio de reglas)* руководство

pronunciación *f* произношение

pronunciamiento *m* 1) *(alzamiento militar)* мятеж, восстание 2) *jur (sentencia)* решение судьи

pronunciar *vt* произносить

pronunciarse *vpron* 1) **(por u/c)** высказываться (за что-л), решать в пользу (чего-л) 2) *(destacar)* становиться более заметным 3) *(sublevarse)* восставать, объявлять мятеж

propagación *f* распространение

propagador 1. *adj* распространяющий **2.** *m* распространитель

propaganda *f* 1) пропаганда, агитация 2) *(publicidad)* реклама

propagandista 1. *adj* пропагандистский **2.** *m/f* пропагандист, -ка

propagandístico *adj* пропагандистский

propagar *vt* распространять, разносить

propagarse *vpron* распространяться, разноситься

propalar *vt* разглашать, предавать огласке

propano *m quím* пропан

propartida *f* время перед отъездом

propasar *vt* проходить дальше, чем нужно

propasarse *vpron* выходить из рамок приличия, распускаться

propedéutica *f* пропедевтика

propender *vi* **(a u/c)** склоняться (к чему-л), быть склонным (к чему-л)

propensión *f* **(a u/c)** склонность (к чему-л), наклонность (к чему-л)

propenso *adj* **(a u/c)** склонный (к чему-л)

propiamente *adv* собственно, по сути дела

propiciar *vt* 1) *(aplacar la ira)* умиротворять, успокаивать 2) *(atraer la benevolencia de alguien)* снискать благосклонность 3) *(favorecer la ejecución de algo)* благоприятствовать (чему-л), способствовать (чему-л)

propicio *adj* 1) *(inclinado, predispuesto)* милостивый, благосклонный 2) *(favorable)* подходящий, удобный, благоприятный

propiedad *f* 1) *(cualidad)* свойство, качество 2) *(posesión)* собственность, имущество ◆ **~ inmobiliaria** недвижимая собственность, недви-

жимость ~ **intelectual** интеллектуальная собственность ~ **privada** частная собственность
propietario, -a *m/f* владел|ец, -ица, хозя|ин, -йка, собственни|к, -ца
propina *f* чаевые
propinar *vt* 1) *(administrar una medicina)* давать лекарство 2) *(un golpe)* наносить ~ *un golpe* наносить удар
propio *adj* 1) собственный 2) *(característico)* свойственный, характерный ◆ **amor** ~ самолюбие **nombre** ~ имя собственное
propóleos *m* прополис, пчелиный клей
proponer *vt* 1) предлагать, вносить предложение 2) *(a un candidato)* выдвигать
proponerse *vpron* намереваться, стремиться (к чему-л)
proporción *f* 1) соотношение, пропорция 2) *(dimensión de una cosa)* часть, доля, содержание ◆ **en ~ a u.c.** пропорционально чему-л
proporcionado *adj* 1) пропорциональный, соразмерный 2) *(regular, competente)* соответствующий, сообразный
proporcional *adj* пропорциональный, соразмерный
proporcionar *vt* 1) делать пропорциональным, соблюдать пропорцию 2) *(poner en disposición)* подготавливать, приготавливать 3) *(poner a disposición)* давать, предоставлять
proposición *f* 1) предложение *aceptar una ~* принимать предложение 2) *filos* положение, тезис 3) *ling* предложение 4) *mat* утверждение 5) *lóg* суждение 6) *jur* ходатайство
propósito *m* 1) намерение, замысел 2) *(objetivo)* цель, предмет ◆ **a ~** 1) *(intencionadamente)* намеренно, нарочно 2) *(por cierto)* кстати **a ~ de u.c.** относительно чего-л, по поводу чего-л
propuesta *f* предложение ◆ **a ~ de alg** по предложению кого-л
propugnar *vt* защищать, поддерживать
propulsar *vt* двигать, продвигать
propulsión *f tecn* тяга
propulsor 1. *adj* 1) двигающий, приводящий в движение 2) *(que rechaza)* отвергающий, отклоняющий **2.** *m* 1) двигатель, двигающий механизм 2) *(artífice)* инициатор, зачинатель
prorrata *f* пропорциональная доля
prorratear *vt* пропорционально распределять
prorrateo *m* пропорциональное распределение
prórroga *f* 1) отсрочка, продление 2) *sport* дополнительное время
prorrogable *adj* допускающий продление, допускающий отсрочку
prorrogar *vt* 1) продлевать 2) *(aplazar)* откладывать, отсрочивать
prorrogativo *adj* продлевающий, отсрочивающий
prorrumpir *vi* 1) прорываться 2) **(en u/c)** *(dicho de la voz o el llanto)* разражаться (чем-л) *~ en llanto* залиться слезами
prosa *f* проза
prosaico *adj* 1) *(escrito en prosa)* прозаический 2) *(falto de elevación)* прозаичный, обыденный
prosaísmo *m* прозаичность, прозаизм
prosapia *f elev* род, происхождение
proscenio *m teat* просцениум
proscribir *vt* 1) *(echar de la patria)* высылать, изгонять 2) *(prohibir)* запрещать 3) *hist* подвергать проскрипции
proscripción *f* 1) *(expulsión de la patria)* высылка, изгнание 2) *(prohibición)* запрещение 3) *hist* проскрипция
prosecución *f* 1) *(continuación)* продолжение 2) *(persecución)* преследование
proseguir 1. *vt* продолжать **2.** *vi* **(con u/c)** оставаться в каком-л состоянии, продолжаться
proselitismo *m* прозелитизм
prosélito *m* прозелит
prosista *m/f* прозаик
prosístico *adj* прозаический
prosodia *f ling* просодия
prosódico *adj ling* просодический
prosopopeya *f* 1) *lit* просопопея, олицетворение 2) *coloq (afectación de gravedad)* напыщенность, пышность
prospección *f* поиски, разведка, изыскания
prospecto *m* проспект, буклет
prospector *m min* разведчик, изыскатель
prosperar *vi* 1) процветать, преуспевать 2) *(dicho de una ley o un proyecto)* проходить
prosperidad *f* 1) процветание, преуспевание 2) *(sobre el estado material de una cosa)* благополучие, благосостояние
próspero *adj* процветающий, благополучный
próstata *f med* простата, предстательная железа
prostatitis *f med* простатит
prosternarse *vpron elev* вставать на колени, падать ниц
prostíbulo *m* публичный дом, бордель
prostitución *f* проституция
prostituir *vt* проституировать
prostituirse *vpron* заниматься проституцией, проституироваться
prostituta *f* проститутка
prostituto *m* проститут
protagonismo *m* роль главного героя
protagonista *m/f* главный герой, главная героиня
protagonizar *vt* 1) исполнять роль главного героя 2) *(desempeñar el papel más importante)* быть главным действующим лицом
protección *f* защита, предохранение, охрана, сбережение
proteccionismo *m* протекционизм
proteccionista 1. *adj* протекционистский **2.** *m/f* протекционист, -ка
protector 1. *adj* 1) защищающий, охраняющий, предохраняющий 2) *(que cuida de los derechos de una comunidad)* покровительствующий **2.** *m* 1) защитник, заступник, покровитель 2) *tecn* защитное устройство
protectorado *m pol* протекторат
proteger *vt* 1) защищать, предохранять 2) *(custodiar)* охранять
protegerse *vpron* защищаться, предохраняться
protegid|o, -a *m/f* протеже, подопечн|ый, -ая
proteína *f* протеин
prótesis *f med* протез

protesta *f* протест, возражение ◆ **en señal de ~** в знак протеста

protestación *f* V. protesta

protestante **1.** *adj relig* протестантский **2.** *m/f relig* протестант, -ка

protestantismo *m relig* протестантство

protestar *vi* 1) протестовать 2) *(oponerse)* возражать

protestativo *adj* 1) выражающий протест 2) *(que da testimonio)* свидетельствующий

protesto *m* 1) V. protesta 2) *com* опротестование векселя, протест по векселю

protocolario *adj* протокольный

protocolización *f* протоколирование, занесение в протокол

protocolizar *vt* протоколировать, заносить в протокол

protocolo *m* протокол

protolengua *f ling* праязык

protón *m fís* протон

prototipo *m* прототип

protozoario *adj zool* простейший

protozoo **1.** *adj zool* простейший **2. -s** *mpl zool* простейшие

protuberancia *f* выпуклость, бугор, выступ

protuberante *adj* выступающий, выпуклый

provecho *m* польза, выгода ◆ **¡buen ~!** приятного аппетита! **de ~** выгодный, полезный **sacar ~** извлекать пользу

provechoso *adj* полезный, выгодный, доходный

provecto *adj* преклонный, старый

proveedor *m* поставщик

proveer *vt* **(de u/c)** снабжать (чем-л), поставлять

proveído *m jur* судебное решение

provenir *vt* происходить, проистекать

provenzal **1.** *adj* провансальский **2.** *m* провансальский язык

proverbial *adj* 1) *ling* пословичный 2) *(conocido de siempre)* вошедший в поговорку, общеизвестный

proverbio *m* пословица, поговорка

providencia *f* провидение

providencial *adj* 1) *(relativo a la providencia)* предопределённый, провиденциальный 2) *(que libra de un daño)* спасительный, случившийся как нельзя более кстати

providenciar *vt* 1) *(dar disposiciones para lo que se va a hacer)* предусматривать 2) *(dar disposiciones después de un hecho)* постановлять 3) *(dicho de un juez)* выносить решение

providente *adj* благоразумный, предусмотрительный

próvido *adj* предусмотрительный, осмотрительный

provincia *f* область, провинция

provincial *adj* областной, провинциальный

provincialismo *m* провинциализм

provincianismo *m* 1) провинциальность, провинциализм 2) *(estrechez de espíritu)* узость кругозора, ограниченность интересов

provincian|o **1.** *adj* провинциальный **2. , -a** *m/f* провинциал, -ка, житель, -ница провинции

provisi|ón **1.** *f* 1) *(acción)* снабжение 2) *(cosas almacenadas)* запас **2. -ones** *fpl* провианта

provisional *adj* временный, носящий временный характер

provisionalmente *adv* временно

provisorio *adj* V. provisional

provisto *adj* **(de u/c)** имеющий (что-л), снабжённый (чем-л)

provocación *f* провокация

provocador **1.** *adj* 1) *(que provoca, incita)* провоцирующий, вызывающий, приносящий, причиняющий 2) *(que trata de originar actos o movimientos sediciosos)* провоцирующий, подстрекающий **2.** *m* провокатор

provocar *vt* 1) провоцировать 2) *(enojar)* дразнить, задирать 3) *(causar)* вызывать

provocativo *adj* 1) вызывающий 2) провокационный

proxeneta *m* сводник, сутенёр

proxenetismo *m* сводничество, сутенёрство

proximidad **1.** *f* близость **2. -es** *fpl* окрестности

próximo *adj* 1) **(a alg o u/c)** *(dicho del espacio)* близкий (к кому/чему-л) 2) *(dicho del tiempo)* следующий, ближайший, будущий

proyección *f* 1) *mat* проекция 2) *(de una película)* показ 3) *(alcance)* резонанс

proyectar *vt* 1) *(lanzar)* бросать 2) *(trazar)* проектировать, составлять проект, разрабатывать 3) *(hacer un proyecto de ingeniería)* проектировать, планировать 4) *(una película)* показывать, демонстрировать

proyectil *m* снаряд

proyectista *m/f* проектировщи|к, -ца

proyecto *m* 1) план, проект, замысел 2) *(de ingeniería o arquitectura)* план, проект ◆ **~ de ley** *jur* законопроект

proyector *m* 1) *(aparato para proyectar imágenes)* проектор 2) *(aparato que da un haz luminoso)* прожектор

prudencia *f* 1) *(sentido común)* благоразумие 2) *(moderación)* умеренность 3) *(precaución)* осторожность

prudencial *adj* 1) разумный, продиктованный благоразумием 2) *(no exagerado ni excesivo)* достаточный

prudenciarse *vpron Am.* быть благоразумным

prudente *adj* 1) благоразумный 2) *(moderado)* умеренный, осторожный

prueba *f* 1) проба, проверка 2) *(intento)* попытка 3) *(demostración)* доказательство 4) *(indicio)* проба, знак 5) *(ensayo)* испытание 6) *med (para analizar)* проба 7) *jur* улика, доказательство 8) *(examen)* экзамен, контрольная работа 9) *(deportiva)* соревнование 10) *impr* корректурный оттиск ◆ **período de ~** испытательный срок **poner a ~** испытывать

pruno *m* V. ciruelo

prurito *m* 1) *med* кожный зуд 2) *(deseo persistente)* зуд

prusian|o **1.** *adj* прусский **2. , -a** *m/f* прусса|к, -чка

psicoanálisis *m* психоанализ

psicoanalista *m/f* психоаналитик

psicoanalítico *adj* психоаналитический

psicoanalizar *vt* психоанализировать, подвергать психоанализу

psicodelia *f* психоделия

psicodélico *adj* психоделический

psicodrama *m psicol* психодрама
psicofármaco *m farma* психоактивное вещество
psicogénesis *f* развитие психики (интеллекта)
psicogénico *adj med* психогенный
psicología *f* психология
psicológico *adj* психологический
psicólogo *m/f* психолог
psicomotor *adj* психомоторный
psicomotricidad *f* психомоторика, моторика
psicópata *m/f med* психопат, -ка
psicopatía *f med* психопатия
psicosis *f* психоз
psicosomático *adj psicol* психосоматический
psicoterapeuta *m/f* психотерапевт
psicoterapia *f* психотерапия
psicótico *adj med* психотический
psique *f* душа, психика
psiquiatra *m/f* психиатр
psiquiatría *f* психиатрия
psiquiátrico 1. *adj* психиатрический **2.** *m* психиатрическая больница
psíquicamente *adv* психически
psíquico *adj* психический
psoriasis *f* псориаз
pterodáctilo *m paleont* птеродактиль
púa *f* 1) шип, остриё 2) *(de un árbol)* привой 3) *(de un peine)* зубец 4) *(del erizo)* иголка 5) *(para instrumentos de cuerda)* медиатор 6) *(causa de pesadumbre)* причина огорчения (расстройства)
pub *m* паб
púber *adj* достигший половой зрелости
pubertad *f* период полового созревания
pubescencia *f* V. pubertad
pubescer *vi* достигать половой зрелости
pubis *m anat* лобок, лобковая область
publicación *f* издание, выпуск
públicamente *adv* публично
publicar *vt* 1) *(editar)* издавать, выпускать, публиковать 2) *(hacer público)* обнародовать, объявить
publicarse *vpron* 1) *(hacerse notorio o patente)* объявляться, оглашаться 2) *(difundirse por escrito)* публиковаться, издаваться
publicidad *f* 1) *(carácter público)* публичность 2) *(anuncios)* реклама
publicista *m/f* публицист, -ка
publicitar *vt* рекламировать
publicitari|o *adj* рекламный *campaña ~* рекламная кампания *valla ~* рекламный щит
públic|o 1. *adj* 1) *(conocido por todos)* общеизвестный 2) *(que se hace a la vista de todos)* публичный 3) *(destinado a todos)* общественный, публичный 4) *(estatal)* государственный *sanidad pública* общественное здравоохранение **2.** *m* 1) публика 2) *(espectadores)* зрители ◆ **en ~o** публично **opinión ~a** общественное мнение **relaciones ~as** связи с общественностью, пиар
pucha 1. *f* V. puta **2.** *interj (для выражения удивления, досады и т.д.)* чёрт побери!
pucherazo *m* 1) *(golpe dado con un puchero)* удар горшком (чугунком) 2) *coloq (fraude electoral)* подтасовка результатов выборов
puchero *m* горшок
pucho *m* 1) *Hond. Am. Mer.* окурок сигареты 2) *Am. Mer. (residuo)* остаток, ничтожное количество
pudelar *vt tecn* пудлинговать
pudibundez *f* чрезмерная стыдливость
pudibundo *adj* чрезмерно стыдливый, застенчивый
pudicia *f* честность, порядочность
púdico *adj* V. pudoroso
pudiente *adj* имущий, богатый, состоятельный
pudín *m* пудинг
pudor *m* стыдливость, застенчивость
pudoroso *adj* стыдливый, скромный, застенчивый
pudridero *m* 1) помойная яма, компостная куча 2) *(depósito de cadáveres)* морг
pudrimiento *m* V. putrefacción
pudrir 1. *vt* 1) гноить, разлагать 2) *(fastidiar)* изводить, гробить **2.** *vi (estar enterrado)* лежать в могиле
pudrirse *vpron* гнить, разлагаться
pudu, pudú *m (cérvido)* пуду
pueblerino *adj* деревенский, сельский
pueblo *m* 1) деревня, село, городок 2) *(gente)* народ 3) *(nación)* народ, нация
puente *m* 1) мост *~ colgante* висячий мост; *puente levadizo* подъёмный мост 2) *nav* палуба 3) *(festivo)* дополнительный выходной 4) *sport* мостик 5) *anat* свод (ноги)
puenting *m* V. puentismo
puentismo *m sport* банджи-джампинг
puerco 1. *m/f* 1) свинья, боров 2) *coloq (persona sucia)* свинья, неряха 3) *coloq (persona grosera)* грубиян, хам 4) *coloq (persona ruin)* подлец, скотина **2.** *adj* грязный
puericultor *m* воспитатель, -ница детей младшего возраста
puericultura *f* воспитание детей младшего возраста
pueril *adj* 1) детский 2) *(que parece propio de un niño)* ребячливый, наивный 3) *(fútil, trivial)* пустяковый, банальный
puerilidad *f* 1) детскость 2) *(hecho que parece propio de un niño)* ребячество, ребячливость 3) *(cosa sin importancia)* пустяк, мелочь
puérpera *f* роженица, родильница
puerperal *adj med* пуэрперальный, послеродовой
puerperio *m med* послеродовой период
puerro *m* лук-порей
puerta 1. *f* 1) дверь 2) *(de un coche, de la nevera, etc.)* дверца 3) *(de una ciudad, muralla)* ворота **2. -s** *fpl* ворота ◆ **a las ~s de u.c.** в преддверии чего-л **jornada de ~s abiertas** день открытых дверей
puerto *m* 1) порт, гавань, пристань 2) *(de montaña)* перевал ◆ **llegar a buen ~** успешно закончиться
puertorriqueñ|o 1. *adj* пуэрториканский **2. , -a** *m/f* пуэрторикан|ец, -ка
pues *conj* 1) *(denotando causa)* ну, ведь, так как *háblale tú, ~ lo conoces mejor que yo* поговори с ним ты, так как ты лучше его знаешь 2) *(con valor continuativo)* значит, же 3) *(con valor ilativo)* значит, тогда 4) *(en las*

interrogaciones) как так?, почему? ◆ **¡ ~ bien!** ну хорошо! **¿y ~?** ну, и что же?

puesta *f* 1) постановка, размещение, укладка *~ en marcha* пуск 2) *(del sol)* заход, закат

puesto *m* 1) место 2) пост, пункт 3) *(de venta)* торговая точка 4) *(cargo)* должность ◆ **~ de control** контрольный пункт **~ de socorro** пункт скорой помощи **~ que** так как, ввиду того, что

púgil *m sport* боксёр

pugilato *m sport* драка кулаками

pugilista *m/f sport* боксёр

pugna *f* 1) *(batalla)* битва, сражение 2) *(oposición, rivalidad)* столкновение, борьба

pugnar *vi* 1) бороться, сражаться 2) **(por u/c)** *(porfiar)* бороться (за что-л), стремиться (к чему-л)

puja[1] *f (empuje)* толкание, протискивание

puja[2] *f (en una subasta)* надбавка (на торгах)

pujador *m* наддатчик (на аукционе)

pujante *adj* мощный, быстро развивающийся

pujanza *f* сила, мощь

pujar[1] *vt (en una subasta)* набавлять цену (на аукционе)

pujar[2] **1.** *vt (empujar)* толкать, напирать **2.** *vi* 1) *(tener dificultad en explicarse)* с трудом изъясняться 2) *(vacilar)* колебаться, сомневаться

pulcritud *f* чистота, опрятность, аккуратность

pulcro *adj* чистый, опрятный

pulga *f* блоха

pulgada *f* пульгада (мера длины = 23 мм), дюйм (мера длины = 25,4 мм)

pulgar *m* большой палец

pulgón *m zool* растительная вошь, тля

pulgoso *adj* вшивый

pulguiento *adj Am.* V. pulgoso

pulido *adj* V. pulcro

pulidor 1. *adj* полирующий, шлифующий **2.** *m tecn* полировальный брусок

pulimentar *vt* V. pulir 1

pulimento *m tecn* полирование, шлифование

pulir *vt* 1) *(dar lustre)* придавать лоск, наводить красоту 2) *(alisar)* полировать, шлифовать 3) *(derrochar)* транжирить

pulla *f* 1) *(palabra obscena)* непристойность 2) *(dicho utlizado para herir a alguien)* колкость, шпилька

pulmón *m* лёгкое

pulmonar *adj* лёгочный

pulmonía *f* воспаление лёгких, пневмония

pulpa *f* мякоть

púlpito *m relig* кафедра, амвон

pulpo *m* осьминог

pulposo *adj* содержащий пульпу, мясистый

pulque *m Am.* пульке (алкогольный напиток)

pulsación *f* пульсация, пульсирование, биение

pulsador *m* кнопка

pulsar 1. *vt* нажимать **2.** *vi* биться, пульсировать

pulsera *f* браслет

pulsímetro *m med* пульсометр

pulso *m* 1) пульс *tomar el ~* щупать пульс 2) *(muñeca)* запястье 3) *(firmeza en la mano)* твёрдость руки 4) *(enfrentamiento)* схватка ◆ **a ~** на весу

pulular *vi* 1) кишеть, копошиться 2) *(dicho de los insectos y sabandijas)* размножаться в больших количествах 3) *(dicho de una cosa)* возникать, зарождаться

pulverización *f* пульверизация, распыление

pulverizador *m* распылитель, пульверизатор

pulverizar *vt* 1) *(reducir a polvo)* измельчать в порошок, стирать в порошок 2) *(esparcir un líquido)* брызгать 3) *(deshacer algo incorpóreo)* стирать в порошок

pulverulento *adj* 1) *(en estado de polvo)* порошкообразный, порошковидный 2) V. polvoriento

puma *m* пума

puna *f Am.* пуна, высокогорье

puñada *f* V. puñetazo

puñado *m* 1) горсть 2) *(poca cantidad)* горсть, небольшое количество

puñal *m* кинжал

puñalada *f* 1) удар кинжалом 2) *(herida)* колотая рана 3) *(pesadumbre)* внезапный приступ тоски ◆ **dar una ~ a alg** предать кого-л

punción *f med* пункция

pundonor *m* чувство собственного достоинства

pundonoroso *adj* исполненный чувства собственного достоинства

puñeta *f* 1) кружева на манжете 2) *(dificultad, molestia)* морока, канитель ◆ **¡~!** *coloq* чёрт возьми! **¡vete a hacer puñetas!** иди к чёрту!

puñetazo *m* удар кулаком

puñetero *adj coloq* грёбаный, долбаный

punible *adj jur* наказуемый

punición *f* наказание

punitivo *adj* карательный

punk *m* панк

punki *m coloq* V. punk

puño *m* 1) кулак 2) *(de una camisa)* манжет 3) *(de un paraguas, etc.)* ручка

punta *f* 1) *(parte aguda)* остриё, острый конец, край 2) *(parte extrema)* конец, кончик, край 3) *(del zapato)* носок 4) *geogr (cabo)* мыс 5) *(del cigarro)* окурок 6) *(encaje)* кружево ◆ **de ~s** на носках, на цыпочках **hora ~** час пик **tener en la ~ de la lengua** вертеться на языке

puntada *f* 1) *(agujero hecho con una aguja)* прокол (иглой) 2) *(acción de pasar la aguja)* стежок *dar unas ~s* наспех зашить 3) *(palabra para recordar un asunto)* намёк, слово, брошенное невзначай

puntaje *m Am.* V. puntuación

puntal *m* 1) подпорный брус 2) *(fundamento)* опора

puntapié *m* пинок

punteado 1. *adj* сделанный пунктиром **2.** *m* пометка, пунктирование

puntear 1. *vt* 1) *(señalar puntos en una superficie)* ставить точки, тмечать точками 2) *(dibujar con puntos)* рисовать пунктиром 3) *(coser)* делать стежки, шить 4) *(una guitarra)* перебирать струны 5) *com* сверять счета **2.** *vi nav* лавировать

puntera *adj* 1) *(punta del calcetín o del calzado)* носок 2) *(remiendo)* заплатка на носке 3) *coloq* V. puntapié

puntería *f* 1) *(acción de apuntar)* наводка, прицеливание 2) *(destreza del tirador)* меткость

puntero 1. *adj* 1) *(que tiene puntería)* меткий 2) *(avanzado)* передовой, ведущий **2.** *m* 1) *(vara para señalar)* указка 2) *sport* ведущий игрок, лидирующий игрок 3) *(herramienta para hacer agujeros)* шило 4) *(cincel)* резец

puntiagudo *adj* острый

puntilla 1. *f* узкое кружево **2. -s** *fpl* цыпочки *ponerse de ~s* вставать на цыпочки ◆ **dar la ~** *taur* добивать быка

puntillada *f* V. puntapié

puntillero *m taur* тореро, добиваюший быка

puntillismo *m arte* пуантилизм

puntillo[1] *m (amor propio muy exagerado)* щепетильность

puntillo[2] *m mús* точка

puntilloso *adj* 1) *(susceptible)* обидчивый 2) *(quisquilloso)* мелочный, придирчивый

punto *m* 1) точка 2) *(lugar)* пункт, точка, место 3) *(grado, momento)* степень, момент 4) *(en una lista)* пункт 5) *(en una ley)* параграф 6) *(en los juegos)* очко, балл 7) *(de costura)* стежок 8) *(tejido)* трикотаж *género de ~* трикотажные изделия; *hacer punto* вязать 9) *(de sutura)* шов ◆ **dos ~s** двоеточие **en ~** ровно **estar a ~** быть готовым **hasta cierto ~** до некоторой степени **poner los ~s sobre las íes** ставить точки над и **~ de apoyo** точка опоры **~ débil** слабость, уязвимое место **~ de partida** точка отчёта **~ de vista** точка зрения **~ fuerte** конёк, сильная сторона **~s suspensivos** многоточие **~ y coma** точка с запятой **~ de contacto** точка соприкосновения

puntoso[1] *adj (que tiene muchas puntas)* колючий, усаженный колючками

puntoso[2] *adj (que tiene punto de honra)* чрезмерно щепетильный

puntuable *adj* зачётный

puntuación *f* 1) *ling* пунктуация 2) *sport* счёт ◆ **signo de ~** знак препинания

puntual *adj* 1) пунктуальный, точный 2) *(concreto)* конкретный

puntualidad *f* пунктуальность

puntualización *f* уточнение

puntualizar *vt* уточнять

puntuar 1. *vt* 1) *(poner signos de puntuación)* расставлять знаки препинания 2) *sport* завоёвывать очки (в соревновании) 3) *(calificar)* ставить оценку (в баллах) **2.** *vi sport* входить в окончательный подсчёт

puntura *f* укол, прокол

punzada *f* колющая боль

punzante *adj* колющий

punzar 1. *vt* колоть **2.** *vi (dicho del dolor)* колоть, стрелять

punzón *m* 1) пробойник, бородок 2) *(buril)* гравёрный резец 3) *(cuño)* чекан

pupa *f* 1) *(erupción en los labios)* лихорадка на губах 2) *(postilla)* струп (от прыща) 3) *infant* боль, бобо **hacer ~ a alg** делать больно кому-л

pupila *f* зрачок

pupil|o, -a *m/f* 1) опекаем|ый, -ая (сирота, находящийся под опекой) 2) *(persona que se hospeda en casa particular)* пансионер, постоялец

pupitre *m* парта

pupo *m Arg. Ec. coloq* V. ombligo

puramente *adv* 1) чисто 2) *(meramente)* исключительно, лишь

puré *m* пюре

purera *f* сигарница

pureta *m coloq desp* старик, старикашка

pureza *f* 1) чистота 2) *(castidad)* чистота, непорочность

purga *f* 1) *(eliminación por motivos políticos)* чистка 2) *(purgante)* слабительное

purgación *f* 1) очищение (желудка) 2) *(flujo mucoso)* выделения

purgante *m* слабительное

purgar *vt* 1) очищать 2) *med* давать слабительное 3) *(una tubería, etc.)* прочищать

purgativo *adj* очистительный, слабительный

purgatorio *m relig* чистилище

puridad *f* 1) V. pureza 2) *(aquello que se tiene oculto)* тайна

purificación *f* очищение, очистка

purificador 1. *adj* очистительный **2.** *m* очиститель, очистной аппарат

purificar *vt* очищать

purismo *m* пуризм

purista 1. *adj* пуристский **2.** *m/f* пурист, -ка

puritanismo *m* пуританство

puritan|o 1. *adj* пуританский **2.** , -a *m/f* пуритан|ин, -ка

pur|o 1. *adj* 1) чистый, очищенный 2) *(casto, moralmente limpio)* непорочный 3) *(sin aditivos)* цельный 4) *(dicho de un estilo)* строгий, правильный **2.** *m* сигара ◆ **aire ~o** свежий воздух **de ~a cepa** коренной **de ~a sangre** чистокровный, чистопородный **la ~a verdad** чистая правда

púrpura *f* пурпур, багрянец

purpurado *m relig* кардинал

purpúreo *adj* 1) *(de color de púrpura)* пурпурный, пурпурного цвета 2) *(relativo a la púrpura)* относящийся к пурпуру

purpurina *f* блёстки

purpurino *adj* пурпурный, пурпурного цвета

purrela *f* 1) *(vino último)* вино из виноградных выжимок 2) *(cosa despreciable)* ничтожество

purria *f coloq desp* шваль, сброд

purulencia *f med* гнойность

purulento *adj med* гнойный

pus *m* гной

pusilánime *adj* малодушный, робкий

pusilanimidad *f* малодушие, робость

pústula *f med* пустула, гнойный пузырь

puta *f vulg* шлюха, блядь, проститутка

putada *f vulg* свинство, подлый поступок

putañear *vi coloq* таскаться по проституткам, распутничать

putañero *adj coloq* блудливый, охочий до проституток

putativo *adj* мнимый, предполагаемый

putear 1. *vi* 1) *coloq* V. putañear 2) *coloq (dedicarse a la prostitución)* заниматься проституцией 3) *Am.* сквернословить **2.** *vt vulg* докучать, доставать, мурыжить

puterío *m* 1) *vulg (prostitución)* проституция 2) *vulg (conjunto de prostitutas)* проститутки, бляди

puticlub *m coloq* бордель, публичный дом

puto *adj vulg* проклятый, долбанный
putón *m vulg* шлюха
putrefacción *f* гниение, разложение
putrefactivo *adj* вызывающий гниение, гнилостный
putrefacto *adj* сгнивший, разложившийся
putrescente *adj* гниющий, загнивающий
putrescible *adj* легко загнивающий
pútrido *adj* гнилой, гнилостный
puya[1] *f* остриё (копья)
puya[2] *f (planta)* пуйя
puyazo *m* рана копьём
puzzle *m* пазл

Q

quántum *m fís* квант
quark *m fís* кварк
quásar *m astron* квазар
que 1. *pron rel* который (которая, которое, которые), кто, что *el ~* тот, который, тот, кто **2.** *conj* 1) (в функции союзного слова) что *le dije ~ no lo sabía* я ему сказал, что я не знаю этого, (в придаточных предложениях) чтобы *le dije ~ no viniera* я ему сказал, чтобы он не приходил; *quiero ~ lo hagas* я хочу, чтобы ты это сделала 2) (в сравнительных конструкциях) чем *esta camisa es mejor ~ aquella* эта рубашка лучше, чем та ◆ **a menos** ~ если только не **así** ~ следовательно **con tal** ~ если только **para** ~ для того, чтобы
qué 1. *adj* что, какой, который *¿~ pasa?* что происходит?; *¿~ jersey te gusta?* какой свитер тебе нравится?; *¿~ hora es?* который час? **2.** *adj* как, какой *¡~ mal!* как плохо!; *¿~ tal?* как дела?; *¡~ casa tan hermosa!* какой красивый дом!
quebracho *m bot* кебрачо
quebrada *f* 1) *(paso entre montañas)* ущелье 2) *(hendidura de una montaña)* расщелина
quebradero *m obsol* возмутитель ◆ **~ de cabeza** *coloq* морока
quebradizo *adj* ломкий, хрупкий
quebrado 1. *adj* 1) *(dicho de una empresa)* обанкротившийся 2) *(dicho de un terreno)* разбитый **2.** *m mat* дробь
quebradura *f* 1) *(hendidura)* трещина, расщелина 2) *(hernia)* грыжа 3) *Am. (rotura)* перелом
quebraja *f* трещина
quebrantahuesos *m* бородач, ягнятник
quebrantamiento *m* ломка
quebrantar *vt* 1) ломать, разбивать 2) *(una ley o una palabra)* нарушать 3) *(las fuerzas)* подрывать, ослаблять
quebranto *m* 1) ломка, разламывание 2) *(desaliento)* слабость, упадок сил 3) *(daño)* убыток 4) *(aflicción)* горе, беда
quebrar 1. *vt* ломать, разбивать **2.** *vi* банкротиться
quebrarse *vpron* ломаться
quechua 1. *adj* относящийся к кечуа **2.** *m (lengua)* язык кечуа **3.** *m/f* кечуа
qued|ar *vi* 1) оставаться, продолжать находиться *la carta ~ó sin respuesta* письмо осталось без ответа 2) *(mostrarse)* проявлять себя, выглядеть, получаться *~ar bien* получаться хорошо 3) **(en u/c)** *(ponerse de acuerdo)* договориться (о чём-л), условиться (о чём-л) 4) *(dicho de un lugar)* находиться *la estación ~a lejos de mi casa* вокзал находится далеко от моего дома
qued|arse *vpron* 1) оставаться, задерживаться 2) *(con una cosa)* оставлять при себе ◆ **se ~ó con la boca abierta** у него челюсть отвисла **~arse dormido** уснуть
quehacer *m* дело, работа
queimada *f* кеймада (горячий алкогольный напиток из Галисии)
queja *f* 1) жалоба, претензия 2) *jur* жалоба, иск
quejarse *vpron* **(de alg o u/c)** жаловаться (на кого/что-л), предъявлять претензии
quejica *adj coloq* ноющий, часто жалующийся
quejido *m* стон *lanzar un ~* простонать
quejigal *m* дубовая роща
quejigo *m* дуб
quejoso *adj* недовольный, раздражённый
quejumbroso *adj* 1) *(dicho de una persona)* вечно недовольный 2) *(dicho de la voz)* плаксивый, жалобный
queloide *m med* келоид
quema *f* сжигание, сожжение
quemado *m* горелый лес
quemadura *f* ожог
quemar 1. *vt* 1) жечь, сжигать, обжигать 2) *(producir una quemadura)* обжигать 3) *(la comida)* пережаривать 4) *(dicho del sol)* палить, печь 5) *coloq (irritar)* раздражать, допекать 6) *coloq (desgastar)* донимать, разрушать **2.** *vi* 1) гореть 2) *(estar muy caliente)* быть горячим *la sopa quema* суп горячий
quemarropa *inv* : а ~ в упор
quemarse *vpron* 1) гореть 2) *(sufrir una quemadura)* обжигаться
quemazón *f* 1) *(quema)* сожжение 2) *(bochorno)* зной, жара 3) *coloq (desazón moral)* горечь, обида
quena *f* кена (вид флейты)
queo *interj (употребляется, чтобы предупредить об опасности)* палево!, осторожно!
quepis *m* кепи
querella *f* жалоба, иск *presentar una ~* предъявлять иск
querellante *m* истец
querellarse *vpron* **(contra alg)** подавать жалобу (иск) в суд (на кого-л)
querencia *f* 1) любовь, привязанность 2) *(amor por el lugar natal)* любовь к родным местам
querendón 1. *adj Am.* ласковый, нежный **2.** *m (amante)* любовник
querer 1. *vt* 1) *(desear)* хотеть, желать *¿qué quieres?* что ты хочешь? 2) *(amar)* любить *te quiero mucho* я тебя очень люблю **2.** *m* любовь, привязанность ◆ **~ decir** значить, иметь в виду **sin** ~ нечаянно, случайно
quererse *vpron* любить друг друга
querida *f* любовница
querido *adj* любимый, дорогой
queroseno *m* керосин
querubín *m* 1) *relig* херувим 2) *(persona hermosa)* красавчик

quesera *f (plato para el queso)* сырная доска
quesería *f* 1) *(fábrica de quesos)* сыроварня 2) *(tienda de quesos)* сырная лавка
queser|o 1. *adj* сырный **2. , -a** *m/f* 1) *(persona que produce queso)* сыровар, -ка 2) *(persona que vende queso)* торгов|ец, -ка сыром
quesito *m* сырок
queso *m* сыр ◆ ~ **fundido** плавленый сыр ~ **rallado** тёртый сыр
quevedos *mpl* пенсне
quia *interj coloq* да ну!
quiche *f* киш
quichua *adj Ec.* V. quechua
quicio *m* косяк (двери) ◆ **sacar de** ~ выводить из себя
quid *m* сущность, суть ~ *del asunto* суть дела
quídam *m* 1) *coloq (sujeto indeterminado)* некий субъект 2) *coloq (sujeto despreciable)* мелкая сошка
quiebra *f econ* банкротство, крах
quiebro *m* телодвижение
quien *pron relat* кто, тот (та, те), который (которая, которые) ~ *lo sepa, que lo diga* кто знает, пусть скажет; *la gente a ~ conoces* люди, которых ты знаешь
quién 1. *pron interr* кто *¿~ ha venido?* кто пришёл?; *¿~ será?* кто бы это мог быть? **2.** *pron exclam* кто *¡~ lo hubiera pensado!* кто бы мог подумать!
quienquiera *pron indet* кто-либо, кто-нибудь ~ *que sea* кто бы он ни был
quieto *adj* 1) неподвижный 2) *(tranquilo)* спокойный, тихий
quietud *f* 1) неподвижность 2) *(tranquilidad)* спокойствие, покой
quijada *f* челюсть
quijotada *f* поступок, достойный Дон Кихота
quijote *m* донкихот, правдоискатель
quijotesco *adj* донкихотский, правдоискательский
quijotismo *m* 1) донкихотство 2) *(engreimiento)* самодовольство
quilar *vi vulg* трахаться, заниматься любовью
quilate *m* карат
quilla *f nav* киль
quilo[1] *m fisiol* млечный сок
quilo[2] *m* V. kilo
quilombera *f Arg. vulg* проститутка
quilombero *adj Arg. vulg* драчливый, задира
quilombo *m* 1) *Am. (prostíbulo)* публичный дом 2) *Am. vulg (barullo)* путаница, беспорядок, кавардак
quimbambas *fpl* : en las ~ у чёрта на куличках
quimbarse *vpron Cub.* сходить с ума
quimera *f* 1) *mitol* химера 2) *(fantasía)* химера, фантазия
quimérico *adj* химерический, фантастический
química *f* химия
químic|o 1. *adj* химический **2. , -a** *m/f* химик
quimioterapia *f med* химиотерапия
quimo *m biol* химус
quimono *m* кимоно
quina *f* 1) *(corteza)* кора хинного дерева 2) *(líquido)* хина ◆ **tragar** ~ проглотить обиду
quincallería *f* скобяная лавка
quincallero *m* скобяных дел мастер
quince *num* пятнадцать
quinceañero *adj* пятнадцатилетний
quincena *f* пятнадцать дней, две недели
quincenal *adj* 1) *(que dura dos semanas)* двухнедельный 2) *(que sale cada dos semanas)* выходящий раз в две недели
quincha *f* 1) *Méx. Arg.* тростниковая циновка 2) *Am. (pared)* стена из тростника
quiniela *f* спортлото, тотализатор
quinielista *m* игрок на тотализаторе
quinientos *num* пятьсот
quinina *f* хинин
quinoa *f bot* киноа
quinqué *f* керосиновая лампа
quinquenal *adj* пятилетний
quinquenio *m* пятилетие
quinqui *m/f* 1) *(quincallero)* бомж, маргинал 2) *(ladronzuelo)* воришка, мелкий преступник
quintacolumnista *m/f pol* участни|к, -ца пятой колонны
quintaesencia *f* квинтэссенция, сущность
quintal *m* квинтал (мера веса)
quintería *f* ферма, усадьба
quintero *m* 1) *(arrendatario)* арендатор усадьбы 2) *(jornalero)* подёнщик, батрак 3) *(labrador)* крестьянин, земледелец
quinteto *m mús* квинтет
quintillizos *mpl* пятерняшки
quinta *f* набор новобранцев в армию, рекрутский набор
quinto 1. *adj* пятый **2.** *m* 1) пятая часть 2) *mil* рекрут, новобранец
quintuplicar *vt* увеличивать в пять раз
quíntuplo *adj* пятикратный
quiosco *m* киоск, лавка
quiosquer|o, -a *m/f* продав|ец, -щица в киоске
quirófano *m* операционный зал
quiromancia *f* хиромантия
quiromasaje *m* хиромассаж
quiromasajista *m/f* специалист по хиромассажу
quiropráctico *m* специалист по хиромассажу
quirquincho *m zool* броненосец
quirúrgico *adj* хирургический
quisquilla *f* 1) *(reparo)* затруднение, загвоздка 2) *(camarón)* креветка
quisquilloso *adj* 1) мнительный, придирчивый 2) *(demasiado delicado)* щепетильный 3) *(fácil de ofenderse)* обидчивый, ранимый
quiste *m med* киста
quita *f jur* возмещение долга
quitaesmaltes *m* жидкость для снятия лака, ацетон
quitamanchas *m* пятновыводитель
quitamiedos *m* барьерное ограждение на дороге
quitanieves *m* снегоуборочная машина
quita|r *vt* 1) снимать, убирать, удалять 2) *(arrancando)* сдирать, вырывать 3) *(despojar, privar)* отнимать, лишать (кого-л чего-л) 4) *(una mancha)* выводить ◆ **no ~r los ojos de alg** не отрывать глаз с кого-л. **de ~ y pon** легко убирающийся, разборный

quitarse *vpron* 1) снимать с себя 2) *(apartarse)* отодвигаться, отстраняться ◆ ~ **una cosa de la cabeza** выбросить из головы что-л.
quitasol *m* зонт от солнца
quite *m* 1) *sport (en la esgrima)* уход 2) *taur* вызов быка на себя ◆ **estar al** ~ быть готовым прийти на помощь
quiteñ|o 1. *adj* относящийся к Кито **2.** , **-a** *m/f* житель, -ница (уроженец, уроженка) Кито
quitina *f biol* хитин
quizá, quizás *adv* может быть, пожалуй
quórum *m* кворум

R

rabadán *m* старший пастух
rabanillo *m* редис
rábano *m* редька ◆ **~ picante** хрен
rabas *fpl* рабас (блюдо из жареных кальмаров)
rabí *m relig* V. rabino
rabia *f* 1) *(enfermedad)* бешенство 2) *(ira)* гнев, ярость, бешенство ◆ **dar ~** бесить **¡qué ~!** (как) обидно! **tener ~ a alg** ненавидеть
rabiar *vi* 1) *(padecer rabia)* болеть бешенством 2) *(enojarse)* злиться, быть в бешенстве ◆ **a ~** до безумия, сильно
rabieta *f coloq* беспричинная злость, истерика
rabillo *m* 1) *dimin* хвостик 2) *(rama pequeña)* черенок, цветоножка 3) *textl* штрипка 4) *bot* плевел ◆ **mirar con el ~ del ojo** косо смотреть, смотреть искоса
rabinato *m relig* раввинат
rabino *m relig* раввин
rabioso *adj* 1) *(que padece rabia)* бешеный 2) *(enojado)* взбешённый, гневный, разозлённый *estar* злиться
rabo *m* хвост
rabón *adj* бесхвостый, куцый
rabona *f Am.* маркитантка
rácano *adj* 1) *coloq (astuto)* хитрый, лукавый 2) *coloq (tacaño)* жадный, скупой 3) *coloq (perezoso)* ленивый
racha *f* 1) *(de viento)* порыв, шквал 2) *(período breve)* полоса
racheado *adj* порывистый
racial *adj* расовый
racimo *m* гроздь, кисть винограда
raciocinar *vi* думать, размышлять
raciocinio *m* рассуждение, суждение
ración *f* 1) порция 2) *(en el ejército, etc.)* паёк 3) *(en caso de racionamiento)* набор продуктов
racional *adj* 1) разумный, рациональный 2) *mat* рациональный
racionalidad *f* рациональность
racionalismo *m* рационализм
racionalista **1.** *adj* рационалистический **2.** *m/f* рационалист, -ка
racionalización *f* рационализация
racionalizar *vt* рационализировать
racionamiento *m* нормирование продовольствия, карточная система распределения ◆ **cartilla de ~** продовольственная карточка
racionar *vt* нормировать
racismo *m* расизм
racista **1.** *adj* расистский **2.** *m/f* расист, -ка
racor *m tecn* патрубок
rada *f nav* рейд
radar *m* радар
radarista *m/f radio* радист
radiación *f* радиация, излучение
radiactividad *f* радиоактивность
radiactivo *adj* радиоактивный
radiador *m* 1) радиатор 2) *(de la calefacción)* батарея
radial *adj* радиальный
radiante *adj* 1) блестящий, сверкающий 2) *(que manifiesta gozo)* сияющий, радостный 3) *fís* излучающий
radiar *vi* 1) *(difundir por medio de ondas)* вещать, передавать 2) *fís* излучать, испускать 3) *med* облучать (рентгеновскими лучами)
radical **1.** *adj* 1) *(que pertenece a la raíz)* корневой 2) *(total)* коренной, радикальный, основательный 3) *(ideológicamente)* радикальный **2.** *m* 1) *ling* основа, корень 2) *mat* корень, радикал 3) *(ideológicamente)* радикал
radicalismo *m* радикализм
radicalizar *vt* радикализировать
radicalizarse *vpron* становиться радикальным, радикализироваться
radicalmente *adv* радикально
radicar *vi* 1) **(en u/c)** *(tener sus raíces)* корениться (в чём-л), уходить корнями (во что-л.) 2) *(encontrarse)* находиться, располагаться 3) **(en u/c)** *(consistir)* заключаться (в чём-л), состоять (в чём- л)
radicarse *vpron (arraigar)* корениться, обосноваться
radiestesia *f* радиэстезия
radiestesista *m/f* радиэстезист, -ка
radio[1] *f (radiodifusión)* радио, радиосвязь
radio[2] *f coloq (radioreceptor)* радиоприёмник
radio[3] *m* 1) *geom* радиус 2) *anat* лучевая кость ◆ **~ de acción** радиус действия
radio[4] *m quím* радий
radioactividad *f* V. radiactividad
radioactivo *adj* V. radiactivo
radioaficionado *m* радиолюбитель
radiocasete *f* магнитола
radiocomunicación *f* радиосвязь
radiocontrol *m* радиоуправление
radiodespertador *m* радиобудильник
radiodetección *f radio* радиолокация
radiodiagnóstico *m med* лучевая диагностика
radiodifusión *f* радиовещание
radiodifusora *f Am.* радиостанция
radioemisora *f Am. Mer.* радиостанция
radioescucha *m* радиослушатель
radiofonía *f* радиотелефонная связь
radiofónico *adj* радиовещательный, по радио
radiogoniometría *f radio* радиопеленгация
radiograbadora *f Am.* магнитола
radiografía *f* 1) *(técnica)* рентгенография 2) *(fotografía)* рентгеновский снимок, рентген
radiografiar *vt* делать рентгеновский снимок
radiográfico *adj* радиографический, рентгенографический
radiograma *m* радиограмма
radiola *f* радиола
radiología *f med* радиология

radiológico *adj med* радиологический
radiólogo *adj med* радиолог
radioscopia *f med* радиоскопия
radioso *adj* лучистый, сияющий
radiotelefonía *f* радиотелефонная связь
radioteléfono *n* радиотелефон
radiotelegrafista *m/f* радиотелеграфист, -ка
radioterapia *f med* радиотерапия
radiotransmisor *m* радиопередатчик
radioyente *m/f* радиослушатель
raedera *f* скребло
raer *vt* 1) скрести, скоблить 2) *(extirpar)* искоренять, уничтожать
ráfaga *f* 1) *(de viento)* шквал, порыв 2) *(de un arma de fuego)* шквал огня, очередь ◆ **a ~s** порывами
rafia *f* 1) *bot* рафия 2) *(fibra)* рафия
rafting *m sport* рафтинг, спортивный сплав
ragú *m* рагу
raído *adj* 1) *(dicho de una tela)* поношенный, изношенный 2) *(libertino)* бесстыдный, развратный
raigambre *m* 1) *(raíces)* корни, корневая система 2) *(hábitos, intereses)* традиции, корни
raíl *m* рельс
raí|z *f* 1) корень 2) *(causa)* корень, основа, источник 3) *ling* корень 4) *mat* корень 5) *(de un diente)* корень ◆ **a ~z de** в результате чего-л., по причине чего-л. **de ~z** полностью, окончательно **echar ~ces** пускать корни
raja *f* щель, разрез
rajá *m* раджа
rajadura *f* трещина, щель
rajar **1.** *vt* 1) раскалывать, расщеплять 2) *vulg (herir con arma blanca)* ранить холодным оружием, пырнуть **2.** *vi* 1) *coloq (jactarse)* хвалиться, хвастаться 2) *coloq (hablar mucho)* трепаться 3) **(de alg)** *coloq (hablar mal de alguien)* очернять, оговаривать
rajarse *vpron* 1) трескаться, раскалываться 2) *coloq (acobardarse)* сдрейфить, струсить
ralea *f* 1) *(referido a cosas)* вид, сорт 2) *(referido a personas)* происхождение
ralentí *m tecn* холостой ход
ralentizar *vt* замедлять
ralentizarse *vpron* замедляться
rallador *m* тёрка
rallar *vt* 1) тереть на тёрке 2) *coloq (fastidiar)* надоедать
rally *m sport* ралли
ralo *adj* редкий, негустой
rama *f* 1) ветвь, ветка 2) *(de parentesco)* ветвь, линия 3) *(de conocimiento)* отрасль, область ◆ **andarse por las ~** *coloq* уходить от сути дела
ramadán *m relig* рамадан
ramaje *m* ветви, крона
ramal *m* 1) *(de una cuerda)* жила каната 2) *(ronzal)* повод, недоуздок 3) *(de una escalera)* пролёт 4) *(de un camino)* ответвление
ramalazo *m* 1) *(golpe)* удар верёвкой 2) *(señal que deja el golpe)* рубец от удара верёвкой ◆ **tener un ~** *coloq* быть женоподобным
rambla *f* аллея, бульвар
ramera *f* проститутка, женщина лёгкого поведения
ramificación *f* 1) *(acción y efecto de ramificar)* разветвление 2) *(de un árbol)* отросток, ответвление 3) *(de una ciencia)* разветвление, отрасль
ramificarse *vpron* разветвляться, ветвиться
ramillete *m* 1) букетик 2) *bot* соцветие
ramo *m* 1) букет *ramo de flores* букет цветов 2) *(de una ciencia)* отрасль, область
rampa[1] *f* 1) *(terreno en pendiente)* скат, откос 2) *(plano inclinado)* пандус
rampa[2] *f (en los músculos)* судорога
ramplón **1.** *adj* 1) *(vulgar)* грубый, невоспитанный 2) *(dicho del calzado)* грубый, неудобный **2.** *m (de la herradura)* шип подковы
ramplonería *f* грубость, невоспитанность
rana *f* лягушка
ranchera *f* 1) фермерша 2) *(canción y danza)* ранчера
ranchería *f* деревня, посёлок
ranchero **1.** *adj* 1) относящийся к ранчо 2) *Méx. (tímido)* робкий, застенчивый **2.** *m* 1) фермер 2) *(cocinero)* повар
rancho *m* 1) *(en el ejército, en la cárcel)* приём пищи 2) *(campamento)* лагерь, стан 3) *(choza)* хижина, лачуга 4) *Am. (granja)* ранчо, ферма
rancio *adj* 1) прогорклый, затхлый 2) *desp (anticuado)* старый
rango *m* 1) *(profesional, social)* ранг, звание 2) *(nivel)* категория, класс, разряд 3) *(situación profesional elevada)* высокое общественное положение
ranking *m* рейтинг, классификация
ranura *f* паз, штроба, прорезь
rap *m mús* рэп
rapacidad *f* вороватость, склонность к воровству
rapapolvo *m coloq* нагоняй, взбучка
rapar *vt* 1) *(resurar)* брить 2) *(cortar al rape)* стричь наголо
rapaz *adj* 1) *(dado al robo)* вороватый, нечистый на руку 2) *(dicho de las aves)* хищный
rape *m* морской чёрт
rapé *m* нюхательный табак
rápel *m sport* дюльфер
rapero *m mús* рэпер
rapidez *f* скорость, быстрота
rápid|o **1.** *adj* 1) быстрый, скорый, стремительный 2) *(dicho de la lectura)* беглый **2.** *adv* быстро, скоро **3.** *m* стремнина ◆ **comida ~a** быстрое питание **tren ~o** скоростной/скорый поезд **vía ~a** скоростная трасса
rapiña *f* грабёж, хищение
rapiñar *vt coloq* отжимать, отнимать
raponear *vt Col.* грабить
raponero *m Col.* грабитель
raposa *f* 1) *zool* лиса 2) *coloq* хитрец, плут
rapsoda *m/f* рапсод
rapsodia *f* расподия
raptar *vt* похищать
rapto *m* похищение
raptor *m* похититель
raqueta *f* ракетка (для тенниса)
raquis *m anat* позвоночник, хребет
raquítico *adj* 1) *med* рахитический 2) *(delgado)* худой, тощий 3) *(escaso, pequeño)* скудный, жалкий
raquitismo *m med* рахит
raramente *adv* 1) *(con poca frecuencia)* редко 2) *(de forma extraña)* странно

rareza *f* 1) *(calidad de raro, poco habitual)* редкость 2) *(calidad de extraño)* странность 3) *(dicho de un objeto)* редкость, раритет 4) *(acción extravagante)* странность, чудачество

rar|o *adj* 1) *(extraño)* странный 2) *(inusual)* необычный, редкий 3) *(extravagante)* причудливый, экстравагантный ◆ **bicho ~o** *coloq* чуда|к, -чка **~a vez** редко

ras *m* уровень *a* ~ вровень

rasante *adj* 1) *(dicho de un vuelo)* бреющий 2) *mil (dicho del fuego)* настильный

rasar *vt* 1) *(pasar rozando)* скользить, слегка задевать 2) *(arrasar)* снести, сровнять с землёй

rasca *f* 1) *coloq (frío)* дубак, холод 2) *Ven. coloq* опьянение

rascacielos *m* небоскрёб

rascacio *m* золотой морской ёрш

rascador *m* 1) *(instrumento)* скребок 2) *(prendedor)* приколка для волос

rascadura *f* царапание

rascar *vt* 1) чесать 2) *(arañar)* царапать 3) *(limpiar una superficie)* скоблить, скрести

rascarse *vpron* чесаться

rascatripas *m/f* человек, который плохо играет на скрипке

rasera *f* шумовка

rasero *m tecn* шабер

rasgado 1. *adj* 1) *(dicho de una ventana o puerta)* широкий, большой 2) *(dicho de los ojos)* раскосый **2.** *m (rotura de tela)* прореха, дыра

rasgar *vt* рвать, разрывать

rasgarse *vpron* рваться

rasgo *m* 1) черта *~s del carácter* черты характера; *~s de la cara* черты лица 2) *(propiedad)* свойство, особенность ◆ **a grandes ~s** в общих чертах

rasgón *m (en la tela)* прореха, дырка

rasguear 1. *vt (una guitarra)* перебирать струны **2.** *vi (escribiendo)* делать росчерк

rasguñar *vt* царапать, скрещать

rasguño *m* царапина, ссадина

raso 1. *adj* 1) гладкий, ровный, плоский 2) *(que vuela bajo)* низкий 3) *(dicho del cielo)* чистый, безоблачный 4) *(sin rango)* простой, рядовой **2.** *m* 1) равнина 2) *(tela)* атлас

raspa *f* 1) *(del pescado)* рыбья кость 2) *(del grano de trigo)* ость 3) *(de uva)* кисть, гроздь 4) *coloq (persona antipática)* злюка

raspador *m tecn* скребок

raspadura 1. *f* скобление, выскабливание **2.** **-s** *fpl* поскрёбки

raspar 1. *vt* 1) *(rascar)* отскребать 2) *(pasar rozando)* скользить, слегка задевать 3) *(hurtar)* красть **2.** *vi (dicho del tejido)* колоть

raspón *m* ссадина

rasqueta *f tecn* шабер

rasquiña *f Ven. C. Rica Hond.* зуд

rasta *adj* V. rastafari

rastafari *adj* растафарианский, растаманский

rastra *f* 1) *(rastrillo)* грабли 2) *(huella)* след 3) *(narria)* волокуша ◆ **a ~s** волоком

rastreador *m* следопыт

rastrear *vt* выслеживать, следить (за кем/чем-л)

rastreo *m* слежка, выслеживание

rastrero *adj* 1) волочащийся по земле 2) *(que casi toca el suelo)* низкий, почти касающийся земли 3) *(vil)* подлый, низкий 4) *(dicho de una planta)* стелющийся, ползучий ◆ **perro** ~ ищейка

rastrillar *vt* 1) *(lino, cáñamo)* чесать 2) *(con el rastrillo)* сгребать граблями

rastrillo *m* грабли

rastro *m* след ◆ **ni** ~ (нет) ни следа

rastrojera *f agric* жнивьё

rastrojo *m agric* жнивьё

rasurador *m* бритва

rasurar *vt* брить, сбривать

rasurarse *vpron* бриться, сбриваться

rata 1. *f* крыса **2.** *m/f coloq* жадина ◆ **más pobre que una** ~ беден как церковная крыса ~ **de biblioteca** книжный червь

ratear 1. *vt* 1) делить на равные части, делить пропорционально 2) *(hurtar)* воровать **2.** *vi* 1) *(andar arrástrandose)* ползти на животе 2) *(tacañear)* хитрить, скупиться

ratería *f* 1) *(hurto de poco valor)* мелкая кража 2) *(vileza)* низость, подлость

ratero *m* вор-карманник

raticida *m* крысиный яд

ratificación *f* ратификация, подтверждение

ratificar *vt* ратифицировать, подтверждать

ratio *m* коэффициент, соотношение

rato *m* время, промежуток времени ◆ **a ~s** временами, порой **al poco** ~ через некоторое время **pasar el** ~ проводить время

ratón *m* 1) мышь 2) *(para el ordenador)* мышка

ratonera *f* 1) мышеловка, ловушка 2) *(madriguera)* мышиная нора

ratonero *adj* мышиный

raudal *m* 1) *(caudal de agua)* бурный поток 2) *(abundancia de cosas)* лавина, поток ~ *de lágrimas* море слёз ◆ **a ~es** обильно, в большом количестве

raudo *adj* быстрый, стремительный

ravioles *mpl Arg. Ur.* равиоли

raya[1] *f* 1) черта, линия, полоса 2) *(del pelo)* пробор 3) *(de los pantalones)* стрелка 4) *(de los ojos)* стрелка 5) *(guión)* тире 6) *jerg* дорожка (кокаина) ◆ **a ~s, de ~s** в полоску, полосатый **pasarse de la** ~ выйти за рамки, переборщить

raya[2] *f zool* скат

rayado *adj* 1) полосатый, в полоску 2) *(un papel)* линованный

rayano *adj* 1) *(que linda con algo)* смежный 2) **(en u/c)** *(cercano)* близкий (к чему-л), доходящий (до чего-л)

rayar 1. *vt* 1) *(trazar una línea)* проводить линию 2) *(arañar)* царапать 3) *(tachar)* зачёркивать, подчёркивать **2.** *vi* **(con u/c)** граничить (с чем-л), быть на грани (чего-л)

rayo *m* 1) *(de luz)* луч 2) *(descarga eléctrica)* молния ◆ **~s X** рентгеновские лучи

rayón *m textl* искусственный шёлк

rayuela *f jueg* классики *jugar a la* ~ играть в классики

raza *f* 1) *(referido a las personas)* раса 2) *(referido a los animales)* порода *de raza* породистый

razón *f* 1) *(raciocinio)* разум, рассудок 2) *(argumento)* довод, аргумент 3) *(causa)*

причина, повод *por esa* ~ поэтому, по этой причине 4) *(opinión correcta)* правота, правильность *tener (la) razón* быть правым 5) *(proporción)* соотношение, пропорция ◆ **dar la ~ a alg** признавать, что кто-то прав **perder la ~** потерять рассудок, сойти с ума **por ~ de** в связи с чем-л ~ **social** *com* торговая фирма
razonable *adj* 1) разумный, рассудительный, благоразумный 2) *(moderado)* умеренный
razonado *adj* обоснованный
razonamiento *m* размышление, рассуждение
razonar 1. *vt* обосновывать, аргументировать **2.** *vi* рассуждать, размышлять
razudo *adj hip* породистый
re *m mús* ре
rea *f* преступница, осуждённая
reabastecer *vt* пополнять
reabastecerse *vpron* пополнять, подзаправляться
reabrir *vt* открывать снова
reabsorber *vt* снова всасывать
reabsorberse *vpron* рассасываться
reabsorción *f* рассасывание, реабсорбция
reacción *f* 1) реакция 2) *pol* реакционеры ◆ **motor de ~** реактивный двигатель
reaccionar *vi* **(a u/c)** реагировать (на что-л)
reaccionari|o 1. *adj pol* реакционный **2. , -a** *m/f pol* реакционер, -ка
reacio *adj* **(a u/c)** непокорный (на что-л), строптивый *ser ~ a u.c.* быть не склонен, сопротивляться
reactivación *f* реактивация
reactivar *vt* активировать снова, активизировать снова
reactividad *f* реактивность
reactivo 1. *adj* реактивный **2.** *m quím* реактив, реагент
reactor *m* реактор
readmisión *f* принятие вновь, восстановление
readmitir *vt* снова принимать, снова допускать, восстанавливать
reafirmar *vt* 1) вновь подтверждать 2) *(reforzar)* подкреплять
reagrupación *f* перегруппировка ◆ ~ **familiar** *jur* воссоединение семьи
reagrupar *vt* перегруппировывать
reajustar *vt* 1) переделывать, переиначивать 2) *econ* пересматривать
reajuste *m* 1) исправление, реорганизация 2) *econ* пересмотр ~ *salarial* индексация зарплаты
real[1] *adj* действительный, настоящий, реальный
real[2] **1.** *adj (relativo al rey)* королевский **2.** *m (moneda)* реал ◆ **no valer ni un ~** *coloq* не стоить ни гроша
realce *m* 1) *(adorno)* рельеф *poner de ~* выделять, подчёркивать 2) *(lustre)* яркость, блеск
realeza *f* 1) *(soberanía real)* королевская власть 2) *(familia real)* королевская семья
realidad *f* действительность, реальность ◆ **en ~** на самом деле **hacerse ~** воплощаться в действительность
realismo *m* реализм
realista 1. *adj* реалистический, реалистичный **2.** *m/f* реалист
realizable *adj* осуществимый, выполнимый
realización *f* реализация, осуществление, выполнение
realizador *m/f cine* режиссёр, продюссер
realizar *vt* осуществлять, реализовать, выполнять, совершать
realizarse *vpron* 1) осуществляться, совершаться, воплощаться в жизни 2) *(cumplir una aspiración)* реализовываться, состояться
realmente *adv* на самом деле, действительно, реально
realojar *vt* переселять, размещать
realojo *n* размещение, вселение
realquilar *vt* 1) *(alquilar a otra persona)* пересдавать 2) *(tomar en alquiler piso del arrendatario)* сдавать в субаренду
realzar *vt* выделять, подчёркивать
reanimación *f* 1) реанимация, оживление 2) *med* реанимация
reanimar *vt* 1) *(confortar)* восстанавливать силы, придавать бодрости 2) *(hacer recobrar el conocimiento)* приводить в чувство, реанимировать 3) *(infundir ánimo)* оживлять, воодушевлять
reanimarse *vpron* 1) *(confortarse)* восстанавливать силы, приободряться 2) *(hacer recobrar el conocimiento)* приходить в чувство 3) *(recobrar ánimo)* оживать, оживляться
reanudación *f* возобновление, продолжение
reanudar *vt* возобновлять, продолжать
reaparecer *vi* снова появляться
reaparición *f* новое появление
reapertura *f* повторное открытие, новое открытие
rearmar *vt* перевооружать
rearme *m* перевооружение
reasegurador *m* перестраховщик
reasegurar *vt* перестраховывать
reaseguro *m* перестрахование
reasentamiento *m* переселение
reasentar *vt* переселять
reasentarse *vpron* переселяться
reasumir *vt* вновь принимать
reata *f* 1) верёвка, бечёвка 2) *(hilera de caballerías atadas)* упряжка ◆ **de ~** в ряд **burro de ~** человек, который со всем соглашается
reavivar *vt* оживлять, возрождать
rebaja 1. *f* 1) понижение, снижение 2) *(descuento)* скидка, уступка **2. -s** *fpl* распродажа
rebajar *vt* 1) снижать, понижать 2) *(humillar)* унижать 3) *(disminuir el precio)* скидывать (цену)
rebajarse *vpron* унижаться
rebanada *f* ломоть
rebanar *vt* резать на куски
rebañar *vt* подбирать, собирать
rebaño *m* 1) стадо 2) *relig* паства
rebasar *vt* 1) *(un límite)* превышать 2) *(dejar atrás)* миновать, оставлять позади
rebatible *adj* оспоримый, опровержимый
rebatir *vt* опровергать, оспаривать
rebato *m* набат, тревога *tocar a ~* бить в набат
rebeca *f* куртка, кофта
rebeco *m* серна
rebelarse *vpron* 1) *(sublevarse)* восставать, подниматься, поднимать метеж, бунтовать

2) *(estar en contra)* сопротивляться, не подчиняться

rebelde 1. *adj* 1) мятежный, бунтующий 2) *(de carácter)* непокорный **2.** *m/f* мятежни|к, -ца, повстанец

rebeldía *f* 1) *(cualidad de rebelde)* непокорность, непослушание 2) *(acción del rebelde)* мятеж, восстание, бунт

rebelión *f* восстание, мятеж, бунт

rebenque *m* 1) плётка, хлыст 2) *Am. Mer. (látigo corto)* нагайка

reblandecer *vt* размягчать, смягчать

reblandecerse *vpron* размягчаться, смягчаться

rebobinar *vt* перематывать

reborde *m* выступ

rebosadero *m* водослив

rebosar *vi* 1) *(derrarmarse)* переливаться 2) **(de u/c)** *(abundar)* изобиловать (чем-л), быть полным (чего-л) 3) **(de u/c)** *(estar invadido por un sentimiento)* быть переполненным (чем-л)

rebotar 1. *vi* 1) отскакивать 2) *(dicho de un correo electrónico)* отправляться обратно **2.** *vt (un correo electrónico)* пересылать

rebotarse *vpron* раздражаться, выходить из себя

rebote *m* отдача, отскок ◆ **de** ~ в результате, косвенным образом

rebozar *vt* панировать, жарить в сухарях

rebozarse *vpron* обмазываться

rebozo *m* 1) *(modo de llevar la capa)* прикрывание лица плащом 2) *(mantilla)* мантилья 3) *(simulación)* притворство

rebrote *m* новый росток

rebufo *m* дульная волна

rebullirse *vpron* зашевелиться, задвигаться

rebusca *f* 1) розыск, поиски 2) *(desecho)* отбросы, дрянь

rebuscado *adj* сложный, вычурный

rebuscar *vt* разыскивать, выискивать

rebuznar *vi* реветь (об осле)

rebuzno *m* рёв осла

recadero *m* курьер, посыльный

recado *m* 1) *(mensaje)* сообщение, извещение *dar un ~ a alg* передавать что-л кому-л 2) *(encargo)* поручение, дело

recaer *vi* 1) **(en u/c)** возвращаться к старому 2) *med* вновь заболевать 3) **(en alg)** *(dicho de una responsabilidad o deber)* доставаться (кому-л), выпадать (кому-л), касаться (кого-л)

recaída *f* обострение (болезни), рецидив

recalar 1. *vt (dicho de un líquido)* пропитывать **2.** *vi* 1) *(dicho de una persona)* появляться 2) *nav* подходить к берегу

recalcar *vt* подчёркивать, делать акцент (на что-л)

recalcitrante *adj* строптивый, упорствующий

recalcular *vt* пересчитывать

recalentamiento *m* 1) повторное нагревание 2) *(calentamiento excesivo)* перегрев 3) *(excitación de la pasión)* разгорание страстей

recalentar *vt* подогревать, разогревать, повторно нагревать

recamado *m* вышивка гладью

recamar *vt* вышивать гладью

recámara *f* 1) *(en un arma de fuego)* патронник 2) *(cuarto auxiliar)* подсобное помещение 3) *Méx. Col. Pan.* спальня

recamarera *f Méx.* горничная

recambiar *vt* заменять

recambio *m* 1) *(acción)* смена, замена 2) *(pieza)* запасная часть ◆ **de** ~ запасной

recapacitar *vt* обдумывать, взвешивать, собираться с мыслями

recapar *vt Arg.* заменять покрытие

recapitulación *f* 1) *(acción)* подведение итогов, суммирование 2) *(efecto)* выводы, резюме

recapitular *vt* подводить итоги, резюмировать, суммировать

recarga *f* перезаряжание, подзарядка

recargable *adj* с подзарядкой, заряжаемый

recargar *vt* 1) *(volver a cargar)* вновь нагружать, догружать 2) *(un aparato electrónico)* подзаряжать 3) **(de u/c)** *(adornar con exceso)* перенасыщать (чем-л)

recargarse *vpron (dicho de un aparato electrónico)* перезаряжаться, заряжаться

recargo *m* 1) догрузка, вторичная загрузка 2) *(multa)* пеня

recatado *adj* 1) осторожный, скрытный 2) *(dicho de una mujer)* скромный, целомудренный

recatar *vt* скрывать, таить

recatarse *vpron* осторожничать, колебаться

recato *m* 1) *(cautela)* осторожность, скрытность 2) *(modestia)* скромность, целомудрие

recauchar *vt* V. recauchutar

recauchutado *m* замена резины на колесе

recauchutaje *m* V. recauchutado

recauchutar *vt* менять резину на колесе

recaudación *f* сбор

recaudador *m* сборщик налогов, налоговый агент

recaudar *vt* получать, собирать, взимать

recaudo *m* 1) сбор налогов, взимание налогов 2) *(precaución)* предосторожность ◆ **a buen** ~ надёжно

recelar *vi* **(de alg o u/c)** опасаться (кого/чего-л), бояться (кого/чего-л), подозревать

recelo *m* опасение, боязнь, подозрение

receloso *adj* недоверчивый, подозрительный

recensión *f* рецензия

recepción *f* 1) *(acción de recibir)* приём, получение 2) *(ceremonia, acto)* приём 3) *(en un hotel)* стойка приёма, ресепшн

recepcionar *vt* получать, принимать

recepcionista *m/f* служащий стоки приёма

receptáculo *m* 1) сосуд, ёмкость 2) *bot* цветоложе

receptador *m jur* укрыватель

receptivo *adj* восприимчивый, чувствительный

receptor 1. *adj* принимающий **2.** *m telec* приёмник **3. , -a** *m/f* получатель, -ница

recesión *f econ* спад, рецессия

receso *m* 1) *(separación)* отстранение, разделение 2) *(pausa)* перерыв, пауза

receta *f* рецепт

recetar *vt* прописывать лекарство

recetario *m* сборник рецептов

rechace *m sport* отскок

rechazar *vt* 1) *(forzar a retroceder)* отталкивать, отбивать 2) *(denegar)* отклонять, отказывать (кому-л в чём-л) 3) *(mostrar desprecio)* отвергать

rechazo *m* 1) *(obligación a retroceder)* отталкивание, отбрасывание 2) *(denegación)* отказ, отклонение 3) *(oposición o desprecio)* неприязнь, отторжение 4) *med* отторжение
rechifla *f* осмеяние, освистывание
rechiflar *vt* осмеивать, освистывать
rechinamiento *m* скрип, скрежет
rechinar *vi* 1) скрипеть, скрежетать 2) *(hacer de mala gana)* делать с неохотой
rechistar *vi* бормотать, бурчать, брюзжать ♦ **sin** ~ безропотно
rechoncho *m* пухлый, кругленький
rechupete *inv* : de ~ очень вкусно
recibidor 1. *adj* получающий **2.** *m* 1) *(destinatario)* получатель 2) *(antesala)* прихожая, приёмная
recibimiento *m* 1) *(recepción)* получение, приём 2) *(acogida)* приём, **(de alg)** встреча (кого-л)
recibir *vt* 1) *(una cosa)* получать 2) *(a una persona)* принимать 3) *(a alguien que viene de fuera)* встречать 4) *(aceptar, admitir)* принимать, воспринимать 5) *(un daño)* получать 6) *(referido a un sentimiento)* испытывать
recibo *m* 1) получение 2) *(documento)* расписка, квитанция
reciclable *adj* пригодный для переработки
reciclado *m* V. reciclaje
reciclaje *m* 1) вторичная переработка, утилизация 2) *(profesional)* повышение квалификации, переподготовка
reciclar *vt* 1) перерабатывать вторично, утилизировать 2) *(profesionalmente)* переквалифицировать, переподготавливать
reciclarse *vpron* переквалифицироваться
recidiva *f med* рецидив
recidivar *vi med* повторяться
reciedumbre *f* сила, твёрдость, крепость
recién *adv* недавно, только что ♦ ~ **nacido** новорождённый
reciente *adj* 1) недавний *en un pasado* ~ в недалёком прошлом; *de* ~ *creación* недавно созданный 2) *(fresco)* свежий, новый
recientemente *adv* недавно, только что
recinto *m* помещение
recio 1. *adj* 1) *(fuerte)* сильный, крепкий 2) *(grueso)* толстый, массивный *muro* ~ толстая стена 3) *(dicho del clima)* суровый 4) *(duro de genio)* тяжёлый, невыносимый **2.** *adv* сильно *llueve* ~ идёт сильный дождь ♦ **de** ~ сильно
recipiente *m* сосуд, ёмкость, резервуар, хранилище
recíprocamente *adv* обоюдно, взаимно
reciprocidad *f* 1) обоюдность, взаимность 2) *(de un acuerdo)* двусторонность
recíproco *adj* взаимный, обоюдный
recitación *f* декламация, чтение наизусть
recitado *m mús* речитатив
recital *m* 1) сольный концерт ~ *de piano* фортепианный концерт 2) *(de poesía)* поэтические чтения
recitar *vt* читать наизусть, декламировать
recitativo 1. *adj mús* речитативный **2.** *m mús* речитатив
reclamación *f* 1) *(acción de reclamar)* требование 2) *(queja)* жалоба, претензия 3) *jur* иск, протест
reclamante *m jur* истец
reclamar 1. *vt* 1) *(llamar insistentemente)* настойчиво звать 2) *(exigir)* требовать **2.** *vi* **(contra alg)** предъявлять претензии (на кого-л), предъявлять иск (кому-л)
reclamo *m* 1) *(ave usada en la caza)* подсадная птица 2) *(voz de un ave)* зов птицы 3) *(instrumento para llamar a las aves)* пищик, манок 4) *(voz de llamada)* зов, призыв 5) *(publicidad)* реклама *hacer reclamo* рекламировать 6) *(cosa que atrae)* приманка, соблазн
reclinable *adj* откидывающийся
reclinar *vt* **(en, sobre u/c)** наклонять (на что-л), прислонять (к чему-л)
reclinarse *vpron* **(en, sobre u/c)** прислоняться (к чему-л), опираться (на что-л)
reclinatorio *m* скамейка для молитвы на коленях
recluir *vt* заключать (в тюрьму)
recluirse *vpron* запираться, уединяться
reclusión *f* 1) *(acción de recluir)* заключение 2) *(lugar de reclusión)* место заключения, тюрьма
recluso *m* заключённый, осуждённый
recluta *m* новобранец, призывник, рекрут
reclutamiento *m* 1) призыв, рекрутский набор 2) *(reunión de gente)* вербовка, наём
reclutar *vt* 1) призывать, набирать (в армию) 2) *(reunir gente)* вербовать, нанимать
recobrar *vt* получать обратно, возвращать себе
recobrarse *vpron* 1) *(de salud)* приходить в себя, выздоравливать 2) *(de un daño, perjuicio)* восстанавливаться
recocer *vt* 1) *(volver a cocer)* переваривать 2) *(cocer demasiado)* вываривать
recocerse *vpron* тревожиться, беспокоиться
recodo *m* 1) изгиб, поворот 2) *(de un río)* излучина
recogedor *m* совок
recogepelotas *m sport* мальчик, подающий мячи
recoger *vt* 1) *(del suelo)* подбирать, поднимать 2) *(reunir dinero, firmas, etc.)* собирать, набирать 3) *(juntar personas)* собирать 4) *(ordenar)* убирать 5) *(ir a buscar a alguien)* встречать 6) *(la cosecha)* собирать, убирать
recogerse *vpron* уединяться, удаляться
recogida *f* сбор, собирание
recogido *adj* уединённый
recogimiento *m* 1) *(acción de recoger)* сбор, собирание 2) *(acción de recogerse)* уединение, сосредоточение
recolección *f* сбор, собирание
recolectar *vt* собирать
recomendable *adj* рекомендуемый, стоящий, достойный ♦ **es** ~ рекомендуется
recomendación *f* 1) совет, рекомендация 2) *(alabanza o elogio)* рекомендация, положительный отзыв ♦ **a** ~ **de alg** по рекомендации кого-л
recomendado, -a *m/f* протеже
recomendar *vt* советовать, рекомендовать
recomenzar *vt* начинать снова, возобновлять
recomerse *vpron* заниматься самоедством
recompensa *f* 1) *(premio)* вознаграждение 2) *(compensación)* компенсация, возмещение

recompensar *vt* 1) *(premiar)* вознаграждать, благодарить 2) *(compensar los daños)* компенсировать, возмещать
recomponer *vt* 1) *(restaurar)* восстанавливать, собирать снова 2) *(reformular)* перестраивать, вносить изменения (во что-л.)
recomposición *f* восстановление, переустройство
recompostura *f* восстановление
recompra *f* выкуп
recomprar *vt* выкупать
reconcentrar *vt* 1) *(introducir)* помещать 2) *(reunir)* собирать, соединять 3) *(hacer denso)* уплотнять, сжимать 4) *(un sentimiento)* скрывать
reconcentrarse *vpron* уходить в себя, задумываться
reconciliación *f* примирение
reconciliar *vt* примирять, мирить
reconciliarse *vpron* мириться
reconcomerse *vpron* 1) *(sentir picazón)* испытывать зуд, чесаться 2) *(recomerse)* заниматься самоедством
reconcomio *m* 1) *(por picor)* подёргивание при ощущении зуда 2) *(por una molestia moral)* беспокойство
recóndito *adj* скрытый, тайный
reconducir *vt* 1) нормализовать, разруливать 2) *jur* продлевать договор аренды
reconfirmar *vt* переподтверждать, вновь подтверждать
reconfortar *vt* придавать сил, согревать
reconoc|er *vt* 1) *(identificar)* узнавать, опознавать *lo ~í por su voz* я узнал его по голосу 2) *(examinar el estado de salud)* осматривать, обследовать 3) *(registrar)* осматривать, досматривать 4) *(aceptar determinada condición)* признавать *lo ~ió como hijo* он признал его своим сыном 5) *(admitir)* признавать, сознаваться (в чём-л) 6) *mil* разведывать 7) *(mostrarse agradecido)* быть признательным (за что-л)
reconocible *adj* узнаваемый, опознаваемый
reconocido *adj* 1) *(acreditado)* признанный, авторитетный 2) *(agradecido)* признательный, благодарный
reconocimiento *m* 1) *(identificación)* узнавание, распознавание 2) *(médico)* осмотр, обследование 3) *(registro)* досмотр 4) *(de un hecho, de un derecho, etc.)* признание 5) *(de un error, de la culpa, etc.)* признание, сознание 6) *mil* разведка 7) *(gratitud)* признательность, благодарность
reconquista *f* обратное завоевание, отвоевание
reconquistar *vt* вновь завоёвывать, отвоёвывать, возвращать
reconsiderar *vt* пересматривать
reconstitución *f* восстановление, воссоздание
reconstituir *vt* восстанавливать, воссоздавать
reconstituyente *adj med* восстанавливающий, укрепляющий
reconstrucción *f* восстановление, реконструкция, перестройка
reconstruir *vt* восстанавливать, перестраивать, реконструировать
recontar *vt* пересчитывать, производить перерасчёт
reconvención *f* 1) упрёк, выговор 2) *jur* встречный иск
reconvenir *vt* 1) упрекать, выговаривать 2) *jur* подавать встречный иск
reconversión *f* перестройка, реорганизация
reconvertir *vt* перестраивать, проводить реорганизацию
recopilación *f* собрание, свод, сборник
recopilar *vt* собирать, составлять сборник
récord *m* рекорд
recordable *adj* памятный, запоминающийся
recordación *f* 1) *(acción de recordar)* запоминание 2) *(memoria)* воспоминание
recordar *vt* 1) помнить, вспоминать 2) *(memorizar)* запоминать 3) **(a alg u/c)** *(hacer presente)* напоминать (кому-л о чем-л)
recordatorio *m* напоминание
recorrer *vt* проходить, проезжать, обходить, объезжать ♦ ~ **con la mirada** пробежать глазами
recorrido *m* 1) *(espacio recorrido)* расстояние, дистанция 2) *(ruta)* путь, маршрут
recortable **1.** *adj* вырезаемый **2.** *m* бумажная модель
recortar *vt* 1) обрезать, срезать 2) *(papel)* вырезать 3) *(recursos)* урезывать, урезать, сокращать
recortarse *vpron* вырисовываться
recortasetos *m* секатор
recorte *m* 1) вырезка 2) *(de recursos)* урезка, сокращение
recoser *vt* 1) перешивать 2) *(zurcir)* штопать, зашивать
recostar *vt* 1) *(inclinar)* наклонять, нагибать 2) *(inclinar sobre otra cosa)* прислонять
recostarse *vpron* прислоняться, опираться
recoveco *m* 1) поворот, изгиб 2) *(sitio escondido)* уголок, закоулок 3) *(rodeo simulado)* уловка, хитрость
recreación *f* 1) перерыв, перемена 2) *(diversión)* развлечение
recrear *vt* 1) воссоздавать 2) *(divertir)* развлекать, забавлять
recrearse *vpron* развлекаться
recreativo *adj* развлекательный
recreo *m* 1) развлечение, отдых 2) *(en la escuela)* перерыв, перемена
recría *f* выхаживание
recriar *vt* выхаживать
recriminación *f* порицание, осуждение
recriminar *vt* порицать, осуждать
recrudecer *vi* усиливаться, обостряться
recrudecerse *vpron* V. recrudecer
recrudecimiento *m* усиление, обострение
recta *f* прямая линия
rectangular *adj* прямоугольный
rectángulo *m* прямоугольник
rectificación *f* исправление, поправка
rectificador **1.** *adj* выпрямляющий **2.** *m electr* выпрямитель
rectificadora *f tecn* шлифовальный станок
rectificar *vt* исправлять, поправлять
rectilíneo *adj* прямолинейный
rectitud *f* 1) прямота, прямизна 2) *(moral)* честность, правильность
recto **1.** *adj* 1) прямой 2) *(correcto)* правильный 3) *(literal)* прямой, буквальный **2.** *m anat* прямая кишка

rector *m* ректор
rectorado *m* ректорат
rectoría *f* 1) *(empleo del rector)* ректорство 2) *(dependencias del rector)* ректорат
recua *f* 1) караван 2) *coloq (fila)* вереница, цепь
recuadro *f* рамка, квадрат, клетка
recubrimiento *m* покрытие
recubrir *vt* покрывать
recuento *m* подсчёт, пересчёт
recuerdo *m* 1) воспоминание 2) *(objeto)* сувенир ◆ **dar ~s a alg** передавать привет кому-л
reculada *f coloq* отступление, отход
recular *vi* 1) подаваться назад 2) *coloq* отступать, отходить
recuperación *f* 1) получение обратно, возвращение 2) *econ* восстановление 3) *(de la salud)* восстановление, выздоровление 4) *(de un examen)* пересдача
recuperar *vt* 1) *(volver a tener lo que se tenía)* получать обратно, возвращать себе 2) *(volver a poner en servicio)* восстанавливать 3) *(el trabajo aplazado)* отрабатывать 4) *(una asignatura)* пересдавать
recuperarse *vpron* 1) приходить в себя, выздоравливать 2) *(volver a la normalidad)* восстанавливаться
recurrir *vi* 1) **(a alg o u/c)** прибегать (к кому/чему-л), обращаться (к кому/чему-л) 2) *(una resolución)* обжаловать, опротестовывать
recurso *m* 1) средство, ресурс 2) *jur* апелляция, обжалование
recusación *f* 1) непринятие, отказ 2) *jur* отвод
recusar *vt* 1) отклонять, не принимать 2) *jur* отводить
red *f* сеть ~ *de pesca* рыболовная сеть; *en* ~ в сети; ~ *comercial* торговая сеть
redacción *f* 1) *(acción)* редактирование, редакция 2) *(texto)* изложение, сочинение 3) *(de un periódico)* редакция
redactar *vt* писать, сочинять, излагать
redactor *m/f* редактор
redada *f* облава
redecilla *f* 1) *(para el pelo)* сетка для волос 2) *zool (en los rumiantes)* сетка
rededor *m* окрестность, округа
redefinición *f* переопределение
redefinir *vt* переопределять
redención *f* 1) выкуп 2) *relig* искупление 3) *(remedio)* избавление, освобождение
redentor 1. *adj (que redime)* искупающий **2.** *m relig* искупитель
redescubrir *vt* вновь открывать для себя
redicho *adj* высокопарный, велеречивый
rediez *interj euf* чёрт!, чёрт побери!
redil *m* загон для скота ◆ **volver al** ~ вернуться на путь истинный **meter el lobo en el** ~ пустить козла в огород
redimible *adj* подлежащий выкупу, подлежащий освобождению
redimir *vt* 1) *(rescatar pagando un precio)* выкупать 2) *(liberar)* освобождать 3) *(una culpa)* искупать
redistribuir *vt* перераспределять
rédito *m econ* доход (с капитала), рента
redivivo *adj* оживший, воскресший
redoblante *m mús* малый барабан
redoblar 1. *vt* 1) *(doblar)* удваивать 2) *(encorvar)* загибать 3) *(repetir)* повторять, делать снова **2.** *vi mús (tocar el redoble)* выбивать дробь
redoble *m* 1) удвоение 2) *mús (de tambor)* барабанная дробь
redoma *f* 1) *(recipiente)* кувшин с узким горлышком 2) *Ven. (glorieta)* площадь, на которую выходят несколько улиц
redomado *adj* 1) *(astuto)* хитрый, лукавый *pícaro* ~ продувная бестия 2) *(empedernido)* отъявленный, прожжённый *tonto* ~ законченный дурак
redonda *f* 1) округа, окрестности 2) *(dehesa)* пастбище ◆ **a la** ~ вокруг
redondear *vt* округлять
redondel *m* круг
redondez *f* округлость
redondo *adj* 1) круглый 2) *(perfecto, completo)* идеальный, совершенный ◆ **negarse en** ~ категорически отказываться
reducción *f* уменьшение
reducible *adj* сократимый
reducido *adj* узкий, ограниченный
reducir *vt* 1) уменьшать, сокращать, снижать 2) **(a u/c)** *(convertir)* превращать (во что-л.)
reducirse *vpron* 1) ограничиваться, довольствоваться 2) *(conformarse)* смиряться с необходимостью, быть вынужденным 3) **(a u/c)** *(resultar)* сводиться (к чему-л) *el asunto se reduce a unas formalidades* всё дело сводится к формальностям
reducto *m mil* редут
reductor *m tecn* редуктор
redundancia *f* 1) избыток, излишек, избыточность 2) *(repetición)* тавтология
redundante *adj* 1) излишний, чрезмерный 2) *ling mat* избыточный
redundar *vi* 1) *(dicho de un líquido)* переливаться через край, переполняться 2) **(en u/c)** *(dicho de una cosa)* приводить (к чему-л) ~ *en beneficio* идти на пользу
reduplicación *f* 1) удвоение, удваивание 2) *ling* редупликация
reduplicar *vt* 1) удваивать 2) *(repetir)* повторять
reedición *f* переиздание
reedificación *f* перестройка, реконструкция
reedificar *vt* перестраивать, реконструировать
reeditar *vt* переиздавать
reeducación *f* перевоспитание
reeducar *vt* переучивать, перевоспитывать
reelección *f* переизбрание
reelegir *vt* переизбирать
reembolsar *vt* возмещать, возвращать
re(e)mbolsar *vt* возмещать
reembolso *m* возмещение расходов
reemplazar *vt* 1) заменять 2) *(a una persona)* замещать
reemplazo *m* 1) замена, смена 2) *mil* пополнение
reemprender *vt* возобновлять, вновь предпринимать
reencarnación *f* перевоплощение ~ *del alma* переселение душ

reencarnarse *vpron* перевоплощаться
reencauchar *vt* V. recauchutar
reencontrarse *vpron* снова встречаться
reencuentro *m* новая встреча
reengancharse *vpron* оставаться на сверхсрочную службу
reenviar *vt* пересылать ~ *un mensaje* пересылать сообщение
reestrenar *vt* снова ставить (фильм, пьесу)
reestreno *m* возобновление постановки (фильма, пьесы)
reestructurar *vt* преобразовывать, реструктурировать
reevaluar *vt* 1) снова оценивать, переоценивать 2) *fin* ревальвировать
reexaminar *vt* 1) пересматривать, вновь рассматривать 2) *(en los estudios)* переэкзаменовывать, экзаменовать вторично
reexpedición *f* пересылка
reexpedir *vt* пересылать
reexportar *vt econ* реэкспортировать
refacción *f* 1) *(alimento)* закуска, перекус 2) *(reparación)* ремонт, починка 3) *(restitución)* компенсация, возмещение убытков
refaccionar *vt Am.* реставрировать, ремонтировать
refección *f* 1) *(alimento)* закуска, перекус 2) *(reparación)* ремонт, починка
refectorio *m* трапезная, столовая
referencia *f* 1) ссылка 2) *(informe)* отзыв, рекомендация, характеристика ◆ **con ~ a u.c.** относительно чего-л., что касается чего-л. **punto de ~** точка отчёта, ориентир
referéndum *m pol* референдум
referente 1. *adj* **(a alg o u/c)** относящийся (к кому/чему-л), касающийся (кого/чего-л) **2.** *m* образец
réferi, referí *m Am.* арбитр, рефери
referir *vt* 1) излагать, сообщать 2) *(poner en relación)* связывать (с кем/чем-л), относить (к кому/чему- л)
referirse *vpron* 1) **(a alg o u/c)** *(tener relación)* иметь отношение (к кому/чему-л), касаться (кого/чего- л), относиться (к кому/чему-л) 2) *(querer decir)* иметь в виду (кого/что-л.) 3) **(a alg o u/c)** *(remitirse)* ссылаться (на кого/что-л)
refilón *m* : de ~ искоса, вкось
refinación *f* 1) рафинирование, очищение 2) *(delicadeza)* утончённость, изысканность
refinado 1. *adj* 1) рафинированный, очищенный 2) *(delicado)* утончённый, изысканный **2.** *m* рафинирование, очистка
refinamiento *m* 1) тщательность, аккуратность 2) *(crueldad)* утончённая жестокость
refinanciar *vt econ* рефинансировать
refinar *vt* 1) очищать, рафинировать 2) *(perfeccionar)* отделывать, шлифовать, совершенствовать
refinería *f* очистительный (рафинировочный) завод
reflectante 1. *adj* отражающий, светоотражающий **2.** *m* светоотражатель
reflector *m* рефлектор
reflejar *vt* отражать
reflejarse *vpron* отражаться
reflejo 1. *adj* 1) отражённый 2) *(involuntario)* рефлективный **2.** *m* 1) отражение 2) *(reacción)* рефлекс
reflexión *f* 1) размышление 2) *fís* отражение
reflexionar *vt/i* **(sobre u/c)** размышлять (над чем-л), обдумывать
reflexivo *adj* 1) рассудительный, вдумчивый 2) *ling* возвратный
reflexología *f med* рефлексология
reflotar *vt* 1) *(una nave)* поднимать со дна моря 2) *(dar nuevo impulso)* возрождать, восстанавливать
refluir *vi* 1) *(dicho de un líquido)* отхлынуть, отступить 2) **(en u/c)** *(redundar)* приводить (к чему-л)
reflujo *m* 1) отлив 2) *med* рефлюкс
refocilarse *vpron* потешаться, забавляться
reforestación *f* лесовосстановление
reforestar *vt* сажать лес
reforma 1. *f* реформа, преобразование **2. -s** *fpl* ремонт
reformación *f* реформирование, преобразование
reformador 1. *adj* 1) *(que reforma)* реформирующий, преобразующий 2) *(relativo a la reforma)* реформаторский **2.** *m* реформатор
reformar *vt* 1) переделывать, преобразовывать, реформировать, перестраивать 2) *(hacer obras)* ремонтировать, делать ремонт 3) *(la conducta)* исправлять 4) *jur (una ley, etc.)* изменять, вносить поправки (во что-л.)
reformarse *vpron* 1) преобразовываться, реформироваться 2) *(en la conducta)* исправляться, остепеняться
reformatear *vt informát* реформатировать
reformatorio *m* исправительная колония
reformismo *m pol* реформизм
reformista 1. *adj pol* реформистский **2.** *m/f pol* реформист
reforzamiento *m* укрепление, упрочнение
reforzar *vt* укреплять, усиливать
refracción *f fís* преломление, рефракция
refractar *vt fís* преломлять
refractario *adj* 1) *(que rehúsa cumplir una obligación)* противящийся 2) *(terco)* упрямый, строптивый 3) *(dicho de un material)* огнестойкий, огнеупорный
refractor *m astron* рефрактор, телескоп
refrán *m* пословица, поговорка
refranero *m* сборник пословиц и поговорок
refrenar *vt* 1) *(un caballo)* взнуздать 2) *(una pasión)* обуздать, умерить
refrendar *vt* 1) *(un documento)* заверять, удостоверять ~ *con su firma* скрепить своей подписью 2) *coloq (volver a hacer)* снова делать
refrendo *m* подтверждение, заверение, удостоверение
refrescante *adj* освежающий, прохладительный
refrescar 1. *vt* 1) освежать, охлаждать 2) *(evocar)* освежать в памяти, припоминать **2.** *vi (dicho del tiempo)* свежеть, холодать
refrescarse *vpron* освежаться
refresco *m* прохладительный напиток
refresquería *f Méx. Ec. El Salv.* ларёк с прохладительными напитками

refriega *f* 1) *(combate)* стычка, столкновение 2) *(riña)* ссора, перебранка
refrigeración *f* охлаждение
refrigerador 1. *adj* холодильный, рефрижераторный **2.** *m* холодильник
refrigerante 1. *adj* охлаждающий **2.** *m* охладитель
refrigerar *vt* охлаждать
refrigerio *m* 1) *(alimento)* закуска, перекус 2) *(alivio)* прохлада, облегчение
refrito 1. *adj* пережаренный **2.** *m* 1) софрито (соус с овощами) 2) *(refundición)* переработка, переделка
refuerzo *m* 1) укрепление, усиление 2) *mil* подкрепление, помощь, поддержка 3) *(soporte)* подпорка
refugiad|o, -a *m/f* беженец, -ка ◆ **campo de ~os** лагерь беженцев **~o político** политический беженец
refugiarse *vpron* прятаться, укрываться, находить убежище
refugio *m* 1) убежище, укрытие ~ *antiaéreo* бомбоубежище 2) *(para los pobres)* приют 3) *(de montaña)* база
refulgencia *f* блеск
refulgente *adj* блестящий
refulgir *vi* блестеть, сиять
refundición *f* 1) переплавка 2) *(obra refundida)* переработка
refundir *vt* 1) *(un metal)* переплавить 2) *(una obra de ingenio)* переделывать, перерабатывать 3) *Am. Cent. (perder)* терять
refunfuñar *vi* ворчать
refunfuñ|ón 1. *adj* ворчливый, сварливый **2.** , **-ona** *m/f* брюзга, ворчун, -ья
refutable *adj* опровержимый
refutación *f* 1) опровержение, возражение 2) *(argumento en contra)* довод против
refutar *vt* опровергать, отвергать
regadera *f* лейка
regadío 1. *m* орошение *agricultura de regadío* орошаемое (поливное) земледелие **2.** *adj* орошаемый, поливной
regalado *adj* 1) *(suave)* мягкий, нежный 2) *(deleitoso)* приятный 3) *(barato)* дешёвый, грошовый
regalar[1] *vt* дарить, одарять (кого-л чем-л)
regalar[2] *vt (derretir)* расплавлять, растапливать
regalarse *vpron* забавляться, жить в своё удовольствие
regalía *f* 1) королевская привилегия 2) *(privilegio)* привилегия 3) *(bonificación)* премиальные 4) *econ (royalty)* роялти
regaliz *m* лакричник, солодка
regalo *m* 1) подарок, дар *de regalo* в подарок; *para regalo* подарочный 2) *(complacencia)* удовольствие, наслаждение
regalón *adj* избалованный, изнеженный
regañadientes *inv* : а ~ с неохотой, скрепя сердце
regañar *vt* ругать, порицать
regañina *f* выговор, ворчание, брань
regaño *m* 1) *(acción de regañar)* ворчание, брюзжание 2) *coloq (regañina)* выговор
regañ|ón 1. *adj* ворчливый, сварливый **2.** , **-ona** *m/f* брюзга, ворчун, -ья
regante 1. *adj* орошающий, служащий для полива **2.** *m* водопользователь
regar *vt* 1) поливать, орошать 2) *(dicho de un río)* протекать (через что-л), пересекать
regata[1] *f sport* регата
regata[2] *f* борозда, канавка
regate *m* 1) быстрое движение, увёртка 2) *sport* финт, дриблинг
regatear *vt* 1) торговаться 2) *(escamotear)* торговаться 3) *sport* обводить
regateo *m coloq* торг
regatista *m sport* яхтсмен, участник регаты
regazo *m* 1) *(cavidad)* подобранный подол 2) *(parte del cuerpo)* колени 3) *(cosa que da amparo)* лоно, убежище
regencia *f* 1) управление, руководство 2) *(gobierno del regente)* регентство
regeneración *f* возрождение, восстановление, обновление
regenerar *vt* возрождать, восстанавливать, обновлять
regenta *f* 1) регентша 2) *(profesora)* преподавательница
regentar *vt* управлять (чем-л), руководить (чем-л)
regente 1. *adj* управляющий **2.** *m* 1) управляющий 2) *(gobernante)* регент
reggae *m mús* регги
regicida *m/f* цареубийца
regicidio *m* цареубийство
regidor, -a *m/f* 1) муниципальный депутат 2) *TV* режиссёр
régimen *m* 1) *(político)* режим, строй 2) *(conjunto de normas)* режим 3) *tecn* режим 4) *ling* управление ◆ **hacer** ~ сидеть на диете **ponerse a** ~ сесть на диету
regimiento *m mil* полк
regio *adj* 1) *(real)* королевский 2) *(suntuoso)* великолепный, пышный, царский 3) *Arg. Ur. (bonito)* красивый
región *f* 1) область, край, регион, зона 2) *(del cuerpo)* участок ◆ ~ **militar** военный округ
regional *adj* областной, региональный
regionalismo *m* регионализм
regir 1. *vt* управлять (чем-л), руководить (чем-л) **2.** *vi* 1) *(estar vigente)* действовать 2) *(estar mentalmente sano)* быть в своём уме, мыслить здраво
regirse *vpron* **(por u/c)** *(guiarse)* руководствоваться (чем-л)
registrador 1. *adj* регистрирующий, осматривающий **2.** *m* инспектор, регистратор
registrar *vt* 1) регистрировать, записывать 2) *(dar de alta)* регистрировать, ставить на учёт 3) *(inspeccionar)* обыскивать, проводить досмотр 4) *(fijar, notar)* фиксировать, регистрировать, отмечать
registrarse *vpron* регистрироваться, вставать на учёт
registro *m* 1) *(acción)* регистрация, запись 2) *(listado)* регистр, реестр, учёт 3) *(en una institución)* регистратура 4) *(inspección)* обыск, осмотр 5) *ling* стиль 6) *mús* регистр ◆ ~ **civil** запись актов гражданского состояния
regla *f* 1) линейка 2) *(norma)* правило 3) *(en las ciencias o artes)* правило, закон 4) *(menstrua-*

ción) месячные ◆ **en ~** в порядке **por ~ general** как правило **~ de tres** *mat* тройное правило

reglaje *m* 1) *(dicho del papel)* разлиновка 2) *(dicho de un mecanismo)* настройка, регулирование

reglamentación *f* 1) регламентация, упорядочение 2) *(conjunto de reglas)* регламент, свод правил

reglamentar *vt* регламентировать, регулировать

reglamentario *adj* 1) регламентный 2) *(exigido por reglamento)* уставный, установленный, регламентный

reglamento *m* устав, правила, регламент

regocijar *vt* радовать, веселить, забавлять

regocijarse *vpron* радоваться, веселиться, забавляться

regocijo *m* веселье, радость, ликование

regodearse *vpron* 1) *coloq (deleitarse)* наслаждаться, получать удовольствие 2) *coloq (alegrarse de la desgracia de otro)* злорадствовать

regodeo *m* 1) *coloq* наслаждение, удовольствие 2) *coloq (fiesta)* праздник, веселье

regoldar *vi* рыгать

regordete *adj coloq* пухлый, толстенький

regresar *vi* возвращаться, приходить обратно

regresión *f* регрессия

regresivo *adj* обратный, регрессивный

regreso *m* возвращение

regüeldo *m* отрыжка

reguera *f* оросительный канал

reguero *m* 1) канавка 2) *(reguera)* оросительный канал 3) *(chorreadura)* подтёк ◆ **ser un ~ de pólvora** быстро распространяться

regulable *adj* регулируемый

regulación *f* урегулирование

regulador 1. *adj* регулирующий **2.** *m tecn* регулятор

regular[1] **1.** *adj* 1) *(ajustado a la regla)* правильный, регулярный 2) *(uniforme)* равномерный, ровный 3) *(mediocre)* средний, посредственный **2.** *adv* средне, так себе ◆ **por lo ~** обычно, как правило

regular[2] *vt* регулировать, упорядочивать

regularidad *f* регулярность, равномерность

regularización *f* 1) регулирование, упорядочение 2) *jur* легализация статуса

regularizar *vt* V. regular

regularmente *adv* 1) регулярно, равномерно 2) *(habitualmente)* обычно

regusto *m* 1) привкус 2) *(recuerdo)* осадок

rehabilitación *f* 1) восстановление 2) *jur pol* реабилитация

rehabilitar *vt* 1) восстанавливать 2) *jur pol* реабилитировать

rehacer *vt* 1) *(volver a hacer)* переделывать 2) *(reparar)* восстанавливать

rehacerse *vpron* поправляться, восстанавливаться

rehén *m/f* заложни|к, -ца

rehuir *vt* избегать (кого/чего-л)

rehusar *vt* отклонять, отвергать

reimpresión *f* перепечатка

reimprimir *vt* перепечатывать

reina *f* 1) королева, царица 2) *ajedr* ферзь, королева 3) *(dicho de las abejas)* пчелиная матка

reinado *m* царствование, бытность на престоле

reinante *adj* 1) царствующий, правящий 2) *(dominante)* царящий

reinar *vi* 1) царствовать, править 2) *(dominar)* господствовать, царить

reincideincia *m jur* рецидив

reincidencia *f* 1) повторение 2) *jur* рецидив

reincidente *m* рецидивист

reincidir *vi (en un error, un delito, etc.)* повторять

reincorporación *f* повторное присоединение, повторное включение в состав

reincorporar *vt* вновь присоединять, вновь принимять в состав

reincorporarse *vpron* вновь присоединяться, возвращаться

reiniciar *vt* 1) возобновлять, начинать снова 2) *(un aparato electrónico)* перезагружать

reinicio *m* 1) возобновление деятельности 2) *(de un aparato electrónico)* перезагрузка

reino *m* 1) царство, королевство 2) *biol* мир ◆ **~ de los cielos** царство небесное

reinserción *f* 1) повтрорный ввод 2) *(social)* реабилитация преступников

reinsertar *vt* 1) повторно вводить 2) *(socialmente)* реабилитировать преступника

reintegración *f* реинтеграция, восстановление

reintegrar *vt* возмещать, компенсировать

reintegrarse *vpron* реинтегрироваться, вернуться

reintegro *m* возмещение, компенсация

reintroducción *f* повторный ввод

reintroducir *vt* повторно вводить

reinventar *vt* заново изобретать

reinvertir *vt econ* реинвестировать

reír *vt/i* смеяться ◆ **hacer ~** смешить, быть смешным **echarse a ~** рассмеяться, расхохотаться

reírse *vpron* **(de alg o u/c)** смеяться (над кем/чем-л)

reiteración *f* 1) повторение, повторяемость 2) *jur* рецидив

reiterar *vt* повторять, говорить снова

reivindicación *f* требование, притязание

reivindicar *vt* 1) требовать 2) *jur* предъявлять предъявить права (на что-л), претендовать (на что-л)

reja *f* решётка ◆ **entre ~s** за решёткой

rejilla *f* 1) мелкая решётка 2) *(abertura)* зарешеченное окошко 3) *(de un asiento)* плетёное сиденье, плетёная спинка

rejón *m* 1) заострённая железная палка 2) *(puñal)* кинжал 3) *taur* копьё рехонеадора

rejoneador *m taur* рехонеадор

rejonear *vt taur* колоть быка копьём

rejuvenecer 1. *vt* омолаживать, молодить **2.** *vi* молодеть, омолаживаться

rejuvenecerse *vpron* молодеть, омолаживаться

rejuvenecimiento *m* омоложение

relaci|ón *f* 1) *(exposición)* рассказ, повествование 2) *(conexión)* связь, отношение, взаимосвязь 3) *(conexión entre personas)* связи, отношения 4) *(lista)* список ◆ **en ~ón a u.c., con ~ón a u.c.** в связи с чем-л, относительно чего-л **~ones públicas** связи с общественностью, пиар

relacionado *adj* связанный, соединённый

relacional *adj* связывающий, относящий

relacionar *vt* **(con u/c)** связывать (с чем-л), устанавливать связь (с чем-л)

relacionarse *vpron* 1) **(con alg o u/c)** иметь отношение (с кем/чем-л) 2) **(con alg)** общаться (с кем-л)

relajación *f* расслабление, релаксация

relajar *vt* 1) рассслаблять, ослаблять 2) *(el ánimo)* расслаблять, расковывать 3) *(la disciplina)* смягчать, расшатывать 4) *(un castigo)* смягчать

relajarse *vpron* расслабляться

relajo *m* 1) беспорядок, суматоха 2) *(laxitud en el cumplimiento de las normas)* расхлябанность, расшатанность

relamerse *vpron* 1) облизываться 2) *(jactarse)* хвастаться, бахвалиться

relámpago *m* молния ◆ **guerra** ~ молниеносная война **visita** ~ краткосрочный визит

relampaguea|r *vi* 1) *(dicho del relámpago)* сверкать 2) *(dicho de los ojos)* сверкать, блестеть

relanzamiento *m* возобновление, повторное распространение

relanzar *vt* 1) возобновлять, повторно распространять 2) *(repeler)* отражать, отбивать

relatar *vt* рассказывать, излагать, повествовать (о чём-л)

relativamente *adv* относительно

relatividad *f* относительность

relativismo *m filos* релятивизм

relativista **1.** *adj filos* релятивистский **2.** *m/f filos* релятивист, -ка

relativizar *vt* преуменьшать значение в результате сравнения

relativo **1.** *adj* 1) **(a alg o u/c)** касающийся (кого/чего-л), относящийся (к кому/чему-л), связанный (с кем/чем-л) 2) *(no absoluto)* относительный **2.** *m ling* относительное местоимение

relato *m* 1) *(acción)* рассказ, повествование 2) *(pieza literaria)* рассказ, повесть

relax *m* расслабление, релаксация

relé *m electr* реле

releche *f vulg* класс, блеск

releer *vt* перечитывать

relegar *vt* 1) *(echar)* изгонять, выгонять 2) *(apartar)* перемещать, отодвигать

relente *m* 1) ночная роса 2) *coloq (frescura)* наглость, развязность

relevación *f* 1) *(de una carga u obligación)* освобождение, отстранение 2) *(exención)* изъятие

relevador *m electr* реле

relevamiento *m Arg.* доклад, отчёт

relevancia *f* значимость, важность

relevante *adj* 1) *(significativo)* важный, значимый 2) *(destacado)* видный, выдающийся

relevar *vt* 1) *(poner de relieve)* выделять 2) *(de un cargo u obligación)* освобождать, отстранять 3) *(excusar)* освобождать, избавлять 4) *(sustituir)* сменять

relevista *m/f sport* участни|к, -ца эстафеты

relevo *m* 1) *(de un cargo u obligación)* освобождение, снятие 2) *(en un turno)* смена 3) *sport* эстафета *carrera de relevos* эстафетный бег

relicario *m relig* реликварий

relieve *m* 1) рельеф 2) *(importancia)* значимость ◆ **poner de** ~ подчёркивать

religión *f* религия

religiosa *f relig* монахиня

religiosidad *f* религиозность

religioso **1.** *adj* 1) *(relativo a la religión)* религиозный 2) *(creyente)* религиозный, верующий, набожный **2.** *m* монах

relinchar *vi* ржать (о лошади)

relincho *m* ржание

reliquia *f* 1) реликвия, святыня 2) *relig* мощи

rellamada *f* повторный набор номера, перезвон

rellano *m* 1) лестничная площадка 2) *(llano)* плато, горная равнина

rellena *f* V. relleno

rellenar *vt* 1) наполнять 2) *(un alimento)* начинять, фаршировать 3) *(un formulario)* заполнять

relleno **1.** *adj* 1) наполненный 2) *(dicho de un alimento)* фаршированный **2.** *m* 1) *(acción de rellenar)* наполнение 2) *(material)* наполнение 3) *(de un alimento)* начинка, фарш

reloj *m* часы ◆ **como un** ~ как часы **hacer u.c. contra** ~ делать что-л. срочно ~ **de arena** песочные часы ~ **de pared** настенные часы ~ **de pulsera** наручные часы ~ **de sol** солнечные часы

relojería *f* 1) *(taller)* часовая мастерская 2) *(tienda)* часовой магазин

relojero *m* часовщик

reluciente *adj* блестящий, сверкающий

reluc|ir *vi* блестеть, сверкать ◆ **no es oro todo lo que ~e** не всё то золото, что блестит **sacar los trapos a ~ir** вынести сор из избы

reluctante *adj* упорный, настойчивый

relumbrar *vi* сиять, сверкать

relumbrón *m* 1) вспышка, отблеск 2) *(cosa deslumbrante de escaso valor)* мишура

remachar *vt* 1) *(un clavo)* заклёпывать, расплющивать 2) *(lo dicho)* подкреплять, подтверждать

remache *m* 1) *(acción)* забивание, заклёпка 2) *(roblón)* заклёпка

remador *m* гребец

remake *m cine* ремейк

remallar *vt* чинить сеть

remanente **1.** *adj* остаточный **2.** *m* остаток

remangar *vt* засучить (рукав)

remangarse *vpron* 1) засучить рукава 2) *(tomar una resolución)* принять решение

remanso *m* заводь ~ *de paz* тихое место

remar *vi* грести

remarcable *adj* выдающийся, примечательный

remarcar *vt* 1) *(volver a marcar)* снова отмечать 2) *(subrayar)* особо отмечать, подчёркивать

rematadamente *adv* полностью, совершенно, абсолютно

rematado *adj* законченный, безнадёжный, неизлечимый *tonto* ~ законченный дурак

rematador *m* аукционер

rematante *m/f* аукционер, участни|к, -ца аукциона

rematar *vt* 1) *(dar fin a algo)* заканчивать, завершать 2) *(a una persona)* приканчивать, добивать 3) *(agotar)* исчерпывать 4) *(una mercancia)* распродавать по дешёвке 5) *sport* ударить по воротам 6) *(comprar en subasta)* покупать на аукционе 7) *(vender en subasta)* продавать на аукционе

remate *m* 1) окончание, завершение *dar* ~ закончить 2) *(parte superior)* верхушка, верх 3) *(en una subasta)* окончательная цена 4) *Am. (subasta)* аукцион 5) *sport* удар по воротам

remedar *vt* 1) подражать, имитировать 2) *(contrahacer)* передразнивать, пародировать

remediar *vt* поправлять, исправлять

remedio *m* 1) *(medio)* средство, способ 2) *(solución)* решение, разрешение 3) *(para las enfermedades)* средство, лекарство ◆ **no hay más ~ que** нет другого выхода, кроме **¡qué ~!** что делать!

remedo *m* передразнивание, пародирование

rememoración *f* воспоминание

rememorar *vt* вспоминать

remendar *vt* 1) *(la ropa)* чинить, ставить заплаты 2) *(corregir)* поправлять, исправлять

remendón *m* сапожник

remera *f Arg.* футболка

remero *m sport* гребец

remesa *f* 1) отправление, перевод 2) *(de un artículo)* партия (товара)

remezón *m Am.* землетрясение

remiendo *m* 1) заплата 2) *(reparación)* исправление, поправка 3) *(mancha en la piel)* пятно ◆ **a ~s** урывками

remilgado *adj* манерный, жеманный

remilgo *m* манерность, жеманность

remilgoso *adj* манерный, жеманный

reminiscencia *f* 1) воспоминание, реминисценция 2) *(recuerdo vago)* отголосок, реминисценция

remisible *adj* простительный, извинительный

remisión *f* 1) *(envío)* отправление, отправка 2) *(en un texto)* ссылка, сноска

remisor *m* отправитель

remite *m correo* адрес отправителя

remitente *m* отправитель, адресант

remitir 1. *vt* направлять, отправлять **2.** *vi* ослабевать

remitirse *vpron* **(a u/c)** ссылаться (на что-л)

remo *m* 1) весло 2) *sport* гребля

remoción *f* 1) передвижение, перемещение 2) *(privación de cargo)* увольнение, смещение с должности

remodelación *f* 1) *(reparación)* ремонт, реставрация 2) *(reestructuración)* перестройка, реорганизация

remodelar *vt* 1) *(reparar)* ремонтировать, реставрировать 2) *(reestructurar)* реорганизовать, перестраивать

remojar *vt* 1) замачивать 2) *(convidar a beber)* обмывать

remojo *m* вымачивание *dejar en* ~ вымачивать

remolacha *f* свёкла

remolcador *m* буксир

remolcar *vt* буксировать

remolino *m* 1) *(de viento, de polvo)* вихрь 2) *(de agua)* водоворот 3) *(de pelo)* завиток

remolón[1] *adj* ленивый, нерадивый

remolón[2] *m* передний клык кабана

remolque *m* 1) *(acción de remolcar)* буксирование, буксировка 2) *(vehículo)* прицеп ◆ **a remolque** на буксире, на поводу

remonta *f* 1) ремонт обуви 2) *(de sillas)* набивка сёдел 3) *mil (caballos)* конский состав части

remontada *f* восхождение в рейтинге

remontar *vt* 1) поднимать 2) *(un obstáculo)* преодолевать 3) *(un río)* идти вверх по реке 4) *(el calzado)* ремонтировать, чинить обувь 5) *sport* обходить соперника

remontarse *vpron* 1) подниматься 2) *(en el aire)* подниматься в воздух 3) *(enojarse)* злиться, сердиться 4) **(a u/c)** *(a una época)* относиться (к чему-л), восходить (к чему-л)

remonte *m* 1) взлёт, подъём 2) *sport* подъёмник

remoquete *m* 1) *(golpe)* удар кулаком в лицо 2) *(dicho agudo)* колкость 3) *(apodo)* прозвище, кличка

rémora *f* 1) *(pez)* прилипало 2) *(lastre)* бремя, помеха

remorder *vt* 1) грызть, кусать 2) *(la conciencia)* мучить, терзать

remordimiento *m* угрызение совести

remotamente *adv* 1) отдалённо, дистанционно 2) *(de forma imprecisa)* смутно

remoto *adj* 1) *(en el espacio)* далёкий, дальний 2) *(en el tiempo)* давний 3) маловероятный, неправдоподобный ◆ **control** ~ дистанционное управление

remover *vt* 1) мешать, размешивать 2) *(un asunto)* вновь давать ход делу, вновь затрагивать

remozar *vt* омолаживать, обновлять

remuneración *f* 1) *(acción de remunerar)* оплата, выплата 2) *(cantidad dada)* вознаграждение, компенсация

remunerar *vt* вознаграждать, оплачивать

renacentista *adj arte* ренессансный, возрожденческий

renacer *vi* возрождаться, оживать

renacimiento *m* 1) возрождение, ренессанс 2) *(referido al movimiento cultural y escrito con mayúscula)* Возрождение

renacuajo *m* 1) головастик 2) *afect (niño pequeño)* карапуз

renal *adj* почечный

rencilla *f* раздор, распря

rencilloso *adj* сварливый, ворчливый, вздорный

renco *adj* хромой

rencor *m* злоба, злость, злопамятность ◆ **guardar** ~ таить злобу

rencoroso *adj* злопамятный

rendición *f* сдача, капитуляция

rendidamente *adv* покорно, смиренно

rendido *adj* 1) побеждённый 2) *(agotado)* изнурённый, очень уставший

rendija *f* щель, трещина

rendimiento *m* продуктивность, эффективность

rendir *vt* 1) *(vencer)* покорять 2) *(someter algo al dominio de alquien)* преклонять, отдавать

3) *(reportar)* приносить 4) *(agotar)* утомлять, изнурять ◆ ~ **cuentas** отчитываться ~ **honores a alg** чествовать кого-л.
rendirse *vpron* сдаваться, капитулировать
renegado 1. *adj* отрекшийся **2.** *m* ренегат, отступник, изменник
renegar 1. *vt* отвергать, не принимать **2.** *vi* **(de u/c)** отрекаться (от чего-л)
renegociar *vt* перезаключать, пересматривать (договор, соглашение)
renegrido *adj* почерневший, потемневший
renglón *m* 1) *(línea)* строка 2) *(capítulo, sección)* статья
rengo *adj* хромой
renguear *vi Am.* хромать
renguera *f Am.* хромота
reñidamente *adv* настойчиво, упорно
reñidero *m* арена
reñido *adj* 1) находящийся в ссоре 2) *(dicho de una discusión o competición)* упорный, ожесточённый
reniego *m* 1) богохульство, святотатство 2) *coloq (dicho injurioso)* брань, сквернословие
reñir 1. *vt* ругать, порицать **2.** *vi* **(con alg)** поссориться (с кем-л), разругаться (с кем-л)
renitencia *f* 1) *(de la piel)* упругость 2) *(falta de deseo)* нежелание
renitente *adj* несогласный, сопротивляющийся
reno *m* олень
renombrado *adj* известный, знаменитый
renombre *m* 1) прозвище 2) *(fama)* слава, имя
renovable *adj* обновляемый, возобновляемый
renovación *f* 1) обновление 2) *(reanudación)* возобновление 3) *(sustitución)* замена 4) *(transformación)* преобразование, перестройка
renovador *adj* обновляющий, восстанавливающий
renovar *vt* 1) обновлять 2) *(reanudar)* возобновлять 3) *(sustituir)* заменять 4) *(transformar)* преображать, перестраивать
renquear *vi* 1) хромать, ковылять 2) *(tener dificultades)* испытывать трудности
renqueo *m* хромота
renquera *f Am.* хромота
renta *f* 1) доход, рента 2) *(pago por un alquiler)* арендная плата ◆ **declaración de la ~** декларация о доходах **impuesto sobre la ~** подоходный налог ~ **por cápita** доход на душу населения
rentabilidad *f* ретнабельность, доходность
rentabilizar *vt* делать рентабельным, делать прибыльным
rentable *adj* рентабельный, доходный
rentar *vt* приносить доход
rentero *m* 1) *(arrendatario)* арендатор 2) *(rentista)* рантье
rentista *m/f* рантье
renuencia *f* нерасположение, неприязнь
renuente *adj* 1) *(indócil)* непослушный, непокорный 2) *(dificultoso)* затруднительный, тяжёлый
renuevo *m* 1) *(vástago)* отросток, побег 2) *(reanudación)* возобновление, восстановление
renuncia *f* **(a u/c)** отказ (от чего-л), отречение (от чего-л)
renunciar *vi* **(a u/c)** отказываться (от чего-л), отрекаться (от чего-л)
reo *m* обвиняемый, осуждённый
reoca *f coloq (для выражения очень положительной или очень отрицательной оценки)*: ¡es la ~! офигеть!
reojo *m* : mirar de ~ смотреть искоса, неприязненно относиться
reordenación *f* перестройка, изменение порядка
reorganización *f* реорганизация, перестройка
reorganizar *vt* реорганизовывать, перестраивать
reorientar *vt* переориентировать
reóstato *m electr* реостат
repajolero *adj vulg* V. pajolero
repanchigarse, repanchingarse *vpron* разваливаться (на сиденье)
repanocha *f coloq (для выражения очень положительной или очень отрицательной оценки)* : ¡es la ~! офигеть!
reparable *adj* 1) исправимый, поправимый 2) *(digno de atención)* значительный
reparación *f* 1) починка, ремонт 2) *(de un error)* исправление 3) *(desagravio)* удовлетворение 4) *(después de una guerra)* репарация
reparador *adj* 1) *(que repara)* ремонтный 2) *(que restablece las fuerzas)* восстанавливающий 3) *(compensador)* компенсирующий
reparar 1. *vt* 1) *(un mecanismo)* исправлять, чинить 2) *(un error)* исправлять 3) *(desagraviar)* удовлетворять **2.** *vi* **(en u/c)** обращать внимание (на что-л), замечать
reparo *m* 1) *(reparación)* починка, ремонт 2) *(advertencia)* замечание, возражение *hacer ~* выдвигать возражения 3) *(dificultad)* затруднение, сложность, колебание ◆ **sin ~** бесцеремонно
repartición *f* 1) деление, разделение 2) *(distribución)* распределение
repartidor *m* разносчик
repartimiento *m* раздел, деление
repartir *vt* 1) делить, разделять 2) *(distribuir)* распределять 3) *(entregar)* раздавать 4) *(entregar a domicilio)* разносить, развозить, доставлять
reparto *m* 1) V. repartición 1 2) *(entrega a domicilio)* доставка 3) *teat* распределение ролей
repasar *vt* 1) проверять, просматривать 2) *(releer)* повторять
repaso *m* 1) повторение 2) *(comprobación)* проверка, пересмотр, просмотр 3) *coloq (regañina)* нагоняй, взбучка ◆ **dar un ~ a alg.** показать своё превосходство, разгромить
repatriación *f* репатриация
repatriar *vt* репатриировать
repecho *m* откос ◆ **a ~** в гору
repeinar *vt* 1) *(volver a peinar)* поправлять причёску, причёсывать ещё раз 2) *(peinar muy cuidadosamente)* тщательно причёсывать
repeinarse *vpron* 1) *(volver a peinarse)* поправлять причёску, причёсываться ещё раз 2) *(peinarse muy cuidadosamente)* тщательно причёсываться

repelente 1. *adj* 1) *(que echa hacia atrás)* отталкивающий 2) *(repulsivo)* отвратительный **2.** *m* репеллент

repeler 1. *vt* отталкивать, отбрасывать **2.** *vi* вызывать отвращение

repelo *m* 1) заусеница 2) *(de la madera)* прожилка в дереве 3) *coloq (riña)* ссора 4) *coloq (repugnancia)* отвращение

repelón 1. *adj Méx.* ворчливый, недовольный **2.** *m* 1) *(tirón)* дёрганье за волосы 2) *(parte pequeña)* клочок, обрывок ◆ **de** ~ бегло

repelús *m* страх, отвращение

repente *m* резкое неожиданное движение ◆ **de** ~ вдруг, внезапно

repentinamente *adv* 1) неожиданно, внезапно 2) *(referido a morir)* скоропостижно

repentino *adj* 1) неожиданный, внезапный 2) *(referido a la muerte)* скоропостижный

repentizar *vt* 1) играть с листа, петь с листа 2) *(improvisar)* импровизировать

repercusión *f* 1) отзвук, отголосок 2) *(consecuencia)* резонанс, отклик

repercutir *vi* **(en u/c)** влиять (на что-л), отражаться (на чём-л)

repertorio *m* 1) репертуар 2) *(lista)* перечень, список

repesca *f* 1) пересдача 2) *sport* стыковые матчи

repetición *f* повторение, повтор

repetidamente *adv* многократно, повторно

repetidor 1. *adj* повторяющий **2.** *m* 1) *(alumno)* второгодник 2) *tecn* повторитель

repetir *vt* повторять

repetirse *vpron* повторяться, происходить снова

repetitivo *adj* повторяющийся, повторный

repicar *vt* 1) рубить на мелкие части 2) *(un instrumento musical)* трезвонить, звонить

repipi *adj* педантичный, скрупулёзный

repique *m* 1) перезвон, трезвон 2) *(riña)* ссора

repiquetear *vt* 1) трезвонить, звонить ~ *las campanas* звонить в колокола 2) *(golpear repetidamente)* барабанить, стучать

repisa *f* полка, полочка

replana *f Per.* воровской жаргон

replantar *vt* пересаживать

replantear *vt* 1) *(un problema)* переформулировать 2) *arquit* перепланировать

replegar *vt* сгибать, складывать

replegarse *vpron* 1) *(encerrarse en sí mismo)* замыкаться в себе 2) *mil* отходить, отступать в порядке

repleto *adj* полный, переполненный

réplica *f* 1) реплика, ответ, возражение 2) *(copia)* копия 3) *(de un terremoto)* повтор

replicar *vt* 1) *(argüir)* отвечать 2) *(responder oponiéndose)* возражать, противиться

replicón *adj* возражающий

repliegue *m* 1) складка 2) *mil* отступление, отход

repoblación *f* 1) *(de un territorio)* новое заселение 2) *(de un bosque)* новое засаживание

repoblar *vt* 1) *(volver a poblar)* вновь заселять 2) *(replantar)* вновь сажать

repollo *m* кочанная капуста

reponer *vt* 1) вновь класть 2) *(reemplazar)* заменять 3) *(una película u otra de teatro)* вновь ставить, вновь показывать 4) V. responder, replicar

reponerse *vpron* поправляться, восстанавливать силы

reportaje *m* репортаж

reportar *vt* 1) *(refrenar)* сдерживать, умерять 2) *(conseguir)* достигать (чего-л) 3) *(llevar)* приносить 4) *(producir algún beneficio)* приносить (доход)

reportarse *vpron* обуздывать себя, сдерживаться

reporte *m* отчёт, рапорт

reportear *vt* 1) *Am. period (entrevistar)* интервьюировать 2) *Am. period (tomar fotografías)* делать фотографии для репортажа

reportero *m/f period* репортёр

reposabrazos *m* подлокотник

reposacabezas *m* подголовник

reposado *adj* спокойный, уравновешенный, тихий

reposapiés *m* скамейка для ног, банкетка

reposar *vi* 1) *(descansar)* отдыхать 2) *(yacer durmiendo)* спать, лежать 3) *(estar enterrado)* коиться в могиле 4) *(dicho de un líquido)* отстаиваться

reposarse *vpron* успокаиваться

reposera *f Arg. Ur. Par.* шезлонг

reposición *f* 1) замена, замещение 2) *(recuperación)* восстановление

repositorio *m* репозиторий, хранилище

reposo *m* отдых, покой

repostaje *m* заправка, дозаправка

repostar *vt* заправляться ~ *gasolina* заправляться бензином

repostería *f* кондитерские изделия

repostero *m* кондитер

reprender *vt* **(por u/c)** порицать (за что-л), упрекать (в чём-л)

reprensible *adj* предосудительный

reprensión *f* упрёк, выговор, порицание

represa *f* плотина, запруда

represalia *f* 1) *(venganza)* месть, отмщение 2) *(medida de castigo)* репрессия, карательные меры

represar *vt* 1) *(el agua)* запруживать 2) *(una embarcación)* отбивать у врага 3) *(reprimir)* сдерживать, подавлять

representable *adj* изображаемый

representación *f* 1) *(imagen)* изображение, образ 2) *(concepto)* представление 3) *(de un espectáculo)* представление, постановка 4) *(de una entidad)* представительство

representado *m jur* доверитель, представляемое лицо

representante 1. *adj* представляющий **2.** *m* 1) представитель 2) *(de un artista)* менеджер, агент

representar *vt* 1) *(ser)* представлять собой, являться (кем/чем-л) 2) *(reproducir)* изображать 3) *(sustituir)* представлять 4) *(una obra)* представлять 5) *(una edad)* выглядеть (на что-л)

representativo *adj* 1) *(que representa)* изображающий, представляющий 2) *(característico)* показательный, характерный, типичный

represión *f* 1) *(contención)* сдерживание 2) *(desde el poder)* репрессия, подавление

represivo *adj* репрессивный

represor 1. *adj* подавляющий, угнетающий **2.** *m* каратель, угнетатель

reprimenda *f* выговор, порицание
reprimido *adj* скрытный, замкнутый
reprimir *vt* 1) *(contener)* сдерживать, умерять 2) *(desde el poder)* подавлять, репрессировать
reprimirse *vpron* сдерживаться, удерживаться
reprobable *adj* предосудительный, достойный порицания
reprobación *f* осуждение, порицание
reprobar *vpron* осуждать, не одобрять, порицать
réprobo *m* 1) *relig (pecador)* грешник 2) *relig (hereje)* еретик 3) *(apartado de la convivencia)* изгнанник 4) *(malvado)* злодей, супостат
reprochable *adj* заслуживающий упрёка
reprochar *vt* **(u/c a alg)** упрекать (кого-л в чём-л)
reprocharse *vpron* **(u/c)** упрекать себя (за что-л)
reproche *m* упрёк
reproducción *f* 1) *(acción de reproducir)* воспроизведение 2) *biol* размножение, репродукция 3) *arte* репродукция, копия
reproducir *vt* воспроизводить, репродуцировать
reproducirse *vpron* 1) размножаться 2) *(referido a un hecho)* происходить снова
reproductor 1. *adj* воспроизводящий **2.** *m* репродуктор, проигрыватель ◆ **aparato** ~ *biol* органы размножения
reptar *vi* ползать, пресмыкаться
reptil, réptil *m zool* пресмыкающееся, рептилия
república *f* республика
republicanismo *m pol* республиканизм
republican|o 1. *adj* республиканский **2.** , **-a** *m/f* республикан|ец, -ка
repudiación *f* 1) *(divorcio)* развод 2) *(rechazo)* отказ
repudiar *vt* отвергать
repudio *m* 1) *(divorcio)* развод 2) *(renuncia)* отказ, отречение
repuesto *m* 1) запас, резерв 2) *(pieza de recambio)* запасная деталь, запасная часть ◆ **de** ~ запасной
repugnancia *f* **(a u/c)** отвращение (к чему-л)
repugnante *adj* отвратительный, противный
repugnar *vi* вызывать отвращение
repujado *m* чеканка
repujar *vt* чеканить
repulsa *f* 1) *(rechazo)* отказ, отпор 2) *(reprobación)* осуждение, порицание
repulsar *vt* отталкивать, отвергать
repulsión *f* 1) отвращение 2) *(acción de repeler)* отталкивание
repulsivo *adj* отвратительный, мерзкий
repuntar *vi* 1) *(dicho de una enfermedad)* проявляться, начинаться 2) *econ* испытывать подъём 3) *nav* начинаться (о приливе)
repunte *m* 1) увеличение, рост 2) *nav* начало прилива, начало отлива
reputación *f* репутация, престиж
reputado *adj* пользующийся хорошей репутацией, престижный
reputar *vt* 1) *(juzgar)* считать 2) *(apreciar)* оценивать
requebrar *vt* 1) *(romper)* раскалывать, разбивать на мелкие кусочки 2) *(cortejar)* ухаживать (за женщиной) 3) *(adular)* льстить (кому-л), угодничать (перед кем-л.)
requemado *adj* подгорелый, тёмный, копчёный (о свете)
requemar *vt* 1) снова жечь 2) *(las plantas)* сушить 3) *(dicho de la boca o la garganta)* обжигать
requerimiento *m* 1) требование 2) *jur* запрос, требование
requerir *vt* 1) *(pedir)* требовать (что/чего-л) 2) *(solicitar)* запрашивать 3) *(necesitar)* нуждаться (в чём- л), требовать (чего-л)
requesón *m* творог
requete- *pref* очень ~*bién* отлично
requeté *m hist* рекете
requiebro *m* 1) *(cortejo)* ухаживание 2) *(elogio)* комплимент, любезность
réquiem *m mús* реквием
requintar *vt* 1) повышать цену на одну пятую часть 2) *(sobrepujar)* превосходить, превышать
requinto *m* 1) *(segundo quinto)* вторая пятая часть 2) *(puja)* повышение цены на одну пятую часть
requisa *f* 1) *(inspección)* осмотр, инспекция 2) *(confiscación)* реквизиция, конфискация
requisar *vt* реквизировать, конфисковать
requisición *f* реквизиция, конфискация
requisito *m* обязательное условие, необходимость, требование
requisitoria *f jur* запрос, ордер
res *f* голова скота
resabiado *adj* испорченный, аморальный
resabiar *vt* портить, прививать дурную привычку
resabiarse *vpron* 1) распускаться, усваивать дурную привычку 2) *(disgustarse)* раздражаться, сердиться 3) **(de u/c)** *(de la comida)* смаковать, вкушать 4) **(de u/c)** *(deleitarse)* наслаждаться (чем-л)
resabio *m* 1) *(sabor)* неприятный вкус, привкус 2) *(vicio)* порок, дурная привычка
resaca *f* 1) нанос от прибоя 2) *(malestar por haber bebido alcohol)* похмелье
resalado *adj coloq* остроумный, привлекательный
resaltar 1. *vt* выделять, подчёркивать **2.** *vi* выделяться
resalte *m* выступ
resarcimiento *m* компенсация, возмещение
resarcir *vt* компенсировать, возмещать
resarcirse *vpron* получать компенсацию, получать возмещение
resbaladero 1. *adj* скользкий **2.** *m* скользкое место
resbaladilla *f* горка
resbaladizo *adj* скользкий
resbalamiento *m* скольжение
resbalar *vi* 1) скользить, поскальзываться 2) *(deslizarse suavemente)* скользить 3) *(hacer resbalar)* быть скользким 4) *(equivocarse)* делать неверный шаг, впадать в ошибку
resbalarse *vpron* 1) поскальзываться 2) *(dicho de una cosa al caer)* выскользнуть
resbalón *m* 1) скольжение *caer de un* ~ соскользнуть 2) *coloq* ошибка, промах

rescatar *vt* 1) выкупать, освобождать 2) **(de u/c)** *(liberar)* спасать (от чего-л), избавлять
rescate *m* 1) *(salvación)* спасение *operación de ~* спасательная операция 2) *(liberación)* освобождение 3) *(pagando determinada suma de dinero)* выкуп
rescindir *vt (un contrato)* расторгать договор
rescisión *f* расторжение
rescoldo *m* 1) раскалённые угли в пепле 2) *(escrúpulo)* сомнение, колебание 3) *(residuo de un sentimiento)* остатки чувств
resecar[1] *vt med (hacer la resección)* делать резекцию
resecar[2] *vt (secar mucho)* высушивать, пересушивать
resecarse *vpron* сохнуть, засыхать
reseco 1. *adj* 1) высохший, засушенный 2) *(flaco)* худой, тощий **2.** *m* 1) *(rama seca)* сухая ветка 2) *(en la boca)* сухость во рту
reseña *f* очерк, обзор, рецензия, отзыв
reseñar *vt* кратко излагать, делать обзор
resentido *adj* **(con alg)** обиженный (на кого/что-л), озлобленный (на кого/что-л)
resentimiento *m* обида, досада, возмущение
resentirse *vpron* 1) *(debilitarse)* расшатываться, ослабевать 2) *(tener pesar o enojo)* досадовать, огорчаться 3) **(de u/c)** *(a causa de una enfermedad pasada)* чувствовать последствия болезни
reserva 1. *f* 1) запас, резерв *de ~* запасной, сменный 2) *(moderación)* сдержанность, скрытность 3) *(cautela)* осторожность 4) *(concertar previamente)* резервирование, бронирование, бронь *hacer una ~* делать бронь, бронировать 5) *(dicho de las tropas)* резерв **2.** *m* 1) *sport* запасной игрок 2) *(dicho de un vino)* вино трёхлетней выдержки ◆ **~ nacional** заповедник
reservación *f* бронирование, резервирование
reservado 1. *adj* 1) *(poco comunicativo)* сдержанный, скрытный 2) *(que se reserva)* отложенный **2.** *m* отдельное помещение
reservar *vt* 1) *(guardar)* откладывать, оставлять на потом 2) *(concertar previamente)* бронировать, резервировать, заказывать *~ una habitación* бронировать номер; *~ una mesa* заказывать столик 3) *(guardar para el uso de alguien)* оставлять (за кем-л)
reservarse *vpron* 1) *(conservarse para mejor ocasión)* беречь силы 2) *(precaverse)* опасаться, беречься
reservista *m/f* резервист
reservón *adj coloq* скрытный
resfriado 1. *adj* простуженный **2.** *m* простуда, насморк
resfriar *vt* охлаждать, остужать
resfriarse *vpron* простуждаться
resfrío *m* простуда
resguardar *vt* хранить, защищать
resguardarse *vpron* 1) **(de alg o u/c)** остерегаться (кого/чего-л) 2) **(de u/c)** *(de la nieve o la lluvia)* укрываться (от кого-л)
resguardo *m* квитанция
residencia *f* 1) *(acción de residir)* пребывание, проживание *permiso de ~* вид на жительство 2) *(lugar en que se reside)* место жительства 3) *(edificio)* общежитие *~ universitaria* университетское общежитие; *~ de ancianos* дом престарелых 3) *(domicilio de una autoridad)* резиденция
residencial *adj* жилой *barrio ~* жилой район
residente 1. *adj* 1) проживающий 2) *(dicho de un empleado)* исполняющий должность по месту жительства **2.** *m* резидент
residir *vi* 1) проживать 2) *(radicar)* лежать, заключаться (в чём-л)
residual *adj* 1) остаточный 2) *(relativo a los residuos)* относящийся к отходам *aguas ~es* сточные воды
residuo *m* 1) *(resto)* остаток 2) *(rastro)* осадок 3) *(objeto inservible, u. m. en pl.)* отбросы, отходы
resignación *f* покорность, смирение
resignar *vt (dicho de una autoridad)* передавать *~ poderes* передать полномочия
resignarse *vpron* **(con u/c)** смиряться (с чем-л), примиряться с мыслью
resina *f* смола
resinoso *adj* 1) *(que tiene resina)* смолоносный 2) *(con cualidades de la resina)* смоляной
resistencia *f* 1) сопротивление, противодействие 2) *(capacidad de aguante)* выносливость, стойкость 3) *(dureza)* прочность, крепость 4) *(en tiempos de guerra)* сопротивление 5) *fís* сопротивление
resistente *adj* 1) прочный, стойкий, крепкий 2) *pol* оказывающий сопротивление ◆ **~ al agua** водоустойчивый
resistir *vt* выдерживать, держаться, отбиваться
resistirse *vpron* **(con u/c)** бороться (с кем/чем-л), сопротивляться (кому/чему-л)
resma *f* стопа бумаги
resobado *adj* избитый, пошлый, тривиальный
resolana *f* 1) *Méx. Cub. (resol)* отражение солнечных лучей 2) *Méx. (calor)* жара, пекло
resollar *vi* 1) *(respirar)* дышать 2) *(respirar fuertemente)* сопеть, пыхтеть
resolución *f* 1) *(acción de resolver)* разрешение, решение 2) *(decisión)* решение 3) *(orden)* резолюция, решение, постановление 4) *(cualidad de resolutivo)* решительность, решимость
resolutivo *adj* 1) эффективный, результативный 2) *med* рассасывающий
resoluto *adj* 1) решительный, предприимчивый 2) *(desenvuelto)* развязный, дерзкий 3) *(abreviado)* сжатый, краткий, сокращённый
resolver *vt* 1) *(solucionar)* решать, разрешать 2) *(decidir)* решать, принимать решение
resolverse *vpron* **(a u/c)** решаться (на что-л)
resonador 1. *adj* звучащий, громкий **2.** *m fís* резонатор
resonancia *f* 1) отзвук, отголосок, эхо 2) *(divulgación)* резонанс, отклик 3) *fís* резонанс ◆ **~ magnética** *med* магнитно-резонансная томография
resonante *adj* 1) отражающий звуки, звонкий 2) *fís* резонансный, резонирующий
resonar *vi* 1) слышаться, звучать 2) *fís* резонировать
resoplar *vi* сопеть, пыхтеть
resoplido *m* сопение

resorte *m* 1) *(muelle)* пружина, рессора 2) *(elasticidad)* эластичность 3) *(recurso)* средство, способ
respaldar *vt* поддерживать
respaldarse *vpron* **(en alg o u/c)** опираться (на кого/что-л)
respaldo *m* 1) *(de un asiento)* спинка 2) *(apoyo)* поддержка, защита ◆ **dar** ~ поддерживать
respecta|r *vt* **(a alg o u/c)** относиться (к кому/чему-л), касаться (кого/чего-л) *por lo que ~ a* что касается кого/чего-л.
respectivamente *adv* соответственно
respectivo *adj* соответствующий
respecto *prep* **(a/de alg o u/c)** что касается (кого/чего-л), относительно (кого/чего-л) ◆ **a este** ~ по этому поводу, относительно этого **con ~ a alg. o u.c** что касается кого/чего-л, относительно кого/чего-л
respetabilidad *f* почтенность, респектабельность
respetable *adj* уважаемый, почтенный, респектабельный
respetar *vt* 1) уважать, почитать 2) *(acatar)* соблюдать ~ *las normas* соблюдать правила
respeto *m* уважение, почтение
respetuoso *adj* уважительный, почтительный, относящийся с уважением
respingado *adj* V. respingón
respingo *m* 1) вздрагивание, брыкание 2) *coloq (expresión de disgusto)* выражение неудовольствия
respingón *adj* 1) вздёрнутый, поднятый вверх 2) *Méx. (protestón)* протестующий
respirable *adj* годный для дыхания
respiración *f* 1) дыхание 2) *(de un lugar cerrado)* вентиляция ◆ **dejar sin** ~ поразить, ошеломить ~ **artificial** искусственное дыхание
respiradero *m* 1) отдушина 2) *(lumbrera)* слуховое окно 3) *(de la cañería)* канализационный люк
respirador 1. *adj* дыхательный **2.** *m med* аппарат искусственной вентиляции лёгких
respirar 1. *vi* 1) дышать 2) *(exhalar)* издавать запах 3) *(ventilarse)* вентилироваться 4) *(aliviarse)* вздохнуть с облегчением **2.** *vt (irradiar)* излучать, дышать (чем-л), веять (чем-л) ◆ **no dejar** ~ не давать передышки, не давать покоя **sin** ~ без передышки, затаив дыхание
respiratorio *adj* дыхательный
respiro *m* 1) дыхание 2) *(pequeño descanso)* передышка, отдых 3) *(alivio)* облегчение
resplandecer *vi* блистать, блестеть, сиять
resplandeciente *adj* блестящий, сияющий
resplandor *m* блеск, сияние
responder 1. *vt* **(a u/c)** отвечать (на что-л) **2.** *vi* 1) **(de/por u/c o alg)** *(cargar con las consecuencias de un acto)* отвечать (за кого/что-л) 2) **(de alg o u/c)** *(hacerse cargo)* отвечать (за кого/что-л), ручаться (за кого/что-л) 3) *(contestar a quien llama)* отзываться, откликаться 4) **(a u/c)** *(corresponder)* соответствовать (чему-л), отвечать (чему-л) 5) *(replicar)* противиться, возражать 6) *(ser causado)* быть причиной (чего-л), быть обусловленным (чем-л)
respondón *adj* отвечающий резко, дерзкий
responsabilidad *f* ответственность ◆ **tener la** ~ нести ответственность
responsable 1. *adj* **(de alg o u/c)** ответственный (за кого/что-л) **2.** *m/f* ответственное лицо ◆ **hacerse** ~ брать на себя ответственность
responso *m relig* молитва по усопшему
respuesta *f* 1) ответ 2) *(réplica)* ответ, реакция ◆ **en ~ a u.c.** в ответ на что-л
resquebrajar *vt* раскалывать, расщеплять
resquebrajarse *vpron* раскалываться, расщепляться
resquebrar *vi* начинать раскалываться
resquemar *vt* 1) *(la boca)* обжигать 2) *(quemar)* жечь 3) *(producir una impresión molesta)* вызывать досаду, огорчать
resquemor *m* неприятный осадок
resquicio *m* 1) щель между дверью и косяком 2) *(hendidura)* щель, трещина 3) *(salida)* выход, просвет
resta *f* вычитание
restablecer *vt* восстанавливать
restablecerse *vpron* выздоравливать, поправляться
restablecimiento *m* 1) восстановление, возрождение 2) *(de una dolencia)* выздоровление, поправка
restallar *vi* 1) *(dicho del látigo)* щёлкать 2) *(crujir)* трещать, хрустеть
restañar[1] *vt (volver a estañar)* вторично лудить
restañar[2] *vt (dicho de una hemorragia)* остановить кровь
restañar[3] *vi (chasquear)* V. restallar
restante *adj* остающийся, остальной
restar 1. *vt* 1) *(dicho de una cantidad)* вычитать, отнимать 2) *(disminuir)* уменьшать, отнимать **2.** *vi* оставаться
restauración *f* реставрация, восстановление
restaurador 1. *adj* реставрирующий **2.** *m* 1) реставратор, восстановитель 2) *(que dirige un restaurante)* ресторатор
restaurante *m* ресторан
restaurar *vt* 1) восстанавливать, реставрировать 2) *pol* восстанавливать, реставрировать
restitución *f* 1) *(devolución)* возврат, возвращение 2) *(restablecimiento)* восстановление 3) *(compensación)* возмещение
restituir *vt* 1) *(devolver)* возвращать 2) *(restablecer)* восстанавливать 3) *(compensar)* возмещать
resto 1. *m* 1) остаток 2) *(lo demás)* остальное **2. -s** *mpl* 1) *(de comida)* остатки, объедки 2) *(mortales)* останки
restorán *m* V. restaurante
restregar *vt* тереть, растирать
restregarse *vpron* тереться, растираться
restregón *m* 1) *(acción)* потирание 2) *(señal que queda)* потёртость
restricci|ón 1. *f* ограничение, сокращение **2. -ones** *fpl econ* ограничения, рестрикции
restrictivo *adj* ограничительный
restringir *vt* 1) ограничивать 2) *(apretar)* сжимать
restringirse *vpron* **(a u/c)** ограничиваться (чем-л)
resucitado *adj* 1) *relig* воскрешённый 2) *(recuperado)* возрождённый

resucitar 1. *vt* восстанавливать, возрождать **2.** *vi* воскрешать, возрождаться

resuello *m* сопение, фырканье ◆ **meterle el ~ en el cuerpo a alg** припугнуть

resuelto *adj* 1) решительный, смелый 2) *(pronto)* расторопный, проворный

resulta *f* 1) последствие, результат 2) *(vacante)* вакансия ◆ **de ~s** вследствие

resultado *m* 1) результат, эффект, следствие, итог 2) *sport* счёт, результат ◆ **como ~** в результате **sin ~** безрезультатно

resultante 1. *adj* следующий, вытекающий **2.** *m mat* результант

resultar *vi* 1) оказываться, оборачиваться, получаться *~ un fracaso* оказаться провалом 2) **(de u/c)** *(originarse)* возникать (от чего-л), появляться

resumen *m* краткое изложение, резюме ◆ **en ~** в общем, вкратце

resumidero *m Am.* канализационная труба

resumir *vt* кратко излагать, резюмировать, обобщать

resurgimiento *m* новое появление

resurgir *vi* вновь появляться

resurrección *f* воскресение

retablo *m arte* алтарная картина

retacería *f* лоскутья

retador *adj* бросающий вызов

retaguardia *f mil* тыл

retahíla *f* ряд, цепочка

retal *m* обрезок, лоскут ◆ **cola de ~** мездровый клей

retama *f bot* дрок

retar *vt* вызывать на дуэль, бросать вызов (кому-л)

retardado *adj* замедленный

retardar *vt* задерживать, замедлять, затягивать

retardarse *vpron* задерживаться, затягиваться

retazo *m* 1) *(de tela)* обрезок ткани, лоскут 2) *(pedazo)* кусочек 3) *(de un texto)* фрагмент, кусок

retén *m* 1) запас 2) *mil* резерв

retención *f* 1) задержка 2) *med* задержание 3) *econ (de dinero)* удержание 4) *(de tráfico)* пробка

retener *vt* 1) задерживать, удерживать 2) *(en la memoria)* помнить, запоминать 3) *(un pago)* задерживать, не выплачивать 4) *(descontar)* удерживать, вычитать 5) *(arrestar)* арестовывать, задерживать

retentiva *f* память

retentivo *adj* запоминающий

reticencia *f* 1) *(ocultación)* недомолвка, умолчение 2) *(reserva)* недоверие, опасение

reticente *adj* 1) уклончивый, осторожный в суждениях 2) *(reservado)* сдержанный, скрытный

reticular *adj* сетчатый

retículo *m* 1) *(tejido)* сетчатая ткань 2) *med (instrumento óptico)* прицел

retina *f anat* сетчатка, ретина

retintín *m* 1) звон 2) *coloq (ironía)* ирония *hablar con ~* говорить ехидным тоном

retirada *f* 1) уход 2) *mil* отход, отступление

retirado *adj* 1) *(dicho de un lugar)* отдалённый, уединённый 2) *(que no trata con los demás)* уединённый, отшельнический 3) *(jubilado)* в отставке

retirar *vt* 1) отодвигать, убирать 2) *(jubilar)* отправлять на пенсию 3) *(algo dicho anteriormente)* брать назад 4) *(dinero de una cuenta)* снимать 5) *(confiscar)* отбирать, изымать 6) *(las tropas)* выводить

retirarse *vpron* 1) *(apartarse del trato)* уединяться 2) *(irse a casa o a dormir)* уходить (домой), идти спать 3) уходить в отставку, увольняться 4) *(dicho de un ejército)* отступать 5) *(abandonar un trabajo, empresa, etc.)* уходить 6) *(dicho de un militar)* уходить в отставку 7) *(jubilarse)* уходить на пенсию

retiro *m* 1) уединение, одиночество *vivir en el ~* жить в уединении 2) *(lugar apartado)* уединённое место 3) *(jubilación)* пенсия, отставка 4) *econ* изъятие, отзыв

reto *m* 1) вызов *lanzar un ~* бросать вызов 2) *(amenaza)* угроза

retobado *adj Ec. Cub. Am. Cent.* неукротимый, необузданный

retocado *m* отделка, шлифовка

retocar *vt* подправлять, отделывать

retocarse *vpron* поправить макияж

retoñar *vi* 1) *(dicho de una planta)* давать ростки, давать побеги 2) *(volver de nuevo)* возрождаться, снова появляться

retoño *m* 1) росток, побег 2) *(hijo)* отпрыск

retoque *m* 1) отделка, шлифовка 2) *(corrección)* поправка, отделка

retorcer *vt* 1) перекручивать, выкручивать 2) *(las palabras)* извращать, искажать

retorcerse *vpron* 1) виться, закручиваться 2) **(de u/c)** *(de dolor, etc.)* кривиться (от чего-л), крючиться (от чего-л)

retorcido *adj* 1) *(dicho de una persona)* двуличный, фальшивый 2) *(dicho del lenguaje)* вычурный, замысловатый

retórica *f* риторика

retóric|o *adj* риторический, риторичный ◆ **pregunta ~a** риторический вопрос

retornable *adj* многоразовый

retornar 1. *vt* возвращать, отдавать **2.** *vi* возвращаться

retorno *m* 1) *(a un lugar)* возвращение 2) *(devolución)* возврат

retorta *f* реторта

retortero *m* оборот, круговое движение ◆ **al ~** вокруг

retortijón *m* изгиб, искривление ◆ **~ de tripas** колики

retozar *vi* 1) резвиться, прыгать, скакать 2) *(dicho de los amantes)* резвиться, заигрывать

retozo *m* 1) прыжок, скачок 2) *(entre amantes)* заигрывание

retozón *adj* игривый, шаловливый

retracción *f* 1) возвращение на прежнее место 2) *med* ретракция

retractación *f* 1) отречение, отрицание сказанного ранее 2) *jur* выкуп, взятие обратно

retractar *vt* брать обратно (слова)

retractarse *vpron* брать обратно свои слова, отрекаться

retráctil *adj* убирающийся, втягивающийся

retraer *vt* 1) вновь приносить, вновь приводить 2) *(disuadir)* отговаривать, разубеждать 3) *jur* выкупать
retraerse *vpron* 1) *(refugiarse)* уединяться, укрываться 2) *(retirarse)* отходить, отступать
retraído *adj* любящий одиночество
retraimiento *m* 1) одиночество, уединение 2) *(habitación)* задняя комната 3) *(insociabilidad)* необщительность, нелюдимость
retranca *f* 1) *(intención oculta)* скрытое намерение 2) *(correa)* ремень в упряжи
retransmisión *f* трансляция, передача ~ *en directo* прямая передача
retransmitir *vt* 1) *(volver a transmitir)* передавать снова 2) *(transmitir desde una emisora)* передавать, вещать
retrasado *adj* 1) отстающий, запоздалый 2) *(dicho del desarrollo mental)* отсталый
retrasar *vt* 1) задерживать, затягивать 2) *(posponer)* откладывать, отсрочивать
retrasarse *vpron* 1) задерживаться 2) *(quedarse atrás)* отставать, медлить 3) *(dicho de un reloj)* отставать
retraso *m* 1) опоздание, задержка 2) *(obsolescencia)* отсталость, отставание
retratar *vt* 1) *(dibujando o pintando)* писать портрет (кого-л.) 2) *(fotografiar)* фотографировать 3) *(describir)* описывать
retratista *m/f* портретист
retrato *m* 1) портрет 2) *(fotografía)* фотография, портрет 3) *(descripción)* описание ◆ **ser el vivo ~ de alg** быть копией кого-л, быть вылитым кто-л
retrechero *adj* 1) *coloq (astuto)* хитрый, лукавый 2) *coloq (atractivo)* красивый, привлекательный
retreta *f* 1) *mil (toque de retirada)* сигнал к отступлению 2) *mil (toque por la noche)* отбой
retrete *m* туалет
retribución *f* возмещение, компенсация, отплата
retribuir *vt* платить, вознаграждать
retro *m Ec.* задний ход
retroactivo *adj* имеющий обратную силу
retroalimentación *f* обратная связь
retroceder *vi* отступать, возвращаться назад
retroceso *m* 1) отступление, движение назад 2) *econ* спад 3) *(de una enfermedad)* рецидив
retrógrado **1.** *m* ретроград, реакционер **2.** *adj* ретроградный, реакционный
retronar *vi* греметь, грохотать
retroproyector *m* графопроектор
retrospectiva *f* ретроспектива
retrospectivo *adj* ретроспективный
retrovisor *m* зеркало заднего вида
retumbante *adj* 1) громкий, гулкий 2) *(ostentoso)* пышный, великолепный
retumbar *vi* греметь, грохотать, громко звучать
reuma *m* ревматизм
reumático *adj* ревматический
reumatismo *m med* ревматизм
reumatólogo *m med* ревматолог
reunificación *f* воссоединение
reunificar *vt* воссоединять
reunión *f* 1) *(acción)* собирание, сбор, соединение, объединение 2) *(evento)* собрание, совещание, заседание, встреча
reunir *vt* 1) *(reunificar)* воссоединять 2) *(juntar)* собирать, объединять 3) *(coleccionar)* собирать, коллекционировать
reunirse *vpron* 1) *(volver a unirse)* воссоединяться 2) *(juntarse)* собираться
revacunación *f med* ревакцинация
revacunar *vt med* делать повторную прививку
reválida *f* 1) утверждение 2) *(examen)* выпускной экзамен
revalidación *f* ратификация, утверждение
revalidar *vt* ратифицировать, утверждать
revalorización *f* повышение стоимости
revalorizar *vt* 1) повышать стоимость 2) *econ* ревальвировать
revalorizarse *vpron* повышать стоимость, расти в цене
revaluación *f* 1) переоценка 2) *econ* ревальвация
revaluar *vt* 1) переоценивать, производить переоценку 2) *econ* ревальвировать
revancha *f* реванш
revelación *f* 1) обнаружение, выявление 2) *(de un secreto)* разоблачение, раскрытие 3) *relig* откровение
revelado *m foto* проявление
revelador **1.** *adj* показывающий, изобличительный **2.** *m foto* проявитель
revelar *vt* 1) раскрывать, разоблачать, выявлять 2) *(mostrar)* показывать, свидетельствовать 3) *(hacer público)* выдавать, разглашать 4) *(una fotografía)* проявлять
revendedor *m* перепродавец
revender *vt* перепродавать
reventa *f* перепродажа
reventar **1.** *vt* 1) лопать, разрывать 2) *coloq (molestar)* бесить, выводить из себя **2.** *vi* 1) лопаться, разрываться 2) *coloq (por la ira o la pasión)* взрываться, выходить из себя
reventarse *vpron* лопаться, разрываться
reventón **1.** *adj* готовый лопнуть **2.** *m* взрыв, разрыв
reverbero *m* 1) отражение, отблеск 2) *(reflector)* отражатель, рефлектор 3) *(farol)* уличный фонарь
reverdecer *vi* 1) *(dicho de una planta)* снова зеленеть 2) *(renovarse)* оживать, возрождаться
reverencia *f* 1) *(respeto)* уважение, почтение 2) *(inclinación del cuerpo)* поклон
reverencial *adj* уважительный
reverenciar *vt* уважать
reverendísimo *adj relig* высокопреосвященство
reverendo *adj* 1) *relig* преподобный 2) *(circunspecto)* серьёзный, благоразумный
reverente *adj* почтительный, вежливый
reversa *f Am.* задний ход
reversible *adj* 1) обратимый 2) *(una tela)* двухсторонний 3) *jur* имеющий обратную силу
reversión *f* возврат к прежнему состоянию
reverso *m* обратная сторона
revertir *vi* возвращаться в прежнее состояние
revés *m* 1) обратная сторона, изнанка 2) *(golpe)* удар (тыльной стороной руки) 3) *(in-*

fortunio) несчастье, невезение *sufrir un ~* терпеть неудачу ◆ **al** ~ наоборот, напротив **del** ~ наизнанку

revestimiento *m* покрытие, обшивка

revestir *vt* 1) покрывать, обшивать 2) *(presentar, tener)* иметь свойство, отличаться (чем-л) 3) *(simular)* изображать

revestirse *vpron* **(de u/c)** запасаться (чем-л), набираться (чем-л) *~ de paciencia* запастись терпением

revisación *f* осмотр, досмотр

revisar *vt* 1) *(comprobar)* просматривать, проверять 2) *(volver a mirar)* пересматривать

revisión *f* 1) просмотр, проверка 2) *(corrección)* пересмотр, ревизия 3) *auto* техосмотр 4) *(médica)* осмотр, обследование

revisionismo *m* ревизионизм

revisionista *m* ревизионист

revisor *m* контролёр (в общественном транспорте)

revista *f* 1) проверка, просмотр 2) *(de las tropas)* смотр 3) *(publicación)* журнал 4) *(espectáculo teatral)* варьете

revistero *m* 1) *(periodista)* обозреватель 2) *(mueble)* мебель для хранения журналов

revitalizar *vt* оживлять, реанимировать

revivificar *vt* оживлять, возрождать

revivir 1. *vi* 1) *(resucitar)* воскресать, оживать 2) *(renovarse)* возобновляться, обновляться **2.** *vt (recordar)* вспоминать, вызывать в памяти

revocable *adj* подлежащий отмене

revocación *f* отмена, аннулирование

revocar *vt* отменять, аннулировать

revocatoria *f* отмена, аннулирование

revoco *m* 1) отмена, аннулирование 2) *(estucado)* штукатурка

revolcadero *m* лежбище

revolcar *vt* 1) валить, опрокидывать 2) *(en una discusión)* побеждать

revolcarse *vpron* вываливаться

revolotear *vi* порхать, описывать круги

revoloteo *m* порхание

revoltijo *m* 1) *(conjunto de cosas diferentes)* груда, ворох 2) *(enredo)* путаница, неразбериха

revoltoso *adj* 1) мятежный, непокорный 2) *(travieso)* шаловливый, резвый 3) *(intrincado)* запутанный, неясный

revolución *f* 1) революция 2) *tecn* оборот

revolucionar *vt* 1) побуждать к революции 2) *(excitar)* возбуждать

revolucionario 1. *adj* революционный **2.** *m* революционер

revolver *vt* переворачивать, рыться

revólver *m* револьвер

revolverse *vpron* 1) вращаться, вертеться 2) *(dicho del tiempo)* ухудшаться, портиться 3) **(a alg)** *(enfrentarse)* обращаться (против кого-л), восставать

revoque *m* 1) окраска, побелка 2) *(estucado)* штукатурка

revuelco *m* опрокидывание

revuelo *m* 1) *(de aves)* повторный взлёт, повторный полёт 2) *(vueltas en el aire)* кружение в воздухе 3) *(turbación)* беспорядок, неразбериха 4) *(entre personas)* суета, сумятица

revuelta *f* мятеж, бунт, беспорядки

revuelto *adj* 1) *(dicho de un líquido)* мутный, взболтанный 2) *(enredador)* перемешанный, беспорядочный 3) *(intrincado)* неясный, запутанный

revulsivo *m med* отвлекающее средство

rey *m* король, царь

reyerta *f* ссора, перебранка

reyezuelo *m* 1) царёк 2) *(ave)* королёк

rezagado *adj* отстающий

rezagar *vt* 1) обгонять, оставлять позади 2) *(atrasar)* откладывать, отсрочивать

rezagarse *vpron* отставать, оставаться позади

rezago *m* остаток, осадок

rezar *vt* молиться

rezo *m* 1) *(acción)* моление, чтение молитв 2) *(oración)* молитва

rezongar *vi* ворчать, брюзжать, делать с неохотой

rezong|ón, -ona *m* ворчун, -ья, брюзга

rezumar 1. *vt* пропускать влагу, течь **2.** *vi* сочиться, проступать на поверхности (о жидкости)

ría *f* устье реки, лиман

riachuelo *m* речка

riada *f* наводнение, половодье

ribazo *m* 1) холм, возвышенность 2) *(caballón)* вал, гряда

ribeiro *m* рибейро (сорт вина)

ribera *f* берег

ribereño 1. *adj* береговой, прибрежный **2.** *m* житель побережья

ribete *m* 1) кромка 2) *(aumento)* увеличение, рост 3) *(en una conversación)* прикрасы, преувеличение

ribetear *vt* делать кромку, кантовать

ricach|o, -a *m/f coloq desp* выскочка, парвеню

ricamente *adv* богато

ricino *m bot* клещевина ◆ **aceite de** ~ касторовое масло

ric|o 1. *adj* 1) богатый, состоятельный 2) *(abundante)* богатый, обильный 3) *(lujoso)* богатый, пышный 4) *(sabroso)* вкусный 5) *(dicho de una tierra)* плодотворный **2. , -a** *m/f* богач, -ка

ricura *f* великолепие, пышность

ridi *adj Arg. coloq* смешной

ridículamente *adv* смешно, смешным образом

ridiculez *f* 1) смехотворность, нелепость 2) *(excesiva delicadeza)* щепетильность, деликатность 3) *(cosa de poca importancia)* безделица, мелочь

ridiculizar *vt* высмеивать, осмеивать

ridículo *adj* 1) смешной, смехотворный 2) *(de poca importancia)* незначительный, скудный 3) *(extraño, irregular)* нелепый, дурацкий ◆ **quedar en** ~ попасть в дурацкое (нелепое) положение

riego *m* орошение ◆ ~ **sanguíneo** кровообращение

riel *m* рельс

rienda *f* 1) вожжа, повод 2) *(control)* правление ◆ **dar** ~ **suelta** давать полную волю

riesgo *m* риск, опасность ◆ **correr un** ~ рисковать

riesgoso *adj Am.* рискованный, авантюрный

rifa *f* лотерея

rifar *vt* разыгрывать (в лотерее)
rifle *m* нарезное ружьё, винтовка
rigidez *f* 1) твёрдость, жёсткость 2) *(rigurosidad)* строгость
rígido *adj* 1) твёрдый, жёсткий 2) *(riguroso)* строгий, суровый
rigor *m* 1) *(exactitud)* точность, скрупулёзность 2) *(dureza)* строгость, суровость ◆ **ser de** ~ быть обязательным
rigurosidad *f* 1) *(dureza)* строгость, жёсткость, суровость 2) *(exactitud)* точность, тщательность
riguroso *adj* 1) *(duro)* строгий, суровый, жёсткий 2) *(exacto)* точный, тщательный, скрупулёзный
rima 1. *f lit* рифма **2. -s** *fpl lit* стихи
rimador *m* рифмоплёт, рифмач
rimar *vi* рифмовать, быть созвучным
rimbombante *adj* 1) *(que resuena)* звучный, звонкий 2) *(ostentoso)* великолепный, пышный
rímel *m* тушь
riña *f* 1) *(verbal)* ссора, спор 2) *(física)* драка
rincón *m* угол
rinconada *f* угол двора
rinconera *f* угловой столик, угловой диван
ringlera *f* ряд, вереница
ringorrango *m* 1) *coloq (rasgo de pluma)* росчерк, завитушка 2) *coloq (adorno)* экстравагантное украшение
rinoceronte *m* носорог
riñón *m* почка ◆ **costar un** ~ очень дорого стоить
riñonera *f* поясная сумка
río *m* река, речка
rioja *m* риоха (сорт вина)
riojan|o 1. *adj* риохский, относящийся к провинции Ла-Риоха **2.** , **-a** *m/f* риохан|ец, -ка, житель, -ница (уроженец, уроженка) провинции Ла-Риоха
rioplatense 1. *adj* относящийся к бассейну реки Рио-де-ла-Плата **2.** *m/f* житель, -ница (уроженец, уроженка) района реки Рио-де-ла-Плата
ripio *m* 1) *(residuo)* осколок, остаток 2) *(guijarro)* булыжник 3) *(palabra)* слово-паразит 4) *(conjunto de palabras)* пустословие, болтовня
riqueza *f* 1) богатство, состоятельность 2) *(abundancia)* обилие, изобилие
risa *f* смех ◆ **morirse de** ~ умирать со смеху
risco *m* скала
riscoso *adj* скалистый
risible *adj* 1) *(capaz de reírse)* смешливый 2) *(digno de risa)* смехотворный, смешной
risita *f* смех (обычно фальшивый)
risotada *f* хохот
ristra *f* 1) связка 2) *coloq (fila)* ряд, цепь
risueño *adj* 1) смеющийся 2) *(que se ríe con facilidad)* смешливый 3) *(favorable)* благоприятный, многообещающий
rítmico *adj* ритмический
ritmo *m* ритм, темп
rito *m* обряд, ритуал
ritual 1. *adj* ритуальный **2.** *m* обряд, ритуал
ritualista *m* ритуалист
rival *m* соперник
rivalidad *f* соперничество, конкуренция
rivalizar *vi* соперничать
rizado *adj* кудрявый, курчавый
rizador 1. *adj* завивающий **2.** *m* плойка
rizar *vt* завивать
rizarse *vpron* завиваться
rizo *m* локон, завиток
rizoma *m bot* корень, корневище
rizoso *adj* кудрявый, курчавый
robar *vt* 1) красть, воровать, похищать похитить ~ *la bolsa* красть сумку 2) *(un establecimiento)* грабить ~ *un banco* грабить банк ◆ ~ **el corazón** покорять сердце
roble *m* дуб ◆ **fuerte como un** ~ сильный как дуб
robledal *m* дубовый лес, дубрава
roblón *m tecn* заклёпка
robo *m* 1) воровство, кража, похищение 2) *(de un establecimiento)* грабёж
robot *m* робот
robótica *f tecn* робототехника
robotizar *vt* роботизировать
robustecer *vt* укреплять, усиливать
robustecerse *vpron* укрепляться, усиливаться
robustez *f* сила, крепость
robusto *adj* крепкий, сильный, здоровый
roca *f* скала
rocambolesco *adj* невероятный, авантюрный
roce *m* 1) трение 2) *(ligero contacto)* касание 3) *(contacto entre personas)* постоянное общение 4) *(discusión)* конфликт, стычка
rochabús *m Am.* полицейский водомётный автомобиль
rociada *f* 1) опрыскивание 2) *(hierba con el rocío)* трава, покрытая росой 3) *(reprensión)* головомойка, замечание 4) *(conjunto de cosas)* поток, шквал, град
rociador *m* опрыскиватель, распылитель
rociar 1. *vt* 1) брызгать, кропить 2) *(arrojar cosas)* разбрасывать, раскидывать **2.** *vi* моросить, выпадать (о дожде, росе)
rocín *m* 1) кляча 2) *(caballo de trabajo)* ломовая лошадь 3) *coloq (hombre ignorante)* невежда, неуч
rocinante *m* кляча
rocío *m* 1) роса 2) *(lluvia corta)* короткий мелкий дождик
roción *f* 1) брызги 2) *(rocío)* роса
rock *m mús* рок
rockero *m mús* рокер
rococó *m arte* рококо
rocoso *adj* скалистый
rodaballo *m* тюрбо
rodada *f* след от колеса
rodado *adj* 1) *(dicho de un caballo)* в яблоках 2) *(que transcurre bien)* лёгкий, плавный
rodaja *f* 1) диск, колесо 2) *(tajada circular)* круглый ломтик, кружок
rodaje *m* 1) *auto* обкатка 2) *(preparación)* подготовка, приготовление 3) *(mecanismo)* колёсный механизм 4) *cine (de cine)* съёмка
rodamiento *m tecn* подшипник
rodante *adj* колёсный, на колёсах
rodapié *m* 1) *(friso)* фриз 2) *(de la cama)* подзор покрывала кровати 3) *(de un balcón)* нижняя часть балконной решётки

rodar 1. *vt* 1) *(coche)* обкатывать 2) *(filmar una película)* снимать **2.** *vi* 1) катиться, скатываться 2) *(dicho del transporte de ruedas)* ехать, катиться 3) *(girar)* вращаться, вертеться 4) *(vagar)* бродить, шататься ◆ **echarlo todo a ~** загубить всё дело
rodear 1. *vt* окружать **2.** *vi* обходить
rodeo *m* круговое движение ◆ **dar un ~** делать круг **sin ~s** *coloq* ясно, без обиняков
rodera *f* 1) след от колеса, колея 2) *(camino en el campo)* просёлочная дорога
rodete *m* 1) кичка, пучок волос 2) *(rotor)* импеллер
rodilla *f* колено ◆ **de ~s** на коленях
rodillera *f* наколенник
rodillo *m* 1) вал, валик 2) *(de cocina)* скалка 3) *(apisonadora)* каток
rododafne *m* олеандр
rododendro *m* рододендрон
rodrigón *m* стойка, подпорка
rodríguez *m coloq* муж, отправивший семью за город на отдых
roedor *m zool* грызун
roedura *f* 1) *(acción)* грызение 2) *(lugar)* обгрызанное место
roer *vt* 1) грызть 2) *(atormentar)* скрести
rogar *vt* умолять, просить
rogativa *f relig* молебен
rogatorio *adj* просящий, молящий
rojizo *adj* красноватый
rojo *adj* 1) красный, рыжий 2) *(izquierdista)* красный, коммунистический ◆ **glóbulo ~** *biol* красный кровяной шарик **números ~s** отрицательный баланс **ponerse ~** краснеть
rol[1] *m (papel)* роль
rol[2] *m* 1) *(rolde)* круг 2) *(lista)* список
rollito *m* 1) рулет 2) *Arg. Hond. coloq (pliegue de gordura)* жировая складка
rollizo 1. *adj* 1) *(grueso)* толстый, упитанный 2) *(redondo)* круглый **2.** *m (madero en rollo)* бревно
rollo *m* 1) валик, каток 2) *(de papel)* рулон 3) *(madero redondo)* бревно 4) *(pieza de autos)* досье, протокол судопроизводства 5) *coloq (cosa aburrida)* тягомотина 6) *coloq (relación amorosa)* роман
romadizo *m* насморк
romana *f* безмен
romance 1. *adj (dicho de una lengua)* романский **2.** *m* 1) *(idioma español)* испанский язык 2) *(novela de caballerías)* рыцарский роман 3) *lit* романс 4) *(relación amorosa)* роман, связь
romancero *m* 1) *(persona)* исполнитель романсов 2) *(colección de romances)* романсеро, сборник романсов
romaní *m* цыганский язык
románico *adj* романский
romanista *m* 1) *jur* специалист по римскому праву 2) *ling* романист, специалист по романским языкам
romanización *f* романизация
roman|o 1. *adj* римский **2.** , **-a** *m/f* римлян|ин, -ка ◆ **cifras ~as** римские цифры
romanticismo *m* романтизм
romántico *adj* романтический
romanza *f mús* романс
rombo *m* 1) *geom* ромб 2) *(pez)* тюрбо
romboédrico *adj geom* ромбоэдрический
romboedro *m geom* ромбоэдр
romboide *m geom* ромбоид
romería *f* паломничество
romero[1] *m (planta)* розмарин
romero[2] **1.** *adj (que peregrina)* паломнический **2.** *m (peregrino)* паломник
romesco *m* ромеско (соус)
romo *adj* 1) тупой, затупленный 2) *(dicho de la nariz)* курносый
rompebolas *m Arg. vulg* назойливый человек
rompecabezas *m* головоломка
rompecorazones *m coloq* сердцеед, донжуан
rompedero *adj* хрупкий, ломкий
rompehielos *m* ледокол
rompehuelgas *m* штрейкбрехер
rompeolas *m nav* волнолом, волнорез
romper 1. *vt* 1) ломать 2) *(un vidrio)* разбивать 3) *(el papel, la ropa)* порывать 4) *(relaciones)* разрывать, порывать 5) *(interrumpir)* прерывать 6) *(arrancar)* отрывать **2.** *vi* 1) *(ponerse a hacer algo repentinamente)* начинать *~ a llorar* заплакать 2) *(dicho de las olas)* разбиваться ◆ **~ el corazón a alg** разбить сердце кому-л
romperse *vpron* 1) ломаться 2) *(dicho de un vidrio)* разбиваться 3) *(dicho del papel o la ropa)* рваться 4) *(interrumpirse)* прерываться 5) *(arrancarse)* вырываться, отламываться
rompiente 1. *adj* ломающий, разбивающий **2.** *m* отмель, место прибоя
rompimiento *m* 1) *(acción)* разламывание, ломание 2) *(lugar roto)* разлом, трещина 3) *(desavenencia)* ссора, размолвка
ron *m* ром
roña 1. *f* 1) липкая грязь 2) *(herrumbre)* ржавчина 3) *(sarna del ganado)* овечья парша 4) *(corteza del pino)* сосновая кора 5) *coloq (mezquindad)* жадность **2.** *m/f coloq* скряга, жадина
roncar *vi* храпеть
roncha *f* 1) волдырь, шишка 2) *(cardenal)* синяк
ronco *adj* хриплый, сиплый *quedar ~* охрипнуть
ronda *f* 1) *mil* проверка постов 2) *(carretera de circunvalación)* окружная дорога, кольцо 3) *pol sport* раунд, круг, тур
ronda|r 1. *vt* 1) обходить кругами, кружить 2) *(amagar)* одолевать, обнаруживать симптомы *me ~ el sueño* меня одолевает сон **2.** *vi* 1) *(andar de noche)* гулять ночью 2) *mil (patrullar por la noche)* совершать ночной обход
rondón *m* : de ~ внезапно
ronera *f* завод по производству рома
roñería *f coloq* жадность, скупость
roñoso *adj* 1) *(que padece roña)* паршивый 2) *(sucio)* грязный, замызганный 3) *(oxidado)* ржавый 4) *coloq (mezquino)* жадный, скупой
ronquera *f* хрипота
ronquido *m* хрип
ronronear *vi* мурлыкать
ronroneo *m* мурлыканье
ronzal *m* недоуздок

ropa *f* одежда ◆ ~ **de cama** постельное бельё ~ **interior** нижнее бельё
ropaje *m* одежда, наряд
ropería *f* 1) гардероб 2) *(tienda)* магазин одежды
ropero *m* гардероб
ropón *m* длинная верхняя одежда
roque[1] *m* 1) *ajedr* ладья 2) *hist (carro de dos ruedas)* двуколка, двухколёсная повозка
roque[2] *adj coloq* спящий, в состоянии сна *quedarse* ~ уснуть
roquedal *m* скалистая местность
roqueño *adj* 1) скалистый 2) *(duro)* каменный, твёрдый
roquero[1] *adj* скалистый
roquero[2] **1.** *adj mús* роковый, относящийся к рок-музыке **2.** *m mús* рокер
rorcual *m* полосатик, полосатиковый кит
rorro *m coloq* грудной ребёнок
ros *m mil* кепи
rosa 1. *f* роза **2.** *m* розовый цвет **3.** *adj inv* розовый ◆ **(fresco) como una** ~ (свежий) как огурчик **prensa** ~ жёлтая пресса ~ **de los vientos** роза ветров **ver todo de color de** ~ смотреть сквозь розовые очки
rosáce|o 1. *adj* розоватый **2. -as** *fpl bot* розовые
rosado *adj* розовый
rosal *m* розовый куст
rosaleda *f* розарий
rosario *m* 1) *relig* молитва к Деве Марии 2) *relig (sarta de cuentas)* чётки *pasar el* ~ перебирать чётки 3) *(serie)* ряд, вереница
rosbif *m* ростбиф
rosca *f* 1) спираль 2) *tecn (tornillo)* винт 3) *(bollo)* крендель, баранка 4) *(vuelta de espiral)* виток спирали 5) *Arg. (riña)* ссора 6) *Am. (camarilla)* клика ◆ **hacer la** ~ **a alg** обхаживать кого-л **no comerse una** ~ *coloq* не иметь успеха (чаще о любви)
rosco *m* крендель, витой хлеб
roscón *m* крендель, баранка
roseta *f* 1) румянец 2) *(de la regadera)* ситечко лейки 3) *bot* розетка 4) *(arete)* серьга с драгоценным камнем
rosetón *m arquit* роза
rosquete *m* крендель, баранка
rosquilla *f* пончик
rosticería *f Méx. Nic.* кафе, в котором подают жареную курятину
rostizar *vt Méx. El Salv. Hond.* жарить мясо
rostro *m* лицо
rota[1] *f* 1) *nav* курс 2) *mil (derrota)* поражение
rota[2] *f bot* пальма
rotación *f* 1) *(movimiento circular)* вращение 2) *(sustitución)* чередование, смена, ротация 3) *agric* ротация
rotar *vi* 1) *(rodar)* вращаться, крутиться 2) *(en un trabajo)* меняться, чередоваться
rotario 1. *adj* ротарианский **2.** *m* ротарианец
rotativa *f impr* ротационная машина
rotativo 1. *adj* 1) вращающийся 2) *impr* ротационный **2.** *m* газета
rotatorio *adj* вращающийся
rotisería *f Ch. Arg. Ur.* торговля на вынос
roto *adj* 1) сломанный 2) *(dicho de un vidrio)* разбитый 3) *(dicho de una persona)* измотанный, уставший
rotonda *f* круговая развязка
rotor *m tecn* ротор
rotoso *adj Am.* рваный, ободранный
rótula *f* коленная чашка
rotulación *f* нанесение надписей
rotulador *m* фломастер, маркер
rotular *vt* делать надпись
rotulista *m/f* художник, оформляющий вывески
rótulo *m* вывеска, надпись
rotundamente *adv* наотрез, категорически ◆ **negarse** ~ отказаться наотрез
rotundidad *f* категоричность
rotundo *adj* категорический, полный, чёткий
rotura *f* 1) *(acción de romper)* ломка, разрывание, разбивание 2) *(resultado)* разлом, разрыв
roturación *f* 1) распашка, вспашка 2) *(terreno roturado)* вспаханное поле, поднятая целина
roturar *vt* распахивать, вспахивать, поднимать целину
roya *f* ржавчинные грибы
roza *f* 1) корчёвка, выкорчёвывание 2) *(surco)* паз, углубление 3) *(tierra)* земля, расчищенная под пашню
rozadora *f tecn* врубовая машина
rozadura *f* 1) *(acción)* трение 2) *(lugar)* потёртость 3) *(herida)* ссадина, царапина
rozamiento *m* 1) трение 2) *(disensión)* разлад, тёрки
rozar 1. *vt* 1) *(limpiar la tierra)* корчевать, расчищать землю 2) *(quitar una parte de la superficie)* стирать, срезать **2.** *vt/i (pasar tocando)* касаться (кого/чего-л), задевать
rozarse *vpron* 1) тереться 2) *(dicho de personas)* дружить, водить знакомство
roznar *vt* чавкать, хрустеть при еде
roznido *m* чавканье, хруст
ruana *f* 1) шерстяная ткань 2) *(manta raída)* изношенная шаль 3) *Ven. Col. (poncho)* пончо
ruand|és 1. *adj* руандийский **2. , -esa** *m/f* руандиец, -ка
rubéola *f med* краснуха
rubí *m* рубин ◆ **color** ~ рубиновый цвет
rubia[1] *f (moneda árabe)* рупия
rubia[2] *f (planta)* марена
rubia[3] *f* V. rubio
rubicundo *adj* 1) рыжий 2) *(dicho de una persona)* румяный, здоровый
rubi|o 1. *adj* русый, светловолосый, белокурый **2. , -a** *m/f* блондин, -ка
rublo *m* рубль
rubor *m* румянец
ruborizarse *vpron* краснеть, заливаться румянцем
rúbrica *f* 1) подпись 2) *(en un periódico)* раздел
rubricar *vt* 1) *(un documento)* заверять, визировать 2) *(poner la firma)* подписывать 3) *(dar testimonio)* засвидетельствовать, подтверждать
ruca[1] *f* V. rúcula
ruca[2] *f Ch. Arg. (vivienda)* индейская хижина
rucio *adj* 1) *(dicho de animales)* серый, сивый 2) *coloq (entrecano)* седоватый, с проседью
rúcula *f* руккола

rudeza *f* грубость, неотёсанность
rudimental *adj* зачаточный, начальный, рудиментарный
rudimentario *adj* 1) *(inicial)* зачаточный, начальный 2) *(primitivo)* примитивный
rudimento *m* 1) *biol* зачаток, рудимент 2) *(inicio)* зачаток, элементарное понятие 3) *mús (en instrumentos de percusión)* рудимент
rudo *adj* 1) грубый, неотёсанный 2) *(duro)* сложный, тяжёлый, жёсткий
rueca *f* 1) *(instrumento)* прялка 2) *(torcimiento)* искривление
rueda *f* колесо ◆ **ir sobre ~s** идти как по маслу **silla de ~s** (инвалидная) коляска **~ de prensa** пресс-конференция **~ de recambio** запасное колесо
ruedo *m* 1) вращение 2) *(círculo)* окружность 3) *(estera pequeña)* коврик, половик 4) *taur* арена для боя быков
ruego *m* просьба
rufián *m* 1) сутенёр 2) *desp* негодяй, подлец
rugby *m* регби
rugido *m* 1) *(de un animal)* рычание, рык 2) *(de una persona)* вопль, крик 3) *(estruendo)* грохот, рёв 4) *(de tripas)* урчание в животе
rugir *vi* 1) *(dicho de un animal)* реветь, рычать 2) *(dicho de una persona)* вопить, кричать 3) (dicho de las tripas) урчать (о животе)
rugosidad *f* шероховатость, шершавость
rugoso *adj* шероховатый, шершавый
ruibarbo *m* ревень
ruido *m* 1) шум, гул *hacer ~* шуметь 2) *(alboroto)* шум, крик 3) *(repercusión)* шум, резонанс, отголосок
ruidoso *adj* шумный, громкий
ruin *adj* 1) *(vil)* подлый, низкий 2) *(humilde)* ничтожный, жалкий 3) *(mezquino)* жадный, скупой
ruina **1.** *f* 1) *(destrucción)* разрушение 2) *(económica)* разорение, банкротство 3) *(caída, decadencia)* крах, крушение **2.** **-s** *fpl* развалины, руины
ruindad *f* подлость, низость
ruinoso *adj* 1) ветхий, разваливающийся 2) *(destructivo)* разрушительный, губительный
ruiseñor *m* соловей
rulemán *m Am. tecn* подшипник
rulero *m Am.* бигуди
ruleta *f* рулетка
rulete *m* V. ruleta
ruletero *m* 1) *Am.* владелец рулетки 2) *Méx. El Salv. (conductor)* шофёр 3) *Hond. (conductor de taxi)* таксист
rulo *m* 1) *(bola)* шар 2) *(rizo de pelo)* завиток 3) *(cilindro para el pelo)* бигуди
ruman|o **1.** *adj* румынский **2.** **, -a** *m/f* румын, -ка **3.** *m (lengua)* румынский язык
rumba *f mús* румба
rumbeador *m Arg. Ur. coloq* проводник
rumbear[1] *vi* 1) *Am. (orientarse)* ориентироваться 2) *Am. (ir hacia un lugar)* направляться
rumbear[2] *vi (bailar la rumba)* танцевать румбу
rumbo[1] *m* 1) *nav* курс, направление *cambio de ~* смена курса 2) *(camino)* путь, линия поведения *tomar otro ~* пойти по другому пути; *sin ~ fijo* бесцельно
rumbo[2] *m (pompa)* роскошь
rumboso *adj* 1) *coloq (pomposo)* великолепный, пышный 2) *coloq (dadivoso)* щедрый
rumia *f* жвачка, жевание
rumiante **1.** *adj* жвачный **2.** *m zool* жвачное животное
rumiar *vi* 1) *(dicho de los animales)* пережёвывать 2) *coloq (pensar)* обдумывать, обмозговывать
rumor *m* 1) *(de personas)* молва, слух 2) *(de cosas)* шум, гул
rumorearse *vpron* распространяться, ходить (о слухах)
rumoreo *m* сплетня
rumoroso *adj* шумный, шумливый
runa[1] *f (inscripción)* руна
runa[2] *m (hombre indio)* индеец
rúnico *adj* рунический
runrún *m* 1) *(ruido)* шум 2) *(ruido confuso)* неясный шум, гул 3) *coloq (rumor)* слух
rupestre *adj* 1) горный, скалистый, утёсистый 2) *(rudo)* грубый, примитивный 3) *(dicho del arte)* наскальный, пещерный
ruptura *f* 1) *(de una relación)* разрыв, ссора 2) *med* перелом
rural *adj* сельский, деревенский
rus|o **1.** *adj* русский, российский **2.** **, -a** *m/f* русск|ий, -ая, россиян|ин, -ка **3.** *m* русский язык
rústica *f impr* мягкая обложка
rusticidad *f* неотёсанность, некультурность
rústico *adj* деревенский, сельский
rustidera *f* противень
ruta *f* 1) дорога, путь 2) *(recorrido)* маршрут, линия ◆ **hoja de ~** *pol* дорожная карта
rutilante *adj* блестящий, сверкающий
rutina *f* рутина
rutinario *adj* рутинный

S

sábado *m* суббота *vendré el* ~ я приду в субботу
sábalo *m* бешенка
sabana *f* саванна
sábana *f* простыня
sabandija *f* 1) *(insecto pequeño)* насекомое, букашка 2) *(reptil pequeño)* ящерица 3) *(persona despreciable)* тварь, гад
sabaner|o 1. *adj* саванный, степной **2.** *m* 1) *(ave)* овсянка 2) *Am. (vaquero)* пастух **3. , -a** *m/f* житель, -ница (уроженец, уроженка) саванны
sabanilla *f* 1) *relig* алтарный покров 2) *(pañuelo, toalla)* платок, полотенце
sabañón *m* обмороженное место ◆ **comer como un** ~ быть прожорливым
sabático *adj* субботний ◆ **año** ~ академический отпуск
sabatino 1. *adj* субботний **2.** *m catól* церковная служба в субботу
sabedor *adj* знающий
sabelotodo *m/f coloq* всезнайка
saber 1. *vt* 1) *(tener conocimiento)* знать 2) *(estar instruido en algo)* знать, разбираться (в чём-л), знать толк (в чём-л) 3) *(tener capacidad)* уметь 4) *(enterarse)* узнавать **2.** *vi* 1) **(de u/c)** *(tener noticias o información)* быть осведомлённым (о чём-л) 2) **(a u/c)** *(tener sabor)* иметь вкус (чего-л), отдавать (чем- л) **3.** *m* 1) *(conocimiento)* знание 2) *(capacidad)* умение ◆ **a** ~ а именно
sabido *adj* 1) *(que es conocido)* известный 2) *(que sabe mucho)* знающий ◆ **como es** ~ как известно
sabiduría *f* 1) мудрость 2) *(conocimiento profundo)* учёность, образованность 3) *(conducta prudente)* благоразумие, мудрость
sabiendas *inv* : a ~ зная, что
sabihond|o, -a *m/f coloq* всезнайка
sabina *f* можжевельник
sabio 1. *adj* 1) мудрый 2) *(formado)* образованный **2.** *m* 1) мудрец 2) *(persona con profundos conocimientos)* учёный
sabiond|o, -a *m/f coloq* V. sabihondo
sablazo *m* 1) *(golpe)* удар саблей, сабельный удар 2) *(herida)* сабельная рана 3) *coloq* выманивание денег, попрошайничество
sable *m* 1) сабля 2) *(pez)* рыба-сабля
sablista *m/f* саблист
sabor *m* вкус
saborear *vt* смаковать, ощущать на вкус
sabotaje *m* саботаж, диверсия
saboteador *m/f* саботажник, диверсант
sabotear *vt* саботировать, заниматься диверсией
sabrosera *f C. Rica* вкуснятина
sabroso *adj* вкусный
sabuco *m* V. saúco
sabueso *m* 1) *(perro)* собака-ищейка 2) *(persona)* следователь, сыщик
saca[1] *f* 1) *(acción de sacar)* извлечение, вытаскивание 2) *(exportación)* экспорт, вывоз 3) *(copia de un documento)* копия документа
saca[2] *m (costal)* большой мешок
sacabocados *m* 1) *(instrumento)* пробойник 2) *(medio eficaz)* эффективное средство
sacabotas *m* приспособление для снятия обуви
sacabullas *m/f* вышибала
sacacorchos *m* штопор
sacagrapas *m* антистеплер
sacaleches *m* молокоотсос
sacamanchas *m* пятновыводитель
sacamuelas *m* 1) зубодёр 2) *(persona que habla mucho)* краснобай, болтун 3) *(embaucador)* обманщик, шарлатан ◆ **mentir como un** ~ врать как сивый мерин
sacapuntas *m* точилка
sacar *vt* 1) вынимать, извлекать, вытаскивать 2) *(un billete, una entrada)* покупать, доставать 3) *(conseguir)* получать 4) *(extraer)* удалять, извлекать 5) *(apartar de un lugar o condición)* вытаскивать, спасать 6) *sport* подавать ◆ ~ **conclusiones** делать выводы ~ **de quicio** выводить из себя ~ **provecho (partido) (de u/c)** извлекать пользу (из чего-л) ~ **punta** оттачивать ~ **una foto** фотографировать
sacarina *f* сахарин
sacarosa *f quím* сахароза, тростниковый сахар
sacarse *vpron* снимать с себя
sacerdocio *m* священство, жречество
sacerdotal *adj* священнический, жреческий
sacerdote *m* священник
sacerdotisa *f* жрица
sachavaca *f* тапир
saciado *adj* сытый, наевшийся, напившийся
saciar *vt* 1) насыщать, утолять ~ *el hambre* утолять голод 2) *(satisfacer)* удовлетворять, пресыщать
saciarse *vpron* 1) насыщаться, наедаться, напиваться 2) *(satisfacerse)* довольствоваться, удовлетворяться
saciedad *f* насыщение, сытость
saco *m* мешок ◆ ~ **de dormir** спальный мешок
sacramental *adj* сакраментальный, ритуальный
sacramentar *vt* 1) *relig (pan)* освящать 2) *relig (a un enfermo)* соборовать 3) *(ocultar)* прятать, скрывать
sacramento *m* 1) *relig* таинство *últimos s* соборование 2) *(misterio)* тайна
sacrificado *adj* 1) *(objeto de sacrificio)* жертвенный 2) *(duro)* тяжёлый, трудный
sacrificar *vt* 1) приносить в жертву, жертвовать 2) *(matar a un animal)* закалывать, забивать
sacrificarse *vpron* жертвовать собой
sacrificio *m* 1) жертвование 2) *(ceremonia)* жертвоприношение

sacrilegio *m* кощунство, святотатство
sacrílego *adj* кощунственный, святотатственный
sacristán *m* 1) *relig* причетник, дьячок 2) *relig (persona que guarda la sacristía)* ризничий
sacristía *f relig* ризница
sacro 1. *adj* 1) священный, святой 2) *anat* крестцовый *hueso* ~ крестцовая кость **2.** *m anat* крестец
sacrón *m coloq* вымогатель, мошенник
sacrosanto *adj* священный, святой
sacudida *f* встряхивание, сотрясение
sacudido *adj* 1) *(áspero)* резкий, грубый 2) *(resuelto)* решительный, резкий
sacudidor *adj* встряхивающий
sacudimiento *m* встряхивание, сотрясение
sacudir *vt* 1) трясти, встряхивать 2) *(pegar a alg)* бить, колотить 3) *(conmocionar)* потрясать
sacudirse *vpron* 1) отряхиваться, встряхиваться 2) **(de alg o u/c)** *(eludir)* отделываться (от кого/чего-л)
sádic|o 1. *adj* садистский **2.** *m/f* садист, -ка
sadismo *m* садизм
sado *adj* садистский
sadomasoquismo *m* садомазохизм
sadomasoquista 1. *adj* садомазохистский **2.** *m/f* садомазохист, -ка
saeta *f* 1) стрела 2) *(de reloj, de brújula)* стрелка 3) *mús* саэта ◆ **echar** ~ метать громы и молнии
safari *m* сафари
saga[1] *f (hechicera)* волшебница, колдунья
saga[2] *f lit* сага
sagacidad *f* проницательность, прозорливость
sagaz *adj* проницательный, прозорливый
sagitario *adj astr* Стрелец
sagrado *adj* святой, священный
sagrario *m relig* дарохранительница
sagú *m* 1) саговник, саговая пальма 2) *Am. Cent.* маранта 3) *(fécula)* саго
saharaui 1. *adj* сахарский **2.** *m/f* житель, -ница (уроженец, уроженка) Сахары
sahariana *f* летняя куртка
sahumar *vt* окуривать благовониями
sahumerio *m* 1) *(acción)* окуривание 2) *(humo aromático)* благовоние
sainete *m* 1) *teat* сайнете, одноактная комедия 2) *(salsa)* соус, приправа
sainetero *m teat* автор сайнете
sainetesco *adj* комедийный
sajar *vt* вскрывать, разрезать
saj|ón 1. *adj* саксонский **2.** , **-ona** *m/f* саксон|ец, -ка
sake *m* сакэ
sal *f* 1) соль 2) *(agudeza)* соль, острота 3) *(gracia)* грациозность
sala *f* 1) помещение, зал 2) *jur* зал судебных заседаний ◆ **fútbol** ~ *sport* мини-футбол ~ **de espera** зал ожидания ~ **de estar** гостиная ~ **de operaciones** *med* операционная
salabardo *m* V. salabre
salabre *m pesc* сачок для рыбы
salacot *m* тропический шлем
saladero *m* солильня
saladillo *m* свежепросоленное сало
salado *adj* 1) солёный 2) *(gracioso, agudo)* остроумный, пикантный
saladura *f* соление, засол
salamandra *f* 1) саламандра 2) *mitol* саламандра, дух огня 3) *quím* квасцы
salamanquesa *f* геккон, ящерица
salami *m* салями
salar *vt* солить
salarial *adj* зарплатный, относящийся к зарплате
salario *m* заработная плата, зарплата, оклад
salazón *f* 1) соление 2) *(carnes o pescados salados)* солонина 3) *(industria)* солильная промышленность
salceda *f* ивняк
salchicha *f* сосиска ◆ **perro** ~ такса
salchichería *f* колбасная лавка
salchichero *m* колбасник
salchichón *m* вяленая колбаса
saldar *vt* 1) погашать счёт, рассчитываться 2) *(vender a bajo precio)* распродавать по сниженным ценам 3) *(un asunto)* закрывать
saldo *m* 1) *(resultado de una cuenta)* сальдо, итог 2) *(resto de mercancías)* остаток 3) *(rebaja)* распродажа
saledizo 1. *adj* выступающий, выдающийся **2.** *m arquit* выступ
salero *m* 1) *(recipiente)* солонка 2) *coloq (gracia)* грациозность, остроумие
saleroso *adj coloq* остроумный, грациозный
salesiano 1. *adj relig* салезианский **2.** *m relig* салезианец
salida *f* 1) выход, выезд 2) *(de una situación)* выход, решение 3) *(de un tren)* отбытие, отправление 4) *(de un avión)* вылет 5) *econ (venta)* сбыт 6) *sport* старт ◆ **callejón sin** ~ тупик ~ **de emergencia** аварийный выход **sin** ~ безвыходный, безысходный
salido *adj* 1) выступающий, выдающийся 2) *coloq (dicho de una persona)* сексуально озабоченный
saliente 1. *adj* выступающий **2.** *m* 1) *(este)* восток 2) *(parte que sobresale)* выступ
salina *f* соляная копь, соляной рудник
salinidad *f* солёность
salino *adj* 1) солёный 2) *(dicho de una vaca)* в белых пятнах
salir *vi* 1) выходить, выезжать 2) *(referido al sol)* восходить 3) *(partir)* отправляться, уезжать 4) *(dicho de una edición)* выходить 5) **(por u/c)** *(costar un dinero)* обходиться (во что-л.) 6) *(conseguirse)* получаться 7) **(a alg)** *(parecerse)* походить (на кого-л) 8) **(con alg)** *(frecuentar el trato por motivos amorosos)* встречаться (с кем-л) ◆ ~ **pitando** броситься наутёк
salirse *vpron* 1) *(dicho de un líquido)* вытекать, переливаться через край 2) *(dicho de un líquido que hierve)* убегать, переливаться через край 3) *(dicho de una vasija)* протекать, течь ◆ ~ **de sus casillas** дойти до белого каления ~ **con la suya** добиваться своего
salitre *m quím* селитра
salitroso *adj quím* селитряной, селитровый
saliva *f* слюна
salivación *f* слюноотделение
salivadera *f Am. Mer.* плевательница

salivajo *m* V. salivazo

salivar *vi* выделять слюну

salivazo *m* плевок

salmantin|o 1. *adj* саламанкский **2.** , **-a** *m* житель, -ница Саламанки

salmista *m* 1) *relig (autor de salmos)* автор псалмов 2) *relig (cantante de salmos)* псалмопевец

salmo *m relig* псалом

salmodia *f* 1) *relig* пение псалмов 2) *coloq (canto monótono)* монотонное пение

salmodiar 1. *vt coloq* монотонно петь **2.** *vi relig* петь псалмы

salmón *m* лосось

salmonela *f biol* сальмонелла

salmonete *f* султанка, барабулька

salmuera *f* рассол, раствор соли

salobre *adj* солёный

salón *m* 1) зал 2) *(sala de estar)* гостиная 3) *(instalación comercial)* салон, выставка ◆ ~ **de actos** актовый зал ~ **de belleza** салон красоты

salpicadera *f* 1) *Méx.* разбрызгивание, распыление 2) *Méx. (guardabarros)* брызговик

salpicadero *m auto* приборная панель

salpicadura *f* обрызгивание, забрызгивание

salpicar 1. *vi* брызгать **2.** *vt* обрызгивать, забрызгивать

salpicón 1. *adj Cub. (coqueto)* кокетливый **2.** *m* 1) *(comida)* салат из морепродуктов 2) *coloq (pedazos menudos)* крошево

salpullido *m* сыпь

salsa *f* 1) соус 2) *mús* сальса ◆ **en su** ~ *coloq* как рыба в воде

salsamentaría *f Col.* мясная лавка

salsera *f* соусник

saltador 1. *adj* прыгающий, скачущий **2.** *m* 1) *sport* прыгун 2) *(comba)* скакалка

saltamontes *m* кузнечик

saltar 1. *vi* 1) прыгать, скакать 2) *(desde una altura)* спрыгивать, прыгать 3) *(explotar)* взрываться **2.** *vt* 1) перепрыгивать, перескакивать 2) *(omitir)* пропускать

saltarse *vpron coloq (una acción obligada)* нарушать, не соблюдать ~ *la cola* пройти без очереди; ~ *las normas* нарушать правила

salteado *adj* жареный, обжаренный

salteador *m* грабитель, разбойник

saltear *vt* 1) *(sofreír)* обжаривать в масле 2) *(saquear)* грабить, разбойничать

salterio *m* 1) *relig* псалтырь 2) *mús* гусли

saltimbanqui *m coloq* уличный акробат

salto *m* 1) прыжок, скачок 2) *(despeñadero)* обрыв 3) *(de agua)* водопад 4) *(en un texto)* пропуск ◆ ~ **mortal** сальто-мортале

salt|ón 1. *adj* 1) прыгающий, скачущий 2) *(que sobresale)* выступающий, выпученный *ojos ~ones* глаза навыкате **2.** *m (saltamontes)* кузнечик

salubre *adj* целебный, полезный

salubridad *f* целебность, полезность

salud *f* здоровье ◆ ¡ ~! привет!

saludable *adj* 1) *(bueno para la salud)* целебный, полезный для здоровья 2) *(de aspecto sano)* здоровый

saludador 1. *adj* приветствующий **2.** *m (curandero)* знахарь

saludar *vt* 1) приветствовать, здороваться (с кем-л) 2) *(enviar saludos)* передавать привет (кому-л)

saludo *m* приветствие, привет ◆ **dar ~s (a alg)** передавать привет (кому-л)

salutación *f* приветствие

salva *f* залп, салют

salvación *f* спасение

salvado *m* отруби *pan de* ~ хлеб с отрубями

salvador *m/f* спаситель

salvadoreñ|o 1. *adj* сальвадорский **2.** , **-a** *m/f* житель, -ница (уроженец, уроженка) Сальвадора

salvaguardar *vt* защищать, охранять

salvaguardia *f* 1) охрана, защита 2) *(documento)* охранная грамота

salvajada *f* дикость, варварство

salvaje *adj* 1) дикий 2) *(dicho de un terreno)* невозделанный, бесплодный 3) *(falto de educación)* грубый, хамский

salvajina *f* 1) *(animales)* дикие животные 2) *(pieles)* шкуры диких животных 3) *(carne)* мясо диких животных, дичь

salvajismo *m* дикость, варварство

salvamanteles *m* подставка под горячее

salvamento *m* спасение ◆ **lancha de** ~ спасательная лодка

salvapantallas *m* заставка (на экране компьютера)

salvar *vt* 1) **(de alg o u/c)** спасать (от чего-л) 2) *(un obstáculo, una dificultad)* преодолевать 3) *(exceptuar)* исключать

salvarse *vpron* спасаться

salvaslip *m* гигиеническая прокладка

salvavidas *m* спасательный круг ◆ **bote** ~ спасательная лодка/шлюпка **chaleco** ~ спасательный жилет

salve 1. *interj poét* здравствуй **2.** *f relig* Сальве Регина

salvedad *f* 1) оговорка 2) *(enmienda)* исключение из правил

salvia *f* шалфей, сальвия

salvo 1. *adj* целый, невредимый **2.** *prep* кроме (кого/чего-л), за исключением (кого/чего-л) ◆ **a** ~ вне опасности **ponerse a** ~ укрываться **sano y** ~ целый и невредимый

salvoconducto *m* пропуск

samaritan|o 1. *adj* самаритянский **2.** , **-a** *m/f* самаритян|ин, -ка

samba *f danz* самба

sambenito *m* 1) *hist* санбенито 2) *(deshonra)* позор, бесчестье

samurái *m* самурай

san *adj* V. santo

saña *f* ярость, гнев

sanable *adj* излечимый

sanar 1. *vt* вылечивать, лечить **2.** *vi* выздоравливать

sanatorio *m* санаторий

sanción *f* 1) санкция, наказание, кара 2) *(aprobación)* санкция, утверждение

sancionar *vt* санкционировать

sancochar *vt* 1) недоваривать 2) *Cub. coloq peyor* плохо готовить

sancocho *m* 1) недоваренная еда 2) *Am. (ragú)* санкочо 3) *C. Rica (revoltijo)* мешанина, путаница

sandalia *f* сандалия, босоножка
sándalo *m* сандал
sandez *f* глупость, вздор
sandía *f* арбуз
sandinista 1. *adj pol* сандинистский **2.** *m/f pol* сандинист, -ка
sandio *adj* глупый, тупой
sandunga *f* 1) *coloq (donaire)* изящество, остроумие 2) *Ch. Col. P. Rico (parranda)* гулянка, тусовка
sandunguería *f coloq* изящество, остроумие
sandunguero *adj coloq* изящный, остроумный
sándwich *m* сэндвич
sandwichera *f* сэндвичница
saneado *adj* свободный от долгов
saneamiento *m* 1) *(garantía)* гарантия, обеспечение 2) *(fomentación de condiciones higiénicas)* оздоровление *canal de ~* осушительный канал 3) *(avance económico)* подъём, оздоровление
sanear *vt* 1) *(garantizar)* гарантировать, обеспечивать 2) *(reparar)* исправлять, чинить *sanear un defecto* устранять дефект 3) *(dar condiciones de salubridad)* оздоравливать, осушать 4) *(la economía)* оздоравливать, улучшать
sanfermines *mpl* Сан-Фермин, Санферминес
sangrado *m* 1) кровотечение 2) *impr* отступ
sangrante *adj* кровоточащий
sangrar *vi* кровоточить, течь (кровь)
sangre *f* 1) кровь 2) *(parentesco o linaje)* кровь, род ◆ **a ~ caliente** сгоряча **a ~ fría** хладнокровно **de pura ~** чистокровынй **~ azul** голубая кровь **~ fría** хладнокровие
sangría *f* 1) кровопускание 2) *impr (de un párrafo)* отступ 3) *(bebida)* сангрия
sangriento *adj* кровавый, окровавленный
sánguche *m Am.* сэндвич
sanguijuela *f* 1) пиявка 2) *(dicho de una persona)* пиявка, кровопийца
sanguinario *adj* кровожадный, свирепый
sanguíneo *adj* 1) кровавый 2) *anat* кровеносный *vasos ~s* кровеносные сосуды 3) *(dicho del carácter)* сангвинический ◆ **grupo ~** группа крови
sanguinolento *adj* кровянистый, кровавый
sanidad *f* здравоохранение
sanitario 1. *adj* 1) санитарный 2) *(higiénico)* гигиенический **2.** *m* 1) санитар 2) *(aparato sanitario)* сантехника
sanjacobo *m* кордон блю
sano *adj* 1) *(que goza de salud)* здоровый 2) *(bueno para la salud)* полезный, целебный ◆ **~ y salvo** целый и невредимый
sánscrito 1. *adj* санскритский **2.** *m* санскрит
sanseacabó *interj coloq* ну и дело с концом!
sansevieria *f* сансевиерия, сансевьера
Sansón *m relig* Самсон
santanderin|o 1. *adj* сантандерский **2. , -a** *m/f* сантандер|ец, -ка
santateresa *f* богомол
santero *m* 1) хранитель святыни 2) *arte* человек, изготавливающий изображения святых 3) *relig (adepto de santería)* последователь сантерии
santiaguista *m relig* член Ордена Сантьяго
santiamén *m* : en un ~ в один миг
santidad *f* 1) святость 2) *relig (tratamiento)* Святейшество
santificación *f* освящение
santificar *vt* 1) освящать 2) *(honrar)* восхвалять, прославлять
santiguar *vt relig* перекрещать, осенять крестным знамением
santiguarse *vpron relig* креститься, перекрещиваться
santísimo *adj relig* святейший
sant|o 1. *adj* 1) святой 2) *(sagrado)* священный **2.** *m/f* свят|ой, -ая **3.** *m (día del santo)* именины ◆ **¿a ~o de qué?** с какой стати?
santón *m* 1) аскет (не христианин), дервиш 2) *coloq (que aparenta santidad)* ханжа, святоша 3) *coloq (viejo influyente)* старейшина
santoral *m* 1) *relig (vidas de los santos)* жития святых 2) *relig (lista de los santos)* святцы
santuario *m* святилище, храм
santulón *m Am.* ханжа, святоша
santurrón *m* ханжа, святоша
sapo *m* жаба
saponificación *f quím* омыление
saponificar *vt quím* превращать в мыло
saque *m sport* подача
saqueador 1. *adj* грабительский **2.** *m* грабитель
saquear *vt* грабить, мародёрствовать
saqueo *m* грабёж, мародёрство
sarampión *m* корь
sarao *m* вечеринка, тусовка
sarape *m* сарапе (шерстяной плащ)
sarasa *m coloq* гомосексуалист
sarcasmo *m* сарказм
sarcástico *adj* саркастический
sarcófago *m* саркофаг
sarcoma *m med* саркома
sardana *f* сардана (каталонский народный танец)
sardina *f* сардина
sardinero 1. *adj* сардинный **2.** *m* торговец сардинами
sardónic|o *adj* сардонический *risa ~a* сардонический смех
sarga[1] *f (tela)* саржа
sarga[2] *f (planta)* ива
sargento *m mil* сержант
sargentona *f* 1) *coloq* властная женщина 2) *coloq desp (mujer hombruna)* мужеподобная женщина, хабалка
sargo *m* кефаль
sari *m* сари
sarmiento *m* виноградная лоза
sarna *f* чесотка ◆ **más viejo que la ~** очень старый **~ con gusto no pica** охота пуще неволи
sarnoso *adj* чесоточный
sarpullido *m* V. salpullido
sarracen|o 1. *adj* сарацинский **2. , -a** *m/f* сарацин, -ка
sarracina *f* 1) *(pelea confusa)* стычка, свалка 2) *(riña sangrienta)* бойня, резня
sarro *m* 1) *(sedimento)* накипь, осадок 2) *(en los dientes)* налёт, зубной камень
sarroso *adj* с осадком, покрытый налётом
sarta *f* 1) нитка, связка 2) *(de personas)* вереница, ряд 3) *(serie)* ряд, череда
sartén *f* сковорода, сковородка

sastre *m* портной

sastrería *f* 1) *(profesión)* портняжное ремесло 2) *(taller)* портняжная мастерская

satán *m* дьявол, сатана (о человеке)

Satanás *m relig* сатана

satánico *adj* сатанинский, дьявольский

satélite *m* спутник

satén *m* атлас

satinado *adj* атласный

satinar *vt* сатинировать

sátira *f* сатира

satírico *adj* сатирический

satirizar 1. *vt* высмеивать, поднимать на смех **2.** *vi (escribir satiras)* писать сатиры

sátiro 1. *adj* язвительный, ехидный **2.** *m* 1) *mitol* сатир 2) *(hombre lascivo)* развратник, распутник

satisfacción *f* 1) удовлетворение, удовлетворённость 2) *(acción que responde a una queja)* удовлетворение, сатисфакция

satisfacer *vt* 1) удовлетворять 2) *(una deuda)* гасить 3) *(la sed, el hambre, etc.)* утолять 4) *(cumplir unos requisitos)* удовлетворять (чему-л), соответствовать (чему-л) 5) *(compensar)* возмещать ущерб

satisfactorio *adj* удовлетворительный

satisfecho *adj* 1) **(con alg o u/c)** удовлетворённый (кем/чем-л), довольный (кем/чем-л) 2) *(saciado)* сытый

sato *adj* 1) *Cub. P. Rico (dicho de un perro o gato)* бездомный 2) *Cub. coloq (que coquetea)* кокетливый

saturación *f* насыщение, насыщенность

saturado *adj* насыщенный

saturar *vt* насыщать

Saturno *m* 1) *mitol (dios)* Сатурн 2) *(planeta)* Сатурн

sauce *m* ива

saúco *m* бузина

saudí 1. *adj* саудовский **2.** *m/f* саудов|ец, -ка

sauna *f* сауна

savia *f* 1) сок растений 2) *(energía)* жизненные соки

saxo *m* 1) *(saxófono)* саксофон 2) *(saxofonista)* саксофонист

saxofón, saxófono *m* саксофон

saxofonista *m/f* саксофонист, -ка

saya *f* 1) *(falda)* юбка 2) *(túnica)* туника

sayal *m* грубая ткань

sayo *m* 1) балахон, блуза 2) *coloq (vestido)* одежда ◆ **cortar un ~ a alg** злословить о ком-л **decir para su sayo** говорить про себя

sayón *m* 1) *relig* участник процессии на Страстной Неделе 2) *(verdugo)* палач 3) *(hombre de aspecto feroz)* держиморда, мордоворот

sayuela *f* 1) *(camisa de monje)* монашеская рубашка 2) *Cub. (enagua)* комбинация 3) *(higuera)* фига, смоковница

sazón *f* 1) зрелость, спелость *estar en ~* созреть 2) *(tiempo oportuno)* пора, время 3) *(sabor de la comida)* вкус еды ◆ **a la ~** в то время **en ~** вовремя

sazonado *adj* 1) приправленный, пряный 2) *(dicho de un estilo)* выразительный, насыщенный

sazonar *vt* приправлять

scooter *m* V. escúter

script *m informát* скрипт

se 1. *pron reflex* себя, себе **2.** *pron pers* ему, ей, им, вам (форма дательного падежа перед местоимением «lo»)

sebo *m* 1) *(grasa)* сало, жир 2) *(gordura)* тучность, толстота

seboso *adj* жирный, сальный

seca *f* засуха

secadero 1. *adj* пригодный для сушки **2.** *m* сушилка

secado 1. *adj* сушёный, высушенный **2.** *m* сушка

secador *m* 1) сушильный аппарат 2) *(tendedero para la ropa)* сушилка 3) *(para el pelo)* фен

secadora *f* сушильная машина, сушилка

secamanos *m* сушилка для рук

secano *m* 1) *(tierra)* суходол *agricultura de ~* богарное земледелие 2) *(banco de arena)* песчаная отмель 3) *(sequedad)* сухость

secante 1. *adj* 1) *(que seca)* сушительный, высушивающий 2) *(fastidioso)* надоедливый, назойливый 3) *geom* пересекающий, секущий **2.** *m* 1) *(aceite secante)* высыхающее масло 2) *(papel secante)* промокательная бумага 3) *Ur. coloq (gafe)* неудачник

secapelos *m* фен

secar *vt* 1) сушить 2) *(las flores)* засушивать 3) *(un líquido con un trapo)* вытирать

secarropas *m* сушильная машина

secarse *vpron* 1) сохнуть 2) *(la tierra, un río, una fuente)* пересыхать, иссякать 3) *(una planta)* засыхать

sección *f* 1) *(corte)* разрез, срез 2) *(parte en una organización)* часть, отдел, отделение, секция 3) *(zona)* секция, участок, часть 4) *(en un medio de comunicación)* раздел, отдел 5) *(en un foro, conferencia)* секция 6) *mil* взвод 7) *geom* сечение

seccionar *vt* дробить, делить на части

secesión *f* сецессия, отделение

secesionista 1. *adj* сепаратистский **2.** *m/f* сепаратист, -ка

sec|o *adj* 1) сухой, высохший 2) *(dicho de un río o la tierra)* пересохший 3) *(dicho de una fuente)* высохший 4) *(dicho de una planta)* засохший 5) *(flaco)* тощий, захудалый 6) *(dicho del pan)* чёрствый 7) *(dicho de un golpe)* резкий 8) *(secado)* сушёный, засушенный 9) *(dicho del clima)* сухой, засушливый 10) *(de carácter)* сухой, суровый ◆ **a ~as** просто, без ничего **en ~o** вдруг, внезапно **frutos ~os** орехи, сухофрукты **ley ~a** сухой закон

secreción *f* выделение, секреция

secreta *f (pesquisa secreta)* тайное расследование

secretar *vt* выделять

secretaria *f* секретарь, секретарша

secretaría *f* секретариат, канцелярия

secretariado *m* 1) *(cargo del secretario)* должность секретаря, секретарство 2) *(secretaría)* секретариат

secretario *m* секретарь

secretear *vi coloq* секретничать

secreter *m* секретер

secretismo *m* секретность

secreto 1. *adj* секретный, тайный **2.** *m* секрет, тайна ◆ **en** ~ тайно, секретно ~ **de estado** государственная тайна

secta *f* секта

sectari|o 1. *adj* сектантский **2. , -a** *m/f* 1) сектант 2) *(de una idea)* ярый приверженец, фанатик

sectarismo *m* сектантство

sector *m* 1) сектор, часть, участок 2) *econ* отрасль, область, сфера деятельности

sectorial *adj* отраслевой

secuaz *m peyor* приспешник, приверженец

secuela *f* 1) последствие 2) *(de una obra)* продолжение

secuencia *f* 1) *(sucesión)* следование, чередование, последовательность 2) *(serie de cosas)* серия, ряд, череда 3) *(en una palícula)* эпизод, сцена

secuestrador *m* похититель

secuestrar *vt* 1) *(a una persona)* похищать 2) *(un avión, un barco)* захватывать 3) *(embargar judicialmente)* налагать арест (на что-л) 4) *(una publicación)* конфисковать

secuestro *m* 1) похищение 2) *(de un avión o un barco)* захват 3) *(embargo judicial)* арест 4) *(de una publicación)* конфискация

secular *adj* 1) вековой, столетний 2) *(que se repite cada siglo)* случающийся раз в сто лет 3) *(dicho del clero)* белый *clero* ~ белое духовенство

secularización *f* секуляризация

secularizar *vt* секуляризовать

secundar *vt* поддерживать, способствовать (чему-л)

secundari|o *adj* второстепенный, вторичный ◆ **efecto ~o** побочный эффект **enseñanza ~a** среднее образование **sector ~o** *econ* вторичный сектор экономики

secundinas *fpl med* плацента

sed *f* 1) жажда *tener* ~ хотеть пить 2) **(de u/c)** *(deseo ardiente)* жажда (чего-л), сильное желание ◆ **matar la** ~ утолять жажду

seda *f* шёлк

sedación *f* успокоение, умиротворение

sedal *m* 1) *pesc* леска 2) *vet* дренаж

sedán *m auto* седан

sedante 1. *adj* успокаивающий **2.** *m* успокоительное средство

sedar *vt* успокаивать, унимать

sedativo *adj med* успокаивающий, болеутоляющий

sede *f* местопребывание, штаб-квартира, резиденция

sedentario *adj* 1) *(dicho del modo de vida)* сидячий 2) *(dicho de un pueblo)* оседлый

sedentarismo *m* оседлый образ жизни

sedería *f* 1) *colect* шелка, шёлковые ткани 2) *(tráfico de la seda)* торговля шёлком 3) *(tienda)* магазин шёлка

sedición *f* бунт, мятеж

sedicioso 1. *adj* бунтарский, непокорный, мятежный **2.** *m* бунтарь

sediento *adj* жаждущий

sedimentación *f quím* седиментация, выпадение осадка

sedimentario *adj* осадочный

sedimentarse *vpron* оседать, выпадать в осадок

sedimento *m* осадок

sedoso *adj* шелковистый

seducción *f* соблазн, искушение

seducir *vt* 1) *(tentar, persuadir)* соблазнять, искушать 2) *(atraer físicamente)* соблазнять, совращать 3) *(cautivar)* подкупать, покорять

seductor 1. *adj* соблазнительный **2. , -a** *m/f* соблазнитель, -ница

sefardí 1. *adj* сефардский **2.** *m/f* 1) сефард, -ка 2) *(dialecto judeoespañol)* сефардский язык

sefardita *adj m* V. sefardí

segable *adj* спелый, созревший для жатвы

segador *m* жнец, косарь

segadora *f* 1) *(persona)* жница 2) *(máquina)* жатка, жнейка

segar *vt* 1) косить, жать ~ *el trigo* жать пшеницу 2) *(cortar de cualquier manera)* срезать, рубить 3) *(destruir)* уничтожать, разрушать

seglar 1. *adj* мирской, светский **2.** *m* мирянин

segmento *m* 1) часть, отрезок, сегмент 2) *mat* сегмент, отрезок

segregación *f* сегрегация

segregar *vt* 1) отделять, выделять 2) *(secretar)* выделять

segueta *f* лобзик

seguida *f* следование, продолжение

seguidamente *adv* 1) *(de seguida)* непрерывно 2) *(en seguida)* немедленно

seguidilla *f danz lit* сегидилья

seguido *adj* непрерывный, подряд *tres días ~s* три дня подряд

seguidor *m/f* 1) сторонник, поклонник 2) *sport* болельщик

seguimiento *m* 1) следование 2) *(continuación)* продолжение 3) *(obervación)* наблюдение, мониторинг

seguir 1. *vt* 1) идти (за чем/кем-л), следовать (за кем/чем-л) 2) *(perseguir)* преследовать 3) *(continuar)* продолжать 4) *(ser continuador de alg)* следовать (за кем-л) 5) *(con la mirada)* следить (за чем/кем-л), наблюдать (за кем/чем-л) 6) *(una opinión, teoria, etc.)* придерживаться (чего-л) **2.** *vi* 1) продолжать (делать что-л.) *sigue cantando* он продолжает петь 2) *(caminando)* идти дальше 3) *(con adjetivos)* продолжать быть в каком-л. состоянии, оставаться *sigue enfadado* он всё ещё сердит на меня; *sigue abierto* он продолжает быть открытым ◆ ~ **un consejo** следовать совету ~ **la moda** следить за модой

seguirse *vpron* 1) **(de u/c)** *(ser consecuencia)* вытекать (из чего-л), проистекать 2) *(suceder)* последовать

según *prep* 1) *(con arreglo a)* согласно (чему-л), в соответствии (с чем-л), по (чему-л) 2) *(según la opinión de alg)* по (кому-л), по мнению (кого-л) 3) *(en correspondencia a)* в зависимости (от чего-л), смотря (от чего-л) 4) *(a medida que)* по мере того, как 5) *(de la misma manera que)* (так,) как 6) *(a juzgar por)* судя по тому, как

segunda 1. *f* 1) *(vuelta de llave)* двойной поворот ключа 2) *(marcha de un motor)* вторая скорость **2. , -s** *fpl* задняя мысль

segundero *m* 1) *(manecilla)* секундная стрелка 2) *(cronómetro)* секундомер
segundo 1. *adj* 1) второй 2) *(con términos de parentesco)* двоюродный **2.** *m* 1) *(unidad de tiempo)* секунда 2) *(ayudante)* помощник ◆ **en ~ lugar** во-вторых
segur *f* 1) *(hacha)* топор 2) *(hoz)* серп
seguridad *f* 1) безопастность, надёжность *medidas de ~* меры безопасности; *vigilante de ~* охранник 2) *(certeza)* уверенность, убеждённость ◆ **cinturón de ~** ремень безопасности **con ~** несомненно, с уверенностью **~ social** социальное обеспечение
seguro 1. *adj* 1) *(libre de riesgo)* безопасный, надёжный 2) **(de u/c)** *(convencido)* уверенный (в чём-л) 3) *(fiable)* верный, надёжный 4) *(fuerte)* прочный, крепкий **2.** *m* 1) страхование, страховка *~ de accidentes* страхование от несчастных случаев 2) *(mecanismo)* предохранительное устройство **3.** *adv* точно, несомненно, обязательно
seis *num* шесть *~ casas* шесть домов
seiscientos *num* шестьсот
seísmo *m* землетрясение
selección *f* 1) отбор, выбор 2) *(de animales o plantas)* селекция 3) **(de u/c)** *sport* сборная команда (по чему-л) ◆ **~ natural** *biol* естественный отбор
seleccionado 1. *adj* отобранный, выбранный **2.** *m Am. sport* сборная
seleccionador *m* 1) *biol* селекционер 2) *sport* тренер национальной сборной
seleccionar *vt* отбирать, выбирать
selectividad *f* 1) избирательность, селективность 2) *(examen)* единый государственный экзамен (для абитурентов)
selectivo *adj* избирательный, выборочный, селективный
selecto *adj* отборный, лучший
selenio *m quím* селен
selenita 1. *m* селенит **2.** *f quím* селенит
self-service *m* самообслуживание
sellado *adj* опечатанный, запечатанный ◆ **papel ~** гербовая бумага
sellar *vt* 1) ставить печать 2) *(precintar)* опечатывать, запечатывать
sello *m* 1) печать, штамп, клеймо 2) *(postal)* марка
selva *f* сельва, тропический лес
selvático *adj* 1) лесной, из джунглей 2) *(tosco)* грубый, невоспитанный
semáforo *m* светофор
semana *f* неделя *te llamaré la ~ que viene* я тебе позвоню на следующей неделе ◆ **entre ~** в будние дни **fin de ~** выходные **Semana Santa** *relig* Страстная неделя, Страстная седмица
semanal *adj* еженедельный
semanalmente *adv* еженедельно
semanario *f* еженедельник
semántica *f ling* семантика
semántico *adj ling* семантический
semantista *m/f ling* специалист по семантике
semblante 1. *adj obsol* похожий, схожий **2.** *m* 1) выражение лица, вид 2) *(apariencia)* внешний вид
semblantear *vt Am.* смотреть в глаза
semblanza *f* краткая биография, характеристика
sembrado 1. *adj* засеянный **2.** *m (tierra sembrada)* засеянное поле
sembrador *m* сеятель
sembradora *f agric* сеялка
sembradura *f agric* сев, посев
sembrar *vt* сеять ◆ **~ el pánico** сеять панику
semejante *adj* 1) похожий, сходный 2) *(tal)* подобный, такой
semejanza *f* сходство, подобие
semejar *vi* **(a alg)** быть похожим (на кого-л), походить (на кого-л)
semejarse *vpron* **(a alg)** быть похожим (на кого-л), походить (на кого-л)
semen *m* семя, сперма
semental *adj* 1) *(para la siembra)* семенной, посевной 2) *(dicho de un animal)* племенной
sementera *f* 1) *agric* сев, посев 2) *agric (tierra sembrada)* засеянное поле
semestral *adj* семестровый, полугодовой
semestre *m* 1) полугодие, шесть месяцев 2) *acad* семестр
semi *pref* полу
semiautomático *adj* полуавтоматический
semicircular *adj* полукруглый
semicírculo *m* полукруг
semiconductor *m fís* полупроводник
semiconsciente *adj med* полубессознательный
semiconsonante *m ling* полусогласный звук
semicorchea *f mús* шестнадцатая нота
semidesnatado *adj* полуобезжиренный
semidesnudo *adj* полуголый
semidiós *m mitol* полубог
semidormido *adj* полусонный
semielaborado *adj* полуготовый *producto ~* полуфабрикат
semiesfera *f* полушарие
semifinal *f sport* полуфинал
semifinalista *m sport* полуфиналист
semifusa *f mús* тридцать вторая нота
semilla *f* семя
semillero *m* рассадник, питомник
seminal *adj* 1) *(relativo al semen)* семенной 2) *(relativa a la semilla)* семенной, посевной
seminario *m* 1) *relig* семинария 2) *(clase)* семинар
seminarista *m* семинарист
seminuevo *adj* подержанный
semiología *f ling* семиология
semiótica *f* 1) *ling* семиотика 2) *med* семиотика
semiprecioso *adj* полудрагоценный
semirremolque *m auto* полуприцеп
semiseco *adj* полусухой
semisótano *m* полуподвал
semita 1. *adj* семитский *pueblos ~s* семитские народы **2.** *m/f* семит, -ка
semítico *adj* семитский
semitono *m mús* полутон
semivocal *m ling* полугласный звук
sémola *f* манная крупа
sempiterno *adj* вечный, постоянный
sen[1] *m (arbusto)* сенна
sen[2] *m (moneda japonesa)* сэна
sencillamente *adj* просто, незамысловато
sencillez *f* 1) простота, лёгкость 2) *(llaneza)* искренность, чистосердечность

sencillo *adj* 1) простой, лёгкий 2) *(humilde)* скромный 3) *(llano)* искренний, чистосердечный
senda *f* тропа, тропинка
senderismo *m sport* пешеходный туризм, хайкинг
senderista *m sport* турист, хайкер
sendero *m* V. senda
sendos *adj* по одному на каждого, соответствующий *los niños recibieron ~ juguetes* каждый ребёнок получил по игрушке
senectud *f* старость
senegal|és 1. *adj* сенегальский **2. , -esa** *m/f* сенегал|ец, -ька
senescencia *f* старение
senil *adj* старый, дряхлый
senilidad *f* старость, дряхлость
sénior *adj* старший
seno *m* 1) *(concavidad)* полость, впадина 2) *(pecho de la mujer)* грудь 3) *(regazo)* лоно *en el ~ de la naturaleza* на лоне природы 4) *anat* впадина, синус
seña 1. *f* 1) знак, сигнал 2) *(gesto)* жест **2. -s** *fpl* адрес
senado *m* сенат
senador, -a *m/f* сенатор
sensación *f* 1) ощущение, впечатление 2) *(noticia impactante)* сенсация
sensacional *adj* великолепный, поразительный
sensacionalismo *m* сенсационализм, склонность к сенсациям
sensacionalista *adj* склонный к сенсациям
sensatez *f* благоразумие, рассудительность
sensato *adj* благоразумный, рассудительный
sensibilidad *f* 1) *(facultad de sentir)* чувствительность, восприимчивость 2) *(ternura, compasión, etc.)* чувствительность
sensible *adj* 1) *(que siente)* чувствительный, восприимчивый 2) *(que se mueve por sentimientos)* чувствительный, впечатлительный 3) *(manifiesto)* чувствительный, ощутимый
sensiblería *f* преувеличенная чувствительность
sensiblero *adj* преувеличенно чувствительный
sensitiva *f* мимоза стыдливая
sensitivo *adj* чувственный, чувствительный
sensor *m tecn* датчик, сенсор
sensorial *adj* осязательный, сенсорный *órganos ~es* органы чувств
sensual *adj* чувственный, сенсуальный
sensualidad *f* чувственность
sentada *f* присест
sentado *adj* 1) *(juicioso)* рассудительный, благоразумный 2) *(quieto)* спокойный, тихий 3) *bot* без черешка, сидячий
senta|r 1. *vt* сажать **2.** *vi* 1) **(a alg)** *((bien o mal) una prenda)* идти (кому-л), сидеть (на ком-л), (не) быть к лицу 2) *((bien o mal) la comida)* (не) идти впрок 3) **(a alg)** *((bien o mal) para la salud)* идти на пользу/во вред (кого-л) 4) *((bien o mal) agradar o desagradar)* (не) нравиться *me sienta mal que llegues tarde* мне не нравится, что ты опаздываешь ◆ **estar ~do** сидеть
sentarse *vpron* садиться
sentencia *f* 1) мнение, суждение 2) *(aforismo)* изречение 3) *(judicial)* решение, приговор
sentenciar *vt* 1) произносить сентенции 2) *(dicho de un juez)* выносить решение, приговаривать 3) *sport* решать исход
sentencioso *adj* нравоучительный, наставительный, сентенциозный
sentido *m* 1) *(facultad sensorial)* чувство 2) *(conciencia)* сознание *perder el ~* терять сознание 3) *(significado)* смысл, значение *con doble sentido* двусмысленный; *~ figurado* переносное значение; *sin ~* бессмысленный 4) *(dirección)* направление *cambio de ~* разворот ◆ **~ común** здравый смысл **~ de la orientación** ориентация
sentimental *adj* чувствительный, сентиментальный
sentimentalismo *m lit* сентиментализм
sentimiento *m* чувство
sentina *f* 1) клоака 2) *nav* льяло, сток нечистот
sentir 1. *vt* 1) чувствовать, ощущать, испытывать 2) *(lamentar)* жалеть, сожалеть 3) *(intuir)* предчувствовать, чуять **2.** *m* 1) *(sentimiento)* чувство, ощущение 2) *(opinión)* мнение ◆ **lo siento** мне жаль
sentirse *vpron* чувствовать себя
señal *f* 1) сигнал, знак 2) *tecn* сигнал 3) *(del teléfono)* гудок 4) *(gesto)* жест 5) *(marca)* след, шрам 6) *(indicio)* признак, показатель 7) *(para recordar una cosa)* метка ◆ **en ~ de** в знак чего-л **~ de tráfico** дорожный знак
señalado *adj* знаменитый, известный
señalar *vt* 1) *(marcar)* помечать 2) *(indicar)* указывать 3) *(ser indicio de una cosa)* обозначать 4) *(hacer una observación)* упоминать, отмечать 5) *(concretar, designar)* назначать
señalarse *vpron* отличаться, выделяться
señalero *m Arg.* сигнальщик
señalización *f* дорожные знаки
señalizar *vt* расставлять дорожные знаки
senatorial *adj* 1) *(relativo al senado)* сенатский 2) *(relativo al senador)* сенаторский
señor 1. *m* 1) *(amo)* хозяин, владелец 2) *(forma de tratamiento)* господин, сеньор 3) *(persona digna)* джентльмен 4) *(referido a Dios)* господь, бог 5) *(hombre de mediana edad)* мужчина **2.** *adj* настоящий, большой *un ~ coche* настоящая машина ◆ **¡no, ~!** э, нет!, избавьте!
señora *f* 1) *(ama)* хозяйка 2) *(forma de tratamiento)* госпожа 3) *(esposa)* жена 4) *(mujer de mediana edad)* женщина
señorear 1. *vt* 1) властвовать (над кем/чем-л), господствовать (над кем/чем-л) 2) *(apoderarse de una cosa)* подчинять, покорять **2.** *vi (estar a mayor altura)* возвышаться, выситься
señoría *f* власть, господство ◆ **su ~** *jur* ваша честь
señorial *adj* 1) господский, барский 2) *(majestuoso)* благородный, величественный
señorío *m* 1) власть, господство 2) *(dignidad de señor)* дворянский титул 3) *(gravedad, mesura)* важность, царственность 4) *(conjunto de señores)* дворянство, аристократия, знать 5) *(territorio)* сеньория

señorita *f* барышня, девушка
señoritingo *m desp* барич
señorito *m* 1) барич, барчук 2) *coloq (joven ocioso)* лоботряс, бездельник
señorón *m* важный господин
señuelo *m* 1) приманка, подсадная птица 2) *(tentación)* искушение, соблазн
seo *m* кафедральный собор
separable *adj* отделимый, отделяемый
separación *f* 1) отделение, разделение, обособление 2) *(conyugal)* развод 3) *(alejamiento)* разлука
separadamente *adv* отдельно, раздельно
separado *adj* разведённый (о человеке) ◆ **por ~** по отдельности
separar *vt* 1) отделять, разделять, обособлять 2) **(de u/c)** *(de un cargo)* отстранять (от чего-л)
separarse *vpron* 1) **(de u/c)** отделяться (от чего-л) 2) *(en varias partes)* разделяться 3) *(tomar caminos distintos)* разлучаться 4) *(divorciarse)* разводиться, расходиться
separata *f* отдельный оттиск
separatismo *m* сепаратизм
separatista 1. *adj* сепаратистский 2. *m/f* сепаратист, -ка
separo *m Méx.* одиночная камера
sepelio *m* похороны, погребение
sepia *f* 1) морская каракатица 2) *(color)* сепия
septentrión *m* 1) север 2) *(viento del norte)* северный ветер
septentrional *adj* северный
septicemia *f med* сепсис
séptico *adj med* септический
septiembre *m* сентябрь *el veinticinco de ~* двадцать пятое сентября
séptimo *adj* седьмой
septuagenario *adj* семидесятилетний
sepulcral *adj* могильный, надгробный
sepulcro *m* могила, гробница
sepultar *vt* 1) погребать, хоронить 2) *(cubrir)* заваливать, погребать
sepultura *f* 1) *(acción)* погребение, похороны 2) *(tumba)* могила, гробница ◆ **dar ~** хоронить
sepulturero *m* могильщик
sequedad *f* сухость
sequía *f* засуха
séquito *m* свита, сопровождение
ser 1. *vi* 1) быть, являться (кем/чем-л), представлять собой 2) **(para u/c)** *(servir para una cosa)* служить (для того, чтобы) 3) **(de alg)** *(pertenecer)* быть (у кого-л), принадлежать (кому-л) 4) **(de u/c)** *(proceder)* быть (откуда-л), происходить (откуда-л) *Juan es de Santander* Хуан из Сантандера 5) *(tener lugar)* случаться, проходить, состояться *la reunión fue ayer* встреча состоялась вчера **2.** *m* 1) *(existencia)* бытие, существование 2) *(ente)* существо 3) *(esencia)* суть, сущее ◆ **a no ~ que** разве что **es decir** то есть **llegar a ~ alg** становиться кем-л **o sea** то есть **pasar a ~ alg** становиться кем-л **que ~ lo que sea** будь что будет
sera *f* большая корзина
seráfico *adj* 1) ангельский, неземной 2) *coloq (humilde)* смиренный, кроткий
serafín *m* 1) *relig* серафим 2) *(persona hermosa)* красавец
serba *f* рябина (ягода)
serbal *m* рябина (дерево)
serbi|o 1. *adj* сербский **2.**, **-a** *m/f* серб, -ка **3.** *m* сербский язык
serenar *vt* успокаивать, унимать
serenarse *vpron* 1) *(dicho del tiempo)* проясняться 2) *(dicho de una persona)* успокаиваться, униматься
serenata *f mús* серенада
serenidad *f* 1) спокойствие, безмятежность 2) *(del tiempo)* ясность
sereno 1. *adj* 1) *(dicho del cielo)* ясный, безоблачный 2) *(tranquilo)* спокойный, безмятежный 3) *(sobrio)* трезвый **2.** *m hist* ночной сторож
serial 1. *adj* серийный **2.** *m* сериал, многосерийный фильм
sericultura *f* шелководство
serie *f* 1) серия, ряд 2) *(televisiva)* сериал ◆ **en ~** серийный
seriedad *f* серьёзность
serigrafía *f impr* трафаретная печать
serín *adj quím* сериновый (о газе)
serio *adj* 1) серьёзный 2) *(grave)* серьёзный, тяжёлый ◆ **tomar en ~** принимать всерьёз
sermón *m* 1) *relig* проповедь 2) *(reprensión)* нотация
sermonear 1. *vt* поучать, читать нотации **2.** *vi (predicar)* проповедовать, читать проповедь
sermoneo *m* нравоучение, поучение
serón *m* большая корзина
seronegativo *adj med* серонегативный
seropositivo *adj med* серопозитивный
serosidad *f med* серозная жидкость
seroso *adj med* сывороточный, серозный
serpear *vi* V. serpentear
serpenteante *adj* извивающийся
serpentear *vi* извиваться
serpentín *m* 1) *tecn* змеевик 2) *geol* серпентин, змеевик
serpentina *f* 1) *tecn (tubo)* змеевик 2) *geol* серпентин, змеевик 3) *(tira de papel)* серпантин, лента
serpiente *f* змея
serpol *m* тимьян
serrallo *m* 1) сераль, гарем 2) *(sitio donde se cometen obscenidades)* притон
serranía *f* гористая местность
serran|o 1. *adj* горный **2.**, **-a** *m/f* горец
serrar *vt* пилить, распиливать, спиливать
serrería *f* лесопилка
serrín *m* опилки
serrucho *m* 1) *tecn* ножовка 2) *Cub.* рыба-пила
servible *adj* пригодный, удобный
servicial 1. *adj* услужливый **2.** *m med (lavativa)* клизма
servicio *m* 1) служба, работа 2) *(turno)* дежурство 3) *(organización)* служба 4) *(prestación de una organización de servicio)* услуга *prestar un ~* оказывать услугу, предоставлять услугу 5) *(en un bar, restaurante, etc.)* обслуживание 6) *(conjunto de sirvientes)* прислуга *colect* 7) *(cubierto)* приборы, сервиз 8) *(culto religioso)* служба 9) *(retrete)* туалет 10) *(favor)* одолжение, услуга ◆ **comisión de ~** ко-

мандировка **estar al ~ de alg** быть к услугам кого-л **estar de ~** дежурить **estar fuera de ~** не работать **~ militar** военная служба

servidor *m* 1) слуга 2) *(de una maquinaria)* обслуживающее лицо 3) *(de una dama)* поклонник, влюблённый 4) *informát* сервер ♦ **su ~** ваш покорный слуга

servidumbre *f* 1) *(trabajo del siervo)* рабский труд 2) *(condición de siervo)* рабство, неволя 3) *(conjunto de criados)* прислуга, челядь 4) *(obligación)* обязанность, повинность 5) *jur* сервитут

servil *adj* 1) рабский, холопский 2) *(rastrero)* раболепный, подобострастный

servilismo *m* раболепие, низкопоклонство

servilleta *f* салфетка

servilletero *m* кольцо для салфетки

servio *adj* V. serbio

servir 1. *vt/i* 1) *(estar al servicio de alg)* служить (кому/чему-л) 2) *(en un restaurante, bar, etc.)* обслуживать **2.** *vi* 1) **(para u/c)** *(ser útil)* служить (для чего-л) 2) *(ser soldado)* служить (чему-л) **3.** *vt* 1) *(en un plato o en un vaso)* подавать 2) *(suministrar un producto)* поставлять, подавать 3) обслуживать 4) *sport* подавать 5) служить (кому/чему-л)

servirse *vpron* 1) **(de u/c)** пользоваться (чем-л), использовать 2) *(comida)* угощаться (чем-л)

servodirección *f auto* рулевое управление с усилителем

servofreno *m auto* сервотормоз

servomando *m tecn* сервоуправление

servomecanismo *m tecn* сервомеханизм

servomotor *m tecn* сервомотор

sésamo *m* кунжут, сезам

sesear *vi* произносить «c» и «z» как «s»

sesenta *num* шестьдесят

seseo *m ling* сесео, произношение «c» и «z» как «s»

sesera *f* 1) череп животного 2) *(seso)* мозг

sesgado *adj* 1) *(quieto)* спокойный 2) *(oblicuo)* косой, скошенный

sesgar *vt* 1) срезать наискось 2) *(torcer)* наклонять, сгибать

sesgo 1. *adj* 1) косой, кривой 2) *(dicho de la cara)* серьёзный, строгий **2.** *m* скос, кривизна, перекос ♦ **al ~** наискось

sesión *f* 1) сессия 2) *(reunión)* заседание, совещание 3) *(de cine)* сеанс

sesionar *vi* заседать, проводить заседание

seso *m* 1) *anat* мозг 2) *(prudencia)* благоразумие, рассудительность ♦ **calentarse los ~s** ломать себе голову **perder el ~** потерять голову **tapa de los ~s** *coloq* череп

sestear *vi* отдыхать в полдень, спать во время сиесты

sesudo *adj* благоразумный, рассудительный

set *m* 1) *(conjunto de elementos)* набор 2) *sport* сет

seta *f* гриб

setecientos *num* семьсот

setenta *num* семьдесят

setentón *adj coloq* семидесятилетний

setiembre *m* V. septiembre

seto *m* забор, изгородь

seudónimo *m* псевдоним

severidad *f* суровость, строгость

severo *adj* 1) суровый, строгий 2) *(dicho del clima)* суровый

sevillanas *fpl danz* севильянас

sevillan|o 1. *adj* севильский **2. , -a** *m/f* севилец, севильянка

sexagenario *adj* шестидесятилетний

sexagésimo *adj* шестидесятый

sex-appeal *m* сексапильность, сексуальность

sexi *adj* сексуальный, красивый, привлекательный

sexismo *m* сексизм

sexista 1. *adj* сексистский **2.** *m/f* сексист, -ка

sexo *m* 1) *biol* пол 2) *(órgano sexual)* половой орган 3) *(relaciones sexuales)* секс, половые отношения

sexología *f* сексология

sexólogo *m* сексолог

sex-shop *m* секс-шоп

sex-symbol *m* секс-символ

sextante *m astron* секстант

sexteto *m mús* секстет

sexto *adj* шестой

sexual *adj* половой, сексуальный

sexualidad *f* сексуальность

sexy *adj* V. sexi

sha *m* шах

short *m* шорты

show *m* 1) шоу 2) *(espectáculo de variedades)* ревю, обозрение

showman *m* шоумен

si[1] *conj* 1) если, в случае, если 2) *(en oraciones interrogativas indirectas)* ли *no sé ~ querrá venir mañana* я не знаю, захочет ли он прийти завтра 3) *(tras el adverbio "como")* как будто 4) *(tras la conjunción en oraciones exclamativas)* ведь, же *¡ ~ lo prometiste!* ведь ты обещал! ♦ **~ no** если нет, иначе

si[2] *m mús* си

sí[1] *pron reflex* себе, себя, собой *para ~* для себя ♦ **de por ~** по отдельности, сам по себе

sí[2] **1.** *adv* да **2.** *m* согласие

siam|és 1. *adj* сиамский **2. , -esa** *m/f* сиам|ец, -ка **3.** *m* сиамский язык

sibarita 1. *adj* сибаритский **2.** *m/f* сибарит, -ка

siberian|o 1. *adj* сибирский **2. , -a** *m/f* сибиря|к, -чка

sicario *m* наёмный убийца

sicilian|o 1. *adj* сицилийский **2. , -a** *m/f* сицили|ец, -йка

sicomoro *m* сикомор

sida *m* СПИД

sidecar *m* коляска мотоцикла

sideral *adj* звёздный

siderurgia *f* чёрная металлургия

siderúrgico *adj* металлургический

sidra *f* сидр

sidrería *f* сидрерия

siega *f* 1) жатва, косьба 2) *(período)* период жатвы

siembra *f* 1) сев, посев 2) *(período)* посевной сезон 3) *(tierra sembrada)* засеянное поле

siempre *adv* 1) всегда, постоянно 2) *(en todo caso)* в любом случае, по крайней мере ♦ **para ~** навсегда **~ que** если только, лишь в том случае

siempreviva *f* бессмертник

sien *f* висок
sierpe *f* 1) змея 2) *(persona)* гад, гадина 3) *bot (vástago)* побег, отросток
sierra *f* 1) *(herramienta)* пила 2) *(sistema montañoso)* горная цепь, горы, хребет ◆ **pez** ~ пилорылый скат
siervo *m* раб ◆ ~ **de la gleba** *hist* крепостной
sieso *m* задний проход
siesta *f* сиеста, послеобеденный отдых *dormir (echar) la* ~ поспать после обеда
siete *num* семь
sietemesino *adj* 1) *(dicho de un bebé)* семимесячный 2) *coloq (dicho de un joven)* высокомерный, заносчивый
sífilis *f* сифилис
sifón *m* 1) сифон 2) *zool* хоботок
siga *f Ch.* преследование, погоня
sigilo *m* 1) *(sello)* печать 2) *(secreto)* тайна, секрет
sigiloso *adj* скрытный, сохраняющий тайну, вкрачивый
sigla *adj* аббревиатура, сокращение
siglo *m* век, столетие *en el ~ diecinueve* в девятнадцатом веке
signar *vt* 1) отмечать, ставить знак 2) *(firmar)* подписывать, ставить подпись
signarse *vpron* креститься, осенять себя крестным знаменем
signatario *m jur* сторона, подписывающая документ
signatura *f* 1) метка, знак 2) *(índice)* индекс, шифр
significación *f* 1) значение, смысл 2) *(importancia)* важность, значимость
significado *m* 1) значение, смысл 2) *(importancia)* важность, значимость
significante **1.** *adj ling* знаменательный **2.** *m ling* означающее
significar **1.** *vt* значить, обозначать **2.** *vi* значить, иметь значение
significativo *adj* 1) *(importante)* значительный, значимый 2) *(indicativo)* показательный
signo *m* 1) знак 2) *(indicio)* знак, показатель ◆ ~ **de admiración/interrogación** восклицательный/ вопросительный знак ~**s de puntuación** знаки препинания ~ **del zodíaco** знак зодиака ~ **negativo/positivo** *mat* знак "минус"/"плюс"
siguiente *adj* 1) следующий 2) *(posterior)* последующий ◆ **al día** ~ на следующий день
sij *m relig* сикх
sílaba *f ling* слог
silabario *m* букварь
silabear *vi* читать по слогам
silábico *adj ling* слоговой, силлабический
silbar **1.** *vi* 1) свистеть 2) *(dicho de una cosa)* свистеть, гудеть **2.** *vt* 1) *(una melodía)* насвистывать 2) *(mostrando desaprobación)* освистывать ◆ ~ **los oídos a alg** жужжать в ушах у кого-л
silbato *m* свисток, свистулька
silbido *m* свист
silbo *m* 1) свист, шипение 2) *(silbato)* свисток
silenciador *m* глушитель
silenciar *vt* 1) *(omitir)* замалчивать, утаивать 2) *(hacer callar)* заставлять молчать
silencio *m* 1) *(ausencia de palabras)* молчание 2) *(ausencia de sonido)* тишина, тишь ◆ **en** ~ в тишине
silencioso *adj* 1) *(una persona)* молчаливый, тихий 2) *(una cosa)* тихий, бесшумный 3) *(un lugar)* тихий, спокойный
sílex *m* кремень
silicona *f* силикон
silla *f* 1) стул ~ *plegable* раскладной стул 2) *(de niño un coche)* кресло 3) *(de montar)* седло (для верховой езды) ◆ ~ **de ruedas** инвалидная коляска
sillar *m* 1) каменный блок 2) *(de la caballería)* седловина
sillería *f* 1) *(conjunto de sillas)* комплект стульев, мебельный гарнитур 2) *(taller)* мебельная мастерская 3) *(tienda)* магазин стульев
sillero *m* мебельщик
sillín *m* 1) *(de montar)* дамское седло 2) *(de bicicleta)* седло
sillón *m* кресло
silo *m* 1) подземное зернохранилище, силос 2) *(lugar subterráneo)* подземелье, подвал
silogismo *m filos* силлогизм
silueta *f* силуэт, очертание, контур
siluro *m* сом
silvestre *adj* дикий, лесной, полевой
silvicultura *f* лесоводство
sima *f* пропасть, бездна
simbiosis *f biol* симбиоз
simbólico *adj* символический
simbolismo *m arte* символизм
simbolizar *vt* символизировать
símbolo *m* символ, знак
simetría *f* симметрия, соразмерность
simétrico *adj* симметричный, симетрический
simiente *f* семя
símil **1.** *adj* похожий, подобный **2.** *m* сходство, подобие
similar *adj* сходный, похожий, подобный
similitud *f* сходство, подобие
simio *m* обезьяна
simonía *f relig* симония
simpatía *f* 1) симпатия, сочувствие 2) *(encanto)* привлекательность, обаяние 3) *(inclinación)* склонность
simpático *adj* симпатичный, приятный
simpatic|ón, ona *m/f* симпатяга, милашка
simpatizante *adj* сочувствующий, симпатизирующий
simpatizar *vi* **(con alg)** симпатизировать (кому-л)
simple *adj* 1) *(sencillo)* простой, несложный, лёгкий 2) *(manso, incauto)* простой, простодушный 3) *(mentecato)* глупый, тупой
simpleza *f* глупость, тупость
simplicidad *f* 1) простота, несложность 2) *(candor)* простота, простодушие
simplificar *vt* упрощать
simpl|ón, -ona *m/f coloq* проста|к, -чка
simposio *m* симпозиум
simulación *f* симуляция, притворство
simulacro *m* 1) изображение, образ 2) *(imitación)* имитация, подобие 3) *mil (guerra fingida)* манёвры, учения
simulador *m* 1) симулянт, притворщик 2) *tecn (aparato)* имитирующее устройство, тренажёр
simular *vt* притворяться (кем/чем-л), симулировать

simultanear *vt* совмещать, сочетать
simultaneidad *f* одновременность
simultáne|o *adj* одновременный, синхронный ◆ **traducción ~a** синхронный перевод
simún *m* самум
sin *prep* 1) без *un piso ~ balcones* квартира без балконов 2) *(delante de infinitivo)* не + форма деепричастия *lo dijo ~ pensar* он это сказал, не подумав ◆ **~ que** без того, чтобы
sinagoga *f relig* синагога
sinapsis *f med* синапс
sincerarse *vpron* говорить искренне, откровенничать
sinceridad *f* искренность, откровенность
sincero *adj* искренний, откровенный
síncopa *f ling mús* синкопа
síncope *m* 1) *ling* V. síncopa 2) *med* синкопа
sincronía *f* 1) одновременность 2) *ling* синхрония
sincrónico *adj* 1) одновременный 2) *ling* синхронный
sincronismo *m* синхронизм
sincronización *f* синхронизация
sincronizar *vt* синхронизировать
sindicación *f* вступление в профсоюз
sindical *adj* профсоюзный
sindicalismo *m* синдикализм, профсоюзное движение
sindicalista 1. *adj* синдикалистский **2.** *m/f* синдикалист, -ка
sindicar *vt* 1) доносить, обвинять 2) *(sospechar)* подозревать 3) *(formar un sindicato)* организовать профсоюз
sindicarse *vpron* объединяться в профсоюз
sindicato *m* профессиональный союз, профсоюз
sindicatura *f* должность синдика
síndico *m hist* синдик
síndrome *m* 1) *med* синдром 2) *(signos de una situación negativa)* синдром ◆ **~ de Down** *med* синдром Дауна **~ de inmunodeficiencia adquirida** *med* синдром приобретённого иммунодефицита
sinecura *f* синекура
sinergia *f* синергия
sinfín *m* бесконечное множество, масса
sinfonía *f* 1) *mús* симфония 2) *poét* симфония, гармония
sinfónica *f* симфонический оркестр
sinfónico *adj mús* симфонический
sinfonier *m* шифоньер
singladura *f* 1) *nav* день пути 2) *(rumbo)* путь
singlar *vi nav* идти заданным курсом
single *m mús* сингл
singular 1. *adj* 1) единственный 2) *(inusual)* особенный, необычный **2.** *m ling* единственное число
singularidad *f* особенность, своеобразие
singularizar *vt* выделять, отличать
singularizarse *vpron* выделяться, отличаться
siniestra *f* левая рука
siniestralidad *f* аварийность
siniestro 1. *adj* 1) *(que está a la mano izquierda)* левый 2) *(malintencionado)* злой, порочный **2.** *m* 1) бедствие, несчастье 2) *jur* страховой случай ◆ **a diestro y ~** направо и налево
sinnúmero *m* бесконечное множество, масса
sino[1] *m* судьба, рок
sino[2] *conj* 1) но, а *no vino el martes, ~ el miércoles* он пришёл не во вторник, а в среду 2) *(precedido de «no sólo» y seguido de «también»)* но и *sentí no sólo nostalgia, ~ también tristeza* я испытывал не только ностальгию, но и грусть
sínodo *m relig* синод
sinonimia *f ling* синонимия
sinónimo 1. *adj* синонимичный **2.** *m* синоним
sinopsis *f* синопсис
sinóptico *adj* синоптический, сводный
sinrazón *f* 1) безрассудство 2) *(injusticia)* несправедливость, произвол
sinsabores *mpl* расстройства, огорчения
sintáctico *adj ling* синтаксический
sintagma *m ling* синтагма, словосочетание
sintaxis *f ling* синтаксис
síntesis *f* синтез, обобщение
sintético *adj* синтетический
sintetizador *m* синтезатор
sintoísmo *m relig* синтоизм
síntoma *m* 1) *med* симптом 2) *(conjunto de signos de una situación)* симптом, признак, знак
sintomático *adj* симптоматический
sintonía *f* 1) настройка, регулирование 2) *(de una programa)* заставка
sintonización *f* настройка
sintonizar *vt* настраивать
sinuosidad *f* 1) *(lugar sinuoso)* изгиб, извилина 2) *(cualidad de sinuoso)* извилистость
sinuoso *adj* извилистый, змеевидный
sinvergüenza *m* бесстыдник, наглец
sionismo *m* сионизм
sionista 1. *adj* сионистский **2.** *m/f* сионист
siquiera *conj* хотя бы ◆ **ni ~** даже не
sirena *f* 1) *(ninfa marina)* сирена, русалка 2) *(señal acústica)* сирена, сигнальный гудок
sirga *f nav* канат
siringa *f mús* свирель
siringuero *m Bol.* сборщик каучука
siri|o 1. *adj* сирийский **2.** , **-a** *m/f* сири|ец, -йка
sirle *m* овечий (козий) помёт
siroco *m* сирокко
sirvienta *f* служанка, прислуга
sirviente *m* слуга, лакей
sisa *f* 1) недовес, обвес 2) *(de la ropa)* вырез, разрез
sisar *vt* обсчитывать, обвешивать
sisca *f* осока
sisear *vi* шикать
sísmic|o *adj* сейсмический *sacudidas ~as* подземные толчки
sismógrafo *m* сейсмограф
sismología *f* сейсмология
sistema *m* 1) система 2) *(método)* способ, метод ◆ **por ~** систематически **~ operativo** *informát* оперативная система **~ solar** *astron* солнечная система
sistemática *f biol* систематика, классификация
sistemático *adj* систематический, систематичный
sistematización *f* систематизация
sistematizar *vt* систематизировать
sitial *m* трон
sitiar *vt* 1) осаждать *~ un castillo* осаждать крепость 2) *(cercar a alguien)* загонять в угол

sitio *m* 1) *(espacio)* место, пространство 2) *(punto geográfico)* местность, край 3) *(bloqueo)* осада
sito *adj* находящийся
situación *f* 1) *(ubicación)* местоположение, расположение 2) *(circunstancia)* положение, ситуация, обстановка 3) *(posición social y económica)* положение, состояние ◆ ~ **de emergencia** чрезвычайное положение
situado *adj* состоятельный
situa|r *vt* располагать, помещать, класть ◆ **bien ~do** расположенный в удобном месте **estar ~do** находиться
situarse *vpron* 1) располагаться, помещаться 2) *(orientarse)* ориентироваться
siútico *adj Ch. Bol. coloq* претенциозный
skay *m* V. escay
sketch *m* скетч
slalom *m* V. eslalon
slip *m* мужские трусы
snob *m* V. esnob
snobismo *m* V. esnobismo
so[1] *prep (debajo de)* под ~ *pretexto* под предлогом
so[2] *interj (dirigido a una caballería)* тпру!
so[3] *adv coloq* употребляется для усиления значения прилагательного или существительного *¡ burro!* ну и дурак!
soba *f* 1) разминание, размягчение 2) *(zurra)* взбучка, побои
sobaco *m* подмышка
sobado 1. *adj* 1) *(dicho de la masa)* сдобный 2) *(muy usado)* потёртый, потрёпанный, изношенный **2.** *m* разминание, размягчение
sobaquera *f (de manga)* пройма, прорез
sobar 1. *vt* 1) щупать 2) *(manejar oprimiendo)* мять, разминать 3) *coloq (manosear)* лапать 4) *coloq (golpear)* бить, избивать **2.** *vi coloq (dormir)* дрыхнуть, спать
soberanía *f* суверенитет
soberan|o 1. *adj (supremo)* верховный, высший, суверенный **2. , -a** *m/f* монарх, государ|ь, -ыня
soberbia *f* 1) высокомерие, надменность 2) *(magnificiencia)* великолепие
soberbio *adj* 1) *(altivo)* высокомерный, надменный 2) *(magnífico)* великолепный
sobón *adj* 1) назойливый, надоедливый 2) *coloq (que elude el trabajo)* ленивый, нерадивый
sobornar *vt* давать взятку, подкупать
soborno *m* взятка
sobra 1. *f* излишек, избыток **2. -s** *fpl (restos de comida)* объедки, остатки ◆ **de** ~ чрезмерно, в изобилии, достаточно
sobradamente *adv* чрезмерно, излишне
sobrado *adj* 1) чрезмерный 2) изобильный
sobrante *adj* 1) оставшийся, остальной 2) *(excesivo)* лишний, избыточный
sobrar *vi* 1) быть в изобилии, иметься в избытке 2) *(estar de más, una persona)* быть лишним
sobrasada *f* собрасада (вид свиной колбасы)
sobre[1] *prep* 1) *(encima de)* на (ком/чём-л) ~ *la mesa* на столе 2) *(por encima de)* над (кем/чем-л) ~ *la ciudad* над городом 3) *(acerca de)* о (ком/чём-л) *hablar ~ economía* говорить об экономике 4) *(aproximadamente)* около (чего-л), примерно *vendré ~ las seis* я приду около шести 5) *(dicho de la temperatura)* выше (чего-л), плюс *diez grados ~ cero* десять градусов выше ноля, плюс десять градусов ◆ ~ **todo** особенно
sobre[2] *m* конверт
sobreabundancia *f* изобилие, избыток
sobrealimentación *f* усиленное питание
sobreático *m* квартира на чердаке
sobrecalentamiento *f* перегрев
sobrecama *f* покрывало
sobrecamisa *f* лёгкая куртка
sobrecarga *f* перегрузка
sobrecargar *vt* перегружать
sobrecargo *m nav* суперкарго
sobrecenar *vi* ужинать второй раз
sobrecerrado *adj* хорошо (плотно) закрытый
sobrecogedor *adj* пугающий
sobrecoger *vt* испугать, перепугать
sobrecogerse *vpron* испугаться, перепугаться
sobrecubierta *f impr* суперобложка
sobrecuello *m* воротничок
sobredicho *adj* вышеуказанный, вышеупомянутый
sobredosis *f* сверхдоза
sobreenfriamiento *m* переохлаждение
sobreentender *vt* подразумевать, иметь в виду
sobreestimar *vt* переоценивать, завышать оценку
sobreexplotación *f* чрезмерно эксплуатирование
sobreexplotar *vt* чрезмерно эксплуатировать
sobrehumano *adj* сверхчеловеческий, нечеловеческий
sobrellevar *vt* 1) *(ayudar a llevar)* помогать нести 2) *(soportar molestias, sufrimientos)* терпеть, сносить
sobremanera *adv* чрезвычайно, крайне
sobremesa *f* 1) *(tapete)* скатерть 2) *(tiempo)* время, проведённое за столом после еды ◆ **de** ~ настольный
sobremodo *adv* чрезвычайно, крайне
sobrenatural *adj* сверхъестественный
sobrenombre *m* прозвище
sobreparto *m med* послеродовой период
sobrepasar *vt* превосходить, превышать
sobrepesca *f* чрезмерный вылов рыбы
sobrepeso *m* 1) перегрузка, перевес 2) *(de una persona)* перевес
sobreponer *vt* накладывать, класть сверху
sobreponerse *vpron* **(a u/c)** преодолевать, превозмогать
sobreprecio *m* наценка
sobreproducción *f* перепроизводство
sobrepuesto 1. *adj* положенный сверху **2.** *m (ornamento)* украшение
sobrepujar *vt* превосходить
sobresaliente 1. *adj* превосходный, отличный **2.** *m (nota)* отлично
sobresalir *vi* выделяться, отличаться ~ *ostensiblemente* резко выделяться; ~ *medio metro* выступать на полметра
sobresaltar *vt* 1) *(acometer de repente)* внезапно нападать (на кого-л), набрасываться (на кого-л) 2) *(asustar)* пугать
sobresaltarse *vpron* испугаться, перепугаться

sobresalto *m* испуг, шок
sobreseimiento *m jur* отложение рассмотрения дела
sobrestadía *f nav* плата за простой судна, демередж
sobrestante *m* бригадир, управляющий, десятник
sobrestimar *vt* переоценивать
sobretasa *f econ* надбавка, наценка
sobretiro *m impr* отдельный оттиск статьи
sobretodo *m* пальто
sobrevalorar *vt* переоценивать
sobrev|enir *vi* 1) случаться, происходить, разражаться *~ino una tormenta* разразилась гроза 2) *(venir inesperadamente)* неожиданно прийти, заявиться
sobreventa *f econ* перепродажа, овербукинг
sobrevivencia *f* V. superviviencia
sobreviviente *adj* V. superviviente
sobrevivir **1.** *vt* переживать **2.** *vi* 1) выживать, оставаться в живых 2) *(pasar dificultades)* выживать
sobrevolar *vt* летать (над чем-л)
sobriedad *f* умеренность, воздержанность, трезвость
sobrin|o, -a *m/f* племянни|к, -ца
sobrio *adj* 1) умеренный, воздержанный 2) *(estilo)* строгий 3) *(no bebido)* трезвый
socaire *m nav* подветренный борт ◆ **estar al ~** бездельничать
socarrón **1.** *adj* хитрый, лукавый **2.** *m* хитрец, плут
socarronería *f* хитрость, плутовство, лукавство
socavar *vt* 1) подкапывать, делать подкоп 2) *(la moral)* подрывать, расшатывать
socavón *adj* 1) подземная галерея 2) *(hundimiento del suelo)* яма
sociabilidad *f* общительность
sociable *adj* общительный
social *adj* общественный, социальный ◆ **ciencias ~es** общественные науки **red ~** социальная сеть **seguridad ~** социальное обеспечение
socialdemocracia *f pol* социал-демократия
socialdemócrata **1.** *adj pol* социал-демократический **2.** *m/f pol* социал-демократ
socialismo *m* социализм
socialista **1.** *adj* социалистический **2.** *m/f* социалист, -ка
socializar *vt* социализировать
sociedad *f* 1) общество 2) *(asociación)* общество, объединение 3) *(empresa)* компания ◆ **~ anónima** акционерное общество **~ civil** гражданское общество **~ limitada** общество с ограниченной ответственностью
socio *m/f* 1) *(de una asociación)* член 2) *(en una empresa)* компаньон 3) *(en los negocios)* партнёр
sociocultural *adj* социокультурный
socioeconómico *adj* социоэкономический
sociolingüística *f ling* социолингвистика
sociolingüístico *adj ling* социолингвистический
sociología *f* социология
sociológico *adj* социологический
sociólogo *m* социолог
sociopolítico *adj* социополитический
socorrer *vt* помогать (кому-л)
socorrido *adj* 1) *(dicho de una persona)* отзывчивый, готов прийти на помощь 2) *(dicho de un recurso)* действенный, полезный
socorrismo *m* оказание первой помощи
socorrista *m/f* спасатель
socorro *m* помощь ◆ **¡ ~!** на помощь!, караул!
soda *f* 1) *quím* сода 2) *(agua carbonatada)* газированная вода, газировка
sódico *adj quím* натриевый *bicarbonato ~* питьевая сода
sodio *m quím* натрий
sodomía *f* содомия
sodomita *m* содомит
soez *adj* низкий, подлый, пошлый
sofá *m* диван ◆ **~-cama** диван-кровать
sofisma *m filos* софизм
sofista **1.** *adj* софистический **2.** *m* софист
sofisticación *f* 1) *(falta de naturalidad)* искусственность, наигранность 2) *(elegancia)* изысканность, утончённость 3) *(complejidad)* изощрённость, сложность
sofisticado *adj* 1) *(falto de naturalidad)* искусственный, наигранный 2) *(elegante)* изысканный, утончённый 3) *(técnicamente complejo)* сложный, непростой
sofisticar *vt* фальсифицировать, подделывать
sofístico *adj* притворный, фальшивый
sofocación *f* 1) удушье 2) *(confusión)* смущение
sofocante *adj* душный, удушливый *aire ~* спёртый воздух
sofocar *vt* 1) душить, препятствовать дыханию 2) *(apagar)* гасить, тушить 3) *(avergonzar)* стыдить, вгонять в краску
sofocarse *vpron* 1) *(ahogarse)* задыхаться 2) *(avergonzarse)* краснеть, смущаться
sofoco *m* 1) удушье 2) *(confusión)* смущение, краска стыда
sofreír *vt* слегка поджаривать
sofrito *m* софрито (соус из овощей)
software *m informát* программное обеспечение
soga *f* верёвка, канат
soja *f* соя *de soja* соевый
sojuzgar *vt* порабощать, покорять
sol[1] *m* солнце ◆ **reloj de ~** солнечные часы **tomar el ~** загорать
sol[2] *m mús* соль
solamente *adv* только, лишь
solana *f* солнцепёк
solapa *f* лацкан ◆ **de ~** тайно
solapado *adj* лицемерный, двуличный, лукавый
solapar **1.** *vt* 1) делать лацканы 2) *(ocultar)* скрывать, таить **2.** *vi* накладываться, запахиваться
solar[1] *adj* солнечный
solar[2] *m* участок под застройку
solariego *adj* 1) родовой, фамильный 2) *(noble)* знатный, родовитый
solario *m* солярий
solaz *m* отдых, развлечение
solazar *vt* утешать, радовать
solazarse *vpron* утешаться, радоваться
soldada *f* зарплата, жалованье

soldadesca *f* 1) *(profesión de soldado)* солдатская служба 2) *(conjunto de soldados)* солдаты, солдатня

soldadesco *adj* солдатский

soldado *m* солдат

soldador *m* 1) *tecn (persona)* сварщик 2) *tecn (instrumento)* сварочный аппарат

soldadura *f* спайка, сварка

soldar *vt* паять, сваривать

soldarse *vpron* спаиваться

soleado *adj* солнечный

solear *vt* выставлять на солнце

soledad *f* одиночество

solemne *adj* торжественный

solemnidad *f* торжественность

solemnizar *vt* 1) *(un suceso)* праздновать, отмечать 2) *(engrandecer)* прославлять, восхвалять

soler *vi* 1) *(tener costumbre)* иметь привычку 2) *(ser frecuente)* бывать, обычно случаться

solera *f* 1) балка, брус 2) *(carácter tradicional)* природа, склад

solevantar *vt* приподнимать, поднимать

solfa *f* 1) *mús* сольфеджио 2) *mús (melodía)* мелодия, музыка 3) *coloq (zurra)* взбучка, побои

solfear *vt* 1) *mús* петь сольфеджио 2) *coloq (zurrar)* бить, колотить

solfeo *m* 1) *mús* сольфеджио 2) *coloq (zurra)* взбучка, побои

solicitación *f* просьба, ходатайство

solicitante *m* проситель, ходатай

solicitar *vt* просить, запрашивать

solícito *adj* старательный, усердный

solicitud *f* 1) *(petición)* просьба, запрос 2) *(documento)* заявление, заявка, ходатайство 3) *(cuidado)* заботливость, внимательность

solidaridad *f* солидарность

solidario *adj* солидарный

solidarizar *vt* солидаризировать

solidarizarse *vpron* солидаризироваться

solideo *m relig* пилеолус

solidez *f* 1) твёрдость, прочность, крепость 2) *(resistencia)* прочность, стойкость 3) *(fiabilidad)* надёжность, солидность, основательность

solidificar *vt* делать твёрдым

solidificarse *vpron* затвердевать, делаться твёрдым

sólido *adj* 1) *(cualidad de un cuerpo)* твёрдый 2) *(firme, resistente)* прочный, крепкий, стойкий 3) *(fiable)* надёжный, солидный, основательный

soliloquio *m* монолог

solio *m* трон

solista *m/f mús* солист, -ка

solitaria *f* солитёр

solitario 1. *adj* 1) *(dicho de una persona)* одинокий, нелюдимый 2) *(dicho de un lugar)* пустынный, незаселённый **2.** *m* 1) отшельник 2) *jueg* пасьянс

sólito *adj* привычный, обычный

soliviantar *vt* будоражить, возбуждать

soliviar *vt* приподнимать, поднимать

solla *f* морская камбала

sollo *m* осётр

sollozar *vi* всхлипывать, плакать

sollozo *m* всхлипывание, плач

sol|o 1. *adj* 1) *(sin compañía)* один, одна, одно 2) *(único)* единственный 3) *(desamparado)* одинокий, покинутый **2.** *m* 1) *mús* соло 2) *mús* сольный номер ◆ **a ~as** в одиночестве **café ~o** чёрный кофе

sólo, solo *adv* только, лишь ~ *te pido esto* я тебя прошу только об этом ◆ **no ~..., sino también...** не только..., но и... **tan ~** только, лишь, всего лишь

solomillo *m* вырезка, филей

solsticio *m astron* солнцестояние

soltar *vt* 1) *(desasir o dejar salir)* отпускать, выпускать 2) *(dejar caer)* отпускать, ронять 3) *(desatar)* развязывать 4) *(el pelo)* распускать 5) *(dejar en libertad)* выпускать, освобождать 6) *(un grito, una carcajada, etc.)* испускать

soltarse *vpron* развязываться

soltería *f* 1) *(de un hombre)* холостяцкое семейное положение 2) *(de una mujer)* незамужнее семейное положение

solter|o 1. *adj* холостой, неженатый, незамужняя **2.** , **-a** *m/f* холостяк, незамужняя женщина

solterón *m coloq* холостяк

solterona *f coloq* старая дева

soltura *f* 1) непринуждённость, лёгкость *habla ruso con ~* он свободно говорит по-русски 2) *(agilidad)* ловкость

solubilidad *f quím* растворимость

soluble *adj* 1) *(que se puede disolver)* растворимый 2) *(que se puede resolver)* решимый

solución *f* 1) *(acción de disolver)* растворение 2) *(mezcla)* раствор 3) *(acción y efecto de solucionar)* разрешение, решение 4) *(respuesta)* ответ

solucionar *vt* решать, разрешать

solvencia *f econ* платёжеспособность

solventar *vt* решать, разрешать

solvente *adj econ* платёжеспособный

somanta *f coloq* взбучка, побои

somatén *m reg* соматен, ополчение

somático *adj biol* соматический, телесный

sombra *f* 1) тень 2) *(oscuridad)* темнота ◆ **~ de ojos** тушь

sombrear *vt* затенять, давать тень

sombrerera *f* 1) *(que hace sombreros)* шляпница, модистка 2) *(caja)* коробка для шляп 3) *(planta)* мать- и-мачеха

sombrerería *f* 1) *(fábrica)* шляпная мастерская 2) *(tienda)* магазин головных уборов

sombrerero *m* шляпник, шляпный мастер

sombrero *m* шляпа ◆ **quitarse el ~** снимать шляпу

sombrilla *f* зонтик от солнца

sombrío *adj* 1) тенистый, тёмный 2) *(triste)* мрачный

somero *adj* поверхностный, неглубокий

someter *vt* 1) **(a alg o u/c)** *(conquistar, subordinar)* подчинять (кому/чему-л) 2) **(a u/c)** *(obligar a hacer una cosa)* подвергать (чему-л) ~ *a alg a un interrogatorio* подвергать кого-л допросу

someterse *vpron* подчиняться (кому/чему-л)

sometimiento *m* подчинение, покорение

somier *m* каркас кровати

somnífero 1. *adj* снотворный **2.** *m med* снотворное

somnolencia *f* 1) сонливость, дремота 2) *(falta de actividad)* вялость, инертность

somnoliento *adj* сонный

somorgujo *m* поганка (птица)

son *m* звук ◆ **¿a ~ de qué?** с какой статьи? **en ~ de guerra** воинственно **en ~ de paz** с мирными намерениями **sin ton ni ~** ни с того ни с сего

sonado *adj* 1) известный, знаменитый 2) *(memorable)* нашумевший, знаменательный 3) *coloq (chiflado)* сумасшедший, чокнутый

soñador 1. *adj* мечтательный **2.** *m/f* мечтатель, фантазёр

sonaja *f* бубен

sonajero *m* погремушка

sonambulismo *m* сомнамбулизм, лунатизм

sonámbulo *m* лунатик

sonar *vi* 1) звучать, звенеть 2) *coloq (parecer conocido)* казаться знакомым *me suena* это мне знакомо

soñar 1. *vt/i* **(a alg o u/c)** *(mientras se duerme)* видеть во сне (кого/что-л.), сниться (кому-л. что-л), видеть сон **2.** *vi* **(con u/c)** *(discurrir fantásticamente)* мечтать (о чём-л)

soñarrera *f coloq* сонливость, дремота

sonarse *vpron* сморкаться

sonata *f mús* соната

sonatina *f mús* сонатина

sonda *f* 1) зонд 2) *nav* лот ◆ **globo ~** *meteo* шар-зонд

sondar *vt* 1) зондировать 2) *(inquirir)* зондировать, прощупывать 3) *med* вставлять зонд

sondear *vt* 1) V. sondar 1,2 2) *(hacer averiguaciones)* проводить опрос

sondeo *m* 1) зондирование 2) *(averiguaciones)* опрос

soneto *m lit* сонет

sonido *m* звук ◆ **barrera del ~** *fís* звуковой барьер

soñoliento *adj* 1) сонный, сонливый 2) *(perezoso)* ленивый

sonoridad *f* 1) звонкость, звучность 2) *(que suena bien)* благозвучность

sonorizar *vt* озвучивать

sonoro *adj* 1) звучный 2) *(que suena bien)* благозвучный 3) *ling* звонкий 4) *(con buena resonancia)* звонкий, гулкий

sonreír *vi* улыбаться

sonreírse *vpron* улыбаться

sonriente *adj* улыбающийся

sonrisa *f* улыбка

sonrojar *vt* вгонять в краску, стыдить

sonrojarse *vpron* краснеть

sonrojo *m* румянец, краска стыда

sonrosado *adj* румяный

sonsacar *vt* выманивать, вытягивать

sonsonete *m* 1) *(sonido)* монотонный звук 2) *(tono)* насмешливый тон

sopa *f* суп ◆ **hasta en la ~** везде и повсюду

sopapo *m* оплеуха, удар

sopera *f* супница

sopero *adj* суповой

sopesar *vt* взвешивать

sopetón *m* оплеуха, удар ◆ **de ~** внезапно, неожиданно

soplador 1. *adj* 1) *(que sopla)* дующий, раздувающий 2) *(dicho de la persona que excita algo)* подстрекающий, побуждающий **2.** *m (soplillo)* дуновение

sopladura *f* выдувание, литьё

soplagaitas *m coloq* дурак

soplamocos *m coloq* оплеуха, пощёчина

soplapollas *m/f vulg insult* дурак, дура

soplar 1. *vi* дуть **2.** *vt* 1) сдувать 2) *(las velas)* задувать 3) *(decir en voz baja a alg)* подсказывать, суфлировать 4) *(delatar)* выдавать

soplete *m* паяльная лампа

soplido *m* дуновение

soplillo *m* 1) мех, веер для раздувания огня 2) *(cosa leve)* невесомая вещь

soplo *m* 1) дутьё, раздувание 2) *(instante)* миг, мгновение 3) *coloq (denuncia)* донос 4) *med* сердечный шум

soplón *m coloq* доносчик

soponcio *m coloq* обморок, потеря сознания

sopor *m* сонливость, дремота

soporífero *adj* снотворный, усыпляющий

soportable *adj* сносный, терпимый

soportal *m arquit* аркада, крытая галерея

soportar *vt* 1) *(un peso)* выдерживать, держать 2) *(tolerar, aguantar)* терпеть, выносить, переносить

soporte *m* 1) опора, подставка, подпорка 2) *informát* носитель

soprano 1. *m (voz)* сопрано **2.** *m/f (intérprete)* сопрано

sor *f relig* сестра *~ María* сестра Мария

sorber *vt* прихлёбывать, всасывать

sorbete *m* щербет, мороженое

sorbetería *f* кафе, где подают шербет

sorbeto *m P. Rico* трубочка (для напитков)

sorbo *m* 1) глоток 2) *(pequeña cantidad de un líquido)* капелька, чуточка

sordera *f* глухота

sordidez *f* 1) *(impureza)* мерзость, гнусность 2) *(mezquindad)* жадность, скупость

sórdido *adj* 1) *(impuro)* грязный 2) *(mezquino)* гнусный, мерзкий

sordina *f mús* сурдина

sord|o 1. *adj* 1) глухой 2) *ling* глухой **2. , -a** *m/f* глух|ой, -ая

sordomud|o 1. *adj* глухонемой **2. , -a** *m/f* глухонем|ой, -ая

sorgo *m* сорго

soriasis *f med* псориаз

sorna *f* 1) *(lentitud)* медлительность, неторопливость 2) *(ironía)* ирония, насмешка

sorocharse *vpron* V. asorocharse

soroche *m Am. Mer.* горная болезнь

sorprendente *adj* 1) *(que sorprende)* удивительный, поразительный 2) *(extraordinario)* необычный, необыкновенный

sorprendentemente *adv* удивительно, поразительно

sorprender *vt* 1) удивлять, поражать 2) *(coger desprevenido)* заставать (врасплох) ◆ **~ in fraganti** поймать с поличным **~ con las manos en la masa** *coloq* поймать с поличным

sorprenderse *vpron* **(de u/c)** удивляться (чему-л), поражаться (чем-л)

sorpresa *f* 1) удивление 2) *(cosa para sorprender)* сюрприз ◆ **coger por** ~ заставать врасплох **para mi** ~ к моему удивлению **por** ~ неожиданно, внезапно

sorpresivo *adj* неожиданный, внезапный, спонтанный

sortear *vt* 1) *(decidir a suertes)* решать посредством жеребьёвки 2) *(en la lotería)* разыгрывать в лотерее 3) *(evitar)* избегать (чего-л)

sorteo *m* 1) жеребьёвка 2) розыгрыш (в лотерее)

sortija *f* кольцо (с камнем)

sortilegio *m* гадание, ворожба

sosa *f quím* карбонат натрия

sosada *f* глупость, банальность

sosegado *adj* спокойный, мирный, тихий

sosegar 1. *vt* успокаивать, унимать **2.** *vi* 1) успокаиваться, униматься 2) *(dormir)* спать, отдыхать

sosegarse *vpron* успокаиваться, униматься

sosería *f* безвкусица, банальность

sosiego *m* спокойствие

soslayar *vt* ставить боком

soslayo *adj* косой, скошенный ◆ **al** ~ наискось **mirar de** ~ смотреть искоса

soso *adj* 1) безвкусный, пресный 2) *(dicho de una persona)* неинтересный, скучный

sospecha *f* подозрение

sospecha|r 1. *vt (dudar)* подозревать, сомневаться (о чём-л) **2.** *vi* **(de alg)** *(recelar de alg)* подозревать (кого-л в чём-л) *~n de su implicación en el delito* его подозревают в участии в преступлении

sospechosamente *adv* подозрительно

sospechoso *adj* 1) подозрительный 2) *jur* подозреваемый

sostén *m* 1) *(cosa que sostiene)* подпорка, опора 2) *(apoyo)* поддержка, помощь 3) *(prenda de vestir)* бюстгальтер

sostener *vt* 1) держать 2) *(afirmar)* утверждать ◆ ~ **una opinión** придерживаться мнения

sostenido 1. *adj mús* повышенный **2.** *m mús* диез

sostenimiento *m* 1) поддержание, поддержка 2) *(sustento)* питание, пропитание

sota *f (carta)* валет

sotana *f relig* сутана

sótano *m* подвал, погреб

sotavento *m nav* подветренная сторона

sotechado *m* навес

soterrar *vt* 1) закапывать, зарывать 2) *(esconder)* прятать, запрятывать

soto *m* прибрежный лес, роща

sotobosque *m* подлесок

soufflé *m* V. suflé

soul *m mús* соул

souvenir *m* сувенир

soviético *adj* советский

soya *f* V. soja

spam *m informát* спам

sport *adj* спортивный

spot *m* рекламный ролик

spray *m* V. espray

sprint *m* V. esprint

sprintar *vi* V. esprintar

sprinter *m* V. esprínter

squash *m sport* сквош

stand *m* V. estand

standing *m* благосостояние, достаток, благополучие *vivienda de alto* ~ элитный дом

status *m* V. estatus

step *m sport* степ

stock *m* 1) *econ* наличие (товаров), запас 2) *econ (capital)* акционерный капитал

stop *m* 1) стоп 2) *(en un telegrama)* точка

striptease *m* V. estriptis

suácate *m Ch. coloq* удар

suasorio *adj* убедительный

suave *adj* 1) мягкий, нежный 2) *(grato a los sentidos)* некрепкий, лёгкий, слабый 3) *(tranquilo)* мягкий, тихий, спокойный

suavidad *f* мягкость, нежность

suavizante 1. *adj* смягчающий **2.** *m* смягчитель

suavizar *vt* смягчать, облегчать

suba *f Am. Mer.* повышение цен

subacuático *adj* подводный

subalimentación *f* недоедание

subalimentado *adj* голодный, недоедающий

subaltern|o 1. *adj* 1) *(que está debajo)* нижний, находящийся ниже 2) *(subordinado)* подчинённый, младший, нижестоящий **2.** , **-a** *m/f* 1) подчинённ|ый, -ая 2) *mil* субалтерн-офицер

subarrendar *vt* 1) *(dar en arriendo)* сдавать в субаренду 2) *(tomar en arriendo)* субарендовать

subarrendatario *m* субарендатор

subarriendo *m* субаренда

subasta *f* аукцион, торги

subastar *vt* продавать на аукционе, выставлять на торги

subatómico *adj* субатомный

subcampeón *m* вице-чемпион, *sport* серебряный призёр

subclase *f* подкласс

subcomisión *f* подкомиссия

subcomité *m* подкомитет

subconjunto *m* подраздел, подгруппа

subconsciencia *f* подсознание

subconsciente 1. *adj* подсознательный **2.** *m* подсознание

subcontinente *m geogr* субконтинент

subcontrata *f* субподряд

subcontratar *vt* 1) *(dar en subcontrata)* сдавать на субподряд 2) *(tomar en subcontrata)* брать на субподряд

subcontratista *m* субподрядчик

subcultura *f* субкультура

subcutáneo *adj* подкожный

subdelegar *vt* перепоручать, передоверять

subdesarrollado *adj* отсталый, слаборазвитый *países ~s* развивающиеся страны

subdesarrollo *m* отсталость, слаборазвитость *~ económico* экономическая отсталость

subdirector *m* заместитель директора

subdirectorio *m informát* подкаталог

súbdito 1. *adj* подчинённый, подвластный **2.** *m* подданный

subdividir *vt* подразделять

subdivisión *f* подгруппа, подразделение

subdominante *f mús* субдоминанта

subempleo *m* не соответствующая квалификации работа

subespecie *f biol* подвид
subestación *f tecn* подстанция
subestimar *vt* недооценивать
subfamilia *f biol* подсемейство
subgénero *m biol* подвид
subgrupo *m* подгруппа
subibaja *f* качели, нестабильная ситуация
subida *f* 1) подъём 2) *(aumento)* повышение, увеличение, рост
subido *adj* 1) *(dicho de un precio)* завышенный, высокий 2) *(dicho de un color, un olor)* резкий, насыщенный
subíndice *m* субиндекс
subinquilino *m* субарендатор
subinspector *m* заместитель инспектора
subir 1. *vt* 1) поднимать 2) *(aumentar)* поднимать, повышать **2.** *vi* 1) подниматься 2) *(a un vehículo)* садиться 3) **(a u/c)** *(a cierto importe)* достигать (чего-л) 4) *(dicho de los precios)* повышаться, дорожать, расти 5) *(aumentar)* повышаться, увеличиваться, возрастать
subirse *vpron* 1) подниматься, взбираться ~ *al tejado* подниматься на крышу 2) *(entrar en un vehículo)* садиться ~ *al tren* садиться в поезд ◆ ~ **a la cabeza u.c.** ударить в голову что-л
súbito 1. *adj* внезапный, неожиданный **2.** *adv* вдруг, внезапно, неожиданно
subjetividad *f* субъективность
subjetivo *adj* субъективный
subjuntivo *m ling* сослагательное наклонение, субъюнктив
sublevación *f* восстание, мятеж
sublevamiento *m* V. sublevación
sublevar *vt* 1) побуждать к восстанию, подстрекать 2) *(provocar indignación)* приводить в негодование, возмущать
sublevarse *vpron* восставать, поднимать восстание
sublimación *f* 1) восхваление, прославление 2) *quím* сублимация
sublimado *m quím* сублимат
sublimar *vt* 1) восхвалять, возвеличивать 2) *quím* сублимировать
sublime *adj* прекрасный, превосходный
sublimidad *f* возвышенность, величие
subliminal *adj* сублиминальный, подсознательный
submarinismo *m* подводное плавание
submarinista *m/f* подводник, аквалангист
submarino 1. *adj* подводный **2.** *m* подводная лодка
subnormal *adj* слабоумный, субнормальный
suboficial *m mil* унтер-офицер
subordinación *f* подчинение, субординация
subordinada *f ling* сложноподчинённое предложение
subordinad|o 1. *adj* подчинённый **2.** *m/f* подчинённый ◆ **oración ~a** *ling* сложноподчинённое предложение
subordinar *vt* **(a alg o u/c)** подчинять (кому/чему-л)
subproducto *m* побочный продукт
subrayar *vt* 1) подчёркивать 2) *(recalcar)* подчёркивать, выделять
subrepción *f* тайное действие, сокрытие
subrepticiamente *adv* скрытно, тайно
subrepticio *adj* скрытый, тайный
subrogación *f jur* замена, замещение
subrogar *vt jur* заменять, замещать
subsaharian|o 1. *adj* относящийся к Тропической Африке **2.** , **-a** *m/f* житель, -ница (урожен|ец, -ка) Тропической Африки
subsanar *vt* 1) извинять, прощать 2) *(una falta)* исправлять 3) *(un obstáculo)* устранять, преодолевать
subsecretario *m* 1) *(de un secretario)* заместитель секретаря 2) *(de un ministro)* заместитель министра
subsidiar *vt* субсидировать
subsidiario *adj* вспомогательный, дополнительный
subsidio *m* пособие, субсидия ~ *de desempleo* пособие по безработице
subsiguiente *adj* последующий
subsistencia *f* существование ◆ **medios de ~** средства к существованию
subsistente *adj* существующий
subsistir *vi* существовать
subsuelo *m* подпочва
subte *m Arg.* метро
subterfugio *m* уловка, отговорка
subterráneo 1. *adj* подземный **2.** *m* подземелье
subtitular *vt* писать субтитры
subtítulo *m* 1) субтитр 2) *impr* подзаголовок
subtotal *adj* субтотальный
subtropical *adj* субтропический
suburbano 1. *adj* пригородный **2.** *m* 1) житель пригорода 2) *(tren)* электричка, пригородный поезд
suburbio *m* пригород
subvalorar *vt* недооценивать
subvención *f* 1) *(acción de subvencionar)* субсидирование, дотирование 2) *(ayuda económica)* пособие, дотация, субсидия
subvencionar *vt* субсидировать
subvenir *vi* **(a alg)** помогать (кому-л), содействовать (кому-л)
subversión *f* разложение, подрывная деятельность
subversivo *adj* подрывной, разлагающий
subvertir *vt* подрывать, расшатывать, ниспровергать
subyacente *adj* расположенный ниже, нижележащий
subyugación *f* покорение, порабощение
subyugar *vt* 1) *(avasallar)* порабощать, покорять 2) *(embelesar)* покорять, очаровывать
succión *f* сосание, всасывание
sucedáneo *adj* заменяющий
suceder *vi* 1) *(ocurrir)* случаться, происходить 2) **(a alg o u/c)** *(seguir)* следовать (за чем/кем-л), сменять (кого/что-л.)
sucesión *f* 1) последовательность 2) *(sustitución)* смена, следование 3) *(descendencia)* потомство
sucesivo *adj* последующий ◆ **en lo ~** в дальнейшем
suceso *m* событие, случай, происшествие
sucesor *m/f* 1) наследник 2) *(en un cargo o función)* последователь
sucesorio *adj* наследственный
suciedad *f* грязь

sucinto *adj* краткий, сжатый

sucio *adj* грязный, нечистый

suculento *adj* аппетитный, сочный

sucumbir *vi* 1) **(a u/c)** *(ceder)* поддаваться (чему-л), сдаваться 2) *(desaparecer, morir)* умирать, погибать

sucursal *f* филиал, отделение

sud *m Am.* юг

sudaca 1. *adj coloq desp* латиноамериканский **2.** *m/f coloq desp* латиноамерикан|ец, -ка

sudadera *f* спортивный свитер

sudado *m Per.* рагу

sudafrican|o 1. *adj* южноафриканский **2. , -a** *m/f* южноафрикан|ец, -ка

sudamerican|o 1. *adj* южноамериканский **2.** *m/f* южноамерикан|ец, -ка

sudan|és 1. *adj* суданский **2. , -esa** *m/f* судан|ец, -ка

sudar *vi* 1) потеть 2) *coloq (trabajar con esfuerzo)* трудиться в поте лица

sudario *m* саван

sudestada *f Arg. Ur.* юго-восточный ветер

sudeste *m* юго-восток

sudoeste *m* юго-запад

sudor *m* 1) пот 2) *(de las plantas)* сок ◆ **con el ~ de la frente** в поте лица

sudoración *f* потоотделение

sudoriento *adj* потный

sudorífico *adj* потогонный

sudoroso *adj* 1) потный 2) *(con tendencia a sudar)* потливый

suec|o 1. *adj* шведский **2. , -a** *m/f* швед, -ка **3.** *m* шведский язык

suegra *f* 1) *(la madre del marido para la esposa)* свекровь 2) *(la madre de la esposa para el marido)* тёща

suegro *m* 1) *(el pardre del marido para la esposa)* свёкор 2) *(el padre de la esposa para el marido)* тесть

suela *f* подошва

suelazo *m Ch.* провал, неудача

sueldazo *m coloq* высокая зарплата

sueldo *m* зарплата, заработная плата, оклад ◆ **a ~** наёмный

suelo *m* 1) *(tierra)* земля 2) *(terreno)* почва 3) *(de un edificio)* пол

suelta *f* 1) освобождение 2) *(traba de caballería)* путы лошади

suelto 1. *adj* 1) отпущенный, развязанный 2) *(dicho del pelo)* распущенный 3) *(en libertad)* освобождённый, свободный 4) *(separado)* отдельный 5) *(ágil)* быстрый, ловкий, лёгкий 6) *(atrevido, libre)* свободный, раскованный 7) *(una prenda de ropa)* широкий, свободный **2.** *m* мелочь, мелкие деньги

sueño *m* 1) *(acto de dormir)* сон 2) *(visión durante el sueño)* сон, сновидение 3) *(deseo)* мечта ◆ **en ~s** во сне **tener ~** хотеть спать

suero *m* 1) сыворотка 2) *med* серум

suerte *f* 1) *(destino)* судьба, рок 2) *(fortuna)* удача, счастье, везение 3) *(tipo)* вид, сорт 4) *(modo)* способ, образ ◆ **echar a ~s** кидать жребий **buena ~** удача **tener ~** везти кому-л **por ~** к счастью **¡ ~!** удачи!

suertudo *adj coloq* удачливый, везучий

suéter *m* свитер

suficiencia *f* 1) достаточность 2) *(capacidad)* способность 3) *(presunción)* самомнение

suficiente 1. *adj* 1) достаточный 2) *(capaz)* пригодный 3) *(presuntuoso)* самонадеянный **2.** *m* удовлетворительно (оценка)

sufijo *m ling* суффикс

suflé *m* суфле

sufragar *vt* 1) *(ayudar)* помогать (кому/чему-л), содействовать (кому/чему-л) 2) *(costear)* оплачивать

sufragio *m* 1) помощь, содействие 2) *(voto)* избирательный голос 3) *relig (oración)* заупокойная молитва

sufrido *adj* выносливый

sufrimiento *m* 1) страдание, мучение, переживание 2) *(capacidad de sufrir)* терпеливость

sufrir 1. *vt* 1) терпеть *~ una derrota* терпеть поражение, *(sostener, resistir)* переносить *sufrir una enfermedad* переносить болезнь, *(recibir un daño)* испытывать, подвергаться (чему-л) *~ un castigo* подвергаться наказанию 2) *(tolerar, aguantar)* выносить, выдерживать *no lo puedo ~* я его не выношу **2.** *vi* **(de u/c)** страдать (чем-л), мучиться *de insomnio* страдать бессоницей

sugerencia *f* предложение, идея

sugerente *adj* наводящий на мысль *pregunta ~* наводящий вопрос

sugerir *vt* 1) предлагать, подсказывать, советовать, намекать (на что-л) 2) *(evocar)* напоминать

sugestión *f* 1) внушение, гипноз 2) *(idea sugerida)* внушённая мысль

sugestionar *vt* 1) *(durante la hipnosis)* внушать 2) *(fascinar)* восхищать, очаровывать

sugestivo *adj* 1) *(en la hipnosis)* суггестивный 2) *(que atrae)* привлекательный 3) *(que fascina)* чарующий

suiche *m C. Rica* выключатель

suicida *m/f* самоубийца

suicidarse *vpron* кончить жизнь самоубийством, покончить с собой

suicidio *m* самоубийство

suite *f* 1) *(en un hotel)* номер люкс, сьют 2) *mús* сюита

suiz|o 1. *adj* швейцарский **2. , -a** *m/f* швейцар|ец, -ка

sujeción *f* 1) подчинение, зависимость 2) *(entibación)* крепление, зажим

sujetador *m* лифчик, бюстгальтер

sujetalibros *m* держатель для книг

sujetapapeles *m* зажим для бумаги

sujetar *vt* 1) держать, хватать 2) *(fijar)* прикреплять, закреплять

sujeto 1. *adj* 1) **(a u/c)** прикреплённый (к чему-л) 2) **(a u/c)** *(subordinado)* подчинённый (кому/чему-л) **2.** *m* 1) *(asunto)* тема 2) *lóg* субъект 3) *ling* подлежащее, субъект

sulfamida *f quím* сульфаниламид

sulfatar *vt* 1) *quím* подвергать сульфации 2) *(fumigar)* окуривать

sulfato *m quím* сульфат

sulfurar *vt* 1) *quím* соединять с серой 2) *(irritar)* раздражать, бесить

sulfurarse *vpron* раздражаться, беситься

sulfúrico *adj quím* серный *ácido ~* серная кислота

sulfuro *m quím* сульфид
sulfuroso *adj quím* сернистый
sultán *m* султан
sultana *f* султанша, жена султана
sultanato *m* правление султана
suma *f* 1) *(de dinero)* сумма 2) *(operación)* сложение, суммирование 3) *(resultado)* сумма, итог 4) **(de u/c)** *(conjunto)* совокупность (чего-л) ◆ ~ **total** итоговая сумма
sumadora *f* калькулятор
sumamente *adv* в высшей степени, крайне
sumando *m mat* слагаемое
sumar *vt* 1) складывать, суммировать 2) *(añadir)* добавлять
sumario **1.** *adj* суммарный, обобщённый **2.** *m* 1) резюме, краткое изложение 2) *jur* предварительное следствие
sumarse *perf* **(a alg o u/c)** присоединяться (к кому/чему-л)
sumergible **1.** *adj* затопляемый, погружаемый **2.** *m* подводная лодка
sumergir *vt* погружать
sumergirse *vpron* погружаться
sumersión *f* погружение
sumidero *m* сточная канава
suministrador *m* поставщик, снабженец
suministrar *vt* снабжать (кого-л чем-л), поставлять
suministro *m* снабжение, поставка
sumir *vt* погружать, топить ~ *en el agua* погружать в воду; ~ *en el caos* погружать в хаос
sumirse *vpron* погружаться ~ *en el agua* погружаться в воду; ~ *en el caos* погружаться в хаос
sumisión *f* 1) *(sometimiento)* подчинение, покорение 2) *(acatamiento)* покорность, повиновение, подчинение
sumiso *adj* 1) послушный, покорный 2) *(subyugado)* подчинённый
sumo[1] *adj* 1) высший, наивысший 2) *(enorme)* огромный, величайший ◆ **a lo** ~ самое большее, максимум
sumo[2] *m sport* сумо
suntuosidad *f* роскошь, пышность, великолепие
suntuoso *adj* роскошный, пышный, великолепный
supe *m Ven.* варёное мясо под соусом
supeditar *vt* 1) *(dominar)* подчинять, порабощать 2) *(condicionar)* подчинять, ставить в зависимость
súper *m coloq* супермаркет
superable *adj* преодолимый
superabundancia *f* изобилие
superabundante *adj* изобильный, избыточный
superación *f* 1) *(mejora)* улучшение 2) *(vencimiento)* преодоление
superar *vt* 1) *(sobrepasar)* превосходить, превышать 2) *(vencer)* преодолевать, побеждать
superarse *vpron* превосходить себя
superávit *m* 1) *(exceso)* излишек 2) *com* положительное сальдо
supercheria *f* обман, надувательство, мошенничество
superdotado *adj* одарённый, талантливый
superestructura *f* сверхструктура
superficial *adj* 1) поверхностный, внешний 2) *(somero)* беглый, поверхностный, неосновательный 3) *(frívolo)* поверхностный, легкомысленный
superficialidad *f* 1) поверхностность 2) *(frivolidad)* легкомыслие, поверхностность
superficie *f* 1) поверхность 2) *(extensión)* площадь, территория ~ *del triángulo* площадь треугольника
superfluidad *f* избыточность, бесполезность
superfluo *adj* излишний, ненужный
superhéroe *m* супергерой
superhombre *m* сверхчеловек
superior **1.** *adj* 1) *(que está encima)* верхний, высший 2) *(en calidad)* высший, лучший **2.** *m* начальник ◆ **enseñanza** ~ высшее образование **tribunal** ~ верховный суд
superiora *f relig* настоятельница, игуменья
superioridad *f* превосходство, преимущество
superlativo *adj* 1) высший, крайний 2) *ling* превосходный *grado* ~ превосходная степень
supermercado *m* супермаркет
supermodelo *m* супермодель
supermujer *f* сверхженщина
supernova *f astron* сверхновая звезда
superpetrolero *m nav* супертанкер
superponer *vt* накладывать, класть сверху
superproducción *f* перепроизводство
supersónico *adj* сверхзвуковой
superstición *f* суеверие
supersticioso *adj* суеверный
superventas *m* 1) *(libro)* бестселлер 2) *(película)* блокбастер 3) *(canción)* хит
supervisar *vt* инспектировать, контролировать, проверять
supervisión *f* надзор, контроль
supervisor *m* инспектор, ревизор
supervivencia *f* выживание
superviviente *adj* выживший, уцелевший
supino **1.** *adj* лежащий на спине **2.** *m ling* супин
suplantación *f* 1) *(falsificación)* искажение, фальсификация 2) *(usurpación)* выдача одного лица за другое в преступных целях
suplantar *vt* 1) *(falsificar)* подделывать, фальсифицировать 2) *(ocupar el lugar de alguien)* незаконно заменять, занимать чужое место
suplementario *adj* дополнительный, добавочный *trabajo suplementario* сверхурочная работа; *pago suplementario* доплата
suplementero *m Ch. Bol.* уличный продавец газет
suplemento *m* 1) дополнение 2) *(pago extra)* доплата, надбавка 3) *(en una revista o periódico)* приложение
suplencia *f* замещение
suplente *m/f* 1) заместитель 2) *sport* запасной игрок
supletorio *adj* 1) *(que suple)* заменяющий, замещающий 2) *(suplementario)* дополнительный
súplica *f* 1) мольба, просьба 2) *jur* прошение, ходатайство, апелляция
suplicante *m* проситель

suplicar *vt* 1) (**u/c a alg**) умолять (кого-л о чём-л), просить (кого-л о чём-л) 2) *jur* апеллировать, подавать апелляцию
suplicio *m* 1) пытка, мука 2) *(molestia prolongada)* каторга
suplir *vt* 1) *(complementar)* дополнять, добавлять 2) *(reemplazar)* заменять, замещать
suponer *vt* 1) предполагать 2) *(considerar)* полагать, считать 3) *(conllevar)* влечь за собой, означать
suposición *f* предположение
supositorio *m* суппозиторий, свеча
supra- *pref* над-, сверх- *~nacional* многонациональный
supranacional *adj* многонациональный
suprarrenal *adj anat* надпочечный
supremacía *f* 1) *(superioridad)* первенство, преводсходство 2) *(dominio)* главенство, господство
supremo *adj* 1) высший, верховный 2) *(excelente)* превосходный
supresión *f* 1) отмена, упразднение 2) *(omisión)* пропуск
suprimir *vt* 1) отменять, упразднять 2) *(omitir)* опускать
supuesto 1. *adj* предполагаемый **2.** *m* предположение ◆ **por** ~ конечно, разумеется
supuración *f* нагноение
supurar *vi* гноиться
sur *m* юг *en el* ~ на юге
sura *f relig* сура
surada *f* сильный южный ветер
surcar *vt* бороздить
surco *m* 1) борозда 2) *(arruga)* морщина
sureño *adj* южный
sureste *m* V. sudeste
surf *m sport* сёрф
surfear *vi sport* заниматься сёрфингом
surfing *m sport* сёрфинг
surfista *m/f sport* сёрфер
surgimiento *m* возникновение, появление
surgir *vi* появляться, возникать
surista *adj* конфедератский
suroeste *m* V. sudoeste
surrealismo *m arte* сюрреализм
surrealista 1. *adj arte* сюрреалистический **2.** *m arte* сюрреалист
surtido *m* 1) *(acción de surtir)* доставка 2) *(mezcla)* ассорти
surtidor *m* 1) фонтан, струя 2) *(de gasolina)* бензоколонка
surtir 1. *vt* (**a alg de u/c**) снабжать (кого-л чем-л), поставлять **2.** *vi (dicho del agua)* бить фонтаном, фонтанировать
surtirse *vpron* (**de u/c**) снабжаться (чем-л), запасаться (чем-л)
surto *adj* спокойный, тихий
surunucú *m* бушмейстер
sus *interj* ну!, давай!
susceptibilidad *f* восприимчивость, обидчивость
susceptible *adj* 1) (**a u/c**) *(modificable)* поддающийся (чему-л) 2) *(sensible)* восприимчивый, обидчивый
suscitar *vt* вызывать, возбуждать
suscribir *vt* 1) подписывать 2) *(estar de acuerdo)* соглашаться (с кем/чем-л)
suscribirse *vi* (**a u/c**) подписываться (на что-л)
suscripción *f* 1) подпись, подписка 2) *(a una publicación)* выписка
suscriptor, -a *m/f* подписчи|к, -ца
sushi *m* суши
susodicho *adj* вышеупомянутый, вышеуказанный
suspender *vt* 1) вешать, подвешивать 2) *(anular)* отменять 3) *(interrumpir)* прерывать, приостанавливать, прекращать 4) *(temporalmente del empleo)* временно отстранять (от должности) 5) *(un examen)* не сдать (экзамен) 6) *(a un alumno en un examen)* проваливать (на экзамене)
suspense *m* приостановка *película de* ~ триллер
suspensión *f* 1) *(acción)* подвешивание 2) *(anulación)* отмена 3) *(interrupción)* приостановка, перерыв, прекращение 4) *(temporal del cargo)* временное отстранение (от должности) 5) *(de un automóvil o ferrocarril)* подвеска
suspensivo *adj* приостанавливающий, задерживающий ◆ **puntos ~s** многоточие
suspenso 1. *adj* 1) подвешенный, висячий 2) *(perplejo)* растерянный **2.** *m (nota)* неудовлетворительно ◆ **en** ~ отложенный, приостановленный
suspensores *mpl* подтяжки
suspensorio *m* суспензорий
suspicacia *f* подозрительность, недоверчивость, мнительность
suspicaz *adj* подозрительный, недоверчивый, мнительный
suspirar *vi* 1) вздыхать 2) (**por u/c**) *(querer intensamente)* очень сильно хотеть, (**por alg**) вздыхать (по кому-л)
suspiro *m* 1) вздох 2) *(instante)* мгновение
sustancia *f* 1) вещество, материя 2) *filos* субстанция 3) *(esencia)* суть, сущность ◆ **en** ~ в сущности
sustancial *adj* 1) *(esencial)* существенный, основной, присущий 2) *(notable)* важный, значительный
sustanciar *vt* резюмировать, обобщать
sustancioso *adj* 1) *(importante en contenido)* содержательный 2) *(nutritivo)* питательный
sustantivo *m ling* имя существительное
sustentación *f* поддержка, помощь
sustentar *vt* 1) *(mantener)* содержать 2) *(una idea)* поддерживать, защищать 3) *(impedir que algo caiga)* поддерживать, подпирать
sustentarse *vpron* питаться, кормиться
sustento *m* 1) *(alimento)* питание, пропитание 2) *(apoyo)* поддержка, опора
sustitución *f* замена, замещение, смена
sustituible *adj* сменный, заменяемый
sustituir *vt* заменять, замещать
sustitutivo *adj* заменяющий
sustitut|o, -a *m/f* заместитель, -ница
susto *m* испуг, перепуг ◆ **llevarse un** ~ испугаться, перепугаться
sustracción *f* 1) отделение 2) *(robo)* хищение, кража 3) *(retirada)* снятие, изъятие 4) *mat* вычитание
sustraendo *m mat* вычитаемое
sustraer *vt* 1) отделять 2) *(robar)* выкрадывать, красть 3) *(retirar)* изымать, отнимать 4) *mat* вычитывать

sustraerse *vpron* **(de u/c)** скрываться (от чего-л), уклоняться (от чего-л)
sustrato *m* субстрат
susurrar *vt* 1) шептать 2) *(dicho del aire, un arroyo, etc.)* журчать, шуршать, шелестеть
susurro *m* 1) шёпот 2) *(del aire, un arroyo, etc.)* журчание, шорох, шуршение, шелест
su, sus *pron pos* 1) *(de usted)* ваш, ваша, ваше, ваши, свой, своя, своё, свои 2) *(de él)* его, свой, своя, своё, свои 3) *(de ella)* её, свой, своя, своё, свои 4) *(de ellos)* их, свой, своя, своё, свои
sutién *m Arg.* бюстгальтер
sutil *adj* 1) тонкий, лёгкий 2) *(agudo)* острый, проницательный, утончённый
sutileza *f* 1) тонкость, изящность 2) *(instinto de los animales)* инстинкт животных
sutilizar *vt* 1) *(atenuar)* утончать 2) *(perfeccionar)* совершенствовать, оттачивать
sutura *f* 1) *anat* шов 2) *med* сшивание
suturar *vt med* накладывать шов
suyo, suya, suyos *pron pos* 1) *(de usted)* ваш, ваша, ваше, ваши, свой, своя, своё, свои 2) *(de él)* его, свой, своя, своё, свои 3) *(de ella)* её, свой, своя, своё, свои 4) *(de ellos)* их, свой, своя, своё, свои

T

ta *interj* тук-тук!
taba *f* 1) таранная кость, бабка 2) *(juego)* игра в бабки *jugar a la ~* играть в бабки
tabacal *m* табачная плантация
tabacalero 1. *adj* табачный **2.** *m* табаковод, продавец табака
tabaco *m* табак
tábano *m* слепень
tabaquera *f* табакерка
tabaquería *f* 1) табачный магазин 2) *Cub. (fábrica)* сигарная фабрика
tabaquero 1. *adj* табачный **2.** *m* 1) *(obrero)* рабочий табачной фабрики 2) *(vendedor)* продавец табака
tabaquismo *m* пристрастие к табаку
tabardo *m* армяк
tabarra *f* надоедливость, назойливость *dar la ~* докучать
taberna *f* таверна, трактир
tabernáculo *m relig* дарохранительница
taberner|o, -a *m/f* хозя|ин, -йка таверны
tabicar *vt* ставить перегородку, перегораживать
tabique *m* перегородка ◆ **~ nasal** *anat* носовая перегородка
tabla 1. *f* 1) *(pieza de madera)* доска 2) *(pieza plana de otro material)* доска, плита 3) *(esquema)* таблица 4) *(lista, catálogo)* таблица, доска, указатель 5) *(índice de materias)* индекс, список **2. -s** *fpl* 1) *(empate)* ничья 2) *(experiencia)* опыт ◆ **~ de multiplicar** таблица умножения **~ de planchar** гладильная доска **~ periódica** *quím* периодическая таблица
tablado *m teat* сцена, эстрада
tablao *m* сцена для фламенко
tablazón *f* 1) доски 2) *nav (en la embarcación)* настил палубы
tablero *m* 1) *(de anuncios, de ajedrez)* доска 2) *(en las estaciones, aeropuertos, etc.)* табло, панель
tableta *f* 1) *(pastilla)* таблетка 2) *(de chocolate)* плитка (шоколада)
tabletear *vi* стучать, грохотать
tablilla *f* дощечка, пластинка
tablista *m sport* серфингист
tabloide *m* таблоид
tablón *m* брус ◆ **~ de anuncios** доска объявлений
tabú 1. *adj* табуированный **2.** *m* табу, запрет
tabuco *m* каморка, конура
tabulador *m informát* табулятор
taburete *m* табуретка
taca[1] *f (mancha)* пятно
taca[2] *m (armario pequeño)* шкафчик
tacañear *vi* жадничать, скупиться
tacañería *f* жадность, скупость
tacaño *adj* жадный, скупой
tacatá *m* ходунок
tacha *f* 1) недостаток, изъян *sin ~s* без изъяна 2) *(clavo pequeño)* небольшой гвоздь
tachadura *f* 1) *(acción)* вычёркивание, вымарывание 2) *(tachón)* помарка
tachar *vt* 1) зачёркивать 2) **(de u/c)** обвинять (в чём-л), осуждать (за что-л)
tacho *m Am.* большой котёл
tachón[1] *m (en lo escrito)* помарка
tachón[2] *m (tachuela)* обойный гвоздь
tachonado *m* пояс
tachuela *f* обойный гвоздь
tácito *adj* 1) молчаливый 2) *(sobreentendido)* подразумеваемый
taciturnidad *f* 1) молчаливость 2) *(melancolía)* меланхоличность
taciturno *adj* 1) *(silencioso)* молчаливый, неразговорчивый, немногословный 2) *(melancólico)* меланхоличный, грустный, угрюмый
taco *m* 1) *(de madera de metal)* обрубок 2) *(de jamón, etc.)* кусок 3) *coloq* ругань, брань *soltar un ~* выругаться
tacómetro *m tecn* тахометр
tacón *m* каблук ◆ **~ de aguja** шпилька
taconazo *m* удар каблуком
taconear *vi* топать каблуками
tactación *f* ощупывание
táctica *f* тактика
táctico 1. *adj* тактический **2.** *m* тактик
táctil *adj* осязательный, тактильный
tacto *m* 1) *(sentido)* осязание 2) *(acción de tocar)* ощупь *al ~* на ощупь 3) *(prudencia)* такт, тактичность
tacuacín *m Am. Cent.* опоссум
tacurú *m* 1) *Arg. Bol. Ur.* такуру 2) *Arg. Bol. Ur. (termitero)* термитник
tafet|án 1. *m* тафта **2. -anes** *mpl* 1) *(banderas)* знамёна 2) *(galas de mujer)* наряды
tafilete *m* сафьян
tagua *f* 1) *(animal)* лысуха 2) *(planta)* амандра
tahona *f* пекарня, булочная
tahonero *m* пекарь, булочник
tahúr *m* 1) игрок в карты 2) *(fullero)* шулер
tai-chi *m* тайцзицюань
taiga *f geogr* тайга
tailand|és 1. *adj* тайский, таиландский **2. , -esa** *m/f* таец, тайландка
taimado *adj* хитрый, пронырливый
taimarse *vpron Ch. Bol.* мрачнеть, становиться угрюмым
taita *m* 1) *infant* папочка, папа 2) *hist (dueño de la mancebía)* сутенёр
taiwan|és 1. *adj* тайваньский **2. , -esa** *m* тайван|ец, -ка
taja *f* каркас, прикреплённый к вьючному седлу
tajada *f* ломоть, кусок
tajado *adj* отвесный, крутой
tajalápiz *m* точилка

tajamar *m* 1) *nav* форштевень 2) *Am. Mer. (dique)* мол, дамба

tajante *adj* решительный, категорический

tajar *vt* резать, делить на куски

tajaraste *m danz* тахарасте

tajear *vt Ch. Arg.* разрезать

tajo *m* 1) разрез, порез 2) *(trabajo)* работа 3) *(filo)* лезвие, остриё

tal 1. *pron* некто, кто-то, кое-кто, некий *un ~ García* некий Гарсия **2.** *adv* так, таким образом **3.** *adj* 1) такой, таковой 2) *(seguido de «cual»)* такой же 3) *(semejante)* подобный, такой ◆ **con ~ de (que)** чтобы, для того, чтобы, при условии, что **de ~ manera** таким образом **¿qué ~?** как дела? **ser ~ para cual** два сапога пара **~ vez** может быть

tala *f* рубка, вырубка

talabartería *f* 1) *(taller)* шорно-седельная мастерская 2) *(tienda)* магазин шорно-седельных изделий

talabartero *m* шорник

talador *m* лесоруб

taladrado *m tecn* сверление, бурение

taladradora *f* дрель, буровая машина

taladrar *vt* 1) сверлить, просверливать 2) *(dicho de un sonido)* сверлить уши, резать слух

taladro *m* сверло, дрель

tálamo *m* 1) *elev* брачное ложе 2) *bot* ложе соцветия 3) *anat* таламус

talanquera *f* 1) забор, изгородь 2) *(defensa)* защита

talante *m* 1) стиль, манера 2) *(estado)* расположение

talar *vt* рубить, вырубать

talco *m min* тальк

talega *f* 1) мешок, сумка 2) *(lo que cabe en una bolsa)* содержимое мешка, ноша

talego *m* 1) длинный узкий мешок 2) *coloq (persona gorda)* толстяк 3) *jerg (cárcel)* тюрьма ◆ **tener ~** *coloq* быть богатым

taleguilla *f taur* штаны тореро

talento *m* 1) талант, способности 2) *(persona)* талант

talentoso *adj* талантливый, одарённый

talgo *m* тальго (поезд)

talibán 1. *adj* талибанский, талибский **2.** *m* талиб

talidomida *f med* талидомид

talio *m quím* таллий

talismán *m* талисман, амулет

talla *f* 1) *(en madera)* скульптура 2) *(altura)* рост 3) *(de la ropa)* размер 4) *(altura moral)* уровень, качество ◆ **dar la ~ para u.c.** быть пригодным для чего-л

tallado *m* 1) резьба 2) *(medición)* измерение роста

tallador *m* 1) резчик, гравёр 2) *jueg (crupier)* крупье

tallar *vt* 1) вырезать, гравировать 2) *(medir)* измерять рост

tallarín *m (espec pl)* лапша

talle *m* 1) телосложение, фигура 2) *(cintura)* талия 3) *(corte de un vestido)* покрой

taller *m* 1) мастерская, цех 2) *(de reparación de vehículos)* гараж, ремонт автомашин

tallista *m* резчик

tallo *m* стебель, ствол

talmente *adv* таким образом

talón *m* 1) *(parte del pie)* пятка 2) *(de un zapato)* задник 3) *(cupón)* талон, купон 4) *(cheque)* чек ◆ **~ de Aquiles** ахилесова пята

talonario *m* чековая книжка

tamal *m Am.* тамаль, мясной пирог

tamanduá *m* муравьед

tamango *m Arg. Ur. Par.* обувь

tamaño *m* размер, величина

tamarindo *m* тамаринд

tamarisco *m* тамариск, гребенщик

tambalearse *vi* качаться, шататься

tambaleo *m* качание, шатание

tambarria *f Am.* гулянка, пирушка

también *adv* тоже, также

tambo *m* 1) *Arg. Ur. (establecimiento ganadero)* молочная ферма 2) *Bol. Ec. (posada)* гостиница 3) *Méx. (cárcel)* тюрьма

tambocha *f Col.* тамбоча, красноголовый муравей

tambor *m mús* барабан

tamboril *m mús* тамбурин

tamborilear *vi* барабанить, бить в барабан

tamborilero *m* барабанщик

tamil 1. *adj* тамильский **2.** *m/f* тамил, -ка

tamiz *m* сито, решето

tamizar *vt* 1) просеивать, отсеивать 2) *(elegir con cuidado)* тщательно отбирать

támpax *m* женский тампон

tampoco *adv* также не(т), тоже не(т)

tampón *m* 1) *(de un sello)* штемпельная подушка 2) *(támpax)* женский тампон

tan *adv* 1) *(delante de adverbio)* так, столь, настолько 2) *(delante de adjetivo)* такой 3) *(en comparaciones con «como» o «cuan»)* так же, столь же ◆ **~ siquiera** по крайней мере **~ sólo** только, всего

tanate *m* 1) *Am. Cent. (fardo)* свёрток, узел 2) *Méx. Hond. (mochila)* рюкзак, ранец

tanatorio *m* центр погребальных ритуалов

tanda *f* очередь

tándem *m* тандем *en ~* в тандеме

tañer 1. *vt* играть (на чём-л), звонить (во что-л.) *tañer las campanas* бить в колокола **2.** *vi (tamborilear)* барабанить, стучать

tanga *m/f* танга

tángana *f* 1) *(chito)* игра в бабки 2) *(alboroto)* разборка, стычка 3) *(engaño)* обман, мошенничество

tanganazo *m* 1) *coloq (lingotazo)* глоток алкогольного напитка 2) *coloq (golpe fuerte)* сильный удар

tangar *vt coloq* обманывать, дурачить, надувать

tangente 1. *adj* касательный **2.** *f geom* касательная

tangible *adj* 1) осязаемый 2) *(que se percibe)* ощутимый

tango *m danz* танго

tanguear *vt danz* танцевать танго

tanguería *f danz* место, где танцуют танго

tanguero 1. *adj danz* относящийся к танго **2.** *m danz* автор танго, исполнитель танго

tañido *m* звук музыкального инструмента, звучание, звон *~ de campanas* звон колоколов

tanino *m* танин

tan|o 1. *adj Arg. Ur.* итальянский **2. , -a** *m/f Arg. Ur.* итальян|ец, -ка

tanque[1] *m (carro de combate)* танк

tanque[2] *m (depósito)* бак

tanquear *vt Col.* заправлять автомобиль

tanquero *m* 1) *auto* бензовоз 2) *nav* танкер

tanquista *m mil* танкист

tanteador *m* 1) *jueg (persona)* маркёр, счётчик 2) *sport (marcador)* табло

tantear *vt* 1) *(intentar averiguar)* прощупывать 2) *(calcular)* подсчитывать приблизительно

tanteo *m* 1) приблизительный подсчёт 2) *sport* счёт ◆ **al** ~ на глаз

tanto 1. *pron (seguido de sustantivo y «cuanto» o «que»)* столько **2.** *adv* столько **3.** *m sport* очко, гол ◆ **estar al** ~ быть в курсе **en** ~ между тем, тем временем **en** ~ **que** в то время, как, до тех пор, пока **mientras** ~ в то время, как, пока **otro** ~ ещё столько же, то же самое **por lo** ~ следовательно, стало быть **por** ~ поэтому ~ **más que** тем более, что ~ **mejor** тем лучше ~ **por ciento** процент

tanzan|o 1. *adj* танзанский **2. , -a** *m/f* танзани|ец, -йка

tapa *f* 1) крышка 2) *(de un libro)* переплёт, обложка 3) *(de la suela del calzado)* набойка 4) *(pequeña porción de alimento)* закуска

tapabarro *m Ch.* крыло (автомобиля)

tapaboca *m* 1) *(golpe en la boca)* зуботычина 2) *(bufanda)* шарф, кашне 3) *coloq (argumento)* веский довод

tapabocas *m* шарф, кашне

tapacubos *m* колпак ступицы колеса

tapada *f* женщина с закрытым лицом

tapadera *f* 1) крышка 2) *(para encubrir algo)* ширма

tapadillo *m obsol* закрывание лица ◆ **de** ~ тайком

tapado 1. *adj* 1) покрытый, прикрытый 2) *Arg. (dicho de un caballo)* одноцветной масти **2.** *m* 1) *Arg. Bol. Per.* клад 2) *(abrigo de señora)* женское пальто

tapadura *f* закрывание, затыкание

tapagujero *m* 1) *Arg. coloq (albañil)* каменщик 2) *Arg. coloq (suplente)* заместитель

tapaorejas *m* шапка для ушей, меховые наушники

tapaporos *m* шпаклёвка

tapar *vt* 1) покрывать, накрывать 2) *(esconder)* скрывать

taparrabos *m* 1) набедренная повязка 2) *coloq* танга

taparse *vpron* накрываться, укрываться

tapasol *m* зеркальный экран, защита автомобиля от солнца

tapear *vi coloq (tomar tapas en bares)* закусывать в баре

tapeo *m coloq* закуска (в барах)

tapera *f Am. Mer.* развалины

tapete *m* скатерть

tapia *f* глинобитная стена ◆ **más sordo que una** ~ глух как тетерев

tapiar *vt* 1) *(cercar)* обносить оградой, обносить забором 2) *(cerrar un hueco)* заделывать отверстия

tapicería *f* 1) *colect* ковровые изделия 2) *(taller)* ковровая мастерская, обивочная мастерская 3) *(tienda)* ковровый магазин, магазин обивки мебели 4) *(tela)* ковровая ткань, обивочная ткань

tapicero *m* обойщик

tapioca *f* тапиока

tapir *m* тапир

tapiz *m* ковёр, гобелен

tapizado *m* обшивка, обивка

tapizar *vt* обивать тканью

tapón *m* пробка

taponar *vt* закупоривать, затыкать

taponazo *m* 1) звук вылетающей пробки 2) *Arg. Ur. coloq (éxito)* успех

tapujo *m* 1) *(embozo)* край плаща 2) *coloq (disimulo)* сокрытие правды, утайка *sin ~s* без утайки

taquera *f jueg* киёвница, стойка для бильярдных киёв

taquería *f Méx.* такерия, заведение, в котором подают такос

taquero *m Méx.* продавец такос

taquia *f Bol. Per.* навоз лам

taquicardia *f* тахикардия

taquigrafía *f* стенография

taquigrafiar *vt* стенографировать

taquigráfico *adj* стенографический

taquígrafo *m* стенографист

taquilla *f* 1) билетная касса 2) *(recaudación de un espectáculo)* кассовый сбор 3) *(armario)* шкафчик

taquillaje *m* билеты, проданные на спектакль

taquiller|o, -a *m* кассир, -ша

taquimecanógraf|o, -a *m* стенографист, -ка

taquímetro *m* тахиметр

tara *f* 1) *(peso)* вес тары 2) *(defecto)* дефект, недостаток, изъян

tarabilla 1. *f* 1) защёлка 2) *coloq (badajo)* болтун 3) *coloq (cháchara)* болтовня **2.** *f (ave)* чекан

tarado *adj* 1) *(que padece tara)* дефектный, с изъянами 2) *(bobo)* глупый, сумасшедший

tarambana *m/f coloq* сумасброд, шалопай

tarántula *f* тарантул

tararear *vt* напевать

tardanza *f* задержка, замедление

tardar *vi* 1) *(emplear tiempo)* тратить время (на что-л) 2) *(retrasarse)* задерживаться ◆ **a más** ~ не позже, самое позднее

tarde 1. *f* день, вечер *por la* ~ днём, вечером **2.** *adv* поздно ◆ **buenas ~s** добрый вечер **de tarde** вечерний

tardeada *f Méx.* вечеринка

tardío *adj* поздний, запоздалый

tardo *adj* 1) *(lento)* медлительный, запоздалый 2) *(torpe)* неумелый, неуклюжий

tarea *f* работа, задача, задание

tarifa *f* тариф, расценка, ставка

tarifar *vt* тарифицировать

tarima *f* подмостки, настил

tarjeta *f* карточка ◆ ~ **de crédito** кредитная карточка ~ **de embarque** посадочный талон ~ **de visita** визитная карточка ~ **postal** почтовая карточка

tarjetero *m* визитница

tarot *m* таро

tarrina *f* стеклянная банка

tarro *m* 1) *(de vidrio)* банка 2) *(de porcelana)* горшок 3) *coloq (cabeza)* башка

tarso *m anat* плюсна
tarta *f* торт
tártago *m* 1) *(planta)* молочай 2) *(desgracia)* несчастье, неудача
tartaja *m/f coloq desp* V. tartamudo
tartaleta *f* тарталетка
tartamudear *vi* заикаться
tartamudeo *m* заикание
tartamudez *f* заикание
tartamud|o 1. *adj* заикающийся **2. , -a** *m/f* заика
tartana *f* 1) *nav* тартана 2) *(carruaje de dos ruedas)* двуколка
tártaro[1] *m* 1) *quím* винный камень 2) *(sarro)* зубной камень
tártar|o[2] **1.** *adj* татарский **2. , -a** *m/f* татар|ин, -ка
tártaro[3] *m mitol* тартар
tartera *f* судок
tarugo *m* 1) чурбан, колода 2) *coloq (persona gorda)* толстяк 3) *coloq (tonto)* чурбан, дурак
taruguear *vi coloq* строить из себя дурака
tarumba *m/f coloq* ошеломлённый, сумасшедший ◆ **volver ~** ошеломлять, ошарашивать
tarúpido *m Ur. coloq* чудак, отморозок
tasa *f* 1) *(acción de tasar)* оценка 2) *(tributo)* пошлина 3) *(correlación)* индекс, показатель ~ *de inflación* уровень инфляции; ~ *de mortalidad* смертность; ~ *de natalidad* рождаемость
tasación *f* оценка, таксация
tasador *m* оценщик
tasar *vt* оценивать
tasca *f coloq* таверна, бар
tascar[1] *vt (el lino o el cáñamo)* мять, трепать (лён, коноплю)
tascar[2] *vt Ec. (quebrantar un alimento duro)* грызть
tata *f* 1) *coloq (niñera)* няня 2) *infant (hermana)* сестрёнка 3) *Am. afect (padre)* папа
tatarabuelo *m* прапрадед
tataranieto *m* праправнук
tato *m infant* братик
tatú *m Am. Mer.* броненосец
tatuaje *m* татуировка
tatuar *vt* татуировать
taumaturgo *m* маг, чародей
taurino *adj* 1) *(relativo al toro)* бычий 2) *(relativo a las corridas)* относящийся к корриде
tauro *adj astrol* телец
tauromaquia *f* тавромахия
tautología *f* тавтология
taxativo *adj* 1) *(que concreta)* определённый, конкретный 2) *(que no admite discusión)* категорический, безапелляционный
taxi *m* такси
taxidermia *f* таксидермия
taxidermista *m/f* таксидермист
taxímetro *m* таксометр
taxista *m/f* таксист
taxonomía *f* таксономия
taya *f Am.* батат
tayik|o 1. *adj* таджикский **2. , -a** *m/f* таджи|к, чка
taza *f* 1) чашка 2) *(retrete)* унитаз, стульчак
tazón *m* пиала
te *pron pers* тебе, тебя
té *m* чай
tea *f* 1) *(antorcha)* факел 2) *coloq (borrachera)* опьянение
teatral *adj* театральный
teatrero *m* театрал
teatro *m* 1) *(edificio)* театр 2) *(obras teatrales)* театр, драматургия 3) *(lugar donde ocurre un acontecimiento)* сцена, театр, арена
tebeo *m* комикс
teca[1] *f (árbol)* тик, тиковое дерево
teca[2] *f (relicario)* реликварий
techado *m* крыша, кровля
techar *vt* настилать кровлю
techo *m* потолок, крыша
techumbre *f* крыша, кровля
teckel *m* такса
tecla *f* клавиша
teclado *m* клавиатура
teclear 1. *vi* 1) ударять по клавишам 2) *coloq (tamborilear)* барабанить пальцами, постукивать 3) *coloq (conseguir el objetivo)* добиваться цели, искать выход из положения **2.** *vt* печатать, набирать
tecleo *m* печатание, удары по клавишам
teclista *m mús* клавишник
técnica *f* техника
tecnicismo *m* 1) техничность 2) *ling (voz técnica)* технический термин
técnico 1. *adj* технический **2.** *m* техник
tecnicolor *m cine* техниколор
tecnocracia *f pol* технократия
tecnócrata 1. *adj* технократический **2.** *m* технократ
tecnología *f* технология
tecnológico *adj* технологический
tecolote *m* 1) *Méx. Hond. Guat.* филин 2) *Méx. (policía)* полицейский
tectónica *f geol* тектоника
tedeum *m relig* Te Deum, благодарственный гимн
tedio *m* 1) *(aburrimiento)* скука, тоска 2) *(repudio)* отвращение
teflón *m* тефлон
teja *f* черепица
tejadillo *m* 1) навес 2) *(de un carruaje)* верх экипажа
tejado *m* крыша
tejan|o 1. *adj* техасский **2. , -a** *m/f* техас|ец, -ка
tejanos *mpl* джинсы
tejar 1. *m* кирпично-черепичный завод **2.** *vt* крыть черепицей
tejedor *m* ткач
tejedora *f* 1) *(persona)* ткачиха 2) *(máquina)* вязальная машина
tejeduría *f* 1) *(arte)* ткачество, ткацкое ремесло 2) *(taller)* ткацкая фабрика, ткацкая мастерская
tejemaneje *m* 1) *coloq* суета, возня 2) *coloq (intrigas)* интриги
tejer *vt* 1) ткать, вязать, плести, прясть 2) *(dicho de la araña)* плести, прясть 3) *(un plan)* плести
tejería *f* кирпично-черепичный завод
tejero *m* рабочий кирпично-черепичного завода
tejido *m* 1) *(tela)* ткань, материя 2) *(material hecho tejiendo)* ткань 3) *biol* ткань
tejo[1] *m* 1) *(pieza utilizada en los juegos)* шайба 2) *(de oro)* слиток 3) *(cospel)* заготовка для

чеканки монет ◆ **tirar los ~s a alg** *coloq* заигрывать с кем-л., флиртовать с кем-л

tejo[2] *m (árbol)* тис

tejón *m* барсук

tejuelo *m* 1) *(rótulo)* ярлык на книге 2) *(cojinete)* подшипник

tela *f* 1) ткань, материя 2) *arte* холст, полотно 3) *anat* оболочка, перепонка 4) *(en los ojos)* пелена (на глазах) 5) *(de algunos líquidos)* пенка, плёнка 6) *coloq (asunto)* дело, тема ◆ **¡vaya ~!** *coloq* ничего себе!

telar *m* ткацкий станок

telaraña *f* паутина

teleadicción *f* телезависимость

teleadicto *adj* телезависимый

telearrastre *m sport* бугельный подъёмник, подъёмник для горнолыжников

telebanco *m* телебанк

telebasura *m* телеотбросы

telecabina *f* кабина подъёмника

telecámara *f* телекамера

telecompra *f* тв-покупка

telecomunicación *f* телекоммуникация, (дальняя) связь

telecontrol *m* телеуправление

telediario *m* телевизионные новости, выпуск новостей

teledirección *f* дистанционное управление

teledirigido *adj* с дистанционным управлением, дистанционного управления

telefax *m* телефакс

teleférico *m* 1) канатная подвесная дорога 2) *(funicular)* фуникулёр

telefilm *m* телефильм

telefonazo *m coloq* телефонный звонок

telefonear *vi* **(a alg)** звонить (по телефону) (кому-л)

telefonema *m* телефонограмма

telefonera *f* столик для телефона

telefonía *f* телефонная связь

telefónico *adj* телефонный

telefonillo *m* 1) *(interfono)* внутренний телефон 2) *(portero automático)* домофон

telefonista *m/f* телефонист, -ка

teléfono *m* 1) телефон 2) *(aparato)* трубка, телефон ◆ **~ fijo** стационарный телефон **~ inalámbrico** беспроволочный **~ teléfono móvil** мобильный телефон

telefoto *f* телефотография

telegénico *adj* телегеничный

telegrafía *f* телеграфная связь, телеграф

telegrafiar *vt* телеграфировать, отправлять телеграмму

telegráfico *adj* 1) телеграфный 2) *(dicho del estilo)* телеграфный, лаконичный

telégrafo *m* телеграф

telegrama *m* телеграмма

teleguiado *adj* с дистанционным управлением

telele *m coloq* лёгкий обморок

telemando *m* телеуправление, управление на расстоянии

telemarketing *m* телемаркетинг

telemática *f telec* телематика

telemático *adj telec* телематический

telenoticias *fpl* теленовости

telenoticiero *m* V. telenoticias

telenovela *f* телесериал

teleobjetivo *m foto* телеобъектив

telepatía *f* телепатия

telepático *adj* телепатический

teleproceso *m telec* дистанционная передача данных

telequinesia *f* телекинез

telera *f* 1) *(travesaño)* перекладина, поперечная балка 2) *(redil)* дощатый забор 3) *(cadena de producción)* конвейер

telescópico *adj* телескопический

telescopio *m* телескоп

teleserie *f* телесериал

telesilla *f* кресло на канатной дороге

telespectador *m* телезритель

telesquí *m sport* подъёмник для лыжников

teletaxi *m* заказ такси по телефону

teletexto *m* телетекст

teletipo *m* телетайп

teletrabajo *m* удалённая работа

televidente *m* телезритель

televisar *vt* передавать по телевидению, транслировать

televisión *f* 1) телевидение *por ~* по телевидению 2) *(televisor)* телевизор

televisivo *adj* телевизионный

televisor *m* телевизор

télex *m* телекс

telilla *f* 1) тонкая шерстяная ткань 2) *(de un líquido)* плёнка

tellina *f* ракушка (разновидность)

telón *m* занавес ◆ **~ de acero** железный занавес **~ de fondo** фон

telonero *m mús* группа для разогрева

telúrico *adj astron* теллурический

tema *m* 1) тема, вопрос, предмет *~ de discusión* предмет обсуждения; *ceñirse al ~* придерживаться темы 2) *ling* тема

temario *m* список тем

temática *f* тематика

temático *adj* тематический

tembladera *f* 1) *(acción de temblar)* дрожь 2) *(tremedal)* болото, трясина 3) *(vasija)* чаша, ваза 4) *(joya)* ювелирное украшение на тонкой проволочке

temblante *adj* дрожащий, трясущийся

temblar *vi* **(de u/c)** трястись (от чего-л), дрожать (от чего-л)

tembleque 1. *adj* дрожащий, трясущийся **2.** *m coloq* дрожь, дрожание

temblequear *vi coloq* дрожать, трястись

temblequera *f coloq* дрожь

temblón *adj coloq* сильно дрожащий, трясущийся

temblor *m* дрожь, дрожание ◆ **~ de tierra** землетрясение

tembloroso *adj* дрожащий, трясущийся

temer *vt* 1) бояться (кого/чего-л), опасаться (кого/чего-л) 2) *(sospechar)* подозревать, бояться (кого/чего-л)

temerario *adj* 1) *(dicho de una persona)* безрассудно смелый, отважный 2) *(dicho de una acción)* безрассудный, неосторожный, опрометчивый

temeridad *f* 1) *(cualidad de temerario)* смелость, отвага, лихость 2) *(acción)* опрометчивость, безрассудство

temeroso *adj* робкий, боязливый

temible *adj* страшный, грозный, устрашающий

temor *m* 1) боязнь, страх, опасение 2) *(sospecha)* подозрение

témpano *m* 1) плоский кусок, пластина ~ *de hielo* льдина 2) *mús (timbal)* литавры 3) *mús (tamboril)* тамбурин

témpera *f* темпера

temperado *adj* 1) *mús* темперированный 2) *(sobrio)* умеренный, воздержанный

temperamental *adj* темпераментный

temperamento *m* темперамент, характер

temperancia *f* умеренность, воздержанность

temperante *adj* умеренный, воздержанный

temperar *vt* ослаблять, уменьшать

temperatura *f* температура ~ *alta (baja)* высокая (низкая) температура; ~ *máxima (mínima)* максимальная (минимальная) температура

tempestad *f* 1) буря, шторм, гроза 2) *(de emociones)* взрыв, буря

tempestuoso *adj* 1) бурный, грозовой 2) *(agitado)* бурный

templado *adj* 1) *(resistente)* выдержанный, твёрдый 2) *(ni frío ni caliente)* тёплый 3) *(moderado)* умеренный, сдержанный

templanza *f* 1) воздержанность, умеренность 2) *(dicho del clima)* умеренность

templar *vt* 1) умерять, сдерживать 2) *(calentar)* подогревать, слегка нагревать 3) *(metal, vidrio)* закалять 4) *mús* настраивать

templario 1. *adj* тамплиерский **2.** *m* тамплиер

templarse *vpron* воздерживаться, проявлять умеренность

temple *m* 1) *(temperatura)* погода, температура 2) *(de un metal)* закалка 3) *(humor)* настроение, расположение 4) *(serenidad)* хладнокровие, мужество 5) *mús* настройка

templete *m* 1) часовня 2) *(glorieta)* беседка, ротонда

templo *m* храм, святилище

tempo *m mús* темп

temporada *f* 1) *(espacio de tiempo)* период времени 2) *(tiempo durante el cual se realiza algo)* сезон ◆ **de** ~ сезонный

temporal 1. *adj* 1) *(referente al tiempo)* временной 2) *(provisional)* временный, непостоянный **2.** *m* буря, шторм

temporalidad *f* 1) временность, непостоянство 2) *(carácter secular)* светскость, светский характер

temporalmente *adv* временно

témporas *fpl relig* дни поста в начале каждого времени года

temporero *m* сезонный работник

temporizador *m* таймер

tempranero *adj* 1) *(temprano)* ранний 2) *(madrugador)* рано встающий

temprano 1. *adj* ранний **2.** *adv* 1) рано 2) *(antes de tiempo)* преждевременно ◆ **tarde o** ~ рано или поздно

tenacidad *f* 1) упорство, настойчивость 2) *(resistencia)* прочность

tenacillas *fpl* щипцы, щипчики

tenaz *adj* упорный, настойчивый

tenaza *f (espec pl)* 1) щипцы, клещи ~*s de corte* кусачки 2) *(de un artrópodo)* клешня ◆ **no poderse coger ni con ~s** быть очень грязным

tenazmente *adv* настойчиво, стойко

tenca *f* линь

tendal *m* 1) *(toldo)* навес, тент 2) *(tendedero)* сушильня

tendedero *m* сушильня, место для сушки белья

tendencia *f* **(a/hacia u/c)** тенденция (к чему-л), склонность (к чему-л)

tendenciosamente *adv* тенденциозно

tendencioso *adj* тенденциозный

tender 1. *vt* 1) *(la mano, una cuerda, etc.)* протягивать 2) *(un cable, una línea, etc.)* прокладывать, проводить 3) *(la ropa)* развешивать **2.** *vi* **(a u/c)** склоняться (к чему-л), иметь тенденцию (к чему-л), клониться (к чему-л) ◆ ~ **una trampa a alg** ставить ловушку кому-л

ténder *m ferroc* тендер

tenderete *m* лоток, ларёк

tendero *m* хозяин магазина

tenderse *vpron* вытягиваться, растягиваться

tendido *m* 1) натягивание, растягивание 2) *(de cable)* прокладка, проведение

tendinitis *f med* тендинит

tendinoso *adj anat* сухожильный

tendón *m* сухожилие ◆ ~ **de Aquiles** *anat* ахиллово сухожилие

tenducho *m desp* мелкая лавка

tenebrosidad *f* 1) тьма, мрак 2) *(carácter sombrío)* мрачность, угрюмость

tenebroso *adj* 1) мрачный, сумрачный, тёмный 2) *(oculto)* тайный, скрытый

tenedor *m* 1) вилка 2) *jur* владелец

teneduría *f* бухгалтерия

tenencia *f* владение, обладание

ten|er *vt* 1) иметь, быть (у кого/чего-л), владеть (чем-л), обладать (чем-л) ~*go un perro* у меня есть собака 2) *(cierta edad)* быть столько-то лет (кому/чему-л) ~*go veinte años* мне двадцать лет 3) *(mantener asido)* держать 4) *(experimentar)* испытывать, иметь 5) *(tener que)* быть должным, быть нужным (кому-л), надо быть (кому-л) ~*go que llegar antes de las siete* мне нужно (я должен) прийти до семи часов 6) *(regentar)* держать ◆ ~ **presente** иметь в виду ~ **que ver con alg o u.c.** быть связанным с кем/чем-л

tenería *f* дубильня, кожевенный завод

tenerse *vpron* 1) держаться, удерживаться ~ *de pie* держаться на ногах 2) **(a u/c)** *(adherirse)* быть сторонником (чего-л), следовать (чему-л) ◆ ~ **en mucho** быть о себе высокого мнения

tenia *f* солитёр, ленточный глист

teñido 1. *m* покраска, окрашивание **2.** *adj* крашеный

tenientazgo *m mil* звание лейтенанта

teniente 1. *adj* 1) владеющий, обладающий 2) *(dicho de la fruta)* незрелый, зелёный **2.** *m/f* 1) *(suplente)* заместитель 2) *mil* лейтенант, поручик

teñir *vt* красить, окрашивать

teñirse *vpron* краситься, окрашиваться

tenis *m* теннис ◆ ~ **de mesa** настольный теннис

tenista *m/f sport* теннисист, -ка

tenor *m mús* тенор ◆ **a** ~ **de u.c.** судя по чему-л

tenorio *m* донжуан, волокита

tensar *vt* 1) натягивать, вытягивать ~ *un arco* натягивать лук 2) *(poner en tensión moral)* напрягать, накалять ~ *una situación* накалять обстановку

tensión *f* 1) напряжение 2) *med* давление ~ *arterial* кровяное давление 3) *electr* напряжение *alta/baja* ~ высокое/низкое напряжение ◆ **en** ~ в напряжении

tenso *adj* 1) напряжённый, тугой, натянутый 2) *(dicho de una situación)* напряжённый, натянутый

tensor *m* 1) натяжка, растяжка 2) *mat* тензор

tentación *f* искушение, соблазн ◆ **caer en la** ~ впадать в искушение

tentáculo *m* щупальце

tentadero *m taur* помещение для обследования молодых быков

tentador *adj* искушающий, соблазнительный

tentar *vt* 1) *(reconocer con el tacto)* щупать, ощупывать 2) *(instigar)* искушать, соблазнять, прельщать ◆ ~ **la suerte** искушать судьбу

tentativa *f* 1) попытка 2) *jur* покушение, попытка

tentemozo *m* 1) подпорка, опора 2) *(tentetieso)* ванька-встанька

tentempié *m coloq* лёгкая закуска

tentetieso *m* ванька-встанька, неваляшка

tenue *adj* 1) тонкий, лёгкий, слабый 2) *(de poca importancia)* незначительный, несущественный 3) *(dicho de un estilo)* простой, безыскусный

tenuidad *f* 1) тонкость, лёгкость 2) *(poca importancia)* незначительность

teocracia *f pol* теократия

teocrático *adj* теократический

teodolito *m tecn* теодолит

teologal *adj* V. teológico

teología *f* теология, богословие

teológico *adj* теологический, богословский

teólogo 1. *adj* теологический **2.** *m* теолог, богослов

teorema *m* теорема

teoría *f* теория ◆ **en** ~ теоретически

teórica *f* теория, теоретическая часть

teórico 1. *adj* теоретический **2.** *m* теоретик

teorizar *vt* теоретизировать

teosofía *f filos* теософия

teosófico *adj filos* теософский

tequila *m* текила

terabyte *m informát* терабайт

terapeuta *m/f med* терапевт

terapéutica *f med* терапевтика, терапия

terapéutico *adj med* терапевтический

terapia *f* терапия

tercer *adj* V. tercero

tercera *f* 1) *(alcahueta)* сводница 2) *mús* терция 3) *(de un motor)* третья скорость

tercermundista *adj* относящийся к странам третьего мира

tercer|o *adj* третий ◆ ~**a edad** преклонный возраст ~**a persona** третье лицо

tercerola *f* 1) *mil* карабин 2) *(barril)* бочонок, бочка

terceto *m* 1) *mús* терцет, трио 2) *lit (verso)* терцет, терцина

terciana *f* перемежающаяся лихорадка

terciar 1. *vt* 1) класть наискось, перекидывать через плечо ~ *la capa* перекинуть плащ через плечо 2) *(dividir en tres partes)* делить на три части **2.** *vi* 1) *(en una conversación)* вмешиваться 2) *(mediar)* быть посредником, посредничать

terciari|o *adj (tercero)* третий ◆ **era ~a** *geol* третичный период

tercio *m* треть *dos ~s* две трети

terciopelo *m* бархат

terco *adj* упрямый, упорный

tereré *m Par.* тереpе (холодный чай)

tergal *m* синтетическая ткань

tergiversación *f* искажение, извращение

tergiversar *vt* искажать, коверкать, извращать

termal *adj* термальный

termas *fpl* горячие минеральные ванные, термы

térmico *adj* термический, тепловой

terminación *f* 1) окончание, завершение, конец 2) *ling* окончание

terminal 1. *adj* 1) конечный 2) *med* терминальный **2.** *m* 1) терминал, вокзал ~ *del aeropuerto* терминал аэропорта; ~ *de autobuses* автобусный вокзал 2) *informát* терминал

terminante *adj* окончательный, категоричный

terminar 1. *vt* заканчивать, оканчивать, кончать **2.** *vi* 1) заканчиваться, завершаться, прекращаться, кончаться 2) **(con u/c)** *(aniquilar)* класть конец (чему-л) 3) **(con alg)** *(una relación)* прекращать отношения (с кем-л) 4) *(en algún sitio)* оказаться, очутиться

término *m* 1) конец, окончание 2) *(límite)* предел, граница 3) *(palabra)* термин, выражение 4) *(plazo)* срок ◆ **en ~s generales** в общем **por ~ medio** в среднем ~ **municipal** территория населённого пункта

terminología *f* терминология

terminológico *adj* терминологический

terminólogo *m* терминолог

termo *m* термос

termodinámica *f fís* термодинамика

termodinámico *adj fís* термодинамический

termómetro *m* термометр

termonuclear *adj fís* термоядерный

termosifón *m* термосифон

termostato *m* термостат

termoterapia *f med* термотерапия

termoventilador *m* термовентилятор

terna *f* 1) тройка кандидатов 2) *(trío)* трио, тройка

ternasco *m* молодой барашек

ternera *f* 1) тёлка 2) *(carne)* телятина

ternero *m* телёнок

terneza *f* мягкость, нежность

ternilla *f* хрящ

ternilloso *adj* хрящевой, хрящевидный

terno *m* 1) тройка 2) *(traje)* тройка (костюм) 3) *(palabrota)* брань, ругательство *echar ~s* ругаться

ternura *f* нежность, ласка

terquedad *f* упрямство, упорство

terracota *f* 1) терракота 2) *(escultura)* терракотовая фигурка

terrado *m* терраса

terraja *f tecn* шаблон
terranova *m (raza de perro)* ньюфаундленд, водолаз
terraplén *m* насыпь, земляной вал
terráqueo *adj* земной *globo ~* земной шар
terrateniente *m* землевладелец, помещик
terraza *f* 1) терраса, веранда 2) *(de una montaña)* терраса
terremoto *m* землетрясение
terrenal *adj* земной *paraíso ~* рай земной
terreno *m* 1) почва, земля 2) *(solar)* участок земли 3) *(lugar)* местность 4) *sport* поле, площадка 5) *(ámbito)* область, сфера ◆ **preparar el ~** готовить почву **sobre el ~** на месте
térreo *adj* земляной, землистый
terrero 1. *adj* 1) земляной *cesto ~* корзина для переноски земли 2) *(humilde)* покорный, униженный **2.** *m* 1) *(terraza)* терраса 2) *(montón de tierra)* куча земли, земляная насыпь 3) *(blanco)* цель, мишень 4) *(para competiciones)* арена, площадка
terrestre *adj* 1) *(de la Tierra)* земной 2) *(de tierra)* наземный, сухопутный *transporte ~* наземный транспорт ◆ **globo ~** земной шар
terrible *adj* ужасный, страшный, жуткий
terrícola *m* землянин, житель Земли
terrier *m* терьер
terrina *f* красильный чан
territorial *adj* 1) территориальный 2) *(regional)* региональный
territorialidad *f* территориальность
territorio *m* 1) территория 2) *(ámbito)* область
terrón *m* 1) *(de azúcar)* кусок сахара 2) *(de tierra)* ком земли
terror *m* 1) ужас, страх *película de ~* фильм ужасов 2) *(represión)* террор
terrorífico *adj* ужасающий, жуткий
terrorismo *m* терроризм
terrorista 1. *adj* террористический *atentado ~* террористический акт, терракт **2.** *m/f* террорист, -ка
terrorizar *vt* V. aterrorizar
terroso *adj* землистый, содержащий землю
terruño *m* 1) ком земли 2) *(país natal)* родина, родная земля
terso *adj* 1) *(limpio y bruñido)* полированный, гладкий 2) *(liso)* гладкий 3) *(dicho de un estilo)* изящный, безупречный
tersura *f* 1) гладкость 2) *(de un estilo)* чистота, изящество
tertulia *f* вечер, дружеское собрание, дискуссия
tertulian|o, -a *m/f* участни|к, -ца дискуссии
tertuliar *vi Am.* беседовать в кругу друзей
tesar *vt nav* натягивать
tesela *f* смальта
tesina *f acad* дипломная работа
tesis *f* 1) *(proposición)* тезис 2) *(opinión)* мнение 3) *(doctoral)* докторская диссертация
tesitura *f* 1) настроение, расположение духа 2) *mús* тесситура
tesón *m* упорство, непоколебимость, твёрдость
tesorería *f* казначейство
tesorero *m/f* казначей
tesoro *m* 1) сокровище 2) *(erario)* казна
test *m* тест
testa *f* 1) голова 2) *(parte anterior)* передняя часть
testador *m jur* завещатель
testaferro *m* подставное лицо
testamentaría *f jur* исполнение завещания
testamentario 1. *adj* завещательный **2.** *m jur* исполнитель завещания
testamento *m* завещание ◆ **Antiguo Testamento** Ветхий Завет **Nuevo Testamento** Новый Завет
testar[1] **1.** *vi jur* составлять завещание, завещать **2.** *vt (borrar)* стирать, вычёркивать
testar[2] *vi* V. atestar
testar[3] *vt (someter a prueba)* тестировать, проверять
testarada *f* 1) удар головой 2) *(terquedad)* упорство, упрямство
testarazo *m* удар головой
testarudez *f* упорство, упрямство
testarudo *adj* упрямый, упорный
testera *f* 1) фасад, передняя часть 2) *(del animal)* лоб животного
testículo *m* тестикул, яичко
testificación *f jur* свидетельские показания
testifical *adj jur* свидетельский
testificar *vt* 1) *(probar la autenticidad)* свидетельствовать, удостоверять 2) *jur* свидетельствовать, давать показания
testigo *m/f* свидетель, -ница
testimonial 1. *adj* свидетельский **2. -es** *fpl* справка, отзыв
testimoniar *vt* свидетельствовать
testimonio *m* свидетельство
testosterona *f biol* тестостерон
testuz *m/f* 1) *(frente)* лоб животного 2) *(nuca)* холка, загривок
teta *f* 1) *coloq* грудь, сиська 2) *(de un animal)* вымя
tétanos *m* столбняк
tetera *f* чайник
tetilla *f* 1) *anat* сосок 2) *(biberón)* соска
tetina *f* соска
tetona *adj coloq* грудастая, с большой грудью
tetrabrik *m* пакет, тетра брик
tetracloruro *m quím* тетрахлорид
tetraedro *m geom* четырёхгранник, тетраэдр
tetraplejia, tetraplejía *f med* тетраплегия, паралич четырёх конечностей
tetrapléjico *m med* паралитик, тетраплегик
tétrico *adj* унылый, печальный
tetuda *f coloq* грудастая, с большой грудью
teutón *adj* 1) *hist* тевтонский 2) *coloq (alemán)* немецкий
teutónico *adj* тевтонский
textil 1. *adj* текстильный *industria ~* текстильная промышленность **2.** *m* текстиль
texto *m* текст ◆ **libro de ~** учебник
textual *adj* 1) текстуальный 2) *(literal)* дословный
textualmente *adv* дословно, буквально
textura *f* текстура
tez *f* кожа лица
ti *pron pers* тебя, тебе
tía *f* 1) тётя 2) *coloq (mujer)* тётка, баба
tiara *f relig* тиара
tiarrón *m coloq* здоровяк, богатырь

tibetan|o 1. *adj* тибетский **2.** **, -a** *m/f* тибет|ец, -ка
tibia *f* большая берцовая кость
tibieza *f* 1) теплота 2) *(apatía)* флегматичность, апатия
tibio *adj* 1) тёплый 2) *(indiferente)* холодный
tiburón *m* акула
tic *m* тик ~ *nervioso* нервный тик
ticket *m* V. tique
tico *adj coloq* V. costarricense
tiempo *m* 1) время *¿cuánto ~ dura la película?* как долго идёт фильм? 2) *(época)* время, пора, период 3) *(temporada)* сезон 4) *(meteorológico)* погода *hace buen (mal) ~* стоит хорошая (плохая) погода 5) *sport* тайм, время 6) *mús* темп 7) *ling* время ◆ **a** ~ вовремя **al mismo** ~ одновременно **antes de** ~ преждевременно, раньше времени **con tiempo** заранее **de** ~ **en** ~ время от времени **en ~s de alg** во времена кого-л **hace** ~ давно **matar el** ~ убивать время **perder el** ~ терять время, тратить время ~ **libre** свободное время, досуг
tienda *f* лавка, магазин ◆ ~ **de campaña** палатка
tienta *f* 1) *taur* испытание быков 2) *(sagacidad)* проницательность, чутьё ◆ **a ~s** на ощупь
tiento *m* 1) осязание, ощупывание 2) *(palo del ciego)* трость для слепых 3) *(firmeza de la mano)* твёрдость руки, мастерство ◆ **dar un** ~ ощупать **de** ~ **en** ~ берясь то за одно, то за другое
tierno *adj* 1) мягкий, нежный 2) *(afectuoso)* нежный, ласковый 3) *(dicho de la edad)* детский
tierra *f* 1) *(planeta Tierra)* Земля, земной шар 2) *(firme)* суша, земля 3) *(material)* земля, почва, грунт 4) *(suelo, terreno)* земля, пол 5) *(país)* родина, край ◆ **ir** ~ **adentro** удаляться от берега **tomar** ~ приземляться ~ **trágame** лучше бы сквозь землю провалиться ~ **prometida** земля обетованная
tieso *adj* натянутый, напряжённый
tiesto *m* цветочный глиняный горшок
tifoide|o *adj med* тифозный *fiebre ~a* тифозная горячка
tifón *m* тайфун
tifus *m* тиф
tigra *f Am.* самка ягуара
tigre *m* тигр
tigrero *m Am.* охотник на ягуаров
tigresa *f* тигрица
tigrillo *m Am.* оцелот
tijeras *fpl* ножницы
tijeretada *f* разрез ножницами
tijeretear *vt* кромсать, кроить
tila *f* настой на цветках липы, липовый чай
tildar *vt* 1) ставить тильду 2) **(de u/c)** *(apodar)* обзывать (кем/чем-л), называть (кем/чем-л) *tildar de loco* назвать сумасшедшим
tilde *m/f* тильда
tilín *m* звон колокольчика ◆ **hacer** ~ *coloq* нравиться
tilo *m bot* липа
timador *m* мошенник, обманщик
timar *vt* обманывать, надувать
timbal *m* 1) *mús* литавры 2) *mús (tamboril)* тамбурин
timbalero *m mús* литаврист, литаврщик
timbrado[1] *adj (dicho de la voz)* приятный, звонкий
timbrado[2] *adj (dicho del papel)* гербовый
timbrar *vt* 1) *(en el escudo de armas)* ставить девиз 2) *(estampar)* штемпелевать, ставить штемпель
timbre *m* 1) *(sello)* штемпель, печать 2) *(para llamar)* звонок 3) *(de voz)* тембр
timidez *f* робость, застенчивость
tímido *adj* робкий, застенчивый
timo *m* обман, надувательство
timón *m* 1) *nav* руль, штурвал 2) *(dirección)* управление
timonel *m nav* рулевой
timorato *adj* 1) *(tímido)* робкий, застенчивый 2) *(que tiene temor de Dios)* богобоязненный
tímpano *m* барабанная перепонка
tina *f* большой глиняный кувшин
tiña *f* 1) *(insecto)* медовая моль 2) *(enfermedad)* трихофития, дерматофития 3) *coloq (miseria)* бедность, нищета
tinaja *f* глиняный кувшин
tinerfeñ|o 1. *adj* тенерифский **2.** **, -a** *m/f* житель, -ница (уроженец, уроженка) Тенерифе
tinglado *m* 1) навес 2) *(tablado)* сцена, эстрада 3) *(enredo)* козни, махинации 4) *coloq (barullo)* суматоха, кавардак
tinieblas *fpl* мрак, тьма
tino[1] *m* 1) *(puntería)* меткость, точность 2) *(juicio)* благоразумие, здравый смысл, рассудок ◆ **a buen** ~ приблизительно **sacar de** ~ выводить из себя **sin** ~ безрасчётно
tino[2] *m (tinaja)* глиняный кувшин
tiñoso *adj* 1) покрытый лишаями, паршивый 2) *coloq (miserable)* бедный, нищий, убогий
tinta *f* чернила ◆ **de buena** ~ из надёжного источника **sudar** ~ работать в поте лица ~ **china** тушь
tintado *adj* тонированный
tintar *vt* красить, окрашивать
tinte *m* 1) *(acción de teñir)* окрашивание 2) *(pintura)* краска 3) *(tintorería)* химчистка
tintero *m* чернильница ◆ **dejar en el** ~ забыть написать, упустить
tintín *m* звон, звяканье, дребезжание
tintinear *vi* звенеть, дребезжать
tinto 1. *adj* красный (о вине) **2.** *m* красное вино
tintóreo *adj* красящий, красильный
tintorera *f* синяя акула
tintorería *f* химчистка
tintorero *m* красильщик
tintorro *m coloq* красное вино низкого качества
tintura *f* 1) *(acción)* покраска, окрашивание 2) *(sustancia)* краска, краситель 3) *(afeite en el rostro)* притирание для лица, грим 4) *(noción superficial)* поверхностные знания, обрывки знаний 5) *(solución)* настойка
tío *m* 1) дядя 2) *coloq* парень, тип, мужик
tiovivo *m* карусель
tipazo *m coloq* красивая фигура
típico *adj* 1) *(representativo de un tipo)* типовой 2) *(característico)* типичный

tipificar *vt* 1) типизировать 2) *(dicho de una persona o cosa)* быть типичным представителем, характеризовать 3) *jur* квалифицировать
tipismo *m* характерность, типичность
tiple *m mús* сопрано
tipo *m* 1) *(clase)* тип, вид, сорт 2) *(cuerpo)* фигура 3) *(individuo)* тип 4) *biol* тип, элемент 5) *(de letra)* шрифт ◆ ~ **de cambio** валютный курс ~ **de interés** *econ* ставка процента
tipografía *f* 1) *(arte de imprimir)* книгопечатание, печатное дело 2) *(taller donde se imprime)* типография
tipográfico *adj* типографский
tipógrafo *m* типограф
tipología *f* типология
tique[1] *m (planta)* экстоксикон
tique[2] *m* 1) *(recibo)* чек, квитанция, расписка 2) *(billete)* билет
tiquete *m Am. Cent.* V. tique
tíquet *m* V. tique
tiquismiquis 1. *mpl* 1) терзания по пустякам, самоедство 2) *coloq (melindre)* жеманство, щепетильность **2.** *m/f (persona)* неженка, привередливый человек
tira *f* лента, полоса
tirabeque *m* горох
tirabuzón *m* 1) *(en el pelo)* локон 2) *(abridor)* штопор
tirachinas *m* рогатка
tirada *f* 1) *impr* тираж 2) *sport* ход
tiradero *m* 1) *caza* засада 2) *Méx. (basurero)* помойка, свалка
tirado *adj* 1) вытянутый, растянутый 2) *coloq (abandonado)* покинутый, брошенный 3) *coloq (muy barato o fácil)* очень дешёвый, очень лёгкий
tirador *m* 1) стрелок 2) *(de una puerta)* ручка 3) *(de una campanilla)* шнурок 4) *impr (prensista)* печатник 5) *(tirachinas)* рогатка
tirafondo *m tecn* шуруп, винт
tiragomas *m* V. tirachinas
tiraje *m impr* тираж
tiralevitas *m* льстец
tiralíneas *m tecn* рейсфедер
tiranía *f* тирания
tiránico *adj* тиранический
tiranizar *vt* тиранить, мучить
tiran|o, -a *m/f* тиран, -ка
tirante 1. *adj* натянутый, напряжённый **2. -s** *mpl* подтяжки
tirantez *f* натяжение
tira|r 1. *vt* 1) *(lanzar)* бросать, кидать 2) *(deshacerse de algo)* выбрасывать, выкидывать 3) *(echar abajo)* сносить, валить 4) *(con un arma)* стрелять 5) *(una foto)* снимать 6) *impr* печатать, тиражировать 7) *(en un juego de mesa)* ходить 8) *(una línea)* проводить 9) *(malgastar)* тратить, транжирить **2.** *vi* 1) **(de u/c)** *(arrastrar)* тянуть (за что-л) 2) *(atraer)* притягивать, тянуть 3) *(un cigarro, la chimenea, etc.)* тянуть 4) *(dirigirse)* идти, продолжать 5) *(durar, aguantar)* держаться, служить 6) **(por u/c)** *(inclinarse por una cosa)* склоняться (к чему-л) 7) **(a alg)** *(asemejarse)* походить (на кого-л) ◆ **ir ~ndo** перебиваться, скрипеть **~r de la lengua** тянуть за язык
tirarse *vpron* 1) **(sobre alg)** *(abalanzarse)* бросаться (на кого-л), набрасываться (на кого-л) 2) *(dejarse caer)* ложиться, падать 3) **(a alg)** *vulg* трахать (кого-л)
tirita *f med* лейкопластырь
tiritar *vi* **(de u/c)** дрожать (от чего-л)
tiritón 1. *adj coloq* дрожащий **2.** *m coloq* дрожь, озноб
tiro *m* 1) бросание, кидание, бросок 2) *(de un arma)* выстрел 3) *sport (de un arma)* стрельба 4) *sport (con un balón)* удар, бросок 5) *(lugar para disparar)* тир, полигон 6) *(de un carruaje)* упряжь ◆ **de** ~ *(dicho de un animal)* упряжной **matar dos pájaros de un** ~ убить двух зайцев одним выстрелом **ni a ~s** никак, никаким образом **pegarse un** ~ застрелиться
tiroides *m anat* щитовидная железа
tirol|és 1. *adj* тирольский **2. , -esa** *m/f* тирол|ец, -ька
tirón *m* дёрганье, волочение ◆ **de un** ~ разом, одним махом
tironear *vt* дёргать, тянуть
tironero *m coloq* щипач, вор-карманник
tirotear *vt* обстреливать
tirotearse *vpron* вести перестрелку
tiroteo *m* перестрелка
tirria *f coloq* ненависть, отвращение *tenerle ~ a alguien* испытывать ненависть к кому-л.
tisana *f* настой трав
tísico *adj* туберкулёзный, чахоточный
tisis *f med* туберкулёз
tisú *m* парча
tita *f coloq* тётушка, тётя
titán *m* 1) титан, исполин 2) *(grúa)* титан
titánico *adj* титанический, исполинский *esfuerzo ~* титаническое усилие
titanio *m quím* титан
titear *vi* подзывать самца (о куропатке)
titeo *m* брачный зов куропатки
títere *m* марионетка, кукла *teatro de ~s* театр марионеток ◆ **no dejar ~ con cabeza** *coloq* разнести в пух и прах (всех)
titi *f coloq* девушка
tití *m* уистити
titilar *vi* 1) *(agitarse)* биться, пульсировать 2) *(centellear)* мерцать, мигать
titiritero *m* 1) *(persona que maneja los títeres)* кукловод 2) *(volatinero)* канатоходец, эквилибрист
titubear *vi* колебаться, сомневаться
titubeo *m* колебание, сомнение
titulación *f* 1) титулование, титул 2) *(obtención de un título)* получение учёной степени
titulado 1. *adj* озаглавленный **2.** *m* 1) *(que posee un título académico)* человек с учёной степенью, дипломированный специалист 2) *(que posee una dignidad nobiliaria)* дворянин, аристократ
titular 1. *adj* 1) *(con nombramiento oficial)* ординарный, штатный 2) *(a nombre de alguien)* именной 3) *sport* входящий в основной состав **2.** *m* 1) держатель, владелец, должностное лицо 2) *(de un periódico)* заголовок **3.** *vt* озаглавливать
titularse *vpron* 1) называться, именоваться 2) *(obtener un título académico)* получить учёную степень

título *m* 1) *(de una obra)* название 2) *(documento para ejercer una profesión)* диплом 3) *(nobiliario)* титул 4) *(de una ley)* раздел 5) *(que certifica un derecho)* правоустанавливающий документ 6) *(documento financiero)* облигация

tiza *f* мел

tizate *m Hond.* мел

tiznado *adj Am. Cent.* пьяный

tiznajo *m coloq* пятно от сажи

tiznar *vt* 1) пачкать сажей, чернить 2) *(denigrar)* порочить, очернять

tiznarse *vpron Am. Cent.* напиваться, пьянеть

tizne *m* копоть, сажа

tiznón *m* пятно от сажи

tizón *m* 1) головня, головешка 2) *(mancha en la fama)* позорное пятно 3) *(hongo)* фитофтора, головня

toalla *f* полотенце ◆ **tirar la ~** *coloq* сдаваться

toallero *m* вешалка для полотенец

toallita *f* салфетка

toba *f* 1) *geol* туф 2) *(de los dientes)* зубной камень 3) *(capa)* налёт, плёнка

tobera *f tecn* сопло, форсунка

tobillo *m* щиколотка, лодыжка

tobogán *m* детская горка

toca *f* 1) *(de una monja)* головной убор монахини 2) *(sombrero de señora)* женская шляпка

tocadiscos *m* проигрыватель (пластинок)

tocado[1] *adj* 1) *(loco)* тронутый, сумасшедший 2) *(dicho de la fruta)* подгнивший, подпорченный 3) *(lesionado)* травмированный

tocado[2] *m* 1) *(sombrero)* головной убор 2) *(peinado de mujer)* женская причёска

tocador *m* 1) туалетный столик 2) *(caja)* несессер 3) *(paño)* платок

tocamiento *m* касание, прикосновение

tocar 1. *vt* 1) трогать, прикасаться (к кому/чему-л), касаться (кого/чего-л) 2) *(un instrumento)* играть (на чём-л) 3) *(retocar)* подправлять 4) *(un tema)* затрагивать **2.** *vi* 1) выпадать на долю (кому-л), попадаться (кому-л) 2) *(deber hacer)* приходиться (кому-л), быть нужным (кому-л)

tocata *f* 1) *mús* токката 2) *coloq (zurra)* взбучка, побои 3) *(tocadiscos)* проигрыватель (пластинок)

tocateja *inv* : a ~ наличными

tocay|o, -a *m* тёзка

tocho 1. *adj* грубый, неотёсанный **2.** *m* 1) железный брус 2) *(libro de muchas páginas)* фолиант, толстая книга

tocineta *f Am.* свинина

tocino *m* свиное сало, шпиг

tocólogo *m* акушер

tocón *m* 1) *(tronco cortado)* пень 2) *(muñón)* культя, обрубок

todavía *adv* ещё, всё ещё, до сих пор

tod|o, -a 1. *adj* 1) весь (вся, всё, все), целый *~o el día* весь день; *~a la ciudad* весь город 2) *(cada)* каждый *~a persona* каждый человек **2.** *pron* всё **3.** *m* всё, целое **4.** *adv* всё ◆ **ante ~o** прежде всего, в первую очередь **así y todo** тем не менее **con todo** тем не менее, несмотря на это **del ~o** абсолютно, полностью **sobre ~o** особенно **~o el mundo** все

todopoderoso *adj* всемогущий, всесильный

todoterreno *m auto* вездеход

toga *f* тога

togol|és 1. *adj* тоголезский **2.** , **-esa** *m/f* тоголез|ец, -ка

toisón *m* 1) Орден Золотого руна 2) *(persona condecorada con este insignia)* кавалер Ордена Золотого руна

tojo *m* 1) *(planta)* дрок 2) *Bol.* жаворонок

toldillo *m* складной стул

toldo *m* навес

tole *m* 1) шум, гвалт, крик 2) *(rumor de aprobación)* всеобщее неодобрение, шиканье

toledan|o 1. *adj* толедский **2.** , **-a** *m* толед|ец, -ка

tolerable *adj* терпимый, сносный

tolerado *adj* без ограничений по возрасту (о фильме, спектакле)

tolerancia *f* терпимость, толерантность

tolerante *adj* **(hacia alg o u/c)** терпимый (к чему-л), толерантный (к чему-л)

tolerar *vt* 1) *(sufrir)* терпеть, выносить 2) *(consentir)* позволять 3) *(un medicamento, un alimento)* переносить 4) *(respetar)* терпеть, уважать

toletazo *m* 1) *Am. Cent.* удар дубинкой 2) *Nic. (puñetazo)* удар кулаком

tolete *m* 1) *nav* уключина 2) *Am. (garrote corto)* короткая дубинка 3) *Cub. R. Dom. (pene)* пенис

tolla *f* топь

tolteca 1. *adj* тольтекский **2.** *m* тольтек

tolva *f* воронка

tolvanera *f* облако пыли, песчаная буря

toma *f* 1) *(acción de tomar)* принятие, приём 2) *(conquista)* взятие, захват 3) *med* приём, доза ◆ **~ de corriente** розетка **~ de posesión** вступление во владение (в должность)

tomado *adj (dicho de la voz)* глухой, хриплый

tomador 1. *adj* 1) берущий, получающий 2) *Am. (aficionado a la bebida)* пьющий, выпивающий **2.** *m* 1) *(ladrón)* вор-карманник 2) *(beneficiario)* получатель *~ del seguro* страхователь ; *~ del crédito* заёмщик

tomadura *f* 1) взятие, принятие 2) *(porción)* порция, доза ◆ **~ de pelo** *coloq* шутка, обман

toma|r *vt* 1) *(coger)* брать 2) *(ocupar)* брать, захватывать 3) *(comer o beber)* пить, есть, принимать, употреблять в пищу 4) **(por alg o u/c)** *(confundir)* принимать (за кого/что-л) 5) *(un medio de transporte)* садиться (во что-л.) 6) *(alquilar)* брать на прокат 7) *(aceptar)* принимать, воспринимать 8) *(una foto)* снимать ◆ **! ~!** на тебе!, ничего себе! **~r conciencia de u.c.** осознавать что-л **~r el aire** дышать воздухом **~r el sol** загорать **~r el pelo a alg** вешать лапшу на уши кому-л **~r en consideración** учитывать **~r en serio** воспринимать всерьёз **~r medidas** принимать меры **~r parte** принимать участие **~r tierra** приземляться **~r una decisión** принимать решение **~r un baño** принимать ванну

tomarse *vpron* 1) *(emborracharse)* напиваться, пьянеть 2) *(dicho del cielo)* покрываться тучами 3) *(dicho del metal)* ржаветь ◆ **~ una cosa al pie de la letra** понимать буквально

tomate *m* помидор *salsa de ~* томатный соус

tomatera *f* 1) томат, помидор 2) *(mujer que vende tomates)* торговка помидорами
tomatero *m* торговец помидорами
tomavistas *m* 1) киноаппарат 2) *cine (operador)* кинооператор
tomillo *m* тимьян
tomo *m* том
tomografía *f* томография
ton *m* V. tono ◆ **sin ~ ni son** ни с того ни с сего
toña *f jueg* чижик
tonada *f* песня
tonadilla *f* весёлая песенка
tonalidad *f* тональность
tonel *m* бочка, бочонок
tonelada *f* тонна
tonelaje *m* тоннаж
tóner *m informát* тонер
tongo *m sport* подкуп участника соревнований, договорной матч
tongonearse *vpron Ven. coloq* ходить вразвалку
tónica *f* 1) *(bebida)* тоник 2) *(característica general)* основной тон
tónico 1. *adj* 1) тонизирующий 2) *ling* ударный **2.** *m (cosmético)* тоник
tonificador *adj* тонизирующий
tonificar *vt* тонизировать
tonillo *m* 1) монотонная интонация, монотонность 2) *(tono irónico)* иронический тон
tono *m* 1) *(de un sonido)* тон 2) *(del teléfono)* гудок 3) *(de la voz)* тон, интонация, манера говорить 4) *(de un escrito, evento, etc.)* тон, стиль, характер 5) *(de un color)* тон, оттенок 6) *mús* тон, тональность, лад 7) *fisiol* тонус ◆ **fuera de ~** неуместный
tonsila *f anat* миндалина, миндалевидная железа
tonsilitis *m med* тонзиллит, ангина
tonsura *f relig* постриг
tonsurar *vt relig* постричь, совершить обряд пострига
tontada *f* глупость, вздор
tontaina *m coloq* дурачок
tontamente *adv* глупо, по-дурацки
tontear *vi* 1) глупить, делать глупости 2) *coloq (flirtear)* флиртовать, кокетничать
tontera *f coloq* глупость, тупость
tontería *f* 1) *(cualidad de tonto)* глупость 2) *(cosa insignificante)* глупость, ерунда, пустяк ◆ **hacer ~s** валять дурака
tont|o 1. *adj* 1) *(dicho de una persona)* глупый, бестолковый 2) *(dicho de un hecho)* глупый, дурацкий **2.** , **-a** *m/f* дурак, дура, глупец ◆ **hacer el ~o** валять дурака **hacerse el ~o** прикидываться дураком
tontorr|ón, -ona *m/f* дурачина
top *m* топ (предмет одежды)
topacio *m* топаз
topadora *f Arg. Bol. Ur.* бульдозер
topar *vi* **(con alg o u/c)** сталкиваться (с кем/чем-л)
tope *m* 1) край, конец 2) *(máximo)* максимум, предел 3) *(mecanismo)* ограничитель, упор ◆ **a ~** по максимуму, по полной программе
topear *vt Ch.* выбивать из седла
topera *f* кротовая нора
topetada *m coloq* удар головой
tópico *m* общее место, клише
top-less *m* топлес
top-model *f* топ модель
topo *m* крот
topografía *f* 1) топография 2) *(relieve del terreno)* рельеф местности
topográfico *adj* топографический
topógrafo *m* топограф
toponimia *f* топонимия
toponímico *adj* топонимический
topónimo *m* топоним
toque *m* 1) касание, прикосновение 2) *(sonido)* звон, сигнал 3) *(corrección)* поправка ◆ **piedra de ~** пробный камень **~ de atención** замечание **~ de queda** комендантский час
toquetear *vt* теребить, мять
toqueteo *m* троганье руками
toquilla *f* 1) косынка, головной платок 2) *(en el sombrero)* лента
Torá *f jud* Тора
torácico *adj* грудной
torada *f* стадо быков
tórax *m* грудная клетка
torbellino *m* вихрь
torcaz *adj* V. paloma torcaz
torcedura *f* растяжение
torcer 1. *vt* 1) крутить, скручивать 2) *(doblar)* сгибать 3) *(inclinar)* наклонять **2.** *vi (girar)* поворачивать, сворачивать
torcerse *vpron* 1) подворачиваться, отклоняться 2) *(frustrarse un negocio)* проваливаться, расстраиваться
torcido *adj* кривой, косой
tordo 1. *adj (dicho de un caballo)* серый **2.** *m* 1) дрозд 2) *Am.* скворец
torear *vt/i* участвовать в корриде
toreo *m* коррида, бой быков
torera *f* 1) *(chaquetilla)* короткий жилет, фигаро 2) *taur* женщина-тореро
torero *m/f* тореро
toril *m taur* загон для быков
torillo *m* стержень, штырь
tormenta *f* буря, гроза
tormento *m* мучение, мука, пытка
tormentoso *adj* бурный, грозовой
torna *f* 1) возвращение 2) *(terraplén)* насыпь, меняющая курс воды ◆ **volver las ~s** отплатить той же монетой
tornaboda *f* следующий день после свадьбы
tornachile *m Méx.* перец
tornadizo *adj* переменчивый, непостоянный
tornado *m* торнадо
tornar 1. *vt* 1) возвращать, отдавать 2) *(cambiar)* изменять, переменять **2.** *vi* 1) *(regresar)* возвращаться, возвратиться 2) *(volver a hacer algo)* снова делать 3) *(volver en sí)* приходить в сознание
tornarse *vpron (cambiar)* изменяться, становиться
tornasol *m* 1) *(girasol)* подсолнечник 2) *(reflejo de la luz)* переливы, отблеск 3) *quím* лакмус
tornasolado *adj (dicho de la luz)* переливающийся, играющий
tornasolar *vt* переливаться, отливать
tornear *vt* точить, обтачивать
torneo *m* турнир
tornería *f* 1) *(taller)* токарная мастерская 2) *(oficio)* токарное ремесло

tornero *m* токарь
tornillo *m* винт, шуруп ♦ **faltarle un ~ a alg** *coloq* винтиков не хватает (в голове) у кого-л
torniquete *m* 1) турникет 2) *med* жгут
torno *m* 1) токарный станок 2) круг ♦ **en ~ a alg o u.c.** что касается кого/чего-л
toro *m* бык ♦ **coger al ~ por los cuernos** брать быка за рога
toronja *f* грейпфрут
toros *mpl* коррида, бой быков
torpe *adj* неуклюжий, неловкий
torpedear *vt* торпедировать
torpedero *adj mil* торпедоносный *buque ~* миноносец
torpedo *m* 1) *(pez)* электрический скат 2) *(proyectil)* торпеда
torpeza *f* 1) неповоротливость, неуклюжесть 2) *(estupidez)* тупость, глупость 3) *(inconveniencia)* непристойность
torrar *vt* поджаривать
torre *f* 1) башня 2) *(de una iglesia)* колокольня 3) *(edificio alto)* высотка 4) вилла, коттедж ♦ **torre de Babel** Вавилонская башня
torrefacción *f* поджаривание
torrencial *adj* бурный, льющийся потоком, проливной (о дожде)
torrente *m* поток
torrentera *f* русло потока
torreón *m* большая башня
torrero *m* 1) *(en una atalaya)* дозорный, часовой 2) *(en un faro)* смотритель маяка
torrezno *m* шкварка
tórrido *adj* жаркий, палящий, знойный
torrija *f* сладкий гренок
torsión *f* скручивание, кручение
torso *m* торс, туловище
torta *f* 1) блин, лепёшка, пирог 2) *(bofetada)* пощёчина, шлёпок 3) *coloq (borrachera)* пьянка ♦ **ni ~** *coloq* ни фига
tortazo *m coloq* пощёчина
tortícolis *m* кривошея
tortilla *f* омлет *~ de patatas* омлет с картофелем
tortillera *f vulg desp* лесбиянка
tórtola *f* горлица
tortuga *f* черепаха
tortuosidad *f* 1) кривизна, изогнутость 2) *(astucia)* хитрость, скрытность
tortuoso *adj* кривой, изогнутый
tortura *f* пытка, мука
torturador **1.** *adj* мучительный **2.** *m* 1) мучитель 2) *(verdugo)* палач
torturar *vt* мучить, пытать
torvo *adj* зловещий, грозный (о взгляде)
torzal *m* 1) шёлковая кручёная нитка 2) *(cordón)* шнур
tos *f* кашель
tosco *adj* 1) грубый, необработанный 2) *(inculto)* грубый, некультурный, неотёсанный
toser *vi* кашлять
tosquedad *f* 1) *(dicho de un trabajo)* грубость, топорность 2) *(dicho de una persona)* грубость, некультурность, неотёсанность
tostada *f* тост, гренка
tostado **1.** *adj* 1) поджаренный, обжаренный 2) *(dicho de un color)* тёмный, резкий **2.** *m* 1) поджаривание, обжаривание 2) *Bol. Ec. Nic. (maíz)* жареная кукуруза
tostadora *f* тостер
tostadura *f* поджаривание, обжаривание
tostar *vt* 1) *(el pan)* поджаривать 2) *(el café)* жарить
tostarse *vpron* 1) *(dicho de la piel)* загорать, покрываться загаром 2) *Ch. (enojarse)* раздражаться, сердиться
tostón[1] *m* 1) *(torrado)* жареный горох 2) *(pan tostado)* гренок 3) *(cochinillo asado)* жареный поросёнок 4) *(tabarra)* нудный разговор 5) *(persona habladora)* болтун, -ья, говорун, -ья
tostón[2] *m (moneda)* тестон
total **1.** *adj* 1) полный, целый, общий 2) *mat* итоговый **2.** *adv* в итоге, в результате **3.** *m mat* итог, сумма
totalidad *f* совокупность, всеобщность
totalitario *adj* тоталитарный
totalitarismo *m* тоталитаризм
totalizar *vt* подытоживать, подводить итог
totemismo *m relig* тотемизм
totogol *m Col. sport* тотализатор
totonaco **1.** *adj* тотонакский **2.** *m* тотонак
totora *f Am.* камыш
totuma *f* плод калебасового дерева
tour *m* 1) *(excursión)* тур, экскурсия 2) *(de un cantante o grupo musical)* тур, турне, гастроли
toxicidad *f* токсичность, ядовитость
tóxico **1.** *adj* ядовитый, токсический **2.** *m* яд
toxicología *f* токсикология
toxicológico *adj* токсикологический
toxicomanía *f* токсикомания
toxicóman|o, -a *m/f* наркоман, -ка
toxina *f biol* токсин
tozudez *f* упрямство, твёрдолобость
tozudo *adj* упрямый, настойчивый, твердолобый
traba *f* препятствие ♦ **poner ~s** препятствовать
trabado *adj* 1) *(dicho de un caballo)* с белыми передними ногами 2) *(robusto)* мускулистый, жилистый
trabajado *adj* 1) *(cansado)* усталый, утомлённый 2) *(lleno de trabajos)* занятый, обременённый работой 3) *(elaborado con minuciosidad)* обработанный, отшлифованный
trabajador **1.** *adj* 1) трудовой, трудящийся 2) *(laborioso)* трудолюбивый **2.** *m/f* рабочий, сотрудник
trabajar **1.** *vi* 1) работать, трудиться 2) **(de alg)** *(ejercer una profesión)* работать (кем-л) 3) *(una máquina, un establecimiento, etc.)* работать **2.** *vt* 1) *(dar forma)* обрабатывать, отделывать 2) *(la tierra)* обрабатывать 3) *(un asunto)* работать (над чем-л), заниматься (чем-л)
trabajo **1.** *m* 1) работа, труд 2) *(ocupación)* работа, занятие, служба 3) *(obra)* произведение, труд 4) *(funcionamiento)* работа, функционирование 5) *(lugar)* работа, рабочее место **2.** **-s** *mpl* 1) *(dificultades)* трудности 2) *(necesidades)* нужда, бедность ♦ **bolsa de ~** биржа труда **jornada de ~** рабочий день **permiso de ~** разрешение на работу **sin ~**

безработный ~ **intelectual** умственная работа ~ **físico** физическая работа ~**s forzados** принудительные работы

trabajoso *adj* трудный, утомительный

trabalenguas *m* скороговорка

trabar *vt* 1) *(impedir)* блокировать, препятствовать (чему-л) 2) *(atar)* связывать, сцеплять 3) *(entablar)* завязывать

trabarse *vpron* 1) запутываться (в чём-л), цепляться (за что-л) 2) *Am. (tartamudear)* заикаться

trabazón *f* 1) соединение, сцепление, связь 2) *(interconexión)* взаимосвязь

trabilla *f* штрипка

trabucar *vt* перемешивать, смешивать, запутывать

trabucarse *vpron* запутываться, смешиваться

trabuco *m* 1) *(arma de fuego)* мушкетон 2) *(catapulta)* катапульта

traca *f* цепь мелких петард

tracción *f* 1) тяга 2) *(de un motor)* привод

tracoma *m med* трахома

tracto *m* 1) *(distancia)* расстояние, дистанция 2) *(lapso de tiempo)* отрезок времени 3) *anat* тракт

tractor *m* трактор

tractorista *m/f* тракторист, -ка

tradición *f* традиция, обычай ◆ ~ **oral** словесная культура

tradicional *adj* традиционный

tradicionalismo *m* традиционализм

tradicionalista 1. *adj* традиционалистский **2.** *m/f* традиционалист, -ка

tradicionalmente *adv* традиционно

traducción *f* перевод ~ *consecutiva* последовательный перевод; ~ *literal* дословный перевод; ~ *simultánea* синхронный перевод

traducible *adj* переводимый

traducir *vt* переводить

traducirse *vpron* 1) переводиться 2) **(en u/c)** *(convertirse)* превращаться (во что-л.), обращаться (во что-л.)

traductor, -a *m/f* переводчи|к, -ца

traer *vt* 1) приносить, приводить, привозить 2) *(atraer)* привлекать к себе 3) *(causar)* вызывать 4) *(llevar puesto)* носить

traerse *vpron* замышлять, затевать ◆ **traérselas** быть более трудным, чем ожидалось

tráfago *m* 1) торговля, коммерция 2) *(quehaceres)* хлопоты, заботы, дела

traficante *m* торговец

traficar *vi* **(con u/c)** торговать (чем-л)

tráfico *m* 1) **(de u/c)** торговля (чем-л) 2) *(de vehículos)* уличное движение, движение транспорта ◆ **accidente de** ~ дорожно-транспортное происшествие **policía de** ~ дорожно-патрульная служба

traga *m/f Arg. Ur. coloq desp* зубрила

tragacanto *m* трагакант

tragaderas *fpl* 1) *(faringe)* глотка 2) *coloq (tolerancia)* потворство, снисходительность

tragadero *m* 1) *(faringe)* глотка 2) *(de agua)* водоприёмник

tragador, -a *m/f coloq* обжора

trágala *m (canción)* трагала ◆ **cantarle a alguien el** ~ издеваться над кем-л.

tragaldabas *m/f coloq* обжора

tragaleguas *m/f coloq* скороход, -ка

tragaluz *m* слуховое окно, потолочное окно

tragante *m tecn* колошник

tragaperras *f* игровой автомат

traga|r *vt* 1) глотать, проглатывать 2) *(creer)* верить 3) *coloq (aguantar)* проглатывать ◆ **como si se lo hubiera ~do la tierra** как сквозь землю провалился **no ~r a alg** не выносить кого-л

tragarse *vpron* 1) глотать, проглатывать 2) *(creerse)* верить

tragavenado *m Ven.* боа, удав

tragedia *f* трагедия

trágico *adj* трагический

tragicomedia *f* трагикомедия

tragicómico *adj* трагикомический

trago *m* глоток ◆ **beber de un** ~ выпить залпом **echar un** ~ выпить

trag|ón, -ona *m/f* обжора

traición *f* предательство, измена ◆ **a** ~ предательски

traicionar *vt* 1) предавать, изменять (кому-л) 2) *(descubrir)* выдавать

traicionero *adj* предательский, коварный

traída *f* подача (воды)

traído *adj* поношенный, изношенный ◆ ~ **y llevado** затасканный

traidor 1. *adj* предательский **2.** , **-a** *m/f* предатель, -ница, изменни|к, -ница

tráiler *m* 1) *(remolque)* прицеп 2) *cine (avance)* трейлер

traílla *f* 1) ремень, верёвка 2) *(de perros)* свора

traína *f pesc* сеть

trainera *f nav* рыболовное судно

traje *m* костюм, одежда, платье ◆ ~ **de baño** купальный костюм ~ **regional** национальный костюм

trajeado *adj* одетый в костюм

trajear *vt* одевать в костюм, наряжать

trajín *m* 1) *(de mercancías)* перевозка, доставка 2) *(ajetreo)* суета, хлопоты, беготня

trajinante *m* 1) перевозчик 2) *(persona bulliciosa)* непоседа

trajinar 1. *vt* перевозить, возить **2.** *vi* 1) *(de un sitio a otro)* разъезжать, ездить по делам 2) *(ajetrearse)* суетиться, хлопотать

tralla *f* 1) канат 2) *(extemo de un látigo)* плетёный конец кнута ◆ **dar** ~ *coloq* критиковать

trallazo *m* 1) *(latigazo)* удар кнутом 2) *(chasquido)* щёлканье кнута 3) *(reprensión)* выговор, нагоняй

trama *f* 1) *(tela)* уток 2) *(para perjudicar a alguien)* козни, заговор 3) *(de una obra)* сюжет, интрига

tramar *vt* 1) ткать 2) *(maquinar)* задумывать, плести (что-л плохое)

tramitación *f* оформление, ходатайство

tramitar *vt* оформлять, ходатайствовать (о чём-л)

trámite *m* необходимые формальности, офрмление документов ◆ **en** ~ на рассмотрении

tramo *m* 1) участок 2) *(etapa)* этап

tramontana *f* северный ветер

tramoya *f teat* механизм для смены декораций

tramoyista *m* 1) *teat* декоратор 2) *(embustero)* обманщик, плут

trampa *f* 1) ловушка 2) *(en el juego)* жульничество, мухлёвка ◆ **caer en una** ~ попадать в ловушку **hacer** ~ жульничать, мухлевать **tender una** ~ устраивать ловушку
trampantojo *m coloq* очковтирательство
trampear 1. *vt coloq (engañar)* обманывать, дурачить **2.** *vi coloq (amañarse)* изворачиваться, ловчить
trampero *m* охотник, расставляющий капканы
trampilla *f* 1) окошко в полу, люк 2) *(de un fogón)* дверца печи
trampista *adj* V. tramposo
trampolín *m* трамплин
tramposo 1. *adj* жульнический, нечестный **2.** *m* жулик, мошенник
tranca *f* 1) толстая палка, дубинка 2) *coloq (borrachera)* пьянство, опьянение ◆ **a ~s y barrancas** с грехом пополам
trancada *f* 1) *(paso largo)* большой шаг 2) *(golpe)* удар палкой
trancadera *f Bol. (atasco)* пробка
trancar *vt* 1) запирать дверь на засов 2) *(dar trancos)* ходить большими шагами
trancazo *m* 1) удар палкой 2) *(gripe)* грипп
trance *m* 1) решающий момент ~ *mortal* смертный час 2) *(estado de ánimo)* транс, гипнотическое состояние *entrar en* ~ впасть в транс
tranco *m* 1) *(paso largo)* большой шаг, скачок 2) *(umbral)* порог ◆ **a ~s** наспех
trancón *m Col. (atasco)* пробка
tranque *m* 1) *Ch. (depósito de agua)* водохранилище 2) *Cub. (atasco)* пробка
tranquera *f* 1) изгородь, частокол 2) *Am. (puerta)* ворота в частоколе
tranquilidad *f* спокойствие, покой
tranquilizador *adj* успокоительный, успокаивающий
tranquilizante 1. *adj* успокоительный, успокаивающий **2.** *m med* успокоительное
tranquilizar *vt* успокаивать
tranquilizarse *vpron* успокаиваться
tranquilo *adj* 1) спокойный, тихий 2) *(pacífico)* мирный
transa *m Méx. coloq* мошенник, жулик
transacción *f* торговая сделка, трансакция
transalpino *adj* трансальпийский, заальпийский
transaminasa *f biol* трансаминаза, аминотрансфераза
transandino *adj* трансандский
transar *vi Am.* идти на уступки
transatlántico 1. *adj* трансатлантический **2.** *m* океанский лайнер
transbordador *m* паром ~ *espacial* транспортный космический корабль
transbordar *vt* 1) *(mercancías)* перегружать 2) *(personas)* пересаживать
transbordo *m* 1) *(de mercancías)* перегрузка 2) *(de pasajeros)* пересадка
transcontinental *adj* трансконтинентальный
transcribir *vt* переписывать, транскрибировать
transcripción *f* транскрипция
transcultural *adj* транскультурный
transcurrir *vi* проходить (о времени)
transcurso *m* течение (времени), ход ◆ **en el ~ de u.c.** в течение чего-л
transeúnte *m/f* прохожий
transexual *adj* транссексуальный
transexualidad *f* транссексуальность
transferencia *f* перевод, перечисление
transferible *adj* могущий быть переданным
transferir *vt* передавать, перечислять
transfiguración *f* видоизменение, преобразование
transfigurar *vt* видоизменять, преобразовывать
transformación *f* 1) преобразование, трансформация 2) *(industrial)* переработка
transformador *m electr* трансформатор
transformar *vt* 1) **(en alg o u/c)** превращать (в кого/что-л), трансформировать (во что-л.) 2) *(industrialmente)* перерабатывать
transformista 1. *adj biol* трансформистский **2.** *m teat* трансвестит
transfronterizo *adj* трансграничный
tránsfuga *m/f* перебежчи|к, -ца
transfusión *f* переливание ◆ **~ de sangre** переливание крови, трансфузия
transgénico *adj biol* генетически модифицированный
transgredir *vt* нарушать, преступать
transgresión *f* нарушение
transgresor, -a *m/f* нарушитель
transiberiano *adj* транссибирский
transición *f* переход ◆ **de ~** переходный
transido *adj* 1) *(acongojado)* подавленный, удручённый 2) *(miserable, ridículo)* жалкий, скупой
transigente *adj* уступчивый, сговорчивый
transigir *vi* идти на компромисс, идти на уступки
transistor *m* транзистор
transitable *adj* проходимый, проезжий
transitar *vi* ходить, проходить, проезжать
transitivo *adj* 1) *jur* переходящий, передаваемый 2) *ling* переходный *verbo* ~ переходный глагол
tránsito *m* 1) уличное движение, движение транспорта 2) *(entre fronteras)* транзит 3) *(de una situación a otra)* переход
transitorio *adj* временный, переходный
transliteración *f* транслитерация
transliterar *vt* транслитерировать
translúcido *adj* полупрозрачный
transmigración *f* 1) *(de un pueblo)* переселение, эмиграция 2) *(del alma)* переселение душ
transmigrar *vi* 1) *(dicho de un pueblo)* переселяться, эмигрировать 2) *(dicho del alma)* переселяться, перевоплощаться
transmisible *adj* передаваемый
transmisión *f* передача ~ *en directo* прямая трансляция
transmisor 1. *adj* передающий **2.** *m* радиопередатчик
transmitir *vt* 1) *(comunicar)* передавать 2) *(por radio o televisión)* транслировать, передавать по радио/телевидению 3) *(contagiar)* передавать, заражать (чем-л) 4) *(el sonido, la luz, etc.)* проводить
transmutable *adj* изменяемый
transmutación *f* изменение, преобразование

transmutar *vt* изменять, превращать, преобразовывать

transnacional *adj* транснациональный

transparencia *f* 1) прозрачность 2) *(informativa)* гласность 3) *(claridad)* ясность, очевидность 4) *(para proyectar)* слайд

transparentar *vi* быть прозрачным, просвечивать

transparentarse *vpron* 1) быть прозрачным, просвечивать 2) *(dejarse descubrir lo oculto)* быть очевидным, угадываться

transparente *adj* 1) прозрачный 2) *(claro)* ясный, очевидный 3) *(dicho de la política)* гласный

transpiración *f* 1) потение, испарина 2) *bot* транспирация

transpirar *vi* 1) потеть 2) *bot* испарять влагу

transplantadora *f agric* машина для пересадки растений

transponer *vt* 1) перемещать, переставлять, перекладывать 2) *(una planta)* пересаживать

transportable *adj* переносной, портативный, транспортабельный

transportación *f* перевозка, транспортировка

transportador 1. *adj* транспортирующий **2.** *m* 1) транспортёр 2) *tecn (cinta)* конвейер 3) *geom* транспортир

transportar *vt* переносить, перевозить

transportarse *vpron* приходить в экстаз, быть вне себя

transporte *m* 1) *(acción de transportar)* перевозка, транспортировка 2) *(vehículo)* транспорт ◆ **medio de** ~ транспортное средство

transportista *m/f* перевозчи|к, -ца

transposición *f ling mús* транспозиция, перемещение

transversal *adj* поперечный

transverso *adj* поперечный, перпендикулярный

tranvía *m* трамвай

trapeador *m Am.* половая тряпка

trapecio *m* 1) *geom* трапеция 2) *anat* трапециевидная мышца

trapecista *m/f* акробат, -ка

trapense *adj* траппистский

trapería *f* 1) куча тряпья, тряпьё 2) *(tienda de trapos)* ветошная лавка

trapero *m* 1) старьёвщик 2) *(basurero)* мусорщик

trapisonda *f* 1) *coloq (bulla)* скандал, свара 2) *coloq (enredo)* беспорядок, путаница

trapo 1. *m* тряпка **2. -s** *mpl coloq (ropa)* трапьё, тряпки ◆ **a todo** ~ на полную катушку **sacar los ~s sucios a relucir** *coloq* выносить сор из избы

tráquea *f anat* трахея, дыхательное горло

traquetear 1. *vt (agitar)* встряхивать, взбалтывать **2.** *vi (hacer ruido)* тарахтеть, шуметь

traqueteo *m* 1) тарахтение, шум 2) *(agitación)* тряска

tras *prep* 1) *(detrás de)* за (кем/чем-л), сзади (кого/чего-л), позади (кого/чего-л) *tras la puerta* за дверью 2) *(después de)* за (кем/чем-л), вслед за (кем/чем-л), после (кого/чего-л) *uno tras otro* один за другим

trasalpino *adj* V. transalpino

trasandino *adj* V. transandino

trasatlántico *adj* V. transatlántico

trasbocar *vt Am.* тошнить (кого-л), блевать

trasbordador *m* V. transbordador

trasbordar *vt* V. transbordar

trasbordo *m* V. transbordo

trascendencia *f* 1) важность, значительность 2) *filos* трансцендентность

trascendental *adj* 1) важный, значительный 2) *filos* трансцендентный

trascender *vt/i* распространяться

trascontinental *adj* V. transcontinental

trascoro *m relig* клирос, хоры

trascribir *vt* V. transcribir

trascripción *f* V. transcripción

trascurrir *vi* V. transcurrir

trascurso *m* V. transcurso

trasegar *vt* 1) приводить в беспорядок, перерывать 2) *(verter)* переливать

trasero 1. *adj* задний **2.** *m coloq* зад, задница

trasferencia *f* V. transferencia

trasferible *adj* V. transferible

trasferir *vt* V. transferir

trasfiguración *f* V. transfiguración

trasfigurar *vt* V. transfigurar

trasfondo *m* подоплёка

trasformación *f* V. transformación

trasformador *m* V. transformador

trasformar *vt* V. transformar

trasformista *adj* V. transformista

trásfuga *m/f* V. tránsfuga

trasfusión *f* V. transfusión

trasgredir *vt* V. transgredir

trasgresión *f* V. transgresión

trasgresor, -a *m/f* V. transgresor

trashumancia *f agric* отгонное животноводство

trashumante *adj* 1) *agric* отгонный *ganadería* ~ отгонное животноводство 2) *(nómada)* кочевой *vida* ~ кочевой образ жизни

traslación *f* 1) перемещение, передвижение 2) *(traducción)* перевод 3) *(metáfora)* метафора ◆ **movimiento de** ~ поступательное движение

trasladar *vt* 1) перемещать, переносить, перевозить 2) *(de cargo)* переводить 3) *(de fecha)* переносить

trasladarse *vpron* перемещаться, переезжать

traslado *m* перемещение, переезд, переход, перенос

traslúcido *adj* V. translúcido

traslucirse *vpron* просвечивать, быть прозрачным

trasluz *f* 1) просвечивание *mirar al* ~ посмотреть на свет 2) *(luz reflejada)* отражённый свет

trasmano *inv* : a ~ в глуши

trasmigración *f* V. transmigración

trasmisible *adj* V. transmisible

trasmisor *m* V. transmisor

trasmitir *vt* V. transmitir

trasmutable *adj* V. transmutable

trasmutación *f* V. transmutación

trasmutar *vt* V. transmutar

trasnacional *adj* V. transnacional

trasnochado *adj* 1) вчерашний, несвежий, увядший 2) *(macilento)* измождённый, бледный 3) *(falto de novedad)* устаревший, старомодный

trasnochador *adj* поздно ложащийся спать

trasnochar *vi* 1) проводить бессонную ночь 2) *(pasar la noche fuera de casa)* ночевать не дома

trasnoche 1. *m coloq* ночное бодрствование, бессонная ночь **2.** *f Am. Mer. (en el cine)* ночной сеанс

trasojado *adj* с кругами под глазами

traspapelar *vt* терять (бумагу среди других)

traspapelarse *vpron* теряться среди бумаг (о документе)

trasparencia *f* V. transparencia

trasparentar *vi* V. transparentar

trasparente *adj* V. transparente

traspasar *vt* 1) переносить, передавать 2) *(atravesar)* переходить 3) *(transgredir)* нарушать

traspaso *m* 1) перенос, перевоз 2) *(cesión)* передача прав, уступка 3) *(precio de la cesión)* цена продажи 4) *(pena)* мука, страдание

traspié *m* 1) неудачный шаг 2) *(zancadilla)* подножка

traspiración *f* V. transpiración

traspirar *vi* V. transpirar

trasplantar *vt* пересаживать

trasplante *m* 1) пересаживание 2) *med* пересадка, трансплантация

trasponer *vt* V. transponer

trasportación *f* V. transportación

trasportar *vt* V. transportar

trasposición *f* V. transposición

traspunte *m teat* помощник режиссёра

traspuntín *m* откидное сиденье

trasquilador *m* плохой парикмахер

trasquilar *vt* 1) плохо остричь, обкорнать 2) *(a un animal)* остричь шерсть

trasquilón *m coloq* плохая стрижка

trastabillar *vi* 1) спотыкаться 2) *(tambalearse)* качаться, шататься 3) *(tartamudear)* заикаться, запинаться

trastada *f* выходка, проделка, баловство

trastazo *m coloq* удар

traste *m mús* лад ◆ **dar al ~ con algo** забросить, испортить **irse al ~** закончиться провалом

trastear 1. *vt mús* устанавливать лады **2.** *vi (revolver)* копаться, рыться, ворошить

trastero *m* чердак

trastienda *f* 1) *(en una tienda)* подсобное помещение, подсобка 2) *coloq (cautela)* хитрость, лукавство

trasto *m* 1) предмет домашнего обихода 2) *(objeto inservible)* хлам, барахло

trastocar *vt* приводить в беспорядок

trastornar *vt* 1) *(un orden)* приводить в беспорядок 2) *(la mente)* сводить с ума

trastornarse *vpron* сходить с ума

trastorno *m* 1) *(desorden)* беспорядок 2) *(del ánimo)* расстройство, нарушение (поведения)

trastrabillar *vt* V. trastabillar

trasudar *vt* покрываться испариной

trasunto *m* 1) копия 2) *(imitación)* подобие, отражение

trasvasar *vt* переливать

trasvase *m* переливание

trasversal *adj* V. transversal

trata *f* торговля людьми, работорговля

tratable *adj* 1) легко обрабатываемый 2) *(cortés)* вежливый, обходительный

tratadista *m* автор трактата

tratado *m* 1) договор, соглашение 2) *(científico)* трактат

tratamiento *m* 1) *(acción de tratar)* обращение 2) *(procesamiento)* обработка 3) *(de una enfermedad)* лечение, процедура 4) *(título)* обращение, титул 5) *(enfoque)* трактовка

tratante *m* перекупщик, купец

tratar 1. *vt* 1) *(proceder con una persona)* относиться (к кому/чему-л), обращаться (к кому/чему-л) 2) *(una cuestión)* трактовать, рассуждать (о чём-л) 3) *(procesar)* обрабатывать 4) *(a un paciente)* лечить **2.** *vi* 1) **(con alg)** *(en negocios)* иметь дело (с кем-л), **(con u/c)** работать (с чем-л) 2) **(con alg)** *(relacionarse)* общаться (с кем-л) 3) **(de u/c)** *(procurar)* стараться (делать что-л), пытаться (делать что-л)

tratarse *vpron* 1) **(de alg o u/c)** идти речь (о ком/чём-л) 2) *(de una enfermedad)* лечиться

tratativas *fpl Arg. Bol. Ur. Per.* предварительные переговоры

trato *m* 1) *(acción de tratar)* обращение, отношение 2) *(título de cortesía)* обращение, титул 3) *(negocio)* сделка, договор 4) **(con alg)** *(comunicación)* общение (с кем-л) ◆ **malos ~s** побои **~ hecho** *coloq* договорились

trauma *m* травма

traumático *adj* травматический

traumatismo *m med* травма, травматизм

traumatizar *vt* травмировать, наносить травму

traumatología *f med* травматология

traumatólogo *m med* травматолог

través *m* 1) *(inclinación)* кривизна, перекос 2) *(desgracia)* неудача, несчастье 3) *arquit* поперечная балка **a ~ de alg o u.c.** 1) *(por entre)* через кого/что-л, сквозь кого-что-л 2) *(mediante)* через кого/что- л, посредством кого/чего-л **de ~** поперёк, наискосок

travesaño *m* перекладина, поперечная балка

travesero 1. *adj* поперечный **2.** *m (almohada larga)* длинная подушка, валик

travesía *f* 1) переезд 2) *(en avión)* перелёт 3) *(en barco)* круиз 4) *(calle)* проезд

travesti *m* трансвестит

travestido *m* трансвестит

travesura *f* шалость, баловство

traviesa *f* 1) *(travesía)* дистанция, расстояние между двумя пунктами 2) *(en una vía férrea)* шпала 3) *(apuesta)* пари

travieso *adj* шаловливый, озорной

trayecto *m* 1) *(distancia)* расстояние 2) *(viaje)* поездка, дорога 3) *(recorrido)* маршрут

trayectoria *f* 1) траектория 2) *(curso, evolución de u/c)* ход развития, курс

traza *f* 1) чертёж, эскиз 2) *(plan)* план 3) *(recurso)* средство, способ 4) *(vestigio)* след, остаток 5) *(apariencia)* внешность, внешний вид *tener buena ~* хорошо выглядеть ◆ **darse ~s** изловчиться **por las ~s** судя по всему

trazado *m* 1) *(acción de trazar)* черчение 2) *arquit (diseño)* чертёж, план 3) *(en un plano, mapa, etc.)* разметка

trazador 1. *adj* составляющий план **2.** *m fís quím* индикатор
trazar *vt* 1) *tecn* чертить 2) *arquit (un plano)* составлять план, проектировать 3) *(describir a alg)* описывать, характеризовать
trazo *m* линия, черта
trébedes *fpl* таган, треножник
trébol *m* клевер
trece *num* тринадцать
trecho *m* отрезок, промежуток ◆ **a ~s** местами, время от времени
trefilar *vt* протягивать, волочить
tregua *f* 1) перемирие 2) *(descanso)* перерыв, передышка ◆ **sin ~** без передышки
treinta *num* тридцать
treintañero *adj* тридцатилетний (о человеке)
treintena *f* 1) три десятка, тридцать, тридцатка 2) *(parte treintava)* тридцатая часть
tremebundo *adj* 1) *(terrible)* страшный, жуткий 2) *(desmesurado)* огромный, очень большой
tremendo *adj* 1) *(terrible)* страшный, ужасный 2) *(digno de respeto)* достойный уважения 3) *coloq (magnífico)* потрясающий, колоссальный
trementina *f* терпентин
tremó *m* трюмо
tremolar *vt* размахивать, развевать
tremolina *f* порыв ветра, шквал
trémolo *m mús* тремоло
trémul|o *adj* дрожащий, трепещущий *luz ~a* мерцающий свет
tren *m* поезд ◆ **~ de alta velocidad** высокоскоростной поезд **~ de aterrizaje** шасси самолёта **~ de cercanías** пригородный поезд **~ de lavado** автоматическая мойка машин
trena *f coloq* тюрьма
trenca *f* 1) *(de una colmena)* подпорка под сотами 2) *(de una cepa)* корневище виноградной лозы
trenza *f* коса
trenzado *m* 1) коса 2) *danz* антраша
trenzar *vt* 1) вить, плести 2) *(con el pelo)* заплетать волосы в косы
trenzarse *vpron Am. (en una pelea)* ввязываться, впутываться
trepa[1] **1.** *f* лазанье **2.** *m/f coloq desp* карьерист, -ка
trepa[2] *f* 1) *(horadación)* сверление 2) *(de un vestido)* оборка 3) *coloq (astucia)* хитрость, обман
trepador 1. *adj* 1) взбирающийся, карабкающийся 2) *(dicho de una planta)* вьющийся, ползучий **2.** *m* крутой подъём **3. -es** *mpl tecn* кошки, когти
trepanación *f med* трепанация
trepanar *vt med* трепанировать, производить трепанацию
trepar[1] *vi* 1) лезть, лазить, залезать 2) *(dicho de una planta)* виться
trepar[2] *vt (horadar)* сверлить, буравить
trepidación *f* дрожание, вибрация
trepidante *adj* быстрый, молниеносный, волнующий
trepidar *vi* дрожать, вибрировать
tres *num* три
trescientos *num* триста
tresillo *m* 1) *jueg* ломбер 2) *(sofá y dos butacas)* гарнитур мягкой мебели
treta *f* 1) хитрость, уловка 2) *(en la esgrima)* ложный выпад
triangular *adj* треугольный
triángulo *m* 1) треугольник 2) *mús* треугольник ◆ **~ amoroso** любовный треугольник
triatlón *m sport* триатлон
tribal *adj* племенной
tribalismo *m* трайбализм, трибализм
tribu *f* племя
tribulación *f* 1) *(pena)* скорбь, печаль 2) *(adversidad)* несчастье, напасть
tribuna *f* трибуна
tribunal *m* 1) суд 2) *(en concursos, exámenes, etc.)* жюри, комиссия
tributación *f* выплата налога
tributar *vt* платить налоги
tributario 1. *adj* налоговый **2.** *m* налогоплательщик
tributo *m* налог, дань ◆ **rendir ~ a alg** отдавать дань кому-л
tricampeón *m* трёхкратный чемпион
tríceps *m anat* трицепс
triciclo *m* трицикл
tricolor *adj* трёхцветный
tricomoniasis *f med* трихомониаз
tricornio *m* треуголка
tricot *m* трикотаж
tricotar *vi* вязать, шить
tricotosa *f* вязальная машина
tridente 1. *adj* трезубый **2.** *m* трезубец
tridimensional *adj* трёхмерный
triduo *m relig* Триденствие
trienal *adj* трёхлетний, происходящий раз в три года
trienio *m* трёхлетие
trifásico *adj electr* трёхфазный
trifulca *f* 1) *tecn* подпорка кузнечных мехов 2) *coloq (riña)* ссора, перебранка
trigal *m* пшеничное поле
trigla *f* тригла
trigo *m* пшеница
trigonometría *f mat* тригонометрия
trigonométrico *adj mat* тригонометрический
trigueño *adj (del color del trigo)* пшеничный, пшеничного цвета
triguero 1. *adj* пшеничный **2.** *m* 1) *(negociante de trigo)* торговец пшеницей 2) *(criba)* сито, решето
trilero *m* напёрсточник
triles *mpl* игра в напёрстки
trilla[1] *f agric* молотьба, обмолот
trilla[2] *f (pez)* краснобородка
trillado *adj* банальный, избитый, заезженный
trillador *adj* обмолачивающий
trilladora *f agric* молотилка
trilladura *f agric* молотьба, обмолот
trillar *vt agric* молотить, обмолачивать
trillizo *m* один из близнецов тройни
trillo *m agric* молотилка
trillón *m* триллион
trilogía *f* трилогия
trimestral *adj* трёхмесячный, квартальный
trimestre *m* триместр, квартал
trimotor *adj* трёхмоторный

trina|r *vi* 1) пускать трели, выводить трели 2) *coloq (enojarse)* злиться, выходить из себя *está que* ~ он злой
trinca *f* 1) тройка, три одинаковых предмета 2) *(grupo de amigos)* компания друзей
trincar[1] *vt (desmenuzar)* дробить, крошить, размельчать
trincar[2] *vt* 1) *(atar fuertemente)* крепко привязывать 2) *(sujetar con los brazos)* держать руками 3) *(robar)* воровать, красть
trincar[3] *vt coloq (beber)* выпивать, пить
trincha *f* застёжка, хлястик
trinchar *vt* разрезать на куски (пищу)
trinchera *f* траншея
trinchero *m* сервант
trineo *m* сани
Trinidad *f relig* Троица
trino[1] *adj (que contiene tres cosas)* тройной, тройственный, триединый
trino[2] *m (acción de trinar)* трель, рулада
trinquete[1] *m* 1) *nav (palo de proa)* фок-мачта 2) *nav (verga)* фок-рея 3) *nav (vela)* фок
trinquete[2] *m (garfio)* защёлка, собачка
trinquete[3] *m sport* зал для игры в пелоту
trío *m* 1) тройка 2) *mús* трио
tripa 1. *f* 1) кишка 2) *coloq (vientre)* живот **2.** *fpl (vísceras)* потроха, внутренности ◆ **hacer de ~s corazón** держаться, не падать духом
tripi *m jerg* кислота, ЛСД
triple 1. *adj* 1) тройной, трёхкратный 2) *(en tres veces)* втрое **2.** *m* 1) тройное количество 2) *sport* бросок из-за трёхочковой линии ◆ ~ **salto** *sport* тройной прыжок
triplicado 1. *adj* утроенный, тройной **2.** *m* третий экземпляр ◆ **por** ~ в трёх экземплярах
triplicar *vt* 1) *(multiplicar por tres)* умножать на три, увеличивать втрое 2) *(ser tres veces mayor)* утраивать 3) *(hacer tres veces lo mismo)* утраивать, повторять три раза
triplicarse *vpron* увеличиваться втрое
trípode *m* тренога
tripón *adj coloq* толстый
tríptico *m* 1) *(pintura)* триптих 2) *(prospecto)* буклет
tripudo *adj* толстый, пузатый
tripulación *f* экипаж, команда
tripulante *m/f* член экипажа
tripular *vt* 1) *(dotar de tripulación)* комплектовать, набирать экипаж 2) *(conducir)* вести, управлять (чем-л)
triquina *f biol* трихинелла
triquinosis *f med* трихиноз
triquiñuela *f coloq* уловка, хитрость
triquitraque *m* 1) грохот, шум 2) *(buscapiés)* фейерверк, шутиха ◆ **a cada** ~ то и дело
tris *m* 1) звон, звяканье 2) *coloq (porción pequeña)* ничтожное количество, малость ◆ **en un tris de u.c.** быть на волосок от чего-л
trisca *f* 1) треск, хруст 2) *(bulla)* шум, крик, беспорядок
triscar 1. *vt* смешивать, перемешивать **2.** *vi* 1) *(hacer ruido con los pies)* топать 2) *(travesear)* шалить, резвиться
triste *adj* грустный, печальный, унылый
tristeza *f* грусть, печаль, уныние
tritón *m* 1) *mitol* тритон 2) *(animal)* тритон
trituradora *f* дробилка, дробильная машина
triturar *vt* размельчать, дробить
triunfador 1. *adj* победоносный **2.** , **-a** *m/f* победитель, -ница
triunfal *adj* победный, победоносный, триумфальный
triunfalismo *m* 1) самоуверенность, самонадеянность 2) *(optimismo)* показной оптимизм
triunfalista *adj* 1) самоуверенный, самонадеянный 2) *(pomposo)* помпезный, парадный
triunfante *adj* победный, победоносный
triunfar *vi* 1) **(sobre alg o u/c)** побеждать (в чём-л), одерживать победу (над кем/чем-л) 2) **(en u/c)** *(tener éxito)* преуспевать (в чём-л)
triunfo *m* 1) **(sobre alg o u/c)** *(victoria)* победа (над кем/чем-л), торжество, триумф 2) *(éxito)* победа, успех ◆ **arco de** ~ триумфальная арка
triunvirato *m* триумвират
trivial *adj* тривиальный, избитый, банальный
trivialidad *f* тривиальность, банальность
trivializar *vt* упрощать, делать тривиальным
triza[1] *f* кусочек, осколок, клочок *hacer ~s* разбить вдребезги
triza[2] *f nav* фал
trocar *vt* 1) *(cambiar)* менять, обменивать 2) *(equivocar)* путать, смешивать
trocarse *vpron* меняться, изменяться
trocha *f* 1) тропа, тропинка 2) *Am. Mer. (de las vías férreas)* колея
trochemoche *inv* : a ~ бестолково
trofeo *m* 1) *(de guerra)* трофей 2) *(deportivo)* награда, приз
troglodita *m/f* троглодит, пещерный человек
troj *m* 1) амбар, закром 2) *(algorín)* помещение для хранения оливок
trola *f coloq* обман, враньё
trole *m* токосниматель
trolebús *m* троллейбус
trolo *m Arg. coloq desp* голубой, гомосексуалист
tromba *f* водяной смерч ◆ **en** ~ вихрем
trombo *m med* тромб
trombón *m mús* тромбон, труба
trombosis *f med* тромбоз
trompa *f* 1) *(de un animal)* хобот 2) *mús* труба 3) *coloq (borrachera)* опьянение
trompada *f coloq* V. trompazo
trompazo *m coloq* сильный удар
trompeta 1. *f mús* труба, горн **2.** *m mús* трубач
trompetada *f coloq* выходка, глупость
trompetazo *m* 1) звук трубы 2) *coloq (trompetada)* выходка, глупость
trompetilla[1] *f* 1) *med* слуховая трубка 2) *(cigarro puro filipino)* манильская сигара
trompetilla[2] *f (planta)* бигнония
trompicar 1. *vt* подставлять ногу **2.** *vi (tropezar)* споткнуться, оступаться
trompic|ón *m* 1) *(tropezón)* спотыкание 2) *(de un vehículo)* тряска, покачивание 3) *(golpe fuerte)* сильный удар ◆ **a ~ones** с трудом
trompo *m* волчок
trona[1] *f quím* трона, египетская соль
trona[2] *f (mueble)* детский стульчик
tronada *f* гроза
tronado *adj* старый, изношенный, поношенный

tronar *v/impers* греметь
tronchar *vt* ломать, переламывать
troncharse *vpron (de risa)* умирать со смеху
troncho *m* стебель, кочерыжка
tronco *m* 1) ствол 2) *(cuerpo)* туловище 3) *(cuerpo truncado)* усечённое тело
tronido *m* 1) гром, громовые раскаты 2) *(fracaso ruidoso)* крах, оглушительный провал
trono *m* престол, трон
tronzar *vt* 1) рубить на куски, распиливать 2) *(cansar)* утомлять, изматывать
tropa *f* 1) войско 2) *coloq (grupo de personas)* компания
tropel *m* беспорядочная толпа
tropero *m Am. Mer.* пастух
tropezar *vi* 1) **(contra alg o u/c)** спотыкаться (о кого/что-л) 2) **(con u/c)** *(con un impedimento o dificultad)* сталкиваться (с чем-л) 3) **(con alg o u/c)** *(de manera inesperada)* натыкаться (на кого/что-л) ◆ ~ **con la misma piedra** наступать на одни и те же грабли
tropezón *m* спотыкание
tropical *adj* тропический
tropicalismo *m* тропикализм
trópico *m* тропик
tropiezo *m* 1) препятствие, помеха 2) *(error)* ошибка, промах
tropilla *f Arg. Bol. Ur.* табун лошадей
tropo *m ret* троп
troquel *m* чекан, штамп
troquelar *vt* штамповать, чеканить
trotacalles *m/f coloq* человек, любящий проводить время на улице
trotamundos *m/f* бывалый путешественник
trotar *vi* 1) *(dicho de un caballo)* идти рысью 2) *coloq (dicho de una persona)* трусить, бегать
trote *m* рысь ◆ **al** ~ рысью
trotón **1.** *adj* рысистый **2.** *m* лошадь
trovador *m* 1) трубадур 2) *(poeta)* поэт
trozo *m* кусок, отрывок, часть
trucar *vt* подделывать, фальсифицировать
trucha *f* форель
truco *m* 1) уловка, трюк 2) *(de magia)* трюк, фокус
truculencia *f* жестокость, чудовищность
truculento *adj* жестокий, чудовищный, зверский
trueno *m* гром
trueque *m* мена, обмен
trufa *f* трюфель
trufar **1.** *vt* начинять трюфелями **2.** *vi (mentir)* лгать, обманывать
truhán *m* 1) *(estafador)* мошенник 2) *(bufón)* шут
trullo[1] *m (ave)* чирок
trullo[2] *m* 1) *(lagar)* давильня винограда 2) *jerg (cárcel)* тюрьма
truncar *vt* 1) *(cortar)* отрезать, отсекать 2) *(omitir una frase)* не договаривать, обрывать себя 3) *(interrumpir)* прерывать, прекращать 4) *(ilusiones, esperanzas)* губить, развеивать в прах
trusa *f* 1) брифы 2) *Cub. (bañador)* плавки
trust *m econ* трест
tsunami *m* цунами
tú *pron pers* ты *mejor que se lo digas* ~ лучше, если ты сам об этом ему скажешь
tubérculo *m* 1) *bot* клубень 2) *med* бугорок, узел
tuberculosis *f* туберкулёз
tuberculoso **1.** *adj bot* клубневидный **2.** *m (enfermo)* туберкулёзный больной
tubería *f* трубопровод, канализационная труба
tubo *m* 1) труба, трубка 2) *(de crema, etc.)* тюбик ◆ ~ **de ensayo** пробирка
tubular *adj* трубчатый, трубообразный
tucán *m* тукан
tuco *adj Ven. Bol. P. Rico* однорукий
tuerca *f* гайка ◆ **apretar las ~s a alg** закручивать гайки кому-л
tuerto *adj* одноглазый, кривой
tueste *m* V. tostadura
tuétano *m* 1) *anat* костный мозг 2) *bot* сердцевина ◆ **hasta los ~s** *coloq* до мозга костей
tufo[1] *m* 1) *(humo)* дым, чад, гарь 2) *coloq (hedor)* вонь, смрад, зловоние 3) *coloq (soberbia)* высокомерие, надменность, заносчивость
tufo[2] *m (pelo)* прядь волос
tufo[3] *m geol (toba)* туф
tugurio *m coloq* кабак, злачное место
tul *m* тюль
tula *f jueg* догонялки
tulipa *f* маленький тюльпан
tulipán *m* тюльпан
tullido *adj* парализованный
tullirse *vpron* остаться парализованным
tumba *f* могила ◆ **ser una** ~ *coloq* держать язык за зубами, быть могилой
tumbar *vt* 1) *(tirar)* валить, наидывать 2) *(inclinar)* наклонять 3) *coloq (en un examen)* проваливать 4) *coloq (herir a alg)* сваливать с ног 5) *(dicho de un olor)* ударять в голову
tumbarse *vpron* ложиться
tumbo *m* 1) *(vaivén violento)* падение, сотрясение 2) *(ondulación del terreno)* холмистость 3) *(estruendo)* шум, грохот ◆ **dar ~s** встречать препятствия
tumbona *f* лежак, лежанка
tumefacción *f med* опухоль
tumor *m med* опухоль ~ *benigno (maligno)* доброкачественная (злокачественная) опухоль
túmulo *m* курган, тумулус
tumulto *m* 1) *(motín)* сумятица, кутерьма 2) *(desorden ruidoso)* шум, волнение
tumultuario *adj* беспорядочный, бурный
tumultuoso *adj* шумный, бурный
tuna *f mús* студенческий оркестр
tunante *m* жулик, мошенник, плут
tunda[1] *f (corte)* стрижка ворса
tunda[2] *f coloq (zurra)* порка, взбучка
tundir[1] *vt (cortar el pelo de los paños)* подстригать ворс
tundir[2] *vt coloq (zurrar)* бить, колотить
tundra *f* тундра
tunecin|o **1.** *adj* тунисский **2.** , **-a** *m/f* тунис|ец, -ка
túnel *m* туннель, тоннель ◆ ~ **de lavado** автоматическая мойка машин
tuneladora *f tecn* тоннелепроходческая машина
tunelar *vt* прокладывать тоннель

tunera *f* опунция
túngara *f* лягушка-тунгара
tungsteno *m quím* вольфрам
túnica *f* 1) туника 2) *(de un sacerdote)* подрясник
tuno 1. *adj (pícaro)* хитрый, лукавый **2.** *m mús* музыкант студенческого оркестра
tuntún *inv* : al ~ наобум
tupé *m* 1) *(copete)* чуб, хохол 2) *coloq (atrevimiento)* наглость, нахальство
tupido *adj* густой, частый, плотный
tupir *vt* уплотнять, делать плотным
tupirse *vpron* наедаться до отвала, напиваться вдоволь
turba[1] *m (combustible fósil)* торф
turba[2] *f (muchedumbre)* толпа, орава
turbación *f* смущение, замешательство, беспорядок
turbador *adj* смущающий, нарушающий, будоражащий
turbal *m* V. turbera
turbante *m* тюрбан
turbar *vt* 1) *(romper)* нарушать, расстраивать 2) *(contrariar)* смущать, конфузить, вносить смятение
turbarse *vpron* 1) смущаться, приходить в замешательство 2) *(dicho de un líquido)* мутнеть
turbera *f* торфяник
turbina *f tecn* турбина
turbio *adj* 1) мутный 2) *(confuso)* неясный, смутный 3) *(deshonesto)* тёмный, подозрительный
turbión *m* 1) внезапный ливень 2) *(multitud de cosas)* лавина, поток
turbo *m tecn* турбокомпрессор
turboalternador *m electr* турбогенератор переменного тока
turbocompresor *m tecn* турбокомпрессор
turbodiésel *adj tecn* турбодизельный
turbonada *m* гроза, буря
turbopropulsor *m tecn* турбовинтовой двигатель
turborreactor *m tecn* турбореактивный двигатель
turbulencia *f* 1) турбулентность 2) *(agitación)* волнение, беспокойство
turbulento *adj* 1) турбулентный 2) *(agitado)* шумный, бурный
turc|o 1. *adj* турецкий **2.** , **-a** *m/f* турок, турчанка **3. -a** *f coloq (borrachera)* опьянение, хмель
turgencia *f* вздутие, набухание
turgente *adj* вздутый, надутый, опухший
turismo *m* 1) туризм 2) *(coche)* легковая машина
turista *m/f* турист, -ка
turístico *adj* туристический
turmalina *f min* турмалин
turnar *vi* чередоваться, сменяться
turnarse *vpron* чередоваться, сменять друг друга
turno *m* 1) *(vez)* очередь *por ~s* по очереди 2) *(en el trabajo)* смена *estar de ~* дежурить *~ de noche* ночная смена
turón *m* хорёк
turoperador *m* туроператор
turpial *m* иволга
turquesa *f min* бирюза
turquestano *adj* туркестанский
turquí *adj* 1) турецкий 2) *(azul turquí)* тёмно-синий
turrón *m* туррон (разновидность халвы)
turronero 1. *adj* относящийся к туррону **2.** *m* 1) *(fabricante de turrones)* производитель туррона 2) *(vendedor de turrones)* торговец турроном
turulato *adj coloq* опешивший, одуревший
tururú *m jueg* три одинаковые карты
tute *m* 1) *(juego de naipes)* туте 2) *(esfuerzo)* усилие
tutear *vt* обращаться на «ты» (к кому-л), тыкать (кому-л)
tutearse *vpron* быть на «ты», обращаться друг к другу на «ты»
tutela *f* опека, опекунство
tutelar 1. *adj* охранительный, защитный, опекунский **2.** *vt* опекать, защищать, охранять
tuteo *m* обращение на «ты»
tutiplén *inv* : a ~ в избытке
tutor *m* 1) опекун 2) *(de un trabajo académico)* руководитель 3) *(en la escuela)* классный руководитель
tutoría *f* 1) опека, опекунство 2) *acad* приёмные часы
tutriz *f obsol* опекунша
tu, tus *pron pos (перед существительным)* твой, твоя, твоё, твои *tu bicicleta* твой велосипед; *tus amigos* твои друзья
tuya *f (planta)* туя
tuyo, tuya, tuyos *pron pos (после существительного)* твой, твоя, твоё, твои *esta bicicleta es tuya* этот велосипед твой; *¿estas cosas son tuyas?* это твои вещи?

U

u *conj* (вместо о перед словами начинающимися на о или ho) или *ayer ~ hoy* вчера или сегодня

ubérrimo *adj* плодороднейший, обильнейший

ubicación *f* расположение, местонахождение

ubicado *adj* расположенный, находящийся

ubicar 1. *vt* помещать, располагать **2.** *vi* быть, находиться, располагаться

ubicarse *vpron* быть, находиться, располагаться

ubicuidad *f* вездесущность

ubicuo *adj* вездесущий

ubre *f* вымя

uchuva *f* физалис перуанский

ucranian|o 1. *adj* украинский **2.** , **-a** *m/f* украин|ец, -ка

ucranio *adj* V. ucraniano

ufanarse *vpron* **(de u/c)** чваниться (чем-л), хвастаться (чем-л), держаться высокомерно

ufanía *f* 1) *(presunción)* важность, горделивость 2) *(satisfacción)* удовлетворённость, довольство

ufano *adj* 1) *(presuntuoso)* важный, горделивый 2) *(contento, satisfecho)* довольный, удовлетворённый

ufología *f* уфология

ufólogo *m* уфолог

ugand|és 1. *adj* угандский **2.** , **-esa** *m/f* угандц|ец, -ка

ujier *m* 1) *(portero)* швейцар, привратник 2) *(empleado de los tribunales)* судейский чиновник

ukelele *m mús* укулеле

ulano *m mil* улан

úlcera *f* язва *~ de estómago* язва желудка

ulceroso *adj* язвенный

ulterior *adj* дальнейший, последующий

ulteriormente *adv* затем, в дальнейшем

últimamente *adv* в последнее время, недавно

ultimar *vt* заканчивать, доводить до конца

ultimátum *m* ультиматум

últim|o *adj* 1) последний 2) *(pasado)* прошлый 3) *(el más reciente)* недавний, последний 4) *(final, definitivo)* конечный, окончательный ◆ **a ~os de mes** в последних числах месяца **ir a la ~a** одеваться по последней моде **por ~o** в конце концов, наконец **por ~a vez** в последний раз

ultra *m* ультра, крайний реакционер

ultracompacto *adj tecn* сверхплотный

ultracongelado *adj* быстрозамороженный

ultraconservador 1. *adj* ультраконсервативный **2.** *m* ультраконсерватор

ultracorrección *f* гиперкоррекция

ultracorto *adj fís* ультракороткий

ultrajador *adj* 1) *(que injuria)* обижающий, оскорбляющий 2) *(que desprecia)* презирающий

ultrajante *adj* крайне оскорбительный

ultrajar *vt* 1) *(humillar)* оскорблять, позорить 2) *(despreciar)* презирать, относиться с неприязнью

ultraje *m* оскорбление, обида

ultraligero 1. *adj* сверхлёгкий **2.** *m* сверхлёгкий самолёт

ultramar *m* заморские страны

ultramarino 1. *adj* заморский **2. -s** *mpl* бакалейный товар, бакалея ◆ **azul ~** цвет ультрамарин

ultramoderno *adj* суперсовременный, сверхсовременный

ultramontano *adj* 1) живущий по ту сторону гор 2) *relig* ультрамонтанский

ultranza *inv* : a ~ не на жизнь, а на смерть, решительно, до конца

ultrapotente *adj* сверхмощный

ultrarrápido *adj* сверхскоростной

ultrasecreto *adj* сверхсекретный

ultrasensible *adj* сверхчувствительный

ultrasónico *adj* сверхзвуковой, ультразвуковой

ultrasonido *m* ультразвук

ultratumba *f* : de ~ загробный

ultravioleta *adj fís* ультрафиолетовый

úlula *f* серая сова

ulular *vi* 1) испускать крики 2) *(dicho de un lobo)* выть 3) *(dicho del viento)* гудеть

umbela *f bot* зонтик

umbilical *adj anat* пупочный

umbráculo *m* навес (из ветвей)

umbral *m* 1) *(de una puerta)* порог 2) *(inicio)* начало, **(de u/c)** преддверие (чего-л) 3) *(límite)* порог, предел

umbrío *adj* тенистый, находящийся в тени

un *art indet* V. uno 2

unánime *adj* единодушный, единогласный

unánimemente *adv* единогласно

unanimidad *f* единодушие, единогласие ◆ **por ~** единодушно, единогласно

unción *f* 1) смазывание 2) *relig (extremaunción)* соборование

uncir *vt* впрягать, запрягать, закладывать упряжку

undécimo *adj num* одиннадцатый

undoso *adj* волнообразный, волнистый

ungimiento *m* 1) смазывание, натирание (маслом, мазью) 2) *relig* миропомазание

ungir *vt* 1) смазывать, натирать (маслом, мазью) 2) *relig* совершать помазание (над кем-л.)

ungüento *m* мазь, бальзам

unguícula *f* ноготок, коготок

unguinal *adj anat* ногтевой, когтевой

ungulado 1. *adj zool* копытный **2. -s** *mpl zool* копытные

únicamente *adv* только, лишь, единственно

unicameral *adj pol* однопалатный

unicameralismo *m pol* система однопалатного парламента

unicelular *adj biol* одноклеточный

unicidad *f* единство, единичность

único *adj* 1) *(unificado)* единый 2) *(singular)* единственный, единичный 3) *(excepcional)* необычный, уникальный ◆ **hijo** ~ единственный ребёнок (в семье)

unicornio *m mitol* единорог

unidad *f* 1) *(indivisibilidad)* единство 2) *(singularidad en número)* единичность 3) *(unión)* единство, согласие 4) *(un elemento de un conjunto)* штука, единица 5) *mat (término de compraración)* единица 6) *mil* часть 7) *(sección)* отдел ◆ ~ **de cuidados intensivos** отделение интенсивной терапии ~ **de medida** единица измерения ~ **monetaria** денежная единица

unidimensional *adj* одномерный

unidireccional *adj* однонаправленный, односторонний

unido *adj* 1) *(unificado)* объединённый, соединённый 2) *(armónico)* единый, сплочённый

unifamiliar *adj* односемейный, на одну семью **casa** ~ отдельный дом

unificación *f* объединение, соединение

unificar *vt* объединять, унифицировать

unifocal *adj fís* однофокусный, однофокальный

uniformar *vt* 1) придавать единообразие, унифицировать 2) *(vestir con uniforme)* одевать в форму, одевать в одинаковую одежду

uniforme 1. *adj* единообразный, однородный **2.** *m* форма

uniformidad *f* единообразие, однородность

uniformizar *vt* V. uniformar 1

unigénito *adj* единственный (о ребёнке), единородный

unilateral *adj* односторонний

unión *f* 1) союз, объединение 2) *(unidad)* единство, согласие

unipersonal *adj* единоличный

unir *vt* 1) соединять, объединять 2) *(tener un vínculo)* связывать 3) *(acercar, aunar)* сближать, сплачивать 4) **(a u/c)** *(atar)* привязывать (к чему-л), присоединять (к чему-л)

unirse *vpron* 1) соединяться, **(con alg o u/c)** объединяться (с кем/чем-л) 2) **(a alg o u/c)** *(juntarse a)* присоединяться (к кому/чему-л)

unisex *adj* годный для лиц обоего пола

unisexual *adj biol* однополый

unísono *adj* созвучный, звучащий в унисон ◆ **al** ~ в унисон

unitario *adj* унитарный, объединённый, единый

unitarismo *m* унитаризм

universal *adj* 1) *(relativo al universo)* всемирный, мировой 2) *(general)* универсальный, всеобщий ◆ **historia** ~ всеобщая история **sufragio** ~ всеобщее избирательное право

universalidad *f* всеобщность, универсальность

universalizar *vt* делать всеобщним (универсальным, общедоступным)

universidad *f* университет

universitario *m/f* университетский

universo *m* 1) вселенная, мир 2) *(en un estudio estadístico)* совокупность

univitelino *adj biol* монозиготный

unívoco *adj* 1) однозначный 2) *filos* одинаковый, однородный

uno, una[1] **1.** *adj* 1) один, одна, одно *quiero solo una manzana* я хочу только одно яблоко 2) *(primer día de mes)* первое *me voy el uno de mayo* я уезжаю первого мая **2.** *pron (uno solo)* один, одна, одно *quería comprar dos barras de pan, pero en la panadería solo quedaba una* я хотел купить два батона хлеба, но в булочной оставался только один **3.** *m* один, единица ◆ **uno a uno** один за другим, по одному **una de dos** одно из двух **más solo que la una** один как перст

un, una, unos, unas[2] **1.** *art indet* неопределённый артикль *un árbol* дерево ; *una silla* стул **2. -s** *adj* 1) *(indica un número no elevado)* несколько, немного *dentro de unos días* через несколько дней 2) *(indica una cantidad aproximada)* где-то *unas cincuenta unidades* где-то пятьдесят штук, штук пятьдесят **3.** *pron indef* 1) *coloq (una persona)* один, некто *ha venido uno* пришёл тут один 2) *coloq (designando al hablante)* соответствует неопределённому употреблению второго лица, когда говорящий имеет в виду самого себя *lo mejor es hacerse uno mismo sus cosas* лучше самому заниматься своими делами ◆ **uno a otro** друг друга, друг другу, взаимно **uno que otro** немногие, один-другой **lo uno por lo otro** так на так, баш на баш **no dar una** быть не в ударе

untada *f* 1) *reg* ломоть хлеба (с салом, мёдом и т.д.) 2) *Cub. Hond.* взятка

untadura *f* смазывание, смазка, натирание

untamiento *m* V. untadura

untar *vt* 1) мазать, смазывать 2) *coloq (sobornar)* подмазывать ◆ ~ **la mano** давать взятку

untarse *vpron* запачкаться, измазаться

unto *m* мазь, смазка

untuosidad *f* жирность, маслянистость

untuoso *adj* жирный, маслянистый

untura *f* V. untadura

uña *f* 1) ноготь 2) *(de un animal)* коготь 3) *(pesuño)* копыто ◆ **esmalte de ~s** лак для ногтей **ser ~ y carne** водой не разольёшь

upa *interj* гоп!, вставай! (обращение к детям)

uperización *f tecn* уперизация

uperizado *adj tecn* уперизованный

uralita *f constr* фиброцемент

uranio *m quím* уран

urbanidad *f* воспитанность

urbanismo *m* градостроительство, урбанизм

urbanista *m/f* градостроитель

urbanística *f* V. urbanismo

urbanístico *adj* градостроительный, урбанистический

urbanizable *adj* подлежащий застройке

urbanización *f* 1) *(acción de urbanizar)* градостроительство, урбанизация, благоустройство 2) *(zona residencial)* жилой комплекс

urbanizar *vt* урбанизировать, благоустраивать

urbano 1. *adj* городской **2.** *m (guardia urbano)* сотрудник городской полиции

urbe *f* большой современный город

urca[1] *f* V. orca
urca[2] *f (embarcación)* сухогруз
urdidor *m* 1) *textl (persona)* мотальщик 2) *textl (aparato)* мотовило, сновальный барабан
urdimbre *f* 1) *textl* основа 2) *(intriga)* интрига
urdir *vt* 1) *textl* навивать основу 2) *(maquinar)* плести интригу
urdu *m (lengua)* урду
urea *f* мочевина
uremia *f med* уремия
uréter *m anat* мочеточник
uretra *f anat* мочеиспускательный канал, уретра
urgencia **1.** *f* срочность, неотложность **2.** **-s** *fpl* неотложная медицинская помощь
urgente *adj* срочный, неотложный
urgir *vi* быть срочным
urinario **1.** *adj anat* мочевой **2.** *m* писсуар
urna *f* 1) урна (погребальная, избирательная и т.д.) 2) *(para objetos preciosos)* стеклянный футляр
uro *m* тур, первобытный бык
urogallo *m* глухарь
urogenital *adj anat* мочеполовой
urología *f med* урология
urológico *adj med* урологический
urólogo, -a *m/f med* уролог
urraca *f* сорока
urta *f* V. pagro
urticáceas *fpl bot* крапивные
urticante *adj* стрекательный
urticaria *f* уртикария, крапивница
urubú *m Am.* урубу (южноамериканский ястреб)
uruguay|o **1.** *adj* уругвайский **2.** **, -a** *m/f* уругва|ец, -йка
usado *adj* 1) использованный, употреблённый 2) *(gastado)* поношенный 3) *(frecuente)* употребительный, обычный
usanza *f* обыкновение, обычай *a la vieja ~* по старому обычаю
usar *vt* использовать, употреблять, применять, пользоваться (кем/чем-л)
usina *f Am.* завод, предприятие
uso *m* использование, употребление, применение
usted *pron pers* вы, Вы
ustedes *pron pers* V. usted
usual *adj* обычный, принятый
usuario, -a *m/f* потребитель, пользователь
usucapión *f jur* приобретение в собственности по праву давности
usufructo *m* 1) *jur* узуфрукт 2) *(utilidad)* польза, выгода
usufructuario **1.** *adj* пользующийся доходами с чужого имущества **2.** *m* лицо, пользующееся доходами с чужого имущества
usura *f* ростовщичество
usurario **1.** *adj* ростовщический, кабальный **2.** *m obsol* V. usurero
usurer|o, -a *m/f* ростовщик
usurpación *f* захват, узурпация, незаконное присвоение
usurpador **1.** *adj* узурпаторский, захватнический **2.** *m* узурпатор, захватчик
usurpar *vt* незаконно присваивать, узурпировать
utensilio *m* 1) инструмент, орудие 2) *(doméstico)* домашняя утварь, посуда
uterino *adj anat* маточный
útero *m* матка
útil **1.** *adj* полезный, выгодный **2.** *m* инструмент, орудие ◆ **ser útil** пригождаться, быть полезным
utilería *f* инструменты, инвентарь
utilero *m* заведующий инструментами
útiles *mpl* инструменты, принадлежности
utilidad *f* 1) *(cualidad de útil)* полезность, пригодность 2) *(provecho)* польза, выгода ◆ **de ~** полезный
utilitario **1.** *adj* утилитарный **2.** *m* утилитарная машина
utilitarismo *m* утилитаризм
utilitarista **1.** *adj* утилитарский **2.** *m/f* утилитарист, -ка
utilizable *adj* пригодный, могущий быть использованным
utilización *f* использование, применение, употребление
utilizar *vt* использовать, употреблять, применять, пользоваться (кем/чем-л)
utillero *m sport* V. utilero
utopía *f* утопия
utópico *adj* утопический, утопичный
utopista **1.** *adj* V. utópico **2.** *m/f* утопист, -ка
uva *f* виноград ◆ **mala ~** *coloq* плохой характер, плохое настроение
úvula *f anat* язычок
uxoricidio *m jur* женоубийство

V

vaca *f* 1) корова ~ *lechera* дойная корова 2) *(carne)* говядина
vacacional *adj* отпускной
vacacionar *vi Am.* отдыхать, проводить отпуск
vacaciones *fpl* 1) отпуск *de* ~ в отпуске 2) *(en un centro de enseñanza)* каникулы
vacacionista *m/f Am.* человек, который путешествует во время отпуска
vacada *f* 1) стадо коров 2) *(conjunto de ganado en una negociación)* партия скота, гурт
vacancia *f* вакантное место, вакансия
vacante 1. *adj* свободный, вакантный **2.** *f* вакантное место, вакансия
vacar *vi* 1) временно прекращать работу 2) *(un puesto de trabajo)* быть незанятым
vaciadero *m* место слива (отвала)
vaciado *m* опорожнение, разгрузка
vaciar *vt* опорожнять, разгружать, освобождать, опустошать
vaciarse *vpron* опорожняться, разгружаться
vaciedad *f* 1) глупость, ерунда 2) *obsol* V. vacuidad
vacilación *f* 1) *(oscilación)* колебание, пошатывание 2) *(indecisión)* колебание, нерешительность
vacilante *adj* 1) *(que se mueve)* колеблющийся, покачивающийся 2) *(poco firme)* зыбкий, нестабильный 3) *(titubeante)* нерешительный, неуверенный
vacilar 1. *vi* 1) *(oscilar)* колебаться, шататься 2) *(estar indeciso)* колебаться, быть в нерешительности **2.** *vt coloq* издеваться (над кем-л.)
vacilón *adj coloq* шутливый, стебущийся
vacío 1. *adj* 1) пустой, порожний 2) *(desocupado)* незанятый, безлюдный 3) *(insustancial)* пустой, бессодержательный **2.** *m* 1) *(espacio sin materia)* полость, впадина, углубление *caer al vacío* упасть с высоты 2) *(falta, ausencia)* пустота, одиночество 3) *fís* пустота, вакуум ◆ **de** ~ беуспешно, с пустыми руками **hacer el** ~ **a alg** 1) *(ignorar)* игнорировать кого-л 2) *(boicotear)* объявить бойкот кому-л
vacuna *f* прививка, вакцина
vacunación *f* вакцинация, прививка
vacunar *vt* 1) *(una enfermedad)* прививать 2) *(a alguien)* делать прививку (кому-л)
vacunarse *vpron* делать себе прививку, вакцинироваться
vacun|o *adj* коровий, бычий *ganado ~o* крупный рогатый скот; *carne ~a* говядина
vacuo *adj* V. vacío 1
vade *m* V. vademécum
vadear *vt* 1) переходить вброд 2) *(superar una dificultad)* преодолевать
vademécum *m* карманный справочник, вадемекум
vado *m* 1) брод 2) *(para coches)* въезд для машин в доме
vagabundear *vi* бродяжничать
vagabundeo *m* бродяжничество, скитание
vagabund|o 1. *adj* бродячий, странствующий **2.** , **-a** *m/f* бродяга, бомж
vagamente *adv* смутно, неясно, туманно
vagancia *f* праздность, безделье
vagante *adj* скитающийся, странствующий
vagar[1] *vi* 1) *(tener el tiempo necesario para hacer una cosa)* иметь свободное время 2) *(estar ocioso)* бездельничать, слоняться без дела
vagar[2] *vi* 1) *(errar)* скитаться, бродяжничать 2) *(andar sin un rumbo fijo)* бродить, блуждать
vagido *m* крик, плач (новорождённого)
vagina *f* влагалище
vaginal *adj anat* вагинальный, влагалищный
vago[1] **1.** *adj* 1) *(perezoso)* ленивый, праздный 2) *(desocupado)* не используемый, лежащий без дела **2.** *m (holgazán)* бездельник, лентяй
vago[2] *adj* 1) *(indeterminado)* неопределённый, неясный 2) *(peregrino)* блуждающий, странствующий
vagón *m* вагон
vagoneta *f* вагонетка
vaguada *f* дно ущелья
vaguear *vi* V. vagar 1
vaguedad *f* 1) неясность, неопределённость 2) *(expresión)* неточное выражение
vahído *m* головокружение, лёгкий обморок
vaho *m* испарение, пар
vaina *f* 1) *(de una espada)* ножны, футляр 2) *(de una planta)* стручок
vainica *f* мережка
vainilla *f* ваниль *de vainilla* ванильный
vainita *f Ven. R. Dom.* зелёная фасоль
vaivén *m* 1) качание, колебание 2) *(inestabilidad)* непостоянство, переменчивость
vajilla *f* столовая посуда, сервиз
vale[1] *m* чек, вексель, квитанция
vale[2] *partíc coloq* хорошо, ладно
valedero *adj* действительный, имеющий силу
valedor *m* 1) защитник, покровитель 2) *fin* поручитель
valencia *f quím* валентность
valencian|o 1. *adj* валенсийский **2.** , **-a** *m/f* валенси|ец, -йка
valentía *f* смелость, мужество, храбрость
valent|ón 1. *adj* смелый на словах, задиристый **2.** , **-ona** *m/f* задира, бахвал, -ка
valentonada *f* бахвальство, фанфаронство
val|er 1. *vt* 1) стоить, иметь цену 2) *(equivaler)* равняться (чему-л), быть равноценным (чему-л) 3) *(producir, proporcionar)* стоить, оборачиваться (чем-л) *llegar tarde me ~ió un disgusto* опоздание обернулось для меня неприятностью 4) *(avalar)* покровительствовать (кому-л), протежировать **2.** *vi* 1) *(tener valor)* представлять ценность, иметь значение 2) *(servir)* годиться, подходить,

подходить *este destornillador no me ~e* эта отвёртка мне не подходит 3) *(ser vigente)* быть действительным, иметь силу *este billete no ~e* этот билет не действителен ◆ **hacer ~er** навязать, заставить принять **¡ ~e!** *coloq* ладно!, хорошо!, идёт! **¡válgame Dios!** Боже мой!, Бог ты мой! **no ~e un pimiento** *vulg* никуда не годится, гроша медного не стоит **más ~e pájaro en mano que ciento volando** лучше синица в руках, чем журавль в небе **más ~e tarde que nunca** лучше поздно, чем никогда
valeriana *f* валериана, валерьянка
valerosidad *f* храбрость, мужество, отвага
valeroso *adj* храбрый, мужественный
valeroso *adj* храбрый, мужественный, отважный
valerse *vpron* 1) **(de alg o u/c)** пользоваться (кем/чем-л), использовать 2) *(de uno mismo)* быть в состоянии обслуживать себя *no poder ~* быть беспомощным
valía *f* ценность, стоимость
validación *f* 1) утверждение, ратификация 2) *(de un billete)* компостирование
validar *vt* 1) утверждать, ратифицировать 2) *(un billete)* компостировать
validez *f* действительность, законность
valido 1. *adj* признанный, всюду принятый **2.** *m* 1) *(favorito)* любимец, фаворит 2) *hist* премьер-министр
válido *adj* действительный, законный
valiente 1. *adj* 1) смелый, храбрый, отважный, доблестный, мужественный 2) *irón (grande)* большой, чрезмерный *¡ ~ pícaro!* ну и гусь!, хорош гусь! **2.** *m* храбрец, смельчак
valija *f* 1) чемодан 2) *(saco para la correspondencia)* мешок для корреспонденции *~ diplomática* вализа, сумка дипкурьера
valimiento *m* ценность, значение
valioso *adj* 1) ценный 2) *(raro)* редкостный
valla *f* 1) ограда, забор, изгородь, заграждение 2) *(publicitaria)* щит 3) *sport* барьер, препятствие
vallado *m* V. valla
vallar *vt* огораживать, обносить забором
valle *m* долина, лощина ◆ **~ de lágrimas** юдоль скорби
valor *m* 1) стоимость, ценность 2) *(valentía)* доблесть, храбрость, отвага 3) *(significado)* значение, ценность 4) *econ* ценная бумага, акция
valoración *f* оценка
valorar *vt* 1) *(tasar)* оценивать 2) *(apreciar)* ценить
valorización *f* 1) *(valoración)* оценка 2) *(aumento del valor)* повышение цены
valorizar *vt* 1) *(valorar)* оценивать 2) *(aumentar el precio)* повышать цену
vals *m danz* вальс
valse *m Am. danz* вальс
valuación *f* V. valoración
valuar *vt* V. valorar 1
valva *f* 1) *bot* V. ventalla 2) *zool (en los moluscos)* створка раковины
valvar *adj bot zool* створчатый
válvula *f* клапан
valvular *adj* 1) *tecn* клапанный 2) *anat* имеющий клапаны
vampiresa *f* 1) вампиресса 2) *(mujer fatal)* роковая женщина
vampiro *m* 1) вампир, упырь 2) *(persona que abusa de los demás)* кровопийца, вампир
vanadio *m quím* ванадий
vanagloria *f* тщеславие
vanagloriarse *vpron* быть тщеславным, мнить о себе
vandálico *adj* вандальский
vandalismo *m* вандализм
vándalo *m* вандал
vanguardia *f* 1) *(de una fuerza armada)* передовой отряд 2) *(grupo o movimiento)* авангард
vanguardismo *m* авангардизм
vanguardista 1. *adj* авангардный **2.** *m/f* авангардист, -ка
vanidad *f* тщеславие, чванство
vanidoso *adj* тщеславный, чванный
vanilocuencia *f* пустословие, разглагольствование
vanilocuente *adj* V. vanílocuo
vanílocuo *adj* многословный, болтливый
vaniloquio *m* бессодержательная речь, пустословие
vano *adj* пустой, напрасный, безрезультативный ◆ **en ~** напрасно, зря
vánova *f* покрывало
vapor *m* 1) пар, испарение 2) *nav* пароход ◆ **al ~** на пару
vaporario *m* парильня (в бане)
vaporización *f* 1) выпаривание, испарение, парообразование 2) *(uso medicinal de vapores)* лечение парами
vaporizador *m* 1) испаритель, вапоризатор 2) *(pulverizador)* пульверизатор
vaporizar *vt* 1) *(un líquido)* испарять 2) *(pulverizar)* обрызгивать
vaporizarse *perf* испаряться
vaporoso *adj* 1) *(que arroja u ocasiona vapores)* насыщенный парами 2) *(parecido al vapor)* парообразный 3) *(dicho de una tela)* воздушный, прозрачный
vapulación *f* V. vapuleo
vapulamiento *m* V. vapuleo
vapular *vt* V. vapulear
vapulear *vt* 1) бить, хлестать, стегать 2) *(reprender)* разносить, ругать
vapuleo *m* 1) хлестание, стегание 2) *(amonestación)* разнос, выговор
vaquería *f* 1) *(manada)* стадо коров 2) *(lugar donde hay vacas)* молочная ферма
vaqueriza *f* коровник, хлев
vaquer|o 1. *adj* 1) пастуший, пастушечий (крупного рогатого скота) 2) *(tipo de tela)* джинсовый **2. , -a** *m/f* пасту|х, -шка (крупного рогатого скота) **3. -os** *mpl* джинсы
vaqueta *f* выделанная коровья шкура, яловка
vaquilla *f* тёлка
vara *f* 1) *(rama)* ветка, прут 2) *(palo)* палка, шест 3) *(de alcalde)* жезл ◆ **dar la vara a alg** надоедать кому-л
varada[1] *f* 1) *(puesta en seco de una embarcación)* вытаскивание судна на берег 2) *(en la costa o en un banco de arena)* посадка судна на мель
varada[2] *f* 1) *(conjunto de jornaleros)* бригада подёнщиков 2) *(período de tiempo)* время сельскохозяйственных работ

varadero *m nav* эллинг, док

varadura *f* V. varada 1

varal *m* длинная толстая палка

varano *m* варан

varapalo *m* 1) *(palo)* жердь, длинный шест 2) *(daño o desazón)* крупная неприятность

varar 1. *vt* вытаскивать на берег (судно) **2.** *vi* 1) садиться на мель (о судне) 2) *(dicho de un negocio)* терпеть крах

vararse *vpron Col. Per.* садиться на мель (о судне)

varear *vt* 1) *(árboles)* сбивать палкой (плоды) 2) *(dar golpes con la vara)* ударять палкой 3) *taur* колоть пикой (быка) 4) *(medir con la vara)* измерять варами

vareo *m* 1) *(derribo de los frutos)* сбивание палкой плодов 2) *(medición)* измерение ткани варами

vareto *m Am.* молодой олень

variable 1. *adj* 1) изменчивый, переменчивый, неустойчивый 2) *(dicho del tiempo)* переменный **2.** *f mat* переменная величина

variación *f* 1) изменение, перемена, варьирование, вариация 2) *mús* вариация

variado *adj* 1) разнообразный, различный 2) *(de colores)* разноцветный

variador *m tecn* вариатор

variante 1. *adj* V. variable **2.** *f* 1) вариант, разновидность 2) *(desviación)* объезд 3) *(encurtido)* закуска, маринованная в уксусе

variar 1. *vt* 1) изменять 2) *(dar variedad)* разнообразить, варьировать **2.** *vi* 1) изменяться, варьировать 2) **(de alg o u/c)** отличаться (от чего/кого-л)

varice *f med* V. variz

varicela *f med* ветряная оспа, ветрянка

varicoso *adj med* варикозный

variedad 1. *f* 1) *(tipo)* разновидность, вид 2) *(diversidad)* разнообразие 3) *(conjunto)* множество 4) *(inconsistencia)* изменчивость, непостоянство **2. -es** *fpl teat* варьете

varilla *f* 1) палочка 2) *(radio)* спица

varillaje *m* остов (зонта, веера и т.п.)

vario 1. *adj* разный, различный, разнообразный **2. -s** *adj pl* несколько (кого/чего-л), различные

variólico *adj* 1) *med* оспенный 2) *biol* крапчатый, рябой

variolita *f geol* вариолит

variómetro *m electr* вариометр

variopinto *adj* разноцветный, разношёрстный

varita *f* палочка ◆ ~ **mágica** волшебная палочка, палочка-выручалочка

variz *f* расширение вен, варикоз

varón *m* 1) лицо мужского пола 2) *(hombre en edad viril)* молодой человек, мужчина 3) *(hombre de respeto)* почтенный человек, муж

varonil *adj* 1) относящийся к мужчине, мужской 2) *(valeroso)* мужественный, сильный

vasallaje *m* 1) *hist* вассальная зависимость 2) *(reconocimiento de dependencia)* зависимость, подчинение

vasallo 1. *adj* 1) *hist* вассальный 2) *(dependiente)* зависимый, подчинённый **2.** *m hist* вассал

vasar *m* встроенная полка (для посуды)

vasc|o 1. *adj* баскский **2. , -a** *m/f* баск, баскон|ец, -ка **3.** *m* баскский язык

vascuence 1. *adj* баскский, басконский **2.** *m* баскский язык

vascular *adj anat* сосудистый

vasectomía *f med* вазэктомия

vaselina *f* вазелин

vasiforme *adj* имеющий форму стакана

vasija *f* посуда, сосуд

vaso *m* 1) стакан 2) *anat* сосуд

vástago *m* 1) *(de árbol o planta)* побег, отросток 2) *(persona)* потомок, отпрыск 3) *tecn* стержень, шток

vasto *adj* обширный, просторный, широкий, разносторонний

vate *m* 1) прорицатель, предсказатель 2) *elev* поэт

váter *m* 1) *(inodoro)* унитаз 2) *(habitación)* туалет

vaticinador 1. *adj* пророческий, предвещающий **2.** *m* предсказатель, прорицатель

vaticinar *vt* предсказывать, предрекать

vaticinio *m* предсказание, прорицание

vatio *m electr* ватт

vaya[1] *f* насмешка, подтрунивание

vaya[2] *interj* 1) *(expresando sorpresa)* ну!, ну и ну!, надо же! ¡ ~ *día!* ну и день! 2) *(expresando decepción)* ну вот!

vecinal *adj* общинный, коммунальный

vecindad *f* 1) соседство 2) V. vecindario

vecindario *m* 1) *(población)* население, жители 2) *(de un casa)* жильцы

vecin|o 1. *adj* 1) соседний 2) *(próximo)* ближний, близкий **2. , -a** *m/f* 1) сосед, -ка 2) *(habitante)* житель

vector *m mat* вектор

vectorial *adj* векторный, относящийся к вектору

veda *f* 1) *(acción de vedar)* запрет, запрещение 2) запрет на охоту (ловлю рыбы)

vedado 1. *adj* запретный **2.** *m* заповедник

vedar *vt* запрещать

vedette *f* актриса ревю

vedija *f* клок шерсти

vega *f* плодородная долина

vegan|o 1. *adj* веганский **2. , -a** *m/f* веган|ец, -ка

vegetación *f* растительность

vegetal 1. *adj* растительный **2.** *m* растение

vegetar *vi* 1) расти, произрастать 2) *(vivir como una planta)* существовать, жить растительной жизнью, жить как растение

vegetarianismo *m* вегетарианство

vegetarian|o 1. *adj* вегетарианский **2. , -a** *m/f* вегетариан|ец, -ка

vegetativo *adj biol* вегетативный

veguero 1. *adj* долинный, низменный **2.** *m* 1) *(persona)* земледелец-табаковод 2) *(cigarro)* сигара, свёрнутая из одного листа табака

vehemencia *f* 1) пылкость, горячность 2) *(irreflexividad)* буйство, неистовство

vehemente *adj* 1) пылкий, горячий, страстный 2) *(irreflexivo)* буйный, неистовый

vehículo *m* 1) средство передвижения 2) *(coche)* автомобиль

veinte *num* двадцать

veinteavo *adj num* V. vigésimo
veintena *f* два десятка
vejación *f* унижение, оскорбление
vejar *vt* унижать, оскорблять
vejatorio *adj* унизительный, оскорбительный
vejestorio *m desp* старикашка, старая развалина
vejete **1.** *adj* старенький **2.** *m* старичок
vejez *f* старость
vejiga *f* мочевой пузырь
vela[1] *f* 1) *nav* парус 2) *sport* парусный спорт
vela[2] *f* 1) *(acción de velar)* бдение 2) *(para alumbrar)* свеча ◆ **en** ~ без сна
velada *f* вечер
velador **1.** *adj* 1) *(que vela)* бодрствующий 2) *(que cuida)* стерегущий, охраняющий **2.** *m* 1) *(candelero)* подсвечник 2) *(mesita)* круглый столик (на одной ножке)
velamen *m nav* паруса
velar[1] **1.** *vi* 1) **(por alg o u/c)** заботиться (о ком/чём-л), бдеть (над кем/чем-л) 2) *(por la noche)* дежурить ночью, бдеть **2.** *vt (a un enfermo, a un difunto)* смотреть (за кем-л), проводить ночь (у кого-л)
velar[2] *vt (esconder)* скрывать
velar[3] *adj ling* велярный
velatorio *m* ночное бдение возле покойника
velcro *m* застёжка-липучка
veleidad *f* 1) *(voluntad antojadiza)* каприз, прихоть, причуда 2) *(inconstancia)* непостоянство, переменчивость
veleidoso *adj* изменчивый, непостоянный
velero *m* парусник
veleta **1.** *f* 1) флюгер 2) *pesc* поплавок **2.** *m/f* непостоянный человек, флюгер
velís, veliz *m Méx.* маленький чемодан
vello *m* 1) волосы 2) *(pelusa)* пушок
vellorita *f* 1) *(maya)* полевая маргаритка 2) *(primavera)* первоцвет, примула
vellosidad *f* волосистость
velloso V. velludo
velludo *adj* волосатый
velo *m* 1) вуаль 2) *(disimulación)* пелена, завеска ◆ ~ **del paladar** *anat* нёбная занавеска
velocidad *f* скорость, быстрота
velocímetro *m* измеритель скорости, спидометр
velocista *m/f sport* спринтер
velódromo *m* велодром
velomotor *m* мопед, мотороллер
veloz *adj* скорый, быстрый, стремительный
vena *f* 1) *anat* вена 2) *(de una hoja)* волокно 3) *min* жила
venablo *m* копьё, дротик
venado *m* 1) олень 2) *obsol (res de caza mayor)* крупная дичь
venal[1] *adj* венозный
venal[2] *adj* 1) предназначенный для продажи, продажный 2) *(sobornable)* продажный
venalidad *f* продажность
venatorio *adj* охотничий, предназначенный для охоты
vencedero *adj* истекающий
vencedor **1.** *adj* победоносный, побеждающий **2.** **, -a** *m/f* победитель, -ница
vencejo[1] *m (ligadura)* свясло
vencejo[2] *m (pájaro)* стриж
vencer **1.** *vt* 1) побеждать, наносить поражение (кому/чему-л), одерживать победу (над кем/чем-л) 2) *(superar)* преодолевать 3) *(prevalecer)* преобладать (над кем/чем-л), брать верх (над кем/чем-л) 4) *(dicho del sueño o el dolor)* поддаваться (чему-л) **2.** *vi (un plazo)* истекать
vencerse *vpron* 1) сгибаться 2) не поддаваться (чему-л)
vencible *adj* 1) победимый 2) *(superable)* преодолимый
vencida *f* V. vencimiento ◆ **a la tercera va la** ~ с третьего раза всегда получается
vencido *adj* 1) побеждённый 2) *(dicho de un plazo)* истёкший 3) *(dicho de un pago)* просроченный
vencimiento *m* истечение срока, срок истечения действия
venda *f* бинт, повязка
vendaje *m* перевязка, повязка
vendar *vt* бинтовать, перевязывать
vendaval *m* сильный ветер
vendedor, -a *m/f* продав|ец, -щица
vender *vt* продавать
venderse *vpron* продавать себя, продаваться
vendible *adj* годный для продажи
vendido *adj* продажный
vendimia *f* сбор винограда
vendimiador *m/f* сборщик винограда
vendimiar *vt/i* собирать виноград
venduta *f* 1) *Cub.* лавка, торговое помещение 2) *Cub.* овощной магазин
venecian|o **1.** *adj* венецианский **2.** **, -a** *m/f* венециан|ец, -ка
veneno *m* яд, отрава
venenosidad *f* ядовитость
venenoso *adj* ядовитый
venerable *adj* почтенный, уважаемый
veneración *f* почтение, уважение, преклонение
venerar *vt* почитать, уважать
venéreo *adj* венерический
venereología *f med* венерология
venereólogo *m med* венеролог
venero *m* 1) *(manatial)* родник, источник 2) *(en los relojes de sol)* деление 3) *(origen)* источник, начало 4) *min* рудная жила
véneto *adj* V. veneciano
venezolan|o **1.** *adj* венесуэльский **2.** **, -a** *m/f* венесуэл|ец, -ка
vengador, -a *m/f* мститель, -ница
venganza *f* месть
vengar *vt* **(por u/c)** мстить (за что-л)
vengarse *vpron* **(de alg por u/c)** мстить (кому-л/за что-л)
vengativo *adj* мстительный
venia *f* 1) *(perdón)* прощение, извинение 2) *(permiso)* разрешение, позволение
venial *adj* простительный, достойный снисхождения
venida *f* 1) приход 2) *(regreso)* возвращение
venidero *adj* будущий, грядущий
venir *vi* 1) приходить, приезжать, прибывать 2) *(acercarse al interlocutor)* идти, подходить *¡ven aquí!* иди сюда! 3) *(aproximarse una fecha)* приближаться, наступать *ya viene la primavera* наступает весна; *el año que viene* в

следующем году 4) **(de u/c)** *(descender)* происходить (от кого-л) 5) **(de u/c)** *(seguirse)* следовать (из чего-л), **(de u/c)** вытекать (из чего-л) ◆ ~ **a la cabeza** приходить в голову
venirse *vpron coloq* приходить, приезжать
venoso *adj* венозный
venta *f* продажа ◆ **contrato de compra y** ~ договор купли-продажи **en** ~ в продаже **venta al por mayor** продажа оптом ~ **al por menor** продажа в розницу
ventaja *f* 1) *(superioridad)* преимущество, превосходство 2) *(beneficio)* выгода, польза 3) *(privilegio social o fiscal)* льгота ◆ **sacar** ~ **de u.c.** извлекать выгоду из-чего-л ~**s e inconvenientes** плюсы и минусы
ventajero *m Am. coloq* V. ventajista
ventajista *m/f* любитель лёгкой наживы
ventajoso *adj* выгодный
ventana *f* окно
ventanal *m* большое окно
ventanilla *f* окошко
ventanillo *m* 1) *(postigo)* створка окна (двери) 2) *(ventana con rejilla)* зарешеченное окошечко (в двери)
ventar *v/impers* дуть (о ветре)
ventear 1. *v/impers* дуть (о ветре) **2.** *vi (dicho de algunos animales)* чуять, вынюхивать
ventero[1] *adj (dicho de un perro)* чуткий, с острым носом
ventero[2] *m* хозяин постоялого двора, корчмарь
ventilación *f* 1) *(acción de ventilar)* проветривание, вентиляция 2) *(aparato para ventilar)* вентиляция
ventilador *m* вентилятор
ventilar *vt* 1) проветривать, вентилировать 2) *(algo privado)* разглашать 3) *(resolver una cuestión)* (быстро) решать
ventilarse *vpron* 1) проветриваться 2) *coloq (terminar algo rápidamente)* (быстро) заканчивать
ventisca *f* вьюга, метель
ventisquero *m* 1) V. ventisca 2) *(altura de los montes)* горная местность, открытая вьюгам
vento *m Arg. coloq* деньги
ventolera *f* сильный порыв ветра
ventosa *f* 1) *(órgano)* присоска 2) *(abertura)* отдушина, воздушный клапан 3) *(pieza cóncava)* вантуз 4) *med* банка
ventosear *vi* выпускать кишечные газы
ventosidad *f* кишечные газы
ventoso *adj* ветреный
ventresca *f* брюхо (рыбы)
ventrículo *m* 1) *anat (del corazón)* желудочек 2) *anat (estómago)* желудок
ventrílocuo 1. *adj* чревовещательный **2.** *m* чревовещатель
ventriloquia *f* чревовещание
ventura *f* 1) *(felicidad)* счастье, удача, судьба 2) *(suerte)* удача 3) *(casualidad)* случайность, случай ◆ **buena** ~ удача, везение
venturoso *adj* счастливый, удачливый, удачный
ver 1. *vi* видеть **2.** *vt* 1) видеть 2) *(una película)* смотреть 3) *(entender)* видеть, понимать 4) *(visitar)* навещать 5) *(considerar)* рассматривать, обдумывать 6) *(prever)* полагать, предвидеть, предполагать 7) *(comprobar)* проверять 8) *(advertir)* замечать 9) *(juzgar)* судить, расценивать 10) *jur (una causa penal)* рассматривать, слушать дело ◆ **a** ~ посмотрим **no tener nada que** ~ не иметь ничего общего
vera *f* край, опушка, окраина ◆ **a la vera de alg** около кого-л, поблизости кого-л
veracidad *f (autenticidad)* достоверность, правдивость
veranda *f* галерея, веранда
veraneante *m* отдыхающий, курортник
veranear *vi* проводить лето
veraneo *m* летний отдых
veraniego *adj* летний
veranillo *m* жаркие дни осени ◆ ~ **de San Martín (de San Miguel)** бабье лето
verano *m* лето *en verano* летом
veras *inv* : de ~ в самом деле, всерьёз, серьёзно
veraz *adj* 1) *(auténtico)* истинный, достоверный 2) *(que dice siempre la verdad)* правдивый, искренный
verbal *adj* 1) *(oral)* устный 2) *(relativo a la palabra)* словесный, речевой 3) *ling (relativo al verbo)* глагольный
verbalización *f* вербализация, выражение словами
verbalizar *vt* выражать в словах, вербализовать
verbena *f* 1) *(planta)* вербена 2) вербена (народное ночное гулянье)
verbo *m* глагол
verbosidad *f* многословие, разглагольствование
verboso *adj* многословный, словоохотливый
verdad *f* 1) правда, истина 2) *(veracidad)* правдивость ◆ **a decir** ~ по правде говоря, на самом деле **de** ~ на самом деле, серьёзно **¿ ~?** правда?
verdaderamente *adv* действительно, по-настоящему
verdadero *adj* 1) истинный, правдивый, верный 2) *(auténtico)* настоящий, подлинный 3) *(real)* действительный
verde 1. *adj* 1) зелёный 2) *(no maduro)* зелёный, неспелый 3) *(dicho de una persona)* молодой, неопытный 4) *(humor)* пошлый, непристойный 5) *(ecologista)* зелёный **2.** *m* 1) зелёный цвет 2) *(hierba)* трава
verdear *vi* зеленеть, приобретать зелёный оттенок
verderón[1] *m (ave)* зеленушка
verderón[2] *m (berberecho)* сердцевидка, кардиум
verderón[3] *adj (verdoso)* зеленоватый
verdín *m* 1) *(primer color verde)* цвет ранней зелени 2) *(plantas que no han llegado a sazón)* ранняя зелень 3) *(capa verde)* зелень, плесень
verdor *m* 1) зелень, зелёный цвет 2) *(vigor, lozanía)* сила, здоровье
verdoso *adj* зеленоватый
verdugo *m* палач
verdulería *f* овощной магазин
verduler|o, -a *m/f* 1) зеленщи|к, -ца 2) *coloq (persona ordinaria)* базарный мужик, базарная баба

verdura *f* 1) *(calidad de verde)* зелёный цвет, зелень 2) *(vegetales)* овощи, зелень
verdusco *adj* грязно-зелёный
vereda *f* дорожка, тропинка
veredicto *m* приговор, вердикт
verga *f* 1) *(pene)* мужской половой член 2) V. vara 3) *nav* рея
vergajo *m* кнут, бич
vergel *m* цветущий сад
vergonzante *adj* стыдящийся
vergonzoso *adj* 1) *(tímido)* стыдливый, застенчивый 2) *(motivo de vergüenza)* постыдный, позорный
vergüenza *f* 1) *(timidez)* стыдливость, застенчивость 2) *(doshonra)* стыд, позор ◆ **dar ~ a alg u.c.** быть стыдно что-л кому-л, стесняться чего-л
vergueta *f* палочка, прутик
vericueto *mpl* труднопроходимая местность
verídico *adj* истинный, достоверный, правдивый
verificable *adj* проверяемый
verificación *f* 1) *(comprobación)* проверка 2) *(de la autenticidad de una cosa)* удостоверение, подтверждение
verificador *m* инспектор, контролёр
verificar *vt* 1) *(comprobar)* проверять 2) *(dar fe)* удостоверять, подтверждать
verificarse *vpron* состояться, произойти
verja *f* решётка
verme *m* глист, аскарида
vermículo *m* червячок
vermífugo *adj* противоглистный, глистогонный
verminoso *adj* глистный, вызываемый глистами
vermut *m* 1) *(vino)* вермут 2) *(aperitivo)* аперитив
vernacular *adj* V. vernáculo
vernáculo *adj* местный, родной
vernal *adj poét* весенний
verónica[1] *f (planta)* вероника
verónica[2] *f taur* вероника
verosímil *adj* 1) правдоподобный 2) *(probable)* вероятный
verosimilitud *f* 1) правдоподобность 2) *(probabilidad)* вероятность
verraco *m* племенной хряк
verraquear *vi* 1) брюзжать, ворчать 2) *(dicho de un niño)* реветь
verraquera *f coloq* рёв (ребёнка)
verruga *f* бородавка
verrugoso *adj* бородавчатый, покрытый бородавками
versado *adj* **(en u/c)** сведущий (в чём-л), опытный (в чём-л)
versal **1.** *adj* капительный (о буквах) **2.** *f* капительная буква, большая буква
versalita *f* капительная буква, большая буква
versallesco *adj* 1) версальский 2) *coloq (pomposo)* помпезный, церемонный
versar *vi* 1) вертеться, вращаться 2) **(sobre u/c)** *(tratar)* говорить (о чём-л), рассказывать (о чём-л)
versátil *adj* 1) *(adaptable)* гибкий 2) *(inconstante)* переменчивый, непостоянный
versatilidad *f* 1) *(adaptabilidad)* гибкость 2) *(inconstancia)* переменчивость, непостоянство
verse *vpron* 1) видеть себя 2) *(hallarse en un estado)* быть, находиться, оказываться ~ *en un apuro* оказаться в тяжёлом положении 3) *(estar en posición para ser visto)* видеться, виднеться *se ve desde lejos* видно издалека 4) *(ser evidente)* быть очевидным, явствовать *se ve que...* видно, что...
versículo *m* стих
versificación *f* стихосложение, версификация
versificar *vi* писать стихи, слагать стихи
versión *f* 1) версия 2) *(variante)* вариант
versionar *vt* делать версию
verso *m* стих ◆ **~ libre** белый стих
versus *prep sport* против (кого/чего-л)
vértebra *f med* позвонок
vertebrado *adj zool* позвоночный
vertebral *adj anat* позвоночный ◆ **columna ~** позвоночник
vertedera *f agric* отвал (плуга)
vertedero *m* свалка
vertedor **1.** *adj* сливающий, льющий **2.** *m* 1) *(canal)* водослив, водосток 2) *nav* водоотливщик
verter **1.** *vt* 1) *(un líquido)* лить, наливать 2) *(sal, harina, etc.)* насыпать 3) *(derramar un líquido)* проливать 4) *(derramar sal, harina, etc.)* просыпать 5) *(traducir a otra lengua)* переводить **2.** *vi (dicho de un río)* впадать
verterse *vi* литься, проливаться, просыпаться
vertical **1.** *adj* вертикальный **2.** *f* вертикаль
verticalidad *f* вертикальность
verticalmente *adv* вертикально
vértice *m geom* вершина
vertido *m* слив, выброс
vertiente *f* 1) *(inclinación)* склон 2) *(aspecto)* сторона
vertiginoso *adj* головокружительный
vértigo *m* 1) головокружение 2) *(miedo a las alturas)* боязнь высоты
vesícula *f* пузырь ◆ **~ biliar** *anat* жёлчный пузырь
vesicular *adj anat* пузырный
vespertino *adj* вечерний
vespino *m* V. ciclomotor
vestal *f hist* весталка
vestíbulo *m* 1) вестибюль, холл 2) *(en una vivienda)* прихожая
vestidero *m Ec.* V. vestuario
vestido *m* 1) *(traje)* костюм 2) *(vestido de mujer)* платье 3) *(ropa en general)* одежда
vestidor *m* гардеробная комната
vestiduras *fpl relig* облачение ◆ **rasgarse las ~** рвать на себе одежду
vestigio *m* 1) *(memoria)* память 2) *(restos)* остатки
vestimenta *f* платье, одеяние
vestir **1.** *vt* одевать (во что-л.), надевать (на кого-л) **2.** *vi (llevar puesto)* носить, одеваться, ходить (в чём-л)
vestirse *vpron* **(de u/c)** одеваться (во что-л.)
vestón *m Ch.* пиджак
vestuario *m* 1) одежда, гардероб 2) *sport* раздевалка 3) *teat* костюмы
veta *f* 1) прожилка, прослойка, пласт 2) *(filón)* рудная жила 3) *(en la madera)* волокно

vetar *vt* налагать вето (на что-л), запрещать

veteado *adj* с прожилками, с прослойками

veteranía *f* опытность, стаж

veterano 1. *adj* 1) *(en la milicia)* заслуженный 2) *(experimentado)* опытный **2.** *m/f* ветеран

veterinaria *f* ветеринария

veterinario *m/f* ветеринар

veto *m* вето, запрет

vetusto *adj* ветхий, древний

vez *f* 1) раз *una* ~ один раз; *cada* ~ каждый раз 2) *(turno)* очередь ◆ **a la** ~ одновременно **a veces** иногда **de** ~ **en cuando** иногда, время от времени **de una** ~ разом **en** ~ **de alg o u.c.** вместо кого/ чего-л **muchas veces** очень часто **otra** ~ 1) *(nuevamente)* снова 2) *(en otra ocasión)* в другой раз **por primera** ~ впервые **tal** ~ возможно, может быть **una** ~ однажды **varias veces** несколько раз

vía 1. *f* 1) *(camino)* путь, дорога, улица 2) *(de tren)* железная дорога, *(raíl)* рельс 3) *(manera)* путь, способ, метод 4) *med* путь **2.** *prep* через (кого/что-л.), путём (кого/чего-л) ◆ **en ~s de** в процессе ~ **de comunicación** путь сообщения **Vía Láctea** Млечный путь ~ **rápida** скоростная трасса

viabilidad *f* осуществимость, реальность

viable *adj* осуществимый, выполнимый, реальный

viaducto *m* виадук, путепровод

viajante *m* коммивояжёр

viajar *vi* путешествовать, ехать, ездить

viaje *m* 1) поездка, путешествие 2) *(trayecto)* рейс ◆ **agencia de ~s** туристическое агентство **¡buen ~!** счастливого пути! **compañero de** ~ попутчик

viajero *m/f* путешественник, пассажир

vial 1. *adj* путевой, дорожный **2.** *m* аллея, бульвар

vialidad *f* 1) *(cualidad de vial)* дорожность 2) *(conjunto de vías)* система путей сообщения

vianda *f* 1) *(comida)* пища, еда 2) *(comida que se sirve a la mesa)* кушанье, еда 3) *Cub. P. Rico* отварные овощи (фрукты)

viandante *m/f* 1) *(persona que viaja a pie)* путешественник, странник 2) *(peatón)* пешеход 3) *(vagabundo)* бродяга

viático *m* прогонные, командировочные

víbora *f* гадюка

vibración *f* дрожание, вибрация, колебание

vibrador *m* вибратор

vibrante *adj* 1) вибрирующий, колебательный 2) *(que se conmueve)* взволнованный, проникновенный 3) *ling* дрожащий

vibrar *vi* колебаться, вибрировать

vibratorio *adj* вибрационный, колебательный

vicaría *f* 1) *(cargo)* должность викария 2) *(residencia)* резиденция викария

vicario 1. *adj* заменяющий **2.** *m* викарий, заместитель

vicealmirante *m* вице-адмирал

vicecampeón *m* вице-чемпион

vicecanciller *m* вице-канцлер

vicecónsul *m* вице-консул

vicepresidente *m/f* вице-президент

vicerrector *m* проректор

vicesecretario *m* заместитель секретаря

vicetiple *f mús* певица оперетты или сарсуэлы

viceversa *adv* наоборот, в обратном порядке

viciado *adj* 1) *(mal acostumbrado)* избалованный 2) *(corrompido)* испорченный, порочный 3) *(dicho del ambiente)* душный

viciar *vt* 1) *(acostumbrar mal)* баловать 2) *(corromper)* извращать, портить 3) *(falsear)* фальсифицировать, искажать

viciarse *vpron* 1) *(dañarse)* партиться 2) *(entregarse a los vicios)* предаваться порокам

vicio *m* 1) порок 2) *(mala costumbre)* дурная привычка

vicioso *adj* порочный, развратный ◆ **círculo** ~ замкнутый круг, порочный круг

vicisitud *f* 1) *(orden sucesivo o alternativo)* чередование, перемена 2) *(inconstancia)* непостоянство, переменчивость *~es de la fortuna* превратности судьбы

víctima *f* жертва, пострадавш|ий, -ая

victimar *vt* приносить в жертву, убивать

victimario *m* 1) *(homicida)* убийца 2) *hist* прислужник жреца

victoria *f* победа

victoriano *adj* викторианский

victorioso *adj* победный, победоносный

vicuña *f* вигонь, викунья

vid *f* виноградная лоза

vida *f* 1) жизнь 2) *(estilo de vida)* образ жизни 3) *(de una cosa)* срок службы ◆ **de por** ~ на всю жизнь, навсегда, пожизненно **en** ~ при жизни **en mi** ~ никогда в жизни, ни за что **esperanza de** ~ продолжительность жизни **ganarse la** ~ зарабатывать (на жизнь) **nivel de** ~ уровень жизни ~ **cotidiana** быт, повседневная жизнь ~ **social** общественная жизнь

videncia *f* ясновидение

vidente *m/f* ясновид|ец, -ица, экстрасенс

vídeo *m* 1) видеомагнитофон, видео 2) *(grabación)* видеосъёмка, видео

videocámara *f* видеокамера

videocasete *m* видеокассета

videoclip *m* видеоклип

videoclub *m* видеоклуб

videoconferencia *f* видеоконференция

videoconsola *f* игровая приставка

videograbadora *f* видеомагнитофон

videojuego *m* компьютерная игра

videoportero *m* видеодомофон

videoteca *f* видеотека

vidriado 1. *adj* V. vidrioso **2.** *m* 1) глазурь 2) V. vajilla

vidriar *vt* глазировать, покрывать глазурью

vidriera *f* витраж

vidriería *f* 1) *(fábrica)* стекольный завод 2) *(tienda)* стекольный магазин

vidriero *m/f* стекольщик

vidriero *m* стеклодув, стекольщик

vidrio *m* стекло

vidriosidad *f* обидчивость, вспыльчивость

vidrioso *adj* 1) *(frágil)* хрупкий, бьющийся 2) *(resbaladizo)* скользкий, обледеневший 3) *(susceptible)* обидчивый, вспыльчивый 4) *(dicho de los ojos)* остекленевший 5) *(delicado)* щекотливый, деликатный

vieira *f* морской гребешок

vieja *f* 1) старуха 2) *Am.* старушка (ласковое обращение) 3) *(pez)* виеха (род рыб из семейства цихловых)
viejales *m/f coloq* V. viejo, vieja
viejera *f* 1) *P. Rico (cosa vieja)* старьё, рухлядь 2) *Ven. P. Rico* старость
viej|o, -a 1. *adj* 1) старый, пожилой 2) *(antiguo)* старинный, древний, давний 3) *(en mal estado)* старый, ветхий, дряхлый **2.** *m* старик **3. , -a** *f* старуха ◆ **hacerse** ~ 1) *(una persona)* стареть 2) *(una cosa)* приходить в ветхость **Viejo Testamento** Ветхий Завет
vien|és 1. *adj* венский **2. , -esa** *m/f* вен|ец, -ка
viento *m* ветер ◆ **contra el** ~ против ветра **instrumento de** ~ *mús* духовой инструмент **hace** ~ дует, ветрено **rosa de los ~s** роза ветров
vientre *m* живот
viernes *m* пятница *llegará el ~* она приедет в пятницу
vierteaguas *m* слив, сток
vietnamita 1. *adj* вьетнамский **2.** *m/f* вьетнам|ец, -ка
viga *f* балка
vigencia *f* 1) действительность, действие 2) *(plazo de vigencia)* срок действия 3) *(actualidad)* актуальность ◆ **tener** ~ действовать, иметь силу
vigente *adj* 1) действующий, имеющий силу 2) *(actual)* актуальный
vigésimo *adj* двадцатый
vigía 1. *f* 1) *(atalaya)* сторожевая вышка 2) *(vigilancia)* наблюдение, надзор 3) *nav (escollo)* подводный камень, риф **2.** *m/f* часовой, караульный
vigilancia *f* 1) *(cuidado)* настороженность, бдительность 2) *(protección)* надзор, охрана 3) *(control)* наблюдение, слежка ◆ **unidad de ~ intensiva** *med* реанимация
vigilante 1. *adj* 1) бдительный 2) *(despierto)* бодрствующий **2.** *m* сторож, охранник
vigilar 1. *vt* 1) *(proteger)* охранять 2) *(controlar)* следить (за кем/чем-л), наблюдать (за чем/кем-л) **2.** *vi* быть осторожным, быть бдительным
vigilia *f* канун
vigor *m* 1) *(fuerza)* сила, мощь 2) *(energía)* энергичность, бодрость 3) *(validez)* действие, сила ◆ **entrar en** ~ вступать в силу
vigorizar *vt* придавать силу, укреплять
vigoroso *adj* 1) *(fuerte)* сильный, крепкий, могучий 2) *(enérgico)* энергичный, бодрый
vigueta *f* 1) *(madero)* подсобная балка 2) *(barra de hierro laminado)* брус
vihuela *f mús* виуэла (род гитары)
vikingo *m* викинг
vil *adj* подлый, низкий
vileza *f (cualidad y acción vil)* подлость, низость
vilipendiar *vt* 1) *(denigrar)* унижать, третировать 2) *(despreciar)* презирать, пренебрегать (кем-л)
vilipendio *m* 1) *(denigración)* унижение, третирование 2) *(desprecio)* презрение, пренебрежение
villa *f* 1) *(localidad)* городок, посёлок 2) *(casa)* вилла, дача, усадьба
villancico *m* вильянсико (испанская рождественская песня)
villanía *f* 1) *(bajeza de nacimiento)* низкое происхождение 2) *(acción ruin)* подлость, низость
villano *adj* 1) *(del pueblo llano)* низкого происхождения, низкого сословия 2) *(rústico)* деревенский, сельский 3) *(ruin)* низкий, подлый
villorrio *m desp* деревушка
vilo *m* : en ~ в тревожном состоянии, тревожно
viña *f* виноградник
viñador *m* 1) *(cultivador)* виноградарь 2) *(guarda)* сторож, охраняющий виноградник
vinagre *m* уксус
vinagrera 1. *f* уксусник, уксусница **2. -s** *fpl* столовые судки
vinagreta *f* соус из уксуса и масла
vinajera *f relig* кувшин (для воды и для вина)
vinatería *f* 1) *(establecimiento)* винный магазин 2) *(comercio)* винная торговля
vinatero 1. *adj* винный **2.** *m* виноторговец
vinazo *m* очень крепкое и густое вино
vincha *f Am. Mer.* головная повязка
vinculación *f* связь, соединение
vinculante *adj jur* имеющий обязательную силу, обязывающий
vincular *vt* 1) связывать, соединять 2) *jur* объязывать
vínculo *m* связь, узы
vindicación *f* 1) *(venganza)* месть, мщение 2) *(defensa)* вступление в защиту 3) *jur* претензия на возврат
vindicar *vt* 1) *(vengar)* мстить 2) *(defender)* выступать в защиту 3) *jur* предъявлять претензию на возврат
vindicativo *adj* 1) V. vengativo 2) защитительный, оправдательный
vindicatorio *adj* 1) V. vengativo 2) V. vindicativo 2
vindicta *f* V. venganza
viñedo *m* большой виноградник
vinería *f Am. Mer.* винная лавка
viñeta *f* виньетка
vínico *adj* винный
vinícola *adj* винодельческий
vinicultor *m* винодел
vinicultura *f* виноделие
vinificación *f* ферментация (вина), винообразование
vinilo *m* 1) *(disco)* грампластинка 2) *quím* винил
vino *m* вино *vino blanco (rosado, tinto)* белое (розовое, красное) вино
vinolento *adj* любящий выпить, склонный к алкоголизму
vinoso *adj* винный, винообразный
vinoteca *f* винотека
viola *f mús* виола
violáceo *adj* 1) V. violado 2) *bot* фиалковый
violación *f* 1) нарушение 2) *(agresión sexual)* изнасилование
violado *adj* фиолетовый
violador 1. *adj* 1) *(de una ley)* нарушающий 2) *(de una persona)* насилующий 3) *(de algo sagrado)* оскверняющий **2.** *m* 1) *(de una ley)*

нарушитель 2) *(de una persona)* насильник 3) *(de algo sagrado)* осквернитель
violar *vt* 1) нарушать 2) *(agredir sexualmente)* насиловать
violencia *f* насилие
violentar *vt* 1) *(aplicar medios violentos)* применять силу 2) *(dar sentido violento)* искажать, извращать 3) *(una vivienda)* взламывать 4) *(molestar)* смущать
violento *adj* 1) *(que utiliza la violencia)* насильственный, насильный 2) *(fuerte)* сильный, резкий, жестокий 3) *(incómodo)* неудобный, неловкий, напряжённый
violeta **1.** *f* фиалка **2.** *m* фиолетовый цвет
violín *m* скрипка
violinista *m/f* скрипач, -ка
violón *m mús* контрабас
violoncelista *m* виолончелист, -ка
violoncelo *m* V. violonchelo
violonchelo *m* виолончель
vip *m/f* очень важная персона
viperin|o *adj* змейный ◆ **lengua ~a** злоязычный человек, сплетник
virada *f nav* поворот, разворот, вираж
viraje *m* поворот, разворот
viral *adj* вирусный
virar *vi* поворачивать, делать вираж
virgen **1.** *adj* 1) девственный 2) *(dicho de una cosa)* нетронутый, новый **2.** *f* 1) девственница, девица 2) *(la Virgen)* Дева Мария
virginal *adj* 1) девственный, целомудренный 2) *(puro)* чистый, непорочный
virginidad *f* 1) девственность 2) *(pureza)* чистота, незапятнанность
virgo **1.** *adj* 1) девственный, непорочный 2) *(del signo de Virgo)* дева **2.** *m* девственная плева
virguería *f* 1) *coloq (adorno)* излишнее украшение 2) *coloq (cosa extraordinaria)* чудо, редкость *hacer ~s* творить чудеса
virguero *adj coloq* утончённый, превосходный
vírgula *f* 1) *(vara pequeña)* палочка, прутик 2) *(línea delgada)* чёрточка, штрих 3) *med* запятая, вибрион
virgulilla *f* 1) *(signo ortográfico)* диакритический знак 2) *(línea delgada)* чёрточка, штрих
vírico *adj* вирусный
viril *adj* мужской, мужественный
virilidad *f* мужской характер, мужественность
virilizarse *vpron* становиться мужчиной
viringo *m* виринго, перуанская лысая собака
virio *m* иволга
virola *f* кольцо, обод
virolo *adj coloq* косой, косоглазый
virología *f med* вирусология
viroso *adj* токсический, вредный
virote *m* 1) *(saeta guarnecida)* стрела с наконечником 2) *(en la argolla para el cuello)* колодка (на шее раба) 3) *coloq* гордый (надменный) человек
virotillo *m arquit* подпорный брус
virreinato *m* 1) *(cargo)* вице-королевство (должность) 2) *(tiempo)* период пребывания в должности вице-короля
virrey *m* вице-король
virtual *adj* виртуальный
virtualidad *f* виртуальность
virtud *f* 1) *(cualidad)* достоинство, качество 2) *(integridad)* достоинство, добродетель 3) *(fuerza)* сила, крепость ◆ **en ~ de u.c.** в силу чего-л
virtuosidad *f* виртуозность
virtuosismo *m* виртуозность
virtuoso *adj* 1) *(que se ejercita en la virtud)* добродетельный 2) *(talentoso)* виртуозный 3) *(que tiene la actividad que le corresponde)* действенный
viruela *f* оспа
virulencia *f* 1) *med* вирулентность, ядовитость 2) *(mordacidad)* злобность, язвительность
virulento *adj* 1) *med* вирулентный, ядовитый 2) *(mordaz)* злобный, язвительный
virus *m* вирус
viruta *f* стружка (дерева, металла)
vis[1] *inv* : ~ cómica комизм
vis[2] *inv* : ~ a ~ визави
visa *f Am.* виза
visado *m* виза ~ *de entrada* въездная виза; ~ *múltiple* многократная виза
visaje *m* гримаса, мина, ужимка
visar *vt* визировать
viscacha *f* V. vizcacha
víscera *f* внутренний орган, внутренности
visceral *adj* 1) *anat* висцеральный, внутренний 2) *(dicho de una emoción)* очень сильный, лютый
viscosa *f textl* вискоза
viscosidad *f* вязкость, липкость
viscosilla *f* штапель
viscoso *adj* вязкий, липкий
visera *f* козырёк
visibilidad *f* видимость
visibilizar *vt* делать видимым
visible *adj* 1) видимый 2) *(evidente)* явный, очевидный
visiblemente *adv* заметно, явно, очевидно
visigodo **1.** *adj* вестготский **2.** *m* вестгот
visigótico *adj* вестготский
visillo *m* занавеска
visión *f* 1) *(vista)* зрение, видение 2) *(punto de vista)* взгляд 3) *(aparición)* видение, призрак 4) *relig* видение, явление 5) *(imaginación)* иллюзия, галлюцинация
visionar *vt* видеть, смотреть (изображения)
visionario **1.** *adj* предвосхищающий будущее **2.** *m/f* человек, предвосхищающий будущее
visir *m* визирь
visita *f* 1) посещение, визит 2) *(invitado)* гость 3) *(a un médico)* консультация, визит ◆ **ir de ~** идти в гости
visitación *f* визит, посещение
visitador **1.** *adj* часто посещающий **2.** *m (empleado que hace visitas o reconocimientos)* инспектор, ревизор
visitadora *f Am.* клизма
visitante *m/f* посетитель, гость
visitar **1.** *vt* 1) *(un lugar)* посещать (что-л), навещать (кого-л) 2) *med* осматривать **2.** *vi med (el médico)* принимать
visiteo *m* частые посещения, частые визиты
visivo *adj* зрительный

vislumbrar *vt* 1) неясно видеть, смутно различать 2) *(presentir)* предчувствовать, предполагать
vislumbre *m* 1) отблеск, едва заметный свет 2) *(presentimiento)* предположение, догадка
viso *m* 1) *(lugar alto)* возвышенность, высокое место 2) *(superficie iluminada)* гладкая сверкающая поверхность 3) *(onda de resplandor)* отблеск, отсвет 4) *(prenda de vestido)* комбинация 5) *(apariencia)* внешний вид, внешность
visón *m (animal y piel)* норка
visor *m foto* видоискатель
visorio 1. *adj* зрительный **2.** *m* осмотр, экспертиза
víspera *f* канун ◆ **en ~s de u.c.** накануне чего-л
vista *f* 1) *(capacidad de ver)* зрение 2) *(acción de ver)* видение 3) *(mirada)* взгляд 4) *(perspectiva)* вид, пейзаж 5) *jur* слушание ◆ **a la ~** 1) *(visible)* на виду 2) *(en perspectiva)* в ближайшее время **a primera ~** на первый взгляд **en ~ de u.c.** ввиду чего-л, поскольку **¡hasta la ~!** до свидания! **punto de ~** точка зрения
vistazo *m* беглый взгляд ◆ **echar un ~ a u.c.** взглянуть на что-л
visto *adj* 1) *(anticuado)* устаревший 2) *jur* рассмотренный ◆ **bien (mal) ~** (не) принятый **por lo ~** видимо, по-видимому **~ bueno** одобрение
vistosidad *f* яркость
vistoso *adj* яркий
visual *adj* зрительный, визуальный
visualización *f* визуализация
visualizar *vpron* 1) *(en la mente)* визуализировать, представлять себе 2) *(representar gráficamente)* представлять в наглядном виде
vital *adj* 1) жизненный 2) *(básico)* основной, существенный 3) *(lleno de vida)* жизнерадостный
vitalicio *adj* пожизненный
vitalidad *f* жизнерадостность
vitalismo *m biol* витализм
vitalista *adj biol* виталистический
vitamina *f* витамин
vitaminado *adj* витаминизированный
vitamínico *adj* витаминный
vitando *adj* 1) *(que se debe evitar)* нежелательный 2) *(execrable)* ненавистный, отвратительный
vitela *f* тонкий пергамент, велень
vitícola *adj* винодельческий
viticultor *m* виноградарь
viticultura *f* виноградарство
vitógeno *adj* биогенный
vítor 1. *interj* ура!, браво **2.** *m* 1) *(aclamación)* приветственный крик 2) *(letrero)* чествование
vitorear 1. *vt* приветствовать громкими возгласами **2.** *vi* устраивать овации
vítreo *adj* 1) *(de vidrio)* стеклянный 2) *(parecido al vidrio)* стекловидный
vitrina *f* витрина
vitriolo *m* купорос
vitro *inv* : in ~ в пробирке, ин витро
vitrocerámica *f* витрокерамика
vitrocerámico *adj* витрокерамический
vitrola *f Cub.* автомат-проигрыватель
vitualla *f (espec pl)* съестные припасы, провиант
vituperable *adj* достойный порицания, предосудительный
vituperar *vt* порицать, хулить, критиковать
vituperio *m* порицание, осуждение, поношение
viuda *f* вдова
viudal *adj* вдовий
viudedad *f* вдовство
viudez *f* вдовство
viudita *f* вдовушка
viudo 1. *adj* вдовий, вдовый **2.** *m* вдовец ◆ **quedarse ~** вдоветь
viva 1. *interj* ура!, да здравствует! **2.** *m* приветственный возглас, крик
vivac *m* бывак, лагерь
vivacidad *f* 1) живость, оживлённость 2) *(de color)* яркость
vivales *m/f* пройдоха, проныра
vivaque *m* 1) V. vivac 2) *mil (guardia)* гауптвахта, караульное помещение
vivaquear *vi* располагаться биваком, разбивать лагерь
vivar[1] *m* питомник
vivar[2] *vt Am.* V. vitorear
vivaracho *adj* живой, подвижный, резвый
vivaz *adj* живой, деятельный
vivencia *f* жизненный опыт
víveres *mpl* съестные припасы, продовольствие
vivero *m* питомник, рассадник
viveza *f* 1) живость, подвижность, резвость 2) *(en las palabras)* живость, яркость (речи) 3) *(de ingenio)* живость ума, остроумие 4) *(esplendor)* яркость, живость (красок)
vivido *adj* пережитый, испытанный
vívido *adj* живой, яркий, выразительный
vividor, -a 1. *adj (que vive mucho tiempo)* долго живущий **2.** *m/f* 1) *(persona laboriosa)* трудолюбивый человек 2) *(que vive a expensas de los demás)* ловкач, проныра
vivienda *f* жилище, жильё, дом
viviente *adj* живой, живущий *ser ~* живое существо
vivificador *adj* оживляющий, животворный
vivificar *vt* 1) *(dar vida)* оживлять, возвращать к жизни 2) *(animar)* ободрять, придавать силу
vivíparo *adj biol* живородящий
vivir 1. *vi* 1) *(existir)* жить, существовать 2) *(residir)* жить, проживать, обитать **2.** *vt (sufrir, experimentar)* переживать **3.** *m* жизнь, образ жизни
vivisección *f* вивисекция
vivito *adj* : ~ y coleando жив-здоров
vivo *adj* 1) живой, живущий 2) *(intenso)* яркий, сильный, интенсивный 3) *(astuto)* хитрый, ловкий ◆ **en ~** живьём, вживую
vizcacha *f* равнинная вискаша
vizcaín|o 1. *adj* бискайский **2.** , **-a** *m/f* житель, -ница (уроженец, уроженка) провинции Бискайя
vizconde *m* виконт
vocablo *m* слово
vocabulario *m* словарь, словарный состав

vocación *f* призвание, склонность
vocacional *adj* относящийся к призванию
vocal 1. *adj* 1) голосовой 2) *(cantante)* вокальный 3) *ling* гласный **2.** *m (miembro de una mesa)* член собрания **3.** *f (sonido)* гласный ◆ **cuerdas ~es** голосовые связки
vocalista *m/f* вокалист, -ка
vocalización *f mús* вокализация
vocalizar *vi* 1) говорить внятно 2) *mús* петь вокализ
vocativo *m ling* звательный падеж, вокатив
voceador 1. *adj* кричащий, крикливый **2.** *m* 1) крикун 2) *(pregonero)* глашатай
vocear 1. *vt* 1) *(publicar, manifestar)* возвещать, громко объявлять 2) *(llamar a alguien en voz alta)* окликать, звать 3) *(aclamar)* разглашать, кричать (о чём-л) **2.** *vi* громко кричать, орать
vocerío *m* крики, вопли, громкие возгласы
vocero *m* представитель
vociferar *vt/i* громко кричать, орать
vocinglería *f* крики, вопли
vocingler|o 1. *adj* 1) шумливый, крикливый 2) *(que habla vanamente)* болтливый **2.** , **-a** *m/f* 1) крикун, -ья 2) *(persona que habla vanamente)* болтун, -ья
vodevil *m* водевиль
vodka *m* водка
voladizo 1. *adj arquit* выступающий вперёд **2.** *m arquit* выступ
volado *adj Col. Cub.* взбешённый
volador *adj* летающий, летучий
voladura *f* взрыв, подрыв
volandas *inv* : en ~ на лету, в воздухе
volandero *adj* 1) V. volantón 2) *(suspendido en el aire)* подвесной, болтающийся в воздухе 3) *(accidental)* случайный, непредвиденный
volantazo *m* резкое движение рулём
volante 1. *adj* летающий, летучий **2.** *m* 1) *auto* руль 2) *(documento)* направление 3) *(guarnición)* волан
volantín 1. *adj* V. volante **2.** *m* 1) *pesc* леска с крючками 2) *Am.* летучий змей
volapié *m taur* ранение быка на бегу ◆ **correr a ~** ходить взмахивая крыльями
volapuk *m* волапюк
volar 1. *vi* 1) летать, лететь 2) *(ir con prisa)* носиться, мчаться 3) *(desaparecer)* улетать, быстро исчезать 4) *(pasar muy rápido)* лететь 5) *(hacer muy rápido)* делать очень быстро 6) *(una noticia, rumor)* быстро распространяться **2.** *vt (hacer explotar)* взрывать
volate *m Ven. Col.* беспорядок, ссора
volatería *f* 1) *(tipo de caza)* соколиная охота 2) *(aves)* стая птиц (разного рода)
volátil *adj* 1) летающий 2) *quím* испаряемый 3) *(voluble)* переменчивый
volatilidad *f quím* летучесть
volatilización *f quím* испарение, сублимация
volatilizar *vt quím* выпаривать, возгонять
volatilizarse *vpron quím* выпариваться, испариваться, сублимироваться
volatinero *m* канатоходец, эквилибрист
volatizar *vt* V. volatilizar
volcador 1. *adj tecn* опрокидывающий **2.** *m tecn* опрокидыватель
volcán *m* вулкан
volcánico *adj* вулканический
volcar 1. *vt* опрокидывать, переворачивать **2.** *vi* опрокидываться, переворачиваться
volea *f* 1) *(en un carruaje)* валёк кареты 2) *sport* удар с лёту
volear *vt* 1) *agric* бросать семена в борозду 2) *sport* бить на лету
voleibol *m* волейбол
voleo *m* 1) удар на лету 2) *coloq (bofetón)* удар, оплеуха ◆ **a(l) voleo** как взумается, как Бог на душу положит
volframio *m quím* вольфрам
volframita *f min* вольфрамит
volición *f filos* волеизъявление
volitivo *adj* 1) волевой 2) *ling* волитивный, волюнтативный
volován *m* волован
volovelista *m/f aero* планерист
volqueta *f Am.* V. volquete
volquete *m* 1) самосвал 2) *constr (carro con un cajón)* опрокидывающая вагонетка, думпкар
volquetero *m* водитель самосвала
voltaico *adj electr* вольтовый
voltaje *m electr* напряжение
voltámetro *m fís* вольтаметр
voltamperio *m fís* вольт-ампер
volteado *m Am.* перебежчик
volteador *m tecn* опрокидывающий механизм, опрокидыватель
voltear *vt* вертеть, кружить, вращать, переворачивать
voltearse *vpron Am.* V. volverse
voltereta *f* 1) *(pirueta)* прыжок, пируэт 2) *(en los juegos)* кувыркание
voltímetro *m fís* вольтметр
voltio *m fís* вольт
volubilidad *f* 1) *(capacidad de volverse)* способность сворачиваться 2) *(inconstancia)* переменчивость, непостоянство
voluble *adj* 1) *(que se vuelve alrededor)* свёртывающийся, сворачивающийся 2) *(inconstante)* переменчивый, непостоянный 3) *bot* вьющийся
volumen *m* 1) *(dimensiones)* объём, размер 2) *(capacidad)* объём, вместимость 3) *(libro)* книга, том 4) *(de sonido)* громкость звука
voluminoso *adj* объёмный
voluntad *f* 1) воля 2) *(deseo)* желание, намерение ◆ **a ~** по желанию **buena ~** добрая воля **fuerza de ~** сила воли
voluntariado *m* 1) добровольная служба 2) *(conjunto de voluntarios)* добровольцы
voluntariamente *adv* добровольно
voluntariedad *f* 1) добровольность 2) *(antojo)* своеволие, прихоть
voluntari|o 1. *adj* добровольный **2.** , **-a** *m/f* доброволец, волонтёр
voluntarioso *adj* 1) старательный, исполнительный 2) *(caprichoso)* своевольный, прихотливый
voluptuosidad *f* сладострастие, сластолюбие
voluptuoso *adj* сладострастный
voluta *f arquit* волюта, завиток
volver 1. *vi* 1) возвращаться 2) *(a hacer una cosa)* снова делать **2.** *vt* 1) *(devolver)* возвра-

щать 2) *(girar)* поворачивать 3) *(girar del revés)* выворачивать наизнанку

volverse *vpron* 1) *(girarse)* поворачиваться 2) *(convertirse)* становиться (каким-л)

vomitado *adj coloq* тщедушный, чахлый

vomitar *vt/i* 1) рвать (кого-л), тошнить (кого-л), блевать (кого-л) 2) *(lava, injurias, etc.)* извергать

vomitera *f* V. vómito

vómito *m* рвота

voracidad *f* 1) прожорливость 2) *(avidez)* жадность

vorágine *f* водоворот, пучина

voraz *adj* 1) прожорливый 2) *(ávido)* жадный

vórtice *m* 1) *(torbellino)* вихрь, смерч 2) *(remolino)* водоворот 3) *(centro de un ciclón)* центр циклона

vos *pron pers* 1) *elev* вы 2) *Am.* ты

vosear *vi* 1) обращаться на “vos” 2) *ling* употреблять “vos” вместо “tú”

voseo *m* 1) обращение на «vos» 2) *ling* употребление «vos» вместо «tú»

vosotros, vosotras *pron pers* вы *¿vosotros lo sabíais?* вы знали об этом?

votación *f* голосование

votante *m/f* избиратель

votar *vt/i* голосовать (за кого/что-л)

votivo *adj relig* относящийся к обету

voto *m* 1) голос 2) *relig* обет

voyeur *m/f* вуайер, вуайерист

voyeurismo *m* вуайеризм

voz *f* 1) голос 2) *(palabra)* слово 3) *ling* залог ~ *activa* действительный залог; ~ *pasiva* страдательный залог ◆ **a media** ~ вполголоса, тихо **en ~ alta** громко **en ~ baja** тихо, негромко

vozarrón *m coloq* грубый и громкий голос, голосище

vudú *m relig* вуду

vuduismo *m relig* V. vudú

vuecelencia *f* V. vuecencia

vuecencia *f obsol* ваше превосходительство

vuelapluma *inv* : a ~ очень быстро, не раздумывая (писать)

vuelco *m* переворот

vuelo *m* 1) *(acción de volar)* полёт 2) *(trayecto en avión)* рейс *vuelo chárter* чартерный рейс; ~ *de conexión* стыковочный рейс; ~ *nacional* внутренний рейс

vuelta *f* 1) *(giro)* круг, поворот 2) *(trayectoria circular)* круговой маршрут 3) *(camino de regreso)* обратный путь 4) *(regreso)* возвращение 5) *(cambio)* сдача 6) *arquit* свод ◆ **a la vuelta** по возвращении **a la ~ de la esquina** очень близко, за углом **dar la ~ a u.c.** переворачивать, переменять положение дел **dar una ~** прогуливаться **dar vueltas a u.c.** обдумывать что-л **camino de ~** обратный путь **estar de ~ de u.c.** быть осведомлённым

vuelto 1. *adj* повёрнутый, перевёрнутый **2.** *m Am.* сдача

vuestro, vuestra, vuestros, vuestras *pron pos* ваш, ваша, ваше, ваши *vuestros amigos* ваши друзья

vulcanita *f min* эбонит

vulcanización *f quím* вулканизация

vulcanizar *vt quím* вулканизовать

vulgar *adj* 1) *(relativo al vulgo)* простонародный, плебейский 2) *(corriente)* обыкновенный, обычный 3) *(grosero)* вульгарный, грубый, пошлый 4) *ling* просторечный

vulgaridad *f* 1) вульгарность, грубость, пошлость 2) *(trivialidad)* избитость, тривиальность

vulgarismo *m* вульгаризм, просторечное выражение

vulgarización *f* 1) вульгаризация 2) *(popularización)* популяризация

vulgarizar *vt* 1) вульгаризировать, опошлять 2) *(popularizar)* популяризировать, делать общедоступным

vulgarizarse *vpron* вульгаризироваться, опошляться

vulgarmente *adv* вульгарно

vulgo *m* 1) простонародье, чернь 2) *(diletantes)* дилетанты

vulnerabilidad *f* уязвимость, ранимость

vulnerable *adj* уязвимый, ранимый

vulneración *f* 1) ранение, уязвление 2) *(de un derecho o ley)* нарушение

vulnerar *vt* 1) *(un derecho o ley)* нарушать 2) *(causar un daño)* уязвлять (кому-л), ранить, наносить ущерб (кому-л)

vulva *f* наружные женские половые органы

W

wafle *f* бельгийская вафля
waflera *f* вафельница
waflería *f* точка продажи бельгийских вафель
walkie-talkie *m* рация
walkman *m* аудиоплеер
wapití *m zool* вапити
warrant *m fin* варрант
wáter *m* туалет
waterpolista *m/f sport* ватерполист, -ка
waterpolo *m sport* водное поло
watt *m electr* ватт
web *f* веб-страница
webcam *f* веб-камера
webmaster *m informát* веб-мастер
welter *m sport (peso wélter)* полусредний вес
western *m cine* вестерн
whisky *m* виски
wikén *m Am.* выходные
windsurf *m sport* виндсёрфинг
windsurfista *m/f sport* виндсёрфер, сёрфингист, -ка
wolframio *m quím* вольфрам

X

x *f* икс, неизвестная величина
xenofobia *f* ксенофобия
xenófob|o 1. *adj* ксенофобский **2.** , **-a** *m/f* ксенофоб, -ка
xenón *m quím* ксенон
xerocopia *f* ксерокопия, ксерокс
xerocopiar *vt* ксерокопировать
xerófilo 1. *adj bot* ксерофильный **2.** *m bot* ксерофил
xerografía *f* ксерография
xilófago *m zool* ксилофаг
xilofón *m* ксилофон
xilofonista *m/f mús* ксилофонист, -ка
xilófono *m mús* ксилофон
xilografía *f arte* ксилография
xilográfico *adj arte* ксилографический

Y

y *conj* и, а *richos* ~ *pobres* богатые и бедные; *este es Juan,* ~ *este es Luis* это Хуан, а это Луис
ya *adv* уже, потом, сейчас, сию минуту *Olga* ~ *no vive aquí* Ольга здесь уже не живёт ; ~ *es hora* пора ◆ ~ **no** уже не, уже нет ~ **que** так как, поскольку ~ **lo creo** разумеется, конечно
yacaré *m Am. Mer.* кайман
yacente 1. *adj* 1) лежащий 2) *jur* выморочный **2.** *m min* нижний слой (рудного пласта)
yacer *vi* 1) *(estar echado)* лежать 2) *(estar enterrado)* лежать, покоиться 3) *(encontrarse)* находиться, быть расположенным
yacija *f* 1) лежанка, постель 2) *(sepultura)* могила (яма)
yacimiento *m* месторождение, залежь
yacuzzi *m* джакузи
yaguré *m Am.* скунс, вонючка
yak *m* як
yámbico *adj lit* ямбический
yambo[1] *m lit* ямб
yambo[2] *m bot* ямбоза
yana *f Cub.* яна (разновидность дерева)
yanqui 1. *adj coloq* американский, происходящий из США **2.** *m/f coloq* янки, американ|ец, -ка
yantar[1] *vt obsol* есть, принимать пищу
yantar[2] *m* 1) *hist* дань, натуральный налог 2) *obsol (manjar)* кушанье, блюдо
yapa *f* 1) *min* примесь ртути в серебряном руде 2) *Am.* добавка (товара)
yaqué *m Méx. Ur.* V. chaqué
yarda *f* ярд
yate *m* яхта
yatismo *m Ch. Cub. Pan.* яхтинг
yaya *f* бабушка
yayo *m* дедушка
yeco *m Ch.* йеко (разновидность морской вороны)
yedra *f* плющ
yegua *f* кобыла, кобылица
yeguada *f* 1) табун кобыл 2) *Am. Cent.* глупость, бессмыслица
yeguar *adj* кобылий
yeísmo *m ling* йеизм (произношение букв «ll» как «y»)
yelmo *m* шлем (часть доспеха)
yema *f* 1) *bot* почка, глазок 2) *(de huevo)* желток 3) *(del dedo)* подушечка пальца
yemení 1. *adj* йеменский **2.** *m/f* йемен|ец, -ка
yen *m* иена
yerba *f* трава
yerbabuena *f* V. hierbabuena
yerbal *m Am.* заросли травы
yermo 1. *adj* 1) заброшенный, пустынный 2) *(no cultivado)* невозделанный, необработанный **2.** *m* пустошь, пустынная местность
yerna *f Am. Cent.* невестка, сноха
yerno *m* зять
yerro *m* ошибка, погрешность
yerto *adj* твёрдый, жёсткий, одеревенелый
yesal, yesar *m* месторождение гипса
yesca *f* горючий материал, трут
yesera *f* месторождение гипса
yesería *f* 1) *(fábrica)* гипсовый завод 2) *(tienda)* магазин гипсовых изделий 3) *(obra hecha de yeso)* изделие из гипса
yesero 1. *adj* гипсовый **2.** *m* мастер гипсовых изделий
yeso *m* гипс
yesquero *m* мешочек для кремня, огнива и трута
yeti *m* снежный человек, йети
yeyuno *m anat* тощая кишка
yiddish, yidis *m* язык идиш
yihad *f relig* джихад
yincana *f* джимхана
yo *pron pers* я ~ *mismo* я сам; *mi* ~ моё «я»; *es más alto que* ~ он выше меня ◆ ~ **que tú...** на твоём месте я бы... **¡qué se ~!** откуда я знаю!
yodado *adj* йодистый, содержащий йод
yodar *vt* смешивать с йодом
yódico *adj quím* йодный
yodizar *vt* V. yodar
yodo *m* йод *tintura de* ~ йодная настойка
yodoformo *m quím* йодоформ
yoga *m* йога *hacer* ~ заниматься йогой
yogui *m relig* йог
yogur *m* йогурт
yogurtera *f* аппарат для изготовления йогурта
yola *f nav* ялик
yonqui *m* наркоман, принимающий героин
yoyó *m* йо-йо
yuca *f* 1) *bot* юкка 2) *C. Rica coloq* ложь, обман 3) *El Salv.* долг, задолженность
yucateco *m* юкатек (индеец в Мексике)
yudo *m* дзюдо
yudoca *m/f sport* дзюдоист, -ка
yugada *f* 1) *(espacio de tierra)* участок, который распахивает за день одна упряжка волов 2) *(medida)* югада (участок земли 32 га) 3) V. yunta
yugo *m* 1) ярмо 2) *(carga pesada)* иго, ярмо, гнёт
yugoslav|o 1. *adj* югославский **2. , -a** *m/f* югослав, -ка
yugular 1. *adj* 1) *(relativo a la garganta)* горловой 2) *(dicho de la vena)* яремный **2.** *f* яремная вена
yunque *m* 1) наковальня 2) *(persona trabajadora)* труженник 3) *(persona perseverante)* выносливый (стойкий) человек 4) *anat* наковальня
yunta *f* упряжка волов
yupi *interj* ура!
yurumí *m Am.* муравьед
yute *m* 1) джут 2) *(tela)* джутовая ткань

yuxtaponer *vt* 1) ставить рядом 2) *(comparar)* сопоставлять
yuxtaponerse *vpron* помещаться рядом
yuxtaposición *f* 1) соположение 2) *(comparación)* сопоставление
yuyo *m* 1) *Am.* сорная трава, бурьян 2) *Ch.* двурядка 3) *Ur.* капуста полевая
yuyu *m coloq* страх, боязнь *dar* ~ вызывать страх, пугать

Z

zacatal *m Am. Cent.* пастбише, выгон для лошадей
zacate *m Am. Cent.* фураж, кормовая трава
zafacón *m R. Dom. P. Rico* бак для мусора
zafado *adj Am. Can.* наглый, бесстыдный
zafadura *f Am. med* смещение, вывих
zafaduría *f Arg. Ur. Par. coloq* наглость, бесстыдство
zafar[1] *vt (adornar)* украшать, наряжать
zafar[2] *vt (quitar)* освобождать, расчищать
zafarrancho *m* 1) *nav* аврал ~ *de combate* боевая тревога 2) *(riña)* потасовка, скандал ◆ **hacer** ~ делать уборку
zafarse *vpron* **(de alg o u/c)** избавляться (от кого/чего-л), отделываться (от кого/чего-л), избегать (кого/чего-л)
zafiedad *f* грубость, некультурность, невежественность
zafio *adj* грубый, некультурный, невежественный
zafiro *m* сапфир
zafra[1] *f* бак, бидон (для растительного масла)
zafra[2] *f (cosecha de la caña dulce)* сафра, сбор урожая сахарного тростника
zafra[3] *f min* пустая порода, отвал
zaga *f* 1) зад, задняя часть 2) *sport* защита ◆ **ir a la** ~ плестись в хвосте
zagal *m* 1) *(pastor joven)* младший пастух 2) *(muchacho)* мальчик, подросток
zagala *f* 1) *(pastora)* пастушка 2) *(muchacha soltera)* девушка
zaguán *m* прихожая, сени
zaguero 1. *adj* задний **2.** *m sport* защитник
zaherir *vt* укорять, порицать
zahón *m (espec pl)* кожаные штаны (для охотников)
zahorí *m* человек, умеющий находить подземные воды
zahúrda *f* свинарник
zaino[1] *adj* 1) коварный, неверный 2) *(dicho de un caballo)* ненадёжный
zaino[2] *adj* 1) *(dicho de un caballo)* гнедой без отметины 2) *(dicho del ganado vacuno)* чёрный
zaireñ|o 1. *adj* заирский **2. -a** *m/f* заир|ец, -ка
zalama *f* V. zalamería
zalamería *f* вкрадчивость, лесть
zalamero 1. *adj* льстивый, вкрадчивый **2.** *m* льстец
zalea *f* овчина
zamarra *f* безрукавка из овчины
zamarro *m* 1) V. zamarra 2) *Ven. Ec. Col.* V. zahón 3) *(piel de cordero)* овчина 4) *coloq (lerdo)* болван, балбес 5) *coloq (pillo)* плут, хитрец
zambian|o 1. *adj* замбийский **2. , -a** *m/f* замби|ец, -йка
zambo 1. *adj* 1) кривоногий 2) *Am.* родившийся от негра и индианки (индейца и негритянки) **2.** *m (mono)* коата
zambomba 1. *f* самбомба (музыкальный инструмент) **2.** *interj* (для выражения удивления) ух ты!, чёрт возьми!
zambombazo *m* 1) звук самбомбы 2) *coloq (ruido de una explosión)* взрыв, залп
zambra *f* 1) праздник 2) *coloq (algazara)* шумное веселье
zambullida *f* быстрое окунание, ныряние
zambullir *vt* окунать, погружать в воду
zambullirse *vpron* нырять, окунаться, погружаться в воду
zambullón *m Am. Mer.* V. zambullida
zampa *f* свайное основание, фундамент свая
zampabollos *m/f coloq* обжора
zampar *vt* 1) жадно есть, уплетать 2) *(esconder)* поспешно прятать, засовывать 3) *coloq (asestar)* дать, влеплять 4) *Am. (arrojar)* швырять, бросать
zamparse *vpron* 1) *(meterse de golpe)* ворваться, вломиться 2) *coloq* съесть, уплести
zampeado *m* свайное основание, сваи
zamp|ón 1. *adj coloq* прожорливый **2. , -ona** *m/f coloq* обжора
zampoña *f* свирель, дудка
zamuro *m Ven. Col.* ястреб (разновидность)
zanahoria *f* морковь
zanca *f* 1) нога (птицы) 2) *coloq* худая и длинная нога
zancada *f* большой шаг
zancadilla *f* подножка *poner (hacer) la* ~ подставить подножку
zancadillear *vt* ставить подножку
zancajo *m* 1) *(hueso)* пяточная кость 2) *(talón)* пятка
zanco *m* ходуля
zancud|o 1. *adj* 1) *(de zancas largas)* длинноногий 2) *(dicho de las aves)* голенастый **2.** *m Am.* москит **3. - as** *fpl zool* голенастые
zanganear *vi coloq* бездельничать, лодырничать
zángano *m* 1) трутень 2) *(holgazán)* бездельник, лодырь
zangolotear 1. *vt coloq* трясти, встряхивать, потряхивать **2.** *vi coloq* сновать взад и вперёд, шнырять
zangolotearse *vpron coloq* болтаться, шататься
zangoloteo *m* 1) встряхивание 2) *(de una ventana, herradura, etc.)* шатание, покачивание
zanja *f* канава, ров
zanjar *vt* 1) копать, рыть 2) *(un asunto)* положить конец
zanjón *m* большой и глубокий ров
zanquear *vi* 1) *(torcer las piernas al andar)* выворачивать ноги при ходьбе 2) *(andar mucho a pie y con prisa)* сновать, бегать туда-сюда
zanquilargo *adj* длинноногий, голенастый
zapa[1] *f* 1) мотыга, кирка 2) *mil* сапа, окоп
zapa[2] *f* 1) *(piel de selacio)* акулья кожа 2) *(piel labrada)* имитация под акулью кожу

zapador *m mil* сапёр
zapallito *m Arg.* тыква (разновидность)
zapallo 1. *adj Arg. Ur.* глупый, недалёкий **2.** *m* 1) *Hond. Am. Mer.* тыква 2) *Am. Mer. bot* калебасовое дерево
zapapico *m* кирка
zapar *vi* работать сапёрной лопатой, рыть землю
zapata *f* 1) ботинок, башмак 2) *tecn* подкладка, башмак 3) *nav* фальшкиль
zapatazo *m* 1) *(golpe)* удар башмаком 2) *(ruido)* стук от удара башмаком
zapateado *m mús* сапатеадо (испанский народный танец)
zapatear *vt* 1) бить (ударять) ботинком 2) *(dar golpes con los pies)* стучать ногами, топать
zapatería *f* 1) *(taller)* сапожная мастерская 2) *(tienda)* магазин обуви
zapatero *m* сапожник ◆ **~, a tus zapatos** каждый сверчок знай свой шесток
zapateta *f* прыжок (скачок) от радости
zapatilla *f* тапок, тапочка
zapatillazo *m* удар тапкой
zapatista *m/f hist* сапатист
zapato *m* ботинок, башмак, туфля ◆ **no llegarle a uno a las suela de su** ~ в подмётки не годиться кому-л. **más tonto que un** ~ дурак дураком, глуп как пробка
zape *interj* 1) *coloq* брысь! (возглас, которым отгоняют кошек) 2) *cart* пас!
zapear *vi* 1) *(a un gato)* прогонять кошку (возгласом) 2) *coloq (a una persona)* прогонять, выгонять 3) *(hacer zapeo)* делать заппинг, переключать каналы телевизора на дистанционном пульте
zapeo *m* заппинг, переключение каналов телевизора на дистанционном пульте
zaperoco *m Ven. Hond. coloq* беспорядок
zapping *m* V. zapeo
zar *m* царь
zarabanda *f* 1) *mús* сарабанда 2) *(cosa que causa estrépito)* адский шум, гвалт
zaragata *f coloq* гвалт, галдёж
zaragater|o 1. *adj* 1) *coloq* шумный, крикливый 2) V. zalamero **2. , -a** *m/f* крикун, -ья, горлодёр
zaranda *f* сито, решето
zarandaja *f (espec pl)* 1) пустяк, мелочь 2) *Arg.* остатки (после разделки туши)
zarandar *vt* 1) *(limpiar pasando por la zaranda)* просеивать, провеивать 2) *(colar)* процеживать 3) *coloq (agitar)* махать (чем-л), размахивать (чем-л) 4) *coloq (separar lo precioso)* выделять существенное
zarandear *vt* 1) V. zarandar 2) *(agarrar por los hombros y mover con fuerza)* трясти, встряхивать, трепать 3) *(ajetrear)* загонять
zarcillo[1] *m* 1) *(pendiente)* серьга 2) *bot* усик (винограда, тыквы и т.п.)
zarcillo[2] *m (herramienta)* мотыга, цапка
zarco *adj* светло-голубой
zarévich *m* царевич
zarevna *f* царевна
zarigüeya *f* опоссум
zarina *f* царица
zarpa[1] *f* 1) лапа 2) *coloq desp (mano)* лапа
zarpa[2] *f arquit* цоколь фундамента
zarpada *f* удар лапой
zarpar *vi* 1) выходить в море 2) (о судне) отплывать
zarpazo *m* 1) удар лапой 2) *(batacazo)* сильный удар при падении
zarpear *vt Hond.* забрызгивать грязью
zarrapastros|o 1. *adj coloq* небрежный, неряшливый, оборванный **2. , -a** *m/f coloq* грязнуля, неряха
zarrio *m* 1) рвань, лохмотья 2) *(barro en la ropa)* грязь (на нижней части одежды)
zarza *f* куст ежевики
zarzal *m* заросли ежевики
zarzamora *f* ежевика
zarzaparrilla *f* сассапариль, сассапарель
zarzarrosa *f* цветок шиповника
zarzo *m* 1) изгородь, плетень 2) *Col.* чердак
zarzuela *f* сарсуэла (испанская оперетта)
zarzuelista *m/f* автор сарсуэл
zas *onomat* хлоп!, трах!, бац!
zascandil *m coloq* бестолковый человек, путаник
zascandilear *vi* ходить, суетиться без толку
zepelín *m* дирижабль
zeta *f* 1) сета (название буквы) 2) *(nombre de la letra griega)* дзета
zeugma *m lit* зевгма
zigoto *m biol* V. cigoto
zigzag *m* зигзаг
zigzaguear *vi* делать зигзаги
zigzagueo *m* зигзаг
zimbabuense 1. *adj* зимбабвский **2.** *m/f* зимбабв|ец, -ка
zinc *m* цинк
zíngar|o 1. *adj* цыганский **2. , -a** *m/f* цыган, -ка
zinnia *f* V. cinia
zíper *m Am.* молния (застёжка)
zipizape *m coloq* скандал, ссора
zócalo *m* 1) *(de una pared)* плинтус 2) *(de un edificio)* цоколь
zoco[1] *m* 1) V. zueco 2) *arquit* V. zócalo
zoco[2] *m* 1) *obsol* главная площадь 2) *(mercado)* рынок, сук
zoc|o[3] **1.** *adj coloq* V. zurdo **2. , -a** *f coloq* левая рука
zodiacal *adj* зодиакальный
zodíaco *m* зодиак
zombi *m/f* зомби
zona *f* 1) зона, пояс 2) *(barrio, distrito)* зона, район 3) *anat* область
zoncera *f Am.* глупость, вздор
zonzo *adj* 1) *(soso)* вялый, апатичный 2) *(tonto)* глупый, придурковатый
zoo *m* зоопарк
zoófilo *adj* любящий животных
zoología *f* зоология
zoológico *adj* зоологический ◆ **parque** ~ зоологический парк, зоопарк
zoólogo *m* зоолог
zoom *m foto* зум
zootecnia *f* зоотехния
zopenc|o, -a *m/f coloq* глупец, тупица
zopilote *m Méx. Am. Cent.* аура
zoquete *m* 1) *(trozo de madera)* чурбан, колода 2) *(de pan)* кусок хлеба 3) *coloq* невежа, пентюх
zorcico *m* сорсико (баскский народный танец и мелодия)

zorito *adj* дикий (о голубе)
zorra[1] *f* 1) лиса, лисица 2) *desp vulg* шлюха, потаскуха
zorrera *f* лисья нора
zorrería *f* 1) лисьи повадки 2) *(treta)* хитрость, лукавство
zorrero[1] **1.** *adj* хитрый, лукавый **2.** *m (perro raposero)* борзая (собака)
zorrero[2] *adj* 1) *(dicho de una embarcación)* тяжёлый, неповоротливый 2) *(rezagado)* идущий последним, замыкающий
zorrillo *m Am.* скунс, вонючка
zorro *m* лис, лиса (самец)
zote 1. *adj* глупый, тупой **2.** *m* балбес, чурбан
zozobra *f* 1) кораблекрушение 2) *(ansiedad)* беспокойство, тревога
zozobrar *vi* 1) терпеть кораблекрушение (о судне) 2) *(estar a punto de fracasar)* быть на грани провала
zueco *m* деревянный башмак
zulo *m* тайник
zulú 1. *adj* зулусский **2.** *m/f* зулус, -ка
zumba *f* 1) *(del ganado)* колокольчик, бубенчик 2) *(juguete)* трещотка 3) *(chanza)* язвительная шутка, колкость
zumbado *adj coloq* сумасшедший
zumbador 1. *adj* жужжащий, гудящий **2.** *m Méx.* колибри
zumbadora *f El Salv. Hond.* гремучая змея
zumba|r 1. *vi* гудеть, жужжать **2.** *vt (atizar)* влеплять, дать (об ударах) ◆ **irse ~ndo** *coloq* уходить быстро, дать дёру
zumbido *m* жужжание, гудение
zumbón *adj* 1) *(cencerro)* громко звенящий, дребезжащий 2) *(festivo, poco serio)* шутливый, весёлый
zumo *m* сок
zurcido *m* штопка, штопанье
zurcidora *f* штопальница
zurcir *vt* штопать, чинить, зашивать
zurda *f* V. zurdo
zurdazo *m* удар левой рукой (ногой)
zurd|o 1. *adj* левый **2. ,-a** *m/f* левша
zurita 1. *adj* V. zuro **2.** *f* горлица, голубка
zuro *adj* дикий (о голубе)
zurra *f* 1) *(de pieles)* выделка кож 2) *coloq* трёпка, побои
zurrador *m* дубильщик, кожевник
zurrar *vt* 1) дубить, выделывать (кожу) 2) *coloq* бить, пороть
zurrarse *vpron* 1) *coloq* испражняться 2) *coloq* трусить, наложить в штаны
zurriaga *f* V. zurriago
zurriagazo *m* удар плетью или кнутом
zurriago *m* плеть, кнут
zurrir *vi* гудеть, издавать глухой гул
zurrón *m* 1) котомка, сума 2) *(de los frutos)* мягкая кожица плода
zutano *m* такой-то (человек) ◆ **fulano, mengano y** | Петров, Иванов и Сидоров
zuzo *interj* прочь!, пошёл вон! (собаке)
zuzón *m* крестовник